赤峰地区清代蒙满文档案汉译汇编

上

赤峰市档案馆 编

国家图书馆出版社

图书在版编目（CIP）数据

赤峰地区清代蒙满文档案汉译汇编：全三册 / 赤峰市档案馆编 .—北京：国家图书馆出版社，2021.11
ISBN 978-7-5013-7156-3

Ⅰ. ①赤… Ⅱ. ①赤… Ⅲ. ①蒙古族—民族历史—档案资料—汇编—赤峰—清代—蒙、满、汉 Ⅳ. ① K281.2

中国版本图书馆 CIP 数据核字 (2021) 第 007942 号

书　　名	赤峰地区清代蒙满文档案汉译汇编（全三册）
著　　者	赤峰市档案馆　编
责任编辑	孟颖佼
封面设计	翁　涌
出版发行	国家图书馆出版社（北京市西城区文津街 7 号 100034） （原书目文献出版社　北京图书馆出版社） 010-66114536 63802249 nlcpress@nlc.cn（邮购）
网　　址	http://www.nlcpress.com
印　　装	北京金康利印刷有限公司
版次印次	2021 年 11 月第 1 版　2021 年 11 月第 1 次印刷
开　　本	889 × 1194（毫米）　1/16
印　　张	112
书　　号	ISBN 978-7-5013-7156-3
定　　价	2700.00 元

编委会

前言

《赤峰地区清代蒙满文档案汉译汇编》是精选赤峰市档案馆馆藏翁牛特右旗（清）全宗档案中具有代表性的500件档案汇编而成，是赤峰市档案馆承担的“十三五”时期国家重点档案保护与开发项目。

翁牛特右旗（清）全宗档案由清代翁牛特右旗札萨克衙门在履行职能过程中形成的官方文书组成。翁牛特右旗设于清崇德元年（1636），据清代《蒙古游牧记》记载，翁牛特右旗“牧地在热河围场东北，老哈河南岸”，旗地即今内蒙古赤峰市红山区、元宝山区、松山区及翁牛特旗部分地界。赤峰市档案馆馆藏翁牛特右旗（清）全宗档案独立使用或合璧使用蒙古文、满文、汉文、藏文等文字，形成时间始于清康熙十四年（1675），止于1912年，抄件最早可追溯至清顺治五年（1648）。档案记录了袭爵、册封、军政、司法、会盟、疆界、禁烟、捐税、水利、开矿、经商、邮政、户籍、宗教、涉外等事务，从中可以了解到翁牛特右旗及昭乌达盟政治制度、法律制度、农业经济、游牧经济、风俗习惯、宗教信仰及与朝廷的关系等方面的变化和发展，进而探寻清代蒙古社会变迁的轨迹。这些珍贵的档案文献极具民族和地域特色，其编译出版会对昭乌达盟区域史、清代蒙古史以及民族关系史等研究提供系统可靠、丰富翔实的第一手材料，进而有力地促进相关研究的深入和拓展。

翁牛特右旗（清）全宗由于年代久远，档案实体破损严重。赤峰市档案馆历时数年，通过购买社会服务等多种方式，抢救性整理形成了1501件档案，并扫描形成数字化副本，建立了专门的数据库。2018年，赤峰市档案馆精选其中的部分档案汉译后，与档案原件图像一并结集成书。由于赤峰市档案馆馆藏有限，清代翁牛特右旗档案尚不完整，赤峰市档案馆希望与保存相关文献的部门、学者合作研发，还原历史，古为今用。

档案部门肩负着“为党管档，为国守史，为民服务”的光荣使命。立足馆藏，编研精品，是档案部门的职责所在。《赤峰地区清代蒙满文档案汉译汇编》的编辑完成，标志着赤峰市档案馆蒙古文、满文档案系统开发工程正式启动。此书的出版，有利于赤峰市档案馆积累资源开发经验、历练档案编研队伍，其意义弥深弥远。

赤峰市档案馆系首次承接清代国家重点档案保护与开发项目，内蒙古地区蒙满文历史档案的整理、编译、研究和出版工作尚处于起步阶段，加之本次翻译工作时间紧、任务重及译者水平有限，错讹之处、遗珠之憾，所在兹多，恳请专家学者不吝赐教，以匡不逮。

值此书出版之际，我们感谢国家档案局的政策扶持！感谢内蒙古自治区档案局对赤峰市档案馆国家重点档案保护与开发项目的有力指导！感谢赤峰市委、市政府对档案馆事业的高度重视！感谢相关部门和专家学者对翻译出版工作的悉心帮助！

《赤峰地区清代蒙满文档案汉译汇编》编委会

2019 年 8 月

编辑说明

一、本书收录的500件档案，均选自赤峰市档案馆馆藏翁牛特右旗（清）全宗档案。本书在选材上，注重档案品相完整，又兼顾内容的可读性与代表性。所选档案时间从清朝初期跨越到1912年，内容涉及土地开垦、诉讼、赋税、会盟、边界、佛教、兵丁与防务问题、救灾和移民、王公制度、年班制度和俸禄、进贡等诸多方面。

二、本书所选档案大多数是蒙古文档案，有一部分满文档案，亦有蒙满文合璧档案，蒙古文档案中的人名、地名多用满文书写。

三、本书档案译文的标题后根据原文内容标注时间，有些档案的时间项年、月、日不全，或不详。在档案编排上，以其年代先后为序，同一年内以季节或月份先后为序，对于没有明确时间的档案，排列在最后。

四、本书在译文上，秉持尊重原文、兼顾白话的原则。翻译既忠实于原文，又考虑现代人的阅读习惯，保留古今相同的名词，省略没有实际意义的虚词，蒙汉文词汇间适当借代，对于蒙古文言文中省略的词，根据需要在译文中加以补充；译文标题均由编译者自拟。除此之外，还有以下几点需要说明：

（一）采用直译方法，基本以句子为单位进行翻译。

（二）译文所涉地名、人名多为汉文常见字词音译转写，不表实意。翻译过程中参考了《清代蒙古志》《准格尔旗扎萨克衙门档案译编（第三辑）》《汉蒙词典》《蒙文分类辞典》等书。

（三）译文所涉清代机构、职务、爵位名称，尽量使用当时的称谓，对档案中有些职务名称的多种翻译，作了统一。主要参考了《蒙汉对照蒙古文档案中历史名词术语（蒙）》《历代职官表》《清代蒙古政教制度》《清代蒙古志》《准格尔旗扎萨克衙门档案译编（第三辑）》《蒙文分类辞典》《汉蒙对照历史名词术语（蒙古史分册）》《ᠴᠢᠩ ᠤᠯᠤᠰ ᠤᠨ ᠦᠶ᠎ᠡ ᠶᠢᠨ [illegible] [illegible] [illegible]》《ᠴᠢᠩ ᠤᠯᠤᠰ ᠤᠨ ᠦᠶ᠎ᠡ [illegible] ᠤᠨ [illegible] ᠤᠨ [illegible]》《[illegible] ᠤᠨ ᠲᠣᠯᠢ》《[illegible] ᠤᠨ [illegible] ᠤᠨ [illegible] ᠤᠨ ᠲᠣᠯᠢ》等书籍。

（四）本书译文只作档案推介之用，不作查询引用依据。

五、本书所选部分蒙满文档案存在残损、缺页、附件散失不全的情况，但考虑到其本身具有的代表性和文献价值，依旧将其选入并翻译，敬请读者谅解。

《赤峰地区清代蒙满文档案汉译汇编》编委会

2019 年 9 月

总目录

上册

中册

下册

上册目录

001 顺治皇帝封嘎日玛为镇国公之诏书（顺治五年初秋二十七日）

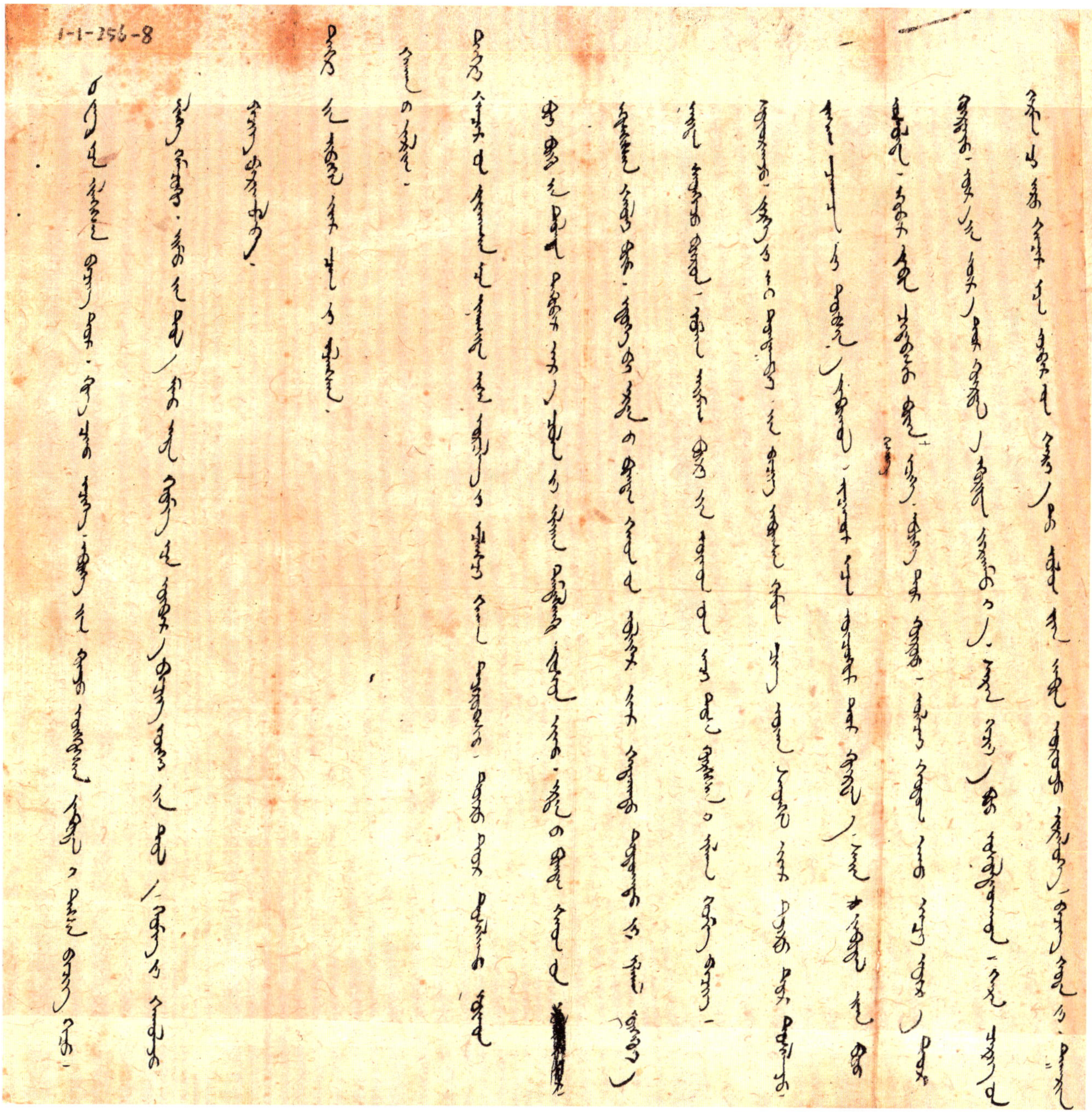

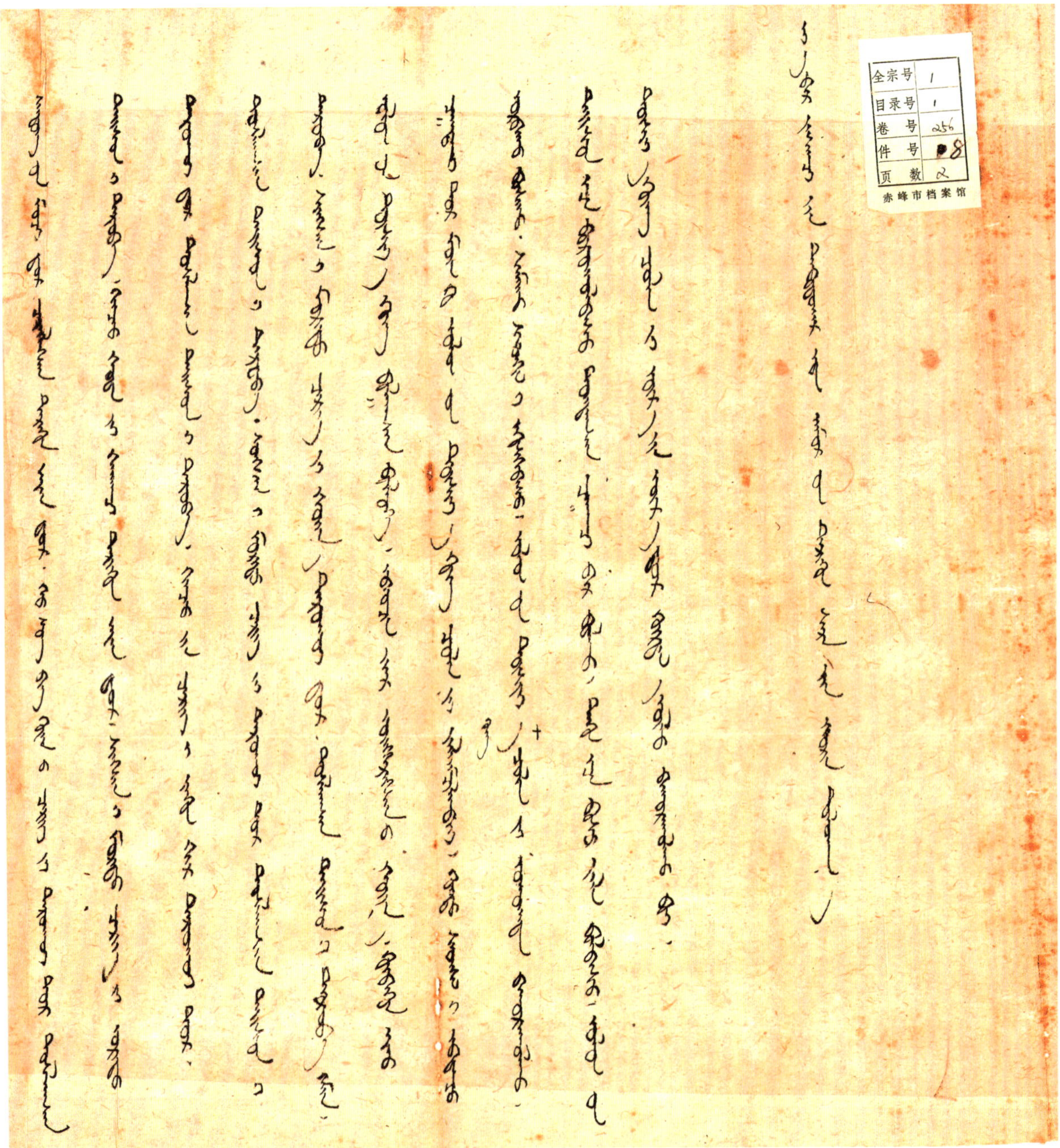
全宗号 1
目录号 1
卷号 256
件号 8
页数 2
赤峰市档案馆

顺治皇帝封嘎日玛为镇国公之诏书

王爷札开，呈送祖辈功绩册子。本处只有封爵位诏书，故将其抄录呈送之。

奉天承运，皇帝诏曰：开天辟地以来，承天皇帝有之，扶政忠臣有之。铭记忠臣功德，亦圣祖之律也。而今，朕依古贤之典，不分内外，论诸部臣民之功绩，册封爵位、钦定等级。受爵位者，效忠朝廷，清廉执政，始终不得怠慢，坚决执行者，福禄光耀宗族，吉祥普照子辈，子子孙孙荣华富贵，永勿犯忌。黑旗军嘎日玛，尔等从漠北携所属军民归顺朝廷。先帝首次征战北京城，进军山东，打败侯松、郦关之军时尔等消灭敌人援军也。先帝首战围攻锦州城，打败邢珊骑兵时尔等消灭敌人援军也。先帝追剿锦州左翼敌军时尔等剿灭敌人援军也，打败松山骑兵时尔等歼灭敌人援军也。故封嘎日玛为镇国公。嘎尔玛病逝后镇国公爵位沿袭给其长子查嘎太。如辜负器重、怀有叛逆之心，废其镇国公爵位；如避敌不战，依法惩治。如无他心，镇国公爵位世代沿袭也。

顺治五年初秋二十七日

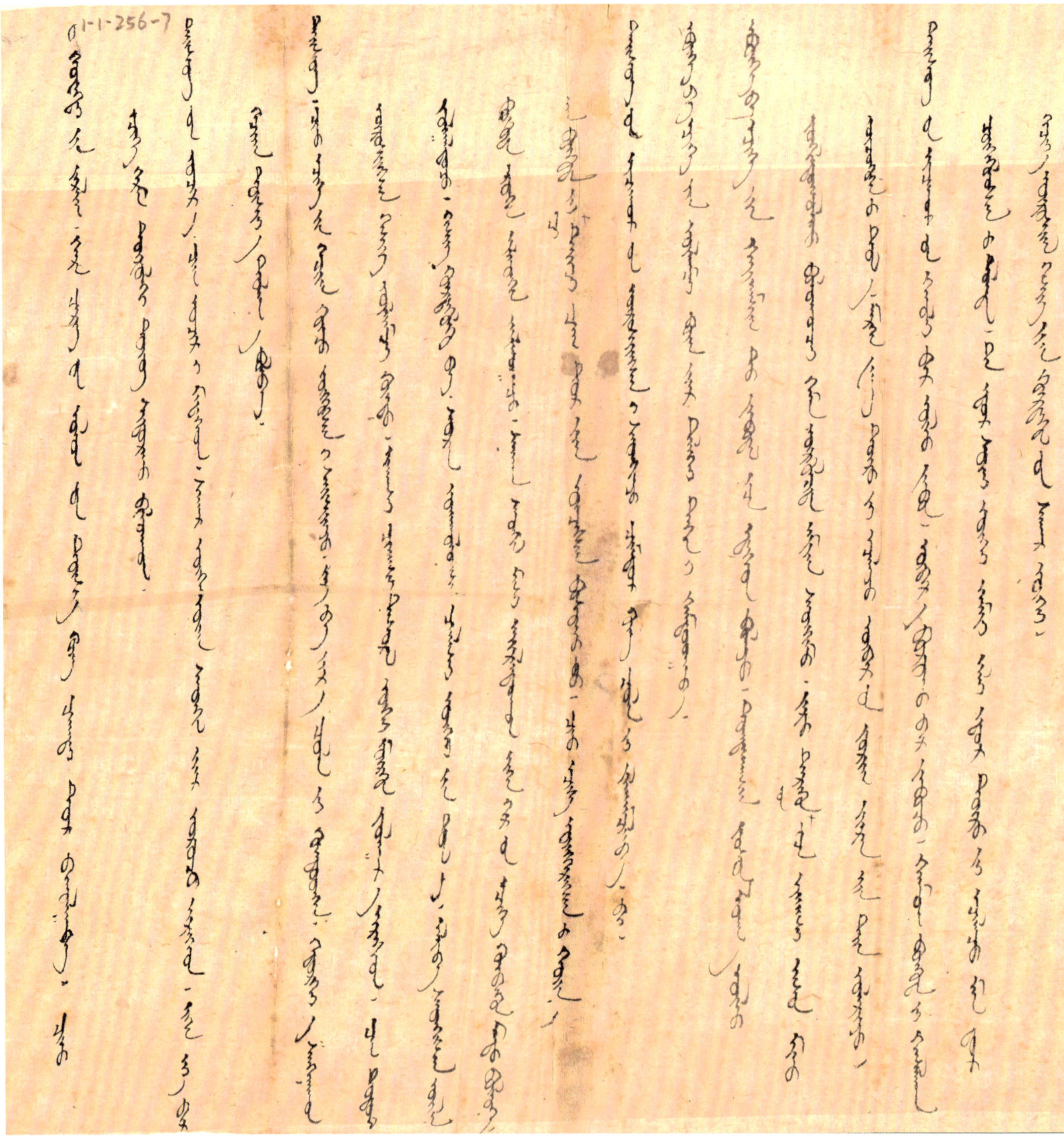

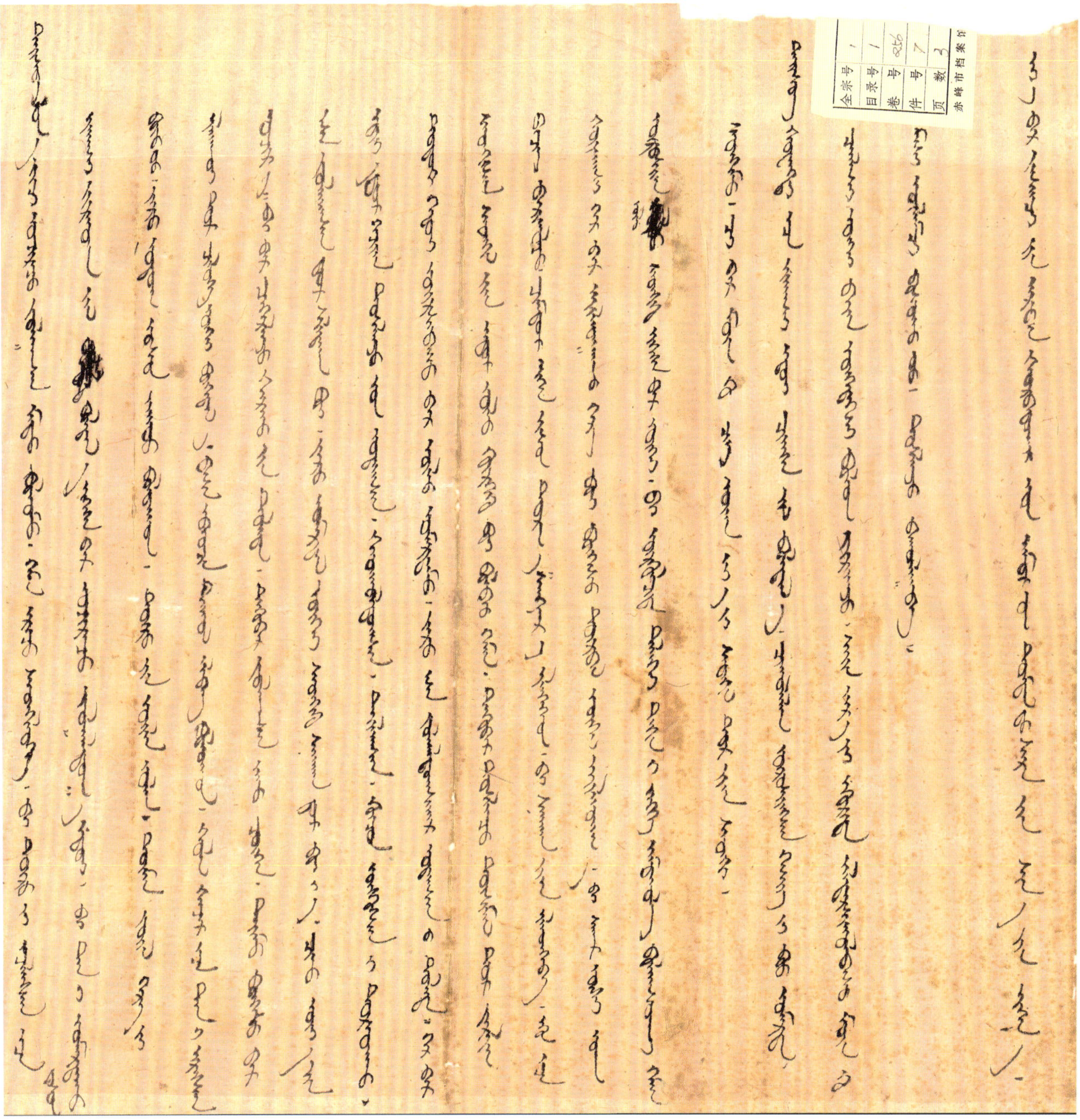
全宗号 1
目录号 1
卷号 286
件号 7
页数 3
赤峰市档案馆

顺治皇帝赐查嘎太镇国公爵位之诏书

皇帝诏曰：下诏镇国公查嘎太。尔父嘎日玛生性忠厚，太宗时认清时政，以无二之心归顺朝廷，被封为镇国公也。太宗念尔父征战有功，赏赐巨财富故，常来谒见先皇，受赏与受教无数，王臣关系融洽，犹如父子。此等，汝是否睹见？尔父去世后念太宗之恩赐，朕赐镇国公爵位沿袭于尔。朕托祖辈之福一统天下，时刻遵顺祖辈教诲，唯恐犯忌也。元年以来，趁朕年幼，重臣干政，违反太宗旨意，行逆道、难众臣时，尔日夜为国操劳，常念朕扶正后恩赐于尔臣，犹如谒见太宗般思索。朕朝政六年未曾召见，朕从无遗忘，而国土广阔，国事繁多，万事操心，加之龙体欠安，故未见远道而来之尔臣。朕心无忘，念尔世代援助，多年征战出力，卧床中亦挂念也。因许久不见，念尔有无禀报之事，命臣下诏，赐绸缎一匹，以表朕意。尔后，如有奏折，即刻上奏。朕常念天下太平，尔亦常念忠诚。如尔臣不忘自太宗皇帝以来多年之恩赐，享有荣华富贵，名扬天下，则不更好！下诏。

顺治十三年仲秋初一日

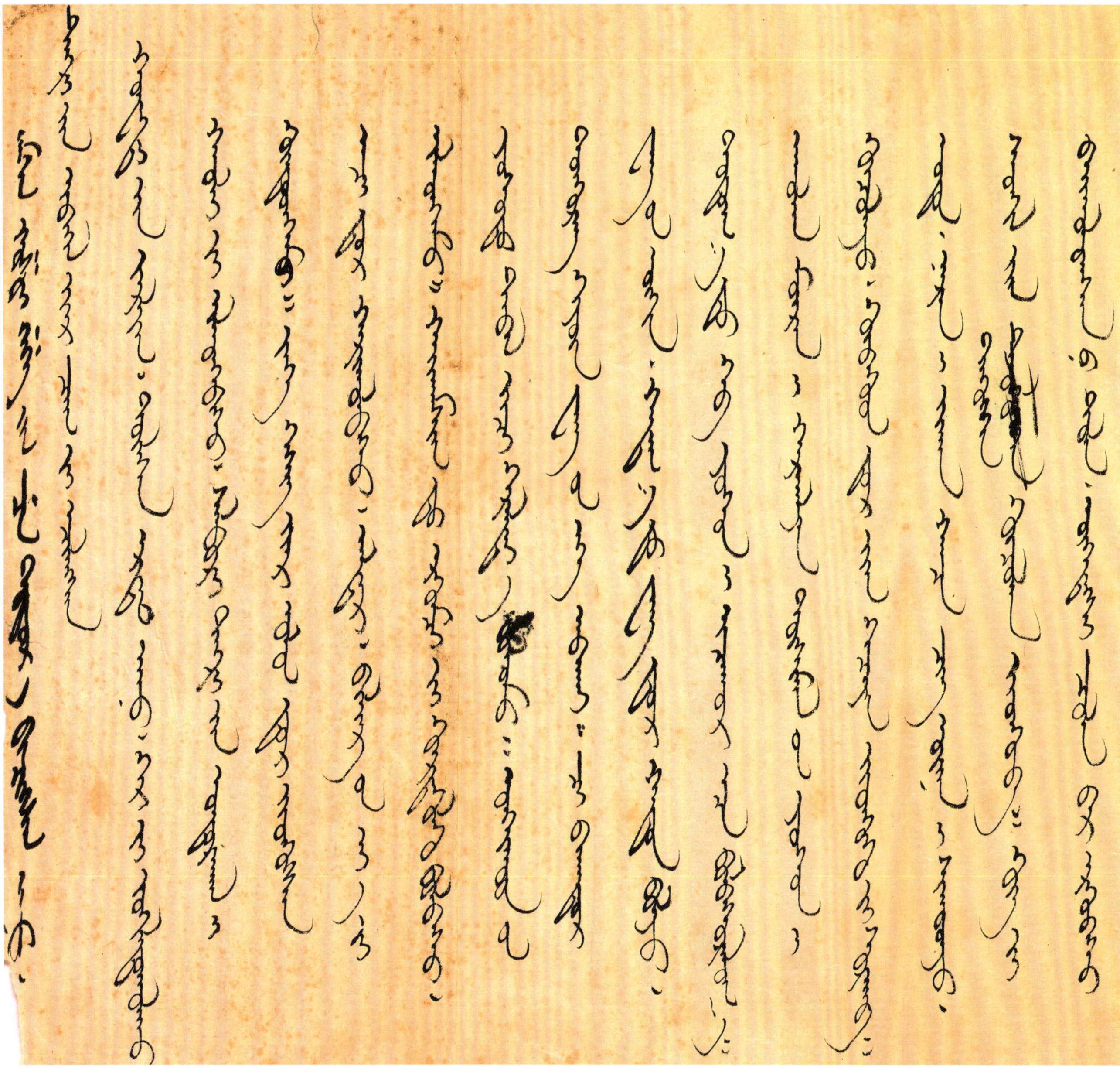

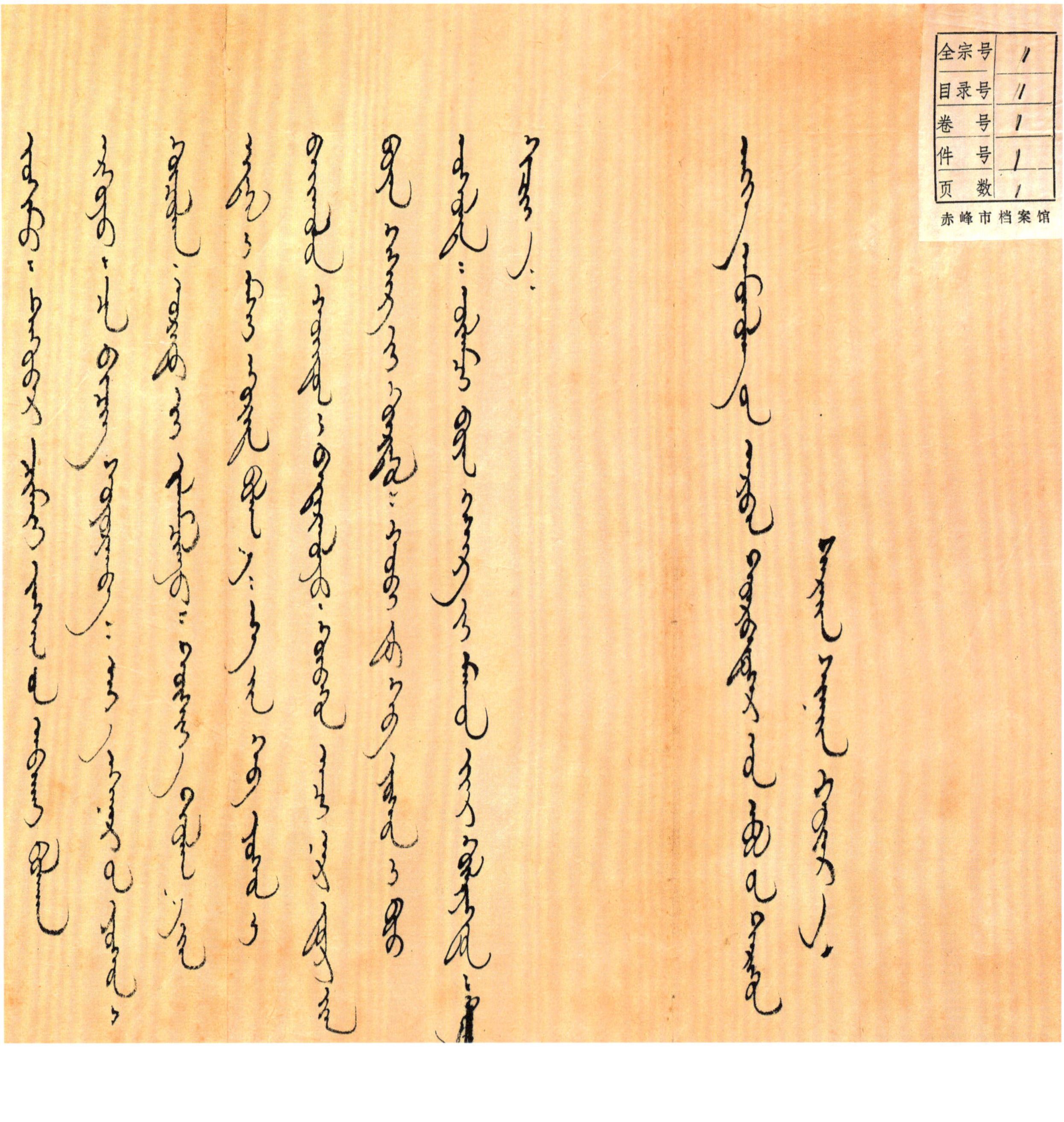
全宗号 1
目录号 1
卷号 1
件号 1
页数 1
赤峰市档案馆

康熙皇帝封额莫勒公主为札萨克公主之诏书

册封额莫勒和硕格格诏书。奉天承运，皇帝诏曰：品行柔顺、持家扶国、博得众爱、为国功勋卓著。念其功而赐其俸禄，合乎其名望及敏慧。兹有，册封名号，望其光耀朝服。翁牛特旗杜棱郡王之母，齐巴特尔王之女，虽在外为王爷之福晋，对内则柔嘉维则、淑慎性成，辅助江山、协政功臣，教其子为国效忠。其忠心之坚贞、功勋之卓著与日月同辉。因功绩卓越，理应册封名号。至此，汝为札萨克公主，特赐册诏书。於哉！贞守妇道，敬承祖袭，奉顺神祇；铭记助政与祭祀之事；树立母德，造福子孙；恪守品性，毋稍疏忽！承接鸿恩。切记！

康熙十四年初冬初二日

004 会盟先遣官为备办会盟物资事札翁牛特郡王文（康熙四十九年仲夏十二日）

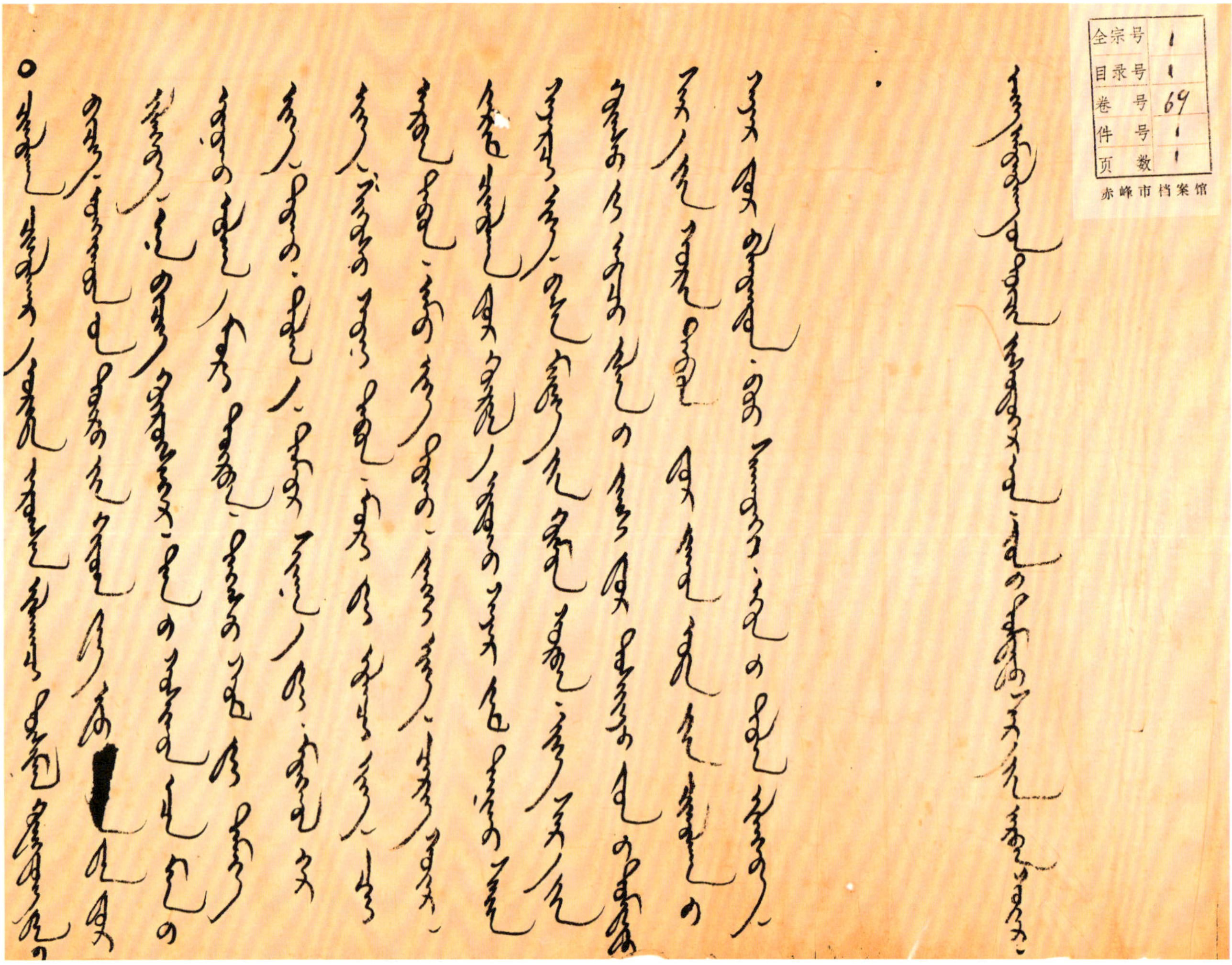

会盟先遣官为备办会盟物资事札翁牛特郡王文

会盟先遣官黄栋文。札付翁牛特郡王额驸：文到，由汝旗备办驿马四匹、带褡裢骆驼一峰，配有锅、灶、铁勺之蒙古包一顶，肉羊五只，带骑驿吏一名，砖茶十五块，炒米一锅，章京一名，壮丁两名，熟知哲里木盟路况之向导一名。另，驿传三名，带足一个月之口粮交至甲喇章京处。于仲夏二十五日，在昭乌达盟辖地备齐待命。毋稍疏忽！

此札。

康熙四十九年仲夏十二日

005 会盟总管为核查罚没牲畜事札翁牛特多罗郡王文（康熙四十九年仲夏十二日）

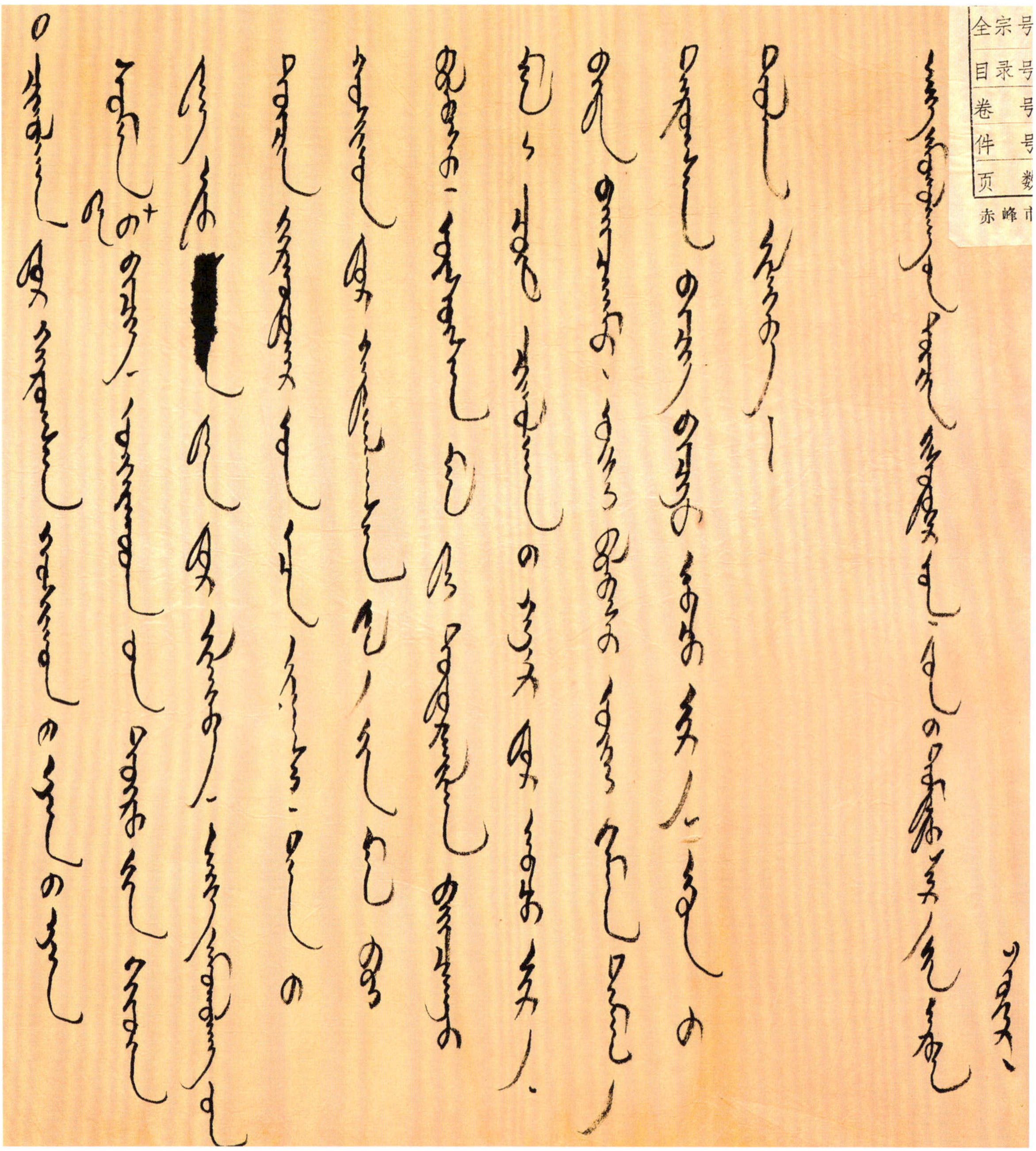

会盟总管为核查罚没牲畜事札翁牛特多罗郡王文

会盟总管苏门文。札付翁牛特旗多罗郡王额驸：自康熙四十六年起，该旗所存罚没牲畜，与繁殖部分一同清点之后，将全部牲畜赶至盟署所在地以待核实。如无此类牲畜，应出具钤印官文以示无此类牲畜。

此札。

康熙四十九年仲夏十二日

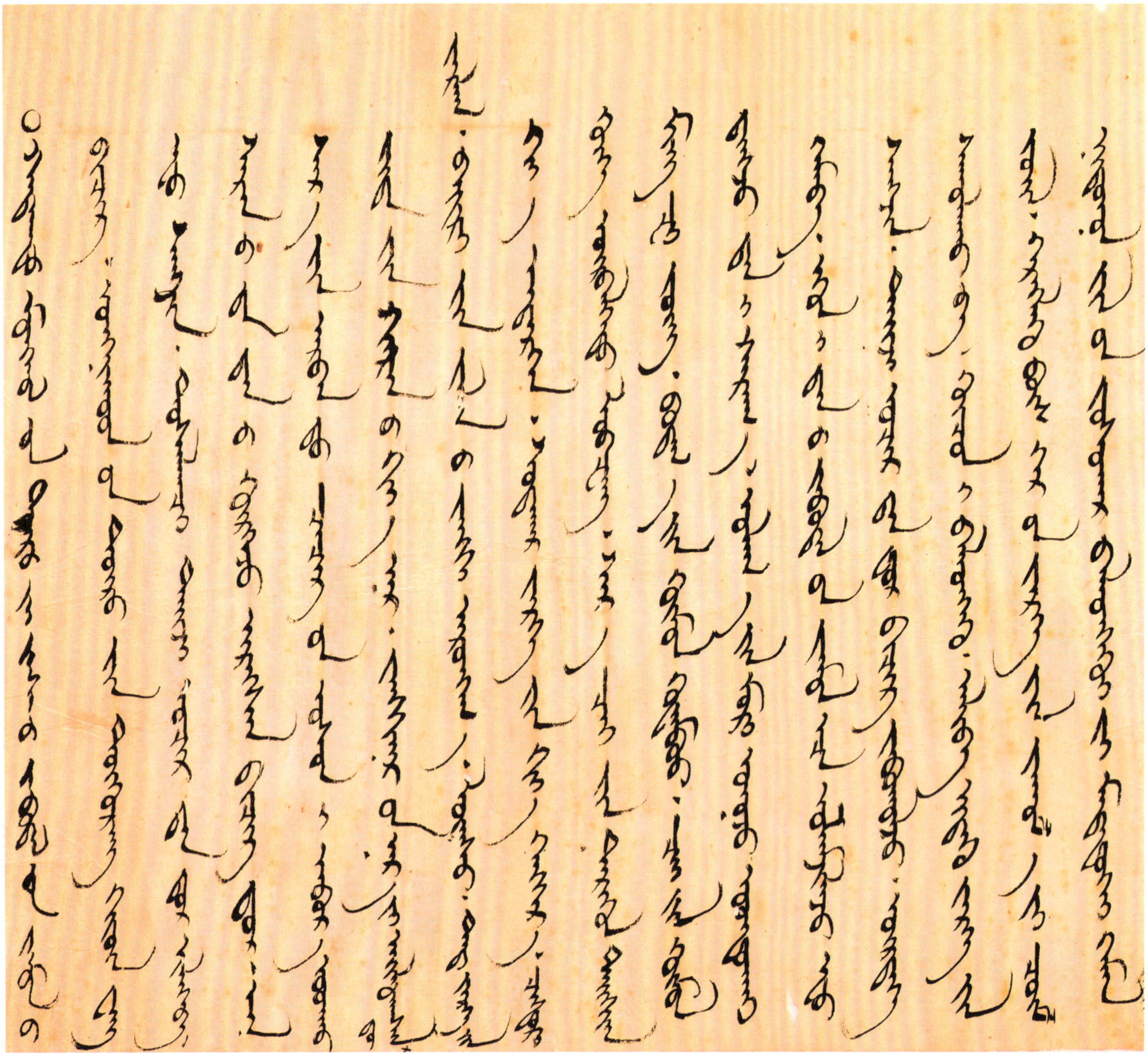

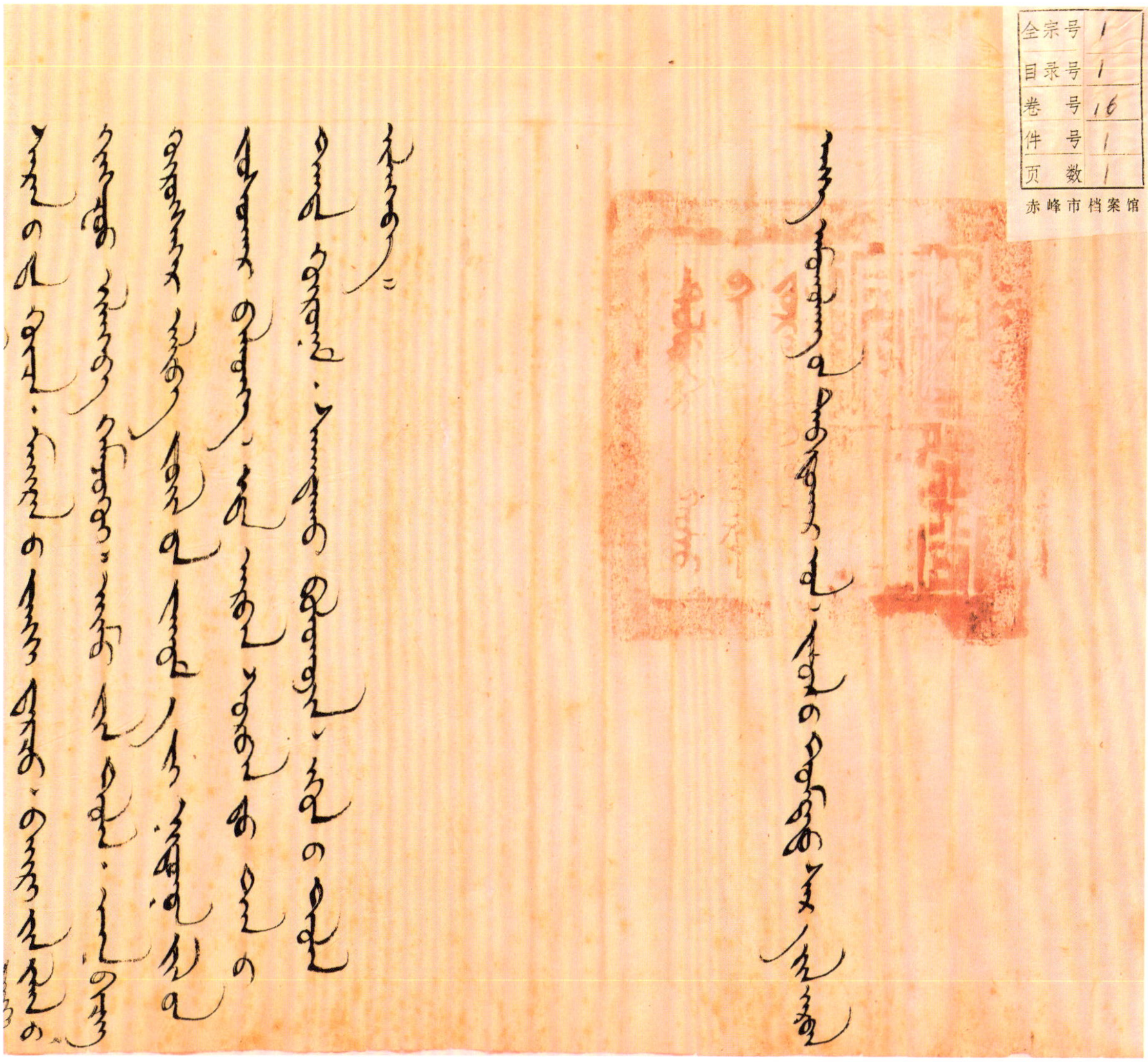
全宗号 1
目录号 1
卷号 16
件号 1
页数 1
赤峰市档案馆

理藩院为备办官方物资事札翁牛特多罗杜棱郡王等文

理藩院文。札饬翁牛特旗多罗杜棱郡王额驸桑金、协理台吉敖其尔：皇宫当月司札开，呈送本月十日领取浇花圣水之侍卫及章京名册。钦命指派兵驿甲喇章京阿荣嘎、鲁格苏，二等侍卫阿德日罕，三等侍卫杭吉拉、昌道尔吉、蓝翎罗布桑，当月茶司明仔仲、炊事官布、茶事丹珠尔等，恩准骑驿马前往。等语。兹有，本部转告额驸桑金及敖其尔台吉等，备办与往年相等之驿站、役工、食物、布匹、蒙古包等物资。为此指派当月总管胡群、梅林章京达尔楚、兵驿甲喇荆楚。文到，即刻备办同往年相等物资。此等使者于十三日抵达尔等处。毋稍疏忽！

此札。

康熙五十年仲夏十日

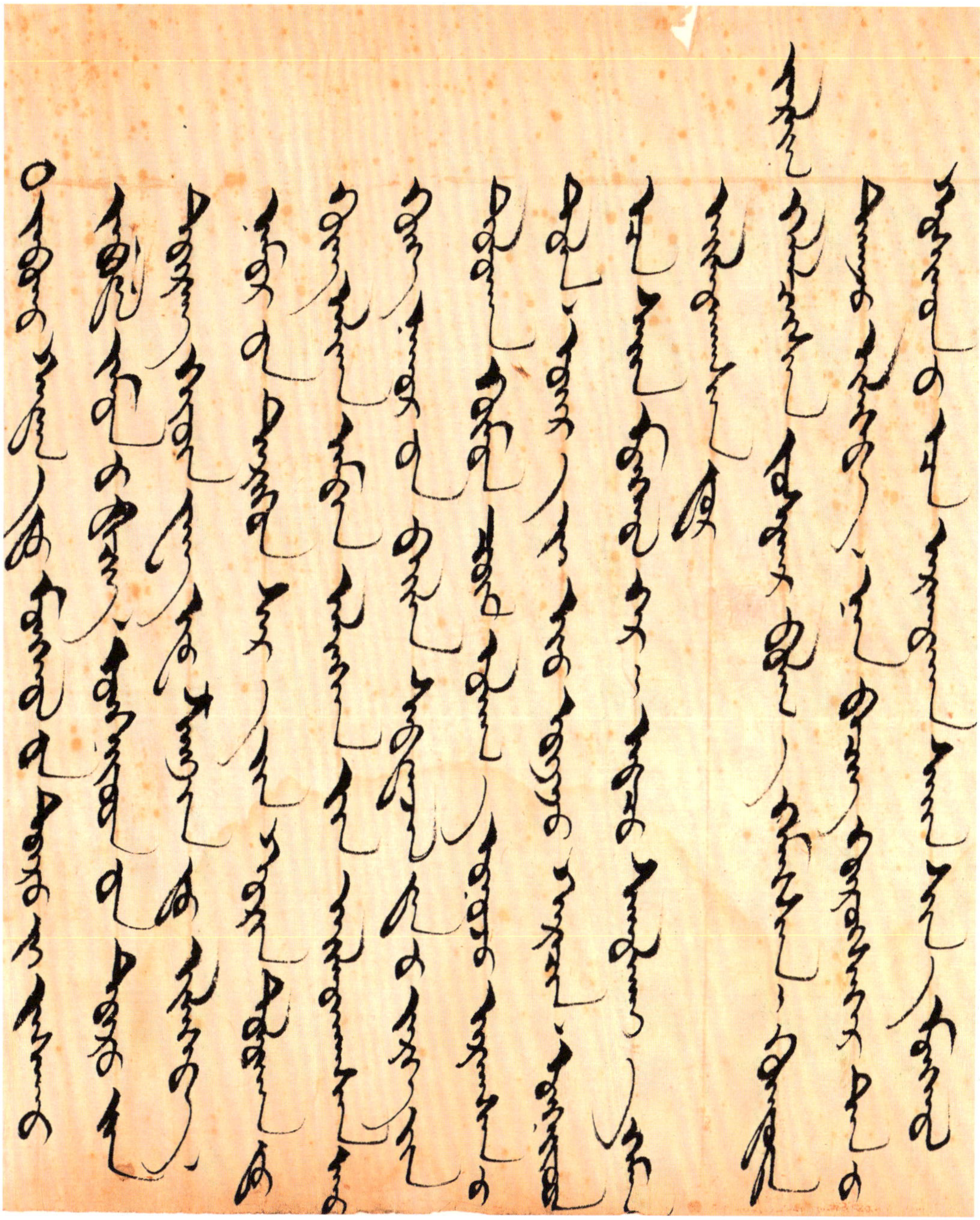

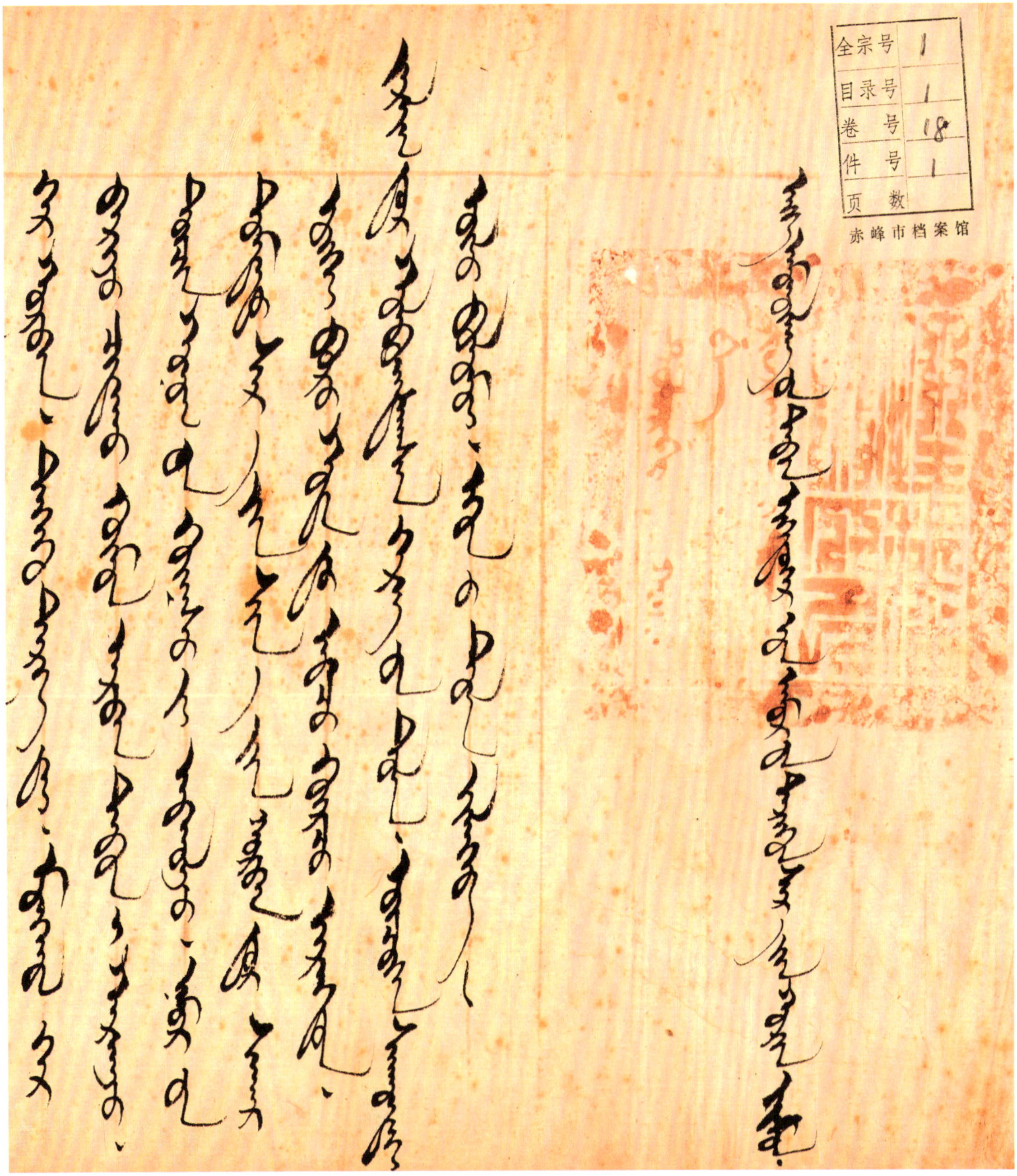
全宗号 1
目录号 1
卷号 18
件号 1
页数
赤峰市档案馆

理藩院为筹备迎接青海贝勒等事
札翁牛特多罗杜棱郡王文

理藩院文。札付翁牛特旗多罗杜棱郡王额驸桑金：初秋二十七日，公爷阿里罕、阿里山呈称，因青海贝勒斯布坦扎拉等七位官员通过驿站来至吾处。故上奏从喀喇沁、翁牛特等就近之地购置上等蒙古包供此等官员之用，并得恩准。等语。兹有，钦命照办。文到，由汝旗备六顶上等新蒙古包及三辆运输车，会搭建蒙古包人员十五名，带足四十天口粮，于仲秋初三日速送至乌丹。因系钦命，不得有误。

此札。

康熙五十一年初秋二十九日

008 理藩院为核查粮库事札诸札萨克文（康熙五十五年七月初八日）

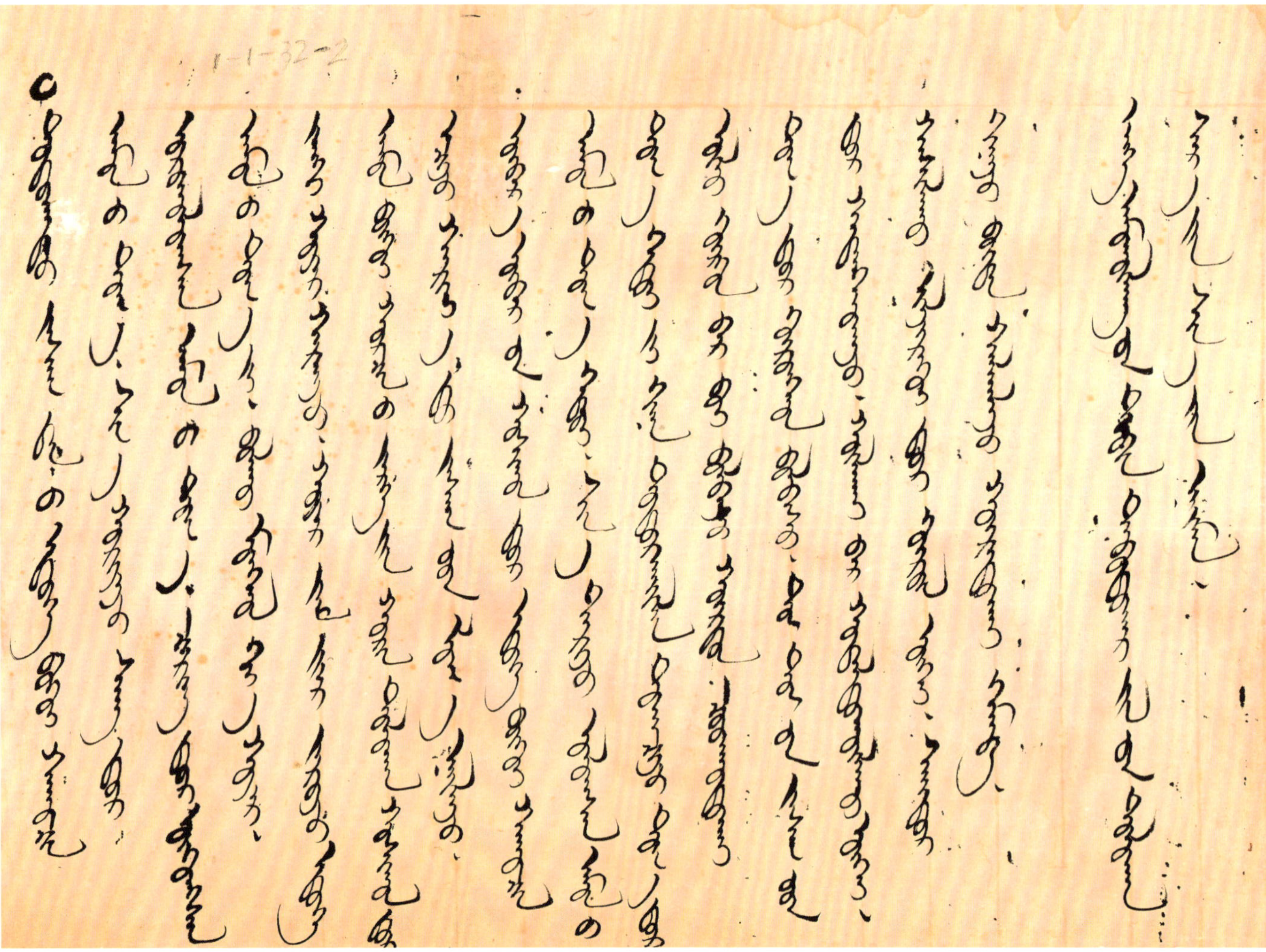

理藩院为核查粮库事札诸札萨克文

为统计内属各札萨克库存陈米数量、新入库数量、军粮数量，指派蒙古侍卫两名、章京两名，分两路至粮食所在之科尔沁二十七旗，会同所属札萨克核实各旗库存陈米数量、新征收数量。如有未达数量者，尽快充实，入满为止。各札萨克及时登记注册，严禁盗售粮食，防止发霉变味，做好监管，入库保管。

康熙五十五年七月初八日

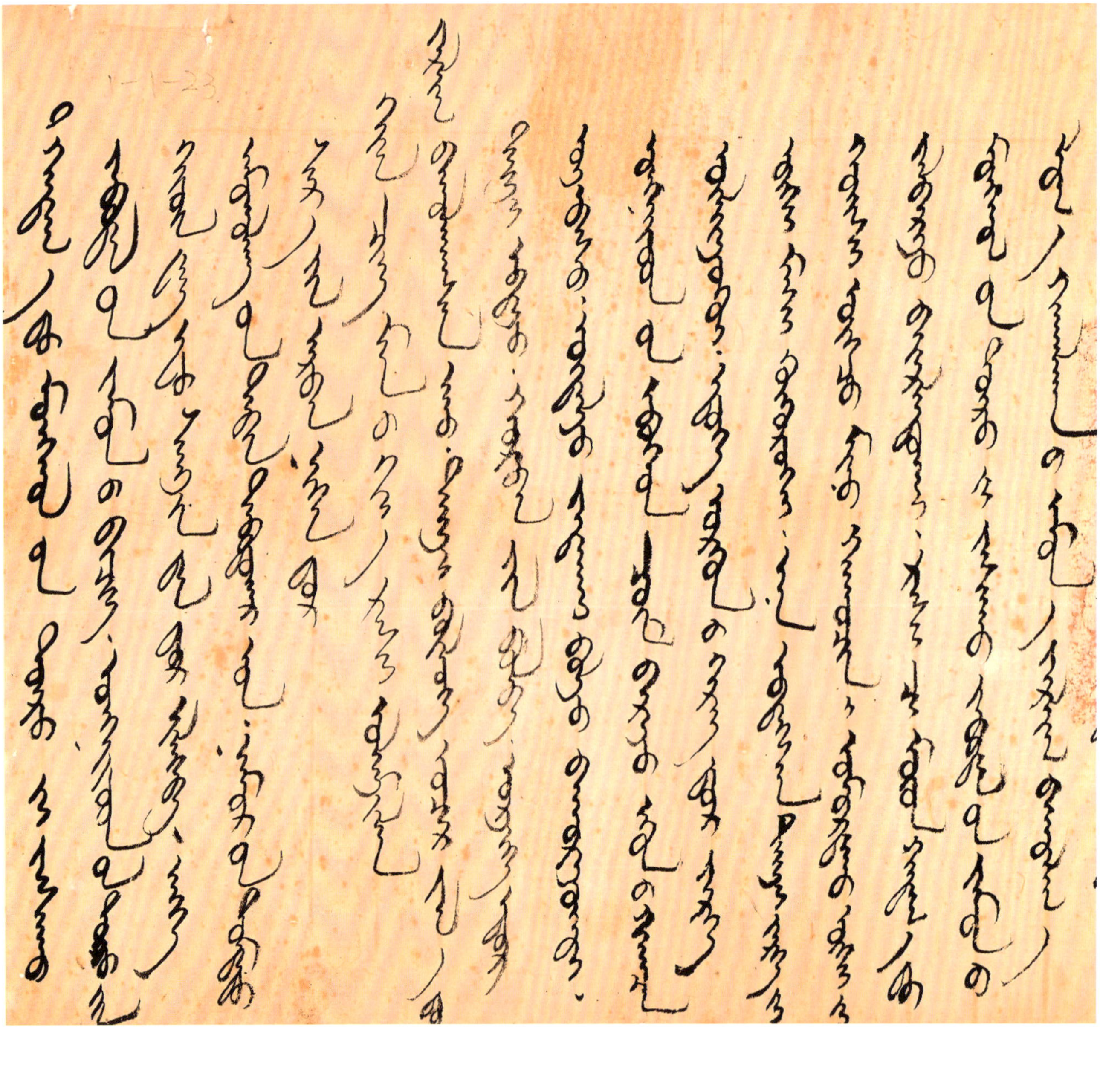

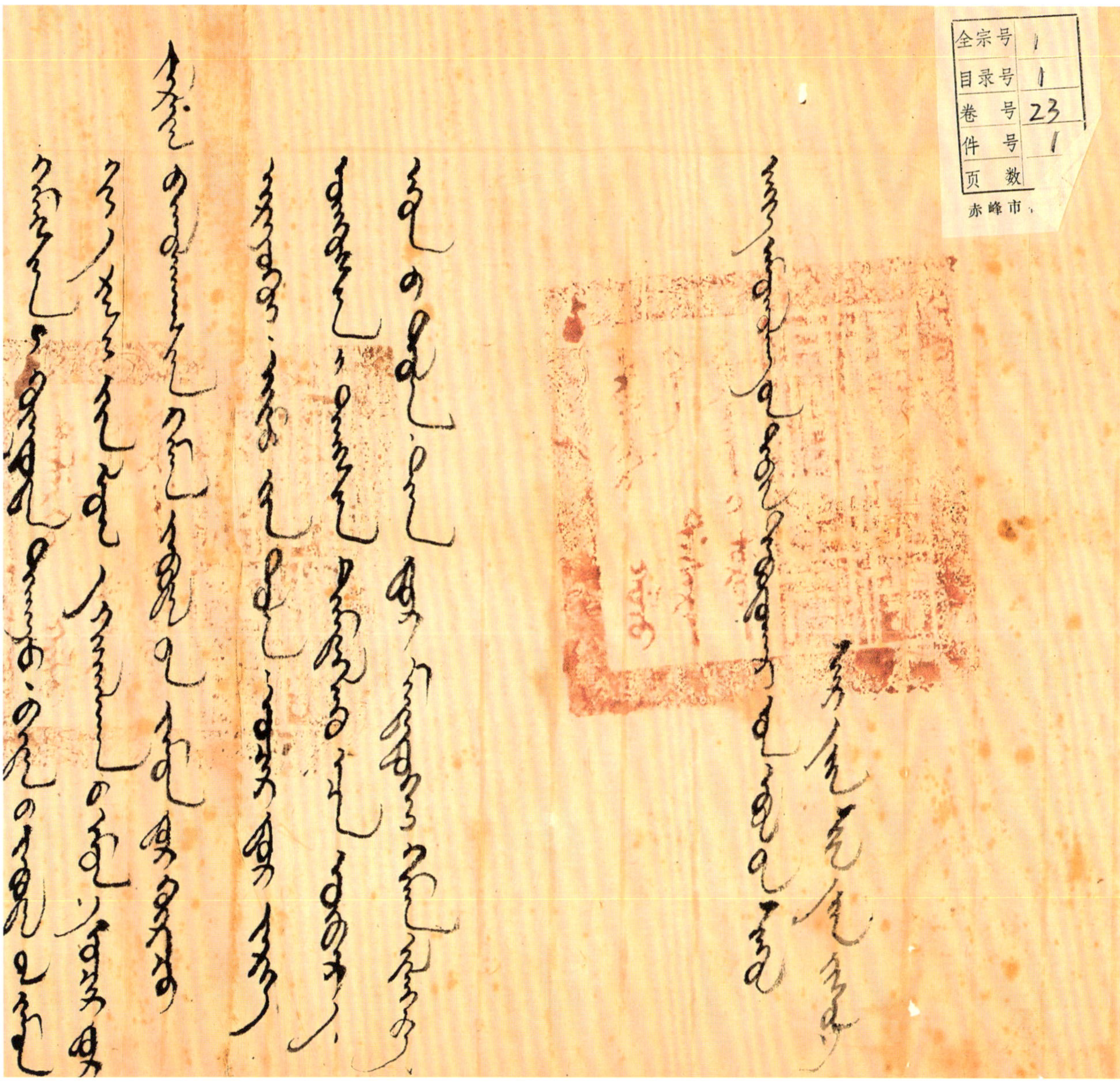
全宗号 1
目录号 1
卷 号 23
件 号 1
页 数
赤峰市

理藩院为恢复敖其尔爵位事札翁牛特多罗郡王文

理藩院文。札付翁牛特多罗郡王额驸桑金：康熙五十五年仲秋十一日，乾清门侍卫拉希传旨：原台吉敖其尔因失职废其爵位已三年。日前，朕细阅才知晓敖其尔失职系因年老体弱所致。翁牛特旗之元老尽逝，仅其在世也。如今受牵连于乌力衮之事而被免，实属让人怜惜也。朕恢复其台吉之爵位，愿尔等毋忘朕念旧之情。命扎西速至理藩院传旨。等语。本部与侍卫扎西传旨敖其尔，并记案恢复其爵位之事。另，通告额驸知晓。

此札。

康熙五十五年末冬初九日

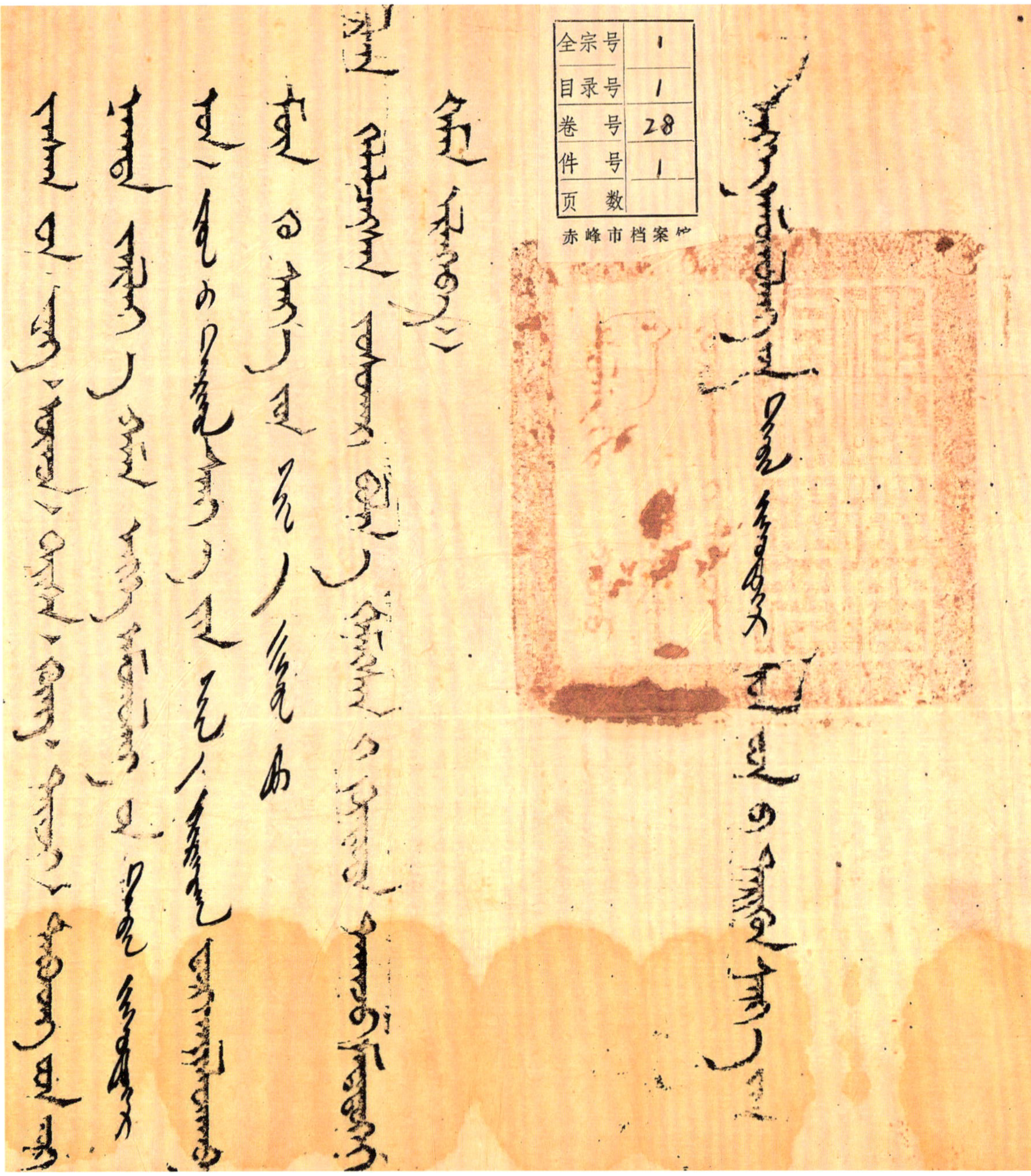
全宗号 1
目录号 1
卷号 28
件号 1
页数
赤峰市档案

理藩院为更改外藩上报制度事札翁牛特札萨克郡王文

理藩院文。札付翁牛特札萨克郡王额驸桑金：本部呈奏，微臣等商议，外藩五十旗及喀尔喀札萨克之每季度上报制，改为两季度上报制，即初夏及末冬两季度上报。兹有，札付初夏前来上报者，照例演练各自旗兵卒，备齐武器装备，不得有误。并指派乘军马之使者通告诸旗总管、札萨克王、贝勒、贝子、公、台吉、塔布囊。于康熙五十九年初夏初六日上奏。是月初九日回旨：照办。钦遵前来本大部。为此，转告之。文到，遵旨照办。

此札。

康熙五十九年初夏

翁牛特札萨克多罗杜棱郡王为荒年放官粮事呈理藩院文

翁牛特札萨克多罗杜棱郡王额驸和硕额驸文。呈送理藩院：奏请本旗百姓庄稼绝收之事。后接旨：该旗官仓放粮，如不足，调用乌丹城粮库，钦此。钦遵前来本旗。经查，本旗绝收佐领灾民两千七百六十口，台吉那尔灾民三百零四口，共计三千零六十四口。其中，两千零四十五口灾民，调配旗官仓两千零四十四担九斗谷子，以每口一担计算借出原粮，均借出。余下佐领之七百一十五口、台吉那尔之三百零四口，共一千零十九口，借乌丹城粮库每人白米一升，共借用一千零十九升。待庄稼收成后如数返还官仓。

至此，呈请大部转奏，叩谢皇恩！

康熙五十九年仲冬二十八日

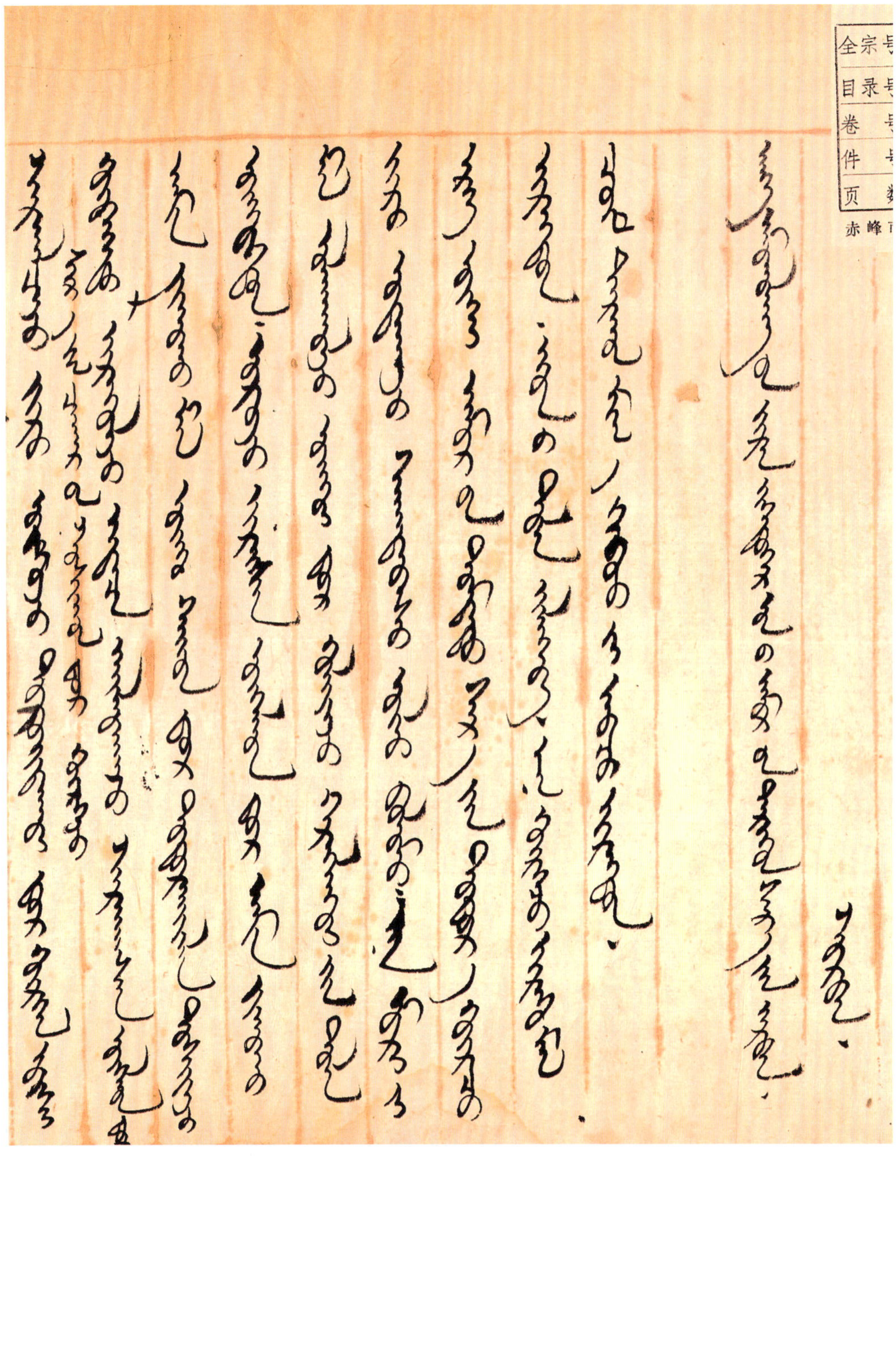

理藩院为救济额鲁特部移民事札翁牛特杜棱郡王文

理藩院文。札付翁牛特杜棱郡王额驸桑金：本部上奏获准，迁入白音吉如和之额鲁特部移民，安置于镶黄察哈尔地区新建苏木，今征用该旗罚没之牲畜，以救济移民之用。为此，文到，尔旗储备之马群中如数拣选一百八十四上膘之马，并选用干练之官差配送。途中谨慎照料，不得损失、不得减膘，按时送至镶黄之察哈尔旗，与本部指派之救援额鲁特部移民官吏交接妥当。救援额鲁特部移民情况紧急，急需牲畜。毋稍疏忽！务必仲秋月之内送至目的地。

此札。

马匹要拣选肥壮之母马也。

康熙六十一年初秋十三日

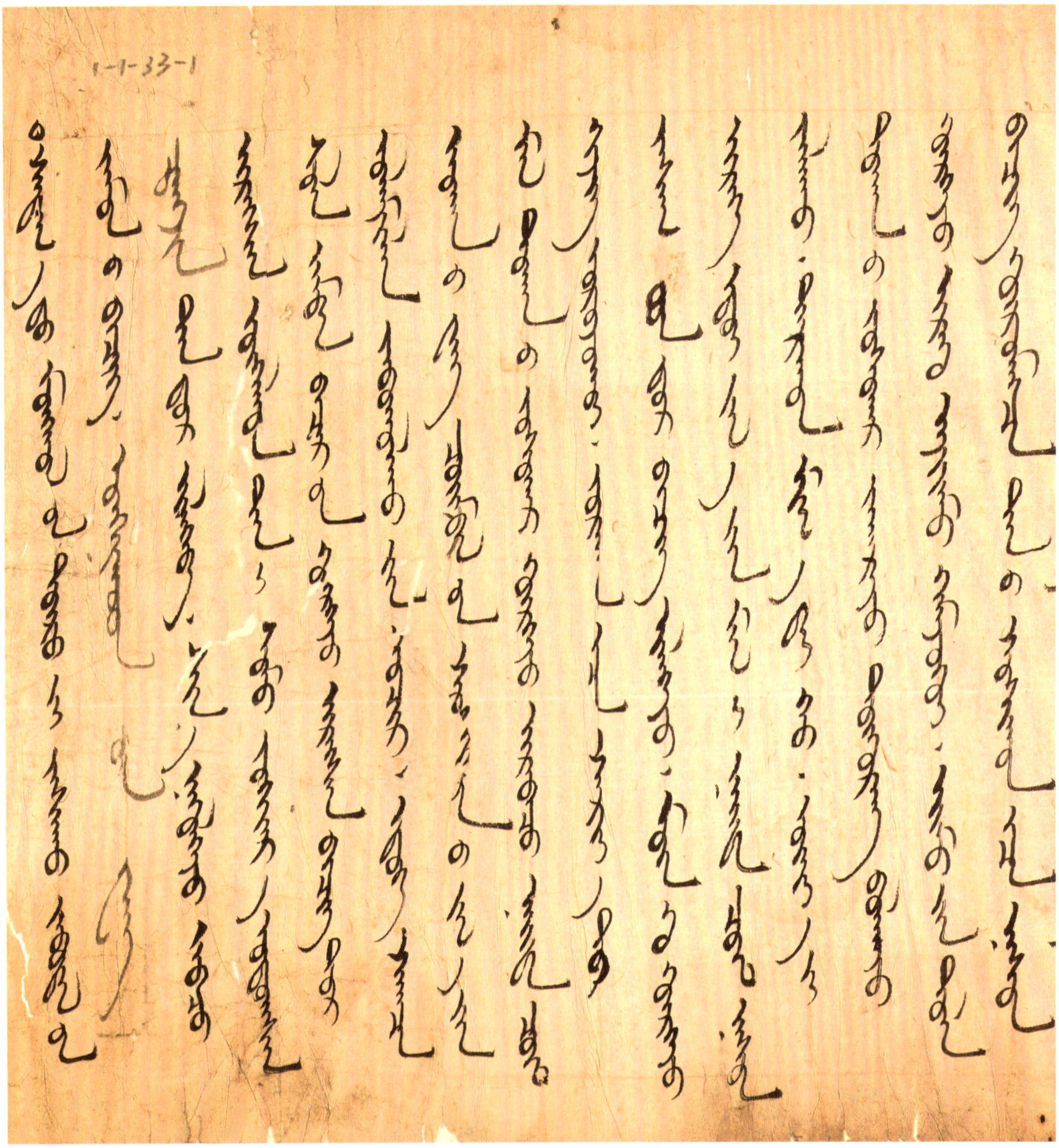

013 理藩院为督促上缴罚没牲畜事札翁牛特王文（康熙六十一年末秋初七日）

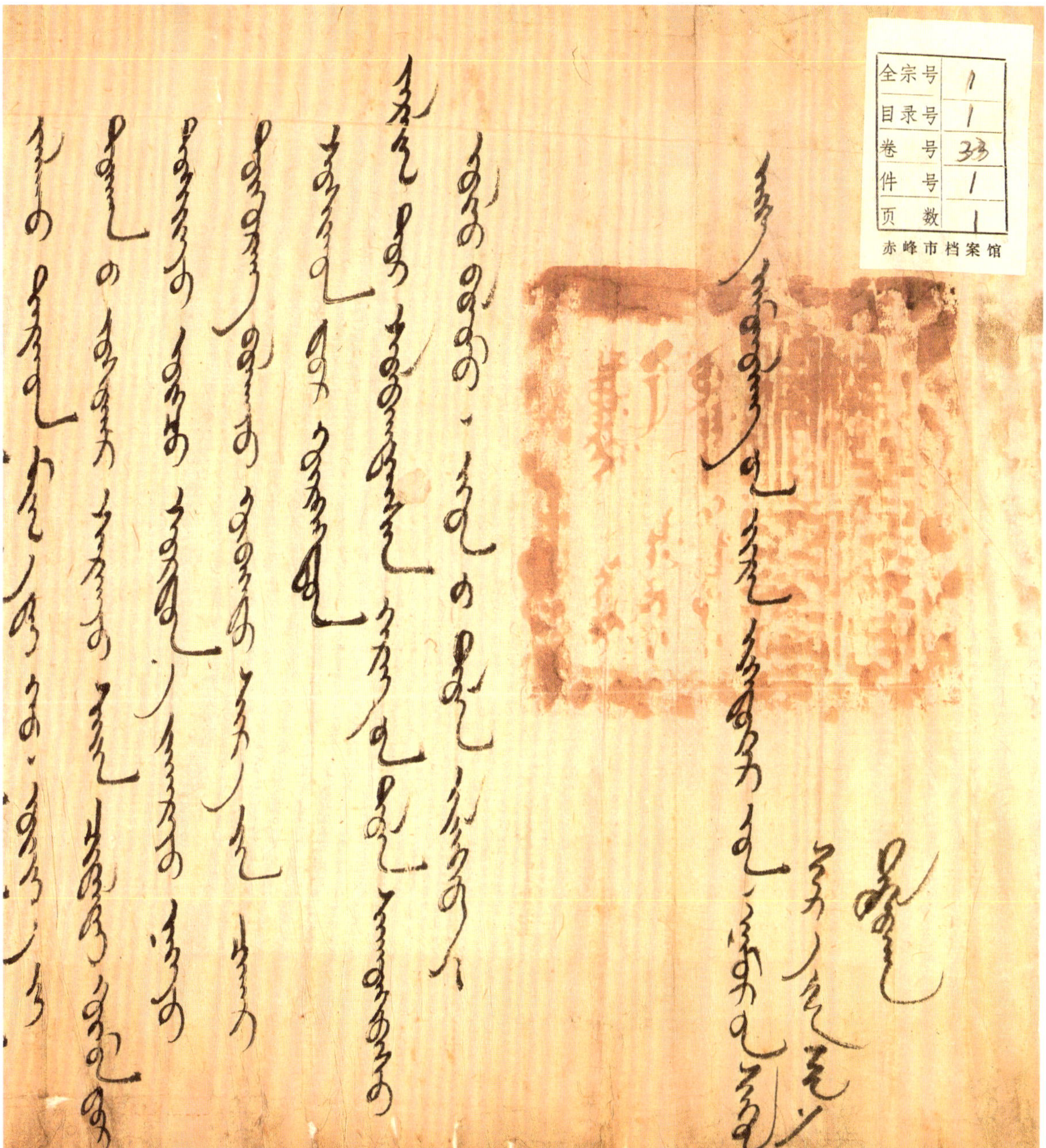

理藩院为督促上缴罚没牲畜事札翁牛特王文

理藩院文。札付翁牛特王桑金：新搬迁之额鲁特佐领散秩公巴斯尔呈称，敖汉王却穆培勒旗罚没之牲畜虽如数送到，但均患瘟疫也。呈请大部札付所属札萨克，尚未送之罚没牲畜，需挑选肥膘母马、母牛，如数配送。等语。为此，文到，尔旗如数选出肥膘岁少母马、母牛，交给干练官差，即刻如数送至镶黄旗。系圣上钦命，不得有误。

此札。

康熙六十一年末秋初七日

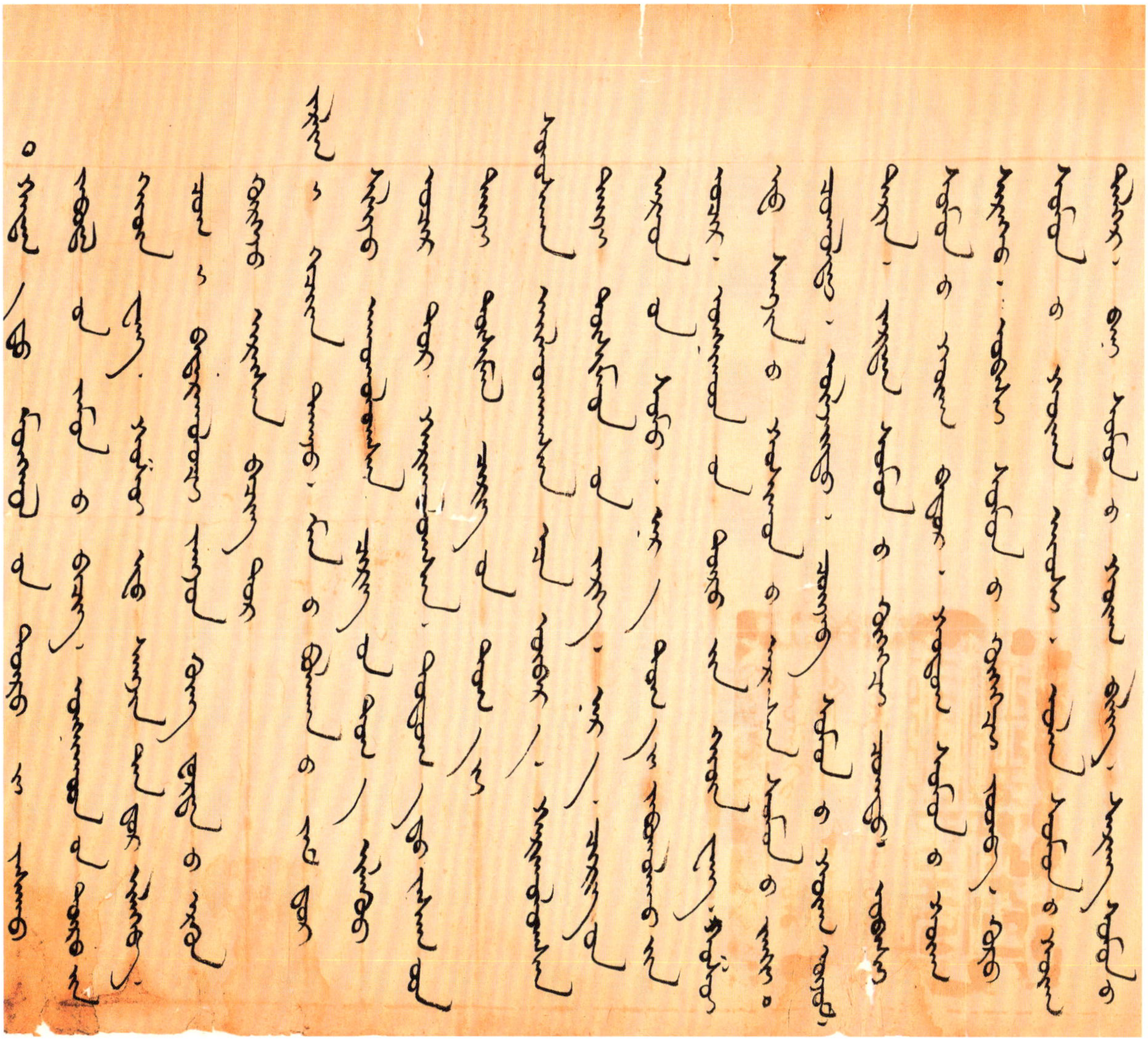

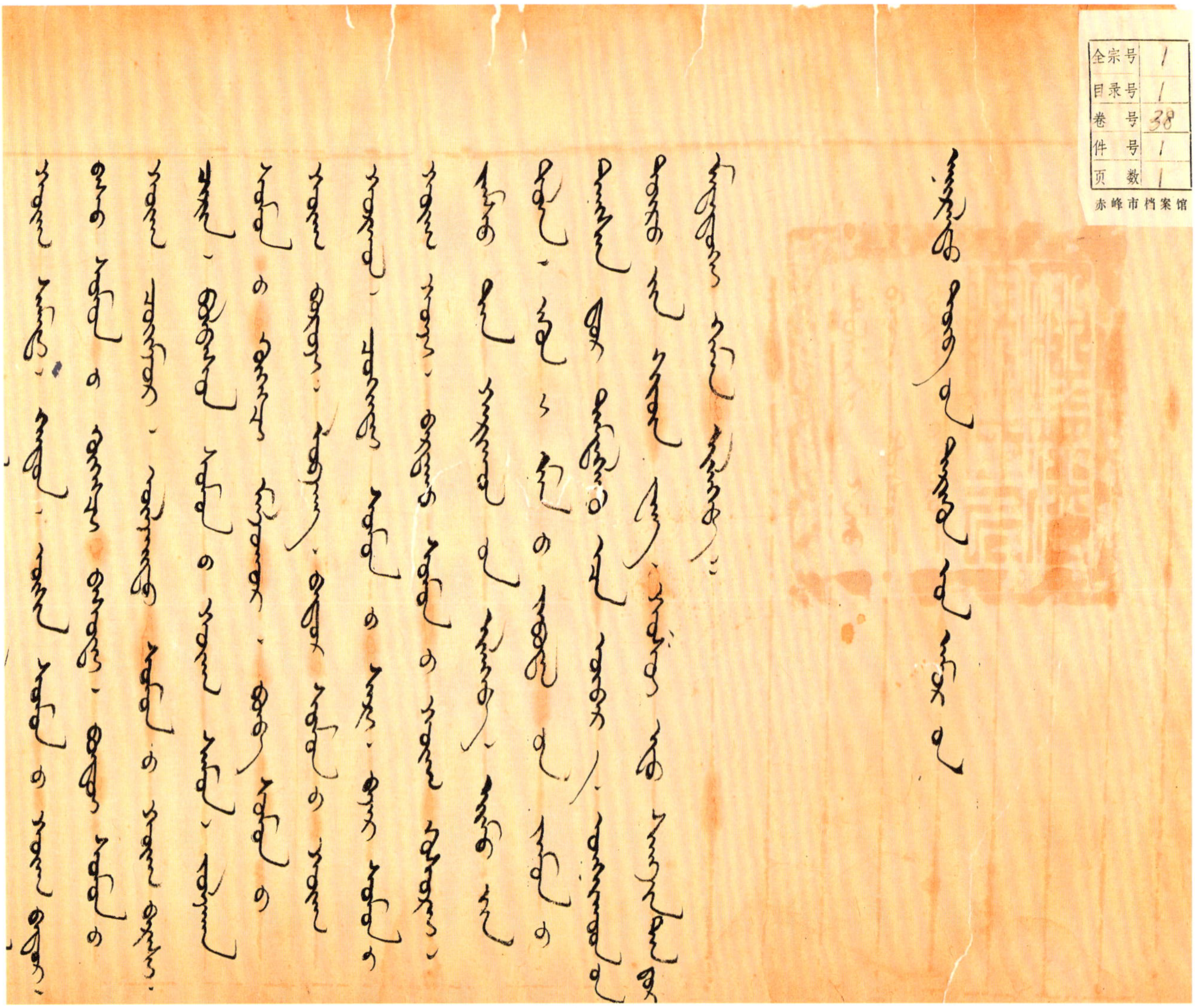
全宗号 1
目录号 1
卷号 38
件号 1
页数 1
赤峰市档案馆

理藩院为督促呈报超编兵丁、台吉事札翁牛特多罗郡王文

理藩院文。札付翁牛特多罗郡王和硕额驸桑金：振威将军公姚尔丹呈称，本部谨遵旨意，派驻各路精兵数量超编严重。呈报退回超编之内属札萨克台吉众官及兵丁数量外，将退回台吉众官之等级、姓名以及兵丁所属苏木、姓名、数量禀告如下：翁牛特多罗郡王和硕额驸桑金旗之阿日新苏木章京朝和勒台、乌力吉图，却扎布苏木兵丁乌吉木、塔日扎，扎日达格苏木骁骑校朝格图，敖巴希苏木兵丁巴特尔，浩特格苏木兵丁希日胡，敖巴希苏木骁骑校照德巴，胡茹苏木兵丁阿友希，敖兰苏木兵丁德力格尔，巴尼苏木兵丁毕力格，斯楞苏木兵丁萨玛及太太，公主苏木兵丁巴特尔，巴苏苏木骁骑校巴苏太，布太苏木兵丁却牧吉拉，乌力吉图苏木兵丁巴拉其、策林，宝鲁格森苏木兵丁萨门，珠拉吉根苏木骁骑校玛拉珠儿，布木巴苏木兵丁宝茹吉、鲁布桑，巴特尔苏木兵丁浩日罕，朝很太苏木萨日，巴雅尔苏木兵丁很吉，巴日达胡苏木兵丁胡苏来、扎木苏等，已退回原籍。等语。至此，本部登记造册外，札付翁牛特旗多罗郡王和硕额驸桑金。

雍正元年秋

015 理藩院为禁止木兰围场放牧事札翁牛特多罗杜棱郡王文（雍正二年仲春十一日）

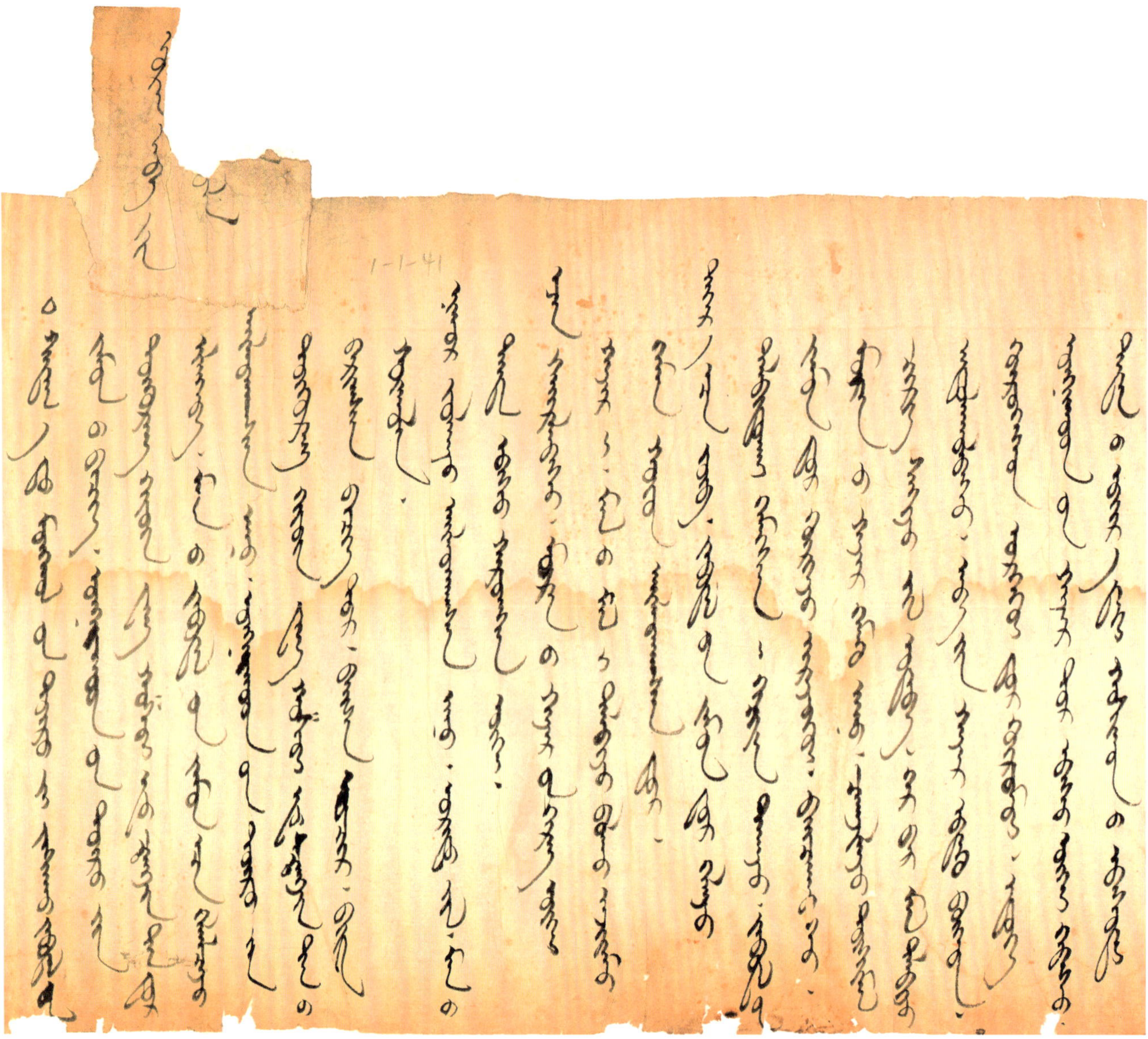

015 理藩院为禁止木兰围场放牧事札翁牛特多罗杜棱郡王文（雍正二年仲春十一日）

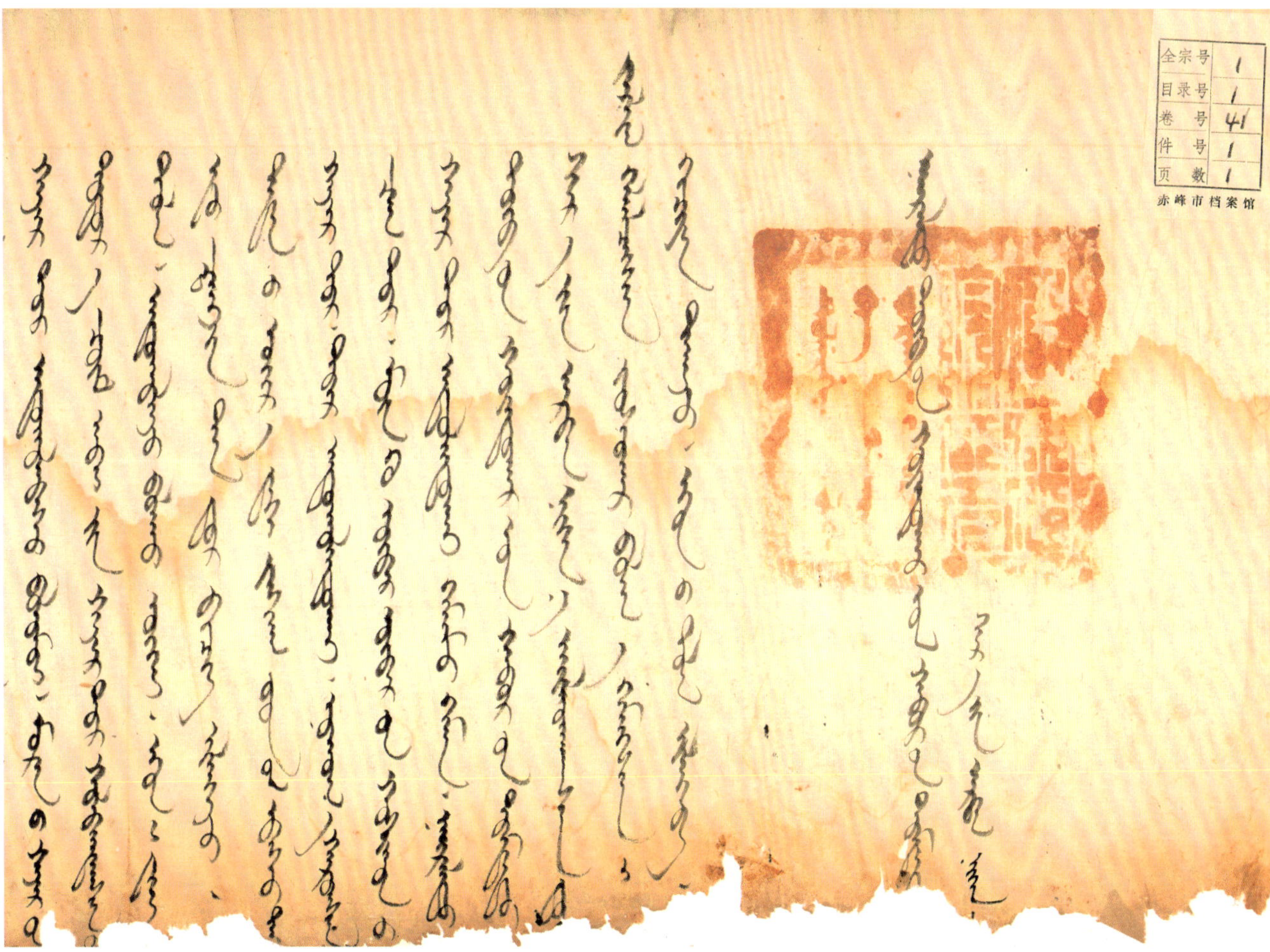

理藩院为禁止木兰围场放牧事札翁牛特多罗杜棱郡王文

理藩院文。札付翁牛特多罗杜棱郡王和硕额驸桑金：尔处呈称，本王与贝子敖其尔呈奏，往年旱灾严重，奏请吾皇恩准木兰围场闲暇之地放牧。等语。经上奏，吾皇交由本部备案。本部谨遵上意，经查，木兰围场为皇家围猎禁地，兵守多年，如放牧开放，不仅破坏植被，还会惊扰兽禽。故本部上奏：翁牛特遇旱灾，牧场无草，可借临近旗草场放牧。木兰之地关乎吾皇围猎禁地，禁止放牧。于雍正二年仲春十一日上奏，回旨曰，照办。钦遵前来。兹有，札付额驸桑金，可借临界札萨克草场放牧，待牧场水草丰茂，则在旗内草场放牧。

至此。

雍正二年仲春十一日

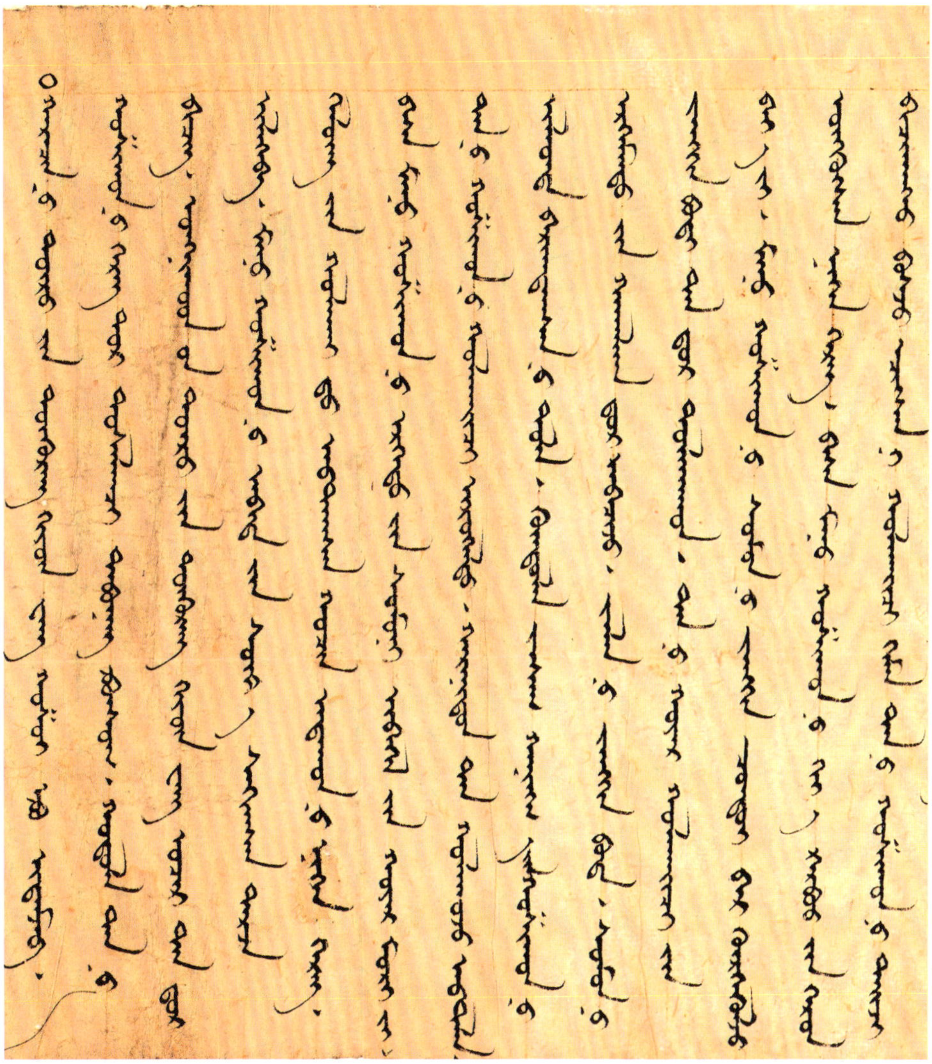

016 喀喇沁多罗杜棱郡王等为阿庇达庙和尚马匹被盗等事咨翁牛特多罗杜棱郡王等文(雍正六年仲春初七日)

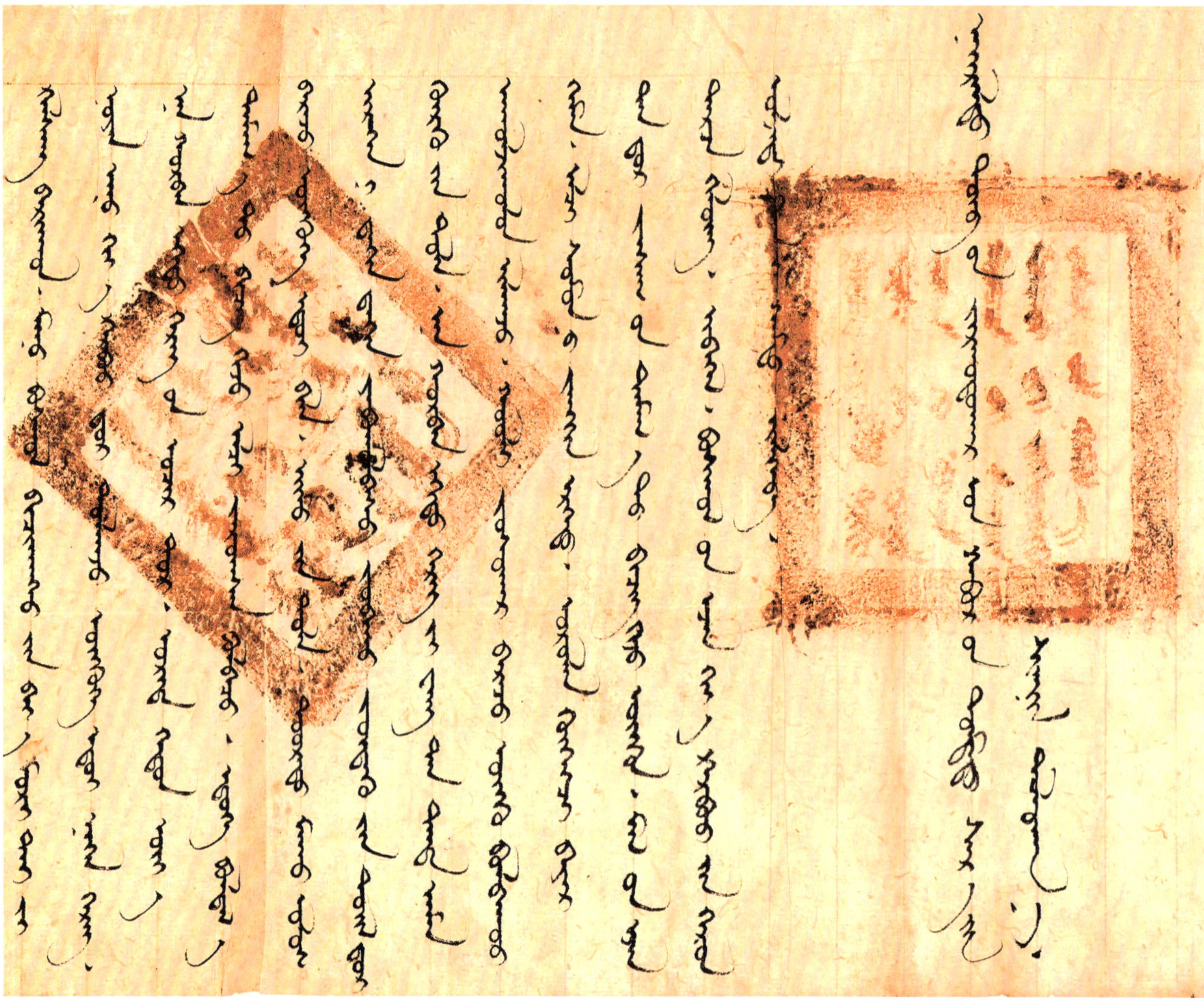

喀喇沁多罗杜棱郡王等为阿庇达庙和尚马匹被盗等事咨翁牛特多罗杜棱郡王等文

喀喇沁多罗杜棱郡王和硕额驸伊丹扎布，旗协理塔布囊朋斯克、浩特勒文。咨送翁牛特旗多罗杜棱郡王敖其尔：本旗守护阿庇达庙塔日扎和尚三十匹马被盗一事；还有尔旗盗贼伊茹格勒图、哈日尼顿盗窃本旗额日和图苏木伊布格勒两匹马被抓，送至异地札萨克哈尼嘎旗额日和木图衙门，与甲喇章京布达和苏木章京宝迪对质，派本旗苏木章京朝恩太押解两名盗贼一事；还有本旗侍卫嘎日布家小儿离家出走时，尔旗台吉嘎拉桑当成盗贼，人和马俱被扣留而至今未归还一事。此三起案件，本旗几次派携公文使者，但至今未能抓获盗贼。为此屡派手下接洽却无功而返，徒劳奔波。望王爷接见并依法处理此三起案件。特派使者苏木章京额日和图、代骁骑校巴雅尔携钤札萨克印之官文，与被盗马匹之塔日扎和尚、伊布格勒，出走孩子家长侍卫嘎日布家之敖拉吉泰一同前往贵处。

雍正六年仲春初七日

017 理藩院为征用驿站物资事札翁牛特札萨克多罗郡王文（雍正八年末冬初五日）

理藩院为征用驿站物资事札翁牛特札萨克多罗郡王文

理藩院文。札付翁牛特札萨克多罗郡王敖其尔：承接户部札开，谨遵旨意，书省院大臣马尔赛有关西路、北路两路军用所需十二件事宜，于雍正八年初冬二十八日上奏。二十九日回旨曰，核对清点蒙古驿站马和驼，如数清算统合之建议非常及时，将此等做法作为固定例律交由理藩院，推广蒙古各地。其余则以商议方式办理，钦此。钦遵前来。兹有，本部遵旨照办，向诸札萨克发官文，从今往后，征用驿站所需物资时，出示理藩院签发之票据后，如数配发，并派向导，指引方向。如官差违法收取驿站膳食、无据领取驿站膳食、私自游逛、为难蒙民者，所属札萨克呈报理藩院，依法治罪也。蒙民有票据却瞒而不交膳食、将好骟马藏于山林间而以躁劣母马替换、不舍随身坐骑而耽误事务者，与所属札萨克一同治罪。文到，所属札萨克告知各自属民之。

此札。

雍正八年末冬初五日

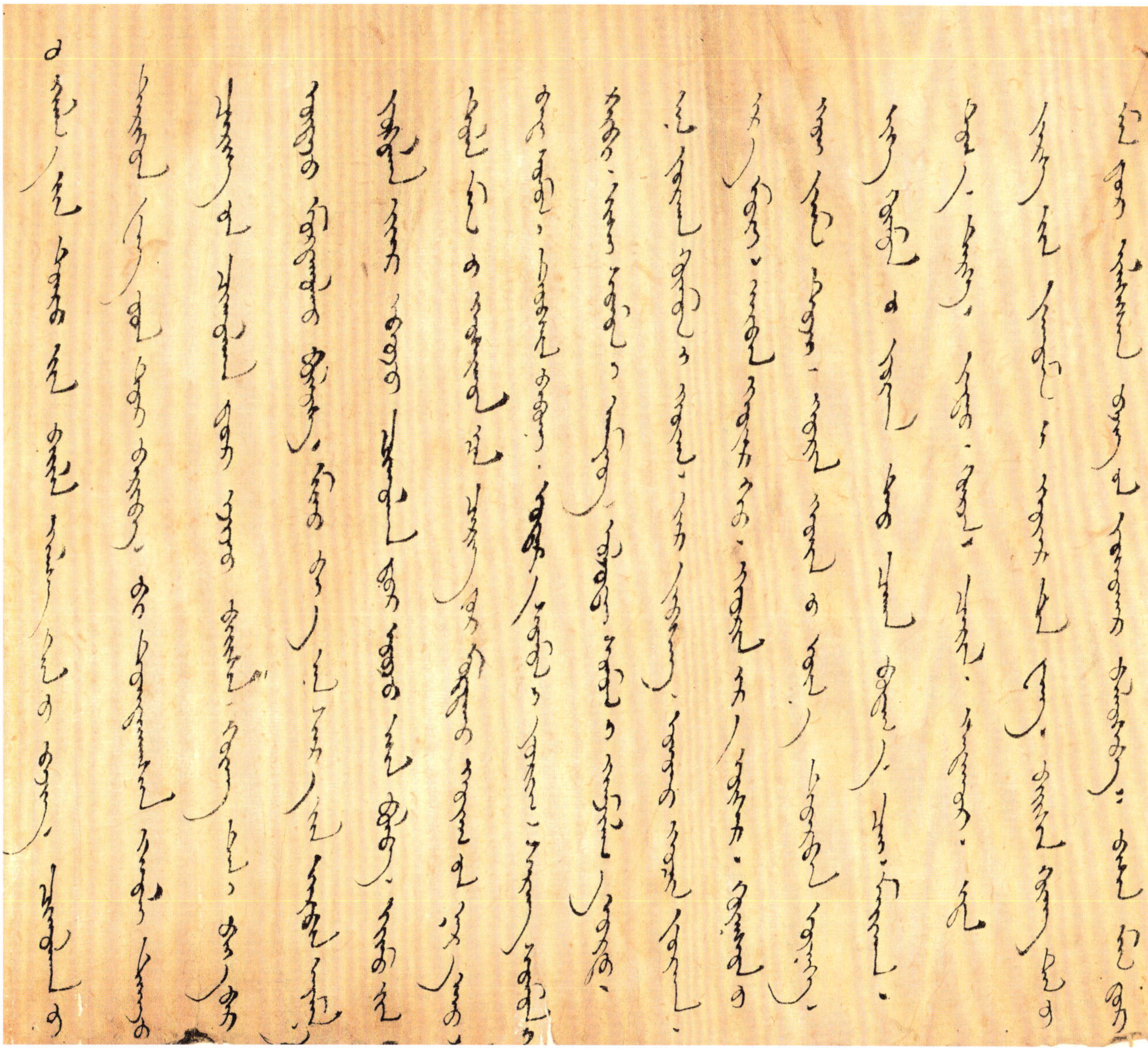

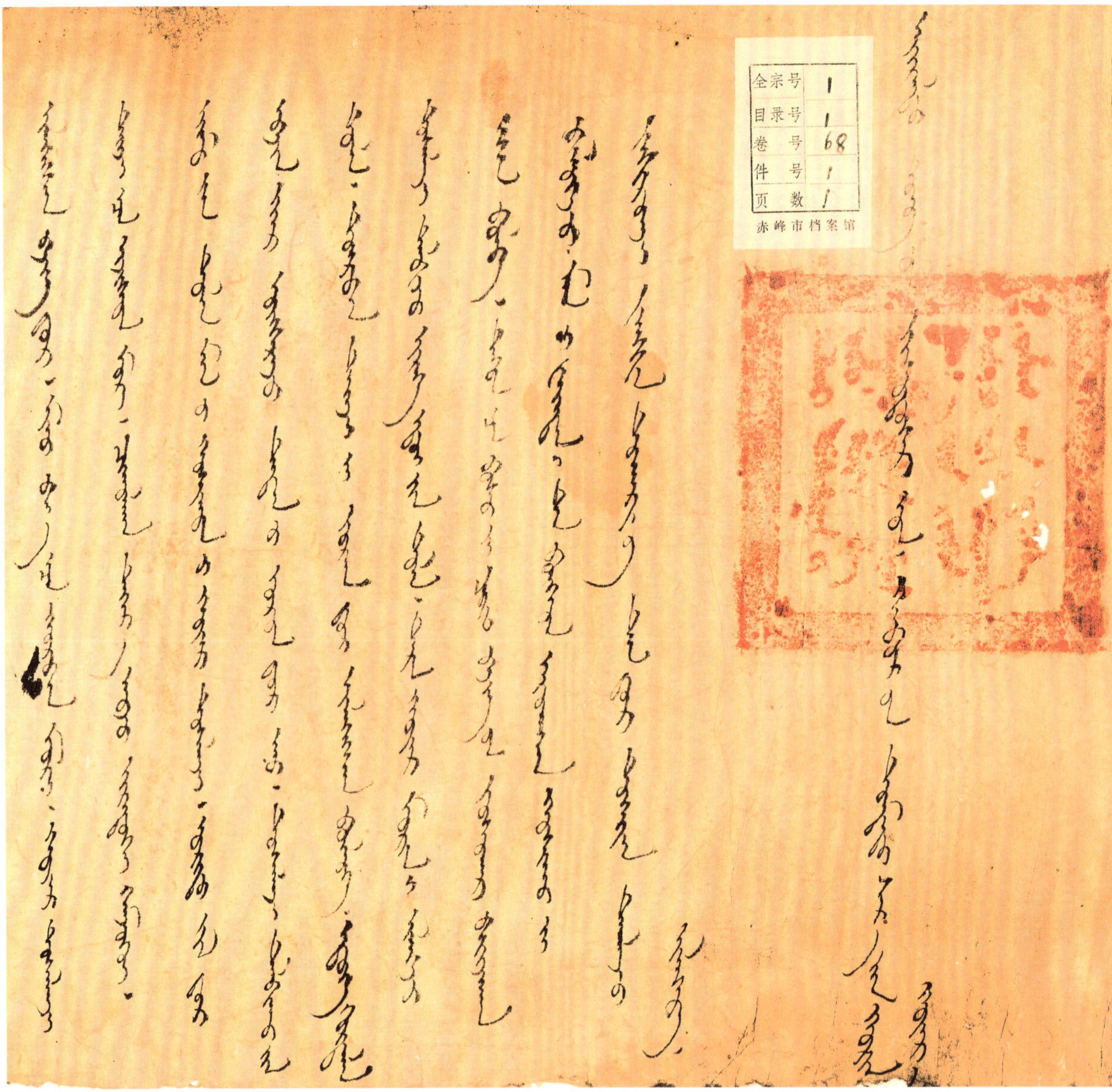
全宗号 1
目录号 1
卷号 68
件号 1
页数 1
赤峰市档案馆

喀尔喀多罗贝勒为报送征兵壮丁名册等事呈诸盟长文

喀尔喀多罗贝勒嘎拉桑文。呈送诸盟长王爷等：本人理应照例至盟军机部亲自欢送贝子、公才是。本人于本月十八日按照礼仪进驻盟会成亲。兹有，呈报本旗征兵壮丁名册如下：班弟苏木图布新、巴布奈，敖特尔苏木照日格，斯楞苏木格贝，伊希苏木阿敏浩毕，敖鲁太苏木隶属乌日图。依照二位大王和王爷贝子、公札饬，给此六人配备盔甲、武器。还备有坐骑三十六匹公马、十二匹母马、二十头牛、肉羊四十只、值二十只羊之四头母牛、每人六斗白米、茶叶、帐篷、铁锅、车辆、铡刀、铁锹、钎子、镰刀等物资。札饬还命本人捐三匹马、两个协理台吉各出一匹马，并送至盟署处。因俩协理台吉于去年病逝，为补空位，曾派四位台吉前往盟会，至今毋有任职。故未能备齐那两匹马。其他物品均已按札文备齐，并已向王爷及阿鲁科尔沁管旗章京都嘎日扎布呈报注册也。

雍正九年仲春二十二日

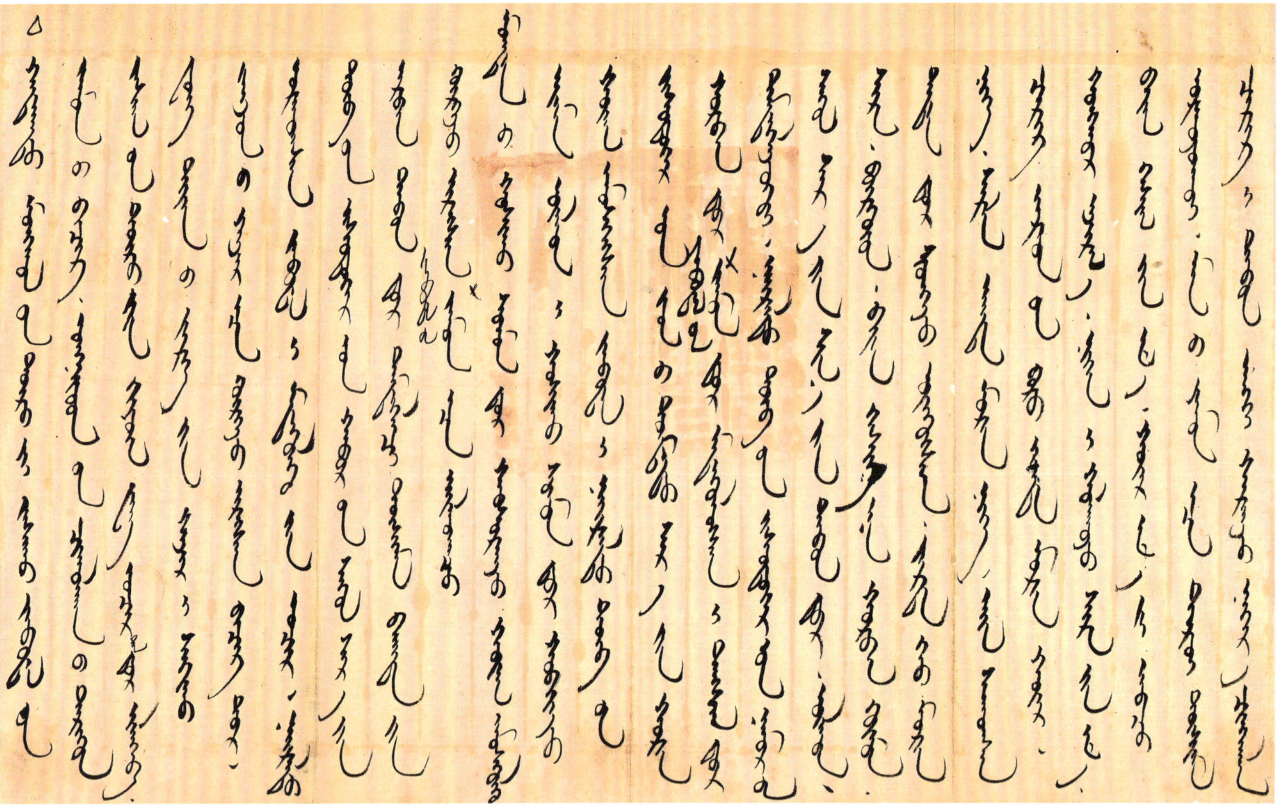

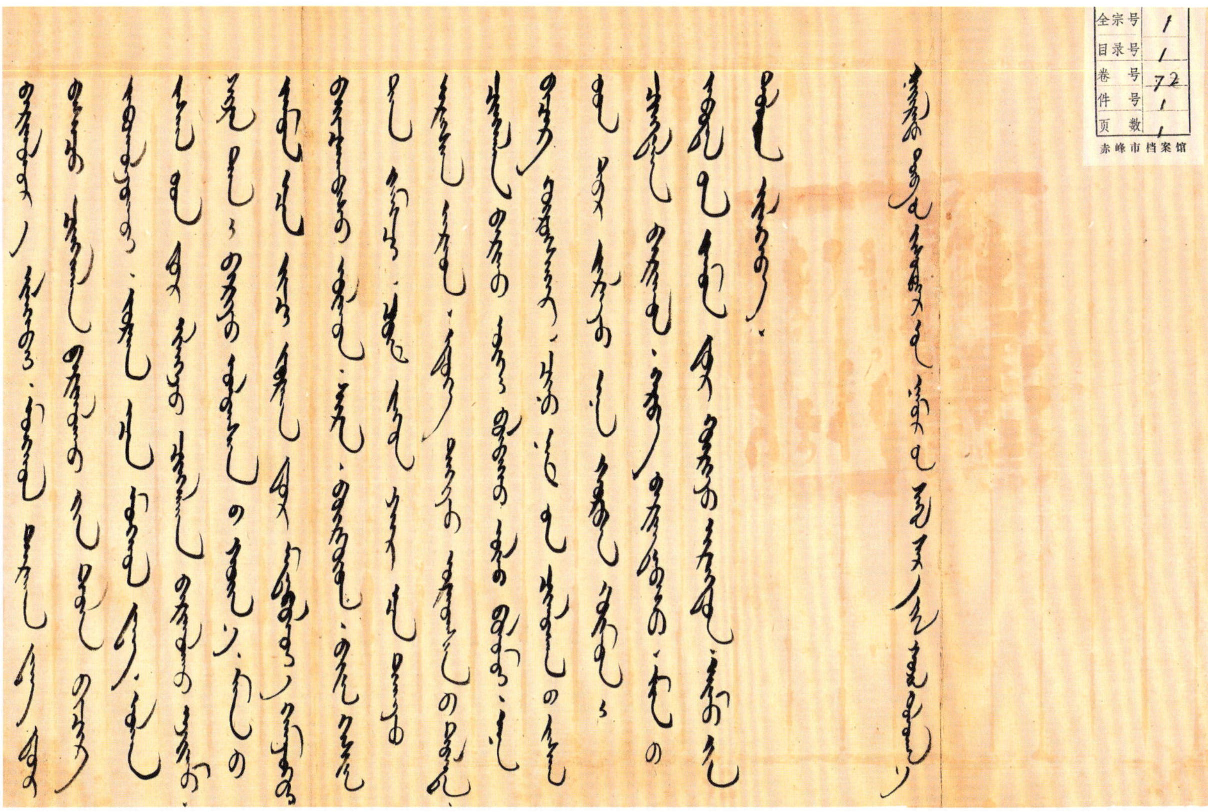
全宗号 1
目录号 1
卷号 72
件号 1
页数 1
赤峰市档案馆

理藩院为缉拿逃犯事札翁牛特盟长札萨克多罗郡王文

理藩院文。札付翁牛特盟长札萨克多罗郡王敖其尔：驻守奉天等地将军处札开，通报逃犯之事。于雍正九年末春十五日由笔帖式巴哈达呈报理藩院，协助沈阳地区旗苏木，受罚充军之八名额鲁特人发配至各旗苏木一事，于雍正九年仲秋二十三日理藩院记录在案。雍正九年末秋初五日，额鲁特人希日、布日古德、巴音贺希格三人偷盗配其之灰色母马一匹、灰白骟马一匹，村民紫色马两匹、灰白公马一匹，并携希日老婆和巴音贺希格老婆一同出逃。本将军署即刻调派卫兵五组，追踪抓捕。也札付蒙古达尔罕王，严加追逃。

本署也将此事通报蒙古各王爷和诸札萨克，令其严查不怠，抓捕希日等，及时禀报本署。等语。经查，额鲁特人希日、布日古德、巴音贺希格等人原是准噶尔之随迁之户。现今再次逃逸，须严加追捕。文到，盟会诸札萨克严查此三人，抓捕即刻押送本部。

此札。

雍正九年末秋二十七日

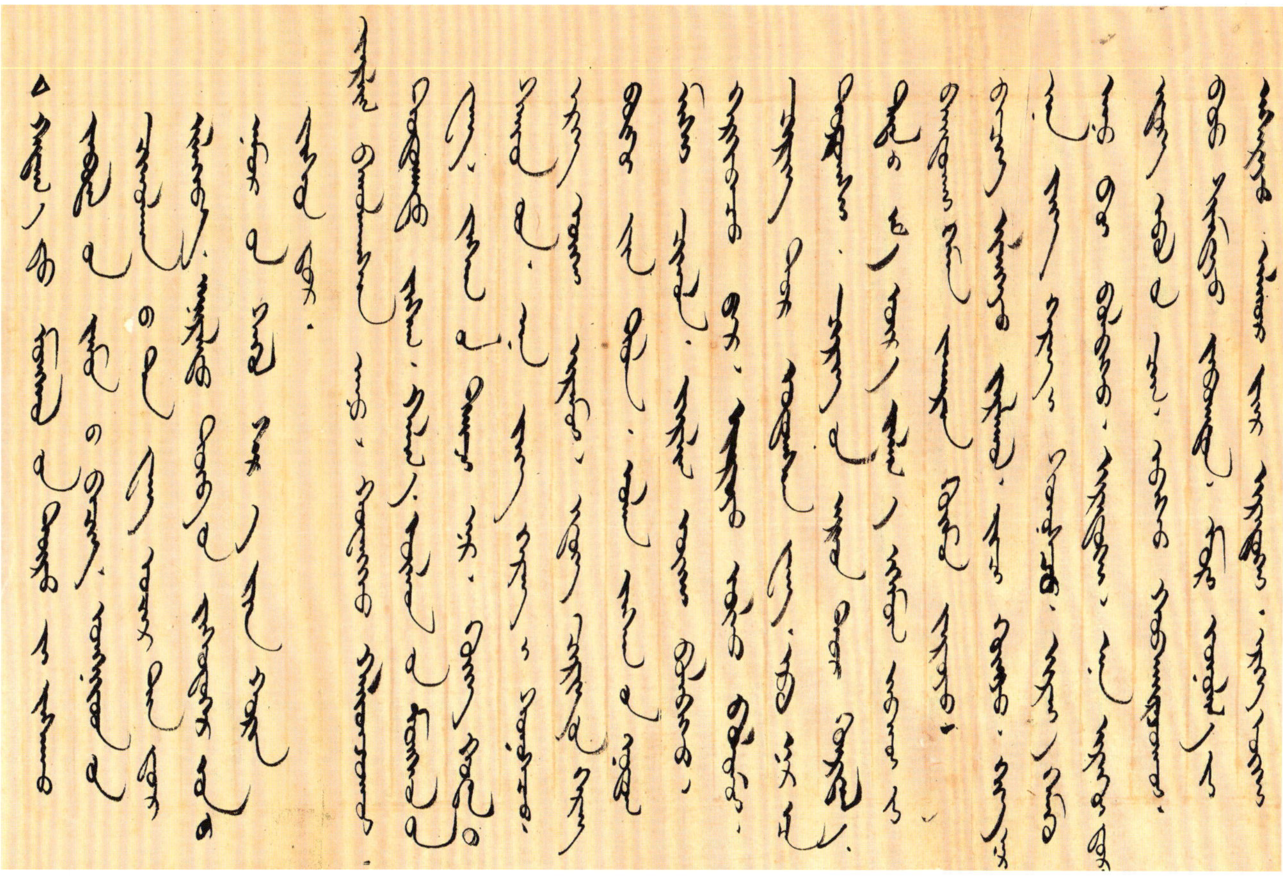

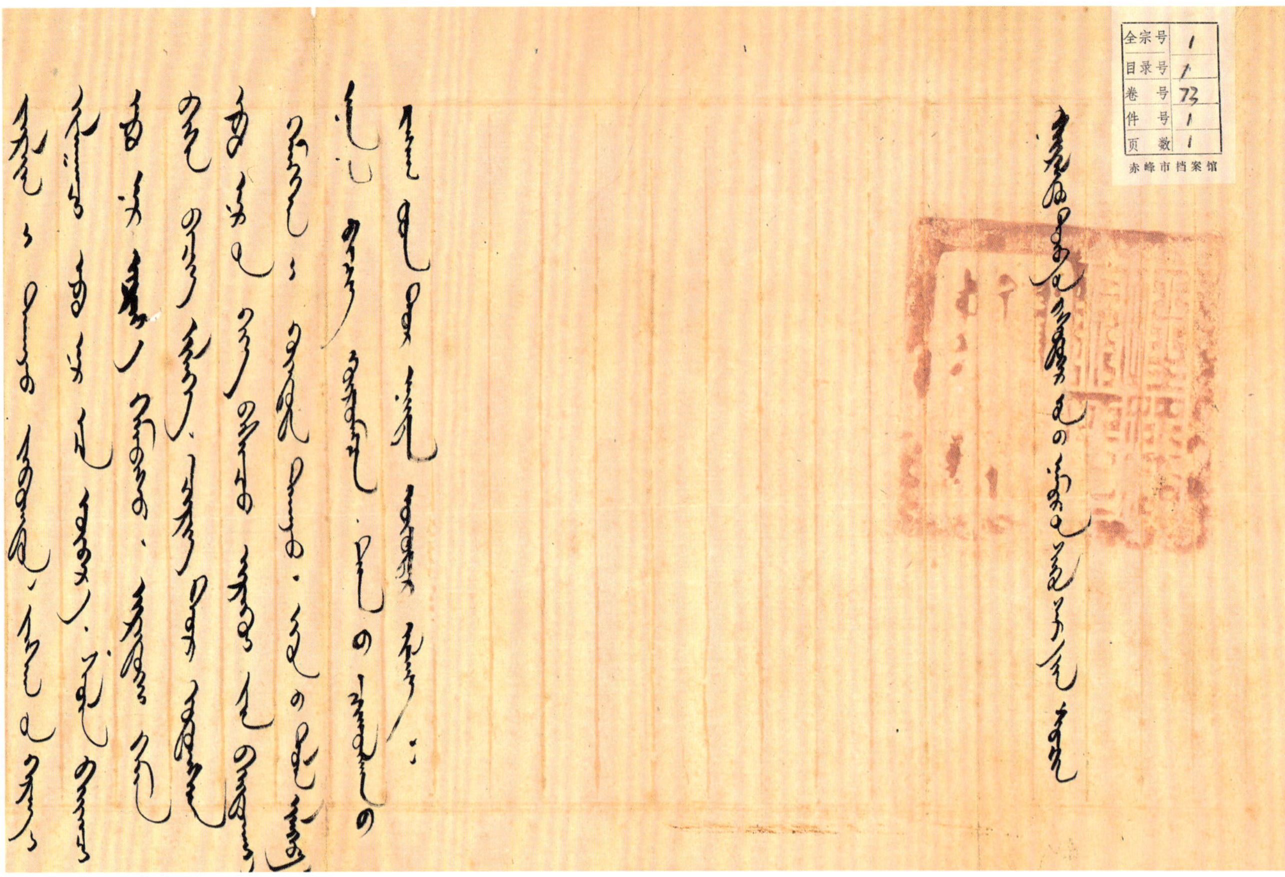
全宗号 1
目录号 1
卷号 73
件号 1
页数 1
赤峰市档案馆

理藩院为皇后丧礼事札盟长翁牛特王文

理藩院文。札付盟长翁牛特王敖其尔：雍正九年末秋二十九日下旨：皇后仙逝。内藩札萨克、喀尔喀、额鲁特等地蒙古王爷、札萨克台吉、呼和浩特众官接讯务必进京。有军务之诸札萨克，因后方为要地，毋有指令不得进京。札饬军务之王爷、额驸，下至军民及其配偶、子女摘冒翎及耳饰。公主、格格闻讯进京，则准予启程。本次进京，时至冬日，草木皆枯，不得急行，斟酌马匹状况量力而行。一切遵旨照办。除军务札萨克额驸之外，列席额驸愿进京，即准行。军务额驸之格格不得进京，钦此。钦遵前来。文到，速承转该盟会诸札萨克。

雍正九年末秋三十日

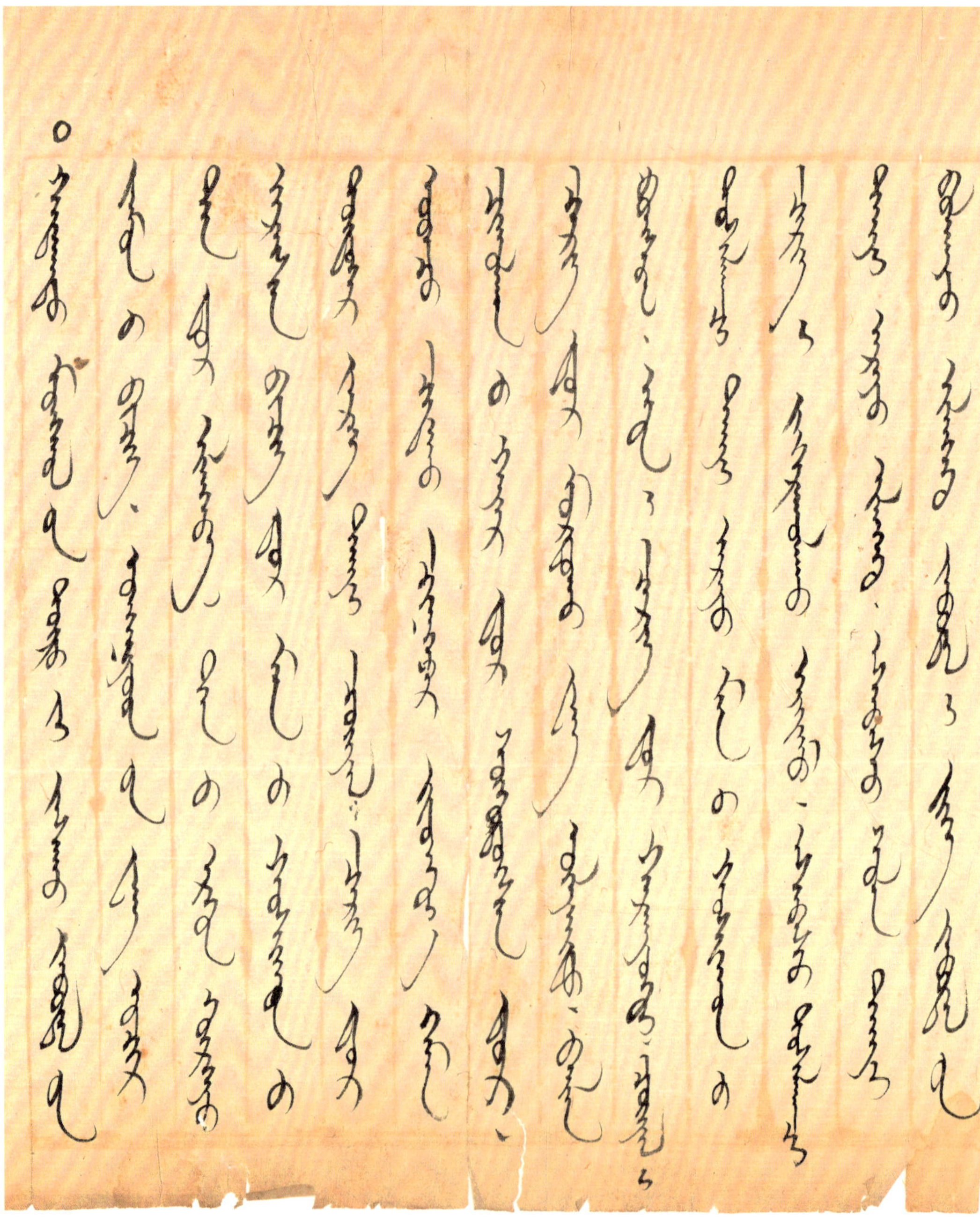

理藩院为封朝格吉乐为台吉事札翁牛特王文

理藩院文。札付翁牛特王敖其尔：尔等呈称，本旗四等台吉朝格吉乐为从军效力而跪地请愿，故征兵王爷乌力吉图、贝勒彭斯克招其入伍，呈请封朝格吉乐为协理台吉，指派统领本旗军队。封协理台吉，还是封散秩台吉，呈请大部明示。等语。经查，本次征兵事宜由盟长委托征兵王爷办理。故札付盟长敖其尔王，会同征兵王爷一同商定朝格吉乐是否适合封协理台吉一事。

此札。

雍正十年初夏二十一日

022 戍边将军达格斯沁为遣返病残官兵及散秩侍从事札翁牛特王文（雍正十年仲夏二十九日）

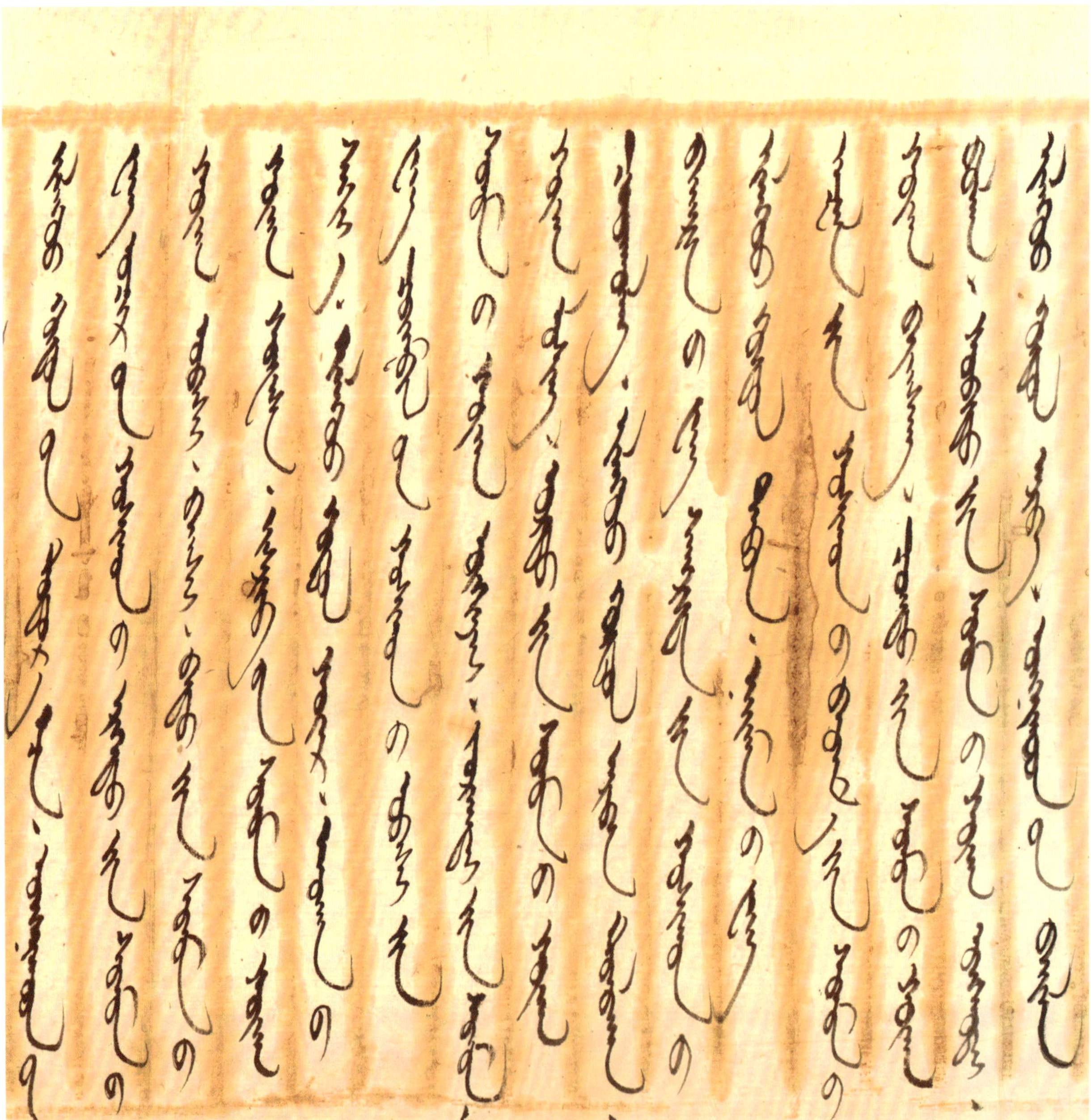

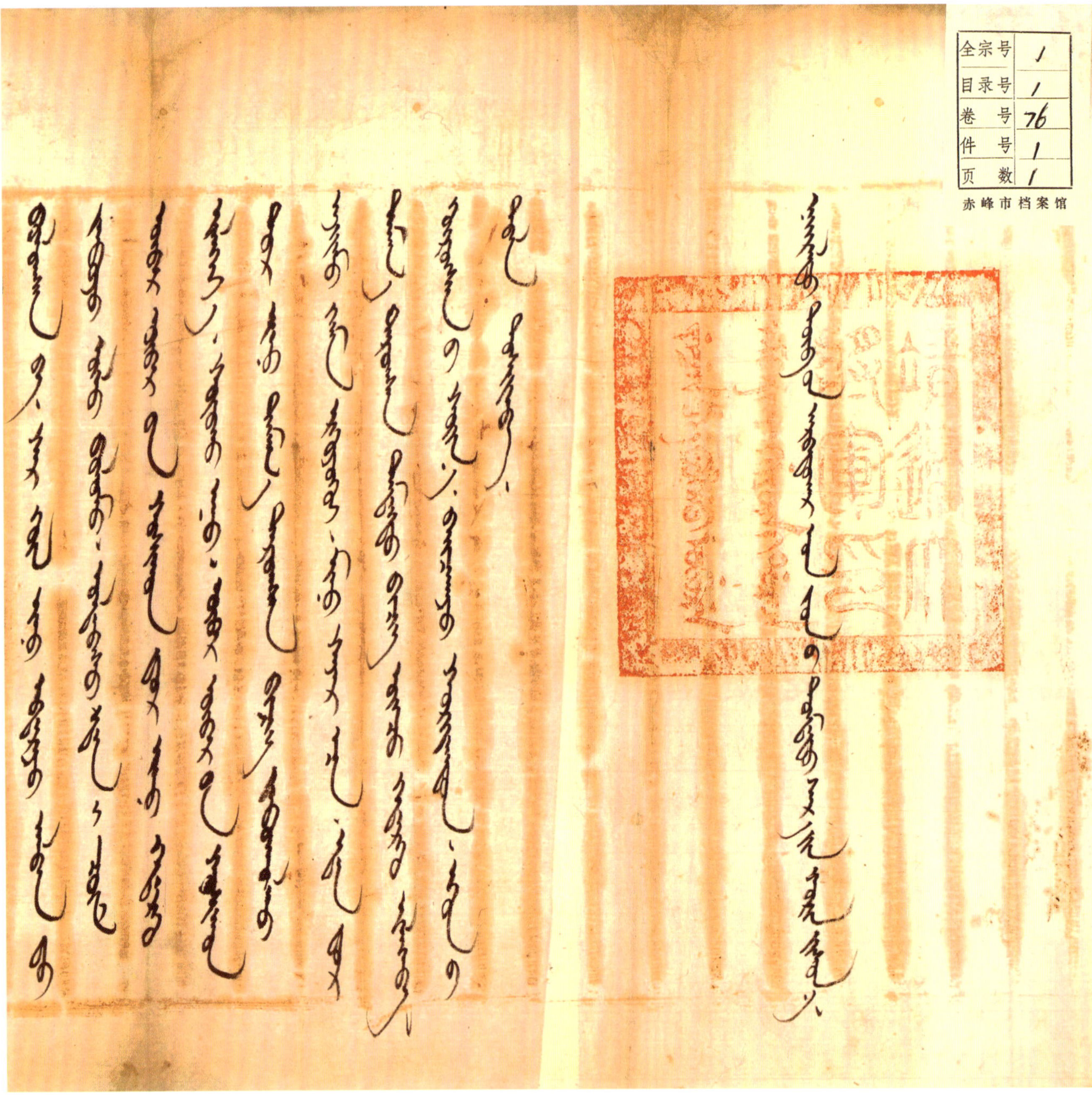
全宗号 1
目录号 1
卷号 76
件号 1
页数 1
赤峰市档案馆

戍边将军达格斯沁为遣返病残官兵及散秩侍从事札翁牛特王文

戍边将军和硕亲王达格斯琴文。札饬翁牛特王爷敖其尔：本军军务总管巴林郡王桑日瓦、翁牛特贝子罗布桑、敖汉侍卫罗布桑呈称，被遣返之昭乌达盟籍病残兵丁及散秩侍从中，有翁牛特王敖其尔旗额日和图苏木兵丁敖巴希、巴希，巴图苏木兵丁华斯，伊思热布苏木兵丁萨合雅及散秩侍从两名；敖汉王爷却穆培勒旗敖巴希苏木兵丁敖日根吉，照日格泰苏木兵丁罗兴，乌日图苏木兵丁其达古楞及散秩侍从十七名；巴林王爷桑日瓦旗散秩侍从五名；奈曼王爷阿斯拉旗巴达玛苏木兵丁白音桑，朝格图苏木兵丁宝力格，浩毕图苏木兵丁宏胡太及散秩侍从十名；翁牛特贝勒朋斯克旗骁骑校阿日宾，套胡琪苏木兵丁胡如桑，阿敏道瓦苏木兵丁达希及散秩侍从五名；阿鲁科尔沁贝勒达格丹旗毛罕苏木兵丁宝鲁德，班扎热格其苏木壮丁旦代，阿日希苏木兵丁根顿，额尔德尼苏木兵丁班弟，阿日鲁森苏木兵丁图默特，班弟苏木兵丁阿木吉严，宝音达来苏木兵丁浩毕图及散秩侍从十五名；扎鲁特贝勒阿塔沙旗散秩侍从九名；扎鲁特贝勒必日瓦旗散秩侍从九名；巴林贝子巴德玛旗散秩侍从八名；克什克腾旗札萨克其布格扎布旗散秩侍从两名。合计骁骑校一名，兵丁十九名，散秩侍从八十二名。此等人员疾病缠身，手脚残缺，不能公务也。呈请遣送原籍。盼札饬各旗。等语。本部已颁发其官文，人到核受之。

此札。

雍正十年仲夏二十九日

023 理藩院为钦命迁址苏木征用车辆事札翁牛特王文（雍正十年仲秋十四日）

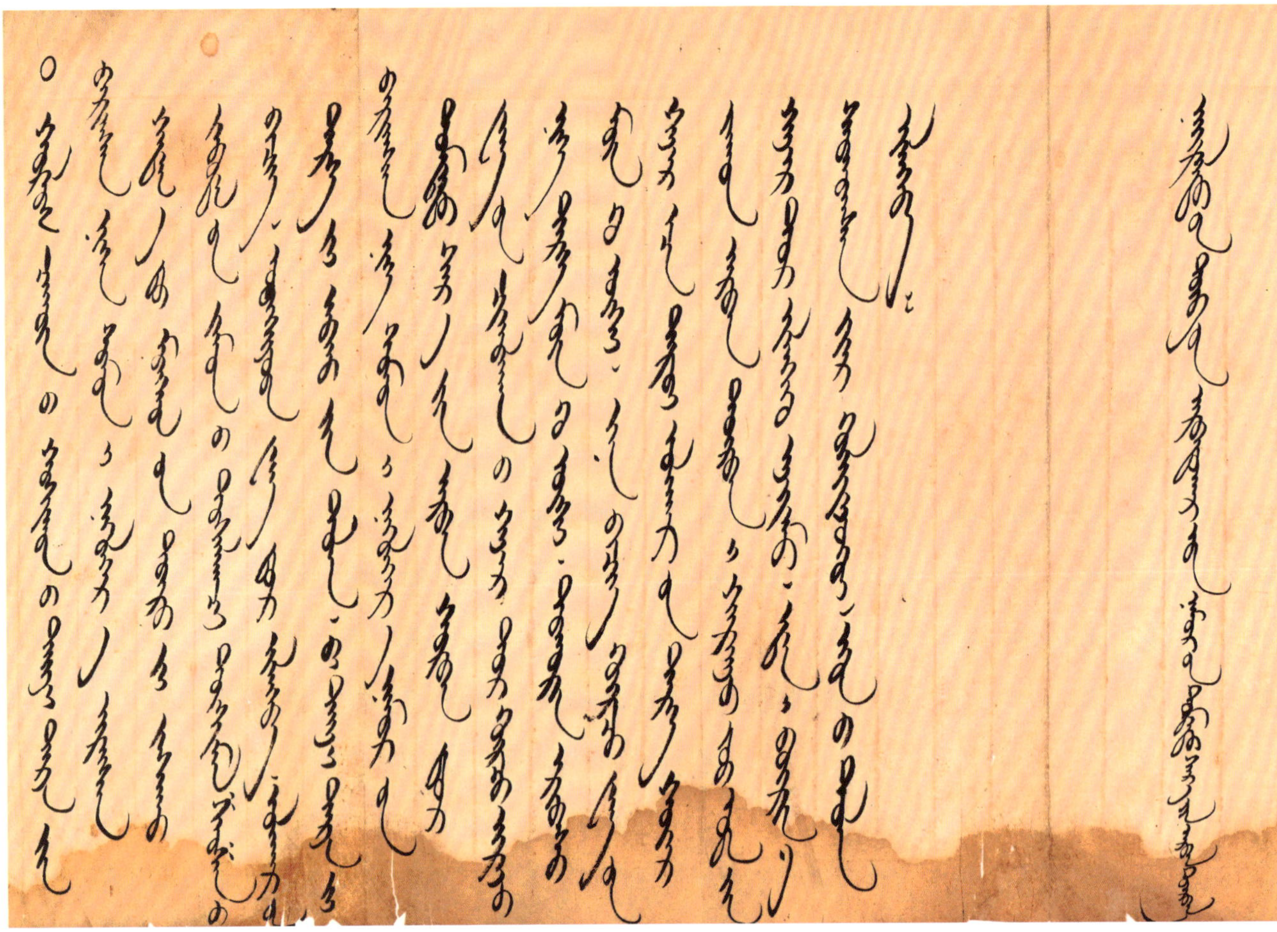

理藩院为钦命迁址苏木征用车辆事札翁牛特王文

掌管钦命迁址郭尔罗斯查珲旗台吉塔日扎苏木之理藩院协办署新文。札饬翁牛特王：为迁址台吉塔日扎捐献之苏木，需征用驿站车辆。但本人于仲秋十三日至盟署处，却未见一辆车。查寻周围亦未见也。文到，王爷即刻备办驿站车辆二百一十四辆，送至昭乌达盟署处。即送，待用。

此札。

雍正十年仲秋十四日

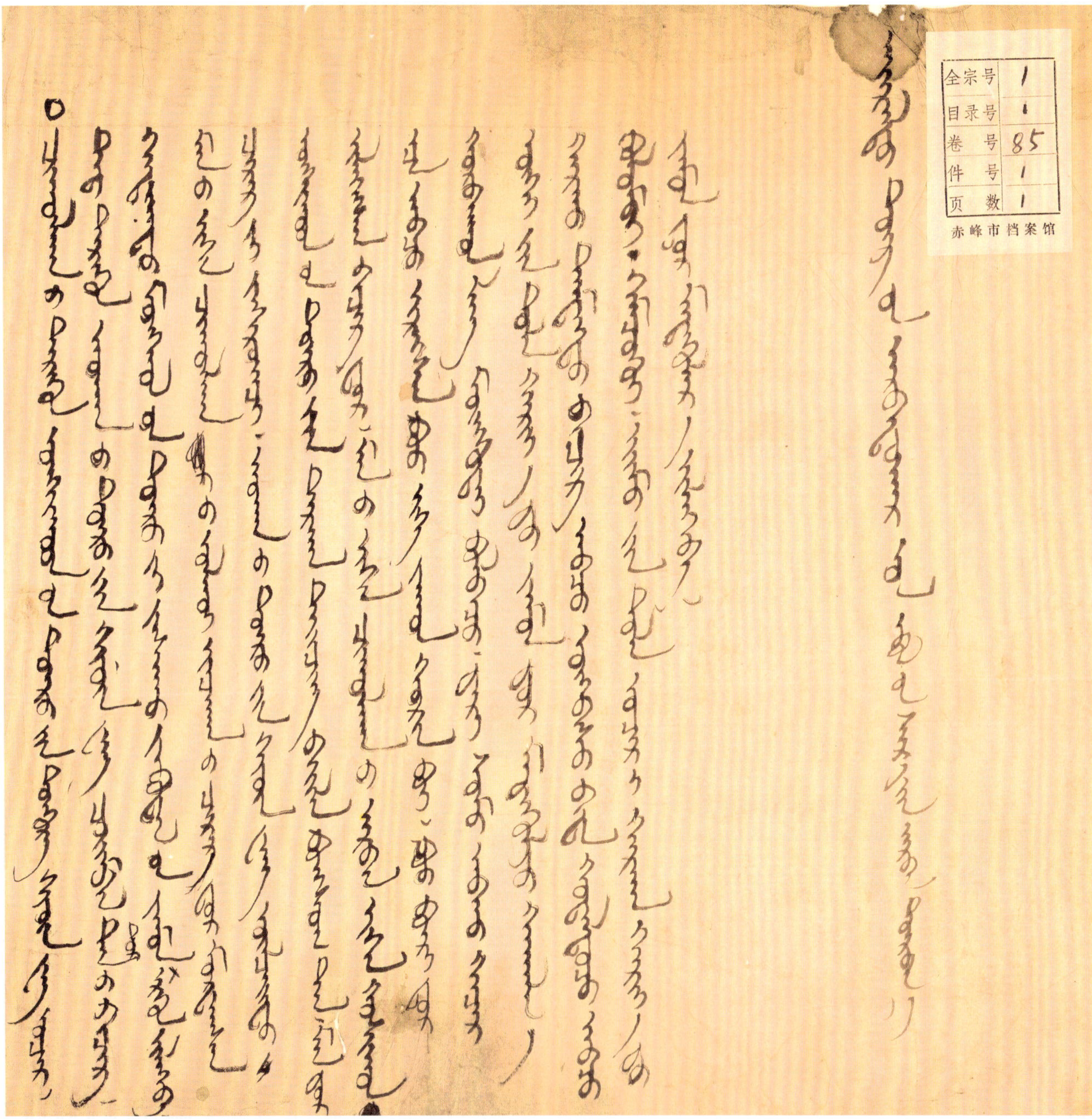
全宗号 1
目录号 1
卷号 85
件号 1
页数 1
赤峰市档案馆

盟长翁牛特多罗杜棱郡王等为购置弹药事呈理藩院文

盟长翁牛特多罗杜棱郡王敖其尔、副盟长敖汉多罗郡王却穆培勒文。呈理藩院：本盟征入乌拉盖尹吉嘎部队新军统领敖汉多罗郡王乌力吉图、翁牛特多罗达尔罕代青贝勒彭斯克呈称，本盟十一旗共征集火枪一百二十支。虽每枪配备三两银子，但无处购置弹药也。故呈报所属衙门，如能办理出关证，即刻购置弹药。等语。

至此，呈报理藩院。

雍正十年冬季十四日

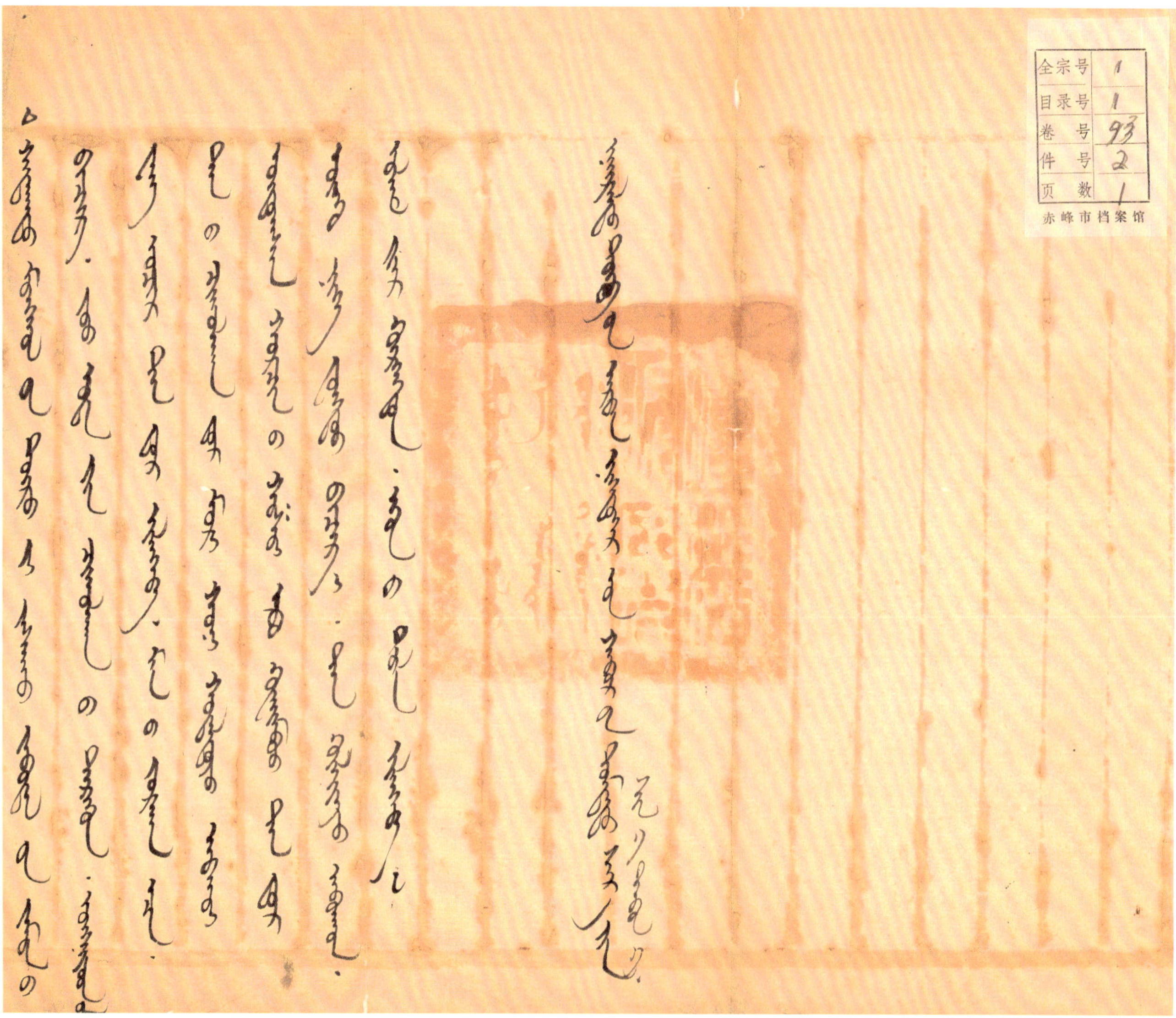
全宗号 1
目录号 1
卷号 93
件号 2
页数 1
赤峰市档案馆

理藩院为捎带信件事札昭乌达盟长翁牛特王文

理藩院文。札付昭乌达盟长翁牛特王敖其尔：本部由前往贵盟购置马、羊之科尔沁和硕额驸官布带去一封信，由尔等即刻承转之。

此札。

雍正十一年仲春初五日

026 翁牛特郡王旗协理为被盗马匹事咨喀喇沁郡王旗协理文（雍正十一年仲春十八日）

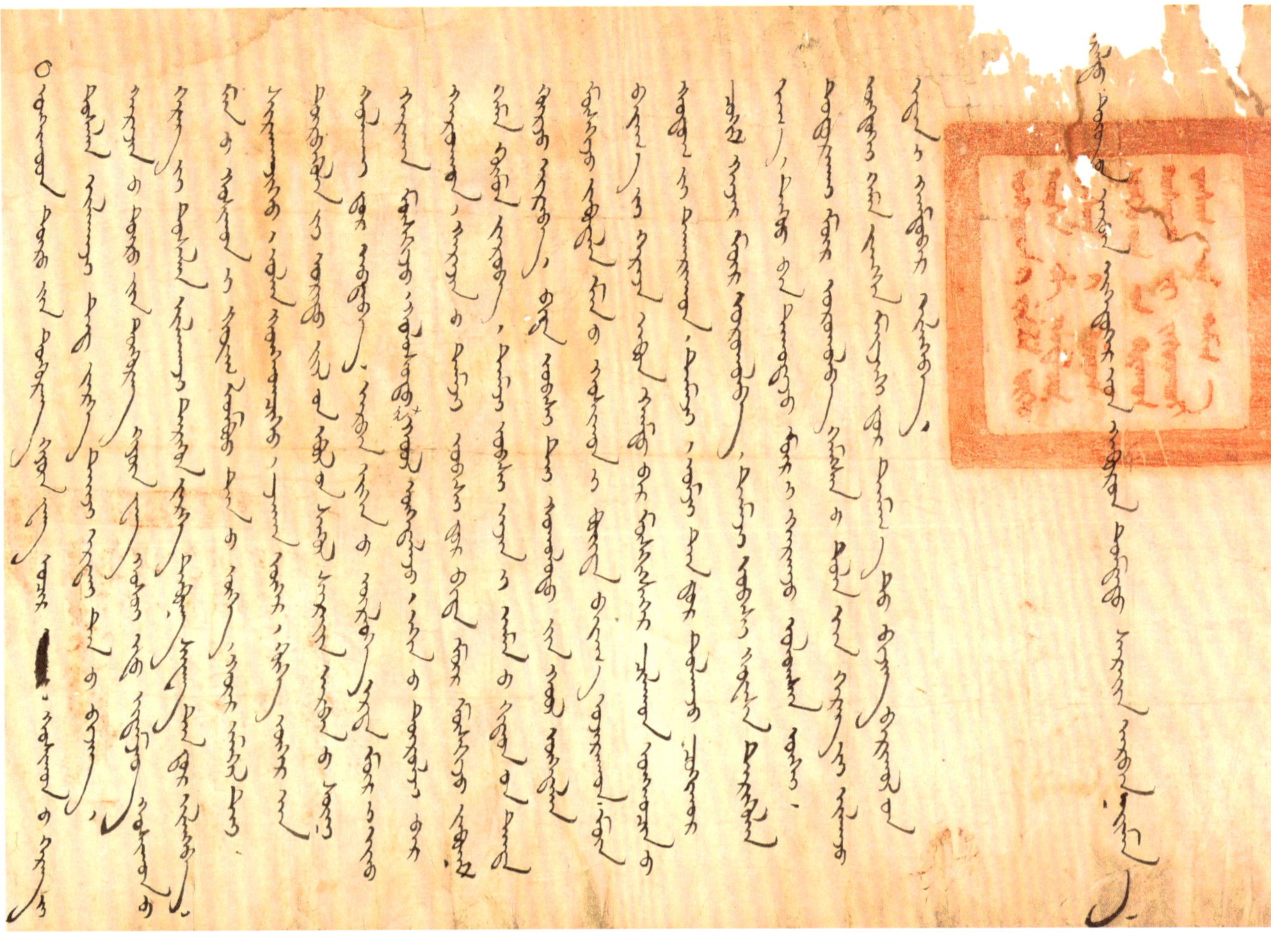

翁牛特郡王旗协理为被盗马匹事咨喀喇沁郡王旗协理文

翁牛特多罗杜棱郡王敖其尔旗协理二等台吉额尔德尼文。札付喀喇沁多罗杜棱郡王和硕额驸伊丹扎布旗协理一等塔布囊斯旺：本旗侍卫罗牧布等呈称，本人带鞍之浅黄母马和灰白母马、黄牛和青牛共四头牲畜，于去年末冬十日半夜被盗。十一日晨跟踪牲畜足迹，逆着葫芦苏太河上游，出图茹勒吉口，跟踪至临喀喇沁地界，差人通告喀喇沁德木其敖巴希。接到口信，德木其敖巴希也来到阿晋口之民人居住地。吾等与德木其敖巴希一同跟踪至浩来图河上游时遇本旗王府管家巴雅吉胡，并与其一同跟踪之。过了石槽井临近德木其敖巴希住所几步之遥时，德木其敖巴希召聚左邻右舍及自家兄弟找一通也未能找出牲畜。但踪迹能证明牲畜就在此。等语。故派遣本旗章京麦吉哈携官文与失主一同前去查清此事。

雍正十一年仲春十八日

027 喀尔喀贝勒等为护送盟会征购马匹及羊事呈盟长王爷文（雍正十一年初夏初四日）

喀尔喀贝勒等为护送盟会征购马匹及羊事呈盟长王爷文

喀尔喀多罗贝勒嘎拉桑，协理台吉阿格坦巴雅尔、希拉布文。呈送盟长王爷：钦命莅临之和硕额驸官布在本旗所购二十七匹马，由苏木章京等六人护送。还有本旗协理台吉希拉布护送本盟会征购之羊。此两路人所需车马、口粮等，本旗两个苏木无力承担也。故禀告大王为难之情。本旗马匹数量少，如有恩准，呈请与其他札萨克合并护送为盼。

雍正十一年初夏初四日

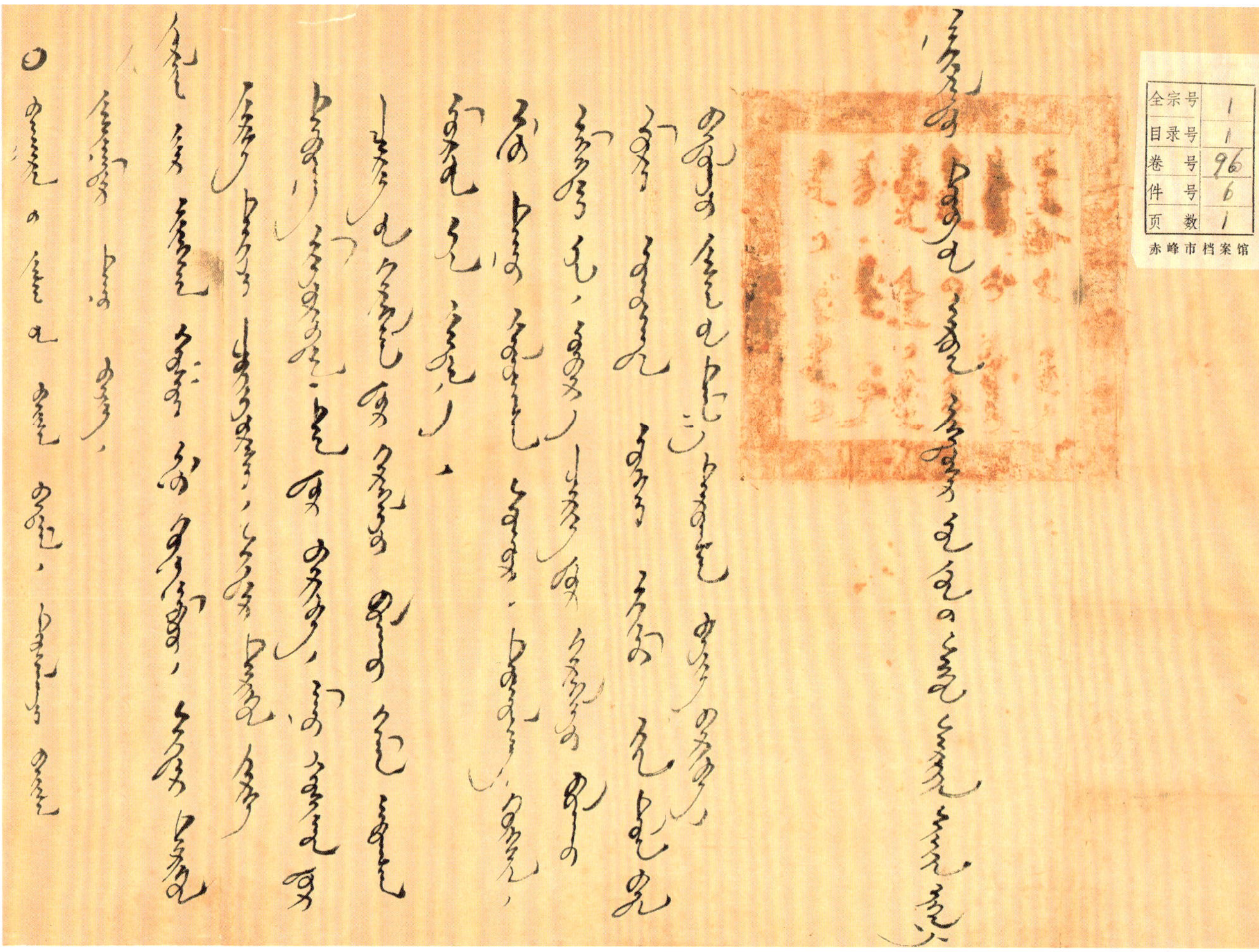
全宗号 1
目录号 1
卷 号 96
件 号 6
页 数 1
赤峰市档案馆

巴林札萨克贝子等为钦命征购马匹事呈和硕额驸等文

巴林札萨克贝子巴德玛、协理贝子扎西那木塔拉文。呈送钦命征购军马之和硕额驸官布、御林军一等台吉却吉拉希、御林军一等塔布囊敏珠拉布坦：本旗除了已征购之军用马匹外，只剩瞎、瘸、老弱等淘汰马匹。再无其他可用军马也。故呈送官文证明之。

雍正十一年末夏初一日

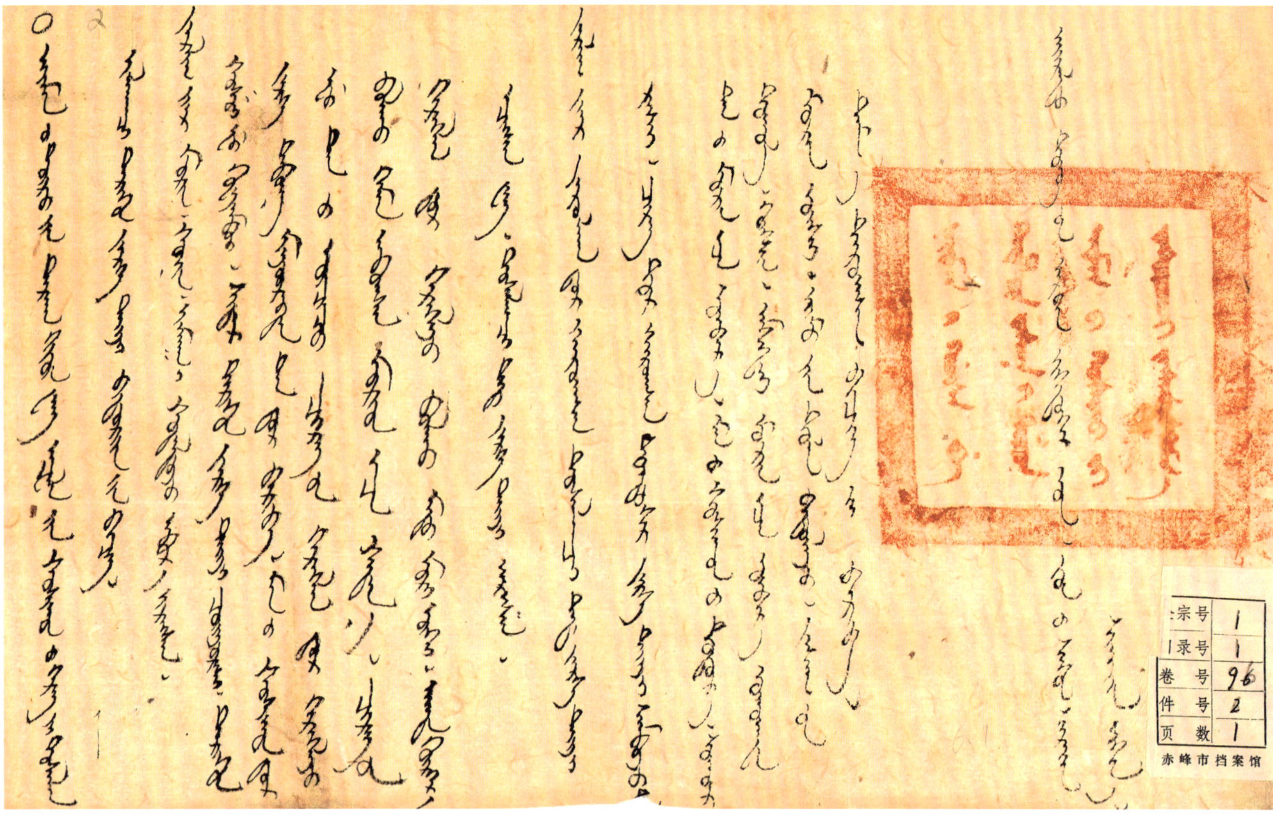
全宗号 1
目录号 1
卷号 96
件号 2
页数 1
赤峰市档案馆

奈曼郡王旗协理为钦命征购马匹事呈和硕额驸等文

奈曼多罗达尔罕郡王阿其拉旗协理一等台吉毕德日岩文。呈送钦命征购马、羊之和硕额驸官布，御林军一等台吉却吉拉希，御林军一等塔布囊敏珠拉布坦：本旗除了额驸您点出之军用马匹之外，确无可用军马也。除送马之王爷、协理二等台吉阿日莎、奉命当差之协理二等台吉拉希、四等台吉桑布坐骑外，只剩瞎、瘸、老弱之马。确无其他可用之马匹。故呈送官文证明之。

雍正十一年末夏初一日

030 翁牛特贝勒为钦命征购马匹事呈和硕额驸等文（雍正十一年末夏初一日）

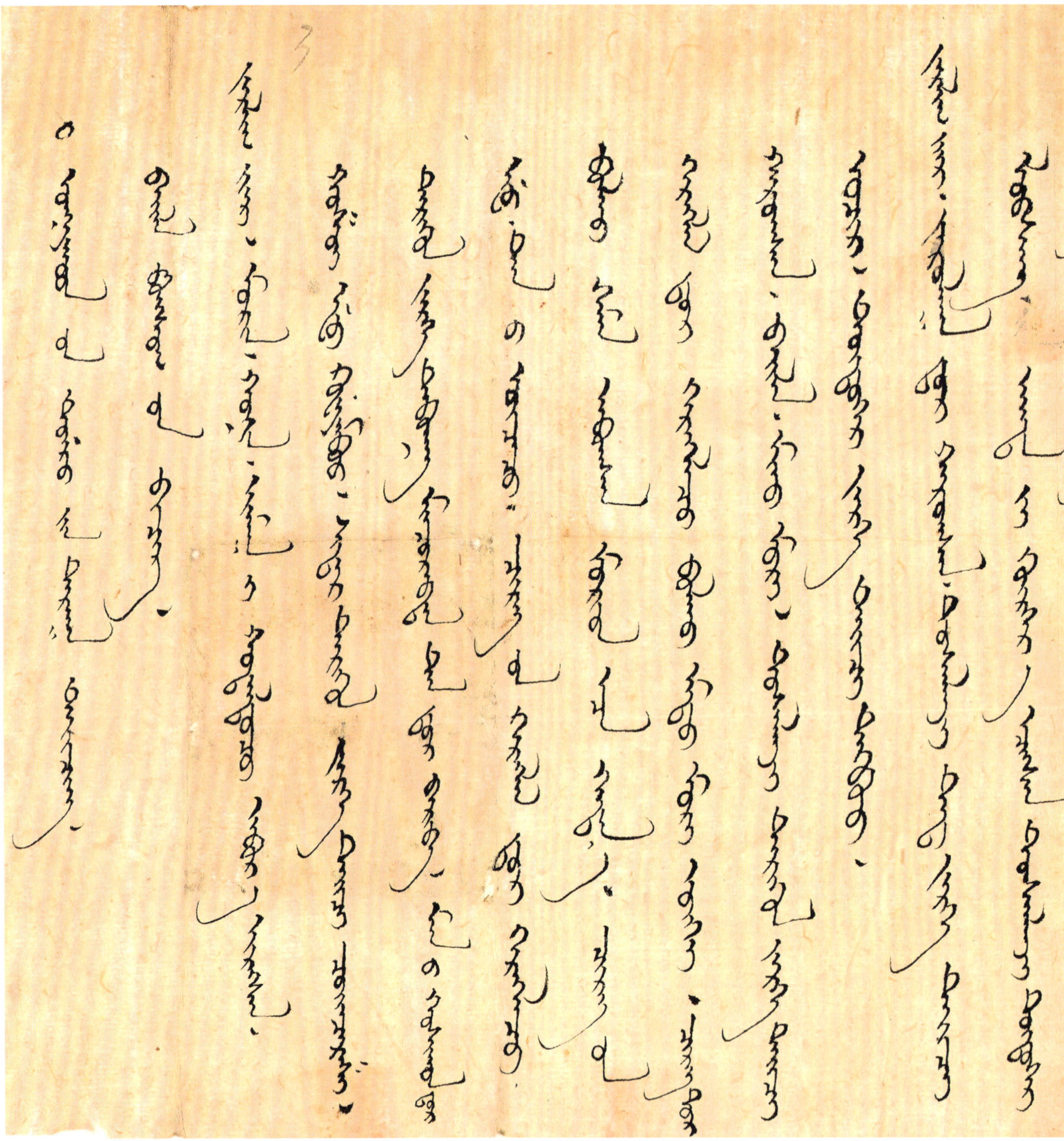

030 翁牛特贝勒为钦命征购马匹事呈和硕额驸等文（雍正十一年末夏初一日）

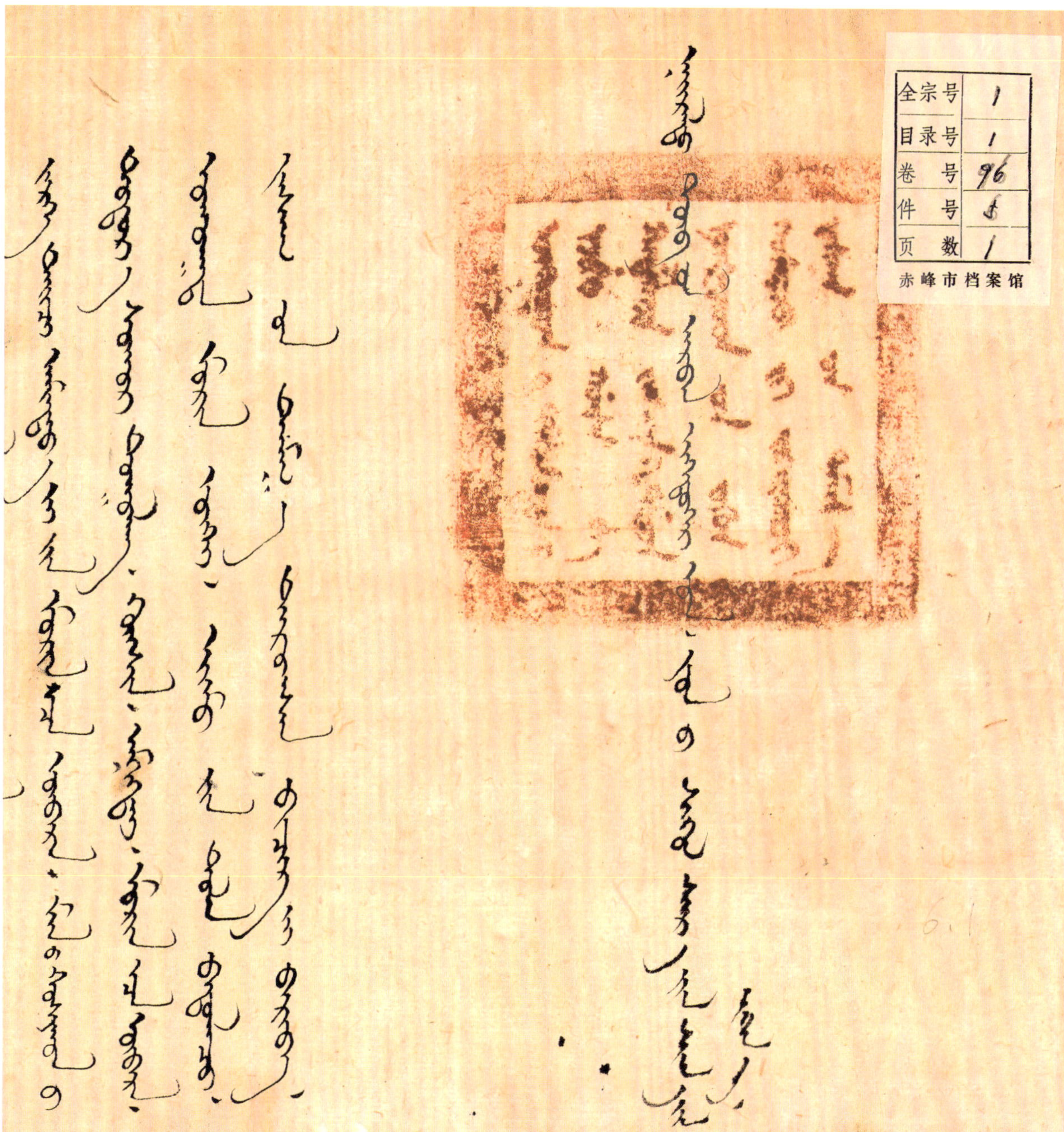

翁牛特贝勒为钦命征购马匹事呈和硕额驸等文

翁牛特多罗达尔罕岱青贝勒朋斯克文。呈送钦命征购马、羊之和硕额驸官布，御林军一等台吉却吉拉希，一等塔布囊敏珠拉布坦：本旗除额驸您征购之军马外，再无可用军马也。除本贝勒、协理一等台吉敖其尔、四等台吉丹宝、奉命当差之协理二等台吉罗布桑、护送马之协理四等台吉阿敏达瓦坐骑外，只剩瞎、瘸、老弱之马。确无其他可用军马也。故呈送官文证明之。

雍正十一年末夏初一日

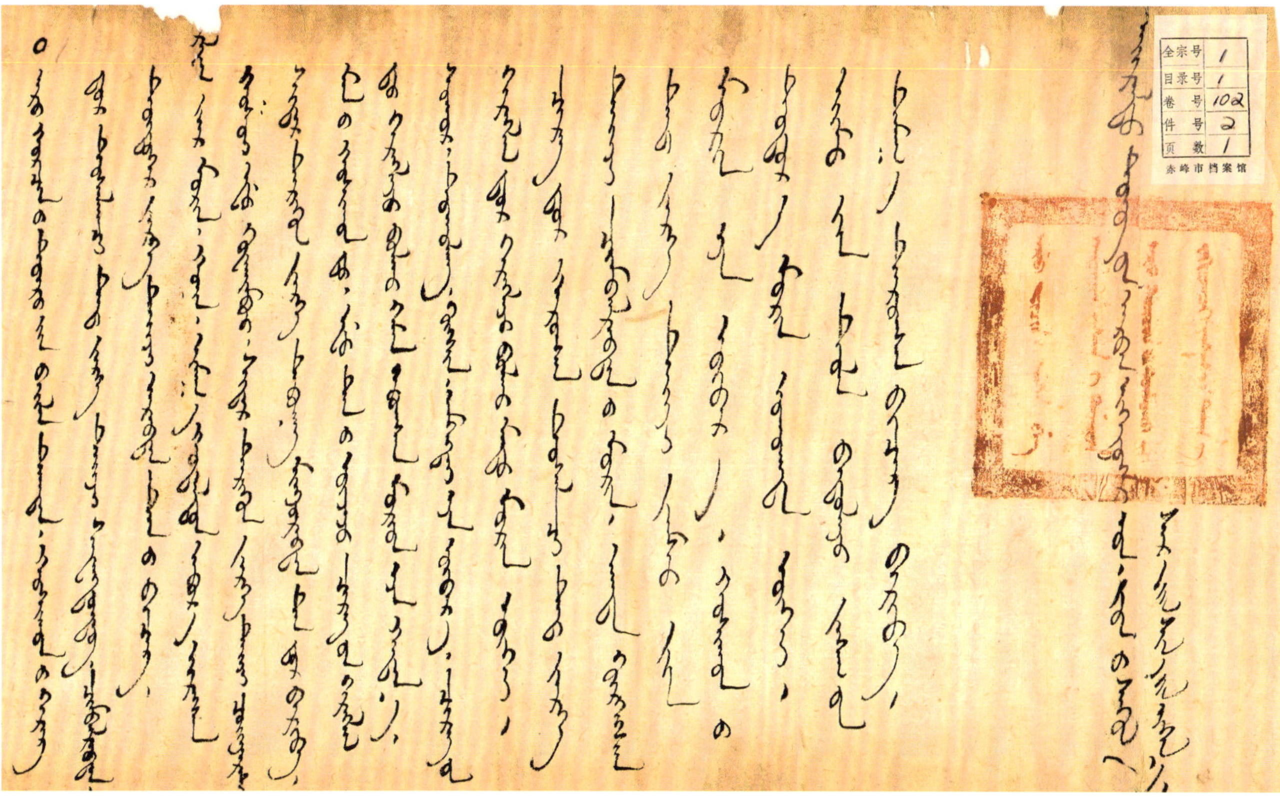
全宗号 1
目录号 1
卷号 102
件号 2
页数 1
赤峰市档案馆

阿鲁科尔沁贝勒旗协理为钦命征购马匹事呈和硕额驸等文

阿鲁科尔沁多罗贝勒达格丹旗协理二等台吉斯旺丹达布、青布勒拉布坦，四等台吉拉布坦文，呈送钦命莅临征购马、羊之和硕额驸官布，御林军一等台吉却吉拉希，御林军一等塔布囊敏珠拉布坦：本旗除额驸您拣选之军马外，只剩瞎、瘸、老弱之马也。确无其他军用之马。本旗除军务协理二等台吉青布勒拉布坦、送军马之二等台吉扎木苏坐骑外，确无其他军需可用之马也。故呈送官文证明之。

雍正十一年末夏初一日

032 扎鲁特贝勒协理为护送军马等事咨翁牛特郡王敖其尔等文（雍正十一年末夏二十一日）

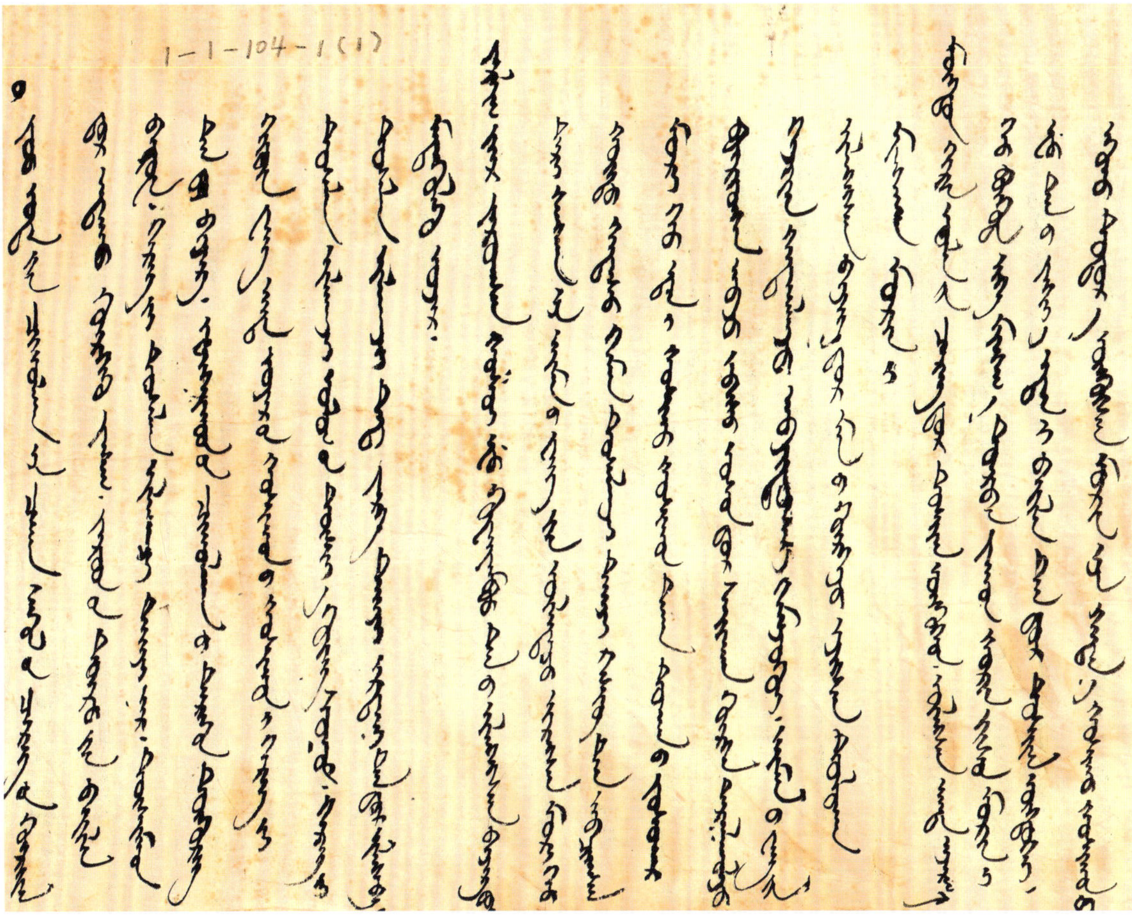

032 扎鲁特贝勒协理为护送军马等事咨翁牛特郡王敖其尔等文（雍正十一年末夏二十一日）

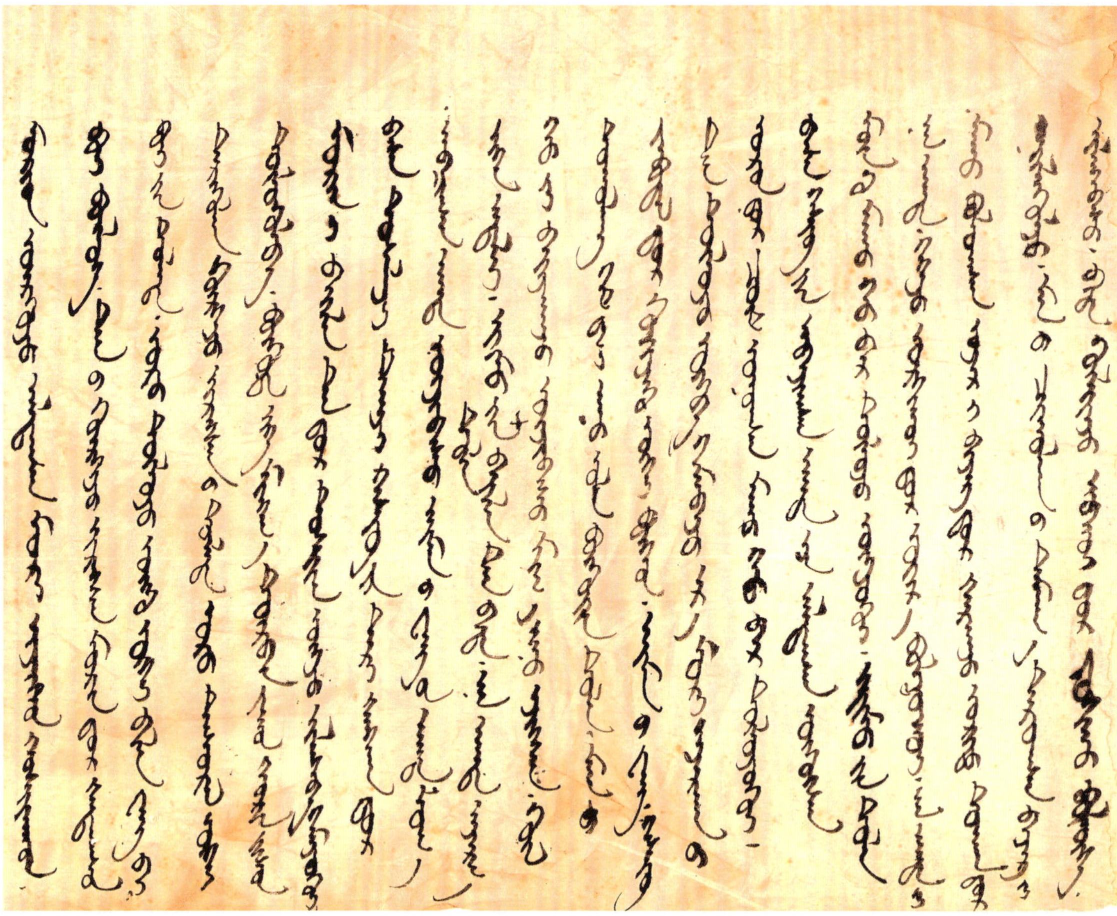

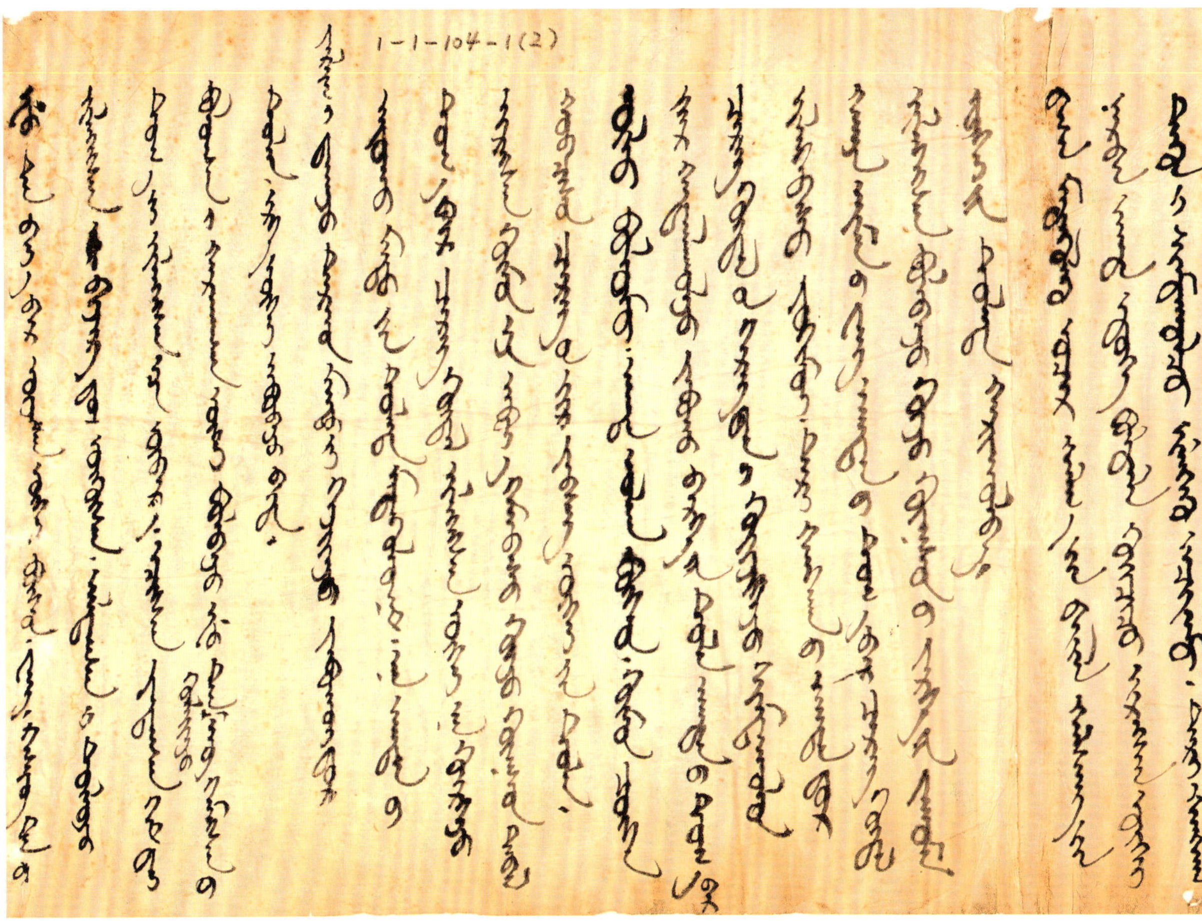
1-1-104-1(2)

032 扎鲁特贝勒协理为护送军马等事咨翁牛特郡王敖其尔等文（雍正十一年末夏二十一日）

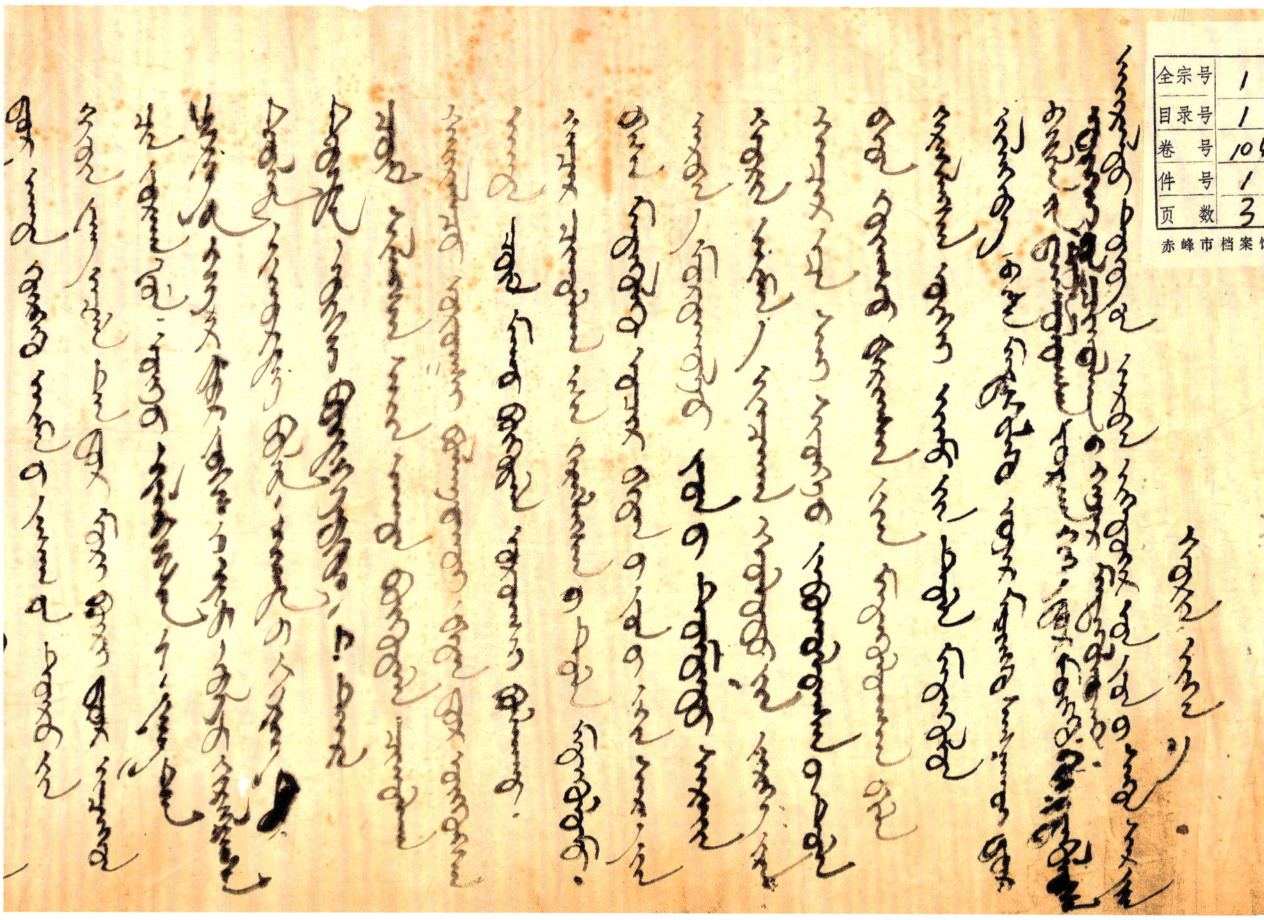

扎鲁特贝勒协理为护送军马等事咨翁牛特郡王敖其尔等文

昭乌达盟向查干苏勒军营护送军马札萨克扎鲁特多罗贝勒巴日瓦协理台吉众官文。咨翁牛特杜棱郡王安达敖其尔，旗协理镇国公苏那木、协理二等台吉尔德尼：钦差和硕额驸官布札开，各旗如数统计在达理杭罕留下之奈曼王马匹及协理台吉嘎西布带来之马匹数目，送至水草丰盈之地放养上膘，谨慎管好。另，奈曼王爷咨文：本旗送军马七千匹，交至沈阳、吉林乌拉军营。所剩之骏马、公马及母马共计一千四百二十九匹，按额驸您吩咐交至贝勒巴日瓦处。护送途中马匹死亡之外，各旗均有丢失马匹一两个不等。由于送军马途中有损耗，本王带头赔补了丢失马匹缺口，现一千四百二十九匹马，如数交至贝勒您处。等语。另，协理台吉嘎西布送至达理杭罕之马匹，数量与奈曼王爷送之马匹并无差异。但，本贝勒核收时发现此等马匹瘦弱、腿瘸，病残居多，不宜军用也。虽奈曼王爷及协理台吉嘎西布赔补马匹，却竟以老弱病残来充当骏马、公马，导致配送时损耗马匹屡见不鲜。本应统计送马途中丢失马匹数目及原有马匹数目，登记造册钤盟会印送至本贝勒才可接受。额驸您未有亲眼所见协理台吉嘎西布呈送之册子，只记赔补马匹数目，却不记老弱病残马匹数目。只因额驸您吩咐全部接受，吾等也不得已而为之。只是吾等谨遵旨意，担心马匹之健壮及安全。故，如此禀报。还有，配送此等马匹时无配备兵丁。想挑选兵丁送马，没有口粮、衣物、兵器不可也。马群多而马倌少，放马送马难度大。所以，应配备与马匹数量相应之兵丁为佳。配送马匹至达里杭罕军营时，只奈曼王配备了与马匹数量相应之兵丁，却因口粮短缺而半路返回也。再禀报之事，喀尔喀贝勒嘎拉桑十匹马至今未到，望督促之。达里杭罕军营送军马时奈曼札萨克郡王阿其拉配备每匹马一钱六分银子，额驸王爷在军营中遇见过，并把配备款用在恰当处。于是，奈曼王爷有了脸面，顺利办理了军马交接手续。因其他王爷处送的都是上膘好马，故顺利过关。而送至本盟会之马均为老弱病残也，故本盟未履行交接手续。在此禀报。还禀报之事，吾等初夏十日已启程送马。但到仲夏二十八日，音扎根胡鲁图等地才启程送马，那时吾等口粮已经耗尽，禀报此事也未获批复。在此特禀报之。还一事，赏银时未赏到本贝勒随行之六名侍卫也。一同禀报盟署也。

雍正十一年末夏二十一日

033 翁牛特贝勒朋斯克等为敖汉旗台吉马匹被盗事咨翁牛特旗多罗郡王等文（雍正十二年初秋十日）

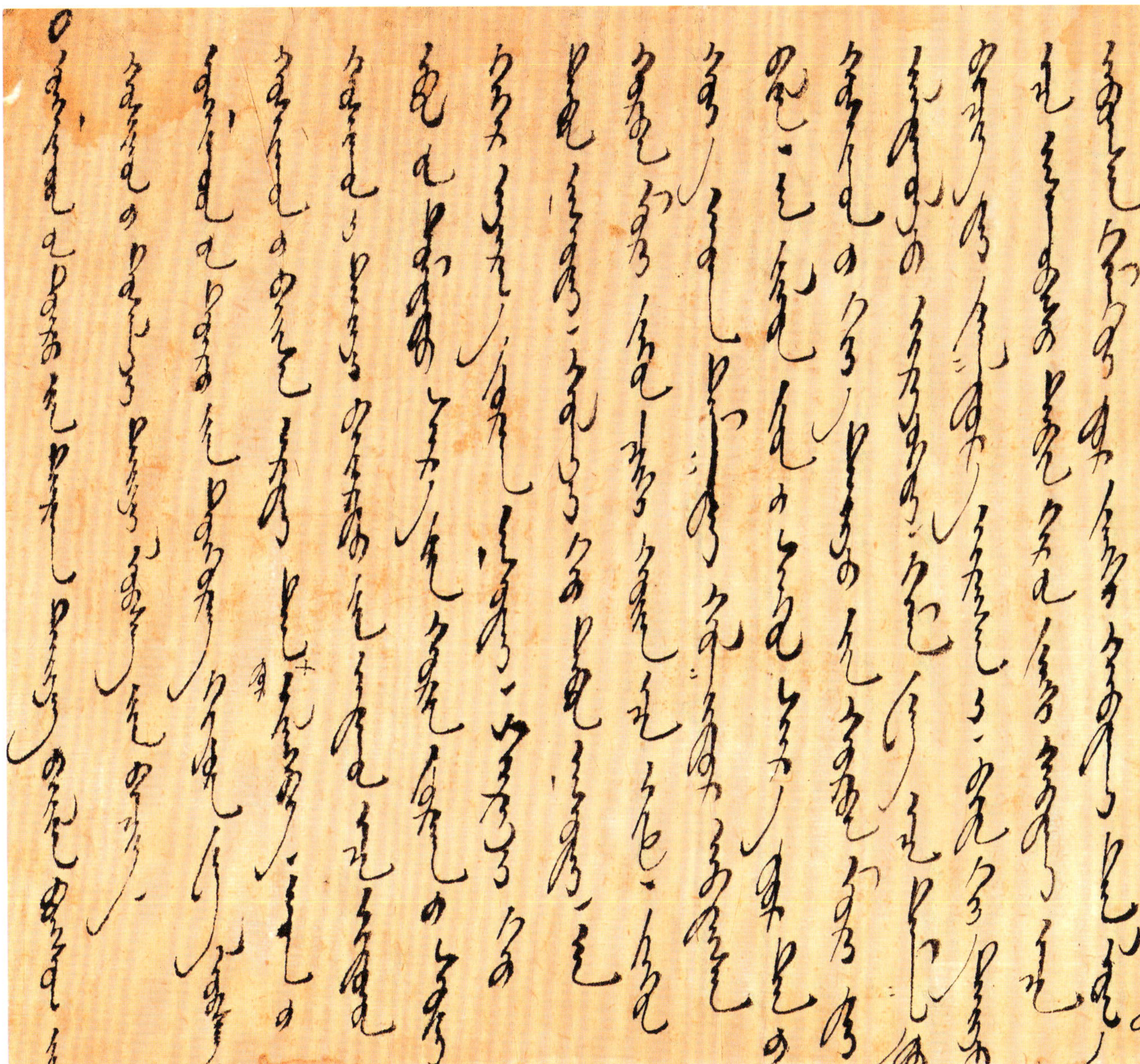

033 翁牛特贝勒朋斯克等为敖汉旗台吉马匹被盗事咨翁牛特旗多罗郡王等文（雍正十二年初秋十日）

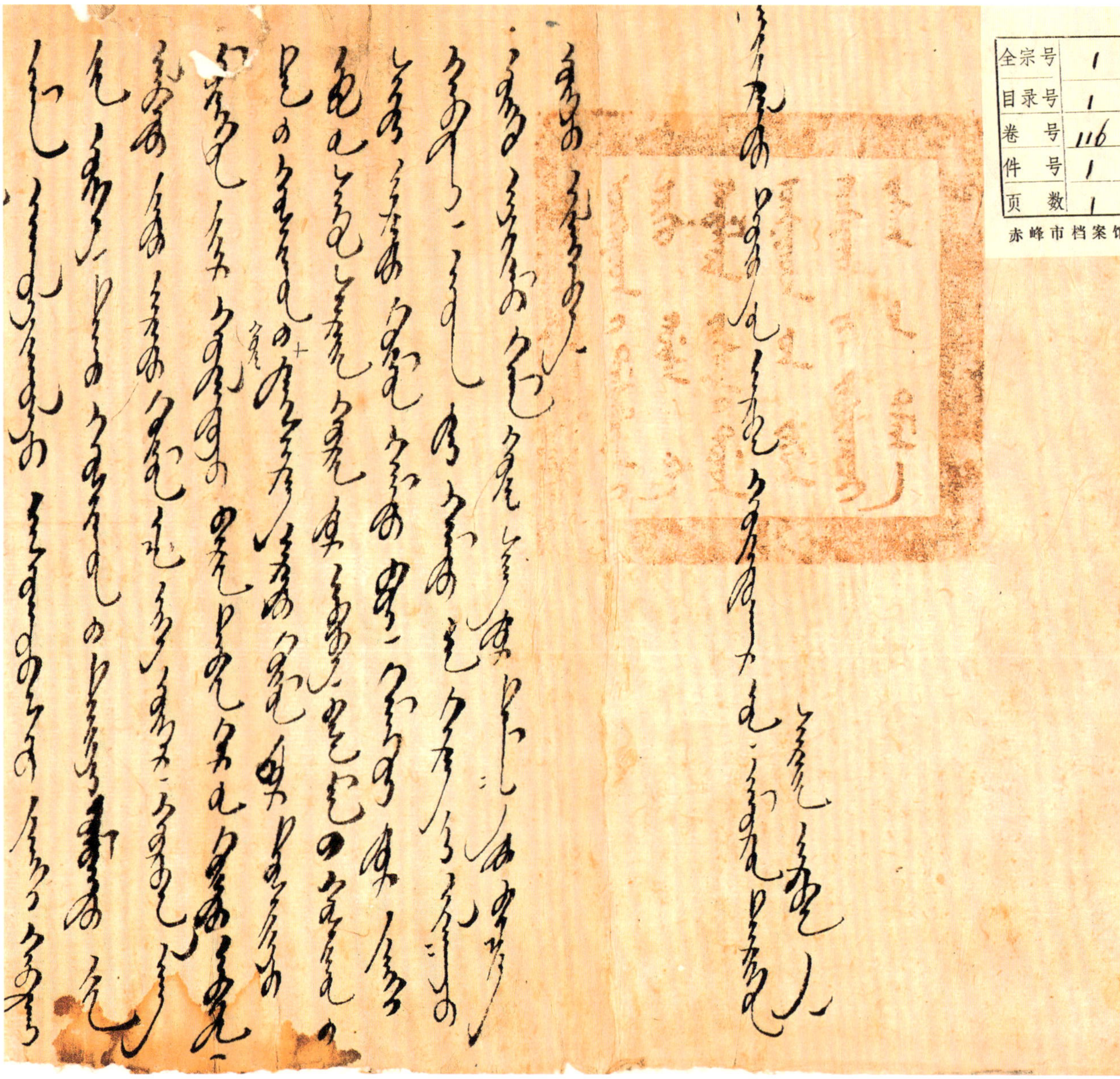

翁牛特贝勒朋斯克等为敖汉旗台吉马匹被盗事咨翁牛特旗多罗郡王等文

翁牛特多罗达尔罕岱青贝勒朋斯克、协理台吉罗布桑文。咨翁牛特多罗杜棱郡王罗布桑、旗贝子额尔德尼：去年仲冬二十六日夜里，敖汉旗台吉巴雅尔图马群之六岁灰色公马、五岁灰黑母马、五岁灰黄母马被盗。此三匹马左耳有后剪印记，左后腿烙有“敖汉”烙印也。本年末夏尔旗侍卫泰柱收有三匹马，说为走散之马。为此事，失主携官文前来投诉也。本处质询侍卫泰柱时，此人称从五十家台吉哈布塔盖处所购。于是到台吉哈布塔盖处对质。台吉哈布塔盖供曰，末冬二十日，从尔旗台吉敖木格图之隶属雅图处以一头牛、三两银子购之。于是将此事交给五十家汉军骑校阿布达及尔旗壮丁丹斯楞进行查办。另言本旗隶属萨迪是同伙。故派本旗壮丁携官文与台吉哈布塔盖、萨迪及敖汉失主一起前往，望予以明断。

雍正十二年初秋十日

034 四旗统领为调遣哨兵事札署理翁牛特旗印务之贝子文（雍正十二年七月）

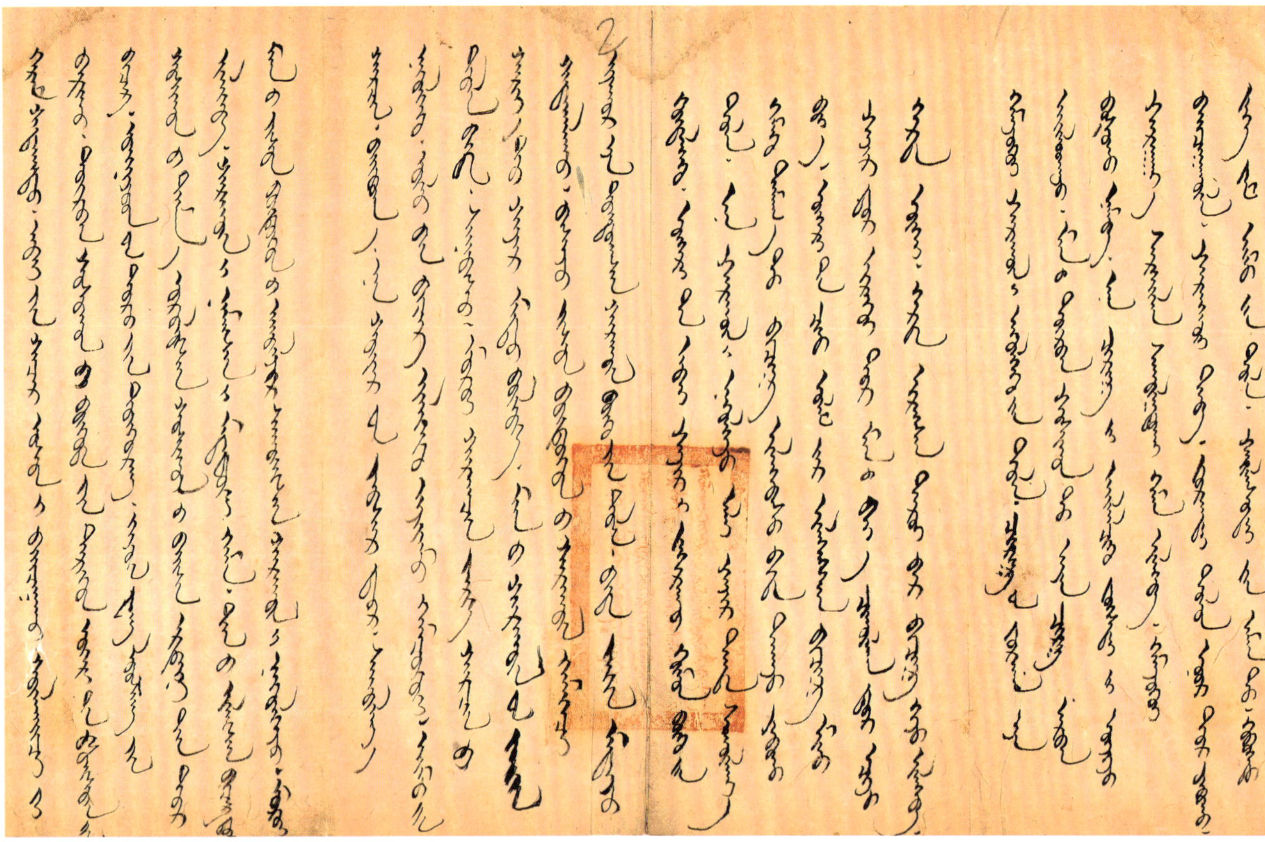

034 四旗统领为调遣哨兵事札署理翁牛特旗印务之贝子文（雍正十二年七月）

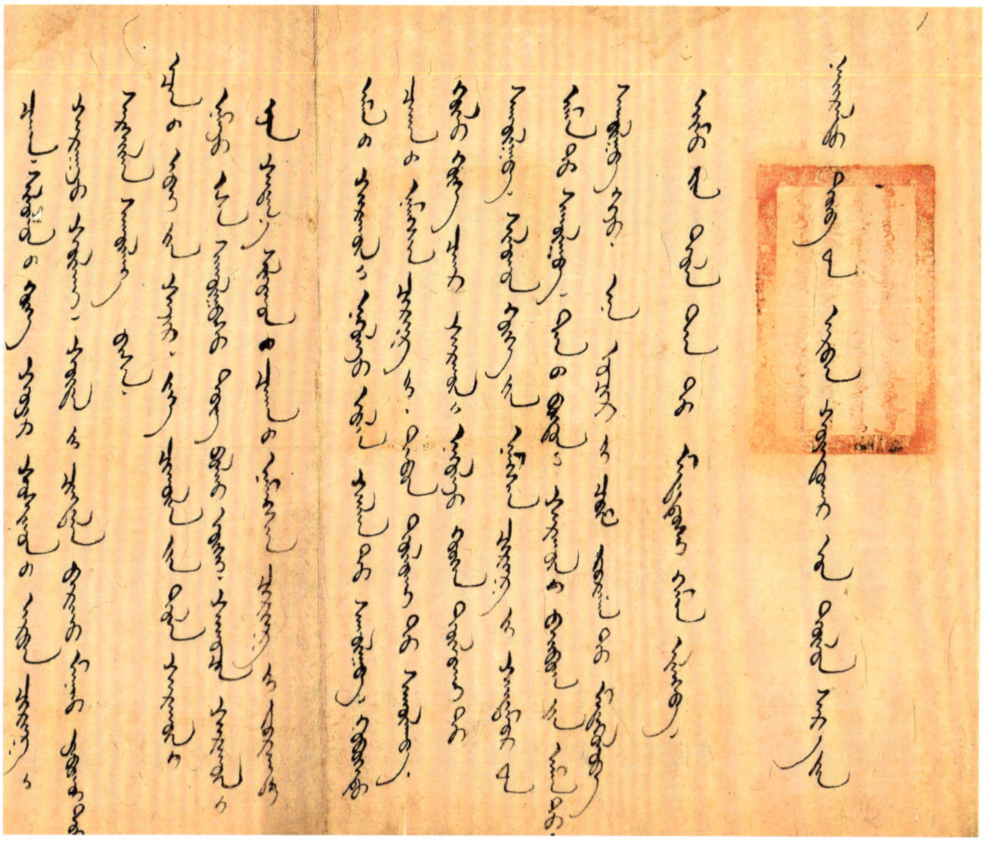

四旗统领为调遣哨兵事札署理翁牛特旗印务之贝子文

长城外域巡察防贼之四旗统领朋斯克文。札付署理翁牛特旗多罗杜棱郡王罗布桑旗印务之旗贝子额尔德尼：为增加守军数量，尔等呈称，拟将九山包交界处驻扎之哨兵调遣至牧瑞喀日格沁及白布哈之间，是否妥当请批复。等语前来。吾等经查，牧瑞喀日格沁属喀喇沁旗之地也，非属吾等调配。另，因九山包哨兵为自古以来固有哨所。故本统领无权调动。再，此地属额驸管辖，额驸想如何调遣哨兵，出个呈文即可，吾等照办就是。再，尔文来之时，本人去盟会而未在家。兹有，回家即刻回信也。调遣哨兵之事上报兵部，兵部为本四旗追加兵丁八十名、门子十名。此等兵力与哨兵一同施行警戒任务。据查，从哈容桂塔巴、照日哈太到多伦之大道如此不安全，故派镶白、正蓝两旗兵丁十名，警戒海拉苏台关口，以严查盗贼。额驸管辖之地，意义重大，须增加哨兵不可。除原哨兵之外，调配照日哈太关口哨兵，令正白旗增兵警戒多路关口，派镶白旗增兵警戒塔宾套路该，调动正蓝、察哈尔哨兵警戒胡很套路该，派正蓝旗增兵警戒罕特穆尔关口。贵部哨兵全部布置于白布哈关口也。

此事已上报至大部。故通告之。

雍正十二年七月

035 翁牛特旗贝子为记册丫鬟事咨喀喇沁额驸文（雍正十三年仲春十五日）

翁牛特旗贝子为记册丫鬟事咨喀喇沁额驸文

翁牛特多罗杜棱郡王罗布桑旗贝子额尔德尼文。咨喀喇沁多罗杜棱郡王和硕额驸伊丹扎布：本旗台吉那顺之子根敦扎布娶贵旗塔布囊之女时配送记册丫鬟两名、无记册丫鬟两名。如今，其中记册丫鬟一名、未记册丫鬟一名，所属主人莫德勒图不交也。莫德勒图之母及其兄朝格图、毕希日勒图，堂兄道尔吉等均劝莫德勒图尽快交人，莫德勒图却迟迟不肯交人。为此，呈报王爷明断。

至此，苏木章京充呼勒台携札萨克官文，与呈状人一同前往。

雍正十三年仲春十五日

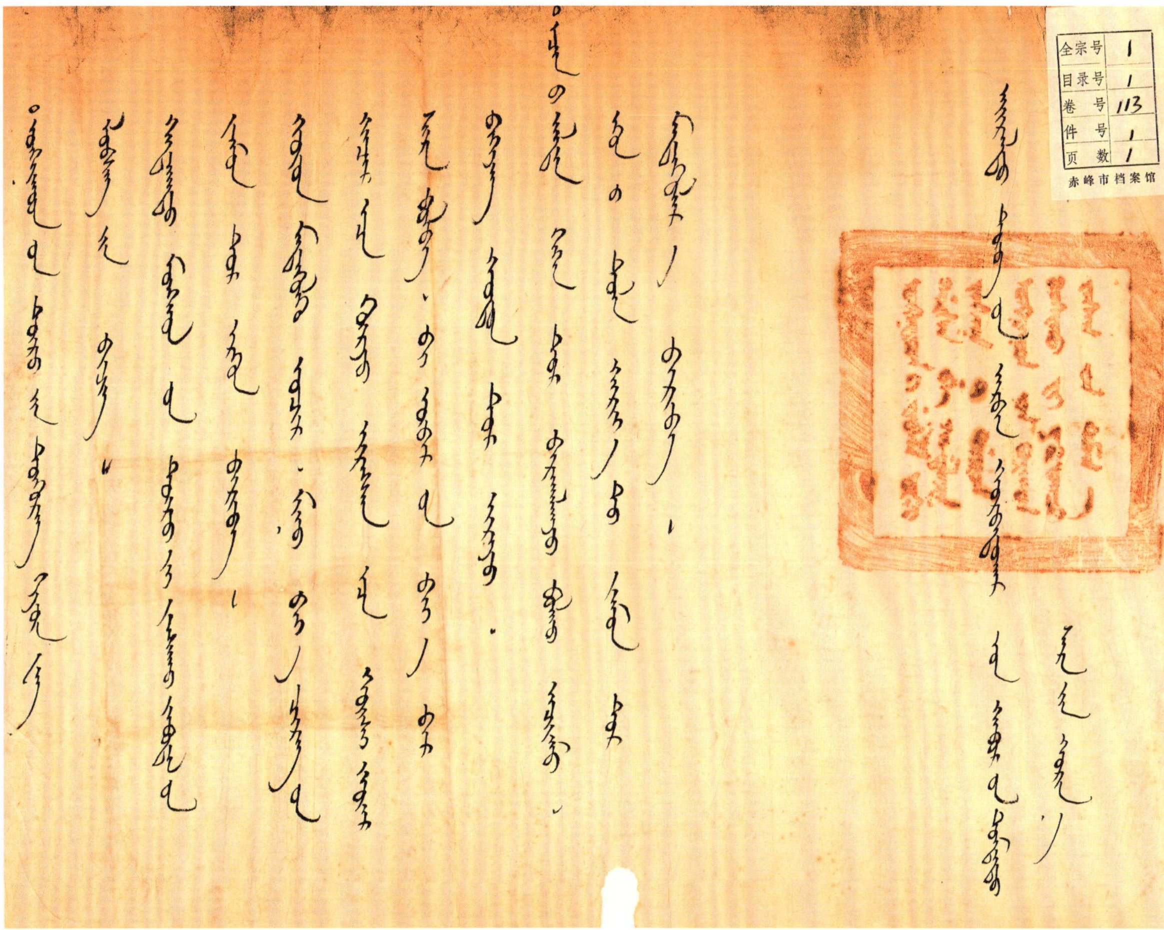
全宗号 1
目录号 1
卷 号 113
件 号 1
页 数 1
赤峰市档案馆

翁牛特郡王为进京朝觐事呈理藩院文

翁牛特多罗杜棱郡王罗布桑文。呈送理藩院：禀报之事。本人至军机处已两个月。本人能否进京朝觐吾皇请明示。

至此，呈报理藩院。

雍正十三年仲春二十日

037 翁牛特郡王旗贝子为固伦公主马匹被盗事咨喀喇沁郡王文（雍正十三年初夏初六日）

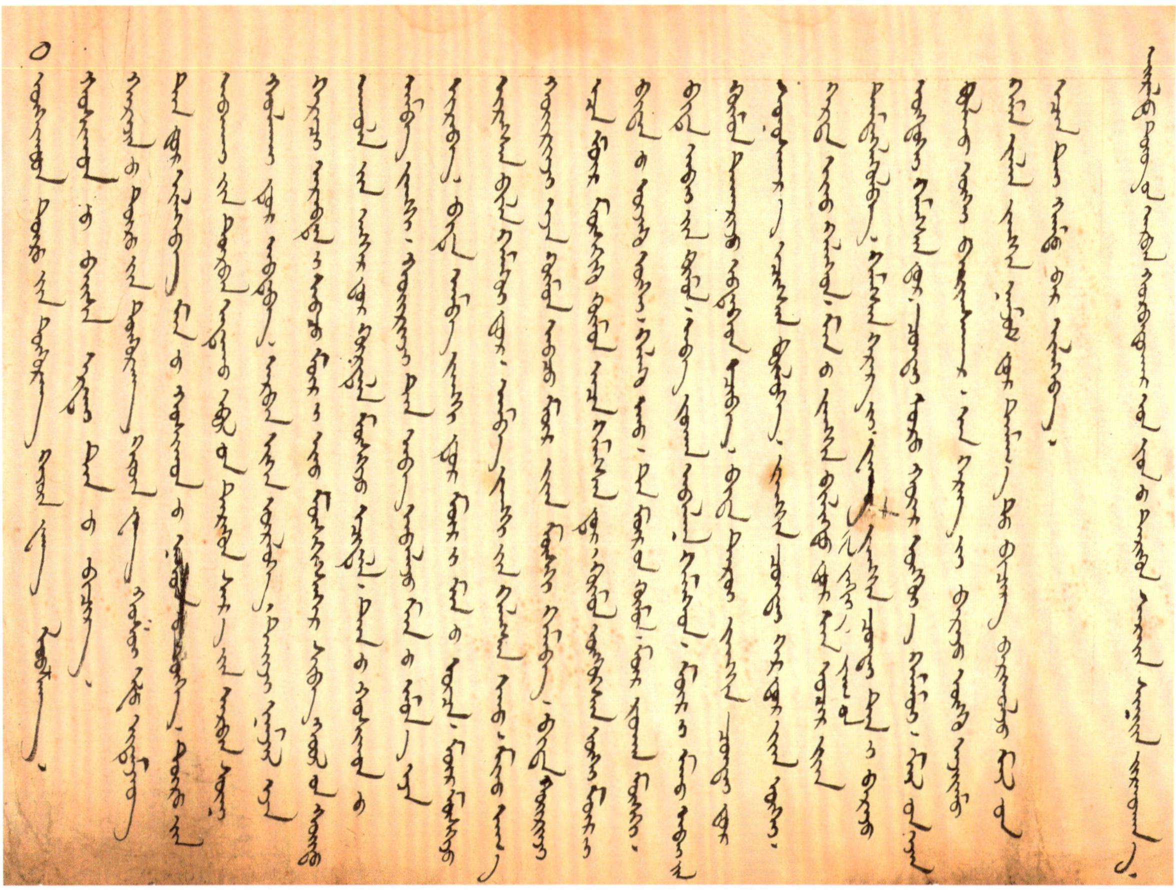

翁牛特郡王旗贝子为固伦公主马匹被盗事咨喀喇沁郡王文

翁牛特多罗杜棱郡王罗布桑旗贝子额尔德尼文。咨喀喇沁多罗杜棱郡王和硕额驸伊丹扎布：本旗固伦公主四匹马，于初冬十日夜里被盗。十一日晨，台吉那木吉勒带证人拉布坦跟踪足迹到锡伯河北山南麓时，遇见贵旗章京及其兄郝仁吉打猎。台吉等人说明事由时章京曰，向其兄郝仁吉要人带路即可。台吉等人向郝仁吉要人时，未出人，曰，尔等为跟踪足迹之人，继续跟踪，吾等为打猎之人，继续打猎，互不相干。随后破坏跟踪之足迹而去。台吉等人告知章京朝格泰，而朝格泰未在家。通告其家人，并请章京毕力格图记录此事。为此事王爷命章京朝格泰去抓贼，朝格泰称赔两匹马，失主却拒绝。兹有，为结此案，指派甲喇章京纳姆扎布携官文，与失主一同前往也。

雍正十三年初夏初六日

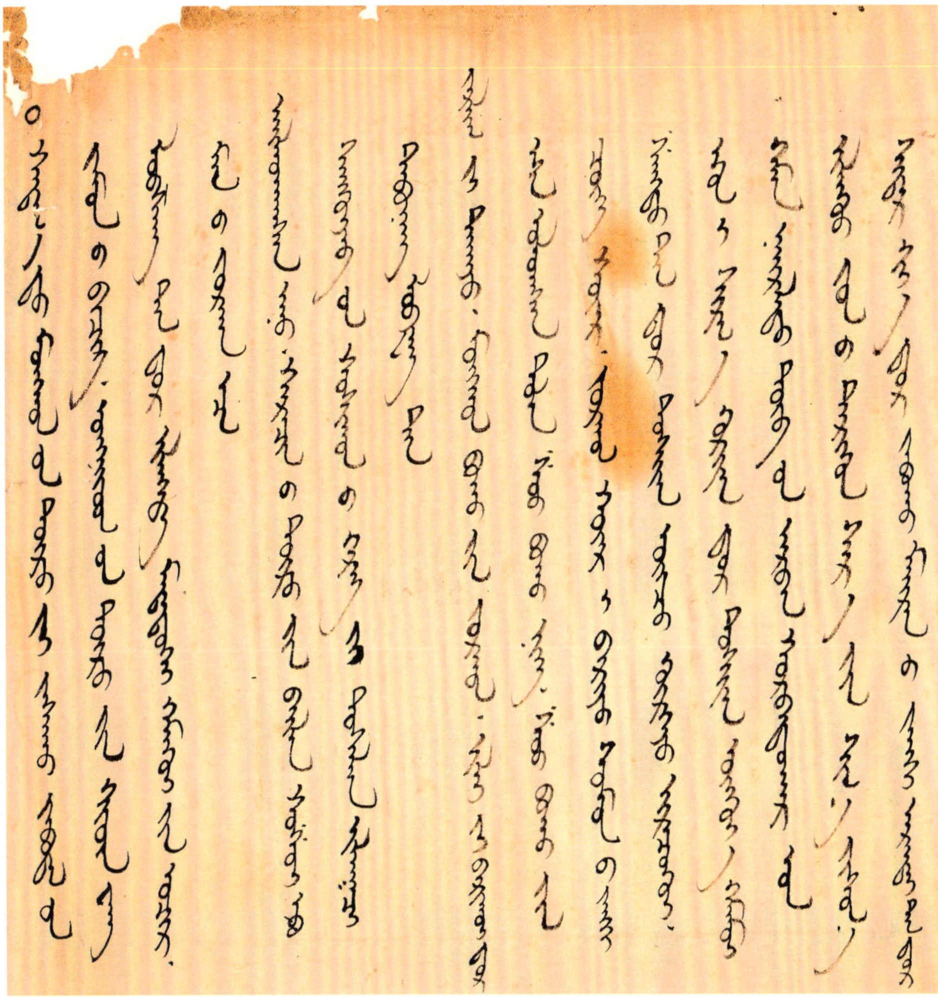

038 理藩院为进贡幼鹿事札翁牛特郡王文（雍正十三年闰初夏十五日）

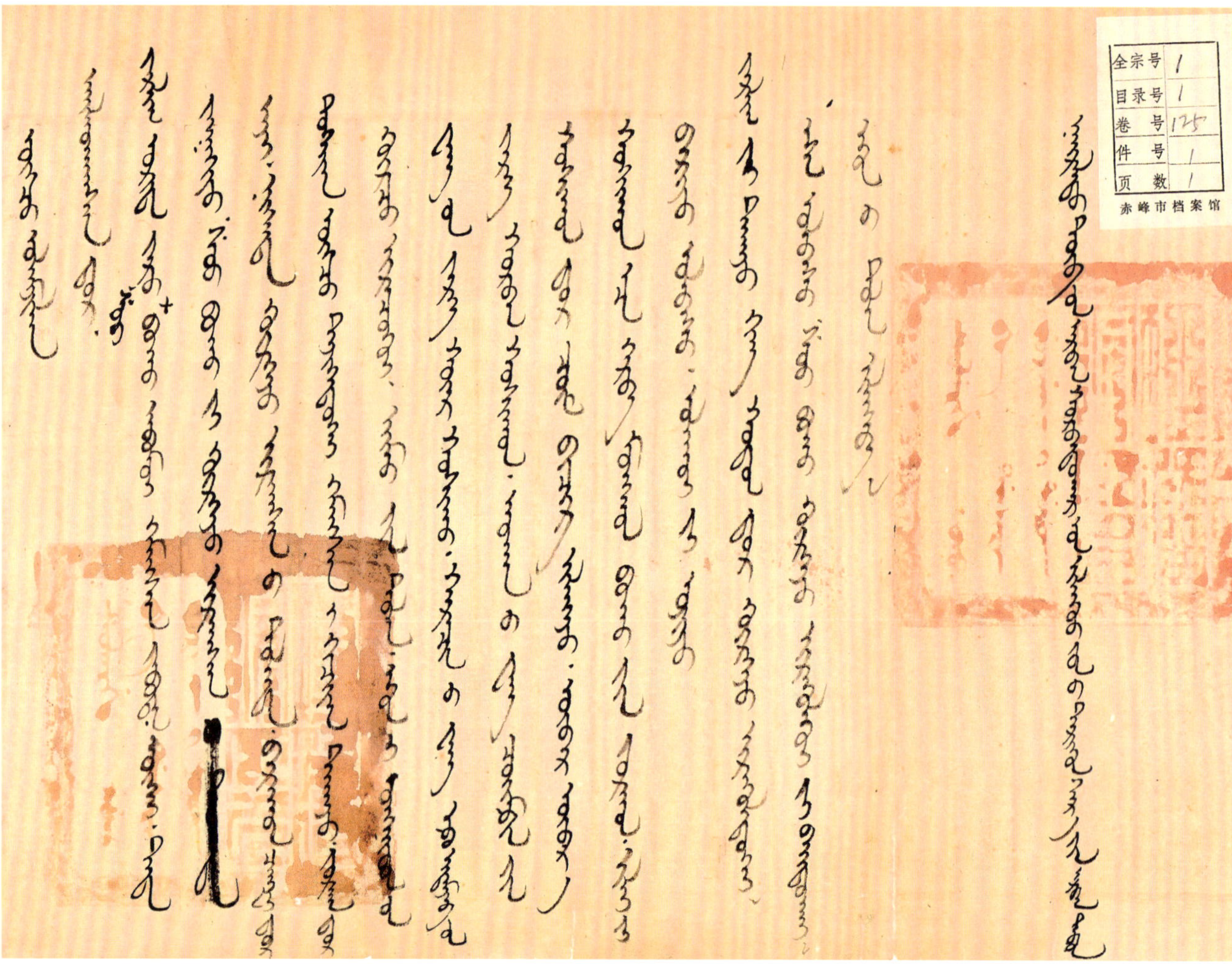

理藩院为进贡幼鹿事札翁牛特郡王文

理藩院文。札付翁牛特多罗郡王罗布桑：通告之事。

本部上奏：喀喇沁多罗贝勒和硕额驸僧坤扎布旗协理塔布囊罗布桑，念吾皇围猎时未遇鹿羔，故将所捕梅花鹿一只、幼鹿两只、二岁驯鹿两只等供品，由苏木章京尚都呈献之，是否此等鹿羔交至沙日嘎园。于雍正十三年闰初夏初九日，由御林侍卫梅林章京吉仁太转呈上奏。回旨曰：之前未有进贡梅花鹿之事，何以上贡梅花鹿也。已送之，便交由西场子养也。钦遵前来。本部遵旨，札付翁牛特王两旗、喀喇沁王额驸伊丹扎布三旗、敖汉王却穆培勒旗，命各旗如捕获梅花幼鹿，即奉命送至京城；如未获梅花幼鹿，就免送幼鹿。

此札。

雍正十三年闰初夏十五日

039 理藩院为洪灾事札翁牛特郡王文（雍正十三年末夏二十九日）

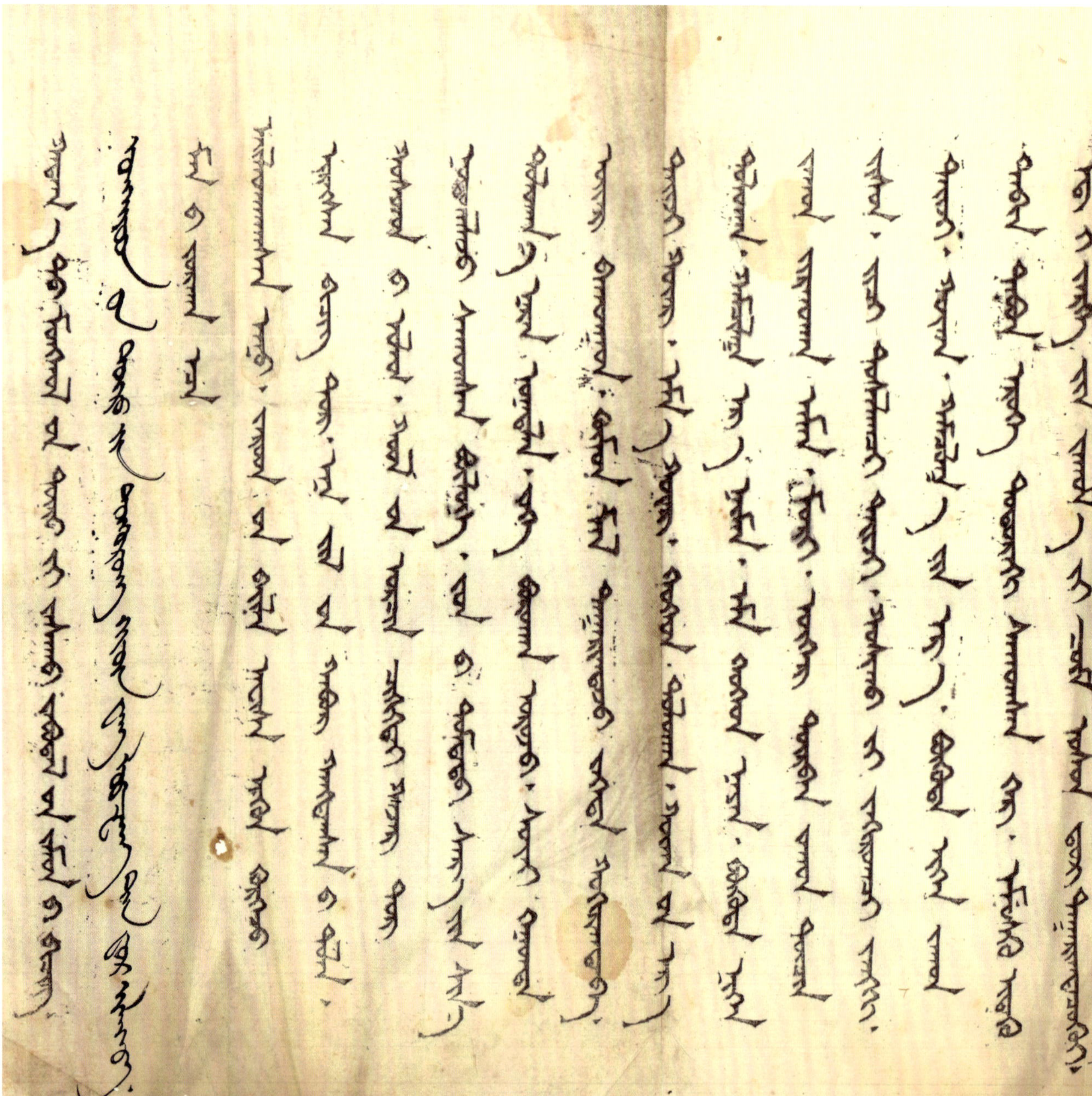

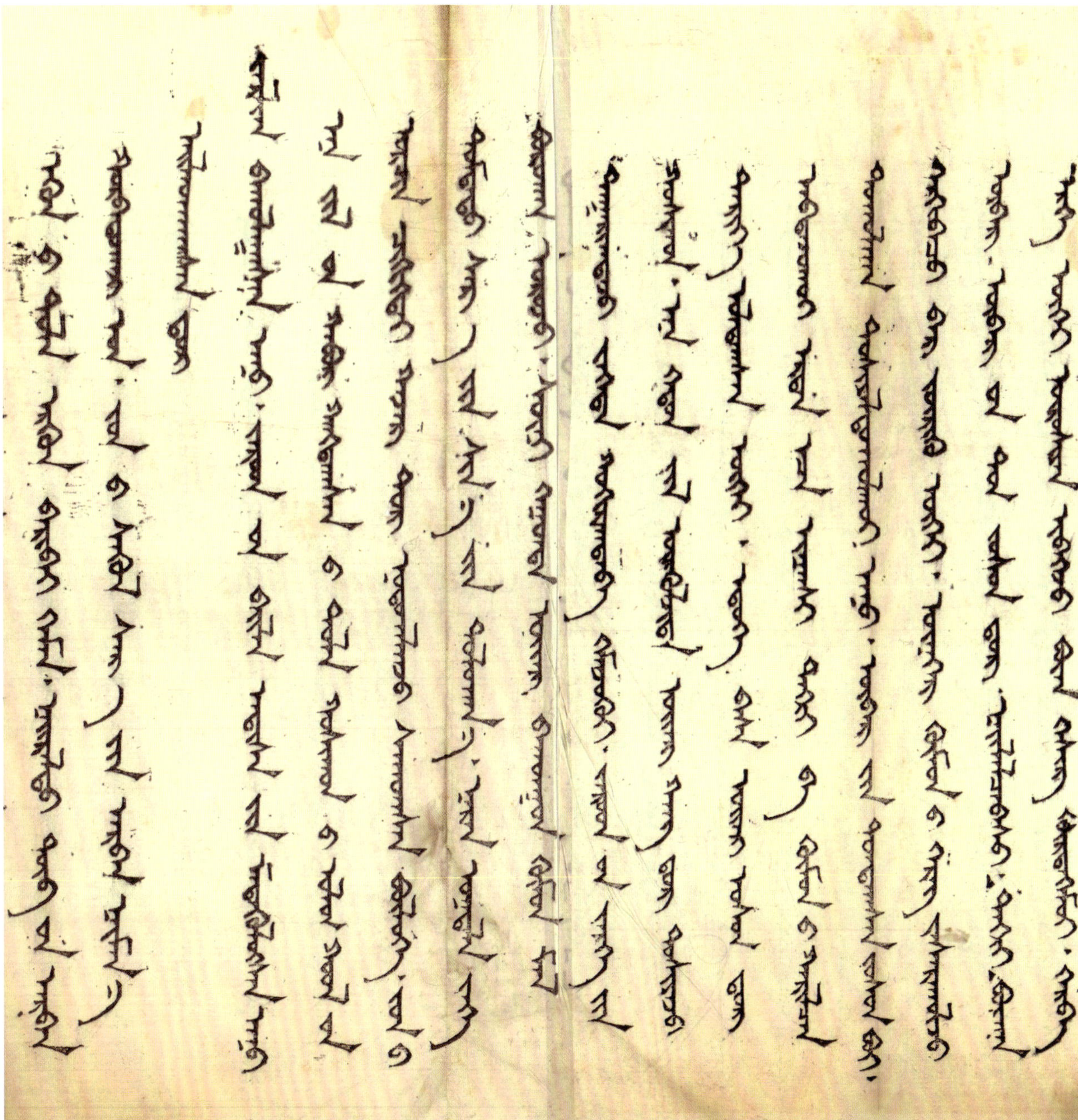

039 理藩院为洪灾事札翁牛特郡王文（雍正十三年末夏二十九日）

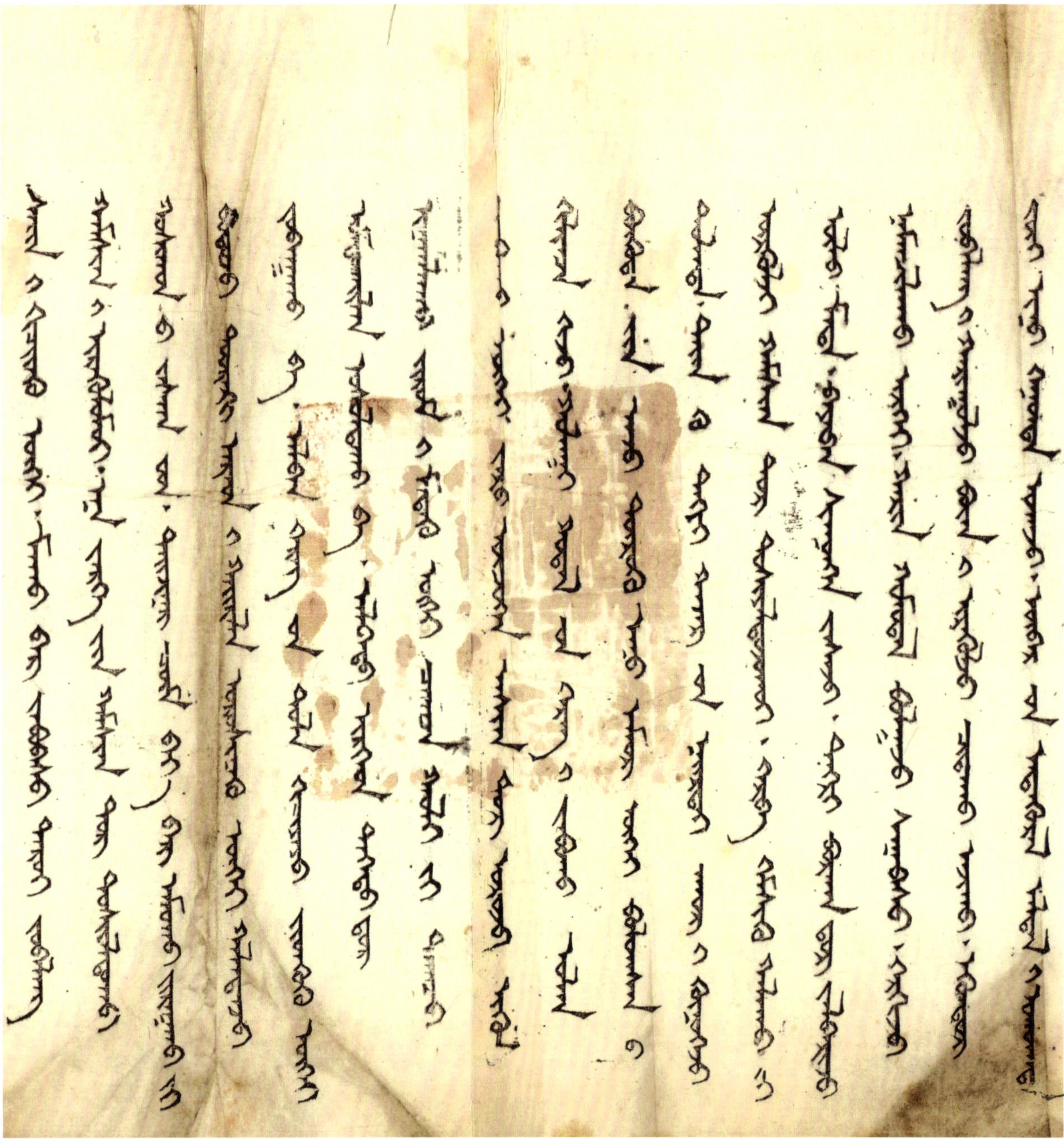

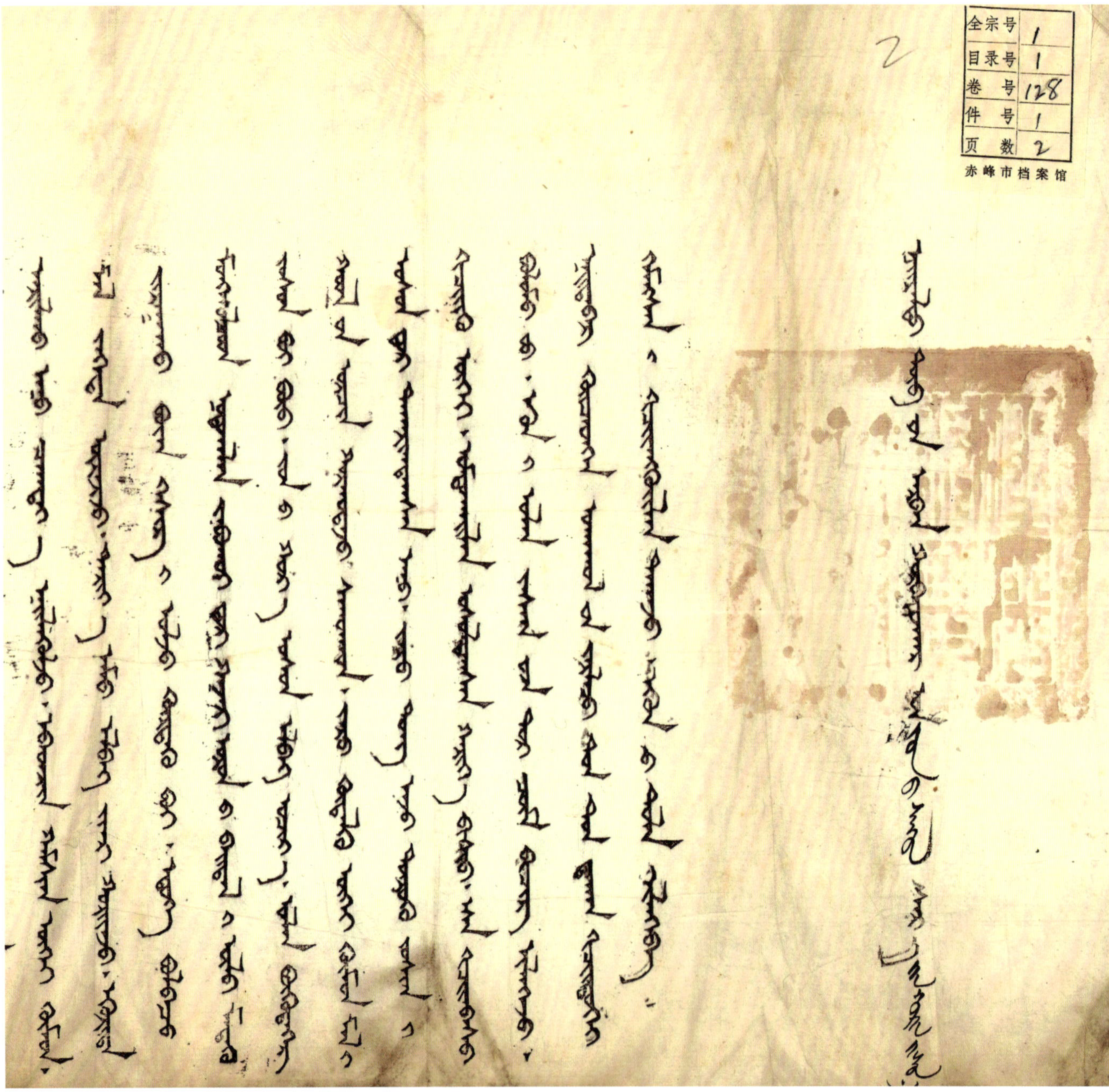

全宗号	1
目录号	1
卷号	128
件号	1
页数	2

赤峰市档案馆

理藩院为洪灾事札翁牛特郡王文

理藩院文。札付翁牛特多罗杜棱郡王罗布桑：本部上奏曰，扎鲁特贝勒阿迪萨呈称，今春遇大旱，旗百姓至沿河湿地驻扎。仲夏初七日落日时降暴雨，半夜突发洪水，人畜均大损。台吉二人、妇女二人、男童七名、男丁七名、隶属男丁八名、女童八十名，共计一百零六口人，连牛马四百四十九头及协理台吉、旗总管章京、台吉、壮丁、隶属男丁，共计一百五十五户房屋及吃穿等物品均被洪水冲走。等语前来。于雍正十三年末夏十八日上报奏折。回旨曰：扎鲁特贝勒阿迪萨上奏，今春遇大旱，旗百姓到沿河湿地驻扎。仲夏初七日落日时降暴雨，半夜突发洪水，人畜均大损。等语奏报。扎鲁特等旗近年常遇洪水及干旱，庄稼绝收。今又遇洪涝。自古以来天地共处均遵循其法理，不能违背也。如人能改邪归正，天人各顺其道，上苍必然会保佑众生、造福众生也。人如不念善事，误入邪恶，会引来祸灾也。遇见此等灾难之旗札萨克台吉平时只顾自己贪图享乐，不仁慈于黎民百姓，还刁难百姓，不谨慎于公务，失职渎职；不知爱护黎民百姓之道理，不遵守律法，贪图小利，最终作恶多端，误入盗贼之道，祸国殃民，民不聊生也。故中伤天地之和气，屡遭灾难也。如还不知悔改、不知自省、不知祈求上苍，反而喊冤屈，如何驱灾招福矣！至此，理应决然悔过自新，改邪归正，公正务事。治国安邦、建树法律，均为使百姓安居乐业。一切公用经费亦为保护百姓也。只要忠心耿耿为民造福而不造孽，福禄自然来之。从今往后只要各札萨克台吉胸怀坦荡，尽职尽责，履行公务，对百姓施行仁政，怜悯百姓，引导从善，安居乐业，百姓会顺从规矩、听从法令、谨慎公役也。如此上下协力、谨行善事，上苍也会保佑众生，降福驱灾，风调雨顺自然来之，祛病驱灾人丁兴旺，庄稼丰收，百姓得到永恒幸福。时至今日，蒙古人自古游牧为生，何有不看地形之理，何以明知夏季雨水多，却沿河聚居而不动，导致人畜均被洪水冲走，是为不谨行生计之法，疏忽大意之过也，何以不谨行？即刻札付告之各札萨克，广而告知，各自遵行！

雍正十三年末夏二十九日

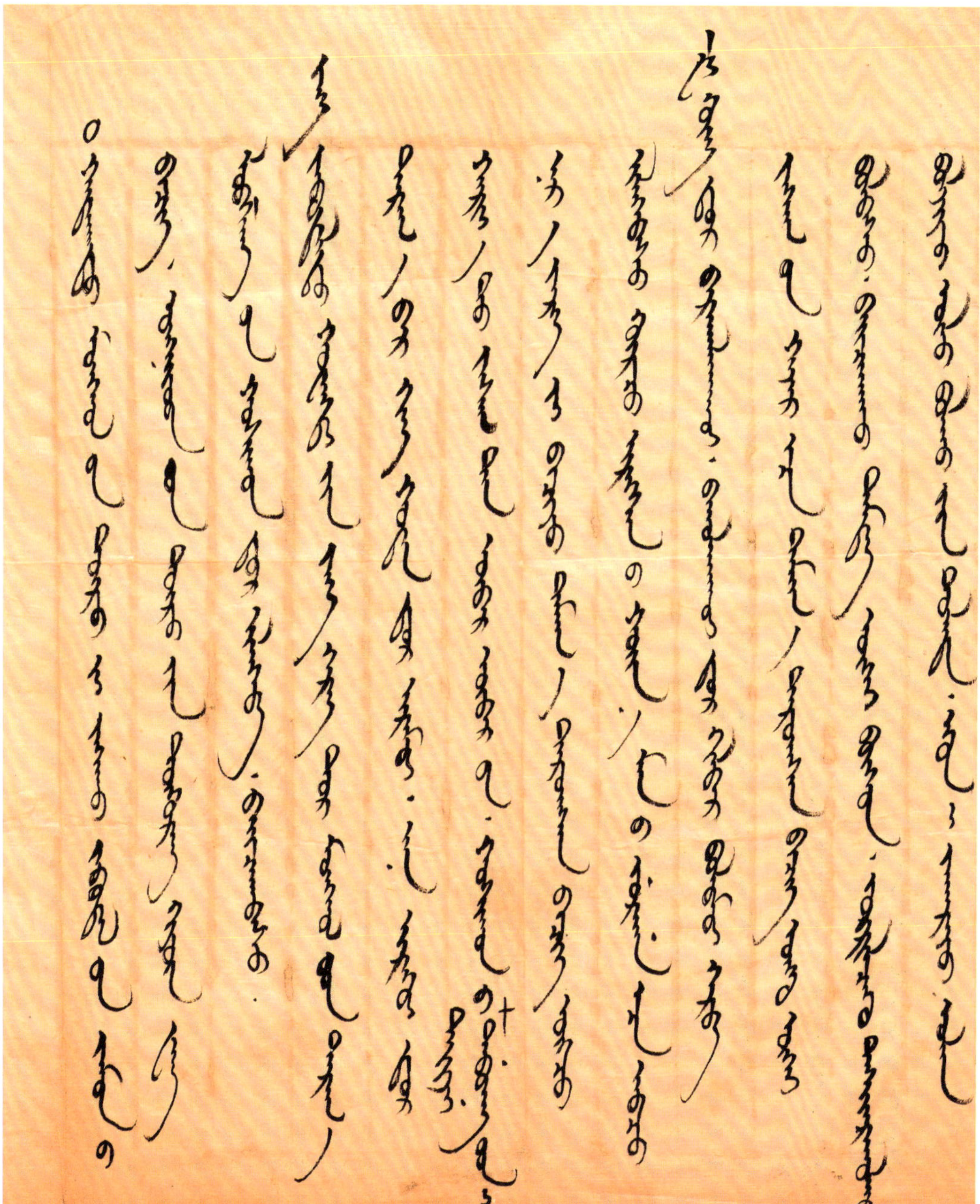

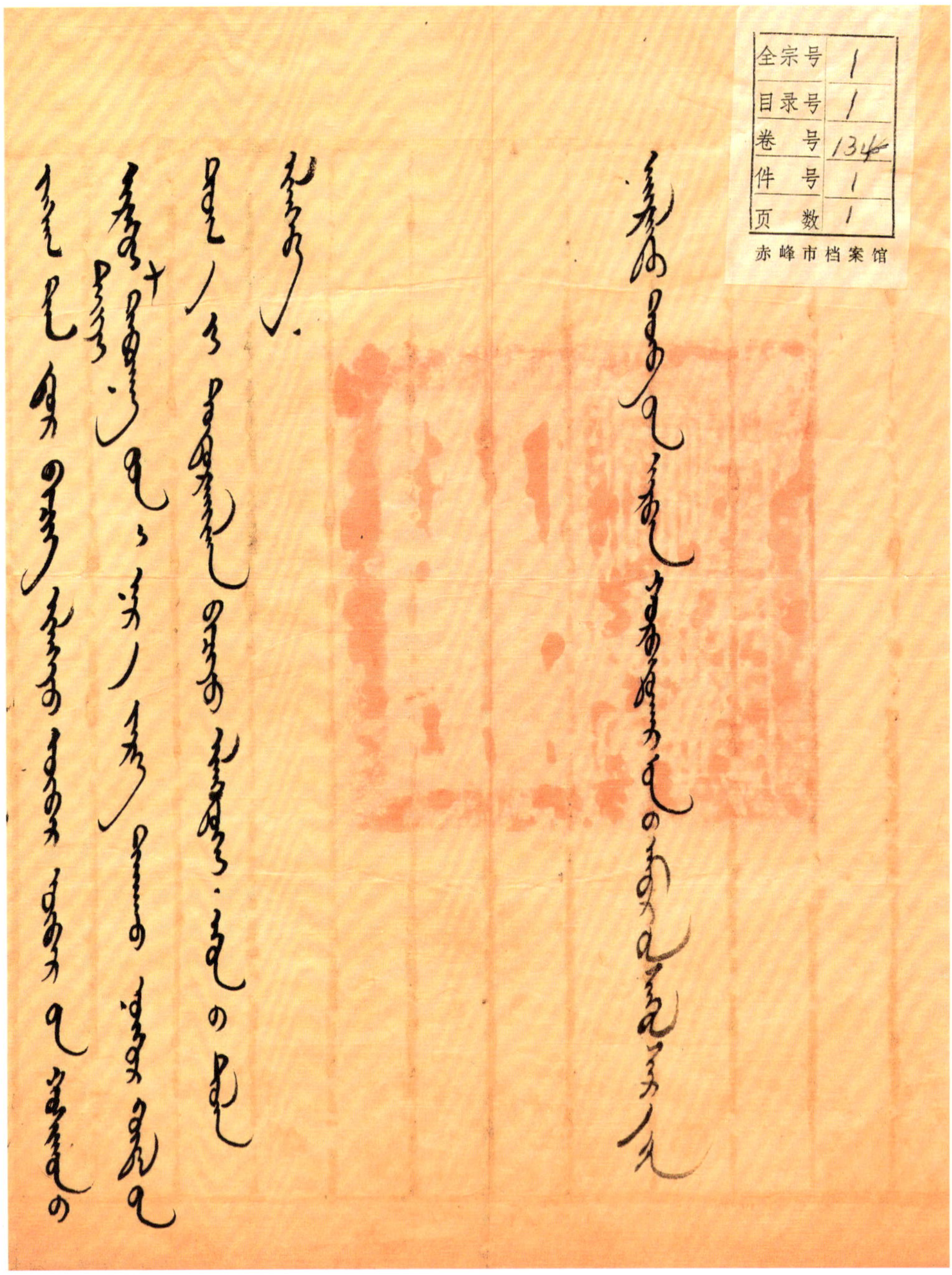

全宗号	1
目录号	1
卷 号	134
件 号	1
页 数	1

赤峰市档案馆

理藩院为出具进京所需台吉、塔布囊名称之官文事札翁牛特多罗郡王文

理藩院文。札付翁牛特多罗杜棱郡王罗布桑旗：经查，为参加圣上大典，蒙古人纷纷至京城也。为此，诸所属札萨克出具各自旗台吉、塔布囊名称之官文，钤官印证件随同带来，以便本衙门接待时，判明可否进紫禁城朝觐。如未带札萨克之文，既无核实身份之证明，朝觐顺序也会被打乱。故札诸札萨克，出具各自旗台吉、塔布囊名称、爵位及随从人数之册子。

此札。

雍正十三年末秋

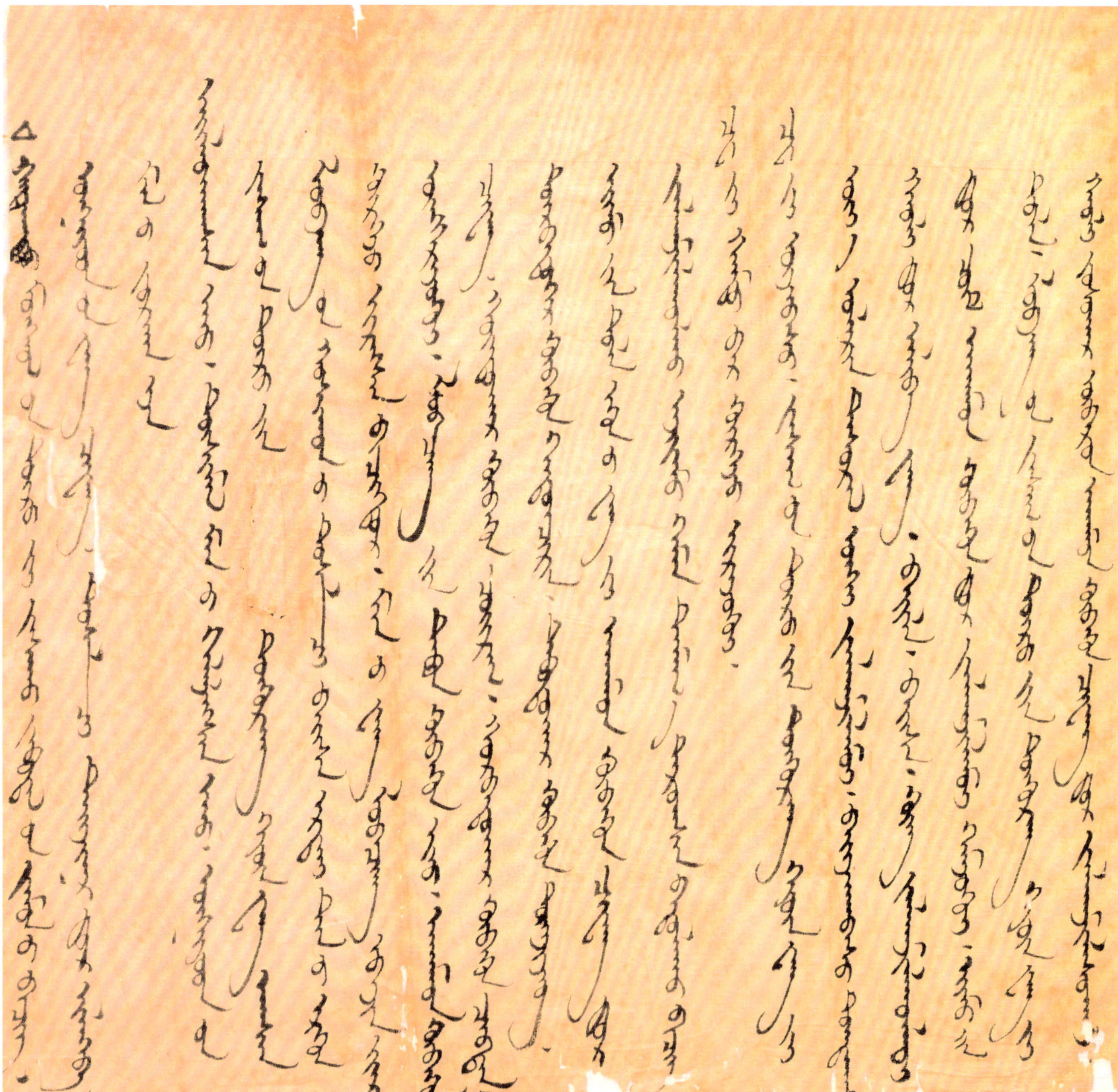

041 理藩院为沿袭札萨克罗布桑空位事札翁牛特王等文（乾隆三年仲夏二十二日）

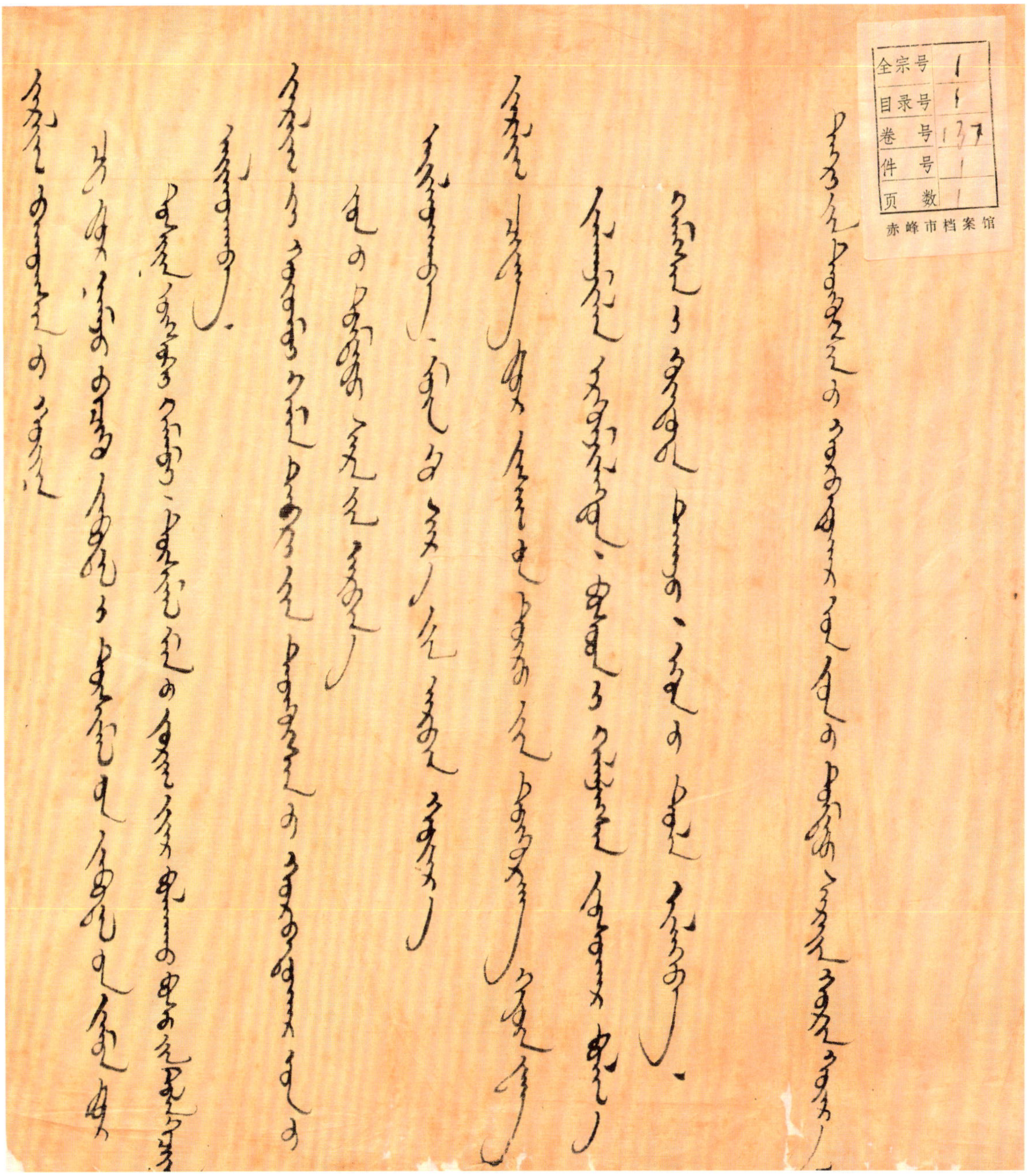

理藩院为沿袭札萨克罗布桑空位事札翁牛特王等文

理藩院文。札付翁牛特王色旺及协理台吉：本部上奏曰，翁牛特札萨克多罗杜棱郡王罗布桑旗协理贝子额尔德尼呈称，王爷罗布桑病故。罗布桑五子有长子色旺、次子却日嘎、三子查布丹、四子根敦其楞、五子图格杰扎布。呈请罗布桑空位沿袭给其长子色旺。等语前来。查阅册子，札萨克多罗杜棱郡王为世袭爵位。按律，凡沿袭王、公、贝勒、贝子爵位时，长子优先。为此，本部上奏，罗布桑札萨克多罗杜棱郡王空位沿袭给其长子色旺。补充册子之事交由吏部办理，是否妥当，特上奏恩准。于乾隆三年仲夏十日上奏，于是月十二日回旨曰：封色旺为札萨克多罗杜棱郡王，钦此。钦遵前来。文到，遵旨照办。

乾隆三年仲夏二十二日

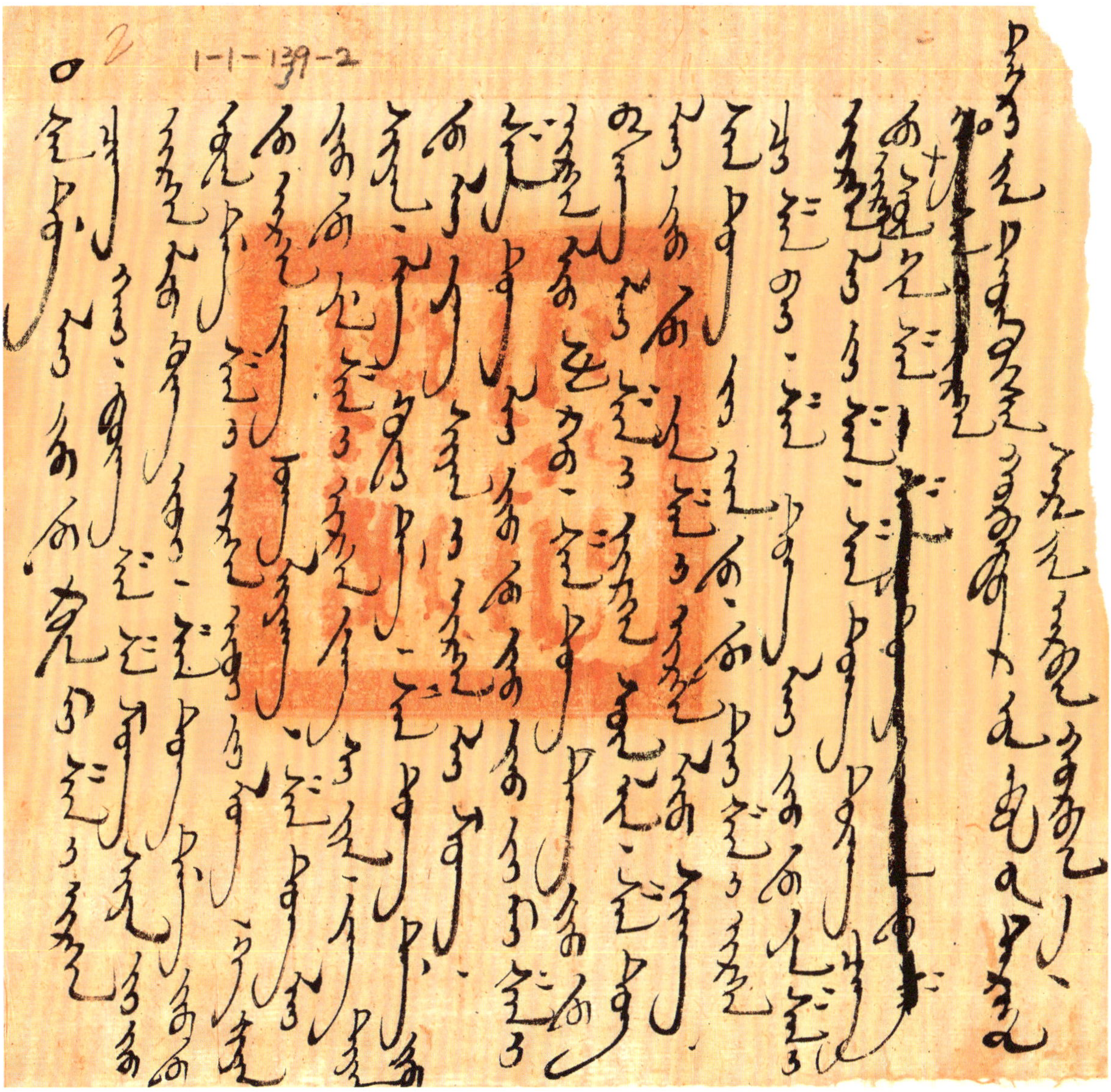
2 1-1-139-2

乾隆时期名册一份

山东莱州坤密山之民青海，东山沙雄县益州之民刘功宇，山东滕州宦腾山之民于吉龙，阁县之民张宋良，山东莱州崖山之民张锡金、张天贤、郎怀腾，山东滕州莱阳县之民李雄，山东莱州悠悠季米山之民刘生寇，山东唐周方莱山之民孙林，山东莱州崖山之民刘星，山东济南府泰山之民齐珊柏，山东莱州崖山之民李继山，山东同庆之民孙根山。

乾隆三年初冬十三日

043 理藩院为册封王爷福晋事札翁牛特王文（乾隆十一年末冬十九日）

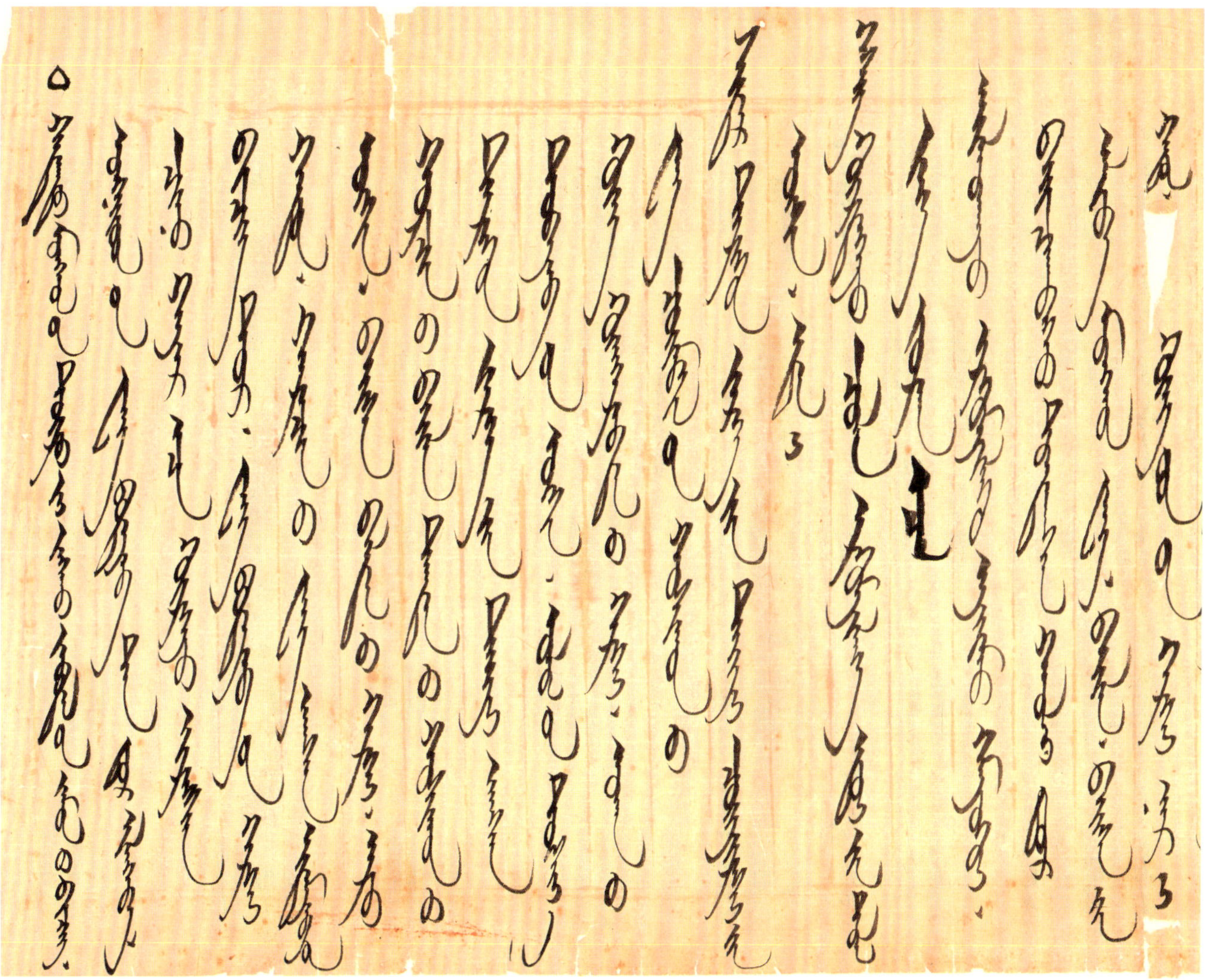

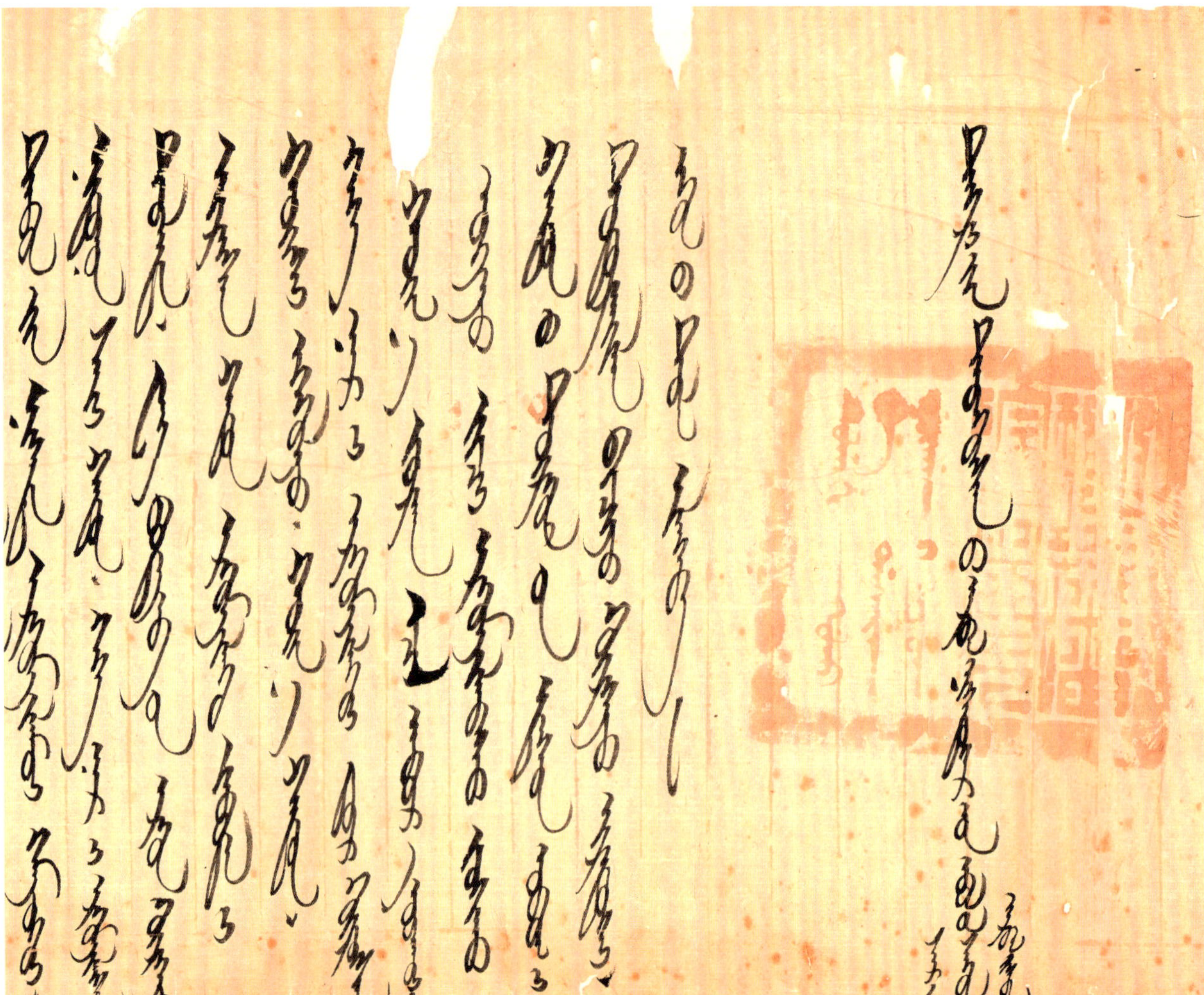

理藩院为册封王爷福晋事札翁牛特王文

理藩院文。札付翁牛特王宝迪扎布：尔处呈称，王爷宝迪扎布夫人，原喀喇沁王伊丹扎布之女；贝子巴拉丹之妻，阿鲁科尔沁贝勒达格丹旗原一等台吉道布扎布之女；镇国公贡嘎拉布坦之妻，敖汉王却穆培勒旗侍卫、一等台吉却吉拉希之女。以上王爷福晋还未册封发放俸禄也。呈请大部转奏。等语前来。经查，按例，一切蒙古王、贝勒、贝子之夫人，诸公之妻，每五年册封一次也。去年刚册封夫人及格格。故退回宝迪扎布王之呈文，待到册封日期时再呈送夫人及格格之娘家姓氏，以便大部呈奏之。

此札。

乾隆十一年末冬十九日

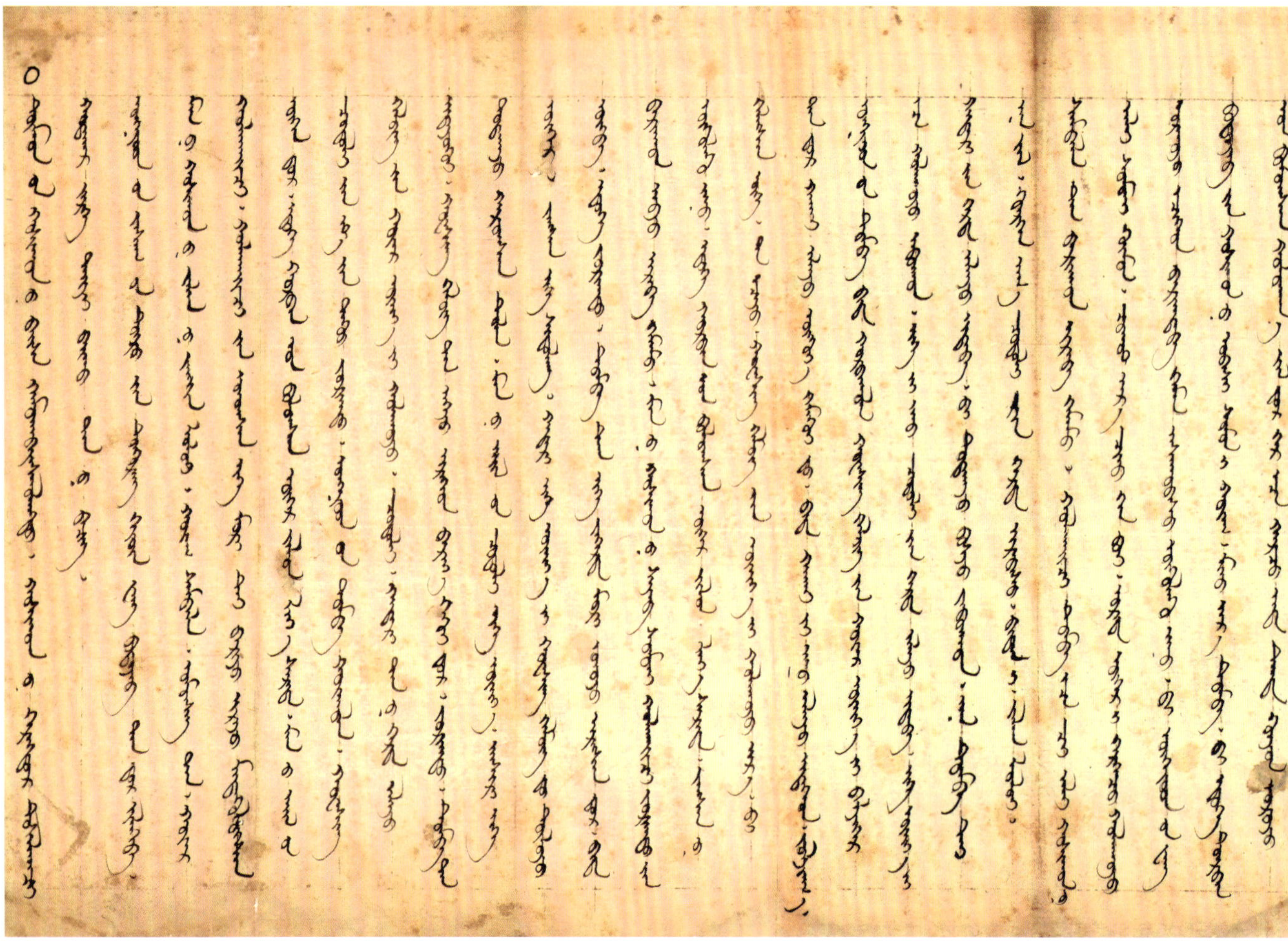

044 土默特旗协理为一宗盗牛案咨翁牛特札萨克郡王文（乾隆十二年末春二十二日）

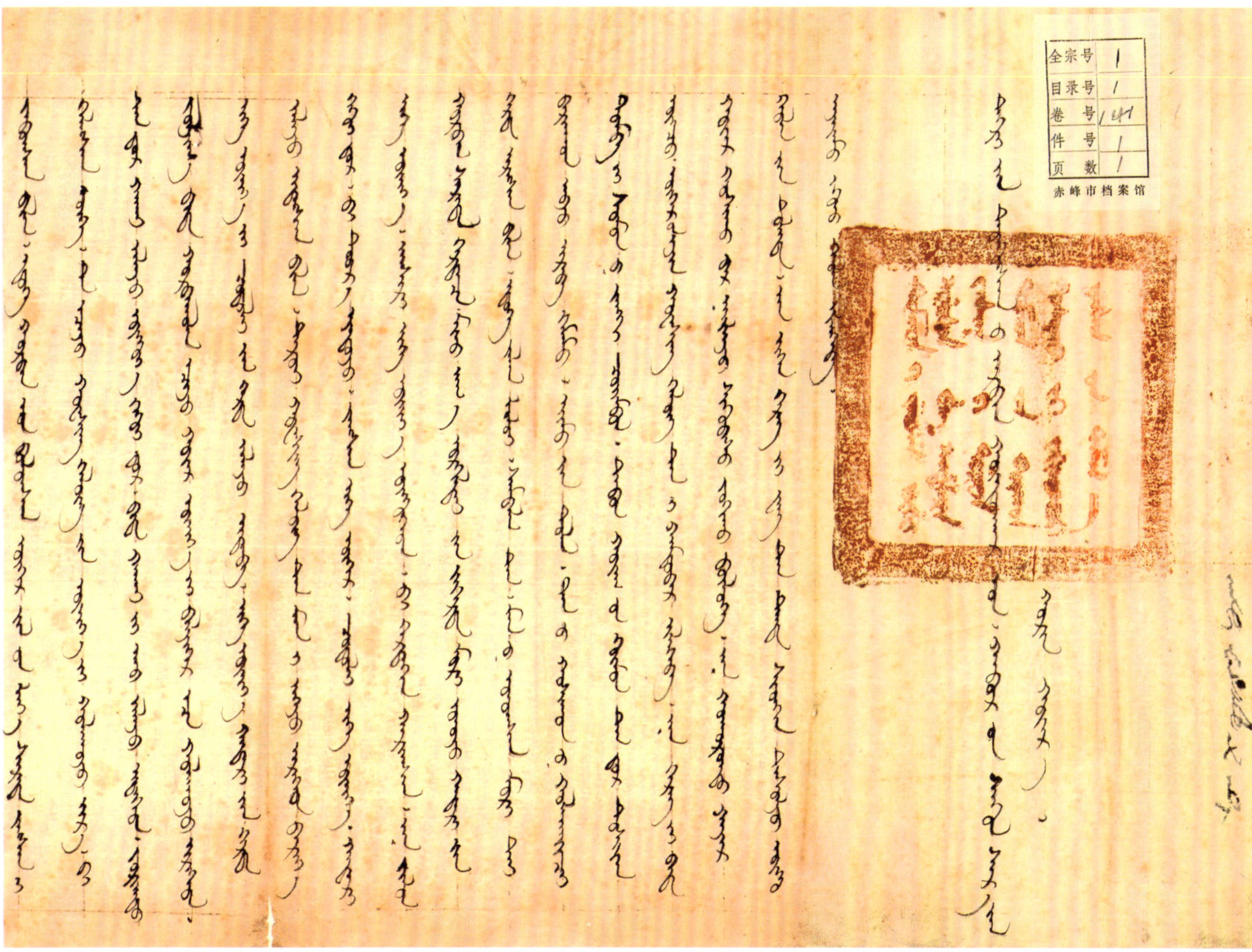

土默特旗协理为一宗盗牛案咨翁牛特札萨克郡王文

土默特旗贝子哈木格白斯古楞图旗协理三等台吉白虎文。咨翁牛特札萨克多罗杜棱郡王宝迪扎布：本旗甲喇章京劳瑞，兵丁散巴拉、诺敏桑曾抓获两名盗贼及盗贼坐骑一匹，已有三年也。三年前丑年腊月，本村朝都莱小舅子照日格图、翁牛特顿巴合伙盗走华星和尚两头母牛，将牛带至朝都莱、哈达利家宰杀吃肉。华星和尚追来抓获时照日格图、顿巴却已逃逸。无奈，本村朝都莱拿出一头母牛，阿西里拿出一头牛，占森拿出二岁牛，哈达利拿出一头母牛，赔给华星和尚。今照日格图、顿巴俩骑一匹灰色马过来时被抓获。本旗斯雅布佐领盗贼照日格图交代，三年前之丑年腊月，占森曰，去偷华星和尚牛，吾为尔等杀猪也。吾等杀猪饱餐，与珠拉吉哈及翁牛特顿巴仨人溜至华星和尚草场偷来两头母牛也。一头拿至朝都莱家宰杀，另一头拿至哈达利家杀肉吃也。吾等逃逸数年，今年与顿巴一起到姐夫朝都莱家时被章京劳瑞、散巴拉所抓获。审问顿巴哪旗哪佐领人、真实姓名及如何偷牛逃跑、如何被抓时交代，本人翁牛特王爷宝迪扎布旗敖巴希佐领壮丁，叫顿巴。本人四年前子年离家当劳工。三年前丑年腊月占森曰，尔等去偷华星和尚牛，吾为尔等杀猪也。吾等杀猪餐肉，与照日格图及珠拉吉哈溜至华星和尚草场偷来两头母牛也。一头拿至朝都莱家宰杀，另一头拿至哈达利家宰杀吃了。华星和尚闻讯赶来抓获，吾等私下和解后占森拿一头牛、朝都莱拿一头母牛、哈达利拿一头母牛、阿西里拿一头母牛赔给华星和尚，吾等随即回家也。是年三月，本人骑敖日格勒忒哥之灰色坐骑来至哈达利家，却被甲喇章京劳瑞、散巴拉抓获也。

兹有，佐领章京却穆培勒及五名兵丁押解旗盗贼顿巴，与失主华星和尚一同前去。理应俩旗联判此案，但路途遥远，故望王爷判定为盼。

乾隆十二年末春二十二日

045 翁牛特札萨克郡王旗协理为统计民人人口、耕地面积事呈盟长札萨克多罗郡王文（乾隆十五年末春十五吉祥日）

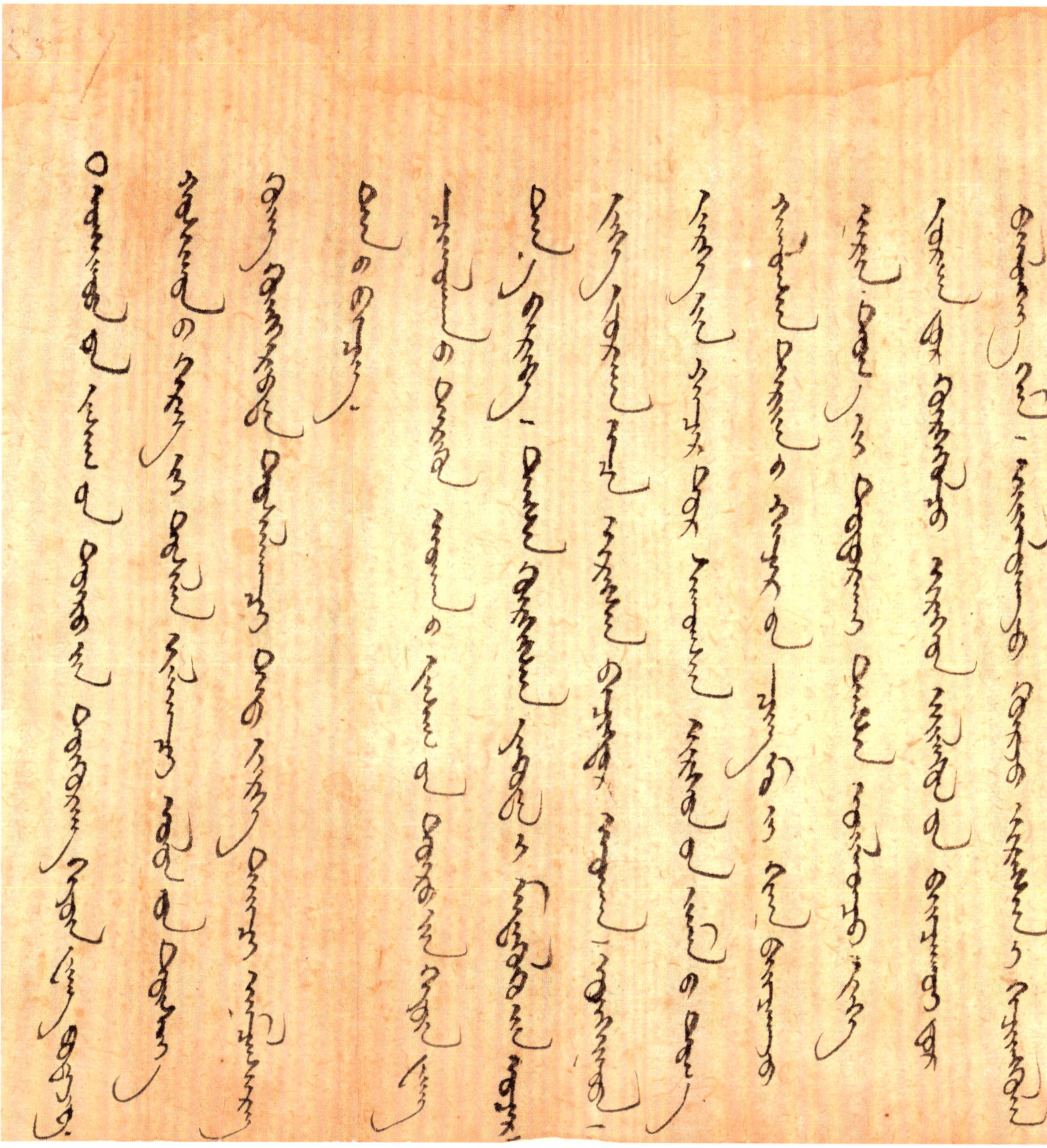

045 翁牛特札萨克郡王旗协理为统计民人人口、耕地面积事呈盟长札萨克多罗郡王文（乾隆十五年末春十五吉祥日）

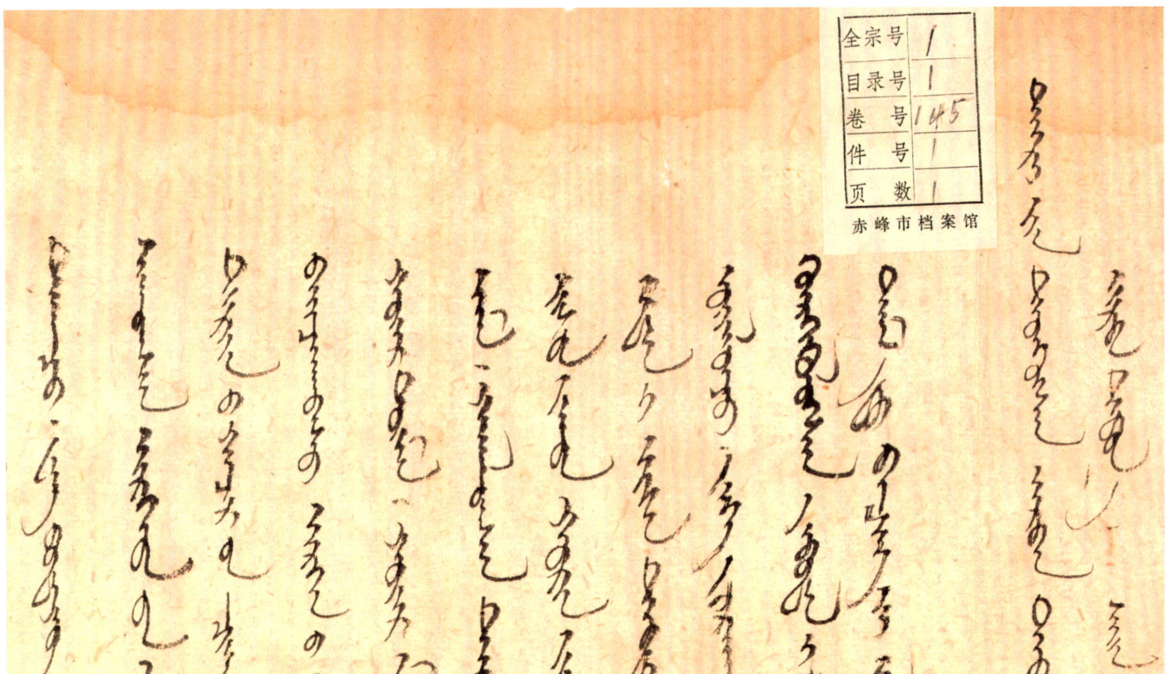

翁牛特札萨克郡王旗协理为统计民人人口、耕地面积事呈盟长札萨克多罗郡王文

翁牛特札萨克多罗杜棱郡王宝迪扎布旗协理辅国公贡嘎拉布坦、协理二等台吉那木吉拉斯楞文。呈盟会大王爷敖汉札萨克多罗郡王：呈送账本之事。

大部札开：速查居住敖汉、翁牛特等地民人人口及耕地面积并做明细账本送至大部以备统一查验。等因前来。兹有，奉命与王爷宝迪扎布一同核查本旗居住之民人人口、耕地面积。据统计，民人人口男女共计两万两千九百八十一口，耕地面积两千九百二十六顷二十四亩。兹以上述数据造册送至大部。

为此呈送之。

乾隆十五年末春十五

吉祥日

理藩院为缉拿逃犯事札昭乌达盟长敖汉郡王文

理藩院文。札付昭乌达盟长敖汉郡王却穆培勒：刑审司呈称，偷盗锡林郭勒盟长阿巴嘎王苏达那木拉布坦旗马匹之贼犯台吉巴图，被关押于色布坦家并由十名人员看管，于本年初秋十三日夜里趁大家熟睡脱逃。故禀告大部，及时通告诸盟旗进行抓捕。等因前来。为此，本部通告诸旗限期捉拿马贼外，告知乌兰察布、昭乌达两个盟协助捉拿归案。另，严加审问所属旗十名看管人员有无徇私枉法之事，做笔录，有罪则处置。逃犯巴图，二十七岁，身材匀称，黑脸，穿灰色长袍，戴狐狸皮帽，徒步逃脱之。

此札。

乾隆十五年初冬二十六日

047 钦命驻乌兰哈达蒙民事务署摄政王爷为督促统计旗内民人耕地事札翁牛特札萨克郡王文（乾隆十五年十一月十三日）

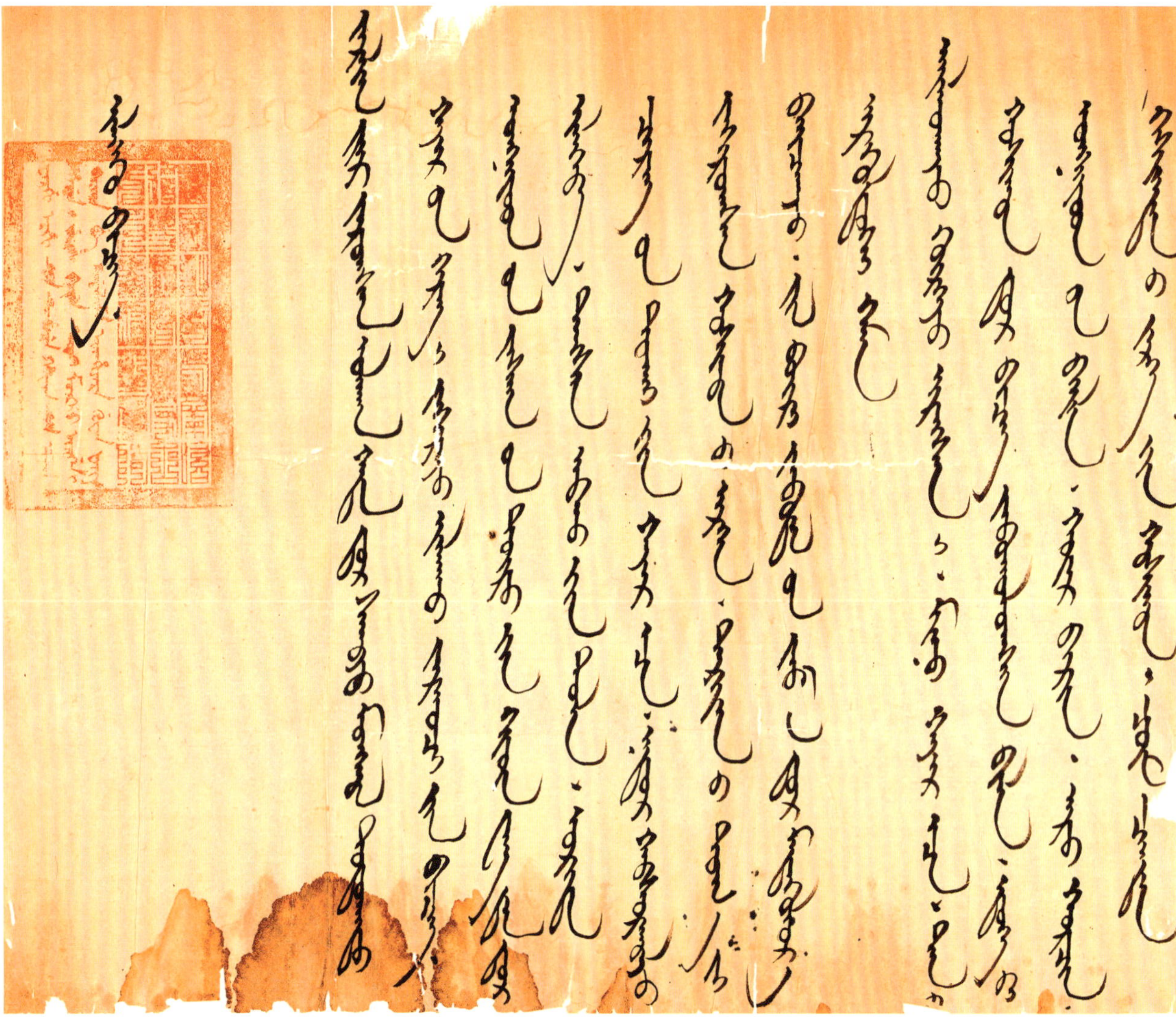

047 钦命驻乌兰哈达蒙民事务署摄政王爷为督促统计旗内民人耕地事札翁牛特札萨克郡王文（乾隆十五年十一月十三日）

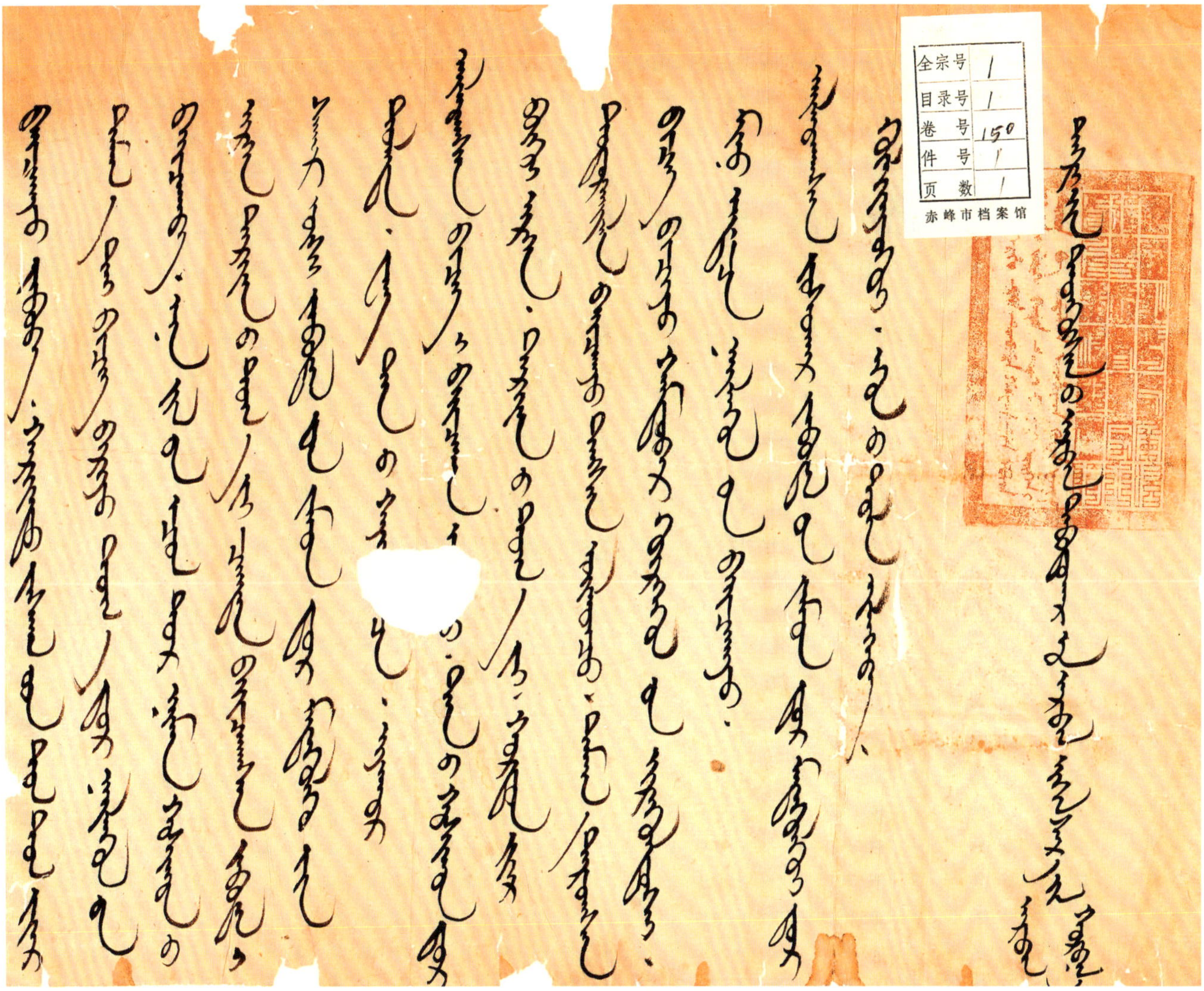

钦命驻乌兰哈达蒙民事务署摄政王爷为督促统计旗内民人耕地事札翁牛特札萨克郡王文

钦命驻乌兰哈达蒙民事务署摄政王文。札付翁牛特札萨克多罗郡王：收缴账本之事。

兵部授权本署监管诸旗民人之耕地面积并每年呈报大部。故本署札饬诸旗遵行。兹有，本王巡察翁牛特贝勒、两个巴林、阿鲁科尔沁、克什克腾等旗，督促所属诸札萨克持官文提交统计数字。本年末须将八旗民人之耕地面积呈报本署。为此，望贵王爷遵循文内，速将本旗民人人口及耕地面积统计造册随官文一同送至本署，以备本署汇总呈报大部。

此札。

乾隆十五年十一月十三日

048 理藩院为缉拿出逃太监王金超事札翁牛特王文（乾隆十七年初夏十四日）

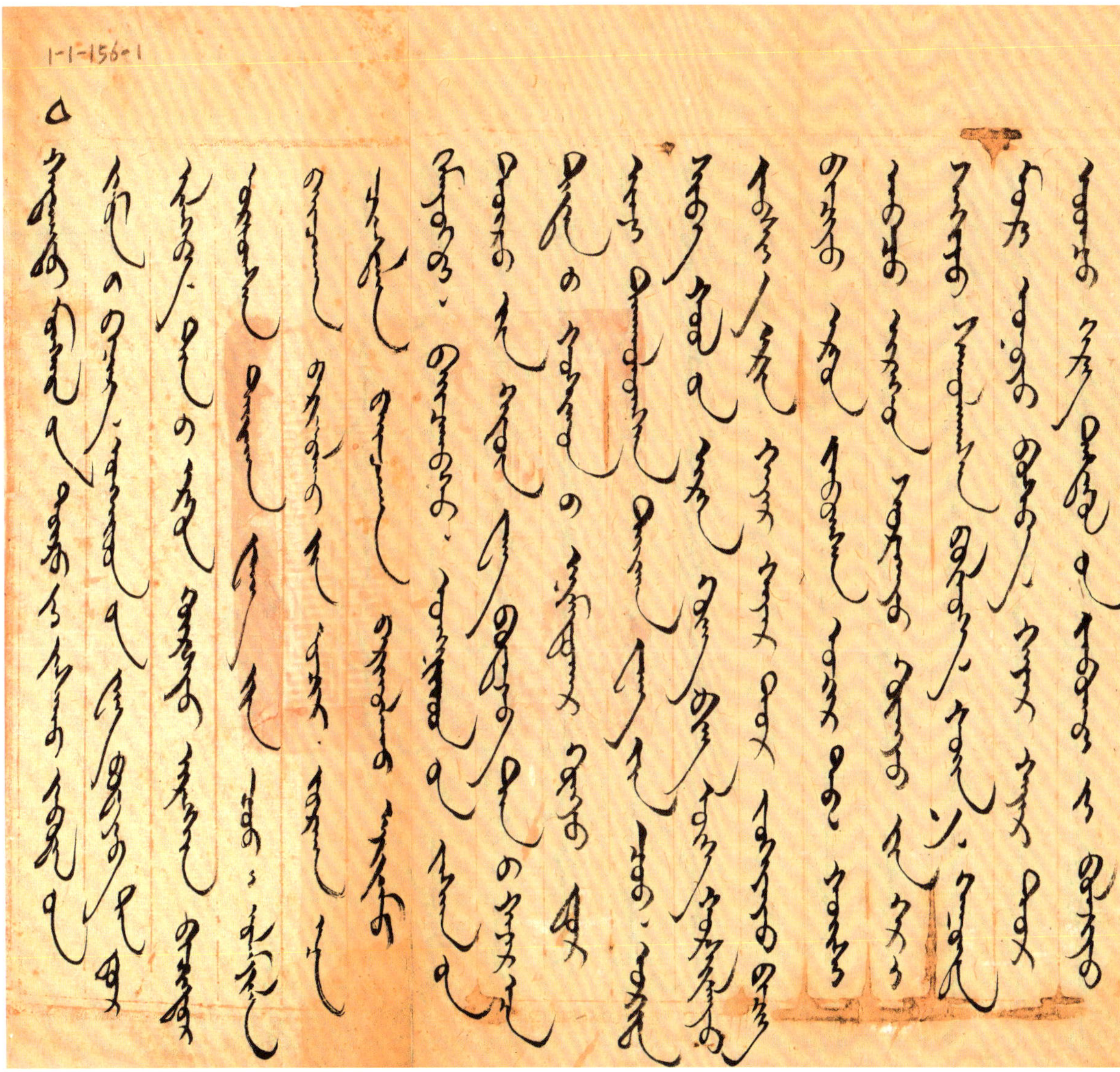

048 理藩院为缉拿出逃太监王金超事札翁牛特王文（乾隆十七年初夏十四日）

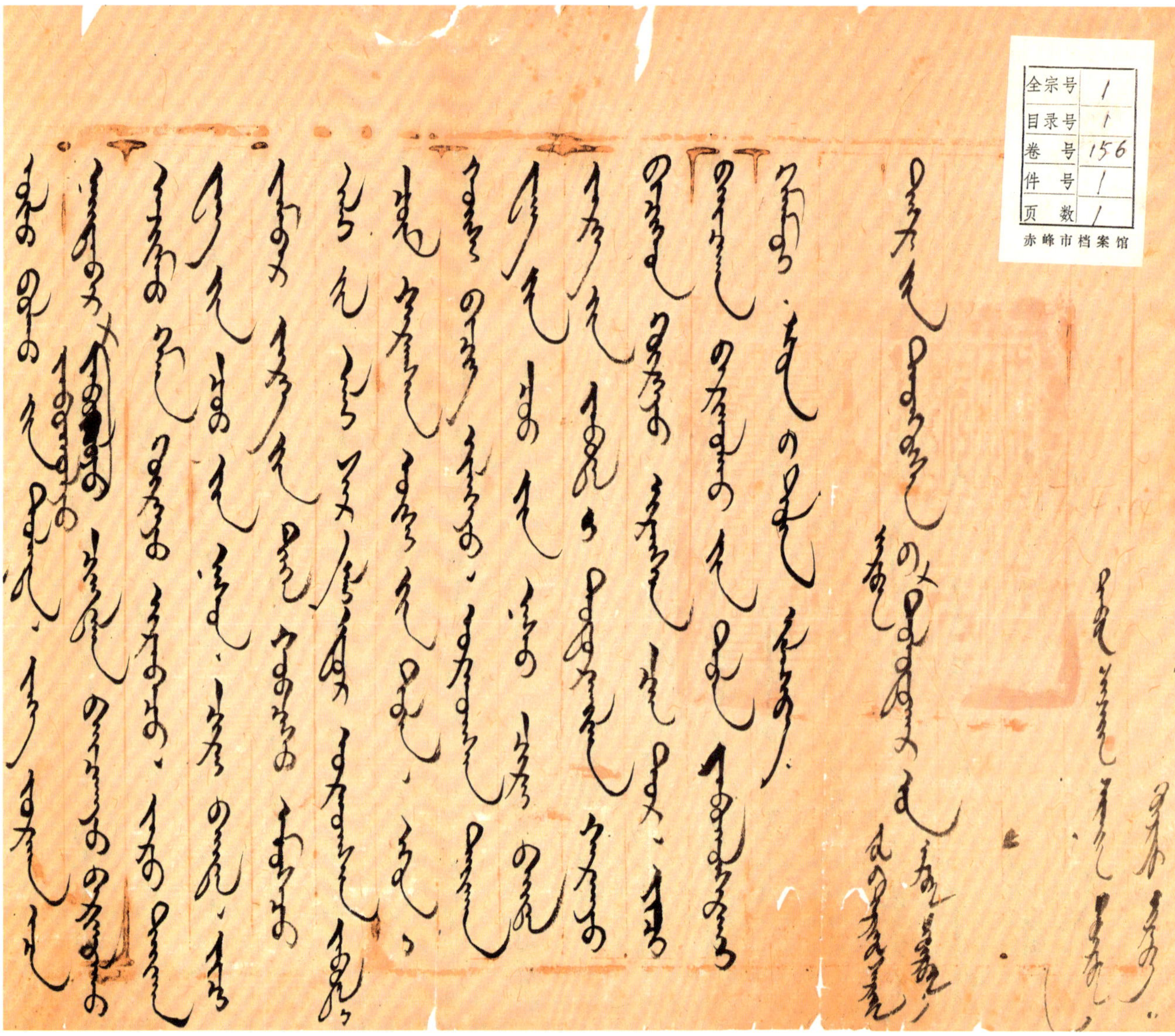

理藩院为缉拿出逃太监王金超事札翁牛特王文

理藩院文。札付翁牛特王宝迪扎布：尔处呈称，呈请大部通缉出逃太监王金超。等因前来。经查，嫁至翁牛特札萨克多罗郡王宝迪扎布旗八公主之配送太监王金超，与锡伯河民人龚平合伙造假官文行骗。于是召回训斥，命其看护公主家园，之后有天突然骑马出逃。为防范其各处惹是生非，故禀报本部缉拿。但未明确太监王金超年龄、长相、穿戴及何时何日出逃。故即刻回文明确出逃太监王金超之年龄、长相等特征，以便通告缉拿。

此札。

乾隆十七年初夏十四日

049 昭乌达盟长敖汉王为筹备皇帝驾临木兰围场事札翁牛特郡王文（乾隆十七年末夏十二日）

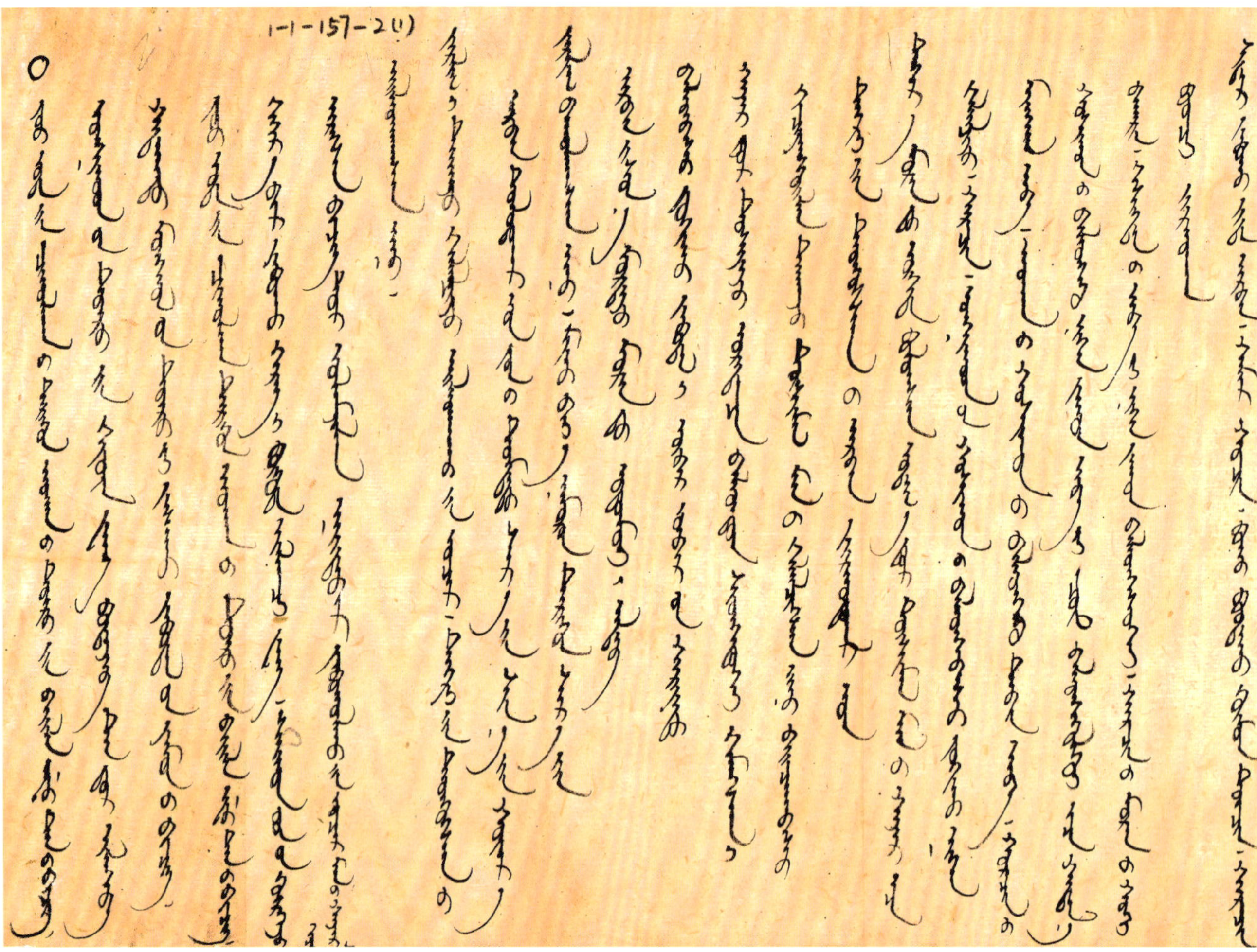

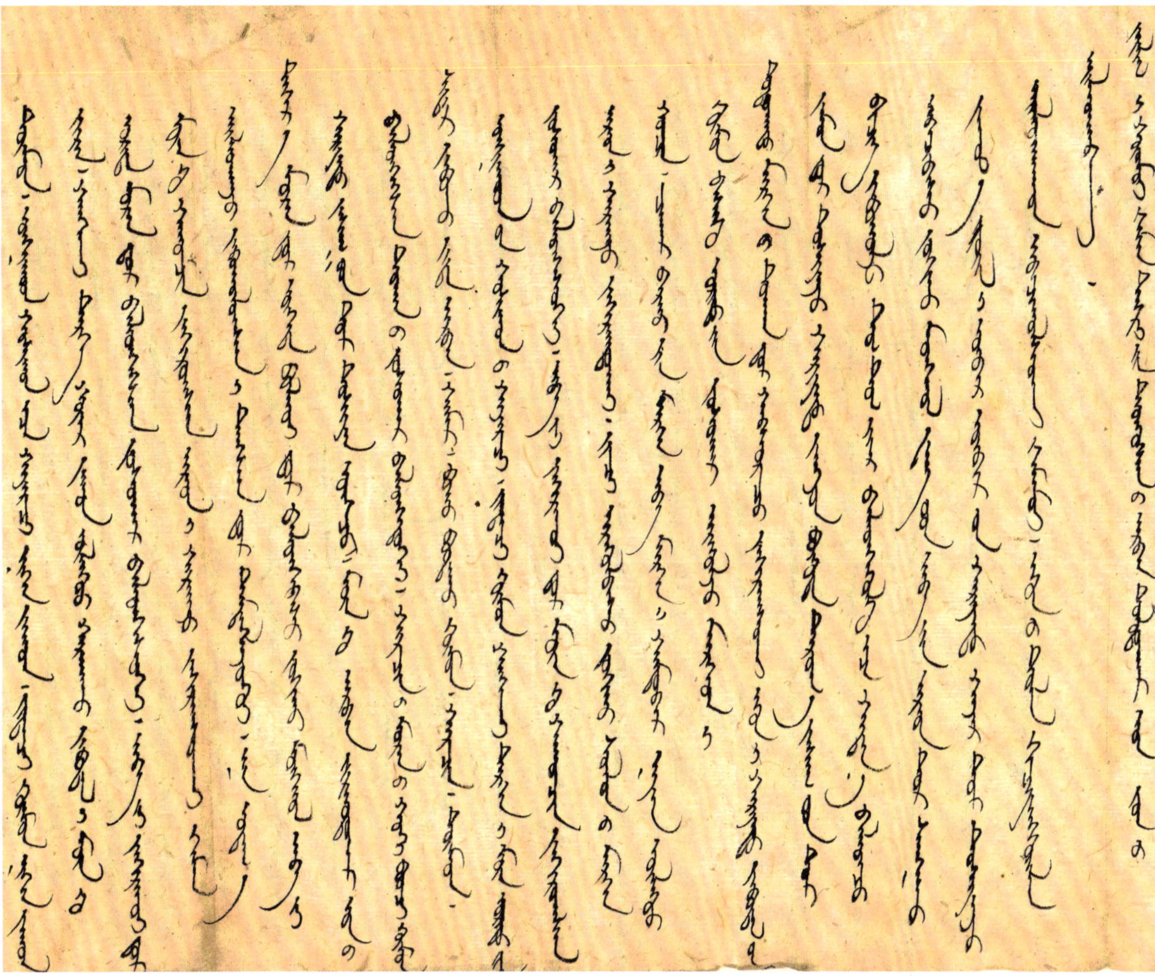

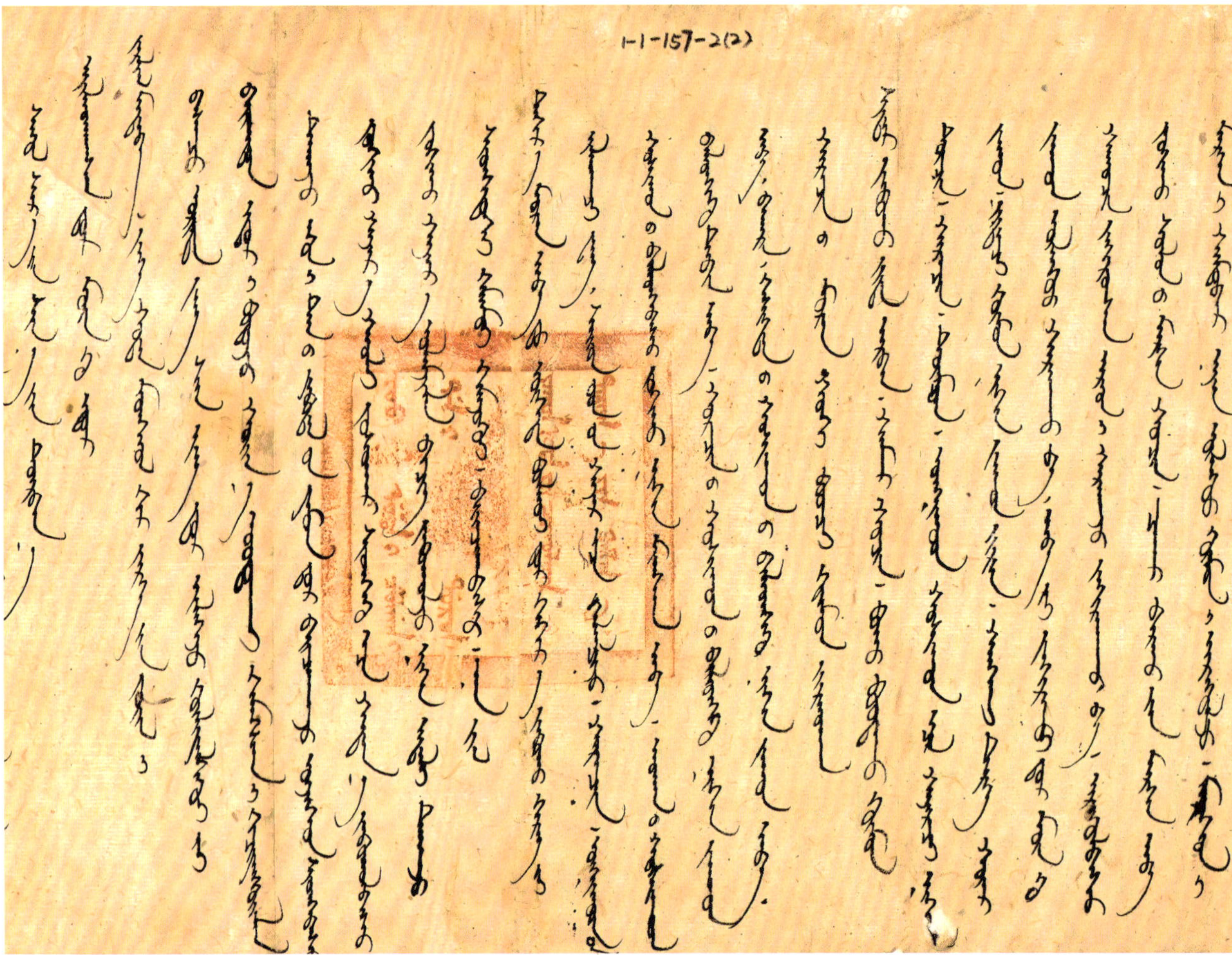
1-1-157-2(2)

049 昭乌达盟长敖汉王为筹备皇帝驾临木兰围场事札翁牛特郡王文（乾隆十七年末夏十二日）

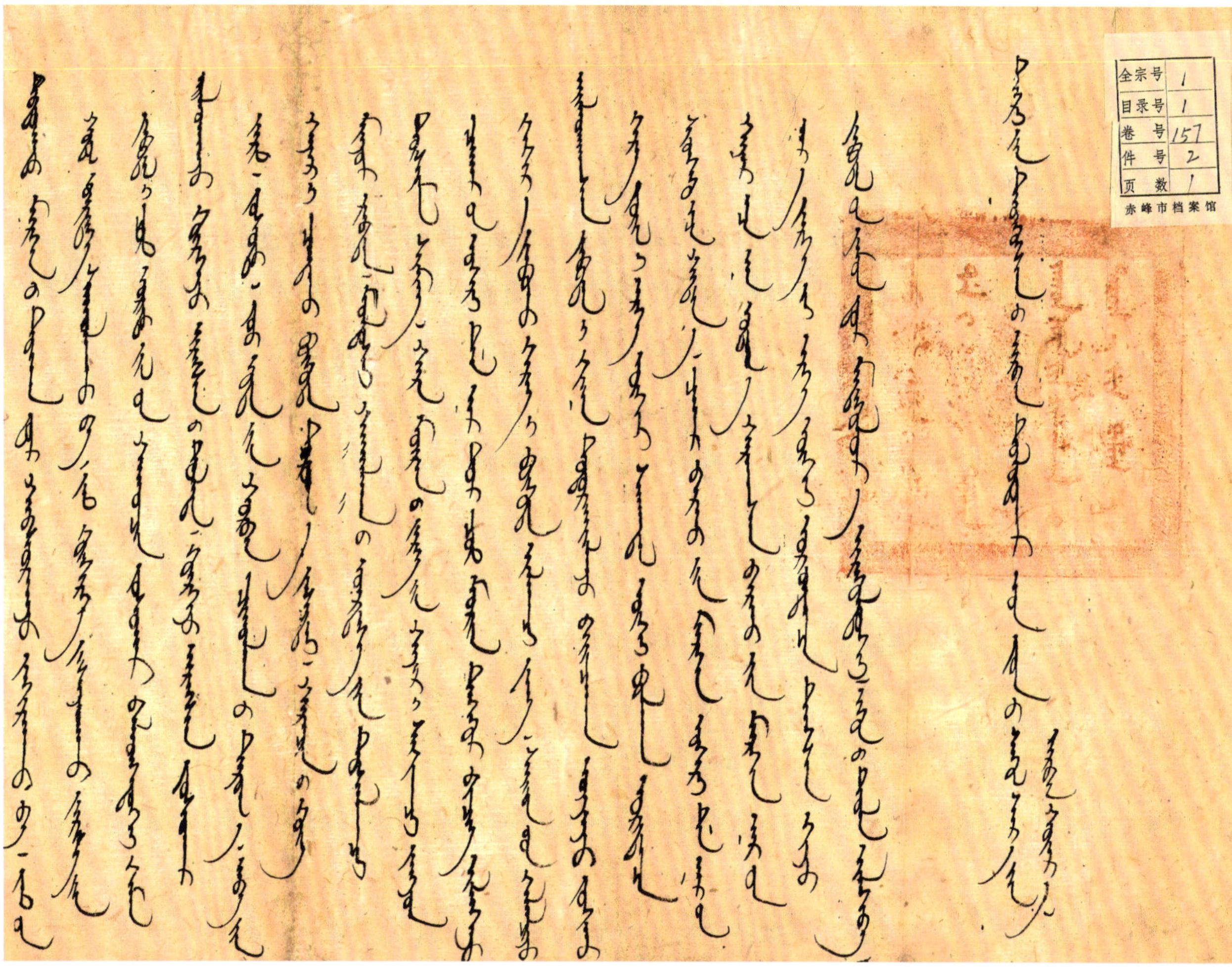

昭乌达盟长敖汉王为筹备皇帝驾临木兰围场事札翁牛特郡王文

昭乌达盟盟长敖汉多罗贝勒额驸文。札付翁牛特多罗郡王宝迪扎布：承接之理藩院札开：札昭乌达盟长敖汉多罗贝勒额驸，吾皇避暑事宜按奏折内容办理。乾隆十七年仲夏初二日皇帝诏曰：朕初秋十九日驾临木兰围场。备办之事交由管辖地提前做好。钦此。钦遵前来。至此，吾等官员奉旨查阅得知：乾隆十六年幸驾木兰围场时，喀喇沁、翁牛特旗配备一千名猎手，敖汉旗备办五十名猎手，科尔沁旗配备一百名猎手。另，巴林、克什克腾旗备办一百名猎手，喀喇沁围猎场配备枪手六名、御林旗丁十名、前锋三十名、射鹿手四十名。喀喇沁、土默特、翁牛特旗配备向导一百名、旗丁一百六十名、牛车二百余辆。此次依照往年情况备办。猎手指挥亦用先前之头领。此等情况已记录在案。

此次圣上驾临木兰围场进行蒙古围猎之备办事，由所属札萨克承担备办，依照十六年数量备齐。喀喇沁备射手若干、御林旗丁十名及前锋、射鹿手等。喀喇沁、土默特、翁牛特旗配备向导、旗丁、牛车，依照往年数目备办之。猎手指挥亦用往年头领。另，派梭伦神射手三十名，察哈尔、巴尔虎神射手一共八十余人，依照原数配备。此等神射手编入内卫神射手一同管理。

此等备办事情，转告所属事务衙署，由所属将军札饬诸札萨克王爷各自备办。之外，狩猎后蒙古王爷奖赏猎手之赏品，提前交至所属官府，并呈报本王。乾隆十七年末夏初四，备办之事上奏圣上。回旨曰：照办。

车载蒙古包暂缓送至张三营。铭记日期，及时启程。钦此。钦遵前来。

此等之事，尔等衙署审查后承转诸地遵行备办。吾等官员商定之圣上驾临木兰围场所需人员和物资为：喀喇沁、翁牛特旗备齐一千名猎手，敖汉旗备齐五十名猎手，科尔沁旗备齐一百名猎手，巴林、克什克腾旗备齐一百名猎手，喀喇沁围猎场备齐枪手六名、御林旗丁十名、前锋三十名、射鹿手四十名。喀喇沁、土默特、翁牛特旗备齐向导一百名、旗丁一百六十名、牛车二百多辆。猎手指挥亦用往年头领。还有，配备之梭伦神射手三十名，察哈尔、巴尔虎神射手一共八十余人，亦如数备齐。将此等神射手编入内卫神射手一同管理也。另外，沿途水井、驿站及修路搭桥之事依照往年备办。为此，即刻通告哲里木、卓索图、昭乌达三盟盟长，巡逻木兰围场之官员扎苏太，喀喇沁公敏珠尔拉布坦，古北口站协理喜明，黑龙江等地镇守将军察哈尔乌和日，阅知避暑事宜官员之行文，遵照执行，不得有误。之外，察哈尔、巴尔虎配备之巴尔虎神射手姓名、职位登记造册，送至吏部处。

此札。

乾隆十七年末夏十二日

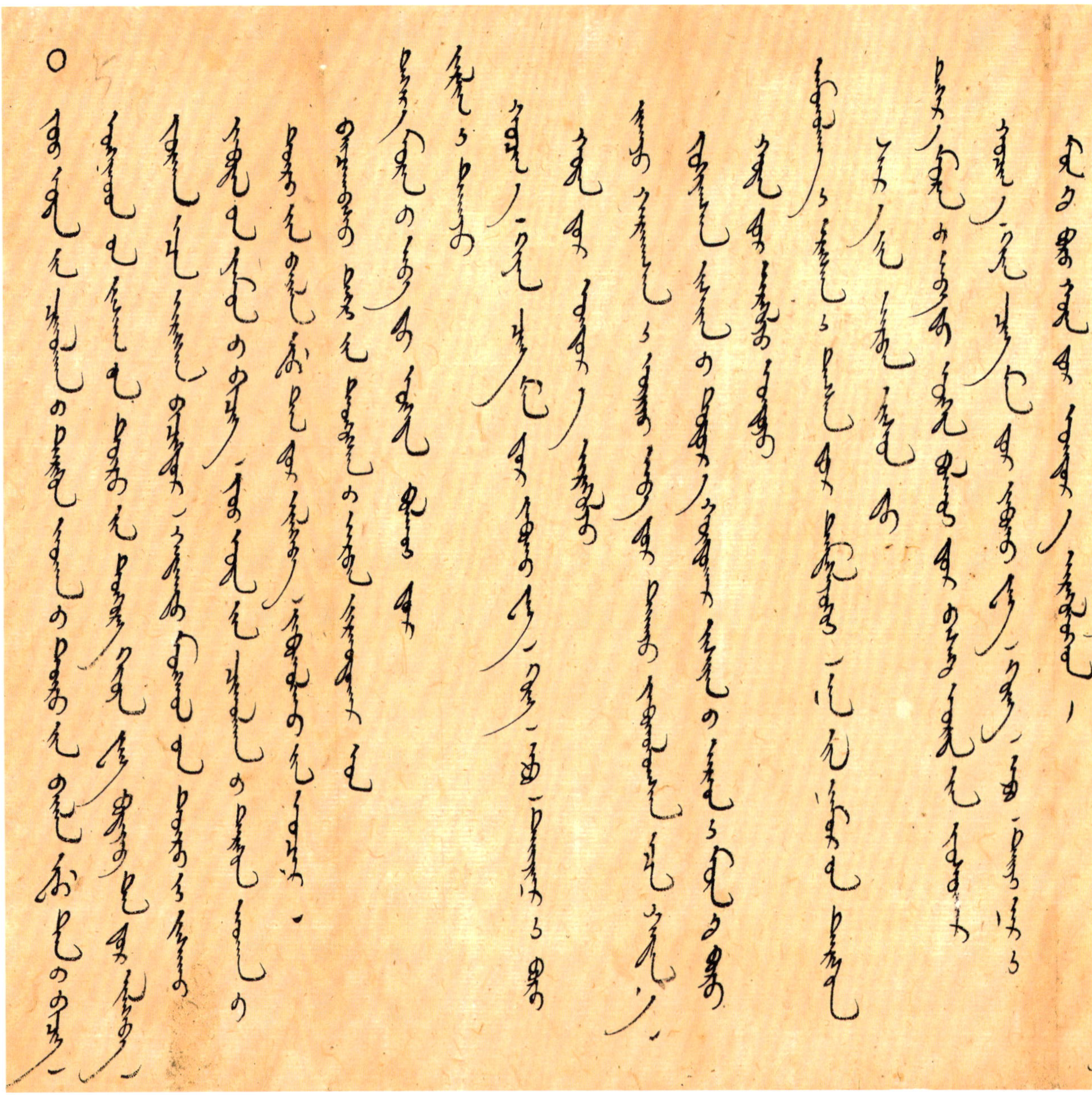

050 昭乌达盟长敖汉王为年班、朝觐事札翁牛特札萨克郡王文（乾隆十七年末夏十六日）

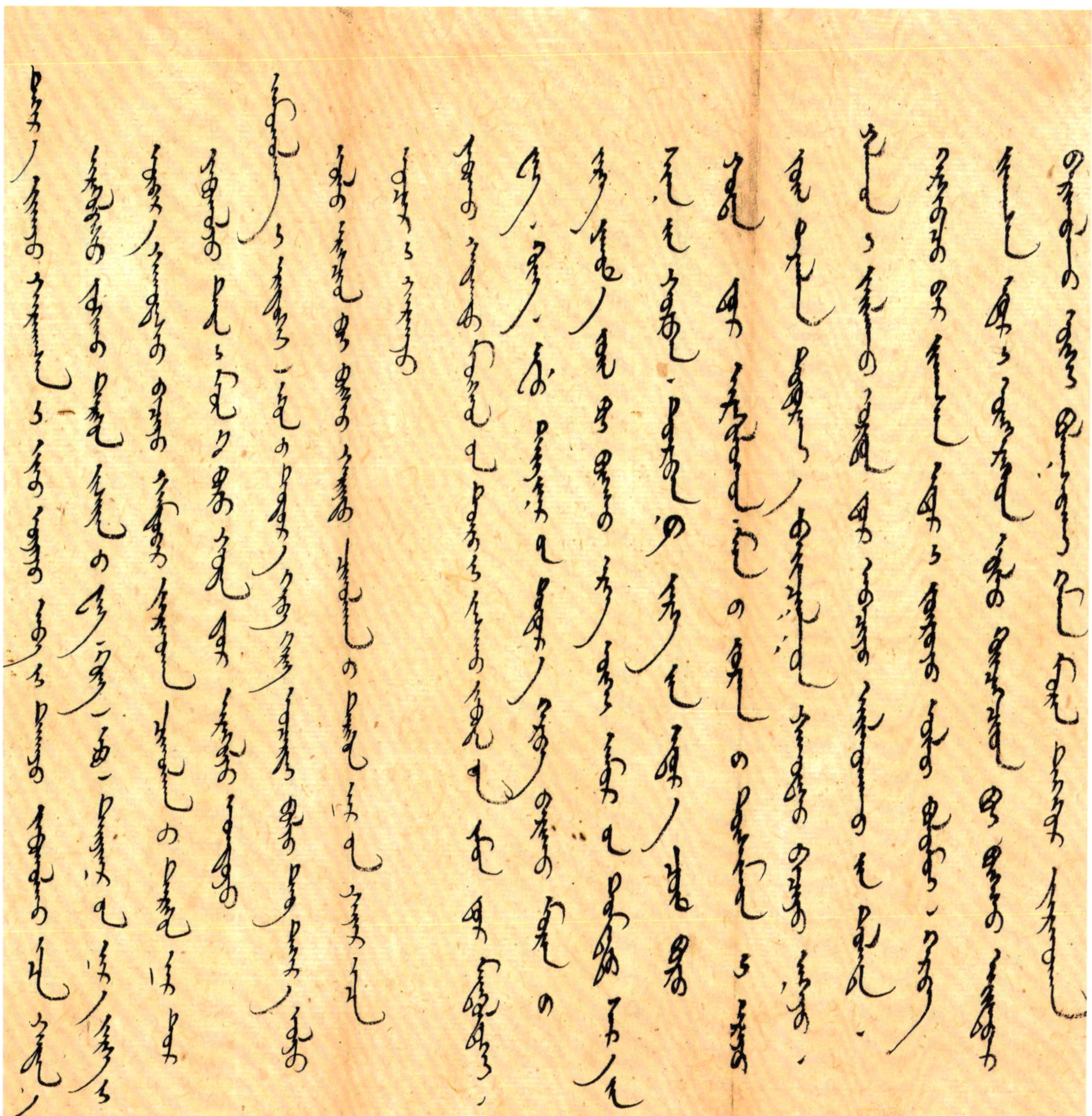

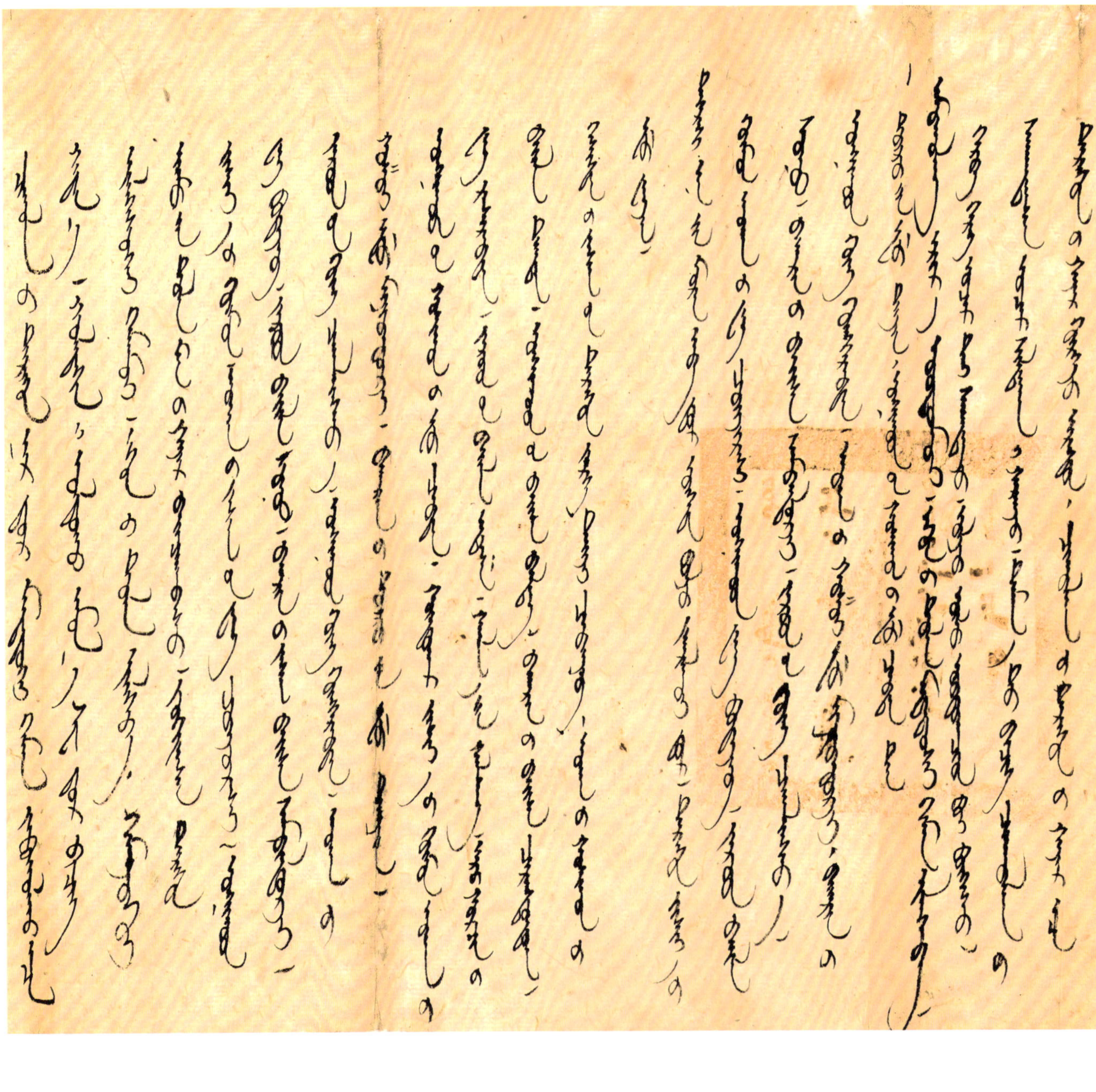

全宗号 1
目录号 1
卷号 157
页数 2
赤峰市档案馆

昭乌达盟长敖汉王为年班、朝觐事札翁牛特札萨克郡王文

昭乌达盟长敖汉多罗贝勒额驸文。札付翁牛特札萨克多罗杜棱郡王宝迪扎布:皇帝下诏：木兰围猎及朝觐事，依照理藩院奏折、昭乌达盟大王爷敖汉多罗贝勒额驸奏折执行。钦此。钦遵前来。经查，乾隆十六年圣驾驾临木兰围场时，招乾清门围班之王、公、额驸、台吉至行宫，随吾皇狩猎外，安排第二班进行宫朝觐圣上。

本年初秋十九日，圣上驾临木兰围场，遵循往年规矩，招乾清门围班之王、公、额驸、台吉至行宫，随吾皇狩猎外，还安置轮班朝觐皇上。为此将第一班王、公、额驸、台吉之姓名、爵位登记造册，与六大盟长一同前去行宫朝觐吾皇。如因故未能前往者，所属盟会出奏本，呈报理藩院。王、公、额驸、台吉如有上贡品者，仲秋初三、初四两天务必送至行宫。本部官员逐个登记验收，送至避暑山庄奏报也。故不得逾期。如有逾期者，一律拒受贡品。为此，速通告六大盟长及事务衙门。至此本部查知，第一班有敖汉札萨克王却吉拉希、翁牛特王宝迪扎布、扎鲁特贝勒苏纳木、巴林札萨克贝子桑布拉道尔吉、扎鲁特公查干莲花、翁牛特公贡嘎拉布坦、敖汉和硕额驸敏珠道尔吉、巴林多罗额驸丹津、翁牛特旗额驸查布丹；第二班有敖汉王拉希拉布坦、扎鲁特贝勒阿迪莎、喀尔喀多罗贝勒嘎拉桑、阿鲁科尔沁贝勒达格丹、翁牛特贝子巴拉丹、巴林贝子策楞顿达格、克什克腾札萨克一等台吉其布格扎布、敖汉旗额驸旺吉拉。吾皇今年驾临木兰围场时，第一班敖汉王却吉拉希、翁牛特王宝迪扎布、扎鲁特贝勒苏纳木、巴林贝子桑布拉道尔吉、扎鲁特公查干莲花、翁牛特公贡嘎拉布坦、敖汉和硕额驸敏珠道尔吉、巴林多罗额驸丹津、翁牛特旗额驸查布丹等人朝觐吾皇。如因故未能进京者，务必注明原因，出具官文呈送盟会处，诸盟会亦将此事呈报理藩院。

此札。

乾隆十七年末夏十六日

051 昭乌达盟长敖汉王为部署蒙古王爷至木兰围场事札翁牛特王文（乾隆十七年初秋十九日）

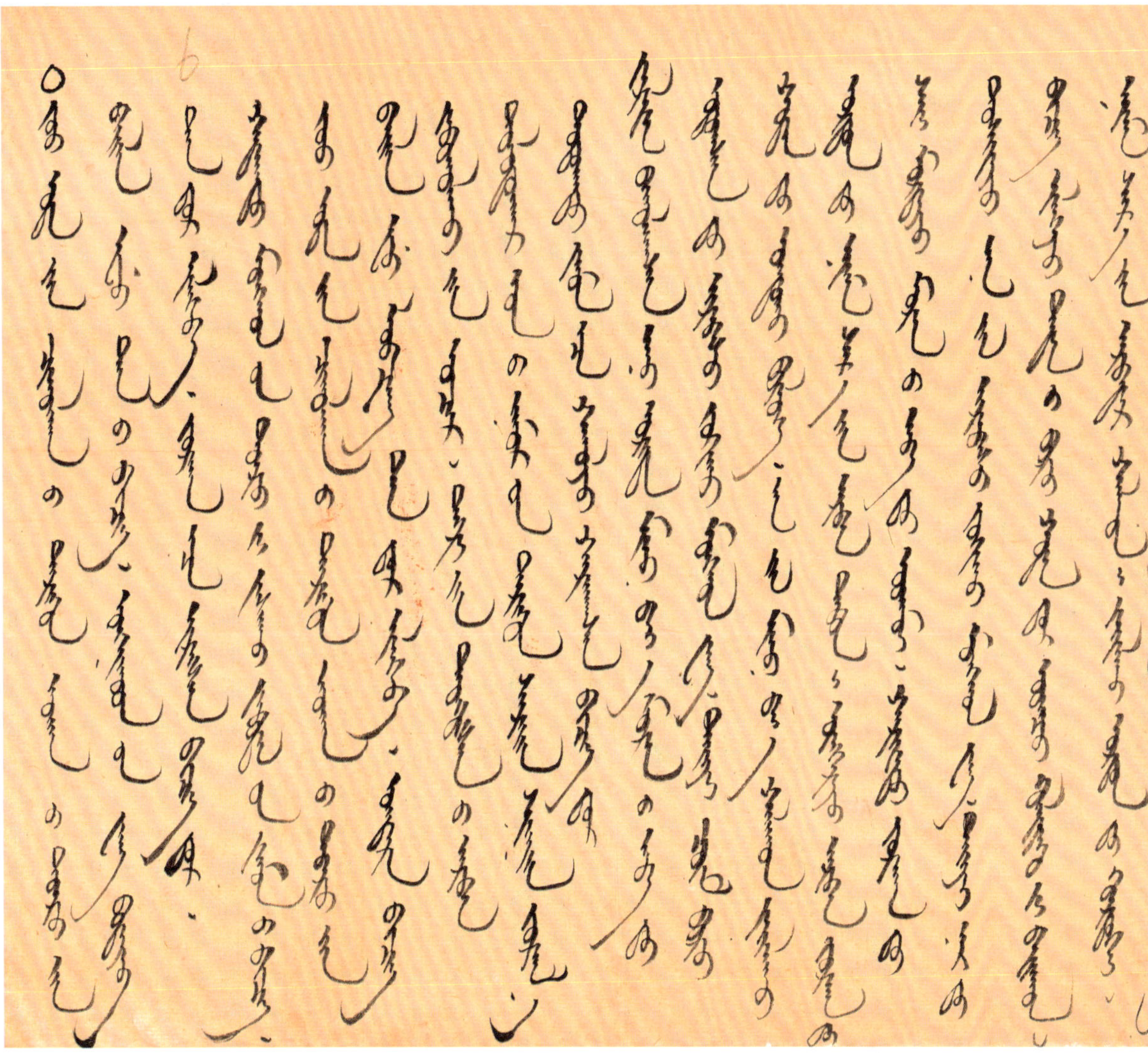

051 昭乌达盟长敖汉王为部署蒙古王爷至木兰围场事札翁牛特王文（乾隆十七年初秋十九日）

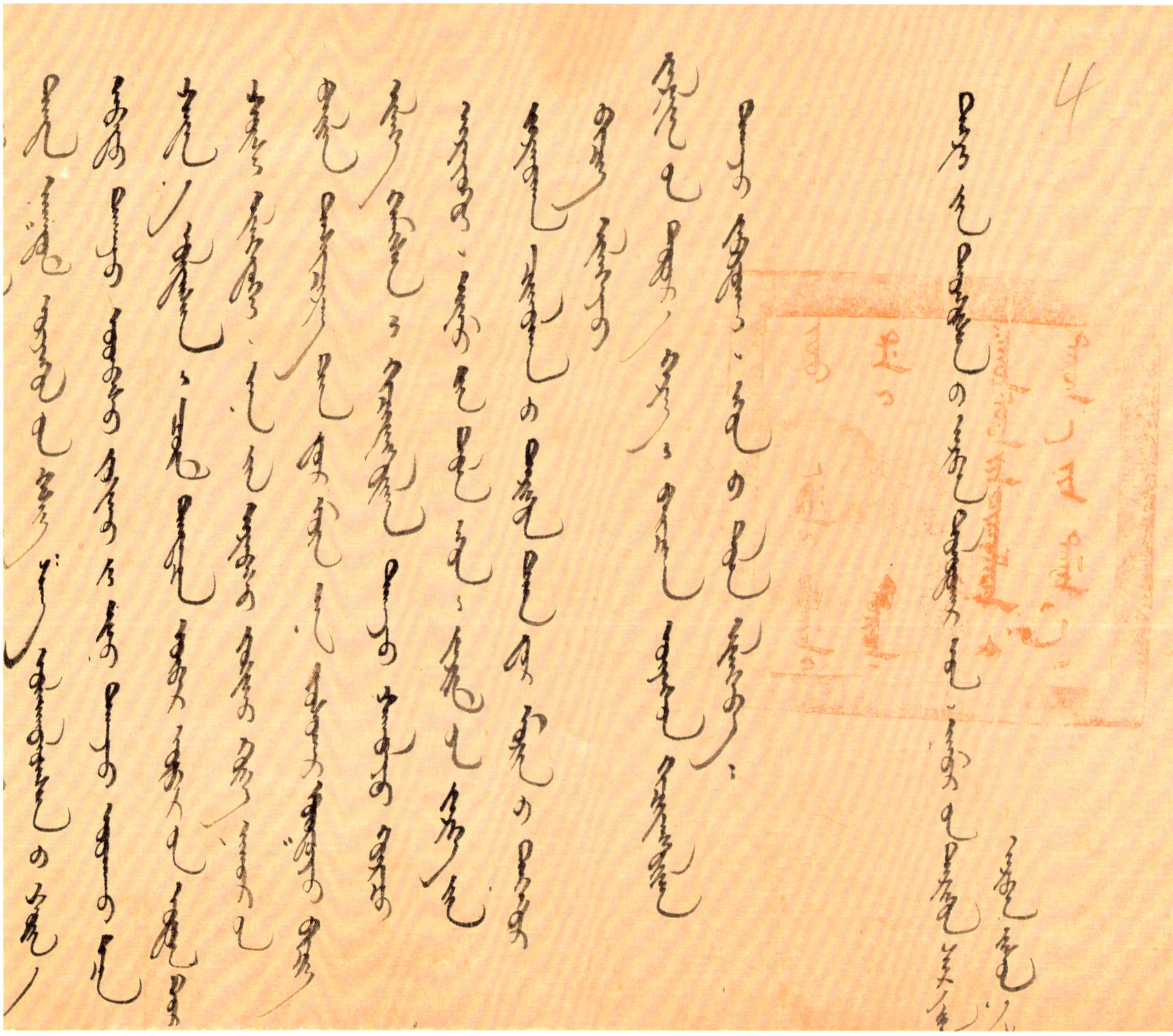

昭乌达盟长敖汉王为部署蒙古王爷至木兰围场事札翁牛特王文

昭乌达盟长敖汉多罗贝勒额驸文。札付翁牛特王宝迪扎布：承接之理藩院札开，札付昭乌达盟长敖汉多罗贝勒额驸罗布桑，乾隆十七年初秋初六日圣旨曰，之前朕驾临木兰围场时应到之蒙古王、台吉都进紫禁城朝觐。今年朕在避暑山庄过八月十五，十六日才到木兰围场进行围猎。今年通告蒙古王、台吉，免进紫禁城，八月十日左右直到避暑山庄即可。在那里观那达慕，赏赐之后，除随朕打猎之王公外，其他王公各归故里。也向今年朝觐之青海贝勒达西策林通告此事。钦此。钦遵前来。奉旨即刻通告哲里木等六盟长，遵旨照办。

此札。

乾隆十七年初秋十九日

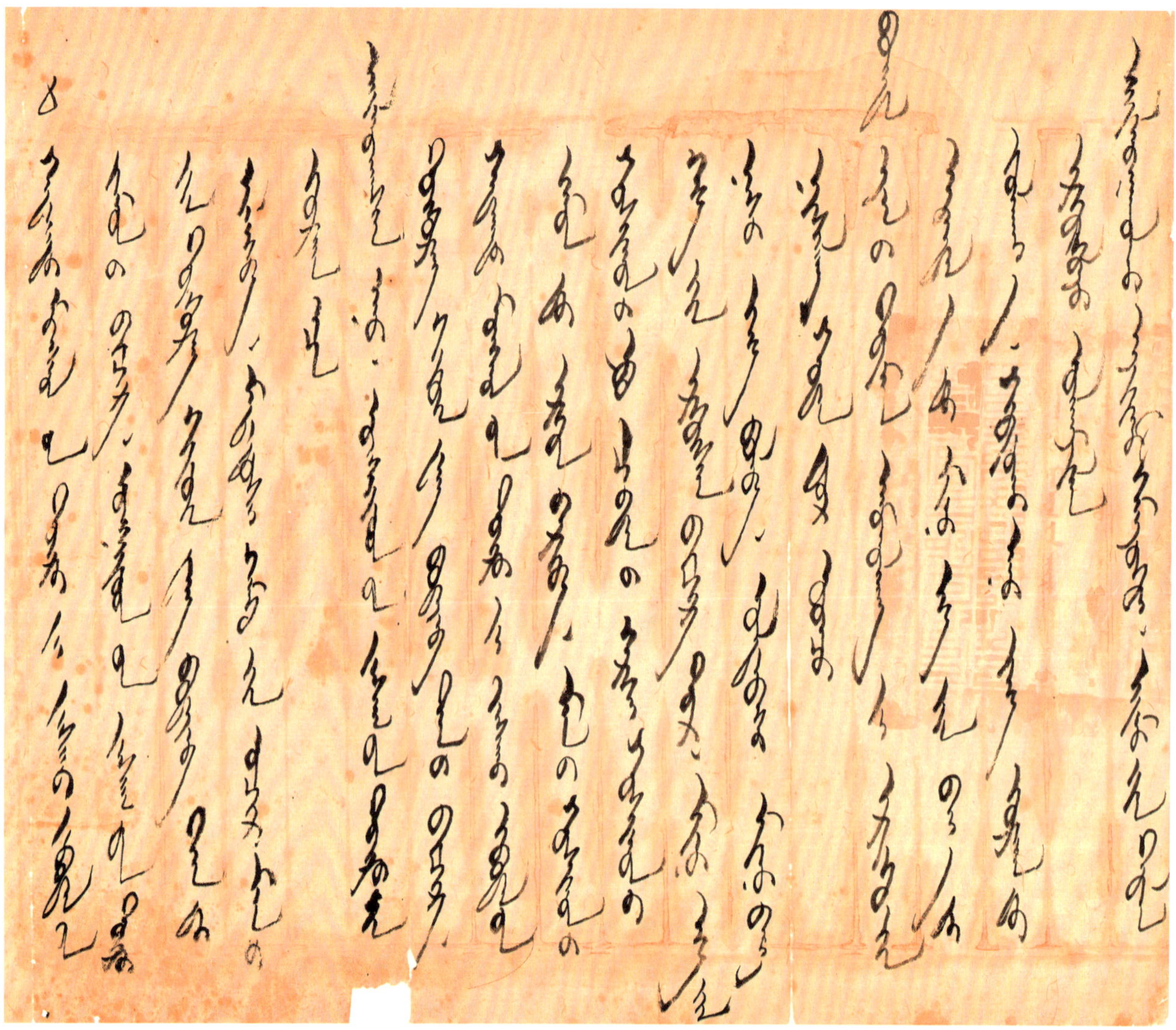

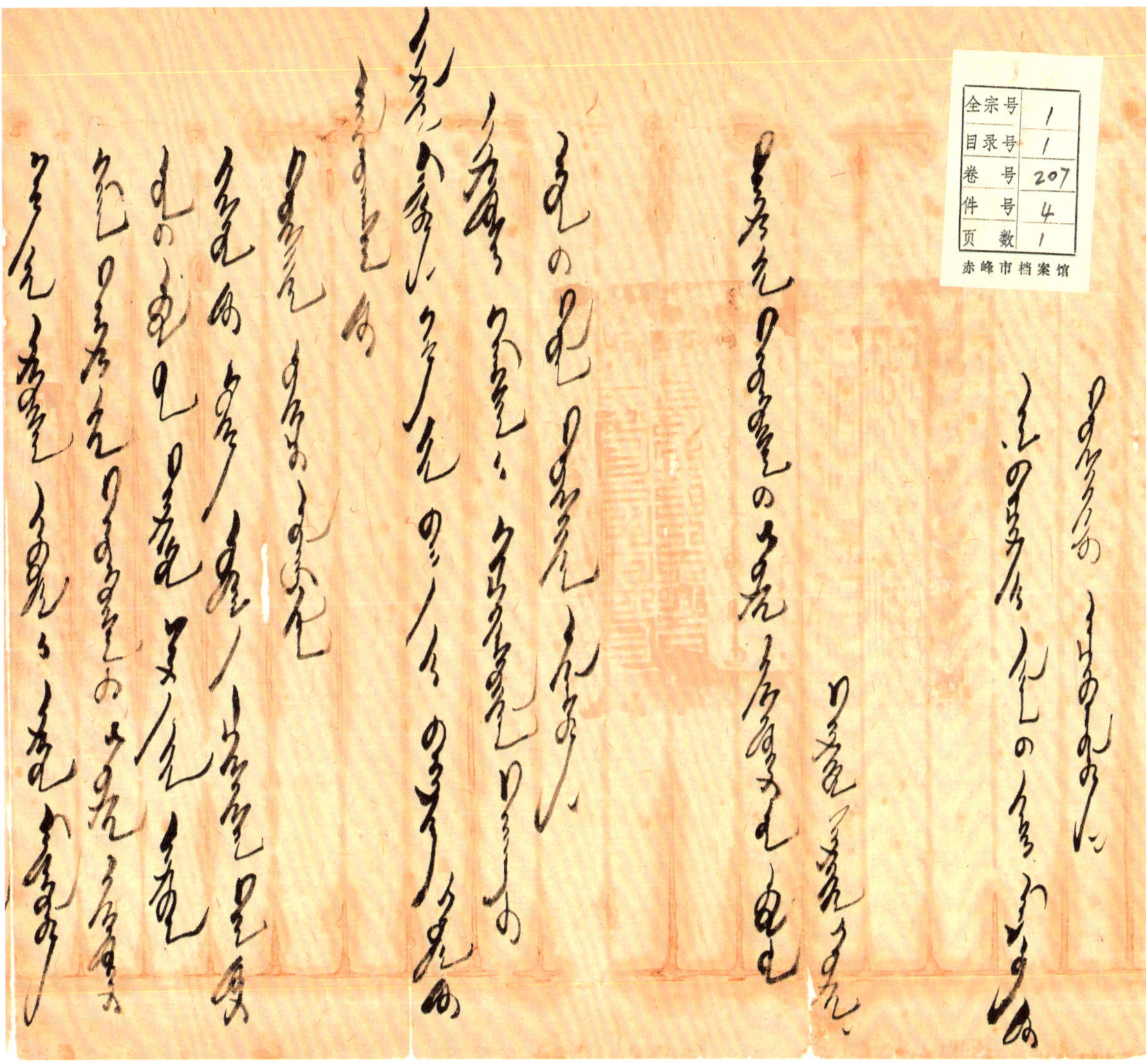
全宗号 1
目录号 1
卷号 207
件号 4
页数 1
赤峰市档案馆

理藩院为格格呈请回京探母事札翁牛特札萨克郡王文

理藩院文。札付翁牛特札萨克多罗杜棱郡王宝迪扎布：通告之事。本部上奏：翁牛特札萨克多罗杜棱郡王宝迪扎布呈称，呈送理藩院，本旗额驸查布丹之妻旗格格呈曰：吾母年事已高，呈请进京朝觐圣上之时面见母亲，望理藩院呈奏为盼。等语前来。本部于乾隆二十一年初冬十九日上奏，回旨曰：知晓，准格格进京。

此札。

乾隆二十一年初冬二十日

此文交付甲喇章京马拉布携去。

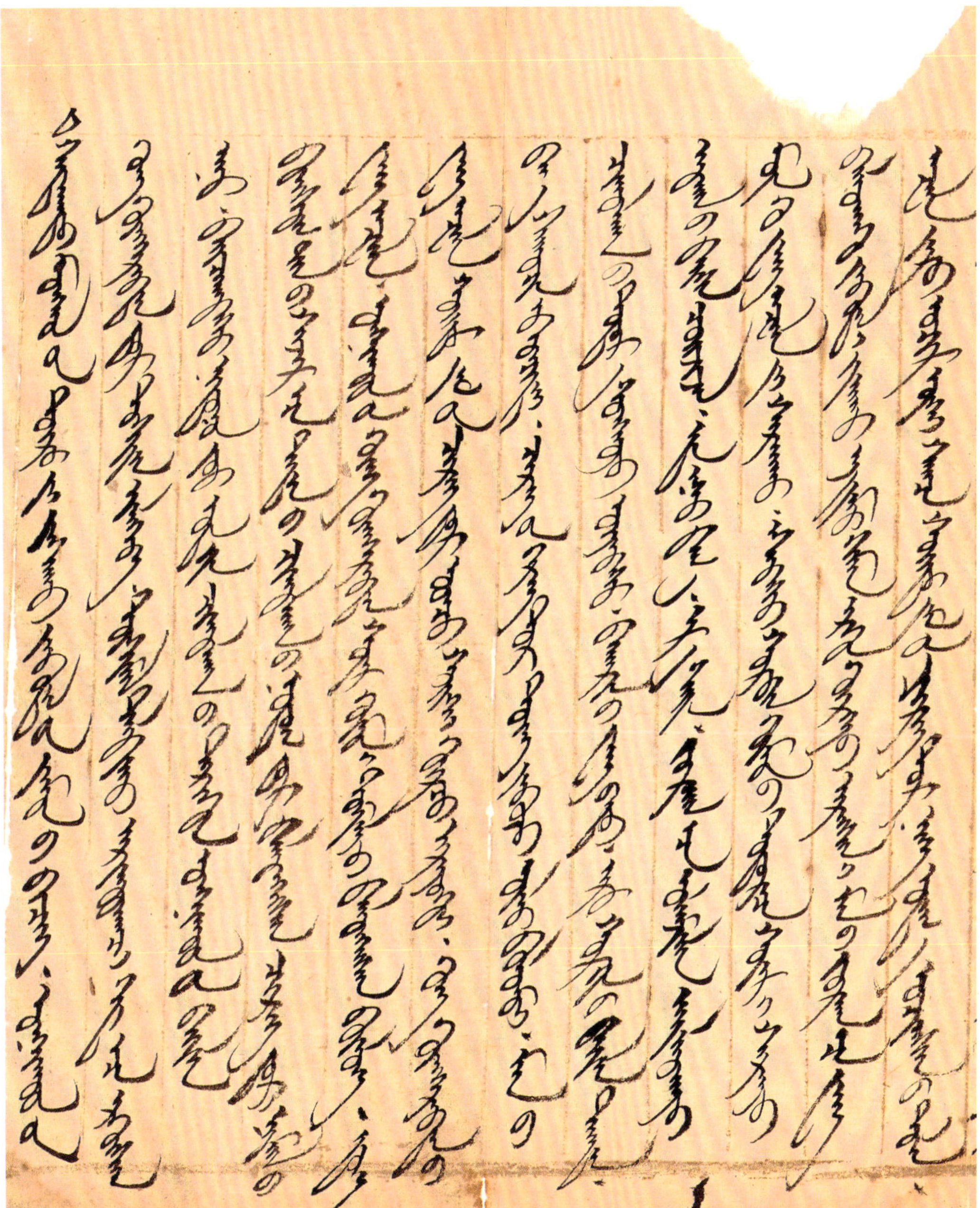

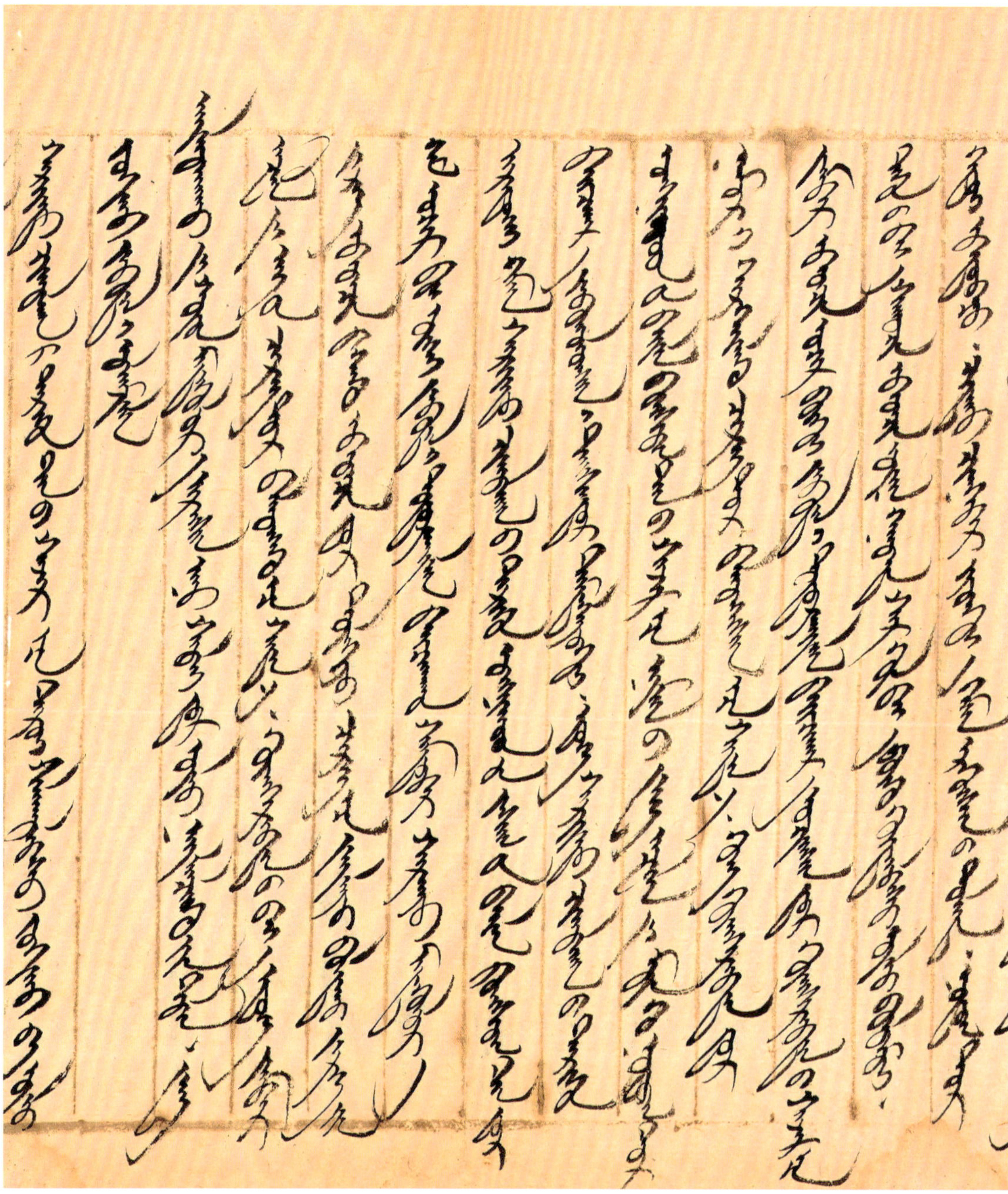

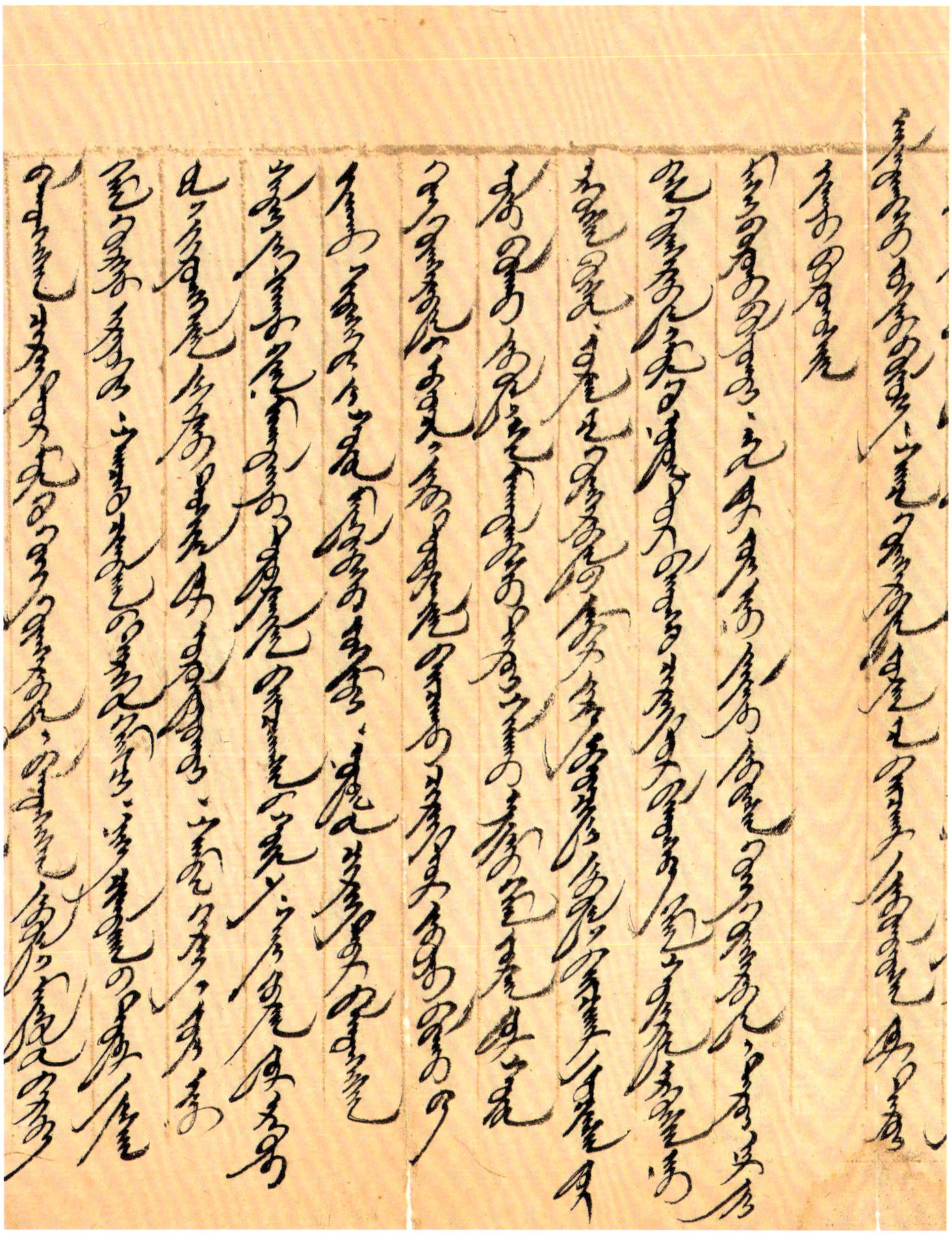

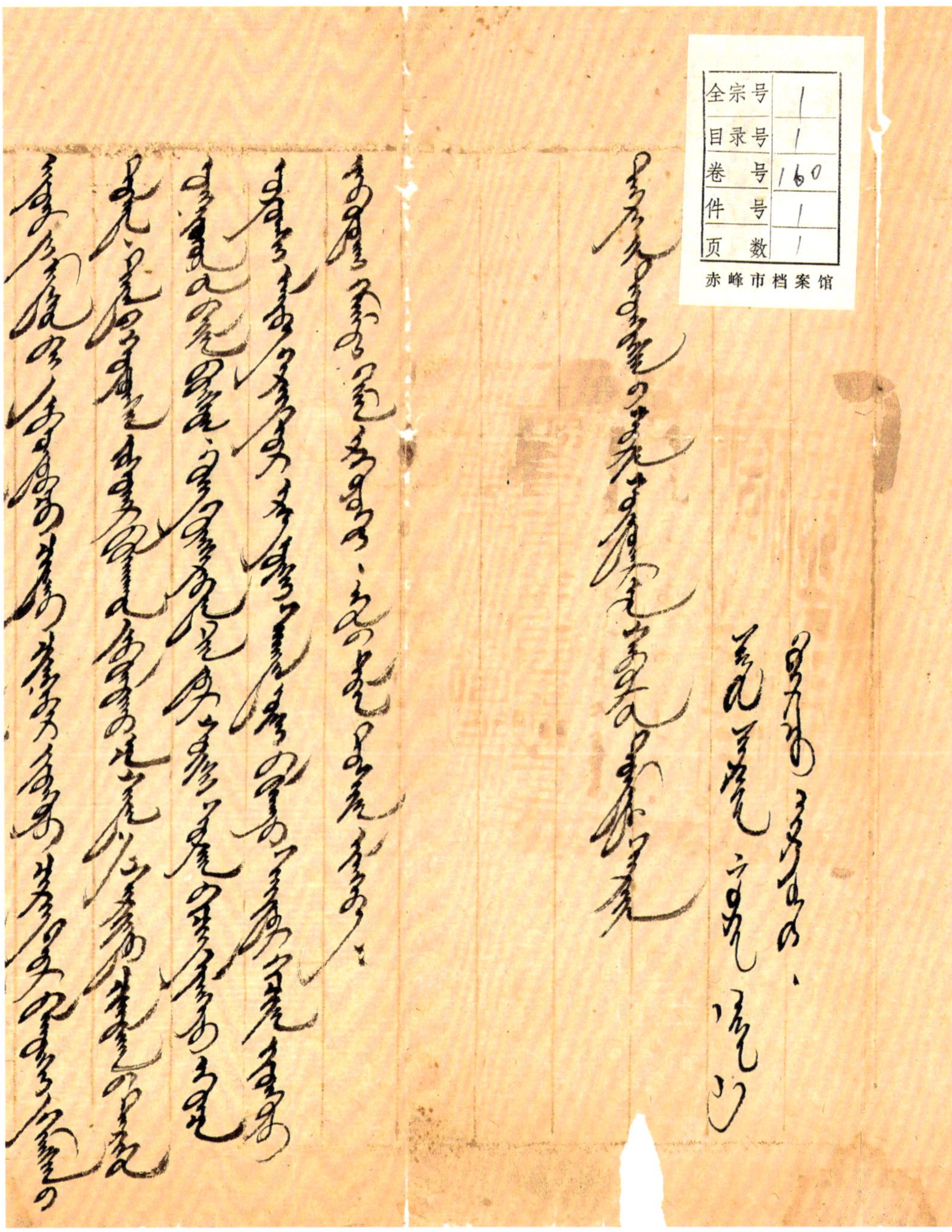
全宗号 1
目录号 1
卷号 160
件号 1
页数 1
赤峰市档案馆

理藩院为指派警备军官员事札翁牛特公爷文

理藩院文。札付翁牛特公贡嘎拉布坦：封臣清吏司呈曰，经查，去年昭乌达盟长翁牛特贝勒朋斯克属地征预备役军时派遣奈曼王安其拉、翁牛特公贡嘎拉布坦执行。兹有，安其拉王去北路军已回。贡嘎拉布坦公身患旧疾，不适军务。如本盟推荐，巴林王巴图、阿鲁科尔沁贝勒达格丹、敖汉贝子却吉勒仨人年少力壮，适合军务。为此向大部禀报，委派安其拉王，或三选二，请指示。等语前来。本部认为，安其拉王虽可任，但他仅去过一次北路军，且呈报派遣其人是否妥当，由所属盟署自行决定不符法规也。故指派安其拉王军务外，还查实贡嘎拉布坦身体情况，贡王是否有装病推卸军务之嫌，查明后一同呈报。为此，责令所属盟长翁牛特札萨克贝勒朋斯克核查之事已记录在案。兹有，所属盟长翁牛特札萨克贝勒朋斯克署拟派奈曼王安其拉到本地警备军任职外，核实贡嘎拉布坦患病一事时，贡嘎拉布坦处呈曰：贡王身患疾病是真也，忽而手脚动弹不得，但愿抱病出任效力。等语前来。为此，盟署呈文派贡嘎拉布坦到本地警备军任职。本部认为，一盟之长者，统管全盟政务也，一切事情，理应依法审理审查后才能呈报大部也。未能查清贡嘎拉布坦病情，未能查明贡王是否能胜任军务就呈报大部，甚者，大部审查贡嘎拉布坦病情时再次呈报让其就任本地警备军军务，大错也。理应严加训诫逃避军务之贡嘎拉布坦后呈报处置情况才是。多亏大部审查贡嘎拉布坦病情时他还有敬畏之心，抱病就任军务之意。故批复其呈请外，严厉训诫所属盟长翁牛特贝勒朋斯克、贡嘎拉布坦公，责其从今往后保证政务畅通、忠心效劳。

此札。

乾隆二十二年仲春

末春二十日承接之

054 理藩院为征收耕地租金事札翁牛特札萨克郡王旗协理文（乾隆二十三年仲夏二十四日）

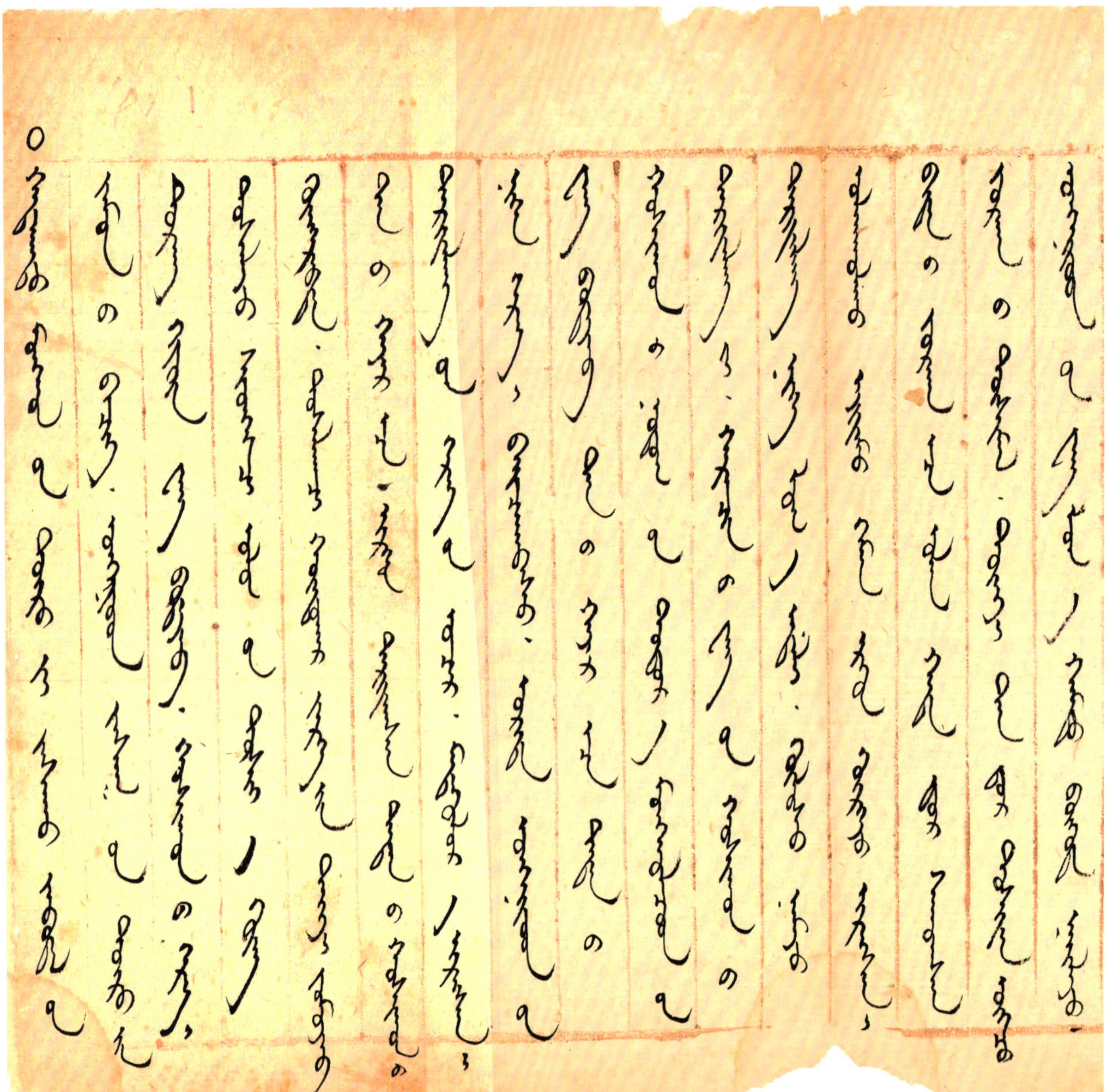

054 理藩院为征收耕地租金事札翁牛特札萨克郡王旗协理文（乾隆二十三年仲夏二十四日）

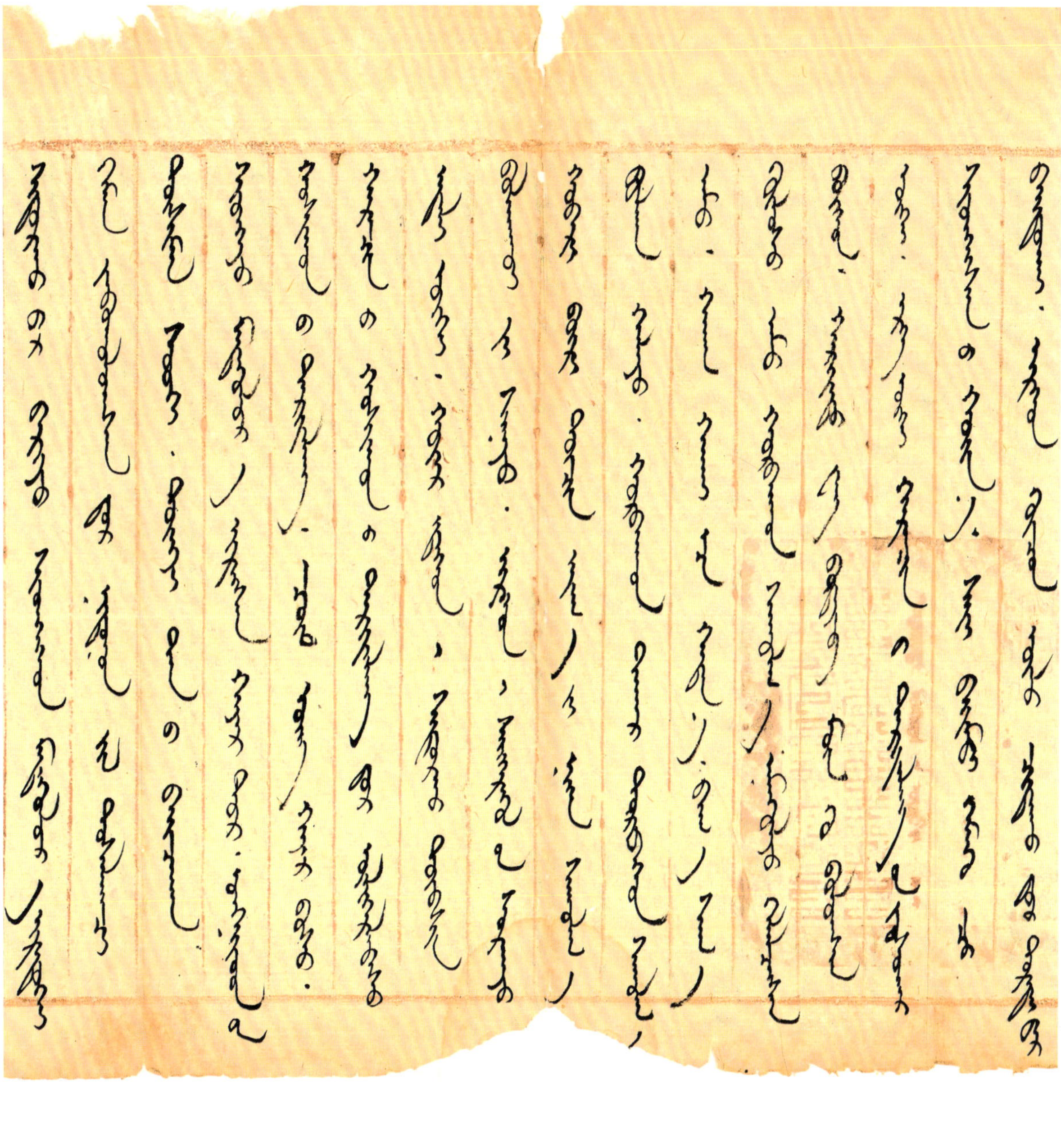

054 理藩院为征收耕地租金事札翁牛特札萨克郡王旗协理文（乾隆二十三年仲夏二十四日）

054 理藩院为征收耕地租金事札翁牛特札萨克郡王旗协理文（乾隆二十三年仲夏二十四日）

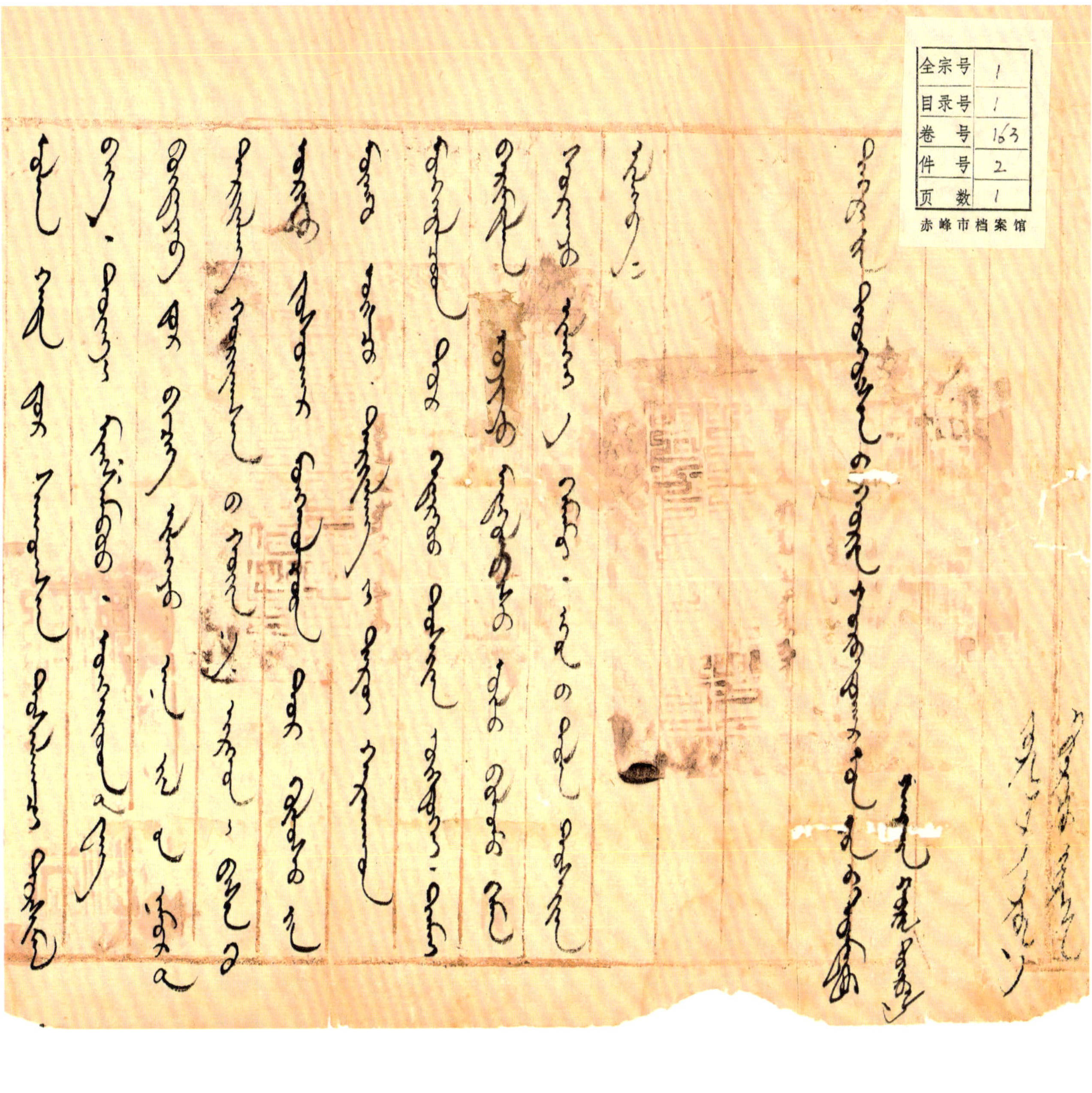

理藩院为征收耕地租金事札翁牛特札萨克郡王旗协理文

理藩院文。札付翁牛特札萨克多罗杜棱郡王宝迪扎布旗协理判官多罗辅国公贡嘎拉布坦、协理二等台吉尤木扎布：属地农民上诉之事。经查，翁牛特王宝迪扎布府呈称，以喀喇沁王府同样标准加收本旗农民租金。

为此，本部委托驻乌兰哈达本部官员图格吉，命其与翁牛特王一同体察民情，公正决断。去年协理苏吉、图格吉呈报曰，翁牛特耕地并不肥沃，与喀喇沁耕地无法比拟。为显公正，将每份租金四十碗改为一桶，加收三袋四桶米、半头猪，再加三袋米。但宝迪扎布王执意征收与喀喇沁旗同等租金。本部无奈，唯恐农民力不从心、荒废耕地。将此事交至翁牛特王宝迪扎布决断，呈报本部。但至今宝迪扎布不顾本部要求而再呈报曰，农民退还耕地是好事，是放牧的好机会。因近年农民开垦种地以来草场变小、牲畜变少，导致蒙古人变穷，吃穿都困难云云。但又呈报翁牛特旗与喀喇沁旗耕地一样，以喀喇沁锡泊河标准收租等等。此为无理也。为此札饬驻乌兰哈达协理贝和、图格吉、明桑布及翁牛特王宝迪扎布，命其是年秋收，农民与往年同样标准上缴租金，不然将耕地退还蒙古人，不得一意孤行也。

此札。

乾隆二十三年仲夏二十四日

055 盟长札萨克贝勒为皇上献家宴事札翁牛特札萨克郡王文（乾隆二十四年闰末夏初五日）

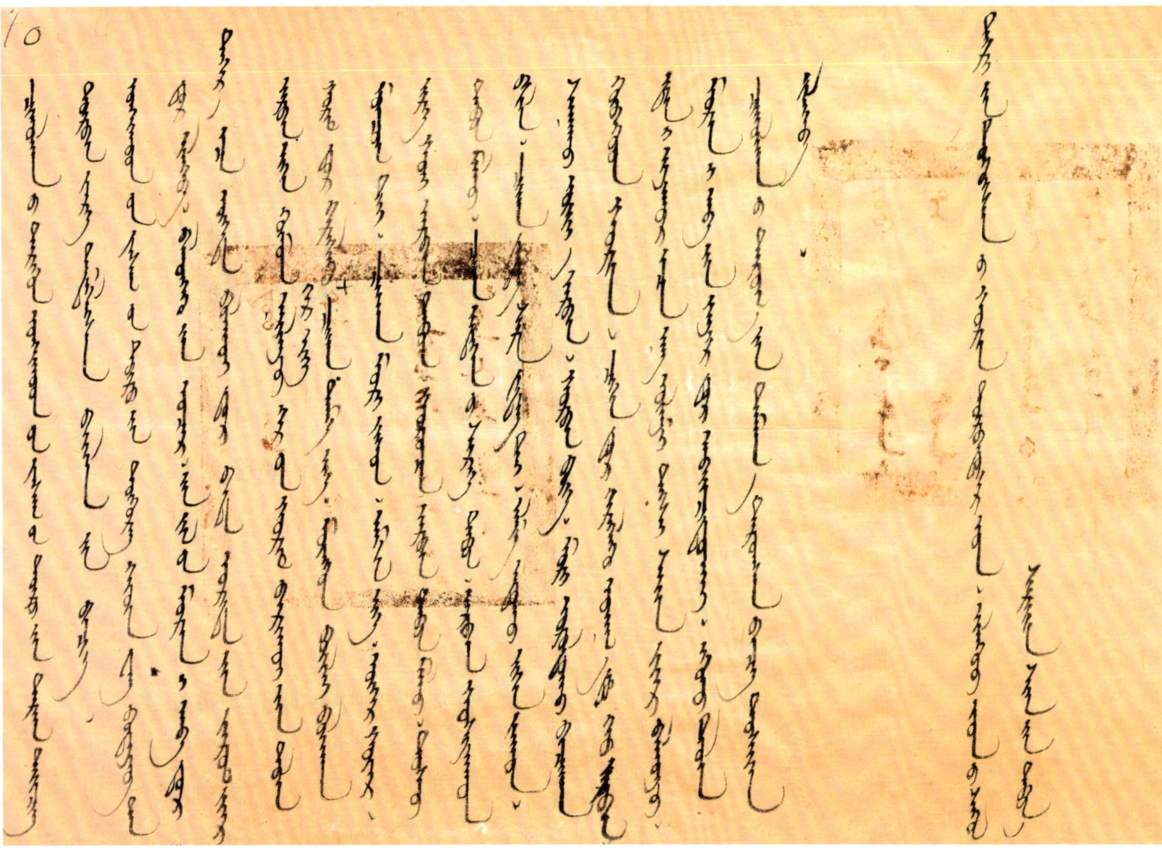

盟长札萨克贝勒为皇上献家宴事札翁牛特札萨克郡王文

盟长札萨克多罗达尔罕岱青四等贝勒文。札付翁牛特札萨克多罗杜棱郡王宝迪扎布：备办之事。本年圣上驾临木兰围场，吾等依照旧规，十一人会同献家宴。为此，备办宴会用蒙古包一顶、银鼻环貂皮穗儿白骆驼一峰、白马九匹、马鞍一套、牛两头、羯羊十五只、奶酒十五坛、黄油五坛、奶食桌五张、十对盘、戴黄白礼带马一百匹、奶牛十头、摔跤手三名、赛马小选手二十名、奶用母马十匹。相比往年要备全备足，并送至木兰围场待用。

此札。

乾隆二十四年闰末夏初五日

056 盟长札萨克贝勒为修缮公房事札翁牛特札萨克郡王文（乾隆二十五年末春二十九日）

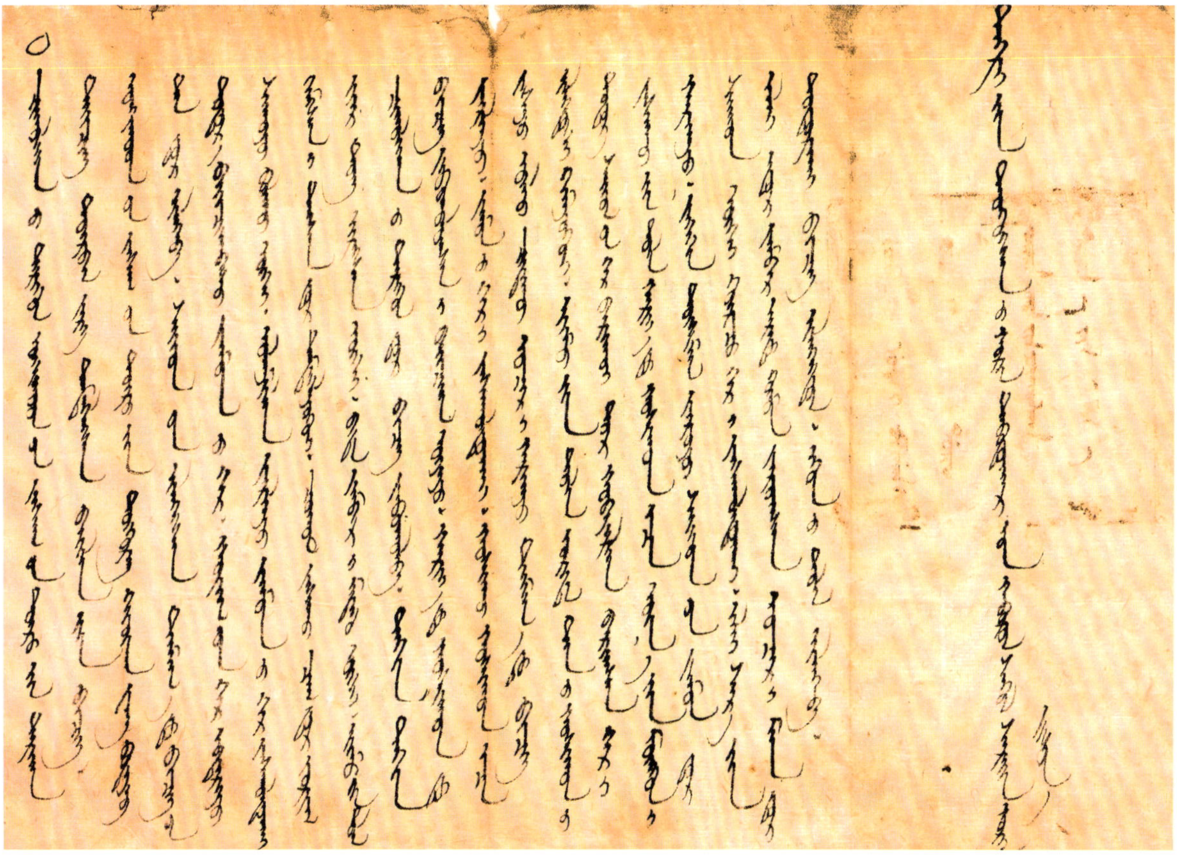

盟长札萨克贝勒为修缮公房事札翁牛特札萨克郡王文

盟长札萨克多罗达尔罕岱青四等贝勒文。札付翁牛特札萨克多罗杜棱郡王宝迪扎布：钦派大臣札开，微臣位于翁牛特旗衙门之公房、兵丁房破旧不堪，不能居住，督促修缮一事记录在案。此等房屋未及时呈报修缮，房屋状况微臣不清楚。故札付盟长，下令所属旗修缮公房。无法修缮之房屋出具官文上报。此房系修建微臣官府时送微臣之公房也。等因前来。兹有，命旗署速拨修缮款，即刻派人修缮公房，不得有误。何年何月何人修缮之，登记造册送至本贝勒处。

此札。

乾隆二十五年末春二十九日

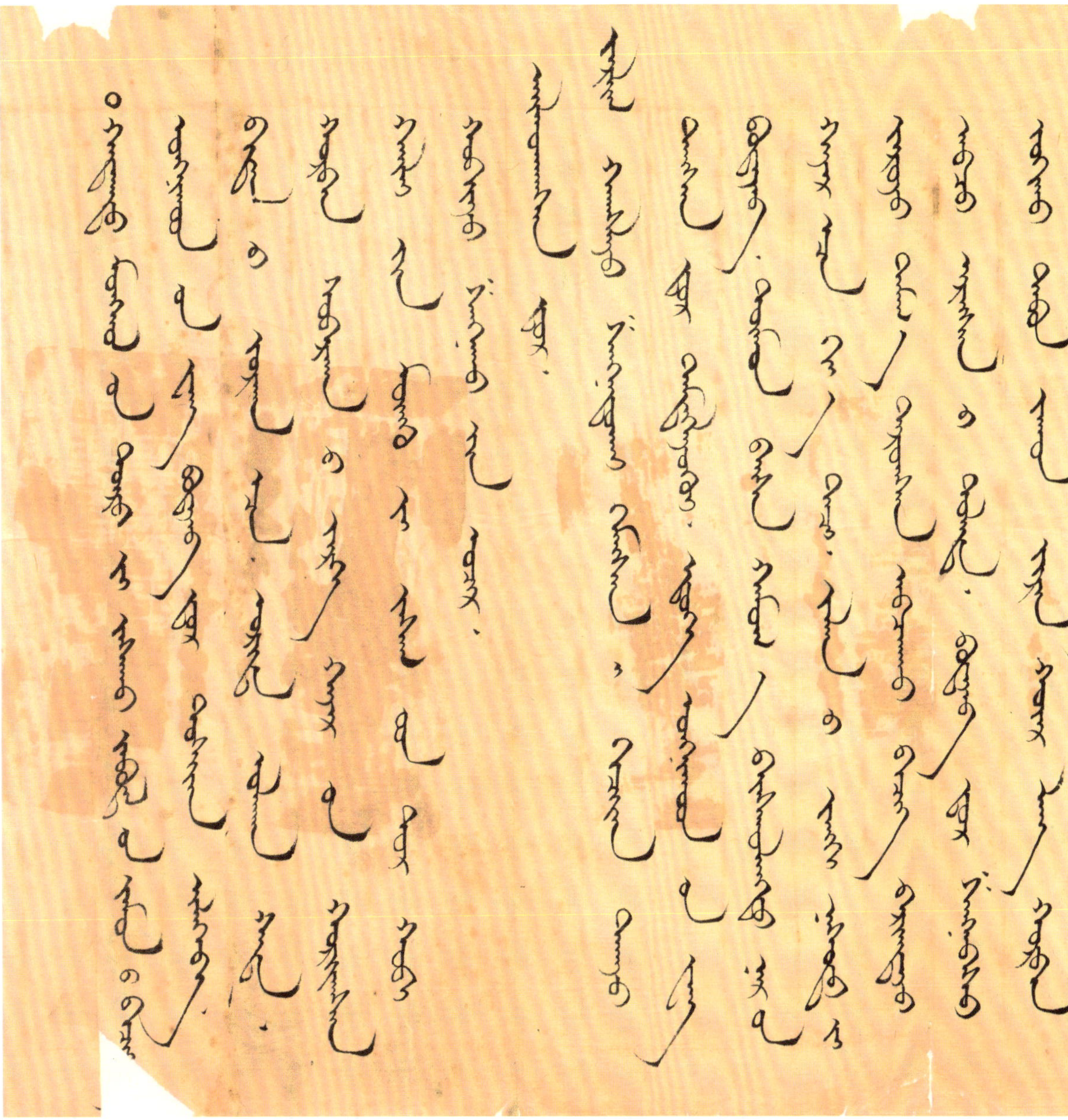

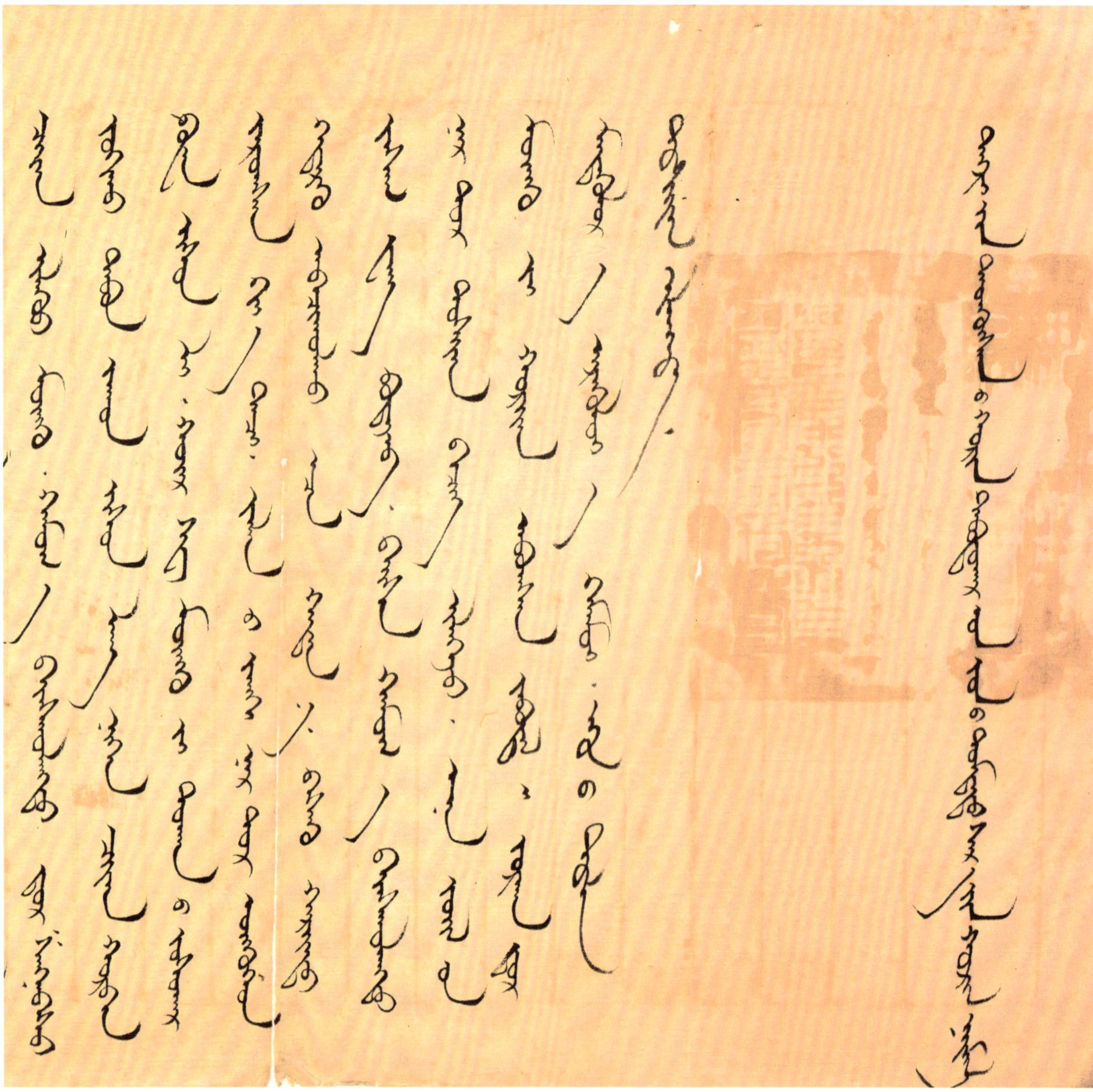

理藩院为缴税后领赏事札翁牛特王文

理藩院文。札付翁牛特王宝迪扎布：近日本部上奏如何分配乌兰哈达、三塔子征收之税款时，回旨曰，赏赐一半税银。钦遵前来。兹有，翁牛特王宝迪扎布、土默特贝子哈姆嘎白斯古楞处已指派侍卫达楚及章京那苏图携官文前来领取赏金。故宝迪扎布赏金五百六十二两三钱银子，哈姆嘎白斯古楞赏金五百零九两一钱三分九厘银子，如数交至侍卫达楚、章京那苏图带回，并行札所属札萨克王宝迪扎布及贝子哈姆嘎白斯古楞。文到，所属札萨克回执收款之官文。

此札。

乾隆二十五年仲夏二十八日

058 钦命驻乌兰哈达蒙汉民事务大臣为封笔帖式金巴为散秩章京事札翁牛特札萨克郡王文（乾隆二十五年仲冬初二日）

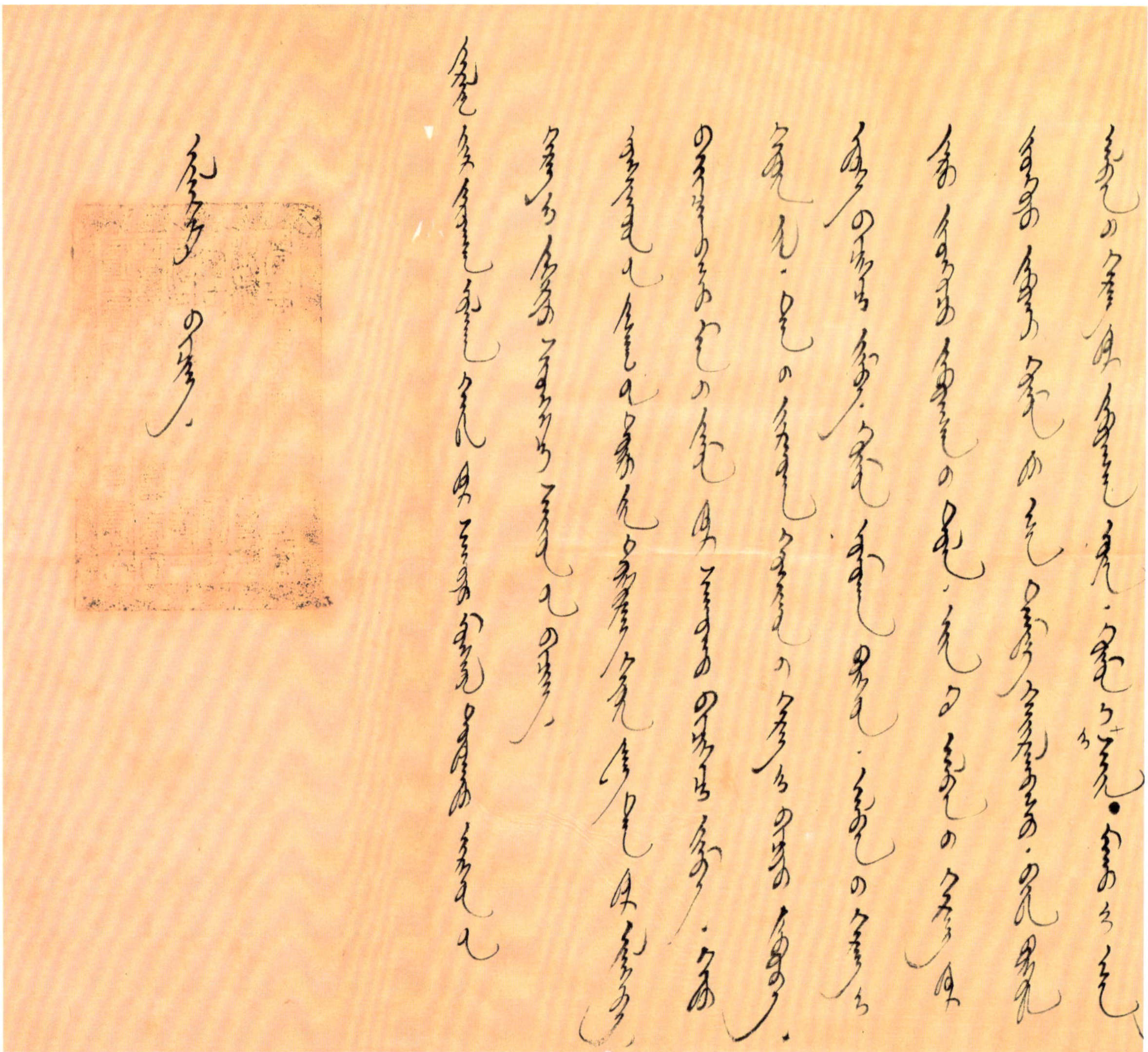

058 钦命驻乌兰哈达蒙汉民事务大臣为封笔帖式金巴为散秩章京事札翁牛特札萨克郡王文（乾隆二十五年仲冬初二日）

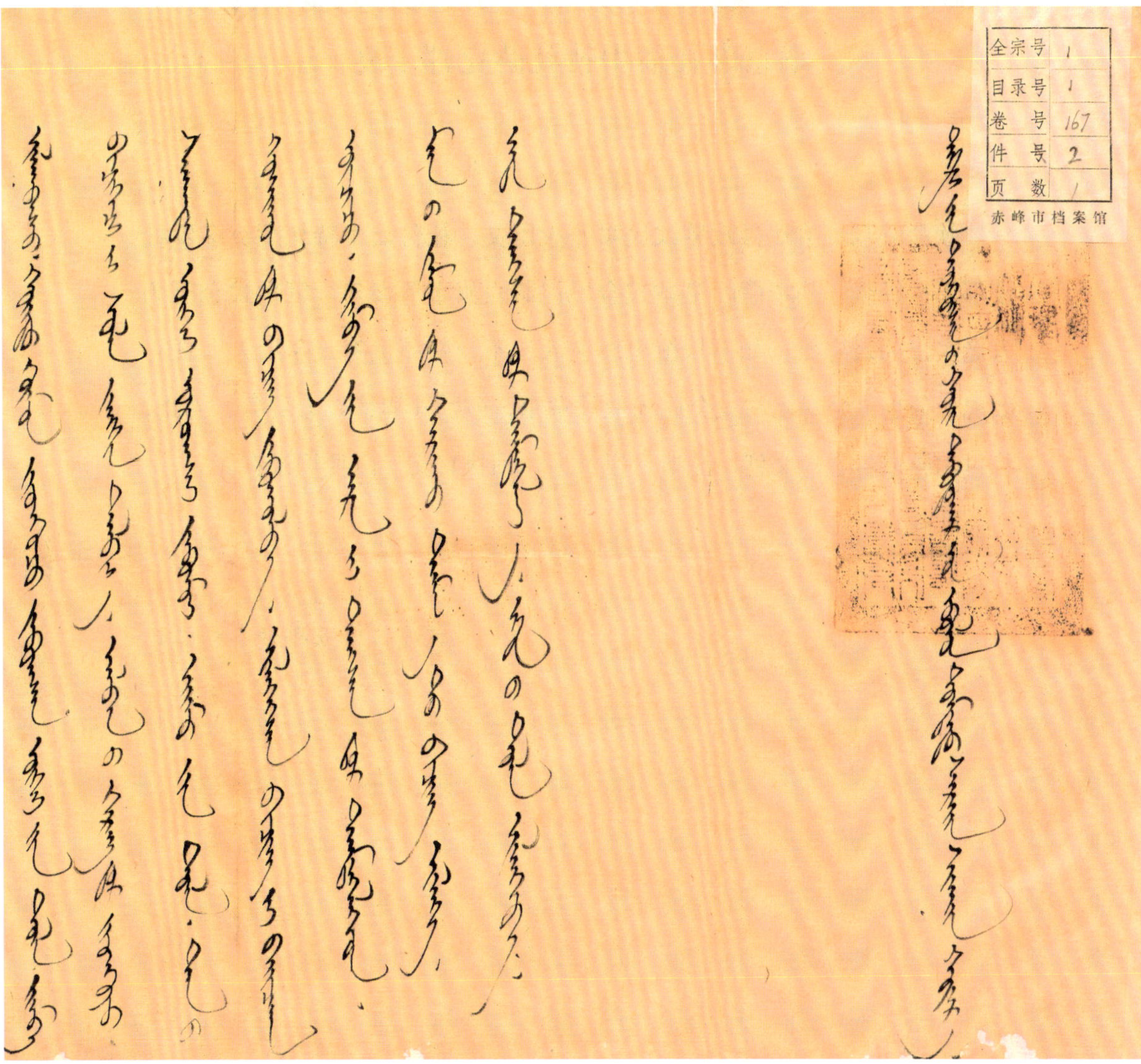

钦命驻乌兰哈达蒙汉民事务大臣为封笔帖式金巴为散秩章京事札翁牛特札萨克郡王文

钦命驻乌兰哈达摄政蒙汉民事务大臣文。札付翁牛特札萨克多罗杜棱郡王：经查，驻本衙门笔帖式金巴记载六旗事务多年。笔帖式金巴为人老实、为公忠厚，如不扶植忠厚之人，不分好坏优劣，今后无人真心效忠公务也。今封笔帖式金巴为散秩章京，鼓励其继续效力公务。为此，札付尔旗通告之。文到，注册金巴姓名，回执官文，以便记录在案。

此札。

乾隆二十五年仲冬初二日

059 翁牛特札萨克郡王为借款事呈钦命驻乌兰哈达蒙汉民事务大臣文（乾隆二十六年六月十八日）

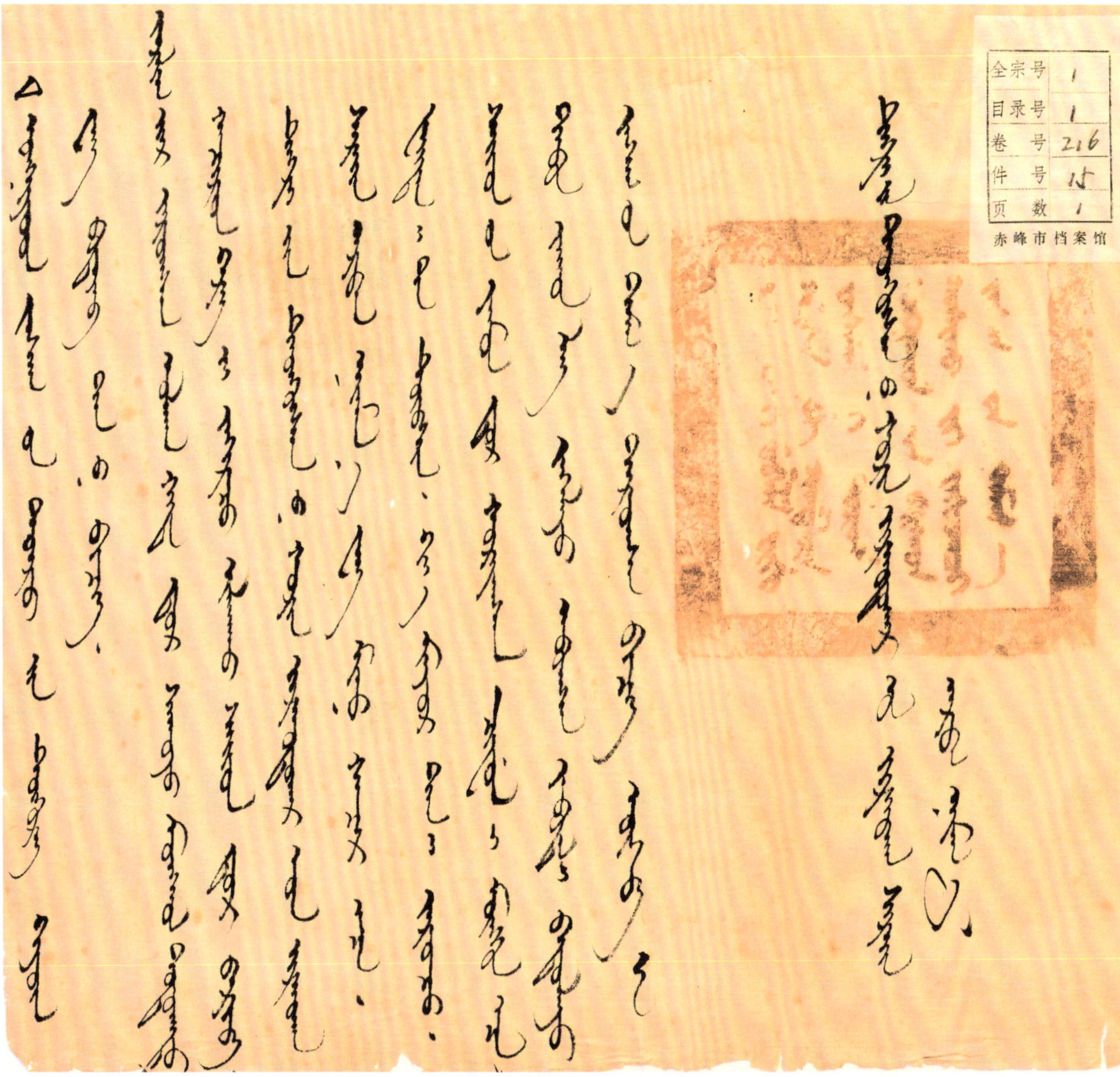

翁牛特札萨克郡王为借款事呈钦命驻乌兰哈达蒙汉民事务大臣文

翁牛特札萨克多罗杜棱郡王宝迪扎布文。呈送钦命驻乌兰哈达蒙汉民事务大臣：为证明乾隆二十六年六月十八日，本王指派陵官图布新、侍卫敏珠尔从大部征收之税款中借款五百两银子之事，特呈送官文为证。

乾隆二十六年六月十八日

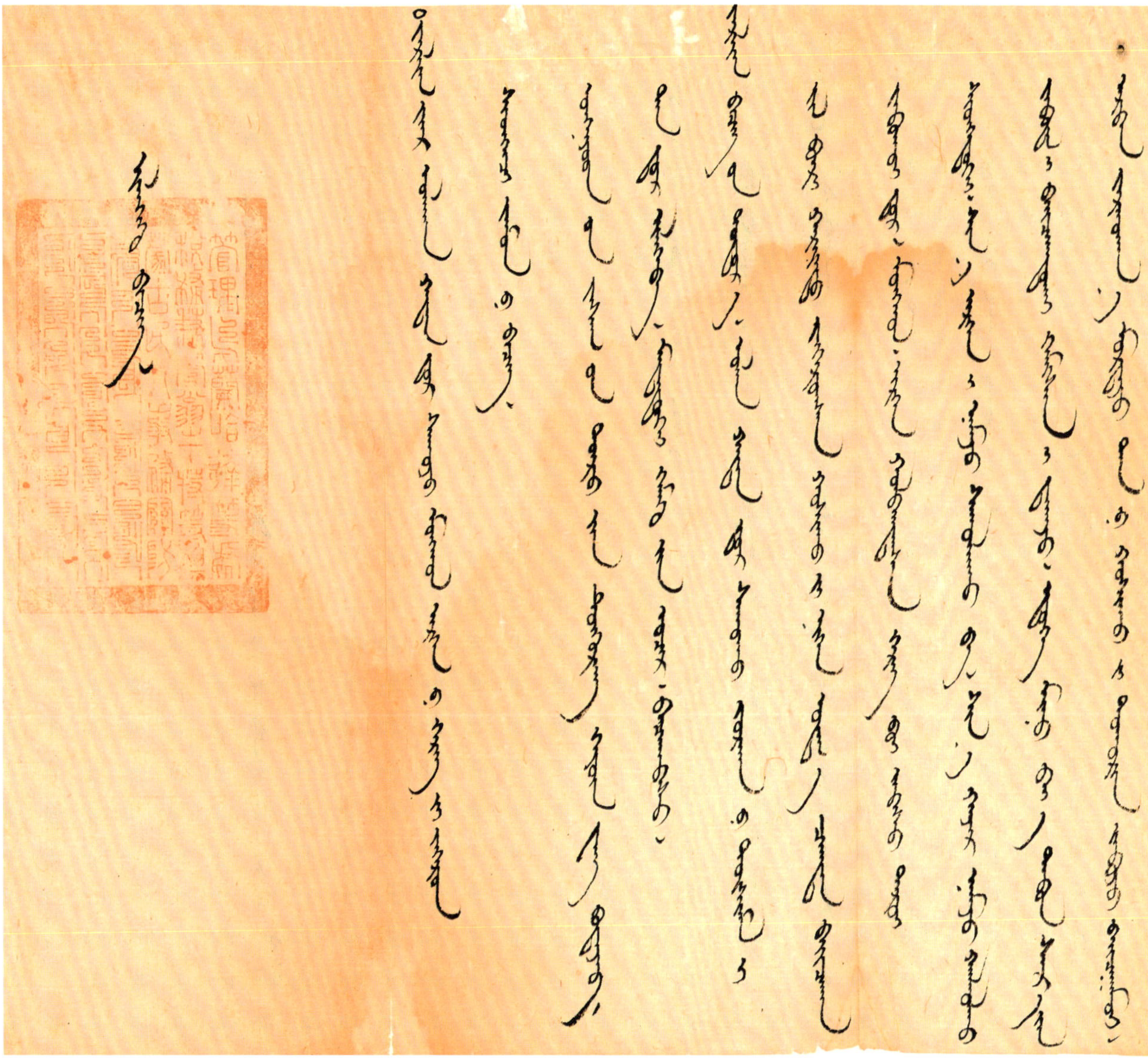

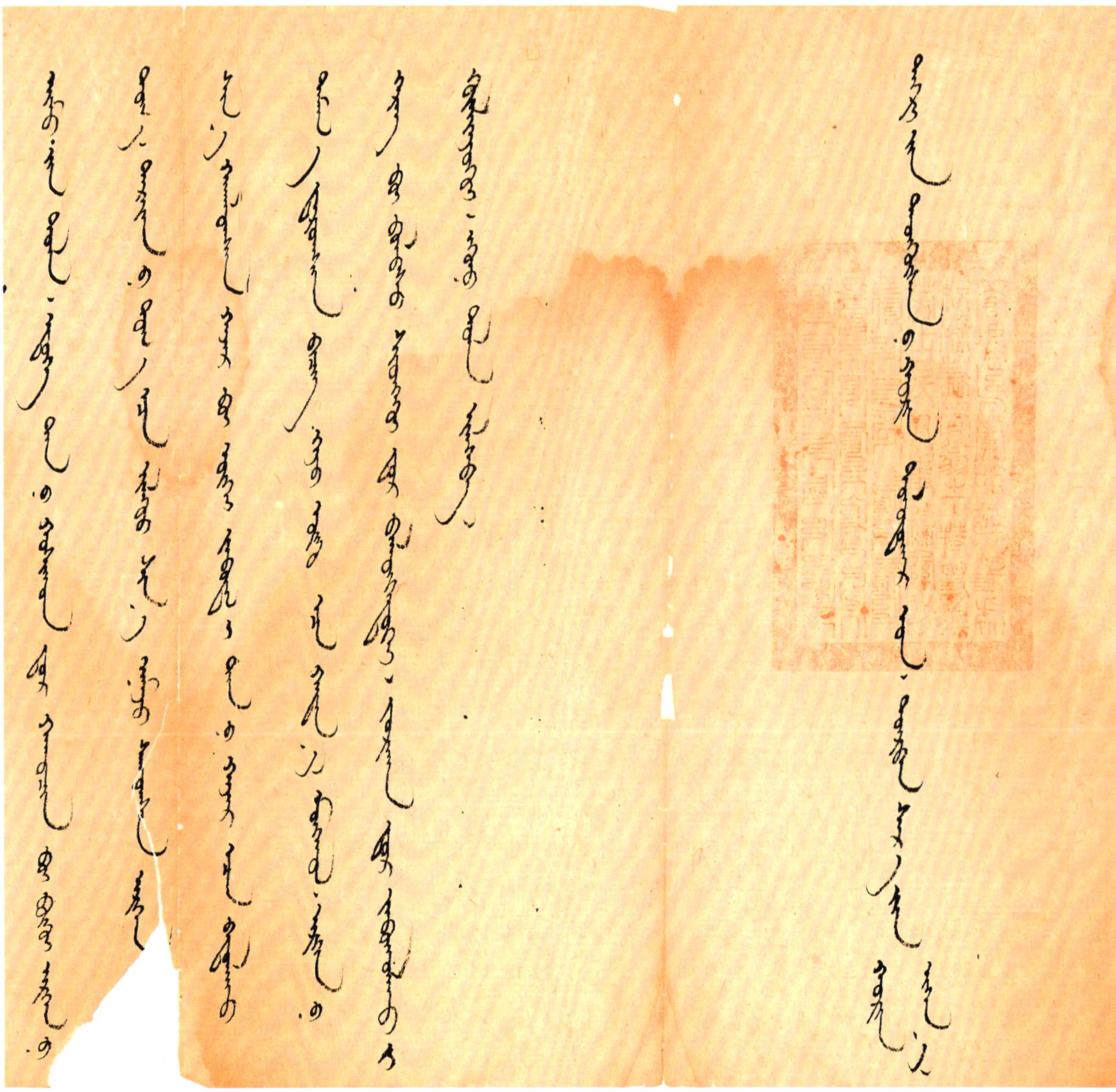

钦命驻乌兰哈达蒙汉民事务大臣为例行巡视各旗事札翁牛特札萨克郡王文

钦命驻乌兰哈达蒙汉民事务大臣文。札付翁牛特札萨克多罗杜棱郡王宝迪扎布：通报之事。据钦命，驻乌兰哈达之官员每年巡视一次所属各旗。如有涉及蒙民、民人事宜必须审查。同时核查新入户民人及新增耕地面积。遵照旨意，五月十六日，本官奉命启程巡视尔等诸旗，督促尔旗登记原有民人人口、耕地面积及新入户民人、新增耕地面积，并出具保呈。另，蒙民、民人如有民事纠纷，亦可上报审理。

此札。

乾隆二十七年四月二十一日

061 钦命驻乌兰哈达蒙汉民事务大臣为统计翁牛特旗受赏耕地租种情况事札翁牛特札萨克郡王文（乾隆二十七年初夏二十七日）

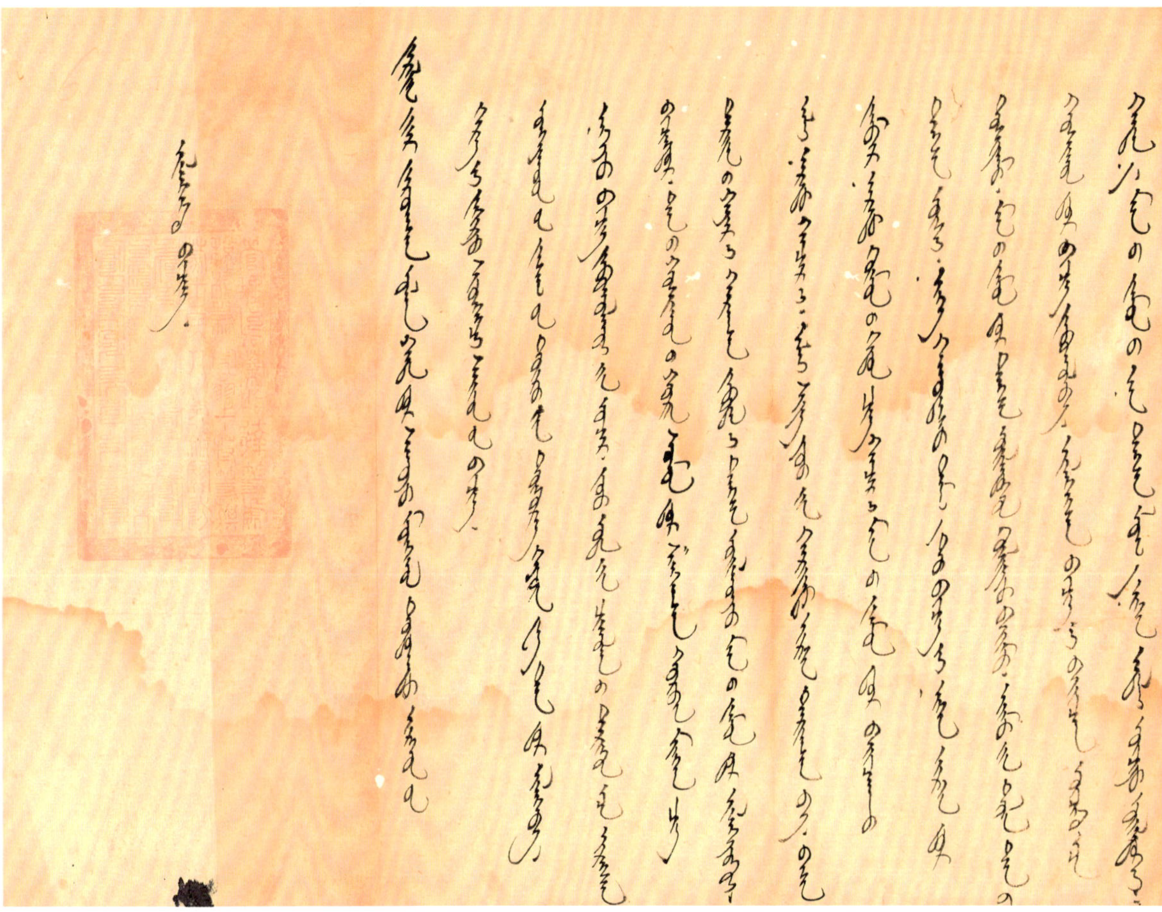

061 钦命驻乌兰哈达蒙汉民事务大臣为统计翁牛特旗受赏耕地租种情况事札翁牛特札萨克郡王文（乾隆二十七年初夏二十七日）

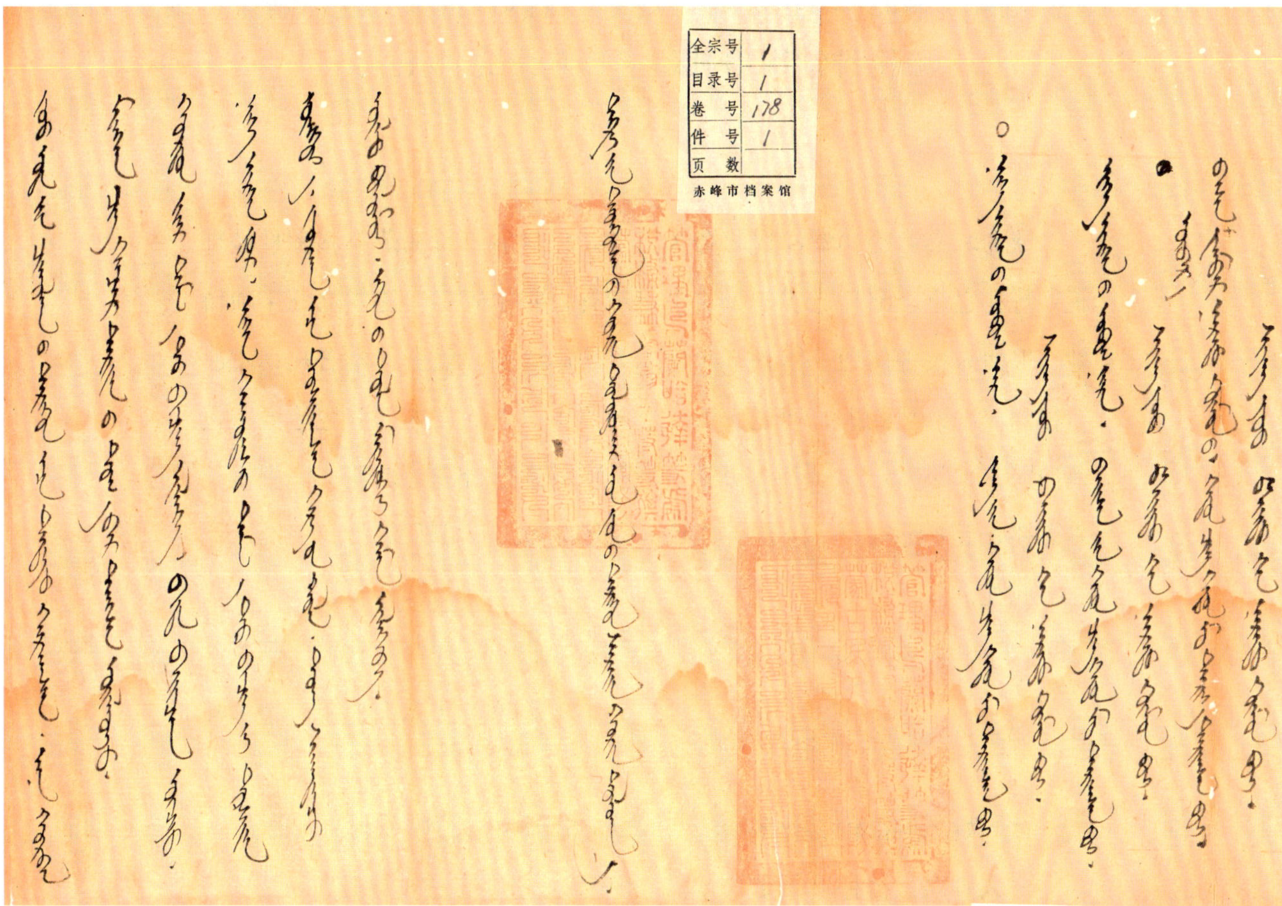

钦命驻乌兰哈达蒙汉民事务大臣为统计翁牛特旗受赏耕地租种情况事札翁牛特札萨克郡王文

钦命驻乌兰哈达蒙汉民事务大臣文。札付翁牛特札萨克多罗杜棱郡王：行札之事。昭乌达盟长呈文中记录有赏赐尔旗二十佐领之三千顷耕地。但何人租种何地、租种多少地未有明确注明。兹有，本署札饬尔旗每租户填一份契约书，速送本署。文到，尔旗查阅文内，登记造册一式两份即刻上报。也为昭乌达盟长之三千顷赏地进行登记造册一同上报。本署核查后发给每户一份官文证明。行署札文，不得延缓。

此札。

乾隆二十七年初夏二十七日

民人姓名，租种王爷多少顷、多少亩地，乡约、牌头何许人也。

民人姓名，租种贝子多少顷、多少亩地，乡约、牌头何许人也。

其他民人租种多少顷、多少亩地，乡约、牌头何许人也。

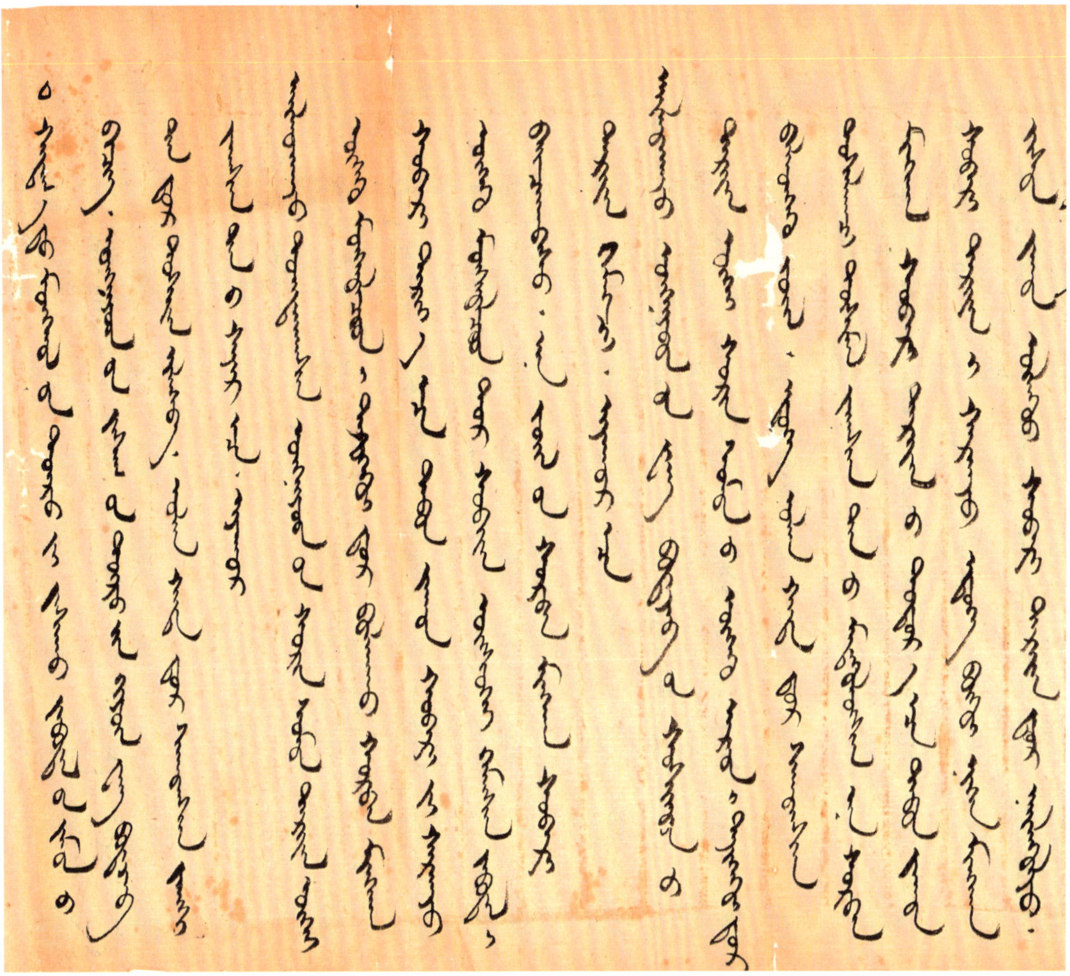

062 理藩院为救济蒙民三千顷耕地分配事札翁牛特札萨克郡王文（乾隆二十七年末冬二十日）

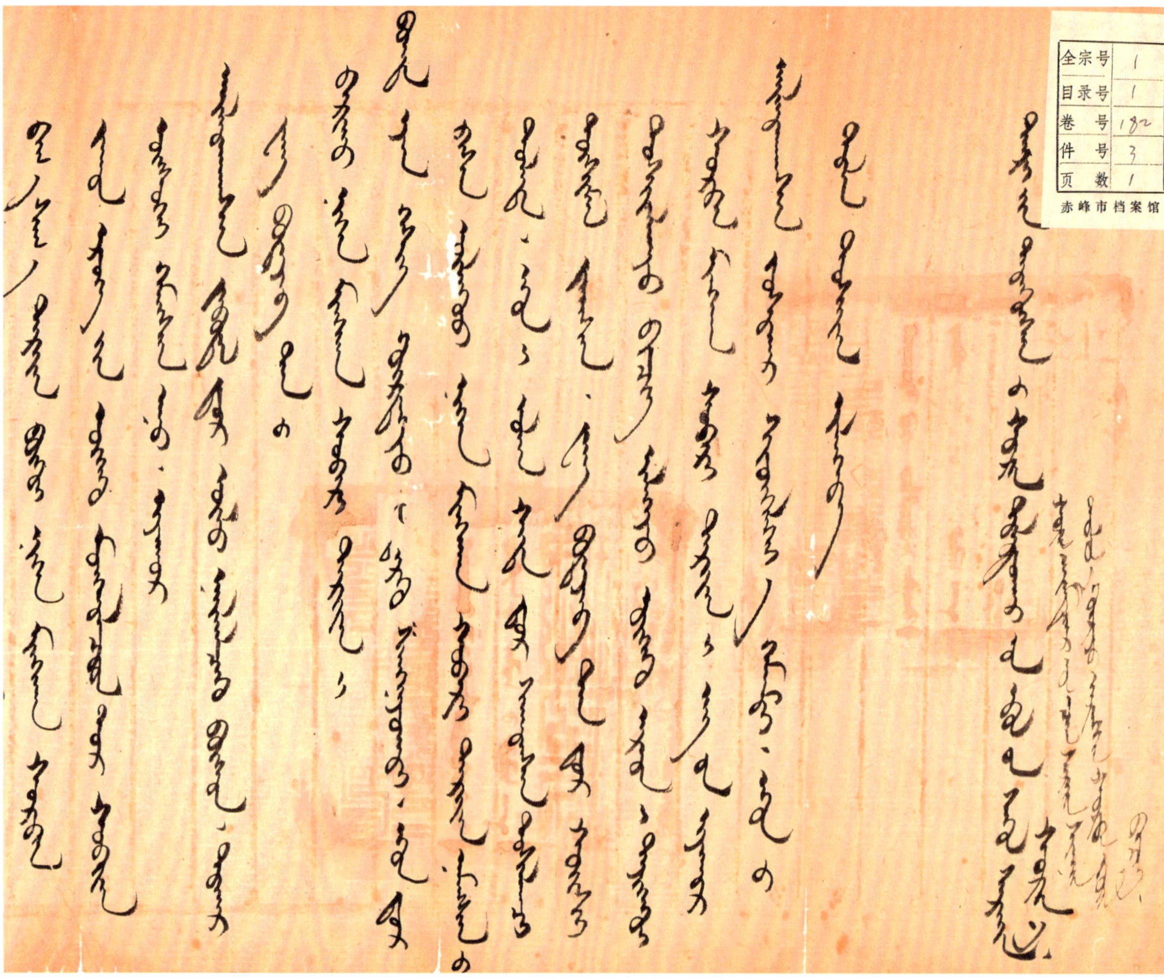

理藩院为救济蒙民三千顷耕地分配事札翁牛特札萨克郡王文

理藩院文。札付翁牛特札萨克多罗郡王宝迪扎布：之前，驻乌兰哈达协理扎格森呈称，圣上恩赐翁牛特二十佐领贫苦蒙民之三千顷耕地中，五百顷分给无耕地蒙民。等语。经查，此等三千顷耕地是为翁牛特王宝迪扎布旗二十佐领贫民所备之。兹有，驻乌兰哈达协理扎格森呈报：此等三千顷耕地中抽调五百顷，合并至原有一千九百余顷耕地，分给具有少量耕地之一千三百户贫困蒙民。等因前来。本院认为，此等呈报不符之前呈奏也。近日宝迪扎布王上贡之一千顷耕地，吾皇已返赏于他。为此，赏赐耕地多了一千顷。驻乌兰哈达协理扎格森与宝迪扎布王一同将救济贫困蒙民之三千顷耕地，按原先奏折办理。

此札。

乾隆二十七年末冬二十日

063 理藩院为沿袭台吉、塔布囊空位事札翁牛特札萨克郡王文（乾隆二十八年初夏二十六日）

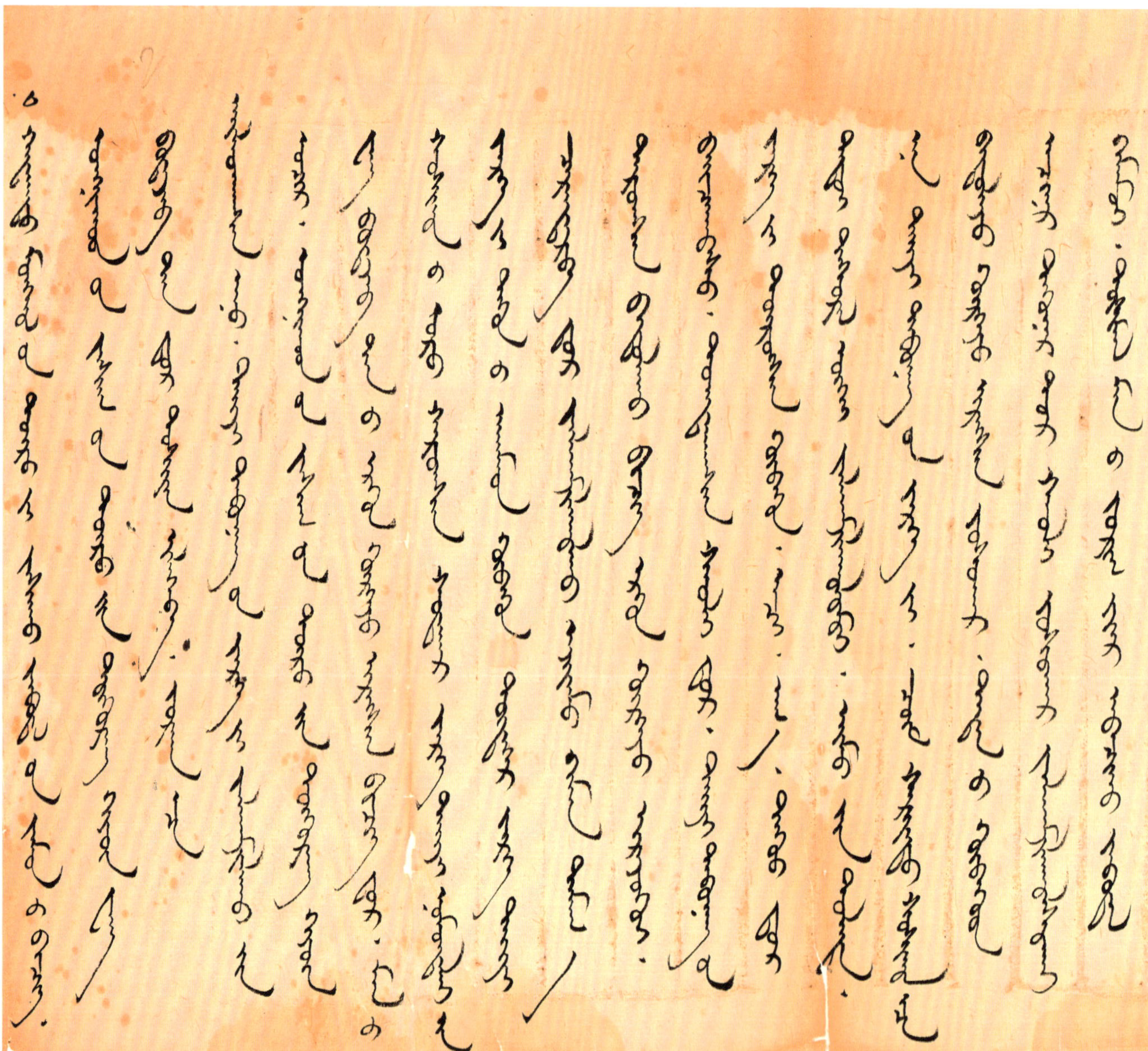

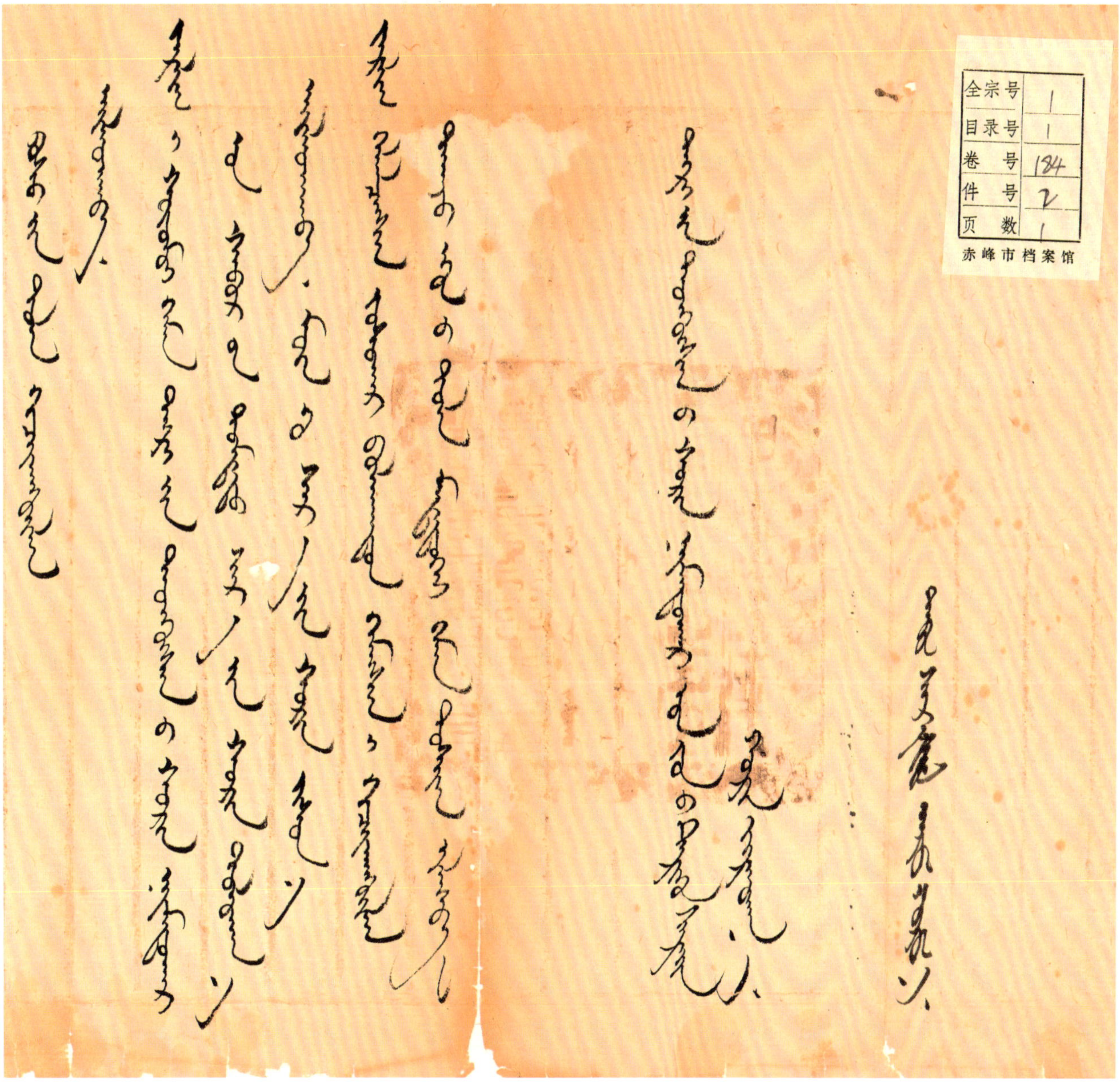
全宗号 1
目录号 1
卷号 184
件号 2
页数 1
赤峰市档案馆

理藩院为沿袭台吉、塔布囊空位事札翁牛特札萨克郡王文

理藩院文。札付翁牛特札萨克多罗杜棱郡王宝迪扎布：本部上奏台吉、塔布囊沿袭之事。

翁牛特札萨克多罗杜棱郡王宝迪扎布呈称，本旗三等台吉诺敏达来之空位，继给其长子四等台吉策林达日巴。等语。经查，按例，台吉、塔布囊爵位由其子、侄子、兄弟世代沿袭。故据所属旗保呈，此台吉、塔布囊爵位沿袭给其子孙、兄弟。于乾隆二十八年仲春二十七日上奏，是月二十九日回旨曰，照办。

至此，札付通告之。

乾隆二十八年初夏二十六日

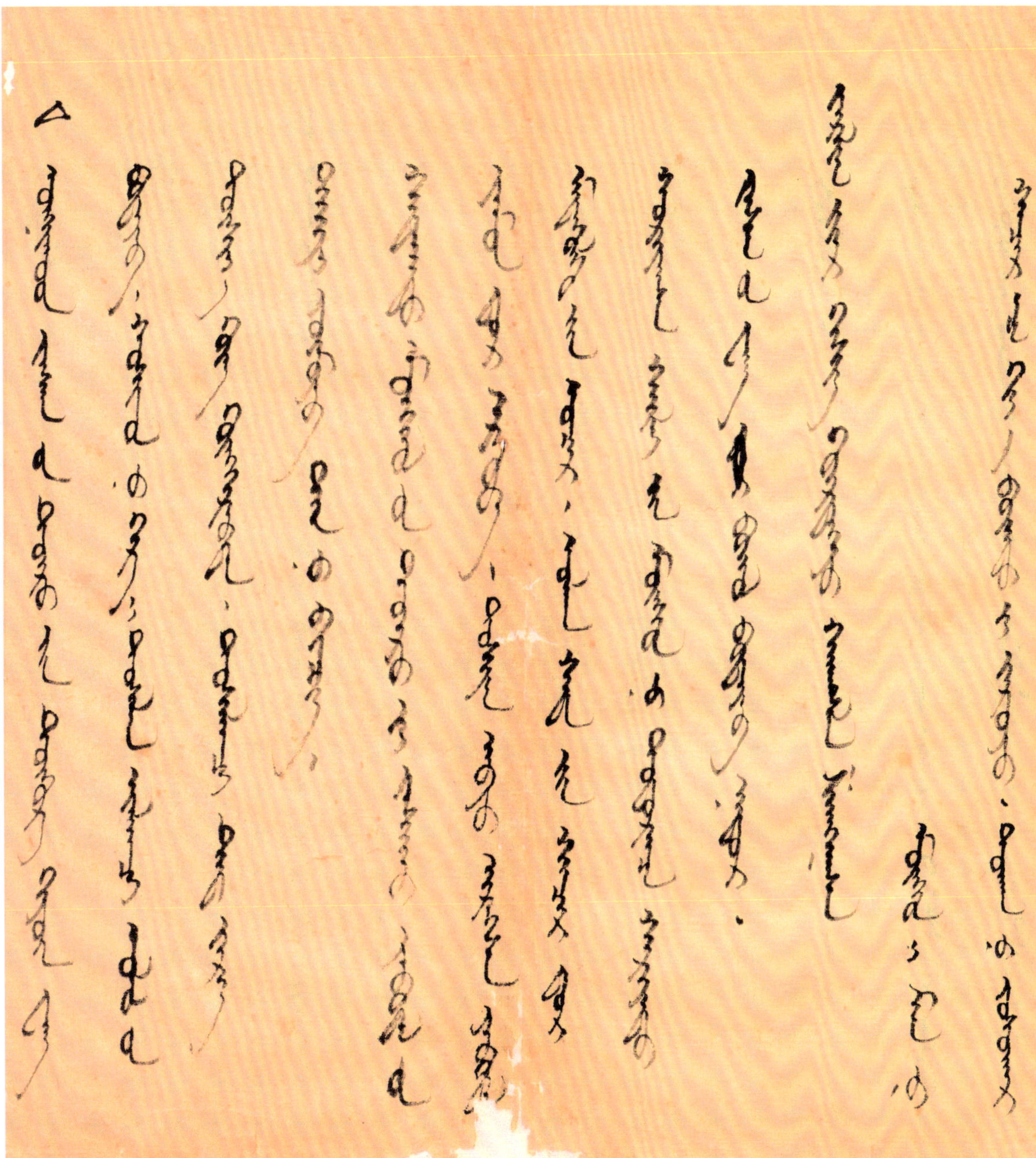

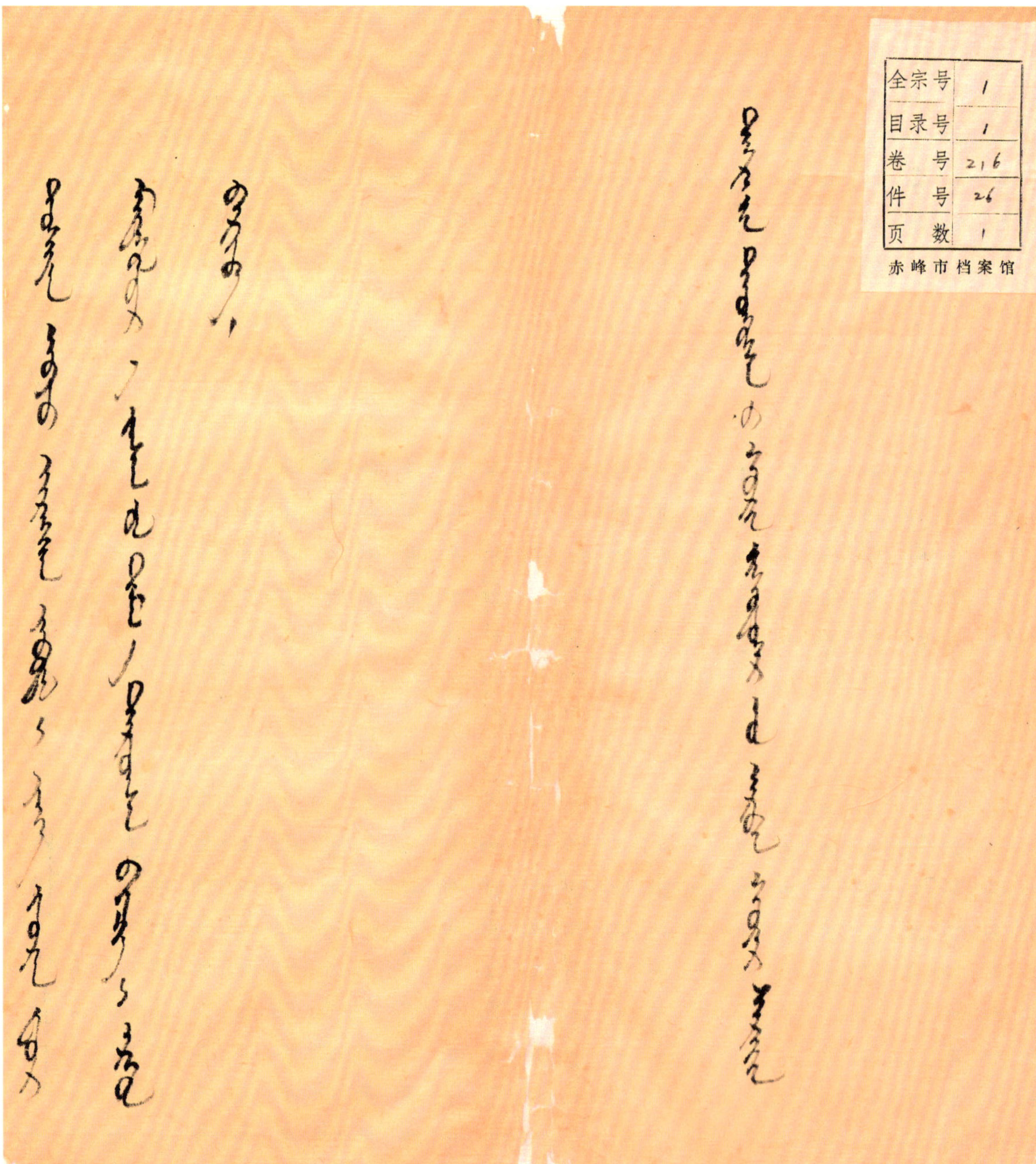
全宗号 1
目录号 1
卷号 216
件号 26
页数 1
赤峰市档案馆

翁牛特札萨克郡王旗协理为领取赏金事呈理藩院文

翁牛特札萨克多罗杜棱郡王宝迪扎布旗协办旗务辅国公贡嘎拉布坦、协理二等台吉尤木扎布文。呈理藩院：呈报收受之事。吾皇将乌兰哈达地区税款一半银两赏赐于奴婢宝迪扎布，本府指派侍卫宝音图如数收受之。

至此，呈钤札萨克印之文。

乾隆二十九年十二月

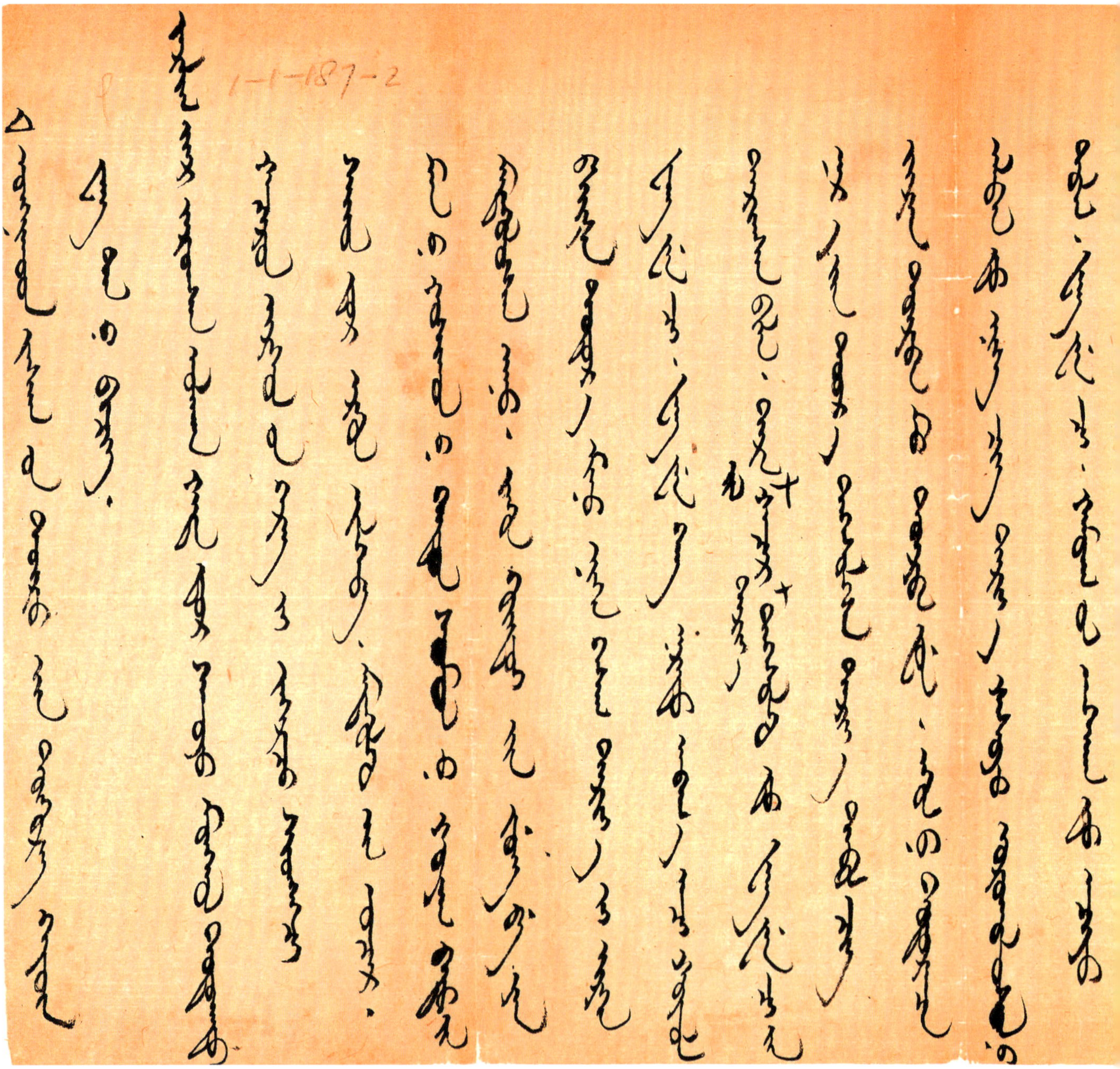

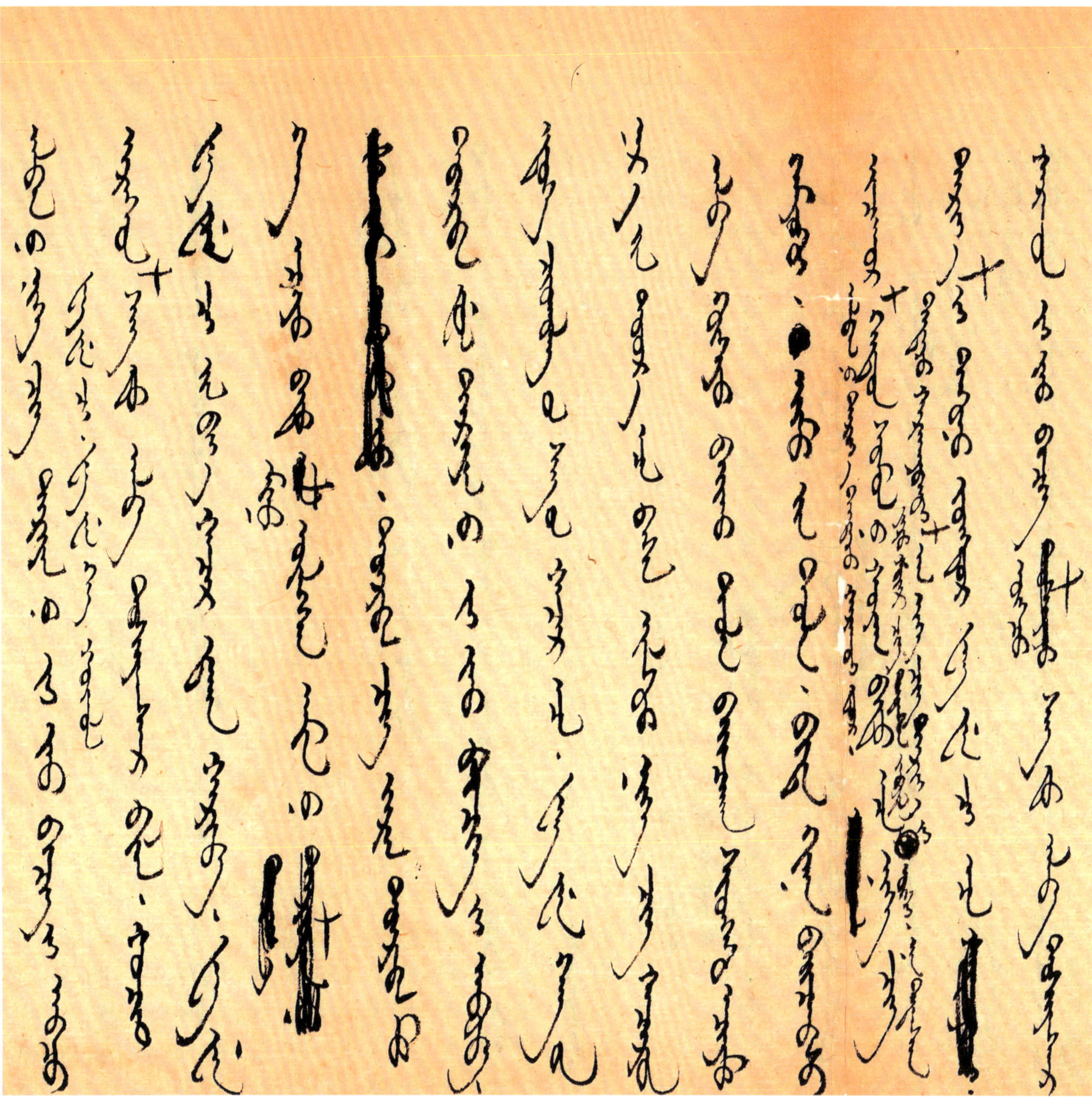

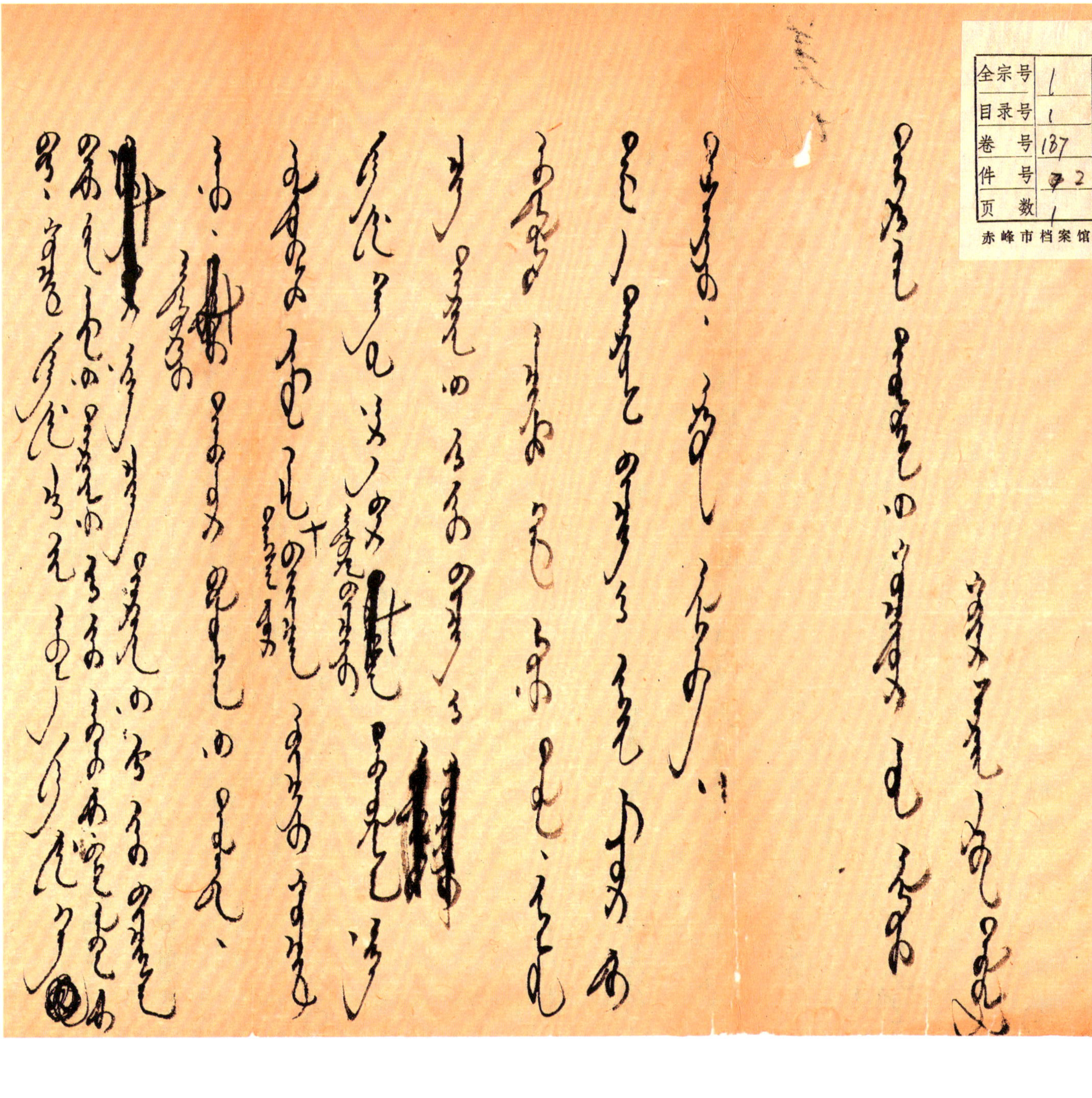

全宗号	1
目录号	1
卷　号	137
件　号	?2
页　数	1

赤峰市档案馆

翁牛特札萨克郡王为耕地租金纠纷事呈钦命驻乌兰哈达蒙民事务大臣文

翁牛特札萨克多罗杜棱郡王文。呈钦命驻乌兰哈达蒙民事务大臣：呈报之事。

本旗根登苏木男丁巴图报曰：民人王文琦、王文堂叔侄俩租种本人东沟中坝沿耕地也。那年丈量耕地时，在王文琦名下丈量田地五顷六十四亩四分。其中官田一顷，最初由王文琦去领官田债主书，由王文琦、王文堂交租。之后，王文琦回老家。王文堂去领巴图本人之四顷六十四亩四分地债主书。等语前来。兹有，初头朗官仓下文查实在王文堂名下多余一顷耕地租金情况。吾等经查，最初丈量官田时根登苏木男丁巴图摊上一顷耕地。未有摊上二顷耕地之事。摊上之巴图一顷耕地，由其庄户王文琦领债主书，交公粮至今。之后，王文琦伯父王文堂领取巴图私人田债主书时多记官田一顷，错记重复也。呈请衙署查阅账本，取消王文堂错记重复之一顷债主书为盼。

为此，章京满珠儿携官文呈送之。

乾隆三十年闰二月十七日

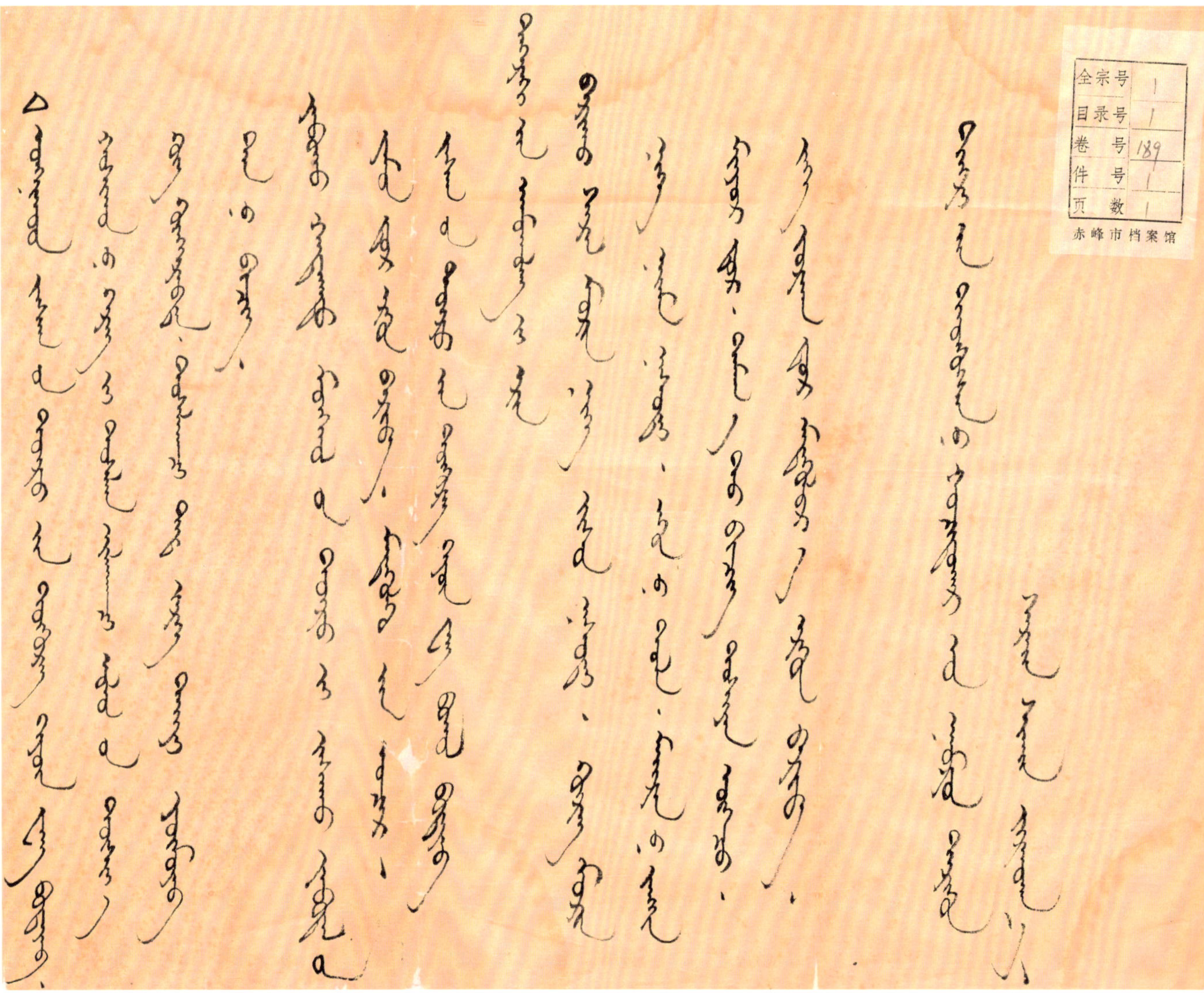
全宗号 1
目录号 1
卷号 189
件号 1
页数 1
赤峰市档案馆

翁牛特札萨克郡王等为向皇上献马事呈理藩院文

翁牛特札萨克多罗杜棱郡王宝迪扎布，旗协理辅国公贡嘎拉布坦、协理二等台吉尤木扎布文。呈送理藩院：呈报之事。

微臣札萨克多罗杜棱郡王宝迪扎布为吾皇请安，特献白马一匹、九岁，枣红马一匹、八岁。

至此，梅林章京敏珠尔携官文送至大部。

乾隆三十年初秋初六日

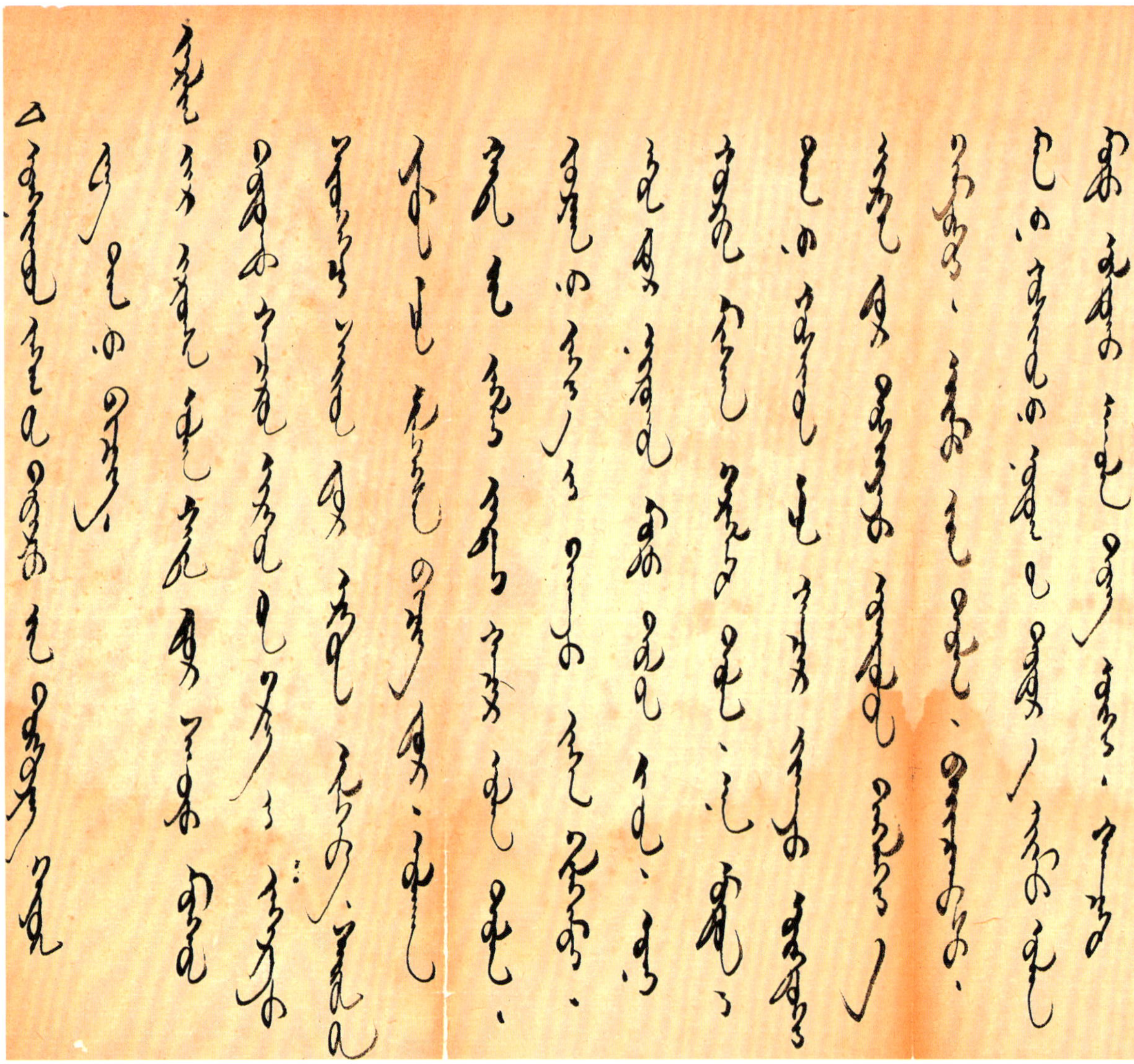

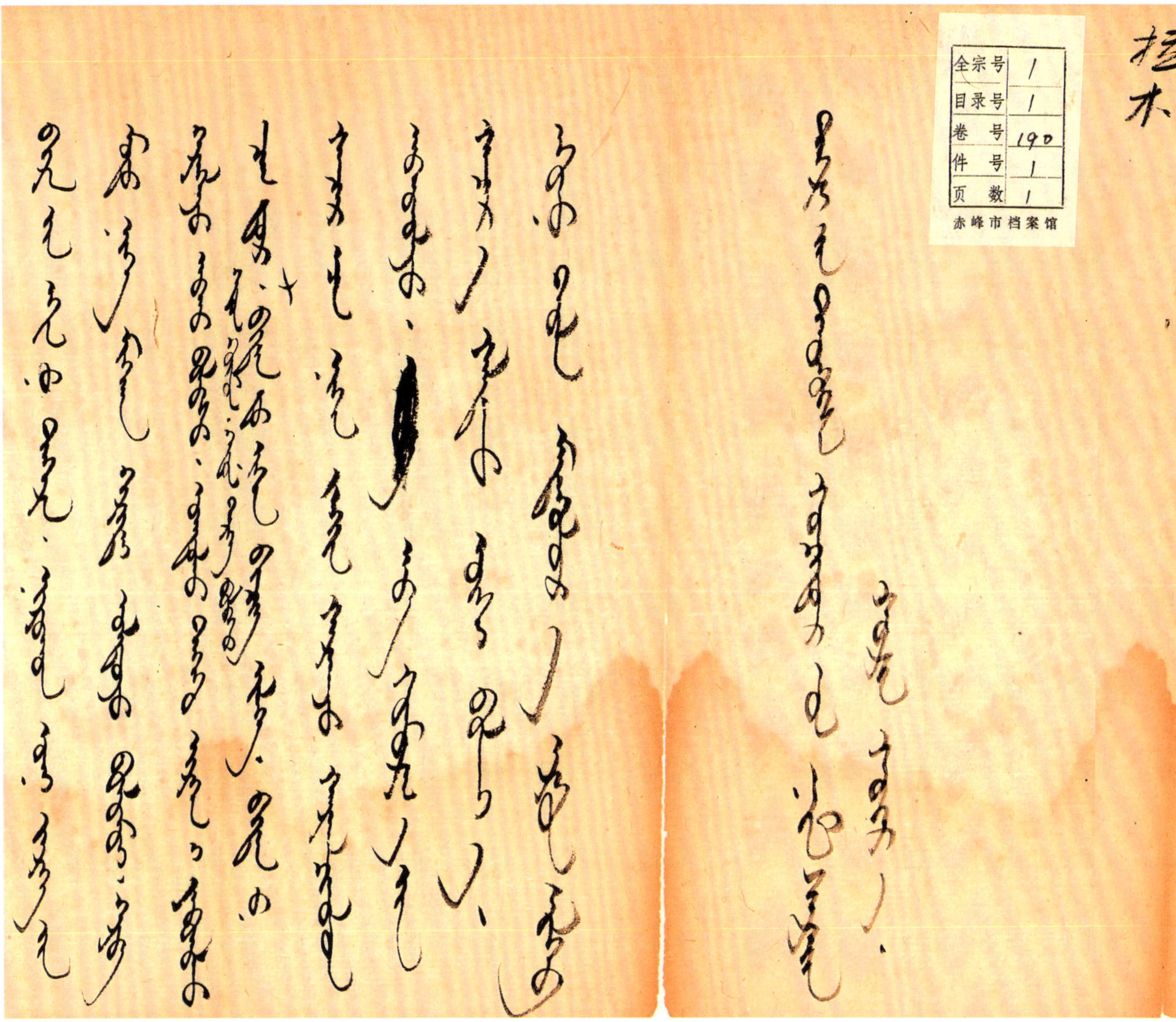
全宗号 1
目录号 1
卷号 190
件号 1
页数 1
赤峰市档案馆

翁牛特札萨克郡王为征用建房木材事呈钦命驻乌兰哈达蒙民事务大臣文

翁牛特札萨克多罗杜棱郡王文。呈钦命驻乌兰哈达蒙民事务大臣：吏部札开，乌兰哈达街中闲置地段诸多，奉命修缮扩建。为此需梁木七百根、檐木三千条。尔旗指定木材之地，交由民人砍伐运送。等因前来。经查，本旗山地无如此多木材，只在毕日山源头有可出一千多根木材之山林。如需采伐，登记砍伐运输人员及车辆数目，并携官文一同前来。本处派一名章京监督砍伐，以防越界砍伐围场之树木。

至此。

乾隆三十年八月二十二日

068 翁牛特札萨克郡王旗协理为收缴耕地租金事呈钦命驻乌兰哈达蒙民事务大臣文（乾隆三十年十月十九日）

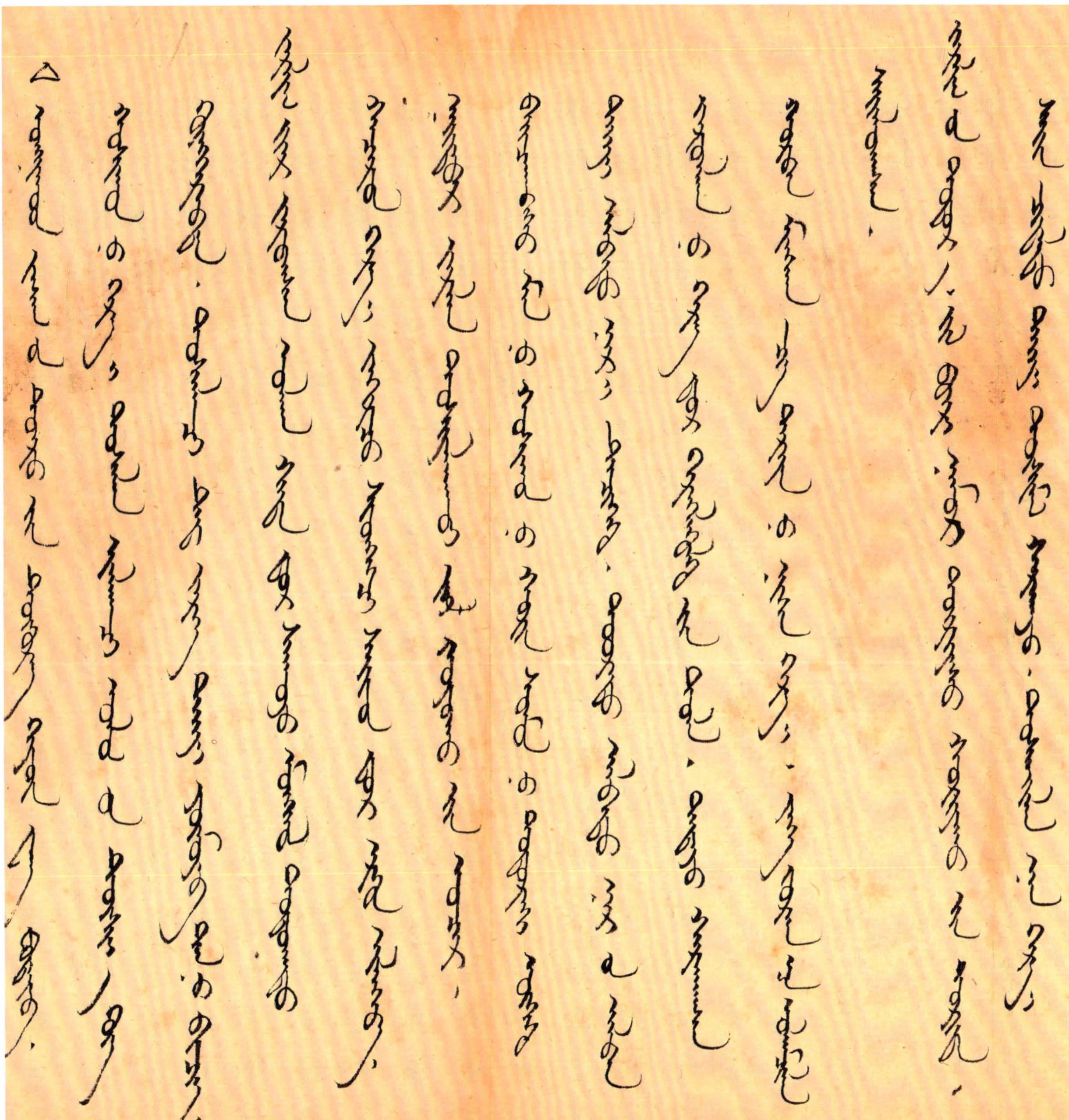

068 翁牛特札萨克郡王旗协理为收缴耕地租金事呈钦命驻乌兰哈达蒙民事务大臣文（乾隆三十年十月十九日）

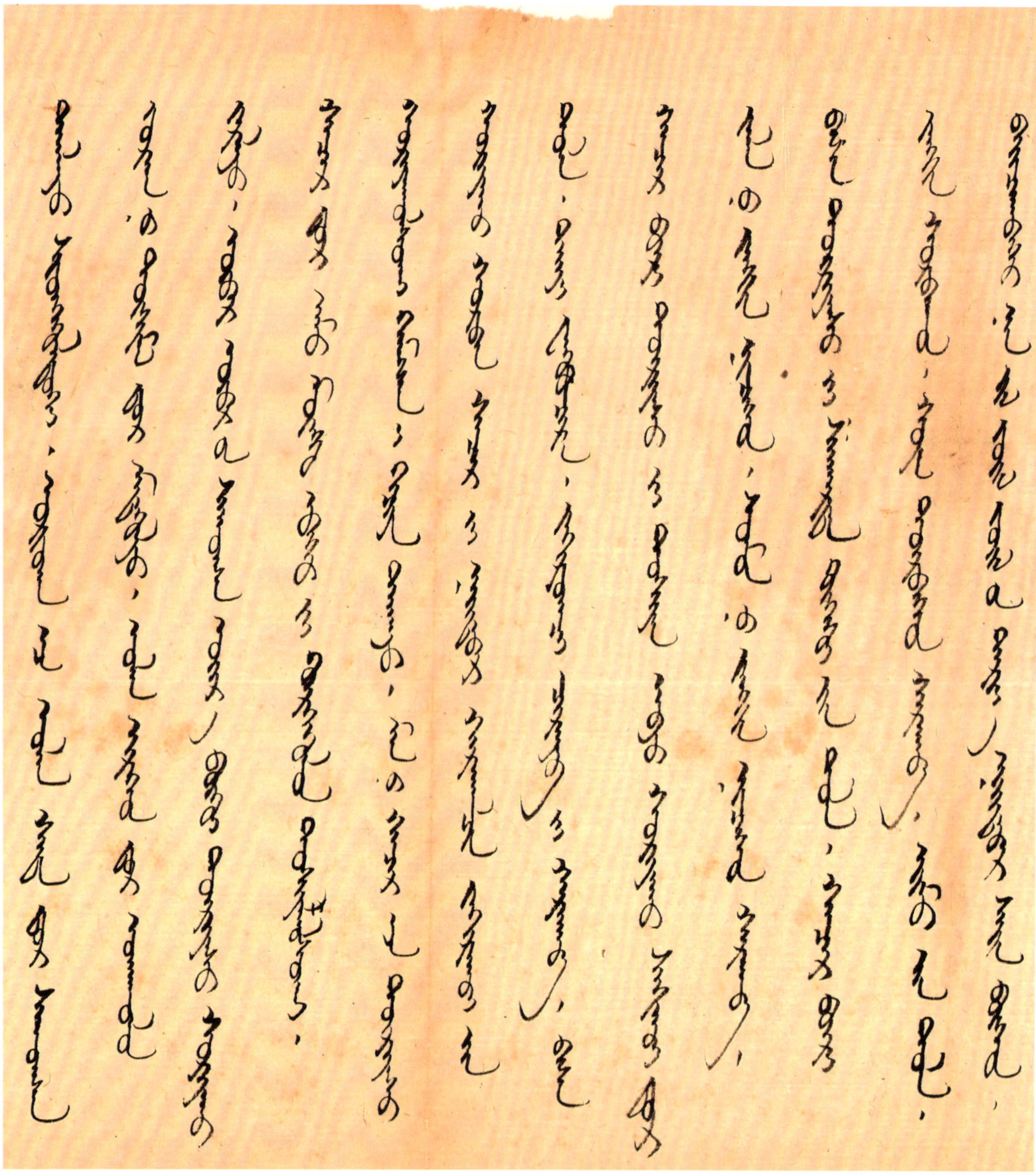

068 翁牛特札萨克郡王旗协理为收缴耕地租金事呈钦命驻乌兰哈达蒙民事务大臣文（乾隆三十年十月十九日）

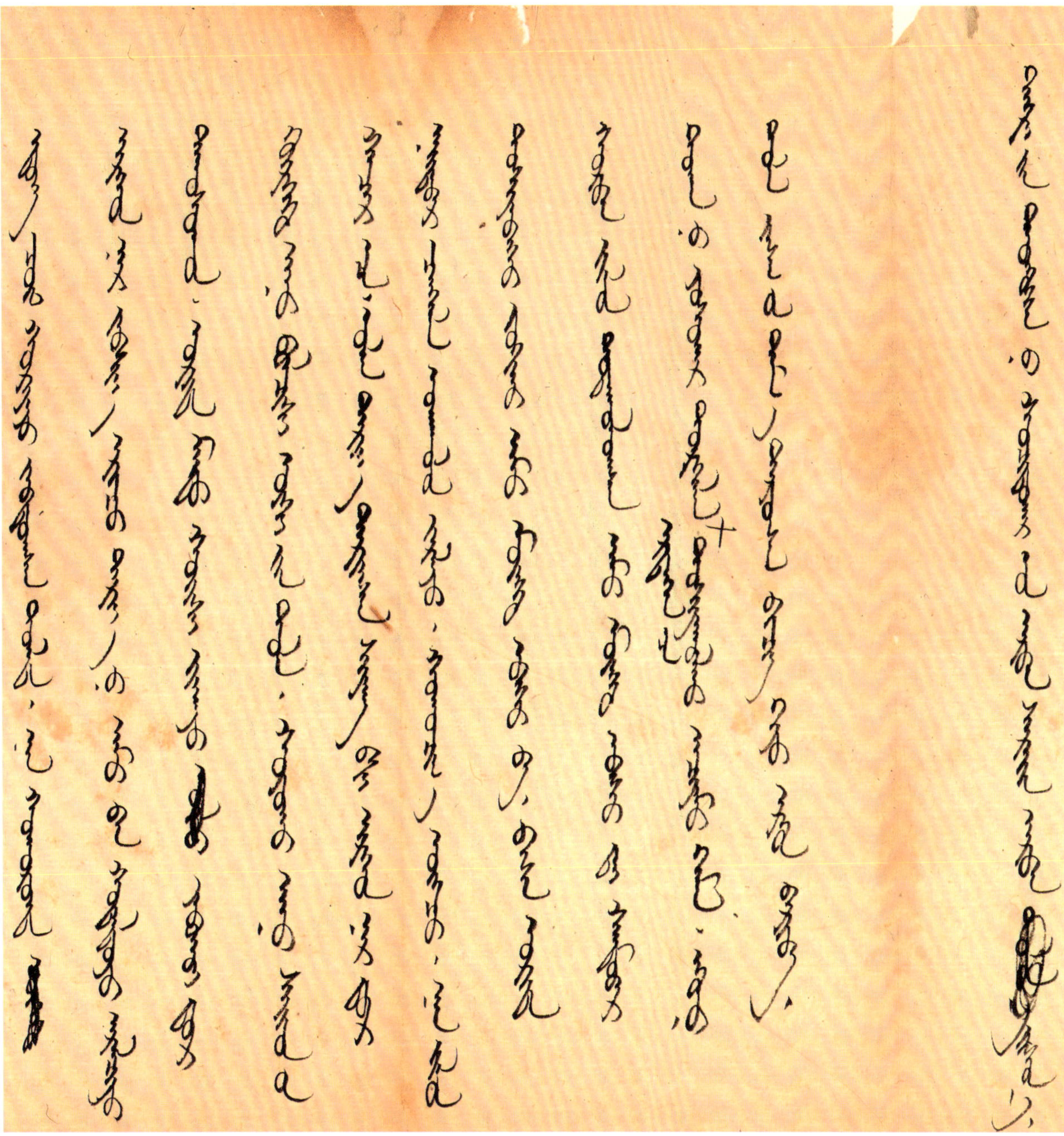

068 翁牛特札萨克郡王旗协理为收缴耕地租金事呈钦命驻乌兰哈达蒙民事务大臣文（乾隆三十年十月十九日）

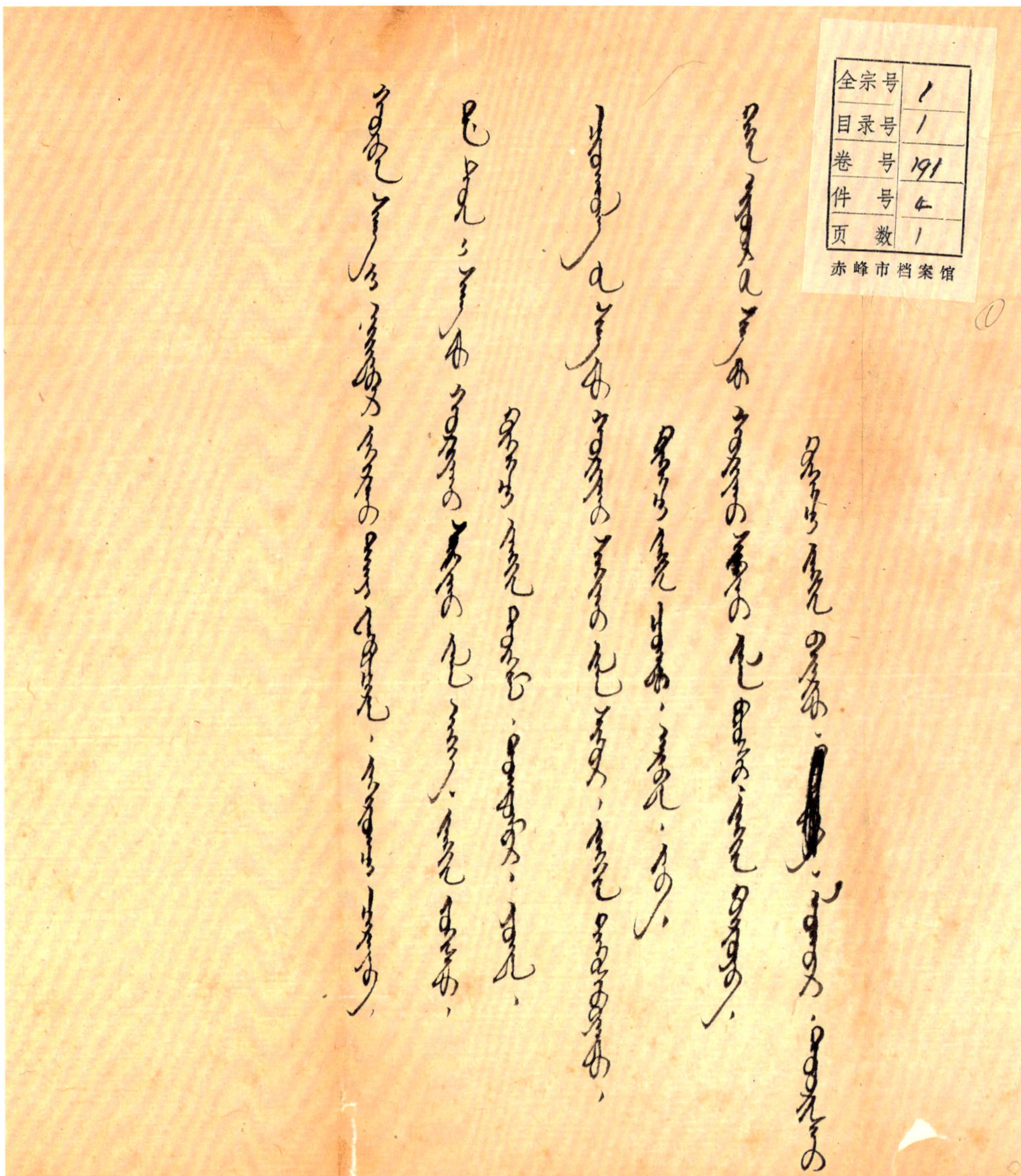

翁牛特札萨克郡王旗协理为收缴耕地租金事呈钦命驻乌兰哈达蒙民事务大臣文

翁牛特札萨克多罗杜棱郡王宝迪扎布旗协理多罗镇国公贡嘎拉布坦、协理二等台吉尤木扎布文。呈钦命驻乌兰哈达蒙民事务大臣：广为通告交办之事。

经查，救济本旗二十个佐领贫困台吉、阿拉巴图及隶属阿拉巴图之公用支出，收缴新耕三千顷庄稼田赋一事，由官府下令，每年收缴秋季租金时，指派干练之台吉官差，专门督促收缴租金事务。先禀报驻乌兰哈达衙吏，之后宣告租民，送至就近缴租点，交齐租粮、租金、草料等。为此，本处为统一管理三处缴租点，指派台吉旺布其楞、总管策林扎布督促收缴。还有，为收缴并看护缴租点，特派甲喇章京、佐领章京各一人。为催缴，配备三个缴租点章京各三人、兵丁各四人。经查，今年各类庄稼长势良好，并收割完毕。只怕农户趁机倒卖粮食，像往年一样逃避缴租。呈请官府宣告乡牌诸农户，限期缴纳本年应缴之租粮、租金、草料，以及前三年欠缴之租粮、租金、草料，一并如数交齐。

至此，呈钤札萨克印之文。

乾隆三十年十月十九日

统一监管三处仓储之台吉旺布其楞、总管策林扎布。

大屯仓守卫甲喇恩和，章京昭吉斯图，骁骑校章京图格木勒、陶格涛特木尔、云登。

初头朗仓守卫甲喇秀胡日，章京特古斯宝音图，骁骑校章京朝格图、拉布坦、扎布。

格根伊珠尔仓守卫甲喇宝柱，章京古日扎布，骁骑校章京巴雅尔图、罗虎尔、套日苏。

069 翁牛特札萨克郡王旗协理为借用官仓赈灾款事呈钦命驻乌兰哈达蒙民事务大臣文（乾隆三十一年四月初六日）

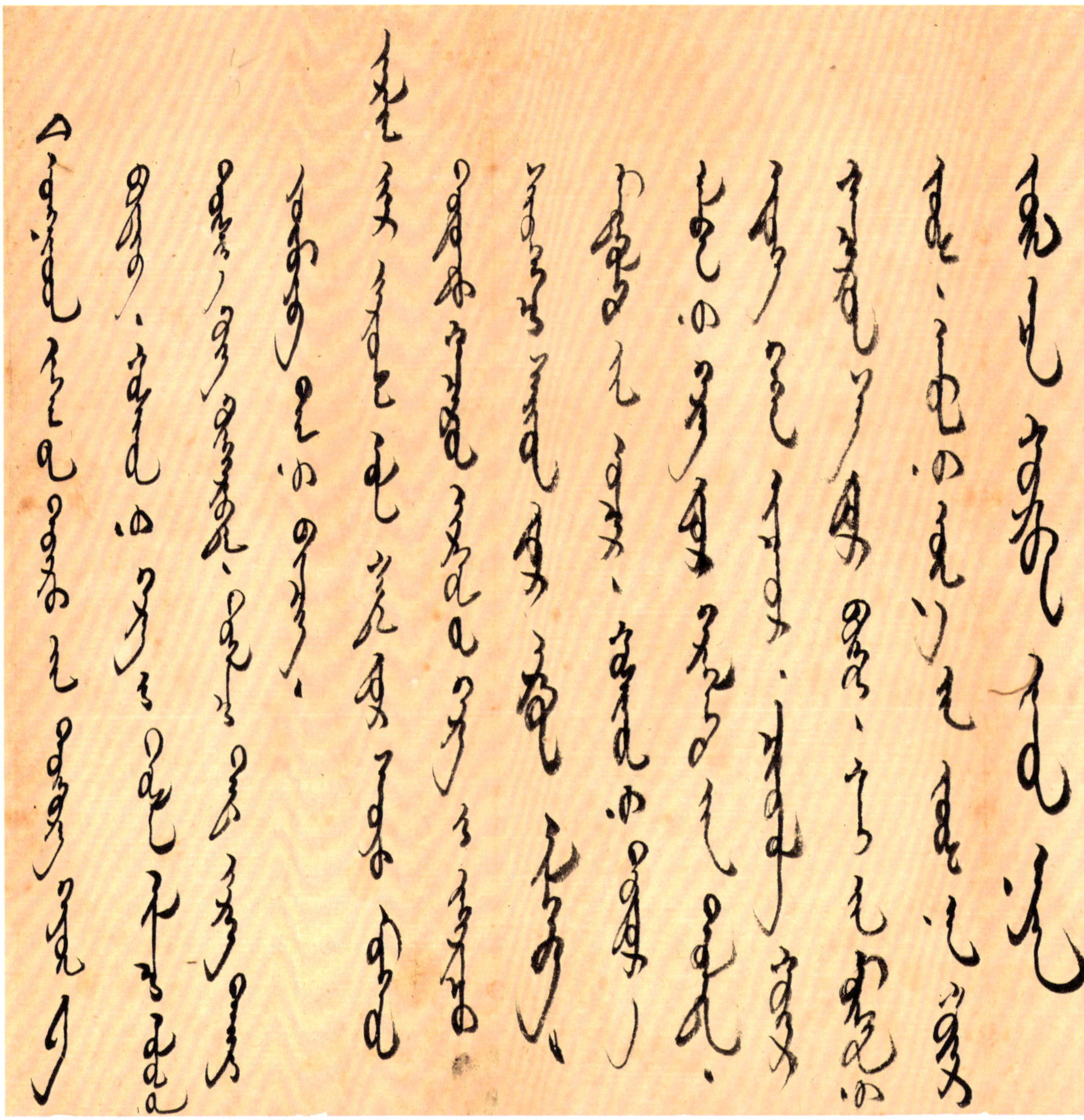

069 翁牛特札萨克郡王旗协理为借用官仓赈灾款事呈钦命驻乌兰哈达蒙民事务大臣文（乾隆三十一年四月初六日）

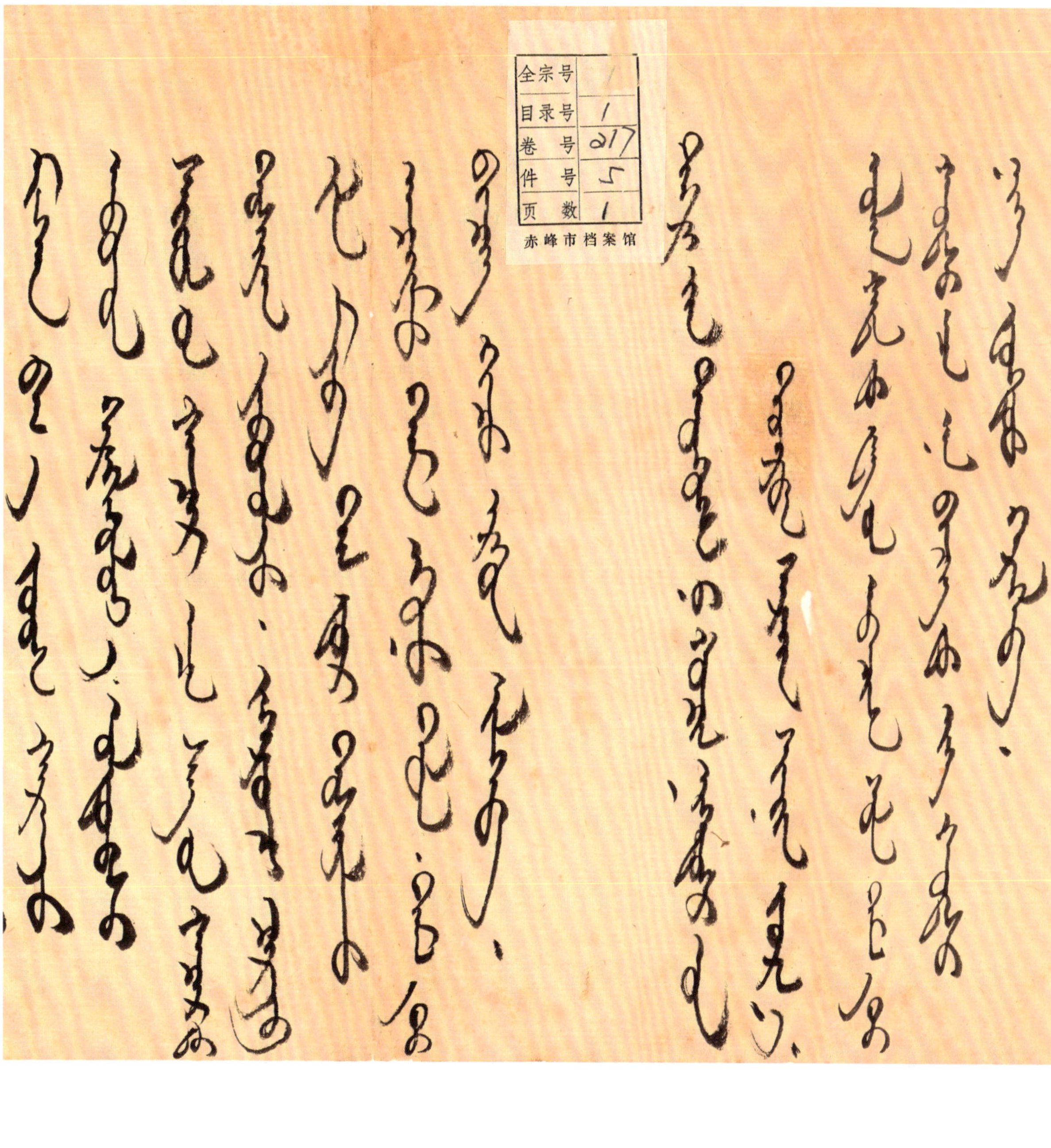

翁牛特札萨克郡王旗协理为借用官仓赈灾款事呈钦命驻乌兰哈达蒙民事务大臣文

翁牛特札萨克多罗杜棱郡王宝迪扎布旗协办旗务辅国公贡嘎拉布坦、协理二等台吉尤木扎布文。呈送钦命驻乌兰哈达蒙民事务大臣：呈报之事。

为旗内公务所需，现从格根伊珠尔、初头朗官仓赈灾款与粮款中抽调三百八十千吊文，呈请大臣札付官仓，并将款项交付总管策林扎布。

至此，呈钤官印之文。

乾隆三十一年四月初六日

070 盟长额驸为皇帝献家宴所备办物资事札翁牛特札萨克郡王文（乾隆三十一年仲夏初五日）

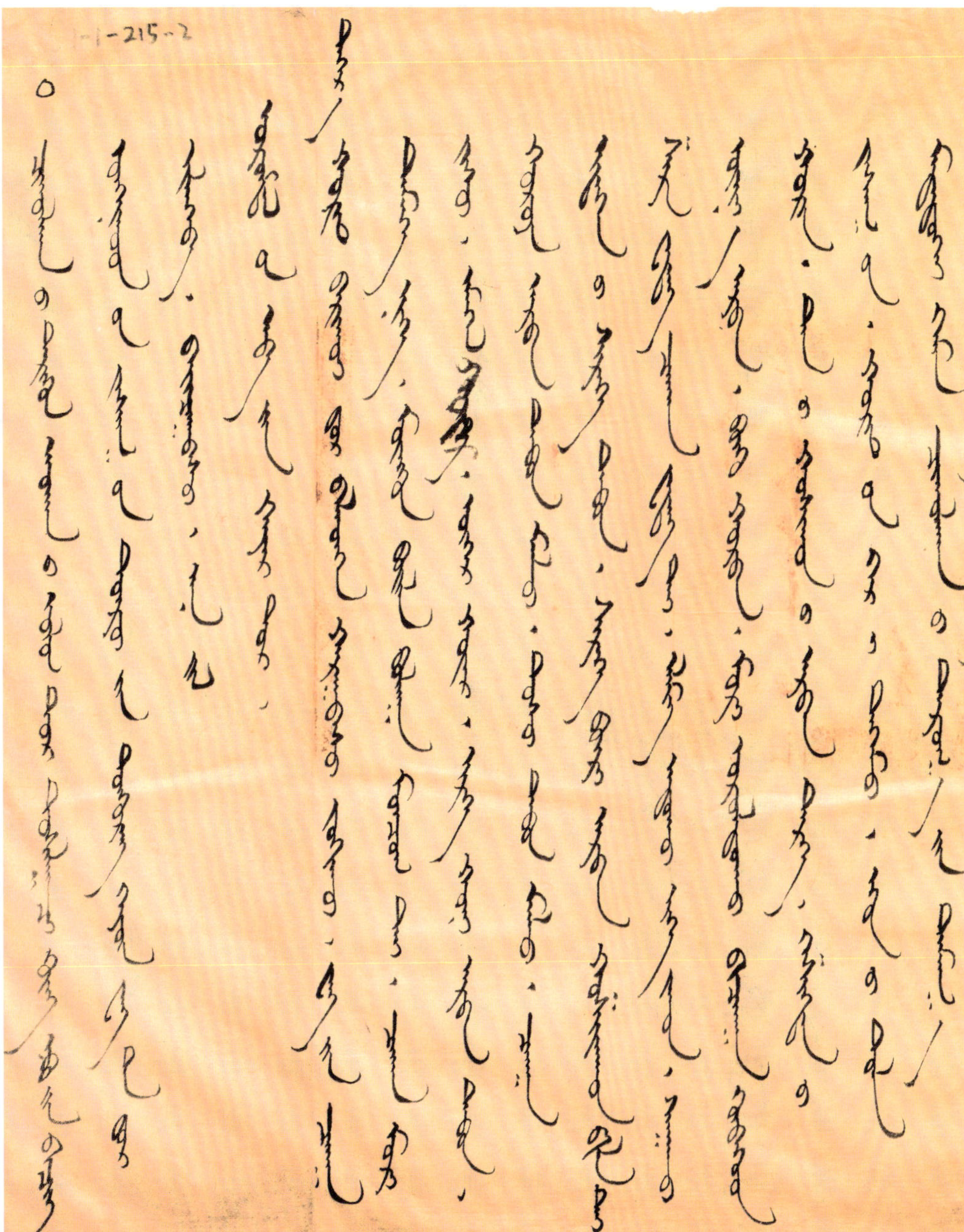

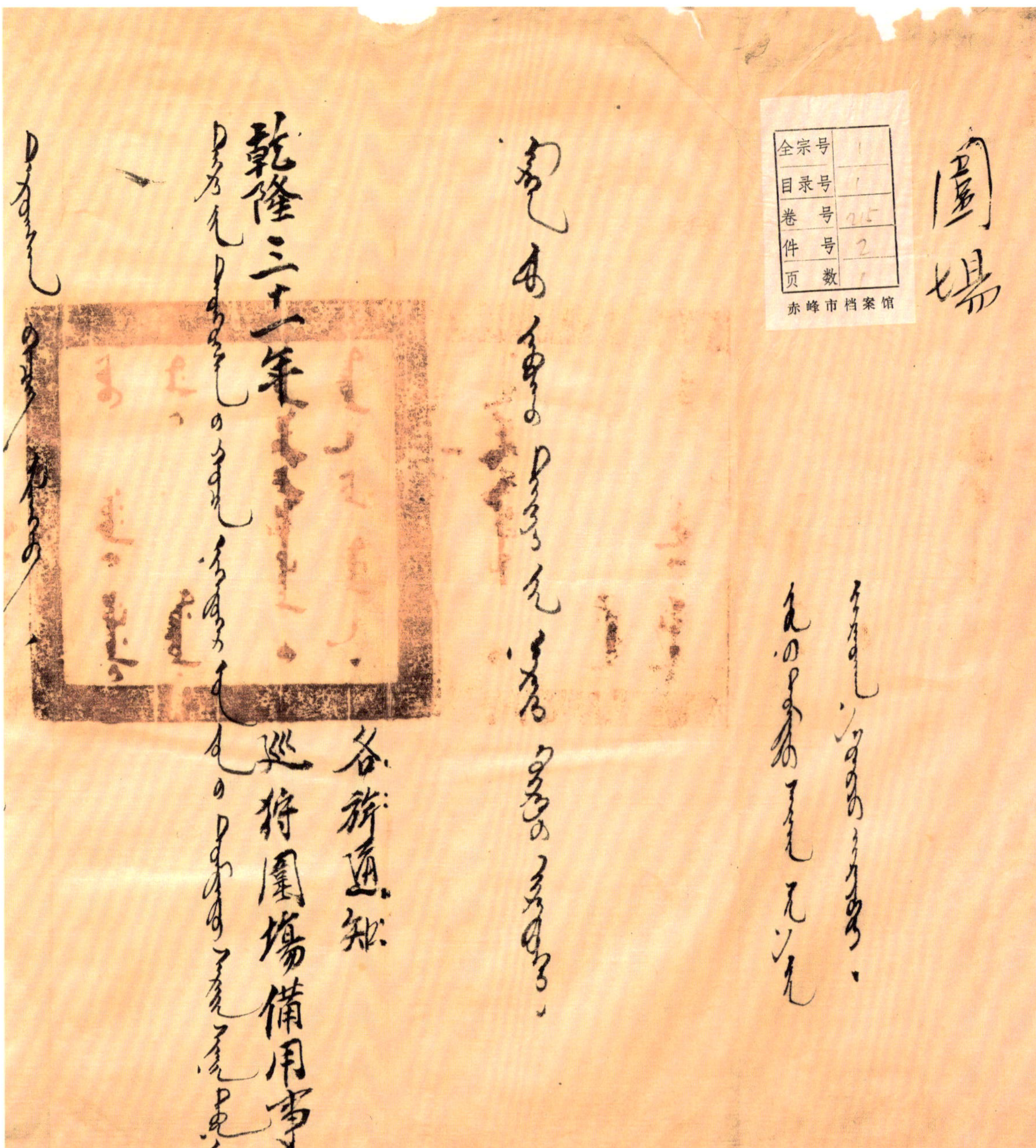
圍場
全宗号 1
目录号 1
卷号 215
件号 2
页数 1
赤峰市档案馆
各旗通知
巡狩圍場備用事
乾隆三十一年

盟长额驸为皇帝献家宴所备办物资事札翁牛特札萨克郡王文

盟长敖汉辅国公额驸文。札付翁牛特札萨克多罗杜棱郡王：经查，今年围场为吾皇献家宴备办有银鼻环貂皮穗儿白骆驼一峰、白马九匹、马鞍两副、牛两头、羯羊十五只、奶酒十五桶、黄油五桶、奶食桌五张、每桌配十对盘、戴黄白带马一百匹、奶牛十头、摔跤手三名、赛马小选手二十名。由尔旗出牛车十辆，运送克什克腾札萨克蒙古包。

至此，致钤盟长印之文。

乾隆三十一年仲夏初五日

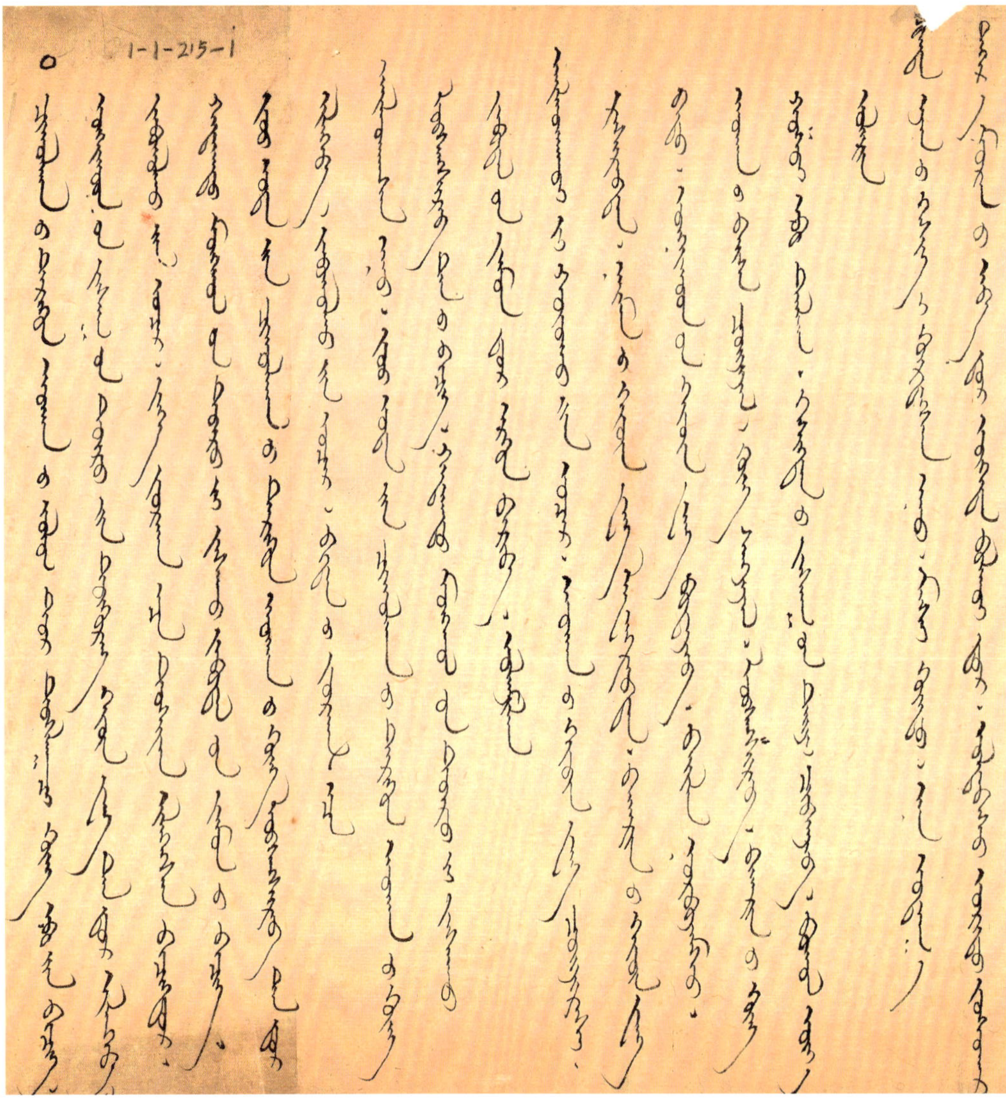

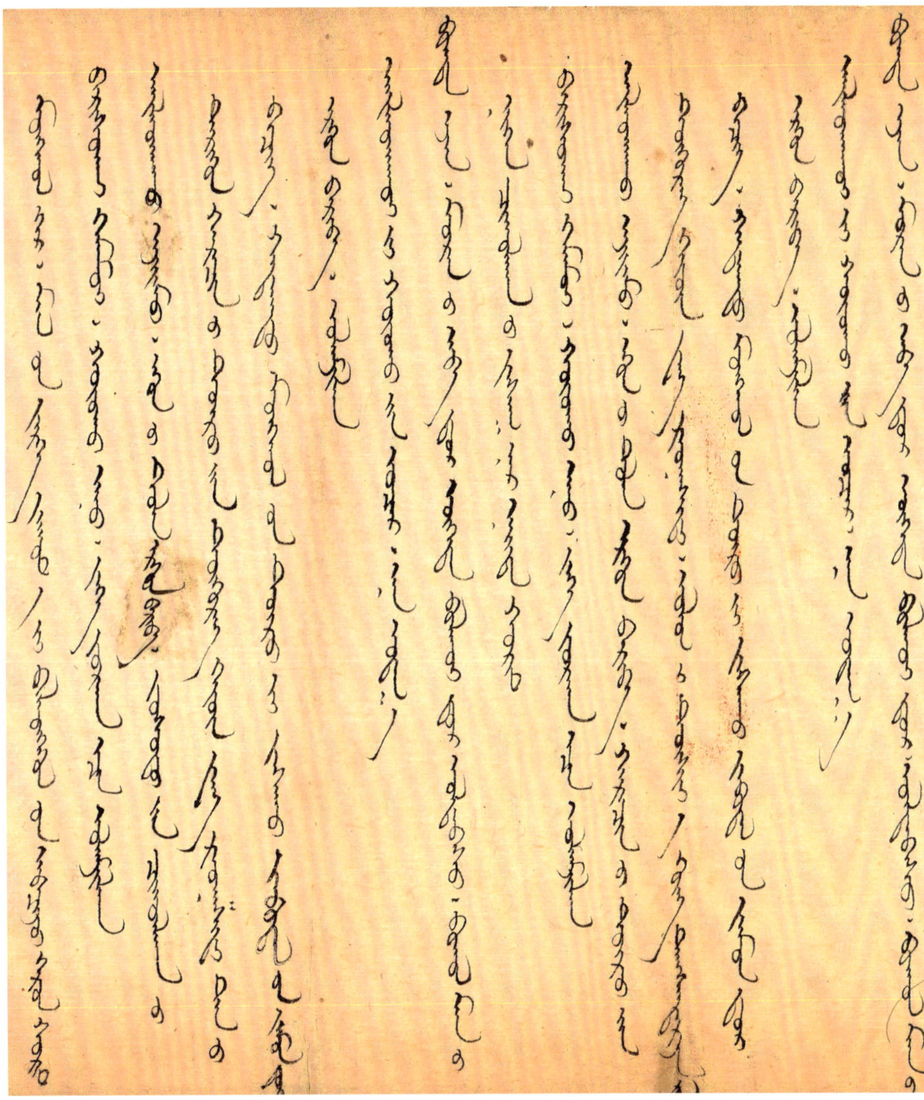

071 盟长额驸为皇帝献家宴事札翁牛特札萨克郡王文（乾隆三十一年末夏二十九日）

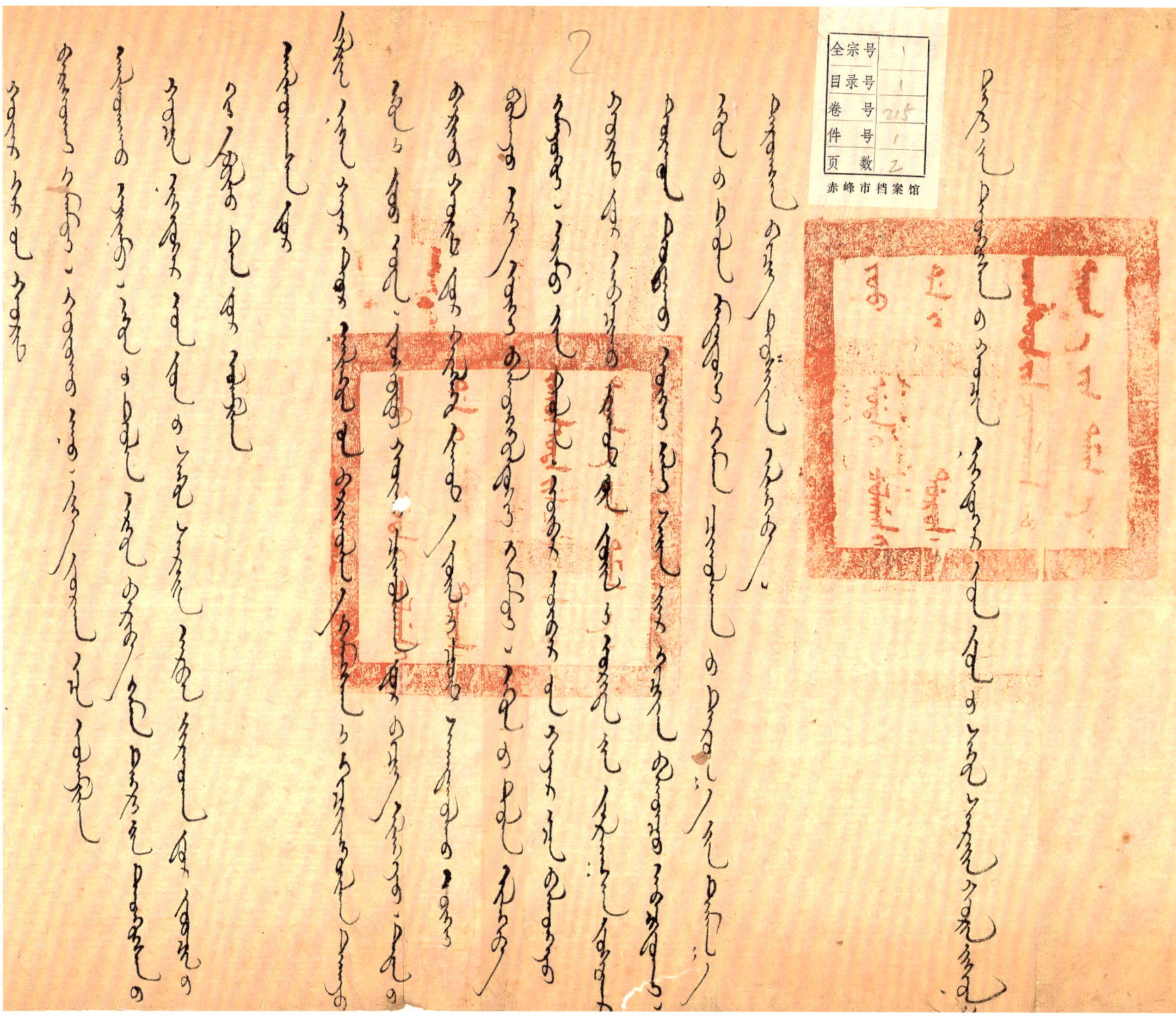

盟长额驸为皇帝献家宴事札翁牛特札萨克郡王文

盟长敖汉辅国公额驸文。札付翁牛特札萨克多罗杜棱郡王：行札之事。

承接之大部札开：理藩院行文，札付昭乌达盟长敖汉公罗布桑希日布，行札之事。本大部奏曰：昭乌达盟长敖汉公罗布桑希日布呈称，呈送大部，恳请承转之事。敖汉郡王却吉拉希、拉希拉布坦，奈曼郡王拉旺拉布坦，巴林郡王巴图，翁牛特郡王宝迪扎布、贝勒诺日布扎木苏，敖汉贝子却吉勒、公爷桑吉严、罗布桑希日布，巴林公和硕额驸达兰，克什克腾札萨克台吉其布根扎布等。卑职世代受吾皇鸿恩。此次吾皇驾临木兰围场，以既定礼仪，略备蒙古包、肉羊等，向吾皇献家宴。恳请大部转告吾等诚意，特此呈报。卓索图盟长喀喇沁多罗杜棱郡王拉迪那希迪呈报本大部曰，此次吾皇驾到木兰围场，吾等盟札萨克卑职共同准备家宴献吾皇。恳请大部转告诚意。喀喇沁多罗杜棱郡王拉迪那希迪、镇国公丹森塔尔扎呈报本大部曰，此次吾皇驾到木兰围场，吾等两家共同准备家宴献吾皇。恳请大部转告诚意。为此，乾隆三十一年末夏十六日由本部侍卫富录转奏，回旨曰：指定地方统一设宴。钦遵前来。为此，札付昭乌达、卓索图俩盟，备好家宴所需物品，不得有误。各地遵照旨意，备全备足宴会物资。

至此，致钤盟长印之文。

乾隆三十一年末夏二十九日

072 盟长额驸为审理民事纠纷事札翁牛特札萨克郡王文（乾隆三十二年末春十一日）

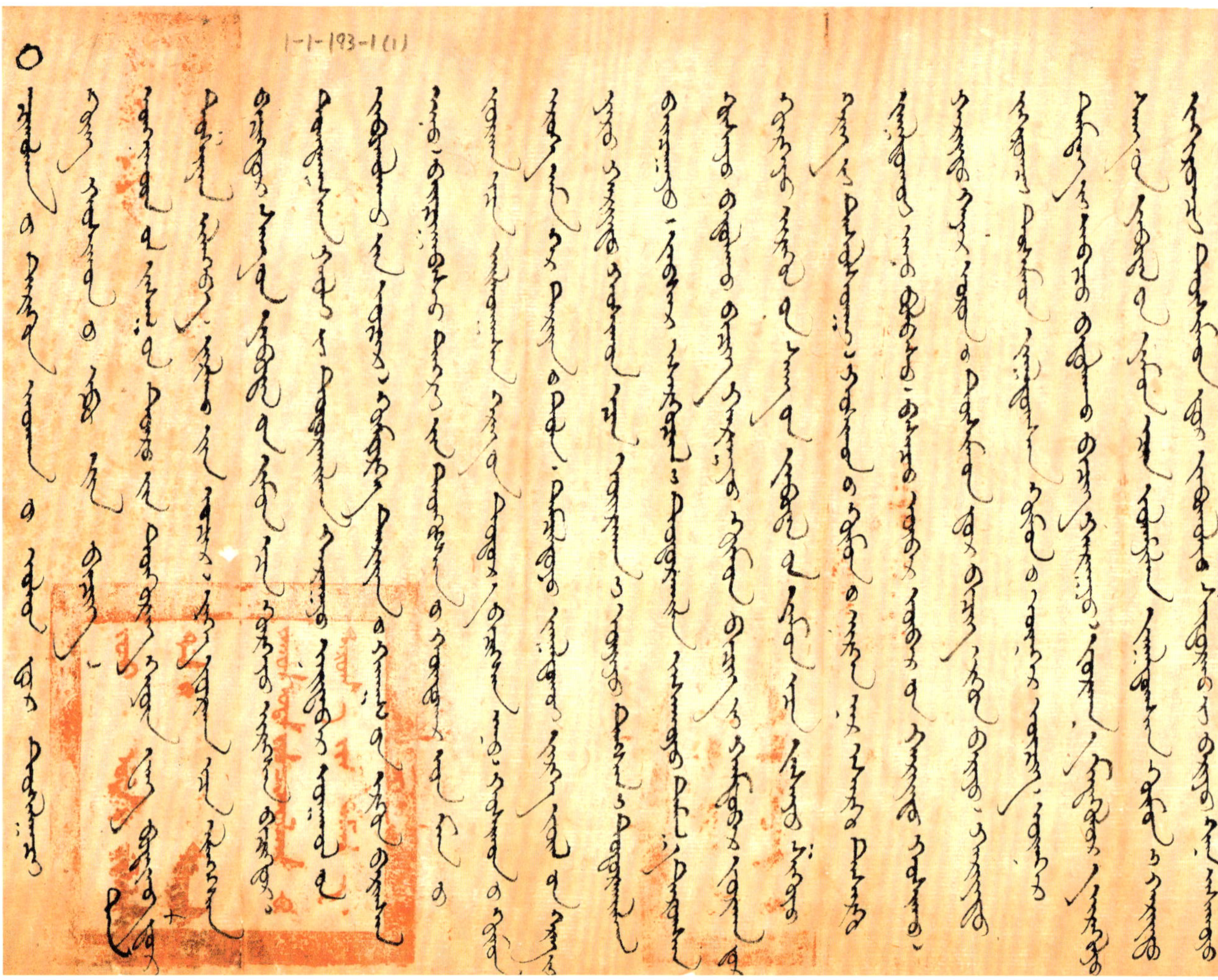

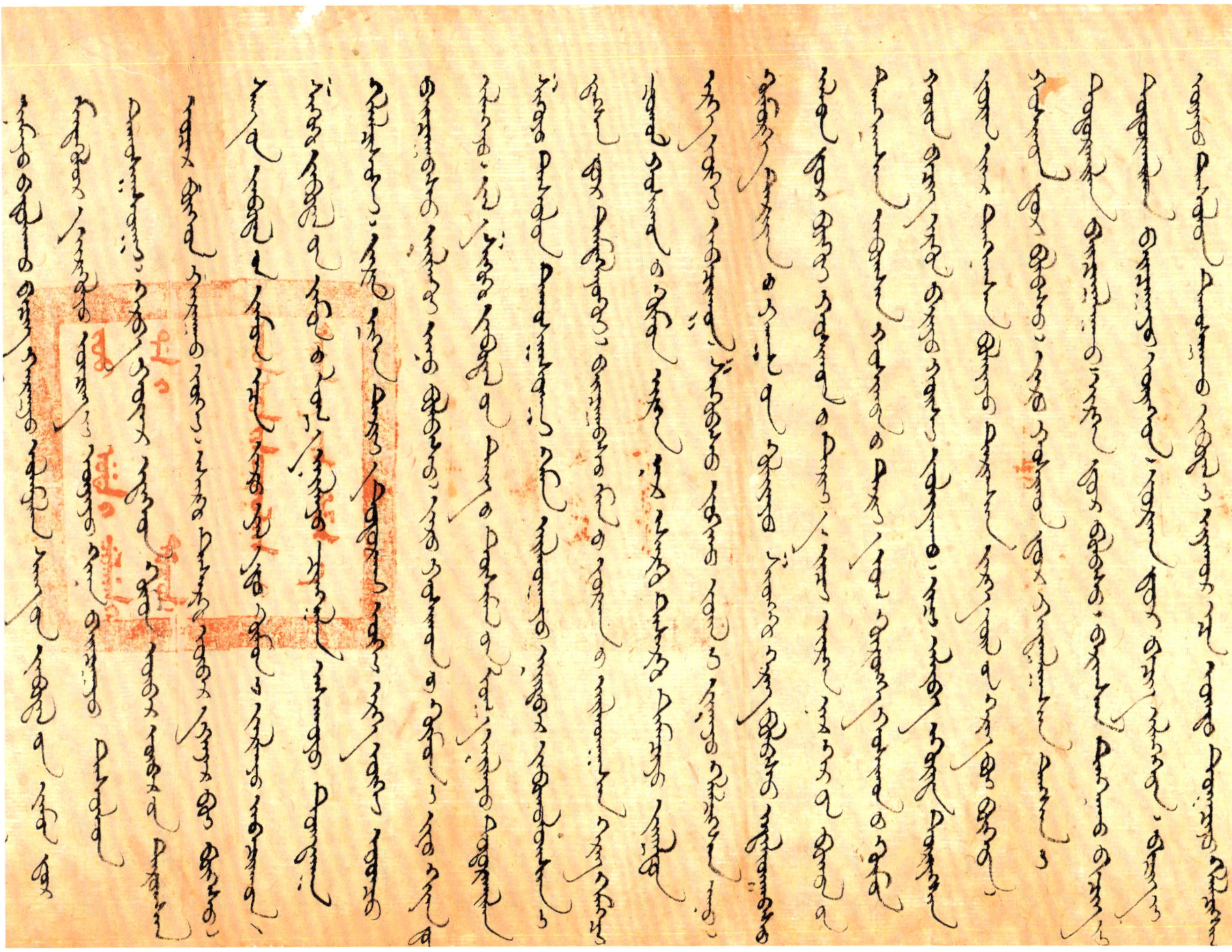

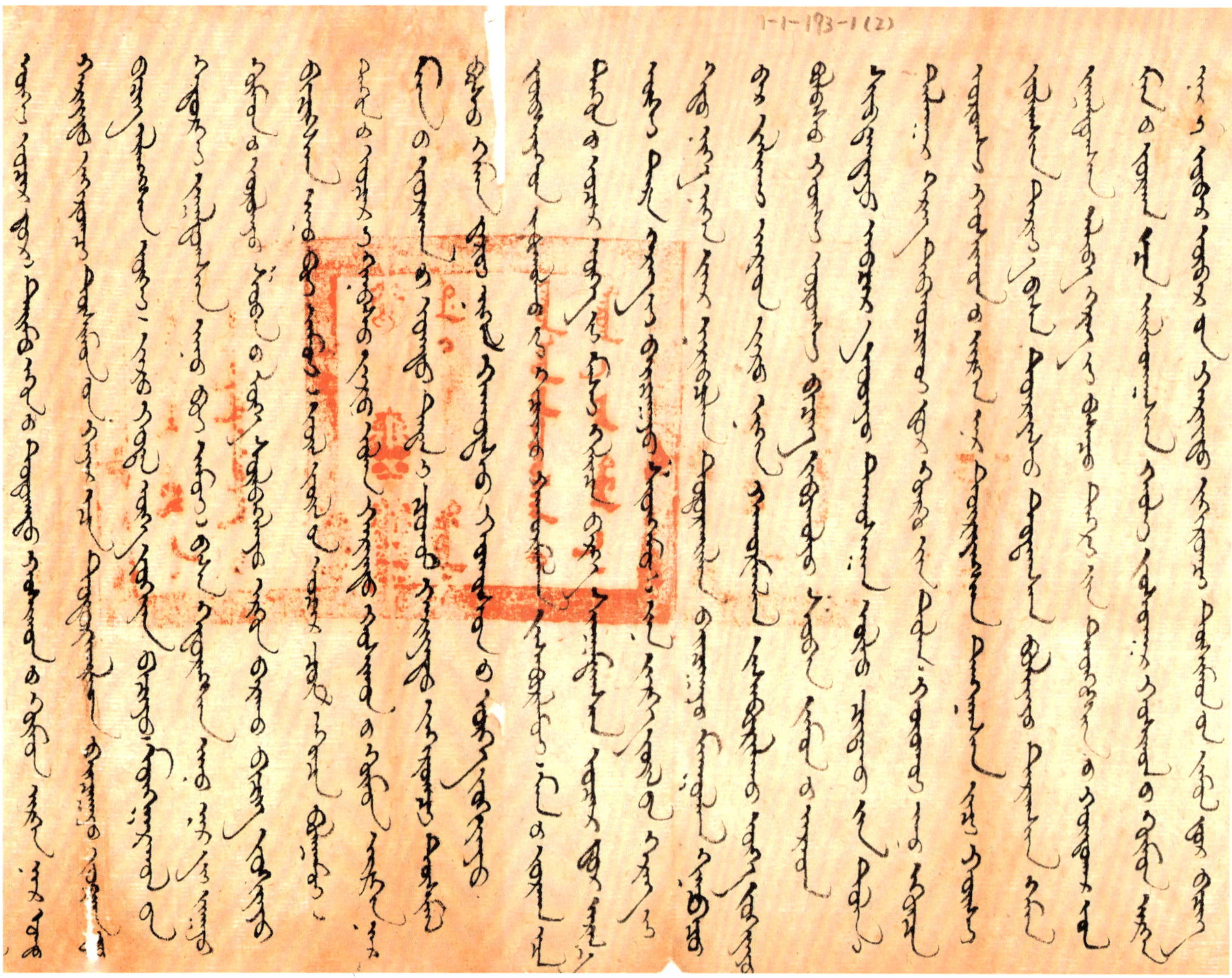

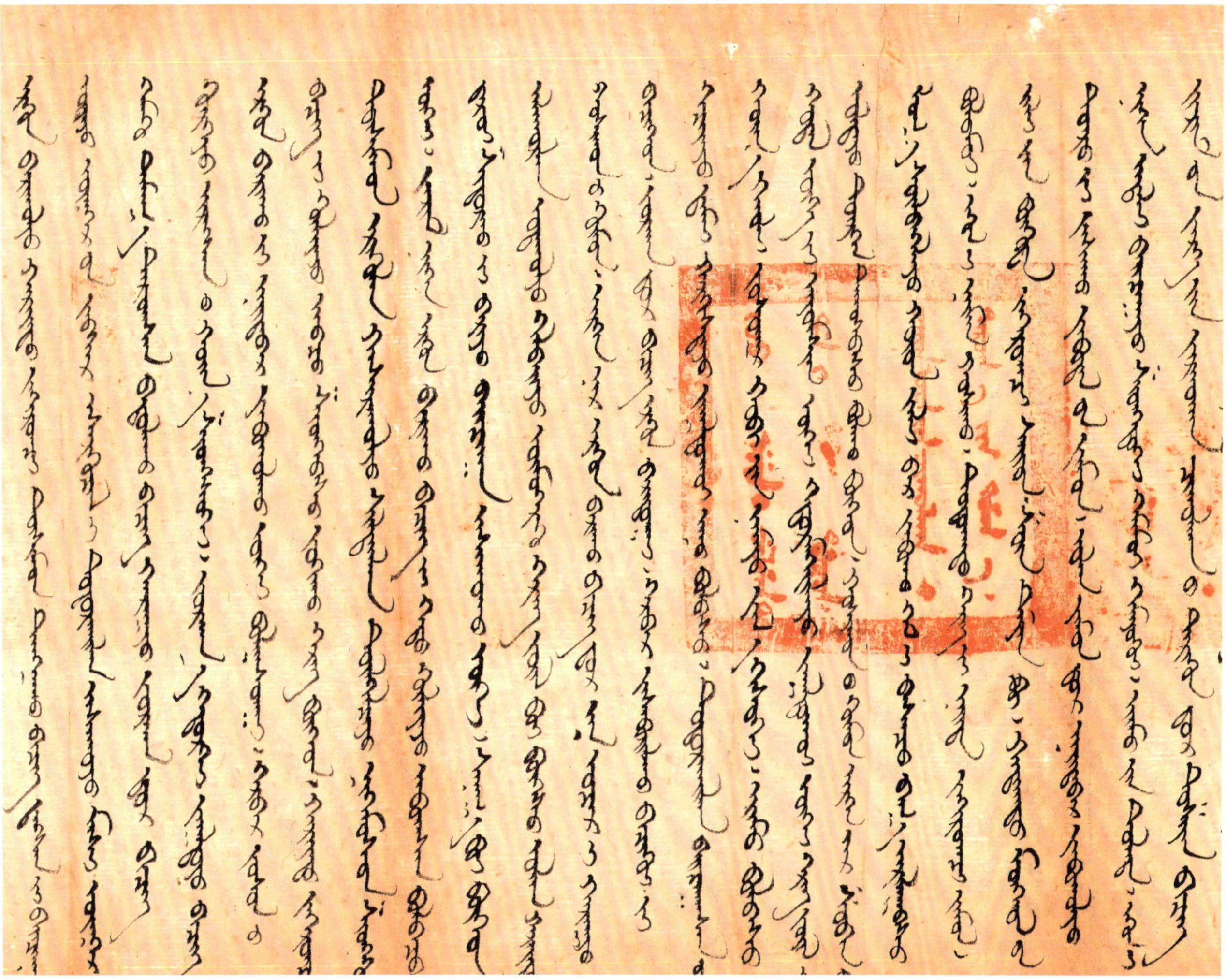

072 盟长额驸为审理民事纠纷事札翁牛特札萨克郡王文（乾隆三十二年末春十一日）

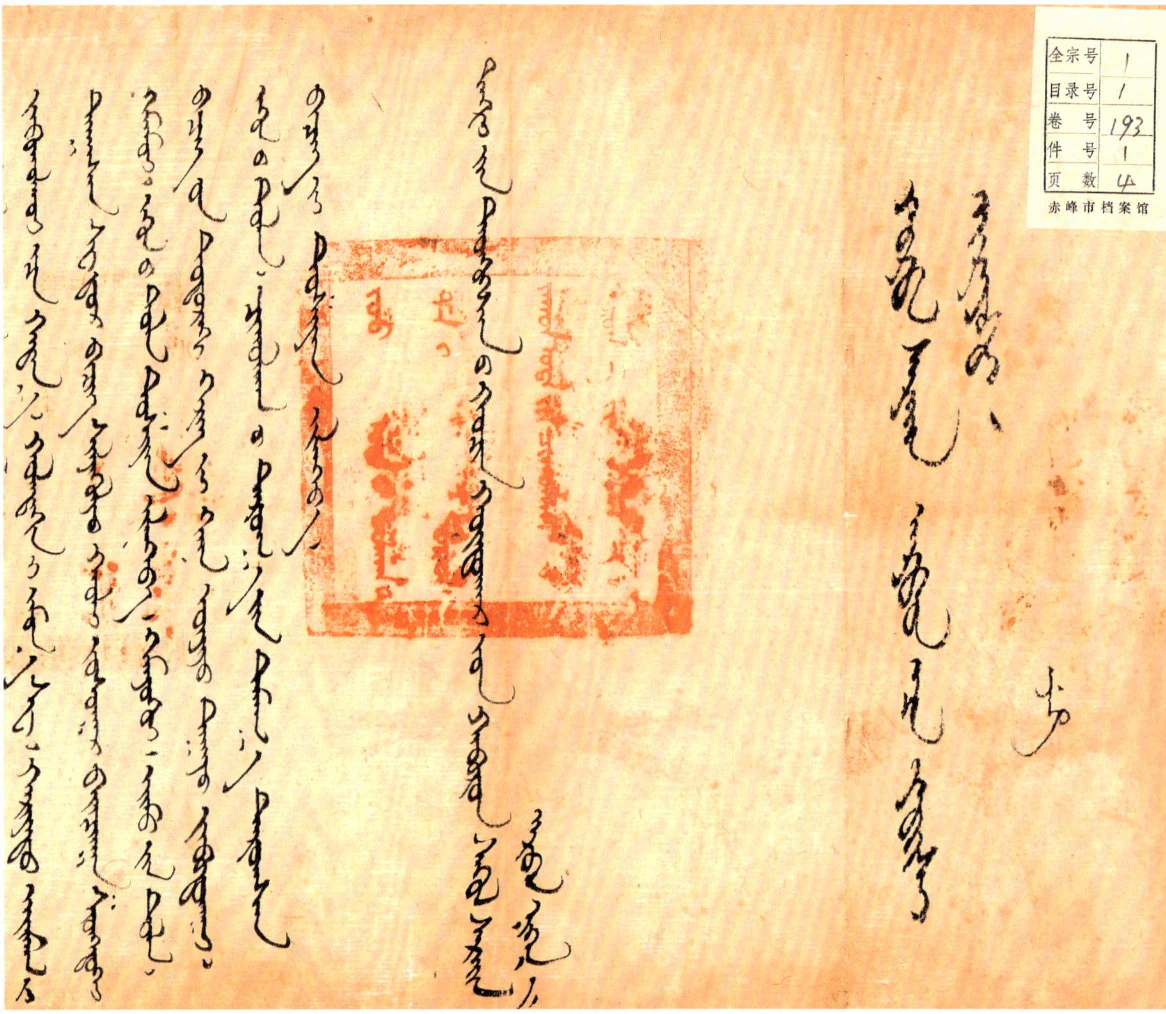

盟长额驸为审理民事纠纷事札翁牛特札萨克郡王文

盟长敖汉多罗辅国公旗额驸文。札付翁牛特札萨克多罗杜棱郡王宝迪扎布：行札之事。

承接之理藩院札开：阐明法典，通告执行之事。审理涉及耕地面积一半以上案件之通告。经查，乾隆二年本部上奏之折子记载：如旗人因入户及耕地事宜引起纠纷而诉讼，酌其所属旗远近查清纠纷原因，出具签章甘结，与当事人一同送至大部，由王会司审讯查办。如所属旗民人相互告状，应向各自所属旗之官吏上书，该旗总管收集当事人呈状及证据，出具签章甘结呈报大部。由王会司审核后交付所属旗总管复查，所属旗总管公正对质，再出甘结呈报大部。由王会司复核呈状断案。如呈状双方隐瞒实情，亦不在同一个地方者，王会司传唤嫌犯，与理刑司一同严加审理断案。偶有住地不详，而经查无误者，派旗人至州县审判庭断案。此等履法之事，已记录在案。经查，本部受理旗人与民人相互诉讼案件，只审理涉及耕地面积一半以上案件。例如，旗属官田、民人租种旗属耕地、呈状赎回原先耕地、永久出租耕地及租户强行占有耕地等。如今，所属旗总管对旗人核对旗内账本，对民人核对契约，只呈报大部走过程，也从未采纳大部批复。故旗人、民人之事，所属旗总管从未查实呈报本部。造假诬告者有之，甚者，冒名顶替、勾结通事捏造呈文者有之，如此一般。究其原因，所属旗人、民人未当本部为其官府，捏造谎言，篡改是非。本部不明故里，被迫审理。此等事宜，本部如何细查研判也？贼民依然大做文章，到处上诉，使各级官府重复受理，应接不暇，难以断案。恳请从今往后对各旗民人租种耕地、赎回耕地、欠租之事、抢种之事等一切诉状，以乾隆二年本部上奏之法规为准。即旗人、民人向所属旗总管提诉，旗总管核实事实后出具证明之甘结书呈送大部审理结案。不得直接向大部呈送诉状。

所属旗总管等官吏，如有该受理之不受理，该处理之不处理，推卸责任，推诿扯皮，不公正执法，顷斜一方，袒护己党等现象，上诉百姓可写明事实与诉状一并送之本部。歪曲事实、恶意诽谤，情况属实者，依法罪加一等。以此把好上诉关，消除虚假上诉、恶意上诉，保证公正结案。也以此消除上诉贱民与通事勾结，横行霸道之弊端。将此法规颁布八旗、内务府、直隶总督顺天府、理藩院等诸衙府，统一遵行。等因前来。为此，将行文送至哲里木等六盟长外，移送抚远司、归顺部落司，依照法规施行。文到，阅文内遵行之。

至此，致钤盟长印之文。

乾隆三十二年末春十一日

073 翁牛特札萨克郡王旗协理为核实册封夫人、格格身份事呈盟长阿斯汗文(乾隆三十四年末春二十八日)

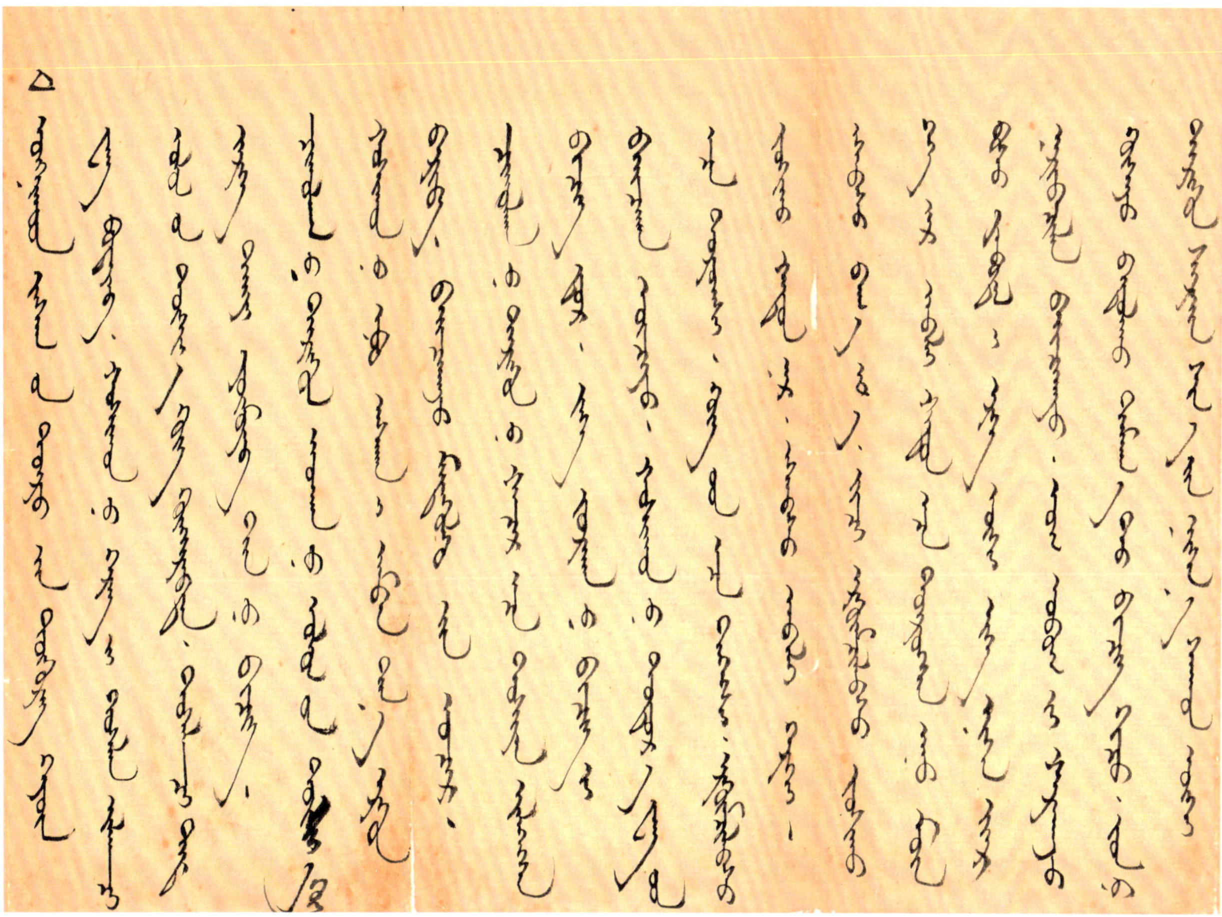

073 翁牛特札萨克郡王旗协理为核实册封夫人、格格身份事呈盟长阿斯汗文（乾隆三十四年末春二十八日）

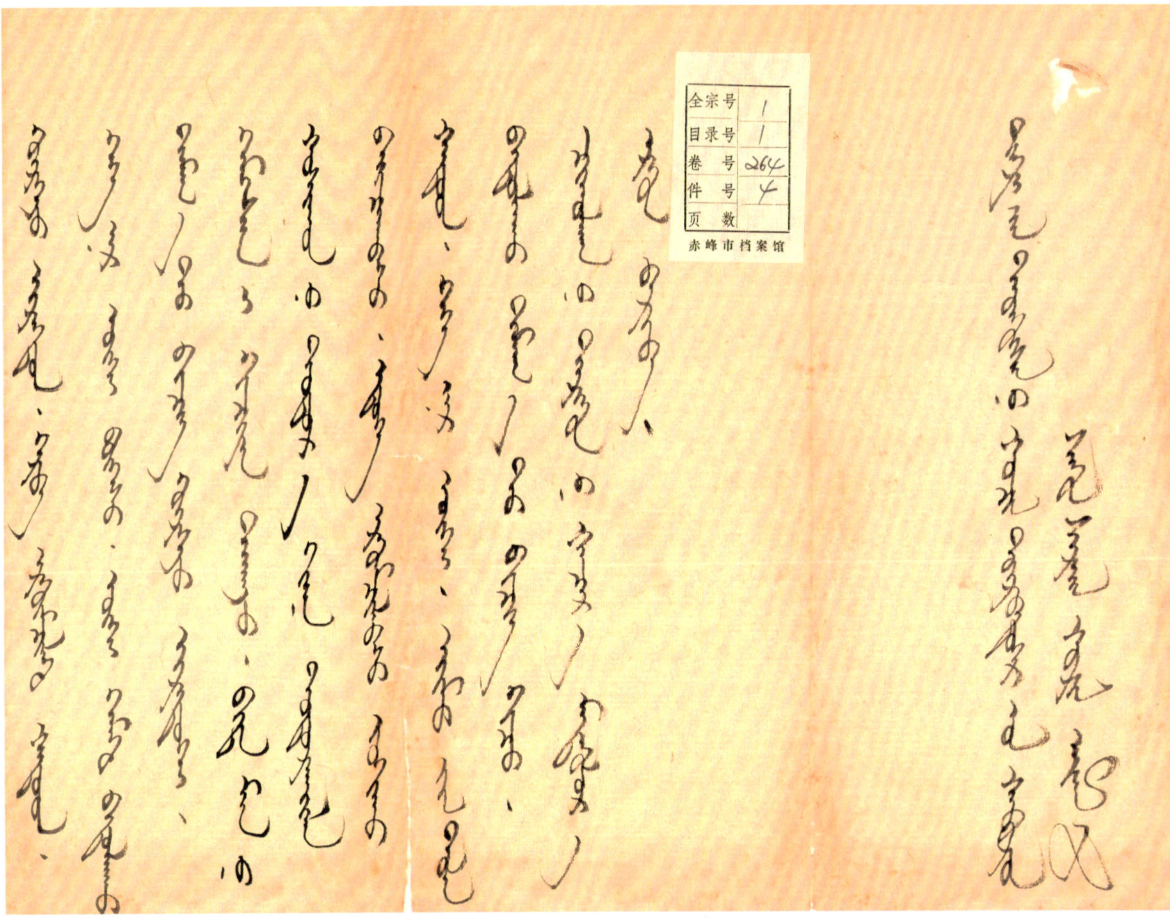

翁牛特札萨克郡王旗协理为核实册封夫人、格格身份事呈盟长阿斯汗文

翁牛特札萨克多罗杜棱郡王宝迪扎布旗协办旗务辅国公贡嘎拉布坦、协理二等台吉尤木扎布文。呈送盟长敖汉辅国公旗额驸阿斯汗王爷：呈报之事。

盟长处札开：阅知大部行文，对旗内王以下、公以上该册封之福晋、原配妻子或小妾，该册封之格格是否原配夫人所生等逐一核实，登记原姓氏，于初夏初一日呈送本部。如未有应册封之夫人、格格，也呈送保呈也。等语前来。兹有，奉命核实本旗应封之夫人、格格，均未发现此等人也。

至此，做保呈，呈送盟长处。

乾隆三十四年末春二十八日

074 翁牛特札萨克郡王为发放官仓粮食、银两事呈钦命驻乌兰哈达蒙民事务大臣文（乾隆三十六年仲春二十三日）

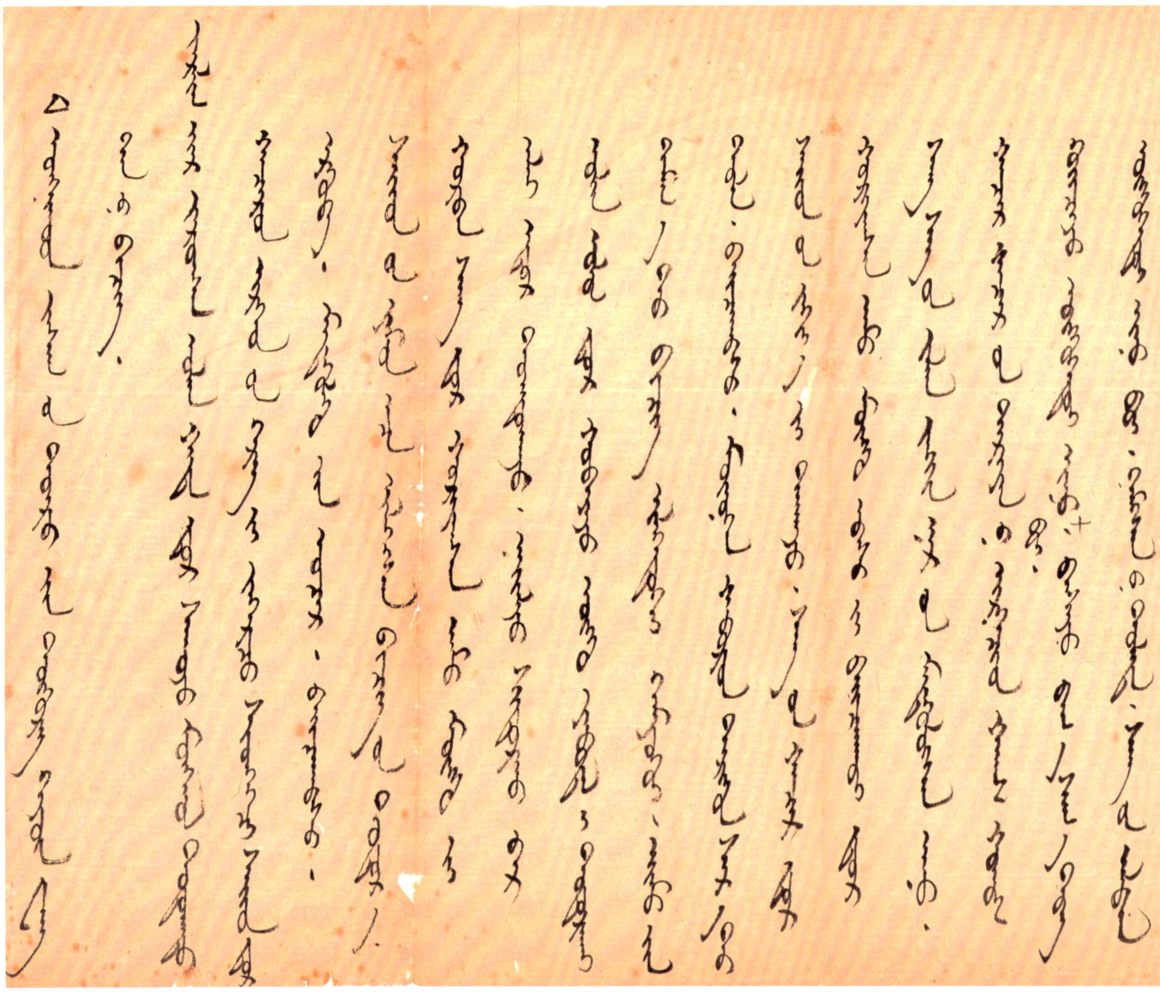

074 翁牛特札萨克郡王为发放官仓粮食、银两事呈钦命驻乌兰哈达蒙民事务大臣文（乾隆三十六年仲春二十三日）

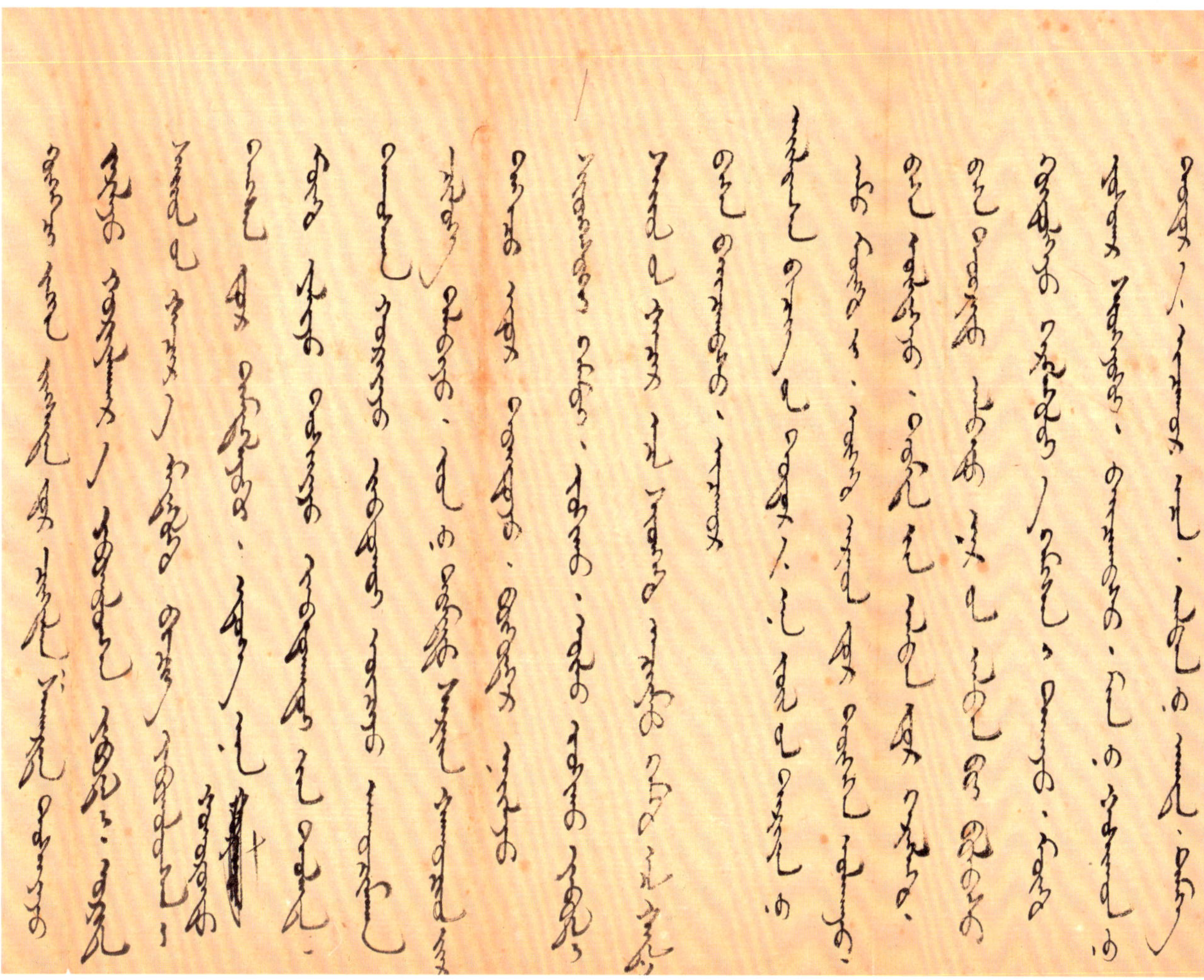

074 翁牛特札萨克郡王为发放官仓粮食、银两事呈钦命驻乌兰哈达蒙民事务大臣文（乾隆三十六年仲春二十三日）

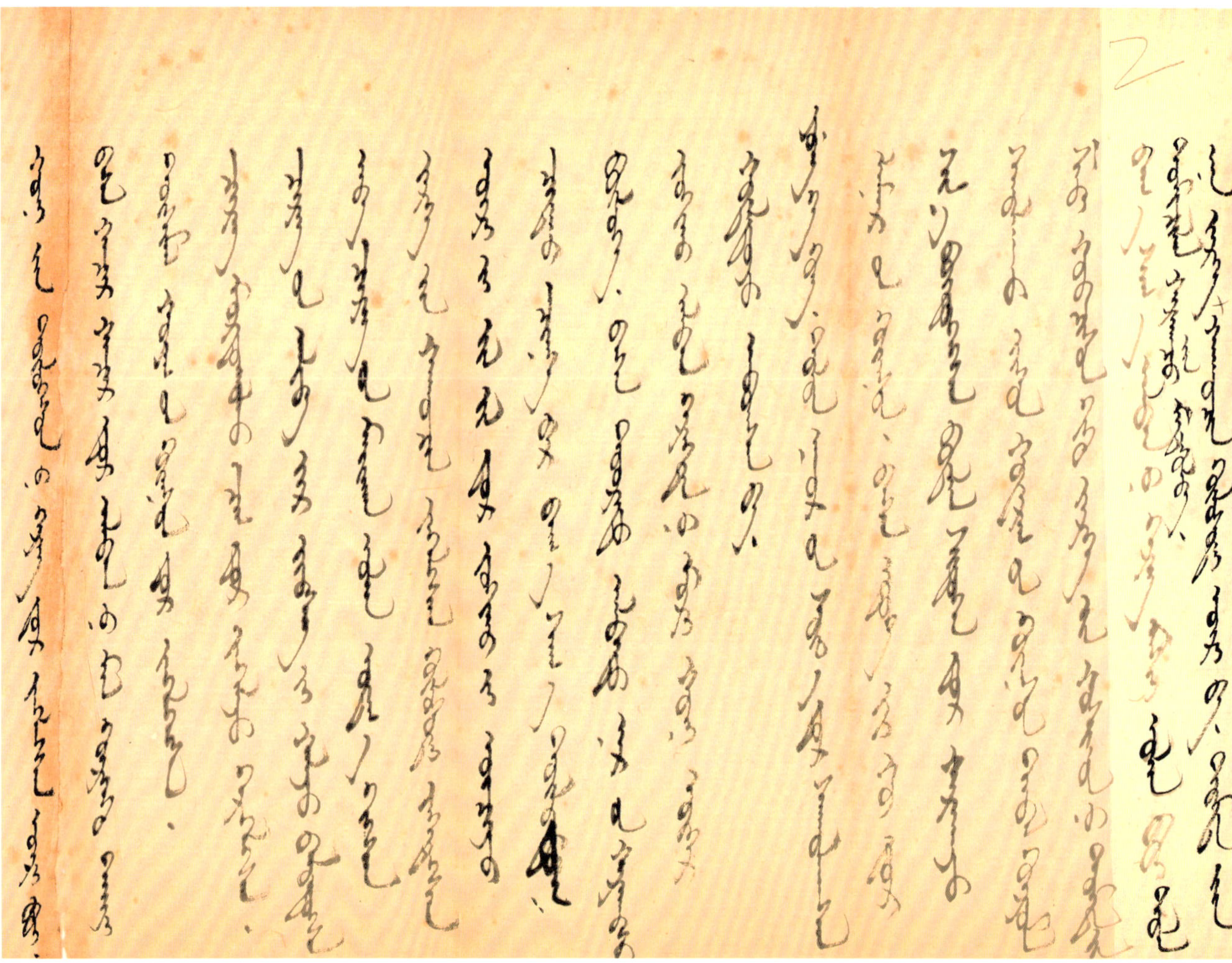

074 翁牛特札萨克郡王为发放官仓粮食、银两事呈钦命驻乌兰哈达蒙民事务大臣文（乾隆三十六年仲春二十三日）

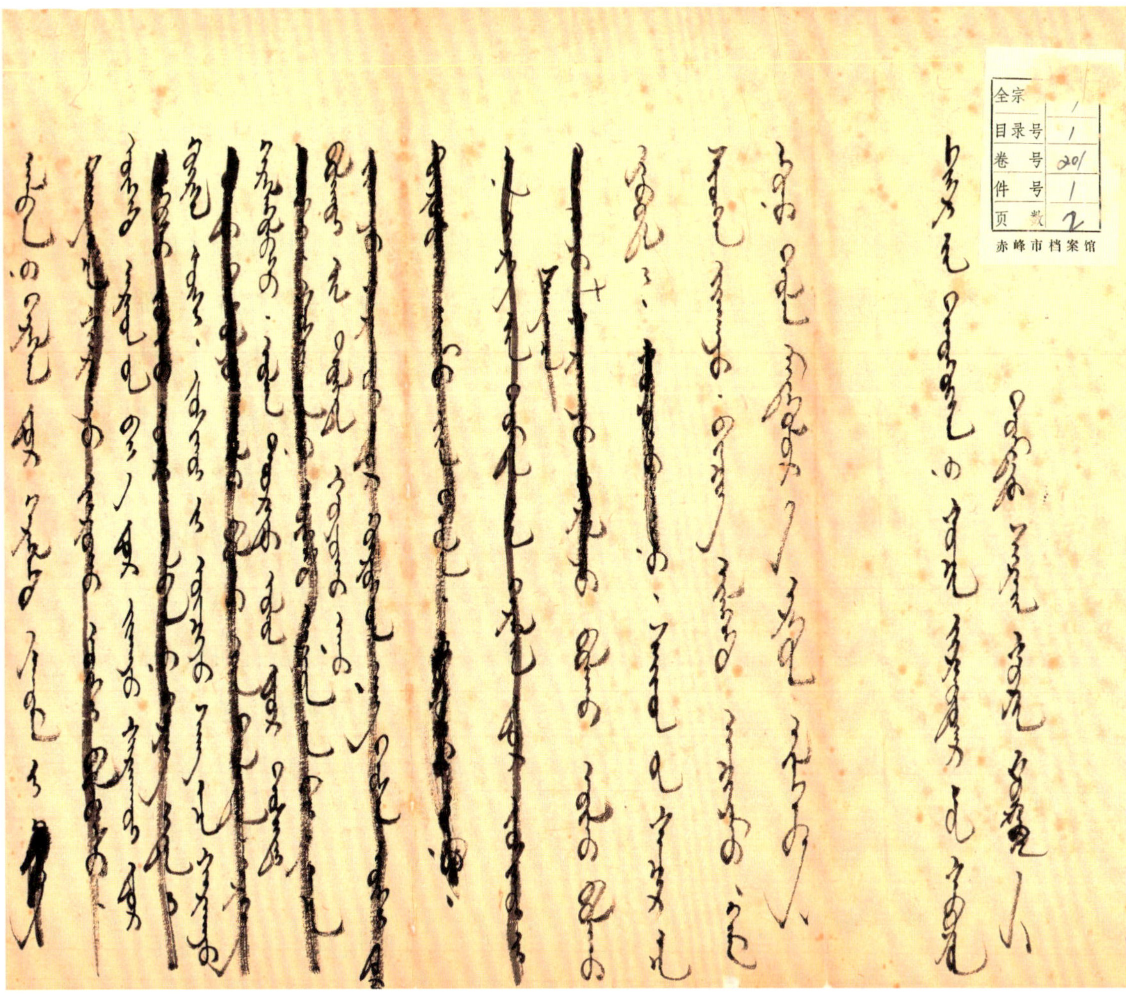

翁牛特札萨克郡王为发放官仓粮食、银两事呈钦命驻乌兰哈达蒙民事务大臣文

翁牛特札萨克多罗杜棱郡王文。呈钦命驻乌兰哈达蒙民事务大臣：吏部札饬，按期统一发放三所官仓粮食及银两。经查，本年初春，奉命核实官仓库存粮食、银两、草料时，各官仓甲喇章京报曰，各地租农欠缴租金超过一半，有的地方缴租更是寥寥无几。为此，仓务差吏严加督促各地章京交齐欠租。各地章京回曰：此段时期，收缴租金甚微。若收齐需放宽日期，就仲夏末再定日期，统一行动，妥否，呈请吏部明断。等因前来。又查，原来颁发之行文亦有规定，此类官仓粮食、银两，先发至贫民，剩余部分才用于中下级公务费用。经查，本旗亦有向租户借用公用马匹、骆驼、肉羊，借用于台吉、壮丁护送牲畜所用口粮，借用于征兵送军费用、更新兵器费用、多次制作狩猎及军用帐篷费用等情况，如此常年积累，旧账颇多也。需逐年酌情逐步还清之。还有，征购公用马、羊、牛外，驻雍和宫、多伦庙喇嘛口粮，驻布达拉宫九名喇嘛口粮、服装、袈裟等各种杂费诸多。大致统计后上报。此等旧债及中等公务杂费，贫民出不起也。如酌情从官仓解决此等费用，实属百姓之福音也。呈请吏部明断。

至此，呈报之。

乾隆三十六年仲春二十三日

1-1-220-7

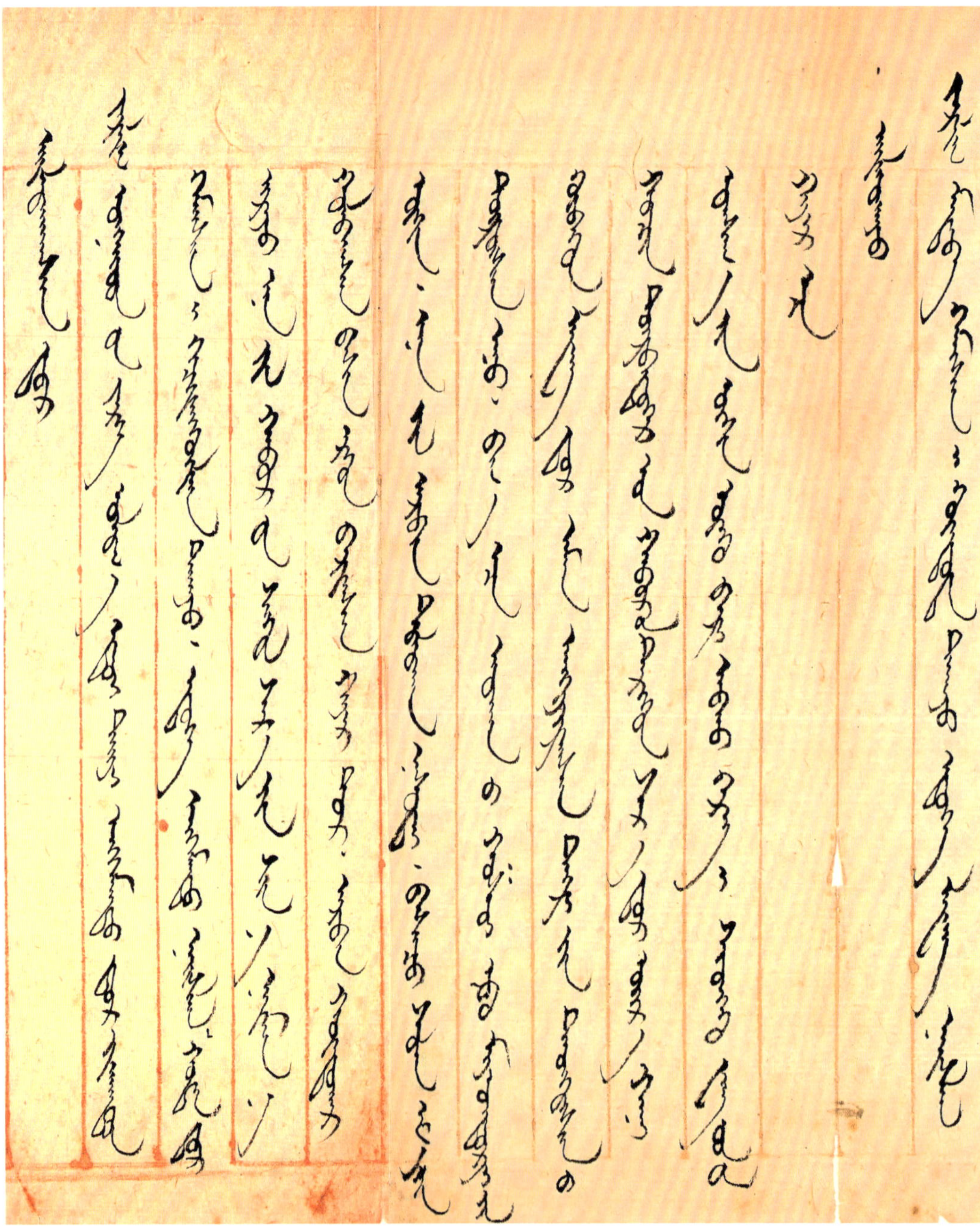

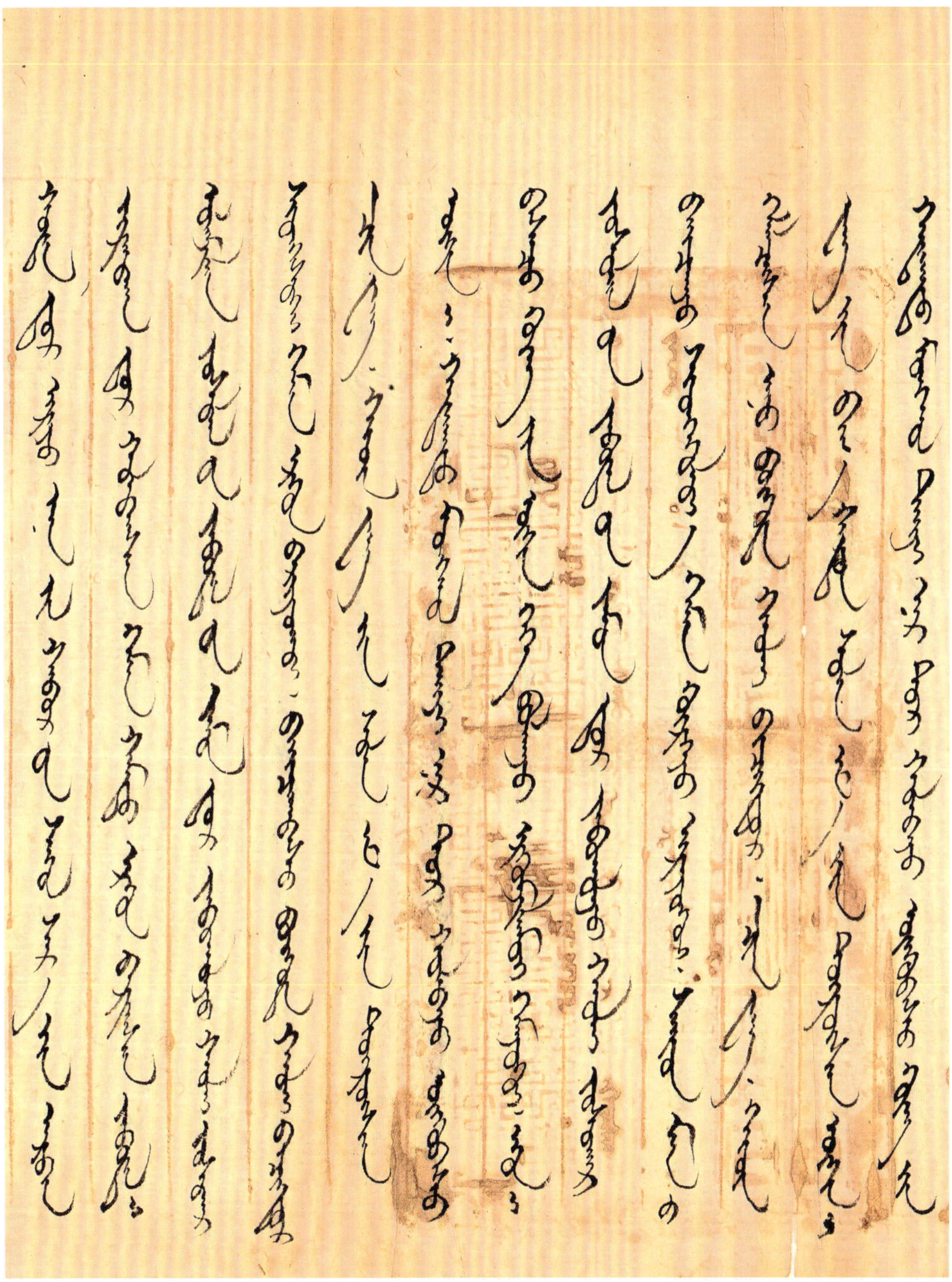

075 理藩院为格格婚嫁、册封事札翁牛特郡王文（乾隆三十六年仲夏十日）

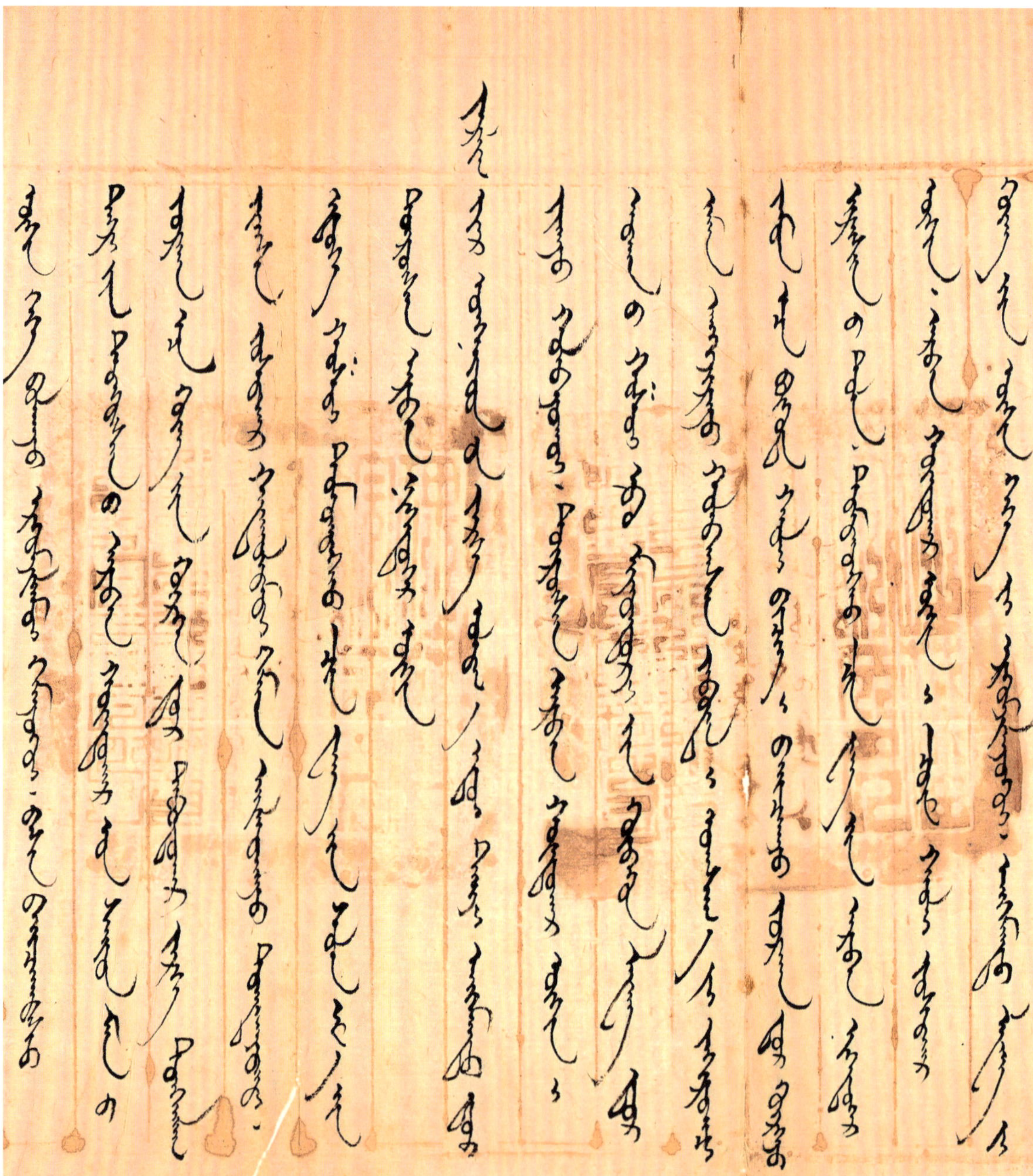

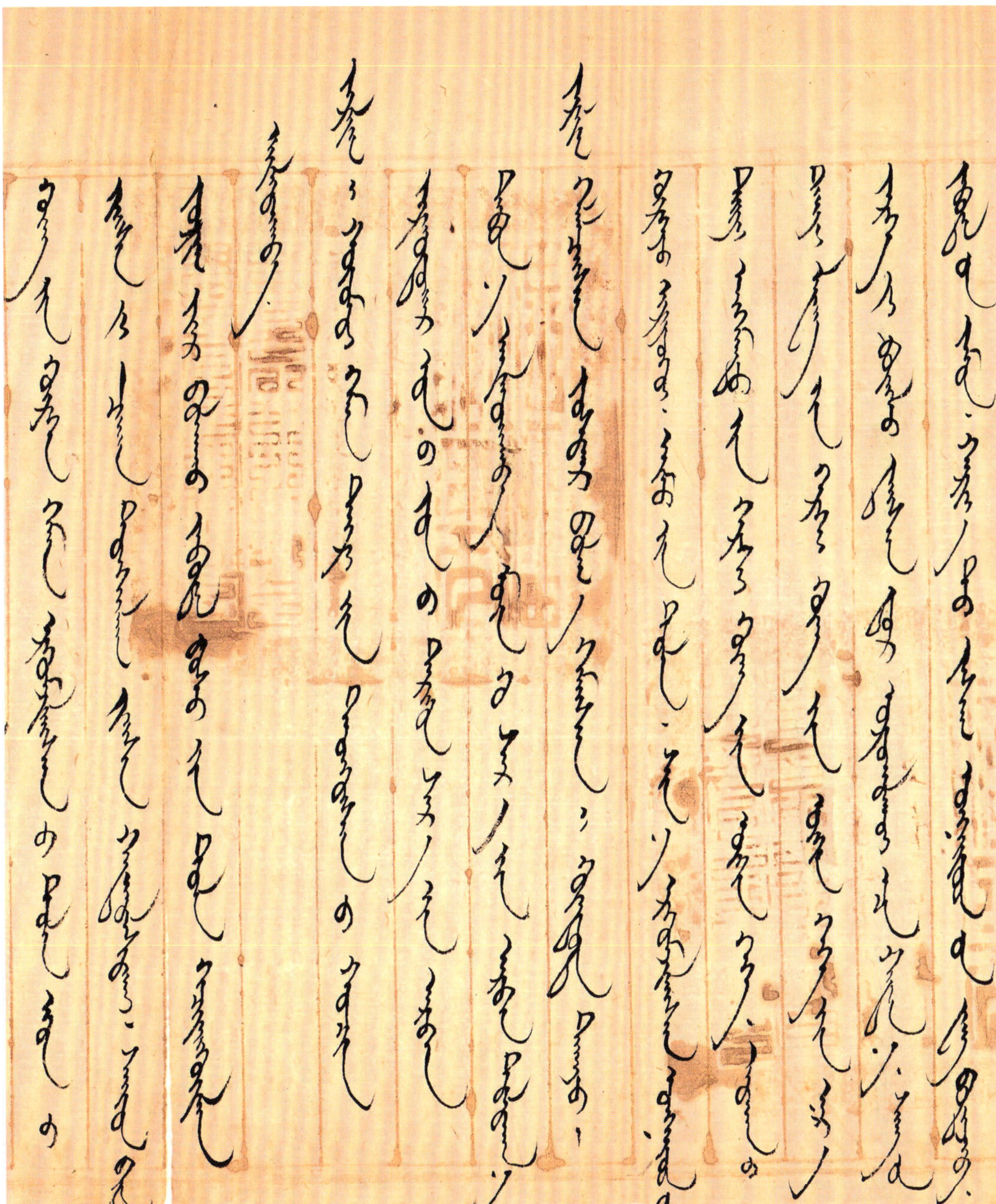

075 理藩院为格格婚嫁、册封事札翁牛特郡王文（乾隆三十六年仲夏十日）

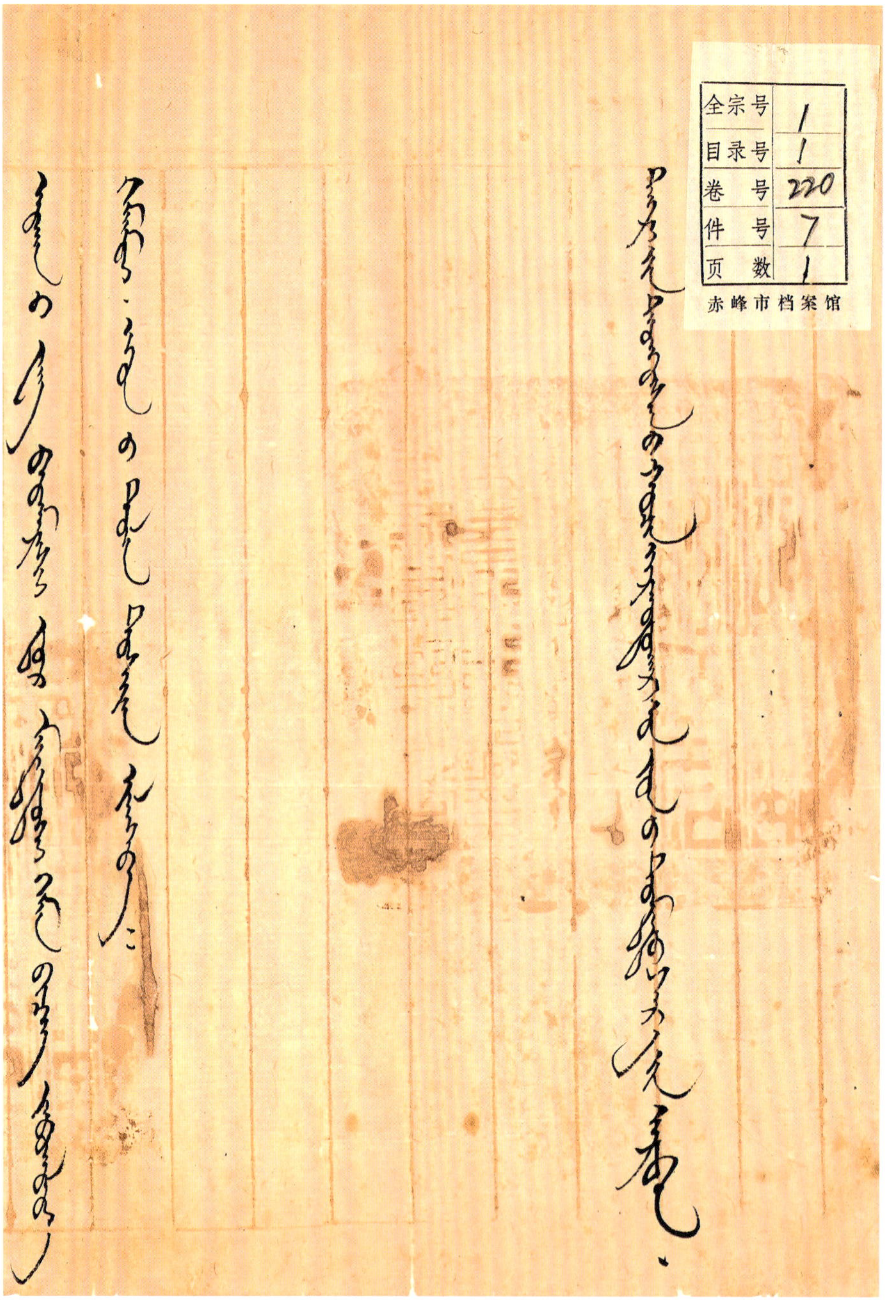
全宗号 1
目录号 1
卷号 220
件号 7
页数 1
赤峰市档案馆

理藩院为格格婚嫁、册封事札翁牛特郡王文

理藩院文。札付翁牛特郡王宝迪扎布：行札之事。

承接礼部札开：和硕套木洪胡亲王呈称，本王第十一女，本年十七岁，妃子所生。乾隆三十四年初春，宗人府处登记成年格格时旨曰：指婚翁牛特准台吉恩和门都。兹有，恩和门都进京，于本年末春初八完婚。还呈曰：本王第十二女，本年十七岁，亦妃子所生。从小指婚敖汉和硕额驸米敏珠道尔吉之子拉旺。乾隆三十四年初春呈报宗人府处时恩准。兹有，拉旺进京，于本年末春十六日成婚。等因前来。

据大典，亲王、郡王妃子所生之女，如婚嫁至外藩蒙古台吉，准封为公爷格格。所以，将此事呈报至礼部明断。礼部大臣经商议，据大典，亲王、郡王妾、妃子所生之女，如婚嫁至外藩蒙古台吉，准封为公爷格格。还阅知，乾隆十二年本部拟赏公爷女婿五级琉璃帽珠。兹有，和硕套木洪胡亲王妃子所生之第十一女，指婚翁牛特准台吉恩和门都，第十二女指婚敖汉和硕额驸敏珠道尔吉之子拉旺。两桩婚事由宗人府处查阅大典，并已呈报至礼部。兹有，据典册封套木洪胡亲王第十一女及第十二女为格格。封恩和门都、拉旺为公爷额驸，拟赏赐琉璃帽珠。将上述事宜，于乾隆三十六年初夏十五上奏，是月十七回旨曰，照办！

至此，新册封之翁牛特台吉恩和门都之妻、公爷格格，敖汉台吉拉旺之妻、公爷格格之名已记俸禄档，也将此事通报给户部及所属札萨克翁牛特王宝迪扎布、敖汉王巴达玛拉希。

此札。

乾隆三十六年仲夏十日

076 翁牛特札萨克郡王旗协理为向皇上献荷包事呈理藩院文（乾隆三十六年仲秋初五日）

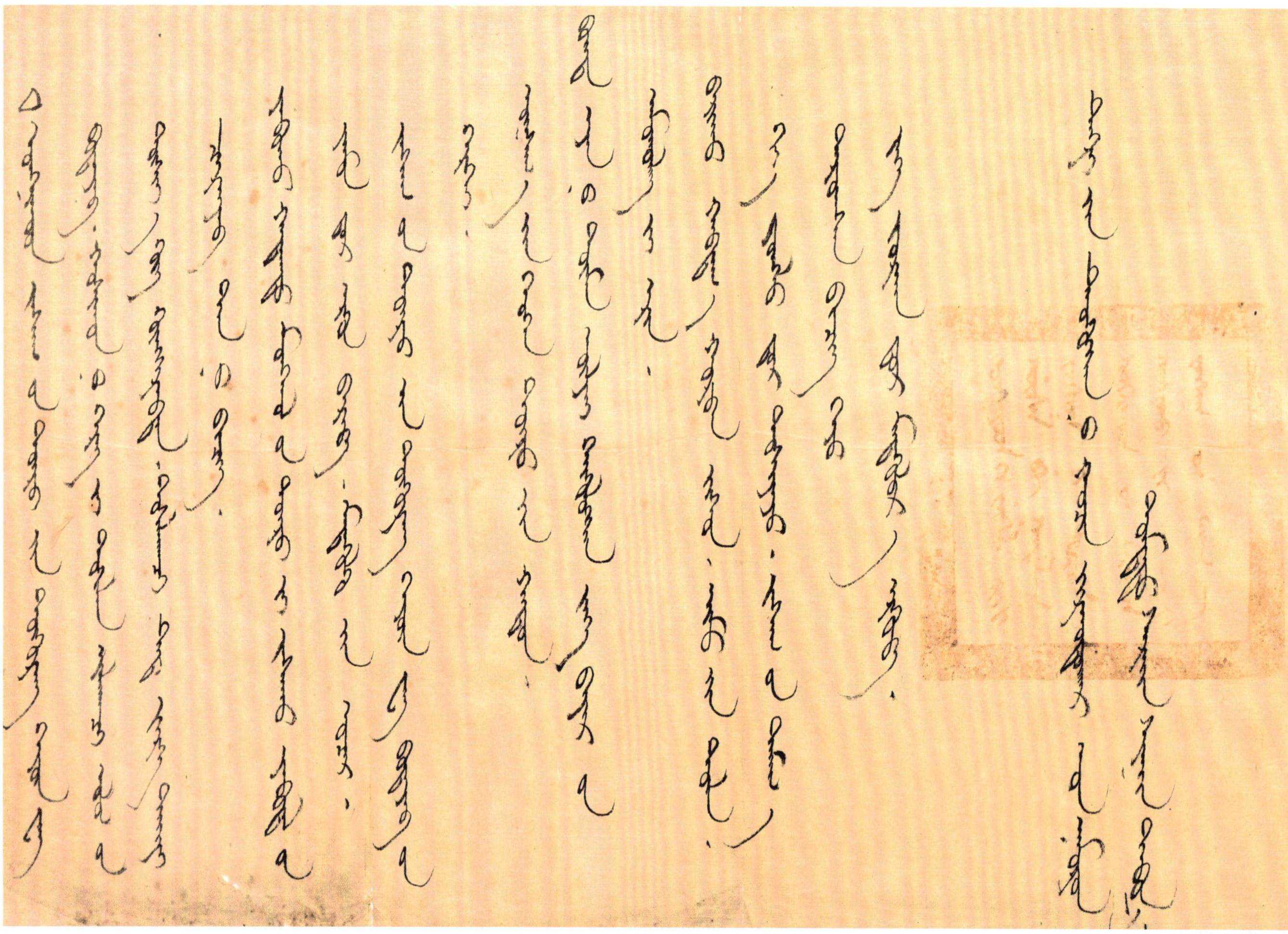

翁牛特札萨克郡王旗协理为向皇上献荷包事呈理藩院文

翁牛特札萨克多罗杜棱郡王宝迪扎布旗协理辅国公贡嘎拉布坦协理二等台吉策林扎布文。呈送理藩院：呈报之事。

札萨克多罗杜棱郡王宝迪扎布之妻、嫡系之女、固伦夫人，为庆贺吾皇万寿无疆，献荷包三九。交至侍卫耀鲁携官文送至大部。

乾隆三十六年仲秋初五日

077 署理盟长印务之翁牛特贝勒为呈报台吉及男丁数目事札署理翁牛特旗印务之协理文（乾隆三十六年仲秋二十七日）

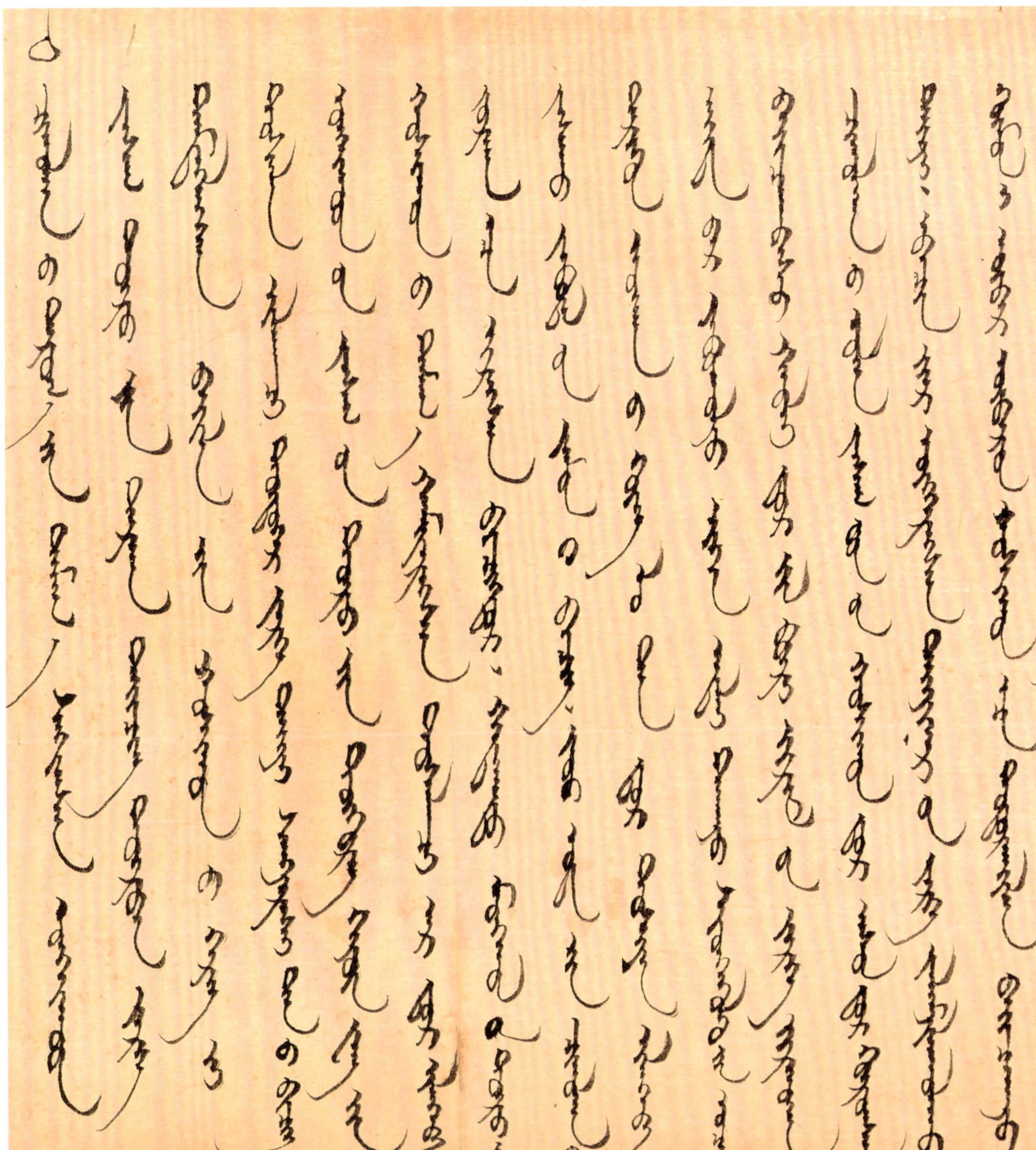

077 署理盟长印务之翁牛特贝勒为呈报台吉及男丁数目事札署理翁牛特旗印务之协理文（乾隆三十六年仲秋二十七日）

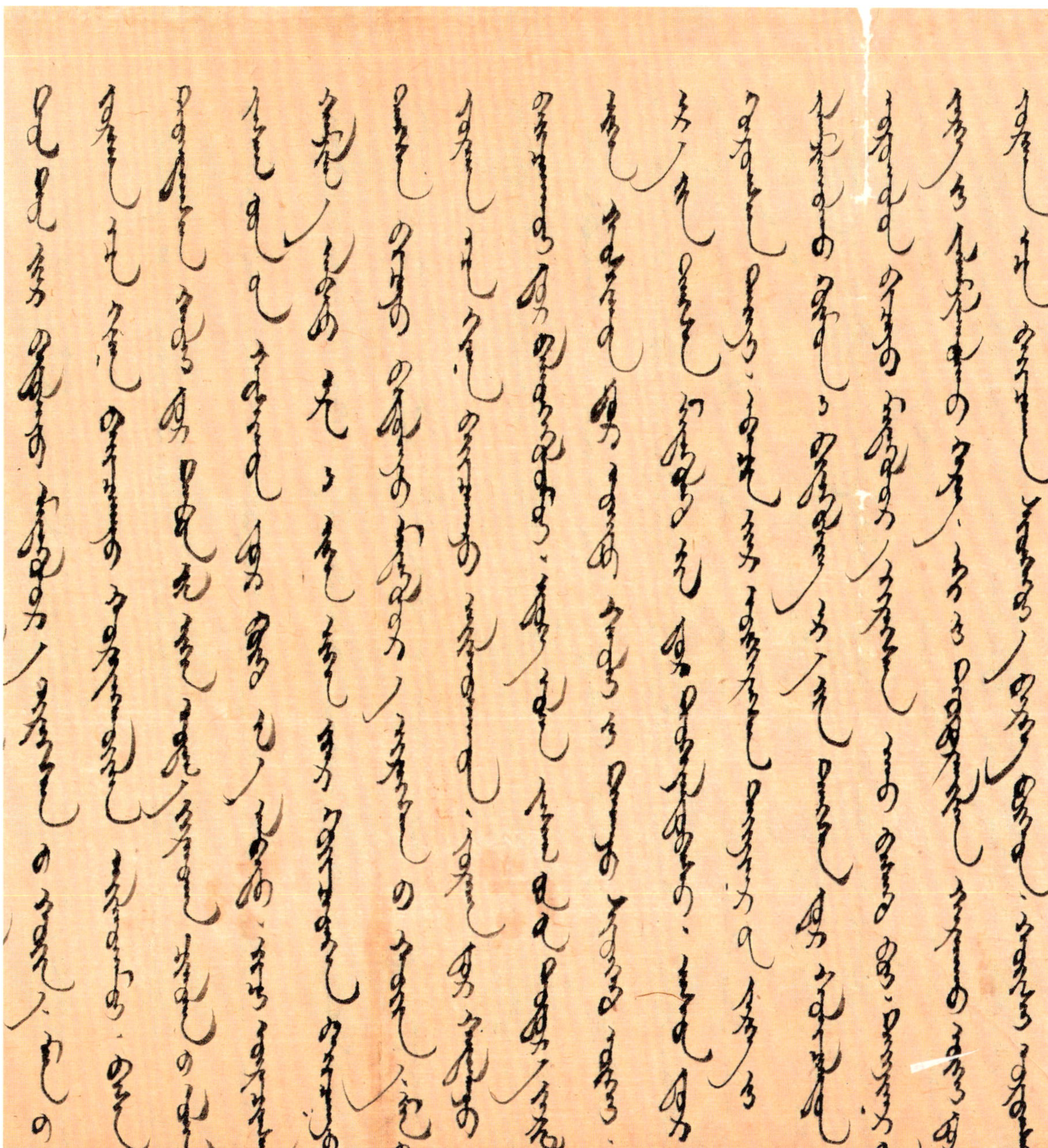

077 署理盟长印务之翁牛特贝勒为呈报台吉及男丁数目事札署理翁牛特旗印务之协理文（乾隆三十六年仲秋二十七日）

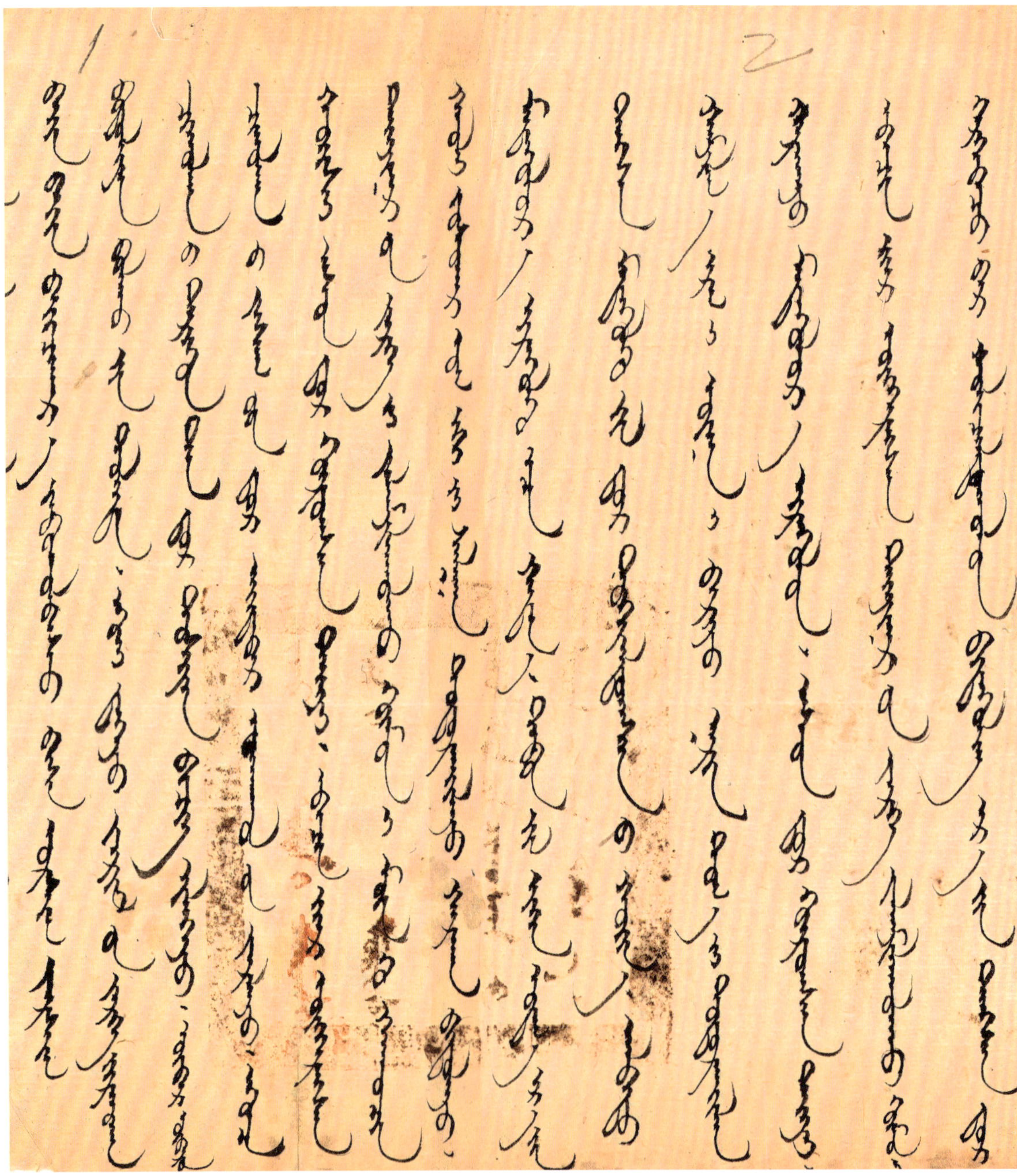

077 署理盟长印务之翁牛特贝勒为呈报台吉及男丁数目事札署理翁牛特旗印务之协理文（乾隆三十六年仲秋二十七日）

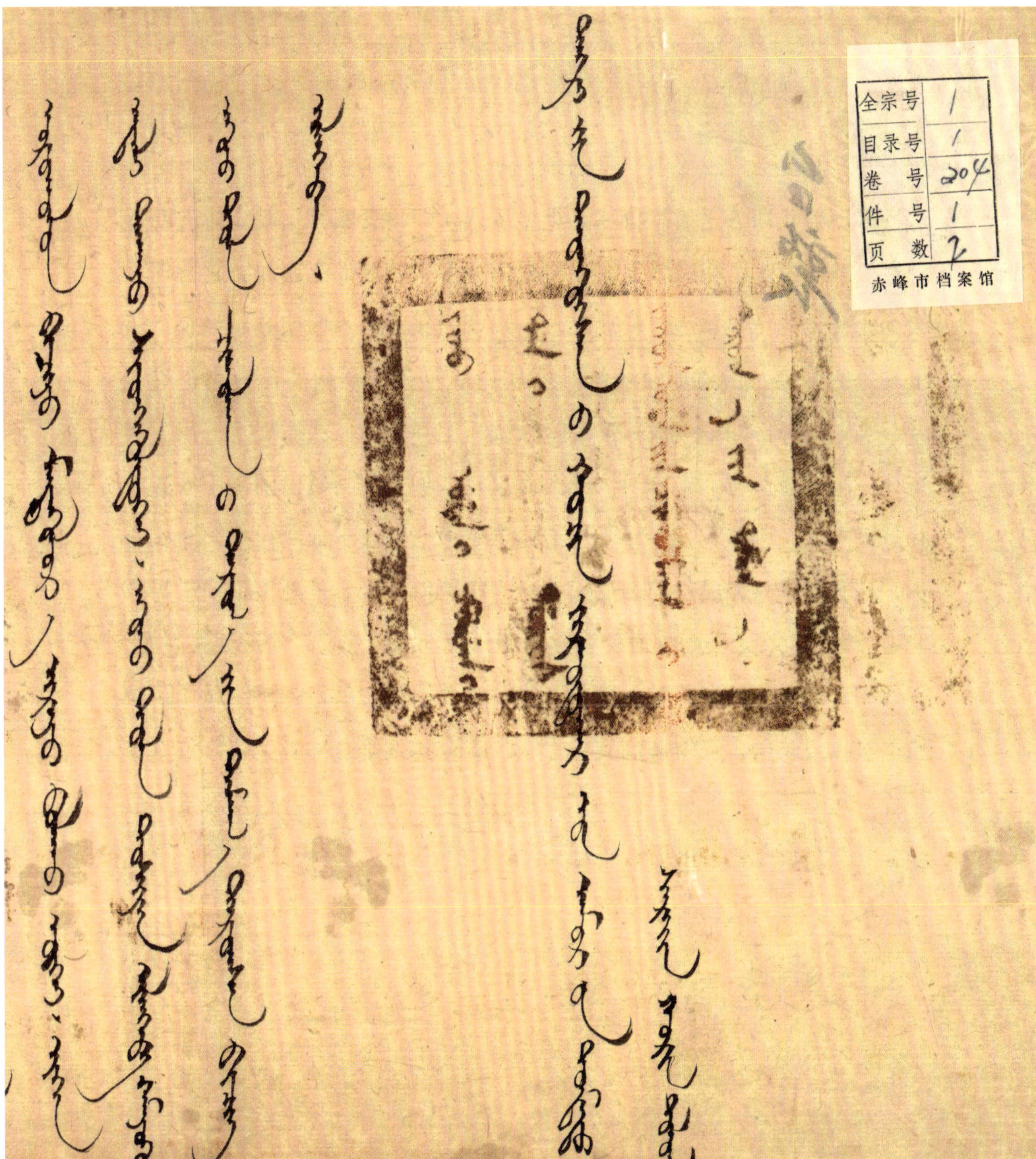

署理盟长印务之翁牛特贝勒为呈报台吉及男丁数目事札署理翁牛特旗印务之协理文

署理盟长印务之翁牛特札萨克多罗达尔罕岱青四等贝勒旗协理四等台吉桑杰拉希文。札付署理翁牛特札萨克多罗杜棱郡王旗印务之协理：大部札开，札付昭乌达盟长敖汉公，以统一执行，遵照明办。经查，哲里木等六盟诸札萨克旗每年统计所属旗成年台吉及病故台吉空位沿袭者，确定其身份即刻呈报。本部验收统一上奏。另，法律规定，每五年统计一次六盟诸札萨克旗阿拉巴图人口及新增隶属阿拉巴图男丁人数，并呈报本部，以备查验。如今，诸札萨克中个别旗不依法行事，逢报送男丁档案之年，将成年台吉及病故台吉空位沿袭者名单混报于弱愚男丁册中，亦有之。承袭台吉爵位事宜不明，大部难以查处，前后派人查办，复杂而繁琐。故委托哲里木等六大盟长，督促如实呈报各自所属札萨克旗之申报成年台吉及沿袭病故台吉空位者，按例排查来源之外，每五年统计一次男丁人口，认真核对，决不能再出现混报成年台吉及沿袭病故台吉空位人数现象。此札。等因前来。

至此，致钤盟长印之官文。

乾隆三十六年仲秋二十七日

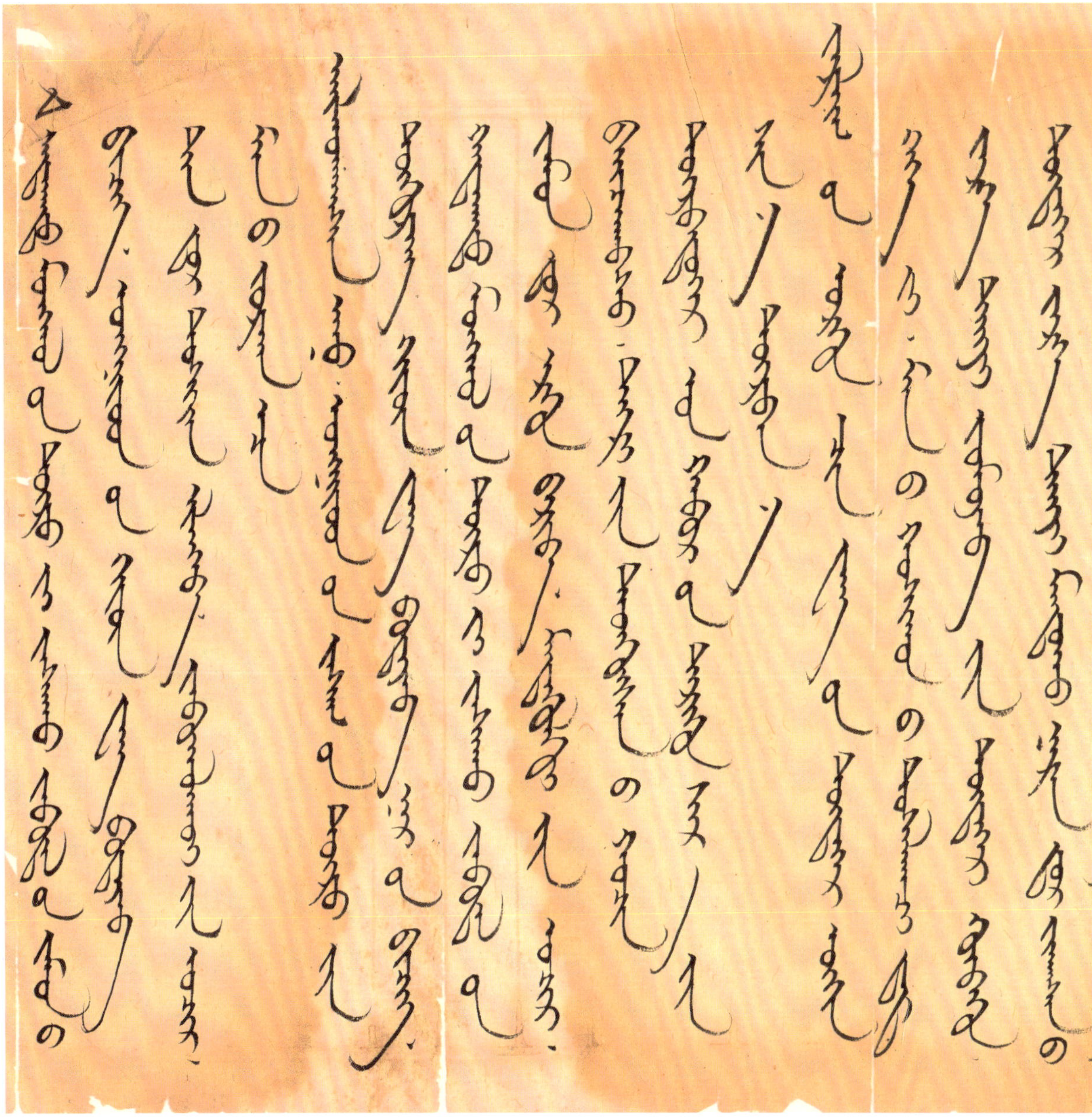

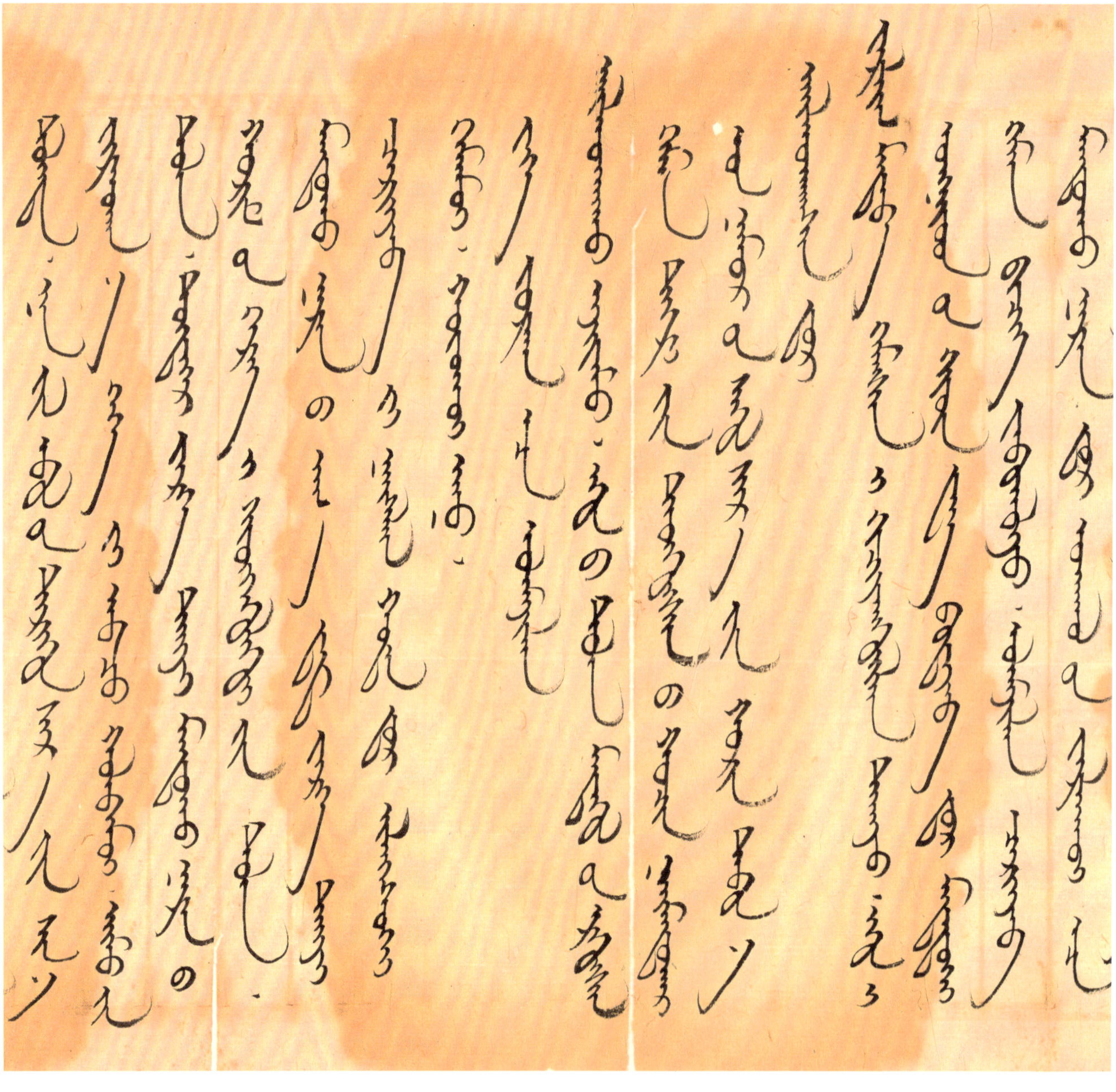

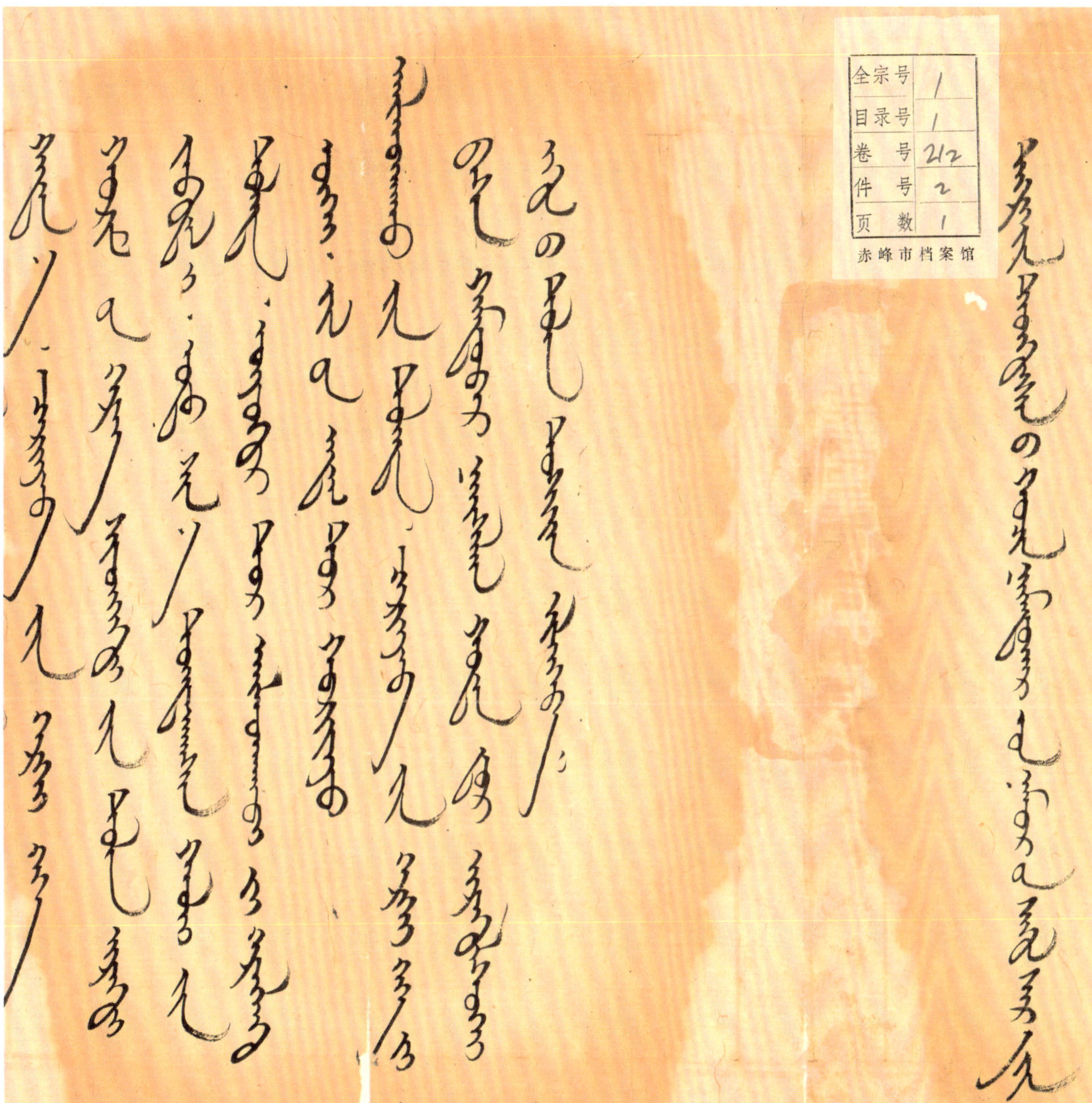
全宗号 1
目录号 1
卷号 212
件号 2
页数 1
赤峰市档案馆

理藩院为台吉进京完婚事札翁牛特郡王文

理藩院文。札付翁牛特郡王宝迪扎布：行札之事。

本部上奏：翁牛特札萨克多罗杜棱郡王宝迪扎布呈称，呈报理藩院，乾隆三十四年初春初四日，乌尔衮亲王第四女格格钦命许配本旗协理二等台吉尤木扎布第四子四等台吉满都呼那仁。需初冬初六日进京完婚。为办四等台吉满都呼那仁婚事，满都呼那仁之兄二等台吉策林扎布呈请进京。呈请大部转奏。等语前来。本部于乾隆三十八年末秋二十五日上奏，回旨曰：知晓。为此，转报翁牛特郡王宝迪扎布，命其转告策林扎布、满都呼那仁外，策林扎布之妻格格为筹备婚事一同进京。

此札。

乾隆三十八年末秋

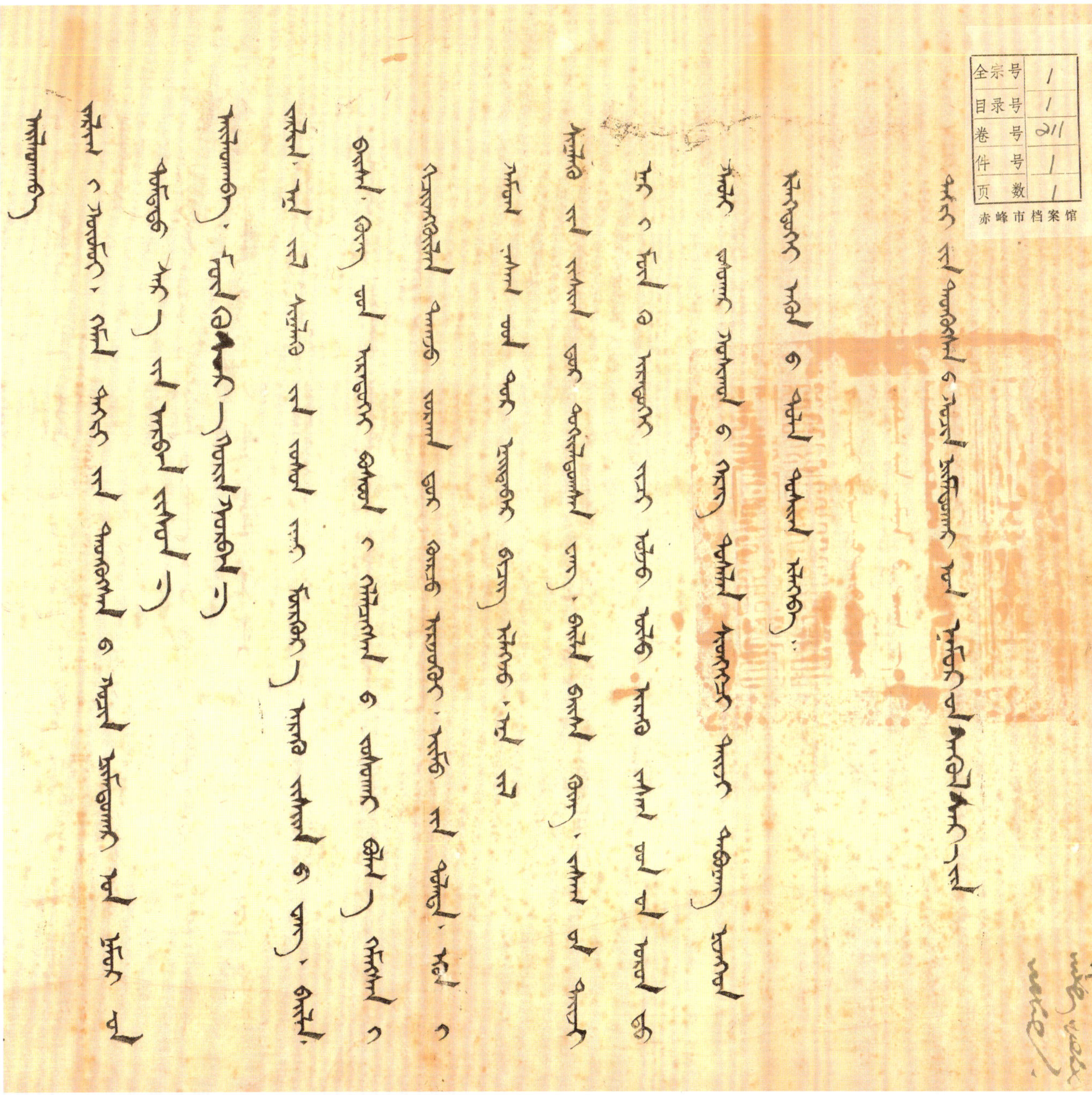
全宗号 1
目录号 1
卷号 211
件号 1
页数 1
赤峰市档案馆

理藩院为新年进京朝觐名册事札翁牛特札萨克郡王文

理藩院文。札付翁牛特札萨克郡王宝迪扎布：本部上奏：新年朝觐之事。经查，内札萨克各王爷、贝勒、贝子、公爷、札萨克台吉、塔布囊按既定法典分三班进京。明年朝觐之年班人员中，乌珠穆沁辅国公扎希培、鄂尔多斯辅国公丹津道尔吉（未出痘）、科尔沁辅国公那顺巴图（未成年）、科尔沁和硕照日格图亲王贡嘎拉布坦、科尔沁札萨克多罗札萨克图郡王那旺色布坦、阿巴嘎札萨克多罗郡王乃布丹参宗、胡琪德札萨克多罗郡王达希拉布坦、苏尼特札萨克多罗杜棱郡王策林官布、巴林札萨克多罗郡王巴图、敖汉札萨克多罗郡王巴拉丹、翁牛特札萨克多罗达尔罕岱青贝勒敖日布扎木苏、乌珠穆沁札萨克多罗额尔德尼贝勒达希官布、阿巴哈纳尔札萨克多罗贝勒查丹扎布、鄂尔多斯札萨克多罗贝勒东珠策林、科尔沁多罗贝勒胡木扎布、苏尼特多罗贝勒宫桑吉拉、喀喇沁札萨克旗贝子多罗额驸胡图凌嘎、土默特札萨克旗贝子却扎布、阿巴嘎旗达尔罕贝子朋斯克、巴林旗贝子道尔吉拉布坦、乌拉特札萨克辅国公贡嘎拉布丹、敖汉辅国公多罗额驸桑吉扎拉、乌珠穆沁辅国公玛哈布日严、科尔沁辅国公诺根达拉、喀喇沁辅国公温度日湖、喀喇沁辅国公拉扎布、呼和浩特土默特辅国公索南旺扎、喀喇沁公爷衔札萨克一等塔布囊其仁、郭尔罗斯札萨克一等台吉拉布坦等二十六人新年按时前往朝觐。非年班之札萨克王、贝勒、贝子、公爷、札萨克台吉代表，由该旗委派协理台吉、塔布囊各一名前往朝觐。诏书承转，诸札萨克皆知。乾隆三十八年仲秋十九日上奏此事。是月初三回旨曰：本年新年朝觐之年班王爷、贝勒、贝子、公爷及时进京，其他事宜按既定计划施行。钦此。钦遵前来。吾皇恩准，诏书承转所属诸札萨克，令新年朝觐之年班王爷、贝勒、贝子、公爷、札萨克台吉按计划启程。非年班札萨克，诸旗依法派出旗协理台吉、塔布囊各一名代表之。

此札。

乾隆三十八年末秋

080 盟长敖汉额驸为皇上驾临避暑山庄事札翁牛特郡王文（乾隆三十九年末春二十八日）

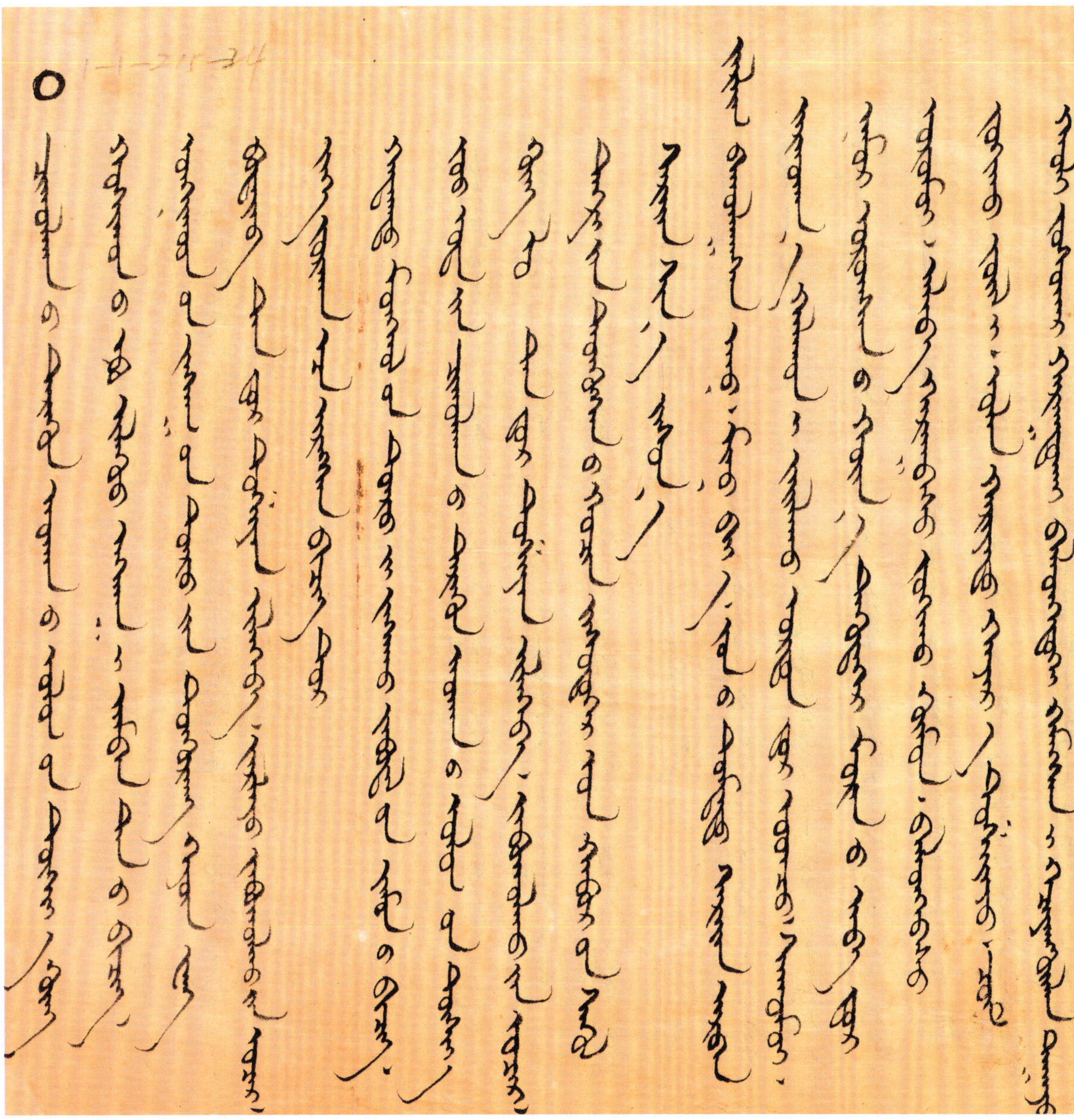

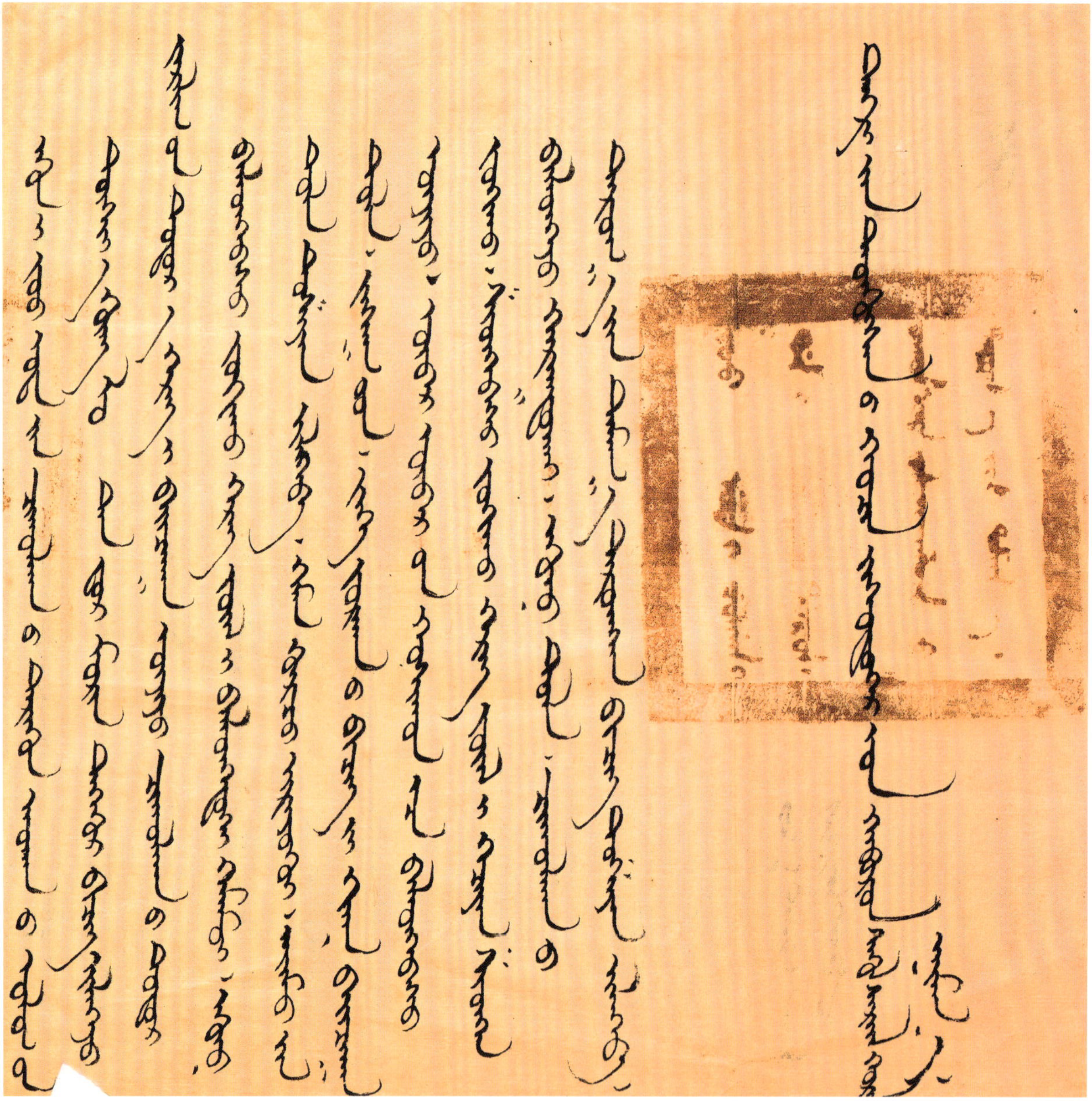

盟长敖汉额驸为皇上驾临避暑山庄事札翁牛特郡王文

盟长敖汉多罗镇国公旗额驸伊鲁阿斯汗文。札付翁牛特多罗杜棱郡王宝迪扎布：理藩院札开，札付昭乌达盟长敖汉多罗镇国公鲁，乾隆三十九年末春初九日，皇帝诏曰，朕仲夏十六日驾临避暑山庄。入秋之后至木兰围场狩猎，各属地备办所需人员及物资。钦此。钦遵前来。兹有，本部承转昭乌达盟长敖汉镇国公，遵旨备办所需物资。等因前来。为此，诸札萨克遵旨备办所需物资。

至此，钤盟长印之文。

乾隆三十九年末春二十八日

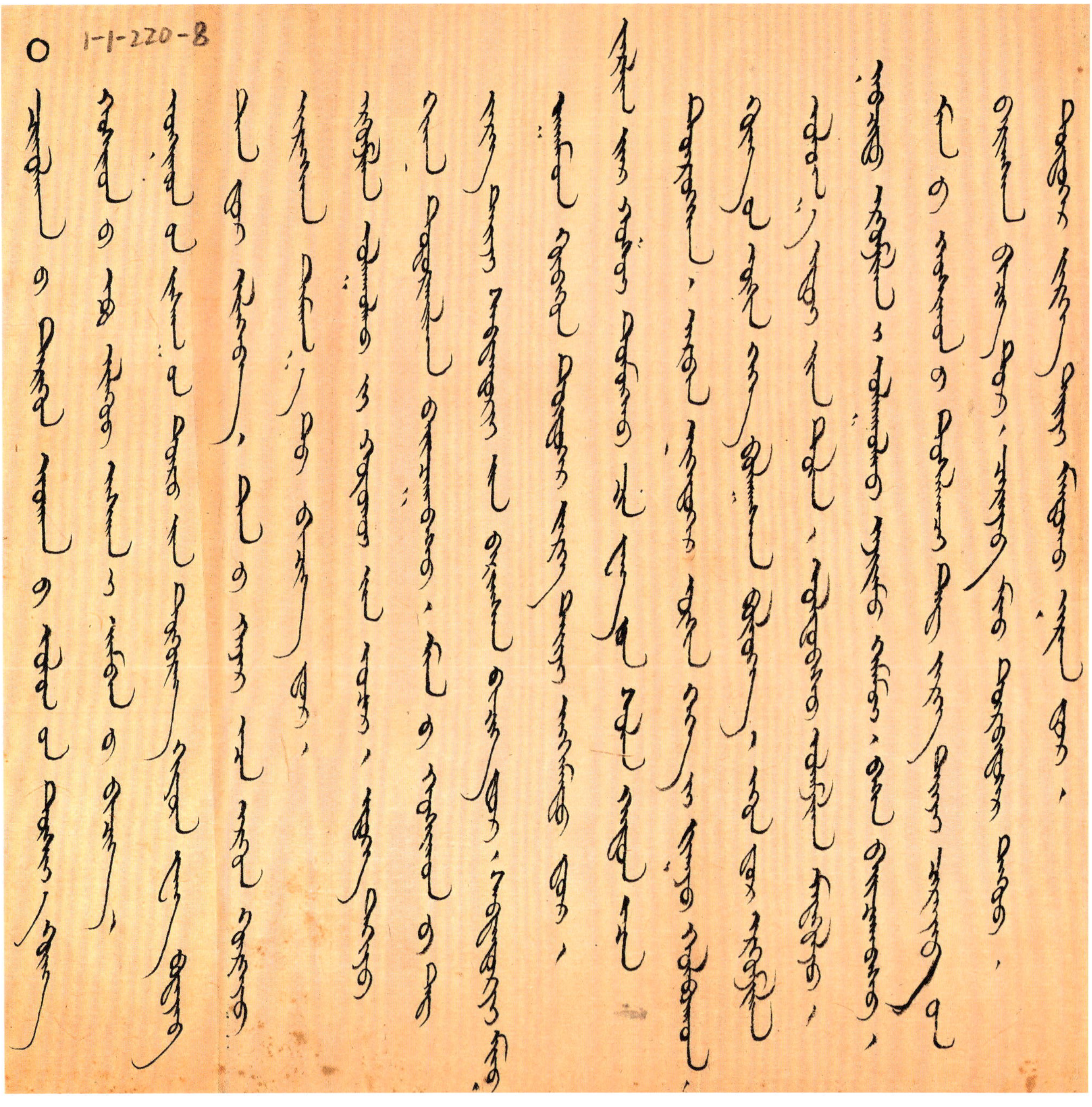
1-1-220-8

081 盟长敖汉额驸为呈报册封格格等事札翁牛特札萨克郡王文（乾隆四十年末春初一日）

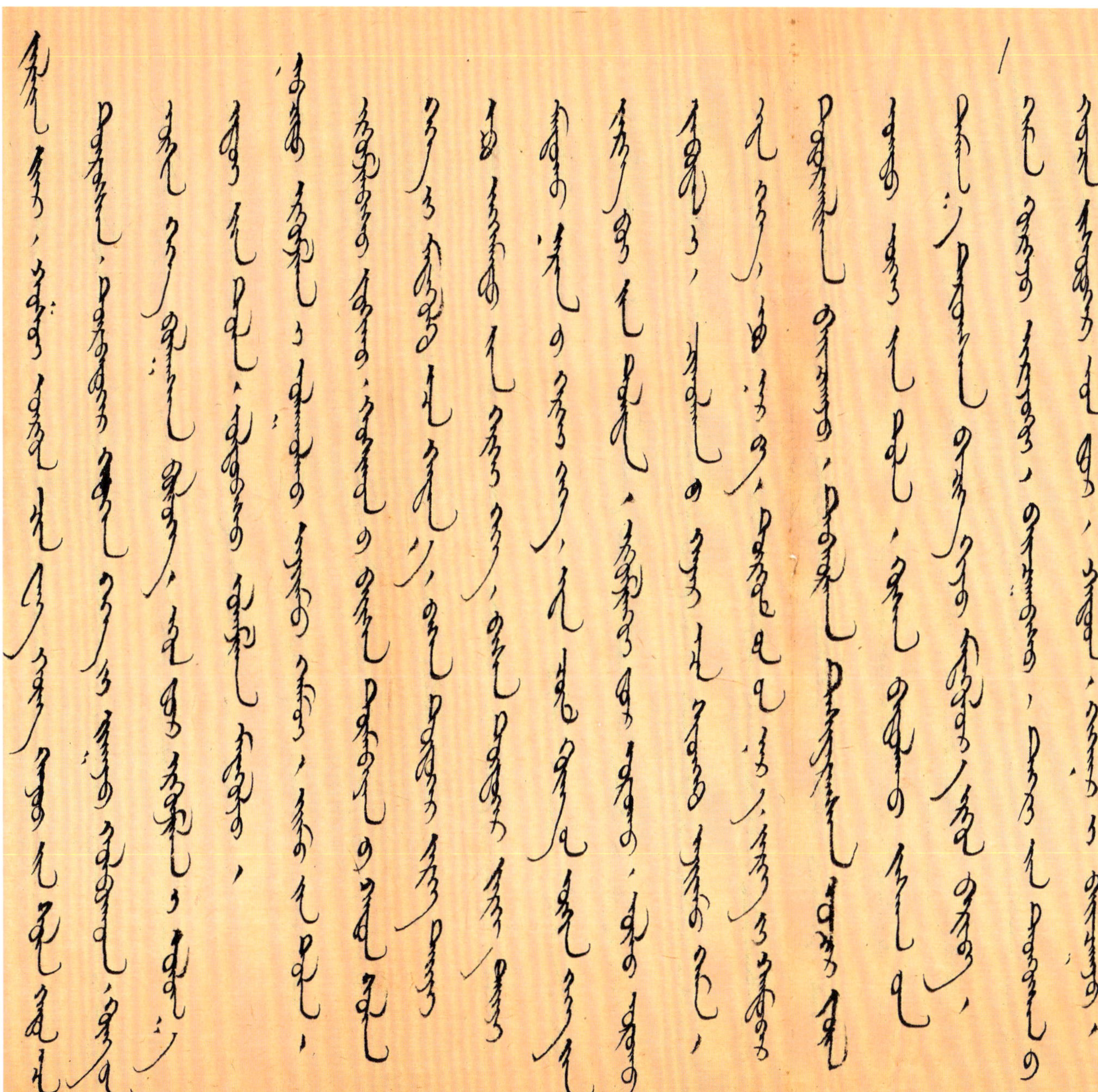

081 盟长敖汉额驸为呈报册封格格等事札翁牛特札萨克郡王文（乾隆四十年末春初一日）

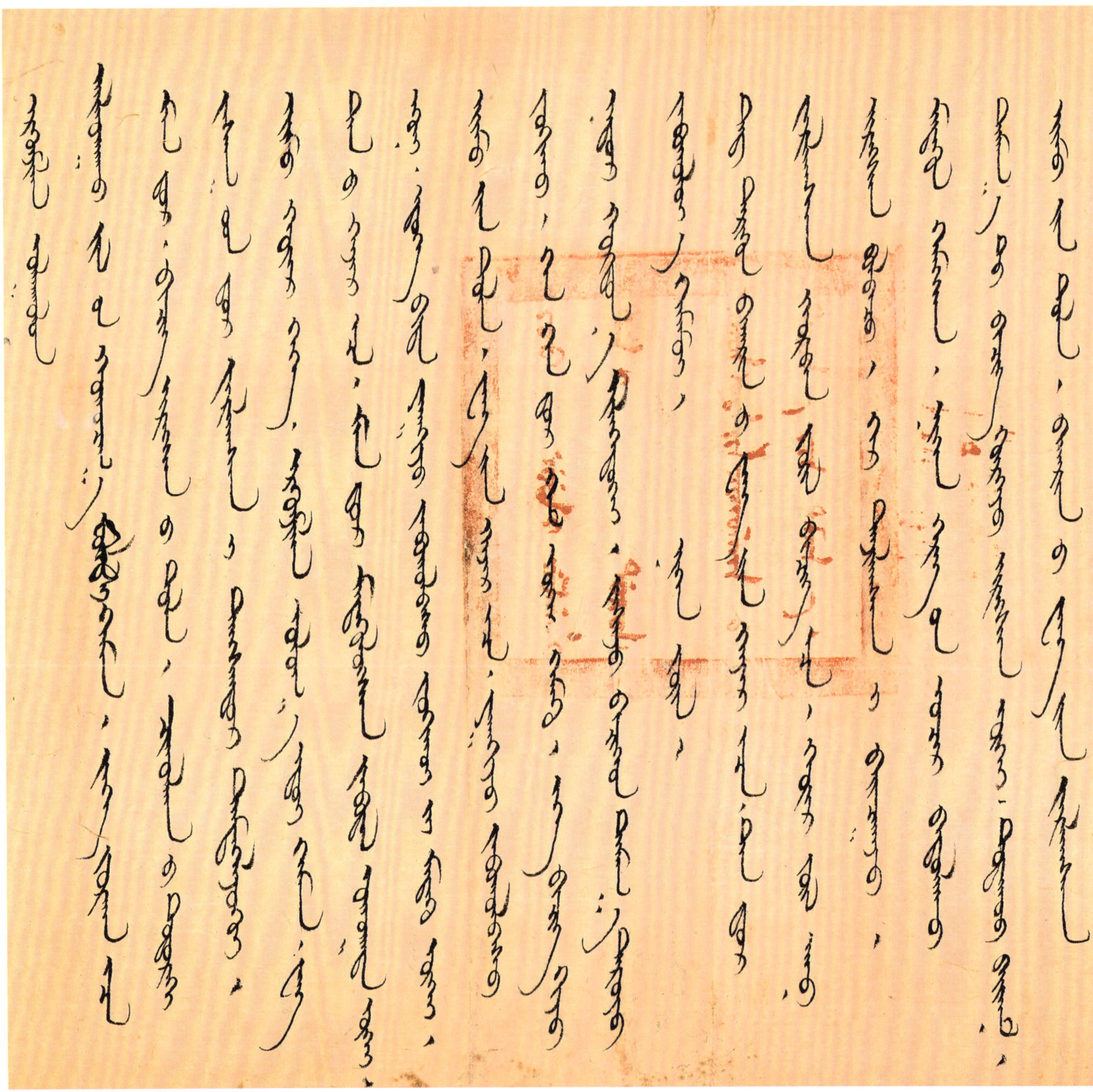

全宗号 1
目录号 1
卷 号 220
件 号 8
页 数 2
赤峰市档案馆

盟长敖汉额驸为呈报册封格格等事札翁牛特札萨克郡王文

盟长敖汉多罗镇国公旗额驸伊鲁阿斯汗文。札付翁牛特札萨克多罗杜棱郡王宝迪扎布：尔旗呈称，吾旗二等台吉斯布腾道尔吉呈称，微臣斯布腾道尔吉长子、四等台吉恩和门都奉旨与和硕套木洪胡亲王妃子所生第十一女成婚，儿媳被封为公爷格格。册封书却至今未到，呈请下文册封。再查，吾旗协理二等台吉策林扎布呈称，策林扎布本人四弟、四等台吉满都呼那仁，奉旨与和硕乌尔衮亲王洪根珠妃子所生第四女成婚，儿媳被封为公爷格格。册封书却至今未到，呈请下文册封。应册封之旗贝子图门白音之夫人浩拉格格、四等台吉额驸恩和门都之妻格格、四等台吉满都呼那仁之妻格格，此等亦有公爷格格之头衔。是否册封，呈盟会明断。本旗核实此等格格、额驸姓名及娘家姓名、爵位，均无重复及差错之处。特呈文禀报之。等因前来。为此，本盟呈文大部：乾隆三十九年，核实并册封夫人、格格时期已到。大部回曰，从未接到册封夫人、格格之呈文，也不知如何册封。王爷处速出具官文呈报本部，本部即刻钤印批复。另，巴林两个王爷呈送三件案卷，两件已判定。但，房屋典当之事还未有钤印之官文。即刻审阅巴林王呈文，末春初七与其他呈文一同报来。等语。本盟长认为呈送大部之文书，只等王爷呈文而耽误许久。

为此，委派章京高朱古尔携钤官印文前往之。

乾隆四十年末春初一子时

082 署理盟长印务之协理为册封格格事札翁牛特札萨克郡王文（乾隆四十年末秋初四日）

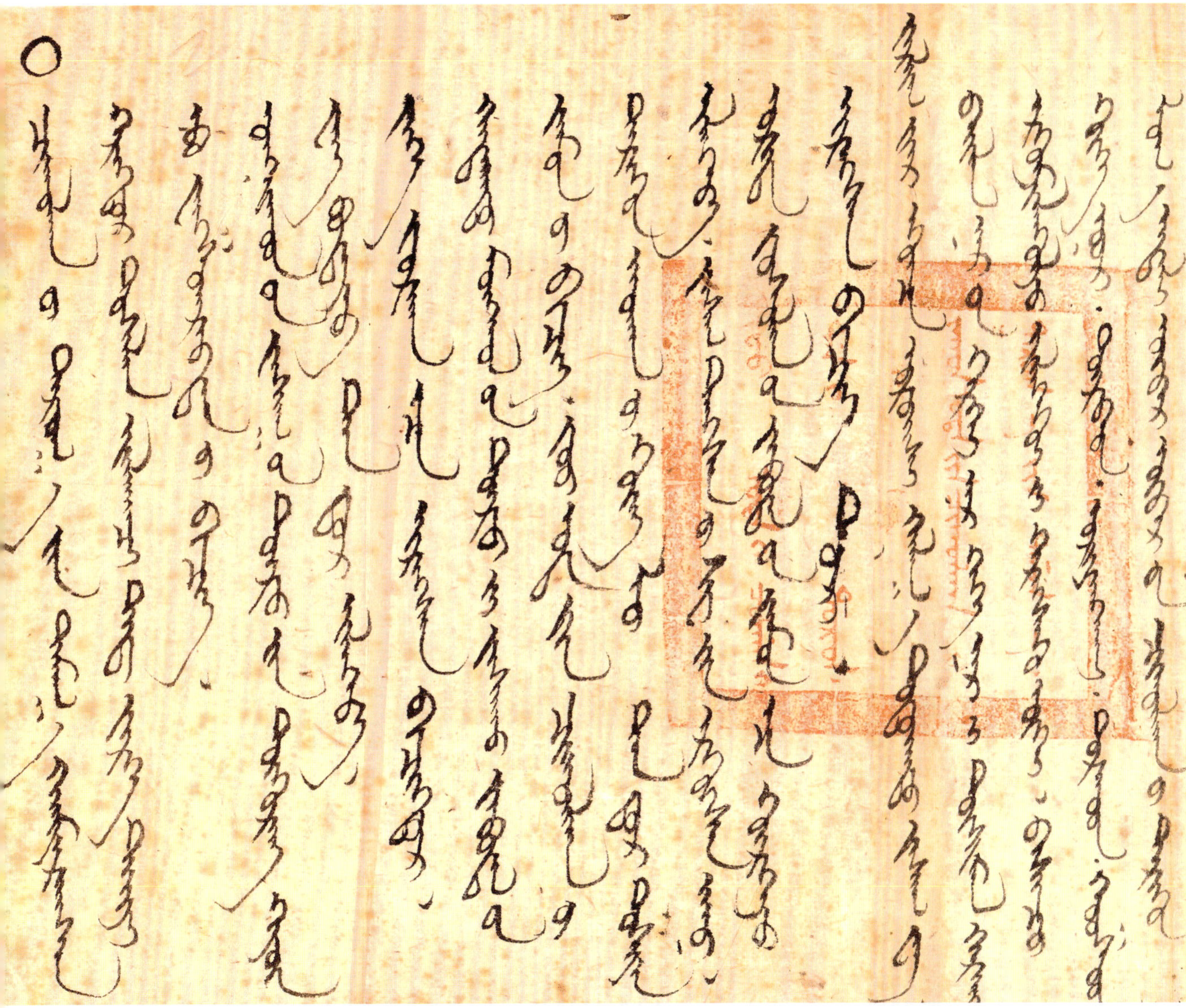

082 署理盟长印务之协理为册封格格事札翁牛特札萨克郡王文（乾隆四十年末秋初四日）

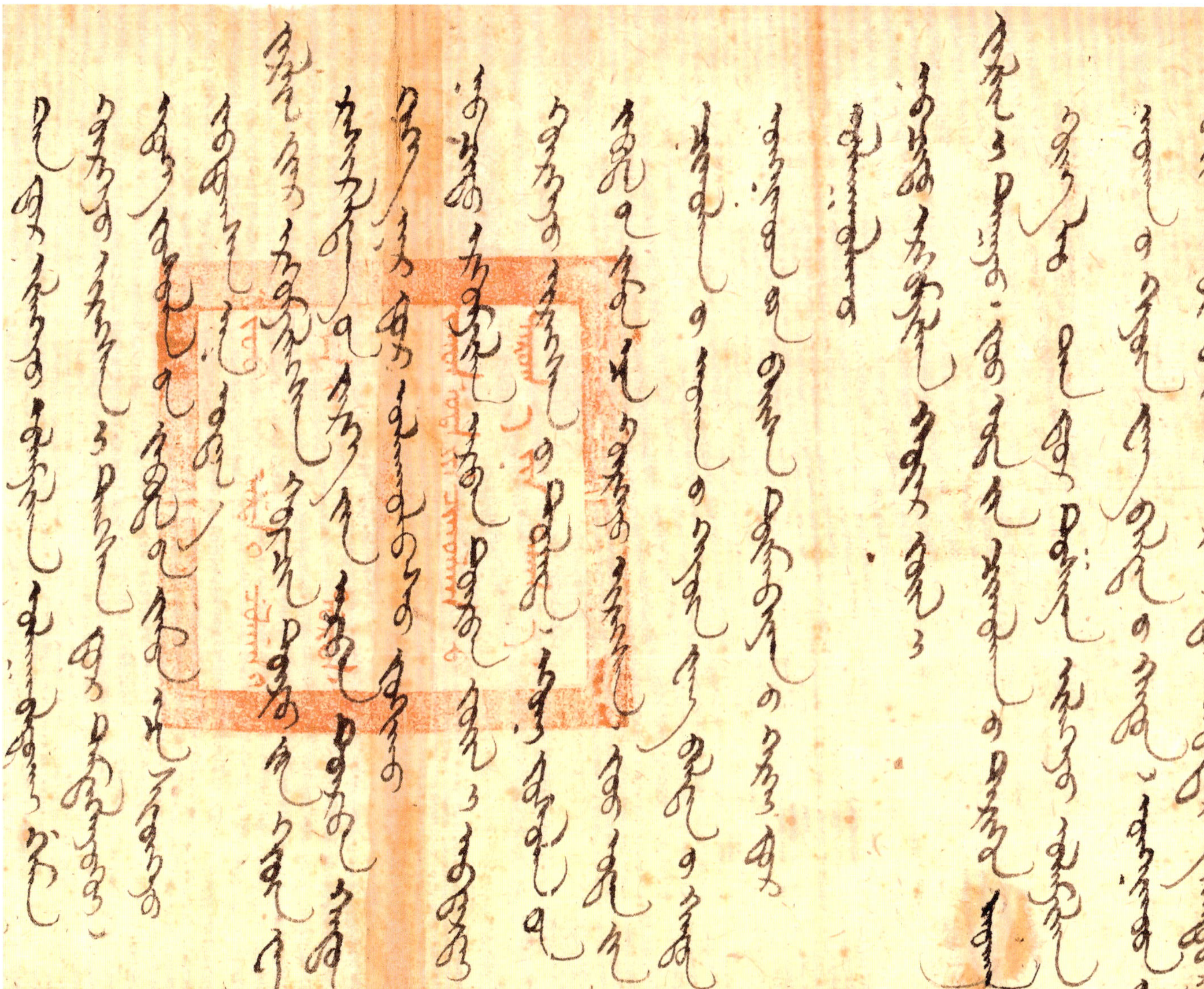

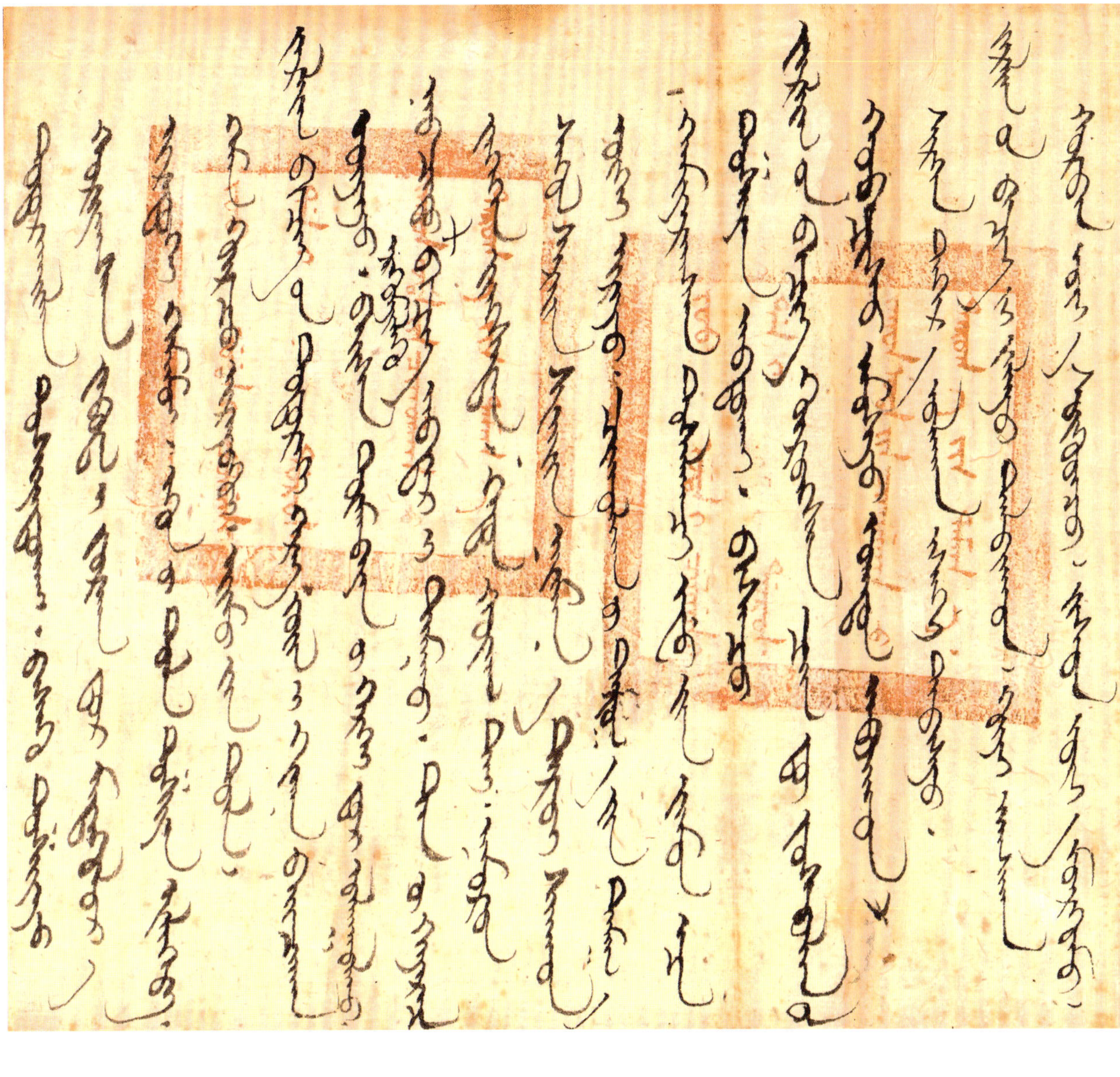

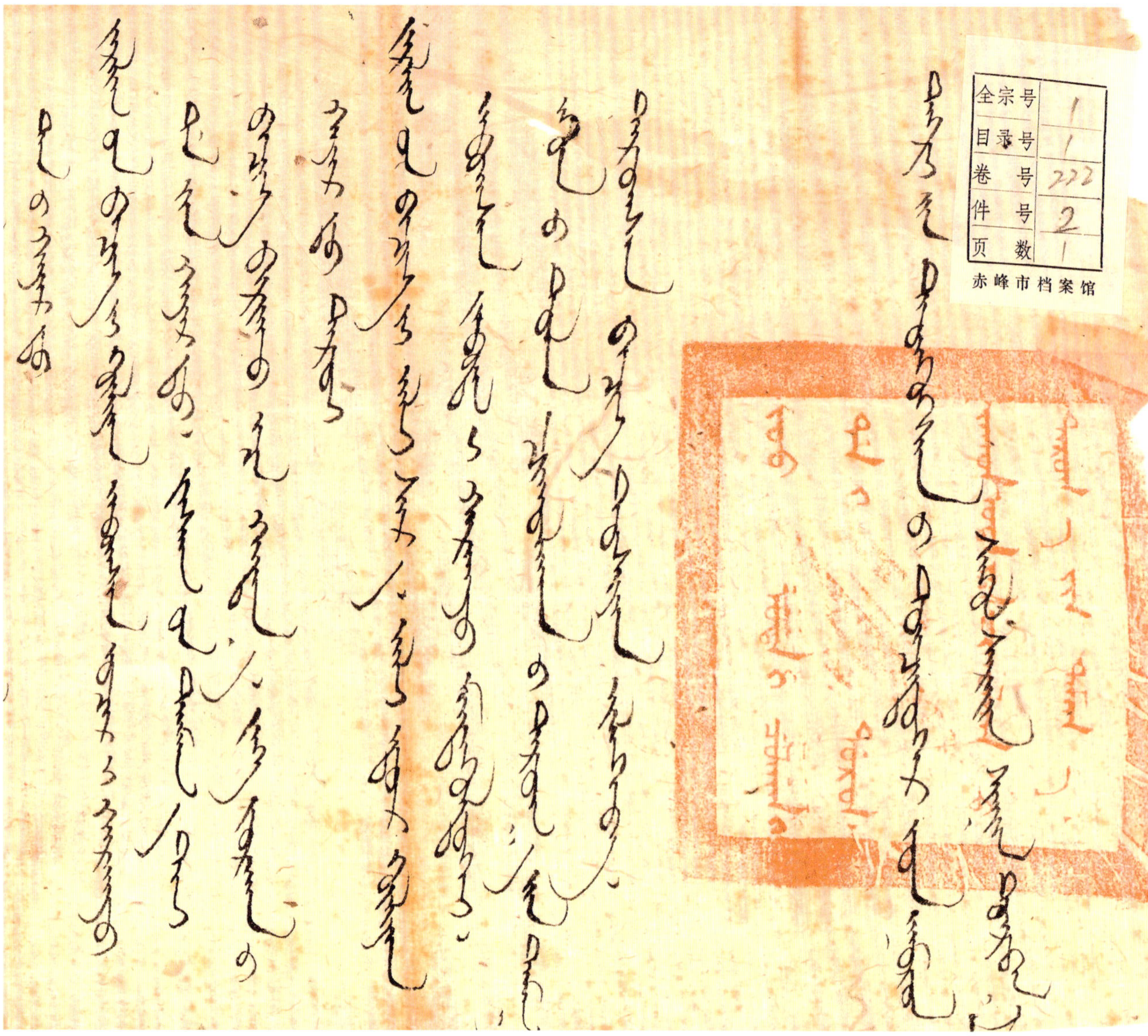
全宗号 1
目录号 1
卷号 222
件号 2
页数 1
赤峰市档案馆

署理盟长印务之协理为册封格格事札翁牛特札萨克郡王文

署理盟长印务之协理二等台吉额驸旺楚拉布坦文。札付翁牛特札萨克多罗郡王宝迪扎布：大部札开，告知昭达盟长敖汉公鲁、札萨克档部，之后册封喀尔喀内札萨克王爷、贝勒之妻格格时不用专派官差送册封书，与青海、杜尔伯特、乌梁海、土尔扈特、和硕特一样将册封书递至盟长处转交即可。等因前来。兹有，科尔沁多罗郡王拉西噶尔丹等十四位公主格格之十四本册封书已由典属司送至。还有，与典属司送来至昭乌达盟敖汉郡王巴拉丹之妻、翁牛特贝子图门白音之妻册封书一同递至昭乌达盟长敖汉公爷鲁处，转交敖汉郡王巴拉丹之妻、翁牛特贝子图门白音之妻。指派扛册封书及礼盒之官差、壮丁若干，于末秋初八准至署理盟长大印之协理额驸处领取。另，圣旨到，穿戴礼服接旨，并桌上铺设红毡子，圣旨请至红毡上行三跪九叩大礼。之后出具何月何日领旨之官文，钤盟长大印呈送至大部。

至此，致钤盟长印之文。

乾隆四十年末秋初四日

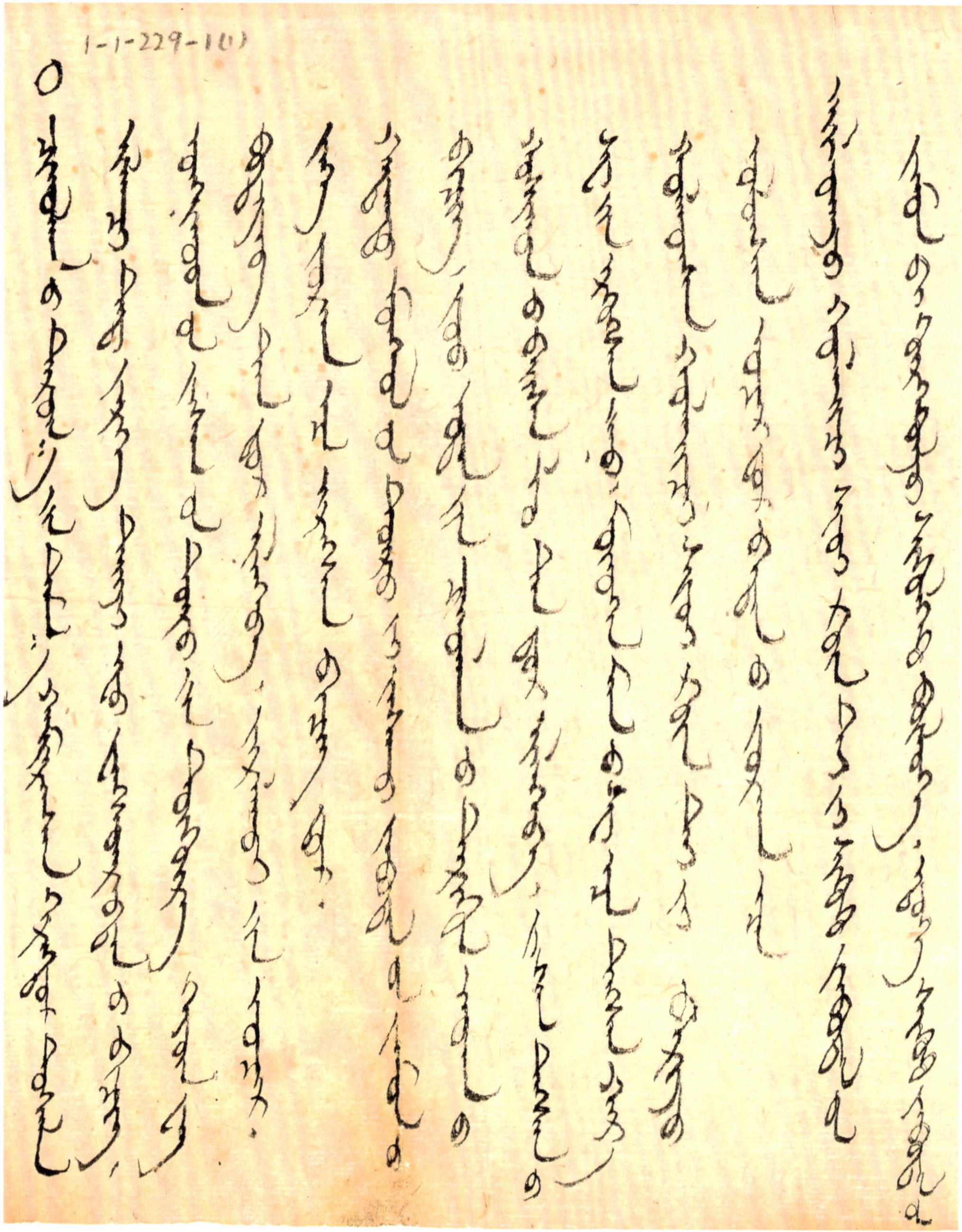
1-1-229-1(1)

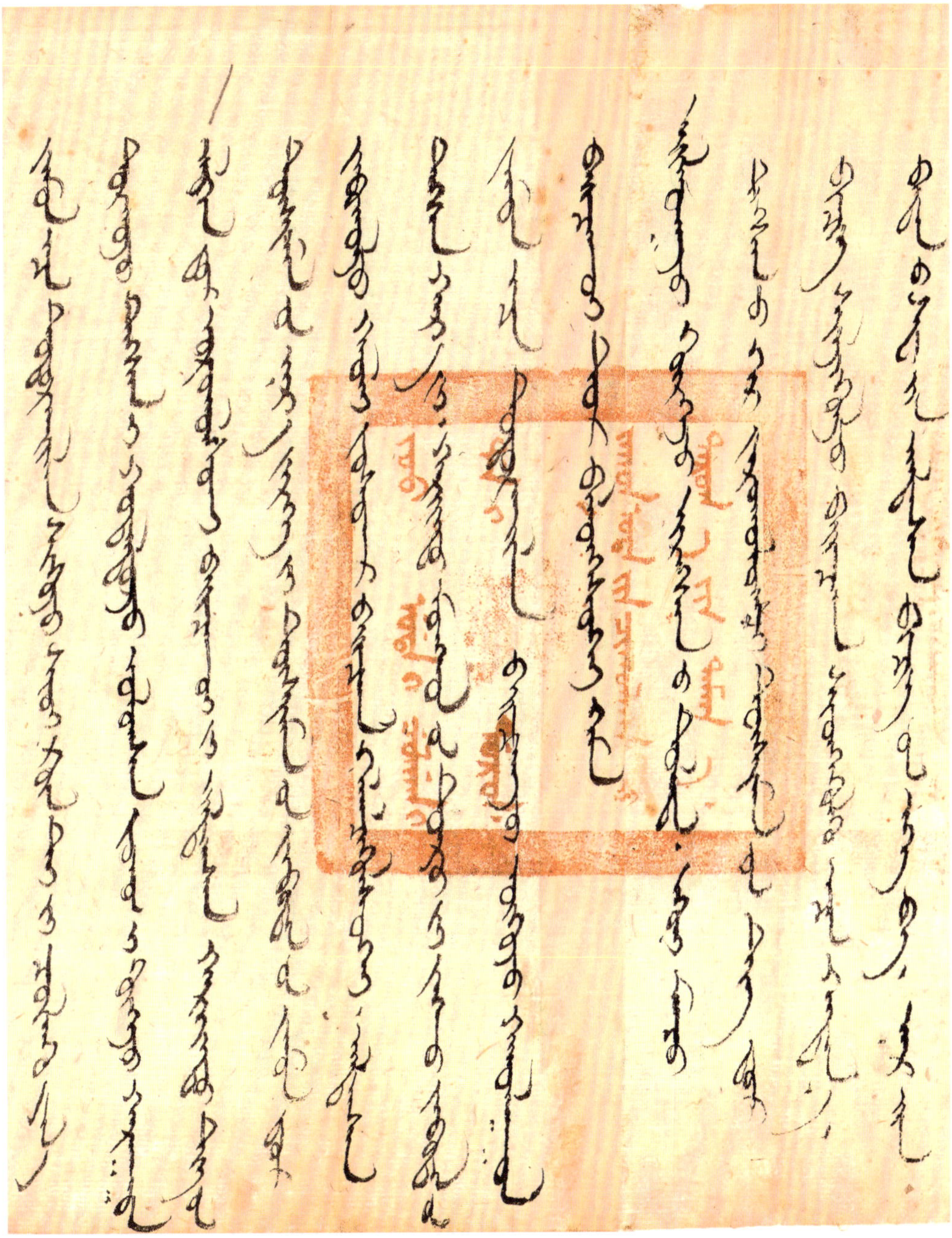

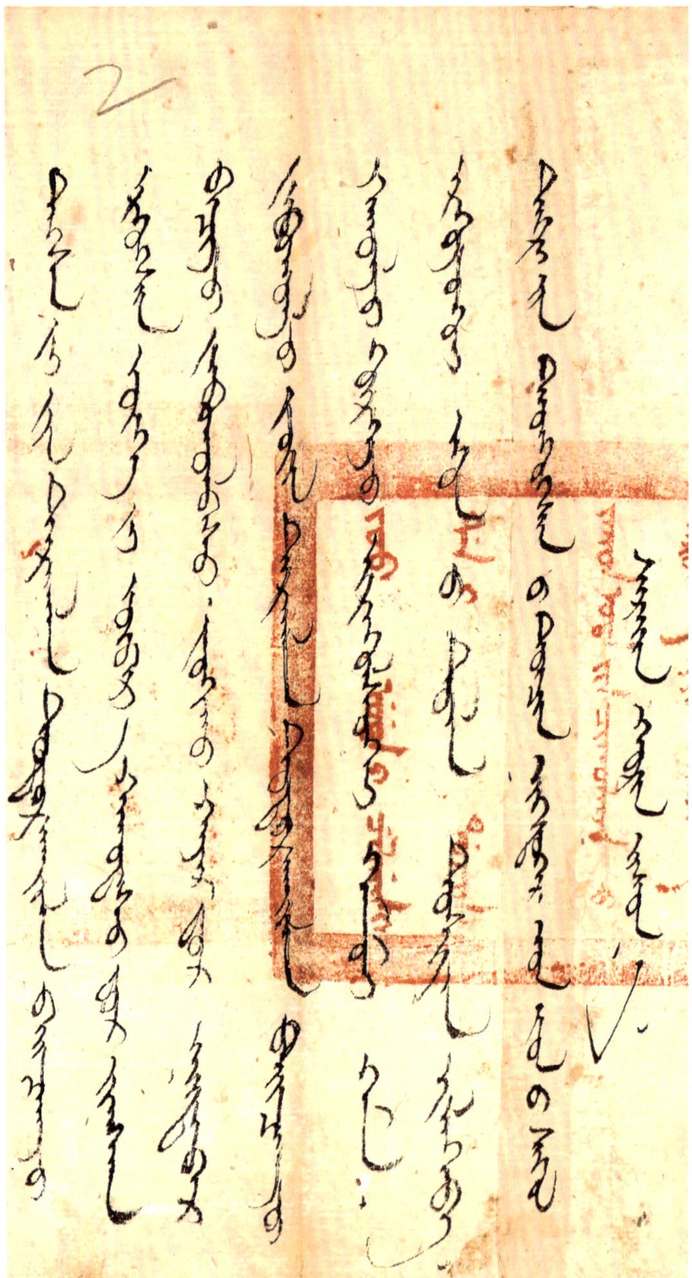

署理盟长印务之协理为处罚偷盗档房贼民事札翁牛特札萨克郡王文

署理大印之协理二等台吉额驸旺楚拉布坦文。札付翁牛特札萨克多罗郡王宝迪扎布：转告大部札饬。

大部札开：札萨克档房呈称，抓获偷盗档房档本贼徐坤迪，将徐坤迪押送至理刑司审判。等语。兹有，理刑司判徐坤迪流放罪，没收其卖档本所得并充公。将失窃档本之官吏姓名、职位报送吏部，依法查办。失窃文档数目呈报至本部，查明后抄写补充。此事除呈报官厅处理外，将失窃文档原稿及名称分类用另纸登记待审。

此札。

乾隆四十一年末夏二十九日

084 钦命驻乌兰哈达通判衙门为审理盗伐贼事札翁牛特札萨克郡王文（乾隆四十一年初秋初九日）

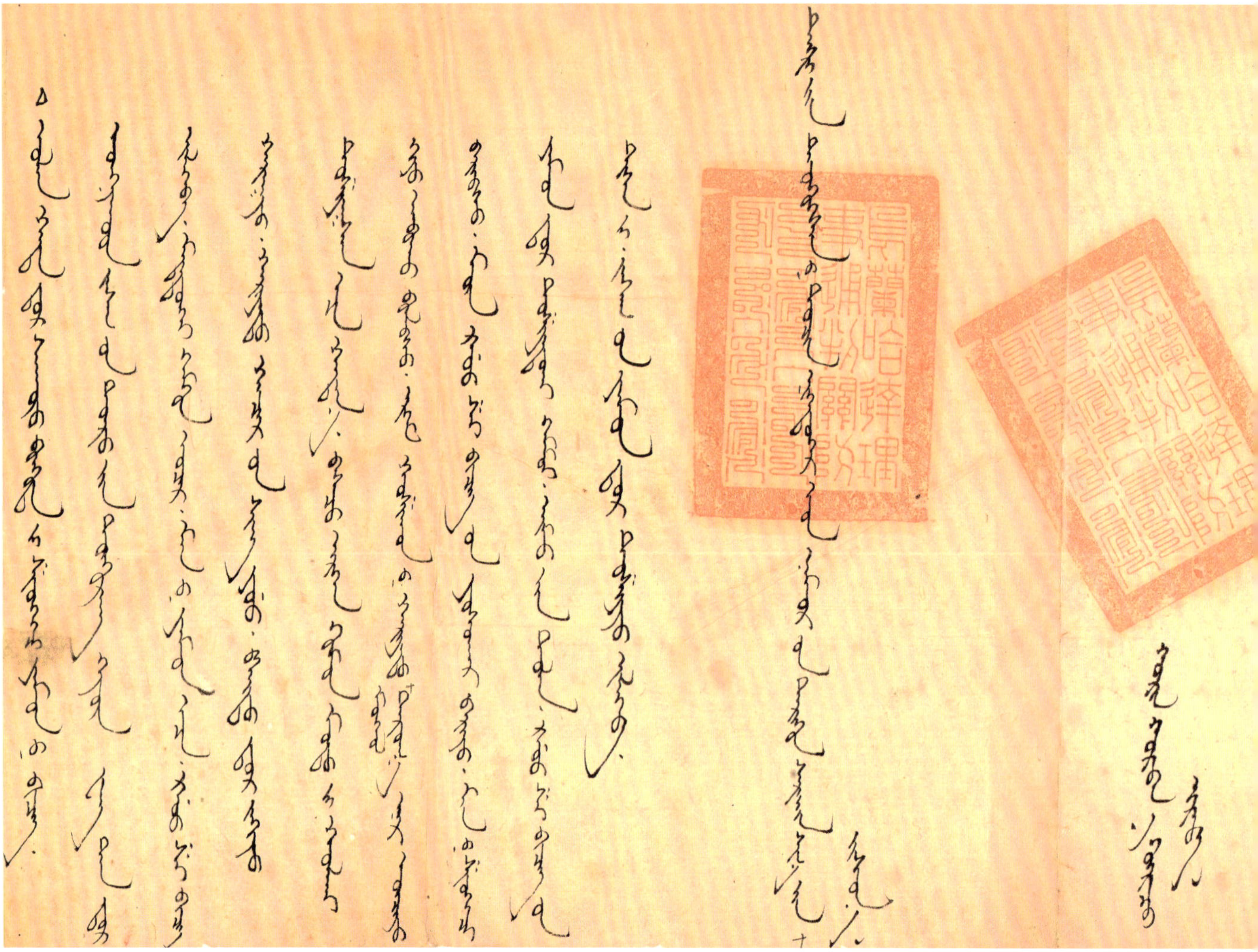

钦命驻乌兰哈达通判衙门为审理盗伐贼事
札翁牛特札萨克郡王文

钦命驻乌兰哈达通判衙门文。札付翁牛特札萨克多罗杜棱郡王：行札之事。本衙门出告示，除所属地骁骑校、牌头外，如民人偷伐木材被尔旗官差捉拿者，押送本衙门审理。

至此，告示文送至尔旗札萨克衙门处。

乾隆四十一年初秋初九日

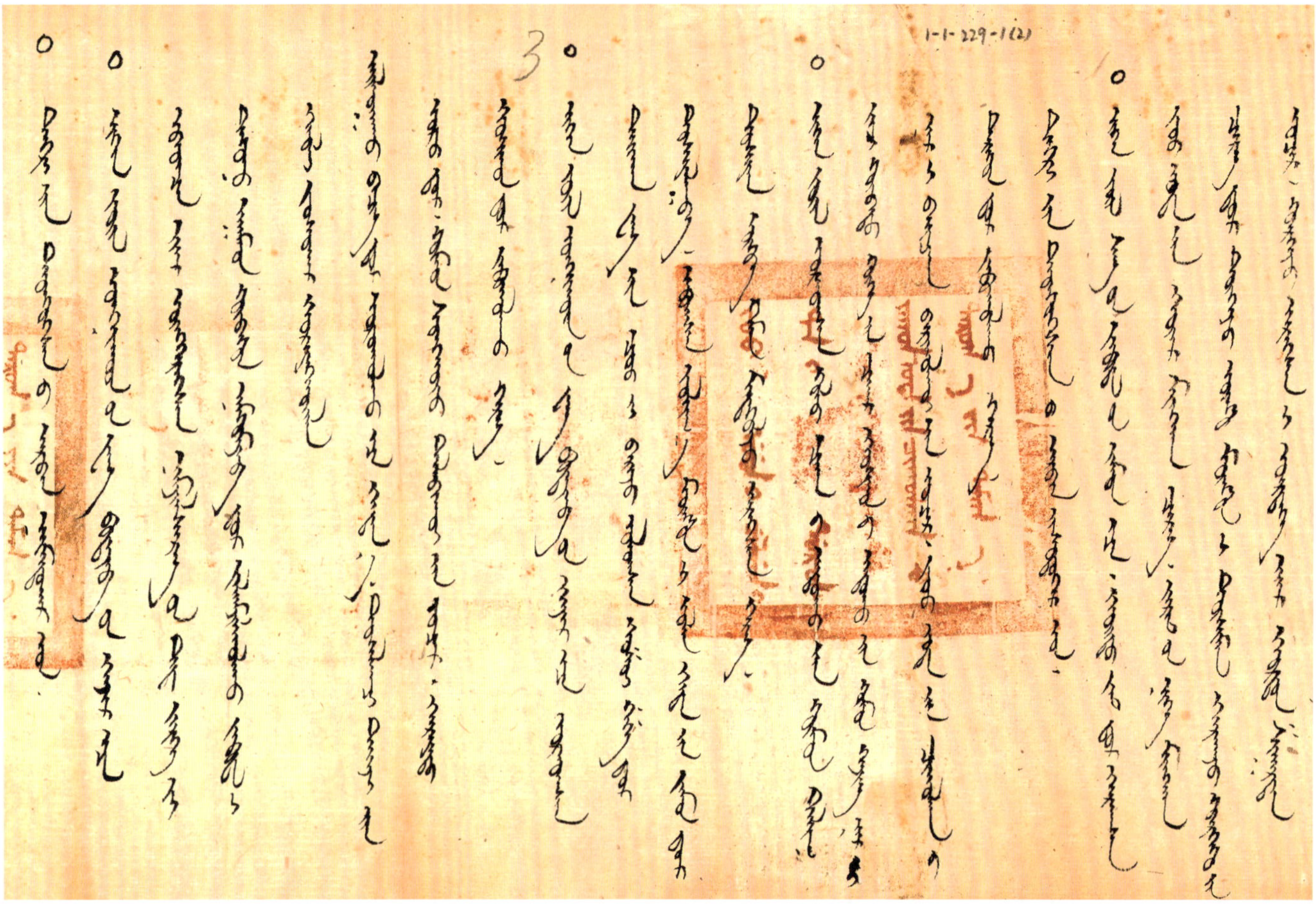

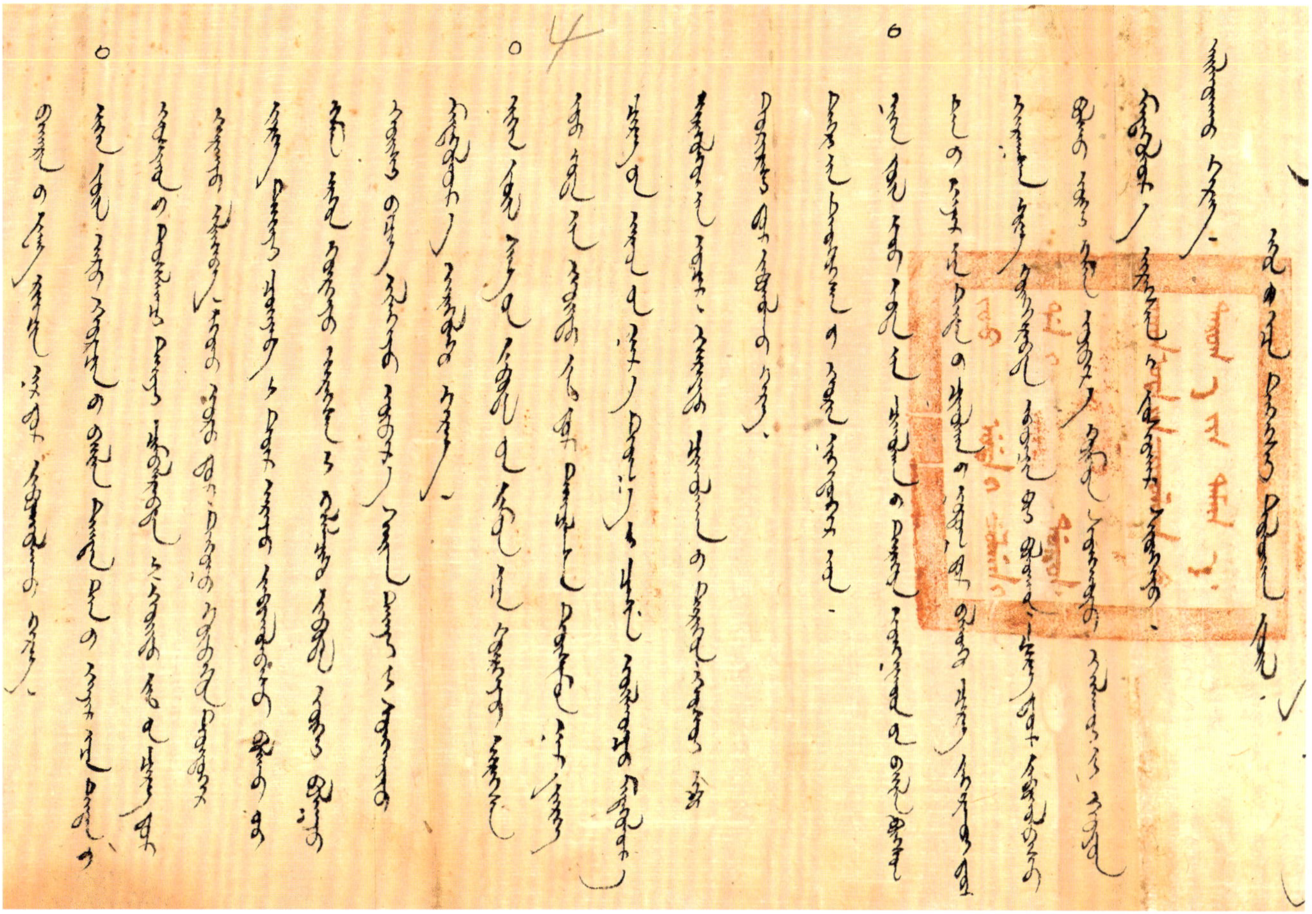

085 有关沿袭空爵位、缉拿逃犯等七则纪要（乾隆四十一年仲秋十日）

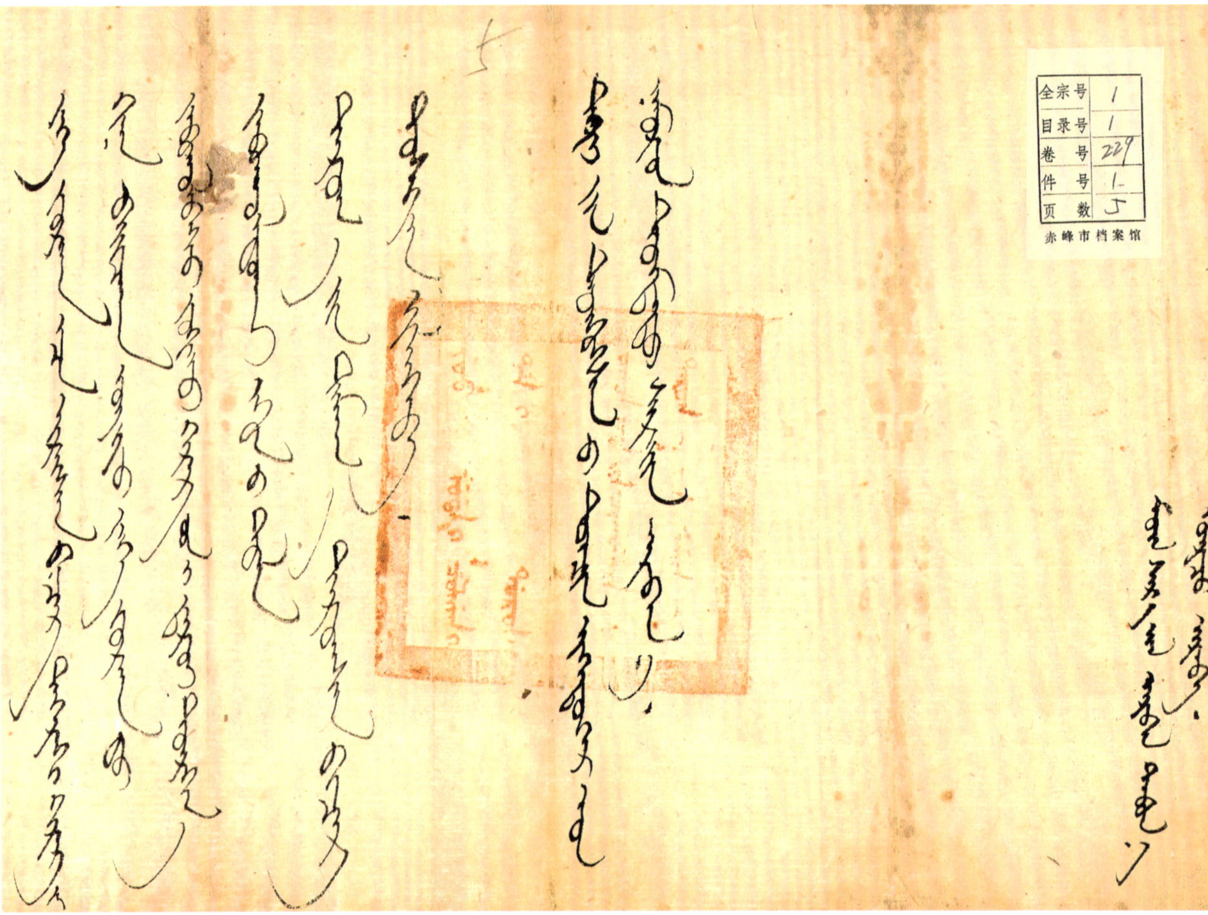

全宗号	1
目录号	1
卷号	229
件号	1
页数	5

有关沿袭空爵位、缉拿逃犯等七则纪要

乾隆十八年，翁牛特王宝迪扎布旗病故那牧吉拉斯楞二等爵位沿袭给其长子那木衮扎布之事呈报至理藩院。再，协理台吉人选事通报给所属旗署。翁牛特王宝迪扎布所属旗逃窜之太监王金超被抓获，已押送至和硕格格处。所没收赃款，交至乌兰哈达衙门。

乾隆十九年抓获逃犯正白旗马倌白领噶、镶蓝察哈尔旗马倌根靖之事上报昭乌达盟会。王会司派官差护送北路军昭乌达两千兵、哲里木一千兵军饷之事，督促巴林王仁钦通过驿站从速护送。委派阿鲁科尔沁贝勒达格丹所属旗协理台吉秦白勒拉布坦至北路军。呈称，望其职位由其子四等台吉却扎布临时代替。回曰，另选更优者呈报之事。为昭乌达北路军所征用之官吏姓名、职位及兵丁姓名、数目进行登记造册事，札付所属盟长和硕额驸道尔吉拉希一事。

乾隆二十一年，昭乌达盟长翁牛特贝勒朋斯克处委派掌管盟旗兵丁之公爷贡嘎拉布坦，因病不能军务。呈请另派他人一事。

上述七件事，如需呈大部，即刻以官文呈送也。

至此，致钤官印之文。

乾隆四十一年仲秋十日

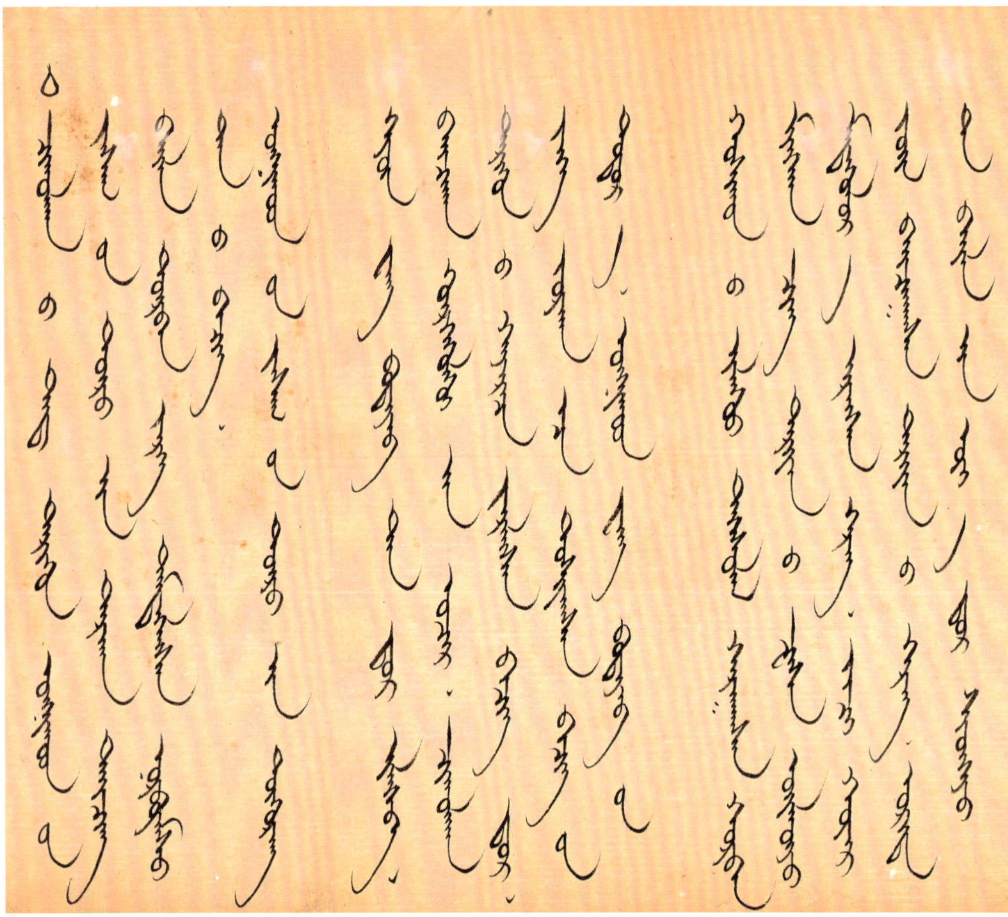

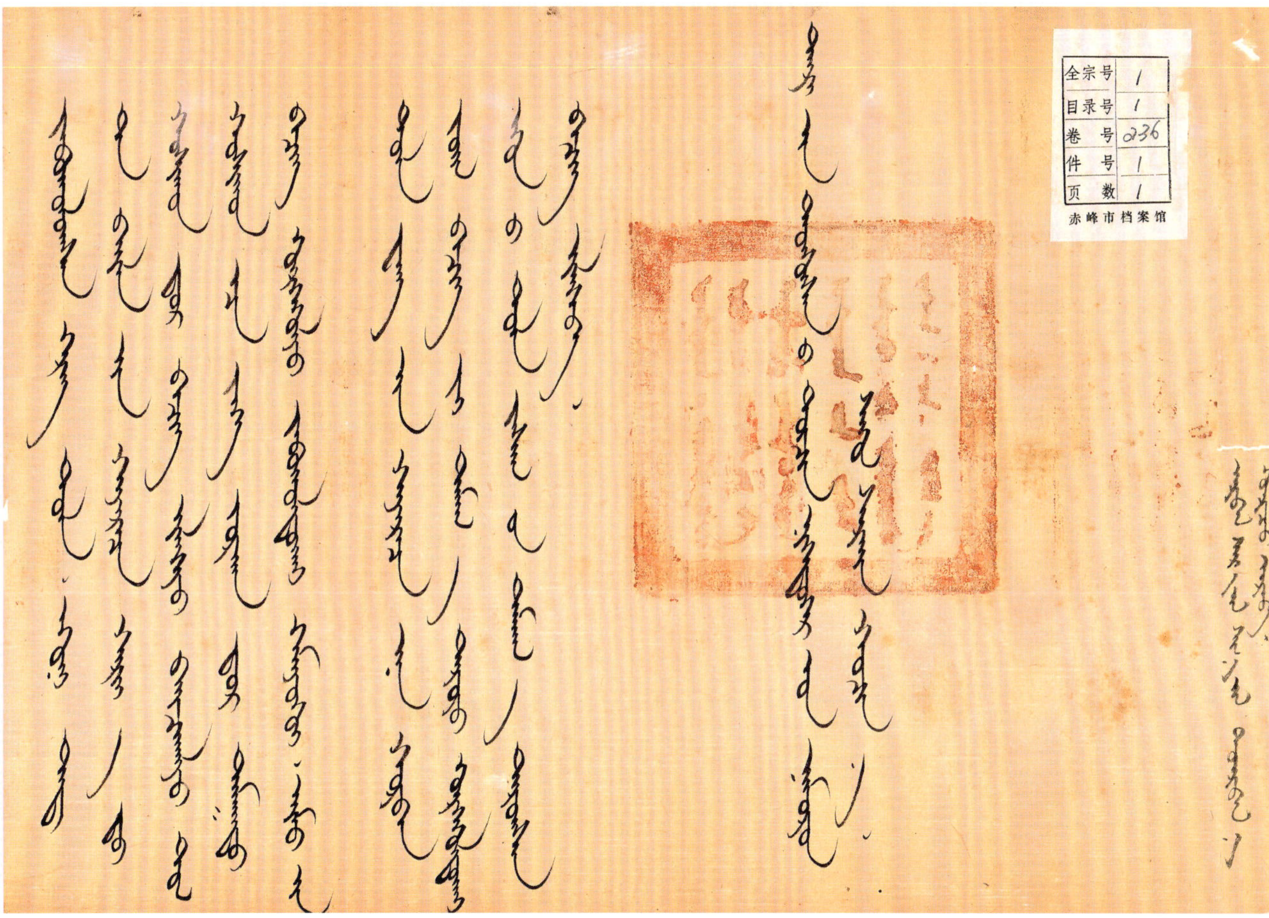
全宗号 1
目录号 1
卷 号 236
件 号 1
页 数 1
赤峰市档案馆

副盟长翁牛特札萨克贝勒为耕地纠纷等三起案件札翁牛特郡王文

副盟长翁牛特札萨克多罗达尔罕岱青四等贝勒敖日布扎木苏文。札付翁牛特多罗杜棱郡王宝迪扎布：送审之事。

盟署札付：承接之大部札开，翁牛特王宝迪扎布所属旗丈量耕地时多量三千顷事及两次上诉耕地纠纷事，此三起案件均由贵贝勒在位时处置矣。兹有，二等贝勒署札付所属旗复查此事，所属旗出具官文呈送本部。等因前来。为此，盟署钤官印呈报此三起案卷。所属旗阅知文内照办。

至此，钤札萨克印之文。

乾隆四十一年末秋三十日

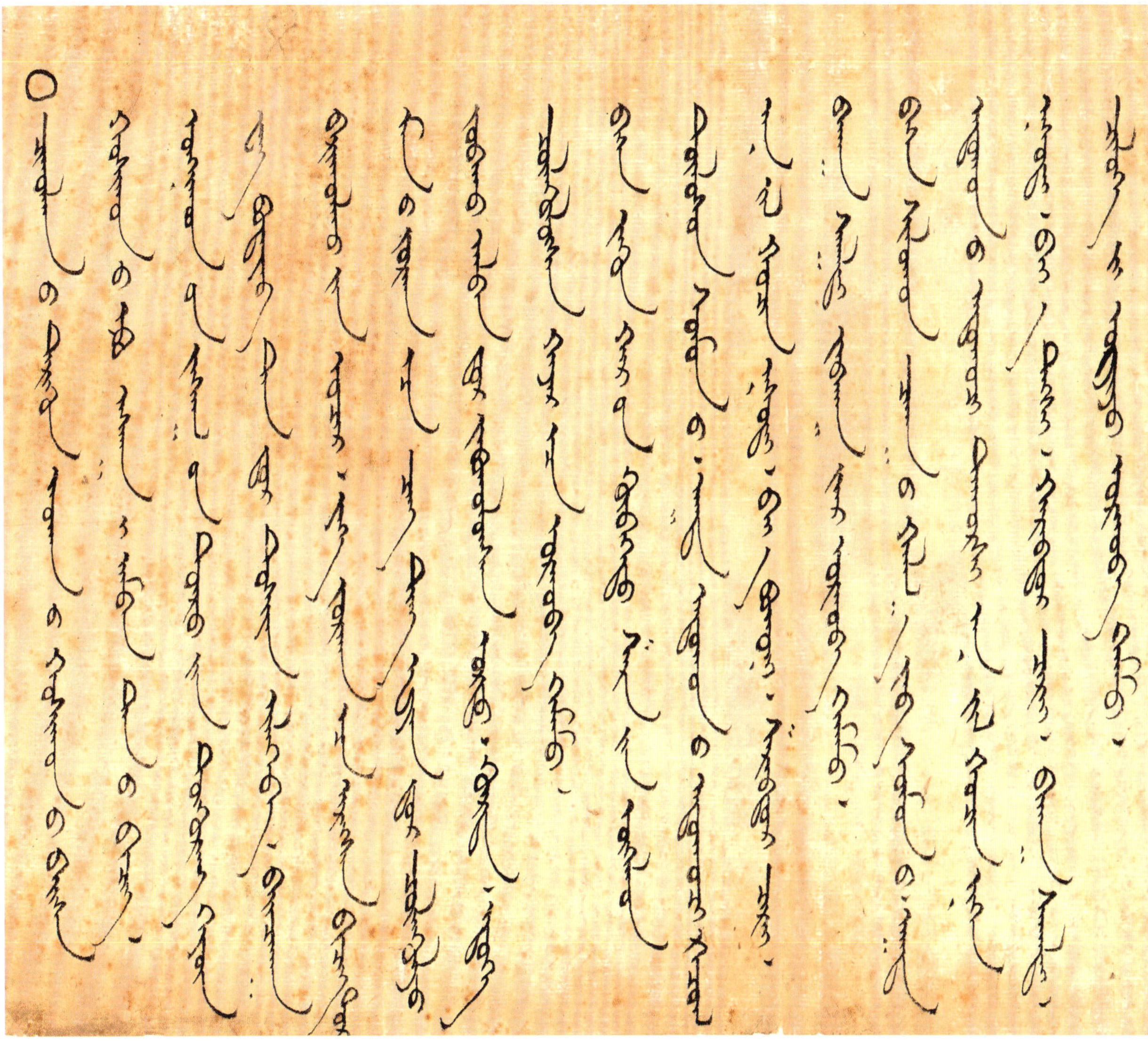

087 盟长敖汉额驸为缉拿乌日图等逃犯事札翁牛特札萨克郡王文（乾隆四十一年仲冬二十日）

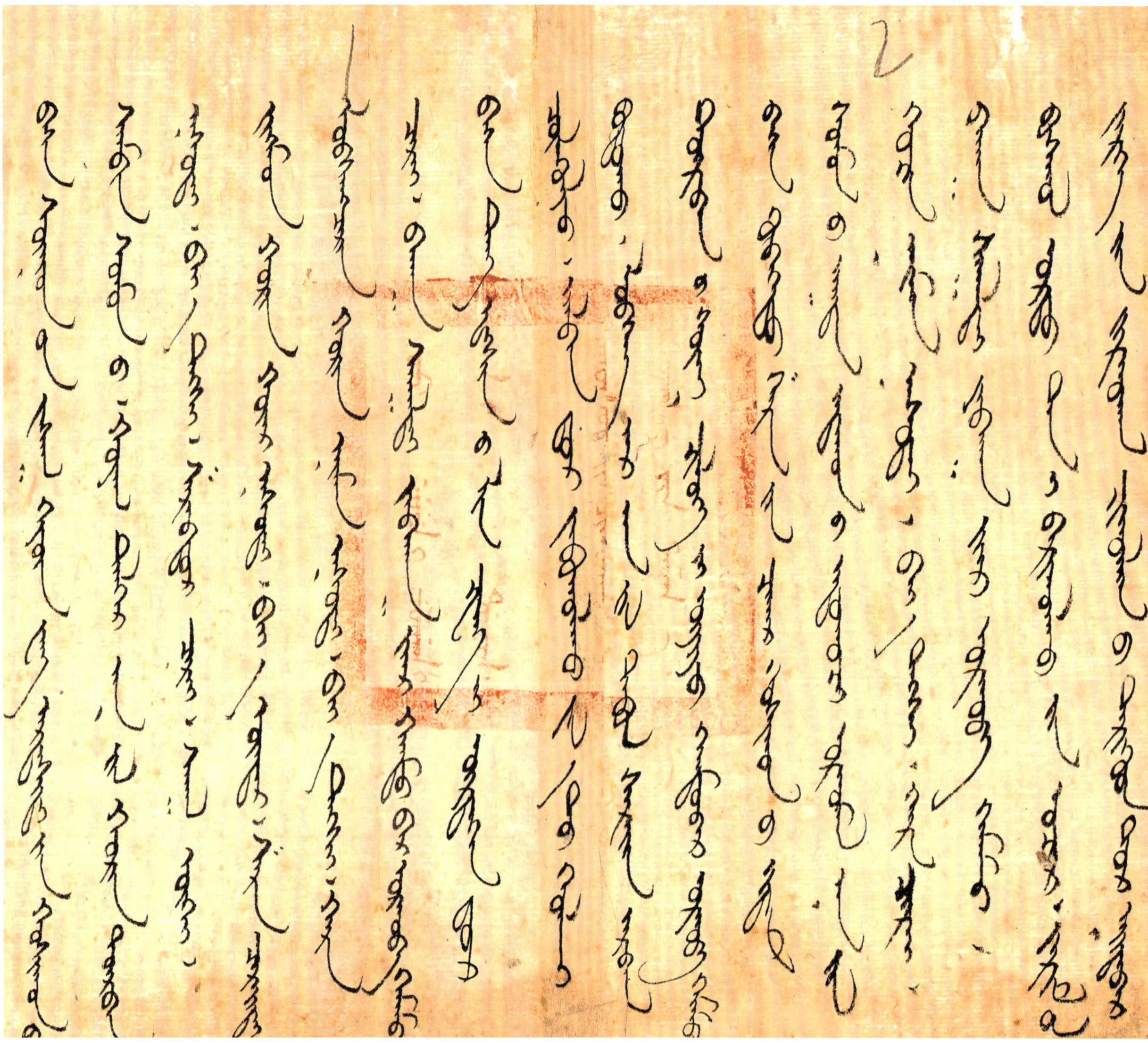

盟长敖汉额驸为缉拿乌日图等逃犯事札翁牛特札萨克郡王文（乾隆四十一年仲冬二十日）

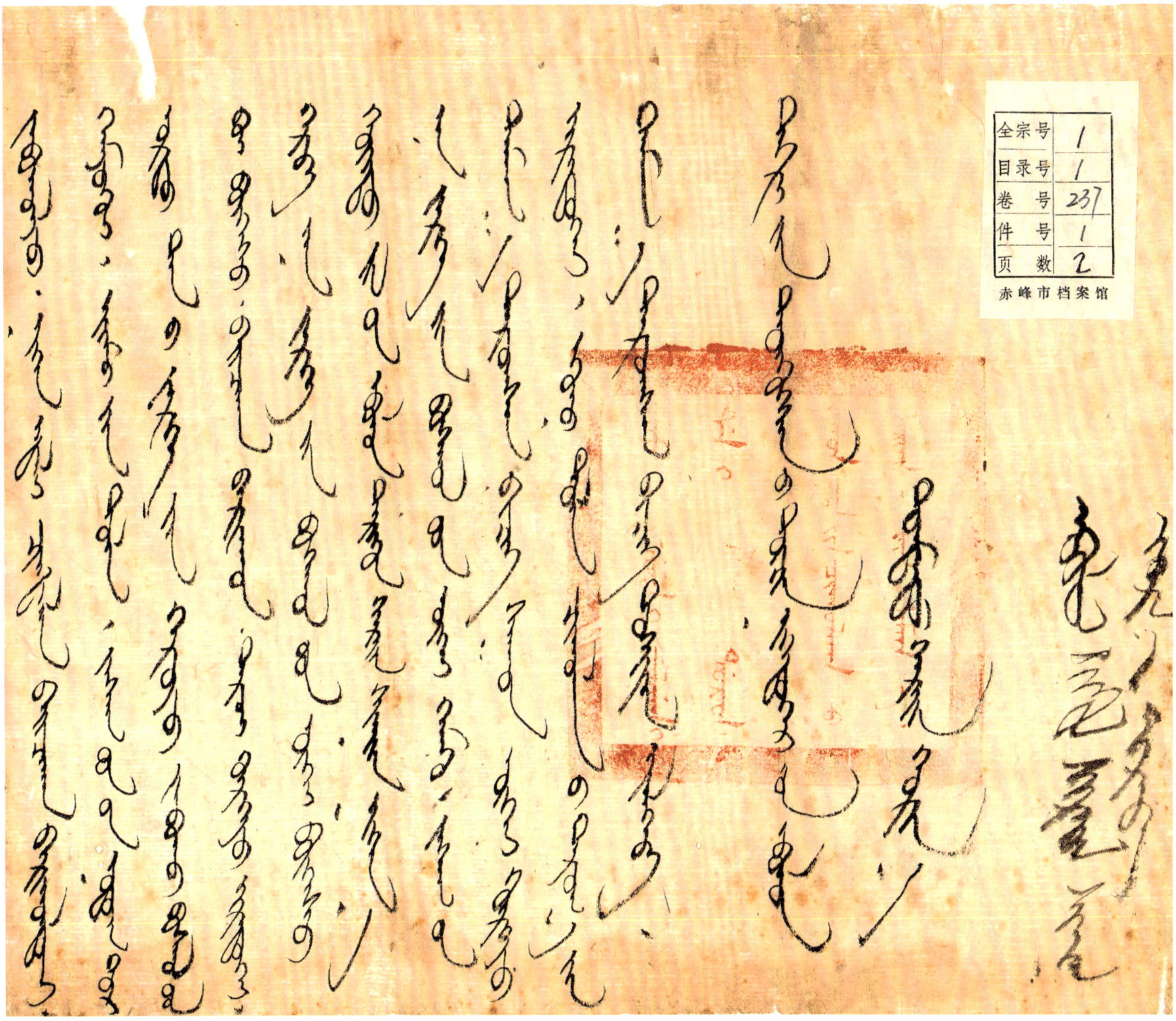

全宗号	1
目录号	1
卷 号	237
件 号	1
页 数	2

赤峰市档案馆

盟长熬汉额驸为缉拿乌日图等逃犯事札翁牛特札萨克郡王文

盟长敖汉旗贝子旗额驸阿斯汗文。札付翁牛特札萨克多罗杜棱郡王宝迪扎布：追逃之事。

大部札开：本司流放至长塘县苦役之乌日图、古日德，今逃出流放地。另，左翼镶黄旗额鲁特图鲁森佐领马倌卡朝克，本年三十岁，矮个子，微黄脸，小胡子，徒步逃窜之。还有，正白旗喀尔喀扎布佐领马倌达胡拉希，本年三十一岁，身材匀称，微黑脸，小胡子，趁机逃跑也。还有，苏尼特札萨克郡王阿日达西迪旗桑斌佐领壮丁德力格尔，本年二十四岁，身材匀称，微黄脸，没留胡子；吉格木德，二十二岁，高个子，黄脸；罗布桑策林，二十八岁，身材匀称，黑脸，小胡子。此等人徒步逃脱之。还有，流放至唐县林诚驿站之盗贼包都胡、罗布桑等，于今年五月十四日半夜趁机出逃。还有，镶黄察哈尔旗伊德姆佐领马倌乌日古木拉，是年三十八岁，身材匀称，黑脸，小胡子，徒步逃脱。为追捕乌日图等逃犯，札付哲里木等六大盟长，严加追捕。等因前来。因此，如诸札萨克旗属地发现乌日图等逃犯流窜，即刻抓获押送。如未发现此等逃犯，出具证明，钤官印，明年初冬初一报至本处。

至此，致钤盟长印之文。

乾隆四十一年仲冬二十日

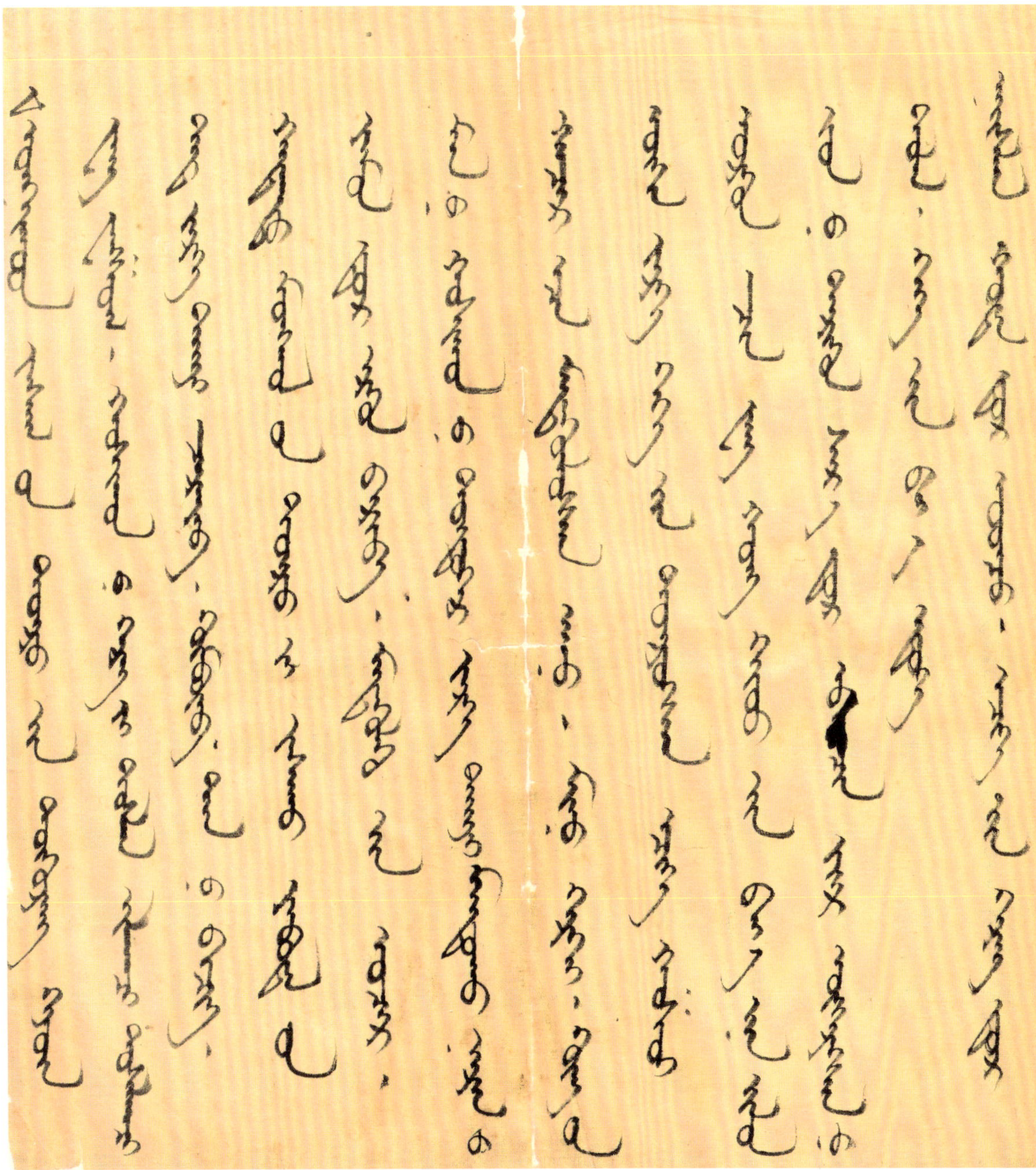

088 翁牛特札萨克郡王为格格进京探亲事呈理藩院文（乾隆四十三年末冬十日）

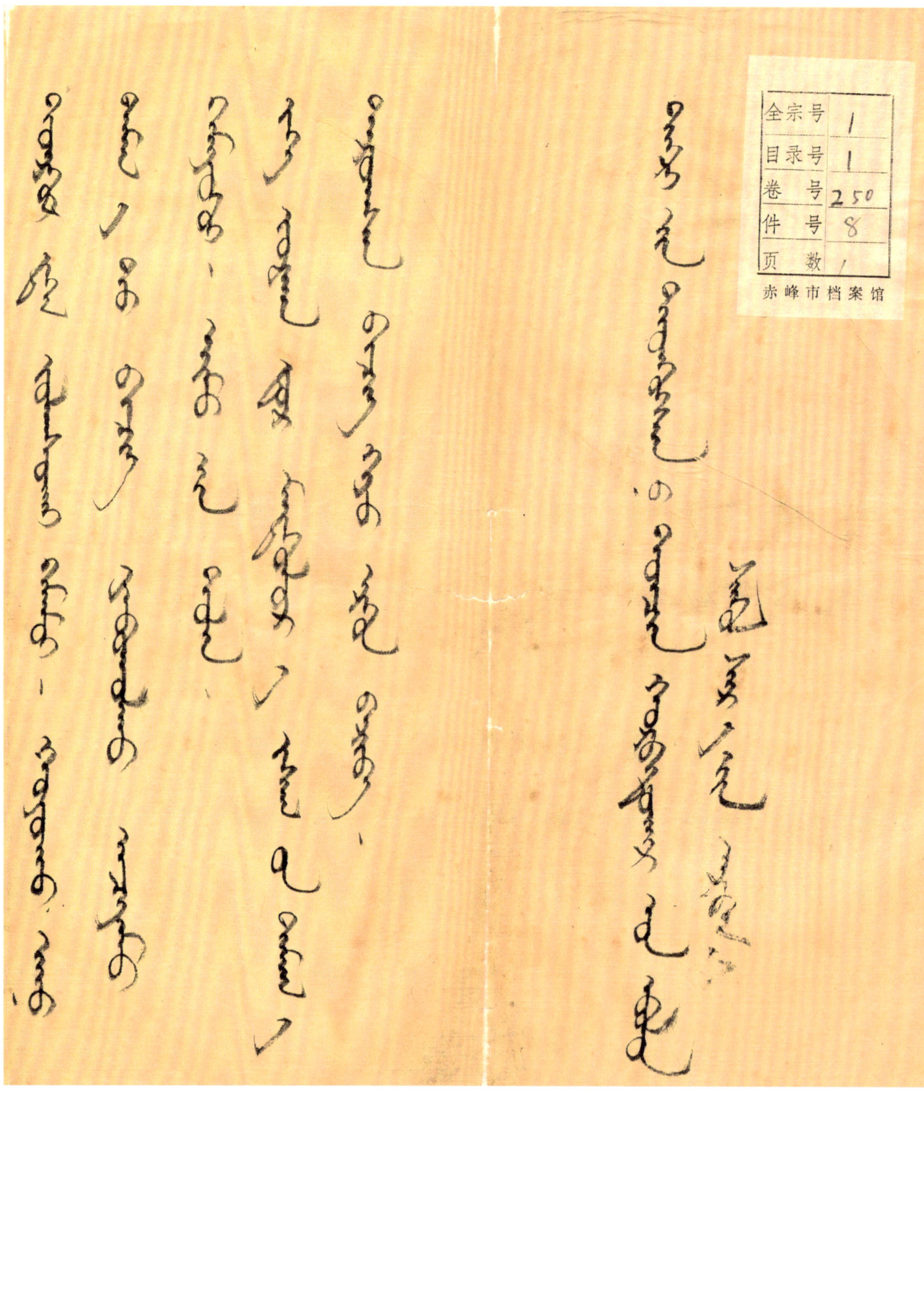

翁牛特札萨克郡王为格格进京探亲事呈理藩院文

翁牛特札萨克多罗杜棱郡王旺楚克旗协办旗务协理二等台吉策林扎布、尤木扎布文。呈报理藩院：呈报之事。

本旗四等台吉满都呼那仁呈称：吾妻，公爷公主衔格格之亲生父亲和硕乌尔衮亲王今年初夏病故，故格格进京面见娘家，呈请出具官文。等语。

至此，呈送官文呈报大部也。

乾隆四十三年末冬十日

089 钦命驻乌兰哈达蒙民事务大臣为呈送三所官仓账本事札翁牛特札萨克郡王文（乾隆四十四年仲秋二十二日）

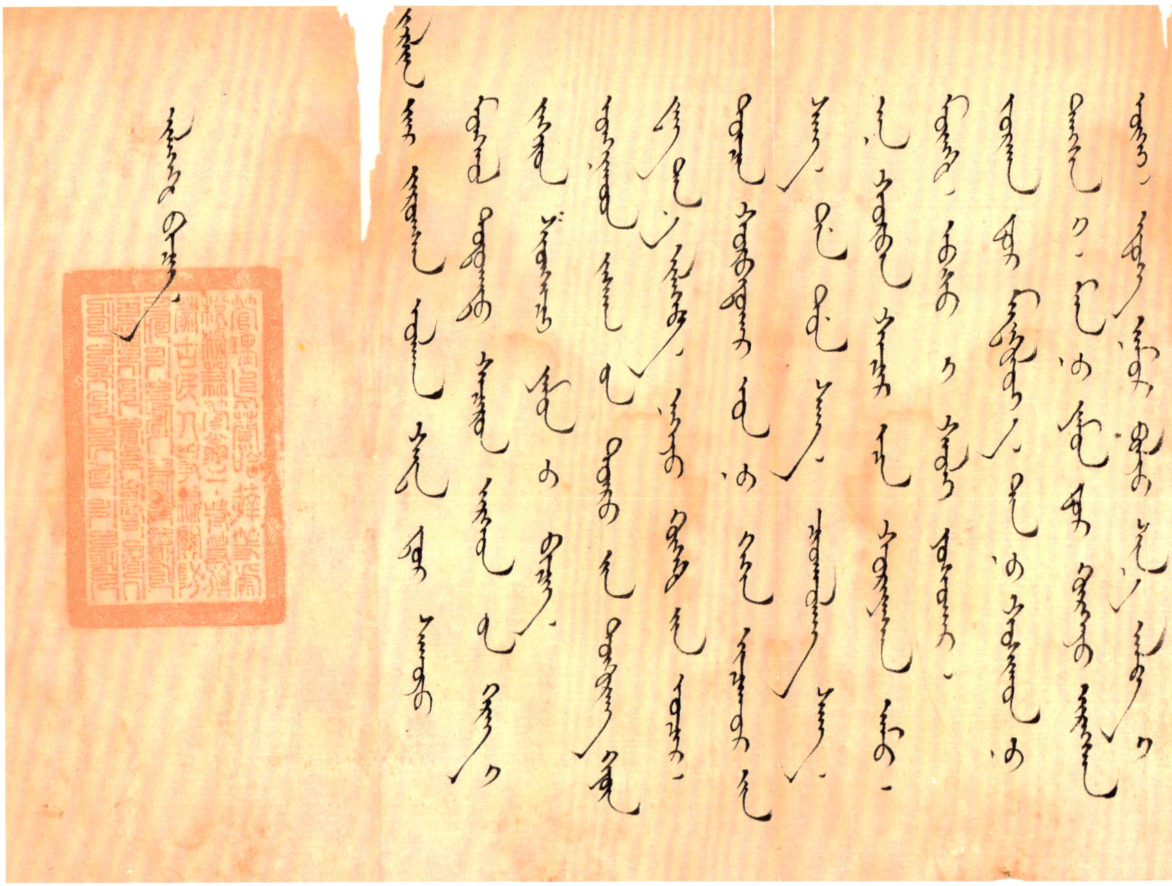

089 钦命驻乌兰哈达蒙民事务大臣为呈送三所官仓账本事札翁牛特札萨克郡王文（乾隆四十四年仲秋二十二日）

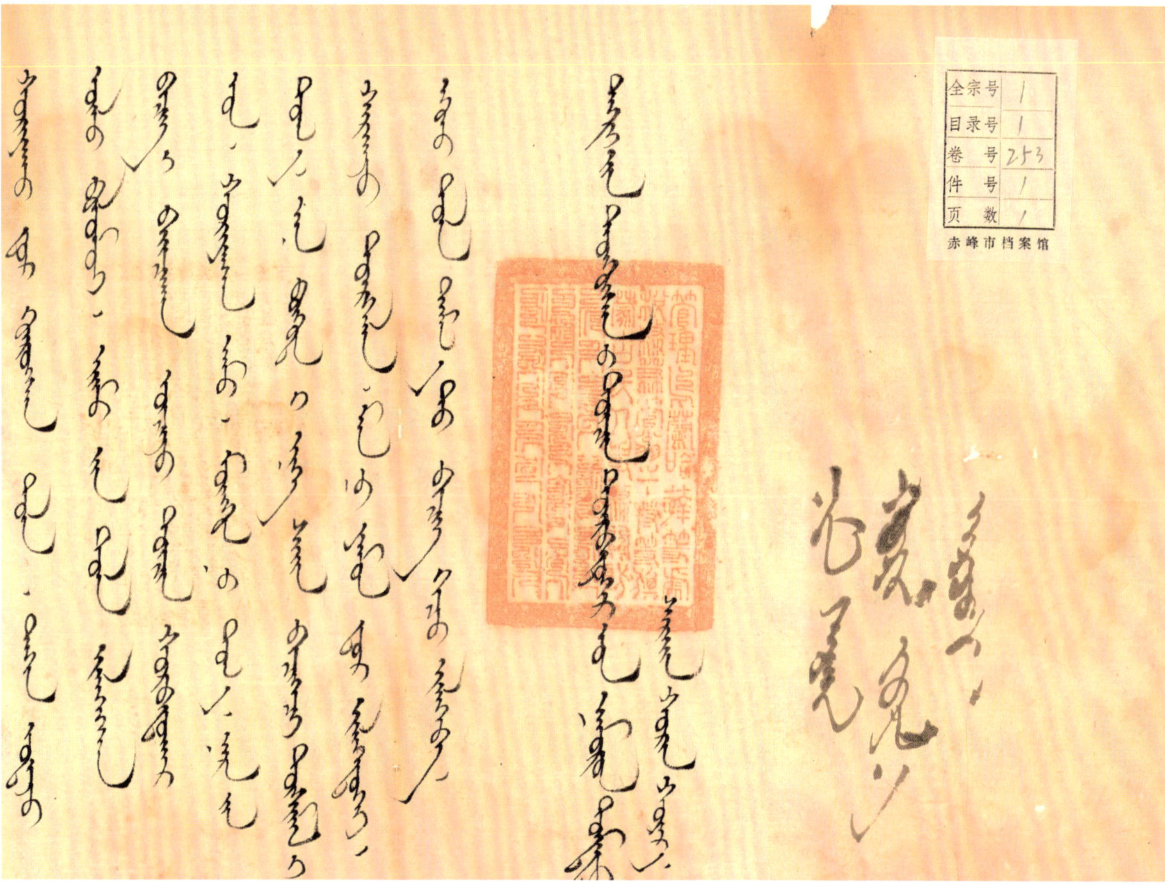

钦命驻乌兰哈达蒙民事务大臣为呈送三所官仓账本事札翁牛特札萨克郡王文

钦命驻乌兰哈达蒙民事务大臣文。札付翁牛特札萨克多罗杜棱郡王：督促之事。

四十三年格根伊珠尔仓、大屯仓、初头朗仓，此三地征收之粮食、租金、草料，按例呈报大部。尔旗官仓账本还未送到。如今已到秋季，该征收新税赋之时，不得拖延。文到，阅知文内，指派笔帖式，呈送四十三年征收之粮食、租金、草料数目至本署。

至此，致钤官印之文。

乾隆四十四年仲秋二十二日

090 翁牛特札萨克多罗杜棱郡王旗协理为领取时事消息及日历册子事呈理藩院文（乾隆四十四年末秋二十八日）

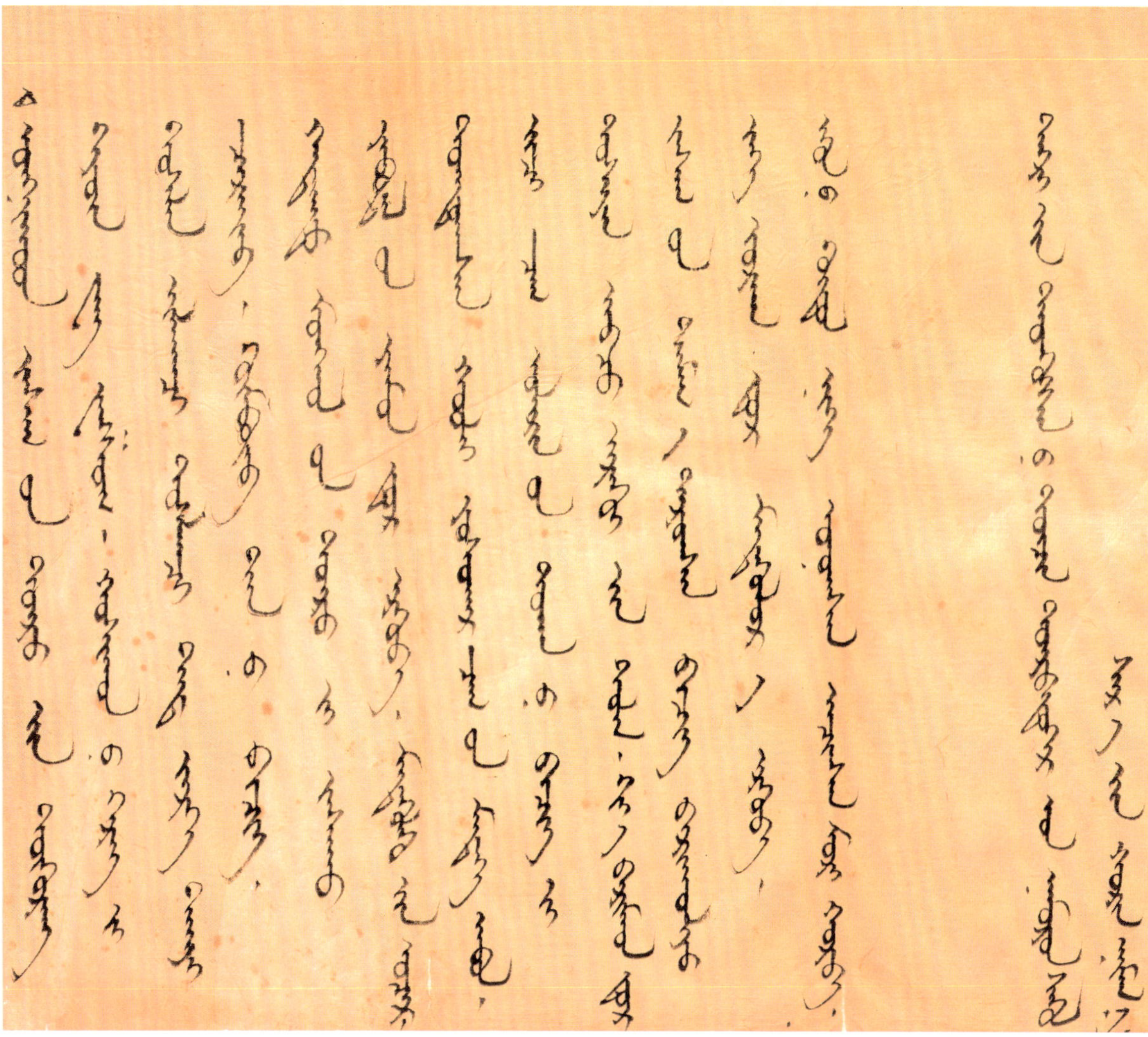

翁牛特札萨克多罗杜棱郡王旗协理为领取时事消息及日历册子事呈理藩院文

翁牛特札萨克多罗杜棱郡王旺楚克旗协理二等台吉策林扎布、官布扎布文。呈理藩院：呈报之事。

按例领取时事消息及日历册子，指派侍卫巴日米德携官文至大部。带随身马一匹、驿马三匹。

乾隆四十四年末秋二十八日

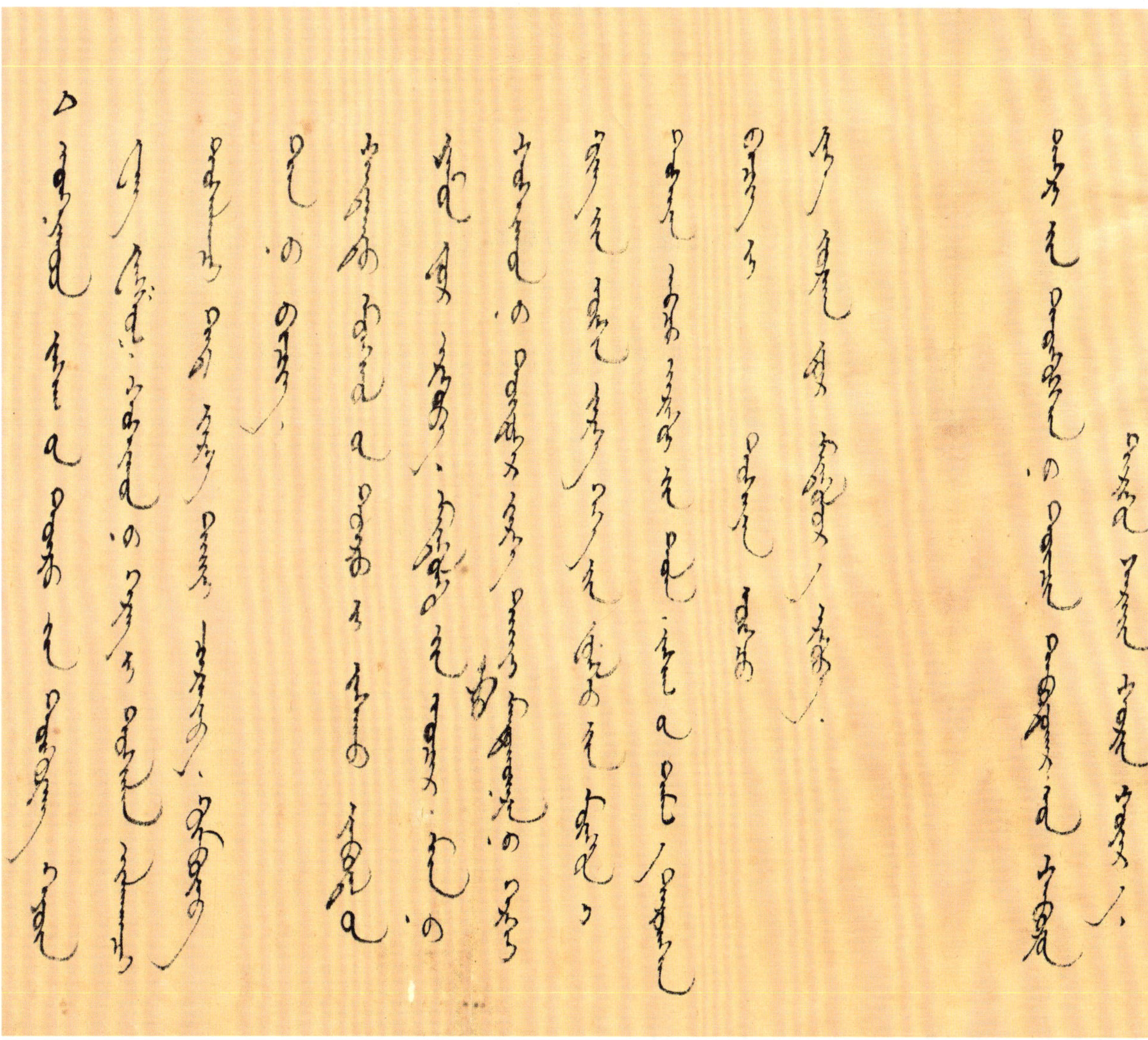

翁牛特札萨克郡王旺楚克旗协理为领取格格俸禄事呈理藩院文

翁牛特札萨克多罗杜棱郡王旺楚克旗协理二等台吉策林扎布、官布扎布文。呈理藩院：呈报之事。

为领取本旗四等台吉额驸满都呼那仁之妻、公爷之女格格俸禄，呈送官文至大部。

乾隆四十五年初春二十二日

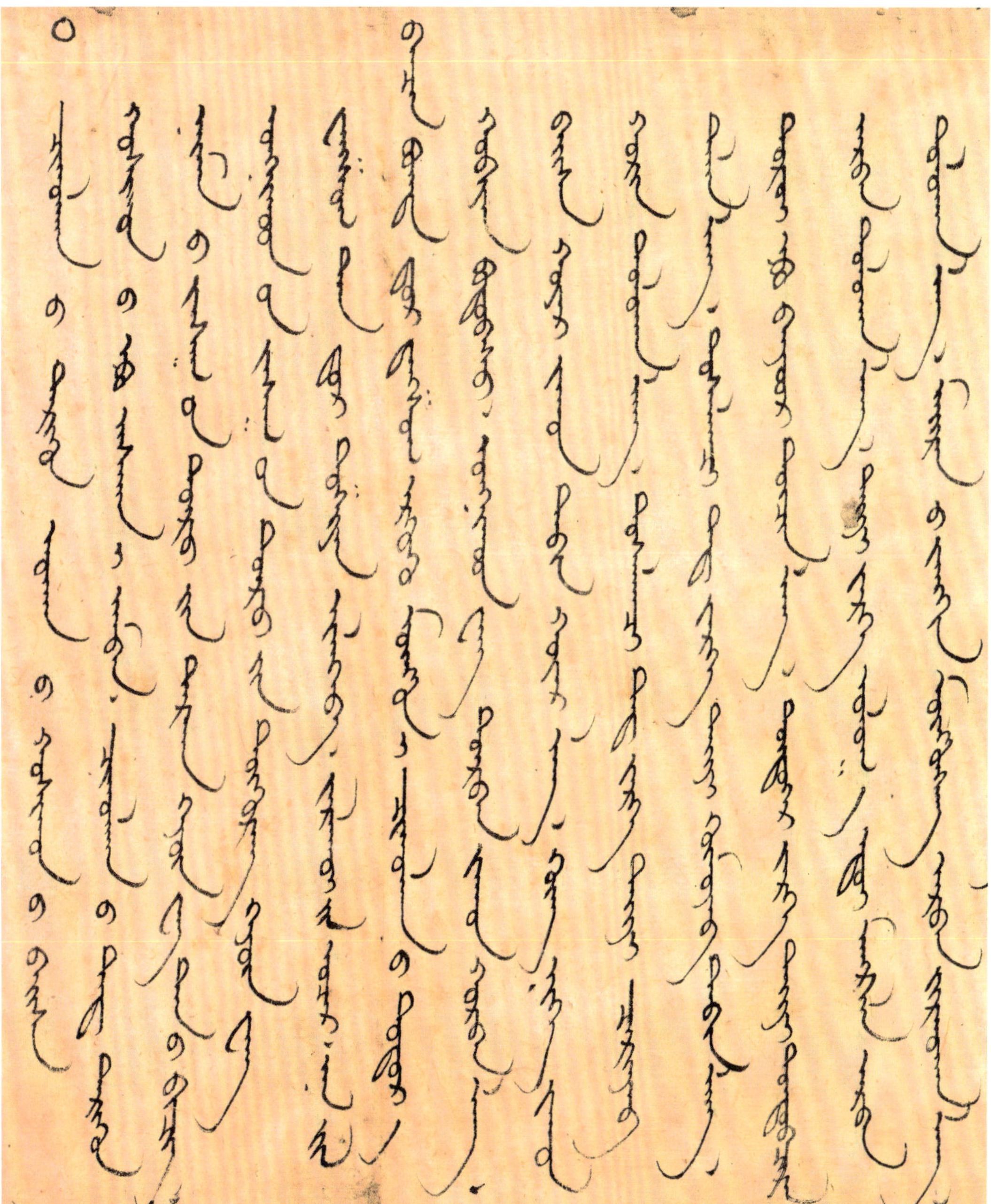

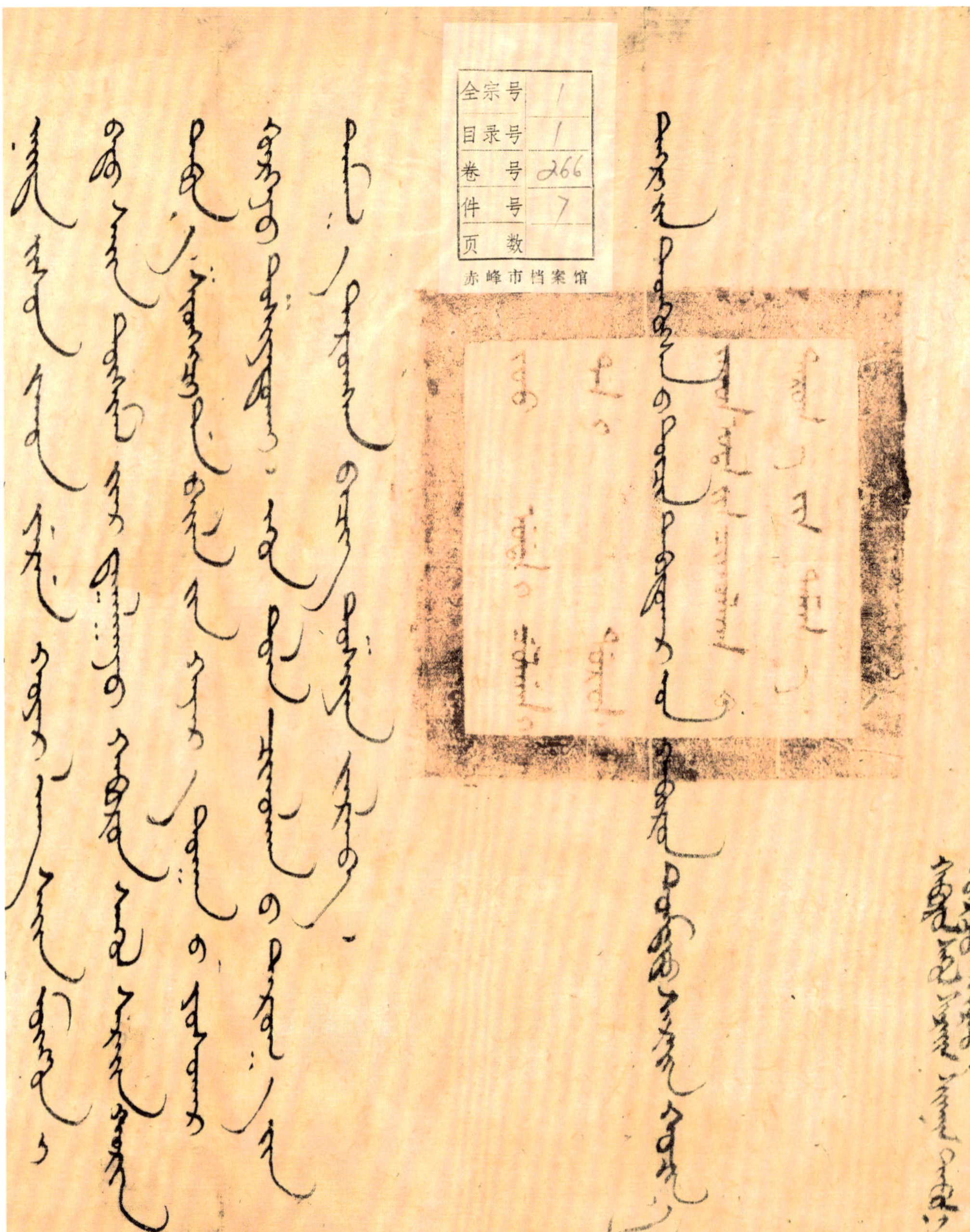
全宗号 1
目录号 1
卷号 266
件号 7
页数
赤峰市档案馆

盟长敖汉额驸为施舍班禅活佛事札翁牛特札萨克郡王文

盟长敖汉旗贝子旗额驸阿斯汗、副盟长奈曼札萨克多罗达尔罕郡王文。札付翁牛特札萨克多罗杜棱郡王旺楚克：札饬之事。

今年盟内平摊供养班禅活佛之费用为：翁牛特王四百零三两、贝子二百五十二两、公一百二十七两、协理二等台吉策林扎布七十两、协理二等台吉官布扎布五十两、额驸巴拉珠尔四十两、四等台吉敦都布策林十七两、准台吉芒格勒十七两、梅林章京孟根仓十六两，共计九百九十二两善款。此等善款交至忠实官吏，于末春二十五日如数送至贝勒官府。

至此，致钤盟长印之文。

乾隆四十五年仲春三十日

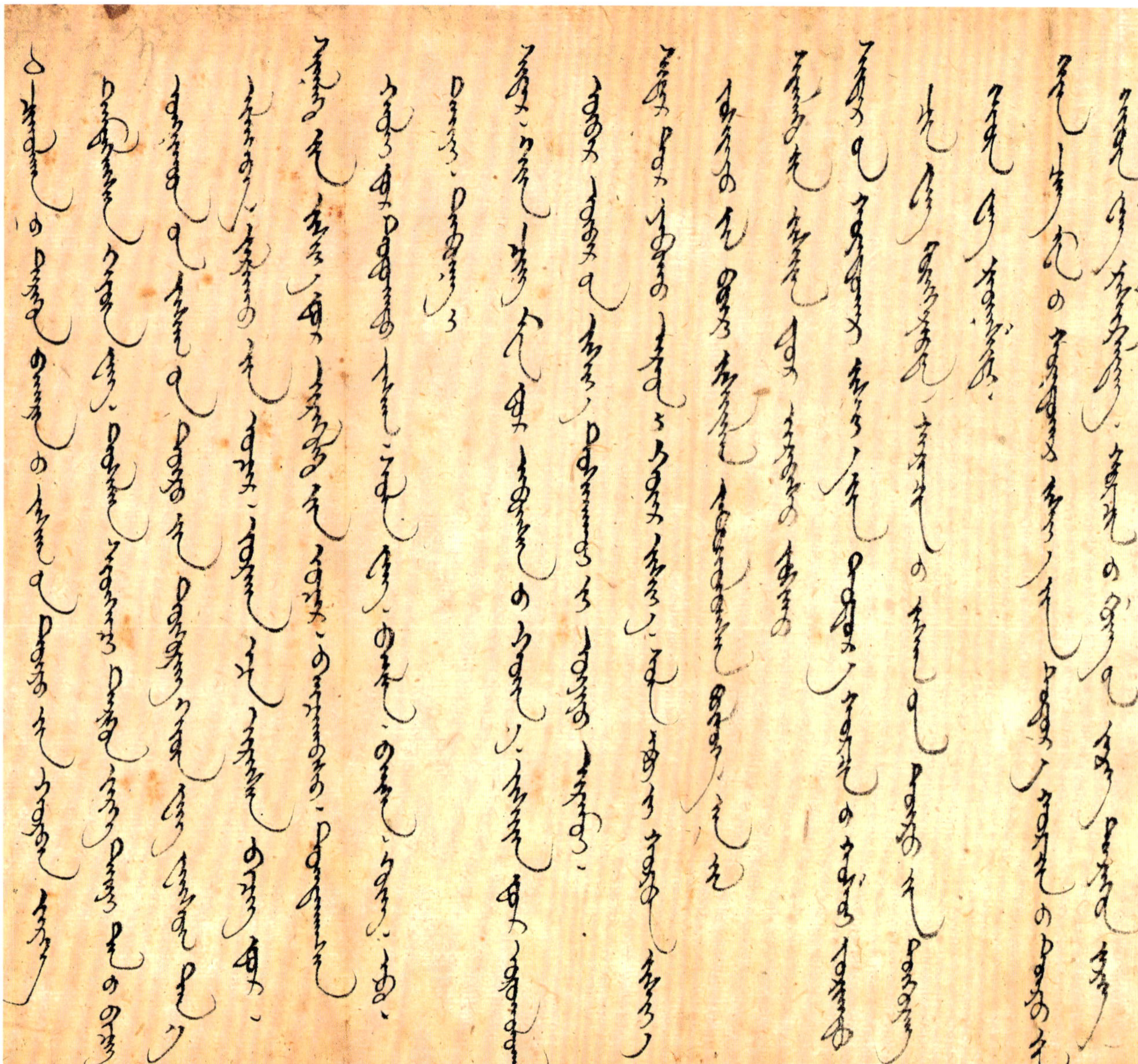

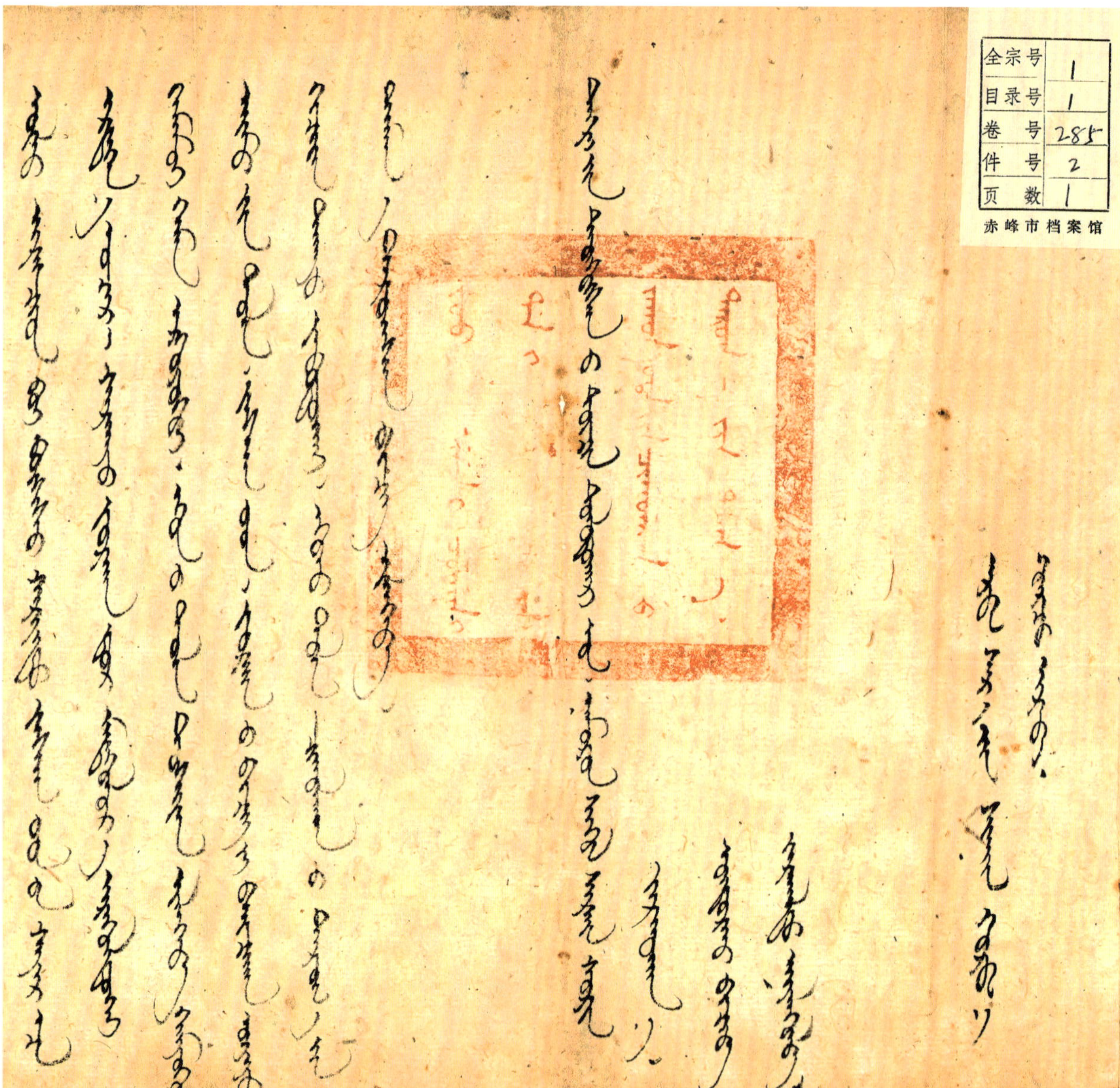

全宗号	1
目录号	1
卷　号	285
件　号	2
页　数	1

赤峰市档案馆

盟长巴林札萨克协理为进京年班事札翁牛特札萨克郡王文

盟长巴林札萨克多罗加记三级郡王协理一等台吉文。札付翁牛特札萨克多罗杜棱郡王旺楚克：行札之事。

大部札开：年班之事。据大典，年班内政、散秩王、贝勒、贝子、公、额驸、台吉、塔布囊、侍卫至乾清门，按轮次朝觐。侍卫等人分两班、散秩额驸分三班，每年按班朝觐。本年年班之侍卫第二班为：科尔沁和硕照日格图亲王贡嘎拉布坦，喀喇沁札萨克多罗杜棱郡王拉迪那希迪。乾清门第二班为：科尔沁多罗郡王拉西噶尔丹，科尔沁公爷一等台吉拉旺，鄂尔多斯公爷二等台吉贡扎布道尔吉，喀喇沁和硕额驸那牧扎布，科尔沁一等台吉斯楞丹巴、敏珠道尔吉，扎鲁特一等台吉朋斯克，翁牛特二等台吉散吉扎布、哈斯巴特尔、白音巴特尔，巴林二等台吉苏纳木，敖汉二等台吉斯布腾道尔吉，科尔沁四等台吉敦达布，呼和浩特土默特四等台吉巴拉丹道尔吉。散秩额驸第一班为：敖汉和硕额驸敏珠道尔吉，喀喇沁和硕额驸苏纳木巴拉丹，巴林和硕额驸宝音图，敖汉旗额驸赛音阿日毕吉呼，科尔沁旗额驸呼木。此等人本年进京值年班，将此札付所属盟长，年班之王、公、额驸、台吉务必末冬十五日进京。年班因故未能进京者，所属札萨克注明原由提前呈报理藩院。等因前来。为此，各札萨克遵照大部札饬遵行。

至此，致钤盟长印之文。

乾隆四十七年末秋二十六日

温都日胡书　吉日嘎拉图编

094 钦命驻乌兰哈达蒙民事务大臣为核实王公私自出租耕地事札翁牛特札萨克郡王文（乾隆四十八年末春二十一日）

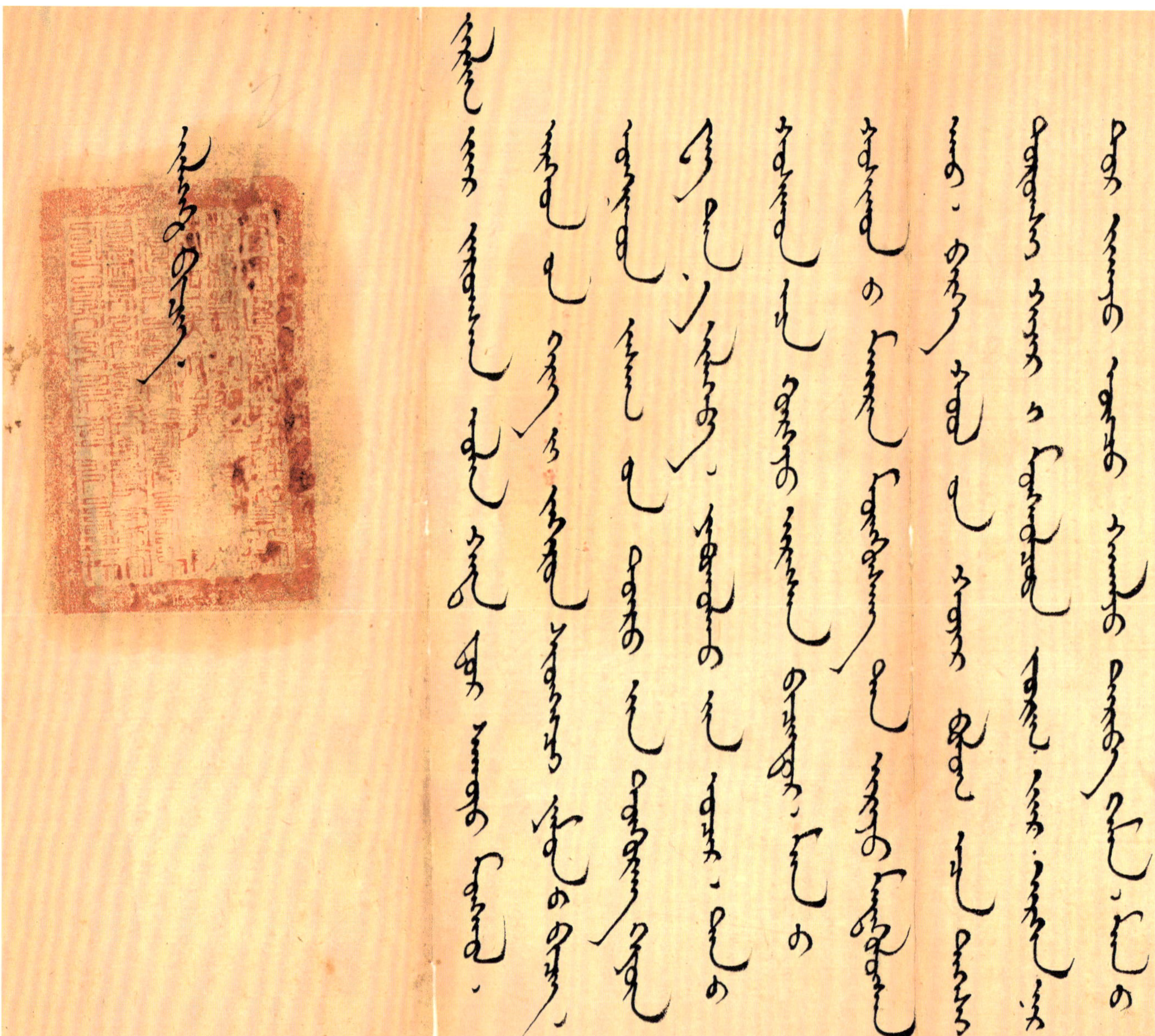

094 钦命驻乌兰哈达蒙民事务大臣为核实王公私自出租耕地事札翁牛特札萨克郡王文（乾隆四十八年末春二十一日）

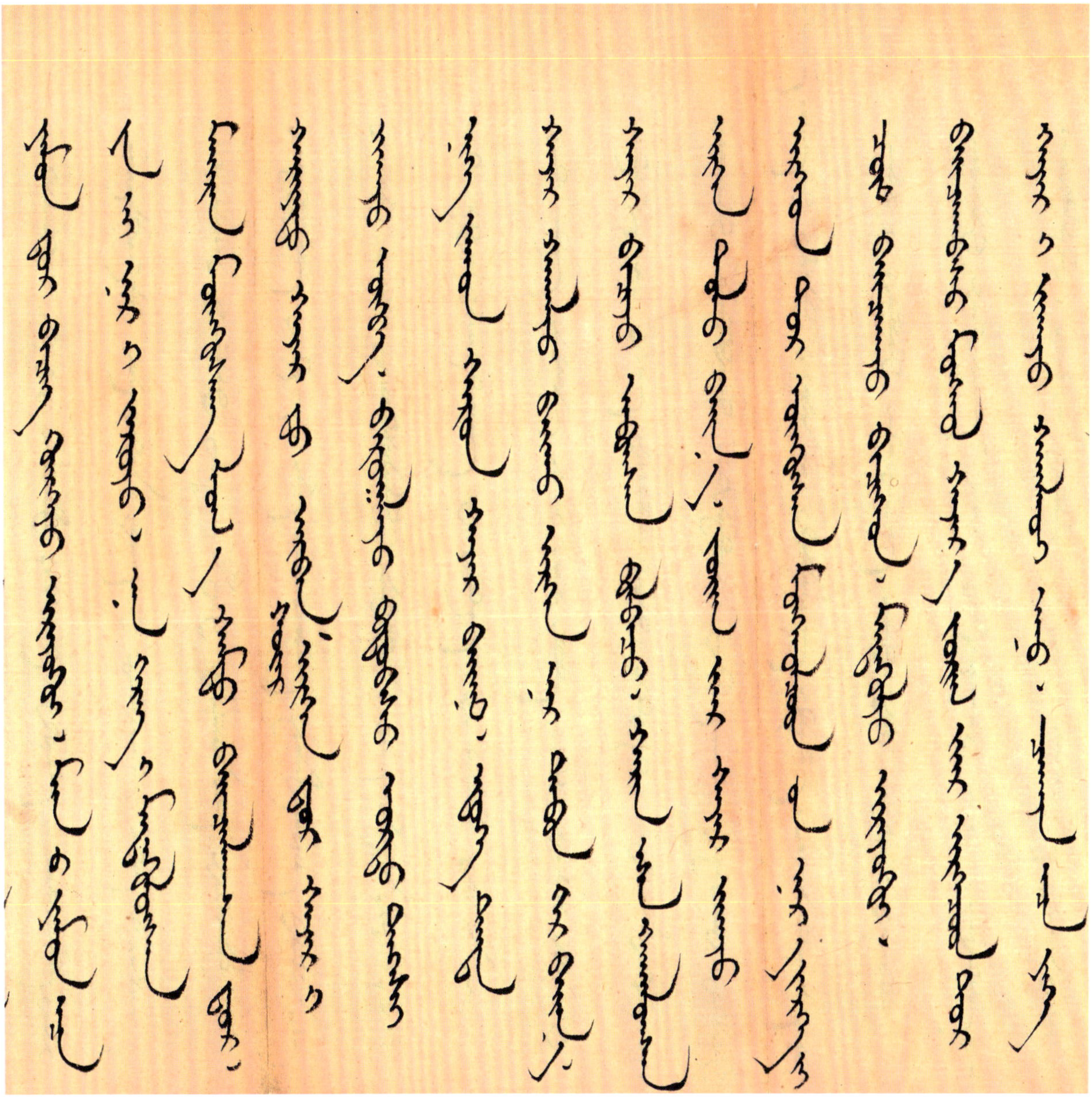

094 钦命驻乌兰哈达蒙民事务大臣为核实王公私自出租耕地事札翁牛特札萨克郡王文（乾隆四十八年末春二十一日）

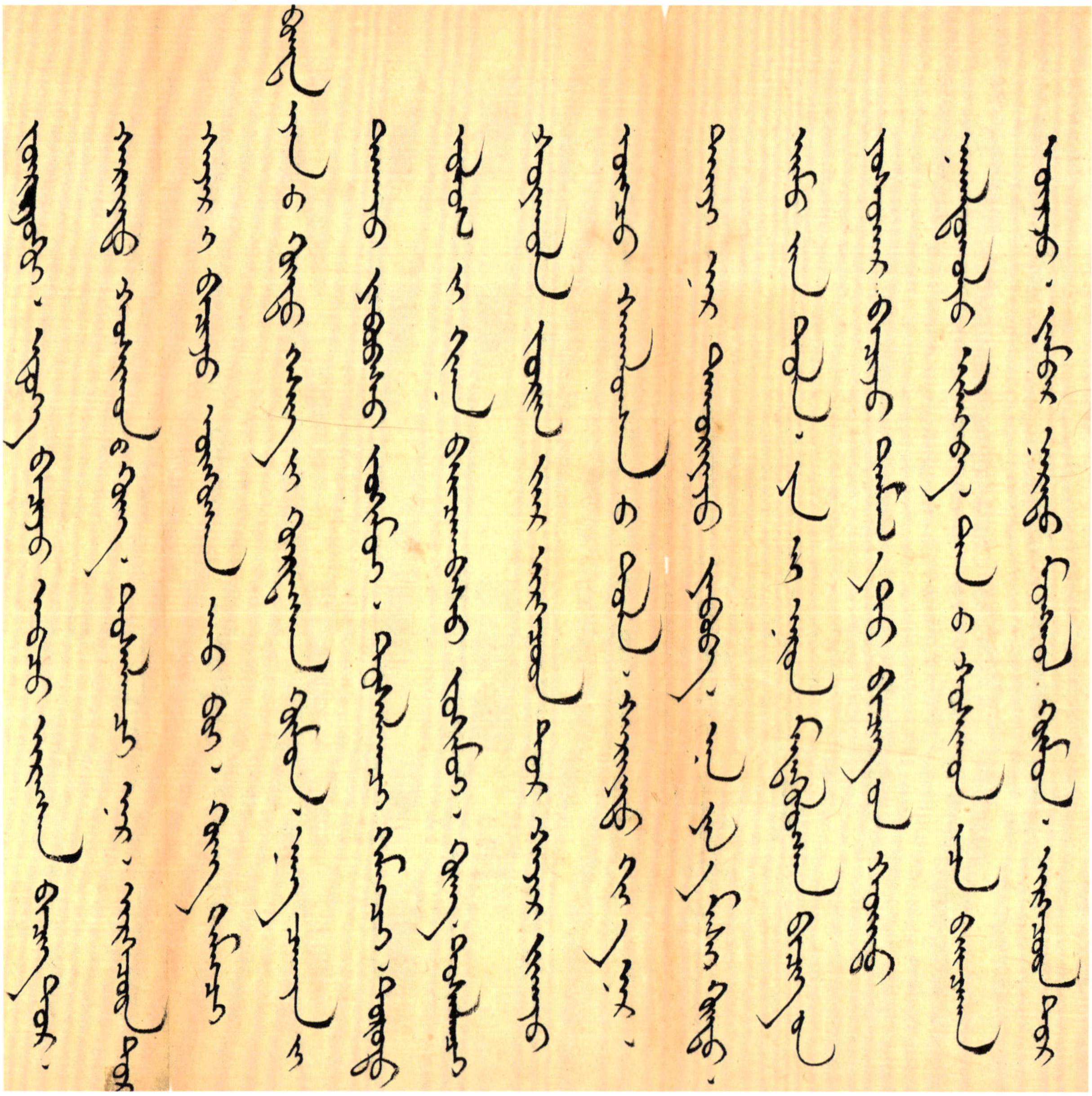

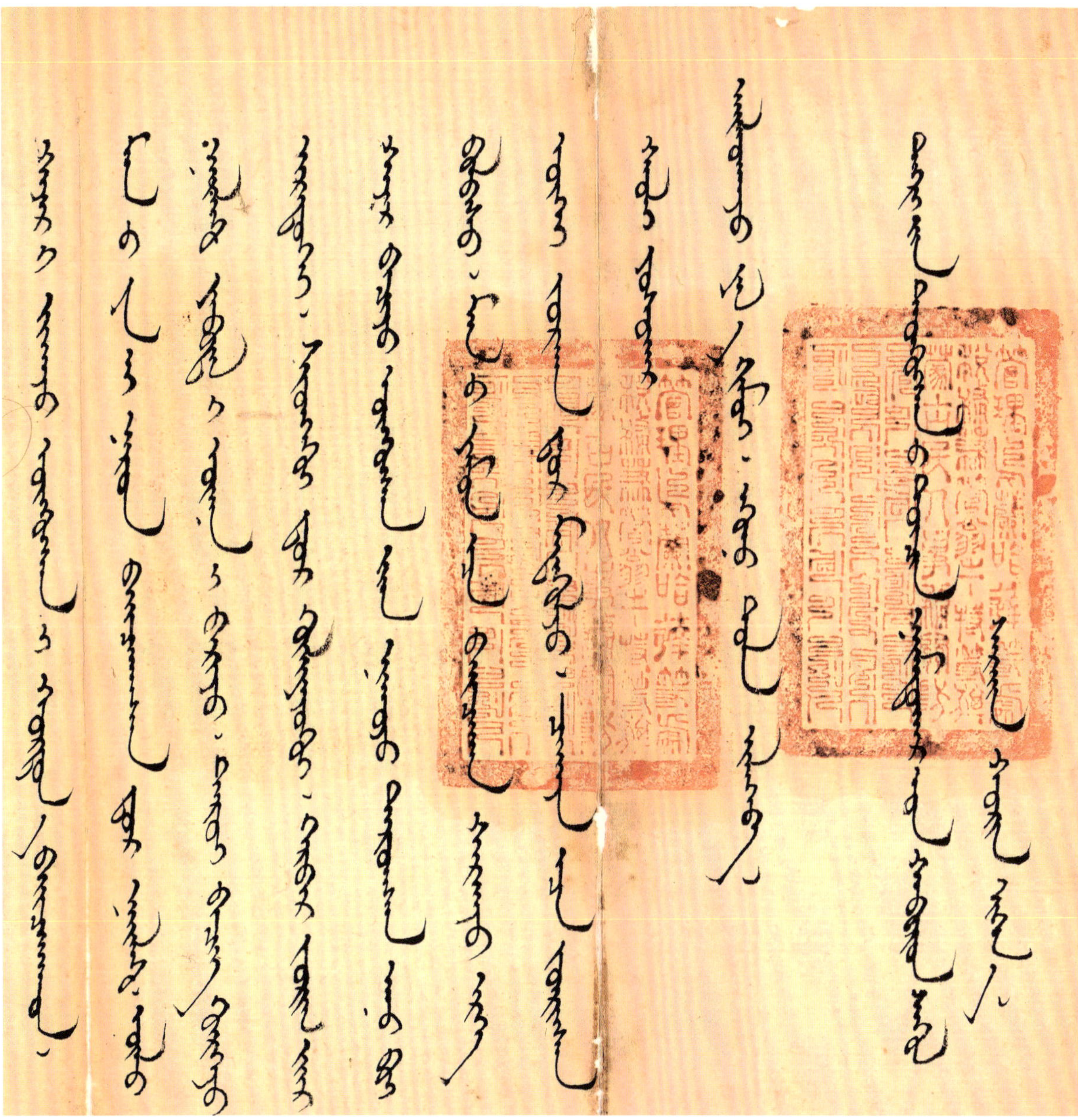

钦命驻乌兰哈达蒙民事务大臣为核实王公私自出租耕地事札翁牛特札萨克郡王文

钦命驻乌兰哈达蒙民事务署文。札付翁牛特札萨克多罗杜棱郡王：尔旗呈称，吾旗梅林孟根仓呈报，蒙古人肆意将别尔合河双泉上下游之地指给民人开垦。接到呈报，本署派衙役，与报案梅林孟根仓一同查看发现，指给十二户民人之所辖耕地大致有一百余平方里。今，开垦之民人有五户，接到耕地却未开垦之民人七户。私自指给民人耕地之蒙古人姓名等已报送至本署。蒙古地区私自指给民人开垦者，违反律例也。据报送之纪要，其中让民人开垦的不乏旗公爷、协理等。公爷为受圣上厚禄之人，更应遵守法理。协理应督查庶民也。公爷、协理私自指给民人开垦，所属侍卫、台吉纷纷效仿，罪上加罪也。为此，本署将衙役视察纪要附文一同寄出。尔旗登记指给民人耕地之蒙古人姓名，即刻报送至本署。本署核实是否与衙役记录相符。如有故意隐瞒指给民人耕地者，本署查清并遣送大部，以抗法治罪。

此札。

乾隆四十八年末春二十一日

095 钦命驻乌兰哈达蒙民事务大臣为传唤债务纠纷当事人事札翁牛特札萨克郡王文（乾隆四十九年仲春初六日）

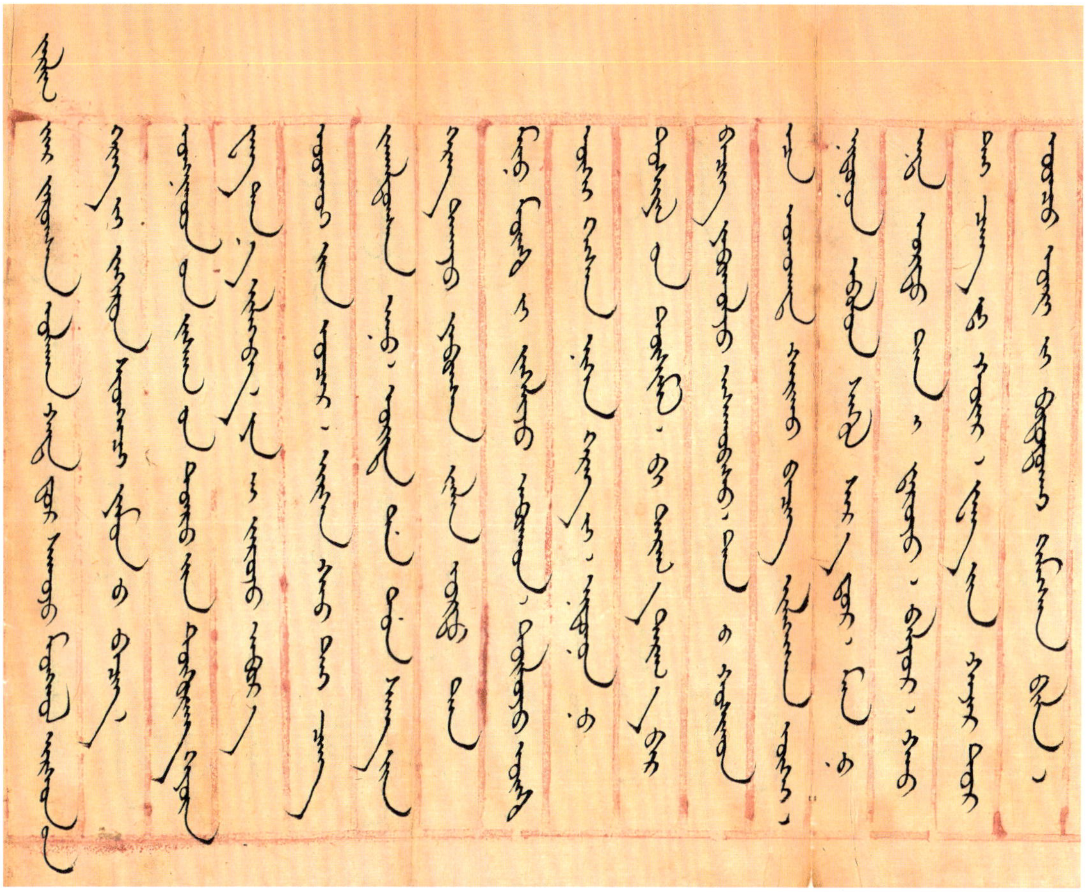

095 钦命驻乌兰哈达蒙民事务大臣为传唤债务纠纷当事人事札翁牛特札萨克郡王文（乾隆四十九年仲春初六日）

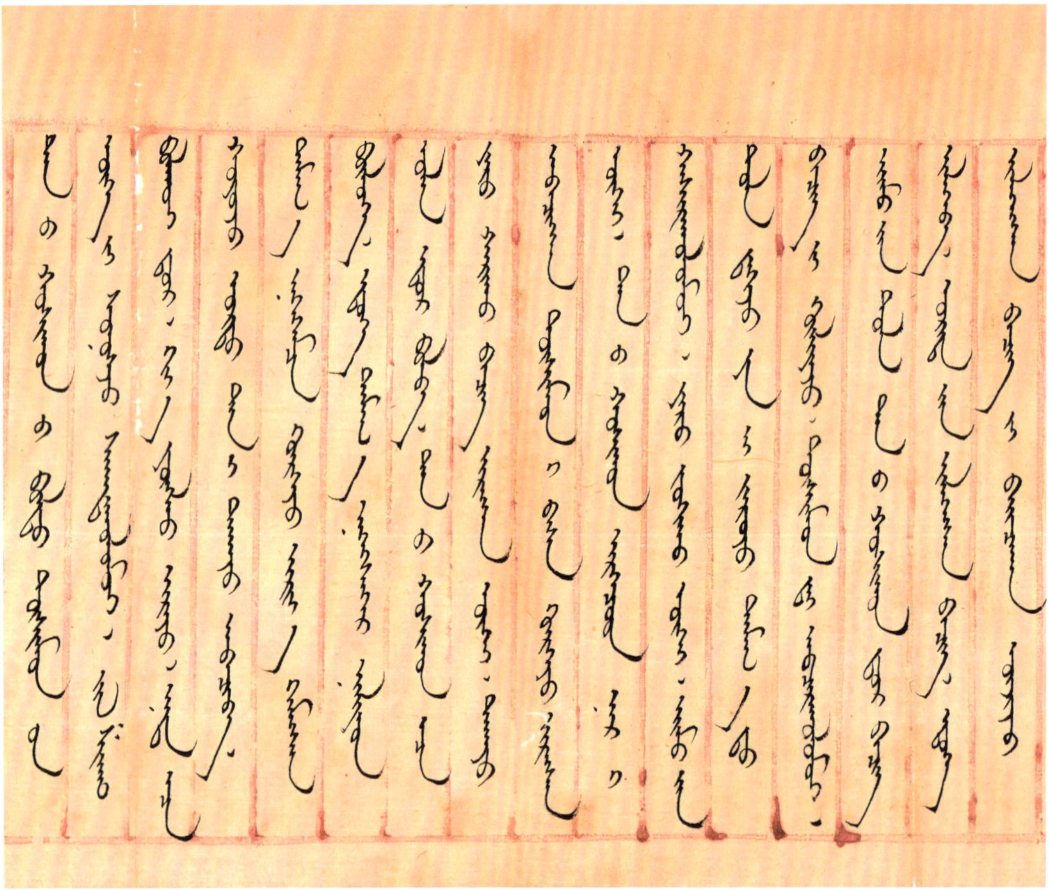

095 钦命驻乌兰哈达蒙民事务大臣为传唤债务纠纷当事人事札翁牛特札萨克郡王文（乾隆四十九年仲春初六日）

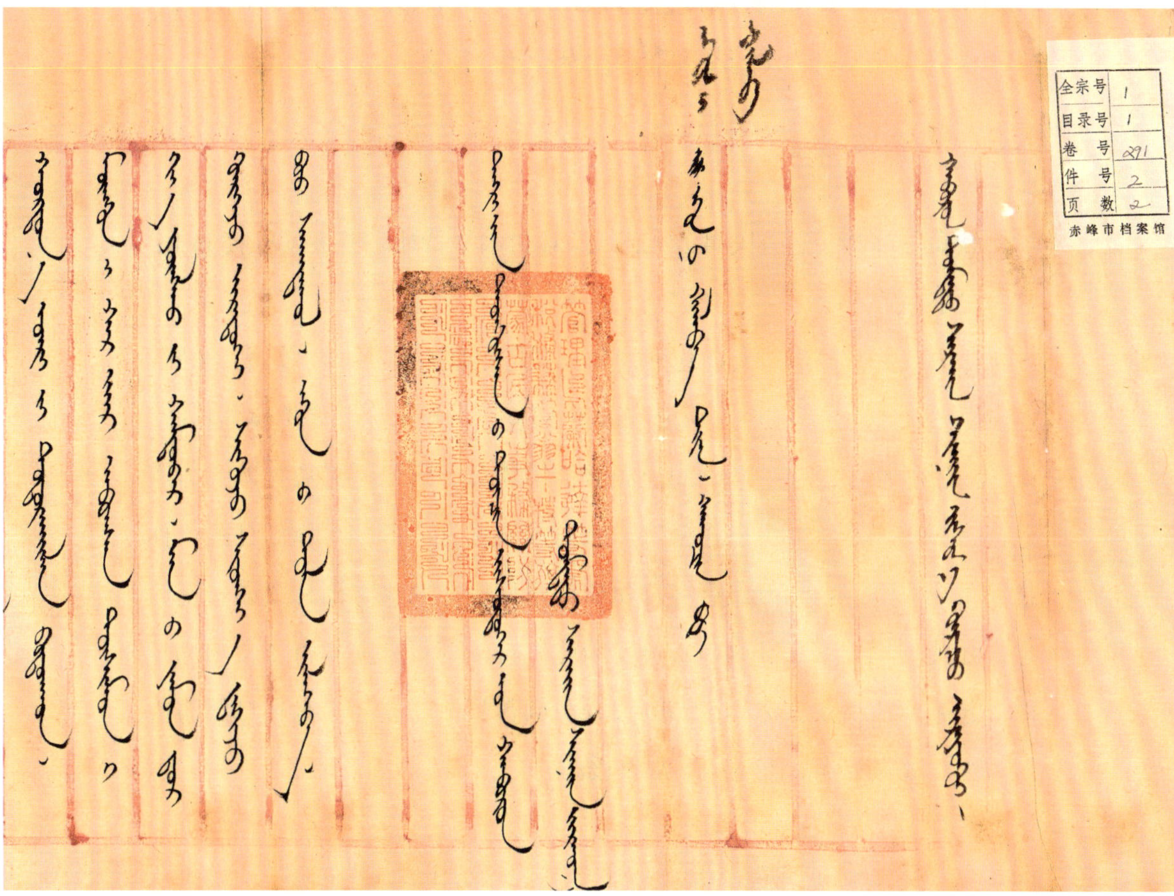

钦命驻乌兰哈达蒙民事务大臣为传唤债务纠纷当事人事札翁牛特札萨克郡王文

钦命驻乌兰哈达蒙民事务大臣文。札付翁牛特札萨克多罗杜棱郡王：督办之事。

民人侯太昌呈诉：大屯仓甲喇乌日图借银款至今未还。等语。为此，本大臣去年多次致函询问，尔旗却从未回复。去年末冬本署传唤乌日图，使其与巴拉珠尔、侯太昌一同至衙署清算债务。但尔旗听从官差宝力道之言，百般拖延，近一年才派侍卫永禄前来本署，请求保释乌日图，称过完年启章后回函。但启章多日尔旗尚未回函。取保之乌日图亦未返送也。如此误事，糟践民意，错也。为此，再使衙役，让其将公文与乌日图一起带回。查阅行文后，即刻核查欠债数目，将债主甲喇乌日图与侍卫永禄一同送至本署审讯。不得再误。

此札。

乾隆四十九年仲春初六日

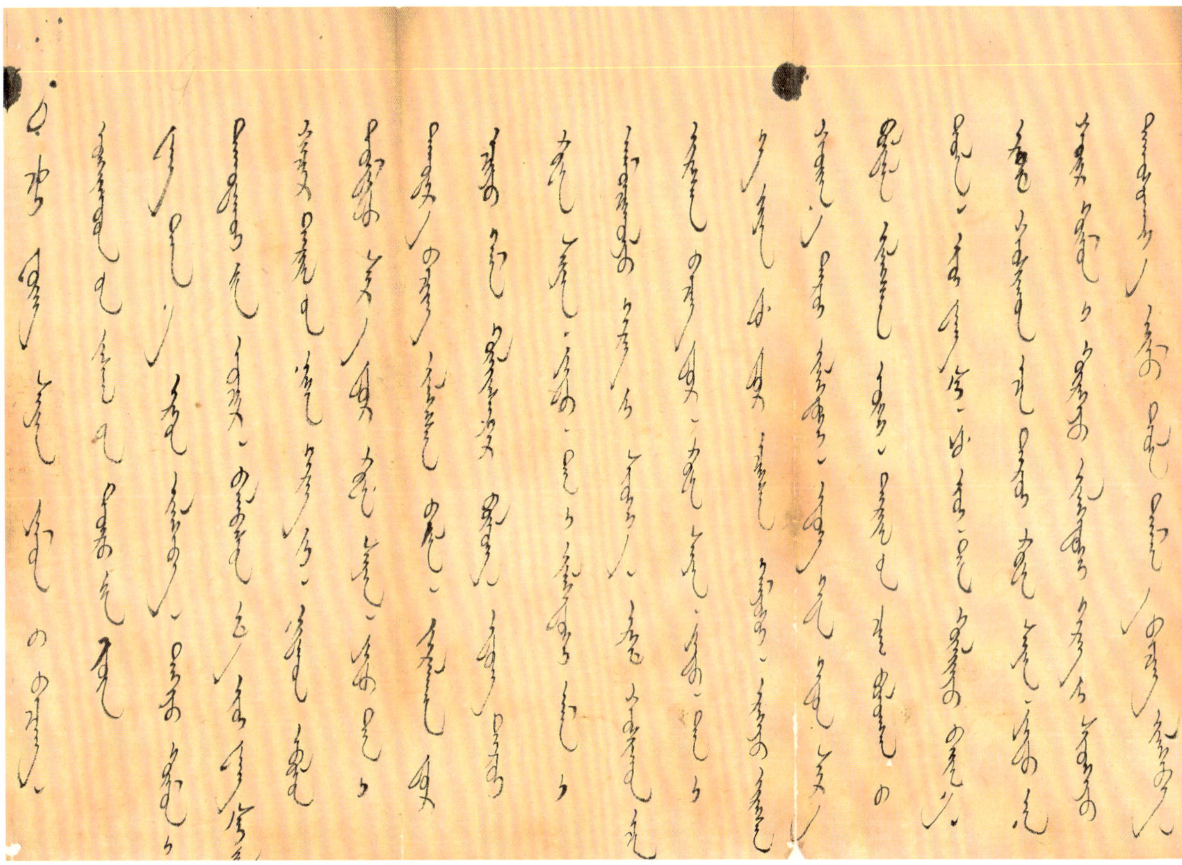

096 赤峰县衙为传唤侵占耕地嫌疑人事咨翁牛特札萨克郡王文（乾隆四十九年末春二十三日）

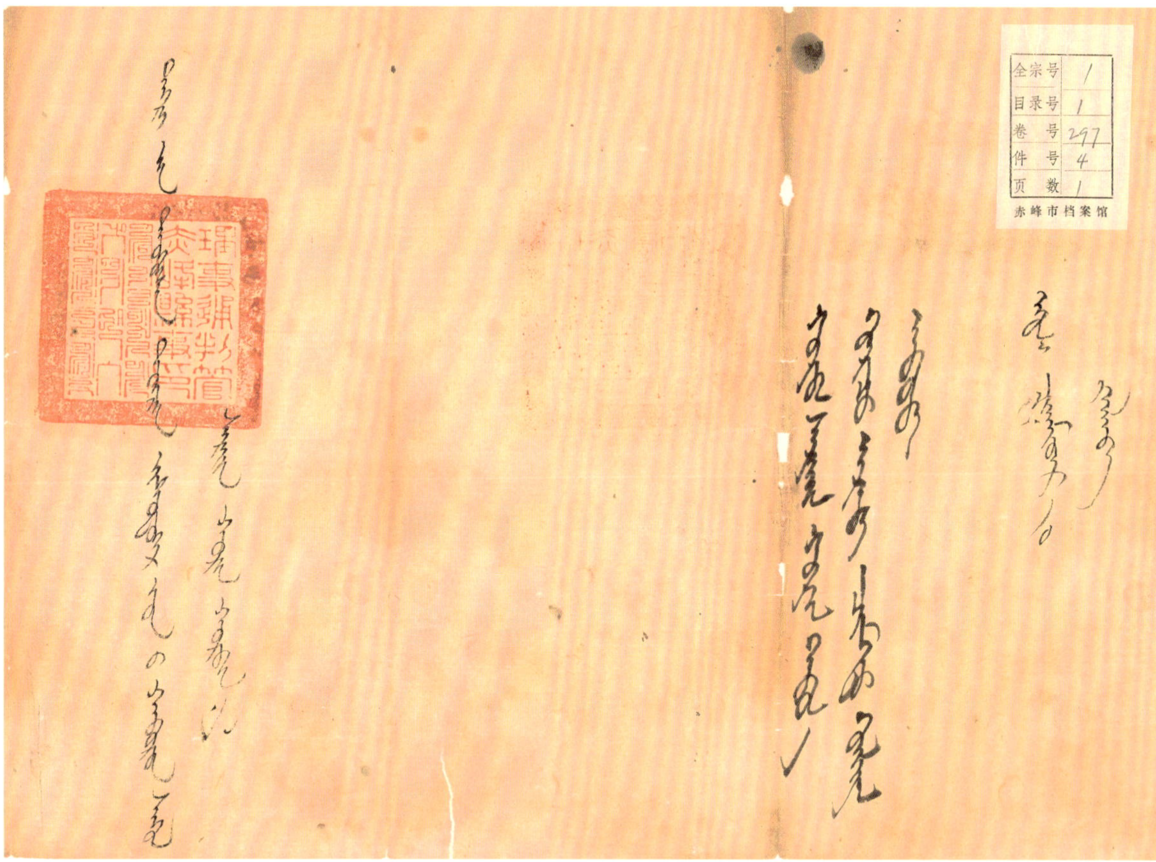

赤峰县衙为传唤侵占耕地嫌疑人事咨翁牛特札萨克郡王文

赤峰县衙文。咨送翁牛特札萨克多罗郡王：传唤之事。

侵占于旺财寡妇耕地一案，去年仲冬传唤框贤、丫头二人，等待至今。承接之贵旗咨开：框贤、丫头已去和县府，回来后押送之。又过几月，不见送来。又到耕地季节，于旺财寡妇姚玉急等处理此案。文到，贵旗迅押送框贤、丫头二人，结办此案。

至此。

乾隆四十九年末春二十三日

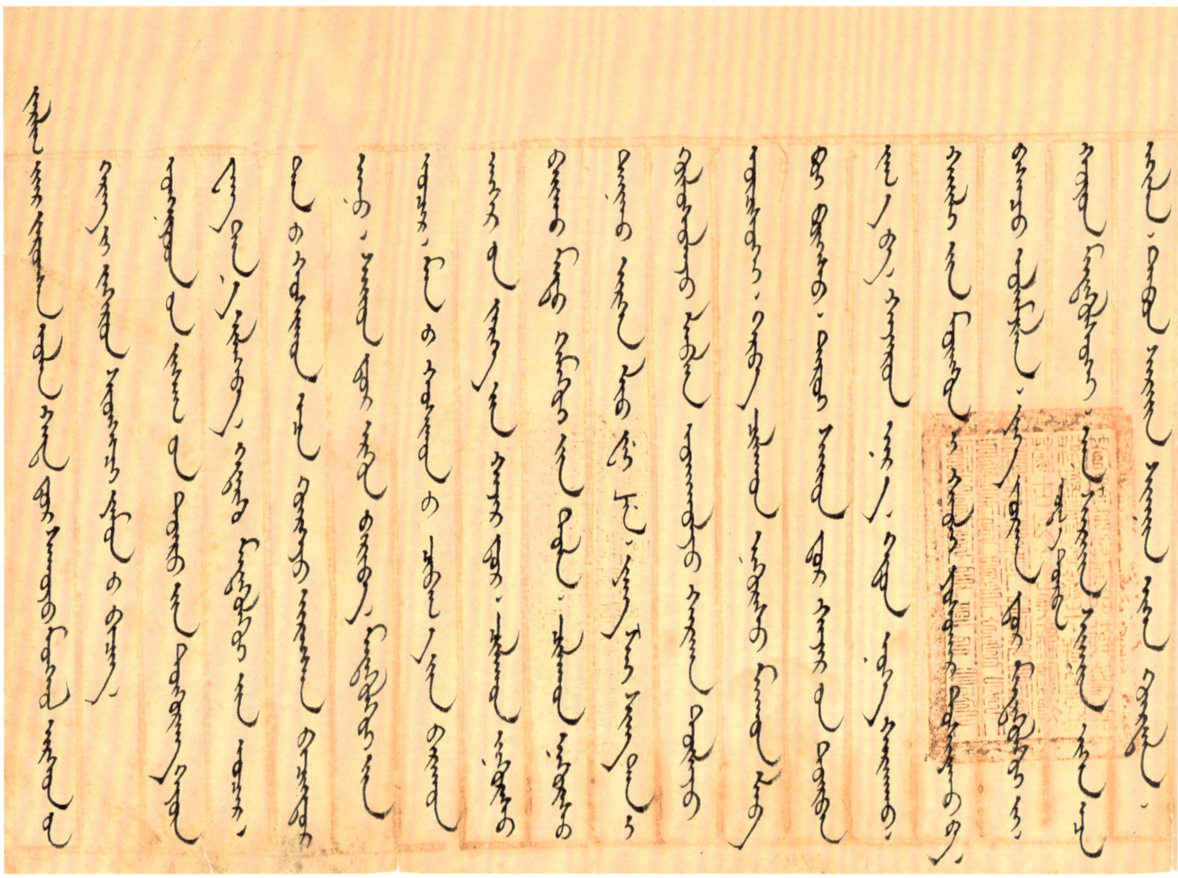

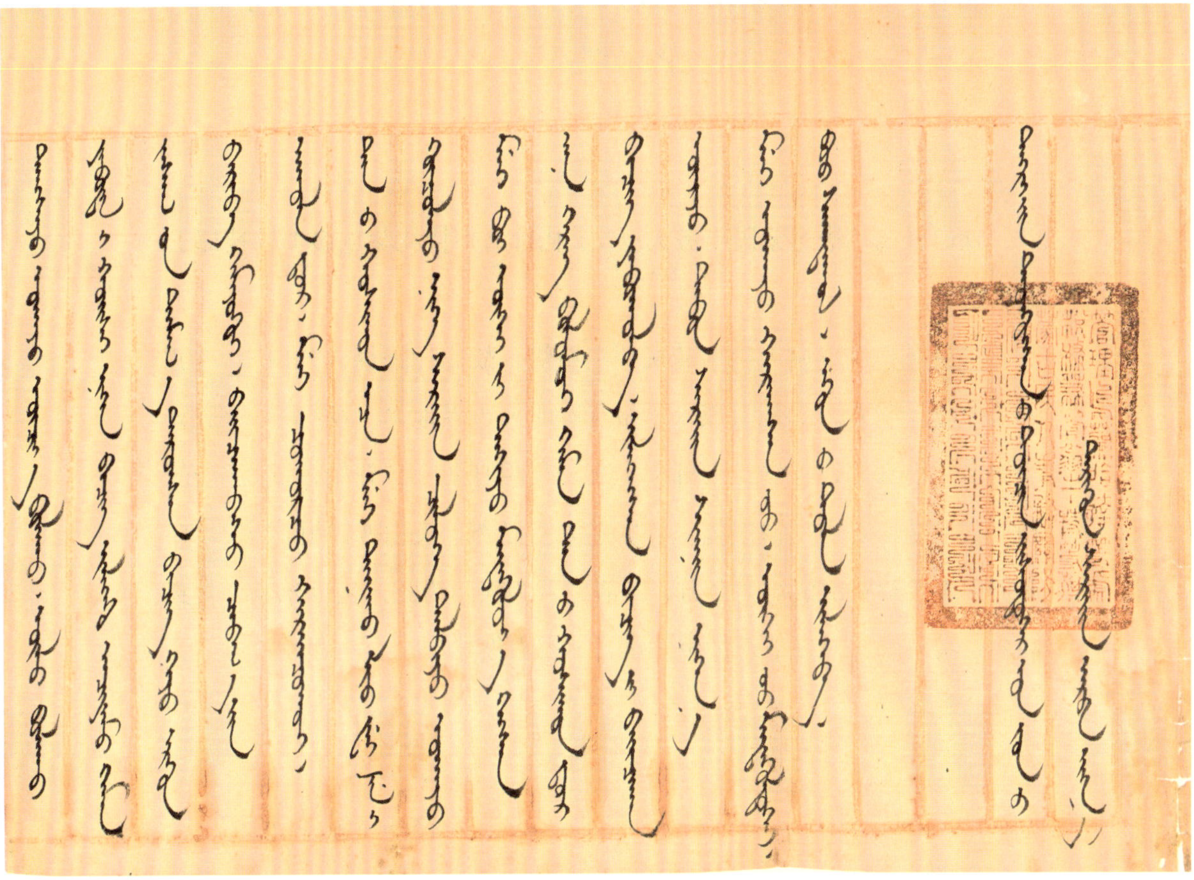

钦命驻乌兰哈达蒙民事务大臣为试挖石煤事札翁牛特札萨克郡王文

钦命驻乌兰哈达蒙民事务大臣文。札付翁牛特札萨克多罗杜棱郡王：通告之事。

尔旗呈称：本旗天山西麓疑似出石煤。故雇佣识煤人刘威山、杨财兴试挖烧炉试看。如是石煤，呈报官府四周边界地名、挖掘多少煤窑、缴纳多少税款等，并转呈大部。本次，从四月初一日开始，试挖至五月初一日，是否妥当呈请回复。等因前来。经查，天山西麓疑似出石煤，雇佣识煤人刘威山试挖一个月，试看是否为煤。为此，札付尔旗。文到，即刻回报五月初一日是否挖出石煤。不得有误。

此札。

乾隆四十九年初夏十一日

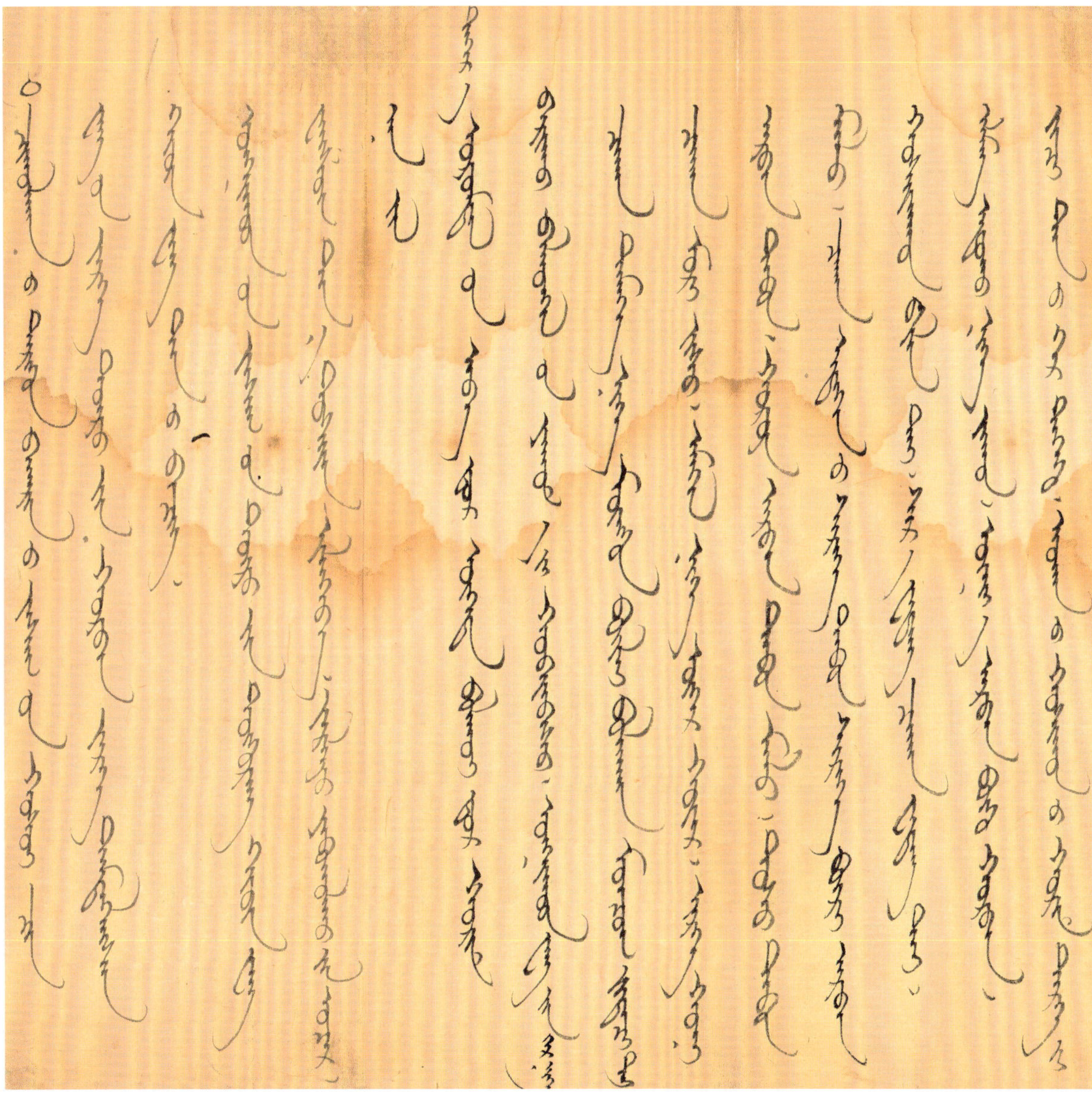

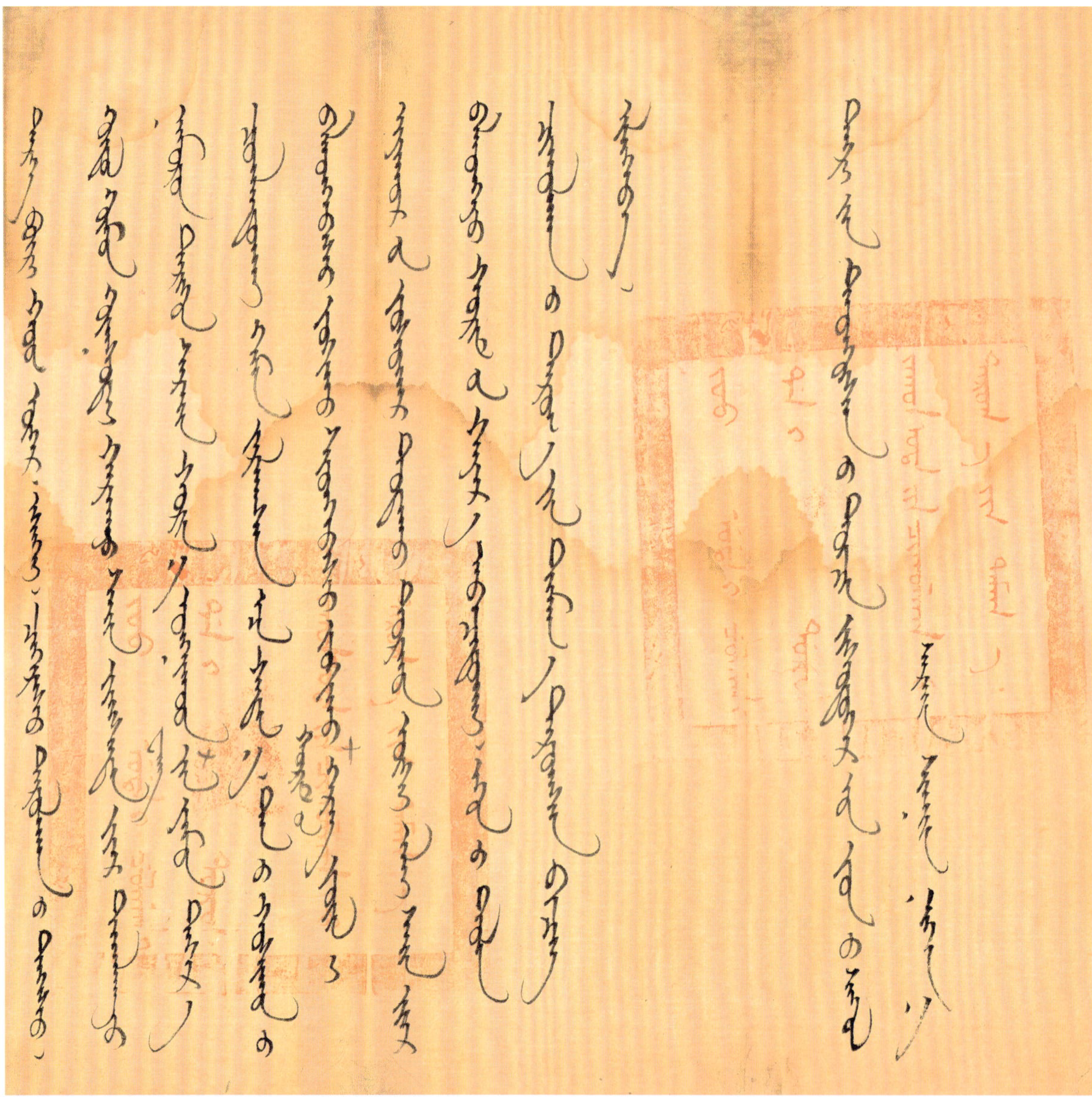

盟长巴林札萨克为皇帝献家宴事札翁牛特札萨克郡王文

盟长巴林札萨克和硕亲王衔多罗记三级郡王文。札付翁牛特札萨克多罗杜棱郡王旺楚克：行札之事。

圣上驾临木兰围场时，献家宴费用分配如下：翁牛特王银质鼻环貂皮穗儿白骆驼一峰、白马九匹、马鞍一副、牛两头、羯羊十五只、奶酒十五桶、黄油五桶、奶食桌五张、每桌十对盘、戴黄白带马一百匹、奶牛十头、摔跤手三名及运输用牛车。敖汉旗出二十辆双套牛牛车，配备毡子、草席、麻绳，车夫带有干粮，交之忠实官吏，于初秋二十日集合至翁牛特官府。之外，尔旗备办之家宴物资按既定规格从优从多备齐送至宴会地点。

至此，致钤盟长印之文。

乾隆四十九年末夏初一日

099 钦命驻乌兰哈达蒙民事务大臣为核实三所官仓粮食、租金等事札署理翁牛特札萨克印务之贝子文（乾隆四十九年仲秋二十二日）

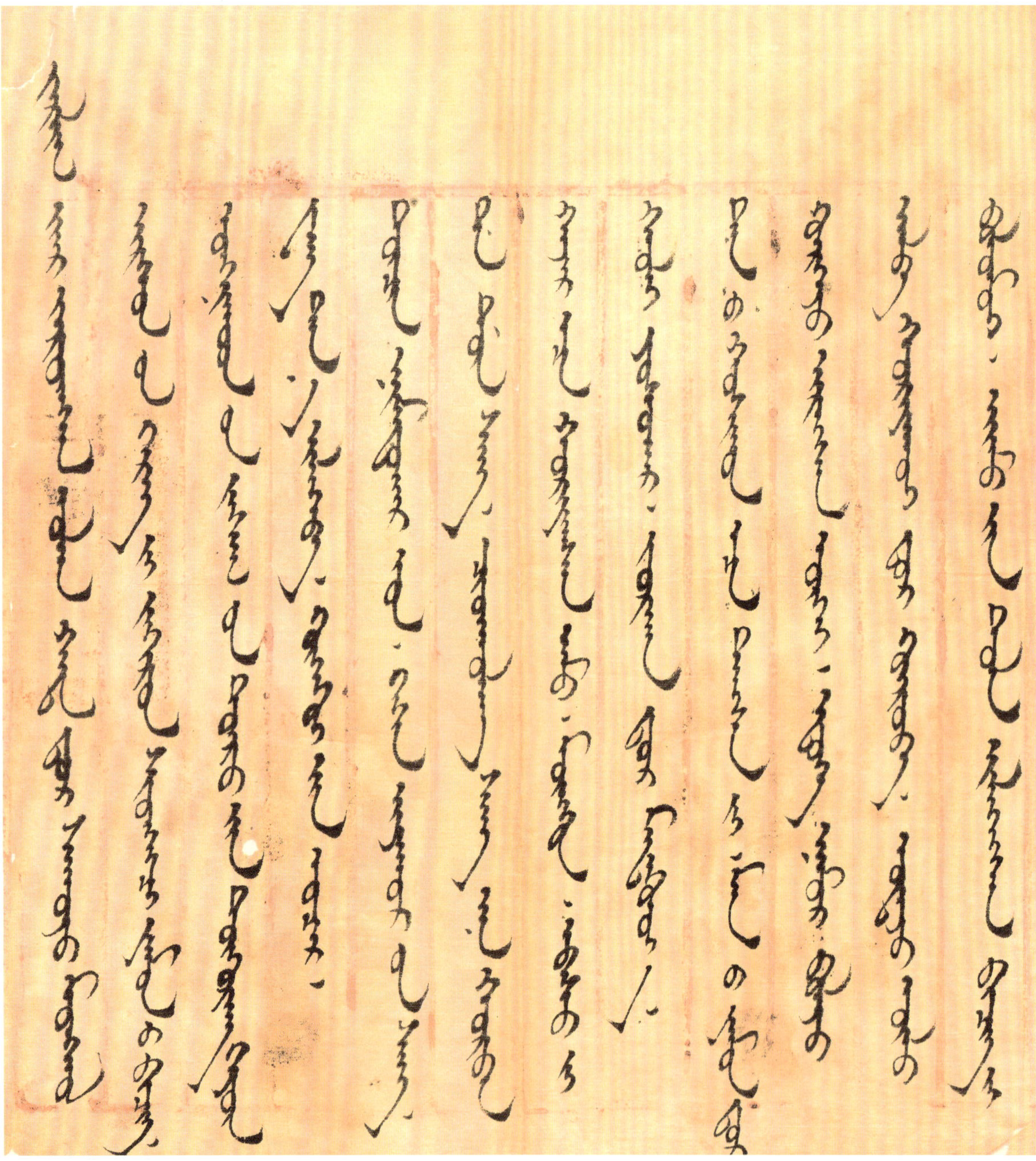

099 钦命驻乌兰哈达蒙民事务大臣为核实三所官仓粮食、租金等事札署理翁牛特札萨克印务之贝子文（乾隆四十九年仲秋二十二日）

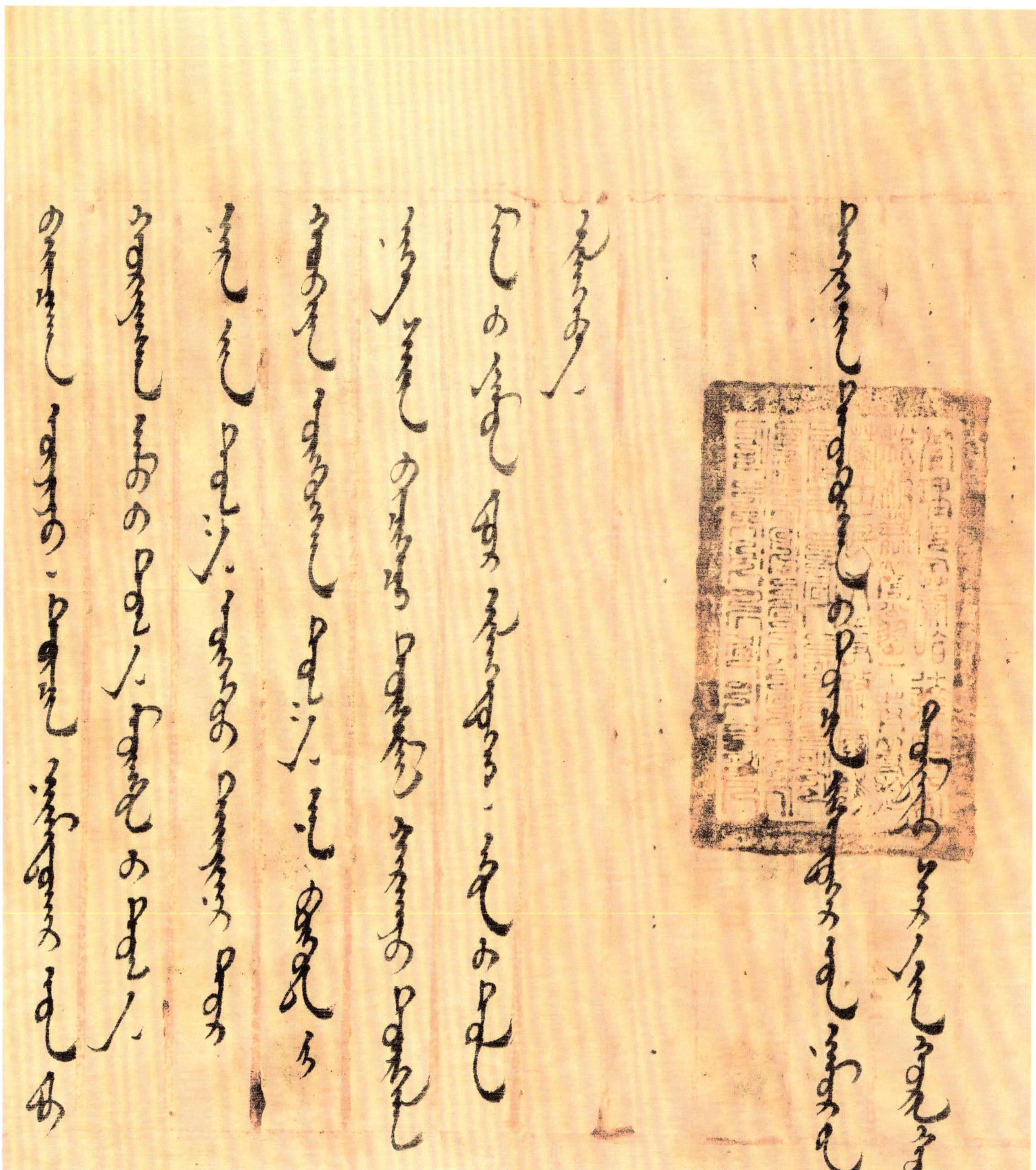

钦命驻乌兰哈达蒙民事务大臣为核实三所官仓粮食、租金等事札署理翁牛特札萨克印务之贝子文

钦命驻乌兰哈达蒙民事务大臣文。札付署理翁牛特札萨克印务之贝子：追查之事。

四十八年，格根伊珠尔仓、大屯仓、初头朗仓三仓征收之粮食、租金、草料，应呈报本署核查也。但尔旗至今未送账目本。兹有，已到秋季，到新一轮征收季节。为此札付尔旗。文到，即刻登记四十八年三仓征收之粮食斤数、租金额度及名目、发放贫困台吉数目等，速指派一名笔帖式呈报本署，以备核验。

此札。

乾隆四十九年仲秋二十二日

100 钦命驻乌兰哈达蒙民事务大臣为再次要求核实三所官仓粮食、租金等事札翁牛特札萨克郡王文（乾隆四十九年末秋十三日）

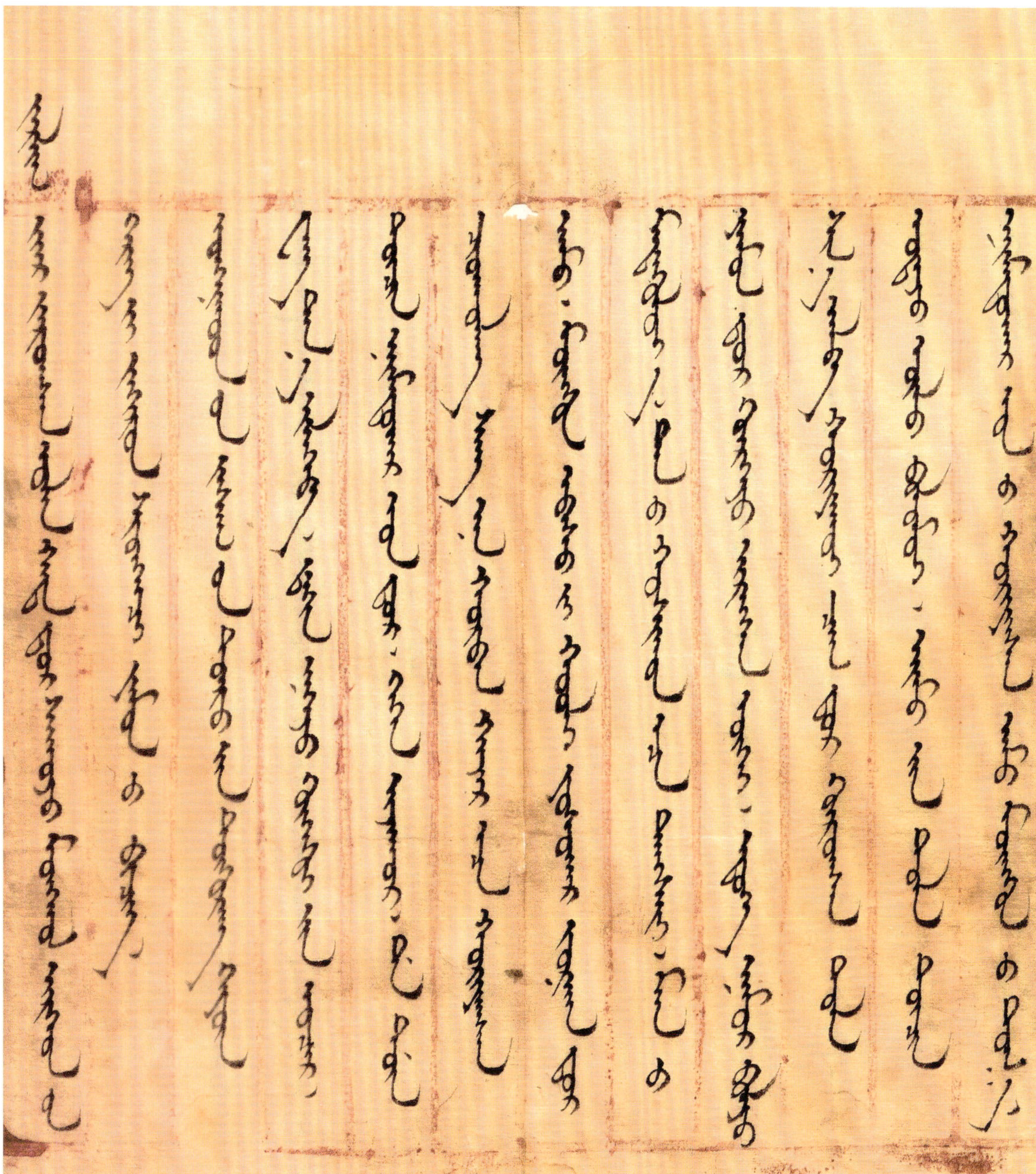

100 钦命驻乌兰哈达蒙民事务大臣为再次要求核实三所官仓粮食、租金等事札翁牛特札萨克郡王文（乾隆四十九年末秋十三日）

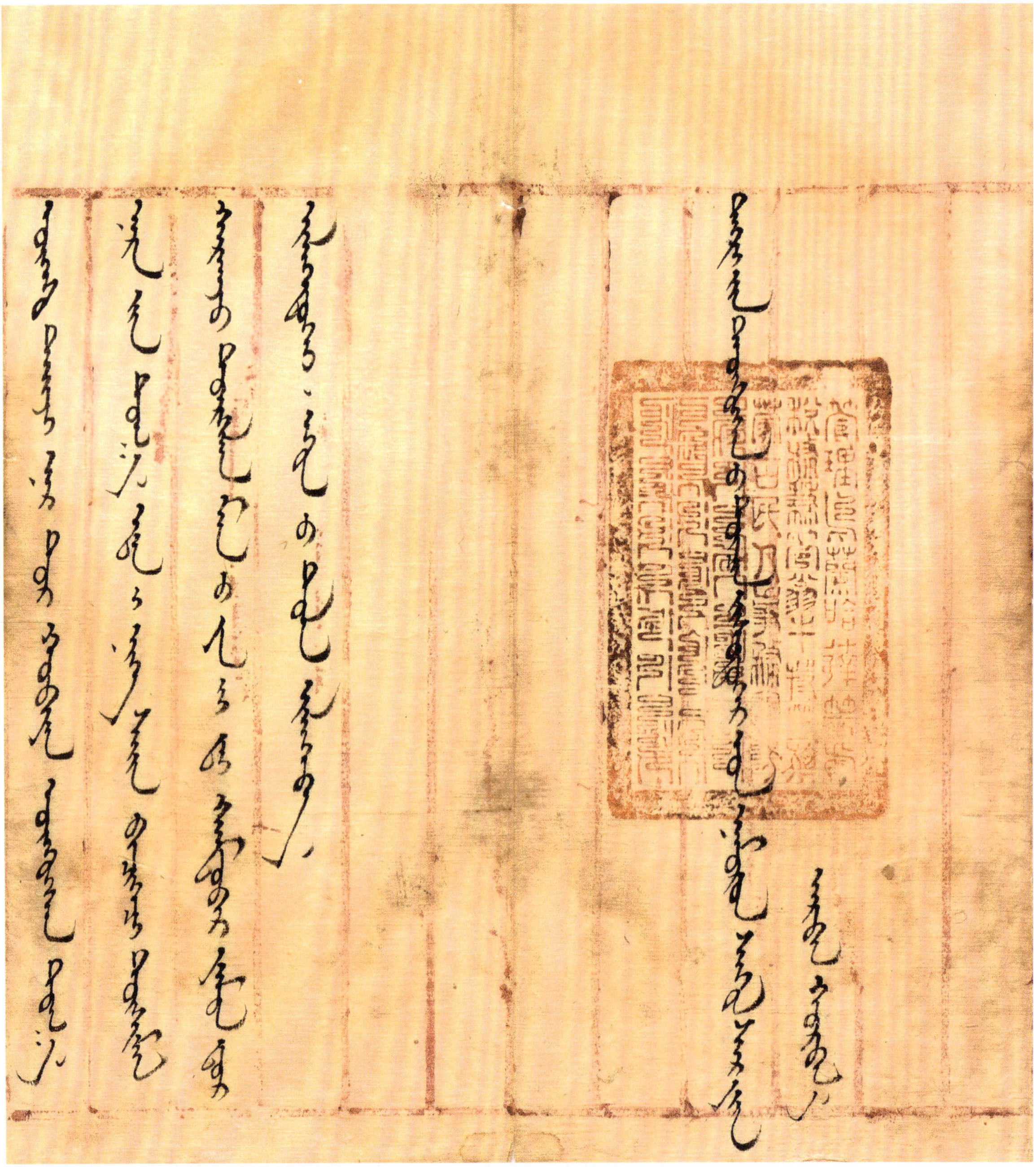

钦命驻乌兰哈达蒙民事务大臣为再次要求核实三所官仓粮食、租金等事札翁牛特札萨克郡王文

钦命驻乌兰哈达蒙民事务署文。札付翁牛特札萨克多罗杜棱郡王：再次追查之事。

四十八年，格根伊珠尔仓、大屯仓、初头朗仓三所官仓所收缴之粮食、银两、草料数量，按例应报送本署。尔旗至今未报此等账目。如今已入秋季，亦至新一轮征税之时，不得拖延。为此，抽调一名干练笔帖式即刻统计四十八年所收粮食、银两、分给贫困台吉之数量及贫困台吉名单，携统计账本与本署衙役一同送至本署。

此札。

乾隆四十九年末秋十三日

101 翁牛特札萨克郡王旗协理为雇人试挖石煤事呈钦命驻乌兰哈达蒙民事务大臣文（乾隆四十九年初冬二十八日）

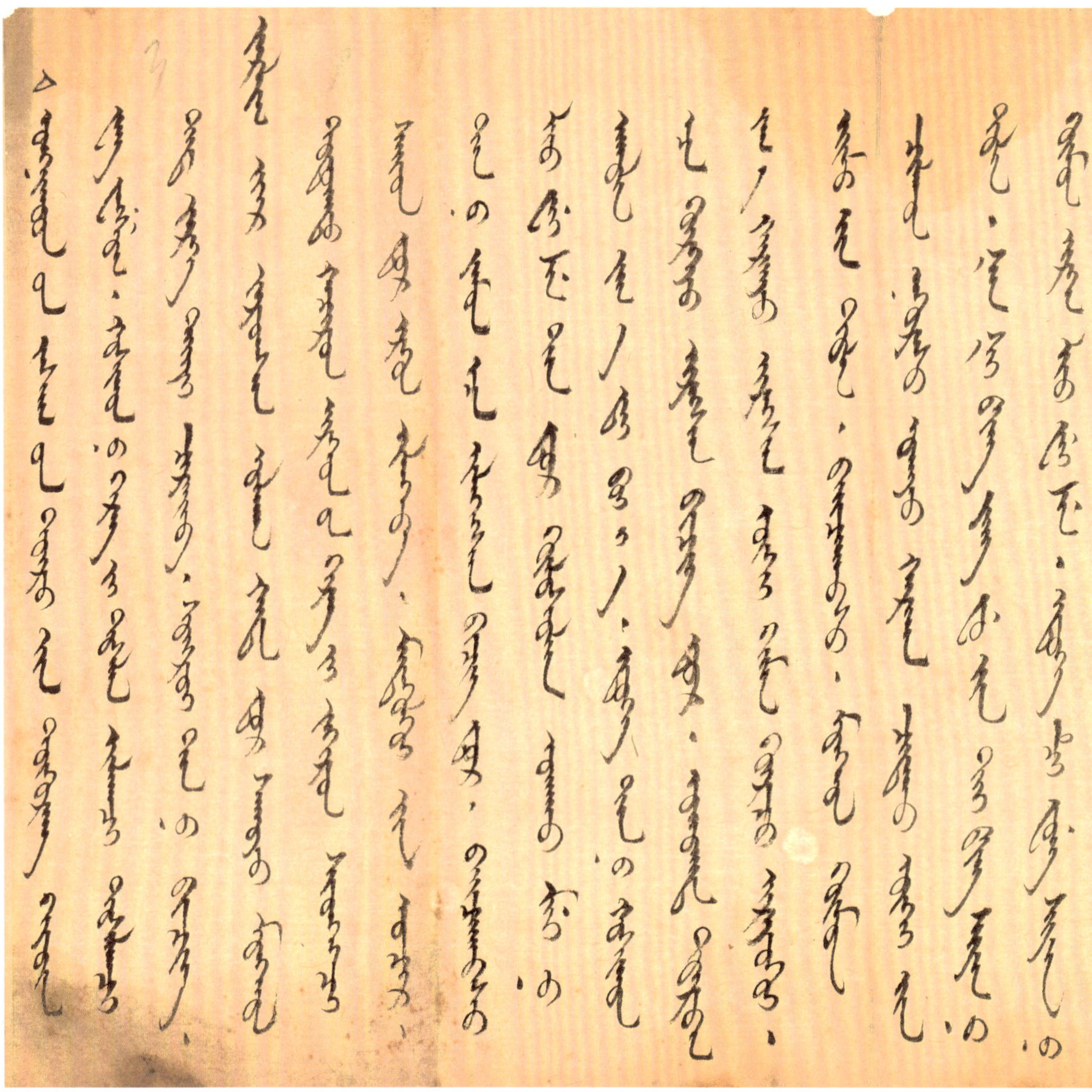

101 翁牛特札萨克郡王旗协理为雇人试挖石煤事呈钦命驻乌兰哈达蒙民事务大臣文（乾隆四十九年初冬二十八日）

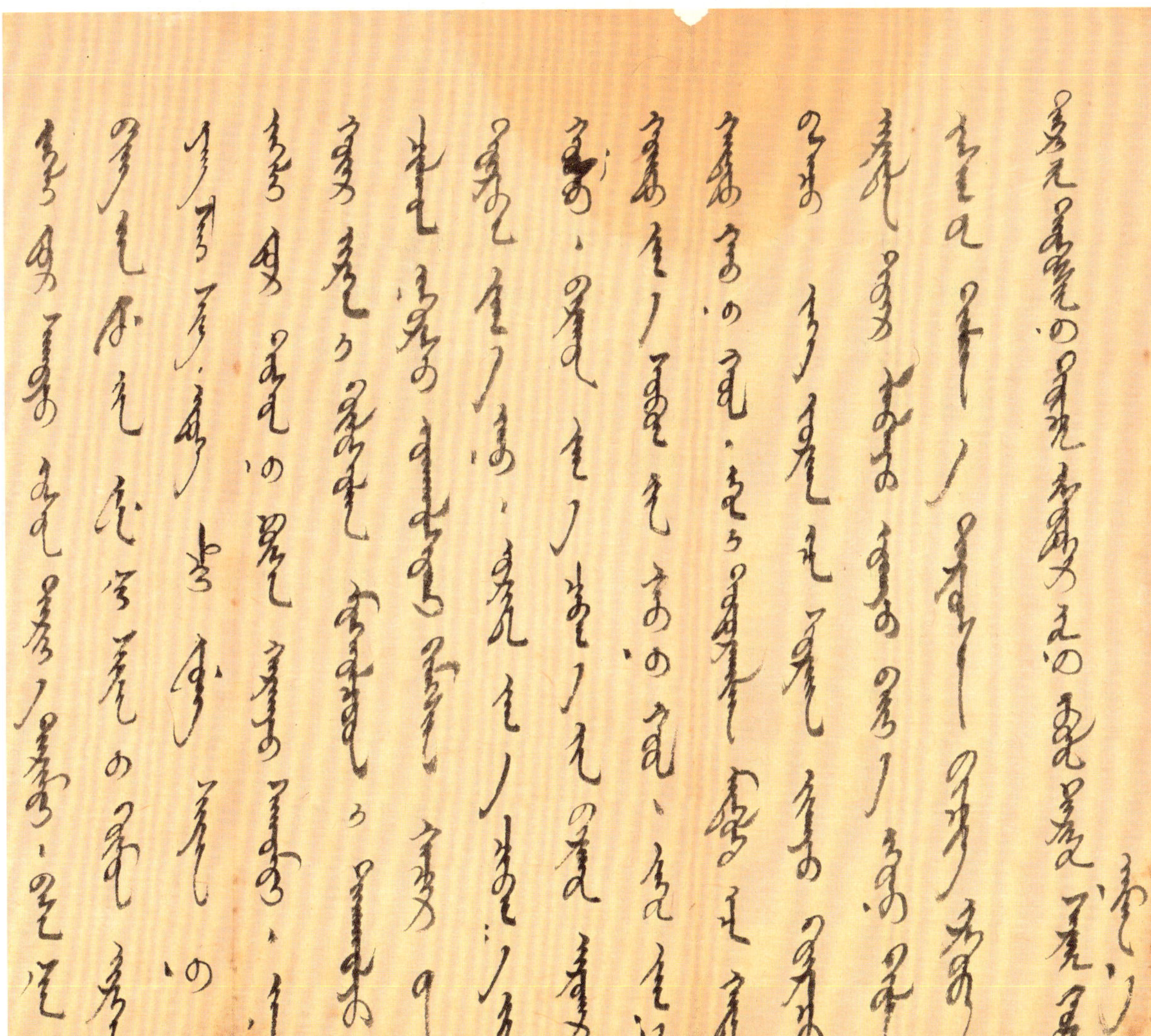

翁牛特札萨克郡王旗协理为雇人试挖石煤事呈钦命驻乌兰哈达蒙民事务大臣文

翁牛特札萨克多罗杜棱郡王旺楚克旗协办旗务协理二等台吉策林扎布、松瑞文。呈送钦命驻乌兰哈达蒙民事务大臣：呈报之事。

贵署札开：尔旗雇佣刘威山挖煤之山有无地界，尔旗呈文未标注四边地界。等因前来。本旗经查，蒙古人不会挖煤窑。山西平阳府太平县民刘威山居住赤峰县城种水稻为业，山西平安府皖西县民杨财兴居住赤峰县街里开榨油铺，雇佣此等两人带领蒙民开挖石煤。开煤地界为南到天山山麓，西到天山西脚，北到水渠沟，东到山沟河。将此明确呈报之外，大部行文未到前试挖之。

至此，致钤札萨克印之文。

乾隆四十九年初冬二十八日

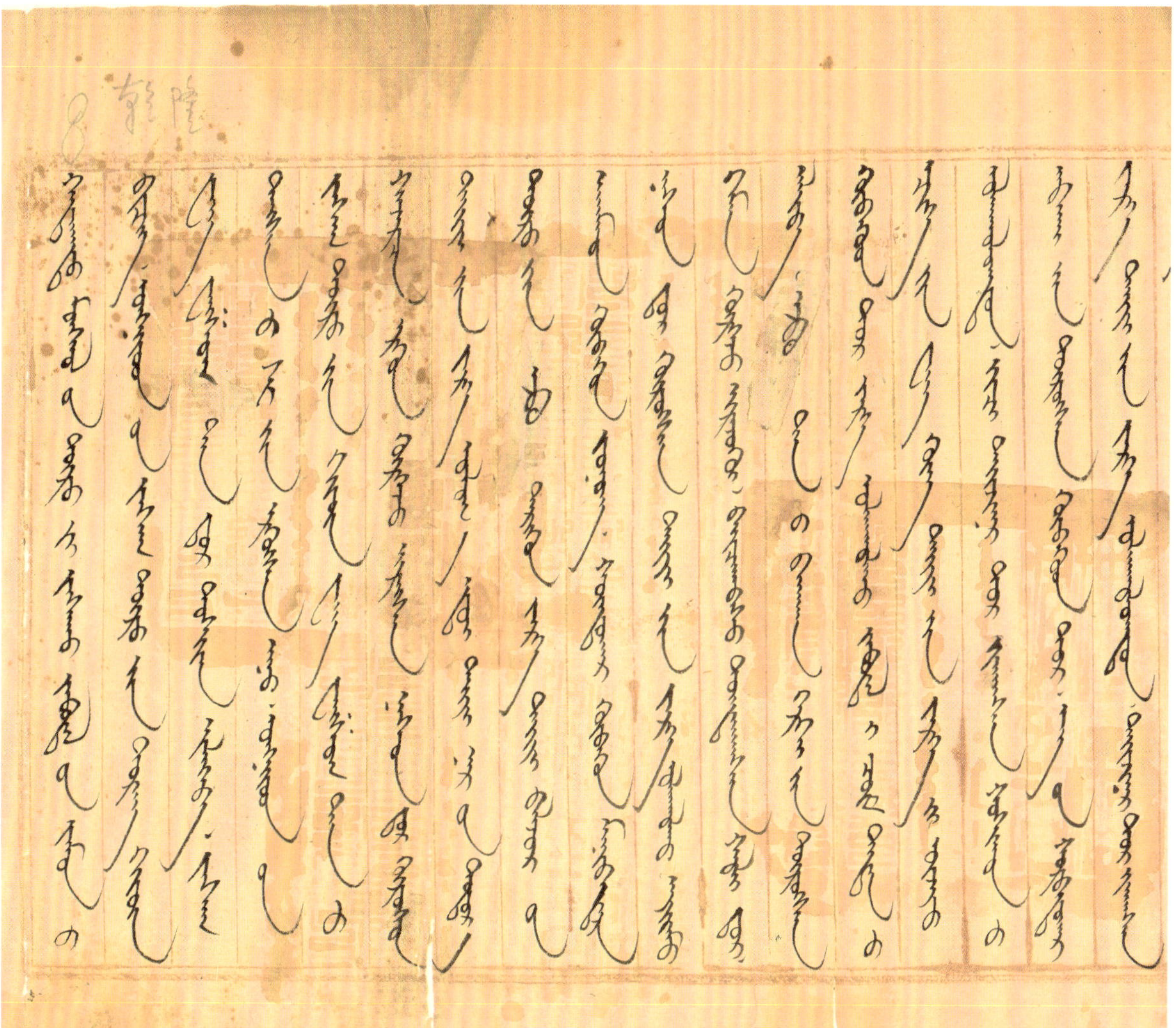

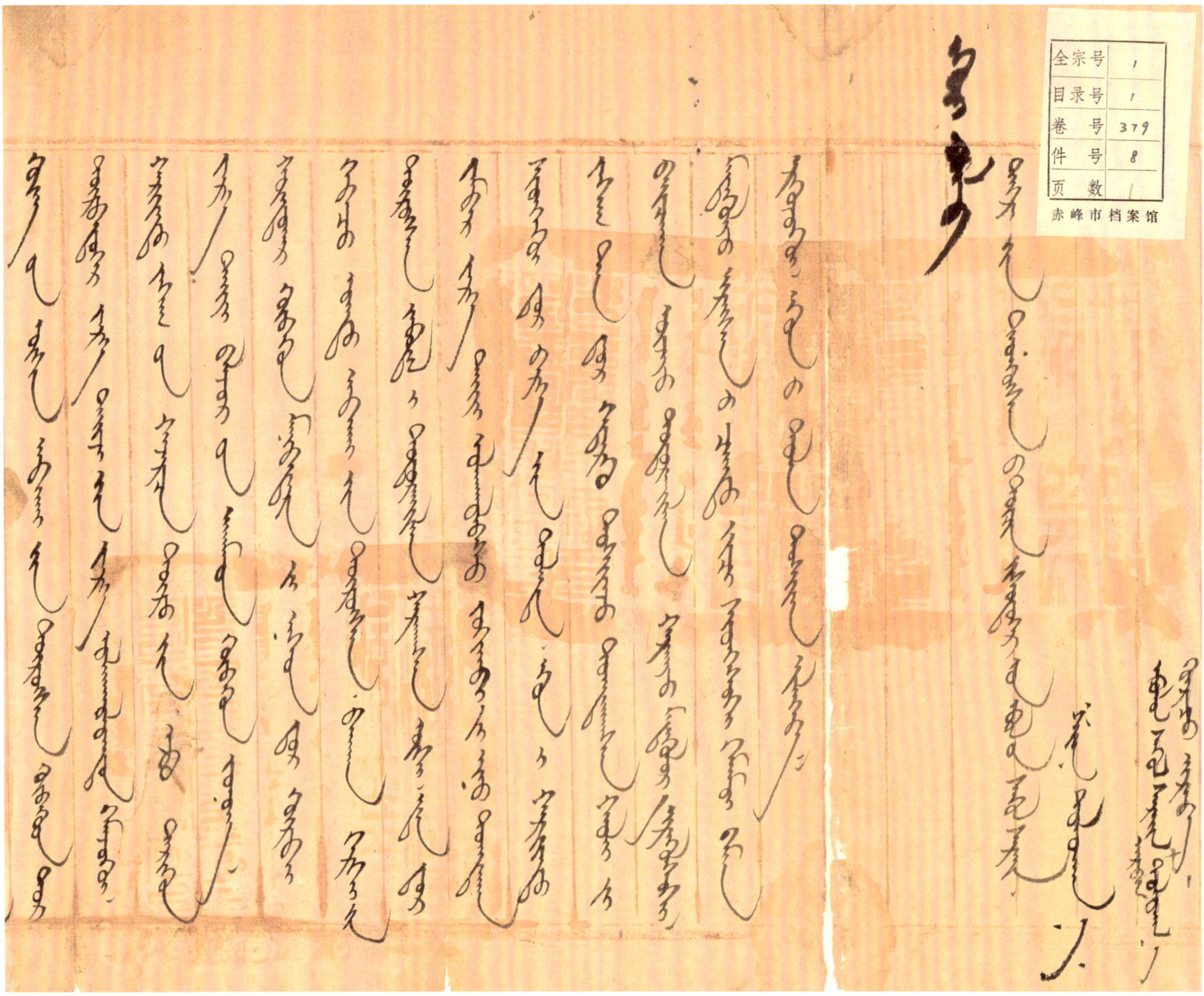
全宗号 1
目录号 1
卷号 379
件号 8
页数 1
赤峰市档案馆

理藩院为册封一等台吉巴拉珠尔两子爵位事札翁牛特札萨克郡王文

理藩院文。札付翁牛特札萨克多罗杜棱郡王旺楚克：札萨克档部呈称，翁牛特札萨克多罗杜棱郡王旺楚克呈送之成年未封台吉爵位者中，多罗额驸一等台吉巴拉珠尔长子朱浓、次子玛尼巴达日，呈请封台吉之衔。等因前来。本院经查，按例，册封额驸小妾生子时照其父亲之王、公、台吉爵位进行册封也。许配台吉之旗格格所生之子，封普通三等台吉爵位。许配台吉之公爷格格所生之子，封四等台吉爵位。所属札萨克多罗额驸一等台吉巴拉珠尔长子朱浓、次子玛尼巴达日虽已成年，但是否格格或小妾所生，未明确。故无法封他们为何等台吉。故，退回呈文，按例查明后再呈报。

此札。

乾隆四十九年末冬初七日

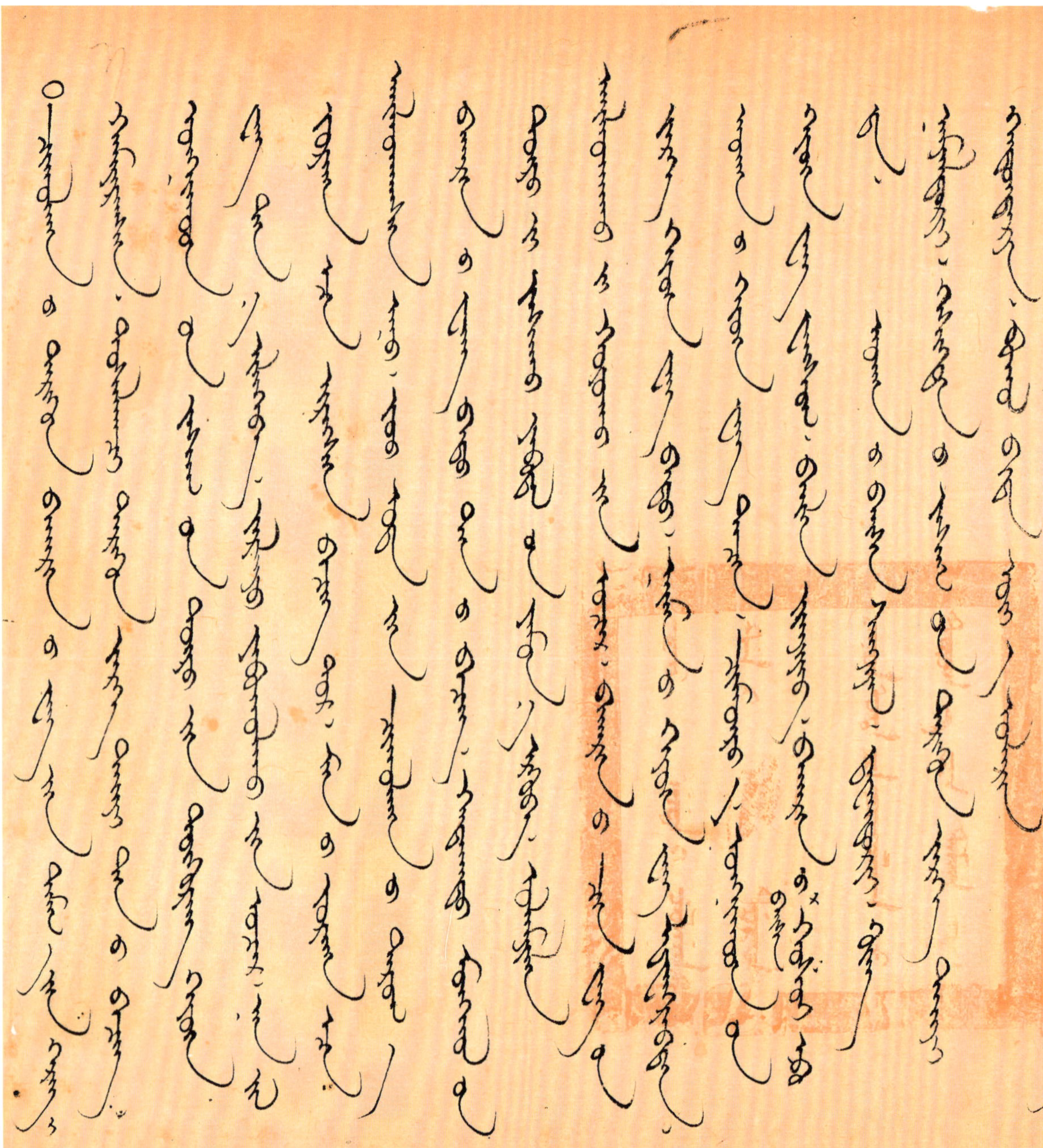

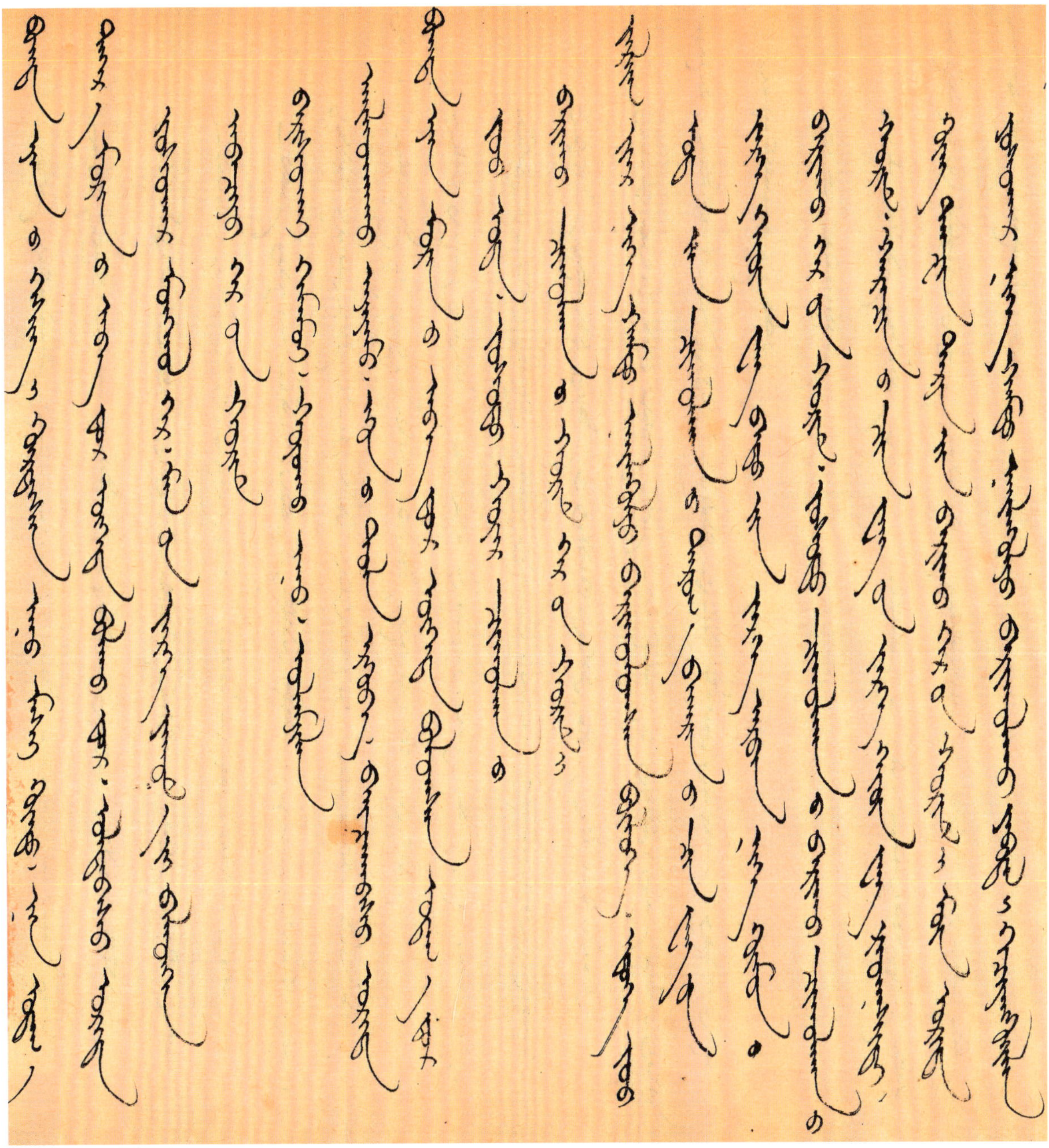

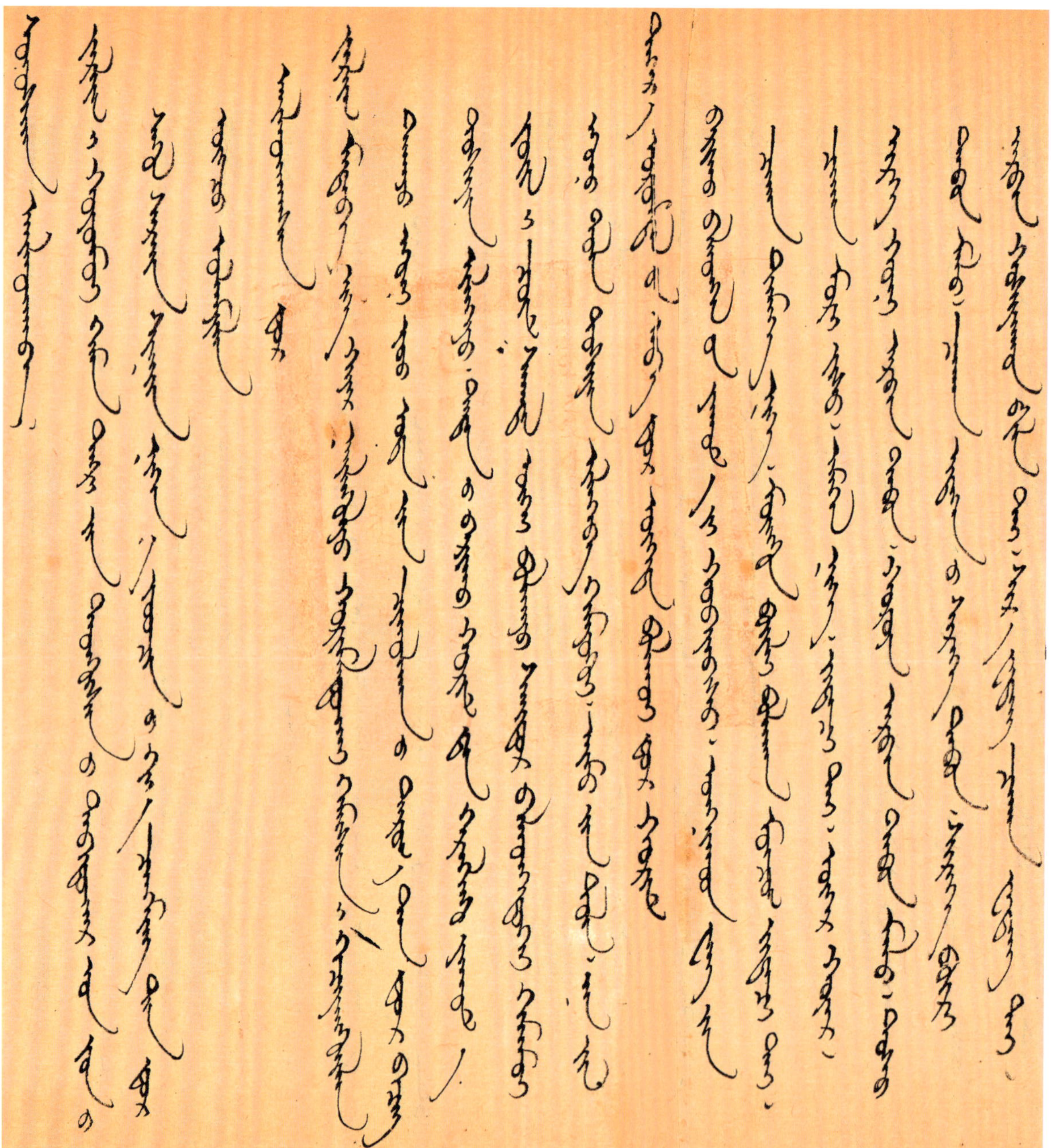

103 署理盟长印务之协理为皇帝献家宴事札翁牛特札萨克郡王文（乾隆五十年末夏二十二日）

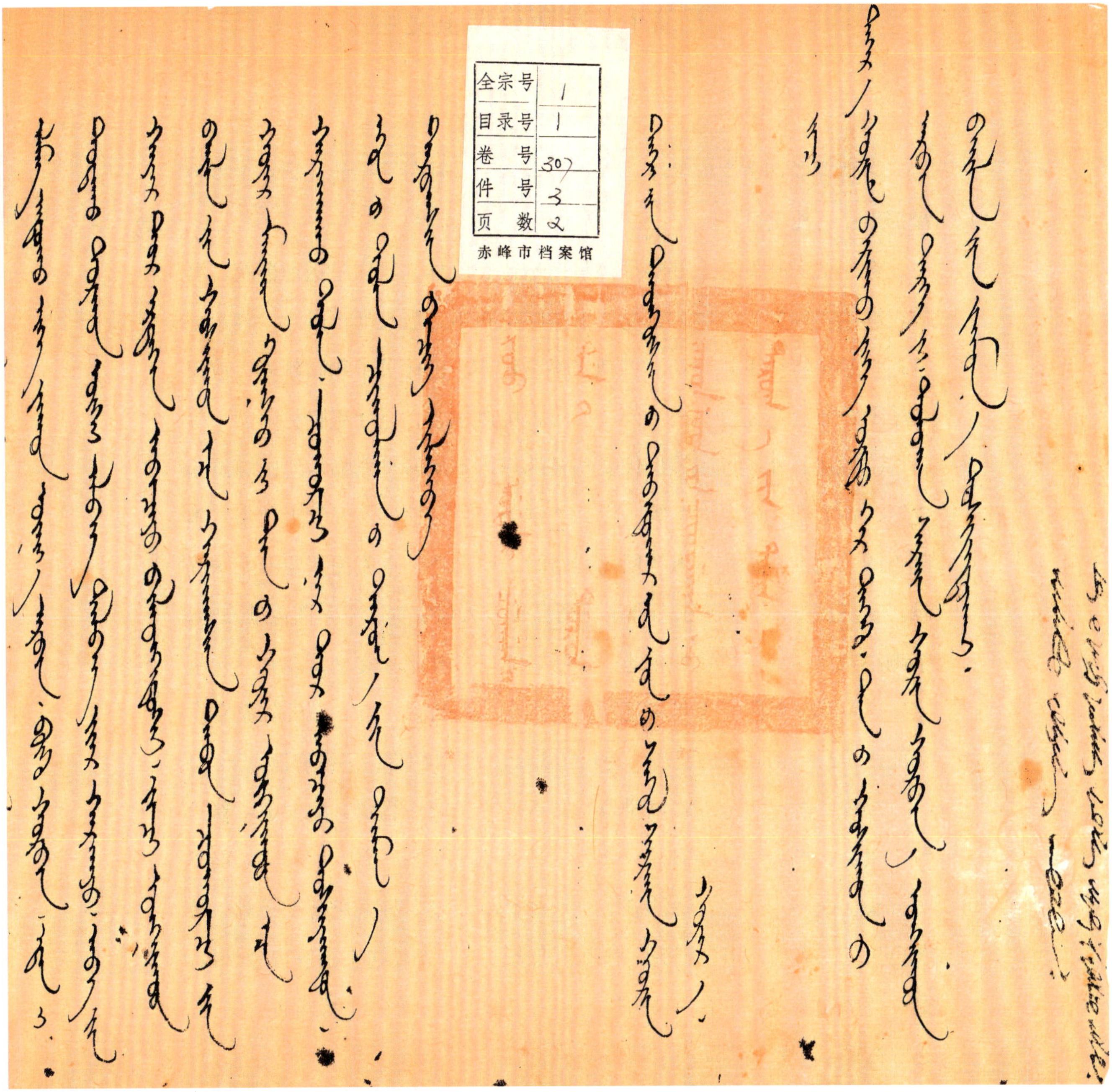

署理盟长印务之协理为皇帝献家宴事
札翁牛特札萨克郡王文

署理盟长印务之巴林王协理一等台吉文。札付翁牛特札萨克多罗杜棱郡王：行札之事。

今年大部札开：本部奏报，昭乌达盟长巴林王巴图呈送理藩院，吾等巴林亲王衔郡王巴图，奈曼郡王拉旺拉布坦，敖汉郡王丹津、齐木德日瓦，翁牛特郡王旺楚克、贝勒吉格吉扎布，巴林贝子和硕额驸，敖汉贝子桑吉雅、达瓦道尔吉、公爷那木吉拉道尔吉，克什克腾札萨克一等台吉哈顿达日扎，卑职等世代受吾皇鸿恩。本次吾皇驾临木兰围场狩猎之际，备办蒙古包、肉羊等，设家宴献圣上。恳请转奏。等因前来。本部查阅，之前吾皇驾临木兰围场狩猎时，昭乌达、卓索图两盟奉命一同献家宴。如今，巴林亲王衔郡王巴图等十一人献家宴，卓索图盟献家宴，喀喇沁亲王衔郡王拉迪那希迪、公爷丹津塔日扎献家宴之事合并一起献家宴。本部于乾隆五十年末夏初一日上奏，回旨曰，合并一处献家宴。为此，奉命札付昭乌达盟长，交代备办宴会所用物资，不得有误。

为此，本年吾皇驾临围猎场时，本盟宴会所用物资分配如下：翁牛特王银鼻环貂皮穗儿白骆驼一峰、白马九匹、马鞍一套、牛两头、羯羊十五头、奶酒十五桶、黄油五坛、奶食品桌五张、每桌配盘子十对、带黄白布马一百匹、母牛十头、摔跤手三名。备全备足送至围场待命。另，翁牛特贝勒旗选送之五名马头琴手所用帐篷、干粮亦翁牛特两旗提供也。速将帐篷、干粮等物品送至马头琴手处。

至此，致钤盟长印之文。

乾隆五十年末夏二十二日

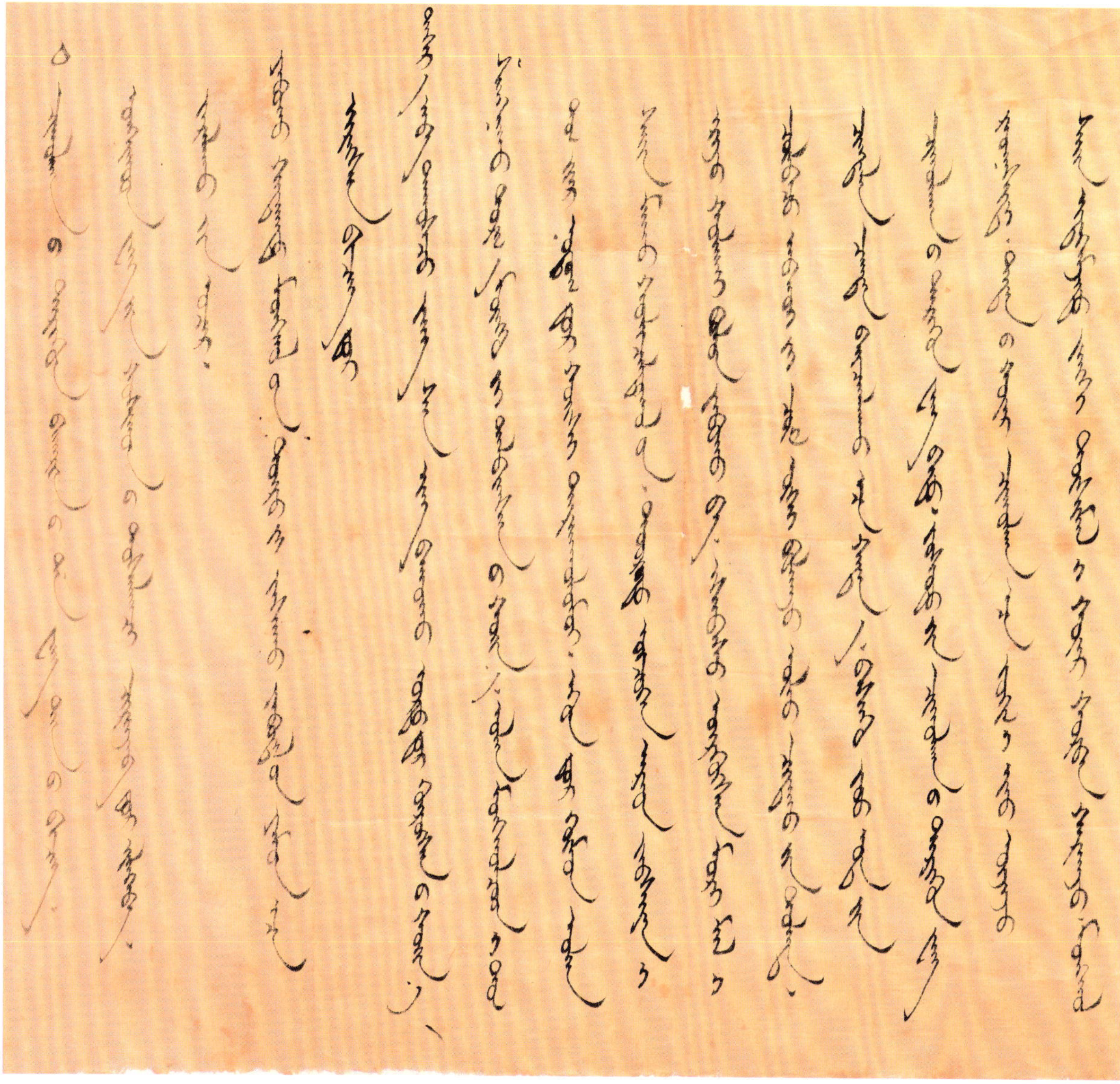

104 盟长巴林王为选派兵丁巡查驻地后方事札翁牛特王旗协理文（乾隆五十年末秋初二日）

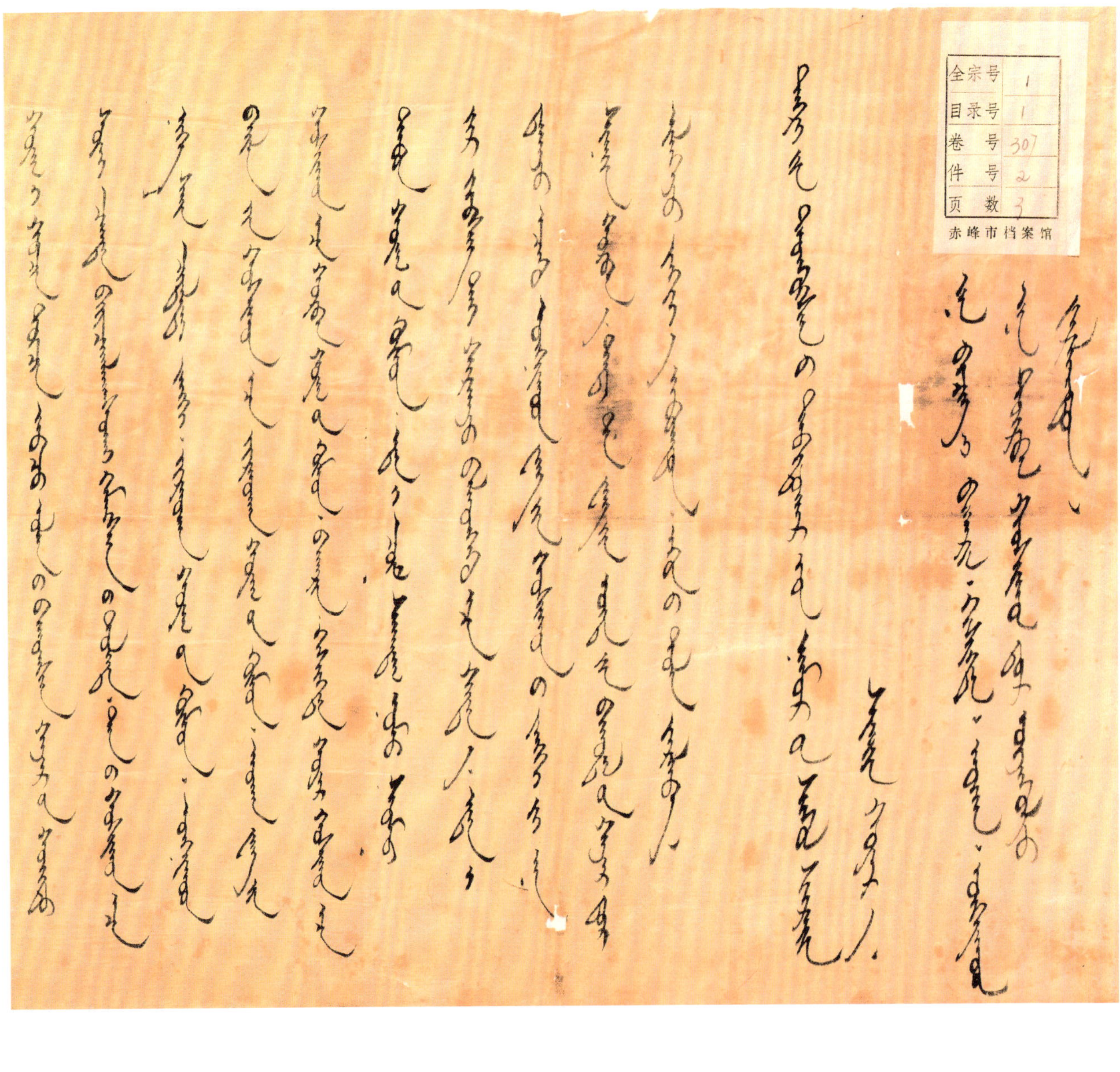

盟长巴林王为选派兵丁巡查驻地后方事札翁牛特王旗协理文

盟长巴林王文。札付翁牛特王旗协理策林扎布：行札之事。

承接理藩院札开：吾皇围猎完驾临张三营，赏完绸缎赏金后，诸蒙古官员返回属地。届时，人员诸多、鱼龙混杂，难免有贼民趁机偷窃或盗走散失牛羊。除严加巡查外，昭乌达盟长巴图王、卓索图盟长拉迪那希迪王酌情指派可靠章京两三名，带蒙古兵丁三四十人，夜间巡查驻地后方。等因前来。故尔旗指派一名可靠章京、六名兵丁，翁牛特贝勒旗指派六名兵丁，敖汉王旗指派三名兵丁，巴林、克什克腾两旗指派五名兵丁，配备弓箭武器。带领人为翁牛特旗章京，于本月初三日至副盟长营地待命之。

此札。

乾隆五十年末秋初二日

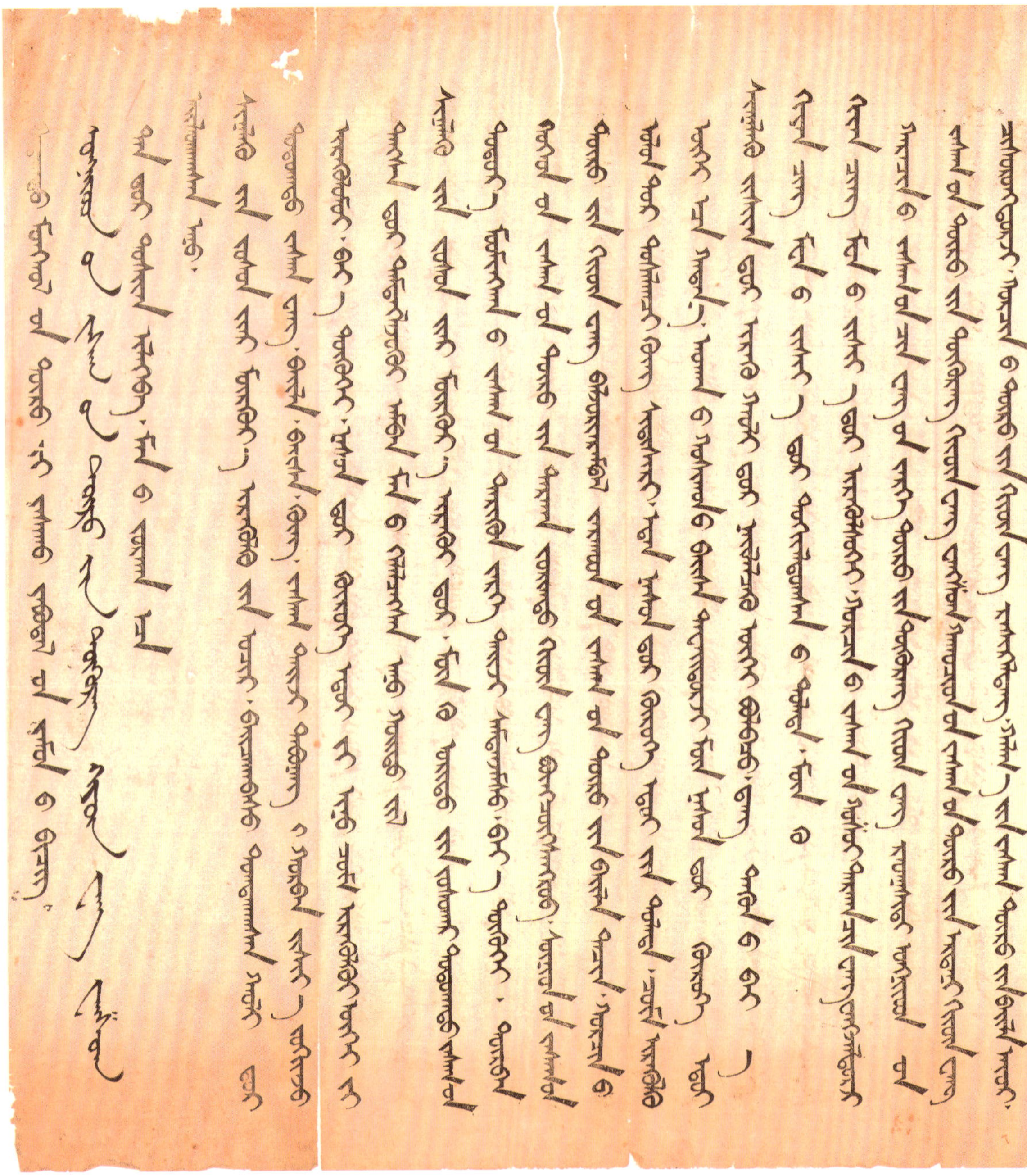

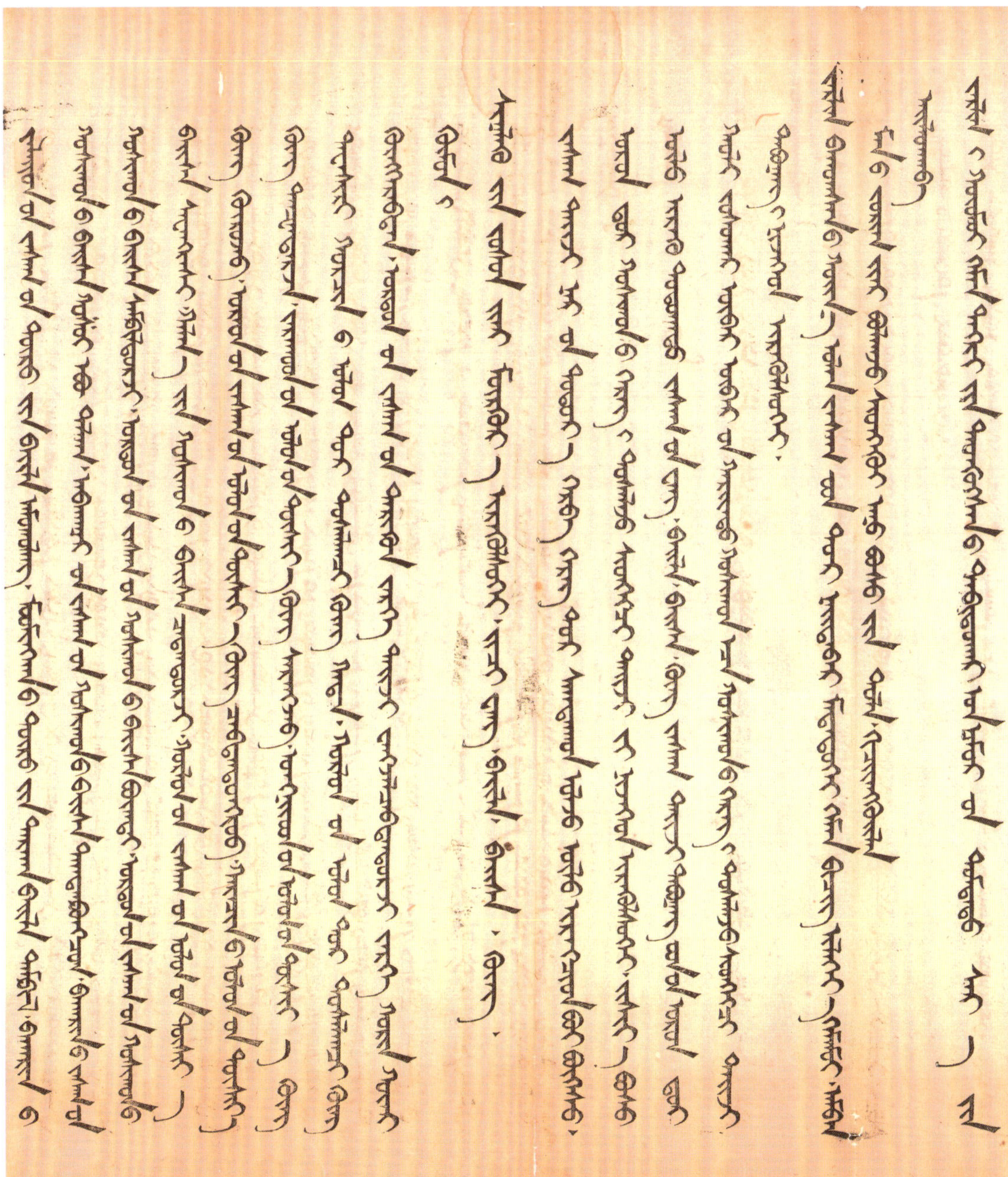

全宗号 1
目录号 1
卷号 311
件号 1
数 1
市档案馆

理藩院为年班朝觐事札翁牛特札萨克郡王文

理藩院文。札付翁牛特札萨克多罗杜棱郡王旺楚克：本部上奏，年班朝觐之事。据大典，内政王、贝勒、贝子、公、札萨克台吉、塔布囊分三班进京。未出痘、未成年者不得前往，需登记成册。经本院商议明年年班朝觐之事，也遵循既定法规。除内政茂明安札萨克一等台吉萨木坦扎木苏（未出痘）、四子札萨克多罗达尔罕照日格图郡王朋斯克桑日布、苏尼特札萨克多罗郡王巴拉吉赞布拉、扎鲁特札萨克多罗贝勒达钦、科尔沁辅国公希迪希里等人均未成年不能进京外，敖汉旗贝子达瓦道尔吉虽未成年，不符年班规则，但乾清门轮班只其一人，故特许进京。科尔沁札萨克和硕达尔罕亲王旺吉勒道尔吉、喀喇沁札萨克亲王衔多罗杜棱郡王拉迪那希迪、翁牛特札萨克多罗杜棱郡王旺楚克、浩济特札萨克多罗额尔德尼郡王旗苏荣道尔吉、科尔沁多罗郡王拉西噶尔丹、喀尔喀札萨克多罗贝勒阿尤尔、扎赉特札萨克多罗贝勒阿木古楞、茂明安多罗达尔罕贝勒丹毕勒、巴林旗贝子和硕额驸达拉罕、阿巴嘎纳尔札萨克旗贝子达格丹朋斯克、巴林札萨克旗贝子桑培道尔吉、鄂尔多斯札萨克旗贝子宝音台、鄂尔多斯札萨克旗贝子斯旺扎西、喀尔喀旗贝子查丹道尔吉、郭尔罗斯札萨克多罗镇国公古日扎布、乌拉特札萨克多罗镇国公查布坦东日布、喀喇沁镇国公丹津达日扎、扎鲁特镇国公斯楞扎布、翁牛特镇国公达瓦西里、科尔沁辅国公哈达、郭尔罗斯辅国公贡嘎拉布坦、鄂尔多斯札萨克一等台吉旺吉拉查布丹道尔吉等二十二人年班进京。王、贝勒、贝子、公、札萨克台吉当中因故不能进京者，各旗协理台吉分别代表之。非年班不能进京之内政札萨克王、贝勒、贝子、公、札萨克台吉、塔布囊，由各自所属旗选派协理台吉、塔布囊代表之。见文，望各札萨克皆知。此并非本部能调整安排，谨慎照办。于乾隆五十年仲秋二十二日上奏皇上，是月二十六日回旨曰，年班朝觐之王、贝勒、贝子、公及时进京。其他事宜，以既定规则施行。为此，通告各札萨克，本年年班之王、贝勒、贝子、公、札萨克台吉、塔布囊，照例于末冬二十日前后进京。不能进京之各札萨克，由各自所属旗选派协理台吉、塔布囊代表之。

此札。

乾隆五十年末秋初六日

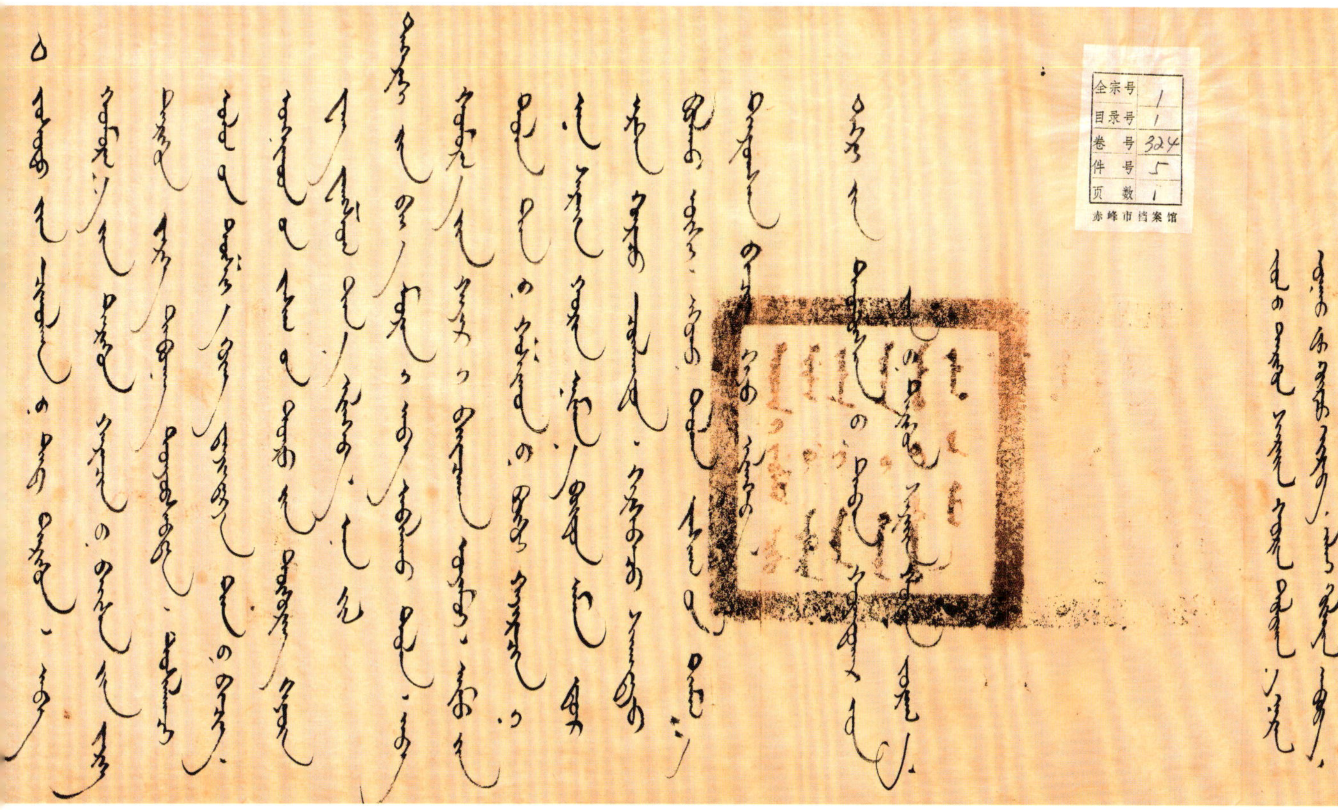
全宗号 1
目录号 1
卷 号 324
件 号 5
页 数 1
赤峰市档案馆

卓索图副盟长喀喇沁贝子为巡逻木兰围场事札翁牛特札萨克郡王文

卓索图副盟长围猎头领喀喇沁贝子衔一等塔布囊顿珠布色布坦、协理镇国公丹津达日扎文。札付翁牛特札萨克多罗杜棱郡王旺楚克：今年吾皇驾临木兰围场狩猎，故提前察看围猎场。尔旗所有向导，于本月二十八日晨至布顿口集合。不得有误。

至此，致钤札萨克印之文。

乾隆五十二年初夏二十六日

107 钦命驻乌兰哈达蒙民事务大臣为雇人试挖石煤事札翁牛特札萨克郡王文（乾隆五十二年仲秋二十三日）

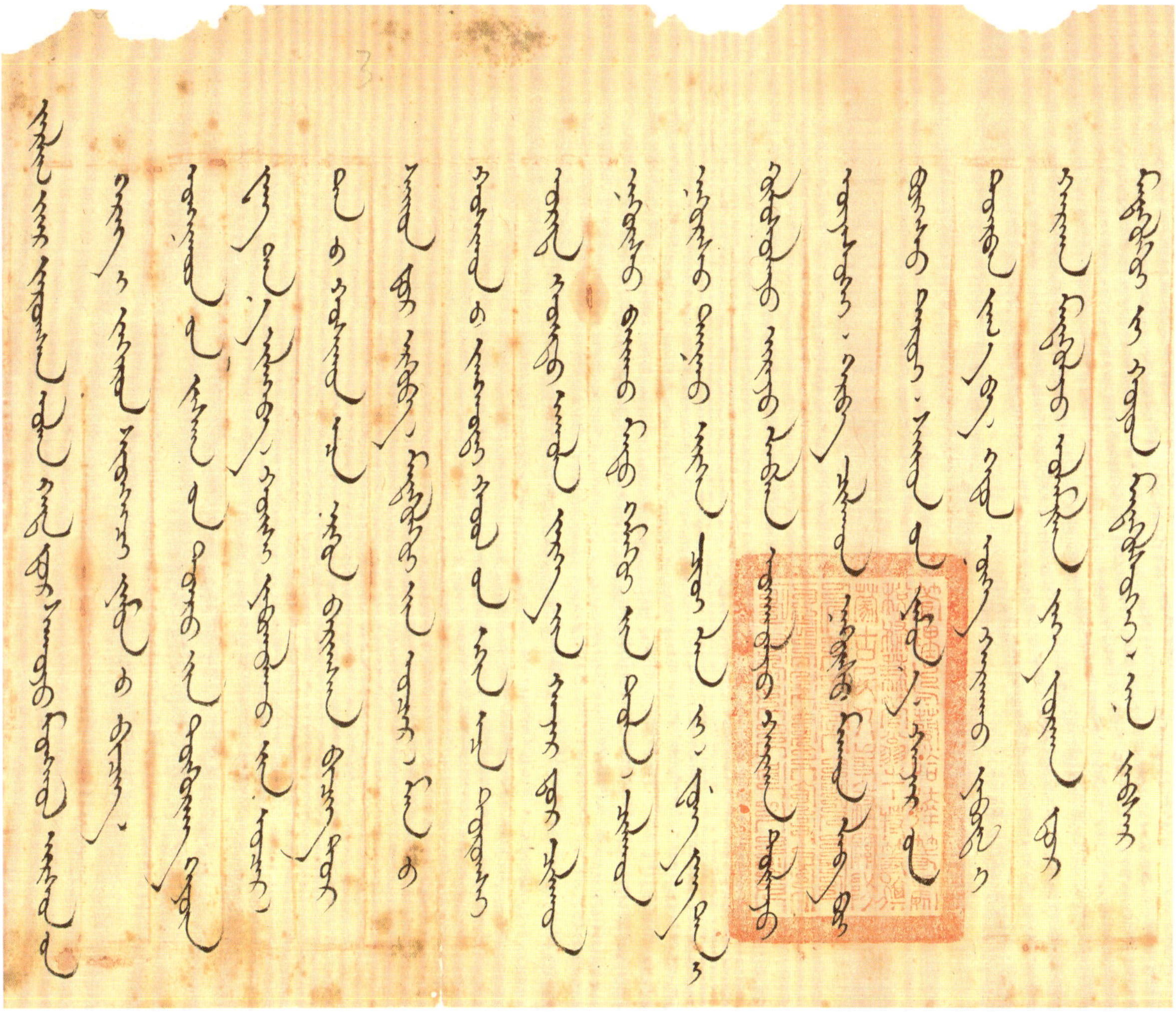

107 钦命驻乌兰哈达蒙民事务大臣为雇人试挖石煤事札翁牛特札萨克郡王文（乾隆五十二年仲秋二十三日）

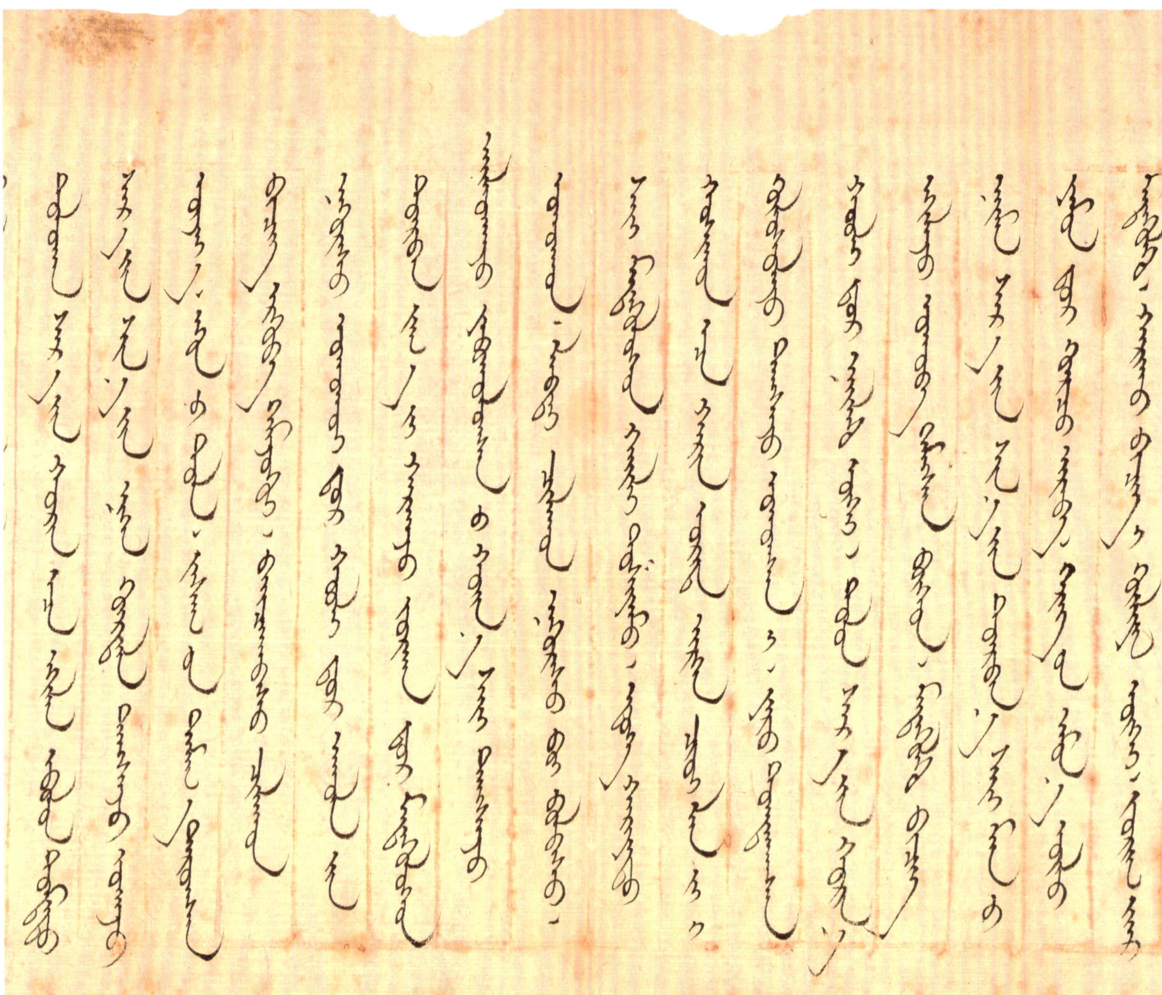

107 钦命驻乌兰哈达蒙民事务大臣为雇人试挖石煤事札翁牛特札萨克郡王文（乾隆五十二年仲秋二十三日）

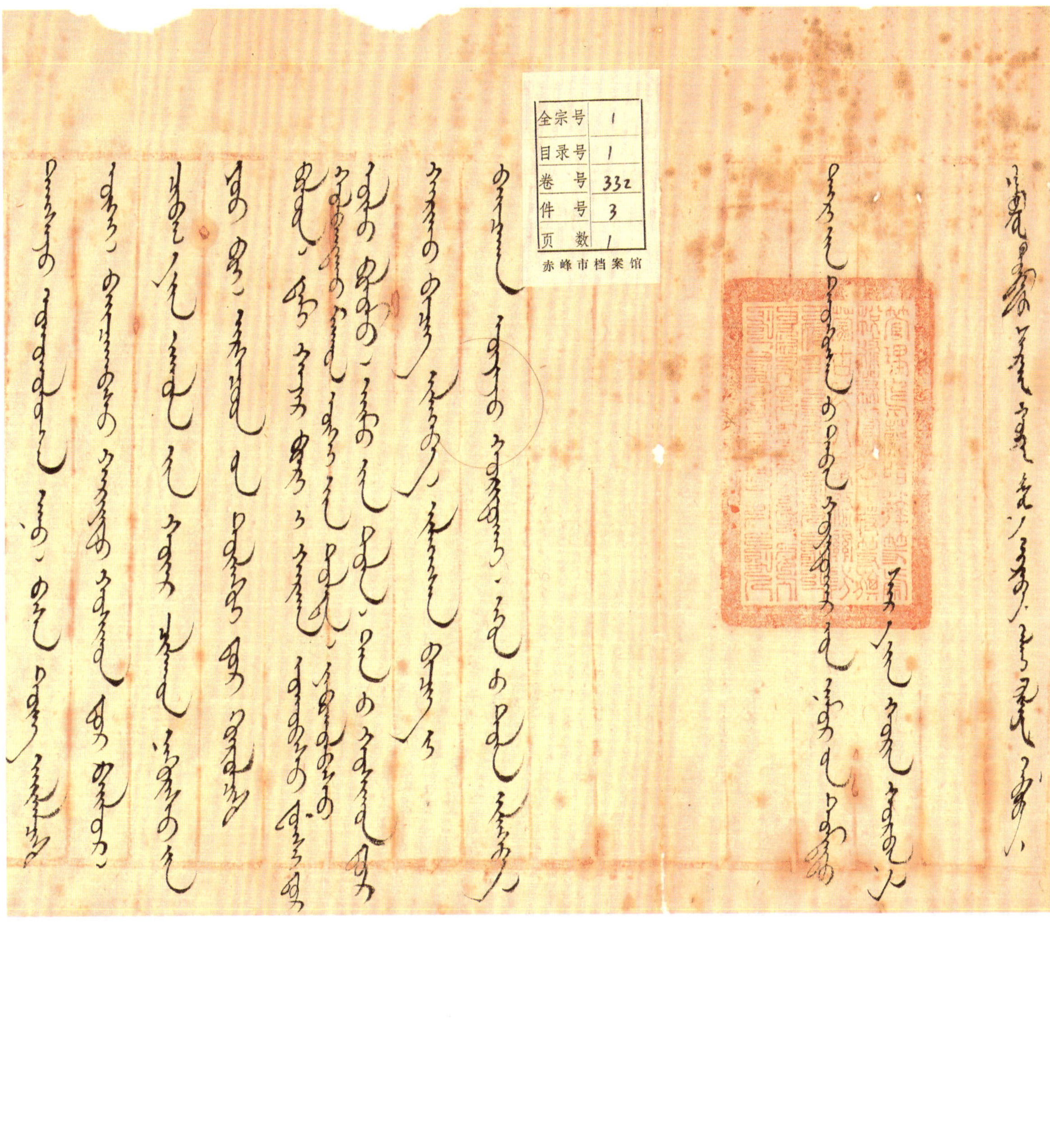

全宗号	1
目录号	1
卷　号	332
件　号	3
页　数	1

赤峰市档案馆

钦命驻乌兰哈达蒙民事务大臣为雇人试挖石煤事札翁牛特札萨克郡王文

钦命驻乌兰哈达蒙民事务大臣文。札付翁牛特札萨克多罗杜棱郡王：尔旗呈称，本旗章古台河源头两边山脉可能产石煤。为此雇佣熟知石煤者曲兰吉、冯旺二人，试挖试烧看看究竟。如石煤无误，呈报吏部，明确四周边界、开采煤窑数量，并恳请转呈大部。期间，七月二十日至仲冬初一日试挖开采。为此，呈钤札萨克大印之官文。等语前来。据例，开采石煤时，先测量出产面积，呈报大部才能试挖，确认石煤方可呈请开采，并缴纳税赋。如今所属旗先雇曲兰吉试挖，不符法规也。虽说七月二十日开始试挖，呈文却八月初四日才至本衙署。事前不报，不等答复，任意开采，实属不法也。经查，所属旗有开鲁、天山俩煤窑。如只为民人烧煤而到处开挖，犯风水也。故禁止开挖。以此答复尔旗呈文。查收审阅，须阻止。

此札。

乾隆五十二年仲秋二十三日

108 盟长巴林札萨克郡王为提名协理时舞弊事札翁牛特札萨克郡王等文(乾隆五十三年仲秋二十三日)

全宗号 1
目录号 1
卷号 340
件号 2
页数 1
赤峰市档案馆

盟长巴林札萨克郡王为提名协理时舞弊事札翁牛特札萨克郡王等文

盟长巴林札萨克和硕亲王衔记三级郡王文。札付翁牛特札萨克多罗杜棱郡王旺楚克、协理松瑞：再查之事。

尔旗推荐接替协理策林扎布之空位时，私提台吉孟克、满都呼，暗送提名书之事；前，四十五年任命协理时桑杰扎布因病退职之事，衙门是否记录备案之事，为何故而未呈送之事。经两次致函调查，只字未提桑杰扎布之事，而辩说之前均亦如此也。还私报委任名单，实属法理之外。为查清此事，再派使者三等侍卫达楚，携钤盟长大印之官文疾奔。文到，逐个查清自乾隆四十四年下旨至乾隆四十五年，册封松瑞协理之时，退职之四等台吉桑杰扎布本人是否在世，当时衙门是否记录备案，桑杰扎布身体有何疾病而册封协理时未到等事宜。出具钤札萨克印之官文，即刻送至本处。如还不醒悟，如前弄虚作假、敷衍了事，向札萨克王大人与现任协理呈状，带其至大部治罪。

此札。

乾隆五十三年仲秋二十三日

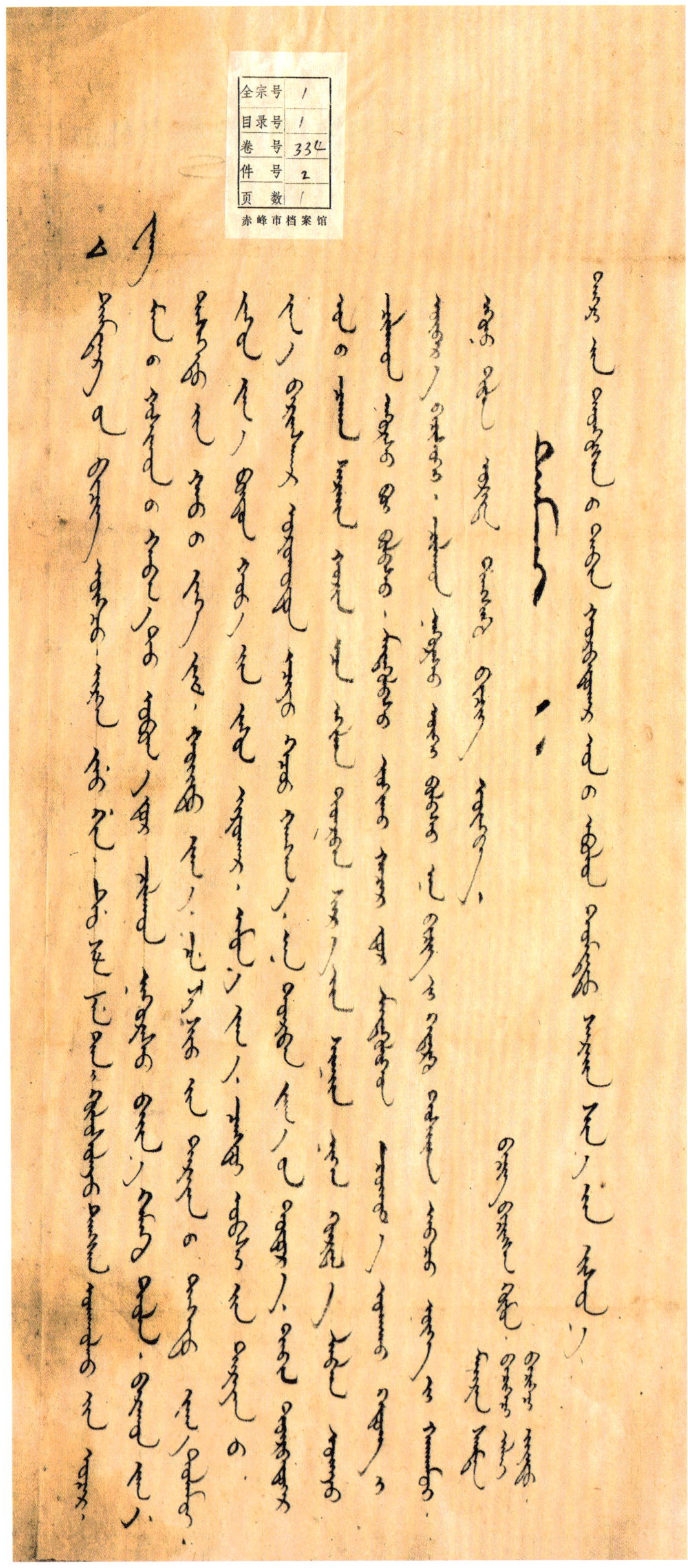
全宗号 1
目录号 1
卷 号 33[illegible]
件 号 2
页 数 1
赤峰市档案馆

试挖石煤之呈文

发证雇用民人周金、陶山岩试挖之事。本旗哈布哈图坝上有石煤，西至塔斯哈图沟大道，北至澈斯休耕地上边，东至布敦花东边，南至常堆敖八喜耕地边，此四边地之内，从五十四年正月二十日至四月初一日间开始试挖。如有石煤，上报官府，挖与否，再议。如无石煤，恳请退回此文。

至此特呈试挖文。

书文者：梅林萨木坦、笔帖式阿里、笔帖式吉雅图

乾隆五十三年仲冬初九日

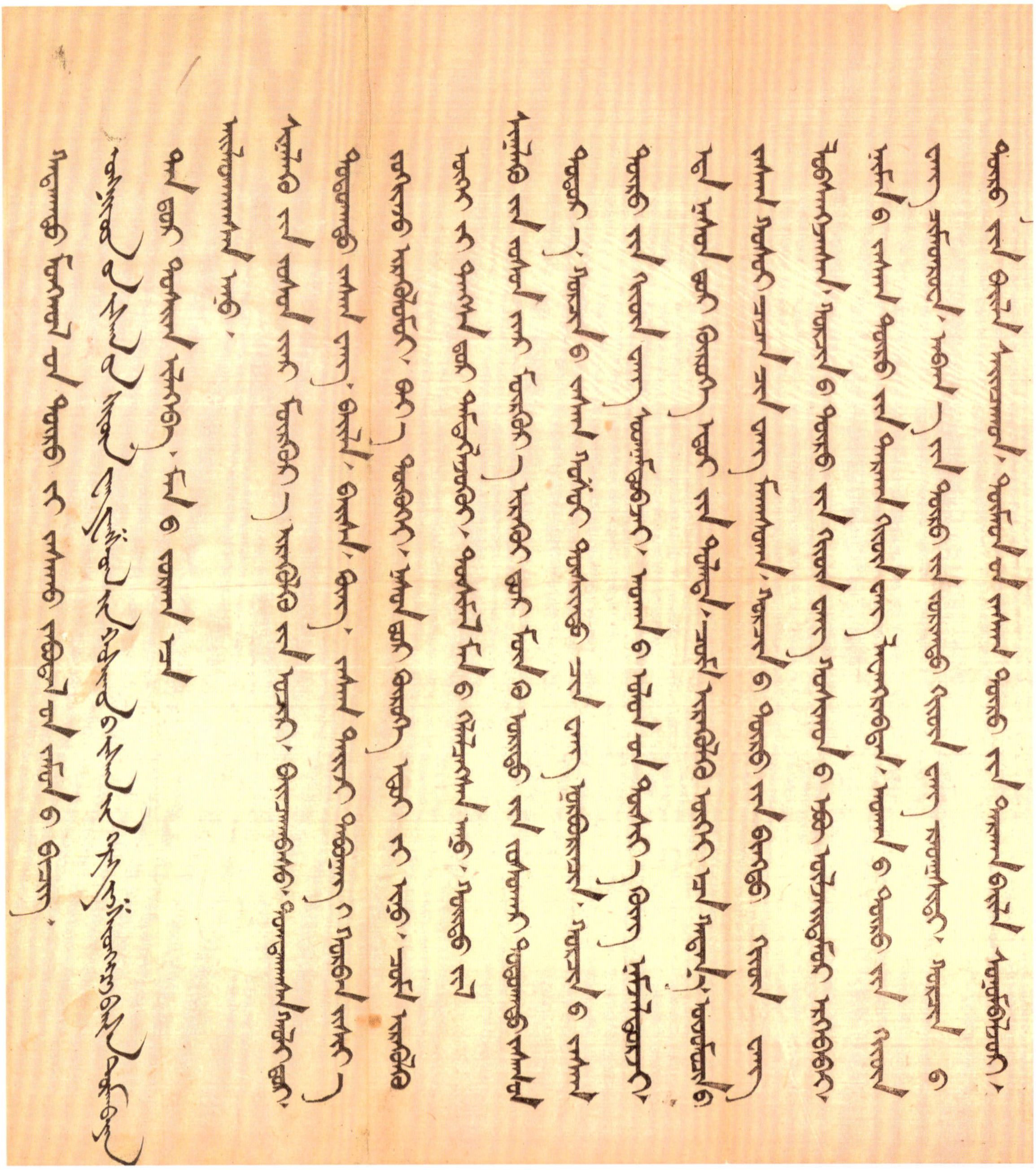

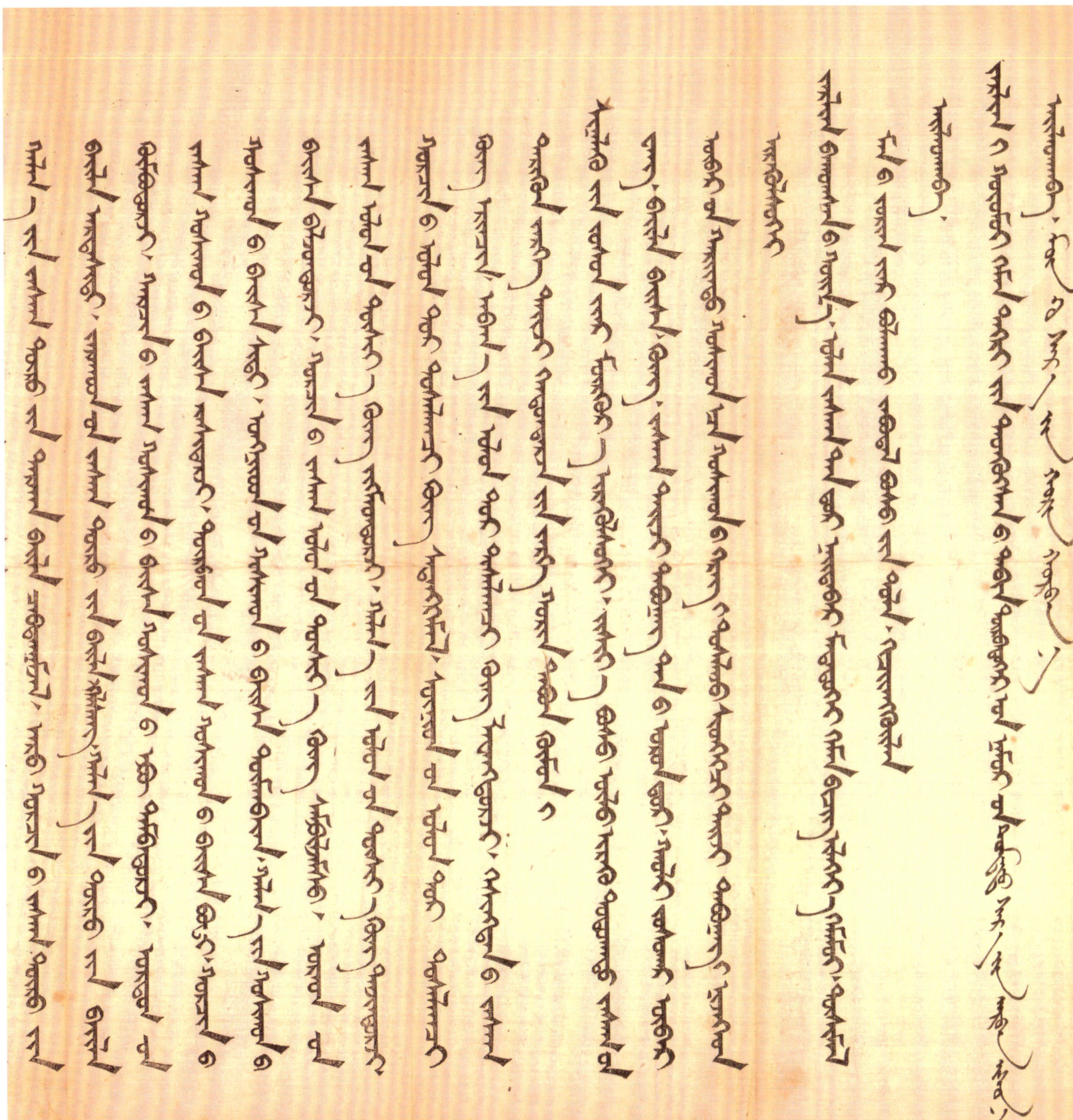

110 理藩院为年班朝觐事札翁牛特贝子文（乾隆五十四年末秋初三日）

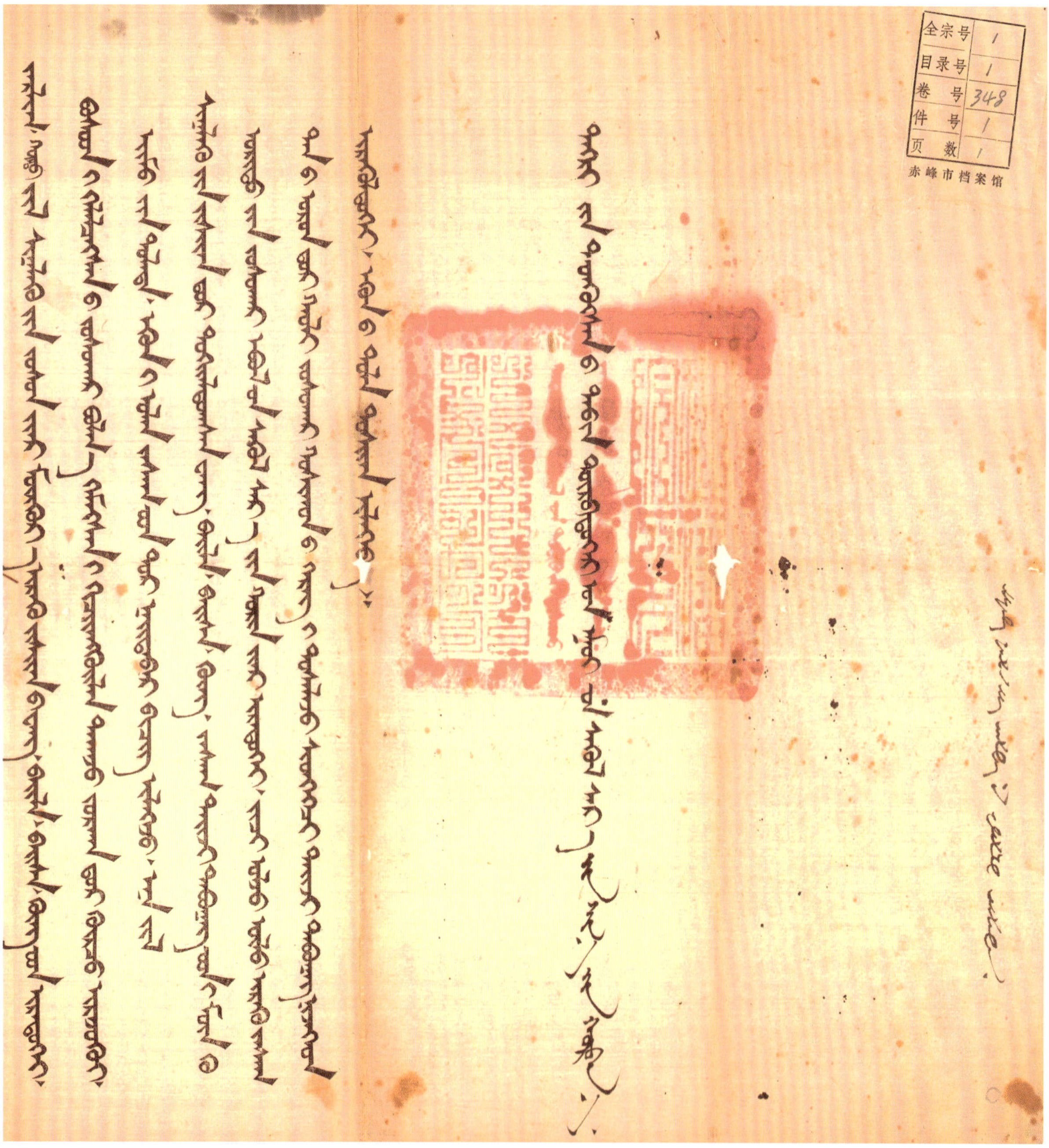

全宗号	1
目录号	1
卷号	348
件号	1
页数	1

赤峰市档案馆

理藩院为年班朝觐事札翁牛特贝子文

理藩院文。札付翁牛特札萨克郡王旺楚克旗总管贝子图门白音：本部奏曰，年班朝觐之事。据大典，内政王、贝勒、贝子、公、札萨克台吉、塔布囊分三班进京。未出痘、未成年者不得前来。明年年班朝觐之事，也遵顺既定法规，除内政科尔沁札萨克和硕图谢土亲王敖尔布仁钦、科尔沁札萨克多罗郡王苏德那木道尔吉、敖汉镇国公那木吉拉道尔吉等因未出痘不能进京外，其他乌珠穆沁札萨克和硕车臣亲王玛嘎苏根，科尔沁多罗秉都郡王罗布桑扎拉森，科尔沁多罗郡王旗额驸乌力吉特穆尔、额日和贝贝，奈曼札萨克多罗达尔罕郡王拉旺拉布坦，敖汉多罗郡王齐木德如瓦，阿巴嘎多罗照日格图郡王拉迪那希迪，科尔沁多罗贝勒赛音查坤，土默特札萨克多罗达尔罕贝勒苏纳木巴拉珠尔，喀尔喀札萨克多罗达尔罕贝勒查布丹那木吉勒，阿鲁科尔沁札萨克多罗贝勒阿尔德希迪，扎鲁特札萨克多罗贝勒嘎拉桑，喀尔喀多罗贝勒官布道尔吉，喀喇沁札萨克旗贝子旗额驸丹巴道尔吉，鄂尔多斯札萨克旗贝子扎西达尔吉，吐尔伯特札萨克旗贝子宝迪，科尔沁旗贝子希迪，翁牛特旗贝子图门白音，喀尔喀旗贝子巴拉珠道尔吉，科尔沁札萨克镇国公桑布拉扎木苏，乌拉特札萨克镇国公吉格木德道尔吉，喀尔喀镇国公丹津道尔吉，科尔沁辅国公色登嘎木勒，苏尼特辅国公仁钦，阿巴嘎辅国公拉旺道尔吉，克什克腾旗札萨克一等台吉根顿塔日扎等二十五人年班进京。非年班不能进京之内政札萨克王、贝勒、贝子、公、札萨克台吉、塔布囊等，按例，由各自所属旗选派协理台吉、塔布囊代之。见文，望各札萨克皆知。并非本院能调整安排，故谨慎照办。为此，于乾隆五十四年仲秋十九日上奏皇上，是月二十三日回旨曰，年班朝觐之王、贝勒、贝子、公及时进京。其他事宜，按既定规则施行。因此通告各札萨克，本年年班之王、贝勒、贝子、公、札萨克台吉、塔布囊，于末冬二十日前后进京。不能进京之各札萨克，由各自所属旗选派协理台吉、塔布囊代之。

此札。

乾隆五十四年末秋初三日

111 钦命驻乌兰哈达蒙民事务大臣为一宗耕地纠纷案札署理翁牛特札萨克印务之贝子文（乾隆五十五年仲夏二十五日）

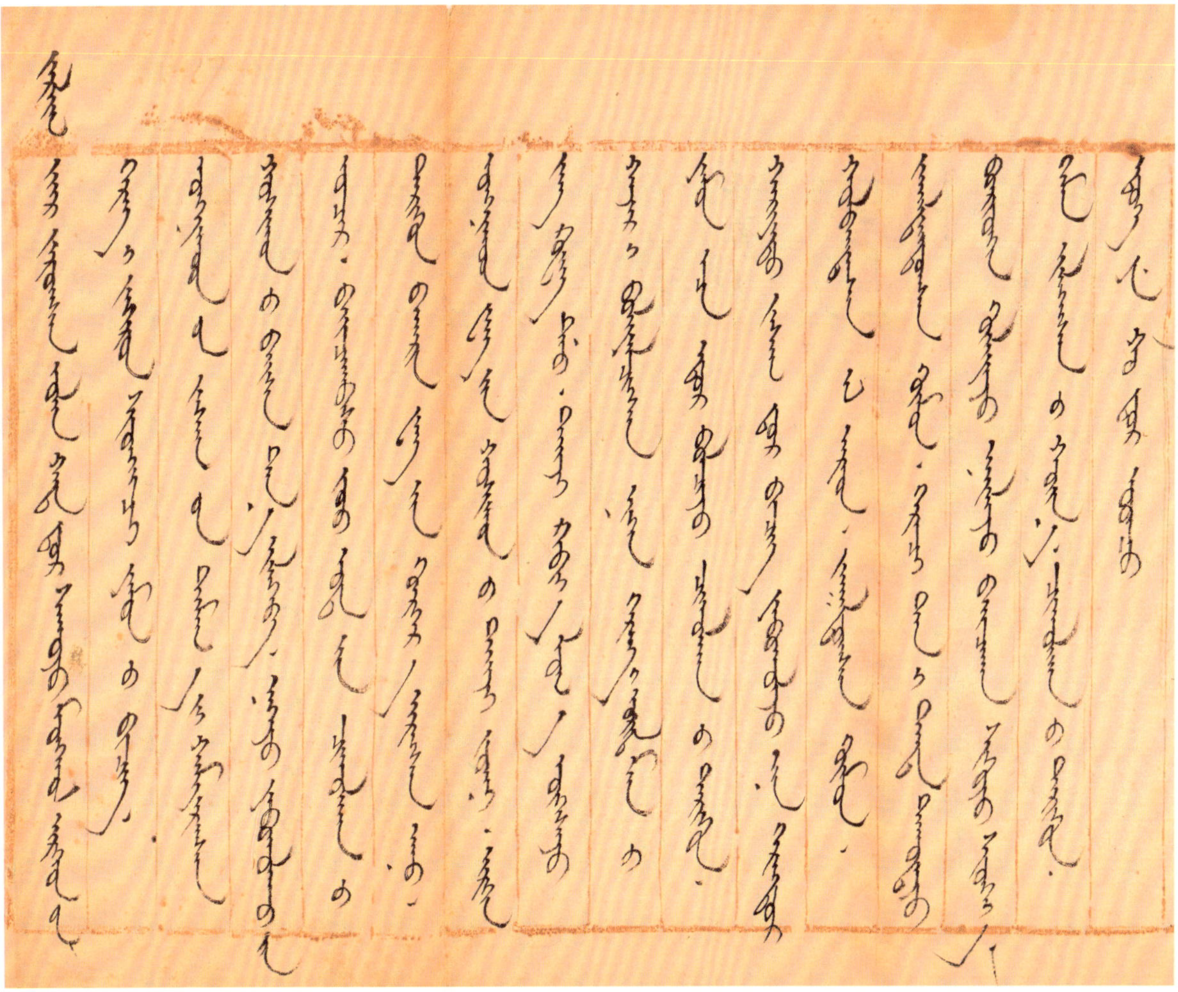

111 钦命驻乌兰哈达蒙民事务大臣为一宗耕地纠纷案札署理翁牛特札萨克印务之贝子文（乾隆五十五年仲夏二十五日）

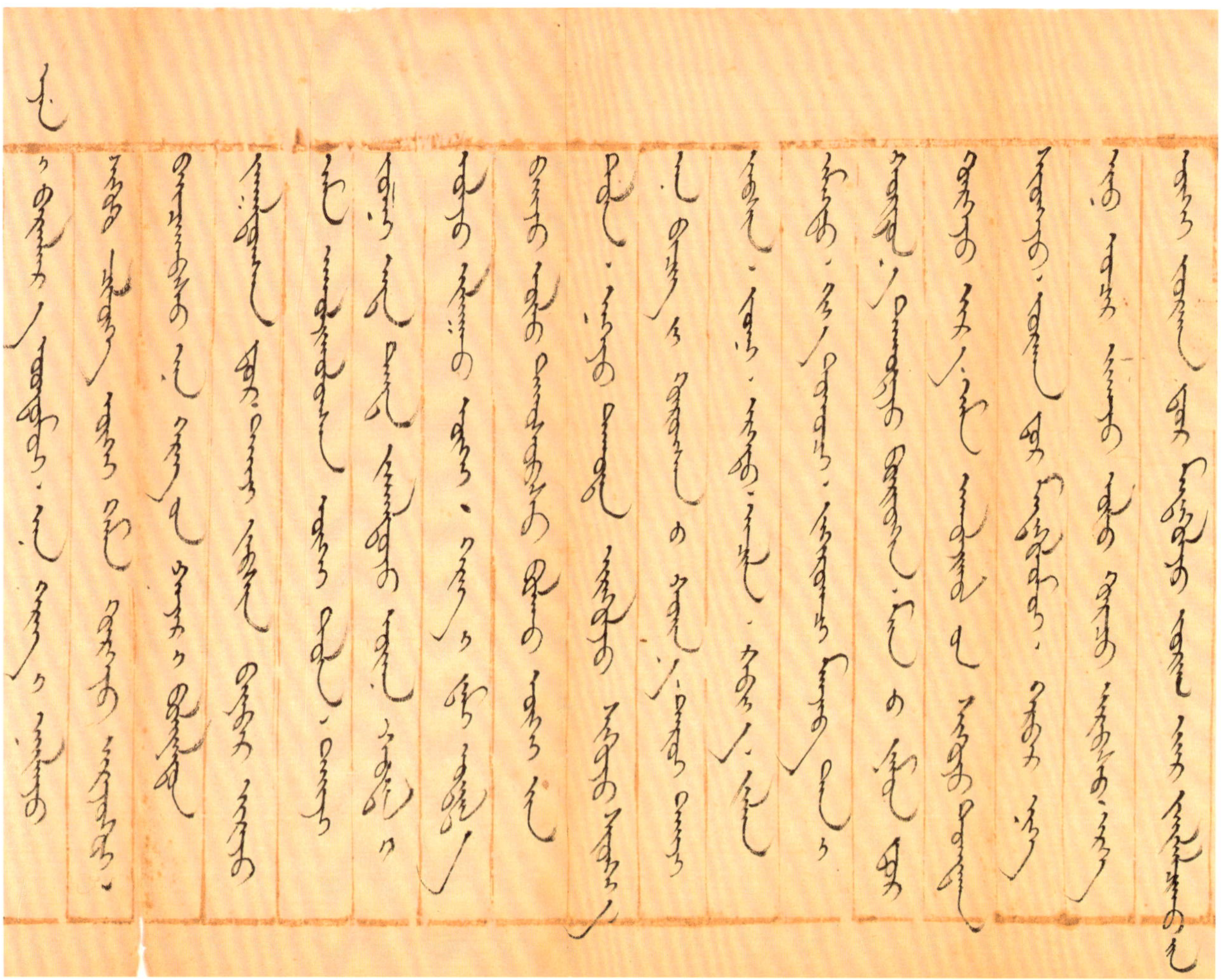

111 钦命驻乌兰哈达蒙民事务大臣为一宗耕地纠纷案札署理翁牛特札萨克印务之贝子文（乾隆五十五年仲夏二十五日）

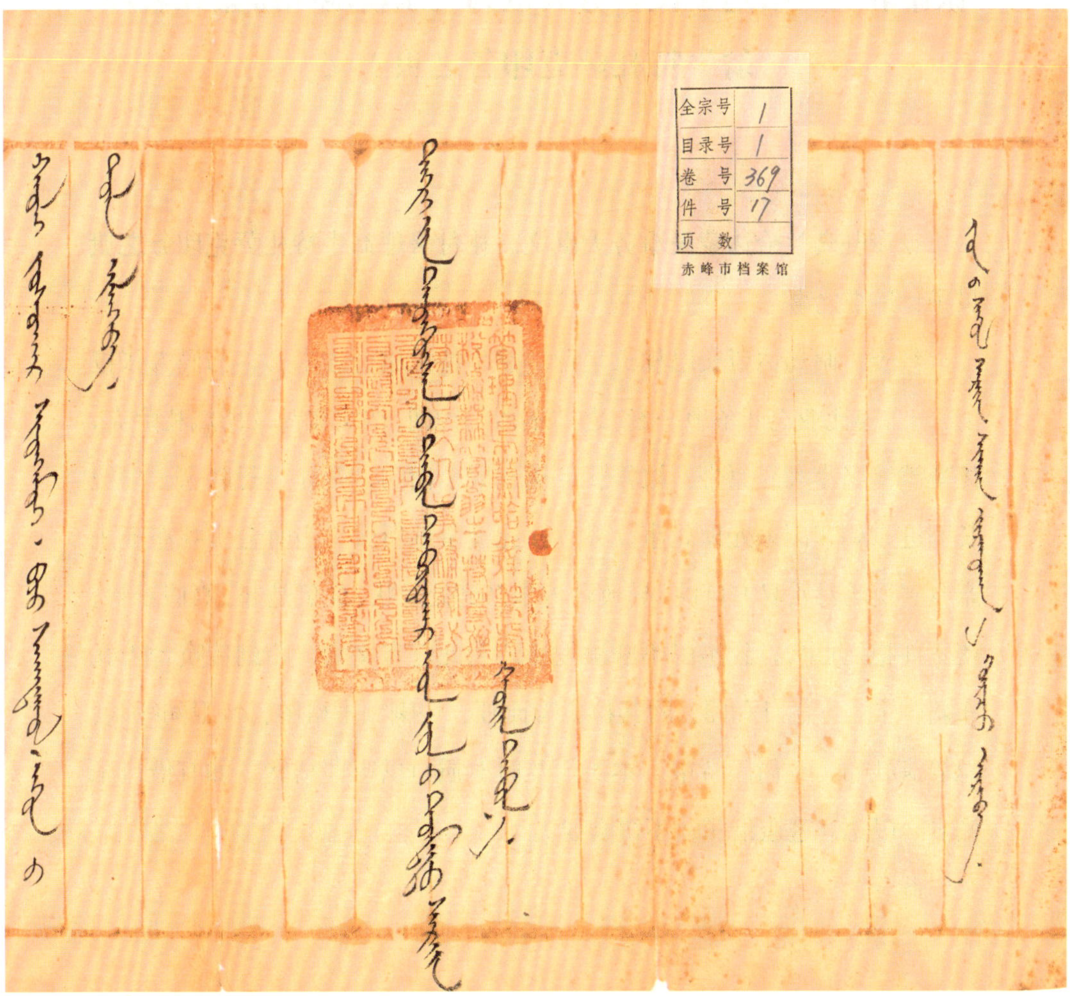

钦命驻乌兰哈达蒙民事务大臣为一宗耕地纠纷案札署理翁牛特札萨克印务之贝子文

钦命驻乌兰哈达蒙民事务大臣文。札付署理翁牛特札萨克印务之旗贝子：追查之事。

经查，昭乌达盟长巴林王呈称，翁牛特王旗台吉朱乃，与民人张框涛、台吉嘎比亚之间争地一案。之前本衙门约期，咨文盟长及所属札萨克，传唤涉案当事人、原告、被告、证据一同至衙门，两处进行联审。但盟长因进京朝觐而未处理此事。经查，此案争地所致。当时台吉扎布新未亲自到现场对质双方口供，导致台吉朱乃到处呈状，颠倒是非，真假难辨，使案件拖延已久，致不得不解决地步。为此，官文到，即刻传唤台吉扎布新、朱乃、额日和图、阿其拉、嘎比亚、甲喇额木格图、侍卫陶呼其、总管满扎布，至衙门待审。本衙门及时对质口供审理结案。如有借口未到者，以恶意逃避治罪。不得有误。

此札。

乾隆五十五年仲夏二十五日

112 钦命驻乌兰哈达蒙民事务大臣为核实三所官仓征收情况事札署理翁牛特札萨克印务之贝子文（乾隆五十六年初秋二十二日）

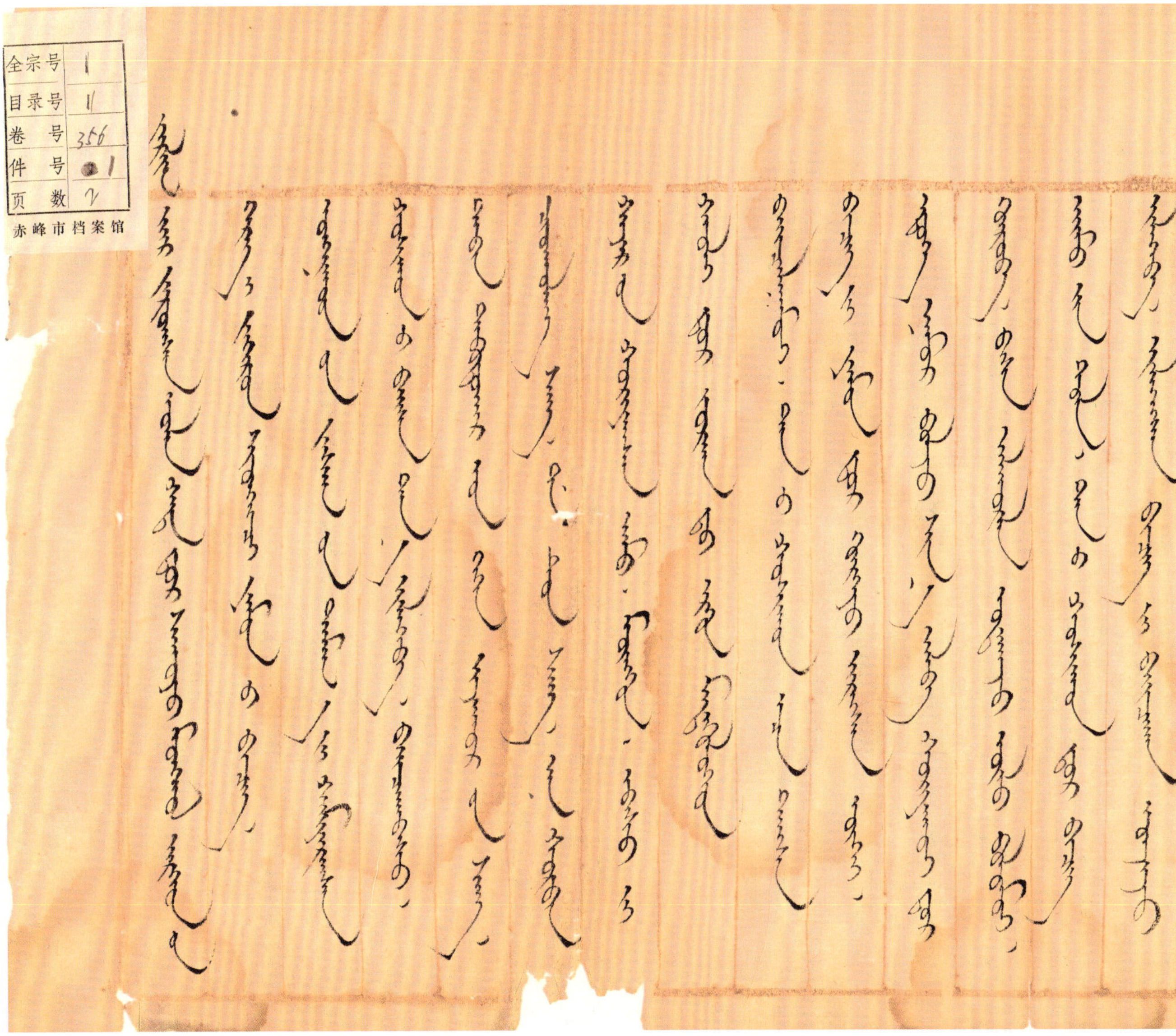

112 钦命驻乌兰哈达蒙民事务大臣为核实三所官仓征收情况事札署理翁牛特札萨克印务之贝子文（乾隆五十六年初秋二十二日）

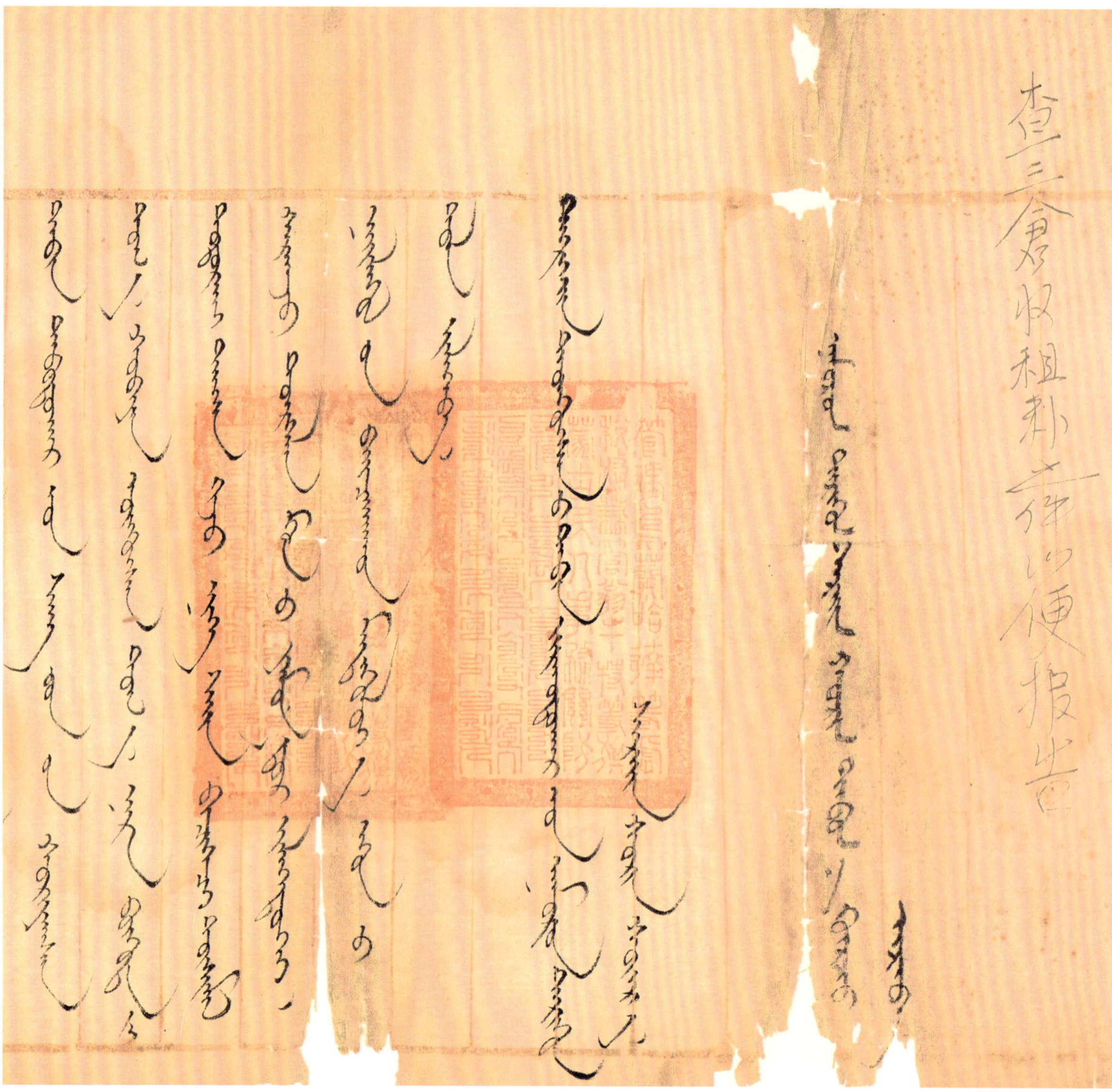

查三倉收租[illegible]之件以便報告

钦命驻乌兰哈达蒙民事务大臣为核实三所官仓征收情况事札署理翁牛特札萨克印务之贝子文

钦命驻乌兰哈达蒙民事务大臣文。札付署理翁牛特札萨克印务之旗贝子：经查，五十五年，格根伊珠尔仓、初头朗仓、大屯仓三仓征收之粮食、租金、草料，应呈报本署核查也。但尔旗至今未呈送账册。兹有，已秋季，到新一轮征收季节。为此，札付尔旗。文到，即刻登记五十五年三仓征收数量、分配额度、名目，指派一名笔帖式呈报本署，以备核算。

此札。

乾隆五十六年初秋二十二日

113 署理翁牛特札萨克印务之贝子等为沿袭台吉空位事呈理藩院文（乾隆五十六年初冬二十八日）

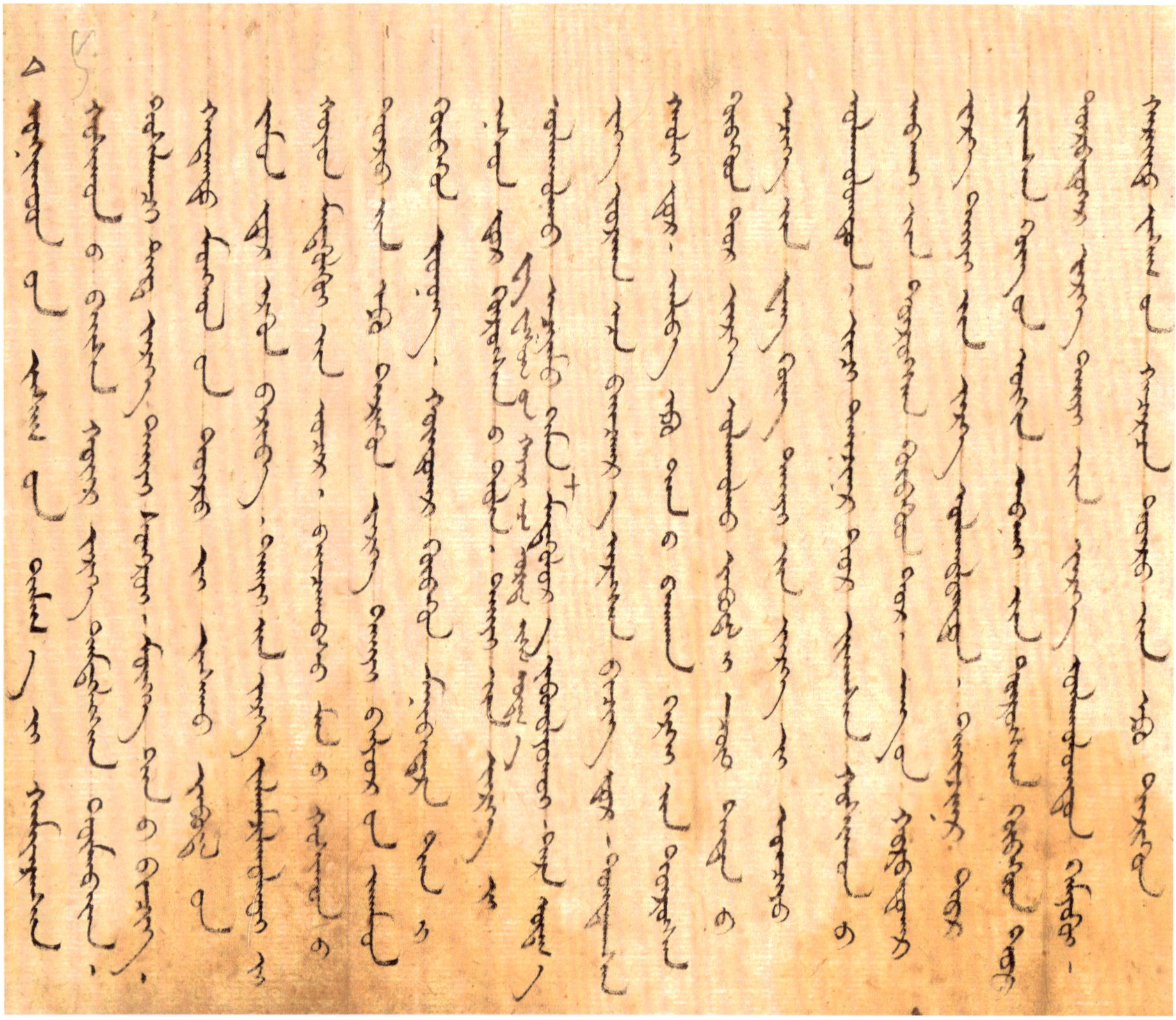

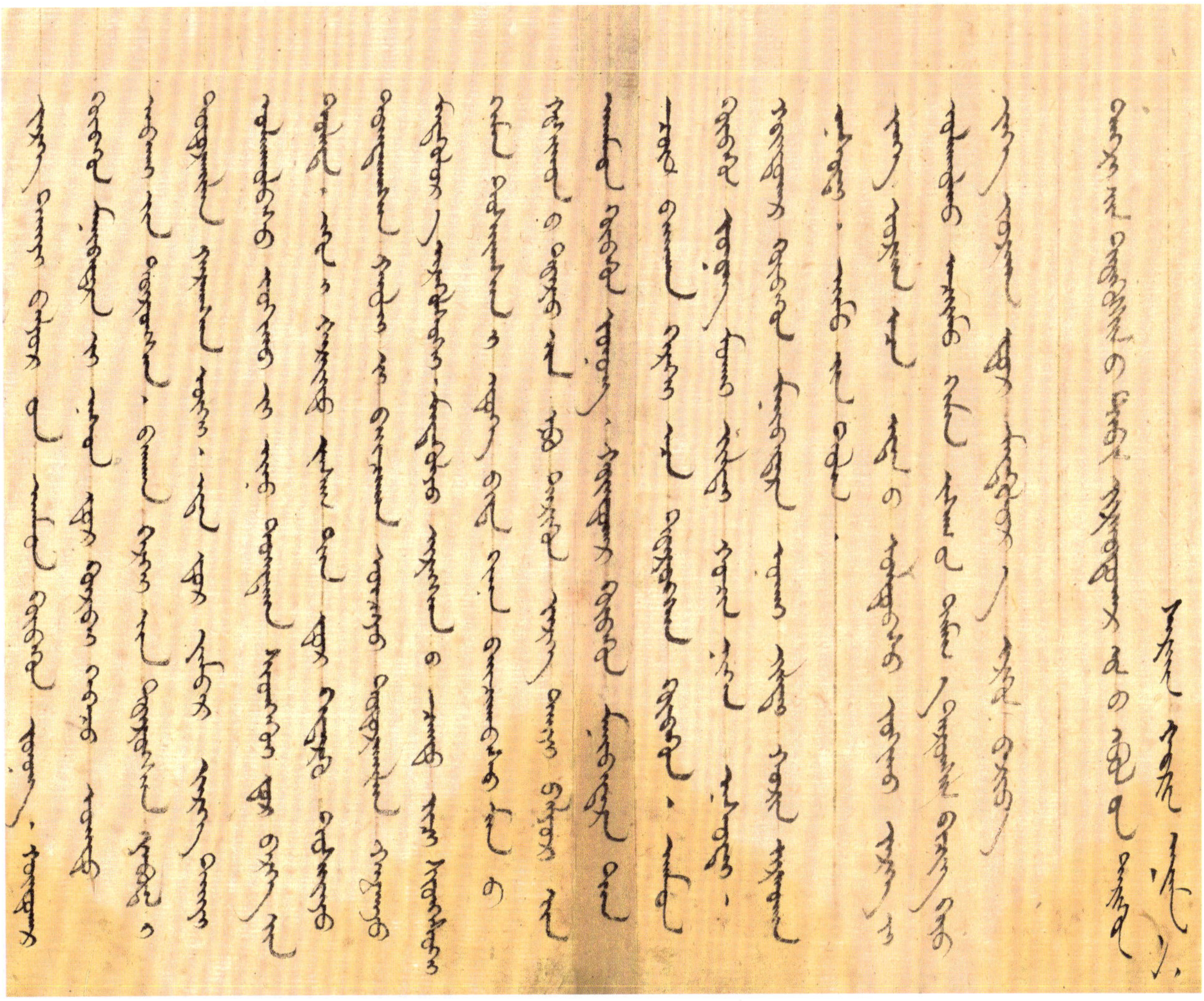

署理翁牛特札萨克印务之贝子等为沿袭台吉空位事呈理藩院文

署理翁牛特札萨克印务之贝子记二级图门白音协理，二等台吉松瑞、孟克文。呈理藩院：台吉爵位承袭之事。

经查，本旗多罗额驸一等台吉巴拉珠尔长子朱浓、次子玛尼巴达日已成年，呈请沿袭台吉之位。此事，旺楚克王爷处曾呈报大部。大部曾行文曰，据大典，册封额驸妃子所生子，视其父之王、公、台吉级别而定也。陪嫁台吉之旗格格所生子，册封普通三级台吉爵位。陪嫁台吉之公爷格格所生子，册封四等台吉爵位。所属札萨克多罗额驸一等台吉巴拉珠尔长子朱浓、次子玛尼巴达日虽已成年，但未阐明其格格所生，或妃子所生也。故册封其为何级台吉不易判定。为此所属旗查明身份，速报本处，及时处理。等因前来。

如今查清本旗多罗额驸一等台吉巴拉珠尔长子朱浓、次子玛尼巴达日均妃子所生。长子朱浓属蛇，三十一岁。次子玛尼巴达日属狗，二十六岁。

至此，呈送大部，册封其为应有爵位为盼。

乾隆五十六年初冬二十八日

赤峰县为耕地纠纷案咨署理翁牛特札萨克印务之贝子文（乾隆五十六年初冬三十日）

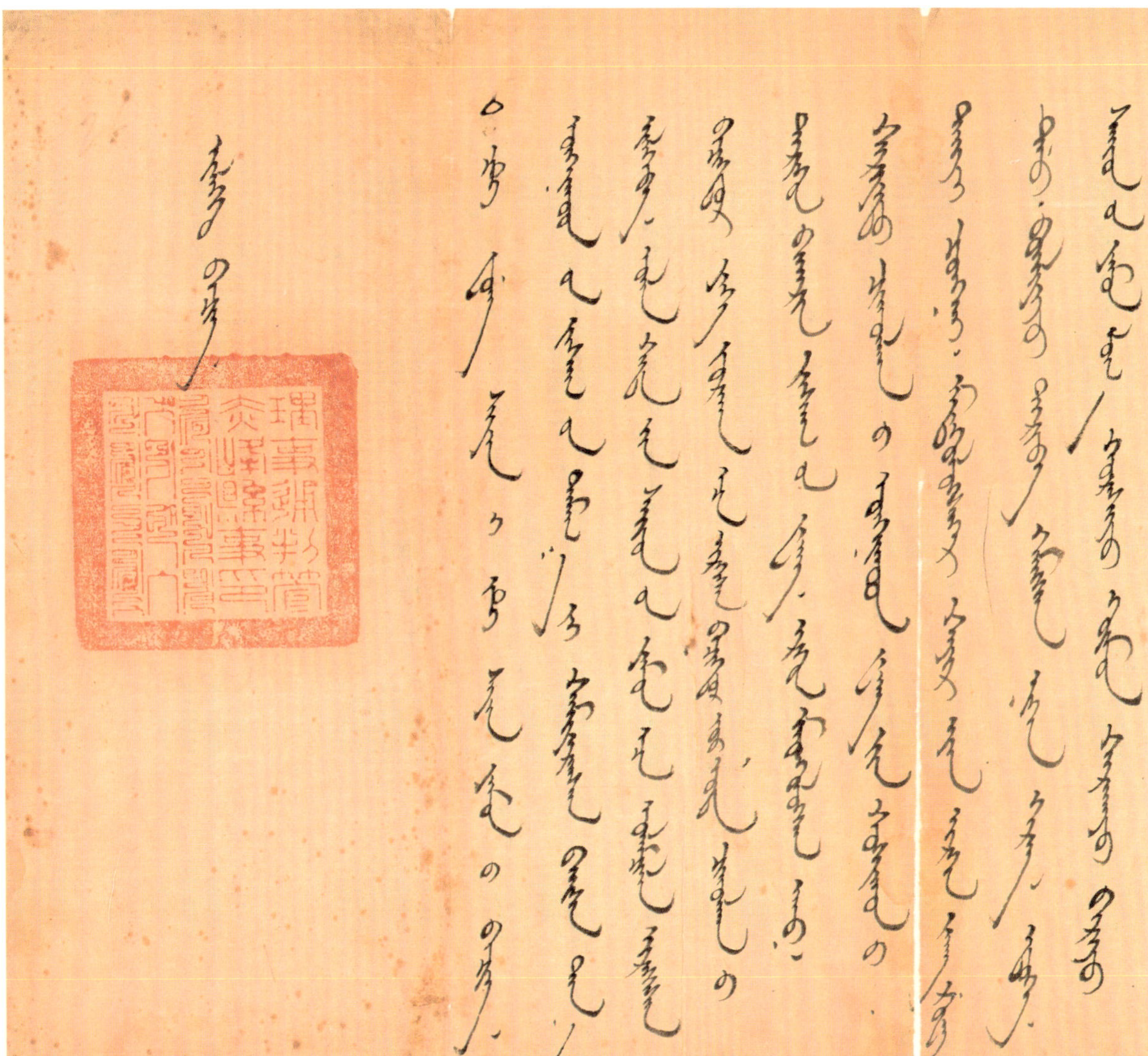

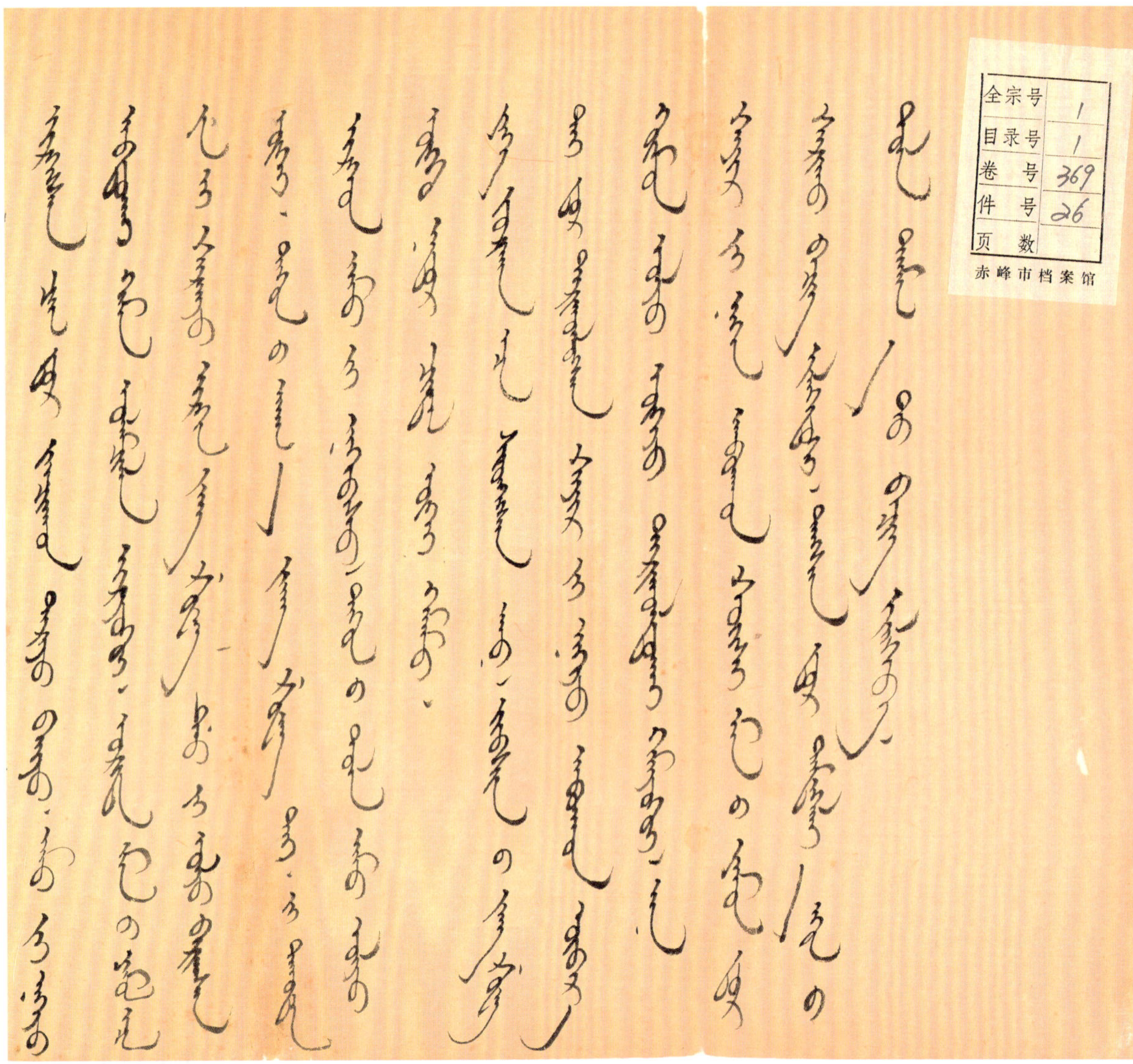
全宗号 1
目录号 1
卷号 369
件号 26
页数
赤峰市档案馆

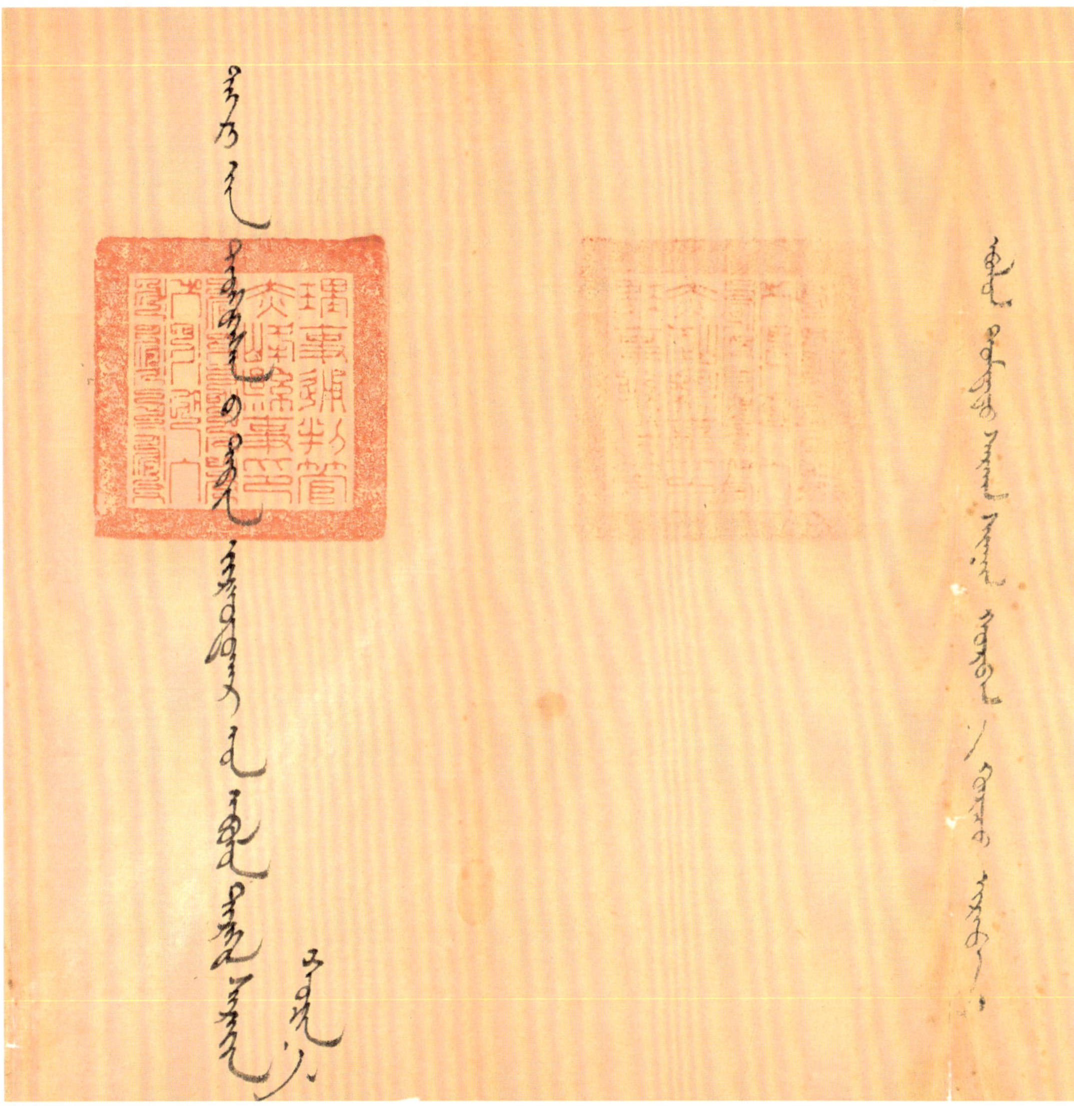

赤峰县为耕地纠纷案咨署理翁牛特札萨克印务之贝子文

赤峰县衙门文。咨署理翁牛特札萨克印务之贝子。乌兰哈达大臣衙门札开：大部转文称，昭乌达盟长巴林札萨克王呈曰，所属盟会翁牛特王旗台吉朱乃之耕地，被张匡涛抢种。今致官文，与大臣衙门一同派衙役抓捕，羁押行板刑，追回粮食。等因前来。此前，本县衙派衙役追捕张匡涛未果。传唤其兄张匡泰，使其追缴粮食。其曰：无力偿还也。兹有，大部断案，朱乃追回扎布新租给张匡泰之耕地，转包他人。为此，追回耕地后报送本县衙以便记录备案。

至此，咨送钤官印之文。

乾隆五十六年初冬三十日

115 钦命驻乌兰哈达蒙民事务大臣为收齐欠缴租金等事札署理翁牛特札萨克印务之贝子文（乾隆五十七年初春二十五日）

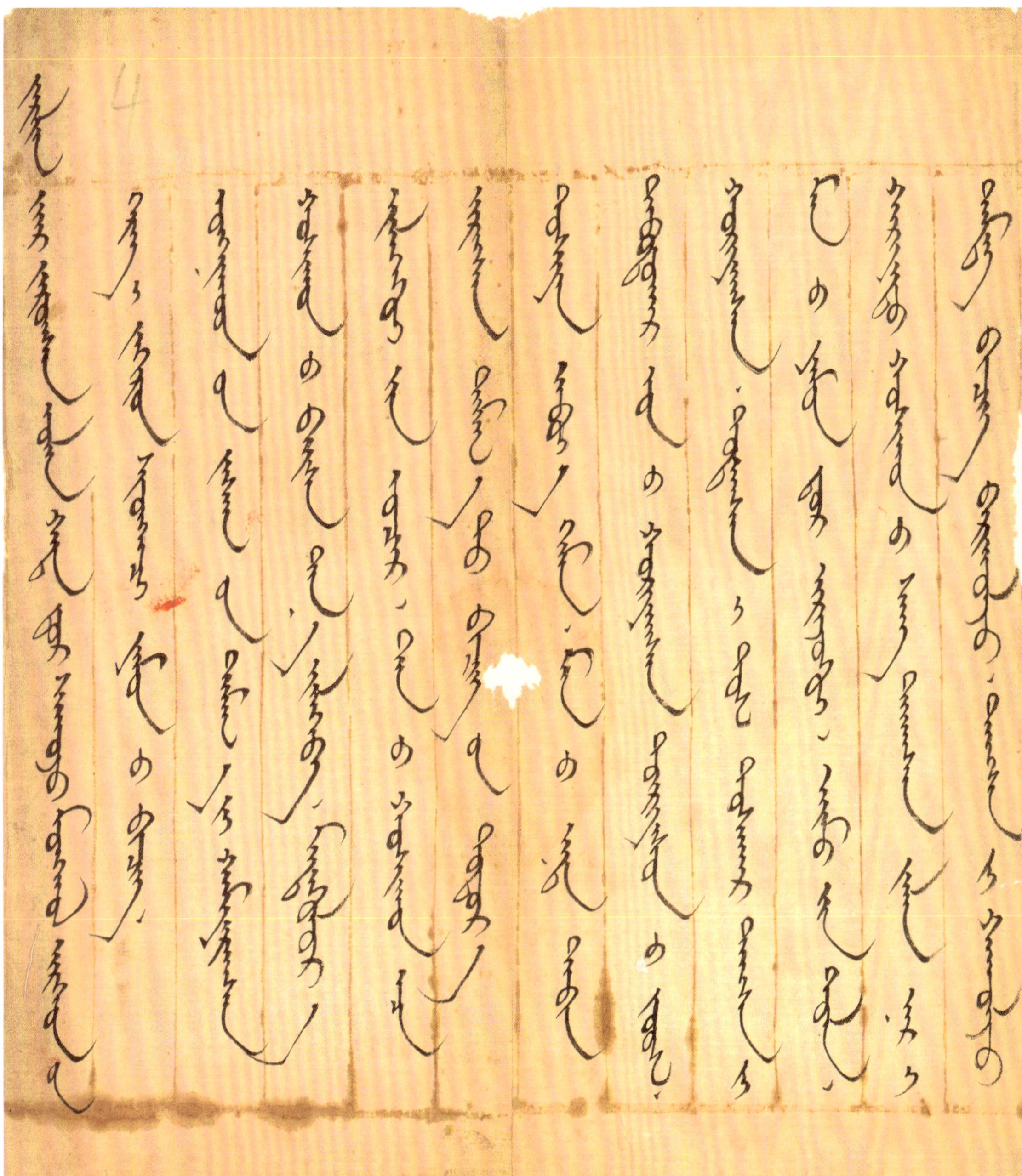

115 钦命驻乌兰哈达蒙民事务大臣为收齐欠缴租金等事札署理翁牛特札萨克印务之贝子文（乾隆五十七年初春二十五日）

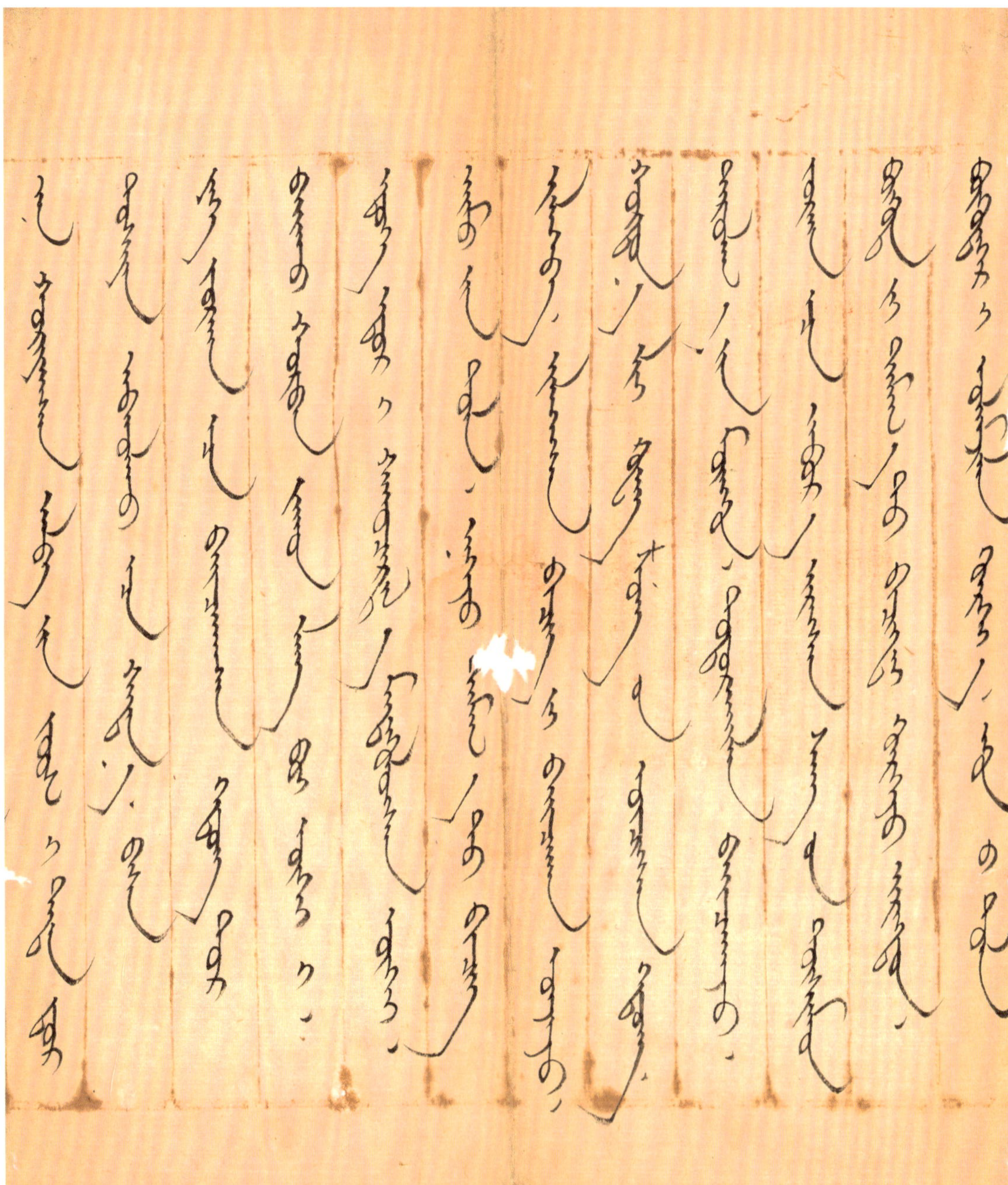

115 钦命驻乌兰哈达蒙民事务大臣为收齐欠缴租金等事札署理翁牛特札萨克印务之贝子文（乾隆五十七年初春二十五日）

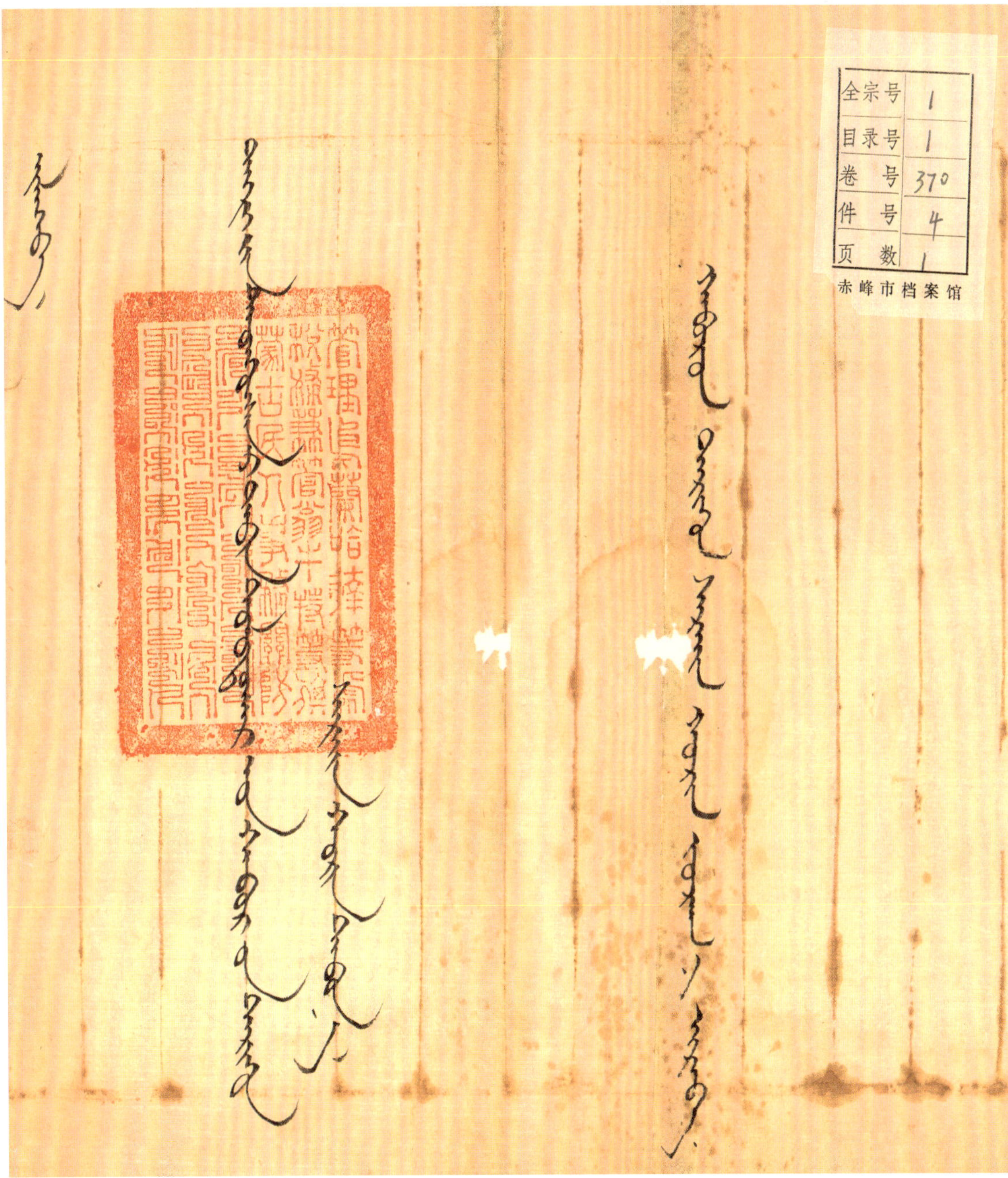

钦命驻乌兰哈达蒙民事务大臣为收齐欠缴租金等事札署理翁牛特札萨克印务之贝子文

钦命驻乌兰哈达蒙民事务署文。札付署理翁牛特札萨克印务之旗贝子：通告之事。

尔旗呈送之五十五年租金收缴及欠缴账本已到。故指派所属旗司库甲喇持公文，抄录账本，尽快收齐欠缴部分。另，大部检查之合同上三百两是否还在账上之事，久久未上报也。为此追发官文尔处。文到，查阅文内，即刻查明李匡松交代之合同押金案，与司库一同携官文送至本署。

此札。

乾隆五十七年初春二十五日

116 钦命任蒙古古北口路汗蒙古驿站大臣为侵占驿站耕地事札署理翁牛特王印务之图门白音文（乾隆五十七年初夏二十四日）

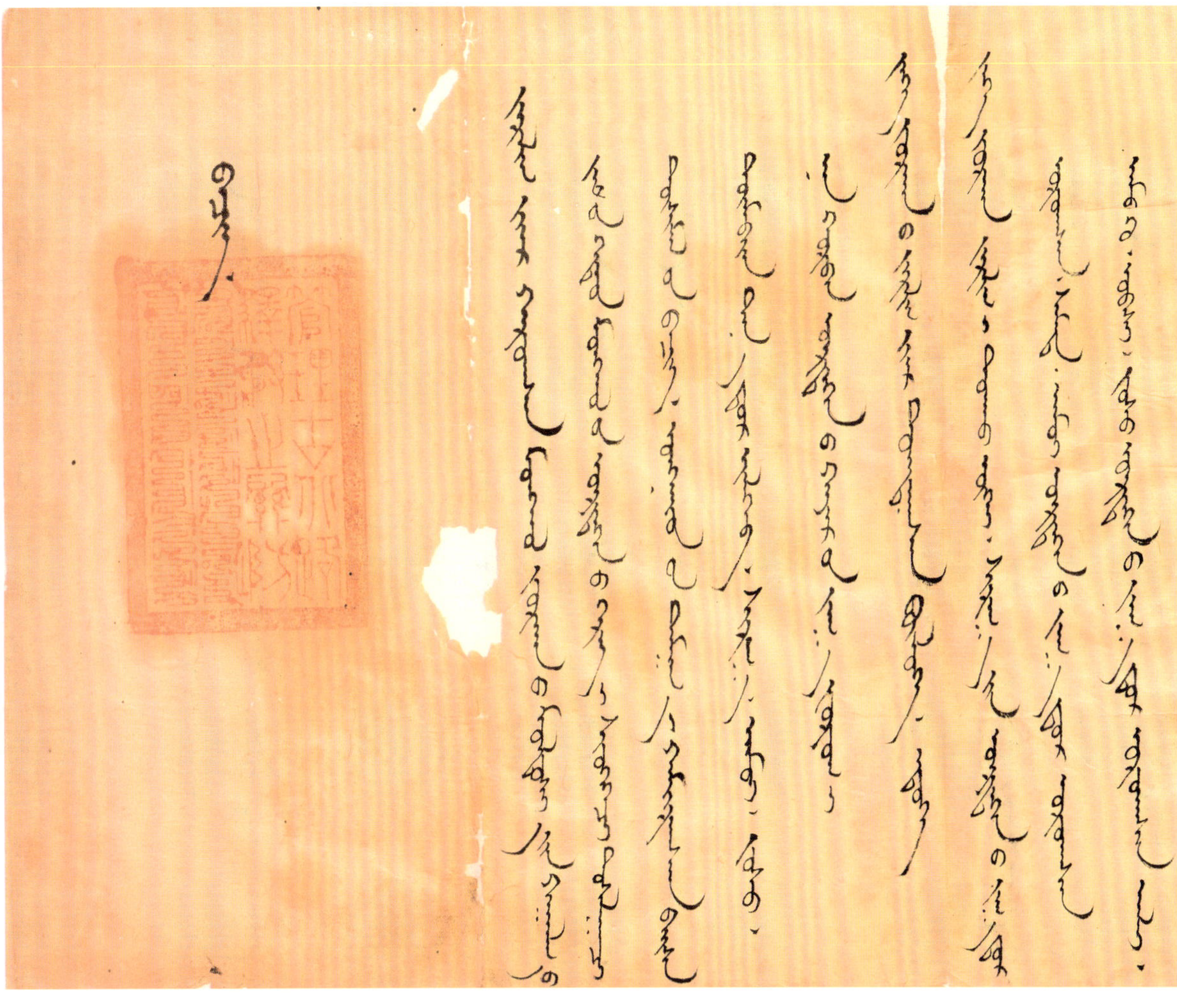

116 钦命任蒙古古北口路汗蒙古驿站大臣为侵占驿站耕地事札署理翁牛特王印务之图门白音文（乾隆五十七年初夏二十四日）

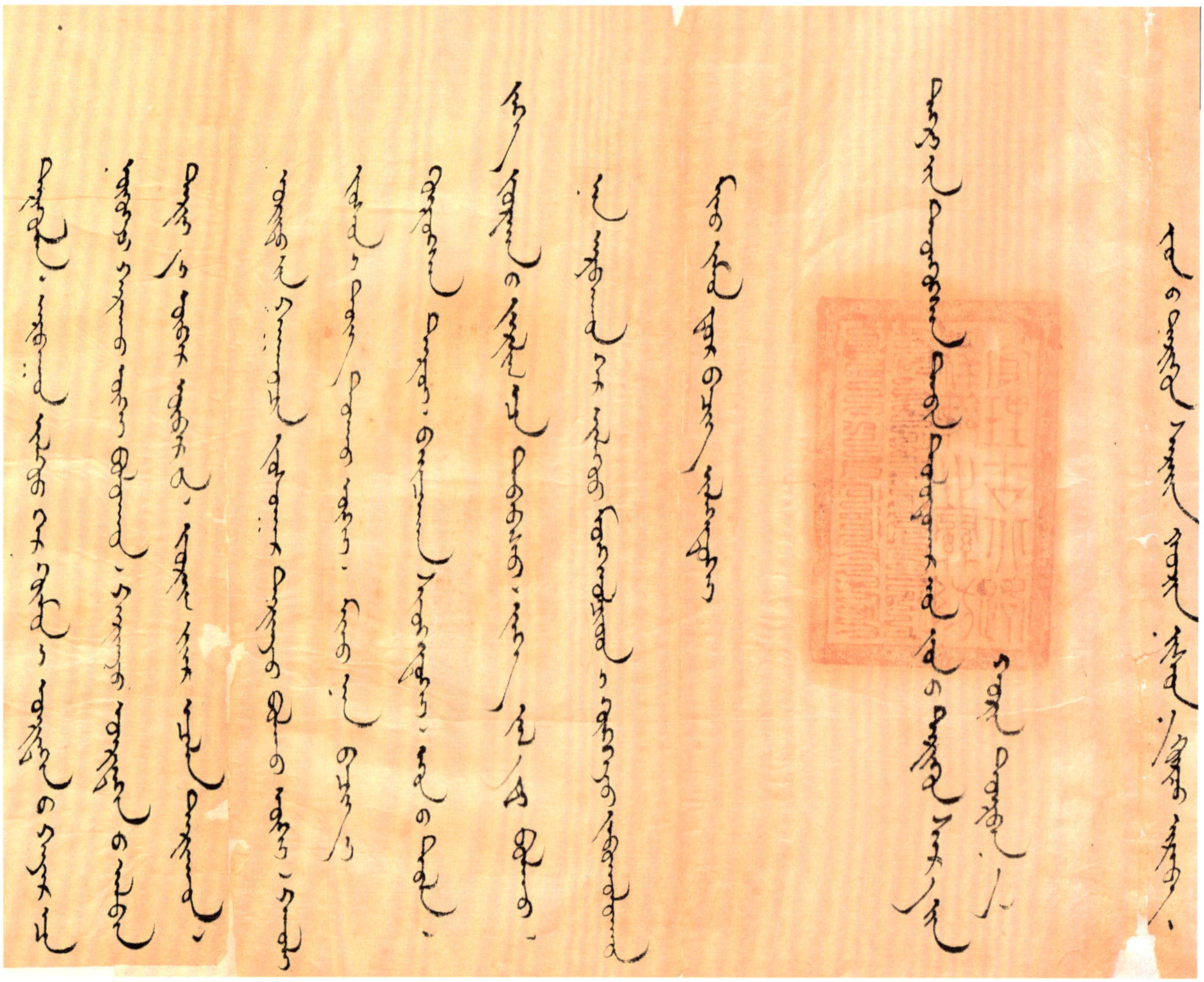

钦命任蒙古古北口路汗蒙古驿站大臣为侵占驿站耕地事札署理翁牛特王印务之图门白音文

钦命任蒙古古北口路汉蒙古驿站协理大臣文。札付署理翁牛特王印务之图门白音：奉大部指令划定沙日嘎、阿木、昭苏驿站地界。兹有，不顾大部指令侵入沙日嘎驿站边界之萨姆坦，阿木驿站边界之阿木胡，敖巴希、昭苏驿站边界之阿里等十余户，拒绝迁出驿站边界，侵占驿站耕地私自种植，违反驿站属地不得种植之陈规。文到，即刻严厉查办。违反大部指令者，治大罪。赶出此等十余户蒙民，并回禀本衙门。

此札。

乾隆五十七年初夏二十四日

117 钦命驻乌兰哈达蒙民事务大臣为煤窑股份纠纷案札署理翁牛特札萨克印务之贝子文（乾隆五十七年仲夏初八日）

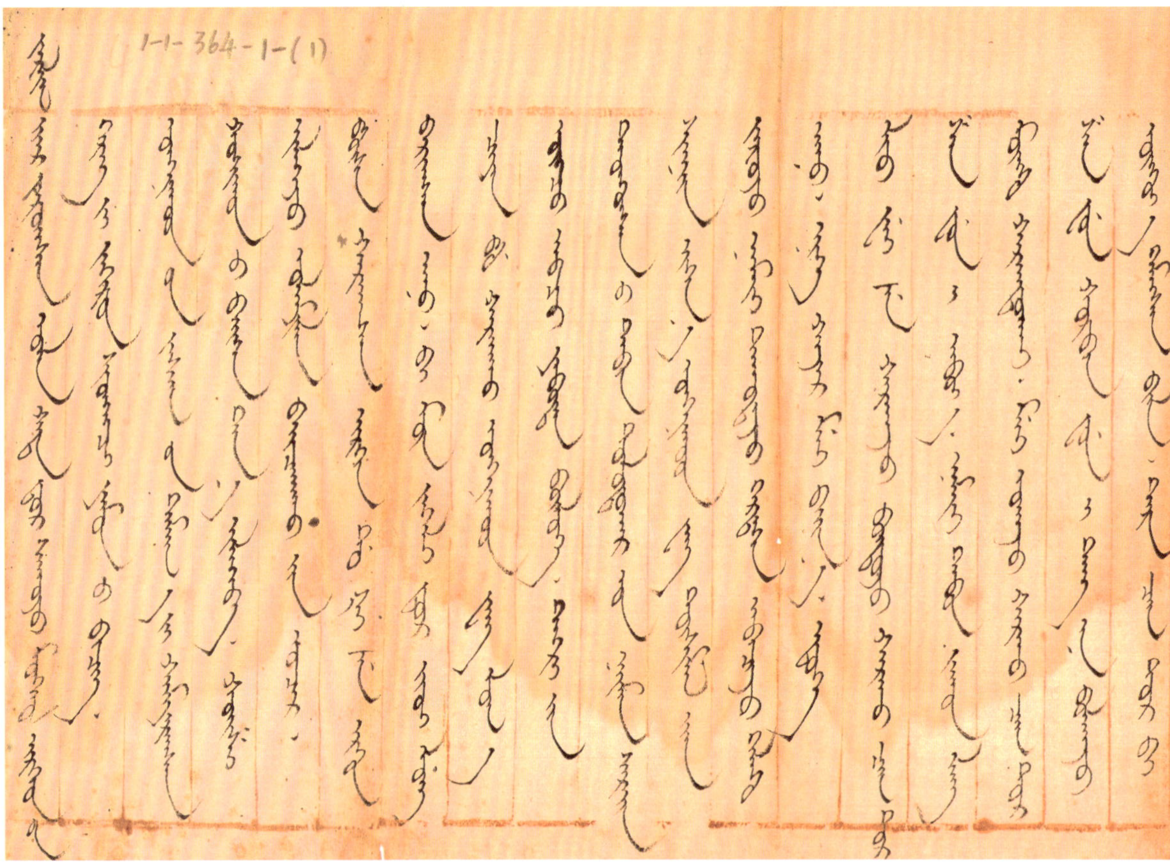

117 钦命驻乌兰哈达蒙民事务大臣为煤窑股份纠纷案札署理翁牛特札萨克印务之贝子文（乾隆五十七年仲夏初八日）

钦命驻乌兰哈达蒙民事务大臣为煤窑股份纠纷案札署理翁牛特札萨克印务之贝子文（乾隆五十七年仲夏初八日）

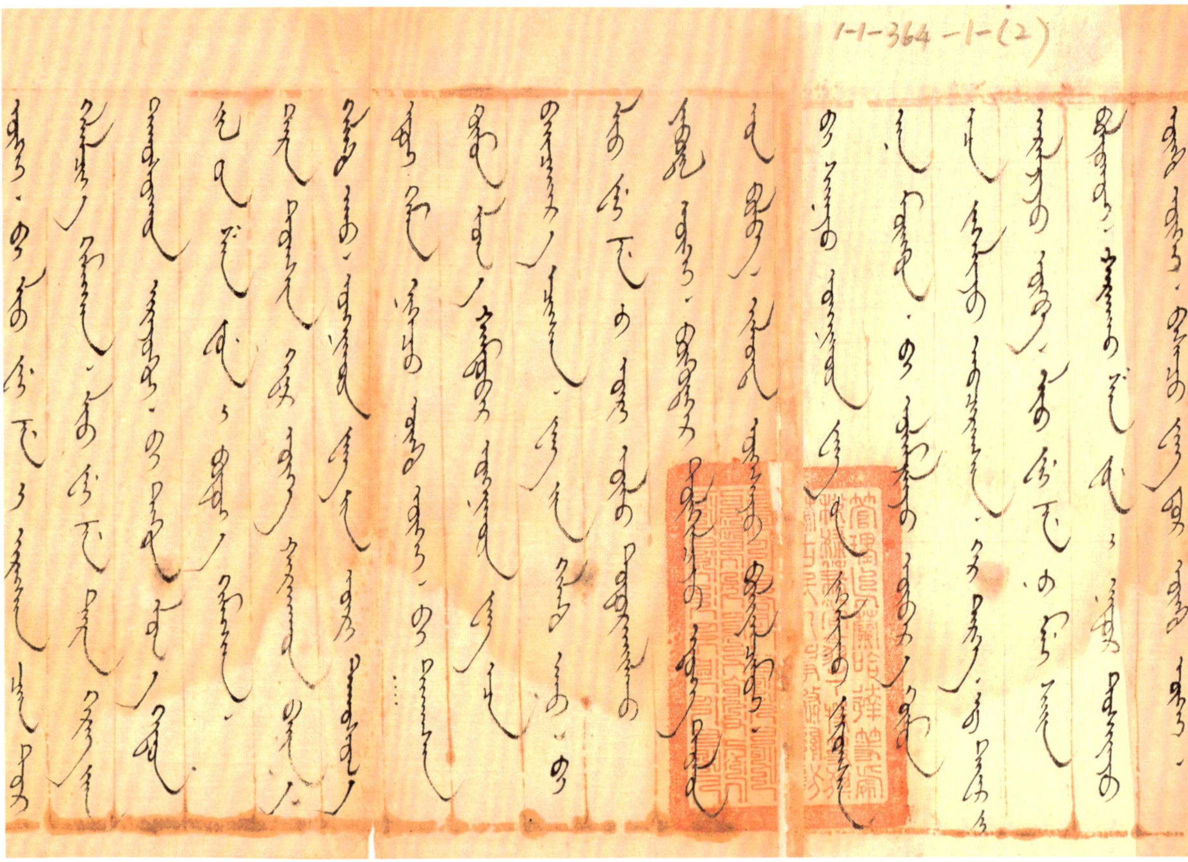

117 钦命驻乌兰哈达蒙民事务大臣为煤窑股份纠纷案札署理翁牛特札萨克印务之贝子文（乾隆五十七年仲夏初八日）

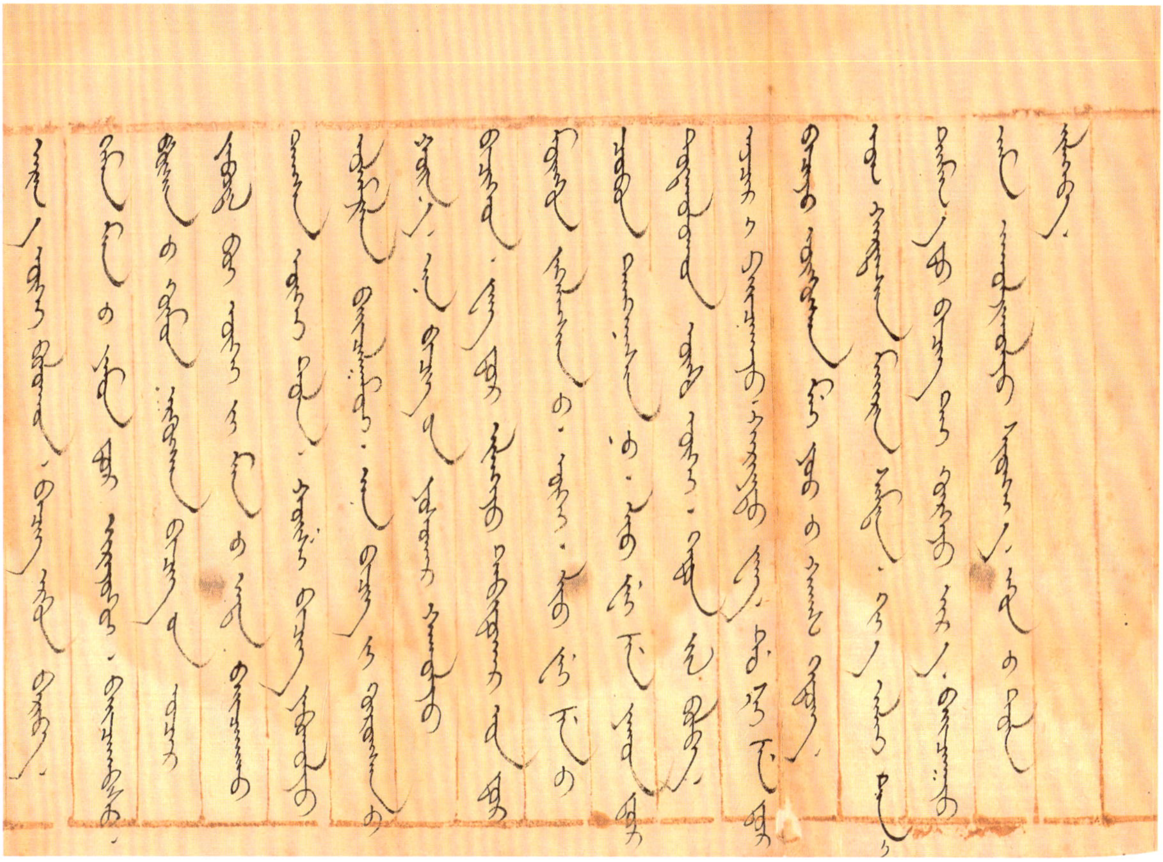

117 钦命驻乌兰哈达蒙民事务大臣为煤窑股份纠纷案札署理翁牛特札萨克印务之贝子文（乾隆五十七年仲夏初八日）

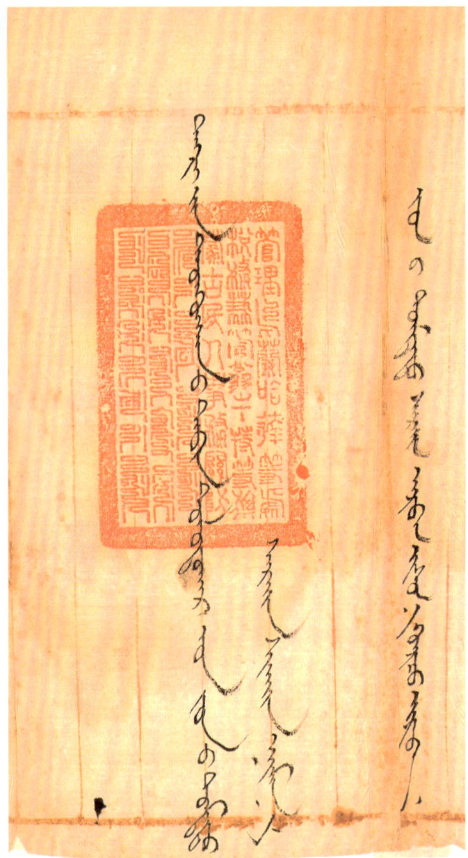

钦命驻乌兰哈达蒙民事务大臣为煤窑股份纠纷案札署理翁牛特札萨克印务之贝子文

钦命驻乌兰哈达蒙民事务署文。札付署理翁牛特札萨克印务之旗贝子：追查之事。

开店铺之民陶世泽呈状曰：吾与本条街开玉龙剑店之翁牛特王有过资金来往。乾隆五十年八月初一日，翁牛特王使衙差唤吾至其家，曰，某地可出煤也。如刘威山开采成功，就买其股份矣。尔付五百两银子。挖出煤时，将股份之三成作为红利返还。此时吾等不情愿，推托吾等未有现金也。但在旁梅林萨木坦插嘴曰，本人担保即可。吾便同意，出借五百两银子。签了合同，当担保人之面交钱于翁牛特王。翁牛特王亦当刘威山及吾等之面收银。双方均满意。当年十一月份开始产煤，刘威山将产量记册，送至本店铺。年底虽拟结算，却正遇刘威山与他人诉讼两年，人不再回来。看护煤窑之人也未曾交代煤窑产量多少，也未曾交代股份红利多少，只待刘威山回来再清算。刘威山诉讼事结束归家，欲与其结算几年股份红利之事。他却出言不逊，曰，与翁牛特王结算之前均不付一分钱也。无奈，吾与随从至翁牛特王质询。王爷曰，吾与刘威山无欠债之事，此事与本王无关。如此推托，已过七年，明明故意逃避也。吾借给翁牛特王之银两，均借自他人，吾等置换房屋及财物才还齐他人钱也。如今，刘威山之煤窑成功，却未付股份红利，王爷亦未得红利。无奈，兹有呈状也。等语前来。本衙门经查，铺主有无呈状，本处无档册可查。故下文追查。文到，抄送王爷处。查明王爷乾隆五十年是否借钱，刘威山前后分多少钱，刘威山为何拒还借款，已有几年之事。查清事宜，与王爷写给陶世泽之煤窑契约书、旁证梅林萨木坦及侍卫阿里对质审理。

此札。

乾隆五十七年仲夏初八日

118 钦命驻乌兰哈达蒙民事务大臣为核实耕地税款及庄户事札署理翁牛特札萨克印务之贝子文（乾隆五十七年仲夏二十九日）

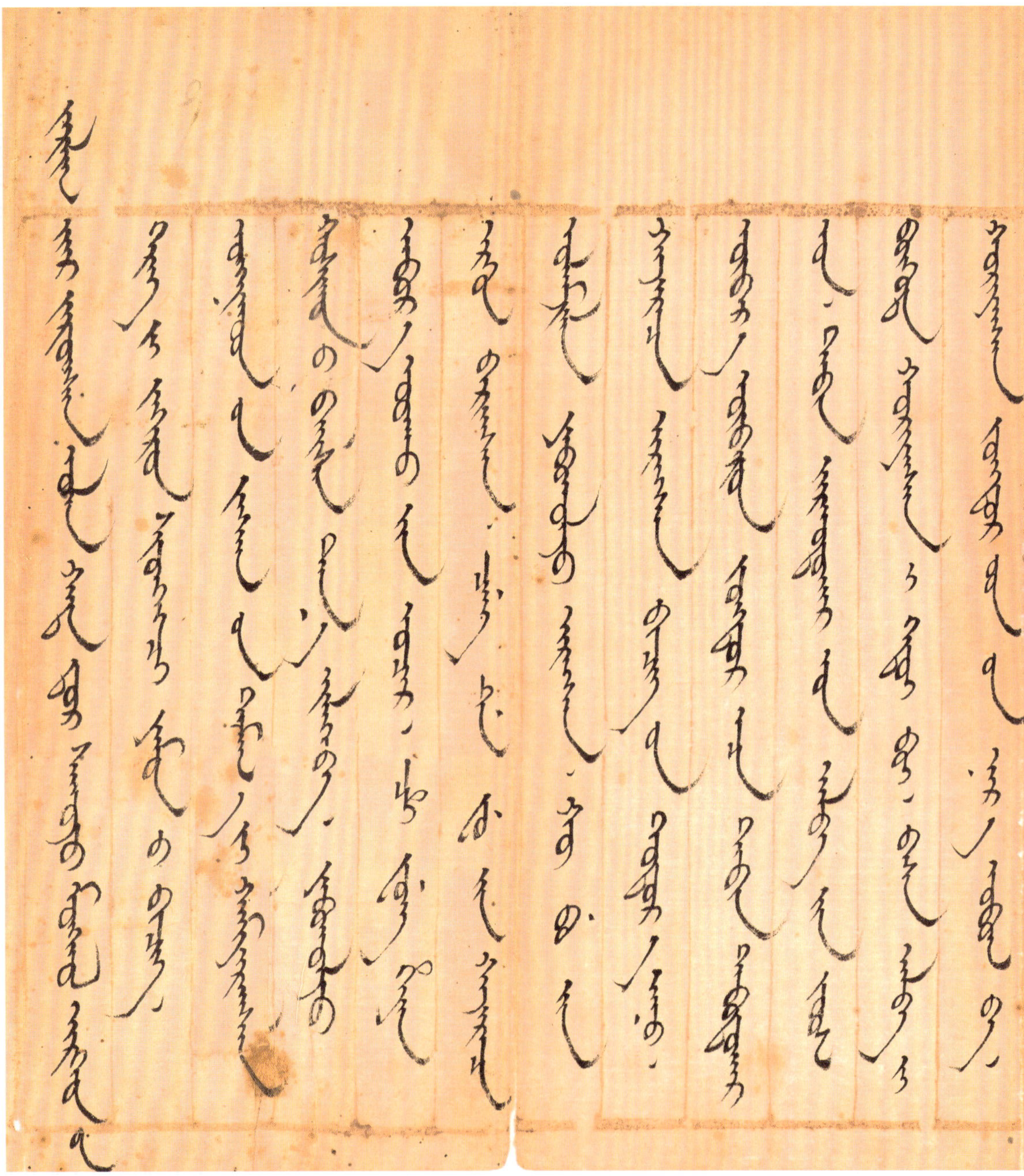

118 钦命驻乌兰哈达蒙民事务大臣为核实耕地税款及庄户事札署理翁牛特札萨克印务之贝子文（乾隆五十七年仲夏二十九日）

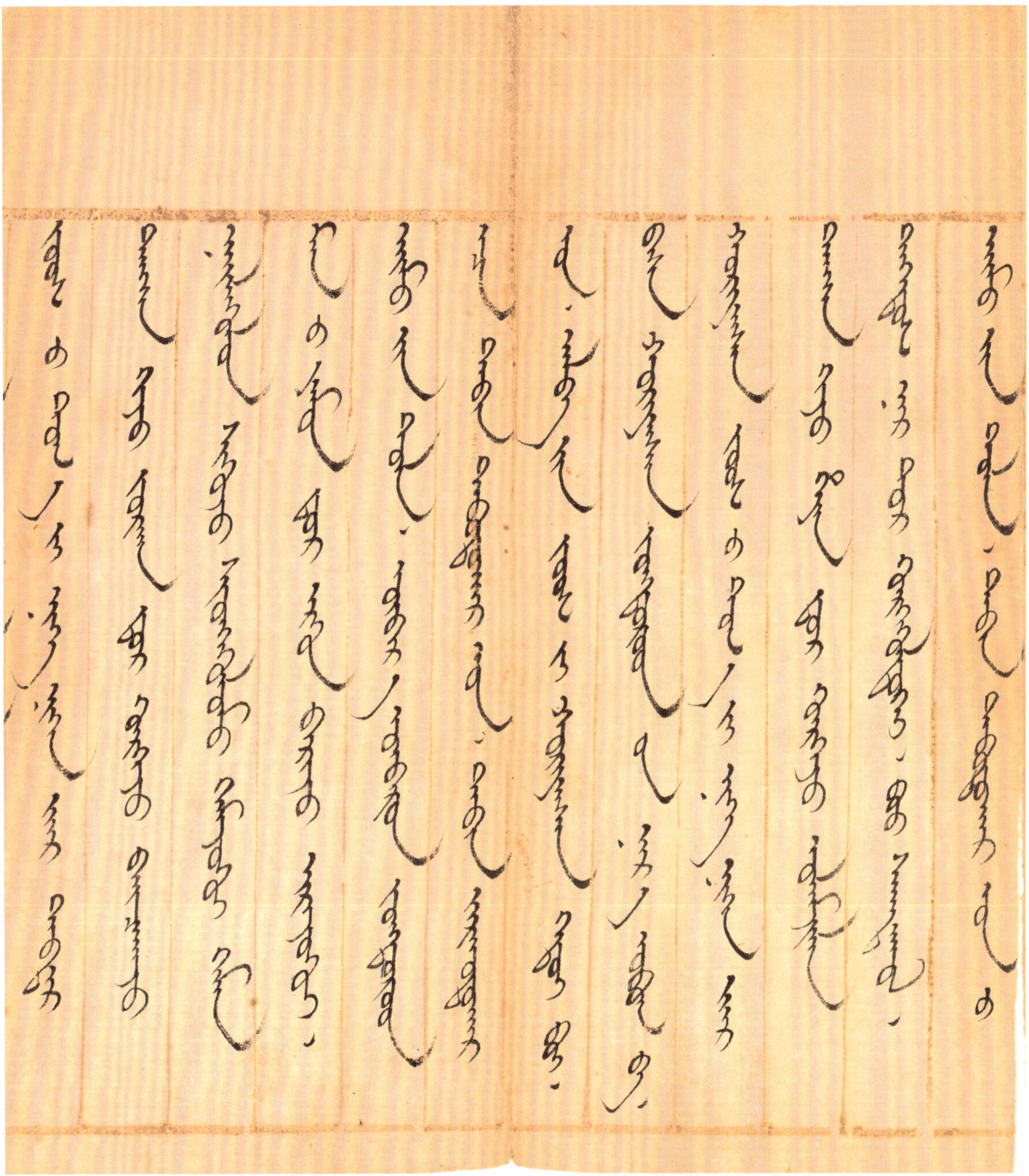

钦命驻乌兰哈达蒙民事务大臣为核实耕地税款及庄户事札署理翁牛特札萨克印务之贝子文（乾隆五十七年仲夏二十九日）

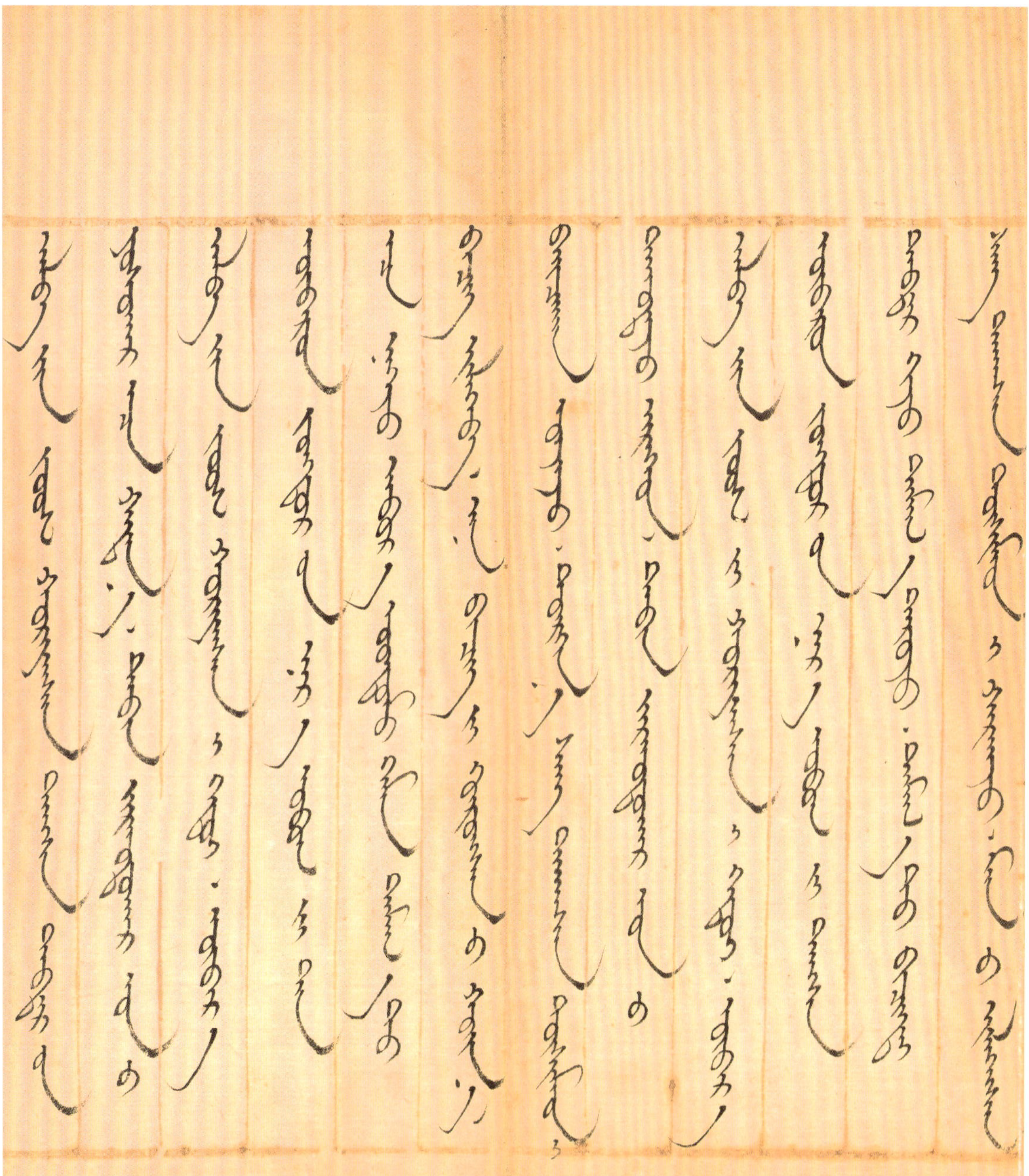

118 钦命驻乌兰哈达蒙民事务大臣为核实耕地税款及庄户事札署理翁牛特札萨克印务之贝子文（乾隆五十七年仲夏二十九日）

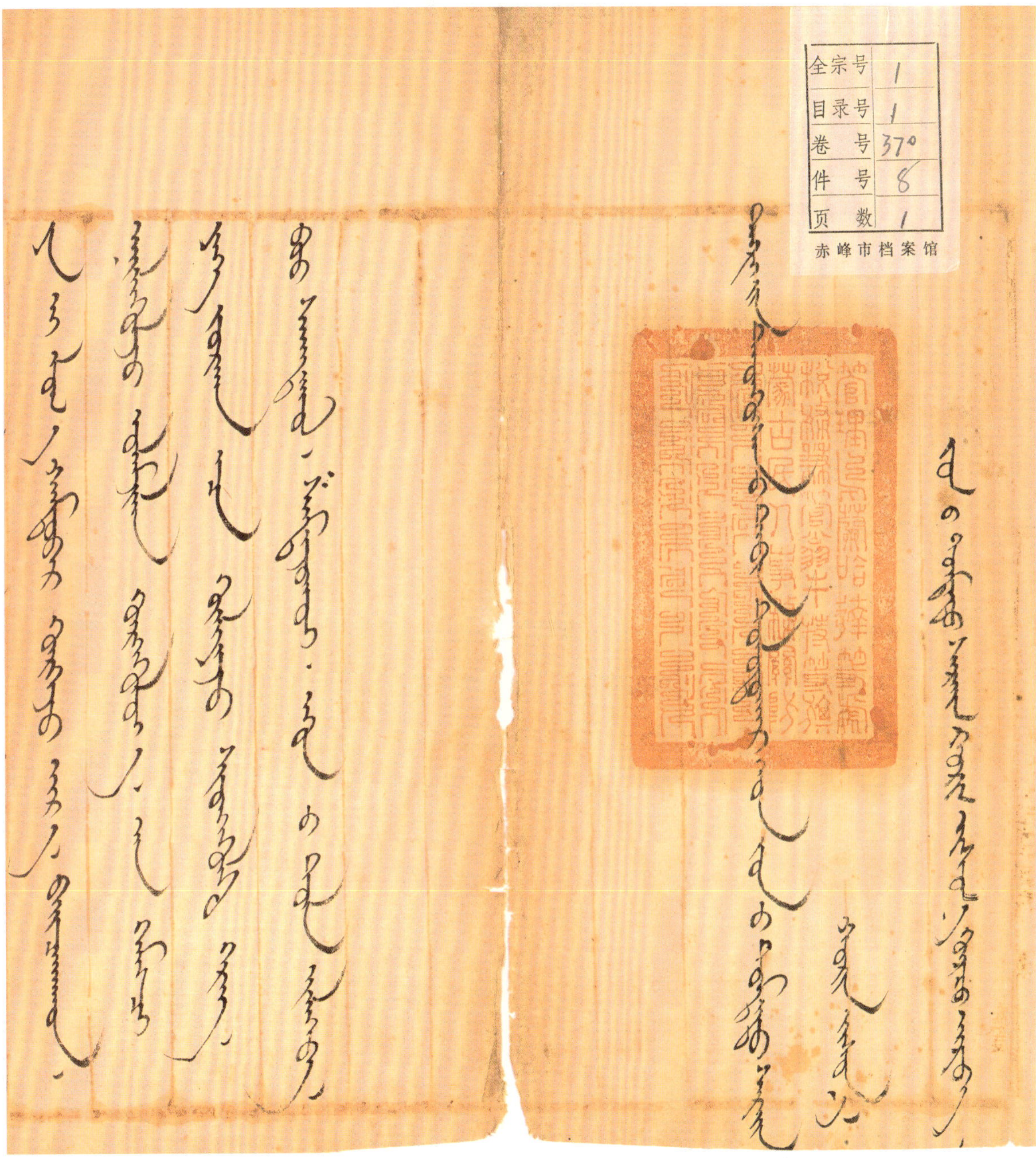

钦命驻乌兰哈达蒙民事务大臣为核实耕地税款及庄户事札署理翁牛特札萨克印务之贝子文

钦命驻乌兰哈达蒙民事务署文。札付掌管翁牛特札萨克大印之贝子：行札之事。

赤峰县呈称：承德府移文、浩布府移文曰，记载各庄户之乾隆五十五年、乾隆五十六年所缴纳田赋数额，缴税庄户姓名及税款数额，登记造册送至府衙进行统一审计。为此，各庄户之乾隆五十五年、乾隆五十六年田赋数额，缴税庄户姓名及税款登记造册送至县衙。以便上报。不得有误。等语。

为统计乾隆五十五年、五十六年所征税款数，特派携官文之官差至各地，登记缴税庄户姓名及税款数额。文到，速唤司库，将乾隆五十六年征税额度及缴税庄户姓名登记造册，钤官印，派出携官文之司库官差，与本署衙役一同呈送至本署。统计审核后上报。大部待查之事，不得有误，从速。

此札。

乾隆五十七年仲夏二十九日

119 钦命驻乌兰哈达蒙民事务大臣为督促呈送征税账本等事札署理翁牛特札萨克印务之贝子文（乾隆五十七年仲秋二十一日）

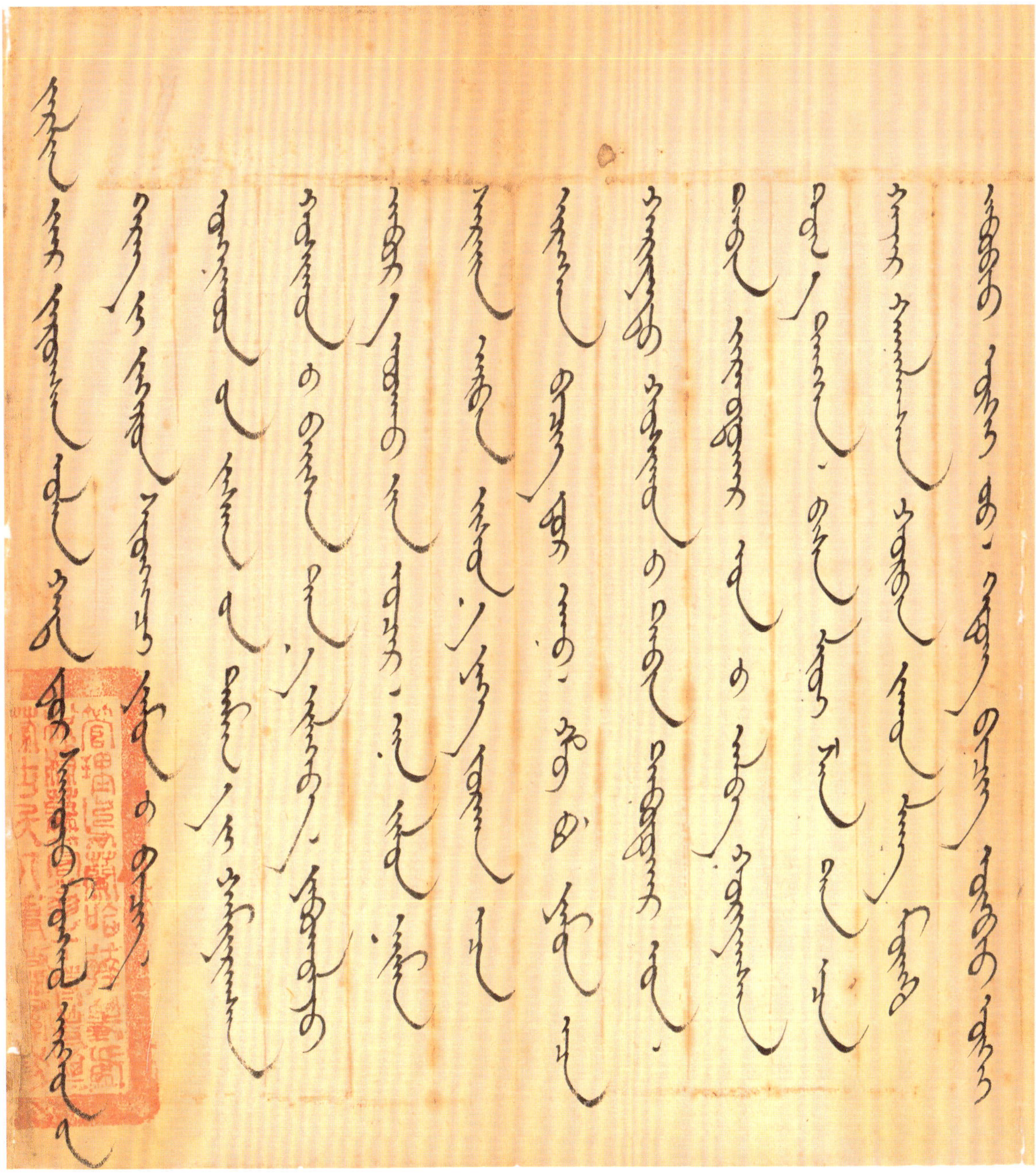

119 钦命驻乌兰哈达蒙民事务大臣为督促呈送征税账本等事札署理翁牛特札萨克印务之贝子文（乾隆五十七年仲秋二十一日）

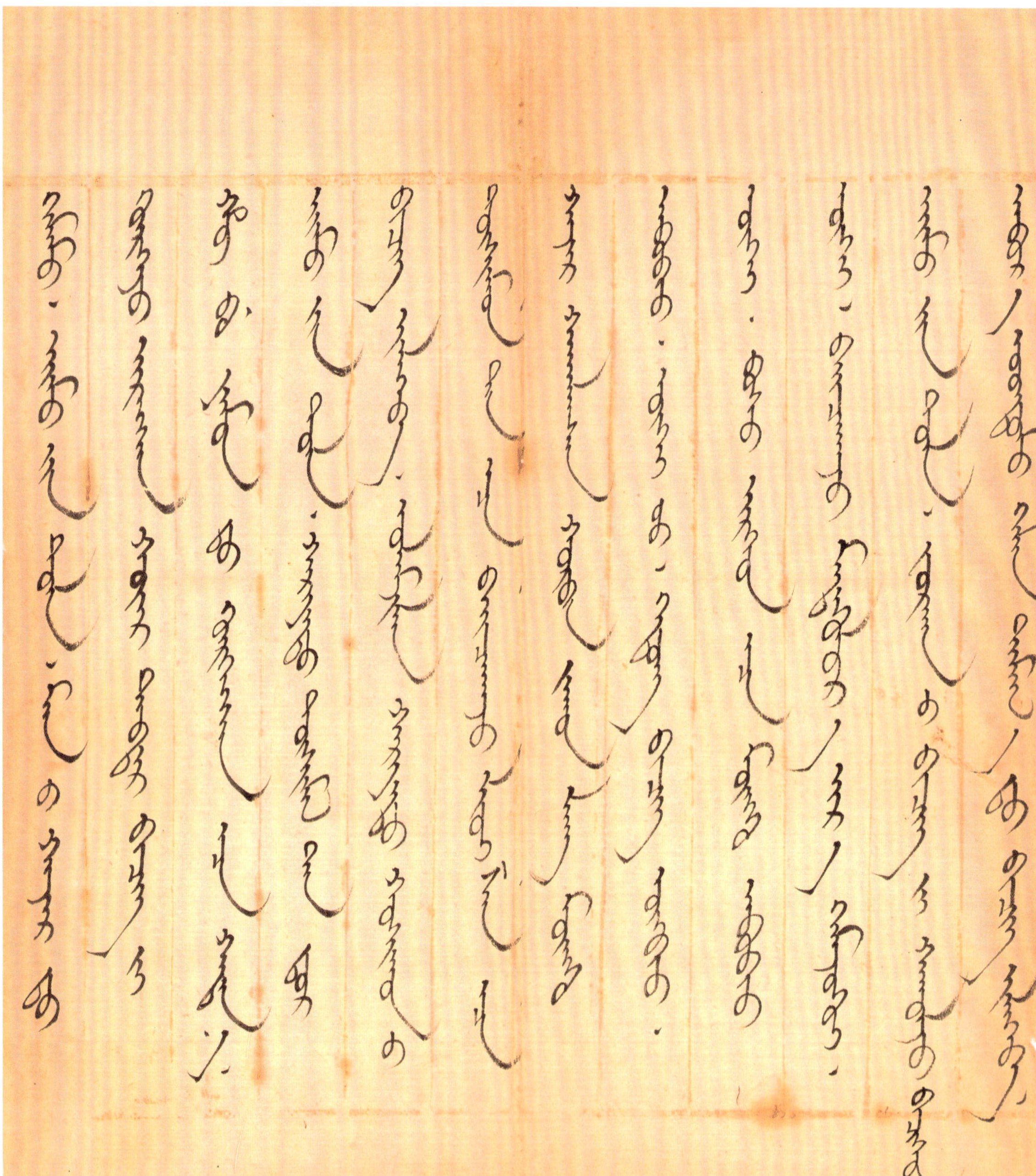

119 钦命驻乌兰哈达蒙民事务大臣为督促呈送征税账本等事札署理翁牛特札萨克印务之贝子文（乾隆五十七年仲秋二十一日）

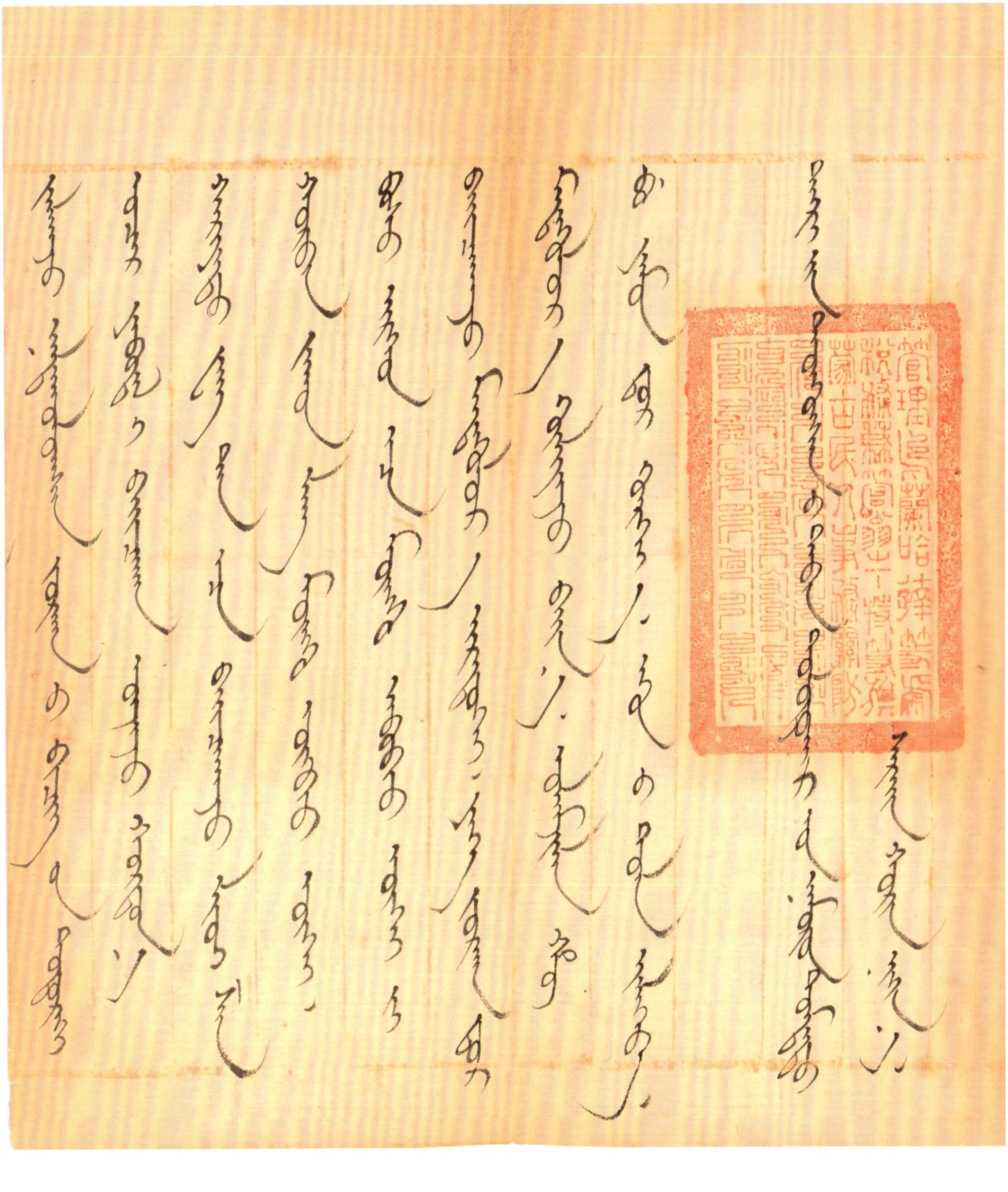

119 钦命驻乌兰哈达蒙民事务大臣为督促呈送征税账本等事札署理翁牛特札萨克印务之贝子文（乾隆五十七年仲秋二十一日）

钦命驻乌兰哈达蒙民事务大臣为督促呈送征税账本等事札署理翁牛特札萨克印务之贝子文

钦命驻乌兰哈达蒙民事务大臣文，札付掌管翁牛特札萨克大印之旗贝子：行札之事。

本年八月十九日承接大部札开：查浩布衙门是否呈送所属旗五十五年、五十六年征税账本，另吕山开垦之三百两银子，是否有契约。等因前来。故本署将两本浩布衙门呈送之账本，转送所属官府也。文到，即刻查清吕山开垦之三百两银子是否缴纳，是否有契约，是否征收其他租金等。阅知文内即刻回复，以备呈报大部也。

此札。

乾隆五十七年仲秋二十一日

120 署理翁牛特札萨克印务之贝子等为借贷纠纷案等事呈钦命驻乌兰哈达蒙民事务大臣文（乾隆五十七年末秋初二日）

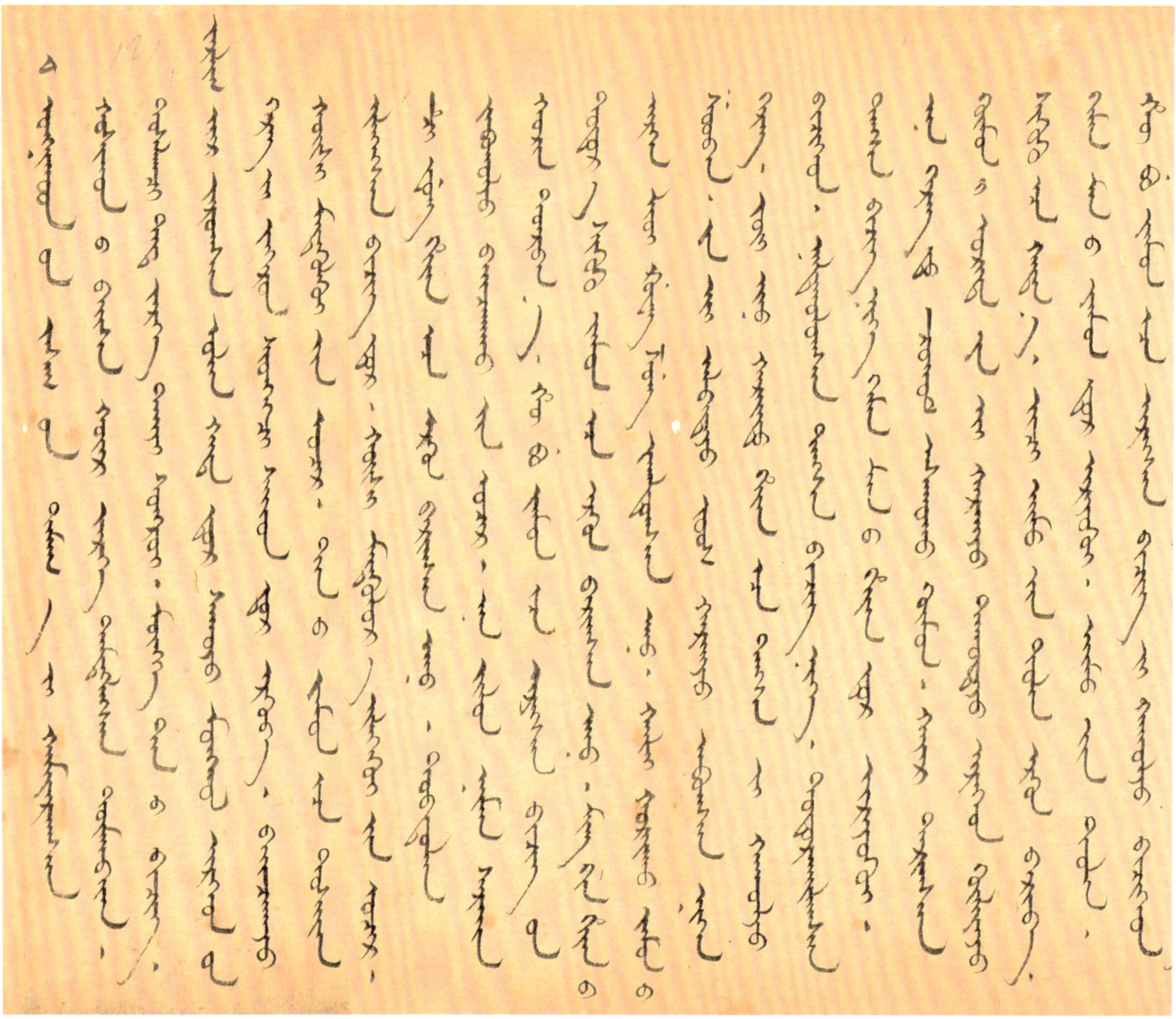

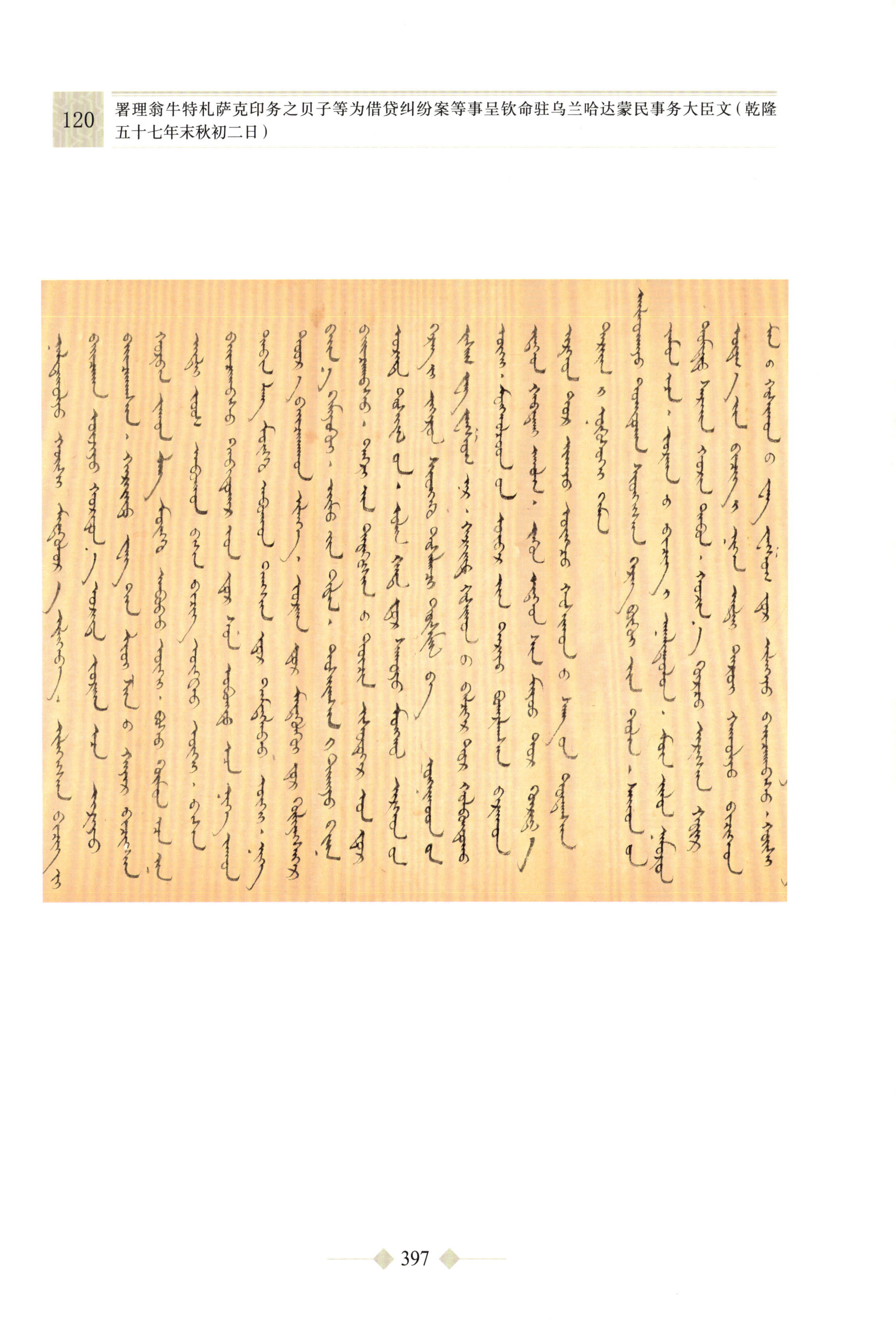

120 署理翁牛特札萨克印务之贝子等为借贷纠纷案等事呈钦命驻乌兰哈达蒙民事务大臣文（乾隆五十七年末秋初二日）

120 署理翁牛特札萨克印务之贝子等为借贷纠纷案等事呈钦命驻乌兰哈达蒙民事务大臣文（乾隆五十七年末秋初二日）

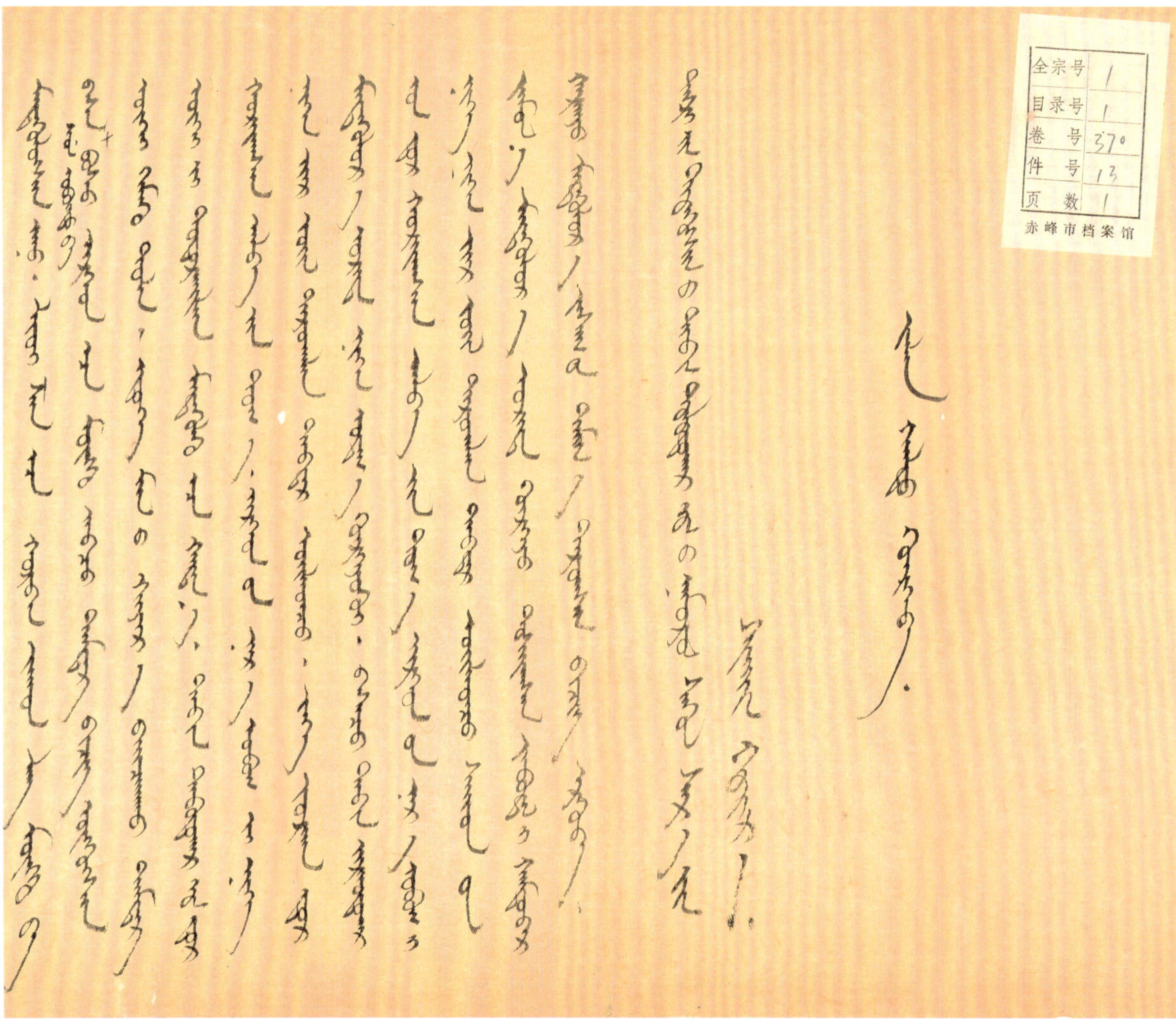

全宗号	1
目录号	1
卷　号	370
件　号	13
页　数	1

赤峰市档案馆

署理翁牛特札萨克印务之贝子等为借贷纠纷案等事呈钦命驻乌兰哈达蒙民事务大臣文

署理翁牛特札萨克印务之贝子记二级图门白音，协理二等台吉松瑞、孟克文。呈钦命驻乌兰哈达蒙民事务大臣：核查回呈之事。承接之贵署札开：追查之事。赤峰县呈曰，本年八月二十四日，浩布衙门咨开，铭晋县民吕匡松上诉征税衙门供事衙役索要钱款一事，所属县抄录案卷，附呈文一份、阐文一份，已送至本浩布县。并请求派出衙役传唤涉案当事人、庄户对质此案。为此，抄录浩布衙门官文一份，附本县官文咨送至大臣署府。等因前来。本大臣督促翁牛特札萨克，及时查办所属王爷是否索取吕山三百两银子，是否索要钱款而未立字据。再查，五十年，索取孙氏一百五十两银子有无记载账本等，一同核查，并及时报送本衙门待审。等语。

本札萨克处奉命查阅得知，乾隆四十九年，原驻乌兰哈达蒙民事务大臣协理与翁牛特旗札萨克王旺楚克等人呈文礼部，呈请将非所属旗草场，蒙民荒废之耕地，即西至哈布塔盖山，东至新庙之地招民人耕种，以地租补充旗公费缺口，并得到批复。为此，将吏部行文附衙门官文，并抄录本年仲秋二十五日、三十日两次札文送至本旗王爷旺楚克。王爷回曰：未有索要吕山三百两银子之事，亦未有索取孙氏及他人钱款之事。兹有，本札萨克处查无证据外，呈报五十五年所征收之税款数额、缴税人姓名册本已送至大部。又，乾隆五十六年所征收之税款数额、缴税人姓名逐一登记造册，与之前受之呈状一同报送至事务大臣衙门。

至此，呈钤札萨克印之文。

乾隆五十七年末秋初二日

121 署理翁牛特札萨克印务之贝子等为一宗耕地纠纷案呈钦命驻乌兰哈达蒙民事务大臣文（乾隆五十八年末秋十三日）

署理翁牛特札萨克印务之贝子等为一宗耕地纠纷案呈钦命驻乌兰哈达蒙民事务大臣文（乾隆五十八年末秋十三日）

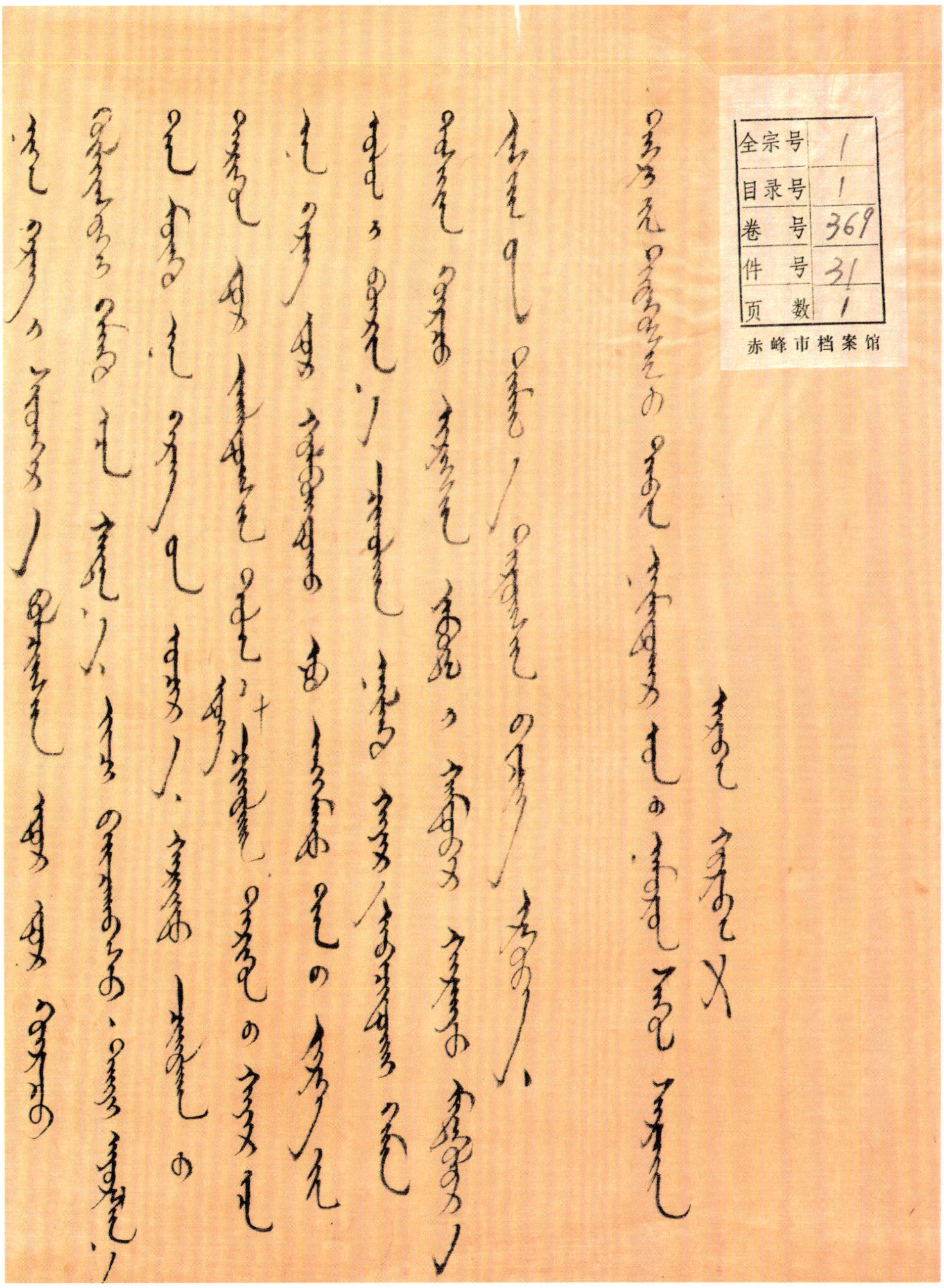

全宗号	1
目录号	1
卷　号	369
件　号	31
页　数	1

赤峰市档案馆

署理翁牛特札萨克印务之贝子等为一宗耕地纠纷案呈钦命驻乌兰哈达蒙民事务大臣文

署理翁牛特萨札克印务之旗贝子记二级图门白音，协理二等台吉松瑞、孟克文。呈钦命驻乌兰哈达蒙民事务大臣：大臣衙署札开，张匡涛呈状一案，于九月十八日至实地审理追回其耕地。另，将涉及台吉恩和门都、阿尤日萨那呈状之当事人送至索布日嘎待审。审理此案，报送大部，以备结案。等因前来。

为此，命张匡涛到案待审外，经查，之前台吉阿尤日萨那因涉及此案，呈状盟长处。故盟署传唤恩和门都等涉案当事人到案待审。

至此，一并呈报之。

乾隆五十八年末秋十三日

122 盟长巴林王为沿袭台吉空位事札署理翁牛特札萨克印务之贝子文（乾隆五十九年仲春二十五日）

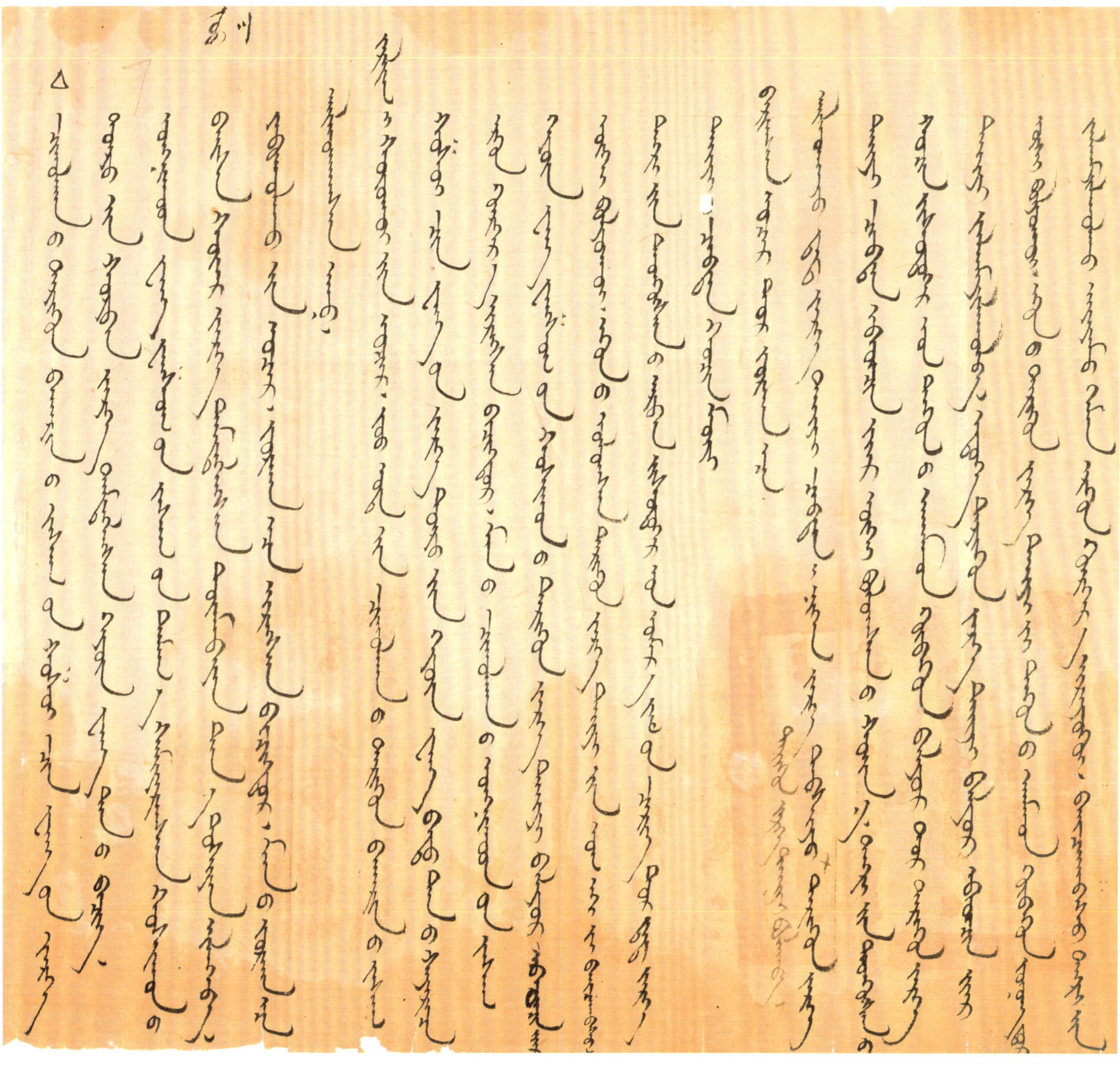

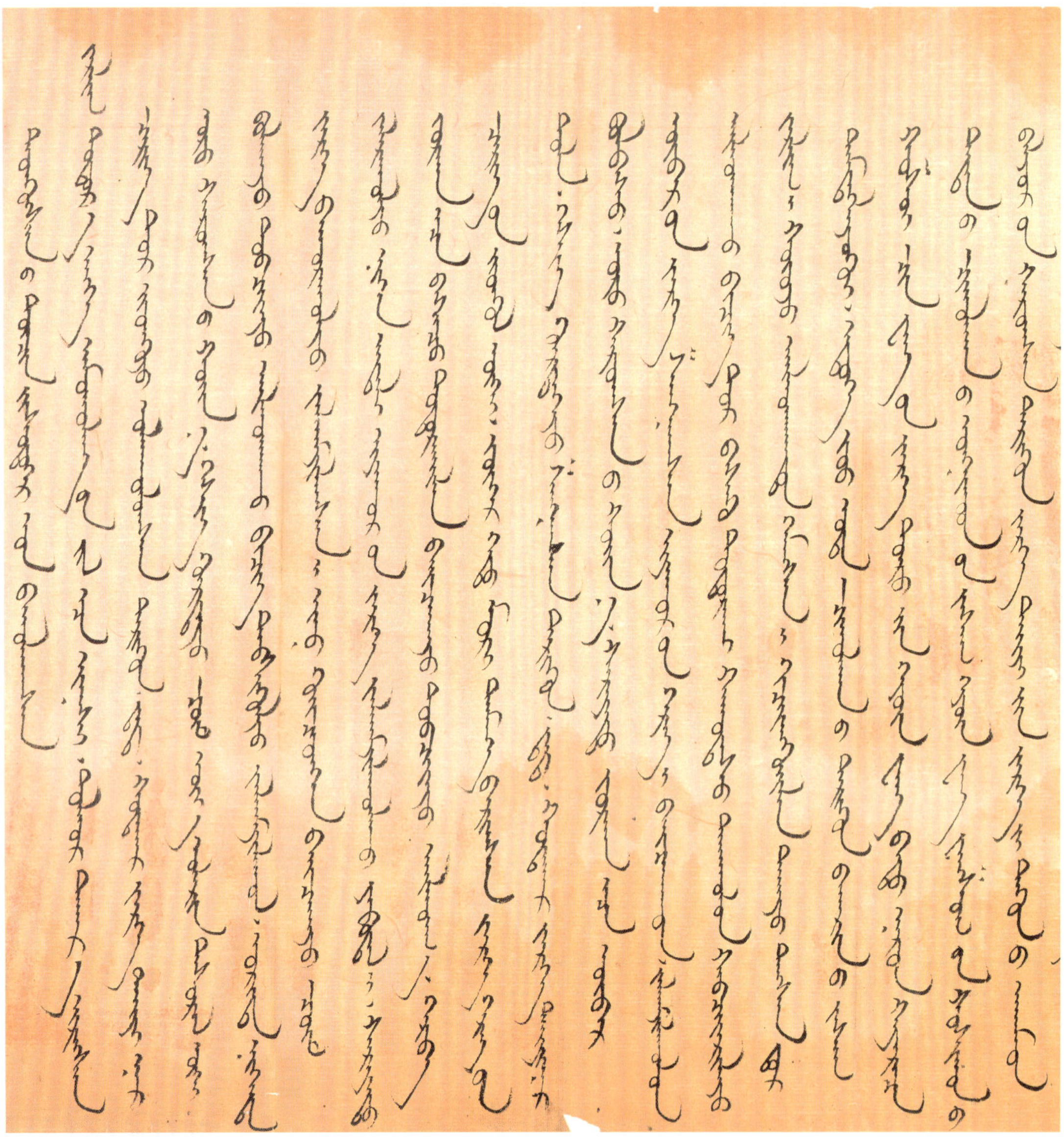

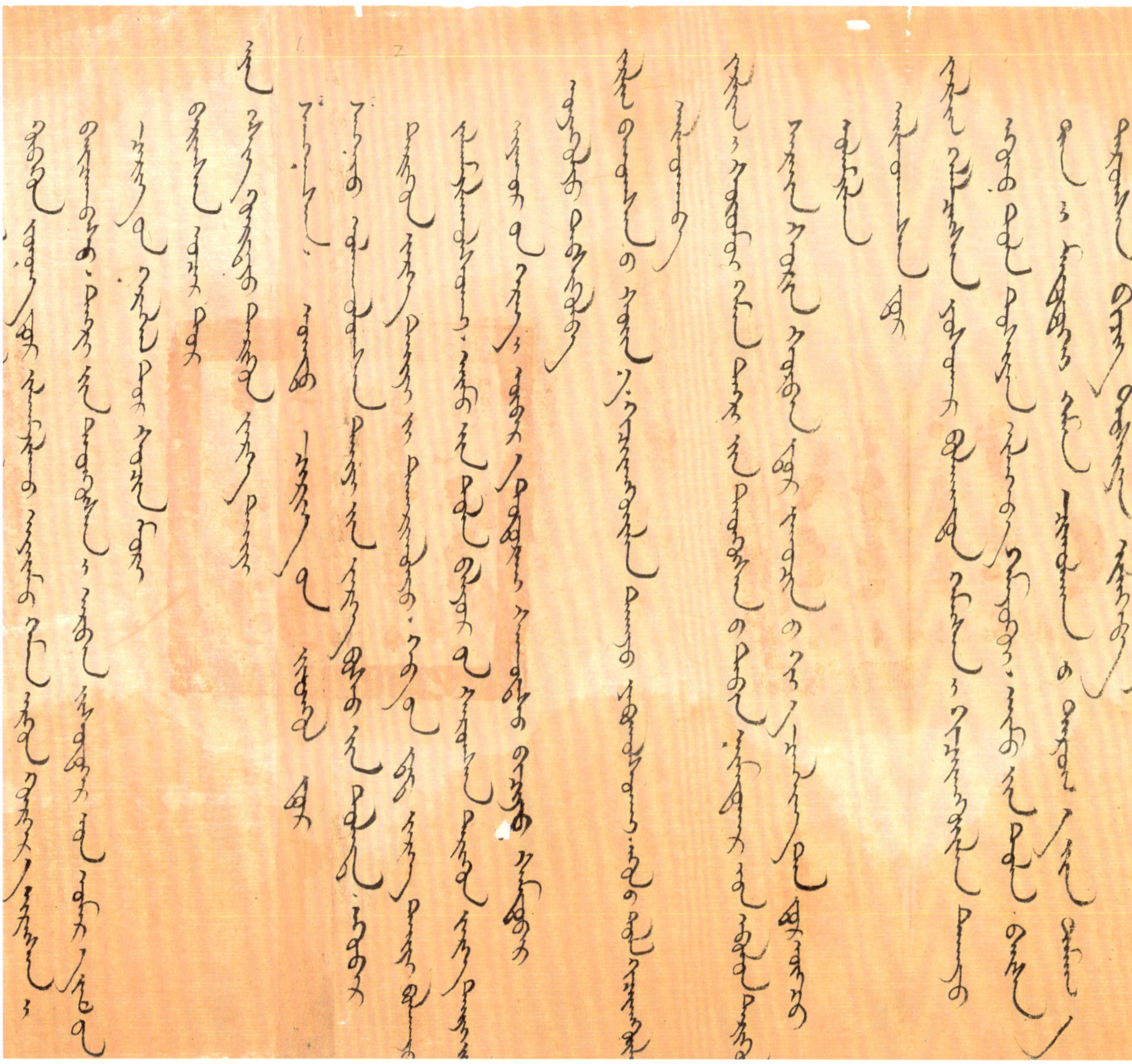

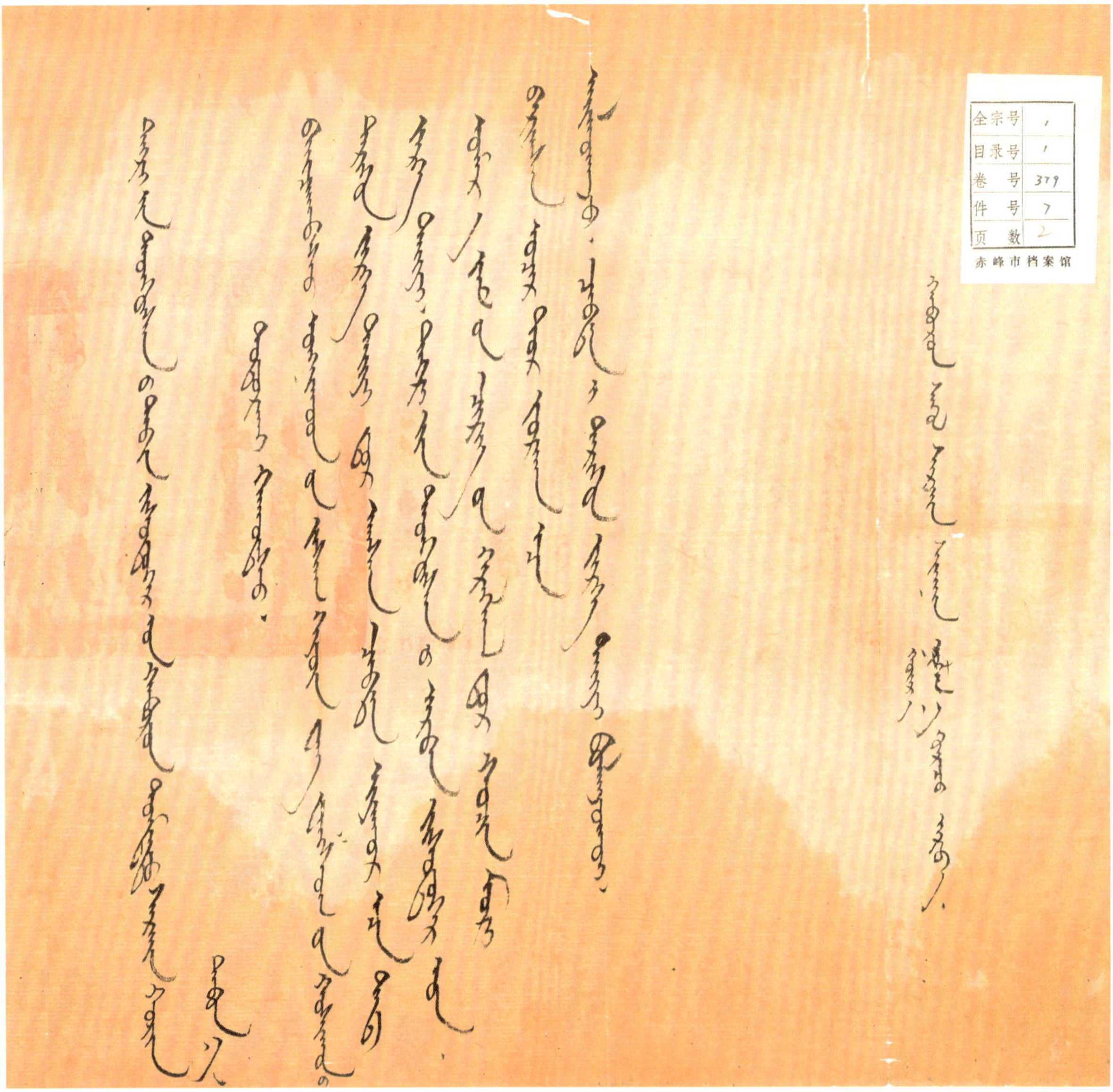
全宗号 1
目录号 1
卷号 379
件号 7
页数 2
赤峰市档案馆

盟长巴林王为沿袭台吉空位事札署理翁牛特札萨克印务之贝子文

盟长巴林札萨克和硕亲王衔多罗记三级郡王文。札付署理翁牛特王旺楚克旗札萨克印务之旗贝子记二级图门白音：大部札开，昭乌达盟长巴林札萨克和硕亲王衔多罗郡王巴图处呈称，本盟翁牛特札萨克郡王旺楚克旗一等台吉巴拉珠尔因病去世。查其被封一等台吉事由，乾隆十九年，二等台吉查布丹给北路军献马三十匹。故经呈报衙门，晋升二等台吉查布丹一级，封为一等台吉。一等台吉查布丹病故，乾隆三十九年，长子巴拉珠尔沿袭一等台吉。如今一等台吉巴拉珠尔因病去世。呈报衙门，其长子朱浓沿袭一等台吉为盼。等因前来。本部经查，乾隆四十九年下旨曰，康熙年以来，因军功赏赐之一、二、三级台吉空位后，由其子孙世代沿袭，享受俸禄，上奏登册。如之前有降级者，所属衙门经查符合条件者，更正级别并沿袭给其后代。如无军功，只因献少量马匹、骆驼而被封一、二、三等台吉者，空位后，所属衙门查验核对后呈报吏部。如今，昭乌达盟长巴林札萨克和硕亲王衔多罗郡王巴图呈请其盟翁牛特札萨克郡王旺楚克旗一等台吉巴拉珠尔之空位沿袭给其长子朱浓。经查，其一等台吉为乾隆十九年献北路军三十匹马所赏赐，并非军功赏赐。故免一等台吉，赐二等台吉爵位也。为此，封巴拉珠尔一等台吉原由记录一并上报。乾隆五十八年初冬二十三日，由侍卫常龄带去上奏。回旨曰：依旨办理。

至此，为通告贝子，致钤盟长印之文。

乾隆五十九年仲春二十五日

123 盟长巴林札萨克郡王为皇上献家宴筹备物资事札署理翁牛特札萨克印务之贝子文（乾隆六十年末夏初五日）

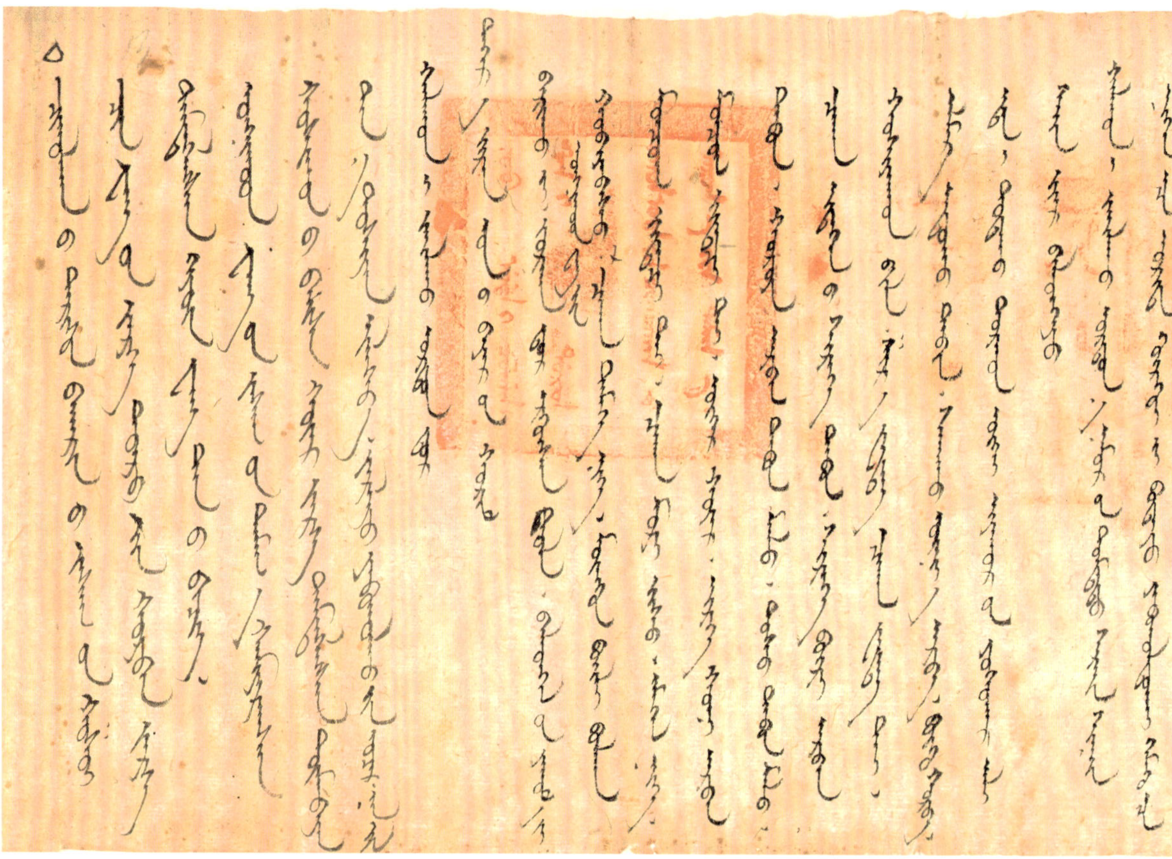

123 盟长巴林札萨克郡王为皇上献家宴筹备物资事札署理翁牛特札萨克印务之贝子文（乾隆六十年末夏初五日）

盟长巴林札萨克郡王为皇上献家宴筹备物资事札署理翁牛特札萨克印务之贝子文

盟长巴林札萨克和硕亲王衔多罗记三级郡王文。札付署理翁牛特王札萨克印务之旗贝子记二级图门白音：行札之事。

今年，圣上在避暑山庄举行六十庆典。本盟王公献家宴，筹备物资分配为：翁牛特王白骆驼一峰、带有银鼻环貂皮穗儿，白马九匹，马鞍一副、带穗儿，牛两头，羯羊十五只，奶酒十五桶，黄油五桶，奶食桌五张、每桌带有十二对儿盘子，带有黄白布马五十匹，奶牛十头，摔跤手三名。以上，按原先规矩，备齐后，于仲秋初一日前送至避暑山庄。另，双套牛车十辆，毛毡、草席、麻绳等，备齐后挑选车夫带口粮，于仲秋初五日至敖汉札萨克王爷府集合。另，尔旗马头琴手之帐篷及口粮，依照从前，及时送至其手中。

至此，致钤盟长印之文。

乾隆六十年末夏初五日

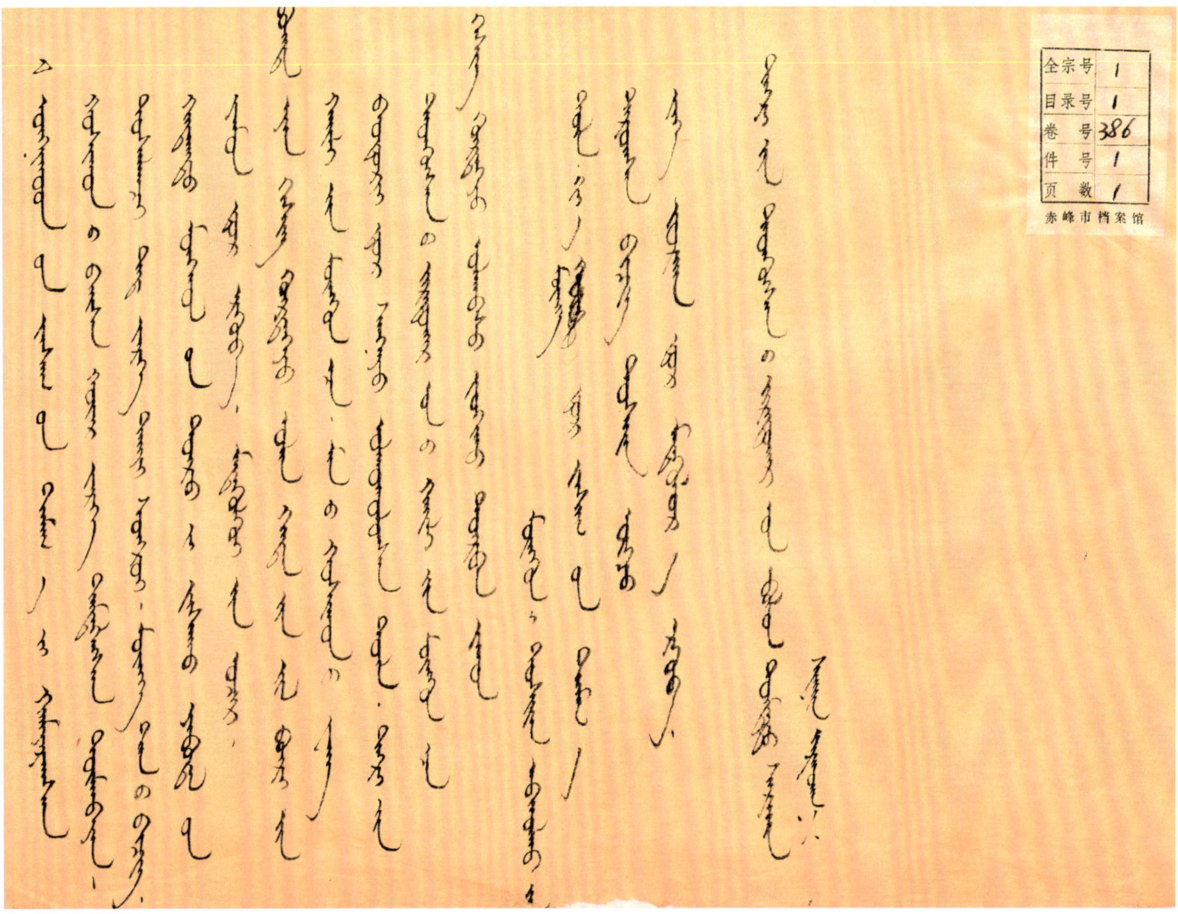
全宗号 1
目录号 1
卷号 386
件号 1
页数 1
赤峰市档案馆

署理翁牛特札萨克印务之贝子等为领取赏金事呈理藩院文

署理翁牛特札萨克印务之旗贝子记二级图门白音，协理二等台吉松瑞、孟克文。呈报理藩院：皇帝恩赐，由乌兰哈达每年税银之中赏赐本旗王爷巴图道尔吉。为领取乾隆六十年税银中应赏赐之四百两银子，由侍卫孟克携公文呈送大部也。

乾隆六十年仲冬初六日

125 署理盟长巴林王印务之协理为更改奏文格式事札署理翁牛特旗札萨克印务之贝子文（嘉庆元年初春二十九日）

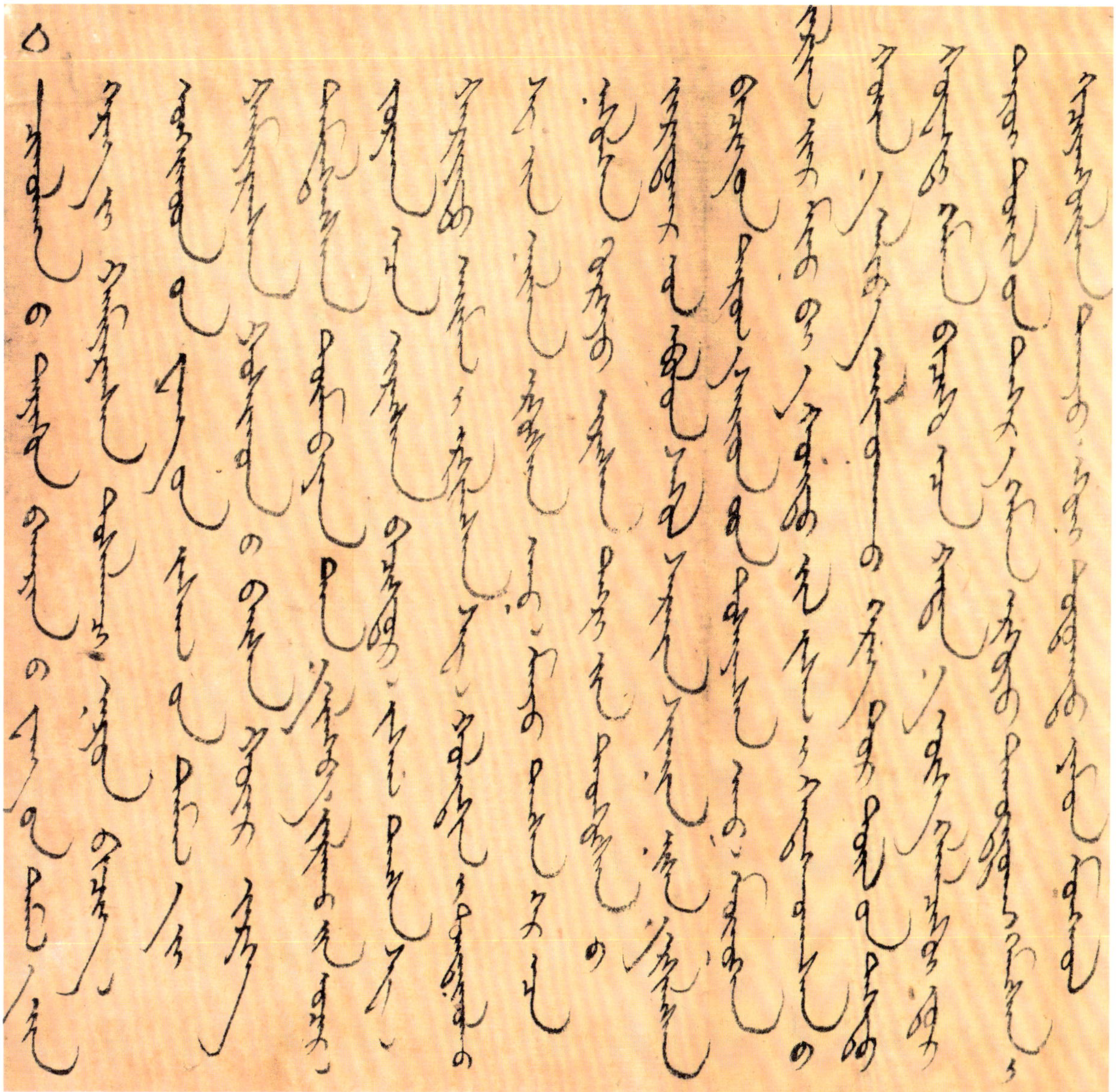

125 署理盟长巴林王印务之协理为更改奏文格式事札署理翁牛特旗札萨克印务之贝子文（嘉庆元年初春二十九日）

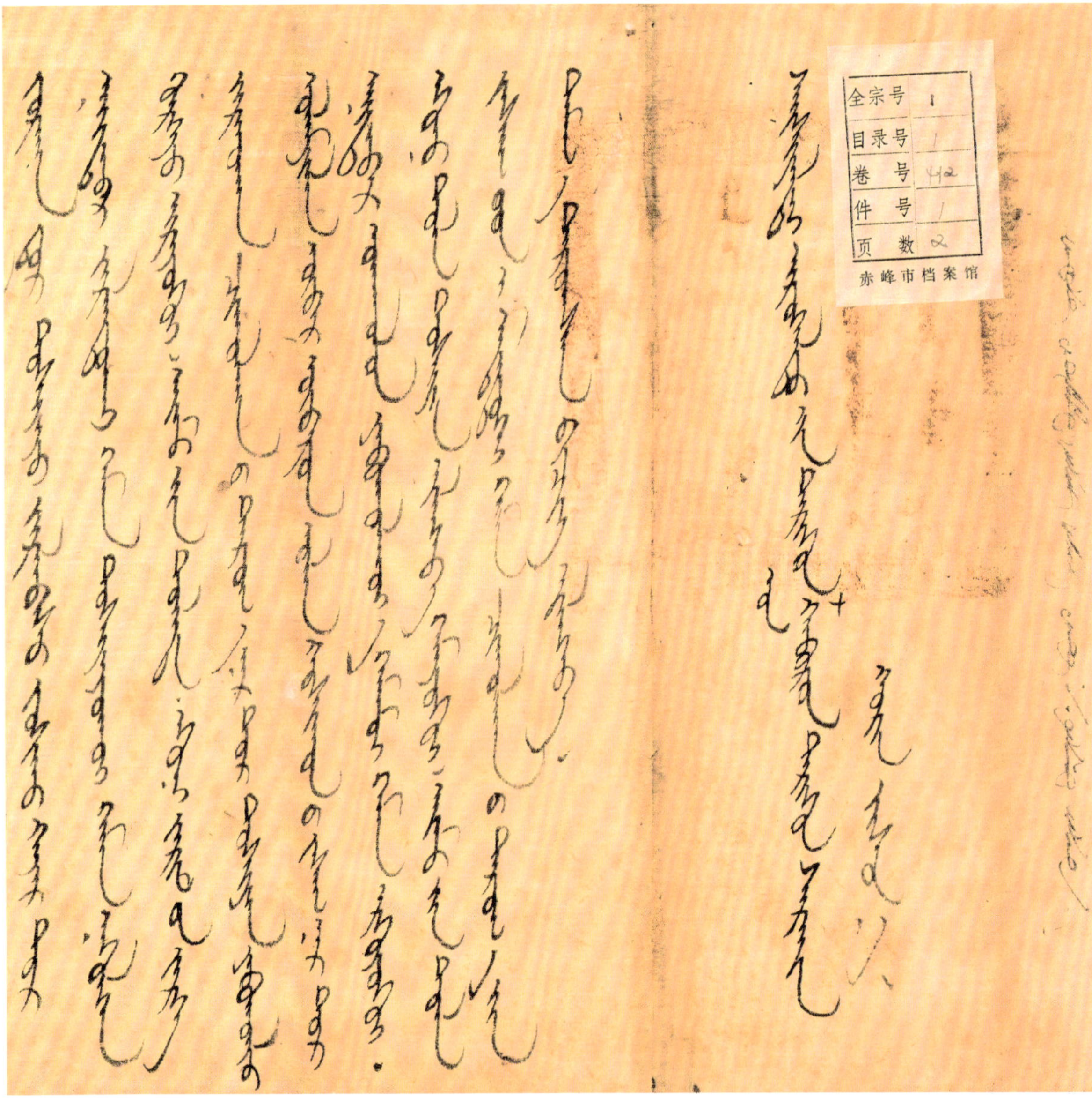

署理盟长巴林王印务之协理为更改奏文格式事札署理翁牛特旗札萨克印务之贝子文

署理盟长巴林王印务之协理文。札付署理翁牛特王札萨克印务之旗贝子记二级图门白音：行札之事。

承接大部札开：札萨克档部、所属盟务部、抚远司联合上奏，满文档部移交之乾隆六十年末冬初一日行文曰，明年更朝后，奏折必写太上皇帝外，日常交谈必曰太上皇帝。微臣谨遵指令，此事下传内属蒙古诸盟。为此札饬。等因前来。兹有，转交哲里木等六盟，转告所属诸旗遵札照办。

至此，致钤盟长印之文。

嘉庆元年初春二十九日

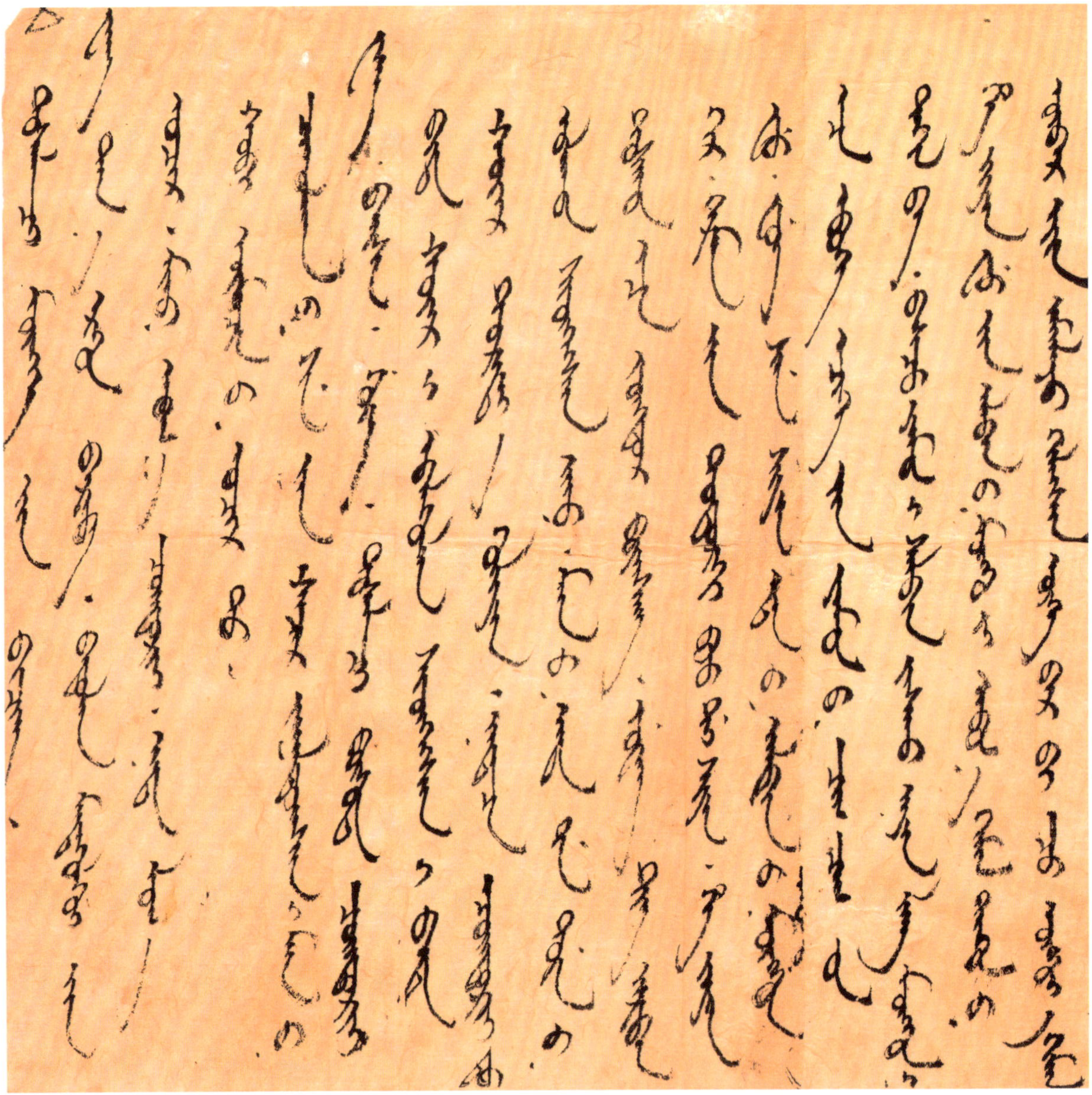

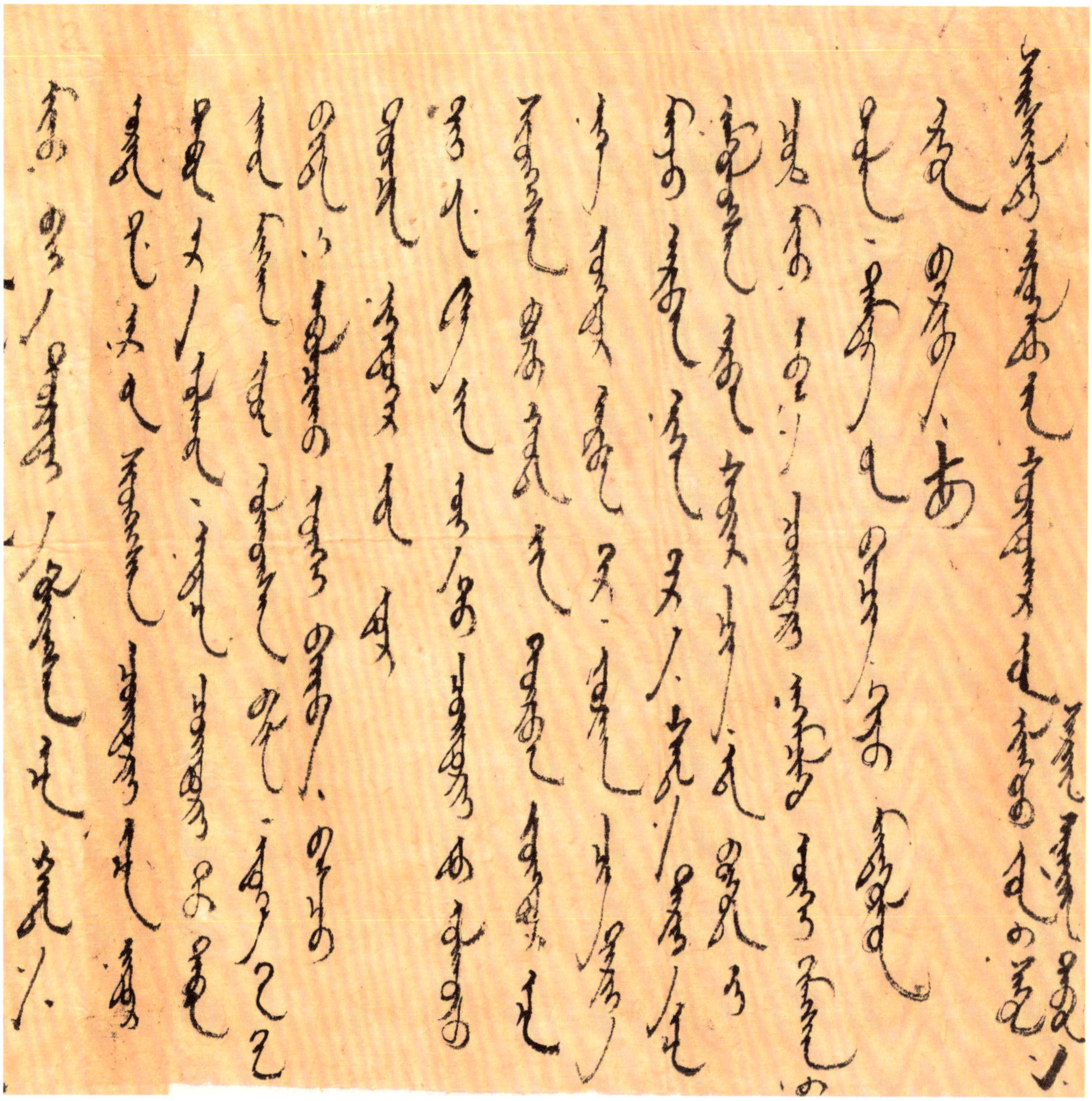

协理孟克为一宗财产纠纷案呈报王爷文

协理孟克文。呈报王爷：甘结之事。

本人与叔父却道尔吉个人财产纠纷案，呈状至盟长王爷处，王、贝子、公、协理等已调解；吾等愿意接受判给却道尔吉大屯村庄户博彦仓、壮丁十户，由长城内宝坻县、河间州、红山县官银中支出祖庙祭祀所用银两及修缮衙门之八十两银子。此等为却道尔吉索要之钱物。吾等愿意支付也。除此之外，之前判决之却道尔吉给本人五个男丁，本人付却道尔吉五百千吊文，双方都未交接也。在四十一年太上皇时候，乌丹四个庄户中判给却道尔吉一个庄户十人及六顷田，满族壮丁十一人，外加十二顷田等索要物，叔父却道尔吉均不再追究。

特此，立下字据呈报之。

嘉庆二年闰末夏初五日

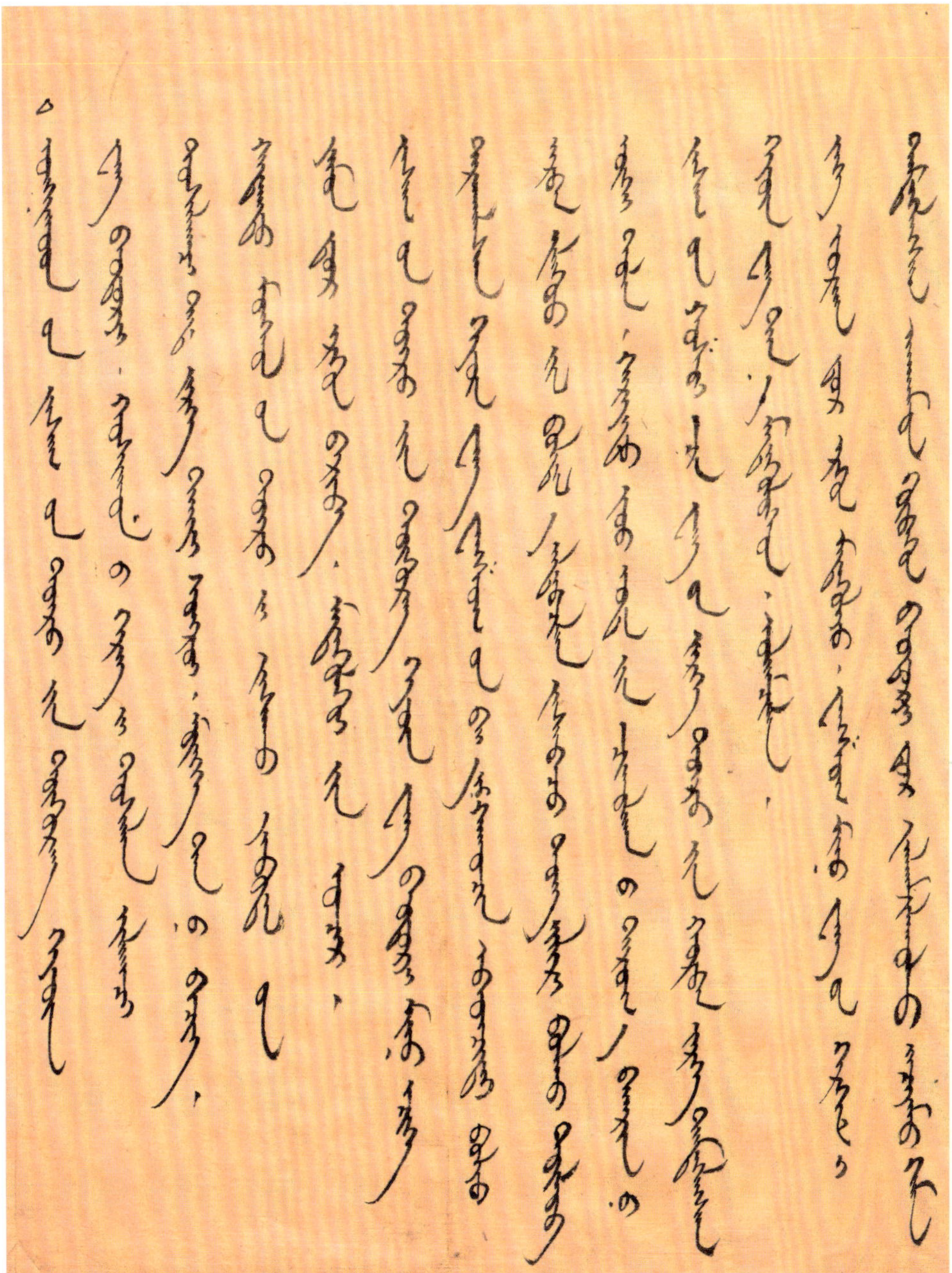

127 翁牛特旗务协办台吉为旺楚克退让爵位事呈理藩院文（嘉庆二年末冬初六日）

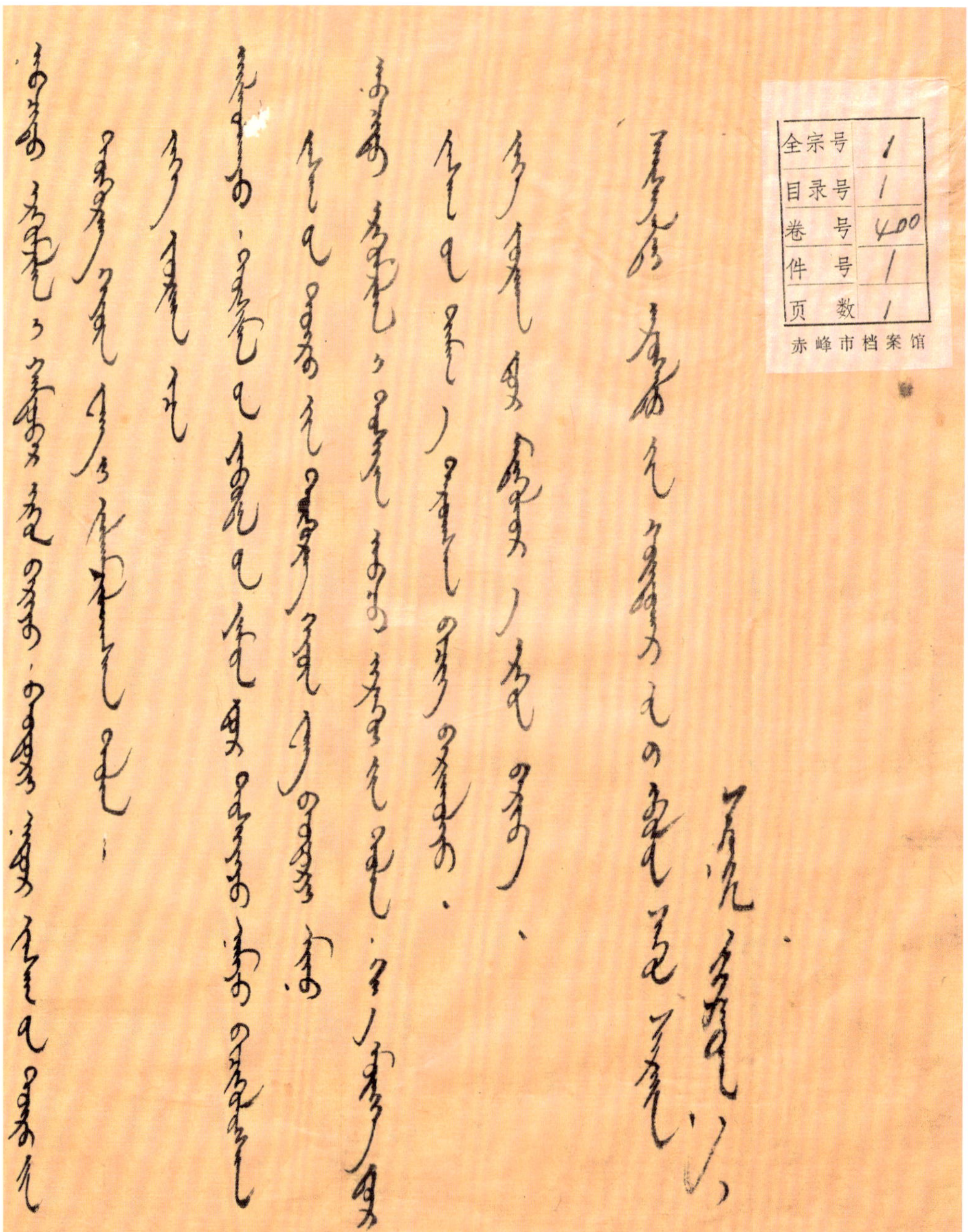

翁牛特旗务协办台吉为旺楚克退让爵位事呈理藩院文

翁牛特札萨克多罗杜棱郡王巴图道尔吉旗务协办二等台吉松瑞、孟克文。呈送理藩院：呈报之事。

本札萨克多罗杜棱郡王巴图道尔吉之父卸任郡王旺楚克身患重病救治十几年未愈。呈请所属昭乌达盟长巴林札萨克和硕亲王衔多罗记三级郡王，转呈大部，将自己爵位让给其子巴图道尔吉。故，授予巴图道尔吉札萨克多罗杜棱郡王爵位。为领取吏部册封书，指派侍卫孟克携札萨克官文呈送大部。

嘉庆二年末冬初六日

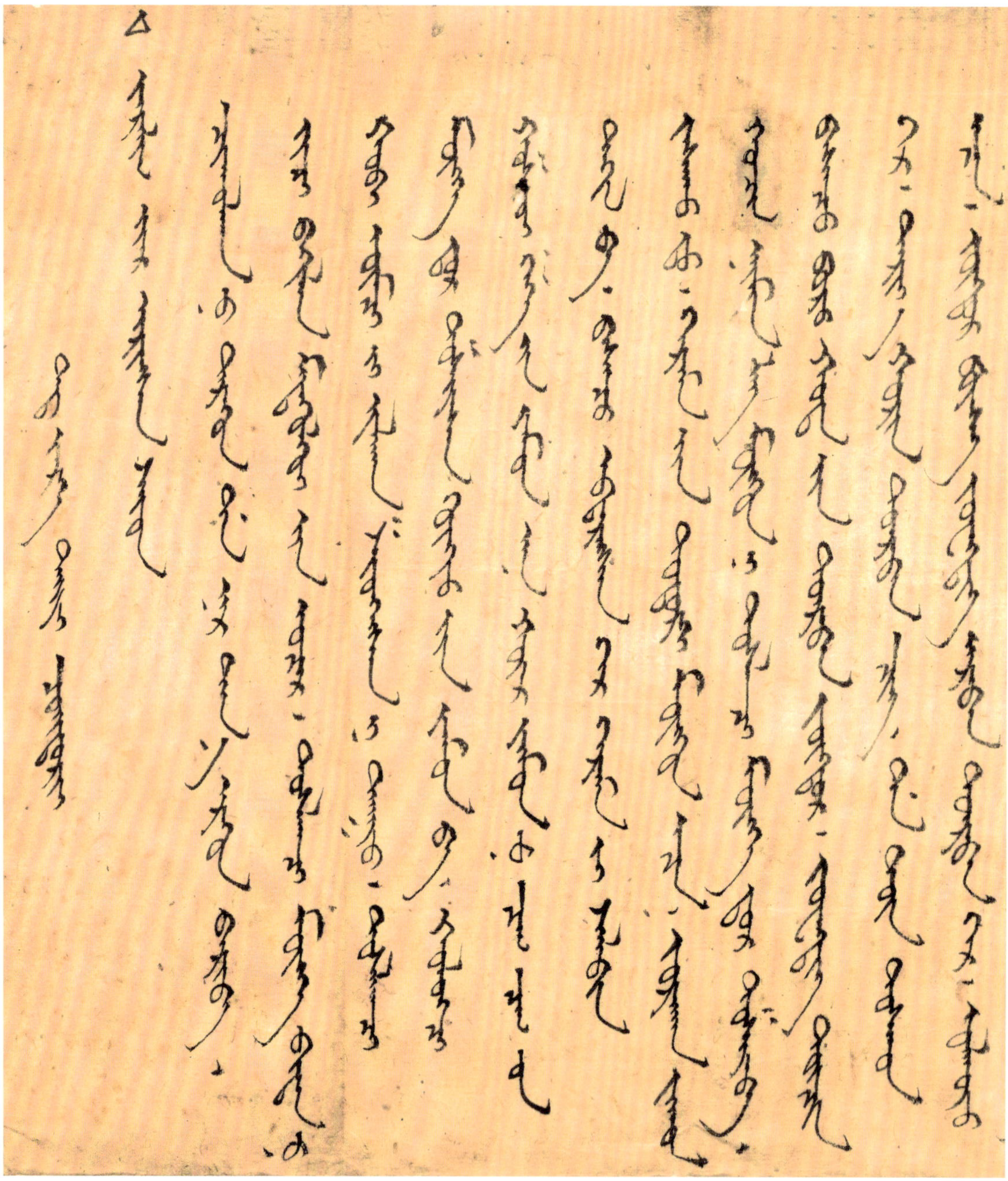

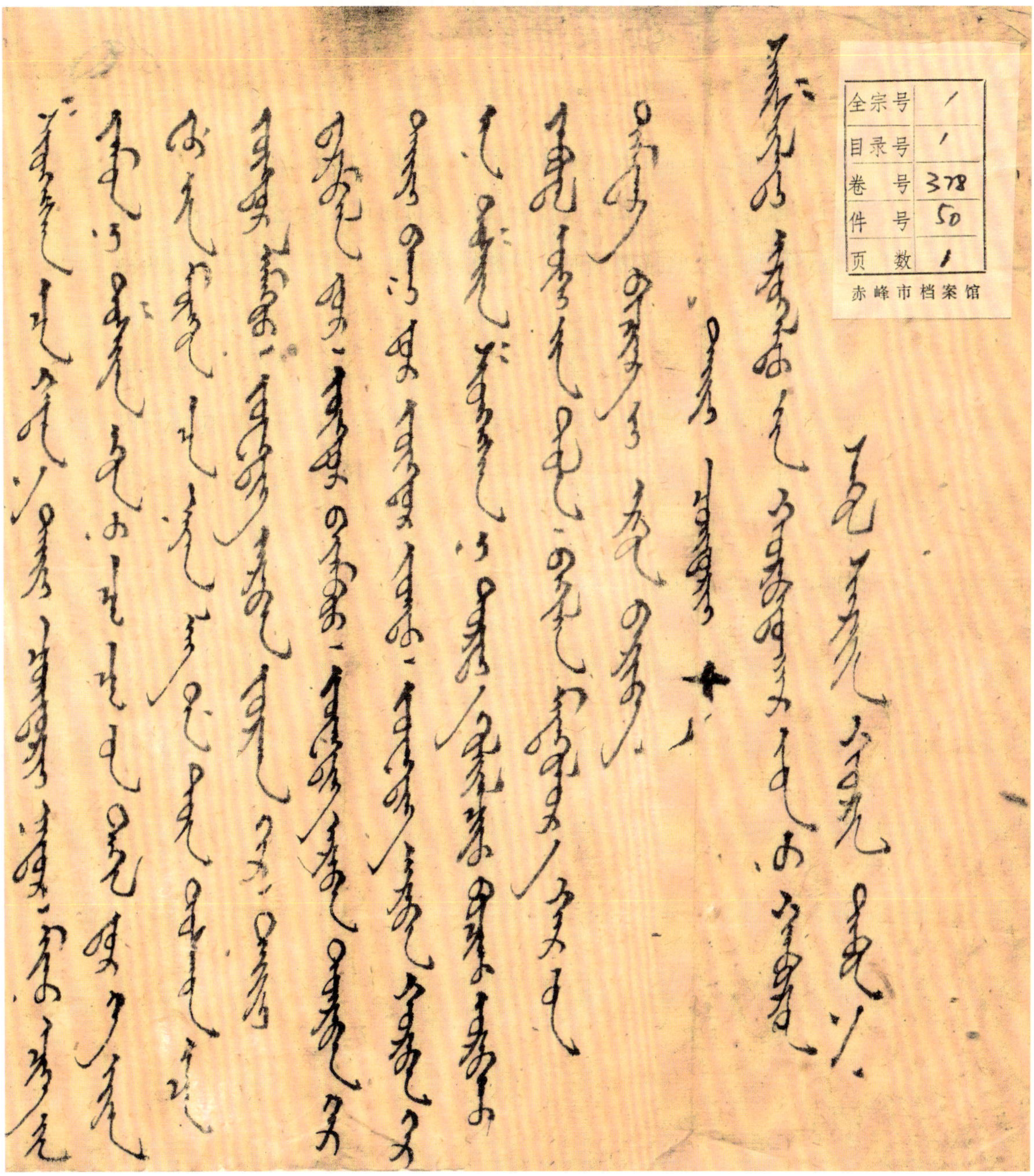
全宗号 1
目录号 1
卷号 378
件号 50
页数 1
赤峰市档案馆

二等台吉却道尔吉为财产分配判决事呈盟长文

二等台吉却道尔吉呈报。呈钦派大臣、盟长：保呈之事。

遵行协理孟克与本人私人财产判决，交付协理孟克之公主府、浩鲁其和硕格格府祭祀及修缮围墙时，从修墙费用中支出之六百三十八两银子及判给乌丹四个庄户、壮丁四十户、耕地二十四顷，大屯村庄户福桑、壮丁十四户，另判给本台吉却道尔吉，由家父承接之祭祀用河间州费用八十两，大屯村庄户喇嘛胡、壮丁十六户；判给台吉达日玛巴拉庄户巴音宝、壮丁十四户；判给台吉巴盖庄户昭嘎图、壮丁十三户。愿意接受此等判决，永不反悔。

至此，呈签名之保呈。

台吉却道尔吉

嘉庆三年末春二十五日

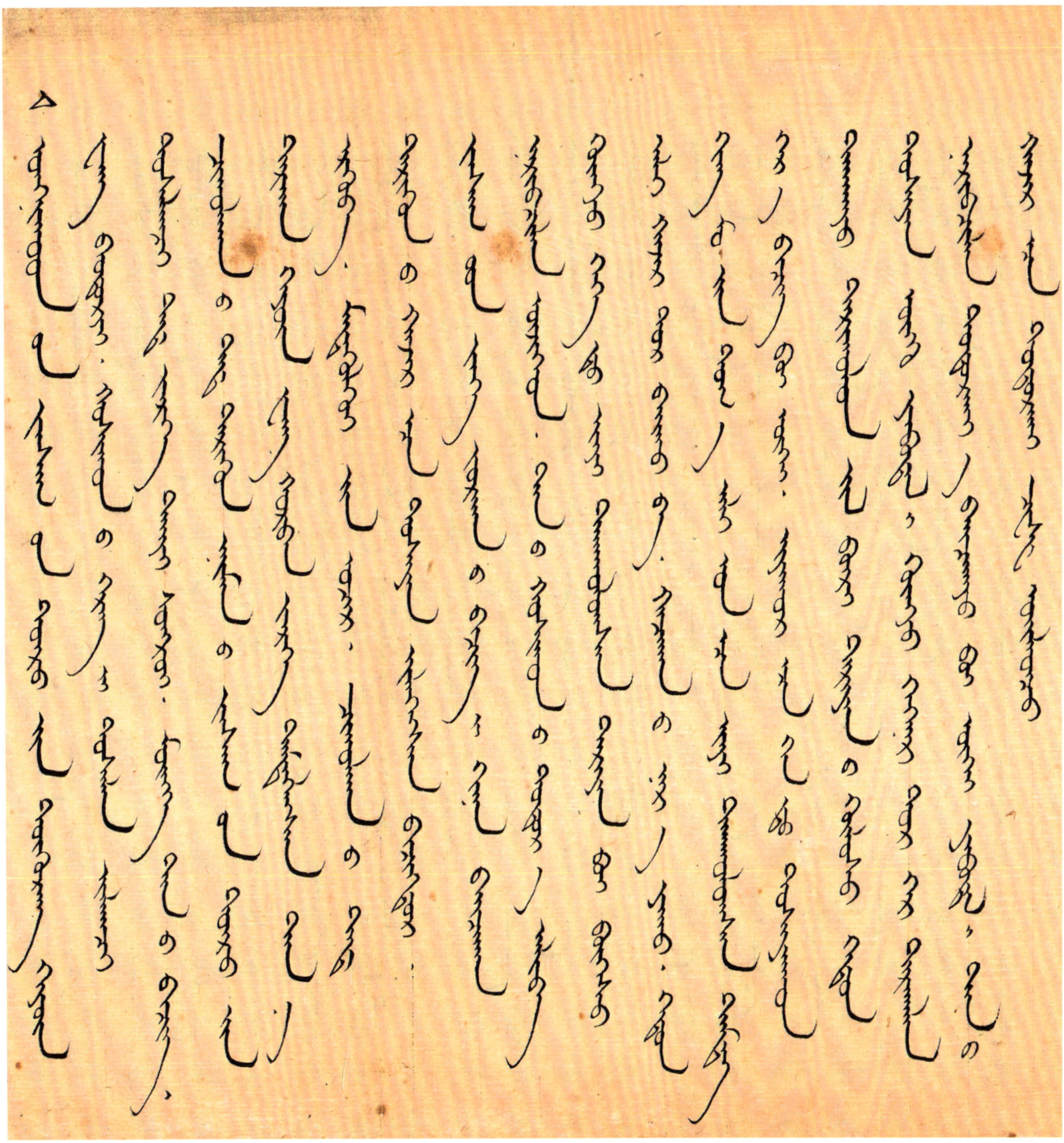

129 翁牛特札萨克郡王旗协理为核实陪送丫鬟之耕地事呈副盟长奈曼郡王文（嘉庆三年末冬十五日）

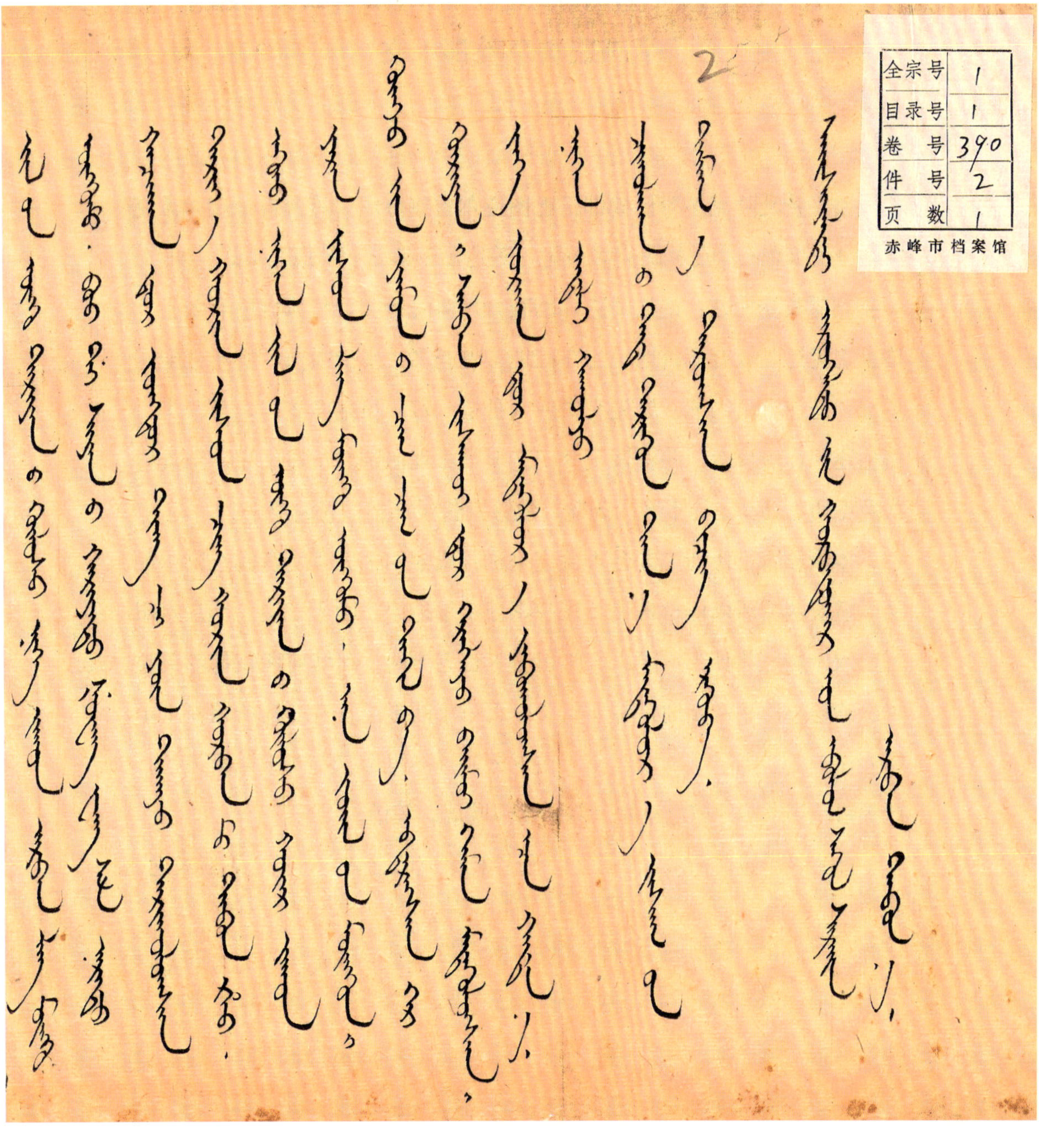

翁牛特札萨克郡王旗协理为核实陪送丫鬟之耕地事呈副盟长奈曼郡王文

翁牛特札萨克多罗杜棱郡王巴图道尔吉旗协理二等台吉松瑞、孟克文。呈送副盟长奈曼札萨克多罗记三等达尔罕郡王：呈报之事。

副盟长处札开：诸札萨克详阅查知理藩院行文，将旗内所有公主、格格之配送丫鬟有无耕地、均在何地、嘎查名、多少顷亩、哪年之配送丫鬟、是否有契约书、原先交由何人种植、每年租金多少等，与公主、格格逐户详细核对，并将情况登记造册呈报理藩院。上述事宜，出具钤札萨克印之官文呈送本部。为此，致钤盟长印官文。等因前来。

本旗核查，协理二等台吉孟克呈称：康熙四十五年，赏赐八公主配从丫鬟宏燕县所辖塔松林嘎查庄户李博宇旱地十二顷十二亩、小泉水田五顷八十亩，共计十八顷。每年租金三百五十两。河间府所辖郡四关嘎查庄户赵亭玉十八亩地，每年租金一百一十两银子。宝坻县所辖双王山嘎查庄户亭齐云二十九顷二十三亩五分，每年租金二百九十九两银子。此等银两用于公主府之祭祀、修缮房屋院墙。等语。

此事已呈报理藩院。并手抄一份钤札萨克印之官文，呈送副盟长之。

嘉庆三年末冬十五日

130 翁牛特札萨克郡王旗协理为核实镇国公达瓦西里长子身份事呈报盟长奈曼郡王文（嘉庆四年初冬初四日）

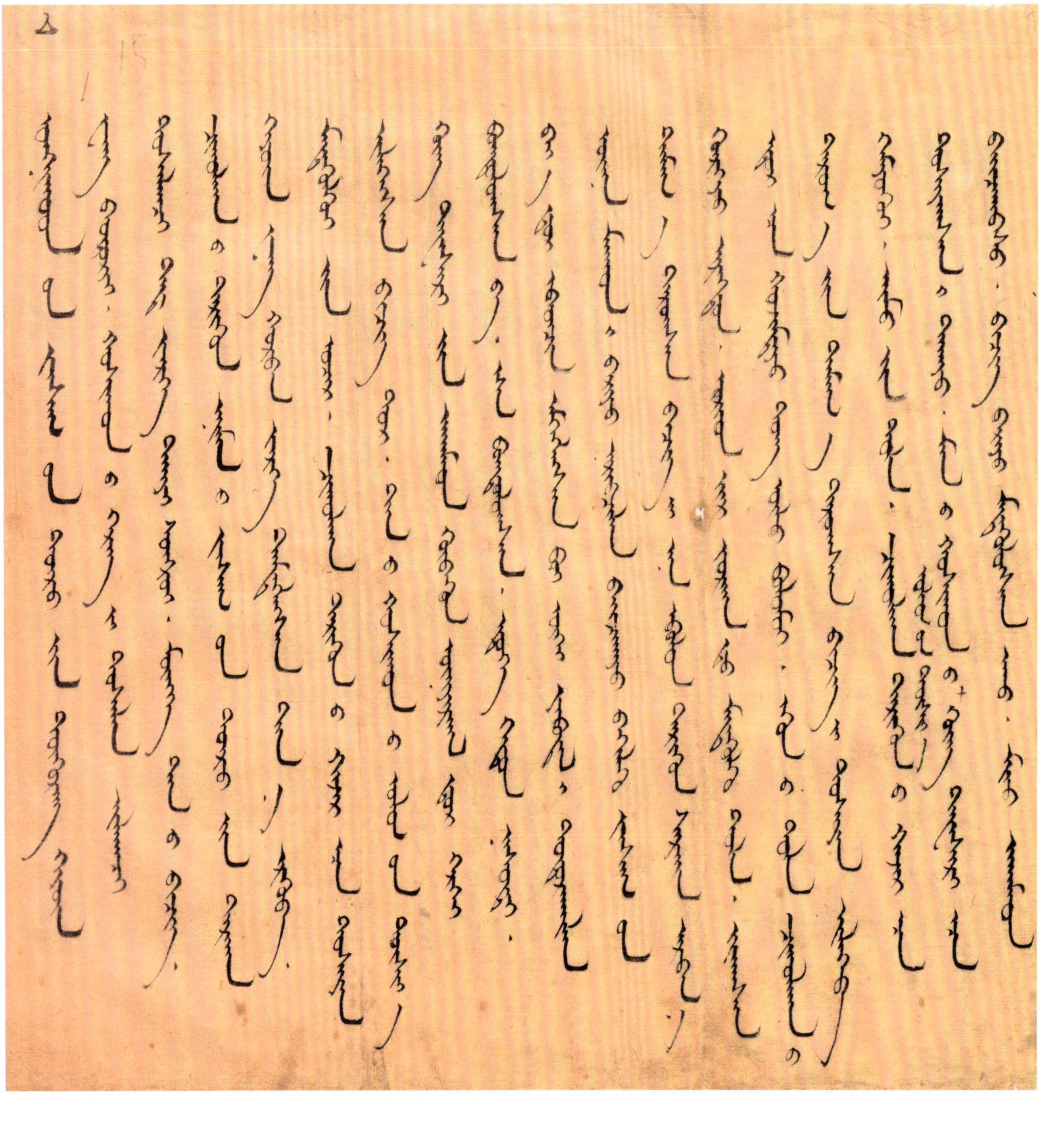

130 翁牛特札萨克郡王旗协理为核实镇国公达瓦西里长子身份事呈报盟长奈曼郡王文（嘉庆四年初冬初四日）

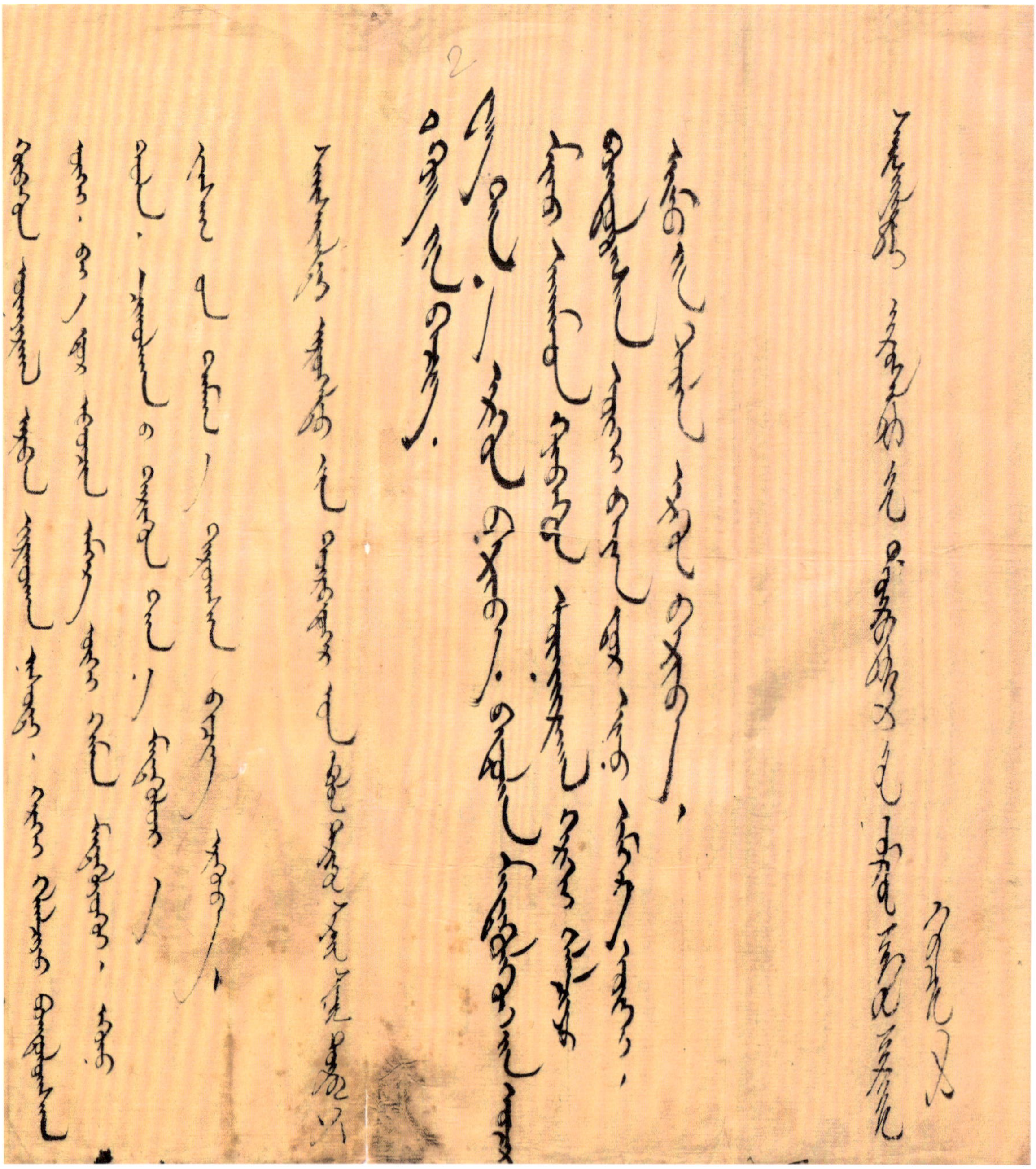

翁牛特札萨克郡王旗协理为核实镇国公达瓦西里长子身份事呈报盟长奈曼郡王文

翁牛特札萨克多罗杜棱郡王巴图道尔吉旗协理二等台吉松瑞、孟克文。呈盟长奈曼札萨克记三级多罗达尔罕郡王：呈报之事。

承接盟署札开：查实尔旗镇国公达瓦西里长子乌恩吉日嘎拉是否已婚娶、今年多大、有无身疾，形成保呈，钤札萨克印，于本年初冬十日呈送之。因此事先呈报大部，故不得逾期。等因前来。奉盟长札饬，问及本旗镇国公达瓦西里。达瓦西里呈称，长子乌恩吉日嘎拉十六岁、未成婚、身体健康。

至此，钤札萨克印之文呈报盟长之。

嘉庆四年初冬初四日

公爷呈文。呈王爷：本人长子乌恩吉日嘎拉未婚，身体无疾病。特呈报。

嘉庆四年末秋三十日

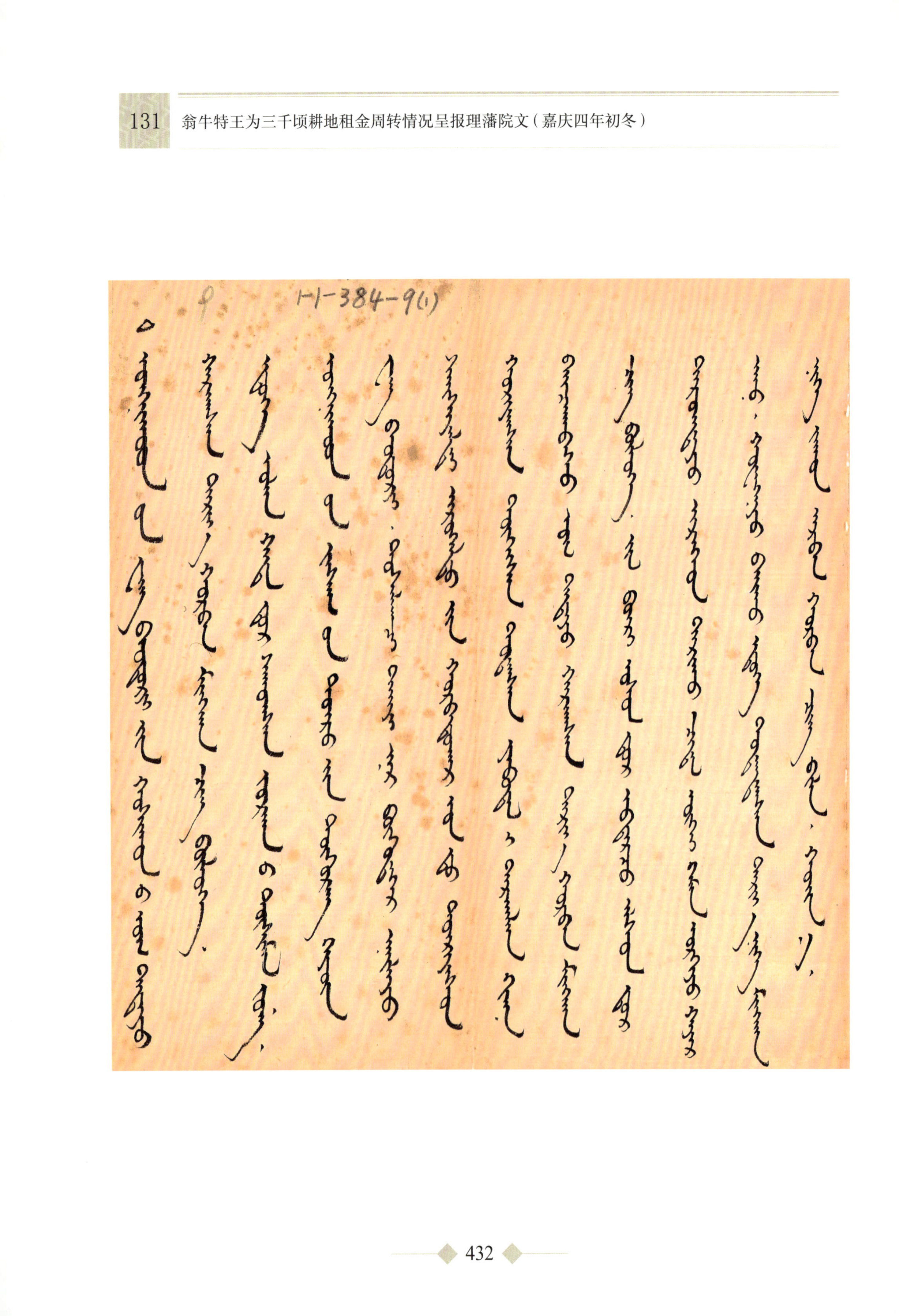

9　1-1-384-9(1)

[illegible]

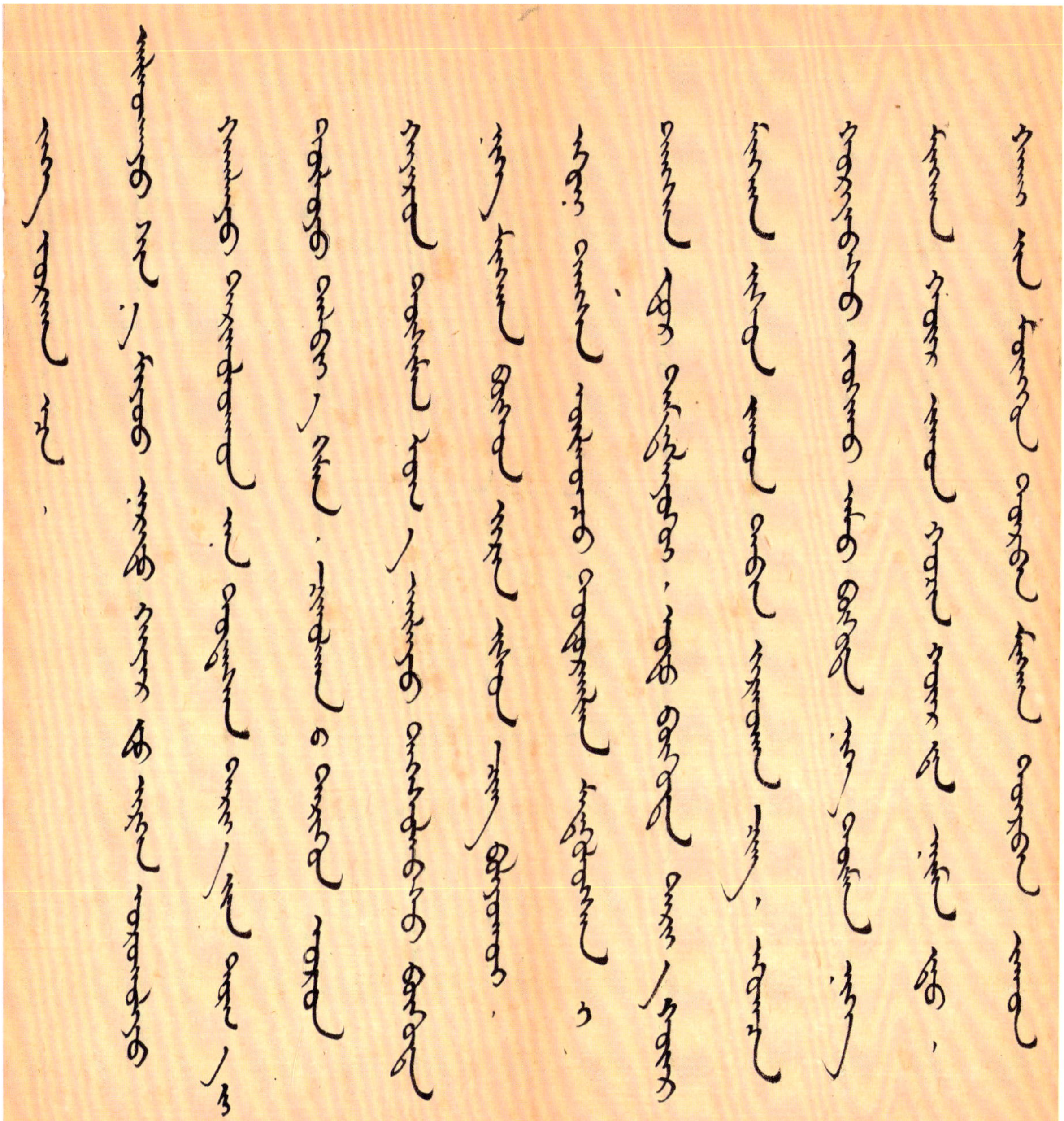

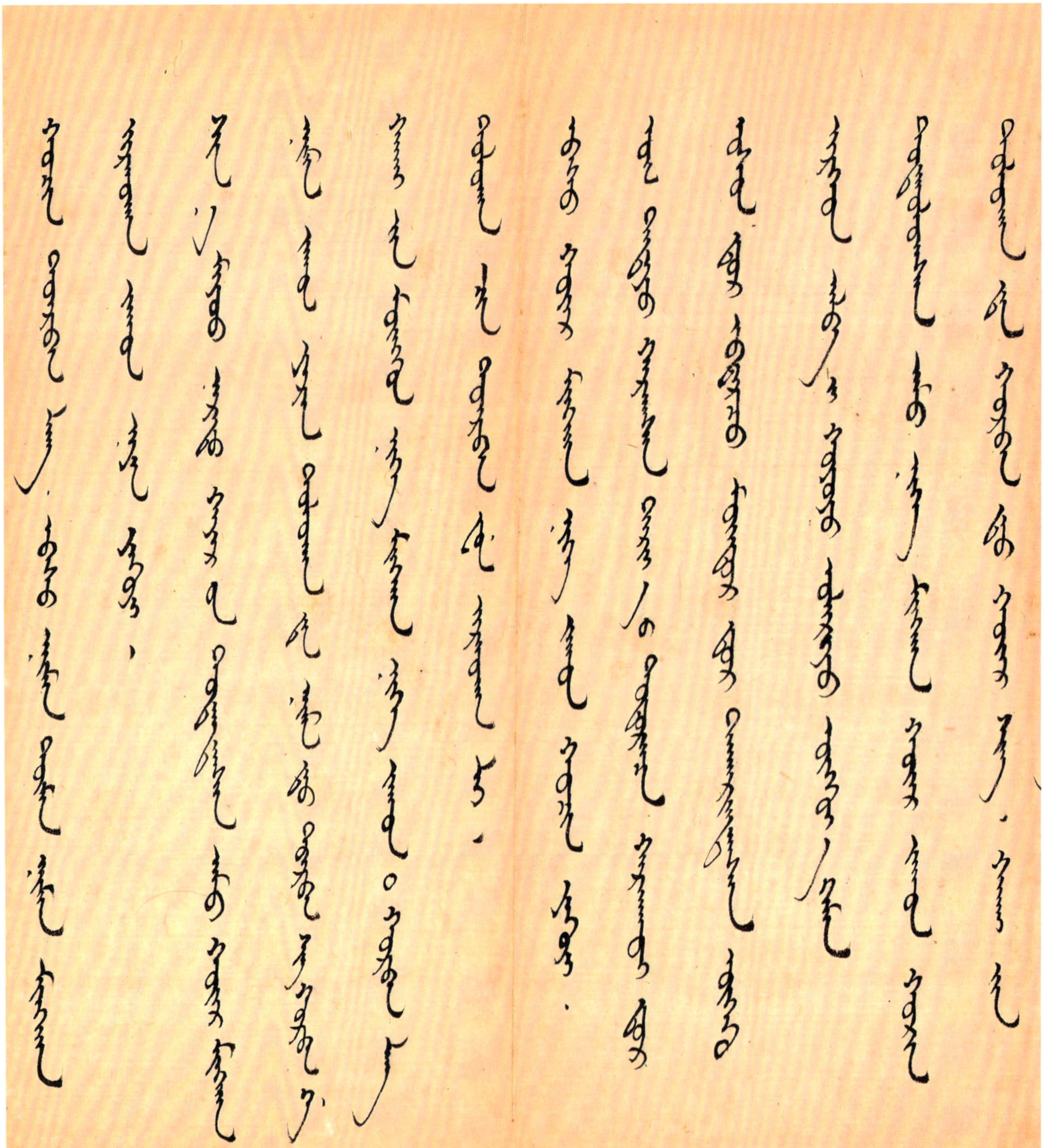

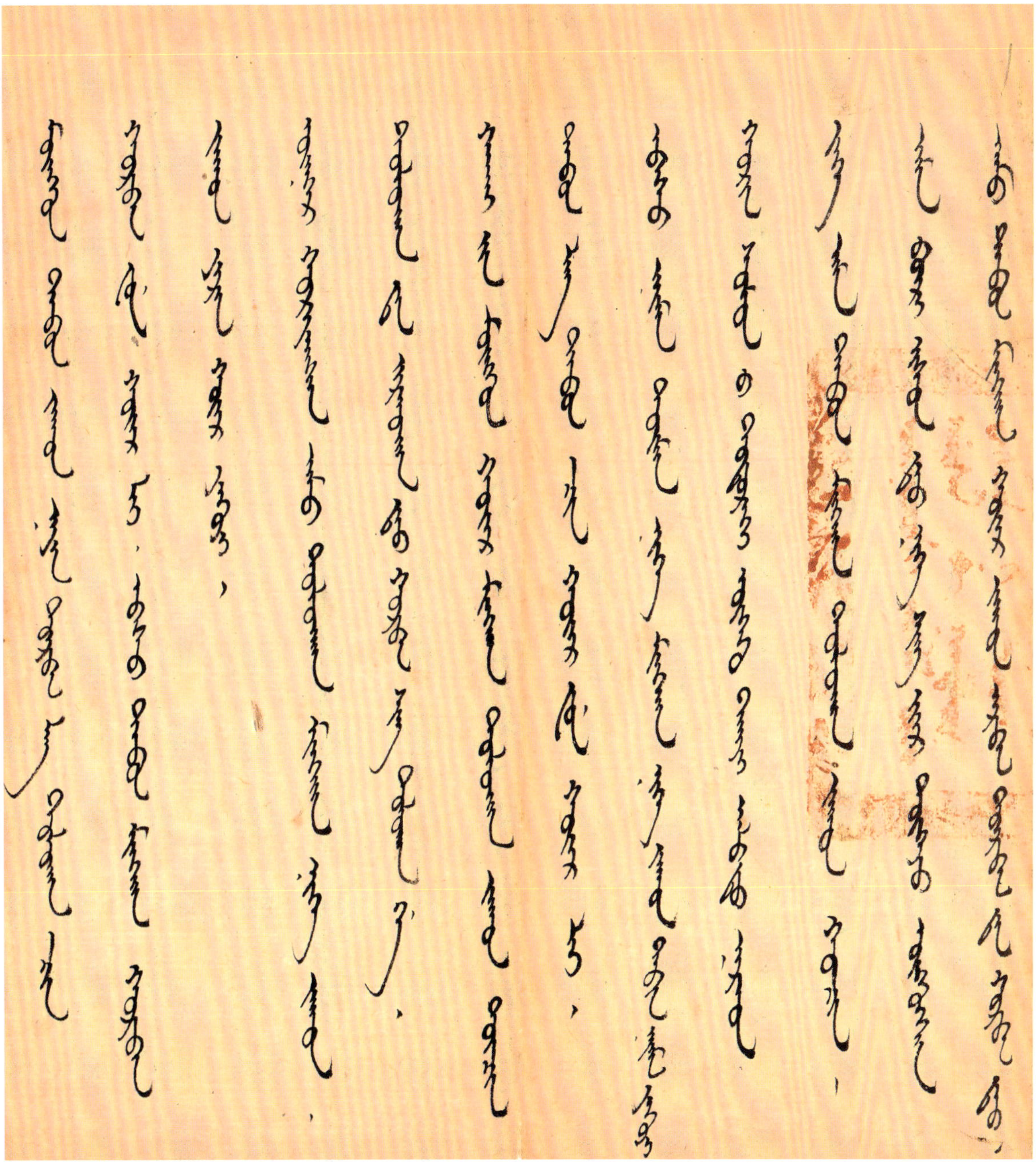

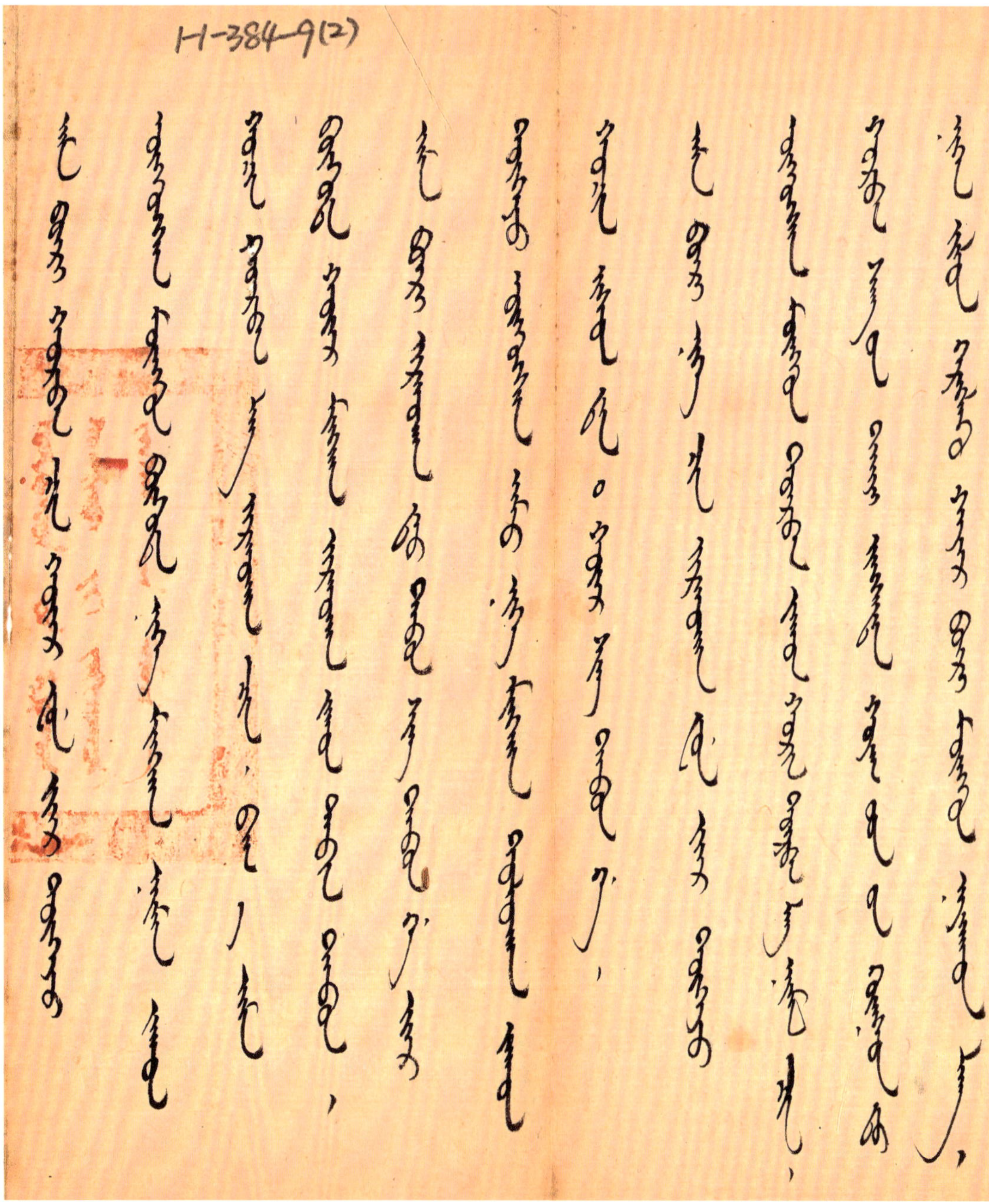
H-384-9(2)

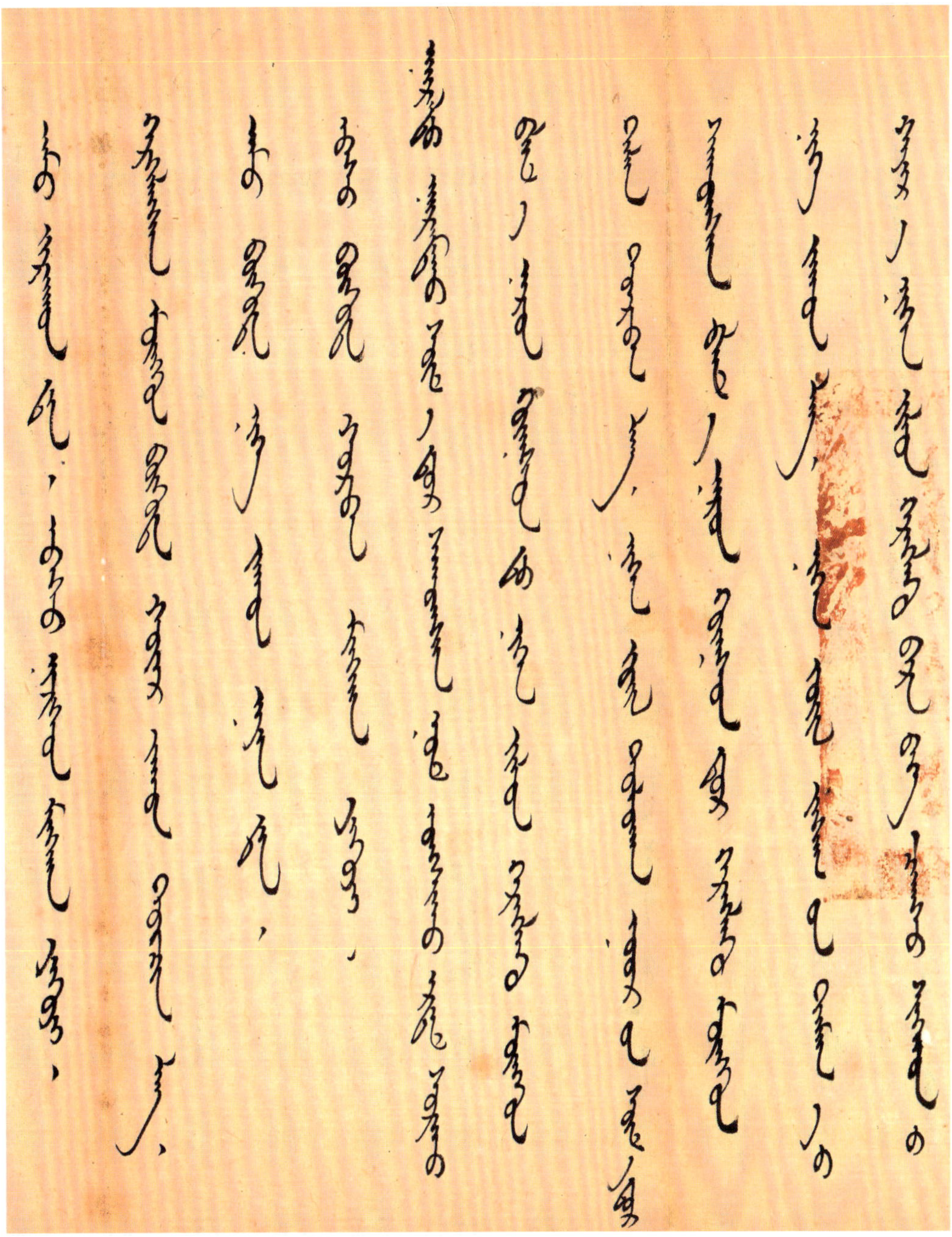

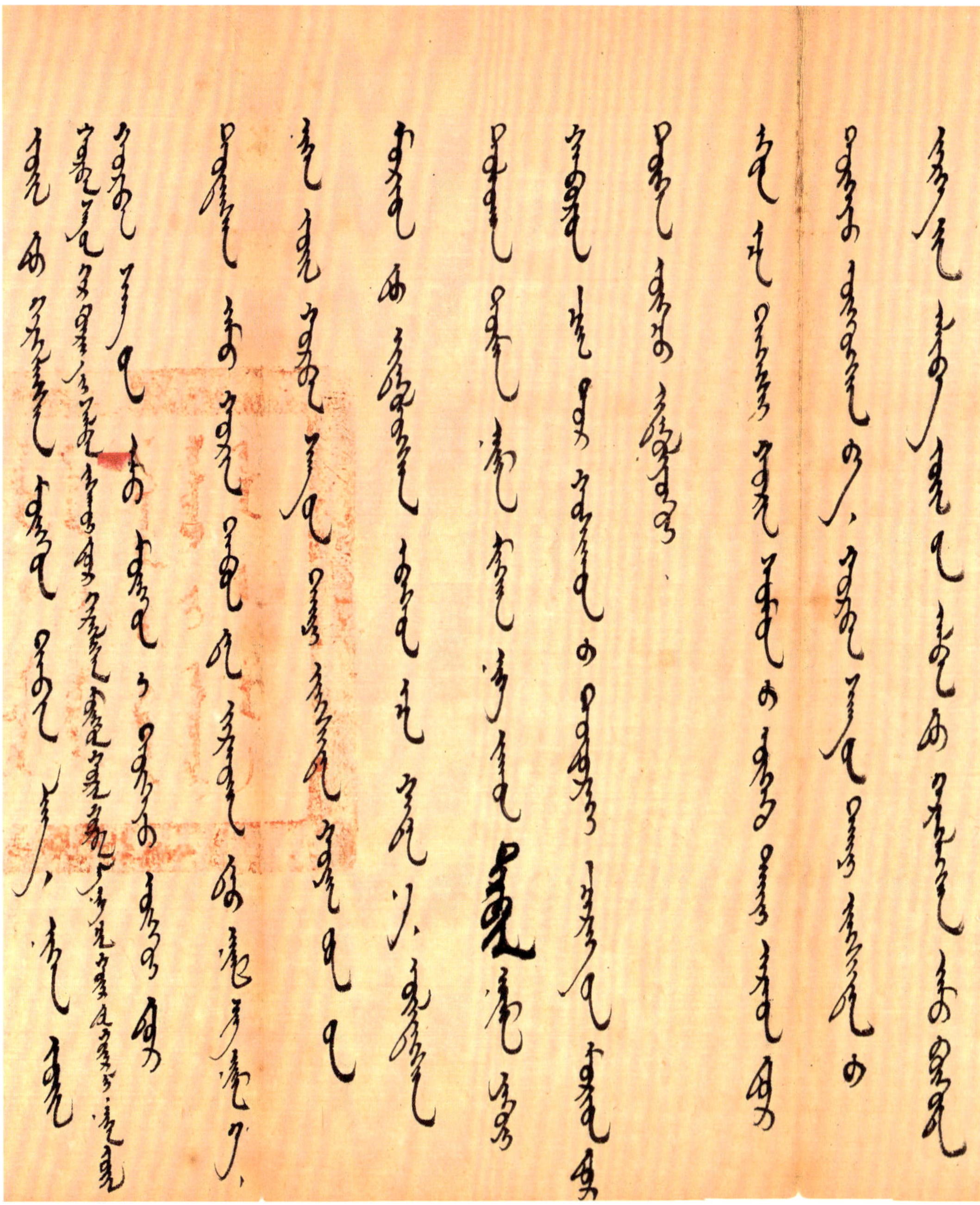

131 翁牛特王为三千顷耕地租金周转情况呈报理藩院文（嘉庆四年初冬）

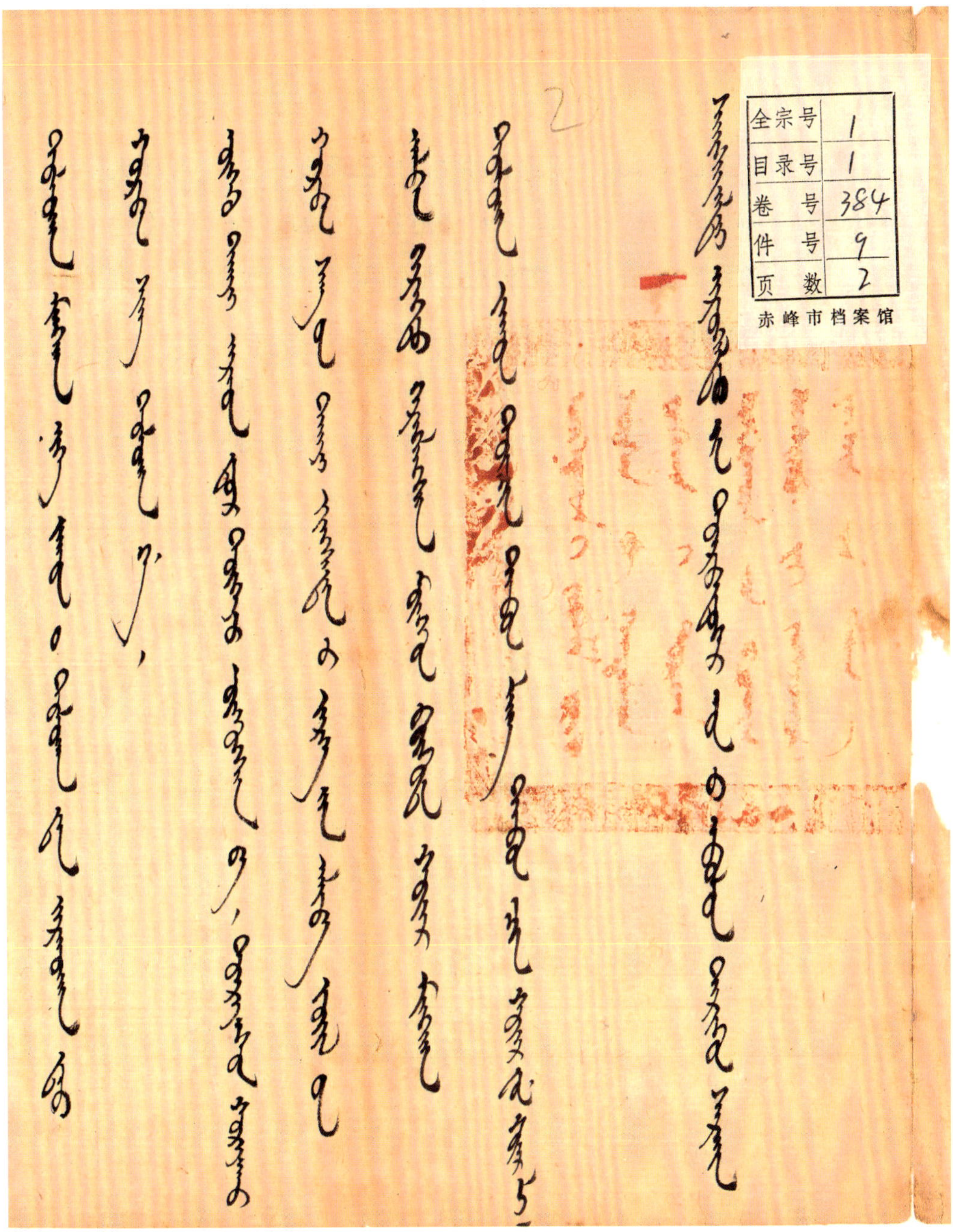

翁牛特王为三千顷耕地租金周转情况呈报理藩院文

翁牛特王爷巴图道尔吉旗拥有抽调田地三千顷。兹有，钦派大臣钟大人、翁牛特札萨克多罗杜棱郡王巴图道尔吉、协理台吉等联合逐一核查嘉庆三年收租、支出、亏损等情况。原抽调之三千顷田地中，每年水土流失、风化沙化、民人无力种植而荒废等原因已损失一千一百一十三顷。后理藩院奏报朝廷，在新庙地区引入移民垦荒种田，以补充损失之耕地。当年盟长与地方官员联合丈量亏损之耕地时，共有一千零六十九顷。当时登记造册并上报。如今拥有耕地二千九百五十六顷，应收粮食一万一千二百三十二石八斗，猪银四千四百三十四两，草八万八千六百八十捆。新庙地区亏缺粮食二千八百九十七石八斗四升三合，猪银一千一百零三两七钱四分六厘，草二千一百三十捆。原抽调之田地支出中，因水涝冰雹，灾民少交粮食一千二百二十七石三斗二升，猪银五百八十四两七钱三分二厘，草五千三百九十二捆。实收粮食七千一百零七石六斗三升七合，猪银两千七百四十五两五钱二分二厘，草八万一千一百五十八捆。二十甲喇之贫困台吉、阿勒巴图，成年人五千七百三十人，每人按九斗一升分配粮食，合计五千二百十四石三斗，每人分给银两三钱二分，合计一千八百三十三两六钱；未成年人二千六百五十五人，每人按六斗五升五合分配粮食，合计一千七百三十九石零二升五合，每人分给银两一钱六分，共计四百二十四两八钱。三所官仓之台吉、官差、甲兵费用，一年各仓用银八十多两、粮食六十多石、草几千捆。所用之银两共计二百四十两、粮食共计一百八十石、草共计三千捆。在雍和宫里诵经、学经之喇嘛生活费用，一年用银七十四两。住多伦淖尔庙里之喇嘛生活费，用银一百两。札萨克印务处一年用之笔墨、纸张、朱砂等费用支出五十两银子。三所官仓房屋院落之修缮用银二十三两一钱二分二厘。三所官仓分配粮食时，缺少粮食二十五石六斗八升八合。一项，三所官仓台吉、官差、甲兵喂马所用之草除外，剩余七万八千一百五十八捆草，用于春季旗军马草料。以上分给二十佐领之贫困台吉、百姓及三所官仓台吉与官差各项开支所用粮食，共计七千一百零七石六斗三升七合；分配给台吉、百姓和收租时三所官仓台吉、官差所用之各项开支，共计二千七百四十五两五钱二分二厘。

嘉庆四年初冬

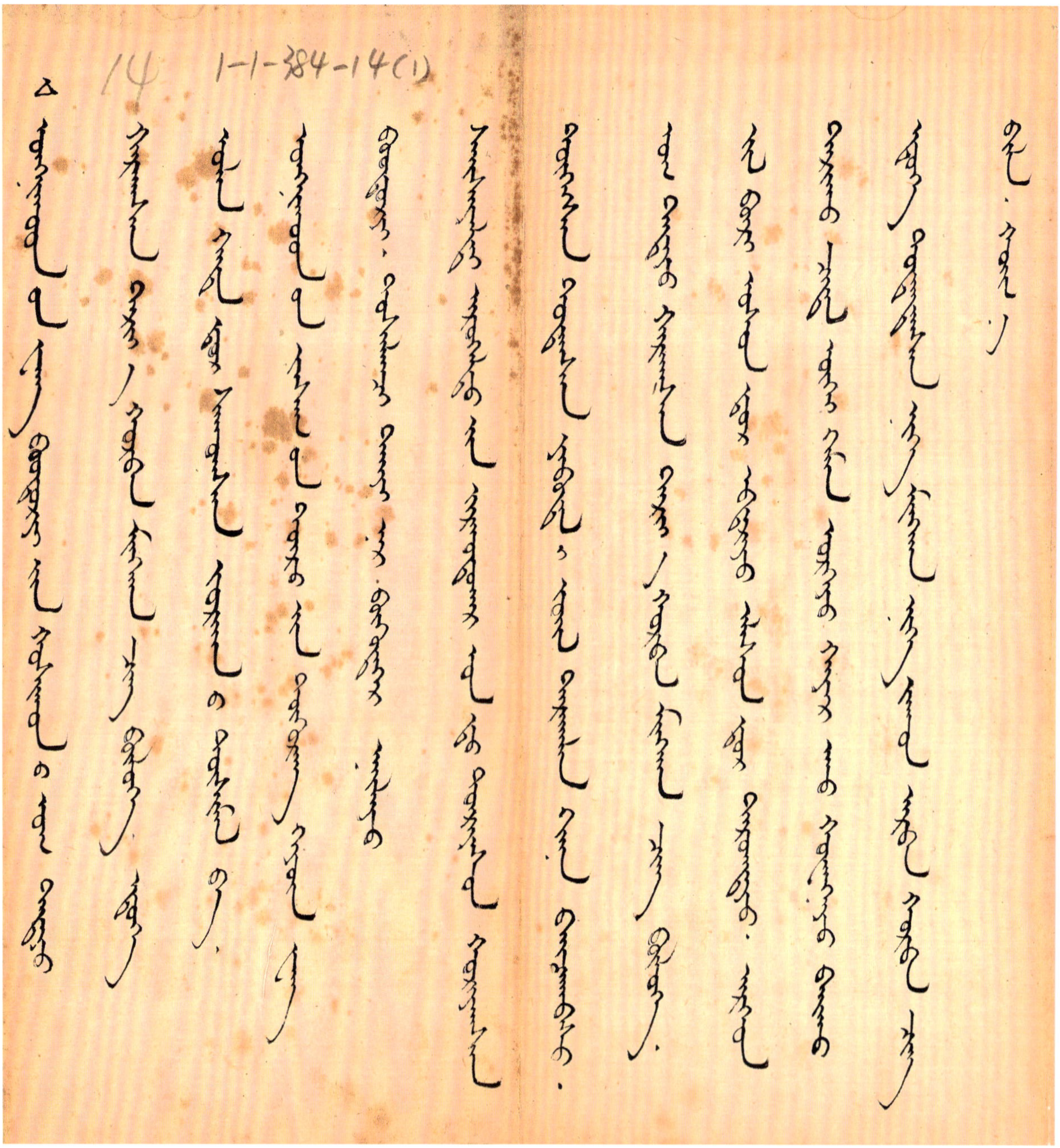

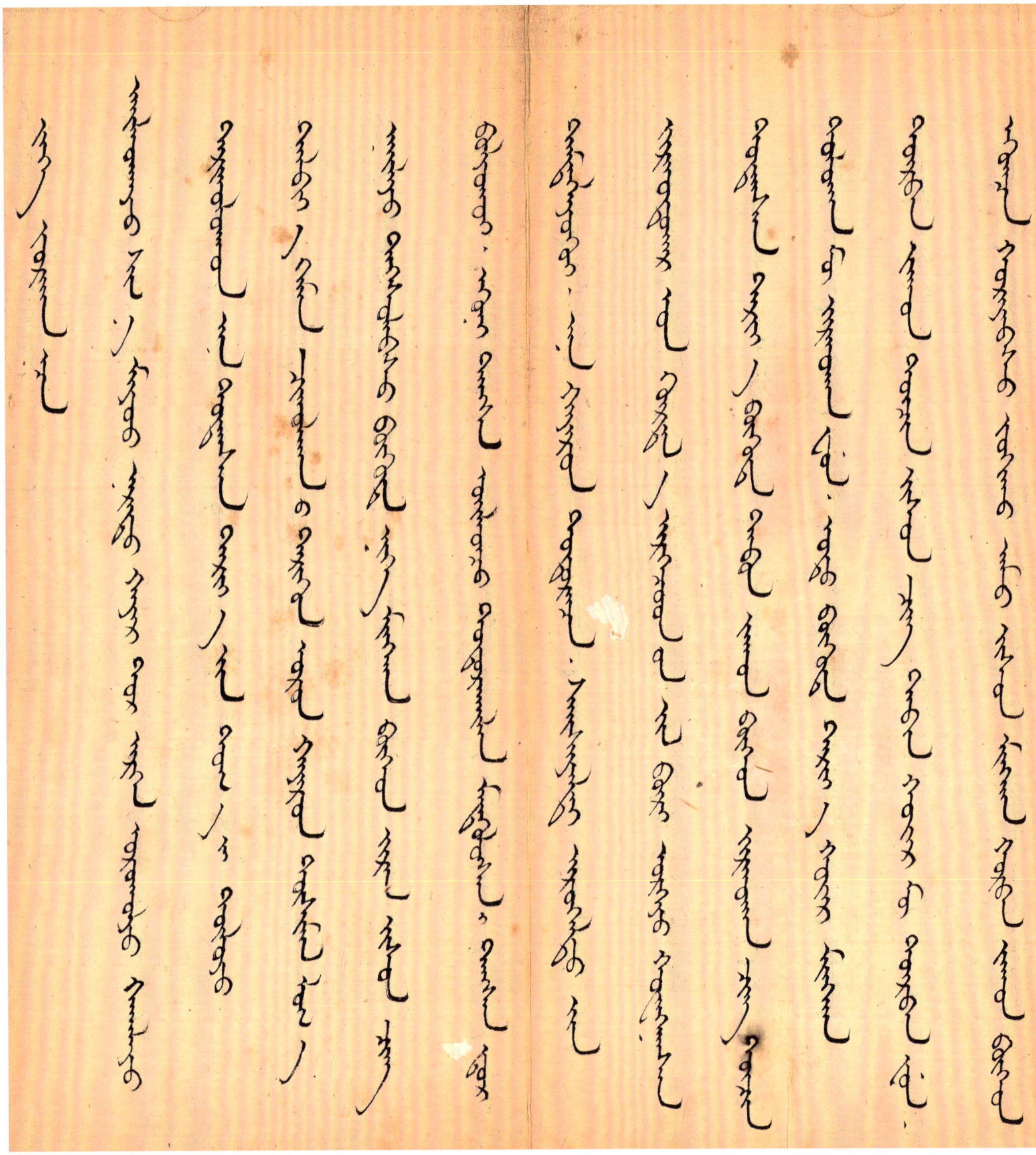

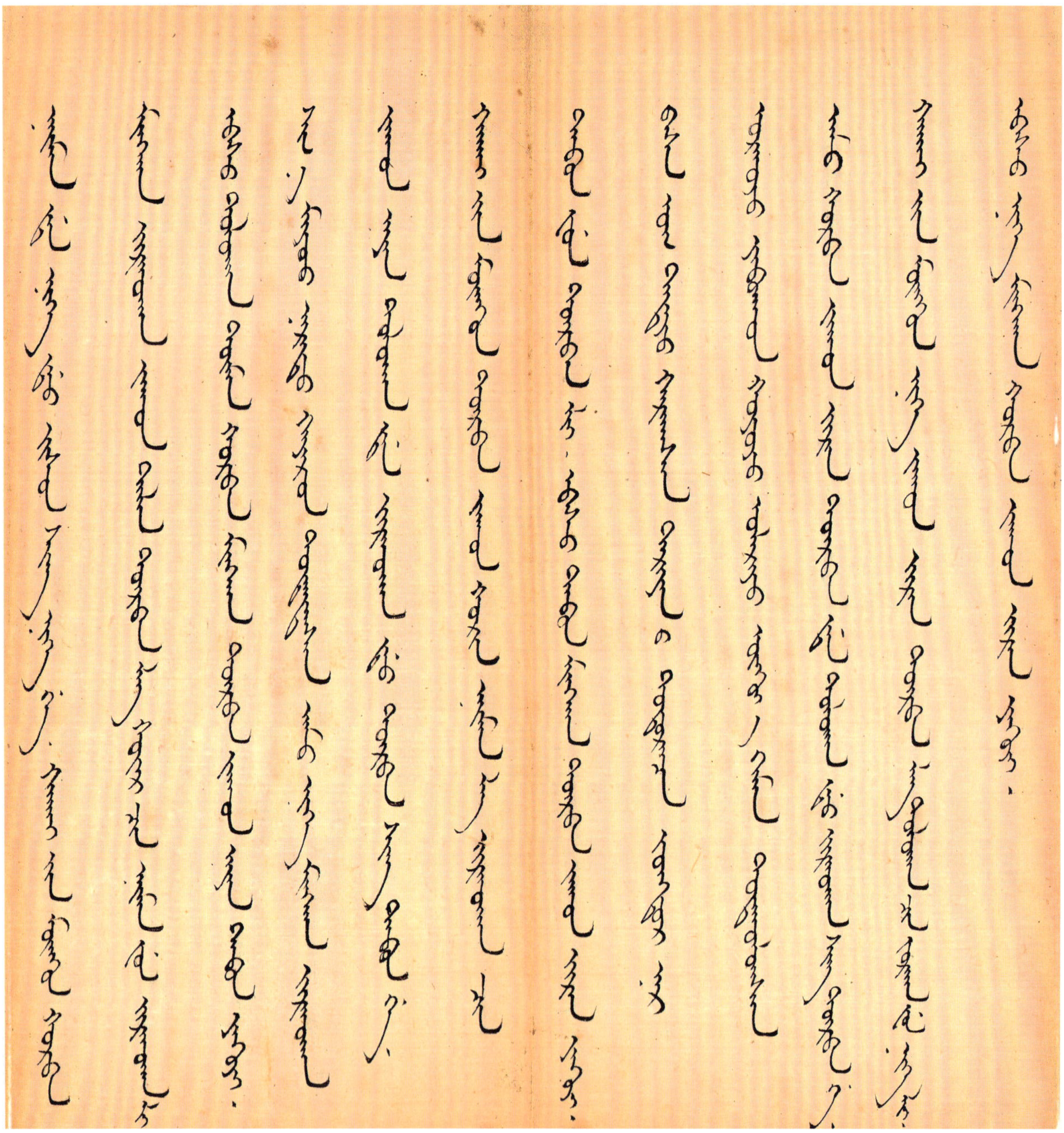

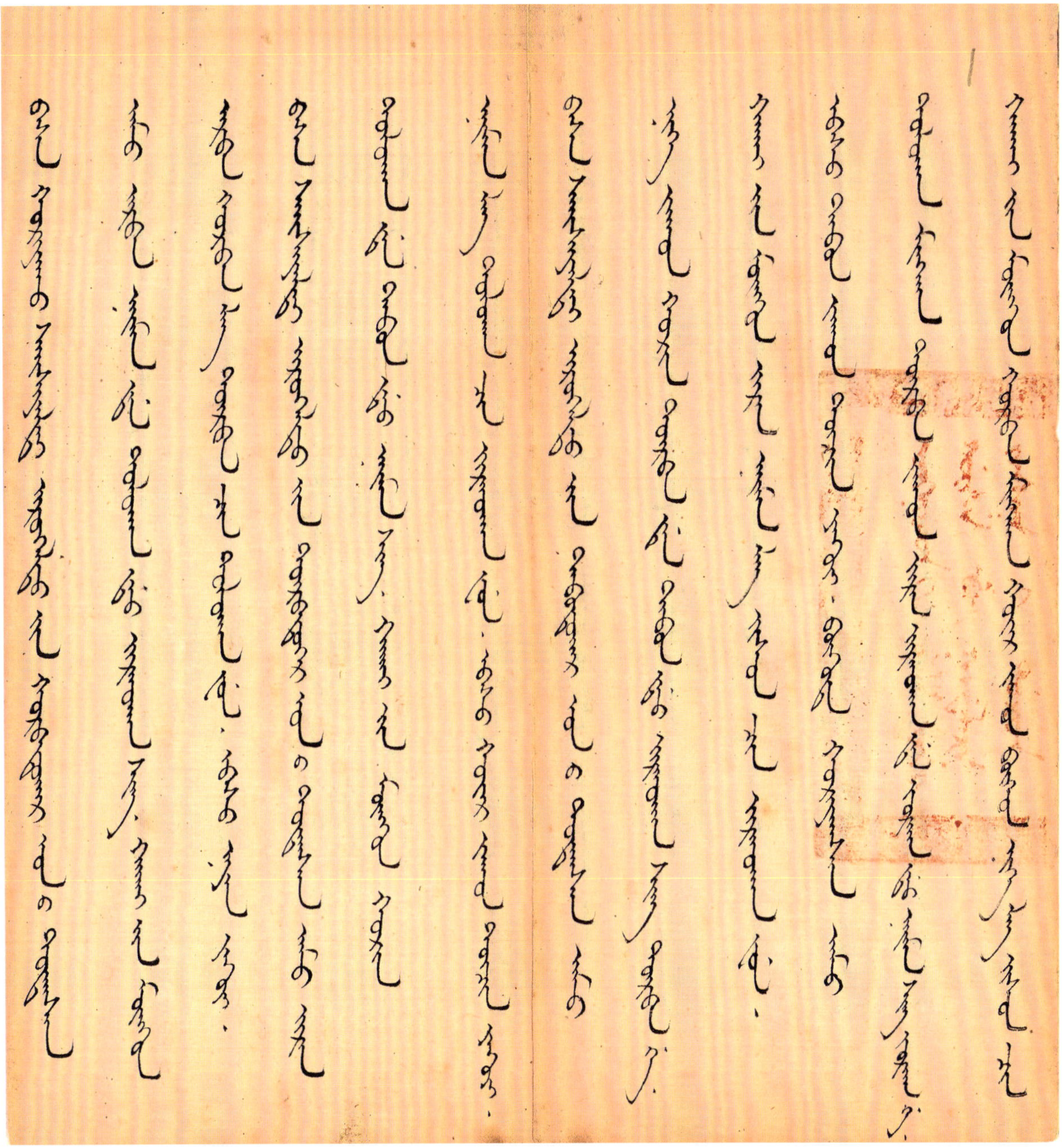

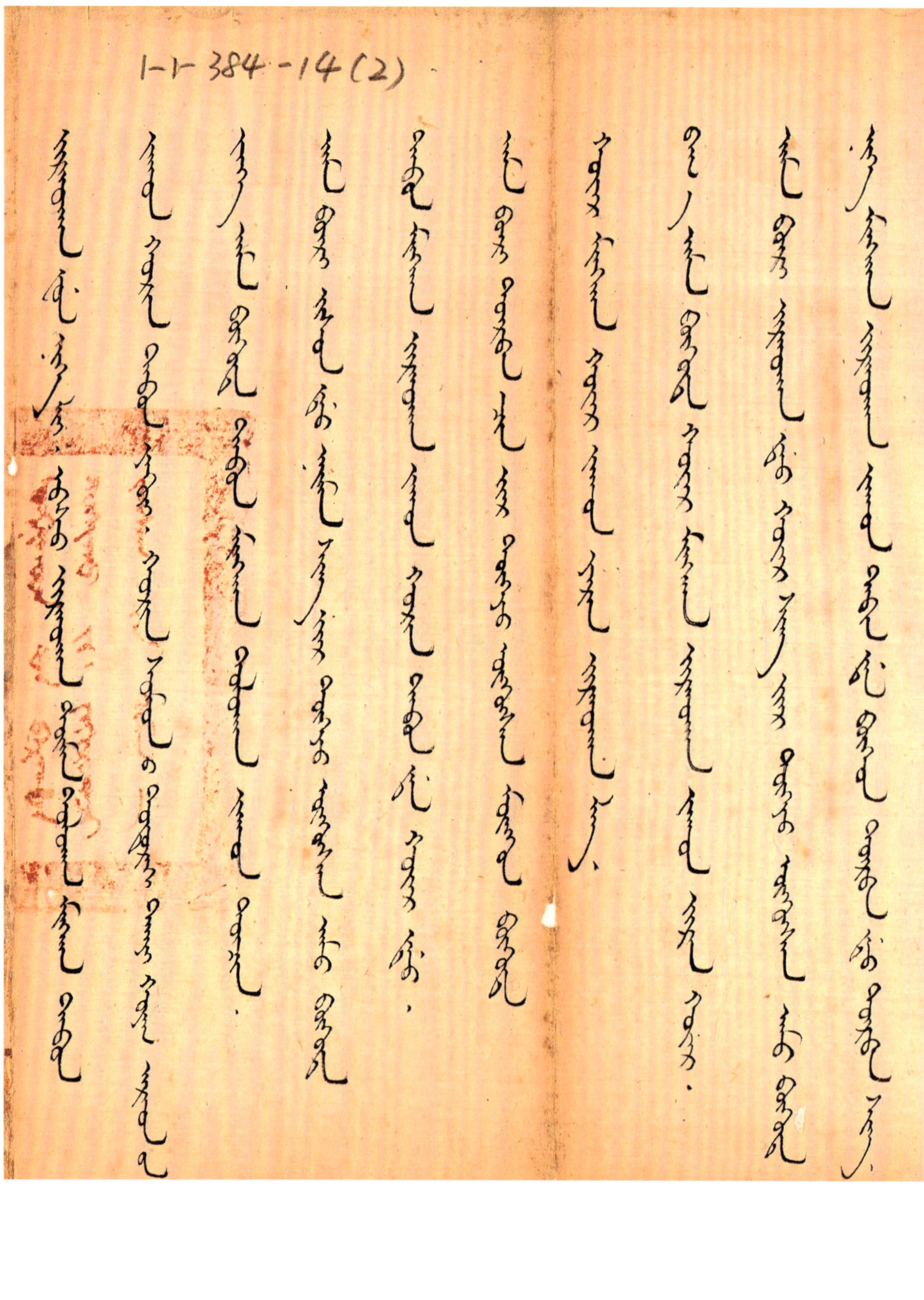
1-1-384-14(2)

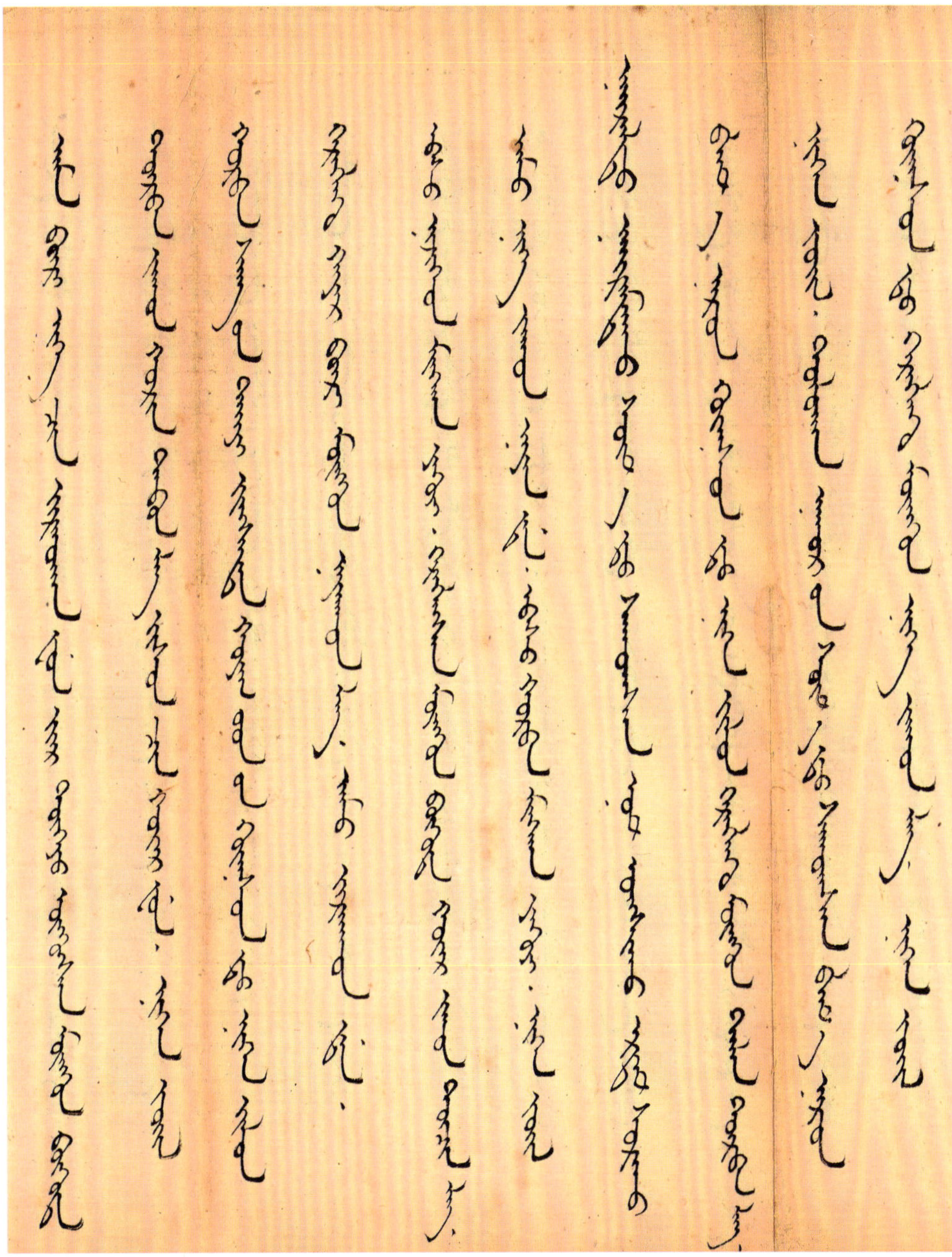

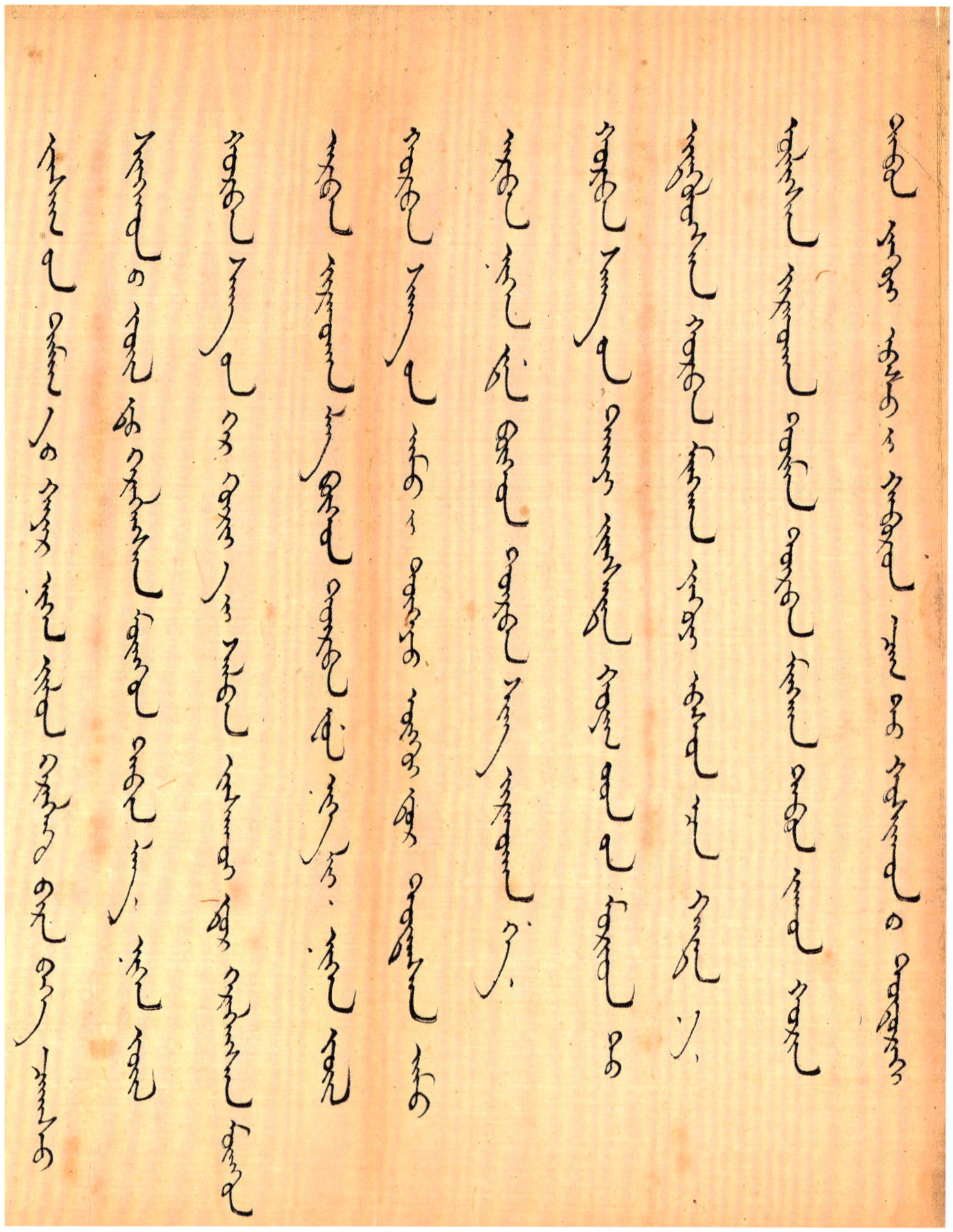

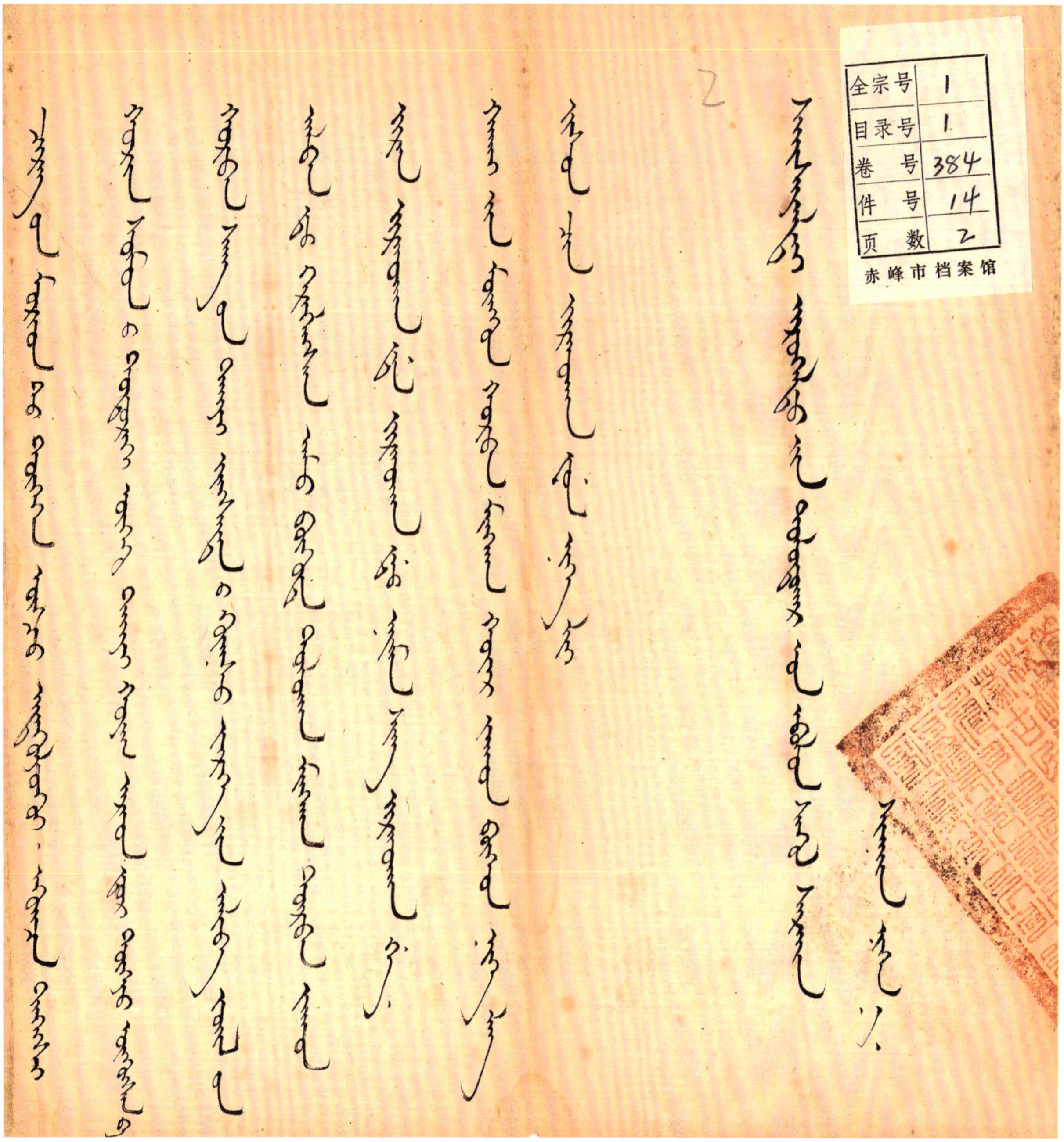
2
全宗号 1
目录号 1
卷 号 384
件 号 14
页 数 2
赤峰市档案馆

翁牛特王为耕地租金周转情况呈报理藩院文

翁牛特王巴图道尔吉旗拥有抽调田地三千顷。如今，钦派大臣、翁牛特札萨克杜棱郡王巴图道尔吉、协理台吉等联合逐项审查在嘉庆六年收租、分配、亏缺情况。抽调田地三千顷中，因每年水灾、荒漠化、属民无力耕种而荒废等原因，迄今缺少一千一百一十三顷。后理藩院上奏朝廷，在新庙地区引入移民垦荒种田，为填补此部分缺少之田地。当年，盟长与地方官员联合丈量时，已有一千零六十九顷。当时登记造册上报详情并备案。此等田地中，直到嘉庆六年民人每年弃荒之田地共计五百零六顷四十七亩六分。迄今全部田地二千四百四十九顷五十二亩四分。应收粮食九千三百零八石一斗九升一合，猪银三千六百七十四两二钱八分六厘，草七万三千四百八十五捆。新庙地区亏缺之粮食一千六百八十七石六斗四升五合，猪银四百二十八两六钱五分四厘，草五千四百六十捆。还有从原抽调之田地里，庄户逃走或推迟上交之粮食缺口，共计三百六十四石七斗六升四合，猪银一百六十四两七钱六分一厘，草一千三百六十捆。还有嘉庆三年应收之粮食中，亏缺有粮食十八石七斗六升，猪银十三两四钱七分，草八十捆。嘉庆四年亏缺粮食六十七石五斗八升，猪银二十八两七钱六分，草二百四十捆。嘉庆五年亏缺粮食一百二十四石五斗六升四合，猪银六十八两九钱六分，草五百四十捆。共收粮食七千四百六十六石六斗八升六合，猪银三千二百零一两九钱六分一厘，草六万七千五百二十五捆。二十佐领台吉、甲兵、百姓中，成年人五千七百四十口，每人按九斗八升分粮食，共计五千六百二十五石二斗；每人按四钱配给银两，共计二千二百九十六两。未成年人二千六百六十二人，每人按六斗二升配给粮食，共计一千六百五十石零四斗四升；每人按一钱六分配给银两，共计四百二十五两九钱二分。三所官仓台吉、官差、甲兵生活费，一年各仓用银子八十多两，粮食六十多石，草几千捆，实际用银两共计二百四十两，粮食一百八十石，草三千捆；驻雍和宫诵经、学经喇嘛一年生活所用银两七十四两；驻多伦淖尔庙喇嘛生活费一百两银子；札萨克印务处一年所用笔墨、纸张、朱砂之银子五十两；三所官仓房屋院墙修缮所用银两十六两零四分一厘；三所官仓粮食分配中亏缺粮食十一石零四升六合。除三所官仓之台吉、官差、甲兵所用饲草三千捆草，剩余六万四千五百二十五捆草，在春季用于旗里军马饲草。以上分给二十佐领穷台吉、甲兵及三所官仓台吉、官差等生活费所用粮食七千四百六十六石六斗八升六合，猪银三千二百零一两九钱六分一厘。

嘉庆七年末冬初一日

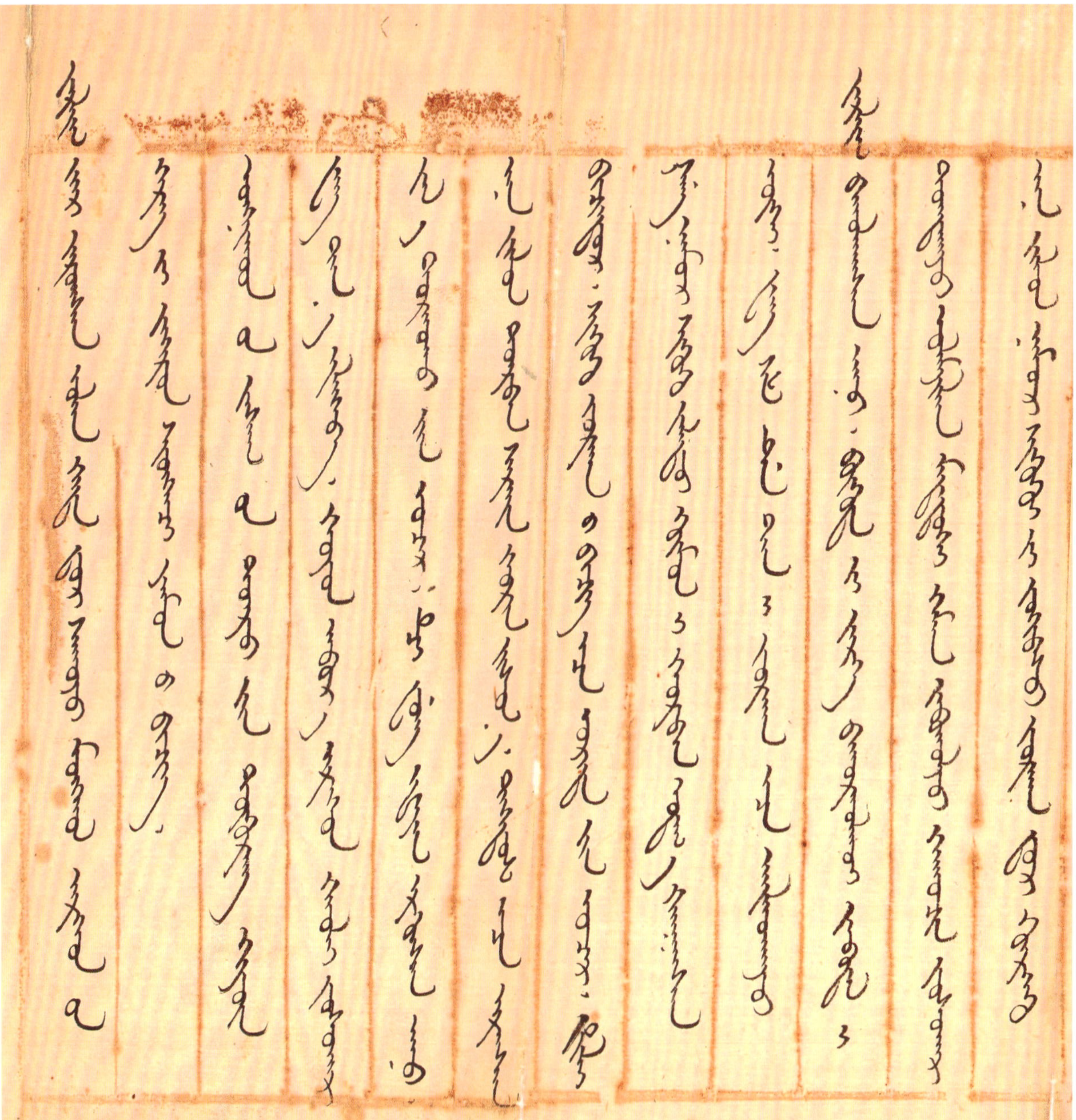

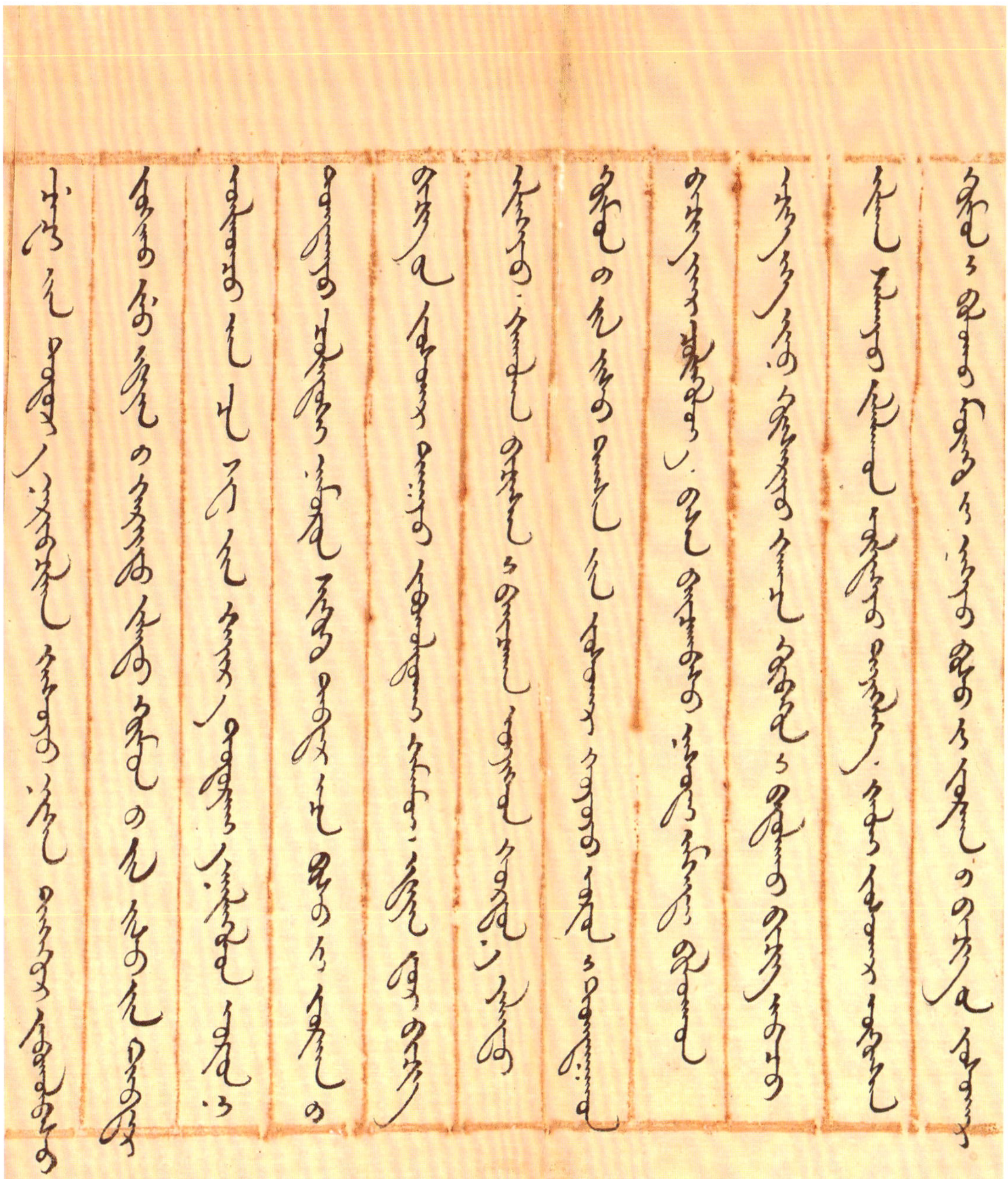

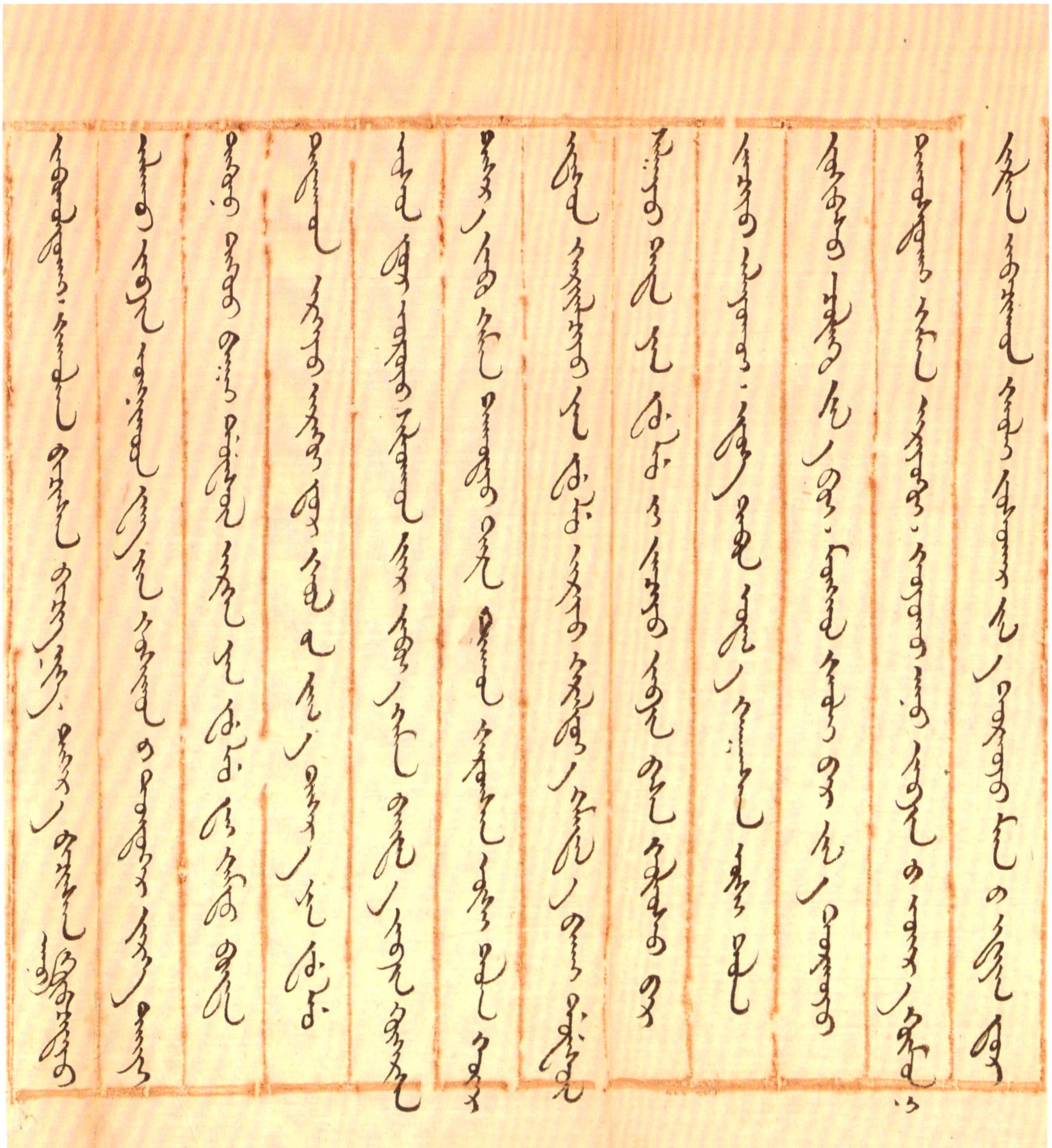

133 钦命驻乌兰哈达蒙民事务大臣为发落犯人事札翁牛特札萨克郡王文（嘉庆九年仲夏初八日）

钦命驻乌兰哈达蒙民事务大臣为发落犯人事札翁牛特札萨克郡王文

钦命驻乌兰哈达蒙民事务署文。札付翁牛特札萨克多罗杜棱郡王。诉求并按律治罪之事。

赤峰县呈报：今年四月二十九日，承接行文开，刑部行书之前直隶省三次未提审秋审犯人。衙门上奏朝廷后，令王色达接管全部降职事，并命他按规定做好秋审犯人事宜，对提交秋审犯人册子进行筛选。对所提交州县所辖犯人记录年岁制作头像之册子，汇总后确定流放地点。不在秋审册子之犯人，按衙门官文处理。呈报知县后，审核抄写文书，尽快将犯人按年岁、图像档案确定流放地，并出具官文流放。另，上岁数妇女和父母年迈之独生子，使其修保呈，留下赡养父母，只按例收取丧葬费外，其余按衙门文书施行。一份抄写案卷记载：犯绞刑罪之扎布金为翁牛特王旗四等台吉，其弟弟巴盖图瓦同民人闫福鲁打猎回来，到了河边，闫福鲁想趟水过河，而扎布金叫其从桥上走。因意见不同而发生争执。此时，巴盖图瓦拉架并殴打闫福鲁，扎布金则拿竹棍打死了闫福鲁。对扎布金五次提审均未果，即便不杀他，也会有流放之罪。只以蒙古律法审理结案。请求将扎布金及亲戚传唤至府衙审讯，按律治罪，并送至本县衙，使其接受审判并结案上报。等因前来。

此事已移送贵旗府衙，阅知文内，将扎布金及亲戚传唤审讯治罪，形成文书送至本署衙，并尽快移交知县处，使其接受并结案。

此札。

嘉庆九年仲夏初八日
仲夏初九日承接

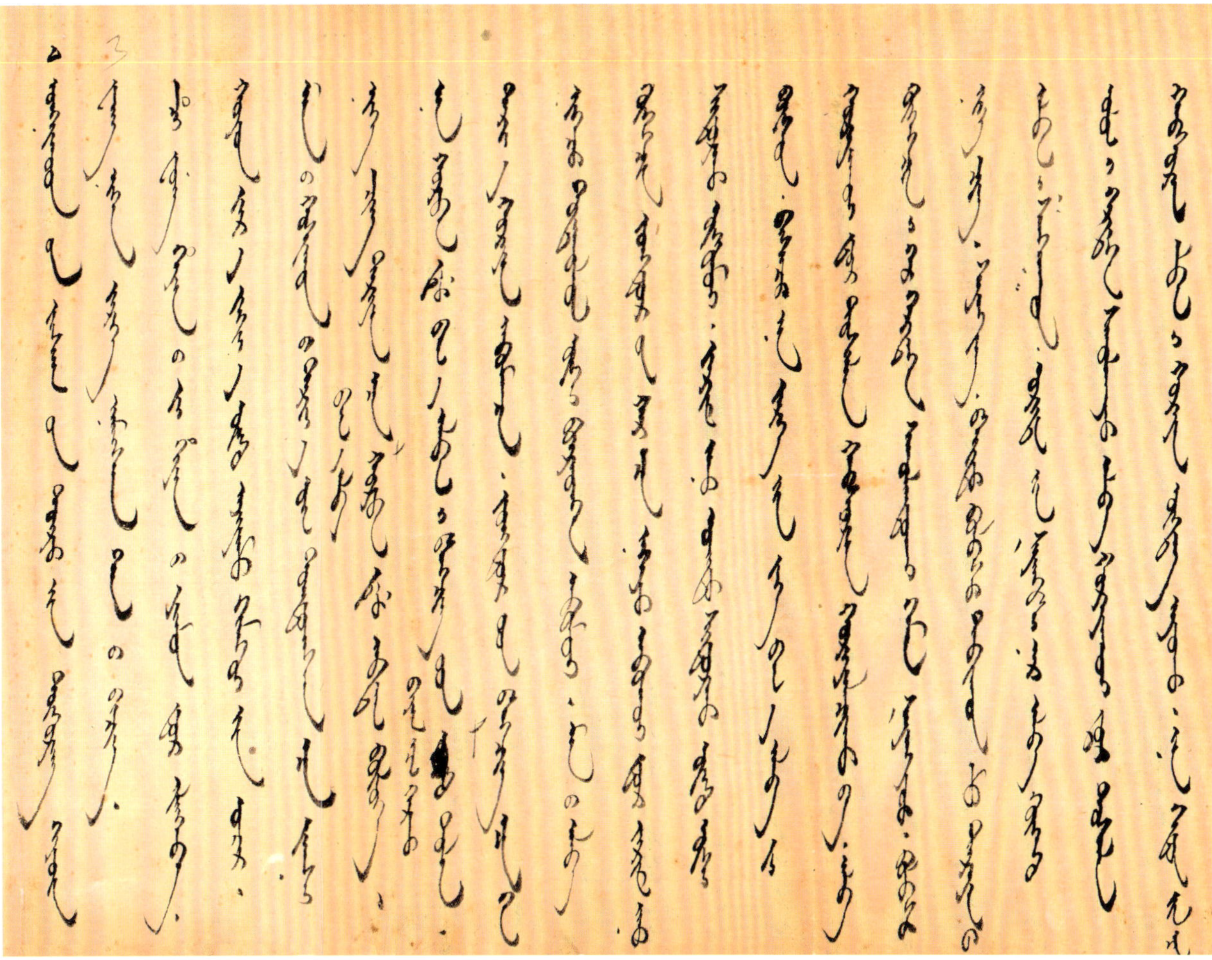

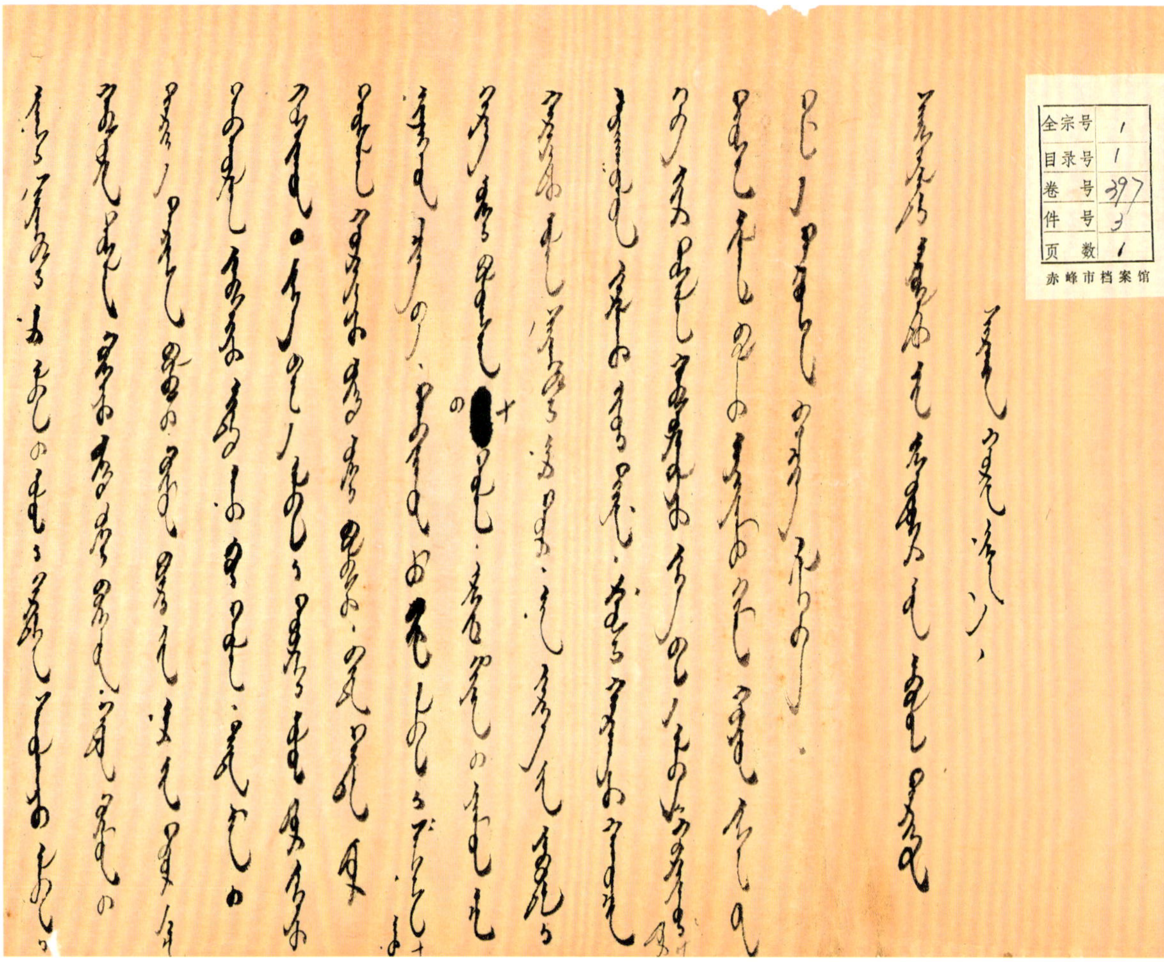
全宗号 1
目录号 1
卷号 397
件号 3
页数 1
赤峰市档案馆

翁牛特札萨克郡王为收缴庄户租金事咨赤峰县衙文

翁牛特札萨克多罗都楞加一级郡王文。咨送赤峰县衙：咨送之事。

本旗原定一顷耕地收租三斗粮食。此三斗公粮由耪庞清上交。秋收后，庄户从庞清处全额收租。吾等收缴庄户租金，有诚心上缴者，有耍滑不缴者，有协助帮忙者，有请至家中申请奖赏者，或奖给一顷，或牌头奖给五十来亩田不等。以往都为乡牌将收租公差请到家协助收租。近年起，乡牌不让收租公差到家里，也不帮助收地租，甚者按种地人头收取双重地租者。如果，乡牌不协助本旗收大小课税、地租，则不必奖给几顷或五十来亩耕地。因此，贵县衙向所辖乡牌以传话、告示等方式告知他们，一如既往帮助旗务，以便顺利收取大小课税、地租。

至此，咨送钤札萨克印之文。

嘉庆九年初冬二十一日

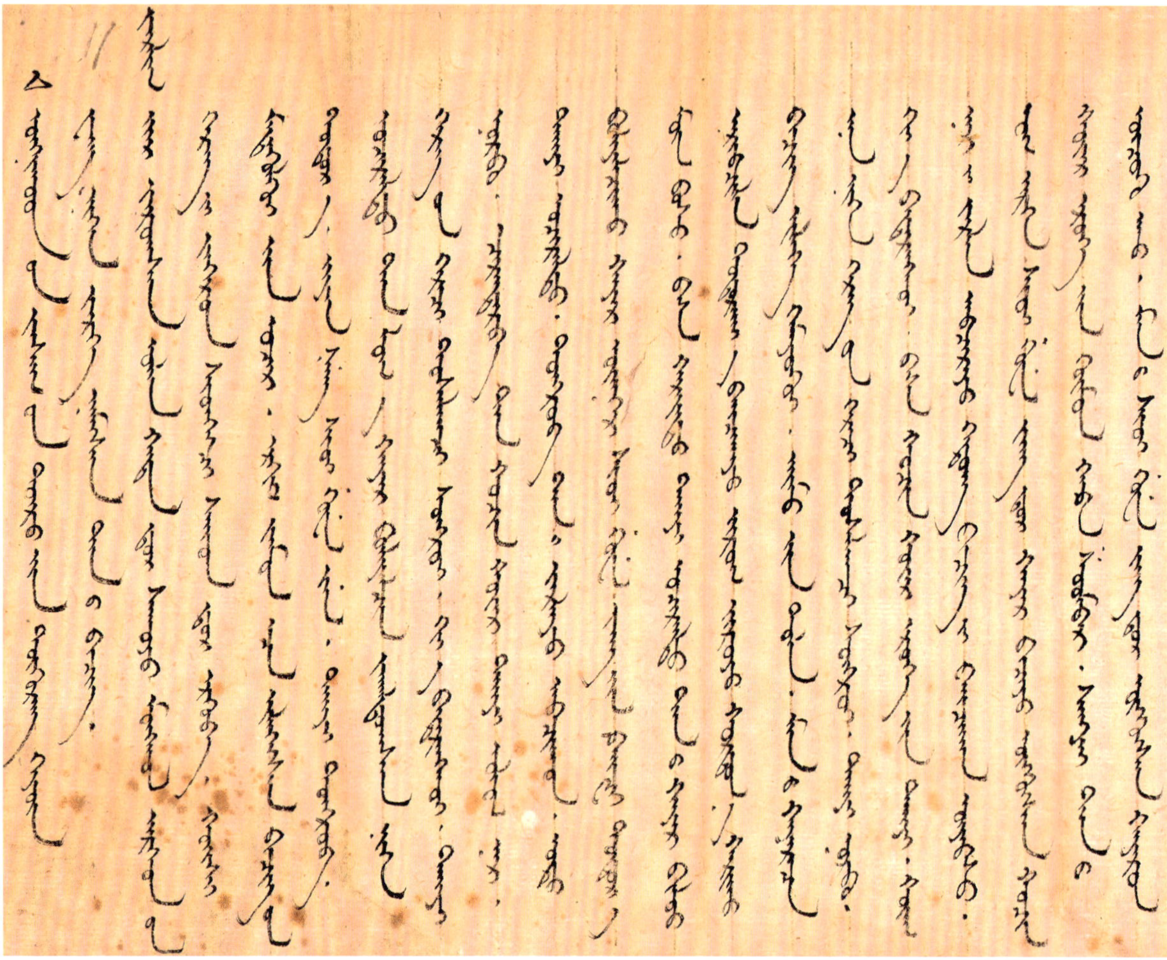

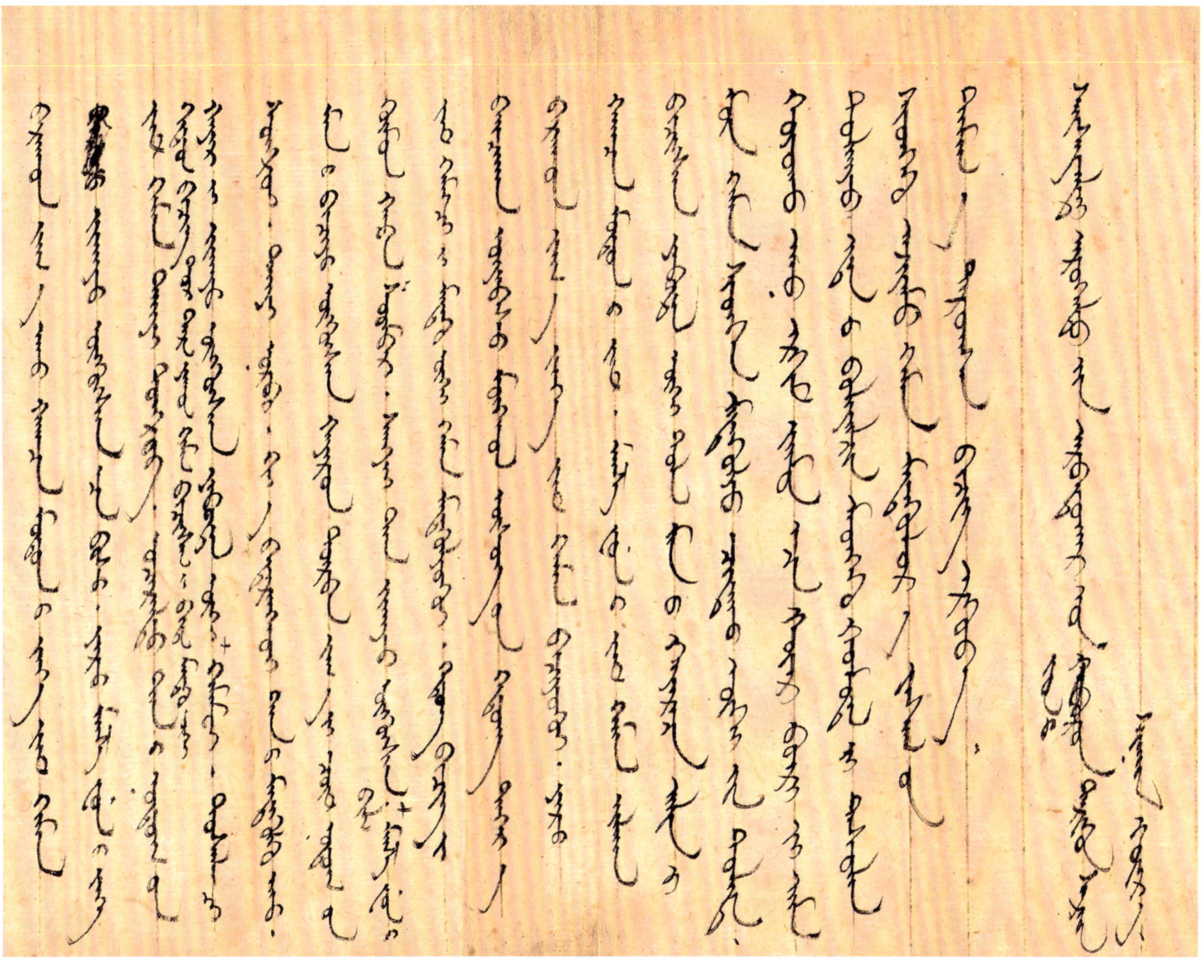

翁牛特札萨克郡王为耕地纠纷案呈驻乌兰哈达蒙民事务大臣文

翁牛特札萨克多罗都楞加一级郡王文。呈送钦命驻乌兰哈达蒙民事务大臣：呈报之事。

贵衙署札开：奸商徐国振、台吉东日布、乌其日拉图等因耕地纠纷呈诉状。案件证人涉及协理松瑞、侍卫巴达荣贵、台吉敖日布、策林塔日巴等三十二个台吉。在此传唤台吉乌其日拉图、东日布，核实争议之地，是徐国振地，还是台吉乌其日拉图地，勘察绘图即刻呈送本部。等语。

为此，本处传唤案件证人协理松瑞、台吉敖日布、侍卫巴达荣贵，还有三十二户台吉、兵丁等，对质其契约。为原告民人徐国振指给地界之三十二户哈番顺布尔、仓杰等辩曰：指给徐国振耕地边界西至一棵树旁大路，并非台吉东日布、乌其日拉图之地蛮子府大路也。汉文如何书之，吾等不晓得。协理松瑞、台吉敖日布、侍卫巴达荣贵呈报，吾等合同所记耕地四边，均由当地哈番顺布尔、仓杰所指也。吾等亦不晓得蛮子府大路在何方。核实合同，发现蒙古文合同上写为西边大路，未具体说明是一棵树路，还是蛮子府路。故本处无法判定其归属也。特呈请贵衙署传唤双方当事人进行对质，解决其争端为盼。

至此，呈钤札萨克印之文。

嘉庆十年初夏初二日

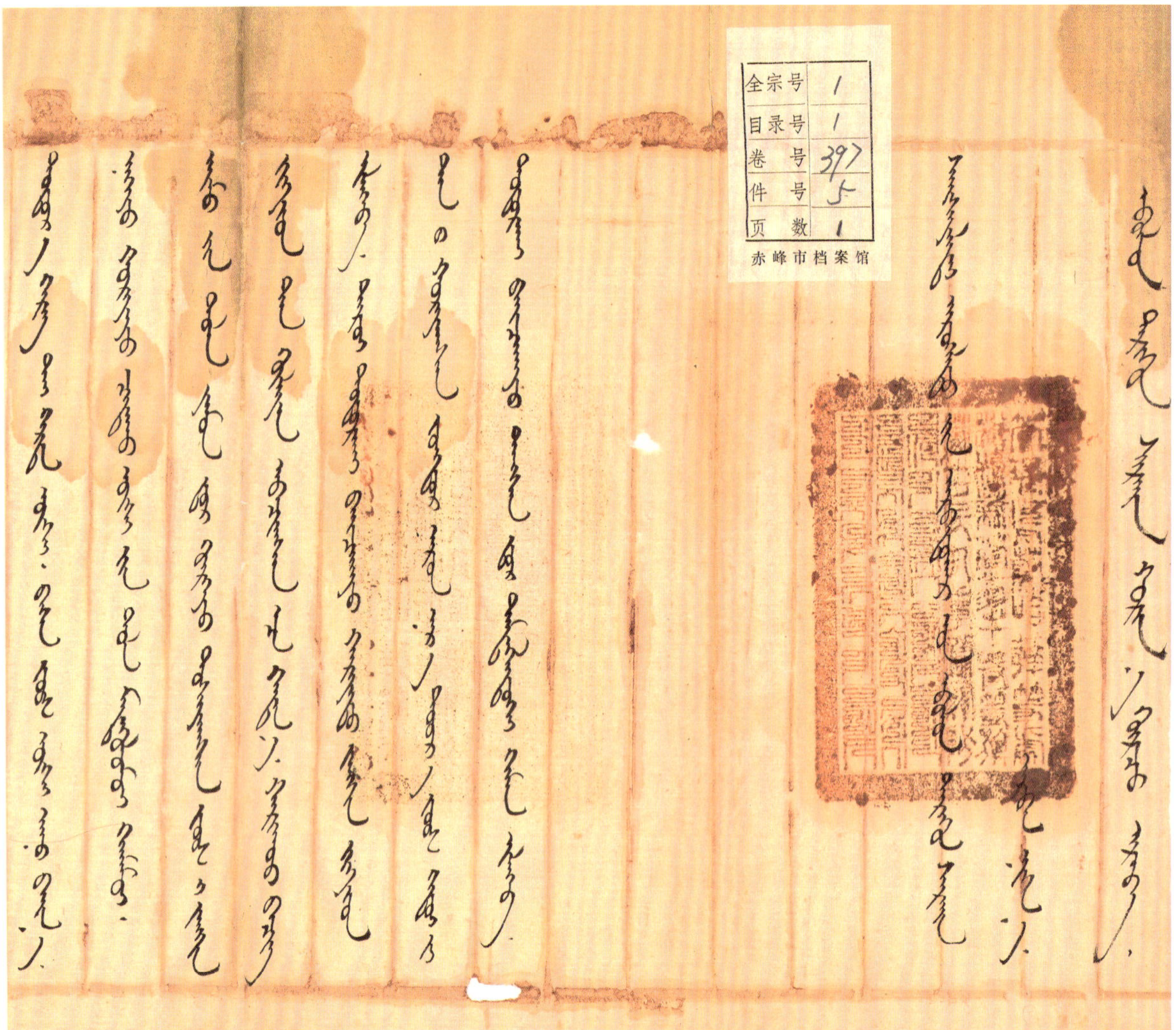

全宗号	1
目录号	1
卷 号	397
件 号	5
页 数	1

钦命驻乌兰哈达蒙民事务大臣为欠缴大屯仓租金事札翁牛特札萨克郡王文

钦命驻乌兰哈达摄政蒙民事务署文。札付翁牛特札萨克多罗杜棱郡王：回札之事。

所属旗呈称：章京吉格吉德欠缴大屯仓租金一事，本旗指派官差追缴吉格吉德租金。官差禀报，携票据追缴吉格吉德租金时发现，汀山、王奇峰等九户足额交齐租金外，庄户亭氏、王成玉等三十九户共缴四十五千七百吊文，其他庄户张德康等六十四户或家中无人，或没钱。因此追缴困难，特此禀报。等语。

因此，追缴章京吉格吉德欠缴租金一事，回札通告之。即刻查明章京吉格吉德所收之庄户姓名和缴纳数额，以便登记在案。

此札。

嘉庆十年初冬十一日

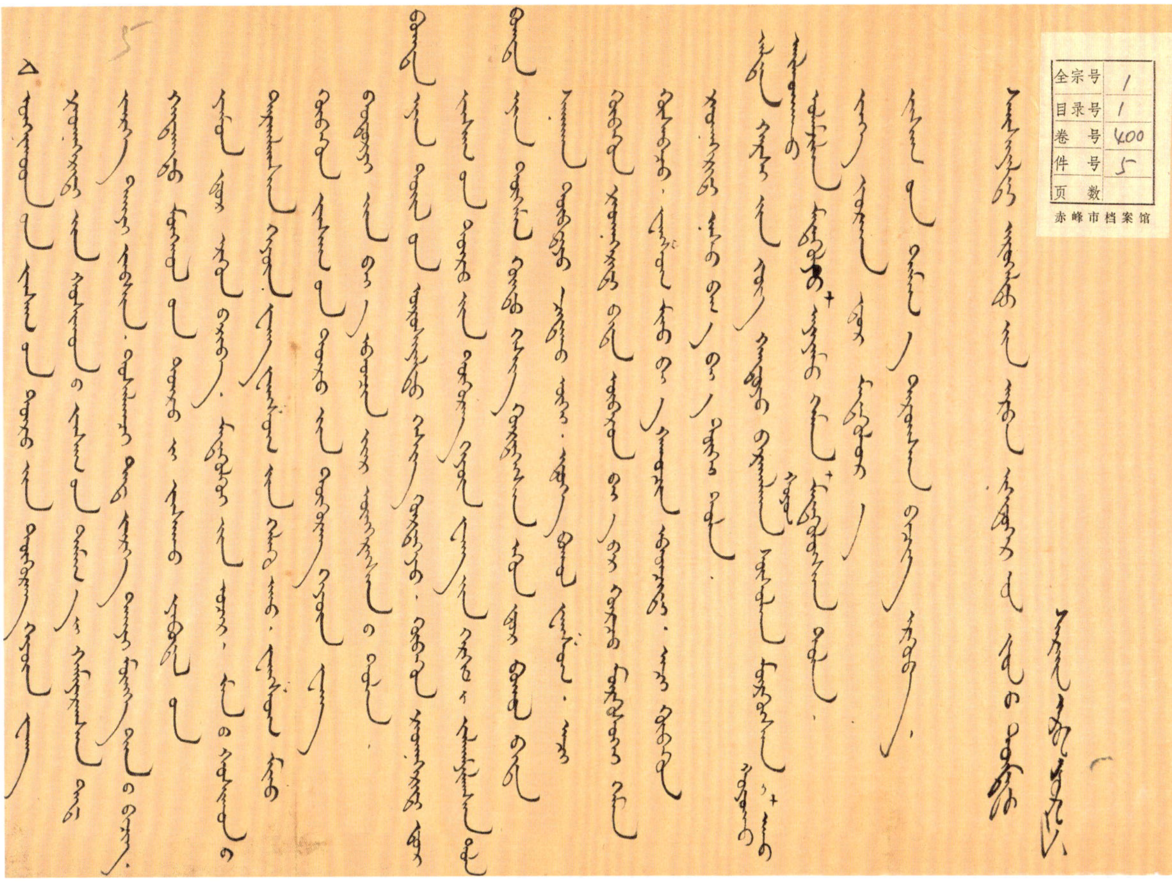
全宗号 1
目录号 1
卷号 400
件号 5
页数
赤峰市档案馆

翁牛特札萨克郡王旗协理叩谢皇恩事呈报理藩院文

翁牛特札萨克多罗杜棱郡王拉德纳嘎日迪旗管札萨克印二等台吉扎布新、协理二等台吉孟克文。呈理藩院：禀报之事。

本旗世袭郡王旺楚克自述，吾儿札萨克多罗杜棱郡王巴图道尔吉病逝。圣主仁慈，准侄子拉德纳嘎日迪继承其札萨克多罗杜棱郡王爵位，对圣主之恩赐奴婢感激不尽，礼当亲临叩谢。然旧病缠身，侄子拉德纳嘎日迪年幼，尚未长痘，故朝向金殿叩拜。恳请理藩院转呈为盼。

至此，呈钤札萨克印之文。

嘉庆十一年仲夏十六日

138 署理翁牛特札萨克印务之二等台吉等为官仓租金周转情况事呈钦命驻乌兰哈达蒙民事务大臣文（嘉庆十四年末冬初二日）

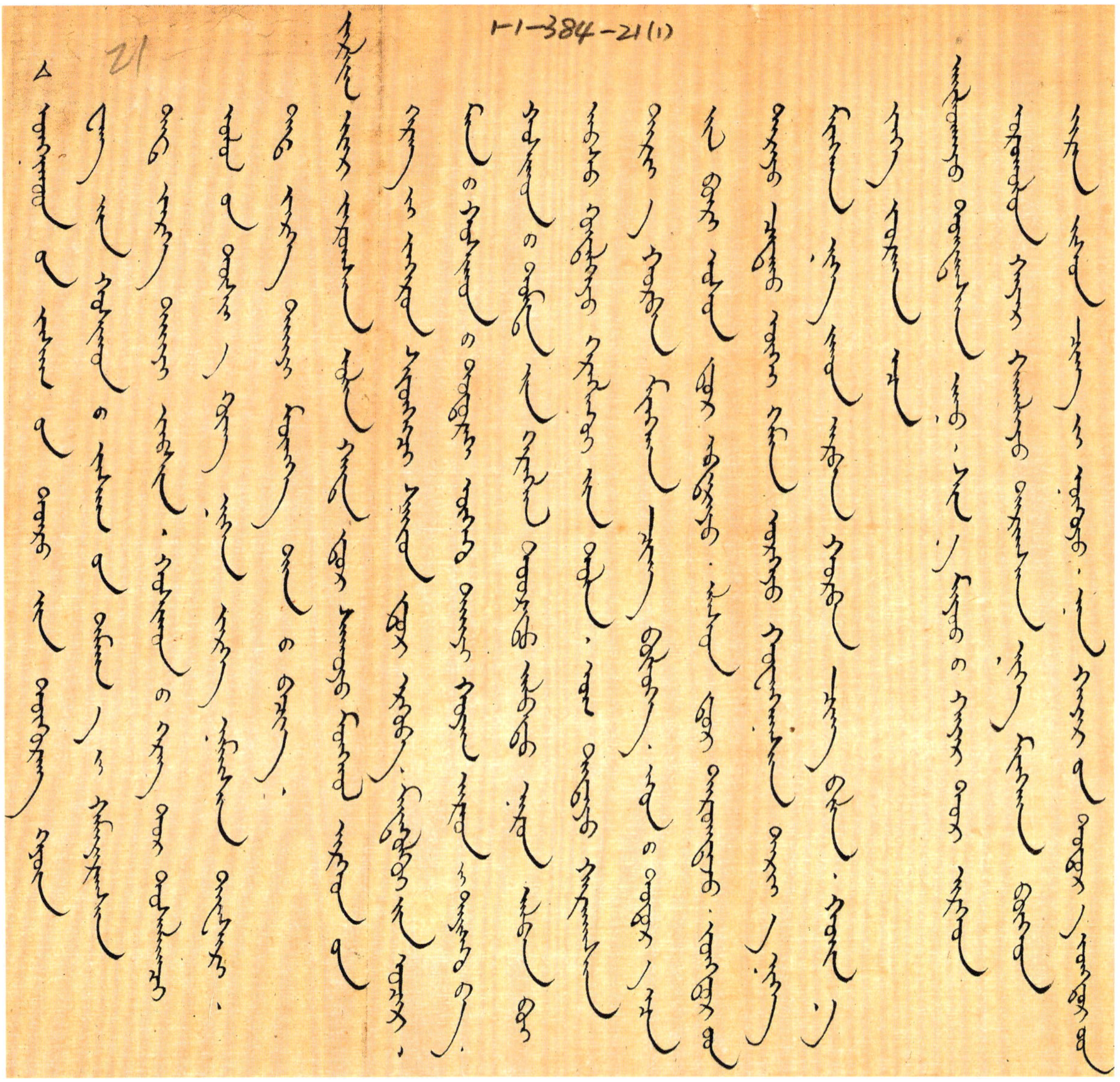

138 署理翁牛特札萨克印务之二等台吉等为官仓租金周转情况事呈钦命驻乌兰哈达蒙民事务大臣文（嘉庆十四年末冬初二日）

138 署理翁牛特札萨克印务之二等台吉等为官仓租金周转情况事呈钦命驻乌兰哈达蒙民事务大臣文（嘉庆十四年末冬初二日）

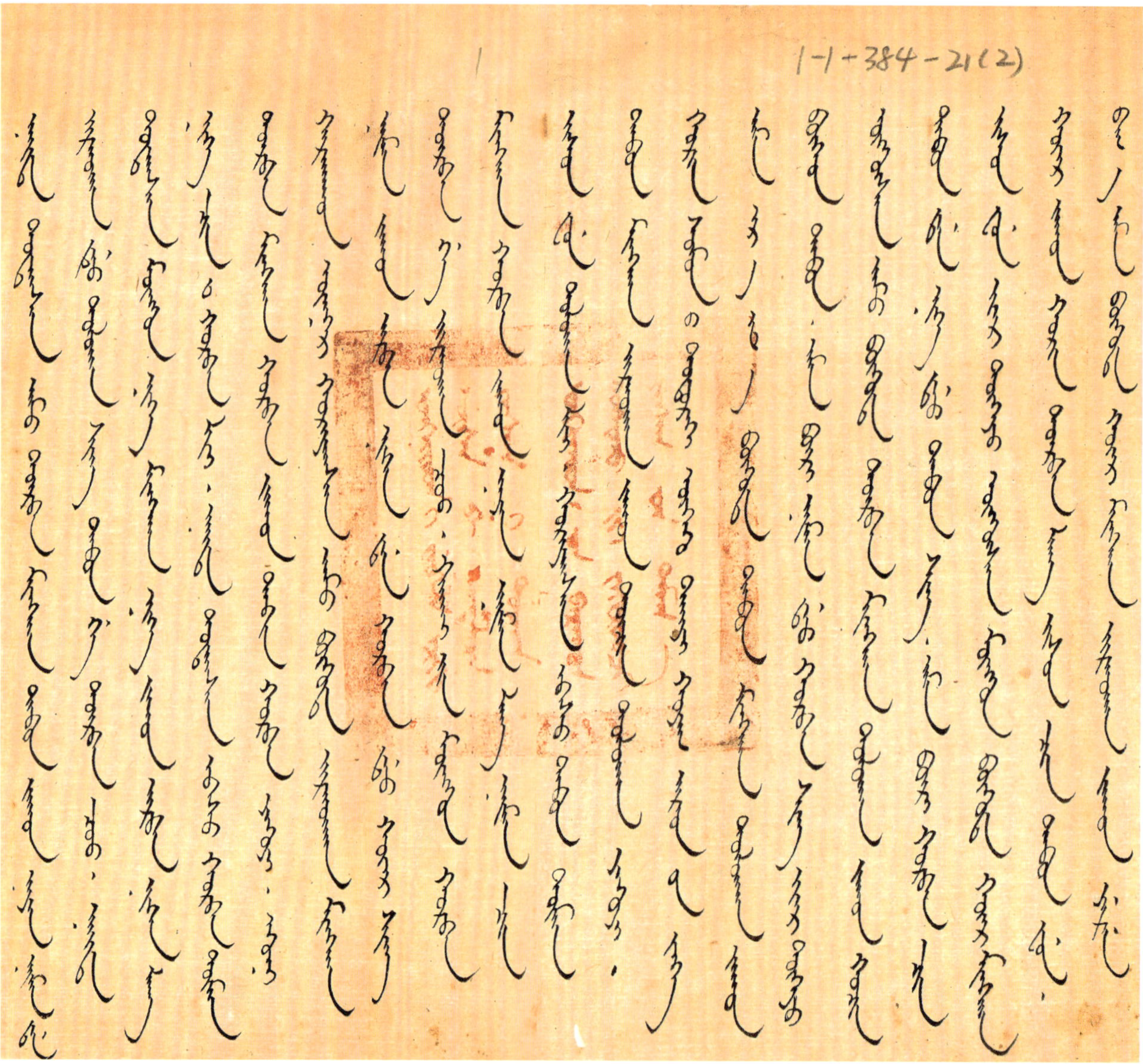

138 署理翁牛特札萨克印务之二等台吉等为官仓租金周转情况事呈钦命驻乌兰哈达蒙民事务大臣文（嘉庆十四年末冬初二日）

138 署理翁牛特札萨克印务之二等台吉等为官仓租金周转情况事呈钦命驻乌兰哈达蒙民事务大臣文（嘉庆十四年末冬初二日）

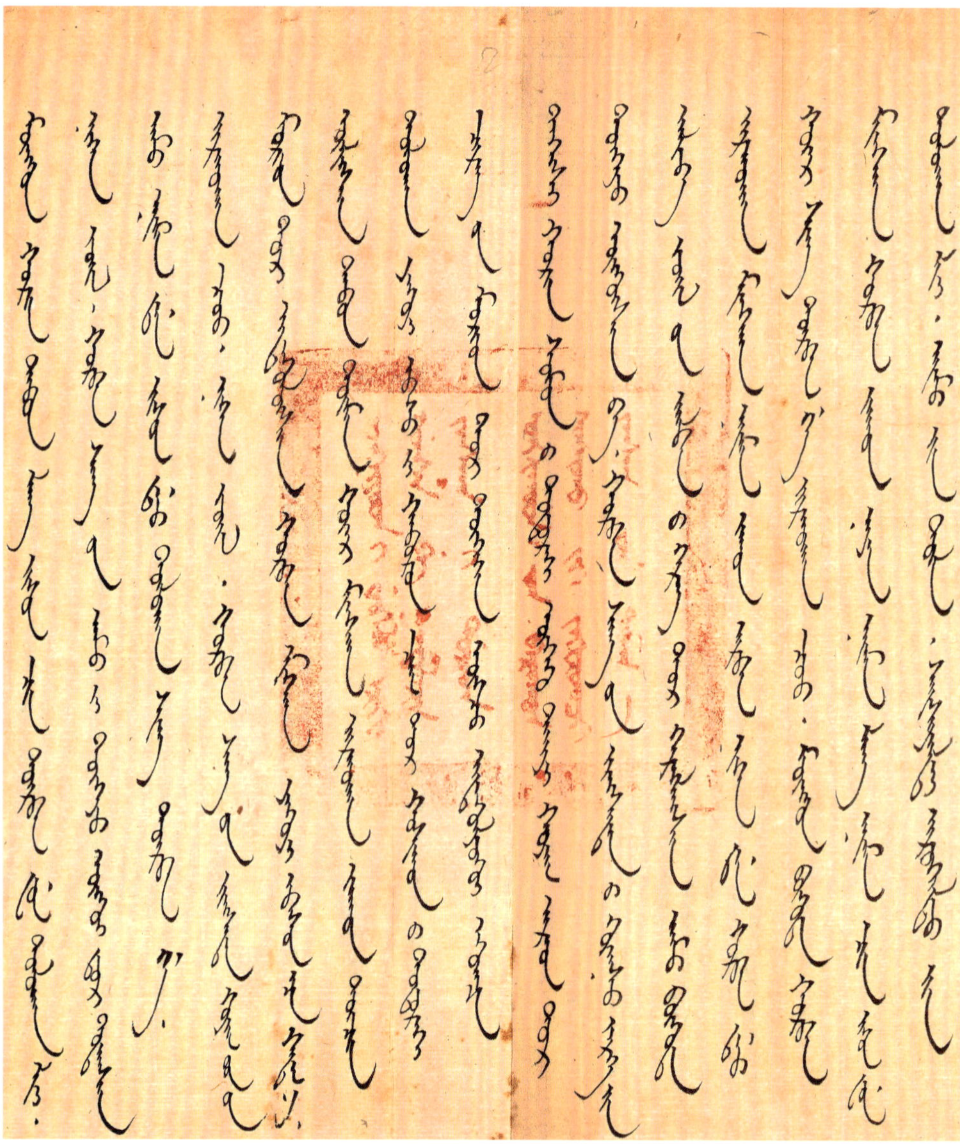

署理翁牛特札萨克印务之二等台吉等为官仓租金周转情况事呈钦命驻乌兰哈达蒙民事务大臣文（嘉庆十四年末冬初二日）

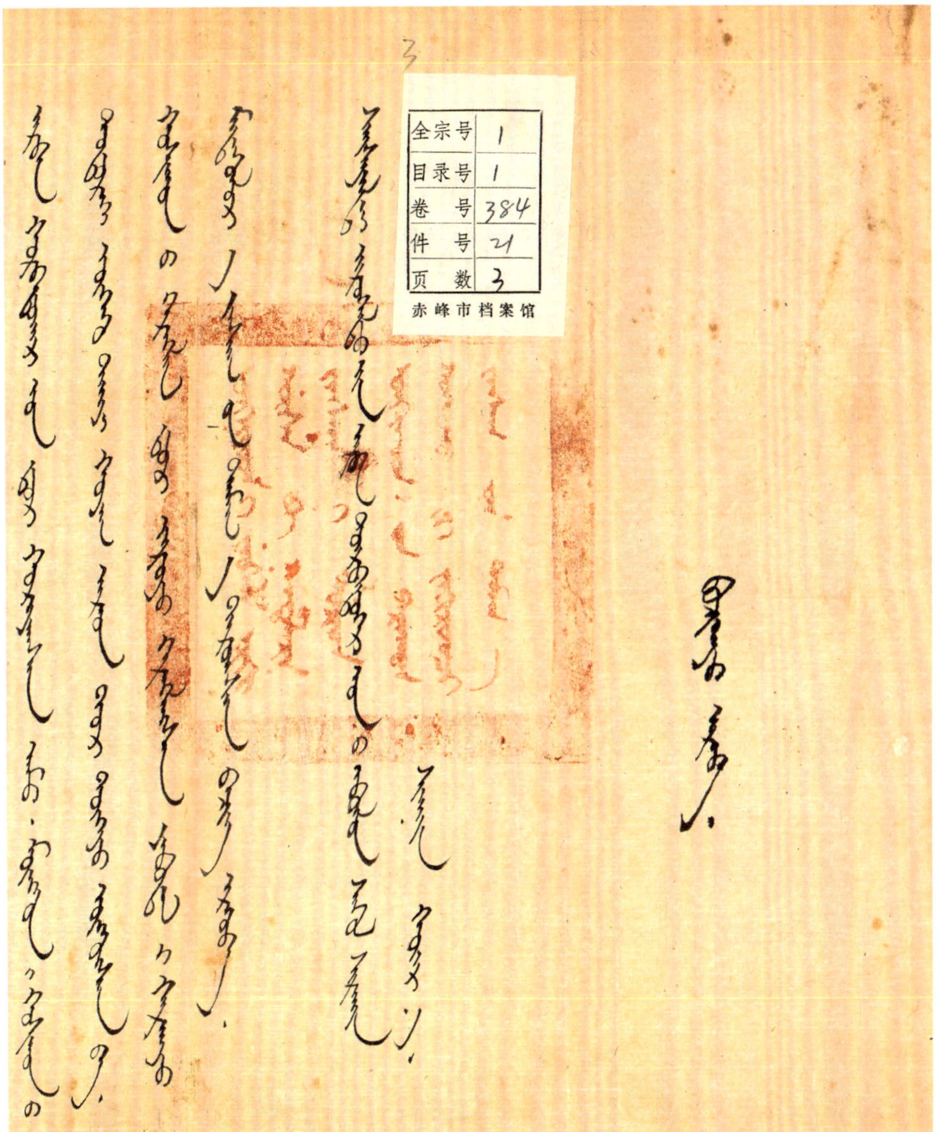

署理翁牛特札萨克印务之二等台吉等为官仓租金周转情况事呈钦命驻乌兰哈达蒙民事务大臣文

翁牛特札萨克多罗杜棱郡王和硕札萨克印务之二等台吉扎布新、旗协理辅国公加一级达瓦西里、二等台吉孟克文。呈钦命驻乌兰哈达蒙民事务大臣：呈报之事。

本旗为救济贫困台吉、兵丁及旗阿勒巴图，原抽调之三千顷田地中，每年因水灾、沙化、无力种植而荒废田地一千一百一十三顷。理藩院上奏朝廷，在新庙地区移民垦荒，补种田地一千零六十九顷。此等田地中每年因庄户荒废，至嘉庆八年已缺欠田地五百零八顷六十四亩五分。前任钟大人、宋大人、时任盟长奈曼王、巴林王协同按理藩院札饬在新庙地区及格根伊珠尔等地丈量旧田地，补齐了原三千顷。迄今审核嘉庆十三年收租、分配、亏损情况，田地共计三千顷，应收粮食一万一千四百石，银两四千五百两，草九万捆。其中一些庄户因干旱、霜冻灾害欠收严重，交不起地租；一些庄户还未交嘉庆八年至九年新增租金；合计缺欠粮食四千五百八十八石六斗七升五合四勺，银两共计一千一百一十一两一钱零三厘，草共计三万四千三百五十三捆。除此之外，实际收缴粮食六千八百一十一石三斗二升四合六勺，猪银三千三百八十八两八钱九分七厘，草五万五千六百四十七捆。二十佐领穷台吉、甲兵及成年人共五千七百零五口，每人按八斗三升配给粮食，共计四千七百三十五石一斗五升，每人三钱九分配给银两，共计二千二百二十四两九钱五分。未成年人二千六百九十六人，每人七斗粮食，共计一千八百八十七石二斗，每人二钱五分配给银两，共计六百七十四两。三所官仓官兵一年生活费用各仓均将近八十两银子，六十余石粮食，草一千捆；驻雍和宫诵经、学经喇嘛一年生活费七十四两银子；驻多伦淖尔两个庙喇嘛一年生活费一百两银子；札萨克印务处一年所用笔墨、纸张、朱砂费五十两银子；三所官仓修缮房屋院墙费二十五两九钱四分七厘；三所官仓分配粮食时亏缺粮食八石九斗七升四合六勺；三所官仓官差、甲兵所用马匹饲草所用三千捆草除外，剩余五万二千六百四十七捆草，春季用于饲养旗军马。

上述分给二十佐领贫困台吉、兵丁、百姓和三所官仓官差生活费及公差费中，所用粮食六千八百一十一石三斗二升四合六勺，银两三千三百八十八两八钱九分七厘。

至此，呈钤札萨克印之文，禀报嘉庆十三年所收粮食、银两及分配情况。

嘉庆十四年末冬初二日

139 钦命驻乌兰哈达蒙民事务大臣为督促上报三所官仓征收粮食、租金、草料情况事札署理翁牛特札萨克印务之二等台吉文（嘉庆十五年仲春十五日）

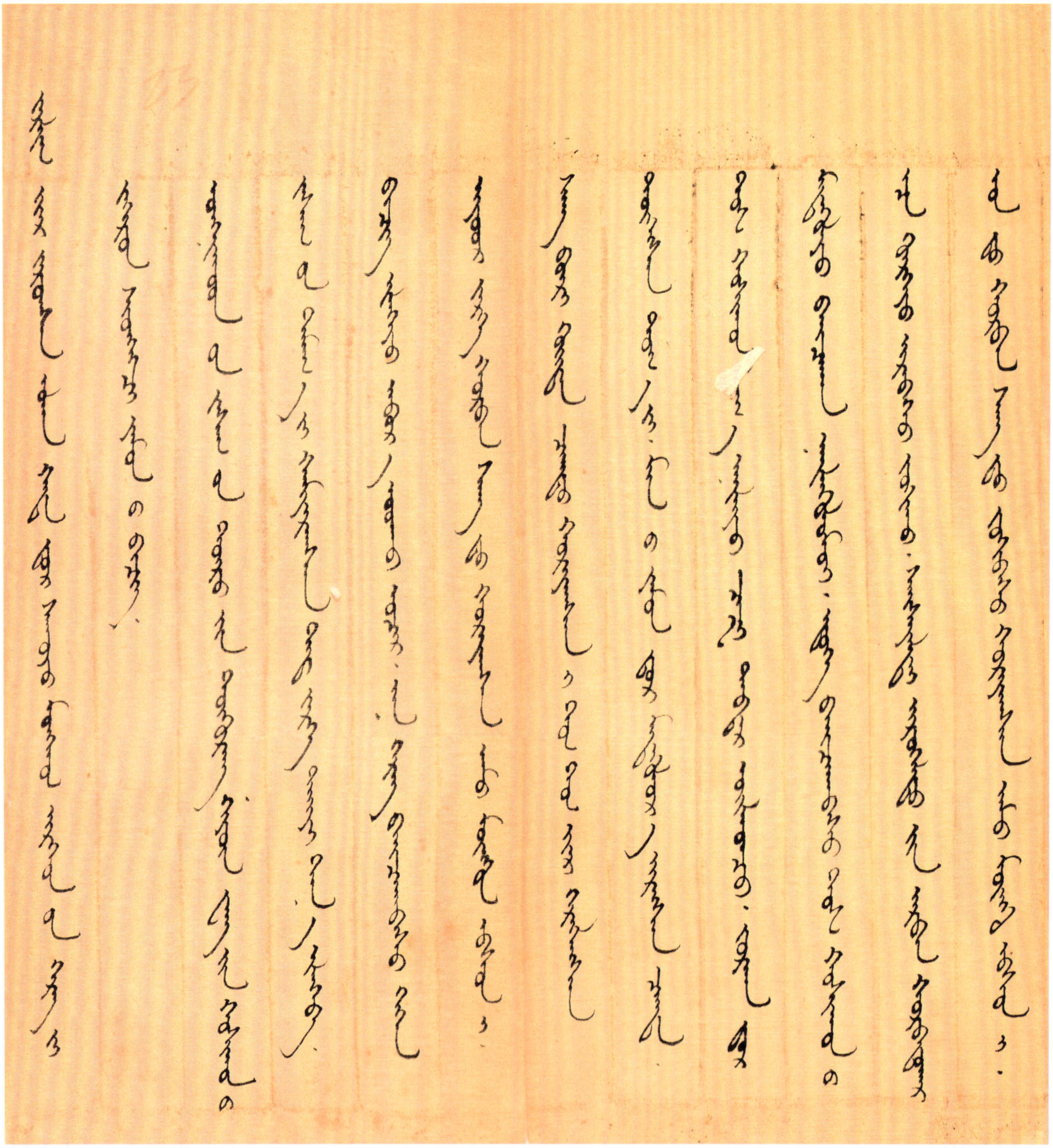

139 钦命驻乌兰哈达蒙民事务大臣为督促上报三所官仓征收粮食、租金、草料情况事札署理翁牛特札萨克印务之二等台吉文（嘉庆十五年仲春十五日）

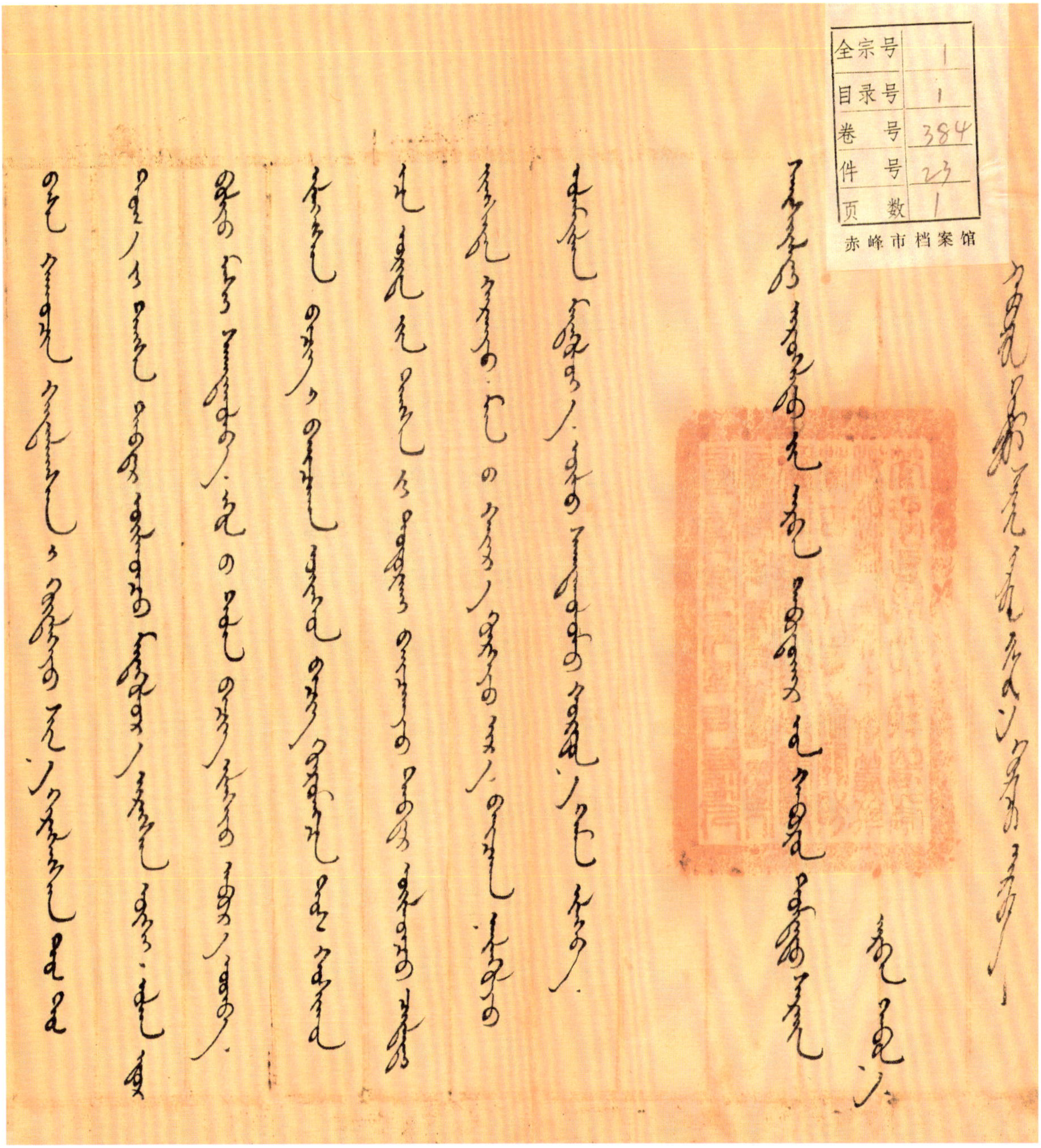

钦命驻乌兰哈达蒙民事务大臣为督促上报三所官仓征收粮食、租金、草料情况事札署理翁牛特札萨克印务之二等台吉文

钦命驻乌兰哈达蒙民事务署文。署理翁牛特札萨克多罗杜棱郡王旗印务之二等台吉：行札督促之事。

经查，格根伊珠尔等三所官仓征收之粮食、租金、草料等，其征收日期及收支情况，应登记造册报送大部进行核算也。如今，该旗还未报送嘉庆十三年三所官仓征收之粮食、租金、草料及库存数量，新出仓数量等账本，已拖延多日。为此，行札督促。文到，查阅文内，查明该旗账本，登记造册后交给官吏，送至本部，以便核算给用。不得延缓，切记。

嘉庆十五年仲春十五日

140 署理翁牛特札萨克印务之二等台吉为沿袭辅国公空位事呈盟长巴林札萨克郡王等文（嘉庆十九年仲秋初九日）

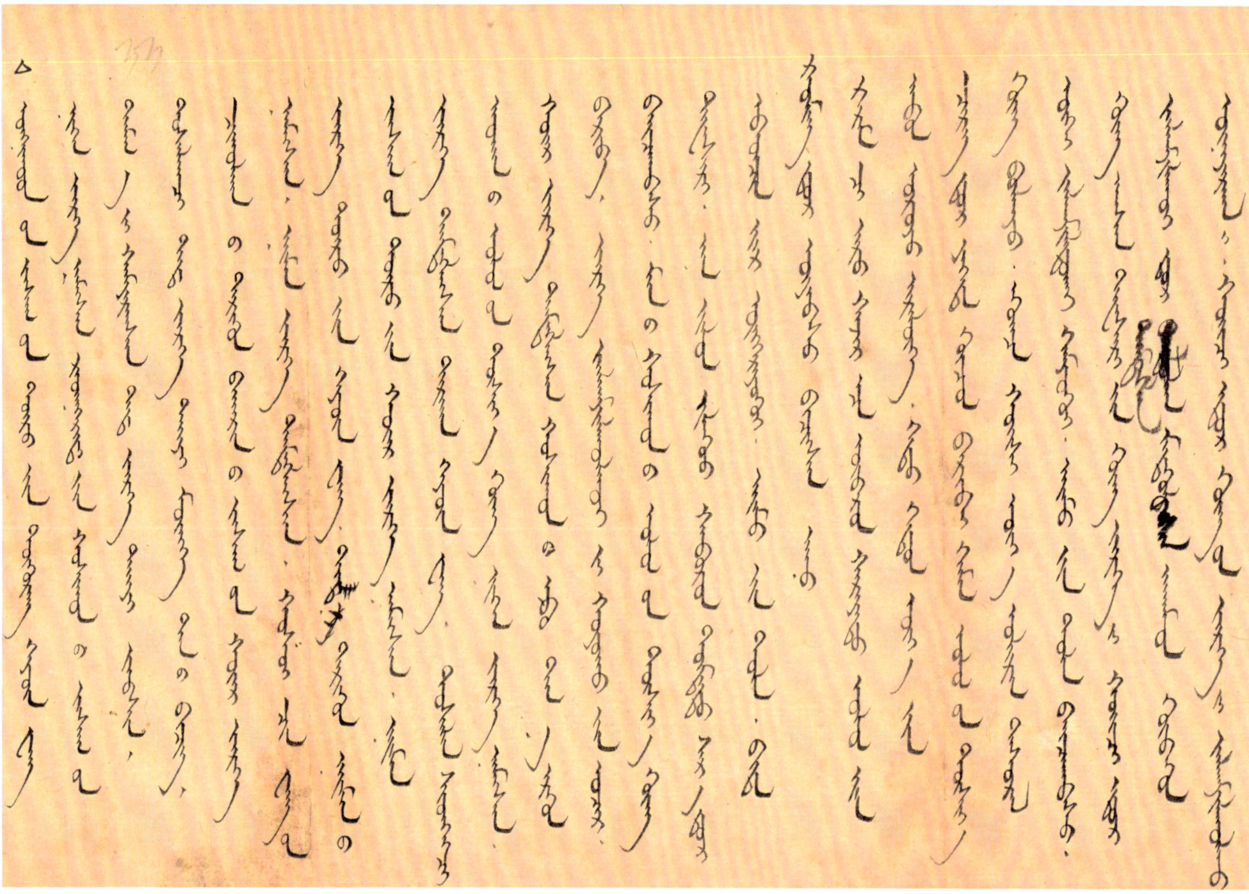

140 署理翁牛特札萨克印务之二等台吉为沿袭辅国公空位事呈盟长巴林札萨克郡王等文（嘉庆十九年仲秋初九日）

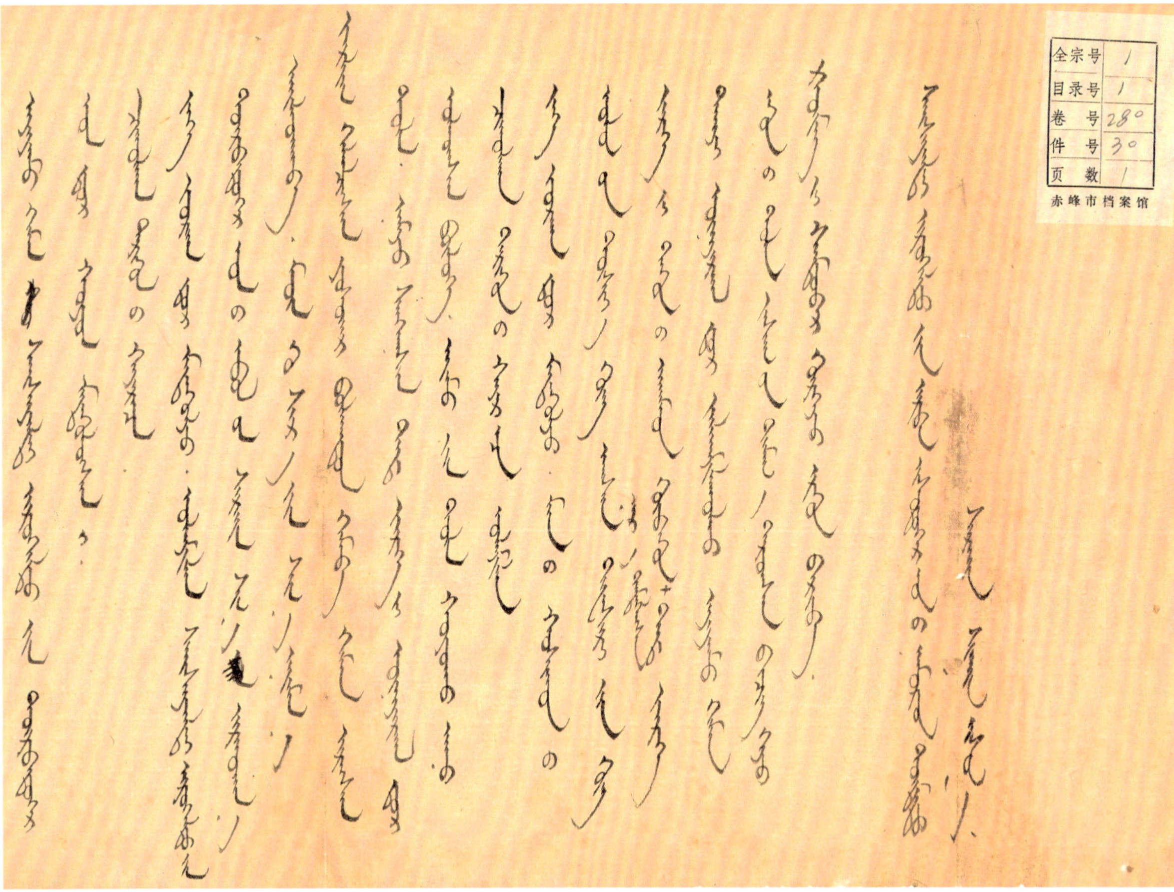

署理翁牛特札萨克印务之二等台吉为沿袭辅国公空位事呈盟长巴林札萨克郡王等文

署理翁牛特札萨克多罗杜棱郡王加一级拉德纳嘎日迪旗札萨克印务之二等台吉扎布新、协理二等台吉孟克文。呈盟长巴林札萨克记二级加八级和硕亲王衔多罗郡王、副盟长奈曼札萨克多罗加二级记八级达尔罕郡王、协办敖汉旗镇国公加一级记二级旗额驸：呈报沿袭之事。

经查，本旗镇国公达瓦西里，本闰仲春病故。册封原文记载，尔嘎日玛从漠北带领属民归顺朝廷，世世代代效忠军务，册封世袭镇国公也。查，达瓦西里曾呈文，日后镇国公爵位沿袭给其长子乌恩吉日嘎拉。于嘉庆四年冬季初六日，大部转奏皇上，是月初八日回旨曰，照办。兹有，呈请大部转奏，本旗镇国公达瓦西里空位沿袭给其长子二等台吉乌恩吉日嘎拉。

至此，呈钤札萨克印之文同原册封书报送之。

嘉庆十九年仲秋初九日

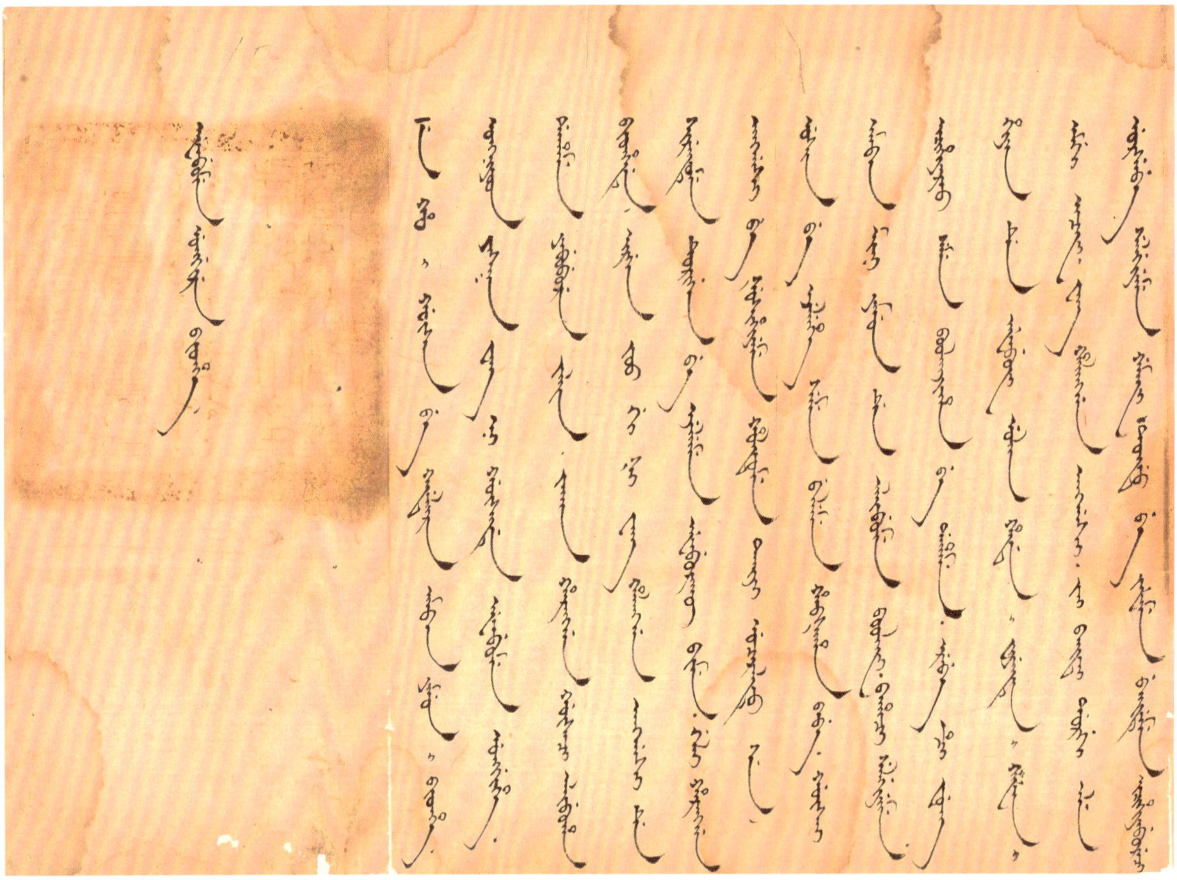

141 热河都统衙门为一宗耕地纠纷案札翁牛特札萨克郡王文（嘉庆二十四年五月十四日）

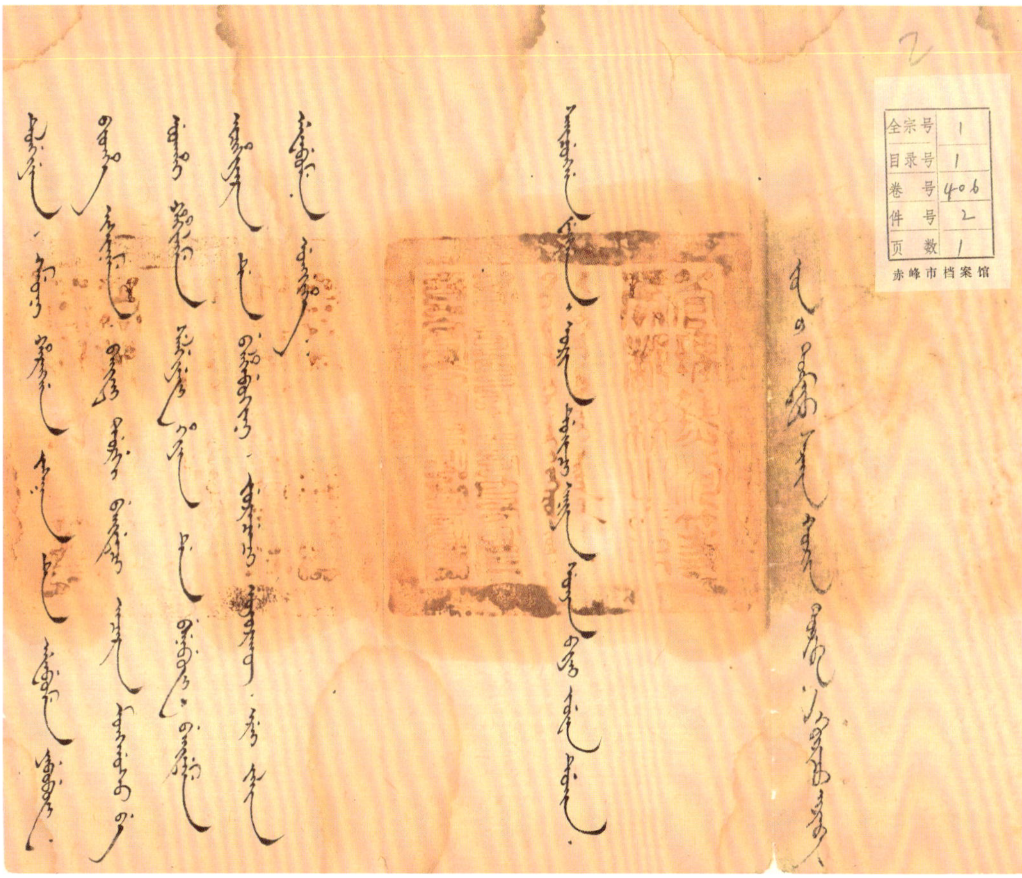

热河都统衙门为一宗耕地纠纷案
札翁牛特札萨克郡王文

热河都统衙门文。札付翁牛特札萨克王旗：奉命之事。

兹有，所属旗呈称：民人赵吉石窜通王氏寡妇侵占租金不上交，且教唆寡妇诬告台吉乌其日拉图侵占其田地之事，呈诉已收到，传令办理。等语报来。

故除将此交付赤峰县，会同乌兰哈达司员，传讯王氏寡妇及案内所有人等，秉公审讯外，仍行文交付该札萨克，即刻加紧传令涉案应审讯之蒙古人，解送至县，以备审讯，不可违悖。

至此札送。

嘉庆二十四年五月十四日

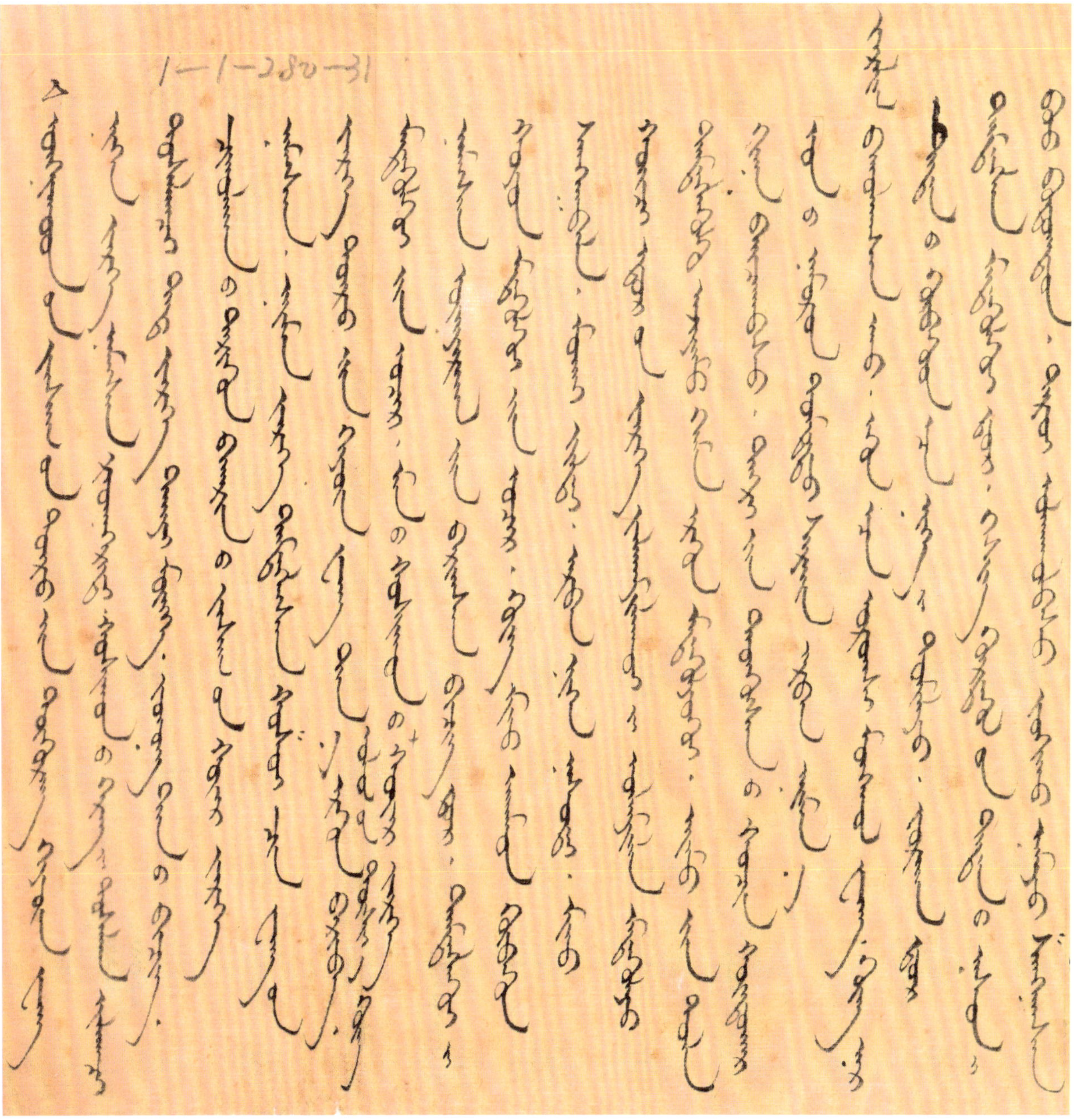
1-1-280-31

署理翁牛特札萨克印务之协理为立字确认爵位继承人事呈盟长巴林札萨克郡王文（嘉庆二十四年末冬十八日）

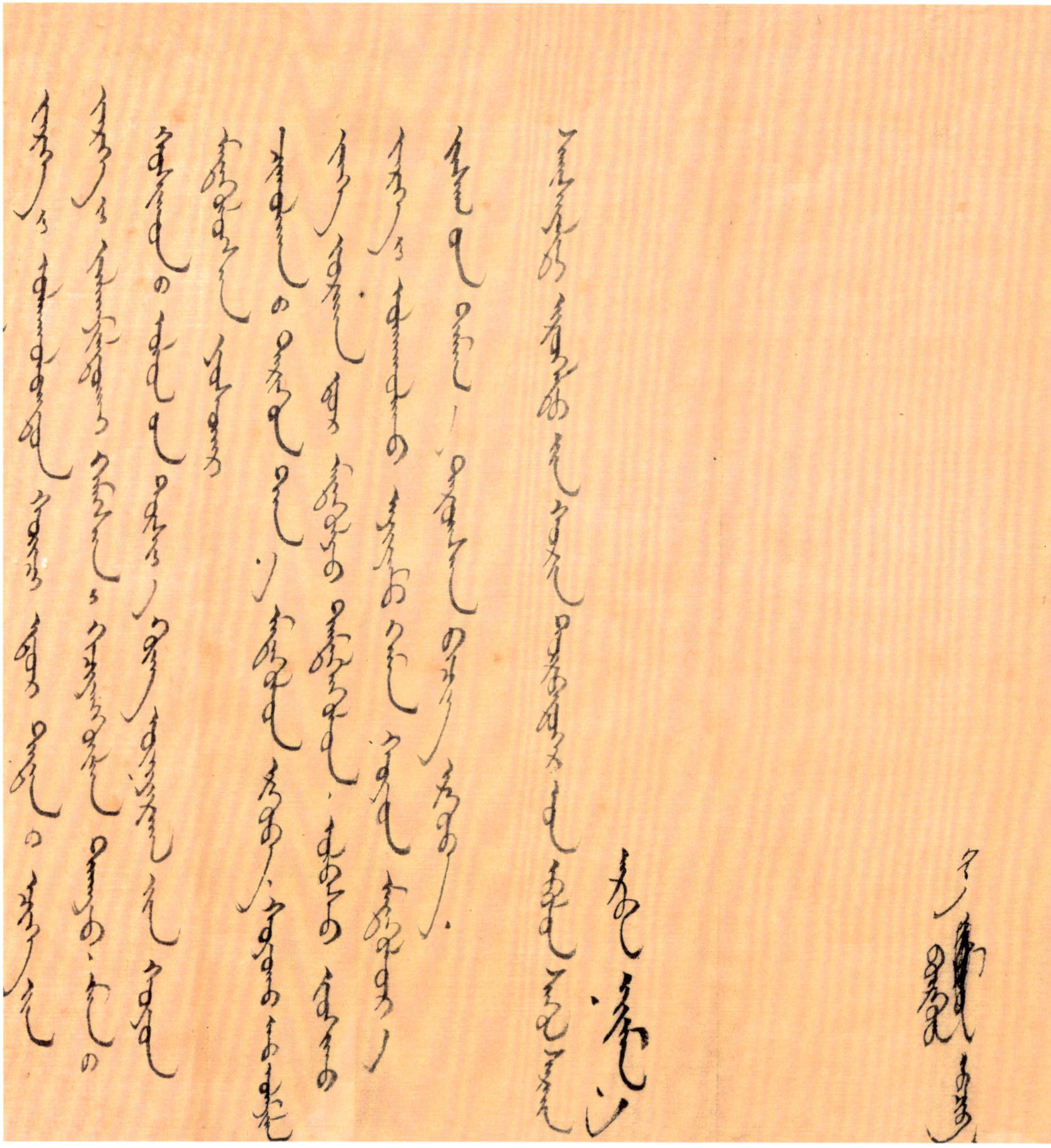

署理翁牛特札萨克印务之协理为立字确认爵位继承人事呈盟长巴林札萨克郡王文

署理翁牛特札萨克多罗杜棱郡王加一级拉德纳嘎日迪旗印务之协理二等台吉孟克、朱浓文。呈盟长巴林札萨克加二级记八级和硕亲王衔多罗郡王：呈报之事。

本旗镇国公加二级乌恩吉日嘎拉呈称：本人长子桑巴拉，属蛇，十一岁，呈请日后将爵位沿袭于长子。等语。经查，乾隆三十二年仲秋十八日，下旨曰，今后蒙古王公推荐一名男孩至大部登记，以便日后沿袭其父辈爵位。兹有，奉旨呈报本旗镇国公乌恩吉日嘎拉之呈文至盟长处。呈请转呈大部，封其爵位。

至此，呈钤札萨克印之文。

嘉庆二十四年末冬十八日

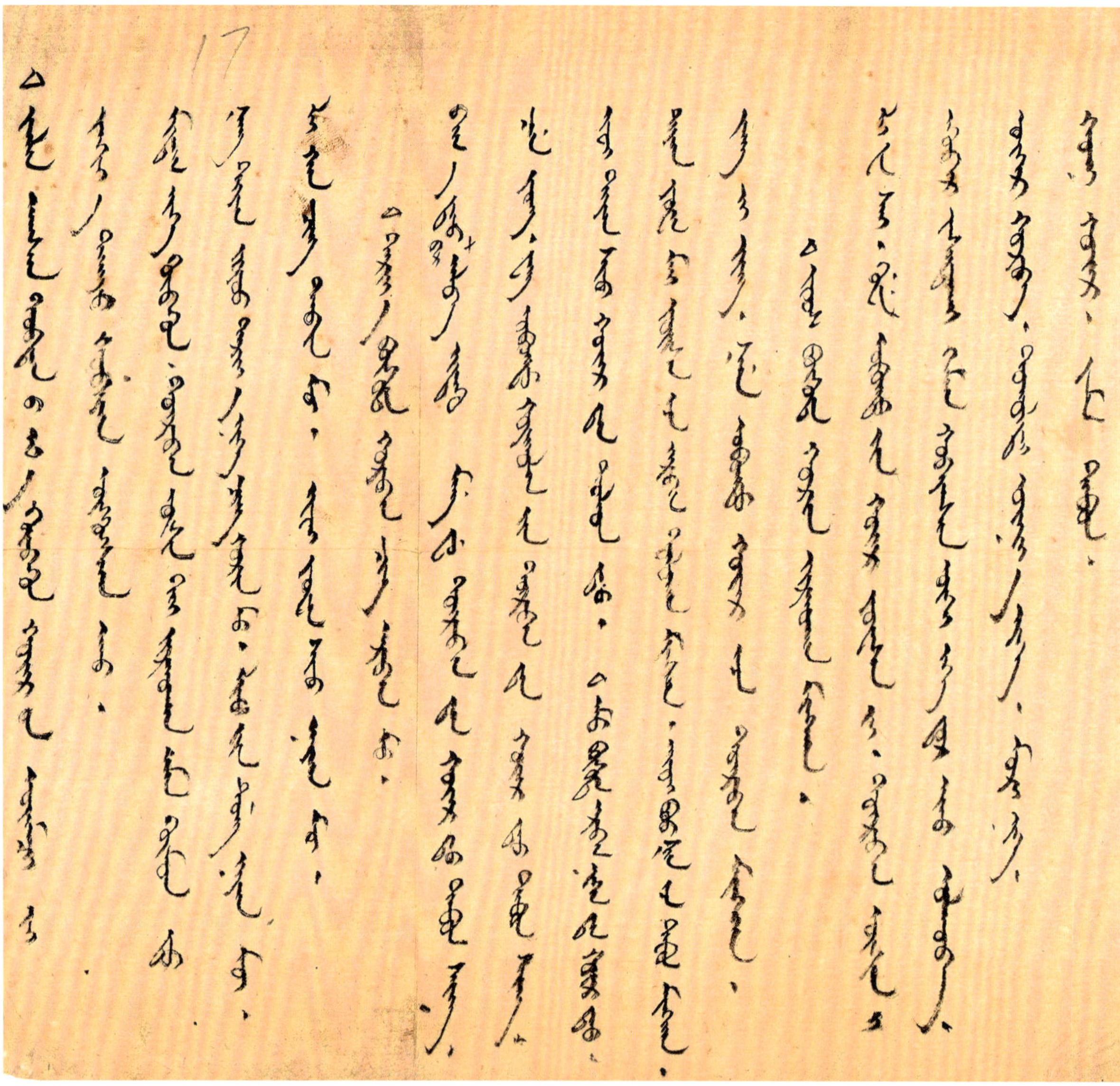

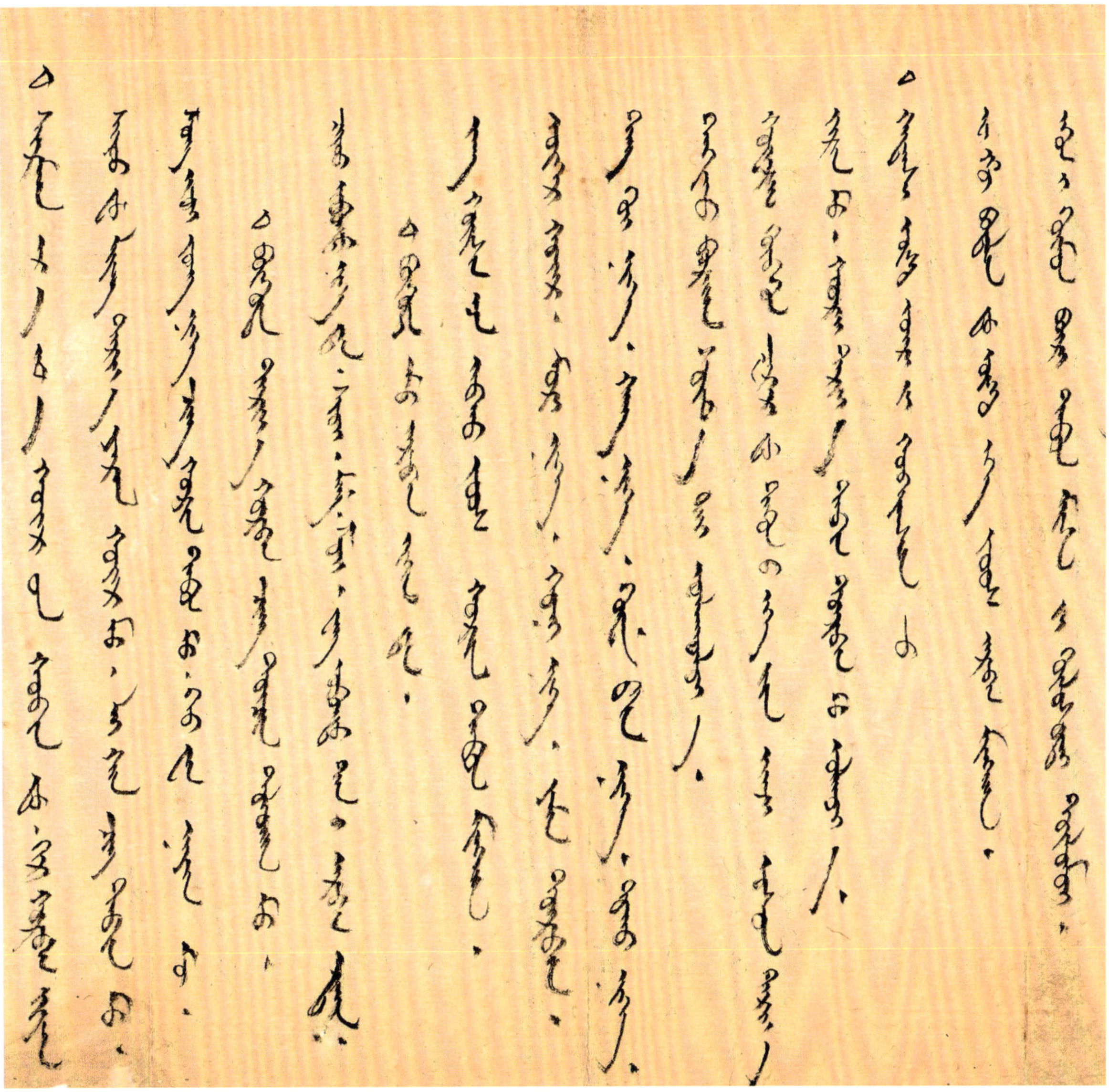

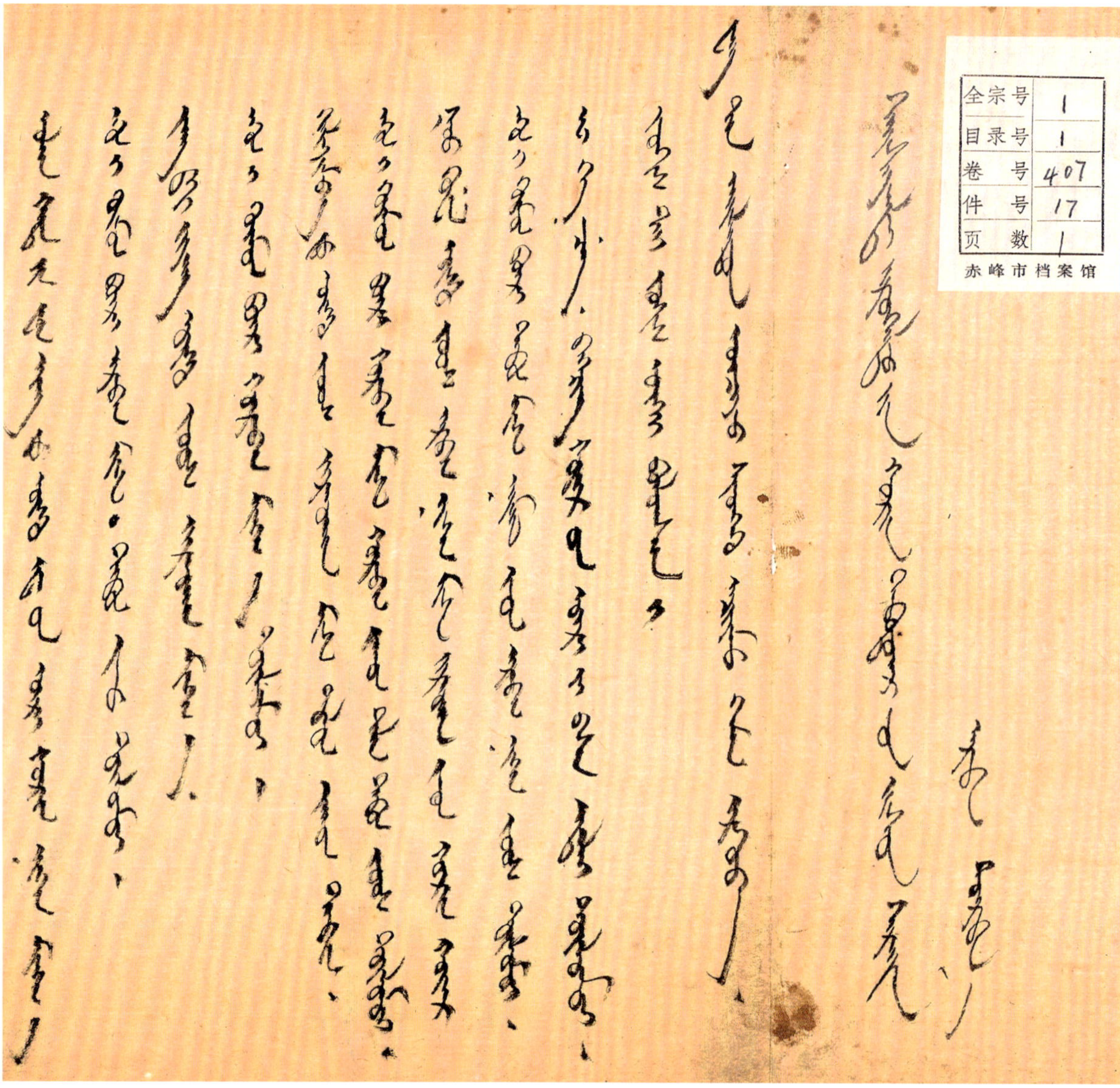
全宗号 1
目录号 1
卷号 407
件号 17
页数 1
赤峰市档案馆

呈报奉命分配财产事纪要

奉命分配原甲喇多布登妻儿财产之事。米德格有一儿、四女，共六口人。桑天骄田地一顷二十亩，刘金通田地八十亩，李汉青田地五十亩，于袁秀田地八十亩，共计田地三顷一十亩；以小斗吃贡，孟夫四石二斗五升，陈勇与王家合计四石二斗五升，于田秀二石七斗，粮食共计十一石二斗；从田远麦之园子里十七千吊文，于宝山五千吊文，张毅景、单家两家合计四千吊文，共计收缴款项二十六千吊文；李文才、郭家之两个园子未分，留给母亲养其四个女儿。另有公牛三头、带犊母牛一头、马一匹、绵羊两只、山羊五只。

希日莫夫妻二人有房屋三间，肖付灵田地九十二亩，李汉青五十亩，宋玉忠一顷二十五亩，胡万八十亩，共计田地三顷四十七亩；乔家一石，徐、孟、隋、王四家十石，合计粮食一十一石。从张回子家应收钱二十五千吊文、牛两头、马一匹、绵羊一只、山羊四只、堂柜一个、缸一个、花盆一个、锅一个，还有祭祀所用佛和庙。儿子扎卡尔是个喇嘛，将其母亲之丫鬟、水地六十亩、旱地五十四亩均留给其也。

外债分配情况，还额驸贝勒本钱一十千文。将此债，每人与利息一起还五千文。还给赤峰之万英，财物债二十一千文，将此债每人还一十千五百文。还张皮匠之钱六千文，每人还三千文。还格里格占巴之钱六千七百五十文，每人还三千三百七十五文。还曹国之钱一十一千六百二十二文，每人还五千八百一十一文。额和成、庞清二人之债务也同样还之。是否妥当，呈请王爷断定。

特呈上。

嘉庆二十五年九月十四日

144 钦命驻乌兰哈达蒙民事务大臣为督促审理耕地纠纷案札翁牛特札萨克郡王文（嘉庆二十五年十一月初四日）

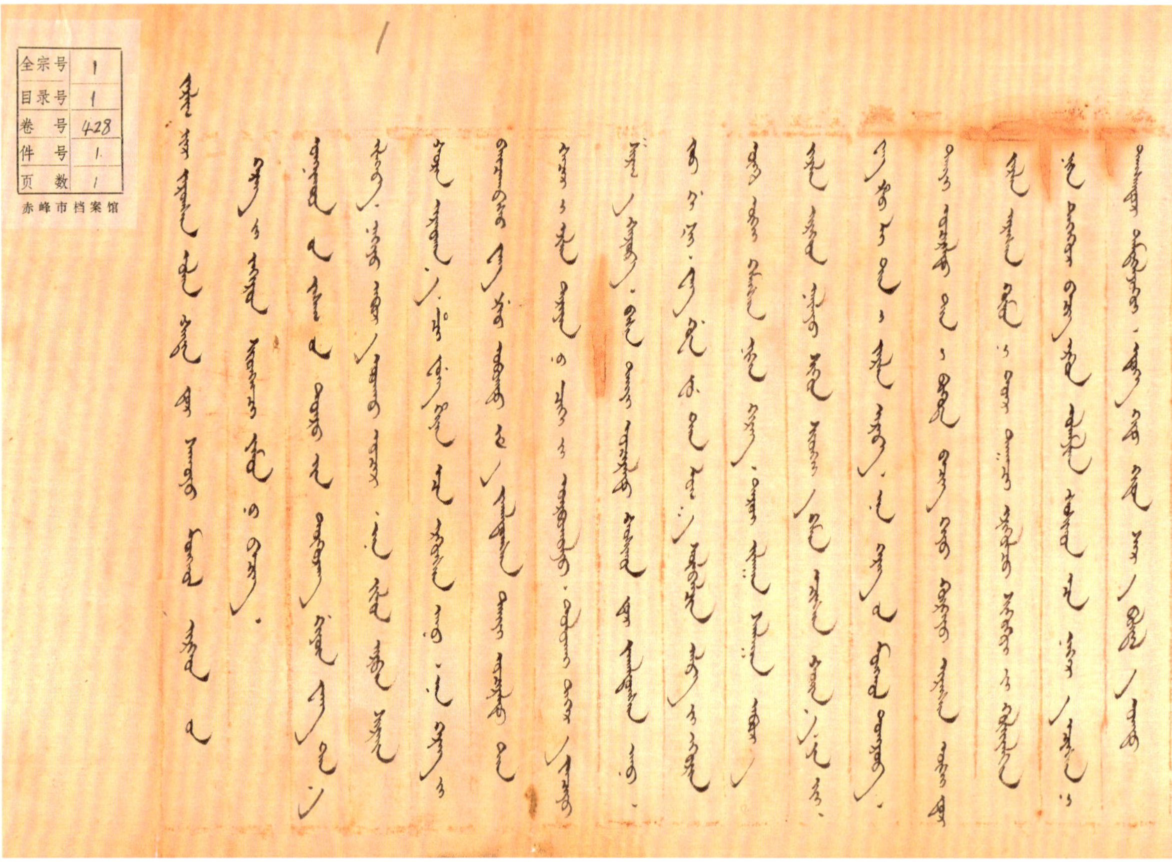

144 钦命驻乌兰哈达蒙民事务大臣为督促审理耕地纠纷案札翁牛特札萨克郡王文（嘉庆二十五年十一月初四日）

钦命驻乌兰哈达蒙民事务大臣为督促审理耕地纠纷案札翁牛特札萨克郡王文

钦命驻乌兰哈达蒙民事务署文。札付翁牛特札萨克多罗杜棱郡王：督促之事。

本年十月二十六日，赤峰县呈称：经查，王寇氏妇女状告台吉乌其日勒图霸占其田地、翻开其禾苗、打伤其头。还有，台吉乌其日勒图向其旗状告赵赫财、王宽福窜通一起拒交租金。为审理此案，衙役传唤王寇丽到案。涉案蒙古人东日布、台吉乌其日勒图未到案，故令涉案人即刻到案待审，边呈文转告旗里追讨立案成册。因数月未有音信，故携官文追讨之。咨旗署传唤涉案蒙古人东日布、台吉乌其日勒图至县衙，约定日期联判。等因前来。

为此，经查，县衙传唤涉案蒙古人之际，本署五月份已下文提审涉案人员，但已过半年未见送之，也无回文，可谓不把公务放在眼里。兹有，所属县衙再次呈文追讨涉案人员。文到，即刻逐名传唤台吉东日布、巴特尔、都楞、呼图格、乌其日勒图，押送至县衙审理，不得少人或延缓。

此札。

嘉庆二十五年十一月初四日

145 署理翁牛特札萨克印务之协理为三千顷耕地租金周转情况呈报钦命驻乌兰哈达蒙民事务大臣文（嘉庆二十五年末冬十八日）

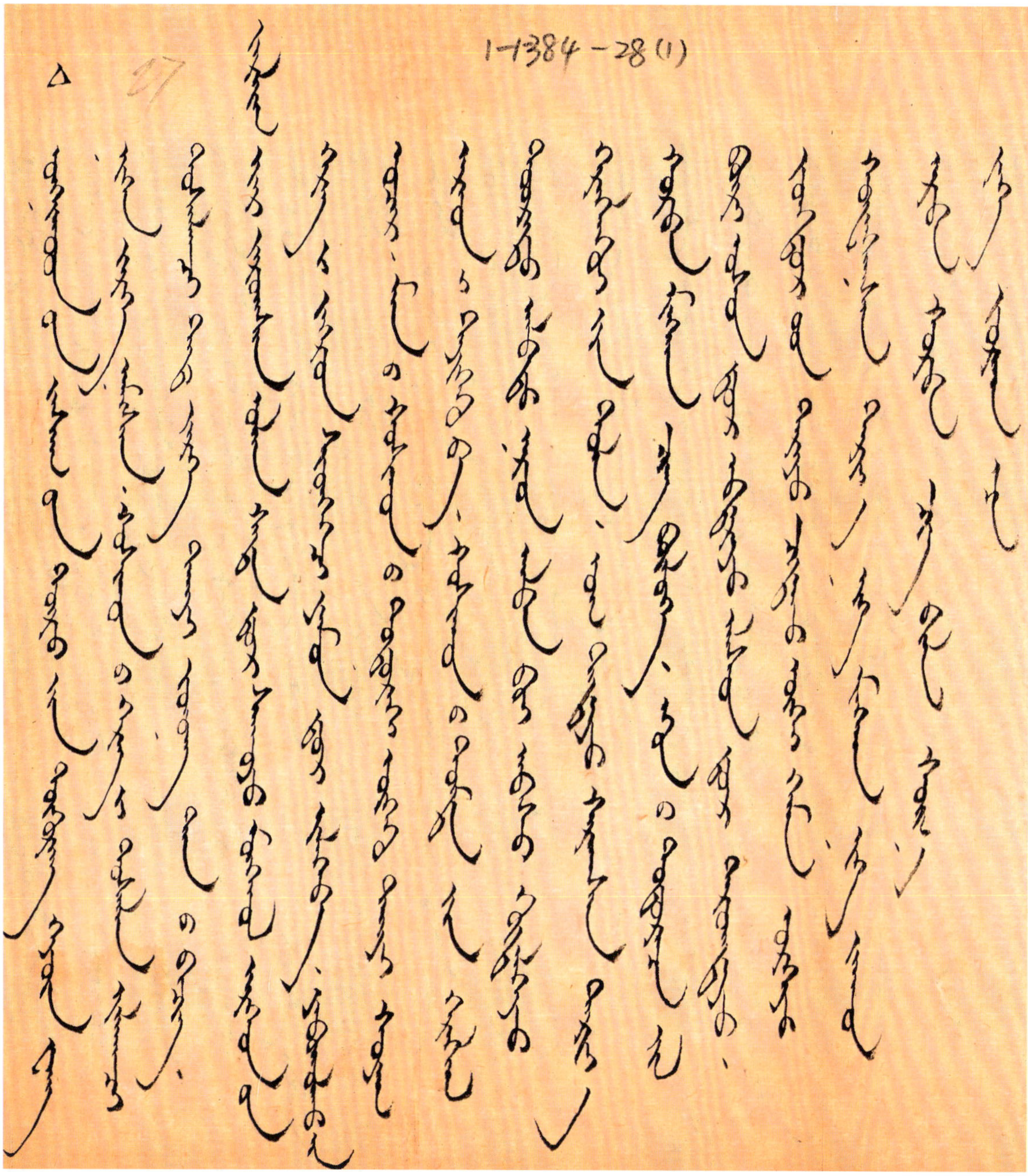
1-1384-28(1)

145 署理翁牛特札萨克印务之协理为三千顷耕地租金周转情况呈报钦命驻乌兰哈达蒙民事务大臣文（嘉庆二十五年末冬十八日）

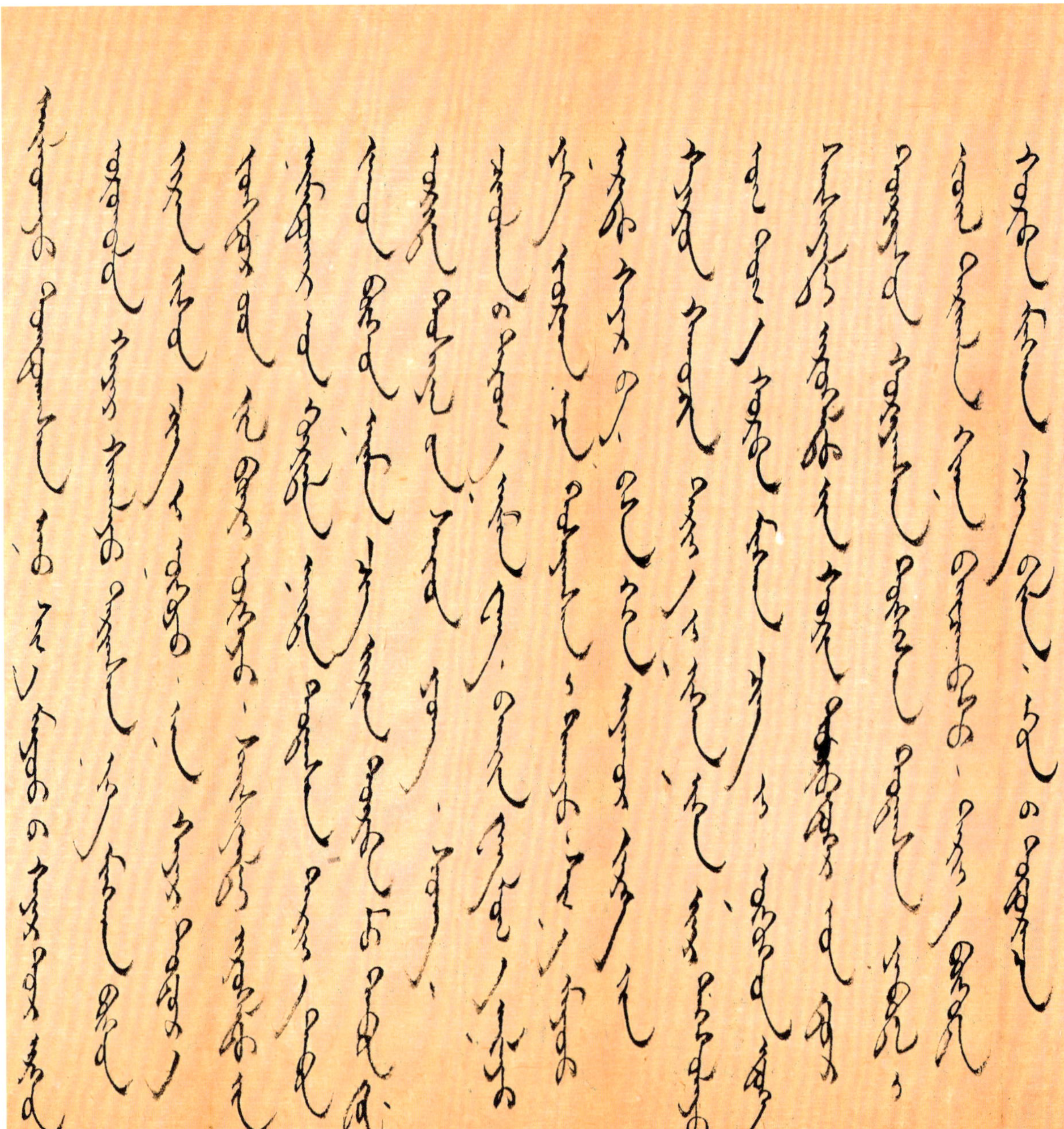

145 署理翁牛特札萨克印务之协理为三千顷耕地租金周转情况呈报钦命驻乌兰哈达蒙民事务大臣文（嘉庆二十五年末冬十八日）

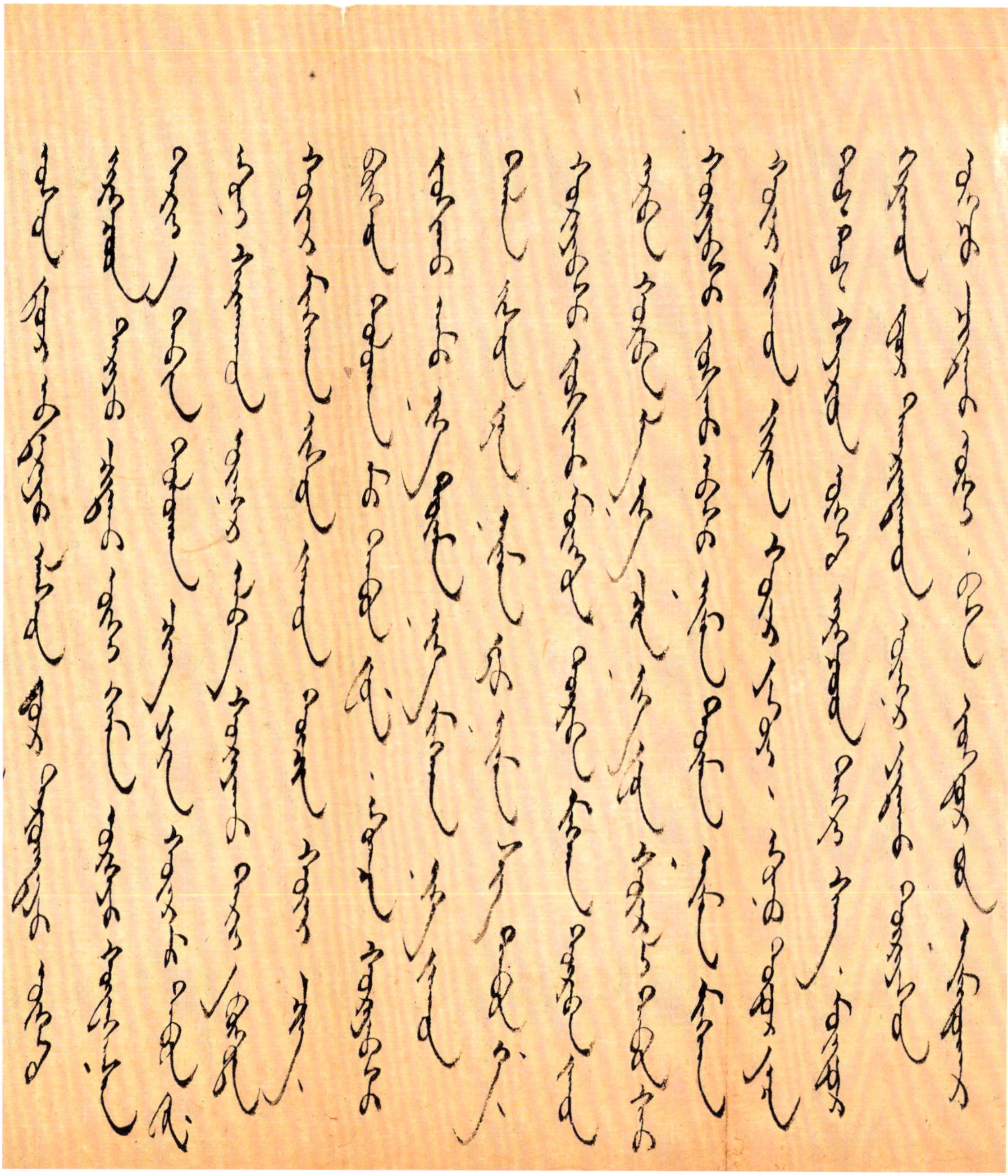

145 署理翁牛特札萨克印务之协理为三千顷耕地租金周转情况呈报钦命驻乌兰哈达蒙民事务大臣文（嘉庆二十五年末冬十八日）

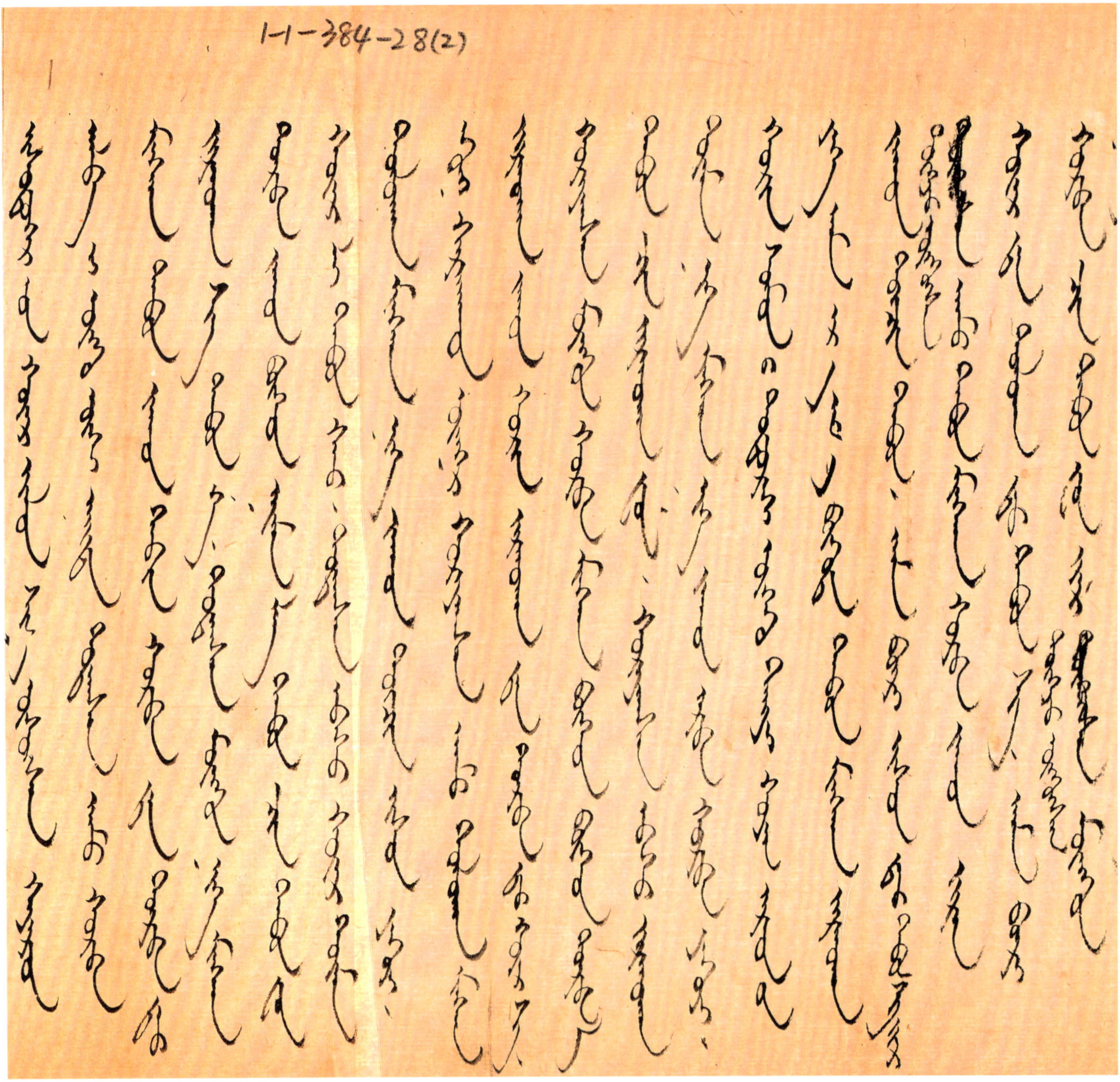
1-1-384-28(2)

145 署理翁牛特札萨克印务之协理为三千顷耕地租金周转情况呈报钦命驻乌兰哈达蒙民事务大臣文（嘉庆二十五年末冬十八日）

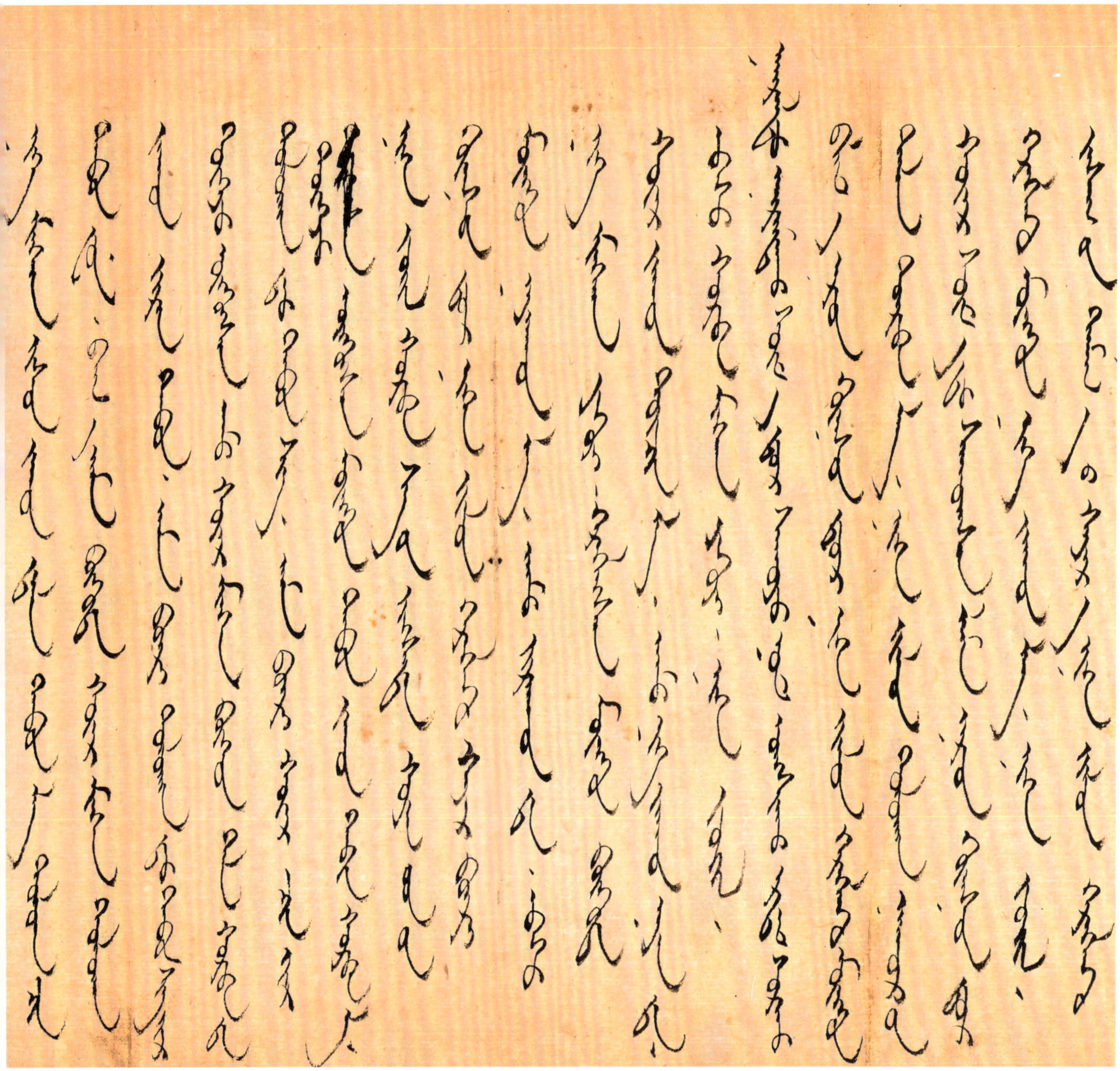

145 署理翁牛特札萨克印务之协理为三千顷耕地租金周转情况呈报钦命驻乌兰哈达蒙民事务大臣文（嘉庆二十五年末冬十八日）

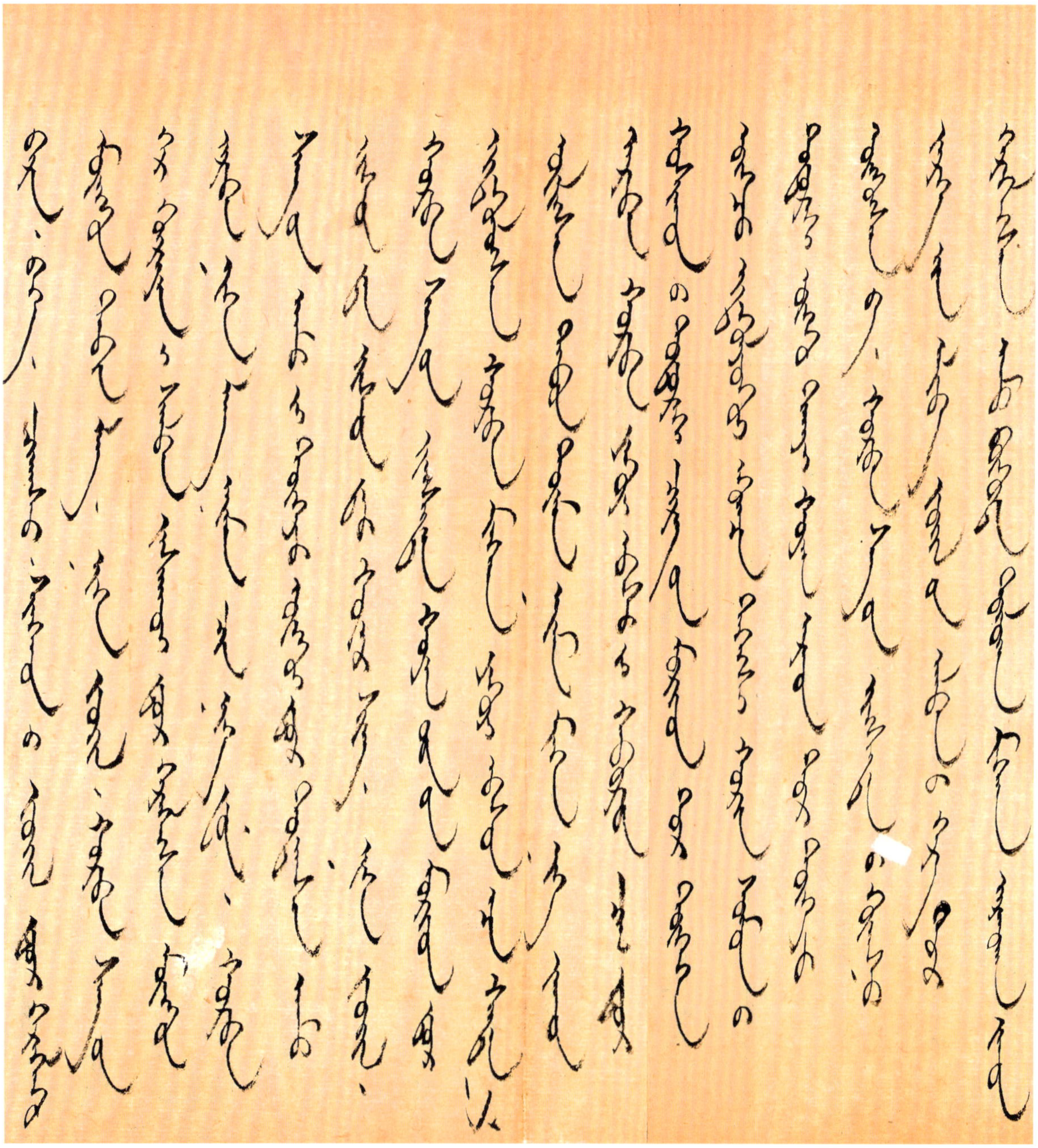

145 署理翁牛特札萨克印务之协理为三千顷耕地租金周转情况呈报钦命驻乌兰哈达蒙民事务大臣文（嘉庆二十五年末冬十八日）

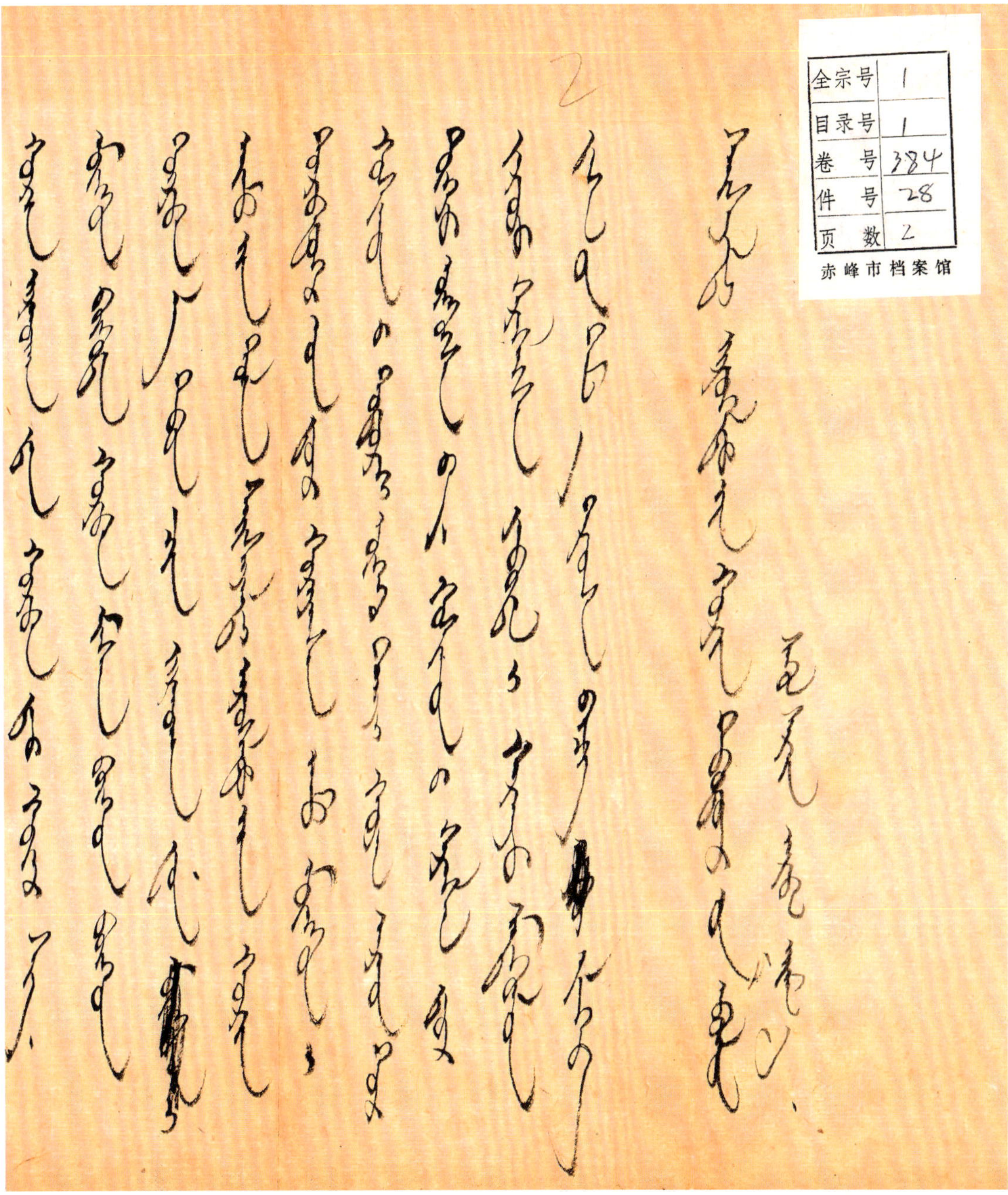

署理翁牛特札萨克印务之协理为三千顷耕地租金周转情况呈报钦命驻乌兰哈达蒙民事务大臣文

署理翁牛特札萨克加一级多罗杜棱郡旗印务之协理二等台吉朱浓文。呈钦命驻乌兰哈达蒙民事务署：呈报之事。

本旗为解决贫困台吉、兵丁生活费及旗征用阿勒巴图公费，原抽调三千顷耕地也。其中每年因水灾、沙化、庄户无力种植而废弃耕地一千一百一十三顷。后经理藩院上奏，新庙地区引入移民垦荒种地，补种一千零六十九顷。此部田地，庄户每年荒弃一部分。至嘉庆八年共荒废耕地五百零八顷六十四亩五分。于是，原钟大人、宋大人、盟长奈曼王爷、巴林王爷联合呈请理藩院，逐一丈量新庙地区格根伊珠尔等地旧耕地，补齐了原来三千顷耕地。今逐一审查嘉庆二十四年租金、支出、亏损。兹有耕地三千顷。其中遭受水灾、沙化、庄民无力种植而荒废耕地五十七顷九十二亩五分。此外，实收租金二千九百四十二顷零七亩五分。应收粮食一万一千一百七十九石八斗八升五合，银两四千四百一十三两一钱一分二厘五毫，草料八万八千二百六十二捆。但各地贫民因干旱、冰雹、霜冻等灾害，交不起地租。还有庄户将八至九年之新增地税未交。因此，共计亏缺粮食三千五百五十三石四斗六升五合，银两一千四百零八两五钱五分二厘五毫，草料二万七千一百四十九捆。

此外，实际收之粮食七千六百二十六石四斗二升，银两三千零四两五钱六分，草料六万一千一百一十三捆。二十个佐领之贫困台吉、兵丁等成年人共五千六百四十五人，按人均粮食九斗五升，分配之粮食五千三百六十二石七斗五升；人均按三钱五分，分配之银两一千九百七十五两七钱五分。未成年二千七百六十五人，人均按七斗五升，分配之粮食二千零七十三石七斗五升；人均按二钱，分配之银两五百五十三两。三所官仓官差和兵丁生活费用一年各仓银两八十余两、粮食六十余石、草料一千捆，共计所用之银两二百四十两，粮食一百八十石、草料三千捆；驻雍和宫诵经学经喇嘛生活费，一年七十四两；驻多伦淖尔两个庙喇嘛生活费一年一百两；札萨克印务处一年所用笔墨纸张费五十两；三所官仓修缮房屋院墙所用银两一十一两八钱一分。三所官仓发配粮食时损耗之粮食九石九斗二升；三所官仓官差和兵丁饲养马匹所用三千捆草以外，剩余五万八千一百一十三捆草，用于春季饲养旗用军马。以上分给二十个佐领贫困台吉、兵丁之。三所官仓官差生活费等，粮食七千六百二十六石三斗二升，银两三千零四两五钱六分。

因此，将嘉庆二十四年所收粮食及银两用于救济旗贫困台吉、壮丁庶民，将支付旗务费用等情况详细记录，并呈送钤札萨克印之官文。

嘉庆二十五年末冬十八日

146 钦命驻乌兰哈达蒙民事务大臣为侵占他人耕地案札翁牛特札萨克郡王文(道光元年二月二十八日)

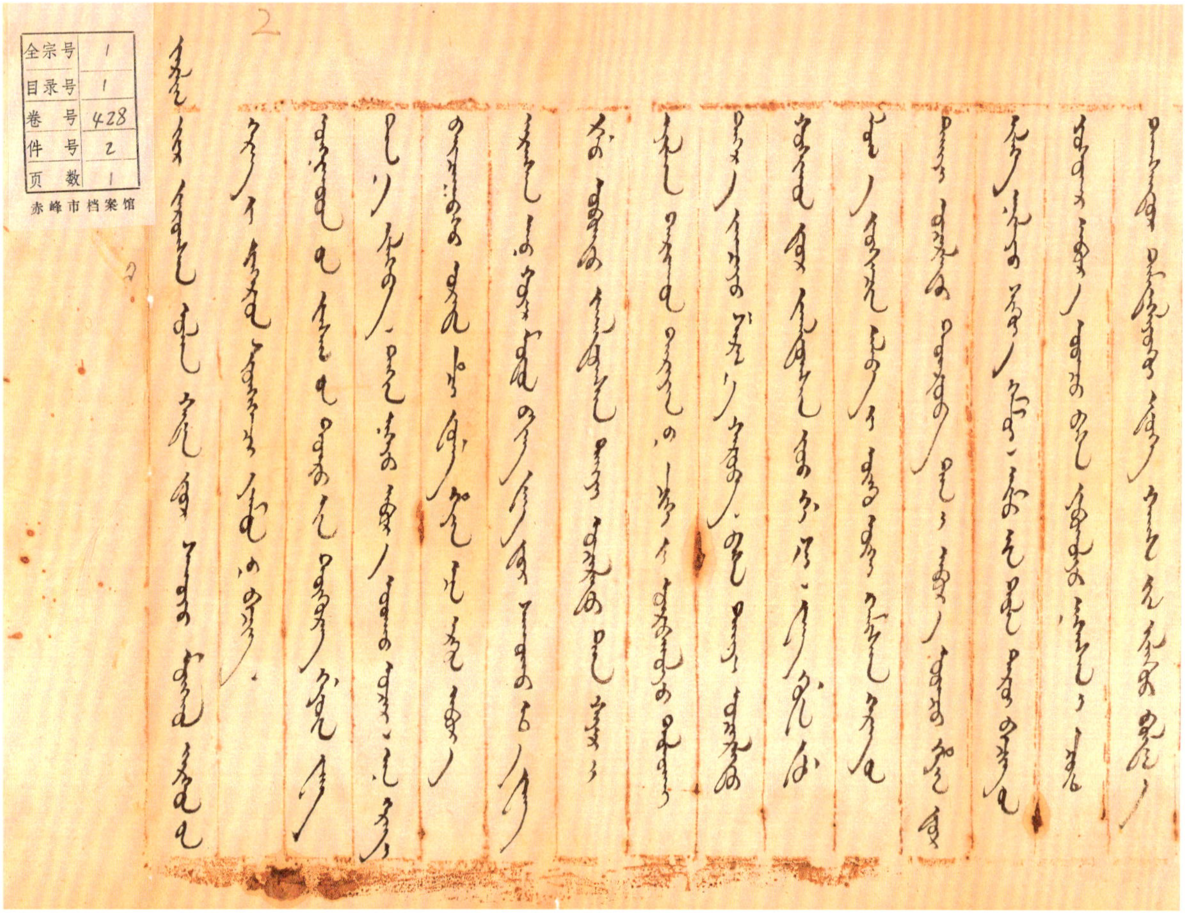

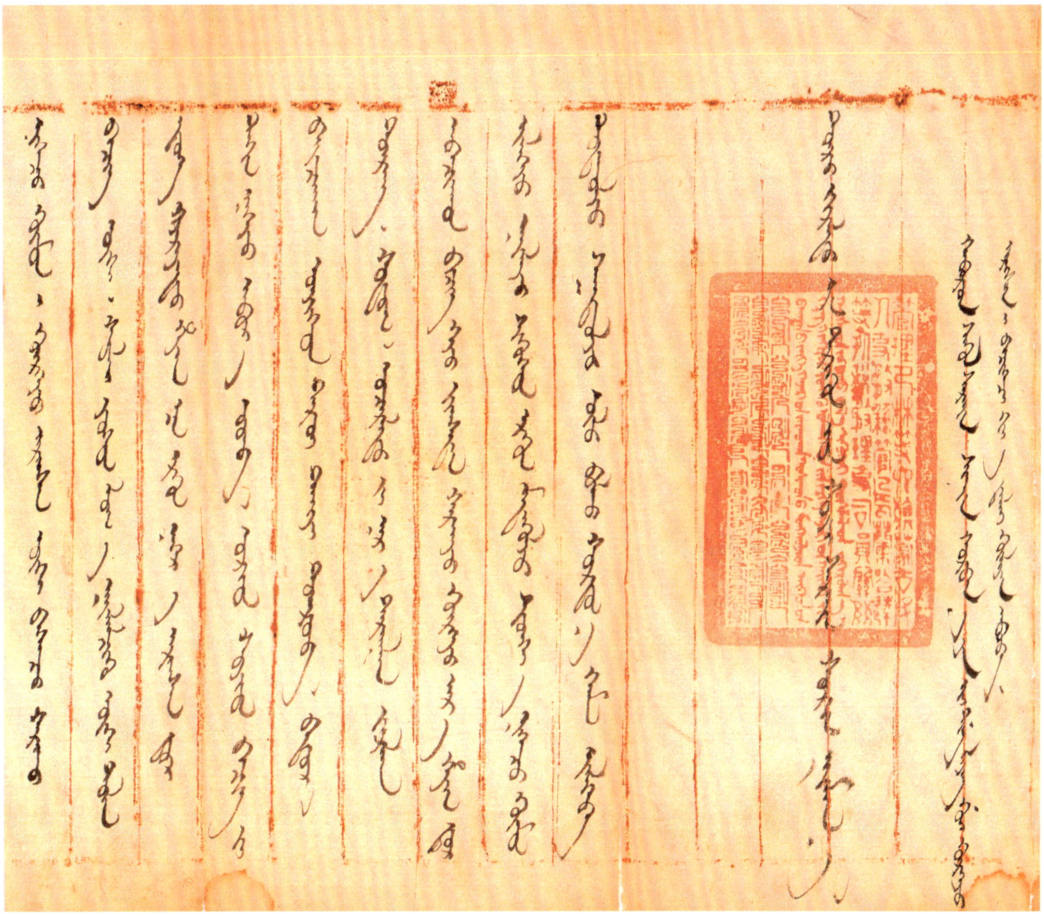

钦命驻乌兰哈达蒙民事务大臣为侵占他人耕地案札翁牛特札萨克郡王文

钦命驻乌兰哈达蒙民事务署文。札付翁牛特札萨克多罗杜棱郡王：行札之事。

经查，之前赤峰县呈称：住两棵树平章之妇女王寇氏上诉，台吉乌其日拉图强占其耕地，翻开其禾苗，还打伤其头部。还有，台吉乌其日勒图向其旗状告赵赫财、王宽福合伙拒缴租金。因此，传唤台吉乌其日勒图、东日布到县衙联判。等语。为此，本署早已行文追讨，登记造册。但现已过半年未见送之，也未见回函，不符法理也。今所属县追讨当事人，在此行札要人。文到，即刻传唤台吉东日布、巴特尔、都楞、呼图格、乌其日勒图，押送之县衙联判，不得有误，不得拖延。

此札。

道光元年二月二十八日

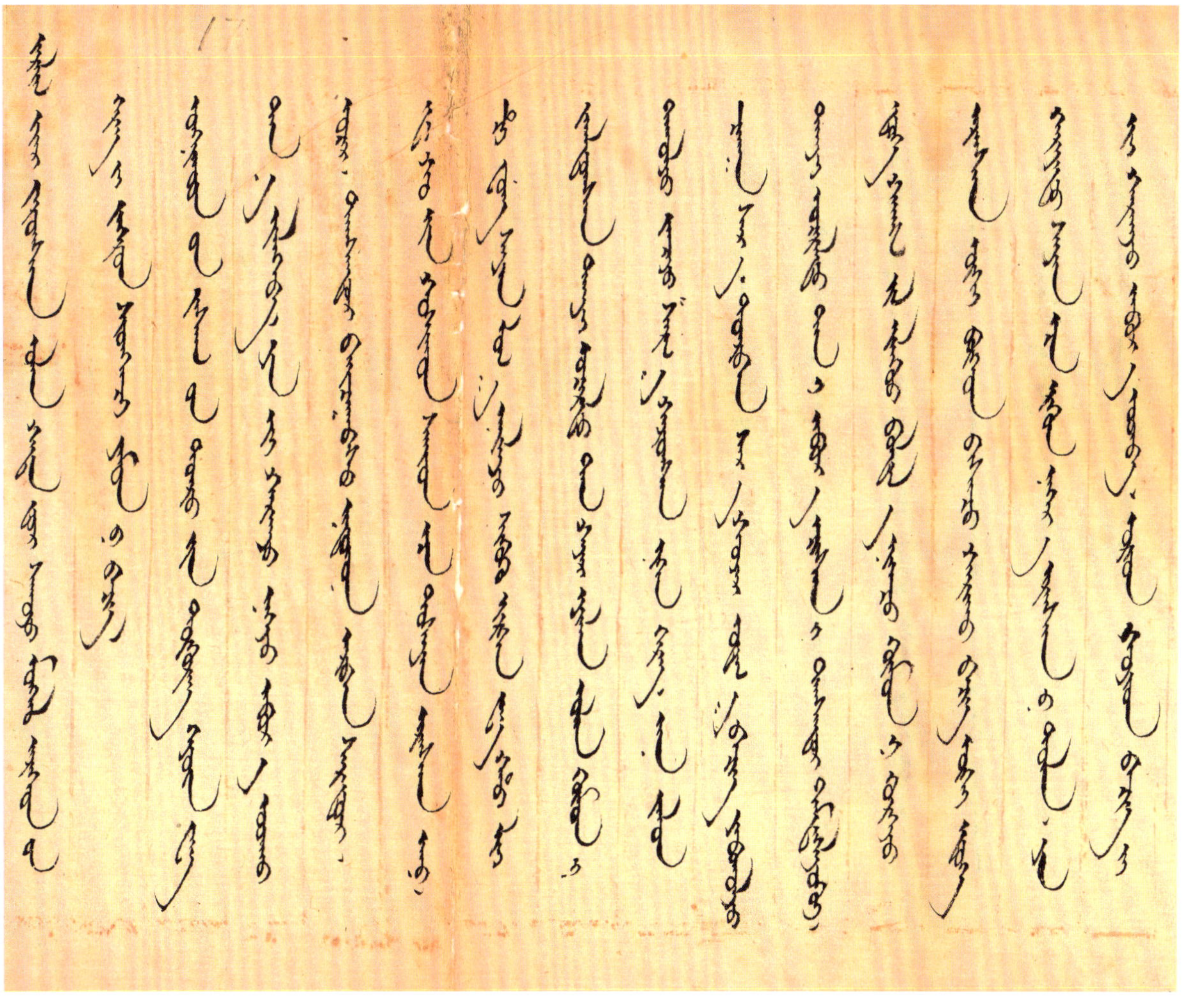

147 钦命驻乌兰哈达蒙民事务大臣为侵占他人耕地案札翁牛特札萨克郡王文（道光四年七月二十四日）

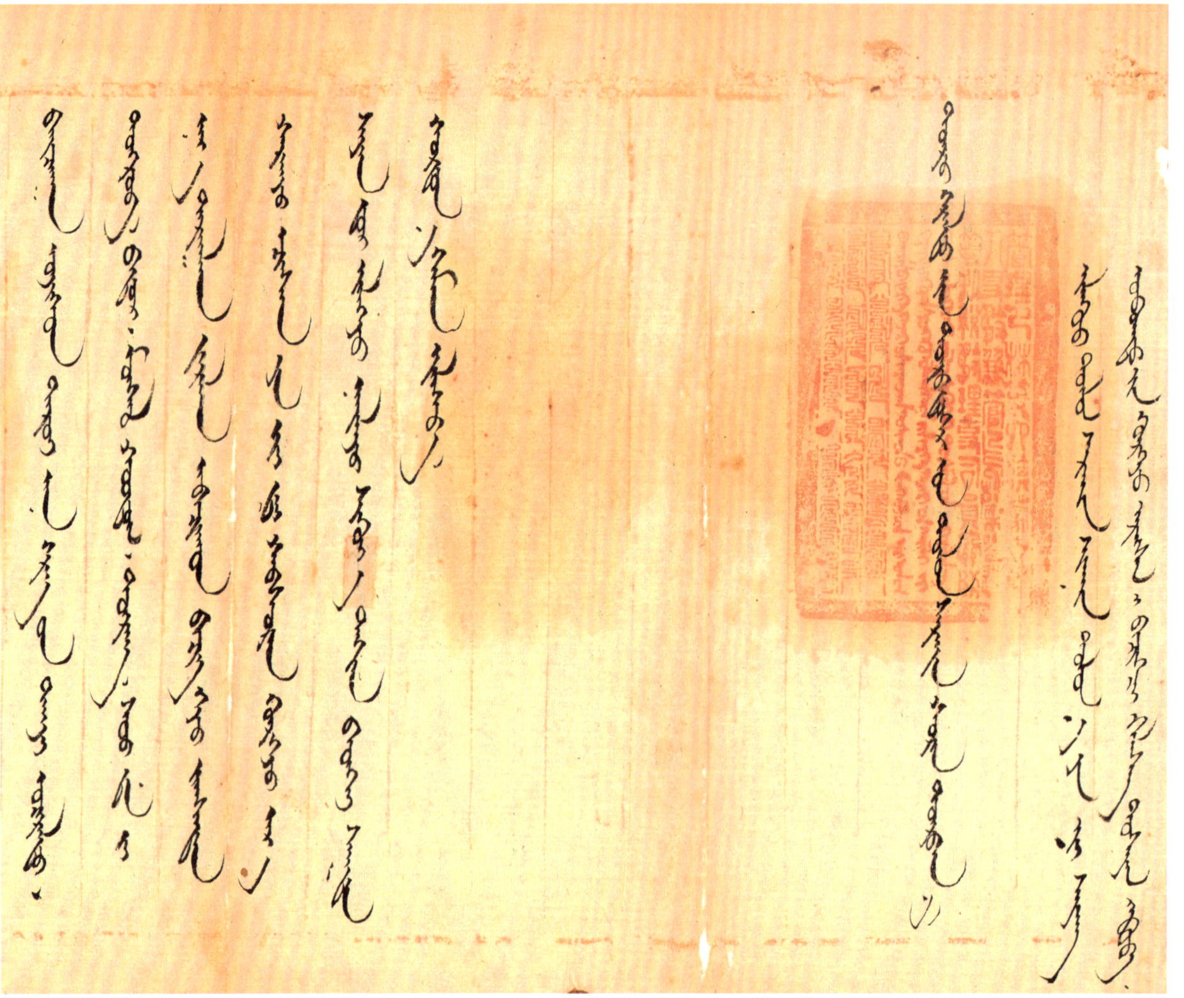

钦命驻乌兰哈达蒙民事务大臣为侵占他人耕地案札翁牛特札萨克郡王文

钦命驻乌兰哈达蒙民事务大臣文。札付翁牛特札萨克多罗杜棱郡王：派衙役督促之事。

经查，去年十月热河都统札开：赤峰县联合审判之王寇丽诉讼台吉乌其日勒图侵占耕地聚群斗殴伤及他人一案，今年正月、四月两次行札，传唤台吉乌其日勒图事造档登记。今已过半年未见送之，也未见回函。等因前来。兹有，所属县追讨涉案人。故派衙役提回涉案人。文到，查阅文内，逐一传唤当事人台吉乌其日勒图、东日布、巴特尔、蒙古呼图格、都楞，派官员协助衙役押送至本衙署，以便联判。不得延缓。

此札。

道光四年七月二十四日

盟长巴林札萨克郡王为沿袭二等台吉空位事札翁牛特札萨克郡王文（道光四年仲秋初二日）

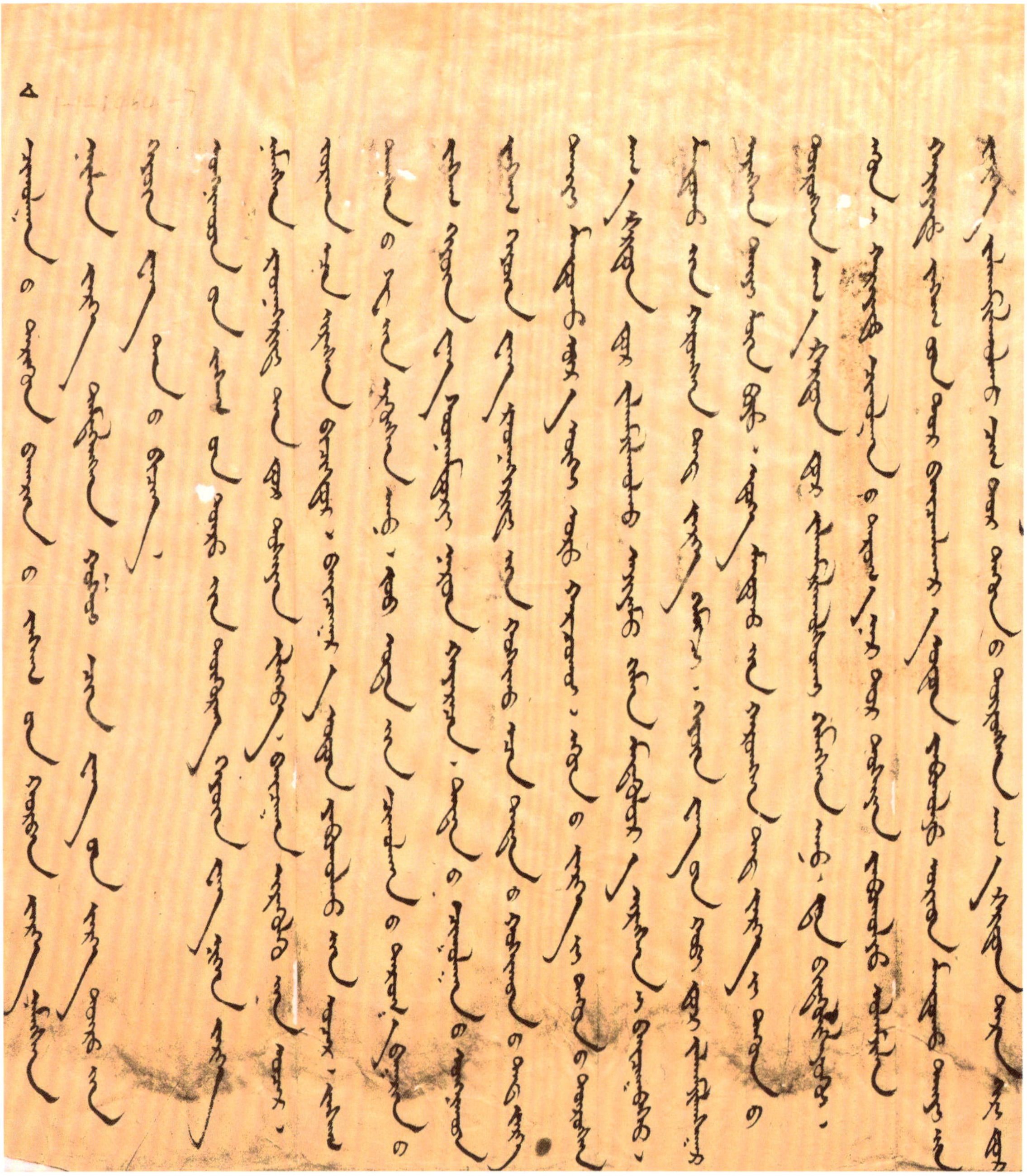

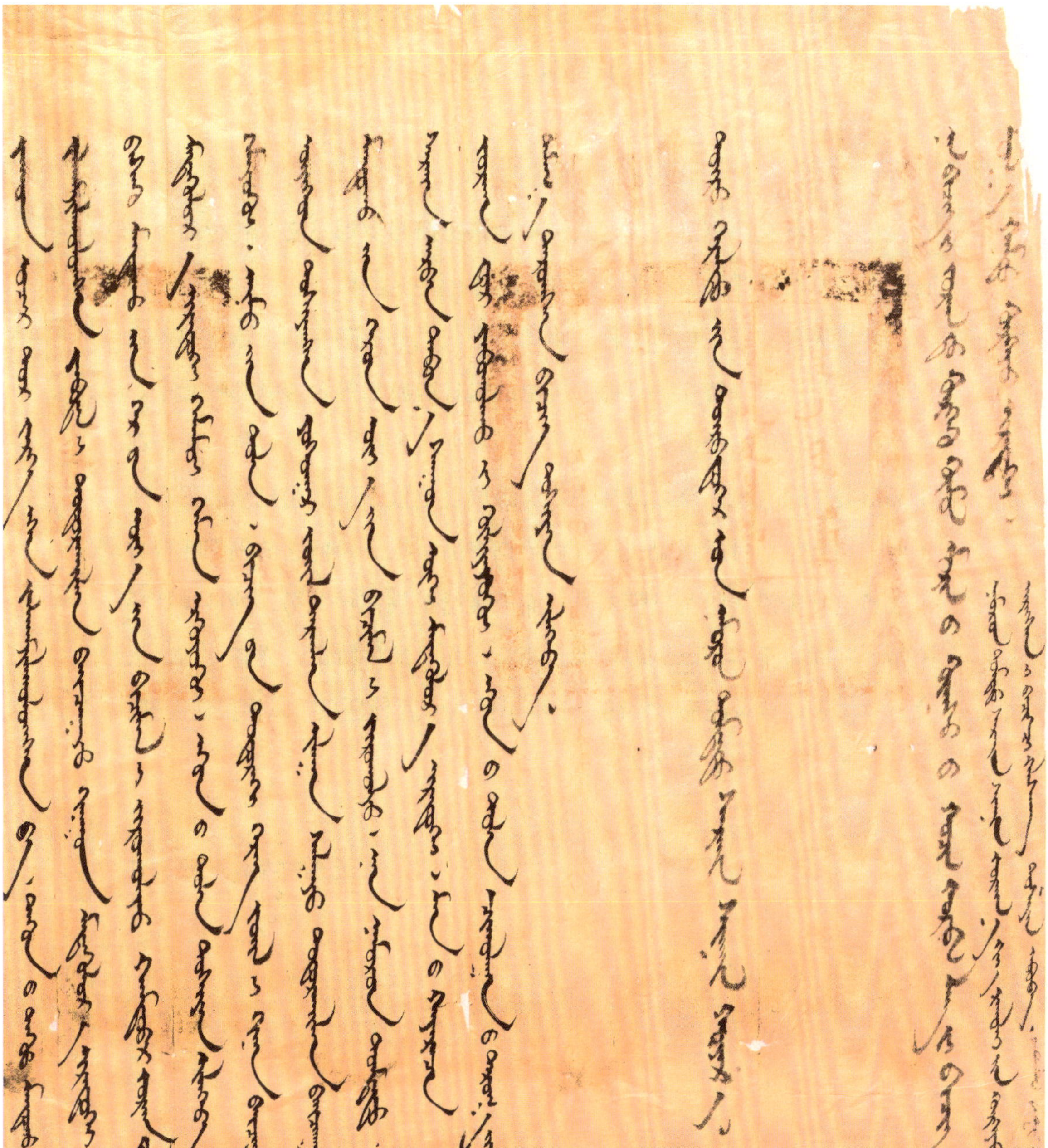

盟长巴林札萨克郡王为沿袭二等台吉空位事札翁牛特札萨克郡王文

盟长巴林札萨克加三级记八级和硕亲王衔多罗郡王文。札付翁牛特札萨克多罗杜棱郡王加一级拉德纳嘎日迪：督办之事。

承接大部札开：档部呈称，昭乌达盟长巴林札萨克郡王苏达那木道尔吉处呈报，翁牛特札萨克郡王拉德纳嘎日迪旗二等台吉满都呼无子，已空位，其爵位沿袭给其亲兄噶尔丹。经查，满都呼二等爵位，作为郡王而沿袭之台吉也。今，满都呼二等爵位之空位，由其亲兄承袭，有所不明。兹有，札付所属盟长转告札萨克查清呈报，为何之前满都呼台吉沿袭爵位时未沿袭给其兄噶尔丹，而沿袭给弟满都呼。另，抄录满都呼家谱，一同报至本部。等因前来。为此，札付翁牛特王，详查文内，依文逐一清查，抄录满都呼家谱，于本年仲秋十五日呈报，以便报送大部。

至此，致钤盟长印之文。

道光四年仲秋初二日

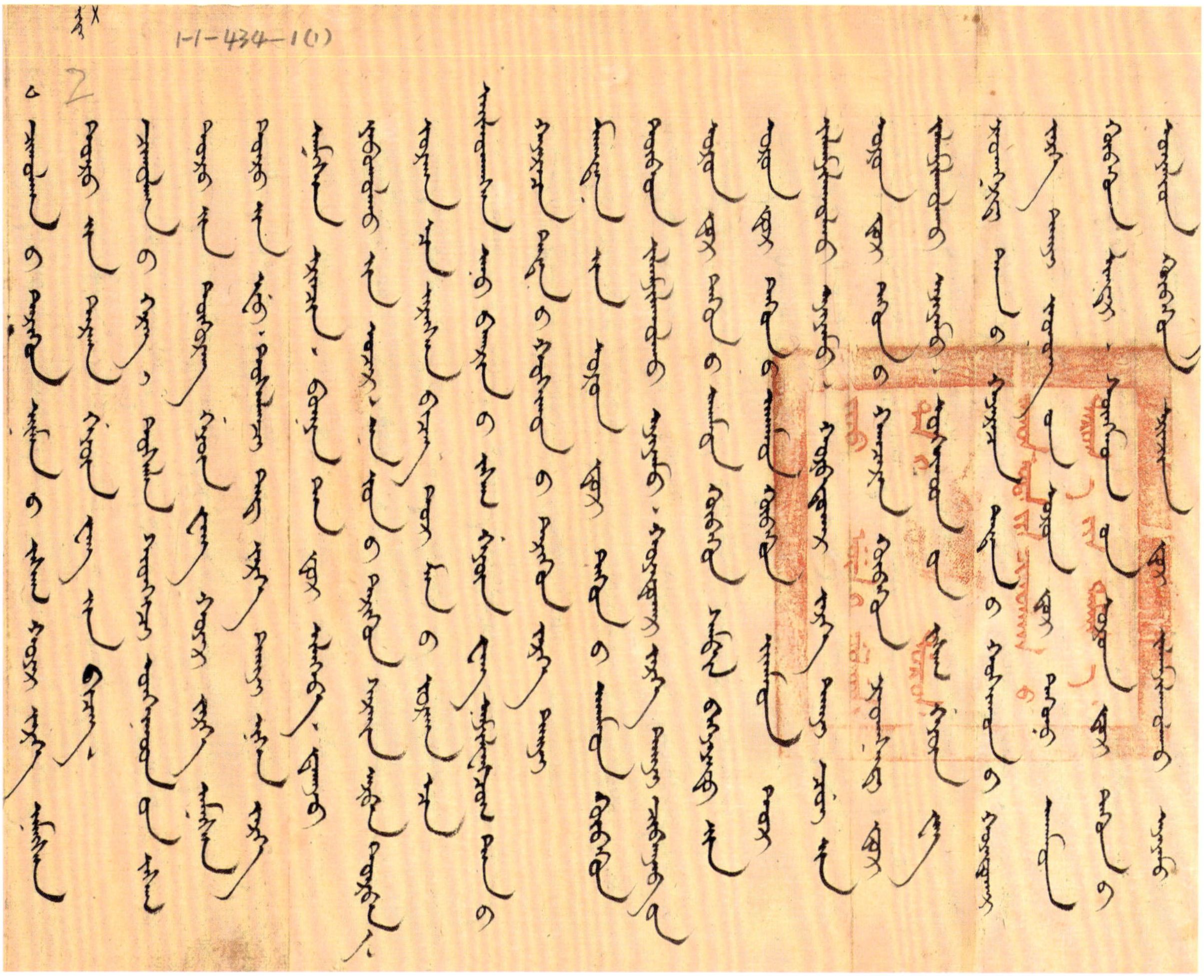

149 盟长奈曼札萨克郡王为台吉空位沿袭情况事札翁牛特札萨克郡王等文（道光十年初夏二十九日）

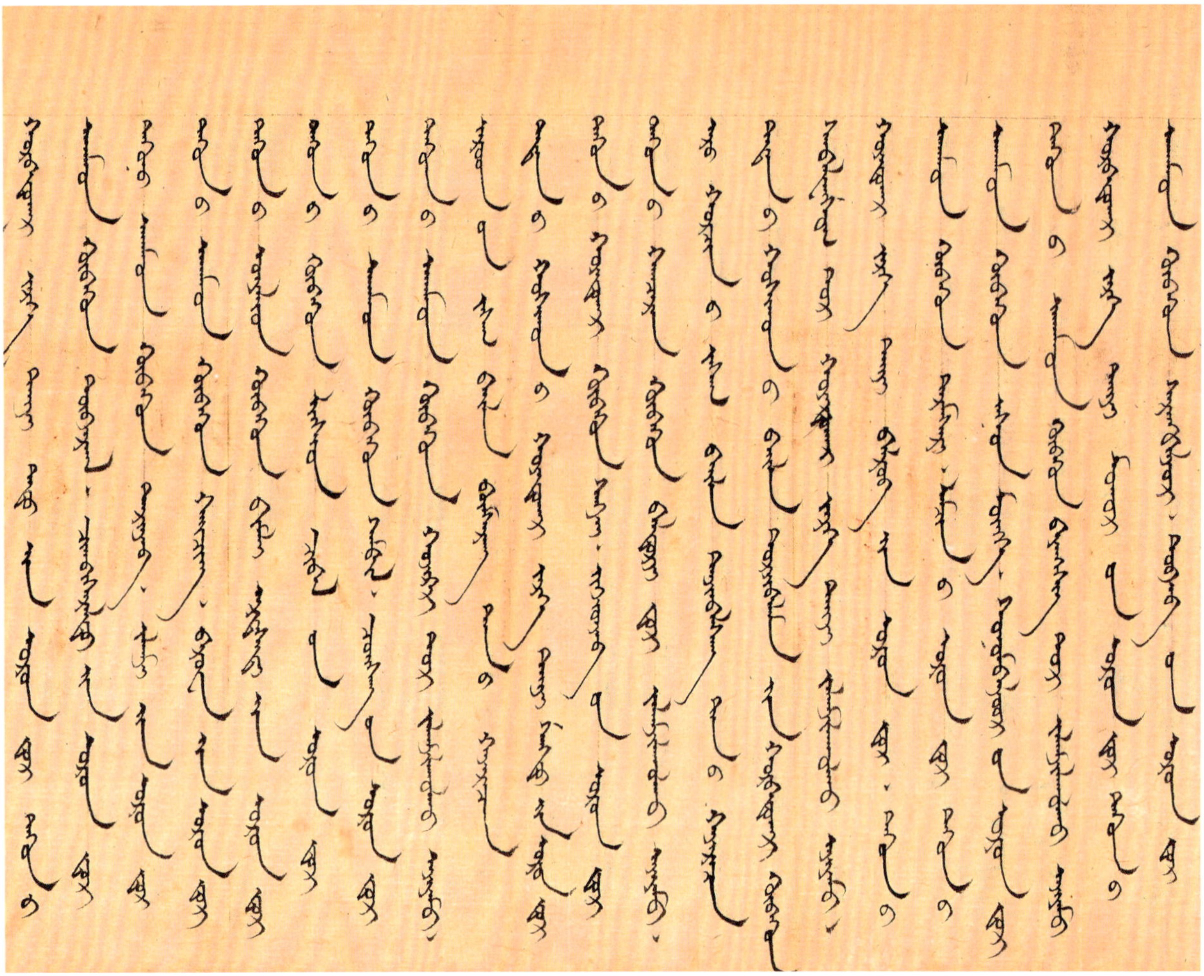

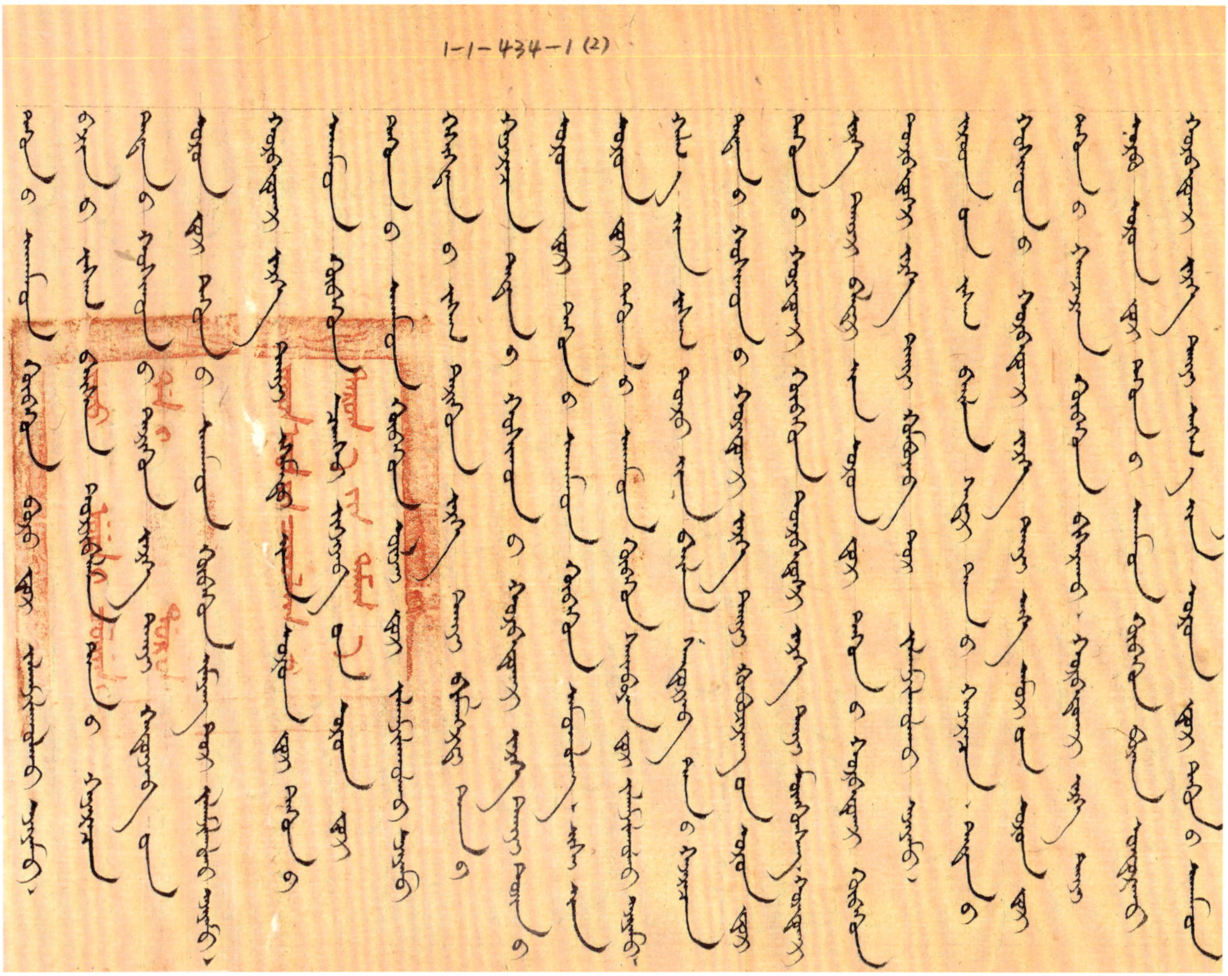
1-1-434-1 (2)

149 盟长奈曼札萨克郡王为台吉空位沿袭情况事札翁牛特札萨克郡王等文（道光十年初夏二十九日）

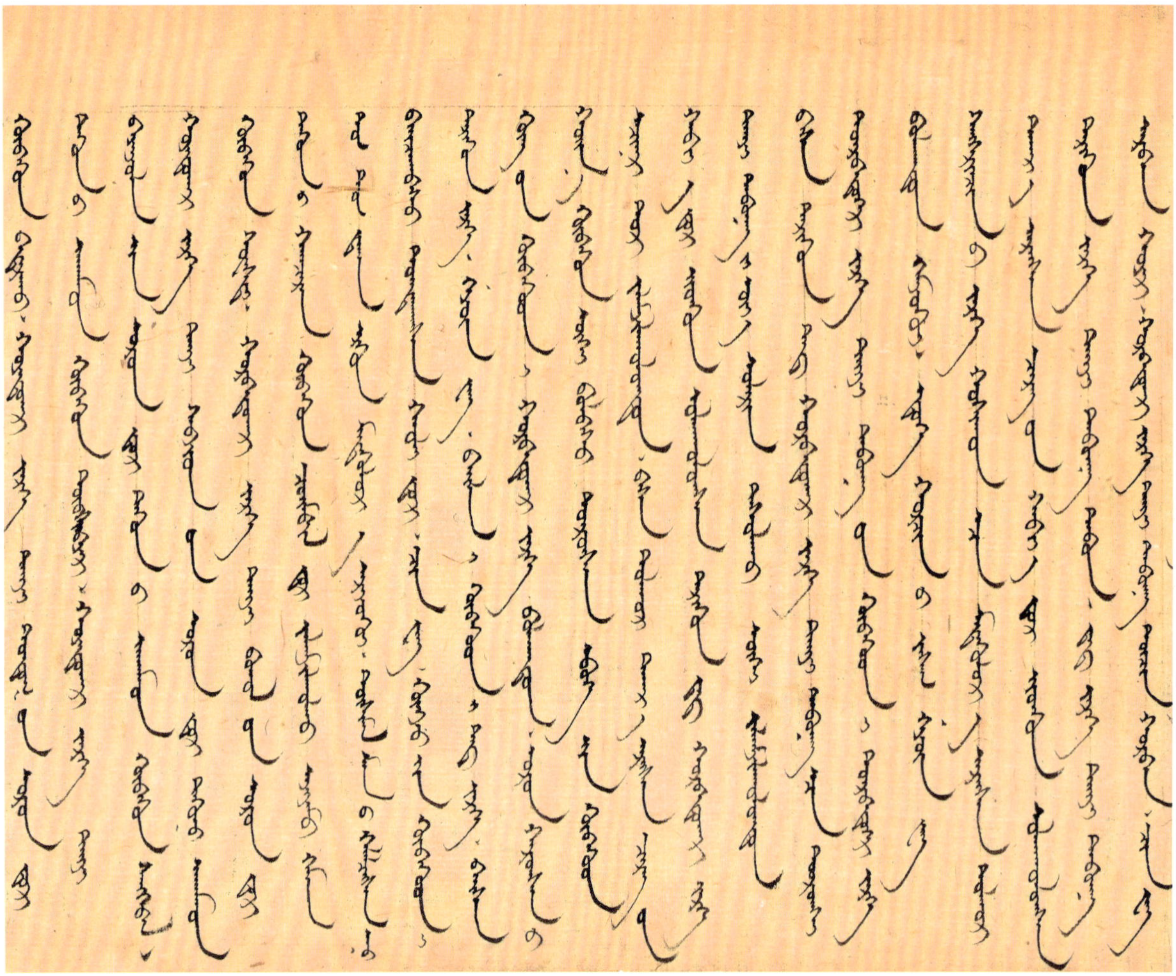

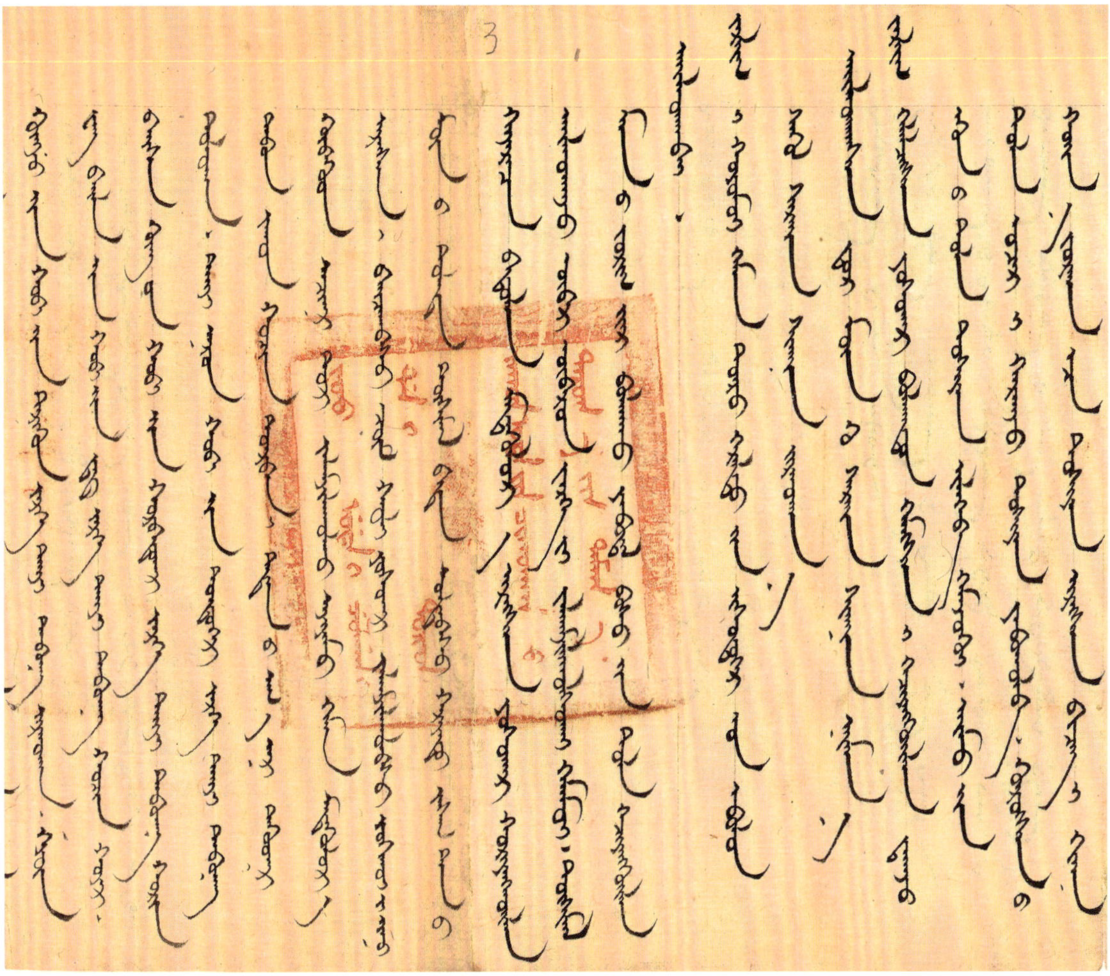

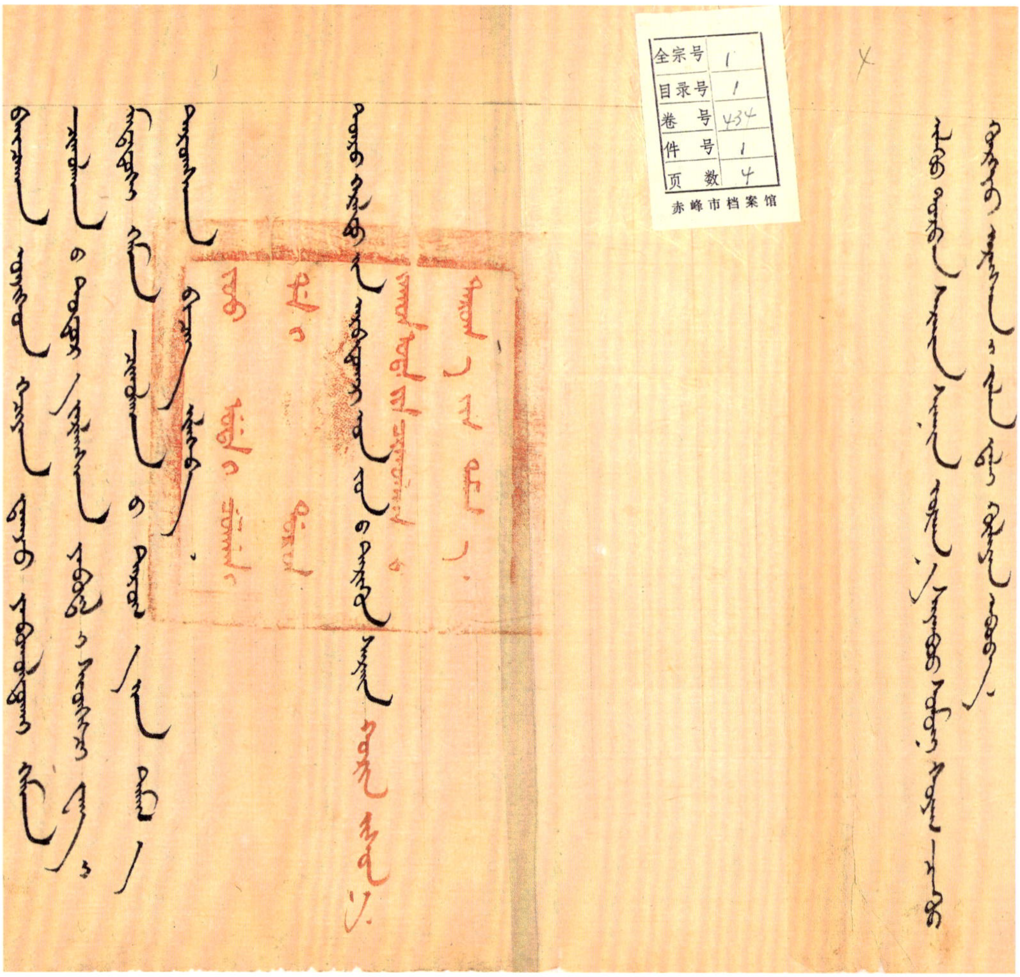
全宗号 1
目录号 1
卷号 434
件号 1
页数 4
赤峰市档案馆

盟长奈曼札萨克郡王为台吉空位沿袭情况事札翁牛特札萨克郡王等文

盟长奈曼札萨克加二级多罗达尔罕郡王文。札付盟摄政协理翁牛特札萨克多罗杜棱郡王加二级多罗额驸，协理二等台吉加一级仁钦、包尼亚：遵照办理之事。

本年初夏十四日，大部札开，本部上奏，巴林札萨克郡王那木吉拉旺楚克旗：旗一等台吉玛哈丹空位继给其长子图伯特，二等台吉其布格扎布空位继给其长子桑布拉，贝和吉雅嘎图空位继给其长子吉格木德，三等台吉初一空位继给其独子拉迪那希迪。翁牛特札萨克郡王拉德纳嘎日迪旗：旗二等台吉朱浓空位继给其长子领达尔，苏格木德空位继给其侄子仁钦，三等台吉德都空位继给其长子图博格日勒，青毕西勒图空位继给其长子达日扎布，扎拉嘎木吉空位继给其长子海青，巴如达空位继给其侄子毕玛丽，阿日达希迪空位继给其子领斯德，齐碧乐空位继给其长子桑毕拉，却桑空位继给其长子豪吉根。扎鲁特札萨克贝勒白斯楞旗：旗二等台吉尚都空位继给其二子桑杰，吉格德扎布空位继给其独子巴拉道尔吉。阿鲁科尔沁札萨克贝勒丹晋巴拉桑旗：旗贝勒道尔吉巴拉玛之三子散布勒旺楚格继给二等台吉爵位，二等台吉巴拉日瓦空位继给其长子达日玛西里，拉姆青空位继给其长子额曾孟克，苏纳木巴拉珠尔空位继给其长子白音贺西格，三等台吉毛忽尔空位继给其长子斯楞巴拉珠儿，陶布扎布空位继给其长子宝茹。巴林札萨克贝子道尔吉巴拉玛旗：旗一等台吉根顿扎布空位继给其长子易木章，三等台吉额苏门杜空位继给其长子常侯，吉格扎布空位继给其长子乌力吉。克什克腾札萨克一等台吉毕玛乐嘎日迪旗：旗三等台吉道晋空位继给其长子阿木古楞，叶希空位继给其长子赛音宝音。喀尔喀札萨克多罗贝勒沙格达尔扎布旗：旗二等台吉官布期楞空位继给其二子四等台吉孟根仓，二等台吉巴拉德尔空位继给其三子四等台吉官布扎布。扎鲁特札萨克贝勒萨达尔旗：旗三等台吉恩和阿穆尔空位继给其独子毕萨日呼，三等台吉敖日布空位继给其长子宝音温都日胡，三等台吉昂噶空位继给其长子巴达日呼，二等台吉顿德阁空位继给其长子图布新巴亚尔，二等台吉白音珠拉空位继给其长子桑格巴拉，二等台吉斯布基德空位继给其长子苏斯太，三等台吉布哈勒空位继给其独子却木毕勒等逐一上报之。

照例，亲王、公主之子封一等台吉，郡王、贝勒之子封二等台吉，贝子、公之子封三等台吉也。空位后无子者，择其侄子继位也。因战功所赐之一、二、三等台吉、塔布囊爵位世袭不能断也。还，一、二、三等台吉、塔布囊爵位以下四等台吉、塔布囊之子，也封四等。如今，科尔沁郡王曾格仁钦等旗报送之因战功所赐一等台吉、塔布囊五名，二等台吉、塔布囊十二名，三等台吉、塔布囊四十三名，系亲王、公主一等台吉、塔布囊六名，系郡王、贝勒二等台吉、塔布囊三十二名，系贝子、公三等台吉、塔布囊二十七名，系台吉、四等台吉、塔布囊五百三十四空位，拟继给其兄弟、其子、其侄。上奏照例继承也。故汇总后，于道光九年末冬初六上奏皇上，是月初八日下旨曰，照办。为此，札付转告之。文到，即照办。

至此，致钤盟长印之书。

道光十年初夏二十九日

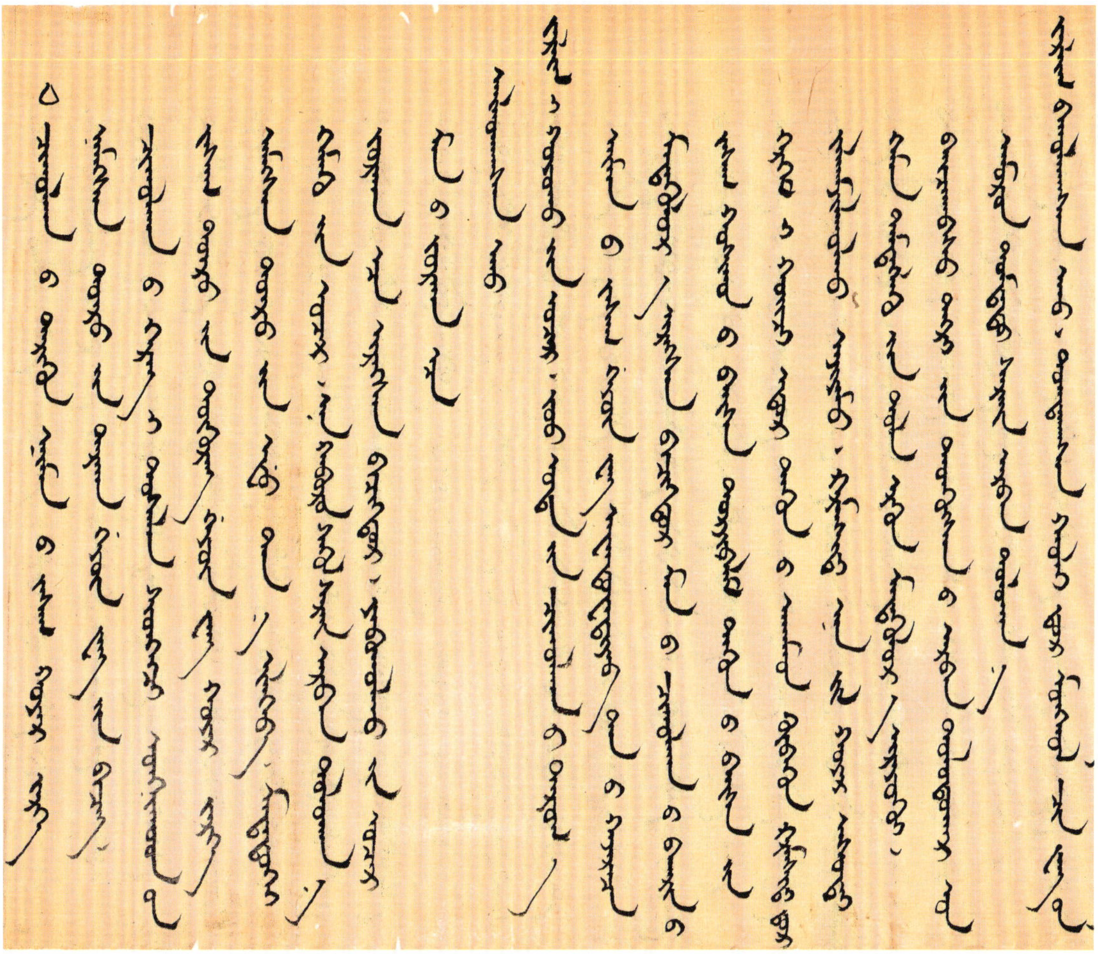

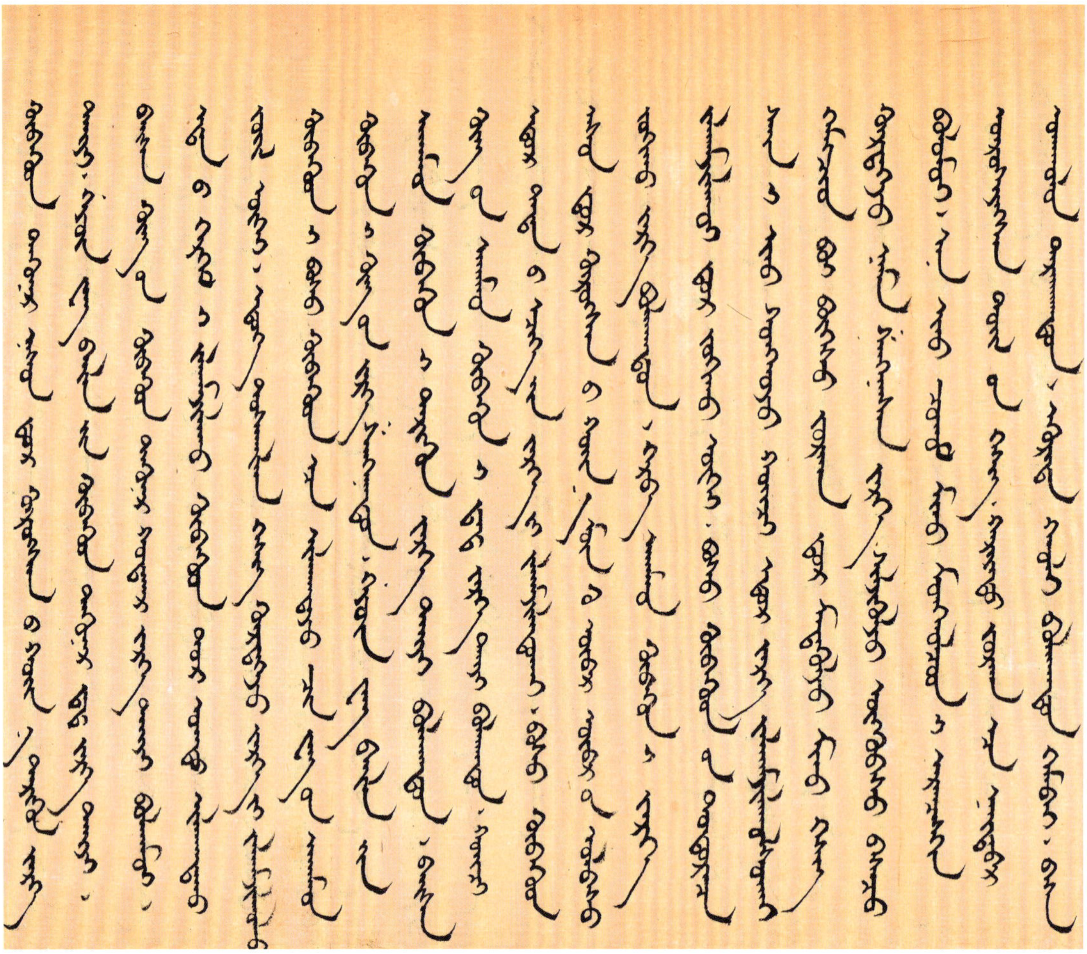

盟长奈曼札萨克郡王为爵位继承人事札翁牛特札萨克郡王文（道光十一年末春三十日）

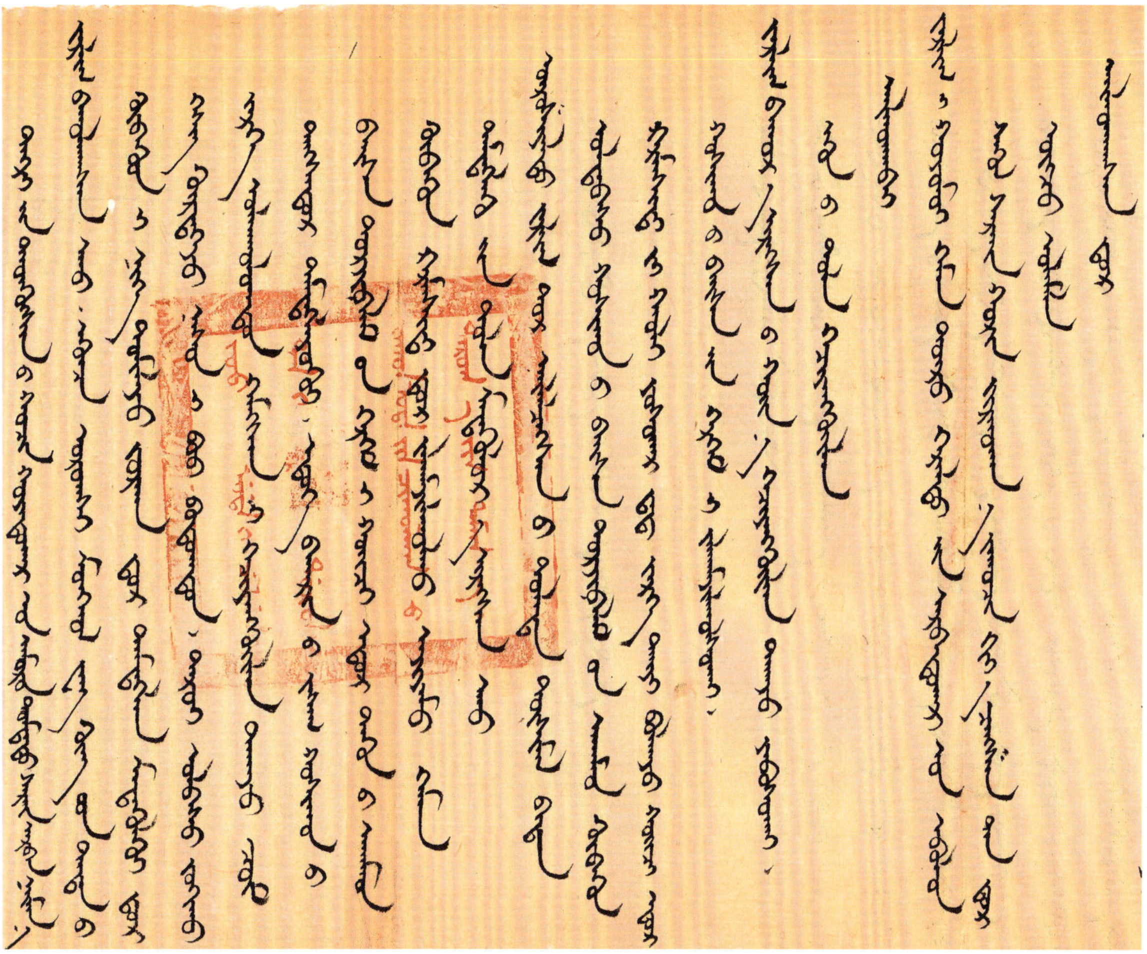

150 盟长奈曼札萨克郡王为爵位继承人事札翁牛特札萨克郡王文（道光十一年末春三十日）

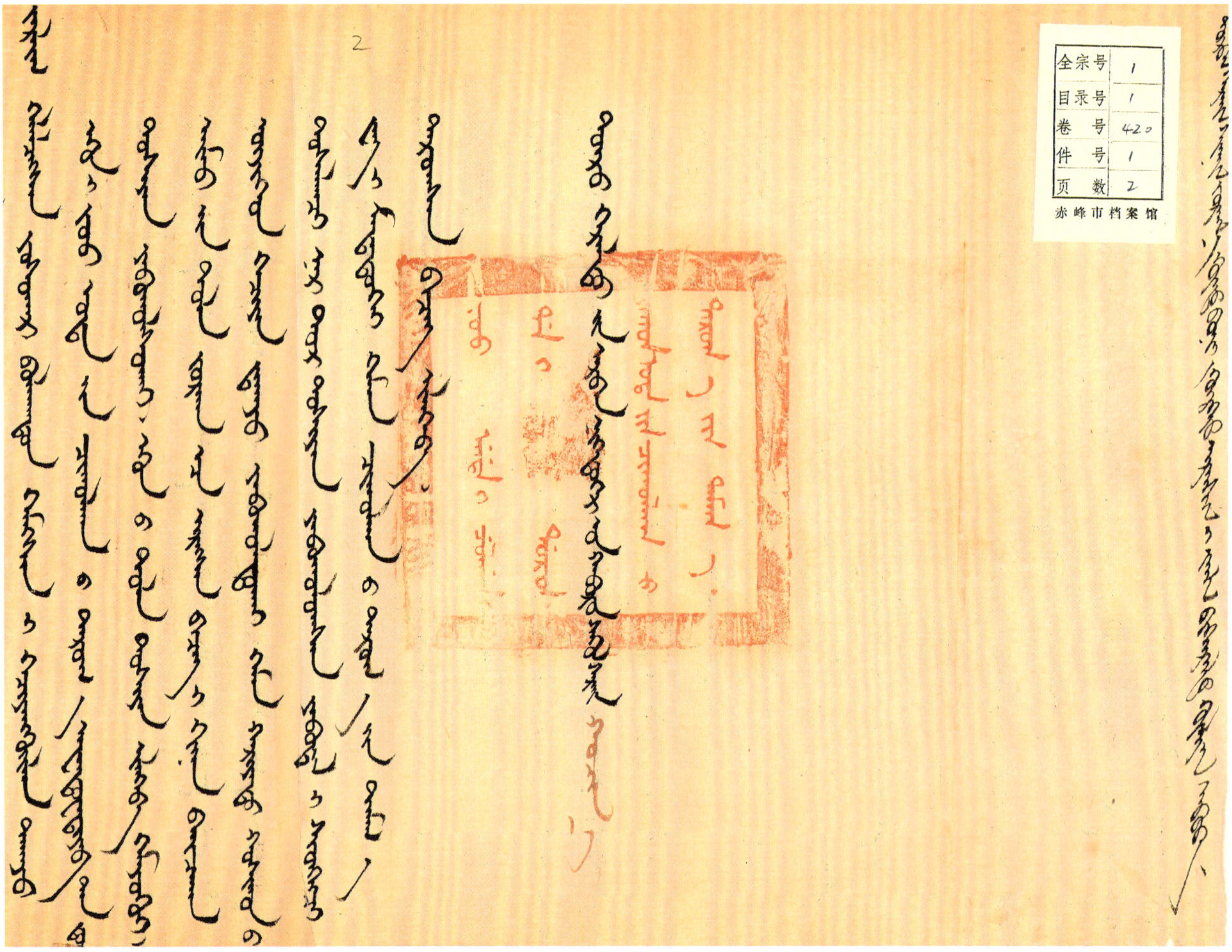

盟长奈曼札萨克郡王为爵位继承人事札翁牛特札萨克郡王文

盟长奈曼札萨克加二级多罗达尔罕郡王文。札付翁牛特札萨克多罗杜棱郡王加二级多罗额驸：行札之事。

本年末春十七日，兹奉大部札开：本部上奏，昭乌达盟长奈曼札萨克郡王阿旺都瓦迪扎布呈称，本盟巴林札萨克旗贝子道尔吉巴拉玛，求将贝子职位日后沿袭给其长子嘎日玛希迪。嘎日玛希迪两岁。特呈报。等语。

经查，乾隆十七年仲秋十七日，圣旨曰，按例，蒙古亲王之弟子成年后封一等台吉，郡王、贝勒之弟子封二等台吉，贝子、公之弟子封三等台吉。继位之子间未有差异。如今，继位之子与其他儿子分别恩赐之。亲王之长子封公位，郡王、贝勒之长子封一等台吉，贝子、公之长子封二等台吉。日后沿袭其父位也。其他儿子成年后封其对应爵位。如长子不宜继位，其他儿子中选优者，备日后继位。呈报衙门后，也可将加封之爵位传给继位之子。此等真为恩赐蒙古人极致也。所属衙署告示于众，永成法典。另，乾隆三十二年仲秋十八日，圣旨曰，尔后，蒙古王公呈报衙门之子，注册时不论岁数，即封相应之爵位也。今，将巴林札萨克旗贝子道尔吉巴拉玛之长子嘎日玛希迪，照例封二等台吉，日后沿袭旗贝子爵位。故道光十年末冬二十六日，递交侍卫常山奏报，回旨曰，照办。奉谕旨，今告知昭乌达盟长阿旺都瓦迪扎布，遵旨照办。也转送所属旗协理遵行。为此，奉命告知诸札萨克王。

至此，致钤盟长印之文。

道光十一年末春三十日

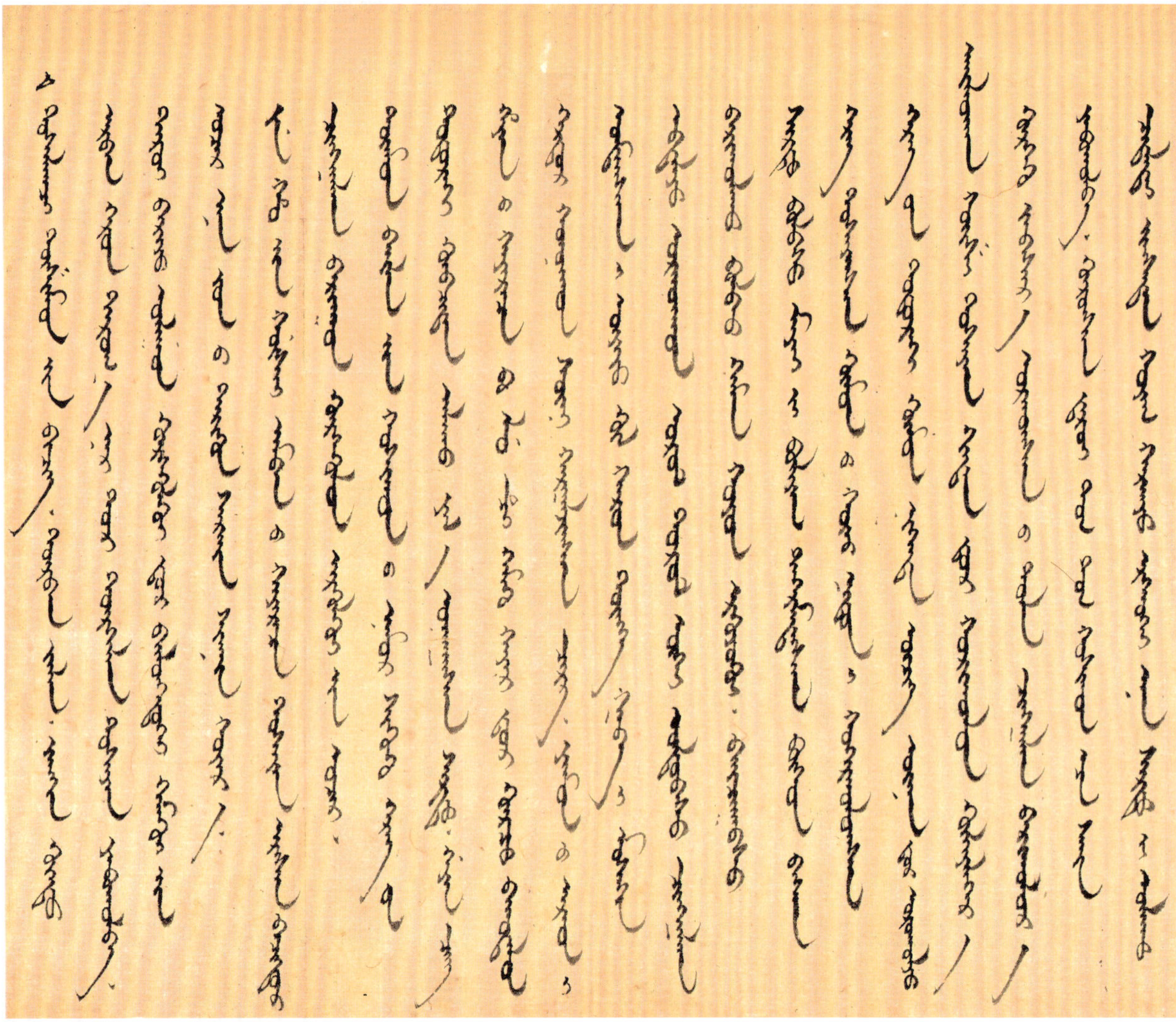

协理官为缉拿重犯事札饬甲喇、章京等文（道光十二年六月初二日）

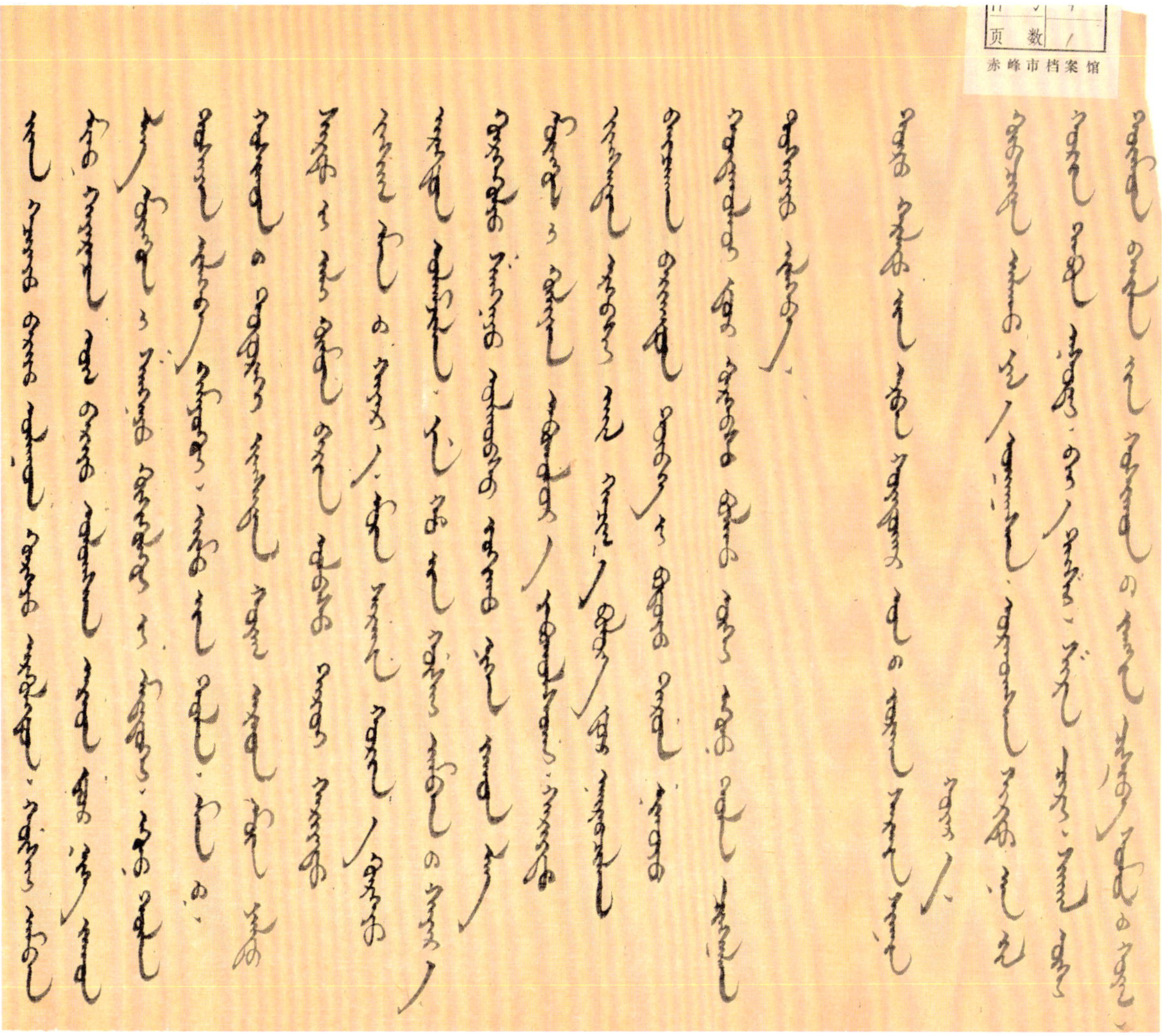

协理官为缉拿重犯事札饬甲喇、章京等文

协理官员文。札付四甲喇、章京、汉军骑校、牌头：即刻缉拿归案之事。

本年初夏初二日，承接热河都统札开：土默特贝勒旗今秋判定为死囚犯之萨日图，在建昌县宝路其住宿时，趁押送官兵熟睡之际解开手铐、脚镣逃之夭夭，若发现请即刻抓捕。等语。经查，萨日图为抢劫麻吉之主犯，还犯有伤及举报人员两只眼睛之罪。当事人控诉事实呈报后关押，鉴于其在押送途中逃脱，罪加一等。文到，诸旗指派健壮兵丁缉拿归案。本都统处悬赏一百两。等因前来。故本旗官兵壮丁如捉拿罪犯萨日图，于本月二十日押送至本所属札萨克处，以备转送都统处领赏一百两。所属甲喇、章京即刻走村入户严加搜捕，不得怠慢。

此札。

道光十二年六月初二日

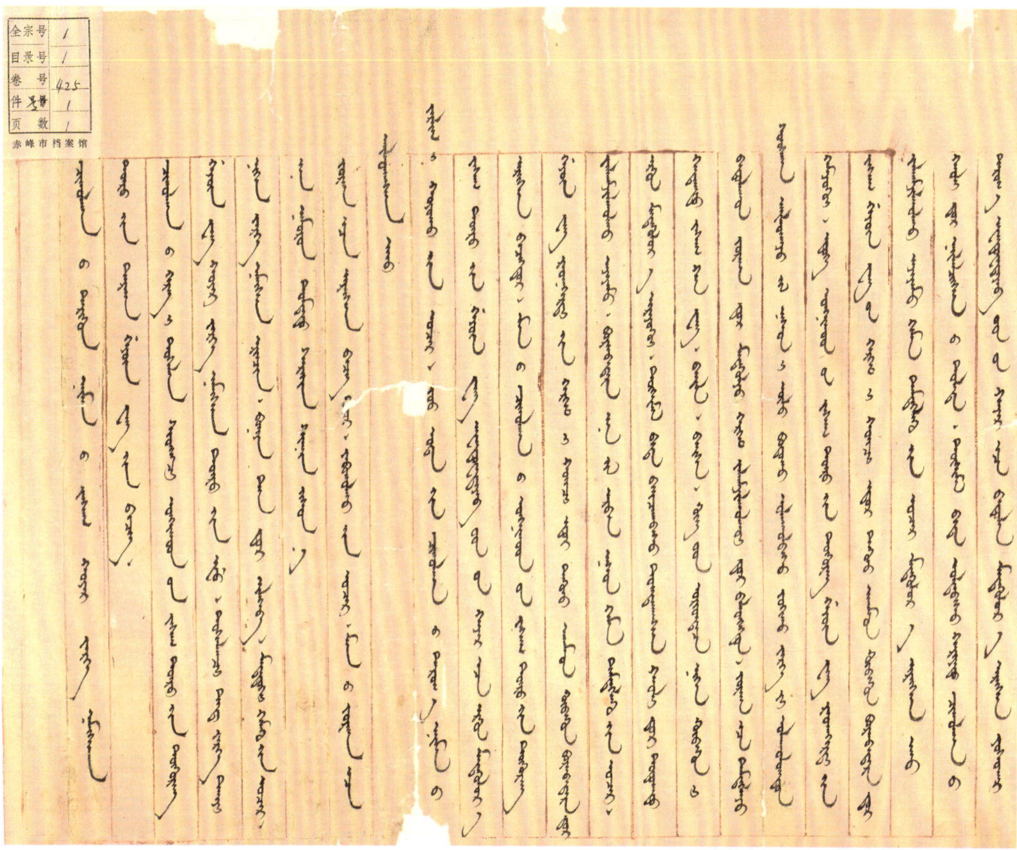
全宗号 1
目录号 1
卷号 425
件号 1
页数 1
赤峰市档案馆

152 盟长奈曼札萨克郡王为沿袭爵位事札盟务协办翁牛特札萨克郡王等文(道光十三年仲秋二十九日)

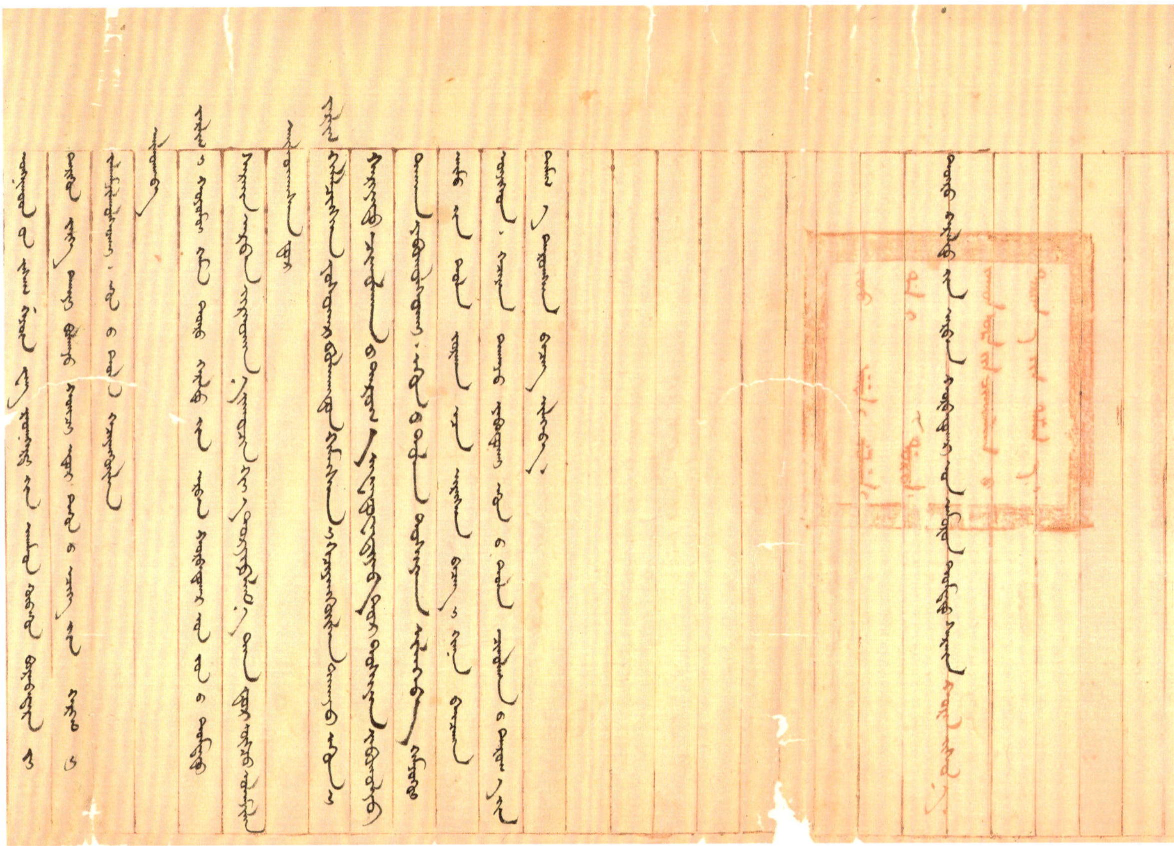

盟长奈曼札萨克郡王为沿袭爵位事札盟务协办翁牛特札萨克郡王等文

盟长奈曼札萨克加二级多罗达尔罕郡王文。札付盟务协办翁牛特札萨克多罗杜棱郡王加二级多罗额驸，协理二等台吉加一级仁钦、包尼亚：通告之事。

本年仲秋初九日，承接大部札开：本部奏请吾皇，昭乌达盟长奈曼札萨克多罗郡王阿旺都瓦迪扎布处呈曰，本盟翁牛特札萨克多罗杜棱郡王拉德纳嘎日迪爵位，日后沿袭给其长子宝迪巴达日。宝迪巴达日今年十岁。等语。微臣经查，按律，内外属札萨克王、贝勒、贝子、公爷事先推荐一名男孩沿袭其爵位。大部上奏后不计年龄，授其爵位。兹有，上奏翁牛特札萨克多罗杜棱郡王拉德纳嘎日迪爵位，沿袭给其长子之事符合法例也。故微臣按所属盟长阿旺都瓦迪扎布呈报，奏请封翁牛特札萨克多罗杜棱郡王拉德纳嘎日迪之子宝迪巴达日为一等台吉，以备日后沿袭其父亲爵位。道光十三年仲夏十六日，交由侍卫道尔吉巴拉玛转奏，回旨曰，照办。兹有，本盟传旨所属盟长王阿旺都瓦迪扎布，阅知文内，遵旨照办。

至此，致钤盟长印之文。

道光十三年仲秋二十九日

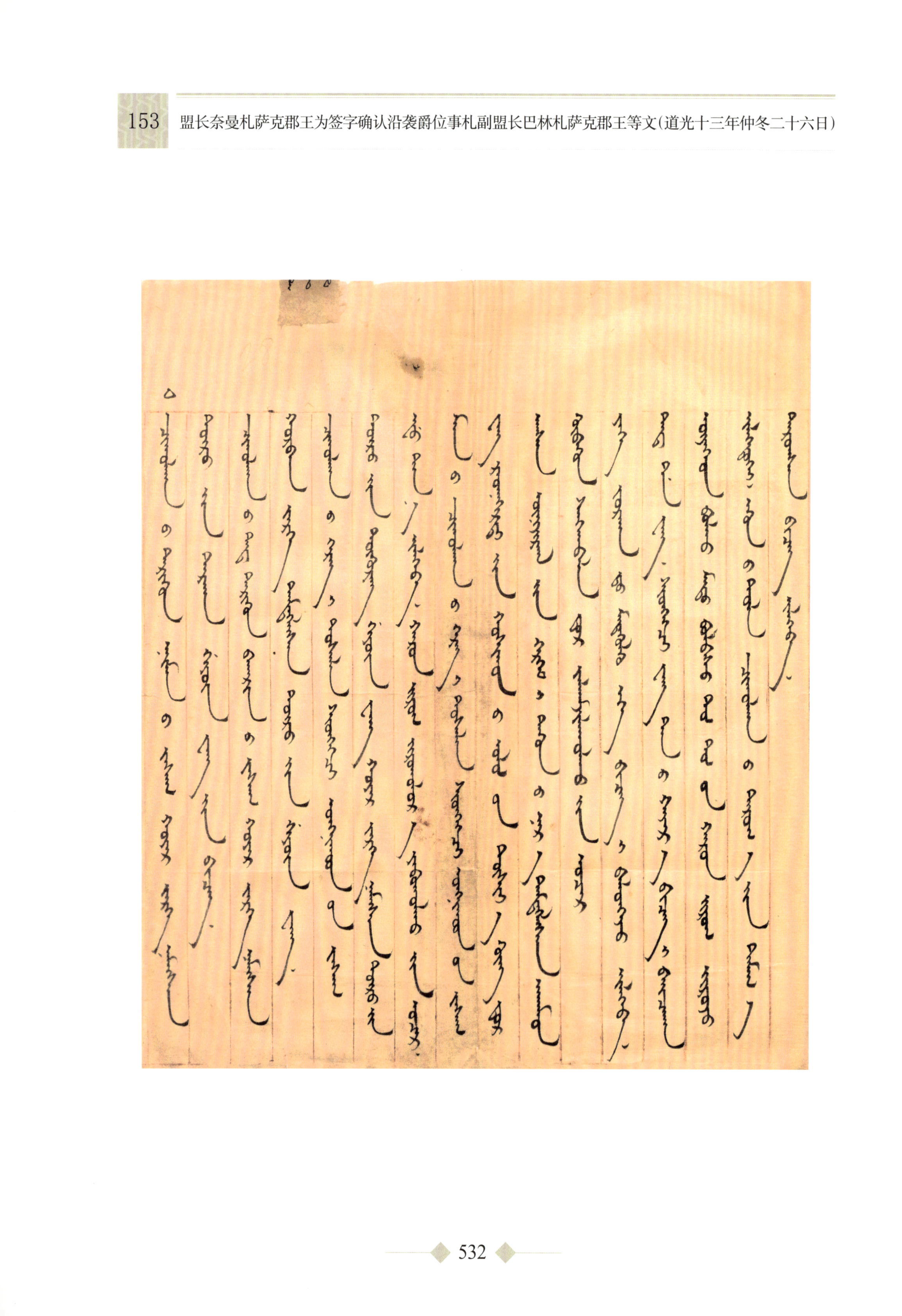

153 盟长奈曼札萨克郡王为签字确认沿袭爵位事札副盟长巴林札萨克郡王等文(道光十三年仲冬二十六日)

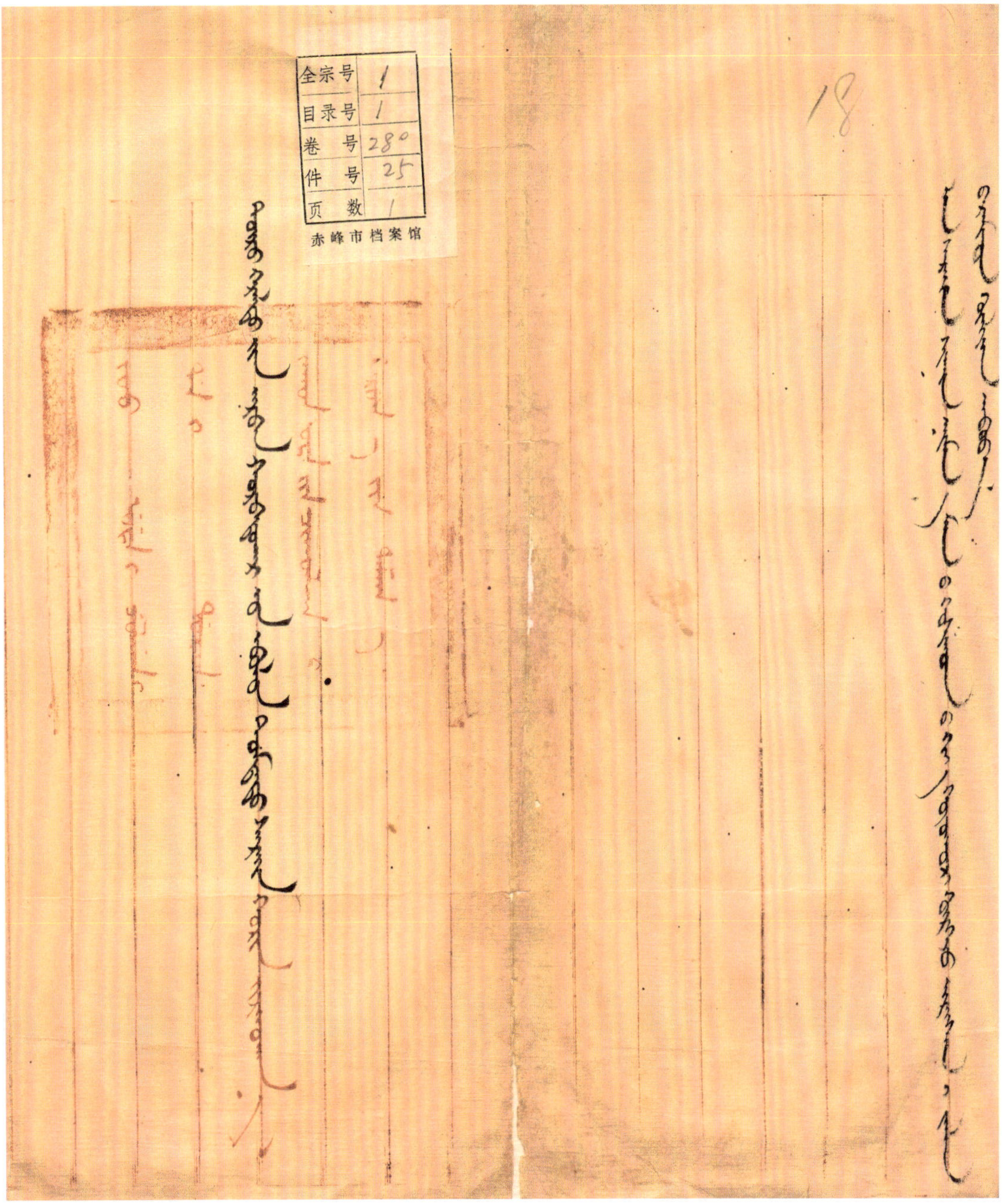

全宗号	1
目录号	1
卷号	280
件号	25
页数	1

赤峰市档案馆

18

盟长奈曼札萨克郡王为签字确认沿袭爵位事札副盟长巴林札萨克郡王等文

盟长奈曼札萨克加二级多罗达尔罕郡王文。札付副盟长巴林札萨克加二级记三级多罗郡王、盟会协理翁牛特札萨克多罗杜棱郡王加二级多罗额驸：签字之事。

本盟协理翁牛特札萨克王拉德纳嘎日迪旗原镇国公乌恩吉日嘎拉之爵位，沿袭其长子桑哈巴拉之事，备办呈文，送至大部之。副盟长、协理王衙署核实呈文，各自签字送至本处。

至此，致钤盟长印之文。

道光十三年仲冬二十六日

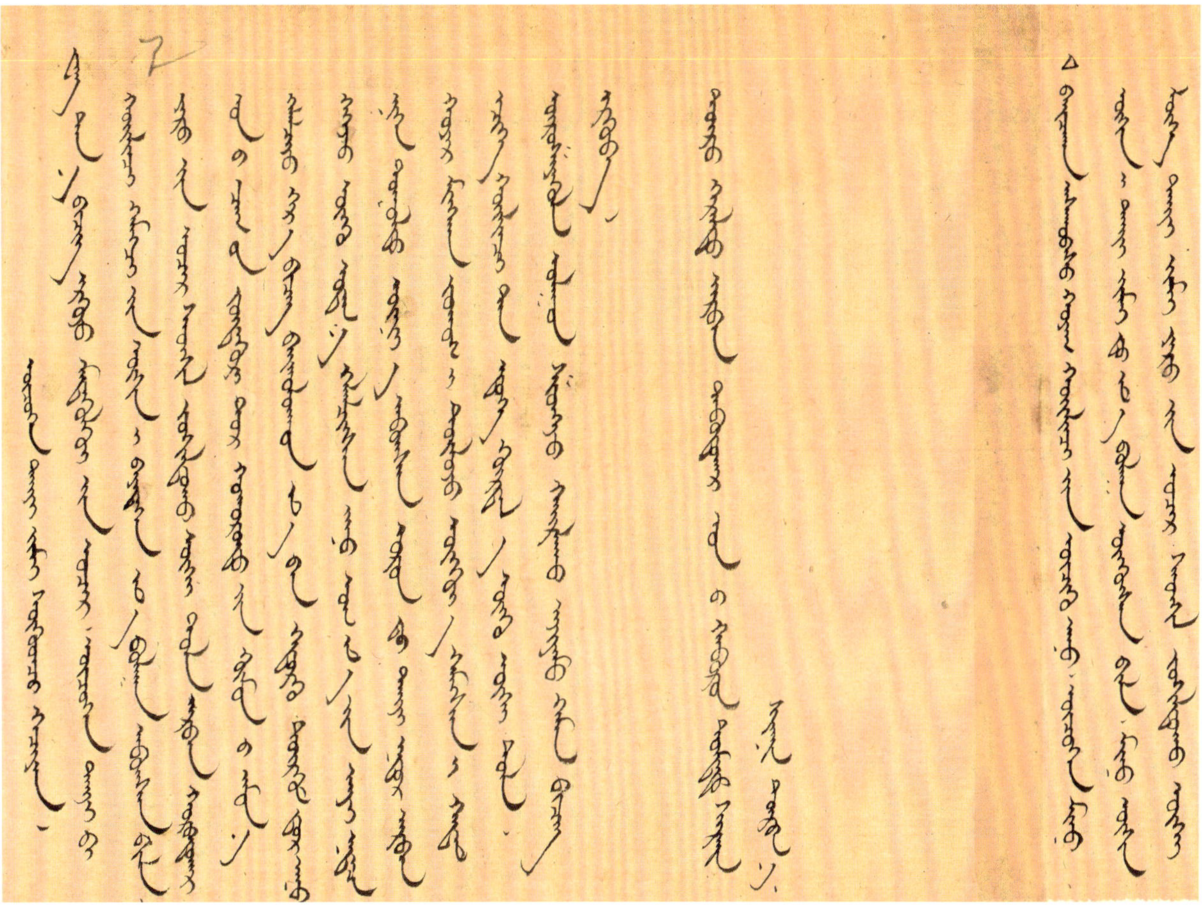

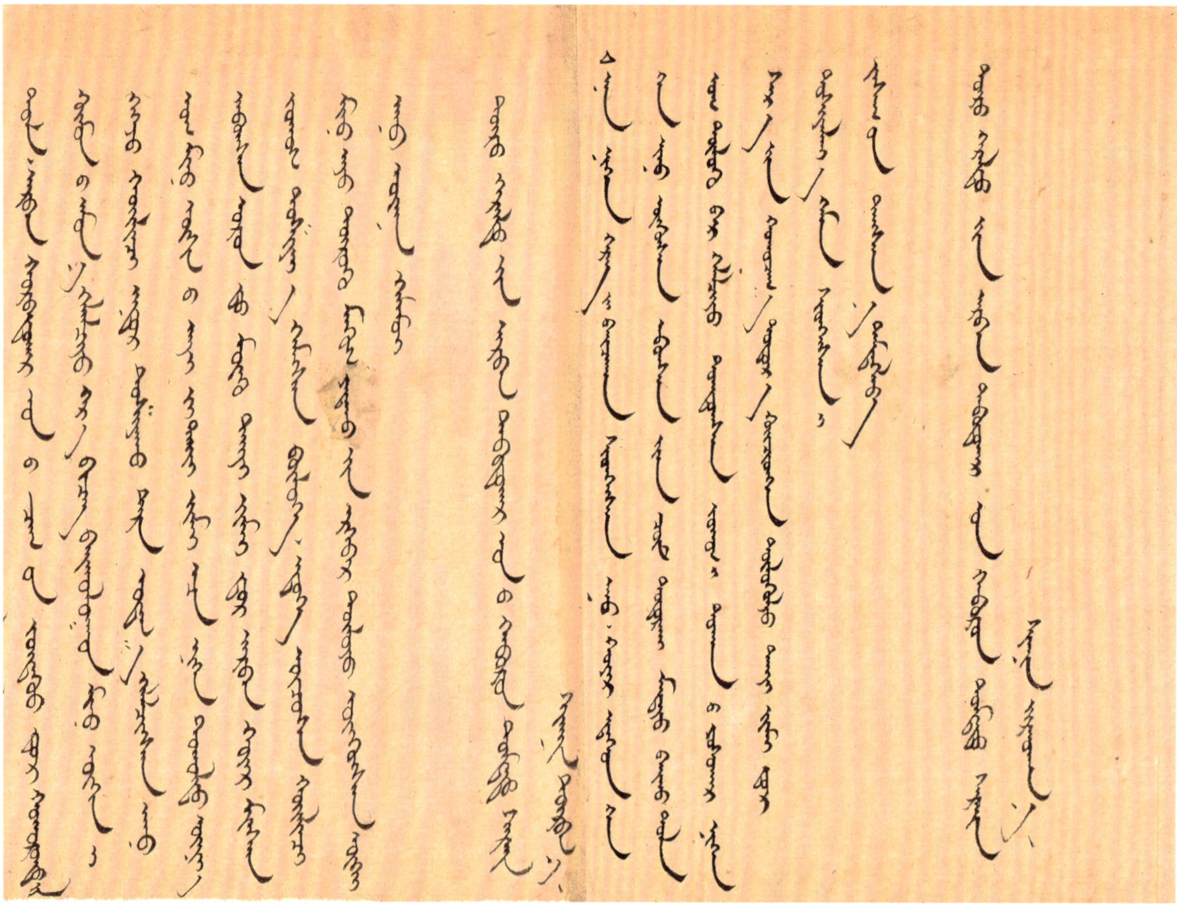

一宗诉讼案及判决纪要

之一，卑职台吉吉米下跪呈送王爷呈报之事，卑职娶辉林奇之女也。性子不和，于道光十三年，证人前立契书，休妻也。当时约定，成婚时随彩礼带犊母牛一头，现以十二千吊文赔还。但岳父食言至今不赔。王爷开恩明断。

道光十五年仲春初四日

之二，经质询，壮丁辉林奇称，吾闺女嫁给台吉吉米。台吉吉米常与闺女不和，于道光十三年，证人前立契书，休吾闺女回娘家。当时约定，台吉吉米随彩礼带犊母牛一头，现赔台吉吉米十二千吊文之。如今，鄙人辉林奇生活窘迫，无力偿还属实也。

道光十五年仲春初四日

之三，判案如下：双方借贷事实清楚。照契约如数偿还。一月之内，赔款如数交给台吉吉米。札萨克处记录备案。

道光十五年仲春初六日

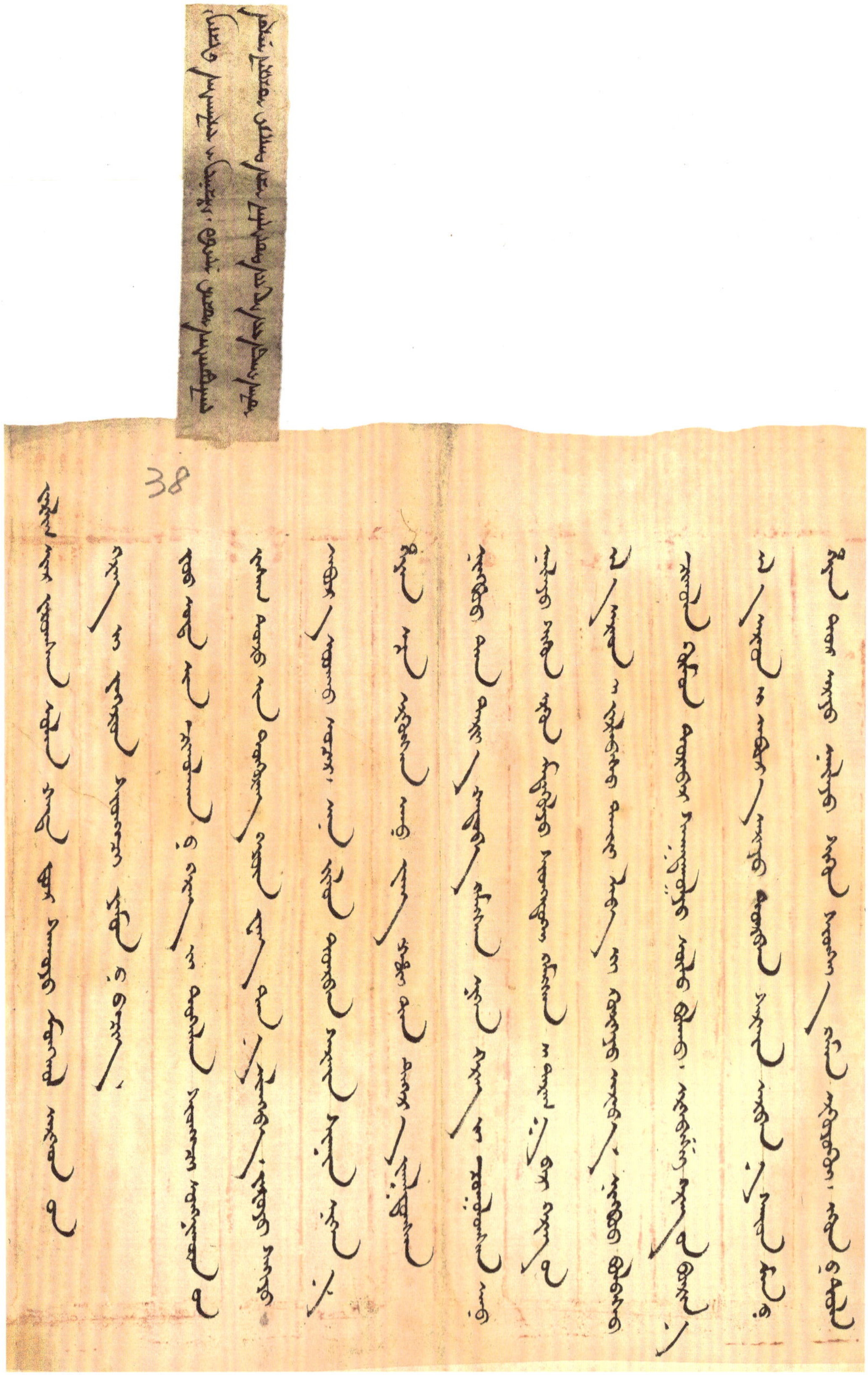

155 钦命驻乌兰哈达蒙民事务大臣为提审涉案当事人札翁牛特札萨克郡王文(道光十五年四月初八日)

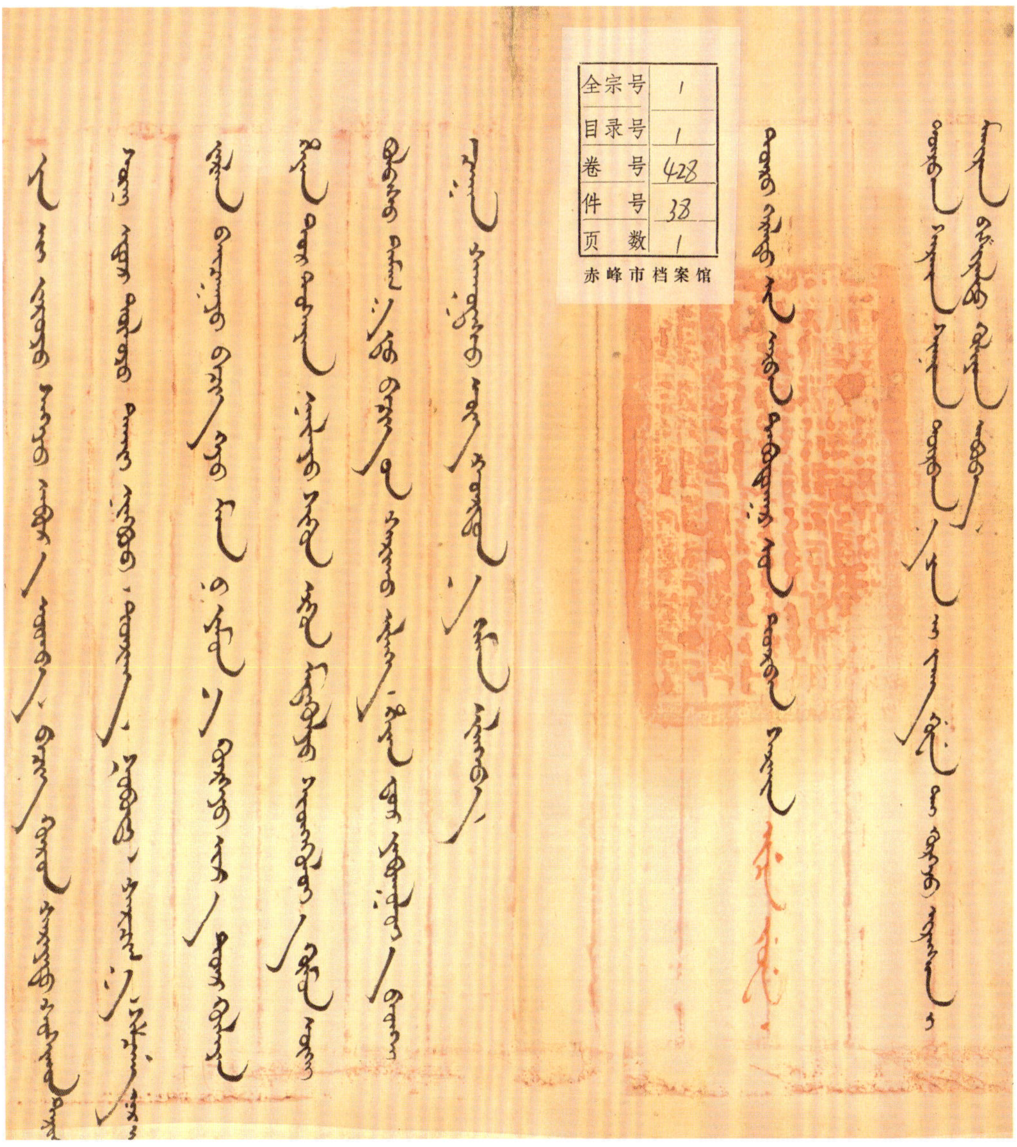

钦命驻乌兰哈达蒙民事务大臣为提审涉案当事人札翁牛特札萨克郡王文

钦命驻乌兰哈达蒙民事务署文。札付协办昭乌达盟事务之翁牛特札萨克多罗杜棱郡王：提回涉案人之事。

本年四月初一日赤峰县呈称：张惠潭上诉宁布盗割其庄稼一案，传唤涉案人联判时只传来台吉拉布，但宁布为主谋，不得缺席。呈请传唤所有涉案者，于四月十日送至本县衙联判。等语前来。

为此，本署派衙役提回涉案者。文到，所属旗连夜传唤台吉宁布、都楞、舒布台、哈日查噶、斯琴，押送至本衙门，以备与县衙联判。如未见人，回官文为证，不得拖延。

此札。

道光十五年四月初八日

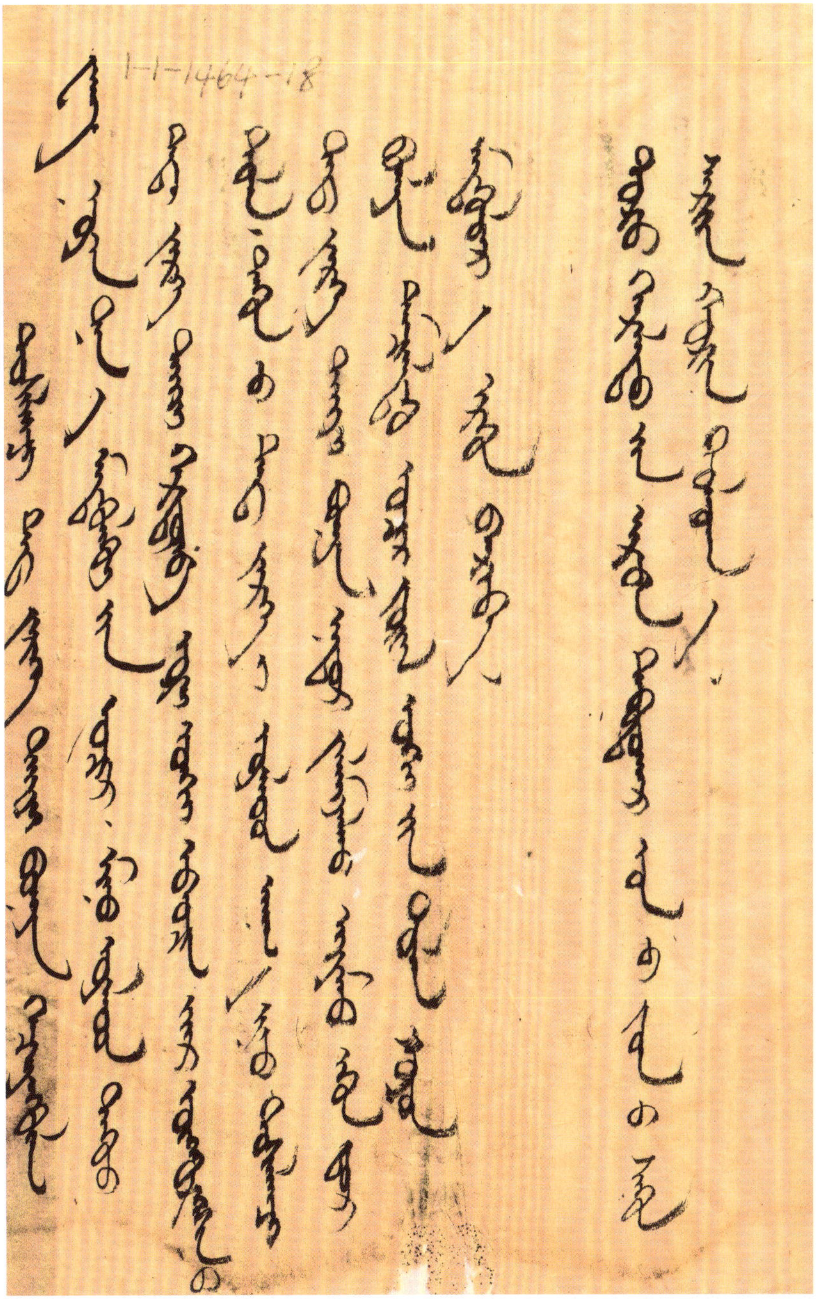
1-1-1464-18

协理台吉包尼亚为沿袭台吉爵位事呈王爷文

协理二等台吉包尼亚呈报王爷：禀报之事。

本人堂弟二等台吉戈尔丹扎布病故，无子，呈请其空位沿袭给其堂兄协理二等台吉包尼亚本人，无其他争位之人。

为此呈报。

道光十五年末夏二十七日

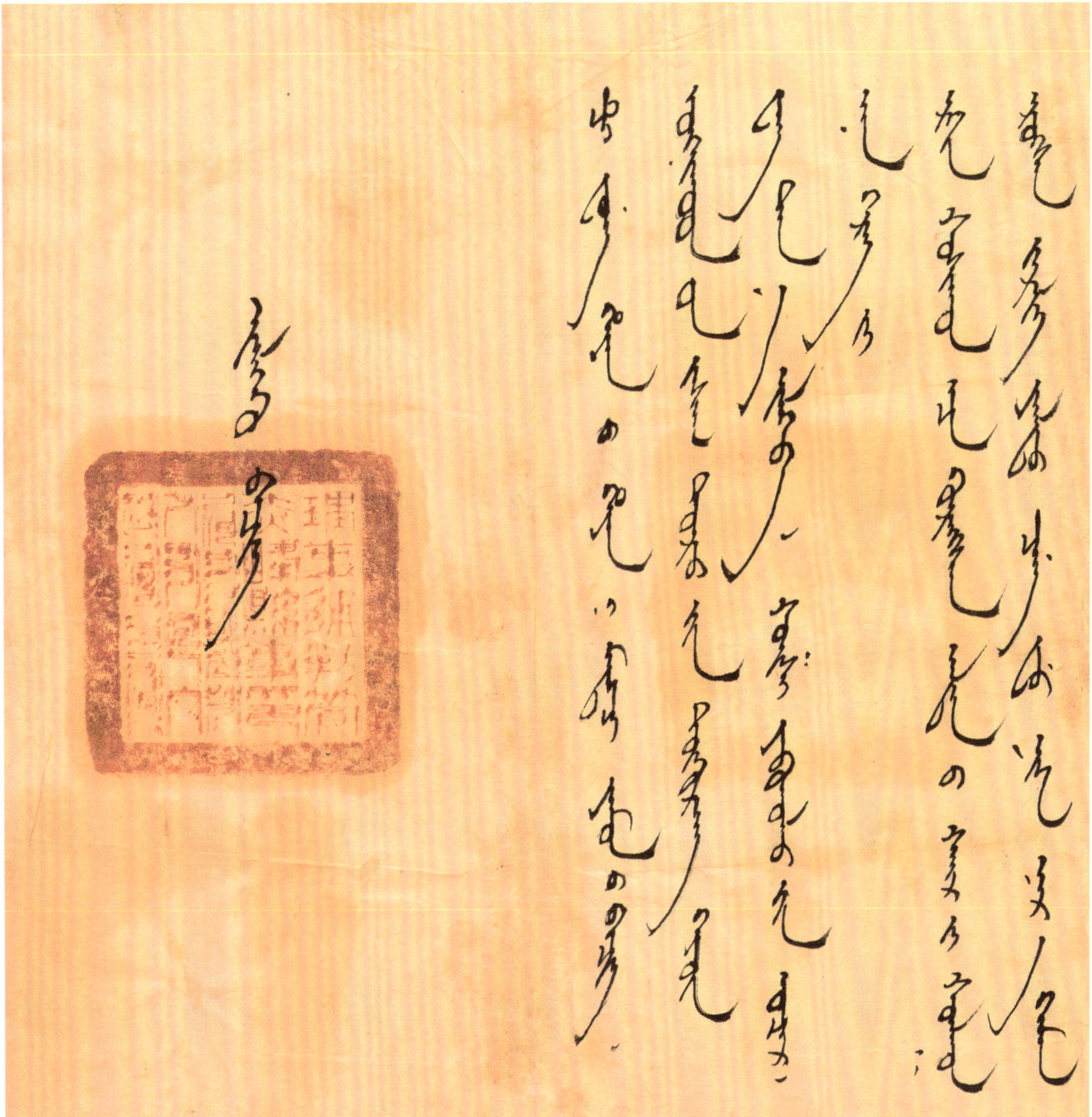

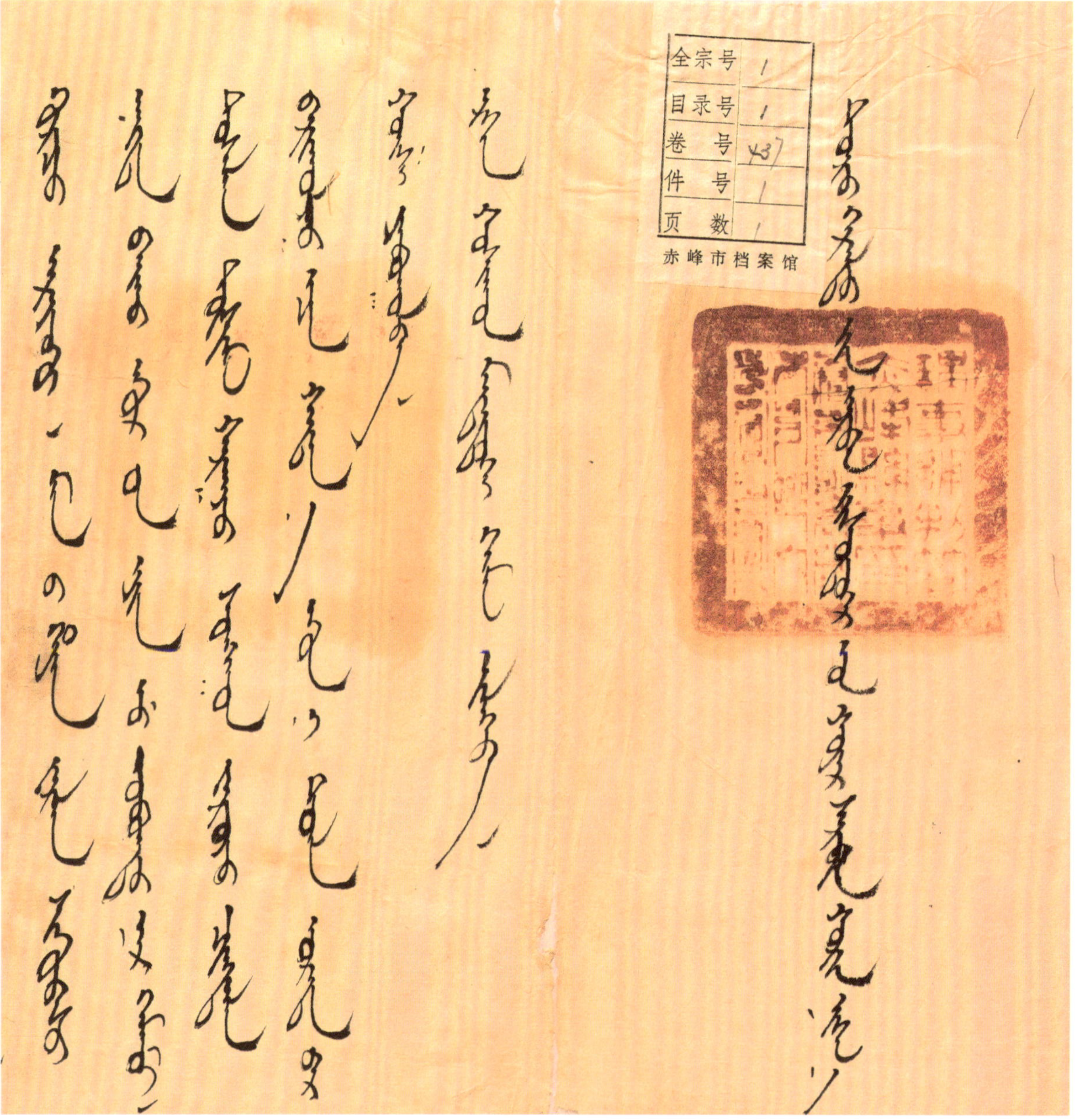

全宗号	1
目录号	1
卷　号	437
件　号	1
页　数	1

赤峰市档案馆

赤峰县县知为盗挖金矿案犯事回咨翁牛特札萨克郡王文

赤峰县县知文。咨翁牛特札萨克多罗杜棱郡王：回咨之事。本县审理贵旗押送之盗挖金矿案犯程富时，供出同伙银氏和吴氏。本县衙指派官兵缉拿案犯外，回咨贵旗。

道光十九年二月二十一日

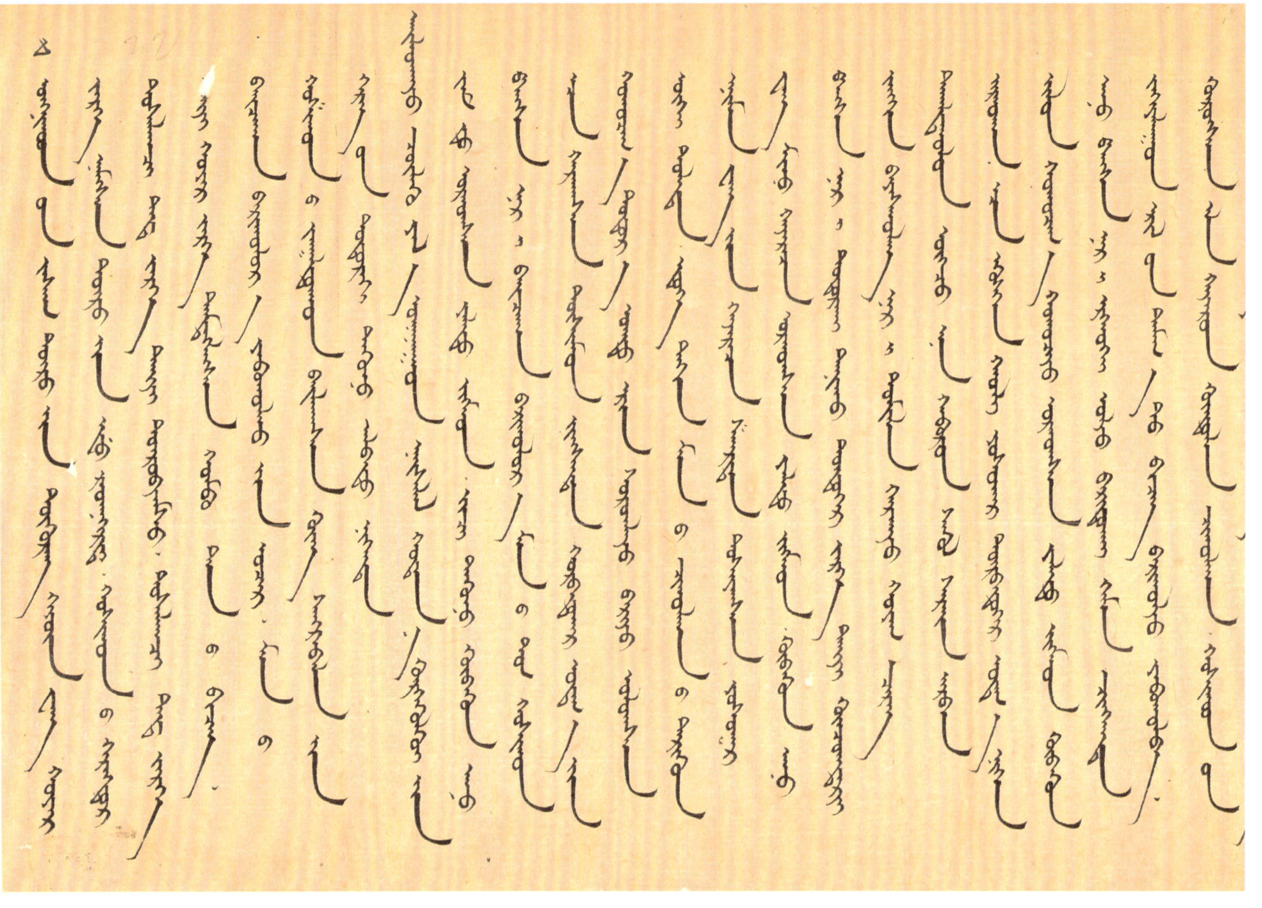

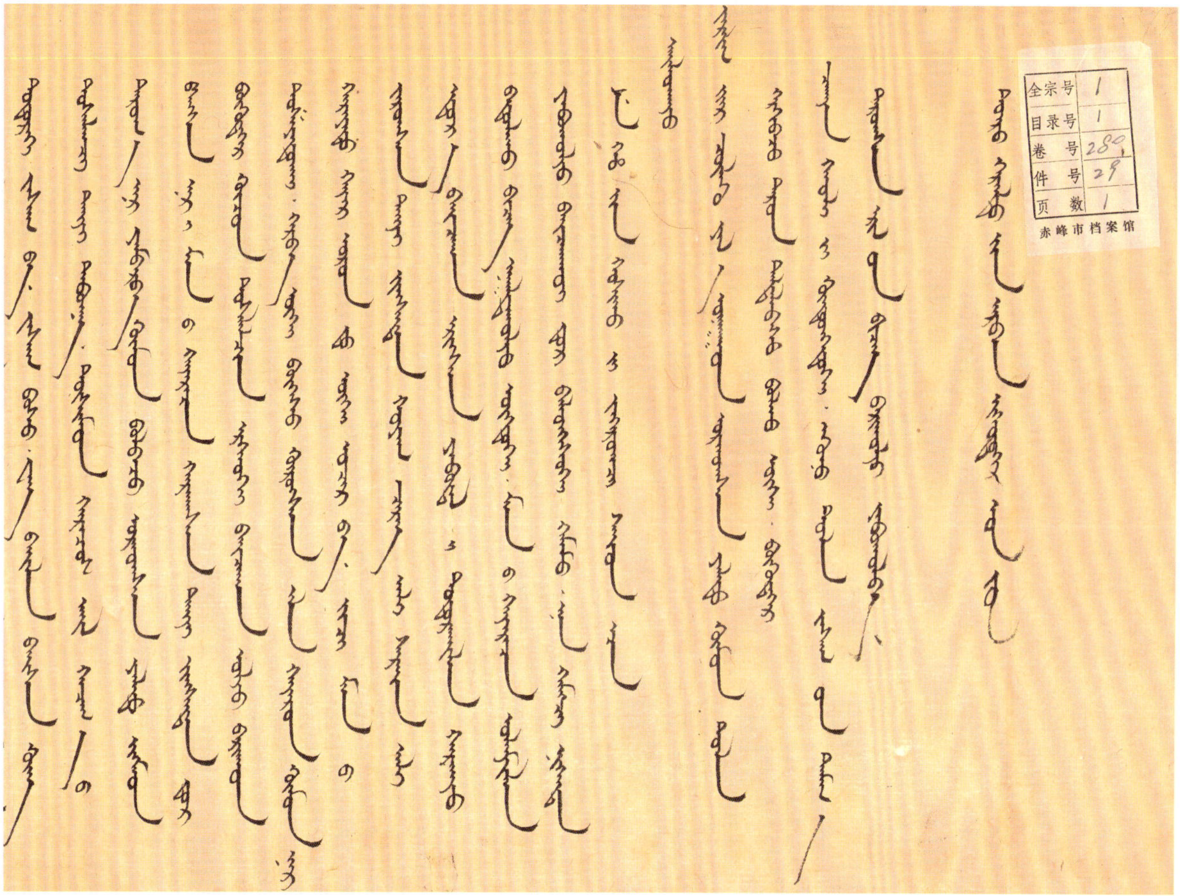
全宗号 1
目录号 1
卷号 280
件号 29
页数 1
赤峰市档案馆

翁牛特札萨克郡王等为缉拿逃犯事禀告诸盟会文

翁牛特札萨克多罗杜棱郡王加二级多罗额驸拉德纳嘎如迪，协办旗事务二等台吉东日布扎木苏、协理二等台吉记二级官布文。禀告诸盟会：协查之事。

本旗公桑嘎巴拉案之当事人阿拉巴图吉格木德及其子庞飒被判流放罪后，在押送京城途中逃脱。本旗指派官吏三次追捕未果。兹有，奉盟长奈曼王指令，本王府派遣熟知逃犯吉格木德及其子庞飒之四等台吉关其格道尔吉、章京白斯古楞，配备官兵，于本年末春十六日开始，限期一年第四次追捕吉格木德及其子庞飒。所到诸盟、札萨克、贝勒、贝子、公、台吉及平民百姓全力协助本处派遣之官差，捉拿逃犯吉格木德、庞飒。如无此人，出具所辖地区无此人以及指派台吉、兵丁哪月哪日追查等事之保呈说明。此等人为热河都统处判流放之重犯，不得窝藏。

至此，致钤札萨克印之文。

道光十九年夏

钦命驻乌兰哈达蒙民事务大臣为索要被盗马匹事札翁牛特札萨克郡王文(道光二十一年十月初五日)

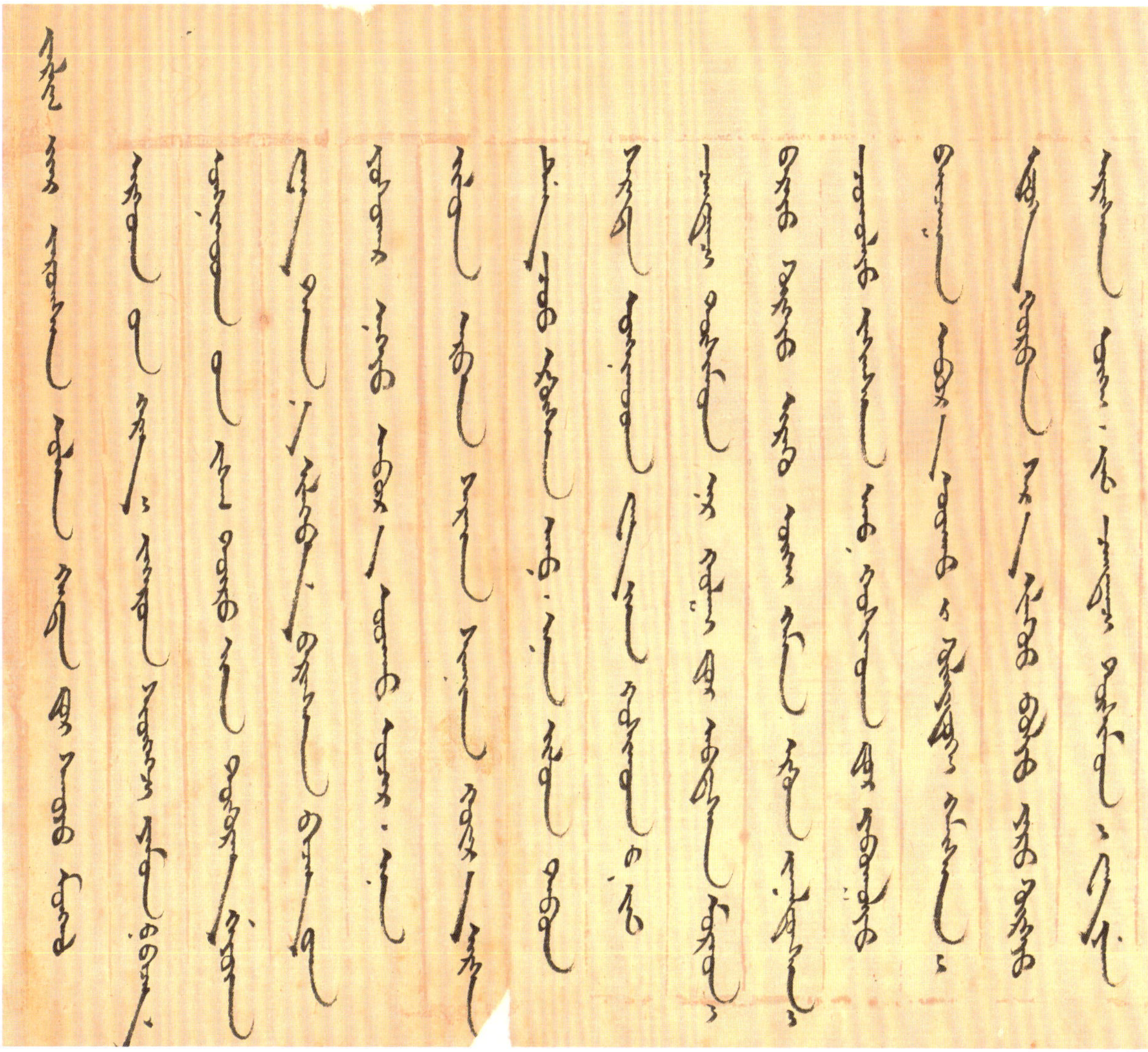

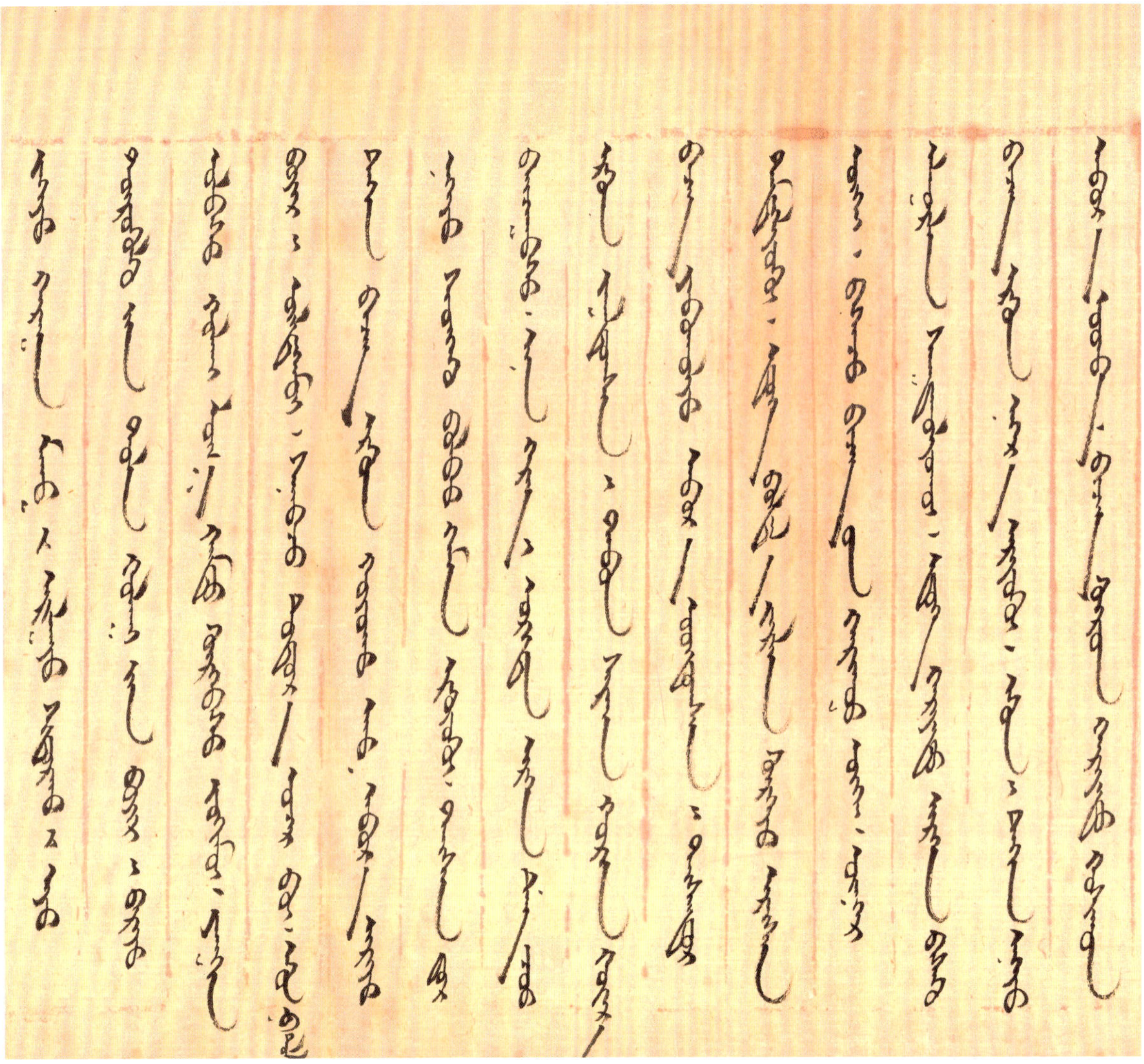

159 钦命驻乌兰哈达蒙民事务大臣为索要被盗马匹事札翁牛特札萨克郡王文(道光二十一年十月初五日)

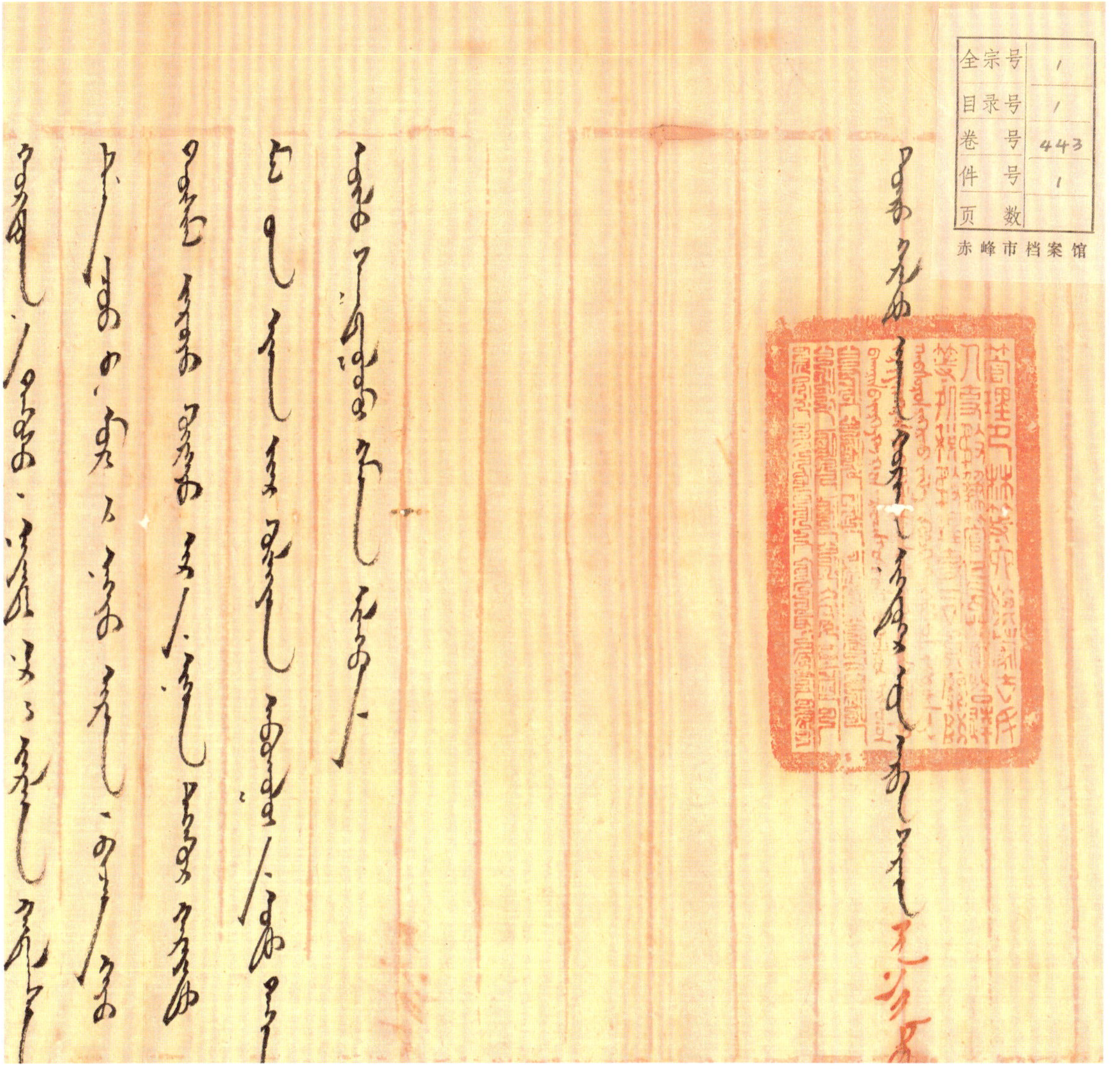

钦命驻乌兰哈达蒙民事务大臣为索要被盗马匹事札翁牛特札萨克郡王文

钦命驻乌兰哈达蒙民事务署文。札付翁牛特札萨克多罗杜棱郡王：行札催要之事。

今年十月初二日唐超呈称，今年五月，翁牛特王旗巡路官未还被盗马匹。本衙门批复，等贵旗查清遣返。现已过三个多月，未见遣返被盗马匹。巡路官员应除恶扬善，如缉拿赃物，应与盗贼一同遣返才是，何有留下赃物之理，其中必有蹊跷也。因此，再呈文，追查为盼。等语前来。本署查档册，唐超呈诉状，本署于五月二十二日行札索要赃物也。但至今未有遣返，也未有官文，确有耽误。知谕，所属百姓又呈状索要被盗马匹。故再行札催要被盗马匹。文到，所属旗即刻传唤特古斯、那音太，派官吏携官文遣返唐超之被盗马匹，交给失主。不得延缓。

此札。

道光二十一年十月初五日

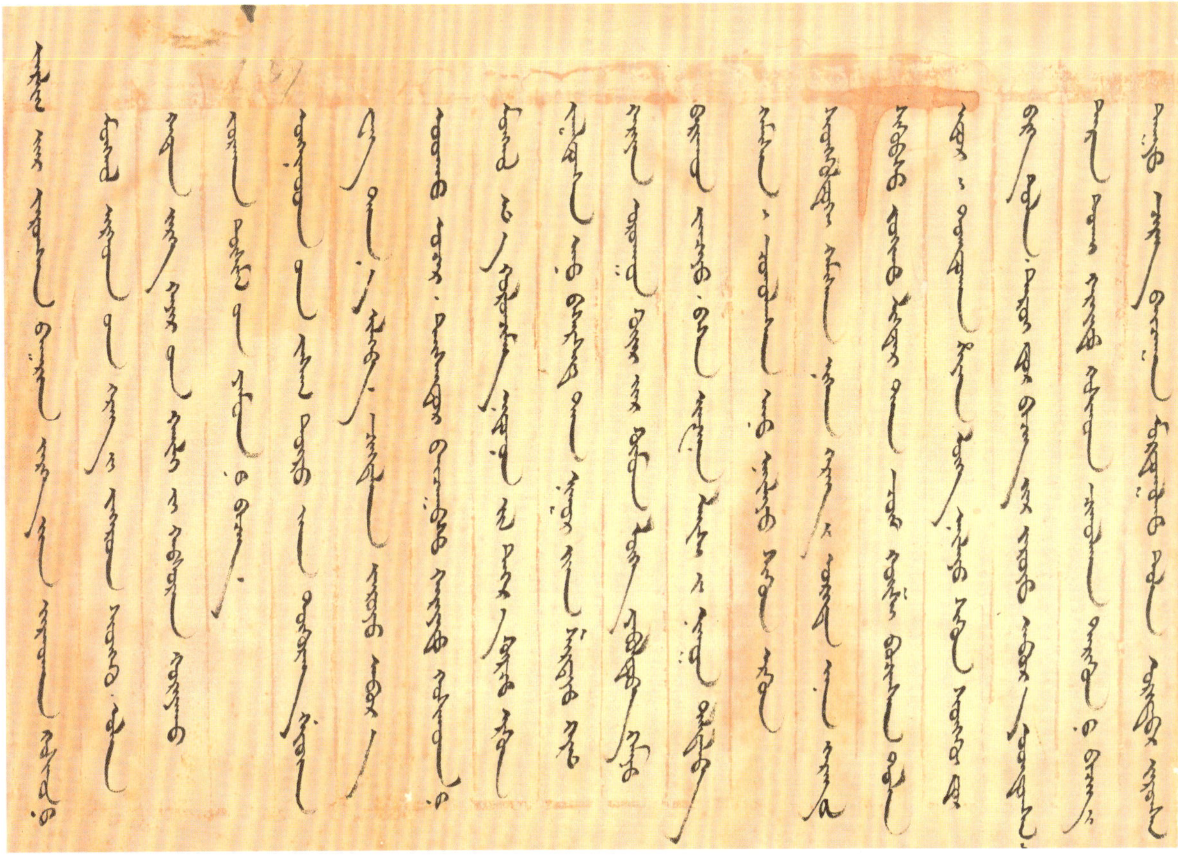

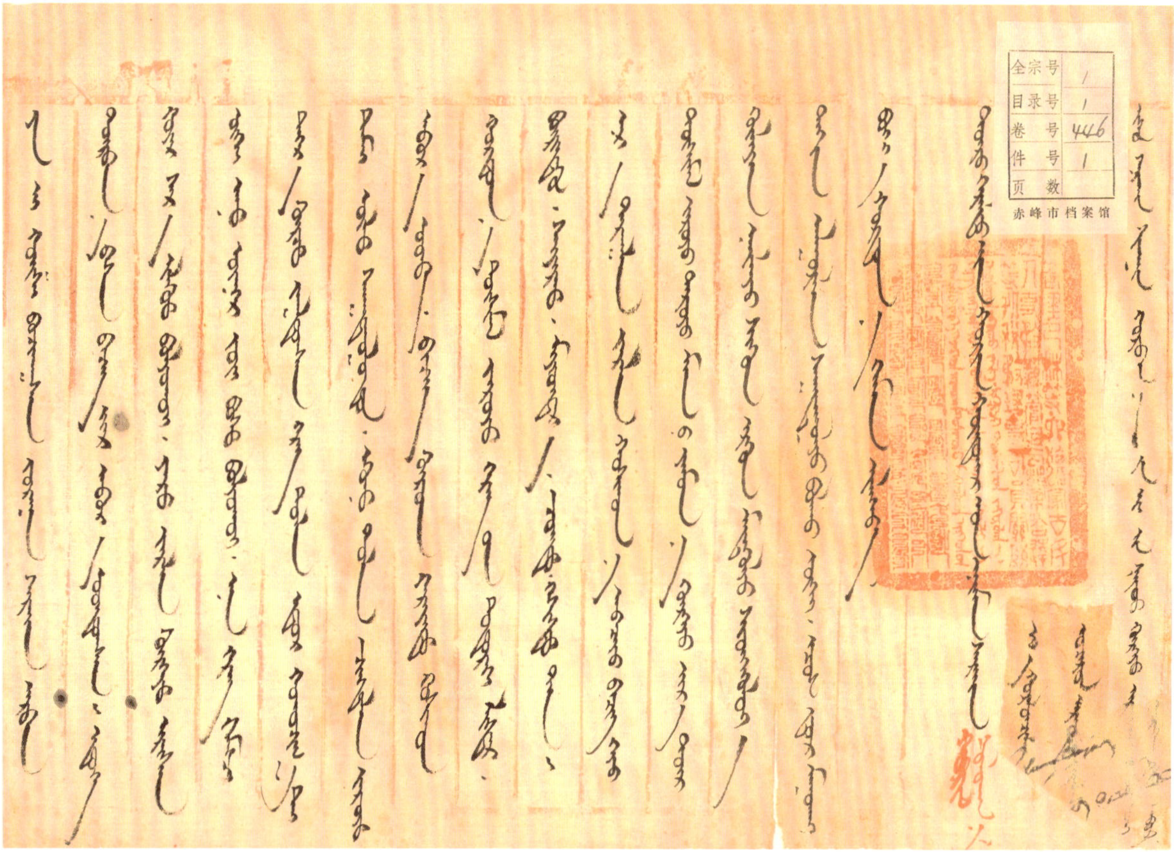
全宗号 1
目录号 1
卷 号 446
件 号 1
页 数
赤峰市档案馆

钦命掌管巴林等六旗蒙民事务署为传唤涉案当事人札翁牛特札萨克郡王文

钦命掌管巴林等六旗蒙民事务及协办乌兰哈达等地征税事务衙门文。札付翁牛特札萨克多罗杜棱郡王：札饬传唤之事。

经查，所属旗蒙古妇女浩日罗其木格去年呈状称：巴斯尔斯迪跳墙入户，诬陷本人与人私通，大打出手，还诬陷本人藏匿莱西。等因前来。据查，本案应与县衙联判才是，但涉案人灵特尔等已回原籍，难与县衙约定时间联审，故曾行札传唤。为此，所属旗遵从盟长文，派兵巡查，而前派衙役返回。六月十四日，又行札传唤，现已过两个多月，还未到案，不法也。此案为限期督办之案，不得延误。今再行札催促传唤人到案。文到，所属旗指派官吏传唤涉案灵特尔、布仁特古斯、赛吉日呼、敏珠尔达日、朝格图、贺希格图，押送至本衙门，以备联判。不得再拖延。

此札。

道光二十二年八月二十七日

161 翁牛特札萨克郡王等为遣送严判盗贼事咨赤峰县衙文（道光二十二年仲冬十二日）

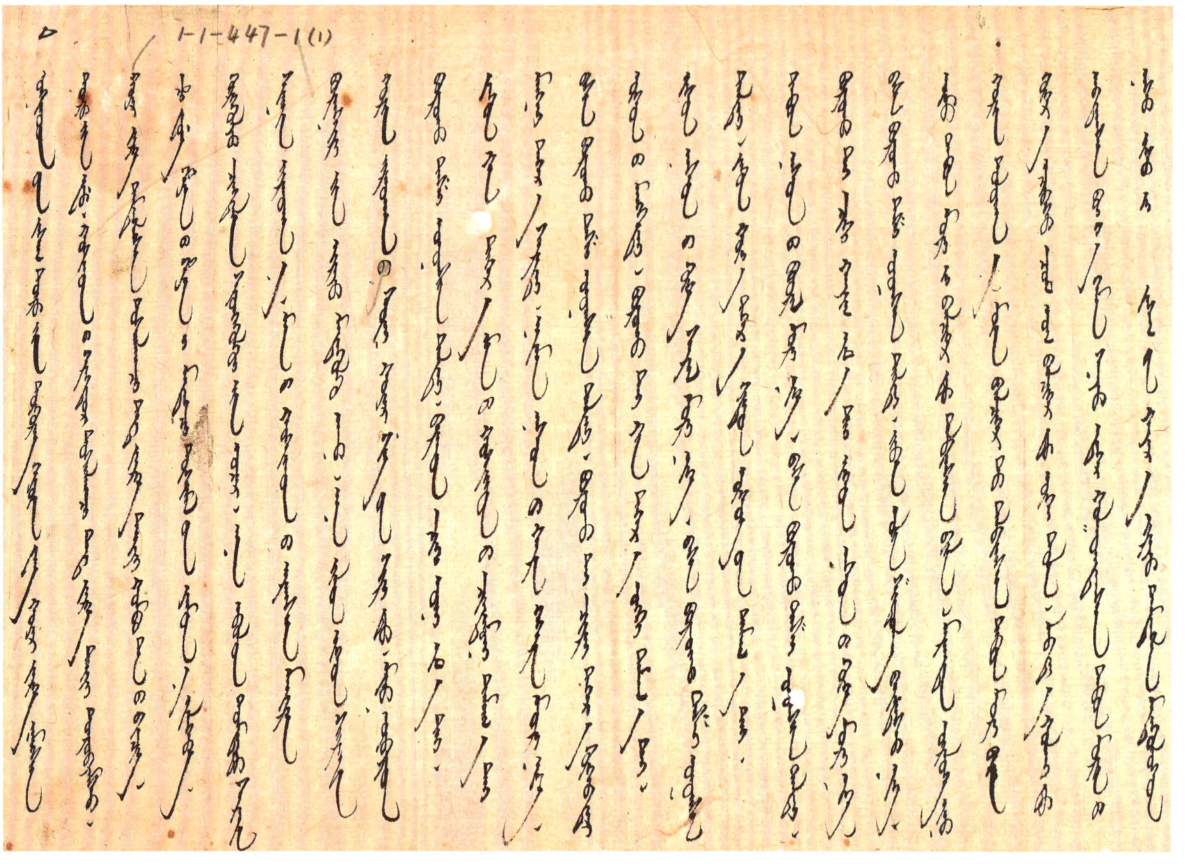

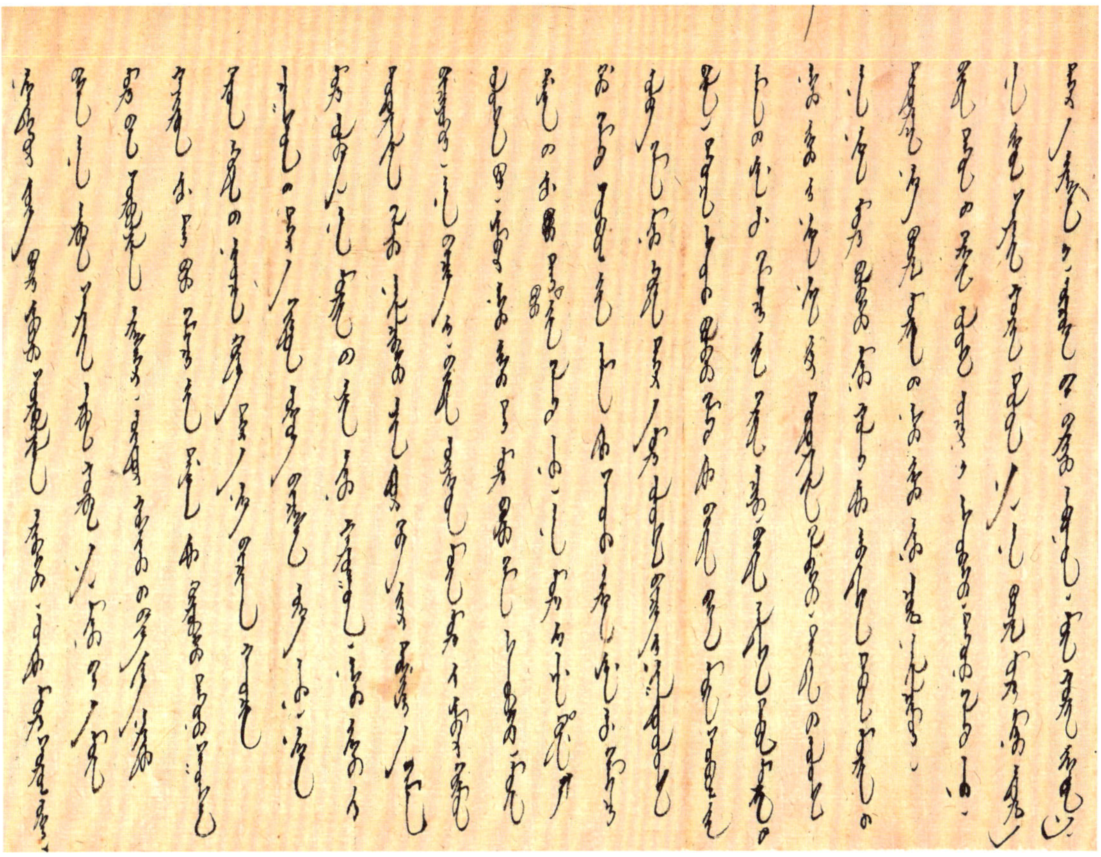

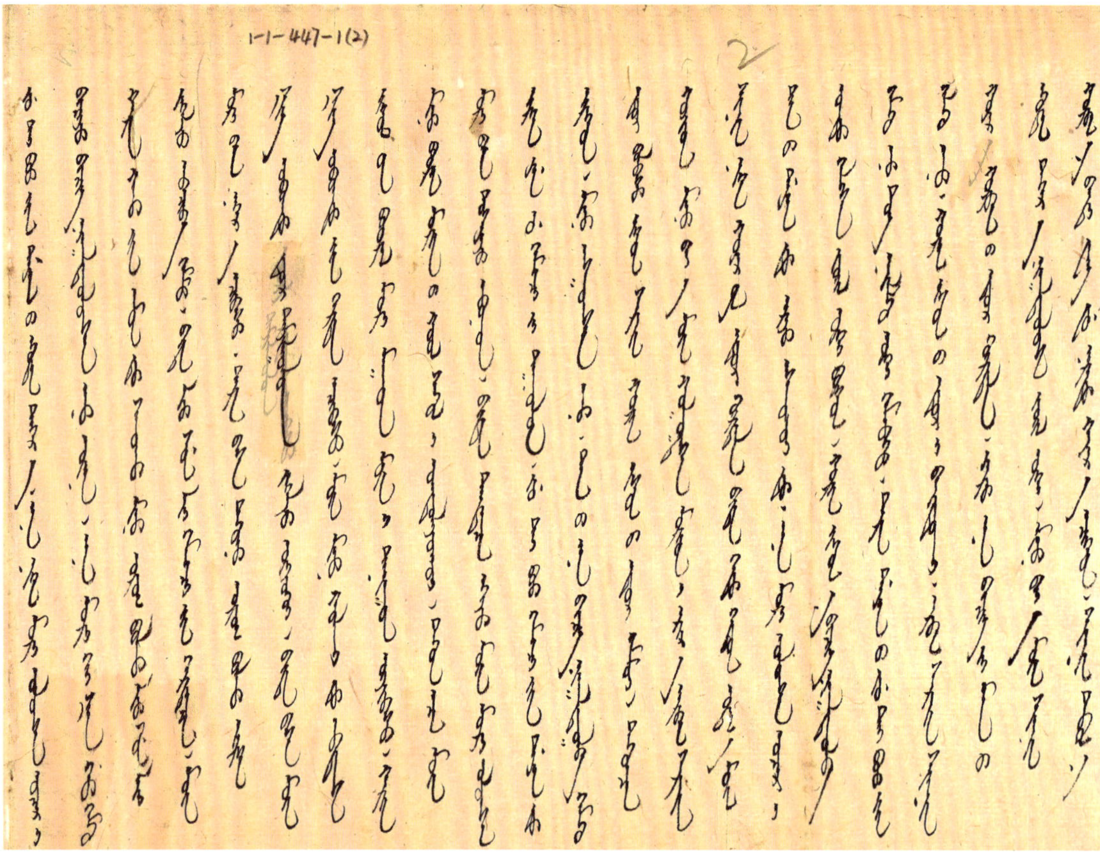

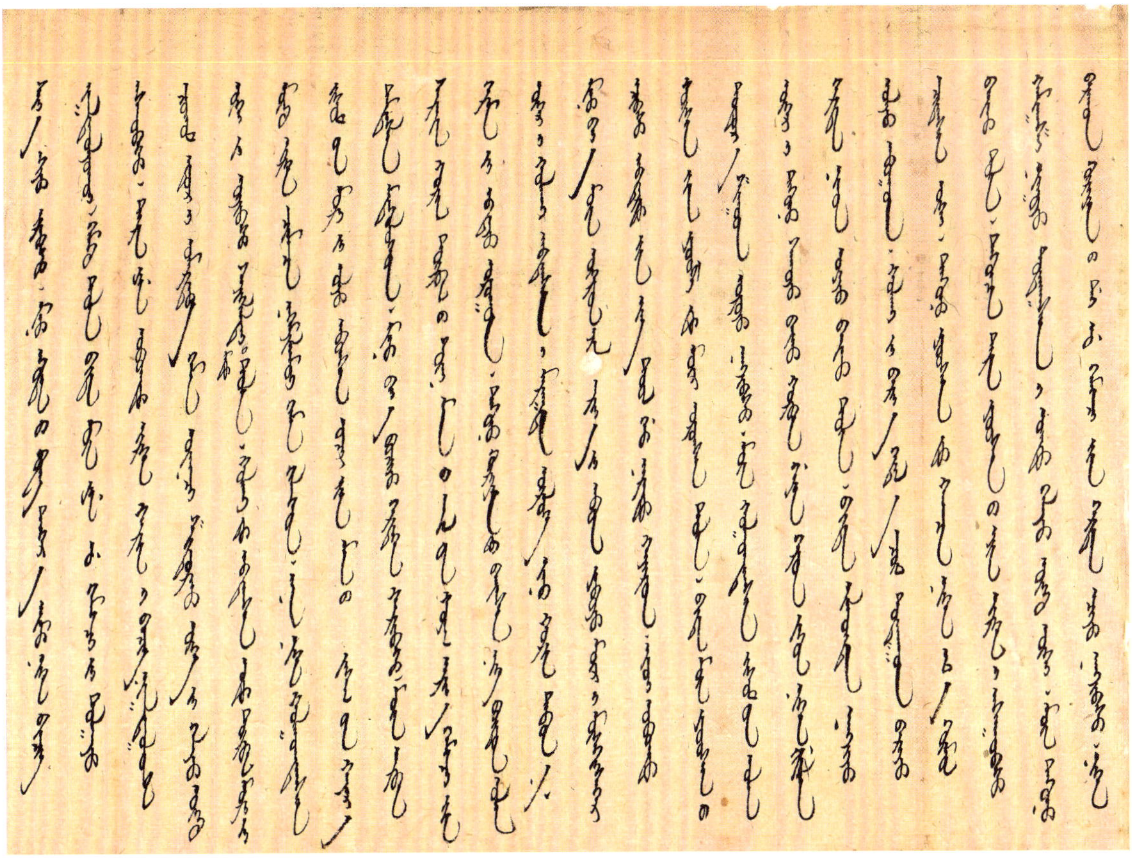

161 翁牛特札萨克郡王等为遣送严判盗贼事咨赤峰县衙文（道光二十二年仲冬十二日）

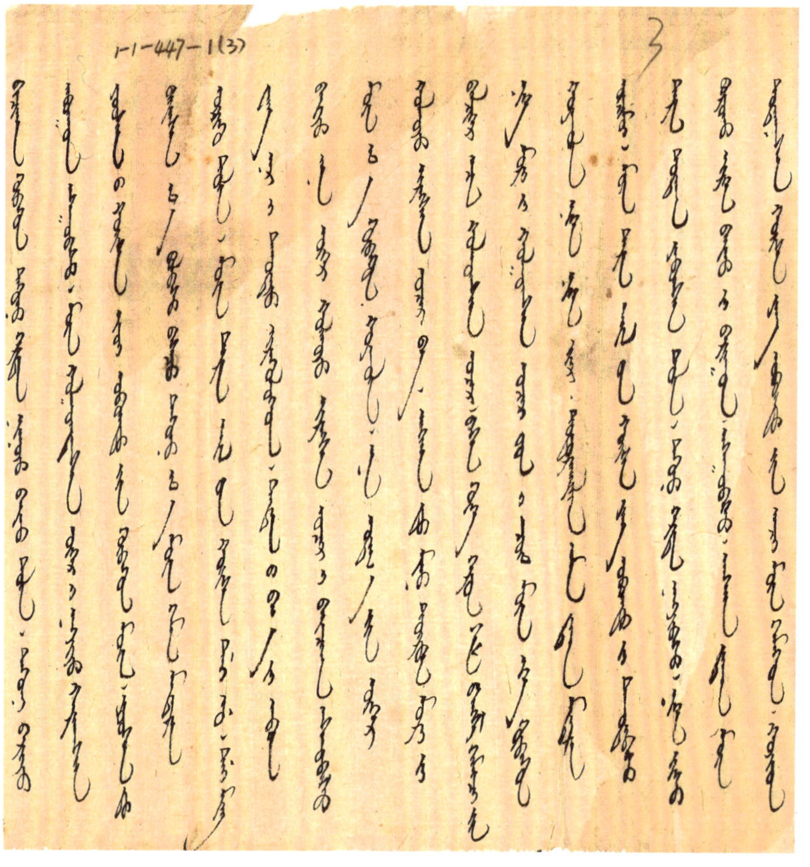

161 翁牛特札萨克郡王等为遣送严判盗贼事咨赤峰县衙文（道光二十二年仲冬十二日）

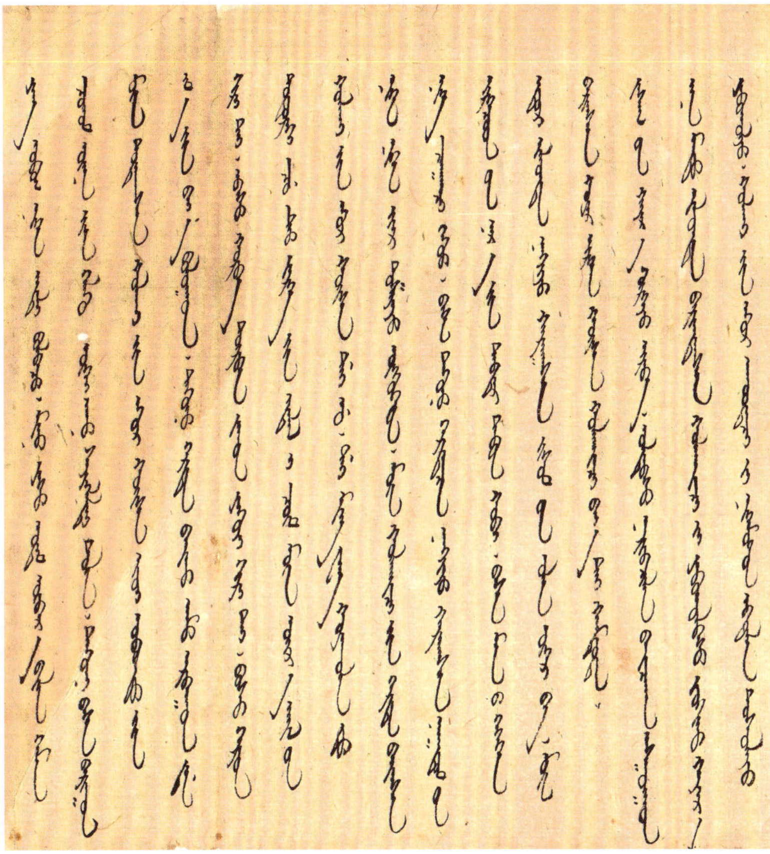

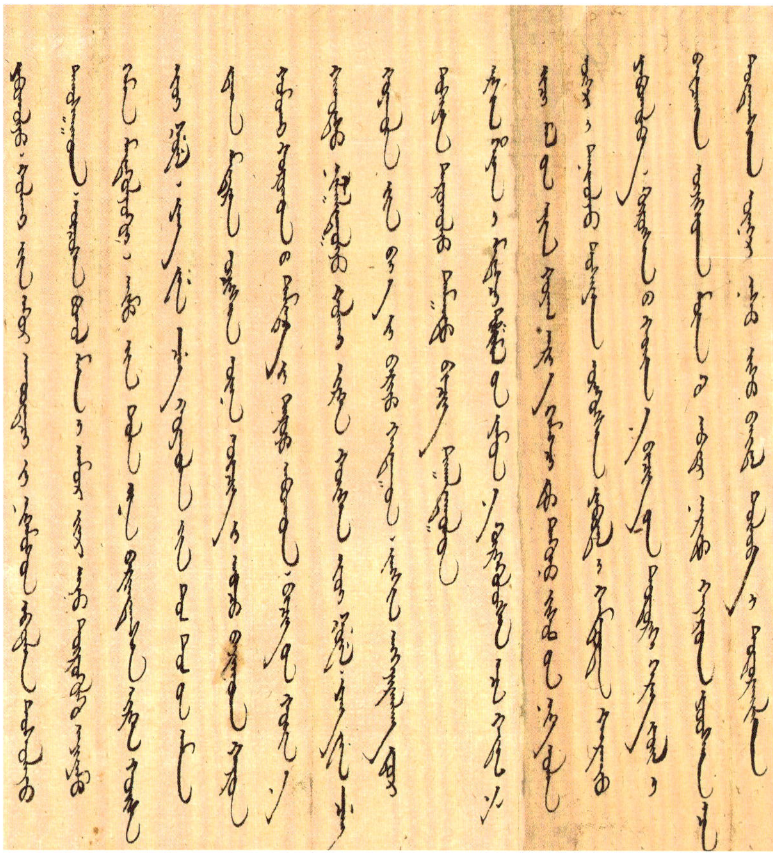

161 翁牛特札萨克郡王等为遣送严判盗贼事咨赤峰县衙文（道光二十二年仲冬十二日）

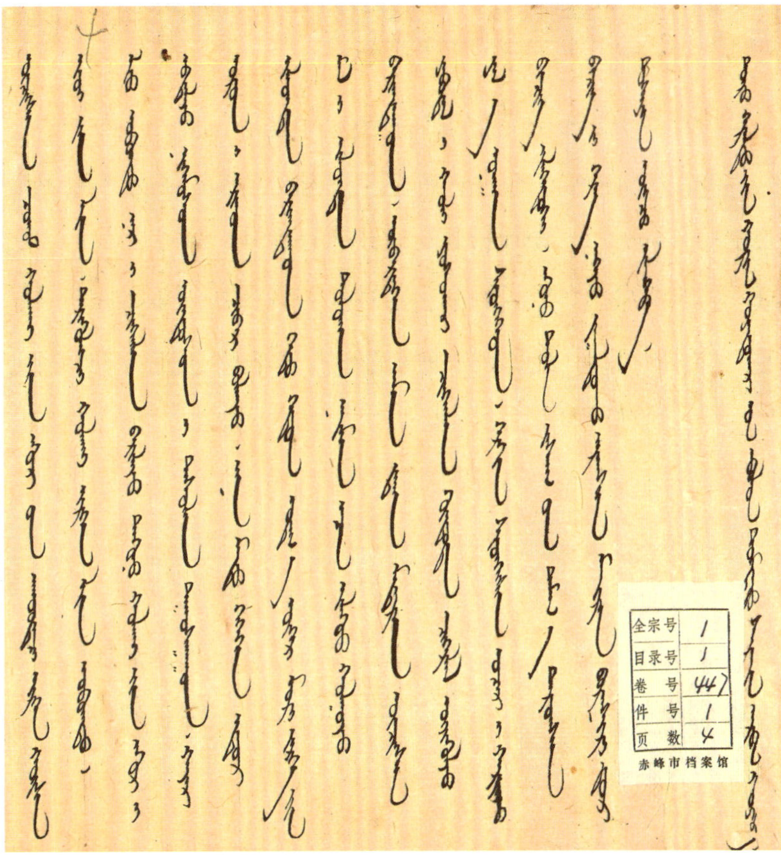

翁牛特札萨克郡王等为遣送严判盗贼事咨赤峰县衙文

翁牛特札萨克多罗杜棱郡王加二级多罗额驸，协理二等台吉东日布扎木苏、记二级协理二等台吉官布文。咨赤峰县衙：遣送严判之事。

本年仲冬初六日，本旗梅林宝日纳希理报曰，是年九月二十六日夜两更时，吾将马鬃左垂、右耳缺口剪记、左前腿烙本旗吉祥印、额头月牙白毛、八岁灰黑马，也马鬃左垂、左脸长青毛胎记、左前腿烙四方印、九岁灰白马，也马鬃左垂、左后腿烙汉字印、五岁灰青马，也马鬃左垂、左耳带剪印、九岁青马，也马鬃左垂、锈红两岁母马等五匹马放在草场上。次日，即二十七日晨，去赶回五匹马时，却不见踪影，想必被盗走。一边到衙门登记丢失马岁数印记，一边外出打听追寻踪迹，却杳无音讯。另，今年十月十三日，本人打听马讯至温都尔旗平章之地赵太保客栈时发现其家门框贴有张旧纸，上有汉字：今有一马得之，如马主出现，对出岁数印记，即还之。见字条，便问何人张贴、马有何印记。该客栈掌柜赵太保曰，家住查关溪口民人严吴所得，并在本家门口贴此条，可问他本人。吾等即刻至溪口处严吴家。说明所失五匹马之岁数印记，得知此一马正与吾等丢失五匹马之一灰青马之特征吻合。吾等问及如何得来。曰，是年九月二十七日，此匹青马跑至吾打场，本人抓获，二十九日在赵太保客栈门口张贴字条也。但，该马已被家住黑山口吾亲家刘孙立借走。吾等至刘孙立家追问。曰，马被邢氏亲家转借走也。吾等再至邢氏家，认出此马即为被盗青马也。再看，马尾巴被剪之。吾等接马，与捡马民人严吴一起返回至赵太保处。吾问，尔门口贴条为九月二十九日，吾等十月初一、初二日寻马到客栈几回，当时询问为何只字不提捡马之事，九月二十九日贴条不符常理。客栈赵太保曰，何岂九月二十九日贴条，连十月初二、初三都未曾贴上。本人初三日去班弟王府地方，初五日回来，门框上才贴有此条。吾等质问严吴，曰，已不记得何时贴条。说话不实，可疑也。于是乎，吾等撂话其余被盗马也干系尔等。同时至札萨克处报找回一匹马之事，即回家也。不料，十月二十四半夜，盗贼拆开本营子壮丁阿日亚围墙，偷走一头大红牛。次日晨，即二十五日，本人与牛主阿日亚一起追踪牛迹至阿布达尔图樱桃沟宇氏院落。吾等直入院落查看，发现被盗红牛就拴置于三间房屋东侧一间。吾等想来个人赃俱获，疑犯却逃之夭夭。其院只见一妇女，向其何等追询也不肯告知宇氏逃跑方向也。便至西院泰武家搜查，见一小男孩藏其家中，便质问才知搜出牛之院主为其爹宇氏，留院者便为宇氏老婆也。吾等招呼该村泰武、泰明旺等。当众质询母子俩宇氏偷牛之事。母子承认此次盗牛之事，及此前偷来过四匹马，还偷过呼和格日巴士家一匹马等偷盗事。再招呼本村杨氏，其人已逃跑。搜查其家，有位陌生民人。逮其质询才知，为杨氏侄子。却狡辩称，虽姓杨，但非骨肉之亲，拒说实话。遂带走杨氏及宇氏老婆，还有其粮米十余石、草料三四百捆及锄头等农具一同交至盗贼同伙邻村泰武、泰明旺俩看护。押解盗贼家灰白母马一匹、搜出赌徒名单五本、本人红牛及抓获之两贼，一同送至衙门处。此等人赃俱获之案，应该打入牢房，捣毁贼窝，使吾等安居乐业才是也。

为此，将被抓盗贼宇顺之笔录、杨范成之口供，画押并附于呈文后。上板锁于贼民宇顺、杨范成，由章京恩和吉日嘎朗押送至贵县衙处。另，还失主壮丁阿日亚红牛一头，也记录在案。文到，贵县严加追捕已知贼民阿布达日地宇瞻林，贼首林氏、刘氏，捣毁其贼窝，还一方平安。甚者，光天化日之下屡屡盗牛偷马，数量七八，人赃俱获之事，应依例严惩，治于重罪。望复官文告知。

至此，官文交至梅林宝日纳希理呈送之。

道光二十二年仲冬十二日

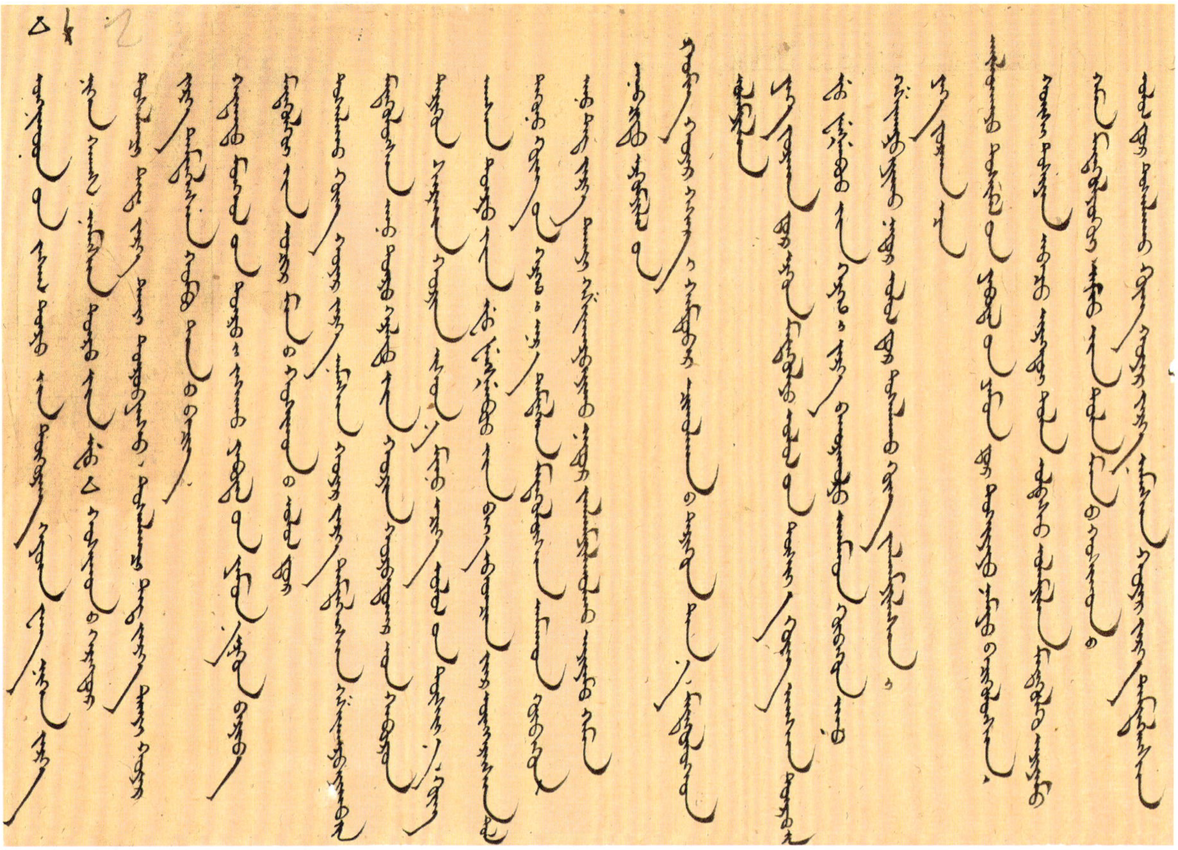

162 翁牛特札萨克协理为沿袭爵位事呈理藩院文（道光二十三年末冬二十日）

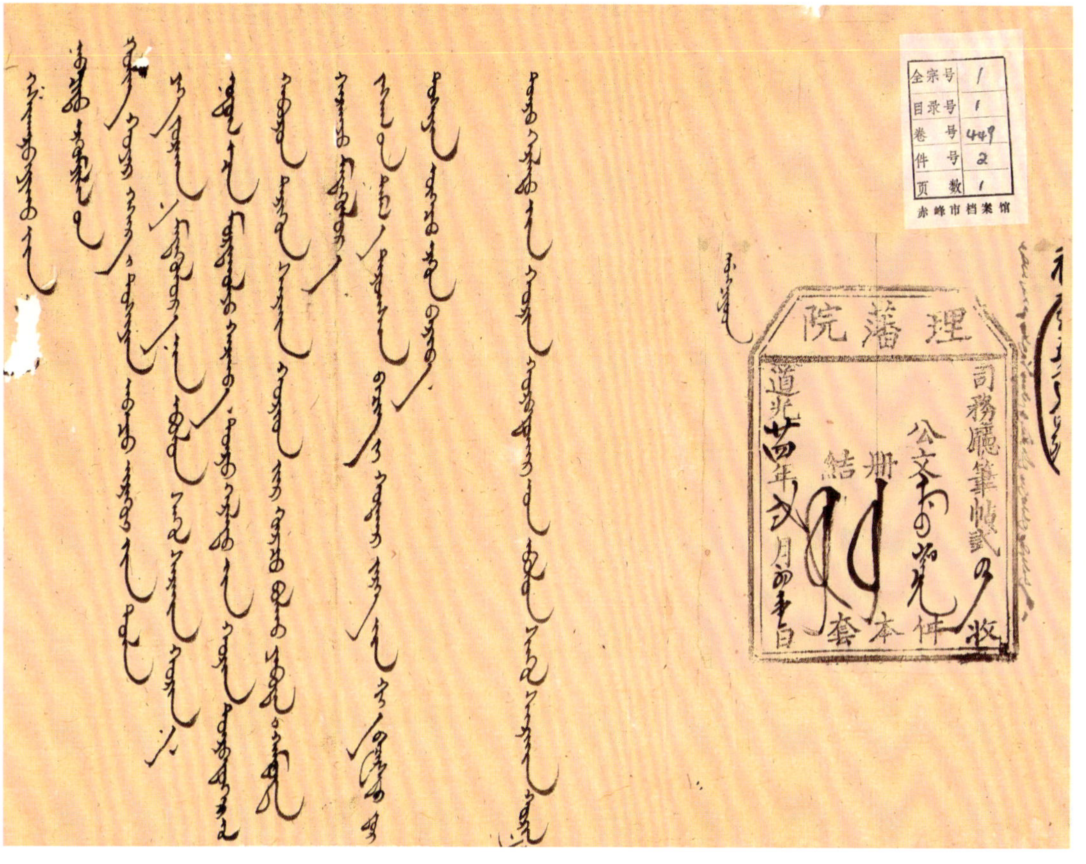

翁牛特札萨克协理为沿袭爵位事呈理藩院文

翁牛特札萨克多罗杜棱郡王加一级记半级多罗额驸旗协理二等台吉东日布扎木苏、协理二等台吉记二级官布文。呈送理藩院：呈报之事。

本旗辅国公记二级贺西格阿日毕吉呼称呈，道光二十三年初春二十九日，吾父，原镇国公多罗额驸旺桑布因病去世。呈请吾父之空位沿袭其登册呈报之长子二等台吉贺西格阿日毕吉呼本人。为此，通过盟长王爷，转呈至大部，原镇国公多罗额驸旺桑布空位降级为镇国公，沿袭其长子贺西格阿日毕吉呼本人。等语。

本旗所知，此事大部已呈送至吏部处登记注册，封册却未到也。故为领取镇国公加二级记二级贺西格阿日毕吉呼册封本两件，于本年末冬二十日，派官差启程。预计道光二十四年初春二十日前后到京。三等侍卫毕其格图携钤印之官文前往。

道光二十三年末冬二十日

163 翁牛特札萨克郡王等为发放老兵抚恤金事呈盟长奈曼札萨克郡王文（道光二十六年初冬二十六日）

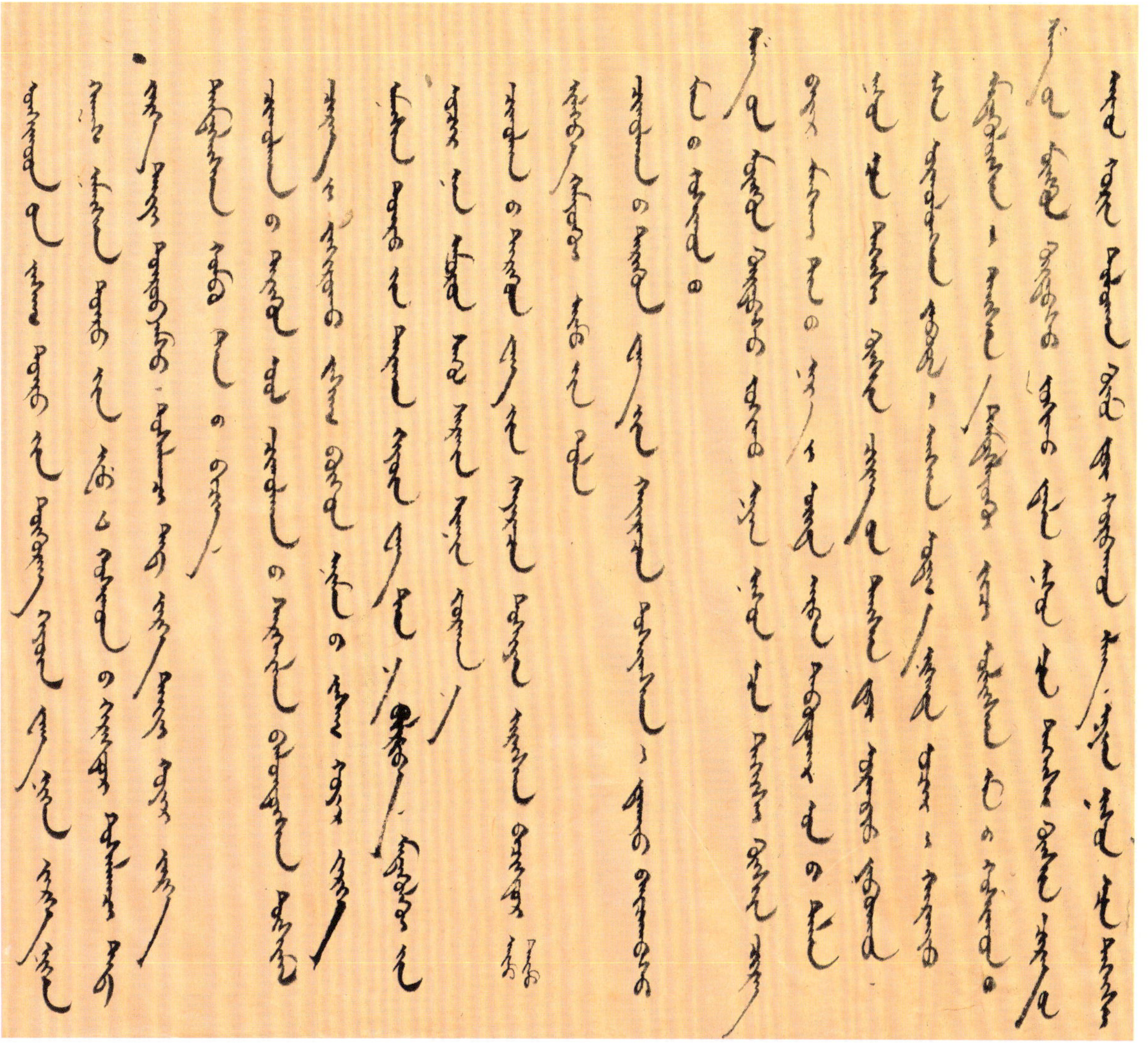

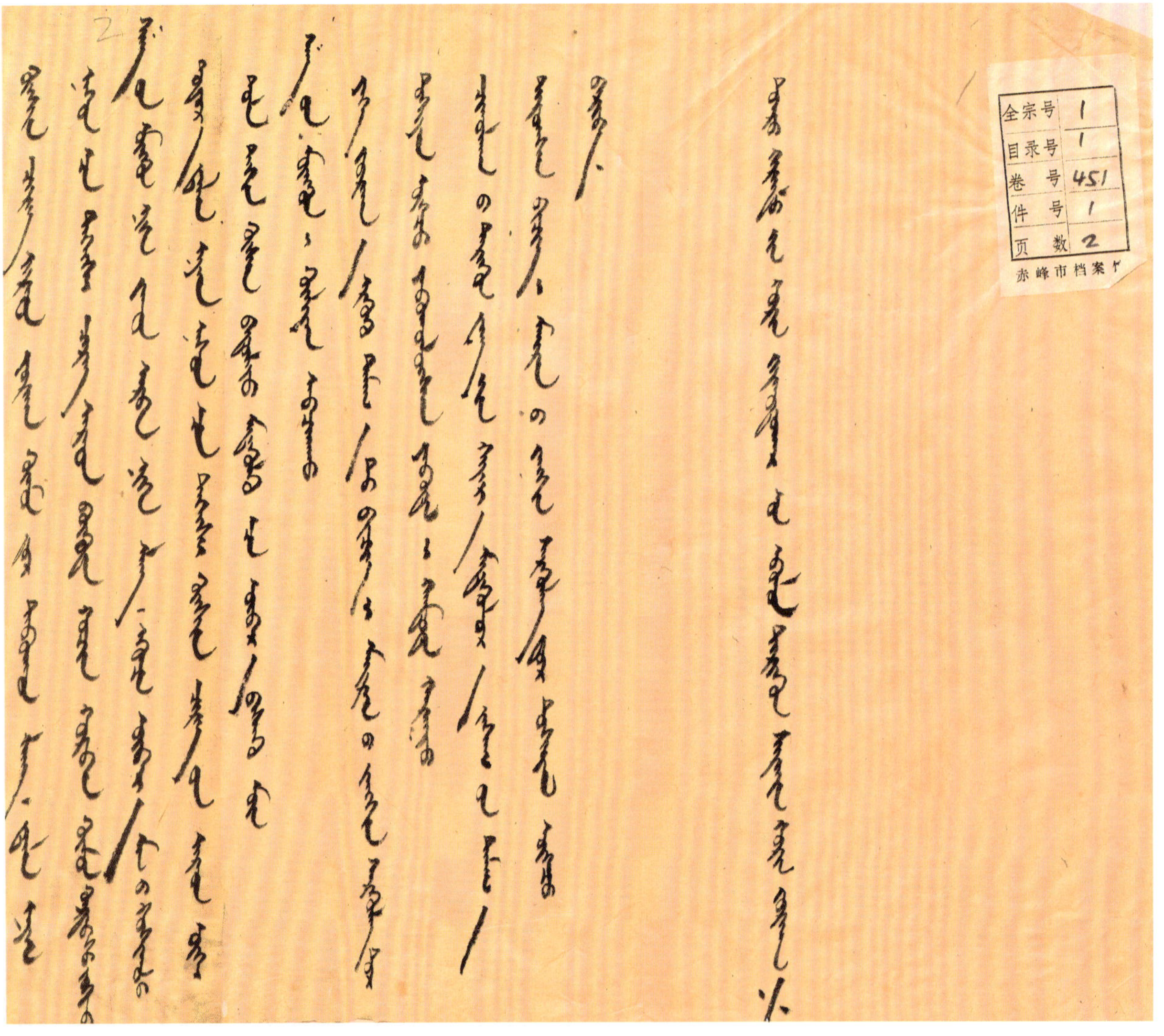
全宗号 1
目录号 1
卷号 451
件号 1
页数 2
赤峰市档案馆

翁牛特札萨克郡王等为发放老兵抚恤金事呈盟长奈曼札萨克郡王文

翁牛特札萨克多罗杜棱郡王加一级记半级多罗额驸，协办旗事务二等台吉东日布扎木苏、协理二等台吉记二级官布文。呈送盟长原警备军札萨克暨奈曼札萨克加二级多罗达尔罕郡王：呈报之事。

本年末秋初六日盟长处承转之札开，云云。为此，盟署奉札查知，本旗领官仓薪金之八十岁以上老兵名单合并到道光十五年七十岁以上老兵册子里，未能入册者，即刻补报。本旗领官仓薪金之七十岁以上老兵二十七人，配发每人三两银子；八十岁以上老兵六人，配发每人五两银子。七、八十岁以上军民共三十三人，共配发一百一十一两银子。本旗未有其他七十岁、八十岁老兵及平民。呈报大部领取官仓银两之官文，梅林斯日古楞携带之。

至此，梅林斯日古楞携官文呈送盟长王爷处之。

道光二十六年初冬二十六日

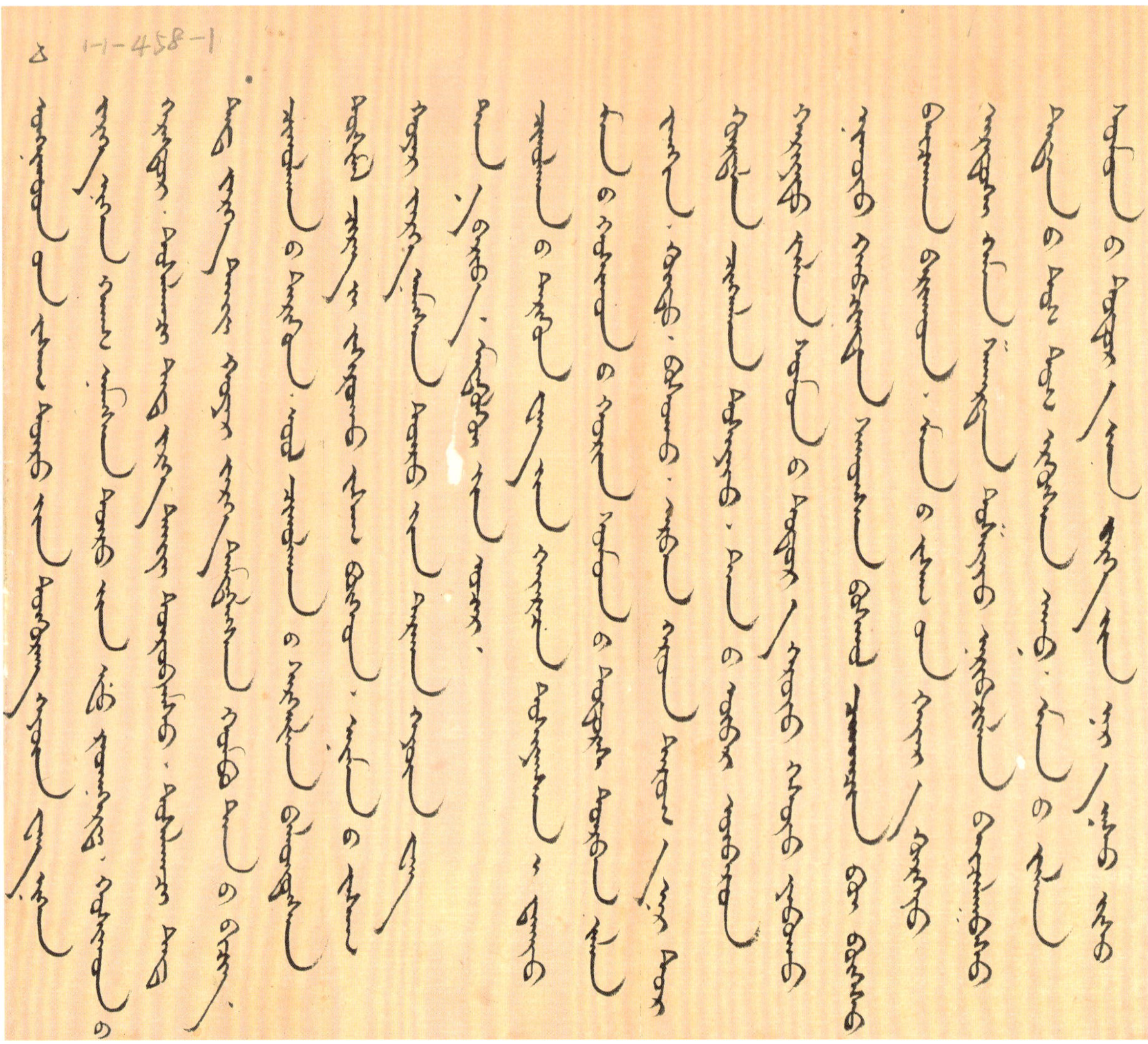

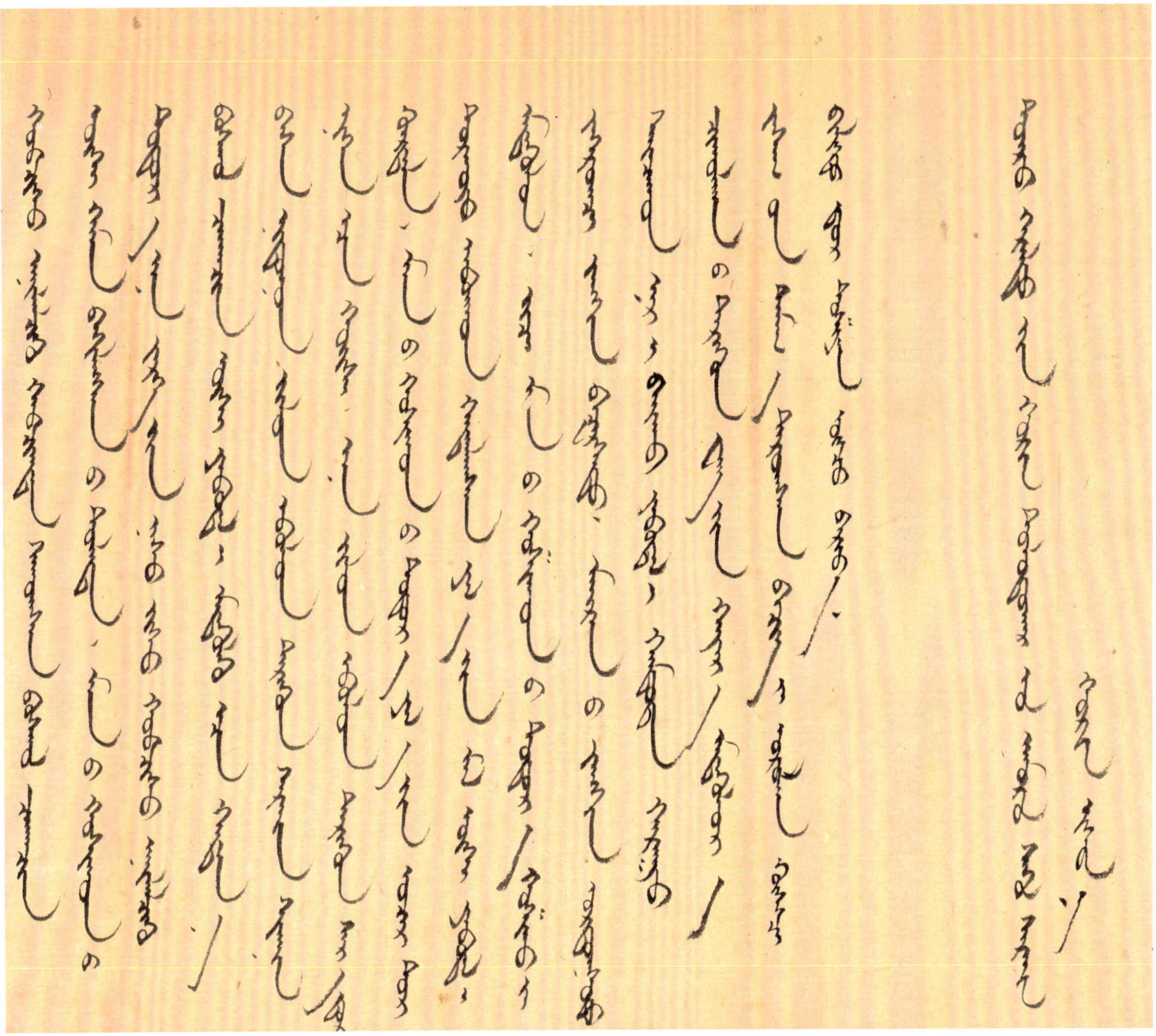

翁牛特札萨克郡王等为缉拿逃犯事
呈盟长奈曼札萨克郡王文

翁牛特札萨克多罗郡王加一级半多罗额驸拉德纳嘎如迪，协办旗务协理二等台吉东日布扎木苏、协理二等台吉记二级官布文。呈送盟长原警备军札萨克暨奈曼札萨克加二级多罗达尔罕郡王：呈报之事。

奉盟长之命通告本旗二十佐领四个甲喇、章京、汉军骁骑、牌头，严加查验所属佐领内是否有藏匿出逃及流窜者。如有，捉拿并押解到本札萨克处。经查，各所属佐领呈保呈：本地未有符合其长相、年龄、着装之出逃及流窜者。此外，还呈报本旗去年初冬至今年初冬未有旗内罚没之牲畜也。以及旗内驻有总管巴斯尔图，梅林章京乌日图那苏图、赛音朝格一事，一并呈报之。

至此，轻骑校毕力格图携官文呈送之。

道光二十七年末秋二十九日

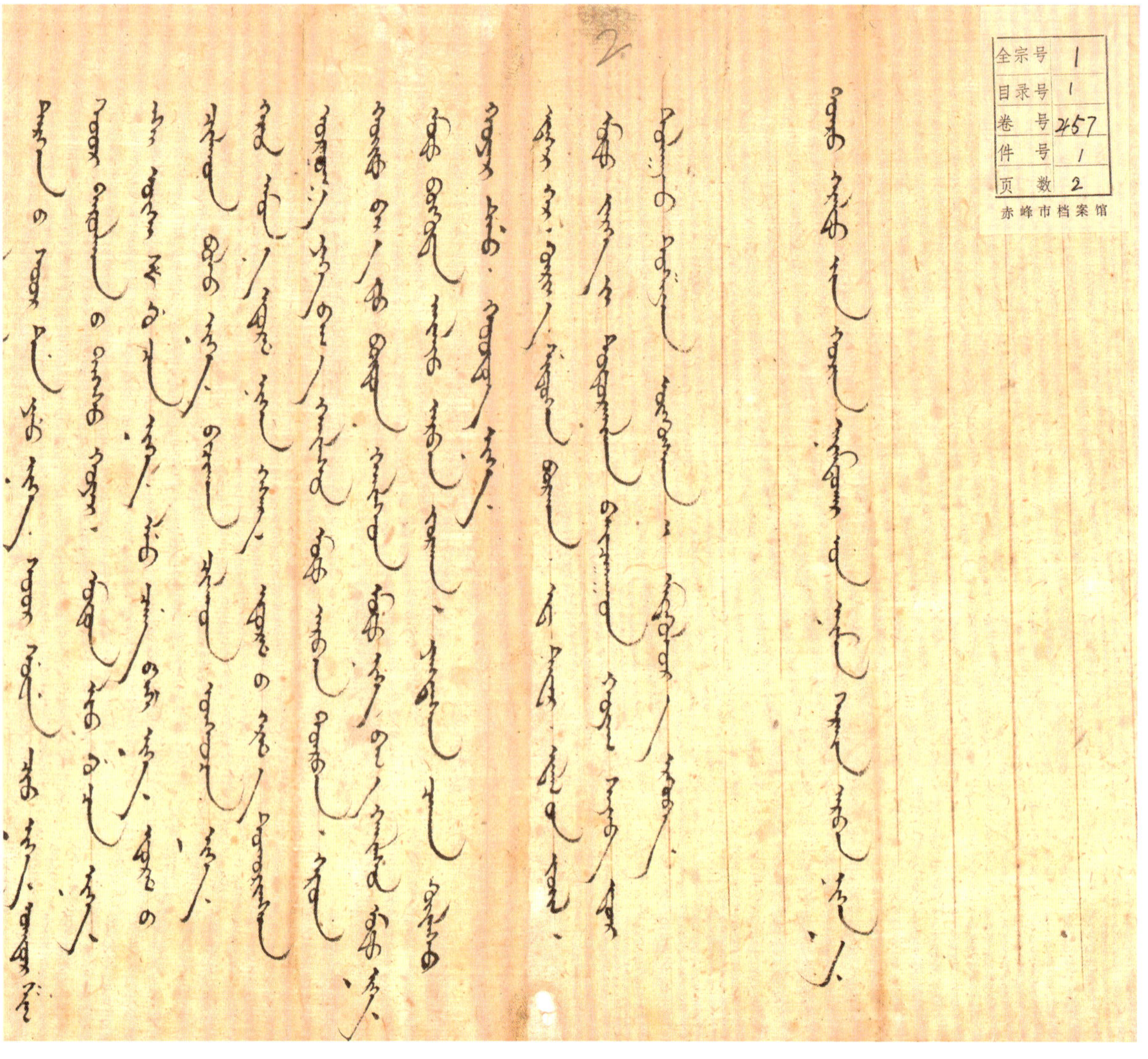
2
全宗号 1
目录号 1
卷号 457
件号 1
页数 2
赤峰市档案馆

一则私人财产登记册

大色布格、笔帖式斯日古楞奉命登记壮丁诺海胡家园、佛像、财产：主屋三间、右耳房两间、佛像有阿尤希佛画一幅、圣母像一幅、关老爷像一幅、释迦陶瓷佛一尊、大小陶瓷佛两尊、佛哈达三条、五守护神经一函、金光明经一函、大小铜制祭祀品十四盏、大铜杯一个、时辰杯三个、木质香炉一尊、绿色小花瓶一对，佛桌一张、三格子红躺柜和黑躺柜各一个、带抽屉黑色木桌一张、小红桌与小红凳各一张、白色钱柜一个、黑色钱柜一个、完好窗户和门板三个、六英锅两口、铁勺一柄、大花碗两个、豆青咸菜碟子两个、木质水瓢一个、陶制三盆子一个、大桶一个、菜板一块、皮质腰带一条、皮质坐秋一条、皮质勒短绳两条、木制六钩叉两个、无柄四钩叉一个、漏盛盆子一个、打场石磙一块、小石槽一个、院前打场一块、墙外大小榆树十四棵、院后大小榆树各一棵、树木共计十六棵、加工好的杏仁两斗、水井一口。此等家园、佛像、财产、用品、树木，查明登记后交由壮丁色日布呈送之。

道光二十八年八月十一日

166 副盟长巴林札萨克郡王为备办驻雍和宫和尚费用事札翁牛特札萨克郡王等文（道光二十八年仲秋二十九日）

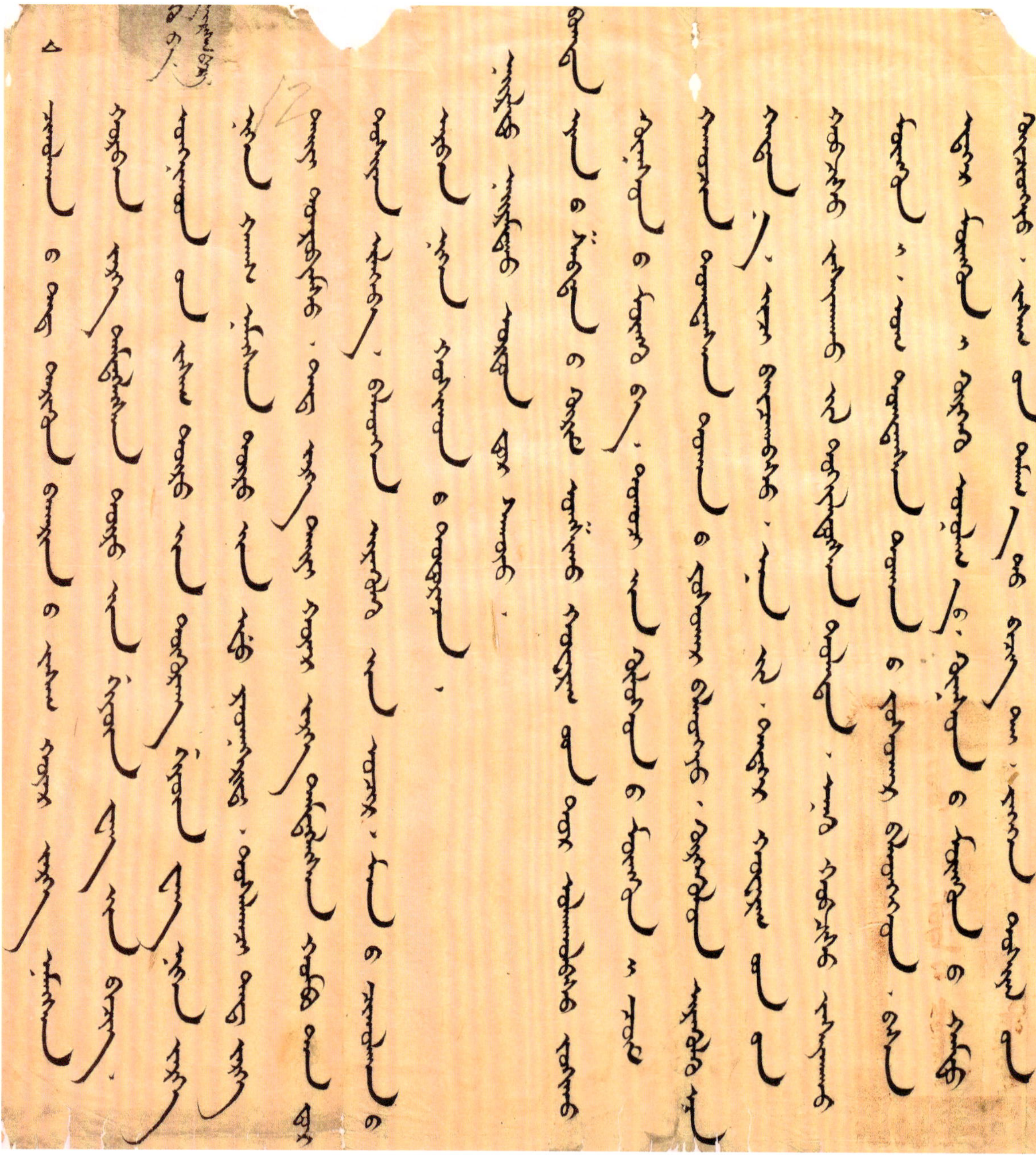

166 副盟长巴林札萨克郡王为备办驻雍和宫和尚费用事札翁牛特札萨克郡王等文（道光二十八年仲秋二十九日）

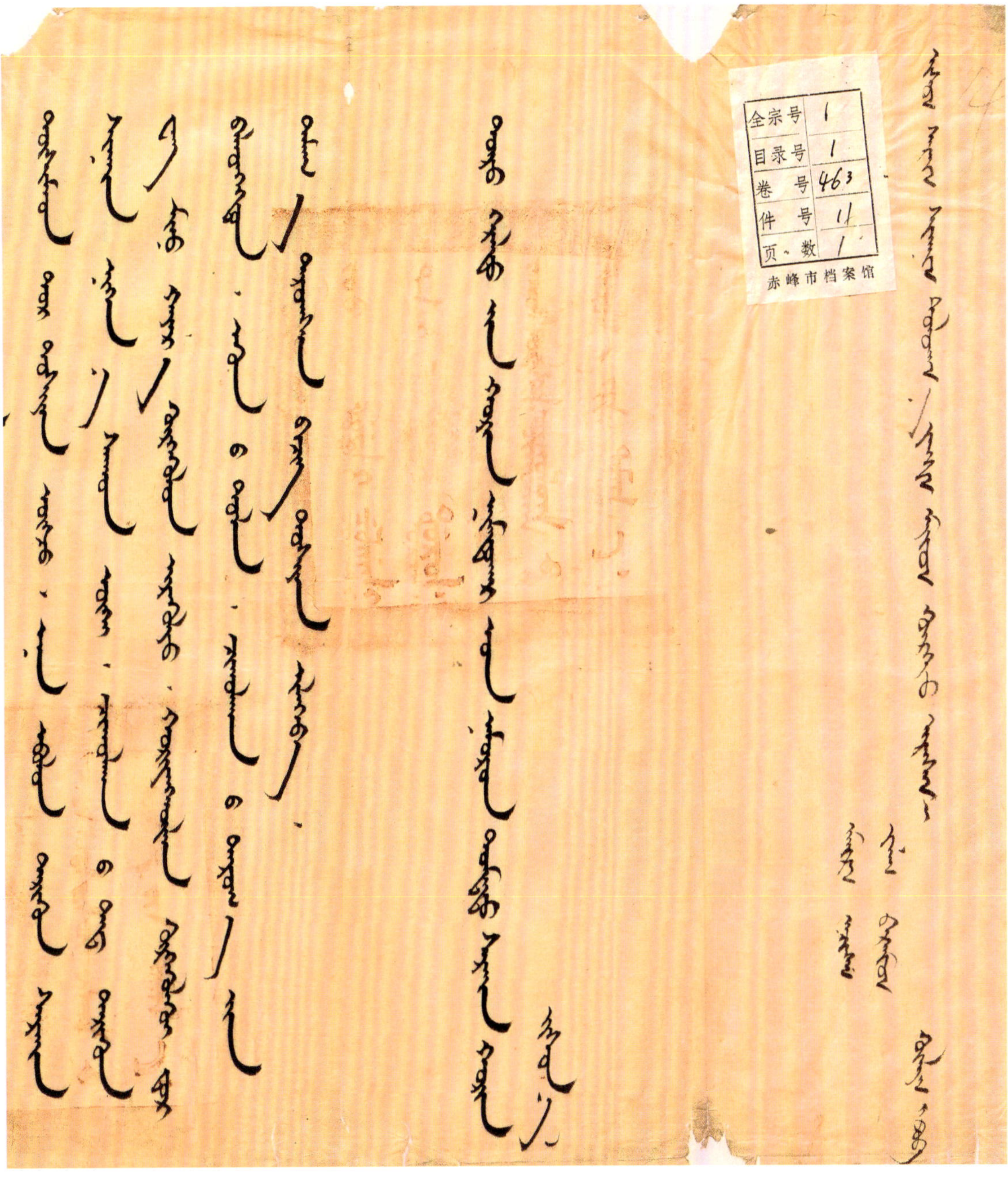

副盟长巴林札萨克郡王为备办驻雍和宫和尚费用事札翁牛特札萨克郡王等文

副盟长巴林札萨克加二级记三级多罗郡王文。札付翁牛特札萨克多罗杜棱郡王加一级记半级多罗额驸拉德纳嘎如迪，协理二等台吉东日布扎木苏、二等台吉加二级官布文：行札之事。

由本盟十一个旗按既定数量备办驻雍和宫为吾皇诵经之和尚所用口粮费、厨师费，及时送之外，经查，今年遇和尚更换法服之年。故如数备办制衣费用与护送人员之路费、口粮费一同交至官差处，于本年初冬初一日送至盟署处，以备统一运送。

至此，致钤盟长印之文。

道光二十八年仲秋二十九日

赤峰地区清代蒙满文档案汉译汇编

（下）

赤峰市档案馆 编

国家图书馆出版社

下册目录

001 盟长阿鲁科尔沁札萨克贝勒为奉旨惩戒敖汉王达木林达尔达格事札盟摄政协理原盟警备军札萨克郡王等文（光绪二十五年末秋十日）

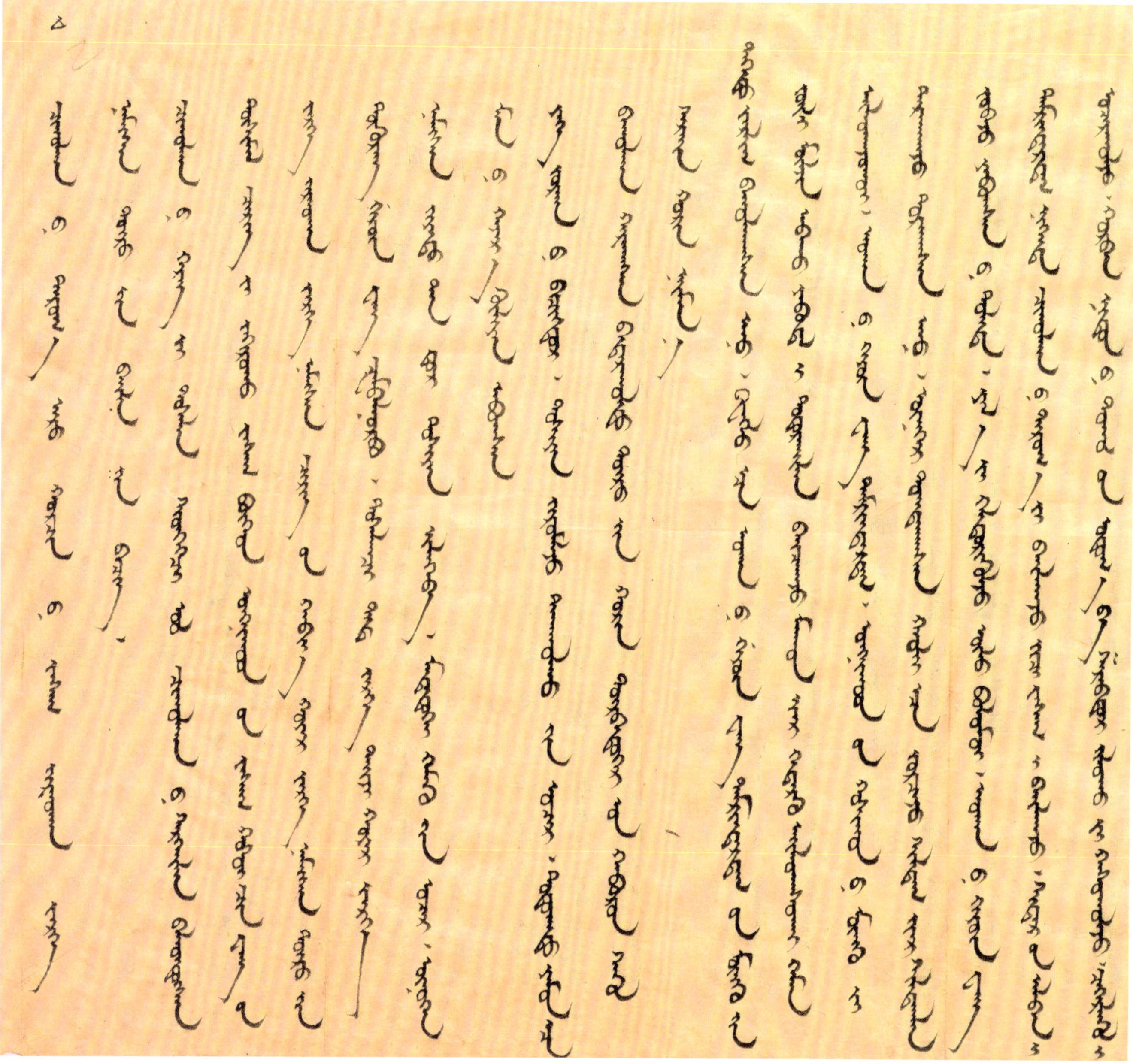

盟长阿鲁科尔沁札萨克贝勒为奉旨惩戒敖汉王达木林达尔达格事札盟摄政协理原盟警备军札萨克郡王等文（光绪二十五年末秋十日）

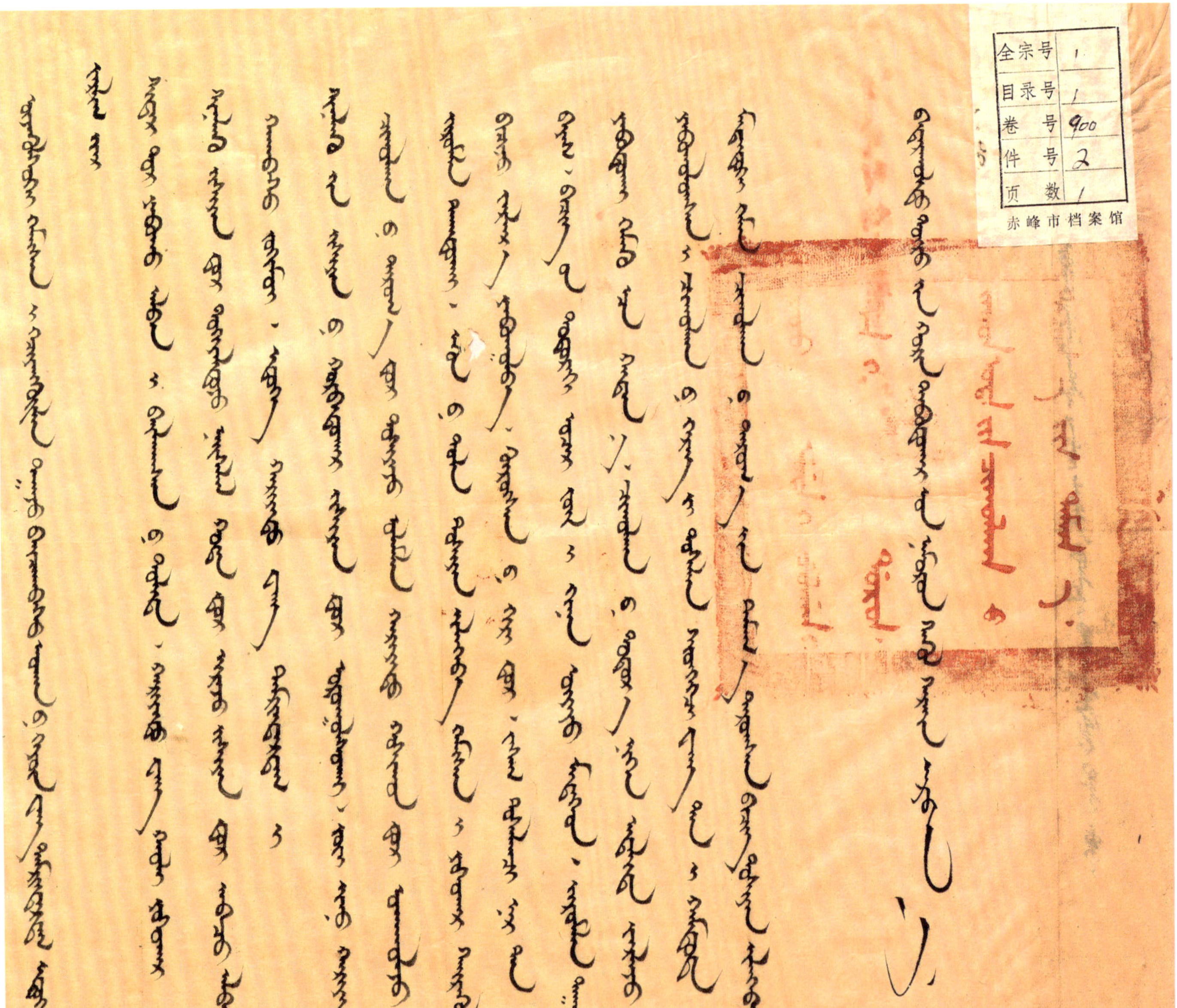

盟长阿鲁科尔沁札萨克贝勒为奉旨惩戒敖汉王达木林达尔达格事札盟摄政协理原盟警备军札萨克郡王等文

盟长阿鲁科尔沁札萨克加六级多罗贝勒文。札付盟摄政协理原盟警备军札萨克暨翁牛特札萨克和硕亲王衔加六级军功加二级多罗杜棱郡王赞巴勒诺尔布、协理二等台吉加二级吉雅图：行札之事。

近日，承接大部札开：光绪二十四年末春二十八日，内务府札开，查办敖汉郡王达木林达尔达格贪污俸银一事，速查办呈复。敖汉郡王达木林达尔达格发放翁牛特旗俸禄款时私吞若干，犯律例，不得不治罪也。故，撤去敖汉郡王达木林达尔达格盟长札萨克职务，取消御前行走资格，免去三眼孔雀花翎及浅黄色缰带，以示惩戒。等因札付本大部。本大部经查，敖汉郡王达木林达尔达格虽被免除御前行走资格，但已注册今年年班资格。故应依法派出所属王爷达木林达尔达格行年班进京，其为今年第三班。为此，通告所属盟长，转发所属各旗照办。等札前来本盟长处。兹有，盟署抄录原文转送之。文到，诸札萨克、协理等遵旨照办。另，通告盟摄政王爷处。

至此，致钤盟长印之文。

光绪二十五年末秋十日

002 昭乌达盟长阿鲁科尔沁札萨克贝勒等为指派骑警队长事札盟摄政协理原盟警备军札萨克郡王等文（光绪二十五年初冬十二日）

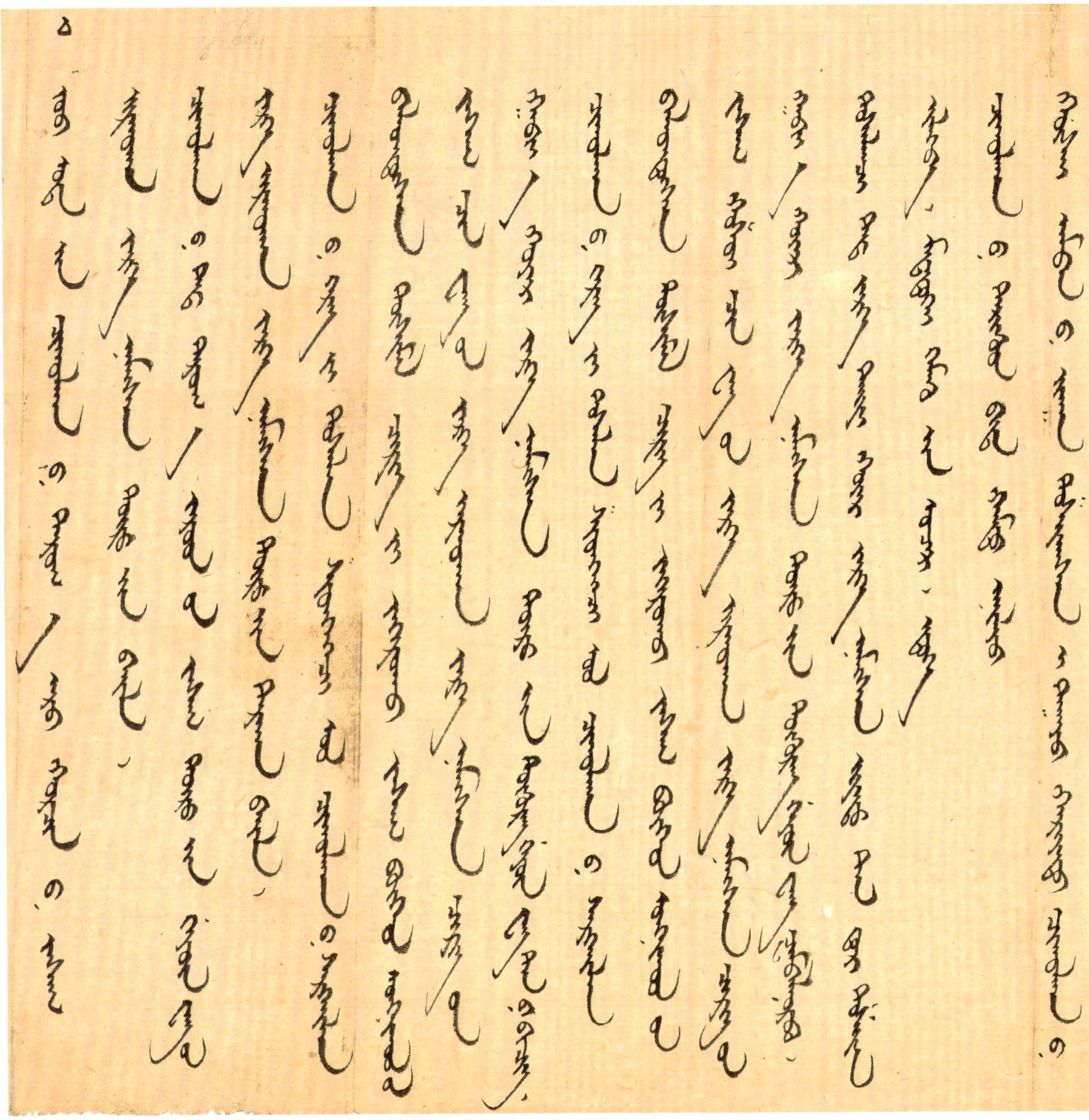

002 昭乌达盟长阿鲁科尔沁札萨克贝勒等为指派骑警队长事札盟摄政协理原盟警备军札萨克郡王等文（光绪二十五年初冬十二日）

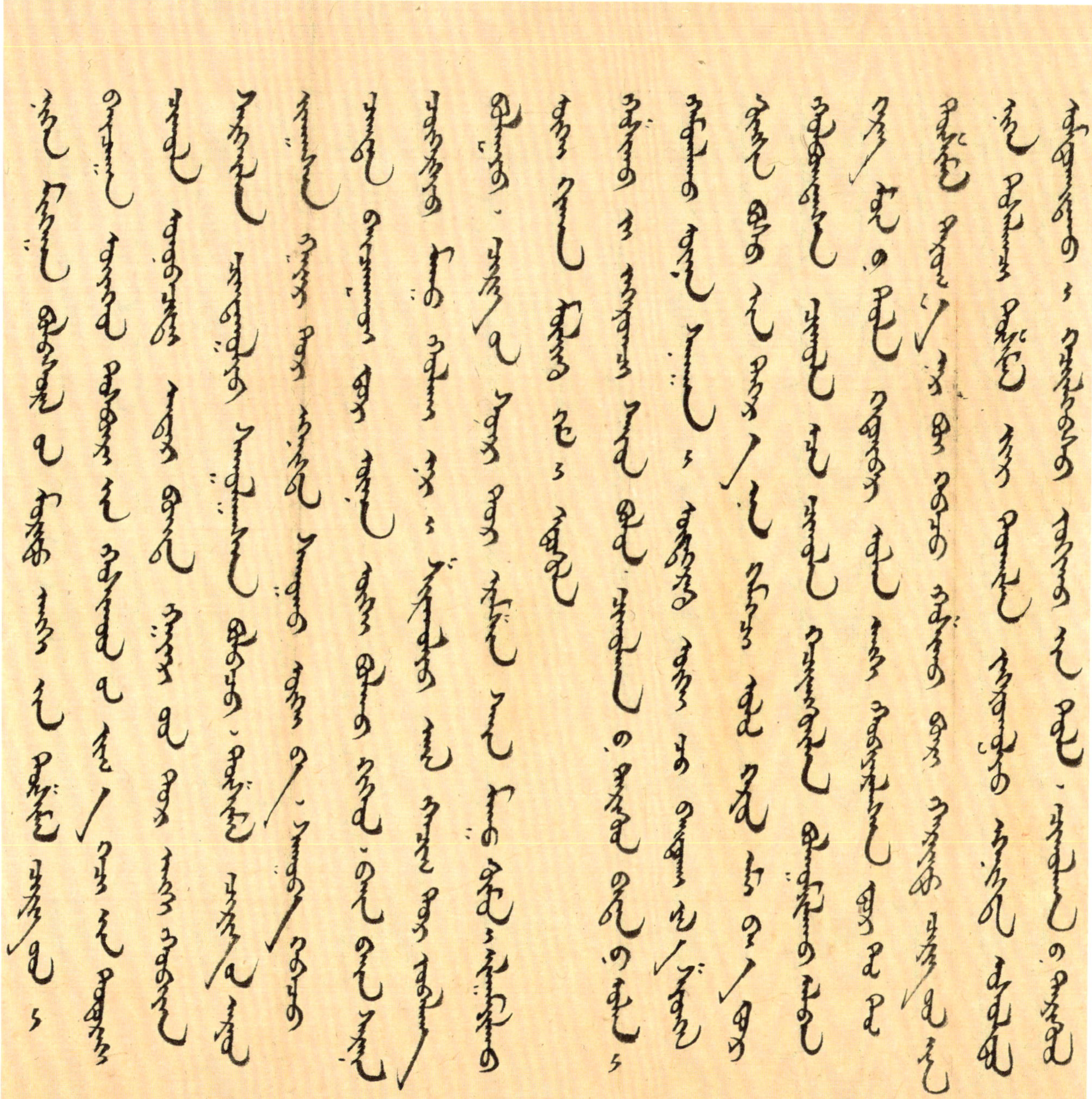

002 昭乌达盟长阿鲁科尔沁札萨克贝勒等为指派骑警队长事札盟摄政协理原盟警备军札萨克郡王等文（光绪二十五年初冬十二日）

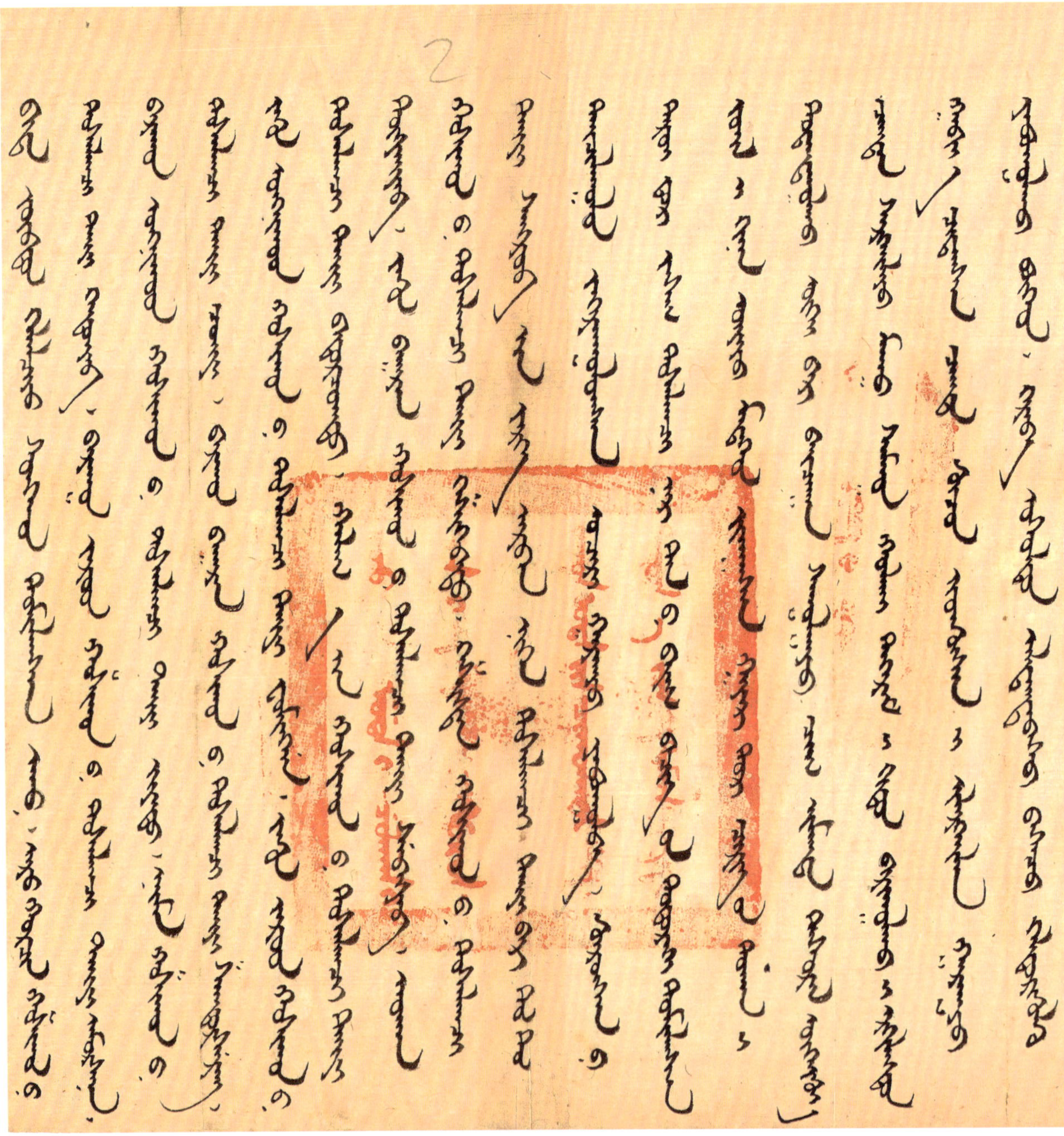

002 昭乌达盟长阿鲁科尔沁札萨克贝勒等为指派骑警队长事札盟摄政协理原盟警备军札萨克郡王等文（光绪二十五年初冬十二日）

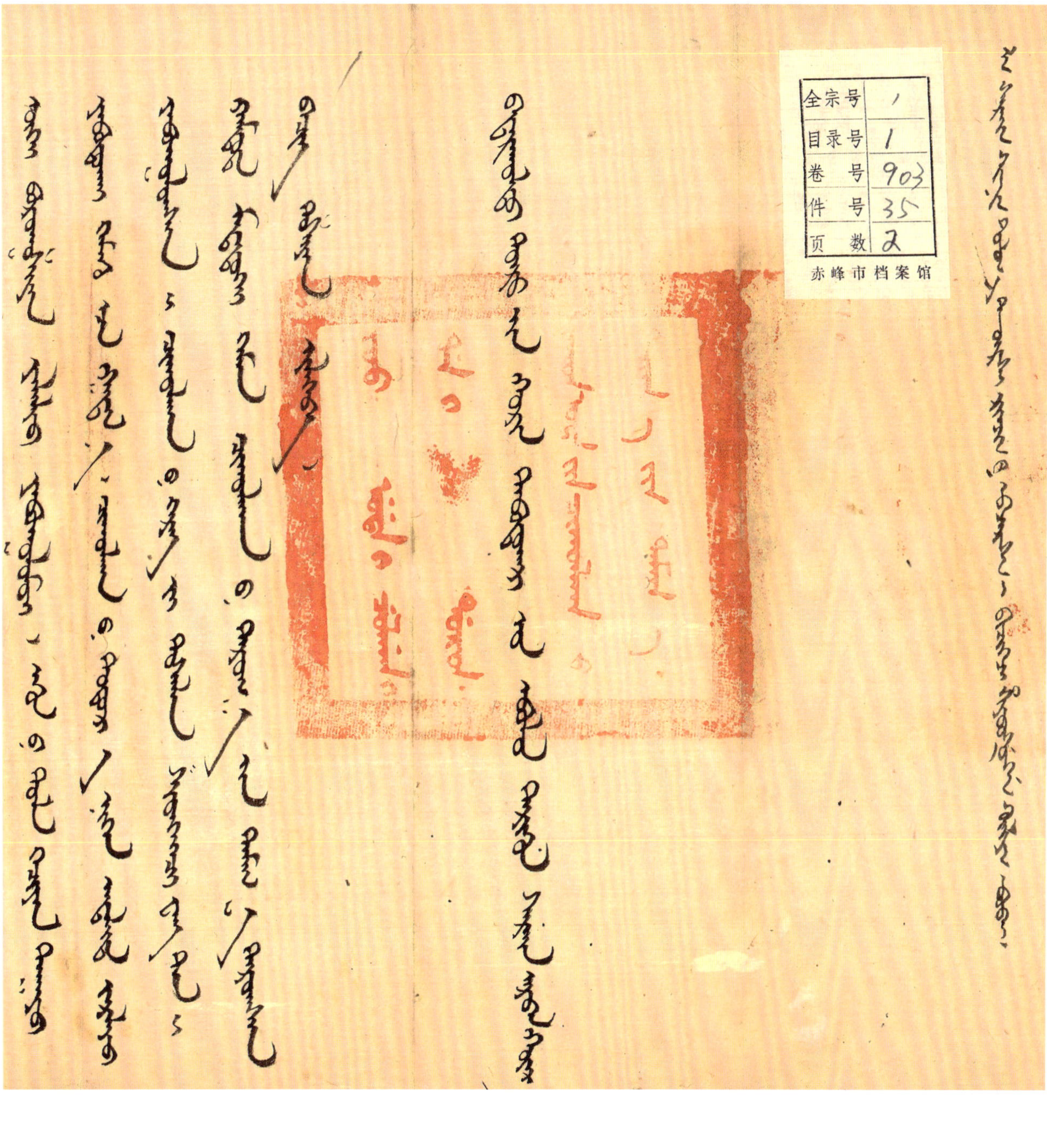

昭乌达盟长阿鲁科尔沁札萨克贝勒等为指派骑警队长事札盟摄政协理原盟警备军札萨克郡王等文

昭乌达盟长阿鲁科尔沁札萨克加六级多罗贝勒、副盟长扎鲁特札萨克多罗郡王衔加六级多罗达尔罕贝勒、盟摄政协理原盟警备军札萨克暨翁牛特札萨克和硕亲王衔加六级军功加二级多罗杜棱郡王文。札付盟摄政协理原盟警备军札萨克暨翁牛特札萨克和硕亲王衔加六级军功加二级多罗杜棱郡王赞巴勒诺尔布、协理二等台吉加二级吉雅图：行札之事。

如今，吾等盟长奉都统衙门之命巡查所属盟训练之一千骑警，并将骑警派驻各旗边境偏僻要塞之地进行警戒之。然而，此等骑警并未到位指定驻守地点，偶尔驻守也疏于巡逻，时聚时散，给盗贼提供可乘之机，祸害村民也。有骑警还仗军人之势欺人，好坏不分一律搜刮。其行为辜负了都统衙门及吾等盟长爱民之心，其罪孽不可饶恕也。加之此等事涉及国家命运之重中之重公务也。故骑警各分队虽各有自己总管之人，所属各旗再指派骑警协理一名，以此免疏于管理。吾等盟长商讨选派如下：阿鲁科尔沁旗协理台吉根敦扎布、扎鲁特右旗协理台吉阿木尔萨纳、翁牛特右旗协理台吉吉雅图、奈曼旗协理台吉却吉、巴林右旗协理台吉沙格德尔斯楞、翁牛特左翼协理台吉福明阿、扎鲁特左旗协理台吉巴特尔朝格图、喀尔喀旗协理台吉图格吉扎布、巴林左翼协理台吉色布扎布、敖汉旗协理台吉贺希格巴图、克什克腾旗协理台吉桑日布等十一名协理台吉任骑警队长。文到，诸札萨克、协理等阅知文内，并如数指派指定驻守地点，不时巡逻，缉拿为盗贼之民。有功者，记功嘉奖。渎职者，惩罚治罪。故谨慎照办。另，通告盟摄政王爷知晓也。

至此，致钤札萨克印之文。

光绪二十五年初冬十二日

003 盟长阿鲁科尔沁札萨克贝勒为呈报旗内诸官员受俸禄事札盟摄政协理原盟警备军札萨克郡王等文（光绪二十五年仲冬十日）

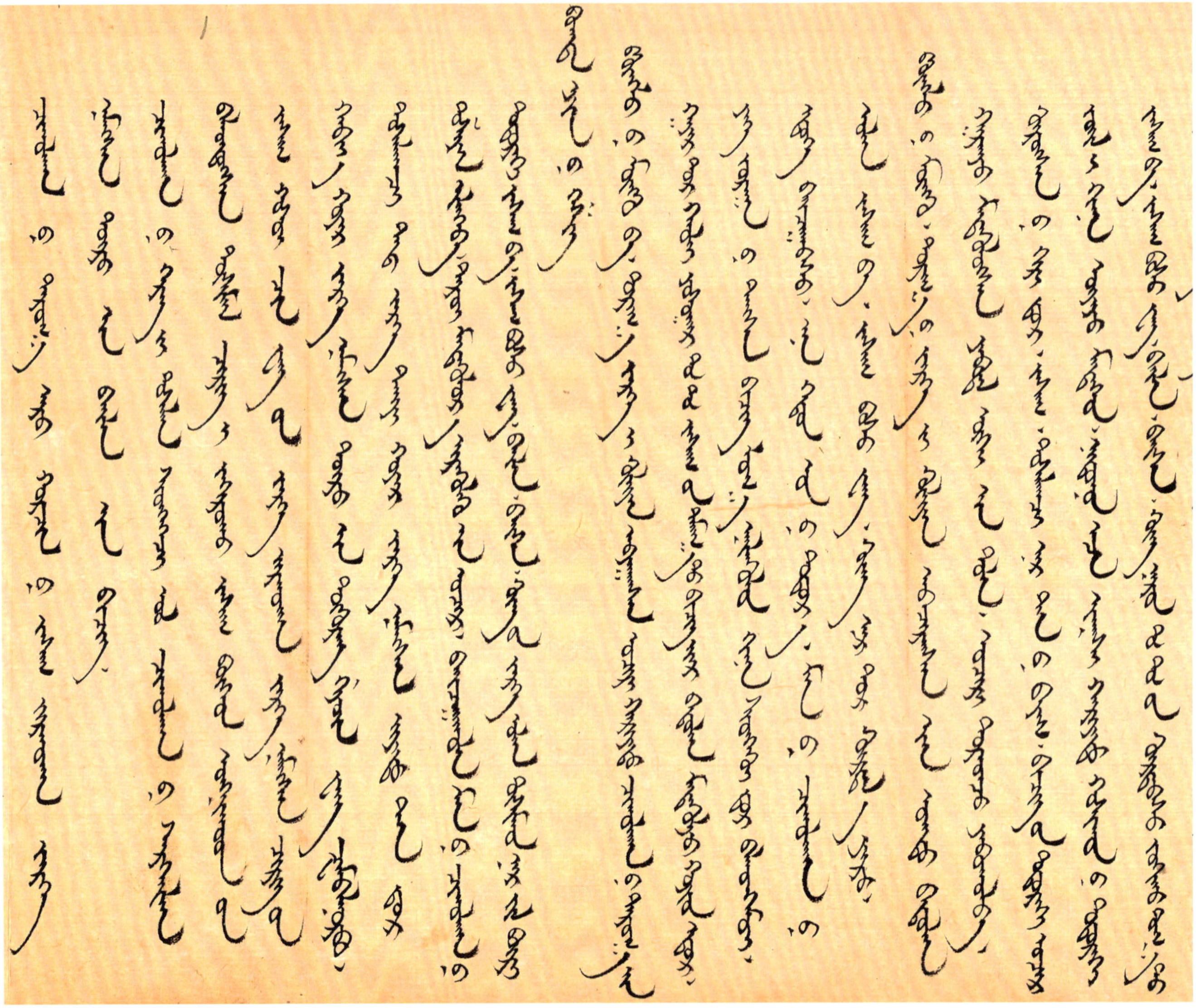

003 盟长阿鲁科尔沁札萨克贝勒为呈报旗内诸官员受俸禄事札盟摄政协理原盟警备军札萨克郡王等文（光绪二十五年仲冬十日）

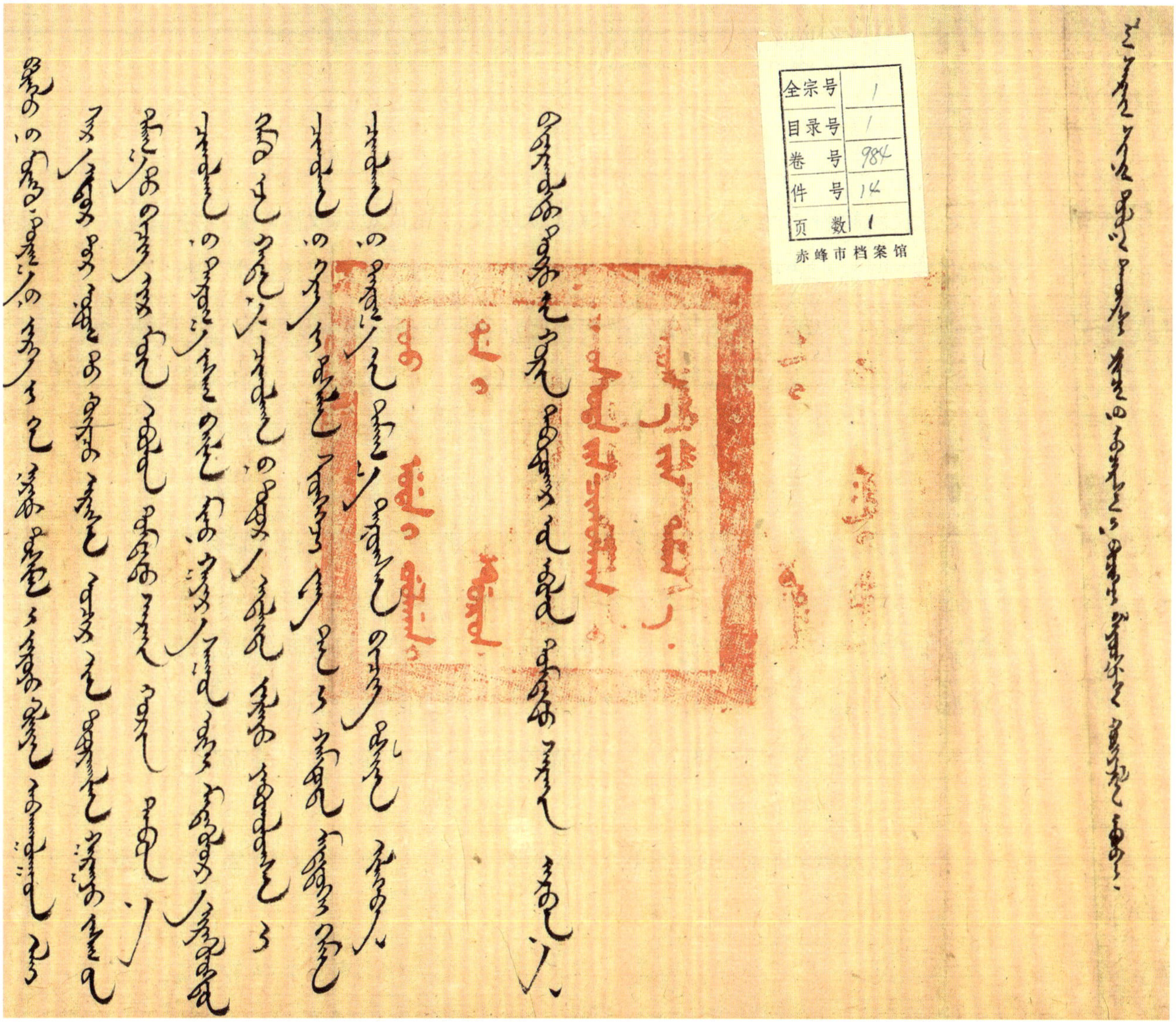

盟长阿鲁科尔沁札萨克贝勒为呈报旗内诸官员受俸禄事札盟摄政协理原盟警备军札萨克郡王等文

盟长阿鲁科尔沁札萨克加六级多罗贝勒文。札付盟摄政协理盟警备军札萨克暨翁牛特札萨克和硕亲王衔加六级军功加二级多罗杜棱郡王赞巴勒诺尔布、协理二等台吉加二级吉雅图：督促呈报之事。

本盟各札萨克照例将每年受圣主俸禄银两、绸缎之札萨克，非札萨克王、贝勒、贝子、公等诸官员，登记造册并钤札萨克印呈送至所属盟长处，以备日后大部统一汇总审核。经查，近几年本盟札萨克，非札萨克王、贝勒、贝子、公等诸官员受俸禄银两、绸缎后未有上报至盟会。故提醒诸官员按时汇报。文到，札萨克、协理等阅知文内，将去年以来所属旗内札萨克，非札萨克王、贝勒、贝子、公所受俸禄银两、绸缎数目及何人去领取，何月何日回府之事，详细写明并钤札萨克印，于本年仲冬二十五日送至本盟长札萨克贝勒衙署处，不得有误。另，通告盟摄政协理王爷知晓也。

至此，致钤盟长印之文。

光绪二十五年仲冬十日

昭乌达盟摄政协理原盟警备军札萨克郡王等为领取骑都尉俸禄事呈理藩院文（光绪二十五年末冬十九日）

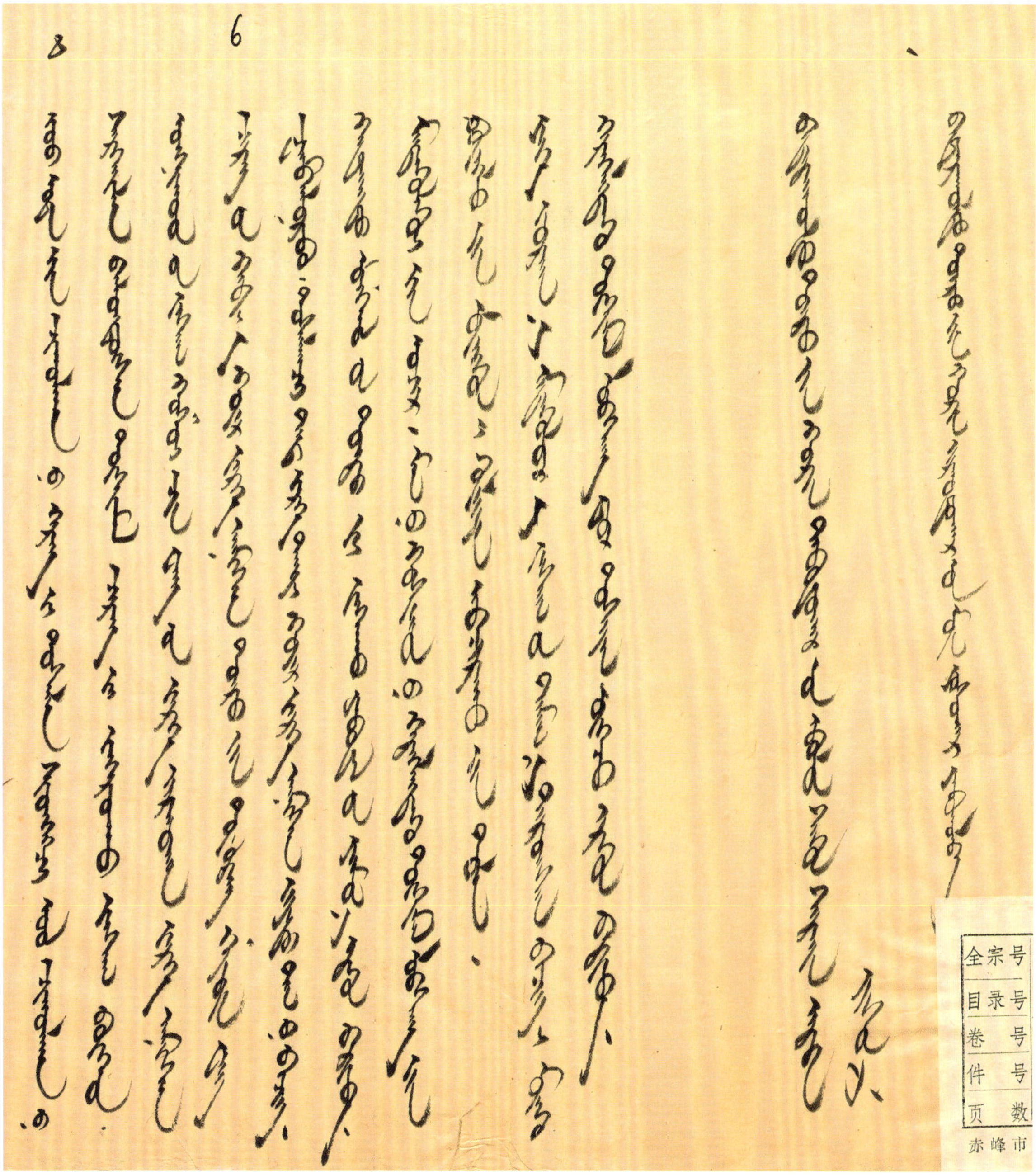

昭乌达盟摄政协理原盟警备军札萨克郡王等为领取骑都尉俸禄事呈理藩院文

昭乌达盟摄政协理原盟警备军札萨克暨翁牛特和硕亲王衔加六级军功加二级多罗杜棱郡王赞巴勒诺尔布、协理二等台吉加二级吉雅图文。呈送理藩院：呈报之事。

领取本旗骑都尉罗布桑俸禄银两之呈报大部官文，亦交由骑都尉罗布桑呈送之。

光绪二十五年末冬十九日

005 署理盟长阿鲁科尔沁旗札萨克印务之协理为盟长训诫巡警不作为事札盟摄政协理原盟警备军札萨克郡王等文（光绪二十五年末冬十九日）

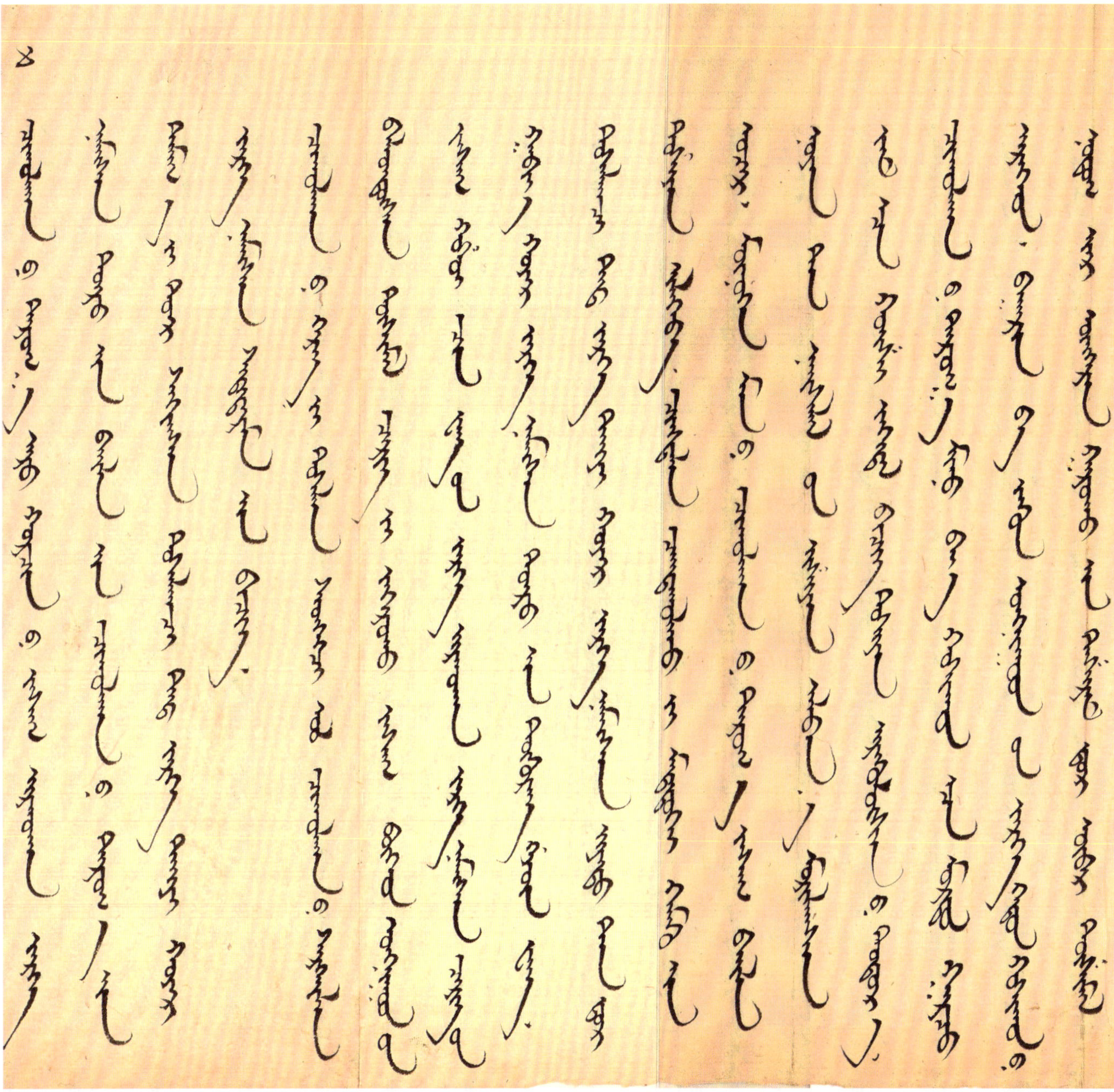

005 署理盟长阿鲁科尔沁旗札萨克印务之协理为盟长训诫巡警不作为事札盟摄政协理原盟警备军札萨克郡王等文（光绪二十五年末冬十九日）

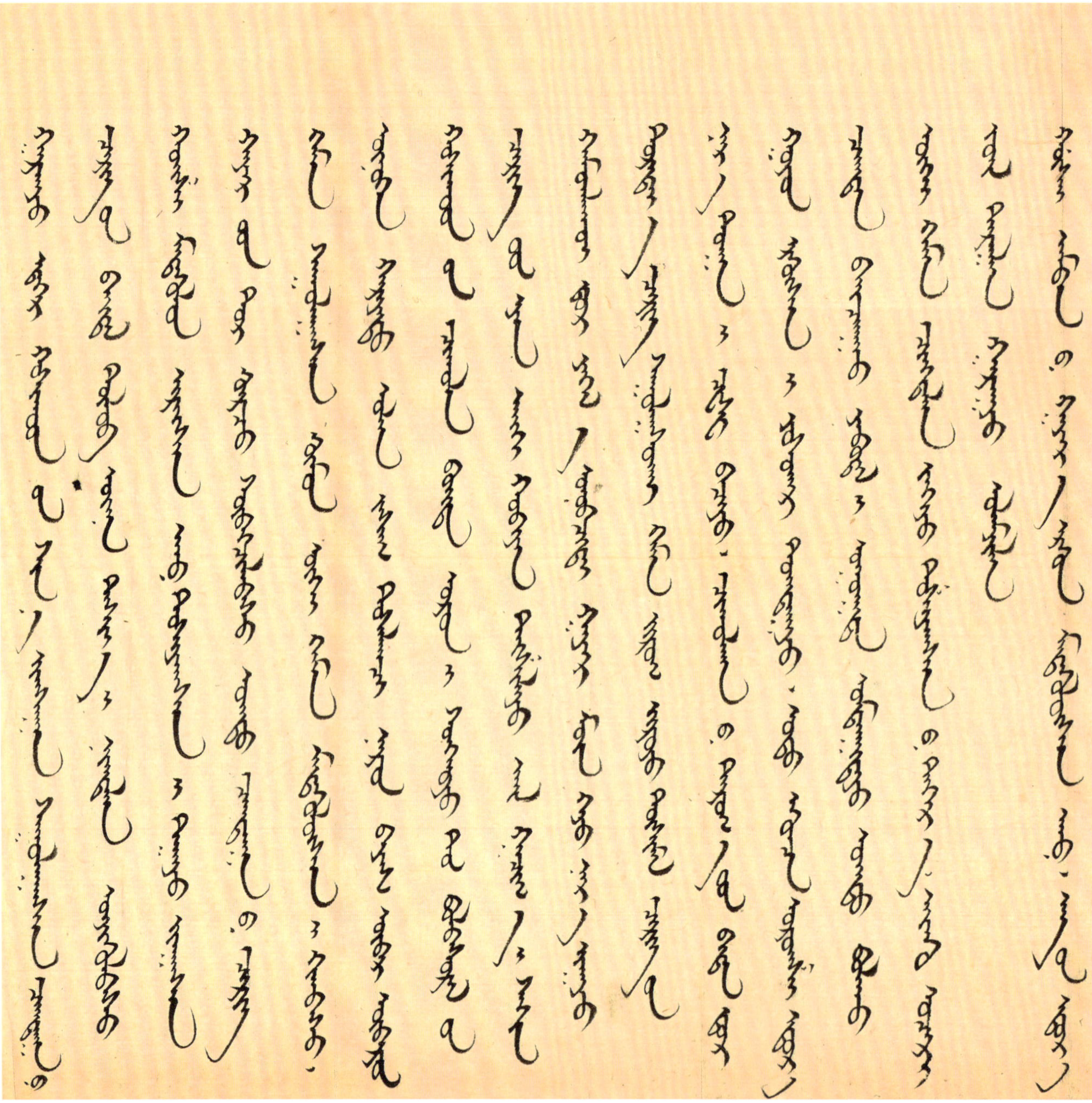

005 署理盟长阿鲁科尔沁旗札萨克印务之协理为盟长训诫巡警不作为事札盟摄政协理原盟警备军札萨克郡王等文（光绪二十五年末冬十九日）

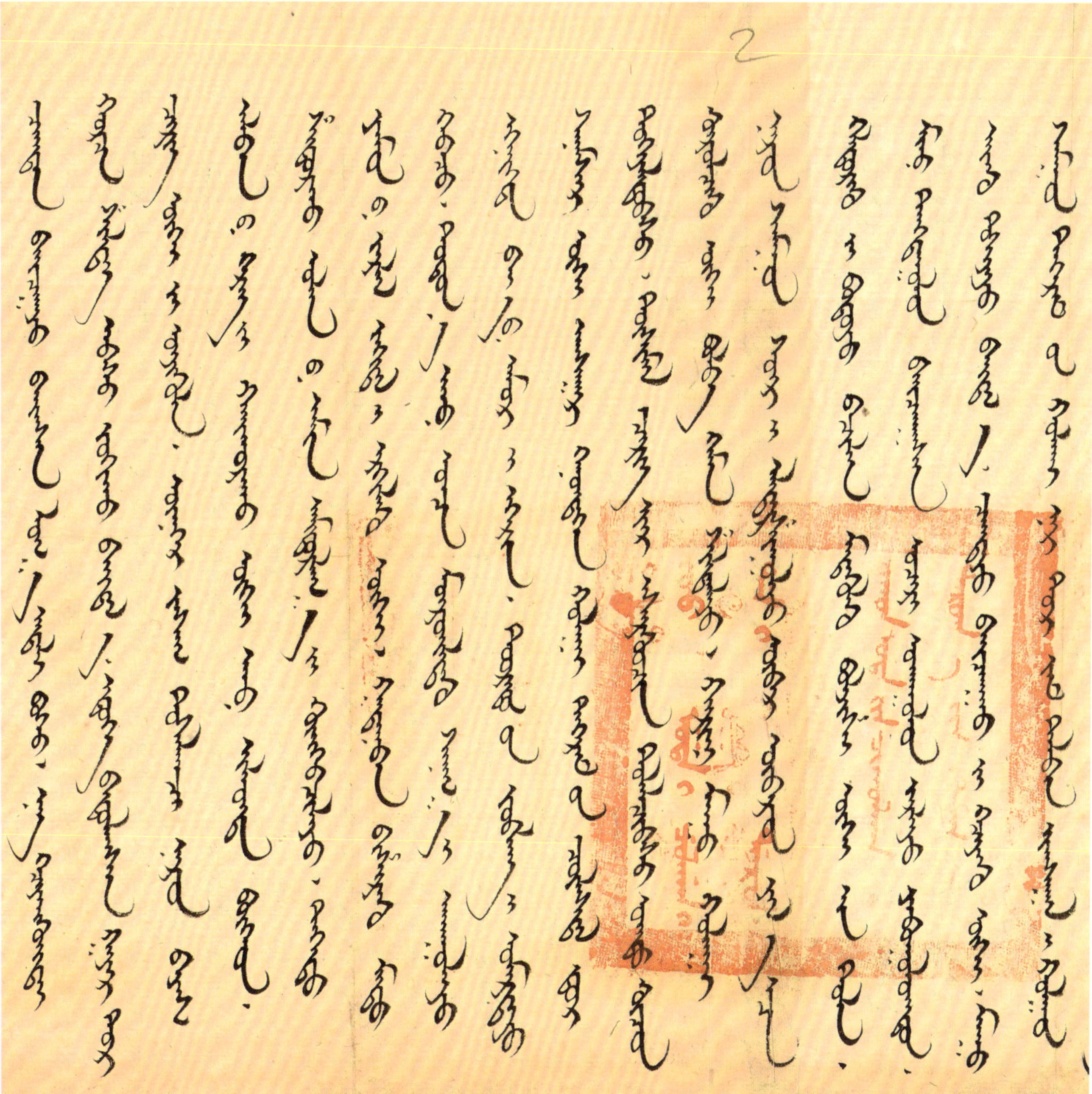

005 署理盟长阿鲁科尔沁旗札萨克印务之协理为盟长训诫巡警不作为事札盟摄政协理原盟警备军札萨克郡王等文（光绪二十五年末冬十九日）

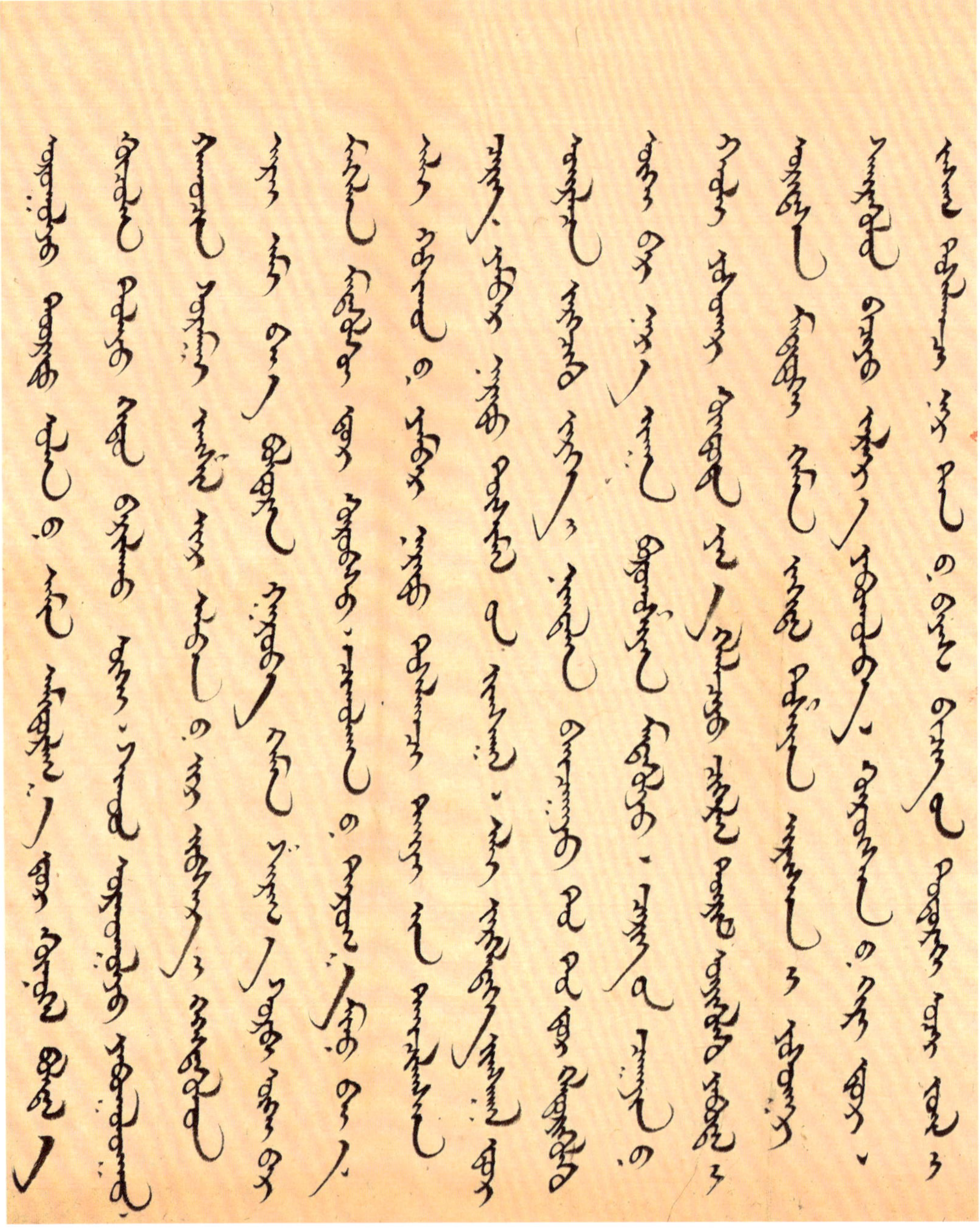

005 署理盟长阿鲁科尔沁旗札萨克印务之协理为盟长训诫巡警不作为事札盟摄政协理原盟警备军札萨克郡王等文（光绪二十五年末冬十九日）

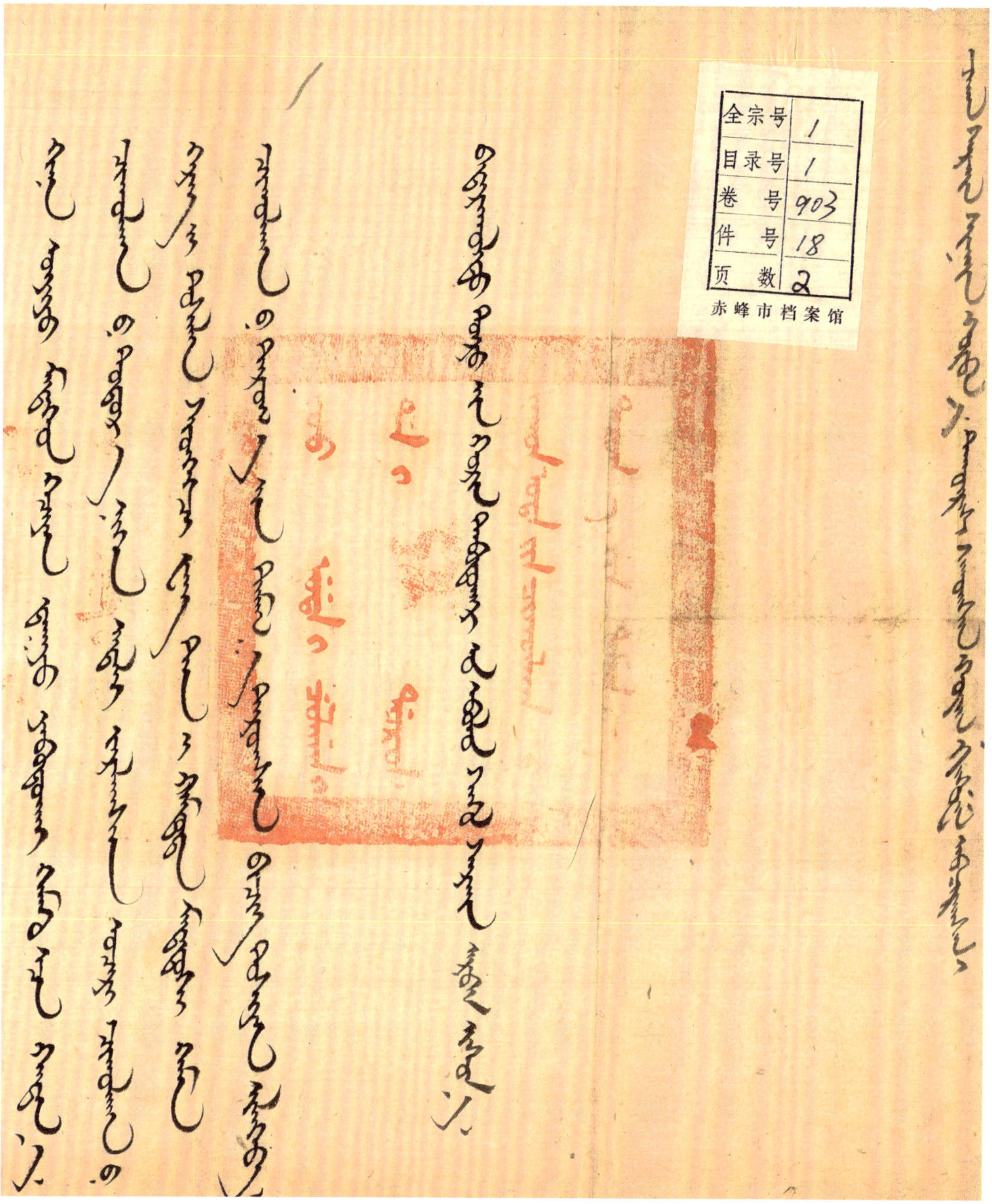

署理盟长阿鲁科尔沁旗札萨克印务之协理为盟长训诫巡警不作为事札盟摄政协理原盟警备军札萨克郡王等文

署理盟长阿鲁科尔沁札萨克加六级多罗贝勒盟长掌印务之协理二等台吉加二级西递达日玛文。札付盟摄政协理原盟警备军札萨克暨翁牛特札萨克和硕亲王衔加六级军功加二级多罗杜棱郡王、协理二等台吉加二级吉雅图：告知严加巡查之事。

近日，盟长札萨克贝勒诺彦在年班进京途中传文曰：本盟长从旗里启程，路过巴林、翁牛特左翼等几旗之际，指派官员检查各旗新派驻巡警巡防情况。回日，派驻地点均未见守防巡警。据本王所知，近期所属诸札萨克、协理等各自选定本旗偏远要塞，以便分队派驻并守护村嘎查要害之地。也为此绘制地图，并将官兵姓名、人数登记造册呈请本盟署。盟署体察民情，准派兵驻守。如今出现如此怠慢公务之事，实令本盟长痛心。为此札饬整改外，将上述事情逐项呈报都统衙门处。此乃与平日巡查不同，应更加谨慎快速才是。然而，如今指定地点却无军把守，可见札萨克、协理等不顾公务、忽视民生、忽略官文之态度。表面看似服从，内心却各怀鬼胎，寻求自身安逸，忘乎平民疾苦。如此怠慢，如遇盗匪攻击，还推卸责任于巡警乏力，而更会助长盗匪之嚣张气焰，并谎报军情、逃脱自身罪责皆有可能。为此，本盟长将路途所见所闻札付于诸地，如此诉斥时还敢应付巡逻，放任盗匪窜入领地，祸害百姓，非但不全力剿匪，反之丢盔卸甲，开差、逃命，却谎报九死一生者，本盟长定会认真核查何旗、何协理台吉带兵、何官员队列、何以对阵等，逐一核查，军法处置、绝不姑息，望周知。等因前来本盟署。为此，抄录原文转送之。文到，札萨克、协理等亲自审阅，宣告盟属遵照施行。另，通告盟摄政王爷知晓也。

至此，致钤盟长印之文。

光绪二十五年末冬十九日

006 盟摄政协理原盟警备军札萨克郡王等为规范官员旅差费事呈署理盟长阿鲁科尔沁旗札萨克印务之协理文（光绪二十五年）

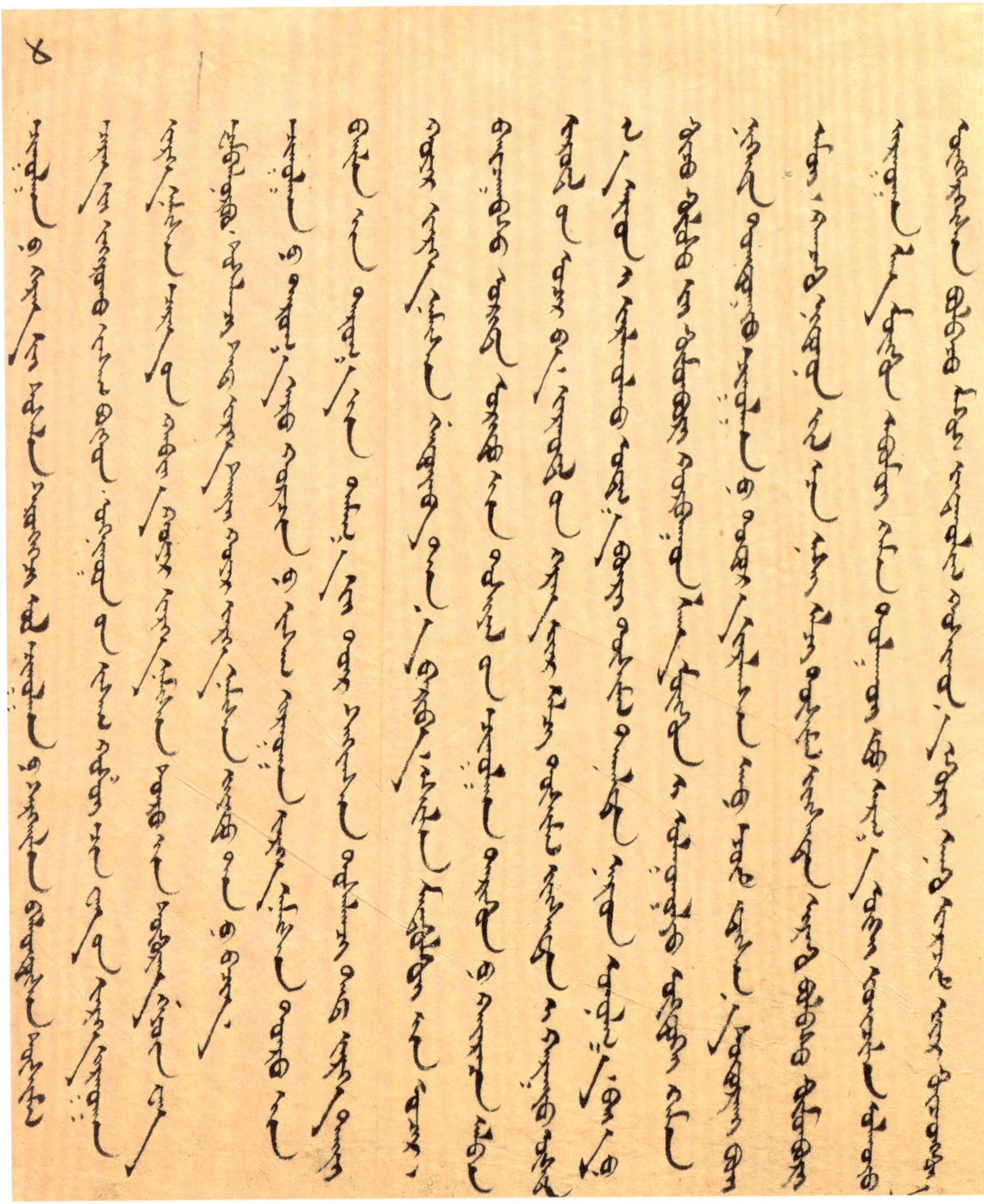

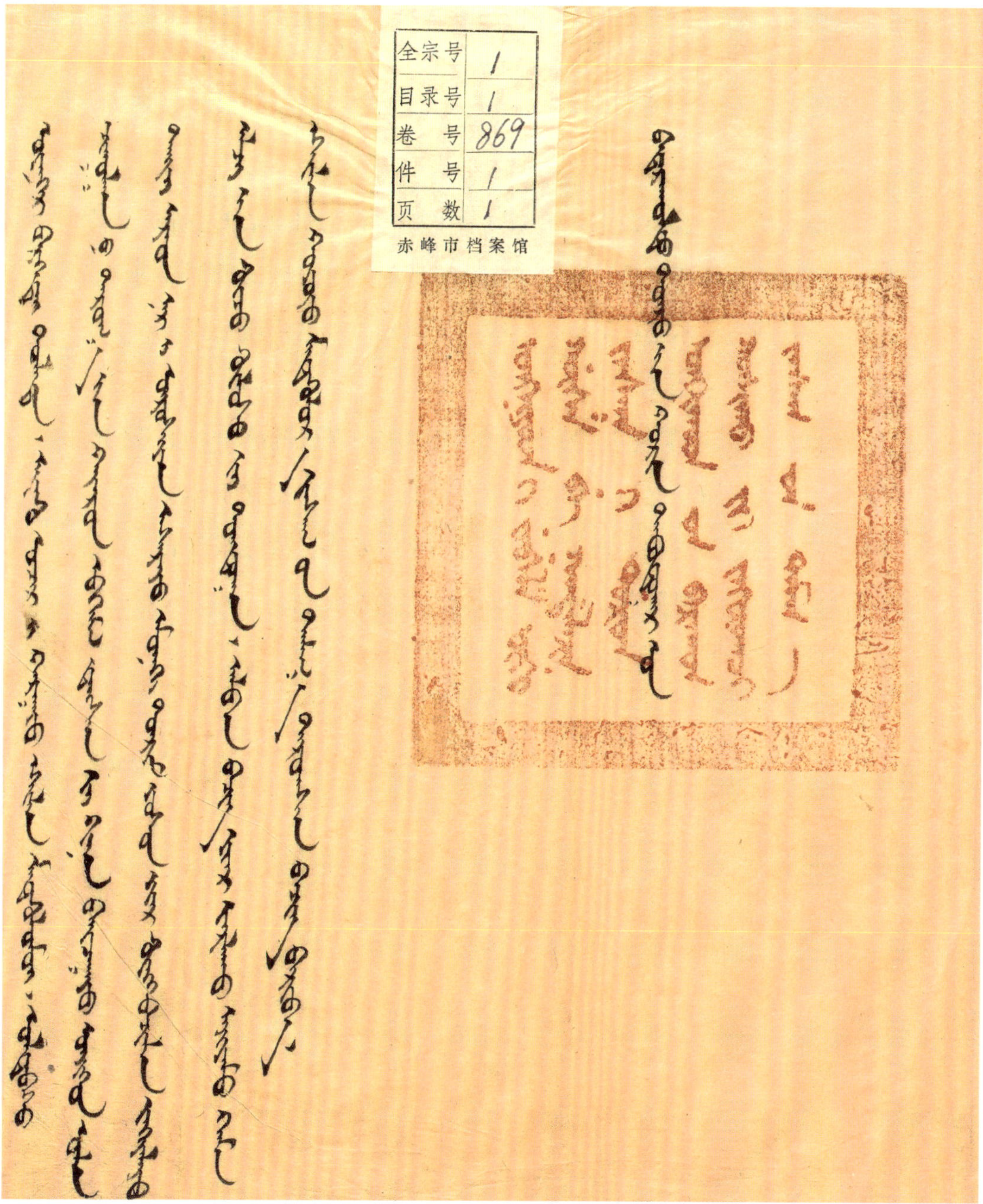
全宗号 1
目录号 1
卷号 869
件号 1
页数 1
赤峰市档案馆

盟摄政协理原盟警备军札萨克郡王等为规范官员旅差费事呈署理盟长阿鲁科尔沁旗札萨克印务之协理文

盟摄政协理原盟警备军札萨克暨翁牛特札萨克和硕亲王衔加六级军功加二级多罗杜棱郡王赞巴勒诺尔布、协理二等台吉加二级吉雅图文。呈署理盟长阿鲁科尔沁札萨克加六级多罗贝勒印务之协理二等台吉加二级根敦扎布：呈送之事。

经查，历届盟长署规定，为公务或派使者传唤贼民等旅差补贴、路费、劳务费人均三两银子之规定记录在案。只是去年始个别官差非要每人六两不可，虽然勉强支付，吾等贫困旗无力坚持始终。故呈报苦衷，肯请核对盟长署档案，规范官员旅差补贴，并盼下文告之也。

至此，呈钤札萨克印之文。

光绪二十五年

007 克什克腾札萨克一等台吉等为审理一桩结怨案呈盟摄政协理原盟警备军札萨克郡王文（光绪二十六年初春二十七日）

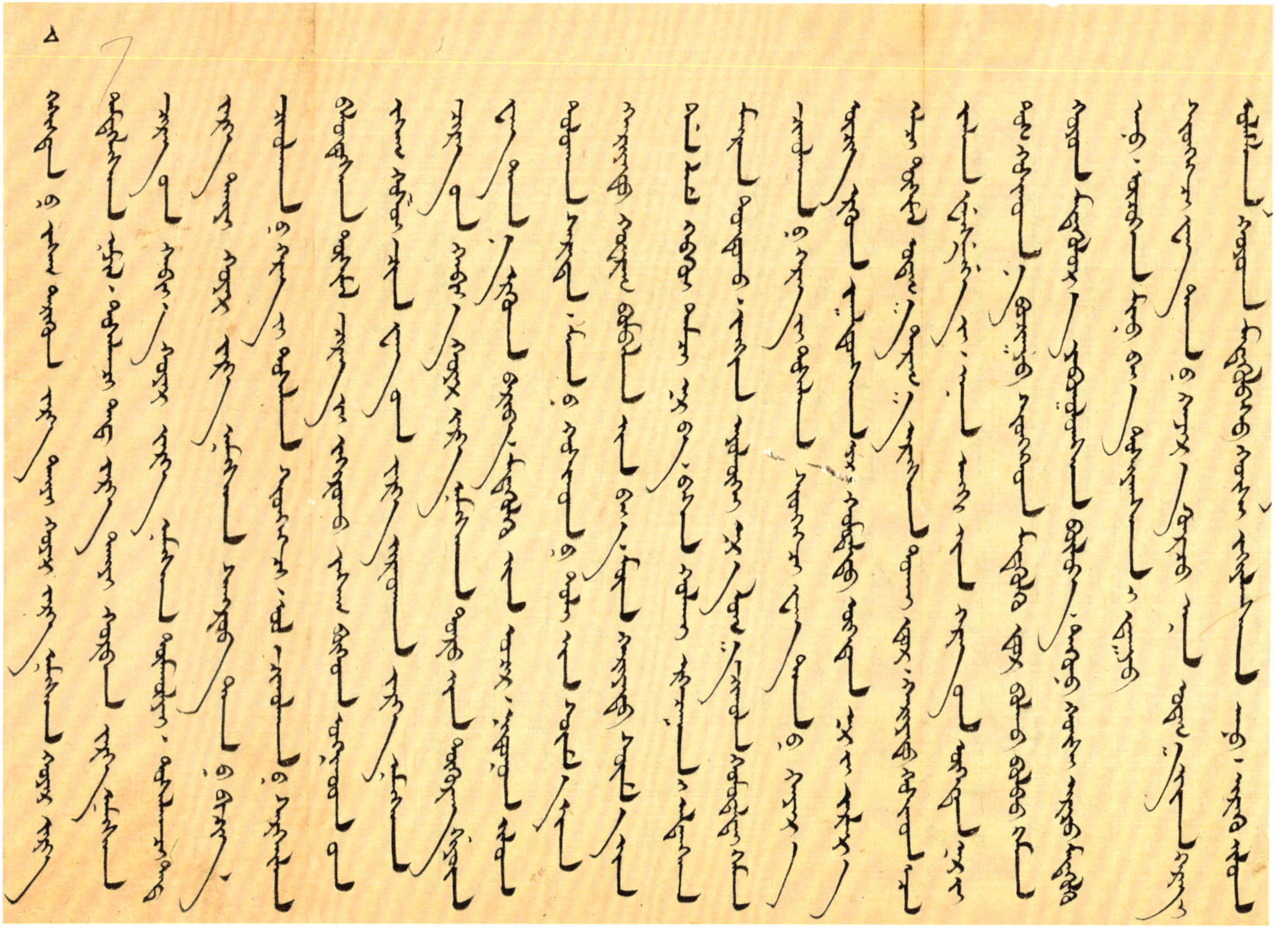

007 克什克腾札萨克一等台吉等为审理一桩结怨案呈盟摄政协理原盟警备军札萨克郡王文（光绪二十六年初春二十七日）

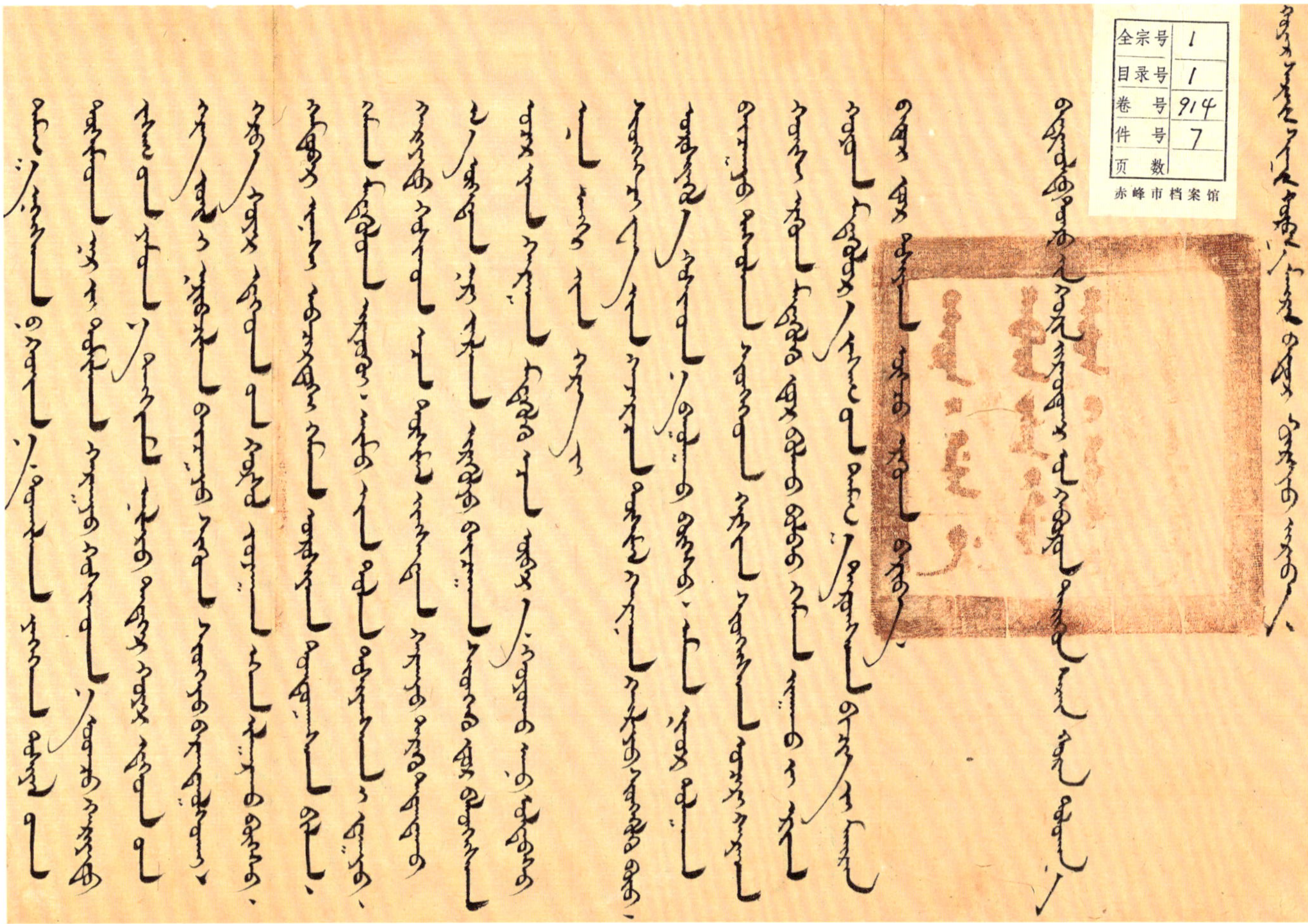

全宗号	1
目录号	1
卷号	914
件号	7
页数	

赤峰市档案馆

克什克腾札萨克一等台吉等为审理一桩结怨案呈盟摄政协理原盟警备军札萨克郡王文

克什克腾札萨克一等台吉加二级记二级那木吉勒、协理二等台吉加三级军功加二级图门乌力吉、协理二等台吉加二级桑日布文。呈送盟摄政协理原盟警备军札萨克暨翁牛特札萨克和硕亲王衔加六级军功加二级多罗杜棱郡王：呈报之事。

去年七月，本旗陶丽庙所属和尚宝玛布拉、大喇嘛、领堂喇嘛、司库喇嘛等与放走盗贼额日和查干之梅林陶格陶、章京阿尤拉贵之间结怨而呈状盟摄政协理府伸冤。为冤民之事，屡次派使者。所属旗派甲喇翁曾格，以求将此案当事人遣回本旗审理。甲喇回曰：鄙人奉命至摄政王爷府处汇报此事，回曰，明年启章后派官差至所属旗札萨克大堂合厅审理双方诉讼。如双方结怨颇深不能和解，就一同送至本摄政王爷府审讯。等语。为此奉命派人传唤双方当事人以备审理。祈求摄政王爷府派人审理此案。能否由所属旗审理此案，对质双方口供，公正结案并呈报审理结果。妥否请明断。

至此，梅林巴特尔携钤札萨克印之文呈送之。

光绪二十六年初春二十七日

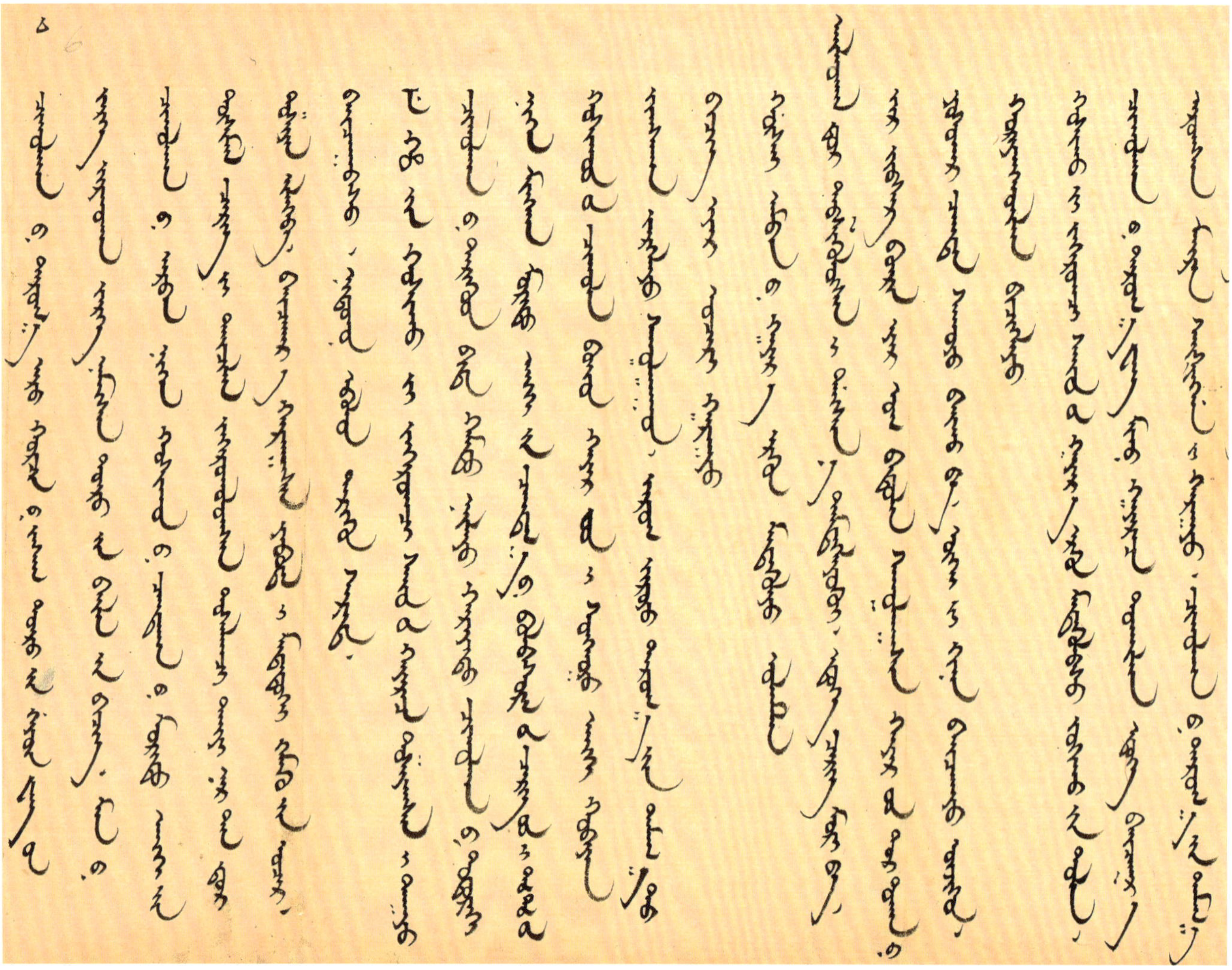

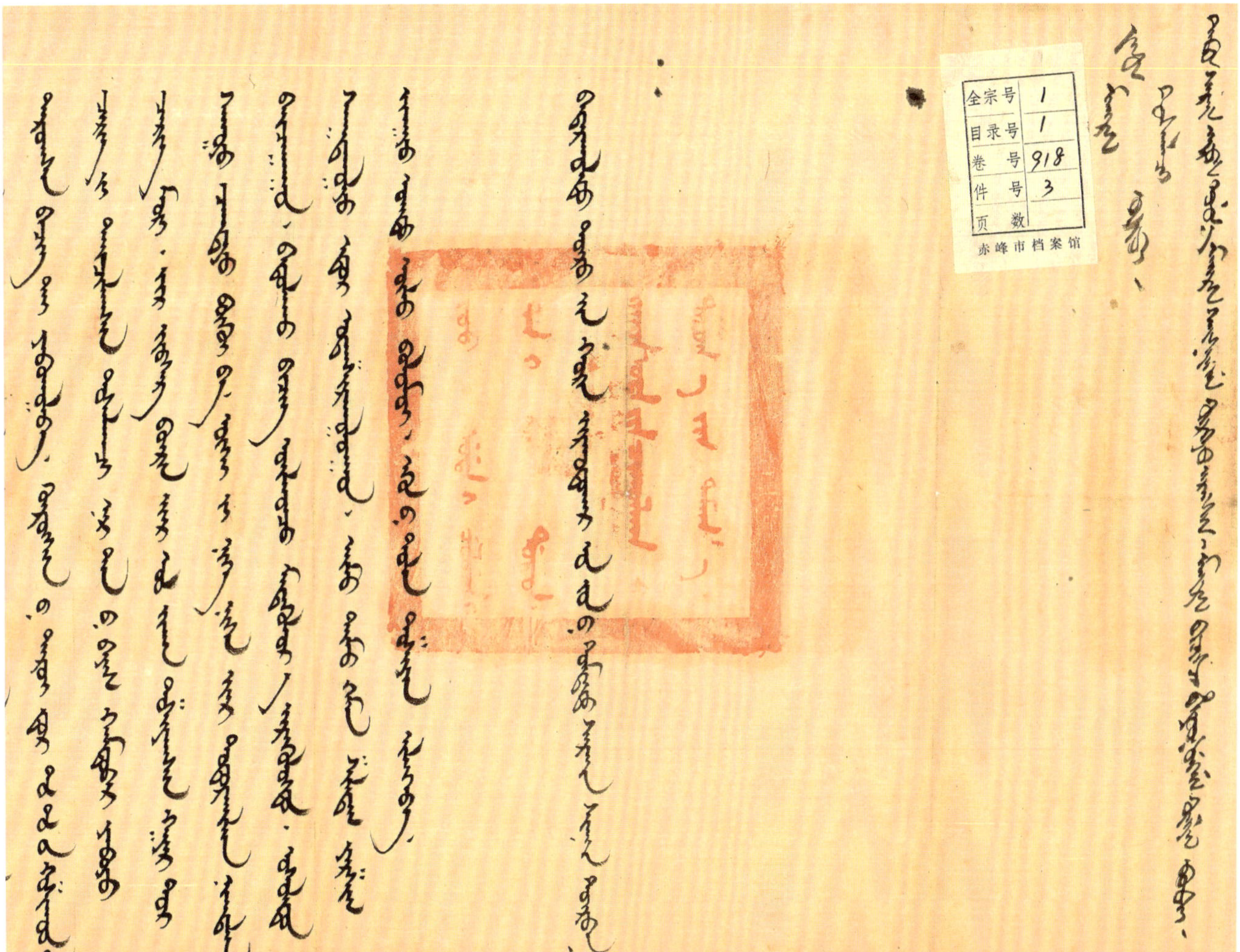
全宗号 1
目录号 1
卷号 918
件号 3
页数
赤峰市档案馆

盟长阿鲁科尔沁札萨克贝勒为骑警巡查事札盟骑警协理文

盟长阿鲁科尔沁札萨克多罗郡王衔加六级多罗贝勒文。札付掌管本盟十一旗骑警卫兵之协理台吉：行札巡察之事。

经查，去年初冬奉热河都统衙署指令，吾等盟长合议将盟内一千骑警分队部署于各旗要害之地，派兵布阵并绘图，钤官印呈报都统衙门之事已登记在册。如今，巡察骑警及武器装备是否按计划布置，并将巡察情况总结后呈报都统衙门。为此，盟署专派梅林赛星哈携钤盟长印之文出巡。文到，各旗统领骑警台吉陪同巡察，查看武器、人马是否按原计划驻守巡逻区内，并记录造册呈报盟署。不得借口推脱。

此札。

光绪二十六年仲夏初四日

009 盟长阿鲁科尔沁札萨克贝勒为授赏乾清门俸禄事札盟摄政协理原盟警备军札萨克郡王等文（光绪二十六年仲夏十六日）

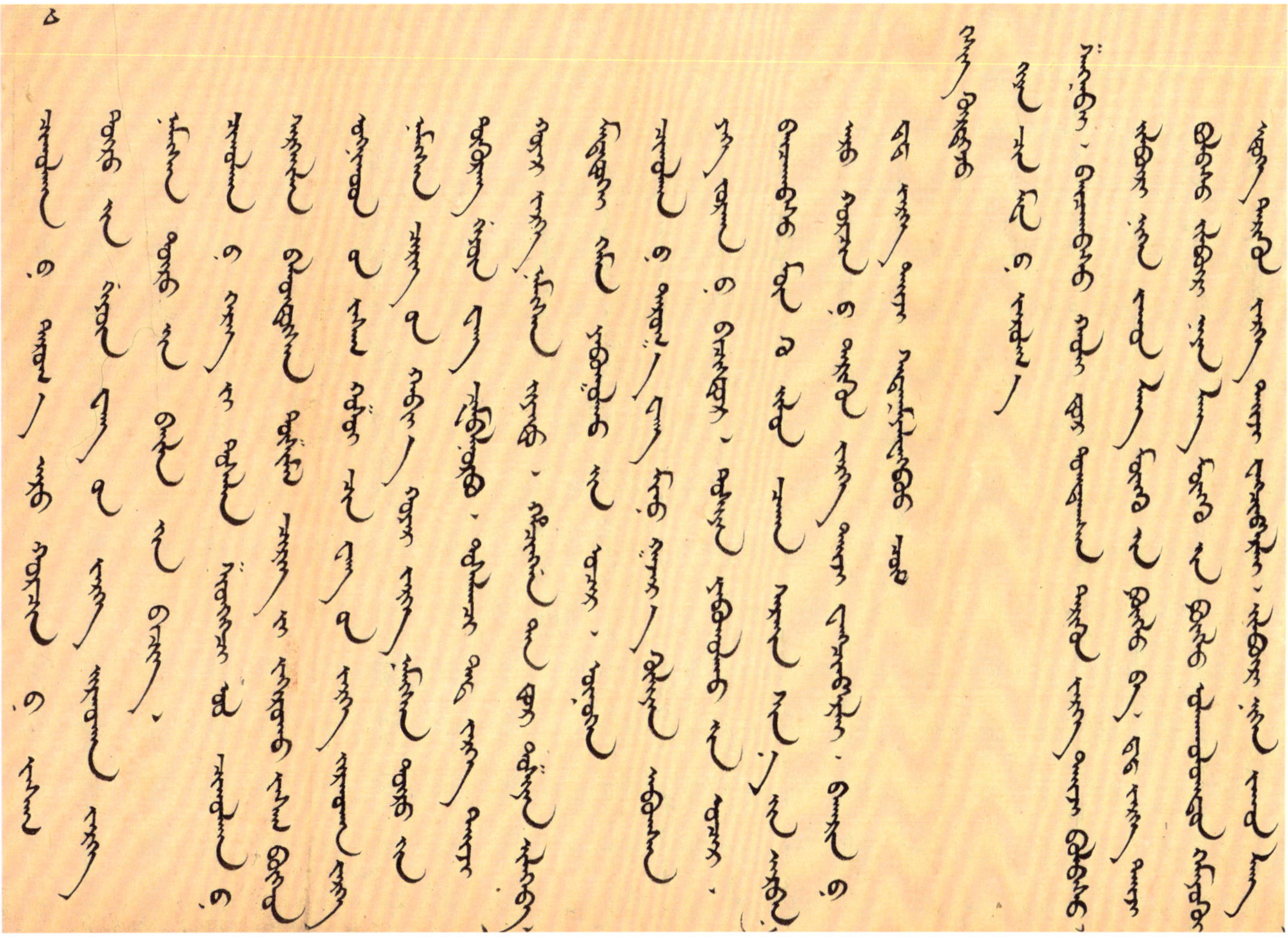

009 盟长阿鲁科尔沁札萨克贝勒为授赏乾清门侉禄事札盟摄政协理原盟警备军札萨克郡王等文（光绪二十六年仲夏十六日）

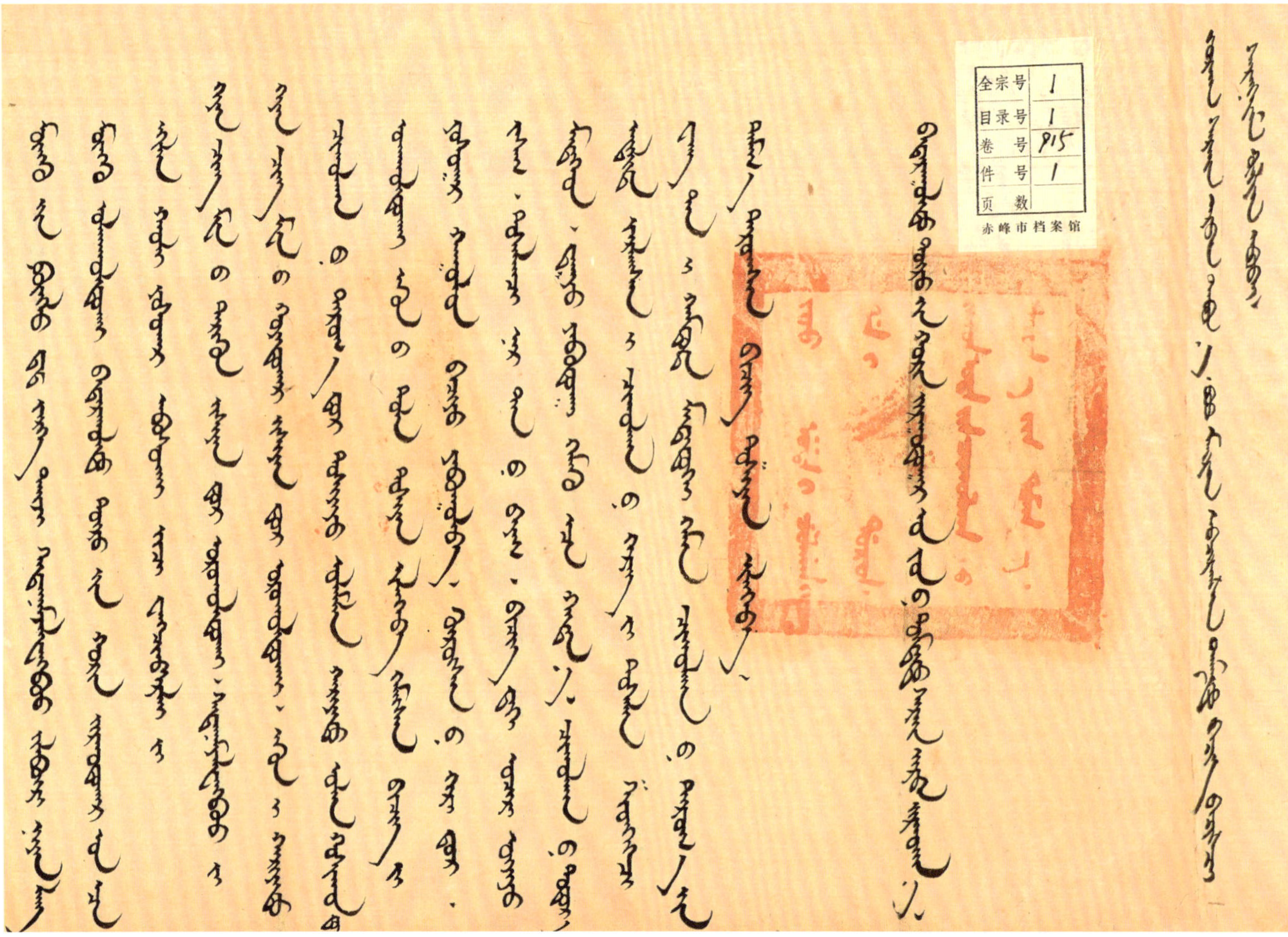

盟长阿鲁科尔沁札萨克贝勒为授赏乾清门俸禄事札盟摄政协理原盟警备军札萨克郡王等文

盟长阿鲁科尔沁札萨克多罗郡王衔加六级多罗贝勒文。札盟摄政协理原盟警备军札萨克暨翁牛特札萨克和硕亲王衔加六级军功加二级多罗杜棱郡王赞巴勒诺尔布，协理二等台吉加二级吉雅图、哈青阿：行札之事。

近日，本盟长衙署承接大部札开，今年正月初十日赏赐阿鲁科尔沁一等台吉旺勤坡日莱、巴林二等台吉色登那木吉拉旺布乾清门俸禄。据法典，一等台吉每年俸禄一百两银子，二等台吉每年俸禄八十两银子。如今授一等台吉旺勤坡日莱每年一百两银子，授二等台吉色登那木吉拉旺布每年八十两银子，并自光绪二十六年始照例领取。此外，安排一等台吉旺勤坡日莱乾为清门第一轮班，安排二等台吉色登那木吉拉旺布为乾清门第二轮班。此事转送所属诸盟长，转告所属各旗。等因前来盟署。为此，本署抄录原文送至。文到，各札萨克、协理等亲自审阅，宣告盟属遵照施行。另，通告盟摄政王爷知晓也。

至此，致钤盟长印之文。

光绪二十六年仲夏十六日

010 盟摄政协理原盟警备军札萨克郡王等为检查骑警、调动骑警事呈盟长阿鲁科尔沁札萨克贝勒文（光绪二十六年未夏初一日）

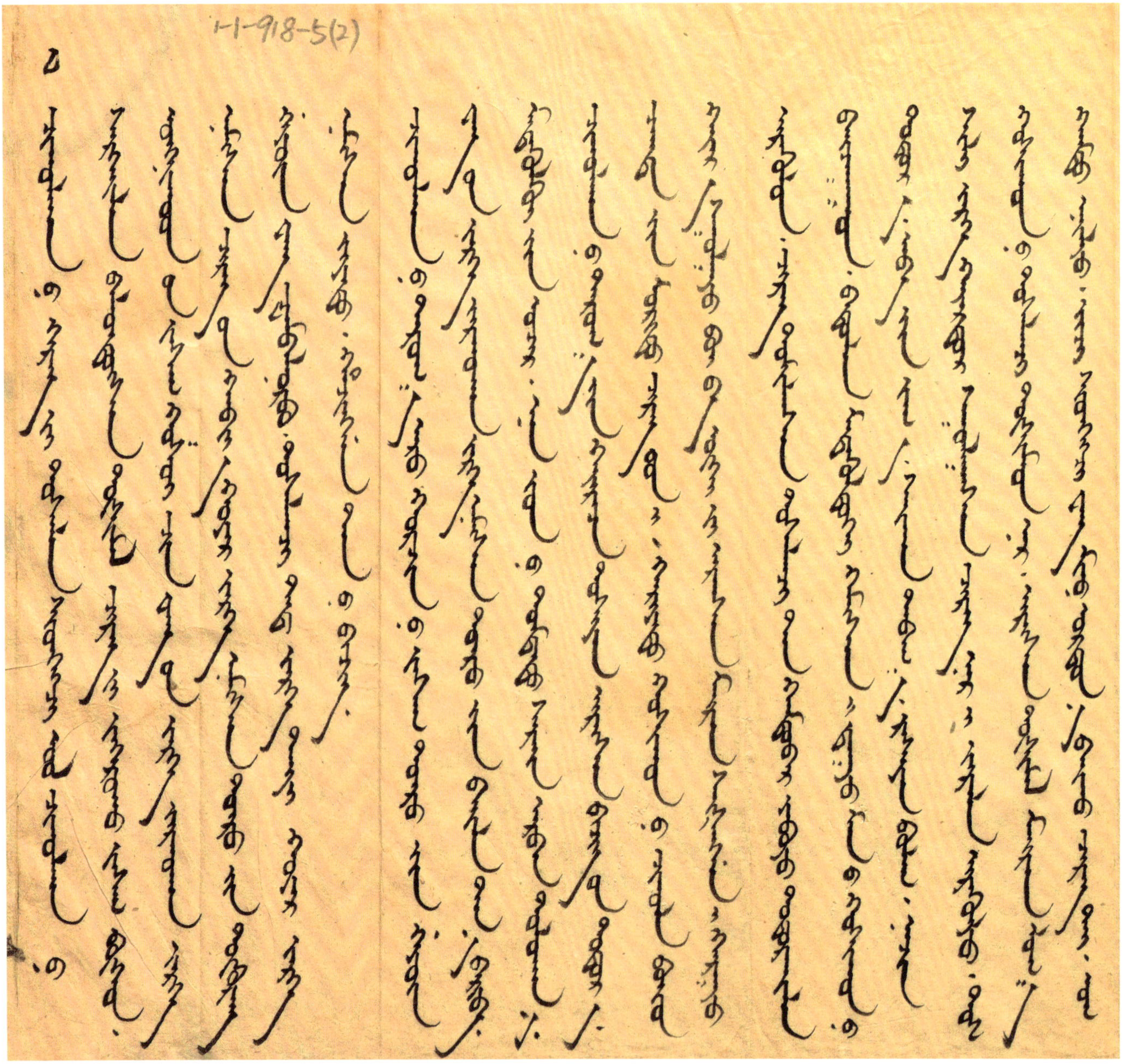

010 盟摄政协理原盟警备军札萨克郡王等为检查骑警、调动骑警事呈盟长阿鲁科尔沁札萨克贝勒文（光绪二十六年末夏初一日）

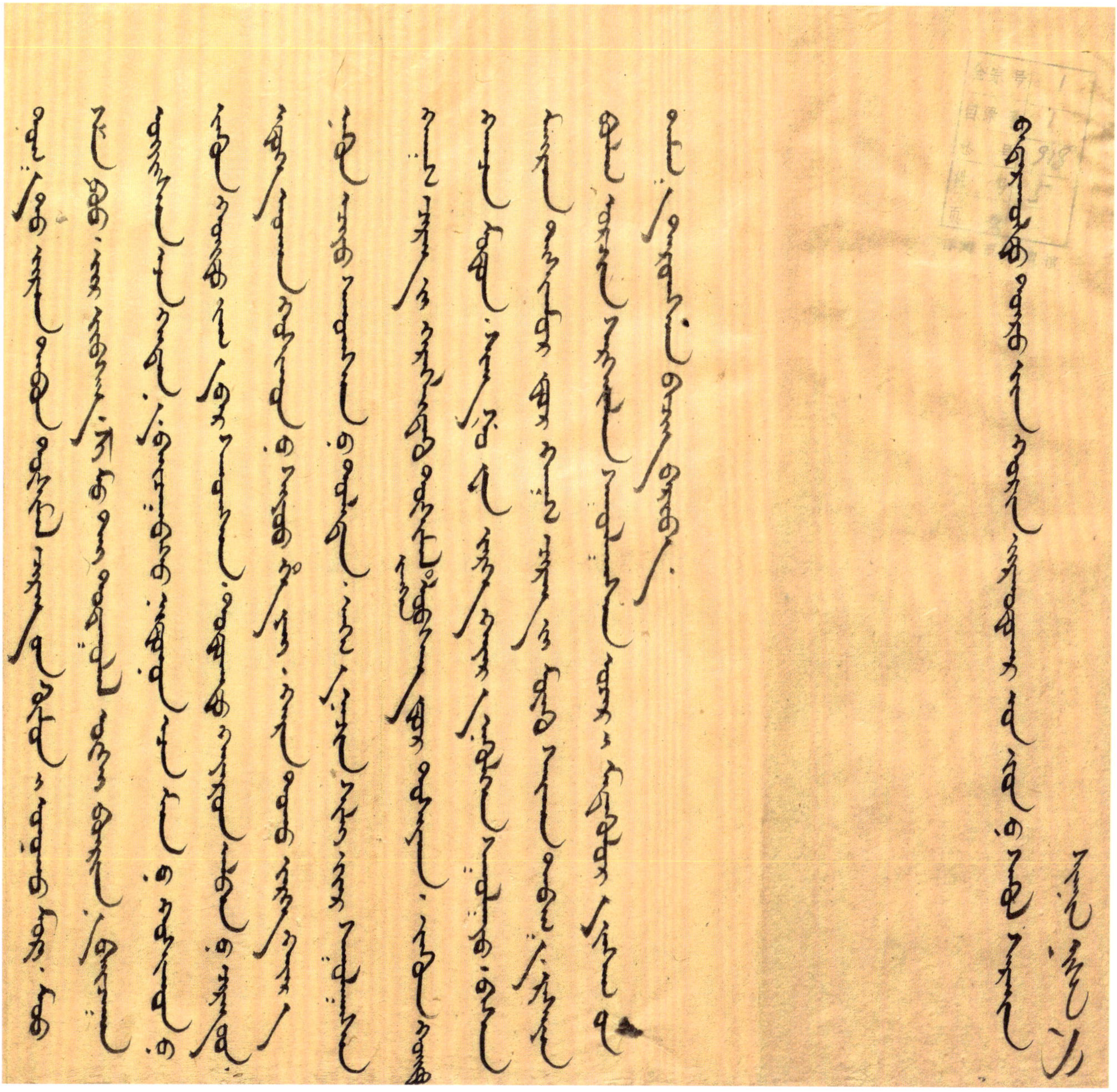

盟摄政协理原盟警备军札萨克郡王等为检查骑警、调动骑警事呈盟长阿鲁科尔沁札萨克贝勒文

盟摄政协理原盟警备军札萨克暨翁牛特札萨克和硕亲王衔加六级军功加二级多罗杜棱郡王赞巴勒诺尔布，协理二等台吉加二级吉雅图、哈青阿文。呈盟长阿鲁科尔沁札萨克多罗郡王衔加六级多罗贝勒：呈报之事。

本年仲夏十七日，盟署札开：指派梅林赛星哈巡察骑警人马是否按原计划驻守巡逻各旗要害之地。各旗骑警统领陪同巡察并呈报情况。等语札付。为此，调来驻本旗围场边界、赛罕坝、温泉、那钦希里等地骑警，指派本旗协理与前来梅林一同巡察了本摄政王爷府卫兵及原有六十五名卫兵之坐骑、毛瑟枪等武器装备及数目。经查，去年以来驻本旗东北边界骑警被调动至敖汉旗小河沿、哈啦掩噶等地，故原先驻守那钦西里骑警之一半交给章京罗布桑派遣至东北一棵树、杏树洼一带，另一半骑警交给梅林特格希阿木尔，驻守原塞罕坝、温泉一带。

至此，呈钤札萨克印之文。

光绪二十六年末夏初一日

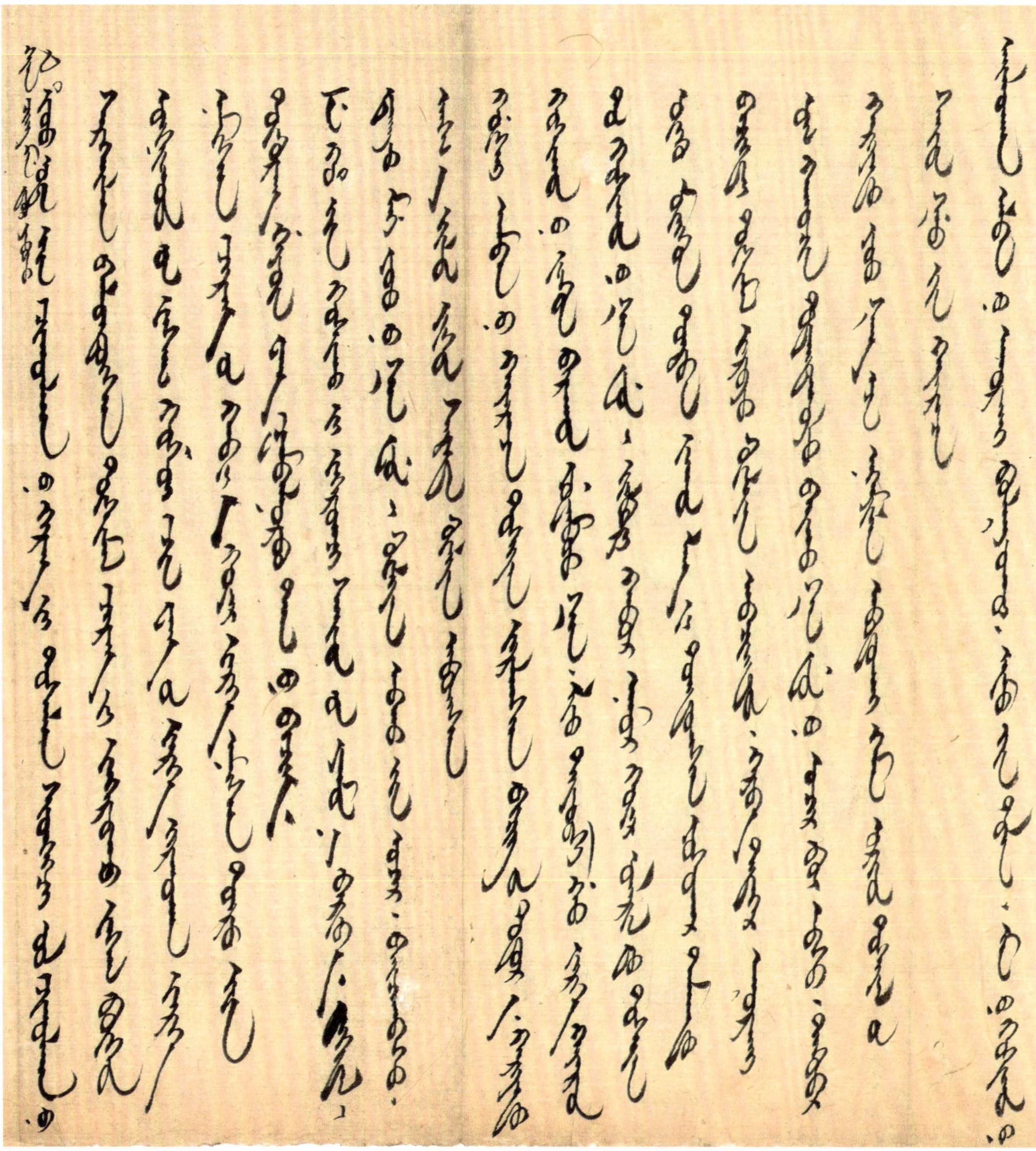

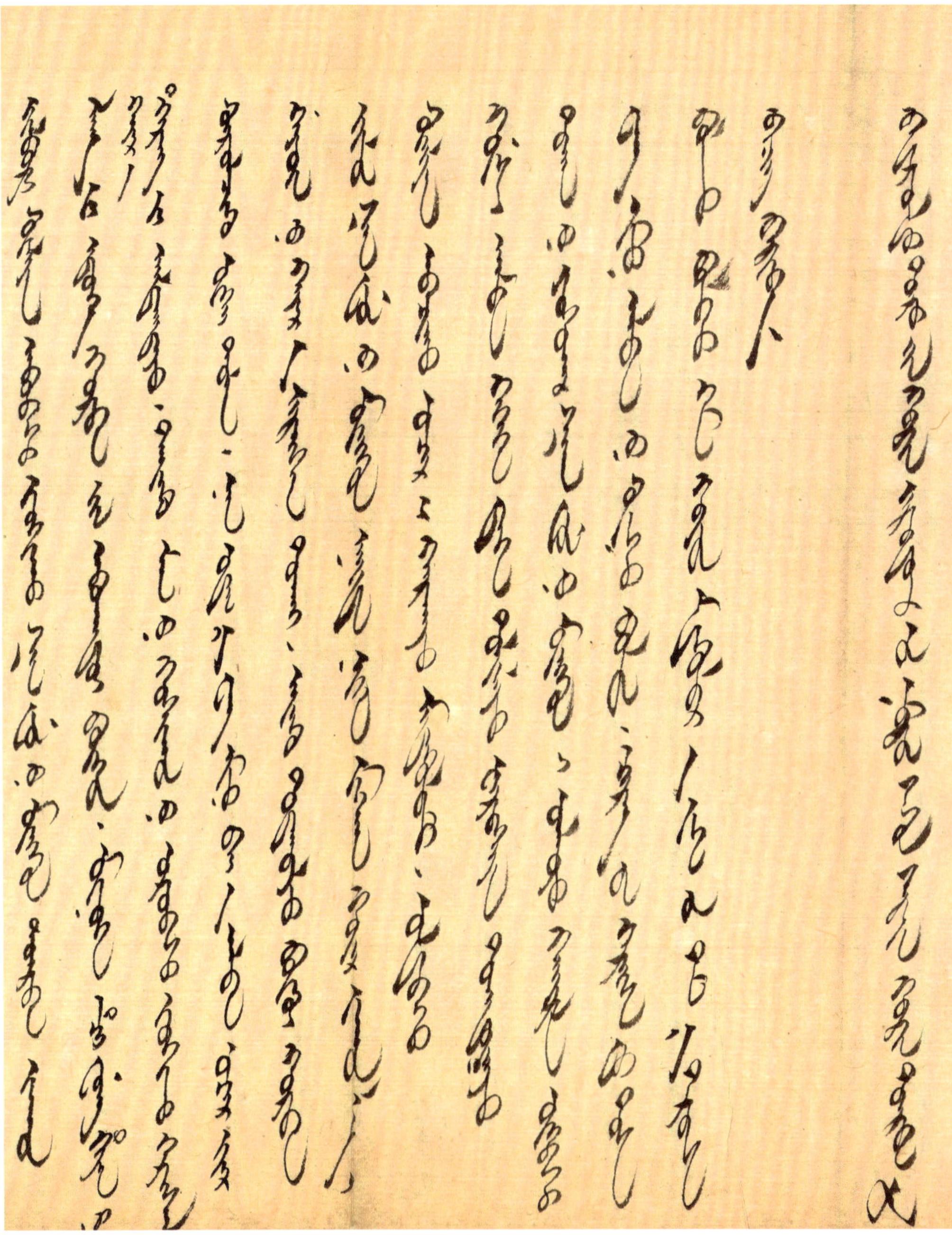

昭乌达盟摄政协理为接受煤窑山分利税款事呈热河都统衙门文

乾清门行走昭乌达盟摄政协理原盟警备军札萨克暨翁牛特和硕亲王衔加六级军功加二级多罗杜棱郡王赞巴勒诺尔布文。呈送热河都统处：奉命接受煤窑山分利税款之事。

经查，去年九月份承接之都统衙门札开：按规定指派官差接受所属旗元宝山、柳条沟煤窑春、秋两季度分利税款四百两银子。那些窑矿如有分利税款之旧欠款，则及时从窑商追缴之，等因前来。为此，本旗应接受每年度分利税款四百两，但已有三年未收。并且，本旗近日在赤峰县败诉后，本旗应得设备投入严重不足，故本次本王爷因公务至都统处之际，呈请接受所欠三年之山分利税款共计一千二百两银子。呈请都统衙门赐恩，如数赏赐分利税款，救济本王爷公务及军需为盼。

至此，呈钤札萨克印之文。

光绪二十六年末秋二十四日

012 署理巴林等八旗蒙民事务及征税事宜大臣为就任履职事咨盟摄政协理原盟警备军札萨克郡王等文（光绪二十六年九月三十日）

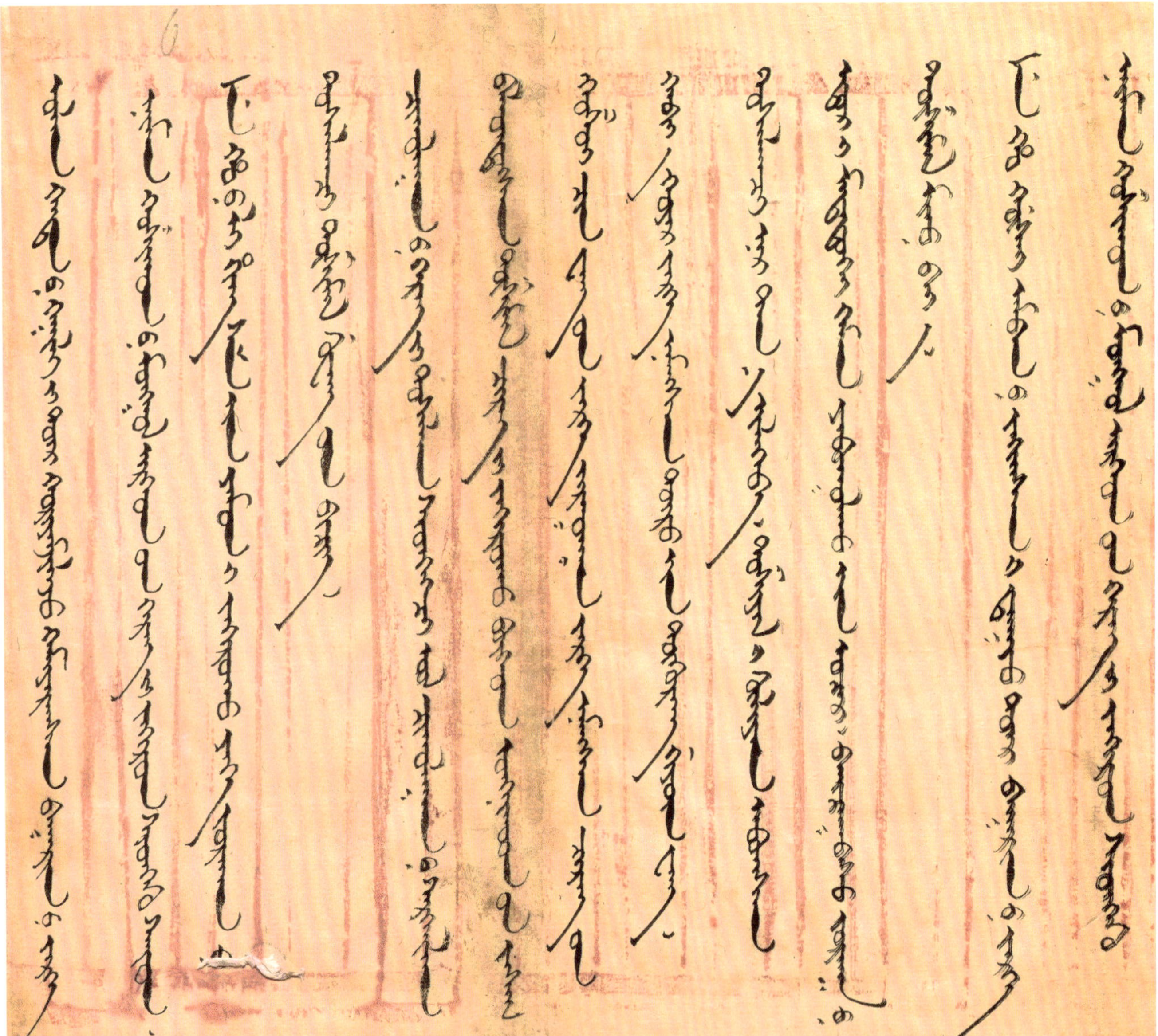

012 署理巴林等八旗蒙民事务及征税事宜大臣为就任履职事咨盟摄政协理原盟警备军札萨克郡王等文（光绪二十六年九月三十日）

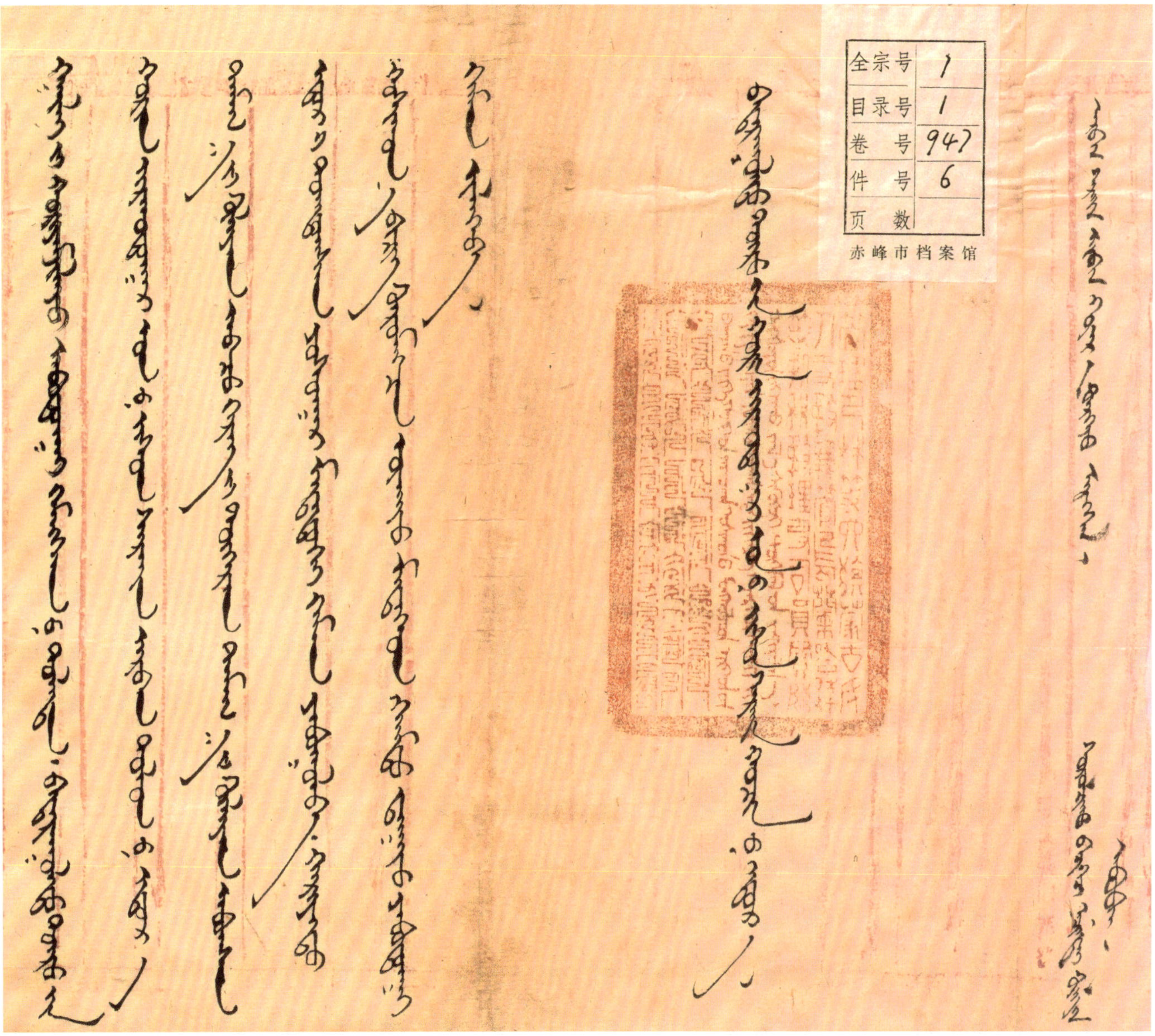

全宗号	1
目录号	1
卷 号	947
件 号	6
页 数	

赤峰市档案馆

署理巴林等八旗蒙民事务及征税事宜大臣为就任履职事咨盟摄政协理原盟警备军札萨克郡王等文

署理乌兰哈达征税事务及巴林等八旗蒙民事务摄政大臣、掌管热河理刑司衙门之协理大臣文。咨盟摄政协理原盟警备军札萨克暨翁牛特札萨克和硕亲王衔加六级军功加二级多罗杜棱郡王、协理等：告知就任日期之事。

本臣奉热河都统之指令，于光绪二十六年九月十七日接大印署理巴林等八旗蒙民事务及征税事宜。照例告知所属诸旗，见文阅知。

光绪二十六年九月三十日

013 署理巴林等八旗蒙民事务及征税事宜大臣为就任履职事咨盟摄政协理原盟警备军札萨克郡王等文（光绪二十六年十一月十三日）

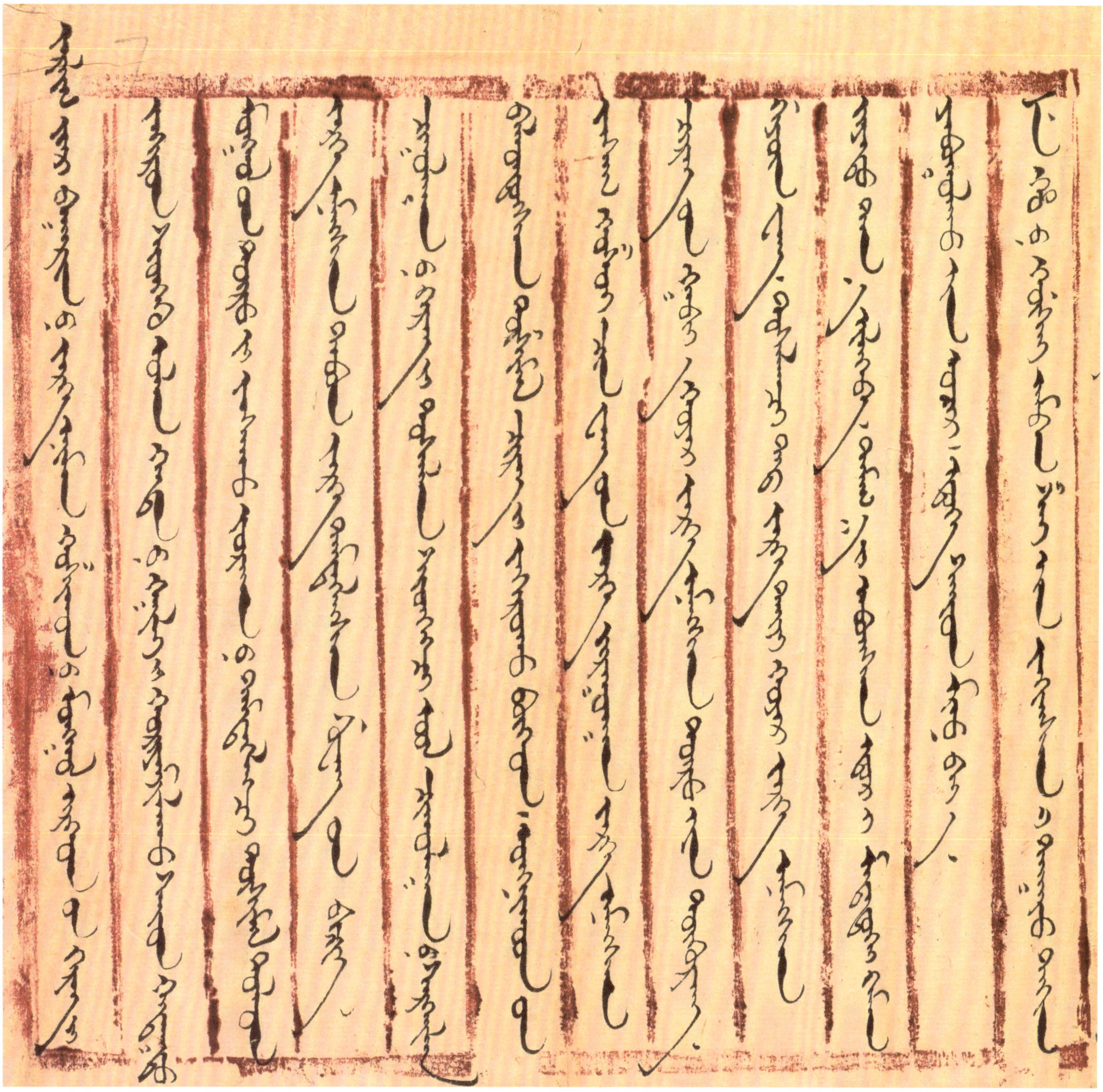

013 署理巴林等八旗蒙民事务及征税事宜大臣为就任履职事咨盟摄政协理原盟警备军札萨克郡王等文（光绪二十六年十一月十三日）

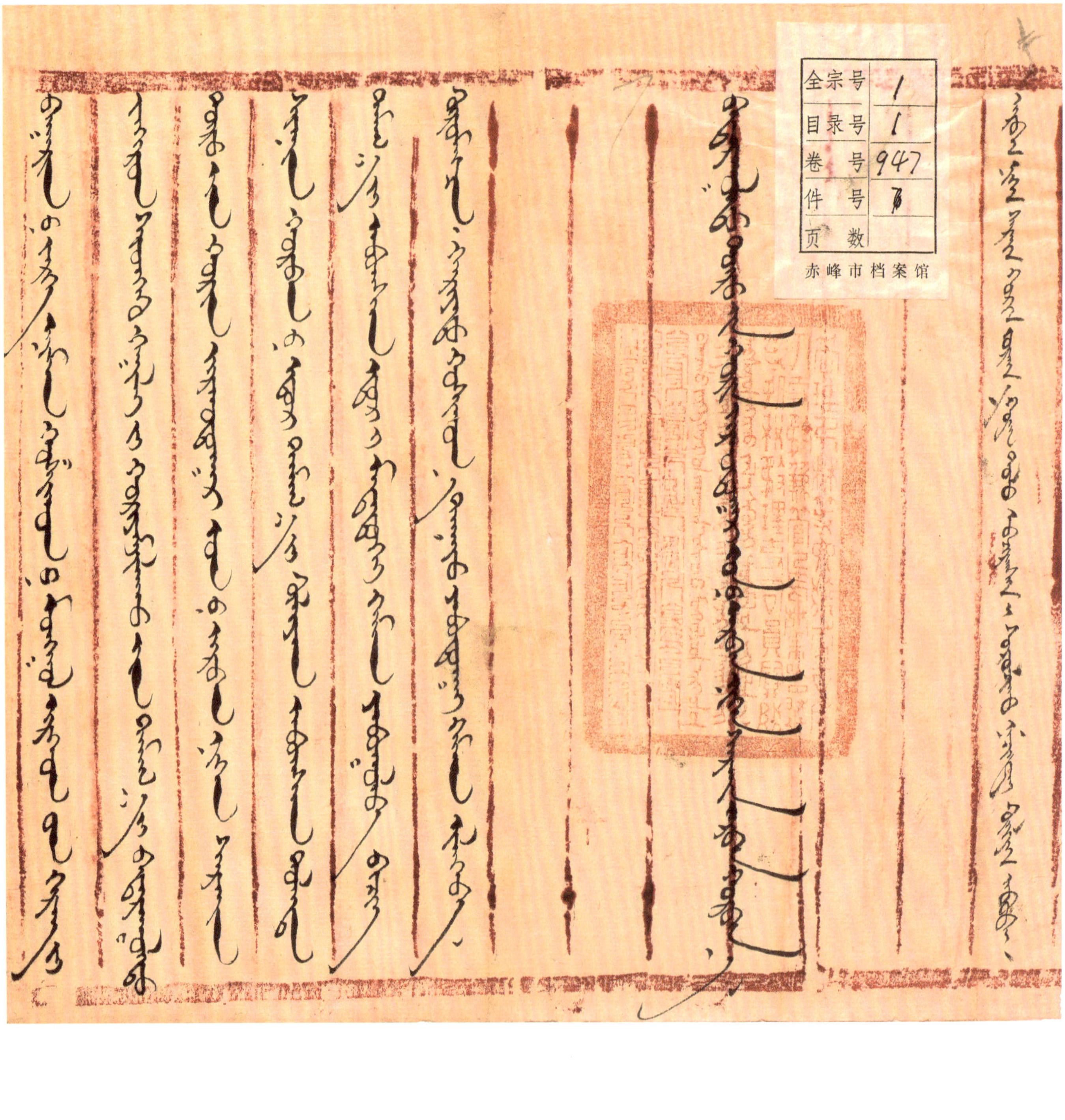

署理巴林等八旗蒙民事务及征税事宜大臣为就任履职事咨盟摄政协理原盟警备军札萨克郡王等文

奉命署理巴林等八旗蒙民事务及乌兰哈达征税事务摄政大臣理藩院文秘大臣加七级记五级匡文。咨盟摄政协理原盟警备军札萨克暨翁牛特札萨克和硕亲王衔加六级军功加二级多罗杜棱郡王、协理二等台吉加二级吉雅图：告知就任日期之事。

本臣奉热河都统之指令，于光绪二十六年十一月初三日接巴林等八旗蒙民事务及征税之大印。咨知所属诸旗，见文阅知。

光绪二十六年十一月十三日

014 盟长阿鲁科尔沁札萨克贝勒为备送驻雍和宫和尚费用、驻热河都统衙门笔帖式费用等事札盟摄政协理原盟警备军札萨克郡王等文（光绪二十七年初秋二十九日）

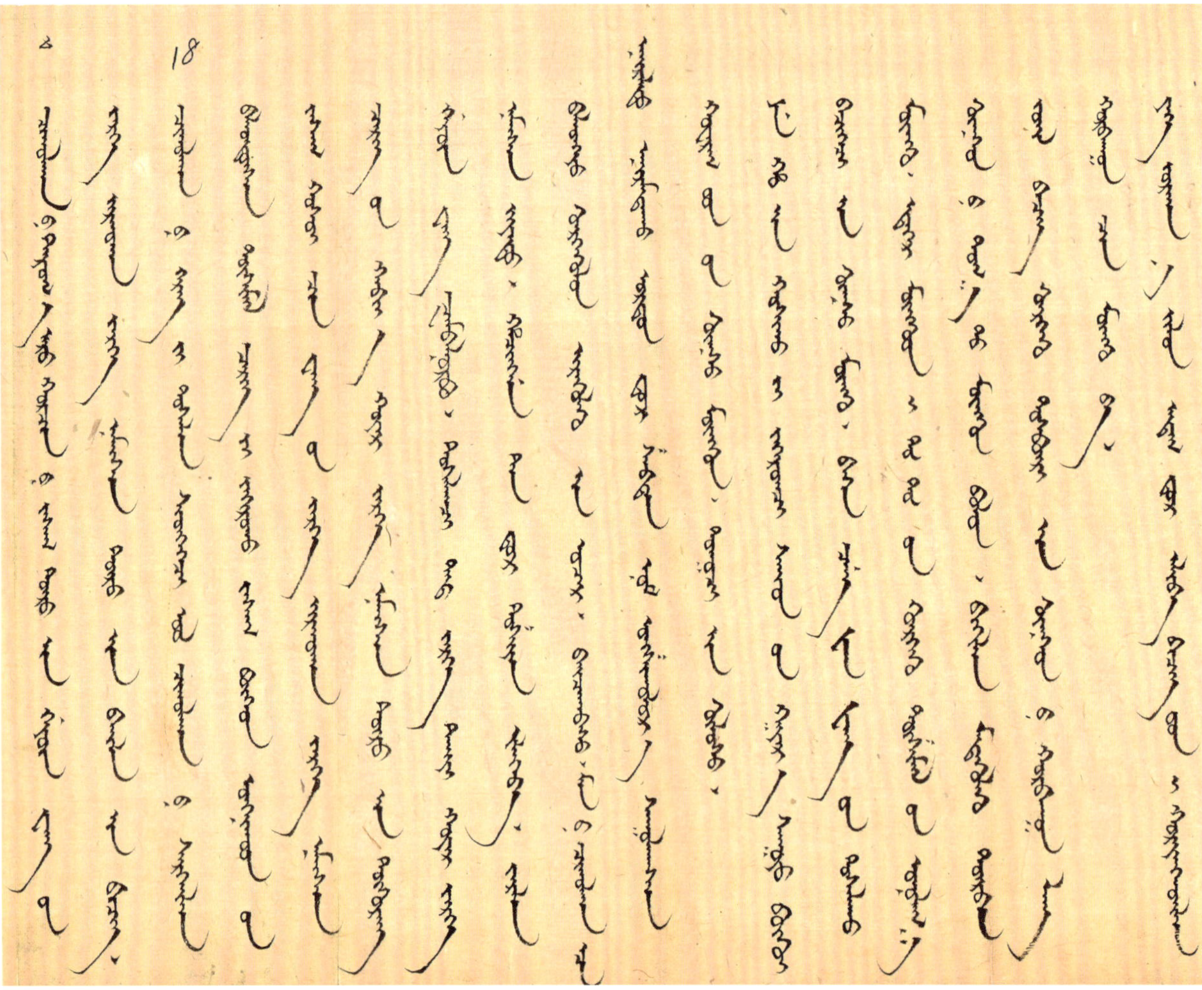

014 盟长阿鲁科尔沁札萨克贝勒为备送驻雍和宫和尚费用、驻热河都统衙门笔帖式费用等事札盟摄政协理原盟警备军札萨克郡王等文（光绪二十七年初秋二十九日）

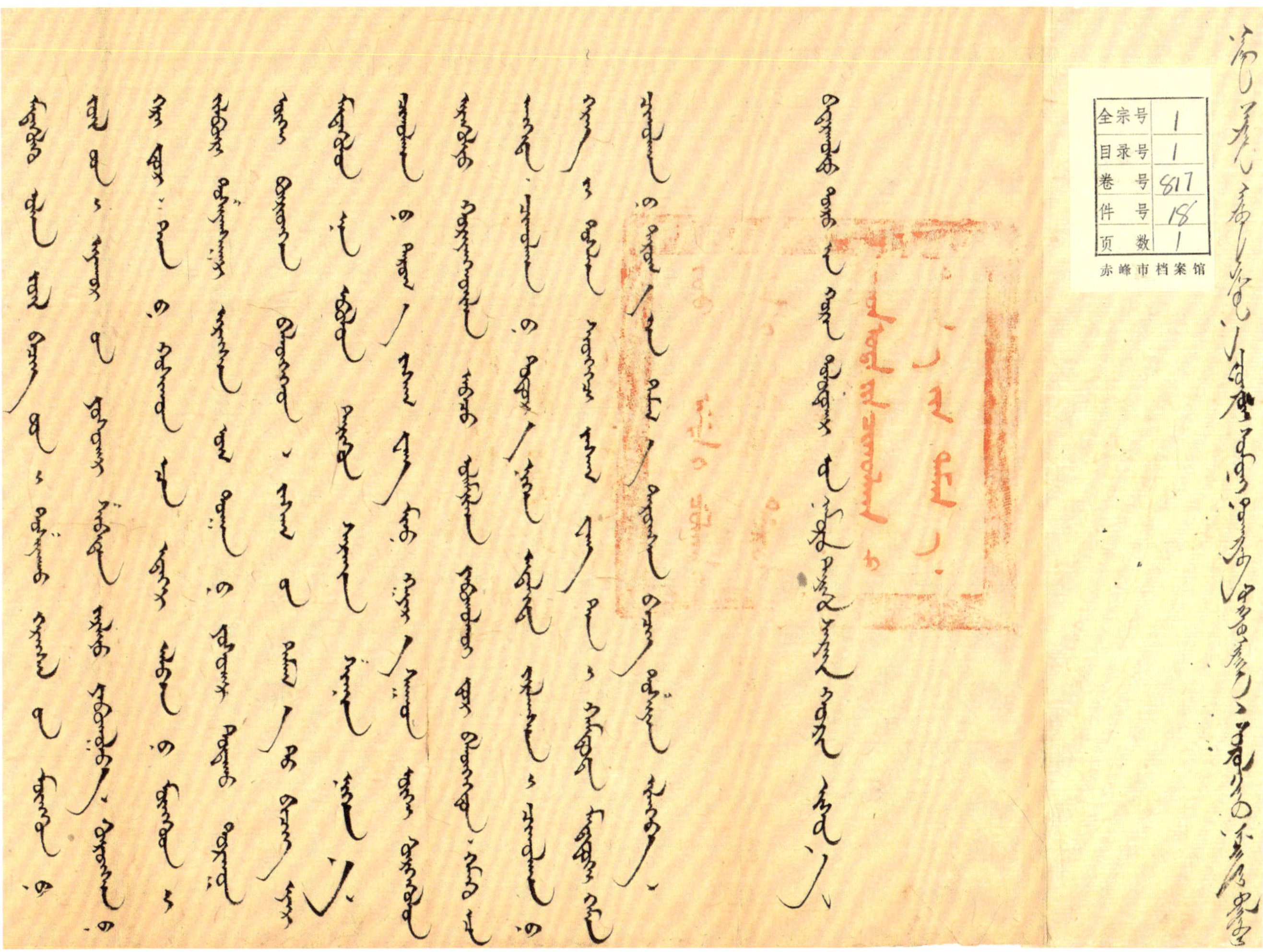

盟长阿鲁科尔沁札萨克贝勒为备送驻雍和宫和尚费用、驻热河都统衙门笔帖式费用等事札盟摄政协理原盟警备军札萨克郡王等文

盟长阿鲁科尔沁札萨克多罗郡王衔加六级多罗贝勒文。札付盟摄政协理原盟警备军札萨克暨翁牛特札萨克和硕亲王衔加六级军功加二级多罗杜棱郡王赞巴勒诺尔布，协理二等台吉加二级吉雅图、哈青阿：督促备办之事。

经查，本盟驻雍和宫诵经和尚之口粮费、厨师费，驻热河都统处笔帖式费、捐助房屋修缮银两，送银官之路费和护送四中册本官差口粮费三两三钱及大部年底接收转送各类官文等费用，应按每年既定数量备齐，于初冬初一日送至本盟长札萨克王署以备统一配送。另，通告盟摄政协理王爷知晓也。

至此，致钤盟长印之文。

光绪二十七年初秋二十九日

015 盟摄政协理原盟警备军札萨克郡王等为拖欠驻雍和宫和尚费用事呈盟长阿鲁科尔沁札萨克贝勒文（光绪二十七年初冬初一日）

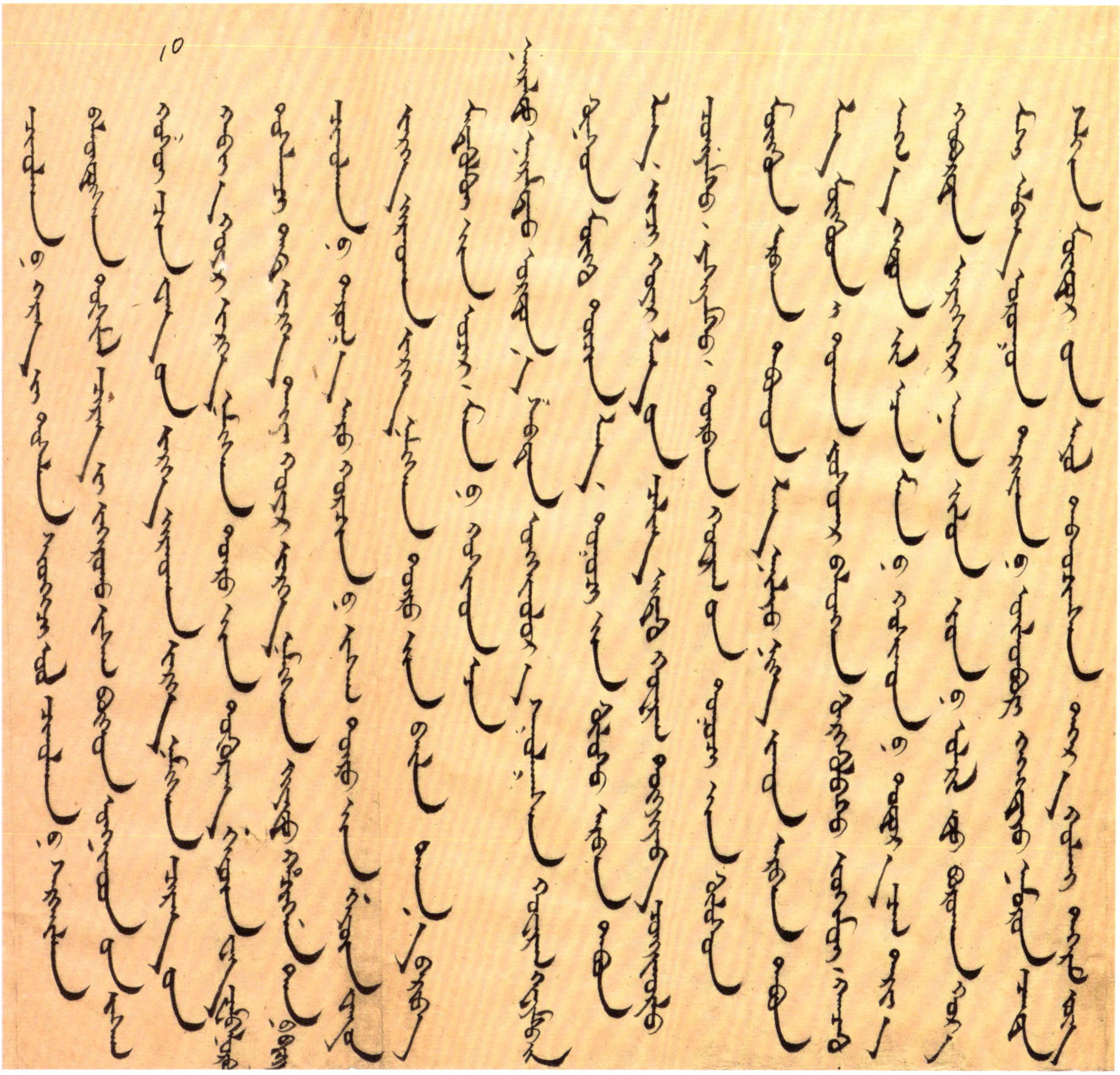

015 盟摄政协理原盟警备军札萨克郡王等为拖欠驻雍和宫和尚费用事呈盟长阿鲁科尔沁札萨克贝勒文（光绪二十七年初冬初一日）

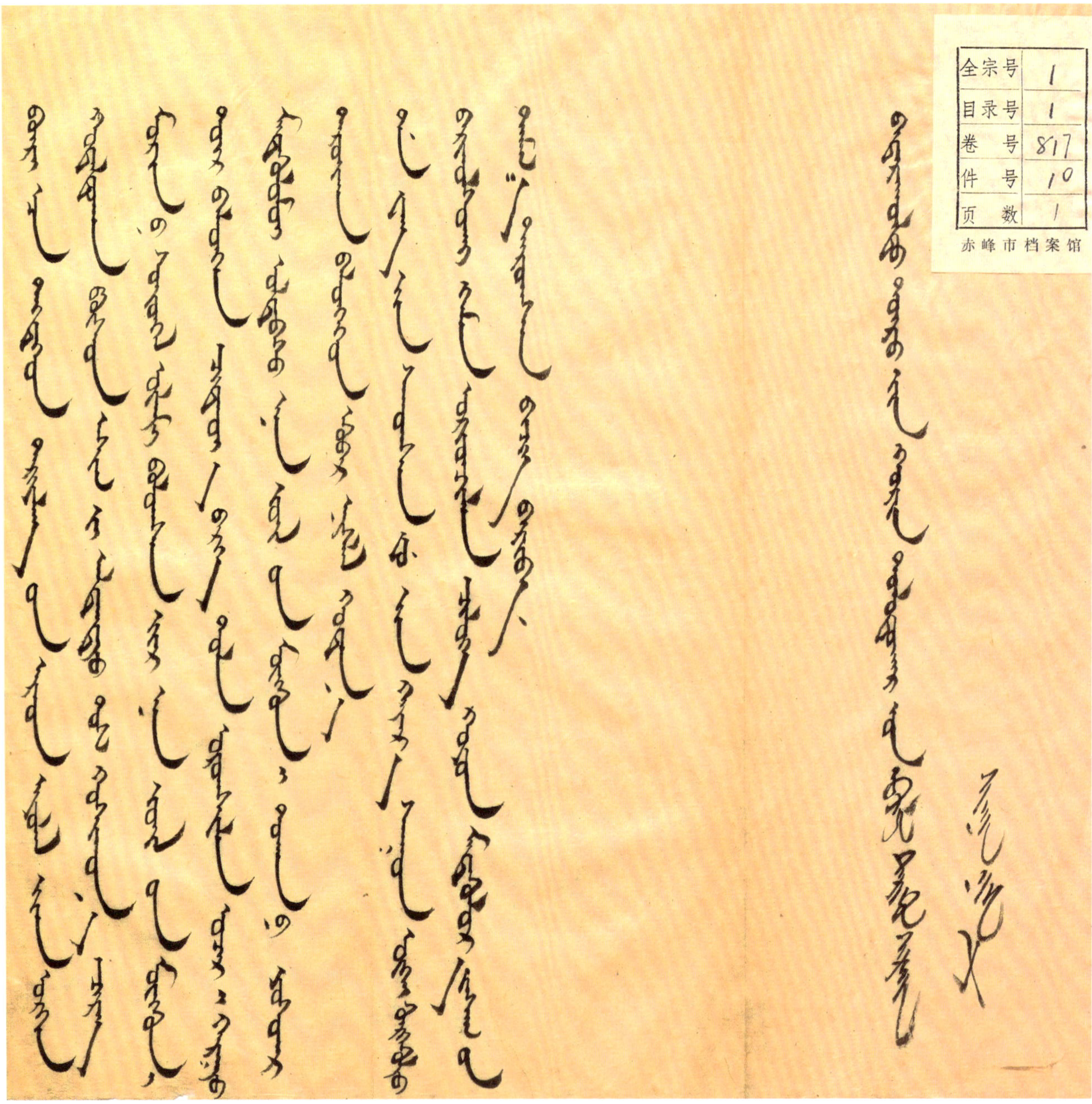

盟摄政协理原盟警备军札萨克郡王等为拖欠驻雍和宫和尚费用事呈盟长阿鲁科尔沁札萨克贝勒文

盟摄政协理原盟警备军札萨克暨翁牛特札萨克和硕亲王衔加六级军功加二级多罗杜棱郡王赞巴勒诺尔布，协理二等台吉加二级吉雅图、哈青阿文。呈送盟长阿鲁科尔沁札萨克多罗郡王衔加六级多罗贝勒：呈报之事。

本旗驻雍和宫诵经和尚格瓦扎木苏之口粮费四十两、厨师费十五两及领二两薪金和尚图格吉扎布、却吉浩日勒、却吉扎木苏、叶希扎木苏等四名和尚之厨师费十五两，合计一百一十五两，应如数备齐送至。只是近几年本旗庄稼欠收，尤其今年夏季遇洪涝灾害，秋季遇大风冰雹灾害，加之匪患泛滥，诸庄户遭殃，本旗兵马费用锐涨，故一时无法配送此等银两而呈报之。恳请恩准推迟些日期，待筹措备齐送至驻京城大王您处。

至此，呈钤札萨克印之文。

光绪二十七年初冬初一日

016 昭乌达盟摄政协理原盟警备军札萨克郡王等为领取骑都尉俸禄事呈理藩院文（光绪二十七年末冬十九日）

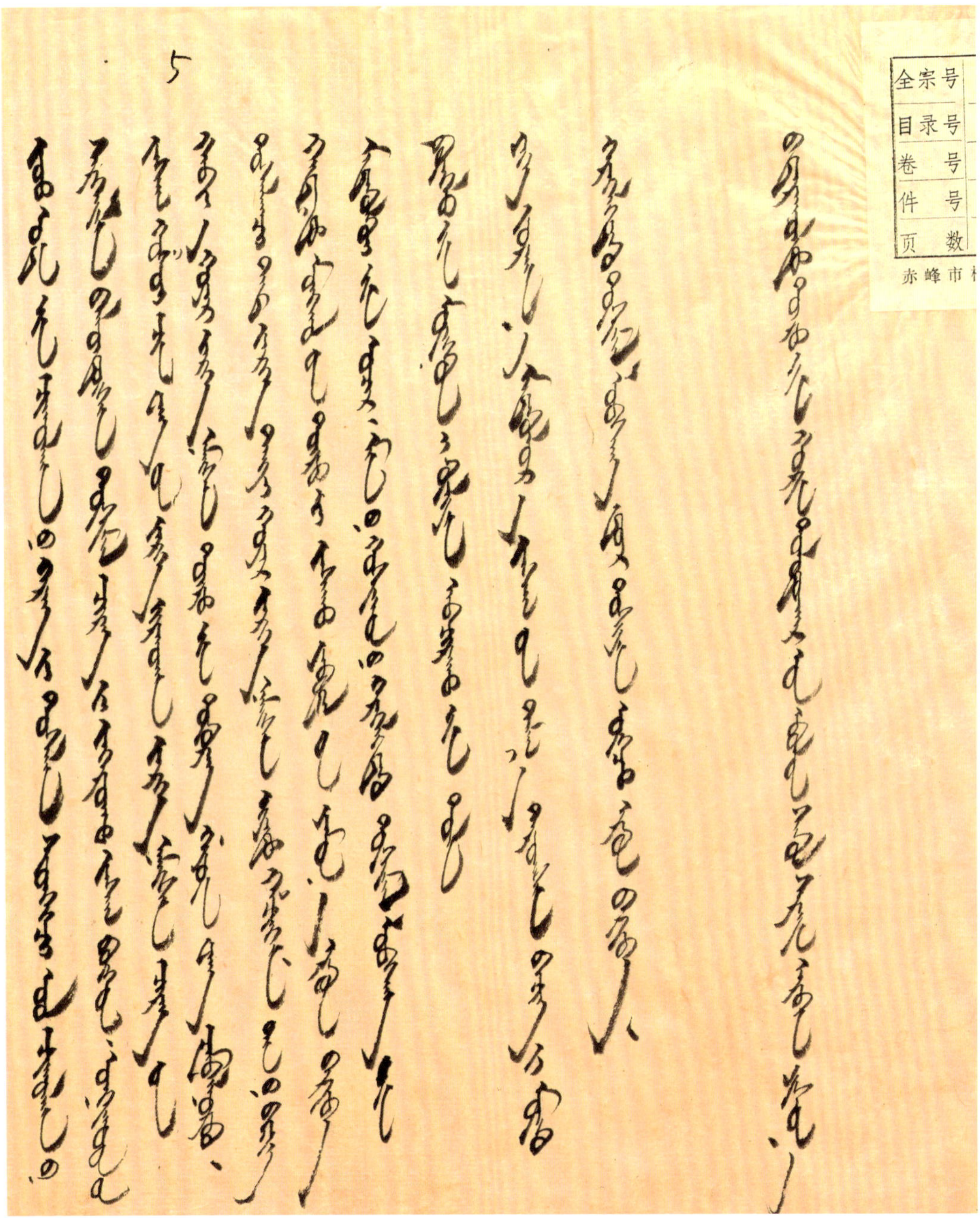

昭乌达盟摄政协理原盟警备军札萨克郡王等为领取骑都尉俸禄事呈理藩院文

昭乌达盟摄政协理原盟警备军札萨克暨翁牛特和硕亲王衔加六级军功加二级多罗杜棱郡王赞巴勒诺尔布，协理二等台吉加二级吉雅图、哈青阿文。呈理藩院：呈报之事。

领取本旗骑都尉罗布桑俸禄银两之呈报大部官文，亦交由骑都尉罗布桑呈送之。

光绪二十七年末冬十九日

017 盟长阿鲁科尔沁札萨克贝勒为热河都统衙门转文事札盟摄政协理原盟警备军札萨克郡王等文（光绪二十八年末冬十九日）

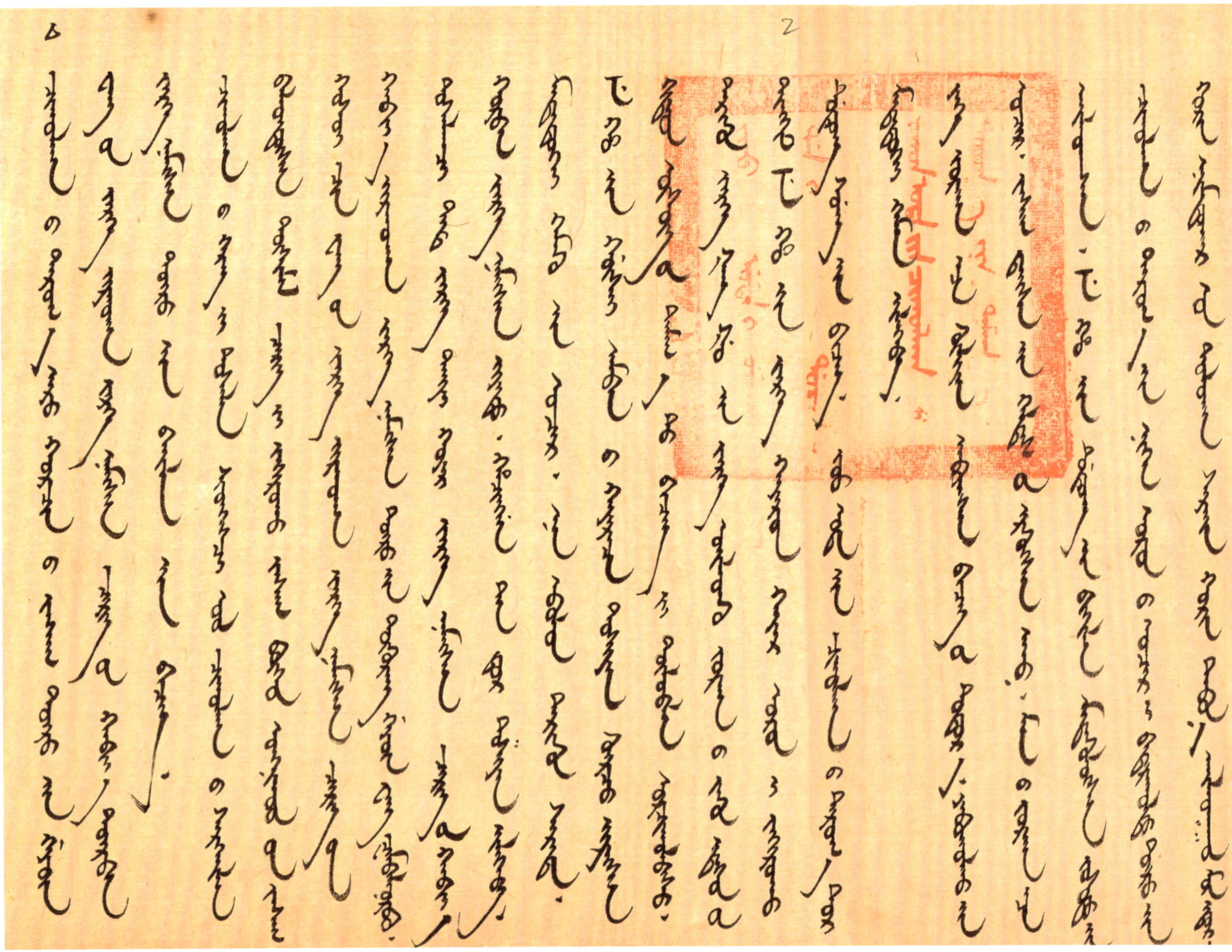

017 盟长阿鲁科尔沁札萨克贝勒为热河都统衙门转文事札盟摄政协理原盟警备军札萨克郡王等文（光绪二十八年末冬十九日）

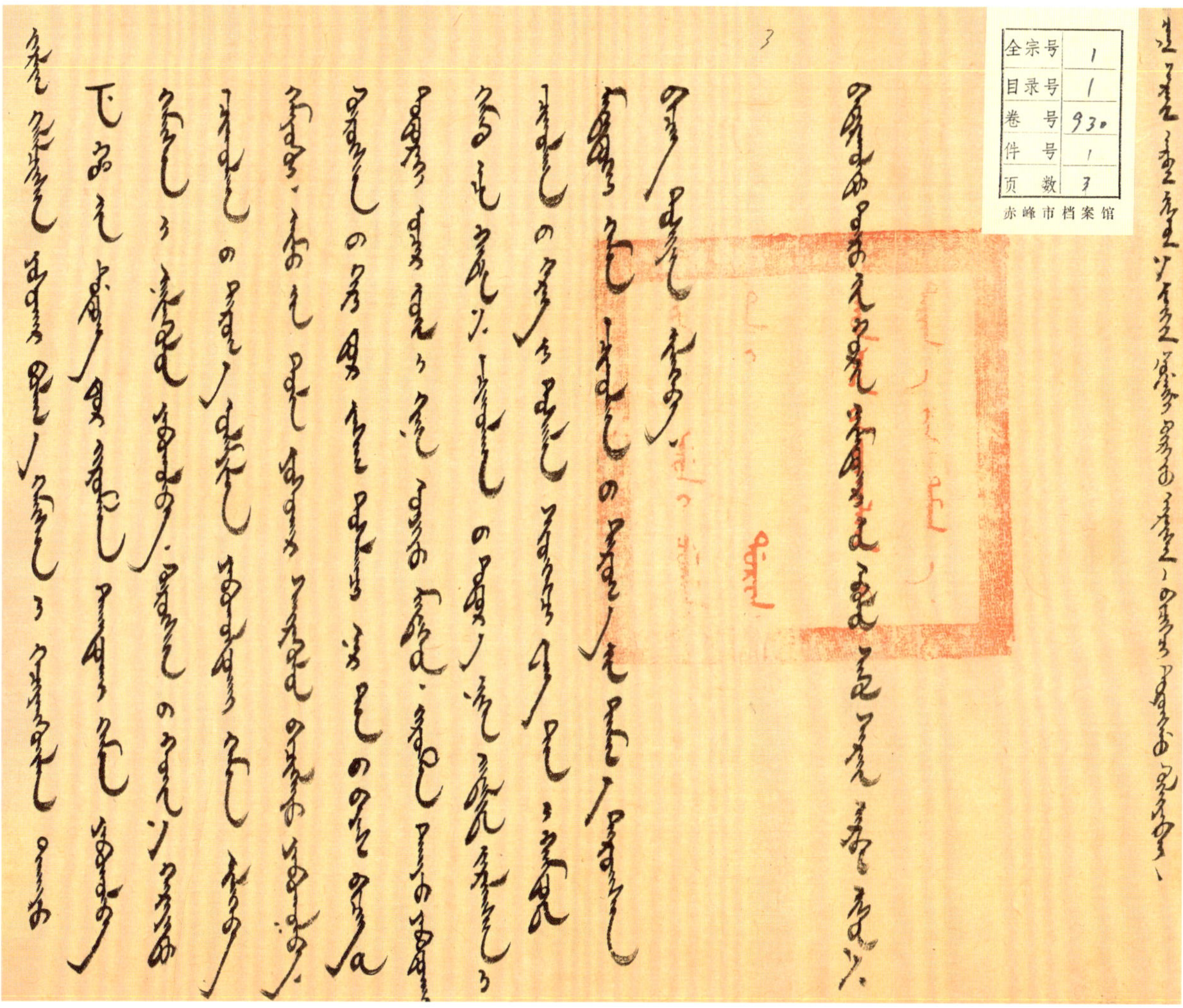

盟长阿鲁科尔沁札萨克贝勒为热河都统衙门转文事札盟摄政协理原盟警备军札萨克郡王等文

盟长阿鲁科尔沁札萨克多罗郡王衔加六级军功加四级多罗贝勒文。札付盟摄政协理原盟警备军札萨克暨翁牛特札萨克和硕亲王衔加六级军功加六级多罗杜棱郡王赞巴勒诺尔布，协理二等台吉加二级军功加三级吉雅图、哈青阿：行札之事。

今年初冬，热河都统衙门转送汉字官文，翻译大意为：一品尚书衔工部东部厅都统致昭乌达盟长，通报之事。大部札开，札萨克档部呈曰：热河都统之保呈有关卓索图盟长职位一事，于光绪二十八年七月二十五日上奏。回旨曰：照办。在此抄录原文转送所属盟长。等因前来本盟署。兹有，盟署抄录原文转送之。文到，札萨克、协理等遵旨照办。另，通告摄政王爷处。

至此，致钤盟长印之文。

光绪二十八年末冬十九日

018 昭乌达盟摄政协理原盟警备军札萨克郡王等为领取骑都尉俸禄事呈理藩院文（光绪二十八年末冬十九日）

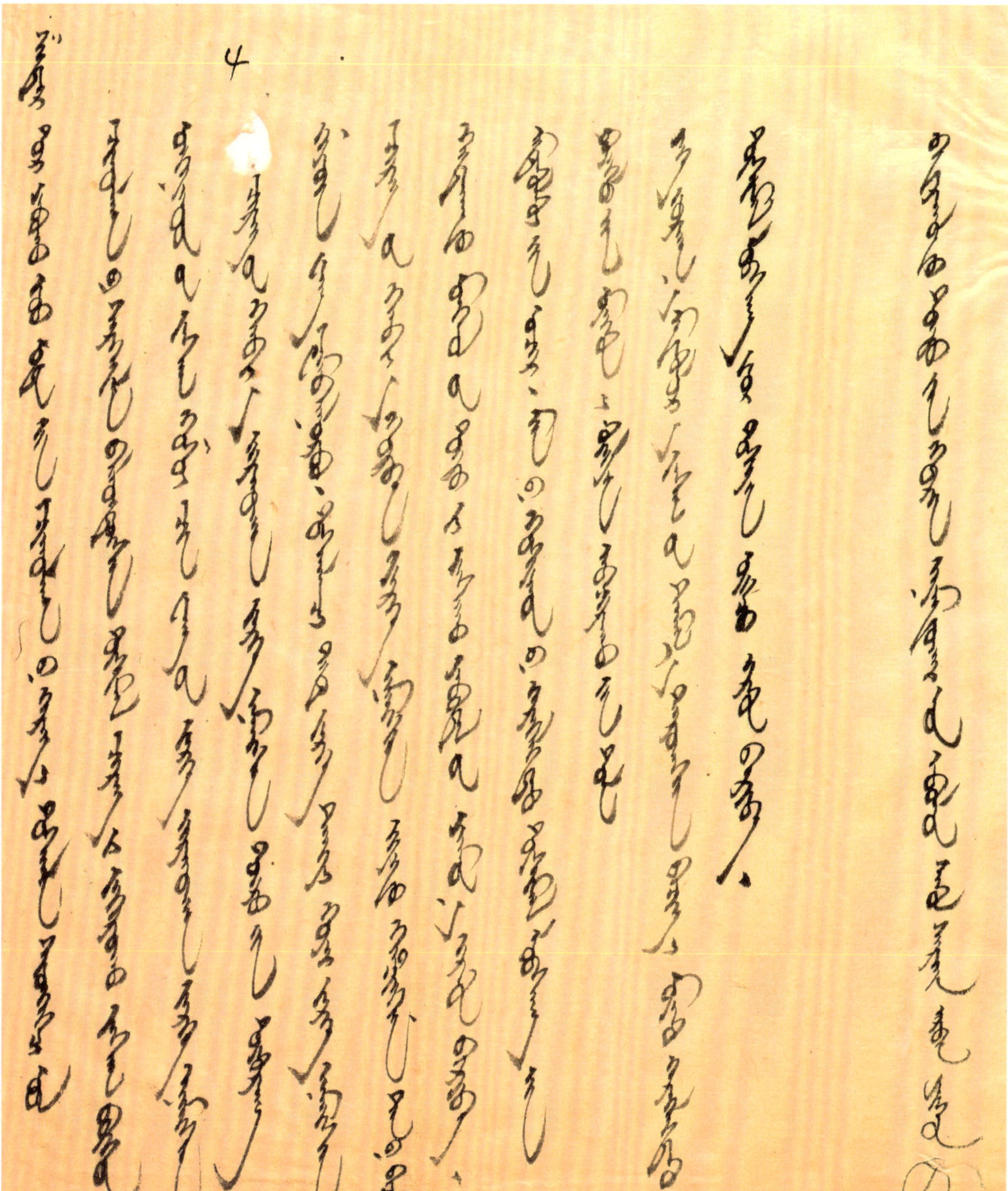

昭乌达盟摄政协理原盟警备军札萨克郡王等为领取骑都尉俸禄事呈理藩院文

御前行走昭乌达盟摄政协理原盟警备军札萨克暨翁牛特和硕亲王暨加六级军功加六级多罗杜棱郡王赞巴勒诺尔布，协理二等台吉加二级军功加三级吉雅图、哈青阿文。呈送理藩院：呈报之事。

领取本旗骑都尉罗布桑俸禄银两之呈报大部官文，亦交由骑都尉罗布桑呈送之。

光绪二十八年末冬十九日

019 盟摄政协理翁牛特札萨克贝勒等为移送喀尔喀车臣汗盟札萨克一封官文事移盟摄政协理原盟警备军札萨克协理文（光绪二十九年仲秋初六日）

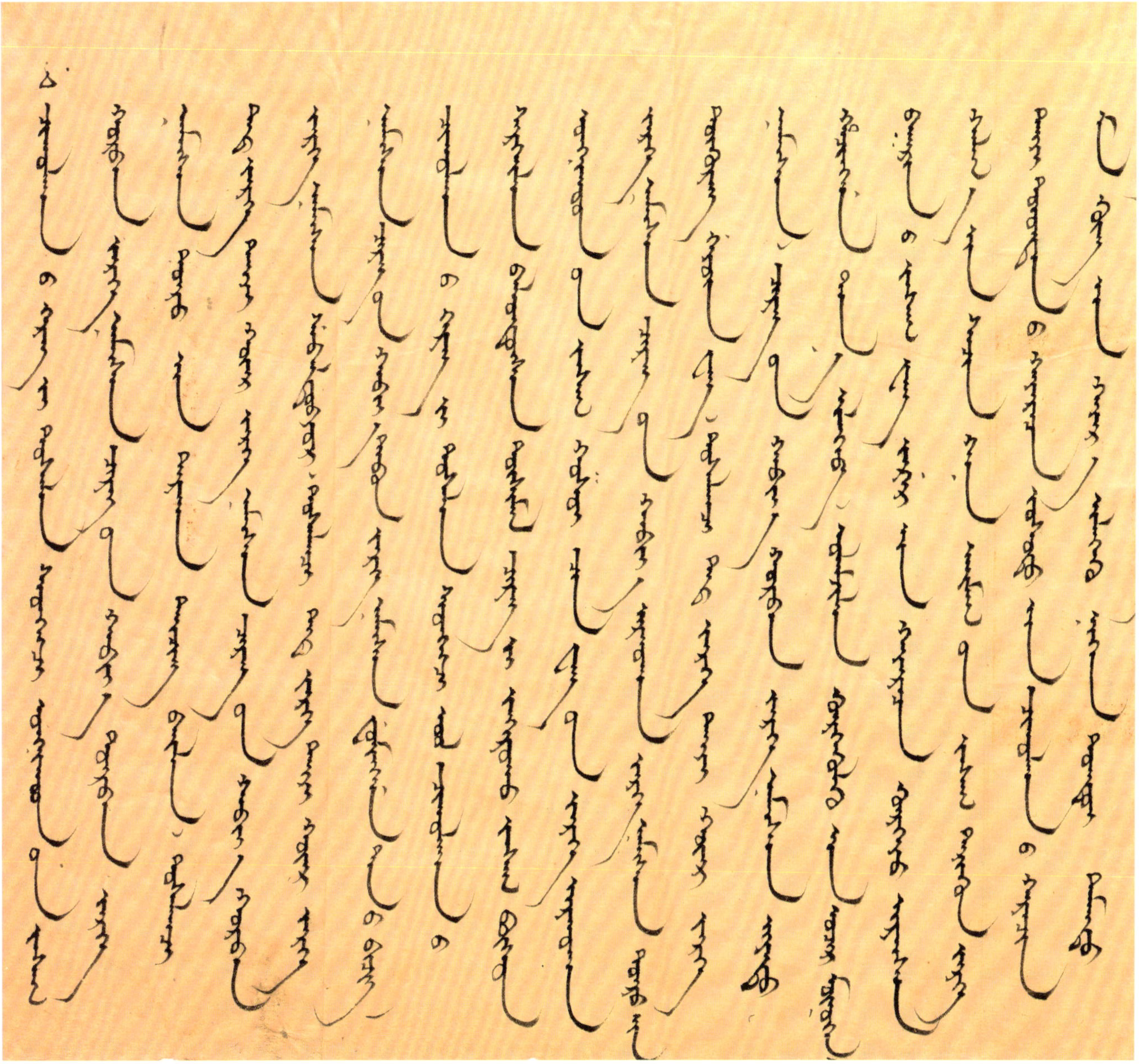

019 盟摄政协理翁牛特札萨克贝勒等为移送喀尔喀车臣汗盟札萨克一封官文事移盟摄政协理原盟警备军札萨克协理文（光绪二十九年仲秋初六日）

盟摄政协理翁牛特札萨克贝勒等为移送喀尔喀车臣汗盟札萨克一封官文事移盟摄政协理原盟警备军札萨克协理文

盟摄政协理翁牛特札萨克加三级军功加四级达尔罕岱青贝勒，协理二等台吉加二级军功加三级色布勒道布珠儿、协理二等台吉加二级军功加五级福明阿文。移盟摄政协理原盟警备军札萨克翁牛特札萨克和硕亲王衔加六级军功加六级多罗杜棱郡王，协理加二级二等台吉军功加三级吉雅图、哈青阿：承转之事。

近日，巴林札萨克扎格尔府所送喀尔喀车臣汗盟札萨克一等台吉图布丹致卓索图盟喀喇沁马公府之一封官文，现本衙门接手，并移送至摄政王爷府。文到，即刻转送，并回执为盼也。

至此，致钤札萨克印之文。

光绪二十九年仲秋初六日

020 昭乌达盟摄政协理原盟警备军札萨克郡王等为转送喀尔喀车臣汗盟札萨克一封官文事札喀喇沁札萨克郡王等文（光绪二十九年仲秋二十九日）

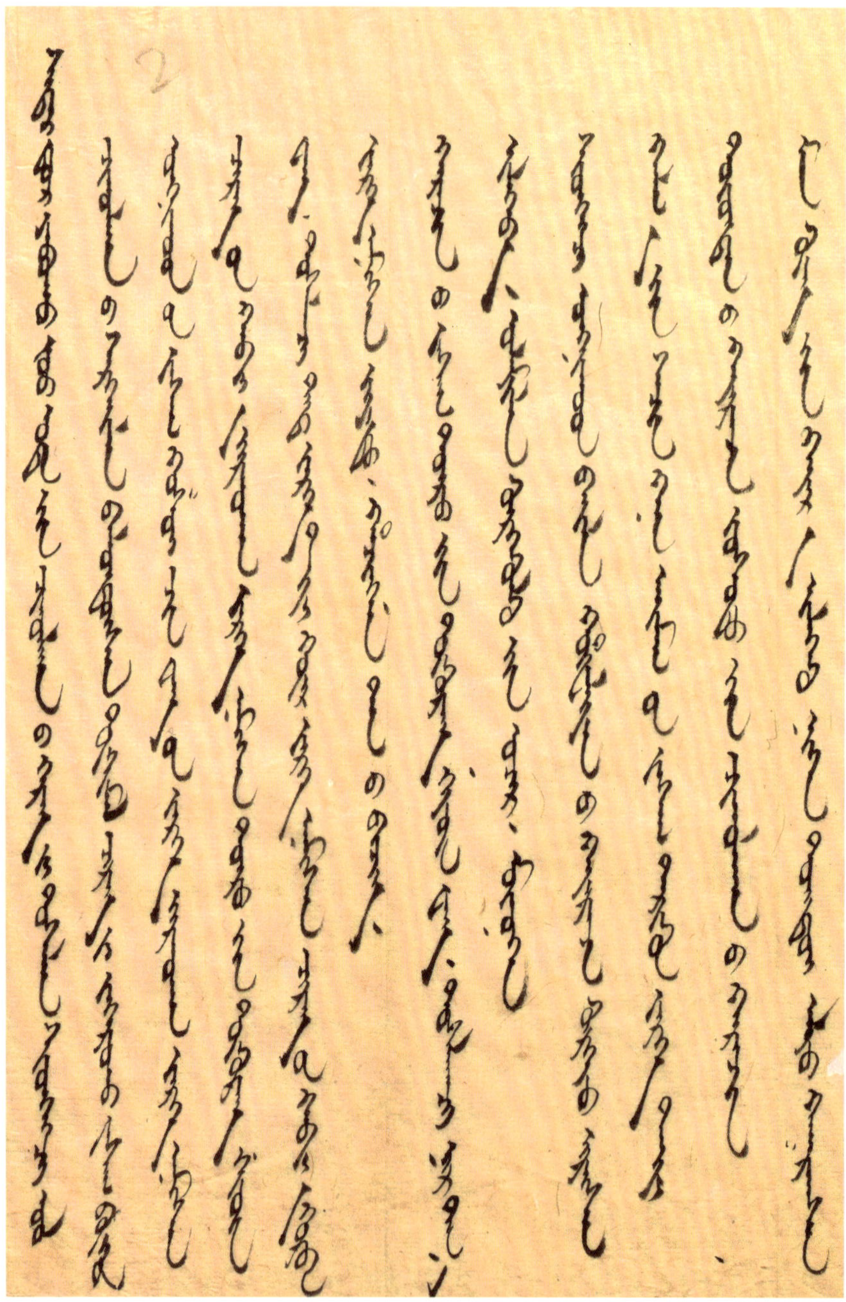

020 昭乌达盟摄政协理原盟警备军札萨克郡王等为转送喀尔喀车臣汗盟札萨克一封官文事札喀喇沁札萨克郡王等文（光绪二十九年仲秋二十九日）

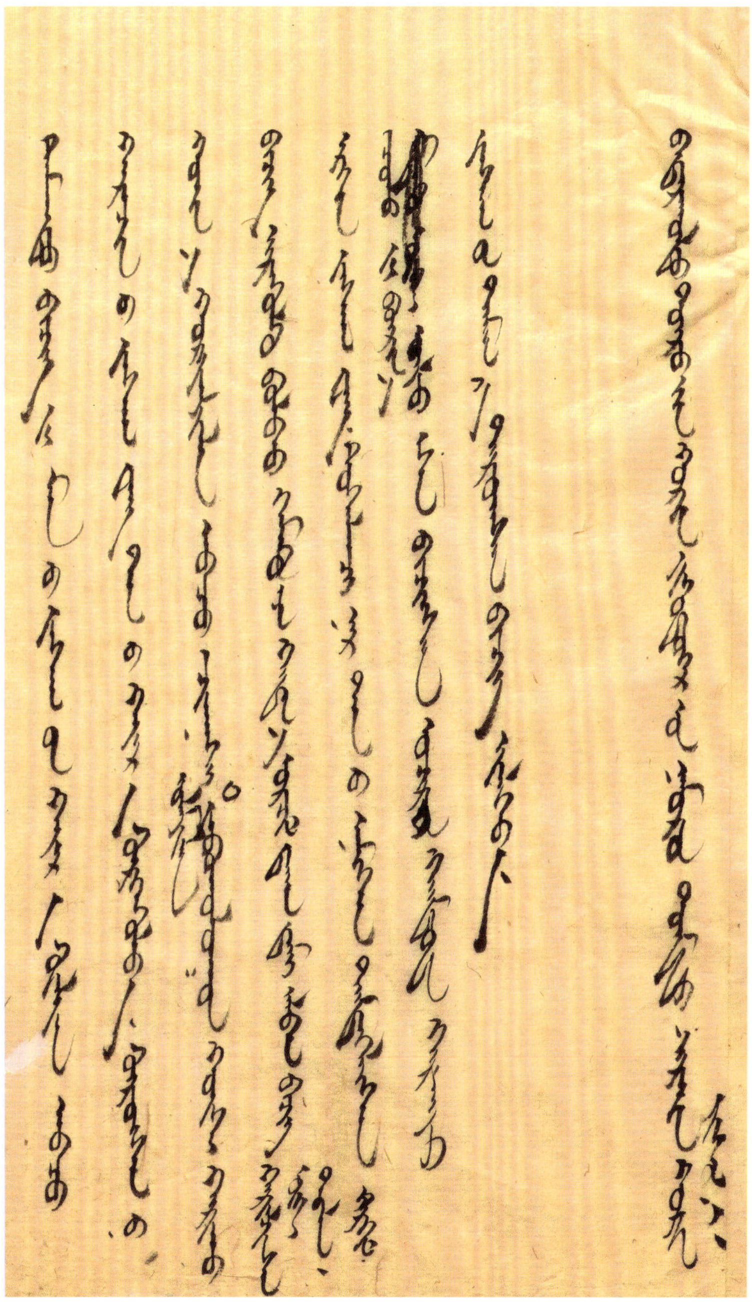

昭乌达盟摄政协理原盟警备军札萨克郡王等为转送喀尔喀车臣汗盟札萨克一封官文事札喀喇沁札萨克郡王等文

御前行走昭乌达盟原摄政协理盟警备军札萨克暨翁牛特和硕亲王衔加六级军功加六级多罗杜棱郡王，协理二等台吉加二级军功加三级吉雅图、哈青阿文。札付喀喇沁札萨克多罗杜棱郡王、协理等：承转之事。

近日，本札萨克处承接摄政协理翁牛特贝勒华连处移送之喀尔喀车臣汗盟札萨克一等台吉图布丹致卓索图盟喀喇沁马公府之一封官文。兹有，此封官文转送至喀喇沁札萨克王处并盼及时给予回执也。因近日未有往来官文，故未能写明贵札萨克、协理之封号尊称也。

至此，致札萨克印之文。

光绪二十九年仲秋二十九日

021 盟摄政协理原盟警备军札萨克郡王等为备送盟长札萨克王府办公费用事呈盟长阿鲁科尔沁札萨克贝勒文（光绪二十九年初冬初一日）

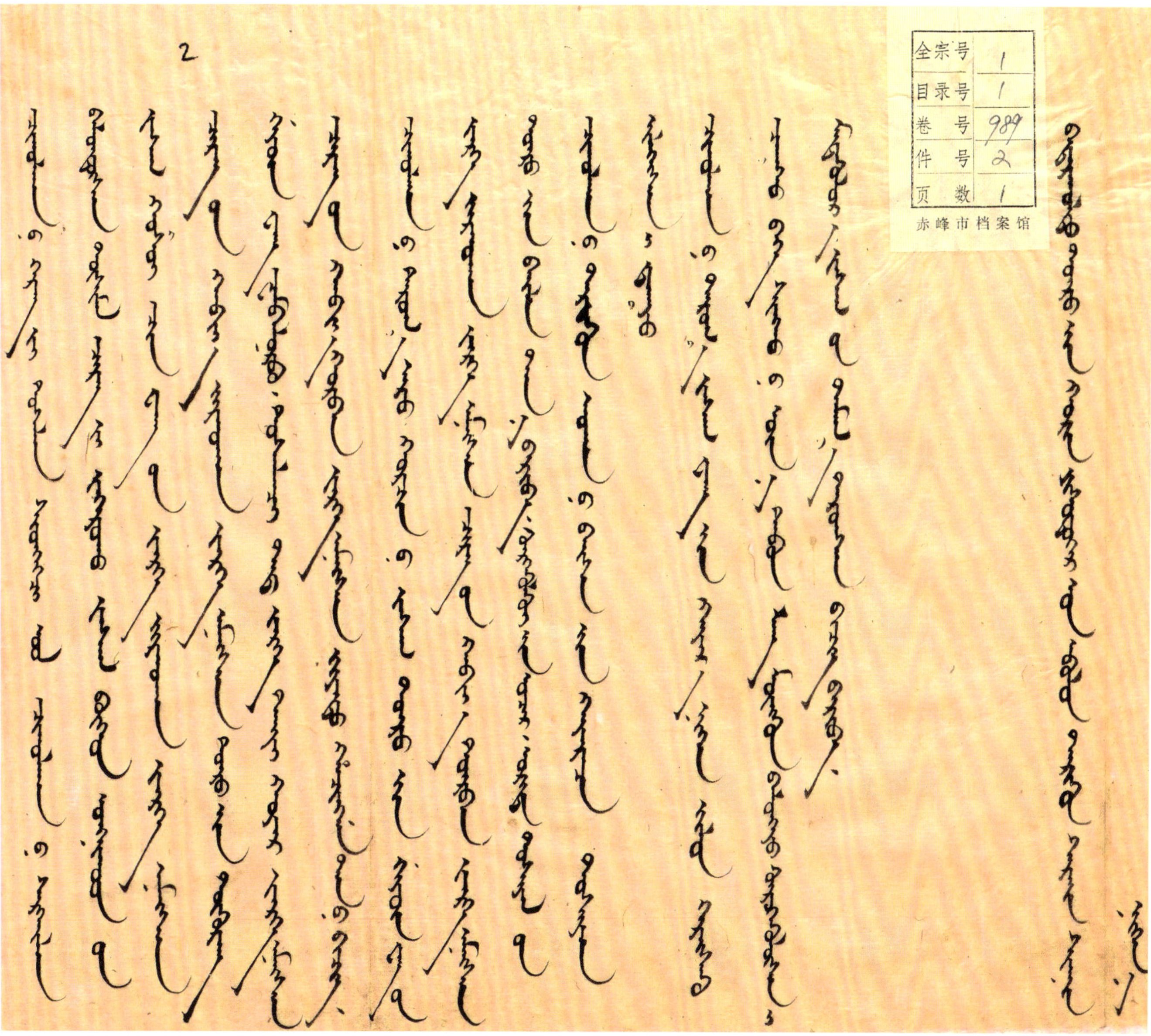

盟摄政协理原盟警备军札萨克郡王等为备送盟长札萨克王府办公费用事呈盟长阿鲁科尔沁札萨克贝勒文

盟摄政协理原盟警备军札萨克暨翁牛特札萨克和硕亲王衔加六级军功加六级多罗杜棱郡王赞巴勒诺尔布，协理二等台吉加二级军功加三级吉雅图、哈青阿文。呈盟长阿鲁科尔沁札萨克多罗郡王衔加六级军功加四级多罗贝勒：筹备上缴之事。

奉前任盟长敖汉贝子衙署指令，盟长札萨克王爷衙署一年所用纸墨费五两银子已送至。

至此，呈钤札萨克印之文。

光绪二十九年初冬初一日

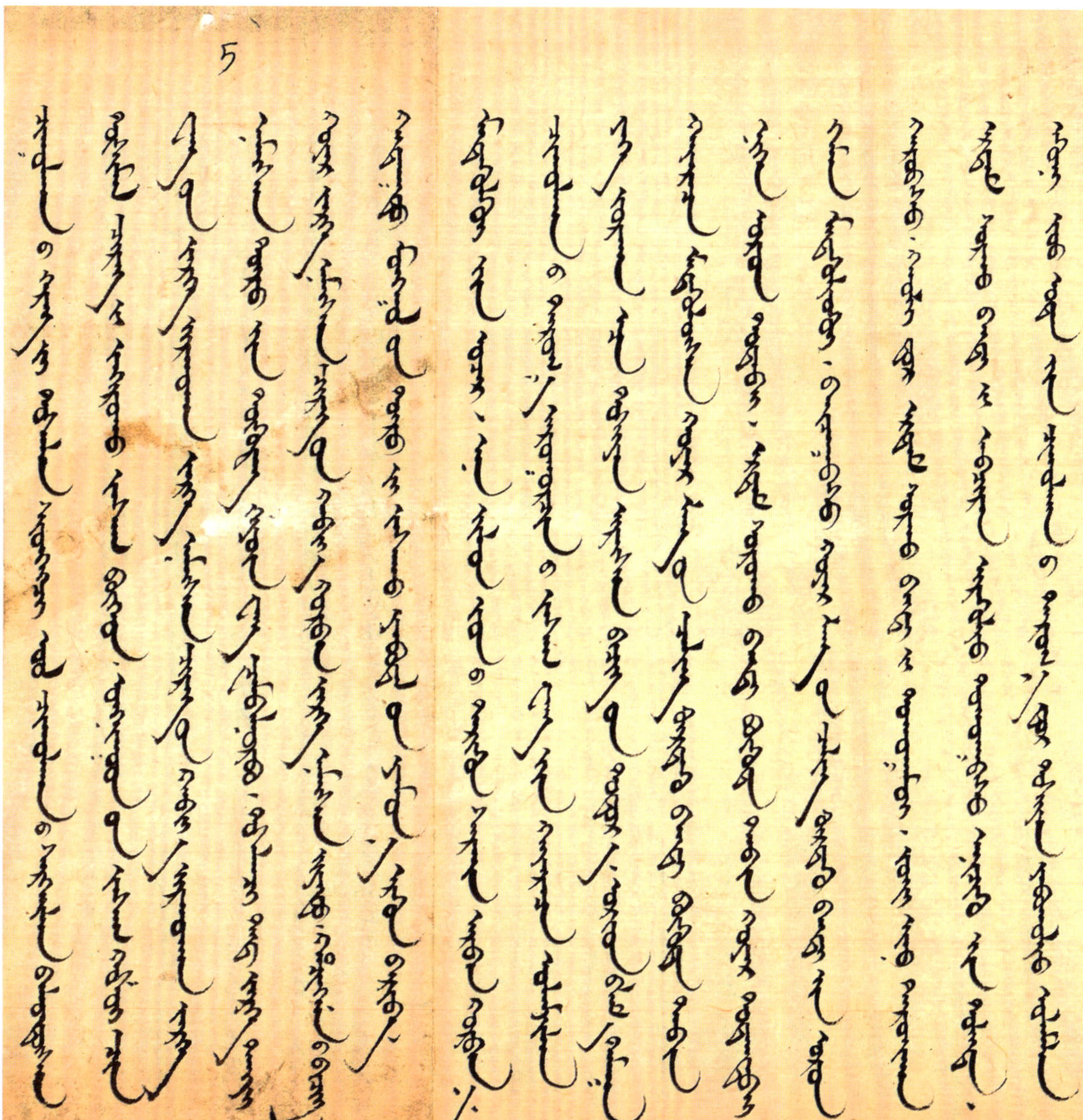

022 盟摄政协理原盟警备军札萨克郡王等为选送替补班弟事呈理藩院文（光绪二十九年仲冬初一日）

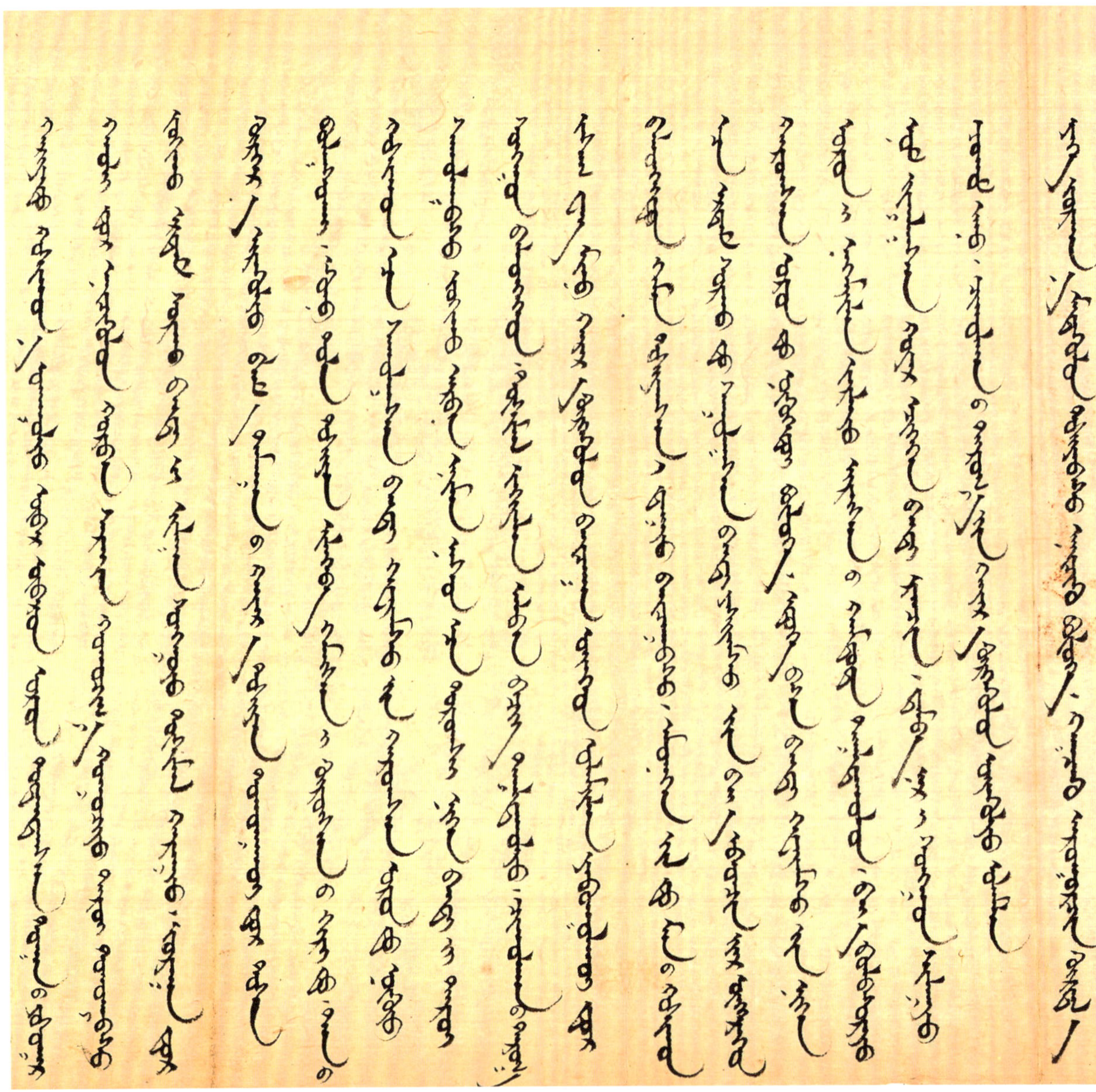

024 盟长阿鲁科尔沁札萨克贝勒为进京年班事札盟摄政协理原盟警备军札萨克郡王等文（光绪三十年末春二十九日）

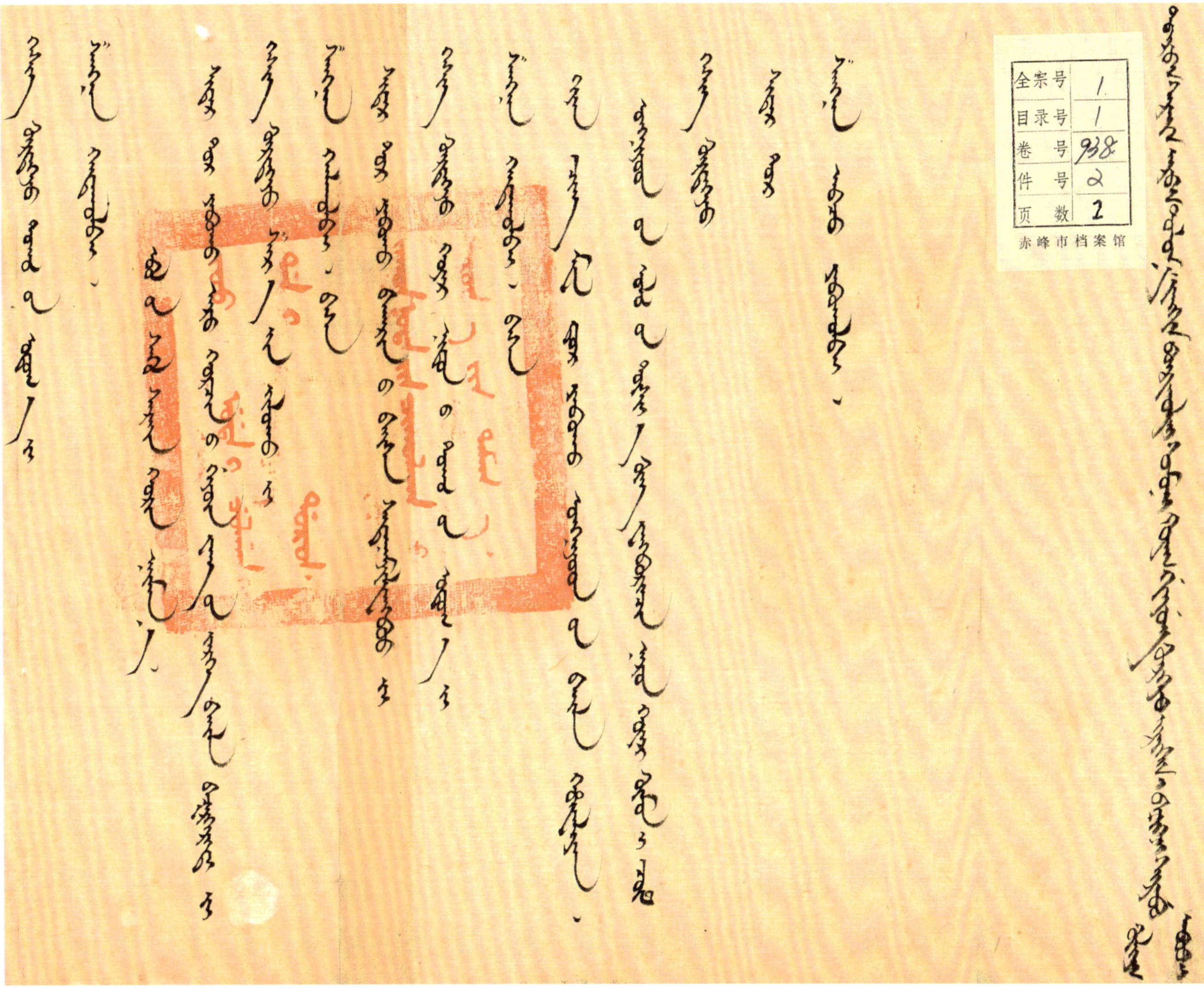

盟长阿鲁科尔沁札萨克贝勒为进京年班事札盟摄政协理原盟警备军札萨克郡王等文

盟长阿鲁科尔沁札萨克多罗郡王衔加六级军功加四级多罗贝勒文。札付盟摄政协理原盟警备军札萨克暨翁牛特札萨克和硕亲王衔加六级军功加六级多罗杜陵郡王赞巴勒诺尔布，协理二等台吉加二级军功加三级吉雅图、哈青阿：行札之事。

近日，承接之大部札开：经查，光绪二十九年末冬二十三、二十八等日进京年班御前行走、乾清门行走、外围行走之各蒙古王公名册，应札付盟长处，转交诸旗遵旨照办。等因札付本盟署。兹有，抄录大部原文转送之。文到，札萨克、协理等亲自审阅，并宣告盟属一体遵照施行之事通告盟摄政王爷知晓也。

至此，致钤盟长印之文。

光绪三十年末春二十九日

附件：末冬二十三日，赐外围行走之巴林贝子色旺拉布坦为乾清门行走。赐外围行走之翁牛特镇国公达日玛巴拉孔雀花翎。末冬二十八日，赏赐御前行走阿鲁科尔沁郡王衔贝勒巴斯尔嘎日迪黄缰，赏赐御前行走巴林贝子色登旺吉拉旺宝两眼花翎，赐乾清门行走翁牛特贝勒华连、翁牛特辅国公旺布仁钦两人为御前行走。

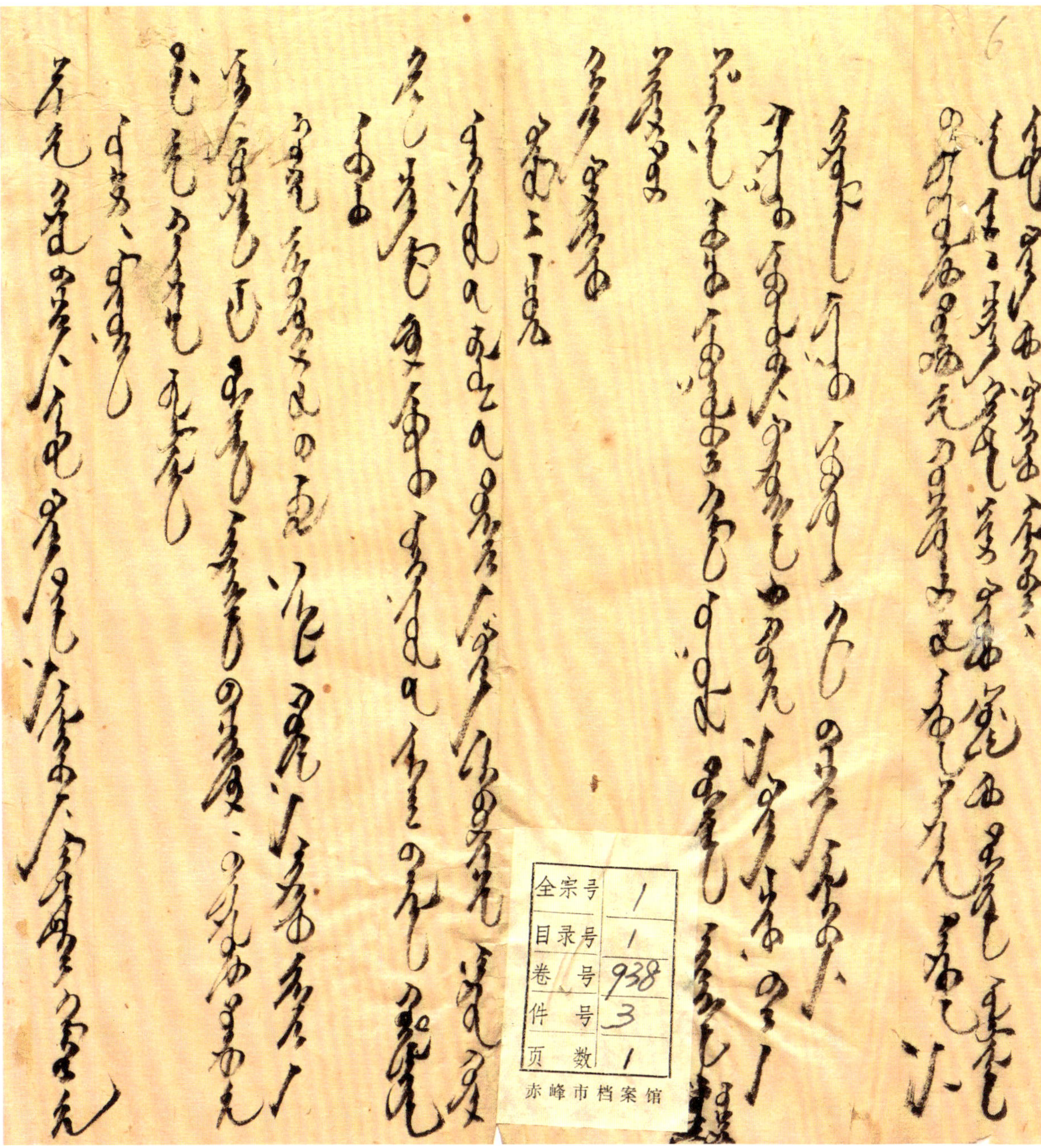
6
全宗号 1
目录号 1
卷 号 938
件 号 3
页 数 1
赤峰市档案馆

议政衙门为进京年班事札东宫王爷文

议政衙门文。札付东宫王爷：知晓之事。

近日，盟署处承转之大部札开，光绪二十九年冬季进京年班行走乾清门之翁牛特札萨克贝勒华连、翁牛特辅国公旺布仁钦，恩赐其两人为御前行走。为此，文到，贵公遵行之。

至此。

光绪三十年十月十日

026 昭乌达盟摄政协理原盟警备军札萨克郡王等为领取骑都尉俸禄事呈理藩院文（光绪三十年末冬十九日）

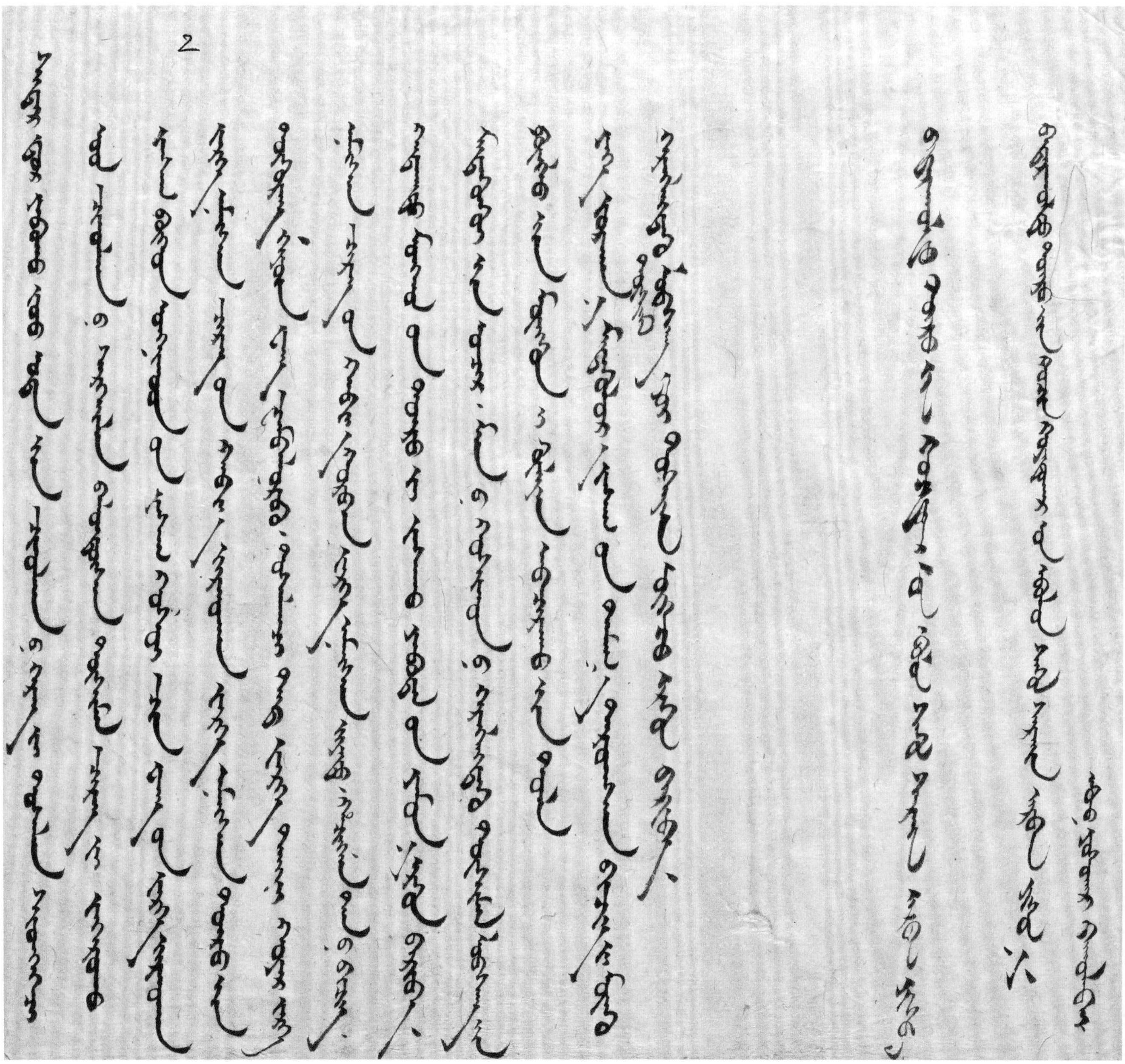

昭乌达盟摄政协理原盟警备军札萨克郡王等为领取骑都尉俸禄事呈理藩院文

御前行走昭乌达盟摄政协理原盟警备军札萨克暨翁牛特札萨克和硕亲王衔加六级军功加六级多罗杜棱郡王赞巴勒诺尔布，协理二等台吉加二级军功加三级吉雅图、哈青阿文。呈送理藩院：呈报之事。

领取本旗骑都尉罗布桑俸禄银两之呈报大部官文，亦交由骑都尉罗布桑呈送之。

光绪三十年末冬十九日

光绪三十二年末冬照例抄录

027 盟摄政协理原盟警备军札萨克郡王等为巡察金矿之地事呈盟长阿鲁科尔沁札萨克贝勒文（光绪三十一年仲夏初一日）

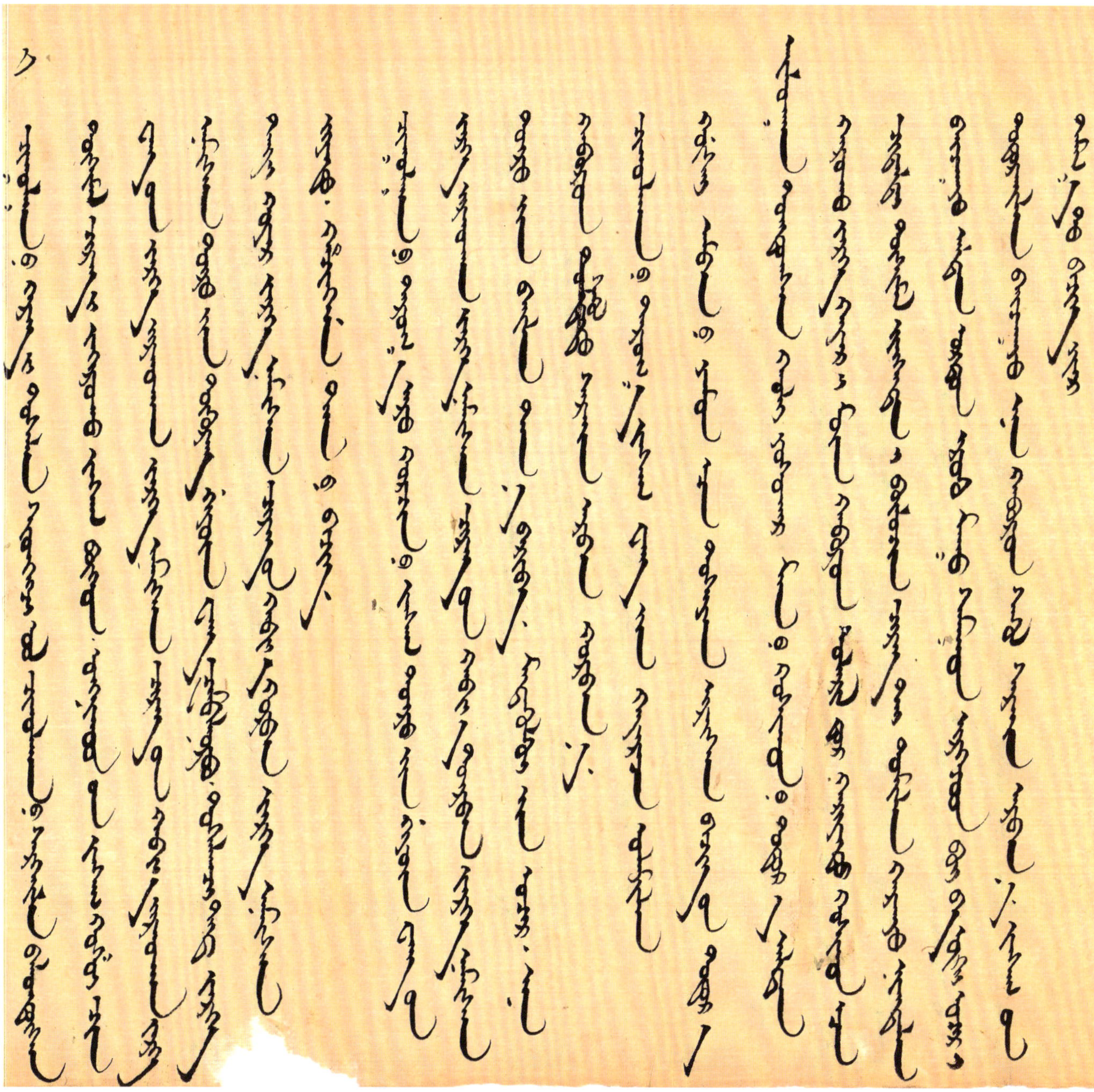

027 盟摄政协理原盟警备军札萨克郡王等为巡察金矿之地事呈盟长阿鲁科尔沁札萨克贝勒文（光绪三十一年仲夏初一日）

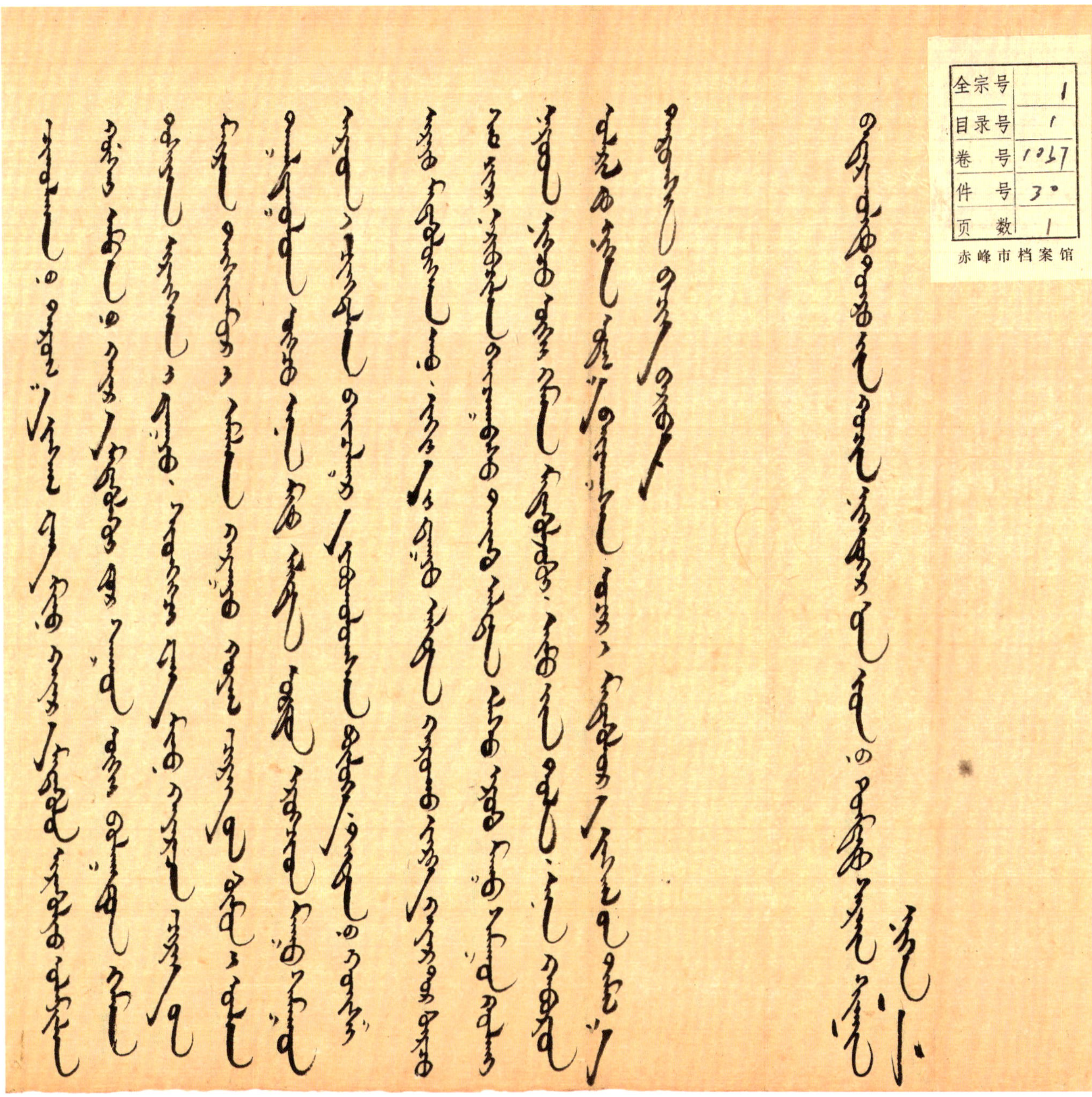

盟摄政协理原盟警备军札萨克郡王等为巡察金矿之地事呈盟长阿鲁科尔沁札萨克贝勒文

盟摄政协理原盟警备军札萨克暨翁牛特札萨克和硕亲王衔加六级军功加六级多罗杜棱郡王赞巴勒诺尔布，协理二等台吉加二级军功加三级吉雅图、哈青阿呈文。呈盟长阿鲁科尔沁札萨克多罗郡王衔加六级军功加四级多罗贝勒：呈报之事。

本年末春十三日，盟长札萨克王署承转之和硕公札开：旗内金矿之地，本春所属旗派强兵健将与火头兵丁一同巡察确认有无盗挖之贼民。于本年末春十日出具钤札萨克印之官文送至本盟长札萨克署以便及时转送和硕公处。等语札付本摄政王爷处。为此，本摄政王爷处调遣梅林特格希阿木尔配备兵丁若干，严查盗挖黄金之贼民。梅林等回曰：奉命至金矿处暗访，确无盗挖之贼民。至此特禀报春季巡察之事。

至此，致钤札萨克印之文。

光绪三十一年仲夏初一日

028 署理盟长阿鲁科尔沁札萨克印务之协理为备送驻雍和宫和尚费、驻都统衙门笔帖式费等事札盟摄政协理原盟警备军札萨克郡王等文（光绪三十一年末夏二十日）

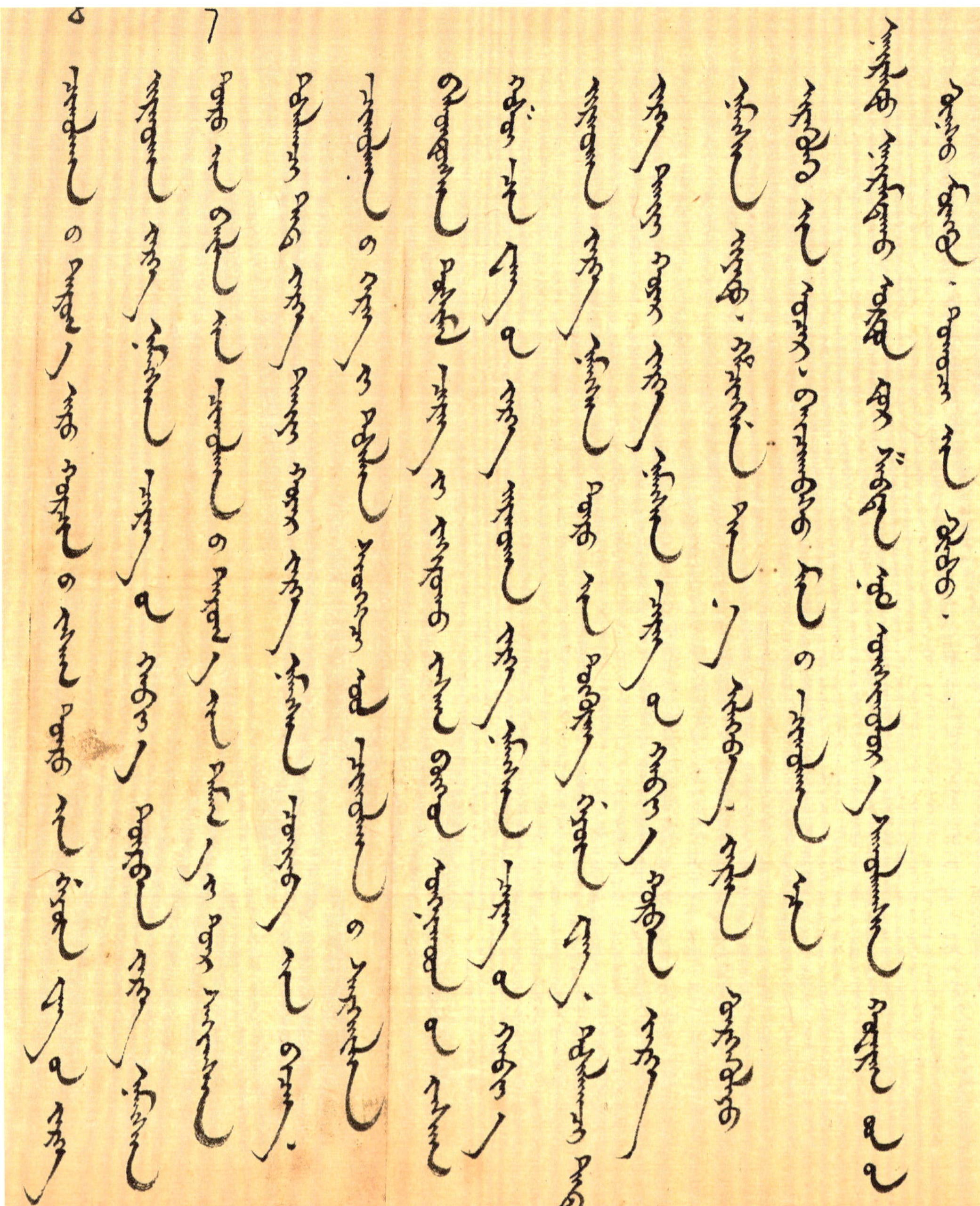

028 署理盟长阿鲁科尔沁札萨克印务之协理为备送驻雍和宫和尚费、驻都统衙门笔帖式费等事札盟摄政协理原盟警备军札萨克郡王等文（光绪三十一年末夏二十日）

028 署理盟长阿鲁科尔沁札萨克印务之协理为备送驻雍和宫和尚费、驻都统衙门笔帖式费等事札盟摄政协理原盟警备军札萨克郡王等文（光绪三十一年末夏二十日）

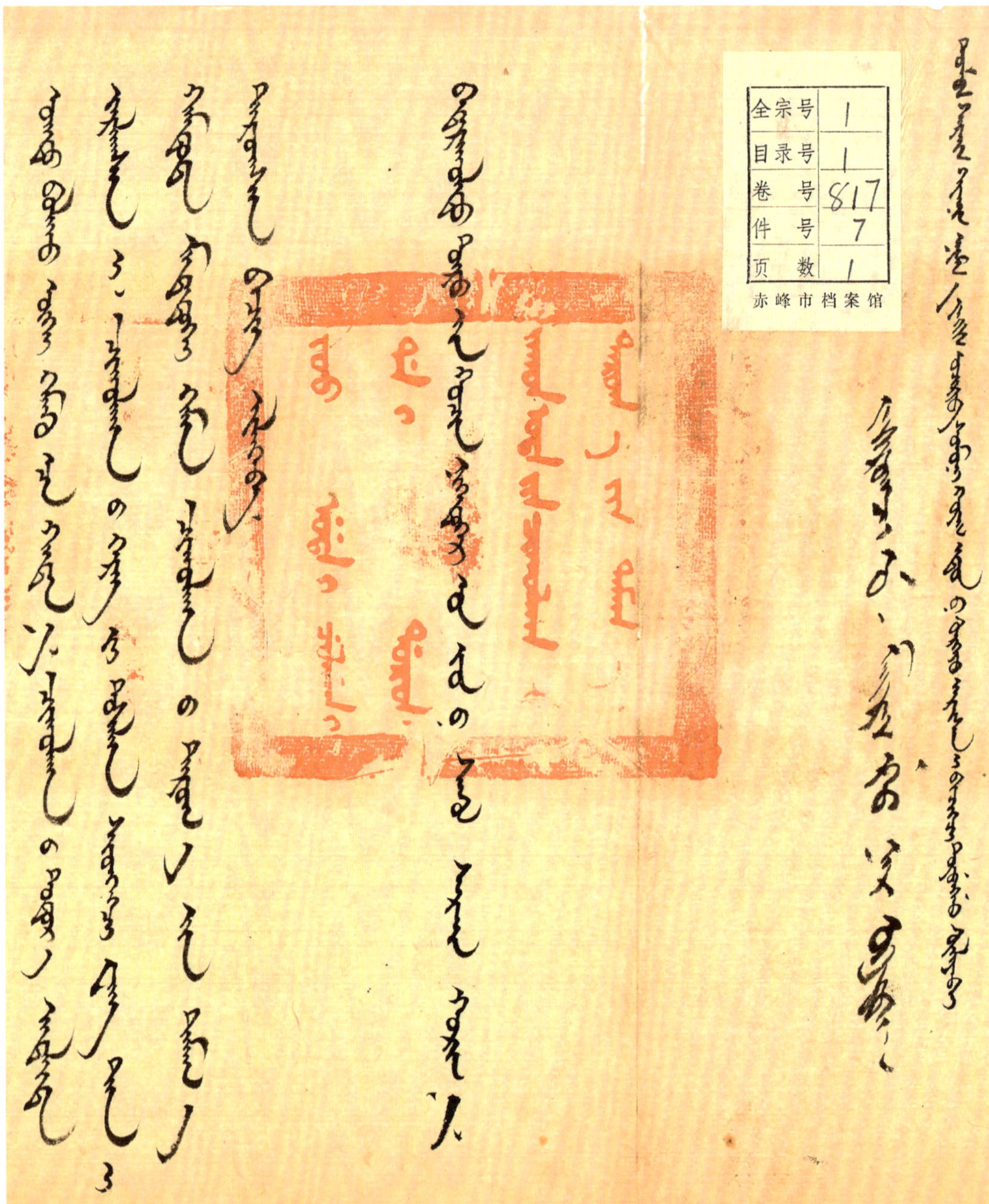

署理盟长阿鲁科尔沁札萨克印务之协理为备送驻雍和宫和尚费、驻都统衙门笔帖式费等事札盟摄政协理原盟警备军札萨克郡王等文

署理盟长阿鲁科尔沁札萨克多罗郡王衔加六级军功加四级多罗贝勒盟长印务之协理二等台吉加二级却扎布文。札付盟摄政协理原盟警备军札萨克暨翁牛特札萨克和硕亲王衔加六级军功加六级多罗杜棱郡王，协理二等台吉加二级军功加三级吉雅图、哈青阿：通告备送之事。

经查，本盟驻雍和宫诵经和尚之口粮费、厨师费，驻热河都统处之笔帖式口粮费、捐资房屋修缮银两，及送银官之路费和护送四类册本官差口粮费三两三钱，加之大部年底接收转送各类官文费用，另，尤其今年遇和尚换服之年之事一同通告之。文到，督促各旗按每年既定数量备齐，于末秋初一日报送至本盟长札萨克贝勒署以备统一配送，不得有误。兹有，一体宣告至属内之事通告盟摄政协理王爷您处。

至此，致钤盟长印之文。

光绪三十一年末夏二十日

029 巴林札萨克郡王为巡逻木兰围场事呈盟摄政协理原盟警备军札萨克郡王文（光绪三十一年仲秋初一日）

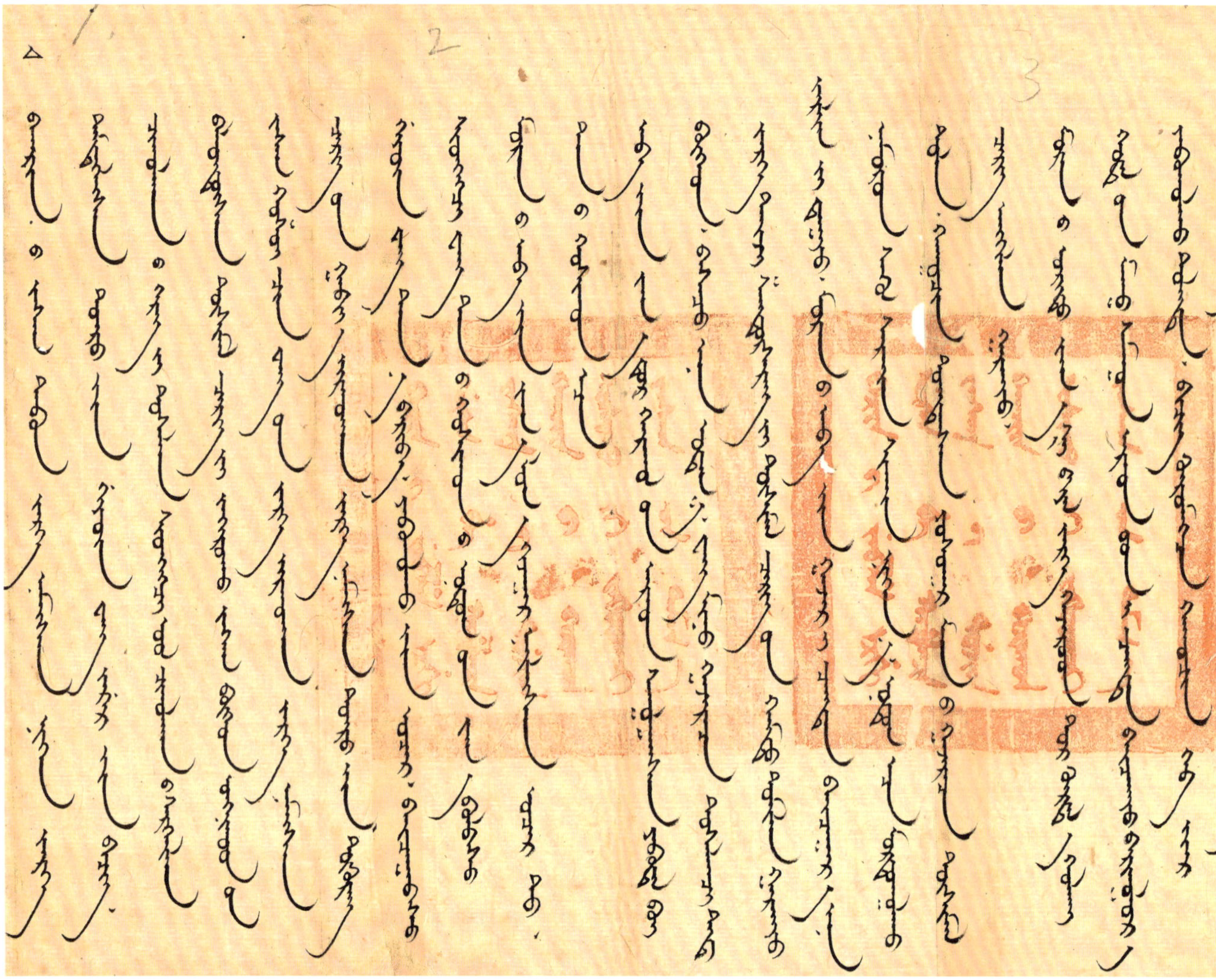

029 巴林札萨克郡王为巡逻木兰围场事呈盟摄政协理原盟警备军札萨克郡王文（光绪三十一年仲秋初一日）

巴林札萨克郡王为巡逻木兰围场事呈盟摄政协理原盟警备军札萨克郡王文

巴林札萨克加五级记一级多罗郡王扎嘎尔文。呈盟摄政协理原盟警备军札萨克暨翁牛特札萨克和硕亲王衔加六级军功加六级多罗杜棱郡王：呈报之事。

经查，贵摄政王爷旗领地与木兰围场临界，贵旗曾在木兰围场边界派驻哨民。如今，本王衙署奉命调派协理二等台吉沙格德尔斯楞带近卫军巡逻木兰围场，于今年末秋初一日启程，本衙署按原定计划调派近卫军，分队巡逻至木兰围场南侧石涧之地，查办为盗贼之贱民。故文到，摄政王爷衙署配备梅林章京衔等优等官差之车马、粮草、工具与哨民、壮丁、兵卒一同，于本月初五日按时至沙日嘎站，与本衙署调派之近卫军会合，以备一同巡逻围场。

至此，呈钤札萨克印之文。

光绪三十一年仲秋初一日

030 昭乌达盟摄政协理原盟警备军札萨克郡王等为镇国公旺布仁钦年班请病假事呈理藩院文（光绪三十一年仲冬二十四日）

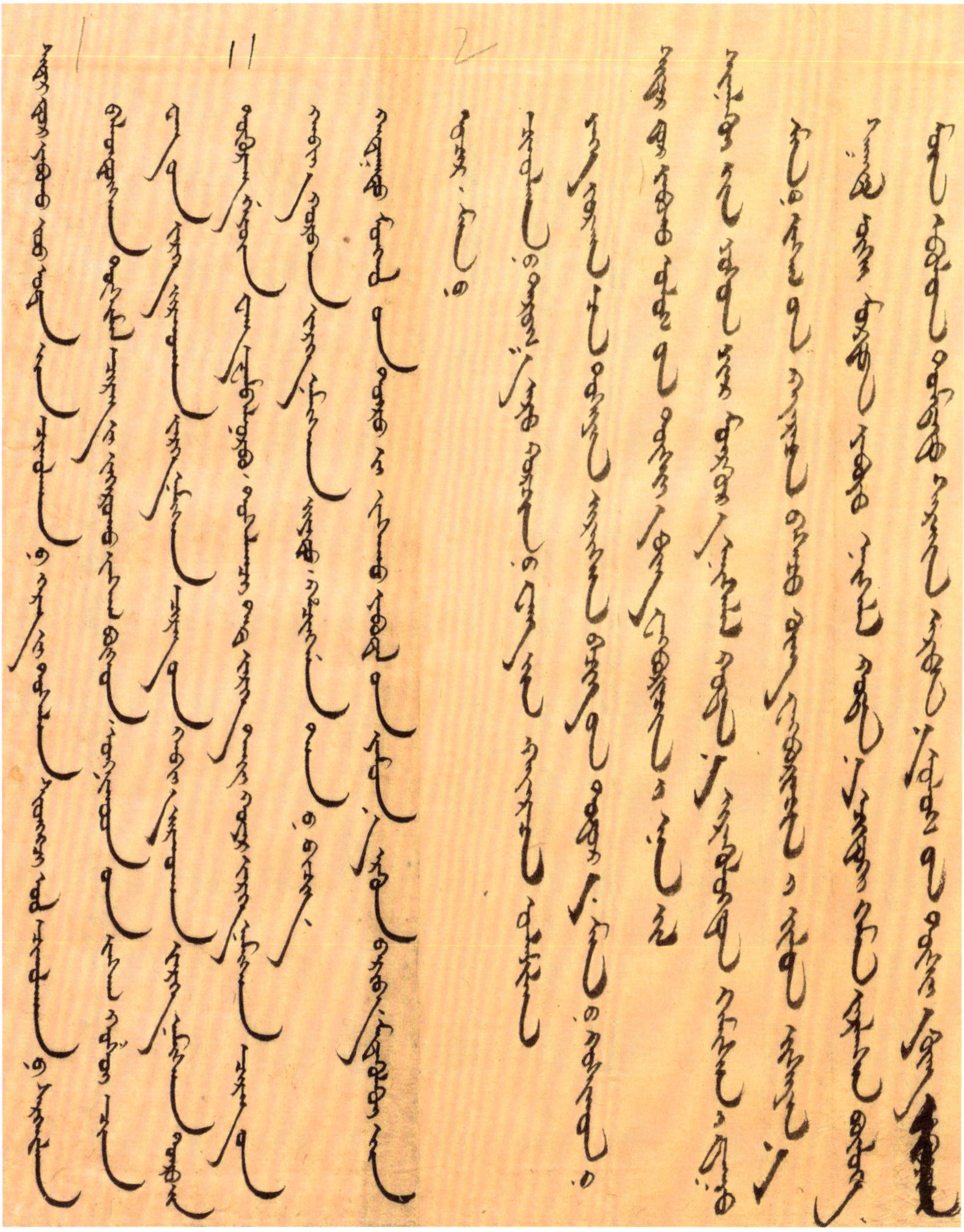

昭乌达盟摄政协理原盟警备军札萨克郡王等为镇国公旺布仁钦年班请病假事呈理藩院文（光绪三十一年仲冬二十四日）

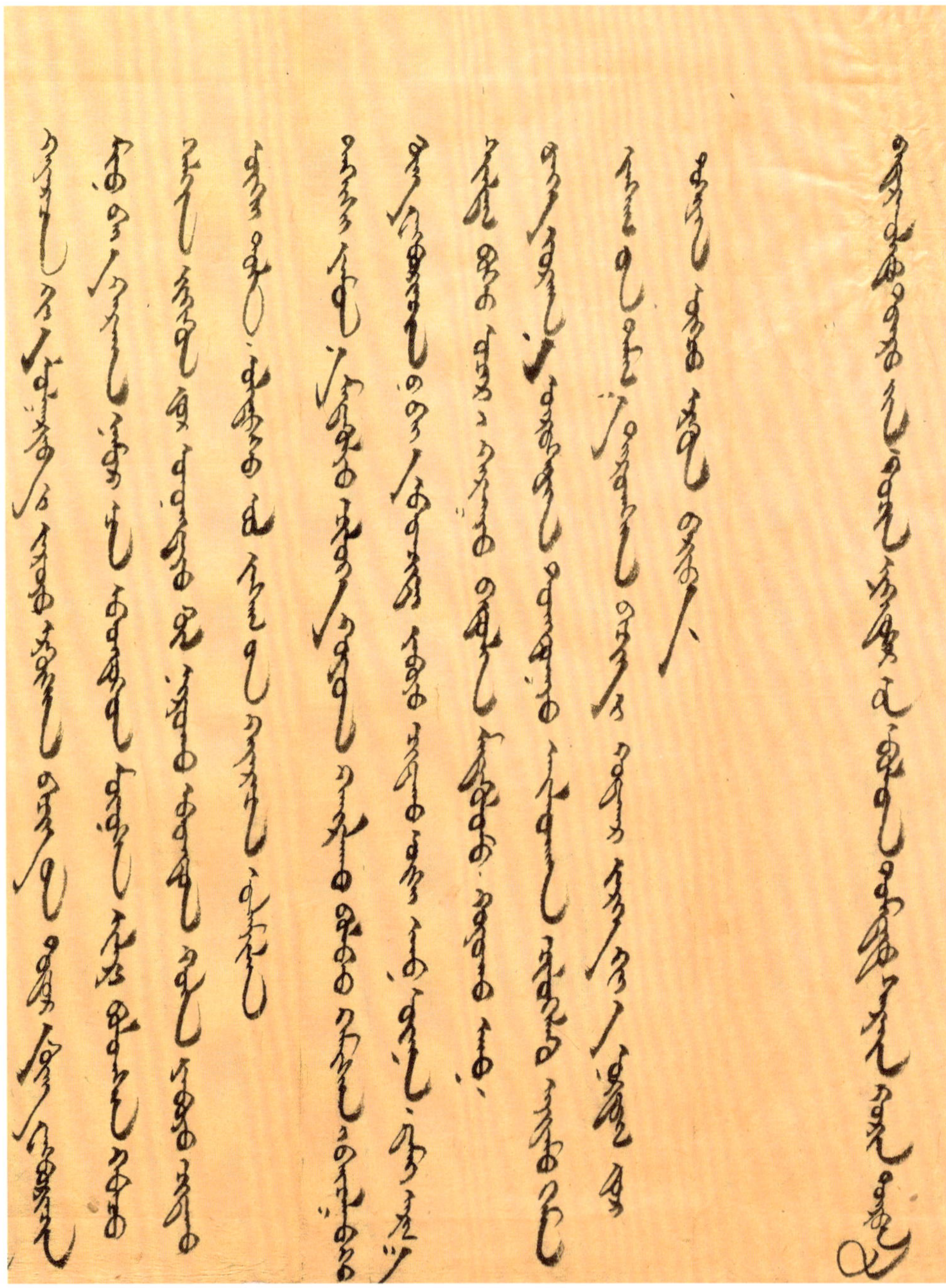

昭乌达盟摄政协理原盟警备军札萨克郡王等为镇国公旺布仁钦年班请病假事呈理藩院文

昭乌达盟摄政协理原盟警备军札萨克暨翁牛特札萨克和硕亲王衔加六级军功加六级多罗杜棱郡王赞巴勒诺尔布，协理二等台吉加二级军功加三级吉雅图、哈青阿呈文。呈送理藩院：禀报之事。

盟长阿鲁科尔沁王爷衙署承转大部札开：本旗御前行走镇国公旺布仁钦今年进京值年班。等因前来本盟。本盟署遵旨，及时转告旺布仁钦公爷，让其启程年班进京，不得有误。但，本年仲冬十日，镇国公署指派侍卫罗日嘎扎布呈称：本王爷旺布仁钦自秋季患病，现稍有好转，但受风着凉时腰酸腿痛，不能远行。故望札萨克府转呈大部，恩准病假为盼。等语。本盟署经查，旺布仁钦公爷患病不能启程，确有此事，非借口推辞也。故保呈，祈求大部恩准病假为盼。

至此，委派三等侍卫敖日德格携钤札萨克印之文呈送之。

光绪三十一年仲冬二十四日

031 多伦庙喇嘛总管为备送拖欠驻汇宗寺、善因寺和尚费用事咨盟摄政协理原盟警备军札萨克协理文（光绪三十二年二月二十七日）

031 多伦庙喇嘛总管为备送拖欠驻汇宗寺、善因寺和尚费用事咨盟摄政协理原盟警备军札萨克协理文（光绪三十二年二月二十七日）

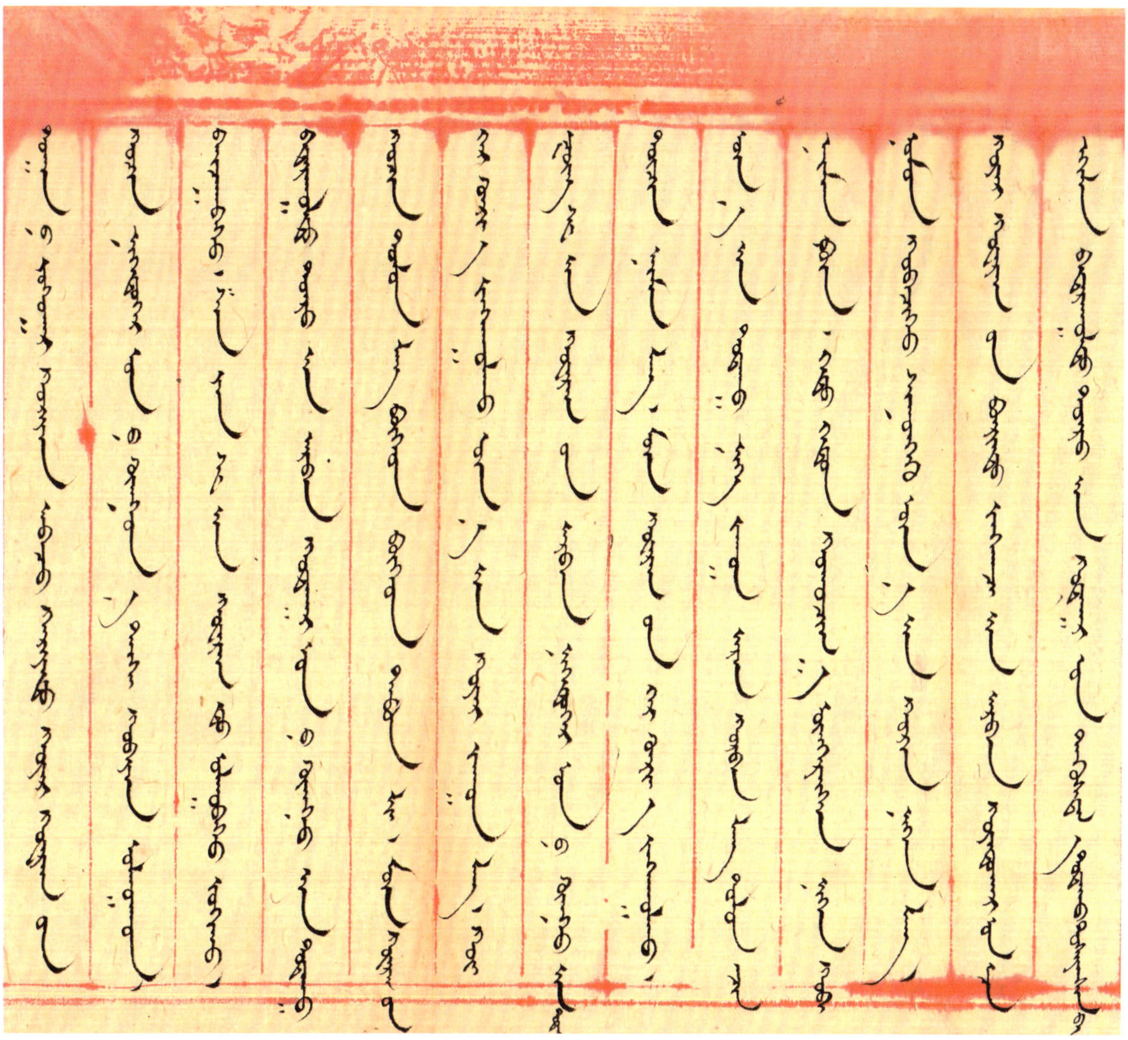

031 多伦庙喇嘛总管为备送拖欠驻汇宗寺、善因寺和尚费用事咨盟摄政协理原盟警备军札萨克协理文（光绪三十二年二月二十七日）

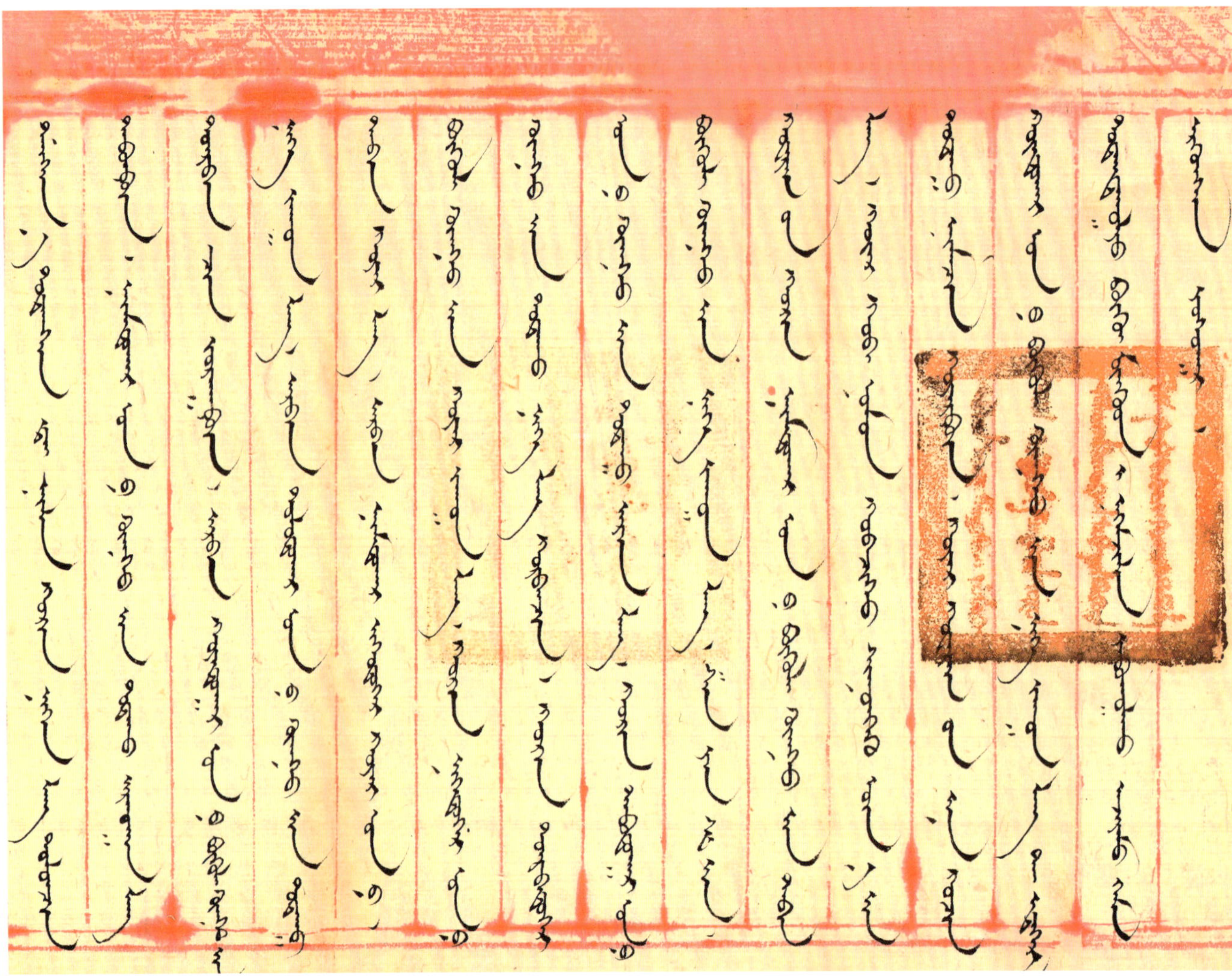

031 多伦庙喇嘛总管为备送拖欠驻汇宗寺、善因寺和尚费用事咨盟摄政协理原盟警备军札萨克协理文（光绪三十二年二月二十七日）

多伦庙喇嘛总管为备送拖欠驻汇宗寺、善因寺和尚费用事咨盟摄政协理原盟警备军札萨克协理文

多伦庙全体喇嘛班弟总管札萨克头等喇嘛梵宗甘珠尔瓦呼图克图莫尔根诺门罕文。咨御前行走盟摄政协理原盟警备军札萨克暨翁牛特札萨克和硕亲王衔加六级军功加六级多罗杜棱郡王诸协理：咨送之事。

汇宗寺、善因寺大喇嘛，司库喇嘛呈称：翁牛特王旗官文称，本旗驻两庙之和尚苏德那木道尔吉、罗布桑拉布坦之光绪三十一年口粮款一百两已备送之。等语。本寺已如数收到并平分给所属两名和尚三十一年口粮款。经查，善因寺和尚应受之光绪十三年口粮款拖欠三十七两零五厘，另，和尚修缮房屋费二百两。汇宗寺和尚十一年口粮费欠四十八两、修缮房屋费欠一百六十三两七钱八分、法衣更新费欠二十一两。两名和尚自同治十二年至光绪三年间欠交与登记所欠，共拖欠二十一两七钱五分。八年欠口粮费六两四钱六分，十二年全年口粮费一百两，十七年口粮费欠五十二两，光绪十八、十九两年全年口粮费欠二百两，二十一年口粮费欠一两三钱，二十四年口粮费欠六十两，二十五年全年口粮费欠一百两。善因寺和尚二十八年欠全年口粮费五十两，欠两套法衣更新费八钱二分。两名和尚欠本年三十二年全年口粮费一百两。此等欠款补交为盼。等因呈报本总管。为此，所欠费用事咨送贵旗。文到，贵旗审阅，即刻备齐所欠款项于今年秋季及时递送以便补发口粮费，修缮房屋，更新法衣。以此解决双方公务之纠纷。

至此。

光绪三十二年二月二十七日

盟长阿鲁科尔沁札萨克贝勒为沿袭驻京奈曼王空位事札盟摄政协理原盟警备军札萨克郡王等文（光绪三十二年末春三十日）

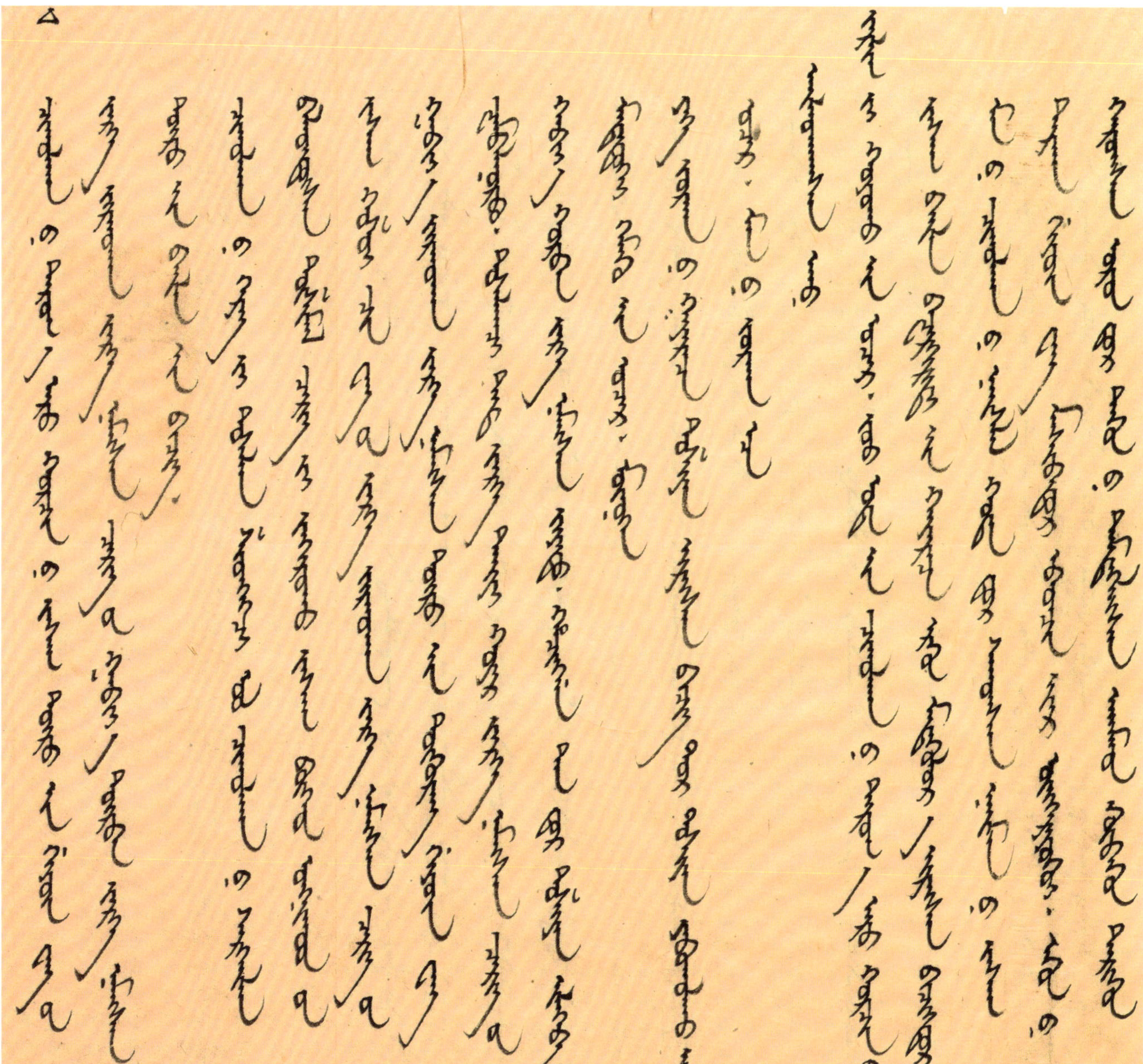

032 盟长阿鲁科尔沁札萨克贝勒为沿袭驻京奈曼王空位事札盟摄政协理原盟警备军札萨克郡王等文（光绪三十二年末春三十日）

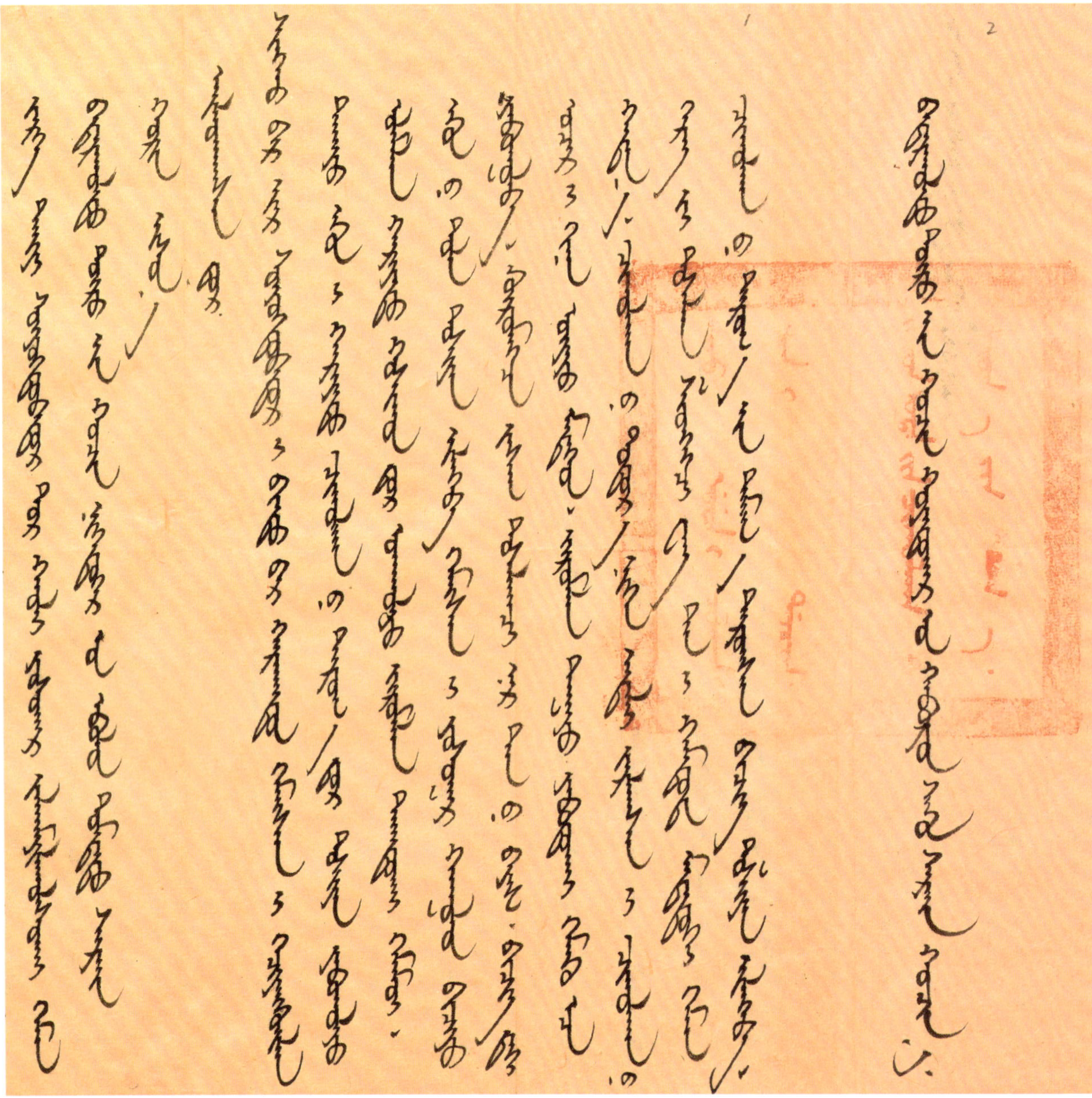

盟长阿鲁科尔沁札萨克贝勒为沿袭驻京奈曼王空位事札盟摄政协理原盟警备军札萨克郡王等文

盟长阿鲁科尔沁札萨克多罗郡王衔加六级军功加四级多罗贝勒文。札付盟摄政协理原盟警备军札萨克暨翁牛特札萨克和硕亲王衔加六级军功加六级多罗杜棱郡王赞巴勒诺尔布，协理二等台吉加二级军功加三级吉雅图、哈青阿：行札之事。

近日，大部札开：昭乌达盟长阿鲁科尔沁札萨克贝勒巴色尔嘎日迪呈称，本盟会驻京城奈曼札萨克达尔罕郡王玛希巴特尔因病去世。恳请其空位沿袭给其记册长子一等台吉苏吉格图巴特尔为盼。等语。本部于光绪三十一年仲冬二十九日上奏皇上，以朱笔画圈批复苏吉格图巴特尔名字。遵旨承转批文通告所属盟长，转告所属各旗照办。等因前来本盟署。兹有，抄录原文转送之。文到，札萨克、协理等亲自审阅，宣告盟属一体遵照施行之事通告盟摄政王爷知晓也。

至此，致钤盟长印之文。

光绪三十二年末春三十日

033 吉木森高娃为亲弟强占耕地事呈札萨克王爷文（光绪三十三年三月二十七日）

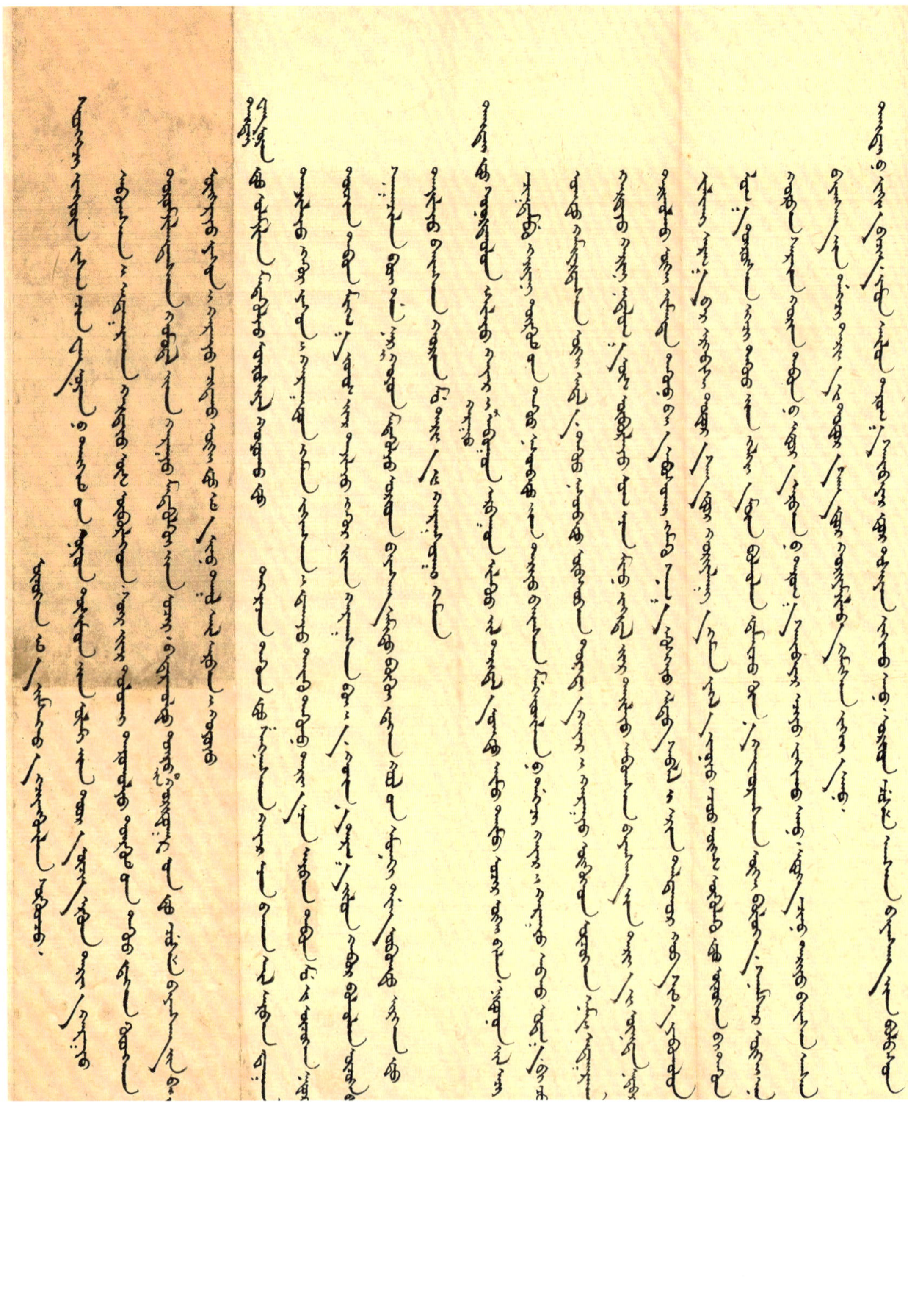

033 吉木森高娃为亲弟强占耕地事呈札萨克王爷文（光绪三十三年三月二十七日）

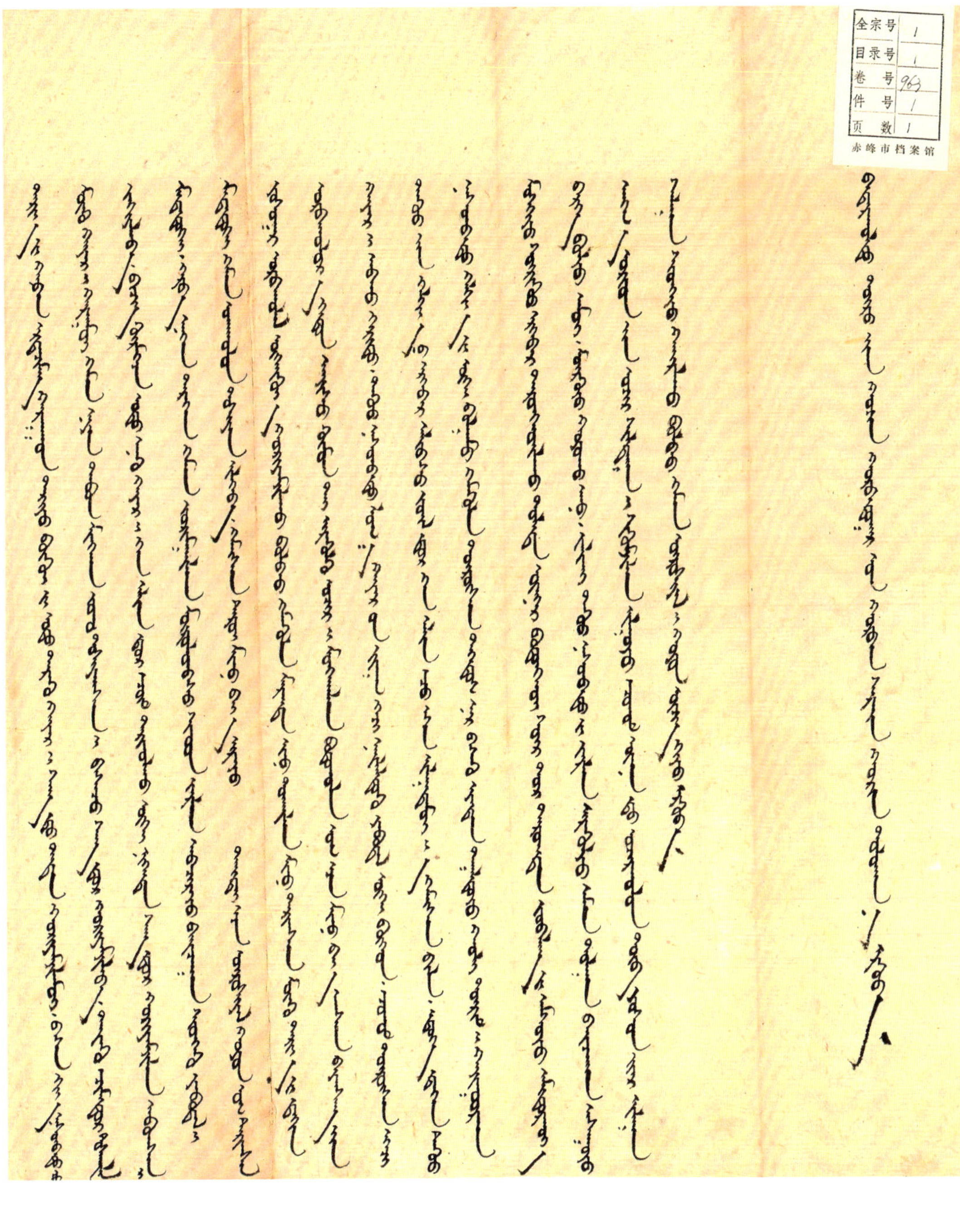

吉木森高娃为亲弟强占耕地事呈札萨克王爷文

吉木森高娃呈状。鄙人吉木森高娃下跪呈送摄政将军札萨克王府诸大臣：新出耕地时被母家弟弟心怀嫉妒，仗势欺人之冤屈之事。光绪二十年厨子白音桑过世，而其妻无力出殡办后事。故其妻达古拉拜托邻居祈求太太及王爷开恩，回曰：将其部分赏赐田地抵押给邻居办后事。于是达古拉拿白音桑十五亩地典当，本人出四十五千文，才得以出殡之。此后次年春天鄙人出主意，禀告大王爷将白音桑在世时典当之河南岸丁氏民人之二十亩地也转典至自己名下。耕种十几年毫无纠纷之事。去年侄子其干丹布赎回母家弟弟那顺巴图所种典当田时，那顺巴图也自愿退回耕地也，本妇也未插手。但那顺巴图不但不感激，反倒妒忌本人，记恨在心，还打本人从白音桑处典当之那块田主意，想占为己有。于是明争暗斗、放言蛊惑，企图让官仓收回本人那份田地。因鄙人与其有亲姐弟关系，故未多在意。不料，本年三月二十五日牌头赛音巴雅尔告知，官仓已收回汝经营之白音桑典当田地。令文记载：大王爷指令，令牌头赛音巴雅尔，原先由哈番额尔敦其木格所种之白音桑那份田地收回官仓。还有侍卫那顺巴图租种那份田地之定金八十五千文也收回官仓。为此特发此文。文到，此份田地任何人不得种植，已归官仓。如有胆大捣乱者，传唤衙门治罪也。如此札付。见令文，鄙人前往王爷处，祈求王爷开恩免除处罚，还俺田地。第二天却有几人带犁过来翻毁原种田地。本妇心想，本人所典当之白音桑田地，也未与吾弟那顺巴图临界，吾等亦姐弟缘分，没什么隔阂才是。如今弟弟那顺巴图想断绝姐弟之情，父母之辈也施加压力，那顺巴图也肆无忌惮，真是怨恨交加、痛不欲生也。

祈求王爷传唤那顺巴图对质案情，查清事实，公正判断为盼。

光绪三十三年三月二十七日

034 盟长阿鲁科尔沁札萨克贝勒为备送驻雍和宫和尚费、驻热河都统衙门笔帖式费用事札盟摄政协理原盟警备军札萨克郡王等文（光绪三十三年仲秋二十日）

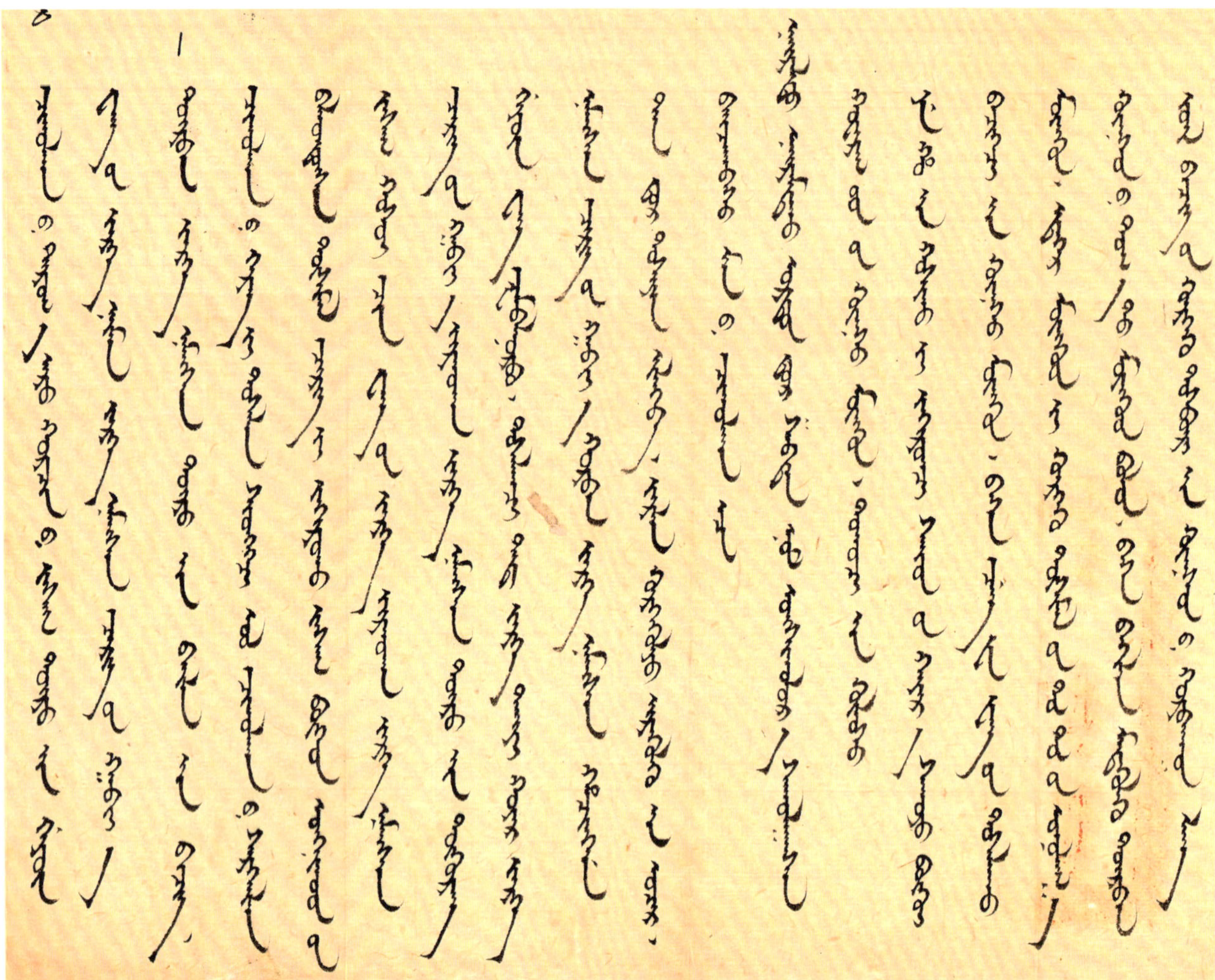

034 盟长阿鲁科尔沁札萨克贝勒为备送驻雍和宫和尚费、驻热河都统衙门笔帖式费用事札盟摄政协理原盟警备军札萨克郡王等文（光绪三十三年仲秋二十日）

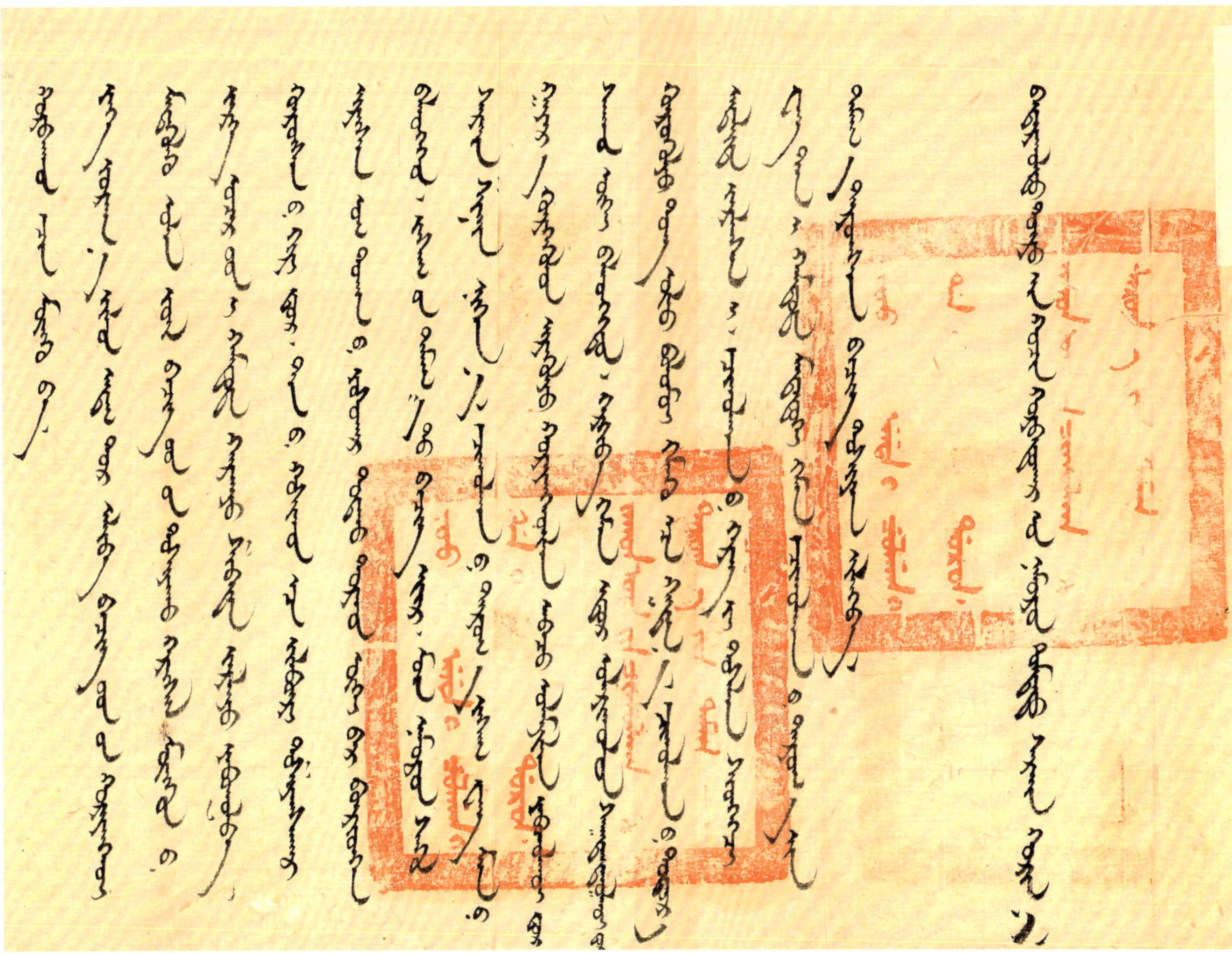

盟长阿鲁科尔沁札萨克贝勒为备送驻雍和宫和尚费、驻热河都统衙门笔帖式费用事札盟摄政协理原盟警备军札萨克郡王等文

盟长阿鲁科尔沁札萨克多罗郡王衔加八级军功加四级多罗贝勒文。札付盟摄政协理原盟警备军札萨克暨翁牛特札萨克和硕亲王衔加六级军功加六级多罗杜棱郡王赞巴勒诺尔布、协理二等台吉加二级军功加三级哈青阿：督促备办之事。

经查，本盟驻雍和宫诵经和尚之口粮费、厨师费，驻热河都统处之笔帖式口粮费、捐助房屋修缮银两，及送银官差之路费和护送四类册本官差口粮费三两三钱，加之大部年底接收转送各类官文等费用，督促各旗按每年既定数量备齐，并于末秋初一日报送至本盟长札萨克贝勒署以备统一配送。不得拖延逾期。宣告盟属一体遵照之事通告至盟摄政协理王爷处。

至此，致钤盟长印之文。

光绪三十三年仲秋二十日

035 盟长阿鲁科尔沁札萨克贝勒为巡察金矿之地事札盟摄政协理原盟警备军札萨克郡王等文（光绪三十三年仲冬三十日）

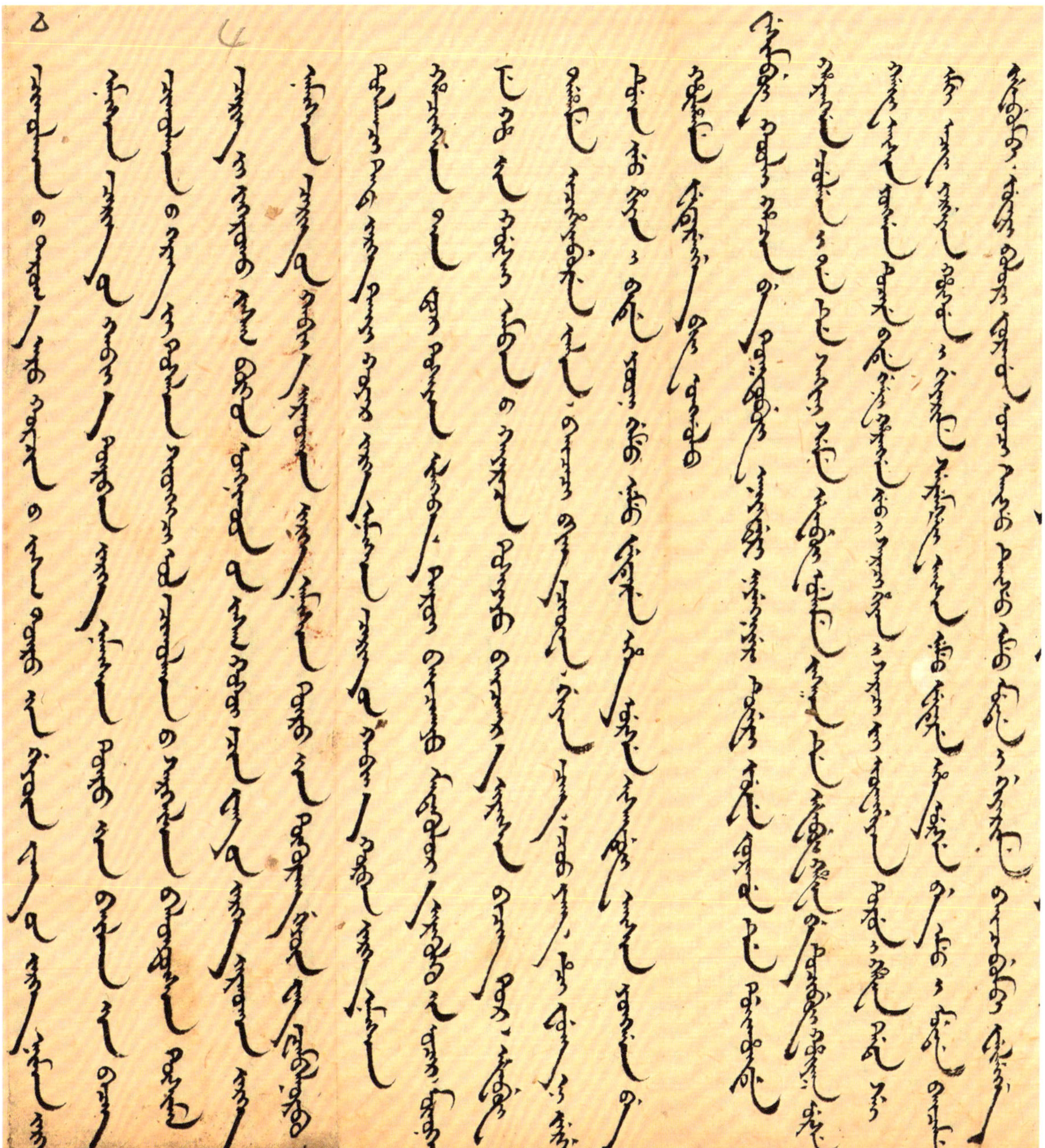

035 盟长阿鲁科尔沁札萨克贝勒为巡察金矿之地事札盟摄政协理原盟警备军札萨克郡王等文（光绪三十三年仲冬三十日）

035 盟长阿鲁科尔沁札萨克贝勒为巡察金矿之地事札盟摄政协理原盟警备军札萨克郡王等文（光绪三十三年仲冬三十日）

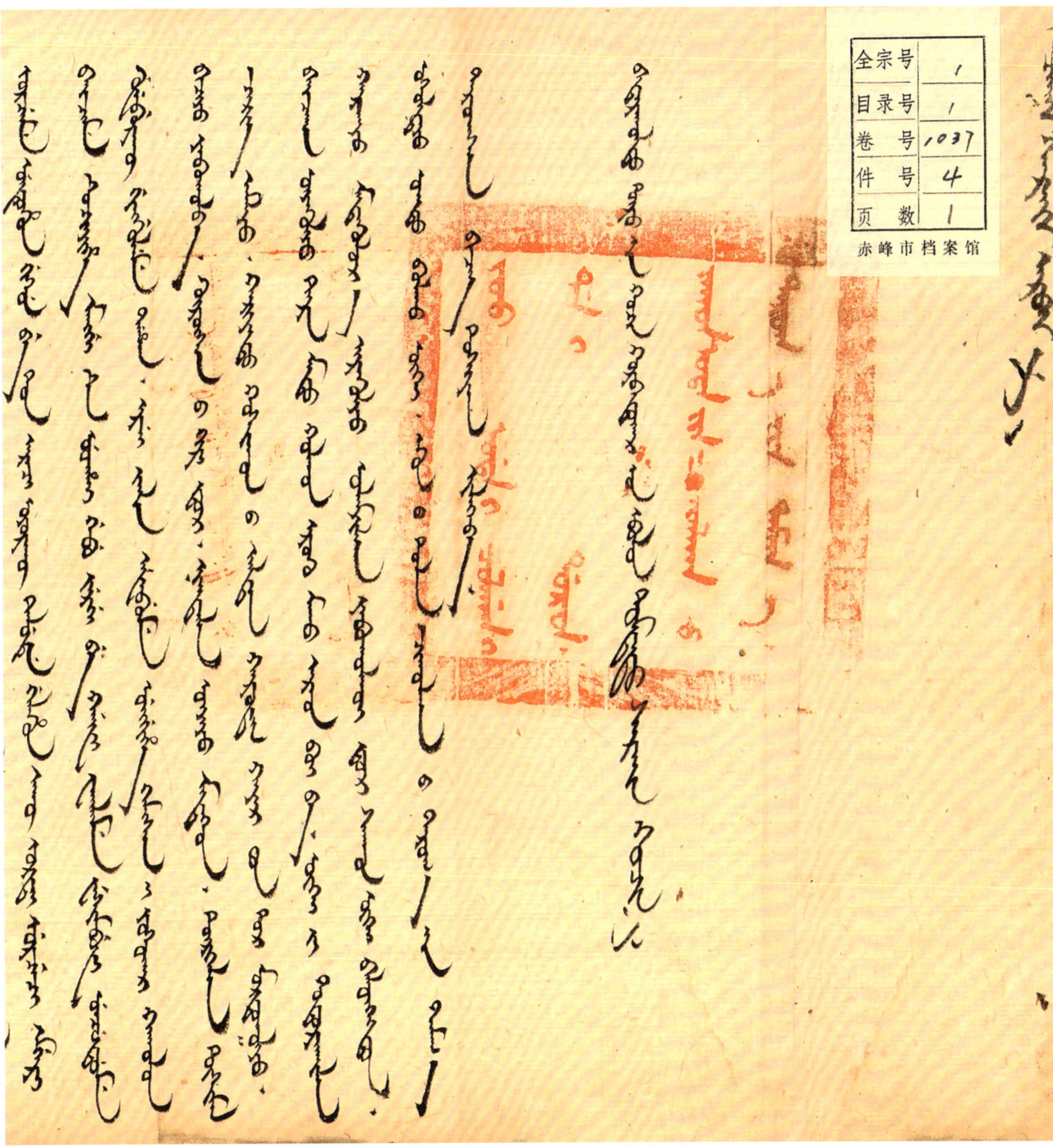

盟长阿鲁科尔沁札萨克贝勒为巡察金矿之地事札盟摄政协理原盟警备军札萨克郡王等文

盟长阿鲁科尔沁札萨克多罗郡王衔加八级军功加四级多罗贝勒文。札付盟摄政协理原盟警备军札萨克暨翁牛特札萨克和硕亲王衔加六级军功加六级多罗杜棱郡王赞巴勒诺尔布、协理二等台吉加二级军功加三级哈青阿：速查呈报之事。

近日，热河都统衙门札开：为遵办事。查得，平泉、建昌、朝阳、赤峰等四州县之地皆有采矿贼民结伙盗挖金矿。之前上奏，订立章程后，每年春冬两季提前交付知会所属盟长，转交札萨克，指派官员带领士兵至金矿产地，会同所属知州、知县及该旗众官认真巡防，将盗挖金矿之贼民一体查交。夏秋之季各自巡查一次。若有贼民定尽力擒获。随经章程订立，交付所属盟长及诸知州、知县遵行。等语记录在案。现值冬季，理应巡查之时，定好日期后交付遵行，会合者不可轻忽懈怠。故交付道员及诸知州、知县及绿旗参将守备等一体遵行外，将此交付行文，文至所属盟长处，即刻转交札萨克，派遣官员带领士兵至诸旗金矿产地。仍提前移付所属各将弁，务于今年十一月十五日集中到各边界会合处会同并严格暗中巡查，如有盗挖之贼民定尽力擒获，严格遵守既定章程。务于指定日期汇聚巡查，断不可视为空言。若有逾期不到位者，指名参奏办理。因此，除现各地开设之厂照常开采外，仍将抵达所经各地有无开采金矿贼民聚集偷采扰害之情由确实钤印具结呈送前来，以备查核。断不可阳顺阴违，以空言敷衍。若有胆敢不遵行者，一经查出，立即除其职衔参奏，不可豁免，谨遵。为此札付。故等因札付本盟署。本盟署抄录原文札付之。文到，诸札萨克、协理阅知文内，速派卫军至所属旗出产金矿之地，巡查有无盗挖之贼民，即刻禀报以便转呈也。不得有误。

至此，致钤盟长印之文。

光绪三十三年仲冬三十日

盟长阿鲁科尔沁札萨克贝勒为钦差大臣等就任通告事札盟摄政协理原盟警备军札萨克郡王等文（光绪三十三年末冬十九日）

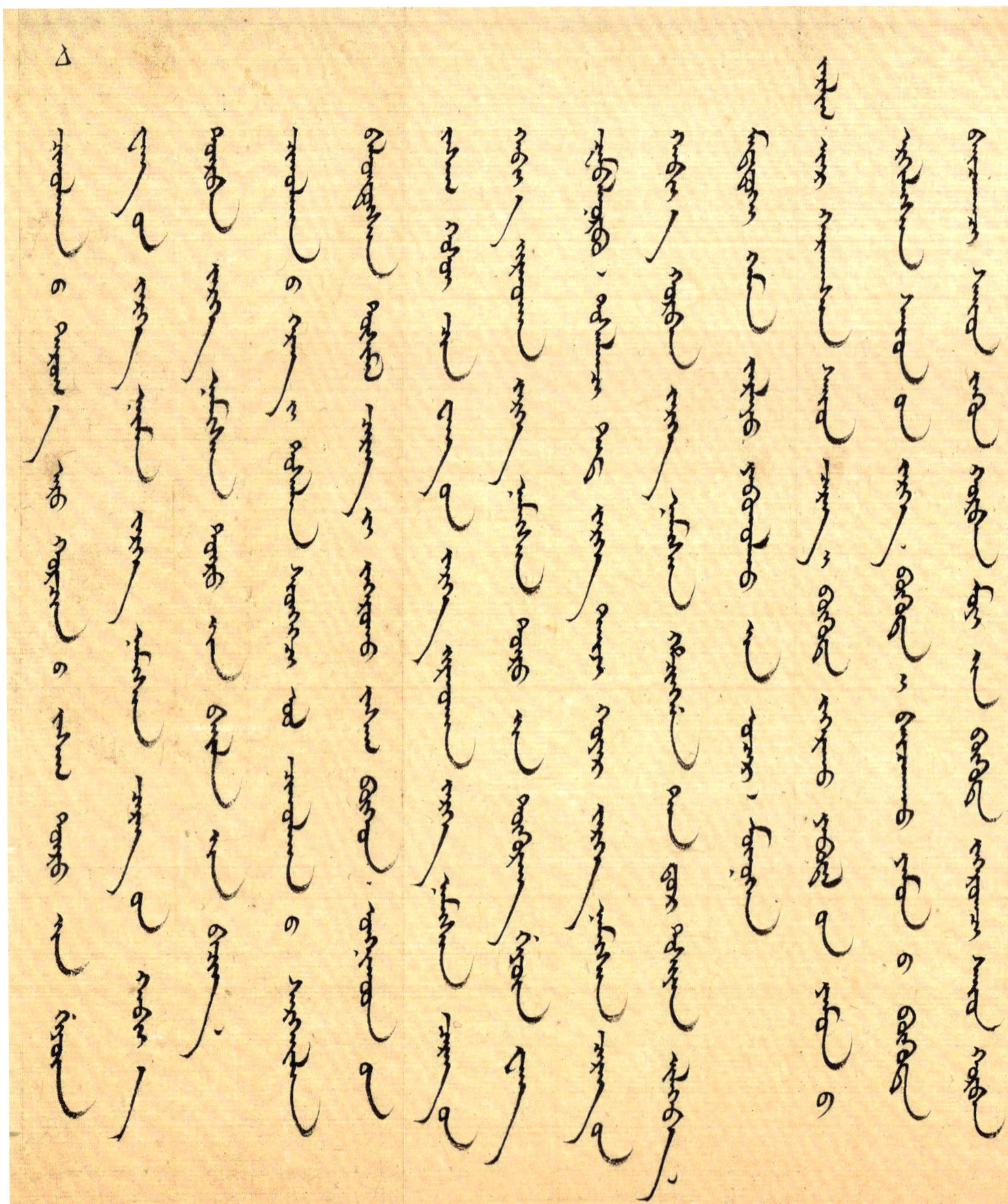

036 盟长阿鲁科尔沁札萨克贝勒为钦差大臣等就任通告事札盟摄政协理原盟警备军札萨克郡王等文（光绪三十三年末冬十九日）

036 盟长阿鲁科尔沁札萨克贝勒为钦差大臣等就任通告事札盟摄政协理原盟警备军札萨克郡王等文（光绪三十三年末冬十九日）

盟长阿鲁科尔沁札萨克贝勒为钦差大臣等就任通告事札盟摄政协理原盟警备军札萨克郡王等文

盟长阿鲁科尔沁札萨克多罗郡王衔加八级军功加四级多罗贝勒文。札付盟摄政协理原盟警备军札萨克暨翁牛特札萨克和硕亲王衔加六级军功加六级多罗杜棱郡王赞巴勒诺尔布、协理二等台吉加二级军功加三级哈青阿：告知之事。

近日，钦差大臣兵部尚书衔督察院左都御史东三省总督兼管东三省将军事务大臣徐，钦差大臣副都统衔兼兵部侍郎衔督察院副都御使奉天省巡抚唐衙署移送之官文所记，吾等钦差大臣兵部尚书衔督察院左都御史东三省总督兼管东三省将军事务大臣遵旨于本年仲夏初二日就任主持公务。现禀报到任日期外，分别致于钤印官文外，另通告贵盟长，转送所属各蒙古札萨克旗众知照办。等因前来本盟署。为此特抄录原文转发至。文到，诸札萨克、协理阅知文内，并宣告盟属一体遵照之事通告至盟摄政协理王爷您处。

至此，致钤盟长印之文。

光绪三十三年末冬十九日

037 盟长阿鲁科尔沁札萨克贝勒为筹办防务新政事札盟摄政协理原盟警备军札萨克郡王等文（光绪三十四年初春三十日）

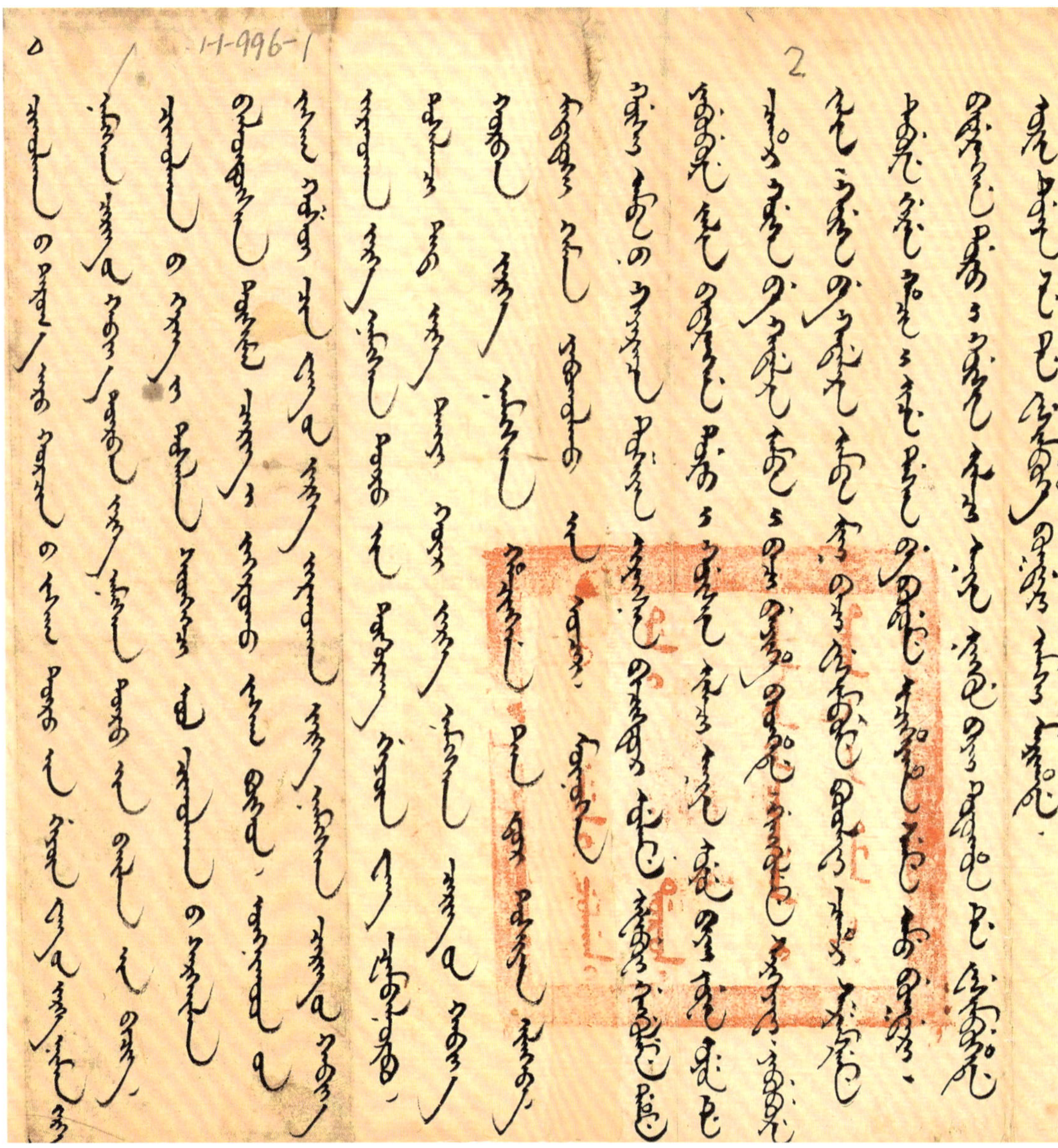

037 盟长阿鲁科尔沁札萨克贝勒为筹办防务新政事札盟摄政协理原盟警备军札萨克郡王等文（光绪三十四年初春三十日）

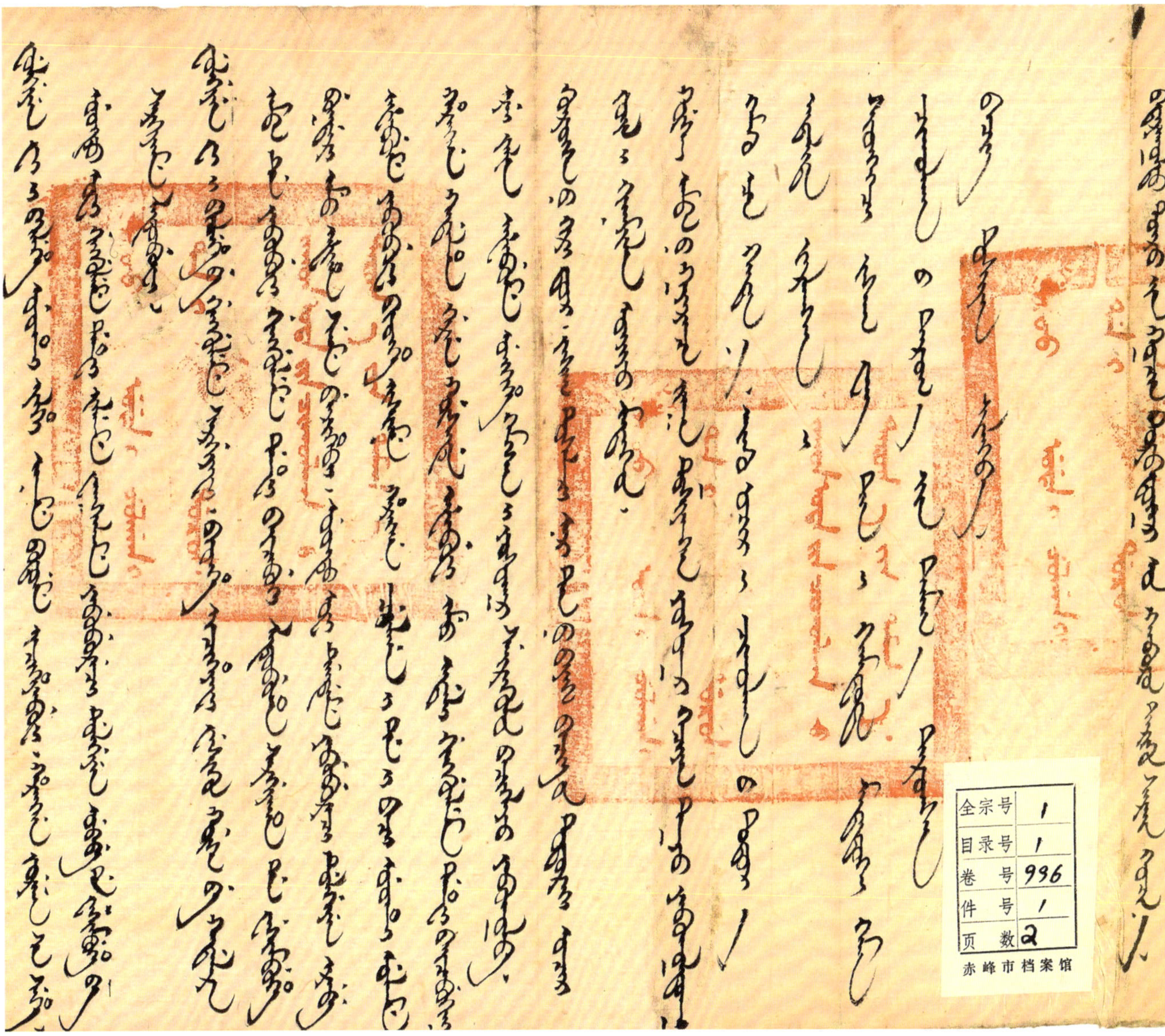

盟长阿鲁科尔沁札萨克贝勒为筹办防务新政事札盟摄政协理原盟警备军札萨克郡王等文

盟长阿鲁科尔沁札萨克多罗郡王衔加八级军功加四级多罗贝勒文。札付盟摄政协理原盟警备军札萨克暨翁牛特札萨克和硕亲王衔加六级军功加六级多罗杜棱郡王赞巴勒诺尔布、协理二等台吉加二级军功加三级哈青阿：告知之事。

近日，热河都统衙门札开：为恭谨遵行事。光绪三十三年九月十九日察哈尔都统处来文：为恭谨抄行事。本都统处奏报筹办察哈尔防务各项新政一折，于光绪三十三年六月十五日具奏，二十四日原奏折遣回。朱批：即刻依次筹办。该部知道。钦此钦遵。故分别遵行外，将此原奏抄写粘贴，将朱批恭谨抄录，行文贵都统，请谨遵查核。粘抄原奏折一张。等语前来。故分别遵行外，将此交付行文，文至所属盟长即刻转交该管诸旗一体谨遵查核。为此札付。等因前来本盟署。故抄录原文札付之。文到，诸札萨克、协理阅知文内遵行，并宣告盟属一体遵照之事通告至盟摄政协理王爷处。

至此，致钤盟战印之文。

光绪三十四年初春三十日

038 多伦庙喇嘛总管为拖欠驻善因寺、汇宗寺和尚费用事咨盟摄政协理原盟警备军札萨克郡王等文（光绪三十四年三月初七日）

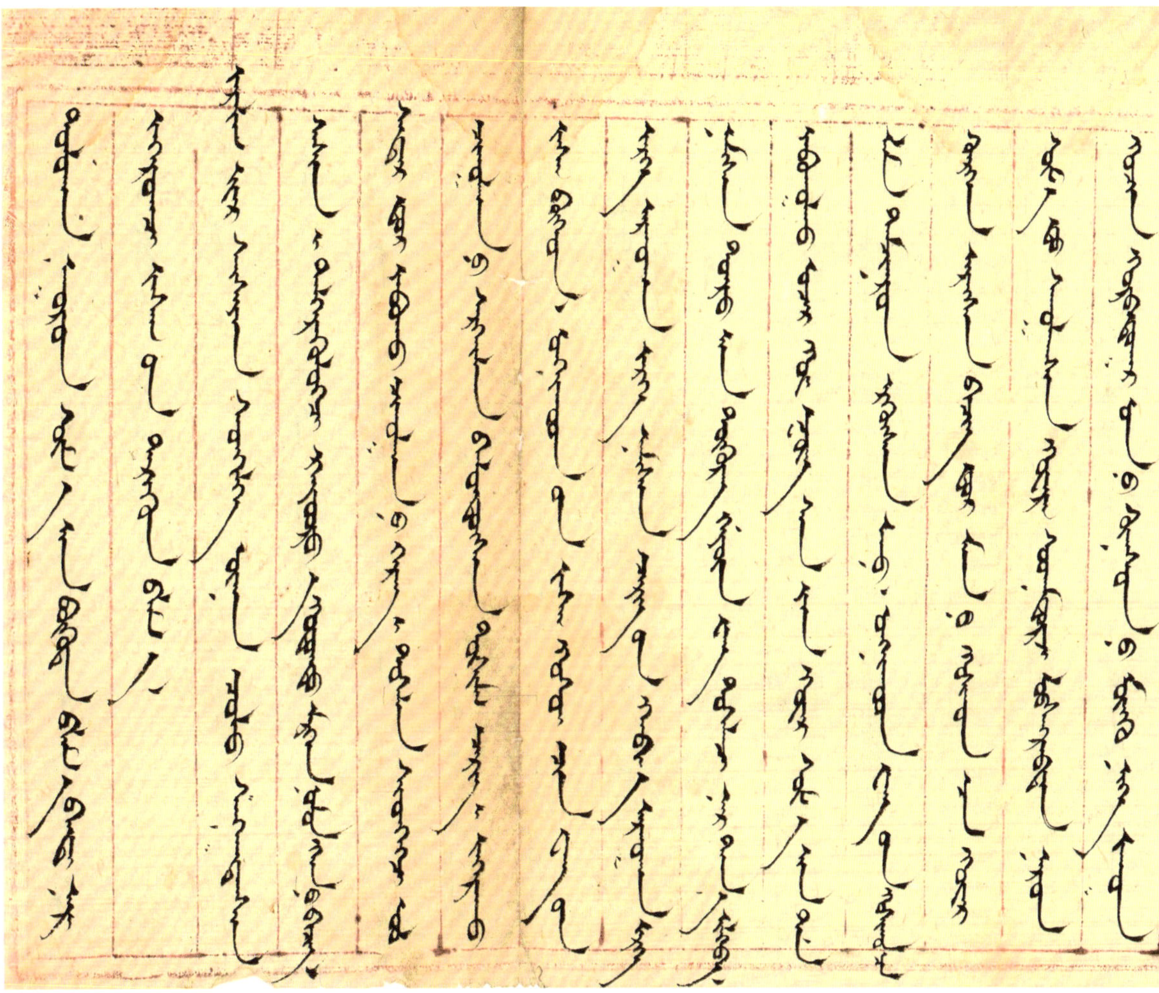

038 多伦庙喇嘛总管为拖欠驻善因寺、汇宗寺和尚费用事咨盟摄政协理原盟警备军札萨克郡王等文（光绪三十四年三月初七日）

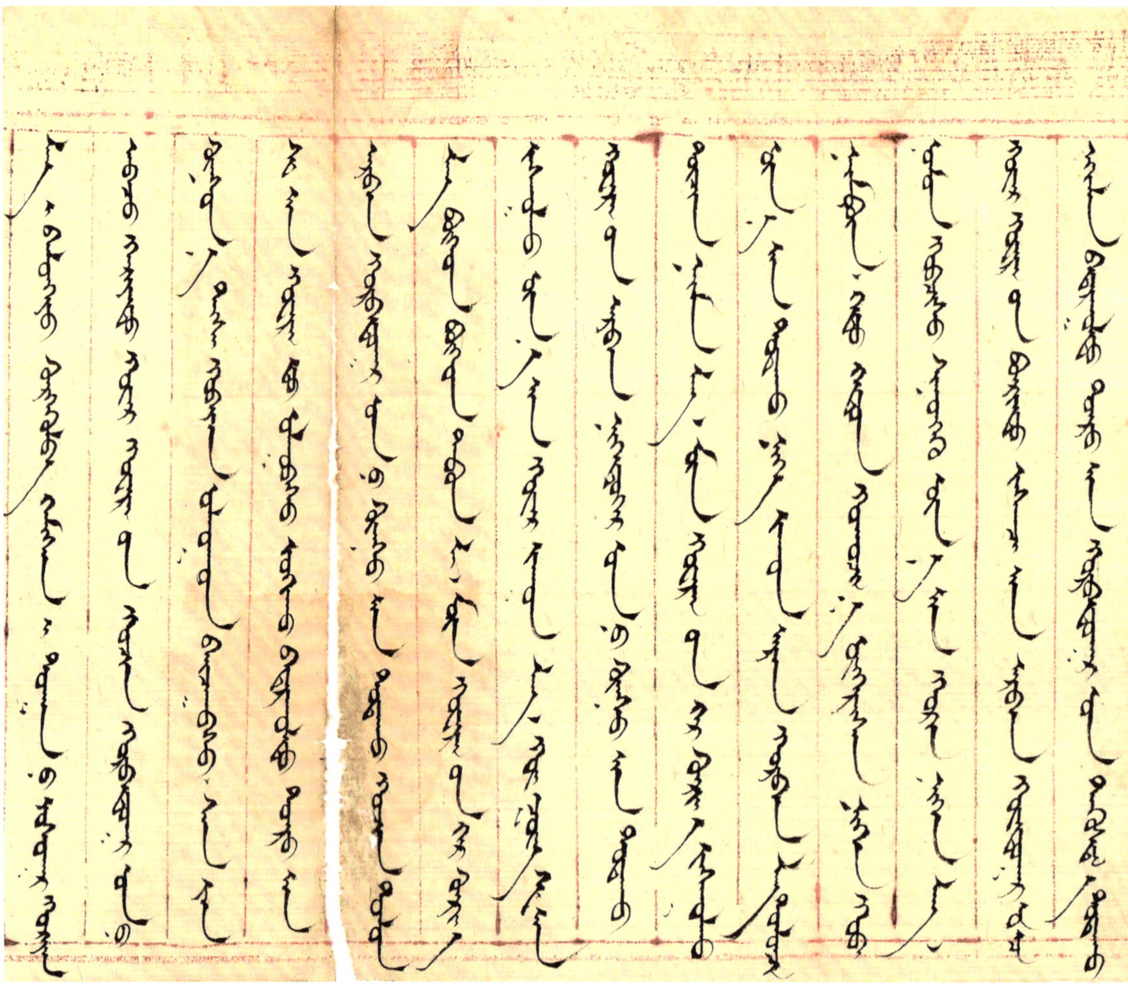

038 多伦庙喇嘛总管为拖欠驻善因寺、汇宗寺和尚费用事咨盟摄政协理原盟警备军札萨克郡王等文（光绪三十四年三月初七日）

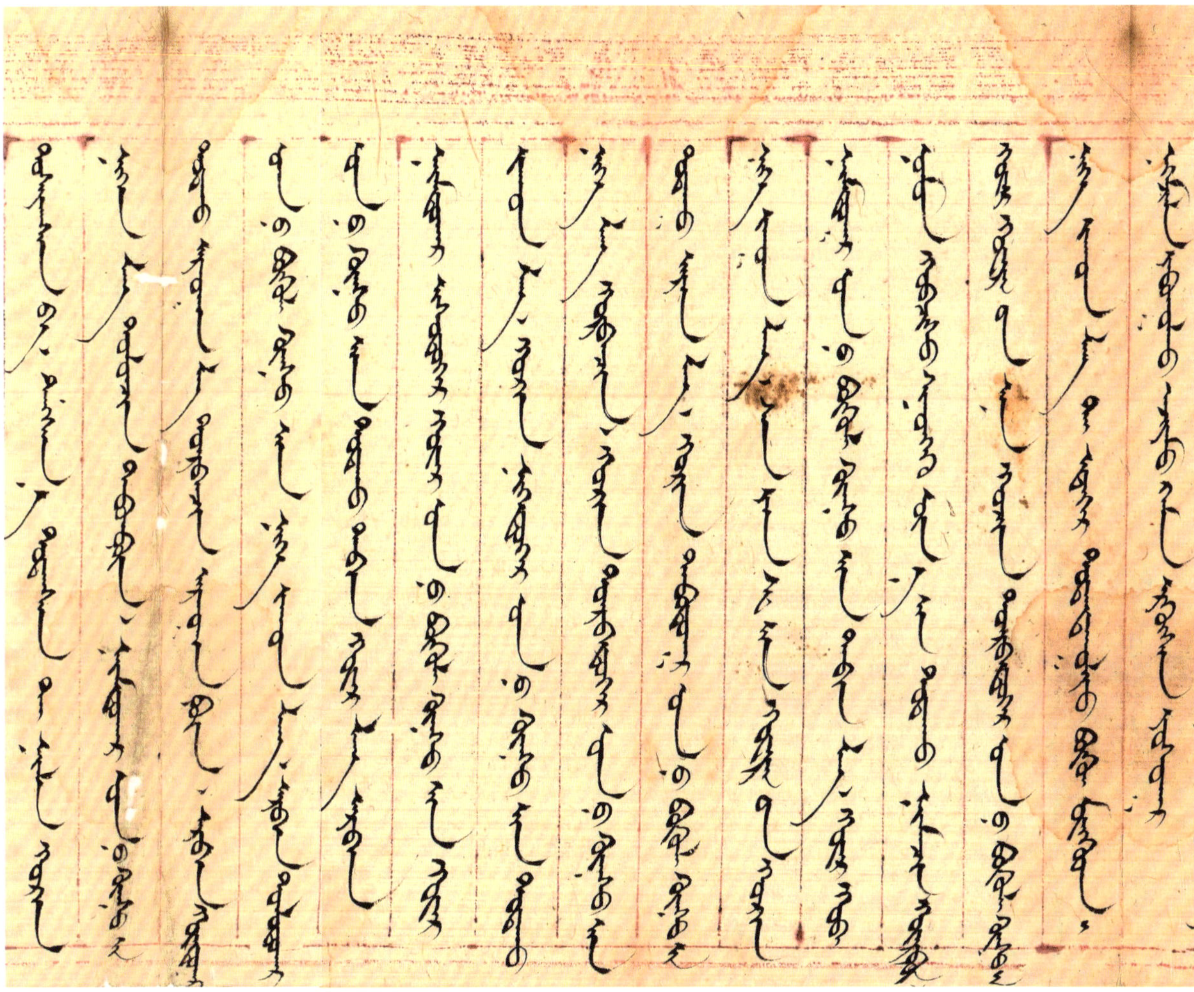

038 多伦庙喇嘛总管为拖欠驻善因寺、汇宗寺和尚费用事咨盟摄政协理原盟警备军札萨克郡王等文（光绪三十四年三月初七日）

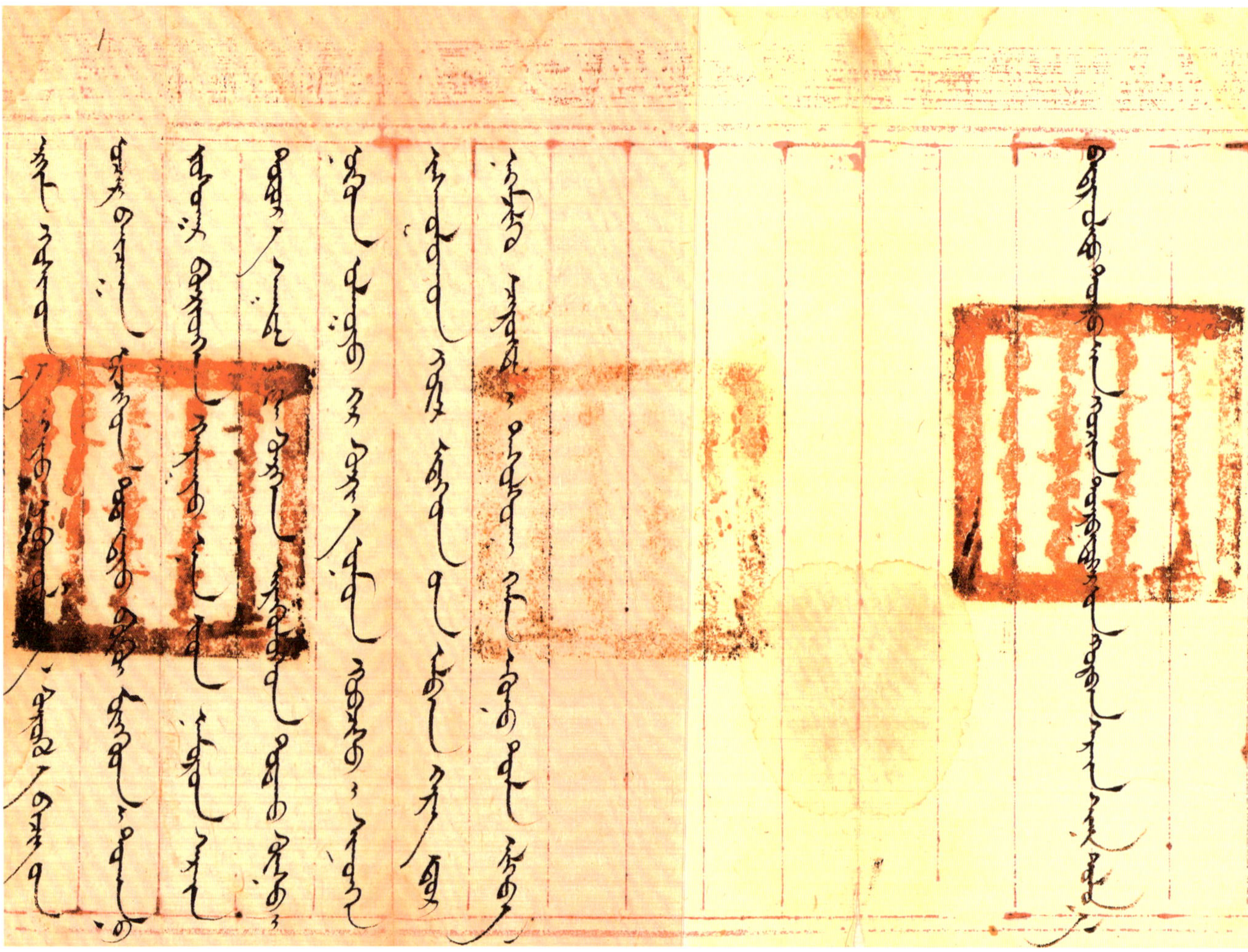

多伦庙喇嘛总管为拖欠驻善因寺、汇宗寺和尚费用事咨盟摄政协理原盟警备军札萨克郡王等文

多伦庙全体喇嘛班弟总管札萨克头等喇嘛封号真宗梵宗甘珠尔瓦呼图克图莫尔根诺门罕文。咨御前行走盟摄政协理原盟警备军札萨克暨翁牛特札萨克和硕亲王衔加六级军功加六级多罗杜棱郡王、协理：咨送之事。

汇宗寺、善因寺大喇嘛，诸司库喇嘛呈称，翁牛特王旗呈送曰，本旗所送驻两庙之和尚苏德那木道尔吉、罗布桑拉布坦三十三年口粮款一百两已备送。等语。本寺院如数收到并平分给所属两名和尚三十三年口粮款。经查，兹有，善因寺和尚应收之光绪十三年口粮款欠三十七两零五厘及该和尚修缮房屋费二百两。汇宗寺和尚十一年口粮费欠四十八两，修缮房屋费欠一百六十三两七钱八分，法衣更换费欠二十一两。两名和尚自同治十二年至光绪三年之欠缴款及登记所欠银两共二十一两七钱五分。八年欠口粮费六两四钱六分，十二年全年口粮费欠一百两，十七年口粮费欠五十二两，十八、九两年全年口粮费欠二百两，二十一年口粮费欠一两三钱，二十四年口粮费欠六十两，二十五年全年口粮费欠一百两。善因寺和尚三十八年全年口粮费欠五十两，两份法衣更新费欠八钱二分。两名和尚本年三十四年全年口粮费欠一百两。此等欠款补交为盼。为此，文到，各旗审阅后即刻备齐所欠款项于今年秋季及时送至，以便补发口粮费、修缮房屋、更新法衣，避免双方公务纠纷。

至此。

光绪三十四年三月初七日

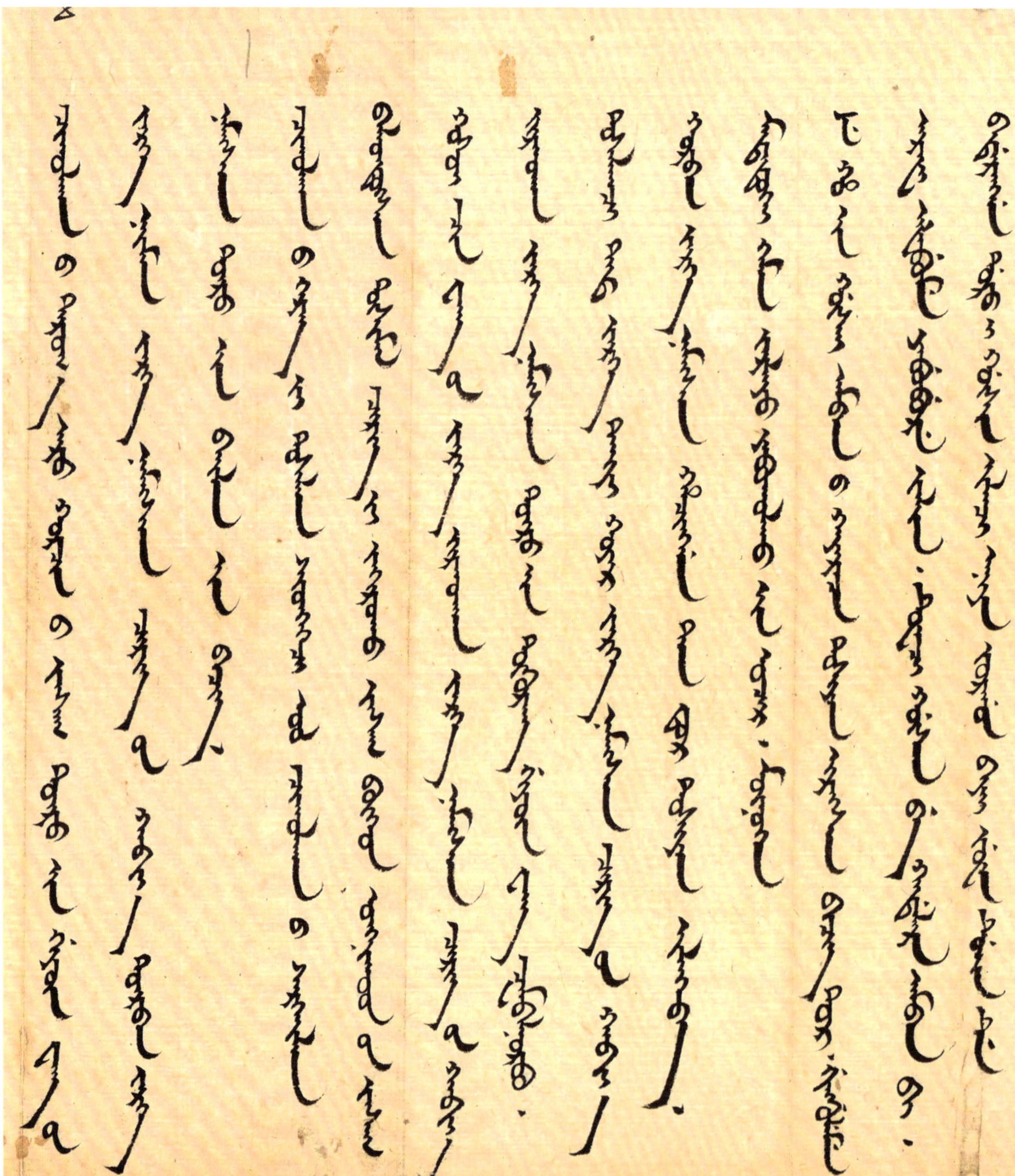

039 盟长阿鲁科尔沁札萨克贝勒承转都统衙门札文事札盟摄政协理原盟警备军札萨克郡王等文（光绪三十四年末春二十九日）

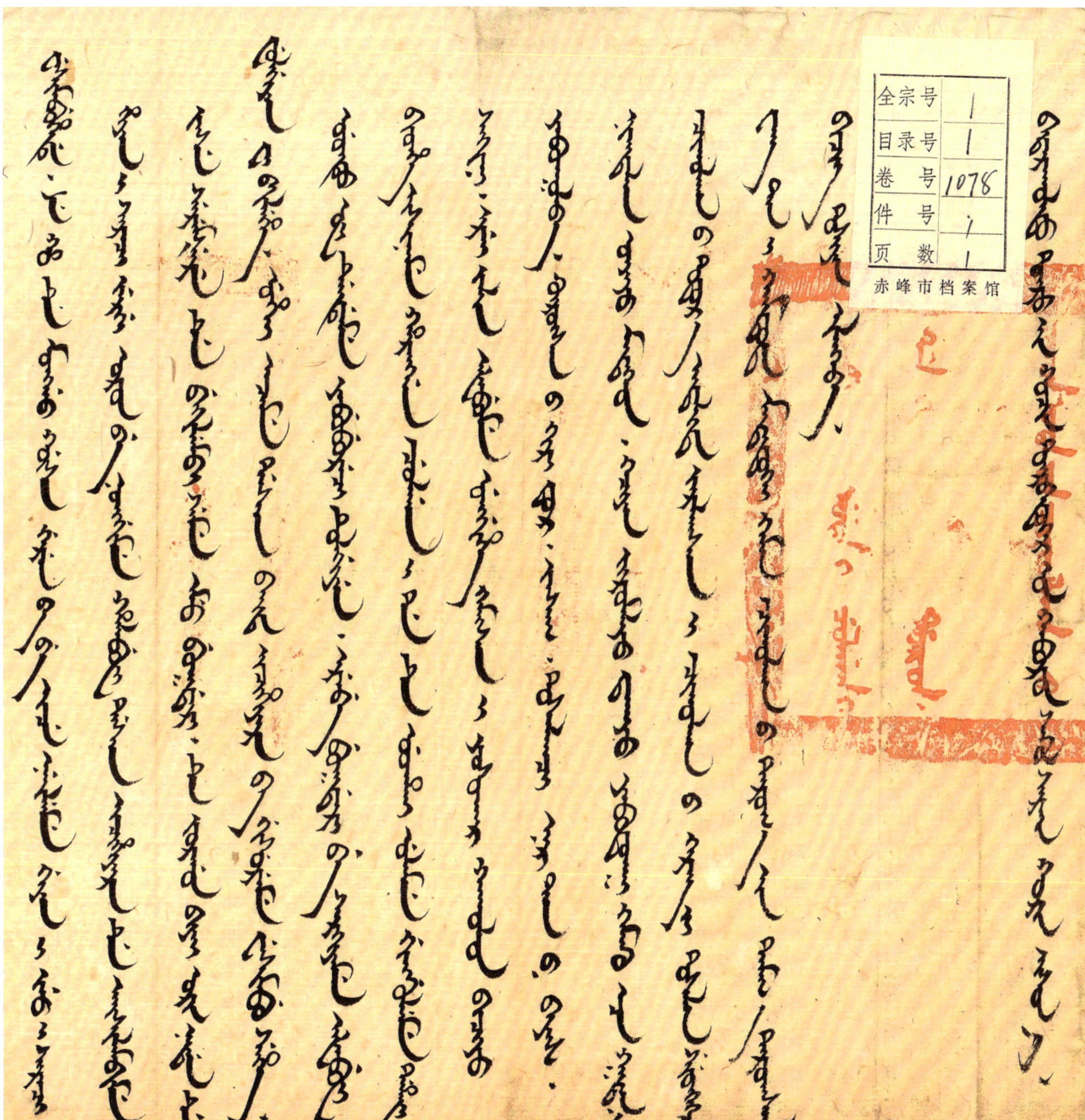

全宗号	1
目录号	1
卷　号	1078
件　号	1
页　数	1

赤峰市档案馆

盟长阿鲁科尔沁札萨克贝勒承转都统衙门札文事札盟摄政协理原盟警备军札萨克郡王等文

盟长阿鲁科尔沁札萨克多罗郡王衔加八级军功加四级多罗贝勒文。札付盟摄政协理原盟警备军札萨克暨翁牛特札萨克和硕亲王衔加六级军功加六级多罗杜棱郡王赞巴勒诺尔布、协理二等台吉加二级军功加三级哈青阿：札付之事。

近日，热河都统衙门札开：为谨写交付遵行事。查得，据本都统光绪三十三年十二月十四日奏称：热河蒙古旗各地应增补知州、知县等缺，以便辅政及稳固边疆。等语。十二月二十七日朱批：会同政务处议奏。钦此。故除分别遵行外，将此折抄付，文到，该盟长即刻转交知会遵行。为此札付。等因前来本盟处。兹有，盟署抄录原文转送之。文到，诸札萨克、协理阅知文内遵行外，也通告盟摄政协理王爷处。

至此，致钤盟长印之文。

光绪三十四年末春二十九日

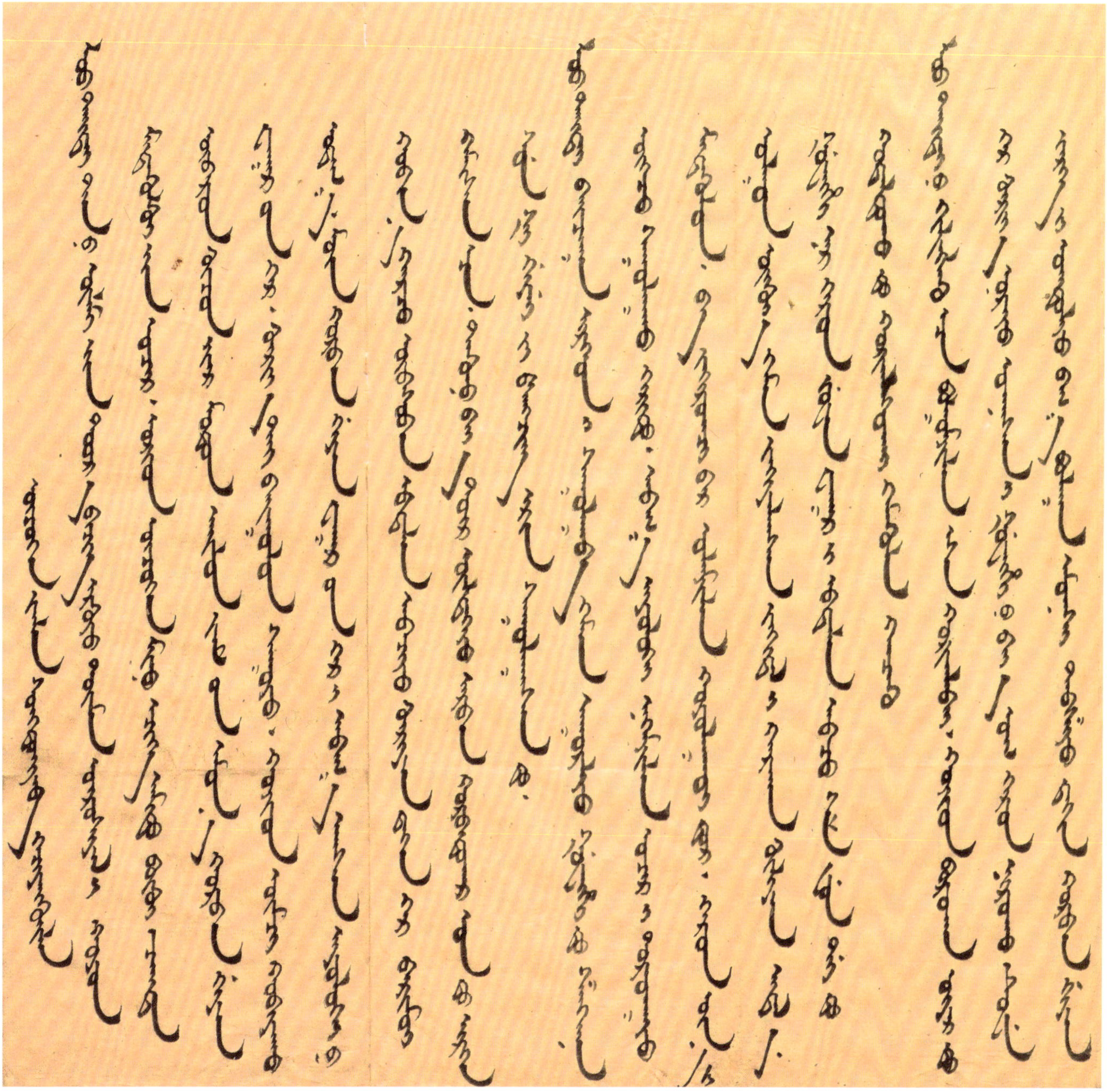

040 甲喇松迪扎布为收回旧房梁托事呈老太太文（光绪三十四年四月十六日）

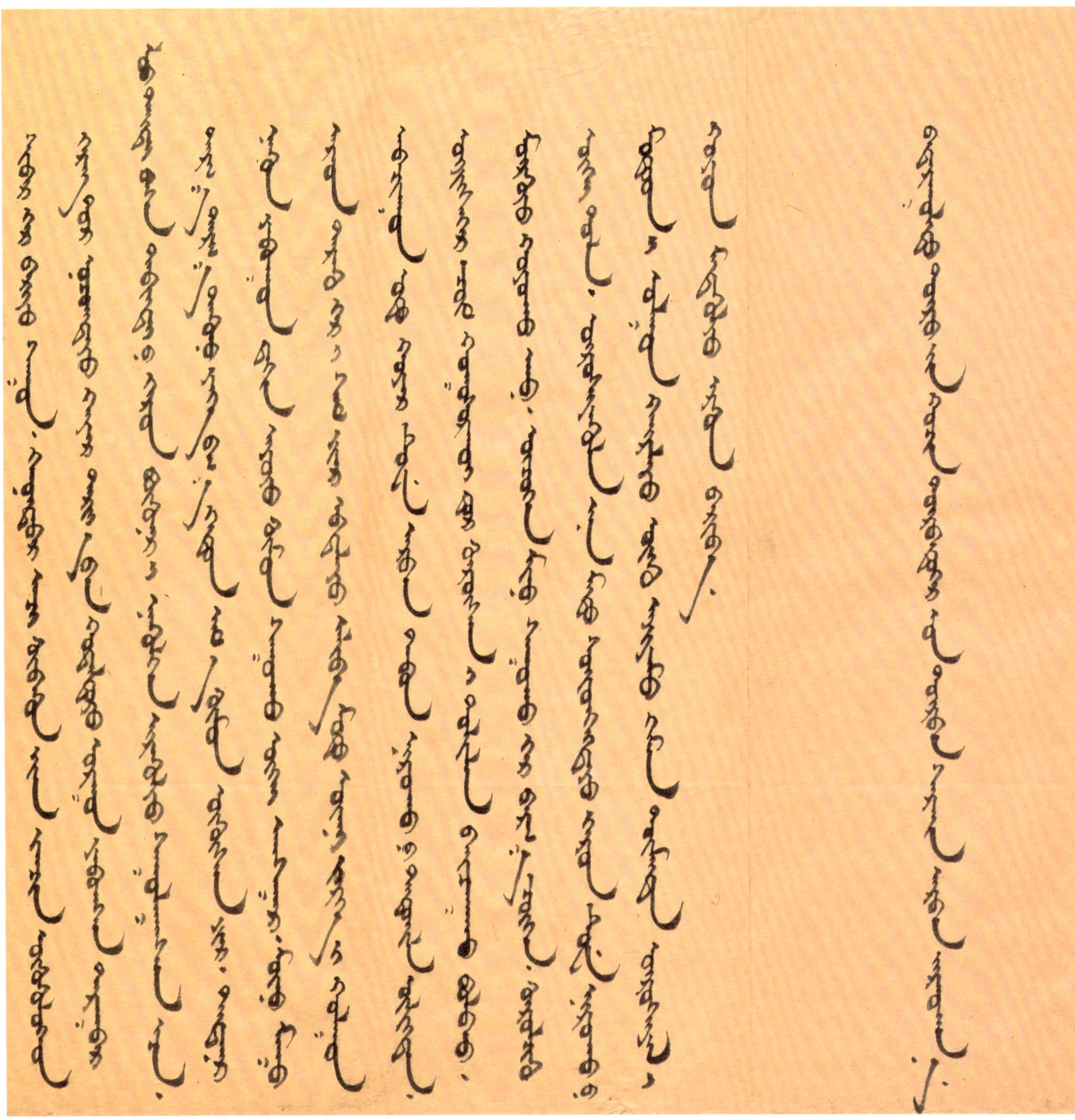

甲喇松迪扎布为收回旧房梁托事呈老太太文

松迪扎布呈状。甲喇鄙人松迪扎布谨呈老太太：请求禀报之事。

鄙人家父在世时木墩营路南侧自建带院落瓦房三间。日后吾家分户时三间瓦房指给叔阿尤贵。叔虽说要拆除后在自家院盖新房，但始终未拆走那三间房。十三年让民人孙世吉作为庞清住进三间房。此时老太太查询得知此事，指责给民人居住，并赏赐给双喜入住。叔阿尤贵通过总管说明事由呈请时回曰：房钱应归房主。正等官文时，双喜却拆开瓦砖变卖至三分地。吾等想阻拦，只怕老太太生气而未敢。日后房屋被洪水冲垮，双喜又将房屋梁托锯成小节带至其新址又建起三间土房居住。不知何故双喜揍死其侄子吃官司，出售田地逃跑也。之后老太太搬来，塔宾泰一家居住双喜旧屋。不料大小几口莫名死亡。故弃房走人，无人居住。如今贼民偷走房屋木材，只留两根檩子、十五根梁子，眼看快成空屋废墟。祈求老太太，如今鄙人房屋窄小，赐于那些残留檩梁为盼。

至此，呈送之。

光绪三十四年四月十六日

041 盟长阿鲁科尔沁札萨克贝勒为呈送进京受赏官员名册事札盟摄政协理原盟警备军札萨克郡王等文（光绪三十四年仲夏三十日）

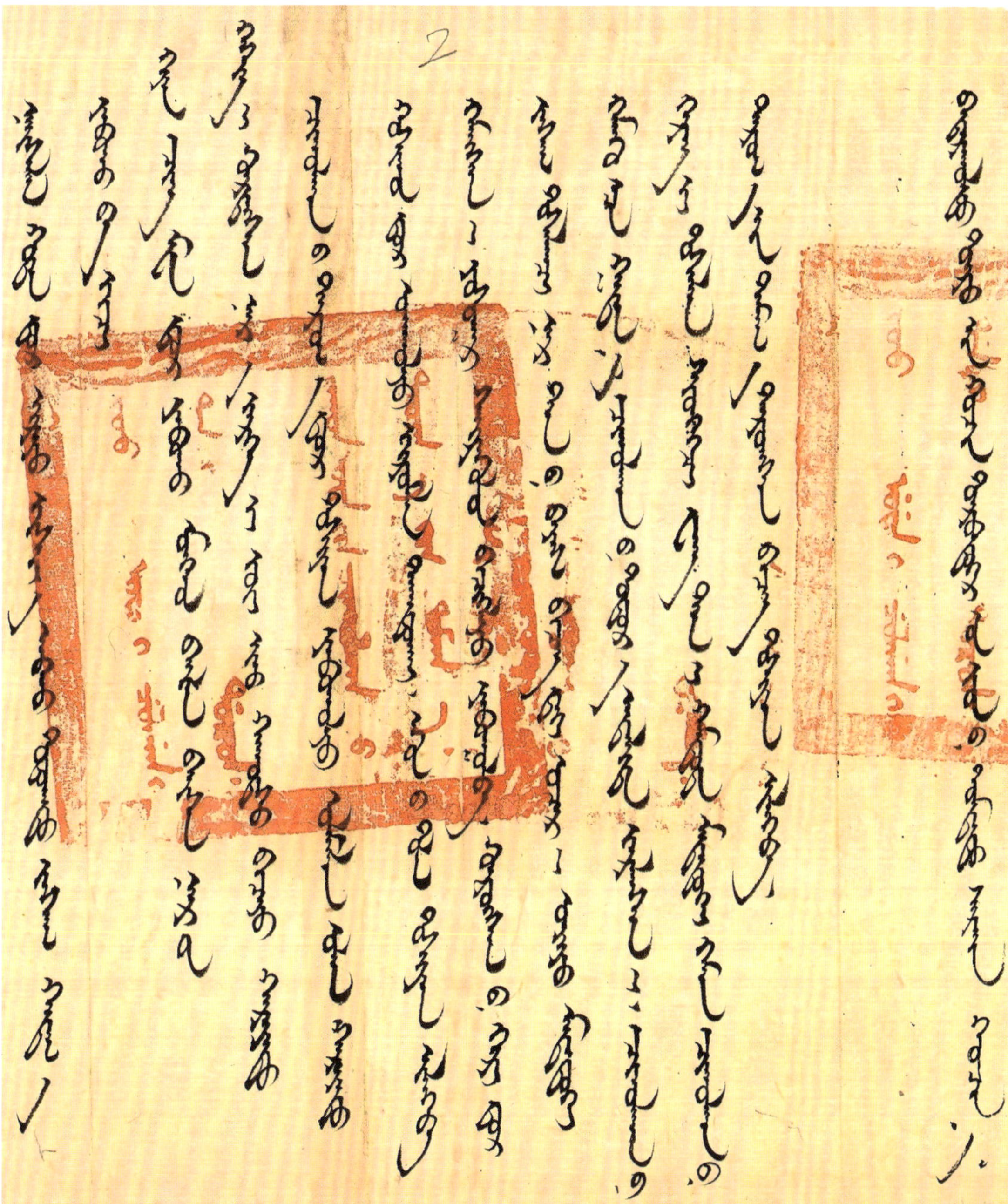

盟长阿鲁科尔沁札萨克贝勒为呈送进京受赏官员名册事札盟摄政协理原盟警备军札萨克郡王等文

盟长阿鲁科尔沁札萨克多罗郡王衔加八级军功加四级多罗贝勒文。札付盟摄政协理原盟警备军札萨克暨翁牛特札萨克和硕亲王衔加六级军功加六级多罗杜棱郡王赞巴勒诺尔布，协理二等台吉加二级军功加三级哈青阿、协理二等台吉朝格图格日乐：行札之事。

近日，大部札开：礼部奏曰，于光绪三十三年末冬二十三、二十七日对进京年班之内外诸札萨克及行走乾清门之蒙古贝勒贝子等受赏人员，登记其姓名及爵位，并造册交至所属盟长转告所属各旗照办。等语前来。至此，照例抄录原文转送之。文到，诸札萨克、协理阅文照办并宣告盟属一体遵照。另，通告摄政协理王爷您处。

至此，致钤盟长印之文。

光绪三十四年仲夏三十日

042 盟长阿鲁科尔沁札萨克贝勒为热河都统衙门行文事札盟摄政协理原盟警备军札萨克郡王等文（光绪三十四年仲夏三十日）

042 盟长阿鲁科尔沁札萨克贝勒为热河都统衙门行文事札盟摄政协理原盟警备军札萨克郡王等文（光绪三十四年仲夏三十日）

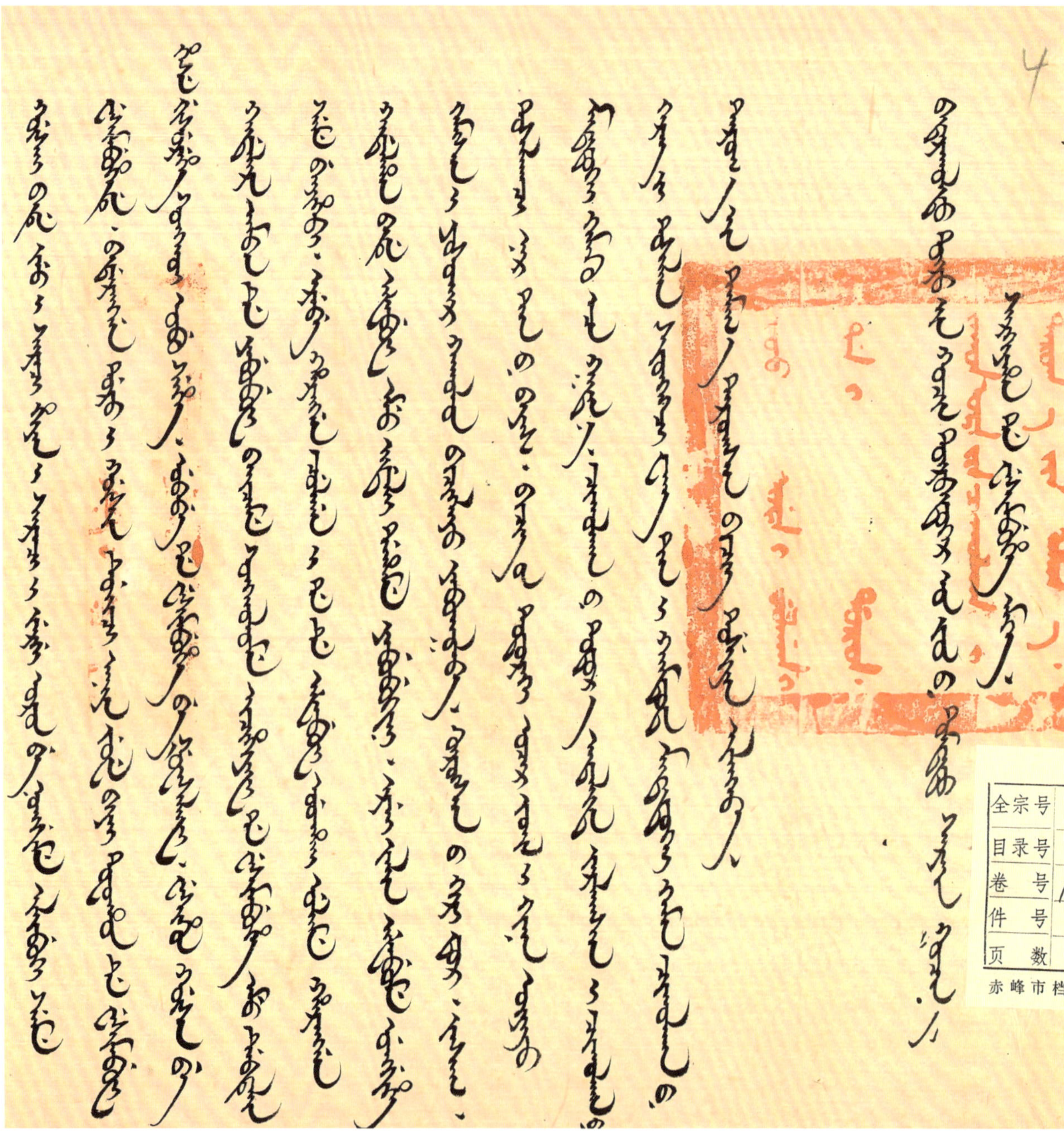

盟长阿鲁科尔沁札萨克贝勒为热河都统衙门行文事札盟摄政协理原盟警备军札萨克郡王等文

盟长阿鲁科尔沁札萨克多罗郡王衔加八级军功加四级多罗贝勒文。札付盟摄政协理原盟警备军札萨克暨翁牛特札萨克和硕亲王衔加六级军功加六级多罗杜棱郡王赞巴勒诺尔布，协理二等台吉加二级军功加三级哈青阿、协理二等台吉朝格图格日乐：札付之事。

近日，热河都统衙门满文札开：为交付事。光绪三十四年三月初二日内阁会议政务处来文：为遵行事。本处回议后，贵都统于光绪三十四年二月十五上奏：请于蒙古旗增补知州、知县等缺。等语具奏。奉旨：依议，钦此。将此原奏抄录行文贵都统查照办理。原奏一份。等语前来。将此交付所属盟长，即刻宣告属内一体遵行。为此札付。故本盟署抄录原文札付之。文到，诸札萨克、协理阅文照办并宣告盟属一体遵照。另，通告摄政协理王爷您处。

至此，致钤盟长印之文。

光绪三十四年仲夏三十日

043 盟长阿鲁科尔沁札萨克贝勒为蒙古各地购置洋货事札盟摄政协理原盟警备军札萨克郡王等文（光绪三十四年初秋三十日）

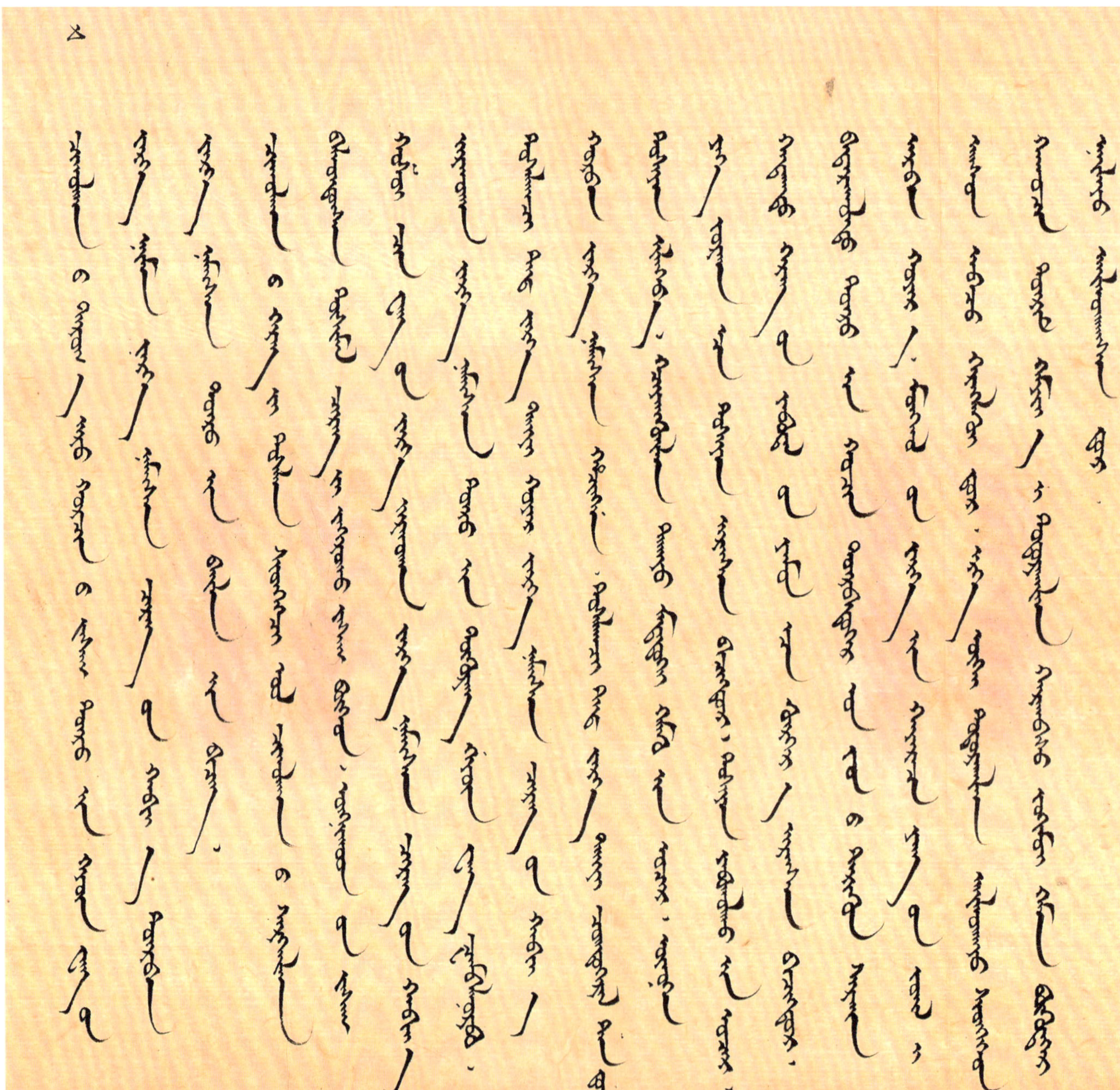

043 盟长阿鲁科尔沁札萨克贝勒为蒙古各地购置洋货事札盟摄政协理原盟警备军札萨克郡王等文（光绪三十四年初秋三十日）

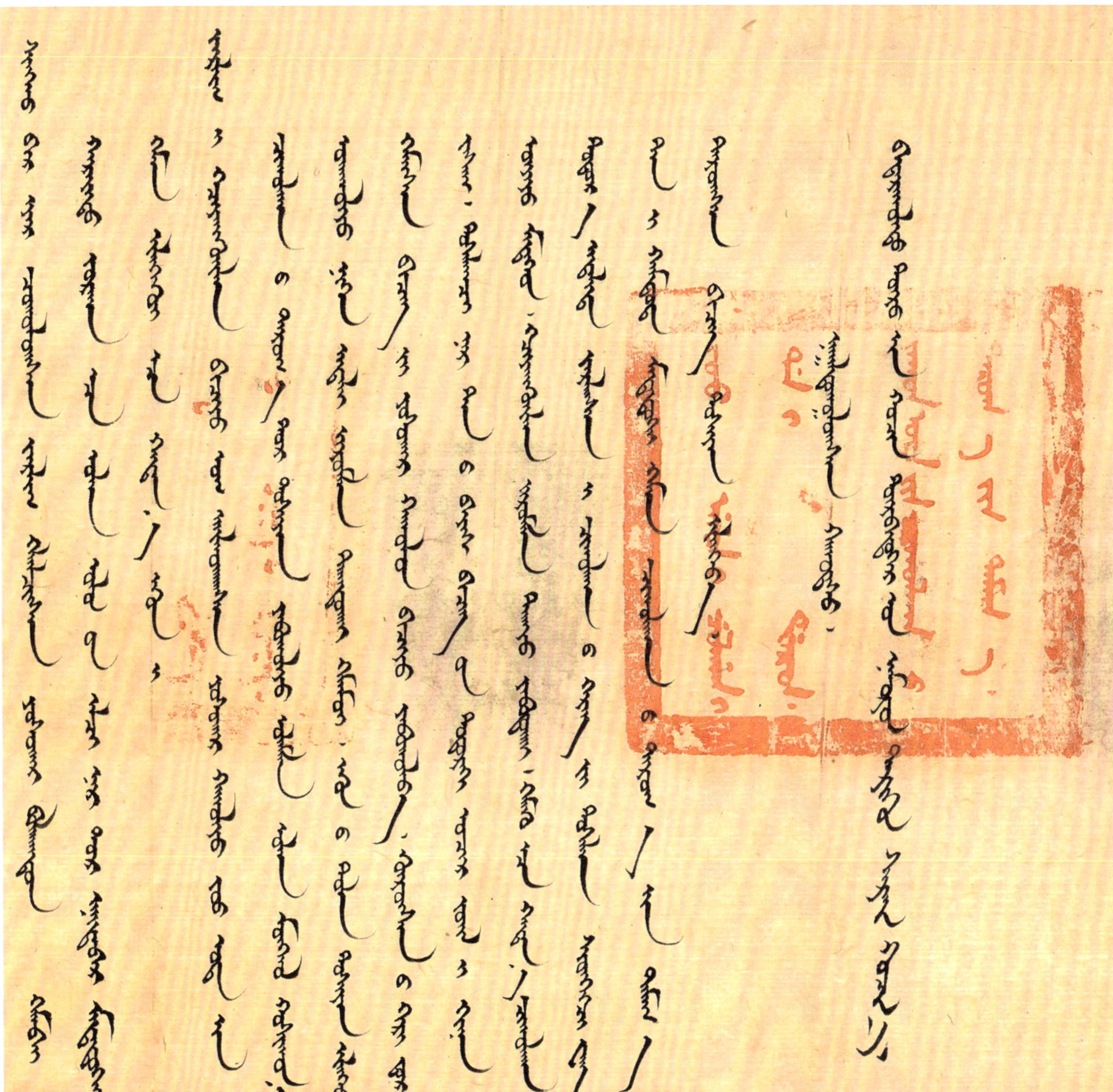

盟长阿鲁科尔沁札萨克贝勒为蒙古各地购置洋货事札盟摄政协理原盟警备军札萨克郡王等文

盟长阿鲁科尔沁札萨克多罗郡王衔加八级军功加四级多罗贝勒文。札付盟摄政协理原盟警备军札萨克暨翁牛特札萨克和硕亲王衔加六级军功加六级多罗杜棱郡王赞巴勒诺尔布，协理二等台吉加二级军功加三级哈青阿、协理二等台吉朝格图格日乐：遵旨照办之事。

近日，大部札开：外事衙门札开，本处商议后，于光绪三十四年初夏十二日上奏蒙古等地购置洋货时务遵守旧规说明事由之事。朱笔批复，照办。所属衙署通告各国使节并抄录批复送至昭乌达盟长，转告蒙古各旗遵旨颁行。等因前来本盟署。兹有，盟署抄录原文转送之。文到，诸札萨克、协理阅文照办并宣告盟属一体遵照。另，通告摄政协理王爷您处。

至此，致钤盟长印之文。

光绪三十四年初秋三十日

044 盟长阿鲁科尔沁札萨克贝勒为各旗围剿武装土匪事札盟摄政协理原盟警备军札萨克郡王等文（光绪三十四年初秋三十日）

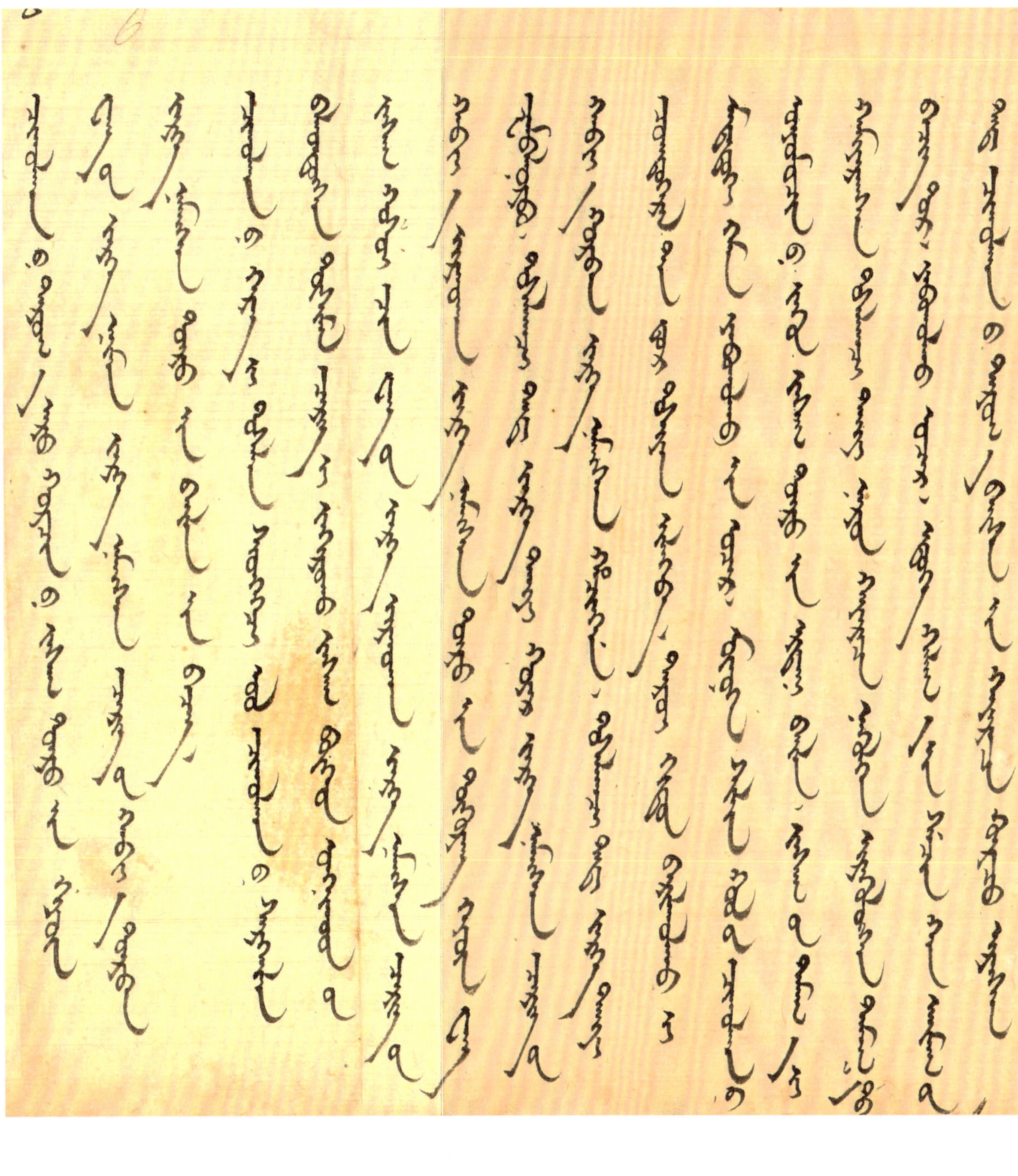

044 盟长阿鲁科尔沁札萨克贝勒为各旗围剿武装土匪事札盟摄政协理原盟警备军札萨克郡王等文（光绪三十四年初秋三十日）

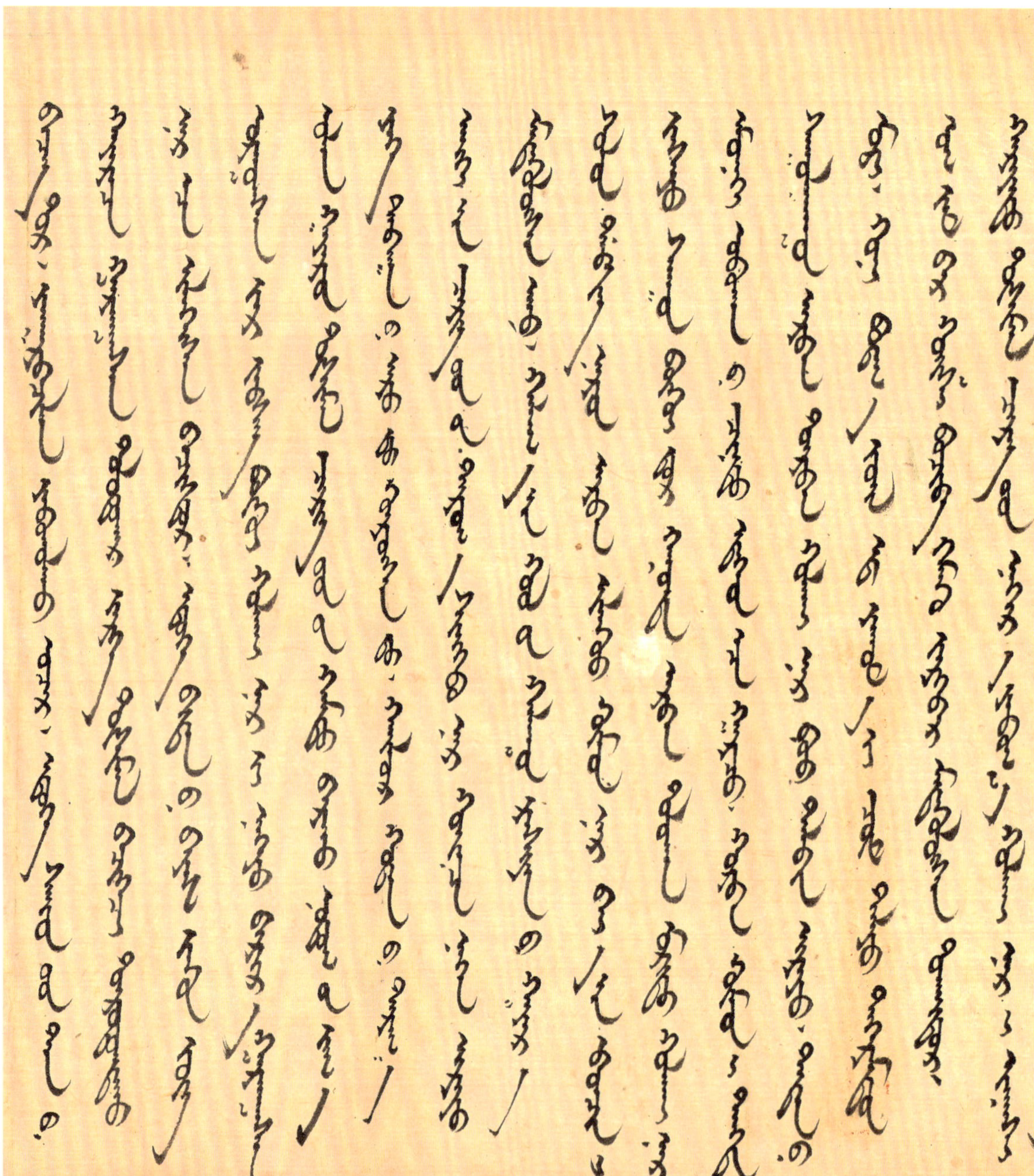

044 盟长阿鲁科尔沁札萨克贝勒为各旗围剿武装土匪事札盟摄政协理原盟警备军札萨克郡王等文（光绪三十四年初秋三十日）

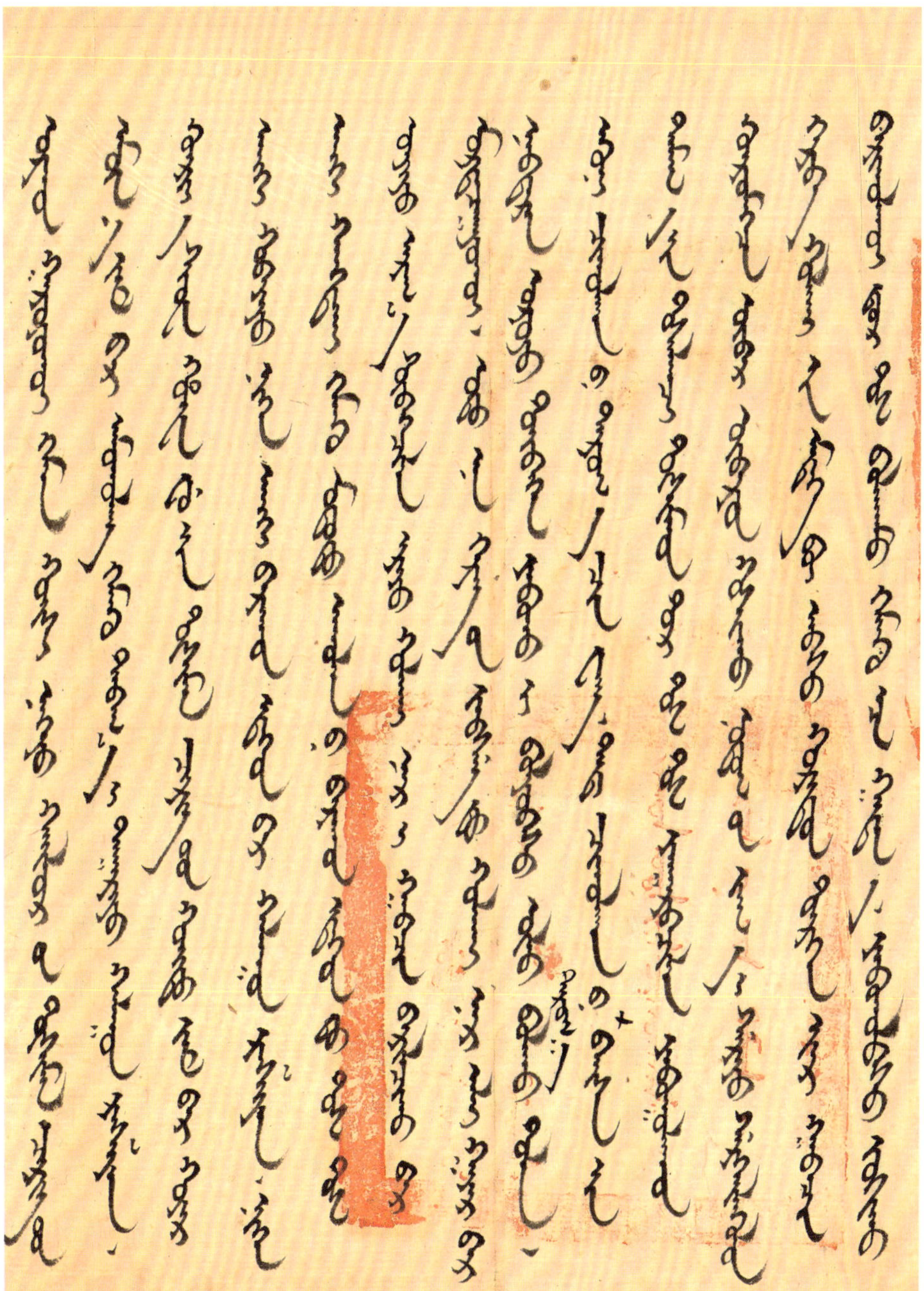

044 盟长阿鲁科尔沁札萨克贝勒为各旗围剿武装土匪事札盟摄政协理原盟警备军札萨克郡王等文（光绪三十四年初秋三十日）

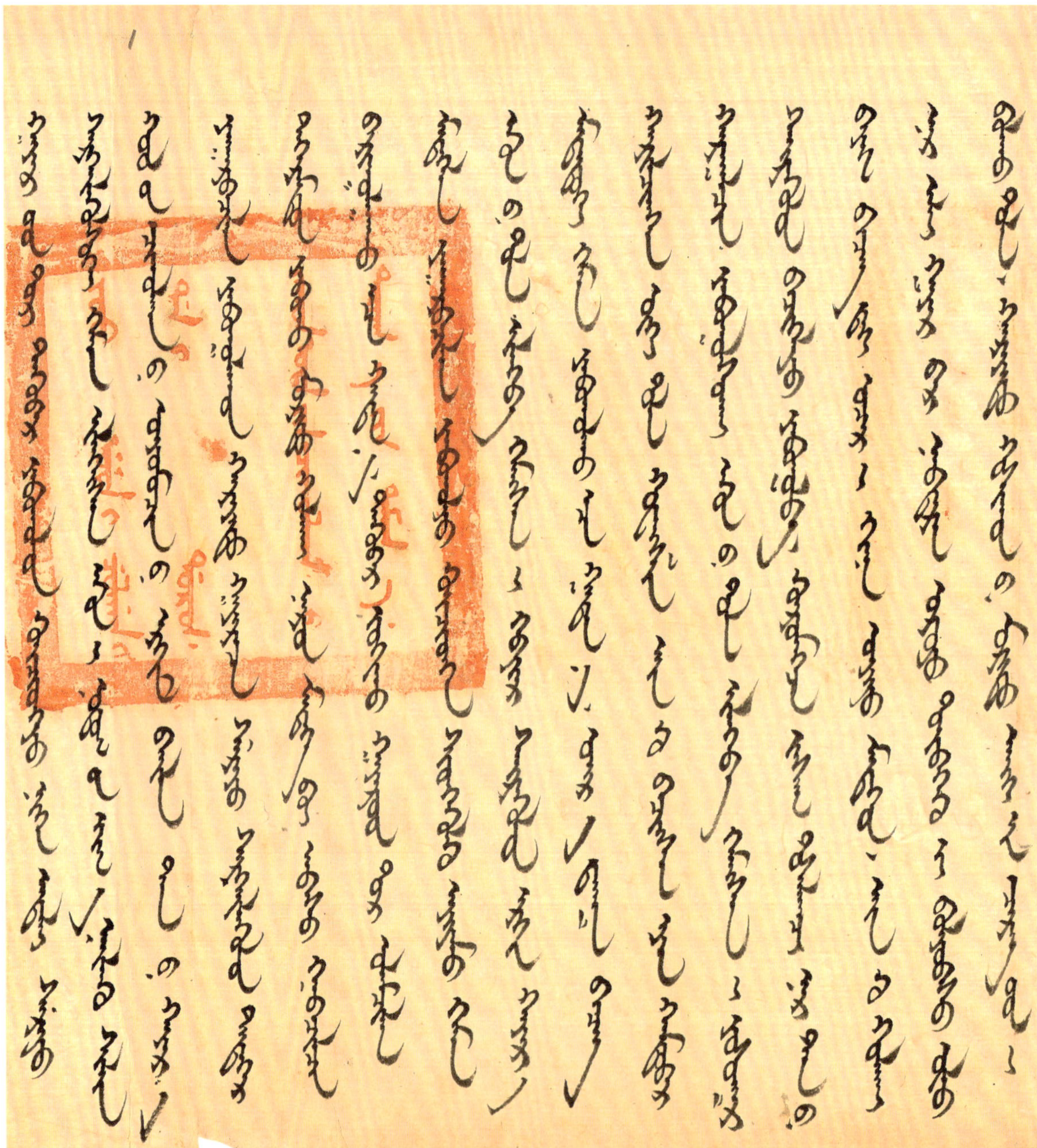

044 盟长阿鲁科尔沁札萨克贝勒为各旗围剿武装土匪事札盟摄政协理原盟警备军札萨克郡王等文（光绪三十四年初秋三十日）

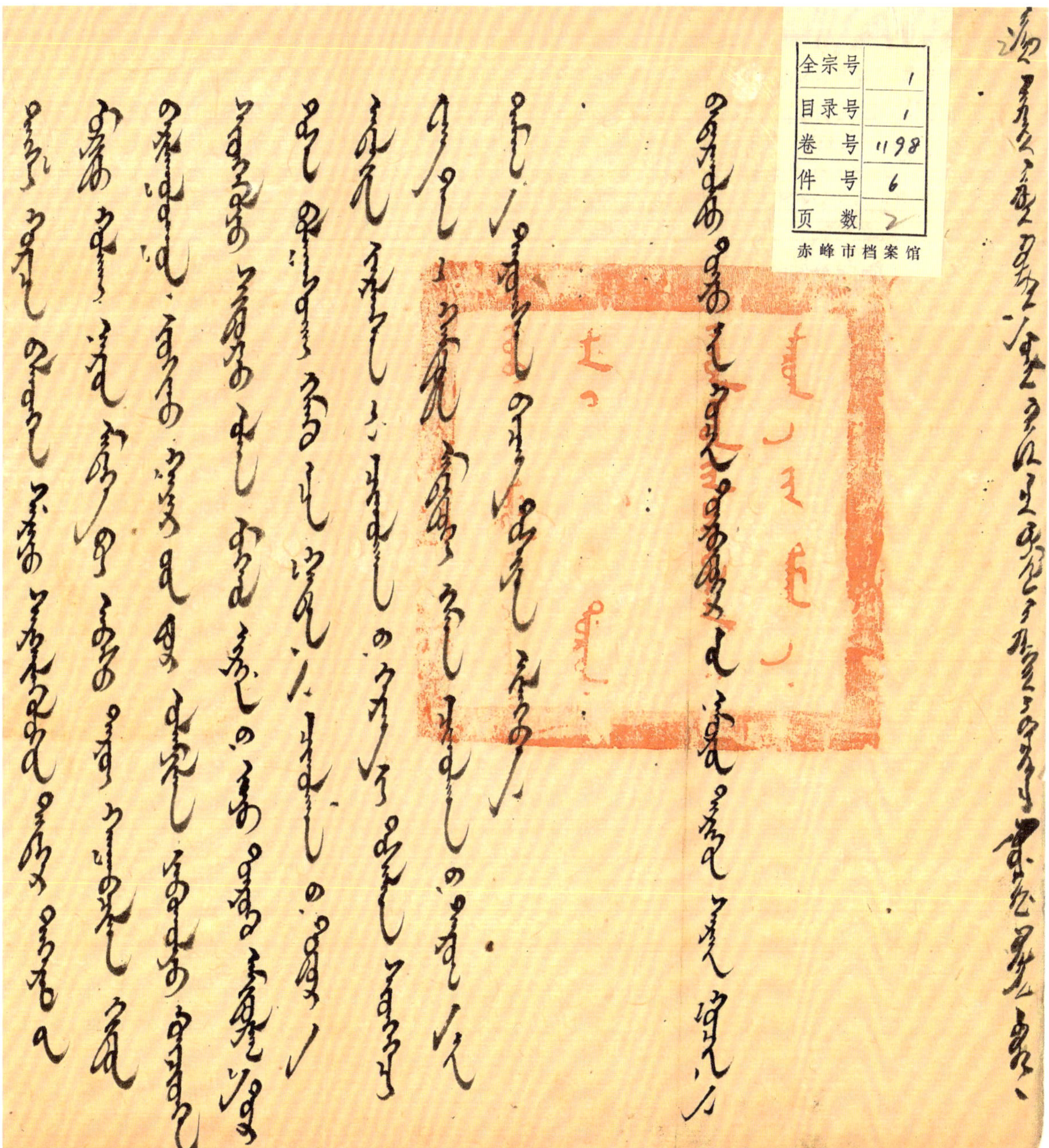

全宗号	1
目录号	1
卷　号	1198
件　号	6
页　数	2

赤峰市档案馆

盟长阿鲁科尔沁札萨克贝勒为各旗围剿武装土匪事札盟摄政协理原盟警备军札萨克郡王等文

盟长阿鲁科尔沁札萨克多罗郡王衔加八级军功加四级多罗贝勒文。札付盟摄政协理原盟警备军札萨克暨翁牛特札萨克和硕亲王衔加六级军功加六级多罗杜棱郡王赞巴勒诺尔布，协理二等台吉加二级军功加三级哈青阿、协理二等台吉朝格图格日乐：立刻抓捕之事。

近日，锡林郭勒盟乌珠穆沁左翼札萨克多罗额尔德尼贝勒，署理札萨克印务之协理台吉咨开：如今，喀尔喀车臣汗盟副盟长贝子处紧急来文曰，今大臣们派出之七级笔帖式图日托克托胡等呈报：今吾等与追逐持武器逃走的匪徒之官兵一同至巴尔虎边界大兴安岭以北地区时，海拉尔城军官邢宝从后赶至并报告，在喀尔喀河温泉地区苏伦、太平等十多人疗养时，突然十七个骑马土匪从敖包南坡袭来。三匪站岗放哨，十四匪鸣枪进城，抢劫马、羊、粮食等财物，从原路返回。等语。根据匪情，所辖地方官兵追剿同时为防止土匪流窜逃跑，告知海拉尔官兵，从南路阿木古楞大坝进军。温泉、库伦、宣化府官兵从北路兵分两路，一路从西边进温泉，一路从罕达盖山西侧进军，各自想方设法夹击土匪。如今无法猜测此等武装土匪流窜何处掠抢。故，将此事分别急报盟长大王、副盟长、贝子印务协理官员。文到，各自所辖旗边界部署警戒。如有土匪音讯，立即协助追剿。等语。为此将情报告知相关地区，以便提前部署警戒。同时紧急通知相邻锡林郭勒盟乌珠穆沁额尔和木贝勒，在辖区进行防范警戒，如有土匪出没或抢夺消息，进行夹击，并通告所辖各地遵照执行。因近来没有官文来往，抄录原文转送之。等因前来本盟署。兹有，本盟署抄录原文转送之。文到，诸札萨克、协理审阅文内，防范土匪抢夺流窜，调用旗骑兵警戒，如有匪情，协助夹击追剿，且通告所辖各地区，尽可能保护民众安全生计。全盟通告之事，仍告知盟摄政协理王爷处。

至此，致钤盟长印之文。

光绪三十四年初秋三十日

045 盟长阿鲁科尔沁札萨克贝勒为学堂开支捐耕地事札盟摄政协理原盟警备军札萨克郡王等文（光绪三十四年初秋三十日）

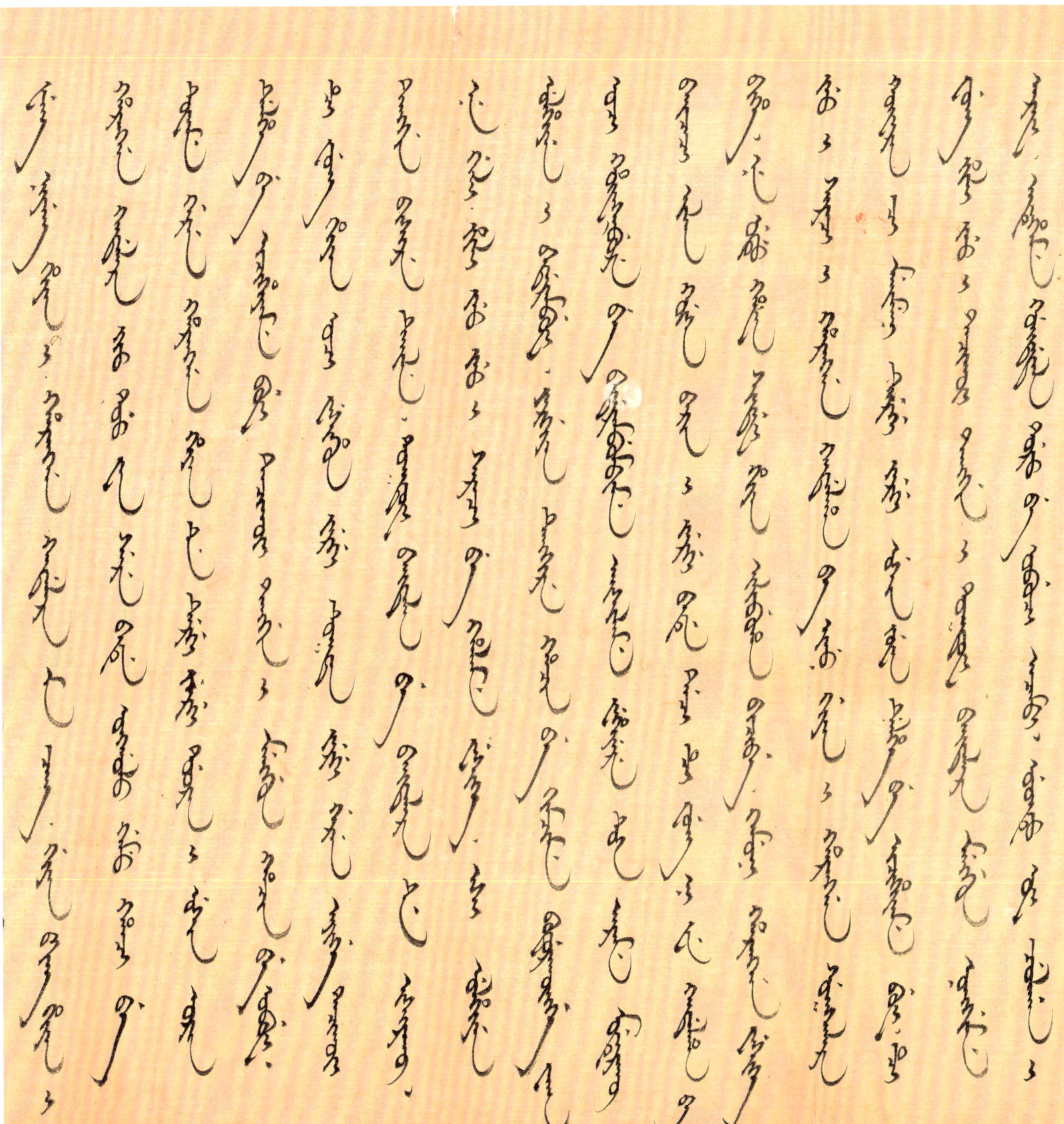

045 盟长阿鲁科尔沁札萨克贝勒为学堂开支捐耕地事札盟摄政协理原盟警备军札萨克郡王等文（光绪三十四年初秋三十日）

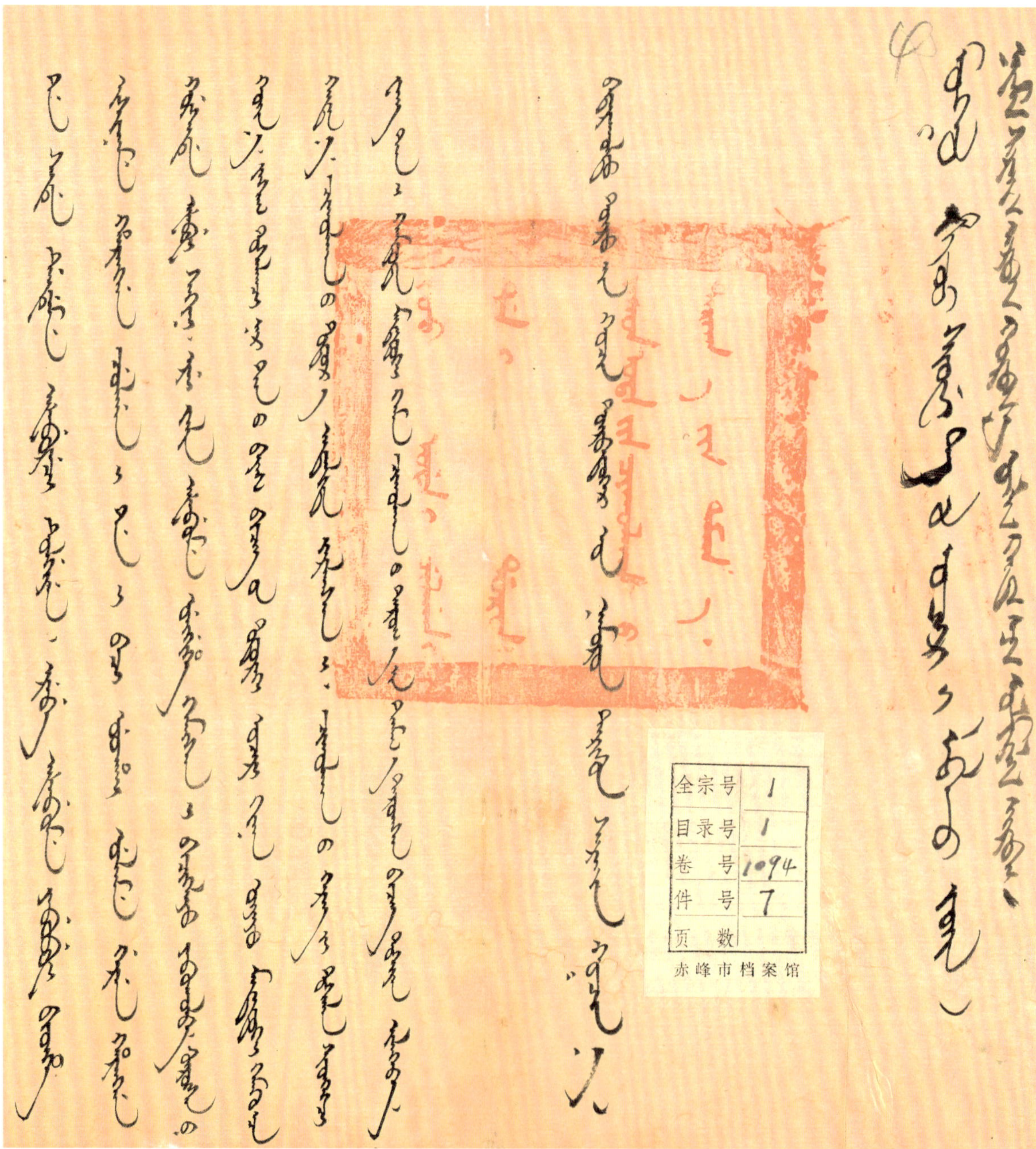

全宗号	1
目录号	1
卷　号	1094
件　号	7
页　数	

赤峰市档案馆

盟长阿鲁科尔沁札萨克贝勒为学堂开支捐耕地事札盟摄政协理原盟警备军札萨克郡王等文

盟长阿鲁科尔沁札萨克多罗郡王衔加八级军功加四级多罗贝勒文。札付盟摄政协理原盟警备军札萨克暨翁牛特札萨克和硕亲王衔加六级军功加六级多罗杜棱郡王赞巴勒诺尔布，协理二等台吉加二级军功加三级哈青阿、协理二等台吉朝格图格日乐：行札之事。

热河都统衙门札开：为交付事。查得，学堂做为培养人才之地，定要经费充裕方能立之以恒也。丰宁县所属马场、建平县所属九道湾等地先前皆于就近所属诸县拨上等未垦之田地二十顷为学堂开支之用也。赤峰县有高等初等众小学堂，经费不敷使用，今又升为直隶州知州，自此渐渐扩大，不核算确实款项，不能大力并兴办且扶持资助教育。案查，三旗巴林等地原本赤峰之旧管之地，现虽设官立县，仍是该升为知州之属地也，亦理应从所属开垦圈各自拨给上等耕地十顷，增作赤峰直隶州学堂之经费，应为永久之规则。故分交盟长们之外，将此交付行文，文到，该盟长处即刻转交知会所属诸旗。为此札付。等因前来本盟署。为此，抄录原文转送之。文到，札萨克、协理阅知文内，谨慎照办。仍通告盟摄政协理王爷处。

至此，致钤盟长印之文。

光绪三十四年初秋三十日

046 壮丁李成为追讨借款事呈摄政札萨克王文（光绪三十四年仲冬十三日）

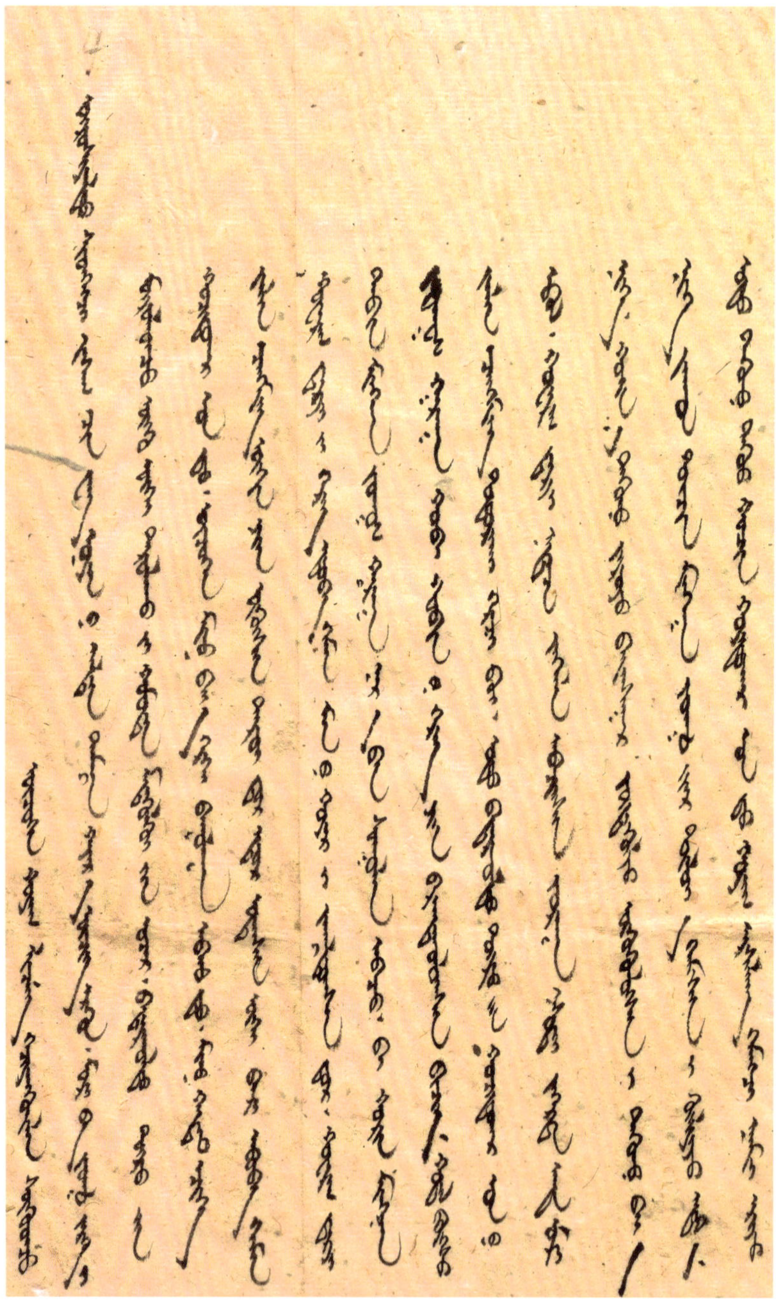

046 壮丁李成为追讨借款事呈摄政札萨克王文（光绪三十四年仲冬十三日）

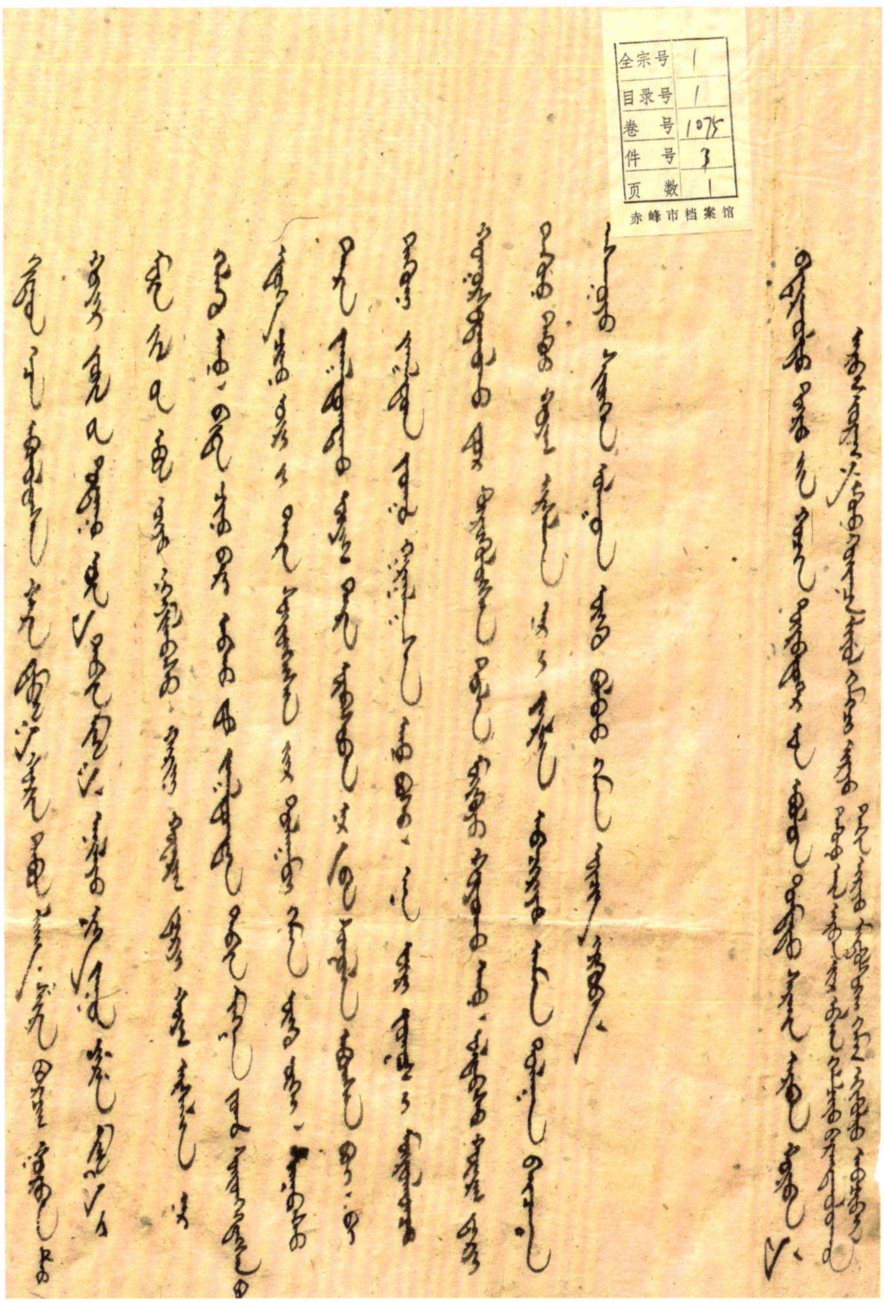

壮丁李成为追讨借款事呈摄政札萨克王文

壮丁鄙人李成跪地呈送摄政札萨克亲王大印处：拒还马匹及钱银而受气伸冤之事。

光绪三十年鄙人娶妻，岳父甲喇常明在以其闺女去世后不久再娶妻为由，上诉本人及媒人和尚达日吉。和尚达日吉出五十千文脱身之。本人拿二十千了事。此为事实，甲喇常明持有证据。如今光绪三十年冬天，和尚达日吉借本人六岁浅红马一匹，使用过狠，马被累死也。为此达日吉约定赔一百四十千文。正等赔偿时，于三十二年，达日吉弟弟壮丁阿斯楞找本人，拿走本人从民人处购买之烟土二十五两、黄豆三斗，并各少付九十五千文，共一百九十千文。今年冬天去讨要此等钱款时，和尚达日吉、壮丁阿斯楞却回曰：尔等娶媳妇被告时吾等花五十千。如今就拿此等钱顶账也，从而拒绝还钱。细想，达尔吉被告时，花钱自己脱身而已，并非本人告其花钱也。眼看此钱追讨无望，祈求青天札萨克传唤和尚达日吉、壮丁阿斯楞，对质审理还吾血汗钱为盼。

光绪三十四年仲冬十三日

047 甲喇马哈希迪为耕地被抢种事呈摄政札萨克王文（光绪三十四年十一月十六日）

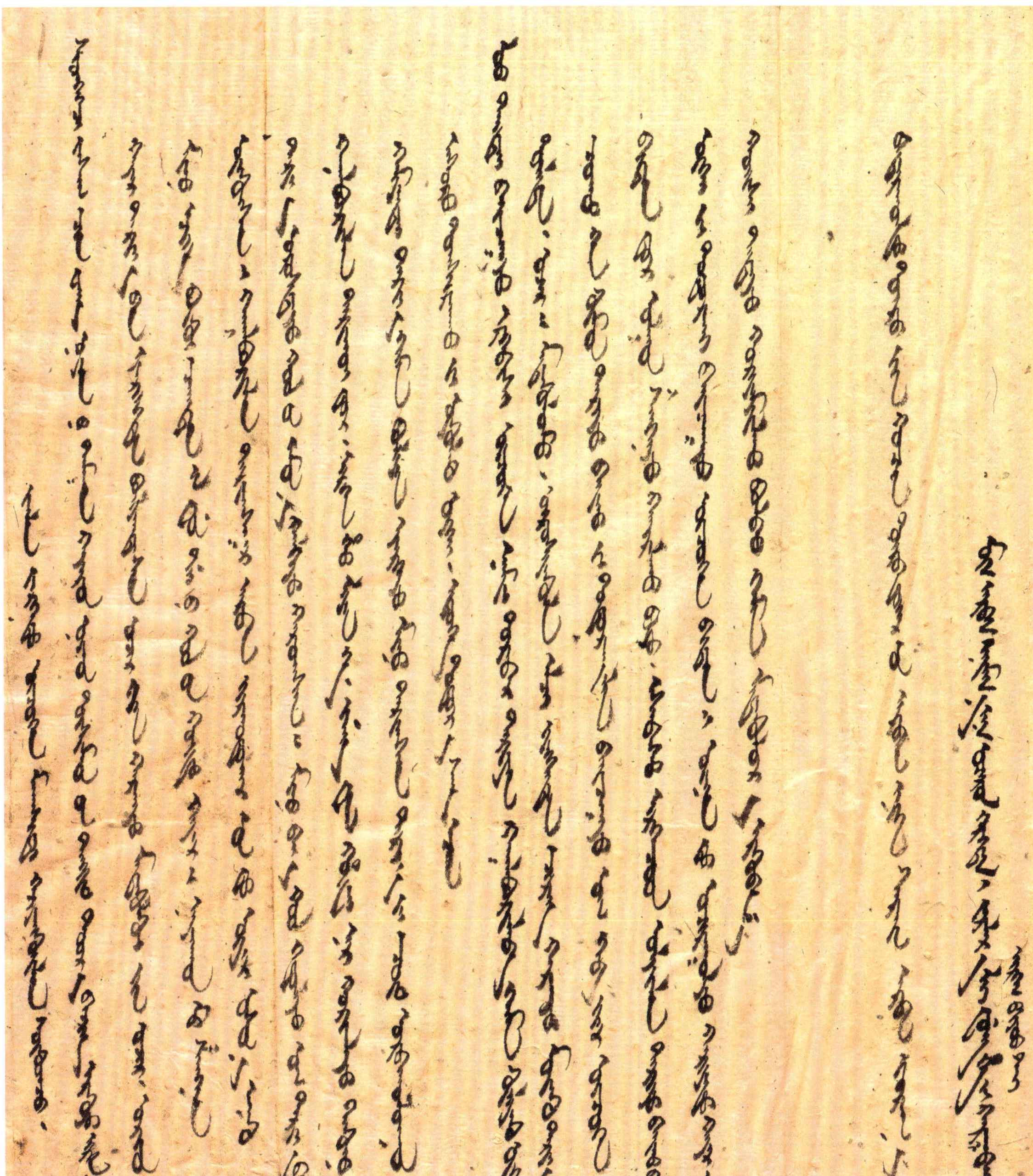

甲喇马哈希迪为耕地被抢种事呈摄政札萨克王文

甲喇鄙人马哈希迪跪地呈送摄政札萨克亲王大印处：伸冤被民人霸占抢走耕地之事。

先前，家父在世，经营二分地河道北畔八十余亩赏赐田多年。十六年因洪水河床改道，吾耕地变成河道南侧。本人过河耕种原耕地时，民人侯连阁、郑文怀等阻止耕地，曰已归其有，蛮横无理，横加霸占，翻垦本人所种田地。不仅如此，如今老太太检查时又反咬鄙人擅自开垦。为此，特意禀报冤屈。祈求王爷派官差查明此块田地之主人，还我原地，或查明是否民人霸占抢种，还一个公道，或将此块耕地收回充公为盼。

至此。

光绪三十四年十一月十六日

048 盟长阿鲁科尔沁札萨克贝勒为承接皇帝驾崩计诏事札盟摄政协理原盟警备军札萨克郡王等文（光绪三十四年未冬十九日）

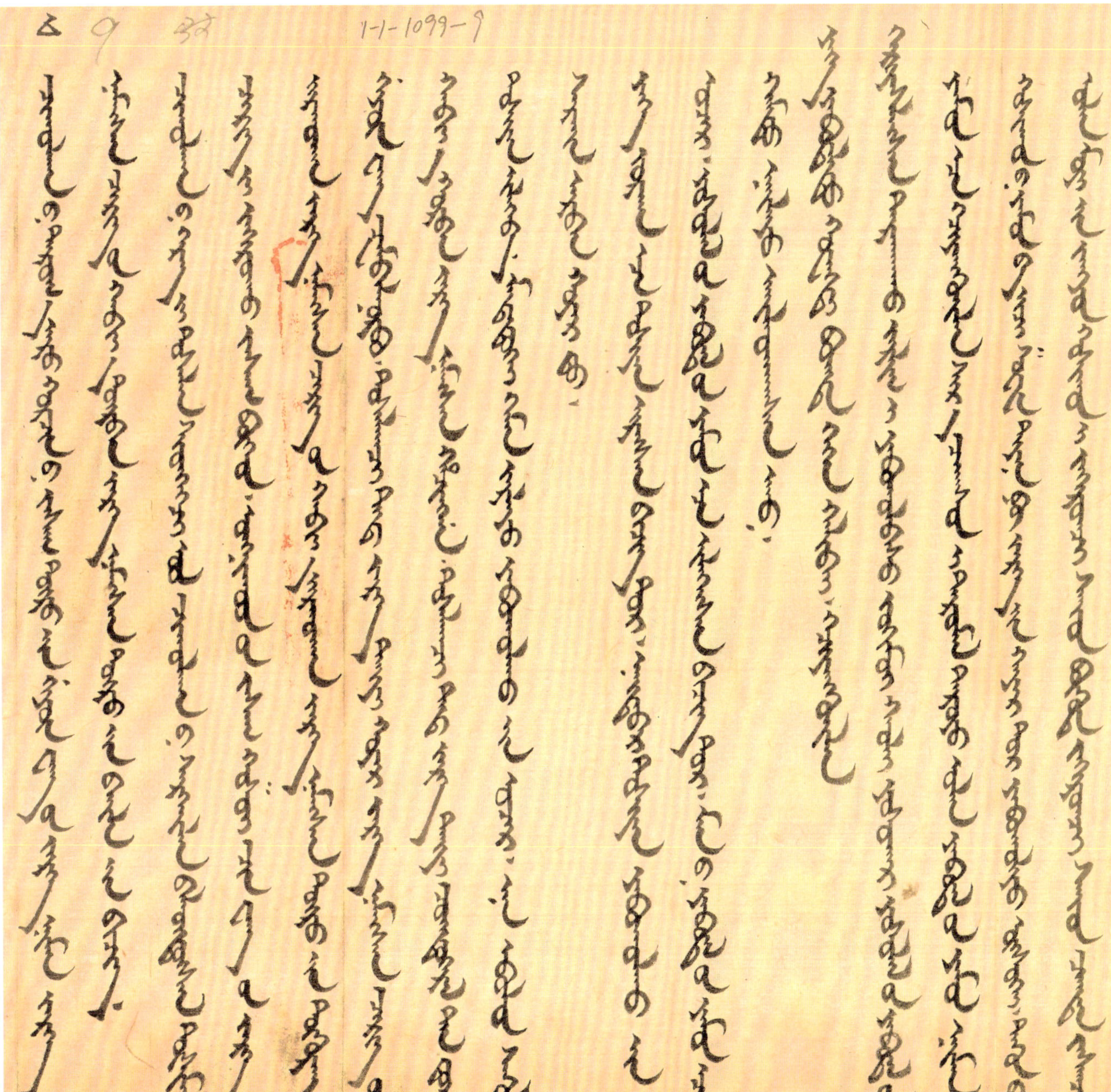

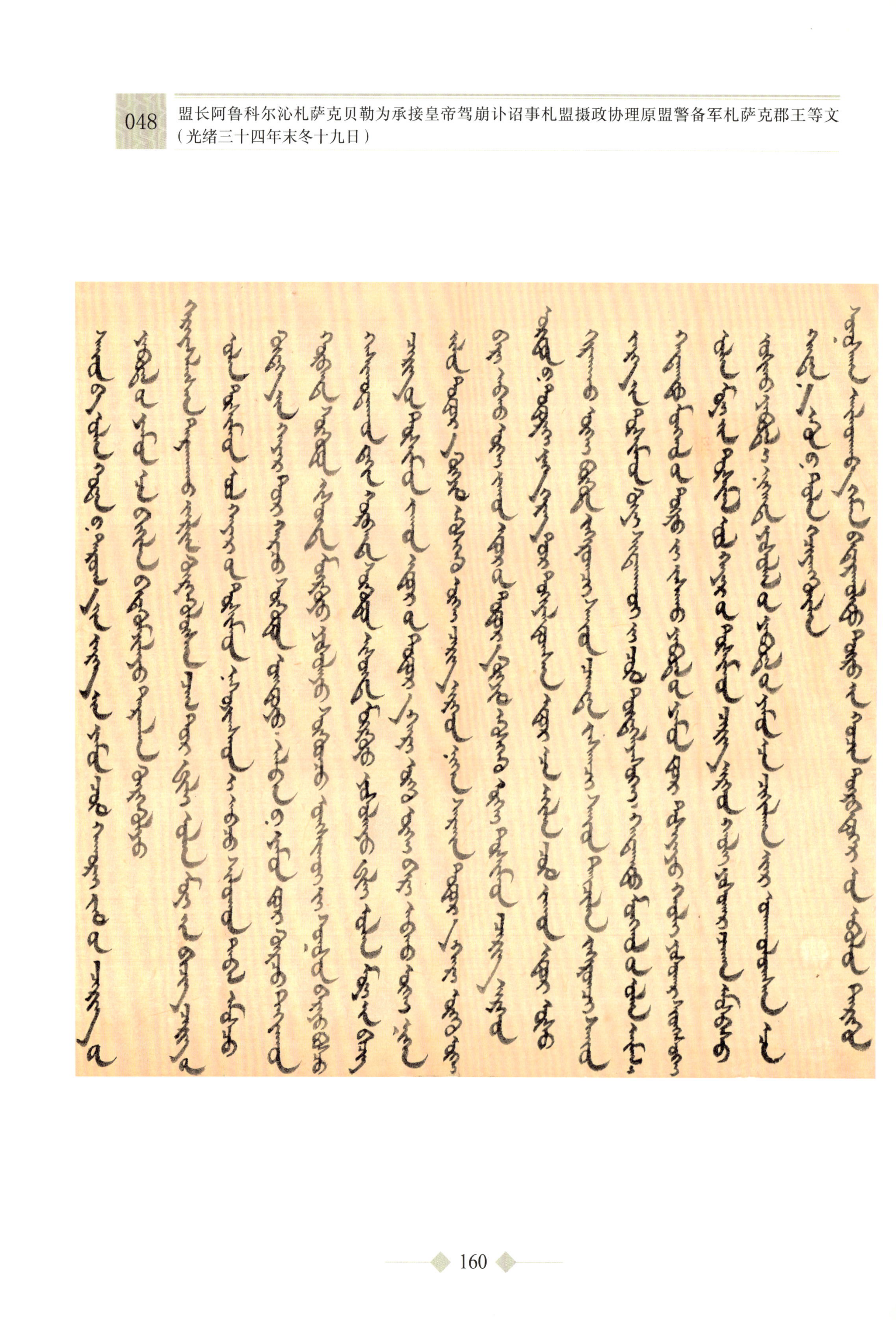

048 盟长阿鲁科尔沁札萨克贝勒为承接皇帝驾崩讣诏事札盟摄政协理原盟警备军札萨克郡王等文（光绪三十四年末冬十九日）

[illegible]

盟长阿鲁科尔沁札萨克贝勒为承接皇帝驾崩讣诏事札盟摄政协理原盟警备军札萨克郡王等文（光绪三十四年末冬十九日）

盟长阿鲁科尔沁札萨克贝勒为承接皇帝驾崩讣诏事札盟摄政协理原盟警备军札萨克郡王等文

盟长阿鲁科尔沁札萨克多罗郡王衔加八级军功加四级多罗贝勒文。札付盟摄政协理原盟警备军札萨克暨翁牛特札萨克和硕亲王衔加六级军功加六级多罗杜棱郡王赞巴勒诺尔布，协理二等台吉加二级军功加三级哈青阿、协理二等台吉朝格图格日乐：行札之事。

本年末冬十二日大部承转礼部札开：圣主皇帝驾崩。据大典，礼部谨遵皇帝遗旨草拟黄纸告文通告各部、八旗衙门及顺天府等地。诸省将军、旗总管、都督、巡察大臣及乌兰哈达城各级衙门等地由兵部护送讣诏。讣诏到，直隶诸省文武百臣、当地官员携年迈之长者，着素服，出城跪地接迎，至公署再行三跪九叩大礼。跪地听完讣诏，起身默哀后再行三跪九叩大礼。直隶诸省文武百臣百日之内不办嫁娶之事，年内不启乐。兵丁百姓月内不办嫁娶之事，百日不启乐。官员、兵丁、百姓自宫内大事起百日内不修发。都督、巡察大臣、总管不上庙烧香。外藩蒙古诸盟会，由理藩院治理。诸省官臣、当地官员、兵丁、百姓依法着白色服。此事已由礼部电告各地。追悼之事，于光绪三十四年初冬二十七日上奏。当日回旨曰：已晓。为此通告昭乌达盟长转告所属各旗遵旨照办。等因前来本盟署。兹有，本盟署抄录原文转送之。文到，诸札萨克、协理阅知文内，谨慎照办。仍通告盟协理王爷。

至此，致钤盟长印之文。

光绪三十四年末冬十九日

049 盟长阿鲁科尔沁札萨克贝勒为皇帝改年号事札盟摄政协理原盟警备军札萨克郡王等文（光绪三十四年末冬十九日）

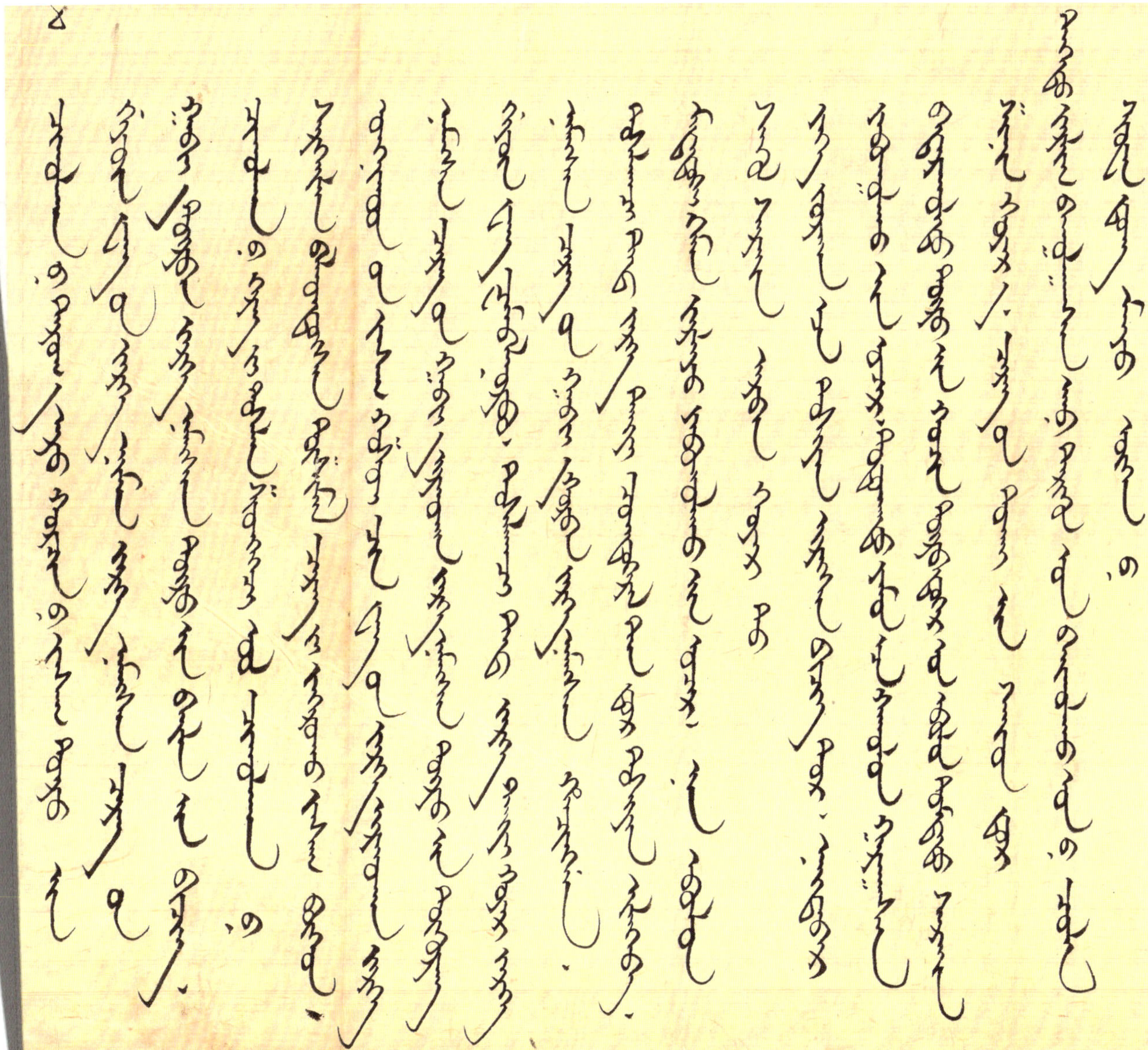

049 盟长阿鲁科尔沁札萨克贝勒为皇帝改年号事札盟摄政协理原盟警备军札萨克郡王等文（光绪三十四年末冬十九日）

盟长阿鲁科尔沁札萨克贝勒为皇帝改年号事札盟摄政协理原盟警备军札萨克郡王等文

盟长阿鲁科尔沁札萨克多罗郡王衔加八级军功加四级多罗贝勒文。札付盟摄政协理原盟警备军札萨克暨翁牛特札萨克和硕亲王衔加六级军功加六级多罗杜棱郡王赞巴勒诺尔布，协理二等台吉加二级军功加三级哈青阿、协理二等台吉朝格图格日乐：行札之事。

本年末冬十二日大部札开：一体遵照之事。内务府抄录光绪三十四年仲冬初二日诏书下旨军务大臣，皇帝元年年号“宣政”改为“宣统”。为此将抄本传送各自属地遵旨照办。等因前来本盟署。兹有，盟署抄录原文转送之。文到，诸札萨克、协理阅知文内，谨慎照办。也通告盟摄政王爷。

至此，致钤盟长印之文。

光绪三十四年末冬十九日

050 盟长阿鲁科尔沁札萨克贝勒为年班进京事札盟摄政协理原盟警备军札萨克郡王等文（光绪三十四年末冬十九日）

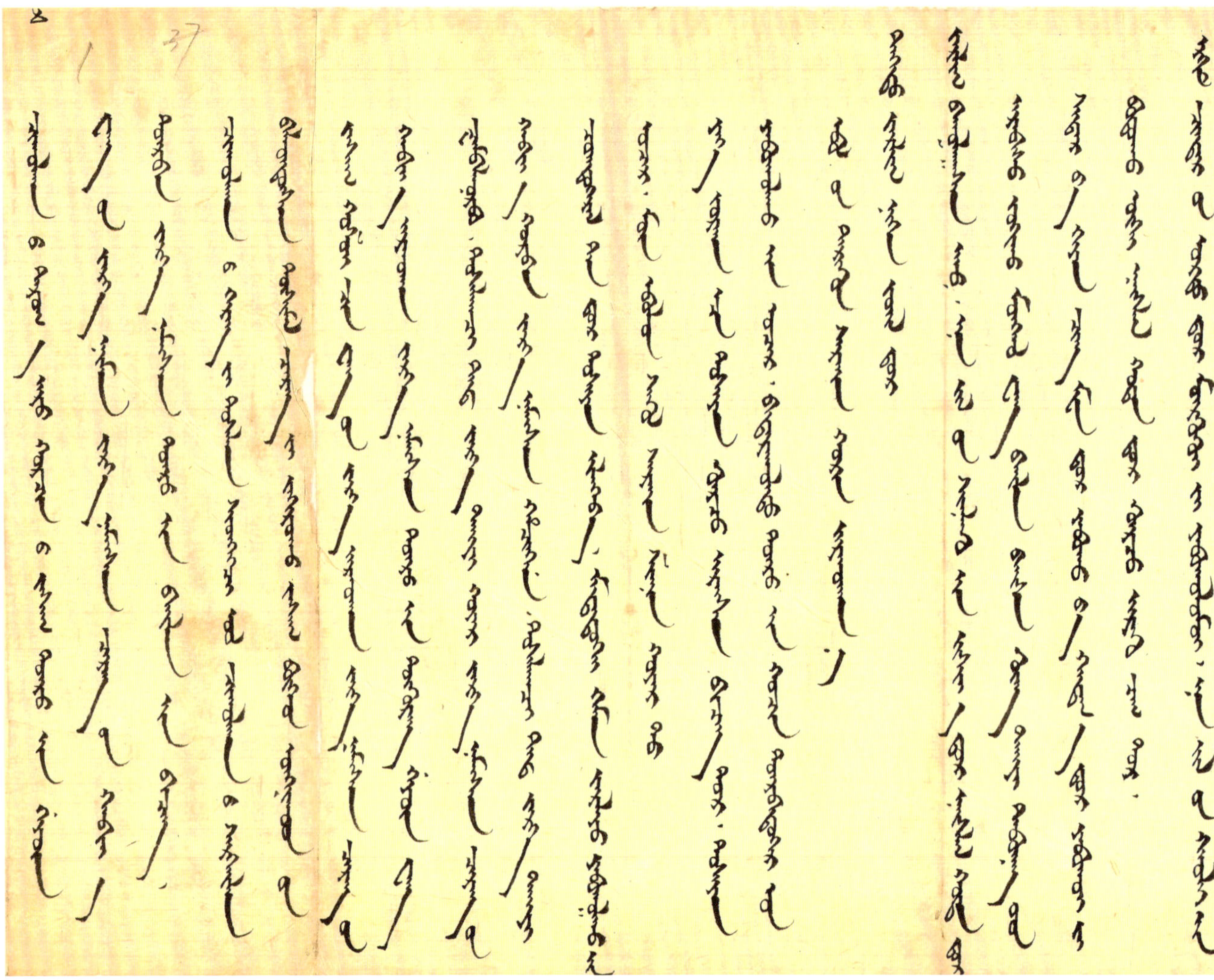

050 盟长阿鲁科尔沁札萨克贝勒为年班进京事札盟摄政协理原盟警备军札萨克郡王等文（光绪三十四年末冬十九日）

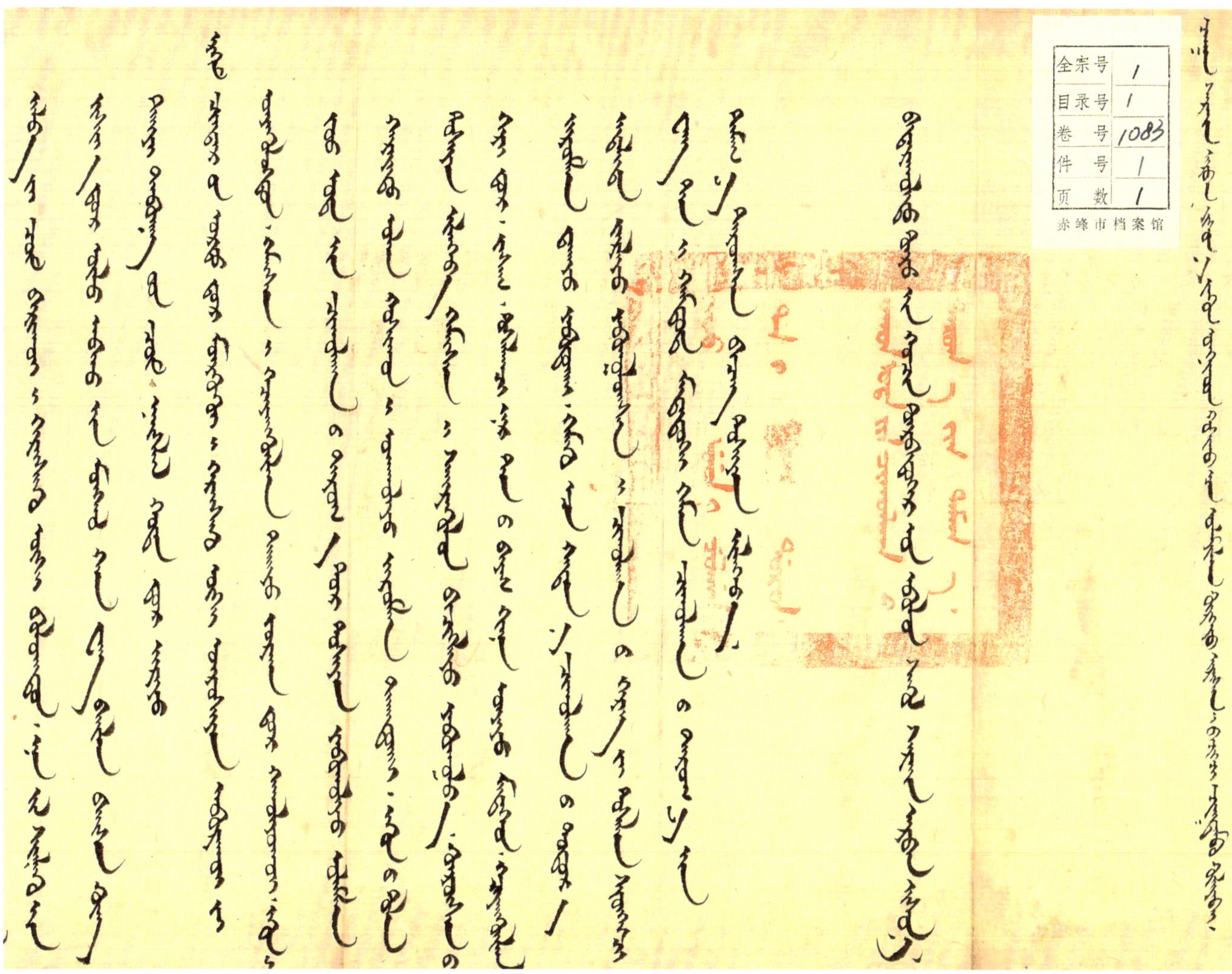

盟长阿鲁科尔沁札萨克贝勒为年班进京事札盟摄政协理原盟警备军札萨克郡王等文

盟长阿鲁科尔沁札萨克多罗郡王衔加八级军功加四级多罗贝勒文。札付盟摄政协理原盟警备军札萨克暨翁牛特札萨克和硕亲王衔加六级军功加六级多罗杜棱郡王赞巴勒诺尔布，协理二等台吉加二级军功加三级哈青阿、协理二等台吉朝格图格日乐：行札之事。

今年末冬初二日大部札开：光绪三十四年初冬二十六日圣旨曰，本年年班进京之蒙古王、贝勒、贝子、公、台吉、塔布囊等，无论御前行走、乾清门行走还是外围行走，进京时均叩谢梓宫。本年例贡，均停。本年非年班之蒙古王、贝勒、贝子、公、台吉、塔布囊，免进京叩拜灵堂，以示体恤。为此通告昭乌达盟长转告所属各旗遵旨照办。等因前来本盟署。兹有，盟署抄录原文转送之。文到，诸札萨克、协理阅知文内，谨慎照办。也通告盟摄政王爷。

至此，致钤盟长印之文。

光绪三十四年末冬十九日

051 盟长阿鲁科尔沁札萨克贝勒为热河都统衙门行文事札盟摄政协理原盟警备军札萨克郡王等文（光绪三十四年末冬十九日）

051 盟长阿鲁科尔沁札萨克贝勒为热河都统衙门行文事札盟摄政协理原盟警备军札萨克郡王等文（光绪三十四年末冬十九日）

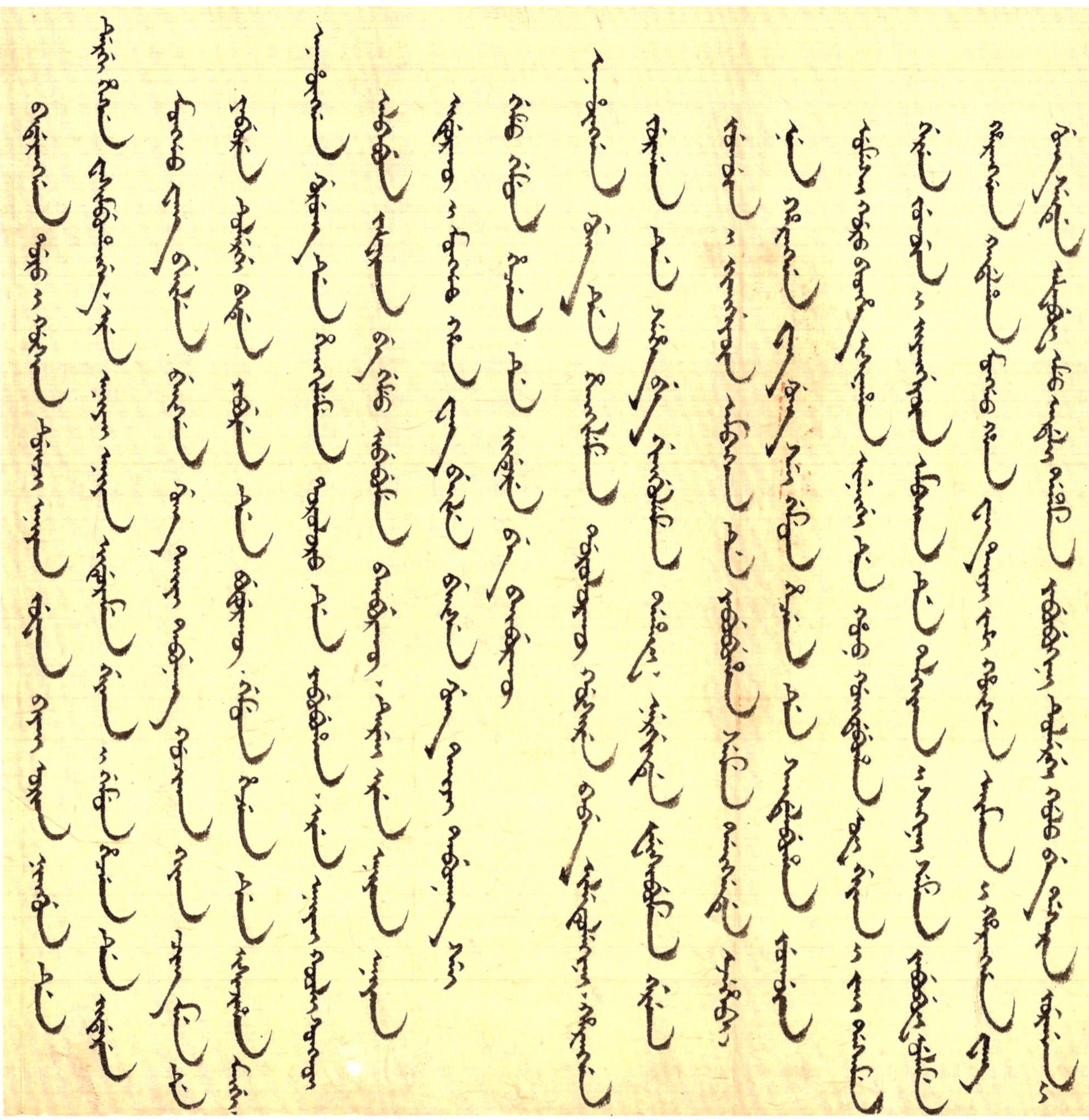

051 盟长阿鲁科尔沁札萨克贝勒为热河都统衙门行文事札盟摄政协理原盟警备军札萨克郡王等文（光绪三十四年末冬十九日）

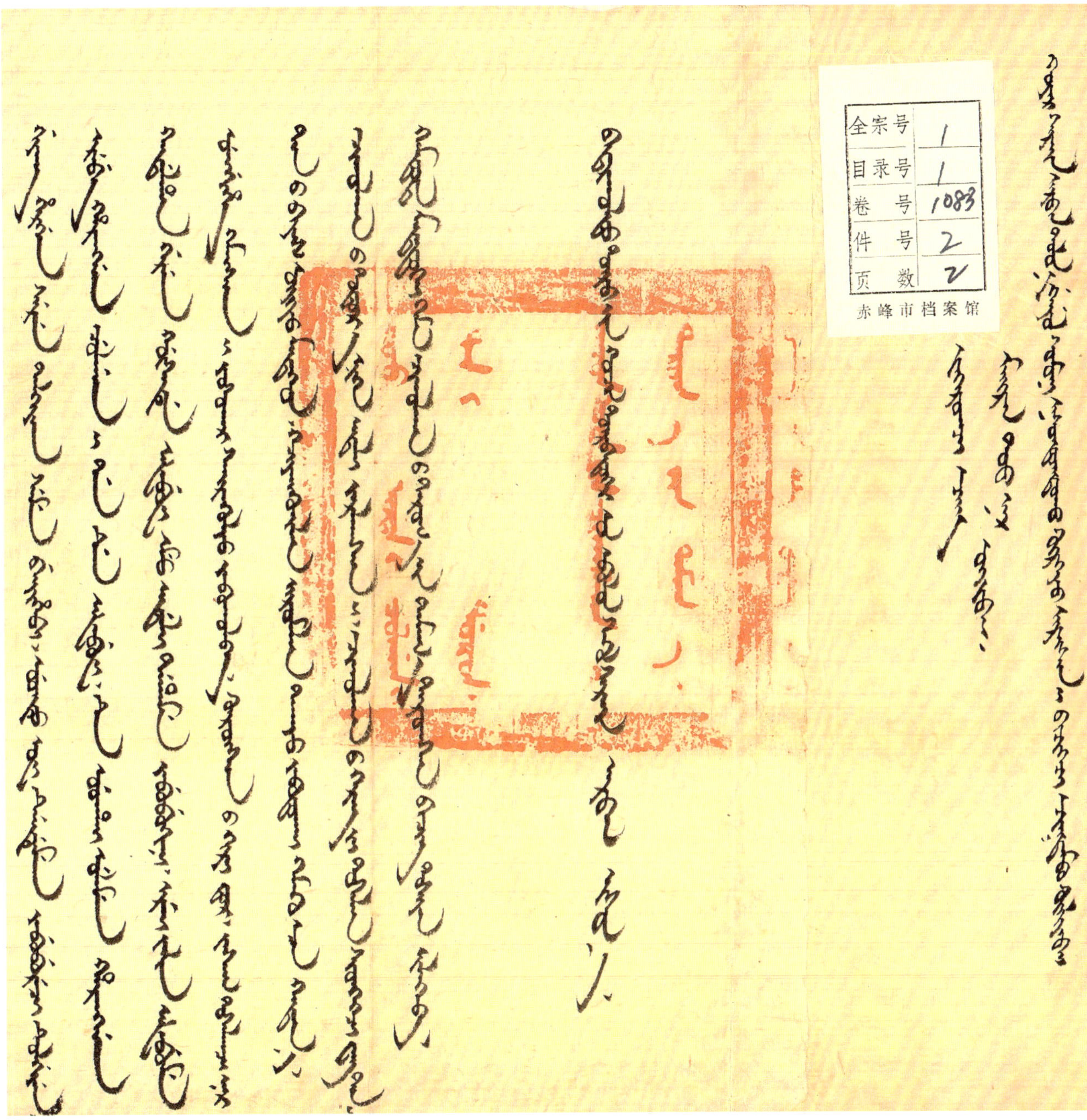

盟长阿鲁科尔沁札萨克贝勒为热河都统衙门行文事札盟摄政协理原盟警备军札萨克郡王等文

盟长阿鲁科尔沁札萨克多罗郡王衔加八级军功加四级多罗贝勒文。札付盟摄政协理原盟警备军札萨克暨翁牛特札萨克和硕亲王衔加六级军功加六级多罗杜棱郡王赞巴勒诺尔布，协理二等台吉加二级军功加三级哈青阿、协理二等台吉朝格图格日乐：行札之事。

本年末冬十二日热河都统衙门札开：札付之事。光绪三十四年十月二十三日理藩院呈称：刑部称，刑部派遣之巡视大臣王吕康奏曰，取消被关夫人之公诉罪责。等语。于光绪三十四年十月二十三日上奏吾皇。回旨曰：照办。故遵行谕旨，抄原奏本送至衙门。抄录谕旨送至各路将军众官遵行。兹有，札付所属诸盟长承转所属诸旗遵行。为此札送。等因前来本盟署。兹有，本盟署抄录原文札付也。文到，诸札萨克、协理阅知文内，谨慎照办。仍通告盟摄政协理王爷处。

至此，致钤盟长印之文。

光绪三十四年末冬十九日

052 盟长阿鲁科尔沁札萨克贝勒为梅尔口驿站章京被挟持事札盟摄政协理原盟警备军札萨克郡王等文（宣统元年仲春十日）

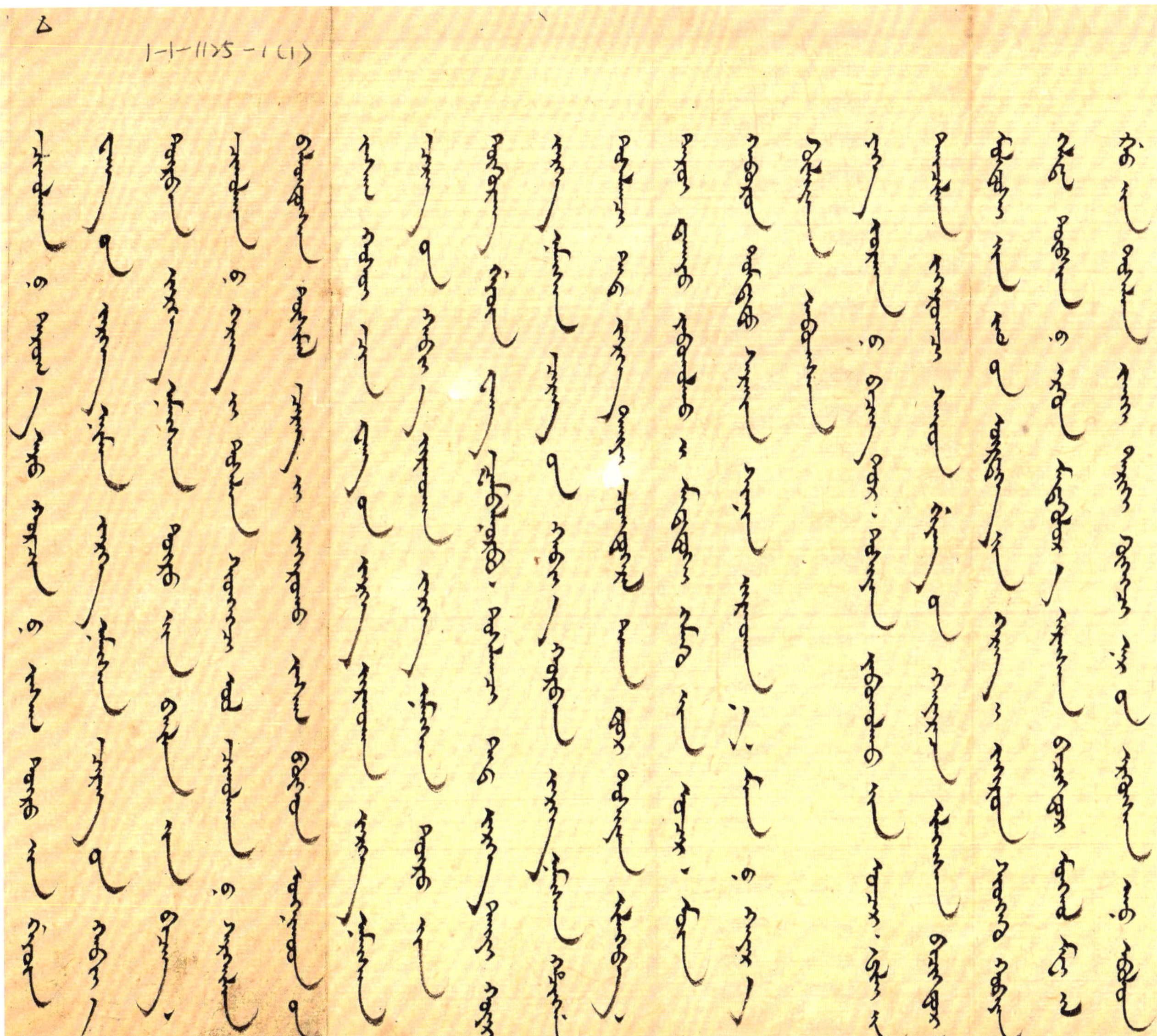

052 盟长阿鲁科尔沁札萨克贝勒为梅尔口驿站章京被挟持事札盟摄政协理原盟警备军札萨克郡王等文（宣统元年仲春十日）

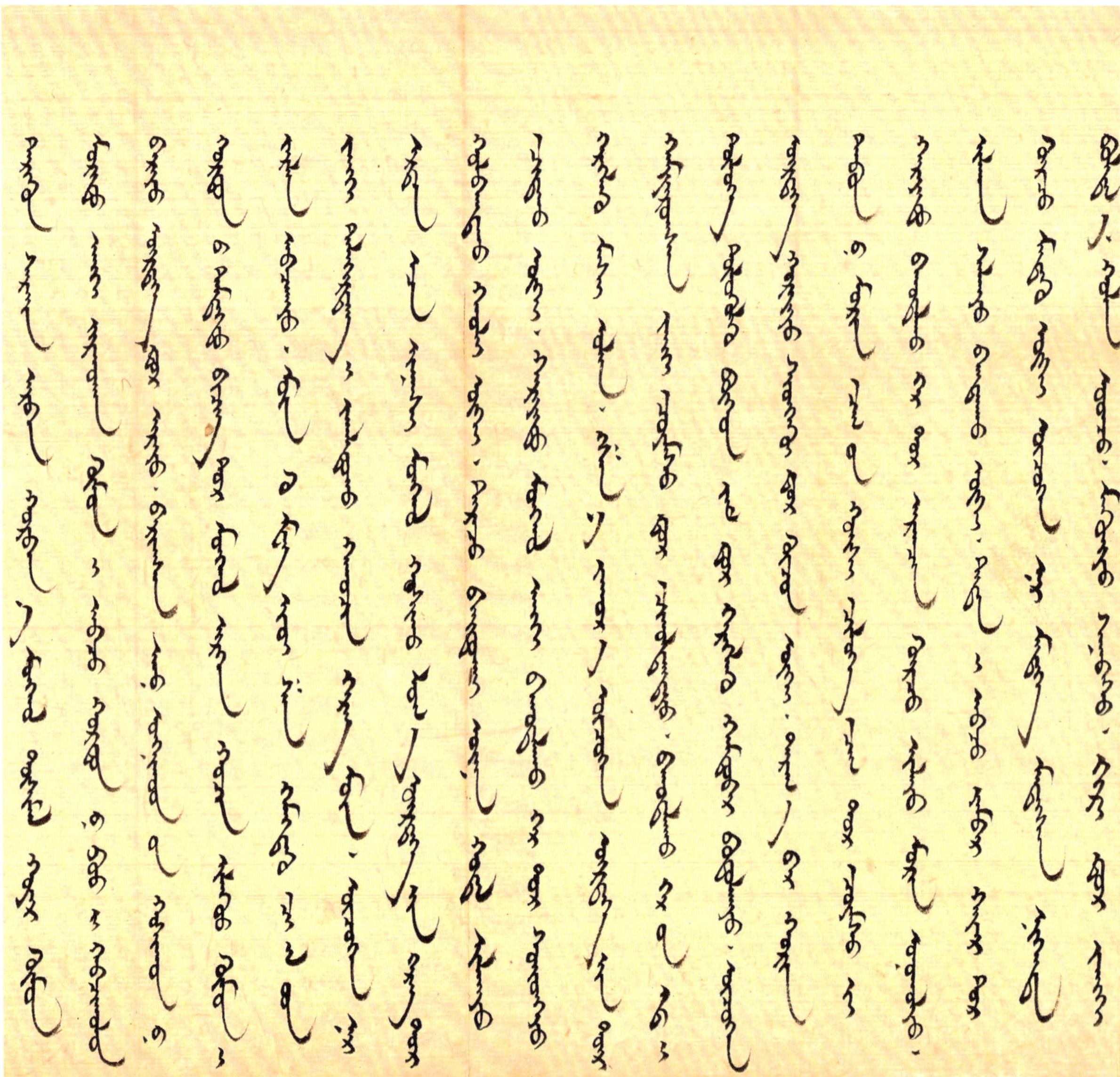

052 盟长阿鲁科尔沁札萨克贝勒为梅尔口驿站章京被挟持事札盟摄政协理原盟警备军札萨克郡王等文（宣统元年仲春十日）

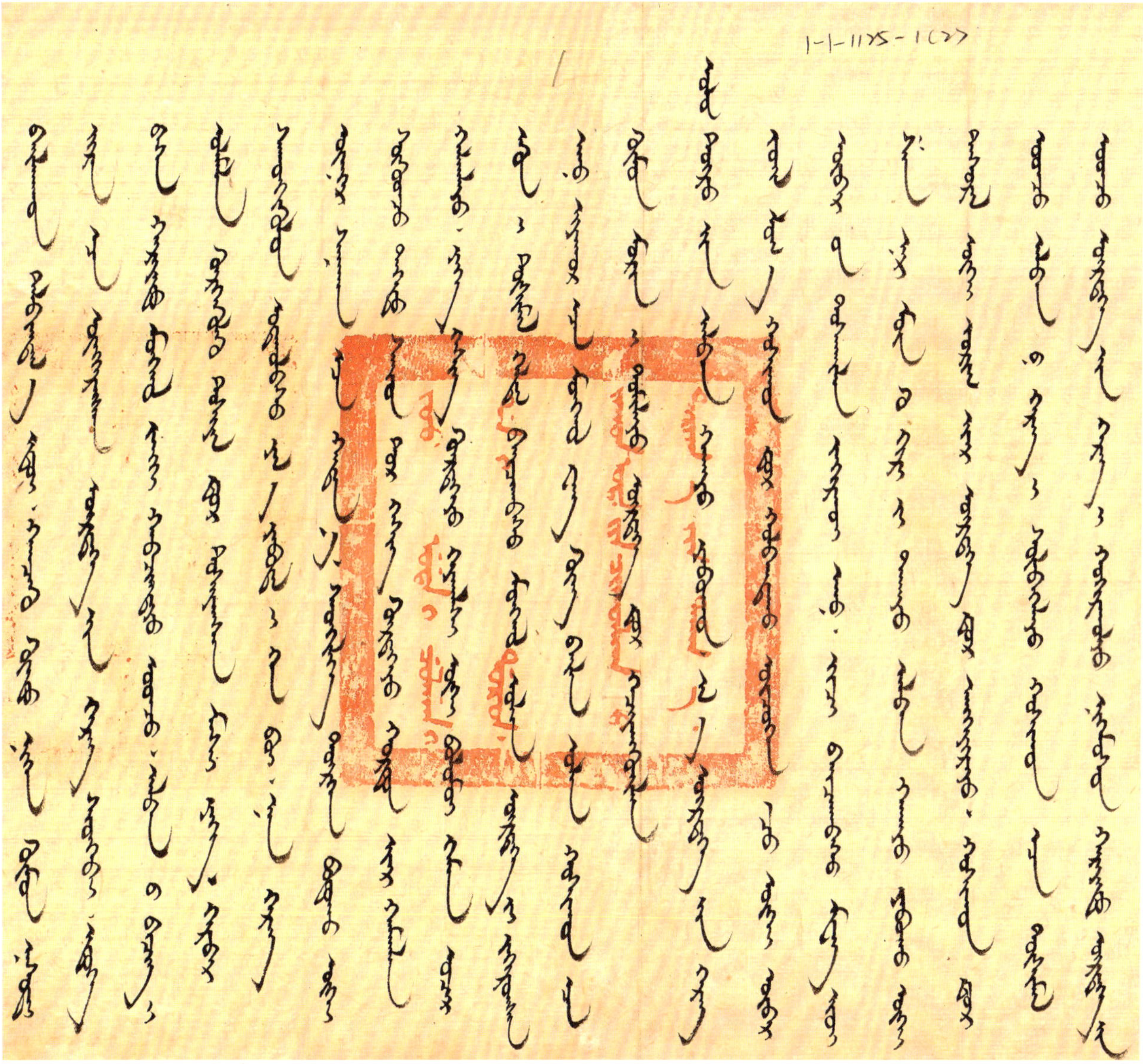

052 盟长阿鲁科尔沁札萨克贝勒为梅尔口驿站章京被挟持事札盟摄政协理原盟警备军札萨克郡王等文（宣统元年仲春十日）

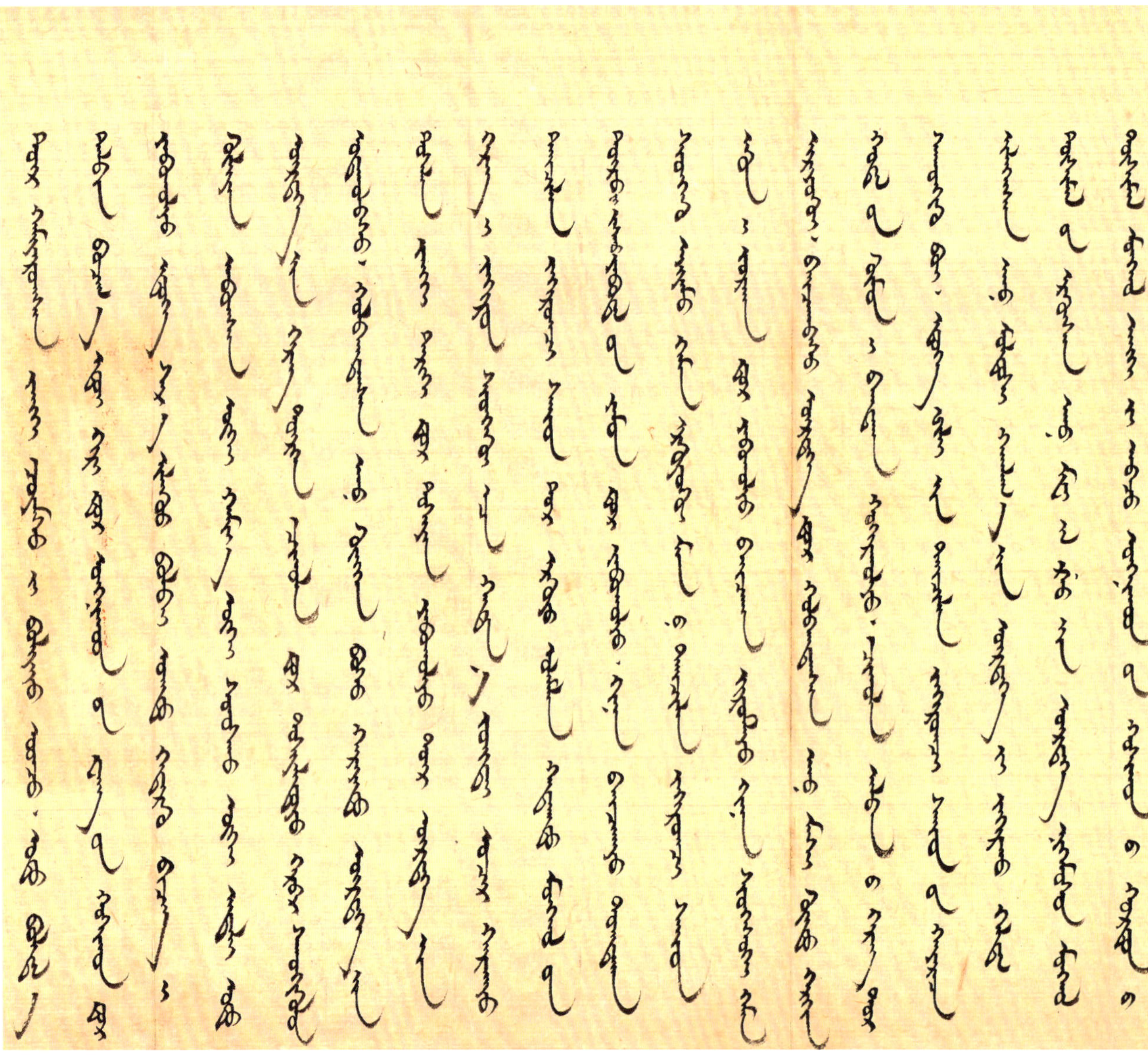

052 盟长阿鲁科尔沁札萨克贝勒为梅尔口驿站章京被挟持事札盟摄政协理原盟警备军札萨克郡王等文（宣统元年仲春十日）

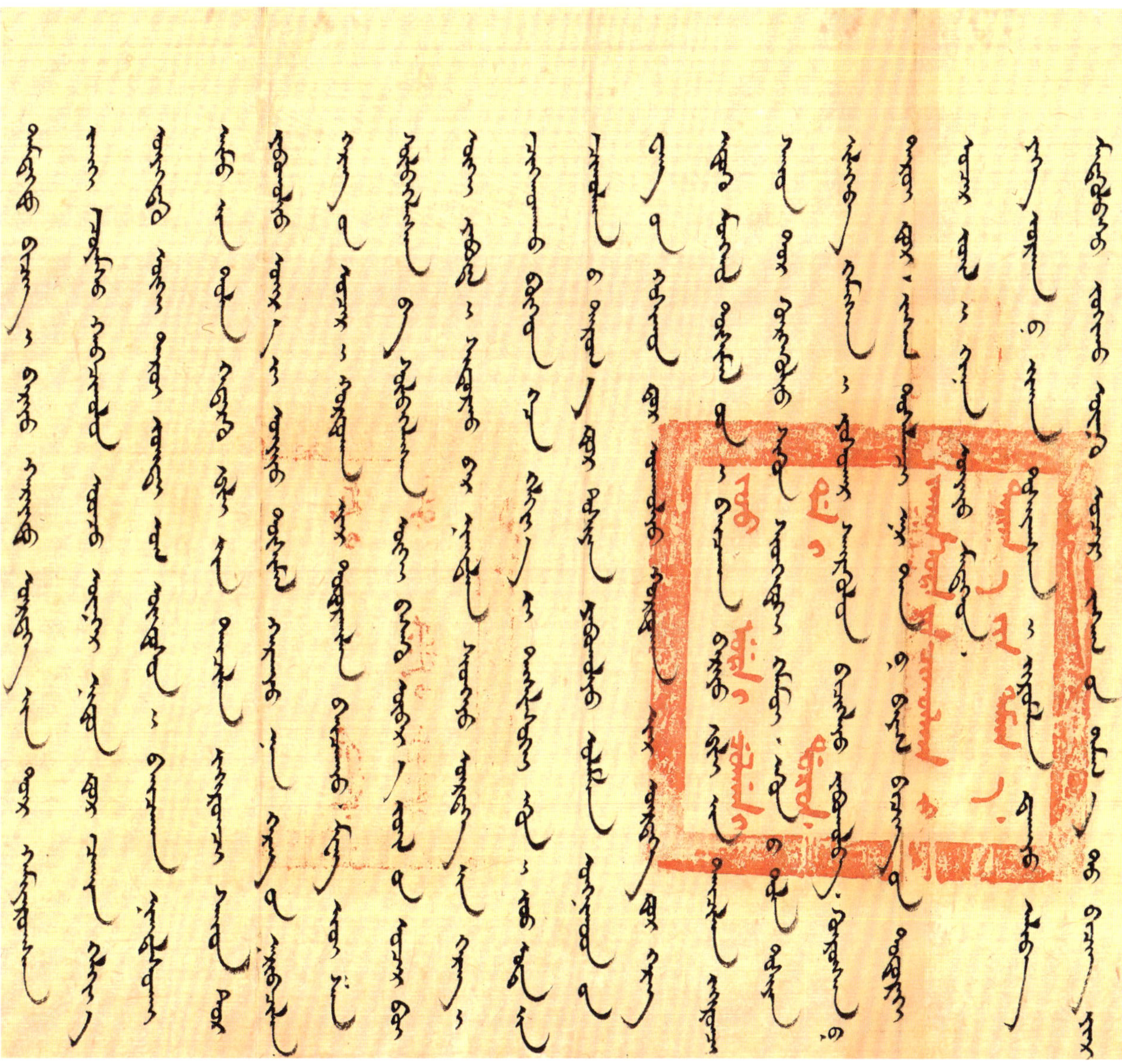

盟长阿鲁科尔沁札萨克贝勒为梅尔口驿站章京被挟持事札盟摄政协理原盟警备军札萨克郡王等文（宣统元年仲春十日）

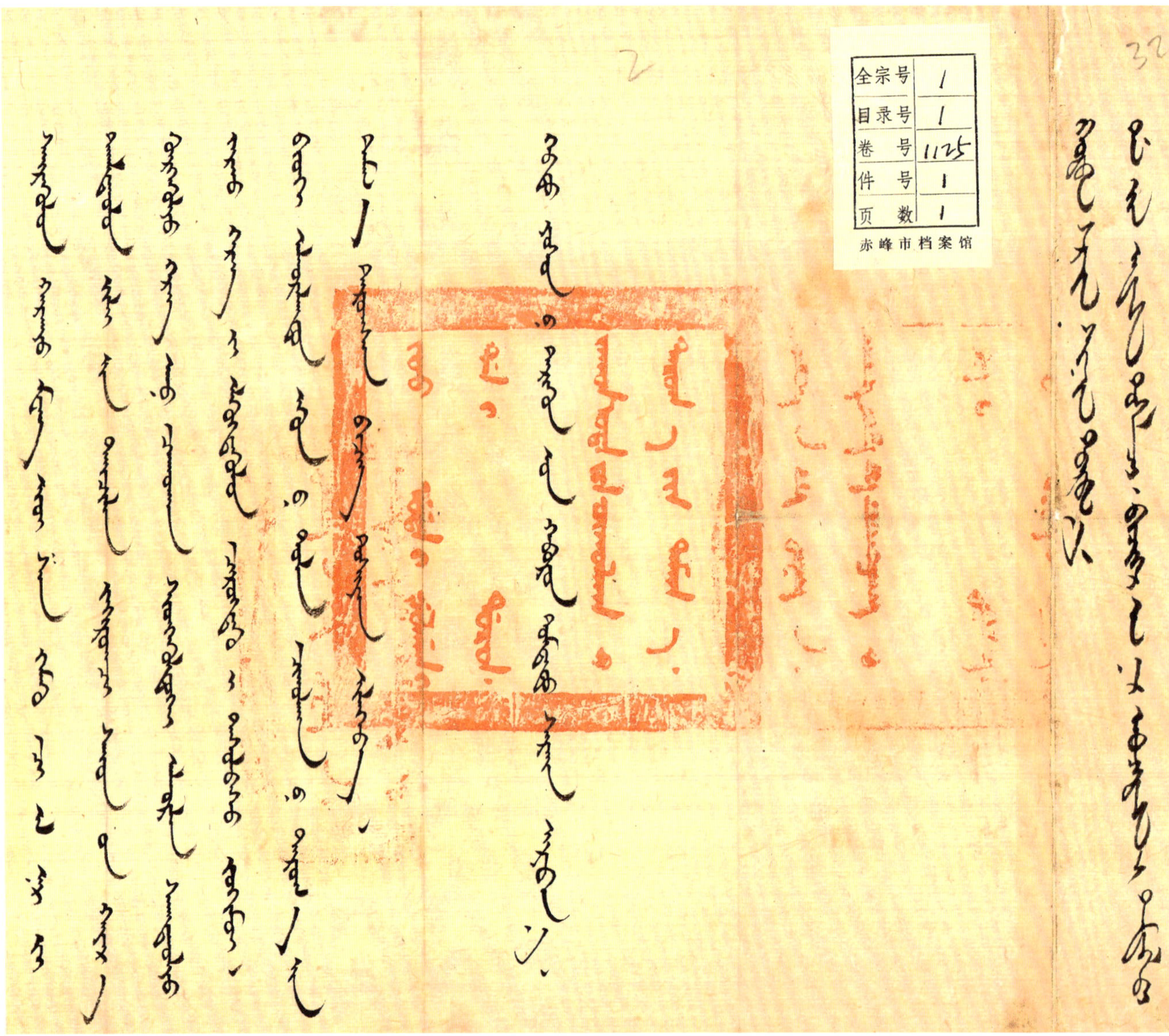

盟长阿鲁科尔沁札萨克贝勒为梅尔口驿站章京被挟持事札盟摄政协理原盟警备军札萨克郡王等文

盟长阿鲁科尔沁札萨克多罗郡王衔加八级军功加四级多罗贝勒文。札付盟摄政协理原盟警备军札萨克暨翁牛特札萨克和硕亲王衔加六级军功加六级多罗杜棱郡王赞巴勒诺尔布，协理二等台吉加二级加军功三级哈青阿、协理二等台吉朝格图格日乐的文：行札之事。

今年仲春初六日承接之理藩院札开：直隶总督印务处咨送，古北口驿站分管图布新呈称，蒙古梅尔口驿站协办章京达尔黑及骁骑校呈报，初冬十三日两名蒙古官员带六人骑马持枪闯进驿站报曰，翁牛特旗飞札传唤蒙、汉三十余人，均涉及孟玉山妻儿状告章京德力格尔之旧事。等语。卑职从古至今与蒙古旗驿站毫无瓜葛，而且此等人是否翁牛特旗人真假难辨。实则所属蒙古分队住宿驿站时损坏极大，还迫使小站暂管章京却扎木苏赔偿驿站物品，还将所用路费计入其中，小站无权受理也。尔后二十五日午后闲暇时，先将却扎木苏控制在所辖驿站房间里，之后带走，一帮人都骑马，看不清究竟谁带走也，亦不知去何处，何况鄙人闻讯时已走远。试想章京尚未被释放，只有六十多岁汉军骑校一人处理驿站事务，繁难也。今所辖章京被挟持，需传送之公文积压成堆，如耽搁时间误大事，罪责谁来负。此事出乎预料，不敢多想立刻向大臣叩首呈报，望得恩惠，尽快受到保护。等语前来。为此，驿站分管部核查此事得知，很多蒙古驿站统领，原先就由蒙古王、公、贝勒等从诸旗调派人马至驿站，对朝廷公务谨慎行事，各驿站事务从不与旗务有关联，各自管理自己事务。经核查，孟玉山等不按律当差办事，恣意妄为，离开驿站，涉足旗事务，导致旗官差至驿站损害驿站，甚至掳走所辖驿站管理章京却扎木苏至今未放。为此札付翁牛特王旗已有一个多月，皆无音信、置之度外也。现今，驿站遇到紧急之事，如再耽搁责任更大也。因此指派所辖驿站协理章京达尔黑，临时接管驿站之外，报送总督大臣，传至理藩院进一步核查处理。因此专呈。等语。兹有，本总督大臣将此事咨送理藩院核查处理。等因前来本大部。经本大部查，涉及驿站事情很严重，怎能包庇瑕疵之人，耽误朝廷要务。今直隶总督署传来古北口驿站分管部官员报曰，梅尔口驿站完全由蒙古官员蒙古分队控制，还带翁牛特旗加急信件挟持所属驿站章京却扎木苏，目无王法也，理应细查根源。因此咨复直隶总督，近期本部派大臣仔细清查此事，确定孟玉山是否勾结挑事，还是另有隐情，如实彻查处理，从而加强驿站事务管理，整顿朝纲。并将此事交付昭乌达盟长传信给翁牛特王旗，命尽快清查，并抓捕涉案驿站之蒙古官差，押送至直隶总督署审讯治罪。等札前来本盟署。为此，盟署抄录原文转送之。文到，札萨克、协理阅知文内遵大部札饬，将呈报之具体内容修成札萨克文，同时将孟玉山及妻儿等人押送至直隶总督署澄清事实，公正断案，不可拖延。

至此，致钤盟长印之文。

宣统元年仲春十日

053 多伦庙札萨克印务处司库喇嘛为驻善因寺、汇宗寺和尚费用事咨翁牛特札萨克旗协理文（宣统元年二月二十八日）

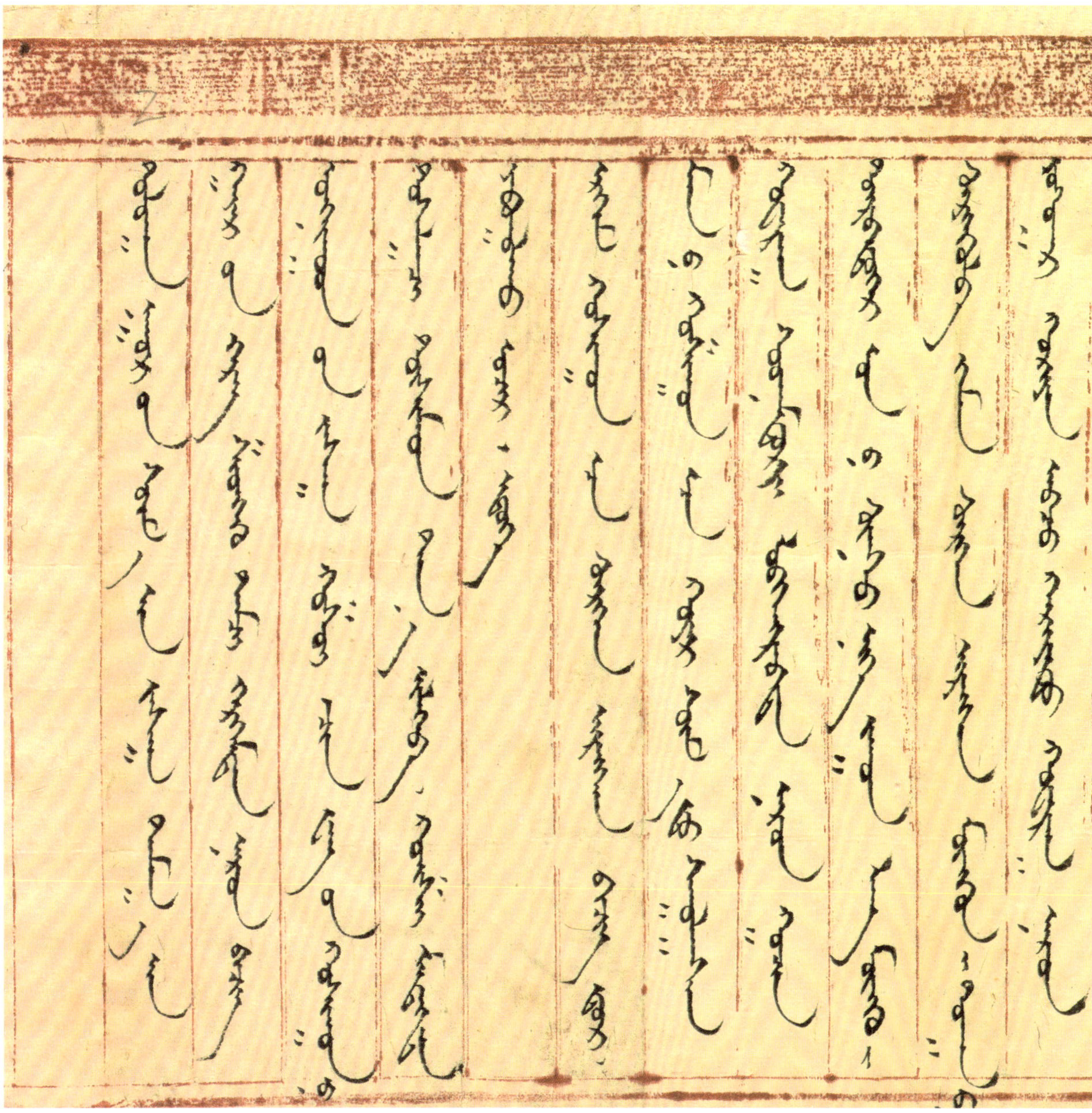

053 多伦庙札萨克印务处司库喇嘛为驻善因寺、汇宗寺和尚费用事咨翁牛特札萨克旗协理文（宣统元年二月二十八日）

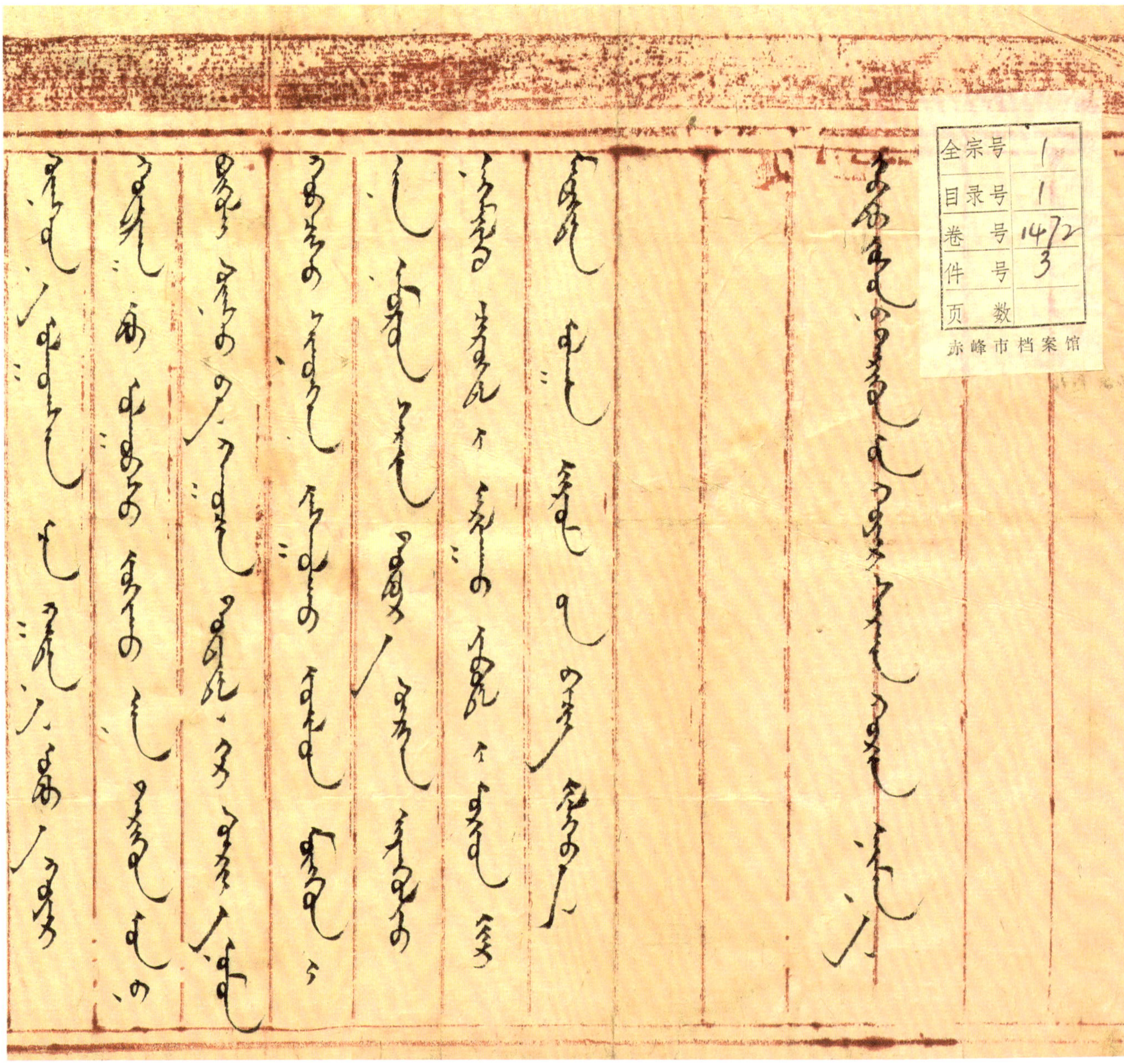

多伦庙札萨克印务处司库喇嘛为驻善因寺、汇宗寺和尚费用事咨翁牛特札萨克旗协理文

多伦庙札萨克印务处摄政司库喇嘛文。咨翁牛特札萨克和硕亲王旗协理：咨复之事。

如今贵旗咨送：本旗驻两寺庙和尚苏德那木道尔吉、罗布桑拉布坦之三十四年口粮费一百两已送至。等因前来。兹有，如数查收送来银两，并发至所属和尚。另，本年秋季内及时配送宣统元年两名和尚之口粮费、修缮费、换服费，以免双方公务纠纷为盼。

至此，致红格文之。

宣统元年二月二十八日

054 盟长阿鲁科尔沁札萨克贝勒为宣宗皇帝驾崩忌日事札盟摄政协理原盟警备军札萨克郡王等文（宣统元年仲春三十日）

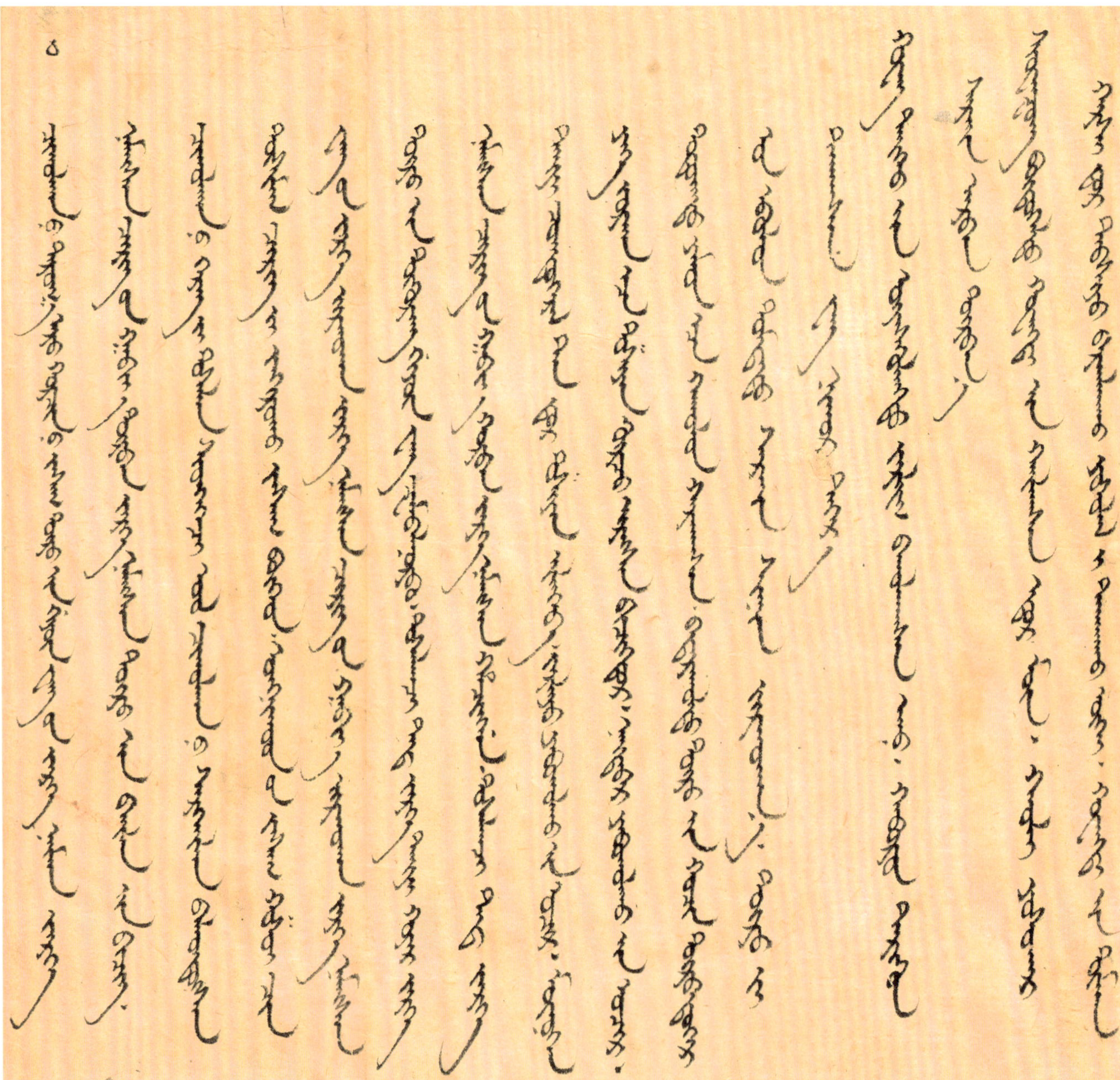

054 盟长阿鲁科尔沁札萨克贝勒为宣宗皇帝驾崩忌日事札盟摄政协理原盟警备军札萨克郡王等文（宣统元年仲春三十日）

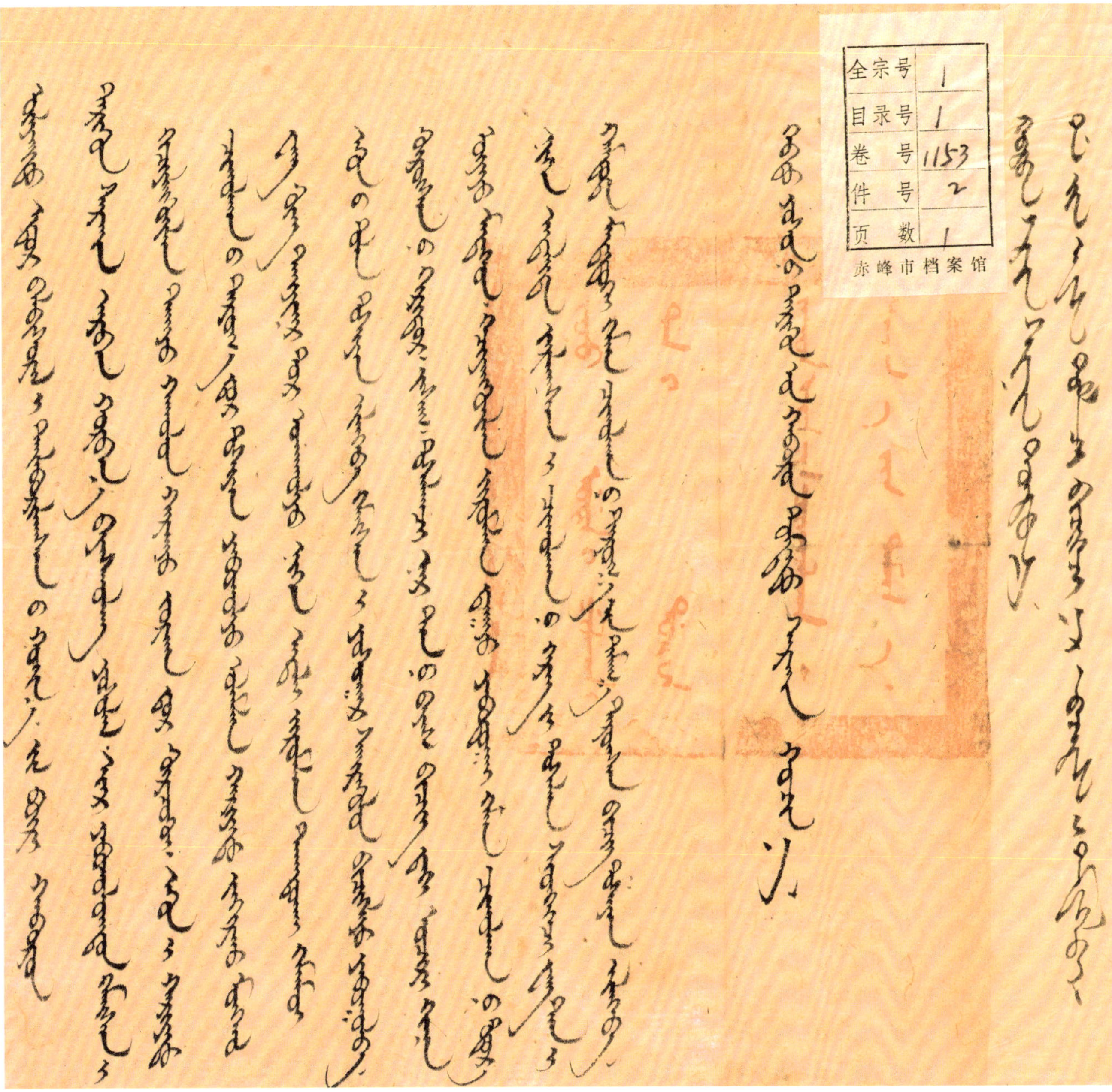

盟长阿鲁科尔沁札萨克贝勒为宣宗皇帝驾崩忌日事札盟摄政协理原盟警备军札萨克郡王等文

盟长阿鲁科尔沁札萨克多罗郡王衔加八级军功加四级多罗贝勒文。札付盟摄政协理原盟警备军札萨克暨翁牛特札萨克和硕亲王衔加六级军功加六级多罗杜棱郡王赞巴勒诺尔布，协理二等台吉加二级军功加三级哈青阿、协理二等台吉朝格图格日乐：行札之事。

近日大部札开：内务府抄送之皇帝诏曰，于光绪三十四年仲冬初六日，皇太后下旨曰，初春十四日为宣宗成显皇帝驾崩之忌日，免进京朝觐。过忌日后每年初春十三日进京参加庆典。等因前来。大部抄录诏书转送所属盟长，告知所属蒙古王公、台吉遵旨照办。等因前来本盟署。兹有，盟署抄录原文转送之。文到，诸札萨克、协理阅知文内，遵旨照办。仍通告盟摄政协理王爷处。

至此，致钤盟长印之文。

宣统元年仲春三十日

055 盟长阿鲁科尔沁札萨克贝勒为护送法国学者事札盟摄政协理原盟警备军札萨克郡王等文（宣统元年仲春三十日）

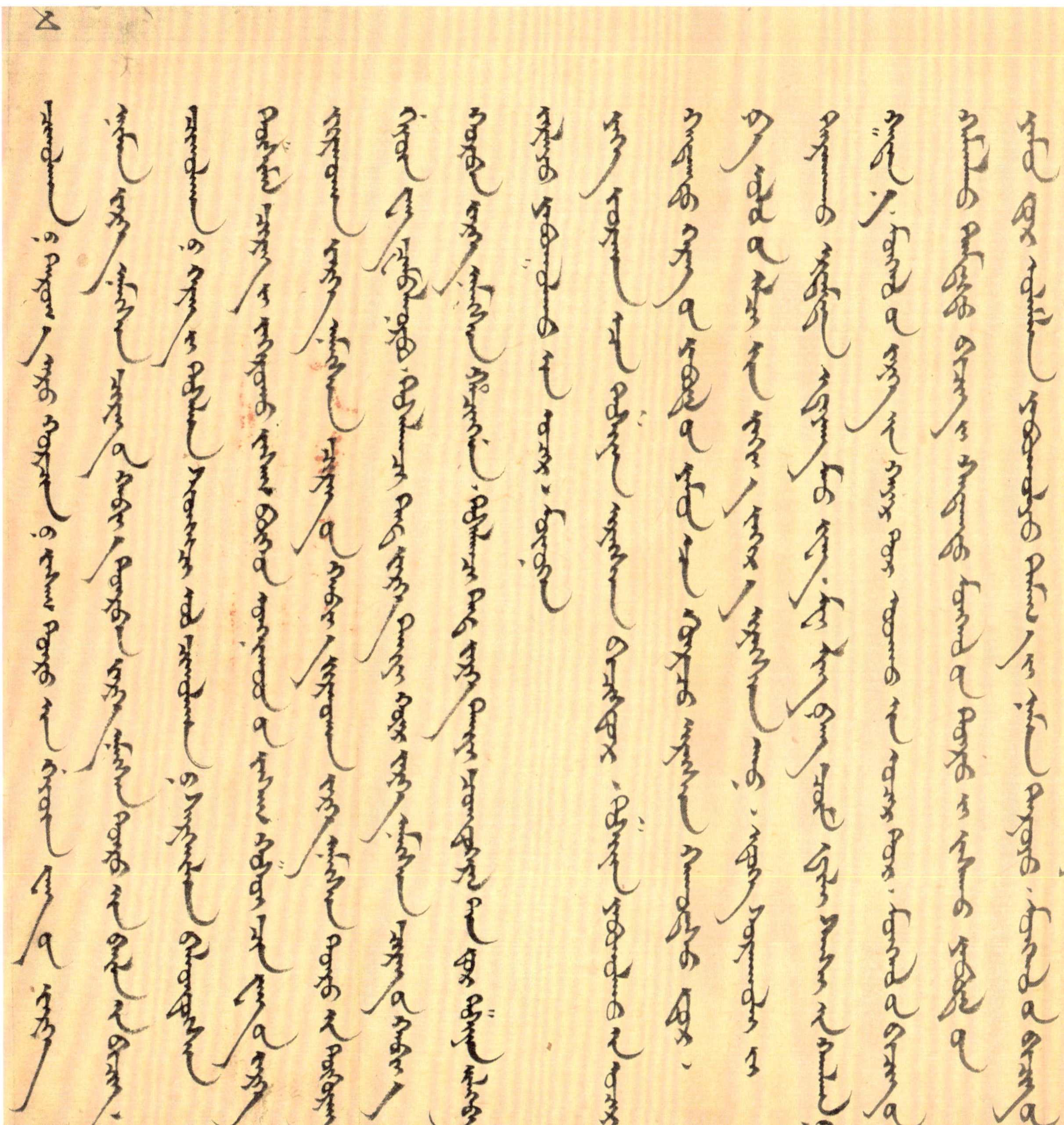

055 盟长阿鲁科尔沁札萨克贝勒为护送法国学者事札盟摄政协理原盟警备军札萨克郡王等文（宣统元年仲春三十日）

055 盟长阿鲁科尔沁札萨克贝勒为护送法国学者事札盟摄政协理原盟警备军札萨克郡王等文（宣统元年仲春三十日）

盟长阿鲁科尔沁札萨克贝勒为护送法国学者事札盟摄政协理原盟警备军札萨克郡王等文

盟长阿鲁科尔沁札萨克多罗郡王衔加八级军功加四级多罗贝勒文。札付盟摄政协理原盟警备军札萨克暨翁牛特札萨克和硕亲王衔加六级军功加六级多罗杜棱郡王赞巴勒诺尔布，协理二等台吉加二级军功加三级哈青阿、协理二等台吉朝格图格日乐：行札之事。

近日，承接之大部札开：外务部承转之法国大使咨开，兹有，法国学者何阳穆征、美玲方等候于直隶陕西关口外，准备游走蒙古诸域。故护送通行证由理藩院加盖印章，蒙古文姓名、年、月等记档转送之。故送至贵部护送通行证两张，核查何阳穆征等通行证，并加盖印章，以蒙字官文回执，并转告所属诸札萨克，按例护送。等语。为此，本盟署抄录原文转送之。文到，诸札萨克、协理阅知文内，按例护送之。仍通告盟摄政协理王爷处。

至此，致钤盟长印之文。

宣统元年仲春三十日

056 盟摄政协理原掌管盟警备军札萨克协理为巡察金矿之地事呈盟长阿鲁科尔沁札萨克贝勒文（宣统元年闰仲春十三日）

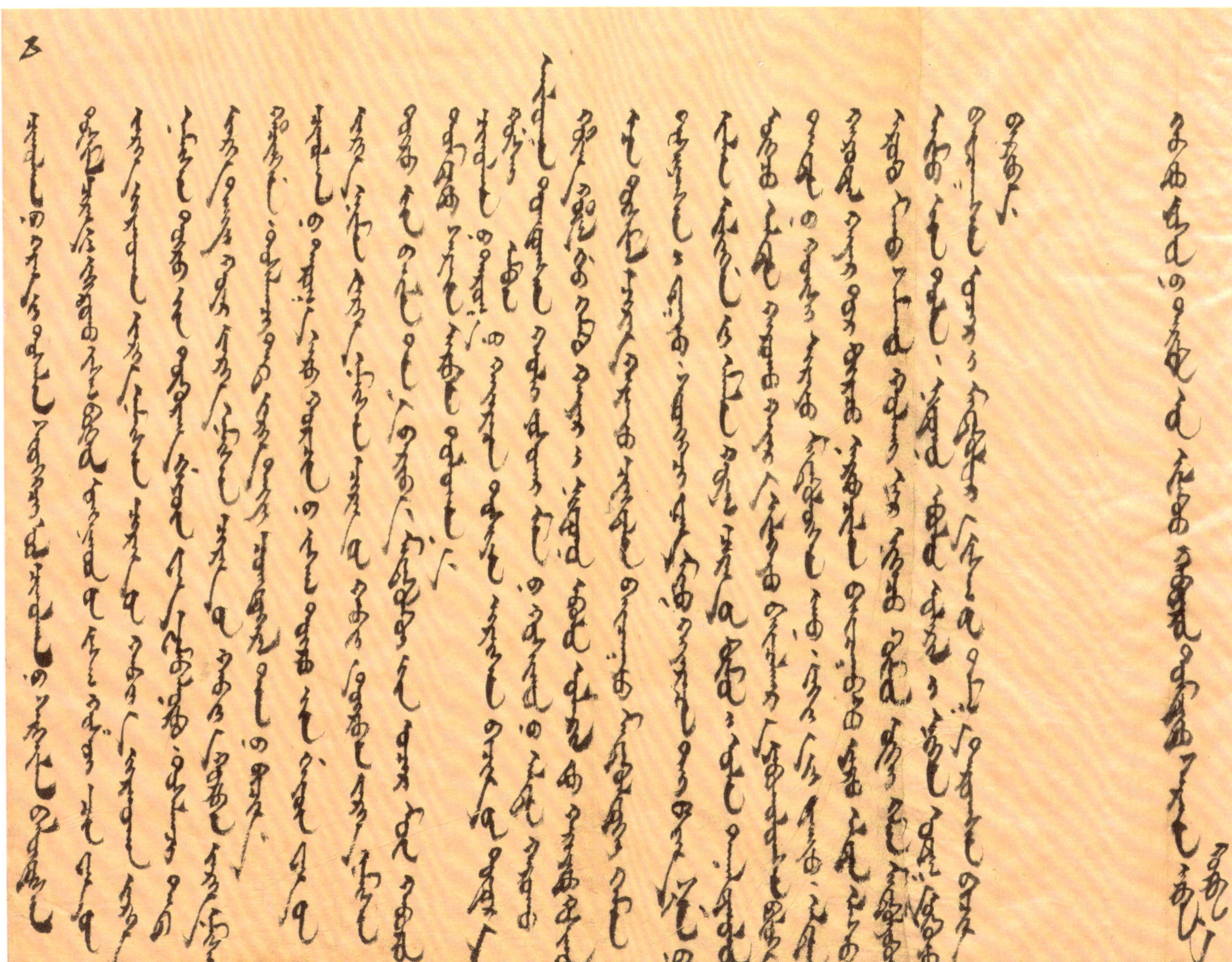

盟摄政协理原掌管盟警备军札萨克协理为巡察金矿之地事呈盟长阿鲁科尔沁札萨克贝勒文

盟摄政协理原盟警备军札萨克暨翁牛特札萨克亲王衔加六级军功加六级多罗杜棱郡王赞巴勒诺尔布，协理二等台吉加二级军功加三级哈青阿、协理二等台吉朝格图格日乐文。呈送盟长阿鲁科尔沁札萨克多罗郡王衔加八级军功加四级多罗贝勒：呈报之事。

本年仲春十七日承接之盟长、管旗公处札开，去年冬季所属旗派遣官兵按例巡查尔旗金矿之地红花沟一事。奉命，本摄政协理王处指派太平山甲喇易凌哈带官兵巡查金矿之地。回报曰：奉命巡查金矿之地，未发现盗挖之贼。为此，往年冬季巡查一次之事呈报盟长处。

至此，呈钤札萨克印之文。

宣统元年闰仲春十三日

057 盟摄政协理原盟警备军札萨克郡王等为呈报遇难、阵亡功臣事呈盟长阿鲁科尔沁札萨克贝勒文（宣统元年闰仲春十三日）

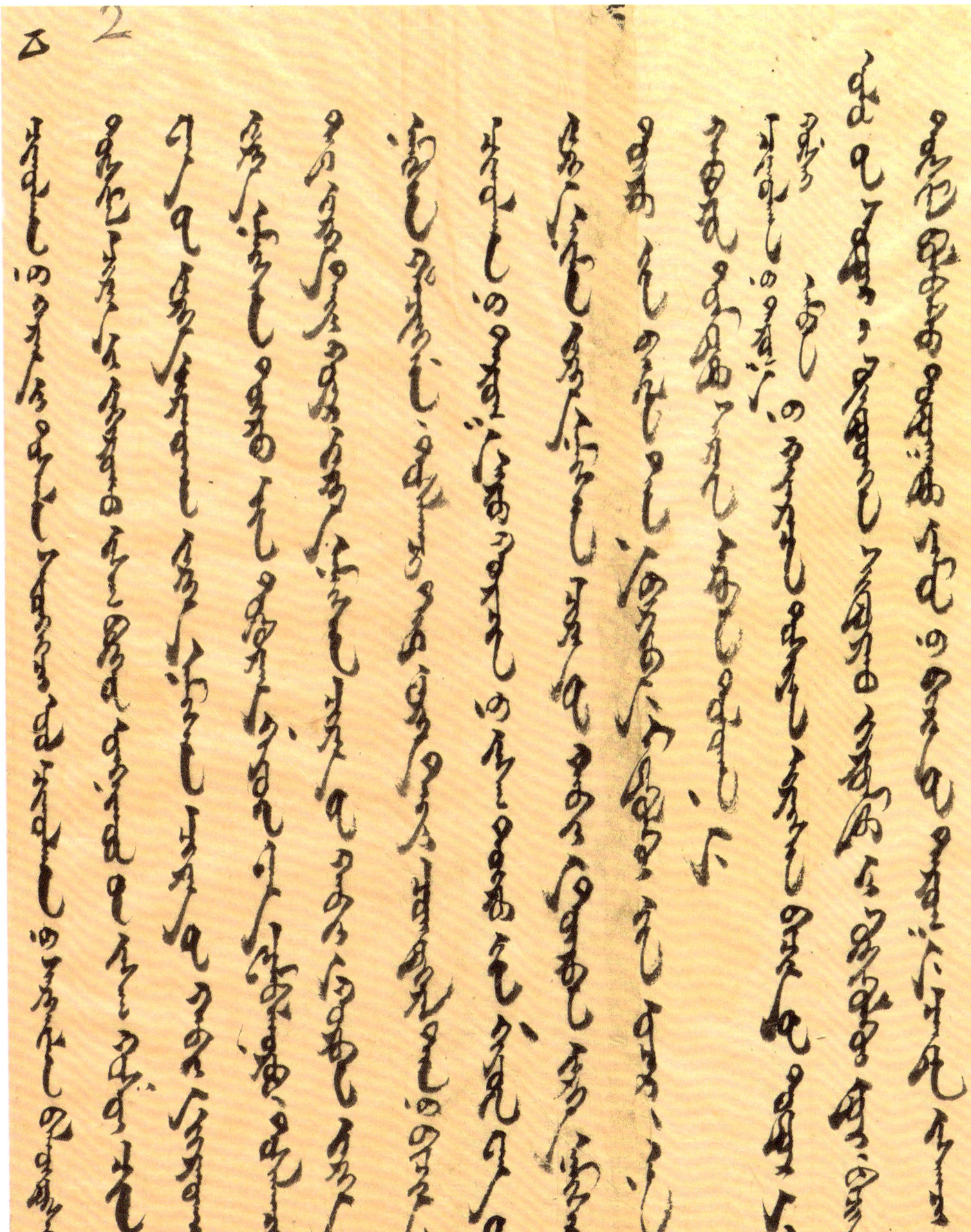

057 盟摄政协理原盟警备军札萨克郡王等为呈报遇难、阵亡功臣事呈盟长阿鲁科尔沁札萨克贝勒文（宣统元年闰仲春十三日）

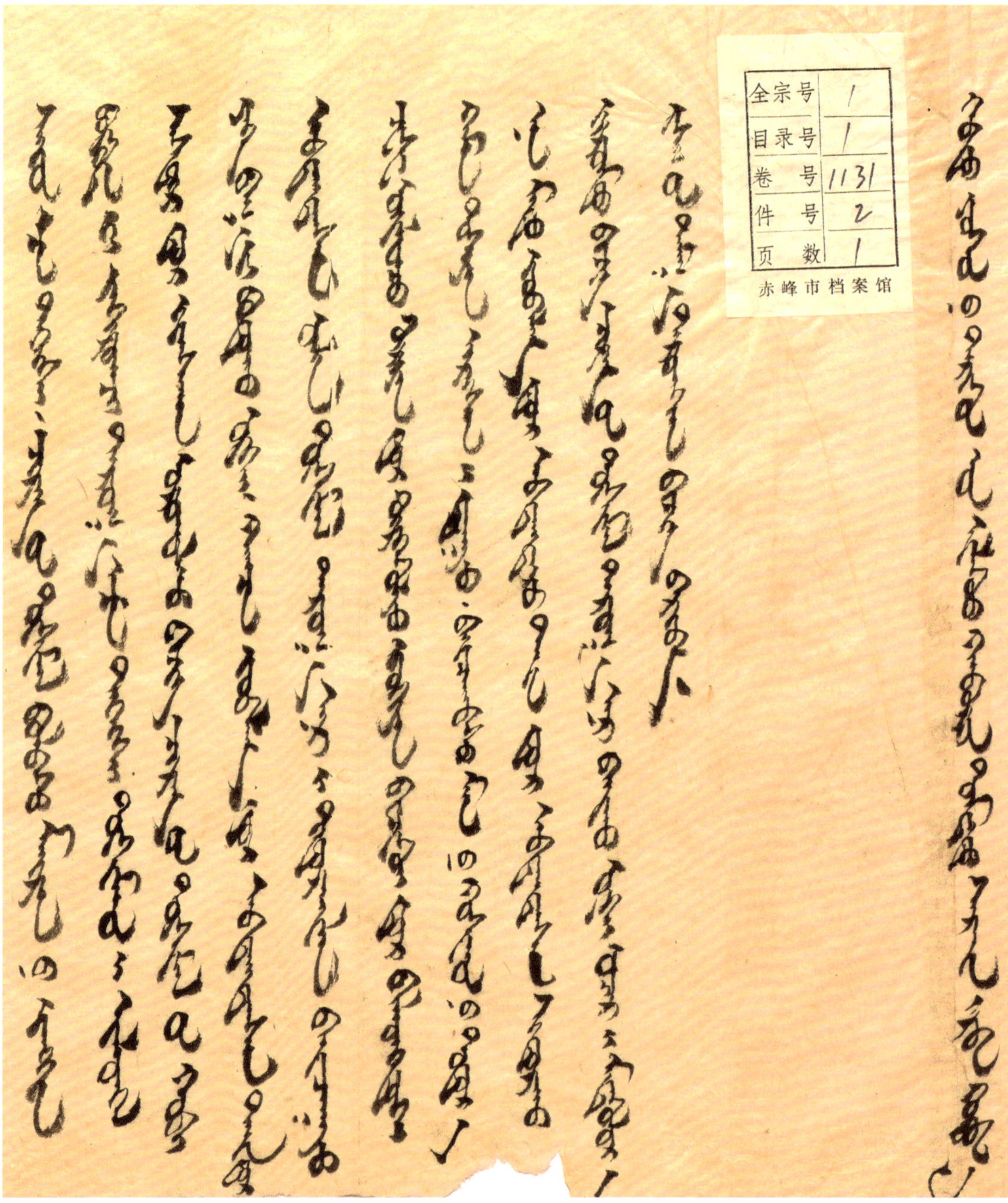

盟摄政协理原盟警备军札萨克郡王等为呈报遇难、阵亡功臣事呈盟长阿鲁科尔沁札萨克贝勒文

盟摄政协理原盟警备军札萨克暨翁牛特札萨克和硕亲王衔加六级军功加六级多罗杜棱郡王赞巴勒诺尔布，协理二等台吉加二级军功加三级哈青阿、协理二等台吉朝格图格日乐文。呈盟长阿鲁科尔沁札萨克多罗郡王衔加八级军功加四级多罗贝勒：呈报之事。

本年仲春十七日盟长，都统衙门札开：为崇尚国史、奖赏忠义，文臣为内务大臣、巡察大臣以上衔，武臣为副都统、都统以上衔，载入表传也。文臣、武臣不计比例。明查属内遇难、阵亡之功臣，并登记造册呈送至库伦，以备记录之用。等语。奉命查阅，本旗未有此等遇难、阵亡之功臣。

至此，呈钤札萨克印之文。

宣统元年闰仲春十三日

058 盟长阿鲁科尔沁札萨克贝勒为施行大部行文事札盟摄政协理原盟警备军札萨克郡王等文（宣统元年闰仲春二十九日）

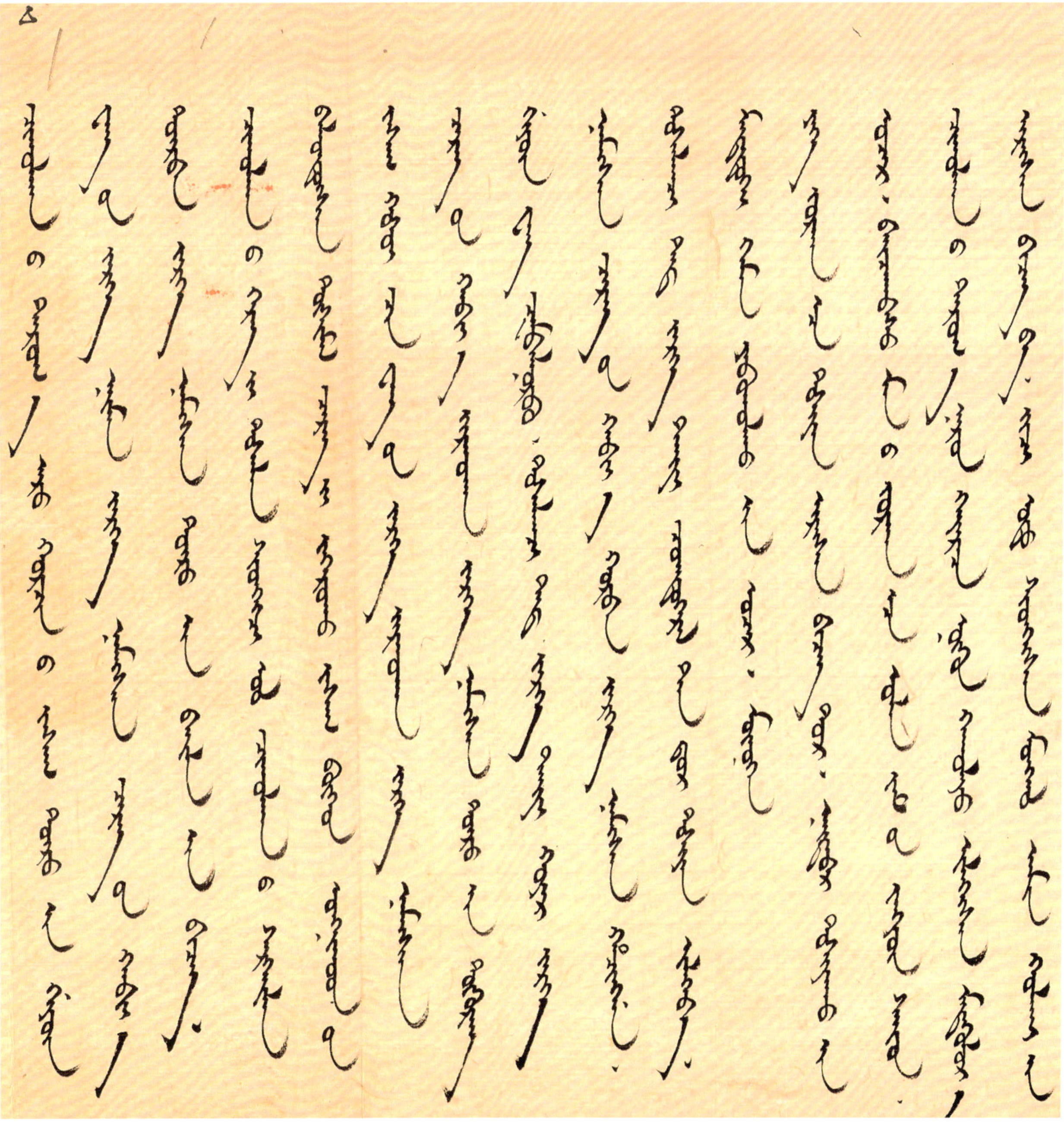

058 盟长阿鲁科尔沁札萨克贝勒为施行大部行文事札盟摄政协理原盟警备军札萨克郡王等文（宣统元年闰仲春二十九日）

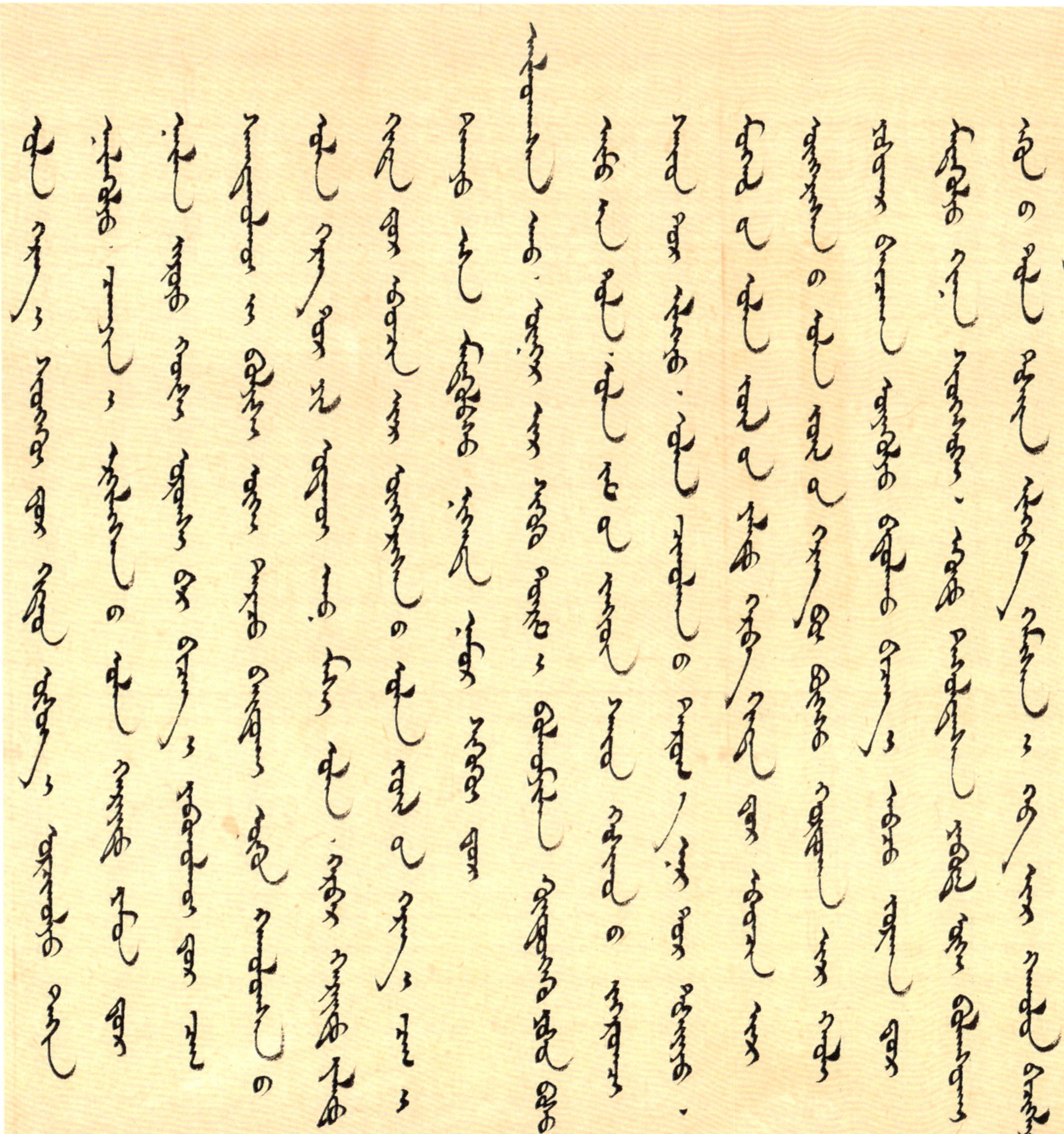

盟长阿鲁科尔沁札萨克贝勒为施行大部行文事札盟摄政协理原盟警备军札萨克郡王等文（宣统元年闰仲春二十九日）

盟长阿鲁科尔沁札萨克贝勒为施行大部行文事札盟摄政协理原盟警备军札萨克郡王等文

盟长阿鲁科尔沁札萨克多罗郡王衔加八级军功加四级多罗贝勒文。札付盟摄政协理原盟警备军札萨克暨翁牛特札萨克和硕亲王衔加六级军功加六级多罗杜棱郡王赞巴勒诺尔布，协理二等台吉加二级军功加三级哈青阿、协理二等台吉朝格图格日乐：行札之事。

近日大部札开：经查，本部受理之各路将军、诸盟长奏文及蒙古命案等册子，多为翻译成汉文后再编辑也。如此一来诸所属衙门为翻译、编辑、抄录各类文书费力又费时。例如所属监狱犯人病死，因需翻译整理而不能及时审案结案拖延良久也。此等事不尊崇法规也。故本部通告各路将军及诸旗总管，如有所属监狱犯人病死等事，速依法出具证明信呈报本部待审。等因前来盟署。兹有，抄送大部行文转送之。文到，诸札萨克、协理阅知文内，以此照办。也通告摄政协理王此事。

至此，致钤盟长印之文。

宣统元年闰仲春二十九日

059 盟长阿鲁科尔沁札萨克贝勒为选送喀喇沁王旗学堂蒙满汉兼通孩童事札盟摄政协理原盟警备军札萨克郡王等文（宣统元年闰仲春二十九日）

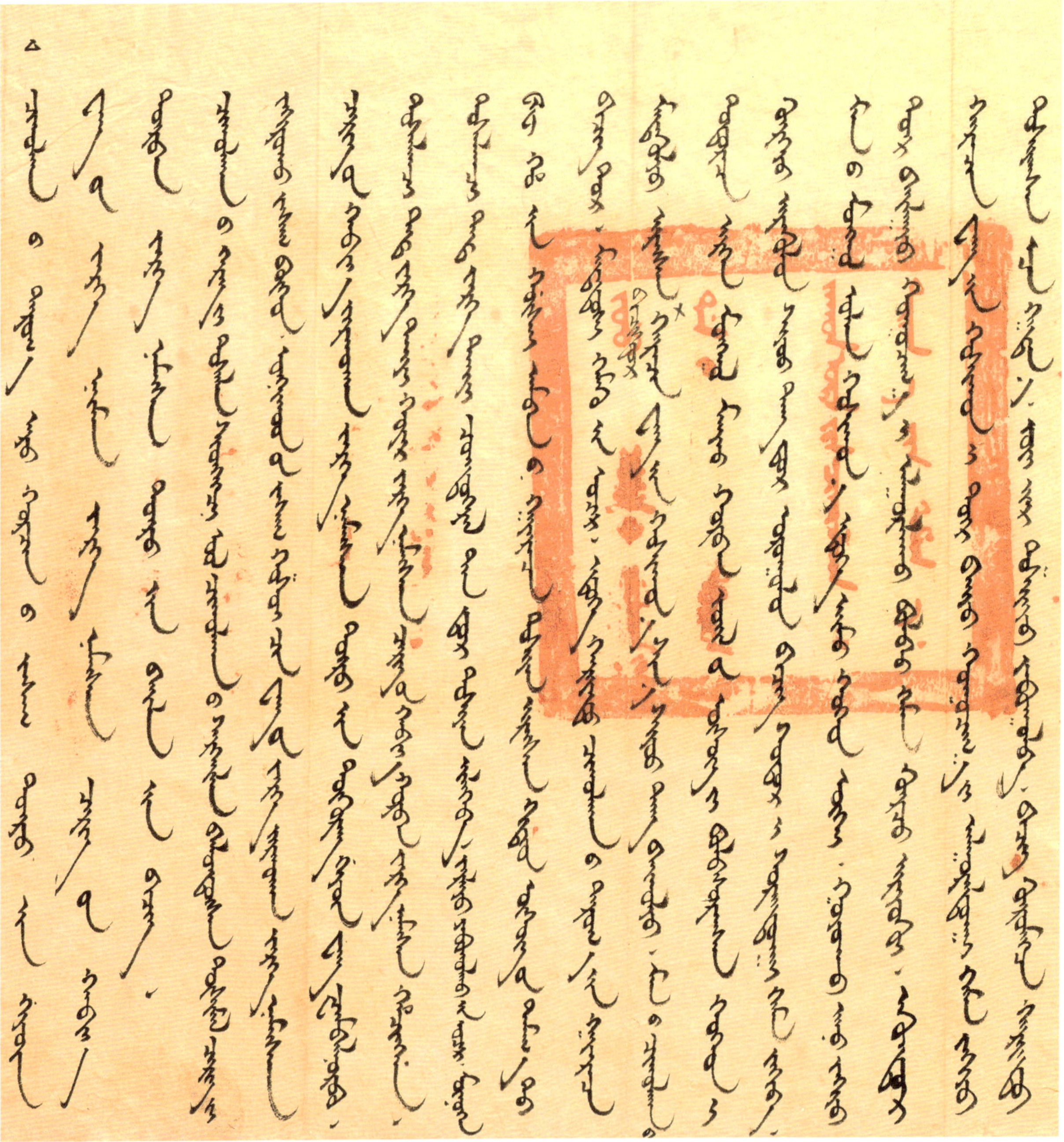

059 盟长阿鲁科尔沁札萨克贝勒为选送喀喇沁王旗学堂蒙满汉兼通孩童事札盟摄政协理原盟警备军札萨克郡王等文（宣统元年闰仲春二十九日）

盟长阿鲁科尔沁札萨克贝勒为选送喀喇沁王旗学堂蒙满汉兼通孩童事札盟摄政协理原盟警备军札萨克郡王等文

盟长阿鲁科尔沁札萨克多罗郡王衔加八级军功加四级多罗贝勒文。札付盟摄政协理原盟警备军札萨克暨翁牛特札萨克和硕亲王衔加六级军功加六级多罗杜棱郡王赞巴勒诺尔布，协理二等台吉加二级军功加三级哈青阿、协理二等台吉朝格图格日乐：行札之事。

近日，热河都统府汉文咨开：如今，所属盟长处报曰，喀喇沁王旗新建学堂，督促本盟各旗选送汉蒙满兼通之孩童至新学堂学习。等语。经查，本盟各旗尚无如此条件之孩童，请求稍缓时间。为此，已向喀喇沁王旗报送情况，并通告所属盟署。兹有，抄录原文转送各旗，通告诸札萨克、协理。此事也通告摄政协理王爷处。

至此，致钤盟长印之文。

宣统元年闰仲春二十九日

060 巴林札萨克郡王等为马匹被盗案呈盟摄政协理原盟警备军札萨克郡王文（宣统元年末春十五日）

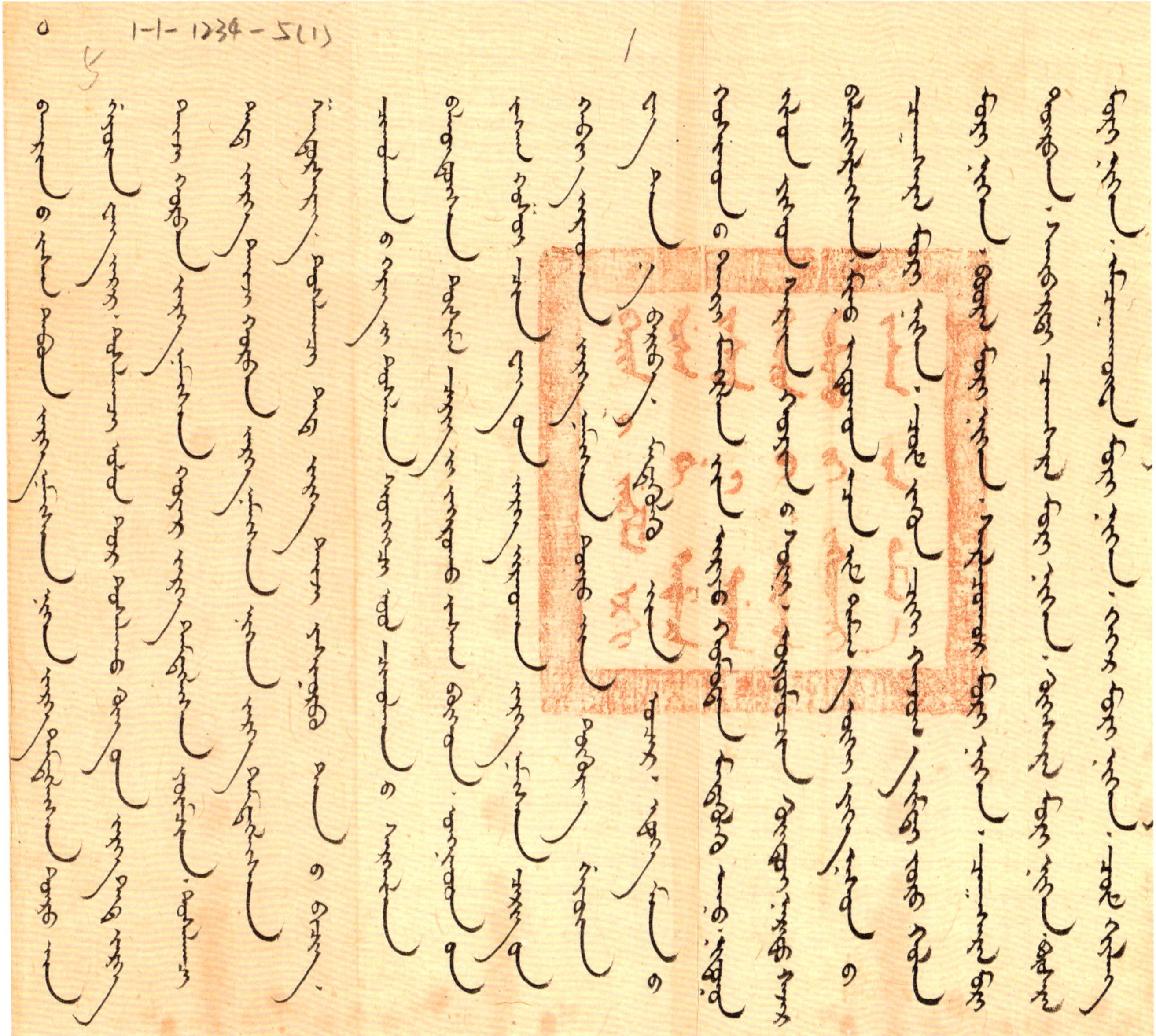

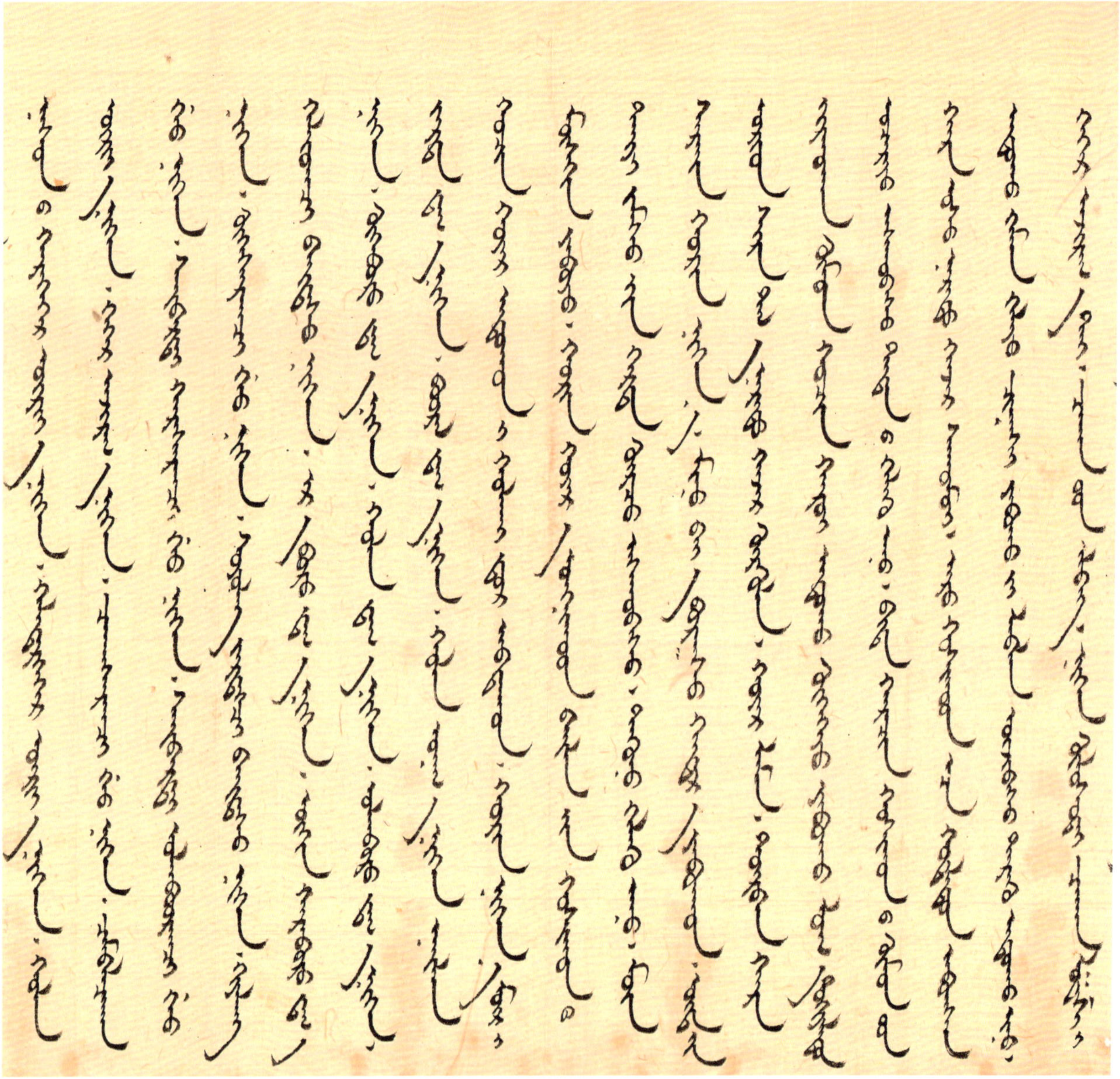

060 巴林札萨克郡王等为马匹被盗案呈盟摄政协理原盟警备军札萨克郡王文（宣统元年末春十五日）

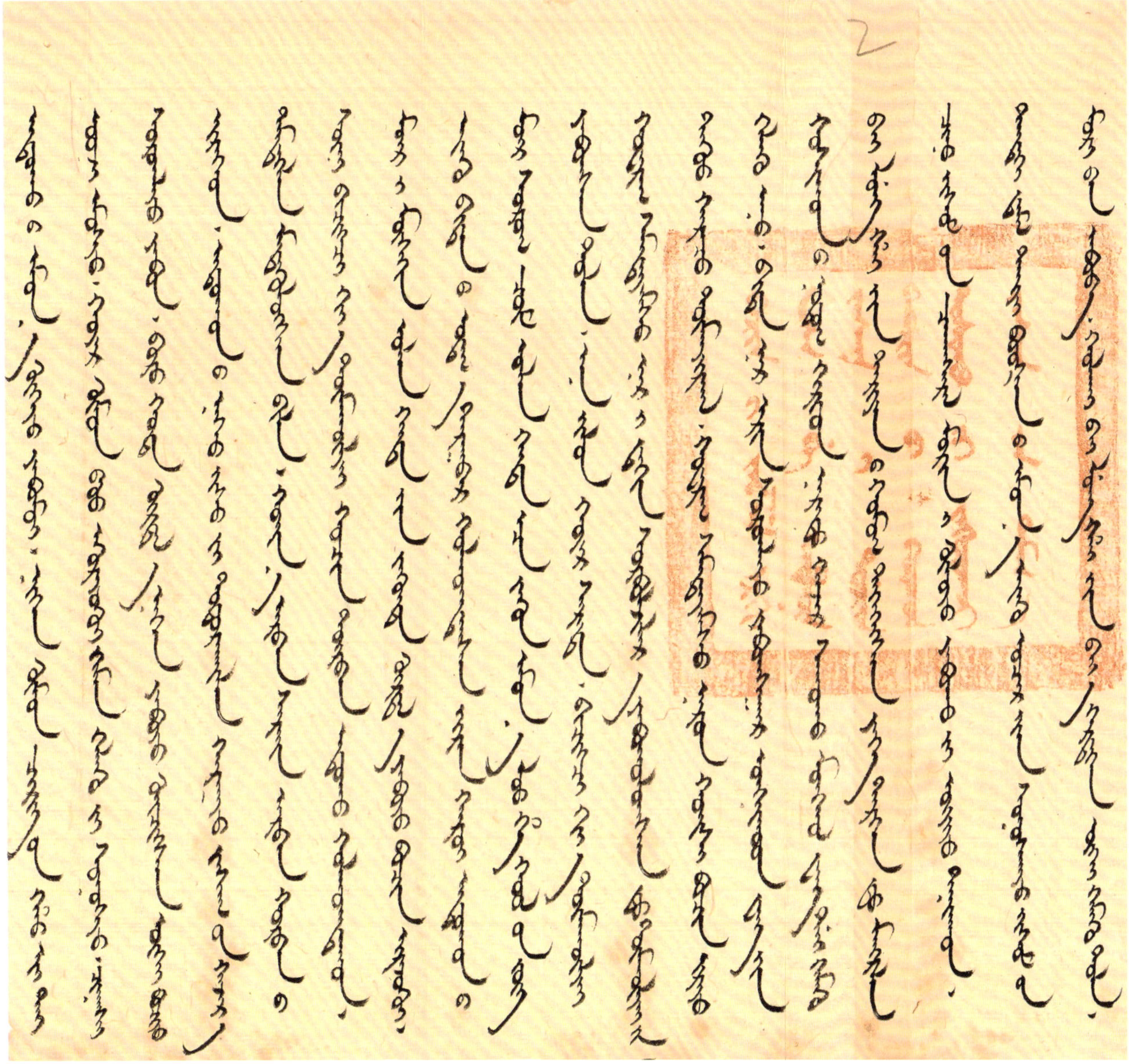

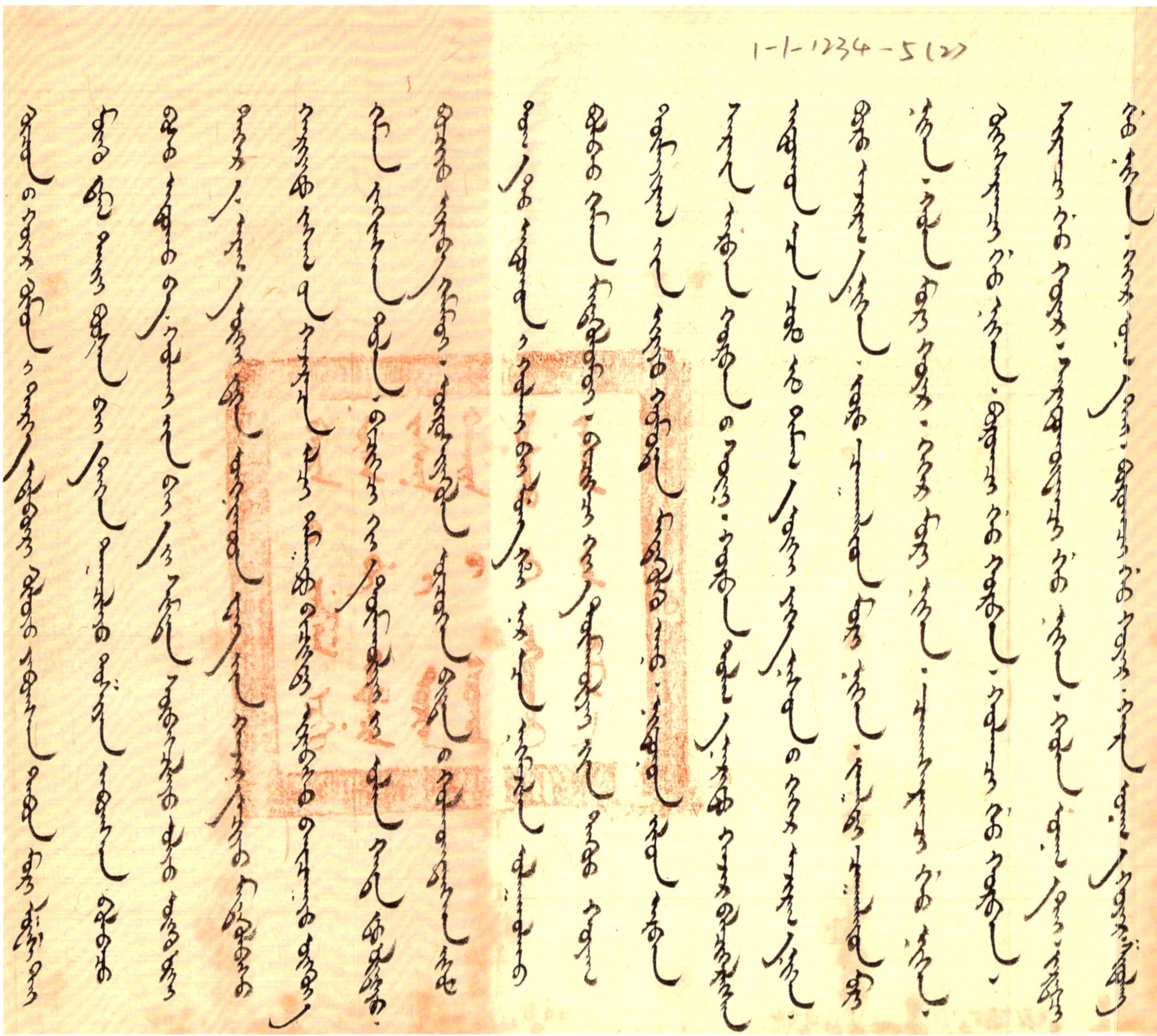
1-1-1234-5(2)

060 巴林札萨克郡王等为马匹被盗案呈盟摄政协理原盟警备军札萨克郡王文（宣统元年末春十五日）

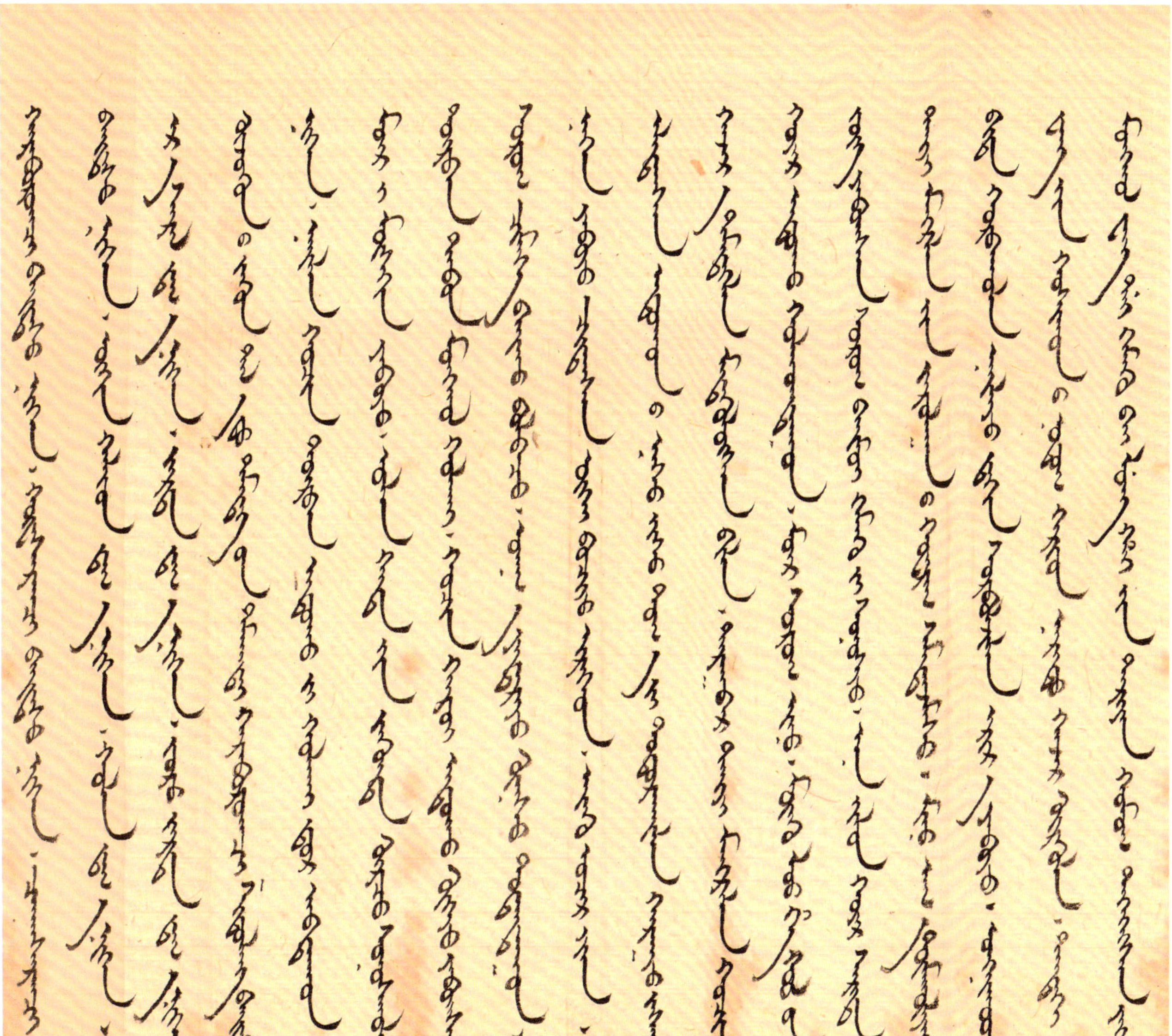

060 巴林札萨克郡王等为马匹被盗案呈盟摄政协理原盟警备军札萨克郡王文（宣统元年末春十五日）

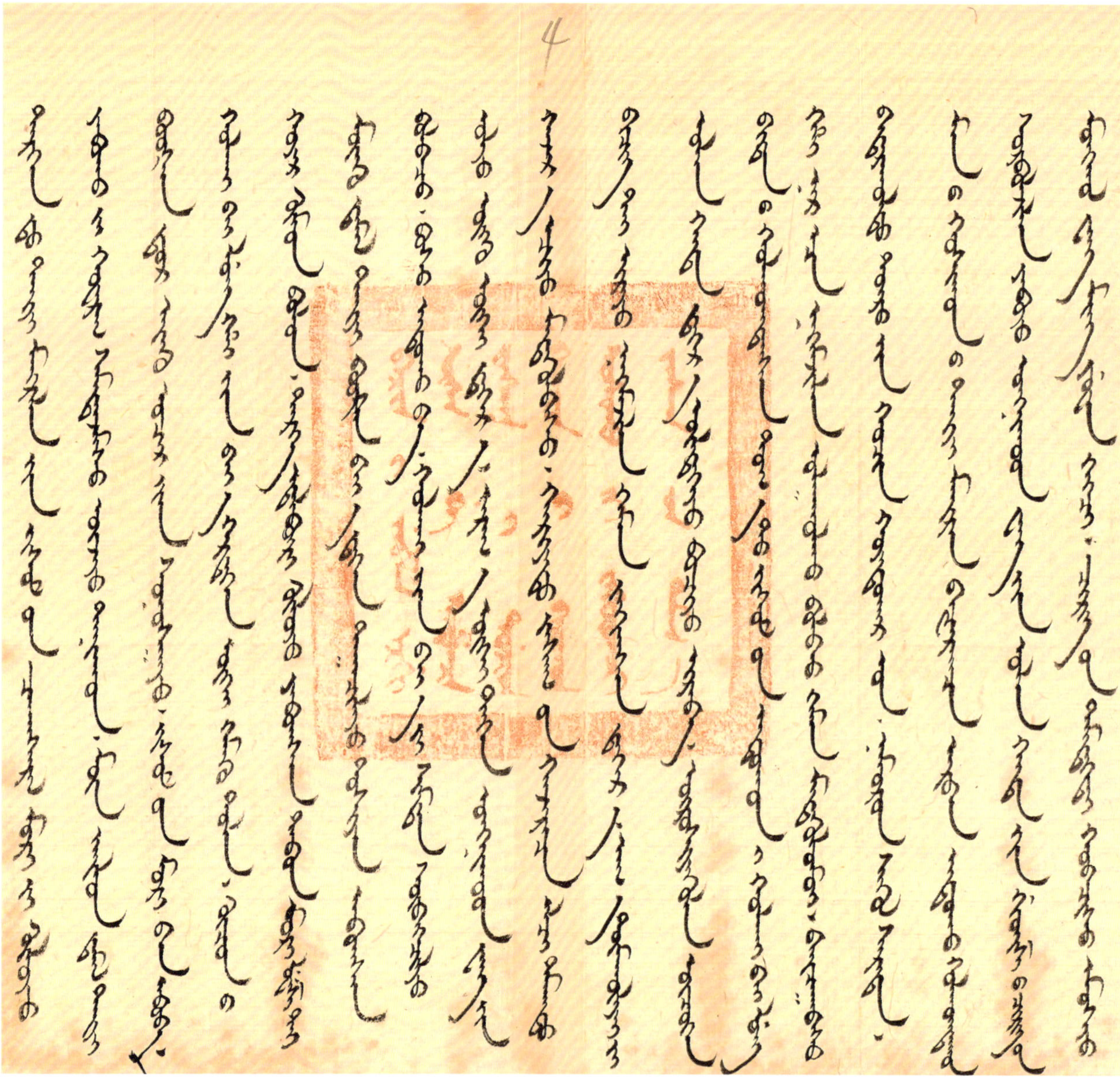

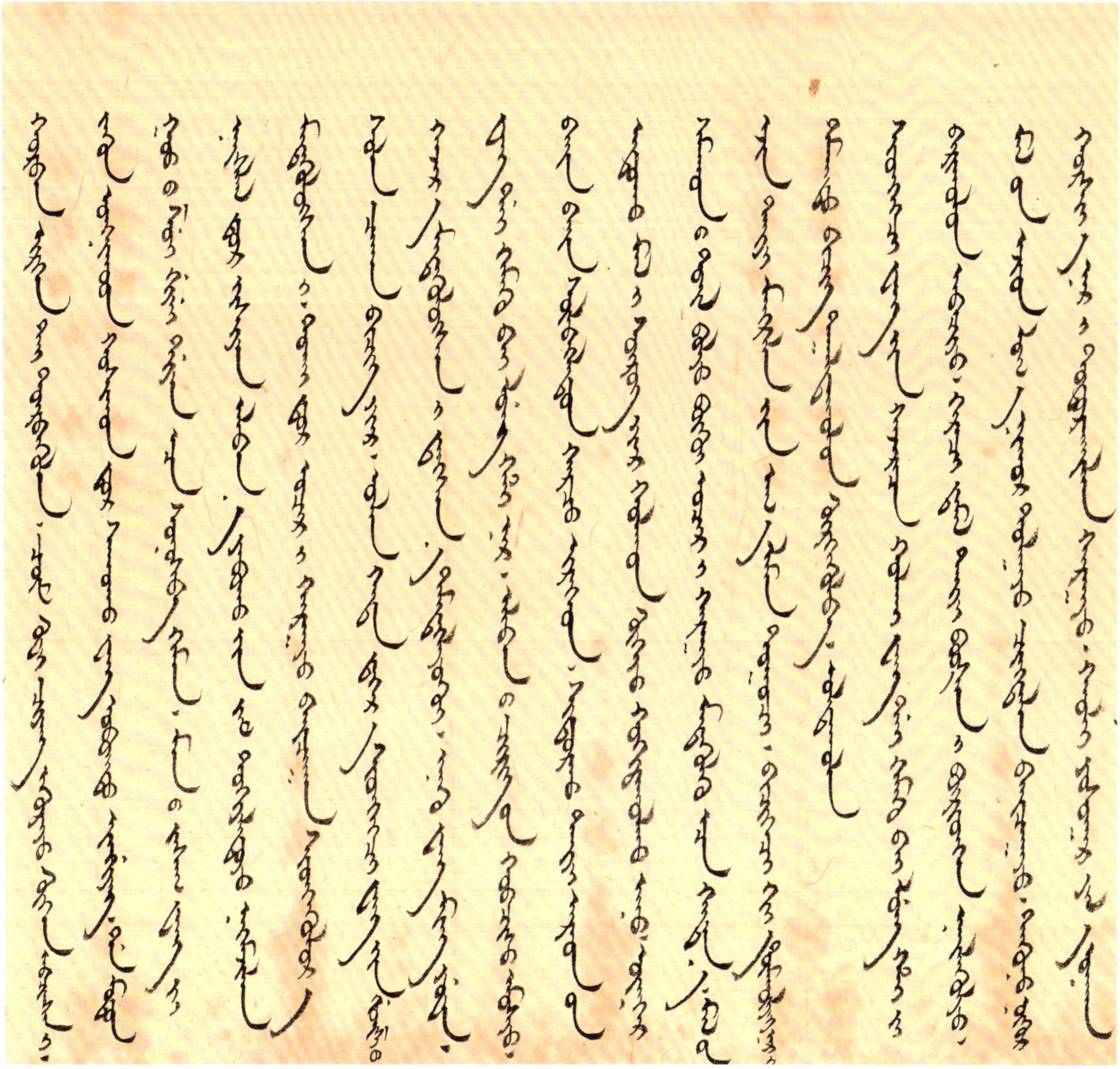

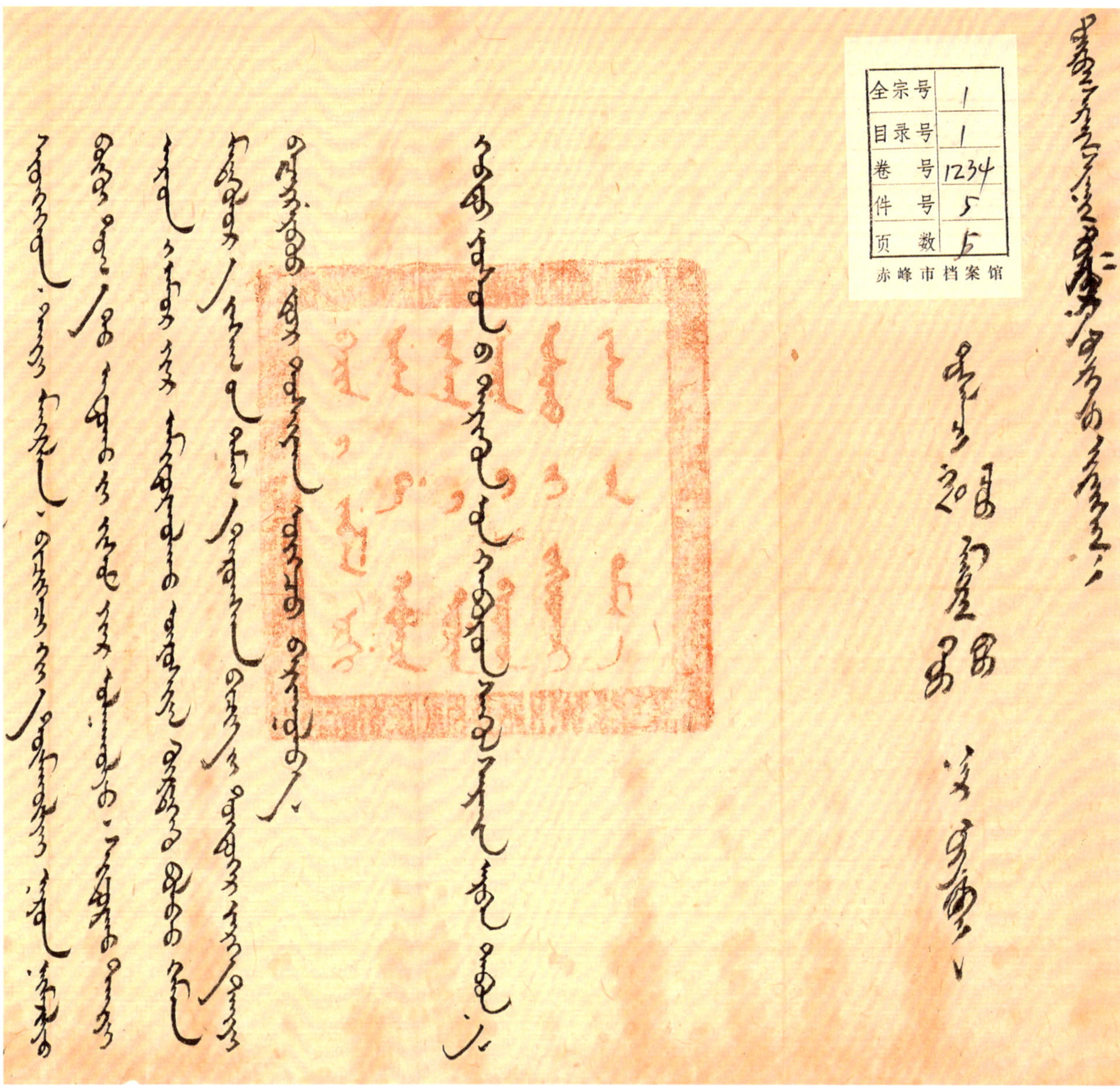
全宗号 1
目录号 1
卷号 1234
件号 5
页数 5
赤峰市档案馆

巴林札萨克郡王等为马匹被盗案呈盟摄政协理原盟警备军札萨克郡王文

巴林札萨克加五级记一级多罗郡王扎格尔，协理辅国公级二等台吉加三级记二级优牧勤、协理二等台吉加三级记一级沙格德尔斯楞、协理二等台吉雅西宁布文。呈盟摄政协理原盟警备军札萨克暨翁牛特札萨克和硕亲王衔加六级加军功六级多罗杜棱郡王：呈报之事。

今本旗台吉芒嘎拉诉冤：去年九月二十日夜间，本人放牧于乌珠穆沁谷地马群中，无印记大龄白马一个、左耳有缰绳印记黑鬃黄色走马一个、红沙马一个、白斑马一个、白马四个、小走白马一个、灰白色马一个、青色貉纹马一个、白嘴黄马一个、枣骝马一个、四岁枣骝公马一个、粉嘴枣骝公马一个、黑鬃黄色公马一个、枣骝儿马一个、白色母马一个、烧嘴烧眼母马一个、黑色走母马一个、红沙走母马一个、灰色银合母马一个、五岁红母马一个、四岁海骝母马一个、二岁青色公马一个、二岁铁青母马一个、二岁灰青母马一个、二岁黑鬃黄母马一个、二岁麝香青母马一个、二岁红母马一个、二岁红纱母马一个、一岁黑鬃黄母马一个，共计三十二匹马被盗走。我二十一日起跟踪足印，二十二日至翁牛特贝勒旗台吉扎木苏家询问时，谓曰，本月二十一日本人去割沙柳，大约上午至名叫希日塔拉地方时正遇两个喇嘛、四个庶民共六人赶着三十多匹马，问话时，曰 ：“吾等为喀喇沁旗人，家住哈拉乌苏，从阿鲁科尔沁旗购买马匹之。”并往前走。细看，马群中有枣骝儿马，白色较多，还有一个满身是汗白色骡子走在最前面。其中有一人穿着军人防护马甲，二人背着枪。等语。我闻讯后继续往前寻找，追踪至乌丹，未能追到而返也。尔后，将丢失马按年龄、花色进行详细记录，并修成诉状呈送札萨克处。

后，十月十三日深夜，侍卫笔帖式图门乌力吉家被盗三十四匹马，跟踪足印至赤峰东边未果而返。如此，接连被盗六十多匹马去向均为赤峰东南老哈河方向。今年二月派去侍卫笔帖式图门乌力吉、和尚萨姆丹扎木苏等再次寻找。图门乌力吉弟弟庶民图门吉日嘎拉、和尚萨姆丹扎木苏等回来曰：吾等寻找至翁牛特王旗名叫黑利德地方时，有一蒙古人旺戴为白龙海田里送肥之大车正套着芒嘎拉之灰白马。吾等认出马匹，找管事台吉宝山说明事由，将马认领回去。说盗贼白龙海不在家。虽台吉宝山将雇工二人套车使用之五匹马和骡子交给吾等，但拒绝追究其余马匹及盗贼。无奈，只好至翁牛特王处报案。但称所属札萨克寄去官文才能查办。因此，侍卫笔帖式图门乌力吉留于赤峰，其余人返回。在此，特祈求札萨克开恩找回丢失马匹，缉拿盗贼白龙海。

还有，侍卫笔帖式图门乌力吉弟弟图门吉日嘎拉报曰，去年十月十三日夜间，在名叫古尔班图力嘎地放牧之马群中又被盗走无印记大龄枣骝儿马一个、青色儿马一个、银鬃走马一个、虩脖子银鬃马一个、黑鬃黄马一个、枣骝马一个、白色银合母马一个、灰色银合母马一个、浅青色母马三个、黑鬃浅黄母马三个、浅银合母马两个、玉顶草黄母马一个、带黄驹黑鬃母马一个、带枣骝驹子的浅青色骒马两个、铁青色马驹两个、三岁铁青浅青色骒马一个、浅干草黄色骒马一个、白色银合骒马一个、二岁海骝母马一个、二岁黑鬃黄母马一个、二岁貉皮公马一个、二岁红色公马一个、二岁红色走公马一个、左侧颈部有印记铁青浅青色三岁骒马一个，共计三十四匹马被盗。跟踪足迹至赤峰东时听说，四五个蒙古盗贼赶过三十多匹马经过此地。此时吾等已人困马乏无法继续追踪，无奈返回也。因此将丢失马匹年龄、花色、数量详细记录，并呈送札萨克处登记。

之后，台吉芒嘎拉三十二匹马被盗，其去向又为老哈河方向。今年二月本人与台吉芒嘎拉随从喇嘛萨姆丹扎木苏及图门乌力吉哥哥等三人再次寻找马匹至翁牛特王旗名叫黑利德地方时，又见蒙古人旺戴赶大车为白龙海田里送肥，套着芒嘎拉之灰白马，萨姆丹扎木苏认出马匹，又找到管事台吉宝山说明事由，将马认领也。说盗贼白龙海不在家，台吉宝山便又出面担保将雇工二人及套车等使用之五匹骡马还给吾等，但亦拒绝追究其余马匹及盗贼。无奈，吾等又至翁牛特王处报案。亦回曰，所属札萨克寄去官文才能查办。因此，侍卫笔帖式图门乌力吉留于赤峰，其余人回家。在此，祈求札萨克王爷开恩追回吾等被盗马匹，捉拿马贼白龙海为盼。等语。

经查，光绪三十二年末秋，本旗台吉梅林班扎拉齐被盗十四马，追踪途中遇见居住翁牛特左旗王姓营长，营长告诉他，从木头沟水渠甸传来消息，翁牛特王乌兰哈达户籍蒙古王明远身穿兵服，与三个民人一起，共四人，均背快枪，赶走马匹。将此案及时呈报至年班进京途中之本旗札萨克王。当时将事情用普通公文报送至乌兰哈达摄政王爷户籍处记入档案。此等王明远、旺戴、白龙海，身穿官兵服装，不时合伙作案，偷盗忠良台吉、百姓之成群牲畜，猖狂至极。为将此事禀报摄政王爷，失主台吉芒嘎拉哥哥喇嘛套古嘎其、侍卫笔帖式图门乌力吉等携钤札萨克印之文前去。呈请摄政王爷处将旺戴、白龙海等抓捕归案，传唤涉案人管事台吉宝山与失主对质严审，将其同伙揪出按律治罪，并如数归还台吉芒嘎拉、侍卫笔帖式图门乌力吉等被盗马匹，以确保忠良台吉、百姓之生计也。

派四等台吉巴萨尔嘎日布携钤札萨克印之文呈送之。

宣统元年末春十五日

061 盟长阿鲁科尔沁札萨克贝勒为统计世袭爵位及其他官员事札盟摄政协理原盟警备军札萨克郡王等文（宣统元年末春二十五日）

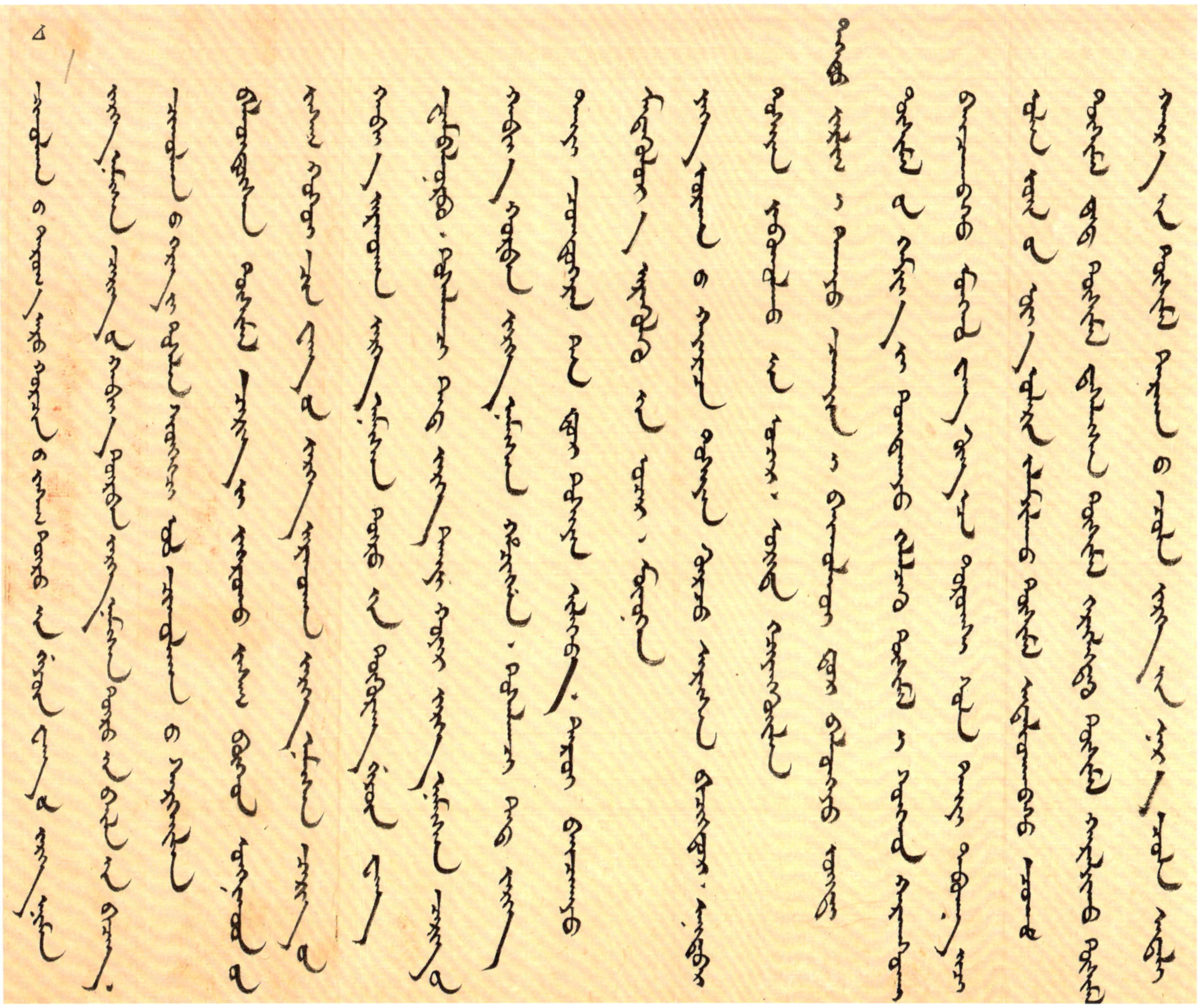

061 盟长阿鲁科尔沁札萨克贝勒为统计世袭爵位及其他官员事札盟摄政协理原盟警备军札萨克郡王等文（宣统元年末春二十五日）

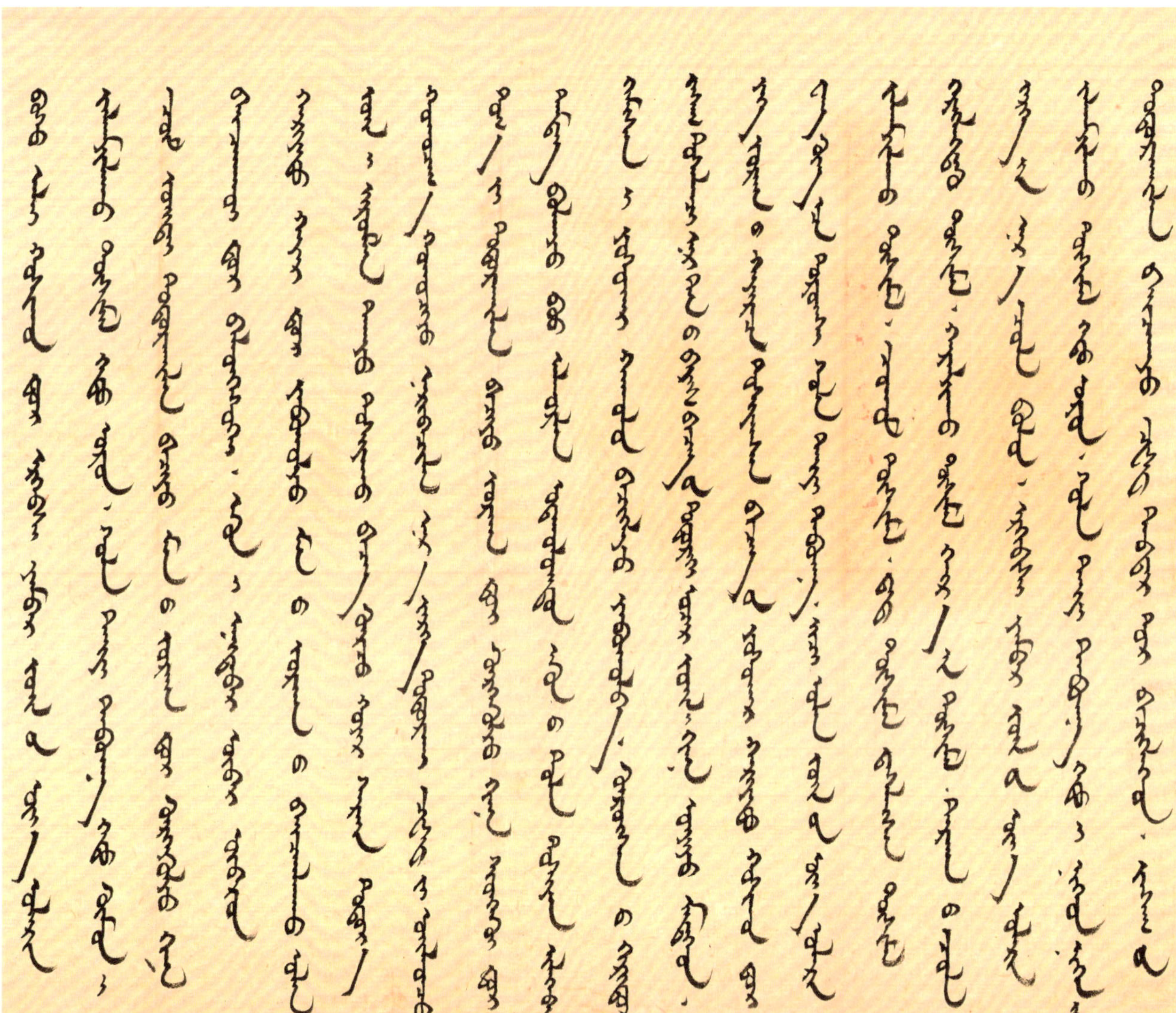

061 盟长阿鲁科尔沁札萨克贝勒为统计世袭爵位及其他官员事札盟摄政协理原盟警备军札萨克郡王等文（宣统元年末春二十五日）

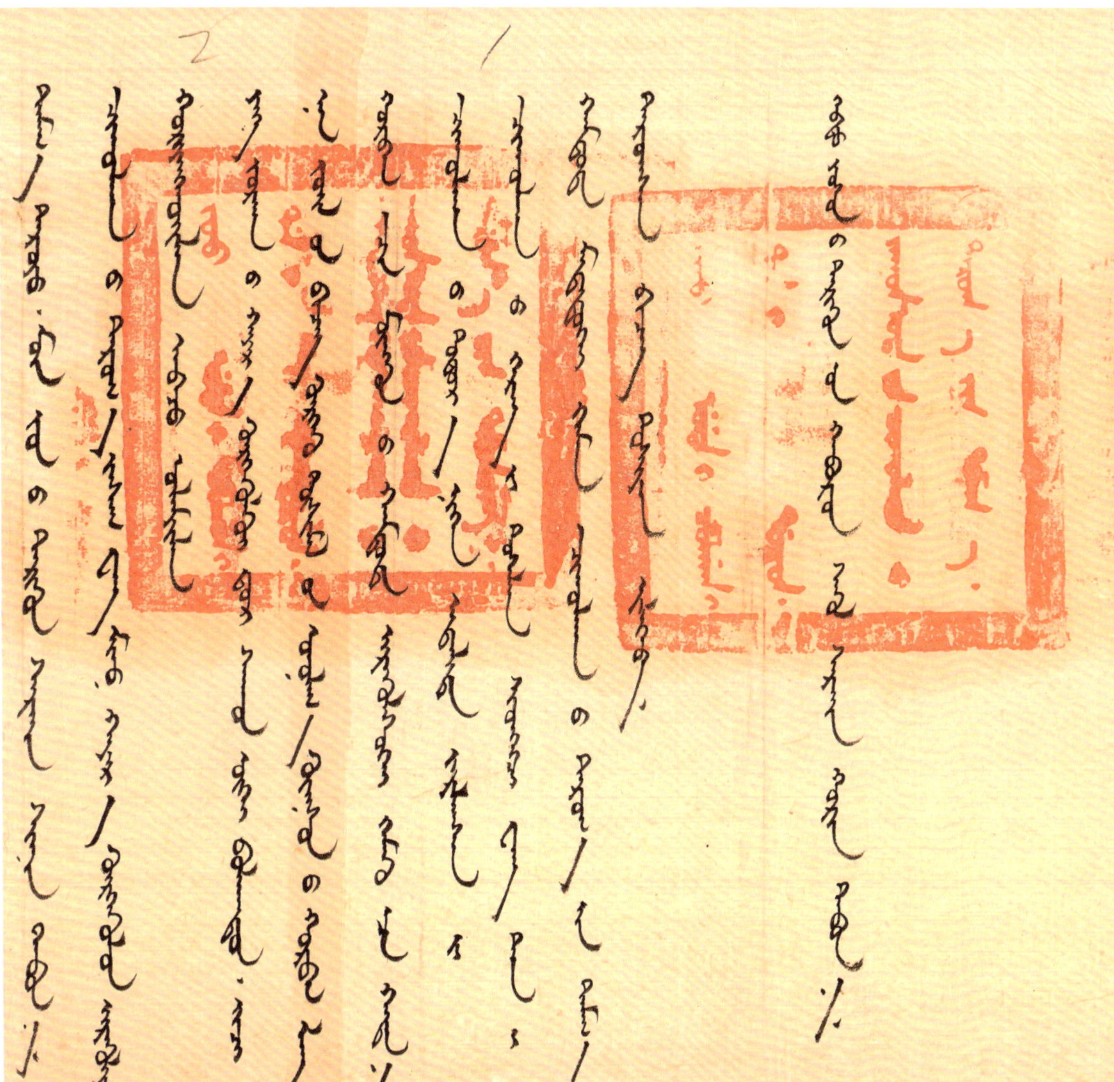

盟长阿鲁科尔沁札萨克贝勒为统计世袭爵位及其他官员事札盟摄政协理原盟警备军札萨克郡王等文

盟长阿鲁科尔沁札萨克多罗郡王衔加八级军功加四级多罗贝勒文。札付盟摄政协理原盟警备军札萨克暨翁牛特札萨克和硕亲王衔加六级军功加六级多罗杜棱郡王赞巴勒诺尔布，协理二等台吉加二级军功加三级哈青阿、协理二等台吉朝格图格日乐：速核查呈报之事。

近日大部札开：谨遵圣上旨意，拟定爵位等级制度，选定合适人员。经查，蒙古官员除王、公、台吉、塔布囊等世袭爵位外，还有总管、轻车都尉、骑都尉、云骑尉、拟员、恩骑尉等诸多官位。各旗即刻呈报应配之世袭爵位及其他官员编制数目以备审核，不得有误。转送所属地区，两个月之内登记造册呈报编制。等因前来本盟署。兹有，本盟署抄送大部行文。文到，诸札萨克、协理阅知大部文内，逐一登记本旗王、公、台吉、塔布囊等世袭爵位及总管、轻车都尉、骑都尉、云骑尉、拟员、恩骑尉等官员配置数目，于本年初夏初五日呈报至本盟长札萨克王处，以备统一呈送大部。另，送递此类文书官差路费三两三钱一并缴之。此事仍通告摄政协理王处。

至此，致钤盟长印之文。

宣统元年末春二十五日

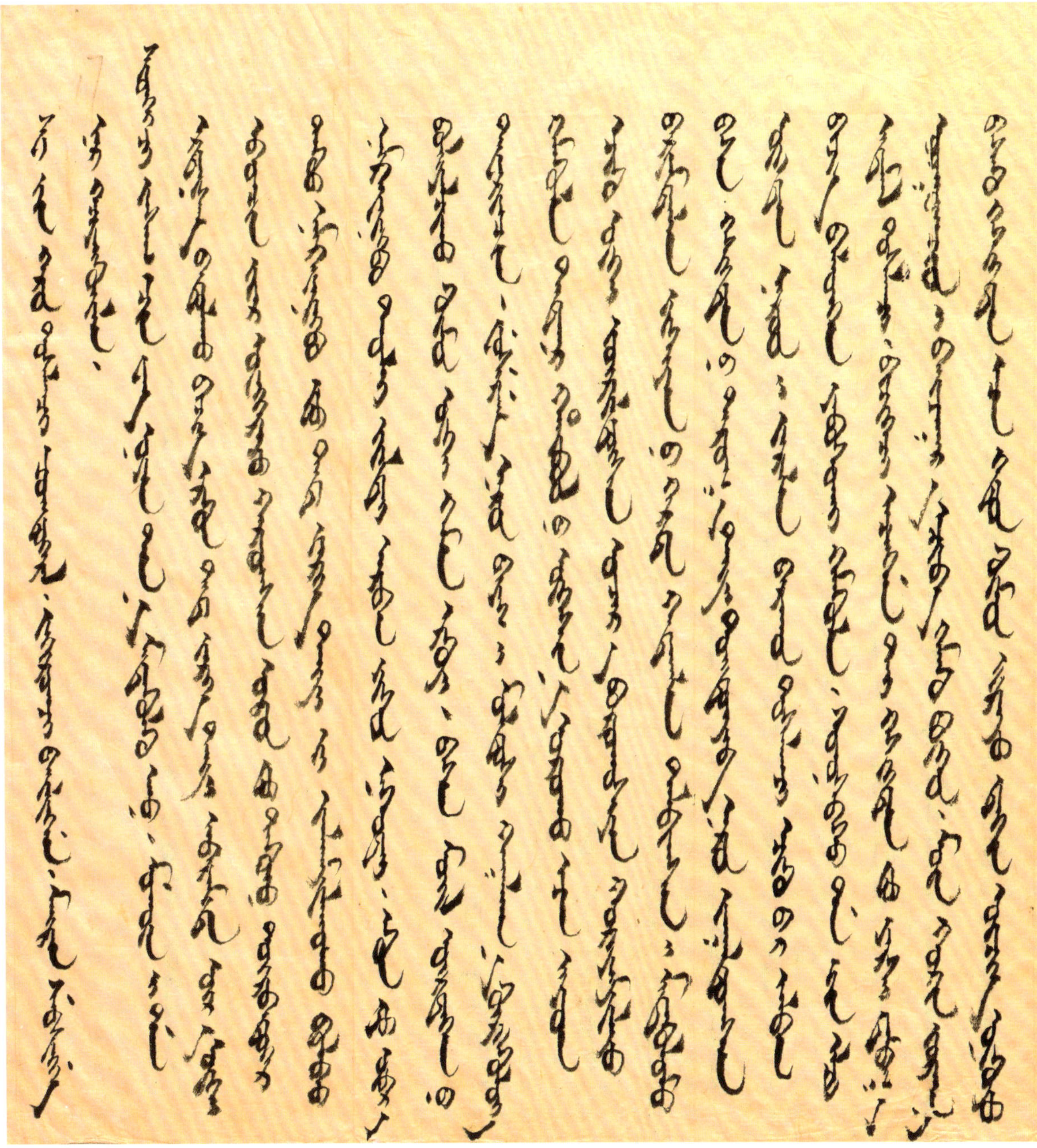

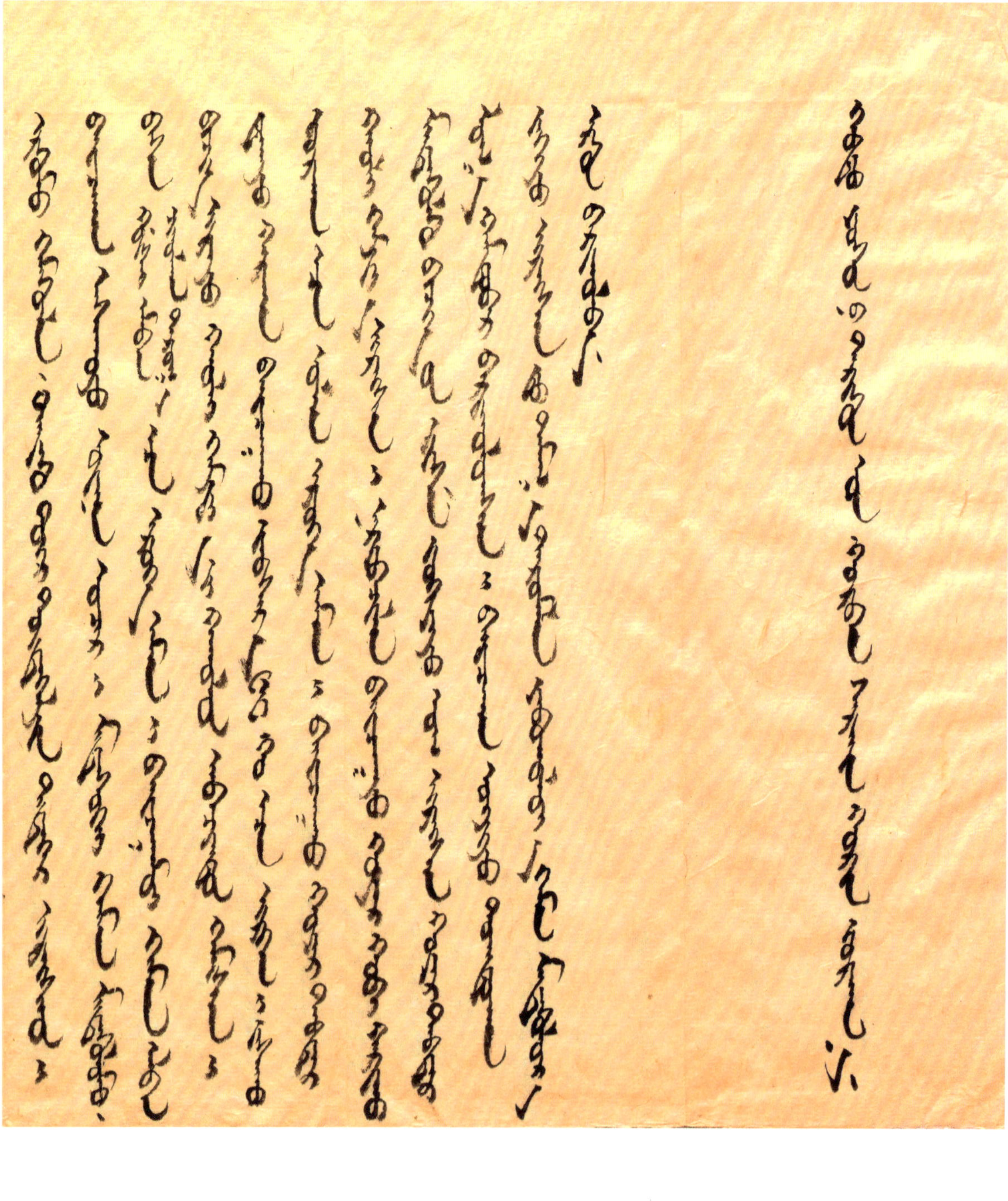

内政司协理、总管、梅林等为旗内几项公务事呈札萨克王文

内政司协理朝格图格日乐、总管白领哈、梅林舍布行格等文。呈送摄政札萨克亲王：呈报之事。

额尔敦桑呈保呈，二等台吉阿巴日米德病故，无子。空位沿袭给其四弟南卡宁布。南卡宁布，属兔，今年十九岁，无其他争位之人也，故特保呈。等语。另，本想将梅乐驿站达瓦仁钦、呼斯楞等人派遣至古北口，却唯恐进海布勒之圈套而拒绝启程，故暂时禁闭于值班室。另，本想遣送克什克腾旗台吉陶格陶扎布上诉之嫌犯，听闻协理阿达木勒、笔帖式哈青阿要到克什克腾巡查吸大烟之事，加之二十六日从克什克腾又来几人补录口供，故推迟遣送之事，辨明是非后再作决断。另，管旗公及盟长具文普查户口时，热河府也具文查户口。故，待查完户口后登记造册一式两份同原文送至。

至此，呈送之。

宣统元年三月二十六日

063 盟长阿鲁科尔沁札萨克贝勒为统计人口事札盟摄政协理原盟警备军札萨克郡王等文（宣统元年初夏三十日）

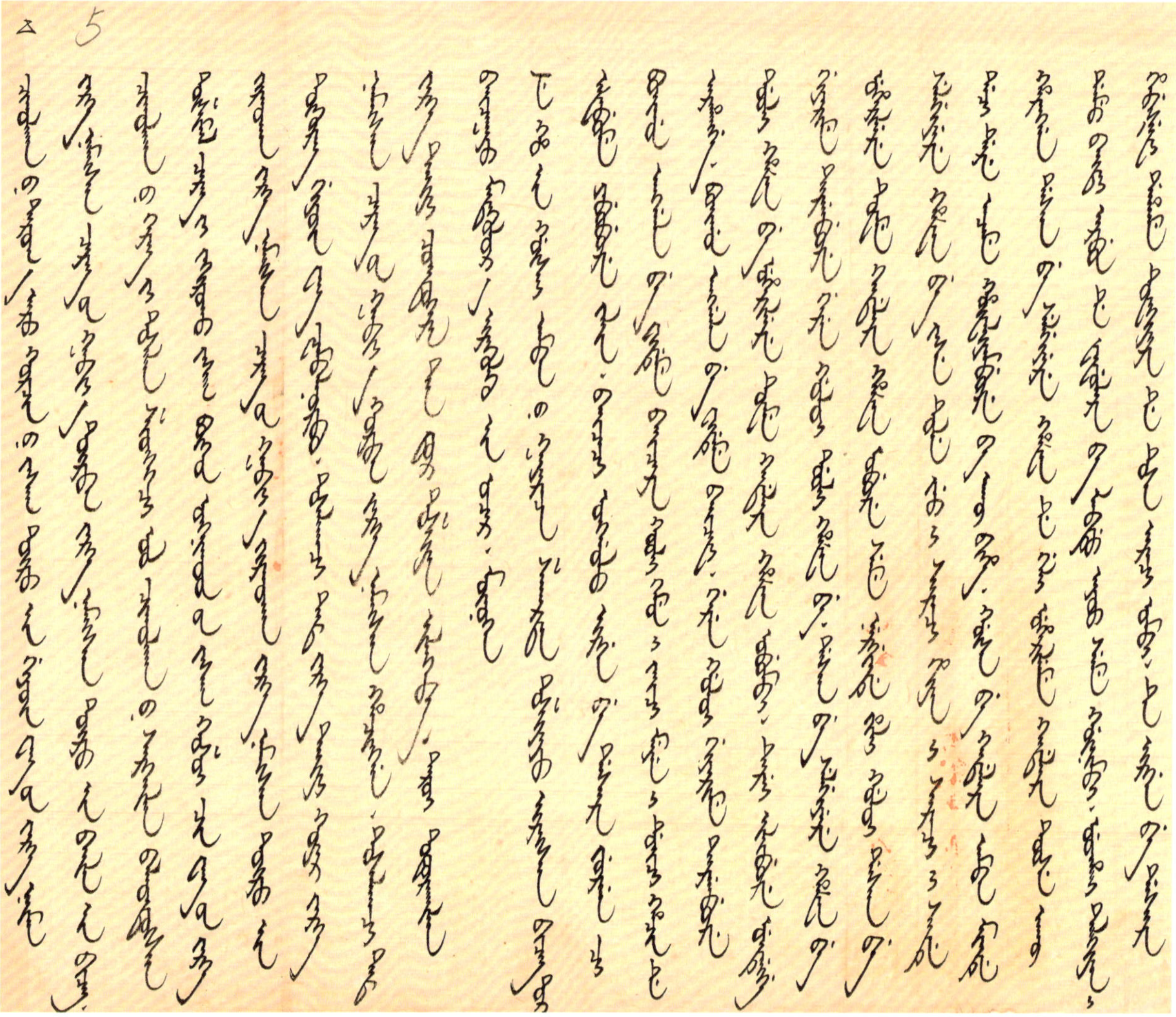

063 盟长阿鲁科尔沁札萨克贝勒为统计人口事札盟摄政协理原盟警备军札萨克郡王等文（宣统元年初夏三十日）

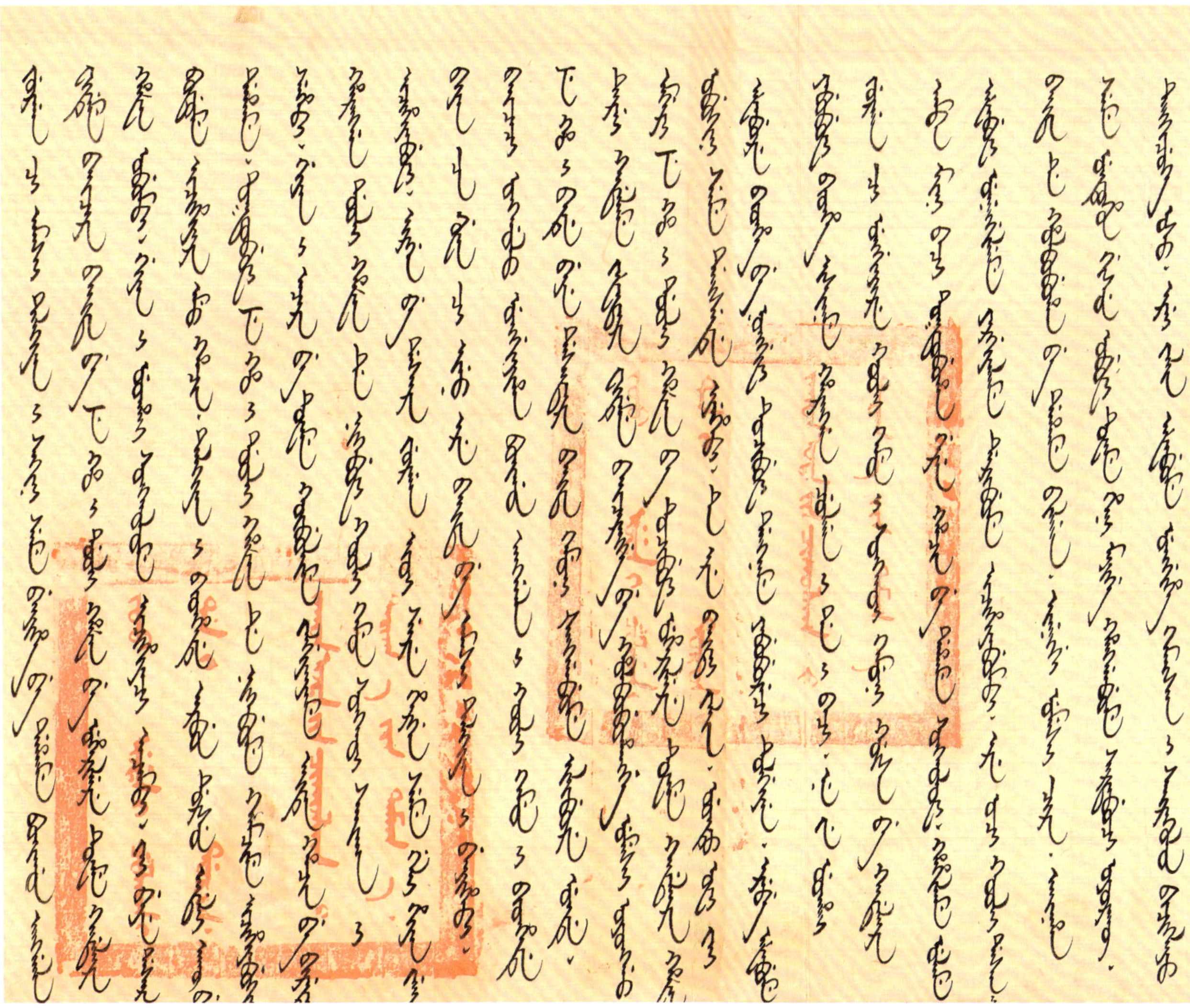

063 盟长阿鲁科尔沁札萨克贝勒为统计人口事札盟摄政协理原盟警备军札萨克郡王等文（宣统元年初夏三十日）

盟长阿鲁科尔沁札萨克贝勒为统计人口事札盟摄政协理原盟警备军札萨克郡王等文

盟长阿鲁科尔沁札萨克多罗郡王衔加八级军功加四级多罗贝勒文。札付盟摄政协理原盟警备军札萨克暨翁牛特札萨克和硕亲王衔加六级军功加六级多罗杜棱郡王赞巴勒诺尔布，协理二等台吉加二级军功加三级哈青阿、协理二等台吉朝格图格日乐：速明察呈报之事。

近日，热河都统衙门督办札开：为交付遵行事。经查，先前民政部颁发之调查户口章程第二章第四条规定，调查户口时将诸省巡戒道员任命为总管官员。其尚未确立将诸省巡戒道员、布政使作为总管官员时，直隶省布政使与口外知州、知县不曾有平时见面协调之处，本都统思及该布政使没有总管权限，恐事必要传令之处又多，即电文商议，可遵照施行。现今，既然民政部回电知照前来，户口调查之事将热河道员做为总管官员，理应即刻照办。再，筹办自治一项，电文称：既然形势有差，确定后委托热河道员兼办。等语。理应将斟酌变通诸项全部委托该道员，按照章程出色办理。经查，据之前关于户口章程之咨文，热河地区自治事务尚未成立，其与管制调查者关联甚为紧要。已任命热河道员为总管官员。等语。记录在案。现为此事再次增文，代替遵行外，将此交付行文，文至所属盟长处即刻依部增章程，仍遵照本都统处所定各项从速转交，认真落实办理。此事既然与宪法之事关联，限期甚严，断不可视为空言，不可有丝毫拖延。切实执行。为此札付。等因前来本盟署。兹有，抄录原文札付之。文到，诸札萨克、协理阅知文内，遵行大部及旗都统衙门札饬，查明本旗户口，造册钤印于本年仲夏初五日送至本盟长处。为以便审阅，统筹诸旗册子呈报旗都统衙门，不得有误。此等事非一般公务也，系国家行政之大事也。故不得像之前怠慢，致使治罪也。此事也通告盟摄政协理王爷处。

至此，致钤盟长印之文。

宣统元年初夏三十日

064 盟摄政协理原盟警备军札萨克郡王等为沿袭台吉空位事呈盟长阿鲁科尔沁札萨克贝勒等文（宣统元年仲夏初一日）

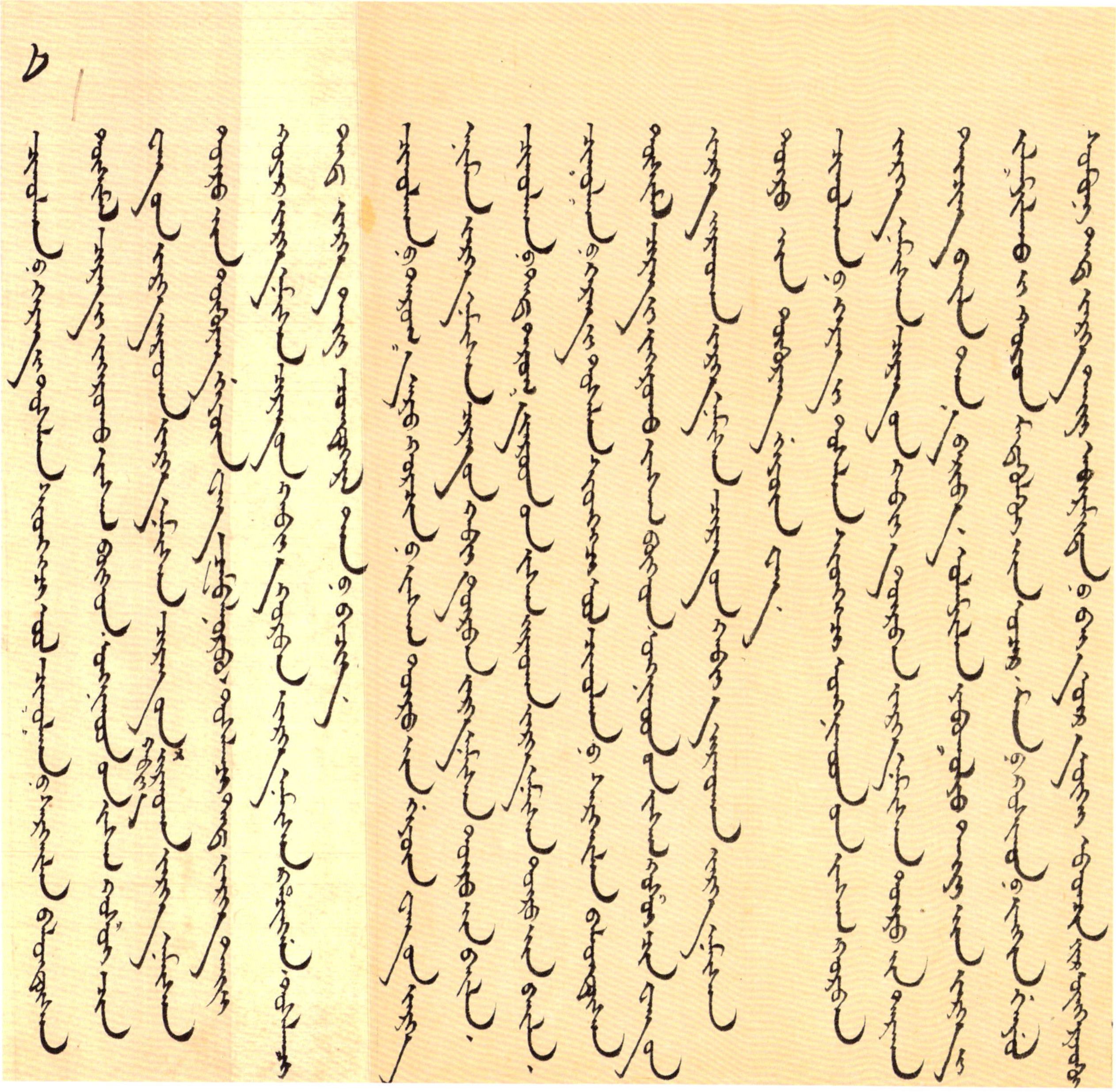

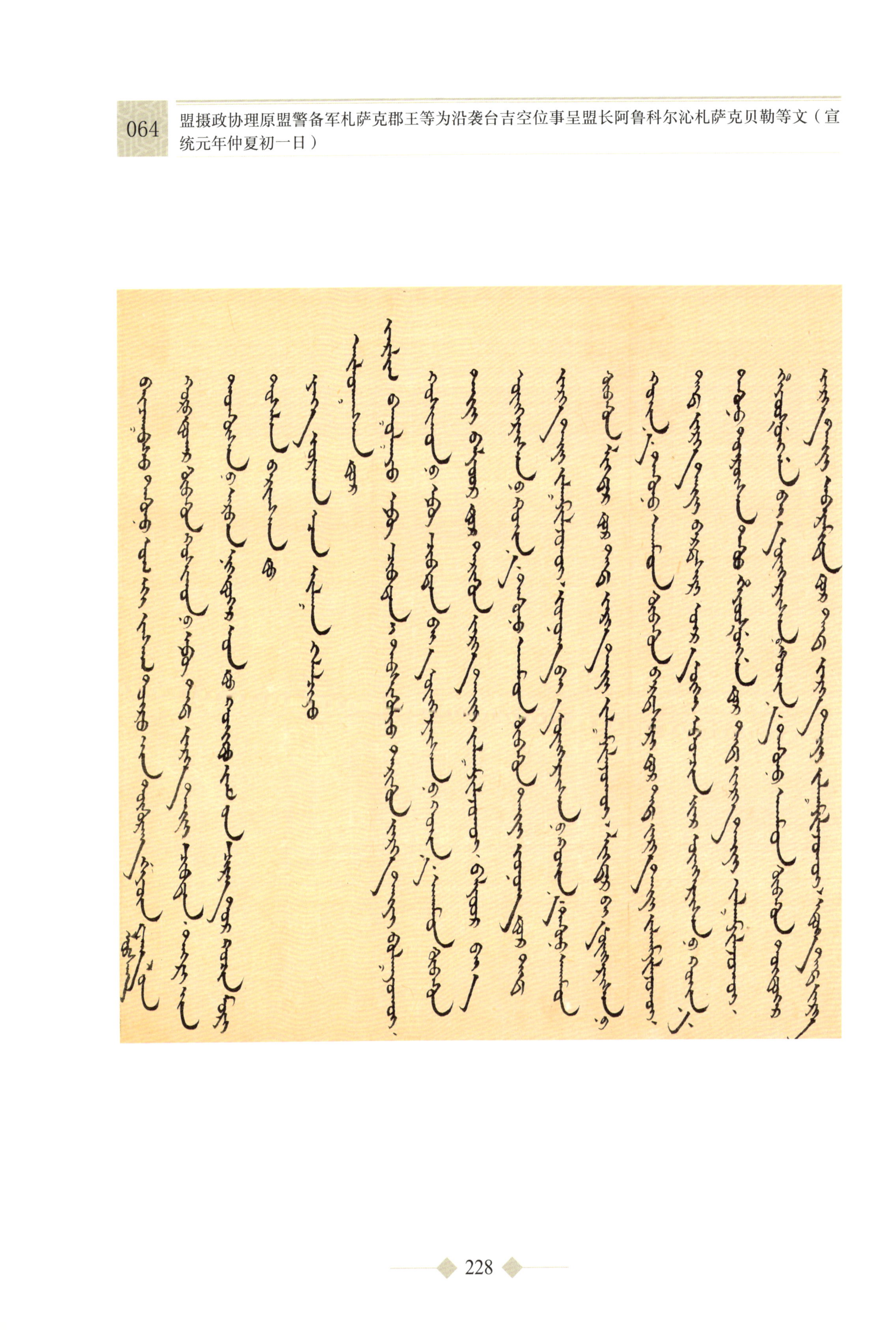

064 盟摄政协理原盟警备军札萨克郡王等为沿袭台吉空位事呈盟长阿鲁科尔沁札萨克贝勒等文（宣统元年仲夏初一日）

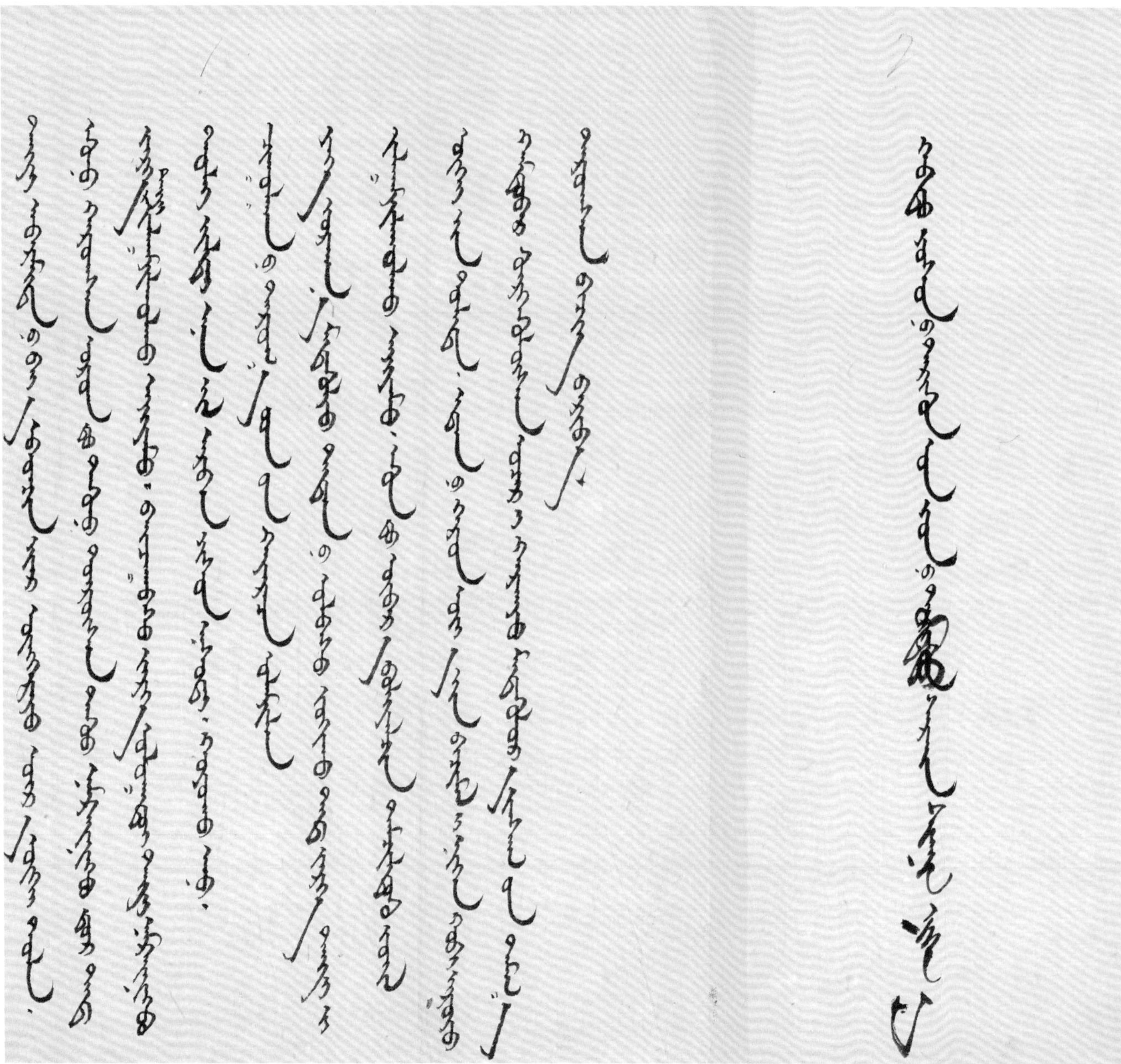

盟摄政协理原盟警备军札萨克郡王等为沿袭台吉空位事呈盟长阿鲁科尔沁札萨克贝勒等文

盟摄政协理原盟警备军札萨克暨翁牛特札萨克和硕亲王衔加六级军功加六级多罗杜棱郡王赞巴勒诺尔布，协理二等台吉加二级军功加三级哈青阿、协理二等台吉朝格图格日乐文。呈送盟长阿鲁科尔沁札萨克多罗郡王衔加八级军功加四级多罗贝勒副盟长扎鲁特札萨克加六级多罗贝勒、盟摄政协理原盟警备军札萨克暨翁牛特札萨克和硕亲王衔加六级军功加六级多罗杜棱郡王、盟摄政协理翁牛特札萨克加三级军功加四级多罗达尔罕岱青贝勒：呈报沿袭台吉爵位之事。

本旗章京根珠儿佐领二等台吉阿碧尔米达无子，病故。查其族谱，札萨克多罗杜棱郡王罗布桑之三子旗额驸二等台吉查布丹，于乾隆十一年捐献北路军三十匹马。故大部晋升额驸查布丹为一等台吉。旗额驸查布丹去世后，其长子台吉巴拉珠尔沿袭其一等台吉爵位。巴拉珠尔去世后，其长子台吉朱浓承袭二等台吉。朱浓去世后，其长子力格德尔沿袭二等台吉。力格德尔去世后，其长子巴日达希日沿袭其二等台吉。二等台吉巴日达希日无子，病逝后，其亲弟珠松哈沿袭其二等台吉。珠松哈去世后，其长子四等台吉阿碧尔米达沿袭其二等台吉。如今二等台吉阿碧尔米达去世，无子也。呈请其二等台吉空位沿袭给其亲弟南卡宁布。

准台吉南卡宁布，属兔，今年十九岁。呈请盟署转呈大部准其沿袭二等台吉为盼。别无争位之人。附南卡宁布家谱一份。

至此，呈钤札萨克印之文。

宣统元年仲夏初一日

065 克什克腾台吉为田赋、房租被侵占事呈将军札萨克王等文（宣统元年五月二十二日）

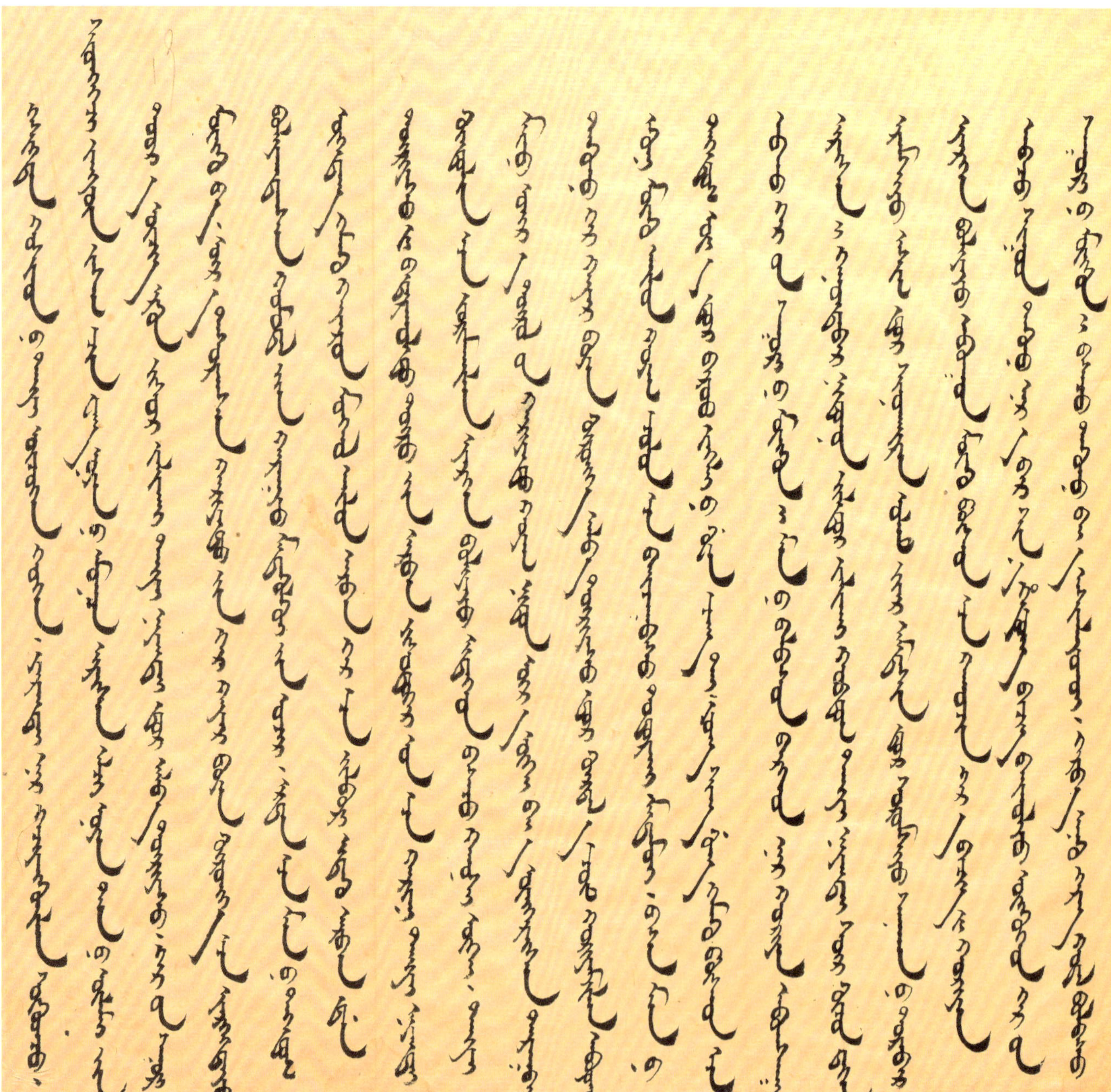

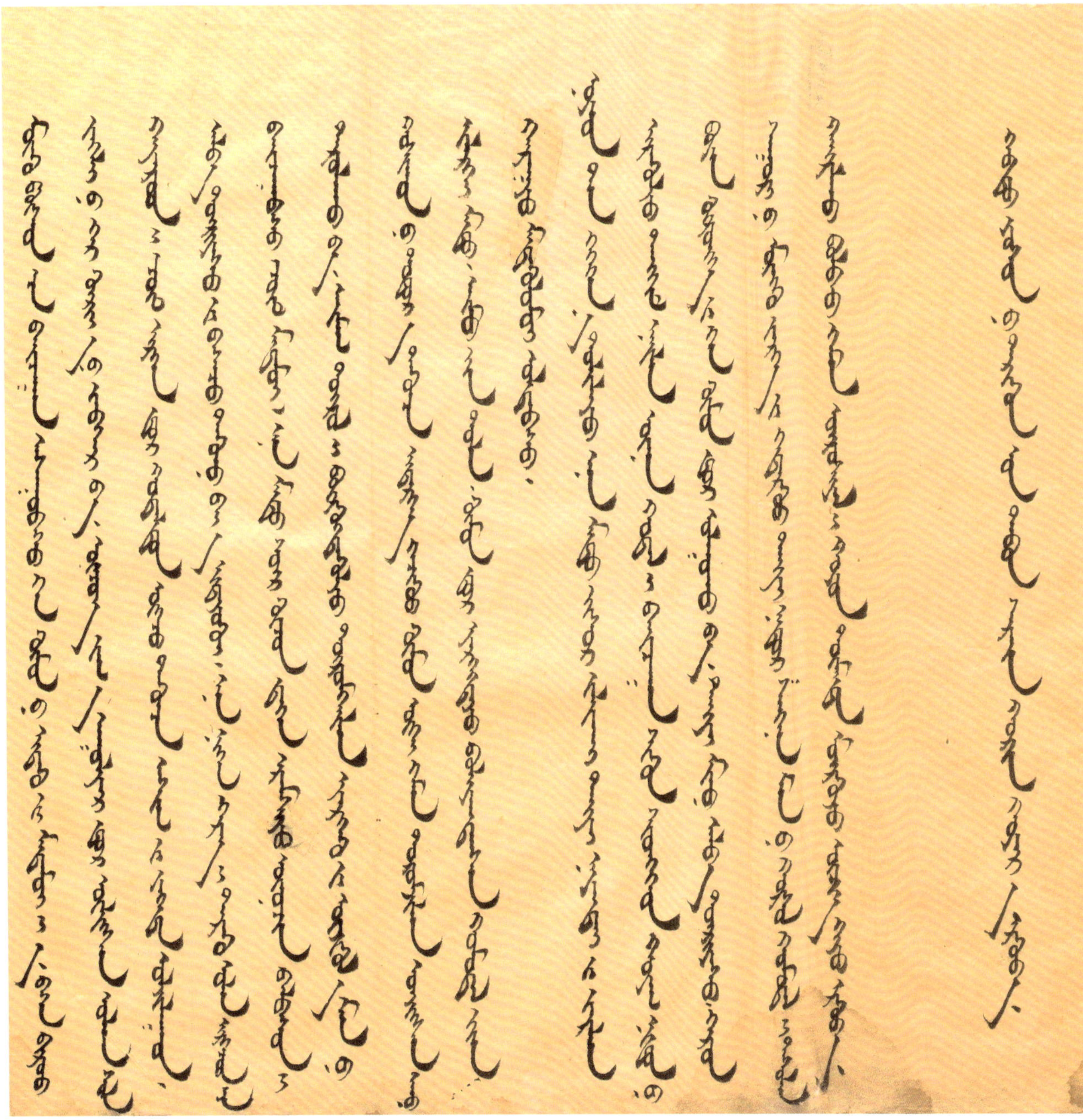

克什克腾台吉为田赋、房租被侵占事呈将军札萨克王等文

克什克腾旗台吉鄙人厚恨、易仁泰跪地祈求摄政将军札萨克亲王及使者：伸冤被狡诈台吉纳音泰强占田赋、房租，无子继承遗产之事。

本人自祖辈每年收租沃格登之地蒙古营十户十担石米。然而，光绪十九年起，台吉纳音泰横加霸占此等田赋，仍不知足。本台吉亲戚隶属壮丁倪盾无子，病逝后，纳音泰霸占了其房屋、田赋等遗产。此事本村壮丁朝鲁可作证。还有，自祖辈开始收之经棚街关长泰、永兴红两个店铺租金，遗孀嫂嫂收取多年。突然去年起，台吉纳音泰仗势欺人，肆意霸占，收回店铺之旧契约，改立自己名下之新契约，将房屋租金占为己有。此事真假，询问店铺便知。还有，将经棚街院落之间及边角闲地卖给民人，私吞售地款，还加收租金。此事质问那些民人便可知也。如此仗势欺人、欺压孤寡、任意侵占吾亲属财产，真是本旗无他人也，故伸冤之。祈求王爷传唤狡诈台吉纳音泰，辨明是非，将壮丁倪盾遗产判给应继承人，还吾田赋及租金，雪俺怨恨。

至此，千跪万叩呈送之。

宣统元年五月二十二日

066 署理克什克腾札萨克印务协理为押送涉案人员事呈盟摄政协理原盟警备军札萨克郡王文（宣统元年初秋初九日）

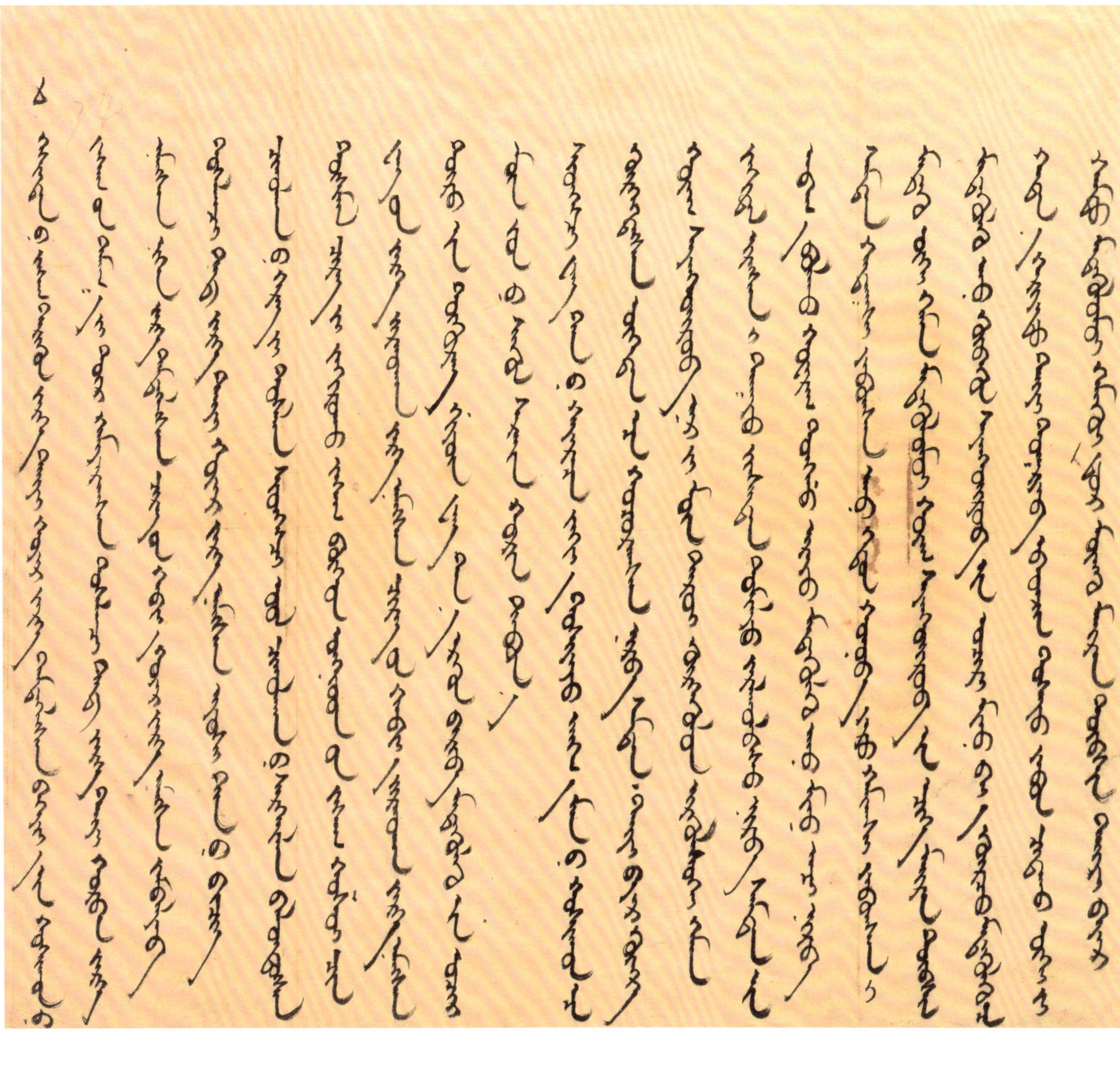

066 署理克什克腾札萨克印务协理为押送涉案人员事呈盟摄政协理原盟警备军札萨克郡王文（宣统元年初秋初九日）

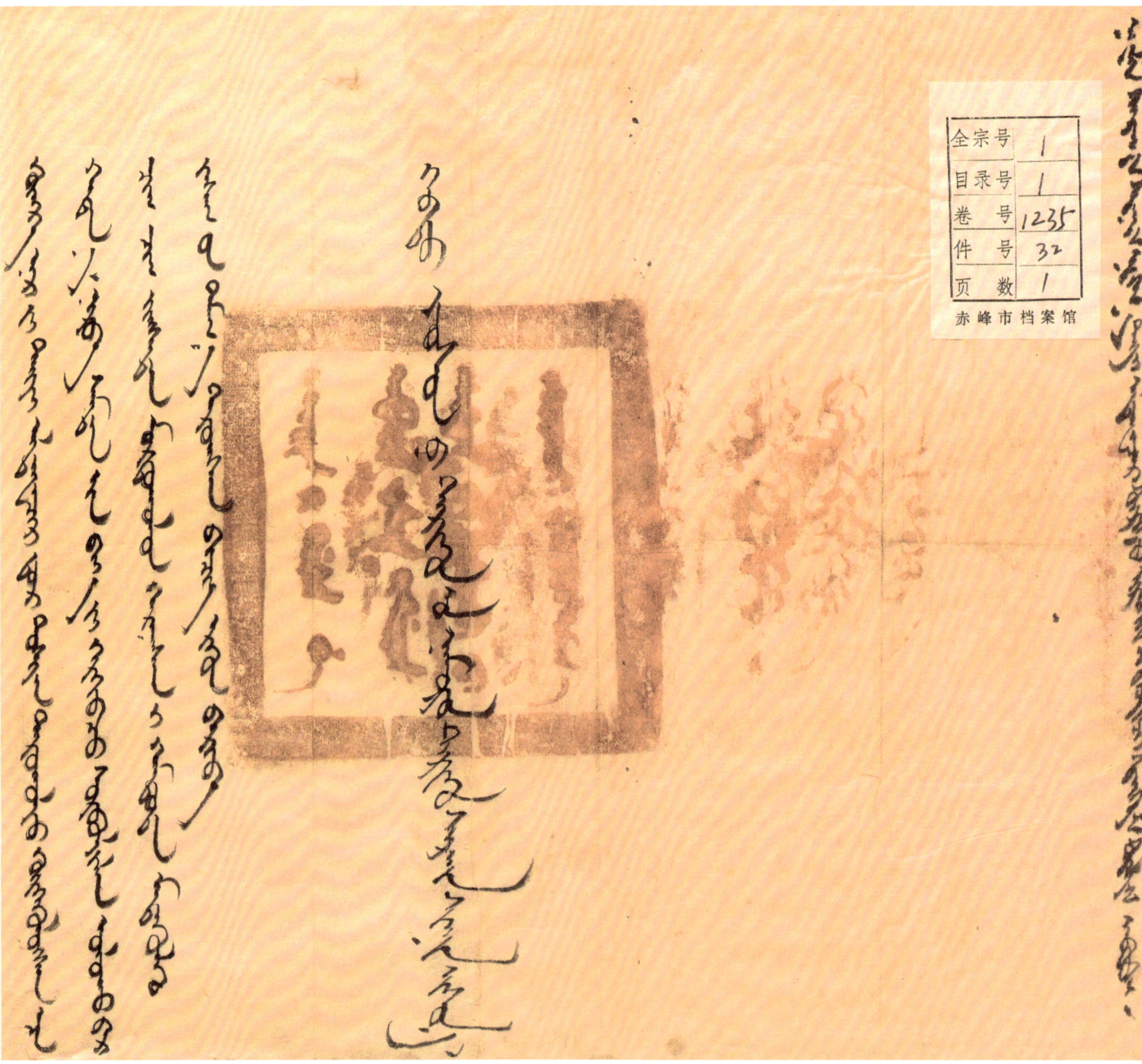

署理克什克腾札萨克印务协理为押送涉案人员事呈盟摄政协理原盟警备军札萨克郡王文

署理克什克腾札萨克一等台吉记二级布和吉雅旗札萨克印务之协理二等台吉加三级记一级军功加二级占布拉扎布、协理二等台吉加二级阿尤希文。呈盟摄政协理原盟警备军札萨克暨翁牛特札萨克和硕亲王衔加六级军功加六级多罗杜棱郡王：呈报之事。

本年末夏二十五日摄政札饬：即刻传唤本旗押送之涉案人员中遗漏者管家喇嘛萨木坦、台吉巴雅尔贡嘎、壮丁斯音贵日布。等因前来。故即刻指派官吏传唤涉案者。管家喇嘛萨木坦之叔和尚童虎来报曰：本人侄子司库萨木坦出门多日，不知去向。壮丁斯音贵日布之父梅林图布新报曰：呈报斯音贵日布不能前往外，一同报所属台吉道嘎日扎布因病不能前往。等语。故将梅林图布新、台吉巴雅尔贡嘎交之台吉阿拉坦敖其尔押送外，指派官吏追捕管家喇嘛萨木坦。

至此，呈钤札萨克印之文。

宣统元年初秋初九日

067 盟摄政协理翁牛特札萨克协理为甲喇菱格被张永生诬告案呈盟摄政协理原盟警备军札萨克郡王文（宣统元年初秋十六日）

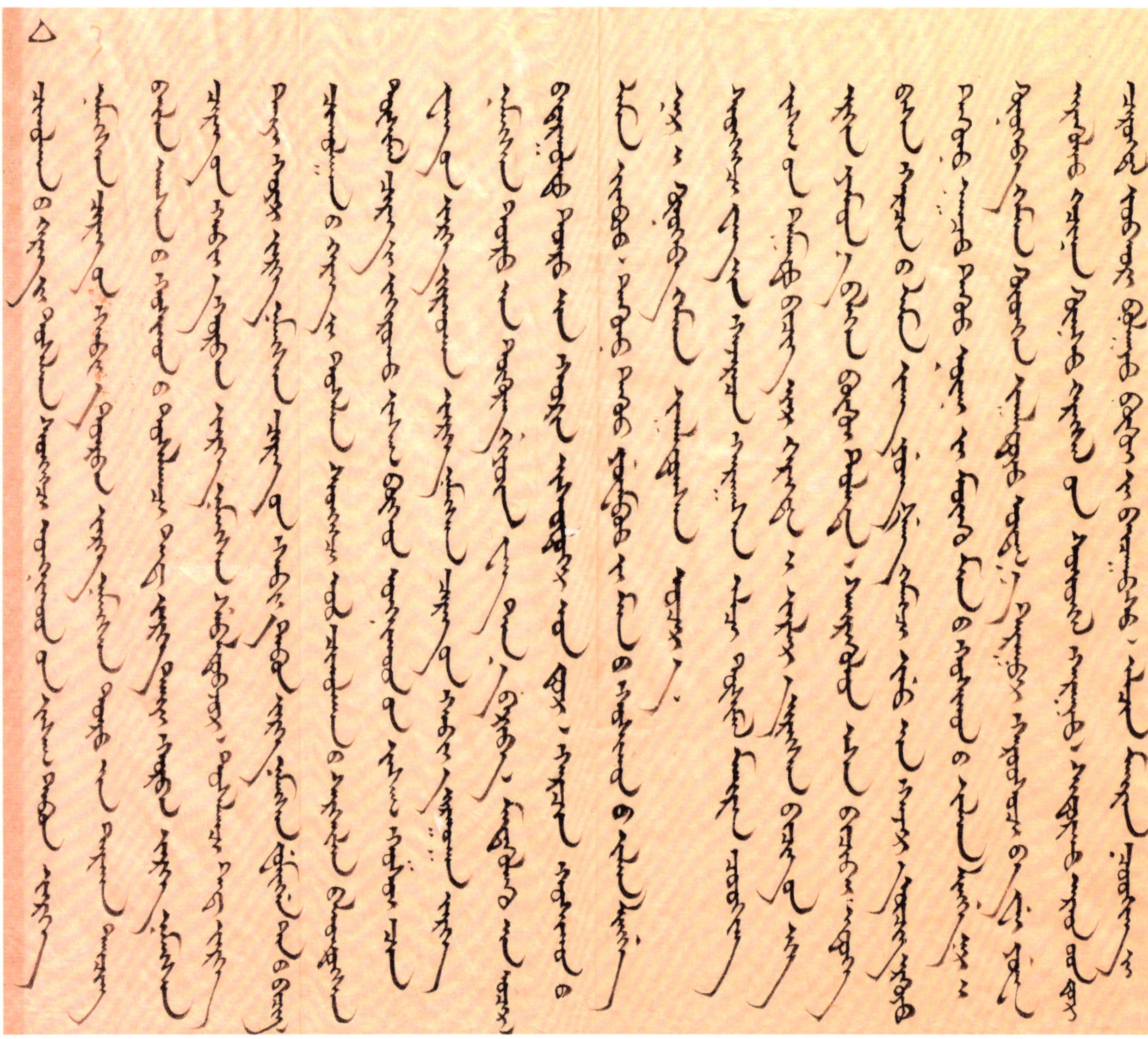

067 盟摄政协理翁牛特札萨克协理为甲喇菱格被张永生诬告案呈盟摄政协理原盟警备军札萨克郡王文（宣统元年初秋十六日）

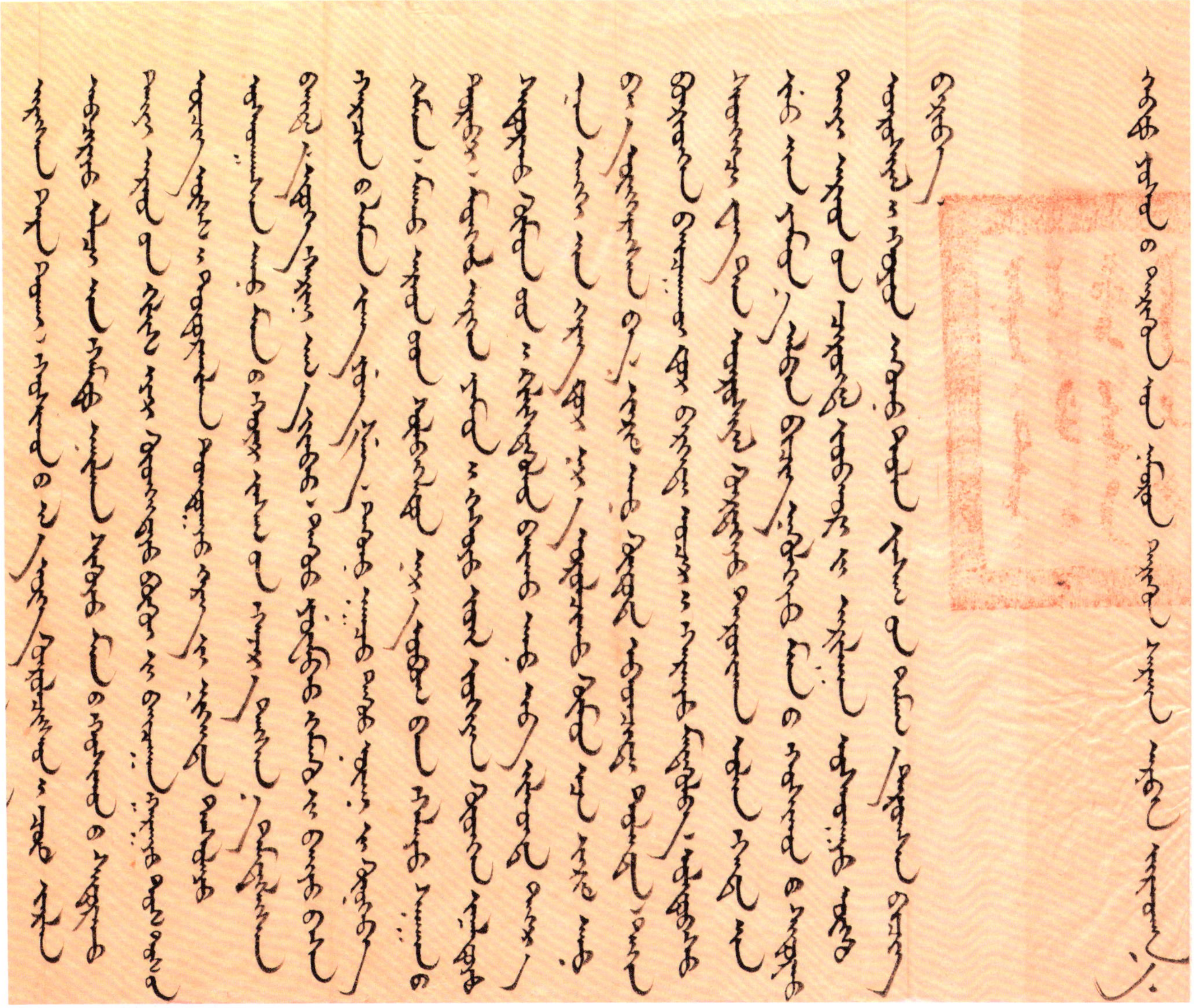

盟摄政协理翁牛特札萨克协理为甲喇菱格被张永生诬告案呈盟摄政协理原盟警备军札萨克郡王文

盟摄政协理翁牛特札萨克加五级军功加四级多罗达尔罕岱青贝勒旗协理二等台吉加三级军功加三级色布乐道布朱尔、协理二等台吉加二级军功加五级福明阿文。呈送盟摄政协理原盟警备军札萨克暨翁牛特札萨克和硕亲王衔加六级多罗杜棱郡王：呈报之事。

光绪二十九年上告本旗甲喇菱格杀害喀喇沁旗喇嘛金宝、其弟元宝案卷及摄政王爷府指派梅林朝京传唤嫌犯等文书原稿均在贵衙门。故免于抄送。如今又有喀喇沁喇嘛张永生至州府诬告甲喇菱格杀害其表弟努奈。为此札萨克屡次指派官员，旗民为此出路费而苦不堪言。经查，之前使者梅林朝京到来之时，传唤本旗涉案人员与朝京一同联判，本旗忠良台吉菱格被告一案判定为诬告，并分别记录口供，查明真相，判定结果在两札萨克署均记录在案。然而，如今喀喇沁喇嘛张永生对杀害金宝、元宝兄弟二人案避而不谈，而指控杀害了其表弟努奈。贼民如此串联更改姓名到处上诉捣乱，显然为诬告忠良、冤枉好人也。其因为涉及此案人员或去世、或重病在身，传唤取证困难。故呈请摄政王爷转送乌兰哈达州衙门为本旗良民平反昭雪为盼。

至此，呈钤札萨克印之文。

宣统元年初秋十六日

068 摄政翁牛特札萨克印务处传唤苏德那木札文（宣统元年七月二十日）

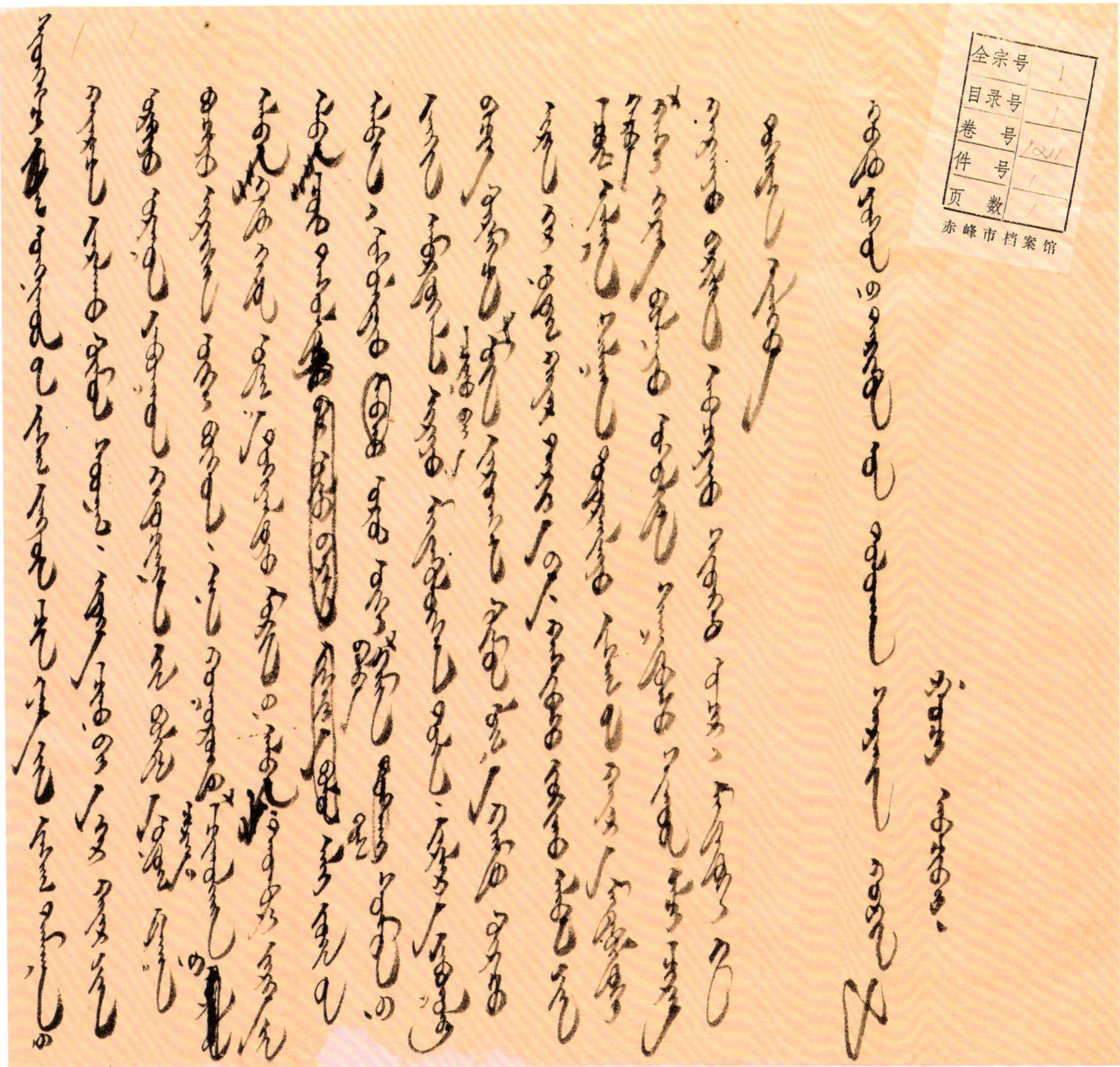

摄政翁牛特札萨克印务处传唤苏德那木札文

摄政翁牛特札萨克将军亲王札萨克印务处札文。传唤苏德纳木：兹有，尔等抛弃家业出逃多年一直未归，期间盟会军务服役数次、征用马匹数次等公务，均逃过。本佐领章京阿穆尔通拉嘎前来呈报之。故通告也。文到，尔等与官差一同归来澄清草场耕地及怠误公务等事呈报札萨克处。若置之度外再有怠慢，将指派衙役捉拿归案严加治罪也。

此札。

宣统元年七月二十日

069 盟长阿鲁科尔沁札萨克贝勒为派遣警备军消除匪患事札盟摄政协理原盟警备军札萨克郡王等文（宣统元年初秋二十九日）

069 盟长阿鲁科尔沁札萨克贝勒为派遣警备军消除匪患事札盟摄政协理原盟警备军札萨克郡王等文（宣统元年初秋二十九日）

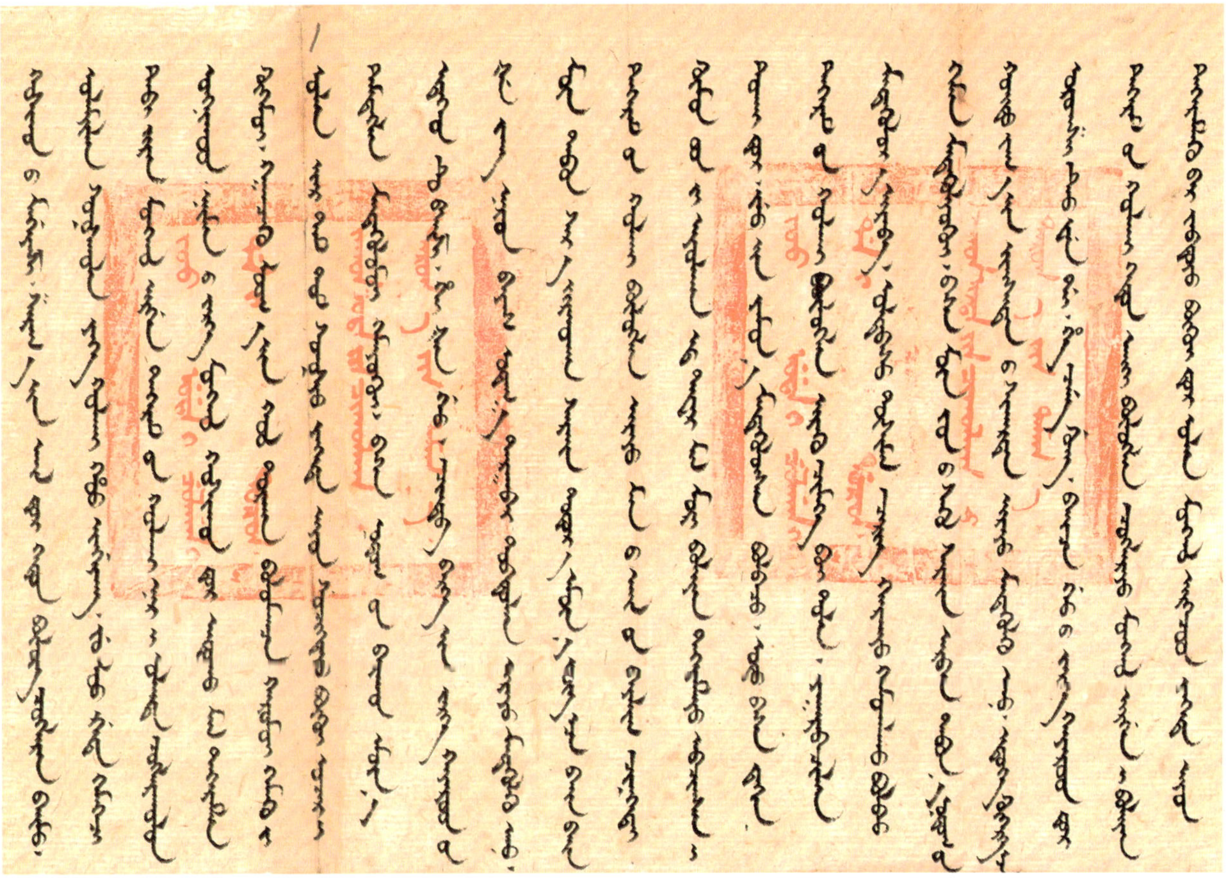

069 盟长阿鲁科尔沁札萨克贝勒为派遣警备军消除匪患事札盟摄政协理原盟警备军札萨克郡王等文（宣统元年初秋二十九日）

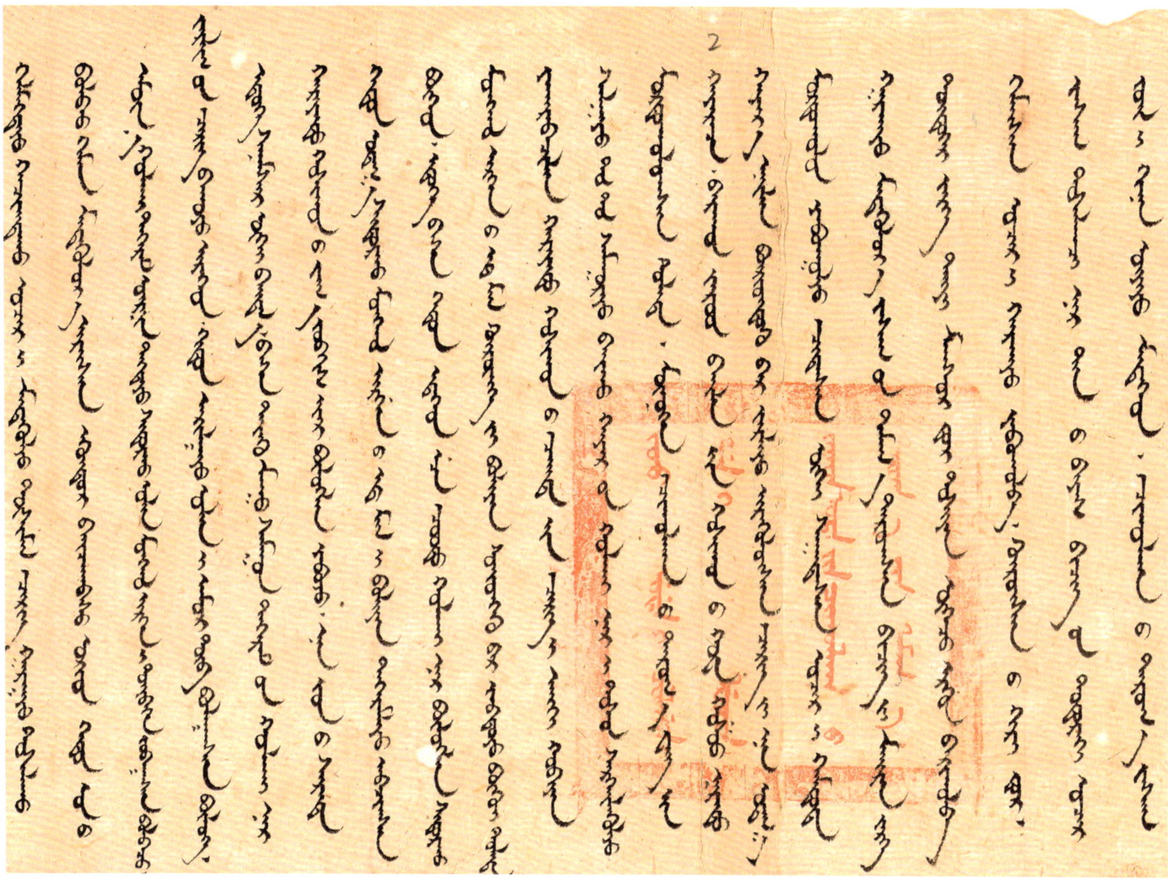

069 盟长阿鲁科尔沁札萨克贝勒为派遣警备军消除匪患事札盟摄政协理原盟警备军札萨克郡王等文
（宣统元年初秋二十九日）

盟长阿鲁科尔沁札萨克贝勒为派遣警备军消除匪患事札盟摄政协理原盟警备军札萨克郡王等文

盟长阿鲁科尔沁札萨克多罗郡王衔加八级军功加四级多罗贝勒文。札付盟摄政协理原盟警备军札萨克暨翁牛特札萨克和硕亲王衔加六级军功加六级多罗杜棱郡王赞巴勒诺尔布，协理二等台吉加二级军功加三级哈青阿、协理二等台吉朝格图格日乐：警戒巡察之事。

近日，原盟摄政协理翁牛特札萨克多罗达尔罕岱青贝勒华连之协理台吉处呈称：禀报之事。本年末夏十二日，本乡西南边界章京丫头、尼玛等紧急来报：初九日三十余名盗贼结伙企图从奈曼新庙西渡口过老哈河，但遇老哈河涨水未能过河，反而抢走奈曼塔宾章京塔木扎布马群，集聚在敖汉旗莫克叶希、沙日嘎营子。传闻，大盗贼郝营长、赵老旮沓召集蒙汉盗贼五六十之多，扬言要盗尽翁牛特、奈曼蒙旗牲畜，只等老哈河退洪。百姓纷纷听闻此事，十分恐慌。等语。还有，乡西南方向之土牌子、黑山沟、沁达布布日和等地社长们疾奔禀报：本年五、六月间，从南部时常侵入盗贼之帮，抢走殷实之家财物及牲畜。虽及时禀报过州衙门，但又闻盗贼之患，特报匪情，呈请指派卫军，保护百姓。等语。还有，本年末夏十五日，乡北部边界地区官差告急曰，如今，桥头以南头分地、合城宫、白茬沟等地盗匪成群结队，抢掠蒙汉民人而造成恐慌蔓延。呈请派卫兵援助。等语。经查，前几年盗匪猖獗，抢掠蒙汉良民时，派兵镇压，消除隐患。不料，如今所属旗边界又起盗匪之患，今年夏天就有几次抢夺蒙民牲畜、财产的案件。如今，各地又传来盗匪将抢夺蒙民财产的消息。为此，迅速派遣所属旗卫兵，各自至盗匪猖獗之地警戒防范。还有，本次未能指派盟署派遣至右翼扎鲁特贝勒旗花和硕之警备队。此等事，指派梅林四等台吉玛格苏尔携钤札萨克印之文转送之。接文，诸札萨克、协理阅知文内，派遣本盟长札萨克王抽调之外警备军，备好马匹、武器至所属旗边界进行警戒。如有盗匪侵入，一律格杀勿论，确保一方平安。不得怠慢而加重百姓疾苦也。

至此，飞札钤盟长印之文。

宣统元年初秋二十九日

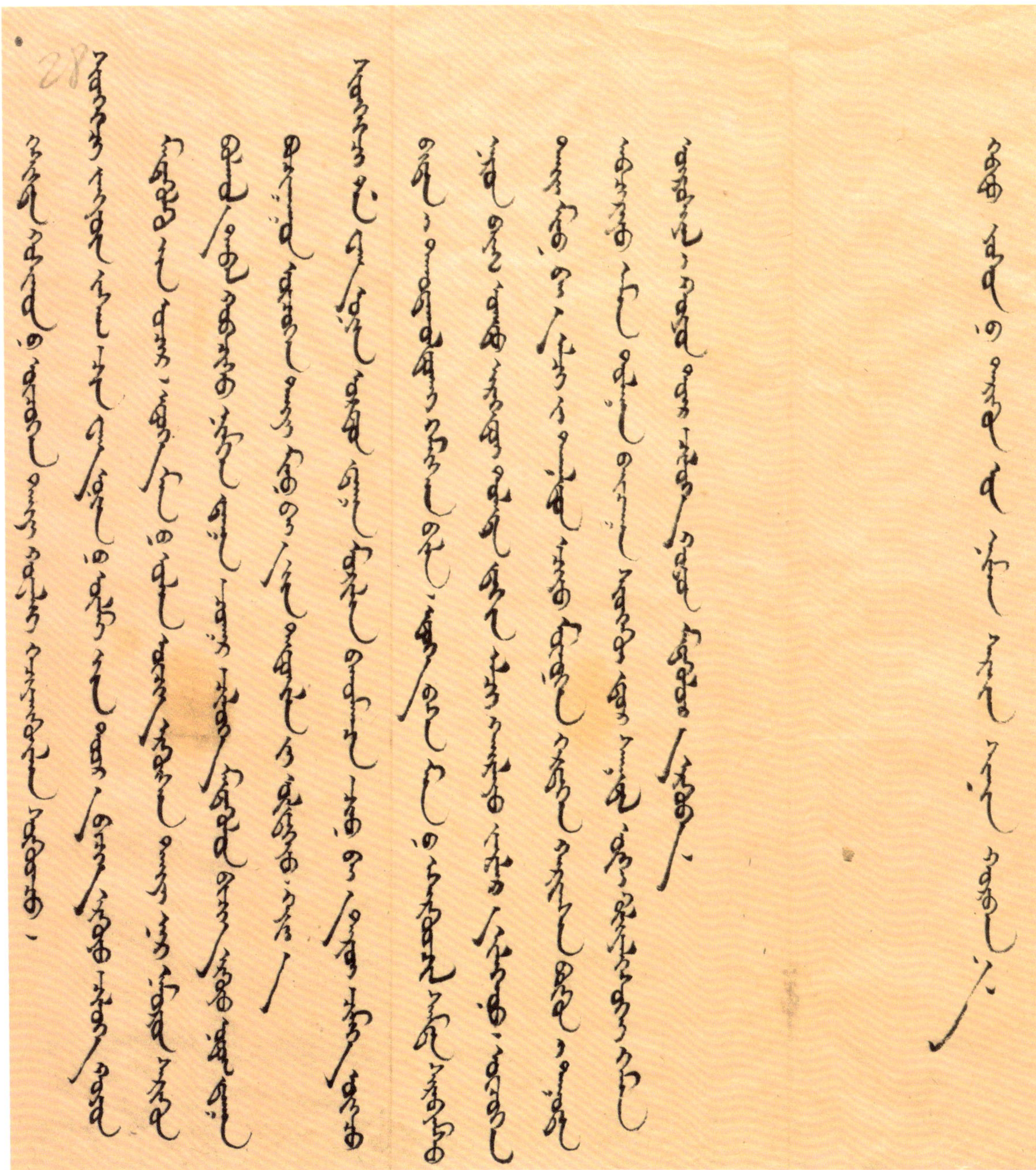

克什克腾旗台吉华莱为传唤涉案人事呈将军札萨克王文

克什克腾旗台吉华莱文。鄙人克什克腾旗台吉华莱跪地呈送将军札萨克亲王：呈请请假之事。

兹有，吾等交口供待审之台吉，秋爽时分多数请假回乡备冬季棉服，只剩鄙人，待摄政王爷回府下令时，让鄙人即刻传唤也。时至今日，萨木坦、希日布扎木苏还未归来。如王爷指派官吏传唤未归者，鄙人一同前去召回归乡者，以备质询审理。

宣统元年八月初三日

071 热河都统府为调查户口事札翁牛特王旗文（宣统元年八月初八日）

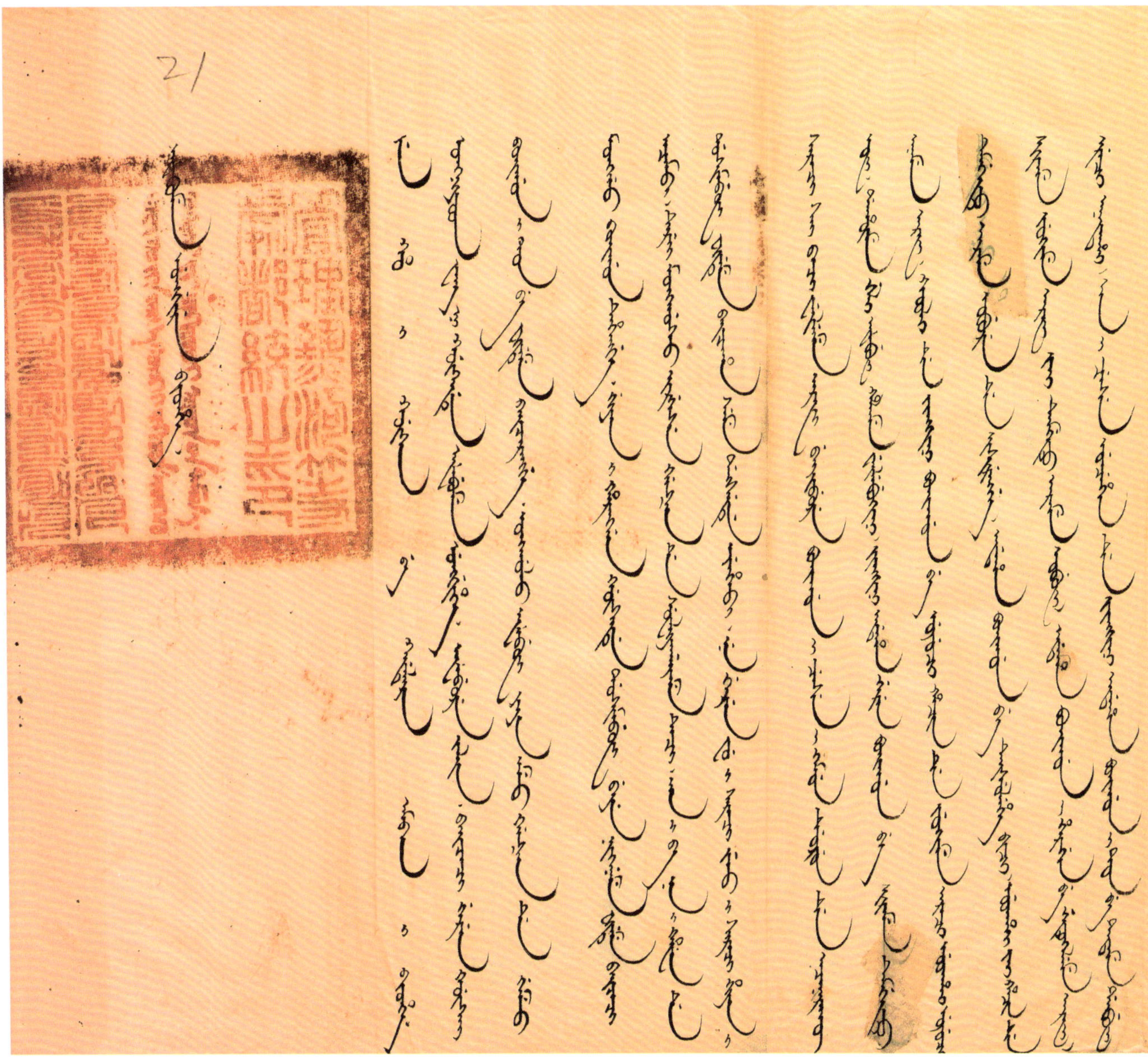

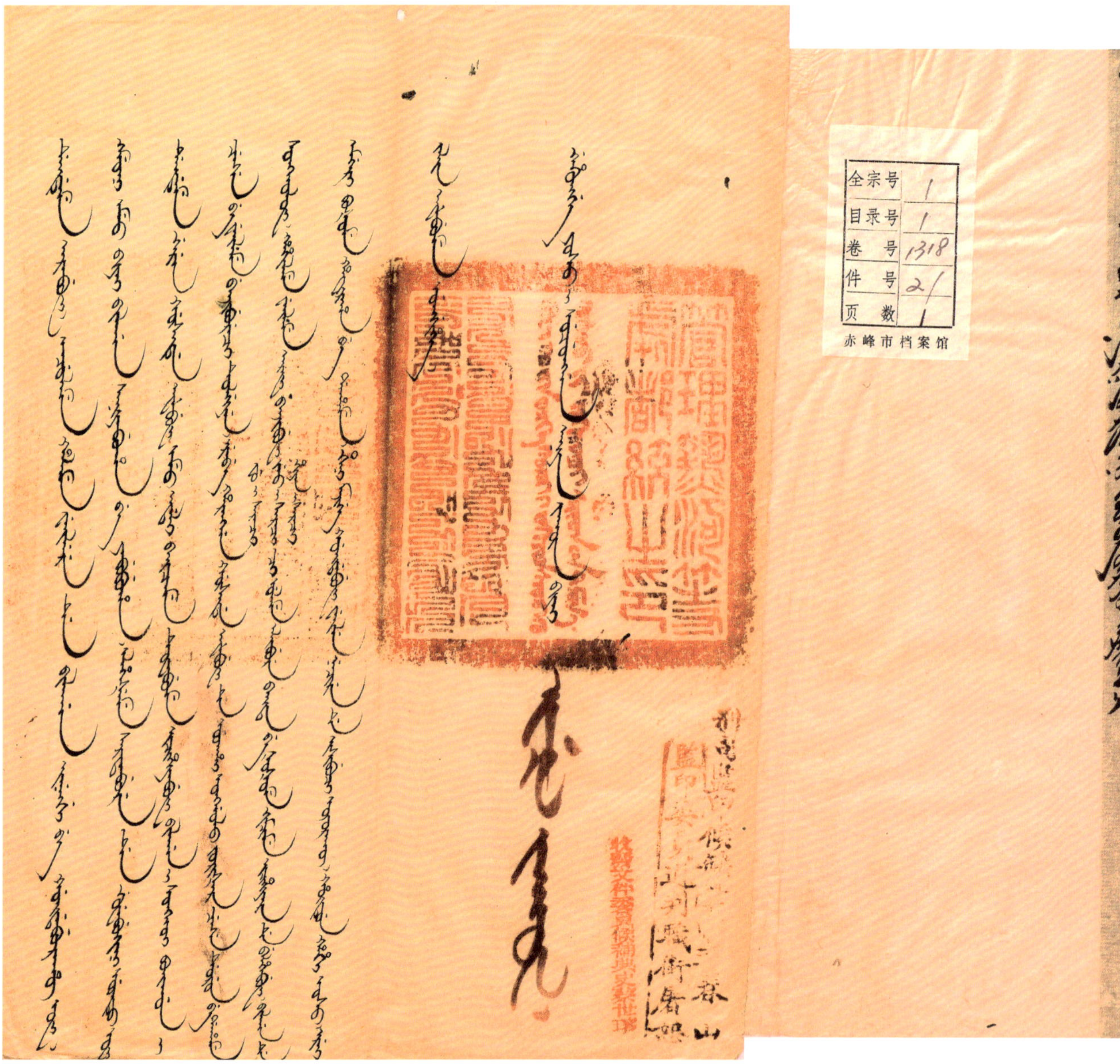
全宗号 1
目录号 1
卷号 1318
件号 21
页数 1
赤峰市档案馆

热河都统府为调查户口事札翁牛特王旗文

热河都统文：为札付翁牛特王旗事。

查得，先前交付诸旗调查户口一事，凡一乡住有一户蒙古人者，理应入该旗，亲临调查。若有混居于蒙古民众之乡，照常由地方官员进入调查。等语。记录在案。兹有，各知府、知州、知县制造之户册不符规则，复又交付更换制作，将正副诸户依次画押缮写。正户填写于首项，即首先画押，若有副户，即填于第二项，再画押。详细写明副户信息。照常于册子末端统计好正副户数量，分别缮写。另重新制作会延误限期，仍延长限期一个月，免于迟误。故分别交付诸旗一体查照办理。除按照限期制造户册送来外，将此交付所属旗，即刻遵照先前指导之册子的标准从速制作送来，以备将知府、知州、知县转呈之事汇总核办。既然已迫于限期，不可丝毫迟误以至犯罪。从速遵行。

为此札付。

宣统元年八月初八日

072 盟摄政协理原盟警备军札萨克郡王等为统一使用计量器具事呈盟长阿鲁科尔沁札萨克贝勒文（宣统元年仲秋初九日）

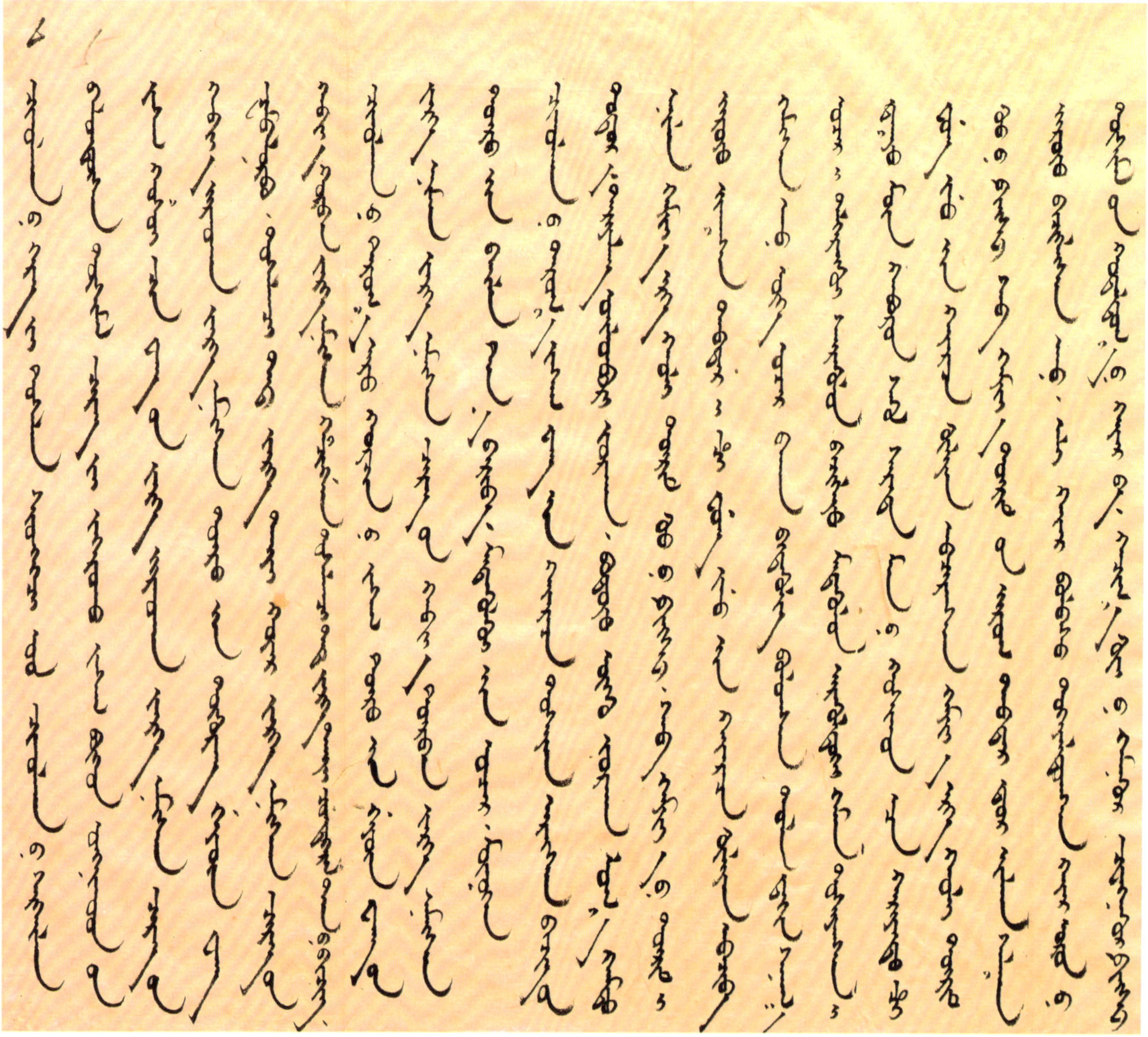

072 盟摄政协理原盟警备军札萨克郡王等为统一使用计量器具事呈盟长阿鲁科尔沁札萨克贝勒文（宣统元年仲秋初九日）

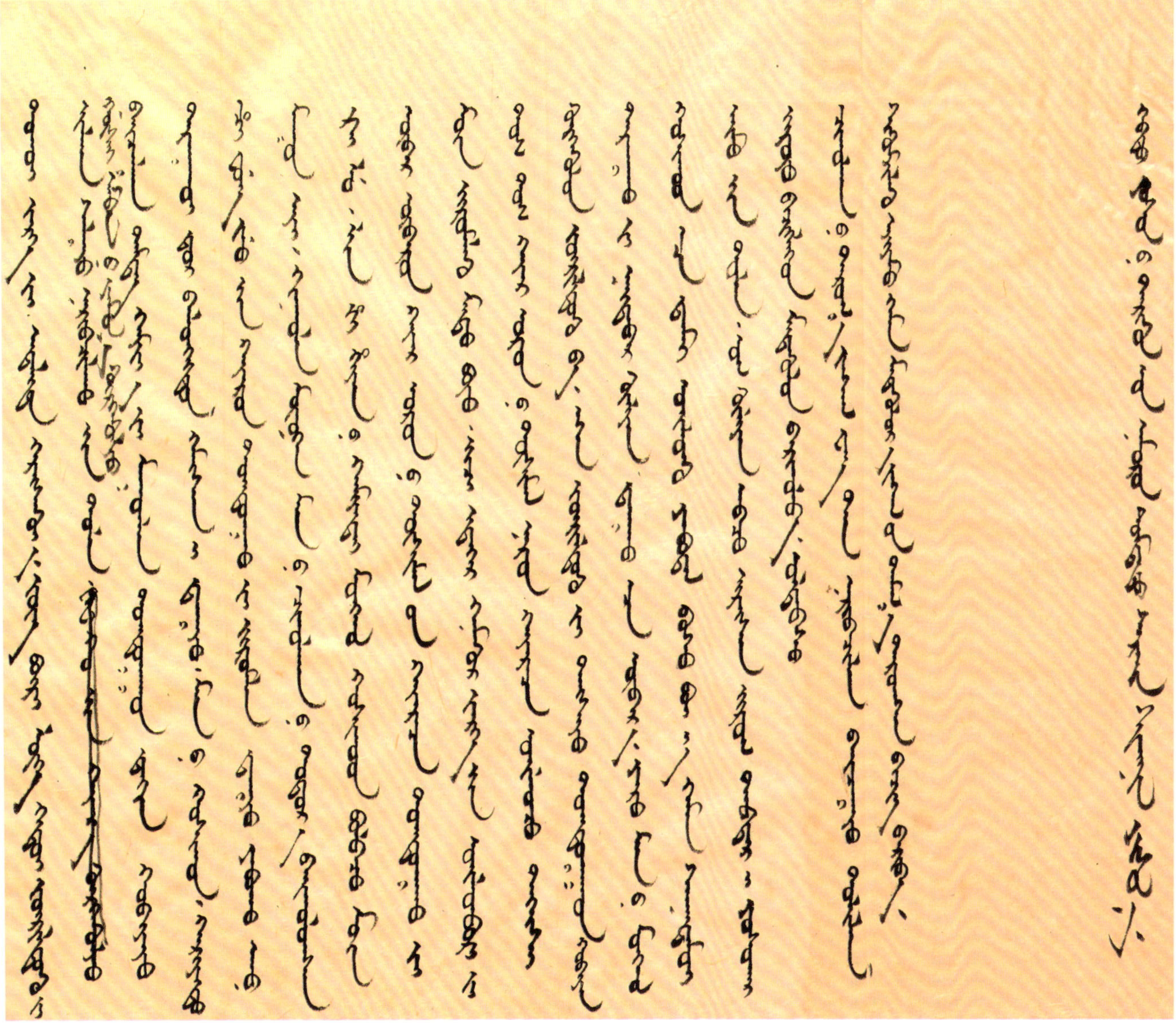

盟摄政协理原盟警备军札萨克郡王等为统一使用计量器具事呈盟长阿鲁科尔沁札萨克贝勒文

盟摄政协理原盟警备军札萨克暨翁牛特札萨克和硕亲王衔加六级军功加六级多罗杜棱郡王赞巴勒诺尔布，协理二等台吉加二级加军功三级哈青阿、协理二等台吉朝格图格日乐文。呈盟长阿鲁科尔沁札萨克多罗郡王衔加八级军功加四级多罗贝勒：禀报之事。

近日，盟长札萨克王处札开，农工司与会计司联合制定之计量器具秤、瓶、容器图文解释册，赤峰州已领取使用。等因前来。本旗奉命，于今年末春承接赤峰州计量器具秤、瓶、容器图文解释册。对计量单位进行分门别类，并对当地官方商铺及民营柜台所用计量单位秤、瓶、尺进行了校对，对误差情况也进行了详细甄别。兹有，报送至都统衙门处，以便统一标准后再下发至各地使用。

本旗理应只遵照赤峰州所确定之标准执行。经观察，近期本盟新设开鲁、林西县及相关蒙古旗还遵照当地官方制定之标准执行。此等计量器具均由各地官方制造且呈送至相关衙门进行鉴定，而后统一下发一个标准执行，而非蒙古各旗自行制造、定标准也。为此，领取之图文解释册按原样抄一份上报之。呈请盟长札萨克审查定夺。

至此，呈钤札萨克印之文。

宣统元年仲秋初九日

073 盟摄政协理原盟警备军札萨克郡王等为登记户口事呈盟长阿鲁科尔沁札萨克贝勒文（宣统元年仲秋初九日）

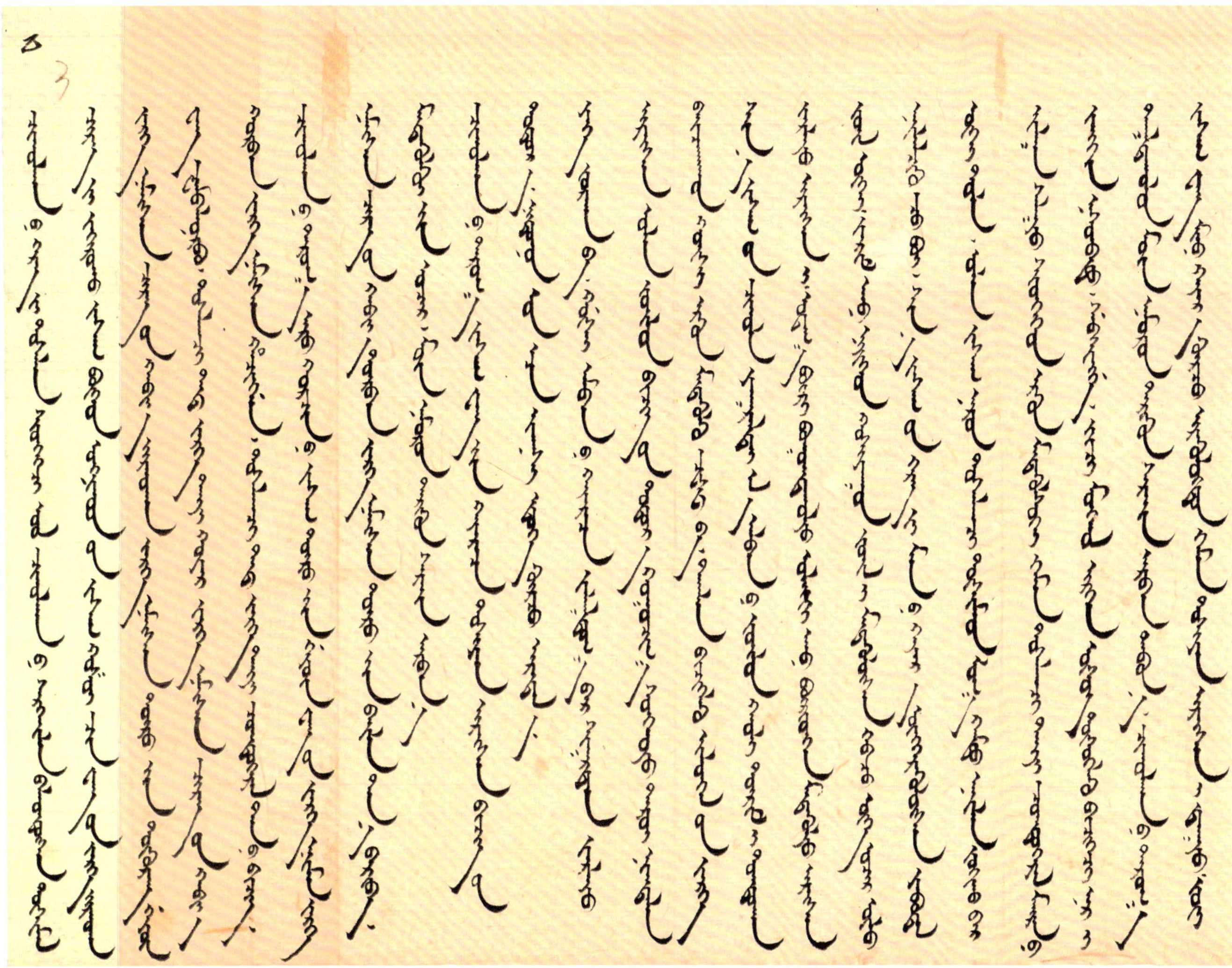

073 盟摄政协理原盟警备军札萨克郡王等为登记户口事呈盟长阿鲁科尔沁札萨克贝勒文（宣统元年仲秋初九日）

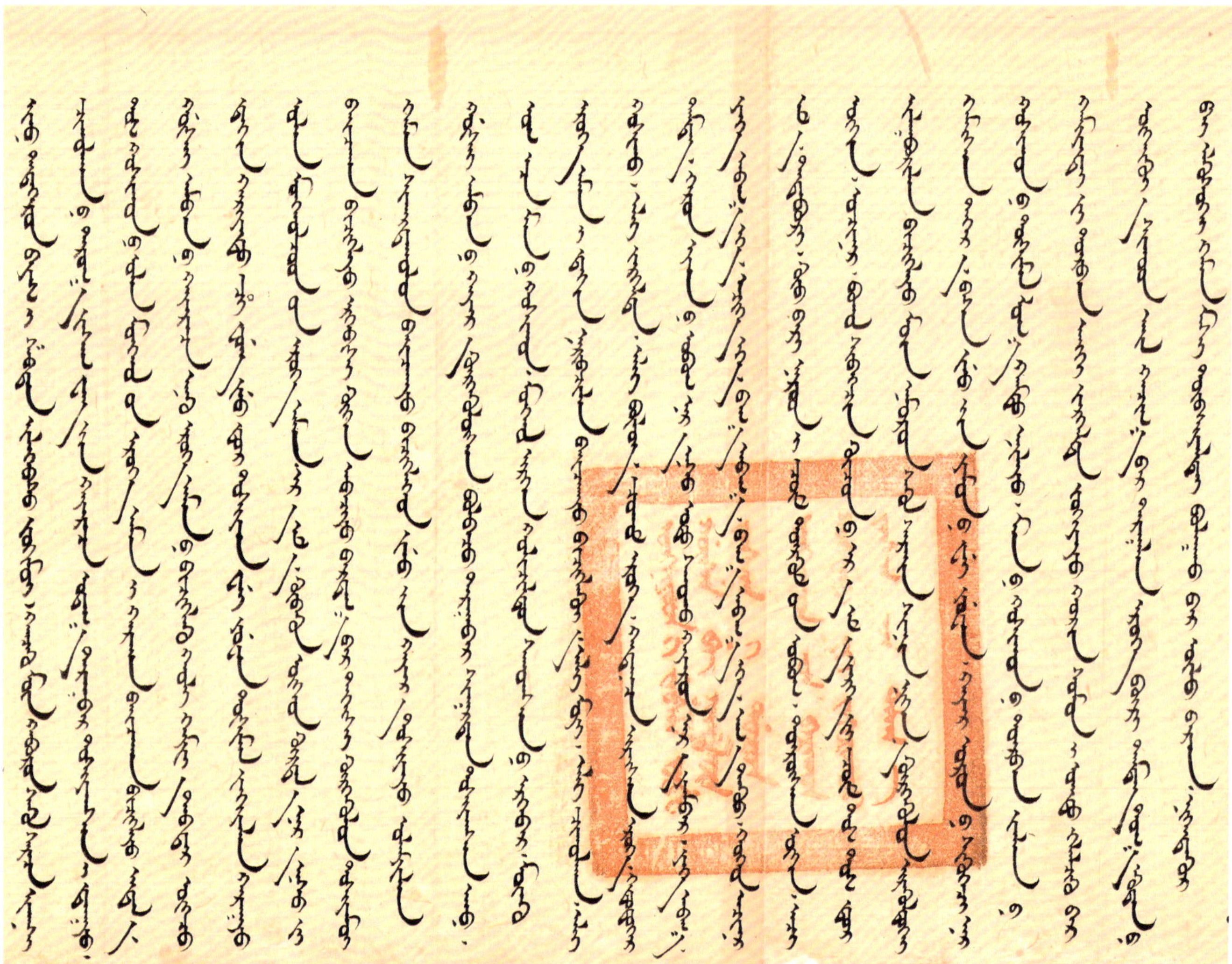

073 盟摄政协理原盟警备军札萨克郡王等为登记户口事呈盟长阿鲁科尔沁札萨克贝勒文（宣统元年仲秋初九日）

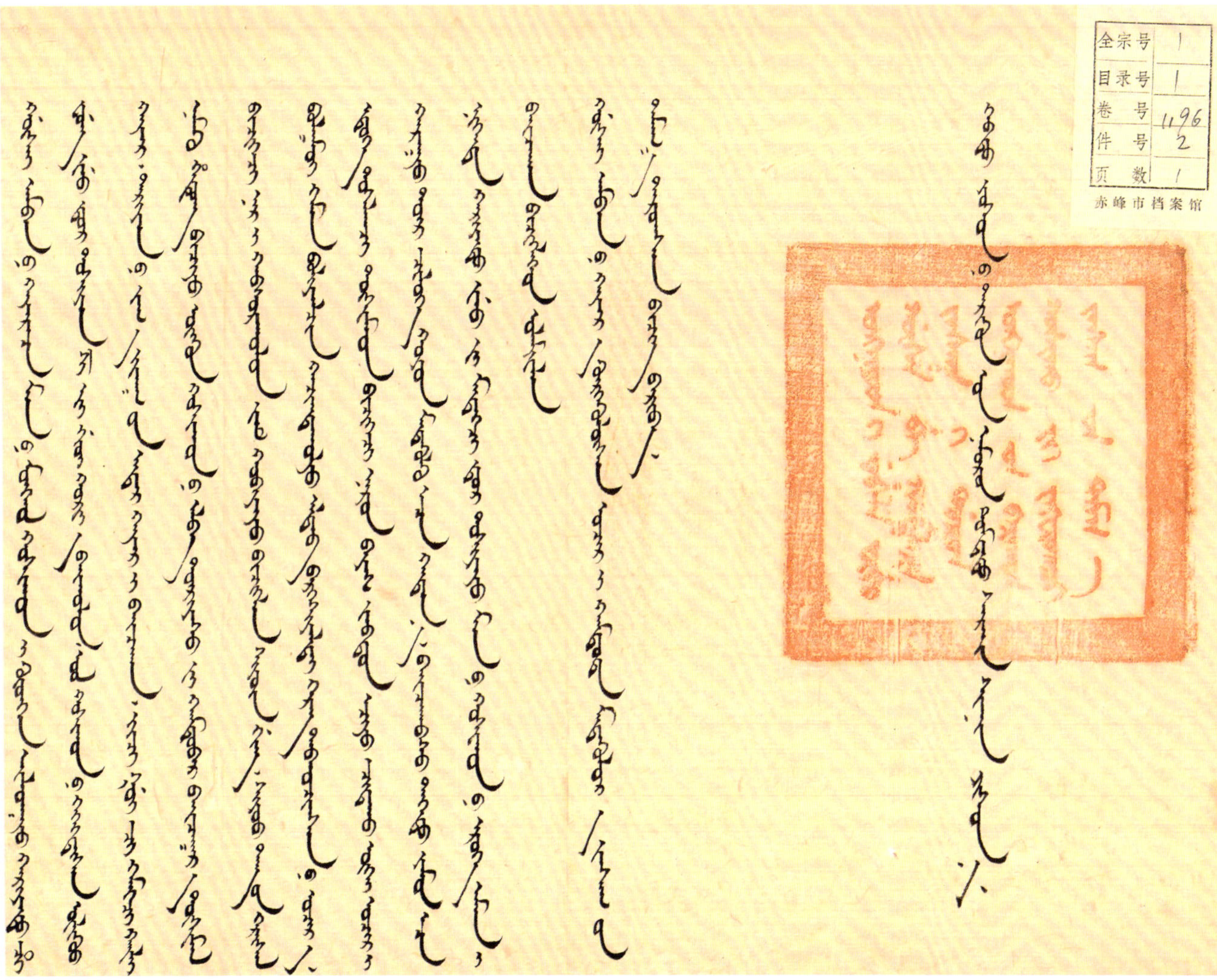

盟摄政协理原盟警备军札萨克郡王等为登记户口事呈盟长阿鲁科尔沁札萨克贝勒文

盟摄政协理原盟警备军札萨克暨翁牛特札萨克和硕亲王衔加六级军功加六级多罗杜棱郡王赞巴勒诺尔布，协理二等台吉加二级加军功三级哈青阿、协理二等台吉朝格图格日乐文。呈盟长阿鲁科尔沁札萨克多罗郡王衔加八级加军功四级多罗贝勒：呈报之事。

今年初秋十日，盟长札萨克王处札开：从去年至今，对于理藩院及旗都统衙门屡屡札饬限期完成核查工作，及时上报相关册子及填写制表等新政急用之公务，尔等却屡次搁置，多数未统计上报。虽有报一两件者，所报文和事却不符。吾等未经历新政之事。故诸札萨克、协理先磋商，鉴别分类造册后方可上报。为此，本王命协理台吉朝格图格日乐、梅林章京那顺巴图、舍布曾格等奉指令，携蒙汉兼通笔帖式，于本年秋季七月十五日赶至本盟长札萨克王爷处。等因札付本摄政协理处。然而，末春以来，奉盟长王爷之命对本旗蒙民户口进行登记时，旗都统衙门亦下达相关户籍登记律例册子。旗都统衙门还札饬所属赤峰州指派专员，催促普查蒙民姓名、户籍、夫妻、儿女、年龄进行登记造册限期上报。另，赤峰州亦催促登记户口上交以备转呈旗都统衙门。可是本旗蒙汉杂居，再普查户籍时，对哪省、哪个盟会、旗、邻、组，坐地户、外来户、牌号、户主姓名、年龄、现住址、亲戚大伯、大伯母、父母、叔叔、婶婶、兄弟、子女、妻、妾、儿媳及其母家姓、女儿、侄女、外孙、家奴、丫鬟、家仆夫妻等均分别登记，于今年末秋初一日上交。加之，赤峰州专员、地方判官与本旗官员商定将本旗四甲喇所辖分为四队，不提二十个佐领并督促直接进入艾里嘎查逐一挂户牌。并且，旗都统衙门将蒙古旗强行划入所属赤峰州，成立设治局，并核查登记本旗预留地，耕地边界，签订所谓“税契”之增税合同，指使本旗笔帖式协助检查，分路核查登记本旗课税、收租情况，强行当作巡警、学堂费用。如此难事叠加，协理、官员、笔帖式未能及时到位，特呈报延缓也，并同上级衙府指使所属知州登记核查本旗户籍转送至都统衙门一事，钤札萨克印之文呈报之。

宣统元年仲秋初九日

074 理藩院为进贡羊、猪、黄油事札翁牛特札萨克郡王文（宣统元年仲秋十一日）

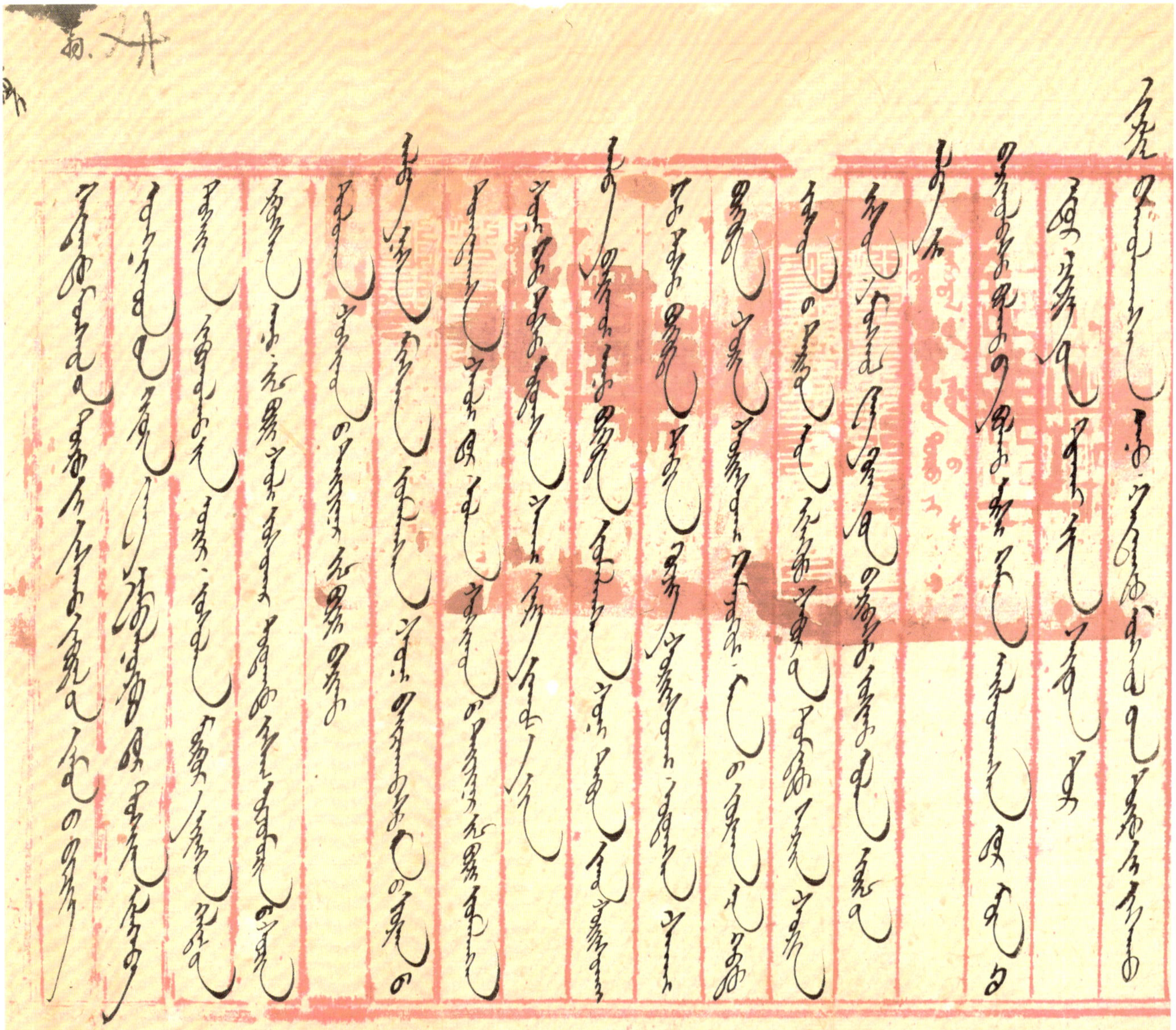

074 理藩院为进贡羊、猪、黄油事札翁牛特札萨克郡王文（宣统元年仲秋十一日）

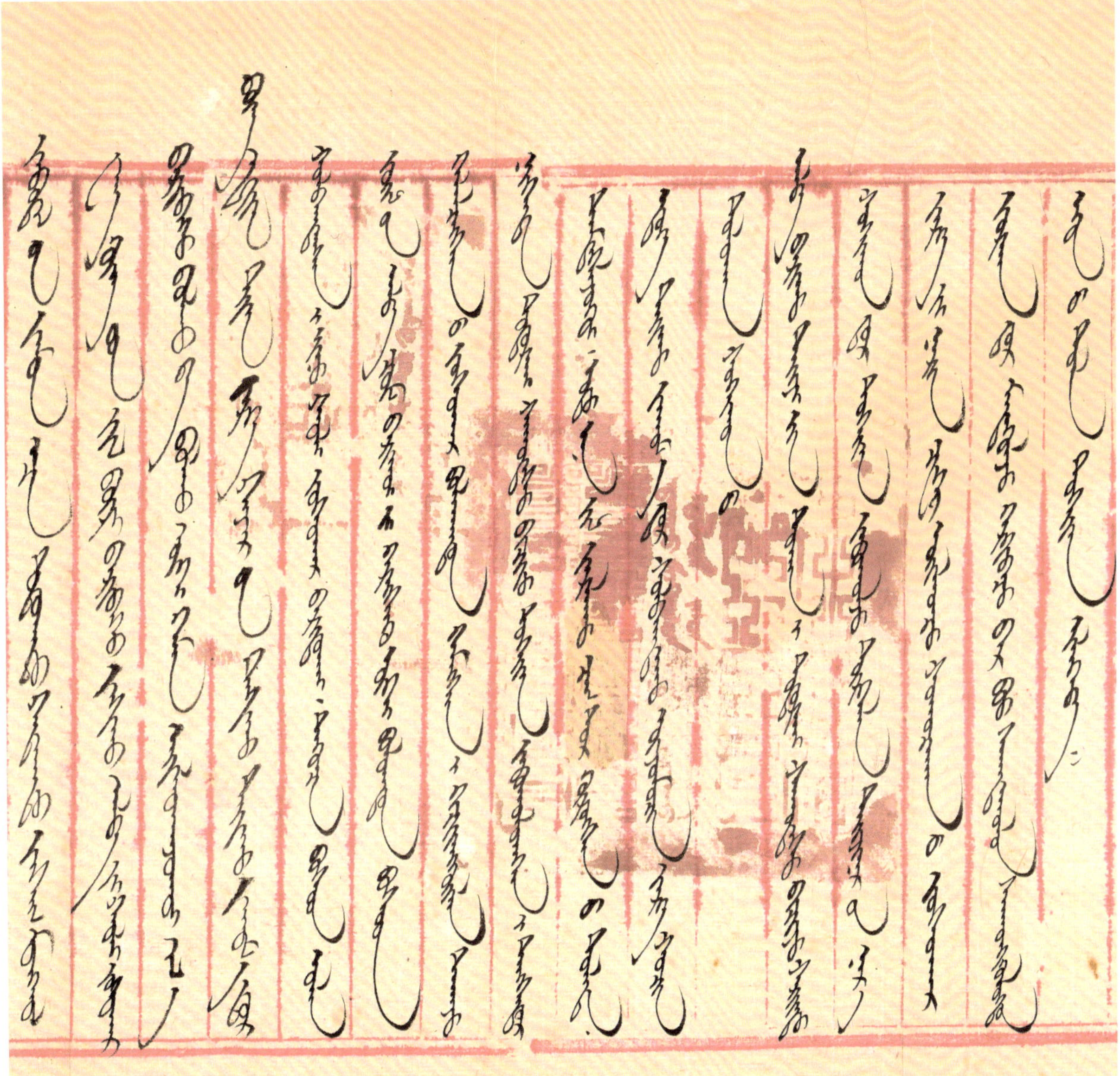

074 理藩院为进贡羊、猪、黄油事札翁牛特札萨克郡王文（宣统元年仲秋十一日）

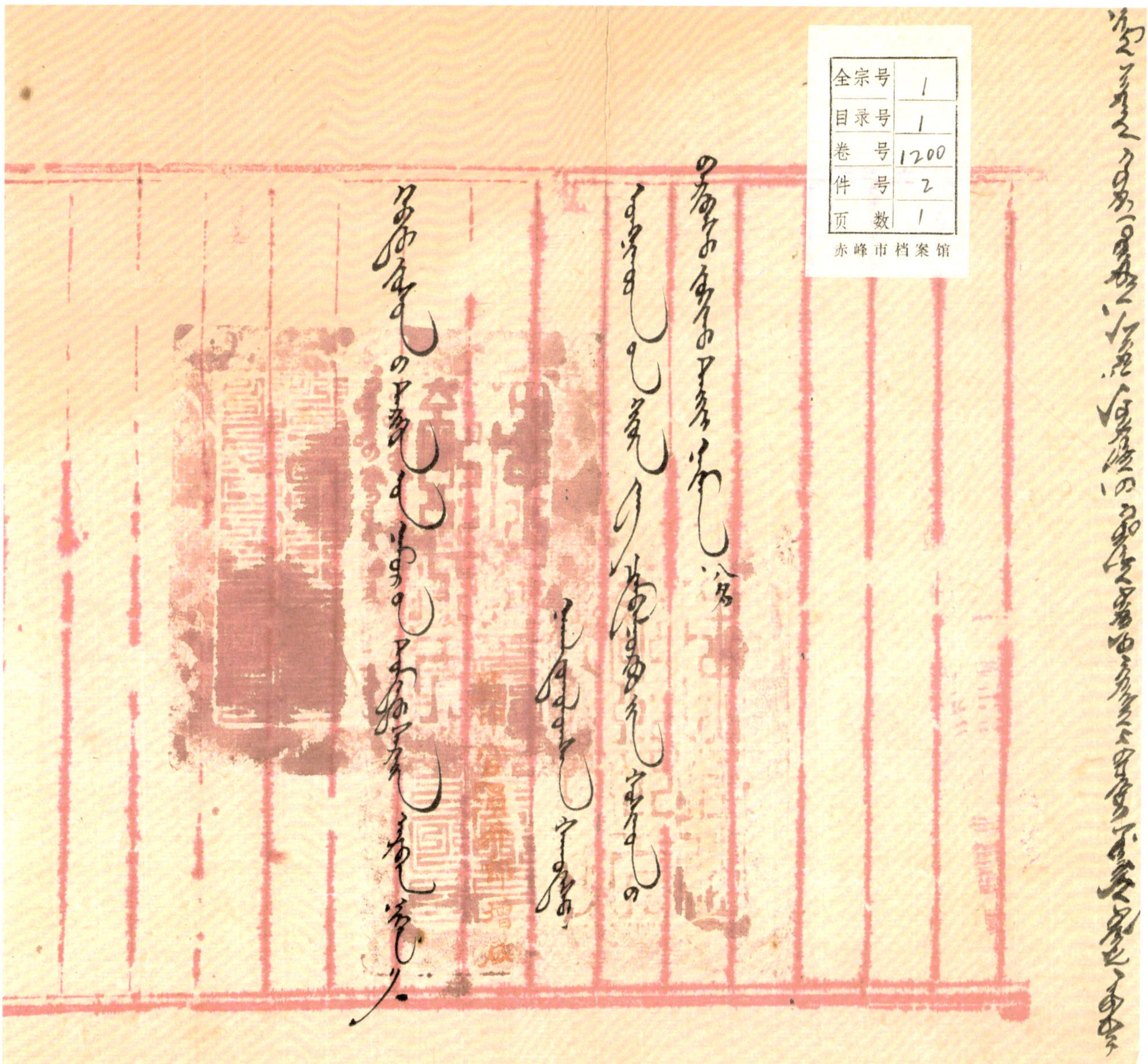

理藩院为进贡羊、猪、黄油事札翁牛特札萨克郡王文

理藩院文。札付翁牛特郡王赞巴勒诺尔布：行札之事。

礼部札开，每年内属札萨克乌珠穆沁三十七旗诸台吉进贡之白条整羊一千只也。本部经查，本部律例，诸旗每年进贡白条整羊、黄油、燻全猪，其中白条整羊五百只、黄油五十皮囊、燻全猪二十只。本部于宣统元年闰仲春二十九日上奏蒙古王公、台吉应进贡之事，当天下旨军机处：理藩院呈内、外札萨克蒙古王公每年进贡之事，按律例进贡与否。等语。涉及诸宫殿祭祀之祭品，按律进贡，其他贡品均免之。等因前来。谨遵旨意，列出贡品清单札付诸盟事，已记录在案。今至呈报之时，故登记造册涉及祭祀品之乌珠穆沁等三十七旗台吉进贡数目送至所属旗，将台吉名册明细按时送至大部，不得延误。

此札。

宣统元年仲秋十一日

075 盟长阿鲁科尔沁札萨克贝勒为推荐盟摄政协理空位人选事札盟摄政协理原盟警备军札萨克郡王等文（宣统元年末秋十六日）

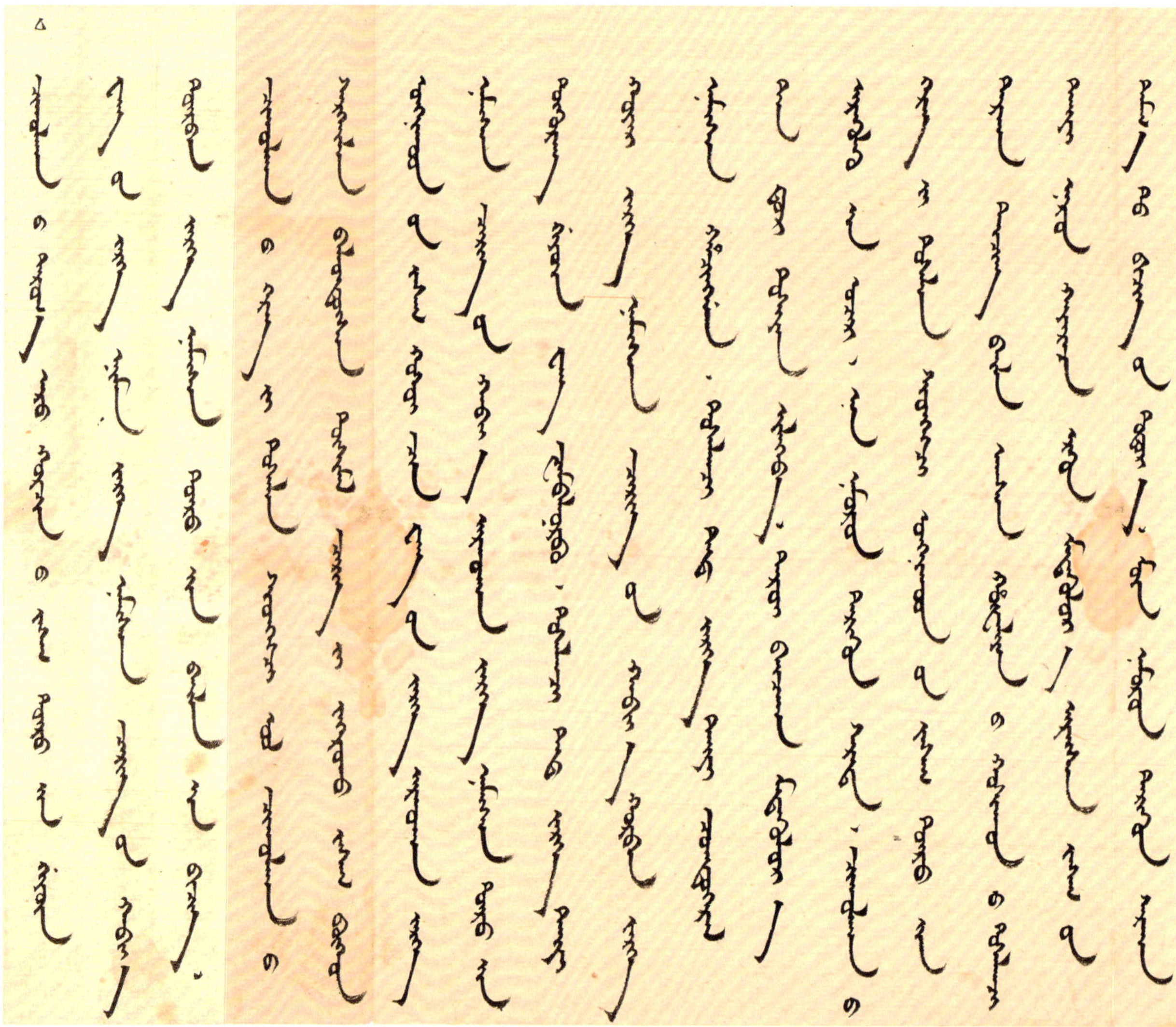

075 盟长阿鲁科尔沁札萨克贝勒为推荐盟摄政协理空位人选事札盟摄政协理原盟警备军札萨克郡王等文（宣统元年末秋十六日）

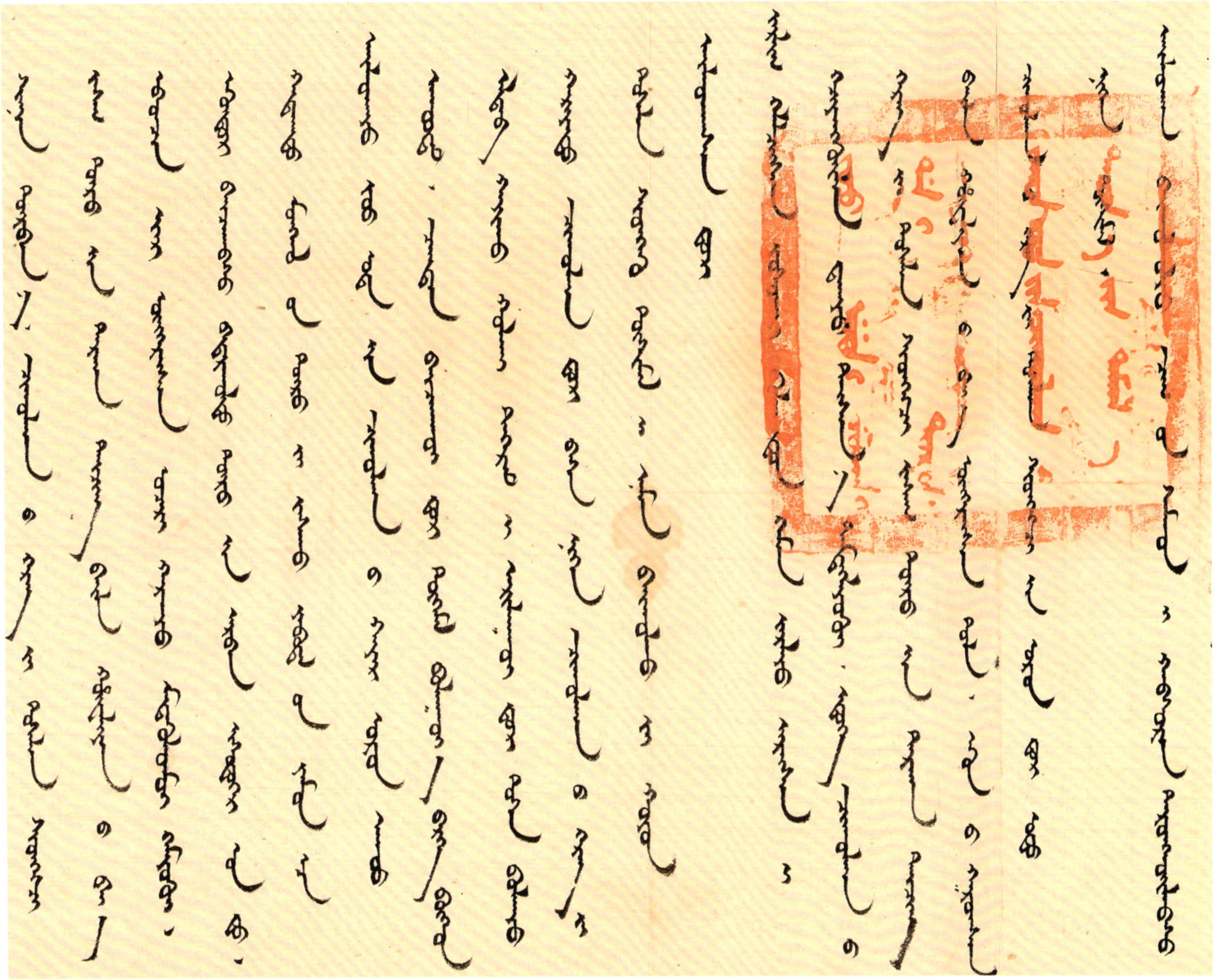

075 盟长阿鲁科尔沁札萨克贝勒为推荐盟摄政协理空位人选事札盟摄政协理原盟警备军札萨克郡王等文（宣统元年末秋十六日）

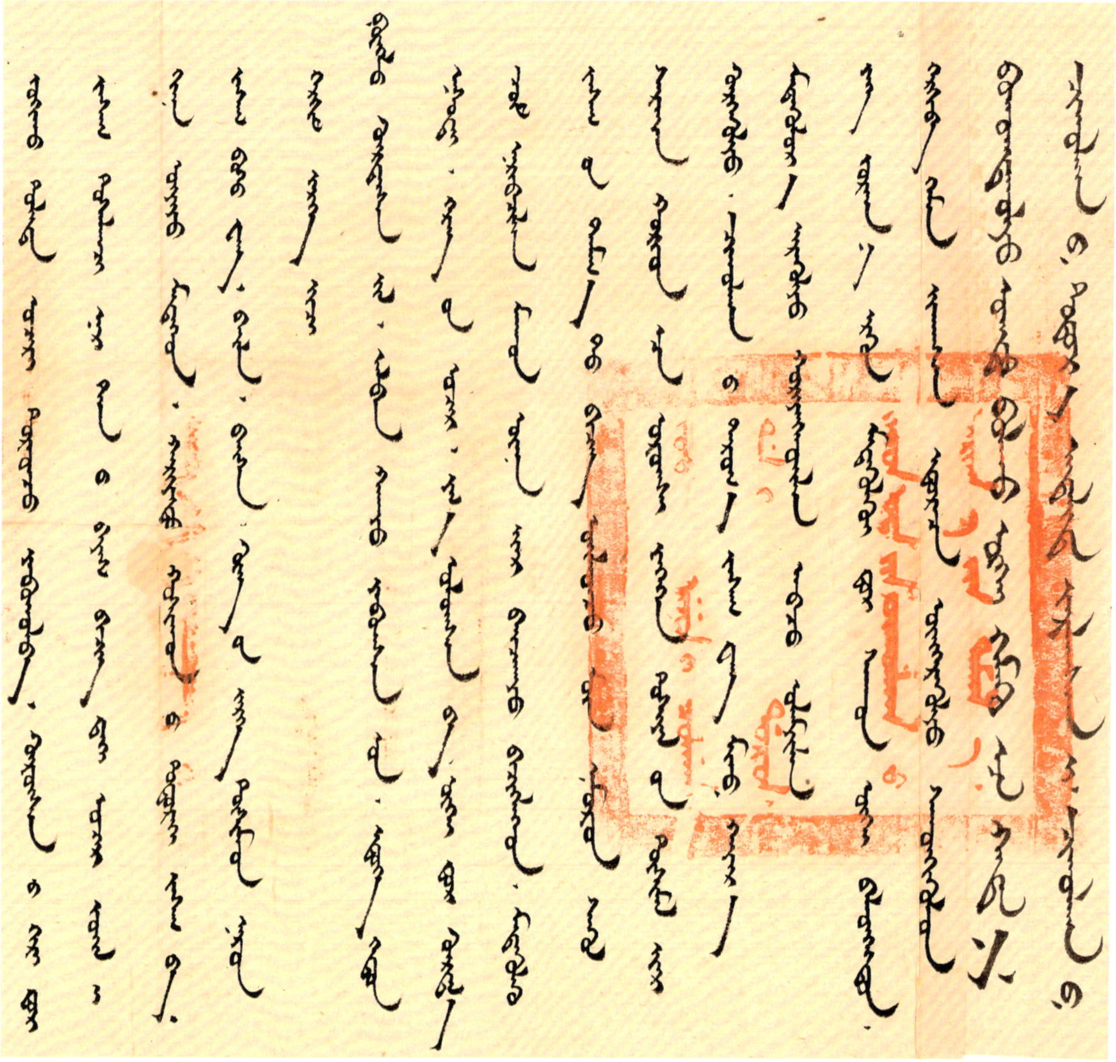

075 盟长阿鲁科尔沁札萨克贝勒为推荐盟摄政协理空位人选事札盟摄政协理原盟警备军札萨克郡王等文（宣统元年末秋十六日）

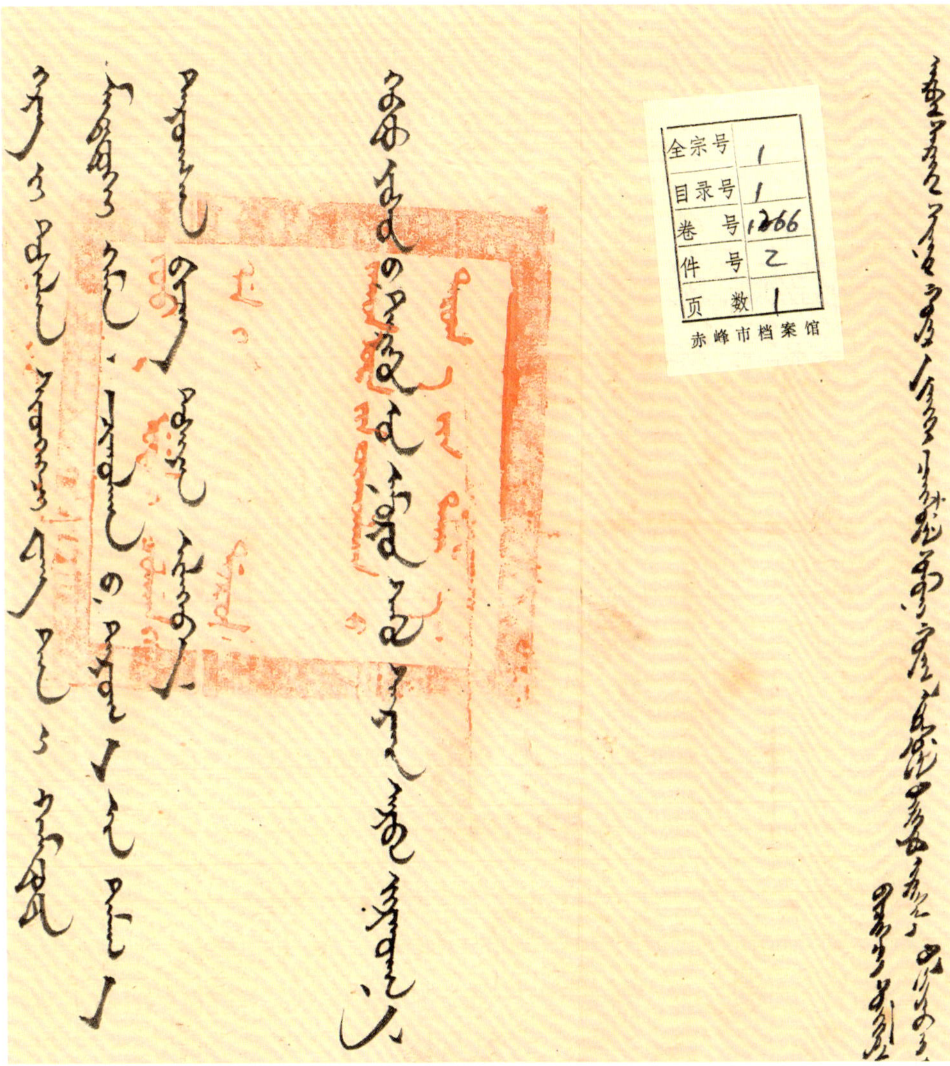

盟长阿鲁科尔沁札萨克贝勒为推荐盟摄政协理空位人选事札盟摄政协理原盟警备军札萨克郡王等文

盟长阿鲁科尔沁札萨克多罗郡王衔加八级军功加四级多罗贝勒文。札付盟摄政协理原盟警备军札萨克暨翁牛特札萨克和硕亲王衔加六级军功加六级多罗杜棱郡王赞巴勒诺尔布，协理二等台吉加二级军功加三级哈青阿、协理二等台吉朝格图格日乐：速巡查呈报之事。

本年初秋，盟摄政协理原翁牛特札萨克多罗达尔罕岱青贝勒华连旗协理台吉处呈称：本年初秋初四日，盟摄政协理翁牛特札萨克多罗达尔罕岱青贝勒华连因病去世。经查，光绪十九年理藩院上奏曰：昭乌达盟地域辽阔，巡察全覆盖颇难。为消除偷盗之患，增设摄政协理大臣为盼。回旨曰：照办。如今盟摄政协理翁牛特札萨克多罗达尔罕岱青贝勒华连已病逝。故需替补盟摄政协理空位之人选，以便协助盟会消除盗贼之患。文到，诸札萨克、协理审阅文书，查明所属旗内札萨克及非札萨克王、贝勒、贝子、公之爵位、受俸禄年份、公务年份、今年年龄、有无涉案被治罪等等核查登记后出具钤札萨克印之文，于今年末秋二十日前交给干练官差送至本盟长札萨克王衙署处以备呈送大部。不得拖延逾期。也通告盟摄政王爷。

至此，致钤盟长印之文。

宣统元年末秋十六日

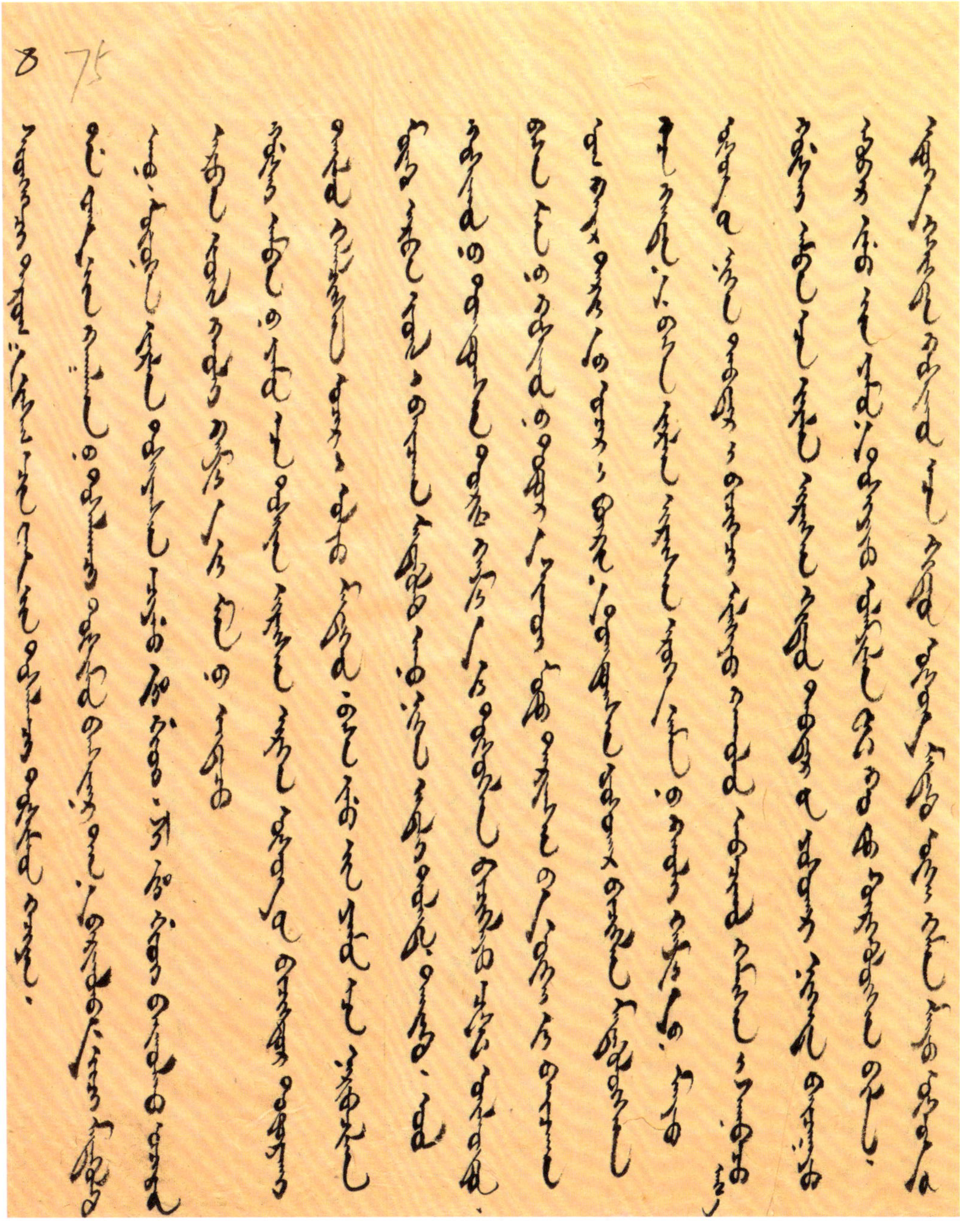

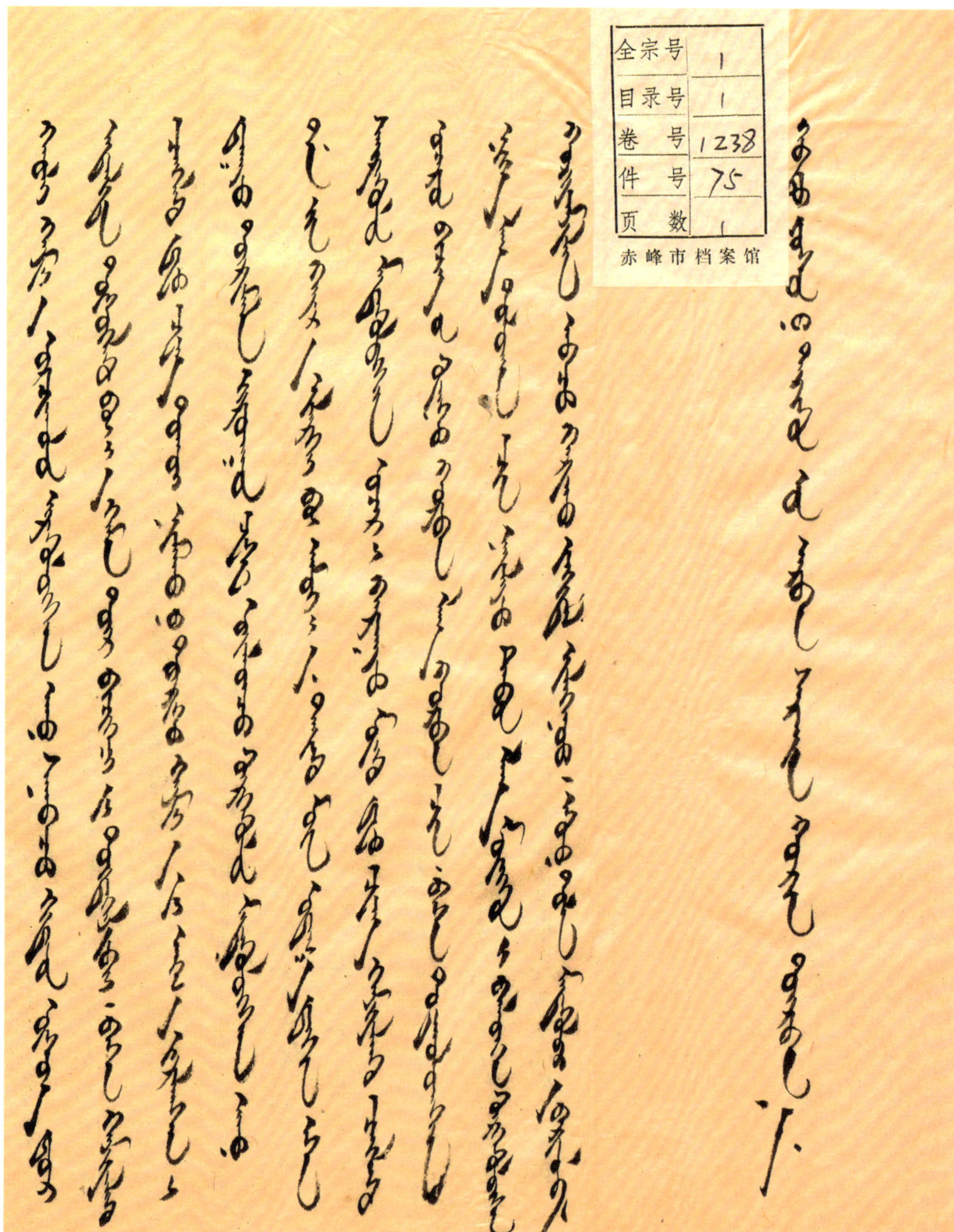
全宗号 1
目录号 1
卷号 1238
件号 75
页数 1
赤峰市档案馆

摄政札萨克亲王协理为统一采用计量单位等事呈大王衙门护卫协理文

摄政札萨克亲王之协理臣文。呈送王爷衙门护卫协理：呈报之事。

近日所札付之成立制造局、设治局，制定十种计量单位之事，本处从都统衙门发之汉字公文详细解释中已得知，经比对，此等十种计量单位与州衙门下发之计量单位为一致。故，登记造册旗原制定之计量单位，还有本旗植树造林及原耕地面积一并呈报之。另，所札付之户口普查，派笔帖式用满文抄送一册呈送之事，照都统衙门原发之汉字行文核查完本旗户口，上报至州衙门，转报热河都统衙门。如今克什克腾旗言曰，不识汉文而以满文统计计量单位，估计与汉文计量单位一致，故未让笔帖式翻译成汉文。将斗、升、尺、寸等计量单位，据原通报登记造册上报之，王爷处应知晓。故每次不再重复呈报之，特此写明。另，登记斗、升等事撰写费三两三钱同上次拖欠之一两七钱，共五两银子一并送至。查收回执为盼。

至此呈送。

宣统元年十月二十四日

077 盟长阿鲁科尔沁札萨克贝勒为减免蒙古地区税赋事札盟摄政协理原盟警备军札萨克郡王等文（宣统元年初冬三十日）

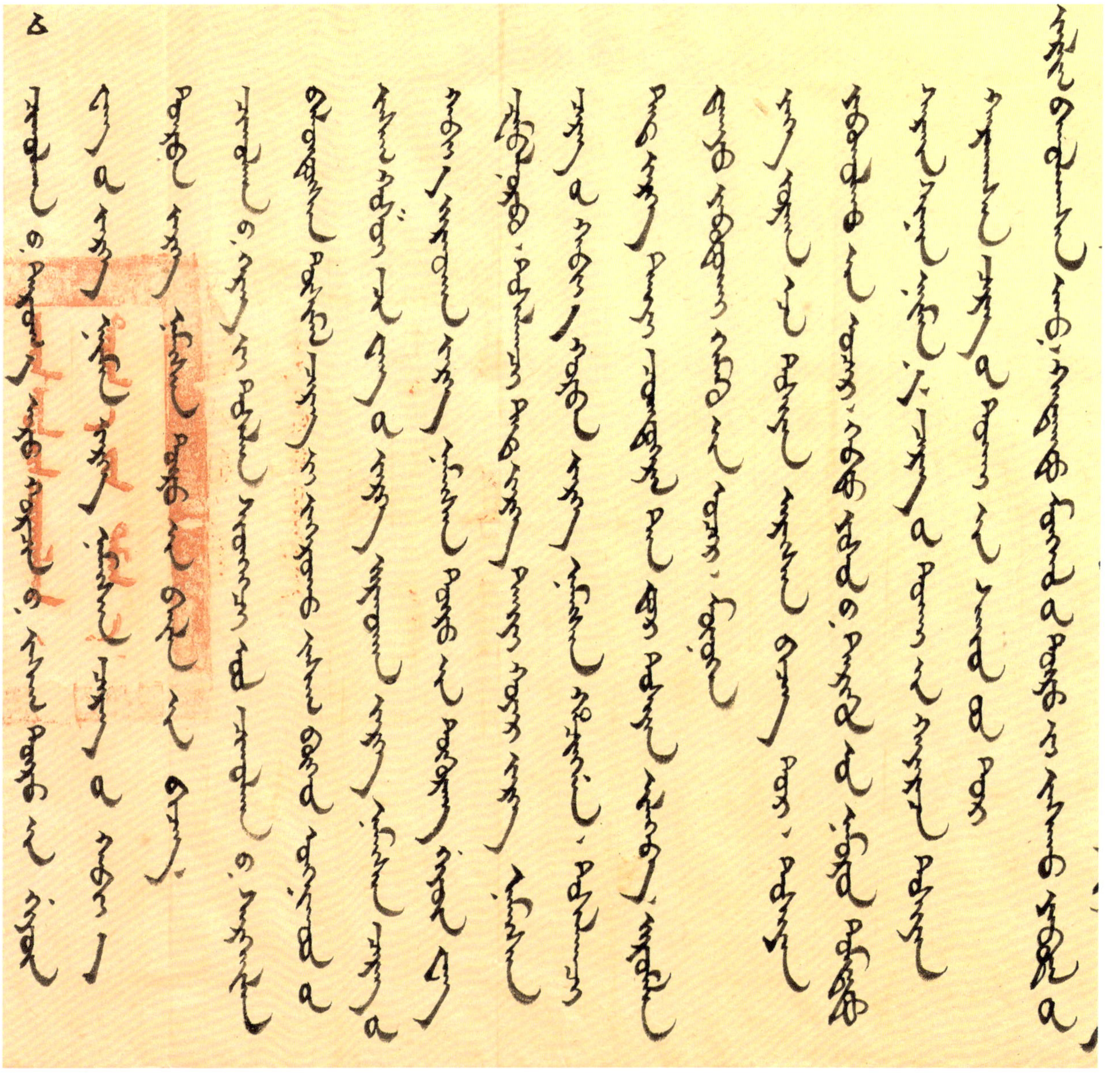

077 盟长阿鲁科尔沁札萨克贝勒为减免蒙古地区税赋事札盟摄政协理原盟警备军札萨克郡王等文（宣统元年初冬三十日）

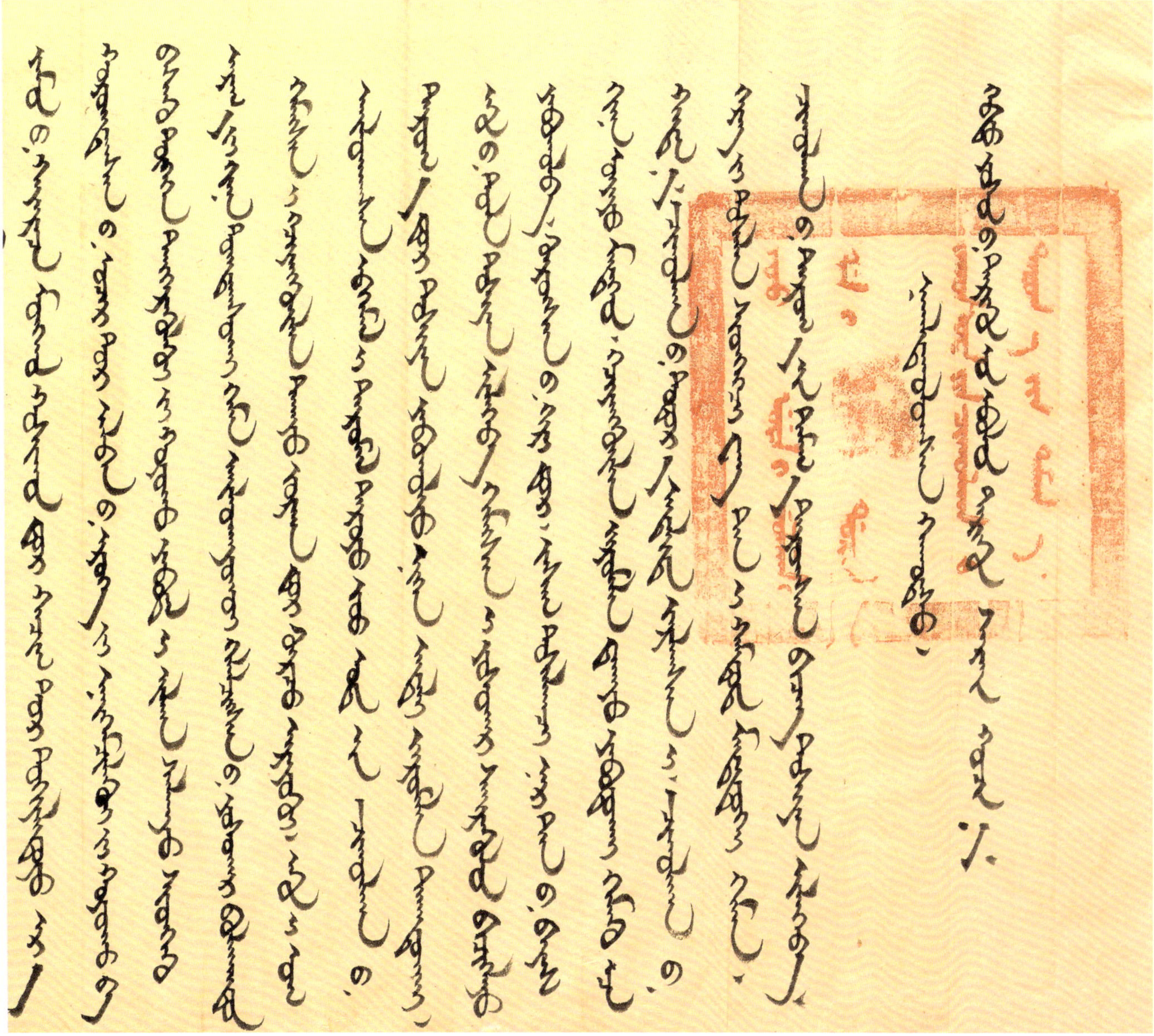

盟长阿鲁科尔沁札萨克贝勒为减免蒙古地区税赋事札盟摄政协理原盟警备军札萨克郡王等文

盟长阿鲁科尔沁札萨克多罗郡王衔加八级军功加四级多罗贝勒文。札付盟摄政协理原盟警备军札萨克暨翁牛特札萨克和硕亲王衔加六级军功加六级多罗杜棱郡王赞巴勒诺尔布，协理二等台吉加二级军功加三级哈青阿、协理二等台吉朝格图格日乐：行札照办之事。

近日大部札开：宣统元年仲秋初八日，给军机大臣下诏，因蒙古各旗遇荒年而男丁人数减少，理藩院呈请减免蒙古地区税赋救济蒙古地区贫民。命军机处按原定方案执行。钦遵前来本大部。兹有，抄送诏文昭乌达盟长处，遵旨照办。等因前来。为此，本盟署抄录原文转送各旗。文到，诸札萨克、协理遵旨照办。此事也通告摄政协理王爷处。

至此，致钤盟长印之文。

宣统元年初冬三十日

078 盟长阿鲁科尔沁札萨克贝勒为钦命大臣就任履职事札盟摄政协理原盟警备军札萨克郡王等文（宣统元年初冬三十日）

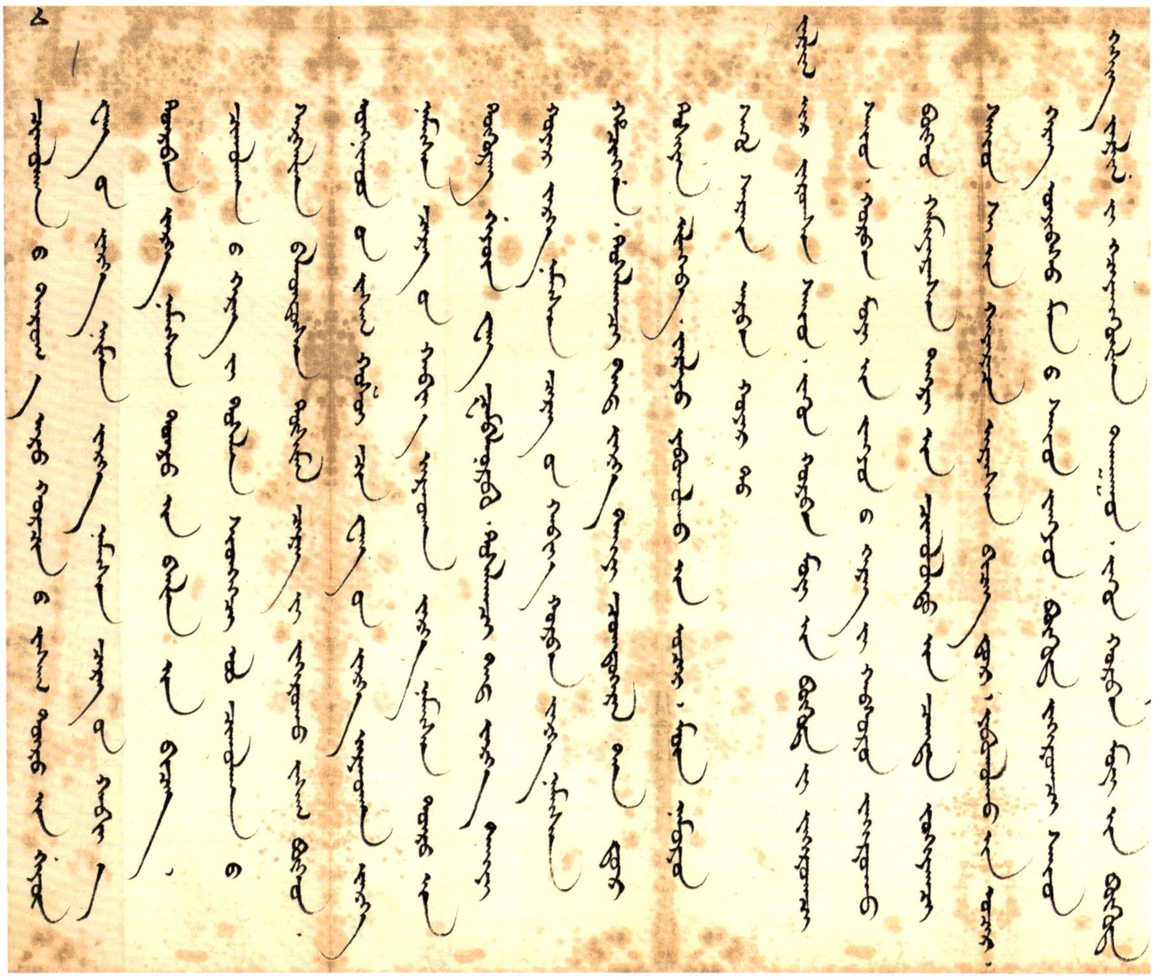

078 盟长阿鲁科尔沁札萨克贝勒为钦命大臣就任履职事札盟摄政协理原盟警备军札萨克郡王等文（宣统元年初冬三十日）

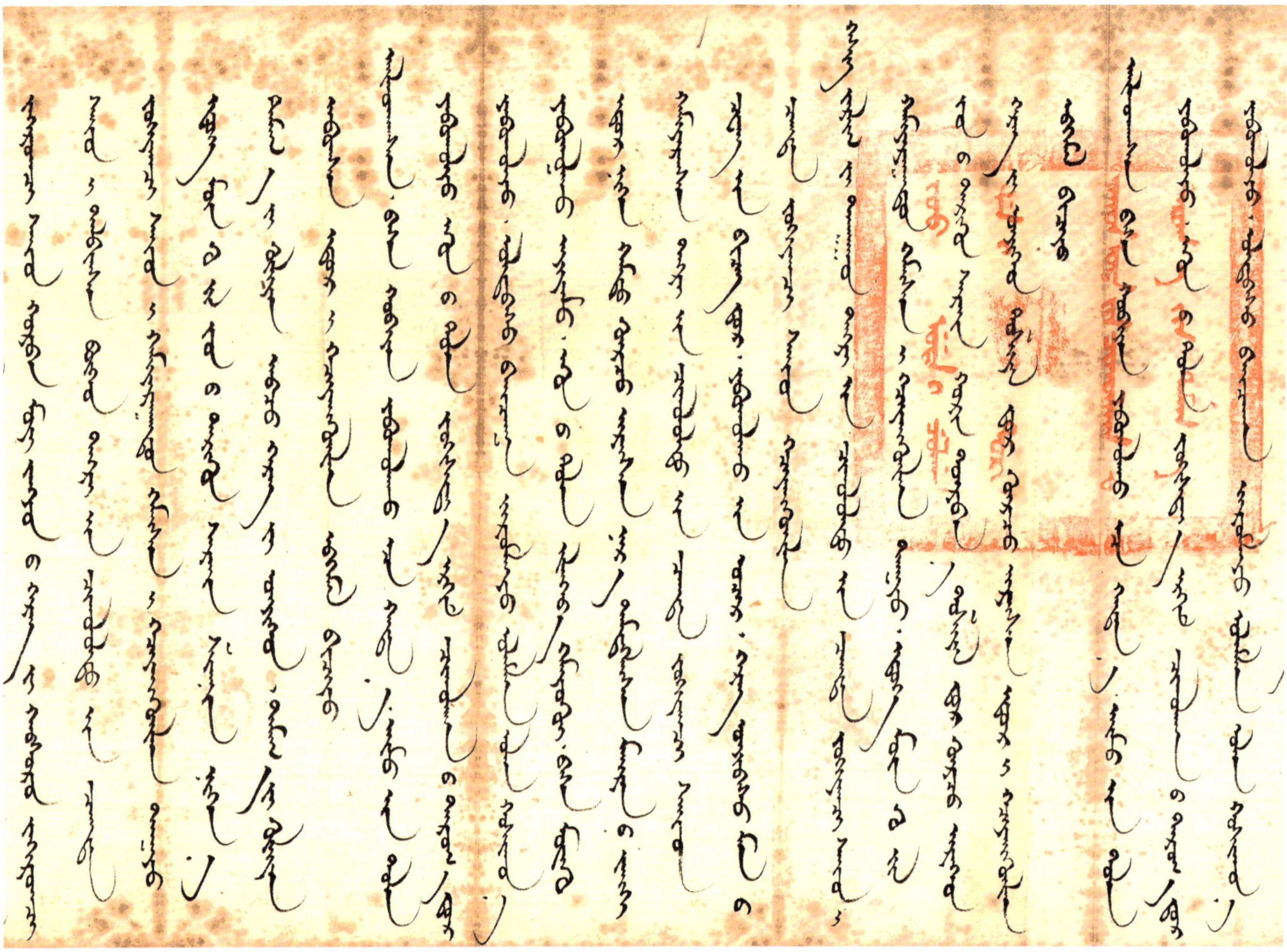

078 盟长阿鲁科尔沁札萨克贝勒为钦命大臣就任履职事札盟摄政协理原盟警备军札萨克郡王等文（宣统元年初冬三十日）

盟长阿鲁科尔沁札萨克贝勒为钦命大臣就任履职事札盟摄政协理原盟警备军札萨克郡王等文

盟长阿鲁科尔沁札萨克多罗郡王衔加八级军功加四级多罗贝勒文。札付盟摄政协理原盟警备军札萨克暨翁牛特札萨克和硕亲王衔加六级军功加六级多罗杜棱郡王赞巴勒诺尔布，协理二等台吉加二级军功加三级哈青阿、协理二等台吉朝格图格日乐：行札之事。

本年末秋十二日钦命掌管东三省都督大臣、协管三省将军事务大臣即张家口巡察大臣咨开：吾等将军大臣及都督大臣钦命上任掌管东三省都督大臣、协管三省将军事务大臣及张家口巡察大臣，于本年初夏初一日接官印履行公务，为此咨送贵盟长，望转告各旗周知为盼。同日承接张家口巡察大臣咨开：吾等大臣钦命上任张家口巡察大臣，于本年初夏二十四日到任履行公务。为此咨送贵盟长，望转告各旗诸知为盼，等因前来。兹有，本盟长处抄录原两份咨文转送之。札萨克、协理诸知为盼。此事也通告摄政协理王处。

至此，致钤盟长印之文。

宣统元年初冬三十日

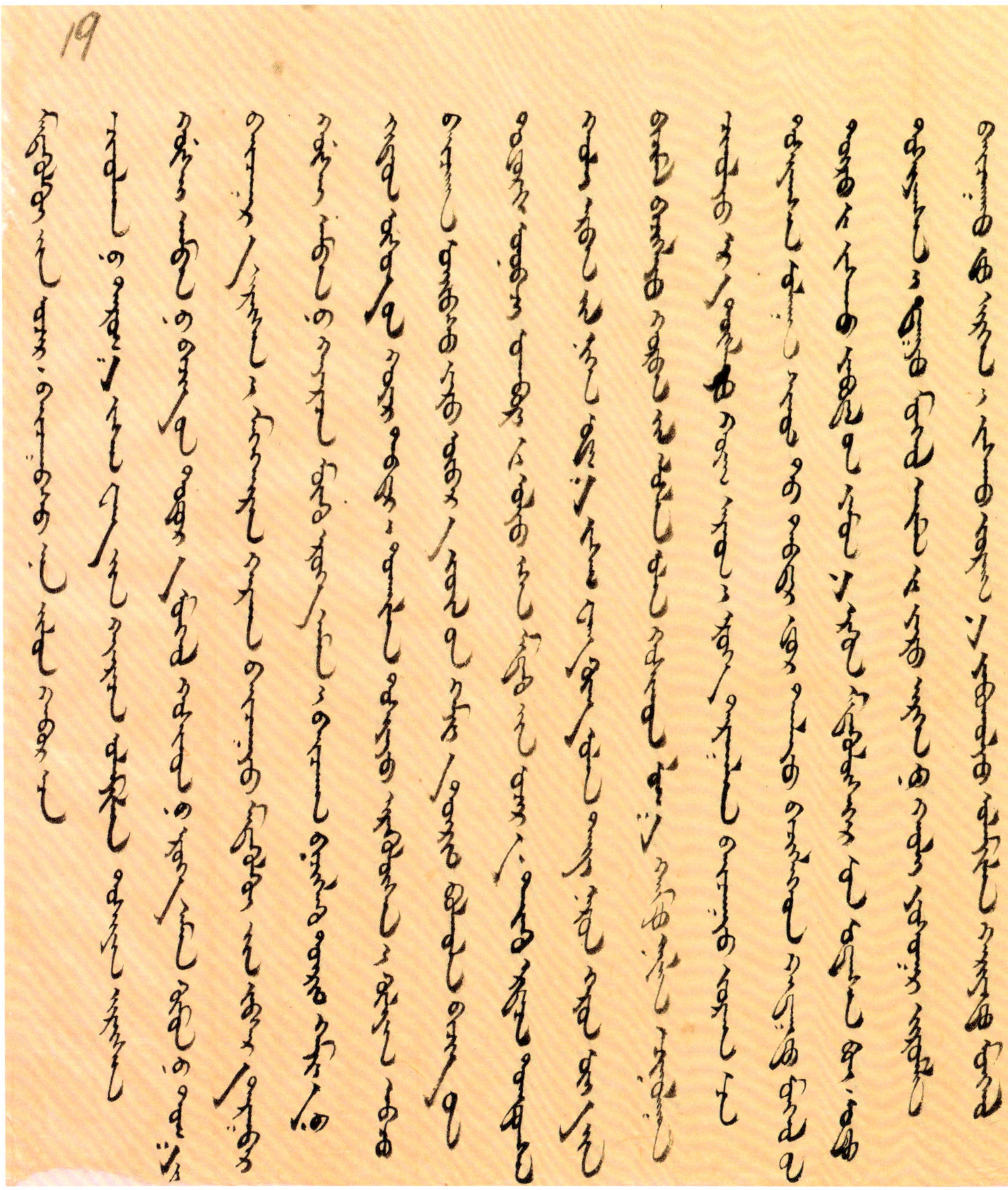

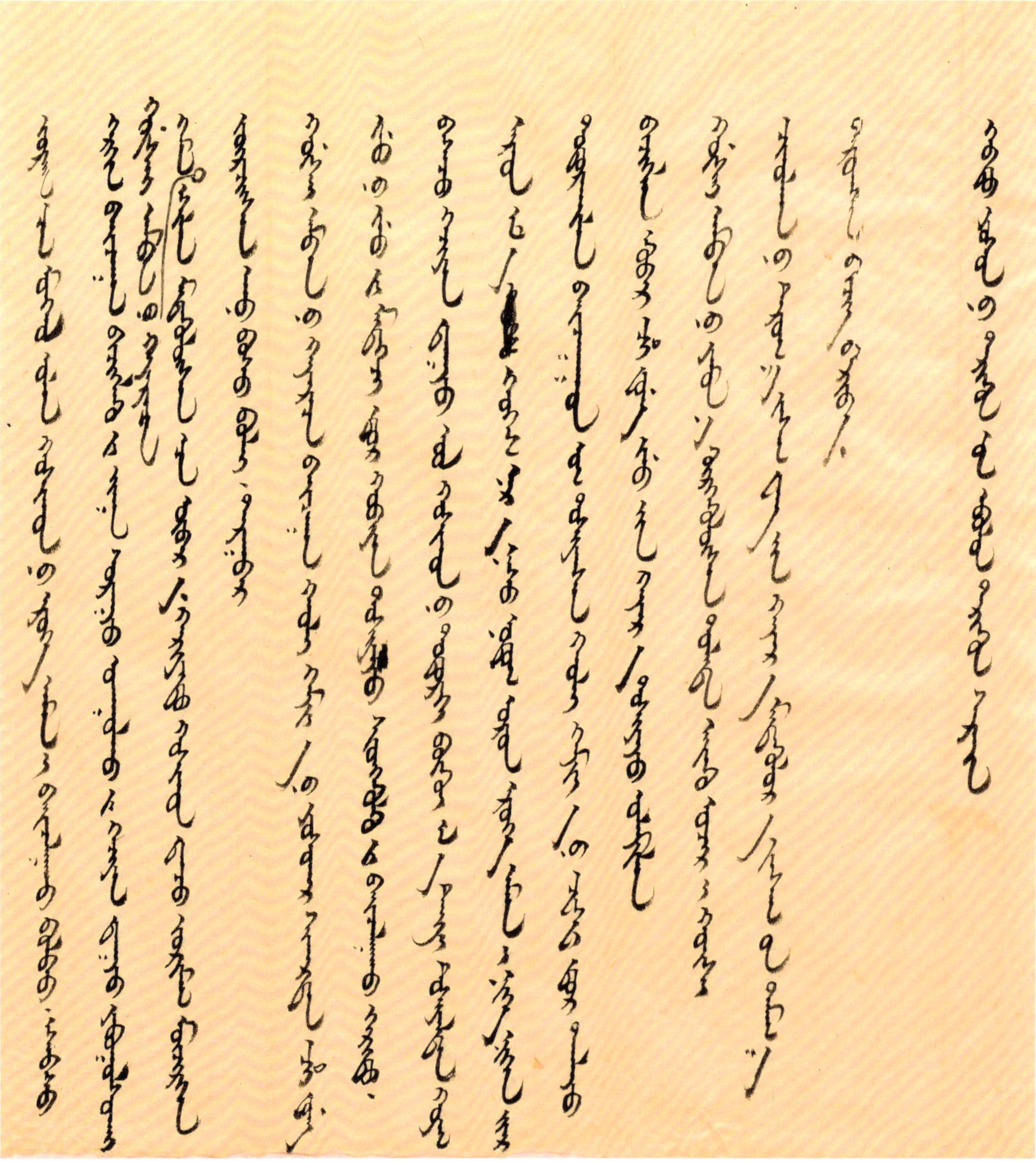

所属旗札萨克为统计蒙古旗人口事呈盟署文

所属札萨克呈文：呈报之事。

今年春季盟署转发旗都统衙门核查蒙古旗人口文书。正查验之际，管旗公处又发来两本汉文统计册，接文发现与之前大不相同而不知所从。按之前法规，每十年记一次札萨克王公及台吉家谱，每三年会盟一次登记成年壮丁并记于理藩院下发之红格册子。如此呈报理藩院多年也。兹有，按民人法规登记蒙古各旗报送民人衙门，如何登记上报呈请理藩院明指，并非所属各旗故意违反管旗公行文也。尔后，旗都统衙门下文赤峰州知州普查蒙古所属各旗人口，也会遵命逐一登记旗内台吉、官员、壮丁、妇女之姓名、籍贯、户口、填表成册送至赤峰州，转呈旗都统衙门。为此禀报盟署。

至此，呈钤札萨克印之文。

宣统元年初冬

080 盟长阿鲁科尔沁札萨克贝勒为接送官文官差费用事札盟摄政协理原盟警备军札萨克郡王等文（宣统元年仲冬十五日）

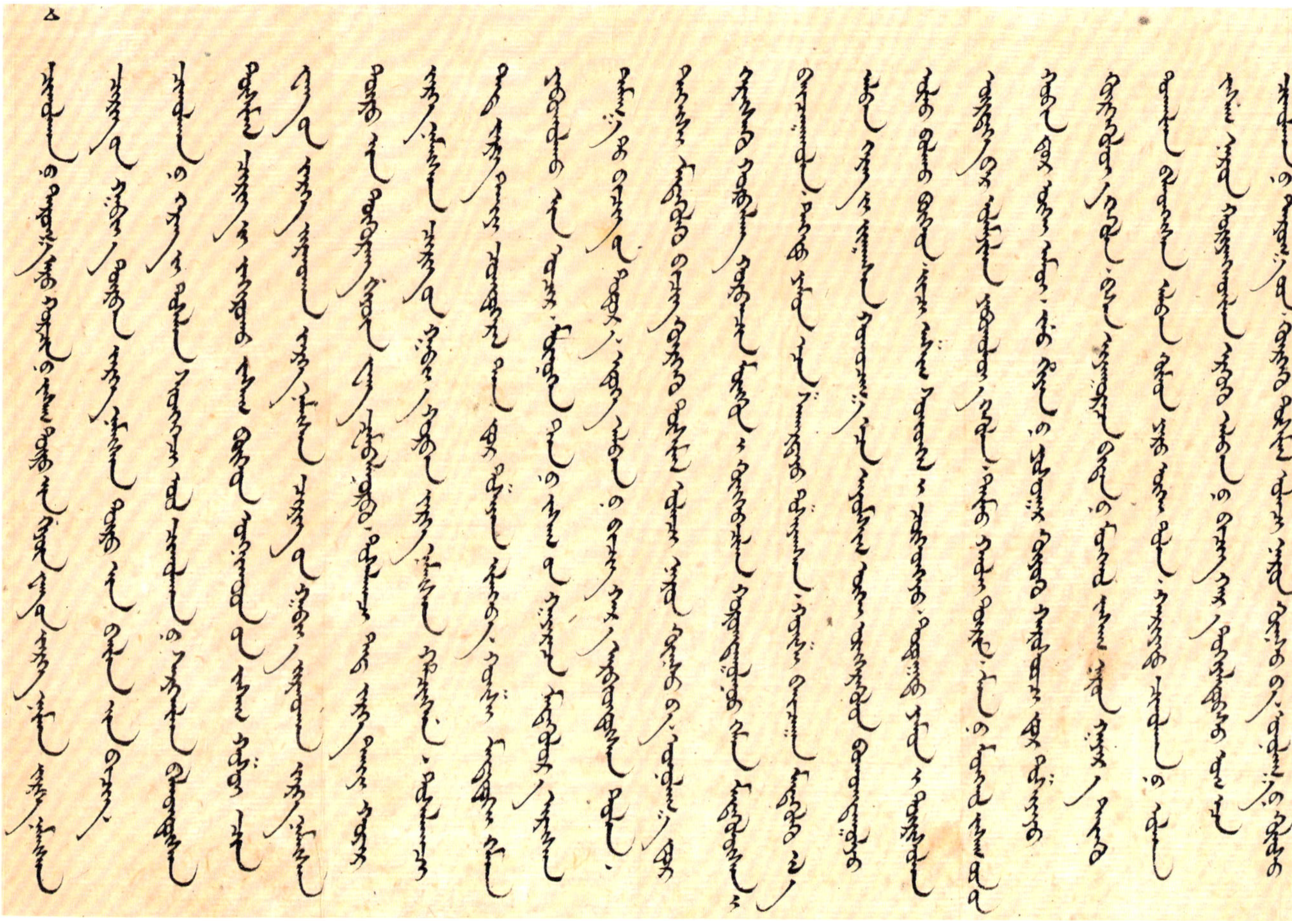

080 盟长阿鲁科尔沁札萨克贝勒为接送官文官差费用事札盟摄政协理原盟警备军札萨克郡王等文（宣统元年仲冬十五日）

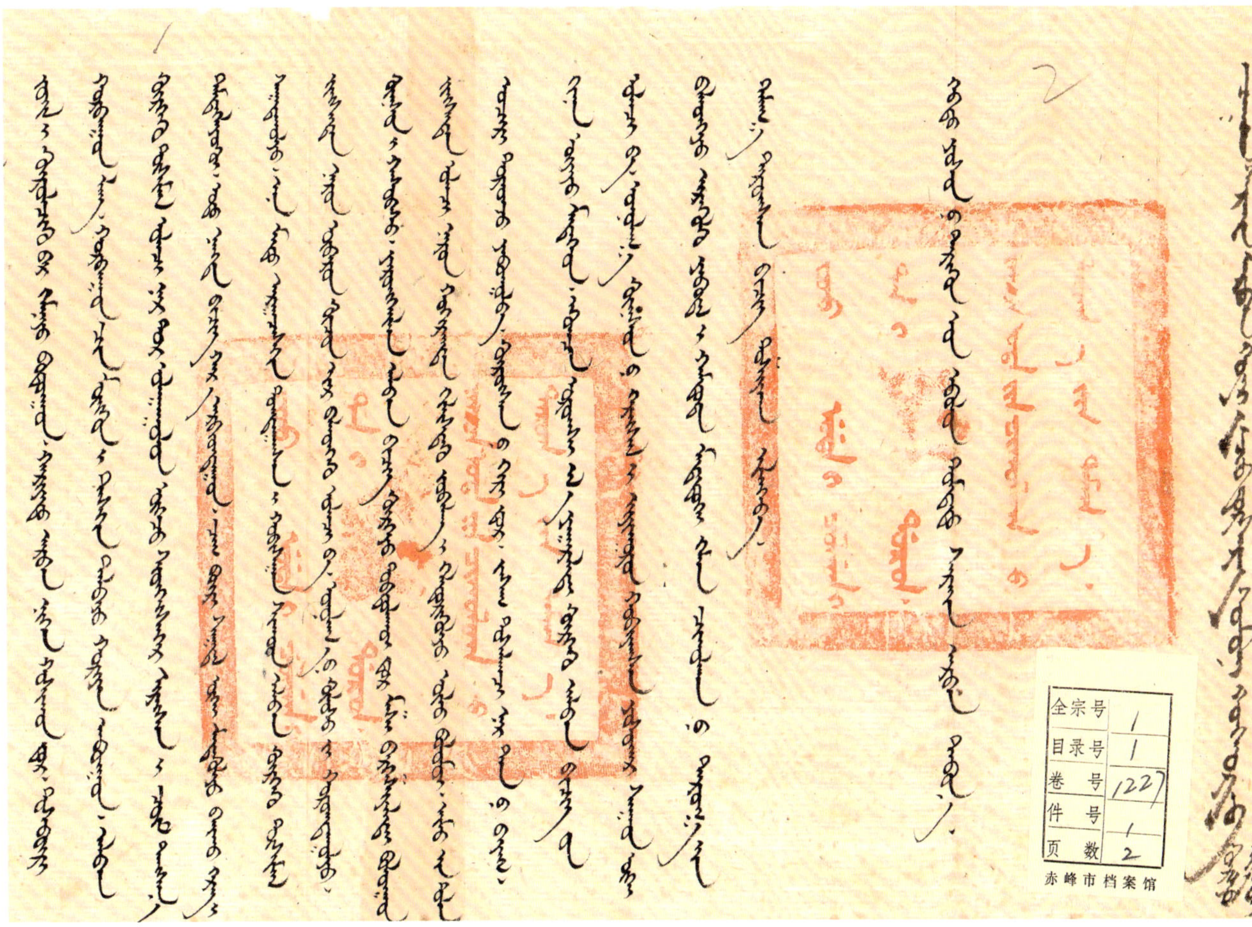

盟长阿鲁科尔沁札萨克贝勒为接送官文官差费用事札盟摄政协理原盟警备军札萨克郡王等文

盟长阿鲁科尔沁札萨克多罗郡王衔加八级军功加四级多罗贝勒文。札付盟摄政协理原盟警备军札萨克暨翁牛特札萨克和硕亲王衔加六级军功加六级多罗杜棱郡王赞巴勒诺尔布，协理二等台吉加二级军功加三级哈青阿、协理二等台吉朝格图格日乐：转告之事。

近日，尔等札萨克呈称，因公文来往甚多，且不顾及传送官文官差驿丁而拖欠粮食、驿马费三两三钱银子。等语。本盟长处查知，上级衙门急办并即刻报送之事，如想不逾期、不超额开支，只能通过内务府驿站递送之，但蒙古札萨克尚未此类法规。如按照州县法用专员传送，可从古至今蒙古札萨克还没设此等公差人员。如遇盟会所属各札萨克统一呈报之公文，均由盟长派驿官送达，驿官路途所产生费用按满额标准核算，使十一个旗平摊三两三钱银两。此等银两盟署统一征收统一发放多年，此事已记录在案。如今，公务来往文书繁多，如若改先前规则，直接削减送公文官差自备马匹及口粮之费，会大大增加递送公文难度，也难免损害送文官差利益。为此，札付通告之。文到，诸札萨克、协理认真阅知文内，遵既定规则支付送公文官差费用，不得有误。

至此，致钤盟长印之文。

宣统元年仲冬十五日

081 署理盟长阿鲁科尔沁札萨克印务之协理为施行新计量标准事札盟摄政协理原盟警备军札萨克郡王等文（宣统元年末冬十九日）

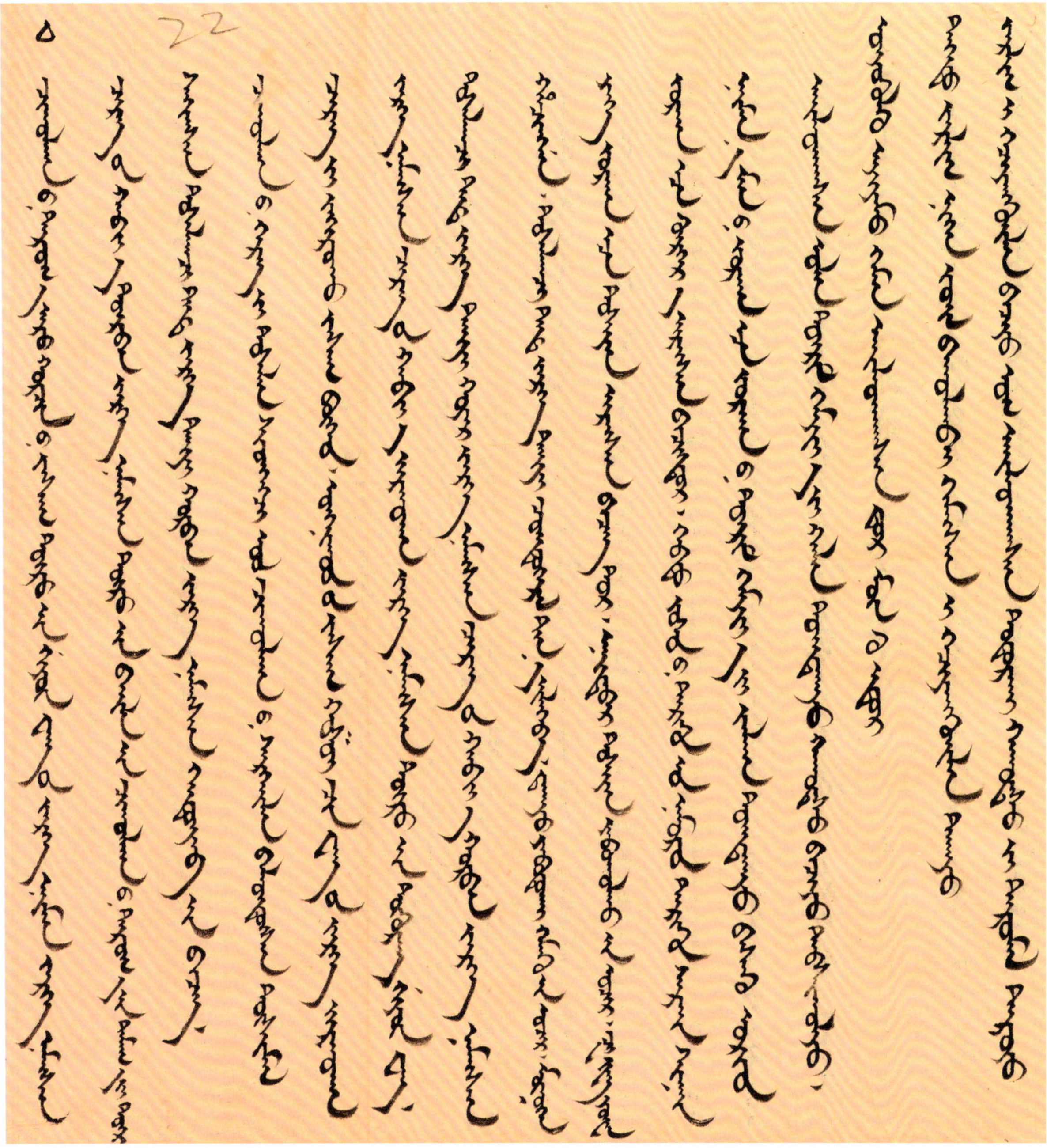

081 署理盟长阿鲁科尔沁札萨克印务之协理为施行新计量标准事札盟摄政协理原盟警备军札萨克郡王等文（宣统元年末冬十九日）

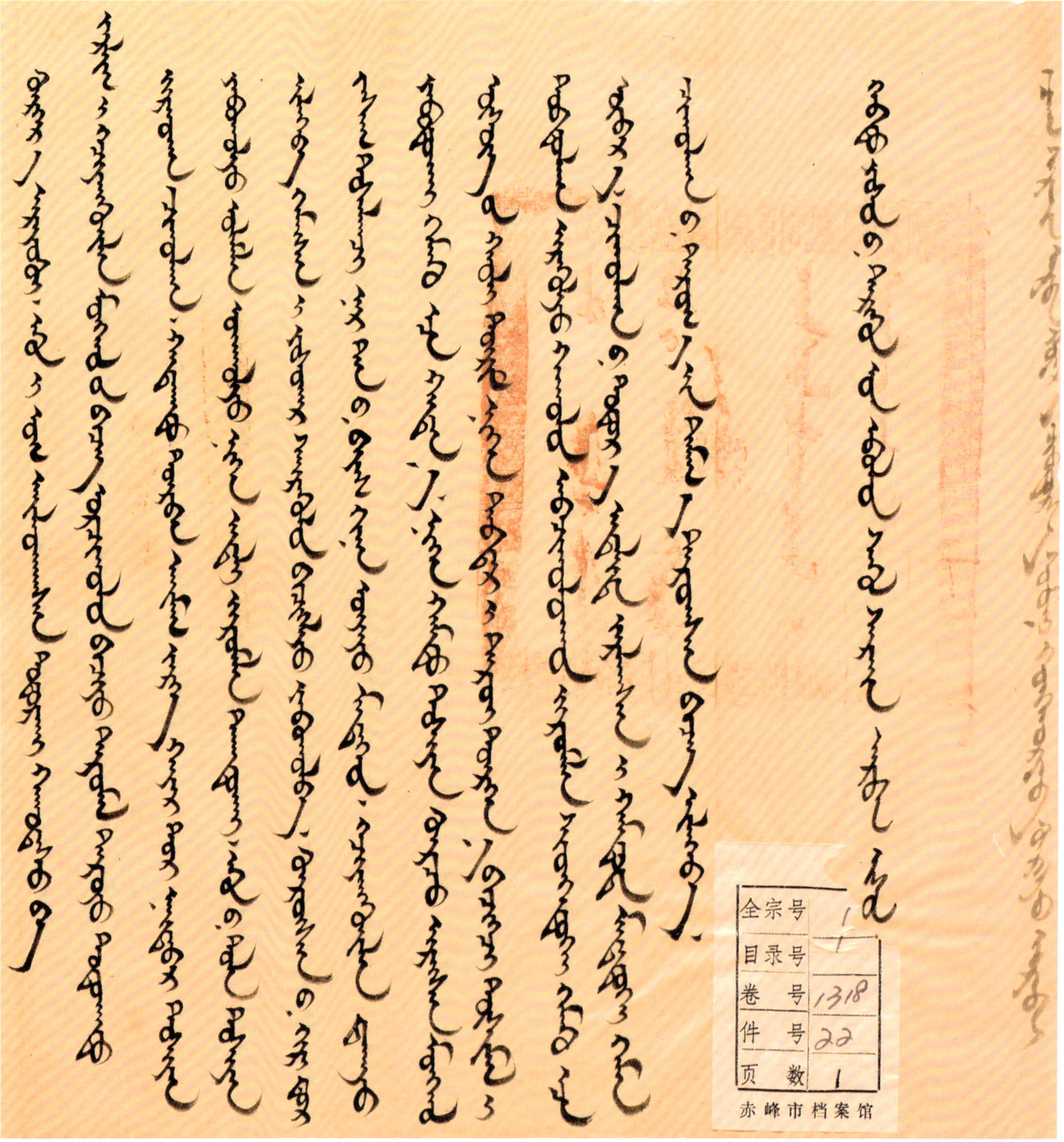

署理盟长阿鲁科尔沁札萨克印务之协理为施行新计量标准事札盟摄政协理原盟警备军札萨克郡王等文

署理盟长阿鲁科尔沁札萨克多罗郡王衔加八级军功加四级多罗贝勒盟长印务之协理二等台吉加三级根敦扎布文。札付盟摄政协理原盟警备军札萨克暨翁牛特札萨克和硕亲王衔加六级军功加六级多罗杜棱郡王，协理二等台吉加二级军功加三级哈青阿、协理二等台吉朝格图格日乐：行札备办之事。

近日，大部札开：宣统元年初秋初八日资政院颁布了新计量标准及旧计量标准之改进型。上奏后，当日，圣旨恩准。如今将上奏原文译成蒙古文、印成册子发至内藩六盟外藩四盟督促照办。等因前来本盟署。盟署抄录原文转送之。文到，诸札萨克、协理阅知文内，遵旨照办。有一本计量法规蒙古文版，各旗即刻派笔帖式抄录一份对照执行。此事也通告盟摄政协理王爷处。

至此，致钤盟长印之文。

宣统元年末冬十九日

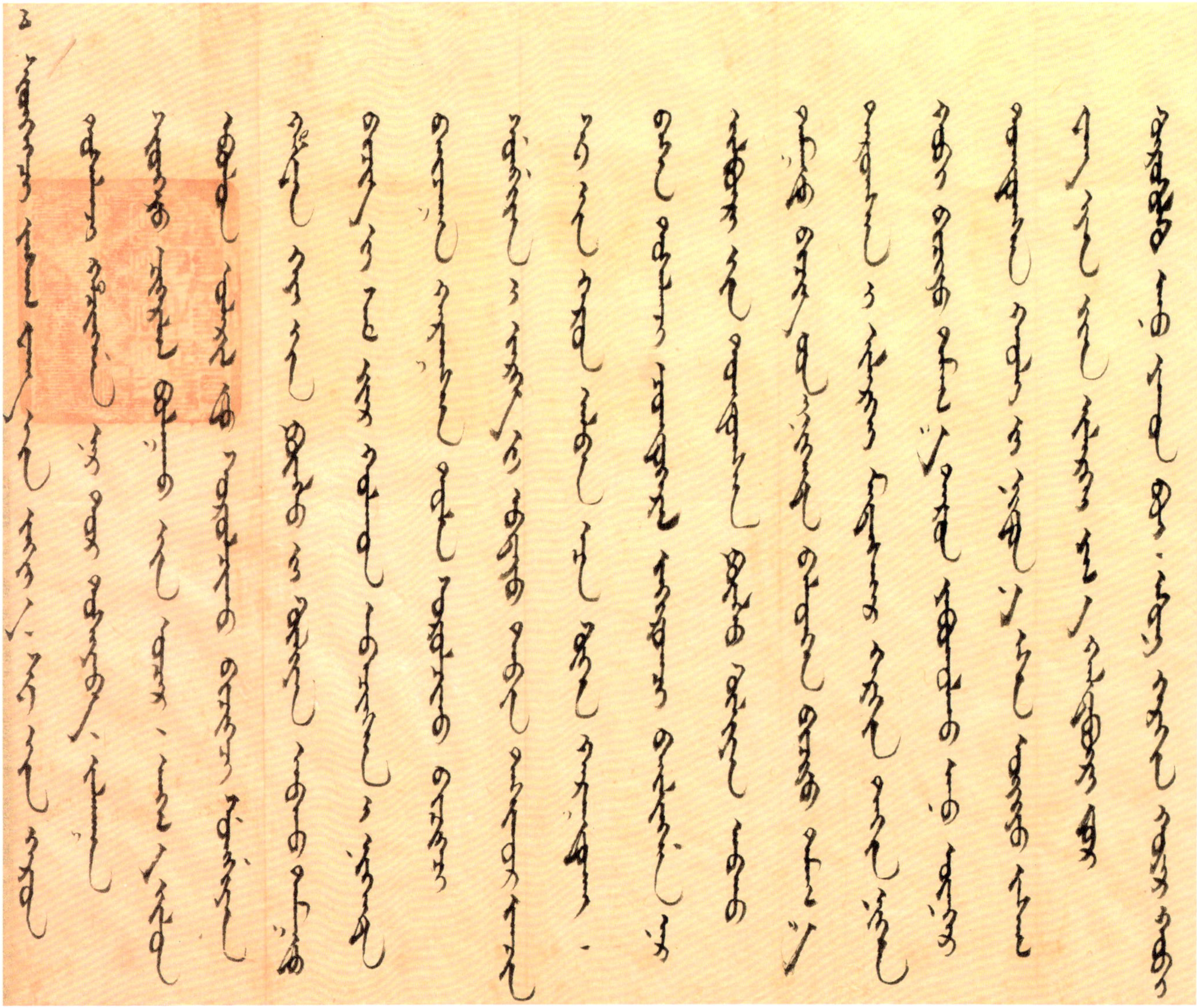

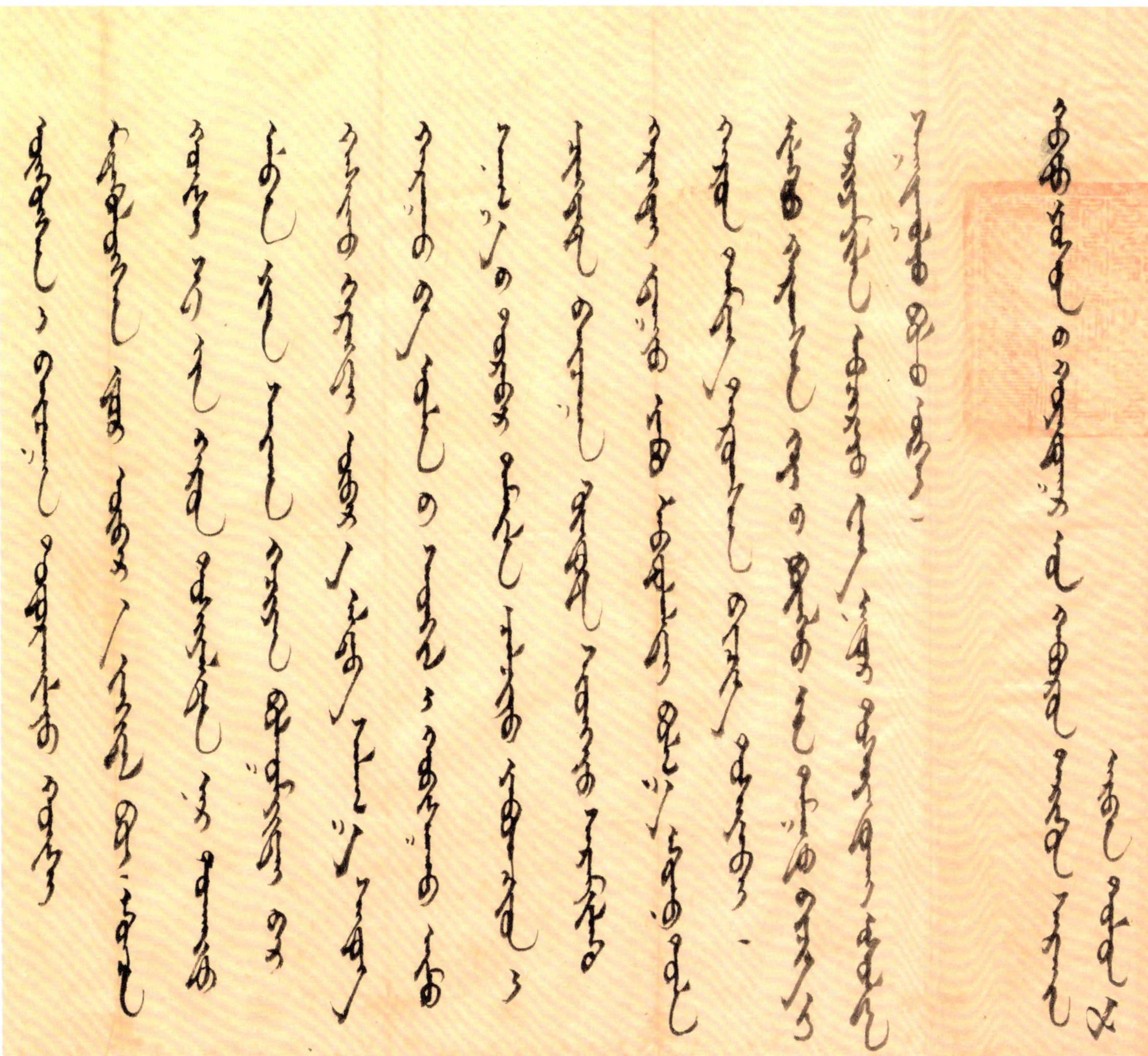

摄政王爷为查办类同官文等事札内政司协理文

摄政王爷札饬。致议政司协理哈青阿：惩戒之事。

现已查明宣统元年实习笔帖式宋健窃走兵丁哈番之领俸禄之官文。故取消其实习笔帖式资格，惩罚五十大鞭，驱逐出内政司。还有协理朝格图格日乐、总管白领哈明知已将每年接受定额俸禄之官文准备就绪，并已钤印，为何再写一份官文钤印送去，实属目无法规，致札萨克王获罪也。要查清为何出具两份官文事由并及时回报。从今往后议政司官员恪尽职守、尽职尽责。严厉惩戒不怀好意、蛊惑人心之放肆异党。为此特下签字之文。收回那多一份领俸禄之官文，交至本王爷，不得有误。

此札。

宣统二年初春十七日

083 署理盟长阿鲁科尔沁札萨克印务之协理为登记报送诸庙喇嘛班弟事札盟摄政协理原盟警备军札萨克郡王等文（宣统二年仲春初五日）

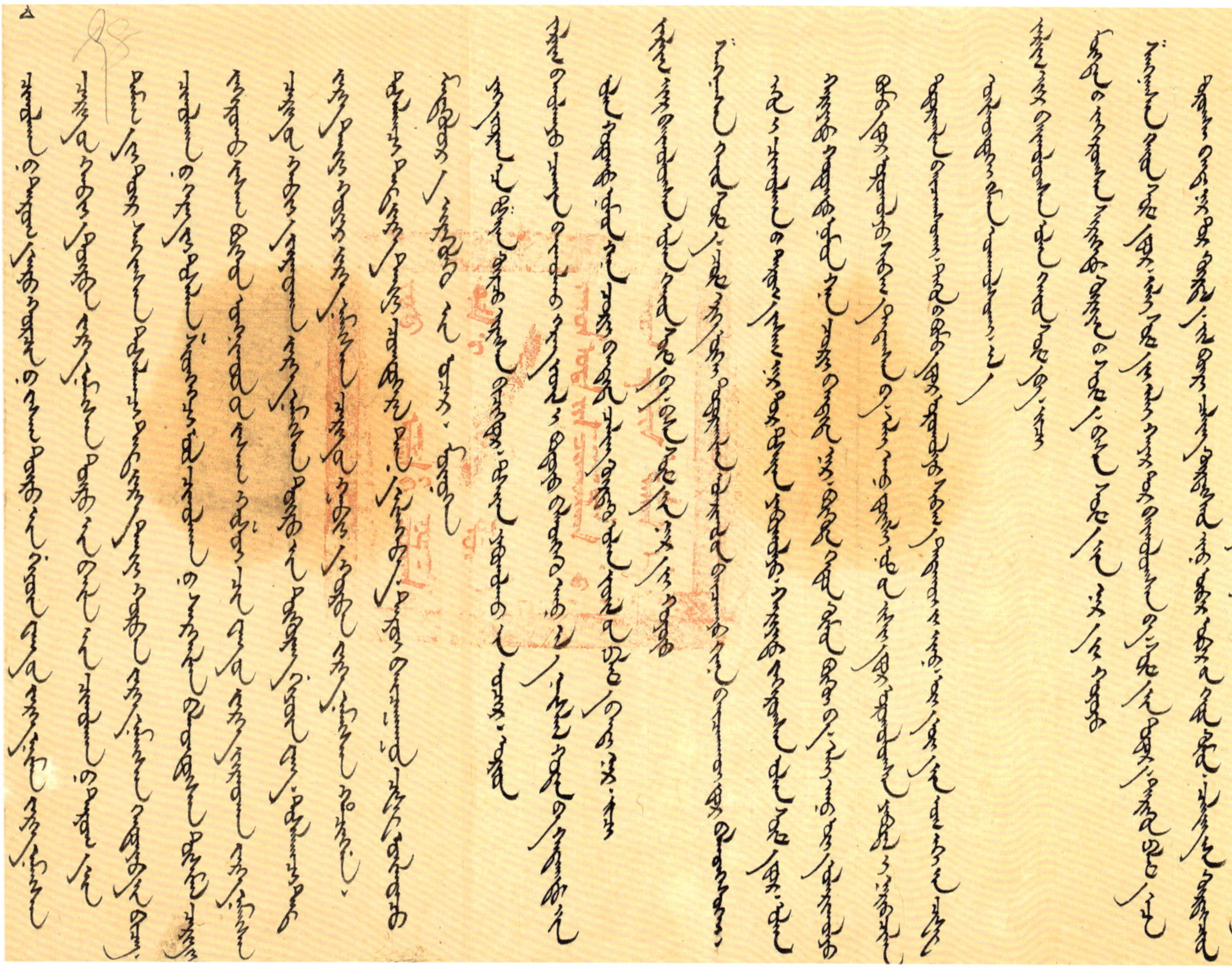

083 署理盟长阿鲁科尔沁札萨克印务之协理为登记报送诸庙喇嘛班弟事札盟摄政协理原盟警备军札萨克郡王等文（宣统二年仲春初五日）

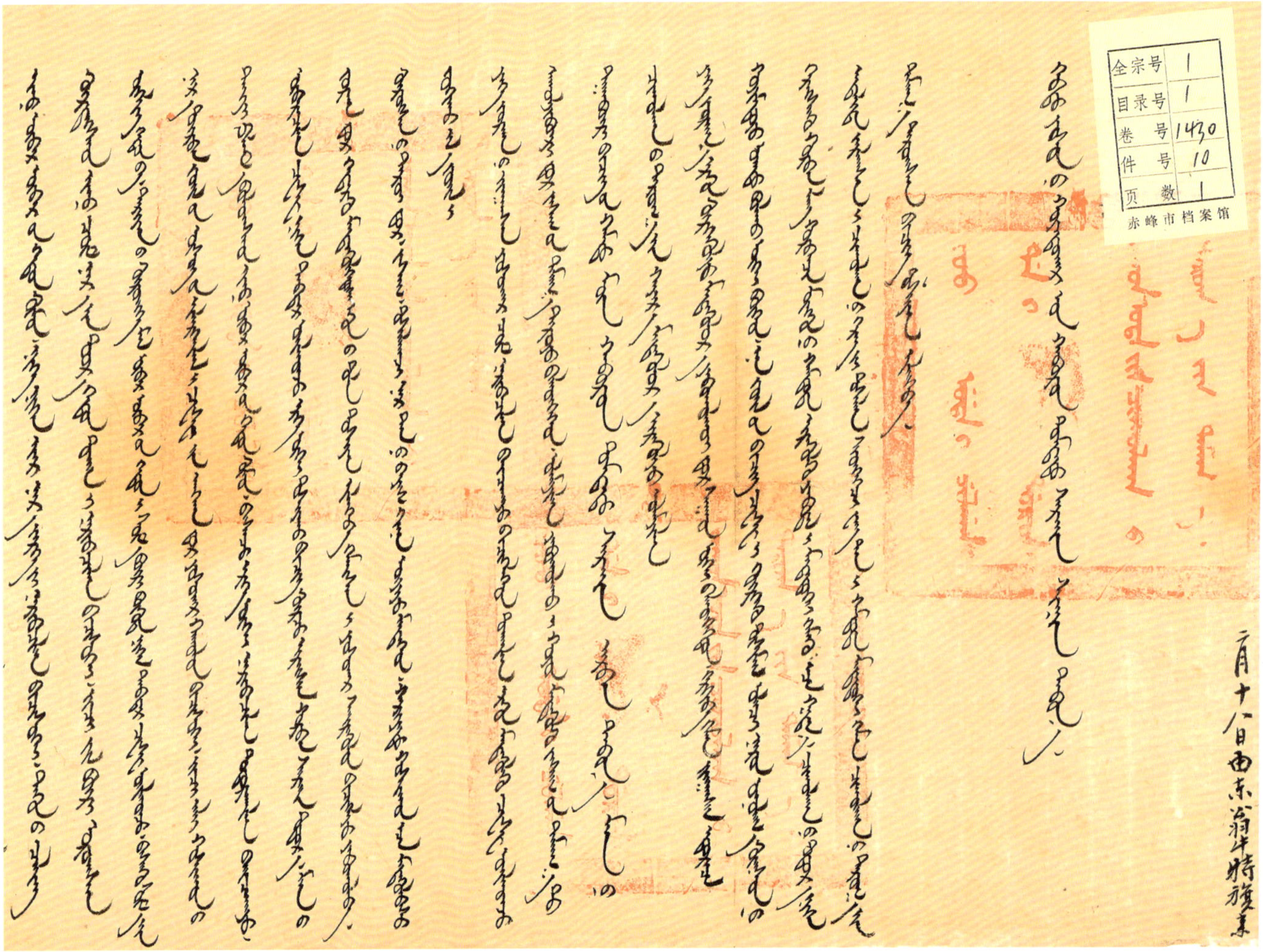

署理盟长阿鲁科尔沁札萨克印务之协理为登记报送诸庙喇嘛班弟事札盟摄政协理原盟警备军札萨克郡王等文

署理盟长阿鲁科尔沁札萨克多罗郡王衔加八级军功加四级多罗贝勒盟长印务之协理二等台吉加三级根敦扎布文。札付盟摄政协理原盟警备军札萨克暨翁牛特札萨克和硕亲王衔加六级军功加六级多罗杜棱郡王，协理二等台吉加二级军功加三级哈青阿、协理二等台吉朝格图格日乐：即刻核查造册上报之事。

近日，理藩院札开：遵旨照律备送事。

京城内外诸呼图克图诺门汗却吉班智达等受俸禄之诸喇嘛班弟，奉旨修建之诸寺庙及赐牌匾之寺庙等，做好审核检查之事。此事交于盟长札萨克，认真核查所属诸寺庙诸呼图克图、诺门汗、却吉班智达，有多少人、哪些为世袭、哪些为经金瓶掣签选之、哪些进入冬历法会轮次等。金瓶掣签之事，要造代代相传之原始册子。

奉旨修建之诸寺庙、沈阳所辖锡搙图库伦庙，还有赏赐寺庙名称牌匾者，何庙建何地，庙里大喇嘛以下至班弟每年受俸禄各有多少，未受俸禄各有多少人，一一标注姓名、级别，受俸禄人名下注明详细数据，及每年香火收入多少，田产牲畜各有多少等，各寺庙均造册。另，四种文字寺庙牌匾等，录入原始册子，及旗里台吉、喇嘛各有多少人，需核查清楚单独造册，务必在收催文之后三个月内，上报理藩院。等因前来本盟署。

为此，特抄写传送。文到，诸札萨克、协理亲自审阅，将所属旗该报事项照理藩院要求详细注明造册，启封处加盖札萨克印，以备查验。同钤札萨克印之公文一起，于本年仲春十五日报至盟长处，以备转报理藩院，不得有误，不得超过限定日期。同时送公文及册子之官差路费、生活费所用三两三钱银两送至。除特告知此事外，通告全盟之事，仍报于盟摄政王爷处。

至此，致盟长印之文。

宣统二年仲春初五日

协理朝格图格日乐为查办骗取捐庙钱财事呈摄政王爷文（宣统二年二月二十五日）

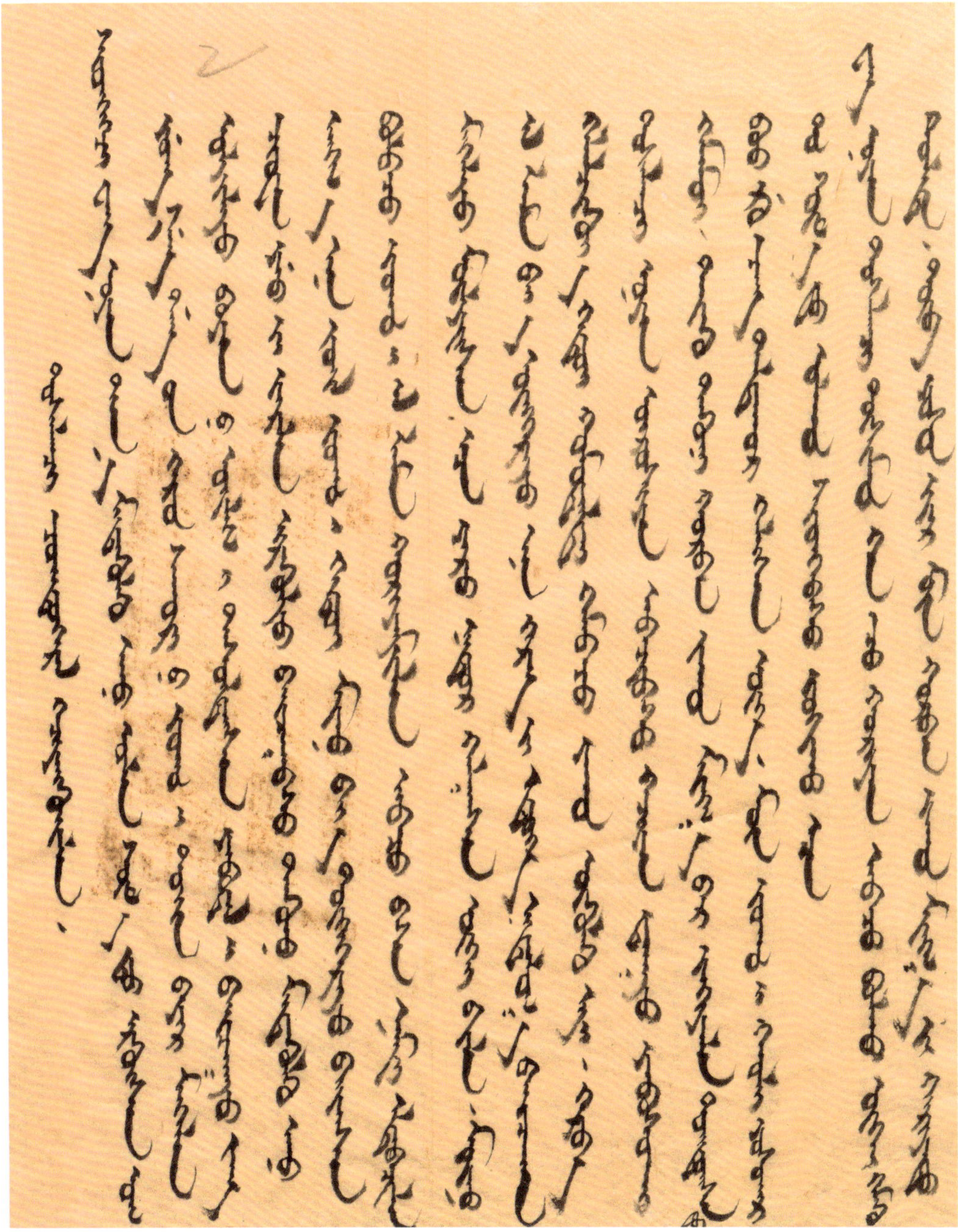

084 协理朝格图格日乐为查办骗取捐庙钱财事呈摄政王爷文（宣统二年二月二十五日）

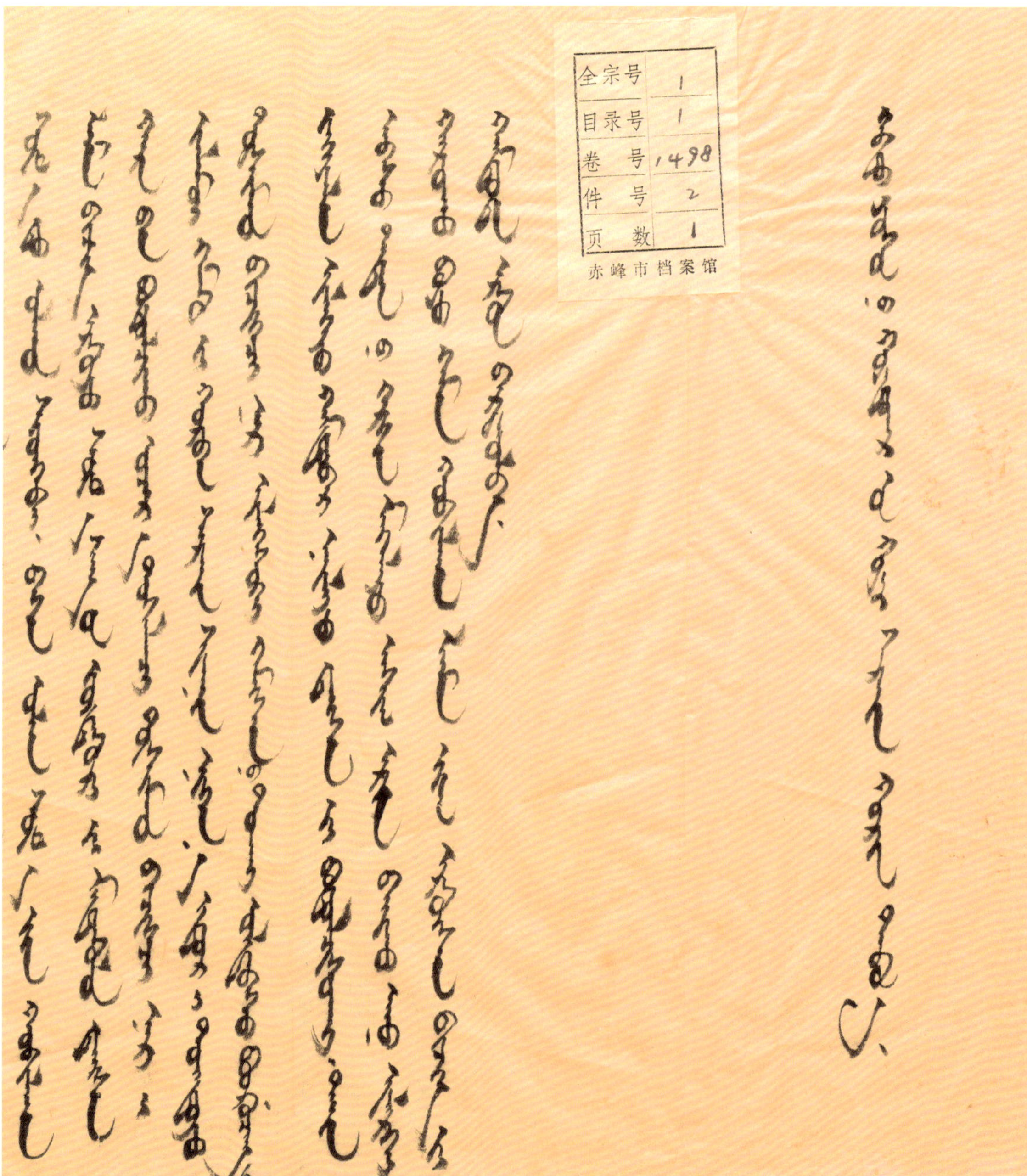

协理朝格图格日乐为查办骗取捐庙钱财事呈摄政王爷文

协理朝格图格日乐文。呈送摄政王爷：为查清和尚巴雅尔骗取捐给敖伦庙之永盛堂宅基地费用之事。传唤张全友时其曰：虽然起初本人掌管此类钱款，实则二喇嘛收钱，还多次敲诈本人，未让本人管钱财。如今二喇嘛去世，此时跟鄙人对账，冤枉也。如协理官爷遣送鄙人，本人随去。等语。为此，处罚其三百千文。但宝库常放话，此款按法规只返给寺庙才是，王爷、协理不得罚收也。故公道起见三百千文款授予所属寺庙，以此断案。还有，敖伦庙住持喇嘛上报邀请协理笔帖式查看庙仓、清理账目。故定于三月初一日派遣官员笔帖式。如有可能，指派宝库常一同前往参与清理账目，使其知晓如何被骗钱财。

至此，同主持喇嘛文呈送之。

宣统二年二月二十五日

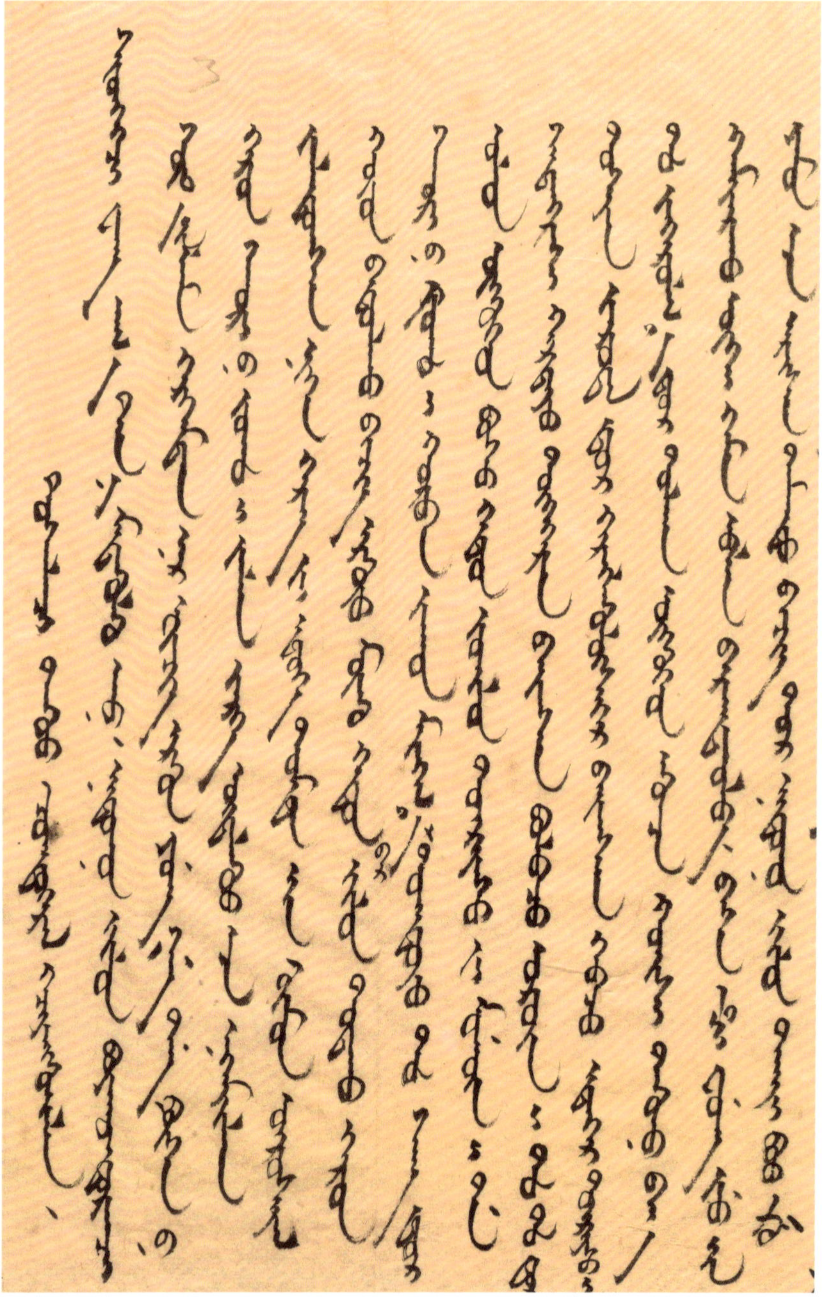

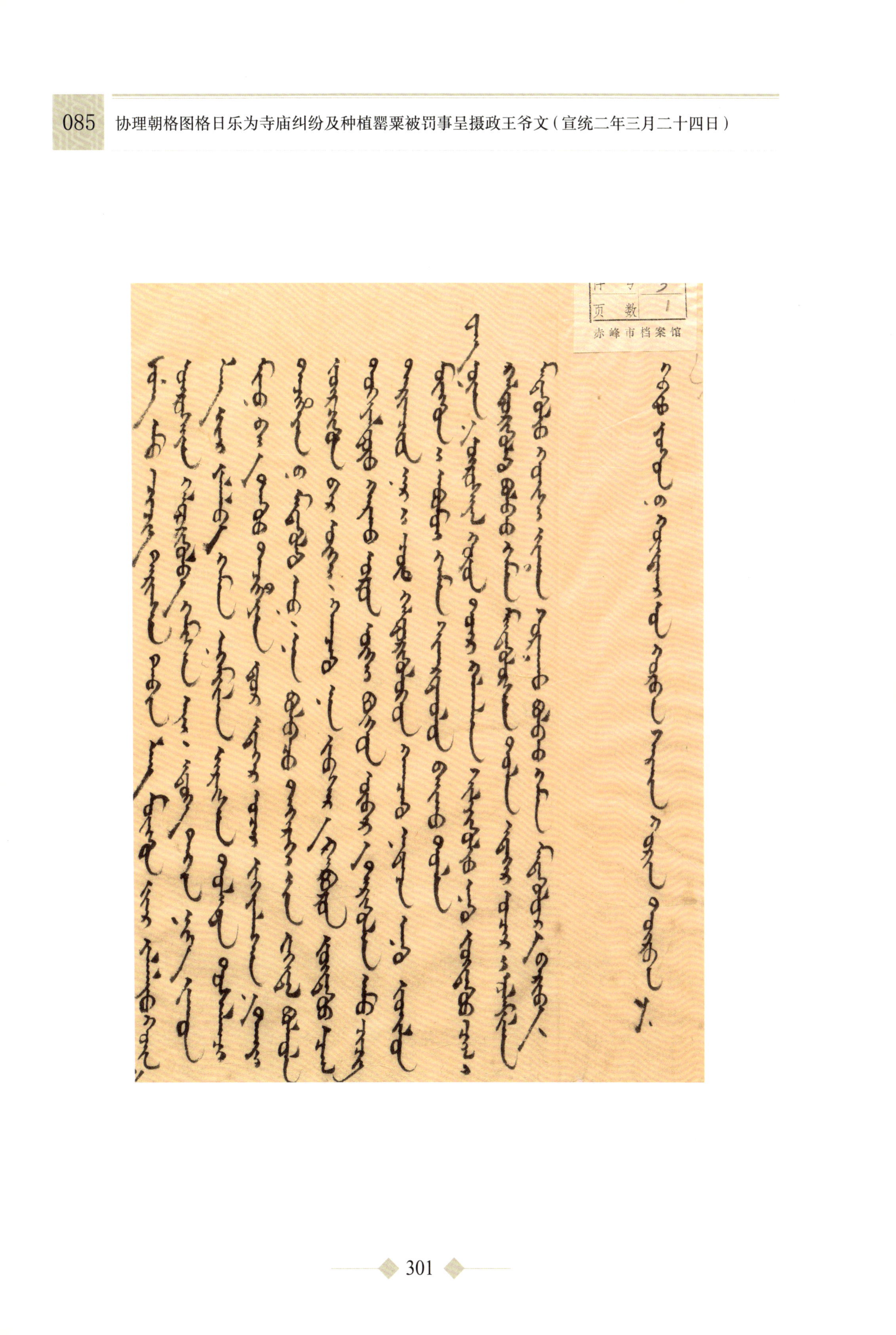

[illegible]

协理朝格图格日乐为寺庙纠纷及种植罂粟被罚事呈摄政王爷文

协理朝格图格日乐文。本小弟呈送摄政王爷兄：去年梵宗寺大喇嘛呈文上诉甲喇乌德乐胡，追讨永盛堂宅基地费用一事。如今，中间人呈保呈，商定数年拖欠宅基地费为三百千文。此款已归还庙仓。其他几种租金由色登拉希支配，用于各种开支。现让色登拉希理清账目后，不再掌管此类租金。另，赤峰州来文曰：去年台吉鲍谷荣种植罂粟被罚五十两银子后被免罚，今又追罚一百两银子。本协理委托小弟塔吉贤办理此事，小弟塔吉贤回报曰：此事为上级官文，不得违抗，只是正遇春荒之时，无处拿出此等银两。再之免罚其他种植罂粟农民，只罚吾等此款，不公也。在此祈求王爷说情度过春季艰难再罚之。等语。在此禀报摄政王爷兄，请指点为盼。

宣统二年三月二十四日

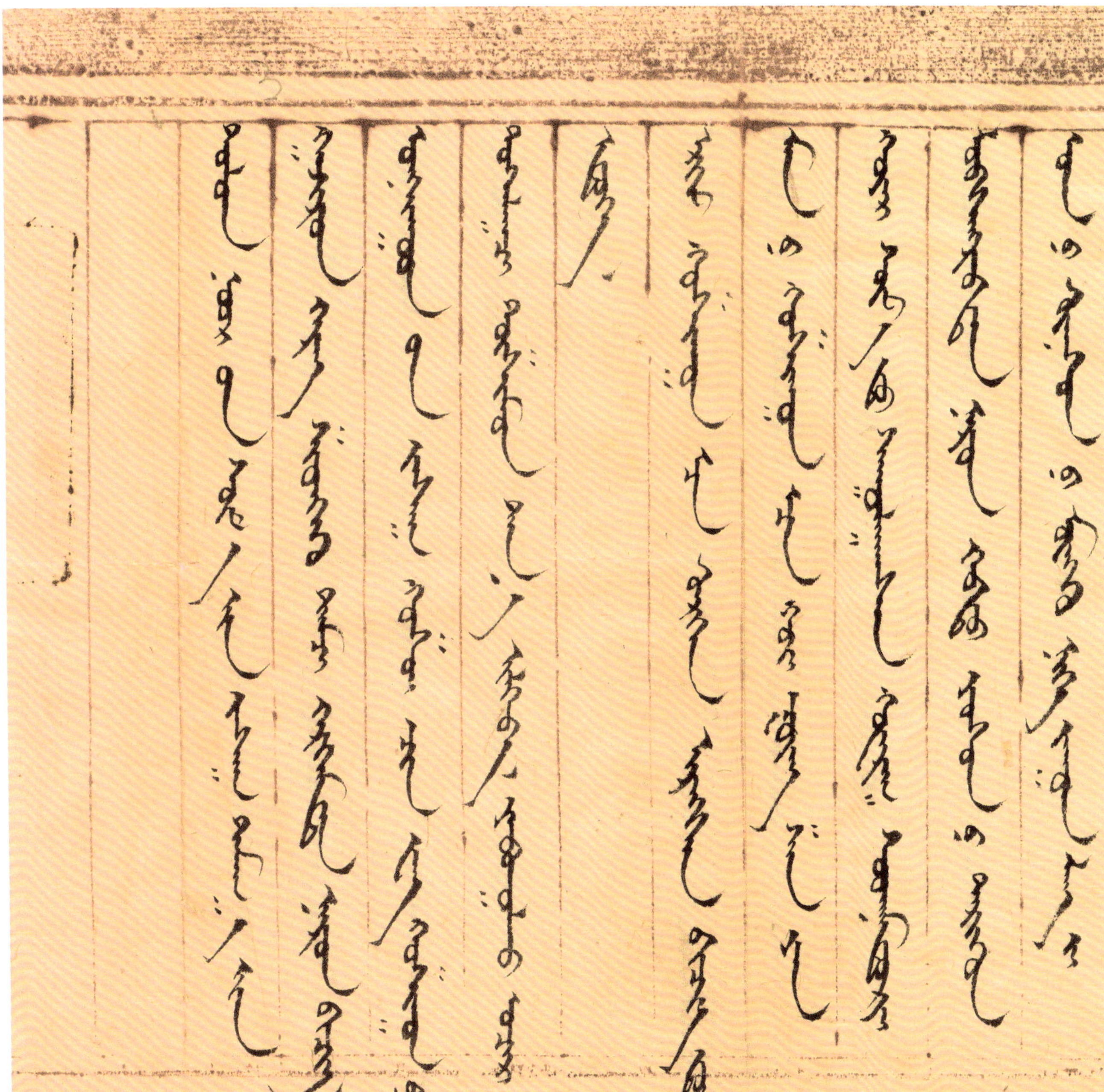

086 署理多伦庙札萨克印务之司库喇嘛为驻汇宗寺、善因寺和尚费用事咨翁牛特札萨克协理文（宣统二年三月二十六日）

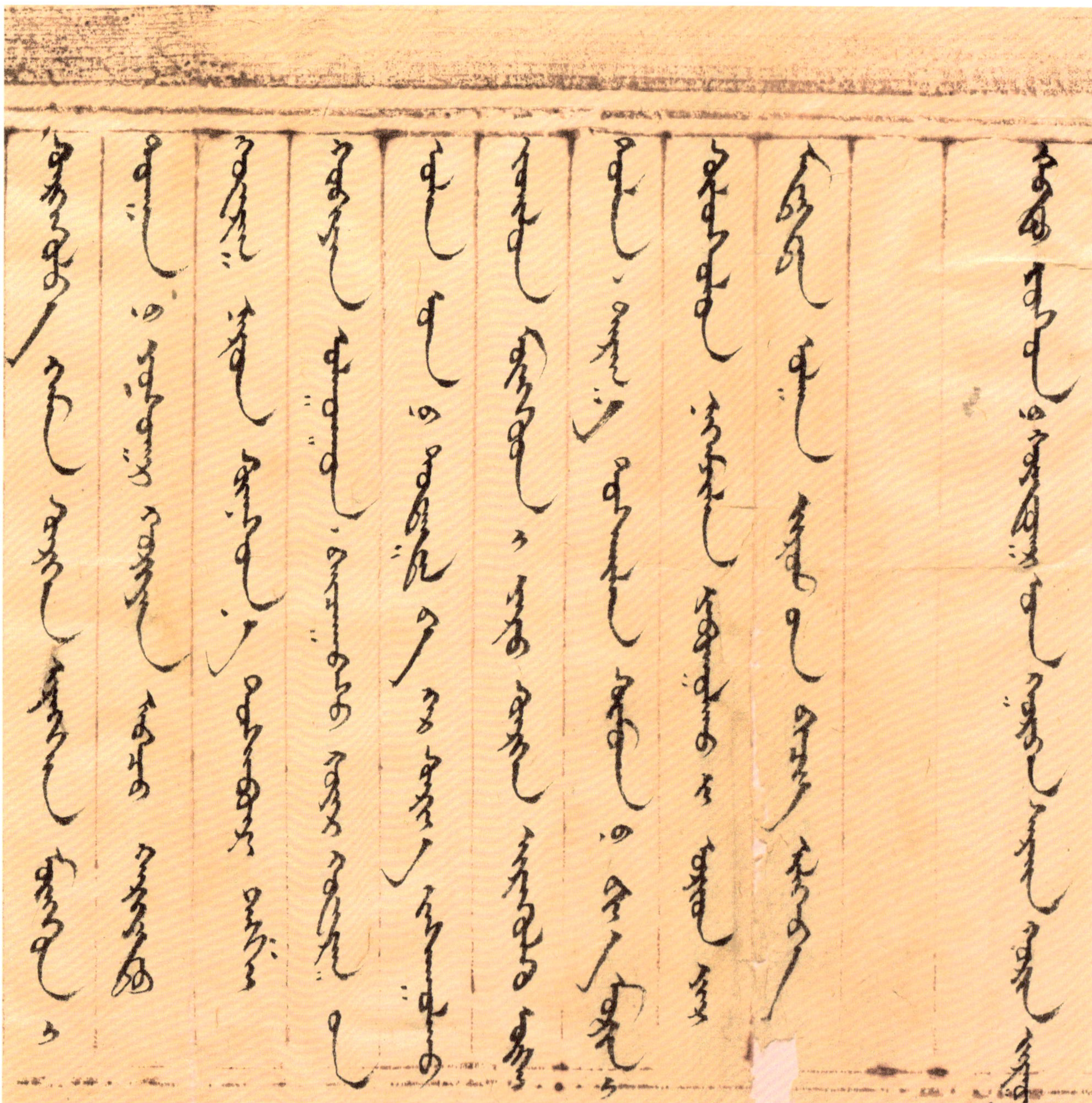

署理多伦庙札萨克印务之司库喇嘛为驻汇宗寺、善因寺和尚费用事咨翁牛特札萨克协理文

署理多伦庙札萨克印务之司库喇嘛文。咨翁牛特札萨克和硕亲王旗协理：行咨之事。

现今承接之贵旗咨开，本旗备送驻汇宗寺、善因寺和尚苏达那木道尔吉、罗布桑拉布坦之宣统元年口粮费一百两。等语。如数接受，并口粮费已平均分发至所属和尚。经查，两名和尚口粮费及维修房屋费拖欠多年。此等拖欠款已派人员追讨之。

致红格文预报之。

宣统二年三月二十六日

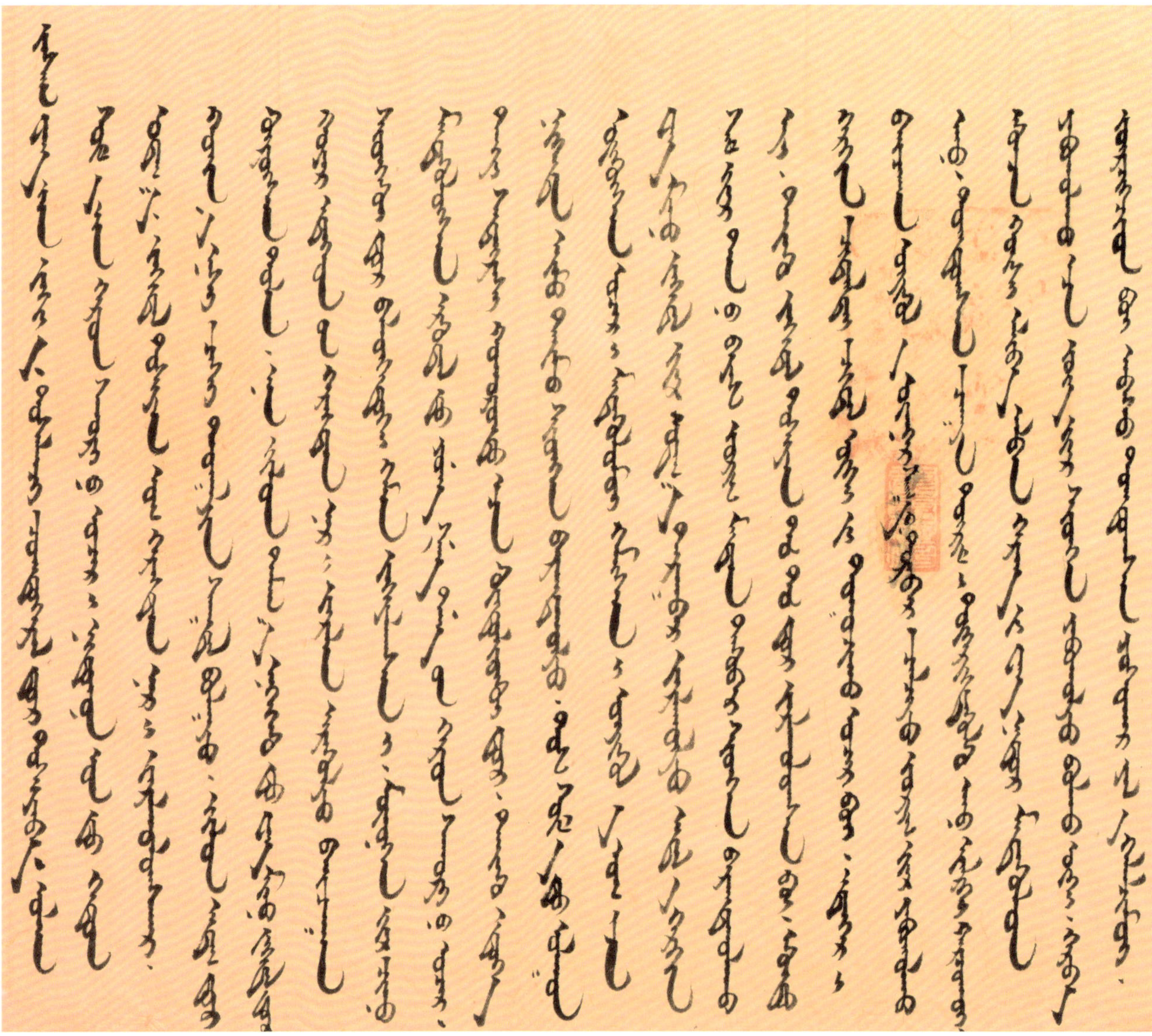

087 札萨克王为敖伦庙宅基地事札协理朝格图格日乐文（宣统二年四月二十日）

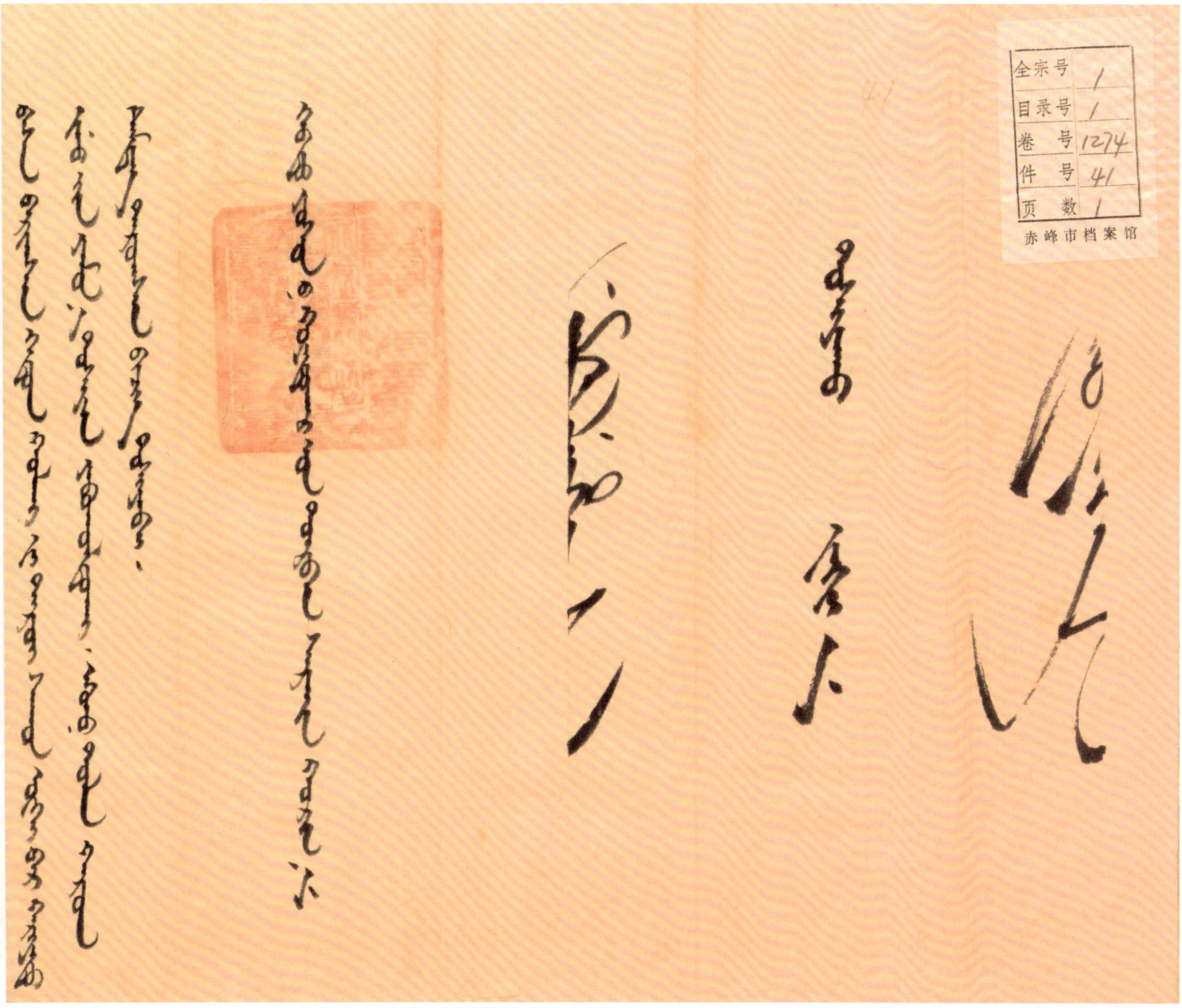

札萨克王为敖伦庙宅基地事札协理朝格图格日乐文

札萨克王札饬。札付协理朝格图格日乐：为敖伦庙宅基地之事。

去年，几次传唤涉案人员，却彼此推拖，延误至年底也。今年启章时，本王爷发文传唤双方涉案人员，以备审理。近日尔呈称，永盛堂宅基地一事，虽台吉色登扎西插手耍横，还是想方设法解决纠纷，还给该庙宅基地了事。等语。本王屡屡传唤涉案者，尔等却擅自结案，算何能奈也。实属肆无忌惮也，徇私枉法也。之后一切公务呈报本王，不得擅自结案，违者治罪也。还有抓捕之盗贼即刻押送至州衙门。

为此，签名札送之。

宣统二年四月二十日

088 盟摄政协理原盟警备军札萨克郡王等为统计旗内寺庙事呈盟长阿鲁科尔沁札萨克贝勒文（宣统二年初夏二十一日）

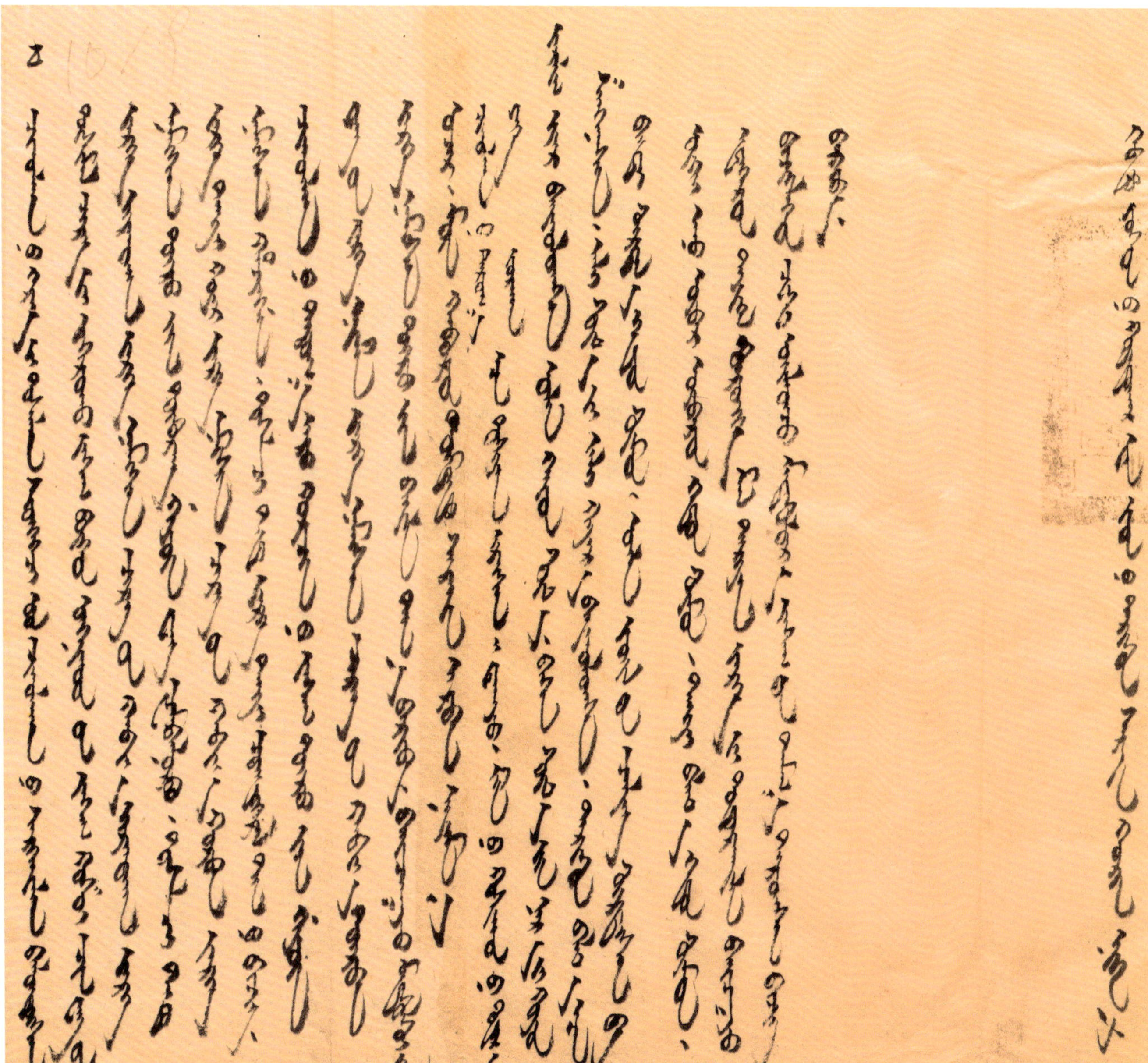

盟摄政协理原盟警备军札萨克郡王等为统计旗内寺庙事呈盟长阿鲁科尔沁札萨克贝勒文

盟摄政协理原盟警备军札萨克暨翁牛特札萨克和硕亲王衔加六级军功加六级多罗杜棱郡王赞巴勒诺尔布，协理二等台吉加二级军功加三级哈青阿、协理二等台吉朝格图格日乐文。呈盟长阿鲁科尔沁札萨克多罗郡王衔加八级军功加四级多罗贝勒：核查呈报之事。

本年仲春十八日奉盟长、大部之札饬，查明本旗内敕建之诸寺庙，有哪些赏赐牌匾、建何地、大喇嘛和小班弟人数、领薪金人数、台吉和喇嘛人数及其家产、牲畜、耕地等，并登记造册呈报之。

宣统二年初夏二十一日

089 署理盟摄政协理翁牛特札萨克印务之协理为遣返移民台吉、庶民事呈盟摄政协理原盟警备军札萨克郡王文（宣统二年仲夏十八日）

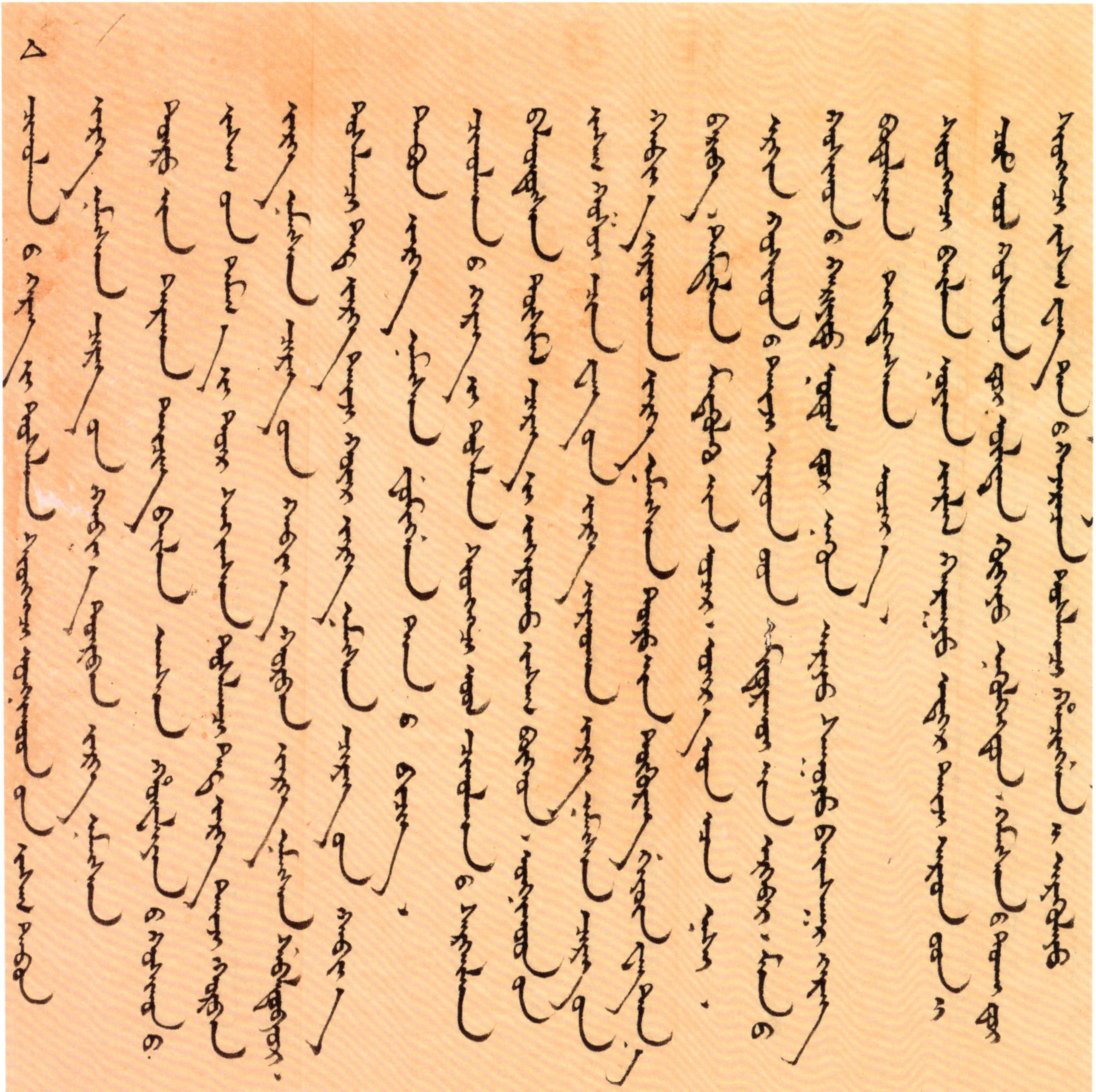

089 署理盟摄政协理翁牛特札萨克印务之协理为遣返移民台吉、庶民事呈盟摄政协理原盟警备军札萨克郡王文（宣统二年仲夏十八日）

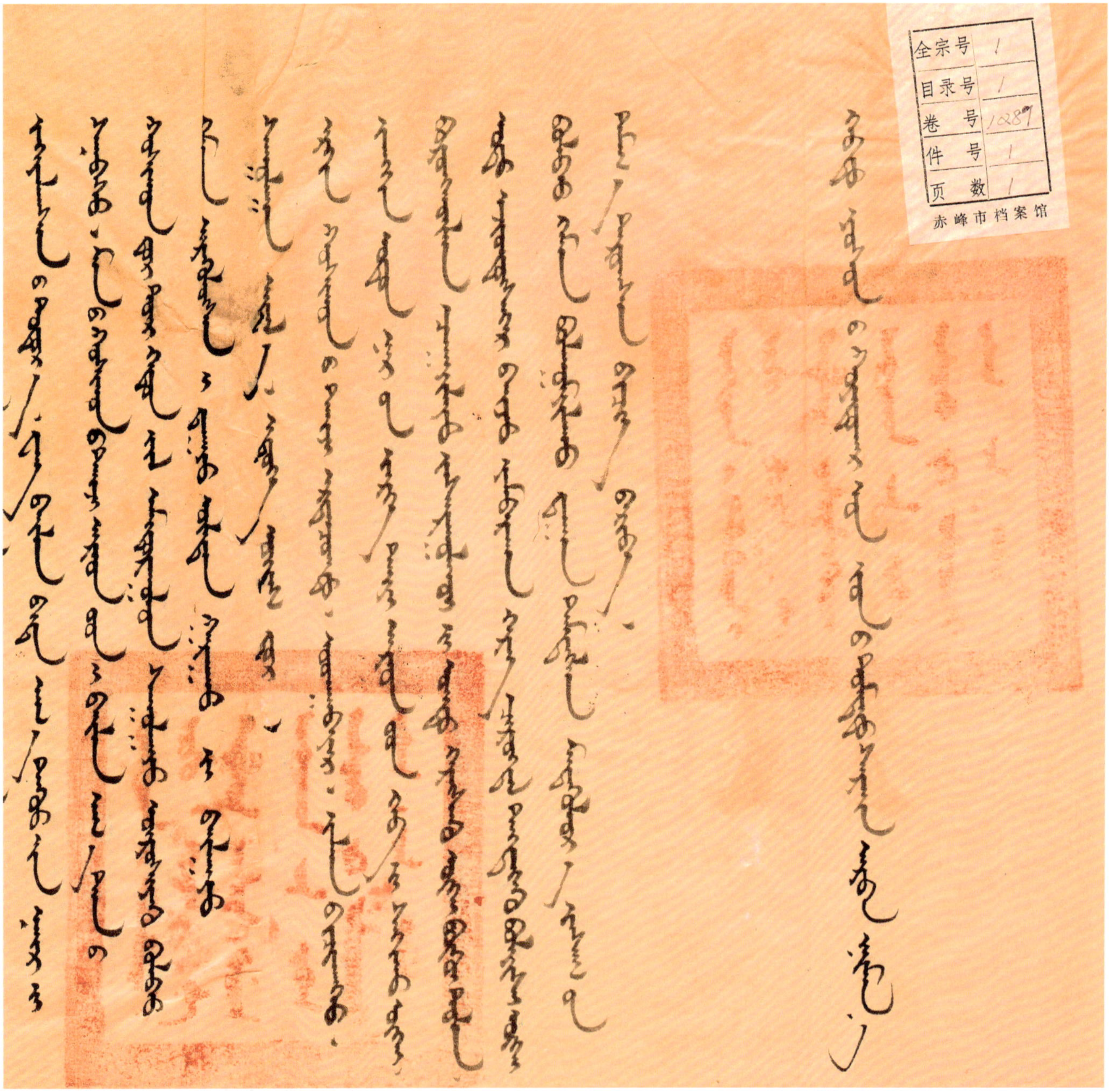

署理盟摄政协理翁牛特札萨克印务之协理为遣返移民台吉、庶民事呈盟摄政协理原盟警备军札萨克郡王文

署理盟摄政协理翁牛特札萨克加五级军功加四级多罗达尔罕岱青贝勒华连旗札萨克印务之协理二等台吉加三级军功加三级色布乐道布朱尔、协理二等台吉加二级军功加五级福明阿文。呈送盟摄政协理原盟警备军札萨克暨翁牛特札萨克和硕亲王衔加六级军功加六级多罗杜棱郡王：呈报之事。

近些年，贵旗台吉、庶民为生计迁移至本旗辖地并引发事端。故，摄政贝勒王颁布命令驱逐移民回原地之际，摄政札萨克王处指派协理哈青阿通融此事。本想看在贝勒王兄的情面，依您祈求，贝勒王爷容本旗台吉、庶民在贵旗移居几年，而未驱逐遣送。但贵旗台吉额尔敦朝格图、敖特根巴雅尔、甲喇比奇罕胡、章京敖顿等不守规矩，蛮横无理，对警告与惩罚不于理睬。故唯恐其称霸一方，闹出事端，日后连累您我。故特呈告之。

至此，致钤札萨克印之文。

宣统二年仲夏十八日

090 昭乌达盟摄政协理军务札萨克暨翁牛特札萨克和硕亲王衔多罗杜棱郡王旗协理、台吉、随从官员姓名、职位、数目明细册（宣统二年仲夏二十八日）

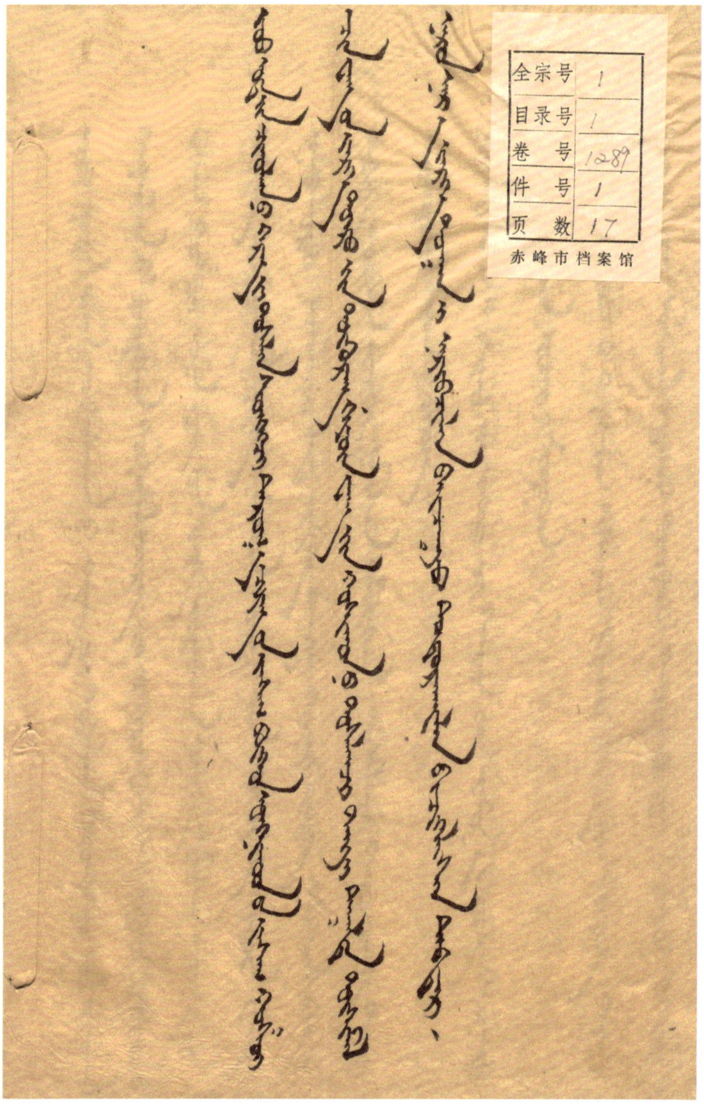

全宗号	1
目录号	1
卷　号	1289
件　号	1
页　数	17

赤峰市档案馆

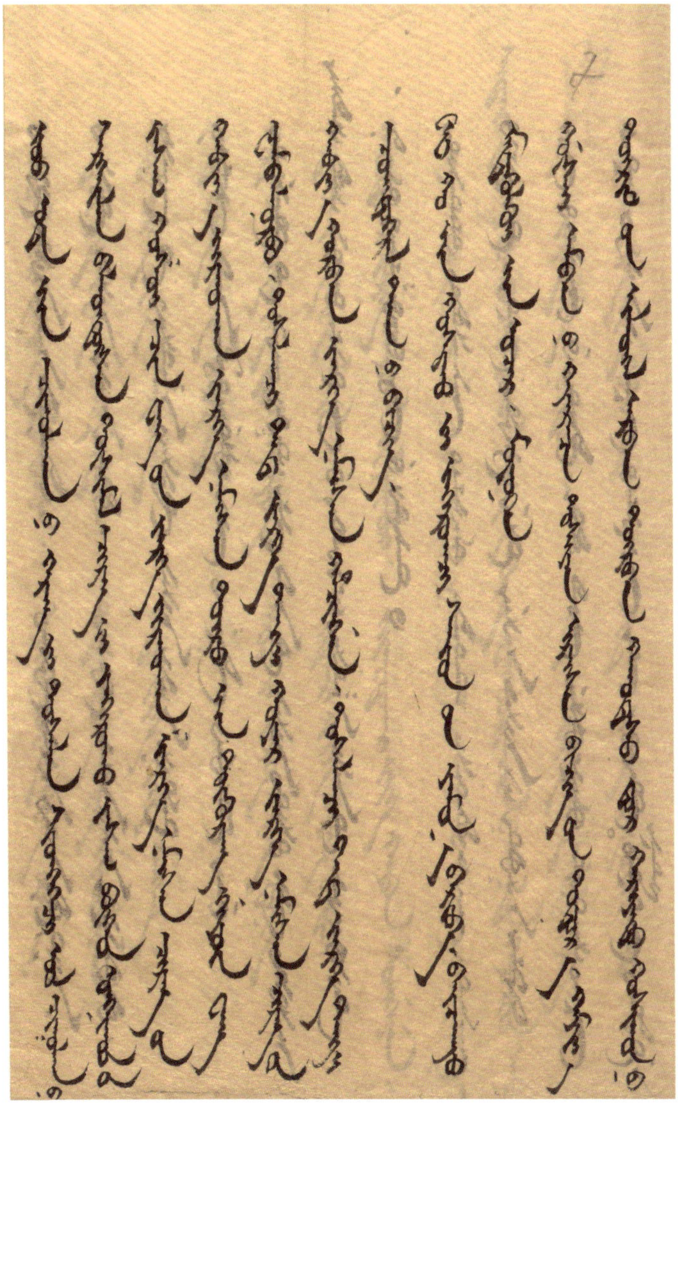

090 昭乌达盟摄政协理军务札萨克暨翁牛特札萨克和硕亲王衔多罗杜棱郡王旗协理、台吉、随从官员姓名、职位、数目明细册（宣统二年仲夏二十八日）

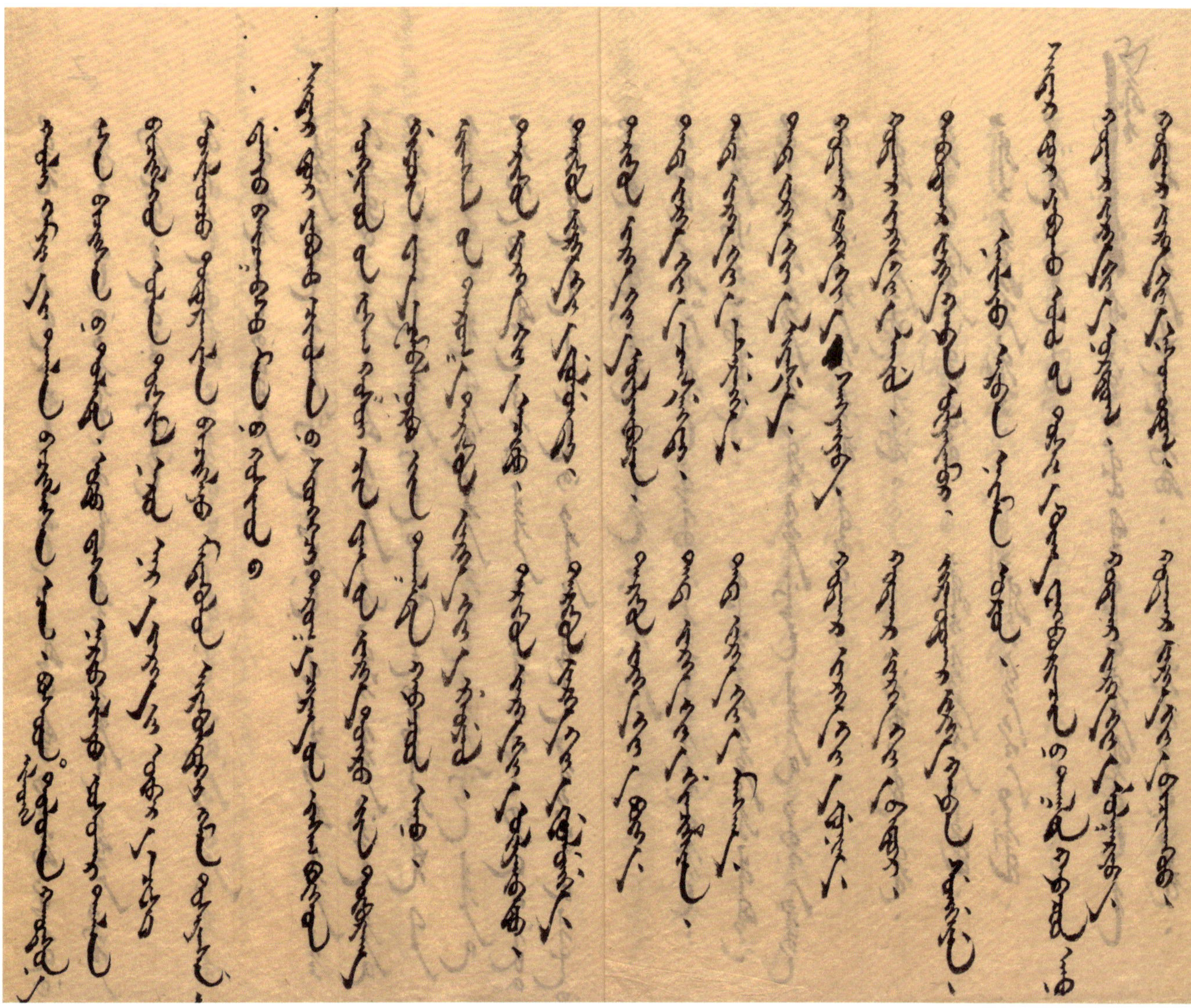

090 昭乌达盟摄政协理军务札萨克暨翁牛特札萨克和硕亲王衔多罗杜棱郡王旗协理、台吉、随从官员姓名、职位、数目明细册（宣统二年仲夏二十八日）

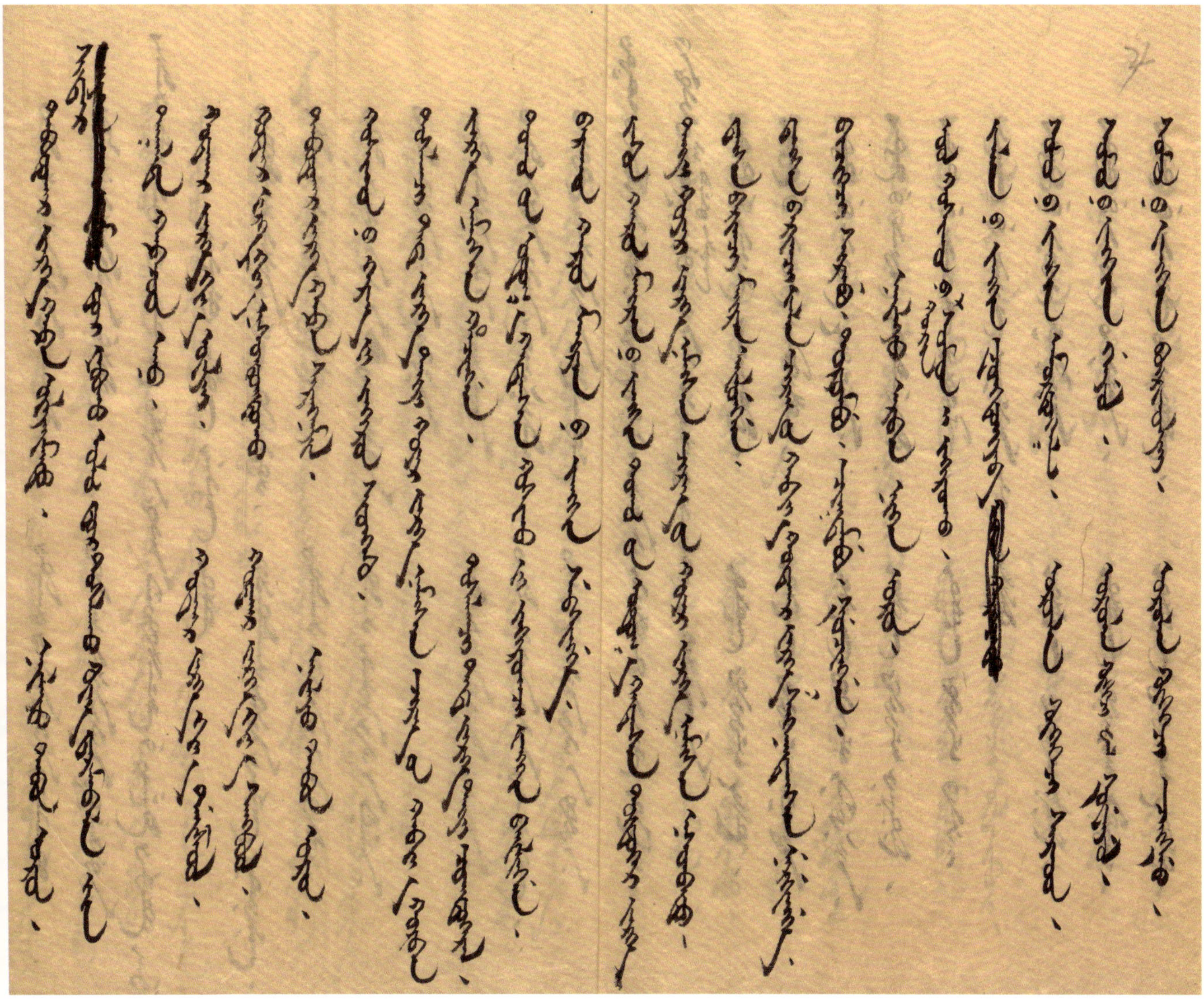

090 昭乌达盟摄政协理军务札萨克暨翁牛特札萨克和硕亲王衔多罗杜棱郡王旗协理、台吉、随从官员姓名、职位、数目明细册（宣统二年仲夏二十八日）

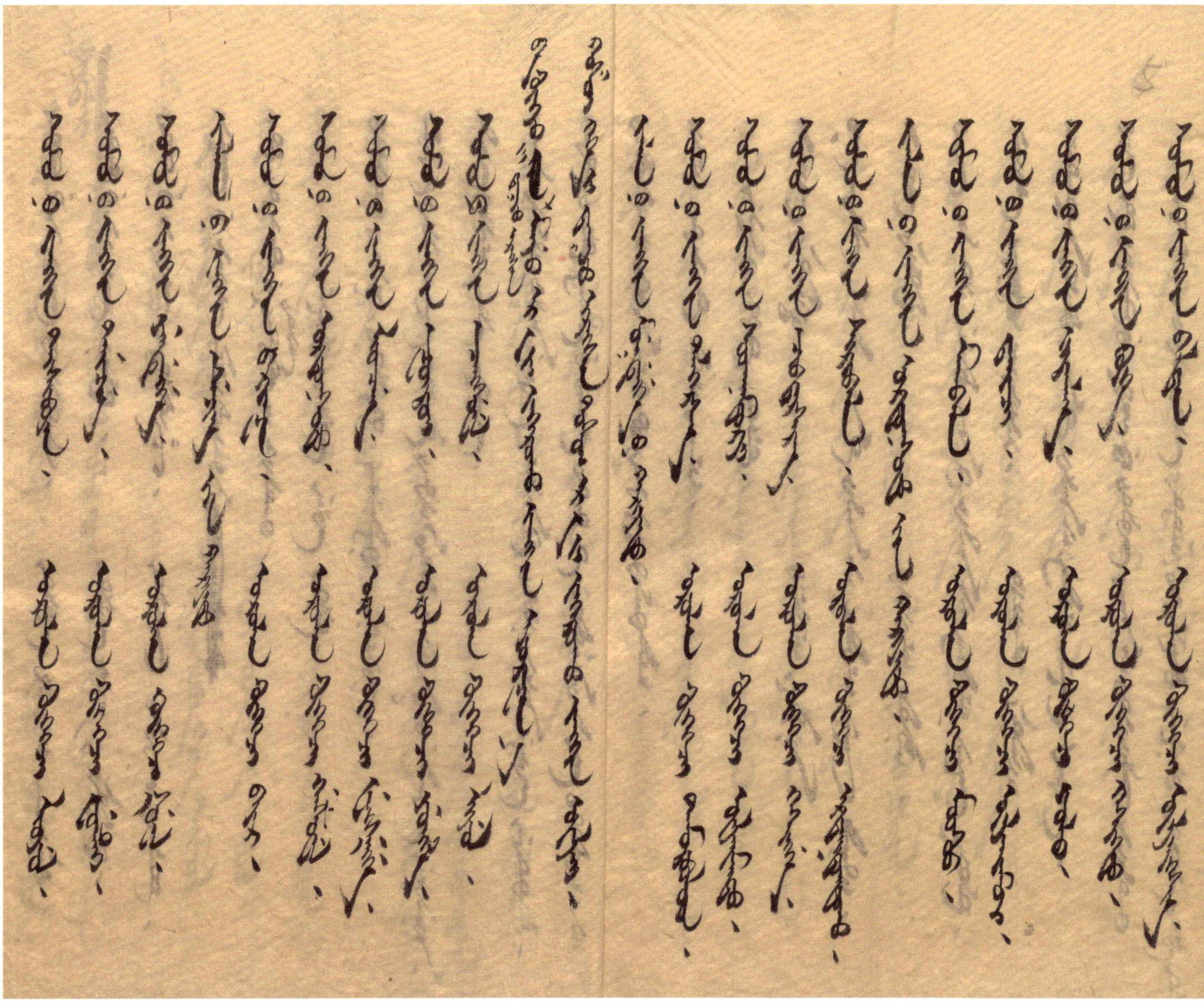

090 昭乌达盟摄政协理军务札萨克暨翁牛特札萨克和硕亲王衔多罗杜棱郡王旗协理、台吉、随从官员姓名、职位、数目明细册（宣统二年仲夏二十八日）

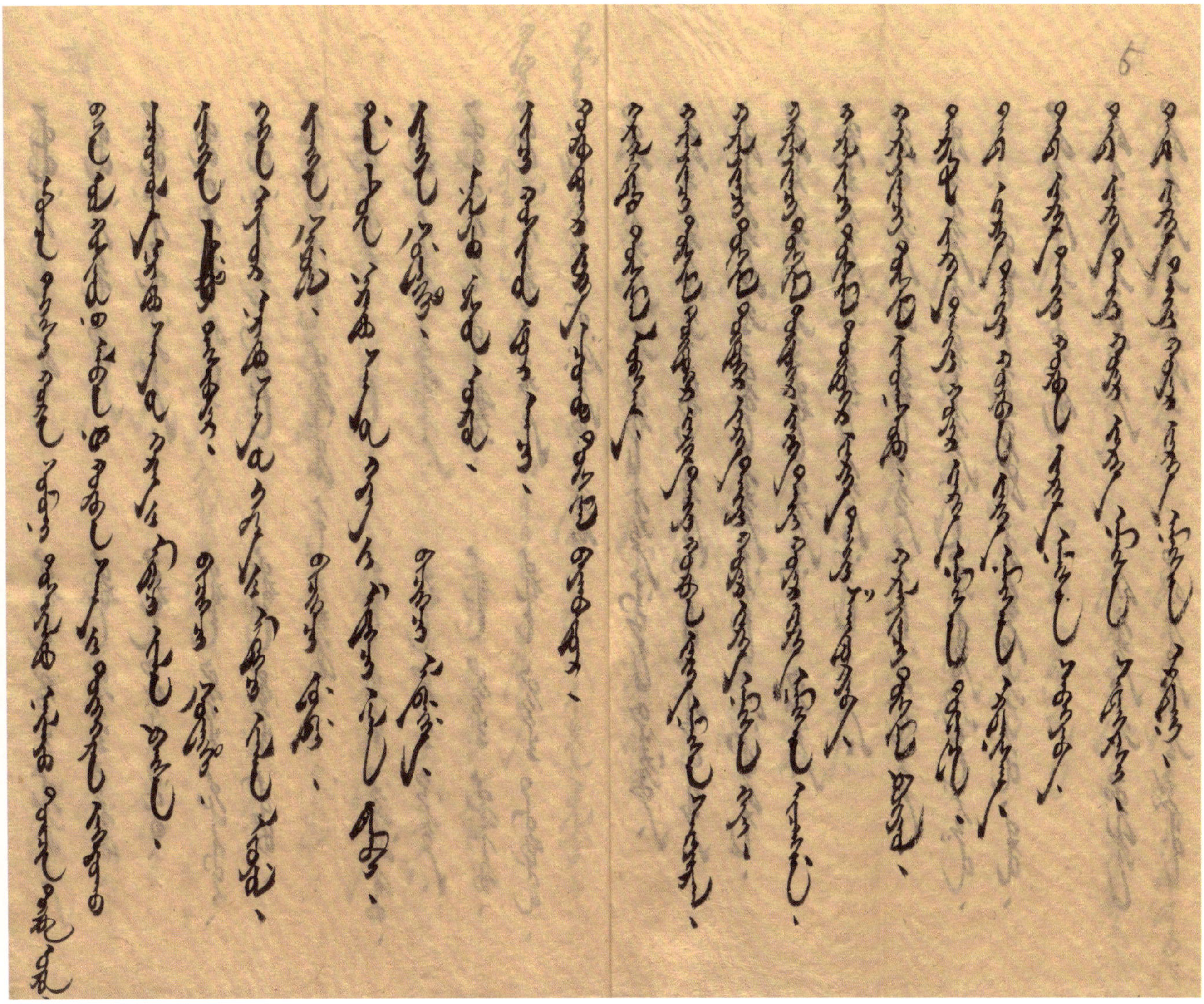

090 昭乌达盟摄政协理军务札萨克暨翁牛特札萨克和硕亲王衔多罗杜棱郡王旗协理、台吉、随从官员姓名、职位、数目明细册（宣统二年仲夏二十八日）

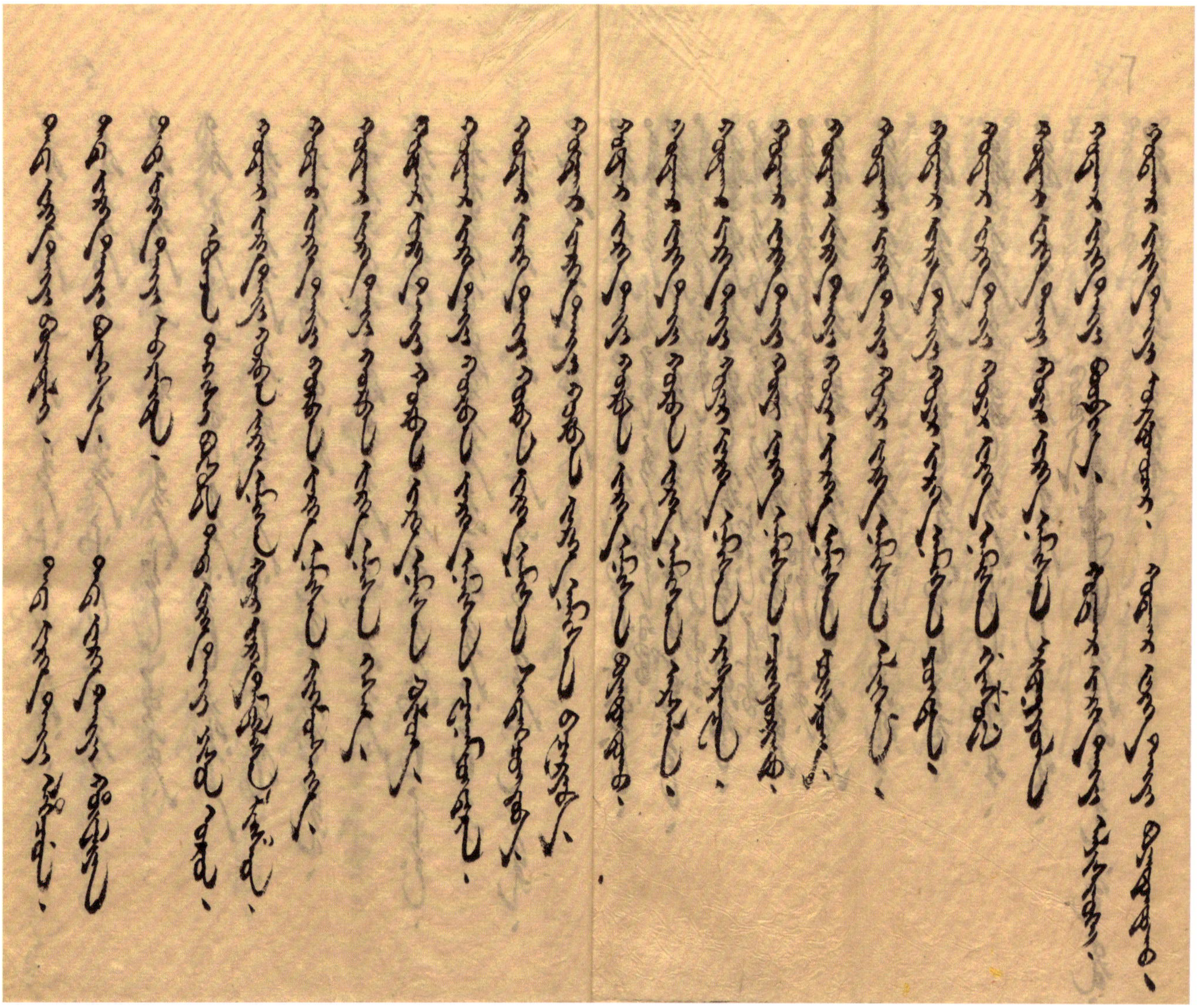

090 昭乌达盟摄政协理军务札萨克暨翁牛特札萨克和硕亲王衔多罗杜棱郡王旗协理、台吉、随从官员姓名、职位、数目明细册（宣统二年仲夏二十八日）

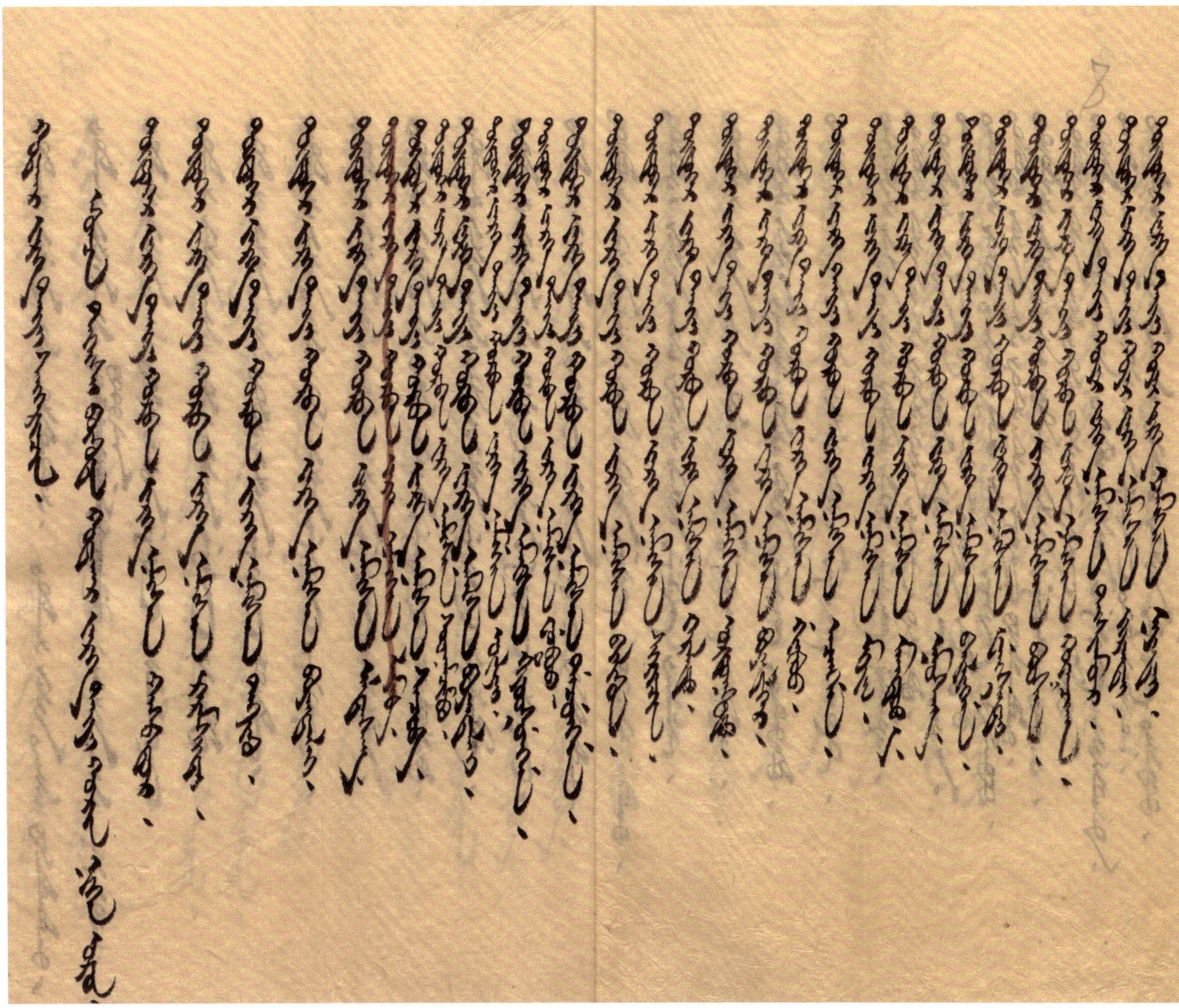

090 昭乌达盟摄政协理军务札萨克暨翁牛特札萨克和硕亲王衔多罗杜棱郡王旗协理、台吉、随从官员姓名、职位、数目明细册（宣统二年仲夏二十八日）

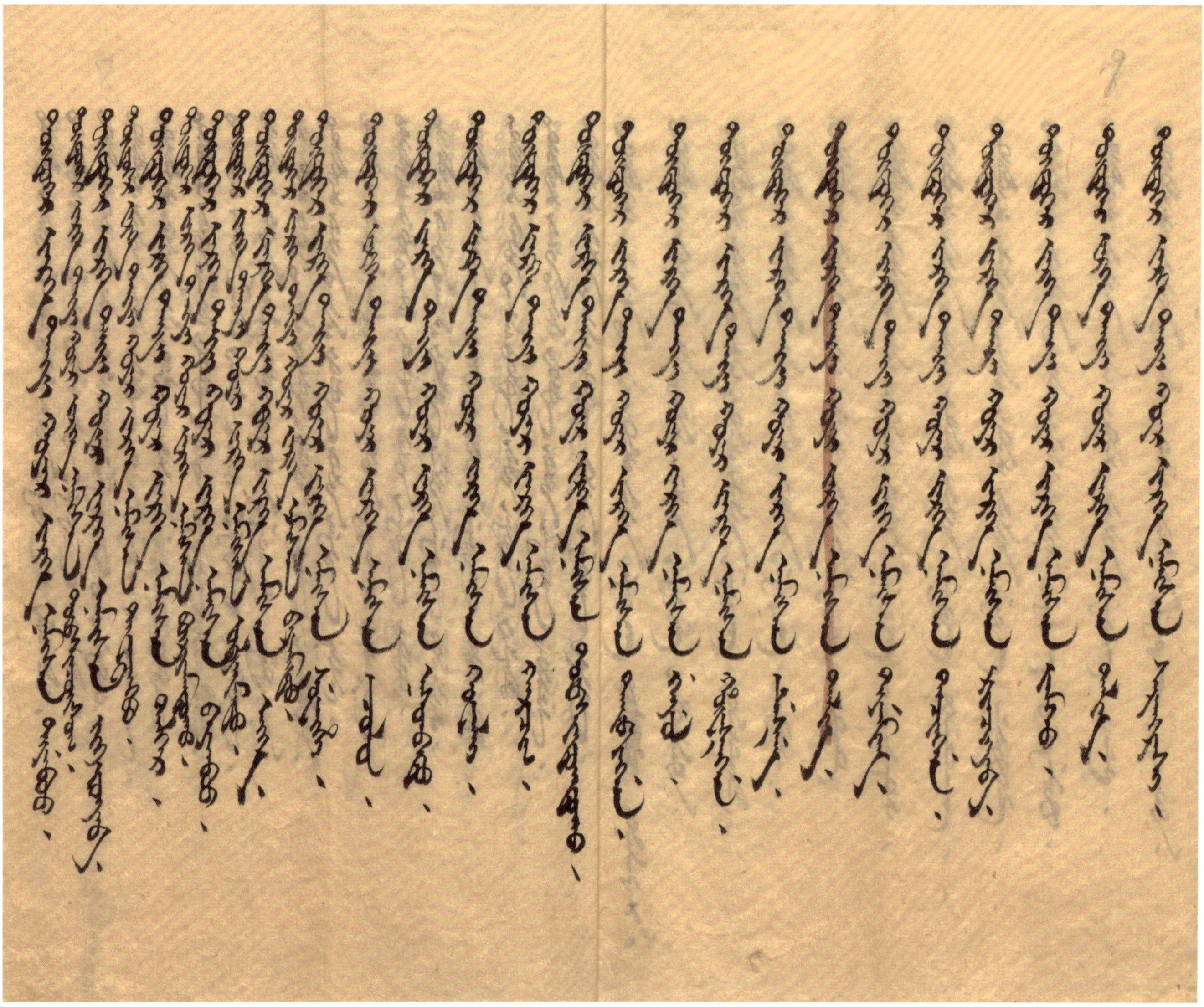

090 昭乌达盟摄政协理军务札萨克暨翁牛特札萨克和硕亲王衔多罗杜棱郡王旗协理、台吉、随从官员姓名、职位、数目明细册（宣统二年仲夏二十八日）

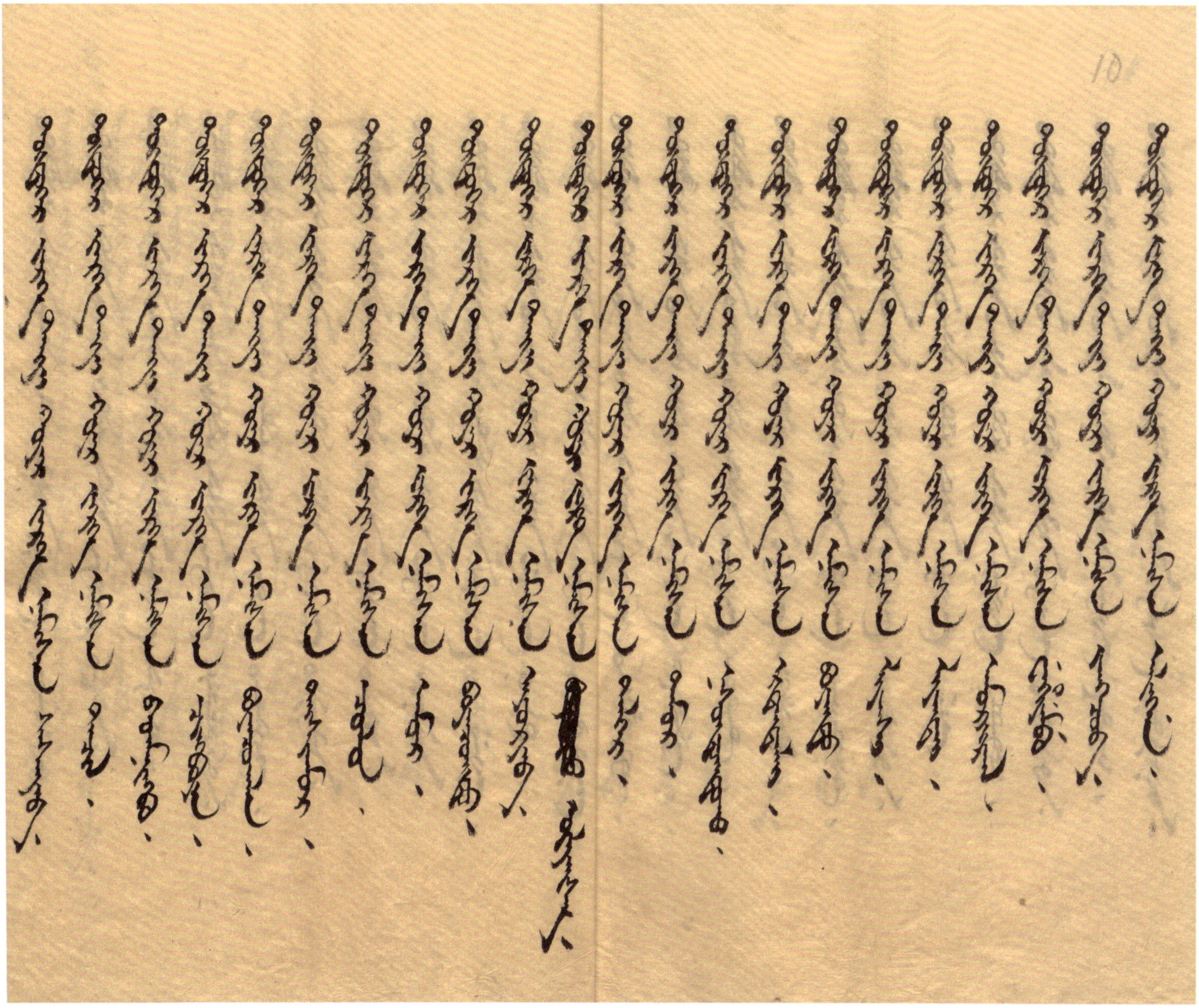

090 昭乌达盟摄政协理军务札萨克暨翁牛特札萨克和硕亲王衔多罗杜棱郡王旗协理、台吉、随从官员姓名、职位、数目明细册（宣统二年仲夏二十八日）

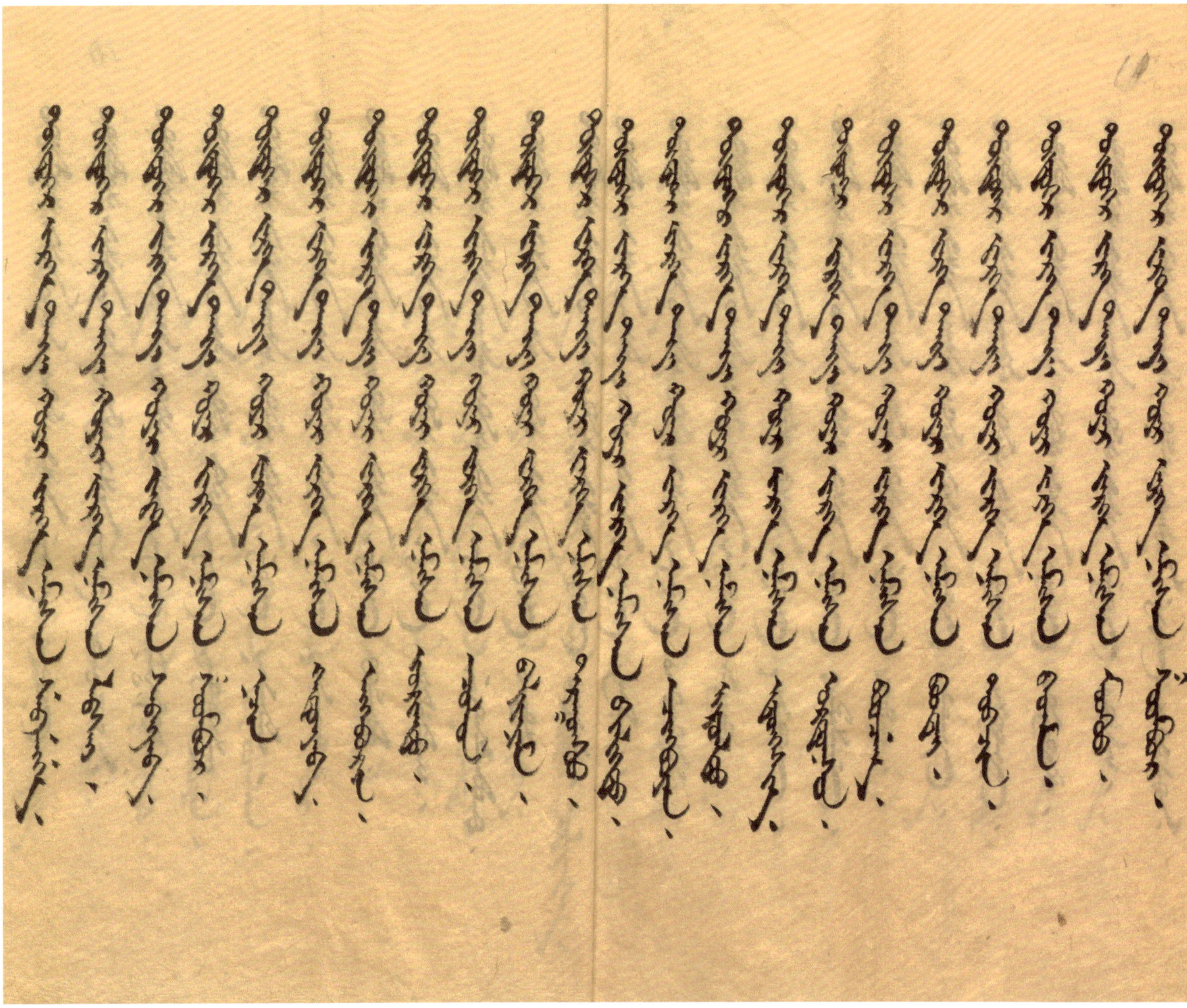

090 昭乌达盟摄政协理军务札萨克暨翁牛特札萨克和硕亲王衔多罗杜棱郡王旗协理、台吉、随从官员姓名、职位、数目明细册（宣统二年仲夏二十八日）

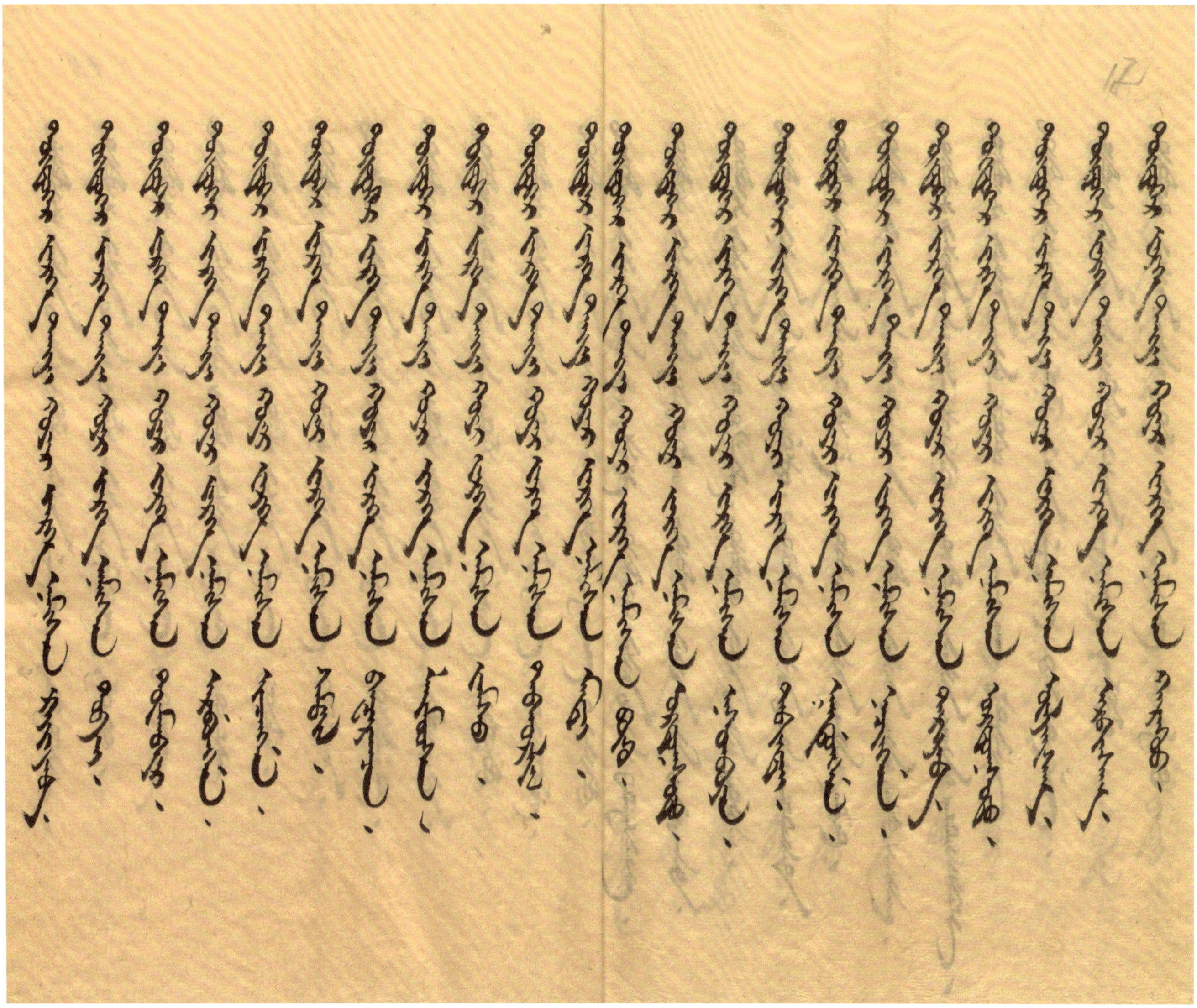

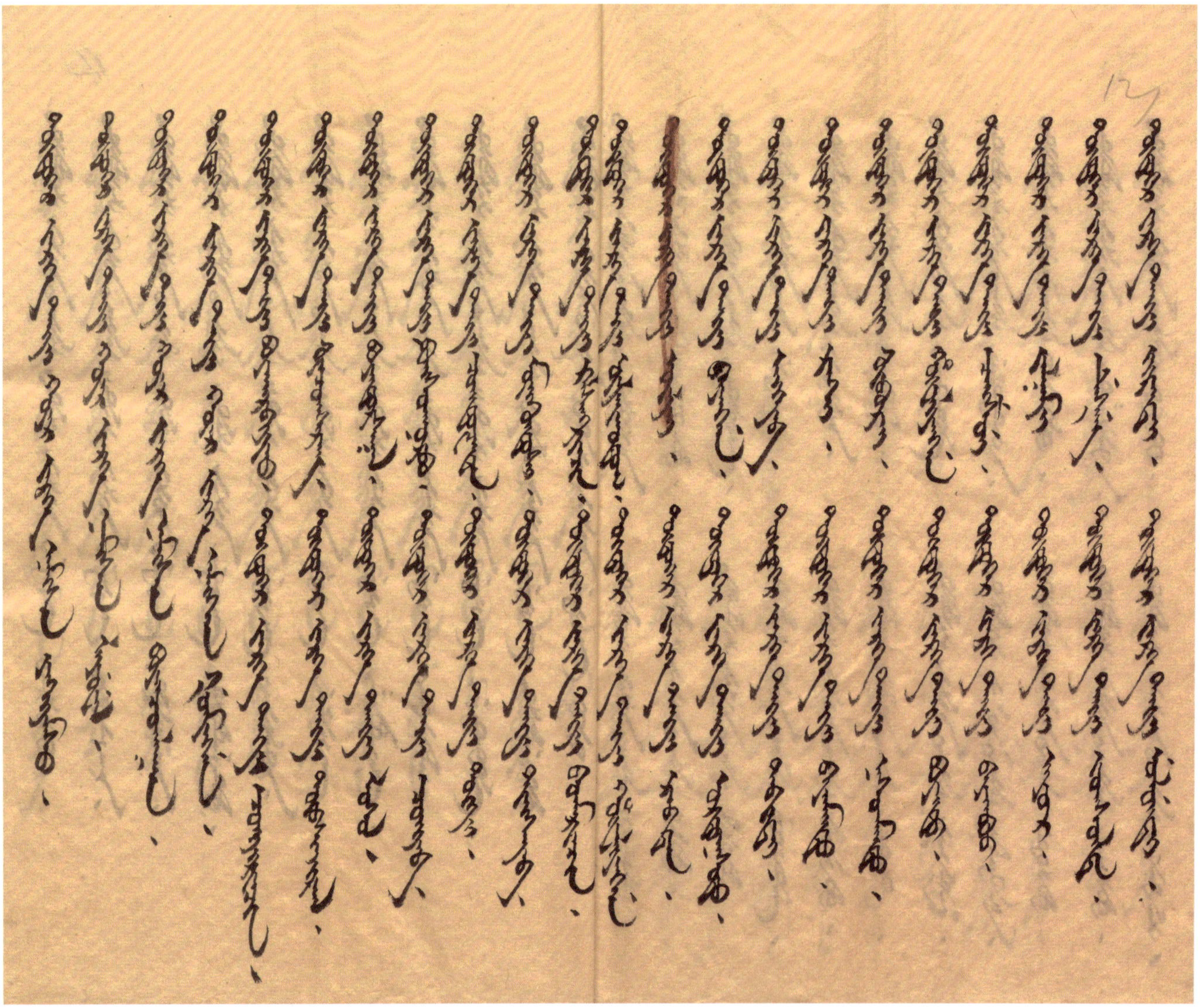

090 昭乌达盟摄政协理军务札萨克暨翁牛特札萨克和硕亲王衔多罗杜棱郡王旗协理、台吉、随从官员姓名、职位、数目明细册（宣统二年仲夏二十八日）

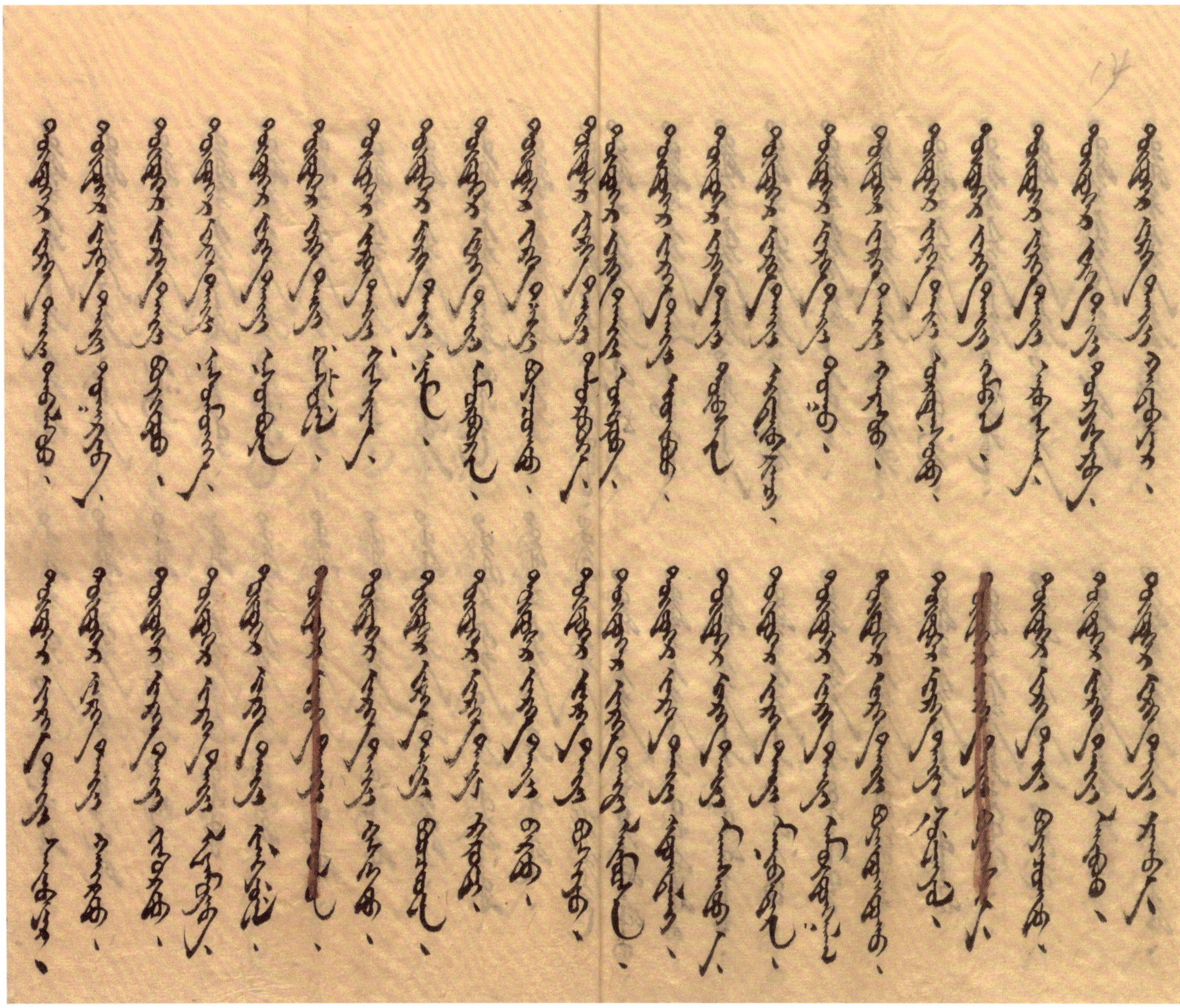

090 昭乌达盟摄政协理军务札萨克暨翁牛特札萨克和硕亲王衔多罗杜棱郡王旗协理、台吉、随从官员姓名、职位、数目明细册（宣统二年仲夏二十八日）

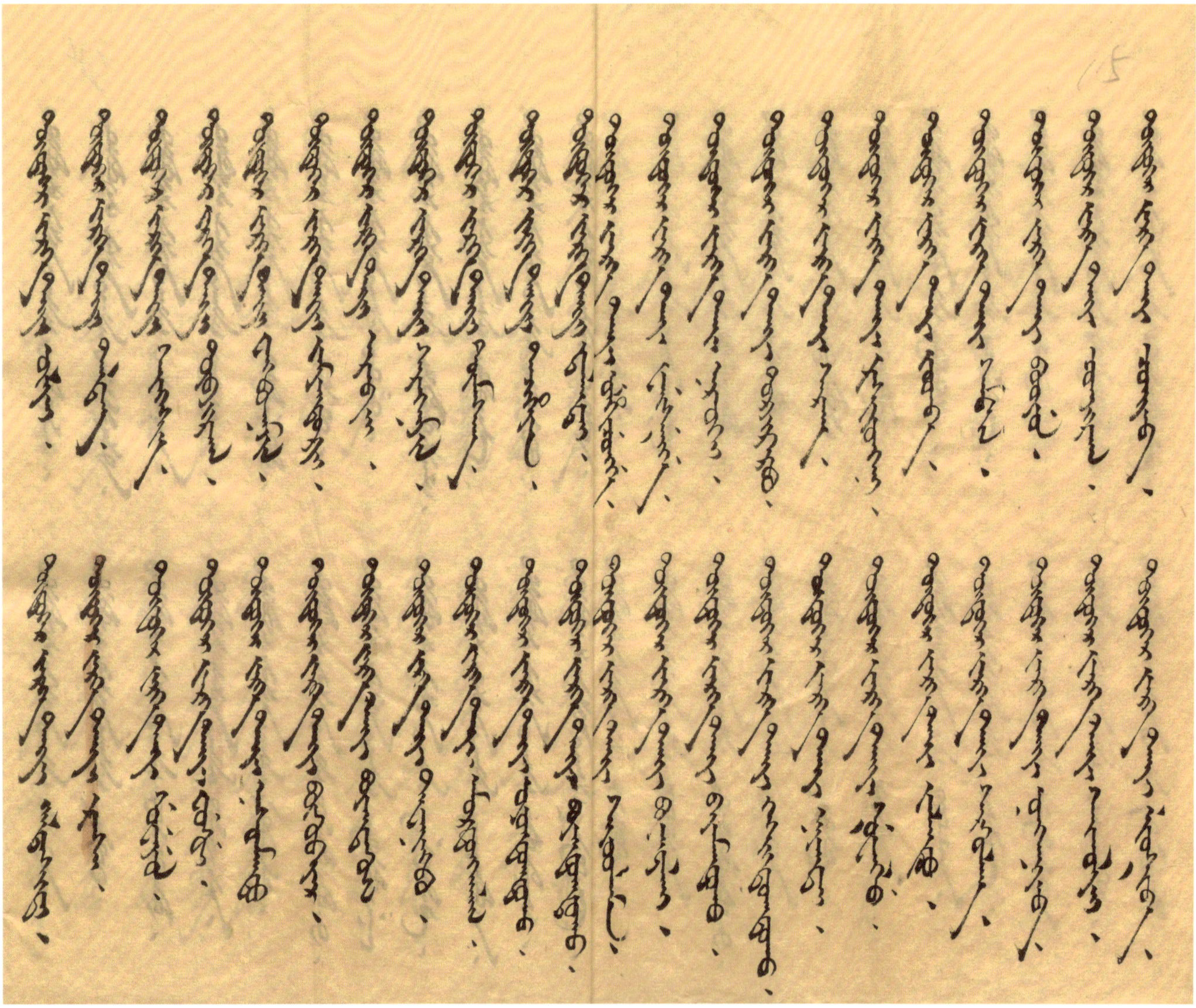

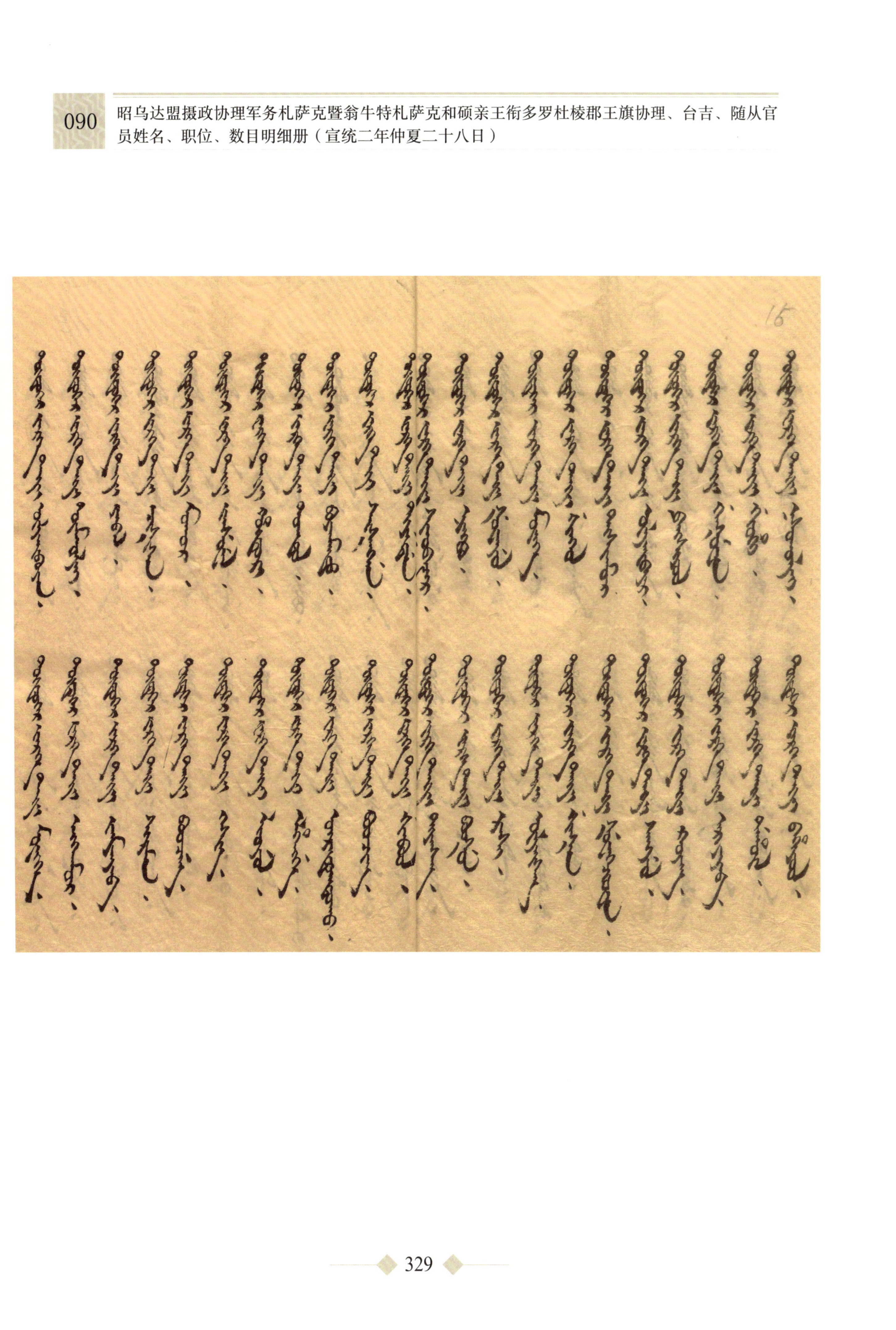

090 昭乌达盟摄政协理军务札萨克暨翁牛特札萨克和硕亲王衔多罗杜棱郡王旗协理、台吉、随从官员姓名、职位、数目明细册（宣统二年仲夏二十八日）

16

090 昭乌达盟摄政协理军务札萨克暨翁牛特札萨克和硕亲王衔多罗杜棱郡王旗协理、台吉、随从官员姓名、职位、数目明细册（宣统二年仲夏二十八日）

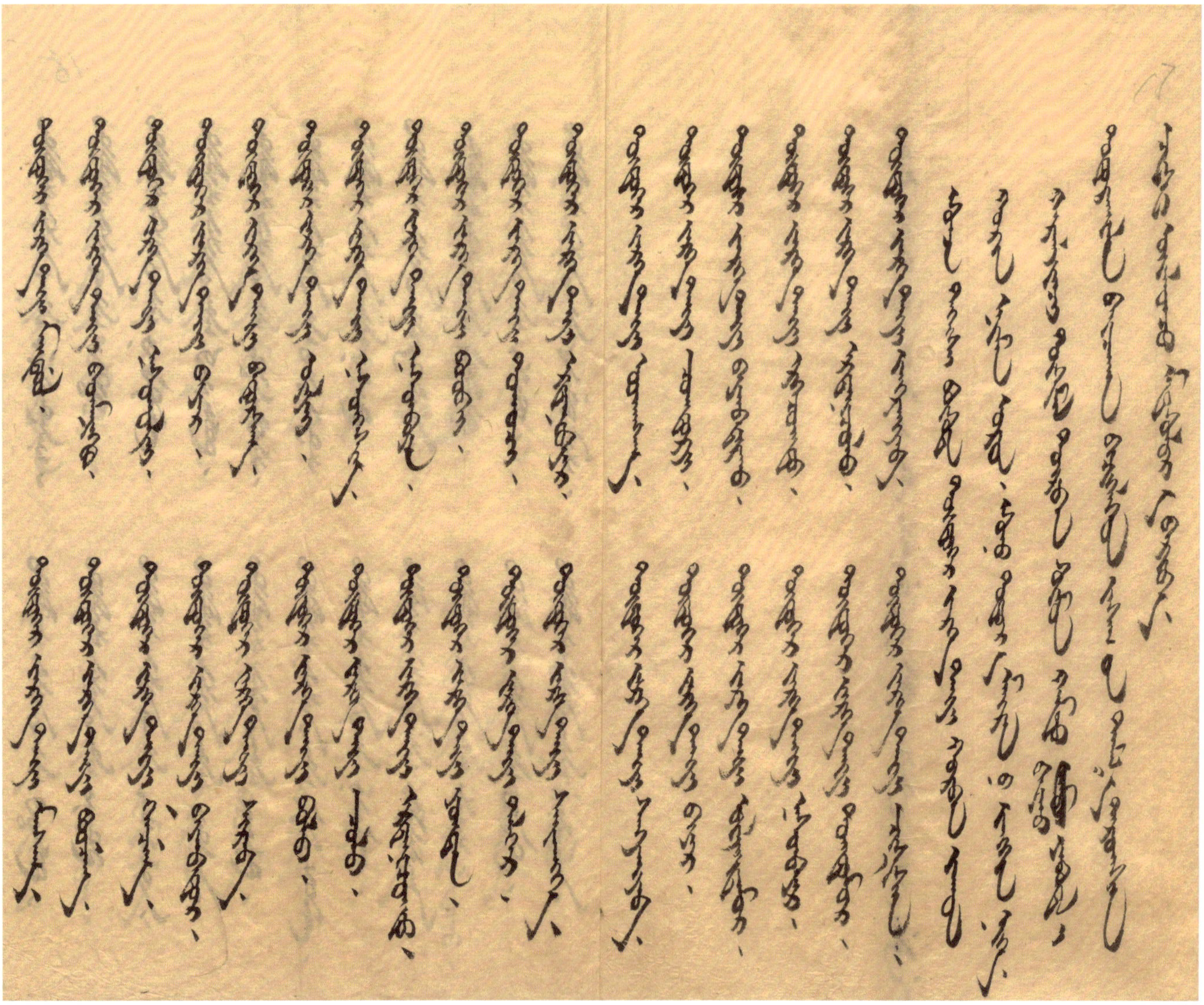

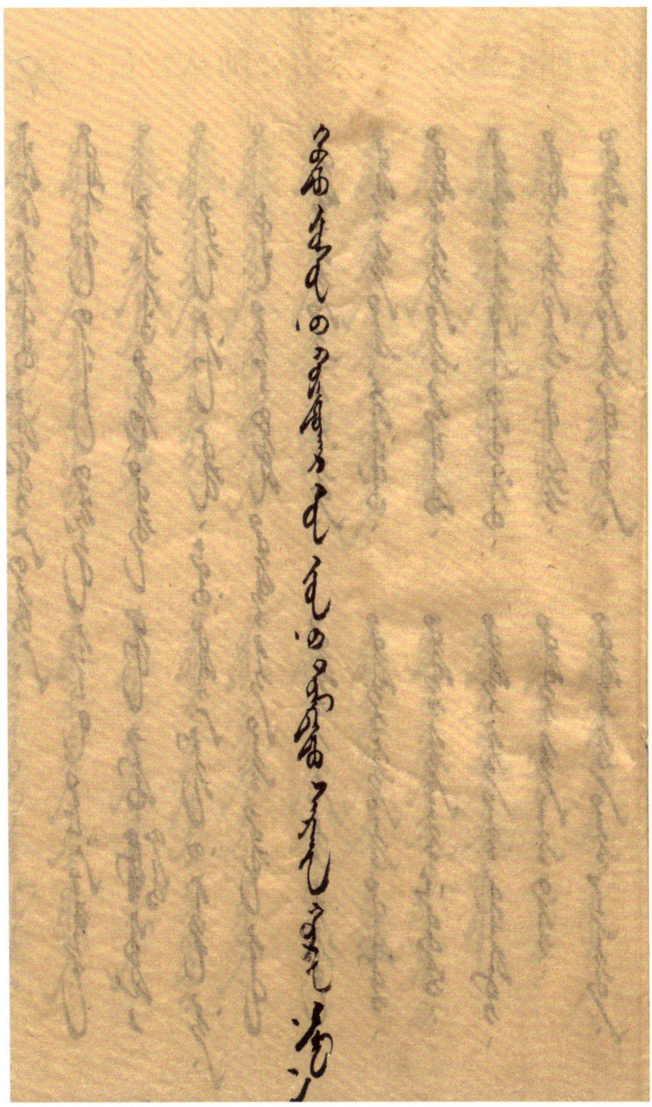

昭乌达盟摄政协理军务札萨克暨翁牛特札萨克和硕亲王衔多罗杜棱郡王旗协理、台吉、随从官员姓名、职位、数目明细册

昭乌达盟摄政协理原盟警备军札萨克暨翁牛特札萨克和硕亲王衔加六级军功加六级多罗杜棱郡王赞巴勒诺尔布，协理二等台吉加二级军功加三级哈青阿、协理二等台吉朝格图格日乐文。呈热河都统衙门：检查禀报之事。

近日，旗都统衙门札饬：计量规则十四项，只填所属旗计量规则也，另附之表七页未曾填写。故再审填写，另造册明记诸官员姓名、职位呈送之。等语。奉命核查，本旗御前行走盟摄政王爷军务札萨克暨翁牛特札萨克和硕亲王衔多罗杜棱郡王赞巴勒诺尔布之随从官员：王府长史头等侍卫根珠儿、头等侍卫阿其图、头等侍卫乌力吉巴图、头等侍卫富伦太、头等侍卫福龙嘎、头等侍卫乌力吉宝音、头等侍卫布赫，二等侍卫常尚迪、二等侍卫哈青阿、二等侍卫塔仍嘎、二等侍卫满仓、二等侍卫连胜，三等侍卫仓杰扎布、三等侍卫富宁、三等侍卫连珠尔、三等侍卫巴特尔，五级官员乌力吉特穆尔，六级官员宋建。合计十八位。御前行走镇国公旺布仁钦之随从官员：三等侍卫奥日德格、三等侍卫敖力格尔扎布、三等侍卫那顺浩特格、三等侍卫毕其罕呼、五级官员乌力吉门都。合计五位。御前行走辅国公达日玛巴拉之随从官员：三等侍卫乌力吉、三等侍卫戴晓尔、三等侍卫那顺陶格陶、三等侍卫仓布、五级官员斯楞那木吉拉。合计五位。

管理旗务协理二等台吉加二级军功加三级哈青阿、协理二等台吉朝格图格日乐，戴花翎旗总管章京白领韩，右翼梅林章京舍布兴格，左翼梅林章京戴花翎四等台吉加二级军功加二级那顺巴图，司账梅林艾龙罕，司账甲喇军功加三级那日赫格，笔帖式希日布、陶闰布、其格丹布、苏庆阁。合计十一位。

本旗二十佐领总管，佐领宋迪扎布、佐领阿穆尔通拉嘎、佐领根珠儿、佐领布仁乌力吉、佐领特格喜宝音、佐领泰青、佐领尹登阁。参领德吉格所属：佐领巴林子、佐领乌日图那苏图、佐领刘畅、佐领苏芮、佐领常锁尔，骁骑校希日努德、骁骑校拴柱儿、骁骑校长寿、骁骑校刘柱儿、骁骑校福海、骁骑校栓儿、骁骑校巴雅尔、骁骑校根顺儿、骁骑校旺增格、骁骑校永格、骁骑校立柱儿及掌管随公主男丁之章京阿尤尔撒纳、掌管随和硕格格男丁之章京乌力吉。参领牧戈登格所属：佐领德力格尔仓、佐领苏达那木道尔吉、佐领其布达尔斯楞、佐领希日巴拉，骁骑校铁木尔宝利德、骁骑校乌力吉门都、骁骑校和兴格、骁骑校额尔顿陶格陶。参领乌日图那苏图所属：佐领玛哈巴拉、佐领代其、佐领吉日嘎朗、佐领布赫、佐领巴拉丹，骁骑校毛胡、骁骑校乌力吉特穆尔、骁骑校耀鲁、骁骑校贺喜格图、骁骑校乌力吉贺西格。以上二十个佐领官员合计四十四位。

还有本旗三所官仓司库：初头朗官仓司库胖子、章京特格喜巴雅尔、笔帖式双喜；格根伊珠尔官仓司库甲喇刘柱尔、章京宣珠儿、笔帖式富迪；特屯官仓司库甲喇丹毕、章京双喜、笔帖式额乐登阁。合计九位。

旗署务事：五级官员巴音巴特尔、骑都尉罗布桑、云骑尉四等台吉加三级赛音吉日嘎拉、云骑尉四等台吉加二级何杰、云骑尉四等台吉加二级易青山、云骑尉四等台吉啥嘎达尔扎布、云骑尉昭那苏图、云骑尉福珠儿、一等台吉加二级坨子。

二等台吉加三级额尔敦仓、二等台吉加三级色布格扎布、二等台吉加二级色登拉希、二等台吉加二级额尔德尼、二等台吉宝音达来、二等台吉额勒葛楚尔、二等台吉宝音贺希格、二等台吉华连、二等台吉阿布尔米德。以上共计二等台吉九位。

三等台吉加三级记二级凌顺、三等台吉加三级吉格木得曾格、三等台吉加三级贺喜格、三等台吉加三级故鲁格、三等台吉加三级萨那米达日、三等台吉加三级色登却达布、三等台吉加三级巴斯尔扎布、三等台吉加三级宝音陶格陶、三等台吉加三级阿日斯楞、三等台吉记二级拉格拉格查、三等台吉加二级青照日格图、三等台吉加二级永日布、三等台吉加二级额凌晗、三等台吉加二级云丹、三等台吉加二级根顺、三等台吉加二级额尔顿珠拉、三等台吉保平、三等台吉阿拉基西归、三等台吉乌日图敖其尔、三等台吉宝音陶格陶、三等台吉曾格林沁。以上共计三等台吉二十一位。

四等台吉加三级哈斯巴特尔、四等台吉加三级嘎日玛西迪、四等台吉加三级德格吉呼、四等台吉加三级宝音达来、四等台吉加三级阿拉坦仓、四等台吉加三级色扎布、四等台吉加三级苏达那木其布、四等台吉加三级宝音达来、四等台吉加三级乌力吉、四等台吉加三级焦松嘎、四等台吉加三级福宝、四等台吉加三级毕力根、四等台吉加三级希日钦、四等台吉加三级格日乐图、四等台吉加三级乌日图那苏图、四等台吉加三级宝音德力根、四等台吉加三级根宝、四等台吉加三级阿青罕、四等台吉加三级米吉格、四等台吉加三级满都瓦、四等台吉加三级阿木仓、四等台吉加三级白领韩、四等台吉加三级旺势迪、四等台吉加三级宝山、四等台吉加三级华查干、四等台吉加二级特格希那慕尔、四等台吉加二级吉仁太、四等台吉加二级那音太、四等台吉加二级天宝、四等台吉加二级图布信却苏格、四等台吉加二级吉格吉德扎布、四等台吉加二级达瓦仓布、四等台吉加二级德力格尔、四等台吉加二级布仁满都呼、四等台吉加二级巴音宝、四等台吉加二级乌力吉门都、四等台吉加二级恩和、四等台吉加二级巴音门都、四等台吉加二级双喜、四等台吉加二级朝伦、四等台吉加二级那顺巴图、四等台吉加二级华莱、四等台吉加二级哈日查格、四等台吉加二级图布心陶格陶、四等台吉加二级台毕罕、四等台吉加二级根珠儿、四等台吉加二级华仓嘎、四等台吉加二级特生、四等台吉加二级天命、四等台吉加二级塔秦罕、四等台吉加二级仁钦扎布、四等台吉加二级扎木苏、四等台吉加二级德力格、四等台吉加二级斯楞拉希、四等台吉加二级仓森扎布、四等台吉加二级他其尔、四等台吉加二级巴达玛宁布、四等台吉加二级青宝音、四等台吉加二级宝音朝格拉、四等台吉加二级特格希那慕尔、四等台吉加二级朝伦、四等台吉加二级阿木尔、四等台吉加二级宝音朝格图、四等台吉加二级阿尤尔扎布、四等台吉加二级乌力吉仓、四等台吉加二级德力格尔、四等台吉加二级铁木尔、四等台吉加二级那顺陶格陶、四等台吉加二级额尔敦达来、四等台吉加二级宝音图、四等台吉加二级联希、四等台吉加二级联泰、四等台吉加二级阿木尔吉日嘎拉、四等台吉加二级王金宝、四等台吉加二级章其布、四等台吉加二级阿绫罕、四等台吉加二级色布僧格、四等台吉加二级拉布塞、四等台吉加二级色布格扎布、加二级孙布尔、四等台吉加二级那钦、四等台吉加二级根敦扎布、四等台吉加二级恩和布仁、四等台吉加二级照日格图、四等台吉加二级朝伦、四等台吉加二级巴拉吉尼玛、四等台吉加二级塔日格夫、四等台吉加二级毕力格图、四等台吉加二级青宝音、四等台吉加二级伊如乐图、四等台吉加二级额敦贺喜格、四等台吉加二级乌日图那顺、四等台吉加二级宝泰、四等台吉加二级道布钦、四等台吉加二级巴达玛、四等台吉加二级毛胡、四等台吉加二级孙布尔、四等台吉加二级根吉扎布、四等台吉加二级道布杰、四等台吉加二级图门巴雅尔、四等台吉加二级阿日布嘎、四等台吉加二级伊庆嘎、四等台吉加二级参毕拉、四等台吉加二级班萨热格其、四等台吉加二级赖木子、四等台吉加二级扎木苏、四等台吉加二级达布哈日立格、四等台吉加二级麻代、四等台吉加二级布赫、四等台吉加二级乌日图那苏图、四等台吉加二级那顺宝音、四等台吉加二级塔宾泰、四等台吉加二级那顿嘎、四等台吉加二级那钦噶、四等台吉加二级达日扎布、四等台吉加二级乌日图那苏图、四等台吉加二级乌力吉仓、四等台吉加二级阿日宾仓、四等台吉加二级哈日夫、四等台吉加二级叶希扎木苏、四等台吉加二级拉珠儿、四等台吉加二级宝音朝格拉、四等台吉加二级树明山、四等台吉宝音阿日比吉乎、四等台吉却吉仁钦、四等台吉关其格斯楞、四等台吉图布信吉日嘎拉、四等台吉宝音杜日斯嘎拉、四等台吉老苏勒、四等台吉彭斯克敖日布、四等台吉却扎布、四等台吉朝克图参丹、四等台吉图格杰、四等台吉孟根都希、四等台吉挺森扎布、四等台吉嘎拉曾仁钦、四等台吉巴达玛仁钦、四等台吉乌力吉胡图格、四等台吉华梁山、四等台吉拉布坦、四等台吉白银山、四等台吉乌日图那苏图、四等台吉恩和扎布、四等台吉塔宾泰、四等台吉热西、四等台吉白音门杜、四等台吉胡布来、四等台吉那顺门杜、四等台吉华梁山、四等台吉宝音图、四等台吉巴音宝、四等台吉扎拉嘎木吉、四等台吉阿尤尔、四等台吉特兴、四等台吉照格苏勒特、四等台吉吉仁太、四等台吉吴伦泰、四等台吉德布勒胡、四等台吉赛音巴雅尔、四等台吉都嘎日扎布、四等台吉海日图、四等台吉布吉图、四等台吉吉故日图、四等台吉那顺孟和、四等台吉拉木扎布、四等台吉那顺宝音、四等台吉正月儿、四等台吉根栓儿、四等台吉金相、四等台吉贺喜格图、四等台吉尼玛、四等台吉保全、四等台吉阿木尔布仁、四等台吉嘎日迪、四等台吉宝音朝格图、四等台吉巴日图、四等台吉特木尔布和、四等台吉包喜珠、四等台吉务日布、四等台吉赖木子、四等台吉玉宝、四等台吉额敦达来、四等台吉图布新、四等台吉玛哥赛华、四等台吉额尔敦巴日格其、四等台吉玛尼巴达日、四等台吉托嘎、四等台吉阿穆尔通拉嘎、四等台吉哈日夫、四等台吉宝音陶格陶、四等台吉乌日图那苏图、四等台吉栓珠儿、四等台吉根皮勒、四等台吉阿日宾仓、四等台吉宝音朝格图、四等台吉道尔吉色日布、四等台吉来宝、四等台吉哈登巴雅尔、四等台吉热给巴、四等台吉乌力吉、四等台吉阿拉塔希迪、四等台吉德丽登、四等台吉赛音贺喜格、四等台吉图布心吉日嘎拉、四等台吉福寿、四等台吉王布那木吉拉、四等台吉那顺门杜、四等台吉吉慕颜道尔吉、四等台吉布赫巴雅尔、四等台吉拉布杰、四等台吉宝音特古斯、四等台吉斯楞那木吉拉、四等台吉达瓦宁布、四等台吉图门仓、四等台吉阿穆尔通拉嘎、四等台吉塔基军、四等台吉乌云陶格陶、四等台吉达兰台、四等台吉宝音陶格陶、四等台吉乌力冲嘎、四等台吉小喇嘛、四等台吉王曾格、四等台吉宝音达来、四等台吉尼日贵、四等台吉巴音满都呼、四等台吉道尔吉嘎日布、四等台吉贺西格陶格陶、四等台吉斯楞、四等台吉那音太、四等台吉热西钟奈、四等台吉双路、四等台吉照德巴、四等台吉扎拉图、四等台吉参皮拉、四等台吉斯日古楞、四等台吉宝珠儿、四等台吉弄乃扎布、四等台吉朝格吉日嘎拉、四等台吉赛音乌力吉、四等台吉却扎布、四等台吉六十八、四等台吉乌力吉那仁、四等台吉孟和、四等台吉图门乌力吉、四等台吉恩和阿穆尔、四等台吉亚布力、四等台吉吉木艳扎布、四等台吉七十三、四等台吉希日门、四等台吉毛胡尔、四等台吉宝成、四等台吉站栓儿、四等台吉贺喜格、四等台吉混独来、四等台吉刘柱尔、四等台吉陶格陶尔、四等台吉额勒横格、四等台吉宝音门杜、四等台吉乌日陶格陶、四等台吉赛兴嘎、四等台吉宝成、四等台吉天丹、四等台吉金宝、四等台吉辛巴斯尔、四等台吉天仓、四等台吉宁布、四等台吉宝顺、四等台吉栓珠儿、四等台吉热西、四等台吉孟和、四等台吉乌力吉仓、四等台吉金虎尔、四等台吉兴安、四等台吉特格希阿木尔、四等台吉双全、四等台吉乌力吉巴雅尔、四等台吉仓柱儿、四等台吉胖小儿、四等台吉高晶、四等台吉韩栓儿、四等台吉阿日亚扎布、四等台吉九十、四等台吉特忽尔、四等台吉那顺乌力吉、四等台吉巴朱尔、四等台吉满都拉、四等台吉满仓、四等台吉巴达玛宁布、四等台吉宝成、四等台吉那顺乌力吉、四等台吉根长、四等台吉巴雅尔、四等台吉巴音巴特尔、四等台吉巴图斯楞、四等台吉希日布、四等台吉乌力吉、四等台吉宝路、四等台吉那顺贺喜格、四等台吉朝鲁、四等台吉那顺宝音、四等台吉额尔顿朝格图、四等台吉宝贝、四等台吉云丹、四等台吉套乎其、四等台吉德力格尔、四等台吉额尔敦巴雅尔、四等台吉赛因恩和、四等台吉敖特根仓、四等台吉桑杰扎布、四等台吉朝格道尔吉、四等台吉巴雅尔、四等台吉巴音巴达日胡、四等台吉乌力吉特穆尔、四等台吉额日和朝格图、四等台吉那顺巴雅尔、四等台吉额尔敦朝鲁、四等台吉涛格特木耳、四等台吉张来扎布、四等台吉七十三。以上四等台吉三百二十八位。其中副都统一名、云骑尉四名。

此等事登记造册，钤札萨克之印呈送之。

宣统二年仲夏二十八日

091 盟长阿鲁科尔沁札萨克贝勒为父子、兄弟、堂兄不能同名事札盟摄政协理原盟警备军札萨克郡王等文（宣统二年仲夏三十日）

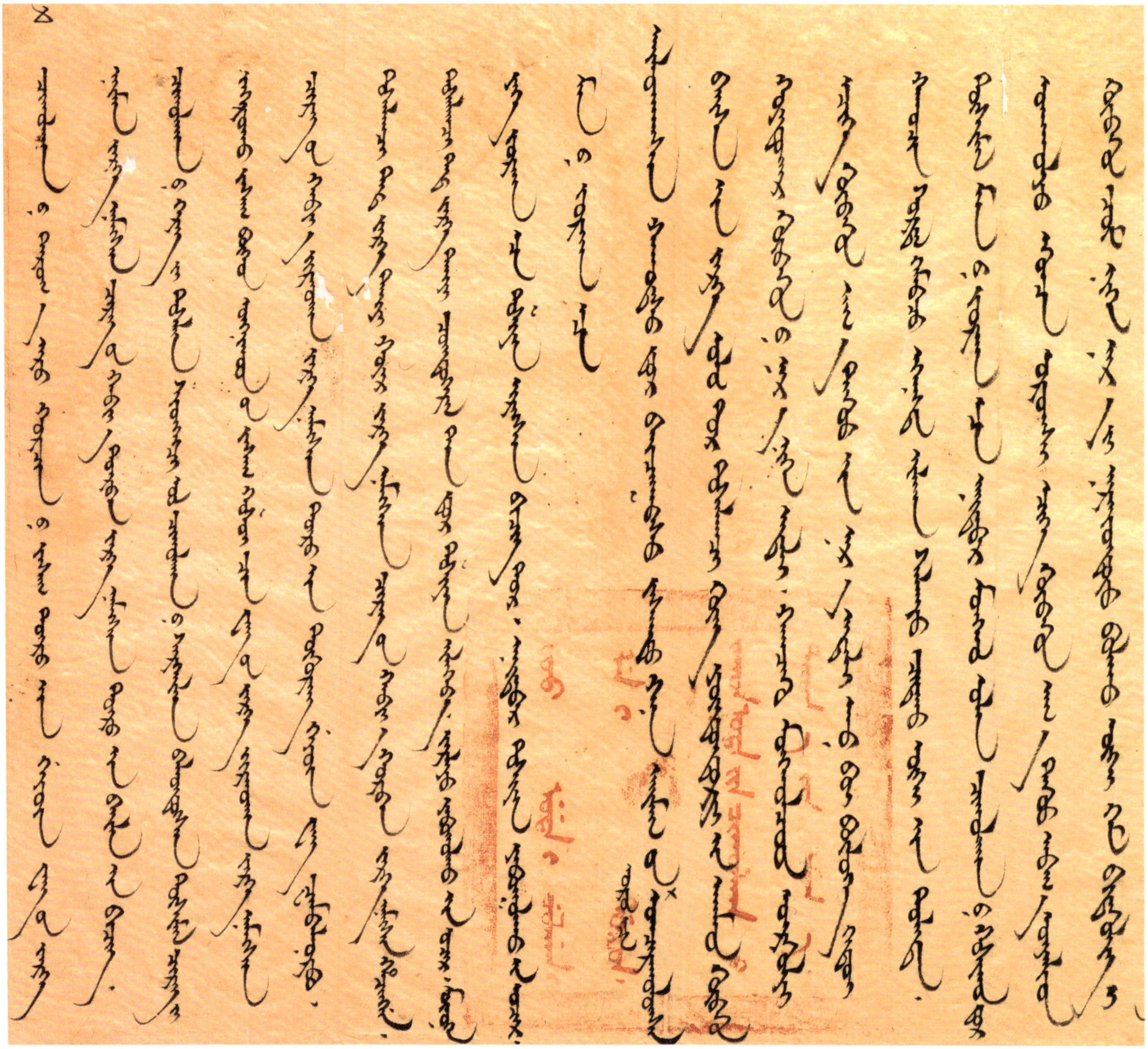

091 盟长阿鲁科尔沁札萨克贝勒为父子、兄弟、堂兄不能同名事札盟摄政协理原盟警备军札萨克郡王等文（宣统二年仲夏三十日）

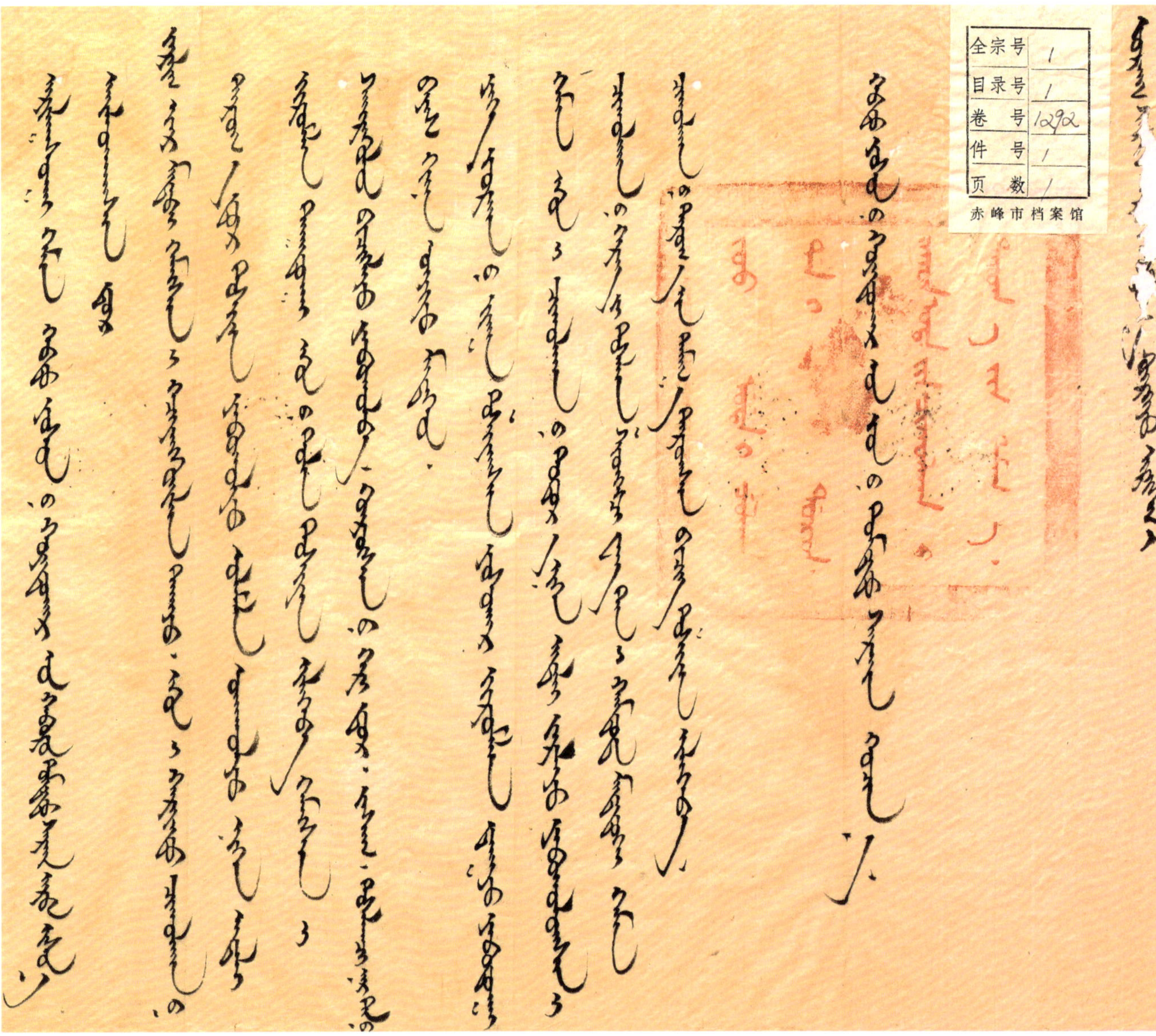

盟长阿鲁科尔沁札萨克贝勒为父子、兄弟、堂兄不能同名事札盟摄政协理原盟警备军札萨克郡王等文

盟长阿鲁科尔沁札萨克多罗郡王衔加八级军功加四级多罗贝勒文。札付盟摄政协理原盟警备军札萨克暨翁牛特札萨克和硕亲王衔加六级军功加六级多罗杜棱郡王赞巴勒诺尔布，协理二等台吉加二级军功加三级哈青阿、协理二等台吉朝格图格日乐：行札之事。

近日，大部札开：经查，札萨克图汗部被免职贝子衔辅国公云登道尔吉长子及次子名字完全相同。虽然蒙古族常有父子、兄弟同名之风俗，但终究难以区分。故，本部下文至蒙古诸盟旗，今后父子、兄弟、堂兄不能同名，以此消除隐患。为此，于宣统二年仲春十九日上奏，回旨：照办。特通告诸盟长。等因前来本盟署。如今抄录原文，通告诸札萨克、协理遵旨照办。此事也通告摄政协理王爷处。

至此，致钤盟长印之文。

宣统二年仲夏三十日

092 盟长阿鲁科尔沁札萨克贝勒为登记上报本旗植树造林面积事札盟摄政协理原盟警备军札萨克郡王等文（宣统二年末夏二十九日）

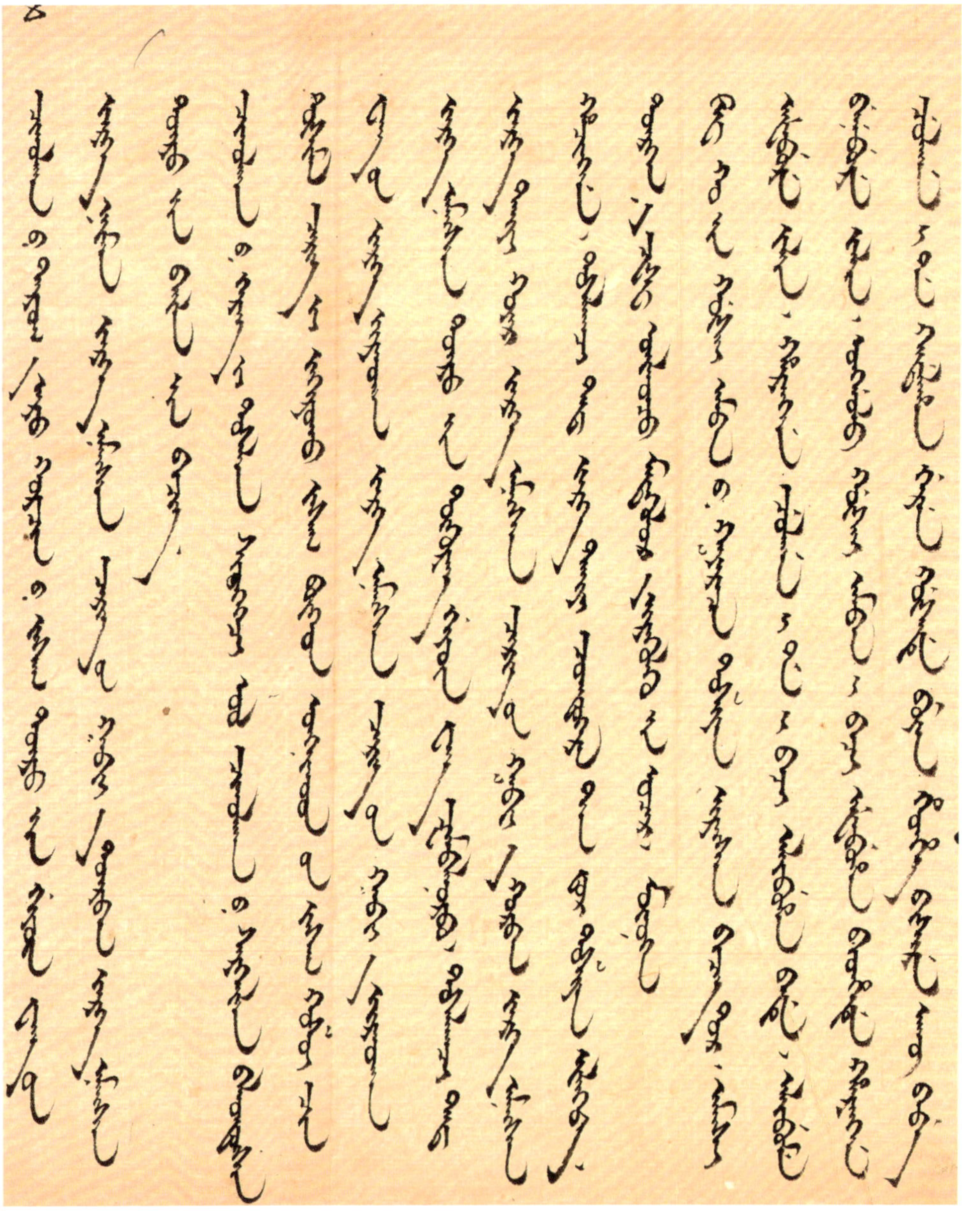

092 盟长阿鲁科尔沁札萨克贝勒为登记上报本旗植树造林面积事札盟摄政协理原盟警备军札萨克郡王等文（宣统二年末夏二十九日）

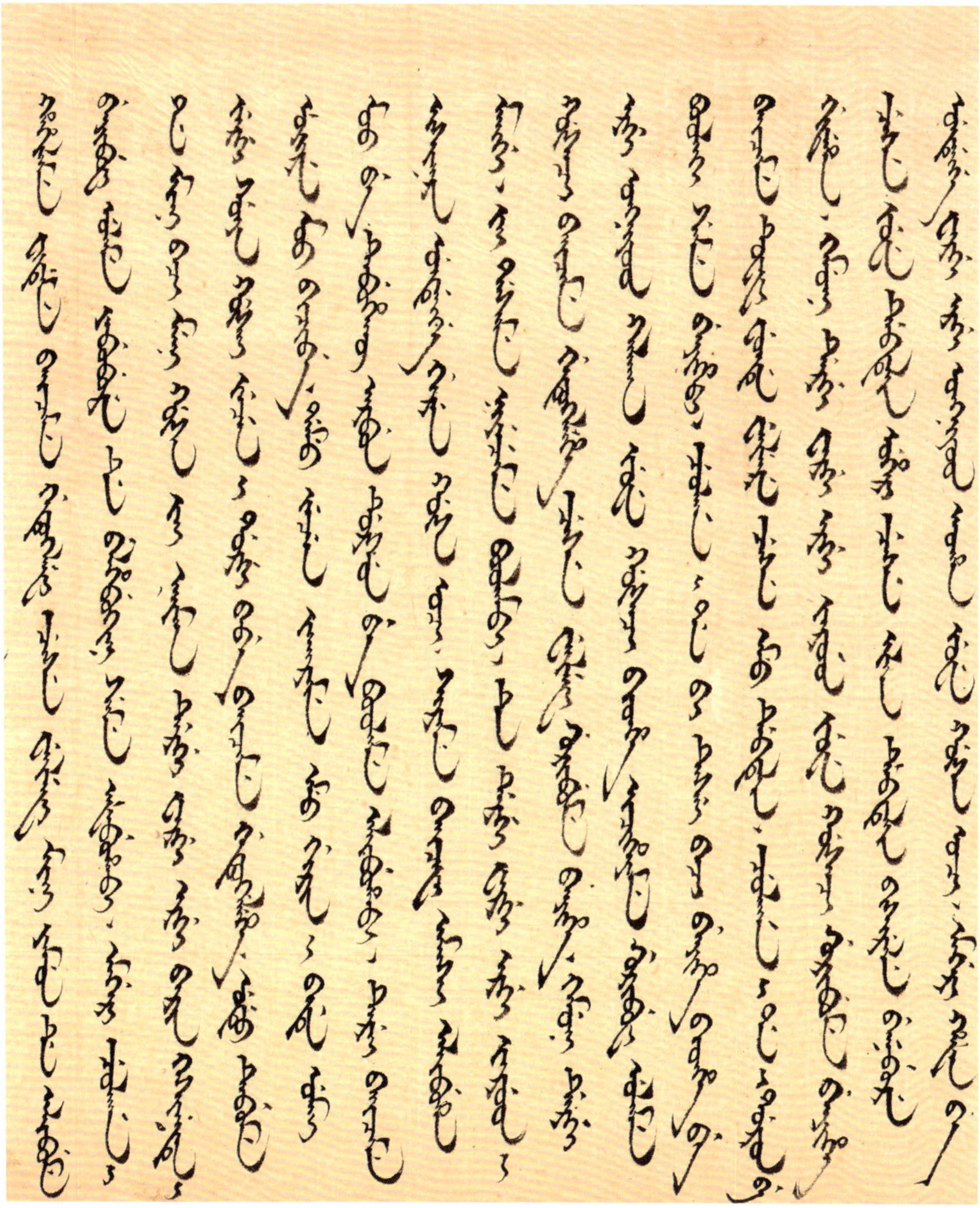

092 盟长阿鲁科尔沁札萨克贝勒为登记上报本旗植树造林面积事札盟摄政协理原盟警备军札萨克郡王等文（宣统二年末夏二十九日）

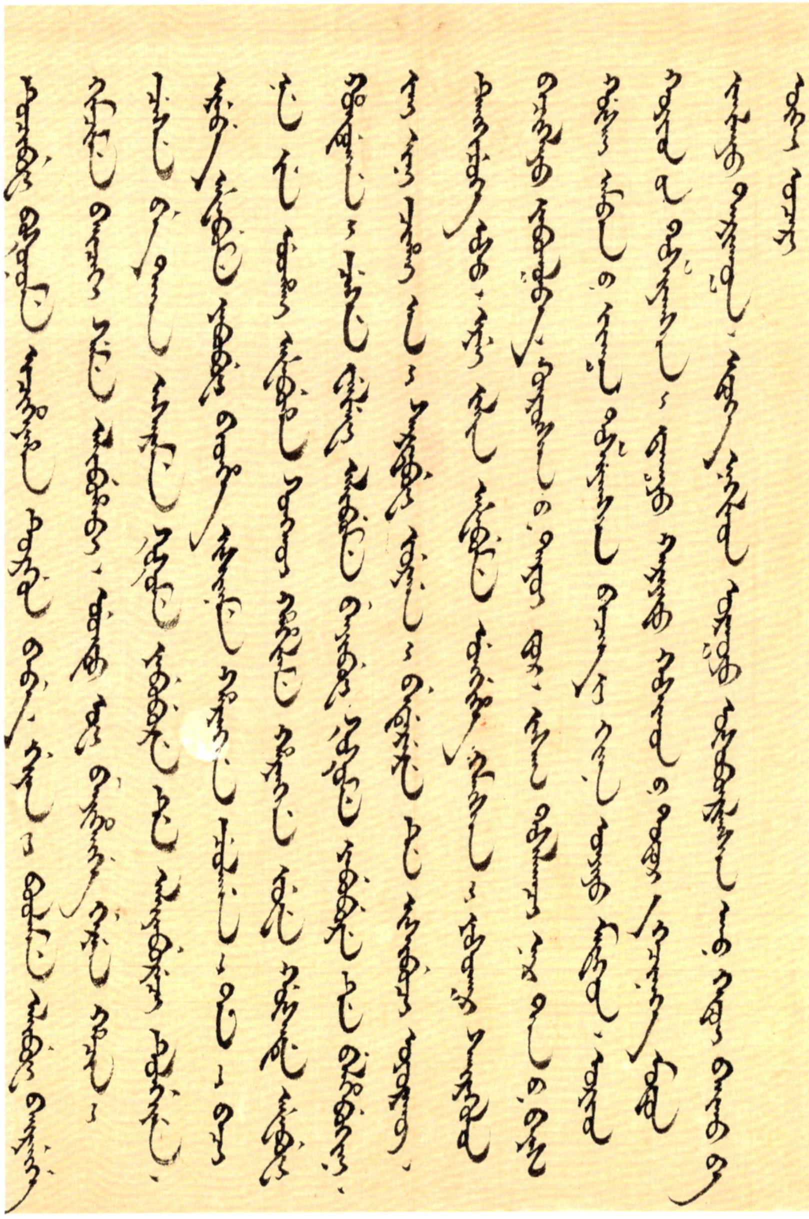

092 盟长阿鲁科尔沁札萨克贝勒为登记上报本旗植树造林面积事札盟摄政协理原盟警备军札萨克郡王等文（宣统二年末夏二十九日）

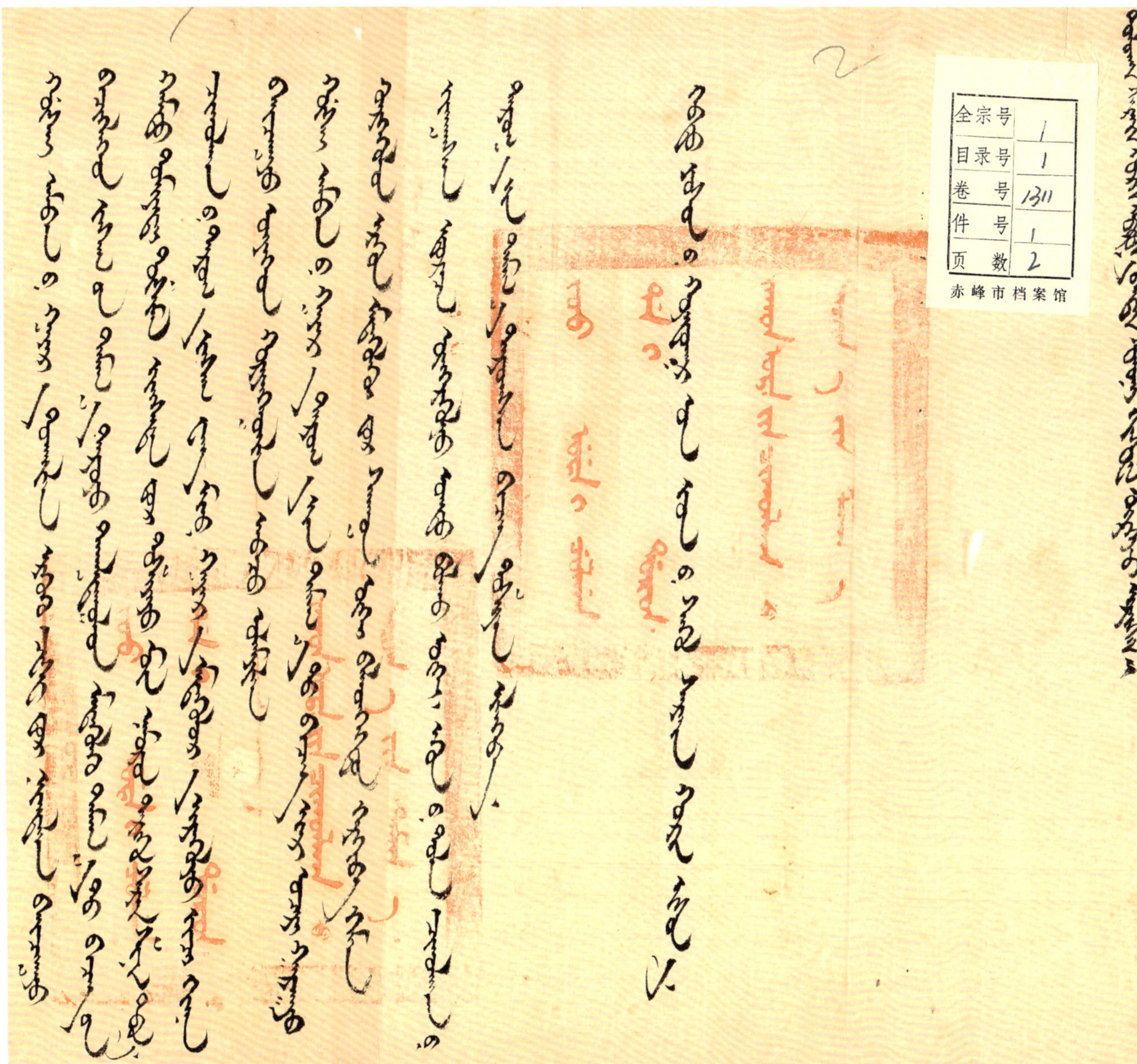

盟长阿鲁科尔沁札萨克贝勒为登记上报本旗植树造林面积事札盟摄政协理原盟警备军札萨克郡王等文

盟长阿鲁科尔沁札萨克多罗郡王衔加八级军功加四级多罗贝勒文。札付盟摄政协理原盟警备军札萨克暨翁牛特札萨克和硕亲王衔加六级军功加六级多罗杜棱郡王赞巴勒诺尔布，协理二等台吉加二级军功加三级哈青阿、协理二等台吉朝格图格日乐：速造册呈送之事。

近日，热河都统衙门札开：为交付事。该盟长呈称：为呈送事。据之前都统处札文内开：速将该盟长管辖诸旗有无林产之处调查清楚造册呈送本衙门，以备转行。等语札付。业经本盟长处查明本旗及奈曼东西旗、巴林、克什克腾等五旗境内，虽栽植树木，惟沿边一带并未植树，将此情形呈报。尚未查实之诸旗继续核查，交回后，再行补报。兹有，左右扎鲁特旗查明造册移送前来。仍左边翁牛特、喀尔喀二旗办文移来，请转报。等语送来。本盟长查阅彼处来文后，代造册一本，钤盟长印。还有左右扎鲁特二旗呈送之册子两本共三本。还未呈送之翁牛特右旗及敖汉二旗，已派官催办。理应将此情形呈报，请核查。等语呈称。为此，除暂时保存所呈各种册子以备汇总发出外，将此交付行文，文至该盟长处即刻按照交付从速交付该二旗尽快造册呈送，以备汇总发出。不得延误导致被大部退回也。切实遵行。为此札付。等因前来本盟署。故抄录原文札付之。文到，诸札萨克、协理阅知文内，遵行旗都统衙门前后札饬，查明本旗属地植树造林面积及成活率多少，专门造册呈送旗都统衙门，附钤印官文，指派干练官员于本年初秋初五之日报至本盟长处，以便审阅，统筹诸旗册子承转旗都统衙门，不得拖延逾期也。

至此，致钤盟长印之文。

宣统二年末夏二十九日

093 盟长阿鲁科尔沁札萨克贝勒为呈送本旗户口明细册事札盟摄政协理原盟警备军札萨克郡王等文（宣统二年初秋三十日）

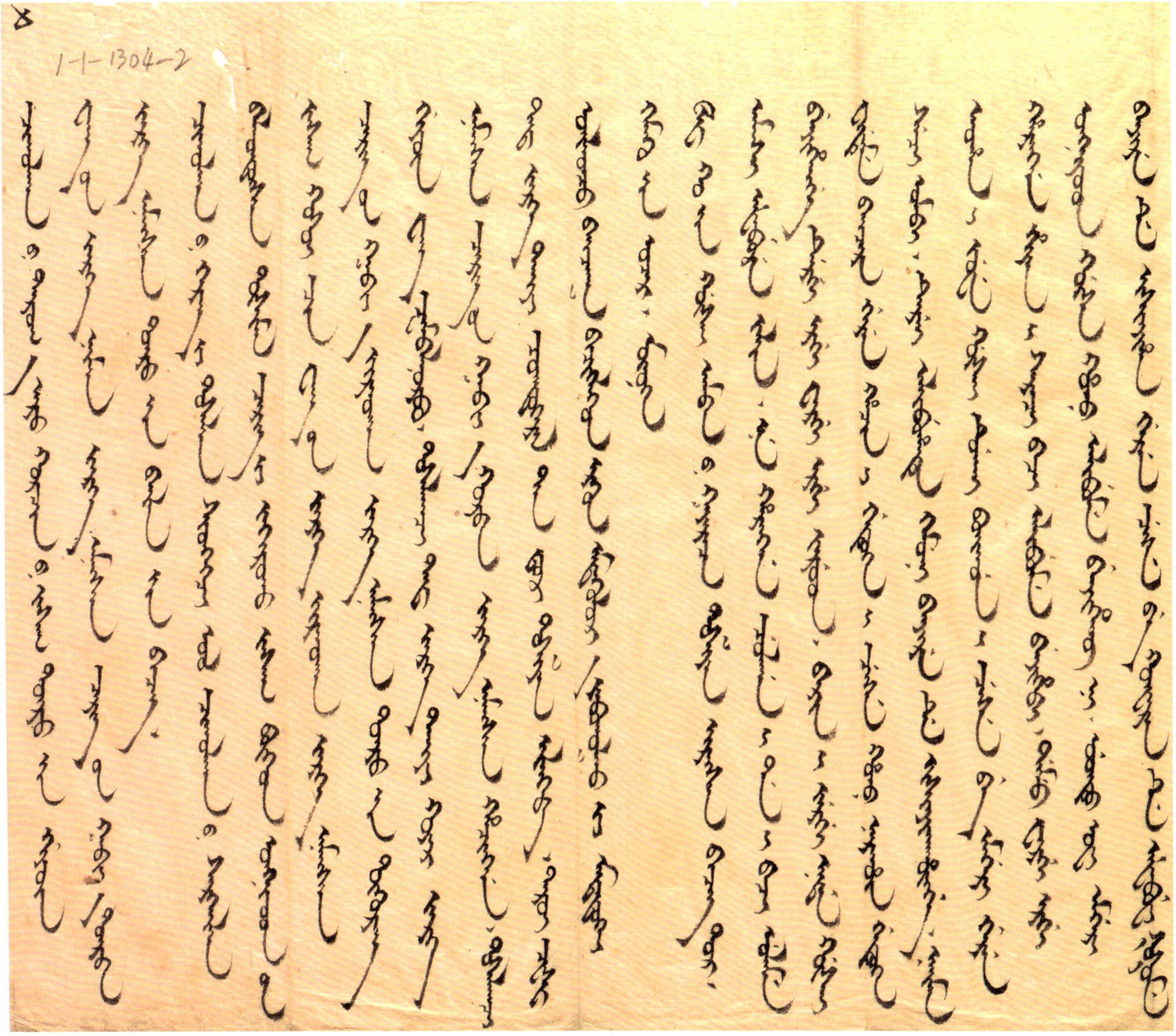

093 盟长阿鲁科尔沁札萨克贝勒为呈送本旗户口明细册事札盟摄政协理原盟警备军札萨克郡王等文（宣统二年初秋三十日）

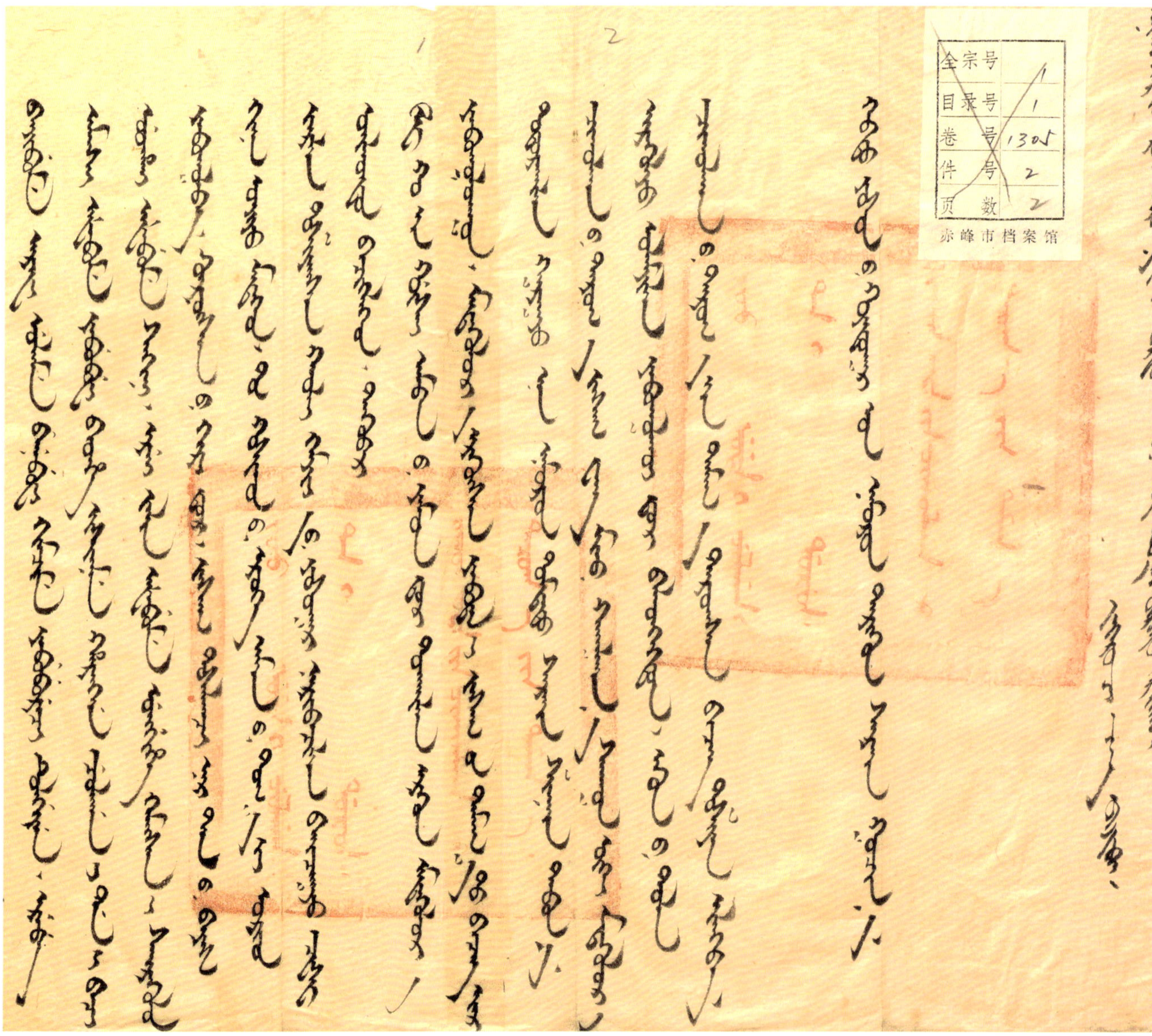

盟长阿鲁科尔沁札萨克贝勒为呈送本旗户口明细册事札盟摄政协理原盟警备军札萨克郡王等文

盟长阿鲁科尔沁札萨克多罗郡王衔加八级军功加四级多罗贝勒文。札付盟摄政协理原盟警备军札萨克暨翁牛特札萨克和硕亲王衔加六级军功加六级多罗杜棱郡王赞巴勒诺尔布，协理二等台吉加二级军功加三级哈青阿、协理二等台吉朝格图格日乐：立即造册呈报之事。

近日，热河都统衙门札开：为回交事。兹有，该盟长处转送之左右扎鲁特、巴林等七旗调查各项清册还算明细。其未呈送之奈曼、敖汉二旗户籍册已由所属知县处呈送之，惟翁牛特右旗未呈送。故除将已编完册子送至本衙门汇编转送核发外，将此回交发出，文至该盟长处即刻交付知会。为此札付。等因前来本盟署。为此，抄录原文札付之。文到，诸札萨克、协理阅知文内，照原先札付之规则查明本旗户口细数，造册呈送热河都统衙门，并将钤印官文于本年中秋初五日报至本盟长处，以便审阅统筹并转送诸旗册子。

至此，致钤盟长印之文。

宣统二年初秋三十日

094 热河都统衙门为进贡物品及费用事札翁牛特王旗文（宣统二年九月十六日）

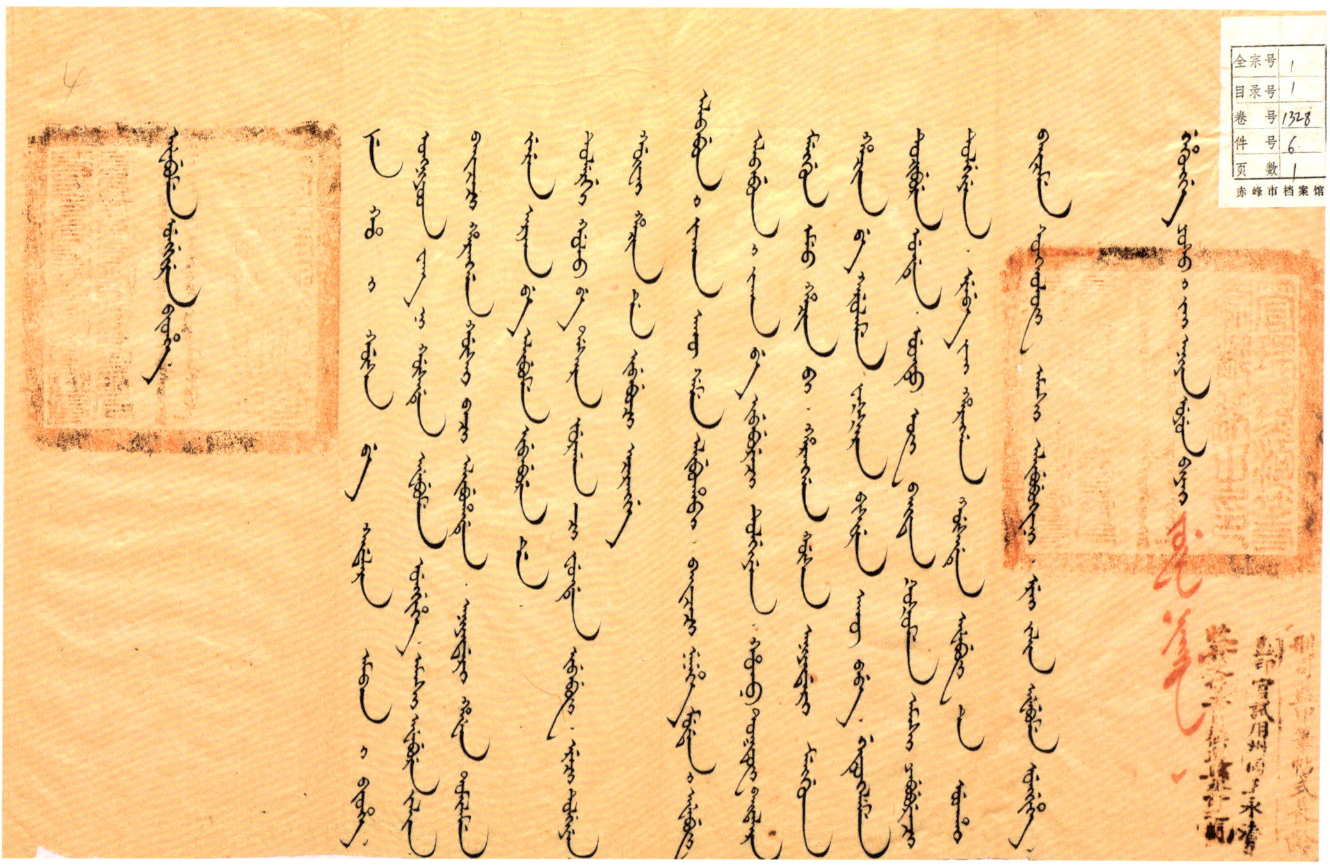

热河都统衙门为进贡物品及费用事札翁牛特王旗文

热河都统文。札送翁牛特王旗：为回交事。

经查，据该旗呈称：每年派官进贡黄羊奶子酒，由理藩院代进。此外无其他当进贡物。等语呈称。经查，除了前次呈贡物外，还有一项经费银。该旗每年银项有无报销之处尚未禀明。故，除将事情汇总复文外，再将此交付该旗即刻查照回呈。

为此札付。

宣统二年九月十六日

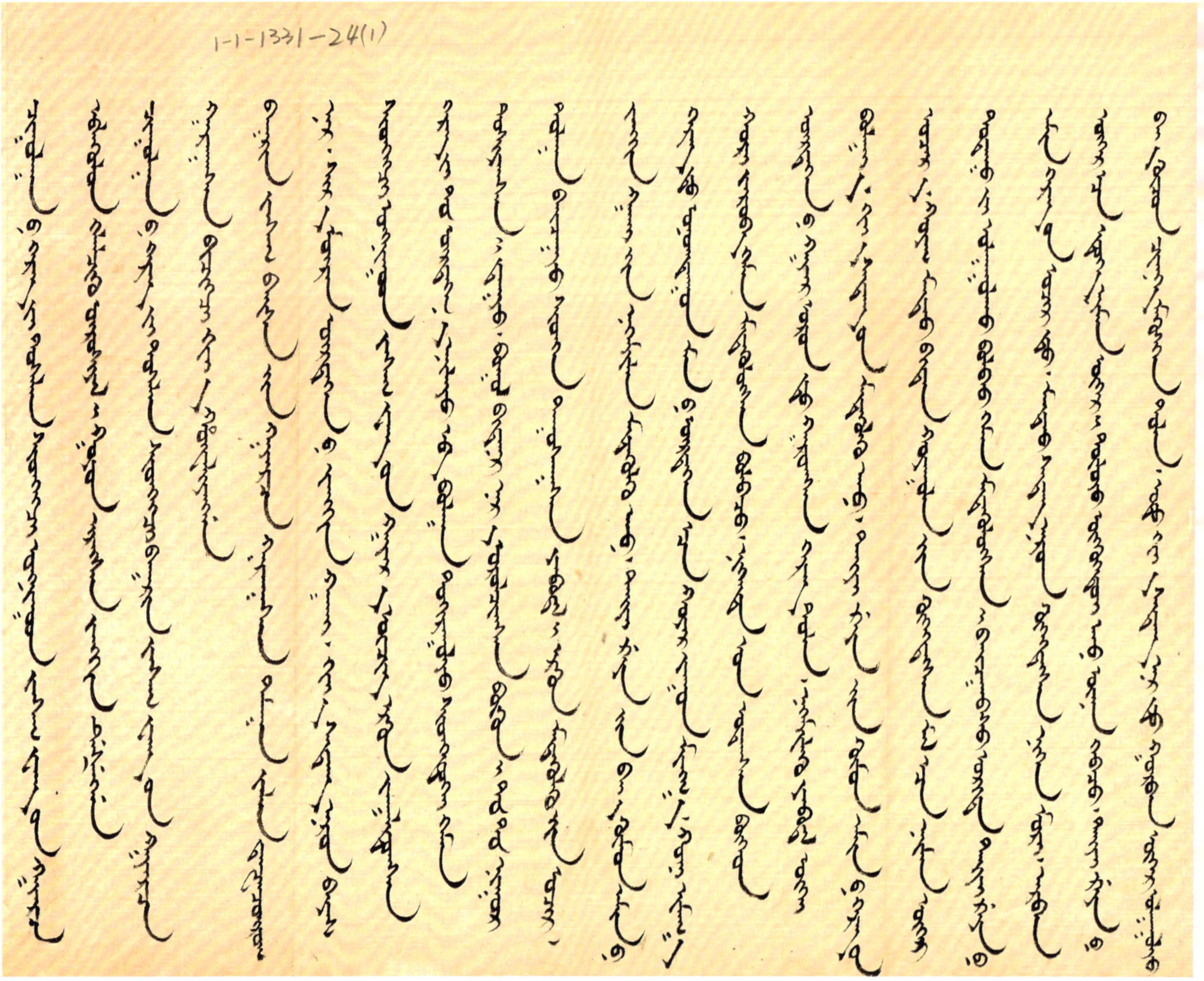

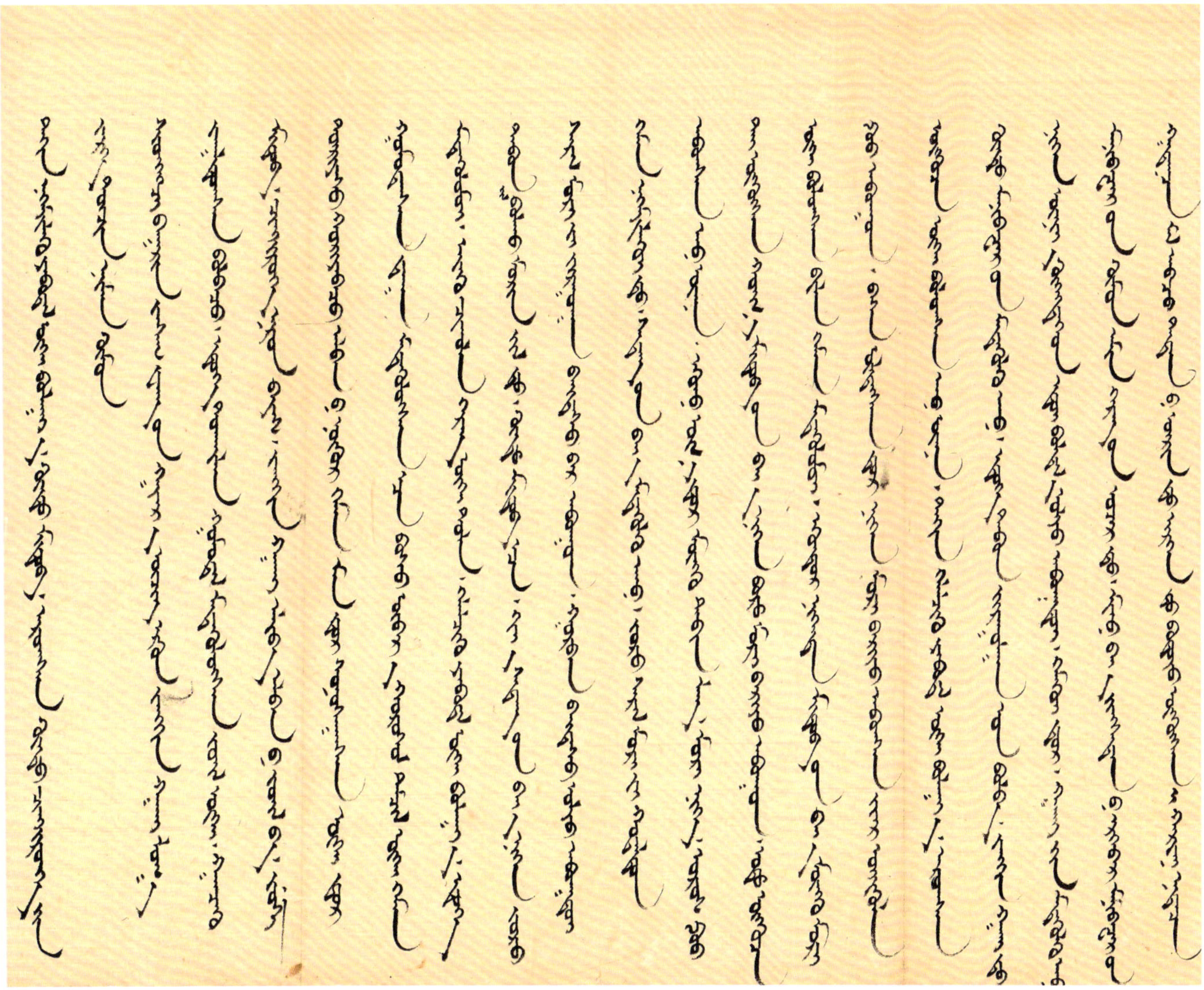

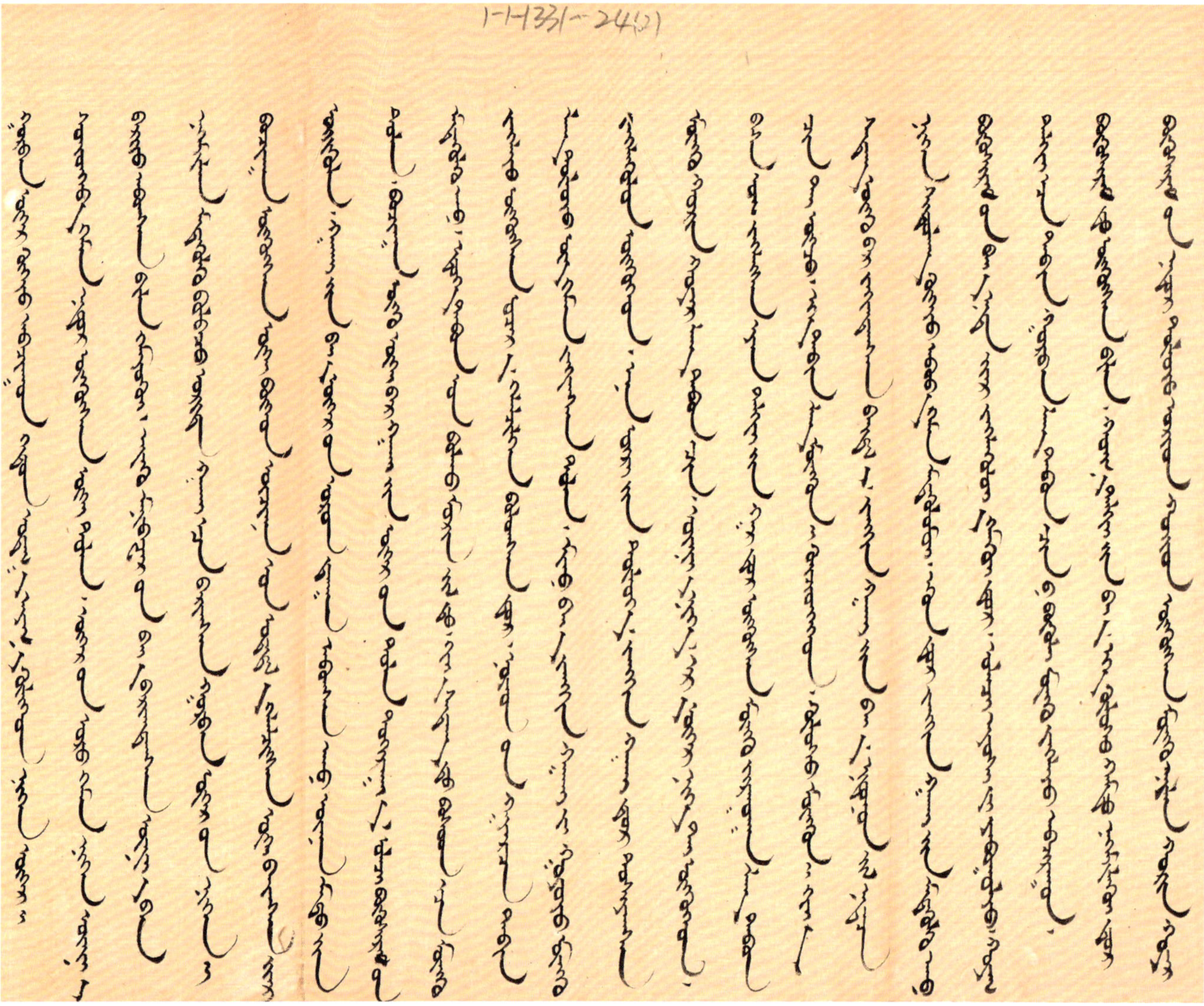
1-1-331-24(2)

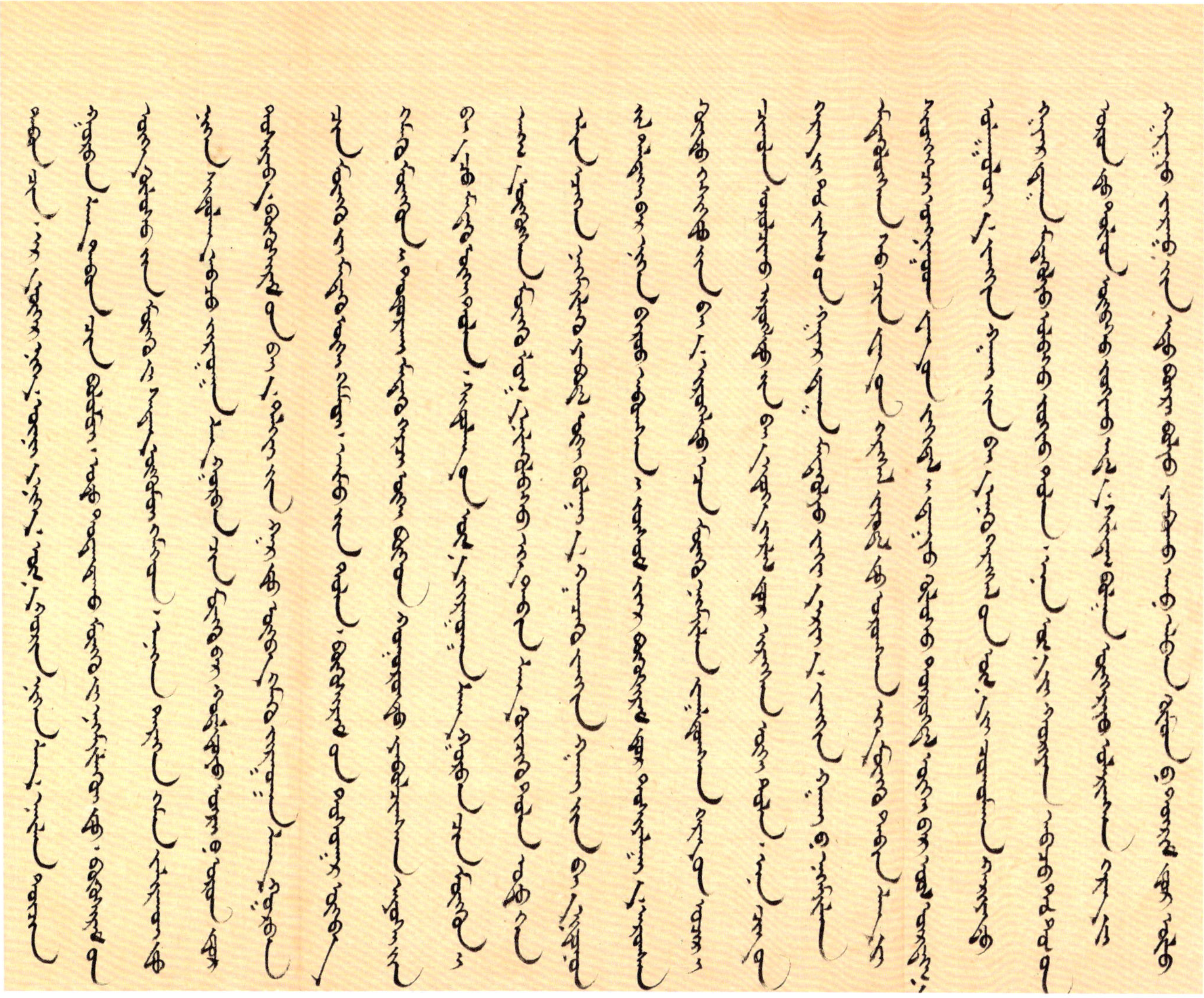

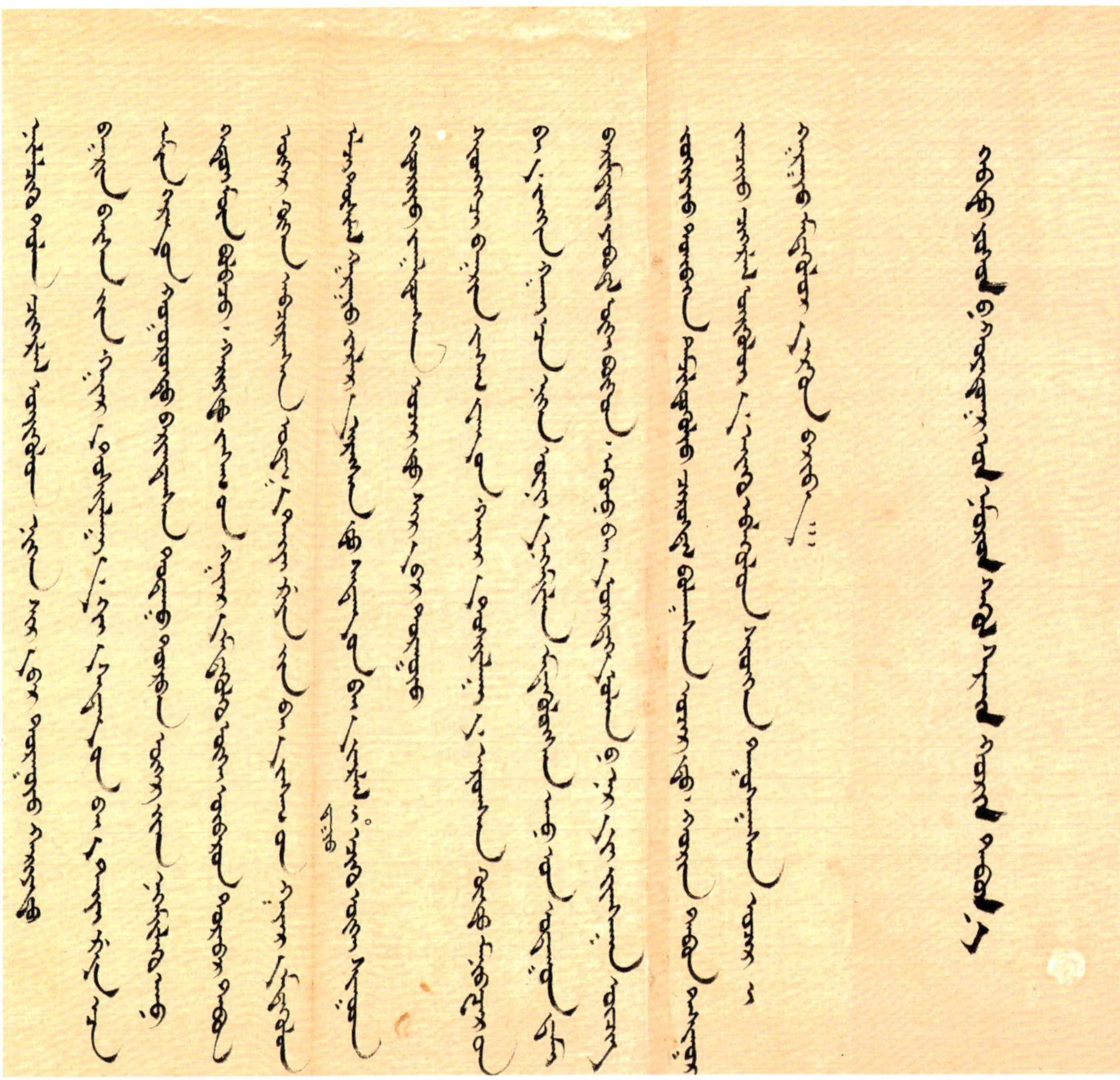

众官联判西拉木伦驿站章京、侍卫诉讼案纪要

命盟摄政协理翁牛特札萨克王处章京德生哈、盟摄政协理巴林札萨克王处笔帖式侍卫华良哈、巴林札萨克贝子处印务甲喇丹赞楚如克等，西拉木伦驿站章京尕海、侍卫色登等，于摄政翁牛特札萨克王处告状之案情，尔等汇聚该驿站审理断案。等命前来。诸卑职奉命传唤当事人，当面对质，核实处理如下：

章京尕海追报曰，台吉克雅涉及命案时从本站挪用二百千文、绵羊及山羊共二十只。等语。但事过多年，而且发生在本驿站所属之地，因此不易追究。

侍卫色登报告曰，为台吉克雅涉及命案而所用之牲畜中还欠兵丁馒头俺俩八头牛，今请求返还。等语。经查实，以前台吉克雅命案之事，拿走馒头、色登二人一匹马、十头牛，确实还欠八头牛。但，台吉克雅无力偿还全部，现还三头牛而了断此事。

汉军骑校米都布、青照日格等四十八人呈状巴林札萨克王处状告章京尕海，但状式未提出具体事情。只是米都布、青照日格认为，章京尕海操纵一切收租等公事、不理会他人，所以只为诉说委屈而别无他意。故，就此了断，不再谈及。

迄今第五年头，即午年，侍卫色登将汉军骑校米都布灰白走马，拿六匹三岁母马交换之，可到如今还欠缴其中三匹马。追讨时色登曰，买灰白色走马为属实也，为此付五十两银子、外加一匹马、俄式步枪之后

米都布又领走一匹青色马，如今已无债务事。等语。如此，米都布拿到了银两、马、枪，又领走一匹马，因此了却债务事。故不再谈及此事。

汉军骑校玛尼巴匝尔报曰，迄今已五、六年，章京尕海带走一头母牛至今未还。尕海曰，玛尼巴匝尔涉及命案时，本人作为官差，从玛尼巴匝尔处拿头牛偿还民人债务，可他倒赶走本人三头牛，几次赶牛车远行，死一头牛，因此本人向其领回一头母牛。等语。虽玛尼巴匝尔报被领走一头母牛，可之前从尕海那赶走三头牛，其中一头还未还，并且已多年未提此事，可视为尕海拿一头母牛补回之前损失之一头牛已持平，之后不用谈及此事也。

驿官布呼席日木报曰，迄今五年前午年，本人向别人借钱给侍卫色登，就有了纠纷，官差命本人赔其五十两银子。因此本人求章京尕海借银还了债。之后还给章京尕海银子二十二两五钱、母牛一头、公牛一头，还有要回借给德勒黑之六两五钱，凑够本钱五十两银，约好利息由侍卫色登来还。可章京尕海去年从本处拿走一头三岁牛。等语。对此事章京尕海曰：布呼席日木向本人借钱，本人派驿官阿尤西从兵丁德勒黑处借了五十三两五钱整银交给布呼席日木。之后德勒黑追要本金及利息时，布呼席日木前后还银子共计二十二两五钱、公牛一头、母牛一头，折价二十一两，全部加起来四十三两五钱。如今索要剩余银两时，布呼席日木曰利息由色登偿还。如此那般找理由耍奸，无奈要回一头三岁牛抵六两三钱银子还了债务，本人不知布呼席日木曰之交给德勒黑六两三钱银子事。等语。如此看来，布呼席日木单独交给银子一事未有确凿证据，而且中间人阿尤西也不清楚。所以三岁牛价六两三钱银子加之前所付银子合计本金足够五十两，故谁也不欠谁。只是还给布呼席日木章京尕海去年购买之二岁牛一头结案。

汉军骑校贺喜格图向伊如格勒图索要银子而告状之事，涉案要人伊如格勒图传唤未到案。此类事情呈报所属札萨克明断。章京尕海追报之肃亲王所用银子本金五十两一事，照摄政翁牛特王文，无息本金偿还于原驿站结案。

章京尕海应把此等费用报销于属地解决才是，报销得之钱款及时偿还他人才是。而他重提旧事，成为惹出告状之导火索，不符其公差身份也。故罚其一头黄牛，交于所属巴林贝子处。

侍卫色登向台吉克雅索要因命案补偿所用之剩余四头牛，虽然有情可原。可未呈报所属札萨克，擅自要回五头牛。还有，台吉克雅告至札萨克处后，派官差传唤色登也未到案，反而越级告状。为此，罚其一头黄牛，交至摄政巴林札萨克王处。

汉军骑校玛尼巴匝尔向章京尕海追要一头母牛之事，已过多年毫无证据。其本人冒充驿站之名编造供词，惹出争论及混乱，揍其二十五鞭以示惩戒。

至此，如此调解、处理、结案之事呈报贵王爷处。

宣统二年末秋二十五日

096 盟长阿鲁科尔沁札萨克贝勒为台吉进京上贡事札盟摄政协理原盟警备军札萨克郡王等文（宣统二年初冬三十日）

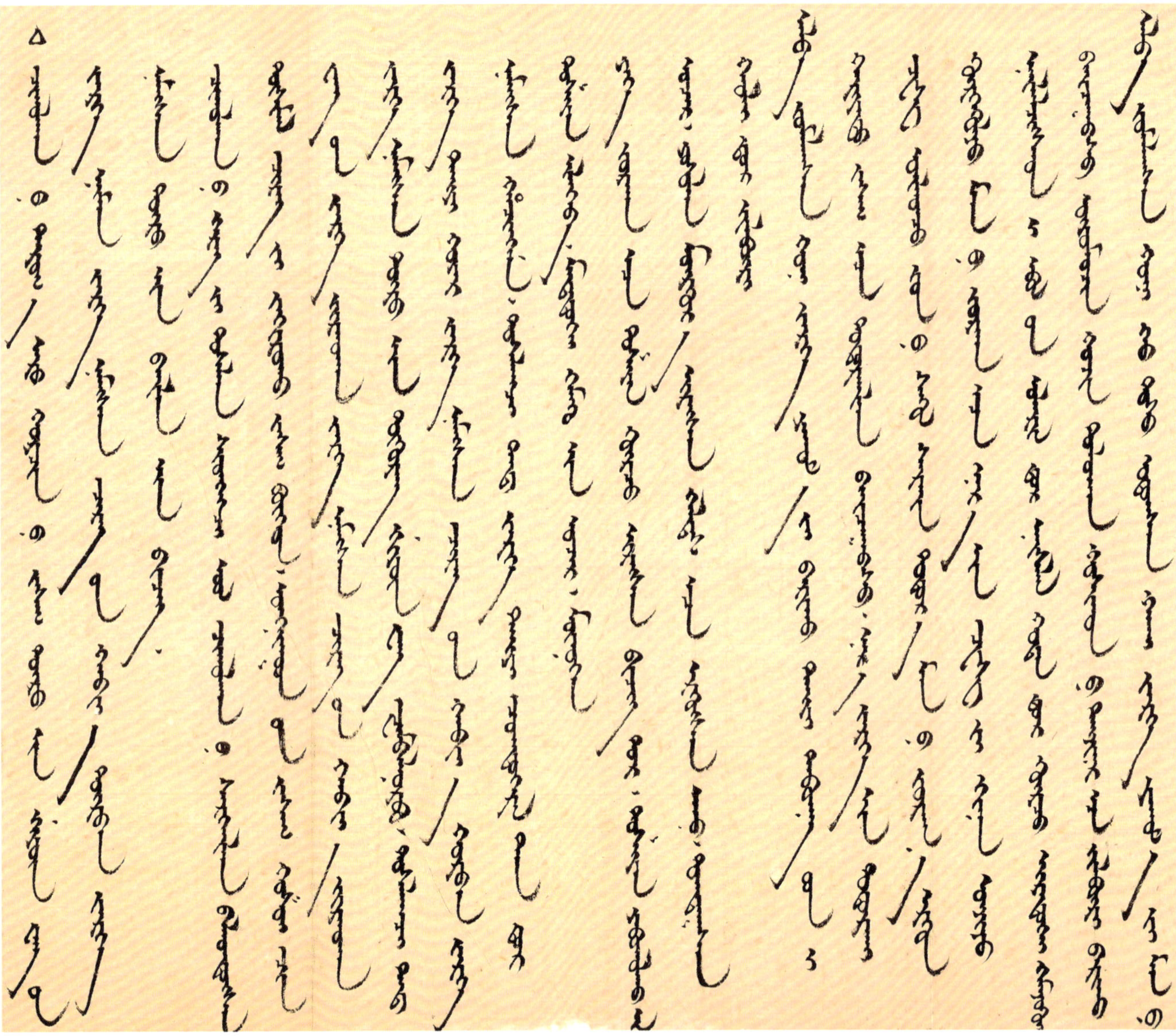

096 盟长阿鲁科尔沁札萨克贝勒为台吉进京上贡事札盟摄政协理原盟警备军札萨克郡王等文（宣统二年初冬三十日）

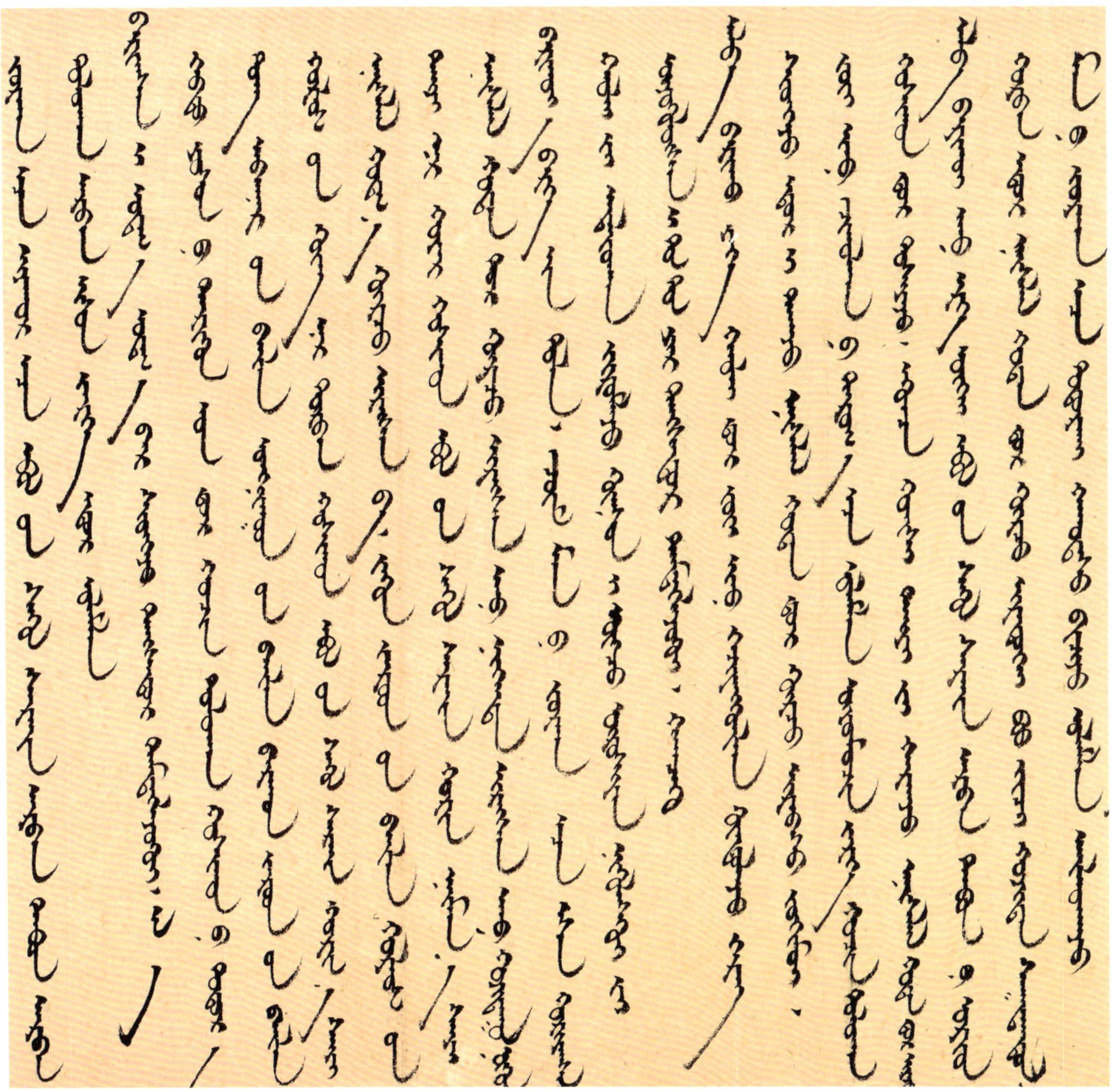

096 盟长阿鲁科尔沁札萨克贝勒为台吉进京上贡事札盟摄政协理原盟警备军札萨克郡王等文（宣统二年初冬三十日）

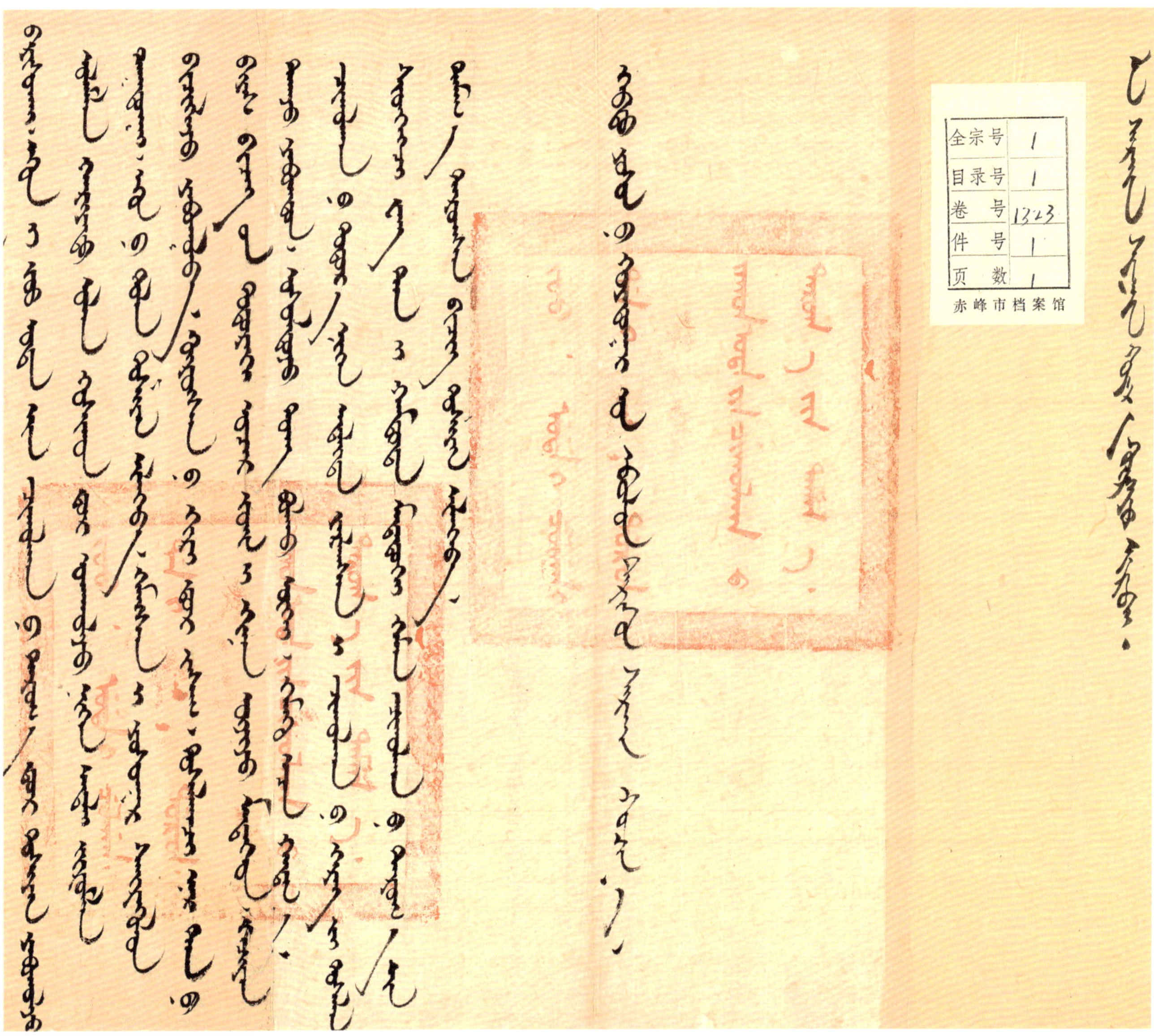

全宗号	1
目录号	1
卷　号	1323
件　号	1
页　数	1

赤峰市档案馆

盟长阿鲁科尔沁札萨克贝勒为台吉进京上贡事札盟摄政协理原盟警备军札萨克郡王等文

盟长阿鲁科尔沁札萨克多罗郡王衔加八级军功加四级多罗贝勒文。札付盟摄政协理原盟警备军札萨克暨翁牛特札萨克和硕亲王衔加六级军功加六级多罗杜棱郡王赞巴勒诺尔布，协理二等台吉加二级军功加三级哈青阿、协理二等台吉朝格图格日乐：行札之事。

近日，承接大部札开：通告之事。礼部呈曰，按例律，所属札萨克登记每年献贡白条整羊之台吉、塔布囊名册于本年末夏内呈送至本衙署。本衙署审核后，符合条件者可于冬季进京献贡。等语。本大部经查，乌珠穆沁三十七旗台吉历来每年末冬十五、十七、十九日进贡白条整羊、黄油、熏全猪，均已记录在案。宣统元年三十七个旗当中，阿巴嘎纳尔贝勒、翁牛特贝勒、右翼扎鲁特贝勒、郭尔罗斯公等四旗末冬二十日才到京城，左翼扎鲁特贝勒旗、郭尔罗斯台吉等两旗末冬二十八日才迟到进京而无法补缴贡品，故本衙署依照规矩免受之，并赏赐路费以示恩慈等记录在案。应依照献贡法典，尊崇献贡，按规定时间进京才是。理应盟长转告乌珠穆沁等三十七旗，从今往后台吉进京献贡，必须末冬十五日前三天进京，不得迟误。本部出细则上奏皇上，下传昭乌达盟长转告所属诸旗遵旨照办。等因前来本盟署。如今抄送原文转送之。文到，诸札萨克、协理审阅照办。此事也通告盟摄政协理王爷处。

至此，致钤盟长印之文。

宣统二年初冬三十日

097 盟长阿鲁科尔沁札萨克贝勒为盐务禁令事札盟摄政协理原盟警备军札萨克郡王等文（宣统二年仲冬三十日）

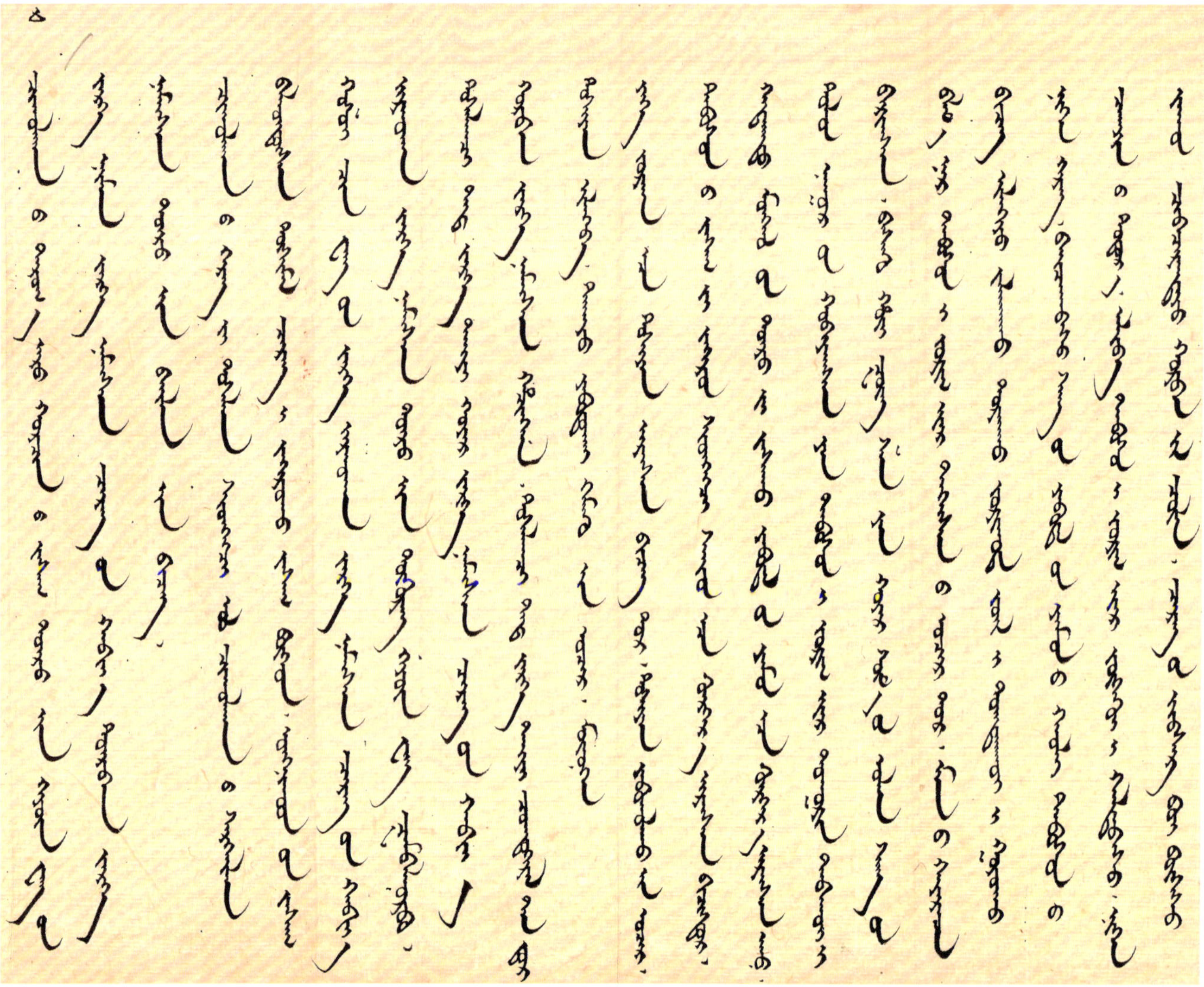

097 盟长阿鲁科尔沁札萨克贝勒为盐务禁令事札盟摄政协理原盟警备军札萨克郡王等文（宣统二年仲冬三十日）

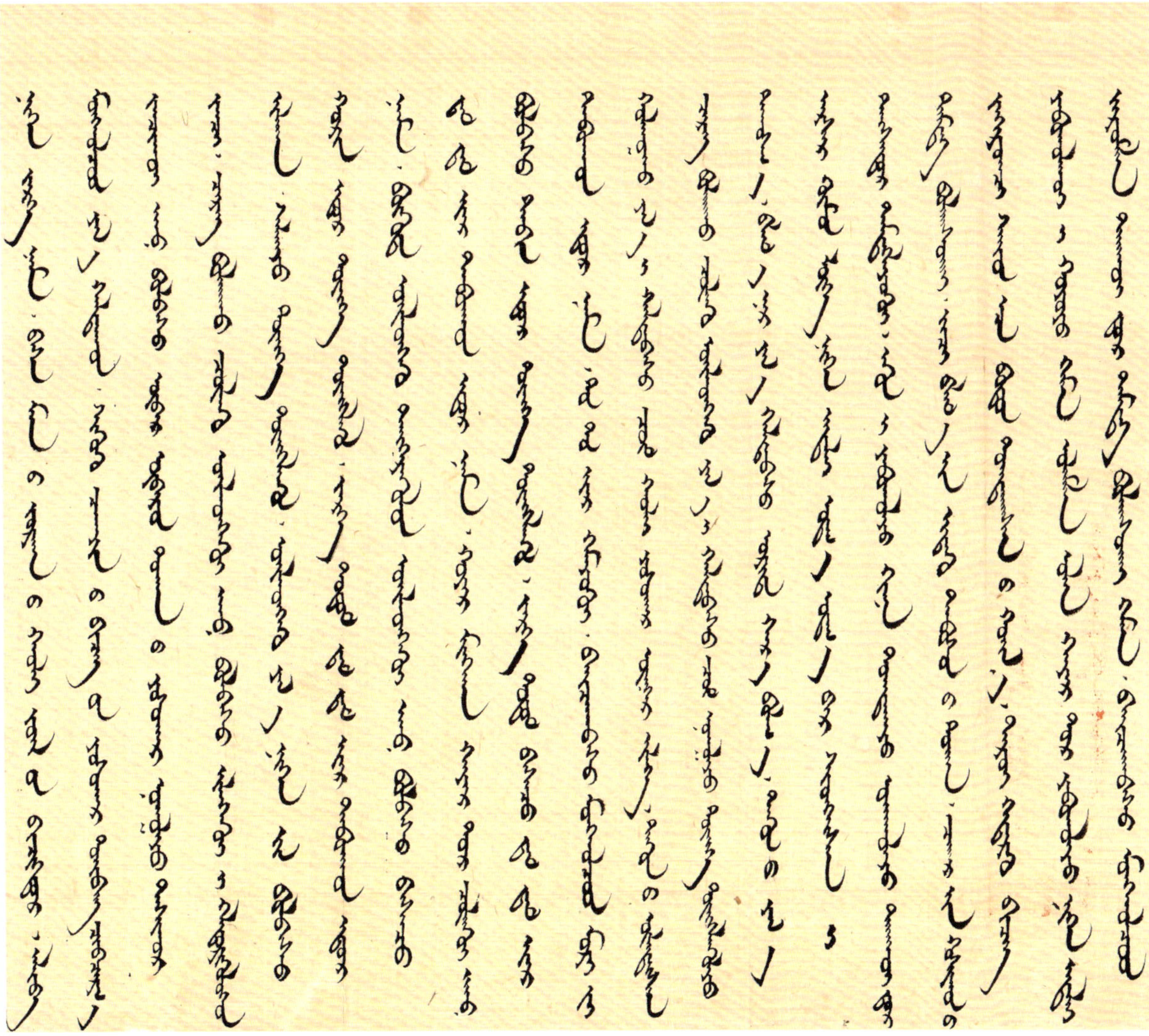

097 盟长阿鲁科尔沁札萨克贝勒为盐务禁令事札盟摄政协理原盟警备军札萨克郡王等文（宣统二年仲冬三十日）

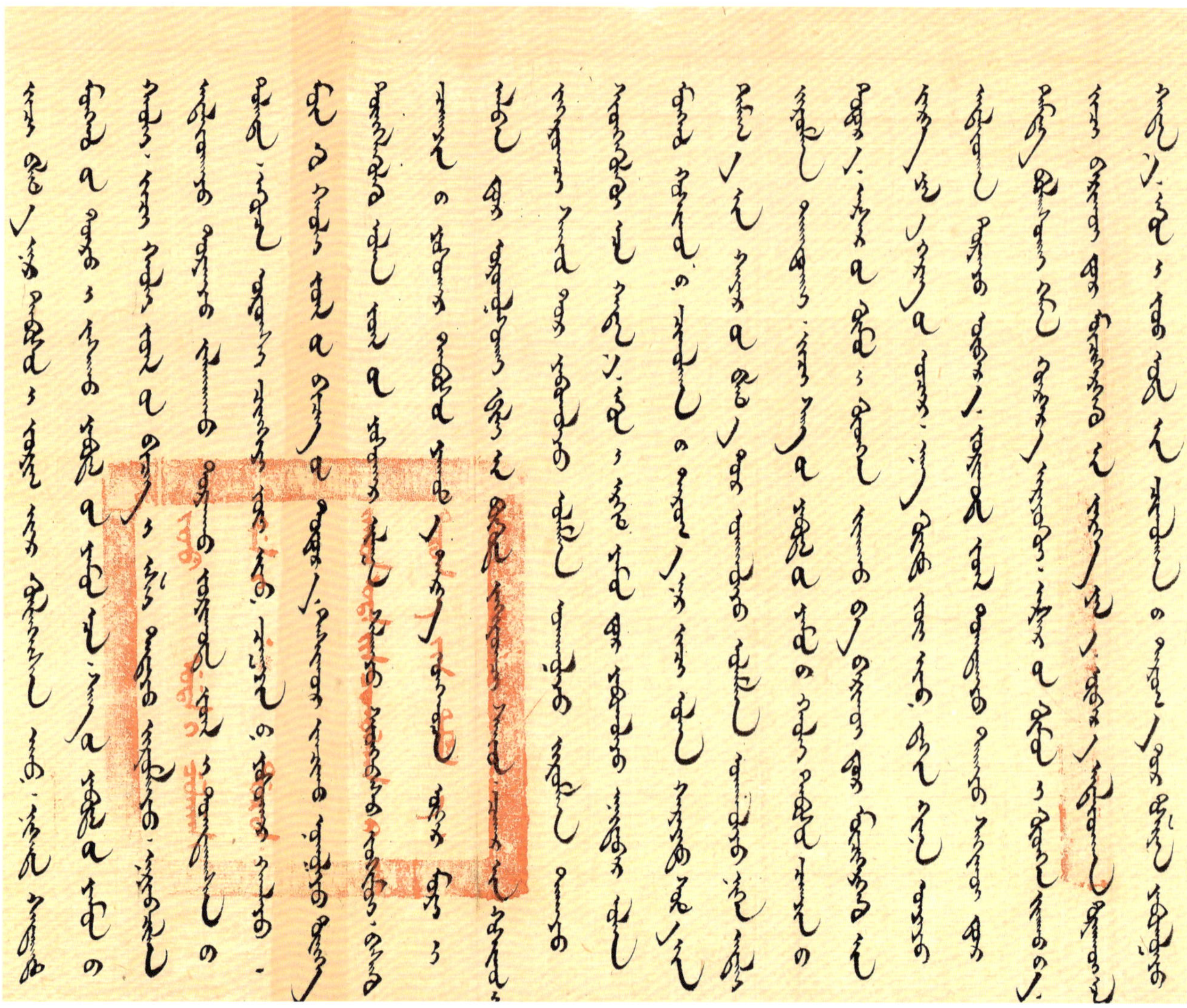

097 盟长阿鲁科尔沁札萨克贝勒为盐务禁令事札盟摄政协理原盟警备军札萨克郡王等文（宣统二年仲冬三十日）

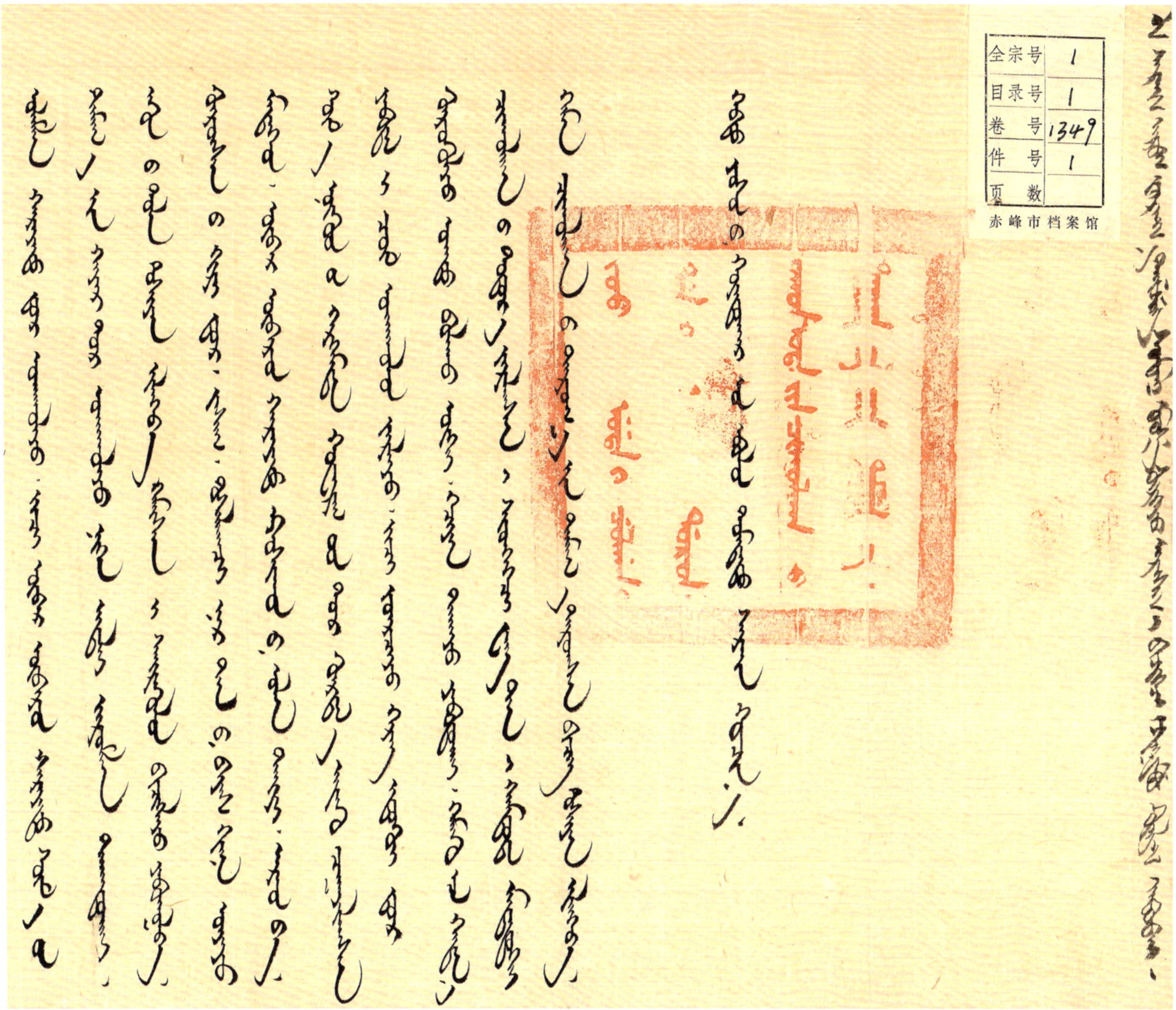

全宗号	1
目录号	1
卷号	1349
件号	1
页数	

赤峰市档案馆

盟长阿鲁科尔沁札萨克贝勒为盐务禁令事札盟摄政协理原盟警备军札萨克郡王等文

盟长阿鲁科尔沁札萨克多罗郡王衔加八级军功加四级多罗贝勒文。札付盟摄政协理原盟警备军札萨克暨盟摄政协理盟警备军札萨克暨翁牛特札萨克和硕亲王衔加六级军功加六级多罗杜棱郡王赞巴勒诺尔布，协理二等台吉加二级军功加三级哈青阿、协理二等台吉朝格图格日乐：照办之事。

近日，理藩院札开：札付之事。盐务札萨克摄政大臣称，理藩院咨开：严抓越界开采指给多伦淖尔盐场事，还有汇宗寺、善因寺庙仓喇嘛超额运盐之事请求制定处罚条款一事。经查，户部衙门律例盐法中规定，凡私自运盐者杖打一百、流放三年，如有枪械罪加一等。还有本大部律法中，凡蒙古人犯罪者，按审判惩罚时板刑换算鞭刑处罚，充军及流放者，可换算戴枷锁，如判一年者可戴二十天枷锁；罪责每升一级加五天戴枷锁；如两罪并罚者各加五天戴枷锁；流放两千里者使其戴五十天枷锁，每升一级逐级加五天。经查，蒙古人将盗马罪责一律按律处罚；充军和流放者，均折算天数戴枷锁；喇嘛犯罪者，先使其还俗，其罪责于普通人同样等等，多次处罚实例均记录在案，也以此作为今后案件执行、审定、宣传、遵循之依据。对喇嘛食用盐配额，由察哈尔旗掌管确定后即刻回复，并将标准传送至各地以此为据同样遵照执行。经审查，蒙古人及喇嘛私自贩盐者，由理藩院根据户部规定及律法条文进行处罚。从今往后也按律法将板刑、鞭刑换算成戴枷锁等分别进行处罚。亦按律将盐物、车船、牛马等罚没充公。为此，除直隶总督转送察哈尔旗总督大臣外，仍送至贵大部，转告诸蒙古旗盟长及所辖诸寺庙管印喇嘛同样遵照执行。再者，户部律法之盐法中诬陷他人以及抗拒抓捕等应罪加一等另行处罚。以此类推制定相关条款以便遵照执行。等因前来。兹有，除诬陷他人及抗拒抓捕等另行处罚外，其他条款转送昭乌达盟长，转告所属旗及所属寺庙印务司，一样遵照执行。等因札付本盟署。为此，抄录原文转送之。文到，诸札萨克、协理亲自审阅，将禁止之事通告所属旗诸台吉、庶民及寺庙喇嘛和尚，不得触犯律法。此事仍告知摄政王爷处。

至此，致钤盟长印之文。

宣统二年仲冬三十日

098 扎鲁特札萨克贝勒等为发包牛群纠纷案呈盟摄政协理原盟警备军札萨克郡王文（宣统二年末冬初八日）

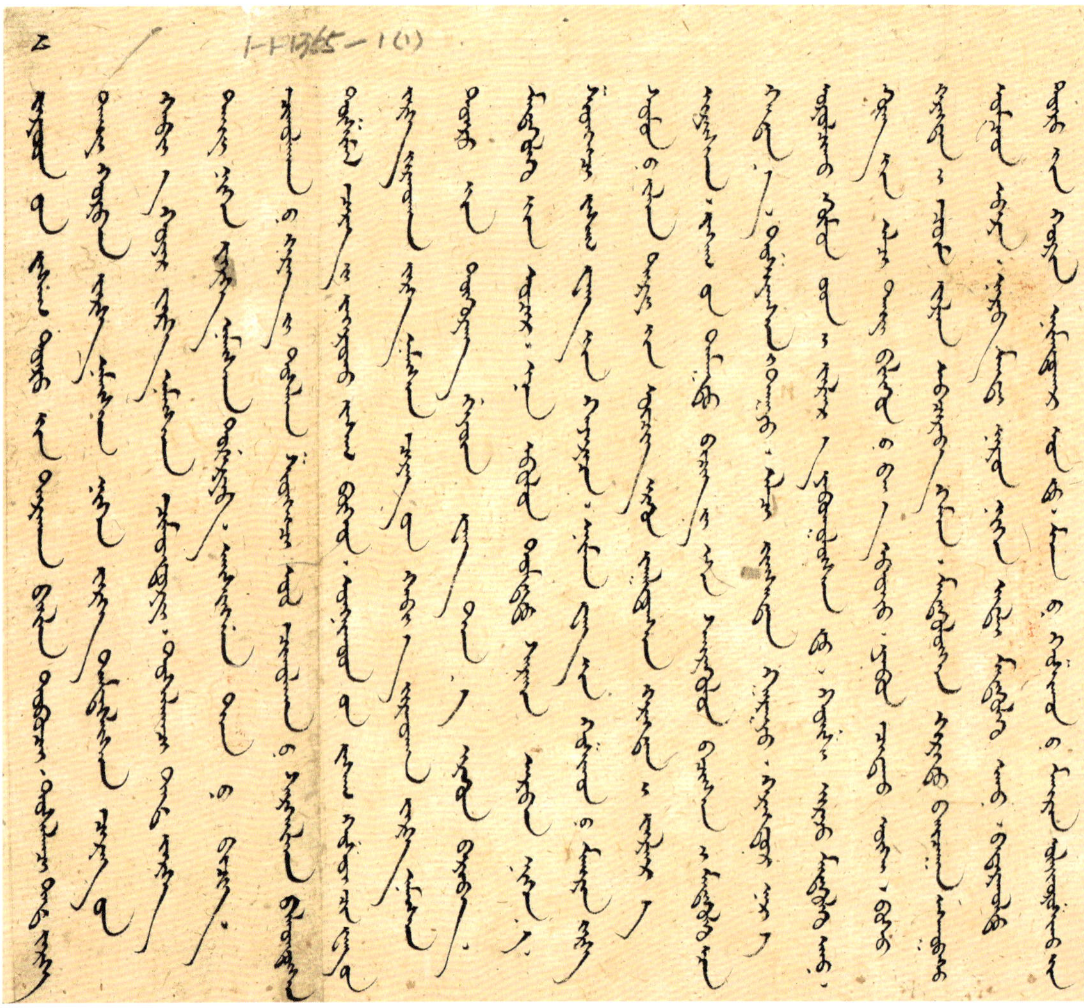

098 扎鲁特札萨克贝勒等为发包牛群纠纷案呈盟摄政协理原盟警备军札萨克郡王文（宣统二年末冬初八日）

098 扎鲁特札萨克贝勒等为发包牛群纠纷案呈盟摄政协理原盟警备军札萨克郡王文（宣统二年末冬初八日）

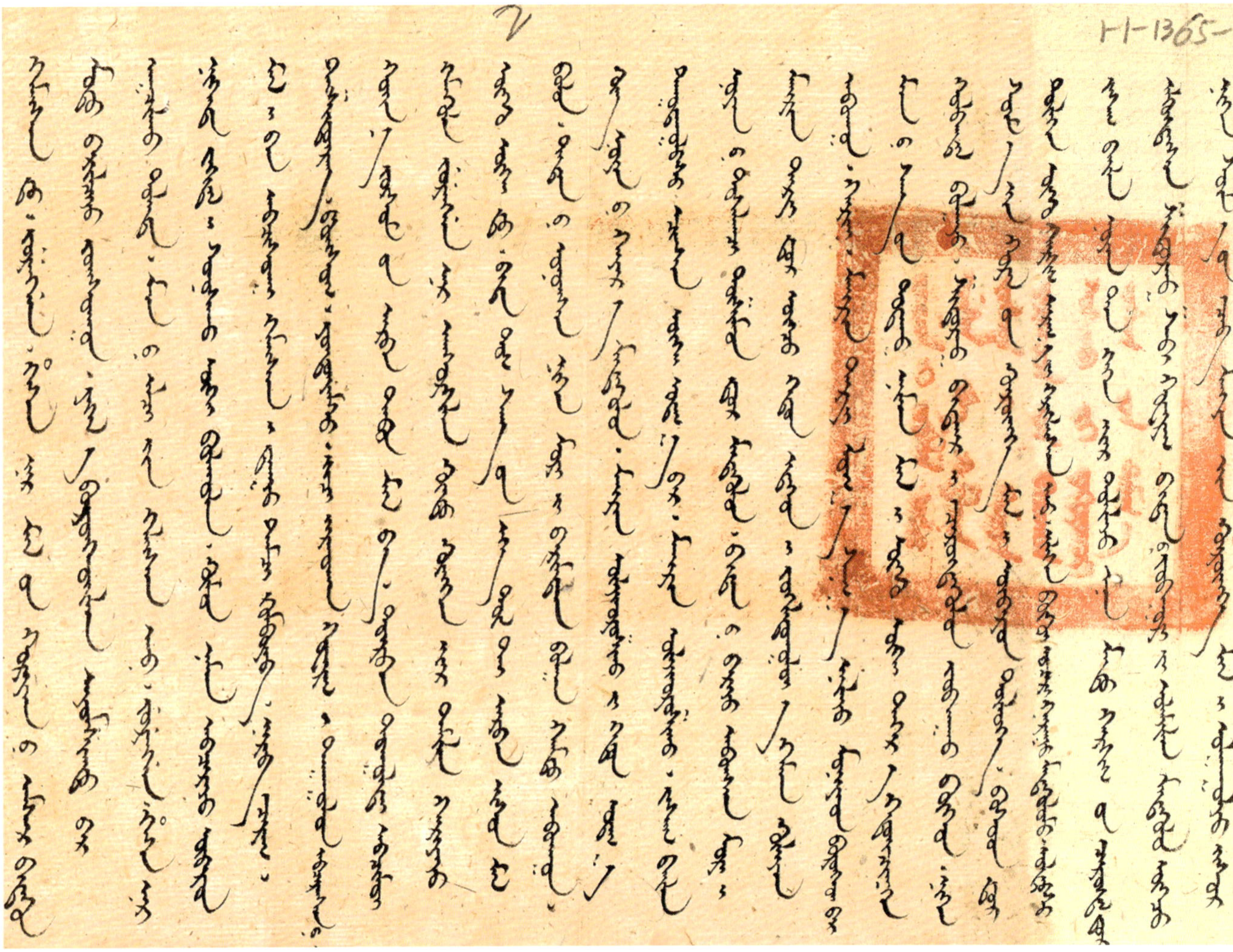

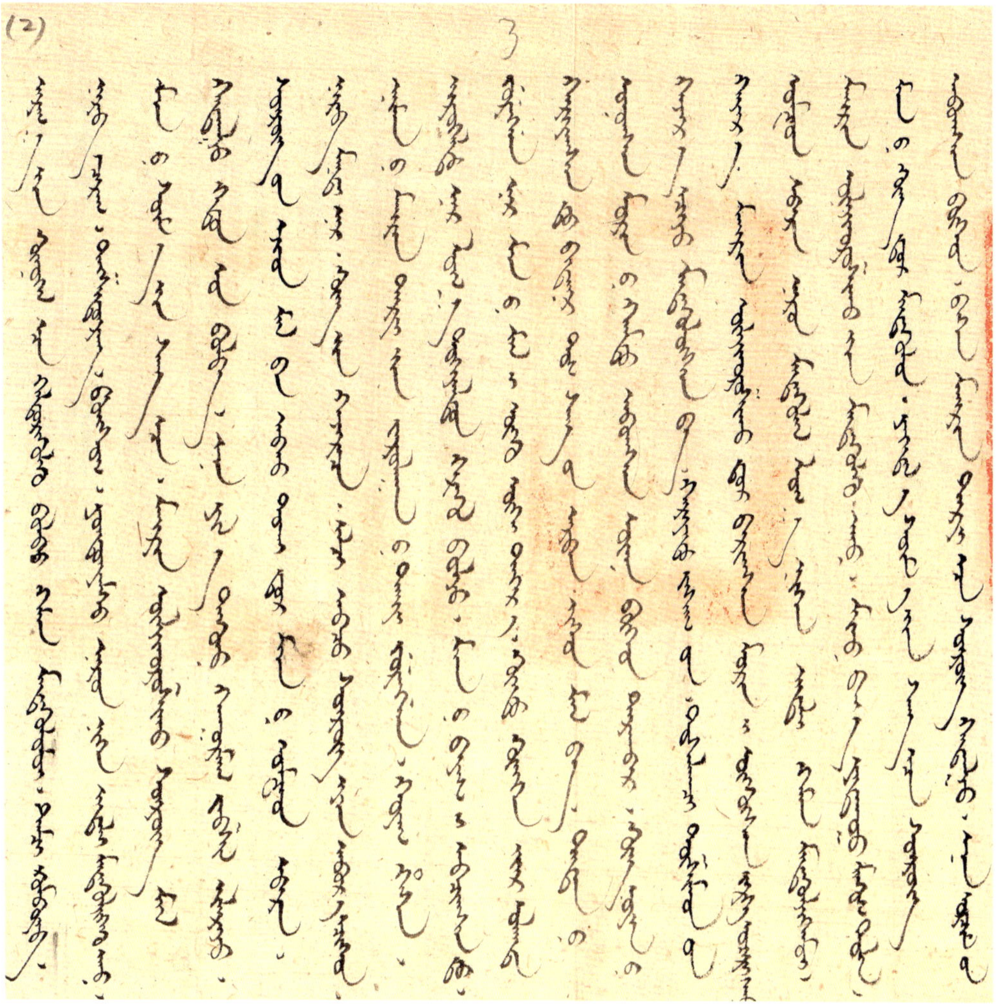

098 扎鲁特札萨克贝勒等为发包牛群纠纷案呈盟摄政协理原盟警备军札萨克郡王文（宣统二年末冬初八日）

098 扎鲁特札萨克贝勒等为发包牛群纠纷案呈盟摄政协理原盟警备军札萨克郡王文（宣统二年末冬初八日）

1-1-1365-1(3)

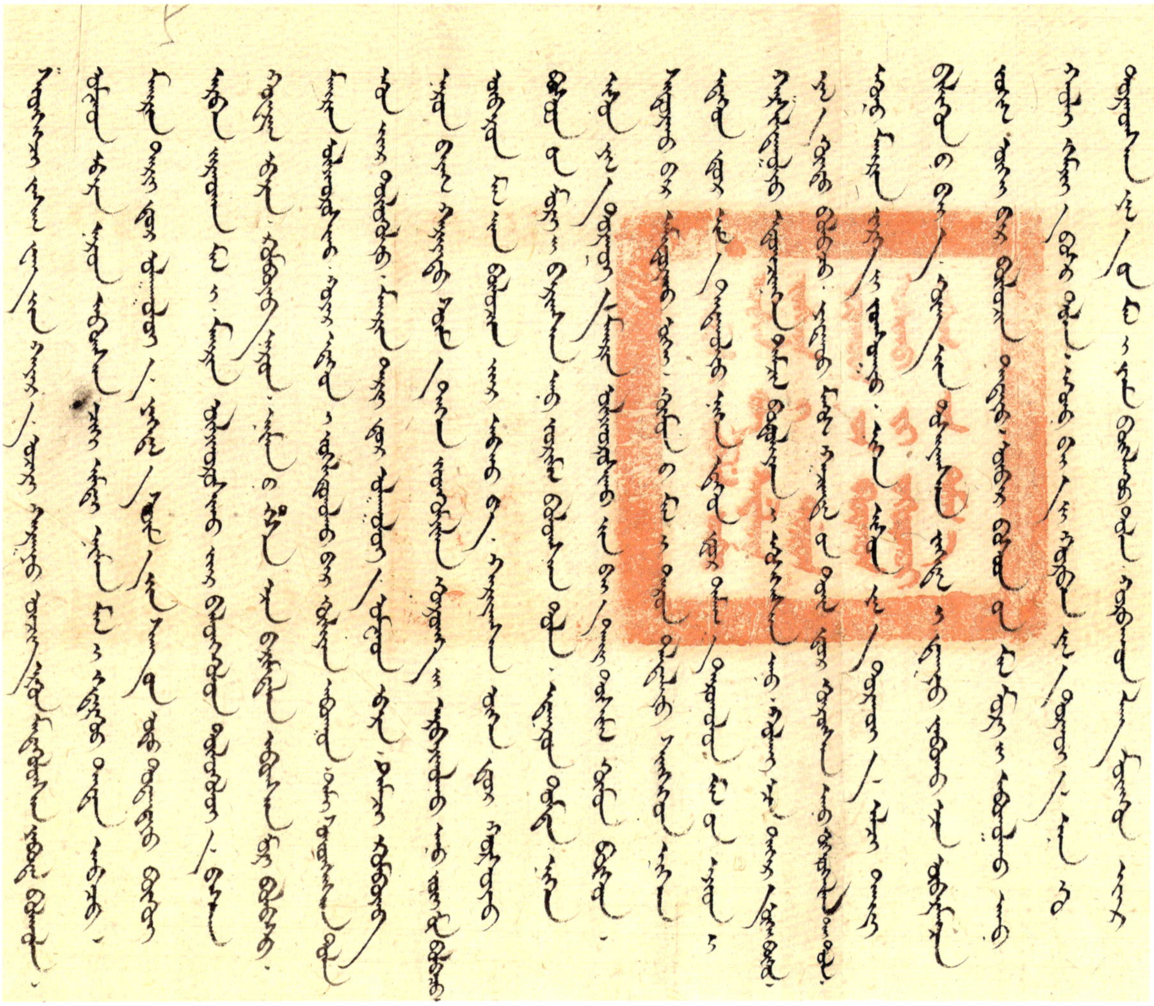

098 扎鲁特札萨克贝勒等为发包牛群纠纷案呈盟摄政协理原盟警备军札萨克郡王文（宣统二年末冬初八日）

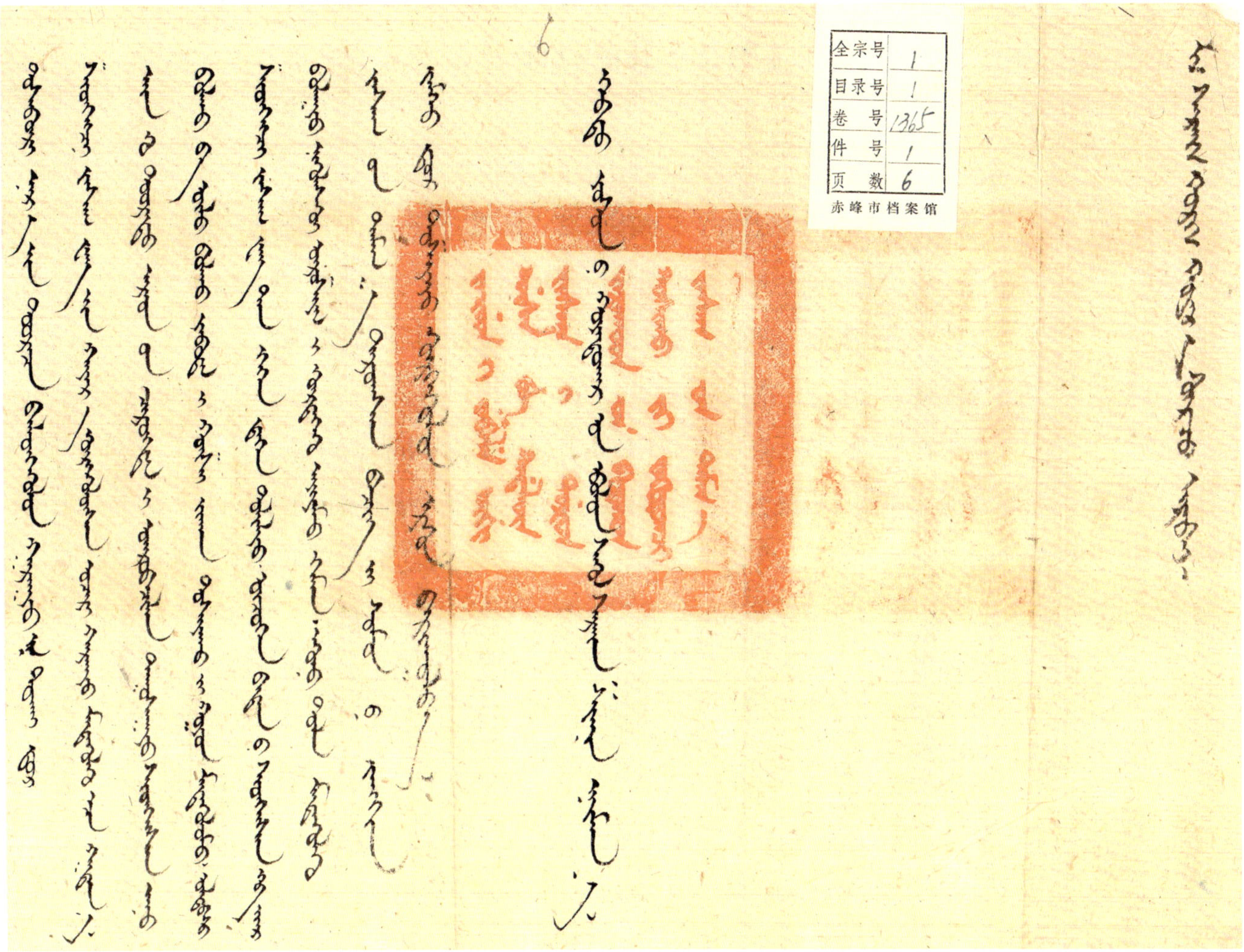

全宗号	1
目录号	1
卷号	1365
件号	1
页数	6

赤峰市档案馆

扎鲁特札萨克贝勒等为发包牛群纠纷案呈盟摄政协理原盟警备军札萨克郡王文

扎鲁特札萨克多罗达尔罕贝勒陶布其，协理二等台吉加三级记一级军功加二级其木德道尔吉、协理二等台吉加一级杜葛尔扎布爱兴哈文。呈盟摄政协理原盟警备军札萨克暨翁牛特札萨克和硕亲王衔加六级军功加六级多罗杜棱郡王：禀报之事。

今年仲冬十一日摄政札萨克王传唤奈曼王旗梅林衔佐领甲喇达日吉诉状之涉案人员，指派之官差回报曰：公爷使者台吉毕力贡因患病无法前去，其余人员均到。等语。审问时领诵喇嘛额巴日、管家喇嘛曼迪等一致报曰：光绪二十八年本旗梅林乌力吉敖日希呼向公爷报告，带公文从庙仓里挑选十一头牛，之后每年看年岁及花色，右角记如意印，进行承包放牧，如此数年。三十一年清点发包牛群时少了一头二岁牛，后乌台吉又私自卖了一头海骝毛色牛。今年三月，本旗台吉东古尔扎布禀报札萨克处，念乌力吉敖日希呼心术不正，应收回发包之牛群，并与指派使者一同索回群牛。听此消息，吾等唯恐牛被混淆而赶至乌台吉处。果然，乌力吉敖日希呼趁机将各处牛群混杂。见此情景吾等禀报公爷，与指派使者台吉毕力贡一同至乌力吉敖日希呼家时，正遇受奈曼梅林达尔吉指令，台吉朱领哈、兵丁格萨、伊如格勒图等也赶至乌台吉处要回自己发包之牛群。于是使者台吉毕力贡出示公文对质，拢回牛群查看时，已少了六头牛，而且钤有俺们印记的十五头牛，朱领哈、格萨却说其中八头牛有耳记印归自己，因此争论不休。此时乌力吉敖日希呼曰：那八头牛为庙仓所有，耳记为本人亲手做之记号，应该归喇嘛所有。如此一说，朱领哈、格萨等直接持棍棒堵住畜圈门，威胁耍横。为此，吾等听从使者曰之既然朱领哈、格萨等不顾官文独断横行，不如吾等多找人赶走自己牛。于是找来德木奇关布扎布、管家喇嘛车日嘎、特格希都楞、彭斯格、云丹扎木苏以及六个和尚，按花色挑出十五头牛与四头牛犊准备赶走时，朱领哈等仍耍横谩骂，阻扰不已。无奈，吾等把庙仓母牛及犊牛共计十九头与其坐骑一匹作为抵押一起带走至公爷处禀报。后，几次传唤梅林乌力吉敖日希呼均未到，而梅林乌力吉敖日希呼禀报札萨克贝勒爷协理曰，愿意将那匹带来坐骑指给梅林达尔吉，以此调解几方矛盾。而背后与梅林达尔吉密谋，专横跋扈，就不交出庙仓未拿走那八头牛。如此制造事端刁难吾等忠厚之人。还为自己脱身将庙仓牲畜指给他人，其阴险之举可见一斑。为此，祈求札萨克贝勒爷明鉴，转呈吾等忠厚徒弟和尚无奈之事，追回寺庙生活所用财产及牲畜，解决吾等纠结之事为盼。等语。

德木奇关布扎布、管家喇嘛车日嘎、特格希都楞、彭斯克、云丹扎木苏等一致报曰，本庙仓梅林乌力吉敖日希呼处放牛群已有数年。今年乌台吉原形毕露，吾等领诵喇嘛额巴日、管家喇嘛曼迪与公爷官差一同去要回庙仓牛群时正遇奈曼梅林台吉指派台吉朱领哈、兵丁格萨、伊如格勒图，并发生冲突。朱领哈等不仅不交出牛群，还咒骂吾等半天也。无奈，吾等带回庙仓十九头牛及其坐骑一匹为真也。随后，禀报至公爷处，所属札萨克、协理还给乌力吉敖日希呼坐骑，此等事情与领诵喇嘛额巴日等所报为一致。等语。

梅林乌力吉敖日希呼禀报曰：本人贫困交加，报公爷获准承包义和塔拉庙仓牛群，也小承包梅林达尔吉数头牛。近年生活窘迫、缺吃少穿，卖了些牛补贴生活。当然，少了牲畜数量就调换印记，故意混淆。正愁数量空缺时，梅伦达尔吉所派之朱领哈、格萨等与义和塔拉庙要回牛群之喇嘛相遇，发声争论。于是从公爷处带来使者，牛群里挑走十五头牛及四头牛犊，顺势抢走了兵丁格萨之坐骑。此时本人意识到牛数空缺、印记混淆、发生冲突之原因，就因为自己贫穷，生活所迫，盗卖承包群里牛造成的。因此上报所属协理，将喇嘛抓走之坐骑交给奈曼达尔吉，想以此调解此事。但梅林达尔吉不予接受。而后，正赶回家途中遇到土匪，那坐骑亦被抢走，听闻被抢坐骑已在科尔沁照日格图王处。另外，达尔吉少之九头牛，已协商私了。如今梅林台吉所缺八头牛、庙仓所缺八头牛，应由本人赔偿。本人因贫困所迫，干此蠢事，祈求王爷开恩饶恕为盼。等语。

兹有，汇总供词审查梳理：梅林达尔吉供词中，台吉乌力吉敖日希呼处存放牛群，以耳记为标记之八头牛，由领诵喇嘛额巴日等认为自己牛，并将兵丁坐骑一同赶回。可领诵喇嘛额巴日等报曰，梅林乌力吉敖日希呼损失庙仓之牛，以印记辨认十五头牛后要回，由于遭受奈曼朱领哈、格萨等之辱骂，连其坐骑也抢回也。与乌力吉敖日希呼之供词，为生活所迫卖群里牛，统计时混淆做记号之说对比，领诵喇嘛额巴日等辅国公处带使者与台吉朱领哈、格萨等发生冲突时，找来帮手，不仅带走庙仓牛，还抢走兵丁坐骑，其乃不符规矩也。当然，因乌力吉敖日希呼故意做混淆标志，双方都有误会之过也。

事已如此，现禀报摄政札萨克王：要回领诵喇嘛额巴日等赶走之耳有印记八头牛，交给梅伦达尔吉；义和塔拉庙仓少之十六头牛，由梅伦乌力吉敖日希呼赔偿；还有和尚额巴日、关布扎布等抢走之奈曼格萨坐骑为梅伦乌力吉敖日希呼调解双方之损失，所以将坐骑赔给梅林达尔吉；虽然领诵喇嘛额巴日、德木奇关布扎布等为所属庙效劳，追回财产，理所当然。但，找打手帮忙，遭人辱骂时抢走其坐骑，有过错也，故罚其一九治罪；梅林乌力吉敖日希呼本为台吉，不安心生计，投机取巧，混淆做印记，给牧主双方制造混乱，引起争端，其行为如土匪，应治重罪也。只是因贫穷无奈至极实在可怜，逐免其梅林职位，处罚一九治罪；使者台吉毕力贡按照公爷文办事外，另找打手抢走他人牛马为违法也，罚其三只羊，因其路途遥远交三两银子代之。

此等事情禀报摄政札萨克王处，如此了断各方纠纷是否妥当，祈求王爷明鉴，并恩准此处罚为盼。

特呈送钤札萨克印之文，指派佐领章京扎木苏呈报之。

宣统二年末冬初八日

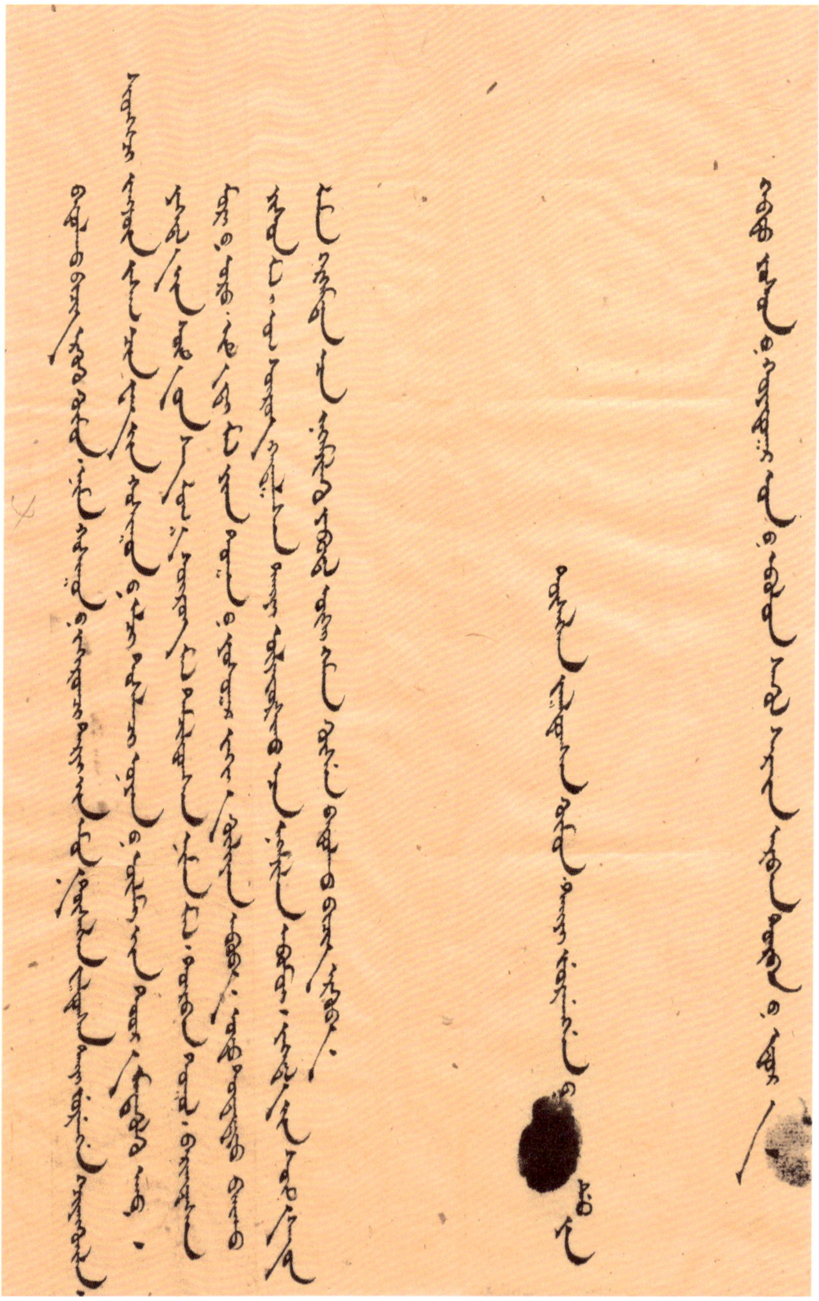

奈曼台吉朱领哈为和解纠纷案呈摄政将军札萨克协理之保呈

代理奈曼旗总管达日吉诉状之朱领哈，呈送将军札萨克亲王旗使者协理官：禀报之事。

与义和塔拉庙仓争议之八头牛、四只牛犊及一匹马、印记牲畜，如数受之。现缺之九头牲畜向原牲畜群主台吉乌力吉敖日希呼讨要也，不向义和塔拉庙仓追要。

为此呈保呈。

代理诉状人：台吉朱领哈

宣统二年末冬十四日

100 盟摄政协理为原盟警备军札萨克郡王等发放民情问卷调查事呈盟长阿鲁科尔沁札萨克贝勒文（宣统二年末冬十六日）

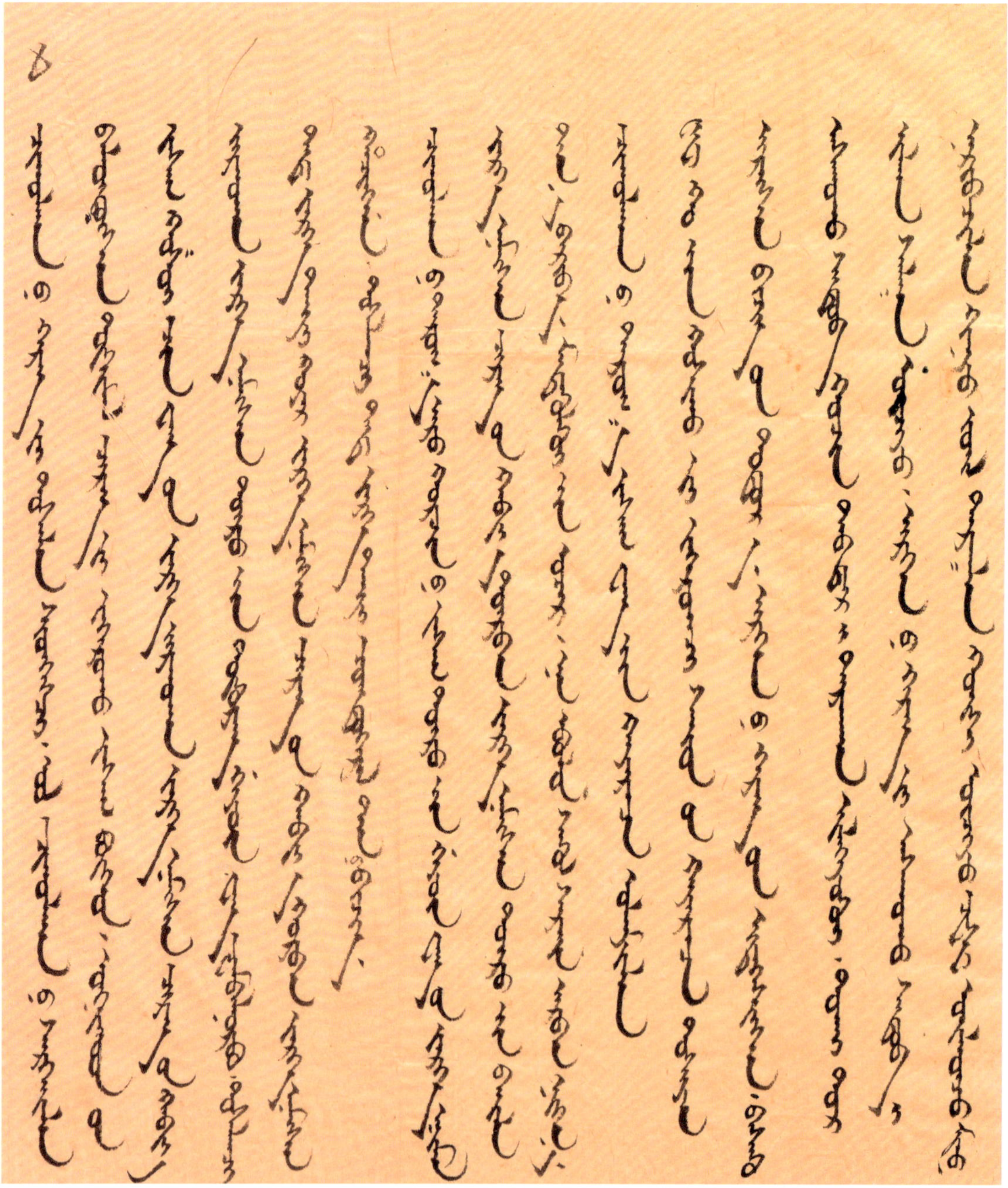

盟摄政协理为原盟警备军札萨克郡王等发放民情问卷调查事呈盟长阿鲁科尔沁札萨克贝勒文（宣统二年末冬十六日）

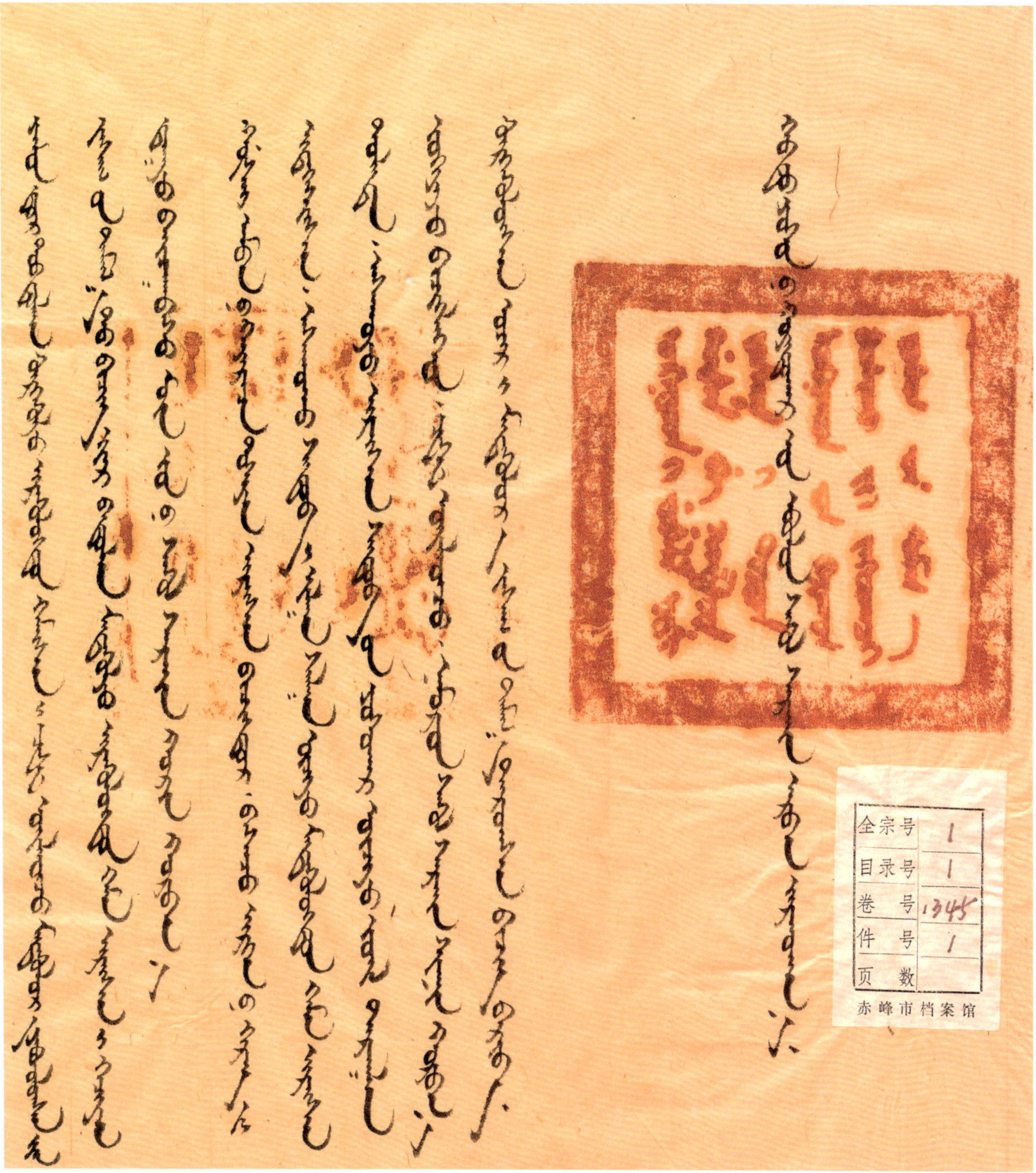

盟摄政协理为原盟警备军札萨克郡王等发放民情问卷调查事呈盟长阿鲁科尔沁札萨克贝勒文

盟摄政协理原盟警备军札萨克暨翁牛特札萨克和硕亲王衔加六级军功加六级多罗杜棱郡王赞巴勒诺尔布，协理二等台吉加二级军功加三级哈青阿、协理二等台吉朝格图格日乐文。呈盟长阿鲁科尔沁札萨克多罗郡王衔加八级军功加四级多罗贝勒：呈报之事。

今年末冬十一日盟长札萨克王府承转热河都统札开：发放三十本民情问卷。仔细审阅问卷，逐一答题造册后，速报送本衙门。等语。经查，本年末夏二十三日管旗公下文，发送民情问卷调查。仔细审阅问卷，逐一答题后，于末秋初三日报送之。

至此，呈送钤札萨克印之文。

宣统二年末冬十六日

101 盟长阿鲁科尔沁札萨克贝勒为选派护京蒙古军进行训练事札盟摄政协理原盟警备军札萨克郡王等文（宣统二年末冬二十日）

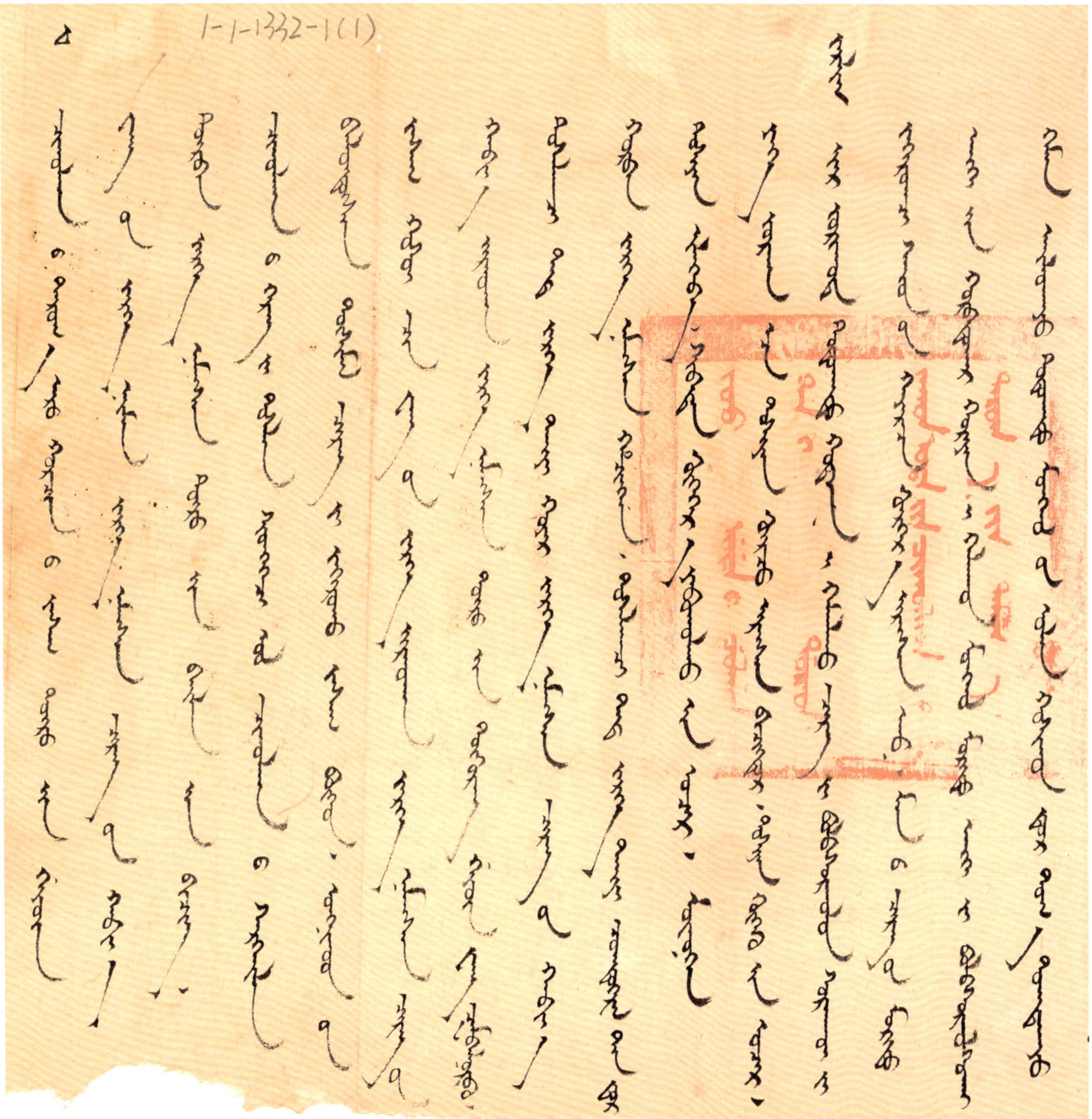
1-1-1332-1(1)

101 盟长阿鲁科尔沁札萨克贝勒为选派护京蒙古军进行训练事札盟摄政协理原盟警备军札萨克郡王等文（宣统二年末冬二十日）

101 盟长阿鲁科尔沁札萨克贝勒为选派护京蒙古军进行训练事札盟摄政协理原盟警备军札萨克郡王等文（宣统二年末冬二十日）

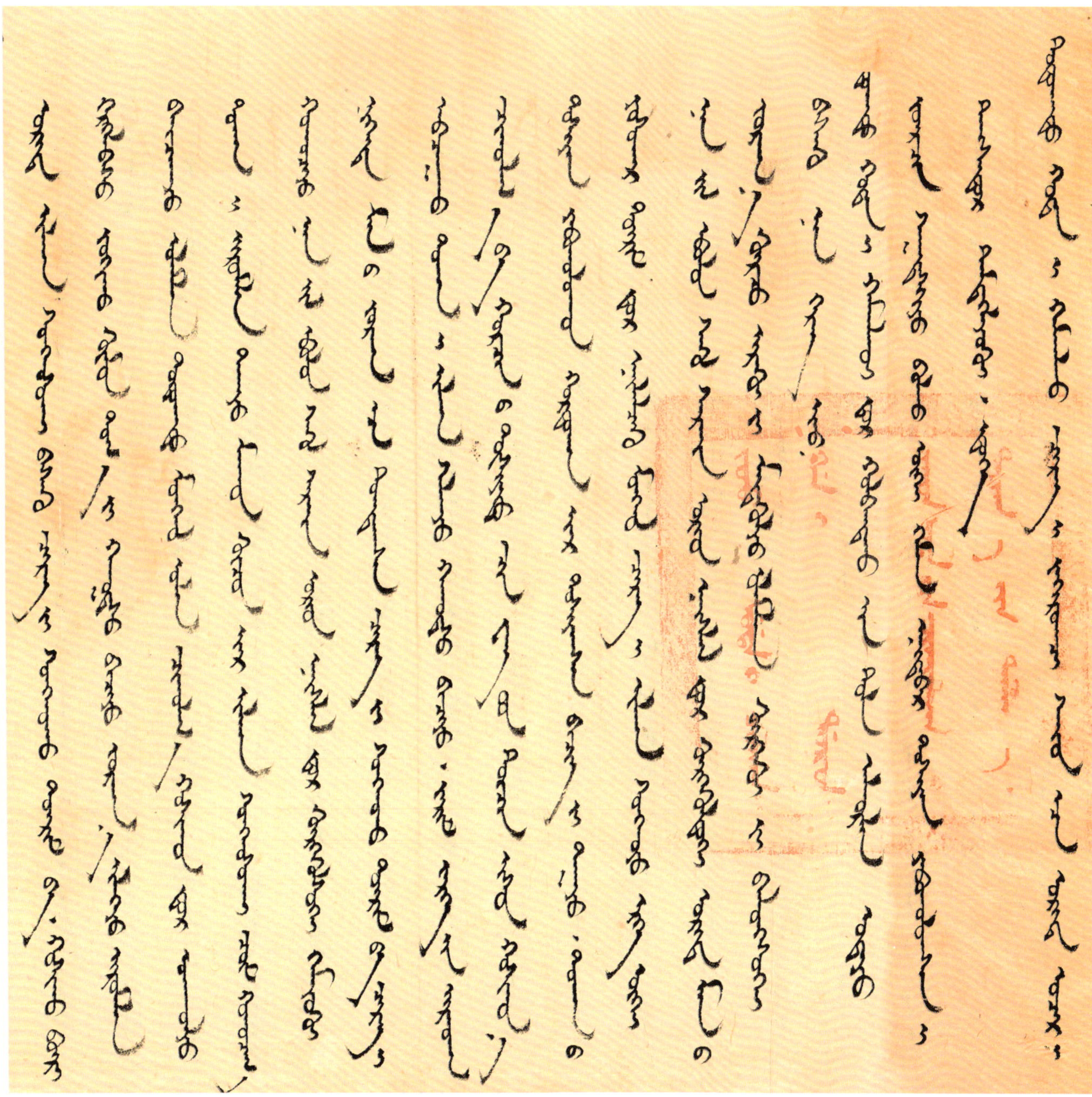

101 盟长阿鲁科尔沁札萨克贝勒为选派护京蒙古军进行训练事札盟摄政协理原盟警备军札萨克郡王等文（宣统二年末冬二十日）

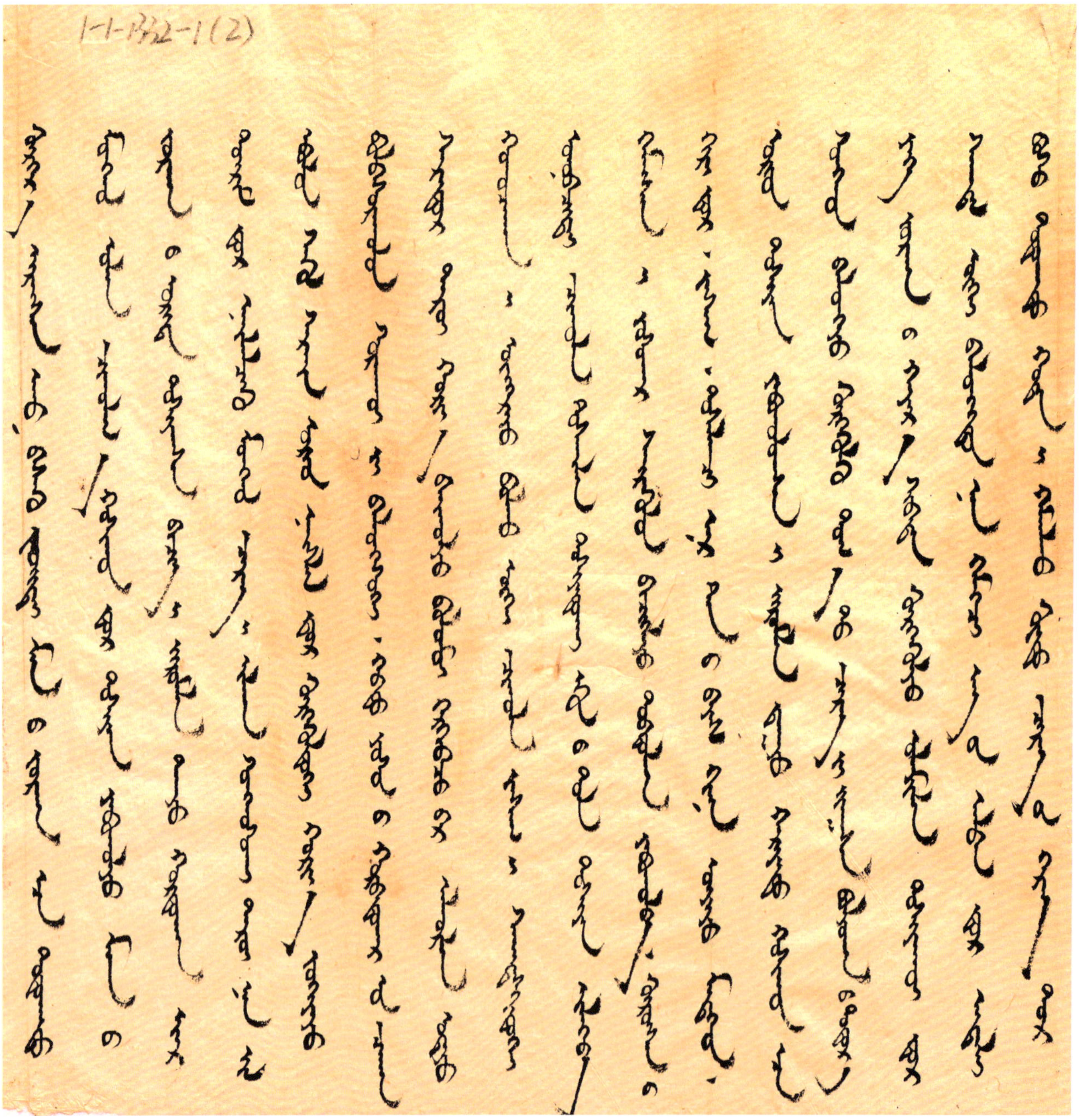

101 盟长阿鲁科尔沁札萨克贝勒为选派护京蒙古军进行训练事札盟摄政协理原盟警备军札萨克郡王等文（宣统二年末冬二十日）

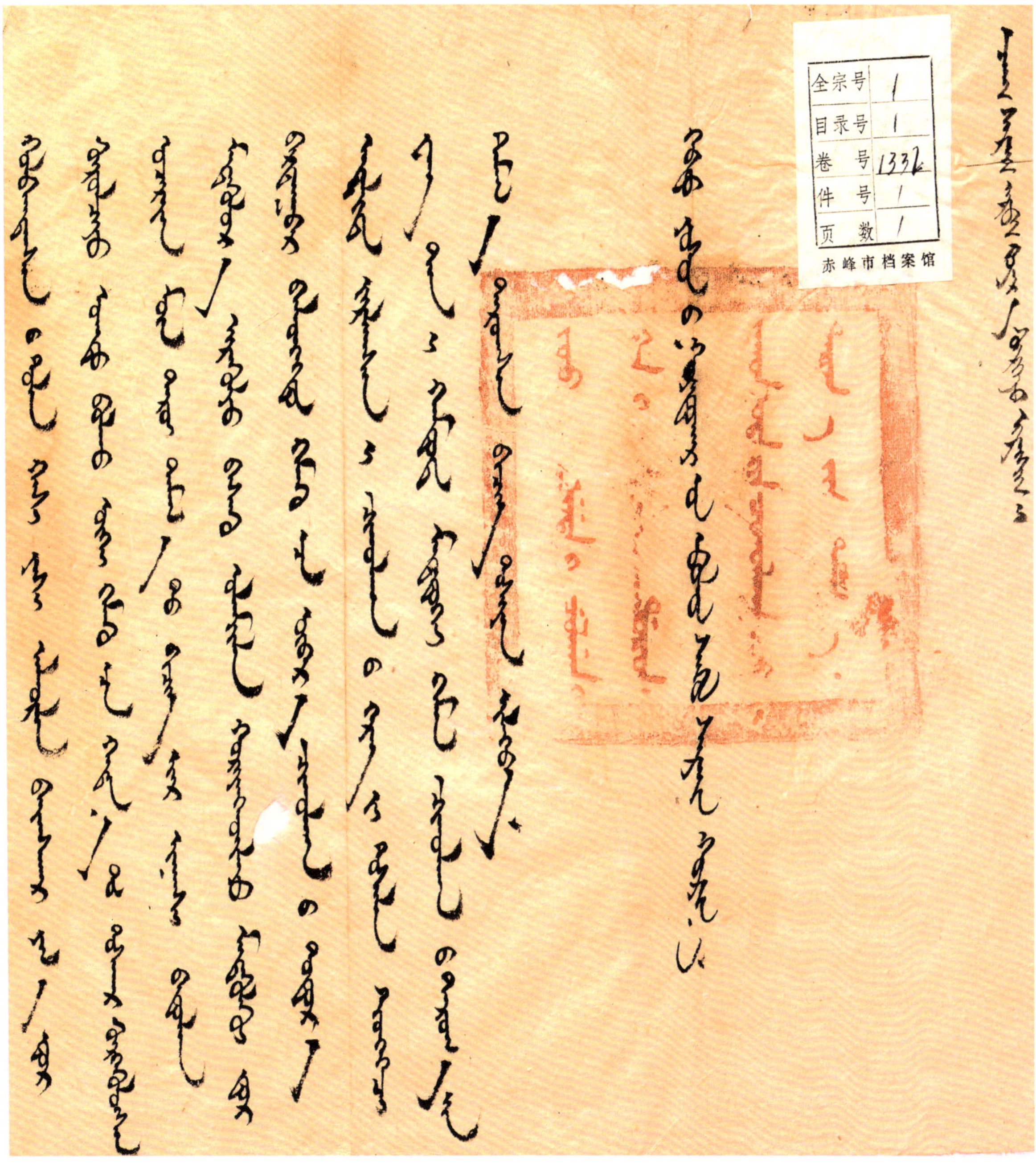

盟长阿鲁科尔沁札萨克贝勒为选派护京蒙古军进行训练事札盟摄政协理原盟警备军札萨克郡王等文

盟长阿鲁科尔沁札萨克多罗郡王衔加八级军功加四级多罗贝勒文。札付盟摄政协理原盟警备军札萨克暨翁牛特札萨克和硕亲王衔加六级军功加六级多罗杜棱郡王赞巴勒诺尔布，协理二等台吉加二级军功加三级哈青阿、协理二等台吉朝格图格日乐：督促之事。

近日，承接大部札开：钦命集训护京卫兵一事，护军统领处咨开，由蒙古骑兵代替骑兵三团集训，内属蒙古诸旗按配额精选兵丁，今年统一送至京城集训之事，报至大部等记录在案。经查，吾军组织集训过于仓促，宣统三年正月务必建团训练，并于年底前务必抵京参训，不得有误。接文，即刻转送蒙古各旗按时派兵至京城集训，不得延缓。等语。经本部查，钦命护京集训统领札开，蒙古骑兵代替骑兵团参训，内属四十九旗均事先选拔，还有选兵规则及数额，登记造册报理藩院，并通告蒙古各盟旗按指定人数选送，于今年末冬前送至京城参训。兹有，本部拟文选兵规则及数额，札付至哲里木等六盟及科尔沁土谢图亲王四十九旗。文到，速照文即刻选拔符合条件之蒙古兵，于今年末冬前送至京城。此事预先报至本大部，以备转送。此事涉及京城之护卫，不得违抗、拖延。此等事宜已记录在案。兹有，京城护军统领处提前报送本大部极为正确。本衙署下文内属蒙古盟会各旗，遵照之前行文，从速挑选符合条件之蒙古军，于今年末冬前送至京城，以备编队训练。宣统三年正月即刻编队训练，不得延误逾期。重要任务，须专门准确传达。等因前来本盟署。为此，本署抄录原文转送之。接到行文，诸札萨克、协理遵照行文，即刻如数挑选蒙古军，并在指定日期内送至大部处以备转送京城。此事涉及保护内城军事要事，如有怠慢追查治罪。驻札萨克将选送兵卒之事修成保呈钤官印呈送本盟署，以备统一汇总呈送。此事也通告盟摄政协理王爷处。

至此，致钤盟长印之文。

宣统二年末冬二十日

102 翁牛特札萨克贝勒协理为护送日本人事呈摄政札萨克亲王协理文（宣统三年初春二十六日）

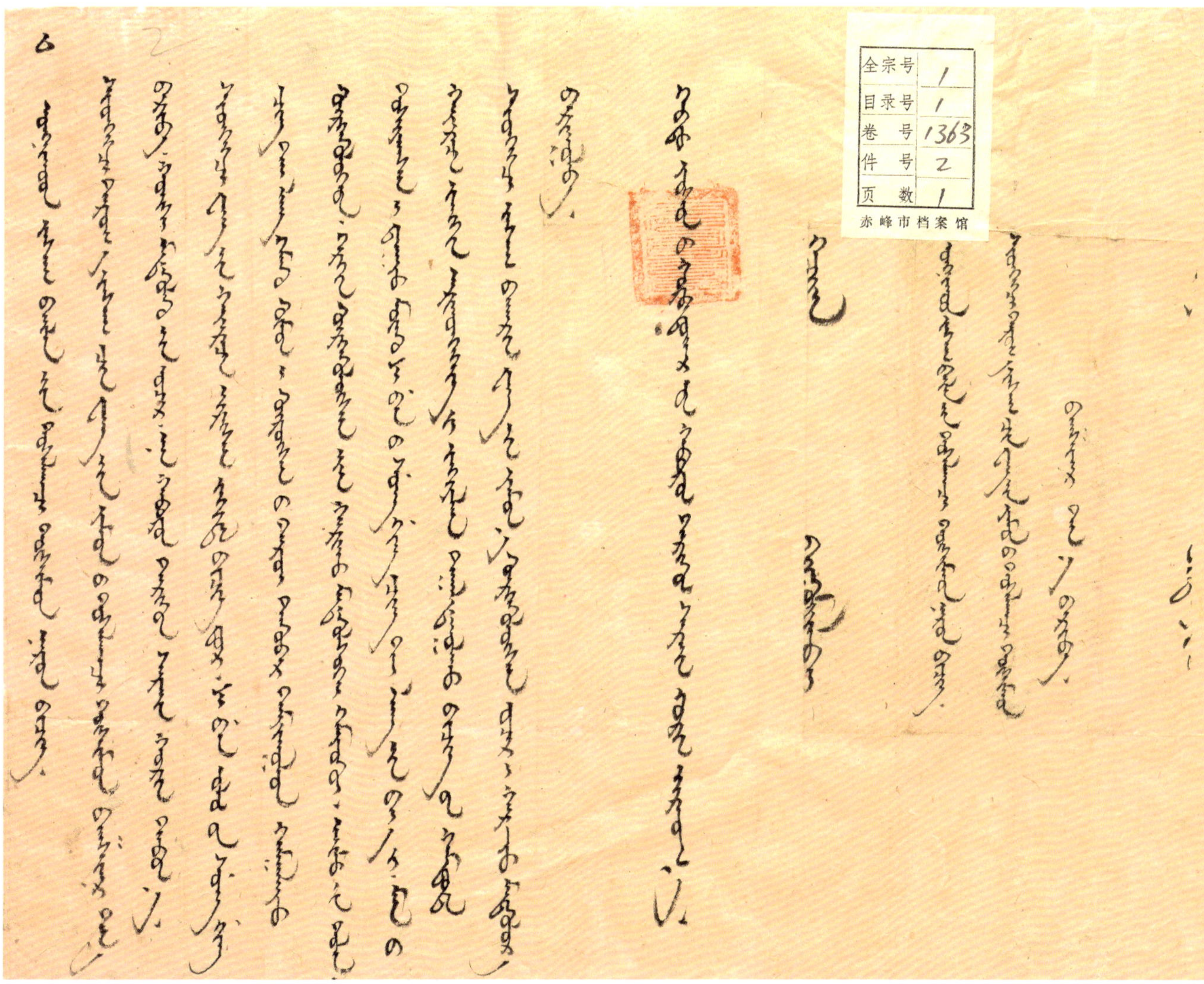

翁牛特札萨克贝勒协理为护送日本人事呈摄政札萨克亲王协理文

翁牛特札萨克贝勒协理文。呈摄政札萨克亲王衙门协理：呈报之事。

本年初春二十五日承接之摄政王爷札开，日本国松井青太郎到达之后，负责护送，并汇报如何护送之事，等因前来。为此，本处奉命指派章京阿荣贺喜格与钤印官文一同护送日本国松井青太郎至巴林王府。

至此。

宣统三年初春二十六日

103 壮丁乌力吉巴图为财产被抢事呈摄政将军文（宣统三年二月二十五日）

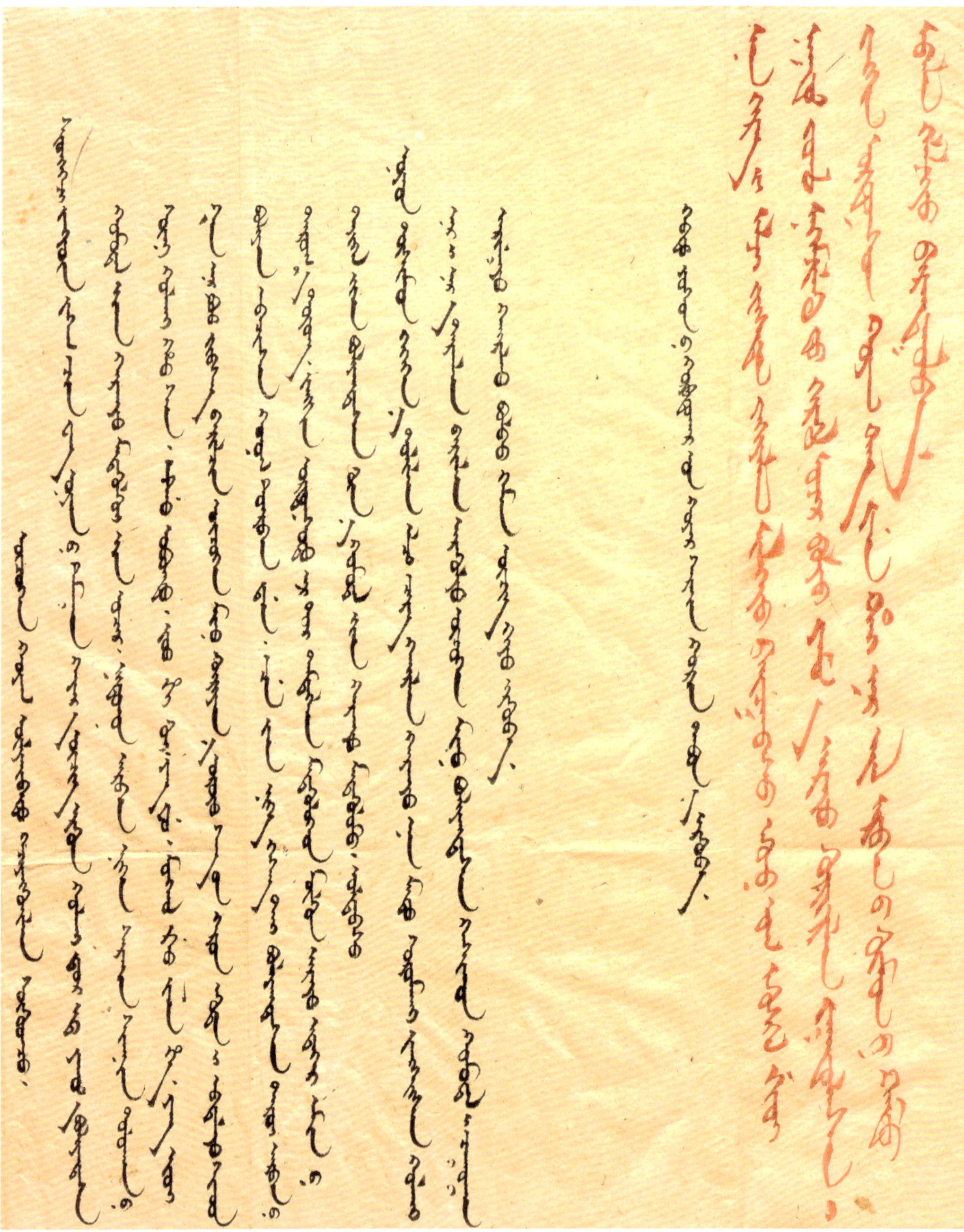

壮丁乌力吉巴图为财产被抢事呈摄政将军文

壮丁鄙人乌力吉巴图跪地呈送摄政将军札萨克亲王衙门：伸冤被盗贼抢走财产之事。

去年十一月初七日夜间，盗贼侯三、斗氏、赵吉贵、杨福、蒙古寇占河、杨玉山等手持火枪冲入小人院落，破入仓库之门，抢走小米四石、马车一辆。案发之际向牌头淘钟、章京乌日图那苏图报案。兹有，跪地申诉被抢活命财务之怨恨，乞求王爷指派卫兵捉拿惯犯，还吾养命钱财为盼。

至此，呈送之。

宣统三年二月二十五日

104 盟摄政协理原盟警备军札萨克郡王为民人偷种耕地事札敖汉札萨克郡王等文（宣统三年仲春二十五日）

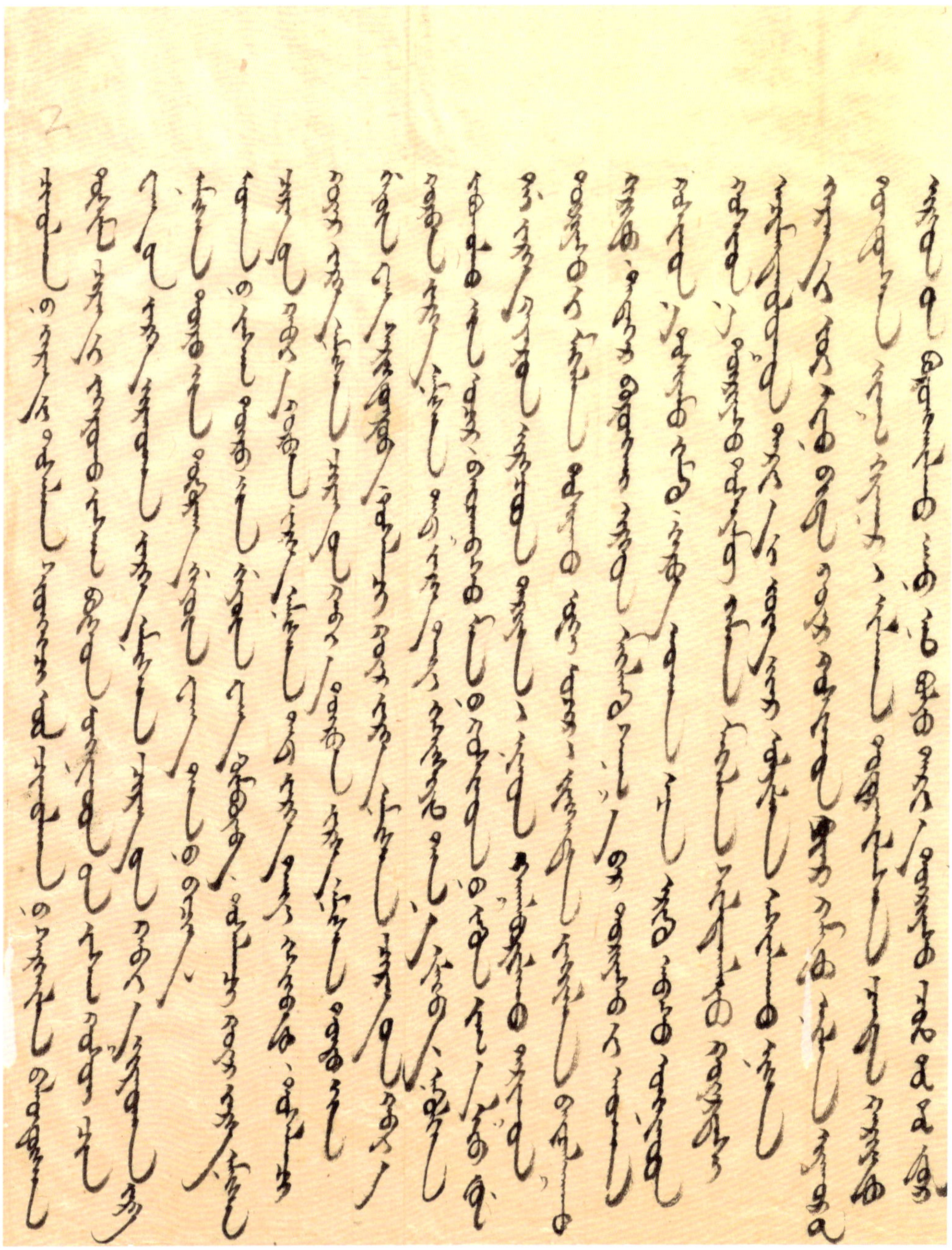

盟摄政协理原盟警备军札萨克郡王为民人偷种耕地事札敖汉札萨克郡王等文（宣统三年仲春二十五日）

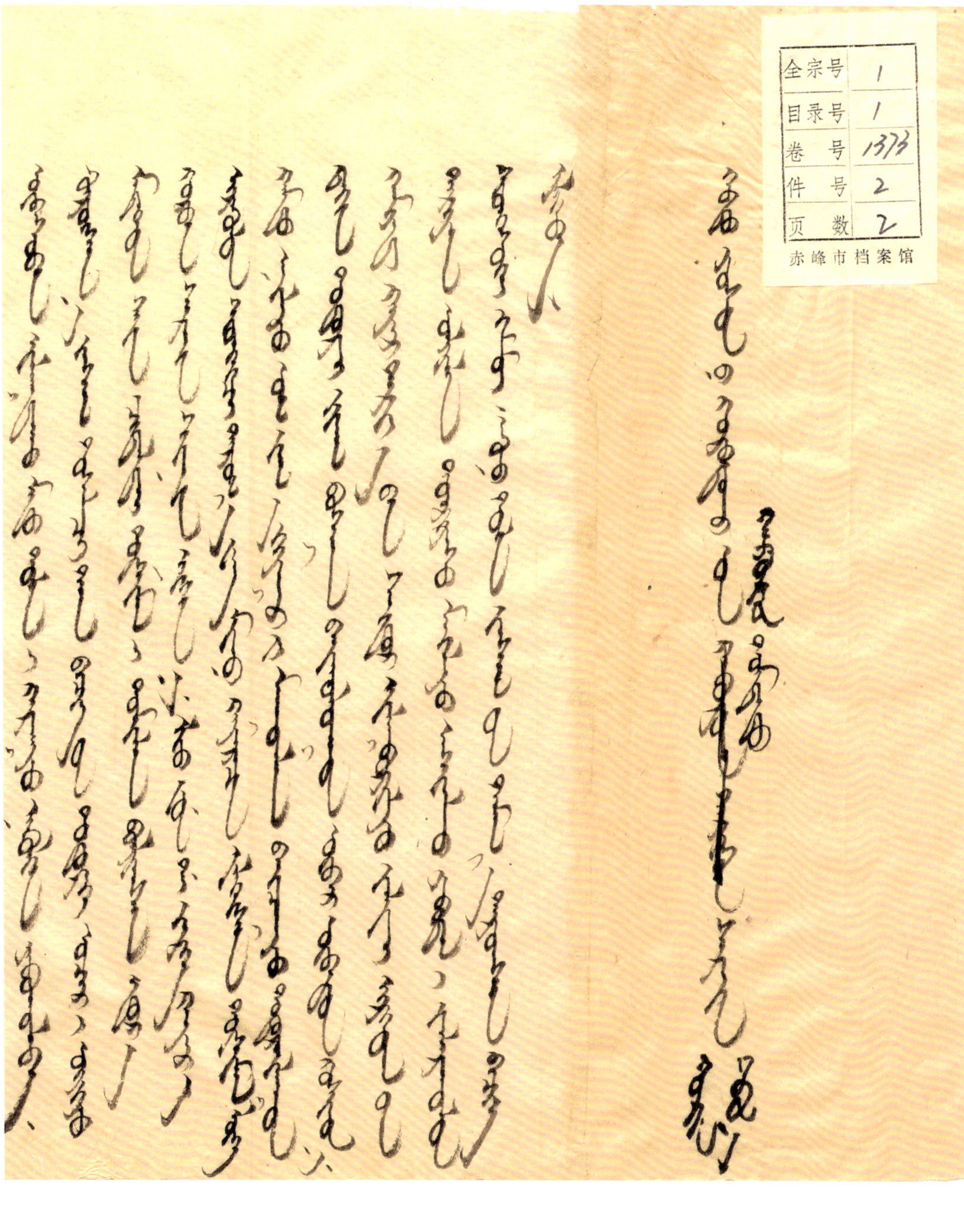

盟摄政协理原盟警备军札萨克郡王为民人偷种耕地事札敖汉札萨克郡王等文

盟摄政协理原盟警备军札萨克暨翁牛特札萨克和硕亲王衔加六级军功加六级多罗杜棱郡王文。札付敖汉札萨克多罗郡王关布扎布，协理加二级军功加三级二等台吉贺希格巴图、协理加二级军功加四级多罗郡王斯楞东日布、协理加二级军功加三级二等台吉贺喜格席吉木：承转之事。

经查，本旗东侧边界六分地等地农户暗地开垦，拒缴田赋。指派官差查问时，此等顽固民人骗说租金交至敖汉也。如敖汉官差查问，又曰交至翁牛特旗也。如此两头说谎，占用耕地免费种也。理应两旗联合检查明确原先界线，震慑顽固民人要贱行为，以分清各自收税之事。为此转发之。文到，诸札萨克、协理审阅文内，指派干练官差于三月初一日约定时间至六分地等地与本摄政王爷派遣之官差一同明确原先边界，重新立地标，管好各自属地，避免贱民乘机占地作假。

至此，致钤札萨克印之文。

宣统三年仲春二十五日

105 盟长阿鲁科尔沁札萨克贝勒为蒙古实业公司事札盟摄政协理原盟警备军札萨克郡王等文（宣统三年仲春二十九日）

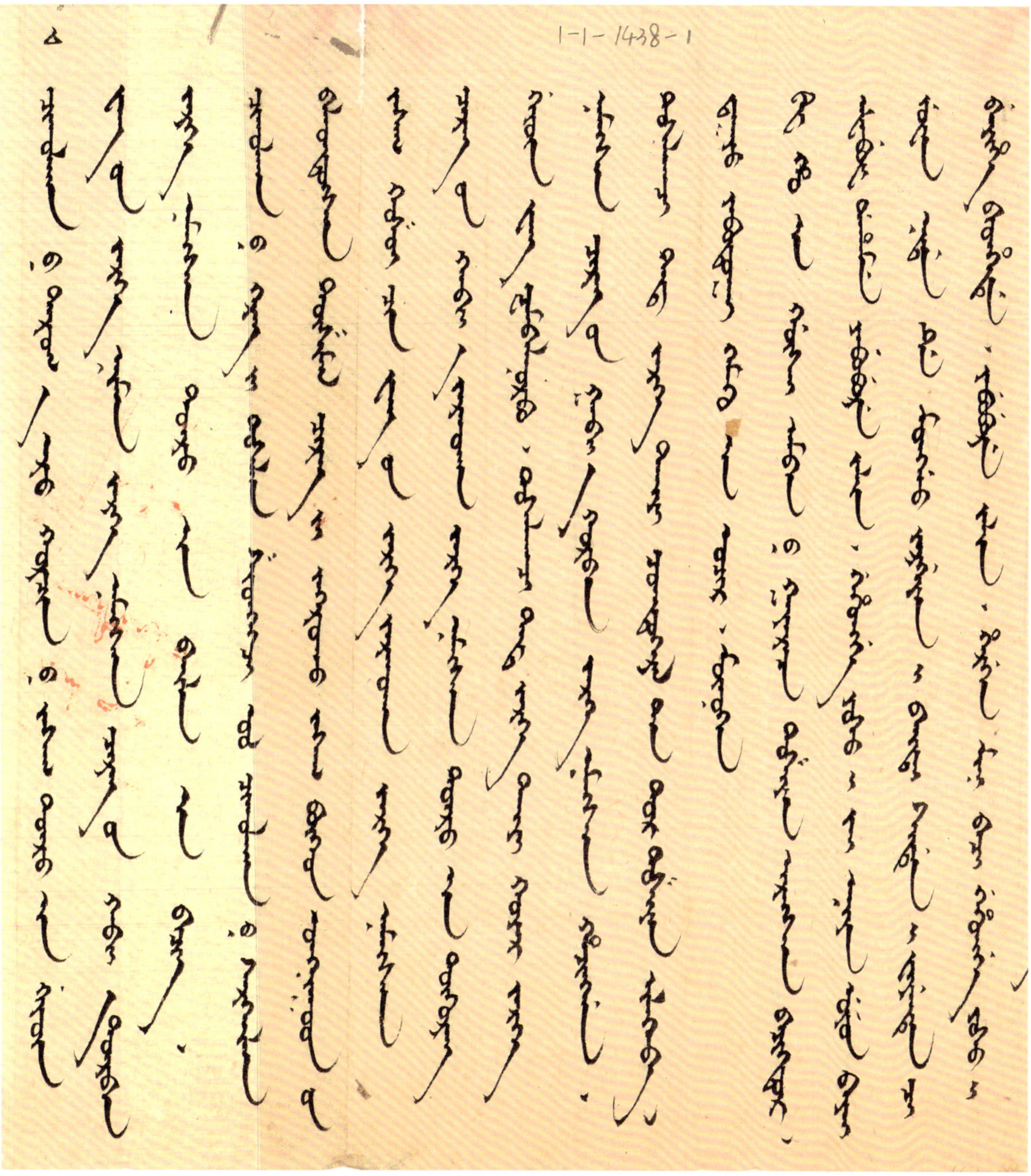

盟长阿鲁科尔沁札萨克贝勒为蒙古实业公司事札盟摄政协理原盟警备军札萨克郡王等文（宣统三年仲春二十九日）

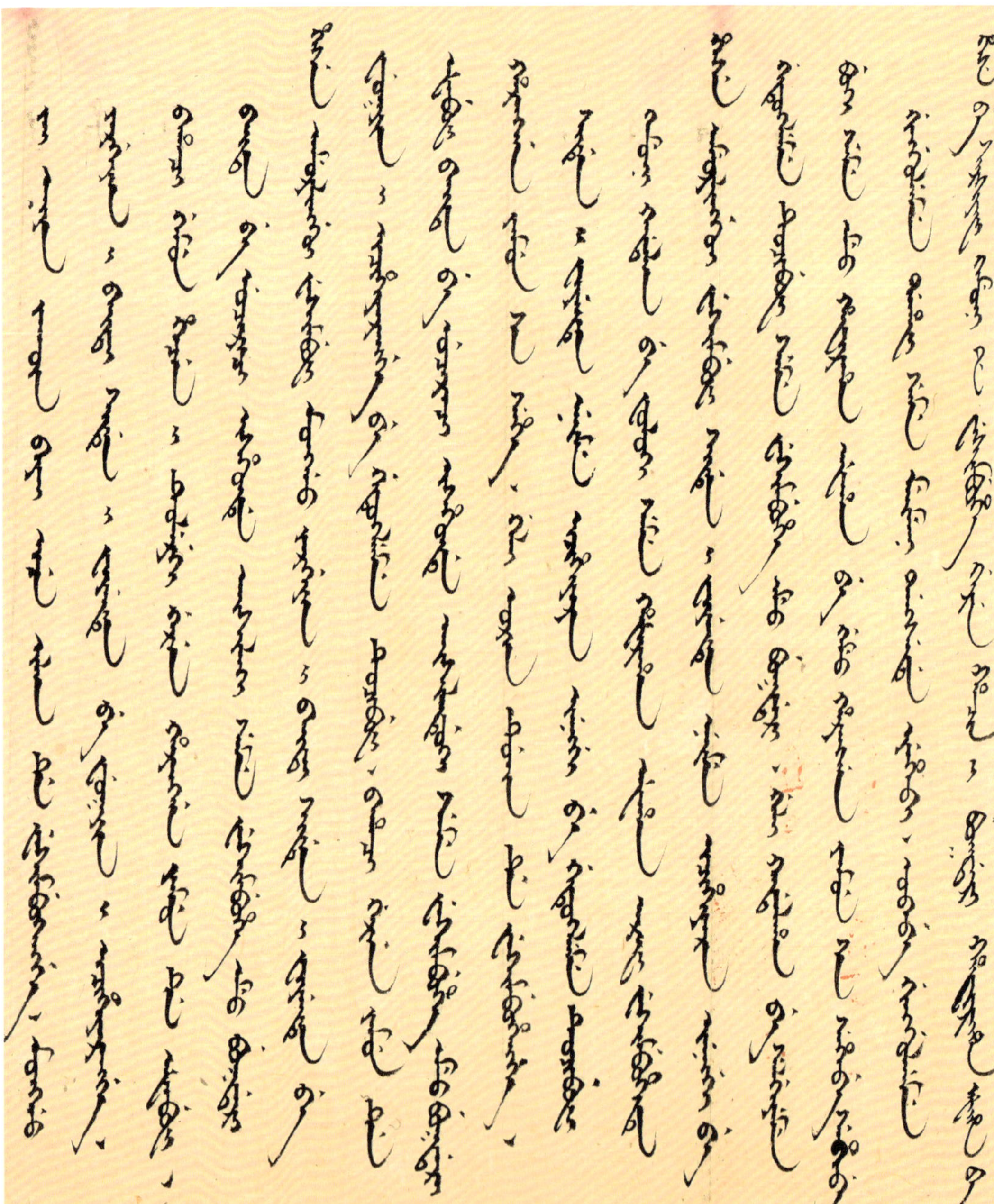

105 盟长阿鲁科尔沁札萨克贝勒为蒙古实业公司事札盟摄政协理原盟警备军札萨克郡王等文（宣统三年仲春二十九日）

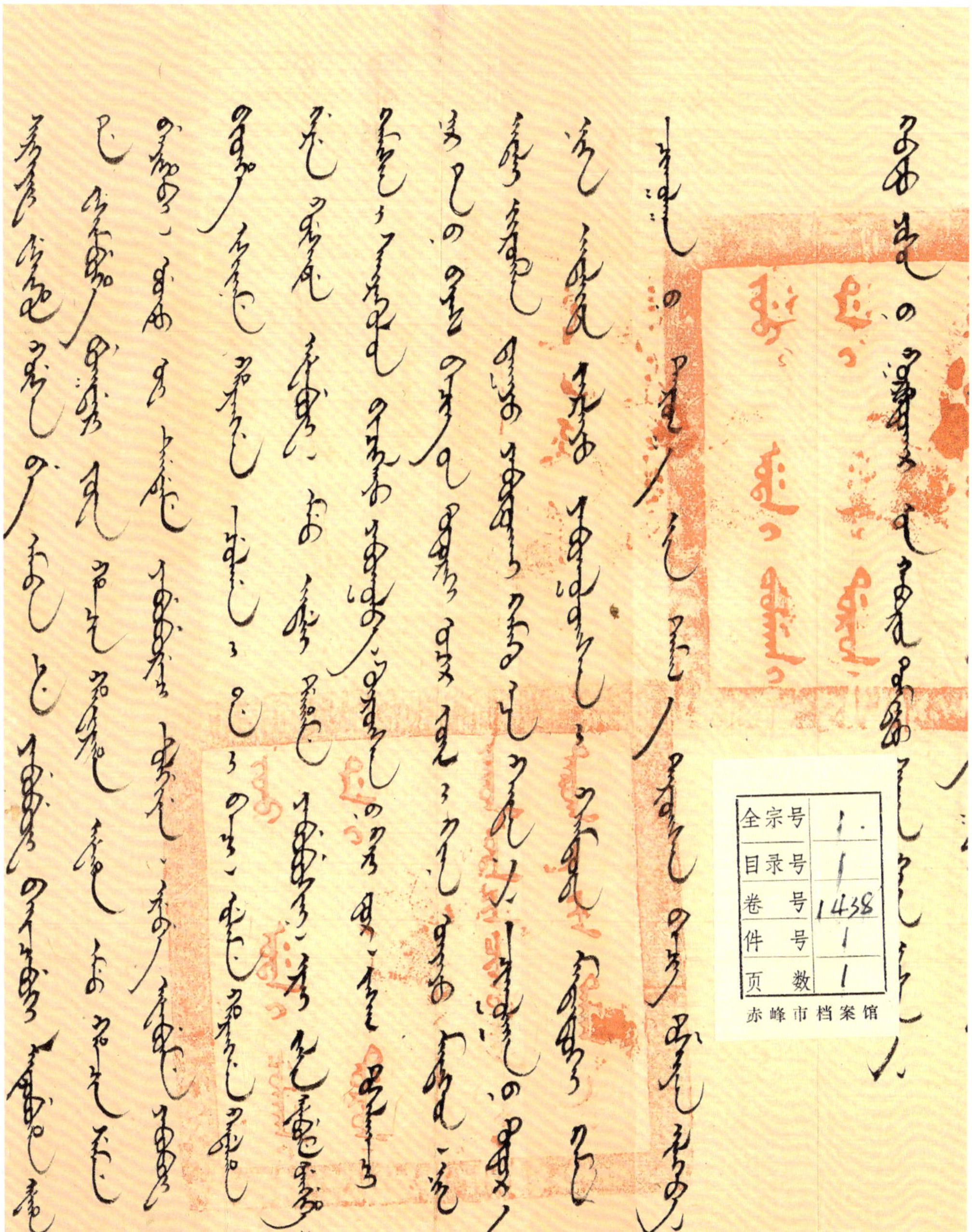

盟长阿鲁科尔沁札萨克贝勒为蒙古实业公司事札盟摄政协理原盟警备军札萨克郡王等文

盟长阿鲁科尔沁札萨克多罗郡王衔加八级军功加四级多罗贝勒文。札付盟摄政协理原盟警备军札萨克暨翁牛特札萨克和硕亲王衔加六级军功加六级多罗杜棱郡王赞巴勒诺尔布，协理二等台吉加二级军功加三级哈青阿、协理二等台吉朝格图格日乐：遵行之事。

近日，热河都统衙门札开：为交付遵行事。宣统二年九月十七日蒙古实业公司来文：为遵行事。本处于宣统二年八月初三日呈奏，创办蒙古实业公司，恳请交付京城外诸所属衙门，遇事互相帮助。等语。具奏一折。奉旨：阿穆尔灵圭上奏，禀明创办蒙古实业公司，恳请交付诸衙门，遇事互相帮助。等语。具奏一折，该衙门知道。钦此。又二十四日所奏，禀明公司开办日期。恳请雕刻关防。等语。缮写夹片具奏。奉旨：阿穆尔灵圭上奏，禀明公司开办日期。等语。具奏一折，又一夹片恳请颁发关防。将此皆该衙门知道，钦此钦遵，记录在案。将此恭谨抄写谕旨，仍将各项折子、夹片抄写，咨行贵都统查核。粘单、原奏折二项，夹片一项送来。故分别遵行外，将此交付行文，文至该盟长处转交该管诸旗一体遵行。为此札付。等因前来本盟署。故抄录原文札付之。文到，诸札萨克、协理阅知文内遵行之。

至此，致钤盟长印之文。

宣统三年仲春二十九日

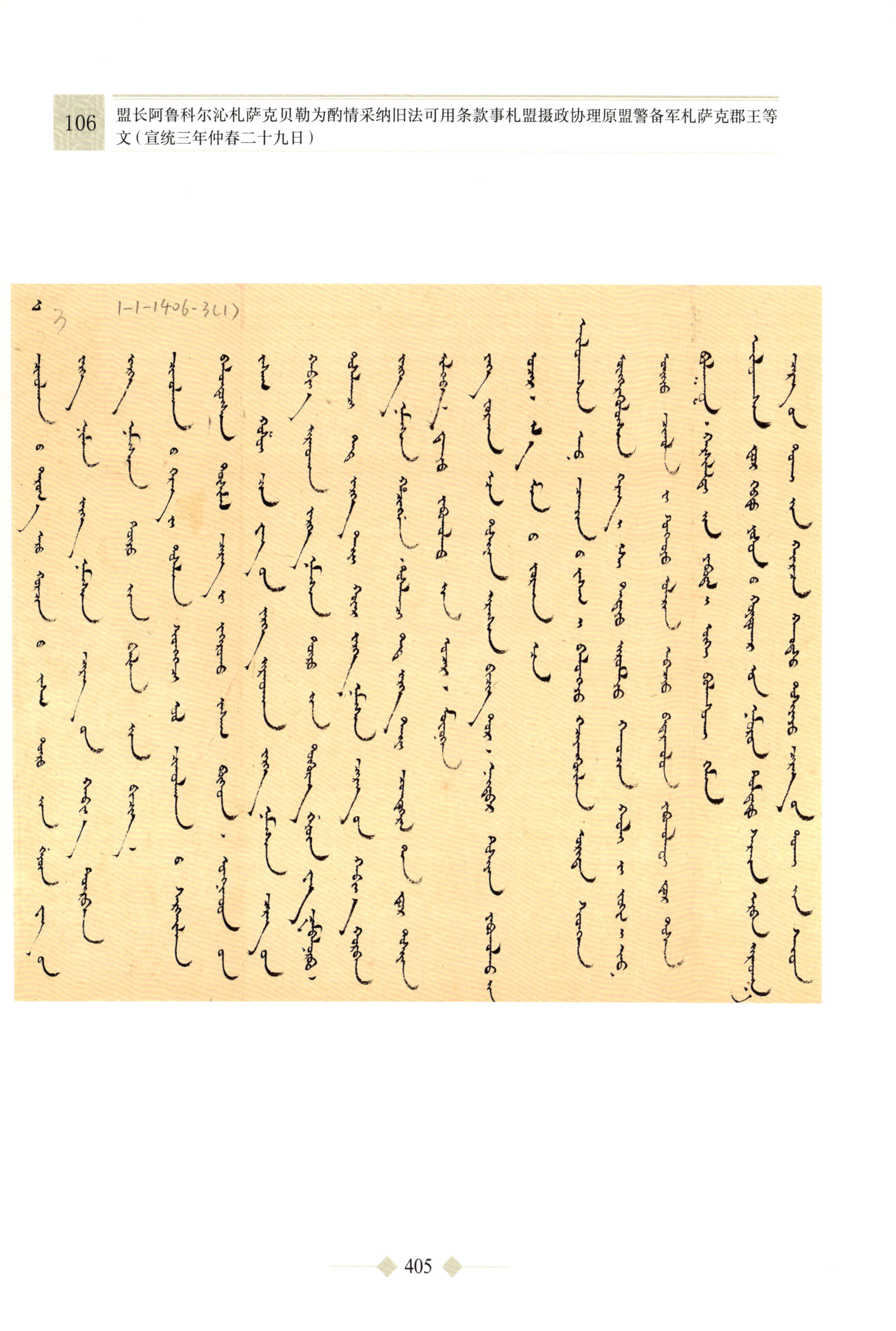

106 盟长阿鲁科尔沁札萨克贝勒为酌情采纳旧法可用条款事札盟摄政协理原盟警备军札萨克郡王等文（宣统三年仲春二十九日）

1-1-1406-3(1)

106 盟长阿鲁科尔沁札萨克贝勒为酌情采纳旧法可用条款事札盟摄政协理原盟警备军札萨克郡王等文（宣统三年仲春二十九日）

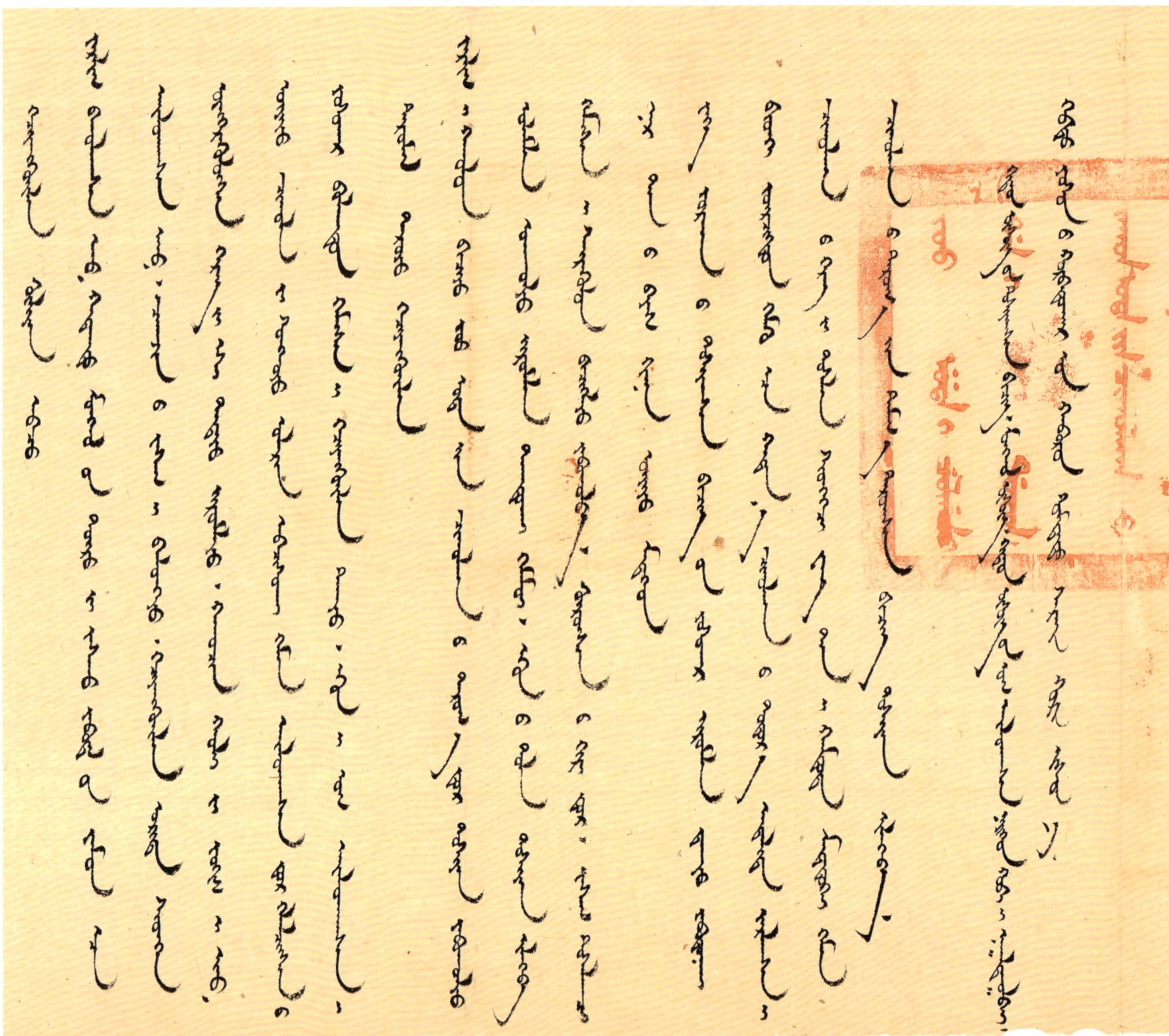

盟长阿鲁科尔沁札萨克贝勒为酌情采纳旧法可用条款事札盟摄政协理原盟警备军札萨克郡王等文

盟长阿鲁科尔沁札萨克多罗郡王衔加八级军功加四级多罗贝勒文。札付盟摄政协理原盟警备军札萨克暨翁牛特札萨克和硕亲王衔加六级军功加六级多罗杜棱郡王赞巴勒诺尔布，协理二等台吉加二级军功加三级哈青阿、协理二等台吉朝格图格日乐：行札之事。

近日，大部札开：本部上奏，刑法应遵从之前审案范例，旧法规酌情选择合理部分，有利于继续演用，有碍之处则摈弃。于宣统二年仲秋十六日下诏军机处。军机大臣札饬理藩院曰，刑法应遵从之前审案范例，旧法规酌情选用合理部分。如今，本部抄录诏书转发至昭乌达盟长。等因前来本盟署。为此，本盟署转发至诸札萨克、协理。文到，遵大部指令照办。此事仍通告盟摄政协理王爷处。

至此，致钤盟长大印之文。

宣统三年仲春二十九日

107 署理京城喇嘛班弟总管札萨克印务之大喇嘛为追缴驻善因寺、汇宗寺和尚费用事咨盟摄政协理原盟警备军札萨克郡王等文（宣统三年三月初六日）

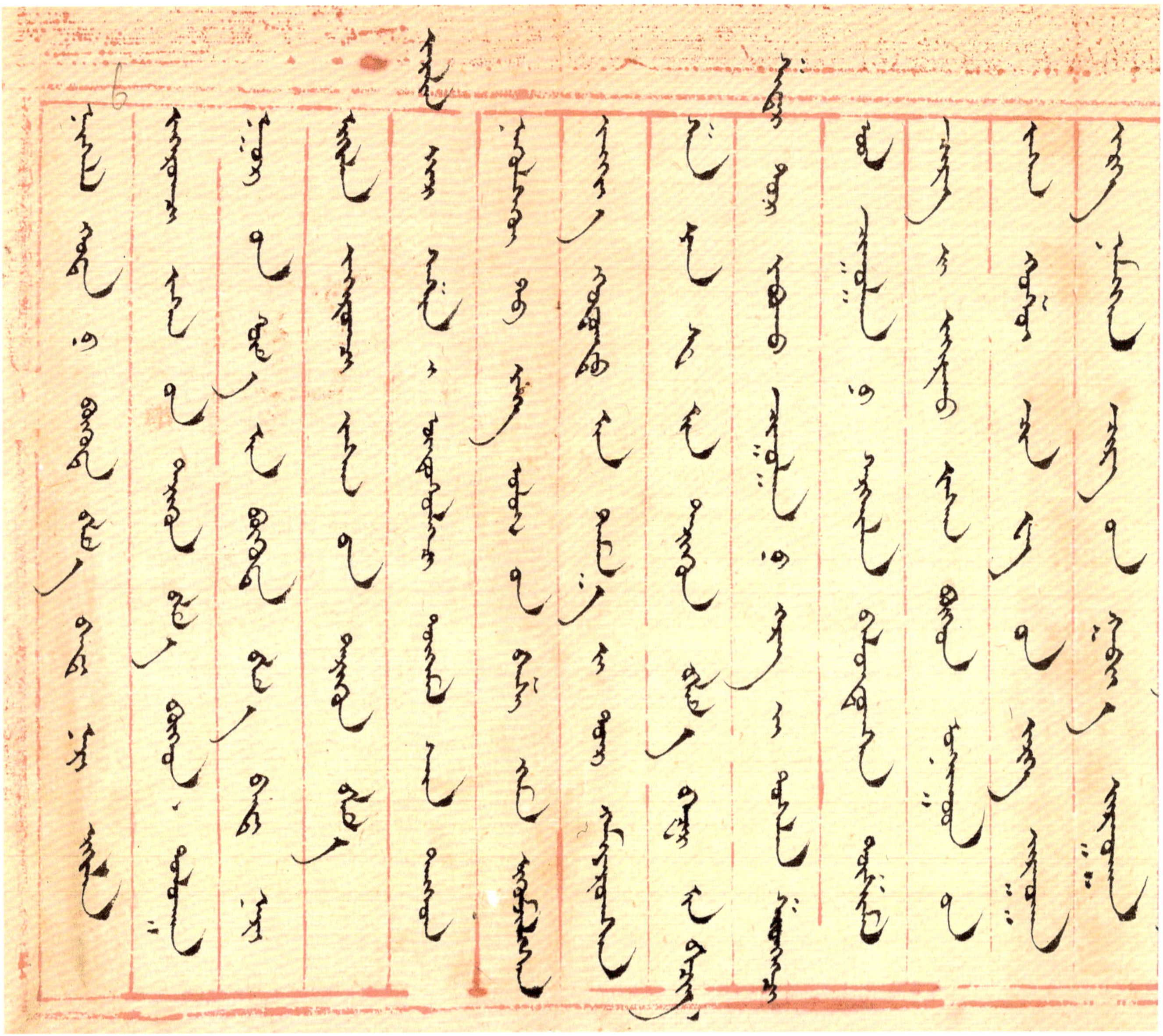

107 署理京城喇嘛班弟总管札萨克印务之大喇嘛为追缴驻善因寺、汇宗寺和尚费用事咨盟摄政协理原盟警备军札萨克郡王等文（宣统三年三月初六日）

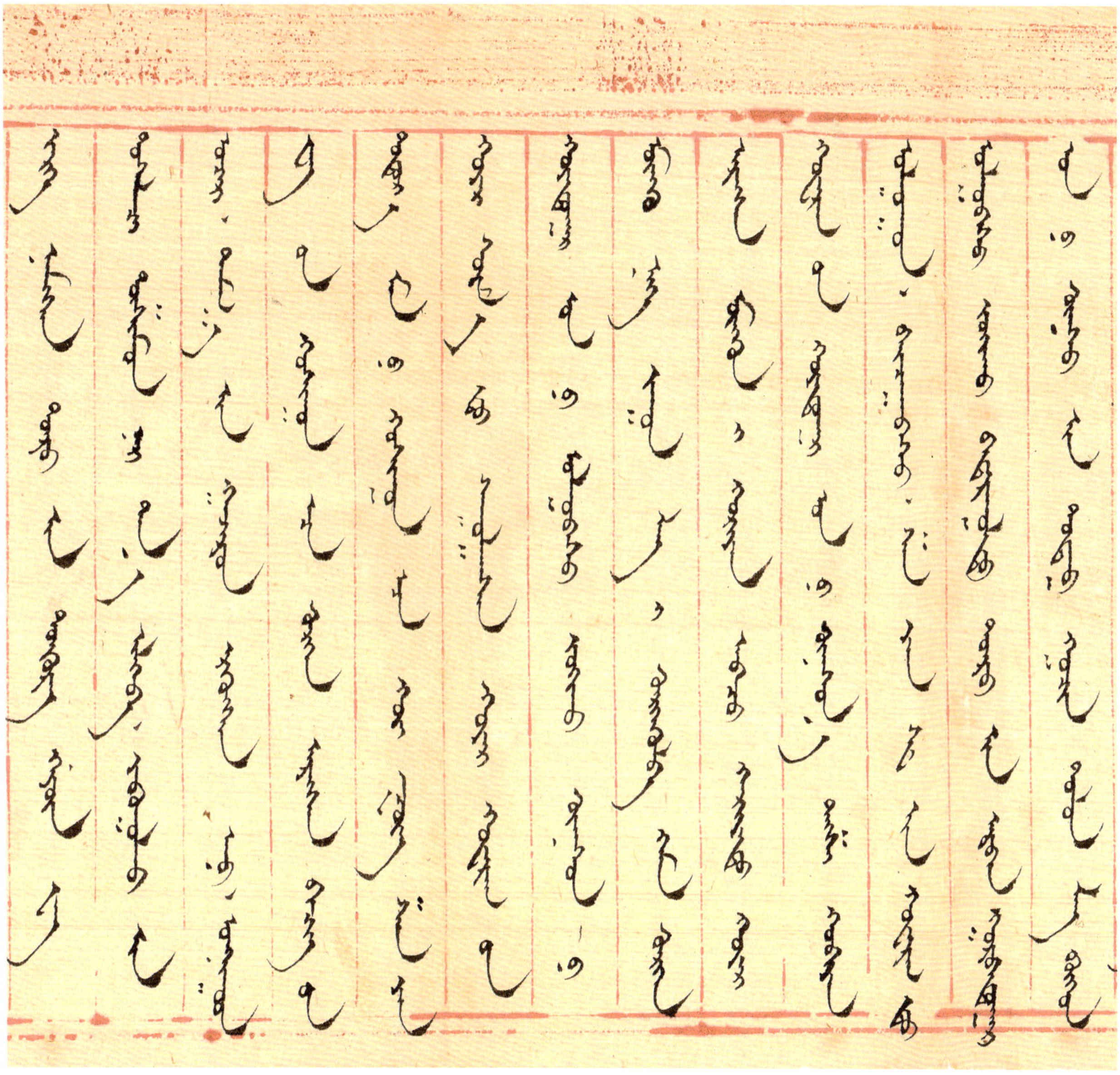

107 署理京城喇嘛班弟总管札萨克印务之大喇嘛为追缴驻善因寺、汇宗寺和尚费用事咨盟摄政协理原盟警备军札萨克郡王等文（宣统三年三月初六日）

107 署理京城喇嘛班弟总管札萨克印务之大喇嘛为追缴驻善因寺、汇宗寺和尚费用事咨盟摄政协理原盟警备军札萨克郡王等文（宣统三年三月初六日）

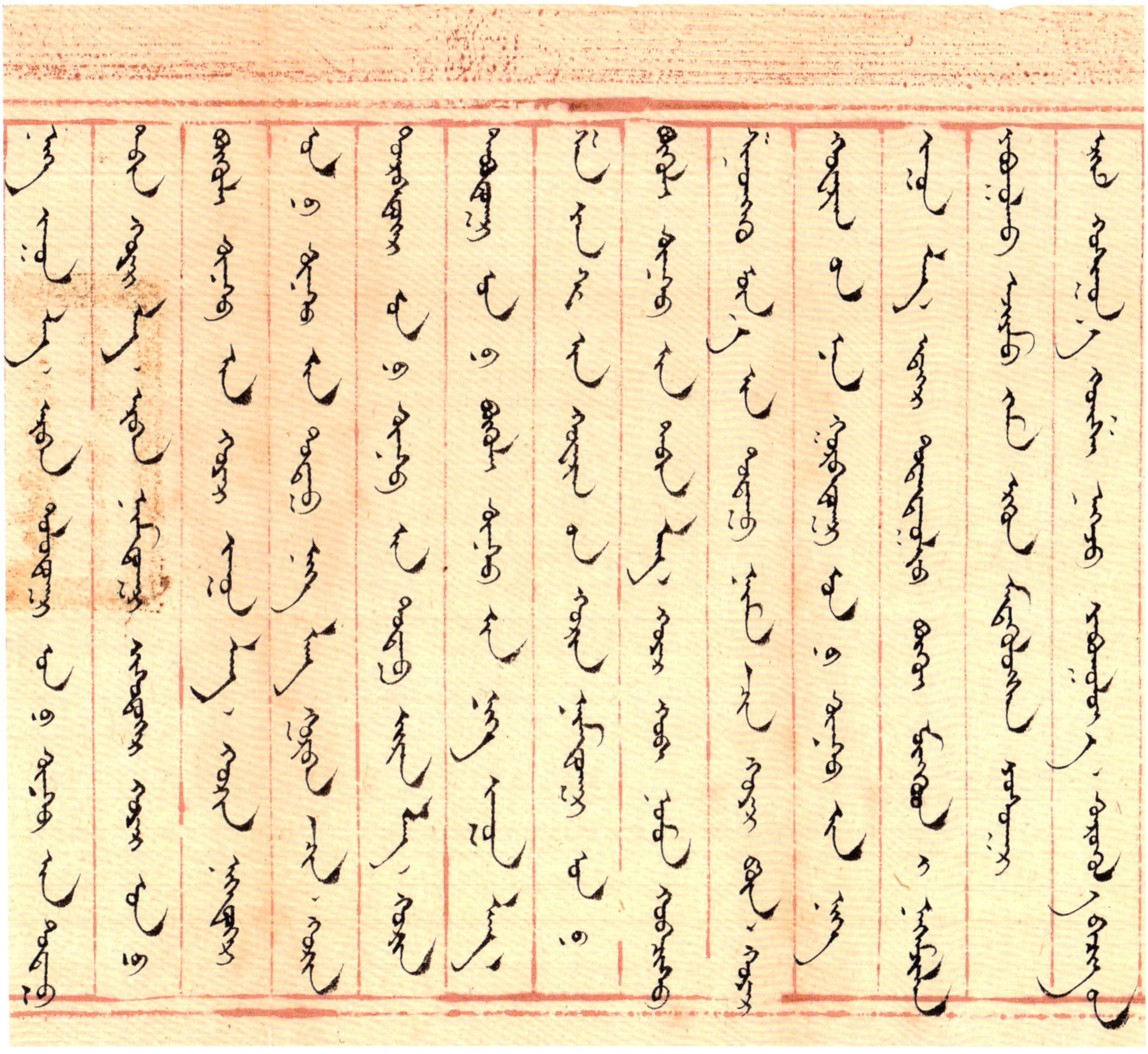

107 署理京城喇嘛班弟总管札萨克印务之大喇嘛为追缴驻善因寺、汇宗寺和尚费用事咨盟摄政协理原盟警备军札萨克郡王等文（宣统三年三月初六日）

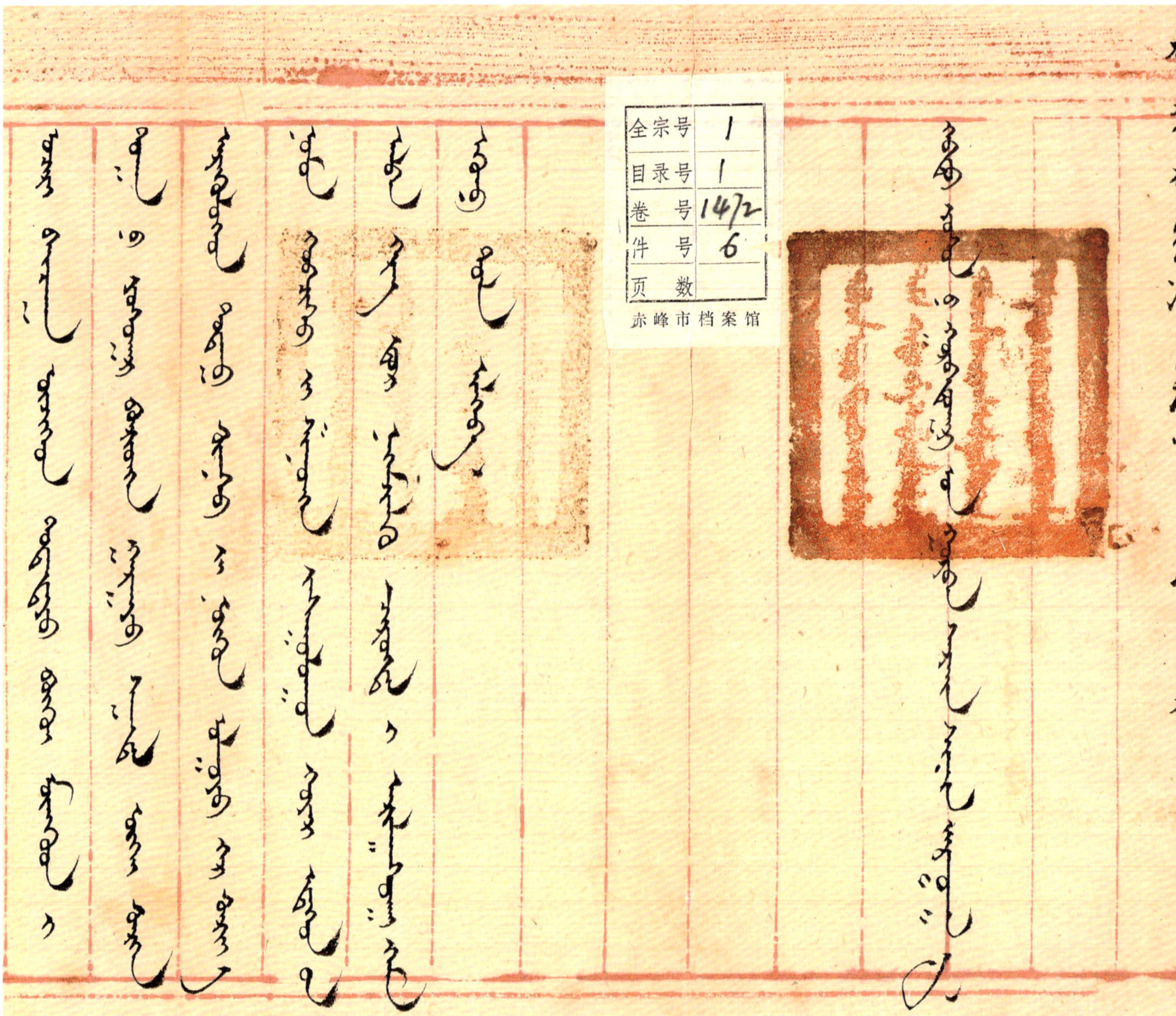

署理京城喇嘛班弟总管札萨克印务之大喇嘛为追缴驻善因寺、汇宗寺和尚费用事咨盟摄政协理原盟警备军札萨克郡王等文

署理京城全体喇嘛班弟之总管札萨克大喇嘛暨多伦庙全体喇嘛班弟总管札萨克大喇嘛册封樊宗普嘉仁慈国师名号章嘉呼图克图印务之善因寺大喇嘛巴斯尔文。咨御前行走盟摄政协理原盟警备军札萨克暨翁牛特札萨克和硕亲王衔加六级军功加六级多罗杜棱郡王及诸协理：行咨之事。

寺庙札萨克印务处呈称：翁牛特王旗配送驻汇宗寺、善因寺两名和尚之二年应送口粮费一百两银子，如数收之，作为两名和尚二年的口粮费平均发放。经查，现拖欠善因寺和尚光绪十三年之口粮费三十七两零五厘，该和尚修缮房屋费二百两；拖欠汇宗寺和尚十一年之口粮费四十八两，该和尚修缮房屋费一百六十三两七钱八分；已过几期之和尚换服费二十一两；拖欠两名和尚自同治十二年至光绪三年之口粮费合计二十一两七钱五分；拖欠八年口粮费六两四钱六分，十二年全年口粮费一百两，十七年口粮费五十二两，十八、十九年全年口粮费二百两，二十一年口粮费一两三钱，二十四年口粮费六十两，二十五年全年口粮费一百两；拖欠善因寺和尚二十八年全年口粮费五十两、两份换服费八钱二分、两名和尚此三年口粮费一百两。请求追缴上述拖欠款为盼，等因前来。

兹有，照呈文内容，转送贵旗照办。接文，筹备所欠款项即刻配送为盼。本寺也及时补发口粮费、修缮费、换服费，以此消除双方公务纠纷也。

宣统三年三月初六日

108 盟长阿鲁科尔沁札萨克贝勒为召集笔帖式抄录行文事札盟摄政协理原盟警备军札萨克郡王等文（宣统三年末春十六日）

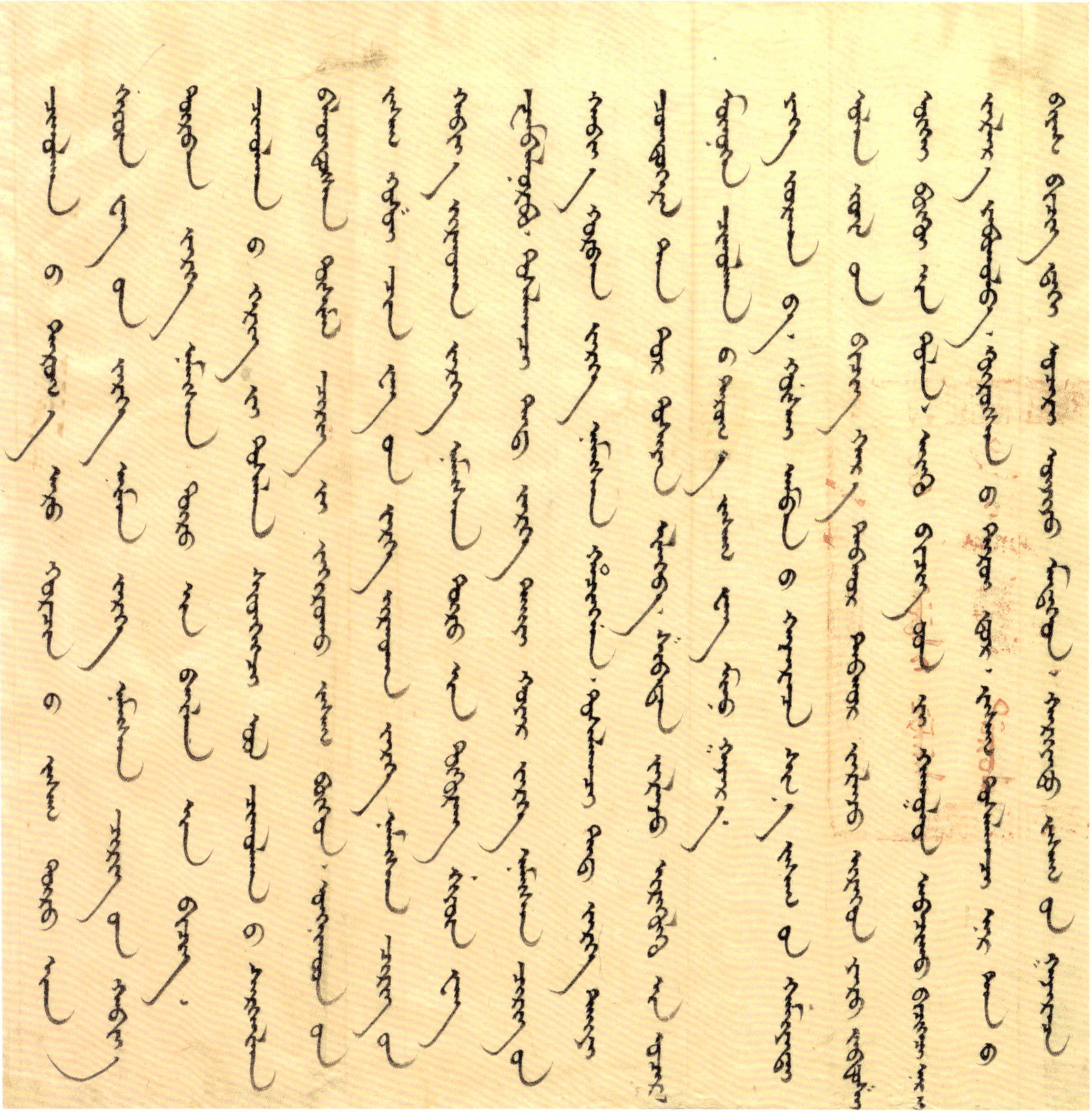

盟长阿鲁科尔沁札萨克贝勒为召集笔帖式抄录行文事札盟摄政协理原盟警备军札萨克郡王等文（宣统三年末春十六日）

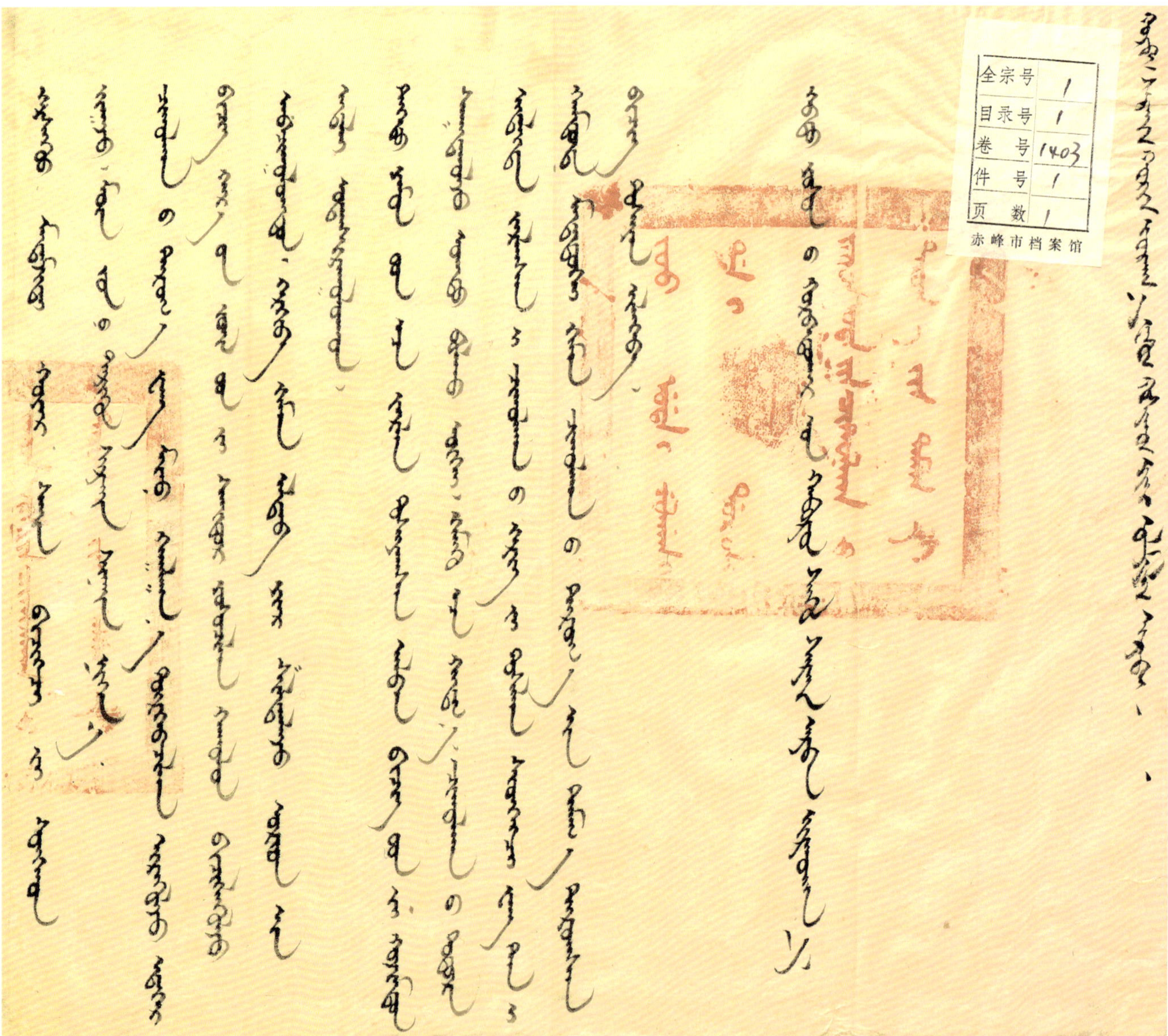

盟长阿鲁科尔沁札萨克贝勒为召集笔帖式抄录行文事札盟摄政协理原盟警备军札萨克郡王等文

盟长阿鲁科尔沁札萨克多罗郡王衔加八级军功加四级多罗贝勒文。札付盟摄政协理原盟警备军札萨克暨翁牛特札萨克和硕亲王衔加六级军功加六级多罗杜棱郡王赞巴勒诺尔布，协理二等台吉加二级军功加三级哈青阿、协理二等台吉朝格图格日乐：速派来之事。

近日，本盟长札萨克王府承接大部及旗都统衙门发来有关新政众多文书，应接不暇。为此，派遣抄录文书之笔帖式。接文，诸札萨克、协理挑选两名有经验之笔帖式，于本年初夏初一日派至本盟长王府，认真抄送各类文书。不得像从前以各种借口拖延，不得延误上级衙门文书。此事也通告盟摄政协理王爷处。

至此，致钤盟长印之文。

宣统三年末春十六日

109 盟长阿鲁科尔沁札萨克贝勒为宪法应酌情采纳旧法可用条款事札盟摄政协理原盟警备军札萨克郡王等文（宣统三年末春三十日）

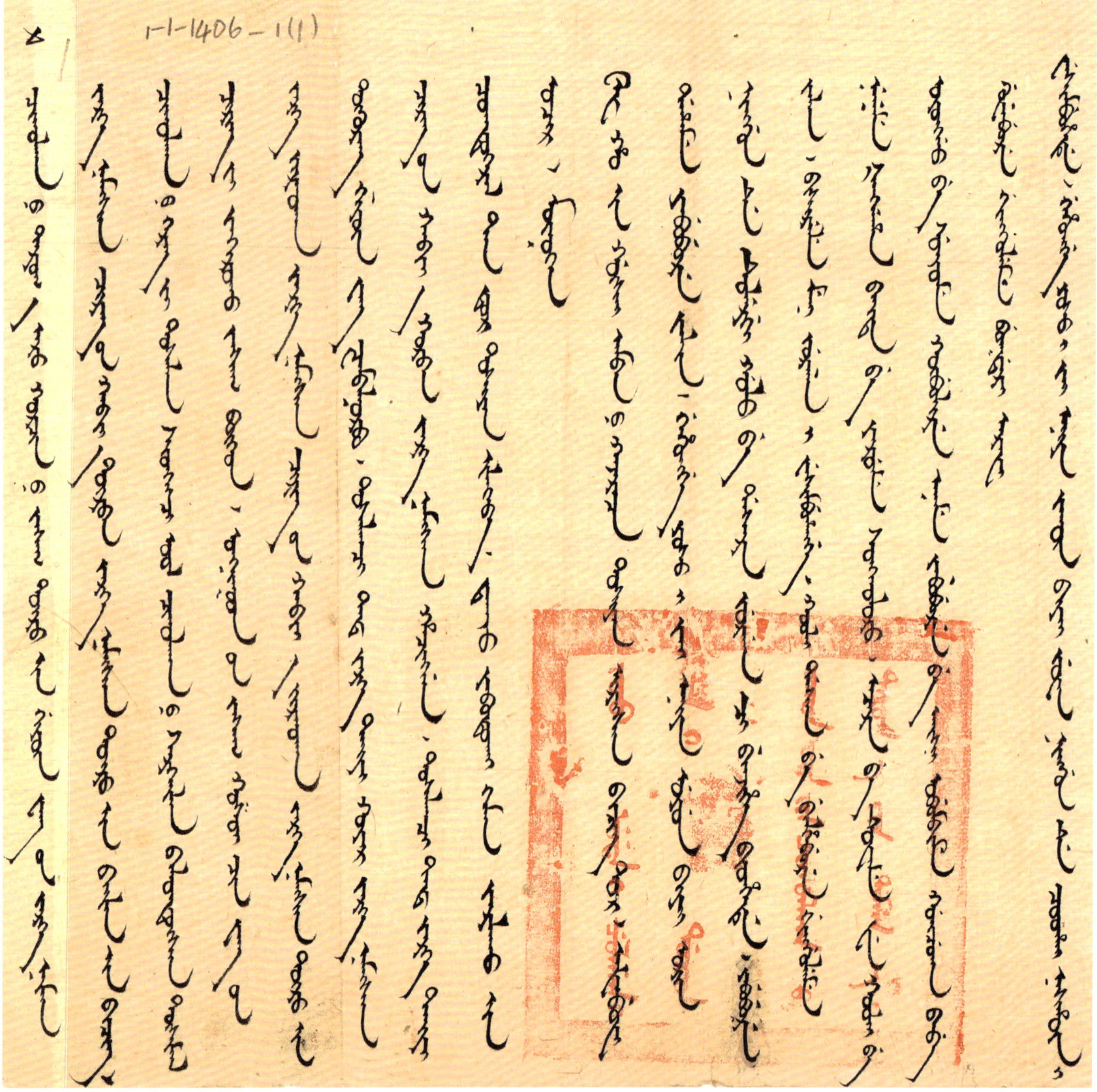

109 盟长阿鲁科尔沁札萨克贝勒为宪法应酌情采纳旧法可用条款事札盟摄政协理原盟警备军札萨克郡王等文（宣统三年末春三十日）

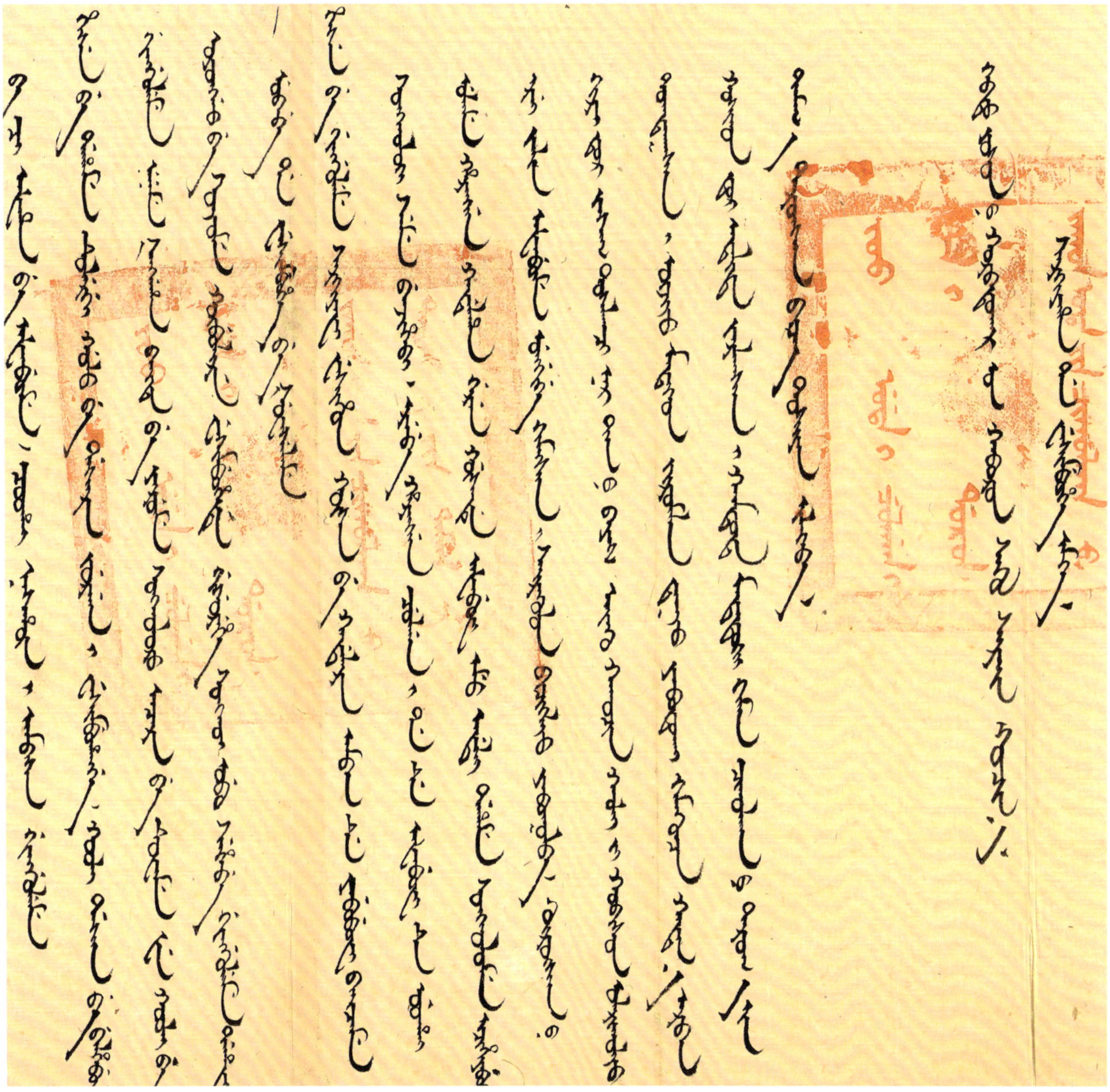

盟长阿鲁科尔沁札萨克贝勒为宪法应酌情采纳旧法可用条款事札盟摄政协理原盟警备军札萨克郡王等文

盟长阿鲁科尔沁札萨克多罗郡王衔加八级军功加四级多罗贝勒文。札付盟摄政协理原盟警备军札萨克暨翁牛特札萨克和硕亲王衔加六级军功加六级多罗杜棱郡王赞巴勒诺尔布，协理二等台吉加二级军功加三级哈青阿、协理二等台吉朝格图格日乐：遵行之事。

近日，热河都统衙门札开：为交付遵行事。宣统二年九月二十六日理藩院札开：为遵行事。本部所奏，筹备宪法要慎重依照先前成案，斟酌拣选旧例重要部分改革推行，趋利避害。恭谨缮折具奏。宣统二年八月十六日，军机处付片，军机大臣恭谨奉旨：理藩院所奏筹备宪法要慎重依照先前成案，斟酌拣选旧例重要部分改革，具奏。依议，钦此钦遵。恭谨抄录谕旨，行文贵都统查照。等语前来。将此交付该盟长，即刻转交该管诸旗一体遵照办理。为此札付。等因前来本盟署。故抄录原文札付之。文到，诸札萨克、协理阅知变革旧法之事并遵行之。

至此，致钤盟长印之文。

宣统三年末春三十日

110 盟长阿鲁科尔沁札萨克贝勒为惩罚私自运盐条款事札盟摄政协理原盟警备军札萨克郡王等文（宣统三年末春三十日）

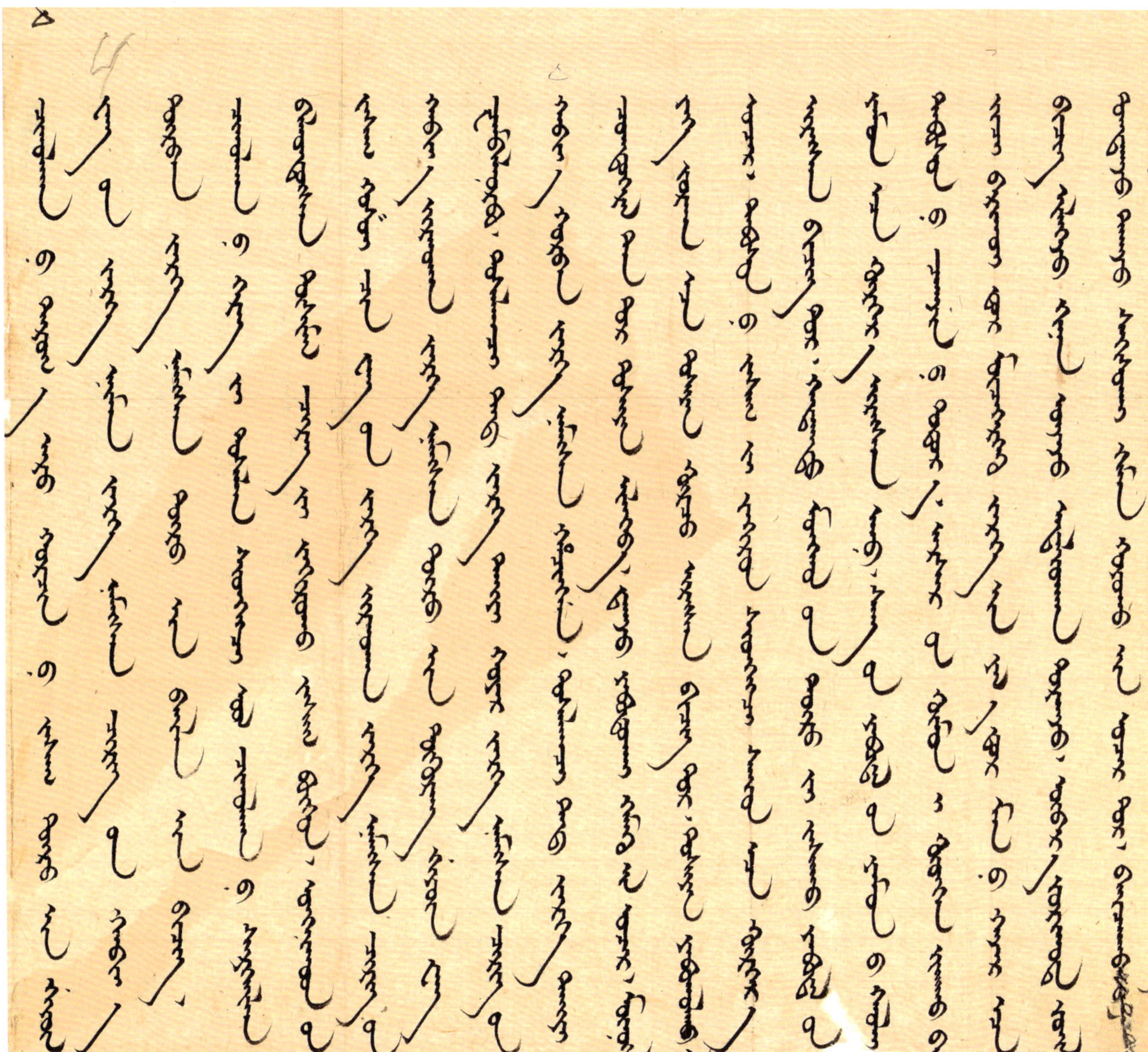

110 盟长阿鲁科尔沁札萨克贝勒为惩罚私自运盐条款事札盟摄政协理原盟警备军札萨克郡王等文（宣统三年末春三十日）

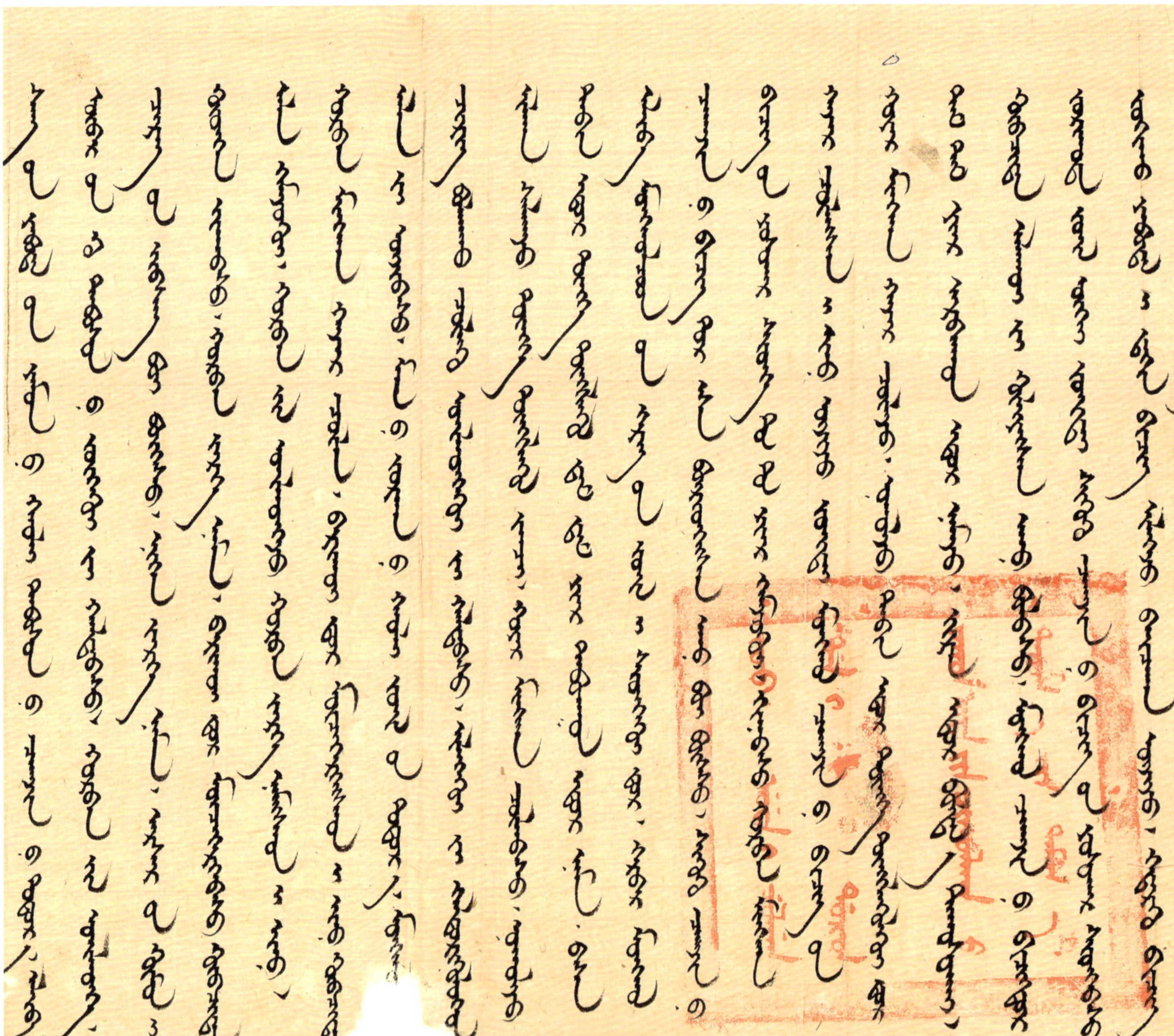

110 盟长阿鲁科尔沁札萨克贝勒为惩罚私自运盐条款事札盟摄政协理原盟警备军札萨克郡王等文
（宣统三年末春三十日）

110 盟长阿鲁科尔沁札萨克贝勒为惩罚私自运盐条款事札盟摄政协理原盟警备军札萨克郡王等文（宣统三年末春三十日）

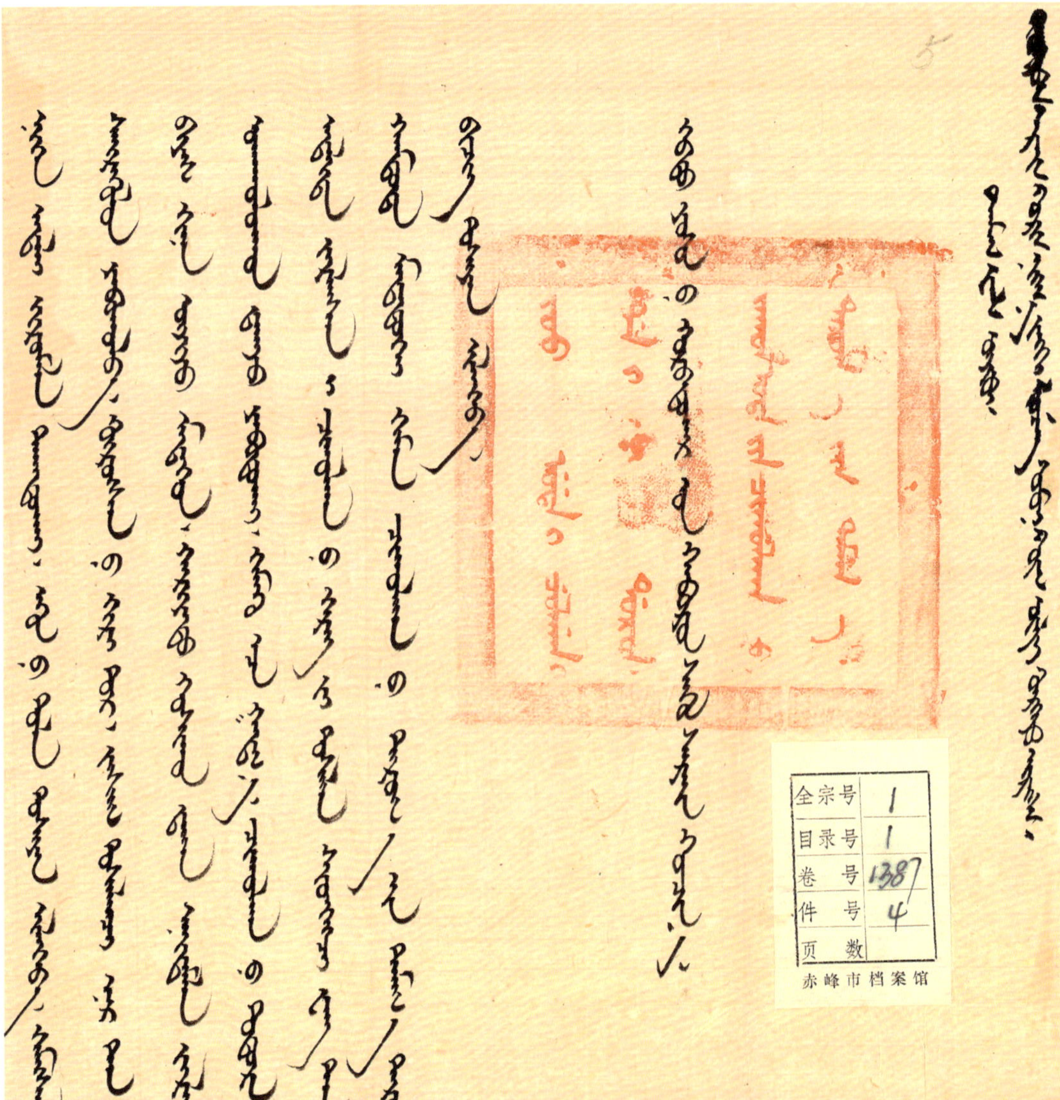

全宗号	1
目录号	1
卷　号	1387
件　号	4
页　数	

赤峰市档案馆

盟长阿鲁科尔沁札萨克贝勒为惩罚私自运盐条款事札盟摄政协理原盟警备军札萨克郡王等文

盟长阿鲁科尔沁札萨克多罗郡王衔加八级军功加四级多罗贝勒文。札付盟摄政协理原盟警备军札萨克暨翁牛特札萨克和硕亲王衔加六级军功加六级多罗杜棱郡王赞巴勒诺尔布，协理二等台吉加二级军功加三级哈青阿、协理二等台吉朝格图格日乐：遵行之事。

近日，大部札开：盐务札萨克摄政大臣呈称，理藩院送来之户部律法相关盐业禁律中，诬陷他人者或拒捕等罪，本处发函进行核对。制定其他条款时，应遵守之。经核实，户部有关法律盐业禁律中，一切触犯私自运盐者，处三年徒刑。若有军械加一级，诬陷他人加三级，拒捕者，绞死。三年徒刑，加三级者流放三千里，拒捕者，绞死。本大部律法里，蒙古人触犯充军、流放、徒刑之条款，则免于流放，以戴枷锁、杖打代替，流放两千里者折五十天戴枷锁，逐级加五天。还有凡处罚蒙古人事务时，蒙古律例中无涉及者，则按刑法条款分别处置。经查，流放三千里者，按蒙古律法流放两千里，折算为戴五十天枷锁，并逐级加十天，以六十天为封顶。被绞死者，按蒙古律法，与刑法无法对接，再度传书审查，回执后诏告执行。

经查，蒙古人及喇嘛私自运盐者，之前理藩院根据户部律法详细对比后制定惩戒处罚者，本处已发函宣告，按律执行之事记入档案。如今，理藩院报来之前事务。广大蒙古民众、喇嘛如果犯户部税盐律法中诬陷他人、拒捕等罪者，应按照下达之文，核实审查分别处罚。特向贵部呈报，一律诏告遵照执行。

此事交予所属盟长，传告所属札萨克遵照执行。特札付。等因前来本盟署。兹有，抄录原文转送之。接到后，札萨克、协理们审阅领会其意，诏告所属旗并遵照执行。除此之外，通告全盟，仍告知盟摄政王爷处。

至此，致钤盟长印之文。

宣统三年末春三十日

111 盟长阿鲁科尔沁札萨克贝勒为督促呈报各类统计表事札盟摄政协理原盟警备军札萨克郡王等文（宣统三年初夏二十九日）

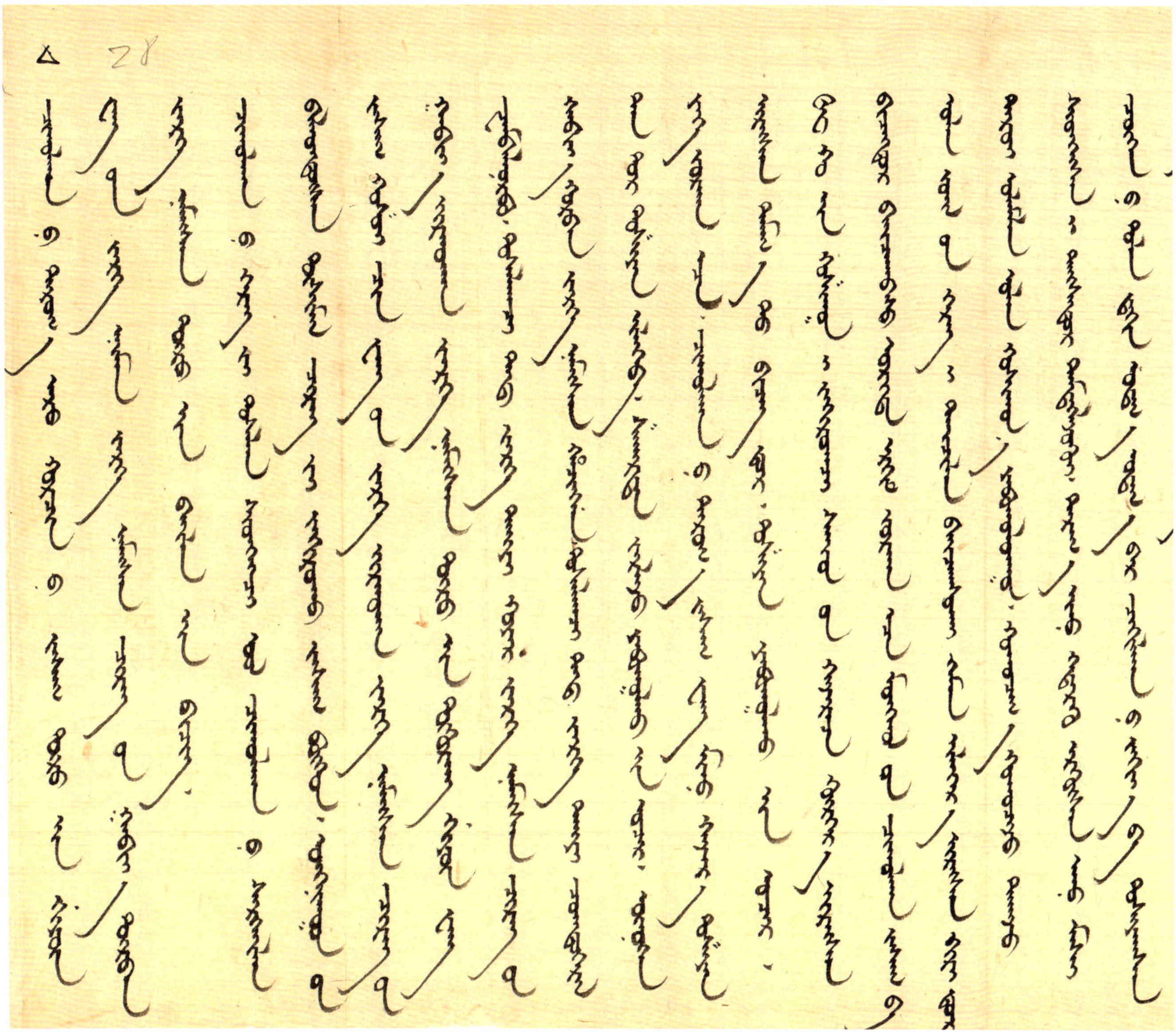

111 盟长阿鲁科尔沁札萨克贝勒为督促呈报各类统计表事札盟摄政协理原盟警备军札萨克郡王等文（宣统三年初夏二十九日）

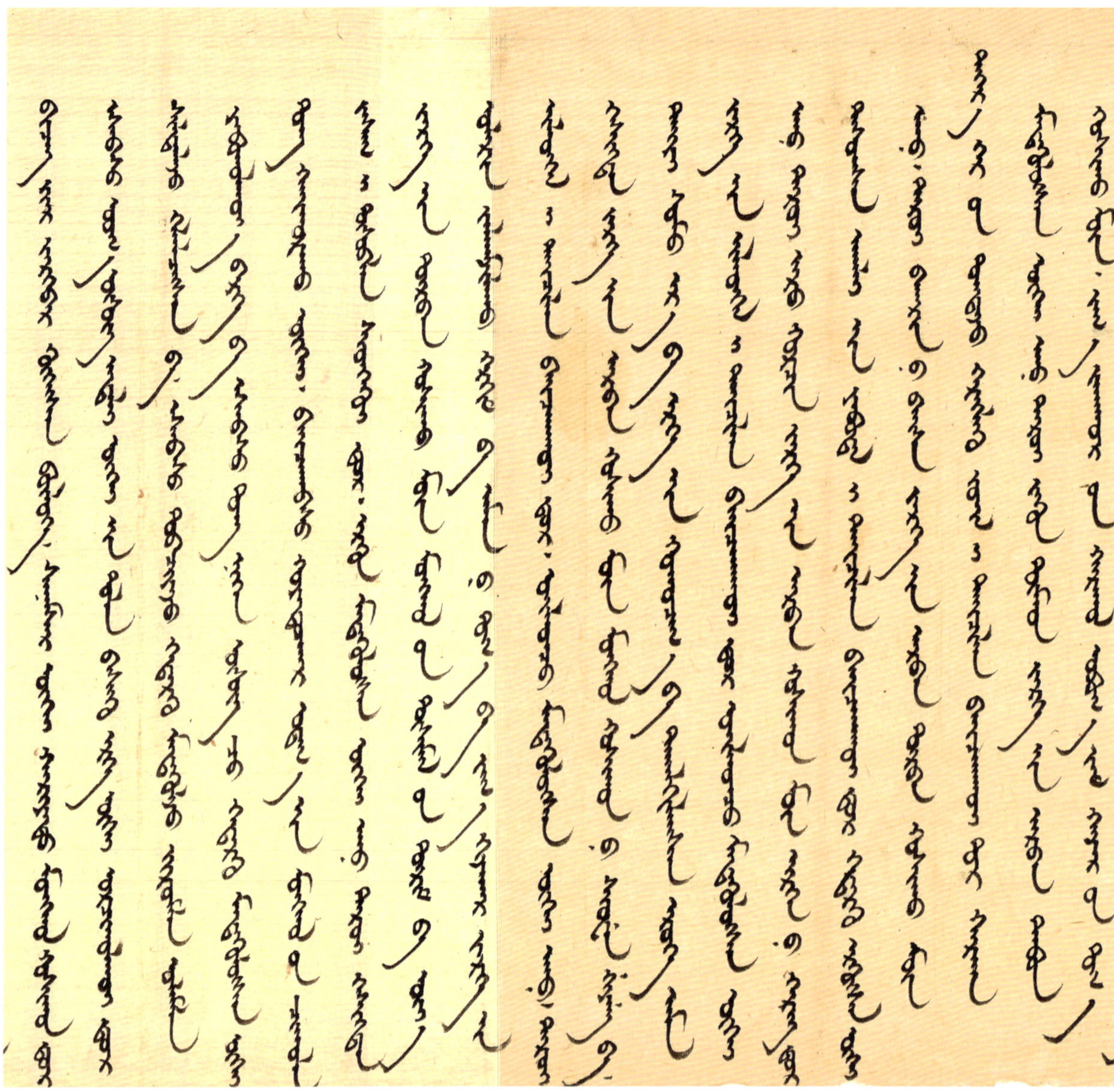

111 盟长阿鲁科尔沁札萨克贝勒为督促呈报各类统计表事札盟摄政协理原盟警备军札萨克郡王等文（宣统三年初夏二十九日）

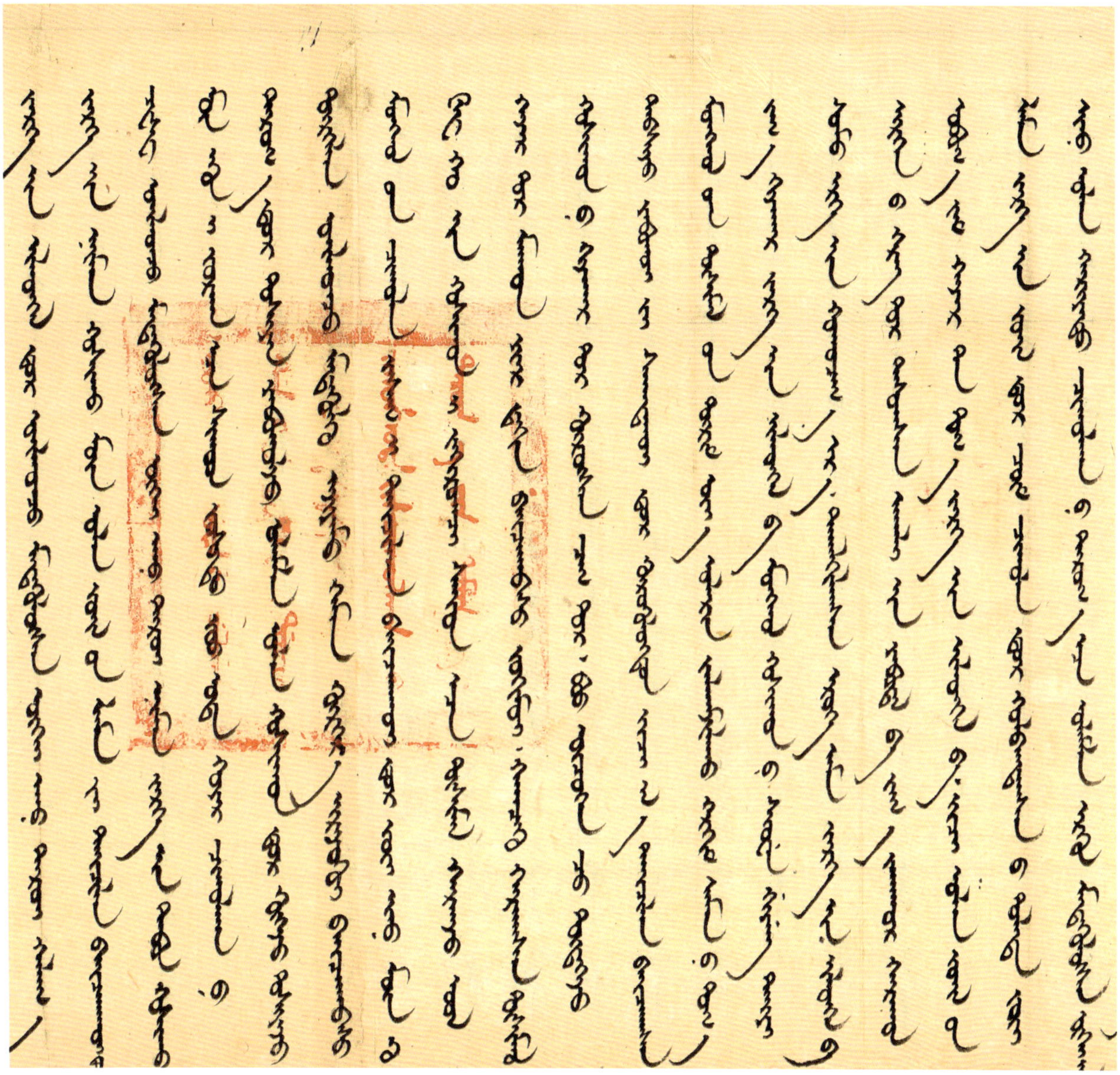

111 盟长阿鲁科尔沁札萨克贝勒为督促呈报各类统计表事札盟摄政协理原盟警备军札萨克郡王等文（宣统三年初夏二十九日）

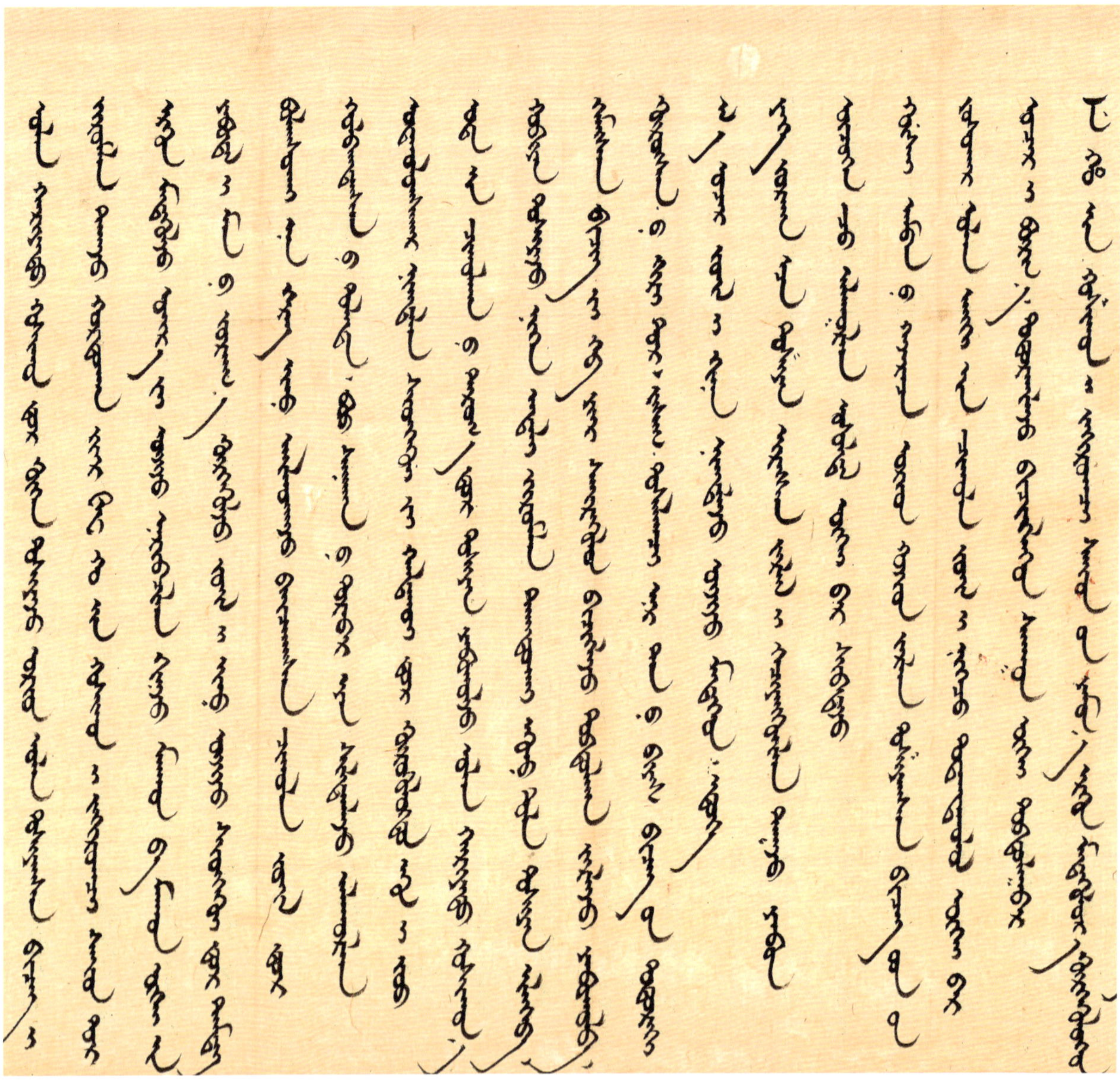

111 盟长阿鲁科尔沁札萨克贝勒为督促呈报各类统计表事札盟摄政协理原盟警备军札萨克郡王等文（宣统三年初夏二十九日）

盟长阿鲁科尔沁札萨克贝勒为督促呈报各类统计表事札盟摄政协理原盟警备军札萨克郡王等文

盟长阿鲁科尔沁札萨克多罗郡王衔加八级军功加四级多罗贝勒文。札付盟摄政协理原盟警备军札萨克暨翁牛特札萨克和硕亲王衔加六级军功加六级多罗杜棱郡王赞巴勒诺尔布，协理二等台吉加二级军功加三级哈青阿、协理二等台吉朝格图格日乐：速通告行使之事。

近日，本盟长处承接之大部札开：热河都统衙门呈称，经查，之前贵部发函，令巡查蒙古盟各札萨克及各项事务，即刻传给各旗，限期遵照处理之事已记入档案。之后，回复上报者极少，所以多次以电报及行文催促。不料，所属蒙古旗文词不同，故或需翻译缘故，或报摘要，难以传达执行，或一字不报、不理会。经审核，第二次制定蒙古盟札萨克事务时，未上报者有克什克腾等四个旗。组织核查蒙古官臣规章及世袭爵位以及人口、边境等表时，未上报者有克什克腾等十个旗。组织核查蒙古旗选将及台吉佐领壮丁及期限、携带人口表时，未上报者有阿鲁科尔沁等十个旗。组织核查民事习俗事务时，未回报者有巴林贝子等十四个旗。巡查贵族家庭费用时，尚未上报者有土默特左旗等十五个旗。未报边境地区哨所、标志物、道路数等表时，未上报者有喀尔喀等八个旗。巡查各类喇嘛时，未造册上报者有奈曼等五个旗。本部将此事直接交给桌索图、昭乌达两个盟，传给诸旗催促上报。等因前来本盟署。经审查，巡查蒙古盟会札萨克时，理应由热河都统衙门选派官员至当地认真核查才是。只是，选派官员至旗边界后不可怠慢延误行程，且被巡查之蒙古官臣法规、世袭爵位、人口、边疆等地上表及蒙古旗选将、台吉、佐领期限、男丁、人口等上表，民事习俗及边界地区哨所、标志物、道路数等上表，还有各类喇嘛等等事情，具为重要。因此，理应诸所属盟长催促未呈报之所属旗，尽快依照之前所发之诸文要求，呈送热河都统衙门。报送之前认真核查事情是否属实，抄送本部一份进行备案。此事，涉及上奏朝廷巡查之重要事项，不可随意找理由延误，触及律法。将此事交给昭乌达盟长，转告所属诸旗同样遵照执行。等语札付本盟长处。为此，抄录原文转送之。文到，札萨克、协理认真审阅，领会其意，谨遵大部下达之指令，不得延误、怠慢。依照都统衙门下达之公文，诸类要事逐一写明，急报热河都统衙门，并报送情况亦报于本盟长札萨克王处。此为涉及圣旨，上级诸衙门多次催促之重要事项。所以，任何一项都不得因怠慢、延误而触及律法。除通告全盟外，仍告知摄政协理王处。

至此，致钤盟长印之文。

宣统三年初夏二十九日

盟长阿鲁科尔沁札萨克贝勒为解除皇帝忌日禁忌事札盟摄政协理原盟警备军札萨克郡王等文（宣统三年初夏二十九日）

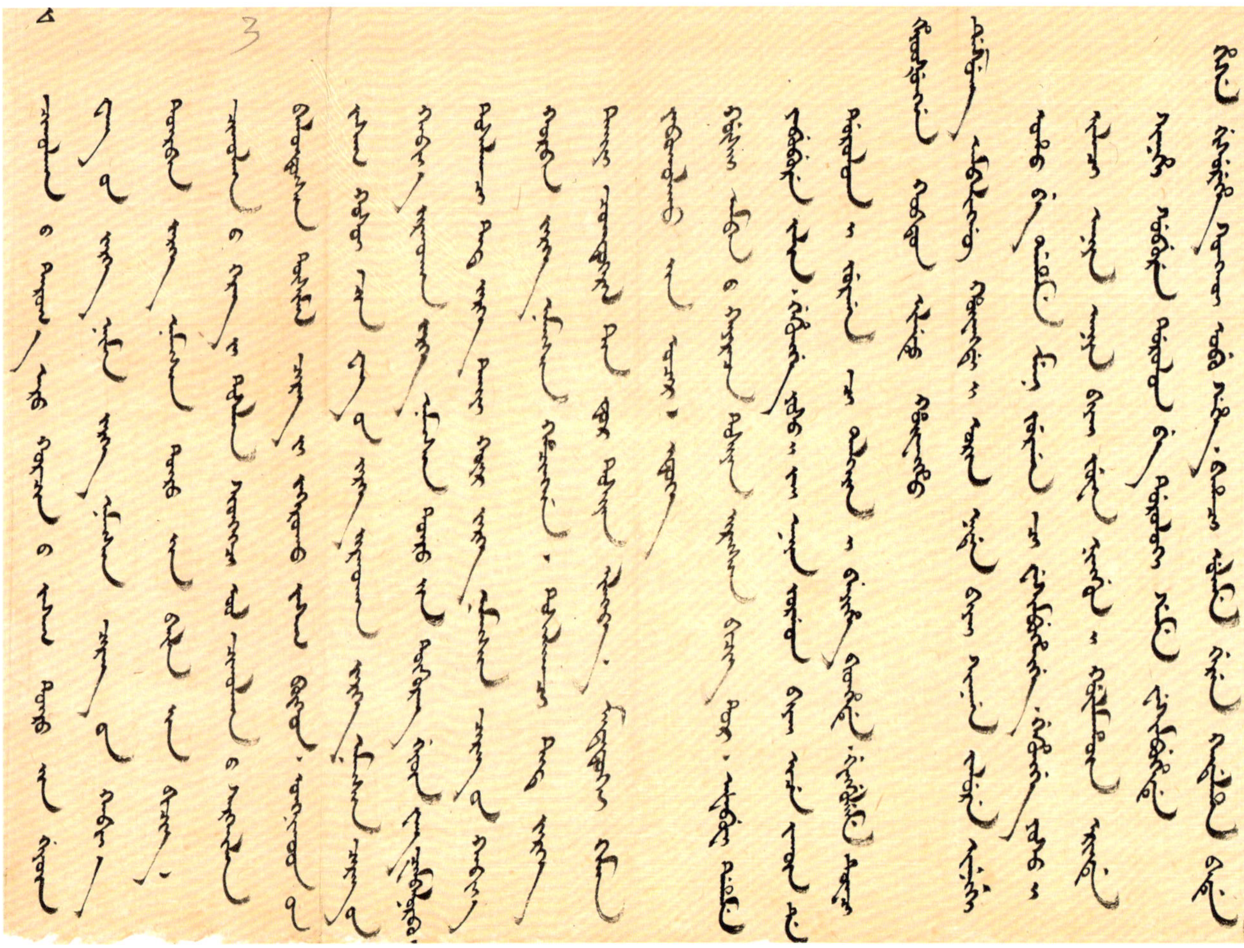

112 盟长阿鲁科尔沁札萨克贝勒为解除皇帝忌日禁忌事札盟摄政协理原盟警备军札萨克郡王等文（宣统三年初夏二十九日）

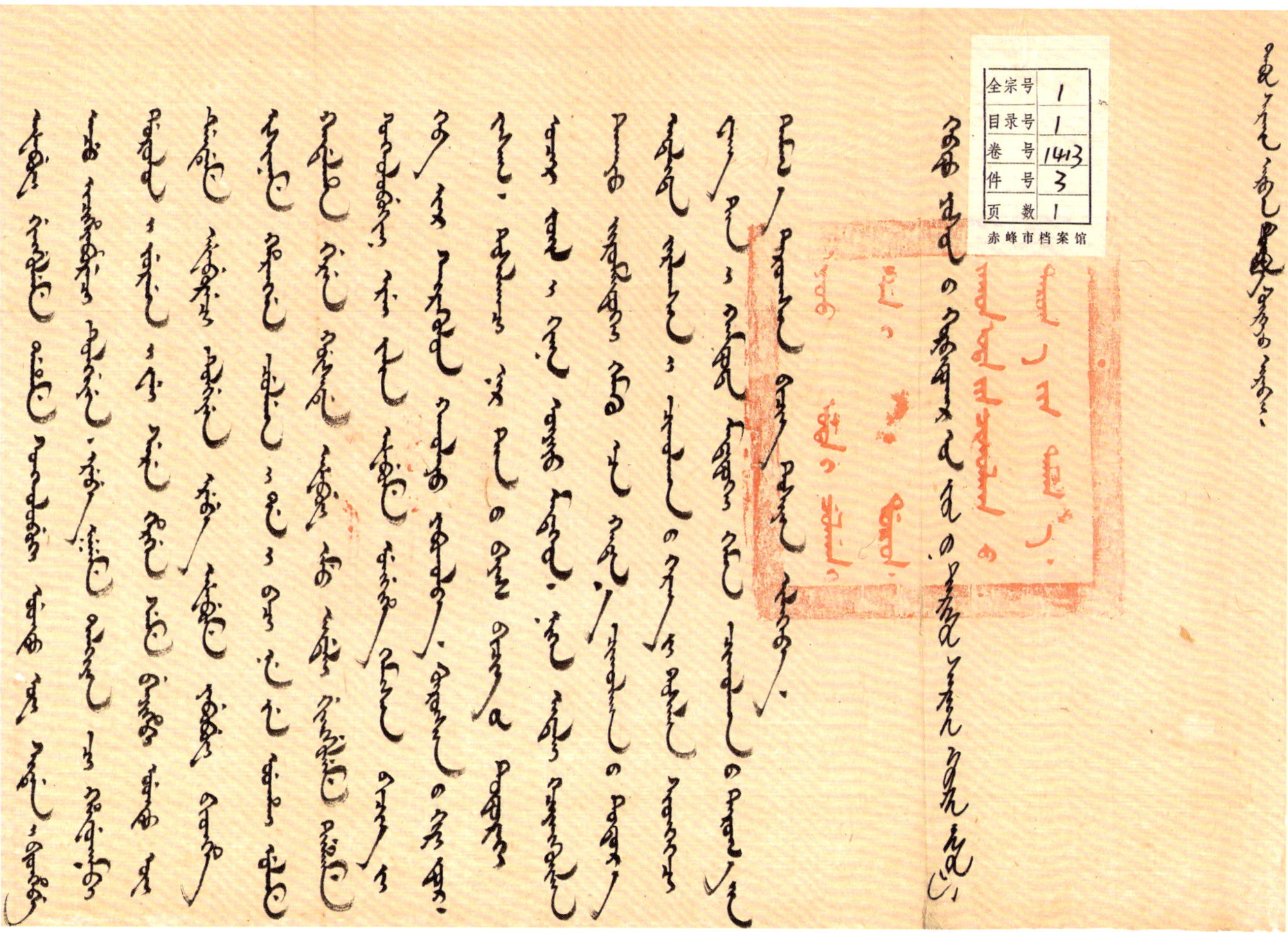

盟长阿鲁科尔沁札萨克贝勒为解除皇帝忌日禁忌事札盟摄政协理原盟警备军札萨克郡王等文

盟长阿鲁科尔沁札萨克多罗郡王衔加八级军功加四级多罗贝勒文。札付盟摄政协理原盟警备军札萨克暨翁牛特札萨克和硕亲王衔加六级军功加六级多罗杜棱郡王赞巴勒诺尔布，协理二等台吉加二级军功加三级哈青阿、协理二等台吉朝格图格日乐：札付之事。

现今，热河都统衙门札开：为交付遵行事。宣统二年十二月初八日礼部电文：恭阅，既然孝钦显皇后、德宗景皇帝之二十七月服丧日满，本部奏请宣统三年正月十六日卯时行除服礼。等语具奏。奉旨：依议，钦此。一经收到，转交诸管辖之地恭谨遵照。故公文另办外，将此先行电告之。礼部威字号，等因前来。除分别交付外，将此交付行文，文至该盟长处立刻转交管辖诸旗一体恭谨遵照。为此札付。等语。札付本盟长处。故抄录原文札付之。文到，诸札萨克、协理阅知文内，遵行之。此事也通告摄政王爷处。

至此，致钤盟长印之文。

宣统三年初夏二十九日

113 盟长阿鲁科尔沁札萨克贝勒为二等台吉爵位争端案事札盟摄政协理原盟警备军札萨克郡王文（宣统三年仲夏初二日）

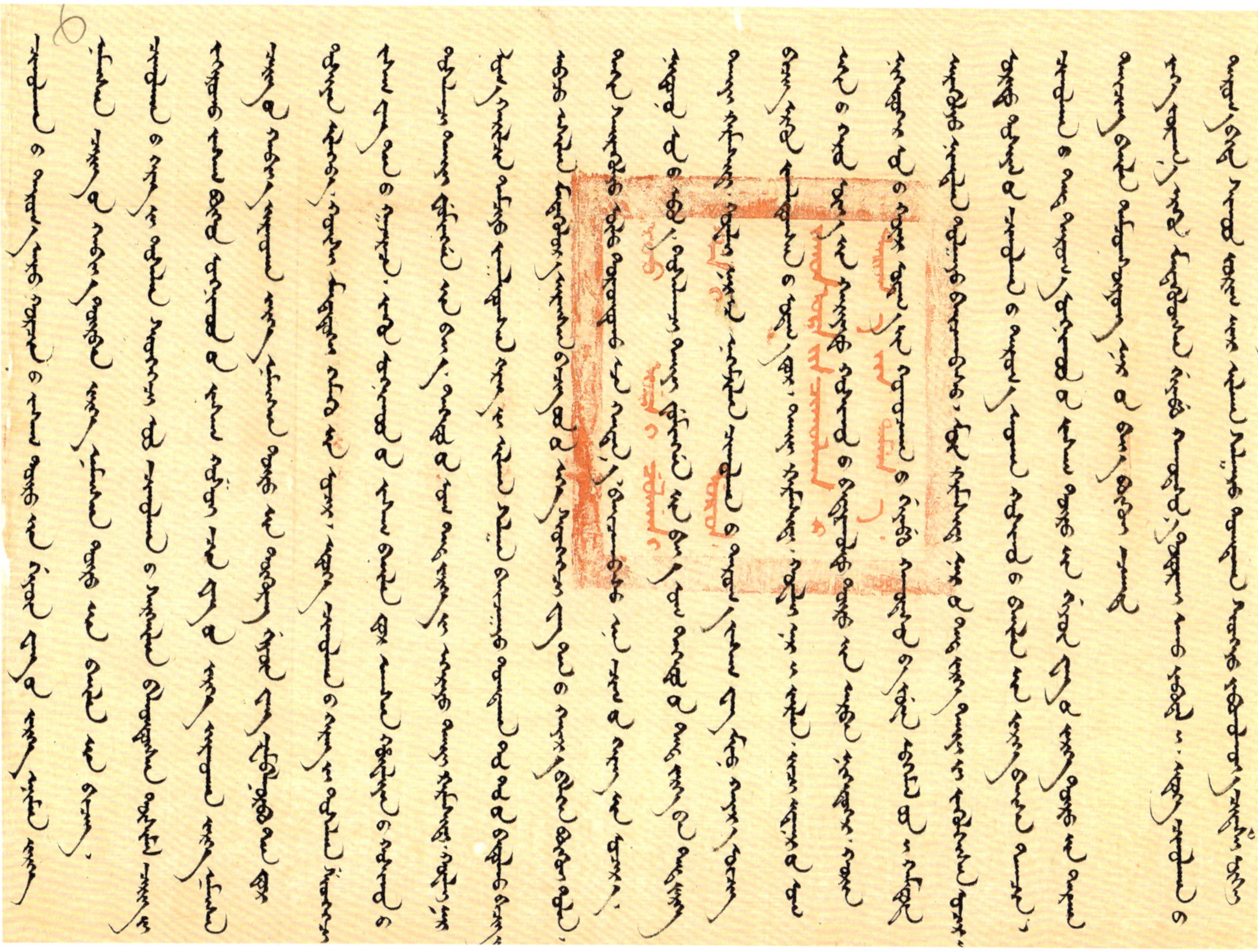

113 盟长阿鲁科尔沁札萨克贝勒为二等台吉爵位争端案事札盟摄政协理原盟警备军札萨克郡王文
（宣统三年仲夏初二日）

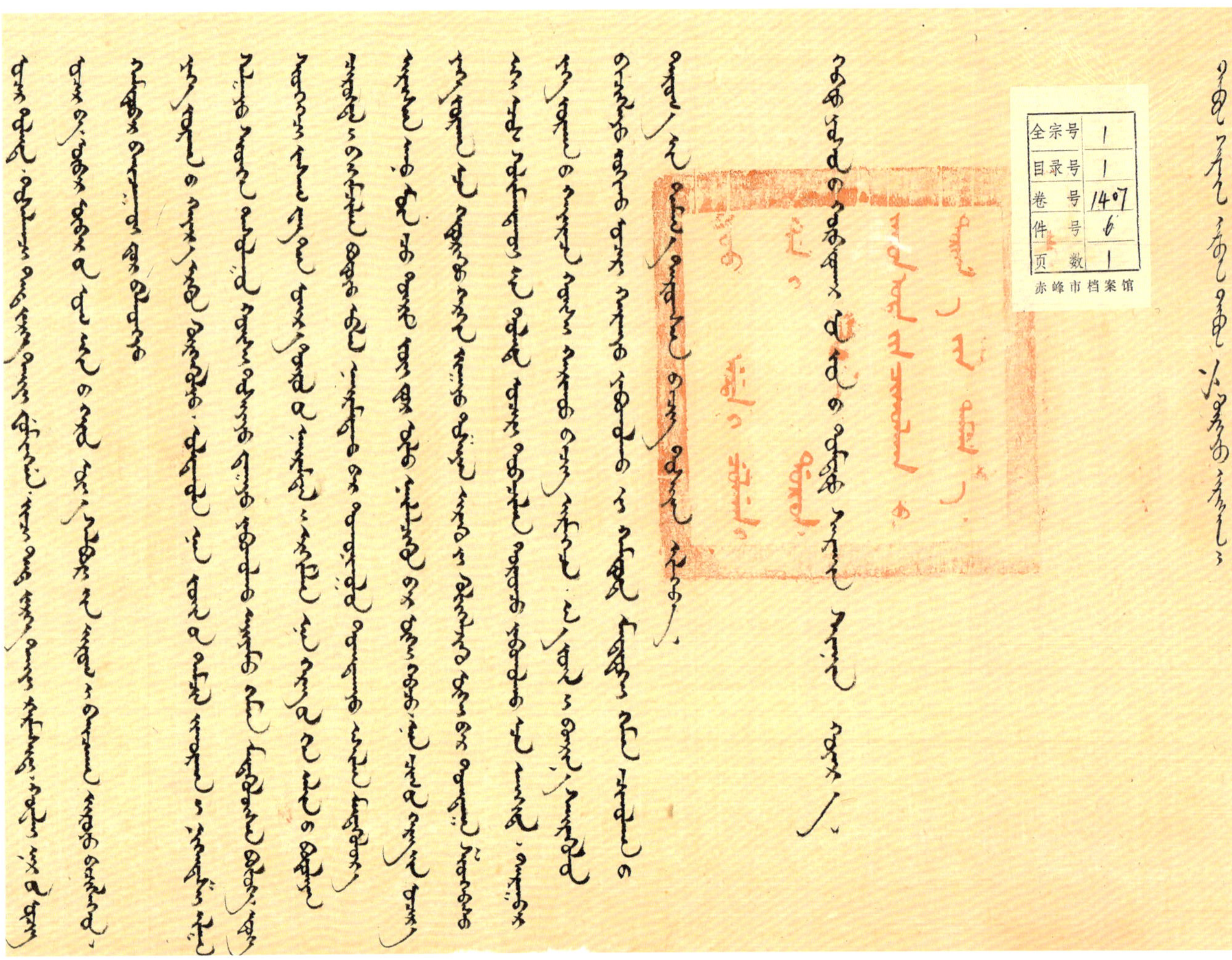

盟长阿鲁科尔沁札萨克贝勒为二等台吉爵位争端案事札盟摄政协理原盟警备军札萨克郡王文

盟长阿鲁科尔沁札萨克多罗郡王衔加八级军功加四级多罗贝勒文。札付盟摄政协理原盟警备军札萨克暨翁牛特札萨克和硕亲王衔加六级军功加六级多罗杜棱郡王赞巴勒诺尔布：行札之事。

由盟摄政协理札萨克王处审理之原左翼翁牛特札萨克贝勒华连旗协理台吉福明阿为其祖辈二等台吉事由，与台吉嘎日玛西迪、华莱引起争端一案，将此事分别查清断案后，各自保承书原件置于盟摄政协理王爷处，故不再重新抄录提起。经查，此等事由为去年冬，协理二等台吉福明阿将祖辈二等台吉爵位事，向台吉嘎日玛西迪、华莱追讨，呈状至本盟长札萨克王处。当时，传唤台吉嘎日玛西迪、华莱，查其家谱及光绪十一、二十一年公务案卷，发现原盟长敖汉旗贝勒级贝子达格钦、副盟长翁牛特札萨克多罗郡王衔多罗达尔罕岱青贝勒德木楚格苏荣在位时呈报册封嘎日玛西迪二等台吉一事，清晰记录在案。故，盟长处不得再作决定。兹有，协理二等台吉福明阿，二等台吉嘎日玛西迪、华连等各自备齐族谱、案卷，以备统一审查，并呈报大部妥善处理此等事宜，并等候大部回执。如今，摄政王爷您顾于和谐，考虑彼此复杂关系，为稳妥起见转呈报来，也不是不符合规矩。但是，未等大部判决，急于断案，实为本末倒置。故，除报事情简要之外，大部批复一到，备齐案卷副本，即刻呈送之。

至此，致钤盟长印之文。

宣统三年仲夏初二日

盟长阿鲁科尔沁札萨克贝勒为献贡品事札盟摄政协理原盟警备军札萨克郡王等文（宣统三年仲夏二十九日）

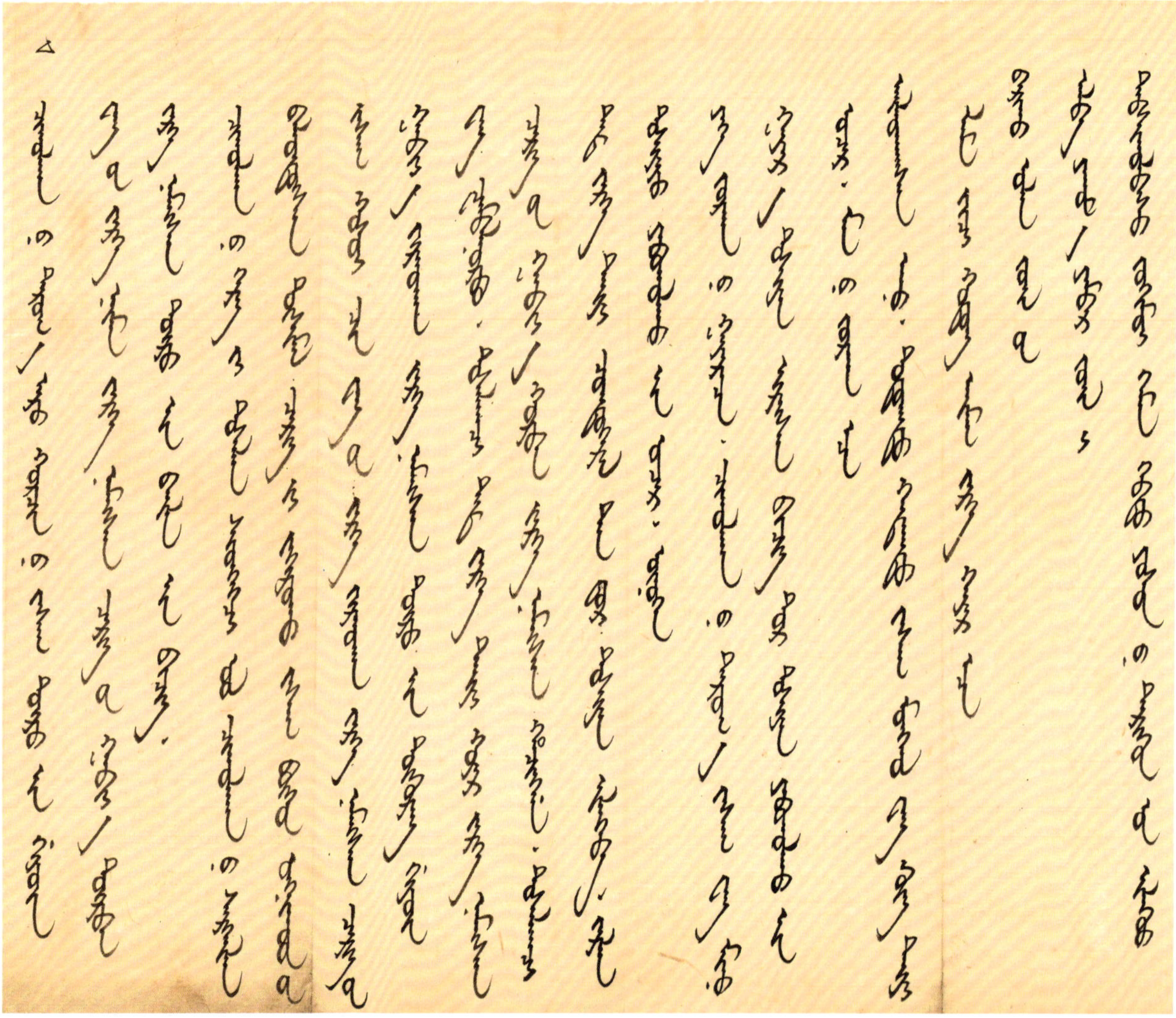

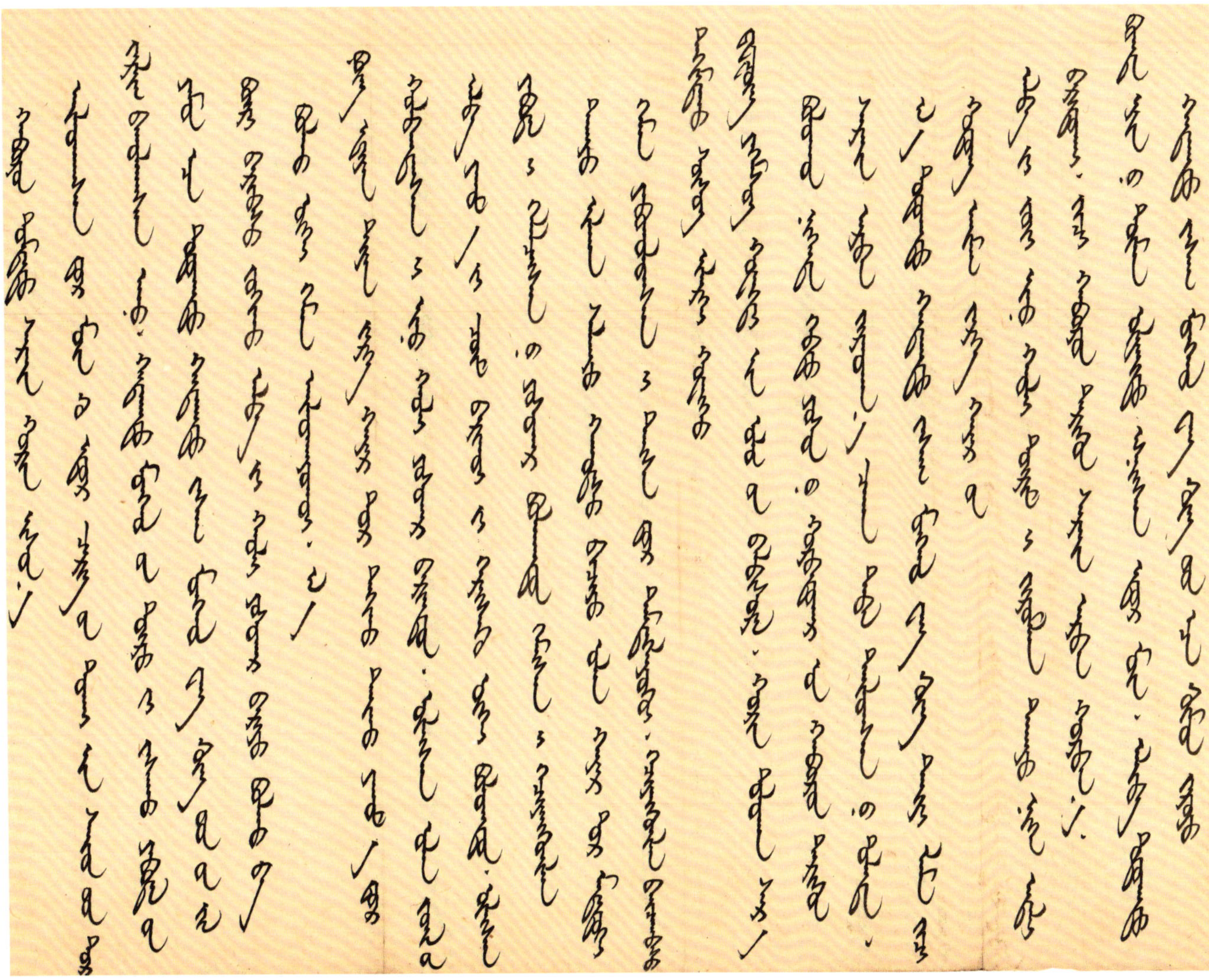

盟长阿鲁科尔沁札萨克贝勒为献贡品事札盟摄政协理原盟警备军札萨克郡王等文（宣统三年仲夏二十九日）

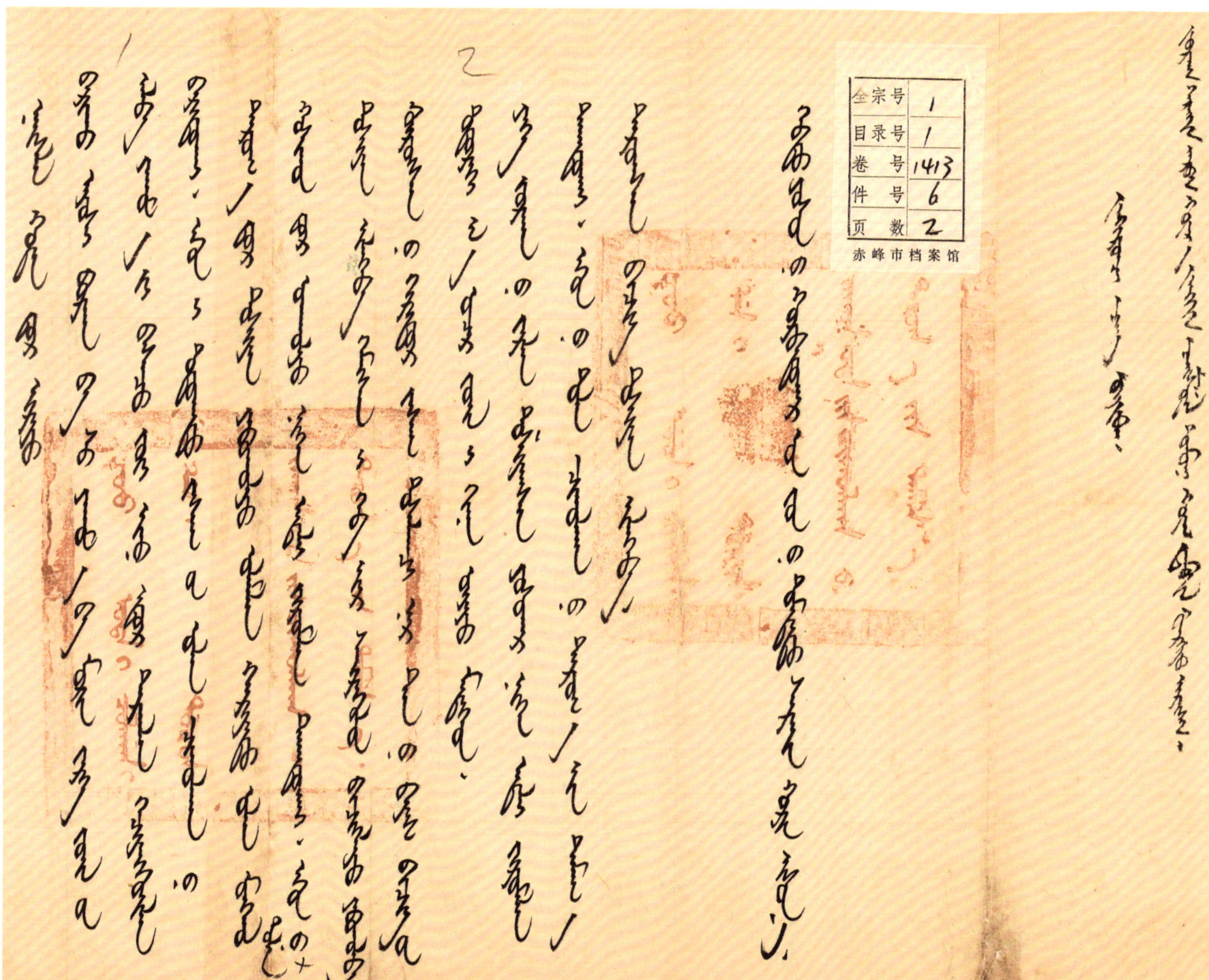

盟长阿鲁科尔沁札萨克贝勒为献贡品事札盟摄政协理原盟警备军札萨克郡王等文

盟长阿鲁科尔沁札萨克多罗郡王衔加八级军功加四级多罗贝勒文。札付盟摄政协理原盟警备军札萨克暨翁牛特札萨克和硕亲王衔加六级军功加六级多罗杜棱郡王赞巴勒诺尔布，协理二等台吉加二级军功加三级哈青阿、协理二等台吉朝格图格日乐：通告执行之事。

近日，大部札开：本部于宣统元年闰仲春二十九日上奏，内外札萨克蒙古王公、台吉、喇嘛及回部等地方应进贡之什物。于当日，向军机处下令，理藩院呈报内外札萨克蒙古王公每年应进贡之义务，按律是否进贡。下旨：涉及诸宫殿之祭祀用品，照例进贡，其余诸贡品均免也，其余事照办。遵旨，分别撰文下函，告知各地等事，记录在案。据查，孝明皇后、德宗皇帝之国孝过二十七月，至宣统三年初春十六日脱孝服毕之。内外札萨克蒙古王公、台吉、喇嘛及回部应原数进贡。以及初春十三日为圣主万岁诞辰吉日。所有内外札萨克蒙古王公派使者京城，逐日进阿尤西佛、奶制品和马匹等贡品。此事通告内札萨克各盟长，转告所属各旗遵旨照办。等因前来本盟署。兹有，盟署抄录原文转送之。文到，诸札萨克、协理审阅内容，遵旨照办。

至此，致钤盟长印之文。

宣统三年仲夏二十九日

115 署理原盟摄政协理翁牛特札萨克印务之协理为兵丁之子奈曼旗被害事呈盟摄政协理原盟警备军札萨克郡王文（宣统三年闰末夏十日）

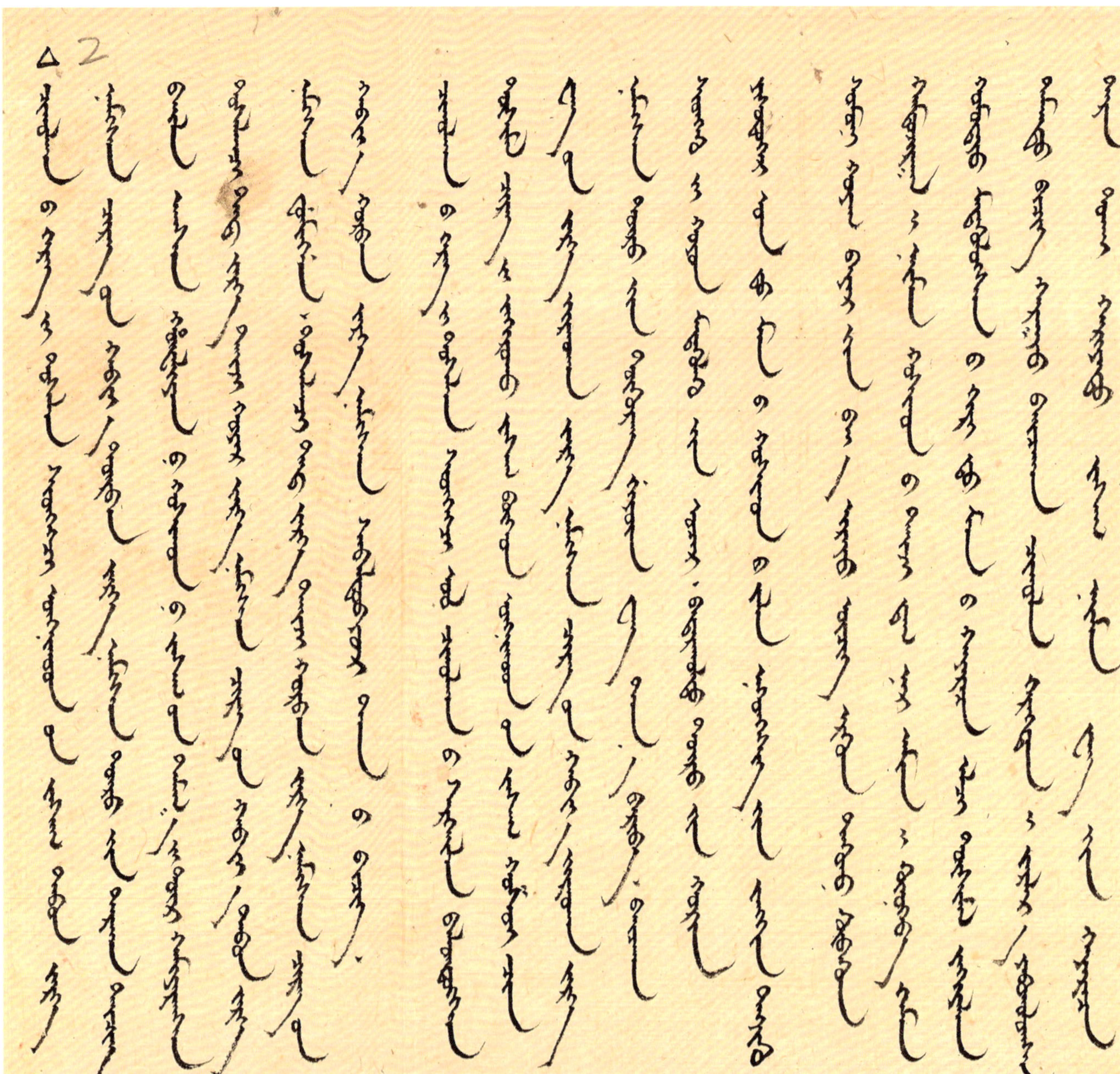

115 署理原盟摄政协理翁牛特札萨克印务之协理为兵丁之子奈曼旗被害事呈盟摄政协理原盟警备军札萨克郡王文（宣统三年闰末夏十日）

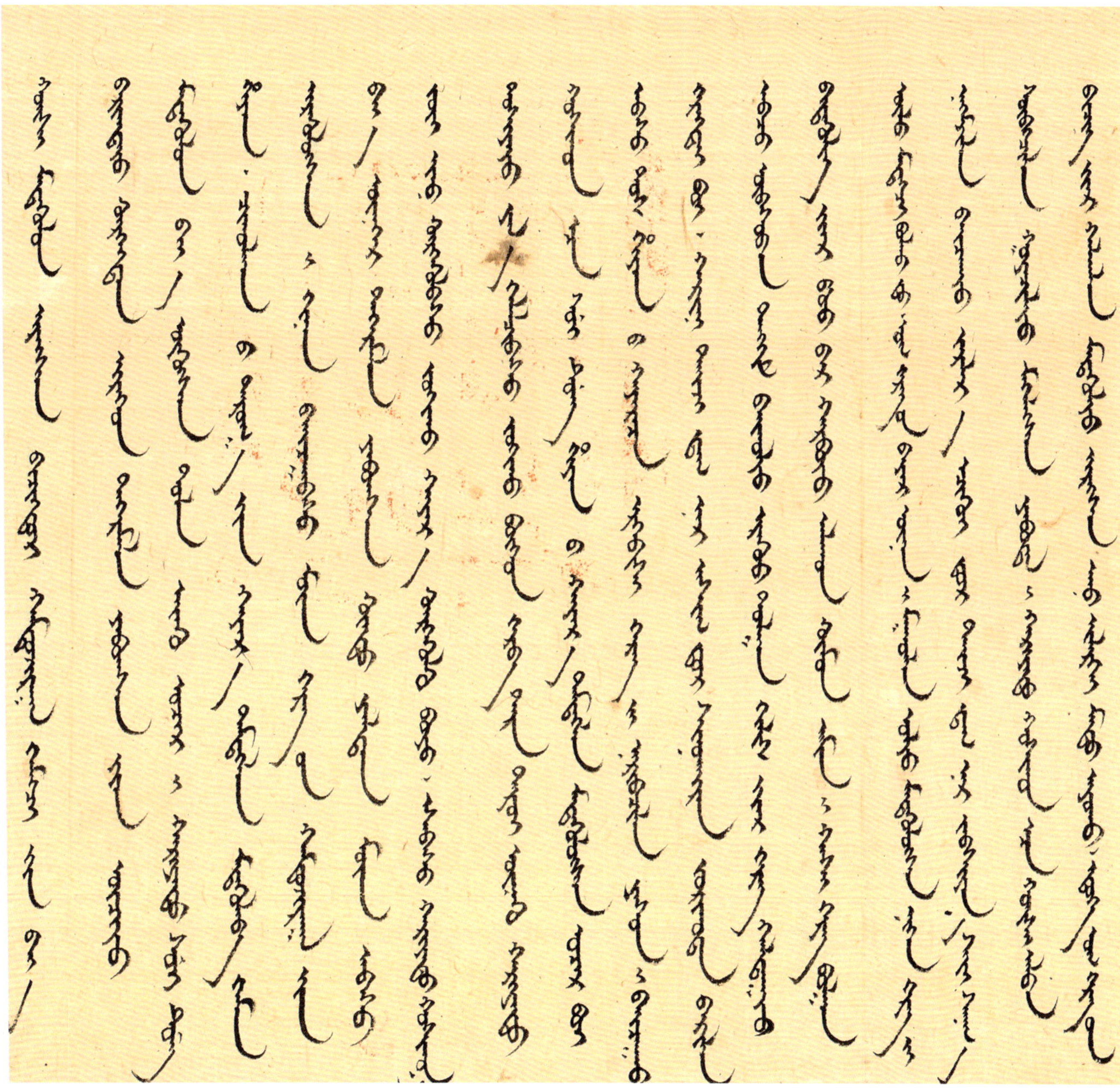

115 署理原盟摄政协理翁牛特札萨克印务之协理为兵丁之子奈曼旗被害事呈盟摄政协理原盟警备军札萨克郡王文（宣统三年闰末夏十日）

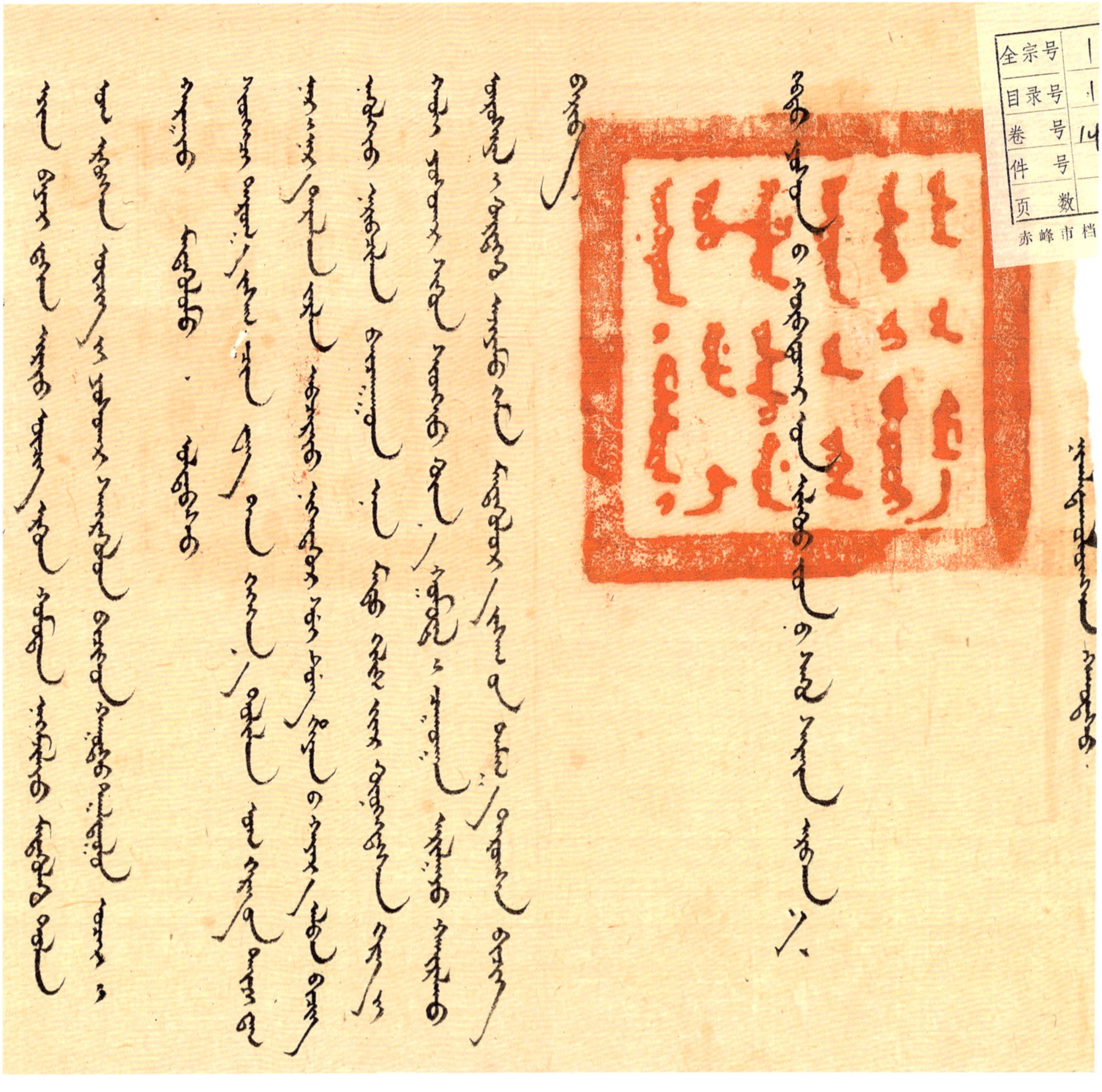

署理原盟摄政协理翁牛特札萨克印务之协理为兵丁之子奈曼旗被害事呈盟摄政协理原盟警备军札萨克郡王文

署理原盟摄政协理翁牛特札萨克加五级军功加四级多罗达尔罕岱青贝勒华连旗印务之协理二等台吉加二级军功加五级福明阿、协理二等台吉加三级军功加三级色布乐道布朱尔等文。呈盟摄政协理原盟警备军札萨克暨翁牛特札萨克和硕亲王衔加六级军功加六级多罗杜棱郡王：为请求即刻处理事。

光绪二十九年，本旗甲喇那顺贺西格之章京德格吉胡佐领兵丁巴雅尔呈状曰：儿子哈姆图吉日嘎拉被奈曼旗台吉达格等害死。等语。接到此冤情，本处派使者携札萨克文审核并传唤嫌疑人。当时，所属札萨克奈曼王处回复称，哈姆图吉日嘎拉被捕移交过来之后，供词中交代曾做土匪之事，今哈某已死亡。此事已向所属随通县及盟长处呈报备案。等因前来。经审核，如果案犯哈姆图吉日嘎拉果真为土匪重犯，理应遣送应交之地方或所属旗问罪。如果当时由所属旗确实报送随通县，且有记录，就由该县认真核查此事并检验尸体。然而，台吉达格等见利忘义，私设公堂、严刑逼供、制造冤案、暗中枪杀、草菅人命，还瞒报实情。为此，知道事情原委之巴雅尔呈状，本处下令追查时，达格等趁机谋划，谎报实情，所属旗回复时隐瞒真相也很明显。如今，原当事人再次呈状喊冤，所以抄录原状式附后，一同呈送之。祈求摄政札萨克亲王明鉴，将当事人达格等逐一传唤，咨文随通县，认真审查此等冤案，按律惩罚，为受害人洗冤为盼。

至此，呈钤札萨克印之文。

宣统三年闰末夏十日

全宗号 1
目录号 1
卷号 1418
件号 1
页数 1
赤峰市档案馆

台吉舒明哈为沿袭台吉爵位事呈札萨克王之保呈

呈保呈者十户台吉舒明哈，呈请沿袭台吉爵位之事。今年遇登记男丁之年，呈报诸台吉之成年台吉儿子名册，以承袭其爵位。经查，本所属盟章京德力格尔仓佐领四等台吉舒明哈第四子福珠儿，属马，十八岁；四等台吉图布吉日嘎拉长子旺善代，属马，十八岁；四等台吉达那次子关其格扎布，属兔，二十一岁；四等台吉那木宁长子阿拉坦扎布，属兔，二十一岁；四等台吉那苏塔长子塔基德，属兔，二十一岁；原四等台吉阿木尔希迪长子乌恩巴雅尔，属龙，二十岁。呈请札萨克王处转呈盟长及大部，册封应封之四等台吉爵位为盼。为此呈保呈。

台吉舒明哈手印

宣统三年闰六月十五日

117 盟长阿鲁科尔沁札萨克贝勒为台吉朝格图格日乐枪杀被抓之贼案札盟摄政协理原盟警备军札萨克郡王等文（宣统三年初秋初四日）

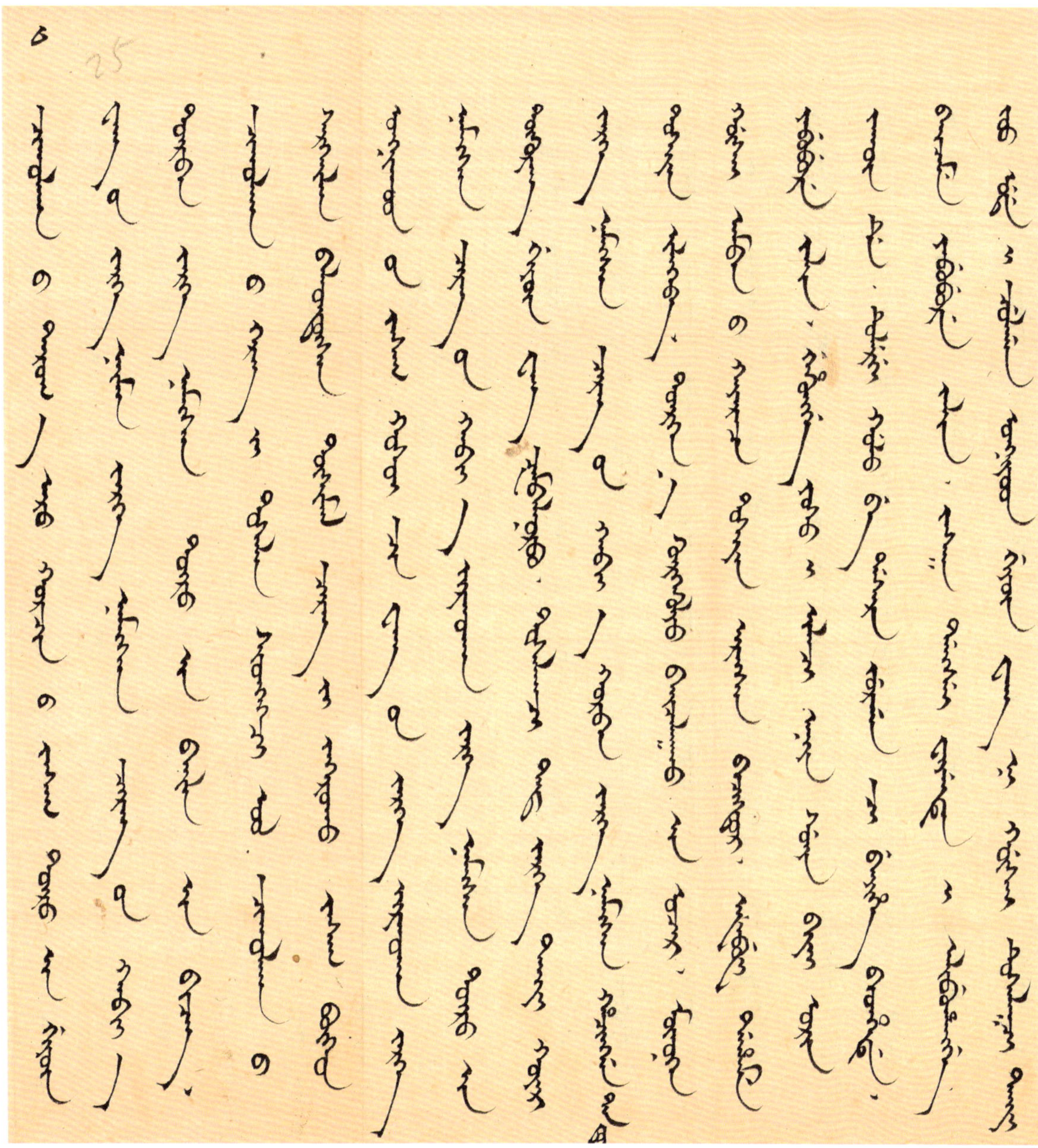

117 盟长阿鲁科尔沁札萨克贝勒为台吉朝格图格日乐枪杀被抓之贼案札盟摄政协理原盟警备军札萨克郡王等文（宣统三年初秋初四日）

117 盟长阿鲁科尔沁札萨克贝勒为台吉朝格图格日乐枪杀被抓之贼案札盟摄政协理原盟警备军札萨克郡王等文（宣统三年初秋初四日）

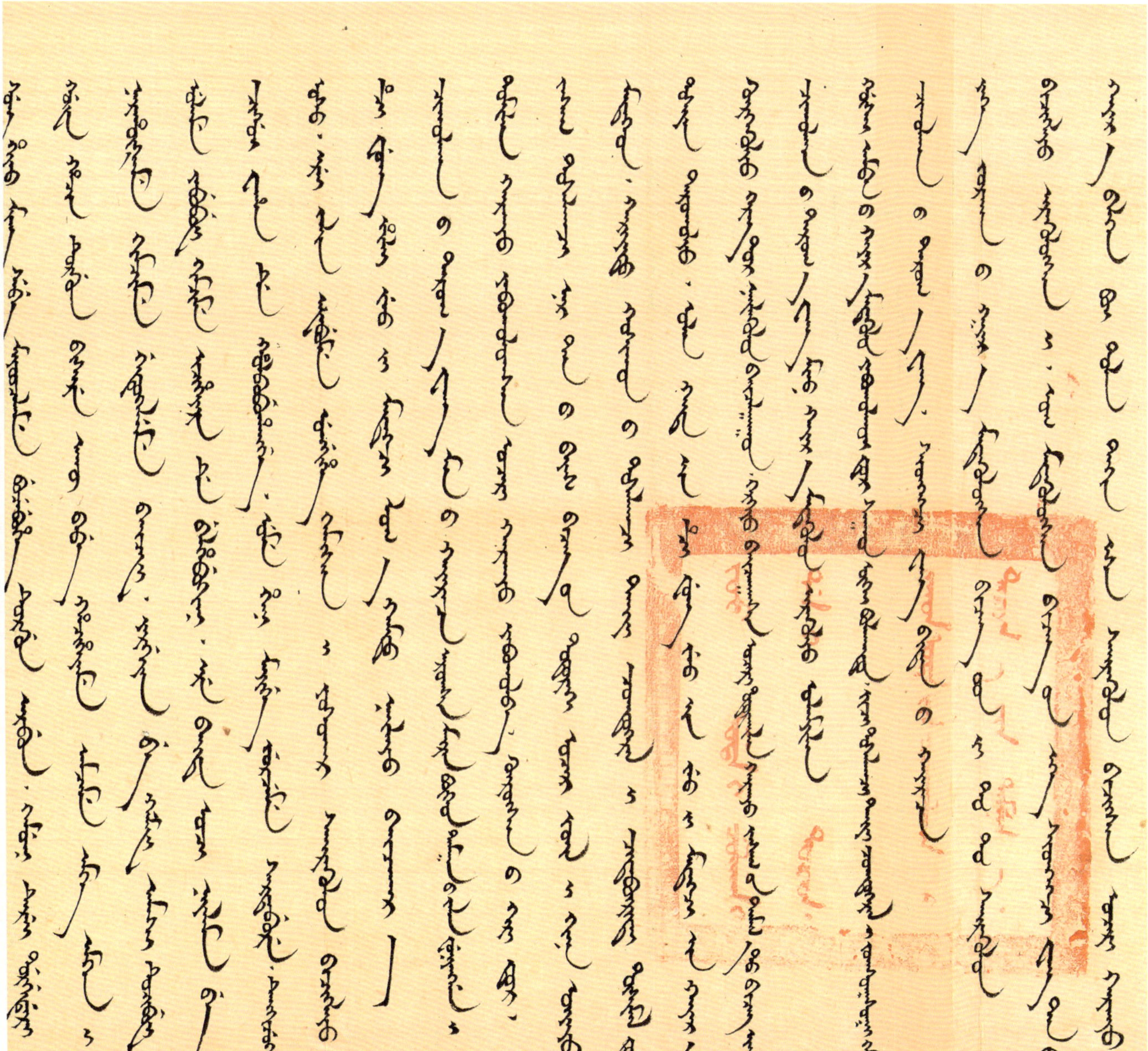

117 盟长阿鲁科尔沁札萨克贝勒为台吉朝格图格日乐枪杀被抓之贼案札盟摄政协理原盟警备军札萨克郡王等文（宣统三年初秋初四日）

全宗号	1
目录号	1
卷　号	1445
件　号	24
页　数	2

赤峰市档案馆

盟长阿鲁科尔沁札萨克贝勒为台吉朝格图格日乐枪杀被抓之贼案札盟摄政协理原盟警备军札萨克郡王等文

盟长阿鲁科尔沁札萨克多罗郡王衔加八级军功加四级多罗贝勒文。札付盟摄政协理原盟警备军札萨克暨翁牛特札萨克和硕亲王衔加六级军功加六级多罗杜棱郡王赞巴勒诺尔布、协理二等台吉加二级军功加三级哈青阿：立即查验之事。

近日，旗都统衙门札开：为交付遵行事。宣统三年五月二十八日理藩院札开：为查行事。札萨克档房呈称：为昭乌达盟翁牛特郡王旗协理台吉朝格图格日乐枪杀被抓之贼宋小明等人一事，所属盟长及札萨克等处呈请革退协理朝格图格日乐，将事情缘由先后呈报至本部。经查，翁牛特王旗协理台吉朝格图格日乐枪杀了被抓之贼，所属盟长处呈送各项是真是假理应查清究办。将此昭乌达盟长及翁牛特郡王等处先后呈报之蒙古文原件抄写，送往贵都统，从速查办该盟长等处呈报案件，详审明查，复文本部，以备核办。等语前来。故分别交付遵行外，将此交付行文，文至该盟长处即刻会同赤峰直隶州知州，从速将协理朝格图格日乐枪杀贼民宋小明等情形及其内有无其他原由，速逐一详审明查，据实办理回复，以备转行核办。此案牵涉擅自杀人，切勿丝毫违误，切实办理。为此札付。等因前来本盟署。故抄录原文，为与赤峰直隶州州知联合检查此事，本盟长处指派梅林富宁哈。文到，诸札萨克、协理阅知文内，扣押本旗协理台吉朝格图格日乐交由干练官员押送至赤峰州知州审理，并记载审理事宜，报送本盟长处，以便承转旗都统衙门。盟长及摄政王爷呈报大部之革职协理台吉朝格图格日乐呈文存于摄政王爷处，故未重复抄录之。也向摄政王爷报送赤峰州之事。

至此，致钤盟长印之文。

宣统三年初秋初四日

118 盟摄政协理原盟警备军札萨克郡王等为夏季巡查金矿之地事呈盟长阿鲁科尔沁札萨克贝勒文（宣统三年初秋）

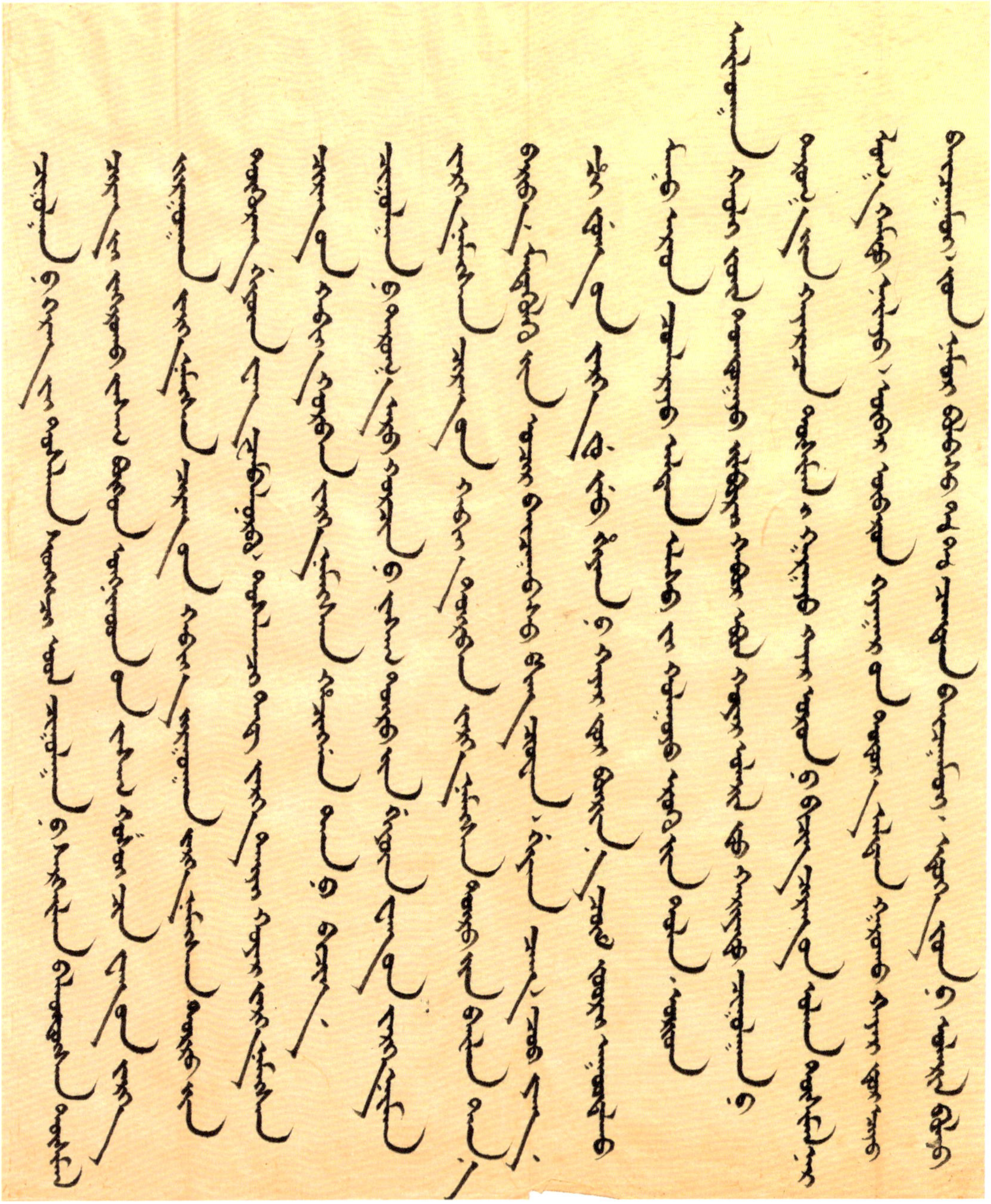

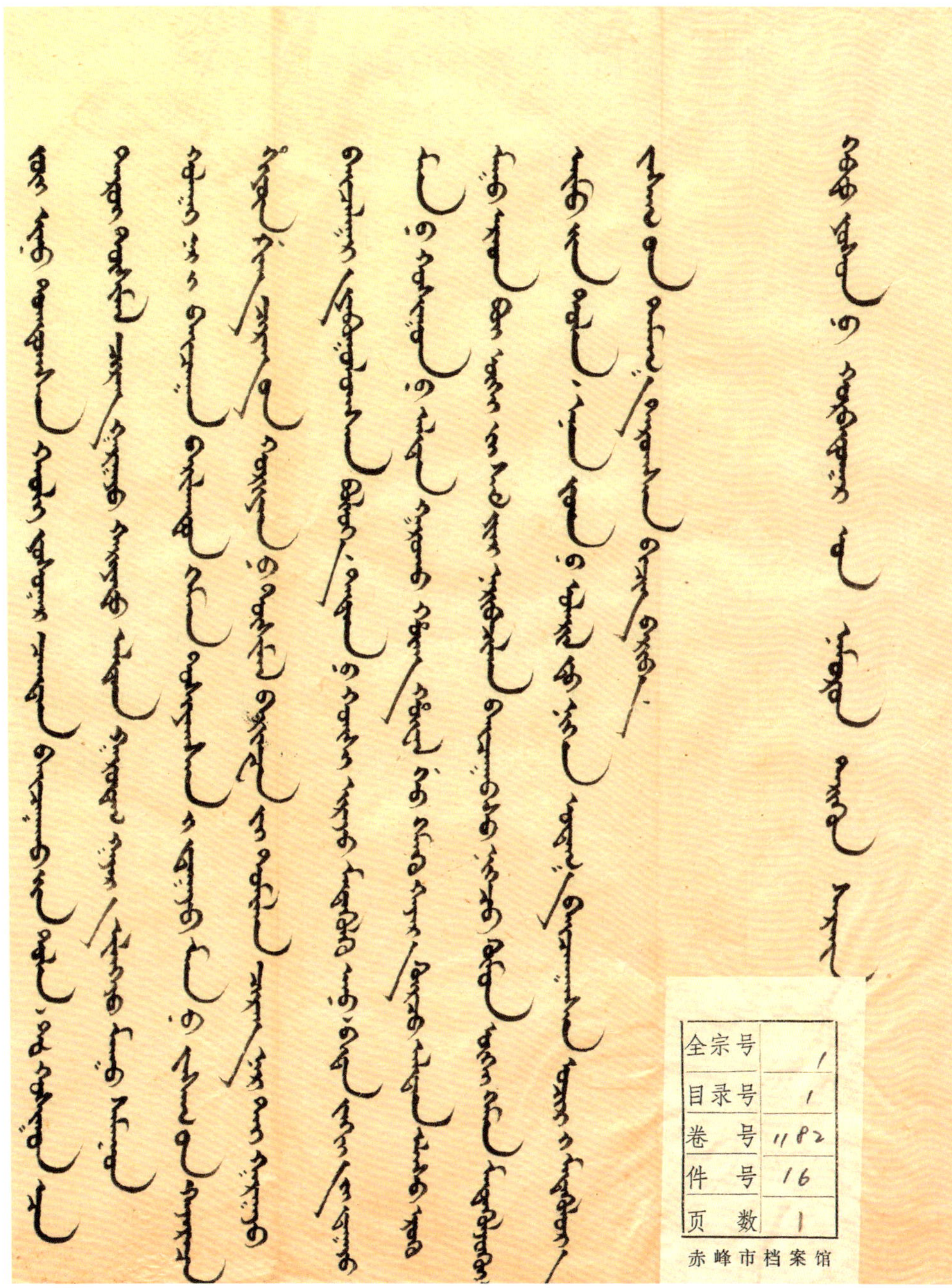
全宗号 1
目录号 1
卷号 1182
件号 16
页数 1
赤峰市档案馆

盟摄政协理原盟警备军札萨克郡王等为夏季巡查金矿之地事呈盟长阿鲁科尔沁札萨克贝勒文

盟摄政协理原盟警备军札萨克暨翁牛特札萨克和硕亲王衔加六级军功加六级多罗杜棱郡王赞巴勒诺尔布、协理二等台吉加二级军功加三级哈青阿文。呈盟长阿鲁科尔沁札萨克多罗郡王衔加八级军功加四级多罗贝勒：呈报之事。

经查，平川、建昌、朝阳、赤峰等府州县之地贼民集聚盗挖金矿。经呈报，规定每年春冬两季所属盟署指派官差与地方文武官吏联合巡查所属境内金矿之地。夏秋两季则各自独立巡察。现已轮到夏季巡察之时，应按规定巡查。故，命各旗指派官差卫兵，至所属金矿之地捉拿盗挖贼民。本札萨克府派巡警团官员巴仁匝带领兵丁至金矿之地巡察。回报曰：奉命至本旗出金矿之红花沟，暗查盗挖金矿贼民，无一人。为此回报本夏季巡察之事。

至此，呈钤札萨克印之文。

宣统三年初秋

119 旺布仁钦公爷为因病请假事呈摄政札萨克王文（宣统三年九月初三日）

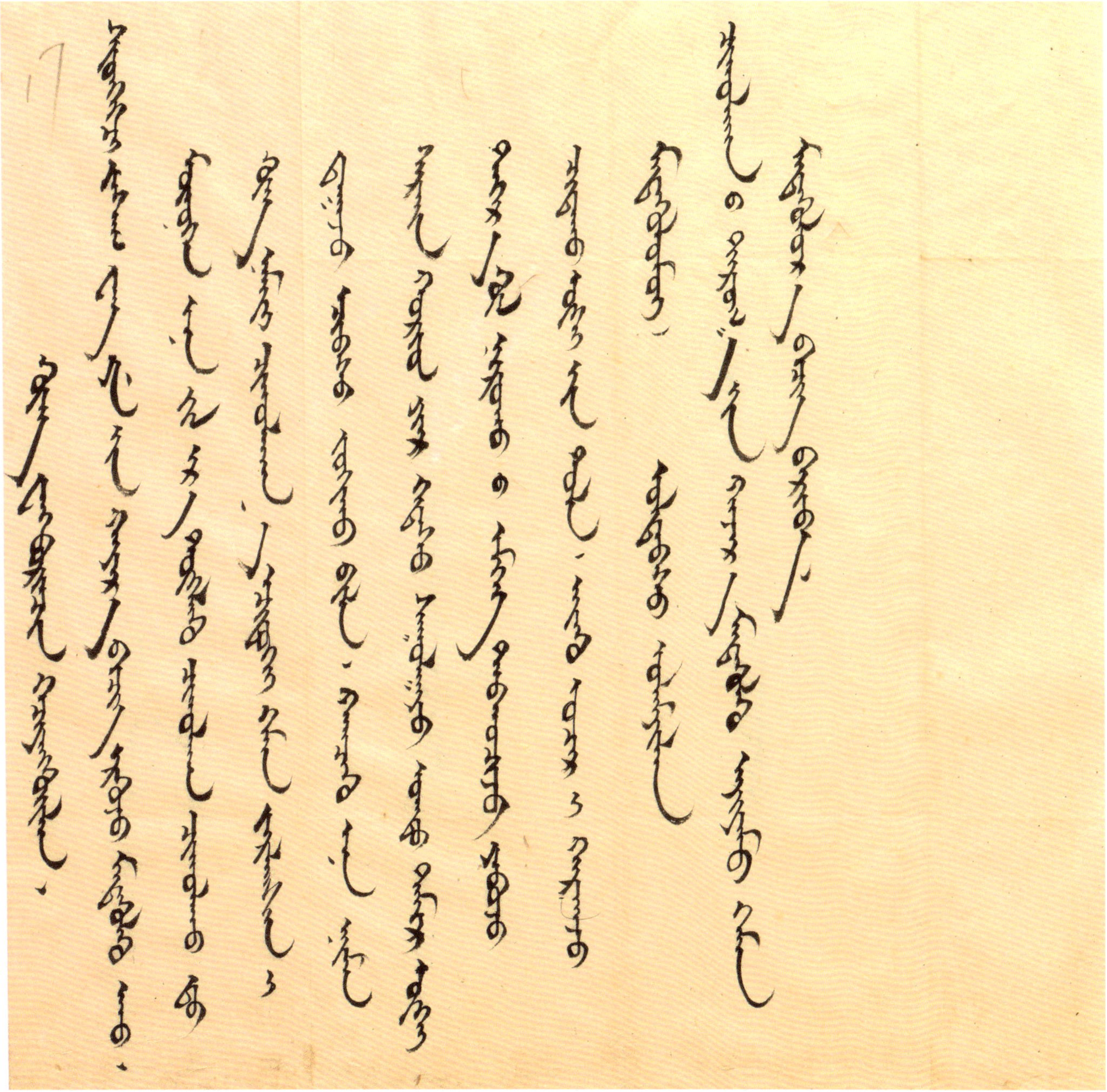

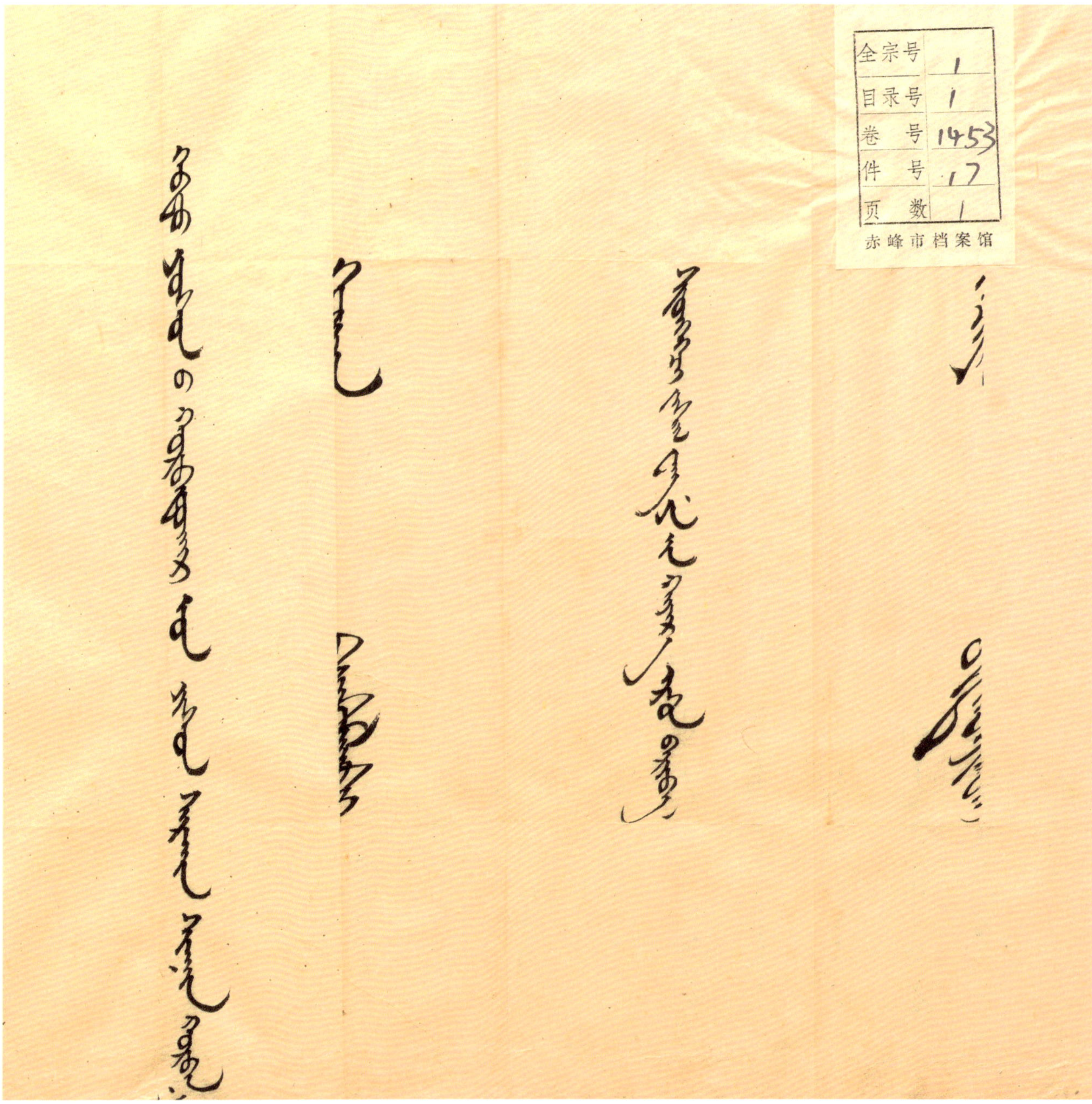
全宗号 1
目录号 1
卷号 1453
件号 17
页数 1
赤峰市档案馆

旺布仁钦公爷为因病请假事呈摄政札萨克王文

公旺布仁钦谨呈摄政札萨克王衙门：理应遵行札饬前往本年统计男丁之盟会。只是本年八月二十日以来下泻不止、虚弱无比。加之再犯腰腿痛之老毛病不得动弹。故呈送之。呈请转呈盟长处。

至此，呈送之。

宣统三年九月初三日

120 盟摄政协理原盟警备军札萨克郡王等为警备军集训事呈阿鲁科尔沁札萨克贝勒等文（宣统三年末秋十五日）

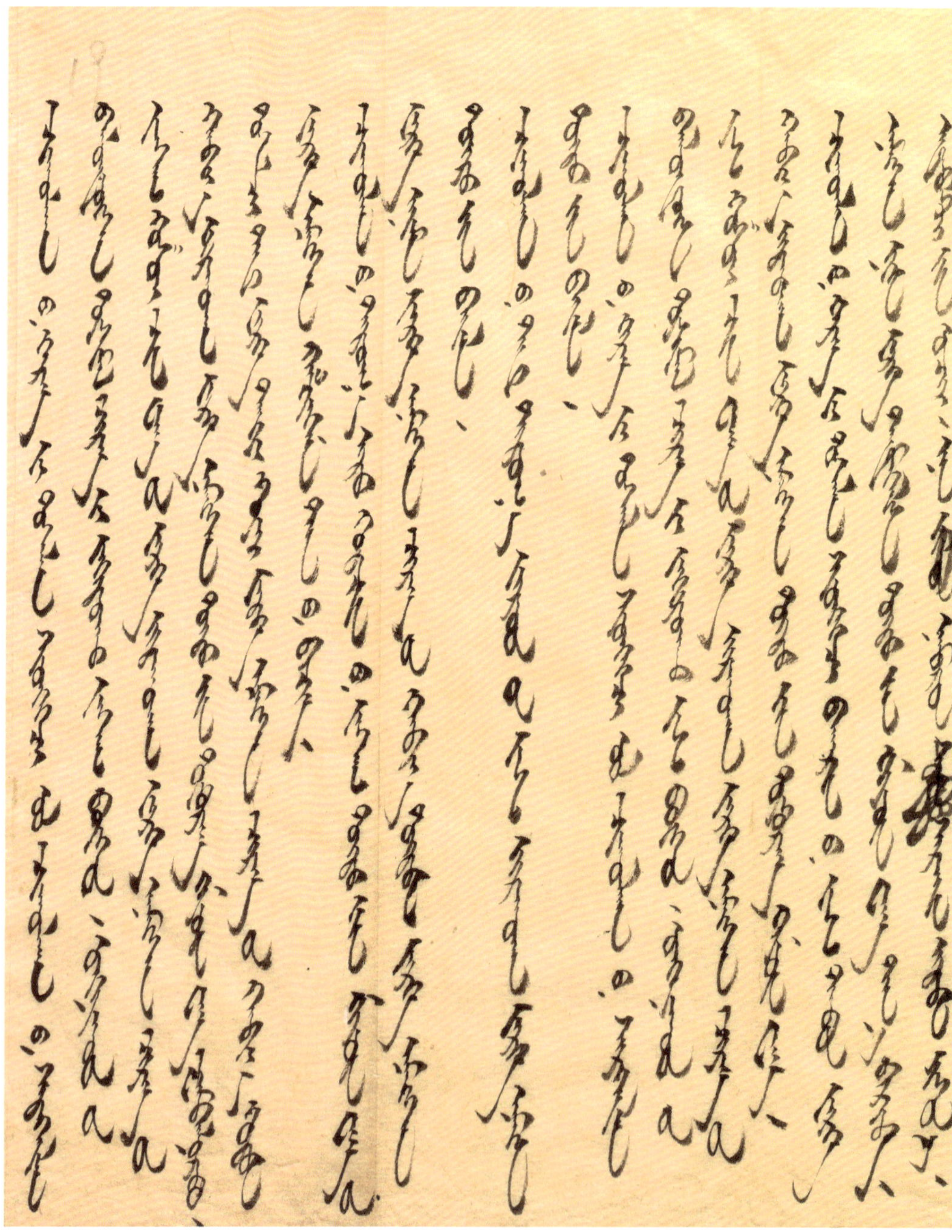

120 盟摄政协理原盟警备军札萨克郡王等为警备军集训事呈阿鲁科尔沁札萨克贝勒等文（宣统三年末秋十五日）

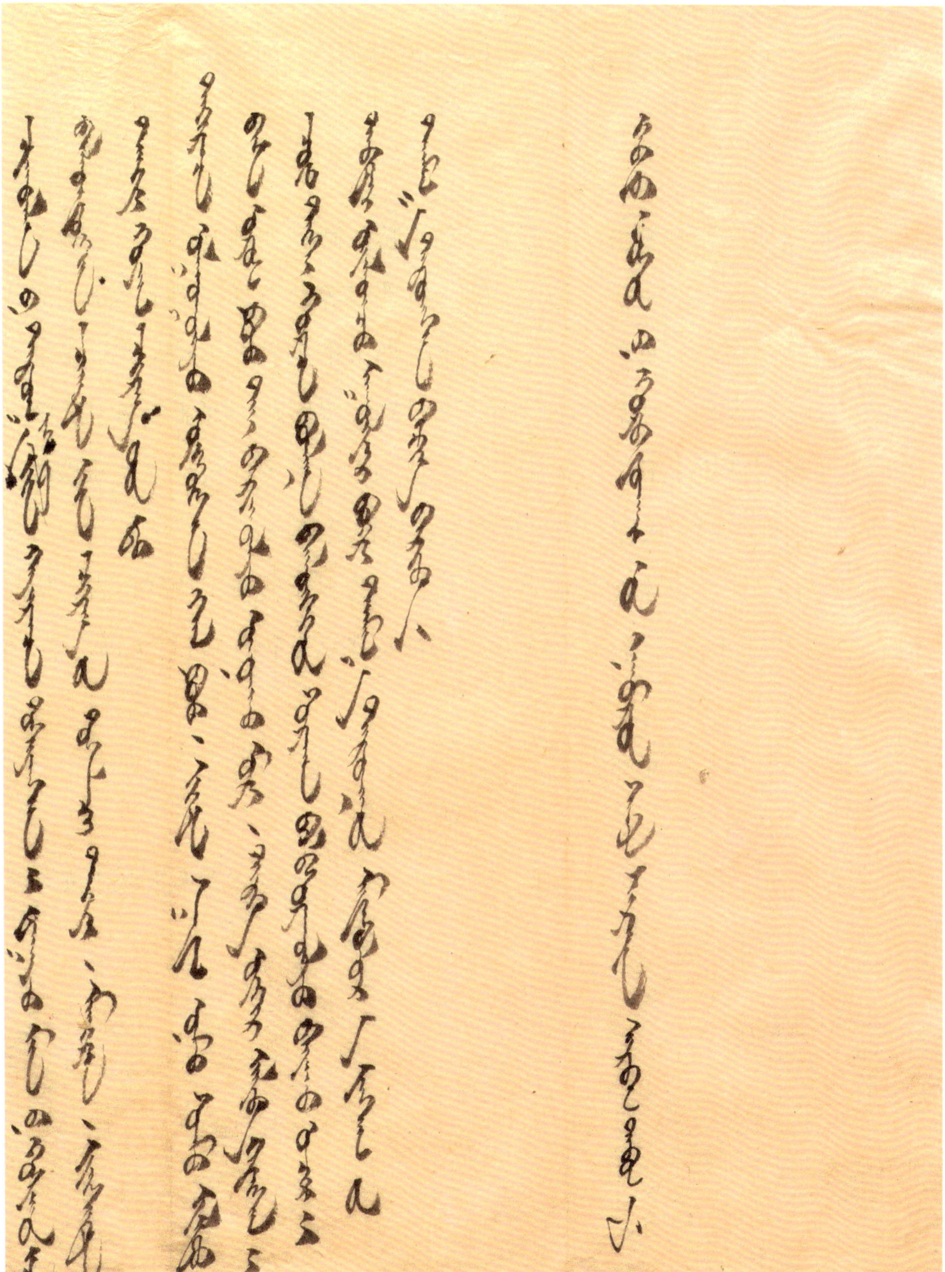

盟摄政协理原盟警备军札萨克郡王等为警备军集训事呈阿鲁科尔沁札萨克贝勒等文

盟摄政协理原盟警备军札萨克暨翁牛特札萨克和硕亲王衔加六级军功加六级多罗杜棱郡王赞巴勒诺尔布、协理二等台吉加二级军功加三级哈青阿文。呈盟长阿鲁科尔沁札萨克多罗郡王衔加八级军功加四级多罗贝勒、副盟长扎鲁特札萨克加六级多罗贝勒、盟摄政协理盟警备军札萨克暨翁牛特札萨克和硕亲王衔加六级军功加六级多罗杜棱郡王、盟摄政协理巴林札萨克加五级记一级多罗郡王：呈报之事。

本年仲秋十九日奉盟长札萨克处札饬，为本旗警备军协理台吉、梅林、官兵配发火枪、弓箭、大刀及俄式快枪及战马、车辆，进行集训一事，登记造册呈之。

至此，呈钤札萨克印之文。

宣统三年末秋十五日

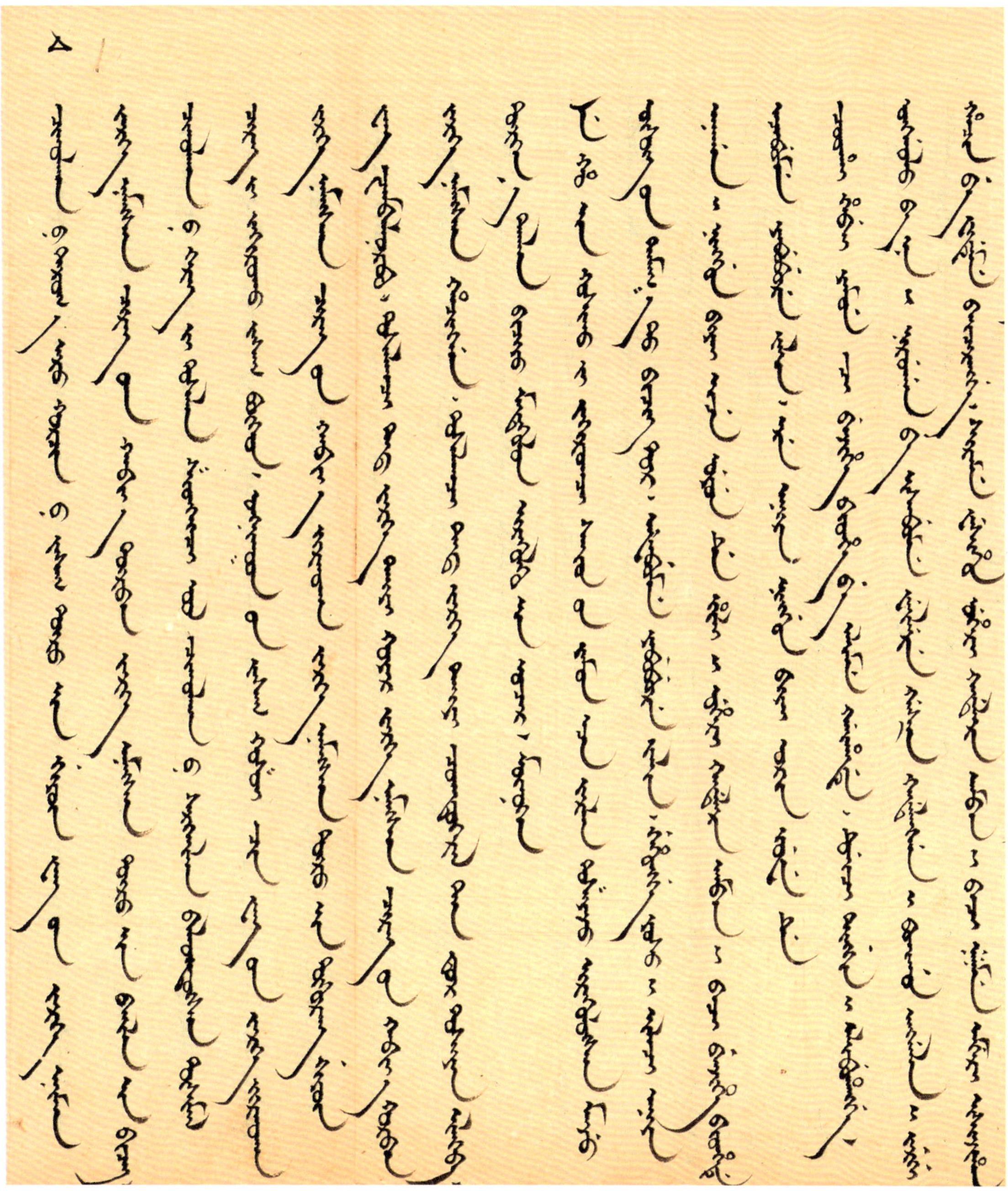

盟长阿鲁科尔沁札萨克贝勒为备送地图制作、登记户口事札盟摄政协理原盟警备军札萨克郡王等文（宣统三年末秋三十日）

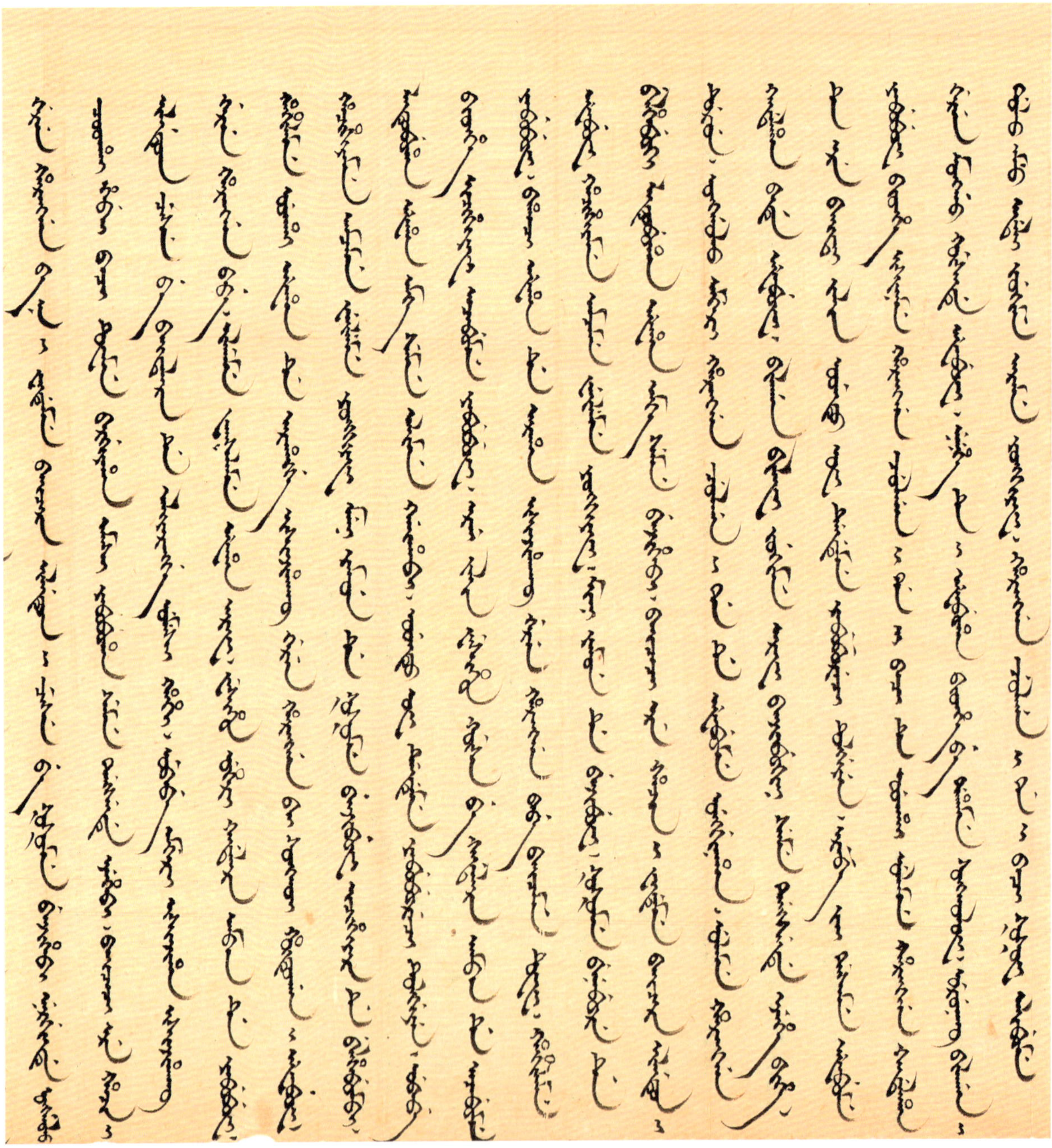

121 盟长阿鲁科尔沁札萨克贝勒为备送地图制作、登记户口事札盟摄政协理原盟警备军札萨克郡王等文（宣统三年末秋三十日）

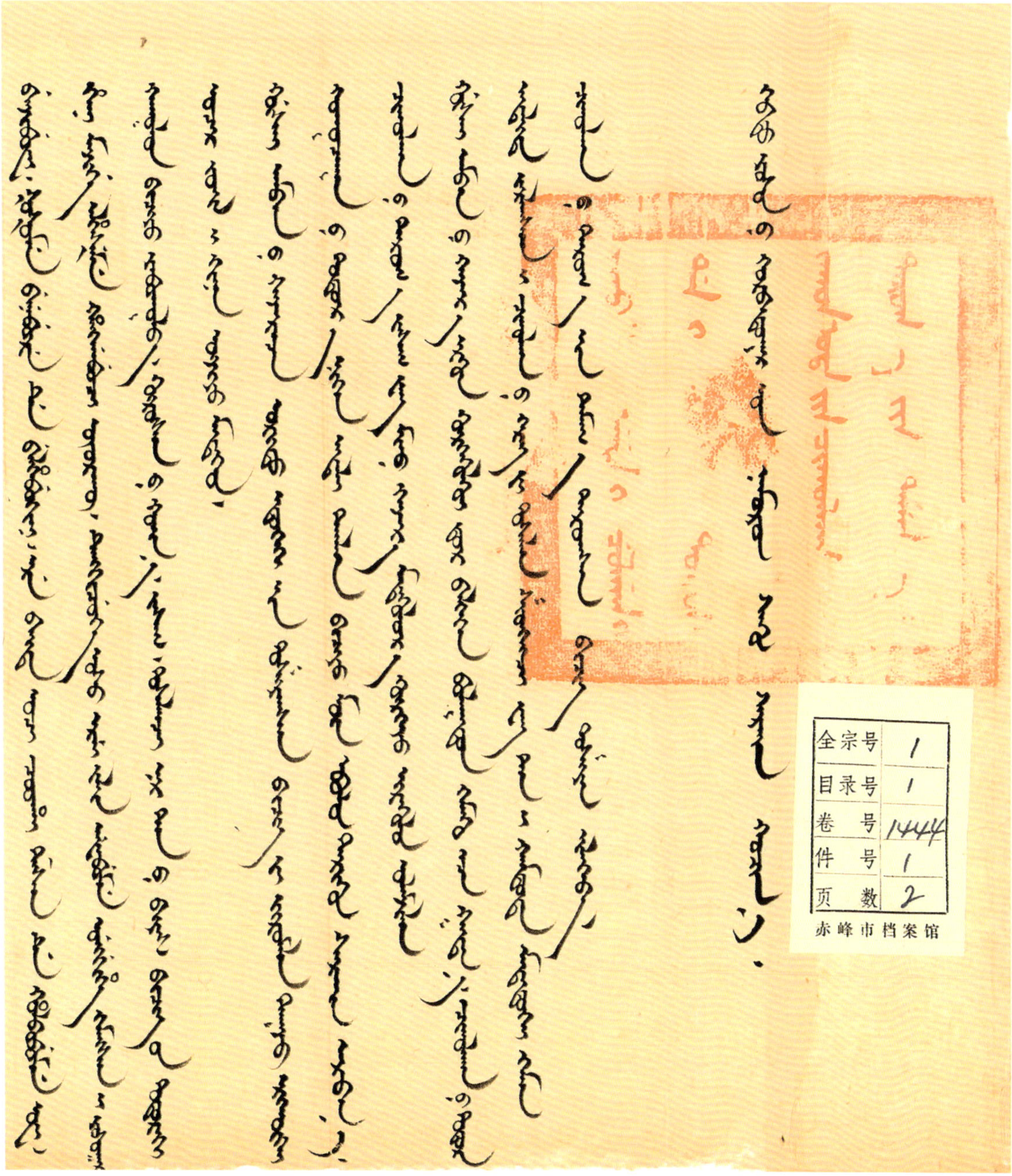

盟长阿鲁科尔沁札萨克贝勒为备送地图制作、登记户口事札盟摄政协理原盟警备军札萨克郡王等文

盟长阿鲁科尔沁札萨克多罗郡王衔加八级军功加四级多罗贝勒文。札付盟摄政协理原盟警备军札萨克暨翁牛特札萨克和硕亲王衔加六级军功加六级多罗杜棱郡王赞巴勒诺尔布，协理二等台吉加二级军功加三级哈青阿、协理二等台吉朝格图格日乐：立即填表呈送之事。

近日，热河都统衙门满文钤印札开：为交付遵行事。宣统三年闰六月初九日直隶总督处来文：为汇行事。今年六月二十二日领讫军事议政衙门来文：第四厅呈称，先前对收集地图制造、乡镇户口等项进行调查，贵都统处先前将已送到之诸所属地区调查表册汇总送到。业经军事议政衙门验收复文。等语，记录在案。经查，此等表册实在急用，将此已送到、未送到之诸所属地方分别开单，行文贵总督，请赶紧缮片，依照未送到之诸所属地方从速交付，催促制作齐全后汇总送至本衙门，以备办理。粘单一份。等语领讫。故分别遵行外，将此文办理，合并行文。为此合并行文贵都统，一经收到，请缮片，查照未送到之诸所属地方从速交付，催促制作齐全后送至本衙门，以备统一呈送。粘单一份。等语送来。查得，此等调查表之式样先前已札送所属盟长处转交该管地方，请限期填好送来。等语。记录在案。现为此事分别遵行外，将此复交付行文，文至所属盟长处即刻转交该管诸蒙古旗，遵照先前及现在交付之文，一定限期内一体填写齐全，由该盟长处汇总呈来，以备统一呈送。此事与军政关联，

不可丝毫延缓耽误也。切实遵行。为此札付。等因前来本盟署。故盟署抄录原文札付之。文到，诸札萨克、协理阅知文内，遵行旗都统衙门札饬。务必期限内填表于本年初冬十日报至本盟长处以便承转旗都统衙门。此事也通告盟摄政王爷处。

至此，致钤盟长印之文。

宣统三年末秋三十日

122 盟长阿鲁科尔沁札萨克贝勒为沿袭札萨克贝勒空位事札盟摄政协理原盟警备军札萨克郡王文（宣统三年初冬初一日）

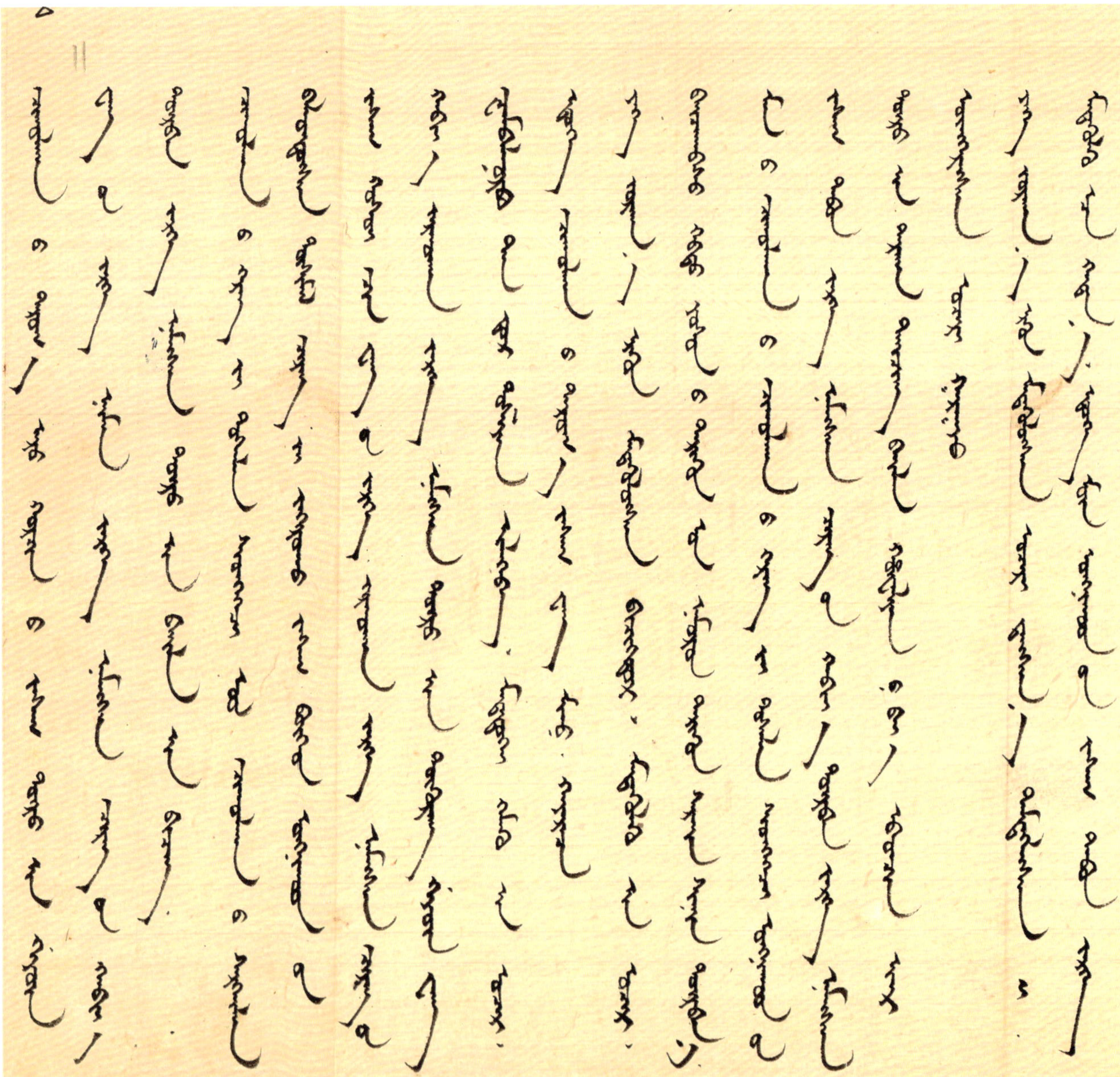

122 盟长阿鲁科尔沁札萨克贝勒为沿袭札萨克贝勒空位事札盟摄政协理原盟警备军札萨克郡王文（宣统三年初冬初一日）

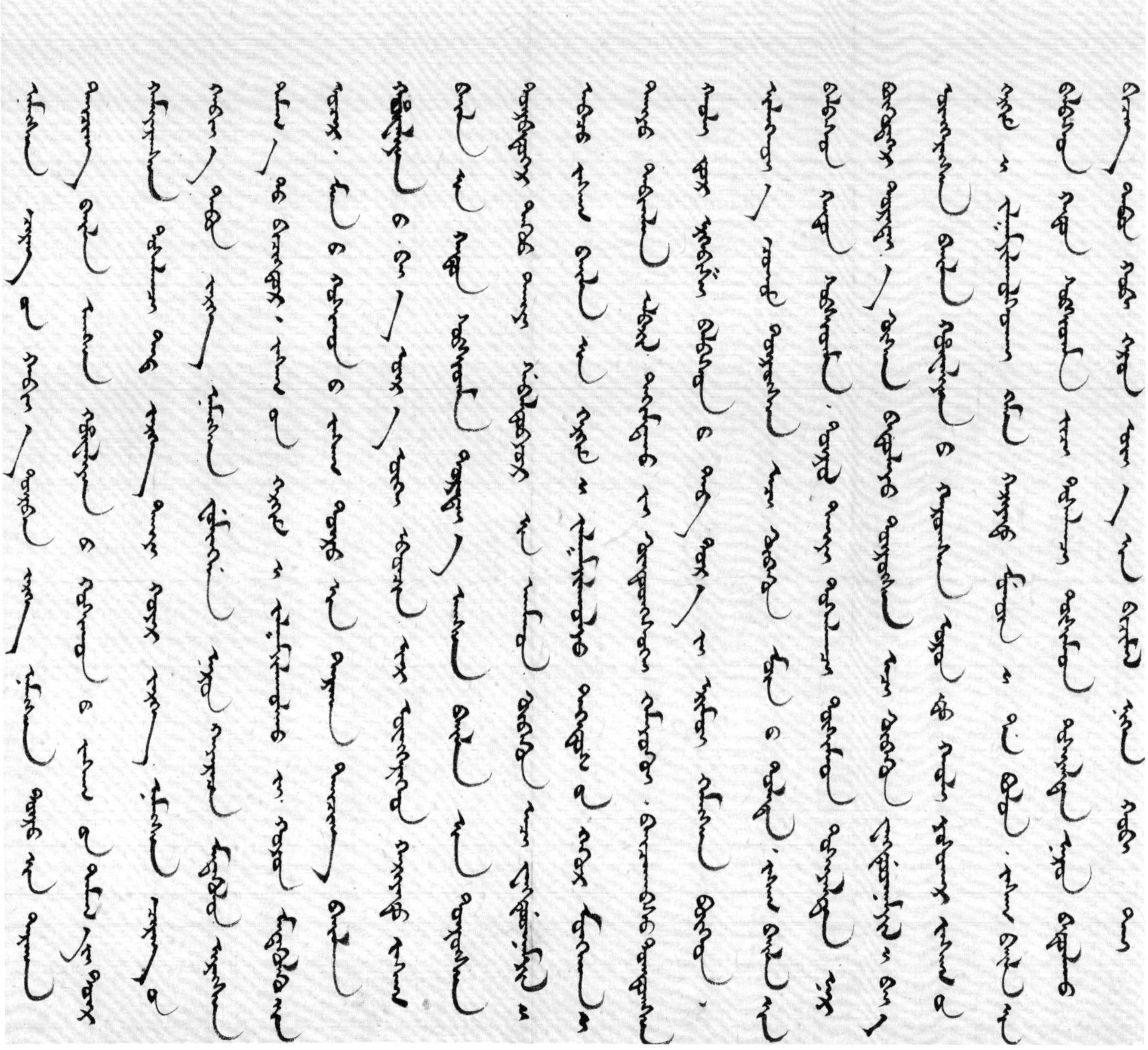

122 盟长阿鲁科尔沁札萨克贝勒为沿袭札萨克贝勒空位事札盟摄政协理原盟警备军札萨克郡王文（宣统三年初冬初一日）

122 盟长阿鲁科尔沁札萨克贝勒为沿袭札萨克贝勒空位事札盟摄政协理原盟警备军札萨克郡王文（宣统三年初冬初一日）

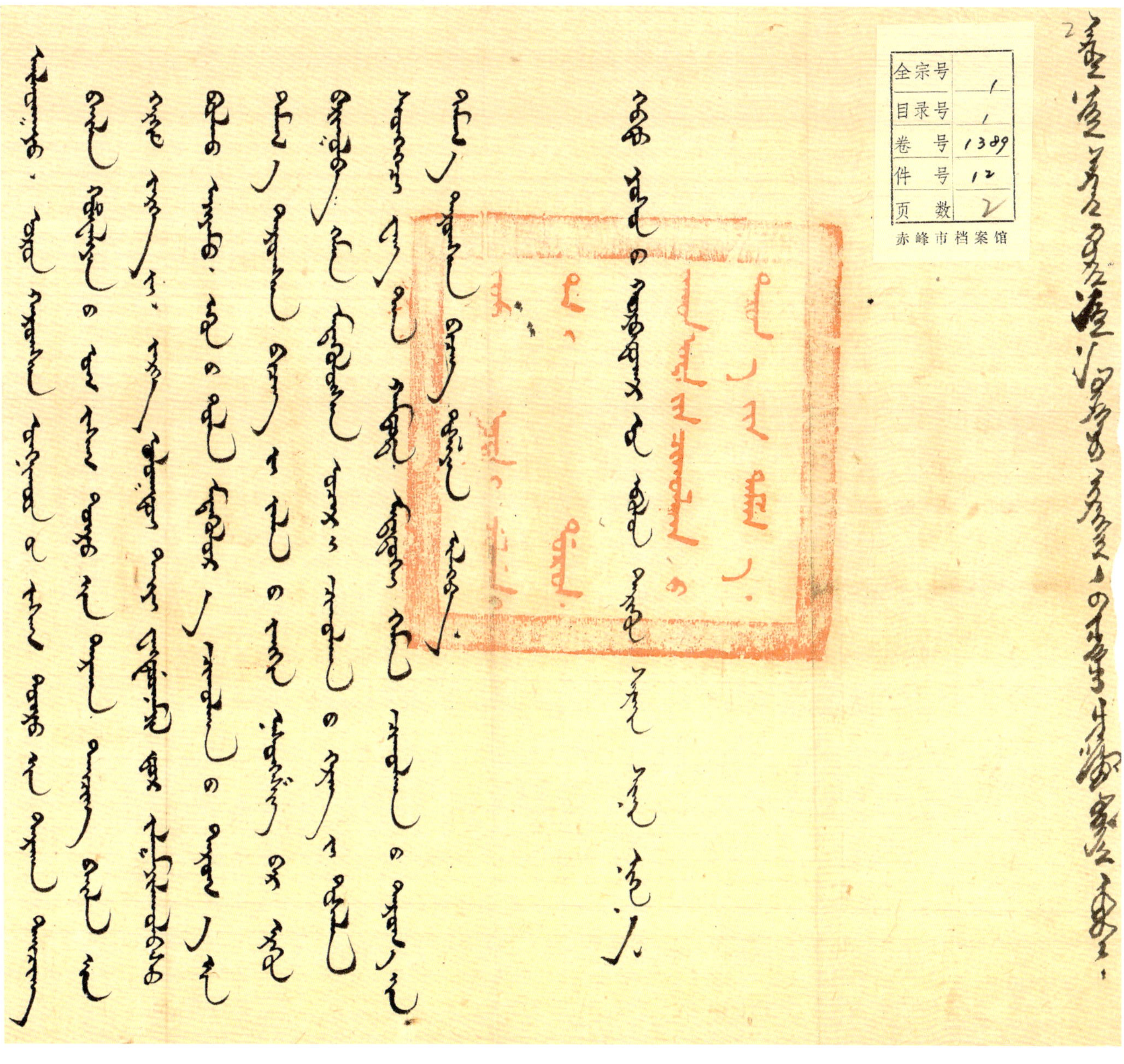

盟长阿鲁科尔沁札萨克贝勒为沿袭札萨克贝勒空位事札盟摄政协理原盟警备军札萨克郡王文

盟长阿鲁科尔沁札萨克多罗郡王衔加八级军功加四级多罗贝勒文。呈盟摄政协理原盟警备军札萨克暨翁牛特札萨克和硕亲王衔加六级军功加六级多罗杜棱郡王赞巴勒诺尔布：告知之事。

如今，本盟长札萨克王处向大部呈报：宣统元年初秋初四日，盟摄政协理翁牛特札萨克加五级军功加四级多罗达尔罕贝勒华连因病去世一事，已上报理藩院记录在案。此外，如今，署理原翁牛特札萨克加五级军功加四级多罗达尔罕岱青贝勒华连旗札萨克印务之协理二等台吉加二级军功加五级福明阿等处报来官印文：呈请继承札萨克空位之事。本旗札萨克多罗达尔罕岱青贝勒华连因病去世，无子。所属札萨克贝勒夫人苏布希德玛愿意推荐贝勒爷亲四弟台吉色布勒道布珠尔之长子旺杜德那木吉乐继承札萨克贝勒之空位，祭奠祖辈牌位行孝。经核实，按律可采纳遗孀之意愿，且亲侄之故，札萨克贝勒夫人苏布希德玛、宗亲台吉协理官臣等愿意荐举旺杜德那木吉乐按律继承华连之札萨克贝勒空位。故，所属陵吏、札萨克贝勒遗孀苏布希德玛夫人及协理书写五份保举书及家谱一份，一同上报。呈请盟长转报大部荐举旺杜德那木吉乐继承札萨克贝勒职位。旺杜德那木吉乐属猪，今年十三岁，无任何争议之事。为此，统领章京斯琴朝格图携钤札萨克官印文呈送之。等语前来。本盟长细查此事，前贝勒华连之亲四弟台吉色布勒道布珠尔长子未封台吉旺杜德那木吉乐为应继承札萨克多罗达尔罕岱青贝勒职位之至亲。因此抄写一份其家谱钤盟长印附后，与札萨克多罗达尔罕岱青贝勒华连之遗孀苏布希德玛以及宗亲族长、协理签字之举荐文五份已呈报大部，祈求大部明鉴，转奏吾皇，恩准翁牛特札萨克多罗达尔罕岱青贝勒华连之原札萨克多罗达尔罕岱青贝勒之空位，继给未封台吉旺杜德那木吉乐为盼。

因此，特派甲喇章京那顺贺喜格呈钤盟长印之文。为告知盟摄政协理王转交加盖盟长印章文书。

宣统三年初冬初一日

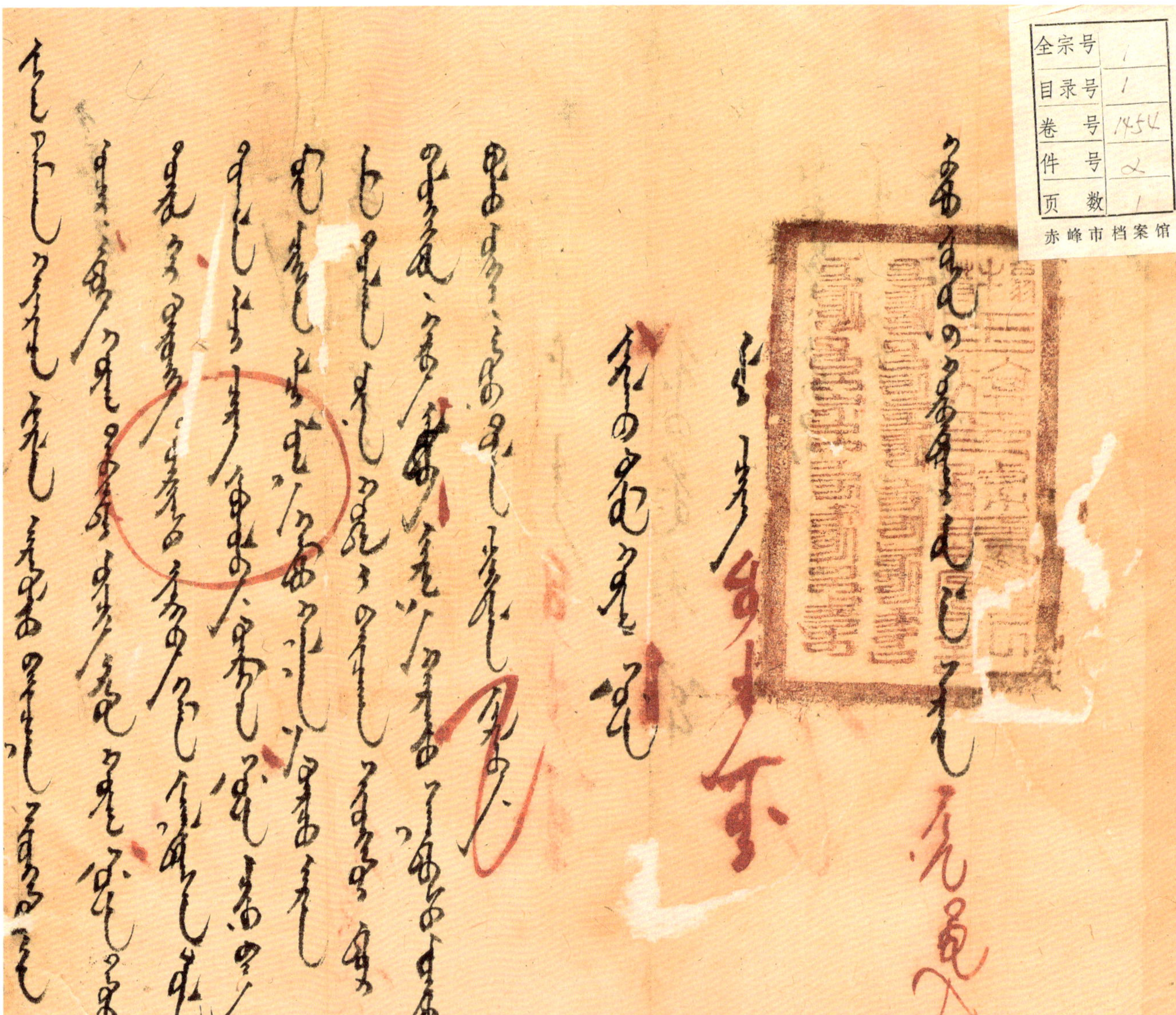

全宗号	1
目录号	1
卷号	1454
件号	2
页数	1

赤峰市档案馆

札萨克印务处传唤涉案人札饬一则

札萨克印务处札饬。兹有，壮丁塔宾泰呈状，状告壮丁栓霸占其家产田赋一案，指派官吏传唤之。官吏到，栓与派去官吏一同至衙门，以便对质审理。不得借口拖延。

此札。

被传唤人：壮丁栓

衙役：福成旭

宣统三年腊月初五日

124 所属旗札萨克为替换病残兵丁事呈盟长王爷文（宣统三年）

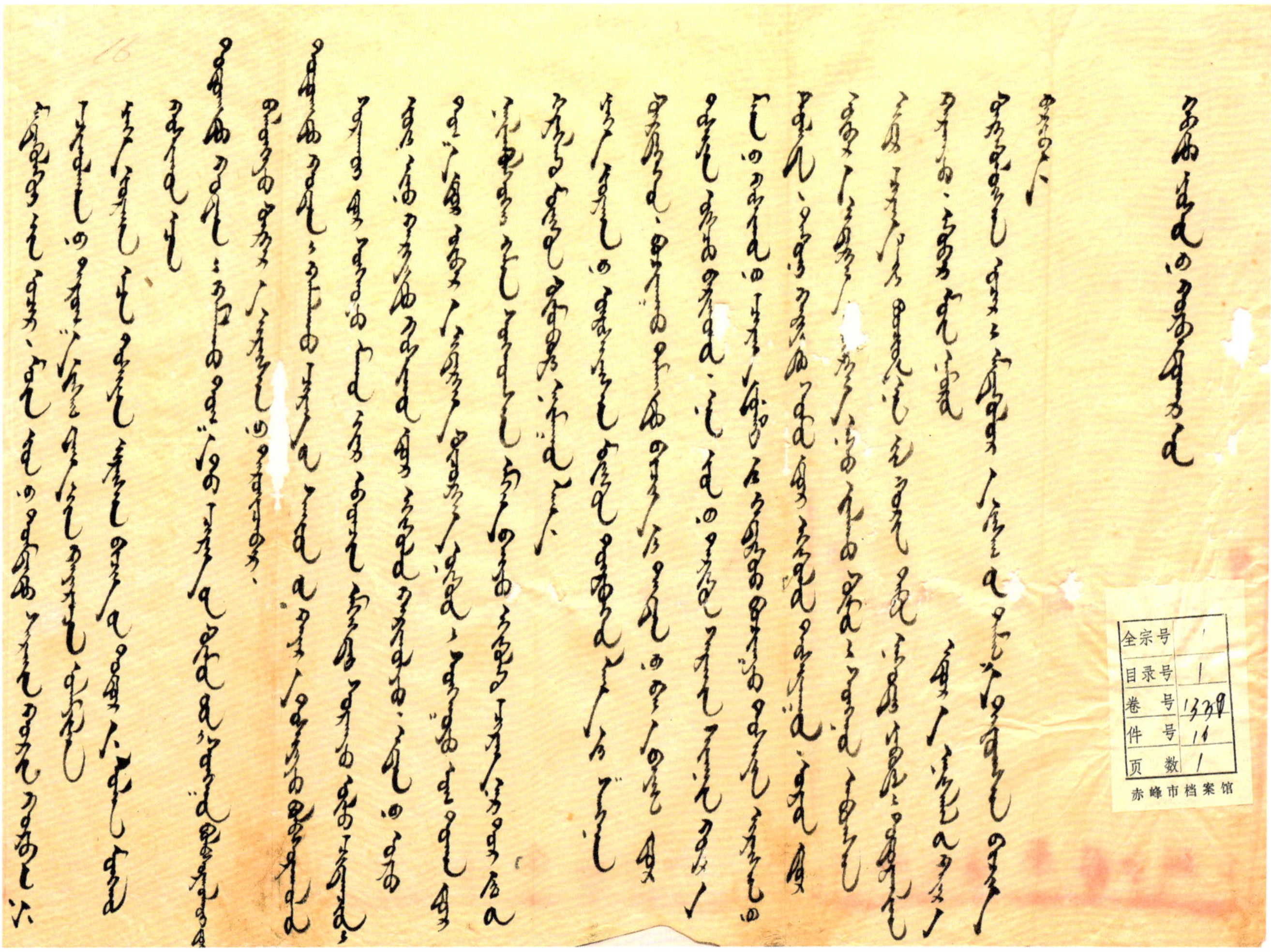

所属旗札萨克为替换病残兵丁事呈盟长王爷文

呈报之事。本年仲夏二十三日盟长札萨克王处承转之大部札开：诸蒙古旗选送护卫京城之兵丁，交予京城护卫臣处训练。而病残无法训练者，应按例退回所属旗，挑选健壮补充其缺口。奉大部之命，退回病残兵丁路费每人八两银子，加之大部赏赐之四两银子与退回官文一同交给其本人，退回至原籍也。本年初夏初二日，本旗退回兵丁富海，将其退回所属佐领，作为其补充，选出健壮兵丁台吉宝泉，今年二十五岁，于秋送至京城。

至此，呈钤札萨克印之文。

宣统三年

125 扎鲁特札萨克贝勒等为备办涉案经费等事呈盟摄政协理原盟警备军札萨克郡王文（宣统四年初春二十二日）

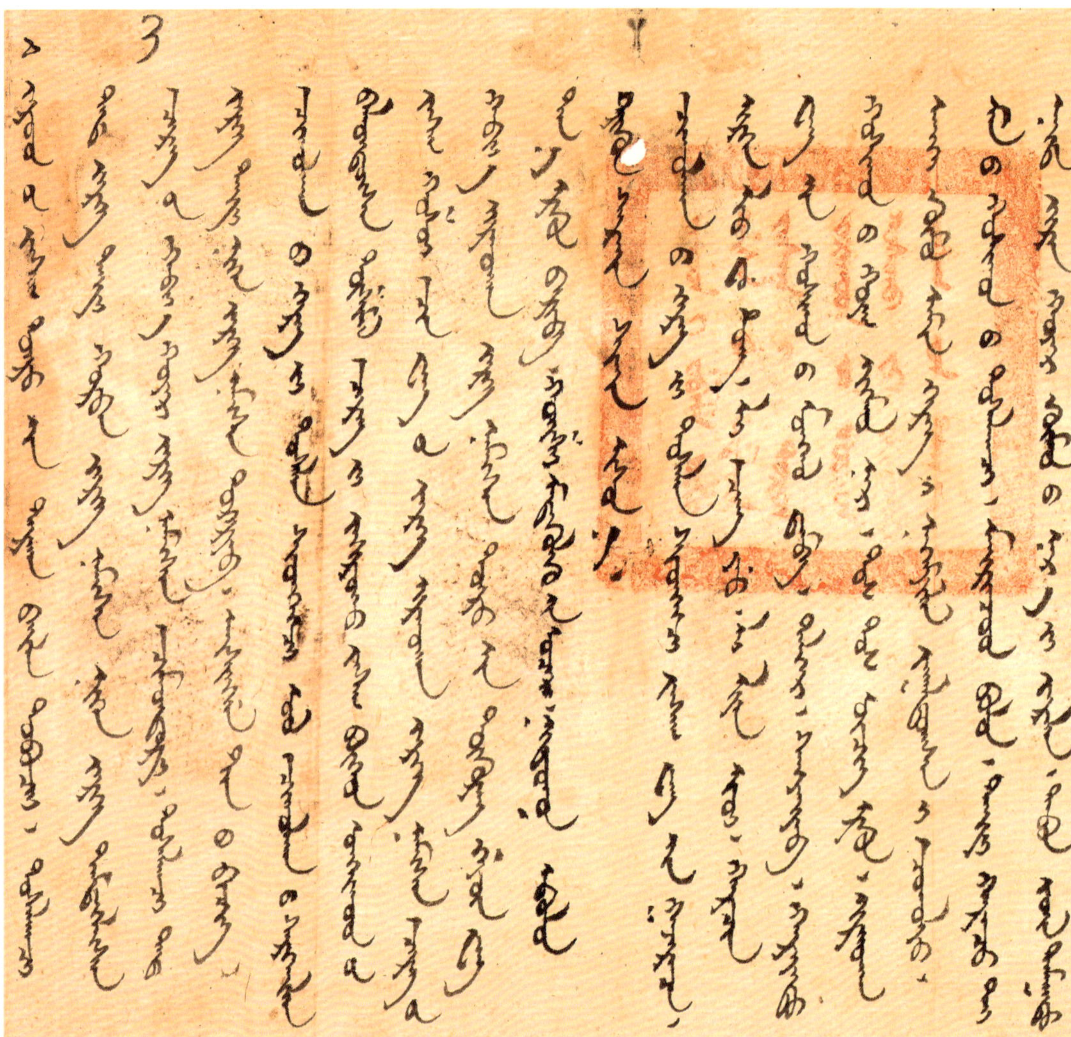

125 扎鲁特札萨克贝勒等为备办涉案经费等事呈盟摄政协理原盟警备军札萨克郡王文（宣统四年初春二十二日）

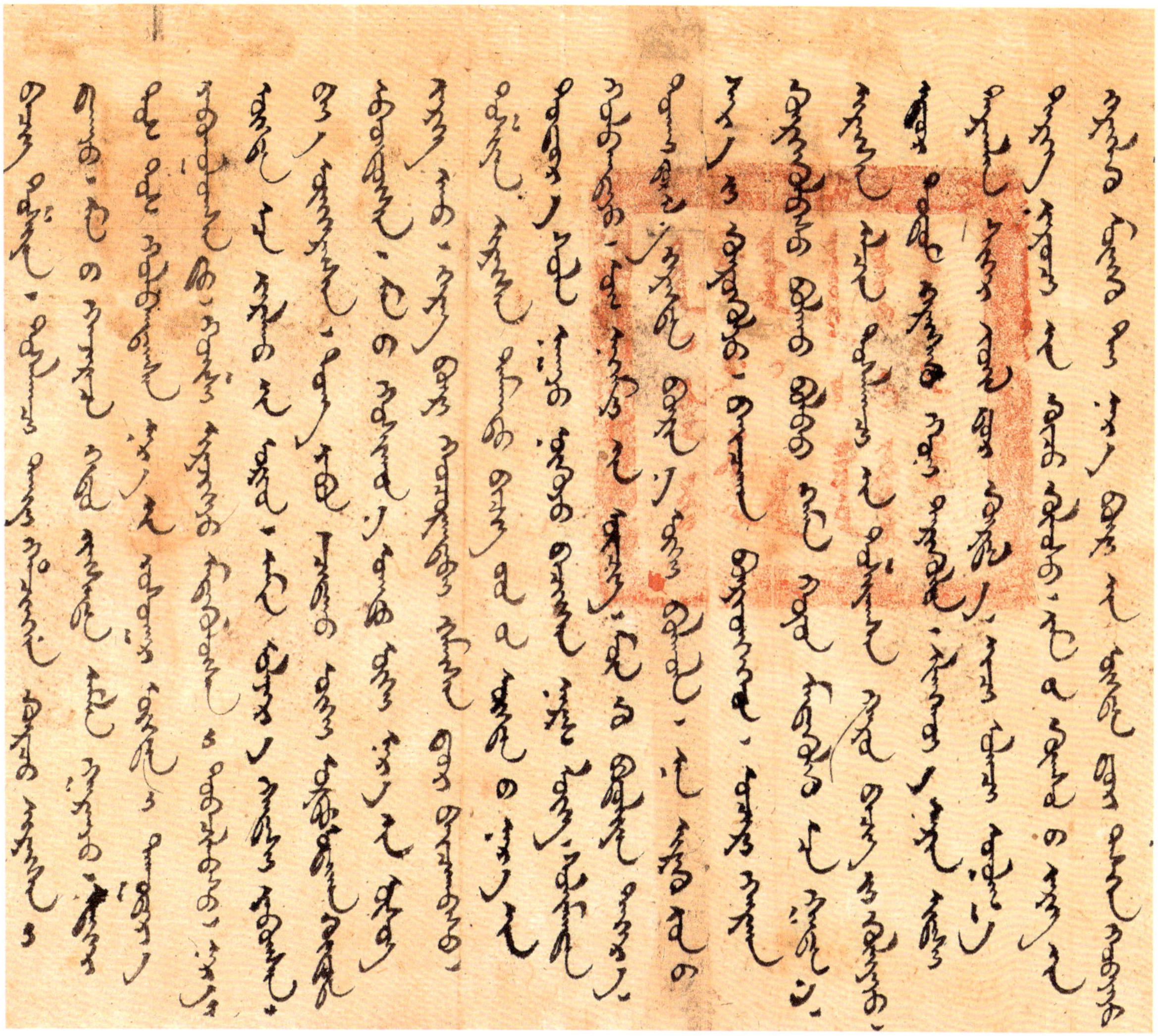

125 扎鲁特札萨克贝勒等为备办涉案经费等事呈盟摄政协理原盟警备军札萨克郡王文（宣统四年初春二十二日）

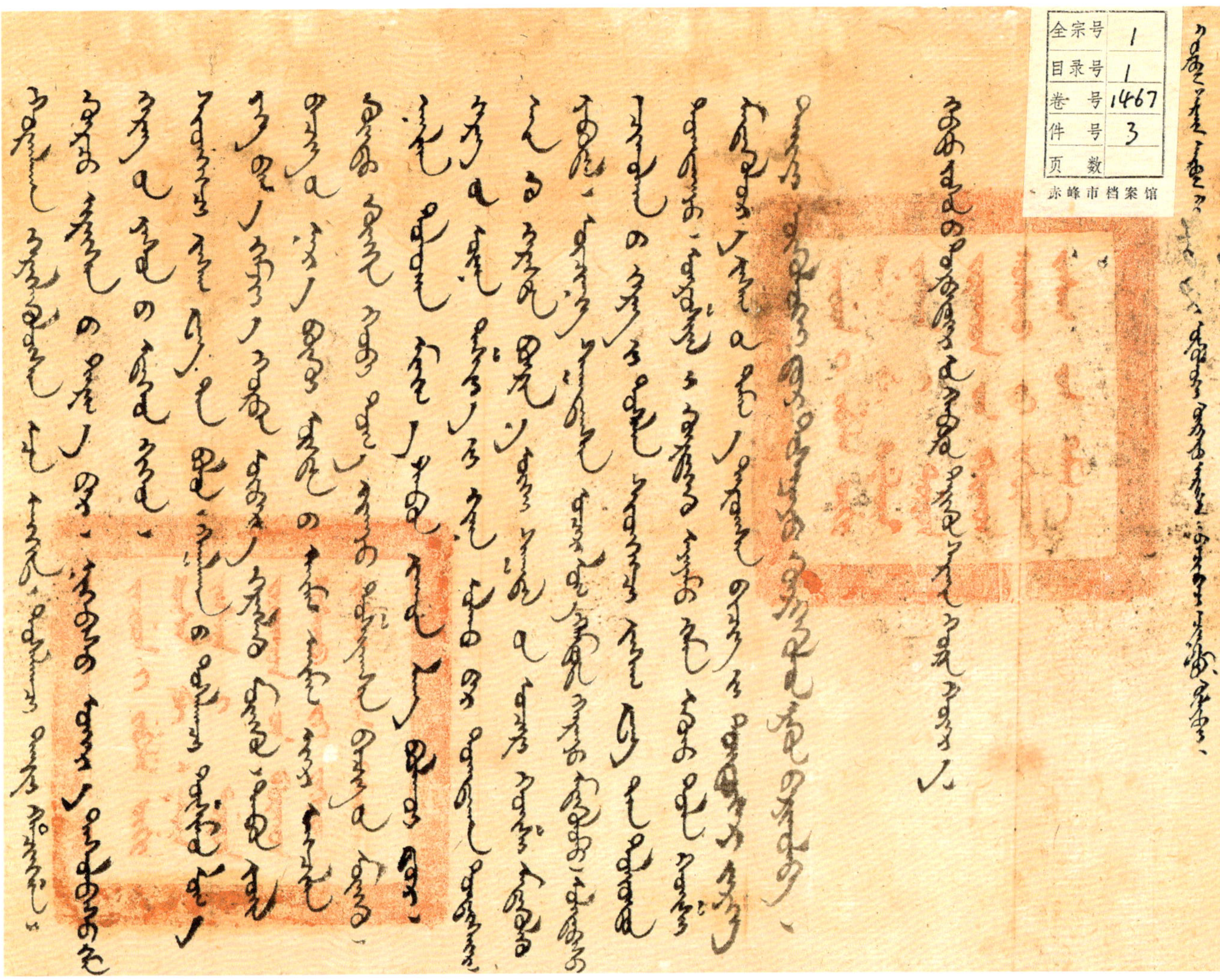

扎鲁特札萨克贝勒等为备办涉案经费等事呈盟摄政协理原盟警备军札萨克郡王文

扎鲁特札萨克多罗达尔罕贝勒道布柴，协理二等台吉加三级记一级军功加二级其木德道尔吉，协理二等台吉加一级道葛尔扎布、埃兴哈文。呈盟摄政协理原盟警备军札萨克暨翁牛特札萨克和硕亲王衔加六级军功加六级多罗杜棱郡王：禀报之事。

去年初冬初九日，盟摄政协理札萨克王处批示刘福通、李昌由、李连玉，喀喇沁王旗丹巴、德力格尔、桑杰扎布，所属旗壮丁吉格木德等上诉之六宗命案，由协理台吉哈青阿携五种官印公文，传唤本旗协理、梅林及台吉共六十二人。本旗奉命指派官兵逐一传唤涉案人员。派遣之官兵汇报：简而言之，涉案人员或为糊口出走者，或去世者、或身患重病不能动弹者、或并非本旗人员者，故不能如数交差。等语。经核查，送来官文之涉案人员名单与附后闲散人员名单掺杂混乱，使原涉案人员变得复杂，当时涉案人员又不全。故呈请等来夏时分，完整统计，呈报事由原委为盼。另有，承接使者协理亲笔信，备办日常用之肉羊，尤其细粮、糖块及路途车辆费用、口粮费用，已配送至各官员名下。另，协理台吉哈青阿到达后，为尽快断案，为当事人、摄政王爷、衙门协理等，单独分高低不同标准之三种费用，以及五种官文费用、涉案费用合计达到七千五百两银子。故，为弄清事情真伪而犹豫拖延多日，还有当事人不全而延误之事等各种拖延之事一同上报。祈求盟摄政协理札萨克王爷开恩赐教。

至此，指派四等台吉乌呼勒贵携钤札萨克印之文呈送之。

宣统四年初春二十二日

126 盟长阿鲁科尔沁札萨克贝勒为选送被免台吉空位候选人事札盟摄政协理原盟警备军札萨克郡王等文（宣统四年仲春初二日）

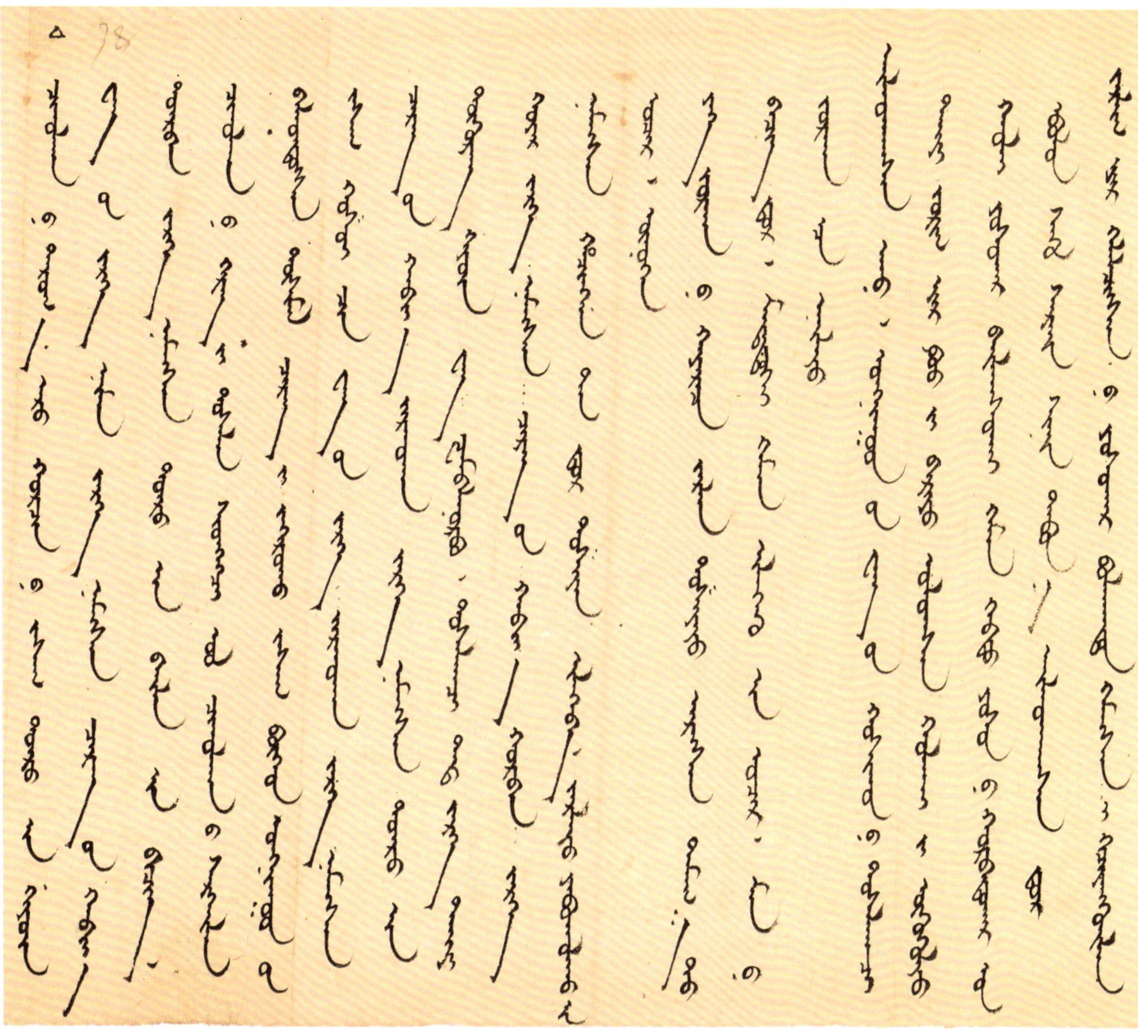

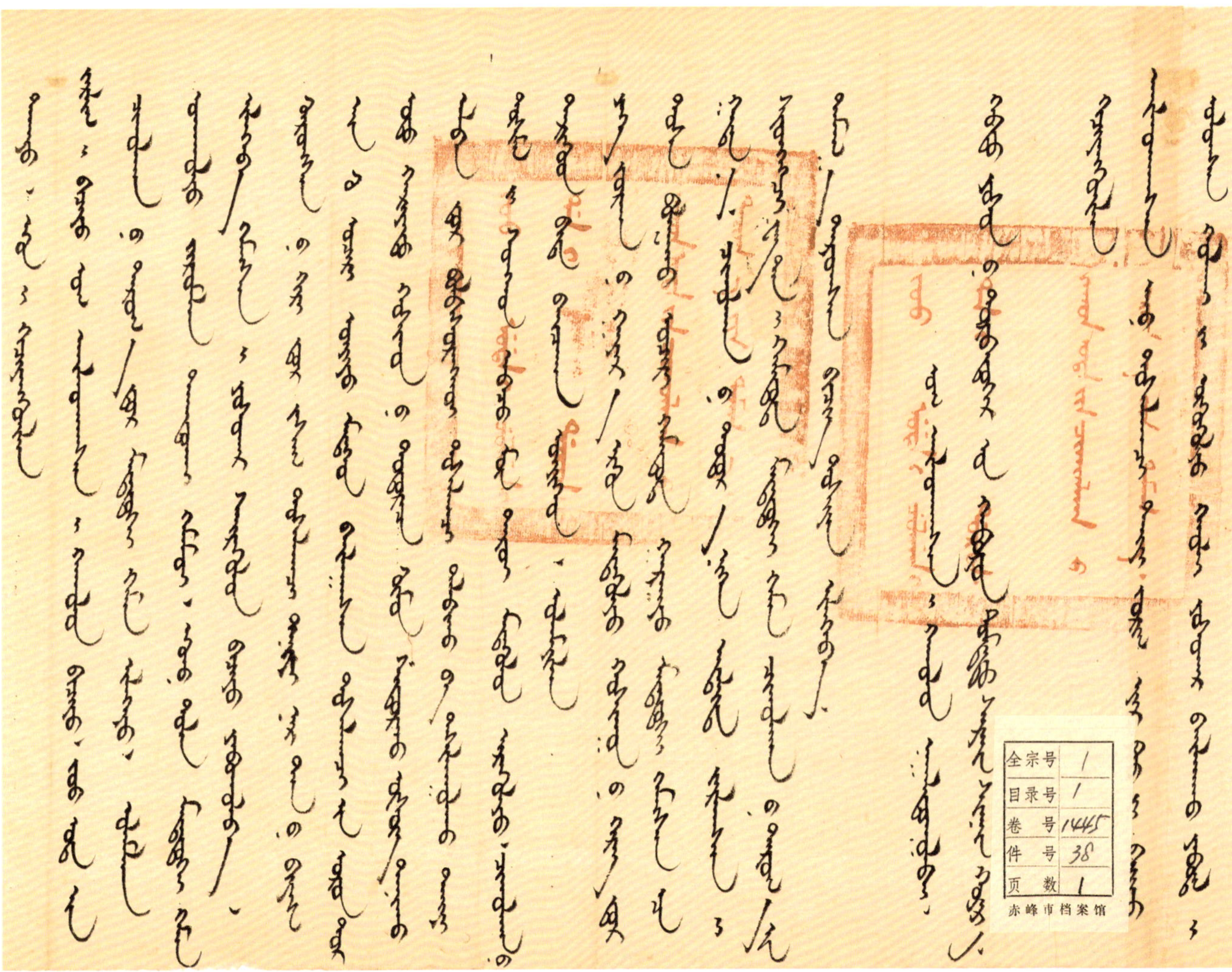
全宗号 1
目录号 1
卷 号 1445
件 号 38
页 数 1
赤峰市档案馆

盟长阿鲁科尔沁札萨克贝勒为选送被免台吉空位候选人事札盟摄政协理原盟警备军札萨克郡王等文

盟长阿鲁科尔沁札萨克多罗郡王衔加八级军功加四级多罗贝勒文。札付盟摄政协理原盟警备军札萨克暨翁牛特札萨克和硕亲王衔加六级军功加六级多罗杜棱郡王赞巴勒诺尔布，协理二等台吉加二级军功加三级哈青阿：行札之事。

近日，大部札开：翁牛特王旗协理台吉擅自持枪致使抓获之犯人死亡。故免其职位。于宣统三年末冬初五日上奏，圣上恩准。现抄录原文通告昭乌达盟长，宣告遵旨照办。等因前来本盟署。为此，抄录大部原文转送之，札萨克、协理台吉等知晓文内，选送本旗内品性良好、识字认书、熟练公务之人，接任被免协理空位之候选台吉，并及时上报盟署，以备审核转送大部。此事也通告盟摄政王爷处。

至此，致钤盟长印之文。

宣统四年仲春初二日

127 笔帖式舒青哈为家园被洪水冲垮事呈摄政王爷文（宣统四年六月初二日）

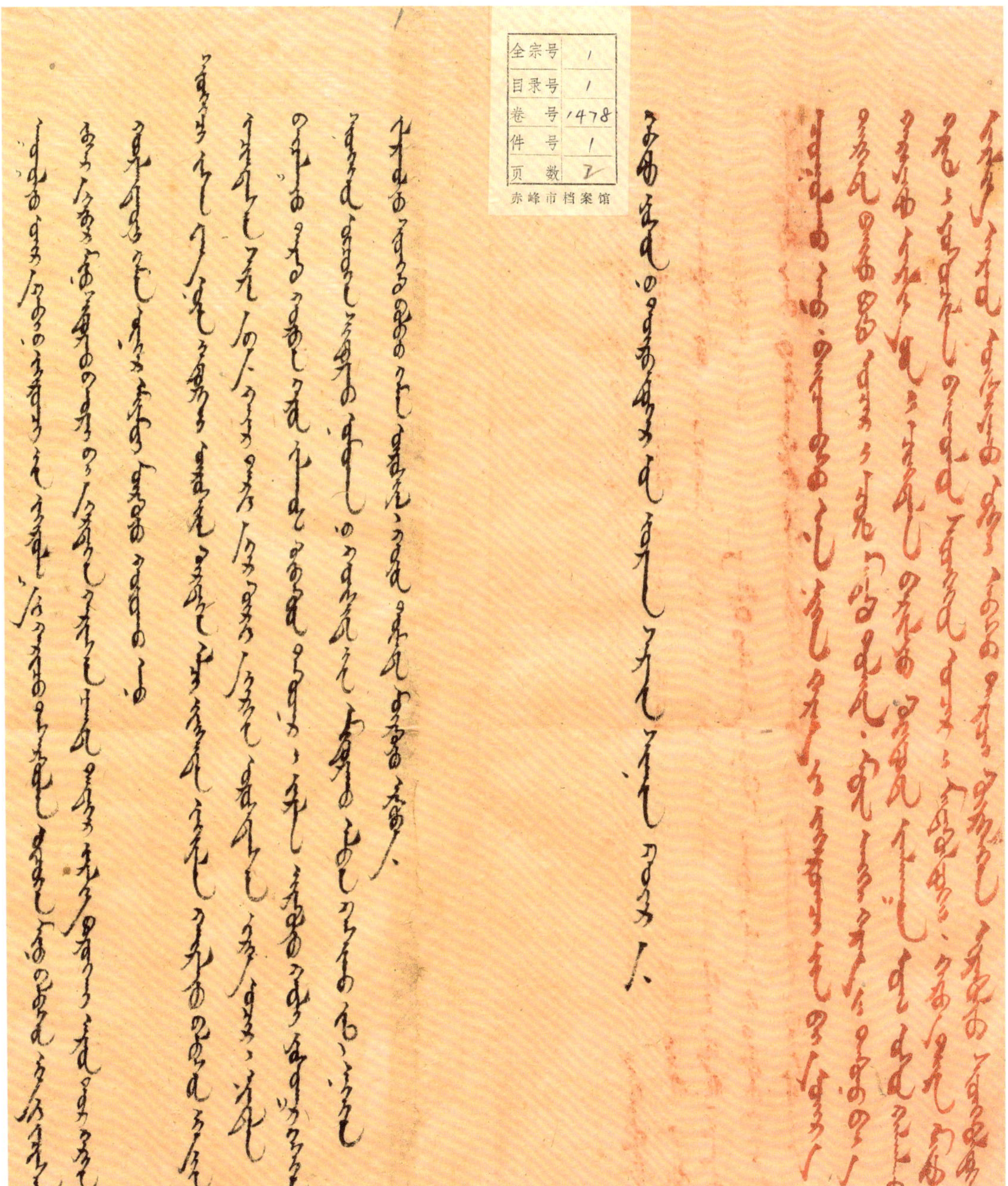

全宗号	1
目录号	1
卷号	1478
件号	1
页数	2

赤峰市档案馆

笔帖式舒青哈为家园被洪水冲垮事呈摄政王爷文

鄙人笔帖式舒青哈呈报被凌辱之冤屈。鄙人四月开始在乌兰哈达郡县官府当差使也。近日，下大雨，洪水泛滥冲毁家园及田地。摄政王爷处通知，本人寡母向王处呈报称，五月二十五、六、七日，洪水冲垮围墙，冲出一丈深壕沟，院子西边也冲出了大沟，洪水倾满院子，浸泡住房，情况触目惊心。不料，洪水为本村壮丁官布、乔天晴、曾格等三家人强拆吾家后山脚下防洪堤坝而致使洪水直接冲入家园及田地，冲出了大壕沟也。本孤寡老人前去与其三家评理，三家年轻人却蛮横无理，对吾辱骂殴打，邻里见情前来劝架，方免吾致重伤。经查，寡母被打，伤情较重，且三家弟子仗势欺人，不容理论，理应由街管处立即审判。鄙人细查想，此三家弟子仗势欺人，强拆旧坝，冲毁鄙人家园田地，欺辱忠厚老实百姓，置吾于死地，反抗临近摄政王爷命令，殴打俺寡母。如吾等弱小者回去，不知如何被野蛮贱民迫害也，甚为恐惧。呈请札萨克王爷开恩，指派官吏查清寡母被殴及家园田地被冲毁情况，传唤三家弟子治罪，还良民日后生计之路也。

千跪万叩呈送之。

宣统四年六月初二日

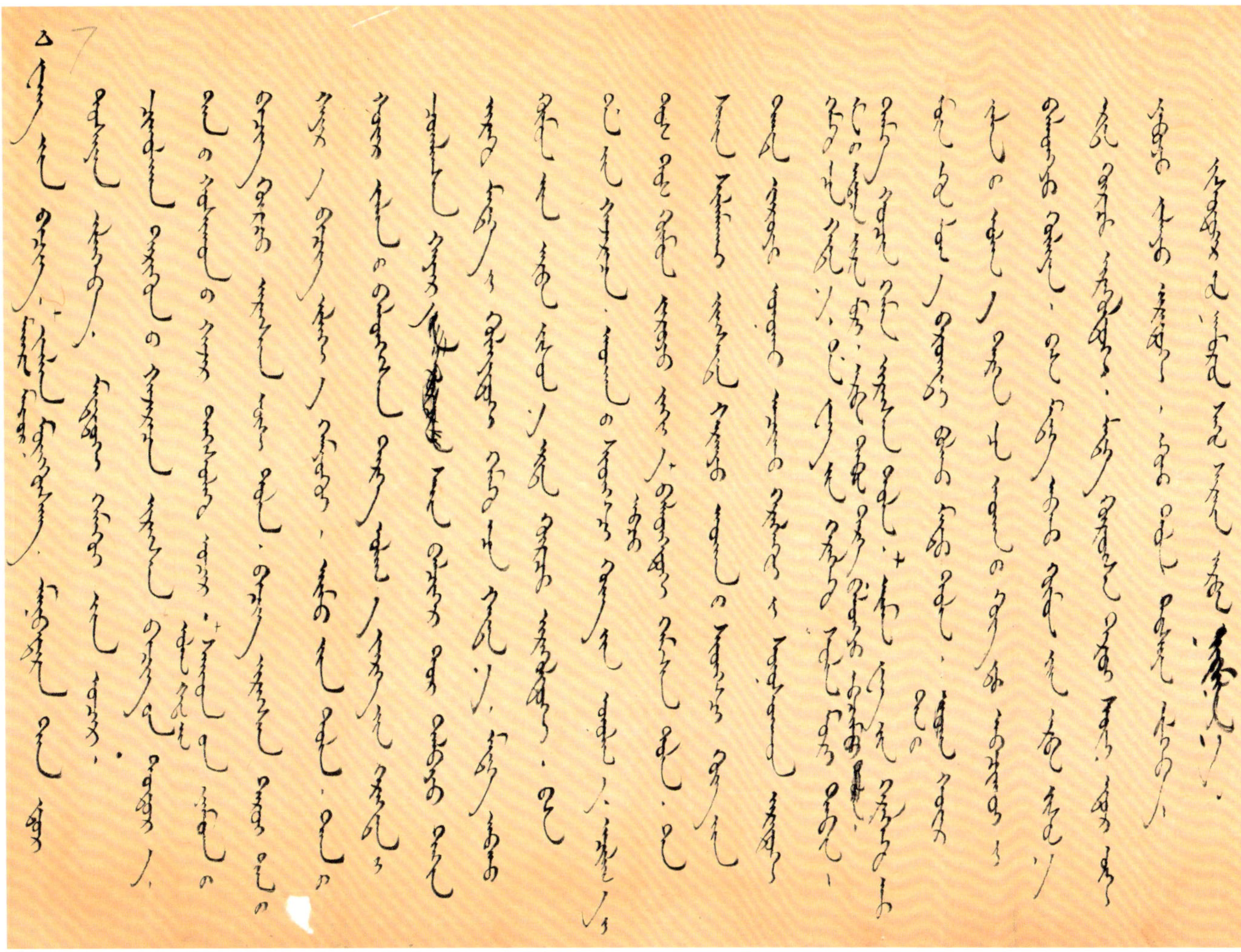

札萨克王爷为盟长所需物资事札梅林、甲喇文

札付梅林曼珠，甲喇孟根仓、玛尼巴达日：札付之事。

承接盟长札开：尔旗丈量耕地之事，未见驻乌兰哈达大臣官府行文，文到，将立刻回文。故由尔等二甲喇备办之车辆、牛马等放置于肥沃草地，等待消息。派联络人于十九日早晨至本府。还有，盟长处吩咐备齐敖汉王所需车辆、马匹及物资。等语。所以，本王指派机灵官吏至敖汉王处听取所需物资。此外，盟长大王所需随马五十匹、骆驼三十峰，本处备办六十匹马、十五辆车。奈曼王所需亦类似。尔等甲喇备办敖汉王所需车辆，待命。指派联络员十九日早晨至本王处。接到指令，日夜兼程，迎接敖汉王。

此札。

九年末秋十八日

129 章京阿木尔希迪为为赶走异地人员事呈札萨克王爷文（二十五年仲春初五日）

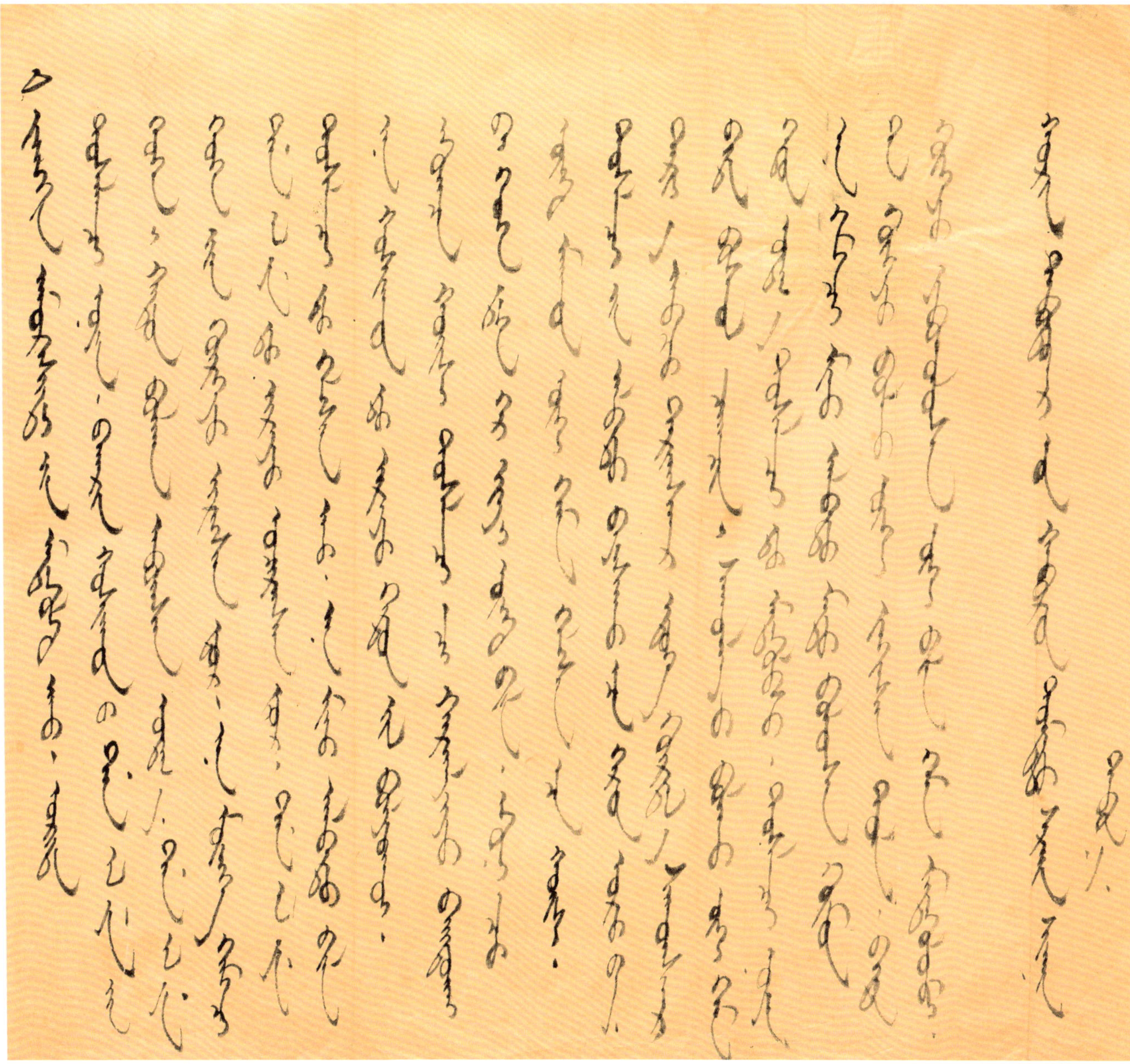

章京阿木尔希迪为为赶走异地人员事呈札萨克王爷文

章京阿木尔希迪文。章京阿木尔希迪禀报：之前协理官娶巴林旗大二爷闺女为妻，大二爷陪送姑娘时，此孟克拜见大二爷。于是，大二爷交代协理官曰，此人为本爷属民也，至本旗定居多年，望协理官多关照，本人为姑娘配送丫鬟随从时也可配送此人也。等语。从此，孟克从协理属民白雅斯呼处索要宅基地及耕地，生计至今。吾等向协理多次呈报不得容留出逃人员居住时，协理称此人已与本人属民无二样，不得赶走。等语。故未赶走。

为此禀报。

二十五年仲春初五日

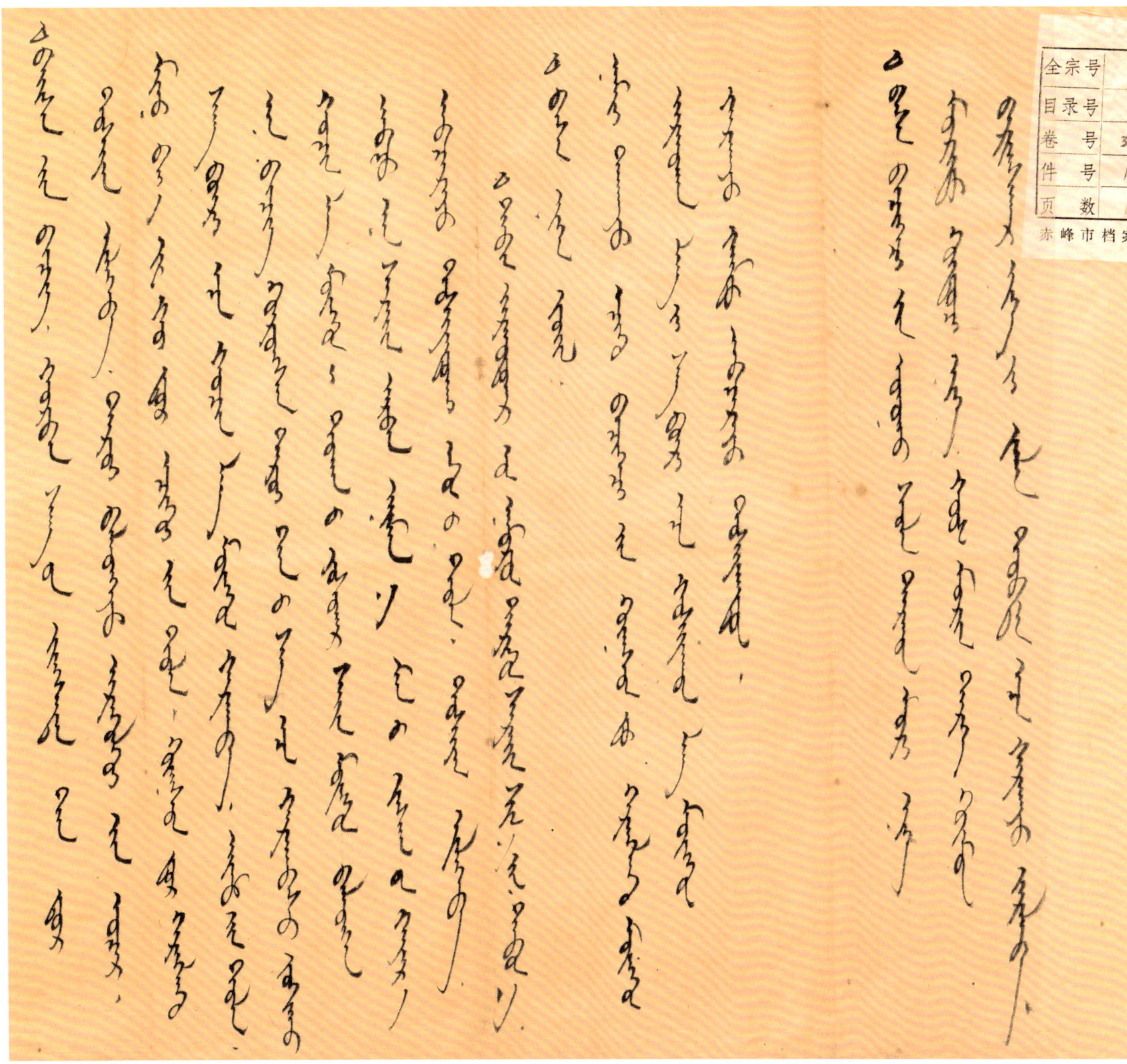
全宗号
目录号
卷号
件号
页数
赤峰市档案

贝子王爷为备办至热河所需费用事札三处官仓司库文

贝子之文。札付三处官仓司库：速备办之事。

本贝子至热河所需口粮费由三处官仓均出三十两银子。文到，各官仓如数备齐所缴纳三十两银子，于本月十八日按时交至本札萨克处。

此札。

五十六年初秋初五日

附：随本贝子之笔帖式口粮费六两银子，每仓二两，一同缴纳。

另，笔帖式坐骑壮硕马一匹、骑马随从一名、马车一辆，甲喇道布丹出之。

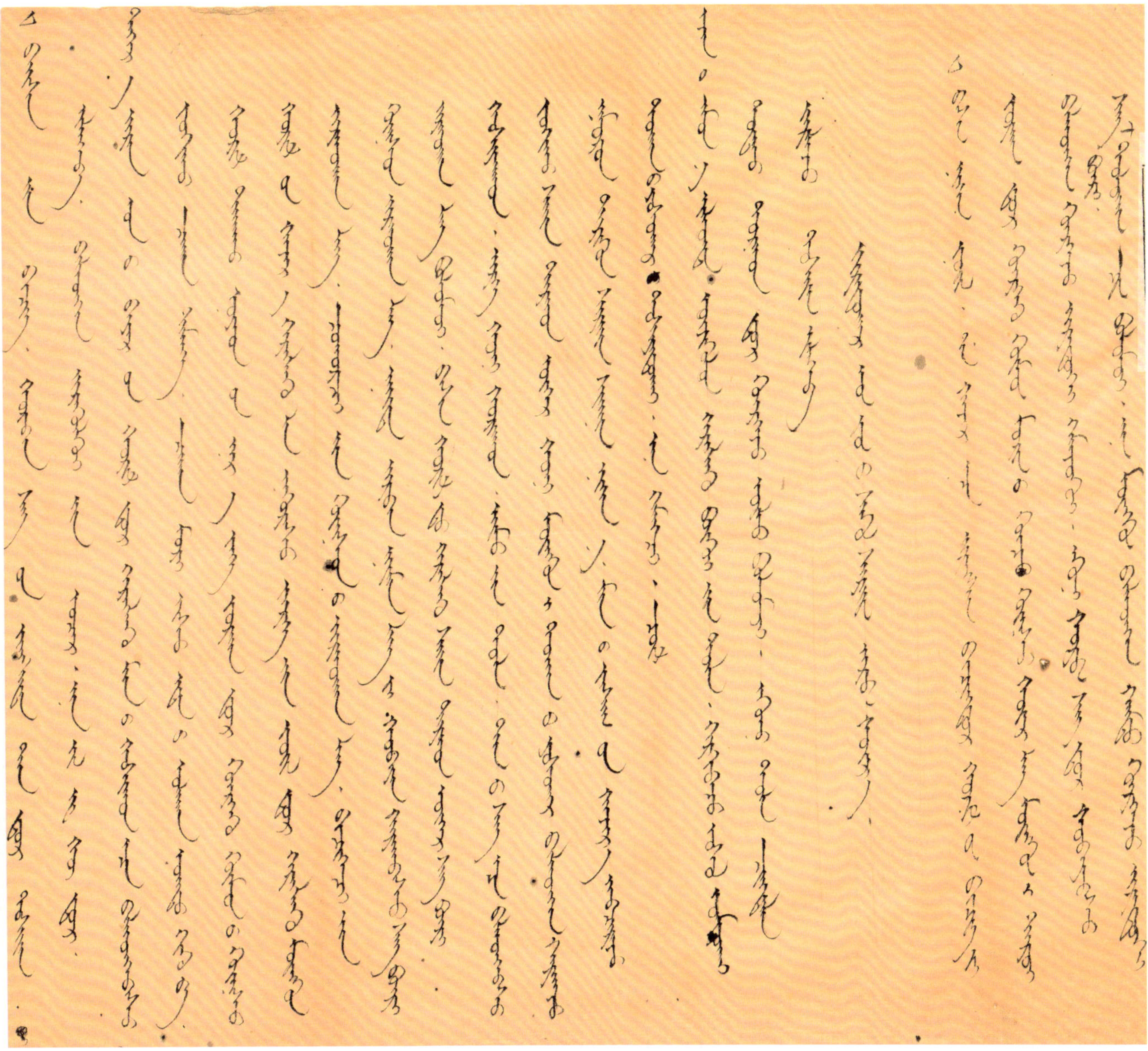

贝子王爷为备办六十大庆物资事札三所官仓司库文

贝子文。札付三所官仓司库：备送之事。

本年在热河举办六十年大庆上，本旗准备物资有白骆驼、白马各九个。制作红缰，送陪庆典官吏名单之官差口粮，庆典所用蜡烛、煤等费用六两银子，马头琴手口粮费六两，笔帖式口粮费六两，一共十八两银子。三所官仓各分摊六两银子。还有，每仓准备宴会用肥牛两头，羯羊二十头。为此各仓如数备好肥牛、羯羊、银两，于初秋初一日准时送至札萨克府处，如数交付。此等物资均展示给吾皇赏识，故备足备齐，不得欠缺。

六十年末夏十二日

有一事：送衙门请柬之官差马匹及口粮费二两银子，三所官仓各分摊七钱。一并送来。

132 摄政札萨克亲王为领养他人之子事札台吉额尔德尼遗孀文（壬子年七月初九日）

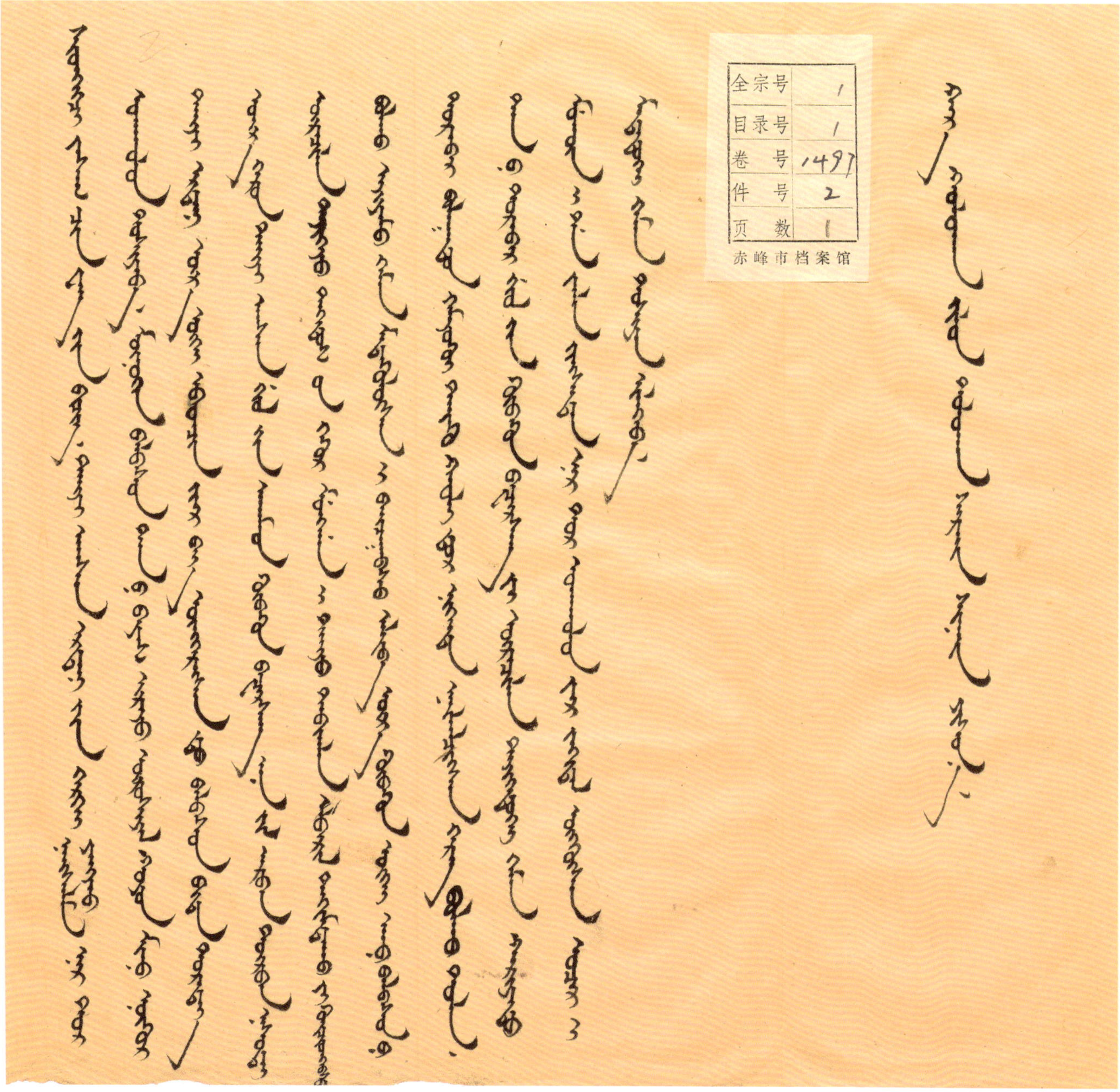

全宗号	1
目录号	1
卷号	1497
件号	2
页数	1

赤峰市档案馆

摄政札萨克亲王为领养他人之子事札台吉额尔德尼遗孀文

摄政札萨克亲王文。致原台吉额尔德尼之妻囊斯拉玛、杨竹：近日，尔等寡妇呈称，本人丈夫额尔德尼无子，病故。吾等寡妇自愿收养近亲原台吉吉尔之长子巴斯尔桑。巴斯尔桑，今年十四岁，收养其为祖坟烧香尽孝之。等语。经查法典曰：如无子，顺寡妇之言。故准尔等收养吉尔之子巴斯尔桑。也通告所属族长及官差。

至此，下文告之。

壬子年七月初九日

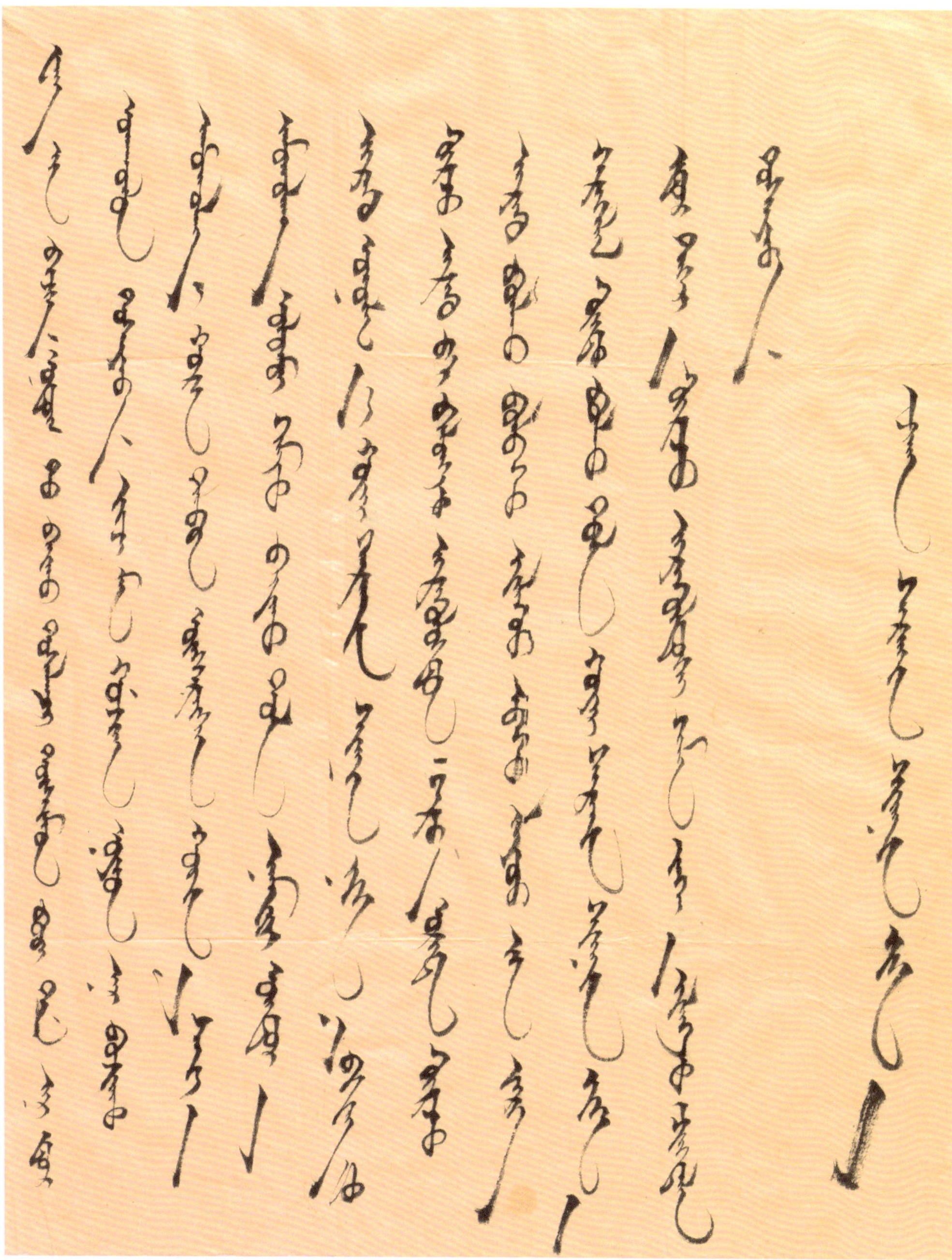

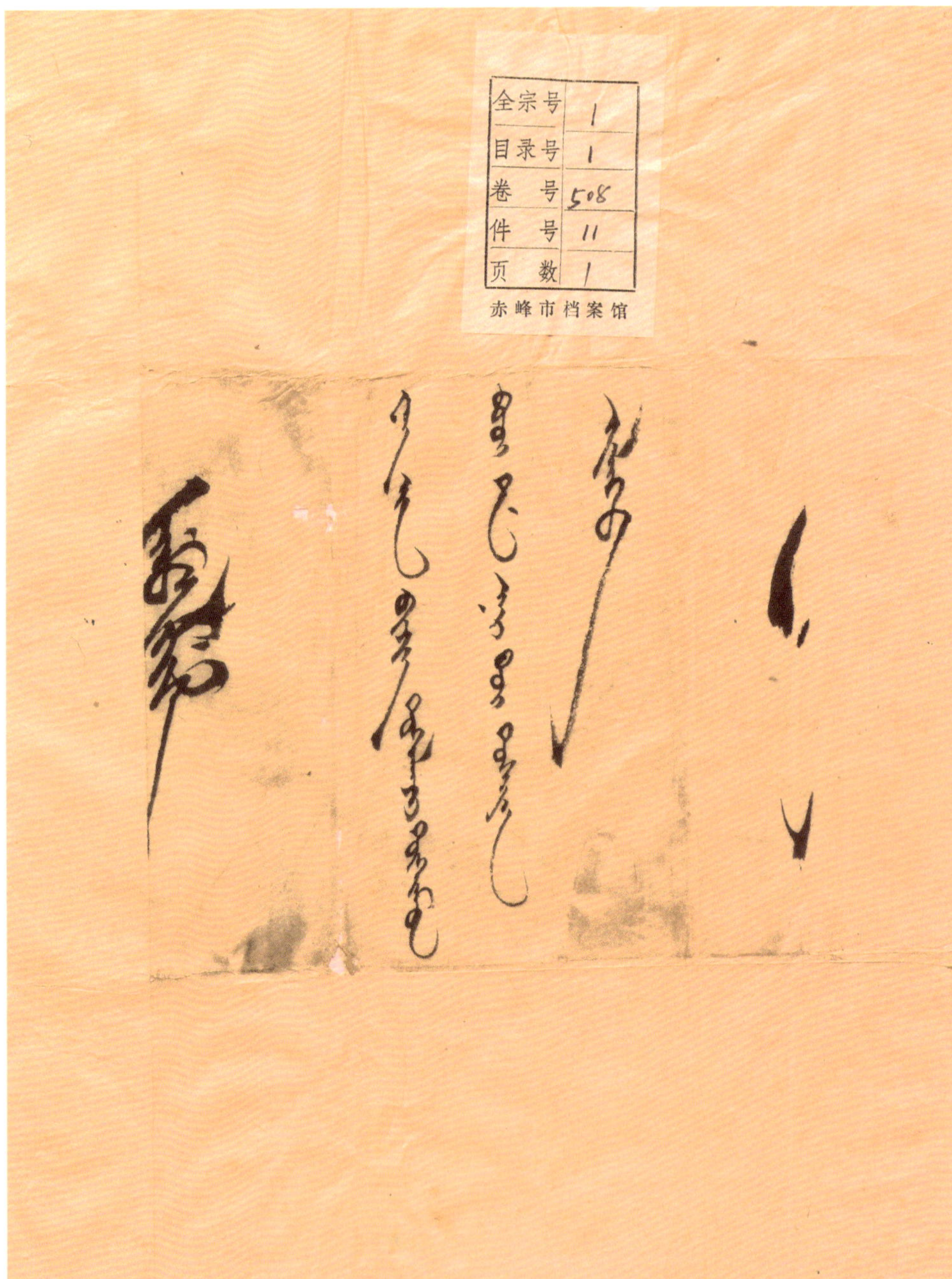
全宗号 1
目录号 1
卷号 508
件号 11
页数 1
赤峰市档案馆

王爷为出京返乡事札协理官员文

王爷札文。札付协理官员：本王爷等过二十五日才能获恩准出京回乡。故迎接本王爷之马队预备二月初一日到京。如提前到京，会加重草料等物资载荷量。故札饬二月初一日到达京城。

正月初一日

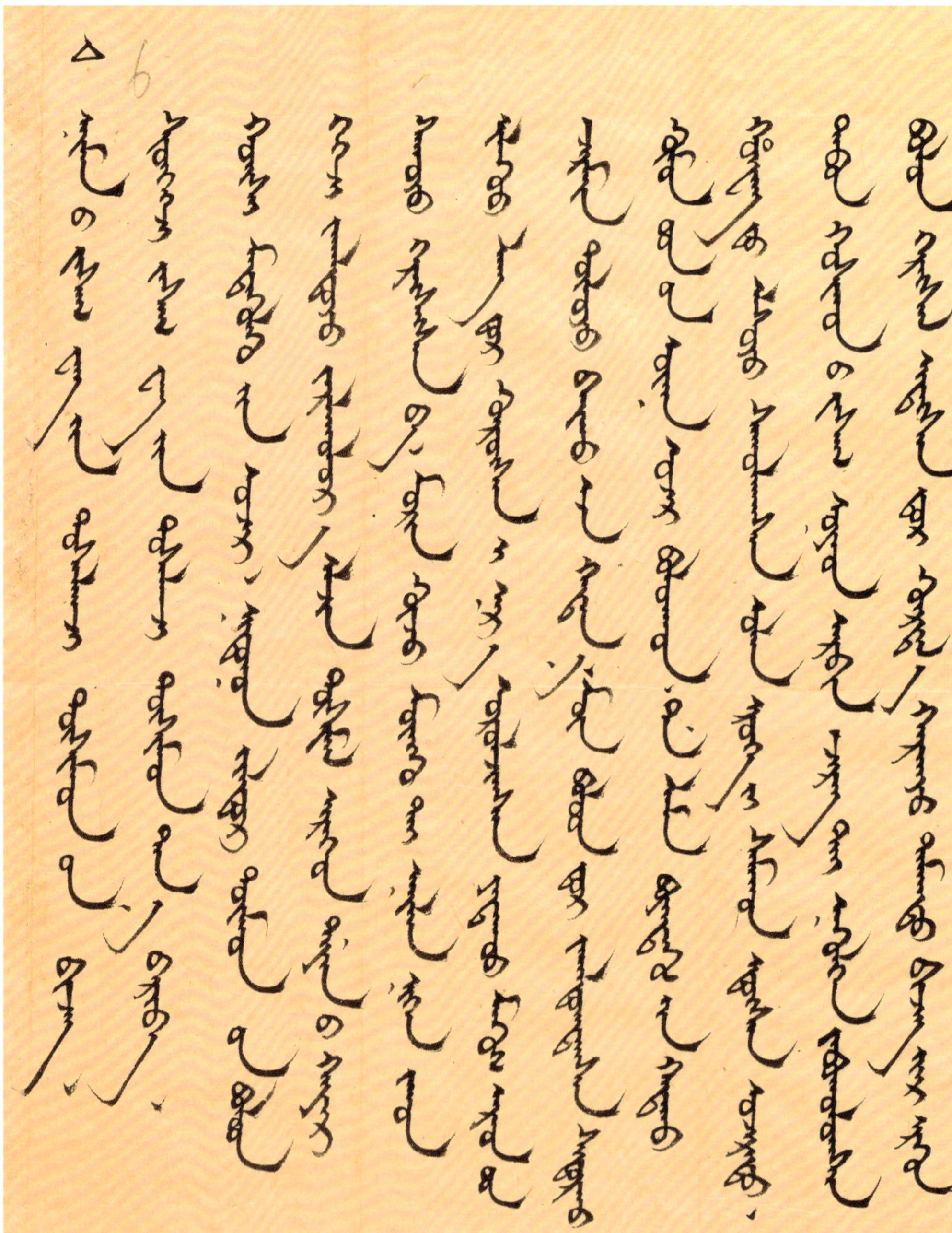

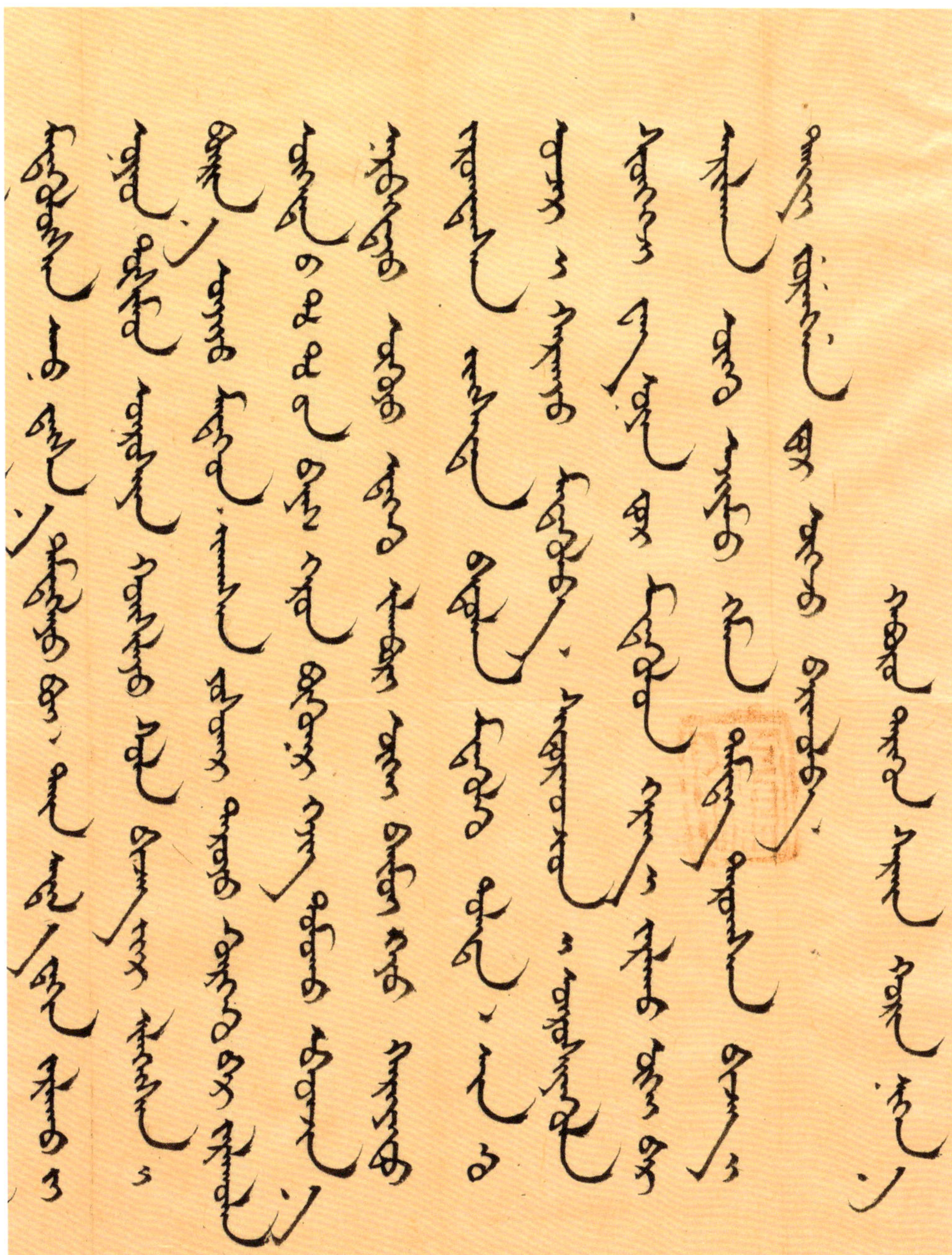

奈曼札萨克协理为免除良民负担事呈盟摄政协理文

奈曼札萨克王协理文。呈送摄政王爷协理：呈报之事。

去年因土默特宝鲁德上诉而来往之官差住店费及路费，合计一百余两，现受牵连贫苦良民正赔付此等款项。还有，五个旗札萨克派遣官兵调查被宝鲁德起诉之良民真相及平息大喇嘛宝音特古斯属户骚乱所用开支已报本札萨克。如今贵王再次督促此事。本想及时赔付开支费用，但派遣之所属官差回报曰，涉案庶民本人及家属患瘟疫不知死活也。等语。祈求摄政王爷宽恕良民，免于追究为盼。

至此，派台吉朱日哈呈送之。

初春二十一日

135 甲喇那顺仓为煤窑山分利税款事呈所属札萨克文（二月十六日）

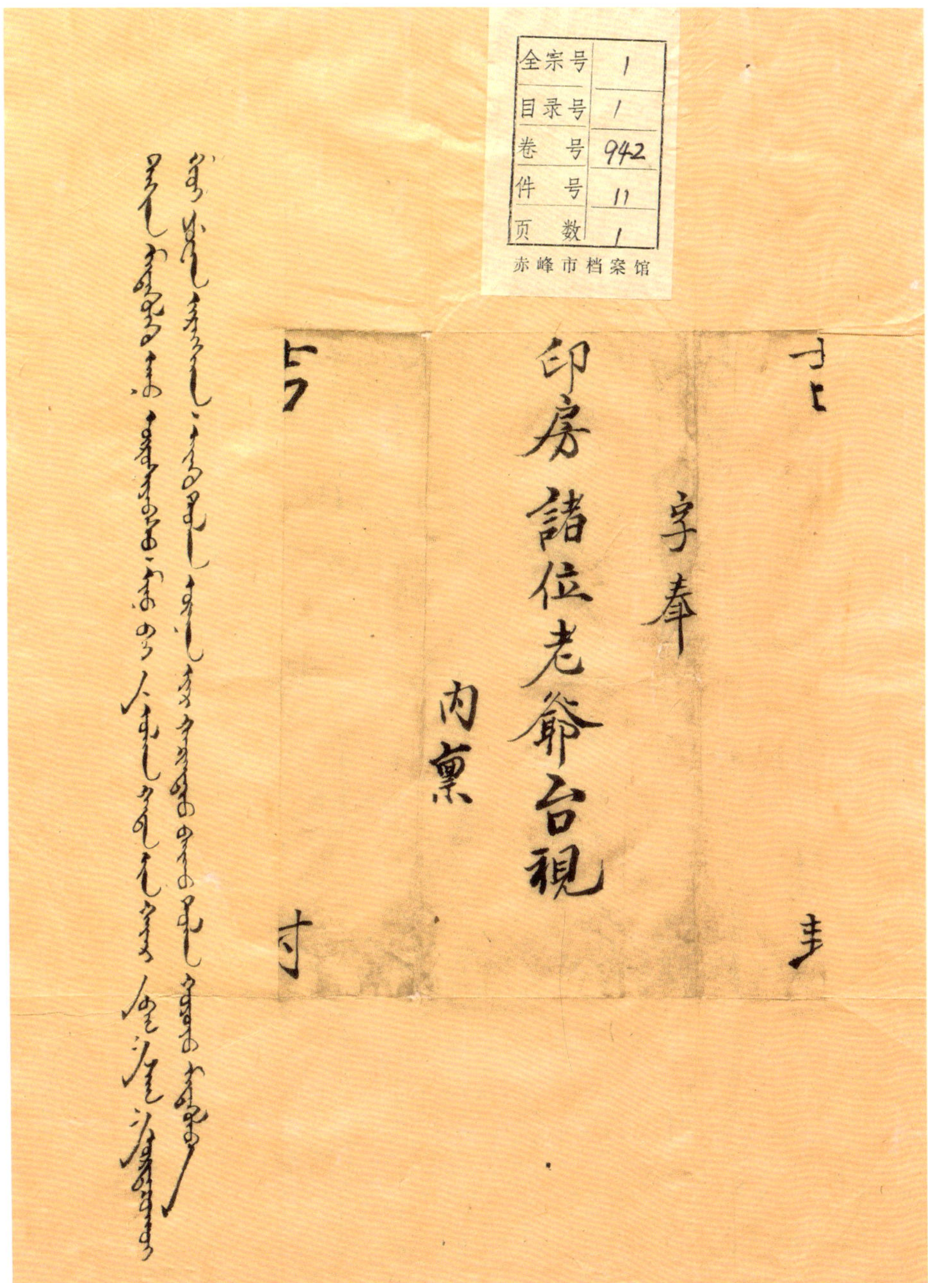

全宗号	1
目录号	1
卷号	942
件号	11
页数	1

赤峰市档案馆

字奉

印房諸位老爺台視

内稟

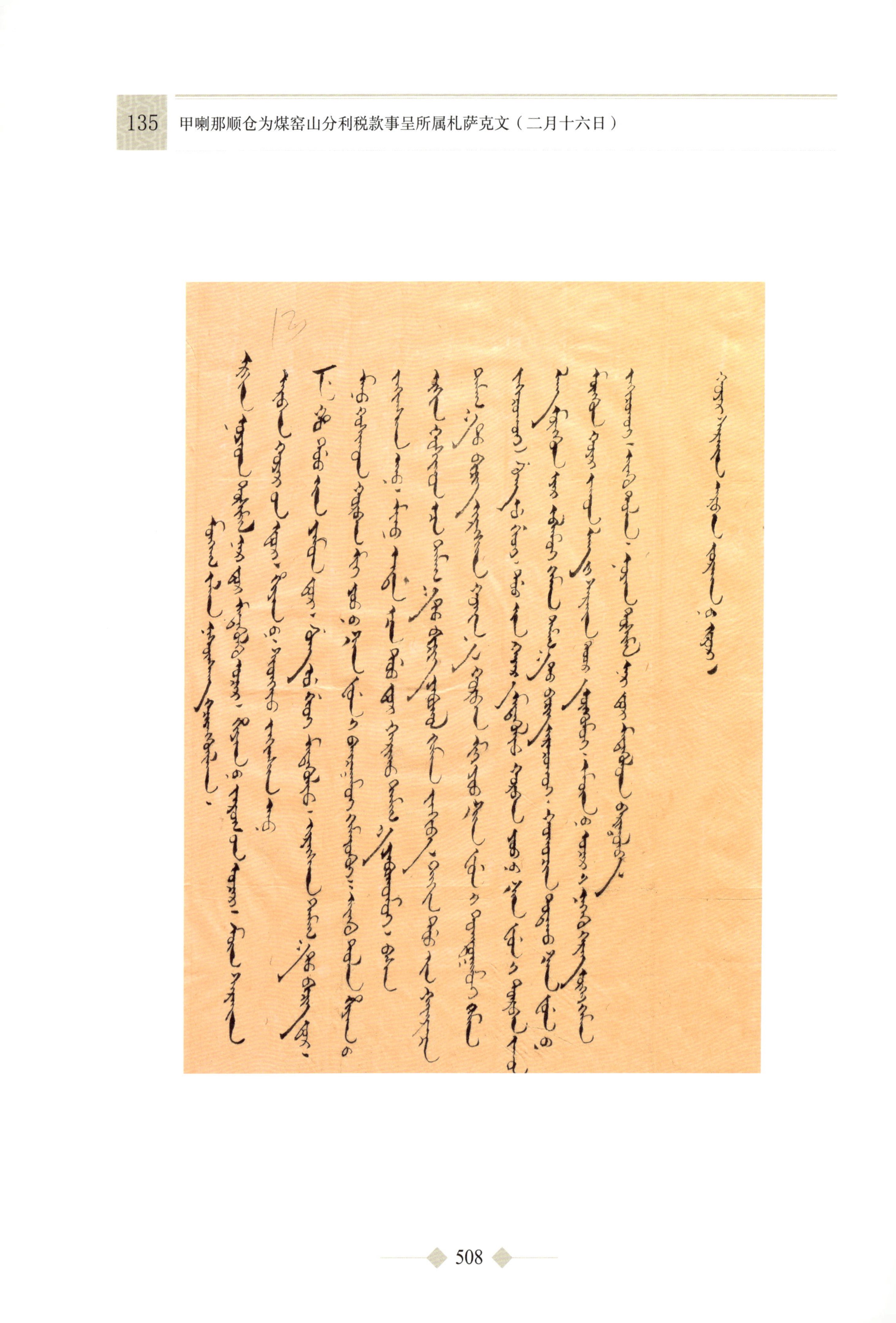

135 甲喇那顺仓为煤窑山分利税款事呈所属札萨克文（二月十六日）

甲喇那顺仓为煤窑山分利税款事呈所属札萨克文

鄙人甲喇那顺仓禀报官员：县官司之事。

本月十二日县衙札开，热河道衙门公文称，需核查本旗三所煤窑之山分利税款。故县衙札开，本县出具给热河道衙门公文，贵旗亦出具官文。热河道衙门回文后才能定三所煤窑之山分利税款额度。等语。现公务税呈报热河道，定三所煤窑山分利税款为四百两银子。先前所欠之三分利税款二百两银子，于本月下旬交齐。不予追究之前所欠税款。此事禀报本旗官员处。

二月十六日

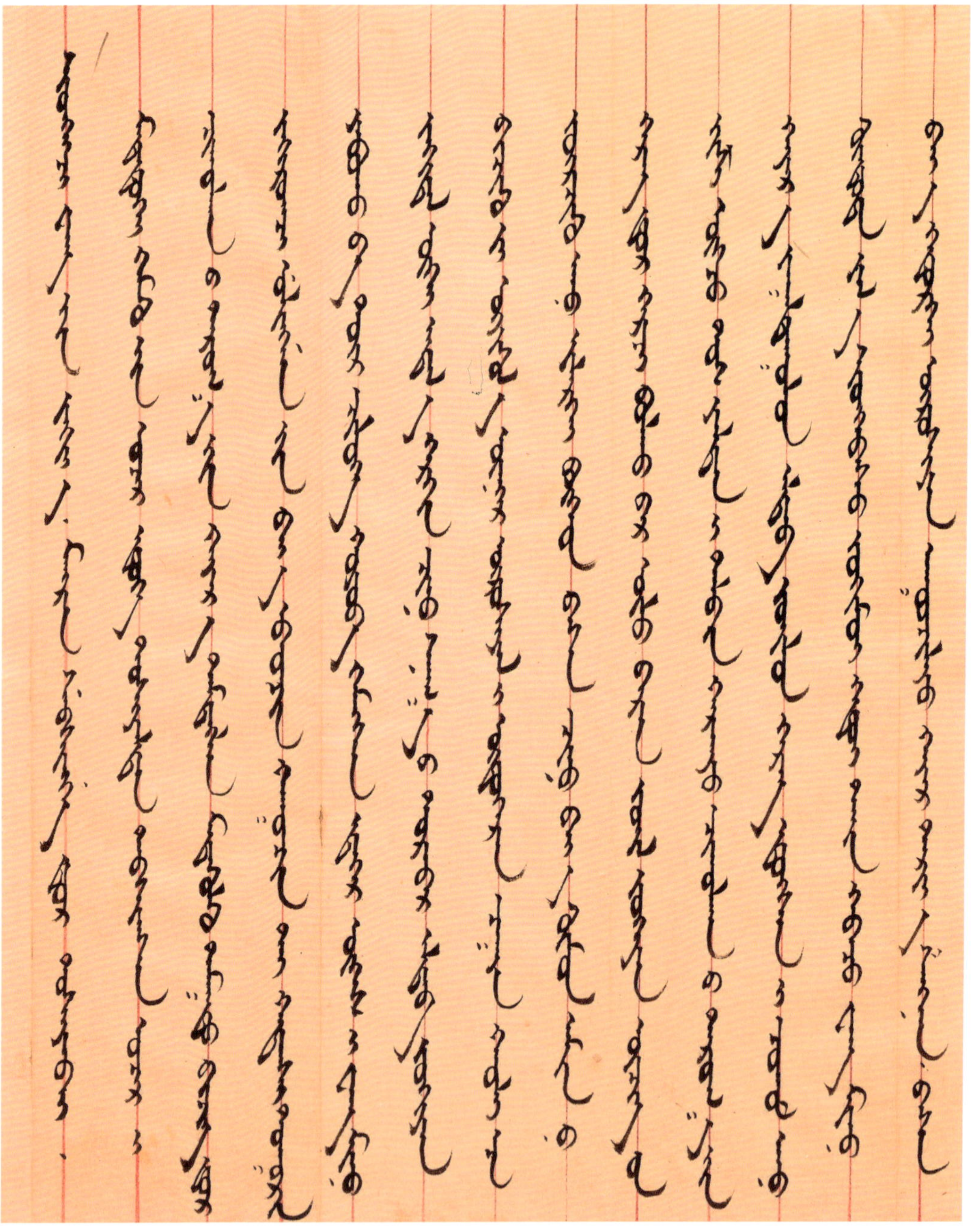

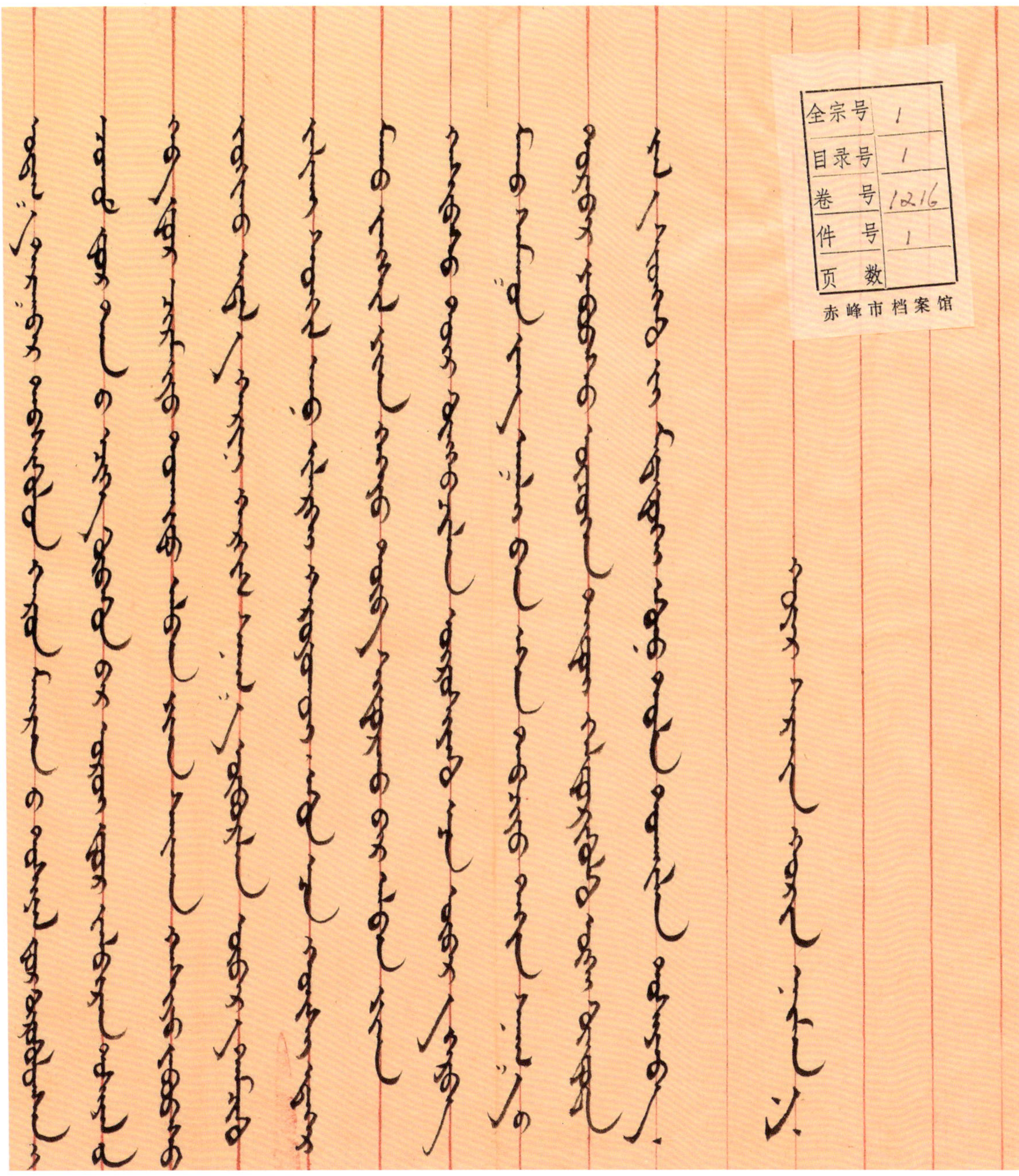
全宗号 1
目录号 1
卷 号 1216
件 号 1
页 数
赤峰市档案馆

摄政王爷为弄虚作假请病假事札梅林舍布行格文

摄政王爷札饬札付梅林舍布行格：告知之事。

如今，呈送盟长之有关爵位升级官文中记录有，总管乌领哈身患旧疾却外出，并临时请假。等语。未受本王旨意，尔等编造谎言称因病请假，实属弄虚作假，无视恩赐，违反规矩也。况且，尔等为命案作证时伪造口供，放走嫌犯，被告至盟署，惹是生非，理应加重惩罚才是。虽然如此，先前本王爷百般包容，赏赐田地，还逐步提拔尔至梅林职务。尔父子俩应该烧高香，恪尽职守才对。反而尔等不怀好意、忘恩负义、原形毕露。今后，如果摈弃劣性，忠厚履职，则留有情面宽大处理。如还不思悔改、我行我素，必将毫不留情治重罪也。

此札。

二月二十八日

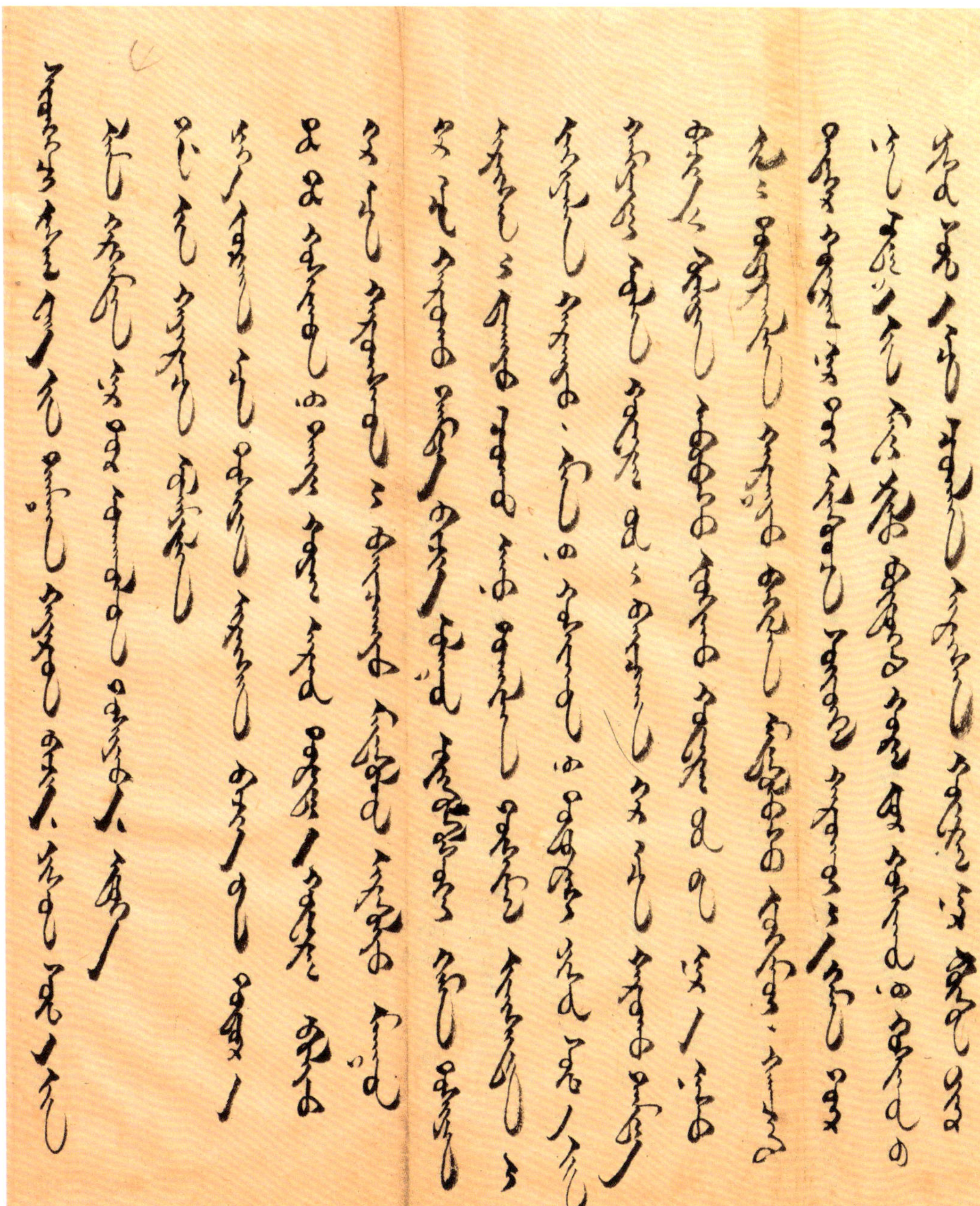

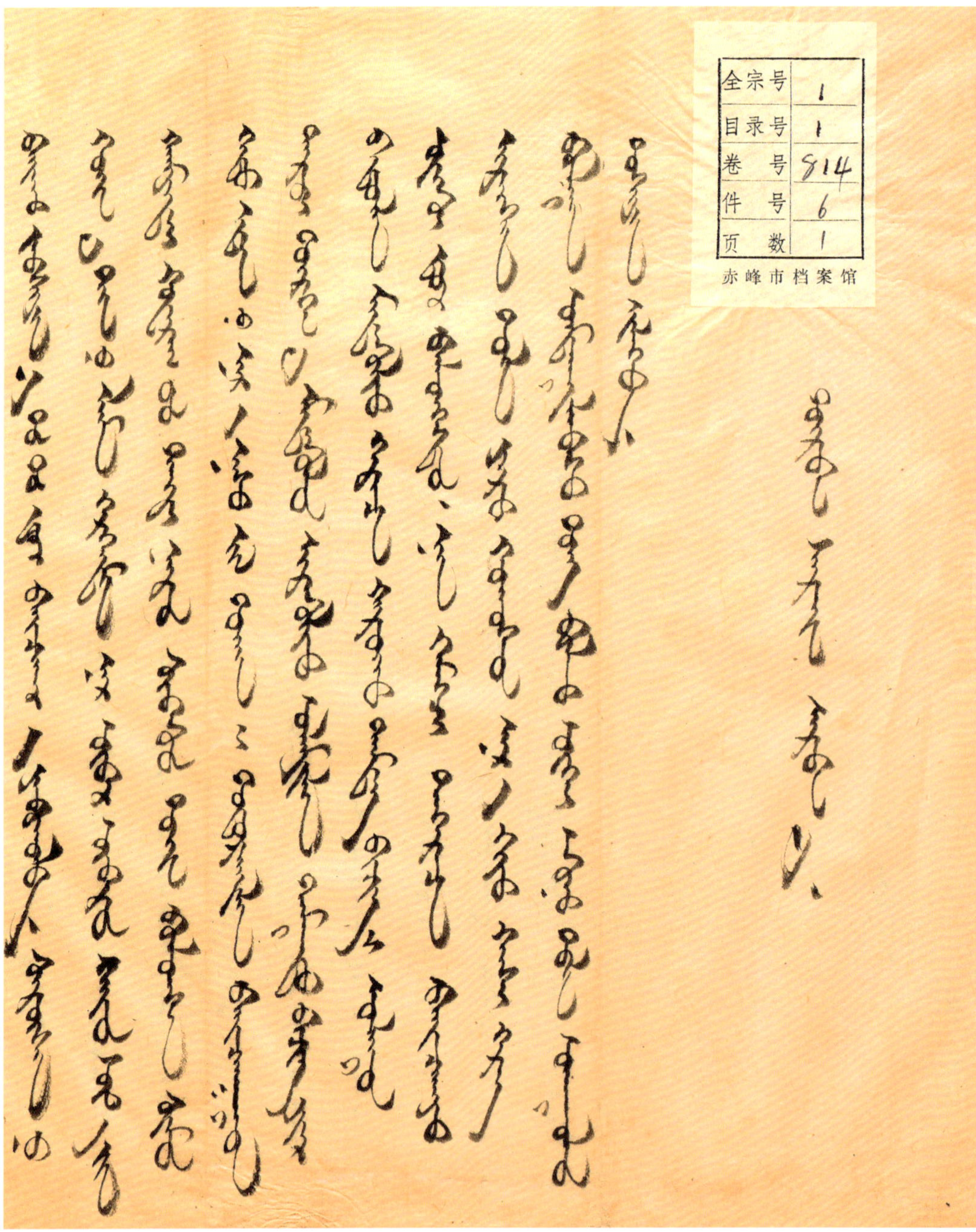

全宗号	1
目录号	1
卷号	814
件号	6
页数	1

赤峰市档案馆

摄政王爷为办理出家证明事札九座庙良民住持文

摄政王爷府文。札付九座庙喇嘛住持：如今，盟署承转之大部札开，各旗台吉壮丁庶民之子，如有自愿出家当和尚者，授其出家证明。理应专派官差至本旗九座庙，登记应该接受出家证明和尚之姓名、年龄，上报盟署才是。只是，唯恐为这些和尚多花钱，趁本次成丹法会上本旗九座庙和尚聚来之际，各庙自行登记注册。等因前来本盟署，本盟署抄录原文转送之。文到，各庙住持登记注册各自庙宇寺庙之出家和尚姓名、年龄及数量，上报本摄政王爷府处，以备授其出家证明。此等事情上级衙署布置也。不得虚有其名，敷衍了事。

特此告之。

四月十日

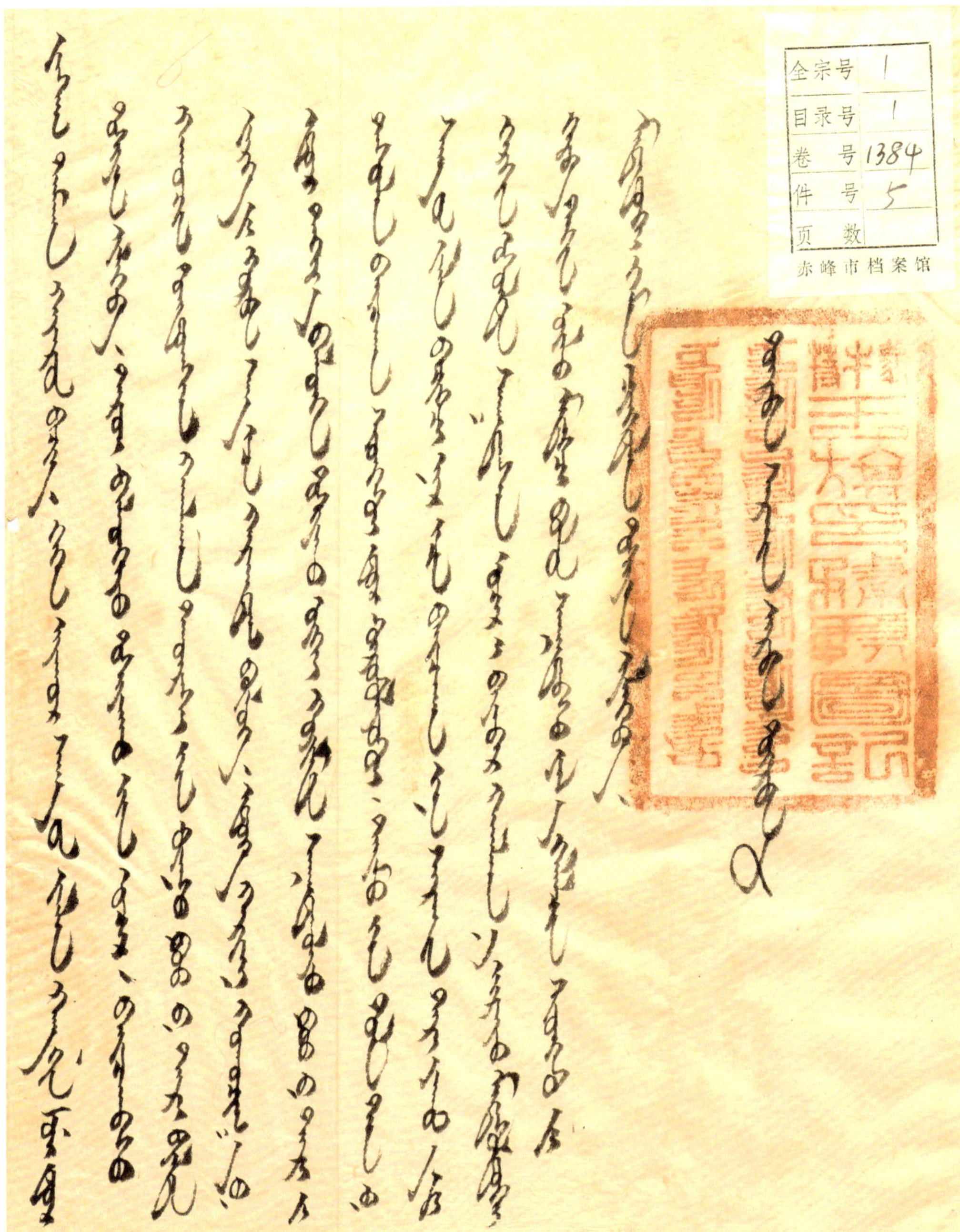
全宗号 1
目录号 1
卷号 1384
件号 5
页数
赤峰市档案馆

札萨克印务处为备送长城关口军需物资事札格根伊珠尔仓甲喇文

札萨克印务处文。札付格根伊珠尔仓甲喇康金穗：立即筹备配送之事。

经查，按原规定，长城关口所需口粮、火药、引信，由三处官仓供应之。如今限期已到，还没配送，致使弹粮短缺。为此，查问该官仓甲喇笔帖式，查明耽误本月所需口粮弹药之缘由，务必亲自至长城关口汇报之。如有再次怠慢问罪治罪也。

四月十四日

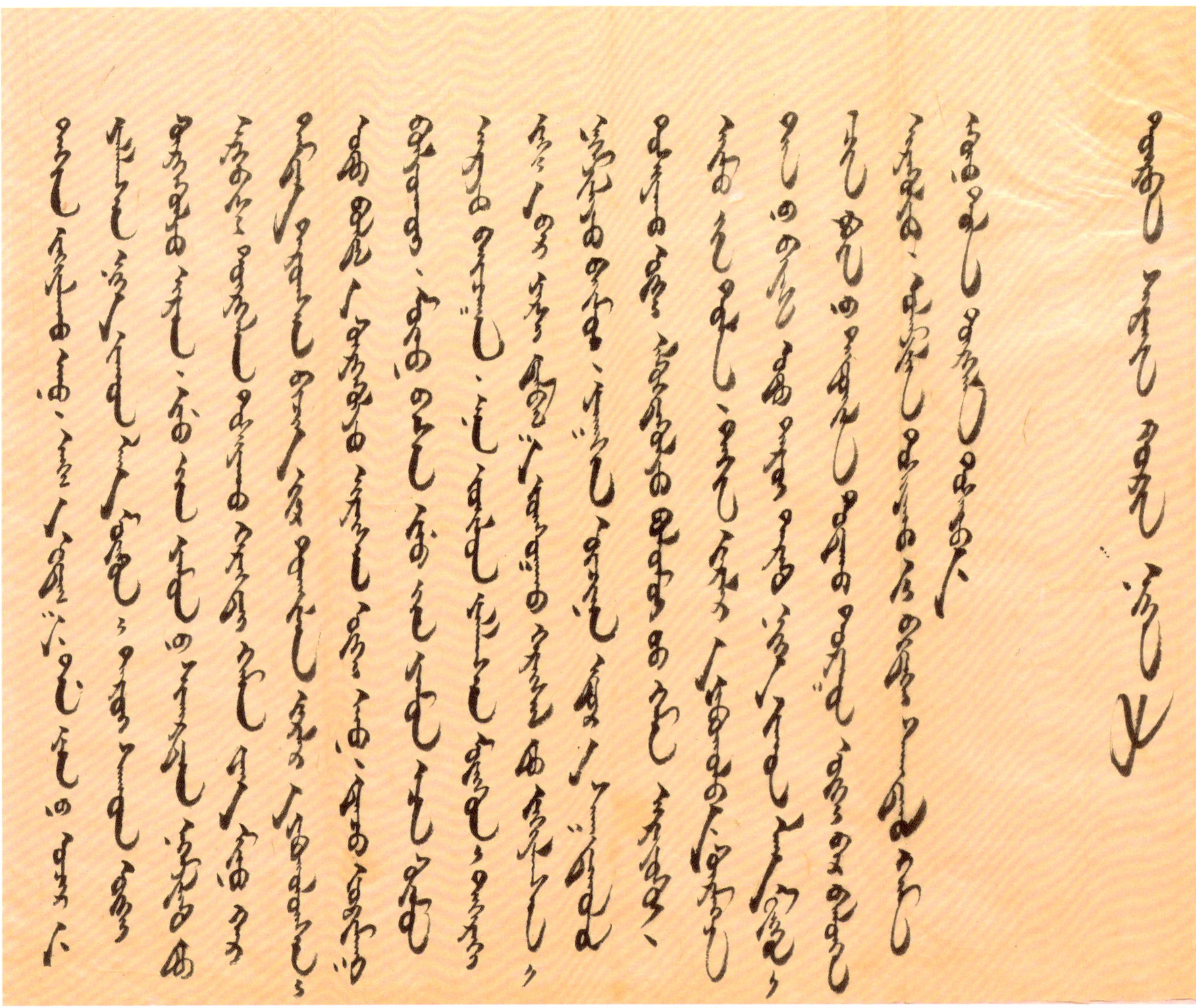

王爷为备送罚没大烟款项事札官差文

再札之事。起初本王札饬急送大烟罚没之一百两银子，以备州衙追缴之用。却至今杳无音讯，胆大妄为也。如今，州衙门派人追查此等银两用于禁烟器械之事。追问何故拖延如此多日，故再札行此事。文到，尔等即刻不差分毫备办此一百两银子，以备转送之。

至此，飞札。

四月二十一日

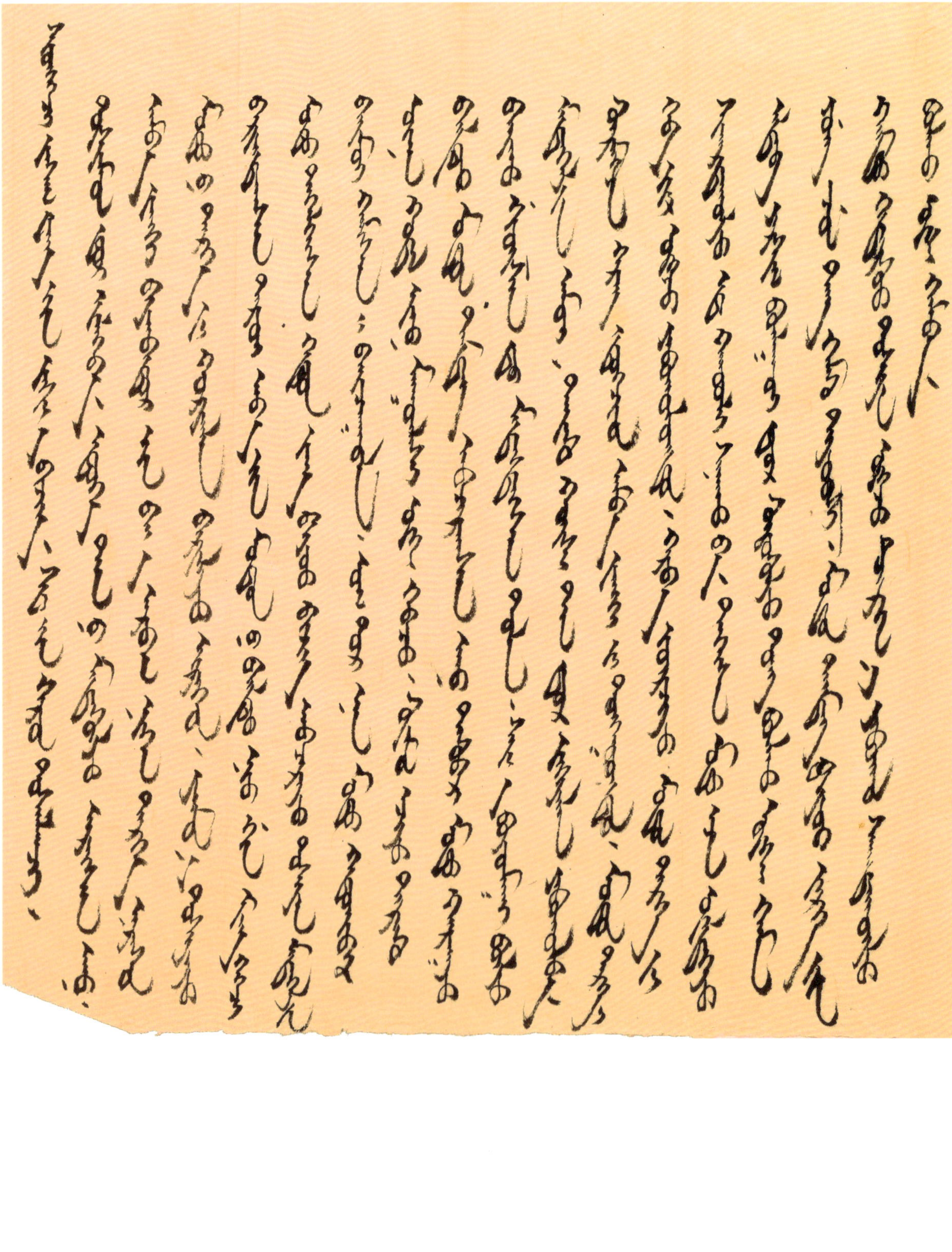

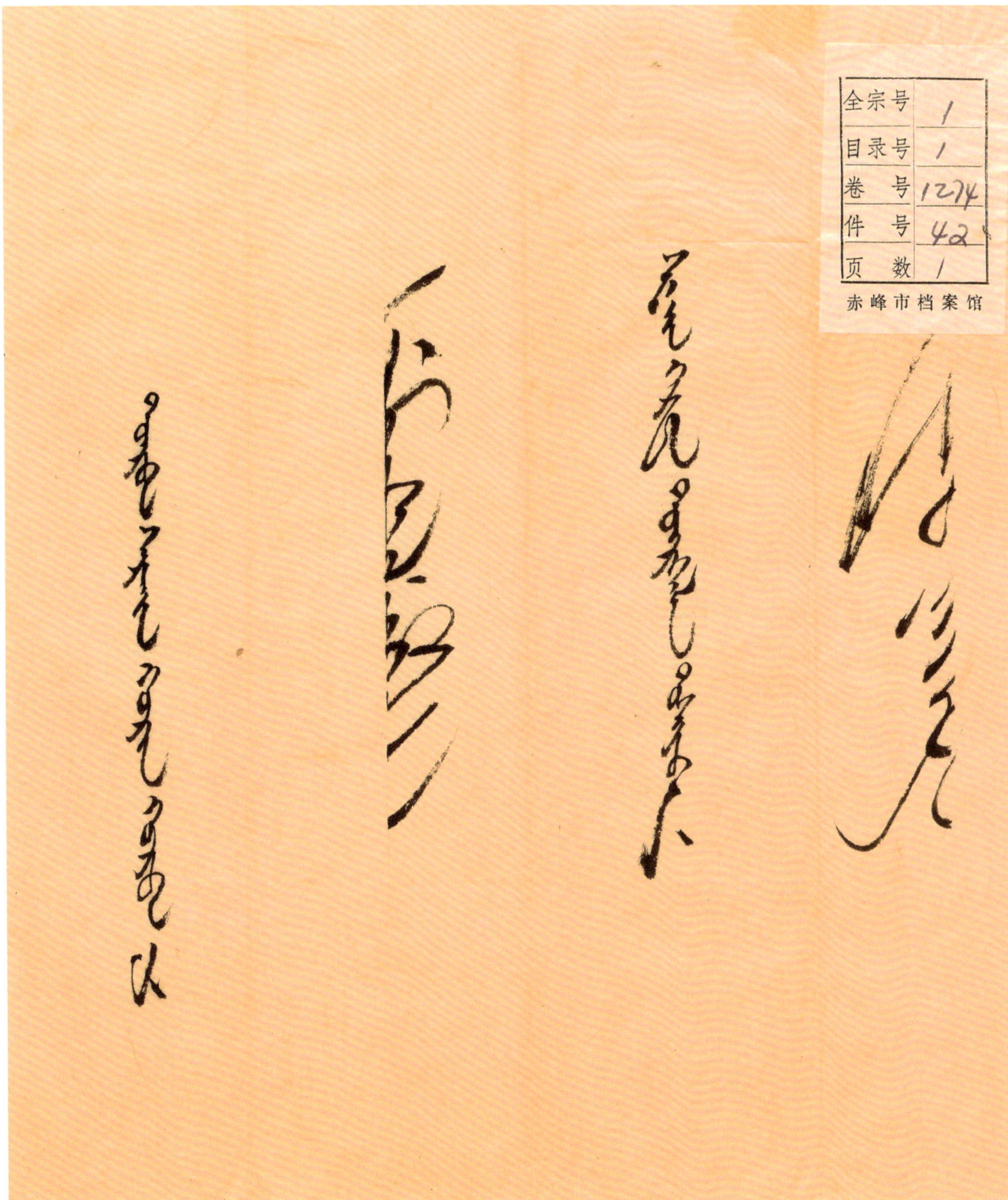

全宗号	1
目录号	1
卷　号	1274
件　号	42
页　数	1

赤峰市档案馆

摄政札萨克王为追究木材运费票据事札内政司协理文

摄政札萨克王文。札饬内政司协理官员：如今尔处呈称，章京巴音巴特尔因擅自扣留十一车松木时被抓现行，被押送衙门之际，围场管林员牛金明拿几张运木材票要报销。等语。经查，有没有运送此等木材真假难辨，但有人能去拿票据已说明其与管山官差关系密切，才能胆敢报销条子。为此，行札反馈情况。接到文书，即刻严加责问挑事章京，如数放走木材车辆。不得为难木材车辆而受贿或截留木材。还有永春堂条子、运木材票据一同送到。

四月二十三日

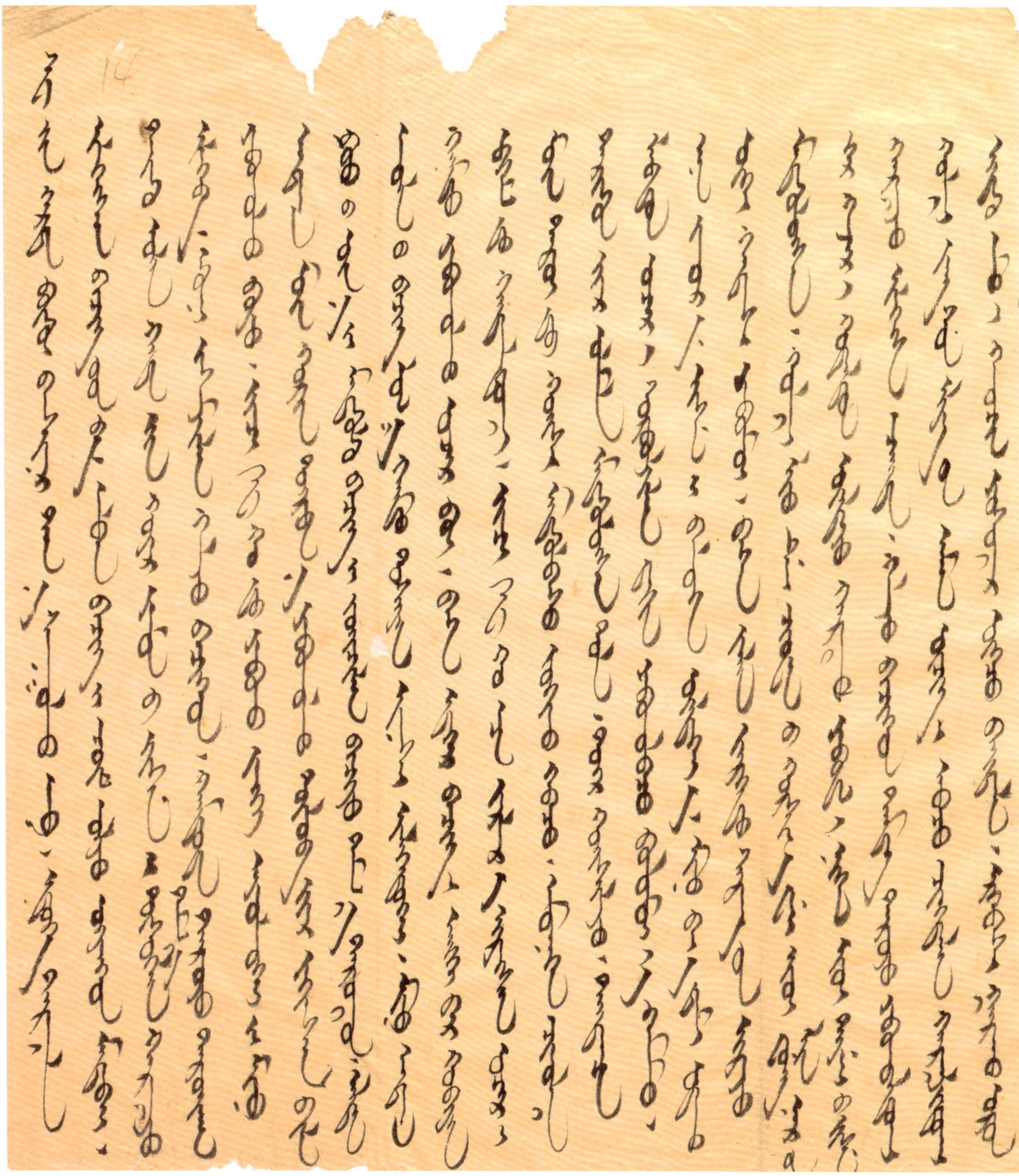

141 梅林官员为处理旗内公务事呈内政司文（五月二十二日）

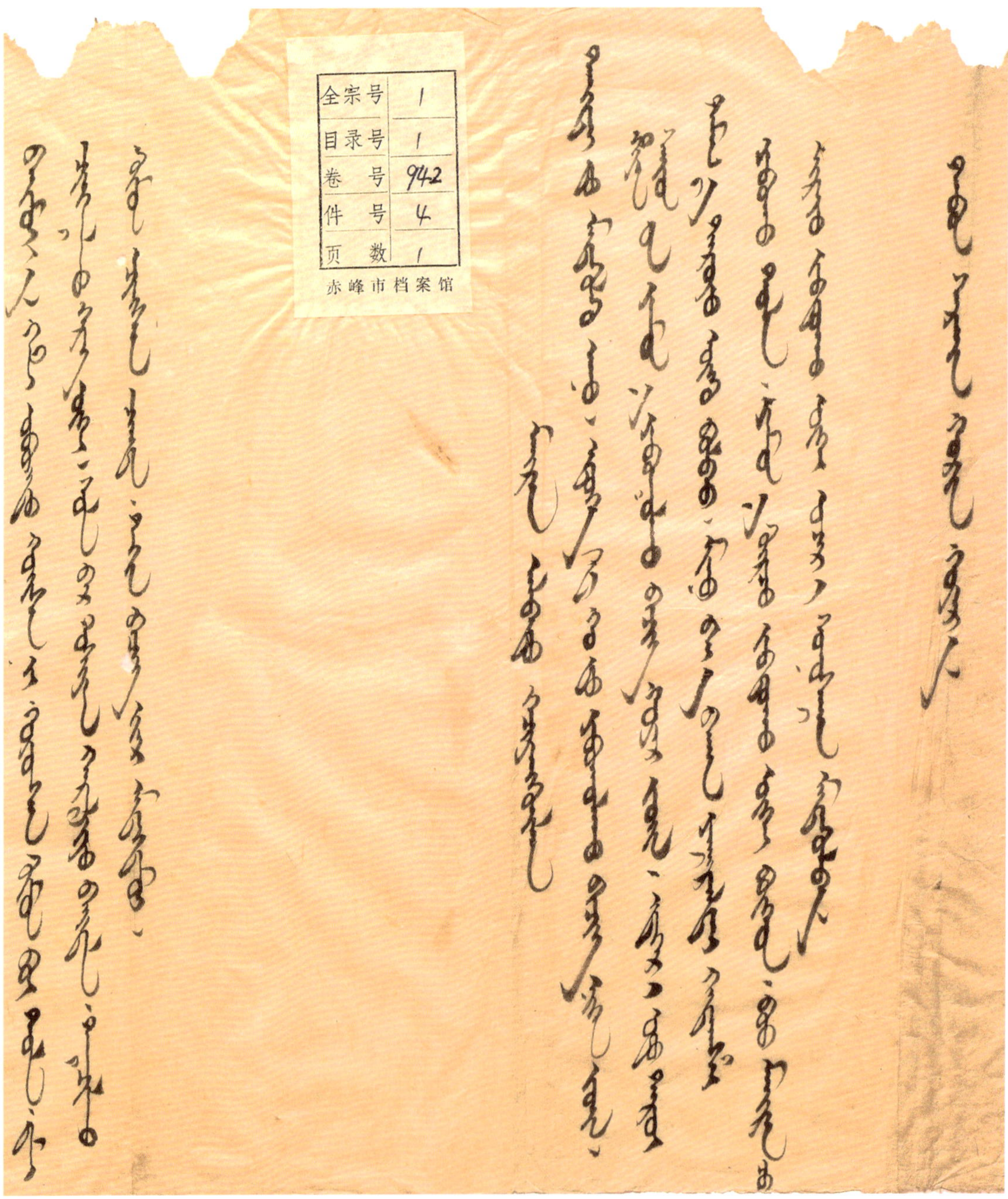

梅林官员为处理旗内公务事呈内政司文

梅林官员文。致议政衙门贵官员：提醒之事。

阅知札付之各文。故，设计乌兰哈达两衙门注册本送至。修改后钤记转送。行走热河之章京阿尤拉贵预计本月二十四日从本处启程。填好枪价报表，与阿拉坦乌拉官文一同寄来，本处有需一同札付之文。此等文书要分类存档。还有，热河札付之事，应该及时回报才是。但前些日子通过盟长主送，故看事情情况再汇报也不迟。在此期间备好注册本。本人不久将外出。还有，甲喇斯楞报送之将贼民刘泰泉同伙冯琳之家产充公并驱逐一事，钤记回复即可。审好贼民张训良口供，严加看管。有人向侯氏说情，照料好，有人去担保时再通知也。

卑职梅林回禀太太：兹有，呈送热河题本一件，咨送县衙文本两件，呈请钤印为盼。本人稍忙，加出差，无暇亲到衙门钤印，鲍梅林也不得前往。

在此禀报之。

五月二十二日

142 官差阿日宾仓为验受害人伤口事呈札萨克文（六月二十四日）

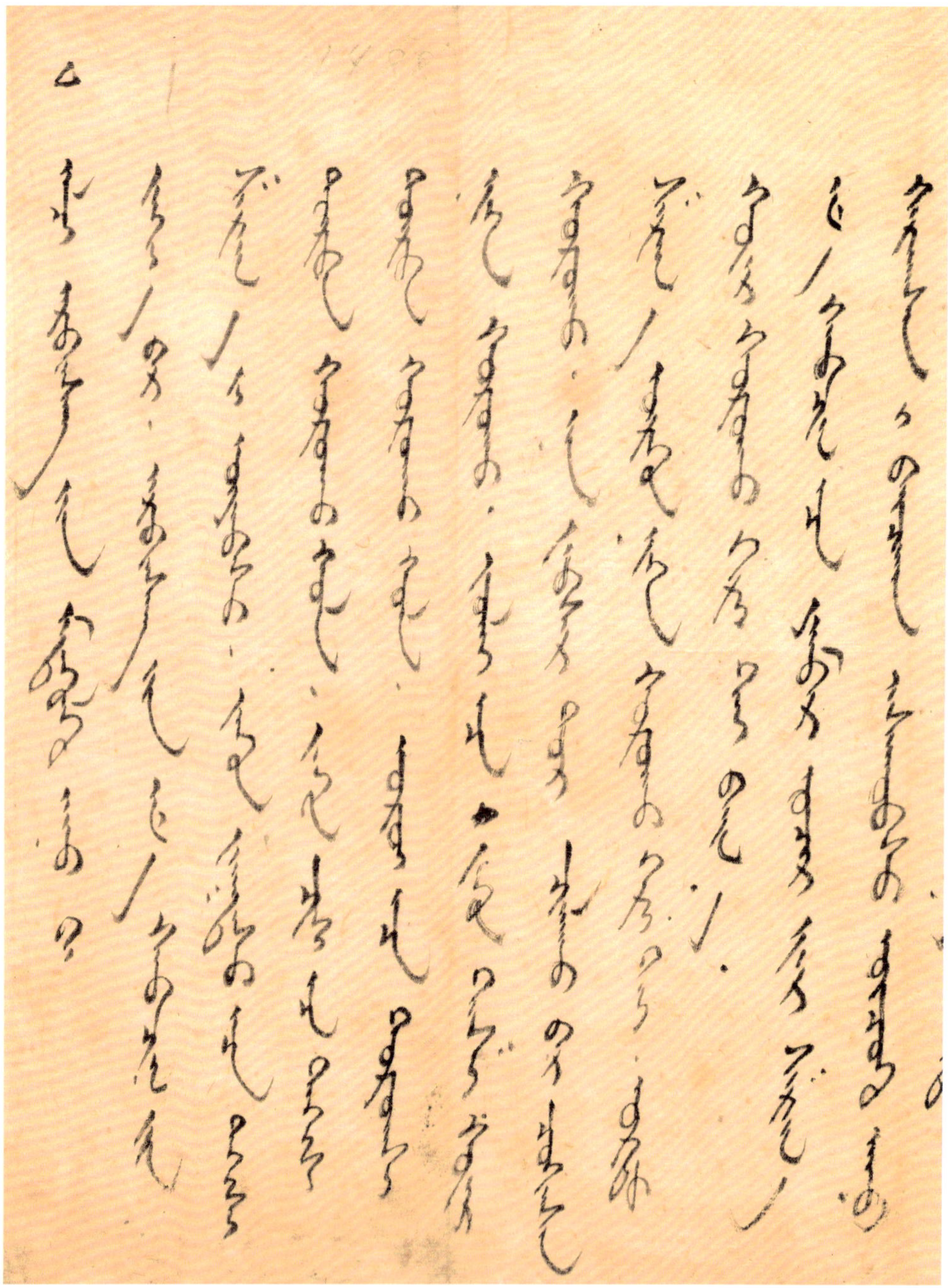

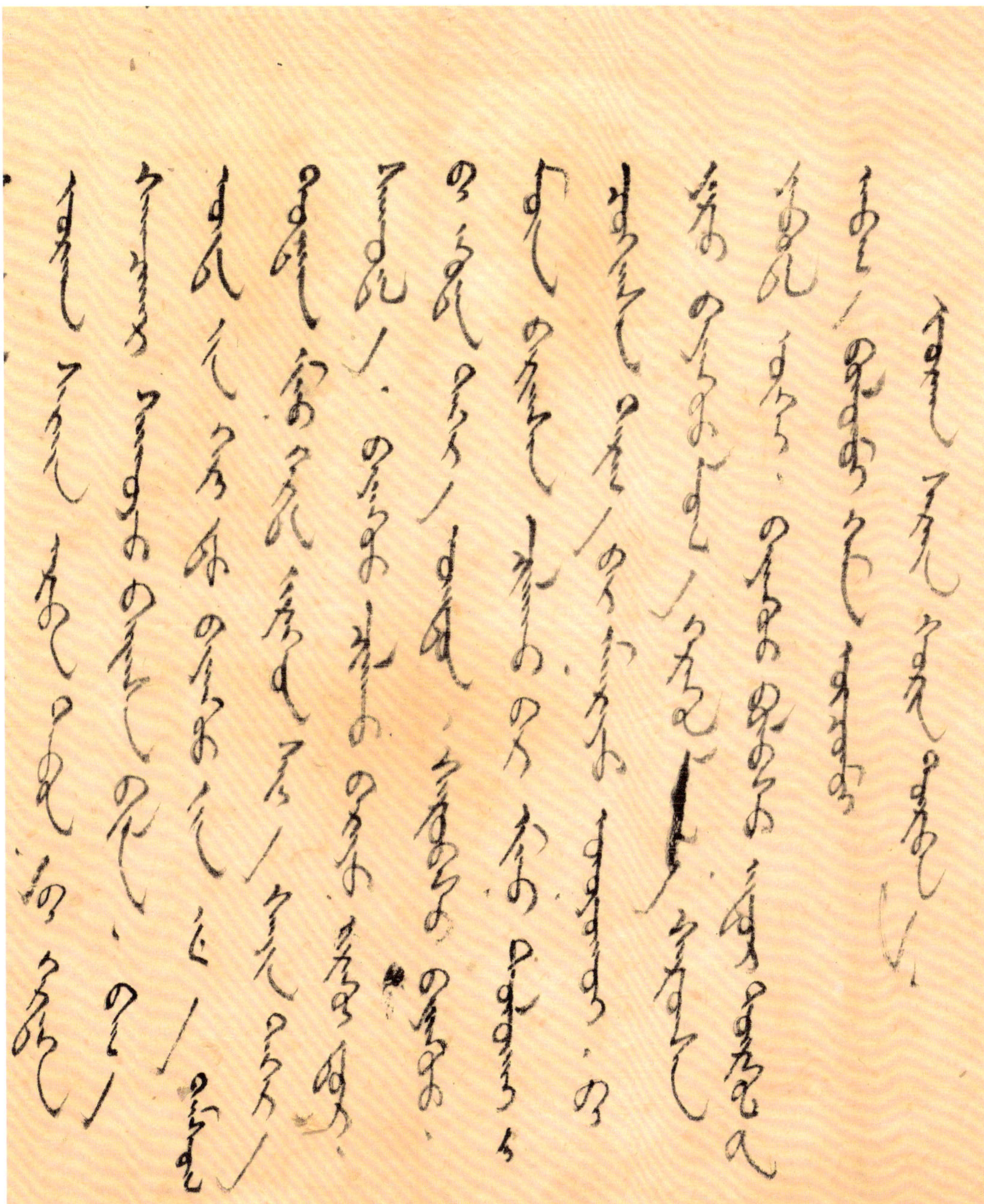

官差阿日宾仓为验受害人伤口事呈札萨克文

官差阿日本仓禀报曰：鄙人奉命查看阿日本仓之妻哈毕其格伤口位置，左脑缝骨上方四指、左耳上方四指、脑顶下方一指、天灵盖左两指处，有一指宽、两指长石头击打伤口。问哈毕其格何故受伤，回曰，六月十五日，俺自己在家。晌午时分白音呼之妻塔木斯格跑到俺家，刚坐到炕上时，白音呼手持石块追过来，俺迎门而出，白音呼便砸俺头上，俺立刻晕倒。俺与白音呼未有吵架，白音呼为俺母家叔叔。等语。

六月二十四日

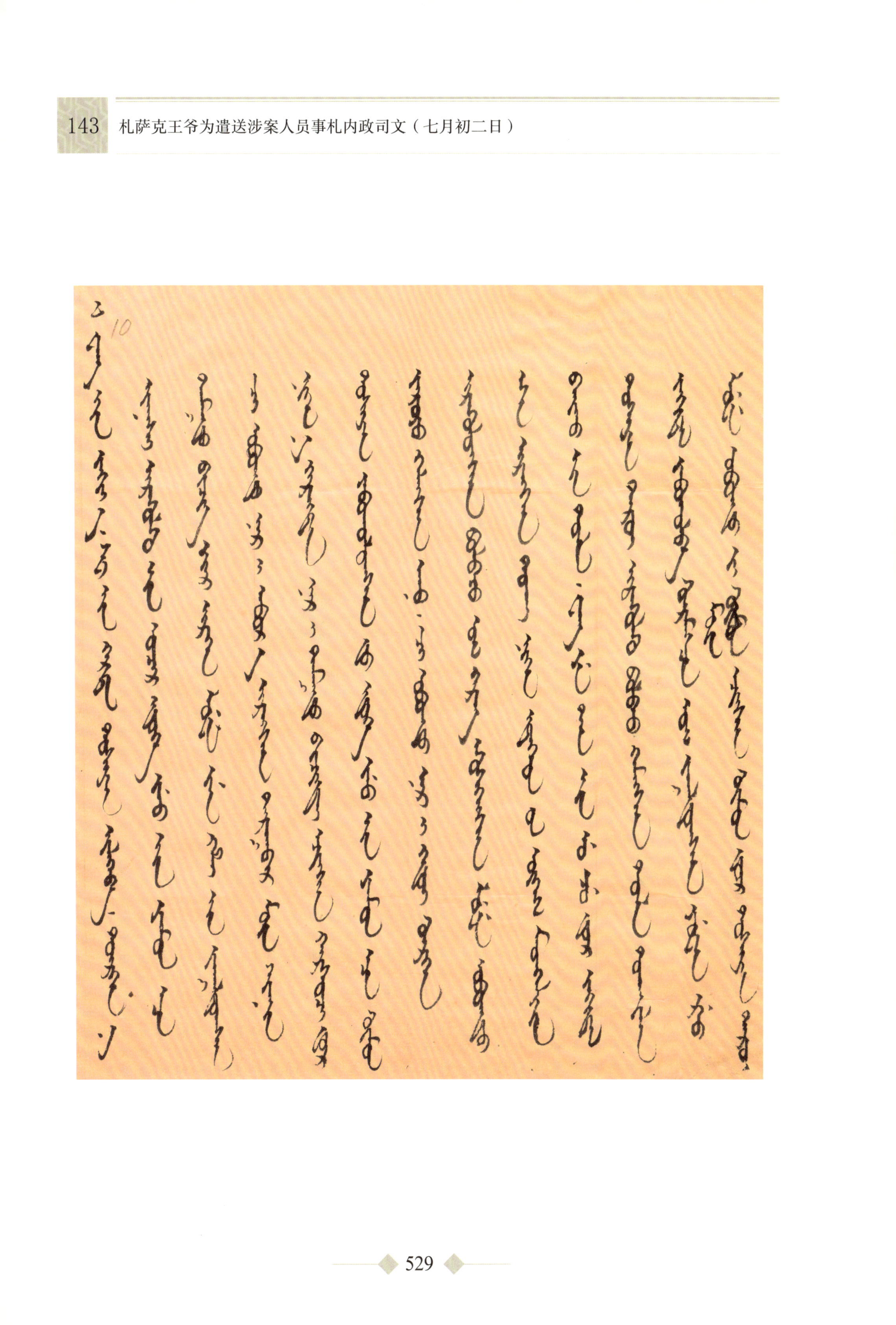

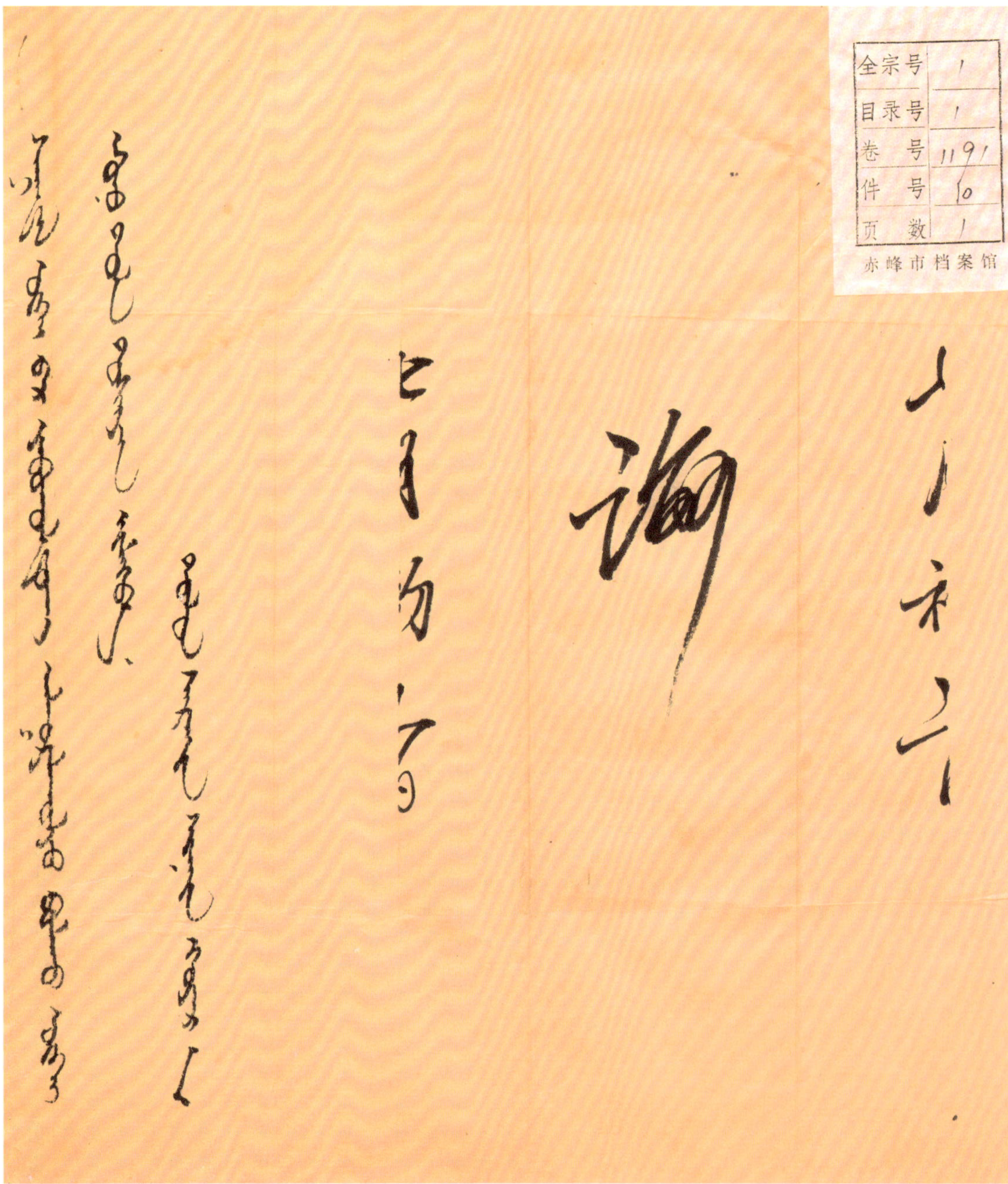

全宗号	1
目录号	1
卷号	1191
件号	10
页数	1

赤峰市档案馆

諭

札萨克王爷为遣送涉案人员事札内政司文

王爷札文。札付内政司：迅速前来之事。

如今，州衙门发官文传唤民人栾振海上诉琪氏后，本月初一日，由哈日苏带官文押送当事人至州衙门。州衙门再派人咨开，虽送来琪氏，原告栾振海却未到，不能以一面之词断案也。故，文到，速传唤原告栾振海，遣送至州衙门。

此札。

七月初二日

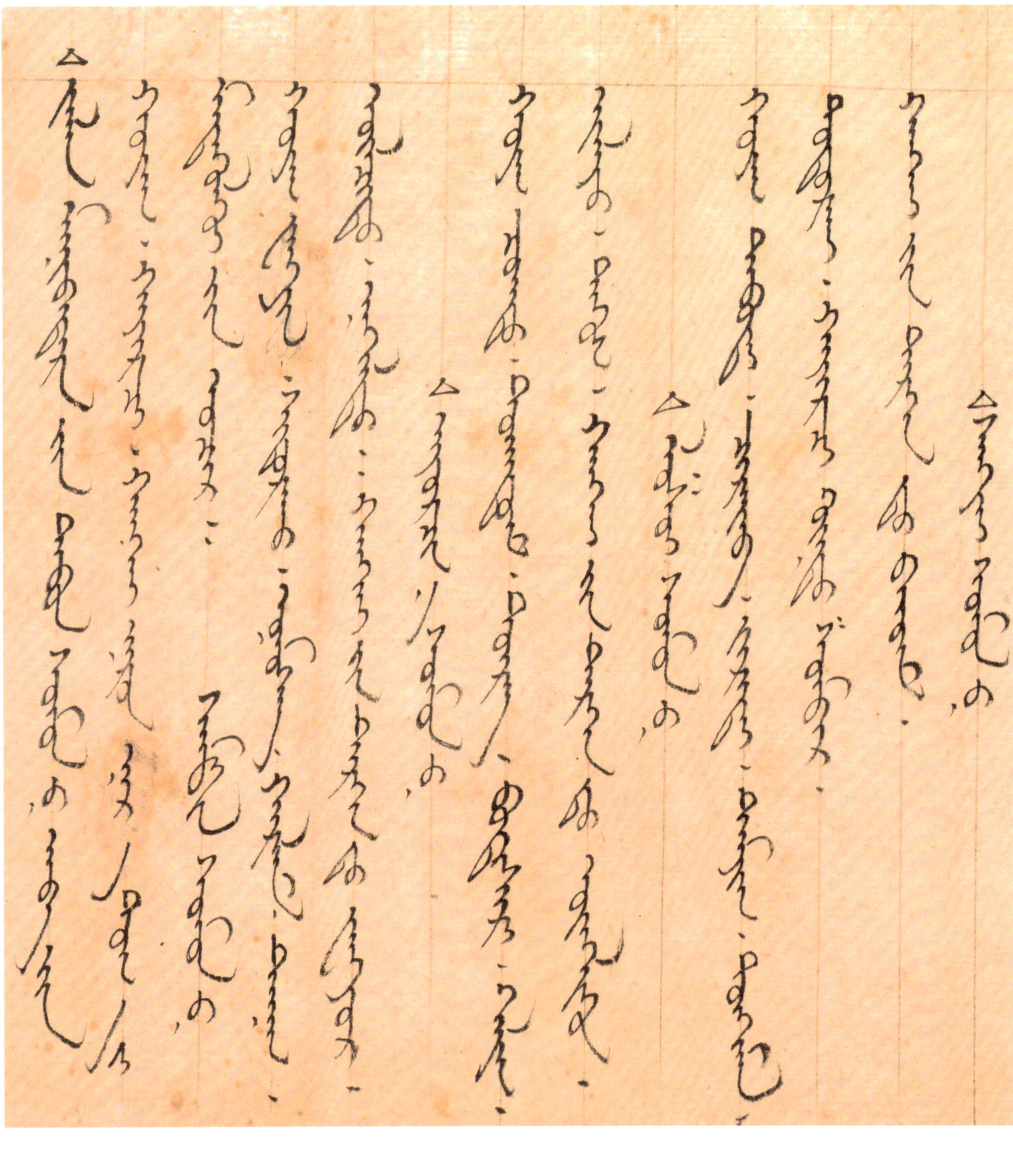

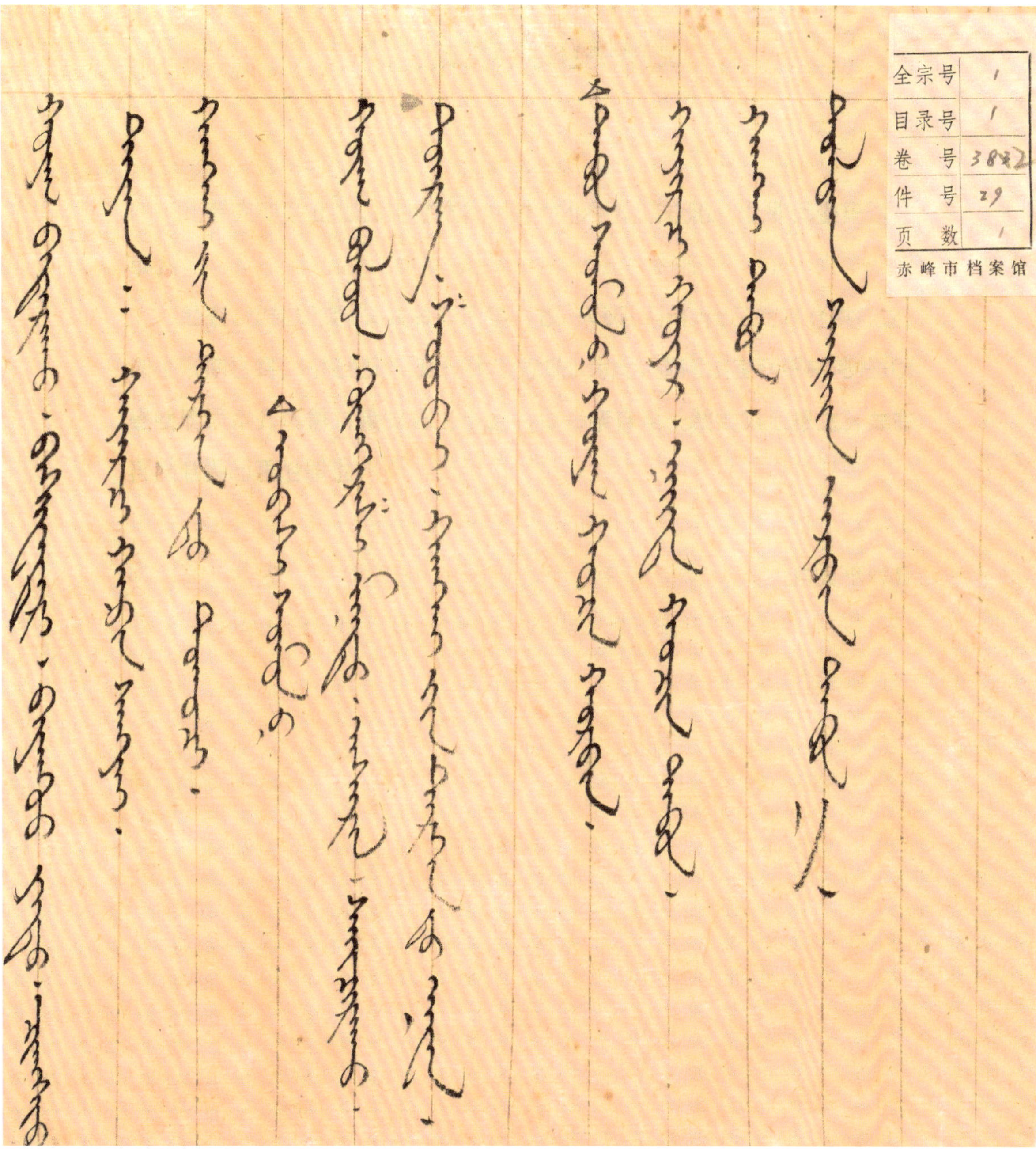
全宗号 1
目录号 1
卷 号 3832
件 号 29
页 数 1
赤峰市档案馆

甲喇玛尼巴达日为报送壮丁、向导、车夫名册事呈札萨克文

甲喇玛尼巴达日文。禀报甲喇玛尼巴达日五佐领之狩猎壮丁、向导、车夫名单：桑毕勒佐领壮丁旺吉勒、希都日古、诺民桑、哈日拉马、塔哈格、乌力吉图、那和乐途，车夫旺珠儿；阿尤尔札那佐领壮丁朝格图、涛克陶木、都楞、宝地西里、格力延、伊拉柱、特古斯，车夫翁里衮；罗水佐领壮丁塔布泰、策林扎布、吉仁太、德木齐格、图格穆勒、陶都日海，向导树木巴拉，车夫巴达玛；桑杰佐领壮丁巴达日胡、巴斯瓦达日、巴彦呼、叶图、清秀、大雁，向导桑杰，车夫套乎其；奥巴西佐领壮丁宝路德、贡嘎扎西、玛尼图、阿斯日勒、赛吉日呼、都楞、少白，车夫那万。五个佐领壮丁三十三人，向导两人，共三十五人；车夫五人。

七月十五日

145 齐格达木宝为王达瓦案情及自己病情事呈札萨克王爷文（七月二十五日）

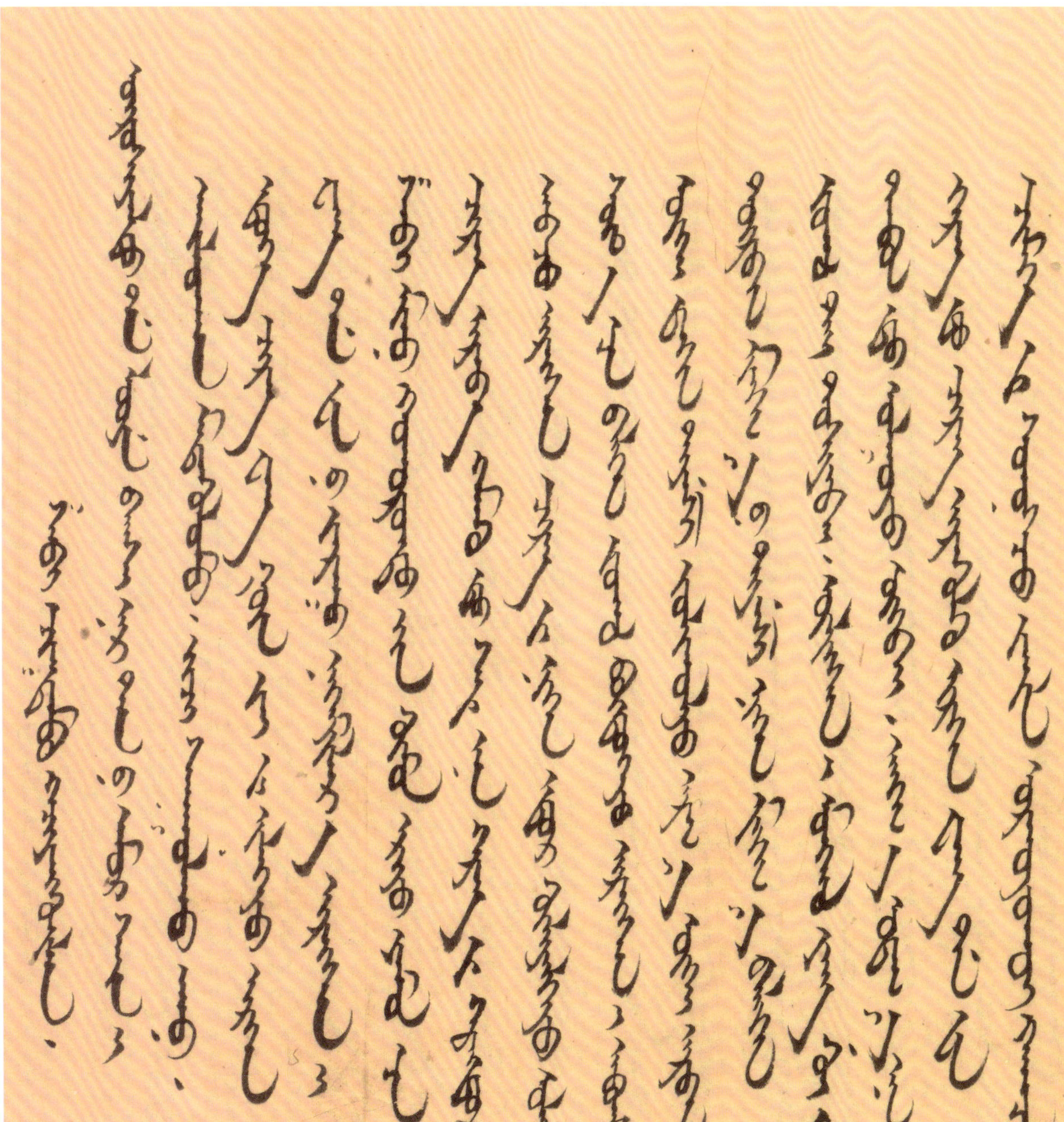

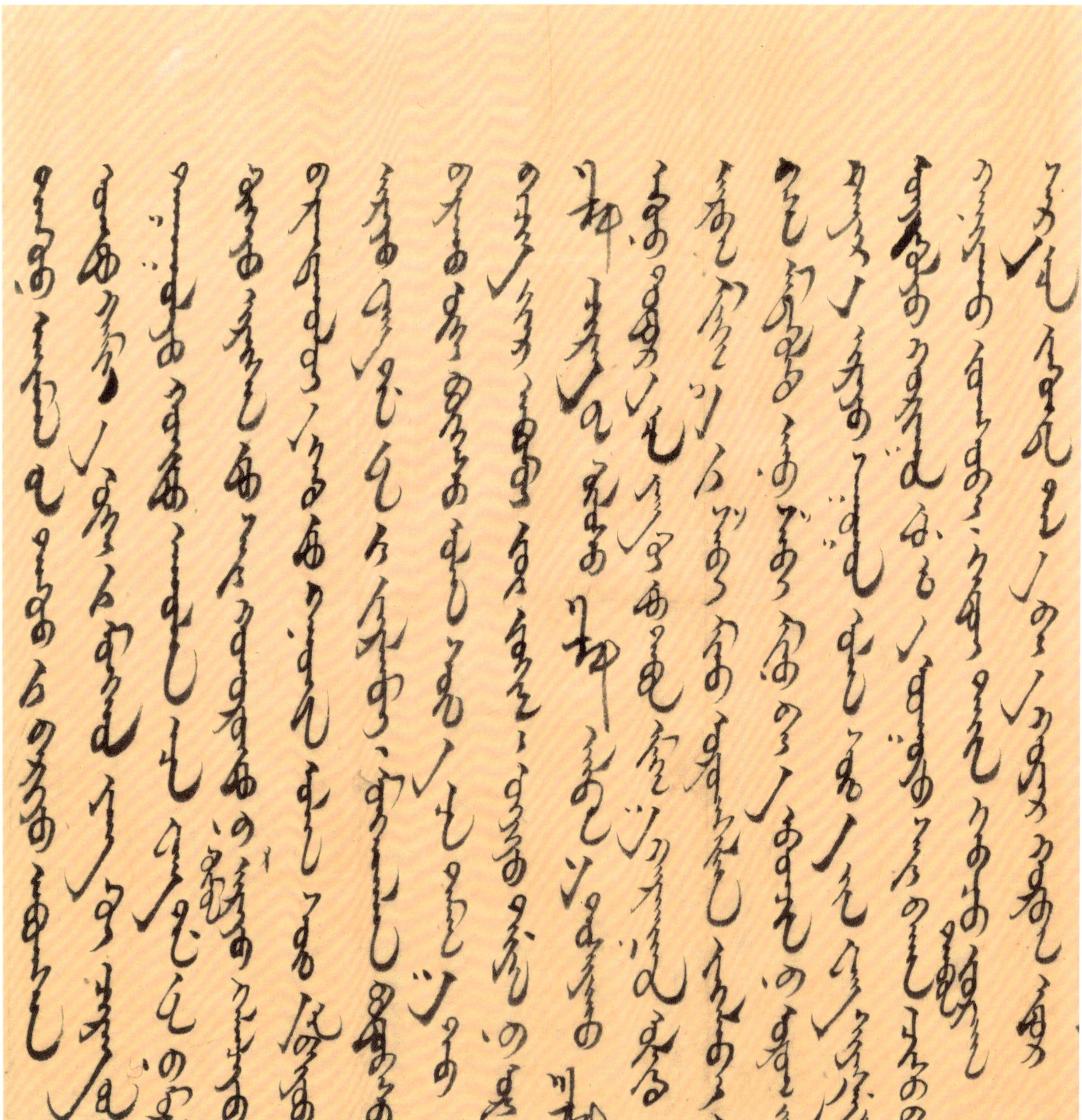

145 齐格达木宝为王达瓦案情及自己病情事呈札萨克王爷文（七月二十五日）

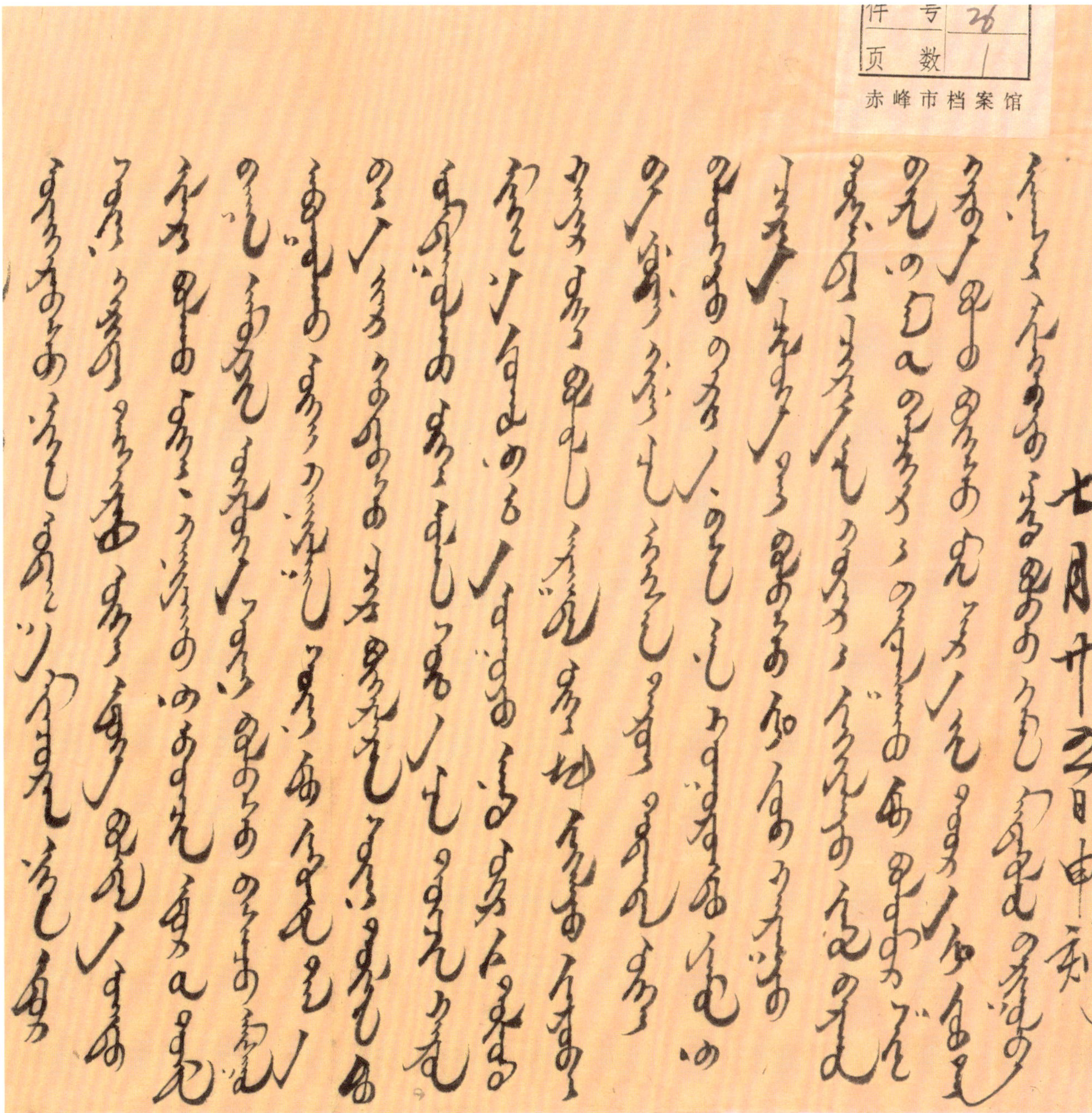

齐格达木宝为王达瓦案情及自己病情事呈札萨克王爷文

弟子齐格达木宝文。请安仁慈大老爷老师：呈报之事。

今派官兵王顺寨来追查控告民人王达瓦一案，本弟子通过中间人告知衙门王爷已派官兵时，才将此事重视起来，让官兵多等一天，从敖伦庙里凑够现款送来，却拒绝接收。无奈，再换成田契，交了十四千文田契、一千文现金也。其余给蒙古洋柜五斗米。民人王达瓦第一次闻讯官兵过来，就闻风逃走，只抓捕了一个与此事无关之其家族弟弟。蒙古洋柜带领官兵从后山赶回王达瓦马匹，此时中间人过来想说和了结之际，忽然从敖伦庙里递来传票状告王达瓦。卑职经过认真考虑，如不尽快解决，敖伦庙也递来钤印文传唤王达瓦。，因此酌情交田债二十千文、官兵费用二十千文、交公三十千文结案也。从中给洋柜五千吊文。剩余十千吊文由本弟子预借之。再禀报，因弟子生病，在丈人家养病，让敖伦庙王先生给看病，吃了二十来副药才止住咳血。虽然如此，四五月起左侧半身隔两三天就犯病一次，半身麻木连续一昼夜，至今未愈。咳喘毛病白天稍好，晨及夜间咳嗽不止，且左半侧卧时脸部发涨，整宿失眠。从敖伦庙吃了四十千多文药，此等债务本人无能力偿还，无奈预借十千文用于生活。八月回去后如数偿还。在此期间，衙门官兵要有时间就派两个兵丁去东西两边草场查看即可。如可行，本月底传急召即前往也。

特呈告。

七月二十五日申刻

146 乌提督为处理罪犯尸体事札军营校官文（八月二十日）

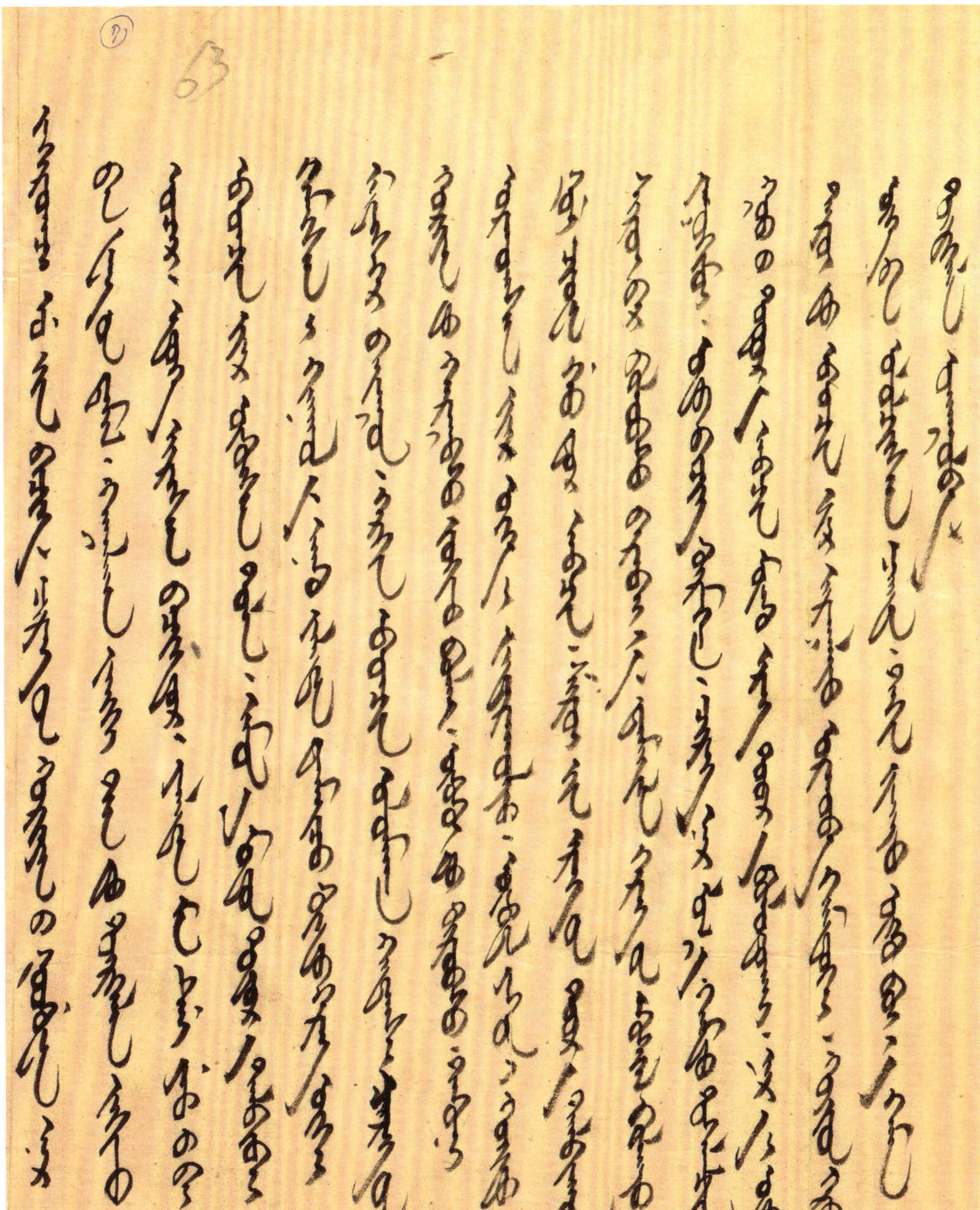

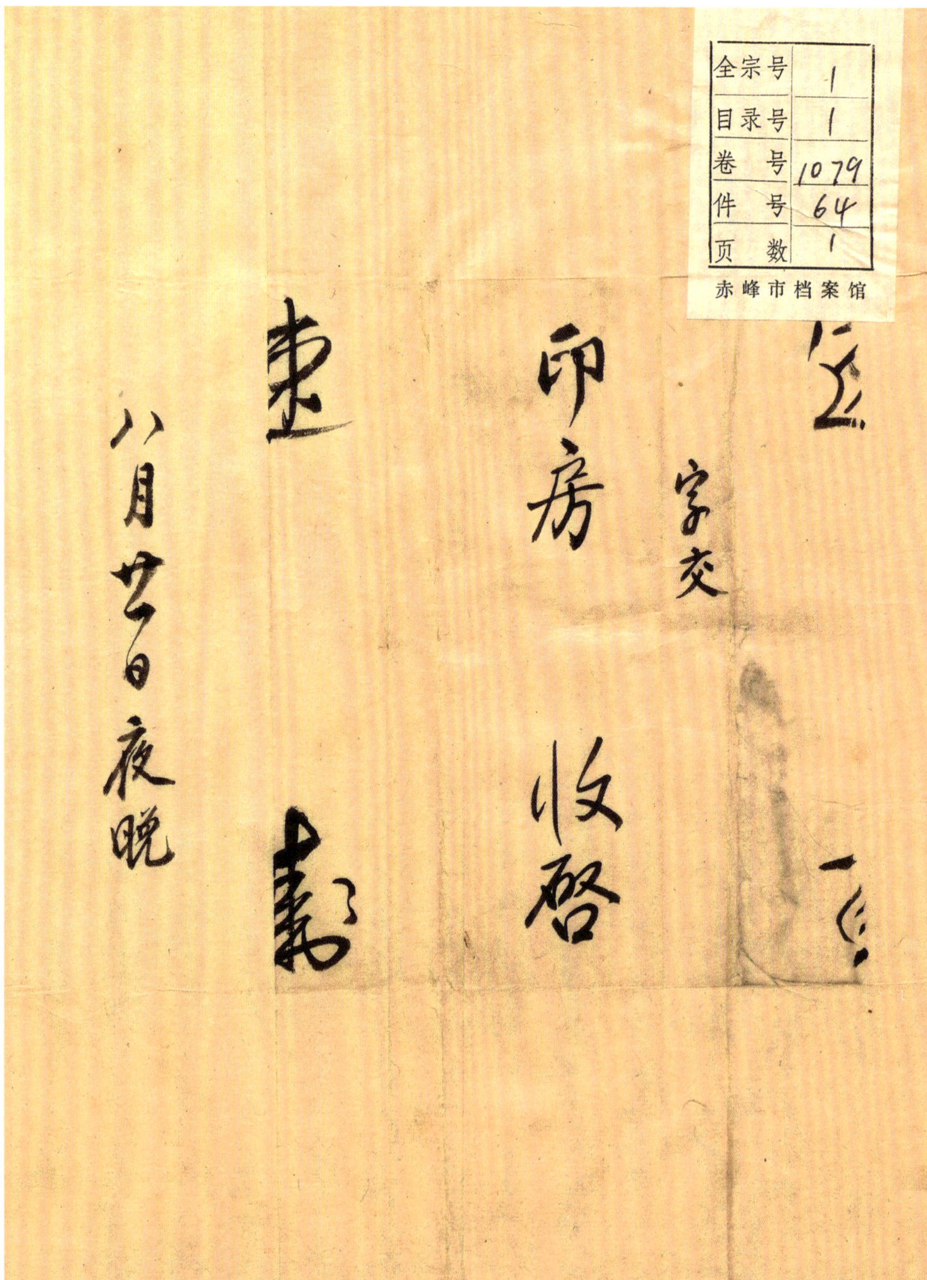

字交

印房 收启

速 [illegible]

八月廿日夜晚

乌提督为处理罪犯尸体事札军营校官文

给军营校官及门卫章京交代之急事。来文曰，罪犯马泰尤因病致死，尸体放至南林里。等语。细看，本罪犯非重犯，患病时应及时送至军营之外。如今罪犯已死，向外放话其逃走即可。尸体运至水泉沟埋土也。不得因此事引起事端。文到，与兵丁一同带尸体到沟坎子下，推土掩埋即可。称装病逃走也。日后有人追查再议。

速办。

八月二十日夜晚

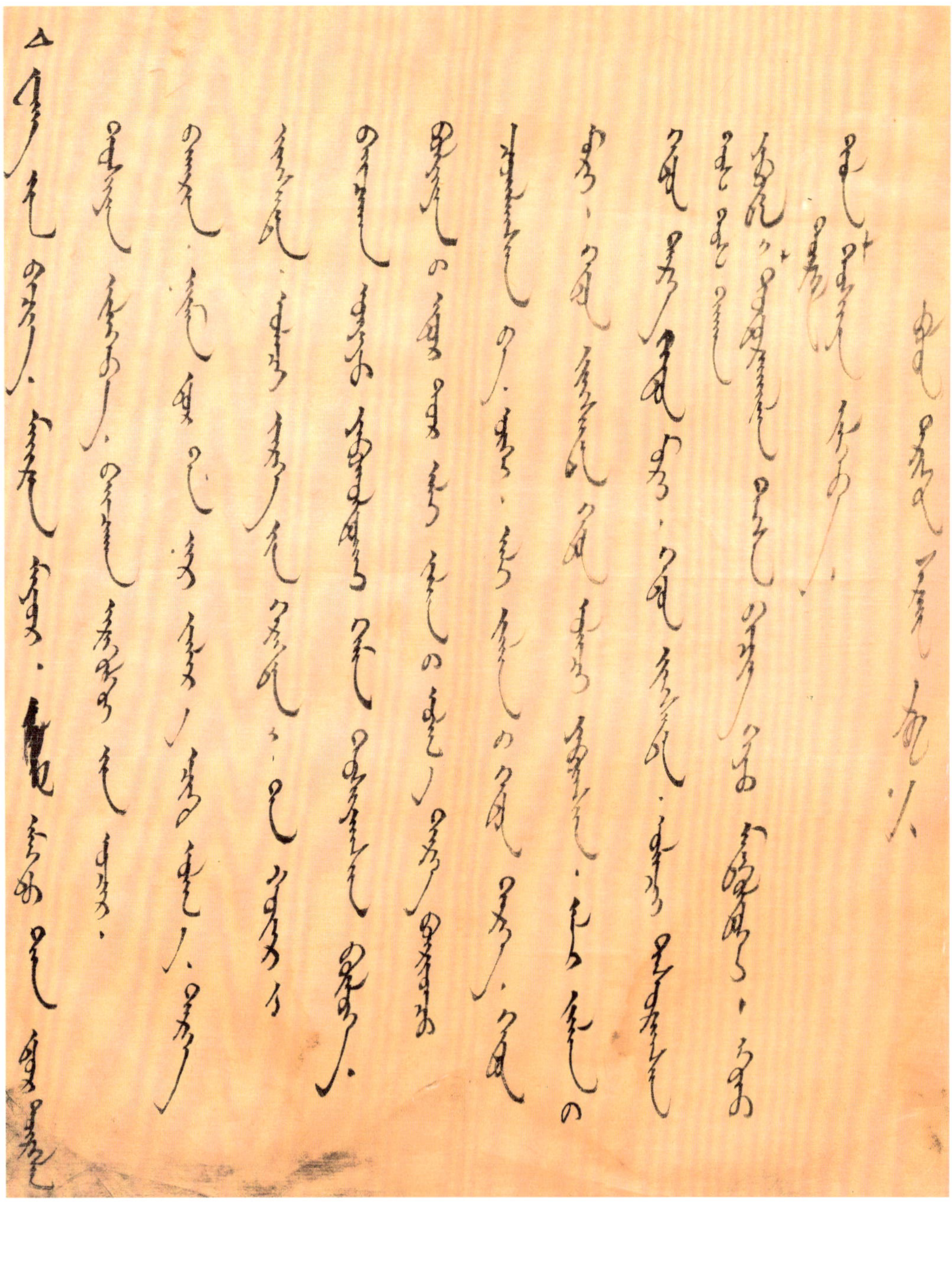

札萨克王爷为迎接巴林、奈曼王事札梅林曼珠儿等文

王爷札饬文。札付梅林曼珠儿、额木格图：查办之事。

之前，迎接巴林、奈曼王爷所需车辆、官吏、车夫一事，交付尔等备办。兹有，查验车辆人员是否按约定时间集聚，哪位甲喇出多少车辆、多少马匹，哪位甲喇未出车辆、马匹等，即刻登记造册上报也。

此札。

初冬十日

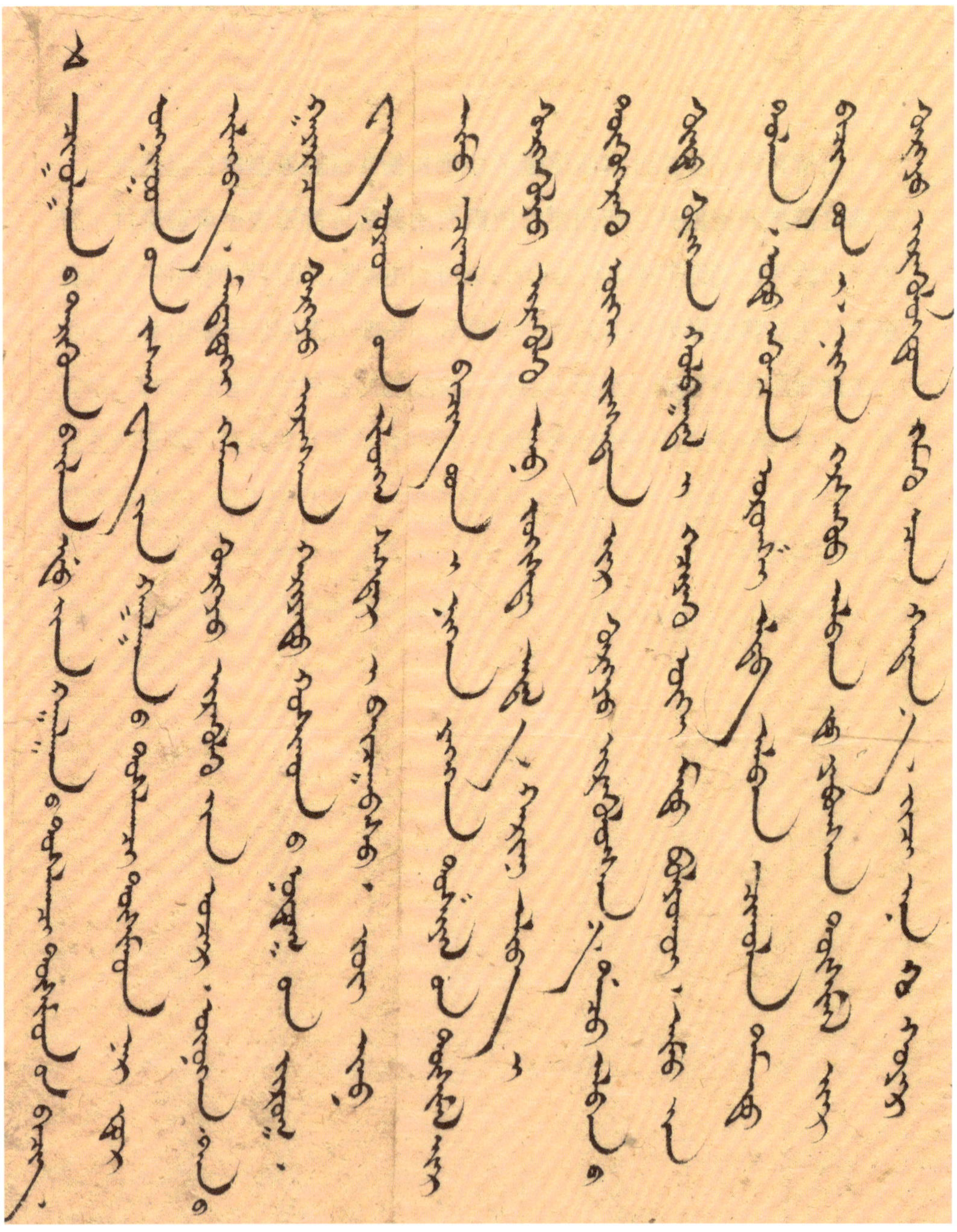

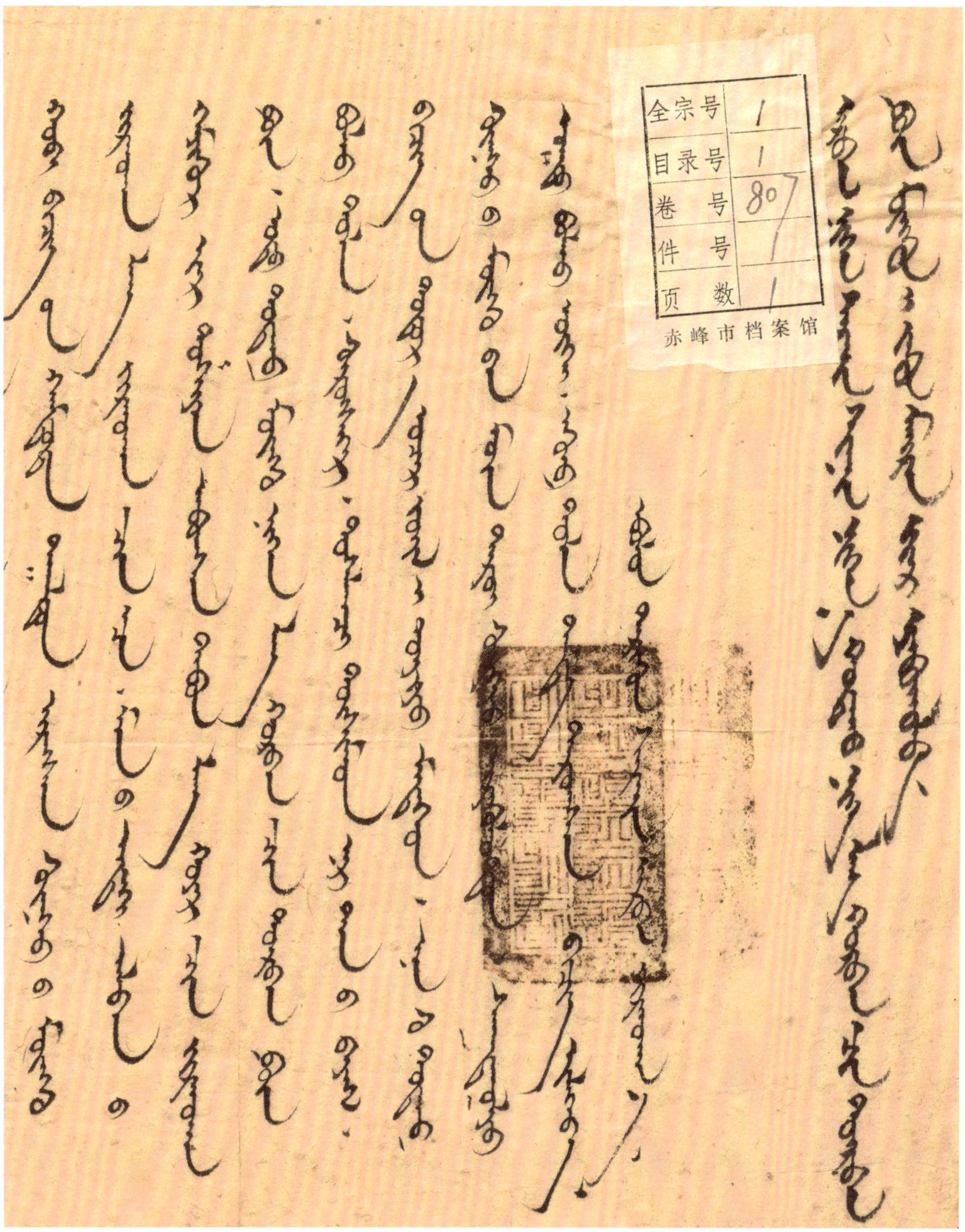
全宗号 1
目录号 1
卷号 807
件号 1
页数 1
赤峰市档案馆

盟长贝勒额驸之门监官为呈送官文礼仪事札翁牛特王之门监官文

盟长贝勒额驸之门监协理官文。札付翁牛特王之门监协理官：行札之事。

近日，审阅贵王府送来之所属旗地图、王公表传时发现，此等重要呈文，应派上等官差送之，却只派不知所云之衙役送之，真不知公务之轻重也。为此，从今往后，此类重要呈文，需派老练可靠官臣送之。还有，两份文书随同而来之口粮费六两六钱，以俺标准扣留五两二钱六分，现还欠一两三钱四分。故文到之际，协理官员审阅内容，速配送所拖欠口粮费。不得有误。

至此，致该官印之文书。

初冬十六日

149 判官七十九为缉拿逃犯等事呈札萨克王爷文（十一月二十二日）

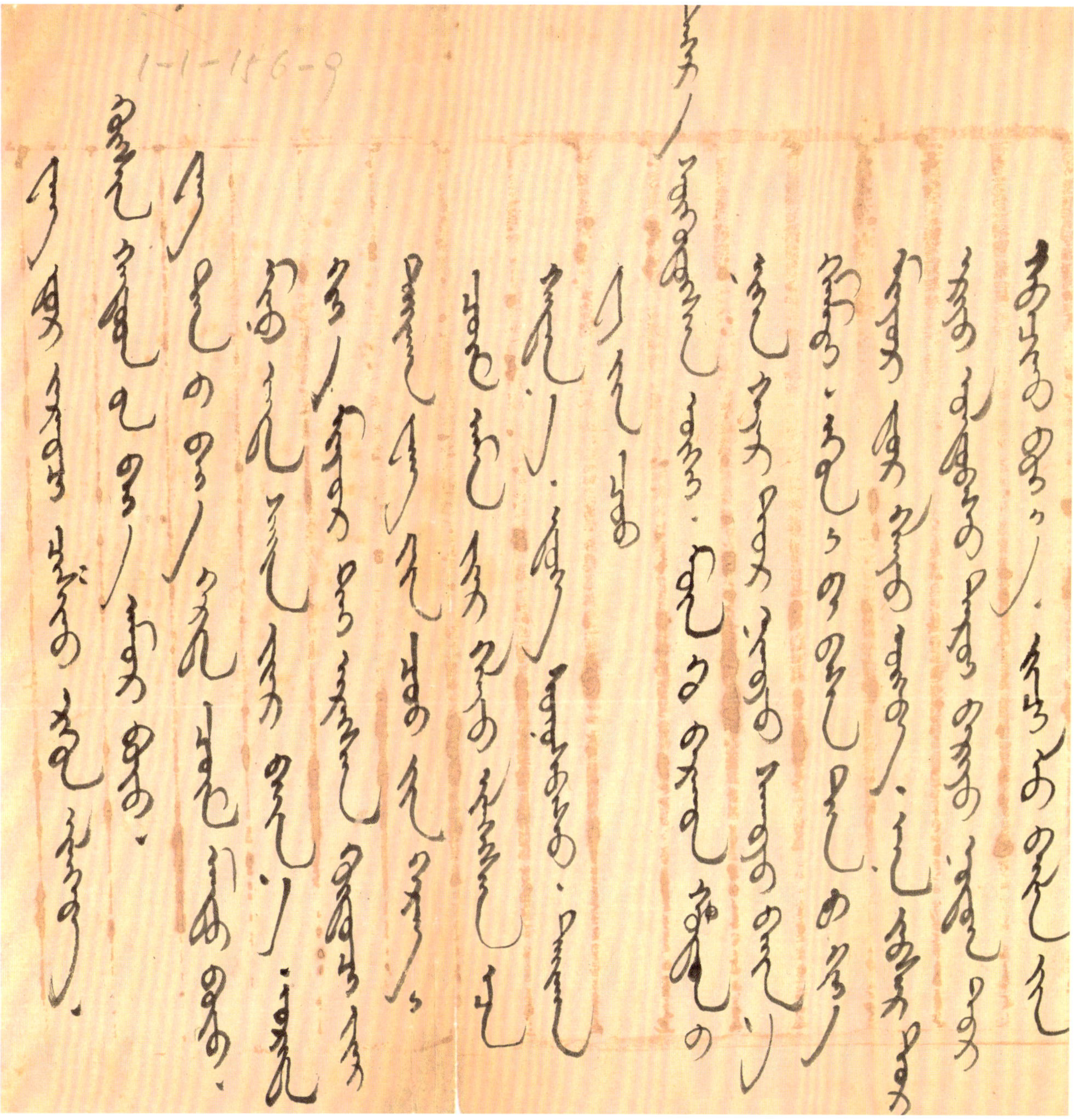

149 判官七十九为缉拿逃犯等事呈札萨克王爷文（十一月二十二日）

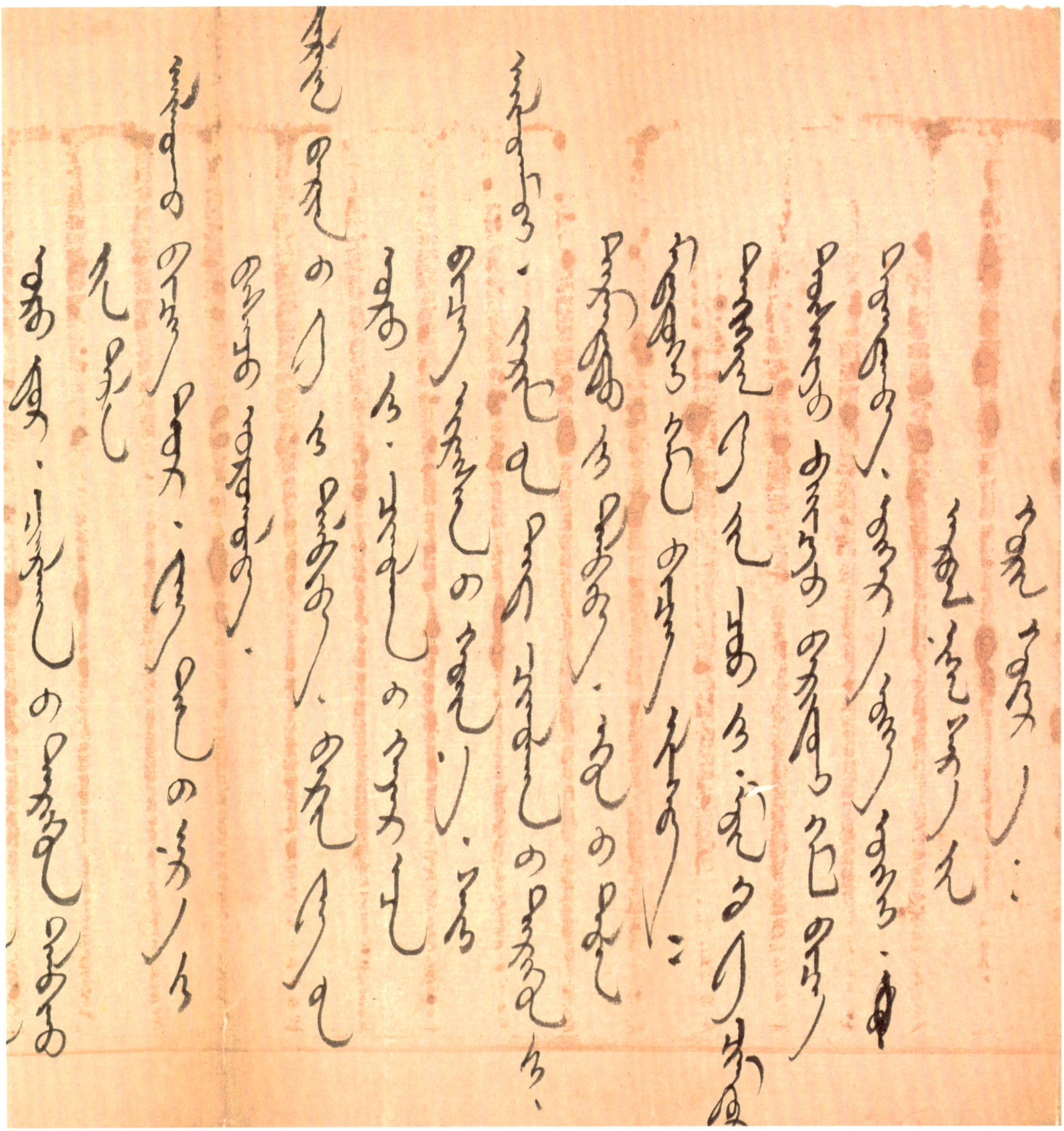

判官七十九为缉拿逃犯等事呈札萨克王爷文

判官七十九呈送王爷：老夫人身体安好，王爷及家里安好。吾处均安好。之前，委托侍卫敏珠尔随从口头转告太监王金超之事。今闻，太监王金超未进京投案，而藏匿于西城某地。此事已告知王爷侍卫敏珠尔，此间如有发现当即捉拿归案。还有推荐盟长人选时，也推荐王爷之名。圣旨封巴林王为盟长。巴林王空位盟署推荐时再上奏。封达日马图为哲里木副盟长。特此通报。再，王金超之事托付王爷缉拿。

至此。

十一月二十二日

150 总管白领哈为讨要赏金事呈协理官文（十一月二十二日）

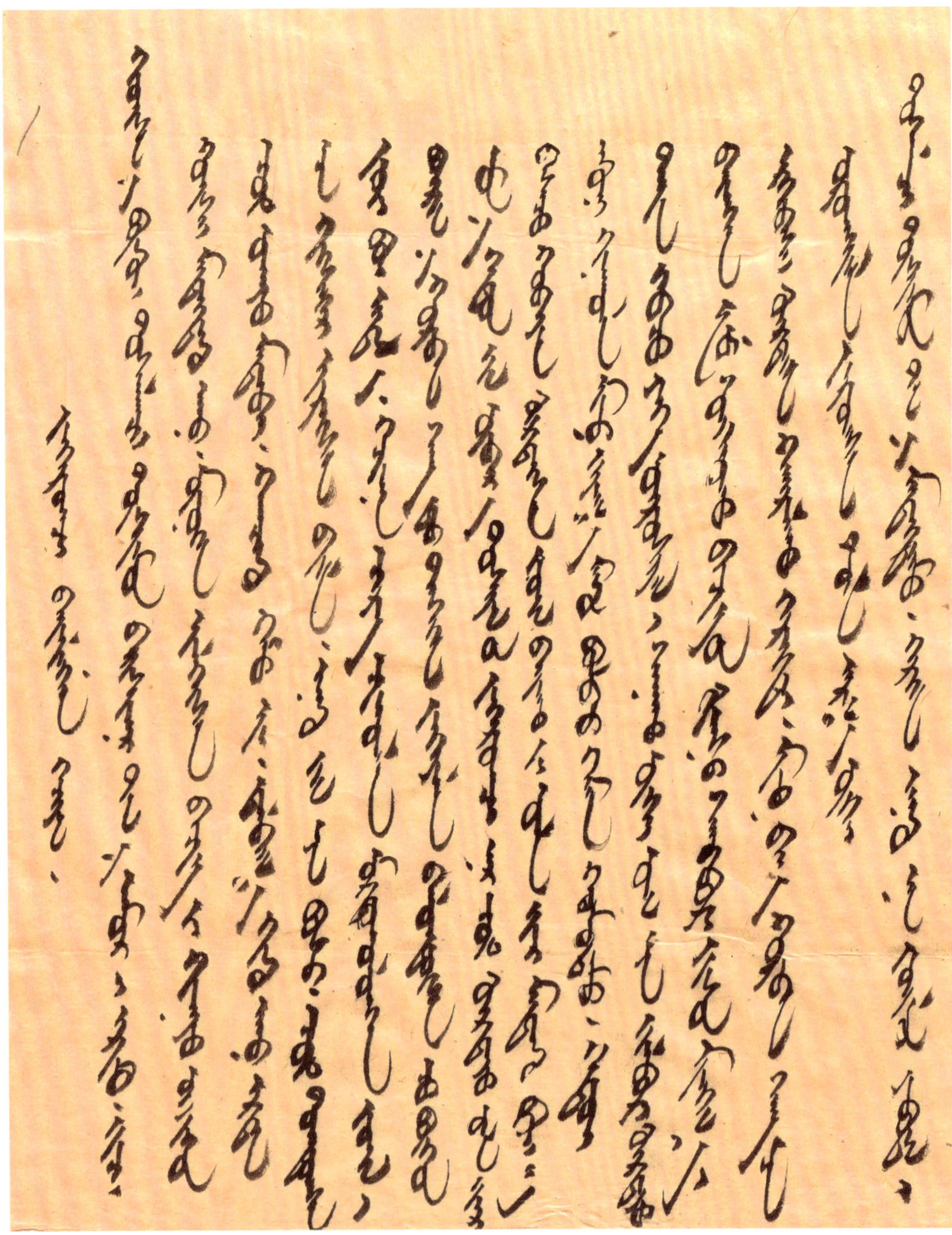

150 总管白领哈为讨要赏金事呈协理官文（十一月二十二日）

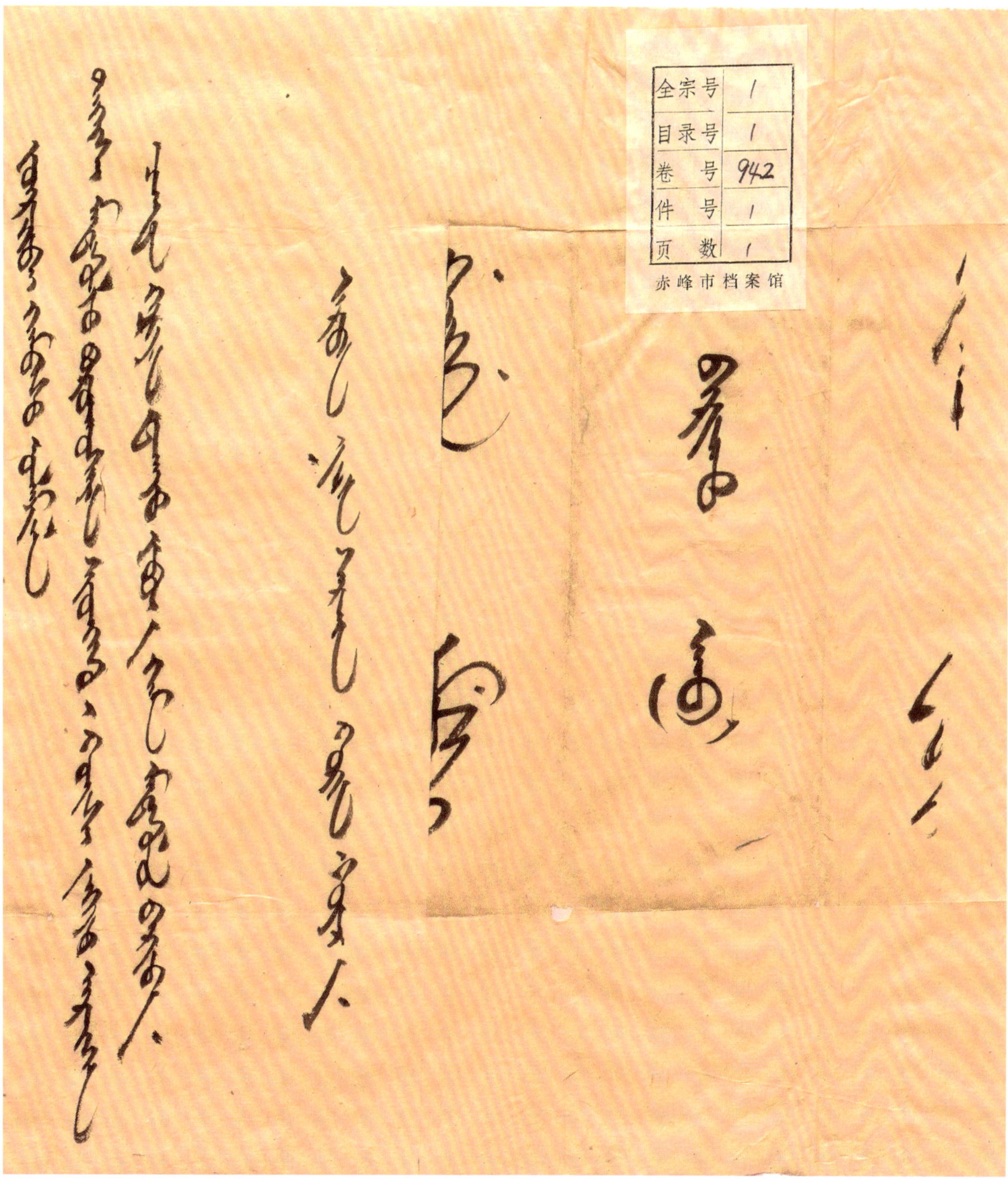

总管白领哈为讨要赏金事呈协理官文

总管白领哈问候协理贵官并禀报之事。近日承接札文，阅知文内。只是制作旌旗每年都有既定规则。另，今年把征兵征战费用全部摊给三处官仓。还有，前几年开始其他总管享受赏金，大家都有一份之事众所周知也。如此看来，鄙人运气不佳也。但也不图太大恩赐，只愿拿到每年推荐额驸费用九千吊文即可。此钱必须赏给鄙人。本人也从三所官仓已经预支此等钱款。在此禀报协理贵官。如有不妥之处，责怪之时遵命偿还就是。

十一月二十二日

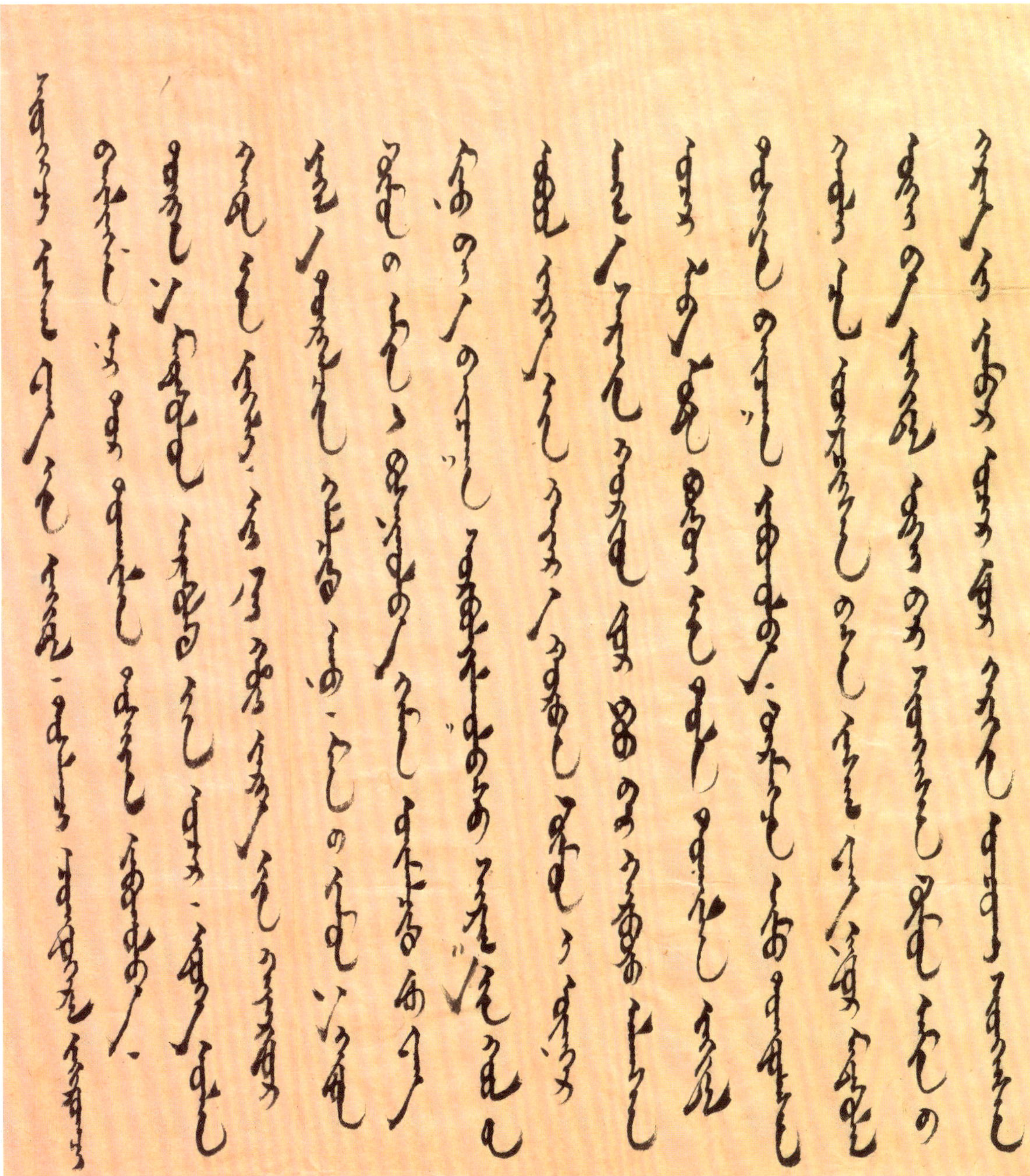

151 摄政札萨克王为督促呈报沙日嘎河命案事札协理、总管文（腊月十五日）

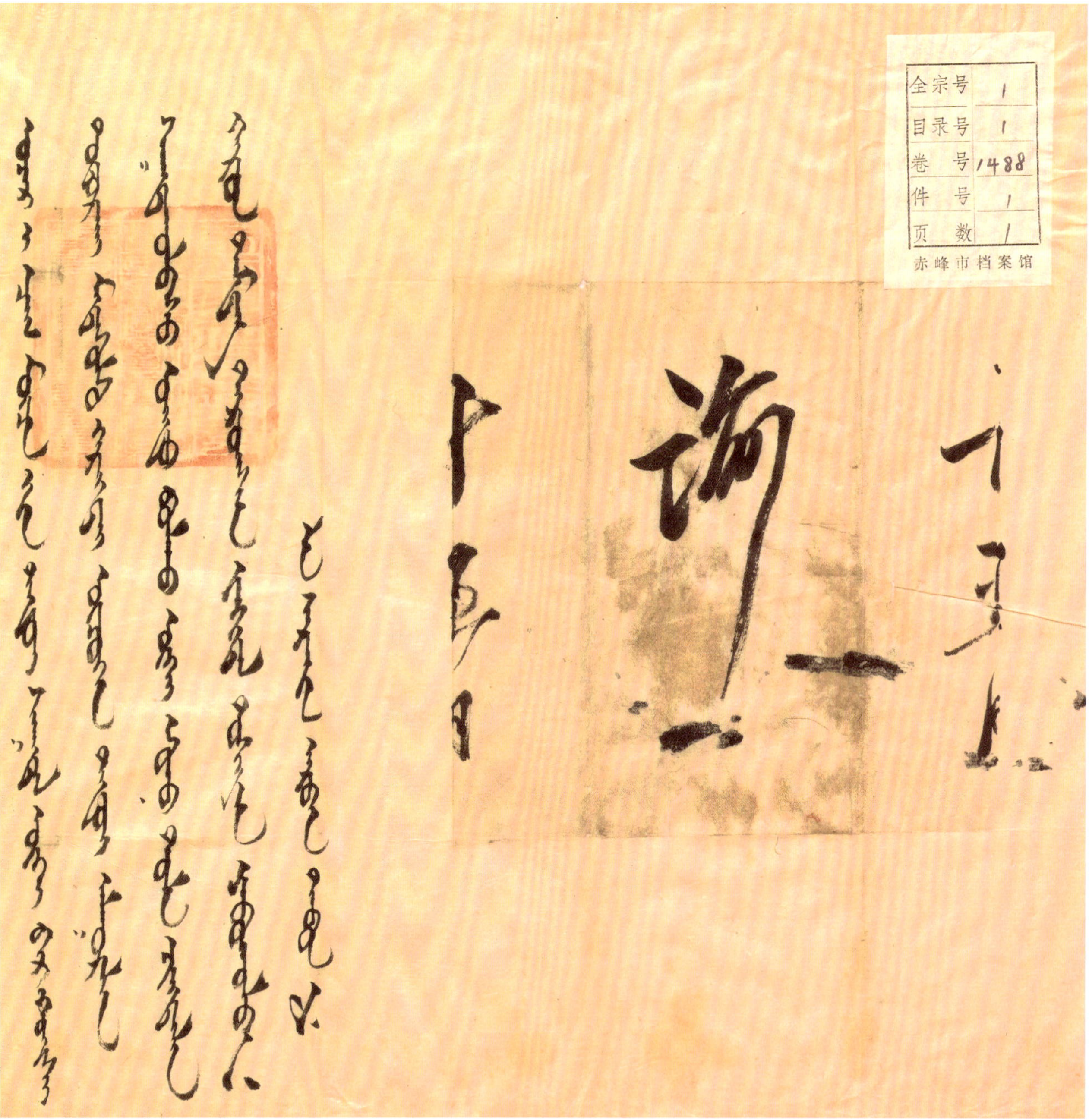

谕
全宗号 1
目录号 1
卷号 1488
件号 1
页数 1
赤峰市档案馆

摄政札萨克王为督促呈报沙日嘎河命案事札协理、总管文

摄政札萨克王札饬文。札付协理朝格图格日乐、总管白领哈：迅速行札之事。

如今乌兰哈达街、议事会等地议论本衙门糟践人命也。本王闻讯走访得知，确有上月二十日左右沙日嘎河鄂博等地发生枪杀三人之命案。为此下文查询此事。文到，如确有此非法之事，也未上报本札萨克王及呈文，为何如此特殊处理涉命之案等事，接到指令即刻汇报，不得怠慢。

至此，致签字之文书。

腊月十五日

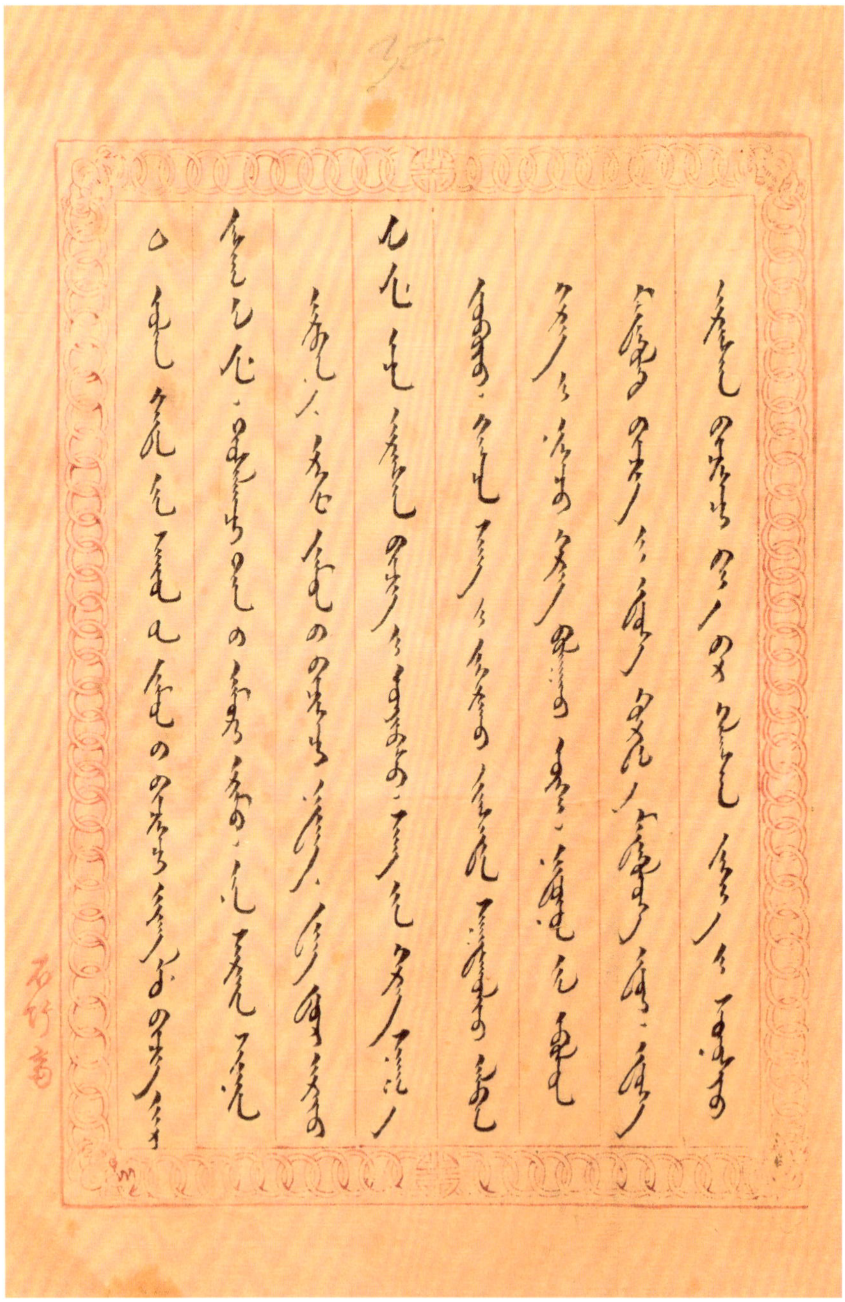

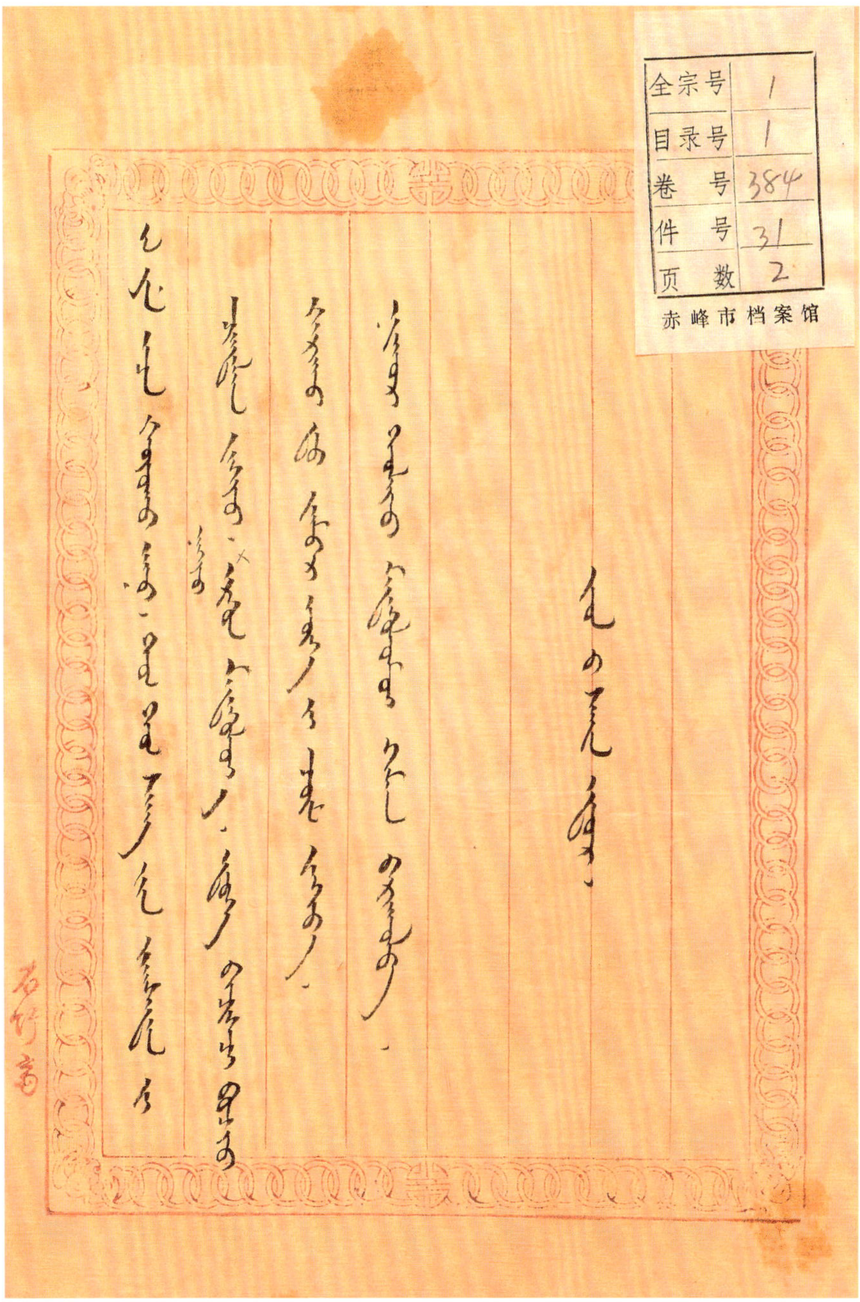
全宗号 1
目录号 1
卷 号 384
件 号 31
页 数 2
赤峰市档案馆

乌兰哈达衙门笔帖式为备送官仓账本事呈札萨克王等文

乌兰哈达衙门笔帖式姜陆文请安札萨克二爷、协理。

本月十日贵衙门笔帖式那旺至王爷处，才知二爷札付过本处。王爷为官仓之事费尽心思，只因官仓司库不务正业，多误事，去年应报之账本至今未报。兹有，知晓王爷笔帖式曾至本处口传之事。呈请二爷即发札饬，命官仓司库即刻补报。

今笔帖式带去呈文，参见王爷当面呈上。

夏季吉日

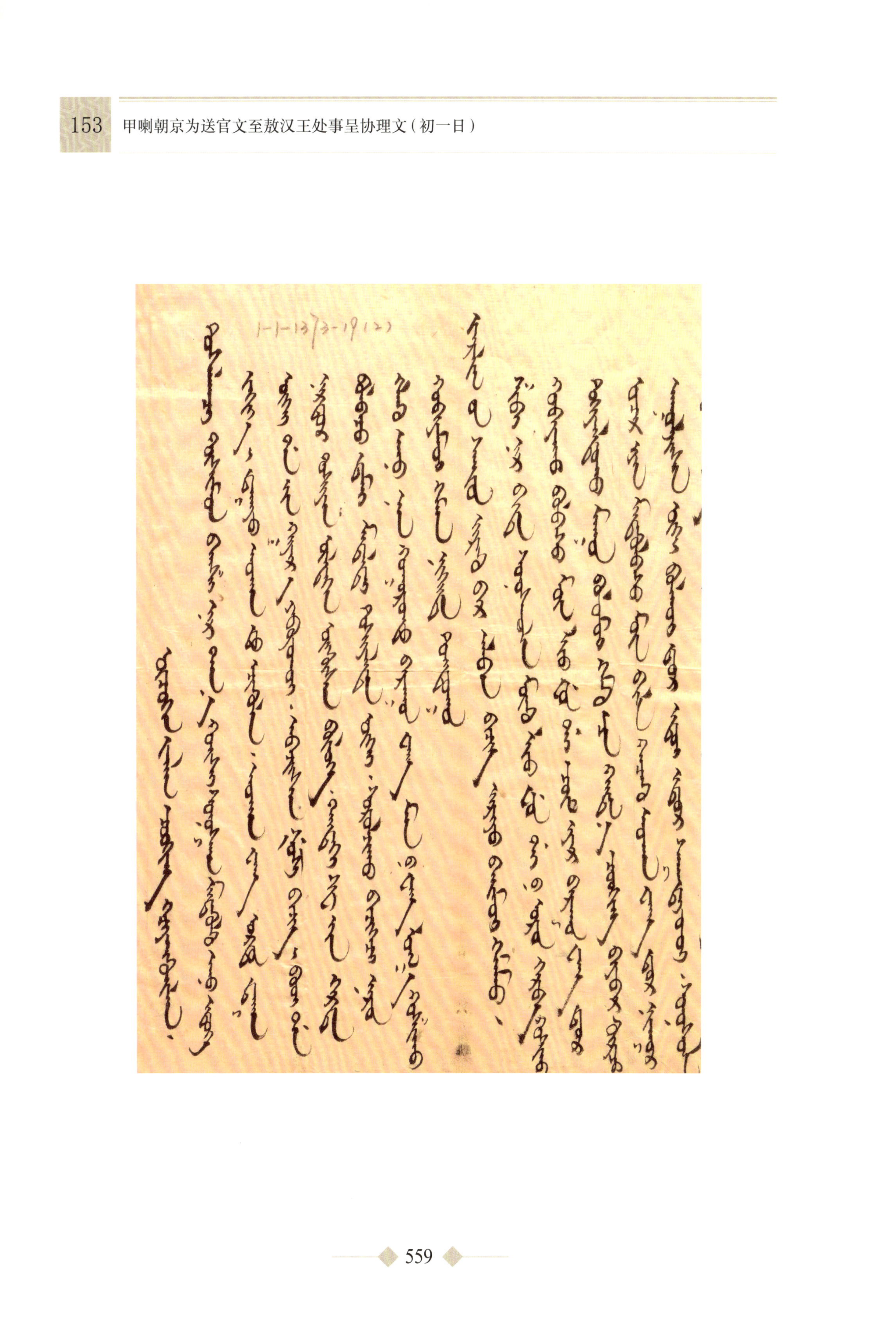

1-1-1373-19(2)

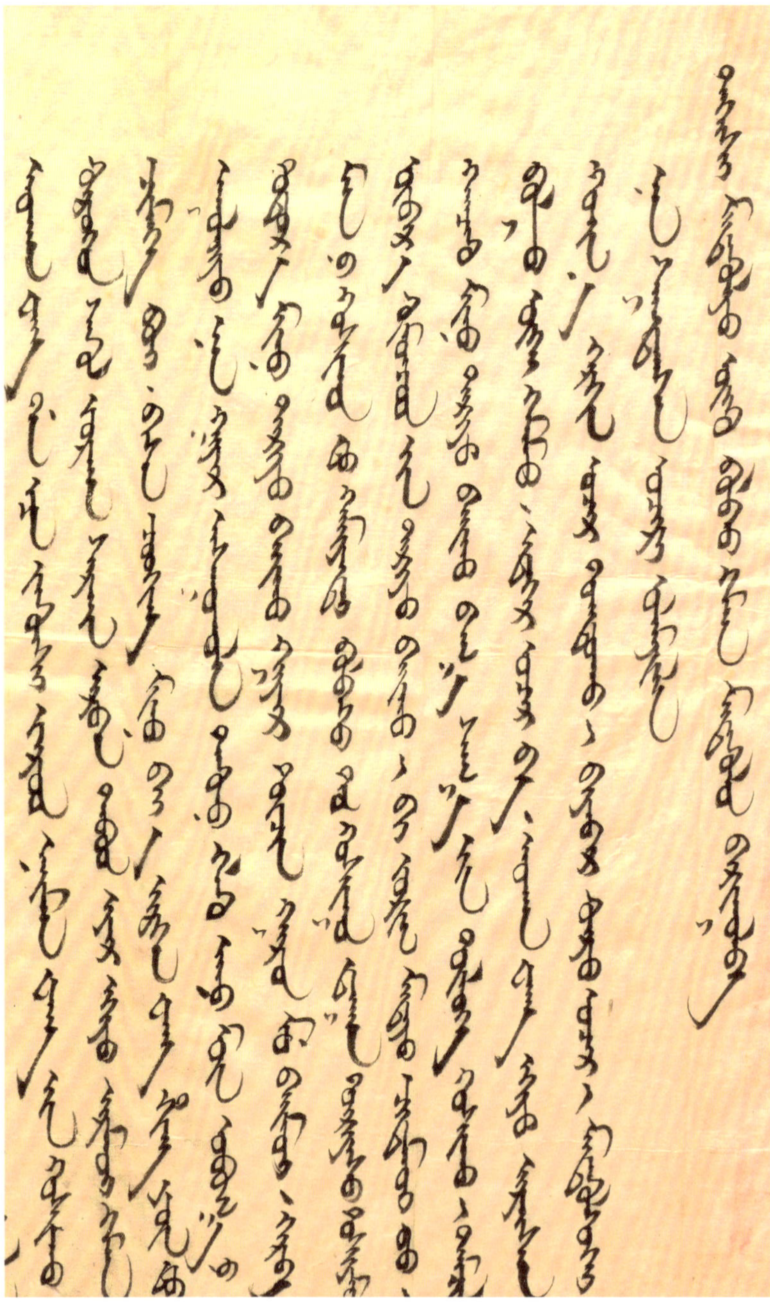

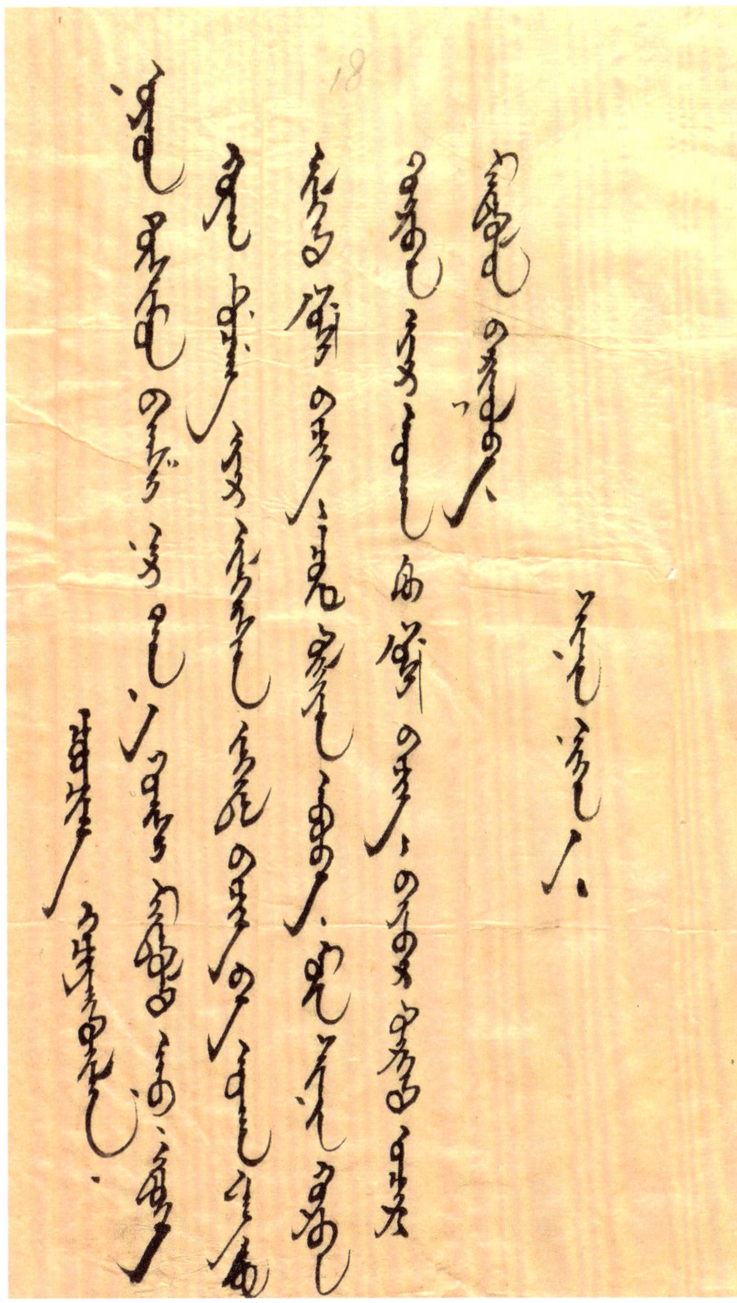

甲喇朝京为送官文至敖汉王处事呈协理文

甲喇鄙人朝京呈送协理官员：禀报之事。

如今奉命至敖汉，敖汉王不在府里，去了大部也。将所带官文留给其管家，因其内政府未有知事官员。实习笔帖式曰：近些日子，右翼旗王爷与本旗王爷分旗事已成定局，听闻钦差大臣要驾到。还有，如要分旗，六分地可能划入右旗王爷管辖。等语。本应鄙人朝京亲自前去协理官处报告公务才是。只是未能见到敖汉王爷而耽误多日。有消息称，敖汉王从大部往东走到扎鲁特、奈曼王旗，至六月十五日才归来。还有，朝京本人遇见民人王静云过问分旗之事。其曰，在此敖包内侧有本人四十多亩地。如归本旗，租金就缴给本旗官仓也。其他农民种田之事，本人不敢说什么。只是本人小田地不要成为俩旗争夺之地。等语。上述所闻以及敖汉王归后如何规定，亲自去汇报。将耽误之事，望转呈上级为盼。

朝京谨呈官员，今接壮丁陶成捎来之文及寄给敖汉王官文。本月初三、初四日即刻送至敖汉王处。

初一日

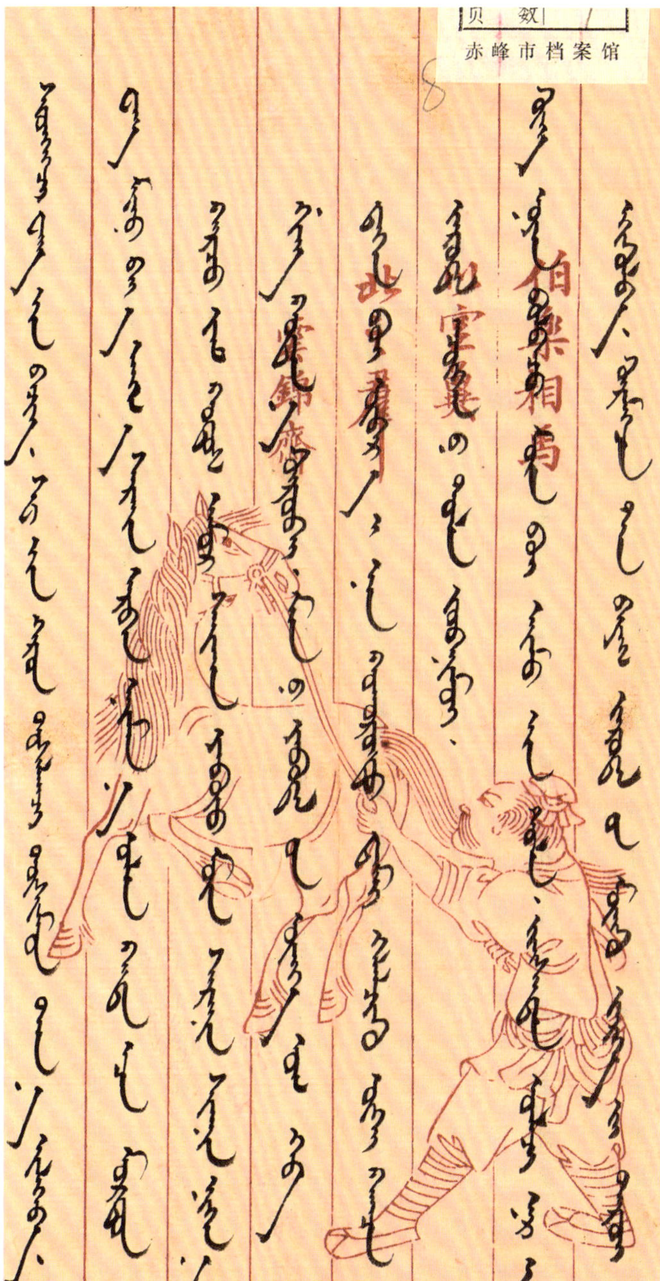
页 数
赤峰市档案馆
伯乐相马

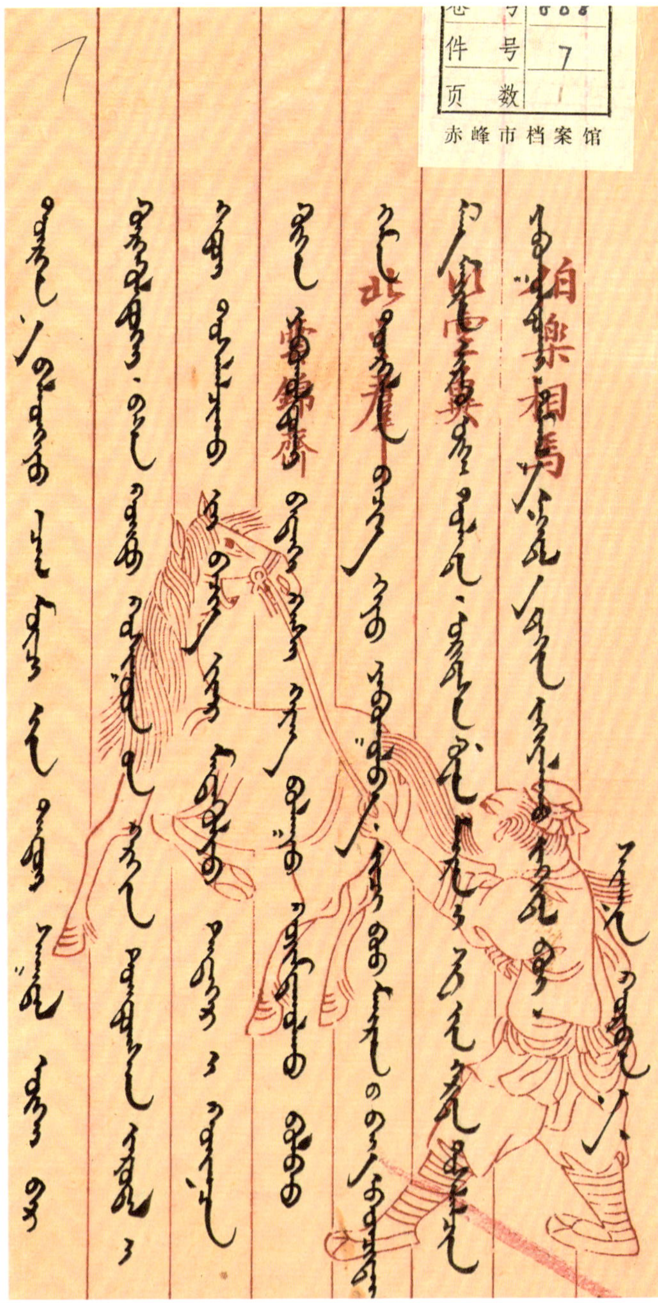
件号 7
页数 1
赤峰市档案馆

摄政王爷为备送进京经费事札议会内政司文

摄政王爷文。致议会内政官：本王爷元月十八日乌兰哈达启程，一路走来，道路畅通，于本月初一日至京城。一切事情都安好，只愁经费不够也，公爷情况亦如此。今官差返回到达时，尔等速筹措资金，即刻寄来。还有回报北部各旗资助之银两数额，及时争取资金，不得敷衍了事。包梅林身体欠佳，孟梅林还未到。故栓梅林协助筹措资金之事。

初三日

155 札萨克王为缉拿逃犯事札武官梅林文（十六日）

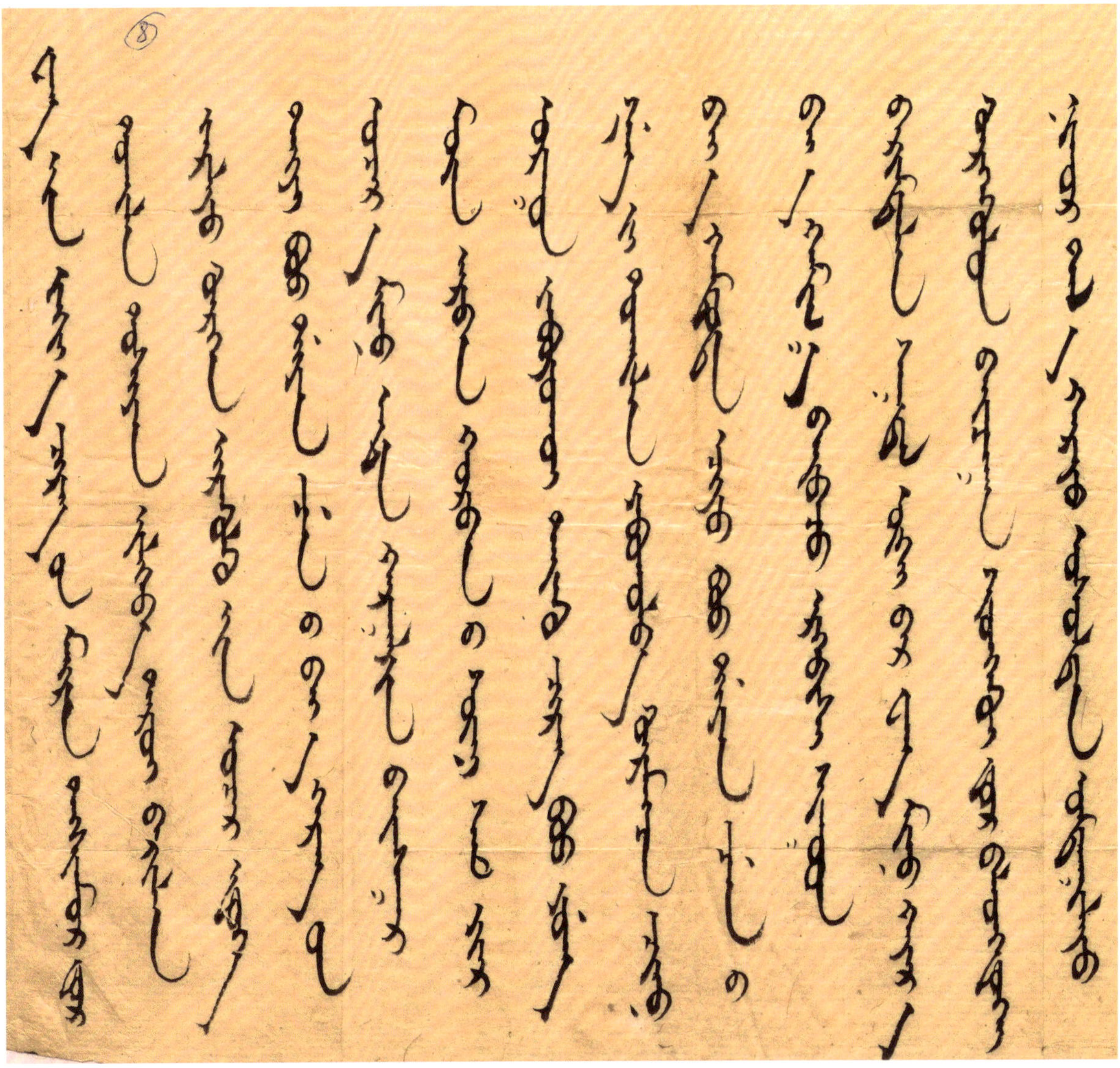

札萨克王为缉拿逃犯事札武官梅林文（十六日）

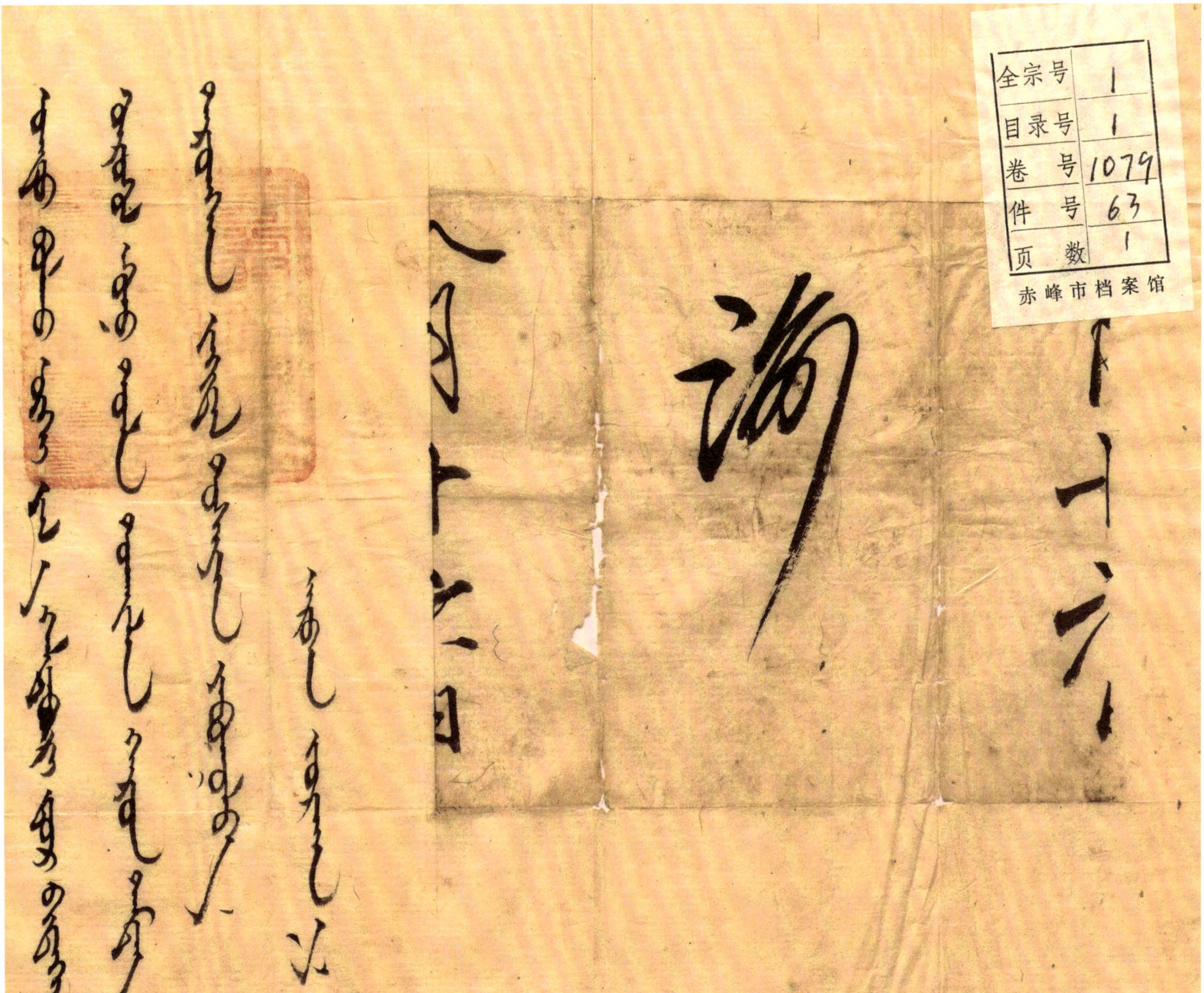

札萨克王为缉拿逃犯事札武官梅林文

王爷札文。札饬武官梅林特格希阿木尔：速追逃遣送之事。

台吉包天辰因涉案暂扣于本处也。本月十三日夜里逃走。为此专派卫兵包永生缉拿。到达之际，包天辰无论在何处，尔等一同直接捉拿，从速押送本王爷处，以备审讯。不得徇私舞弊，犯法之。

至此，专递签名之文书。

十六日

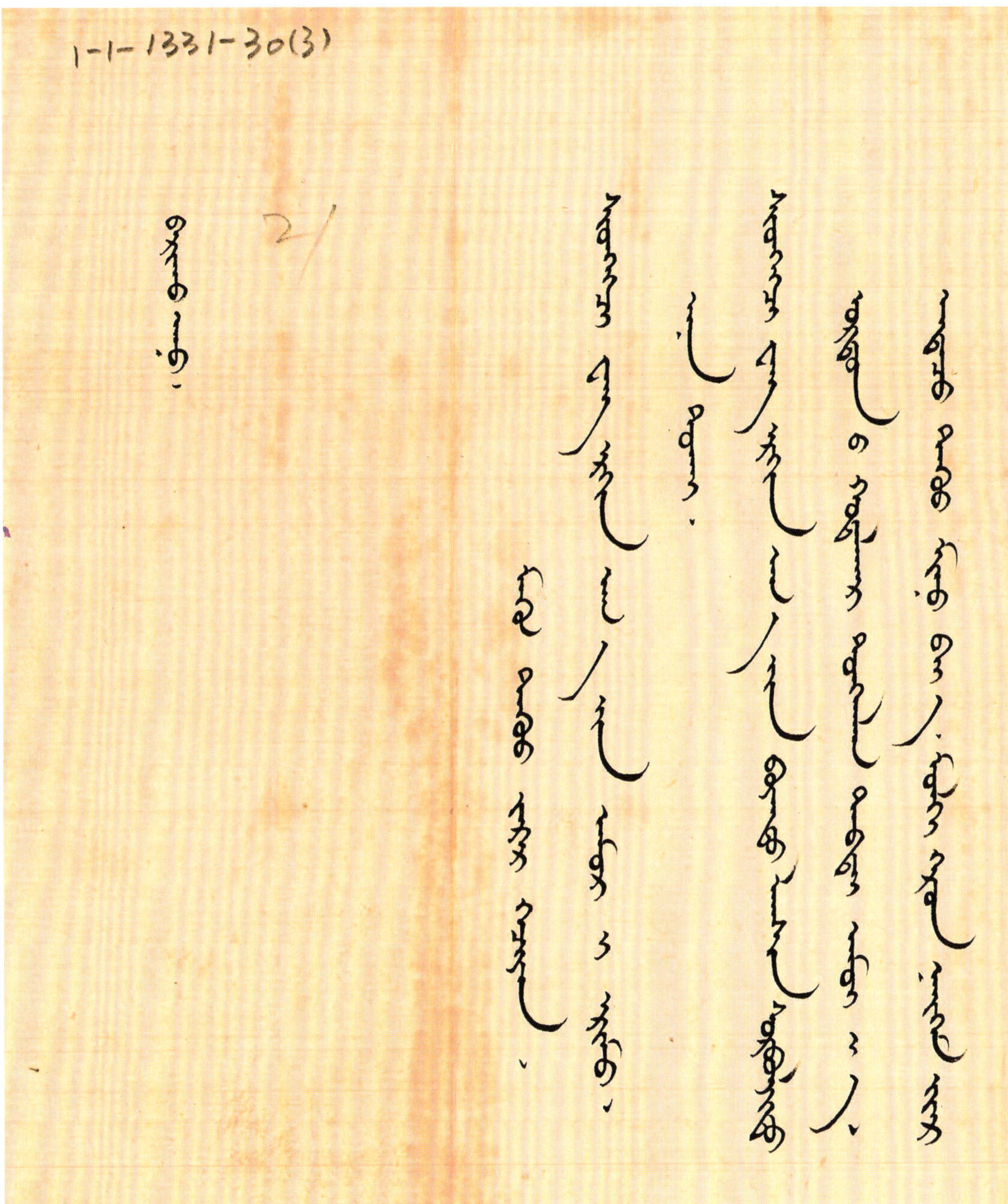
1-1-1331-30(3)
21

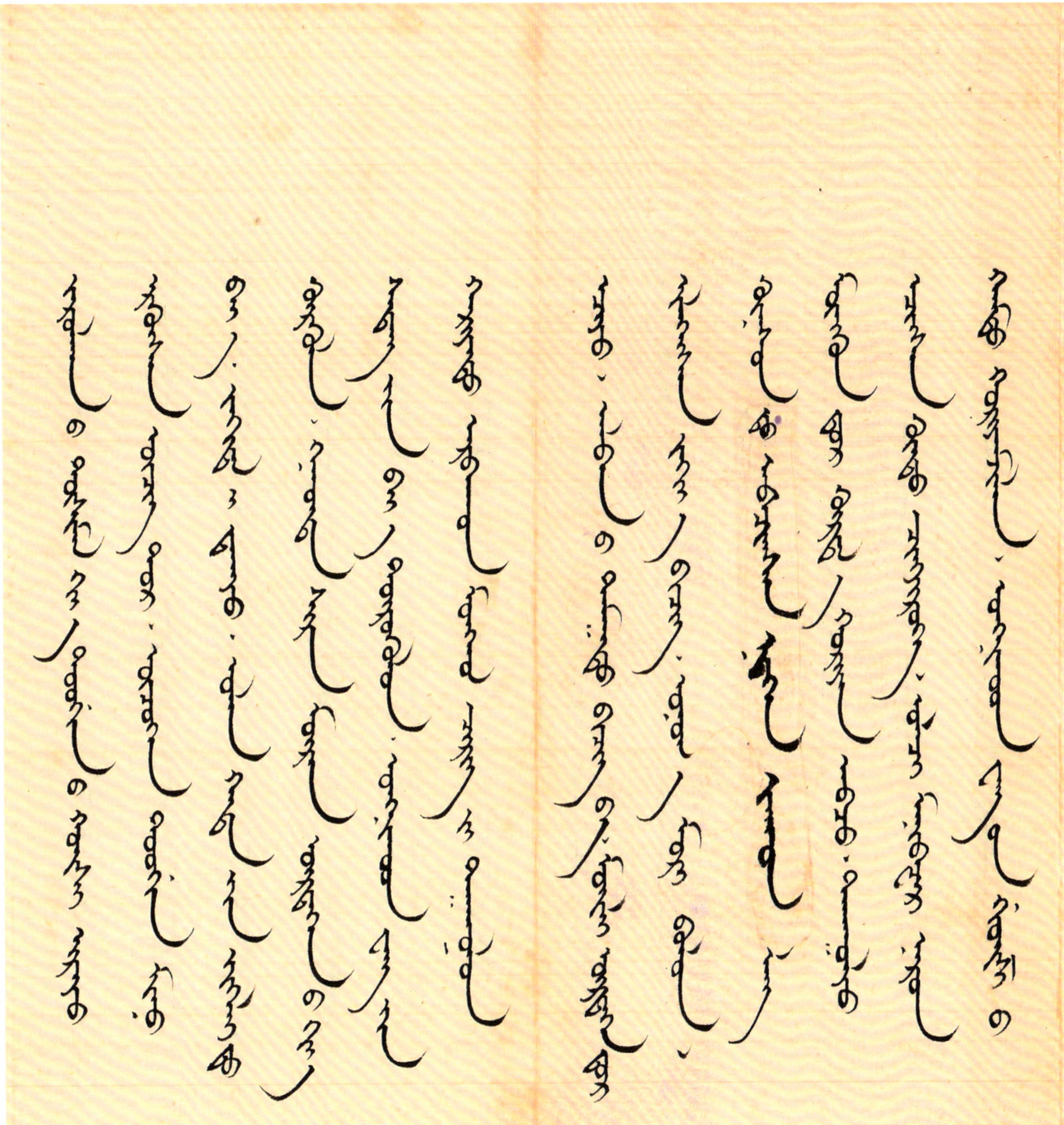

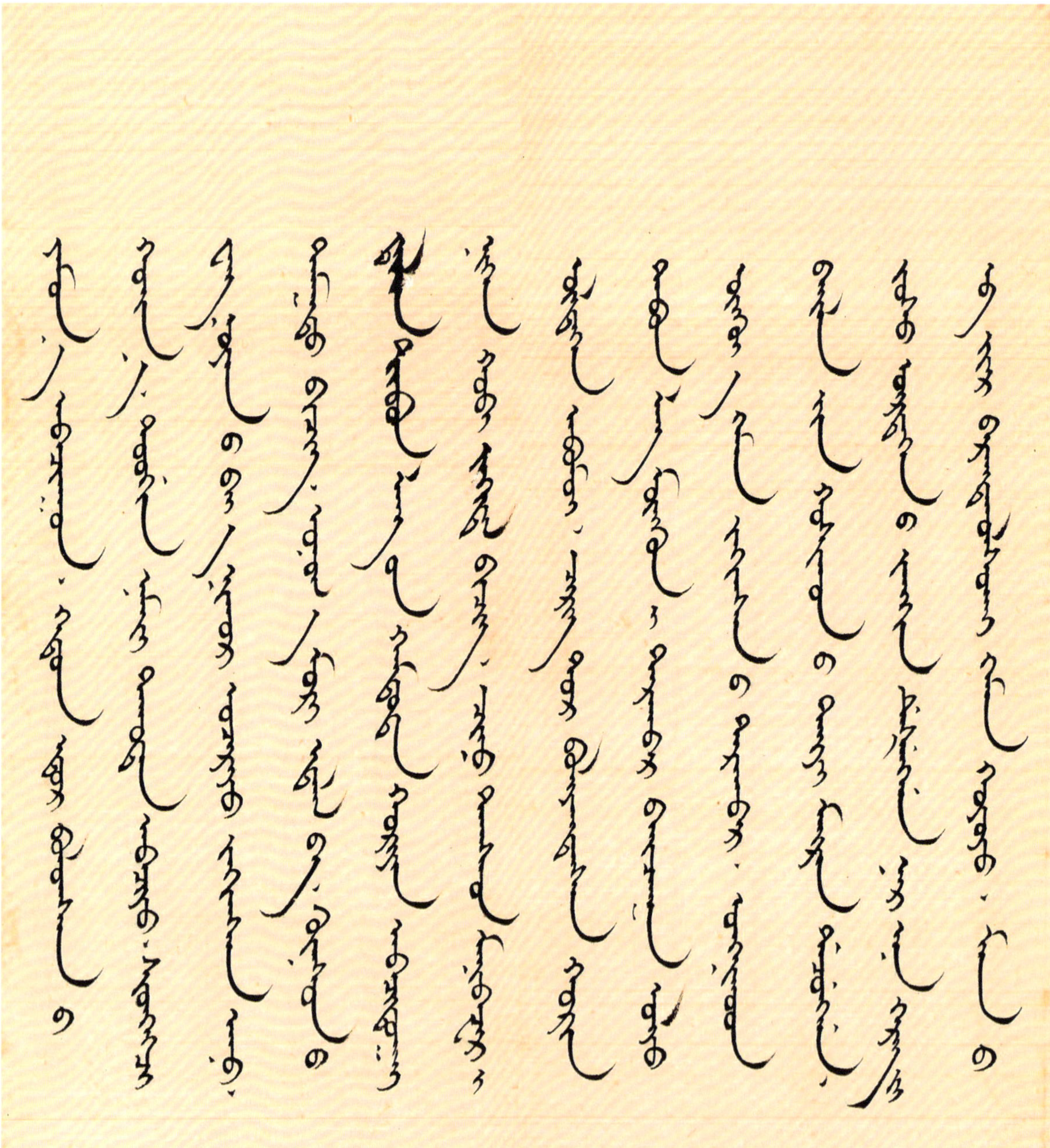

156 官差扎格尔为送官文半途被抢事呈摄政王爷文（吉祥之日）

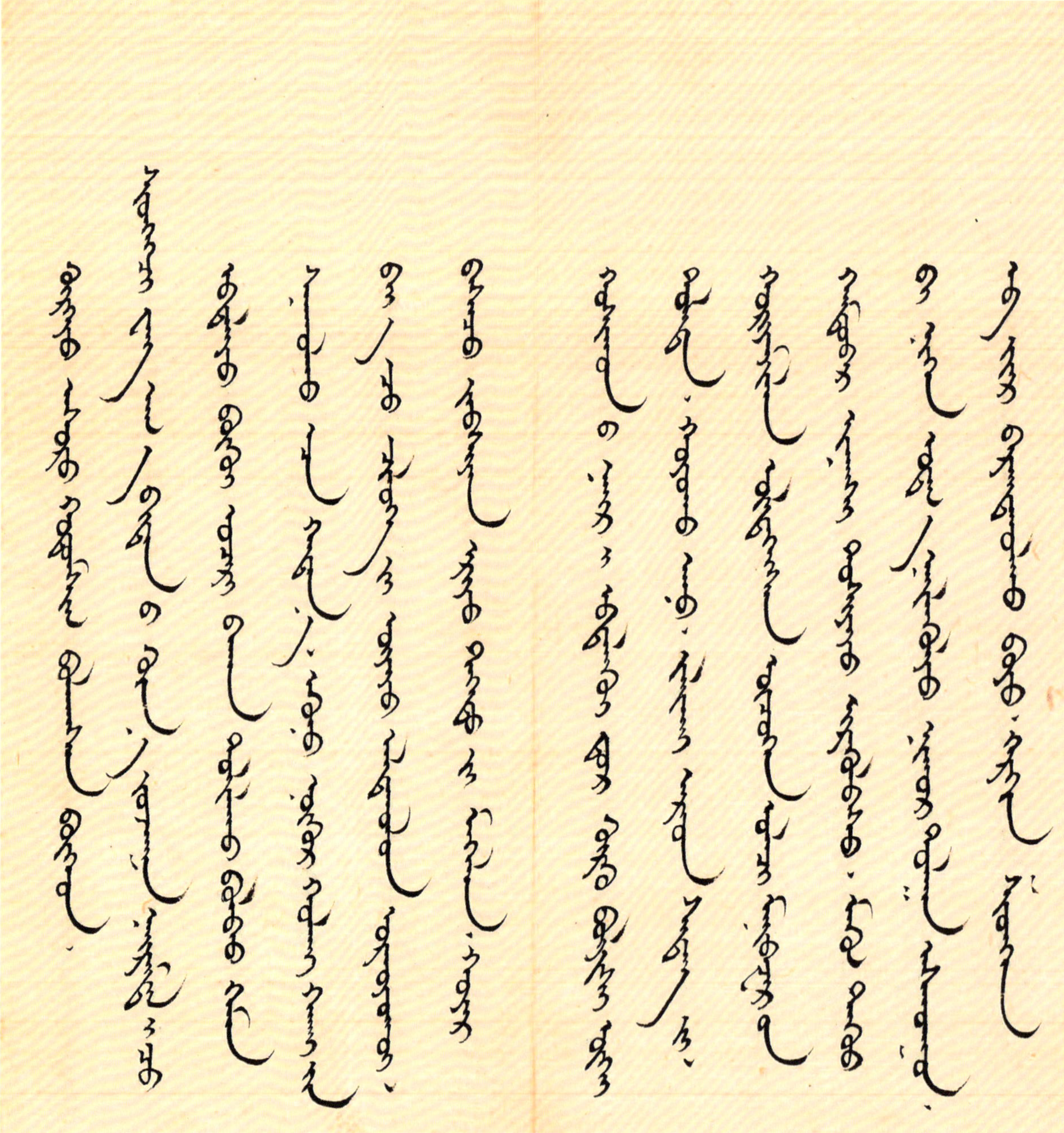

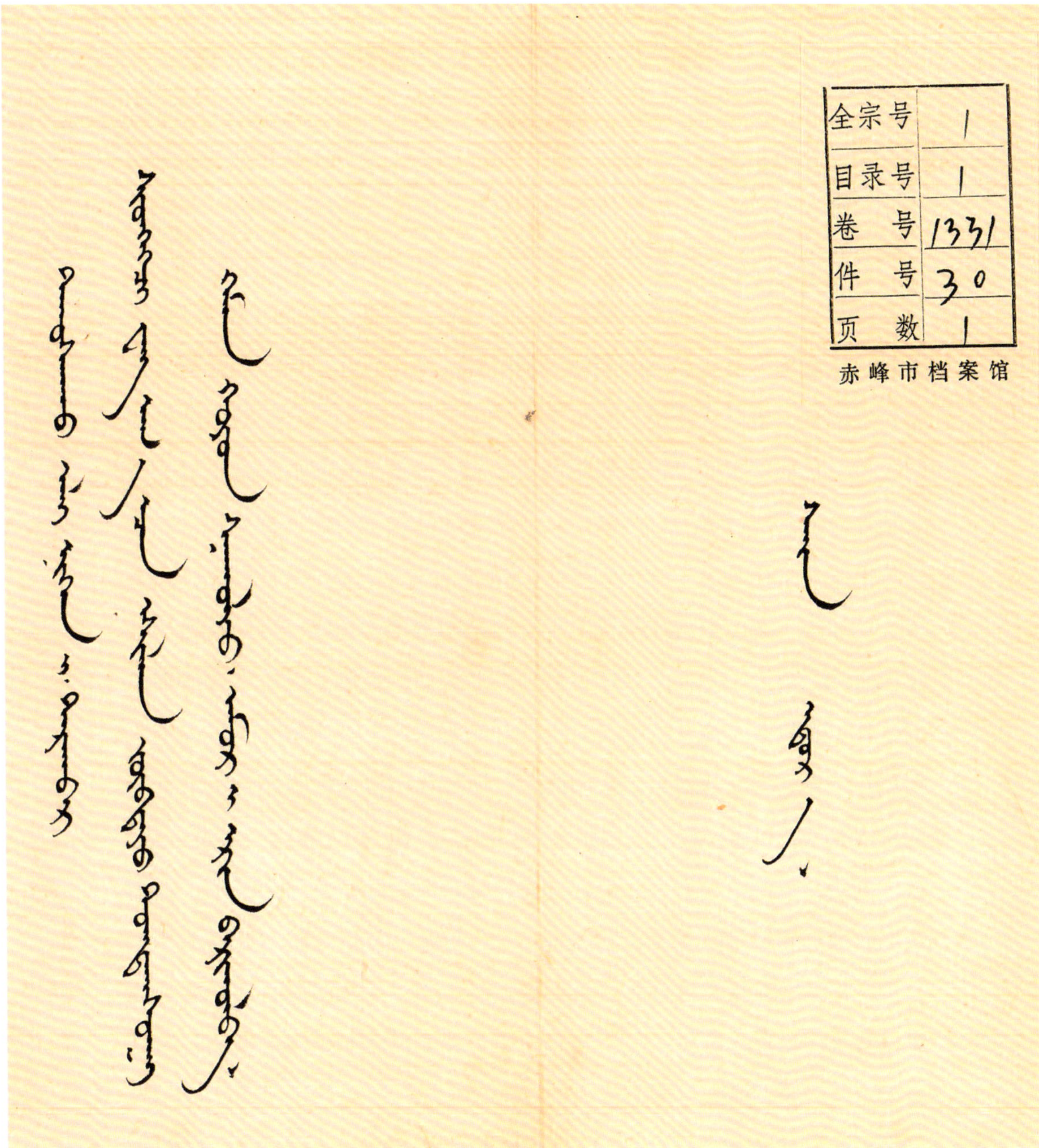

全宗号	1
目录号	1
卷　号	1331
件　号	30
页　数	1

赤峰市档案馆

官差扎格尔为送官文半途被抢事呈摄政王爷文

小弟扎格尔问候贵兄摄政王爷：贵兄摄政王爷贵体及官邸都安好。本小弟也一切安好。今特意私下禀报之事。

近日本旗西拉木伦驿站章京尕海已交口供，明确承认数次偷盗牲畜，任意挥霍官府马羊及向驿站驿役放高利贷等几件事。对于如此剥削良民驿役，造成损失之事，寄官文报送至掌管驿站之古北口司衙门。如今使者侍卫陶金回报曰：本小人陶金携官文至乌兰哈达街时，突遇西拉木伦驿站侍卫色登带领翁牛特王属十余蒙古军，抢走了官文、寄给牧里驿站之信件、坐骑及路费一百两银子。还带走随从汉军骑校青吉如和、驿役玛尼巴匝尔押送至翁牛特王军事衙门扣押。几天过后，判官王爷传唤本人交待曰：官文、坐骑及路费七十五两银子带走，扣留一封信及随从玛尼巴匝尔。被抢二十五两银子日后侦办后还回。等语。之后本人请求由翁牛特贝勒旗台吉梅林特崇含、卓苏驿站章京德生哈调解此案，边带致所属札萨克之官文返回也。审阅此案，明显为西拉木伦驿站贪贼章京尕海、侍卫色登串通一起剥削良民驿役，使其蒙冤，鄙人本意为实事求是，公证判决，不偏向一方也。但，狡诈盗贼尕海之同党色登为了阻止上报尕海案卷而扣留恐吓使者，羞辱本小弟，更是伤及摄政王爷兄与本小弟情谊。如今尕海也趁机逃走，也许会欺骗上司，伤及两旗交往。故，请求摄政王爷兄捉拿贼民色登，与扣留驿役玛尼巴匝尔一同遣返为盼。届时本小弟对质处理或与摄政王爷兄磋商解决之。

至此，呈送之。

吉祥之日

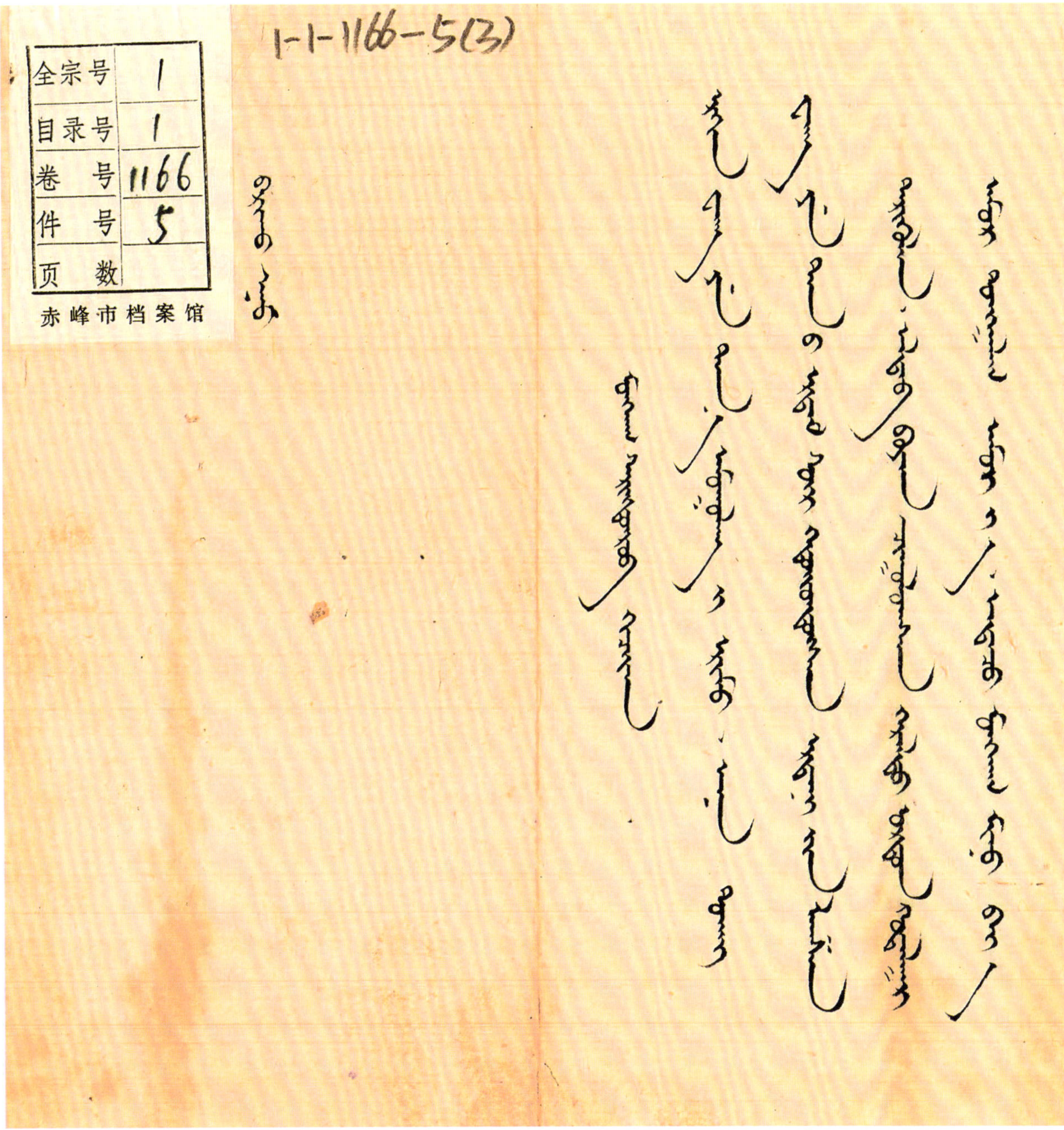
1-1-1166-5(3)
全宗号 1
目录号 1
卷号 1166
件号 5
页数
赤峰市档案馆

157 所属旗官员斯楞东日布为传唤打架斗殴嫌犯事呈摄政王爷文

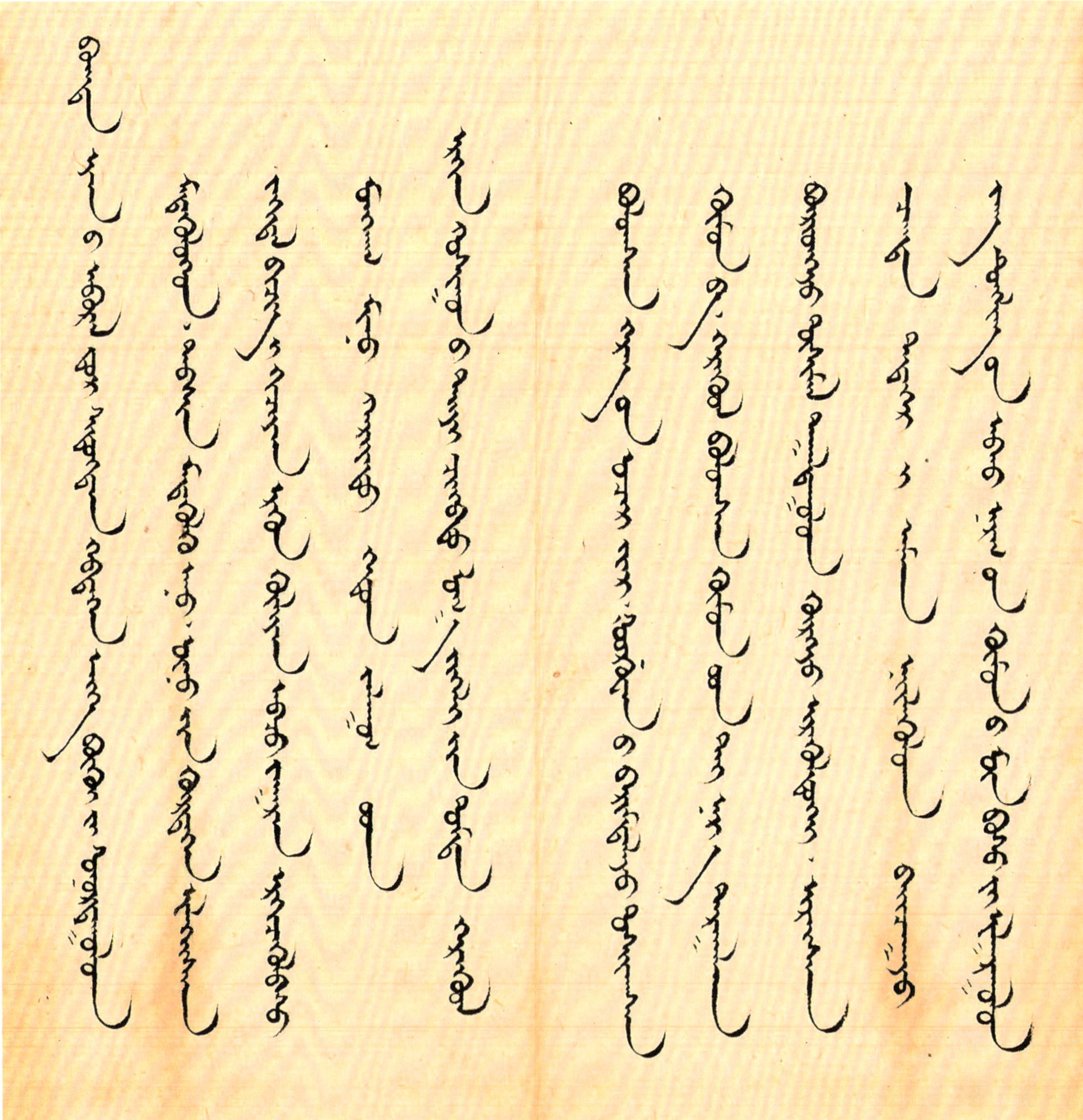

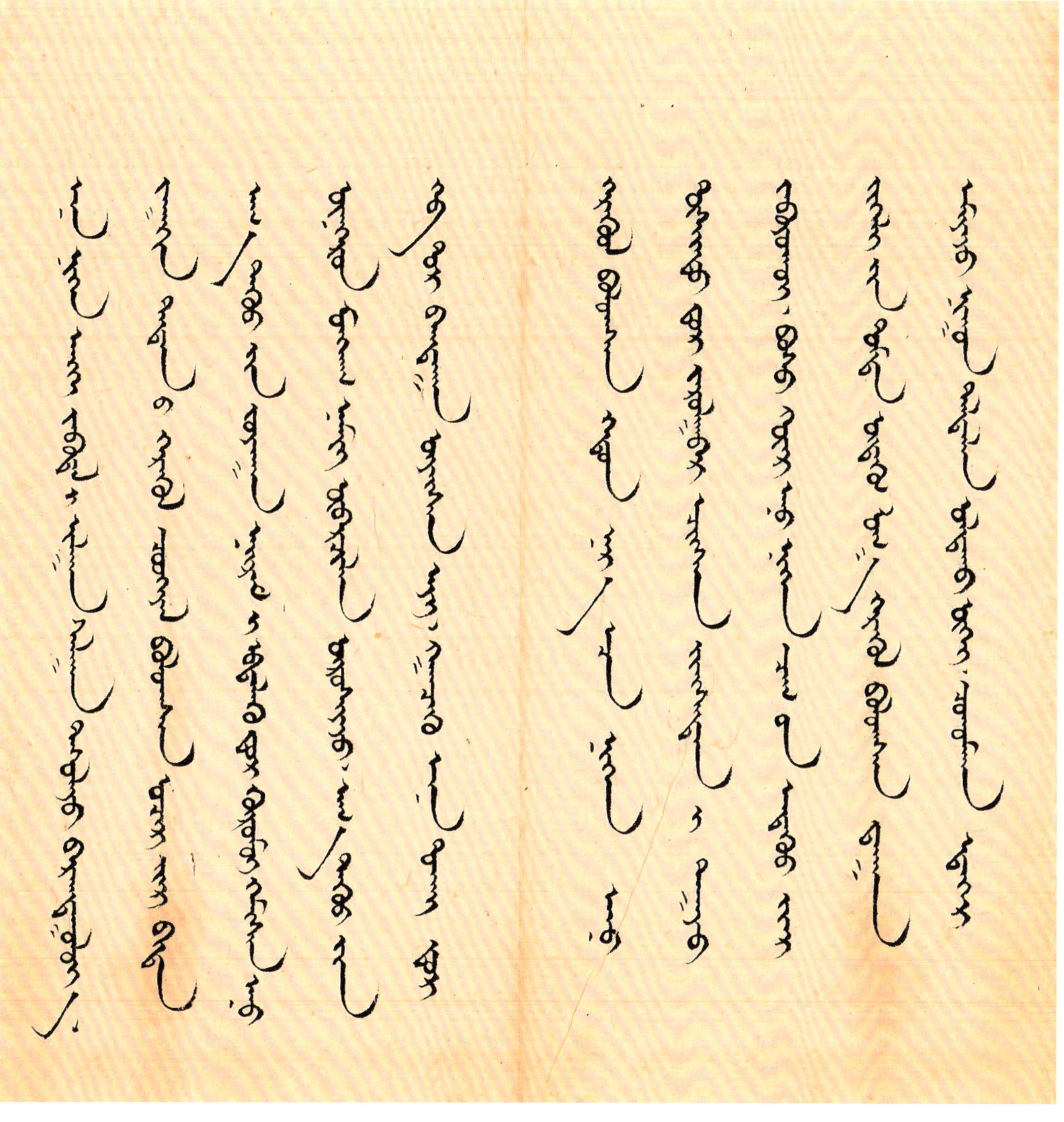

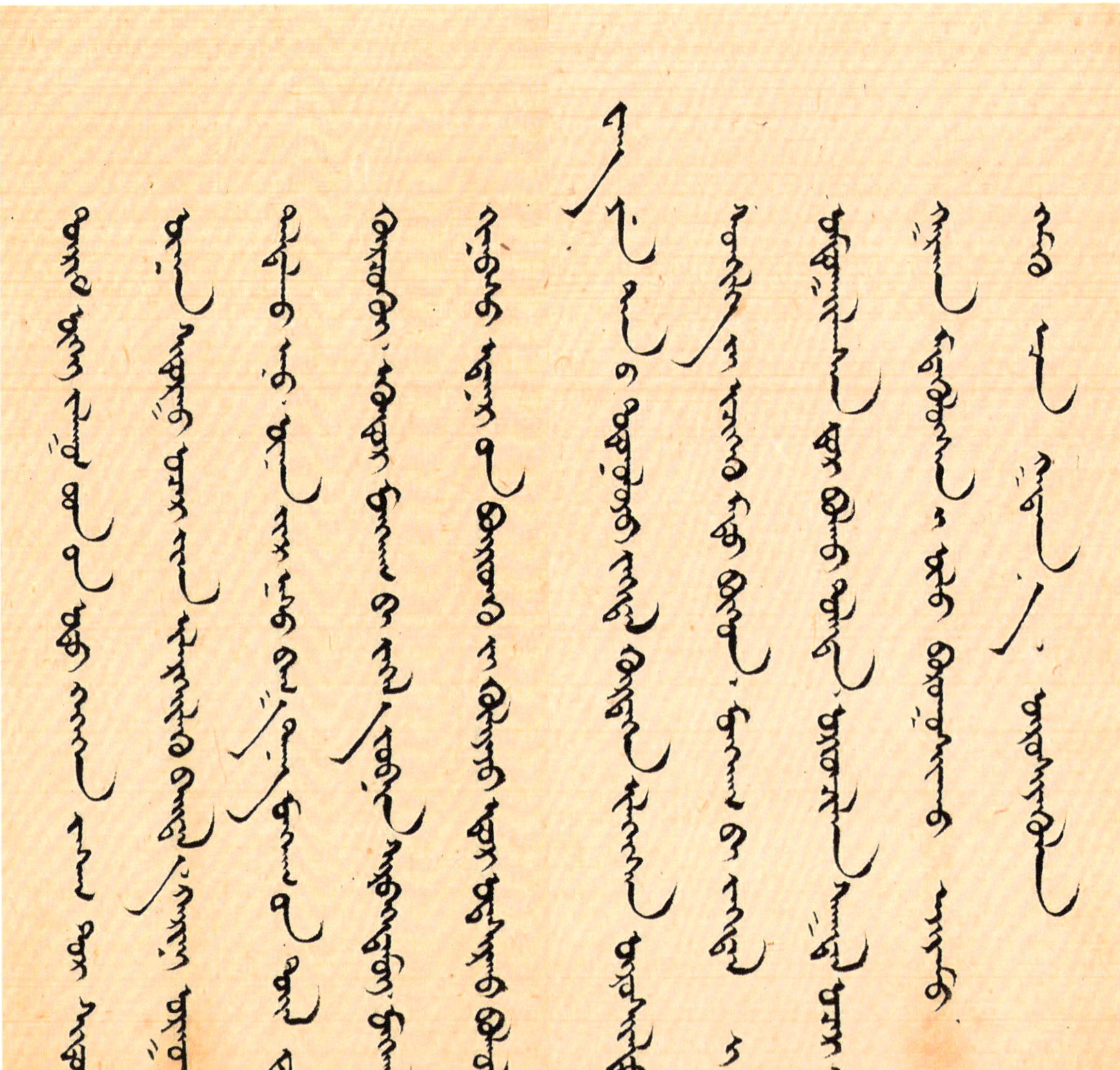

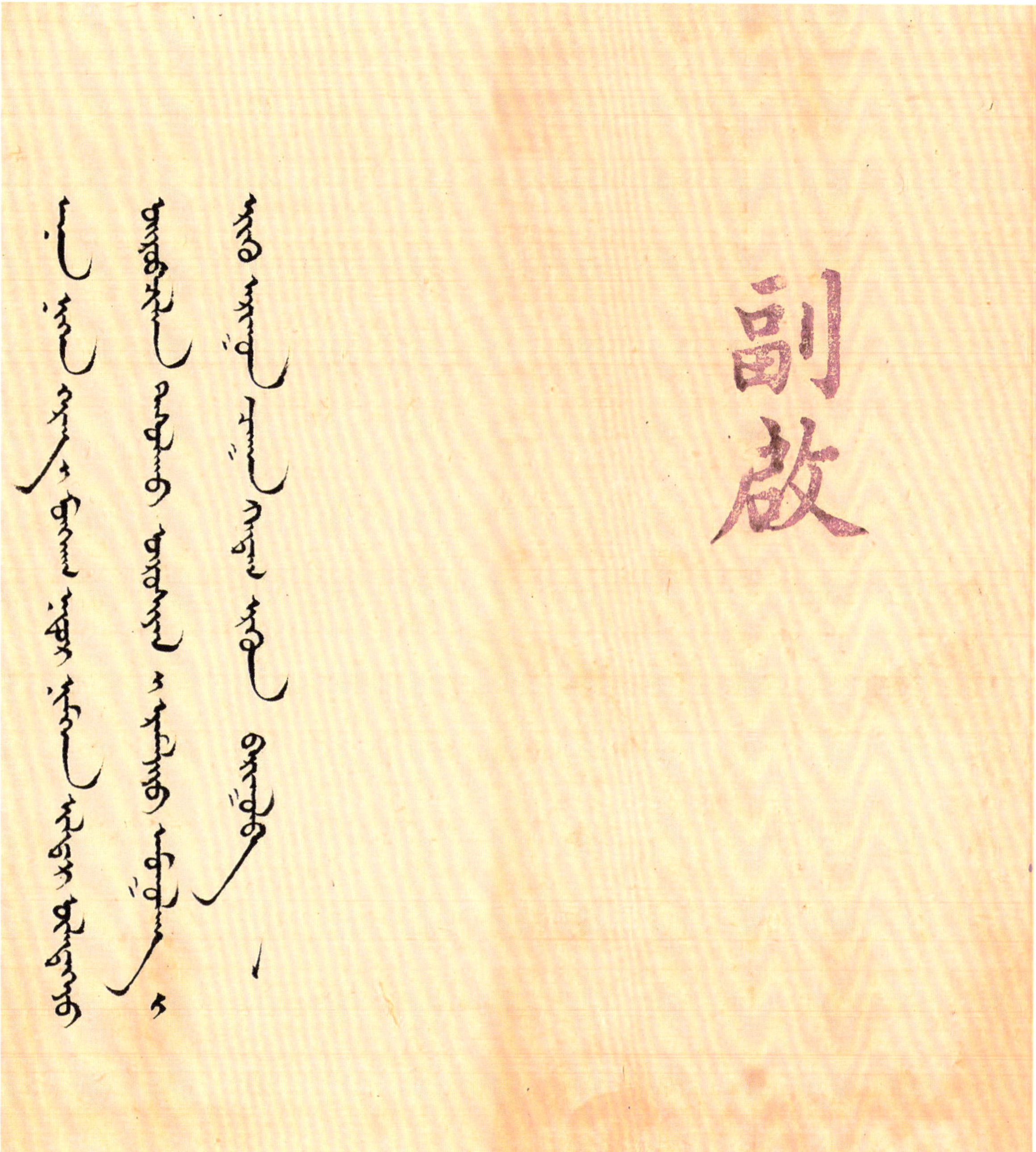
副啟

所属旗官员斯楞东日布为传唤打架斗殴嫌犯事呈摄政王爷文

卑职斯楞东日布问候王爷安好，问候文武双全之王爷贵体安好，汇聚福禄之官邸安好。卑职一切如初。接到王爷寄信，才知卑职所属数名年轻人与贵旗台吉青巴图上街斗殴，为此，王爷传唤见证人与涉案人员一事。送来后，对于涉案人员进行逐一对质，明辨张统领索要人名真伪，将此宗事明确断案。何以让此等打架事伤及吾等兄弟多年情谊。等语前来。此话着实体现出王爷对鄙人之恩赐，视卑职为兄弟之感情也。只是当事人之一者随官差去土谢图还未归来。其他两名因一时糊涂上街打架而惭愧不堪，躲而不见。其实此等不懂规矩之年轻人应该自行到案以示诚意才是。如此出逃躲藏真是愚蠢至极也。卑职为此深感惭愧之。如此拖延也辜负了王爷之一片情意。为此禀报原由，以此请罪。

呈请王爷高抬贵手为盼。

敬献圣洁哈达。

158 札萨克王爷为敖伦庙宅基地事札协理朝格图格日乐文

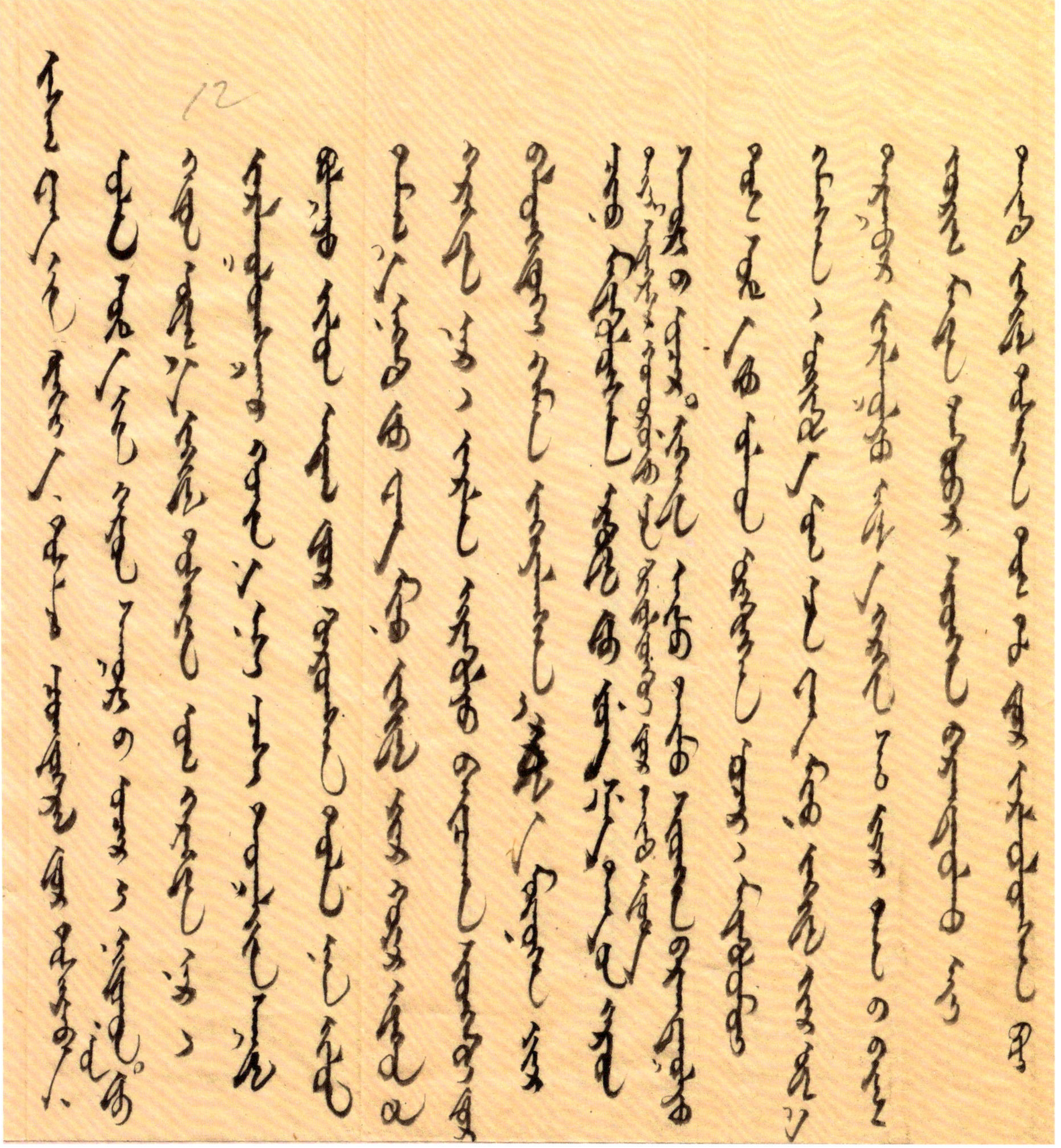

158 札萨克王爷为敖伦庙宅基地事札协理朝格图格日乐文

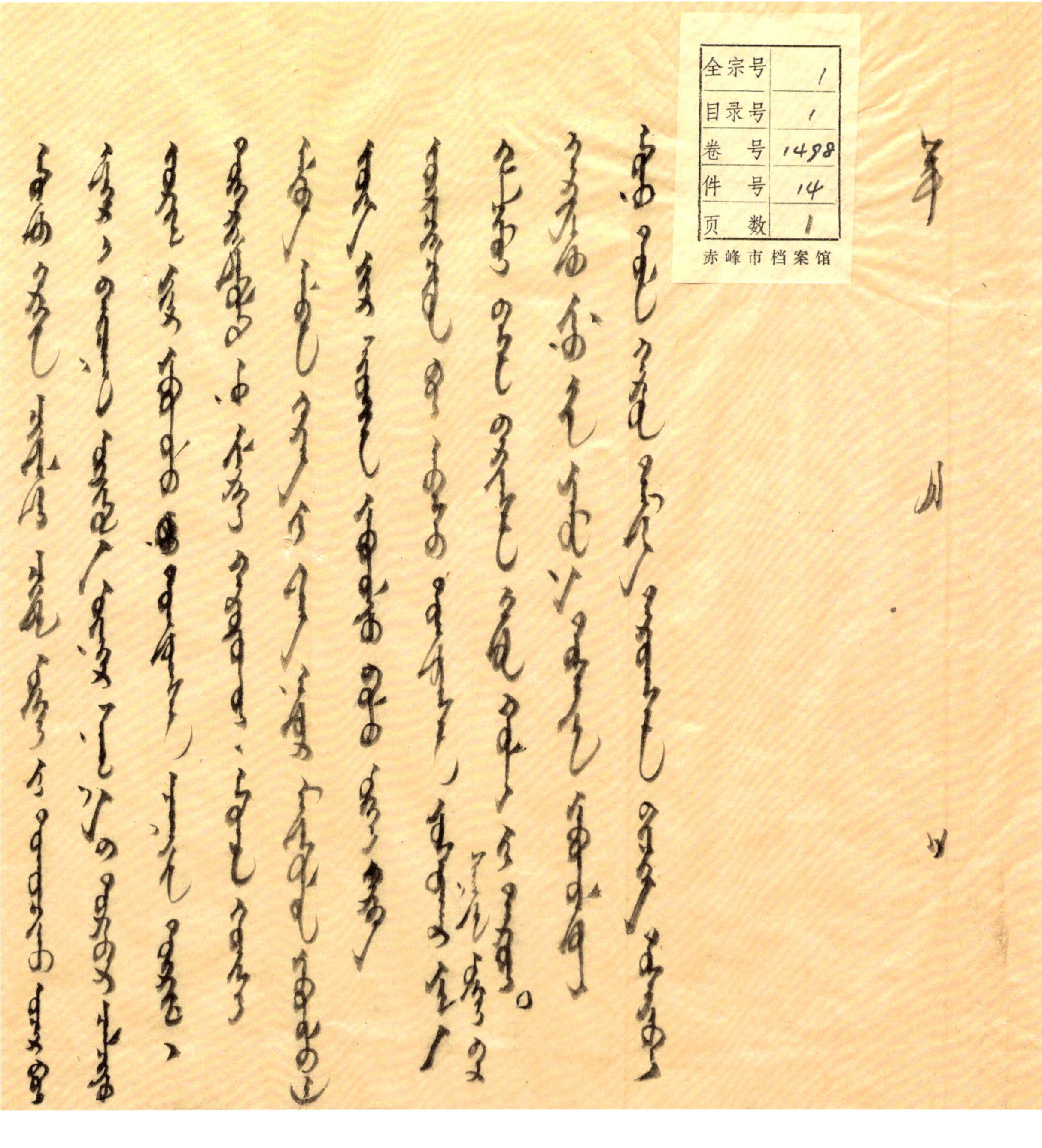

札萨克王爷为敖伦庙宅基地事札协理朝格图格日乐文

札萨克王爷札。札付协理朝格图格日乐：为敖伦庙宅基地之事。

去年屡次传唤涉案人员，来回推拖至年底。今年启印之际，按本王官文，再次传唤双方涉案人员，以备审判。但近日尔等才呈称：永盛堂宅基地之事，台吉色登扎西横加干涉时卑职采取措施，断案此事，宅基地已归还该寺庙也。等语。视本王爷多次传唤于不顾，私下擅自了事，示何本事矣。细查此事，明明自作主张、自以为是、糟践法规也。尔后一切事情均呈报本王爷再作了断，不得自作主张之。如有违反严加问罪。另，所捉几贼即刻押送至所属州衙门。

为此，致王爷手令。

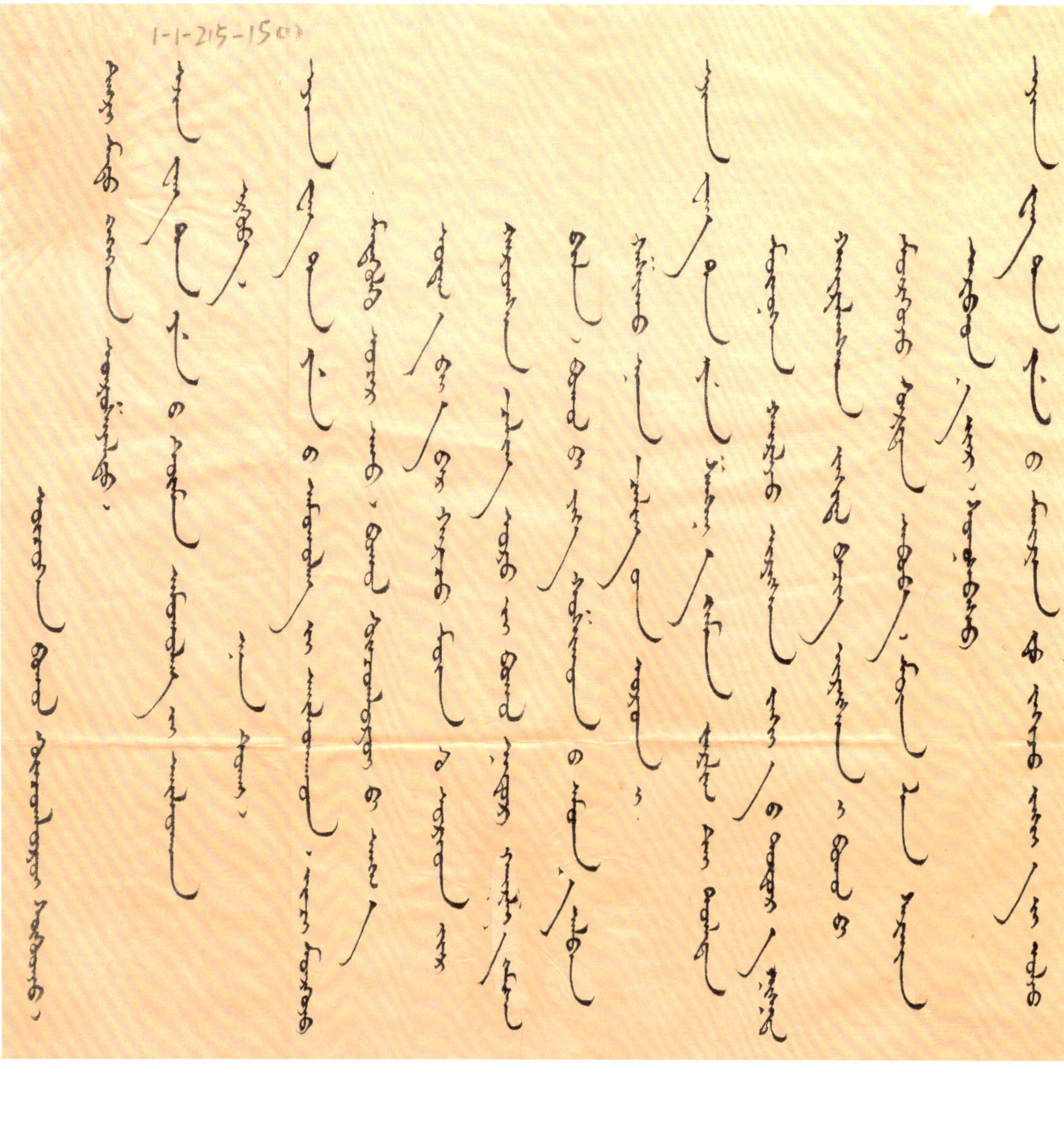

159 官员贡楚克劳瑞为薪金空位事呈札萨克王爷文

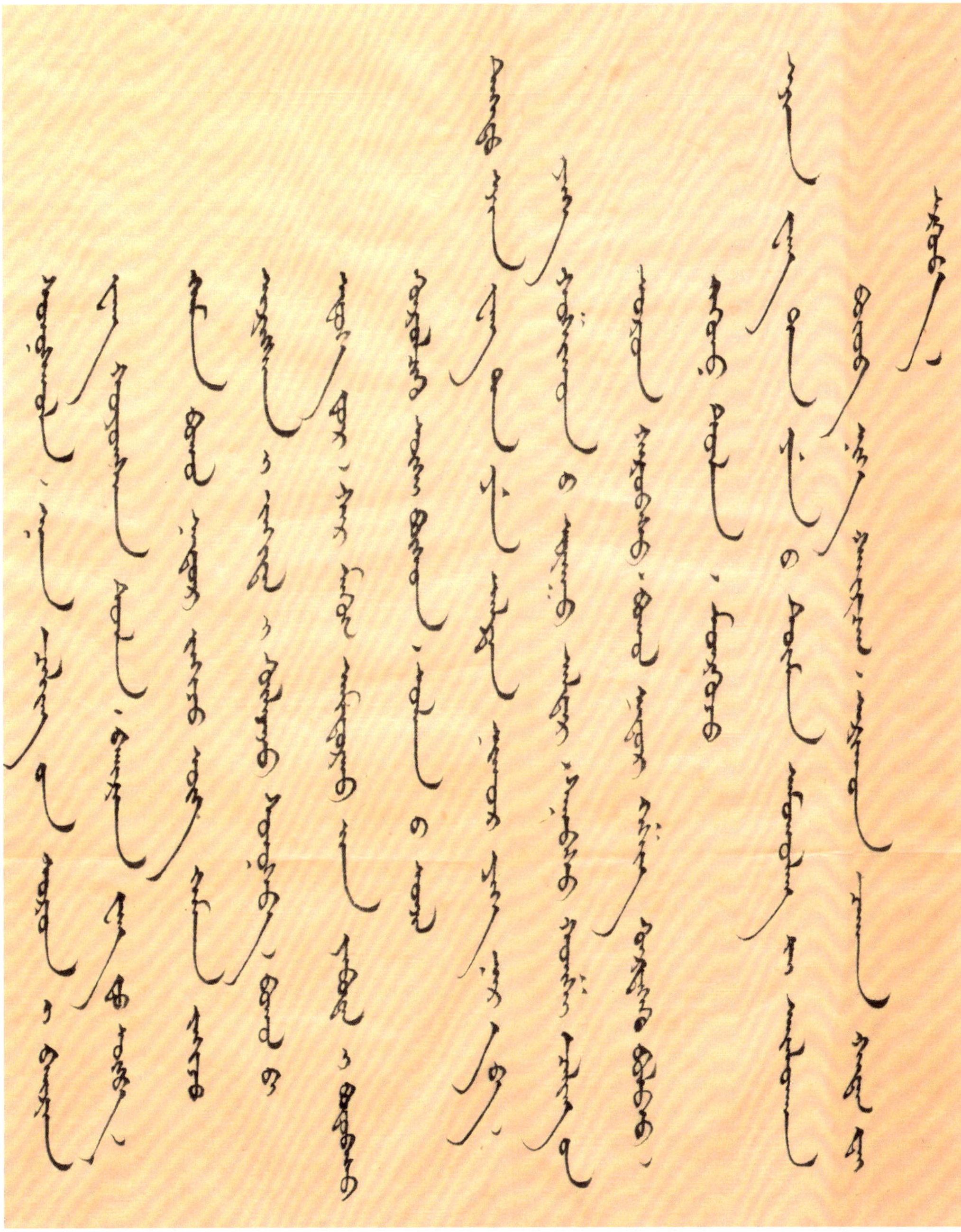

官员贡楚克劳瑞为薪金空位事呈札萨克王爷文

奴婢关楚克劳瑞跪地问安，呈报王爷案前：叩首禀报之事。

之前王爷恩赐奴婢之衙役薪金空位，近日奴婢叩首接受薪金官文。却在本月上旬接函闻到，应巴林王之请求，王爷将薪金空位让给了巴林王。兹有，奴婢生活拮据，呈请王爷念王爷大名及大旗威望，如再出薪金空位，赐给奴婢为盼。

献一盒点心及圣洁哈达。

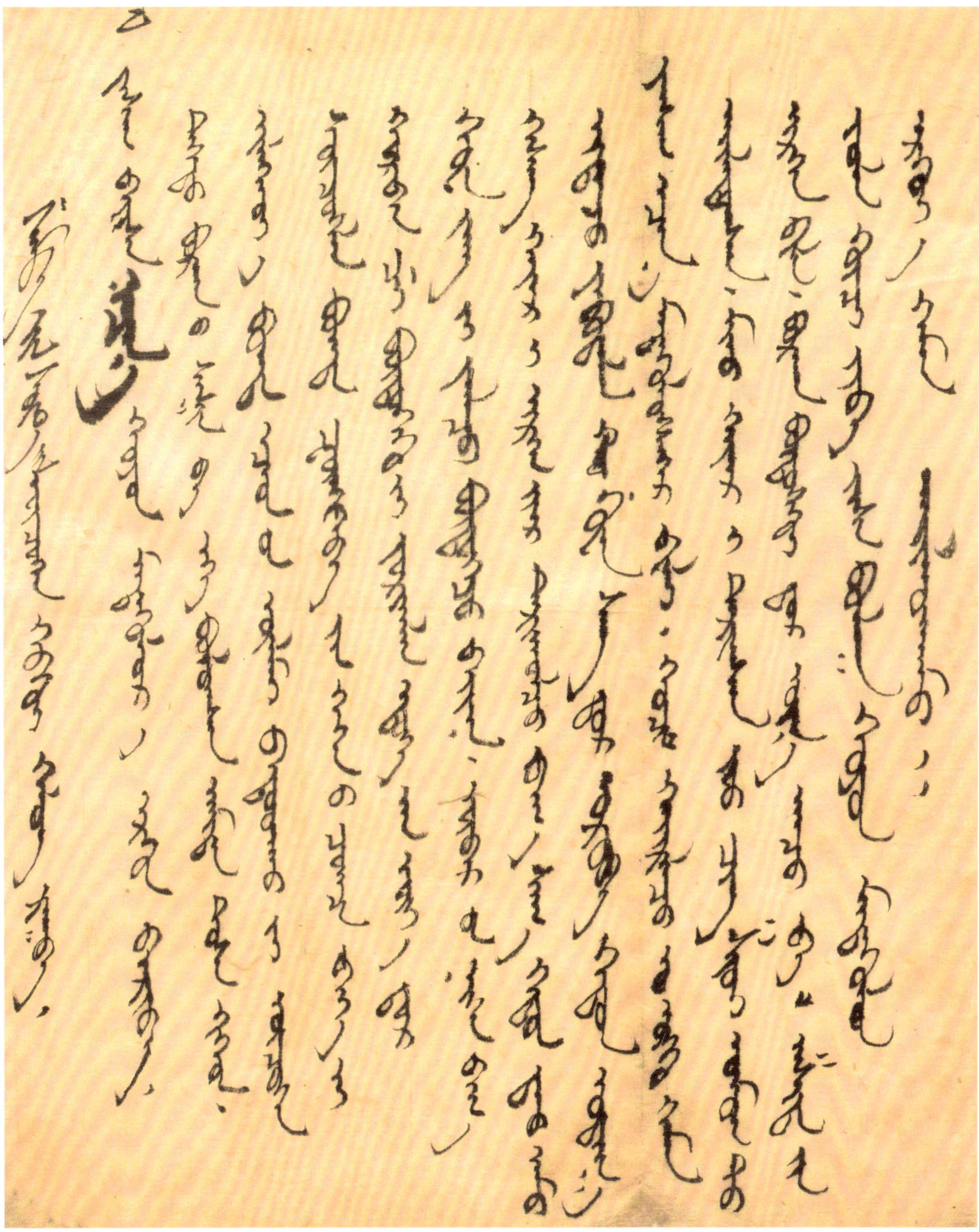

莎木巴庙拉嘎巴和尚为向官仓要回耕地事呈札萨克贝子文

莎木巴庙管堂拉嘎巴呈报札萨克贝子府：为祈祷佛祖及众生，尤其祈祷圣主万寿无疆，鄙人正在邀请画匠塑造宗喀巴佛祖三尺像。鄙人自己几分地租给民人收获几担粮食生计也。不料官仓收回耕地，本人生计窘迫。曾几回呈报札萨克，回复曰，返还耕地。种鄙人耕地之赵清旭，刁民也。塑佛祖时拒缴租金也。

烧香拜佛，呈报之。

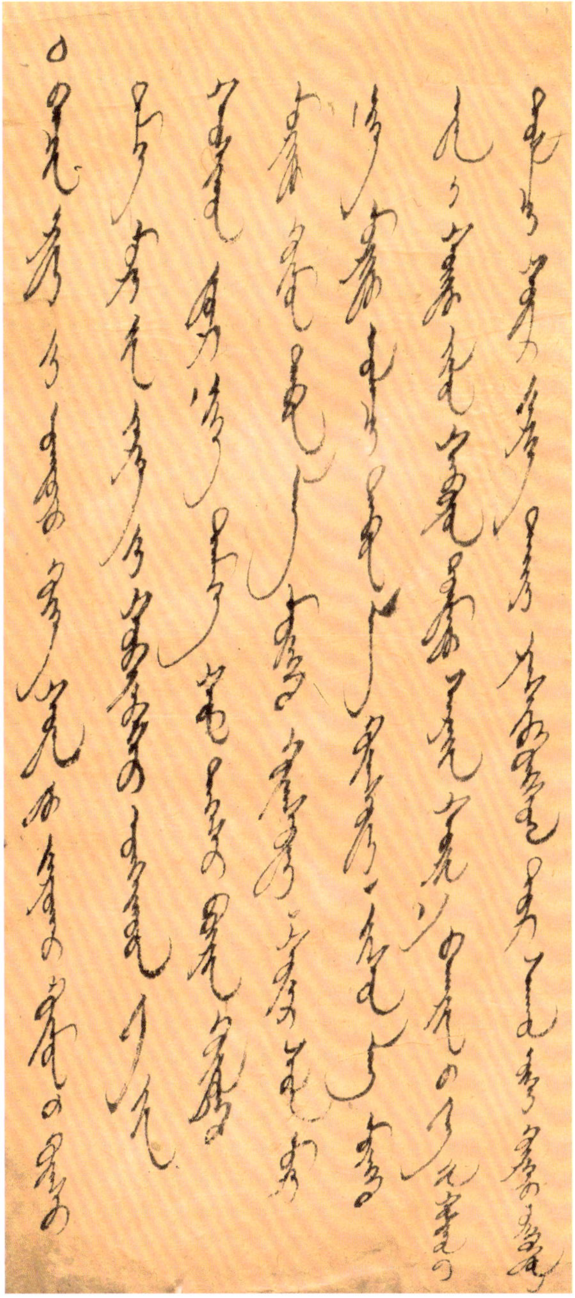

盟长王爷为备送迎接班禅额尔德尼物资等事札翁牛特札萨克王文

为迎接班禅额尔德尼，派往呼和浩特人员口粮、骆驼、马匹平摊为：翁牛特王旗带搭子骆驼一峰、牵驼之骑马人配五两口粮费，随马两匹之一名驿役配五两口粮费，还有九两银子。于明年仲春二十日，送至巴林王旗协理三等台吉扎西彭斯克处，不得有误。

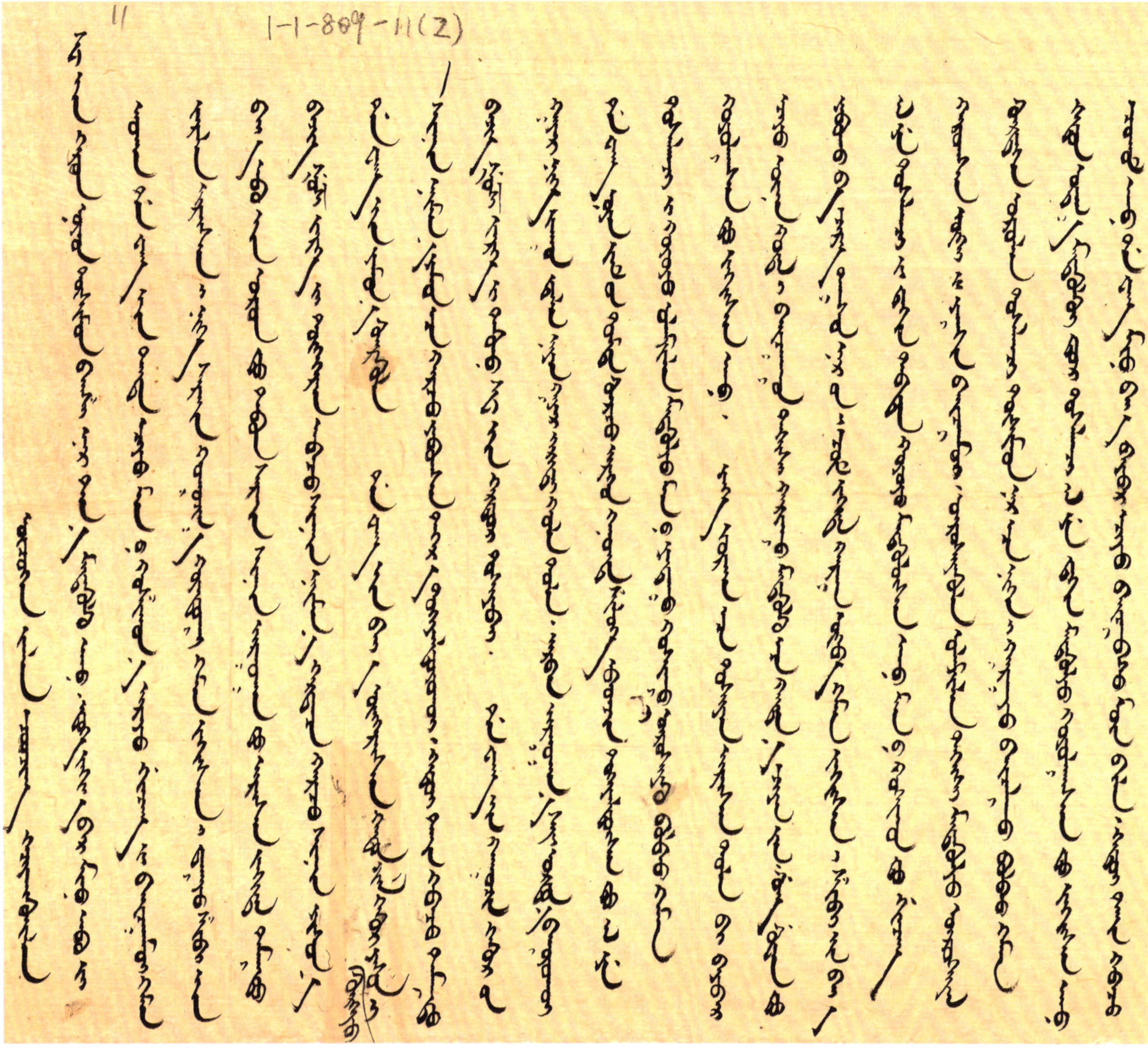

11

1-1-809-11(2)

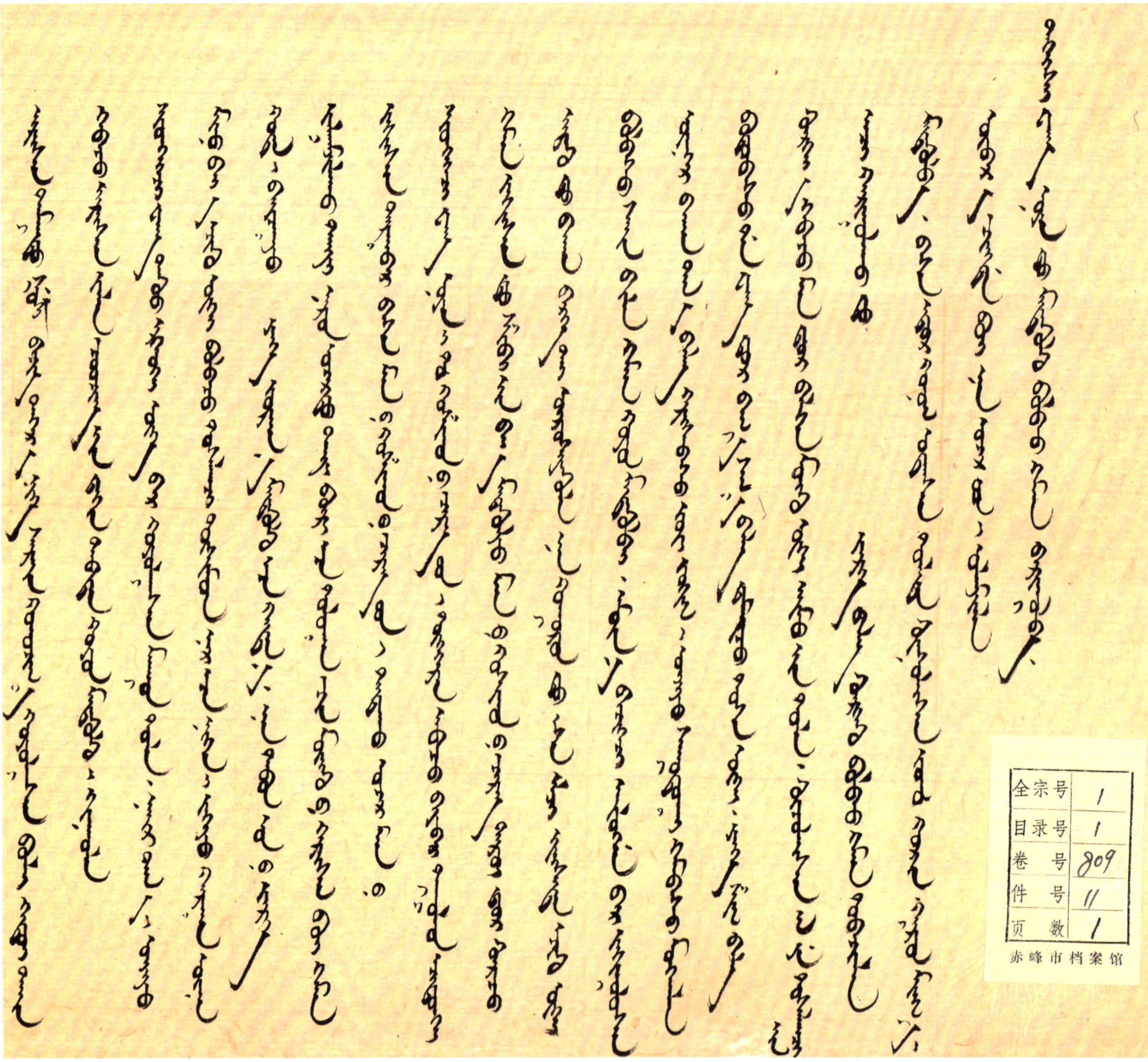

全宗号	1
目录号	1
卷　号	809
件　号	11
页　数	1

甲喇朝京为敖汉王巡视疫情事呈札萨克内政司文

卑职甲喇朝京谨呈内政司官员：接到指令，命家父至敖汉王处，再至本旗检查疫情，为期一个月。本徒弟替家父应征，携五月初六日官文及其他书籍，初八日启程，初九日至大王府衙。正遇大王为送病故夫人灵柩初八日离开衙门也。虽然如此，将官文及书籍交予其内政司。大王祖坟离此一百七十八里地，十六日才能回府。可大王在路途突遇口蹄疫情而不得前行。因此请求二爷协理转报王爷，照顾本旗时，回曰，大部札付之事理应本王亲临检查疫情，鉴别真伪后需上报外，另向打前站、公关及兵丁随从也发了文。等语。但徒弟再三请求协理二爷，本旗并未发生疫情，如何检查。并祈求转报衙门改派协理代替王爷巡查。如此数次请求协理二爷，二爷再次呈请大王时，回曰，理应本大王亲自去检查才是，可官文限定一个月时间，加上前来甲喇朝京再三请求，斟酌此情此景，必定是摄政王爷传话请求。因此，情面上不能亲自去也，派协理臣查看实情呈报大部外，近五年世袭台吉之事，应收每个台吉七钱银子费用。等语。还谈及从本旗征兵，并摄政王爷亲领本旗兵丁前去时，本徒弟报曰，本旗兵丁很难按时到达，祈求此间不要派使者去等等，如此呈报也。之前让笔帖式艾龙哈捎话说需要送礼酌情处理。但细想，对王爷来讲此等小礼不肖一顾，但要送大礼，还没那多银两，但为答谢协理二爷效力，应送某某礼物才是。

特上报。

还有，因时间过于久远，口粮费已有二十多千文。

此等事情，转呈大王处为盼。

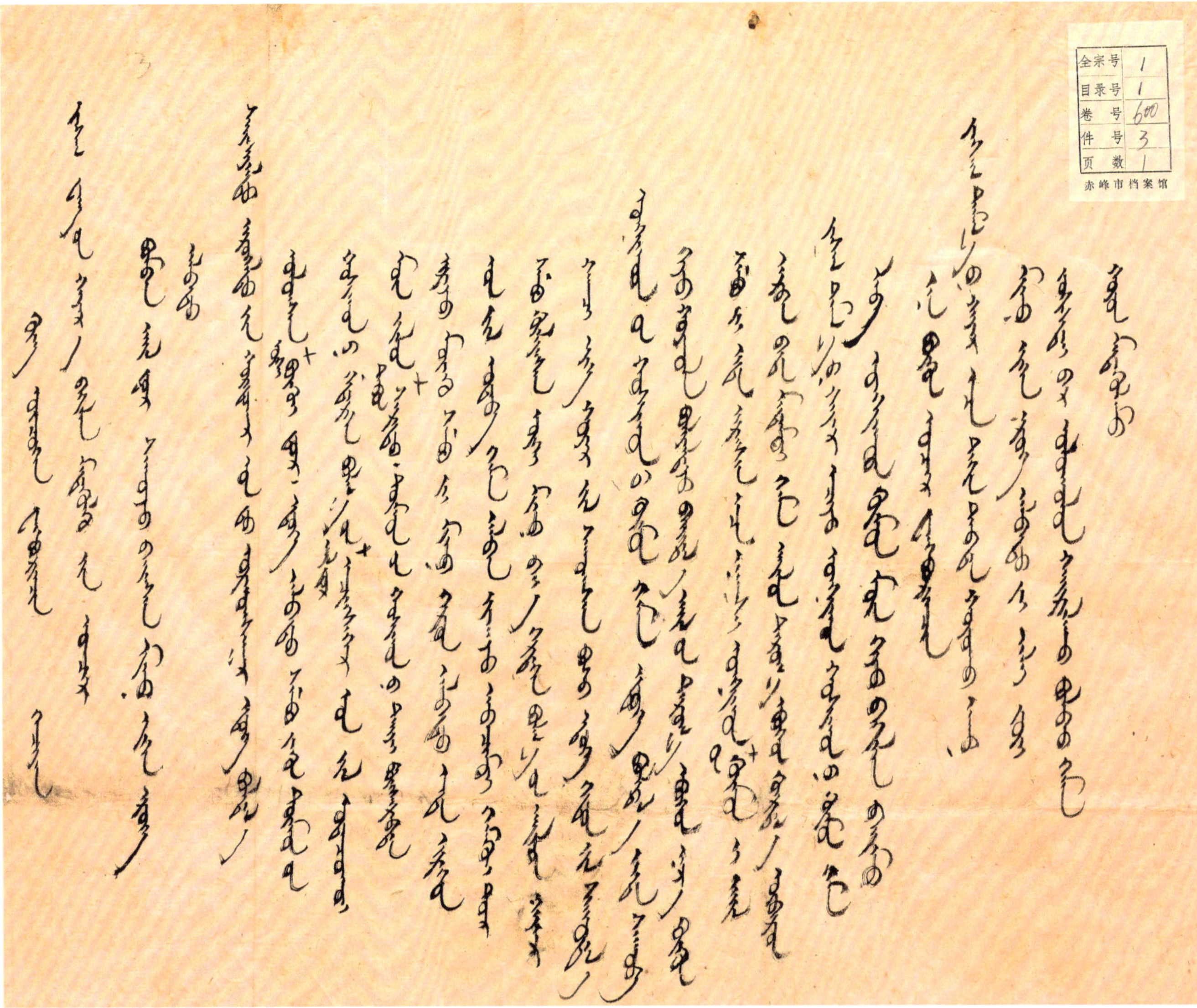
全宗号 1
目录号 1
卷号 600
件号 3
页数 1
赤峰市档案馆

公旺布仁钦为讨回一户阿拉巴图事呈札萨克王文

鄙人旺布仁钦呈保札萨克王处：呈保之事。

原住包玛巴营子之本人一户阿拉巴图，于嘉庆二十年逃逸至今。近知，阿拉巴图色宝逃至土默特左旗格德尔根宝力格已多年。本年五月，土默特旗台吉彭斯克拉布坦以色宝为其阿拉巴图为名追讨之。色宝辩曰，本人居住格德尔根宝力格不只几年，已有多年，以翁牛特人居住也。双方争论不休。此事村长、长老保曰，色宝过来居住之时就知其为翁牛特旗人也。村长、长老也至札萨克印务处保曰，色宝为翁牛特旗人也。故鄙人旺布仁钦呈请札萨克印务处，还吾一户阿拉巴图为盼也。

164 盟摄政协理原盟警备军札萨克郡王为会盟商讨沿袭札萨克王空位事札署理克什克腾旗札萨克印务之协理文

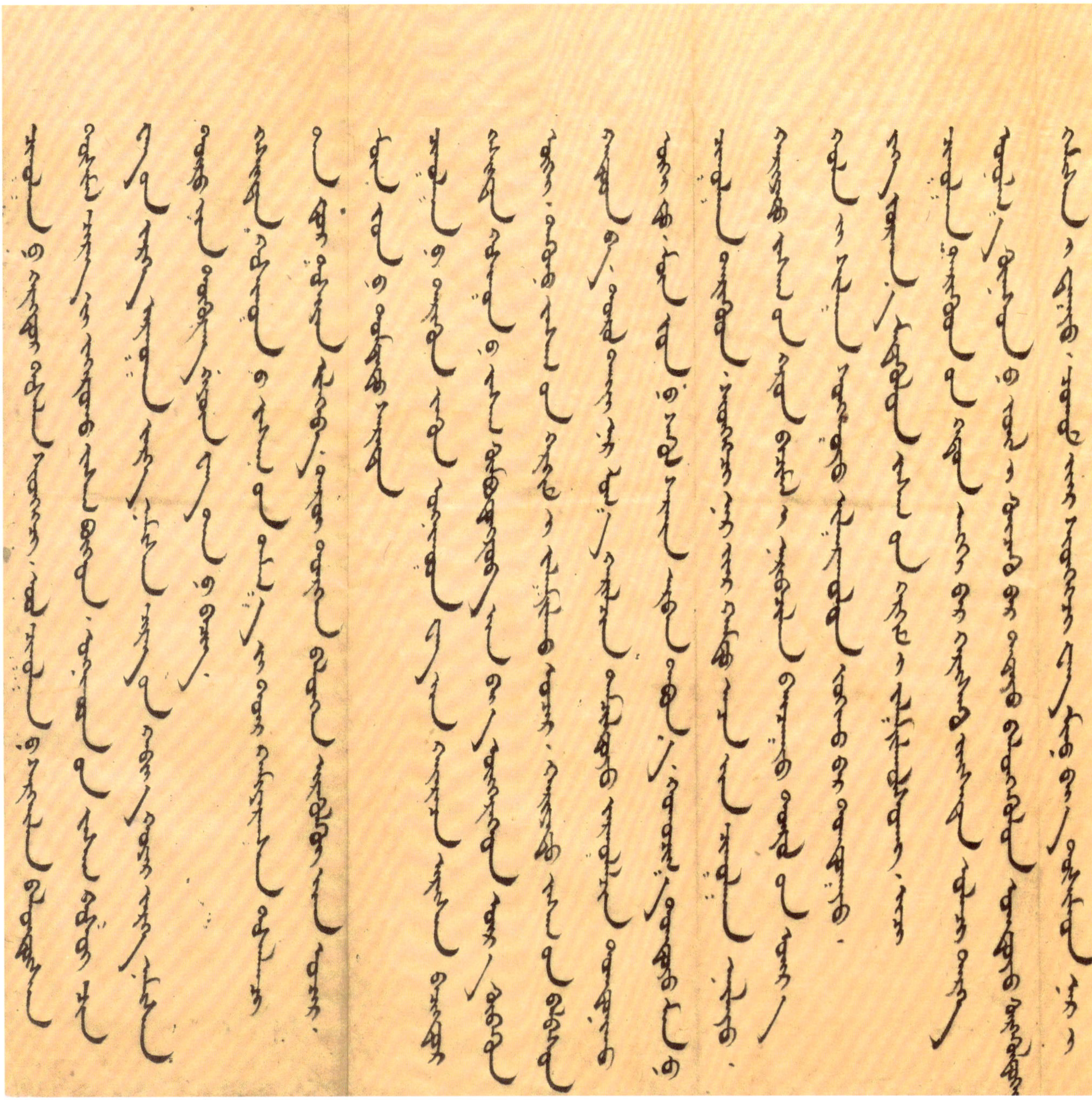

164 盟摄政协理原盟警备军札萨克郡王为会盟商讨沿袭札萨克王空位事札署理克什克腾旗札萨克印务之协理文

盟摄政协理原盟警备军札萨克郡王为会盟商讨沿袭札萨克王空位事札署理克什克腾旗札萨克印务之协理文

盟摄政协理原盟警备军札萨克暨翁牛特札萨克和硕亲王衔加六级军功加二级多罗杜棱郡王行文。札付署理克什克腾旗札萨克印务之协理：立刻备办送来之事。

本年仲夏之日，盟长左翼翁牛特王呈文曰，克什克腾旗札萨克官布东日布去世，无子。为沿袭其空位，其所属旗遗孀及近亲台吉争论不休。故定于今年末夏十五日，本盟诸盟长、摄政汇聚阿奇之地，细阅札萨克家谱，斟酌远近血缘关系，确定人选，上报大部，替补其空位。还有，足额征收诸盟长来回之所用官差、车辆、口粮，以备迎送所需。为此，本摄政王爷带官吏前往才是。只是，今春本王爷进京年班朝觐，耽误多日，近日才返乡。加之天热火旺，身体不佳。故委派协理吉雅图与本盟官吏一同赴阿奇会盟。为此，奏报盟署，以既定规则征用所属各旗官差、车辆等所需。文到，以既定规则筹备摄政扎鲁特王所用官差、车辆，还有足额备齐赶路所需米、面、羊，于本月十三日，送至乌丹，以备启用。还有，近期与贵旗未有官文来往。故不知何人掌管札萨克之印，一同记录，并钤札萨克大印寄至。

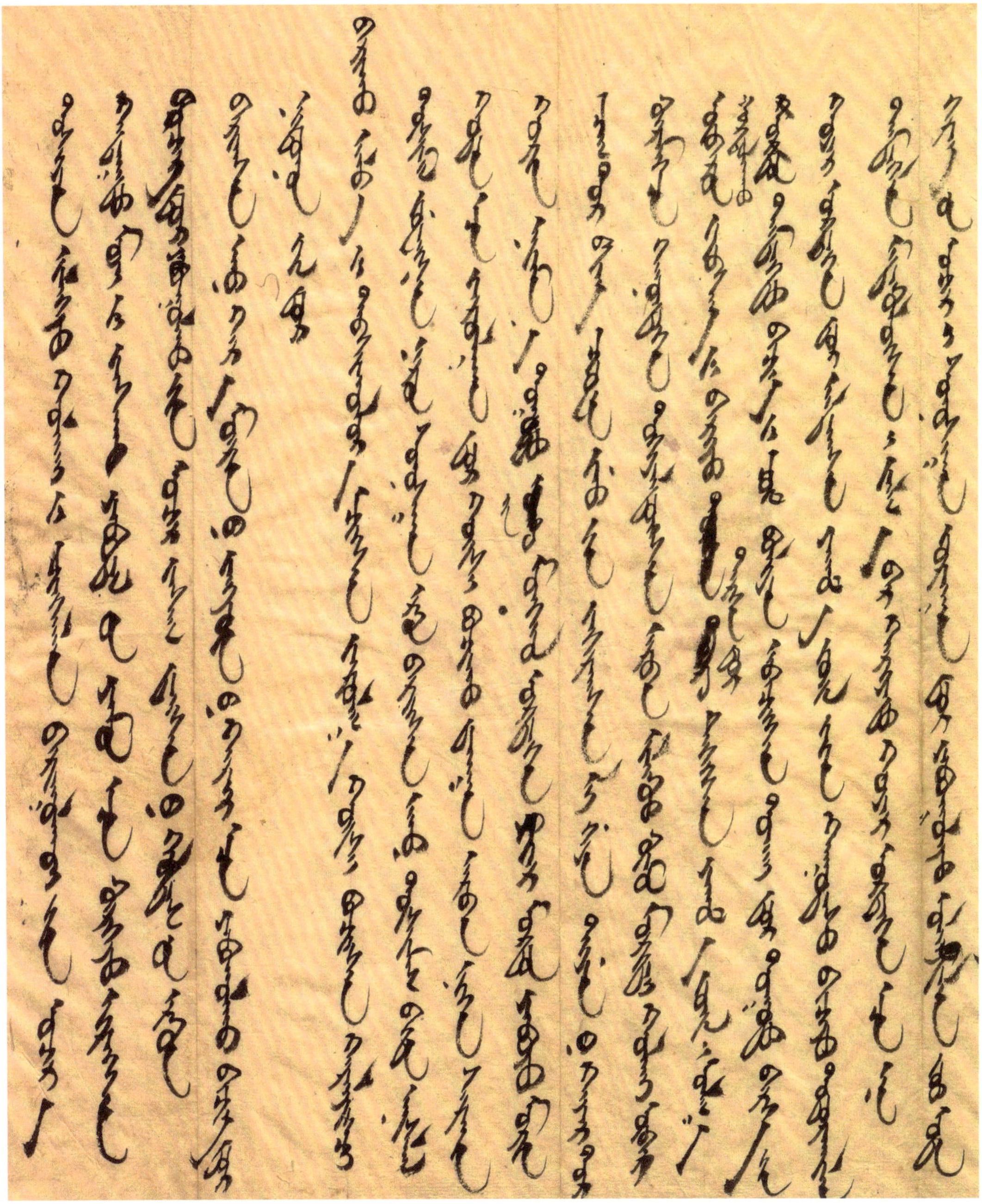

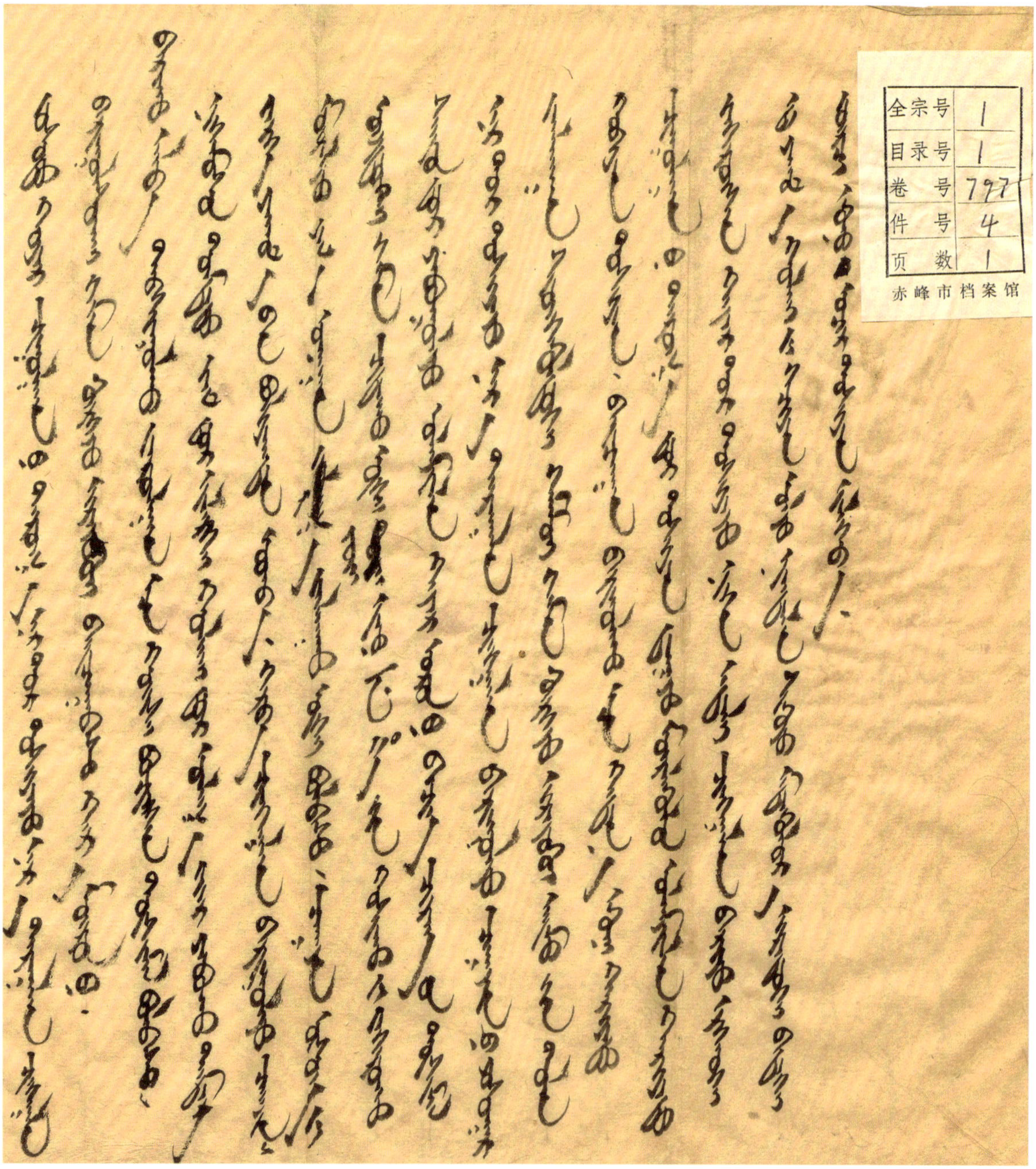

全宗号	1
目录号	1
卷　号	777
件　号	4
页　数	1

赤峰市档案馆

盟长处为缉拿盗贼事札所属札萨克文

督促捉拿盗贼之事。

理藩院札开：札萨克档部呈送官文曰，黑龙江将军署呈称，去年送贡品之护送大臣庄山等从京城返回汇报曰，吾等从京城返回时，于十一月二十八日过陶谷图蒙古驿站，午刻至平泉州管辖李建店处，突遇十几名骑马盗贼手持锐器，抢尽车载物品，驿站官文亦被卷走。故呈送陶谷图、布尔和俩驿站被抢物品之明细。俩驿站将此事呈大部，转送昭乌达、卓索图两盟长，逐一捉拿归案为盼。等因前来本大部。经查，黑龙江护送贡品大臣返回途中官文等被抢。如不严加追捕，绳之以法，有失法理。故通告热河，督促各地官衙逐一捉拿予以严惩。

至此，督促捉拿盗贼，并通告所属盟长转告所属各地严加追捕，追回赃物尽快结案。

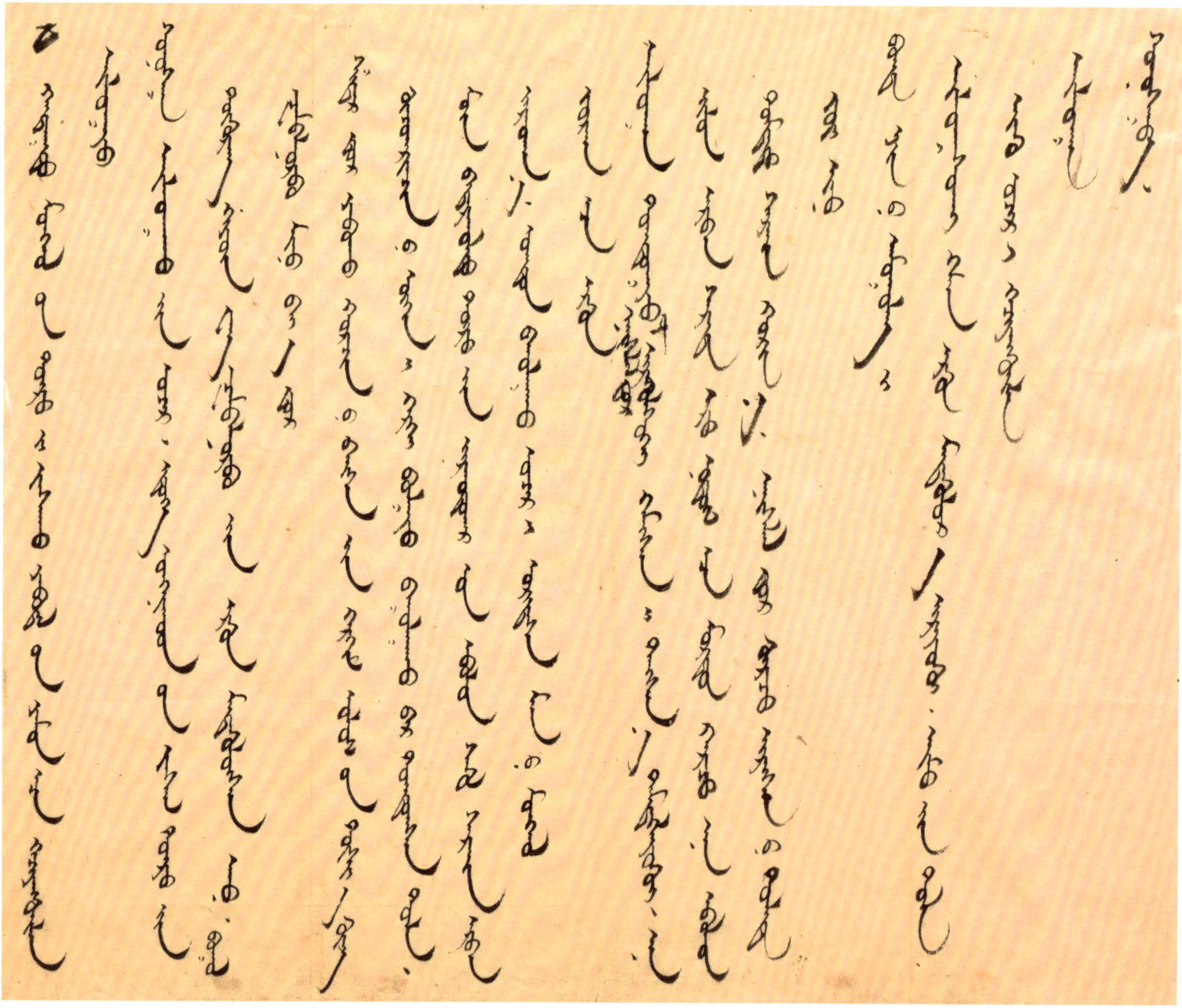

理藩院有关蒙古王爷进京完婚事之奏折

理藩院呈奏：兹有，翁牛特札萨克多罗杜棱郡王赞巴勒诺尔布呈称，本奴才赞巴勒诺尔布娶御前行走科尔沁贝子镇国公关楚克仁钦之女为妻，并将婚典定为光绪六年末冬十六日之事，本蒙古衙署提前奏报，并受旨意进京之事记录在案。本年十月从故乡启程，仲冬二十日进京也。奏请朝觐圣主吾皇也。等语。

为此，奏报。

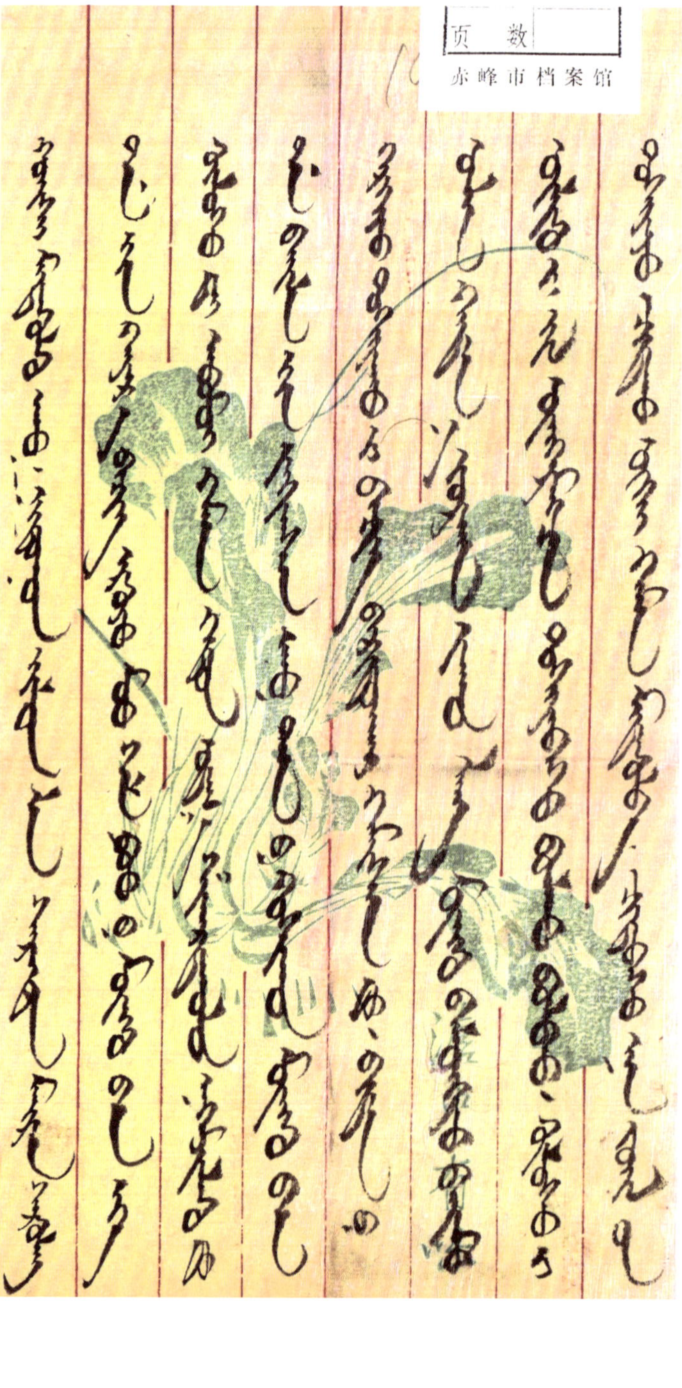
页 数
赤峰市档案馆

目录号 1
卷 号 888
件 号 11
页 数 1
赤峰市档案馆

官差为备送租金等事禀报王爷文

禀报之：去年腊月梅林斯日古楞呈状大王处，连本带息追讨毛纱铺租金时，大贝勒回曰：呈报尔旗如何交钱。等语。吾等呈报：司务处备办六百两银子，其余过年再缴，利息无力还也。此等款项如数缴纳，越拖延会产生更多利息。其他旗府已交齐，只有本旗不交。上级责备也，特提醒之。

赤峰地区清代蒙满文档案汉译汇编

中

赤峰市档案馆 编

国家图书馆出版社

中册目录

001 巴林札萨克贝子等为尼玛喇嘛案事呈翁牛特札萨克郡王等文（咸丰元年五月十二日）

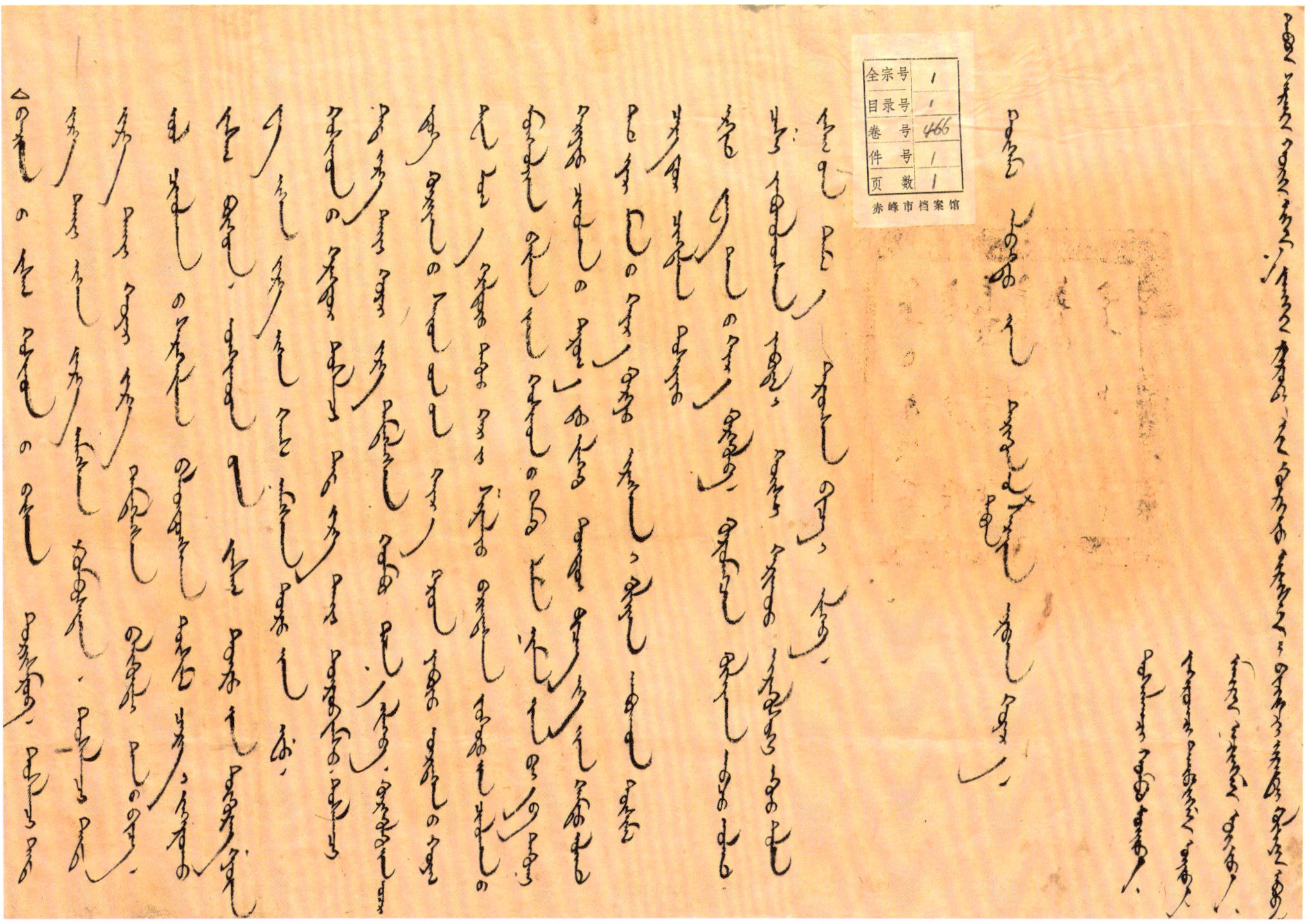

巴林札萨克贝子等为尼玛喇嘛案事呈翁牛特札萨克郡王等文

巴林札萨克旗贝子道尔吉桑日布，协理二等台吉加一级官布色丹、协理二等台吉记二级毕力衮达来文。呈盟警备军札萨克暨翁牛特札萨克多罗杜棱郡王记一级加一级半多罗额驸，协办旗事务二等台吉东日布扎木苏、协理二等台吉记二级官布：呈送之事。

今有与库伦王旗游手好闲驿站兵丁达瓦打架，并伤其手而被逮捕之卓索图盟蒙古金贝勒旗尼玛喇嘛其本人及呈送所属盟长之官文，一同转送至贵王爷处。文到，受理并转送后回复为盼。

至此，呈札萨克印之文。

咸丰元年五月十二日

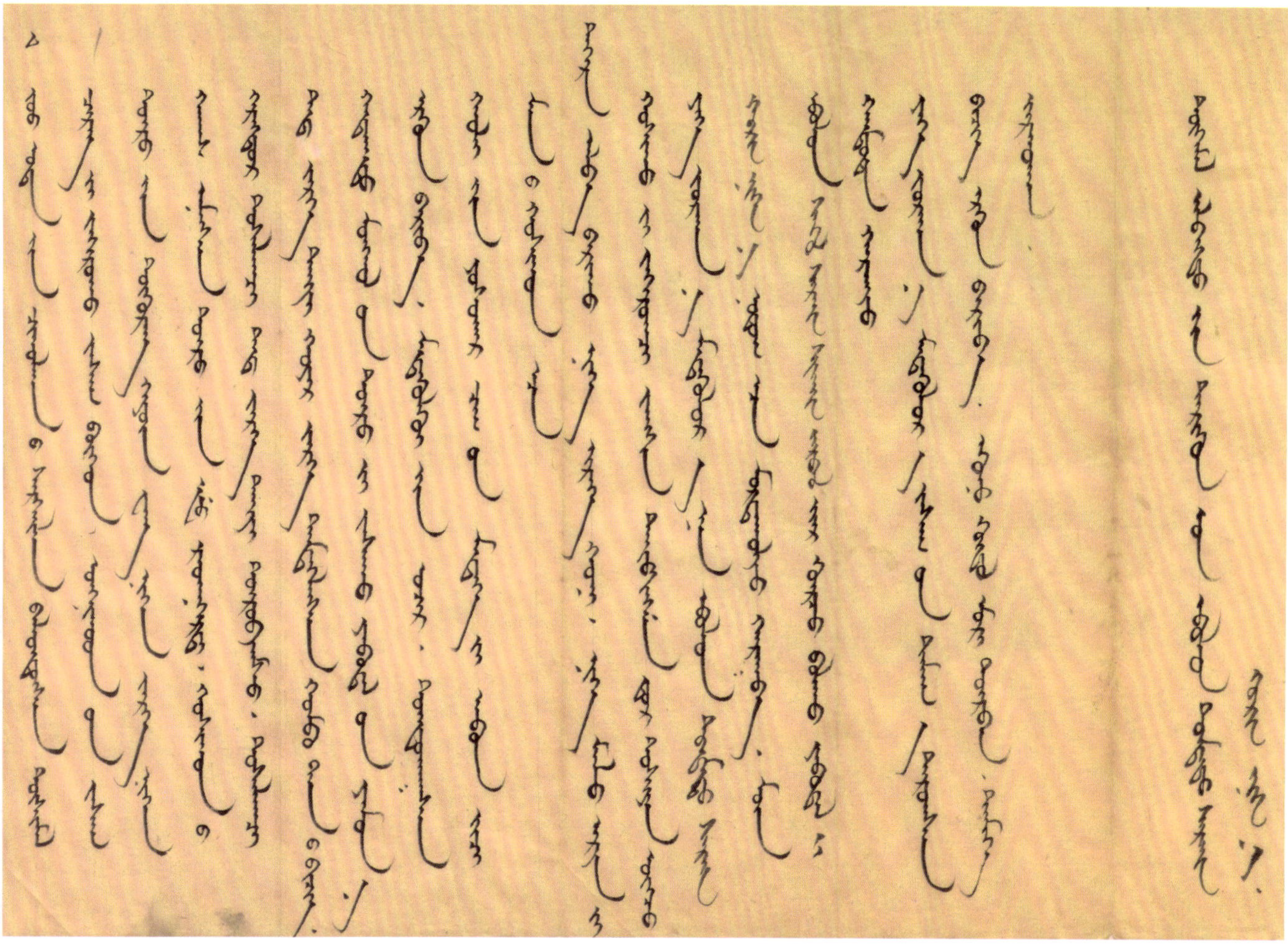

翁牛特札萨克郡王等为领取时事新闻、献贡品事呈理藩院文

昭乌达盟警备军札萨克暨翁牛特札萨克多罗杜棱郡王记一级加一级半多罗额驸拉德纳嘎日迪，协办旗务协理二等台吉东日布扎木苏、协理二等台吉记二级官布文。呈送理藩院：呈报之事。

按例领取时事新闻，并呈送本旗上贡之羯羊一只、奶酒一桶，交由本旗总管太平嘎呈送至大部。于本年仲冬二十一日启程，本末冬上旬抵达。

至此，呈钤札萨克印之文。

随马四匹，骆驼六峰。

咸丰元年仲冬二十一日

003 钦命掌管巴林等八旗蒙民事务大臣为就任履职事札翁牛特札萨克郡王文（咸丰二年四月三十日）

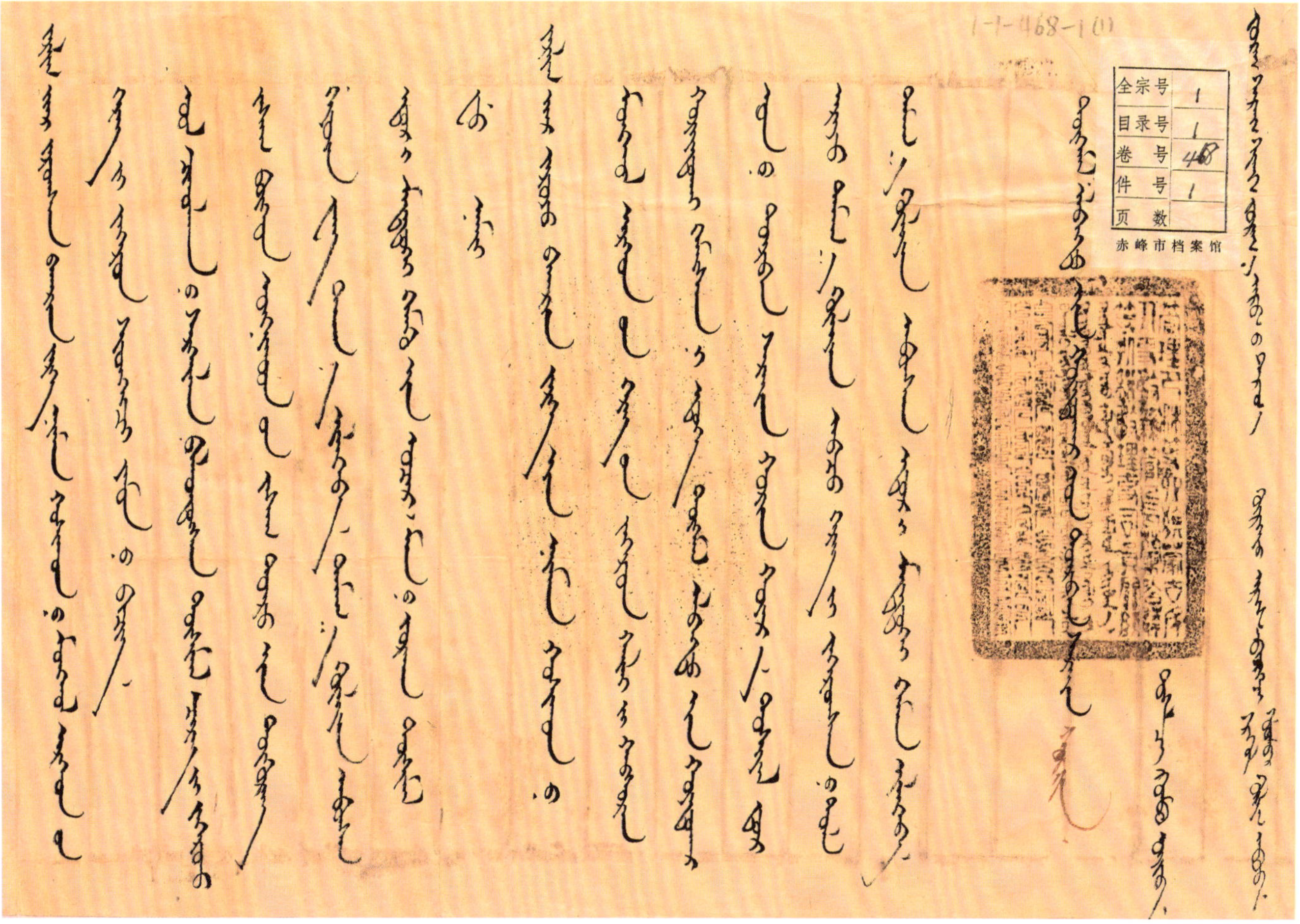

钦命掌管巴林等八旗蒙民事务大臣为就任履职事札翁牛特札萨克郡王文

钦命掌管巴林等八旗蒙民事务大臣文。札付原盟警备军札萨克暨翁牛特札萨克多罗杜棱郡王：告知就任日期之事。

受大部额驸大臣之命，本人出任巴林等八旗蒙民事务大臣一职，协办征收税款之事。于咸丰二年四月二十二日接印履职。

故通告就任日期之事。

咸丰二年四月三十日

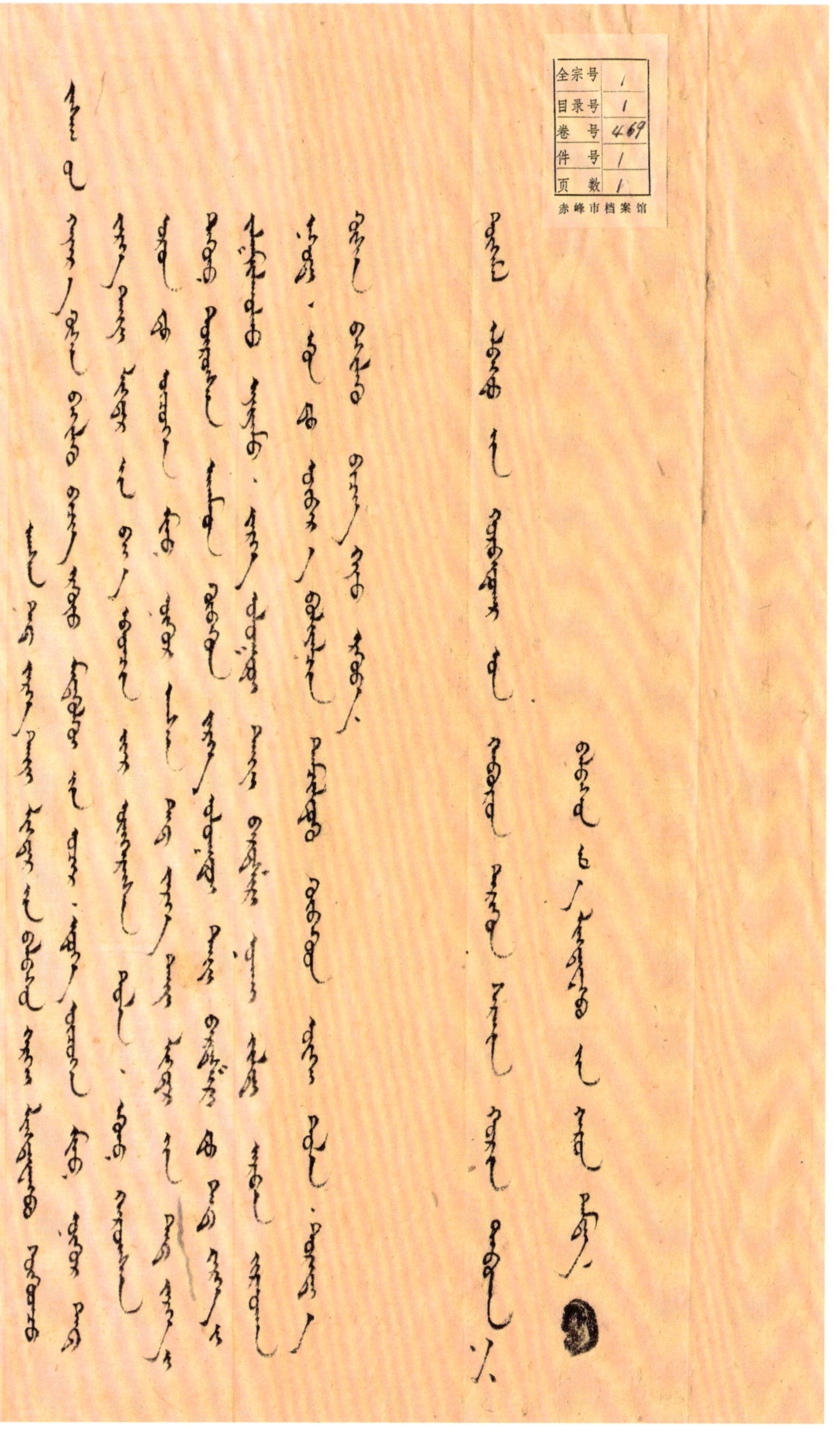
全宗号 1
目录号 1
卷号 469
件号 1
页数 1
赤峰市档案馆

台吉遗孀为其长子沿袭爵位事呈翁牛特札萨克文

原二等台吉立戈特尔之遗孀灵德旺布向札萨克府跪地具保呈：呈送之事。

微妇丈夫，二等台吉立戈特尔因病去世也。俺丈夫二等台吉立戈特尔空位沿袭给其长子未封台吉巴日达西里为祈盼。未封台吉巴日达西里，属狗，今年十六岁。未有其他争位之兄弟。

特具保呈。

咸丰三年初春二十五日

寡妇灵德旺布之手印

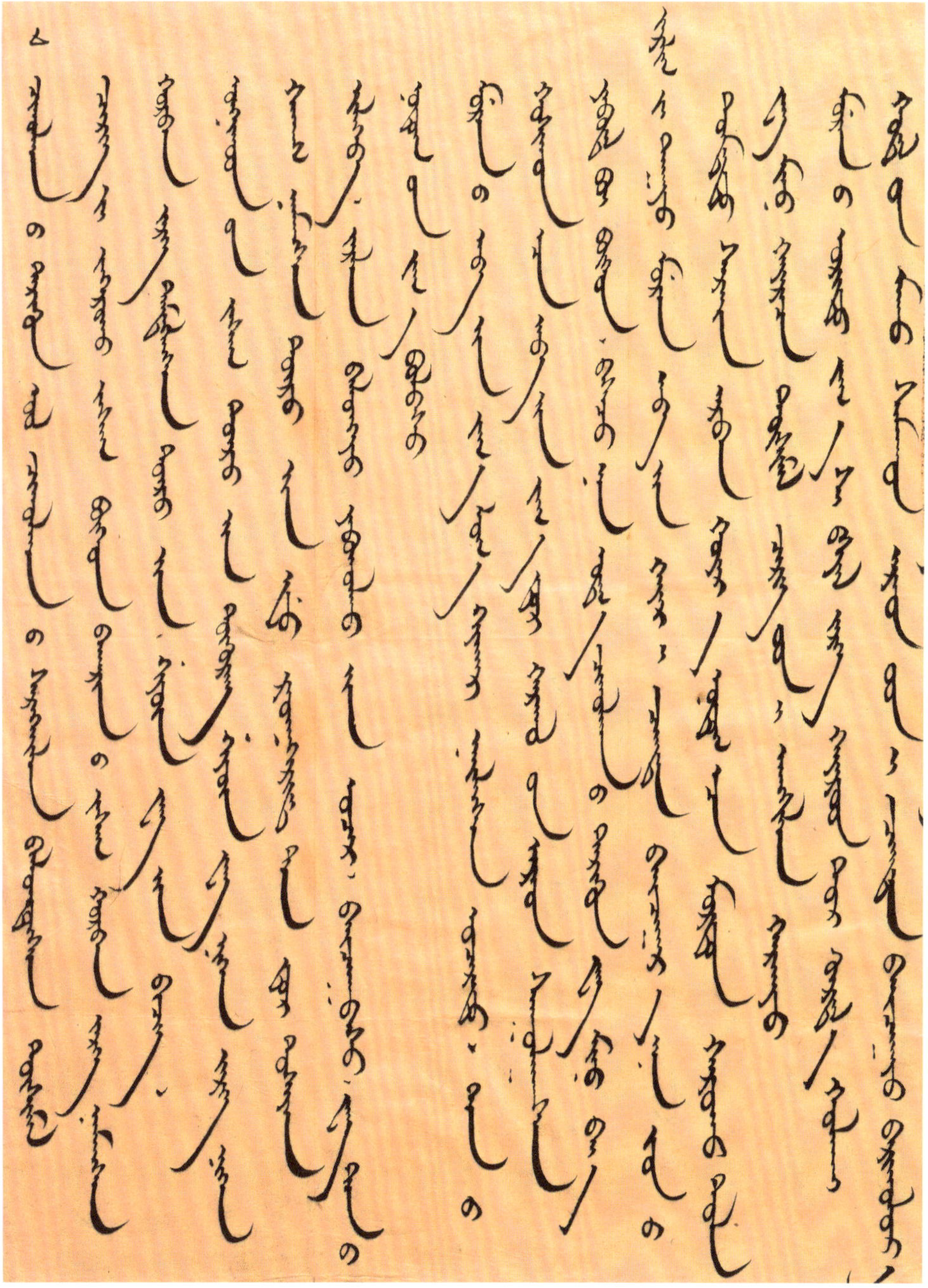

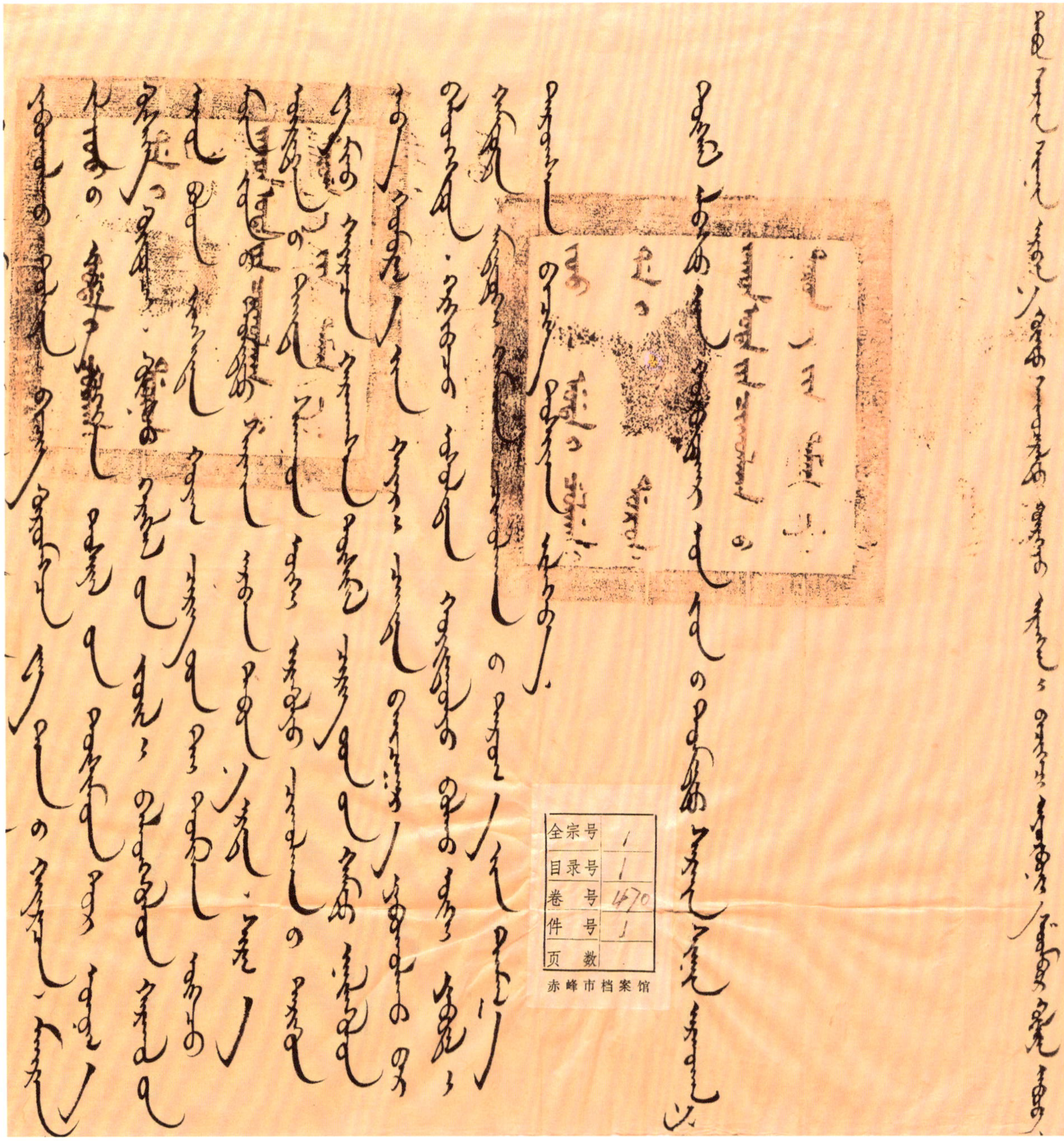
全宗号 1
目录号 1
卷号 470
件号 1
页数
赤峰市档案馆

巴林札萨克郡王为巡察木兰围场事札翁牛特札萨克郡王文

盟长盟警备军札萨克暨巴林札萨克加三级记三级多罗郡王行文。札付翁牛特札萨克多罗杜棱郡王加一级半多罗额驸拉德纳嘎日迪：行札之事。

经查，王爷之地界毗邻木兰围场，为此尔旗早有设置看护哨户。本次本盟长王爷钦命巡察木兰围场，于本年仲夏十二日启程。故本王处派遣官兵至木兰围场南段西杷崖勒等地，巡查捉拿偷盗之乱贼。文到，贵王爷处为梅林、甲喇配备骑马、口粮、器具，与哨户及官兵一同，于本年仲夏十五日，派遣至沙日嘎驿站处，会合本王派遣之官兵，以备联合巡察围猎场。不得延误也。

至此，致钤盟长印之文。

咸丰三年仲夏初六日

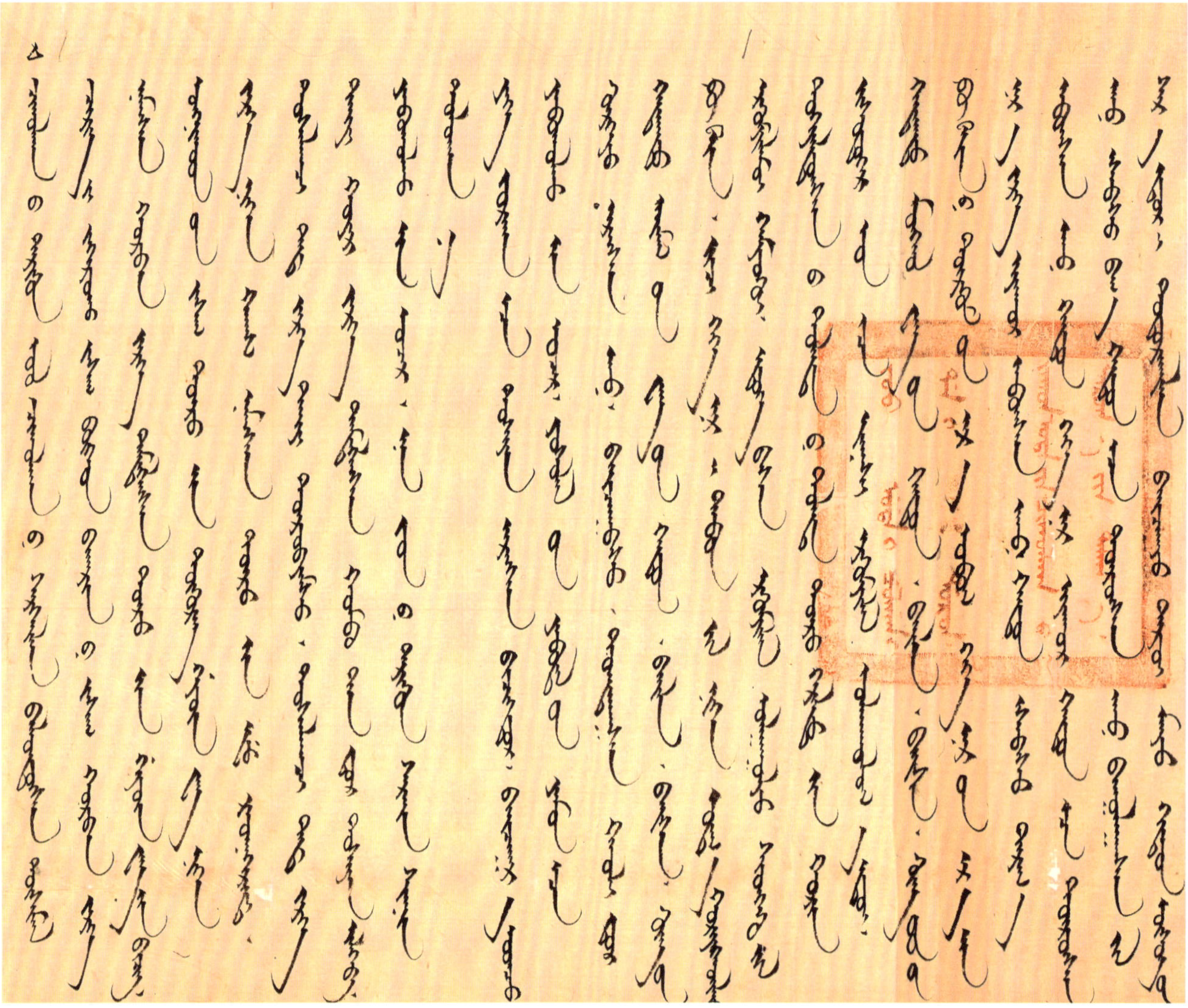

006 巴林札萨克郡王为登记上报被册封人员事札翁牛特札萨克郡王等文（咸丰四年初夏十二日）

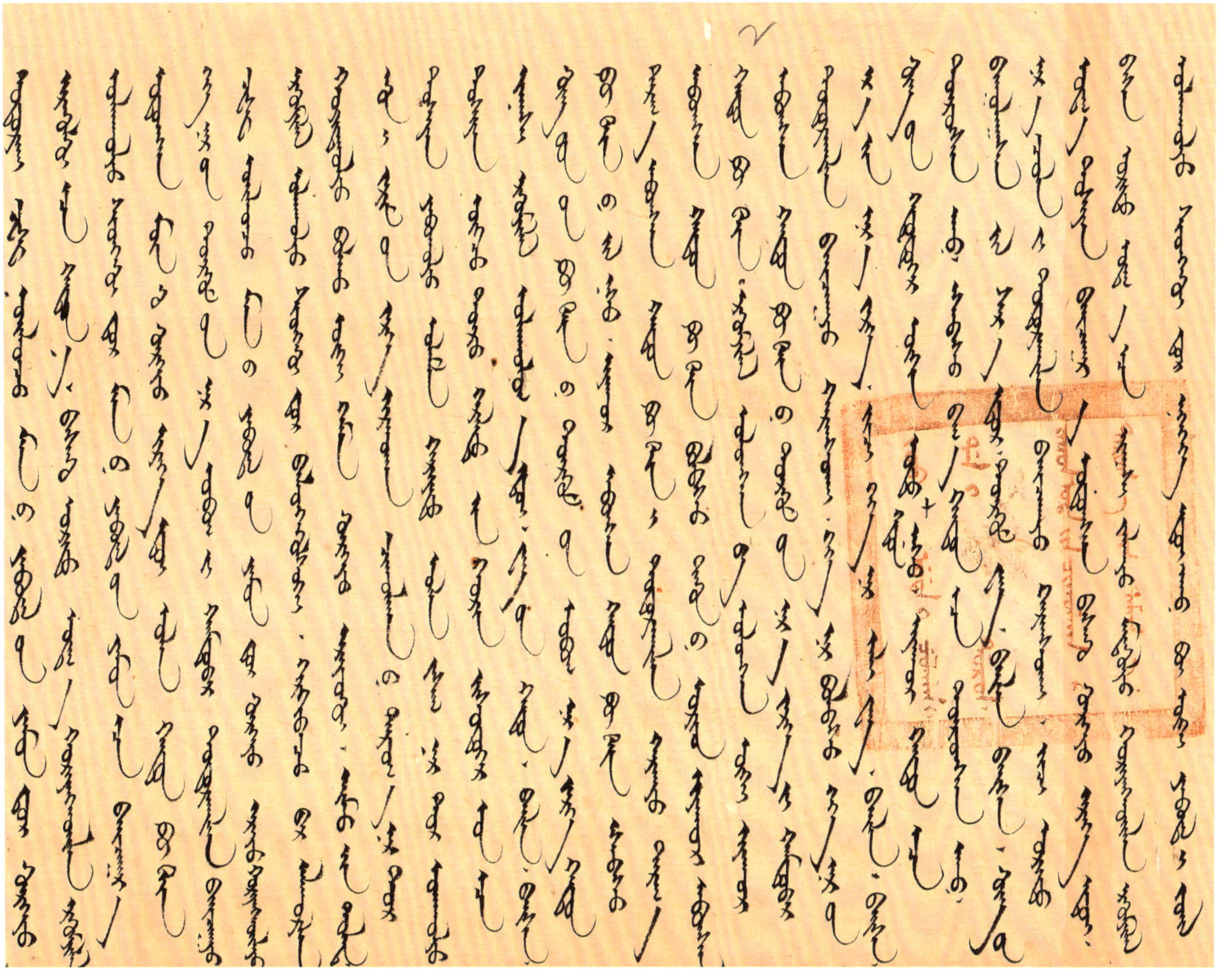

006 巴林札萨克郡王为登记上报被册封人员事札翁牛特札萨克郡王等文（咸丰四年初夏十二日）

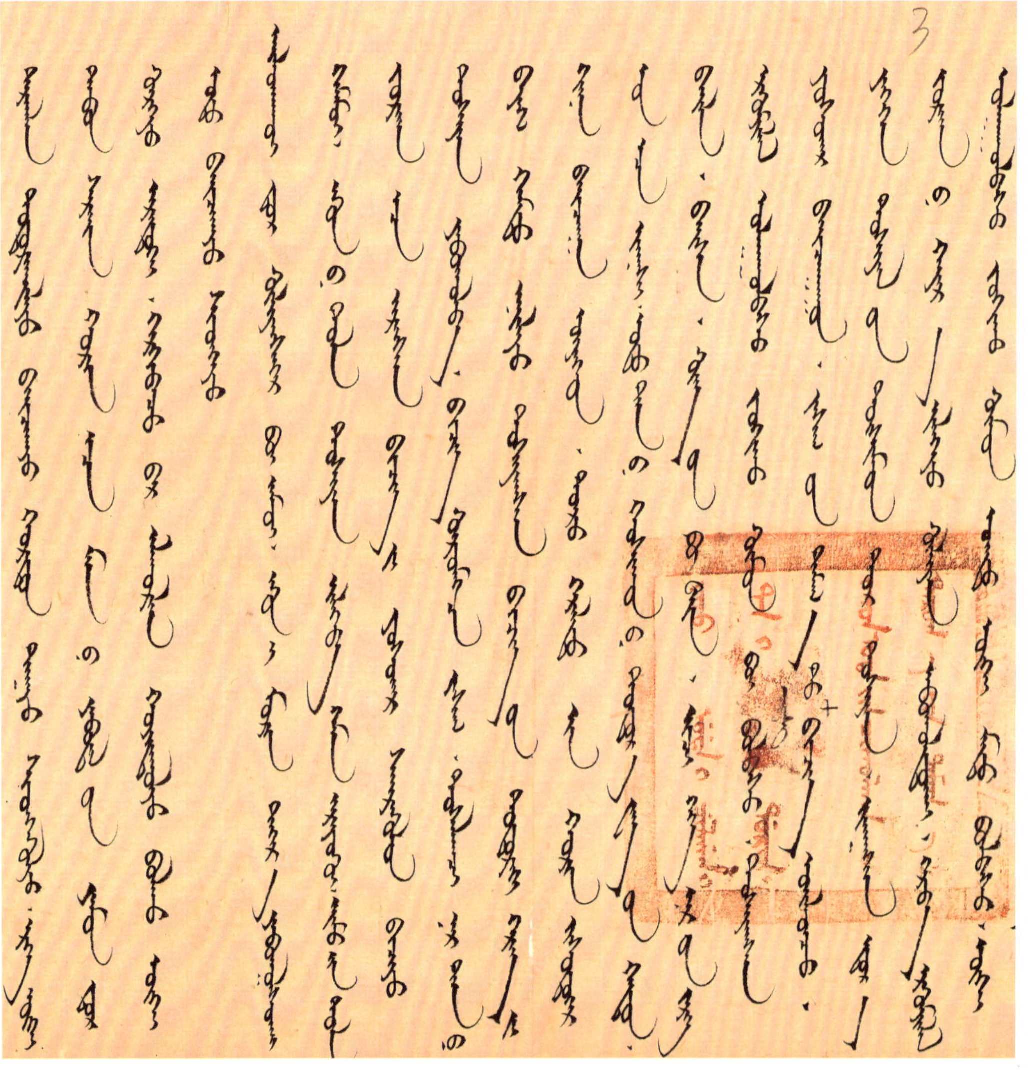

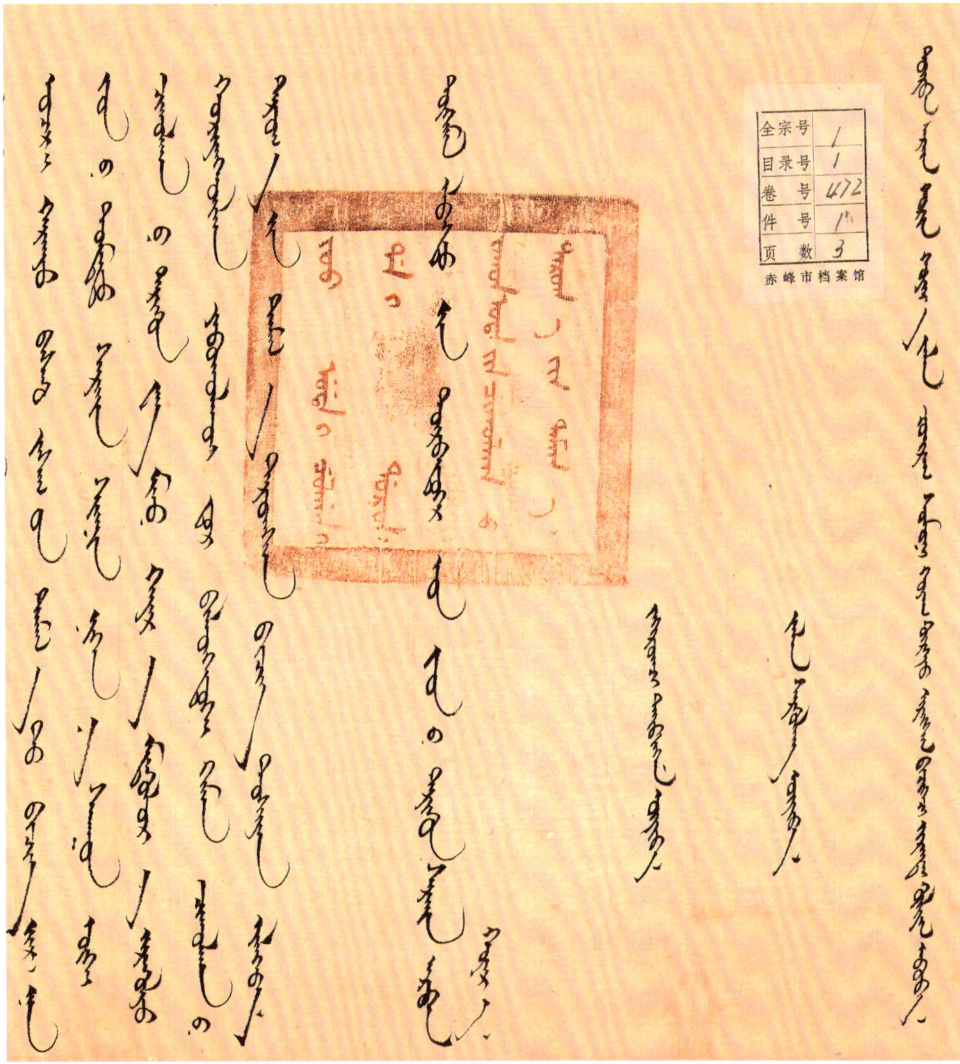
全宗号 1
目录号 1
卷号 472
件号 1
页数 3
赤峰市档案馆

巴林札萨克郡王为登记上报被册封人员事札翁牛特札萨克郡王等文

盟长盟警备军摄政札萨克暨巴林札萨克加三级记三级多罗郡王文。札付翁牛特札萨克多罗杜棱郡王加一级记半级多罗额驸拉德纳嘎日迪，旗协理二等台吉东日布扎木苏、协理二等台吉记二级官布：行札之事。

本年初夏初七日，大部札饬：照例，外藩蒙古王爷之福晋，贝勒、贝子、公爷之夫人及格格，每五年册封一次也。今年逢册封之年。故道光二十九年以来，未册封之外藩蒙古王爷福晋，贝勒、贝子、公爷夫人母家姓名，格格之丈夫姓名、爵位及格格是否其原配，还是二婚。福晋、格格是正妻所生，还是妃子所生，福晋、格格陪嫁年、月、日等详细核实，以满汉两种文字登记造册呈送本部。也登记造册上届册封时未呈送之诸福晋、夫人、格格母家姓名，一同送至。以备册封。不得怠慢遗漏。等因前来。

兹有，本大部，承转哲里木等六大盟长，转送所属诸札萨克，查明道光二十九年以来未册封之王爷福晋，贝勒、贝子、公爷夫人母家姓名、福晋夫人年龄，是原配还是二婚。如是二婚，原配夫人是否册封过，原配夫人母家姓名爵位。还有，格格之丈夫姓名、爵位及格格是哪个王爷、贝勒、贝子、公爷第几闺女，今年多大。格格是原配所生，还是妃子所生，陪嫁年、月、日及母家之王爷、贝勒、贝子、公爷姓名和爵位等查清楚。还，上届册封时是否呈送过等逐一查明，于五月二十日之前送至礼部，不得怠慢，不得遗漏。以备上奏。等因前来本盟署。

为此，本盟署札萨克奉命抄录大部官文转送之。文到，札萨克、协理一同审阅，查明旗内有无道光二十九年以来未册封之王爷福晋，贝勒、贝子、公爷夫人及格格姓名、爵位，是否符合册封等，并登记造册，加盖札萨克大印，交于干练官差，在指定日期内呈送至衙门处。如没有符合册封之人，也出具没有之证明，加盖札萨克大印，于今年仲夏初一，速送至本王爷处，以备一同上报。

咸丰四年初夏十二日

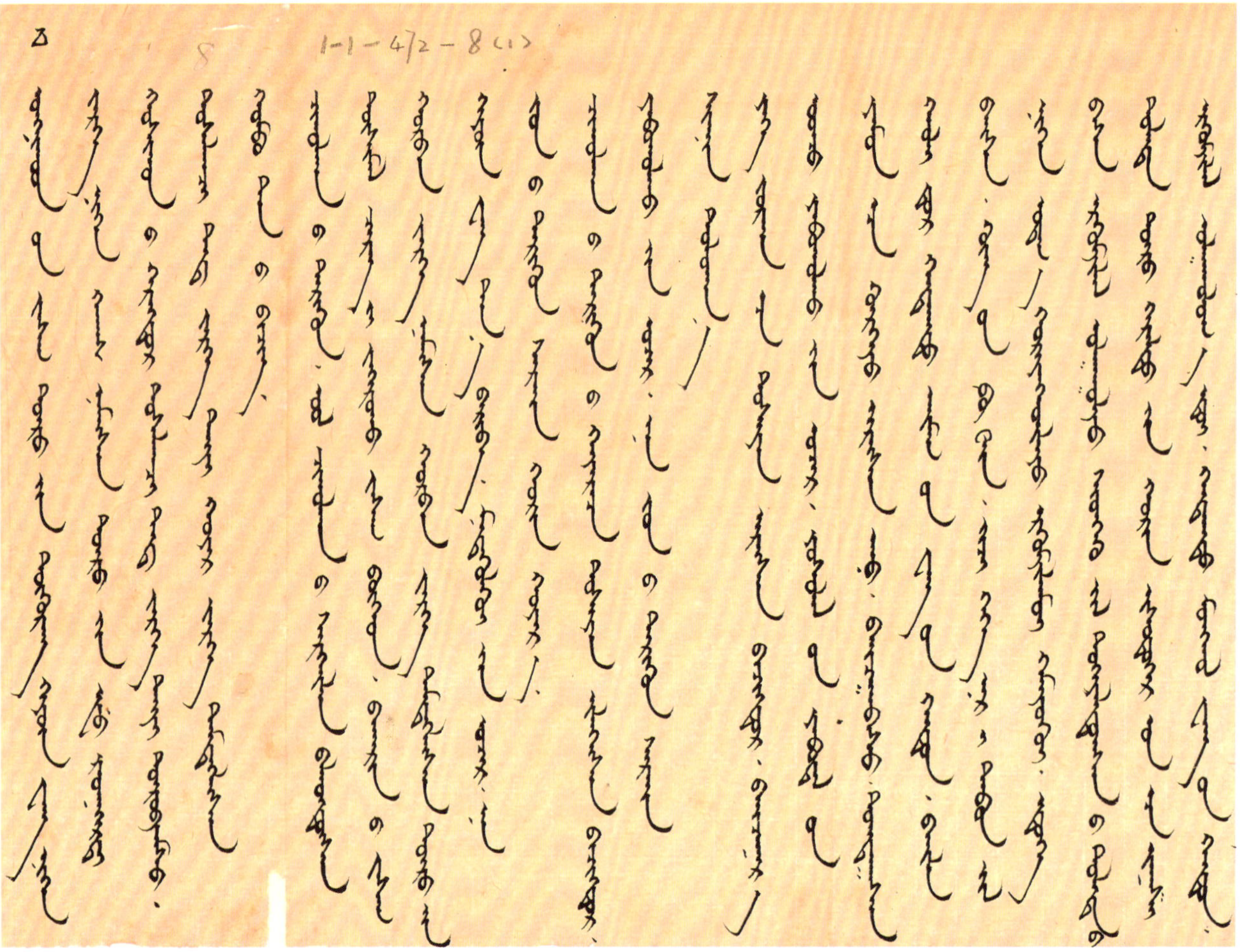

007 翁牛特札萨克郡王等为登记上报被册封人员事呈巴林札萨克郡王文（咸丰四年初夏二十八日）

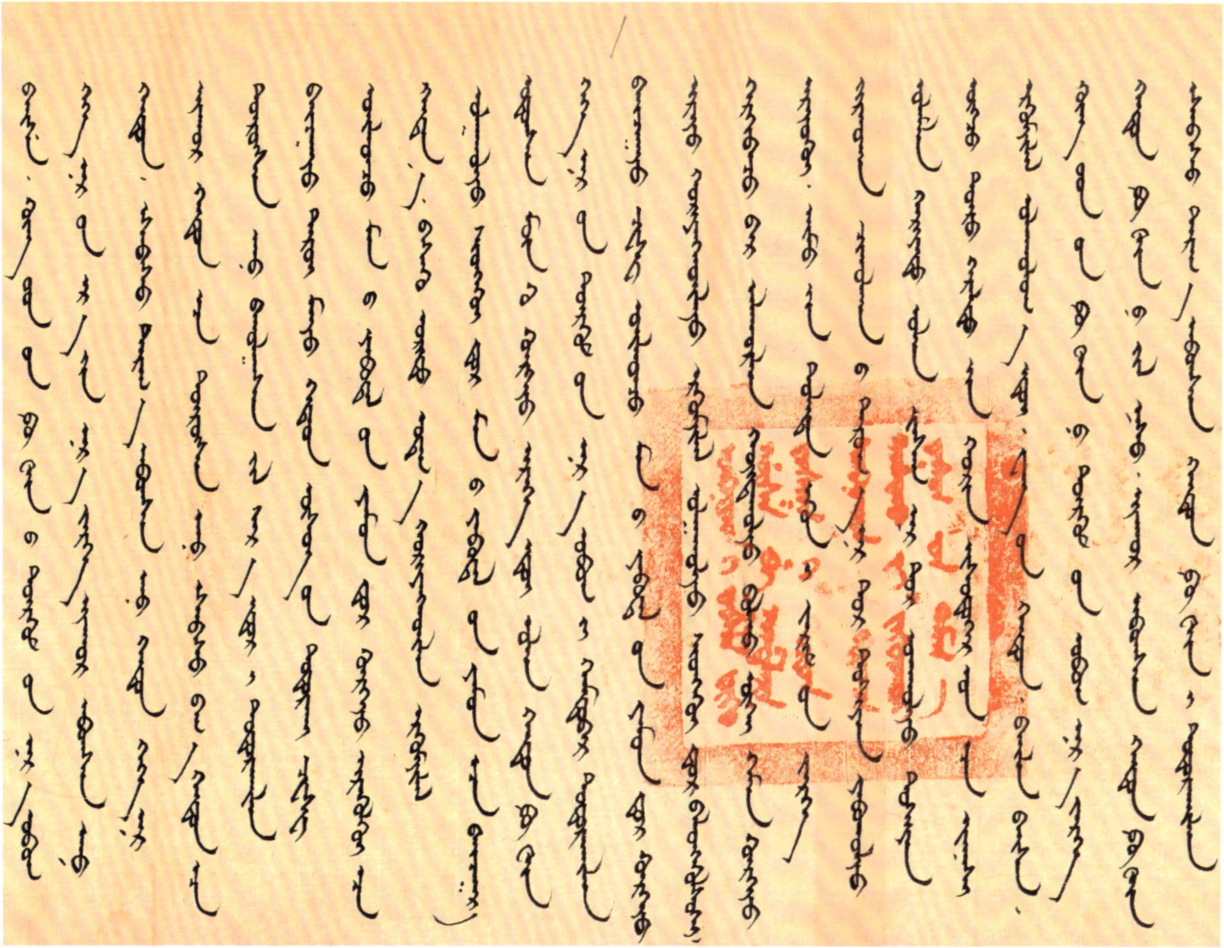

007 翁牛特札萨克郡王等为登记上报被册封人员事呈巴林札萨克郡王文（咸丰四年初夏二十八日）

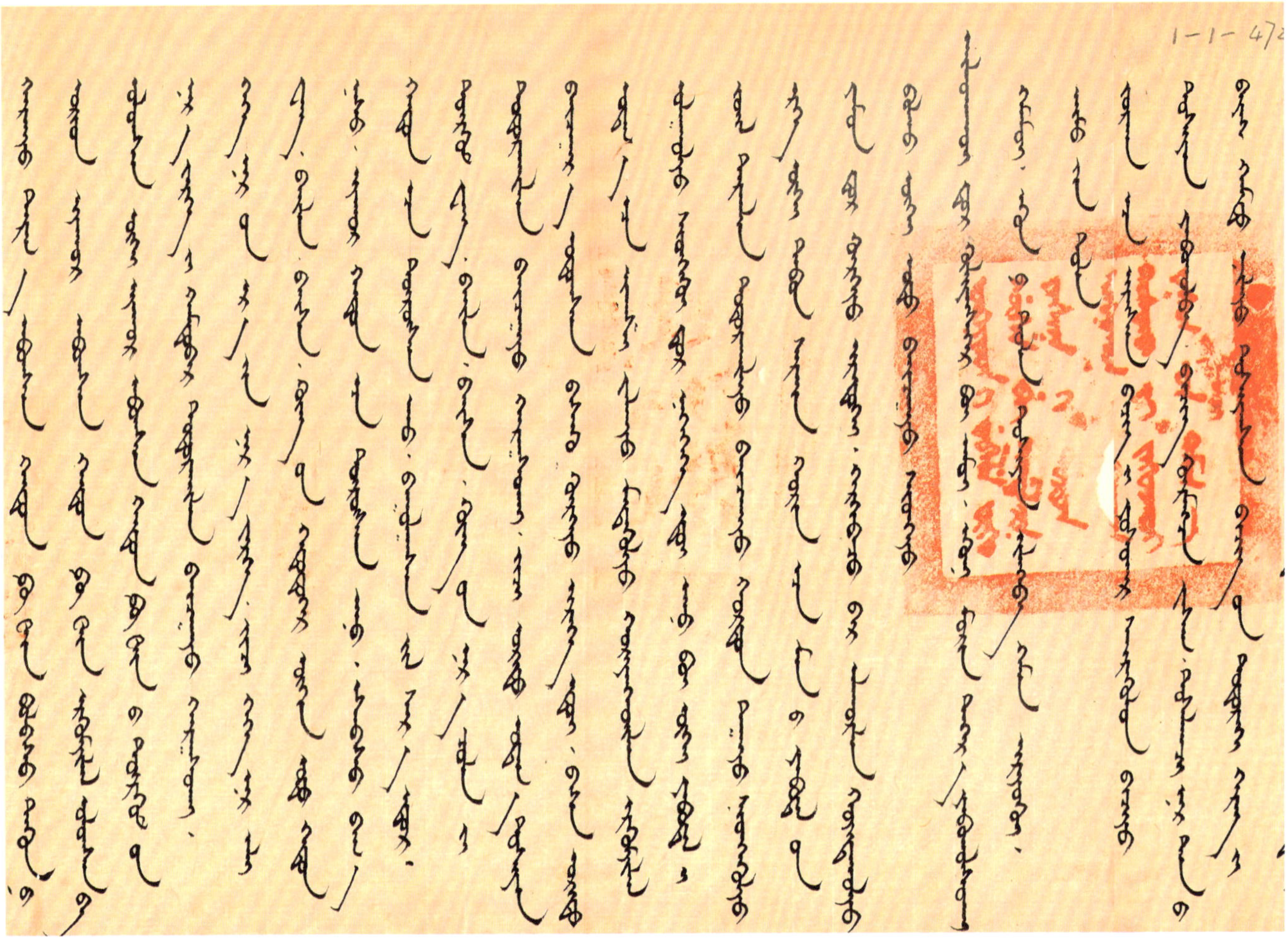

007 翁牛特札萨克郡王等为登记上报被册封人员事呈巴林札萨克郡王文（咸丰四年初夏二十八日）

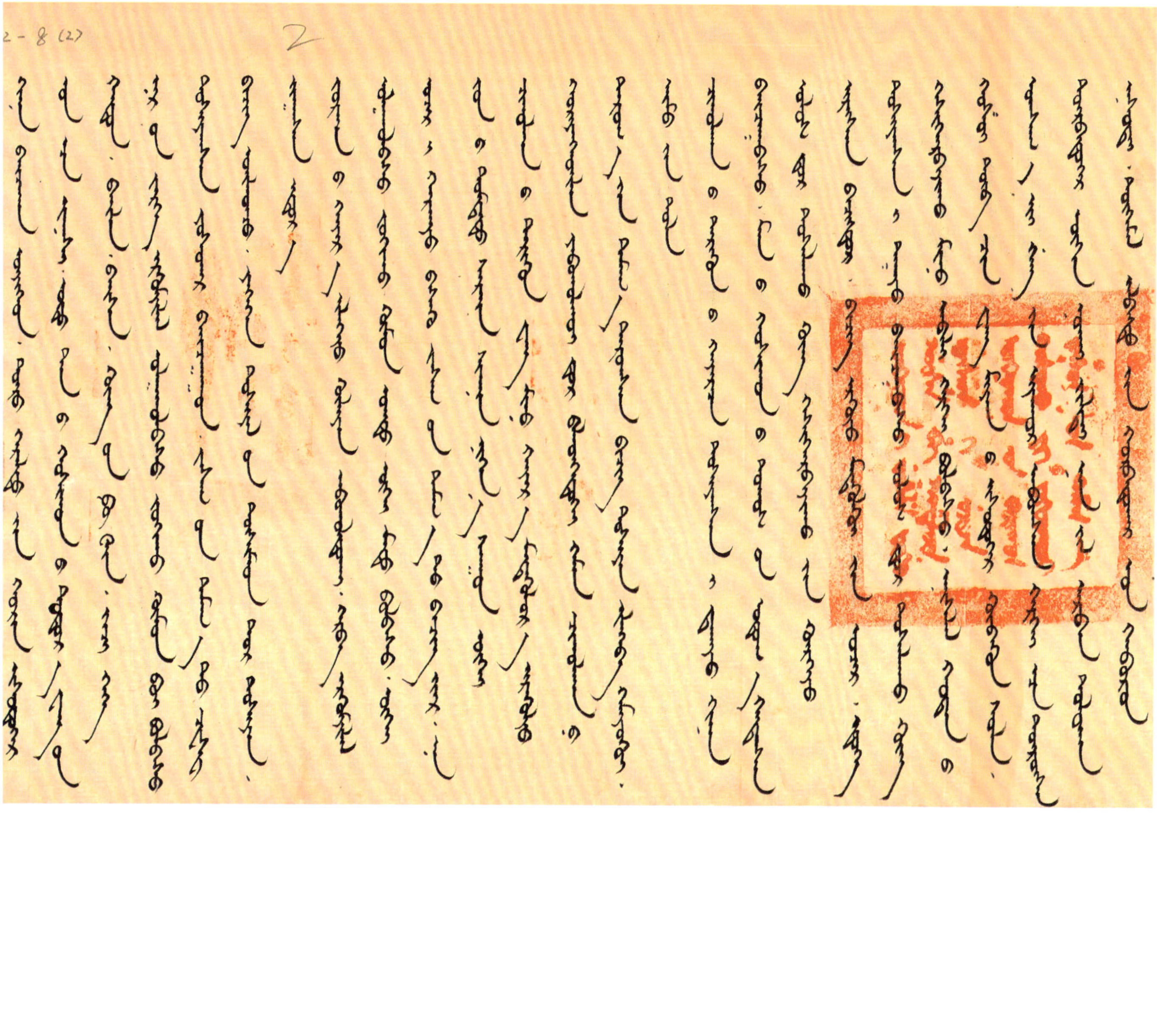

007 翁牛特札萨克郡王等为登记上报被册封人员事呈巴林札萨克郡王文（咸丰四年初夏二十八日）

翁牛特札萨克郡王等为登记上报被册封人员事呈巴林札萨克郡王文

翁牛特札萨克多罗杜棱郡王加一级记半级多罗额驸拉德纳嘎日迪，旗协理二等台吉东日布扎木苏、协理二等台吉记二级官布文。呈盟警备军札萨克暨巴林札萨克加三级记三级多罗郡王：呈报之事。

本年初夏二十二日，盟长处承转本年初夏初七日之大部行文。行文开：礼部据典曰，外藩蒙古王爷之福晋，贝勒、贝子、公爷之夫人及格格，每五年册封一次也。今年逢册封之年。故道光二十九年以来，未册封之外藩蒙古王爷福晋，贝勒、贝子、公爷夫人母家姓名，格格之丈夫姓名、爵位及格格是其原配，还是二婚。福晋、格格是正妻所生，还是妃子所生，福晋、格格陪嫁年、月、日等详细核实，以满汉两种文字登记造册，呈送至本礼部处。也登记造册上届未册封之诸福晋、夫人、格格母家姓名，一同送至。以备册封。不得怠慢。

兹有，本大部告知哲里木等六大盟长，转送所属诸札萨克，查明道光二十九年以来未册封之王爷福晋，贝勒、贝子、公爷夫人母家姓名、福晋夫人年龄，是原配还是二婚。如是二婚，原配夫人是否册封过，原配夫人母家姓名、爵位。还有，格格之丈夫姓名、爵位及格格是哪一王爷、贝勒、贝子、公爷第几闺女，是年多大。格格是原配所生，还是妃子所生，陪嫁年、月、日及母家之王爷、贝勒、贝子、公爷姓名和爵位等查清楚。还，上届册封时是否呈送过等逐一查明，于五月二十日之前送至本部，不得怠慢，不得遗漏。以备上奏。等因前来。

为此，本盟署抄录大部文书转送之。文到，札萨克、协理一同审阅查明旗内有无道光二十九年以来未册封之王爷福晋、贝勒、贝子、公爷夫人及格格姓名、爵位，是否符合册封等。并登记造册，加盖札萨克大印。交给干练官差，在指定日期内呈送至衙门处。如没有符合册封之人，也出具没有之证明，加盖札萨克大印，于今年仲夏初一日从速送至本盟署处，以备一同上报。奉盟长之文，经查本旗孔雀花翎之辅国公贺希格阿日毕吉呼呈称：辅国公贺希格阿日毕吉呼本人原配为京城和硕图布亲王弥占之第九子吉康原配所生第四闺女，属狗，是年十七岁。于咸丰三年初春二十一日娶之，上报册封为盼。等语。故贴附呈送本旗孔雀花翎之辅国公贺希格阿日毕吉呼之呈文。望盟长审阅。

至此，佐领章京领布携钤官印之文呈送之。

咸丰四年初夏二十八日

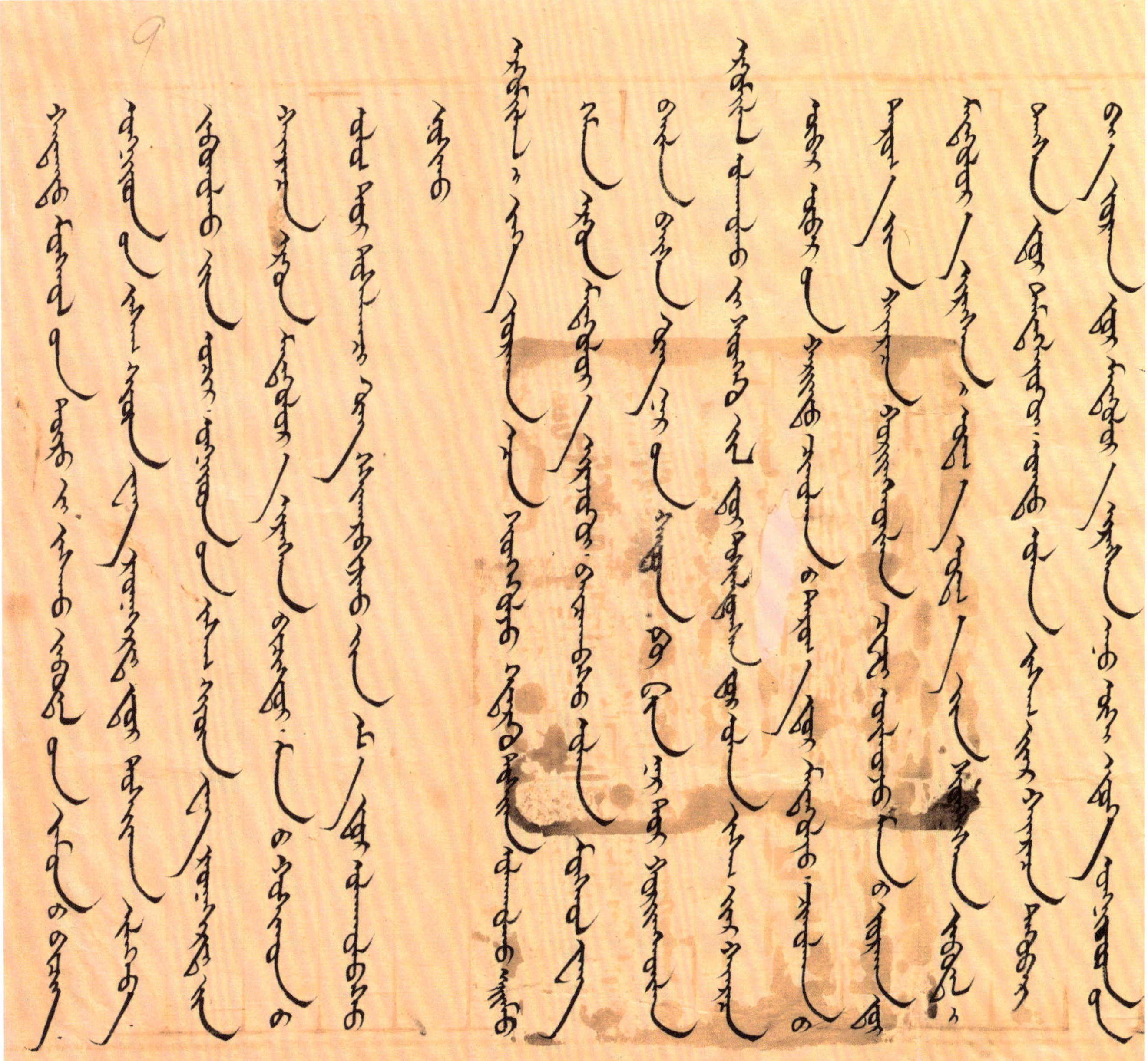

008 理藩院为辅国公福晋封爵位事札翁牛特札萨克郡王文（咸丰四年初秋二十一日）

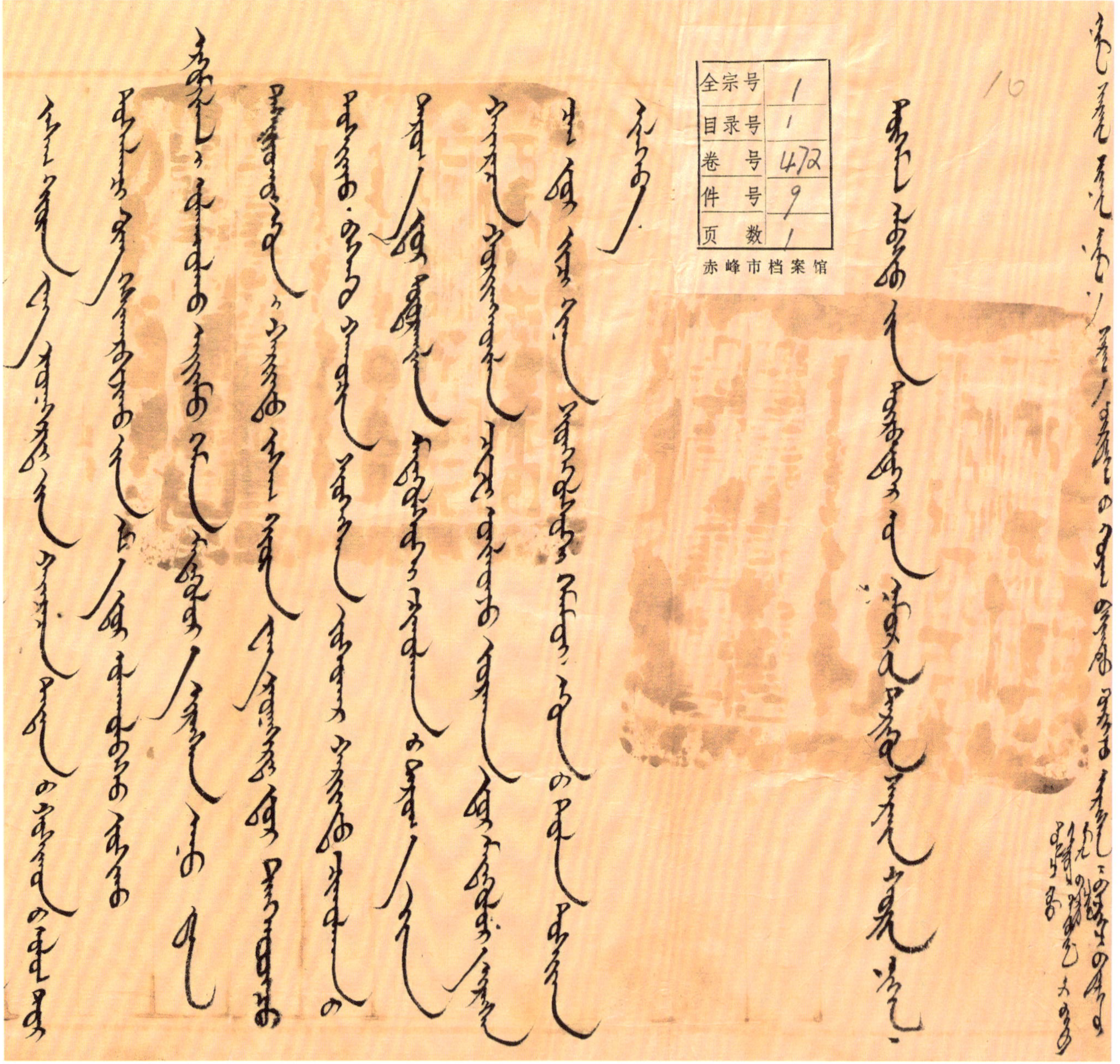

全宗号	1
目录号	1
卷　号	472
件　号	9
页　数	1

赤峰市档案馆

理藩院为辅国公福晋封爵位事札翁牛特札萨克郡王文

理藩院文。札付翁牛特札萨克郡王拉德纳嘎日迪：行札之事。

翁牛特札萨克郡王拉德纳嘎日迪处呈称，呈请大部册封本旗辅国公贺希格阿日毕吉呼福晋应封之爵位。等语。查，诸蒙古王、贝勒、贝子、公爷之夫人、福晋，遇册封年时由所属札萨克上报盟长处，盟长处登记造册呈报本部，每次呈报记录在案，从未札萨克越级呈报本部之事。兹有，翁牛特札萨克郡王拉德纳嘎日迪处越级报本部，呈请册封该旗辅国公贺希格阿日毕吉呼福晋，不符也。故札饬所属札萨克郡王拉德纳嘎日迪，按旧规先报至盟长处，盟长处登记造册呈报大部时再审理。

此札。

咸丰四年初秋二十一日

009 巴林札萨克郡王为督促备办驻雍和宫和尚费用事札翁牛特札萨克郡王文(咸丰四年仲冬二十二日)

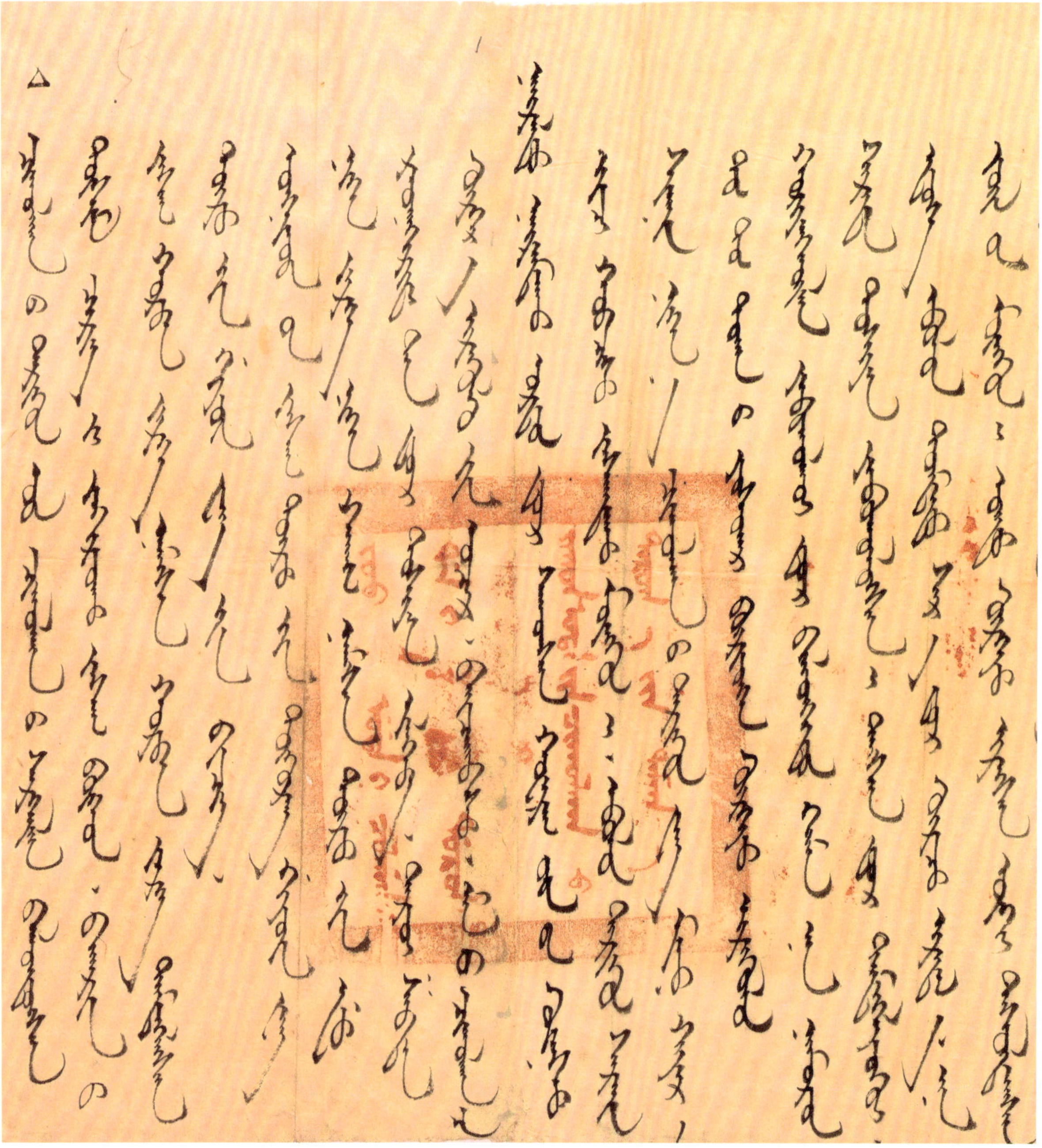

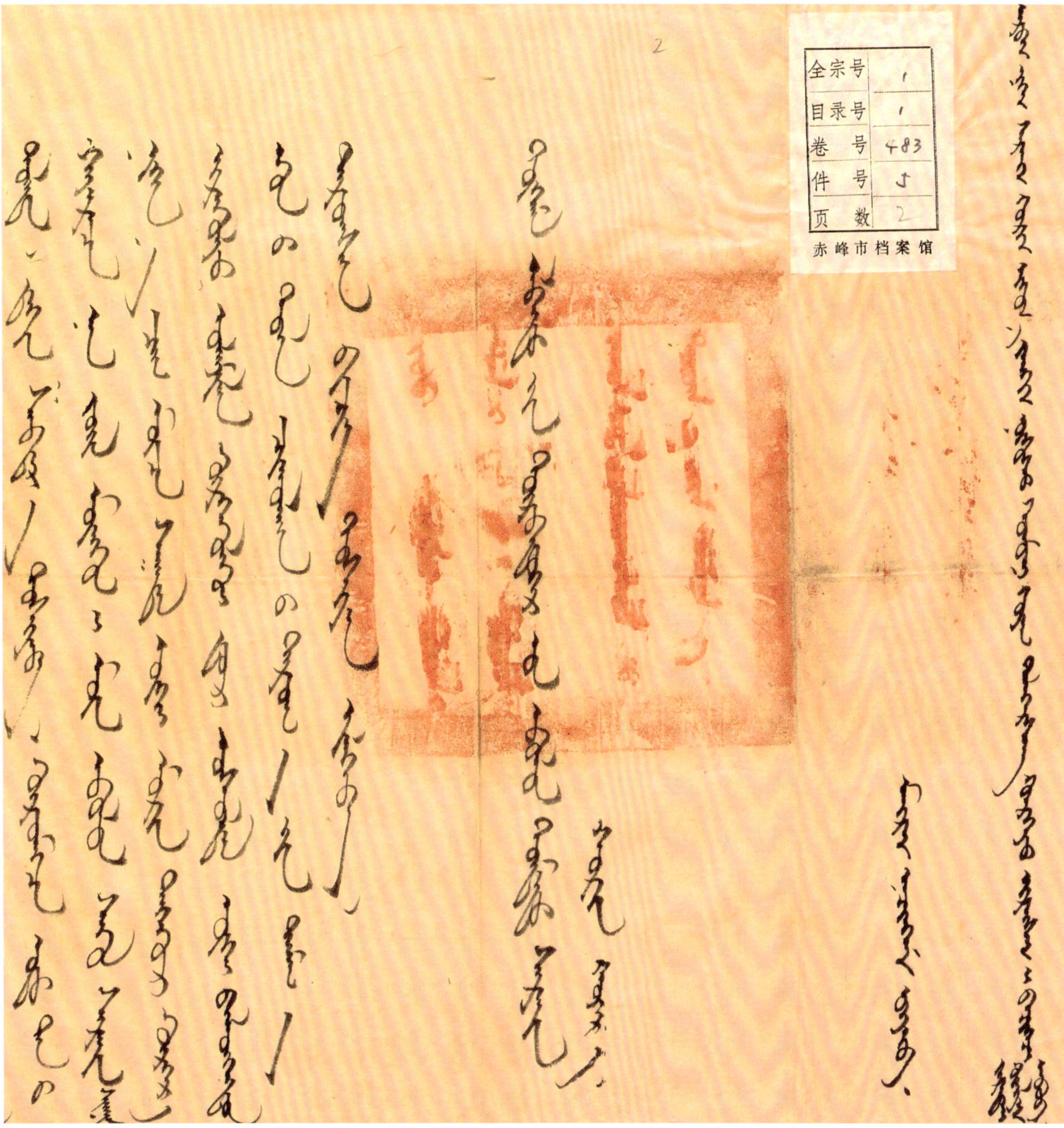
2
全宗号 1
目录号 1
卷号 483
件号 5
页数 2
赤峰市档案馆

巴林札萨克郡王为督促备办驻雍和宫和尚费用事札翁牛特札萨克郡王文

盟警备军札萨克盟长暨巴林札萨克加三级记三级多罗郡王文。札付翁牛特札萨克多罗杜棱郡王加一级一半多罗额驸拉德纳嘎日迪：督促之事。

经查，备办本盟驻雍和宫和尚换服费，本应于初冬初一日，如数送至本盟长处，以备统一发送。本年秋季已下文。但，现已至仲冬时分，此等款项仍未送之。为此，札饬督促之。文到，速备办此等银两，于末冬初一日速送至盟署处，不得有误。

至此，致钤盟长印之文。

咸丰四年仲冬二十二日

010 翁牛特札萨克旗协理为筹备征兵壮丁及军需物资事呈盟警备军札萨克郡王文（咸丰六年末春二十三日）

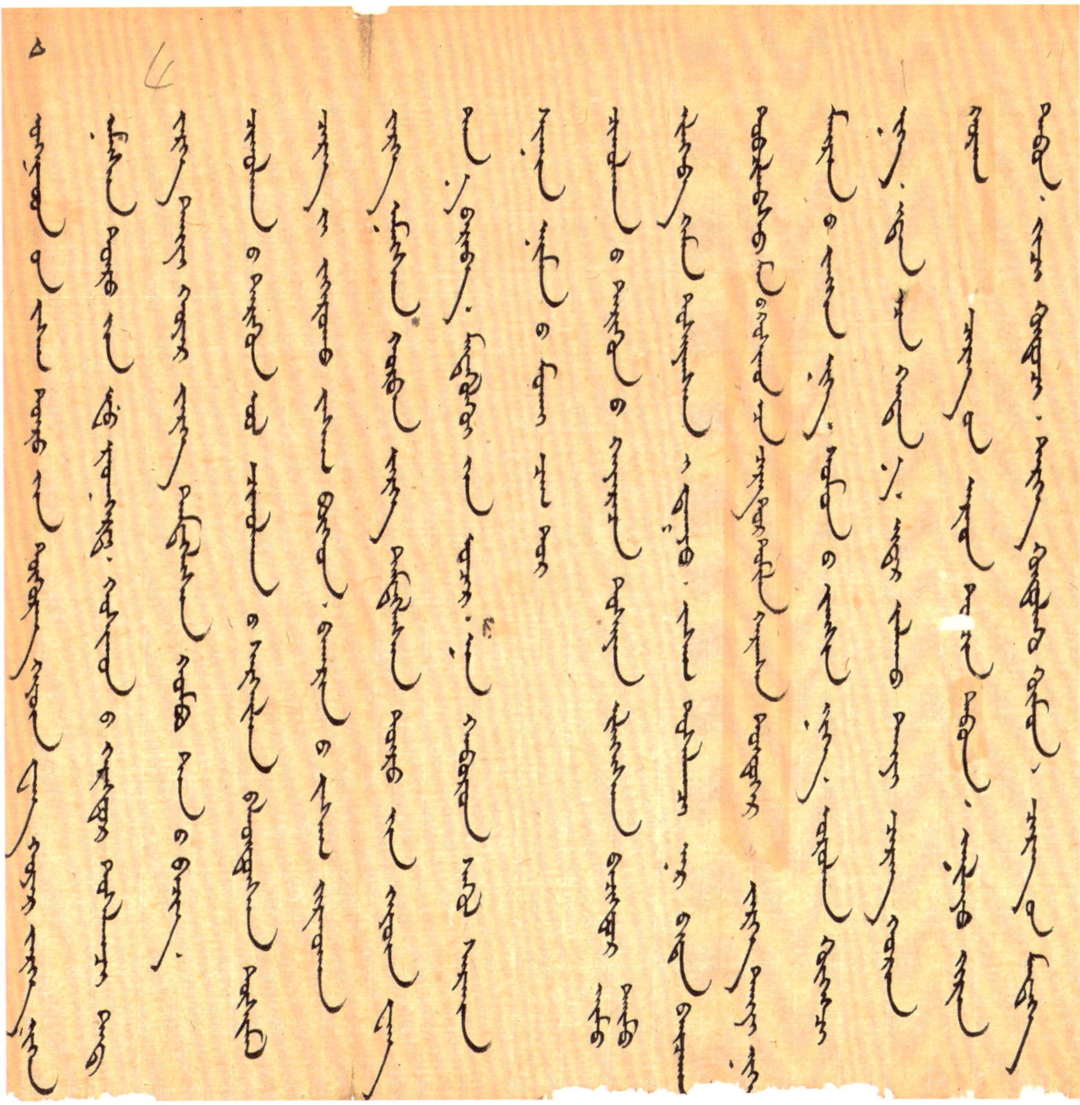

010 翁牛特札萨克旗协理为筹备征兵壮丁及军需物资事呈盟警备军札萨克郡王文（咸丰六年末春二十三日）

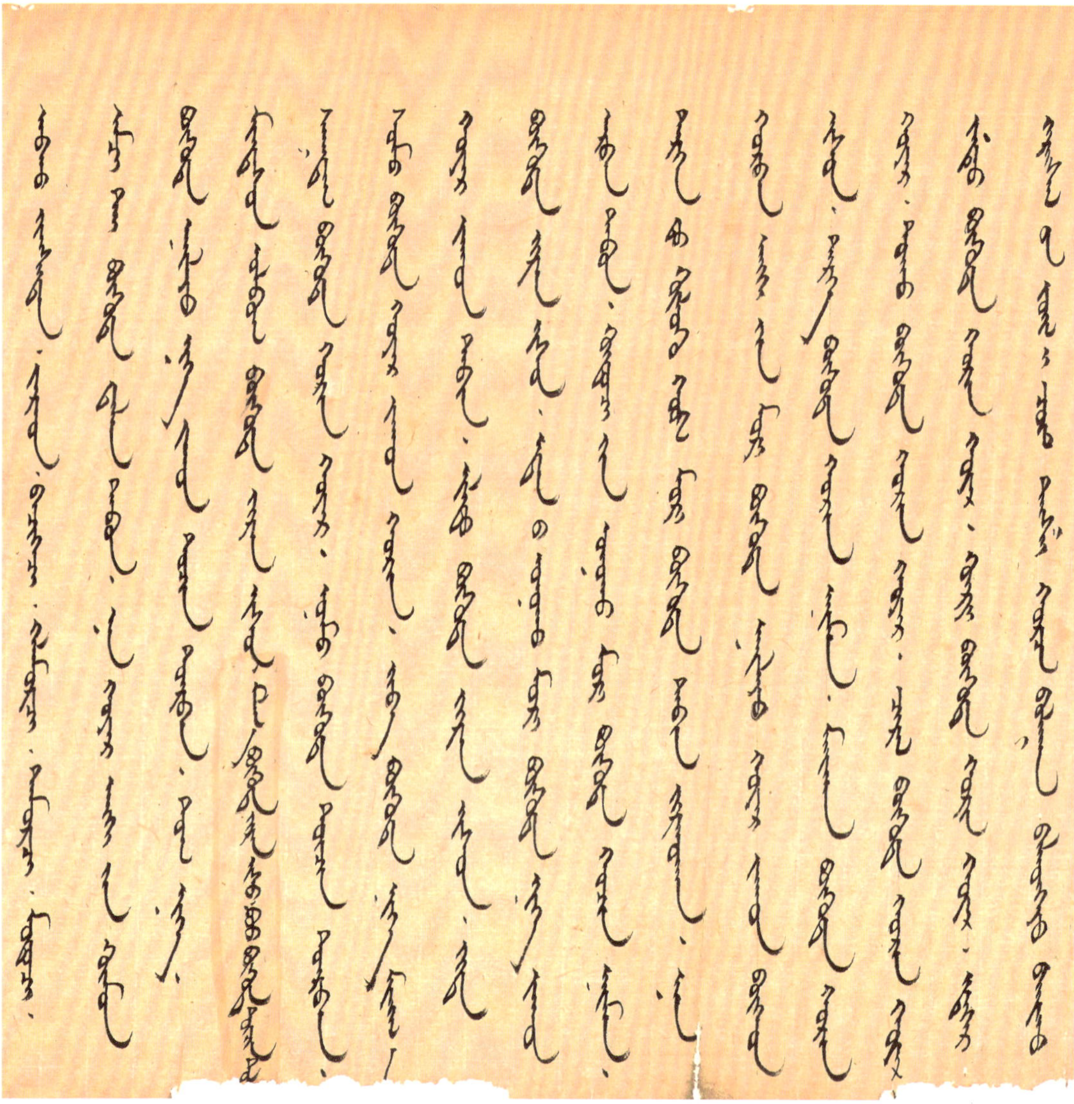

010 翁牛特札萨克旗协理为筹备征兵壮丁及军需物资事呈盟警备军札萨克郡王文（咸丰六年末春二十三日）

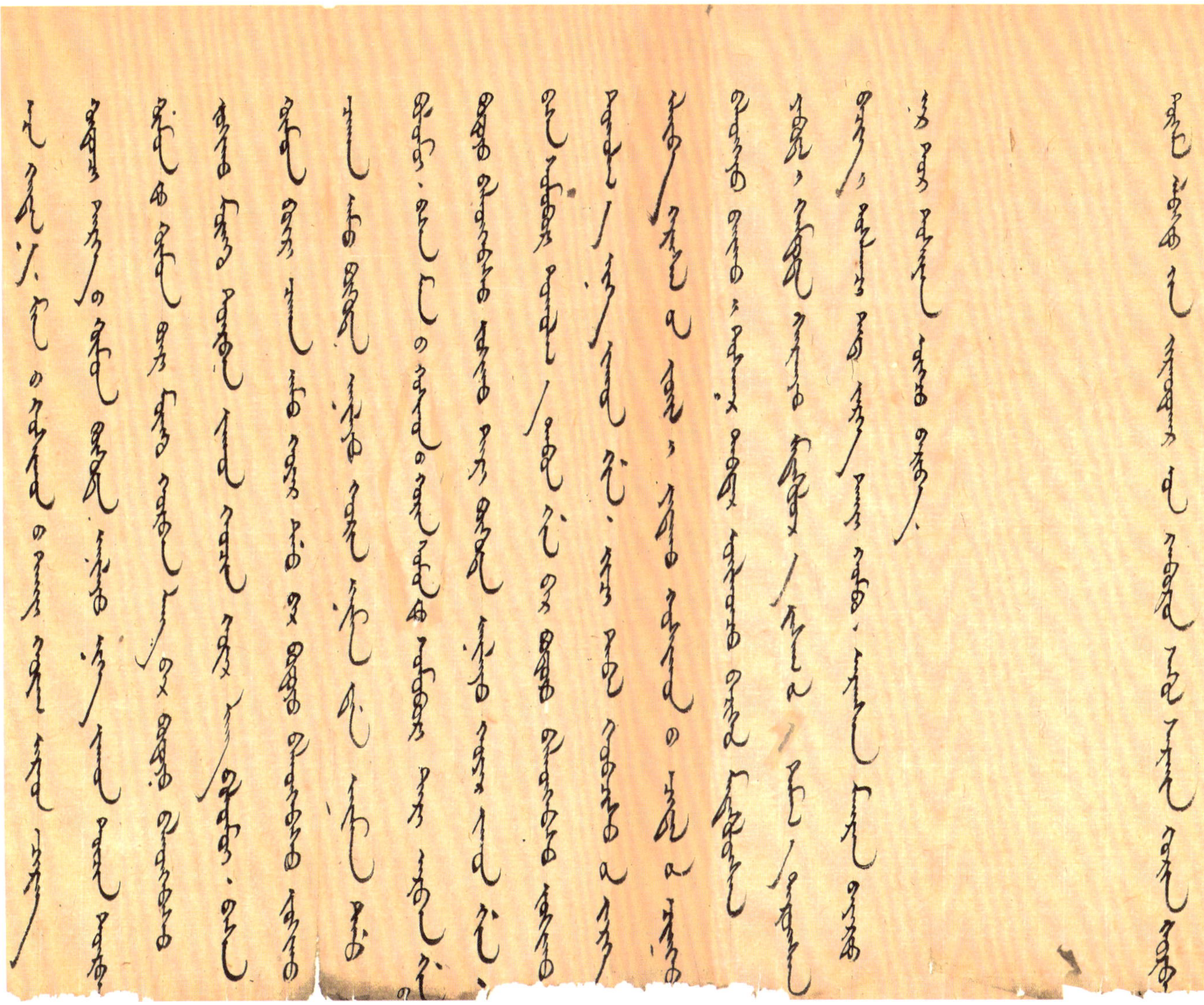

翁牛特札萨克旗协理为筹备征兵壮丁及军需物资事呈盟警备军札萨克郡王文

翁牛特札萨克多罗杜棱郡王加二级记一级多罗额驸拉德纳嘎日迪旗协理二等台吉记二级官布文。呈盟警备军札萨克暨巴林札萨克加六级记三级多罗郡王：呈报之事。

奉本年末春初八日巳刻之盟长衙署行文所云，本旗筹备从军四等台吉一名、梅林章京一名、佐领章京一名、骁骑校一名。除此之外，青壮年台吉军二十名、兵丁四十五名，共六十五人。衙役、车夫、通讯兵、判官、笔帖式、通事、铁匠、木匠、医生，共七十五人。此两班人员，共计一百四十四人。旌旗一面、棉坐垫六十九张、帽子六十九顶、火枪四十七支、弓箭套二十二具、弓四十四副、箭二百二十枚、箭头一千二百五十枚、大刀六十九副、长矛六十九杆、坐骑一百一十五匹、衙役骑马三十八匹、套车对儿马共五十六匹。此三批马，合计二百零九匹。车二十八辆、帐篷二十二顶、铁锅二十二副、钎子二十二把、铡刀二十二副、铁锹二十二把等工具，均如数备齐。还有，本旗台吉、兵丁、衙役、车夫，合计一百四十四人，银两每人按三两计算，应备四百三十二两也。还，口粮每人按两斗计算，应备二十八石八斗。还有，本旗二十佐领，火药每佐领按十斤计算，应备二百斤火药。铅弹每佐领五斤计算，应备一百斤铅弹。及衣物等一切所需物资，全力筹备之。今登记造册呈报也。

钤印之官文交协理二等台吉官布、梅林巴雅尔图呈送之。

咸丰六年末春二十三日

011 壮丁赛音宝音为其兄解枷锁事呈札萨克王爷文（咸丰九年三月初七日）

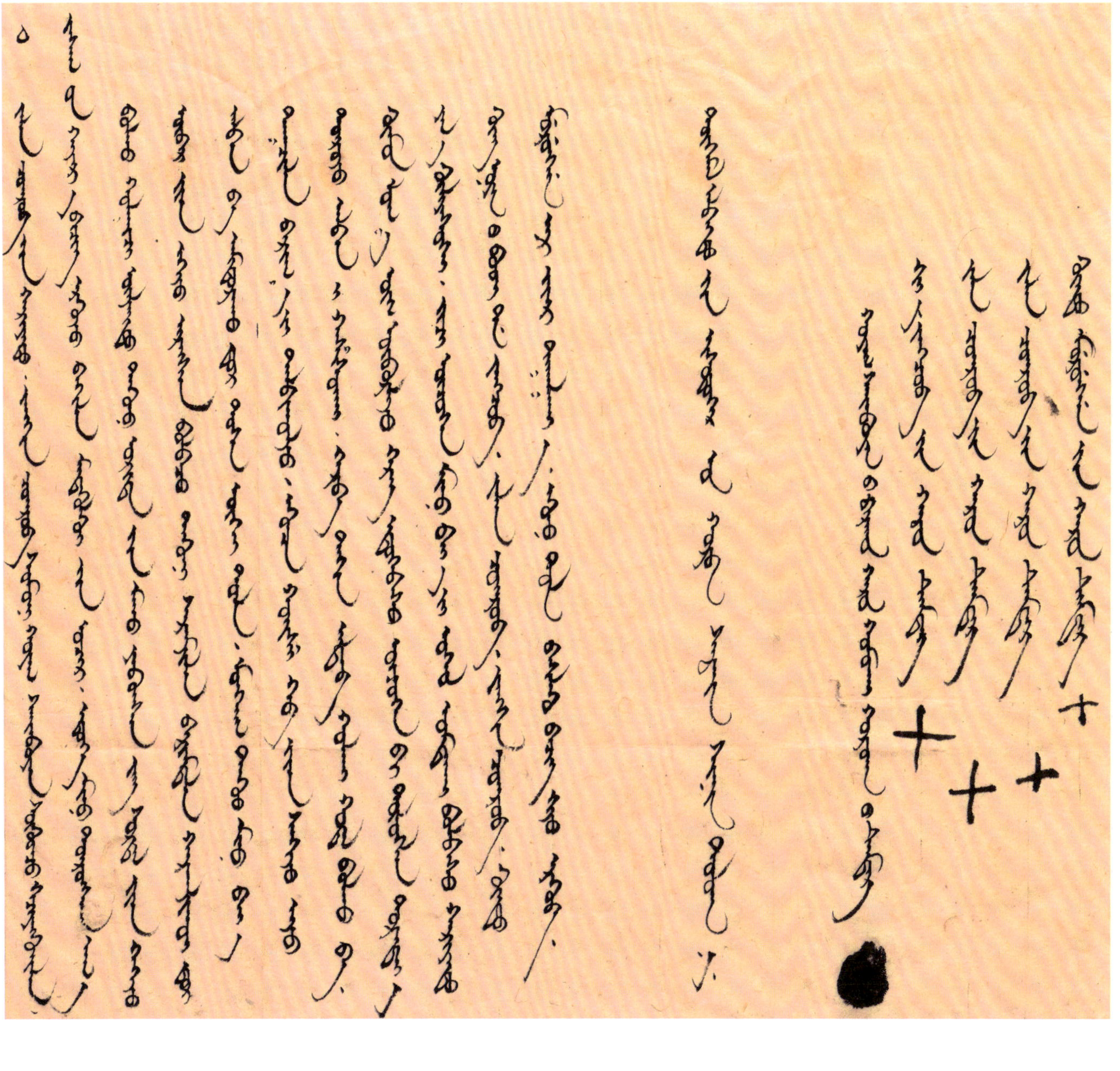

壮丁赛音宝音为其兄解枷锁事呈札萨克王爷文

甲喇却日布属民、章京却日布佐领壮丁赛音宝音跪地向札萨克献保呈：兹有，本人亲兄贼犯乌力吉图改邪归正，自行回归。上其枷锁伺候无益于官府，也拖其生活。故其弟本人担保解其枷锁，保证其安分守己过日子。如再有行窃或与他人结仇滋事，本人自愿代罪受罚也。如本人有过错，由公爷所属管领章齐布、甲喇却日布、章京却日布、汉军骑校木仍嘎担保。

至此，具保呈。

咸丰九年三月初七日

壮丁赛音宝音手印

侍卫长章齐布手印

甲喇却日布手印

章京却日布手印

汉军骑校木仍嘎手印

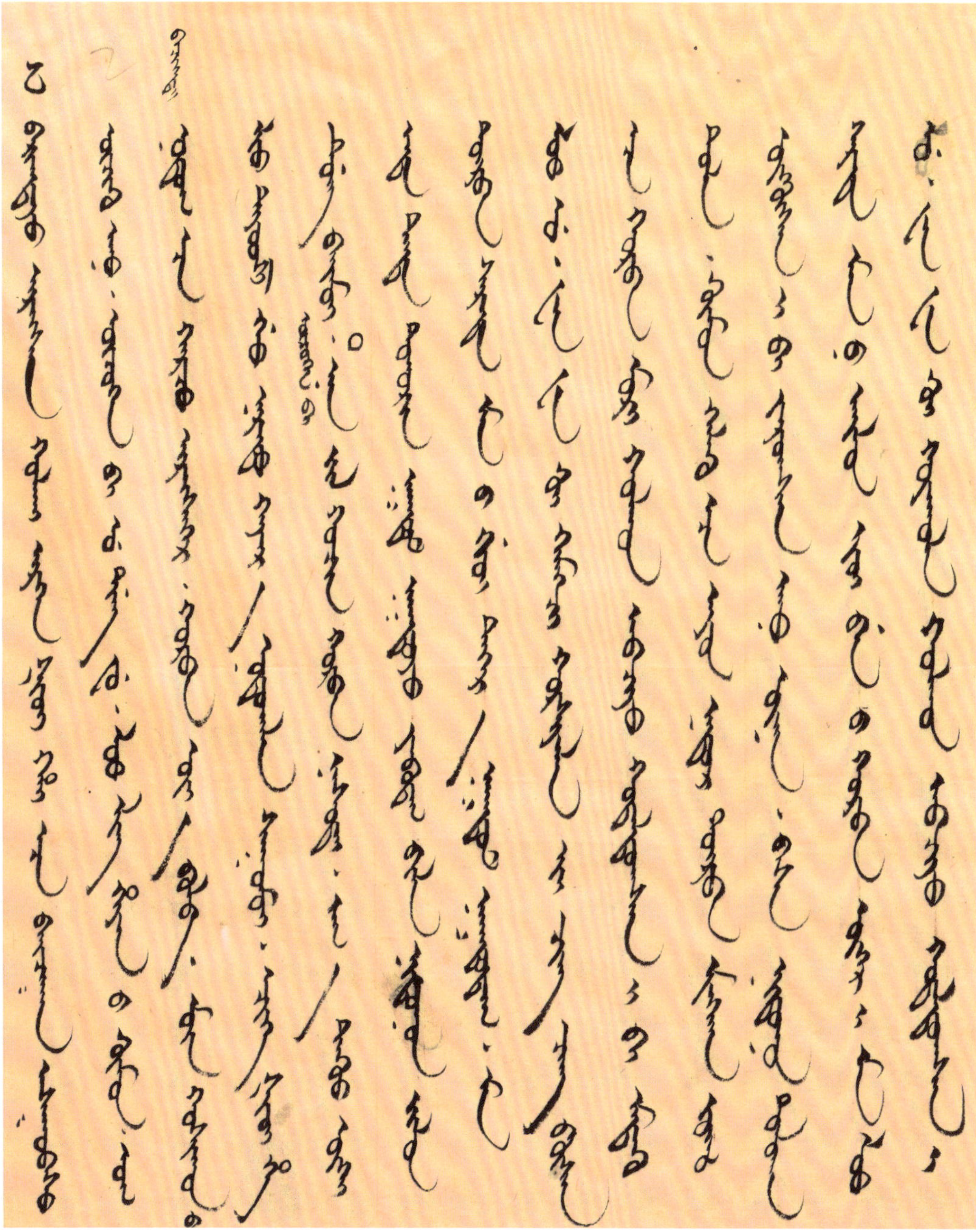

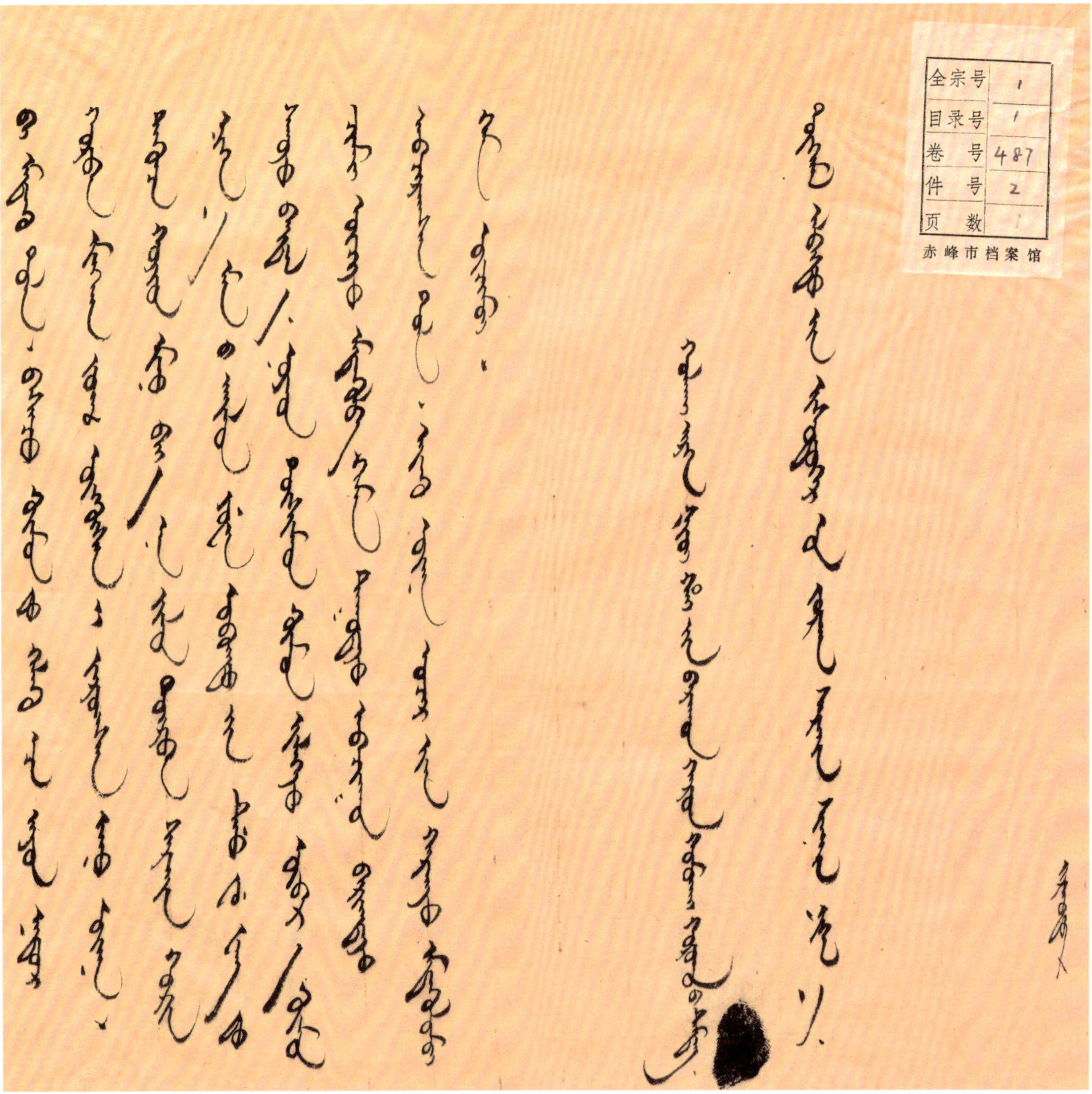
全宗号 1
目录号 1
卷号 487
件号 2
页数 1
赤峰市档案馆

贼民徐海口供纪要

审问被捉之贼徐海，供曰：鄙人武定府鲁陵县人，离开原籍已三代，定居本旗柳条西沟。父亲徐何东。鄙人今年三十三岁，无兄弟。游手好闲，四处玩耍。去年四月份，鄙人知晓本地聚集打牌之马老五、万瓦贵合伙盗窃易庆昌店铺三匹马，并销赃一事，他们怕泄密，付鄙人四千吊文封口，鄙人挥霍完是属实也。还有，去年七月，鄙人知晓马老五、万瓦贵合伙盗窃本村余氏之三头牛，并销赃一事。他们又给本人三千吊文封口，亦属实也。之后，本年四月二十一日，鄙人在本村袁氏豆腐王店铺时，官府派人称他人已供出，被传唤捉拿也。

在此坦白供述之。

贼民徐海右手食指印

咸丰九年六月初一日

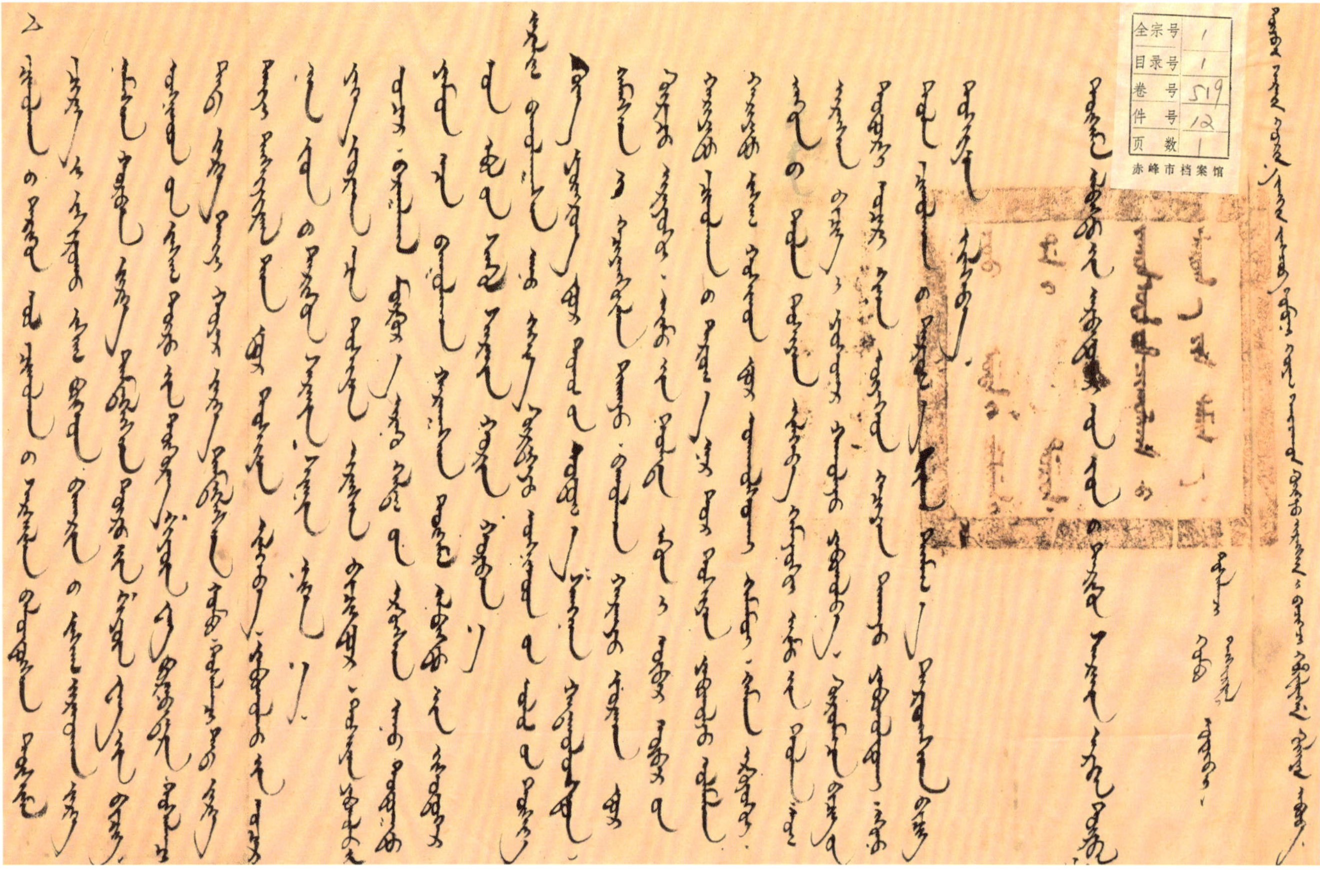
全宗号 1
目录号 1
卷号 519
件号 12
页数 1
赤峰市档案馆

盟警备军札萨克为赏赐镇国公孔雀花翎事札翁牛特札萨克郡王等文

盟警备军札萨克暨巴林札萨克加六级记三级多罗郡王文。札付翁牛特札萨克多罗杜棱郡王宝日纳巴达日，协理二等台吉记二级官布、协理二等台吉德格希吉日嘎拉：行札之事。

本年初夏初一日，承接大部札开：礼部转咸丰九年末冬二十三日圣旨曰，赏赐翁牛特镇国公永荣孔雀花翎。等因前来大部。故转送所属诸盟长，转告所属札萨克旗。等语。为此，本盟署抄录原文转送之。文到，阅知文内，遵旨照办。

至此，致钤盟长印之文。

咸丰十年初夏十四日

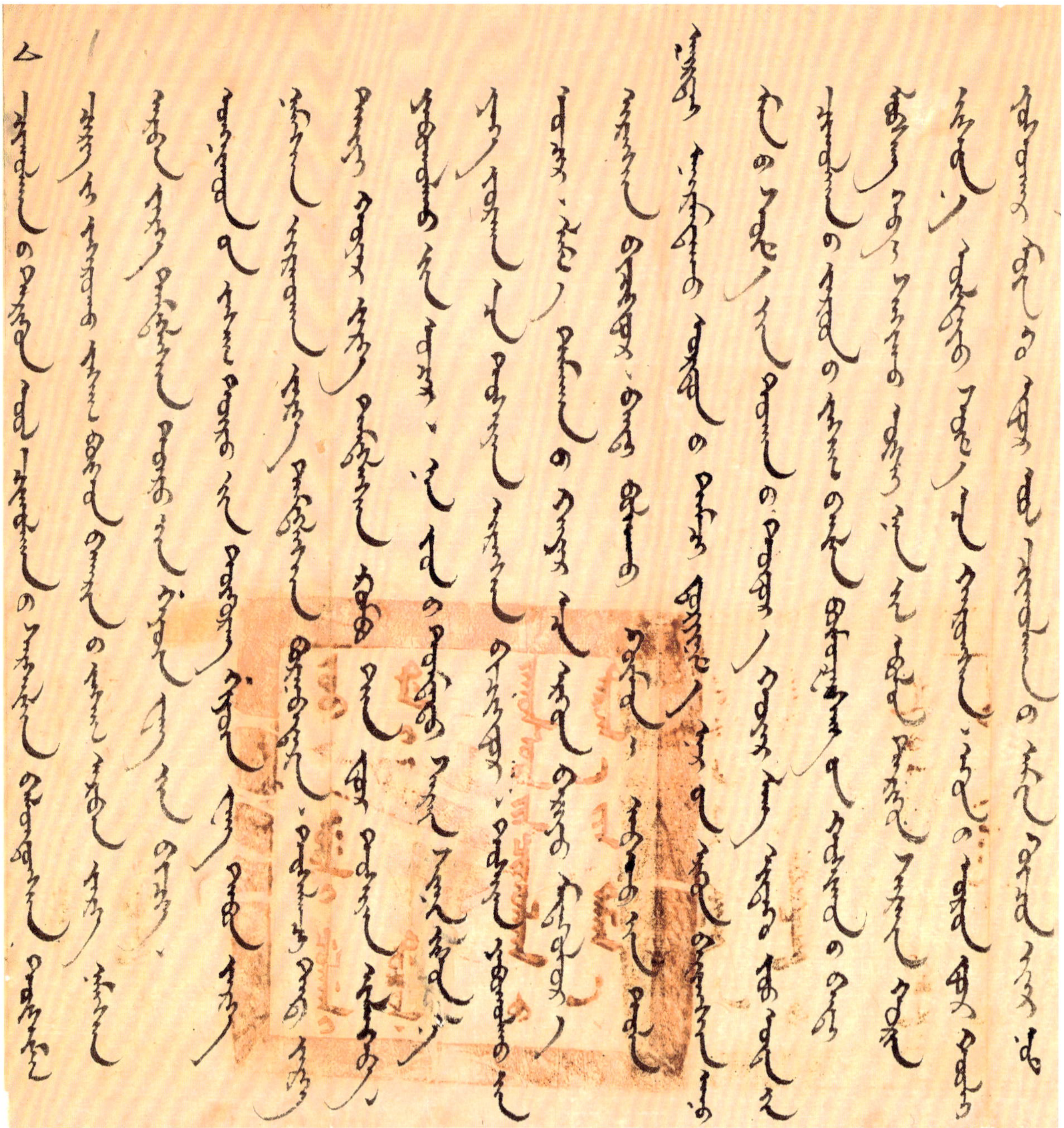

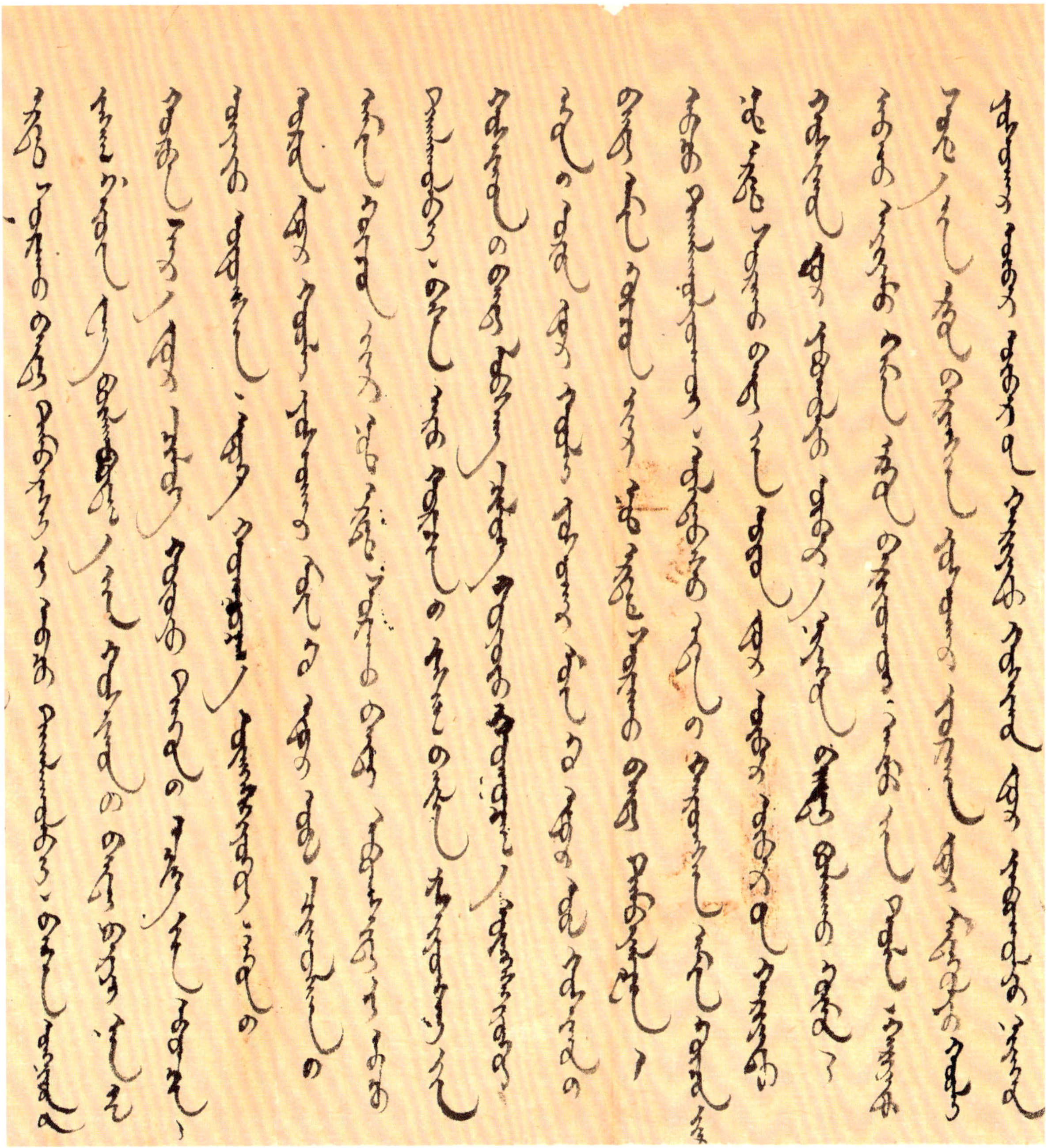

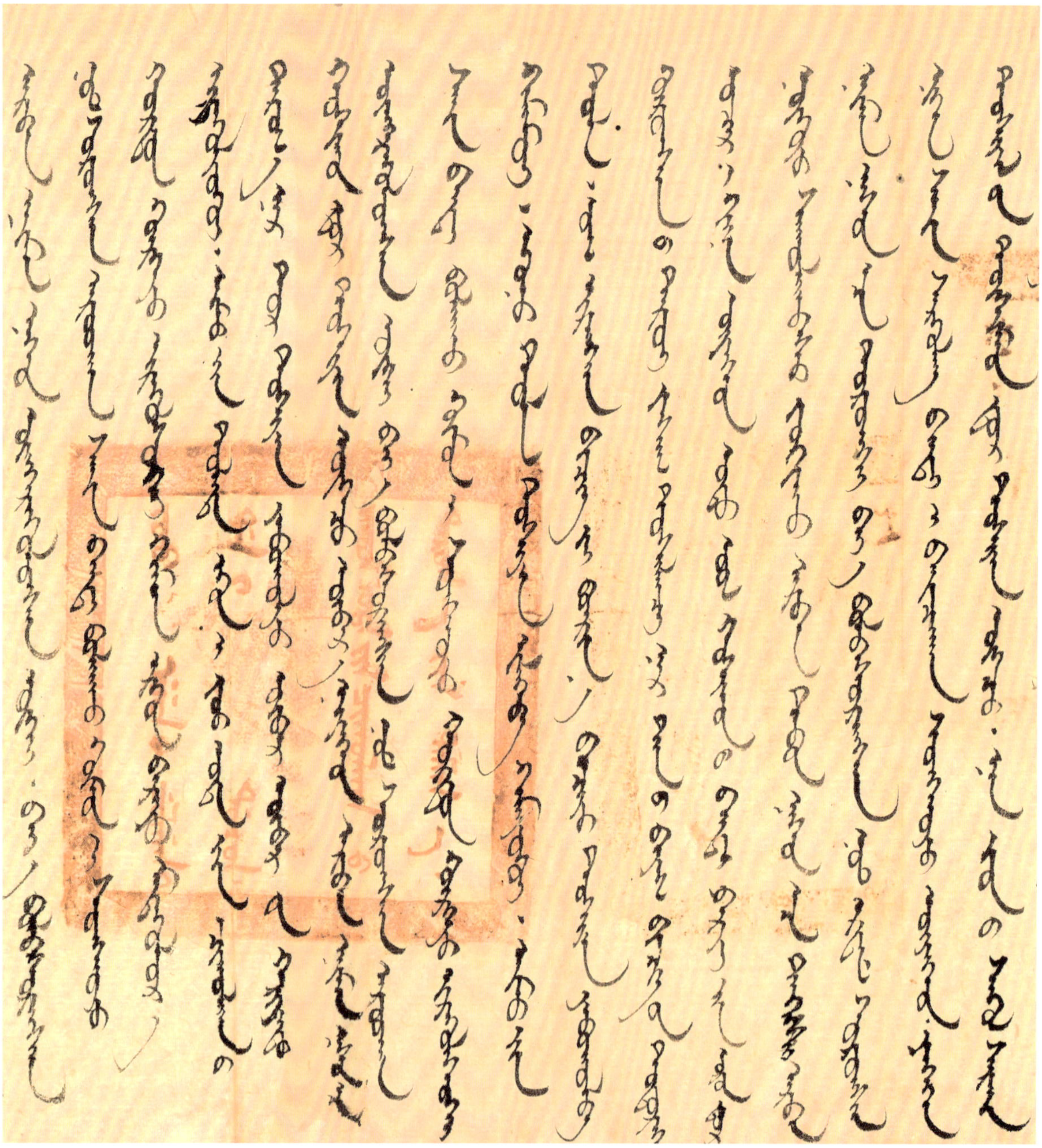

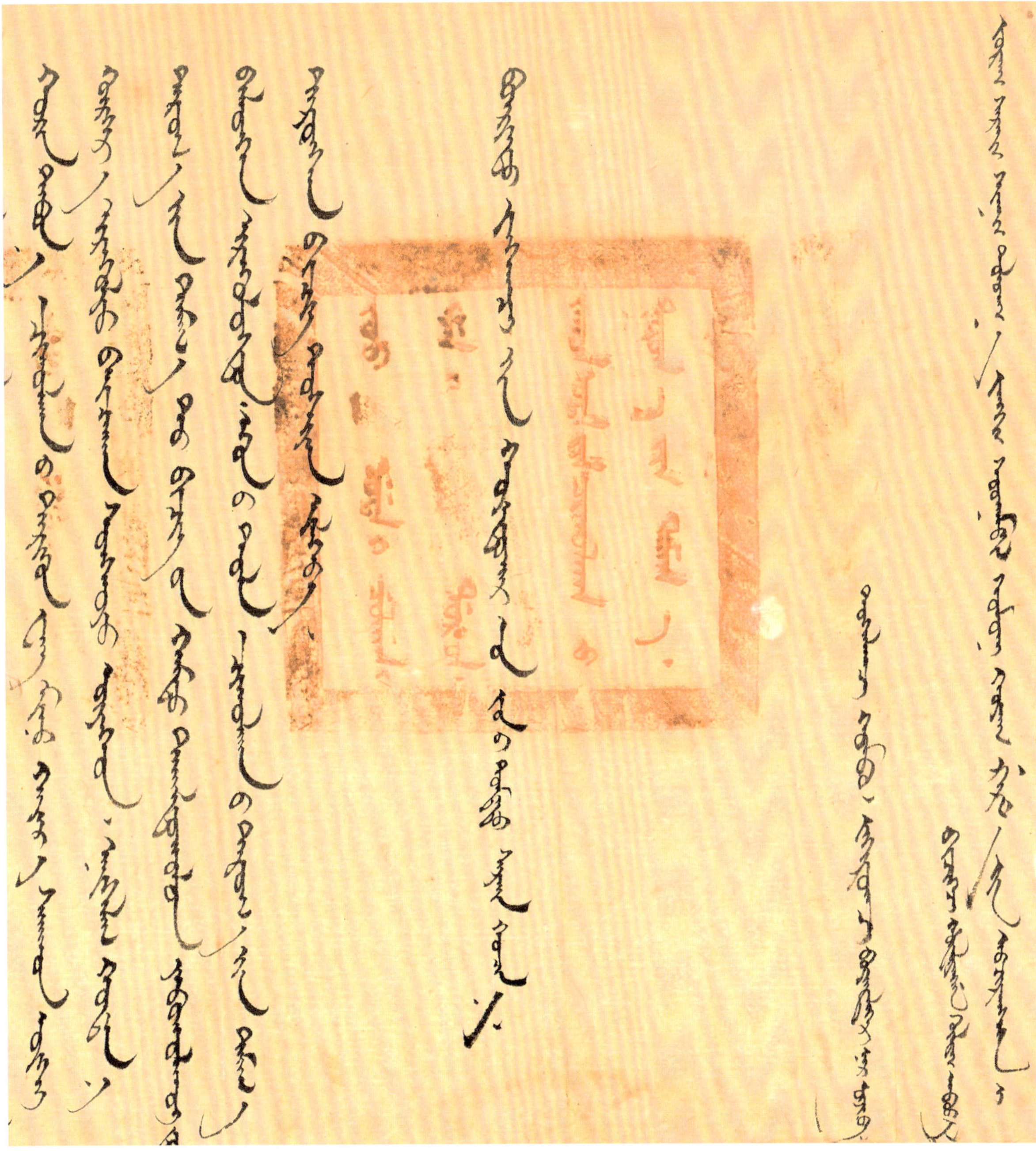

盟警备军札萨克郡王为雍和宫选送班弟事札翁牛特札萨克旗协理文

盟警备军札萨克暨巴林札萨克加十级记十级多罗郡王文。札付翁牛特札萨克多罗杜棱郡王加五级记六级宝日纳巴达日旗协理二等台吉记二级官布：行札之事。

本年仲夏初九日，大部承转之喇嘛管务处文称：为选送班弟之事，雍和宫司库喇嘛道尔吉尼玛禀报，本庙编制中领二两薪金之昭乌达盟扎鲁特札萨克贝勒包门桑旗班弟罗布桑因不守寺规，于今年初冬二十九日，已被逐出寺门。当天，静心修法之班弟丹巴扎西依规替补罗布桑空位。还有，翁牛特札萨克郡王布兰布达哈旗班弟巴拉吉，今年三月请假去探望父病。如今已逾期。故，当日令本旗静心修法之班弟阿布哈希迪依规替补巴拉吉空位。还有，阿鲁科尔沁札萨克贝勒拉希钟乃旗班弟罗布桑假期逾期。故当日令本旗静心修法之班弟丹巴坚赞依规替补罗布桑空位。尔后，所属诸旗选送修身好学孩童备用替补班弟空位。等因前来。

为此，依照所属庙宇呈文，所属诸旗选送未满十八岁、长过痘、修身好学之聪慧孩童至雍和宫以备替补空位。呈文也转送昭乌达盟长，通告所属诸旗速速选送未满十八岁、长过痘、修身好学之聪慧孩童。文到，诸札萨克、协理审阅文内，物色十五岁以上、十八岁以下，已长痘，修身好学之慧童，替补本旗班弟巴拉吉空位。选好十五岁以上、十八岁以下，已长痘，修身好学之慧童后交至干练官差，于本年末夏二十五日送至盟署进行审核。以备携公文送京城。

至此，致钤盟长印之文。

同治二年仲夏三十日

协理官布总管宝音德力格尔阅

015 翁牛特札萨克旗协理为选送班弟事呈盟警备军札萨克郡王文（同治二年未夏二十三日）

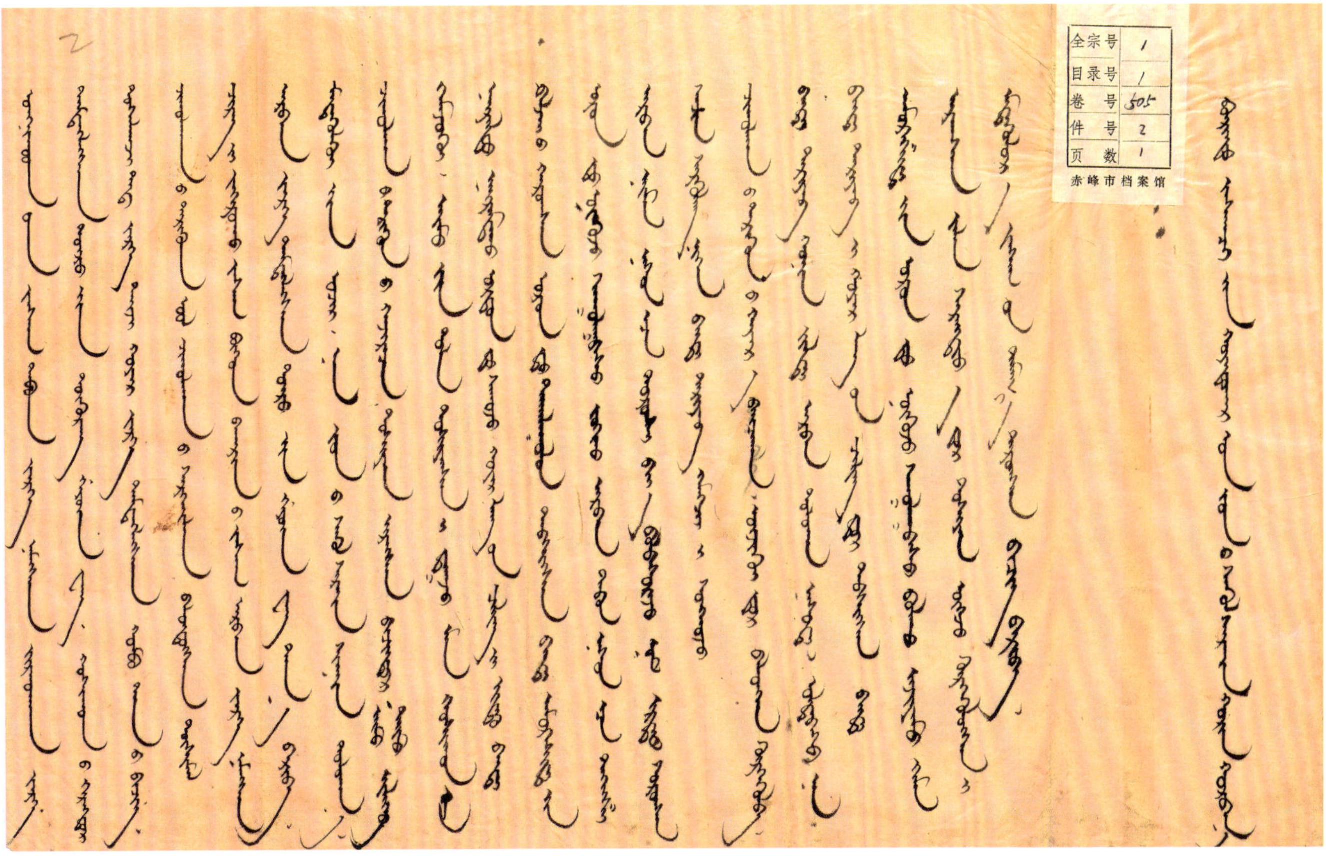

翁牛特札萨克旗协理为选送班弟事呈盟警备军札萨克郡王文

翁牛特札萨克加五级记六级多罗杜棱郡王旗协理二等台吉记二级官布文。呈送盟长盟警备军札萨克暨巴林札萨克加十级记十级多罗郡王：呈报之事。

本年末夏初七日，盟署札付云云。奉命，为替补本旗驻雍和宫领二两薪金班弟巴拉吉空位之班弟阿木尔希迪，本旗选十五至十八岁之间、已长痘、好学聪慧之班弟达日扎布，送至盟署以备审核。班弟达日扎布，属羊，十七岁。呈请将此班弟达日扎布替补二两薪金之阿木尔希迪职位。

至此，甲喇萨仁迪瓦携官文呈送之。

同治二年末夏二十三日

016 翁牛特札萨克旗协理为镇国公年班进京事呈理藩院文（同治二年仲冬二十四日）

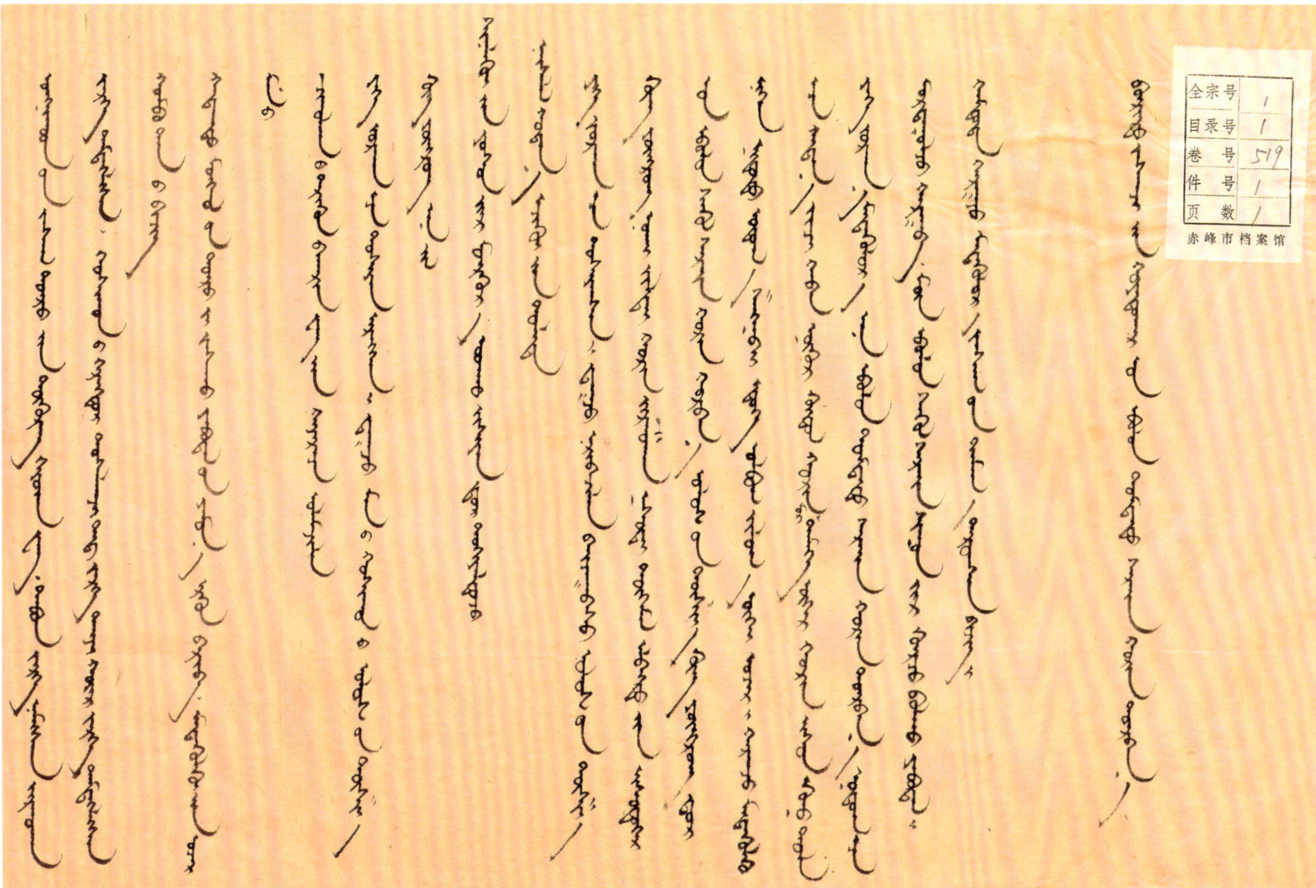

翁牛特札萨克旗协理为镇国公年班进京事呈理藩院文

翁牛特札萨克多罗杜棱郡王加五级记六级旗协理二等台吉记二级官布文。呈送理藩院：呈报之事。

奉盟长巴林王府承转之大部行文，本旗镇国公永荣今年轮年班进京。经查，镇国公永荣，属狗，二十六岁。咸丰九年末冬二十三日，赐镇国公永荣一眼孔雀花翎。禀报上述之外，永荣公带骁骑校、随马二十匹，骆驼、牛共二十九头，于仲冬二十四日启程，末冬初即可到京。

至此，呈钤札萨克印之文。

同治二年仲冬二十四日

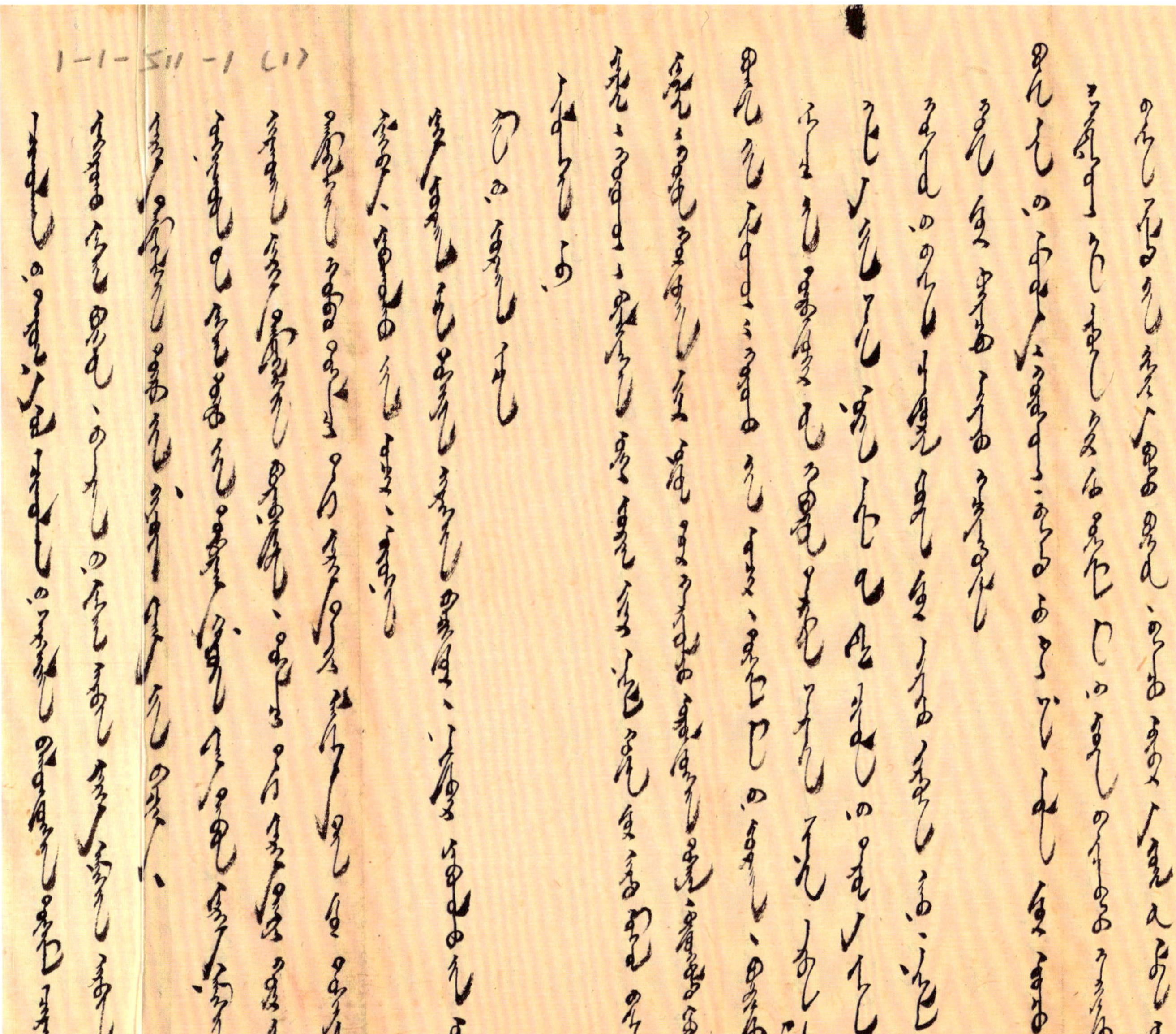
1-1-511-1 (1)

017 盟警备军札萨克郡王为督促私自进京贝子返乡事札翁牛特札萨克郡王等文(同治四年初夏三十日)

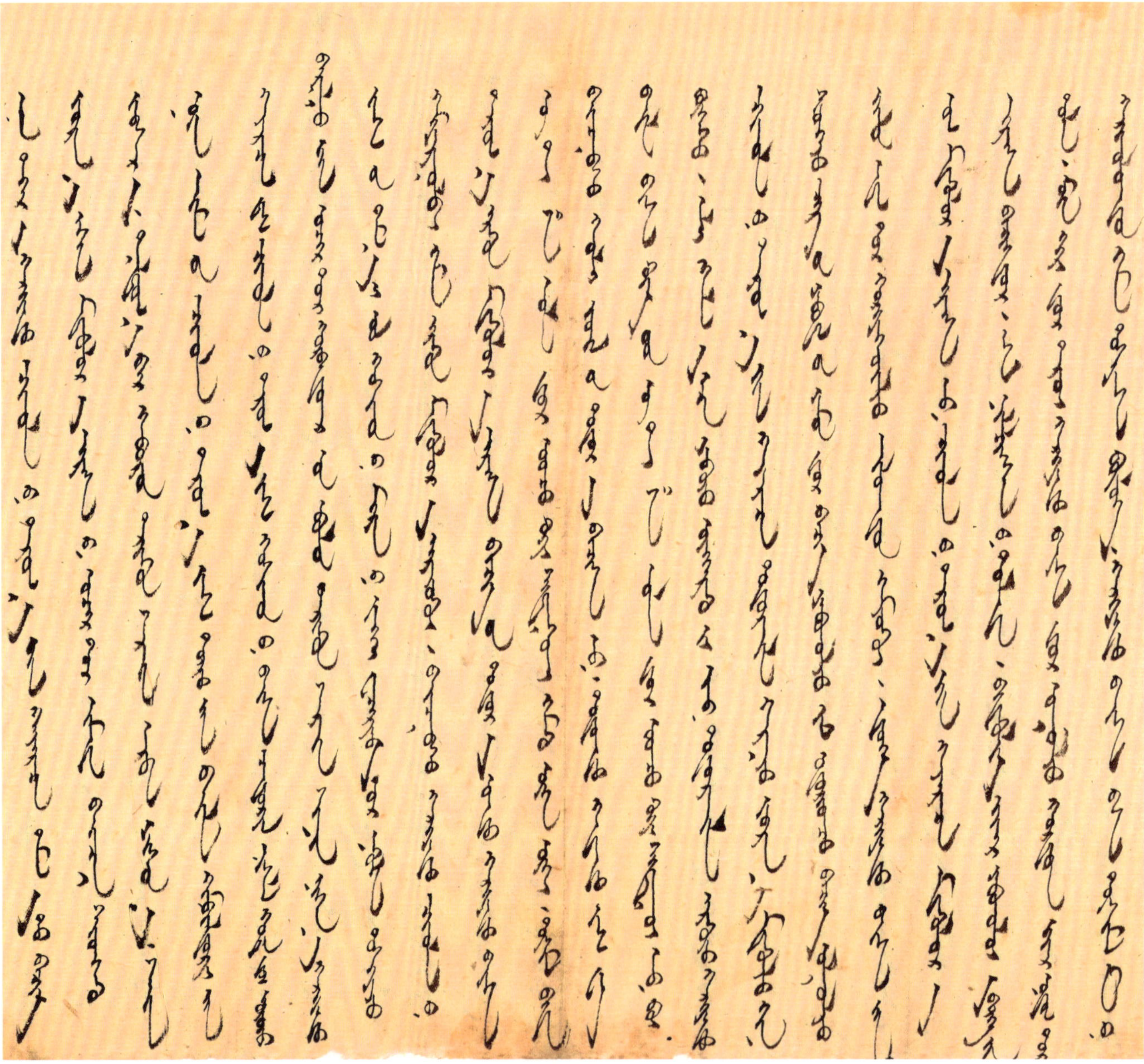

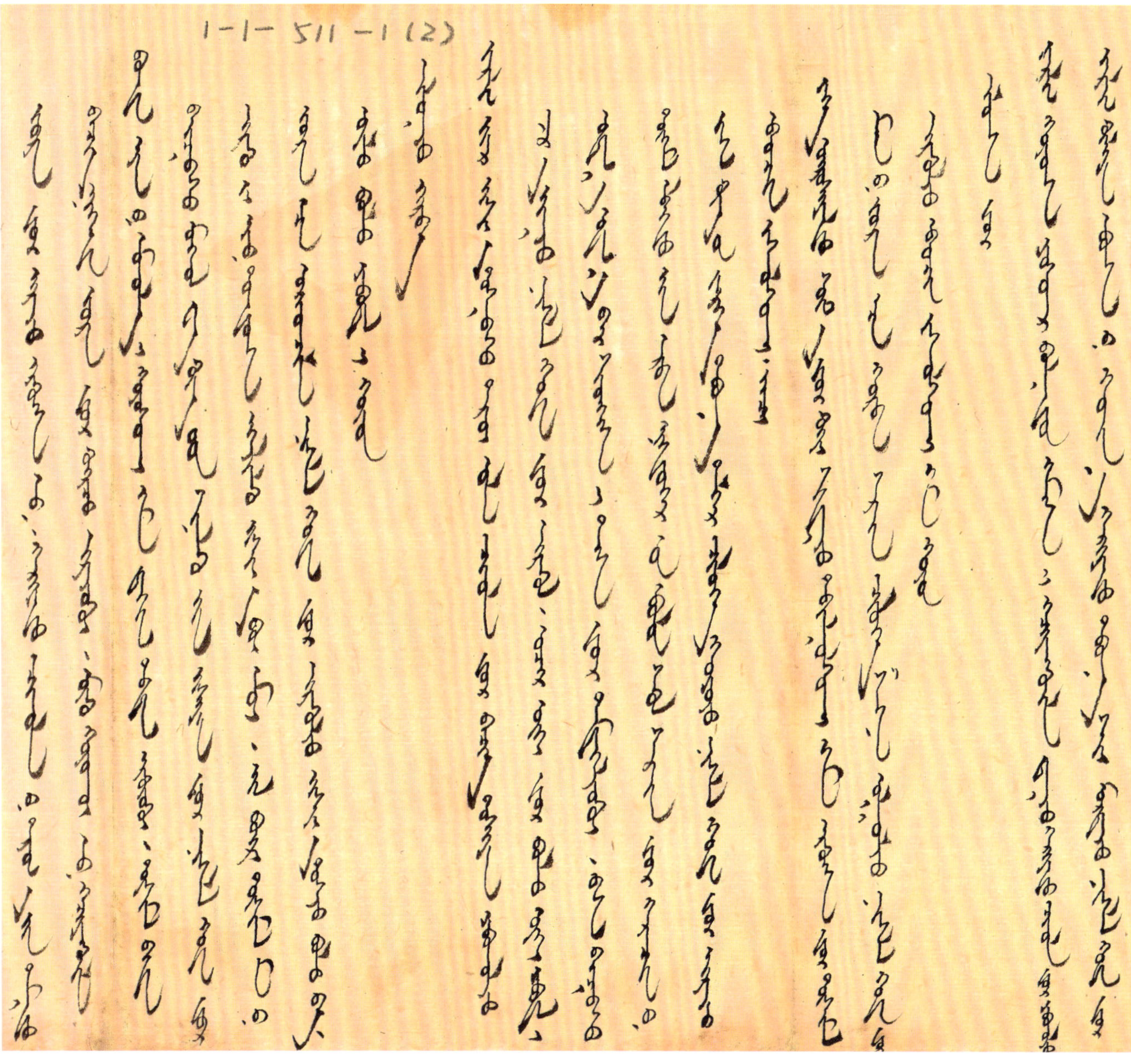
1-1-511-1(2)

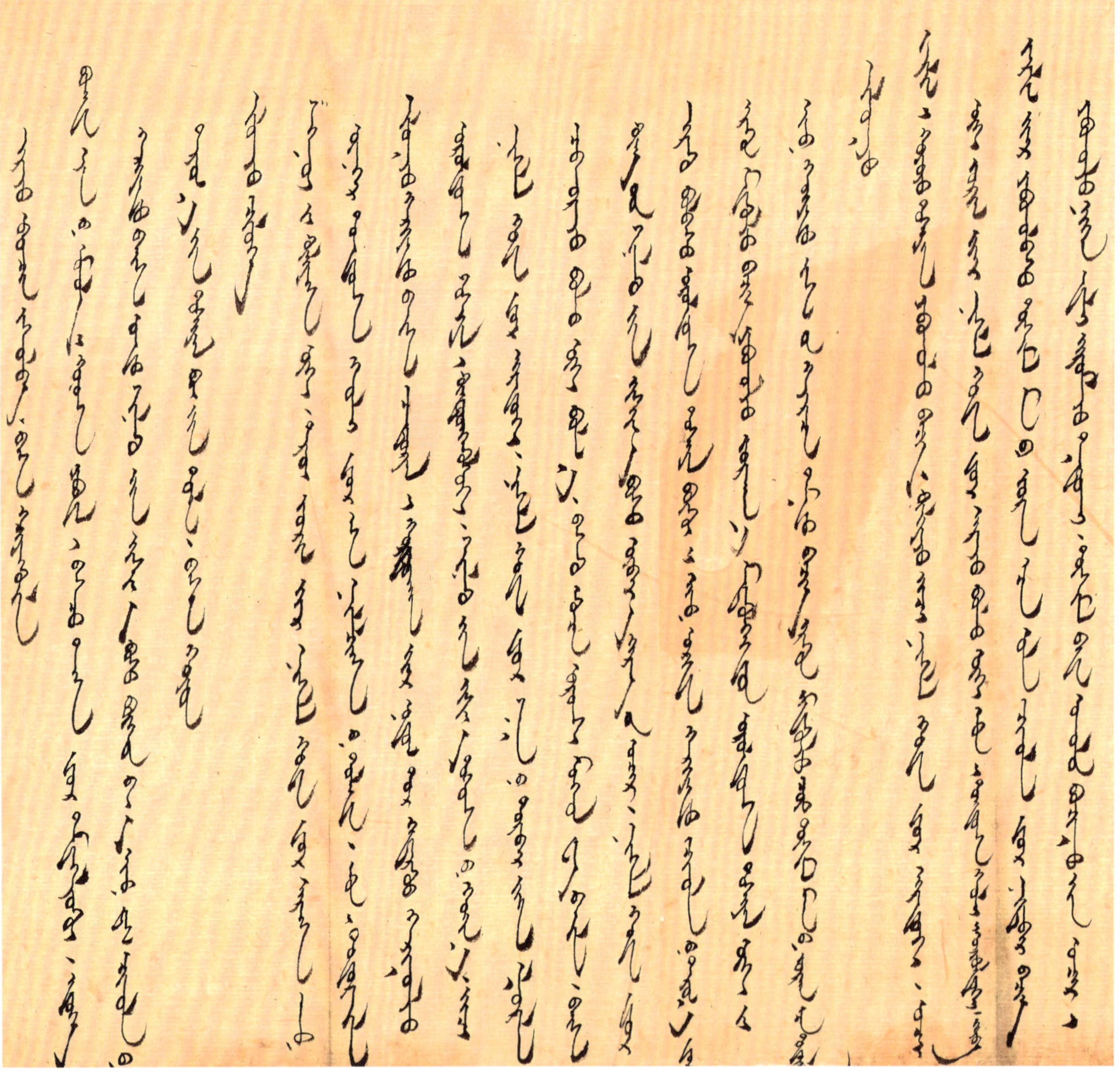

盟警备军札萨克郡王为督促私自进京贝子返乡事札翁牛特札萨克郡王等文(同治四年初夏三十日)

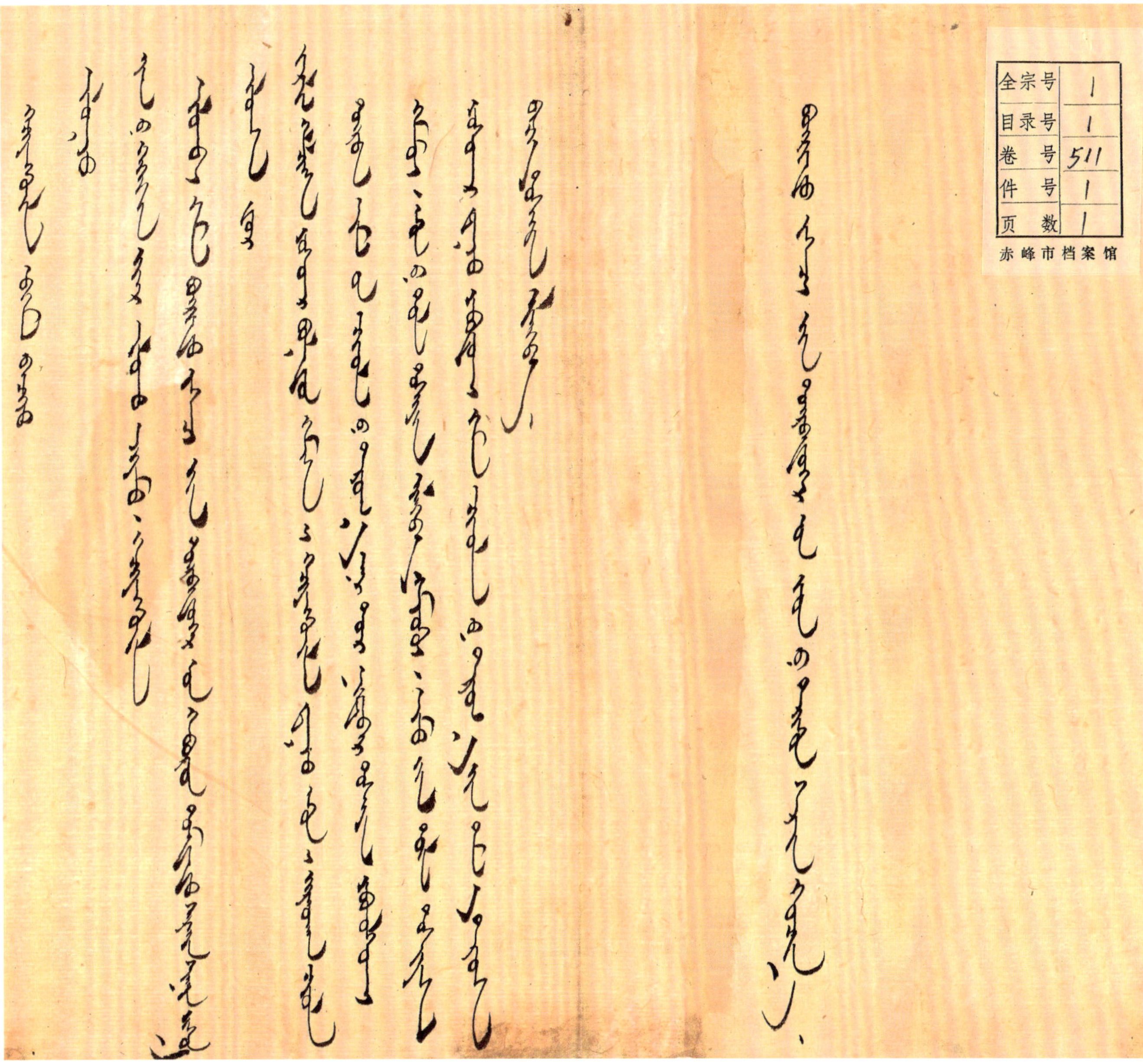

全宗号	1
目录号	1
卷号	511
件号	1
页数	1

赤峰市档案馆

盟警备军札萨克郡王为督促私自进京贝子返乡事札翁牛特札萨克郡王等文

盟警备军札萨克暨巴林札萨克加十级记十级多罗郡王文。札付翁牛特札萨克多罗杜棱郡王加五级记六级宝日纳巴达日，协理二等台吉记二级官布、协理二等台吉加一级台吉阿拉坦桑：行札之事。

承转大部札开：本部上奏，奏请未得指令私自进京之蒙古贝子返乡履职。先前，于同治四年初春初十日，喀尔喀赛音诺彦盟副盟长札萨克旗贝子查哈道尔吉之衙署呈称，进京朝觐皇上，并到五台山烧香。等语。经本部查知，所属贝子非年班，也无其他公务，也未收所属盟长之官文。核实期间，初春十九日，赛音诺彦盟长札萨克多罗贝勒根皮勒道尔吉署呈称，因副盟长札萨克旗贝子查哈道尔吉为进京朝觐，于三年初冬初一日，将所属札萨克大印移交原旗梅林章京敖其尔扎布掌管。等语。经查，所属盟署呈文未提及所属贝子至五台山烧香之说。法典规定，如内外藩札萨克王、贝勒、贝子、公至五台山烧香，提前申请行程路线及关口。并所属盟署呈报大部审核，由兵部规定行程线路，授其通关证，并年末统一审报。如今，所属贝子呈文与盟署呈文不符。故不能徇私舞弊。交代即刻通告所属贝子从速返乡。然而，所属贝子再呈报至本部曰，所属盟长之官文已至大部，再祈求朝觐皇上。本部再查，蒙古王公年班进京有既定轮班规则。每年本部提前制定进京轮班名单，上奏恩准，才确定年班名单，通告诸盟会指日进京，不得无故擅自进京。如，咸丰十一年末冬，喀喇沁札萨克公衔塔布囊德力格尔呈报进京治病，并到大恩寺烧香。本部上奏皇上，恩准三个月之假。所属塔布囊才进京治病，并朝觐皇上。兹有，所属贝子既非年班，还身为副盟长，也未等批复，擅自进京。与法例不符也。为此，即刻通告所属贝子查哈道尔吉从速返乡，履行职务。如摊年班才可进京。京城之地不能久留。尔后，蒙古王、贝勒、贝子、公等非年班，因其他事宜进京者，符合资格者，先呈报所属盟长，盟署呈报大部。不符资格者所属札萨克府出具官文，呈报本部。本部上奏恩准后方可进京。无故不能擅自进京。为此，如今通告诸盟会以此照办。并上述事宜，于同治四年仲春初九日奏报皇上。回旨曰：照办。至此，札付告知六盟四部诸盟长遵旨照办。等因前来本盟署。兹有，抄录札文转送之，遵旨照办。

至此，致钤盟长印之文。

同治四年初夏三十日

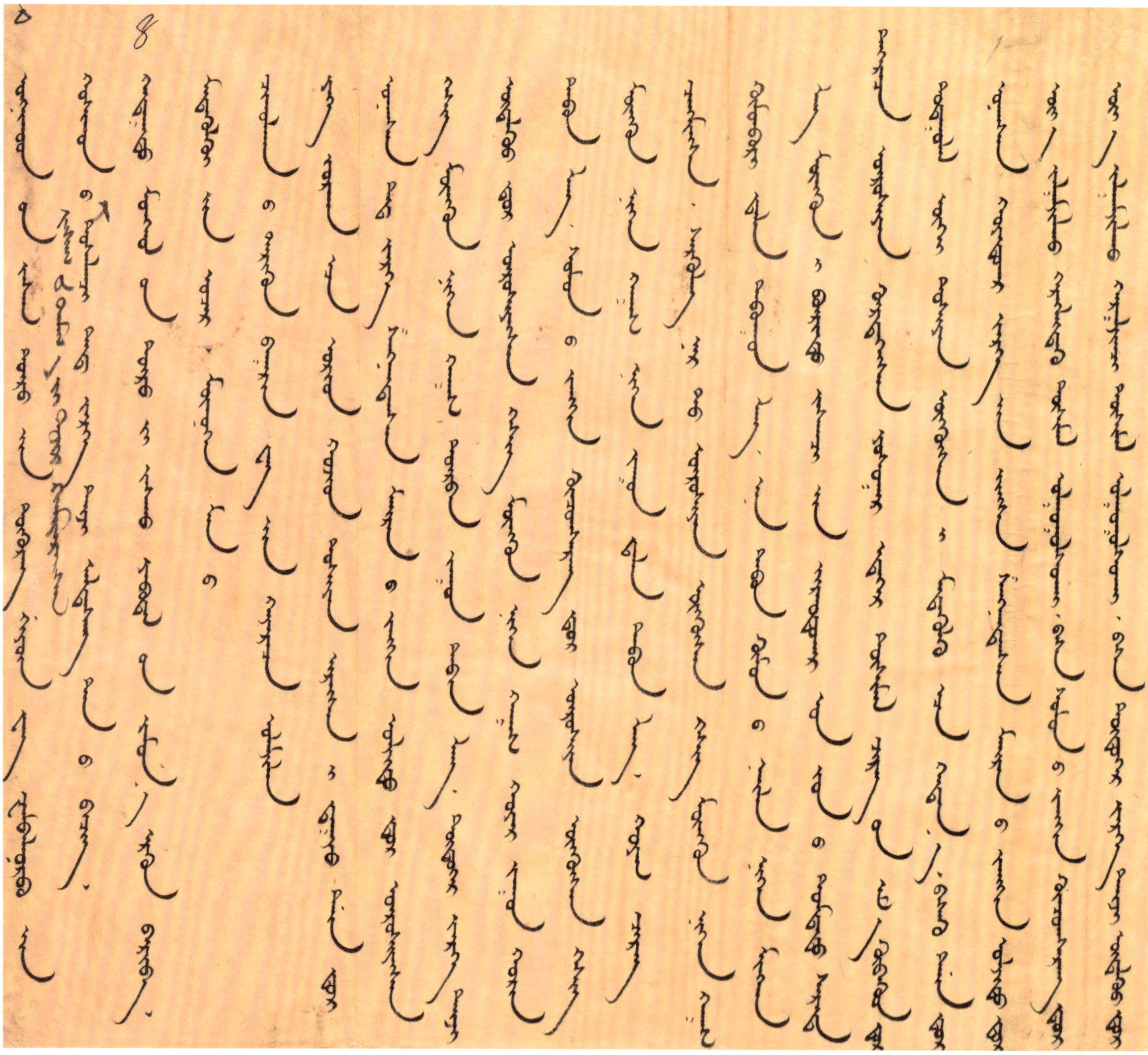

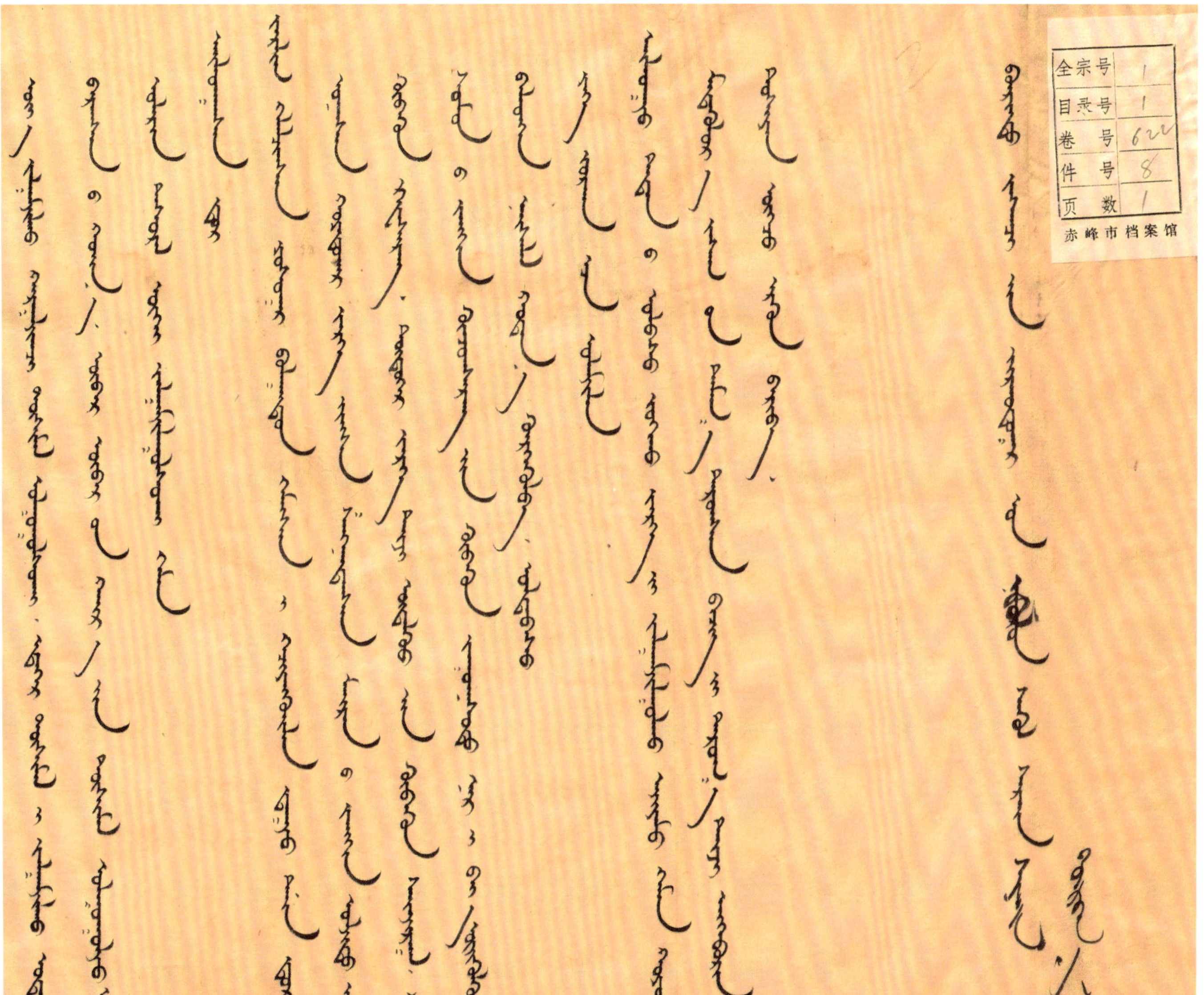
全宗号 1
目录号 1
卷号 622
件号 8
页数 1
赤峰市档案馆

署理翁牛特札萨克印务之二等台吉为发放阵亡人员抚恤金事呈理藩院文

署理翁牛特札萨克杜棱郡王赞巴勒诺尔布旗札萨克印务之二等台吉阿拉坦桑文。呈送理藩院：呈报之事。

盟长巴林王承转之大部札开：抚恤征战牺牲之梅林章京乌力吉图赐银四百五十两银子；四等台吉乌德乐胡赐银二百二十五两；佐领章京关其格斯楞赐银一百七十五两；兵丁常明、斯日古楞赐银每人七十五两；五人共计一千两银子。于同治六年仲夏，遵圣上之恩典，已足额授其妻儿。还有，追封征战牺牲之梅林章京乌力吉图世袭爵位，追封佐领章京关其格斯楞世袭协理爵位，追封四等台吉乌德乐胡世袭协理爵位。爵位封期满后，封恩骑尉，其后代沿袭。以此上奏，回旨曰，照办。等因前来。

兹有，本札萨克旗征战牺牲梅林章京乌力吉图之子格瓦斯楞，四等台吉乌德乐胡之子赛音吉日嘎拉，佐领章京关其格斯楞之子昭那苏图进京受封。望大部处转奏，授其应有之爵位。

至此，台吉恩和布仁携札萨克官文呈送之。

同治六年末冬初四日

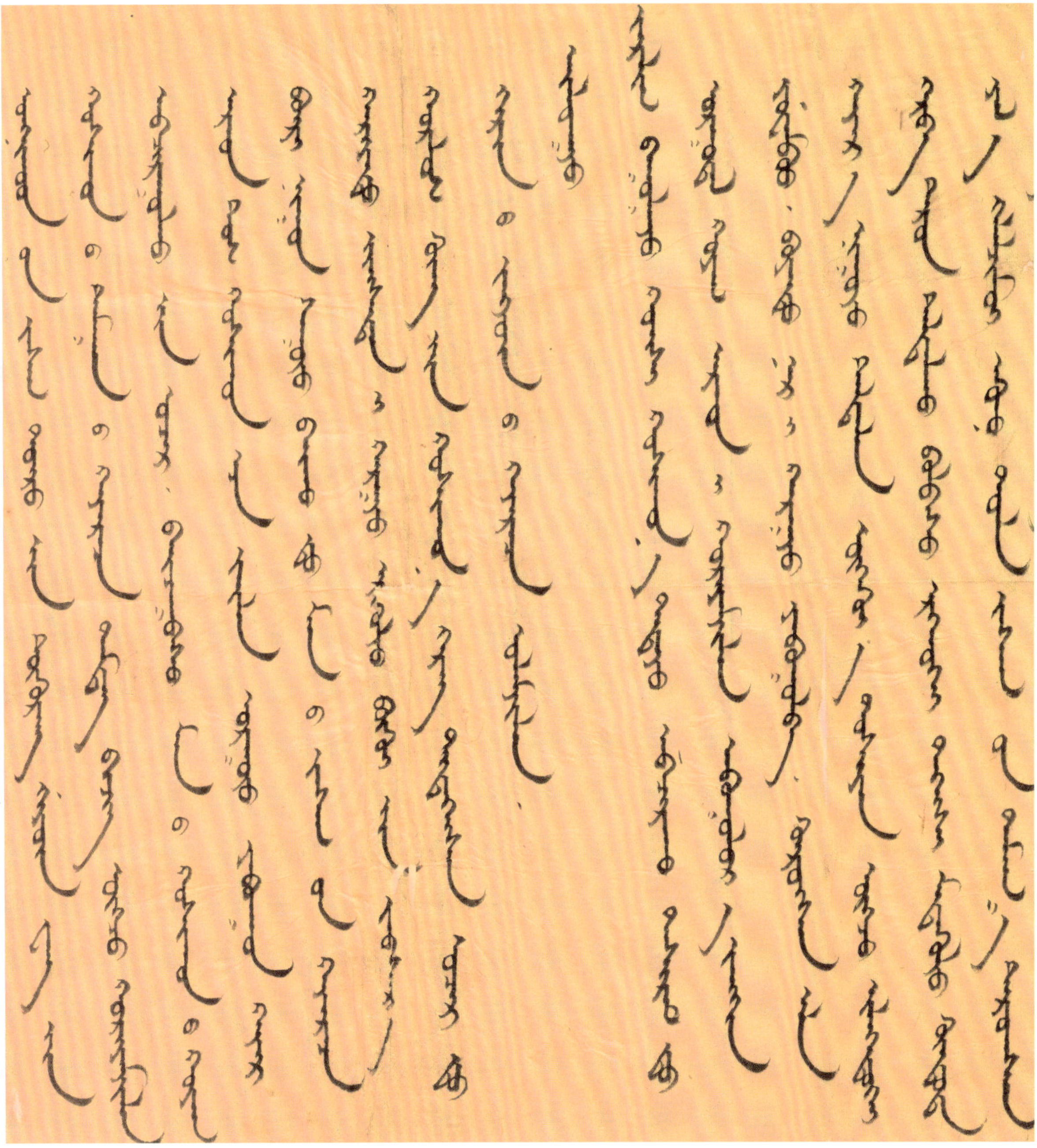

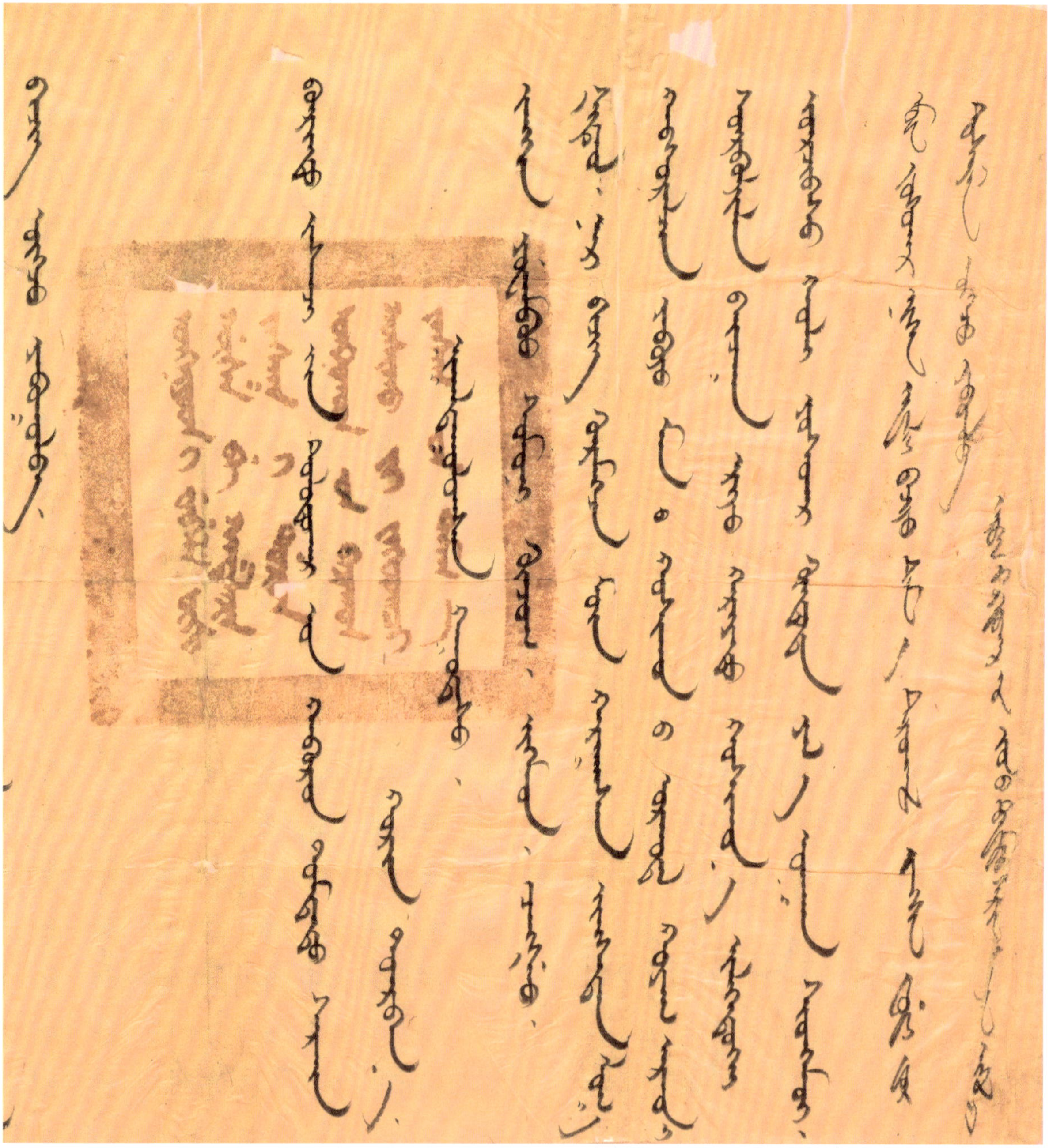

翁牛特札萨克印务处为遣返本旗出逃壮丁事咨诸旗文

翁牛特札萨克多罗杜棱郡王旗印务处文。咨诸札萨克旗：翁牛特札萨克多罗杜棱郡王旗印务处行札召回之事。

经查，本旗壮丁属民出逃，至各处藏匿。在本札萨克指派官差寻找期间，本旗壮丁在郭尔罗斯公旗惹是生非，吉林将军署下令遣返。故指派章京元宝、宝音图，押回全部出逃壮丁及属民。所到之处，交出藏匿之壮丁属民，如有窝藏者上报治重罪也。

至此，咨送钤札萨克印之文。

同治七年仲春二十四日

附：章京元宝、关其格、吉格木德、长寿与当地官员协调召回本旗出逃壮丁，如有违抗者治重罪也。

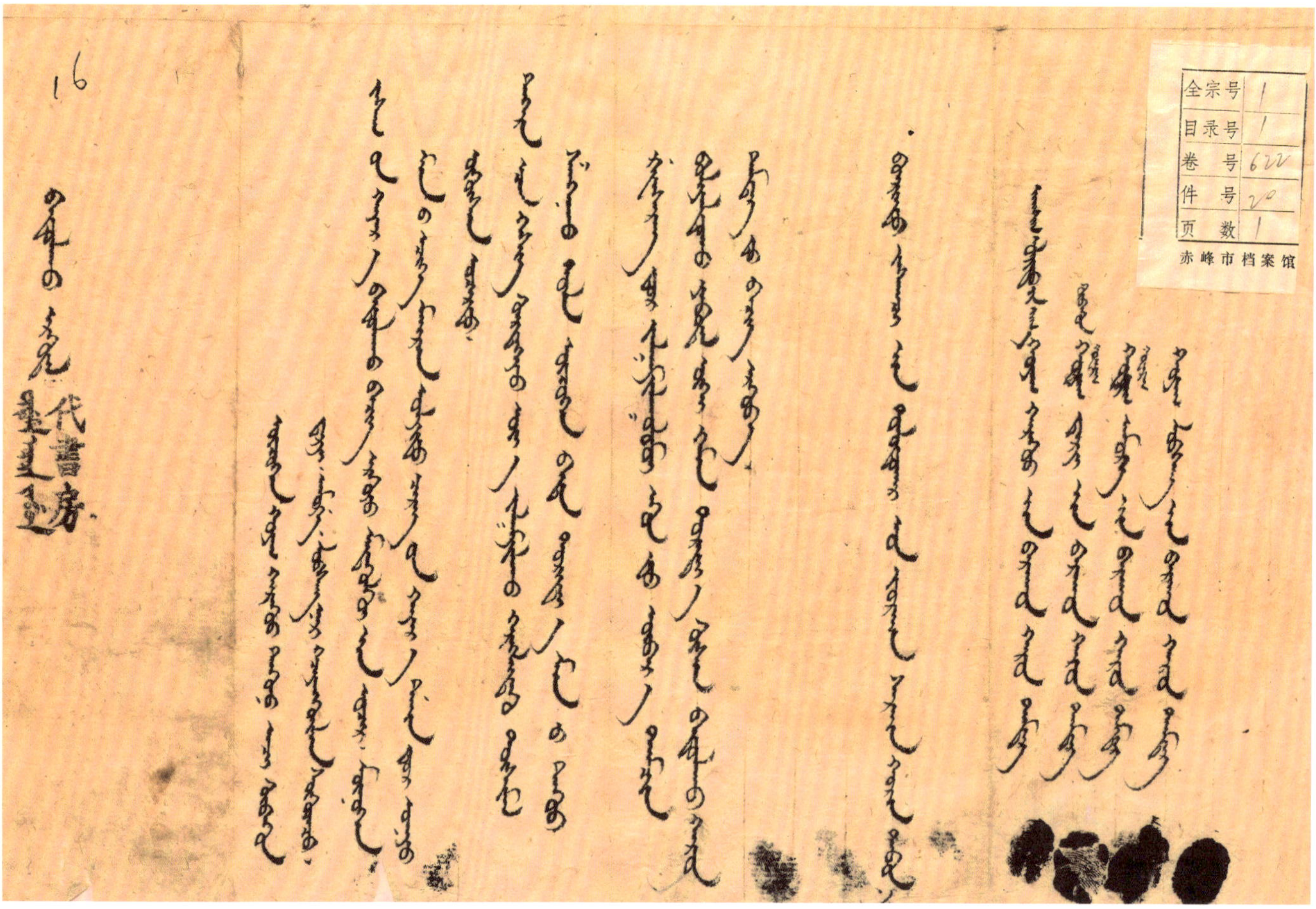
16
代書房
全宗号 1
目录号 1
卷 号 622
件 号 20
页 数 1
赤峰市档案馆

和尚达尔吉等为推荐其弟格瓦斯楞沿袭其父爵位事呈札萨克文

鄙人壮丁哈日呼侄子达尔吉、阿木克、罗布桑跪地向札萨克呈保呈：禀报之事。

近日，吾等家父梅林乌力吉图征战牺牲，故圣上恩赐，赏世袭爵位。吾等自愿推荐小弟格瓦斯楞，无其他争位者。

至此，画押呈保呈。

同治七年六月二十五日

已故乌力吉图之兄：壮丁哈日呼右手印

之子：和尚达尔吉右手印

和尚阿木克右手印

壮丁罗布桑右手印

021 署理翁牛特札萨克印务之二等台吉为沿袭阵亡梅林、章京、台吉爵位事呈盟警备军札萨克郡王文（同治七年末夏二十八日）

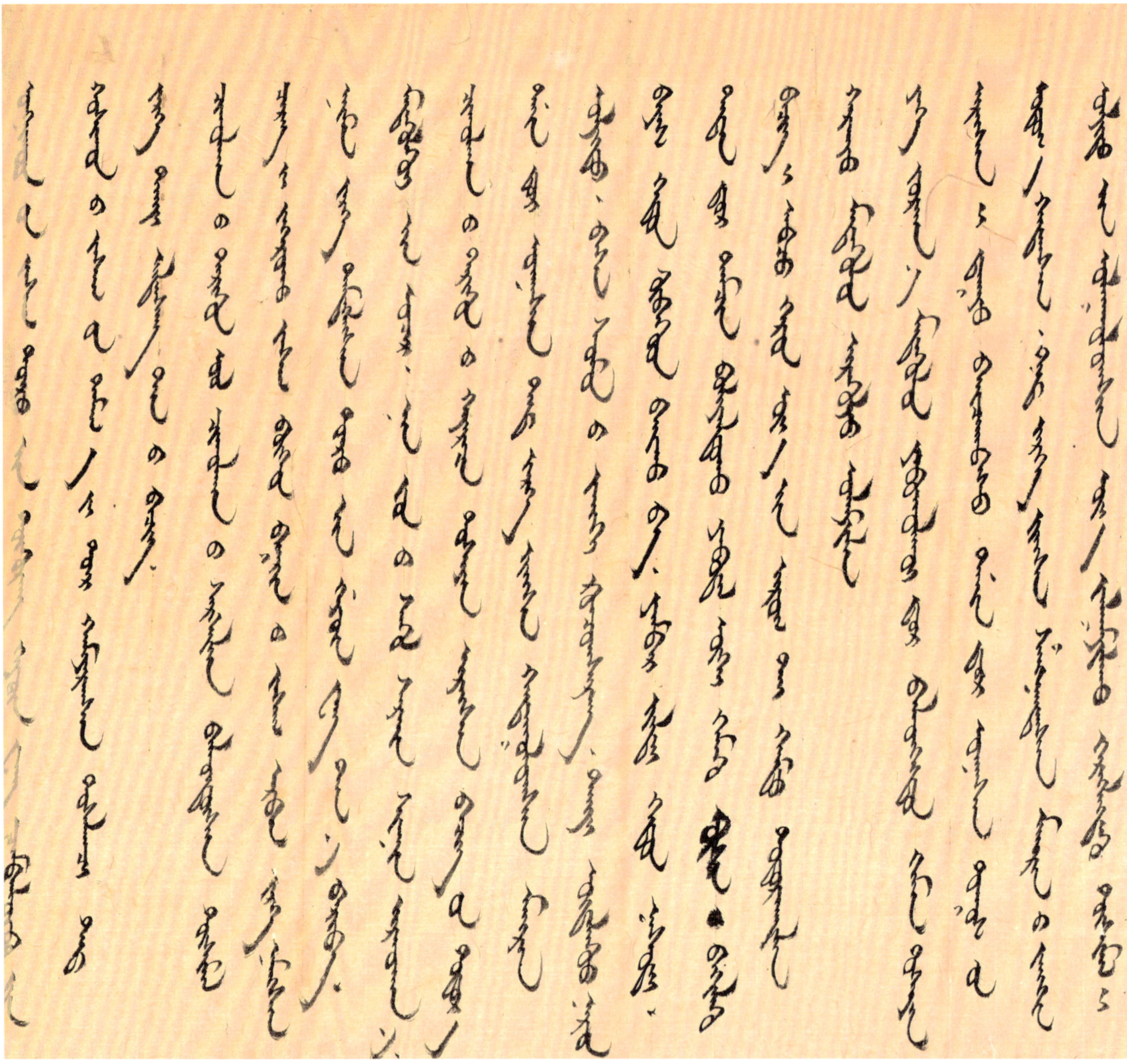

021 署理翁牛特札萨克印务之二等台吉为沿袭阵亡梅林、章京、台吉爵位事呈盟警备军札萨克郡王文（同治七年末夏二十八日）

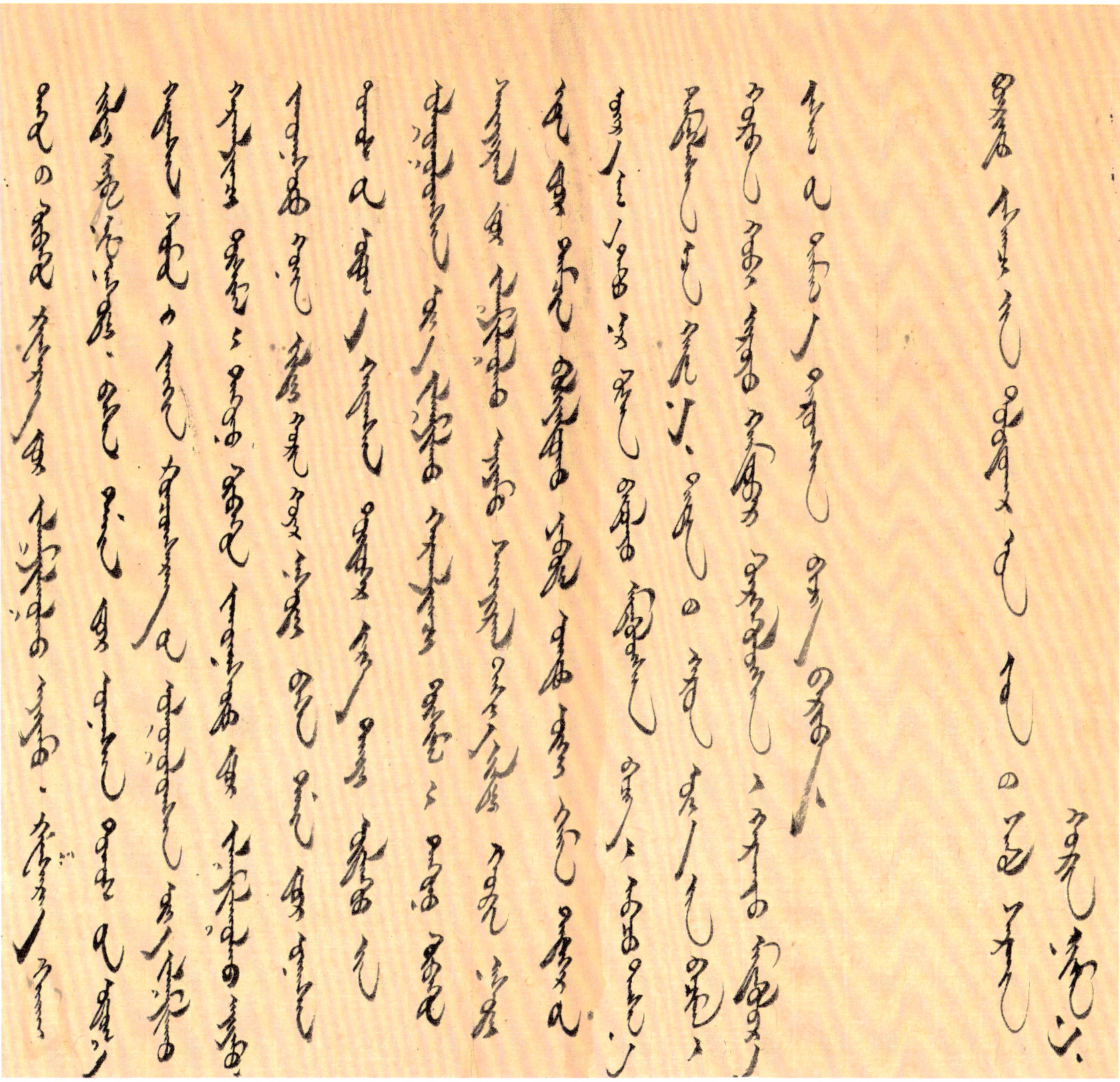

署理翁牛特札萨克印务之二等台吉为沿袭阵亡梅林、章京、台吉爵位事呈盟警备军札萨克郡王文

署理翁牛特札萨克多罗杜棱爵位赞巴勒诺尔布旗札萨克印务之协理二等台吉阿拉坦桑文。呈送盟警备军札萨克暨巴林札萨克加十级记八级多罗郡王：呈报之事。

本年末夏初六日承接之盟长札开：征战牺牲之二等爵位梅林乌力吉图、佐领章京关其格斯楞、台吉乌德乐胡等有几子、多大岁数、有无其他争位者，明确登记，与家谱等一同保呈至盟署，以便呈送大部。等因前来。

本旗查知，征战牺牲之孔雀翎二等顶戴梅林章京乌力吉图之空位沿袭给其子格瓦斯楞。格瓦斯楞属猪，今年十八岁。征战牺牲之孔雀翎佐领章京关其格斯楞空位，沿袭给其子昭那苏图。昭那苏图属羊，今年二十二岁。征战牺牲之孔雀翎四等台吉乌德乐胡空位，沿袭给其子赛音吉日嘎拉。赛音吉日嘎拉属鸡，今年二十岁。此等人无其他争位者。在此，呈送其家谱及保呈。

至此，呈钤札萨克印之文。

同治七年末夏二十八日

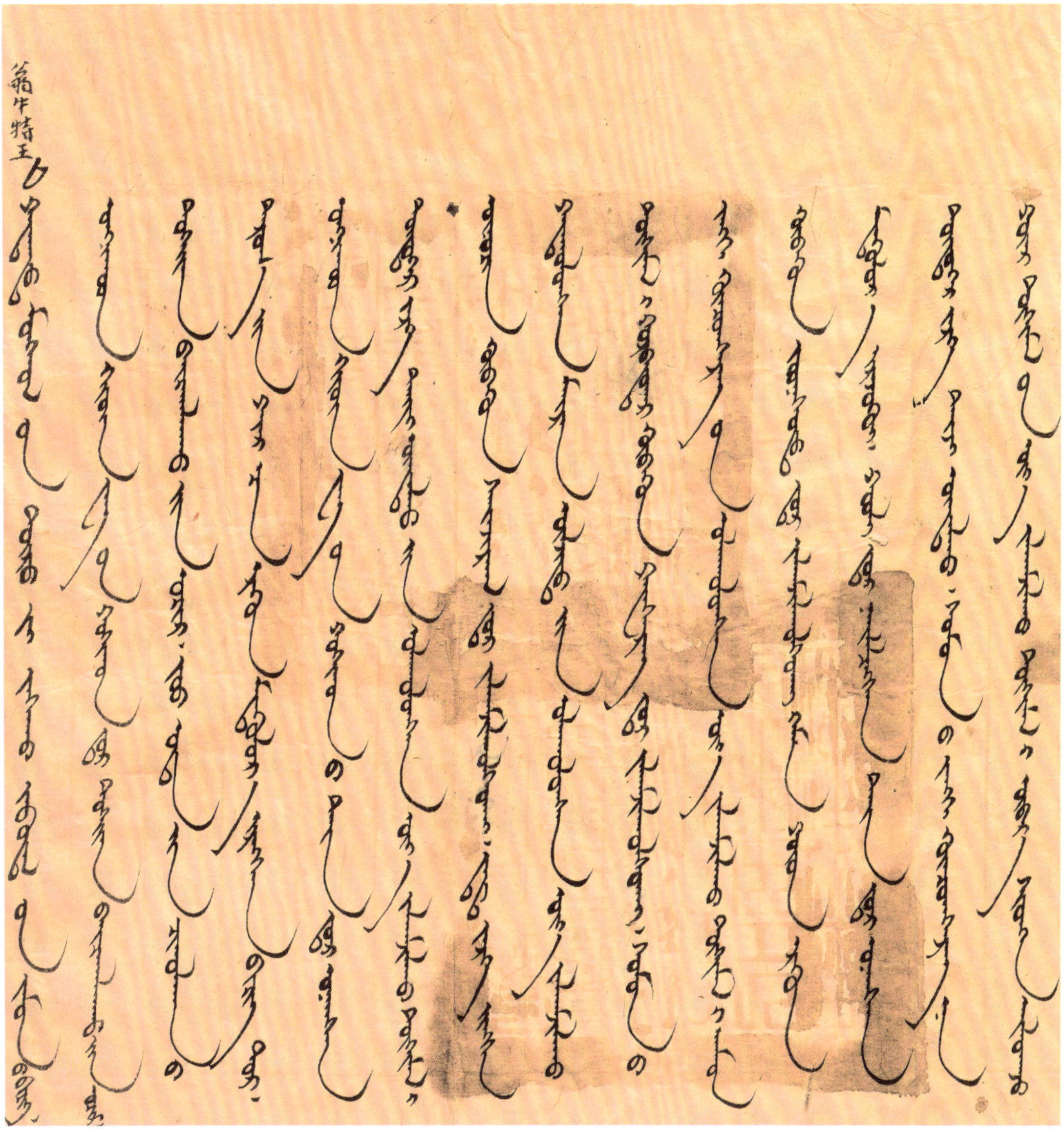
翁牛特王

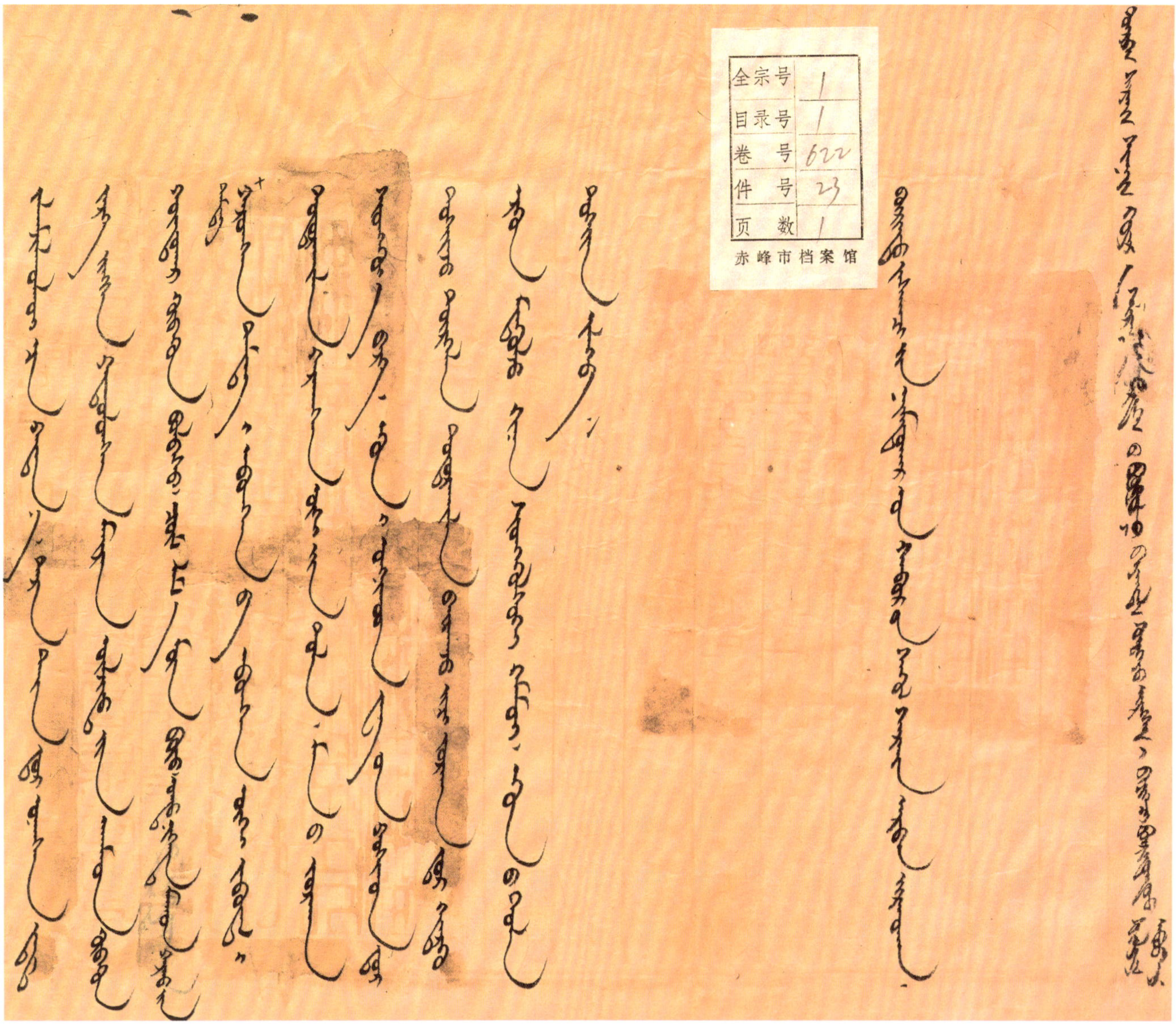
全宗号 1
目录号 1
卷号 622
件号 23
页数 1
赤峰市档案馆

理藩院为沿袭阵亡台吉、梅林、章京爵位事札翁牛特郡王文

理藩院文。札付翁牛特郡王：督办之事。

昭乌达盟长处呈称：翁牛特郡王旗征战牺牲之四等台吉乌德乐胡空位，沿袭给其孤儿赛音吉日嘎拉。二等台吉梅林乌力吉图之空位，沿袭给其长子格瓦斯楞。佐领章京关其格斯楞之空位，沿袭给其长子昭那苏图。除了征战牺牲之四等台吉乌德乐胡、佐领章京关其格斯两人空位沿袭人已确定外，征战牺牲之二等台吉梅林乌力吉图长子、二子均为出家喇嘛，但有无出家证，未有明确。等因前来本部。故本部决断不得也。兹有，札饬翁牛特王旗，即刻查清原由，呈报本部，以便上奏。

此札。

同治八年末春十六日

023 署理翁牛特札萨克印务之二等台吉为领取札萨克王爷俸禄事呈理藩院文（同治八年末冬二十日）

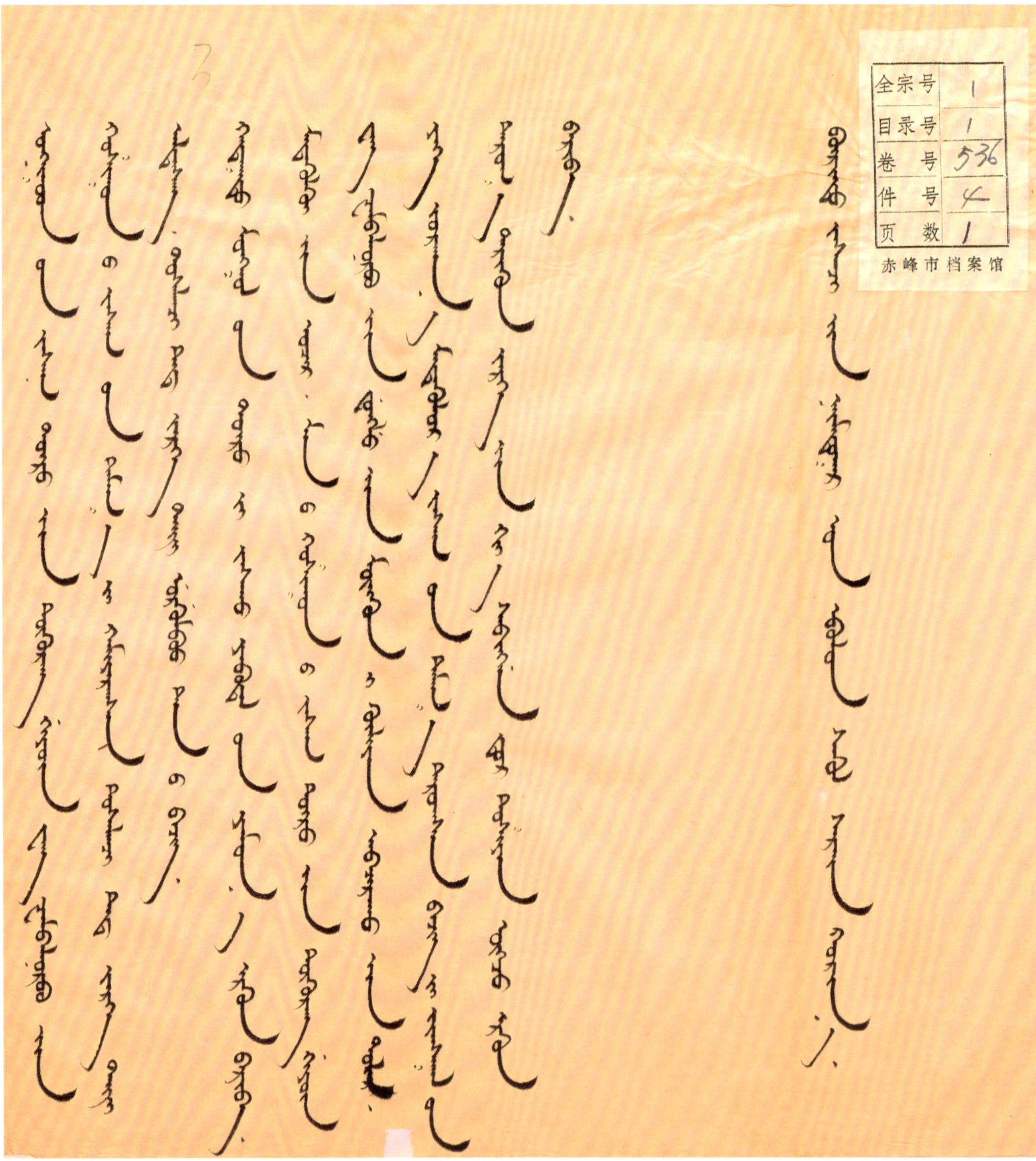

署理翁牛特札萨克印务之二等台吉为领取札萨克王爷俸禄事呈理藩院文

署理翁牛特札萨克杜棱郡王赞巴勒诺尔布旗札萨克印务之协理二等台吉阿拉坦桑、乌尔根宝文。呈送理藩院：呈报之事。

为领取本旗札萨克多罗杜棱郡王赞巴勒诺尔布之俸禄，令统领头等侍卫色炳根携官文呈送大部之。

同治八年末冬二十日

024 盟警备军札萨克郡王为退回沿袭台吉空位呈文事札署理翁牛特札萨克印务之二等台吉文（同治八年末冬二十一日）

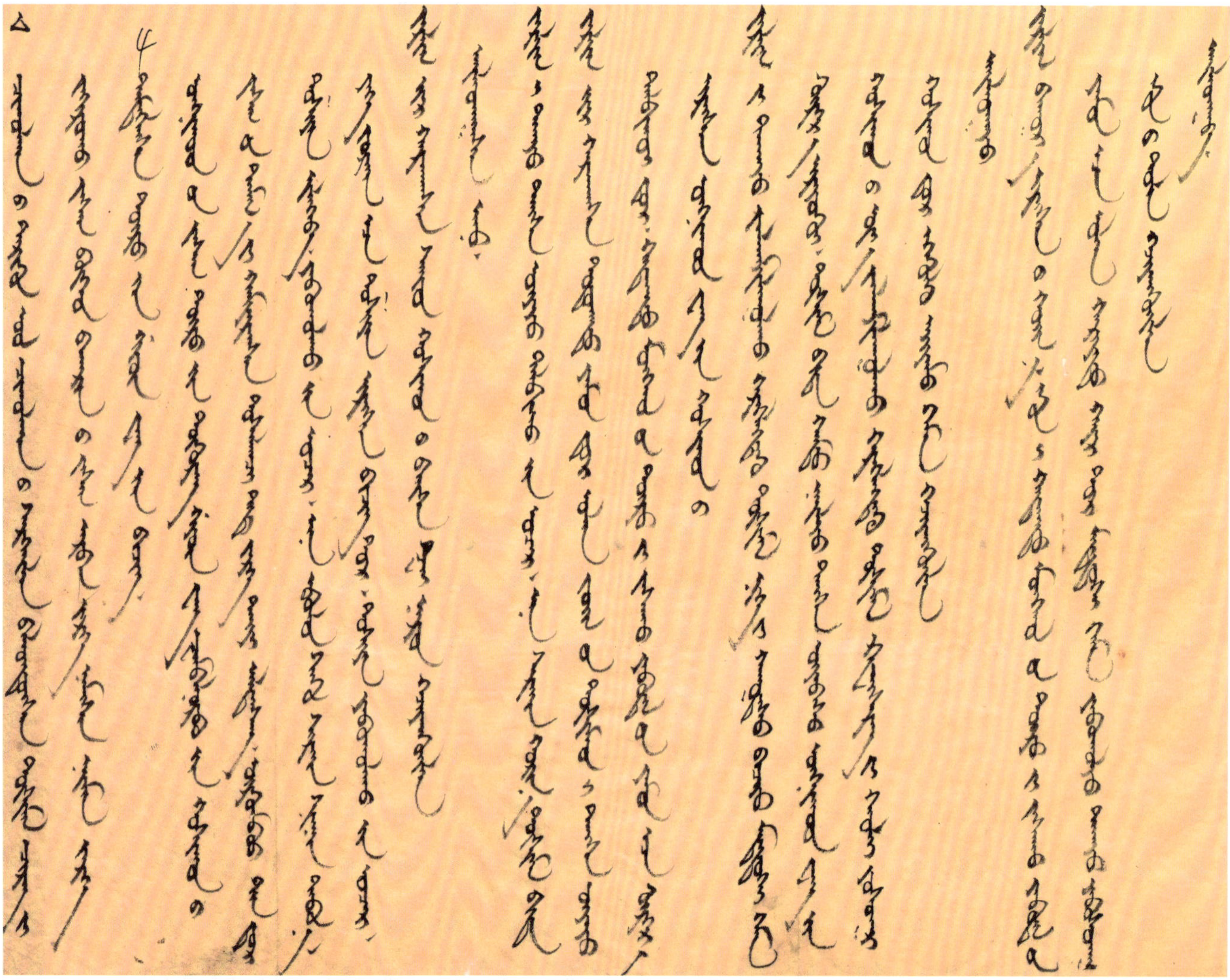

024 盟警备军札萨克郡王为退回沿袭台吉空位呈文事札署理翁牛特札萨克印务之二等台吉文（同治八年末冬二十一日）

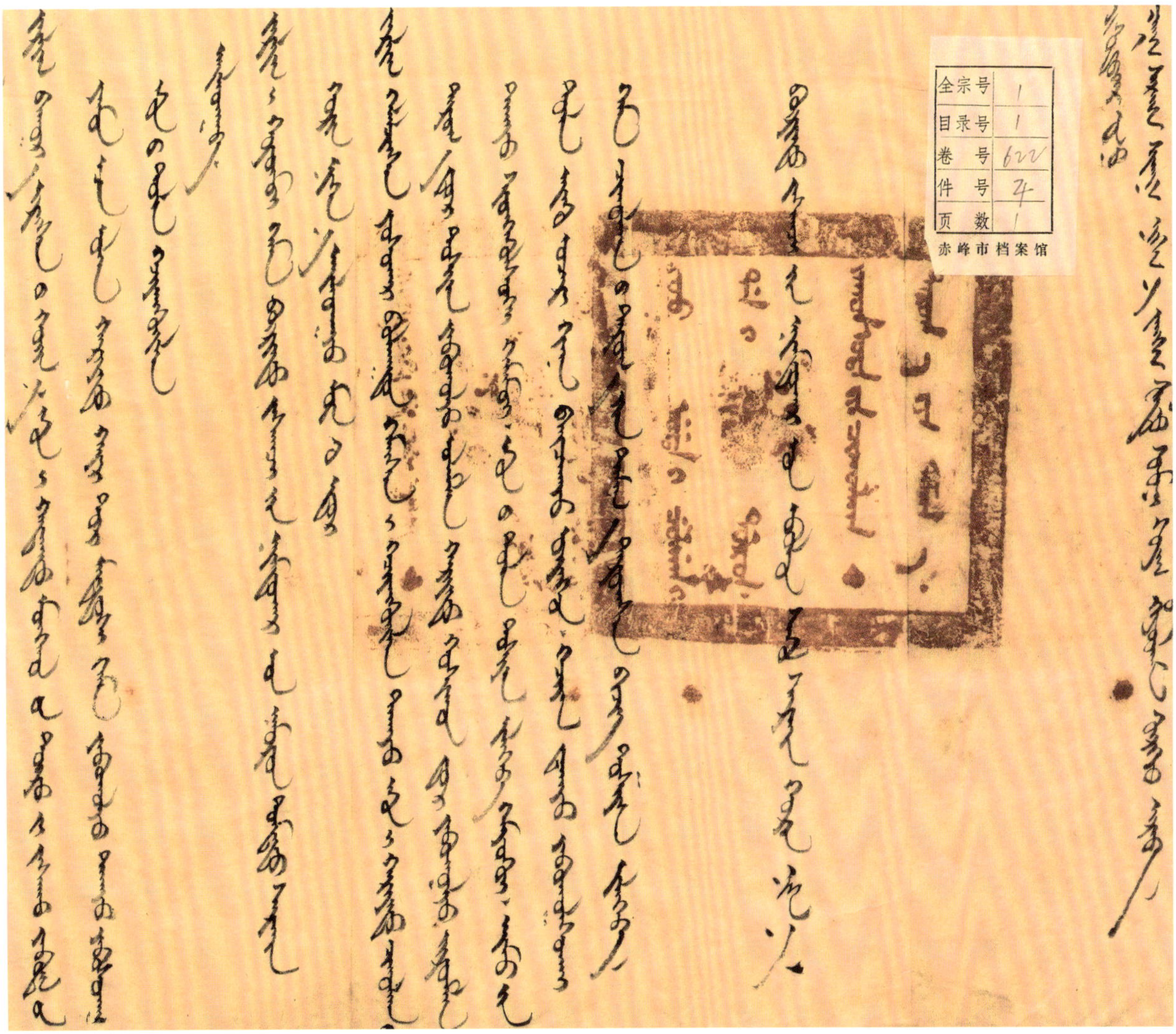

盟警备军札萨克郡王为退回沿袭台吉空位呈文事札署理翁牛特札萨克印务之二等台吉文

盟警备军札萨克巴林札萨克加十级记八级多罗郡王文。札付署理翁牛特札萨克杜棱郡王赞巴勒诺尔布旗札萨克印务之协理二等台吉阿拉坦桑、乌尔根宝：行札之事。

本年末冬初五日，大部札开：臣旗贝子蔡氏呈称，是月二十日，臣等奉命至理藩院审阅各级册封之奏本。审阅翁牛特王旗一本沿袭空位之呈文，吾等磋商，应照例退回翁牛特王旗世袭台吉格旺斯楞呈文。等语。于同治八年仲秋二十一日本部上奏皇上，当日回旨曰，照办。兹有，本部札付所属盟长，承转所属诸旗，遵旨照办。

至此，致钤盟长印之文。

同治八年末冬二十一日

025 门子贝杜格为继父侵占其生母财产事呈札萨克王爷文（同治九年五月十五日）

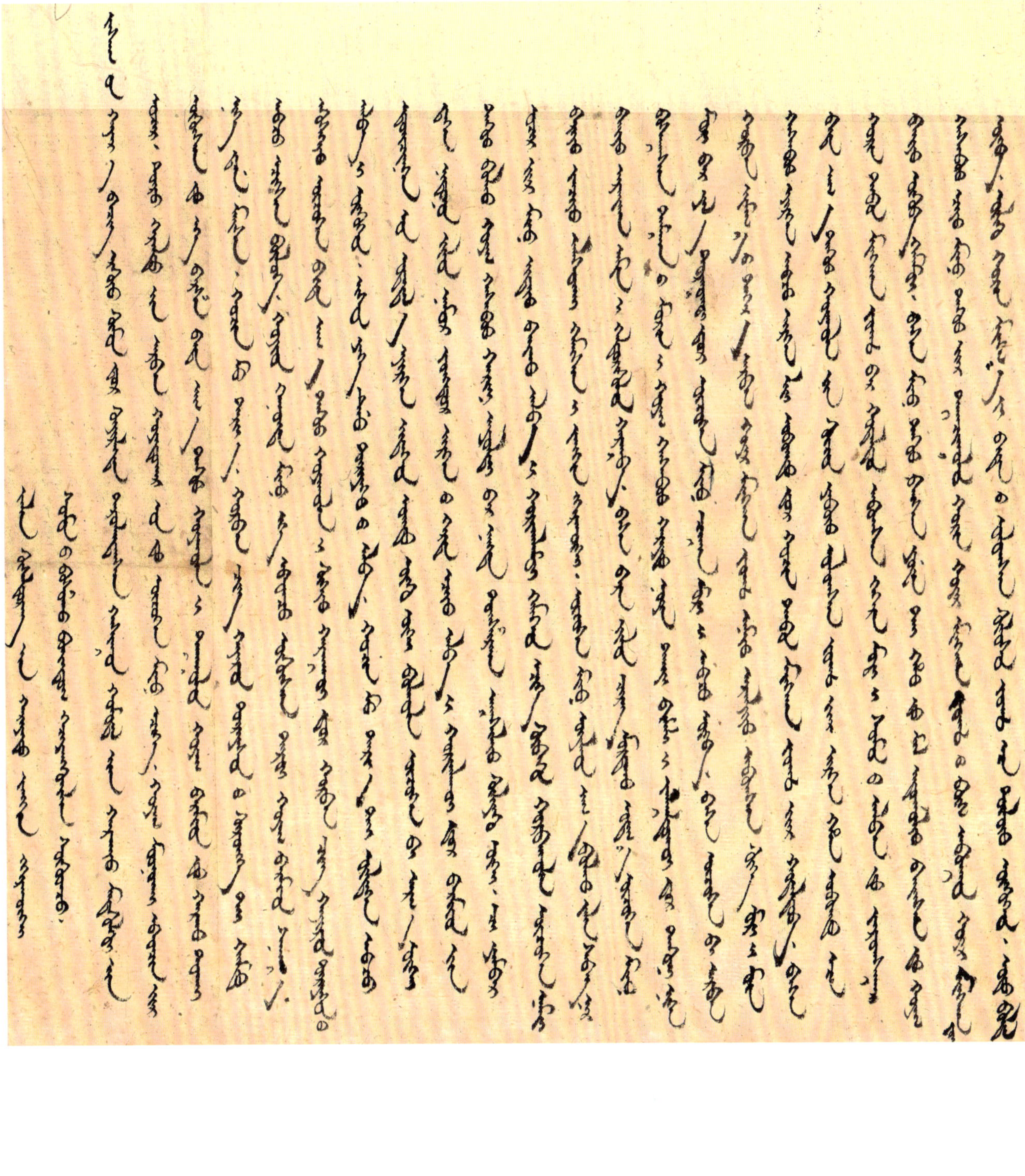

025 门子贝杜格为继父侵占其生母财产事呈札萨克王爷文（同治九年五月十五日）

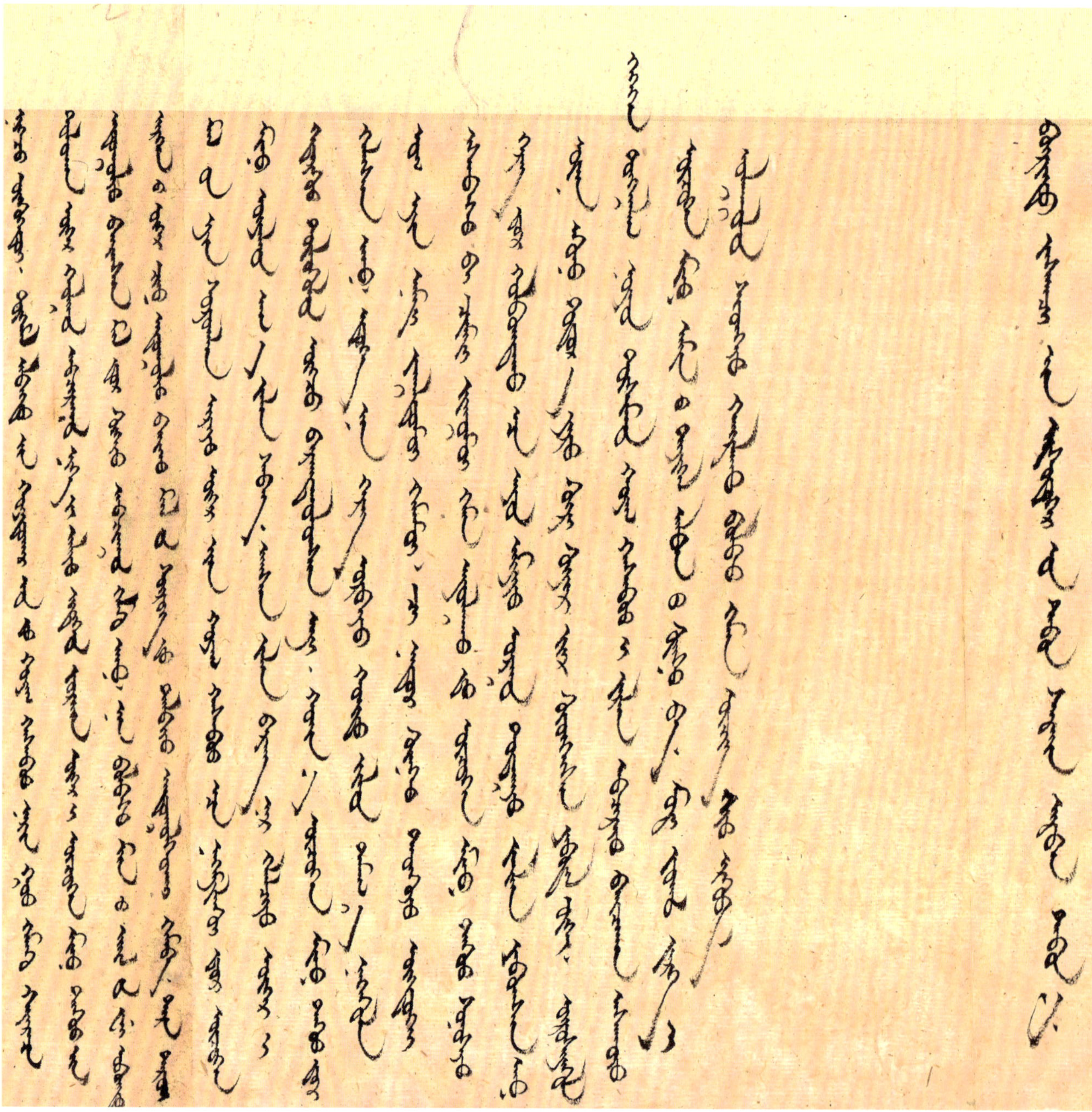

门子贝杜格为继父侵占其生母财产事呈札萨克王爷文

甲喇胡思乐都楞所属格格日辉佐领门子贝杜格下跪呈送札萨克王爷：禀报被人侮辱欺凌冤屈之事。

道光十二年，鄙人家父兵丁毛淖海因病去世。母亲巴日莎带吾兄弟俩改嫁至兵丁巴日米德。改嫁时带有麦子一石、三十亩田、三顷租出地财产。之后母亲病逝，巴日米德顿生邪念，赶走吾兄弟俩，只给本兄弟俩三顷田赋，而自己占有九大斗粮食、三十亩地。如此霸占多年，一直不归还也。故鄙人无奈，于去年秋天至原庄户加收租金时，巴日米德之弟兵丁哈斯宝却态度恶劣，脾气暴躁，拒绝接受，曰，怎干涉吾等收之田赋。并其父子仨殴打鄙人，欲打死也。多亏章京格格日辉、堂兄甲喇色布格极力劝架，得以逃命。另，寅年征兵时配给吾之坐骑白马。兵丁哈斯宝败诉给所属台吉毕玛丽，被罚一匹马，他竟敢拿吾白马缴之。还有，鄙人用十三头羊加十二千吊文购之青马，哈斯宝竟然以三十五千吊文卖给了李氏民人。还有，吾兄弟俩用打工挣之二十五千吊钱向韩氏民人购匹灰色马，哈斯宝拿去当佐领役马，后称马死也。还有，吾弟在凤山元台沟放牧时，兵丁哈斯宝让吾弟做担保拿走值二十二千吊文之布匹，只给二千，剩下之二十千吊文拿吾等之工钱垫付，至今未还。咸丰二年，兵丁哈斯宝从乃林沟偷来七头牛，杀吃一头，剩余六头牛送入吾弟牛群中，称为魏氏人之牛，放你牛群中一同放牧。随即失主追来向哈斯宝讨要失窃之牛。此时吾堂兄甲喇色布格、甲喇巴楞催促哈斯宝还给偷来之牛也。之后哈斯宝还威胁吾弟曰，现事情已暴露，今后失主将俺状告官方，尔等需供俺口粮，否则俺告尔等为偷牛贼。吾弟怕牵连而逃之。此等事，句句属实，无诬陷之事也。

祈求青天王爷传唤哈斯宝进行对质，还鄙人养命钱、马匹及田赋为盼。

同治九年五月十五日

026 署理翁牛特札萨克印务之二等台吉为筹备驻雍和宫和尚费用事呈盟长协理贝勒文（同治九年闰初冬十日）

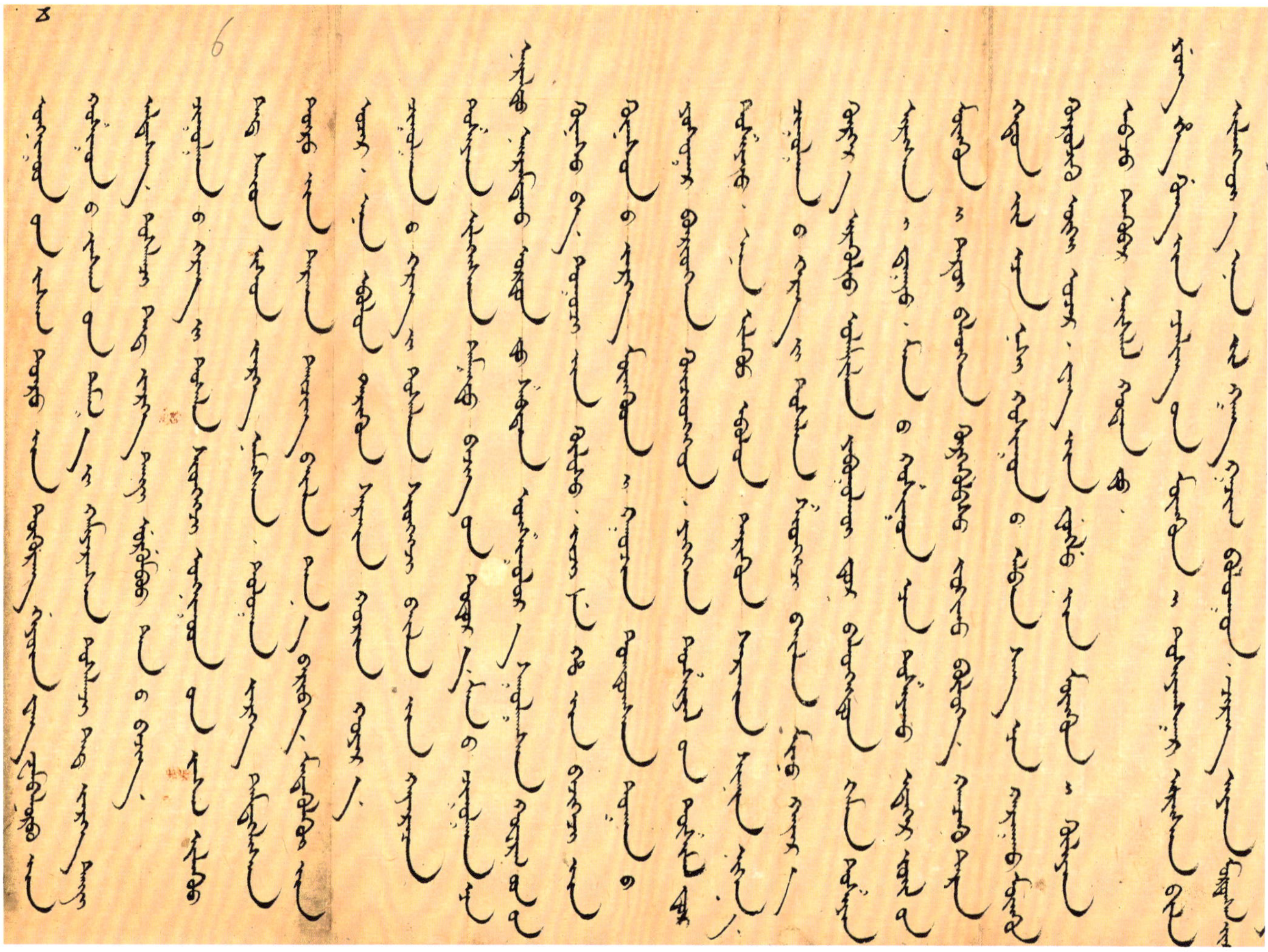

026 署理翁牛特札萨克印务之二等台吉为筹备驻雍和宫和尚费用事呈盟长协理贝勒文（同治九年闰初冬十日）

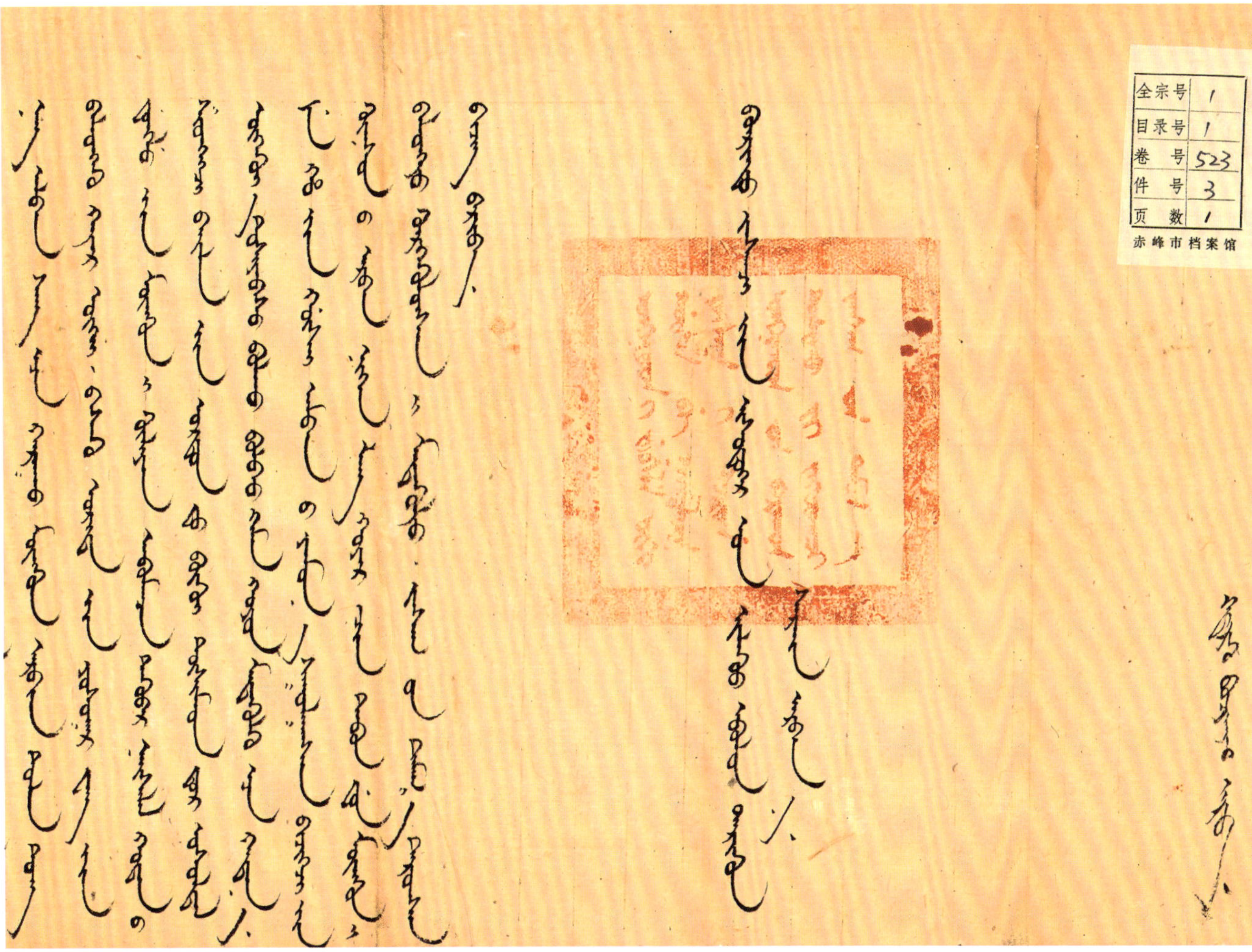

署理翁牛特札萨克印务之二等台吉为筹备驻雍和宫和尚费用事呈盟长协理贝勒文

署理翁牛特札萨克多罗杜棱郡王赞巴勒诺尔布旗印务之协理二等台吉加一级阿拉坦桑、协理二等台吉乌尔根宝文。呈盟长协理摄政翁牛特札萨克加九级记七级多罗达尔罕岱青贝勒：呈报之事。

今年初冬二十二日盟长协理摄政署札饬：本盟驻雍和宫诵经和尚口粮费、厨子费及驻热河都统衙署笔帖式口粮费等费用，按既定数目备好，交由干练官差，于本年闰初冬初一日，送至盟协理摄政贝勒本人衙署，以备转送。等因前来。为此，遵照札付，应及时筹备本旗所缴之银两。只是近些年旗官仓银两不足，故拿王爷俸禄顶雍和宫所用费用。何况今年遇旱灾之祸，大军征战，官仓支出颇多，无力再筹备所需银两。还是与往年一样，领取王爷俸禄之后，即刻送至京城摄政贝勒府。还有驻热河都统衙门笔帖式口粮费十一两二钱五分已送之。为此禀报。

至此，呈钤札萨克印之文。

同治九年闰初冬十日

壮丁和顺为被诬告事呈札萨克王爷文（同治十年五月十四日）

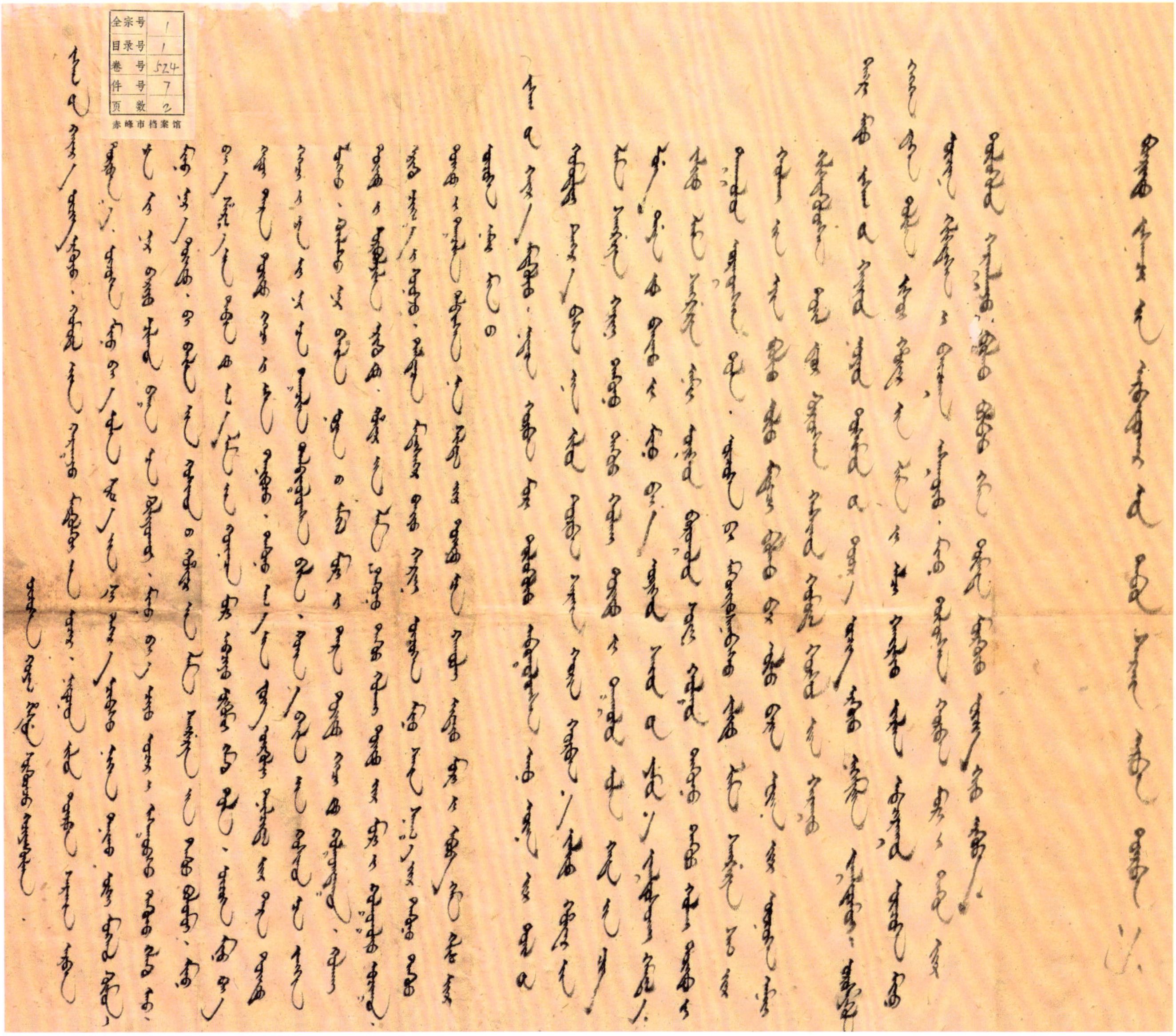

壮丁和顺为被诬告事呈札萨克王爷文

壮丁和顺鄙人下跪呈送；伸冤之事。

去年四月十四日，本人去敖兰庙会时，看见衙役把一陌生蒙古人绑在石柱上。吾前去问何故，曰，吾名顿杜，贝勒旗喇嘛桑嘎日扎之弟也。到沙日嘎坝给喇嘛兄送马时被抓也。本人虽不认识顿杜，但与其哥曾相识，故找衙役担保顿杜放走。日后贝勒旗章京龙虎、贵勒苏看管贝勒爷坐骑时，坐骑被顿杜偷走。追查顿杜时，其喇嘛哥闻其弟偷马被追查，冤枉本人善意，认为本人因担保放走顿杜，受顿杜贿赂要了一匹马。并到札萨克处告吾也，让吾赔其三匹马。真是冤枉也。还有，本年四月二十三日，本人看见贱喇嘛桑嘎日扎领其弟马贼顿杜至乌兰哈达青龙店后，欲向官府告状。贱喇嘛桑嘎日扎见状逃出，携弟顿杜连夜逃跑也。本人估计贱喇嘛桑嘎日扎为幕后马贼，还假装好人诬告本人也。本人冤枉之极也！如今向青天札萨克伸冤诉苦。札萨克开恩，捉拿贱喇嘛，明查吾之冤情，还吾所赔之三匹马为祈盼。

至此，千跪万叩喊冤之。

同治十年五月十四日

壮丁乌日图那苏图为被岳父诬陷事呈札萨克王爷文（同治十年十月初一日）

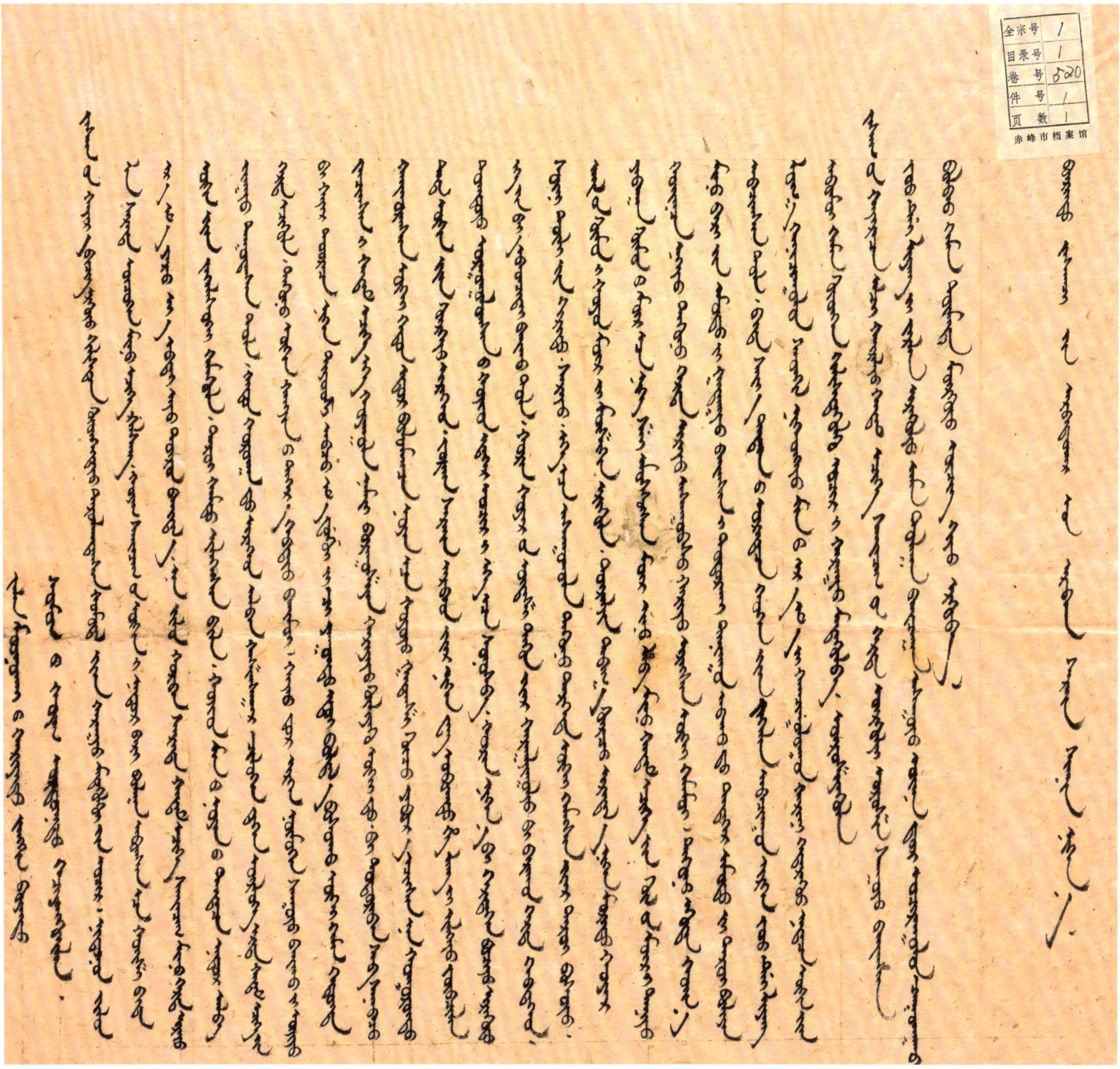
全宗号 1
目录号 1
卷号 520
件号 1
页数 1
赤峰市档案馆

壮丁乌日图那苏图为被岳父诬陷事呈札萨克王爷文

鄙人甲喇毛淖海隶属章京宝音图佐领壮丁乌日图那苏图，呈送札萨克府：申诉受冤被诬陷之事。

去年腊月，鄙人家父嘎拉桑，求壮丁赛音朝克之女娶配于鄙人也。尔后夫妻和睦，谋生计、过日子。今年三月岳父赛音朝克至吾家借走其闺女。随即，吾当差官府出门至哈顿和若。趁闲暇晨至岳父家，发现其姑娘躺在炕上，炕下有个民人披着衣服坐着。吾从地上拿把笤帚揍老婆富贵曰，什么时候了还不起床，便打了几下。此时，岳父、岳母却指责辱骂本人。吾虽心存猜疑，却未太在意。过几天，吾请假外出务工。期间，自母亲处听到，岳父送回姑娘，却在六月十日左右私派王氏何浪带吾妻出走数日。二十一日，鄙人归家，母亲卧病炕上。二十二日夜，吾叫老婆照料母亲，自己躺在西屋。半夜醒来到母亲旁询问，老婆却不在身旁。于是，立刻起床，叫邻居跟踪足迹至图日勒晋坝时发现一副马迹、两副足迹。其中一副足迹应为岳父鞋印也。从后跟踪至岳父家质询，曰，闺女未回家。却清楚看到其家门后晾晒吾老婆裤子，吾去拿裤时被岳父抢走。此时，吾才晓得先前岳父借其姑娘，让其与民人赵戴亮通奸。故挑拨吾夫妻俩，还诬陷本人，要回其姑娘。祈求札萨克大人，派官差传唤岳父家之民人赵戴亮，对质审讯，查明真相，雪吾怨恨。

至此，千跪万叩呈送之。

同治十年十月初一日

029 署理翁牛特札萨克印务之二等台吉为阿鲁科尔沁、翁牛特两公爷互诉案呈盟长翁牛特札萨克贝勒文（同治十年初冬二十八日）

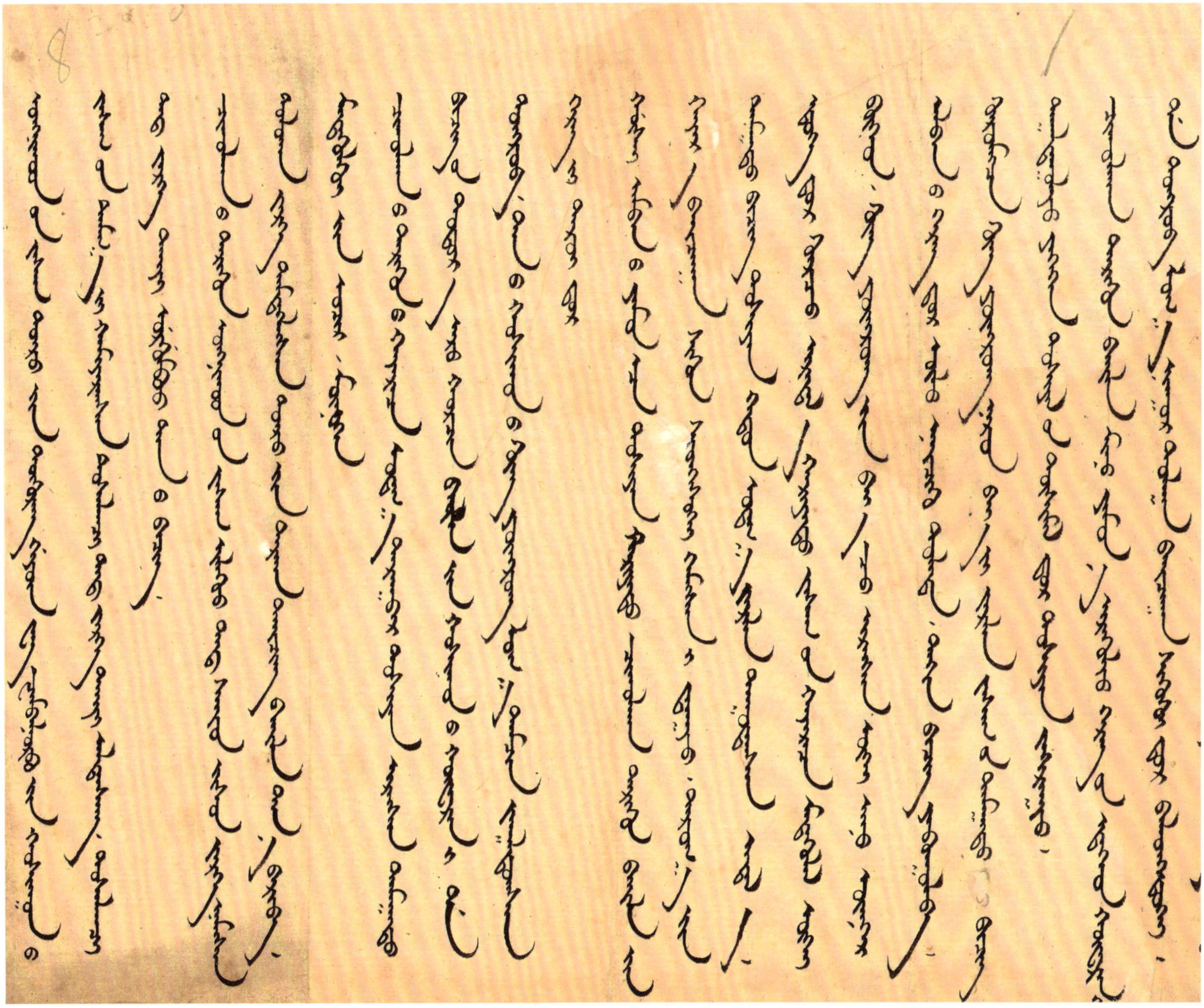

029 署理翁牛特札萨克印务之二等台吉为阿鲁科尔沁、翁牛特两公爷互诉案呈盟长翁牛特札萨克贝勒文（同治十年初冬二十八日）

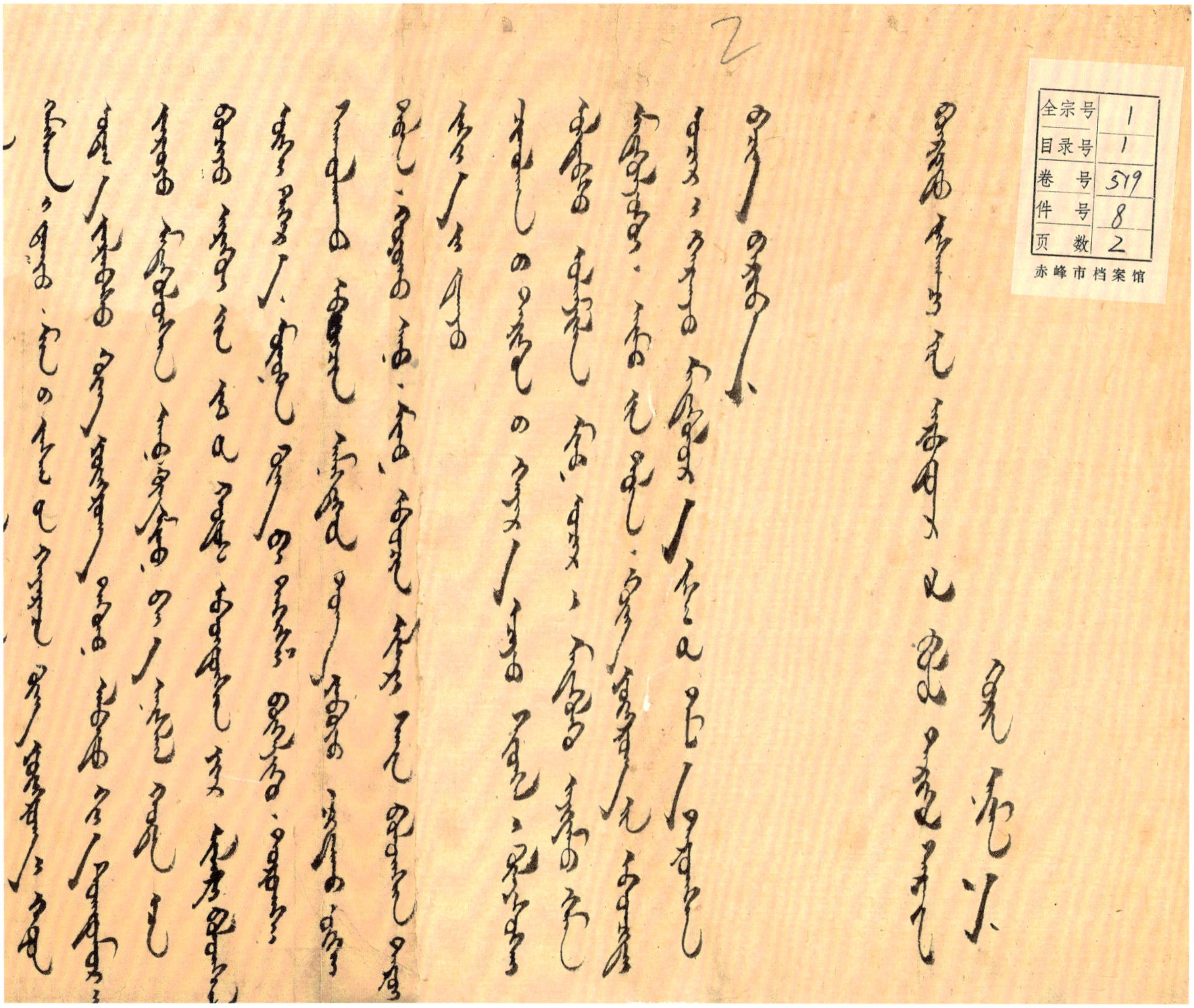

署理翁牛特札萨克印务之二等台吉为阿鲁科尔沁、翁牛特两公爷互诉案呈盟长翁牛特札萨克贝勒文

署理翁牛特札萨克多罗杜棱郡王赞巴勒诺尔布旗印务之协理二等台吉阿拉坦桑、协理二等台吉乌尔根宝文。呈盟长翁牛特札萨克加九级记七级多罗达尔罕岱青贝勒：呈报之事。

近期，盟长署屡屡札开：阿鲁科尔沁贝勒旗东日布，尔旗公爷永荣互诉案件，送至所属盟署审理。为此，本署札付传唤几回。但至今所属札萨克未有音讯，永荣公爷也未到案。文到，责令永荣公携官文与官差一同至盟长贝勒本人衙署，以备与当事人东日布面对面对质审理。等因前来本札萨克府。

本札萨克府奉命传唤永荣公几回。但，永荣公派其隶属侍卫套格铁木尔报曰，本公从京城返回途中生病，还未痊愈，加之近些日子上吐下泻不止，难以赶路前行。故恳请等病愈后，奉命至盟长衙署请罪。请转告本公爷之意也。等语。

至此，呈报永荣公患病之事，呈官文。

同治十年初冬二十八日

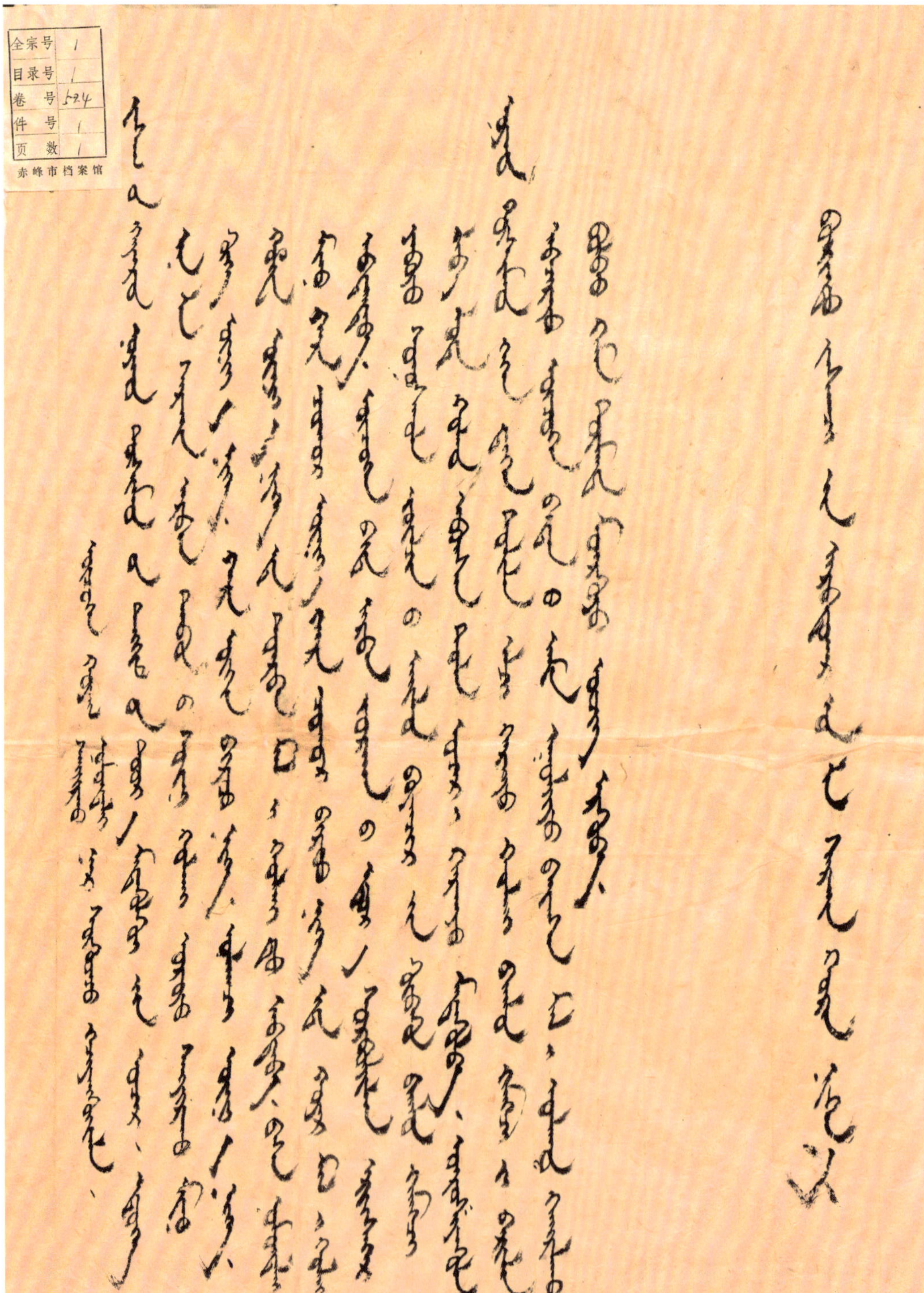

全宗号	1
目录号	1
卷　号	524
件　号	1
页　数	1

赤峰市档案馆

壮丁赛吉日呼等为捉拿盗牛贼呈札萨克王爷文

鄙人壮丁赛吉日呼、诺敏达来跪地禀报札萨克官员：禀报之事。

本腊月十五日夜里，贼犯入院，赛吉日呼本人之青母牛一头、黑二岁牛一头、红母牛一头、灰白母牛一头，共四头牛被盗。还有，诺敏达来本人之黑花母牛一头、黑花二岁牛一头被盗。吾等十六日寻踪被盗牲畜，多方打听确定朱拉琴营子宝音其尔之子巴格伦就是盗贼。在此禀告札萨克，捉拿盗贼巴格伦，还吾等维持生计之牲畜。

为此，叩首呈送之。

同治十年腊月二十一日

031 盟长翁牛特札萨克贝勒为圣上娶皇后大典事札署理翁牛特札萨克印务之二等台吉文（同治十一年初夏二十五日）

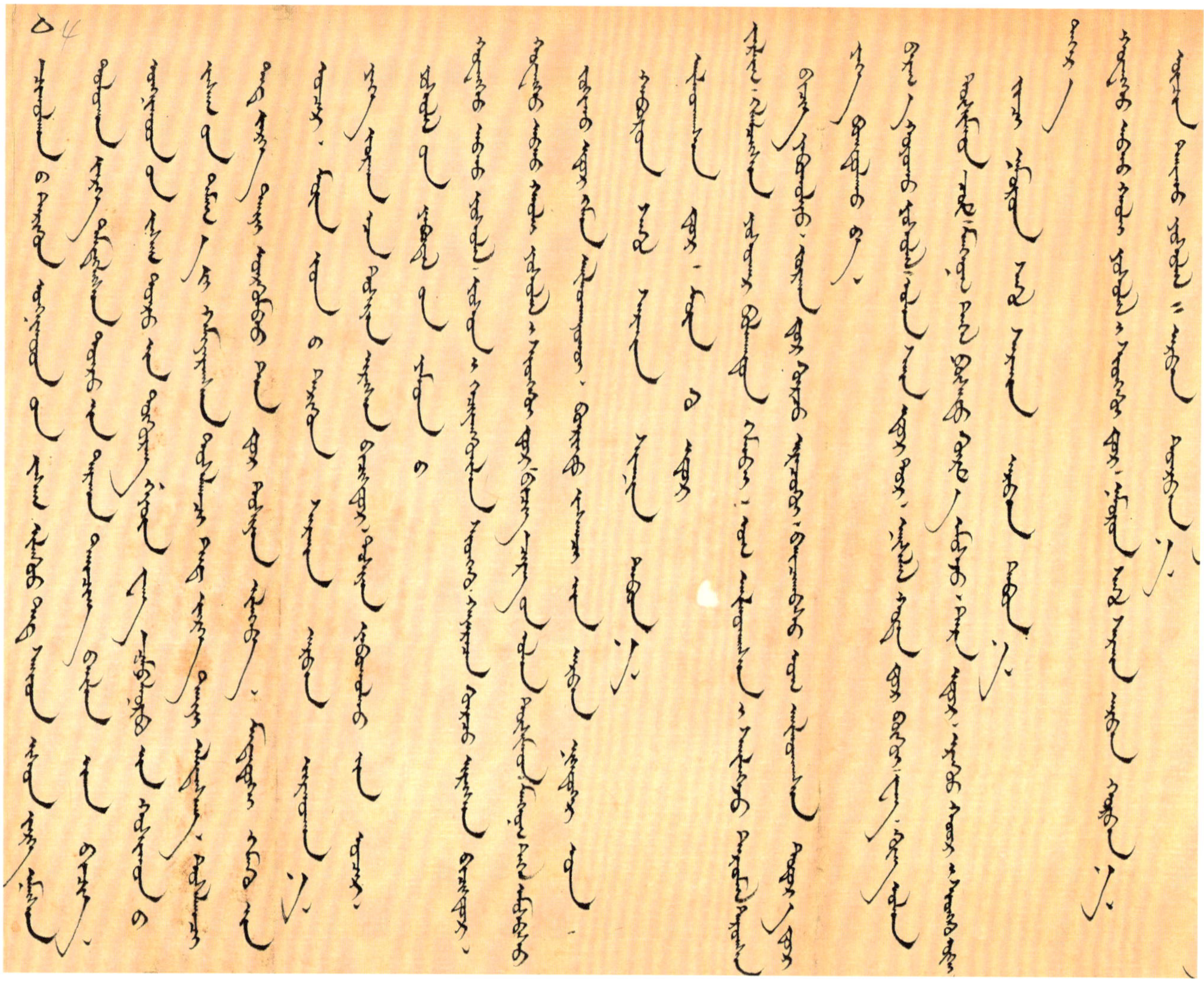

031 盟长翁牛特札萨克贝勒为圣上娶皇后大典事札署理翁牛特札萨克印务之二等台吉文（同治十一年初夏二十五日）

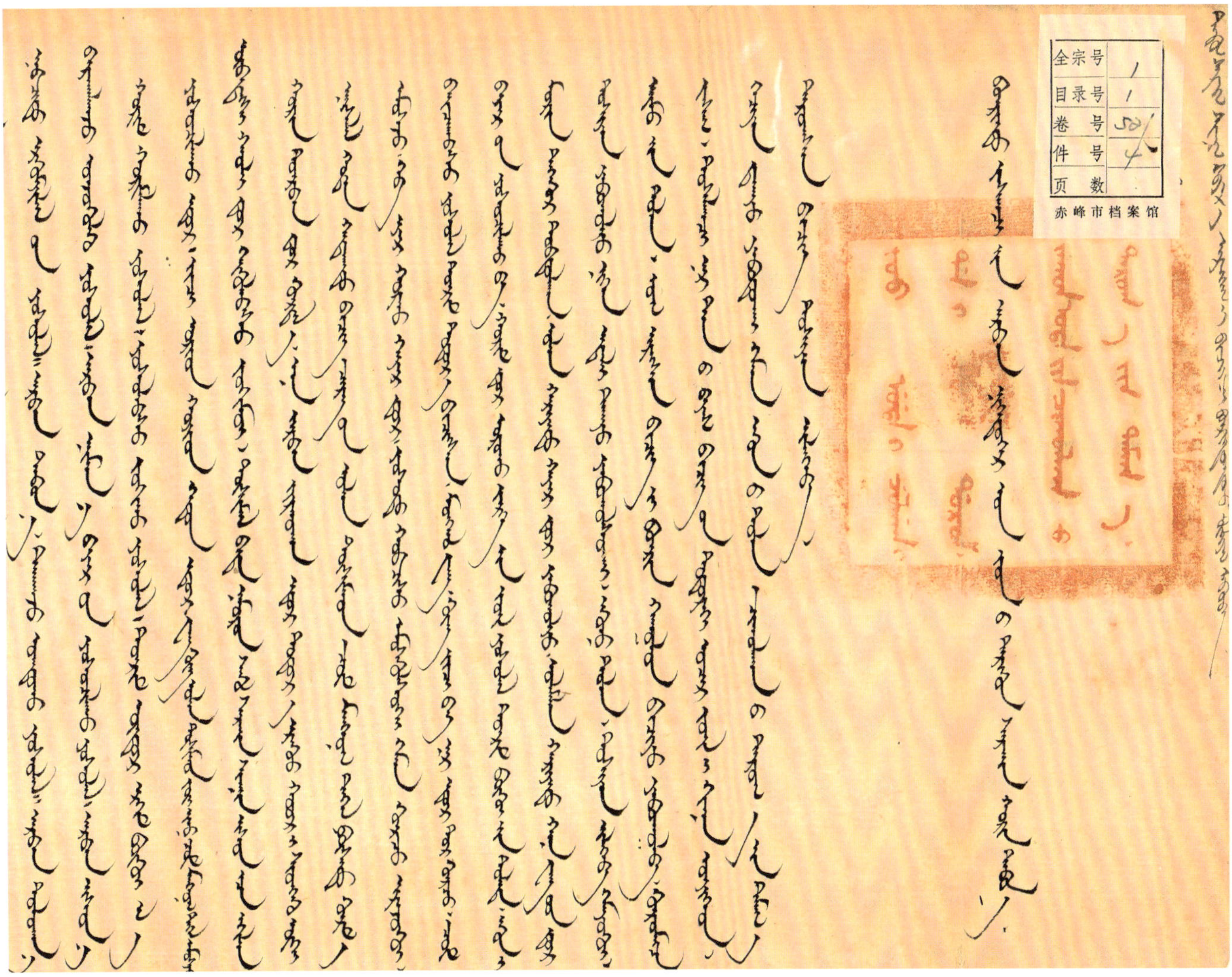

盟长翁牛特札萨克贝勒为圣上娶皇后大典事札署理翁牛特札萨克印务之二等台吉文

盟长翁牛特札萨克加九级记七级多罗达尔罕岱青贝勒文。札付署理翁牛特札萨克多罗杜棱郡王赞巴勒诺尔布旗印务之协理二等台吉阿拉坦桑、协理二等台吉加一级乌尔根宝：札付行事。

今年初夏十六日，大部札开：照礼部娶皇后法典，吾皇娶皇后大典时文武大臣理应着蟒袍朝服也。于同治十一年末春初五日上奏此事，当日回旨曰，照办。照法典，皇帝婚娶大典时，待京城之王公大臣均着蟒袍朝服，大典之日免审刑事。末秋十五日娶皇后大典之事，始于末秋十三日祭祀典礼，十四日册封典礼，十五日迎亲典礼，十七日朝觐典礼，十八日朝拜典礼，十九日大婚典礼。各庆典日前后，王公大臣着朝服光耀圣典。微臣等末秋初九日至二十四日，十六日之内免审刑事。待京城之外藩诸文武大臣着蟒袍朝服，召集之地着朝服也。大典奏本所记蒙古诸王公吉日进京。庆祝大典礼节诸多。为此，疾马札付诸属地，传递所属汗王。等因札付本盟署。

在此，本盟署抄录原奏本转送之。文到，诸札萨克、协理谨慎审阅，照此办理，不得有误。

至此，致钤盟长印之文。

同治十一年初夏二十五日

032 署理翁牛特札萨克印务之二等台吉为筹备驻雍和宫和尚生活费及护送人员路费事呈盟长翁牛特札萨克贝勒文（同治十一年仲冬十五日）

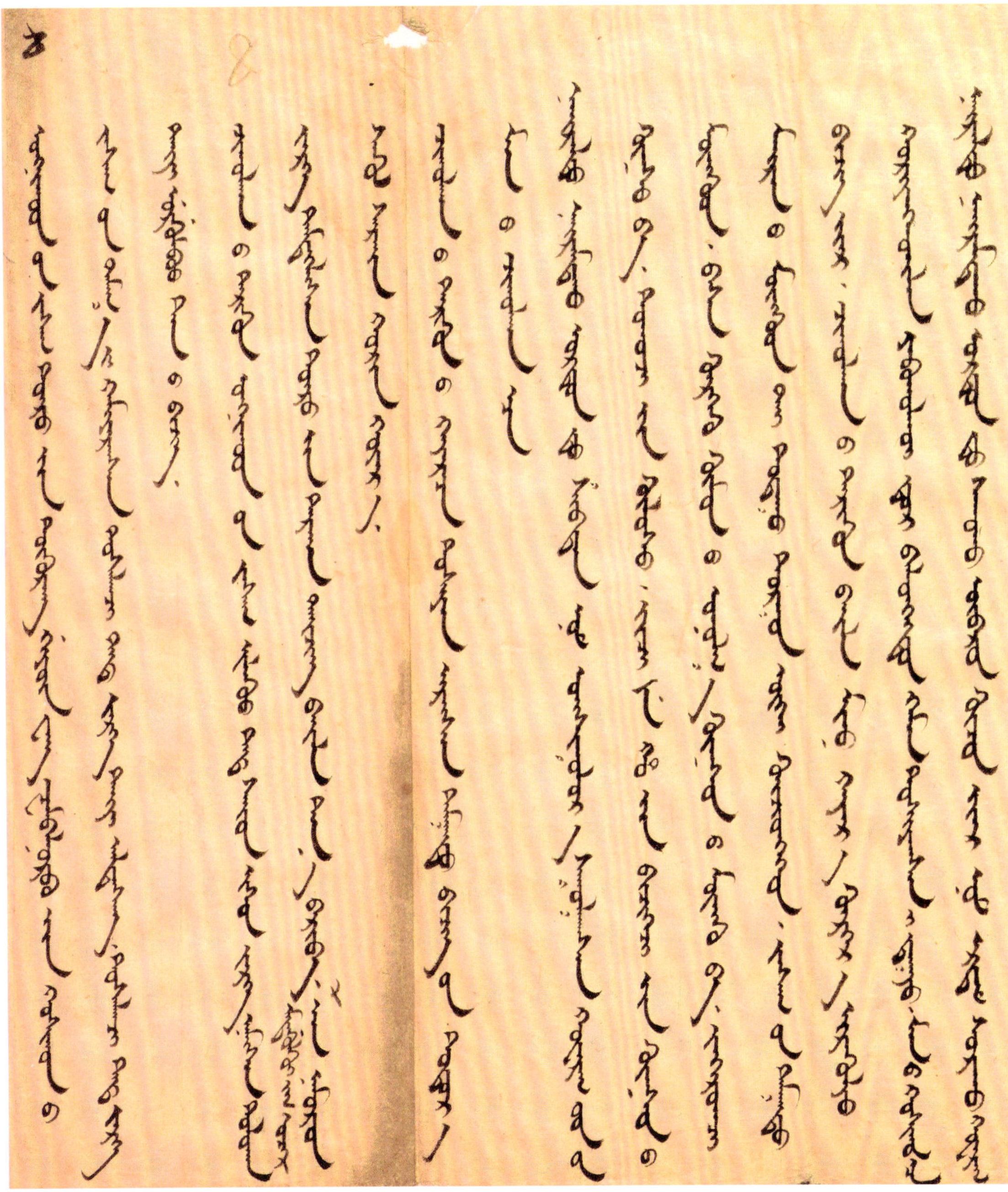

032 署理翁牛特札萨克印务之二等台吉为筹备驻雍和宫和尚生活费及护送人员路费事呈盟长翁牛特札萨克贝勒文（同治十一年仲冬十五日）

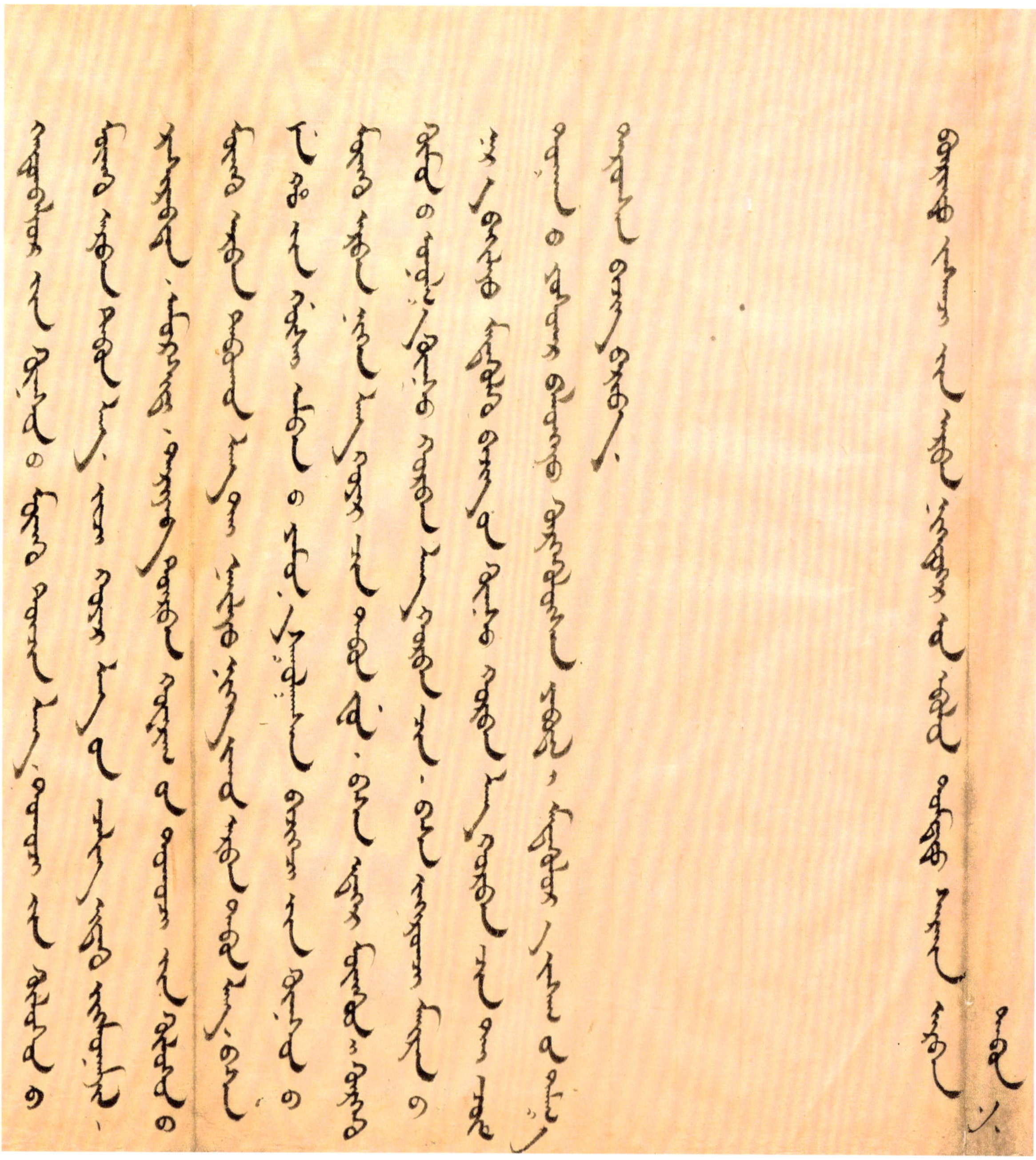

署理翁牛特札萨克印务之二等台吉为筹备驻雍和宫和尚生活费及护送人员路费事呈盟长翁牛特札萨克贝勒文

署理翁牛特札萨克多罗杜棱郡王赞巴勒诺尔布旗印务之协理二等台吉阿拉坦桑、协理二等台吉乌尔根宝文。呈盟长翁牛特札萨克加九级记七级多罗达尔罕岱青贝勒：呈报之事。

本年末秋二十二日，盟署札开：本盟驻雍和宫诵经和尚口粮费、厨子费及驻热河都统衙署笔帖式之口粮费，及护送人员路费、总管梅林费等，按既定数目备好，与札萨克官文一同及时送至本盟长贝勒衙署，以备统一运送。等因札付本札萨克旗。

奉盟署札饬，本旗驻雍和宫自修之和尚哈顿巴拉珠尔口粮费四十两，厨子劳务费十五两，及领二两薪水和尚吉格木德那木吉勒、拉希拉布坦、阿木尔希迪、达日扎布之厨子费用十五两，合计一百一十五两。还有，驻热河都统衙门笔帖式口粮费十一两二钱五分，护送人员路费三两三钱。还有，护送总管梅林推荐奏本人员路费三两三钱已一同如数送之。为此禀报。

至此，呈钤札萨克印之文。

同治十一年仲冬十五日

033 盟长翁牛特札萨克贝勒为圣上献一千匹马事札署理翁牛特札萨克印务之二等台吉文（同治十二年初春二十九日）

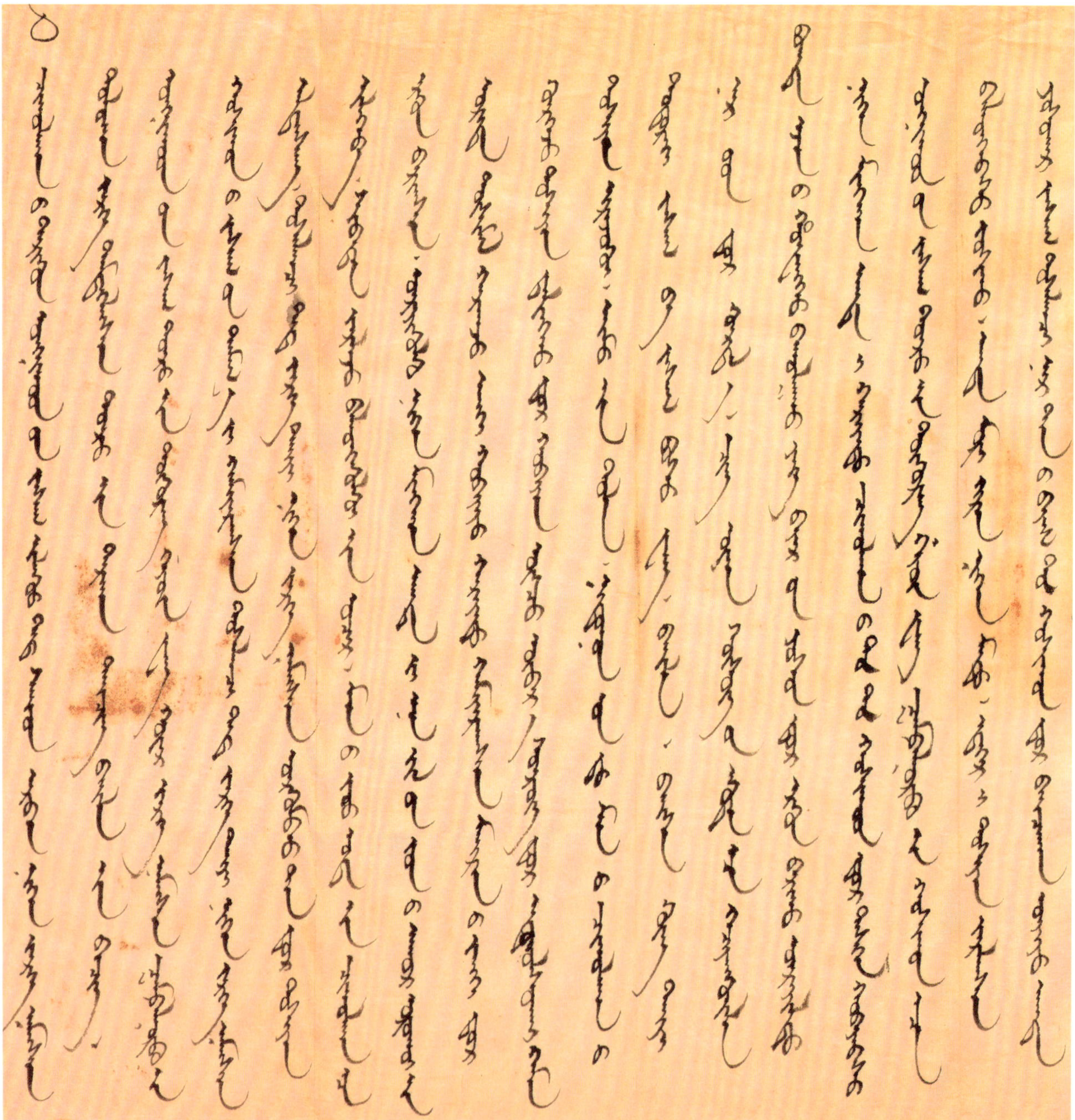

033 盟长翁牛特札萨克贝勒为圣上献一千匹马事札署理翁牛特札萨克印务之二等台吉文（同治十二年初春二十九日）

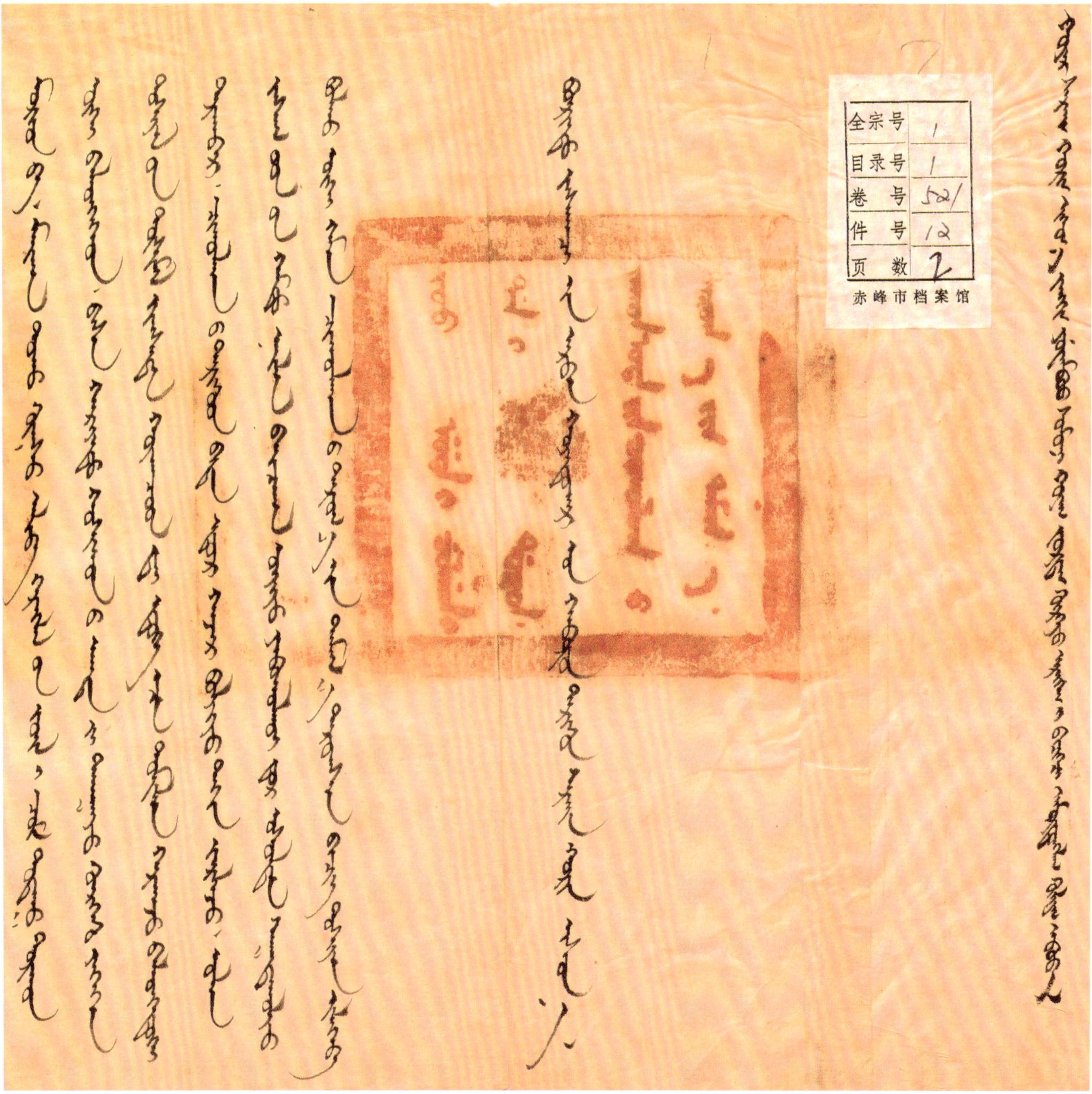

盟长翁牛特札萨克贝勒为圣上献一千匹马事札署理翁牛特札萨克印务之二等台吉文

盟长翁牛特札萨克加十一级记七级多罗达尔罕岱青贝勒文。札付署理翁牛特札萨克多罗杜棱郡王加二级赞巴勒诺尔布旗印务之协理二等台吉加一级吉阿拉坦桑、协理二等台吉加一级乌尔根宝：催促筹备之事。

本昭乌达盟呈献之一千匹母马，本年入夏之前派官差分批送至大凌河牧场分群放养。为此，去年本盟所属诸札萨克、非札萨克王、贝勒、贝子、公爷、台吉，怀着一颗虔诚之心，为圣主娶皇后大典呈献一千匹母马。将呈献之马分摊于各旗，翁牛特札萨克多罗郡王赞巴勒诺尔布旗六十一匹马。诸札萨克、协理从各自旗按份额备办马匹、帐篷、锅、口粮等一切所需，与所属护送马匹之官差侍卫一同，即日起备送。吾等盟长商定集结日期、地点后，与诸札萨克一同核查验收。不得有误。

至此，致钤盟长印之文。

同治十二年初春二十九日

034 盟警备军札萨克贝勒为遣送卓索图盟、昭乌达盟两千匹马事札署理翁牛特札萨克印务之二等台吉文（同治十二年初夏十四日）

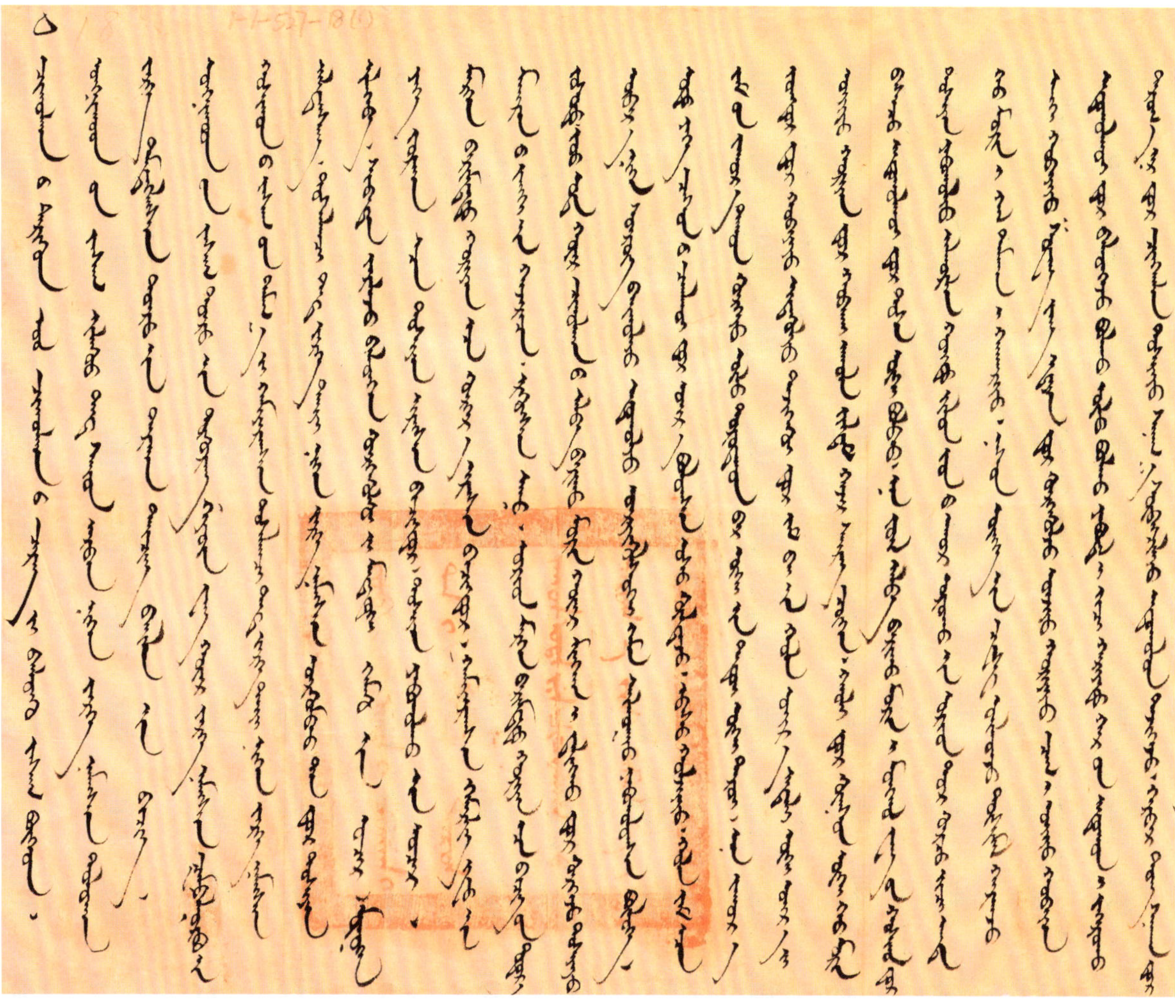

034 盟警备军札萨克贝勒为遣送卓索图盟、昭乌达盟两千匹马事札署理翁牛特札萨克印务之二等台吉文（同治十二年初夏十四日）

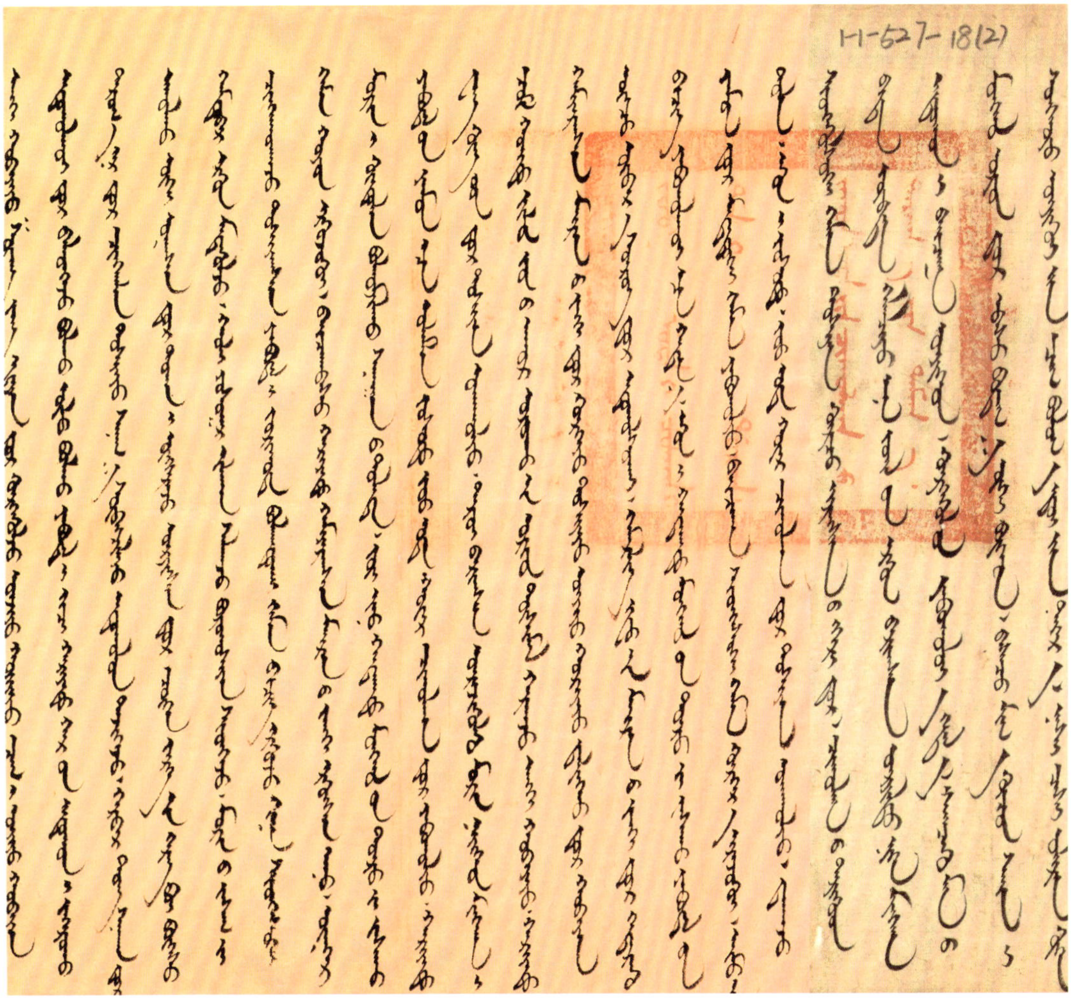

034 盟警备军札萨克贝勒为遣送卓索图盟、昭乌达盟两千匹马事札署理翁牛特札萨克印务之二等台吉文（同治十二年初夏十四日）

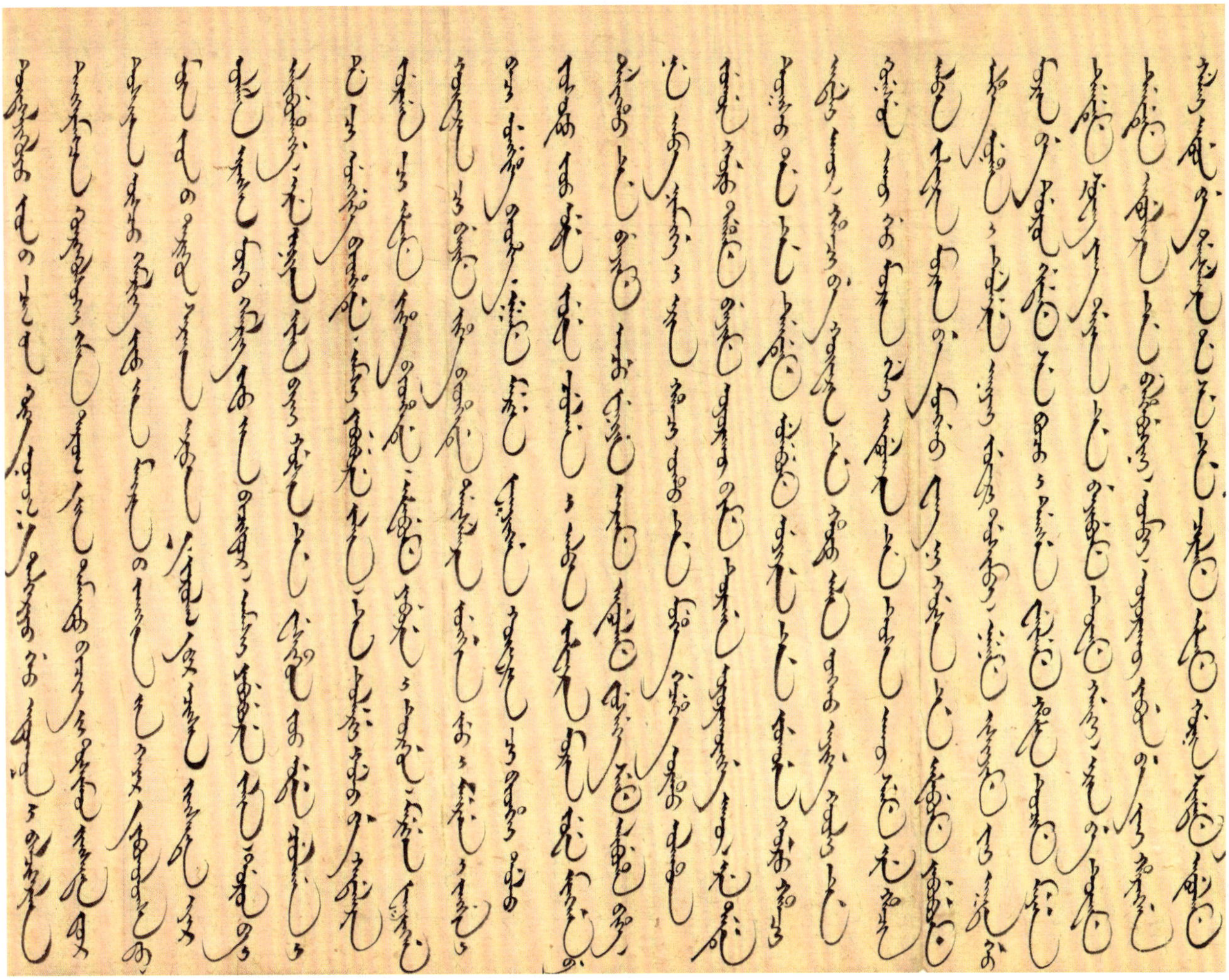

034 盟警备军札萨克贝勒为遣送卓索图盟、昭乌达盟两千匹马事札署理翁牛特札萨克印务之二等台吉文（同治十二年初夏十四日）

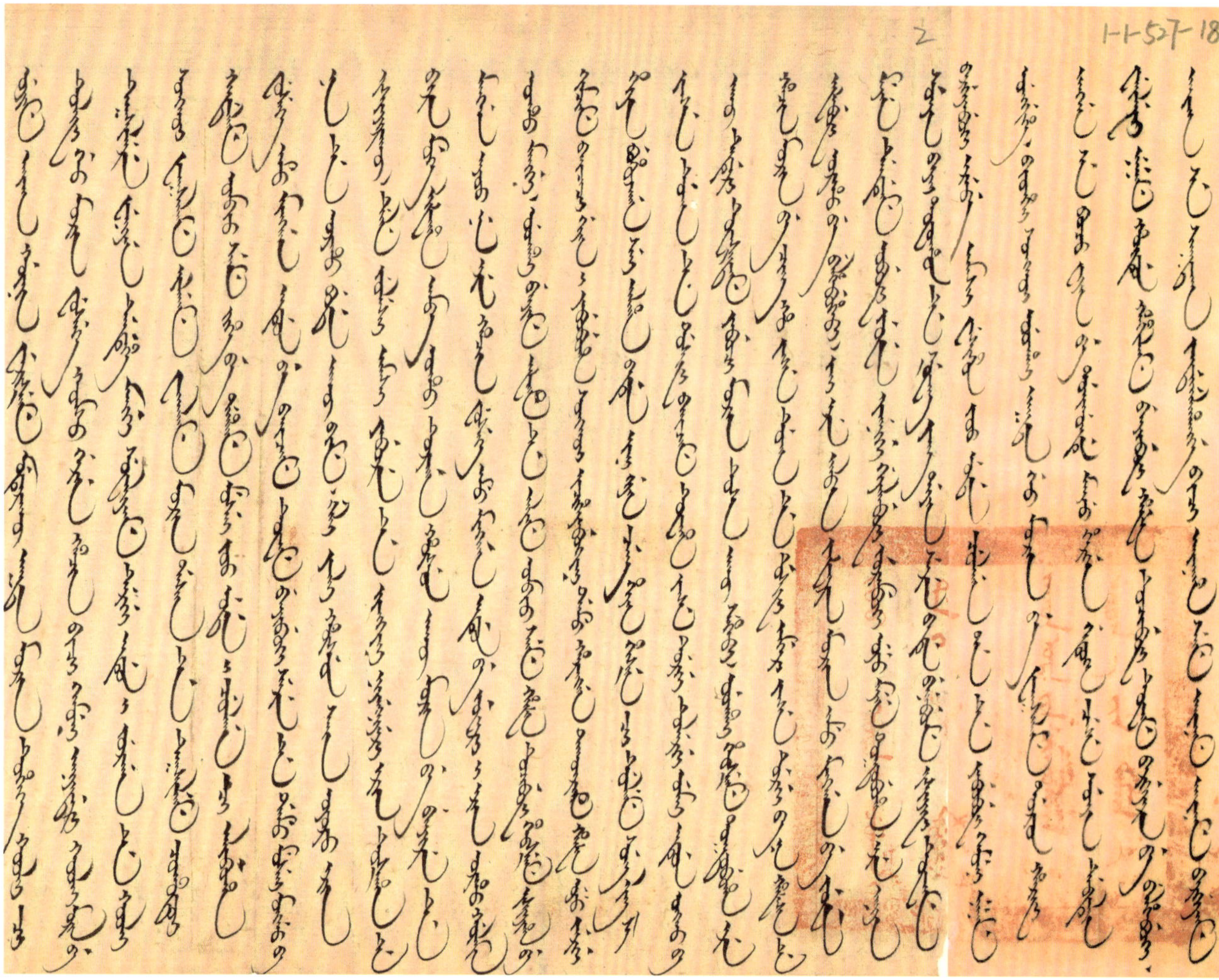

034 盟警备军札萨克贝勒为遣送卓索图盟、昭乌达盟两千匹马事札署理翁牛特札萨克印务之二等台吉文（同治十二年初夏十四日）

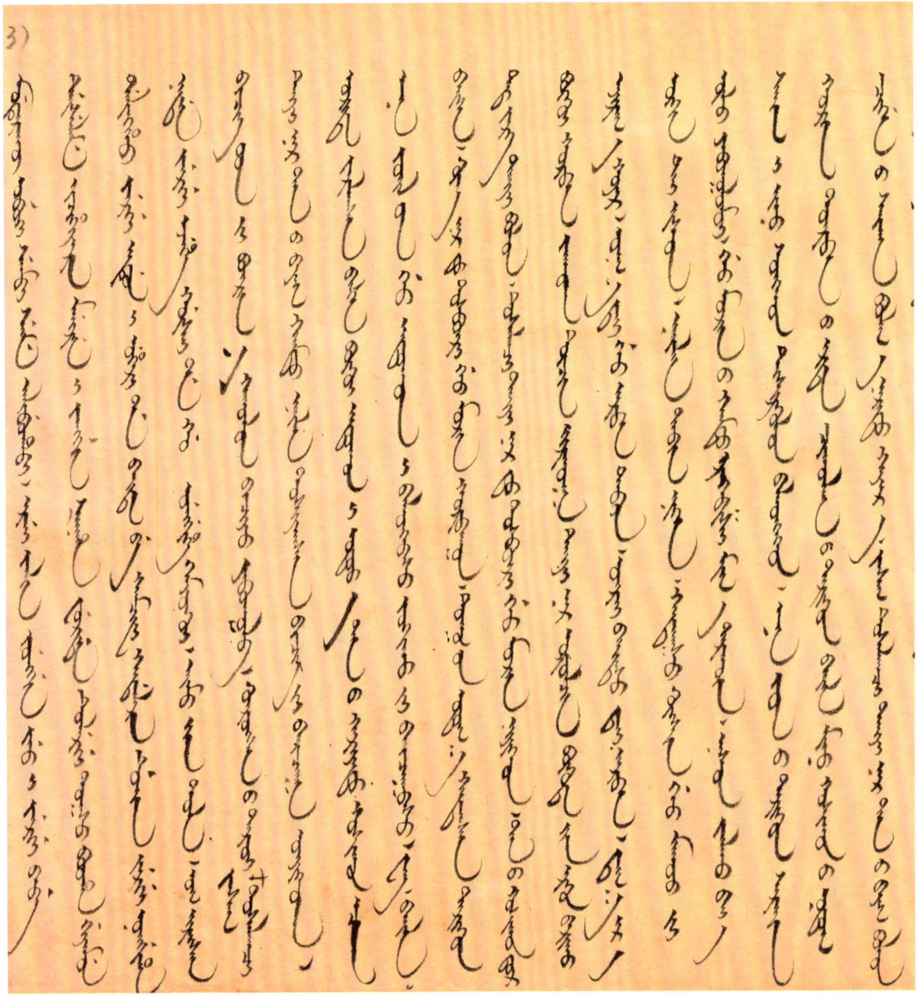

034 盟警备军札萨克贝勒为遣送卓索图盟、昭乌达盟两千匹马事札署理翁牛特札萨克印务之二等台吉文（同治十二年初夏十四日）

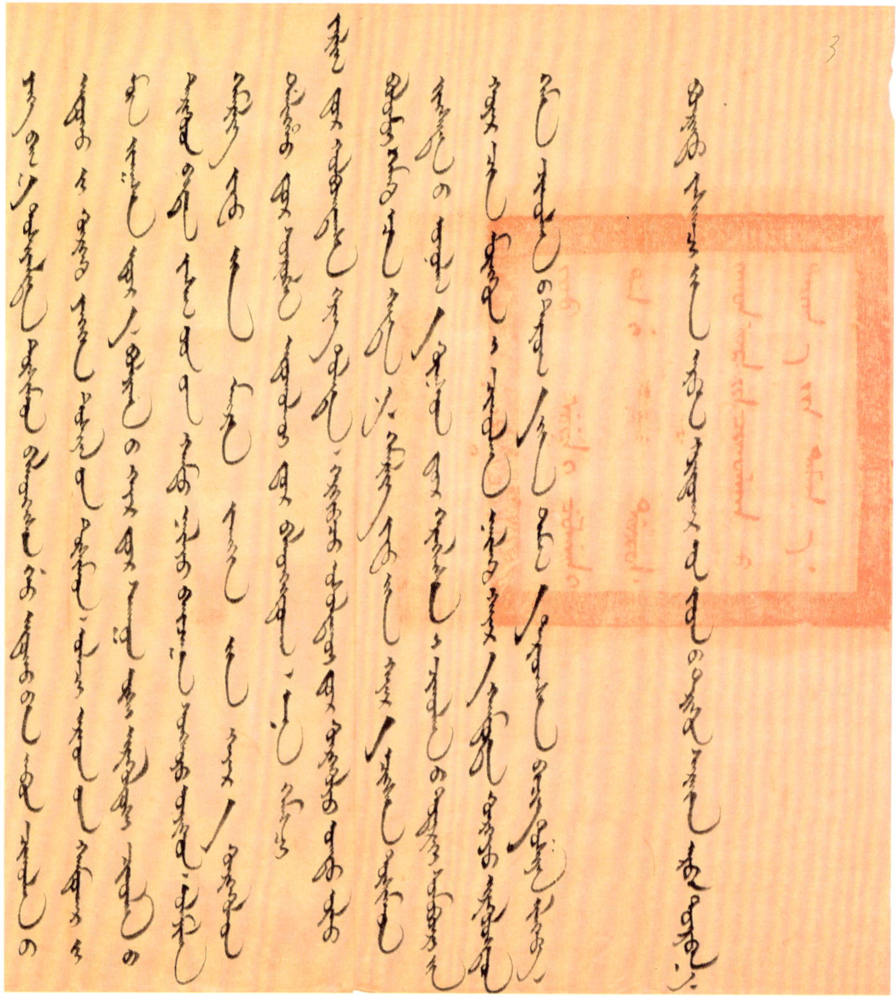

盟警备军札萨克贝勒为遣送卓索图盟、昭乌达盟两千匹马事札署理翁牛特札萨克印务之二等台吉文

盟警备军札萨克暨翁牛特札萨克二等加十一级记七级多罗达尔罕岱青贝勒文。札付署理翁牛特札萨克多罗杜棱郡王赞巴勒诺尔布旗印务之协理二等台吉加一级阿拉坦桑、协理二等台吉加一级乌尔根宝：催促配送之事。

近日，大部札开：据礼部记载，锦州梅林章京处呈曰，卓索图、昭乌达两盟捐献两千匹马送至大凌河，另行放牧，进行繁殖。如今，临近大雪季节，河湖封冻，草场枯萎，远途赶送，减膘之事在所难免。期间，想分给庄户饲养，但庄户较分散，远近不一，周围也是荒山野岭，如无草料，放养母马难度大。不如先将此批母马分给各蒙古王旗，等至明年入夏之时，烙铁印，年岁、毛色登记造册，分批送至双章甸，以备统一配送。严加交待所属地马倌头领，千方百计细心照料此批马。如粗心大意致母马流产、减产者，查明上报，依法查办，以此严管马务札萨克。经查，所属梅林章京所献题本，意在慎重马务，精神可佳。理应理藩院转告卓索图、昭乌达盟，使其交代所属王公，各旗捐献母马各一千匹，于明年入夏之前派人分批送至大凌河进行分群放养。并向锦州梅林章京汇报外，仍向理藩院禀报此事。等因前来本大部。

兹有，本大部札饬督促本卓索图、昭乌达盟。诸盟长磋商回曰，理应按时呈送此一千匹母马，只是蒙古地区草料短缺，也没到上膘季节。

加之长途赶送，正遇入春之季，河水泛滥，淤泥交加，马匹瘦弱，困难重重。故稍作延迟，等入夏水草丰盈，母马壮硕时即可呈送。为此，干练官差携官文，送至锦州梅林章京处。是年初夏初十日，官差带回锦州官文。等因札付本盟署。

行札之事。印务署札开：今年三月三十日，卓索图、昭乌达两盟长奏曰，理藩院督促之事。礼部记载，锦州梅林章京处呈曰，卓索图、昭乌达两盟朝贡之两千匹马送至大凌河，另行放牧，进行繁殖。兹有，临近大雪季节，河湖封冻，草场枯萎，远途赶送，减膘之事在所难免。期间，想分给庄户饲养，但是庄户较分散，远近不一。周围也是荒山野岭。如无草料，放养母马难度大。不如先将此批母马分给各蒙古王旗，等至明年入夏之时，烙铁印，年岁、毛色登记造册，分批送至双章甸之地，以备统一配送。严加交待所属地马倌之长，千方百计细心照料此批马。如粗心大意致母马流产、减产者，查明上报马务处，依法查办。以此严管马务札萨克。等因前来。本昭乌达盟朝贡之一千匹母马，本应及时配送，只是蒙古地区草料短缺，也没到上膘季节。加之长途赶送，正遇入春之季，河水泛滥，淤泥交加，马匹瘦弱，困难重重。可否稍作延迟，等入夏水草丰盈，母马壮硕时即可呈送。为此，官差头等侍卫布赫扎那前去查看情况，过建成县到松岭子时发现此地未有放马草场，不宜赶送马群。故商定路径清河边界，备办草料。朝贡之一千匹马分两批护送。第一批今年五月十五日送至双章甸。等语。在此札饬，按题本烙铁印，年岁登记造册，按满文一式五册，指派官差即刻送至。如有老弱病残之马匹，不得验收。为此，札付锦州梅林章京、上海关外驿站大凌河等地马务监管加四级记七级札萨克。

为此，本盟署抄录全部原文转送至。文到，诸札萨克、协理台吉一同查阅文内，查验之前备好之母马数量及缺口母马数量。分摊王、贝勒、贝子、公各三匹母马，花翎一、二等台吉和协理台吉各一母马。尔旗三百四十六台吉共捐公马两匹，带驹母马十五匹，四、五岁马十匹，三岁马九匹，共计五十一匹。不得以老弱病残充数之。挑选岁少体壮马放养好，于初夏二十四日早晨赶到盟长贝勒本人故乡所属旗赛罕宝力格之地。各旗札萨克、协理台吉、大小官员带其捐献母马，与驿役马倌一同到达。不得有误。吾等盟长联合查验后转送至锦州梅林章京处，以便在大凌河放养。此事政务之令，不得懈怠。遣送马匹官吏路途费用，诸盟每佐领各二钱银，也在盟会地汇合时送至。

至此，致钤盟长印之文。

同治十二年初夏十四日

035 署理翁牛特札萨克印务之二等台吉为备送念经做法和尚费用事咨多伦庙札萨克喇嘛等文（同治十二年末冬十七日）

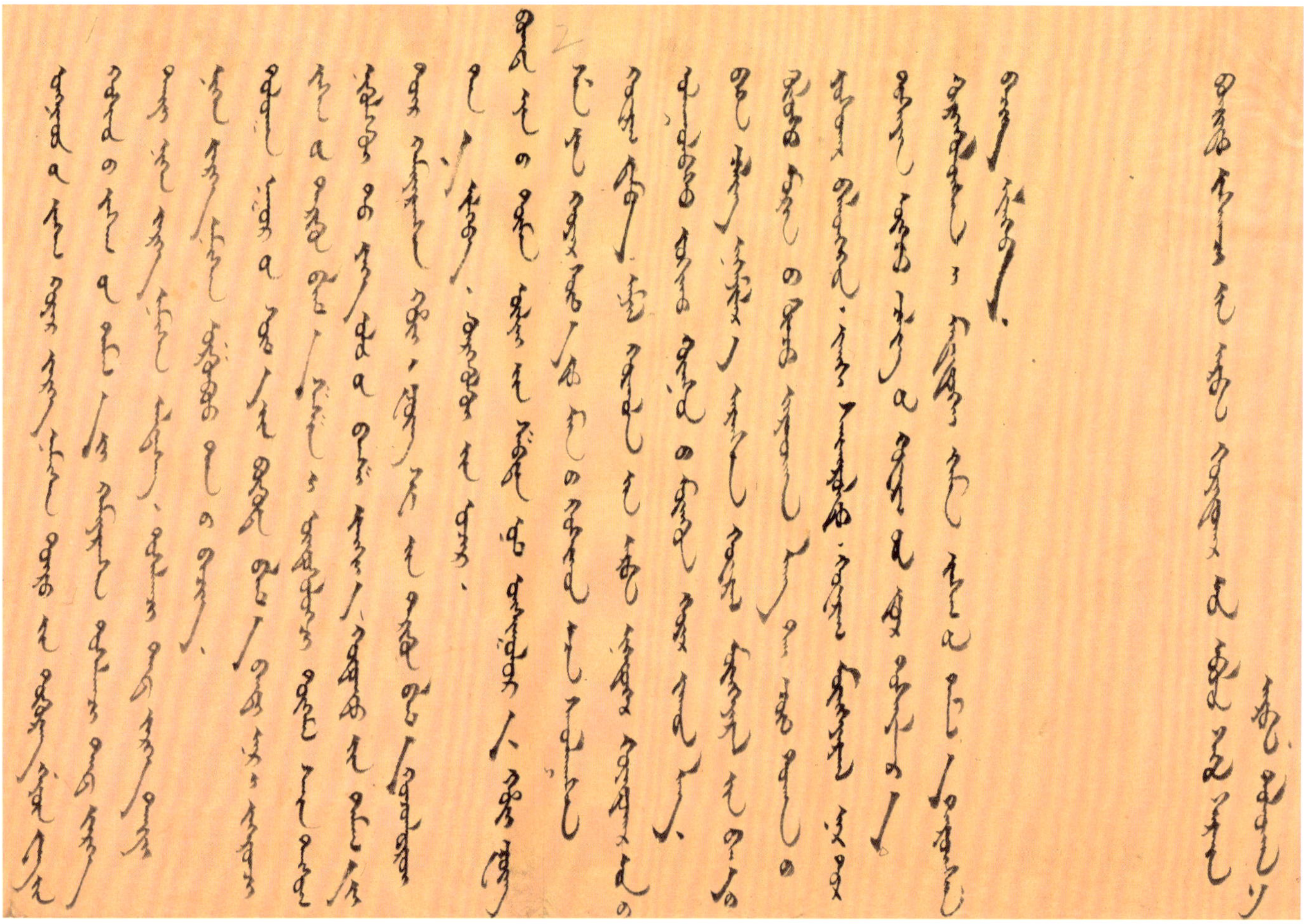

署理翁牛特札萨克印务之二等台吉为备送念经做法和尚费用事咨多伦庙札萨克喇嘛等文

署理翁牛特札萨克加二级多罗杜棱郡王旗印务之协理二等台吉加一级阿拉坦桑、协理二等台吉加一级乌尔根宝文。咨署理多伦庙全体喇嘛班弟札萨克、署理札萨克大喇嘛灌顶普善广慈大国师章嘉呼图克图印务之汇宗寺大喇嘛关其格罗瑞：咨送之事。

为圣上万吉念经做法事，如数备齐本旗驻汇宗寺、善因寺为吾皇诵经之和尚丹巴、那木吉勒十一、十二年应得口粮费二百两，追讨薪金之和尚孟和吉日嘎拉薪金六两，交之章京赛音乌其拉图，与和尚孟和吉日嘎拉一同咨送之。

至此，咨送钤札萨克印之文。

同治十二年末冬十七日

036 多伦庙札萨克喇嘛为督促追缴和尚欠款事咨署理翁牛特札萨克印务之二等台吉文（光绪元年五月二十四日）

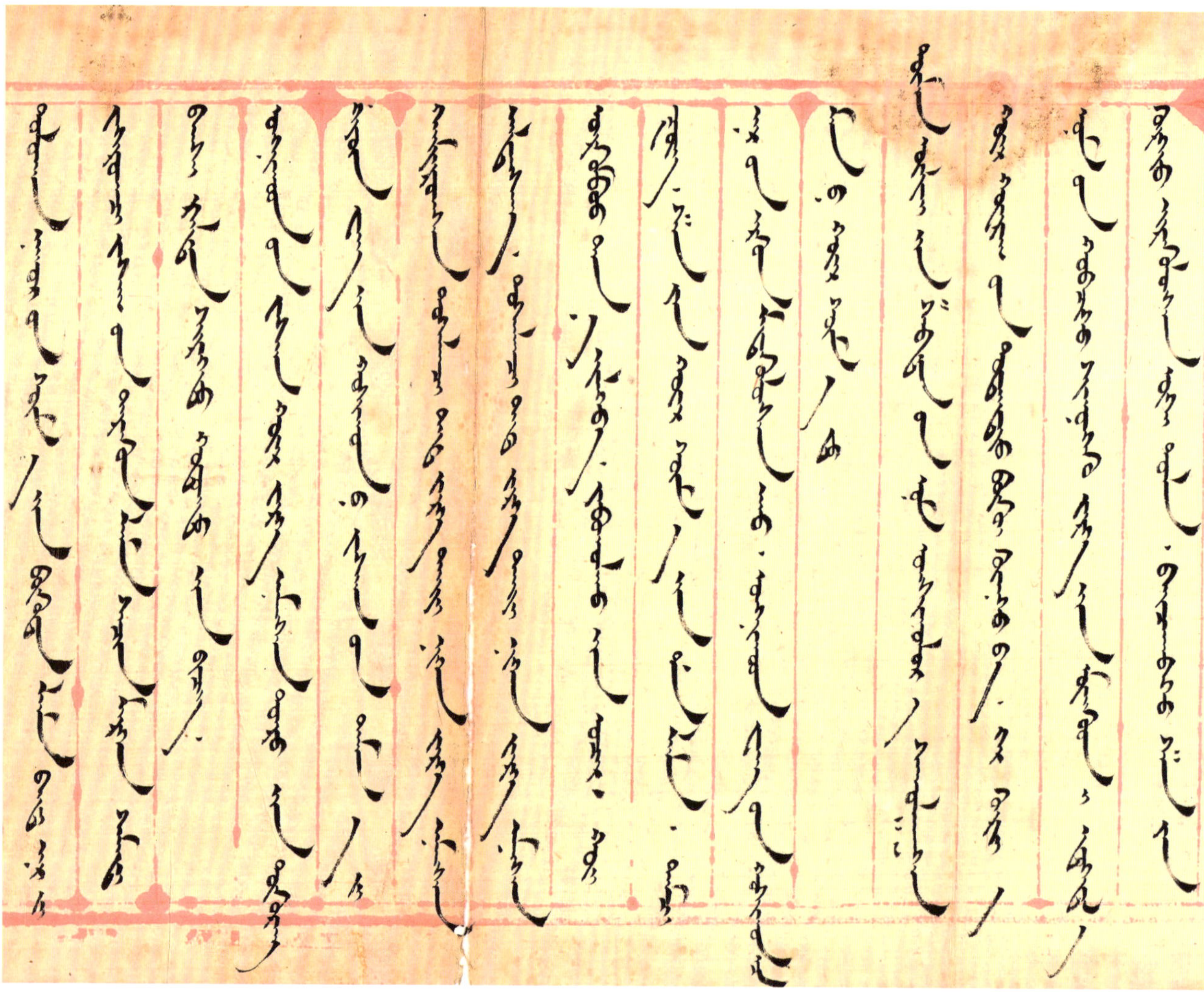

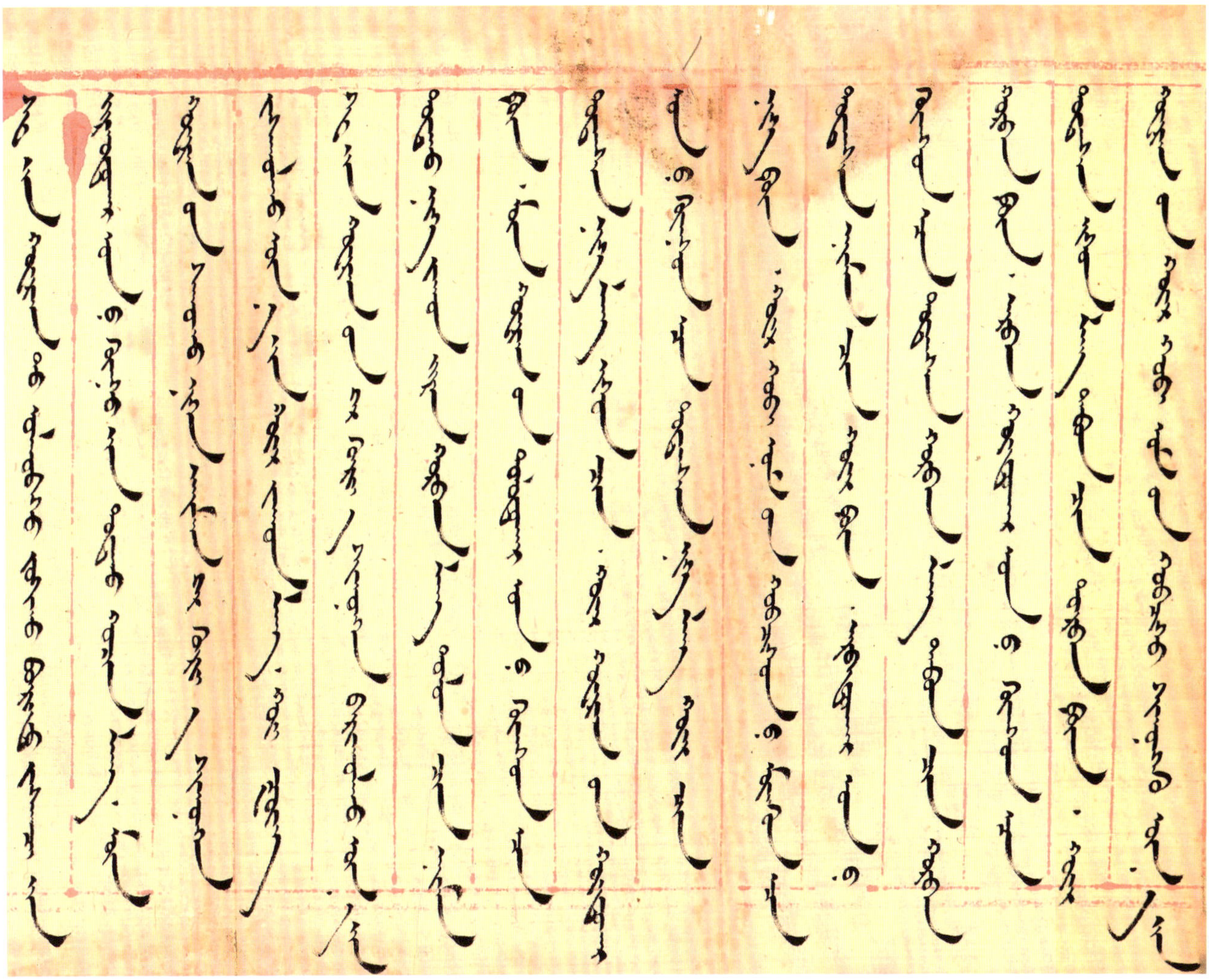

036 多伦庙札萨克喇嘛为督促追缴和尚欠款事咨署理翁牛特札萨克印务之二等台吉文（光绪元年五月二十四日）

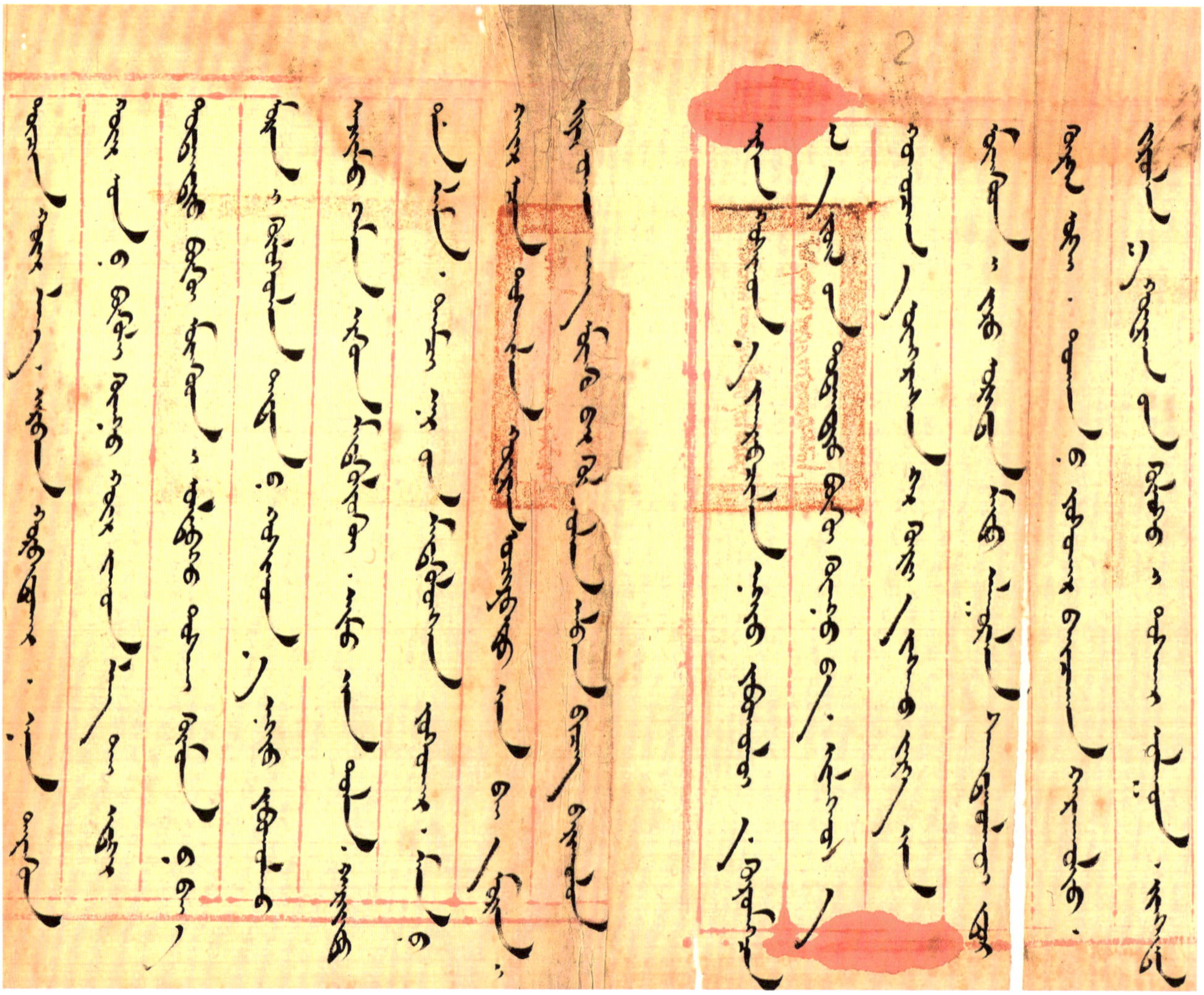

036 多伦庙札萨克喇嘛为督促追缴和尚欠款事咨署理翁牛特札萨克印务之二等台吉文（光绪元年五月二十四日）

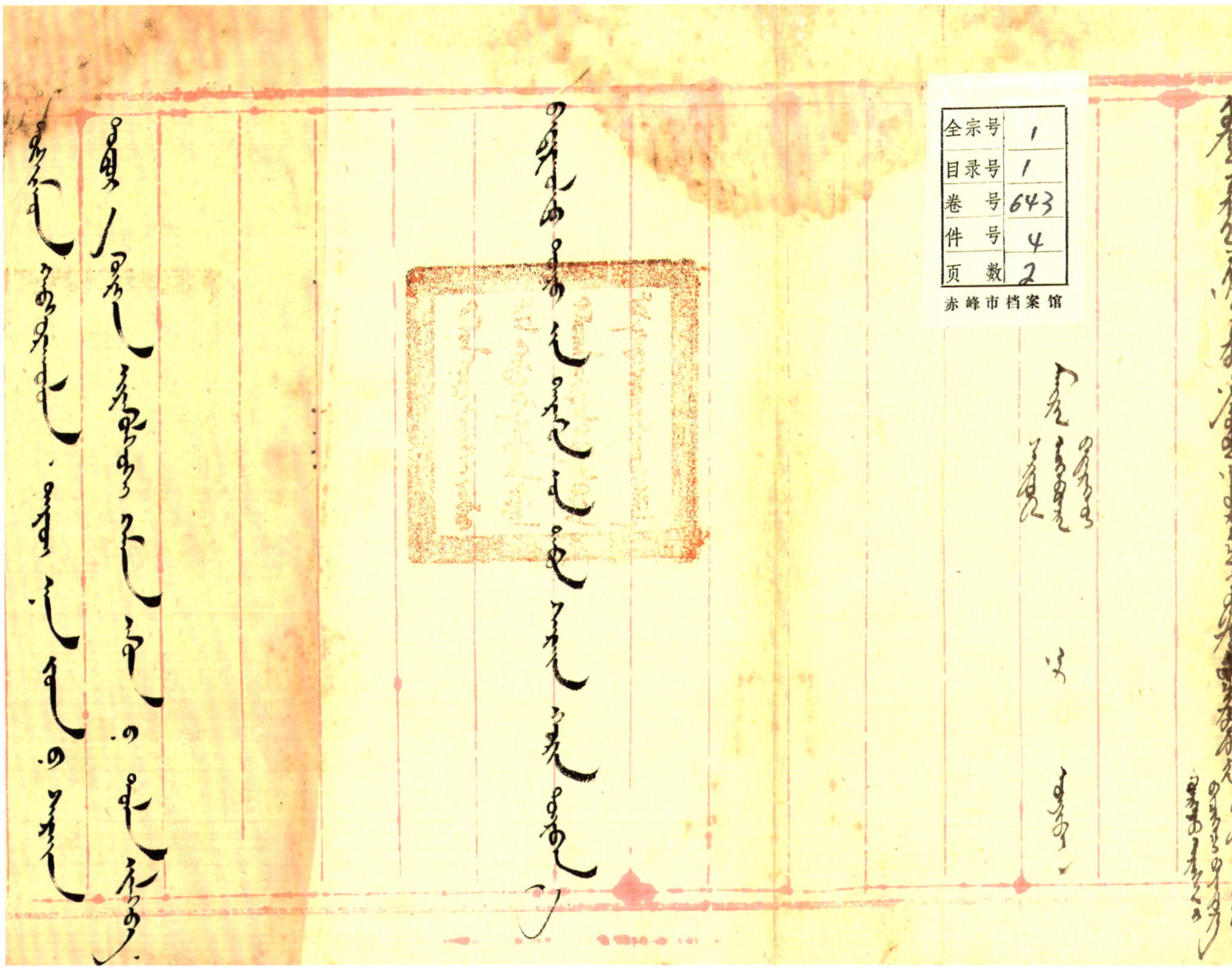

多伦庙札萨克喇嘛为督促追缴和尚欠款事咨署理翁牛特札萨克印务之二等台吉文

总管多伦庙全体喇嘛班弟之札萨克大喇嘛斯琴莫尔根萨玛第师傅噶尔丹住持呼图克图文。咨署理翁牛特札萨克加二级多罗杜棱郡王旗札萨克印务之协理二等台吉加一级阿拉坦桑、协理二等台吉加一级乌尔根宝：咨送之事。

汇宗寺、善因寺大喇嘛，司库喇嘛呈称，翁牛特王旗驻本两寺为吾皇诵经两个和尚之所欠口粮费、房屋修缮费、更换法服费至今未送至。经查，驻善因寺和尚应得之同治六年口粮费欠三十两，本寺和尚房屋修缮费二百两。驻汇宗寺和尚房屋修缮费欠一百六十三两七钱八分，本和尚七年口粮费欠一两九钱，两和尚二年口粮费一两二钱一分，两套法服费欠八钱二分。十年口粮费欠三两五钱三分，十二年口粮费欠九两五钱四分，两个和尚两套法服费欠四十二两。十三年及元年之所欠两年口粮费二百两。此等欠款应派专人追缴为盼。等语。

为此，根据所属大喇嘛、司库喇嘛报数，本寺庙雇佣和尚敖其尔巴图，携官文至贵旗追缴欠款。到达之际，贵旗如数备齐所欠口粮费，尤其为房屋修缮费等。另付和尚佣金。派官差协助配送，于今年夏天送至为盼。

至此。

光绪元年五月二十四日

037 盟长敖汉旗额驸为圣上诞辰吉日献礼事札署理翁牛特札萨克印务之二等台吉文（光绪元年仲夏二十九日）

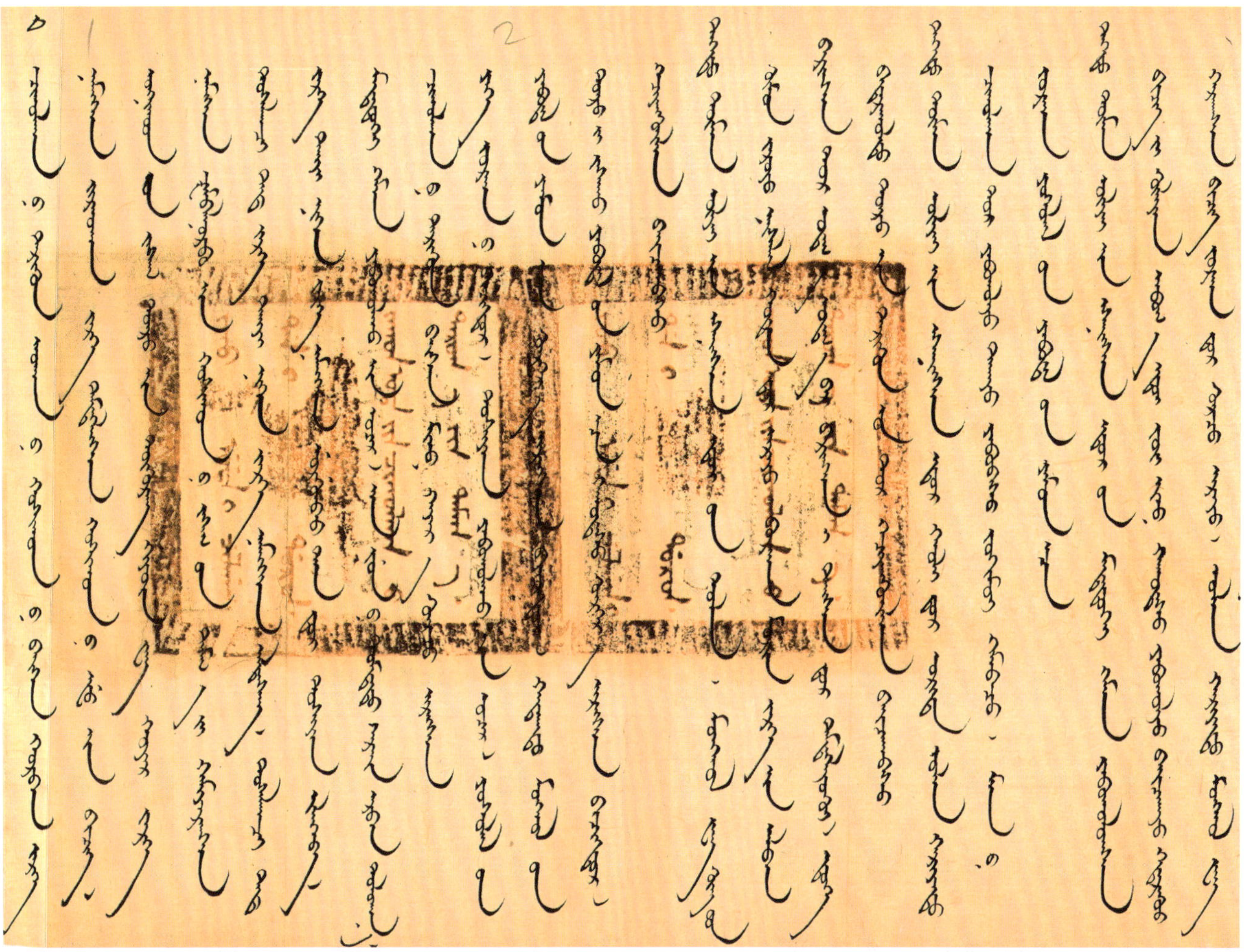

037 盟长敖汉旗额驸为圣上诞辰吉日献礼事札署理翁牛特札萨克印务之二等台吉文（光绪元年仲夏二十九日）

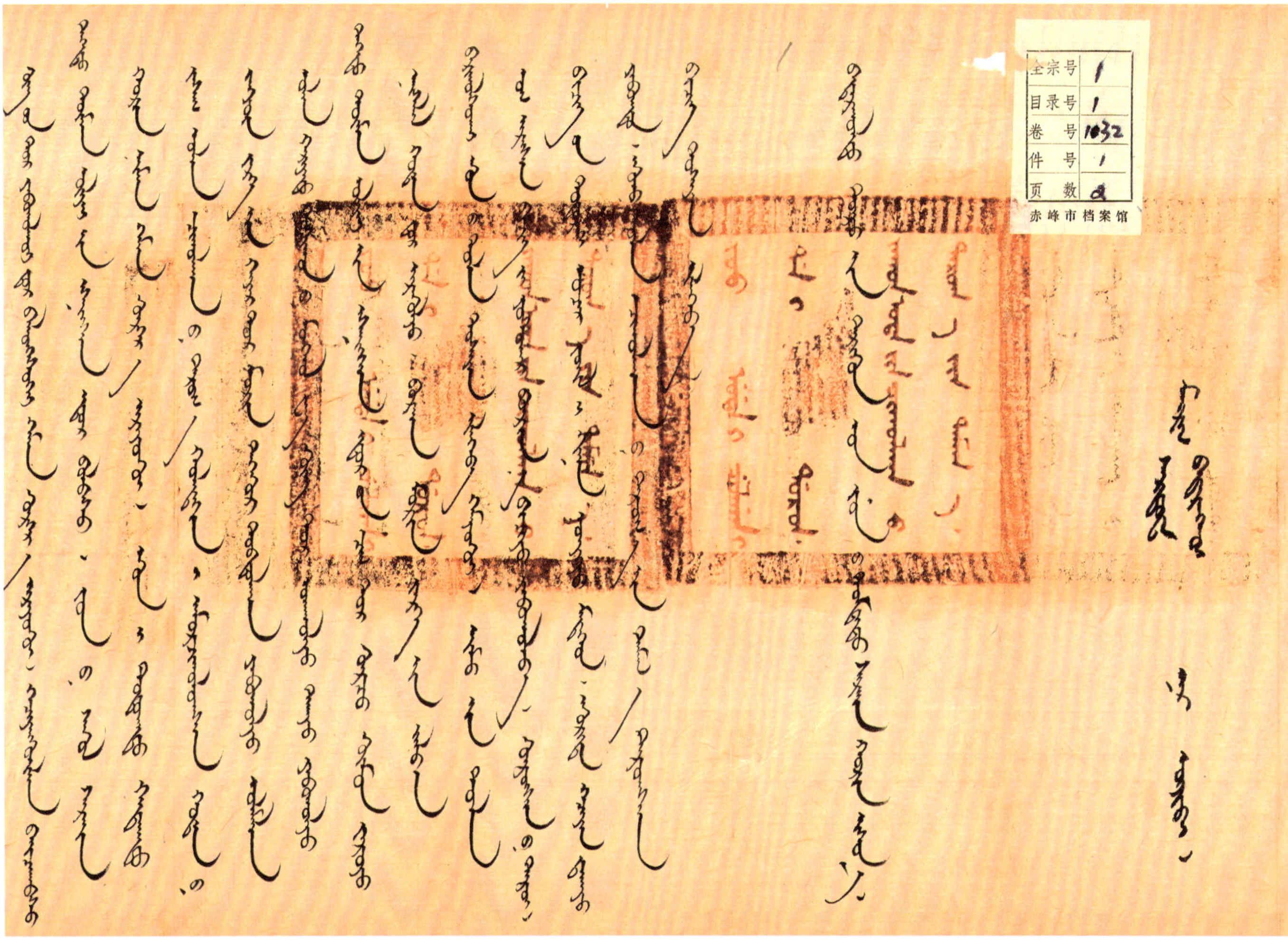

盟长敖汉旗额驸为圣上诞辰吉日献礼事札署理翁牛特札萨克印务之二等台吉文

盟长敖汉旗贝子加三级记六级旗额驸文。札付署理翁牛特札萨克多罗杜棱郡王加二级赞巴勒诺尔布旗印务之协理二等台吉加一级阿拉坦桑、协理二等台吉加一级乌尔根宝：行札之事。

本年仲夏十七日，本盟长贝子府承转之大部札开：礼部转送之理藩院行文记载，经查，吾皇诞辰吉日，蒙古王公派公差进京屡屡献珍稀贡品均记录在案。等语。如今，遇光绪元年，所属诸盟理应遵旨恭贺吾皇诞辰吉日。查阅本部承接之行文，本大部尚未收到吾皇诞辰吉日圣旨。据法典，理应本大部呈奏皇上恩准后承转所属蒙古王公。经查，万岁诞辰吉日为今年末夏二十八日也。至此，从速通告内外诸札萨克、盟长，抚远大将军府等要塞部门，转送所属各旗蒙古王公。万岁诞辰吉日时派人进京城，献吾皇佛像、马匹等贡品。等因前来本盟署。

为此，本盟署抄录原文转送至。文到，诸札萨克、协理认真审阅，遵札照办。

至此，致钤盟长印之文。

光绪元年仲夏二十九日

笔帖式白领阿为缉拿入室盗贼事呈札萨克王爷文（光绪元年七月十七日）

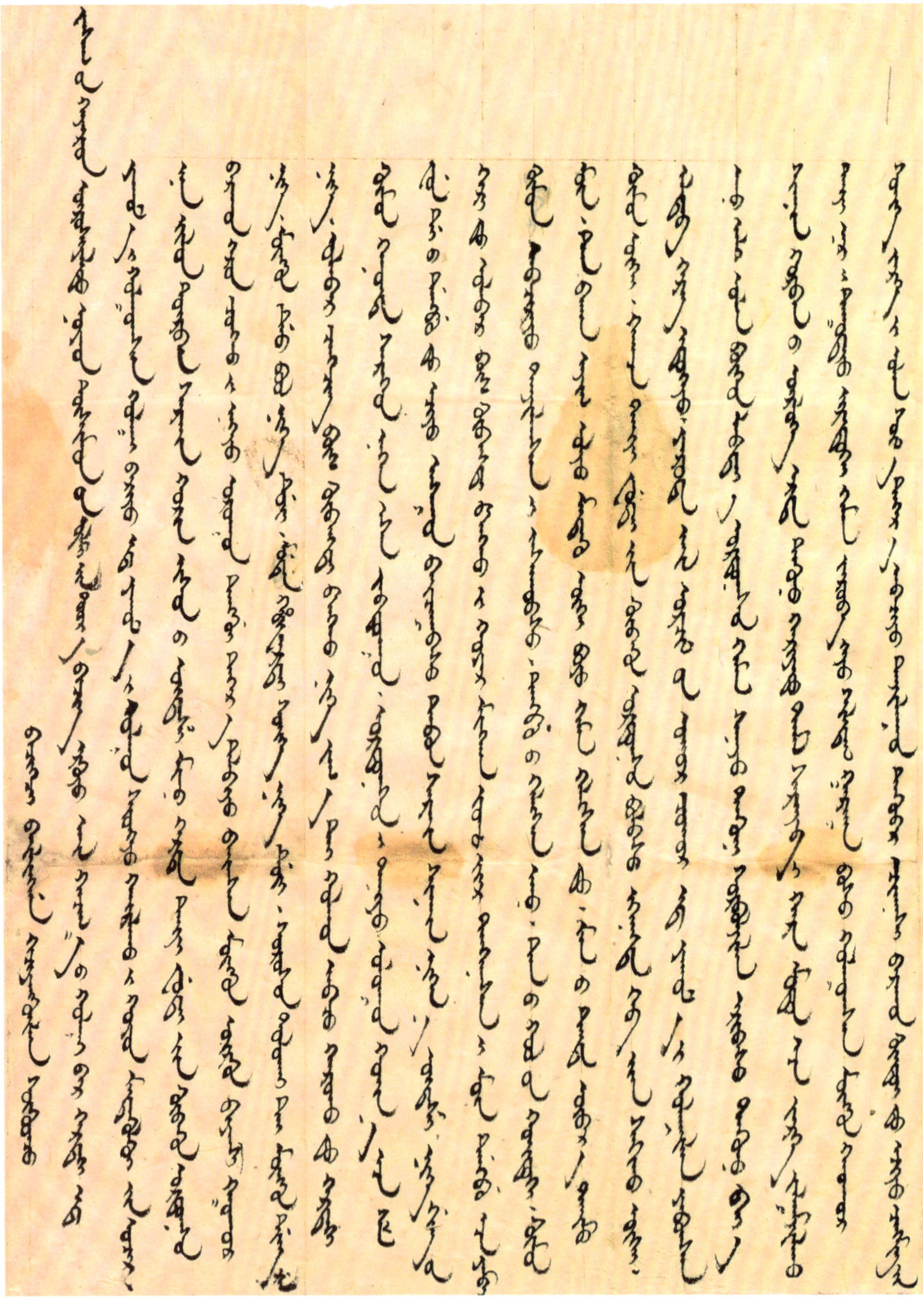

038 笔帖式白领阿为缉拿入室盗贼事呈札萨克王爷文（光绪元年七月十七日）

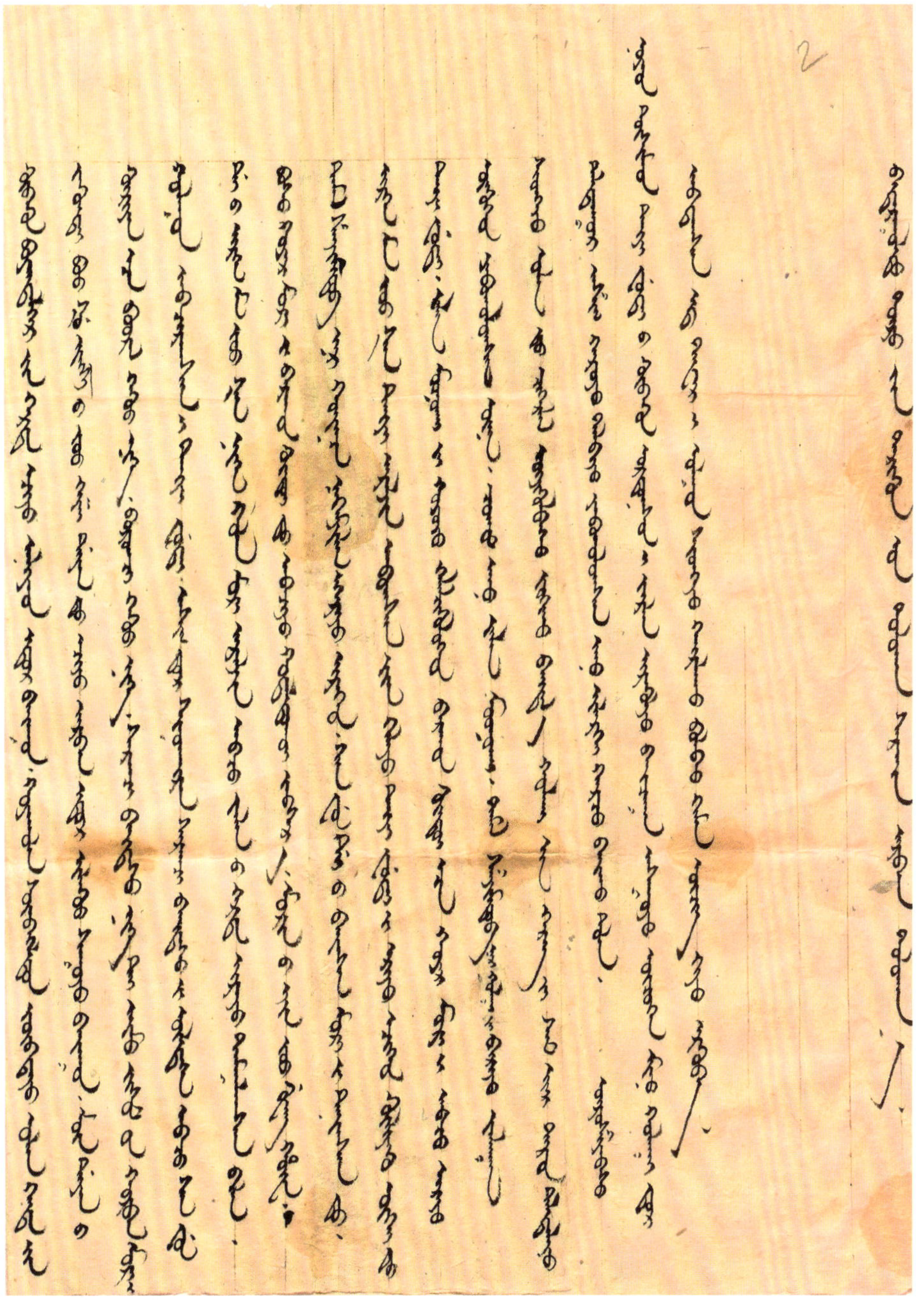

笔帖式白领阿为缉拿入室盗贼事呈札萨克王爷文

仁慈的札萨克官员在上：禀报艾里嘎查小贼盗走家里财物，呈请缉拿盗贼还被盗物之事。

今年四月二十九日夜间，台吉富迪之子乌日图那顺打开俺家西屋窗户潜入，盗走堂柜上摆放之宽扁银簪子一个、银质头箍一对、牡丹花耳坠一对、蝙蝠头银顶簪一枚、粉红长青棉布长袍一件。此时家人惊醒，未能追上，却认出乌日图那顺，尾随至四分地的当铺。问询时五月初一日晚一更时分，把粉红布棉长袍以两千文典当。质问当铺人时曰，是河北边人，尔等应该猜得到。等语。吾等琢磨，附近没别人，只有台吉富迪之子乌日图那顺游手好闲，偷鸡摸狗，确定为乌日图那顺无疑。边去质询乌日图那顺，其以初三日早晨派其去叫所属主管斯仁扎布从哈拉毛敦来继承台吉为借口而拒绝承认，并将偷盗之银簪子、耳坠等拿到敖兰庙典当后，前往西边山谷，在长命之子宝音德力格尔家住多日，二人又合谋去赤峰东边宝石营子赵吉店处住了十多天。后从店院里盗去枣红母马一匹、微青母马一匹、微白三岁马一匹，带来共三匹马。台吉富迪见钱眼开，留下微白三岁马，用此马换来三分地民人马兆山一匹黄骠马，在甲喇家里做了烙印。其余两匹马放到西边山谷准备销赃时，寻马之赵冠华、主管桑吉米都布等追来，认出自己在三分地之马匹。民人马兆山曰，台吉换走之。据此找台吉富迪质询时，台吉富迪求甲喇毛淖海出面调解，并从西边山谷拿回两匹马归还，这是事实。理应将甲喇毛淖海、主管桑吉米都布抓住惩罚，警示众人才是，但他们隐瞒事实、暗中受益、放走盗贼属实也。

为此，青天王爷开恩将台吉富迪之子乌日图那顺传唤审查，还吾等被盗之财物为盼。

特呈状文。

光绪元年七月十七日

039 署理翁牛特札萨克印务之二等台吉为备送军需人员物资事呈盟长敖汉旗额驸等文（光绪元年初冬初一日）

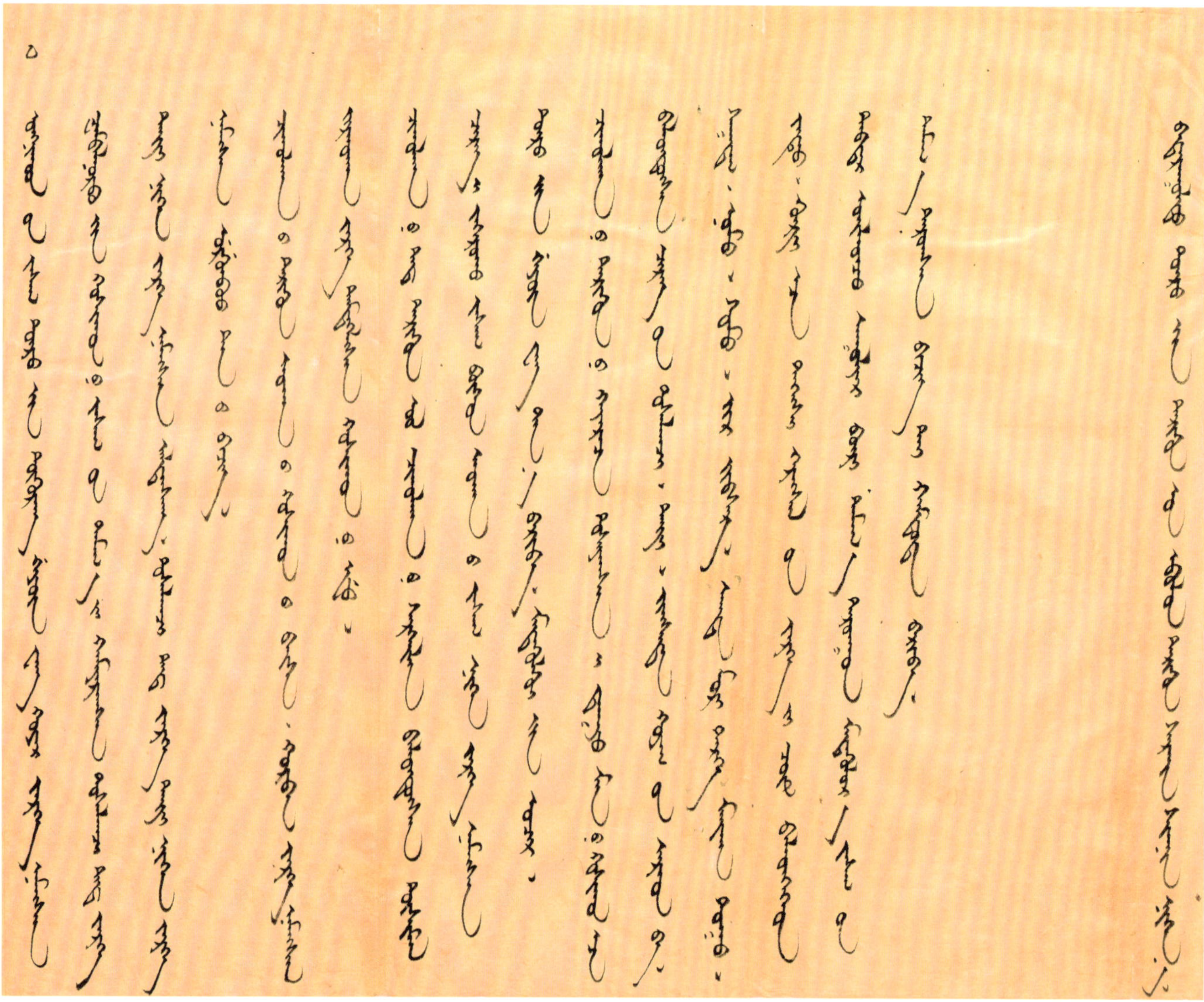

署理翁牛特札萨克印务之二等台吉为备送军需人员物资事呈盟长敖汉旗额驸等文

署理翁牛特札萨克多罗杜棱郡王加二级赞巴勒诺尔布旗印务之协理二等台吉加一级阿拉坦桑、协理二等台吉加一级乌尔根宝文。呈送盟长敖汉旗贝子加三级记六级旗额驸、盟警备军札萨克暨敖汉札萨克加一级多罗郡王：呈报之事。

奉盟署指令，本旗备办之协理、台吉、兵丁及弓箭、器械、军马、车辆、帐篷、铁锅、铡刀、铁锨等军需物资，已登记造册，同钤札萨克印之官文呈送之。

光绪元年初冬初一日

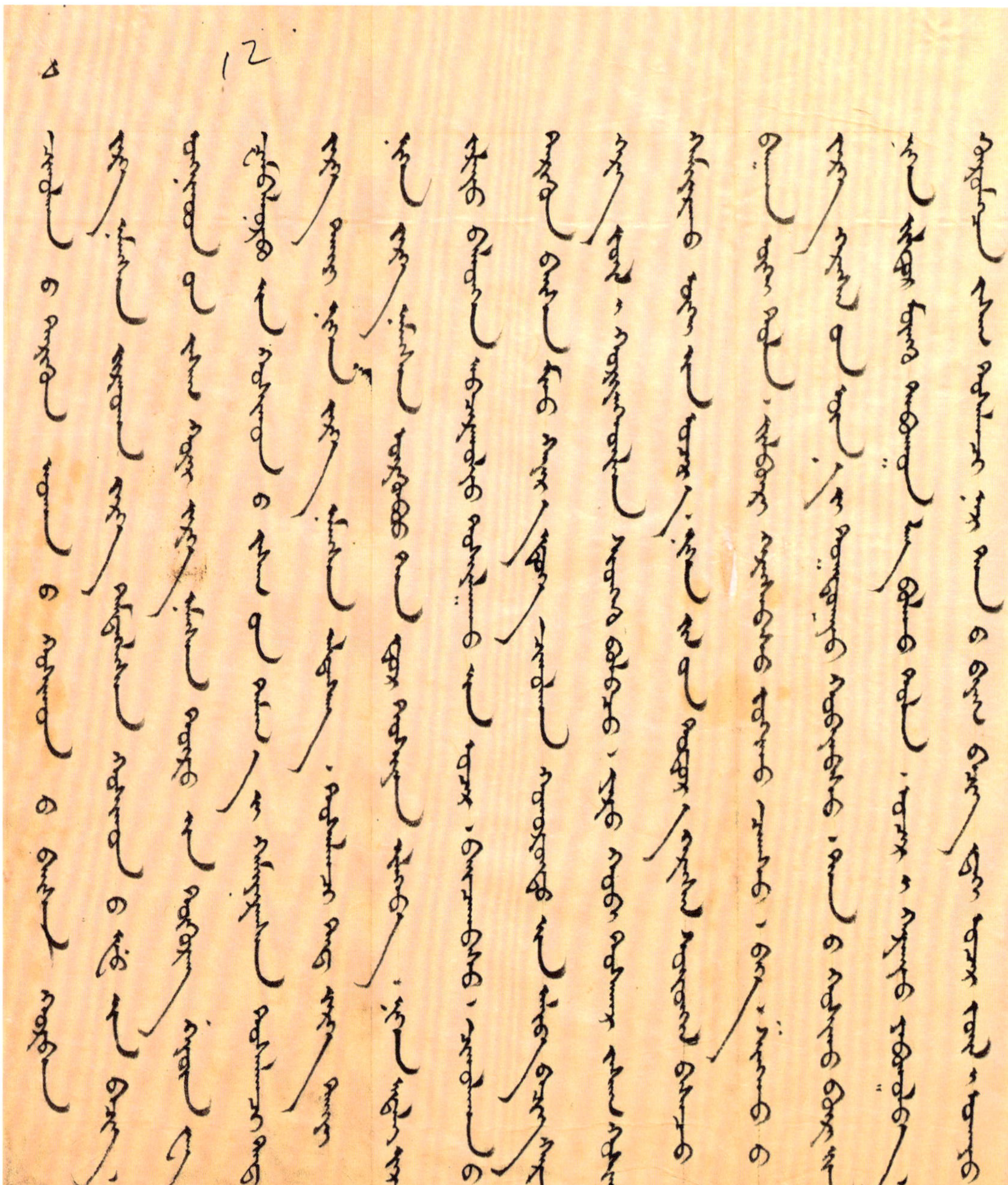

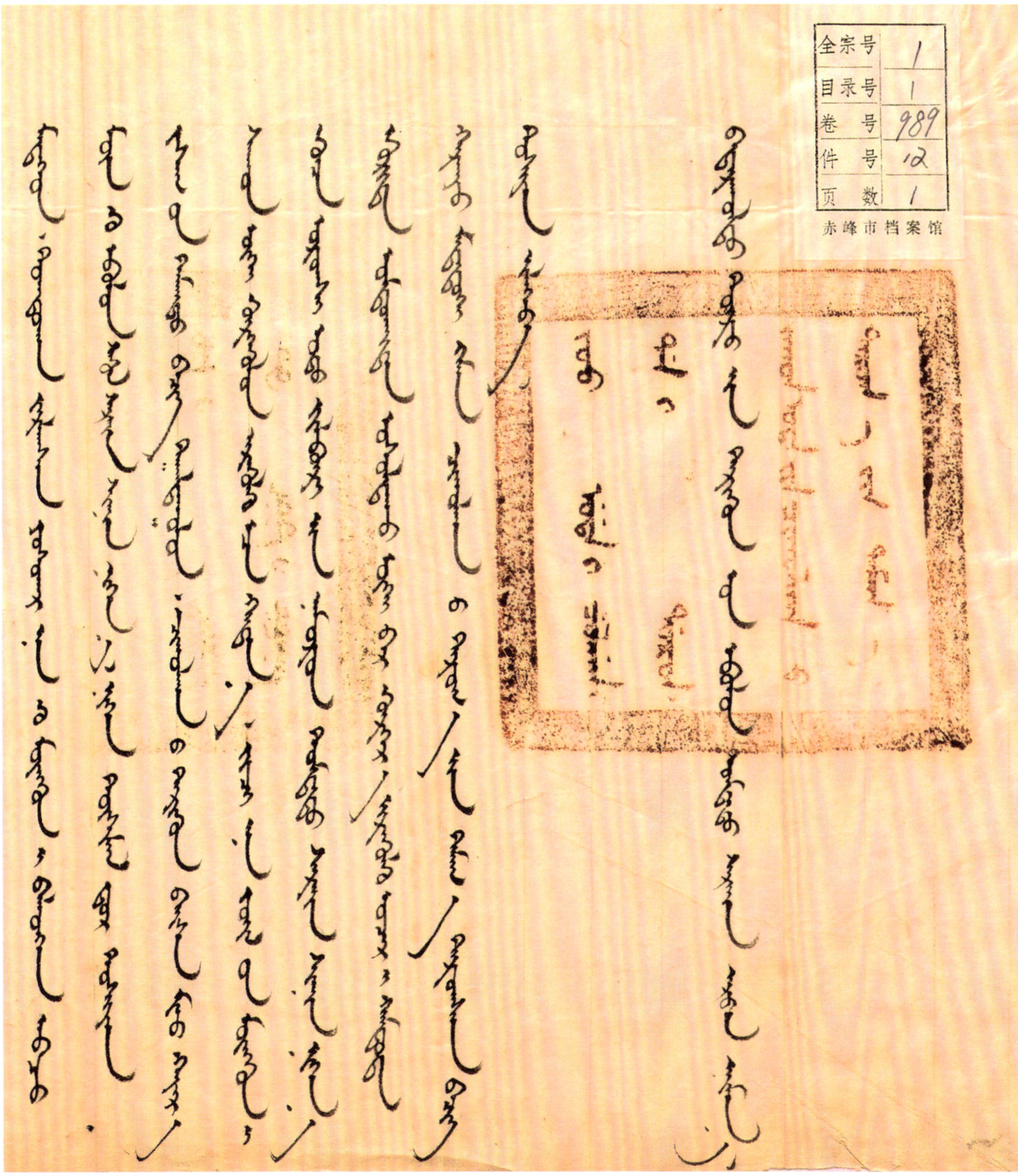
全宗号 1
目录号 1
卷 号 989
件 号 12
页 数 1
赤峰市档案馆

盟长敖汉旗额驸为备送公务费用事札署理翁牛特札萨克印务之二等台吉文

盟长敖汉旗贝子加三级记六级旗额驸文。札付署理翁牛特札萨克加二级多罗杜棱郡王赞巴勒诺尔布旗印务之协理二等台吉加一级阿拉坦桑、协理二等台吉加一级乌尔根宝：督促筹备之事。

经查，本盟长贝子府为综合审理盟内一切文书、公务、民事之地也。本人却不直接管理各札萨克旗。本府每年公务支出不在少数，现每年所需纸张、墨汁、朱砂费用分摊给各旗，预计每年五十余两。故，特此札。文到，诸札萨克、协理审阅内容，筹备所需银两，于今年末冬初一日，派官差携官文一同送到本盟长贝子府处，不得有误。此等银两，今后每年仲秋初一日及时送到。

至此，致钤盟长印之文。

光绪元年仲冬十八日

041 署理翁牛特札萨克印务之二等台吉为领取骑都尉俸禄事呈理藩院文（光绪二年末冬十九日）

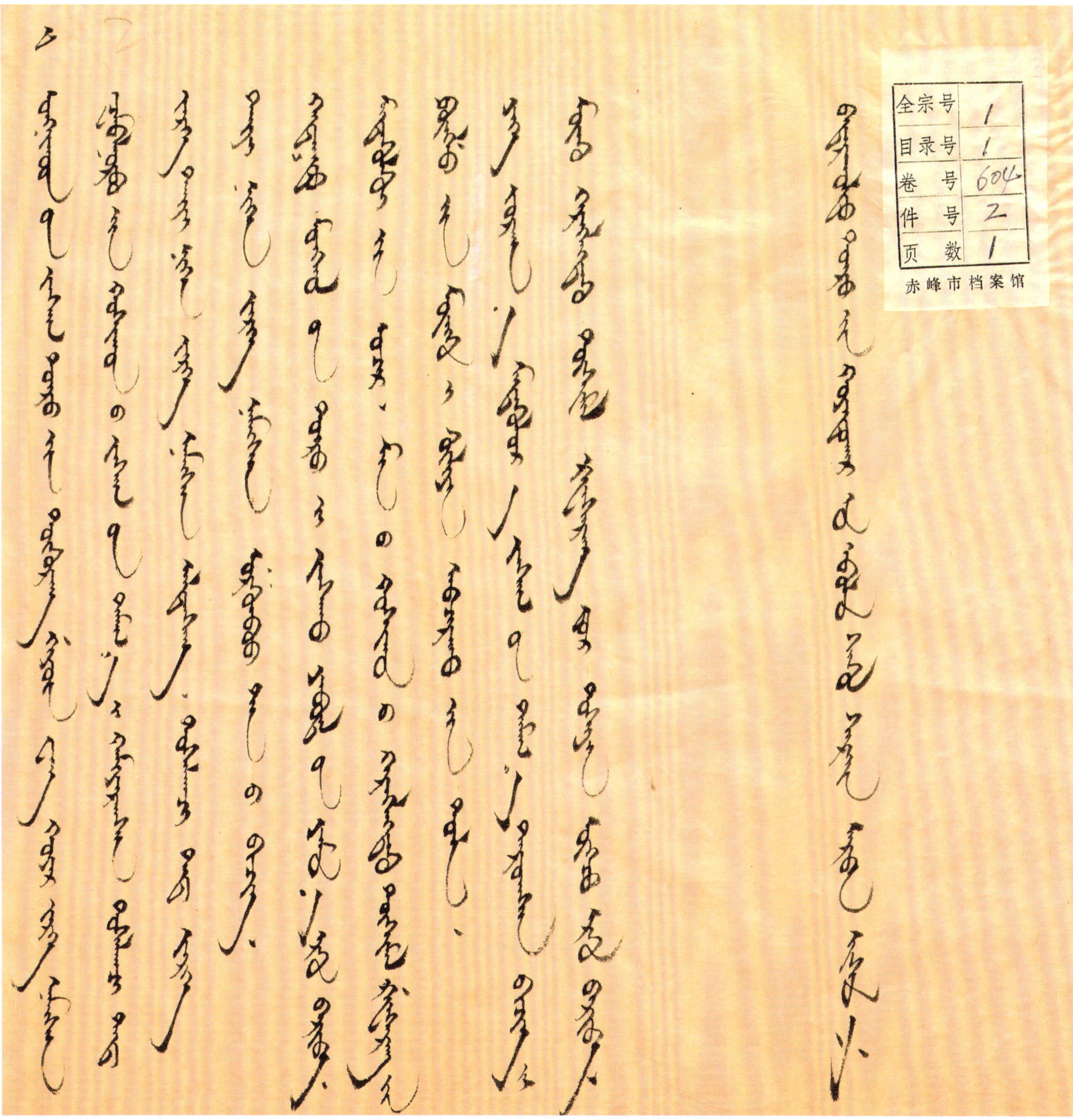

署理翁牛特札萨克印务之二等台吉为领取骑都尉俸禄事呈理藩院文

署理翁牛特札萨克多罗杜棱郡王加二级赞巴勒诺尔布旗印务之协理二等台吉加一级阿拉坦桑、协理二等台吉加一级乌尔根宝呈文。呈理藩院：呈报之事。

为领取本旗骑都尉格瓦斯楞俸禄之事，将官文交付骑都尉格瓦斯楞呈送之。

光绪二年末冬十九日

042 署理翁牛特札萨克印务之二等台吉为圣主万吉诵经和尚费用事咨京城喇嘛班弟总管文（光绪三年末冬十日）

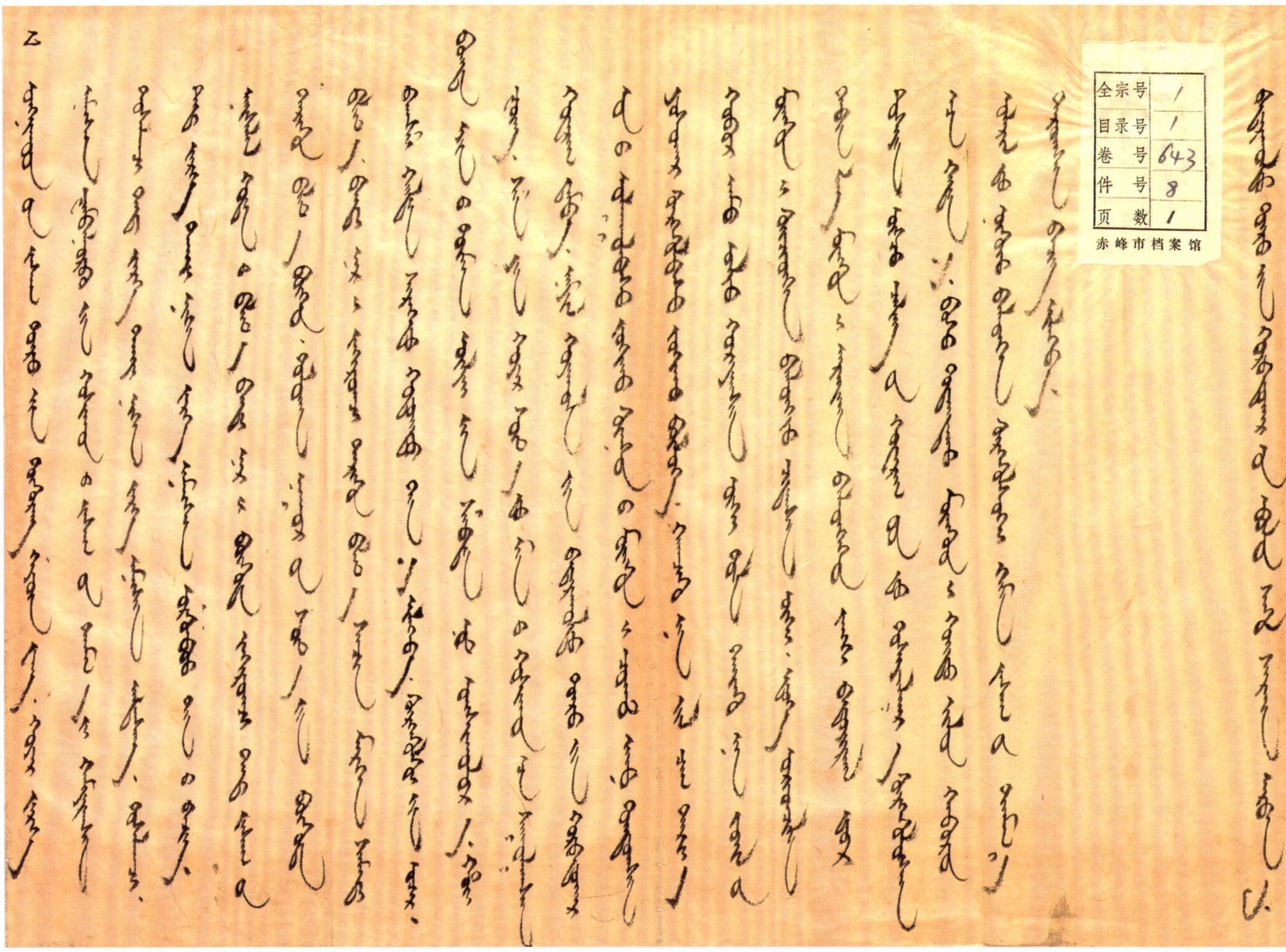

署理翁牛特札萨克印务之二等台吉为圣主万吉诵经和尚费用事咨京城喇嘛班弟总管文

署理翁牛特札萨克多罗郡王加二级赞巴勒诺尔布旗印务之协理二等台吉加一级阿拉坦桑、协理二等台吉加一级乌尔根宝文。咨京城喇嘛班弟总管副札萨克大喇嘛暨总管多伦庙全体喇嘛班弟大喇嘛斯琴莫尔根萨玛第师傅噶尔丹住持呼图克图：咨送之事。

为圣主万吉诵经做法事，本旗驻汇宗寺、善因寺和尚丹巴、那木吉勒俩光绪三年口粮费，应按时送达。只因今年遇旱灾，无收成，未能备办此等银两。兹有，勉强筹备之五十两银子，交至章京巴图吉日嘎拉，呈送领薪金之和尚之外，其余欠缺银两明年春季补送也。

至此，咨送钤札萨克印之文。

光绪三年末冬十日

043 署理翁牛特札萨克印务之二等台吉为补交驻汇宗寺、善因寺和尚费用事咨京城喇嘛班弟总管文（光绪四年仲秋二十日）

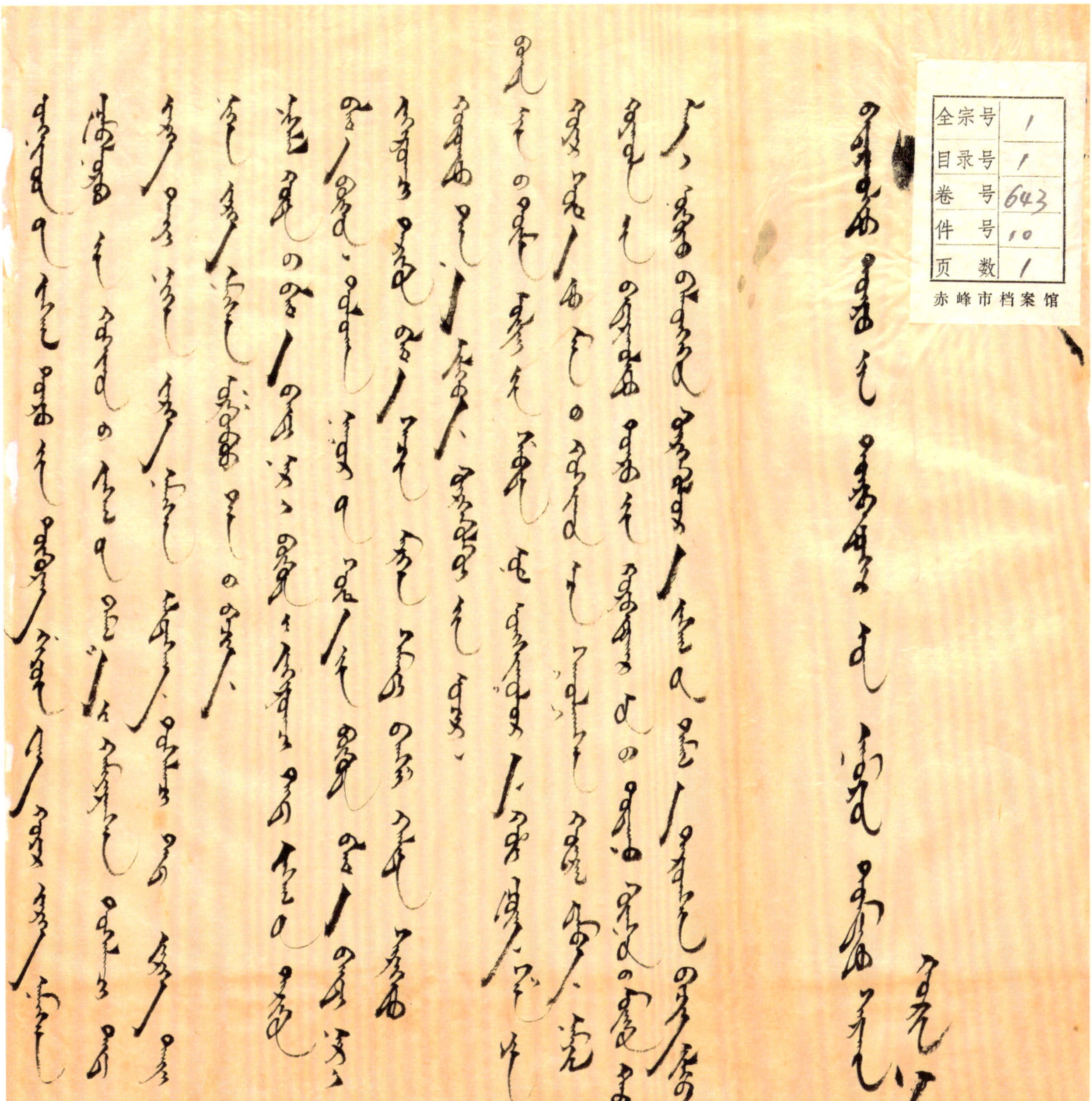

署理翁牛特札萨克印务之二等台吉为补交驻汇宗寺、善因寺和尚费用事咨京城喇嘛班弟总管文

署理翁牛特札萨克多罗郡王加二级赞巴勒诺尔布旗印务之协理二等台吉加一级阿拉坦桑、协理二等台吉加一级乌尔根宝文。咨京城喇嘛班弟总管副札萨克大喇嘛暨总管多伦庙全体喇嘛班弟大喇嘛斯琴莫尔根萨玛第师傅噶尔丹住持呼图克图：报送之事。

本旗驻汇宗寺、善因寺，为圣主皇上诵经和尚丹巴、那木吉勒光绪三年所欠之口粮费五十两银子，以备办补送之。

至此，咨送钤札萨克印之文。

光绪四年仲秋二十日

044 署理翁牛特札萨克印务之二等台吉为补交驻汇宗寺、善因寺和尚费用事咨京城喇嘛班弟总管文（光绪五年初春初二日）

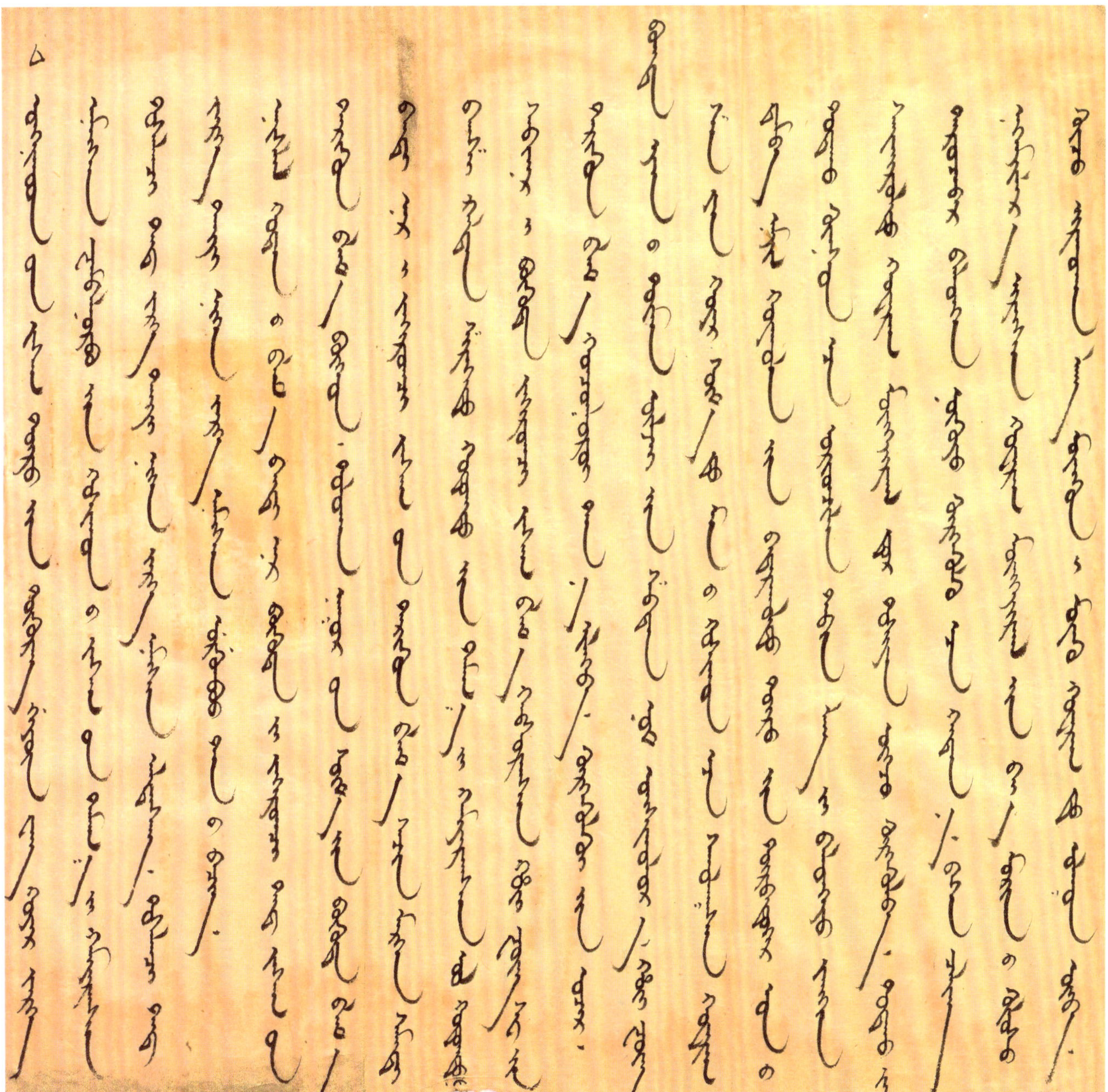

044 署理翁牛特札萨克印务之二等台吉为补交驻汇宗寺、善因寺和尚费用事咨京城喇嘛班弟总管文（光绪五年初春初二日）

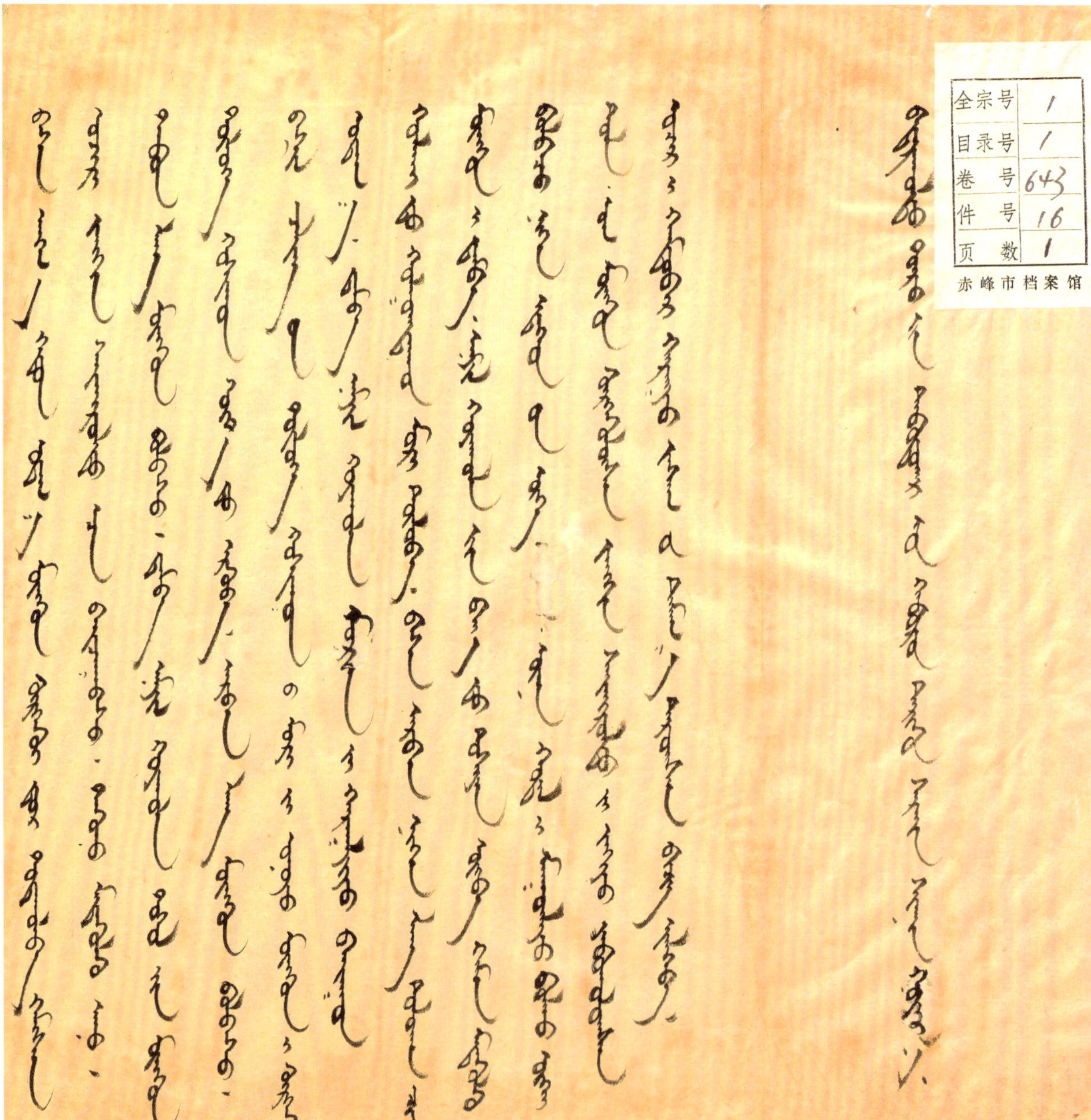

署理翁牛特札萨克印务之二等台吉为补交驻汇宗寺、善因寺和尚费用事咨京城喇嘛班弟总管文

署理翁牛特札萨克多罗杜棱郡王加二级赞巴勒诺尔布旗札萨克印务之协理二等台吉加一级阿拉坦桑、协理二等台吉加一级乌尔根宝文。咨署理总管京城寺庙喇嘛班弟副札萨克大喇嘛暨掌管多伦庙全体喇嘛班弟札萨克大喇嘛斯琴莫尔根萨玛第师傅噶尔丹住持呼图克图印务之原总管呼图克图及弟子之札萨克喇嘛兼汇宗寺大喇嘛关其格罗瑞：咨送之事。

为圣上万吉诵经做法事，本旗驻汇宗寺、善因寺和尚丹巴、那木吉勒之光绪四年所欠口粮费中，先配送五十两，交给章京赛音伊如乐图、和尚孟和吉日嘎拉送至。欠缺部分再补送外，追缴薪金和尚孟和吉日嘎拉之路费六两，已付其本人。还有，上儿回送银缺斤少两一事，质问赛音伊如乐图时交代曰：有五两为丹巴、那木吉勒献给了旗庙宇，有十两为丹巴、那木吉勒骑旗府役马送银时，马被盗，于是赔马也。还有，十一两七钱已交给丹巴、那木吉勒。等语。但此言仅为一面之词也，真假难辨。故本次再派章京赛音伊如乐图，一同明断事理。

至此，致钤札萨克印之文。

光绪五年初春初二日

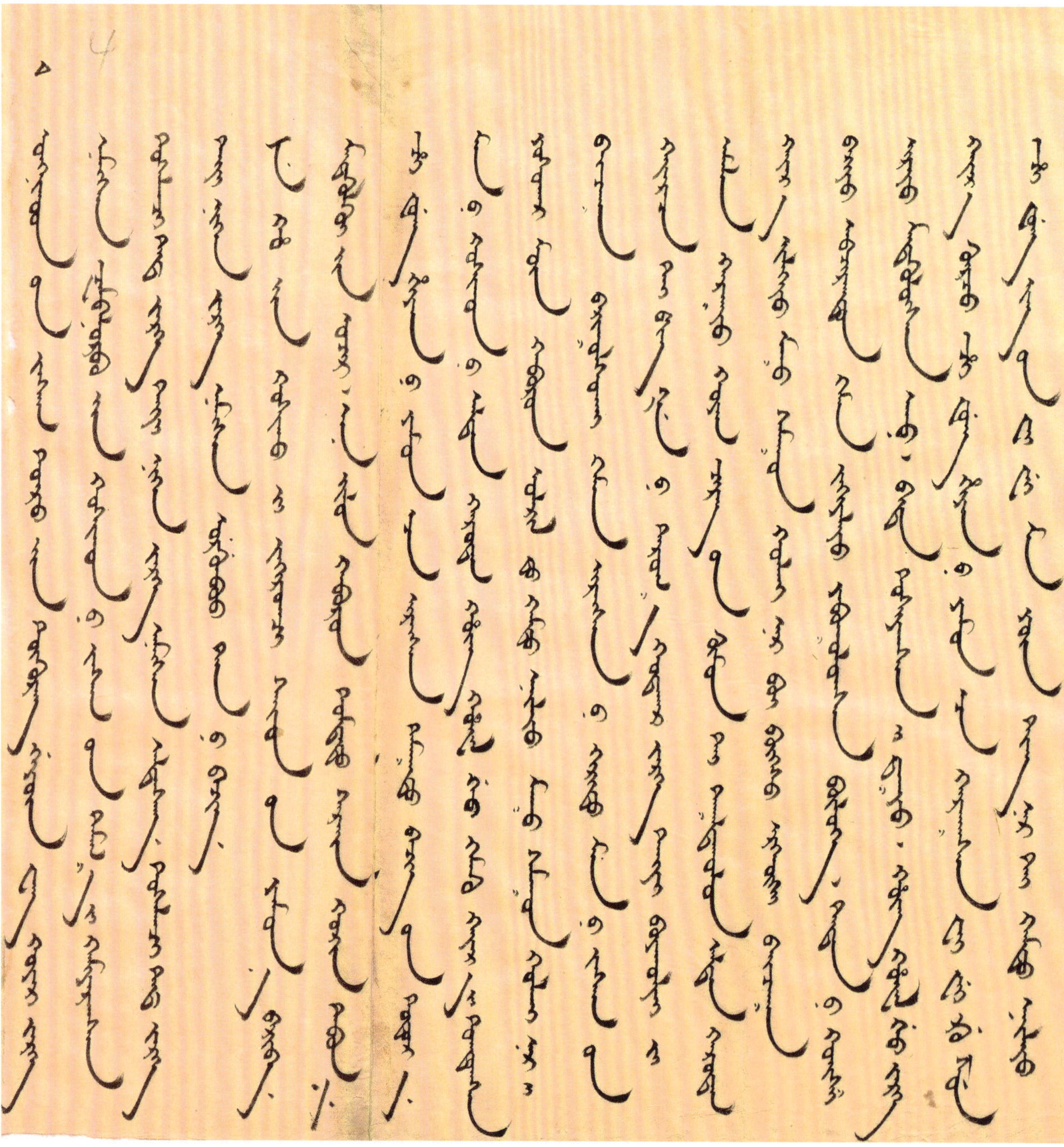

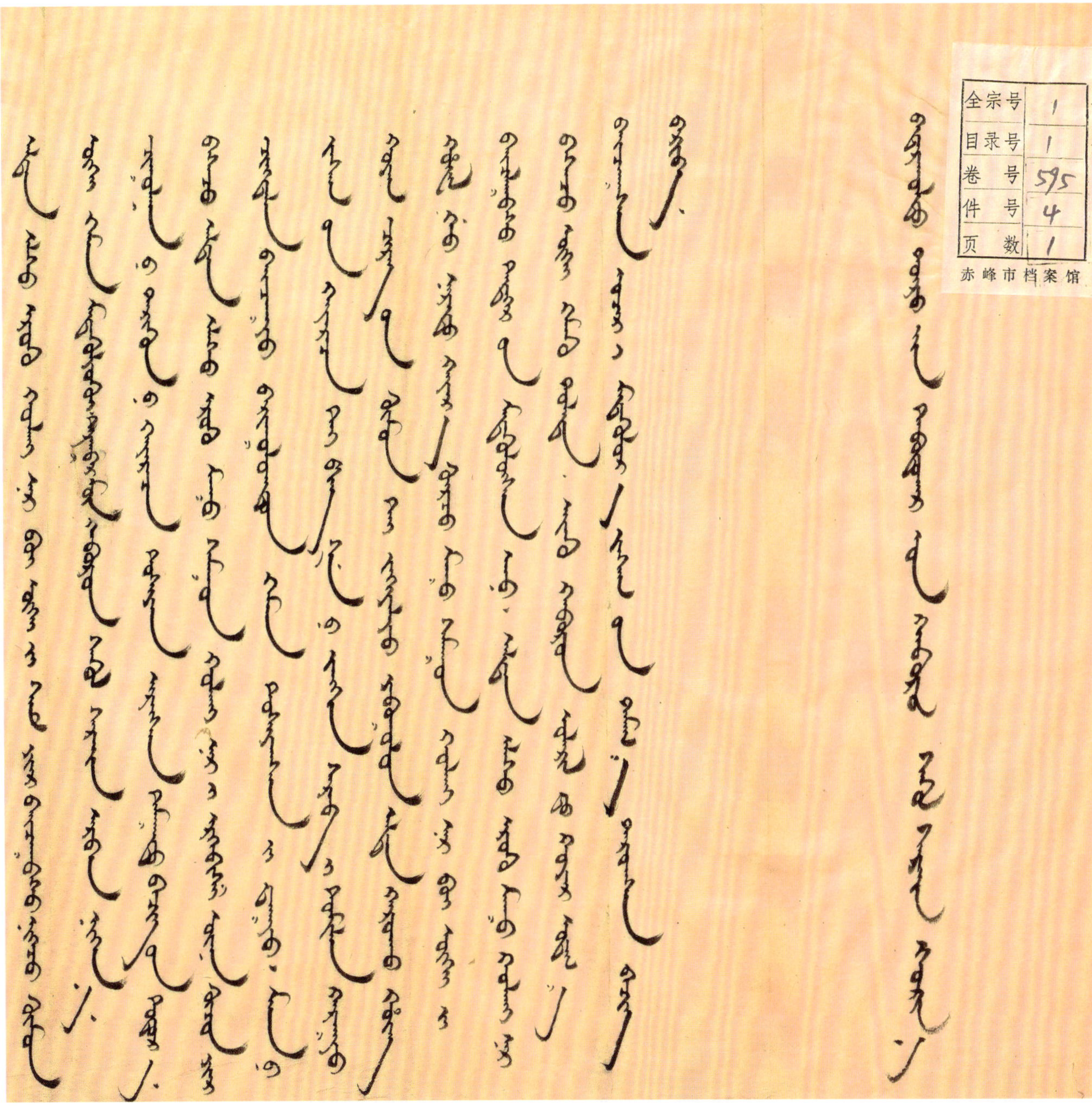

全宗号	1
目录号	1
卷号	595
件号	4
页数	1

赤峰市档案馆

署理翁牛特札萨克印务之二等台吉为巡查红花沟金矿事呈热河都统衙门文

署理翁牛特札萨克多罗杜棱郡王加二级赞巴勒诺尔布旗印务之协理二等台吉加一级阿拉坦桑、协理二等台吉加一级乌尔根宝文。呈送热河都统处：呈报之事。

本年仲春二十五日，承接赤峰县咨开，本春季联合巡查该旗金矿之地红花沟，捉拿盗挖之贼。等语。为此，本札萨克指派太平山之三等台吉宝音乌力吉，率兵丁巡察金矿之地，捉拿盗挖之贼。指派人员回曰：吾等奉命赶至红花沟等地，与赤峰县外围顾顺、赤峰营外围马云廷一同巡察金矿偷挖人员。未发现盗挖之贼。而后，本年末春十一日，盟长处亦札付，务必严查盗挖金矿之贼。奉此，本札萨克指派太平山章京色日布，与兵卒一同至金矿之地红花沟，查看盗挖之贼。均回报无盗挖金矿之贼民也。故春季两次巡察之事呈报热河都统处。此事亦禀报盟长处。

至此，呈钤札萨克印之文。

光绪五年末春二十日

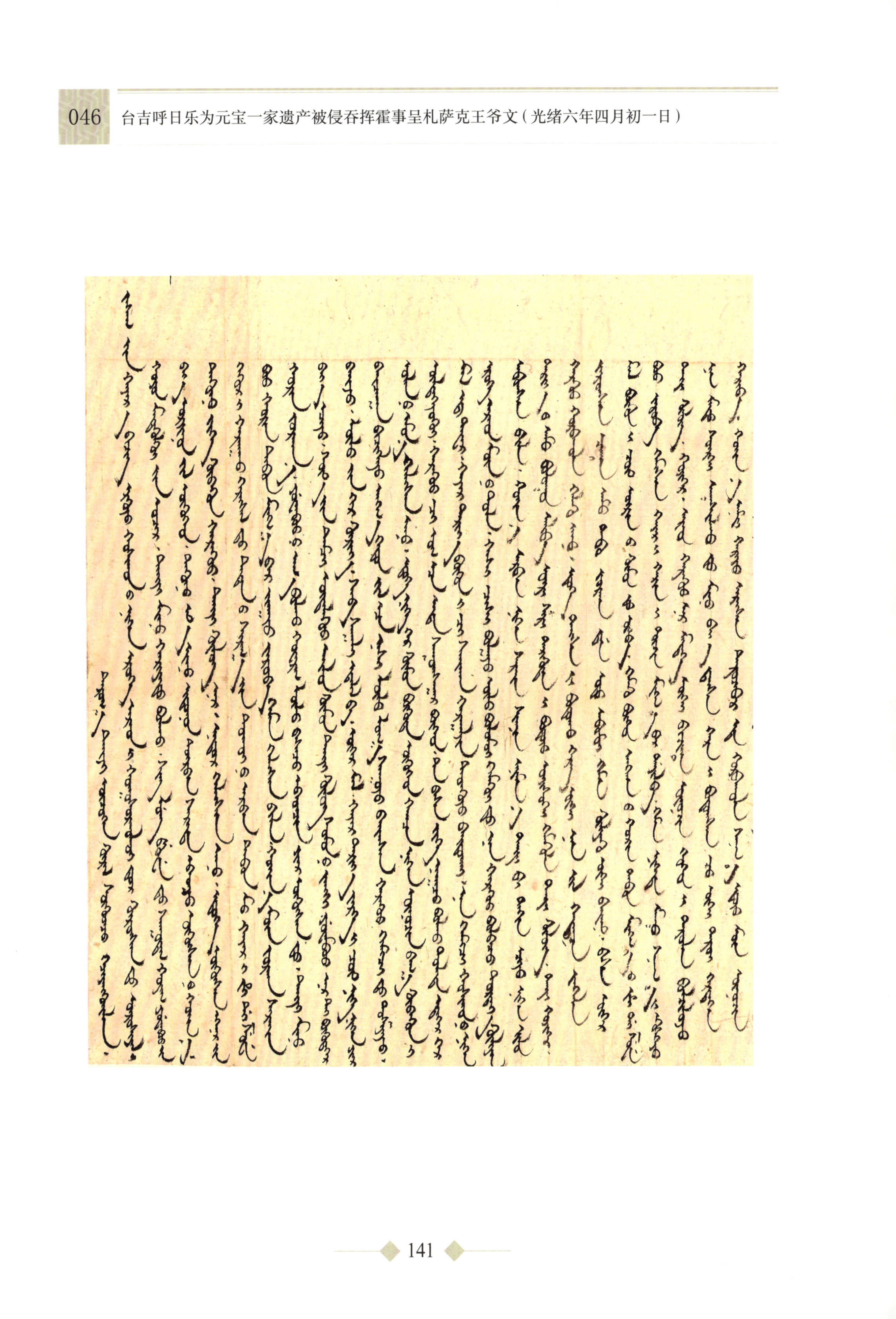

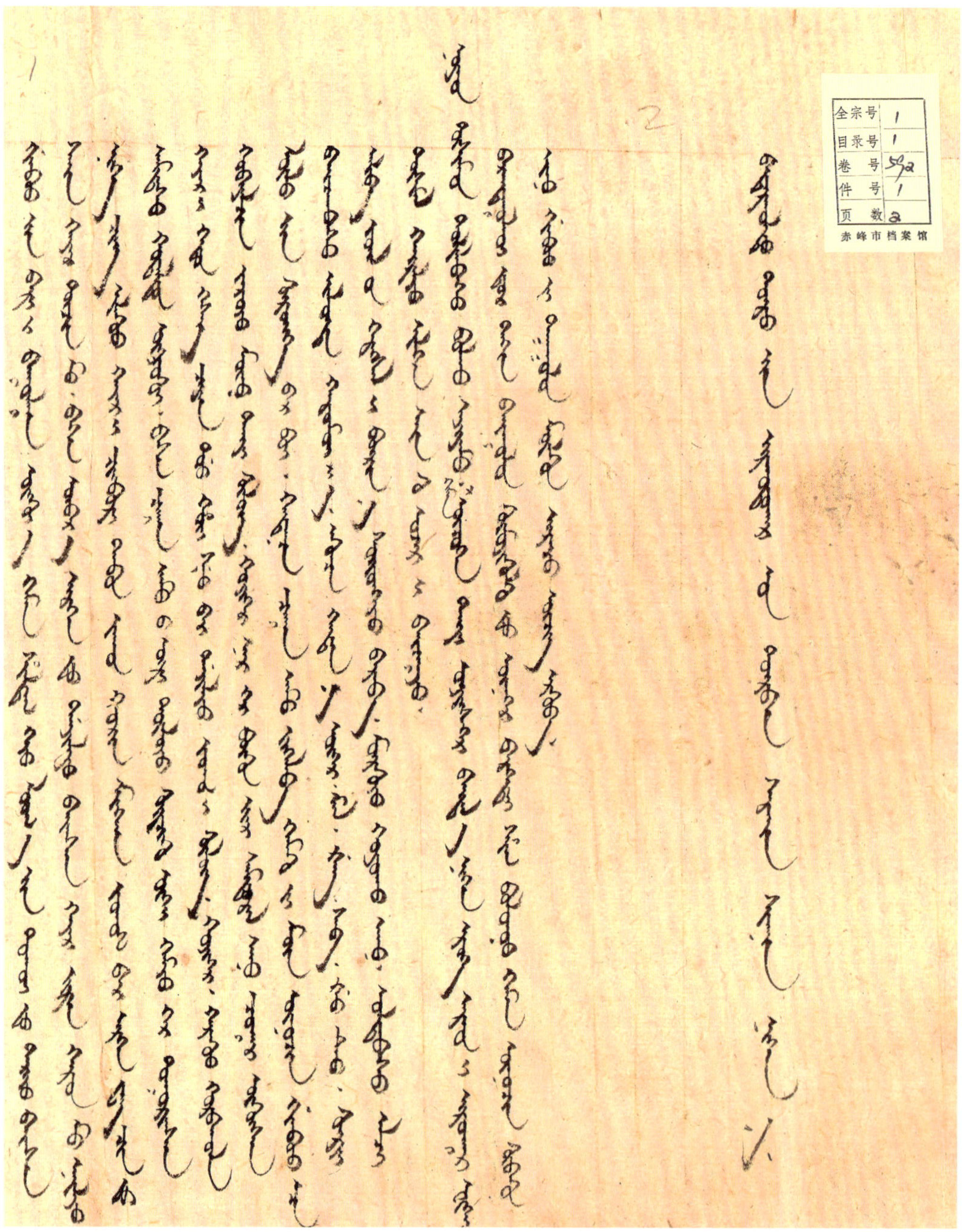
全宗号 1
目录号 1
卷号 592
件号 1
页数 2
赤峰市档案馆

台吉呼日乐为元宝一家遗产被侵吞挥霍事呈札萨克王爷文

为官台吉呼日乐谨叩呈上：呈报札萨克所属壮丁元宝遗产被侵占挥霍一事，特请求上报。

本台吉所属居住兴隆坡之壮丁元宝前年去世，其妻子于去年四月因病去世后，其外甥哈日呼、台吉古鲁格等曰，死者妻子出殡费用里，有他们在希日嘎陶海十五亩地由吉迪、栓宝以二十五千文抵用钱款。后，六月二十六日，元宝之兄和尚鲁鲁又因病去世。寺庙司库喇嘛乌德乐胡，村里人及台吉古鲁格、佐令章京元宝等均在场时，让本台吉去对鲁鲁家院、器具、牲畜、田地等逐一进行登记，并交给前几年起与鲁鲁一同居住之哈日呼。司库喇嘛乌德乐胡当着众人说，现今一家人都已去世，只留孤儿金宝，而哈日呼始终在此居住，又为姑舅亲，要精心照料孤儿金宝，及其家产、田地。此涉及一户人家生存，不可应付了事。等语。交代之事哈日呼亦自愿接受。后，十一月初八日，本台吉再次去哈日呼处拟将一年地租粮食及债务进行结算时，台吉古鲁格、台吉浩吉格尔、哈日呼三人曰，现不能结算，且今年从外边借用白米五六石，还在追债，现没银两。还说将牲畜均给了债主，以前二十五千吊文抵押给吉迪、栓宝之十五亩地，按四十千文典当出去。台吉古鲁格、浩吉格尔、庶民哈日呼如此侵吞和变卖元宝遗产，欺负尚不懂事孤儿金宝，猖狂至极。故无奈，本台吉无功而返。

本台吉回来后，他们三个人又提议以给孤儿金宝娶媳妇为由，将老哈河畔所种良田四十亩，再加典当给民人之六十多亩地，共计一顷余地，以每顷五百二十千文自作主张卖给了民人王勤。还说还不起借粮债务，将房屋周围好几块地典当出去，钱由古鲁格、浩吉格尔、哈日呼瓜分之。现在台吉古鲁格、浩吉格尔等之家庭全部生活用品，均为已故鲁鲁名下财产。是否从外面借口粮，询问孤儿金宝便可知。此外牲畜、缸、器具、戽斗、院子等一切用品均已挥之殆尽。

叩求，札萨克王爷及大臣明鉴，派使者认真清查此事。本台吉亲眼所见有人毁掉一户人家，如再建家院谈何容易。

特携孤儿金宝叩呈状。

光绪六年四月初一日

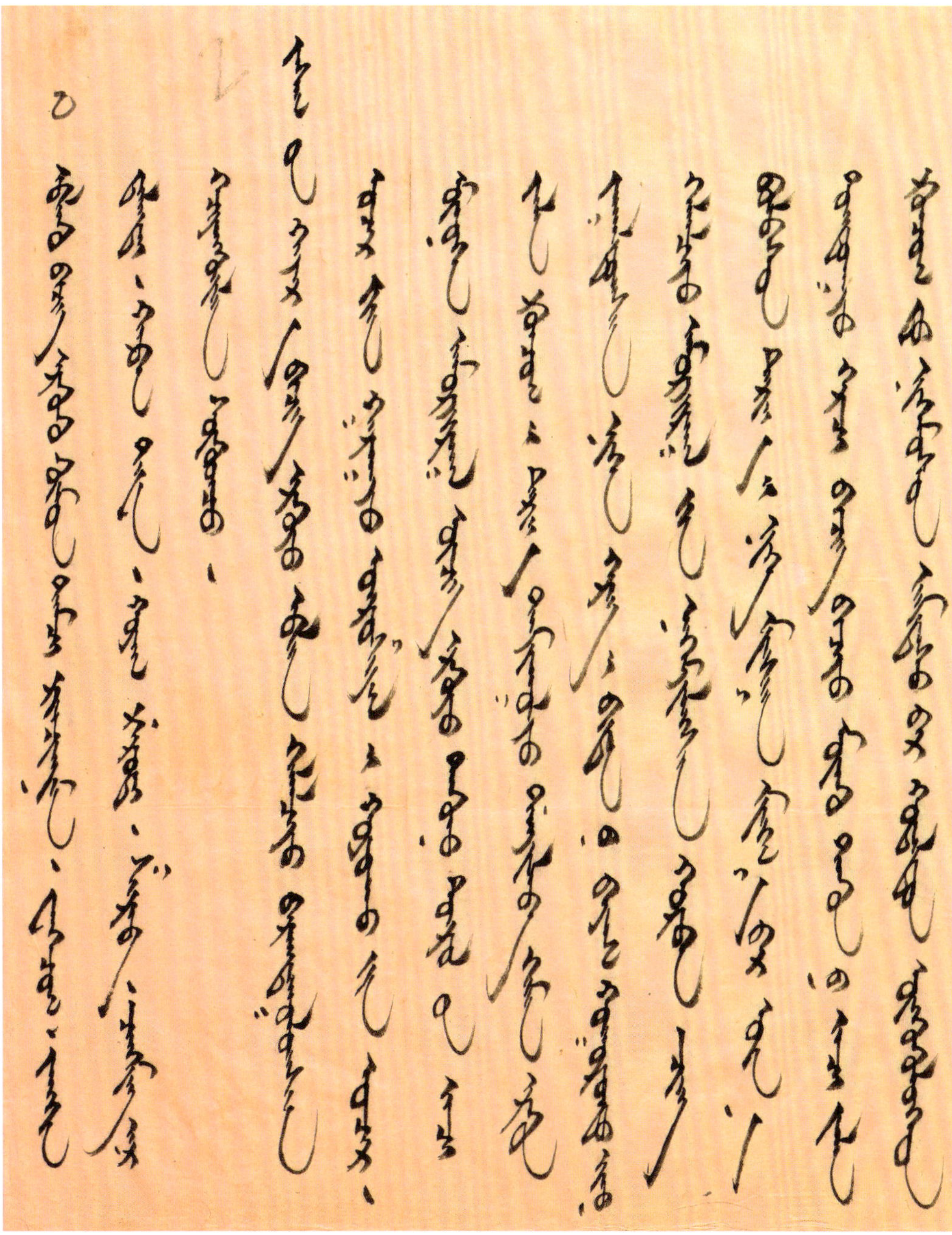

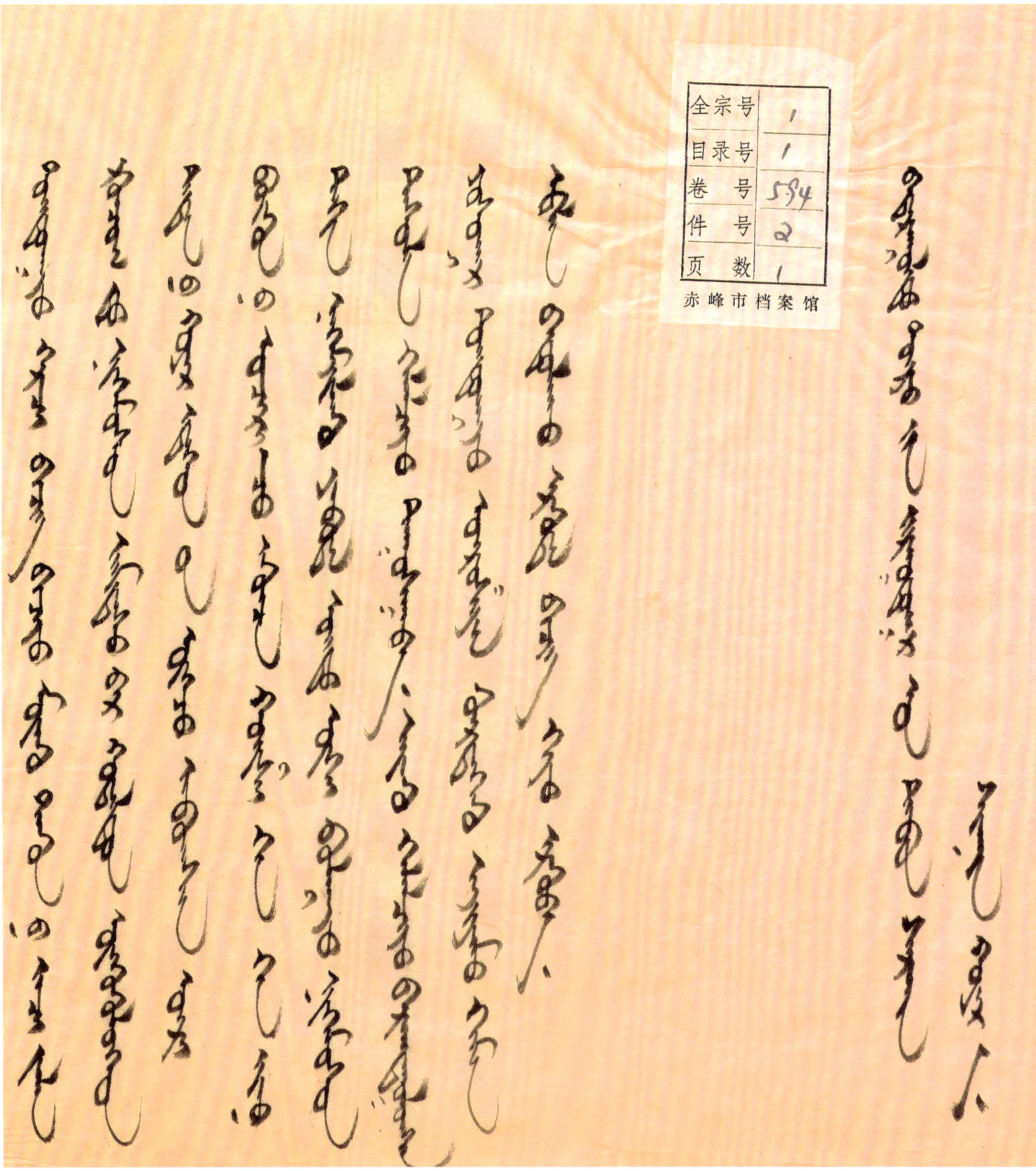
全宗号 1
目录号 1
卷号 534
件号 2
页数 1
赤峰市档案馆

司库喇嘛仁钦尼玛等为买卖耕地契约作证事呈札萨克文

司库喇嘛仁钦尼玛、旺楚格、章京达兰台、哈番达瓦、壮丁嘎日迪、希日布、长命等跪地向札萨克呈保证：近日阿木尔吉日嘎拉因转租耕地纠纷状告远亲甲喇关其格一案，由吾等中间调解，阿木尔吉日嘎拉状告之三顷庄稼地，以一千吊文价格彻底卖给其远亲甲喇关其格，并立字为据。从今往后，双方不得提及此事。

为此，特呈保证。

光绪六年五月初二日

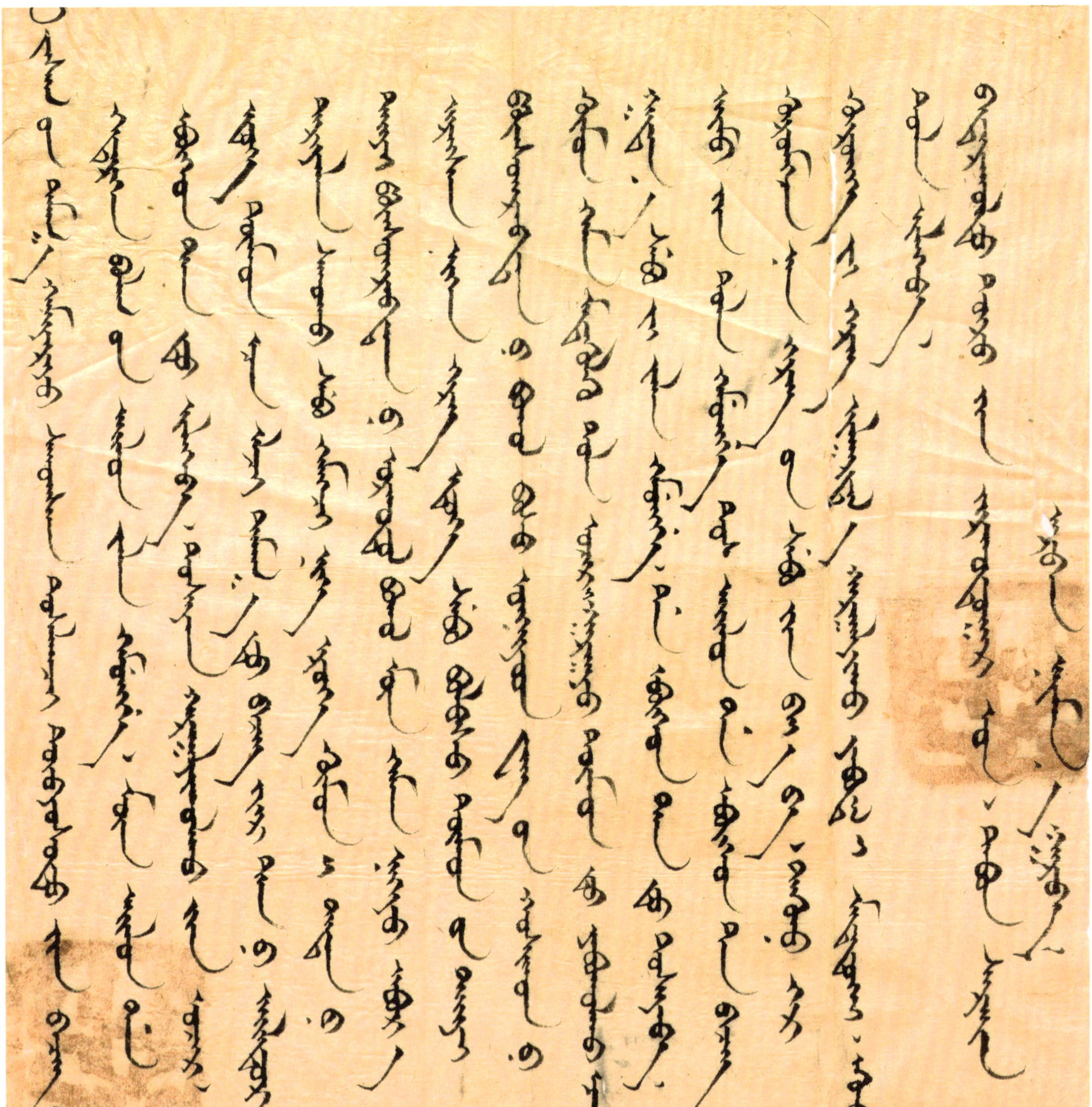

署理札萨克印务之协理为管制土默特逃奴一家事札甲喇孟克等文

署理札萨克印务之协理图布耀苏图文。札付格德尔根宝力格营子甲喇格孟克及本营子长老：接管之事。

兹有，土默特差人携官文呈曰，居住尔营子种地之色宝一户为其台吉彭斯克拉布坦逃奴也，特来追讨押回。等语。本协理经查，此名为色宝之人并非土默特台吉彭斯克拉布坦逃奴，而属翁牛特王旗人也。为查明此事，回复土默特外，将色宝交于甲喇格孟克及本村长老管制。文到，格孟克及本村长老管制当事人色宝及其家产，直至澄清此事为止。

此札。

光绪六年五月十八日

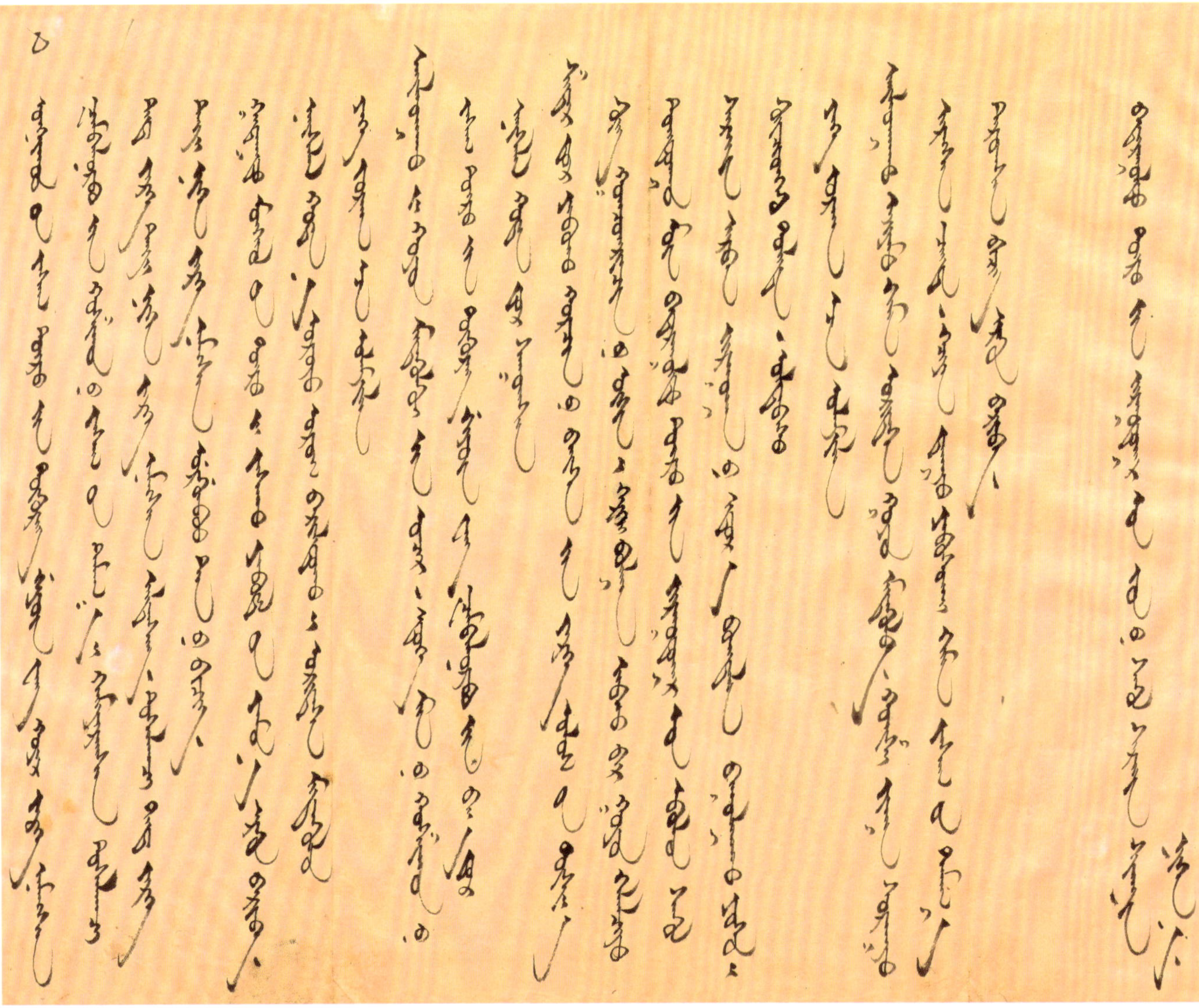

署理翁牛特札萨克印务之二等台吉为札萨克郡王进京完婚事呈理藩院文

署理翁牛特札萨克多罗郡王加二级赞巴勒诺尔布旗札萨克印务之协理二等台吉加一级阿拉坦桑、协理二等台吉加一级乌尔根宝呈文。呈送理藩院：预先呈报进京完婚之事。

呈请大部转奏。兹有，本旗札萨克多罗杜棱郡王赞巴勒诺尔布，求京城御前行走科尔沁贝子衔辅国公贡楚克仁钦之女为妻，拟于光绪六年末冬十六日完婚。故呈请大部转奏。接旨后谨慎遵行。

至此，呈钤札萨克印之文。

光绪六年末夏初一日

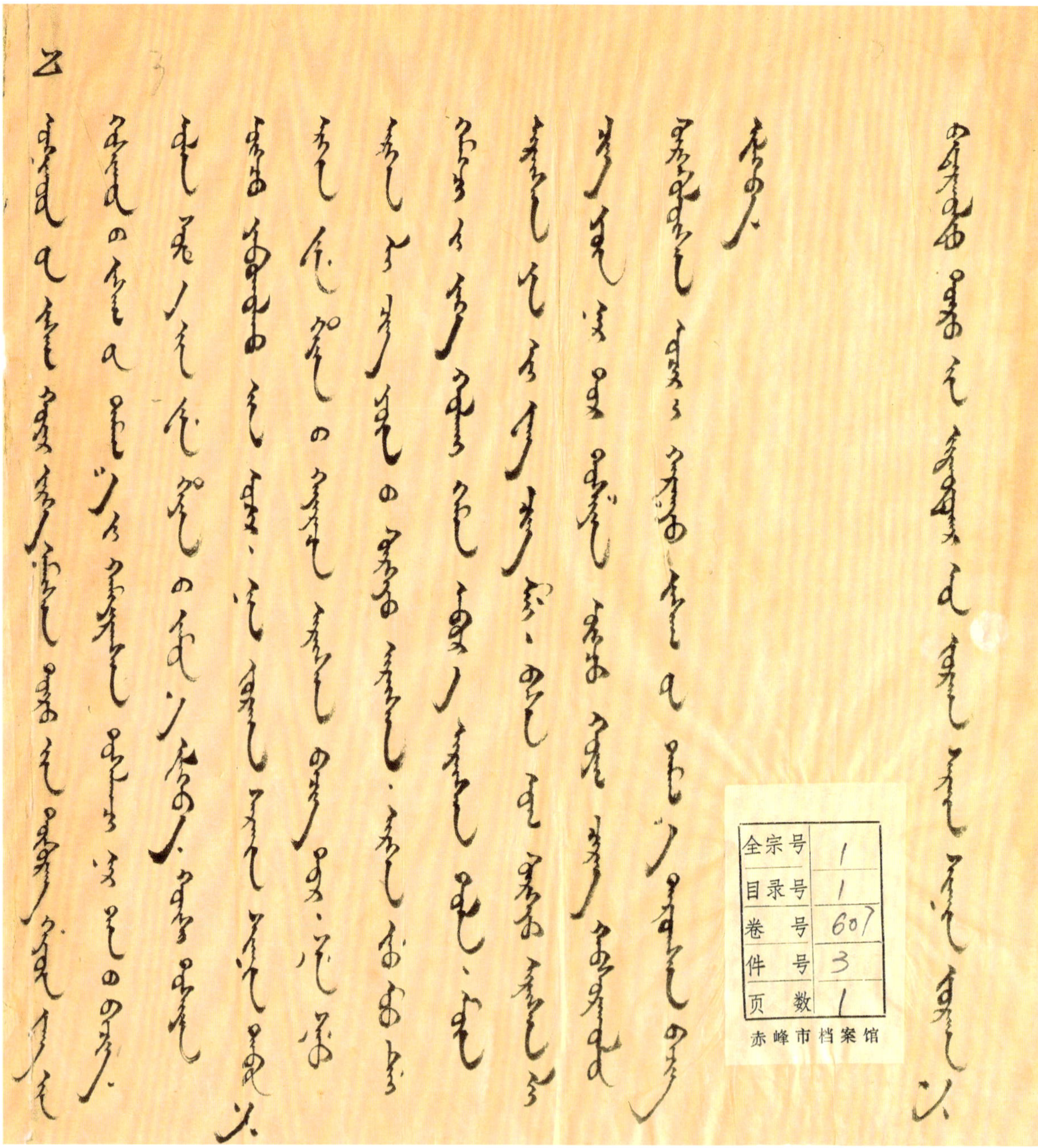
全宗号 1
目录号 1
卷号 607
件号 3
页数 1
赤峰市档案馆

署理翁牛特札萨克印务之协理为遣送贼民事咨敖兰庙分县文

署理翁牛特札萨克加二级多罗杜棱郡王旗印务之协理文。咨敖兰庙分县衙：回执之事。

本年六月初五日，贵分县衙咨开：传唤民人李青云抓获之贼头周茂泰。等语。兹有，交付于衙役王青梅及捉贼者李青云，派兵遣送至。

至此，咨送钤札萨克印之文。

光绪六年六月初六日

051 署理翁牛特札萨克印务之二等台吉为联合巡查红花沟金矿事呈热河都统衙门文（光绪六年末夏初六日）

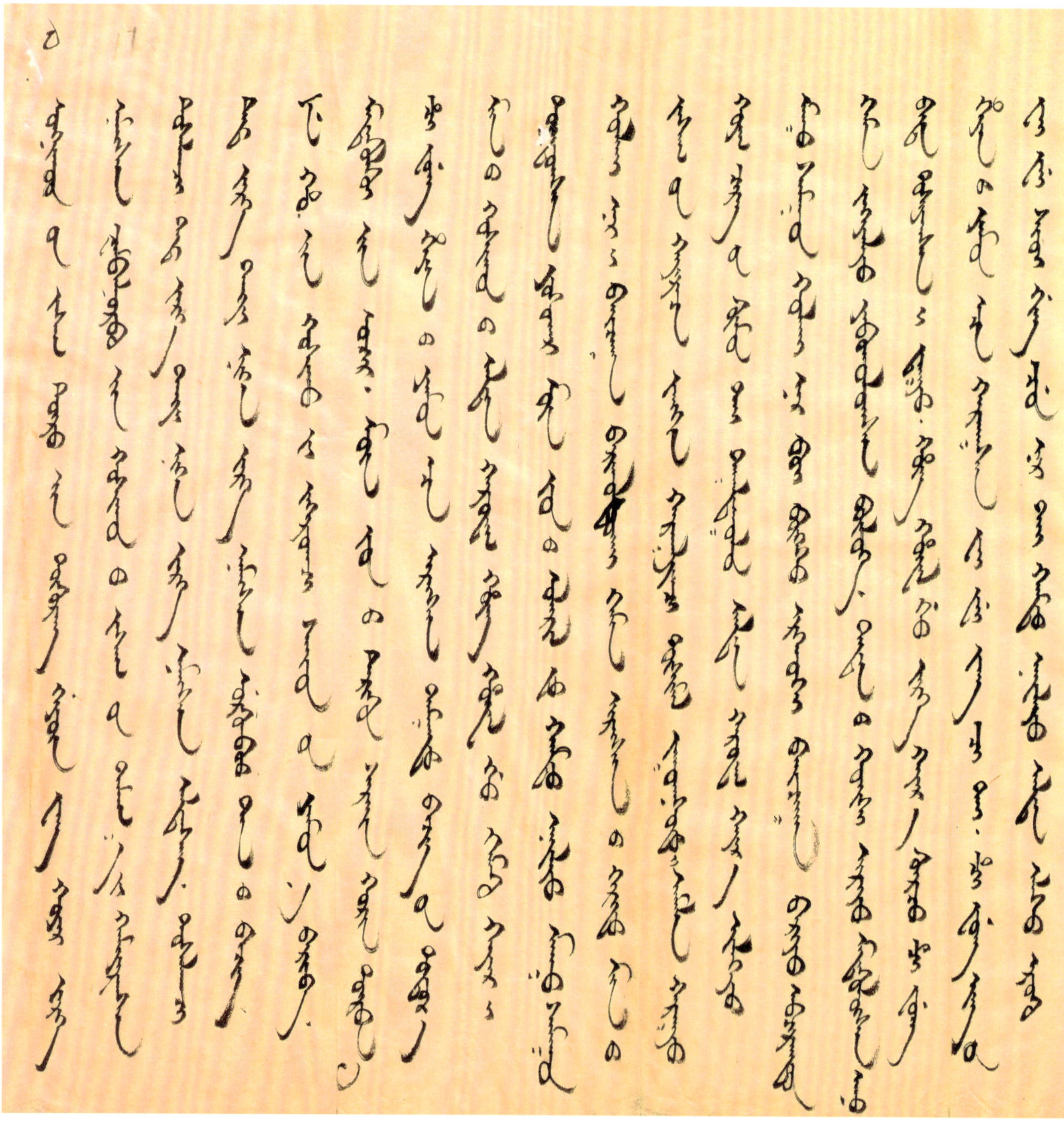

051 署理翁牛特札萨克印务之二等台吉为联合巡查红花沟金矿事呈热河都统衙门文（光绪六年末夏初六日）

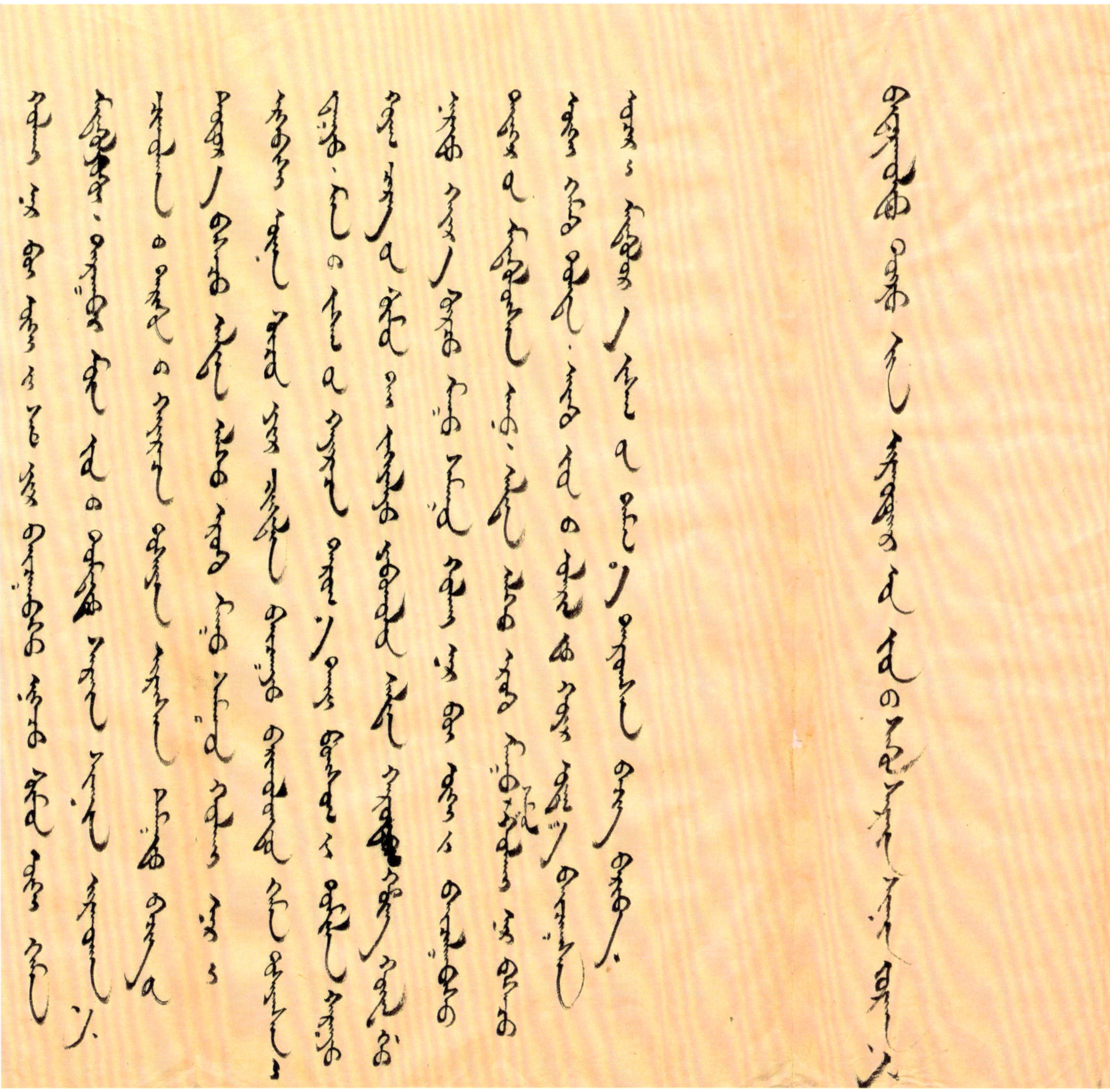

署理翁牛特札萨克印务之二等台吉为联合巡查红花沟金矿事呈热河都统衙门文

署理翁牛特札萨克多罗杜棱郡王加二级赞巴勒诺尔布旗大印务之协理二等台吉加一级阿拉坦桑、协理二等台吉加一级乌尔根宝文。呈送热河都统处：呈报之事。

本年初夏二十四日，承接赤峰县咨开：照例，本夏季联合巡查该旗金矿之地红花沟，捉拿盗挖之贼。等语。为此，本札萨克指派章京云骑尉昭那苏图，率兵丁巡察金矿之地，捉拿盗挖之贼。指派人员回报：吾等奉命赶至红花沟等地，与赤峰县外围张启泰，赤峰营外围徐景春一同巡察金矿之地，未发现盗挖之贼。而后，本年仲夏初六日，盟长处亦札付，务必严查盗挖金矿之贼。奉此，本札萨克指派朋斯克与兵卒一同到金矿之地红花沟，查看盗挖之贼。均回报无盗挖金矿之贼民也。故夏季两次巡察之事呈报热河都统处。

至此，呈钤札萨克印之文。

光绪六年末夏初六日

052 翁牛特札萨克郡王为集训一千骑兵事札旗内诸佐领文（光绪六年仲秋初三日）

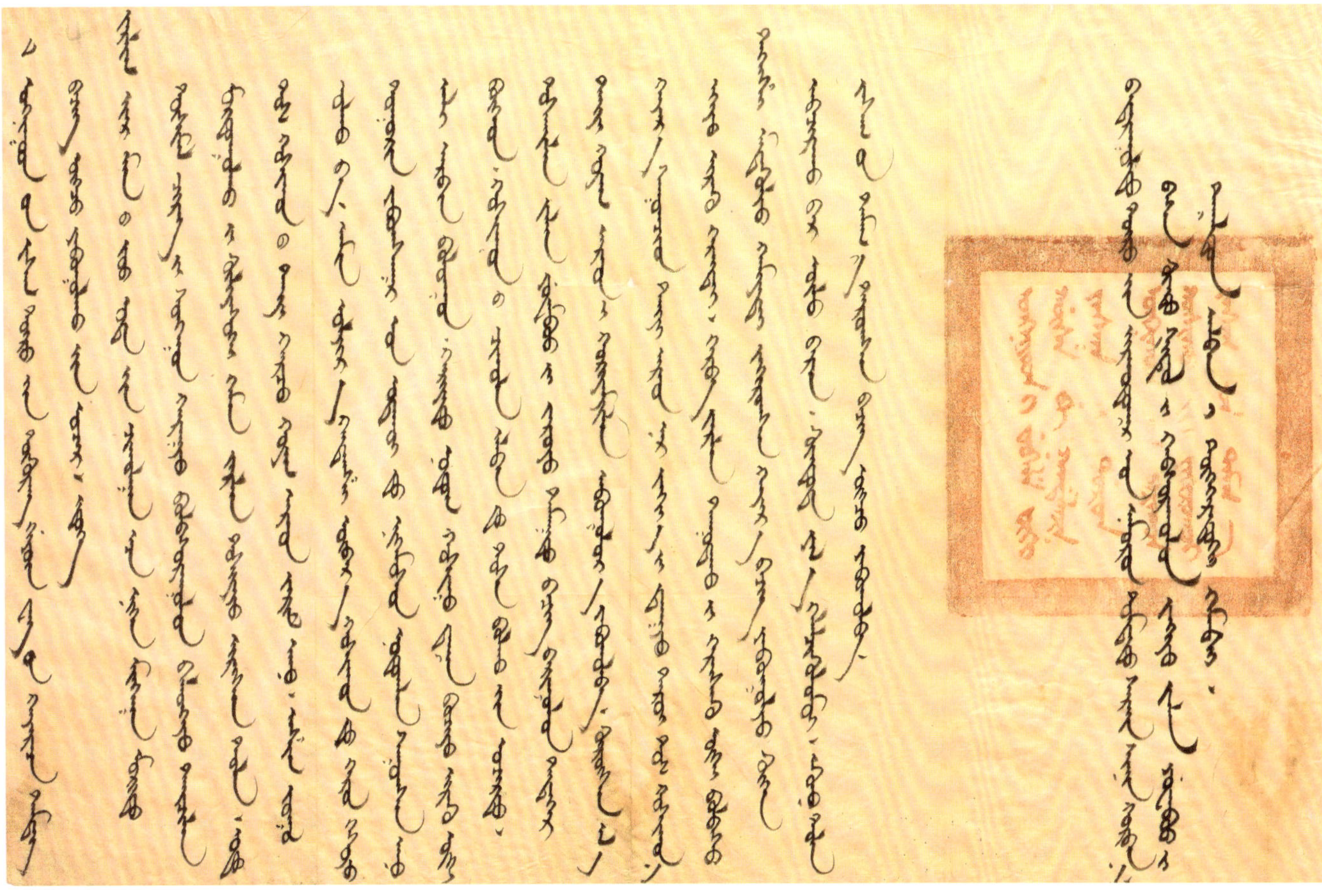

翁牛特札萨克郡王为集训一千骑兵事札旗内诸佐领文

翁牛特札萨克多罗郡王处文：行札之事。

兹有，本昭乌达盟钦命选出一千名侍卫骑兵集训，以备征战。本旗台吉、男丁多有因挣钱及生计出走他旗多年，甚至居住他乡，未归所属旗。故为旗之公务，特指派甲喇元宝持官文召回此等台吉、男丁。各地居住之台吉、男丁遵循文内，即刻回归所属旗。如有不服召令者，传唤治重罪也。

至此，致钤札萨克印之文。

光绪六年仲秋初三日

053 署理土默特札萨克印务之协理为一户阿拉巴图纠纷案咨署理翁牛特札萨克印务之二等台吉文（光绪六年末秋十一日）

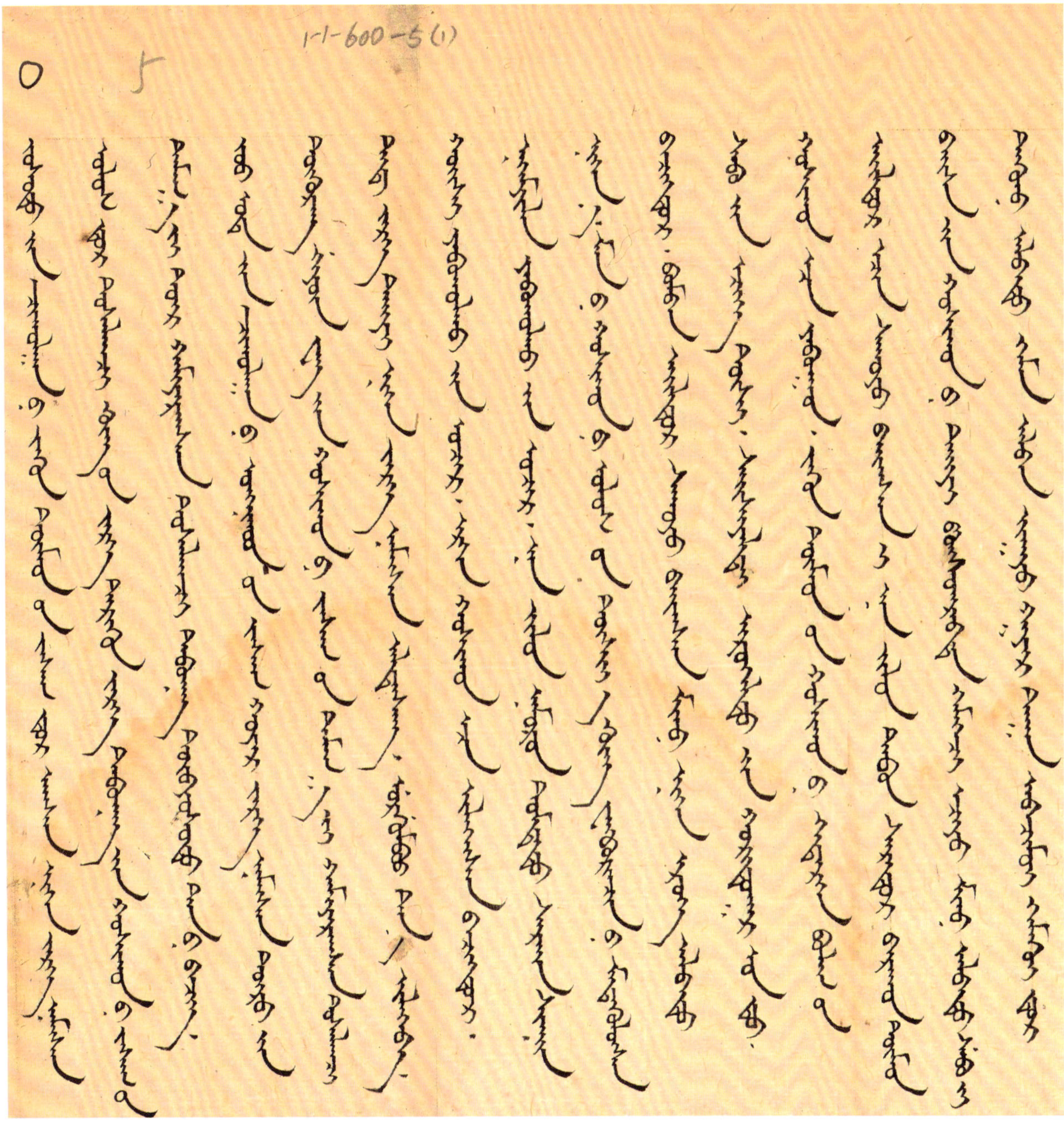

053 署理土默特札萨克印务之协理为一户阿拉巴图纠纷案咨署理翁牛特札萨克印务之二等台吉文（光绪六年末秋十一日）

053 署理土默特札萨克印务之协理为一户阿拉巴图纠纷案咨署理翁牛特札萨克印务之二等台吉文（光绪六年末秋十一日）

053 署理土默特札萨克印务之协理为一户阿拉巴图纠纷案咨署理翁牛特札萨克印务之二等台吉文（光绪六年末秋十一日）

053 署理土默特札萨克印务之协理为一户阿拉巴图纠纷案咨署理翁牛特札萨克印务之二等台吉文（光绪六年末秋十一日）

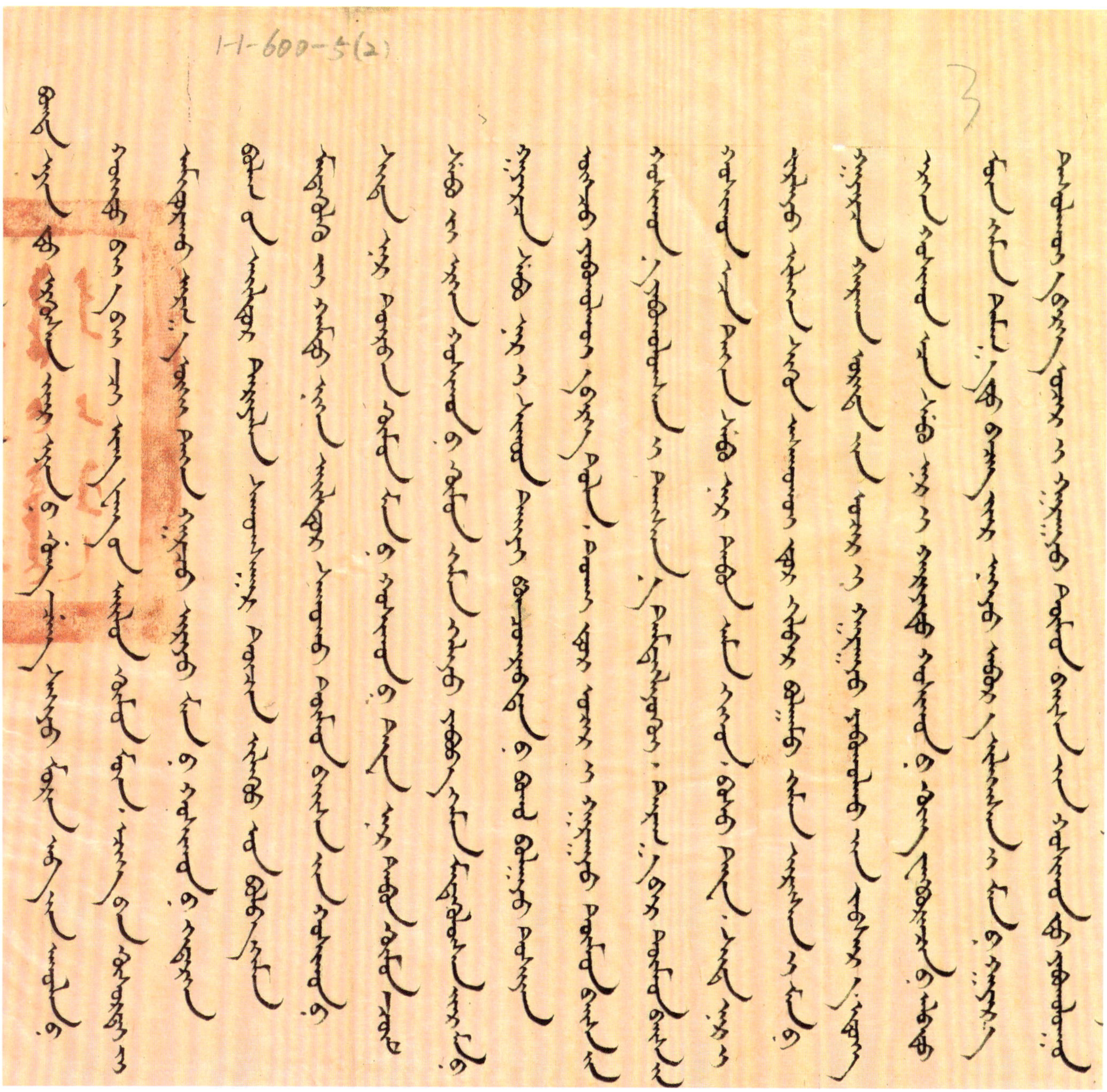

053 署理土默特札萨克印务之协理为一户阿拉巴图纠纷案咨署理翁牛特札萨克印务之二等台吉文（光绪六年末秋十一日）

署理土默特札萨克印务之协理为一户阿拉巴图纠纷案咨署理翁牛特札萨克印务之二等台吉文

署理原卓索图盟土默特左札萨克加一级辅国公衔头等塔布囊旗札萨克印务之协理塔布囊图布耀苏图文。咨署理昭乌达盟翁牛特札萨克加二级多罗杜棱郡王旗札萨克印务之协理二等台吉加一级阿拉坦桑、乌尔根宝：回咨之事。

贵旗咨开：今年仲秋初一日，本旗辅国公旺布仁钦禀报，居住宝木板营之一户阿拉巴图色布之父亲杜希，于嘉庆二十年离开本旗去土默特左旗格德尔根宝力格营定居。今年五月份土默特右旗贝子旗台吉彭斯克拉布坦至色布处，谓其为贝子旗阿拉巴图，并要带其回贝子旗。色布曰，本人居住格德尔根宝力格营已有多年。本人确为翁牛特王旗公爷阿拉巴图，如此争执时，当地村长及族长曰，色布随其父居住此地，为翁牛特王右旗人，大家晓得，吾等至札萨克印务处作证，并带众人至所属衙门作证色布为翁牛特王旗人。色布亦请求札萨克派官差携官文，送其回翁牛特王旗。因此，将此事告知贵贝勒协理将色布交给前去之甲喇元宝外，两旗尚未公文来往，尚不知贵贝勒协理官品及尊称，故特传钤札萨克印之官文。等因前来本土默特旗。

本旗经审查，今年初夏十二日，土默特贝子旗呈称：如今，本旗大台吉彭斯克拉布坦呈报曰，本台吉家父台吉诺日布桑布在世时，道光十六年至二十九年，家奴男女十五口余人逃走之。经找寻得知，在蒙古金格德尔根宝力格营里有本台吉家奴叫乌德乐胡即色布也，其儿宝音德力格尔与妻子、两个女儿五口人在于此。于是，本台吉亲去带回时，名乌德乐胡即色布及其子宝音德力格尔因逃离多年，故意要奸、不想承认。此时本旗萨那，格德尔根宝力格营老人塔布、罗成、特备和、希达、充克、桑杰、双喜等谓曰，如所属旗不拿出钤官印之官文，则不交出名乌德乐胡之色布等。无奈，将此事上报。请求所属旗派官差传钤官印文书证明，允本人带回家奴名乌德乐胡之色布等五口人。等语。

故，本旗便派社政汉军骑校赛音呼巴图钤官印之文书送至贵旗。文到，贵旗审查文内，派公差传唤名乌德乐胡之色布等五口人，交给户主台吉彭斯克拉布坦，并回文。等因前来。因此，传唤居住格德尔根宝力格营名乌德乐胡之色布及其所属营长者，审问事由时色布等认为其本身并非台吉彭斯克拉布坦家奴，而为贵旗王属也。当年王爷上奏吾皇，守护圣主宫城，隶属木兰围场山北坡白旗营王也。直到家父胡苏日泰一代时生活困难无法生计，迁址本旗格德尔根宝力格营种地为生，已有四十多年。此事，同村土默特贝子旗希达等四人及本旗达瓦等五人都说色布为贵翁牛特旗人。如此报来，本处很难将色布作为家奴交给台吉彭斯克拉布坦。当时将事情传至土默特贝子旗之事，已记录在册。之后，土默特贝子旗称再传唤审问色布五口人及其达瓦、希达等，并求提供方便。为此，一边答复土默特贝子旗呈请外，对贵旗认为色布等为所属旗公旺布仁钦之阿拉巴图，并传来官文要回色布一事，本处无法做出裁定也。故向土默特贝子旗告知，并向贵翁牛特旗咨送札萨克官文。文到，贵旗审阅文内并转送土默特贝子旗，辨别确认色布等人究竟归于谁。

至此，咨送之。

光绪六年末秋十一日

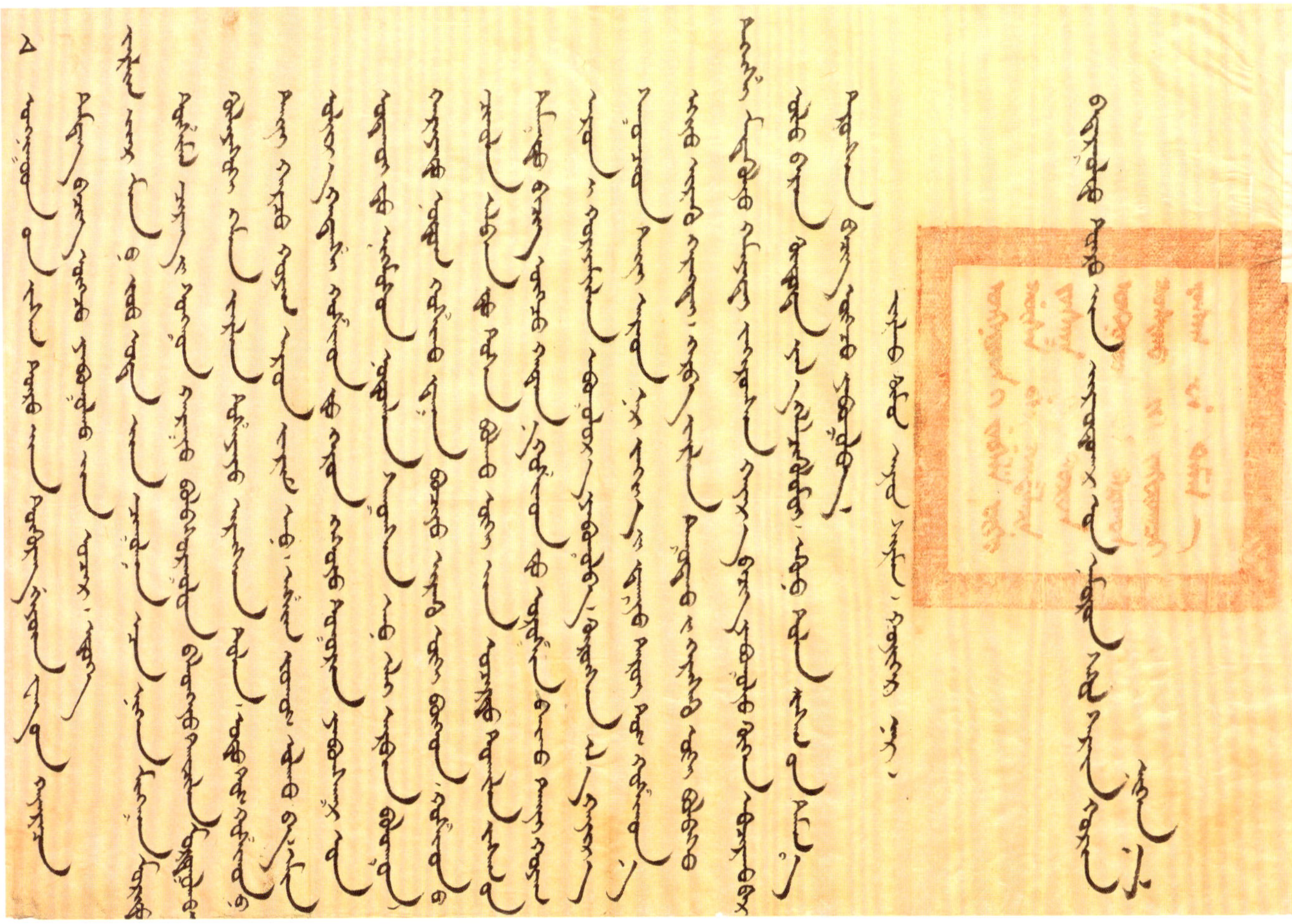

翁牛特札萨克郡王为召回离乡台吉、男丁事咨诸札萨克旗文

翁牛特札萨克多罗郡王处文：行札之事。

兹有，本昭乌达盟钦命选出一千名侍卫骑兵集训以备征战。然，本旗台吉、男丁多因挣钱及生计出走他旗多年，甚至居住他乡，久久未归所属旗。故为旗之公务，致札萨克官文，召回他旗居住之此等台吉、男丁。文到，各地居住之台吉、男丁即刻回归所属旗。如有不服召令者，传唤遣返，治重罪也。

至此，致钤札萨克印之文。

光绪六年末秋二十一日

署理翁牛特札萨克印务之协理为遣送贼民事咨赤峰县衙文（光绪六年十月十七日）

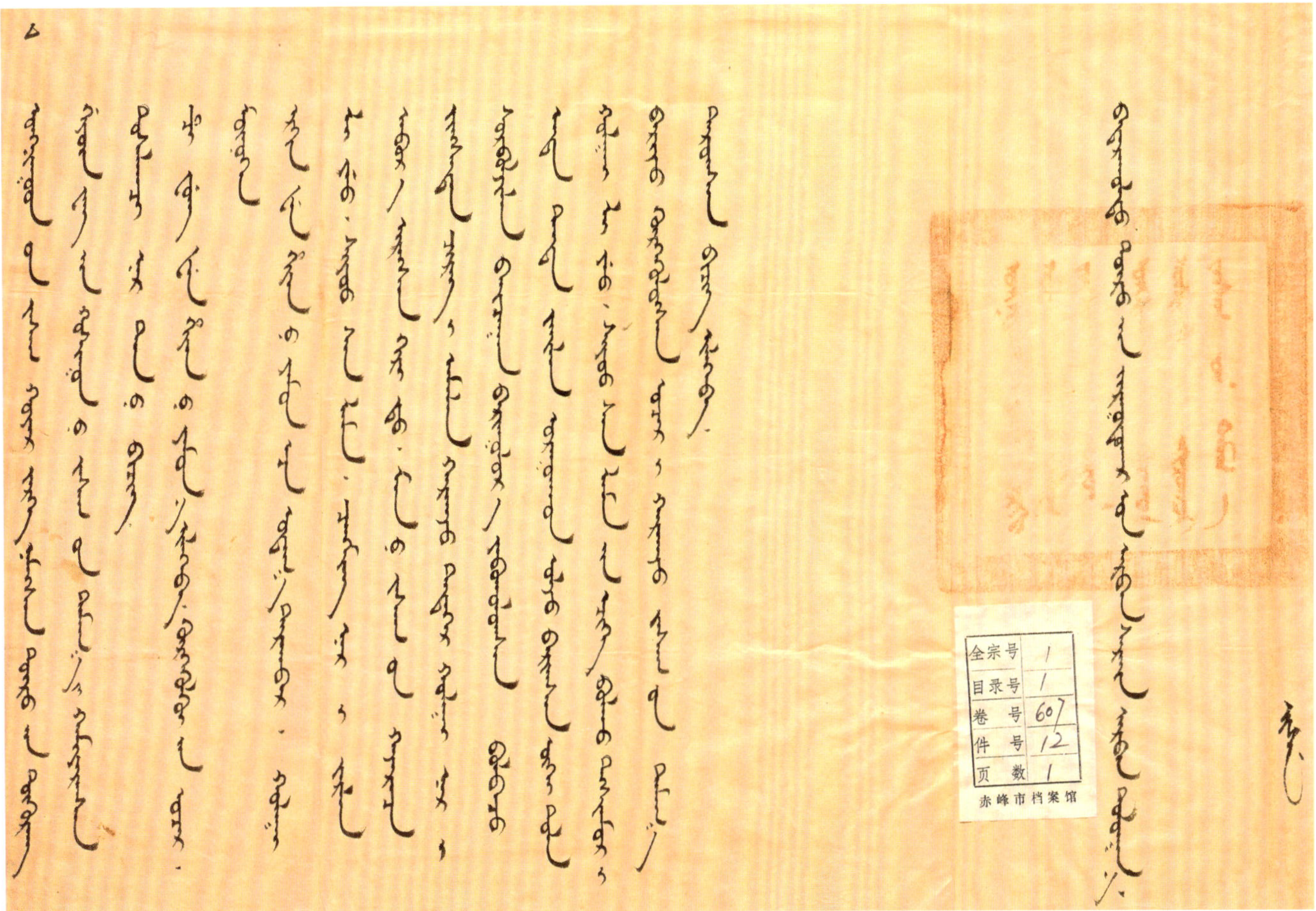

署理翁牛特札萨克印务之协理为遣送贼民事咨赤峰县衙文

署理翁牛特札萨克加二级多罗杜棱郡王旗印务之协理文。咨赤峰县衙：咨送之事。

近日贵县衙频频传唤贼民李友、小三喇嘛、长命之时，本札萨克处指派卫兵追逃此等贼民。然而，贼民东躲西藏，未能捉拿。故押送贼民李友、小三喇嘛之父特格希阿木尔。

至此，咨送钤札萨克印之文。

光绪六年十月十七日

署理翁牛特札萨克印务之协理为遣送贼民事咨赤峰县衙文（光绪六年初冬十七日）

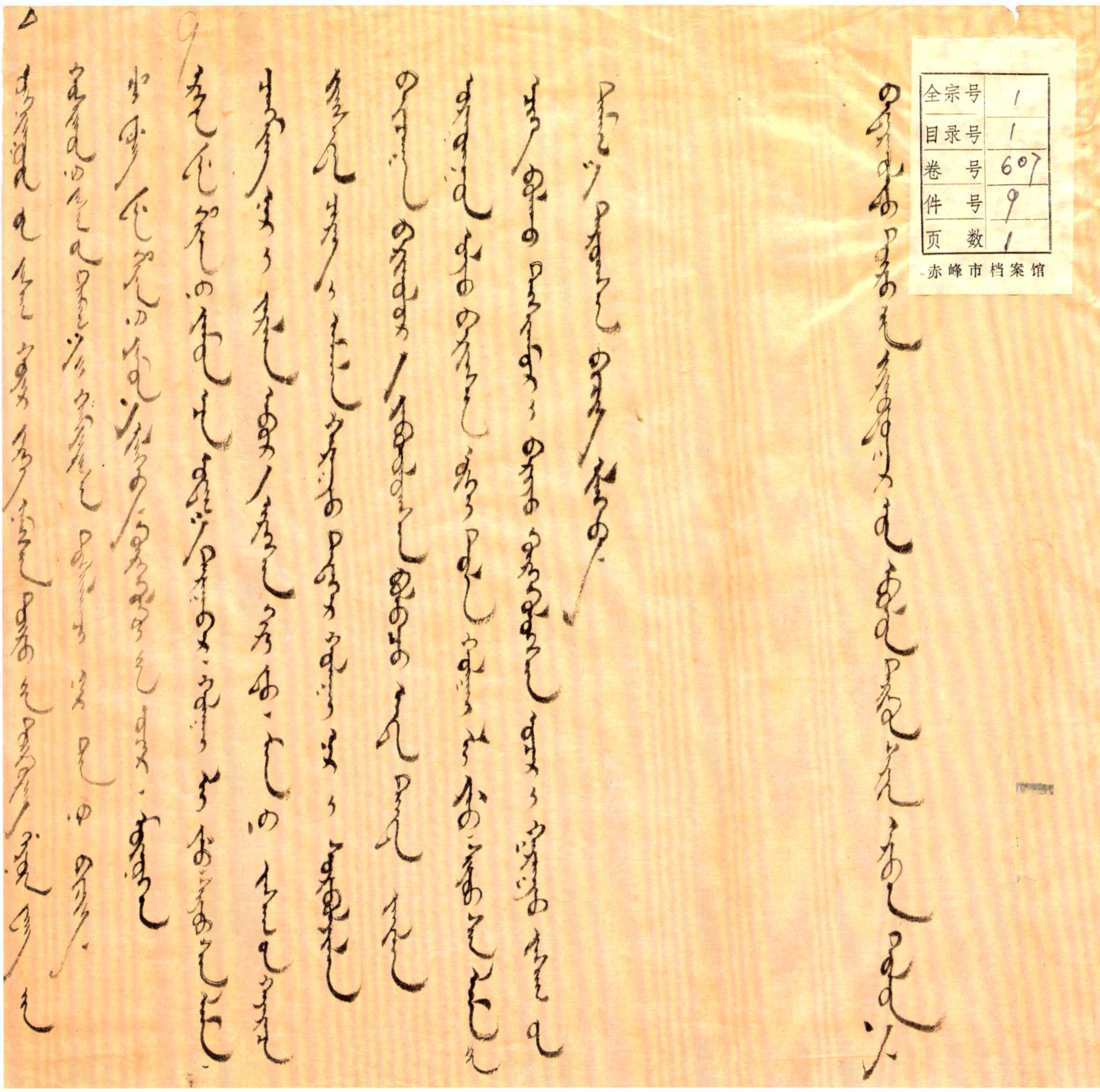

全宗号	1
目录号	1
卷 号	607
件 号	9
页 数	1

赤峰市档案馆

署理翁牛特札萨克印务之协理为遣送贼民事咨赤峰县衙文

署理翁牛特札萨克加二级多罗杜棱郡王旗印务之协理文。咨赤峰县衙：咨送之事。

近日贵县衙频频传唤贼民李友、小三喇嘛、长命之时，本札萨克处指派卫兵追逃此等贼民。然而，贼民东躲西藏，未能捉拿。故押送贼民李友、小三喇嘛之父特格希阿木尔。

至此，咨送钤札萨克印之官文。

光绪六年初冬十七日

057 翁牛特王衙门授权出具之土地契约文（光绪六年十一月初五日）

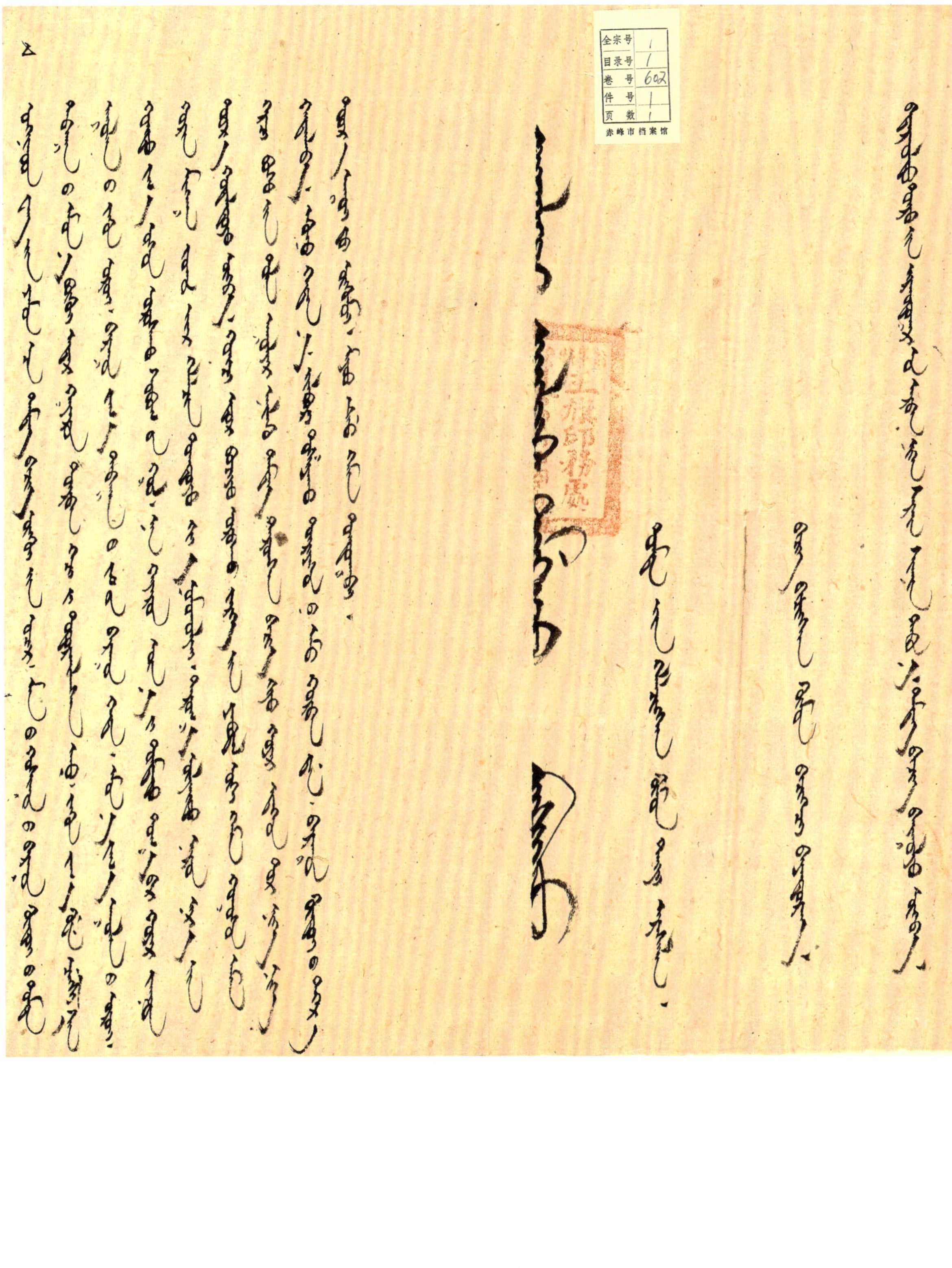

翁牛特王衙门授权出具之土地契约文

翁牛特王衙门出具证明之事。本旗西沟中坝南侧荒地四边界线为：东界为锅撑子山东头，西界为坝上道西崖，南界为山头，北界为水渠沟。此地要价折中为二百二十千文，售于侍卫诺门乌力吉、乌力吉图名下。为保日后无争端，特签骑缝章契约书，双方各持一份。每年租金为三石粮米，缴之西沟上下洞。以满洲斗计量也。

中间人：台吉阿尔斯楞

书文者：笔帖式巴音杜棱

光绪六年十一月初五日

立字也

署理翁牛特札萨克印务之二等台吉为札萨克王及随从进京事呈理藩院文（光绪六年仲冬十九日）

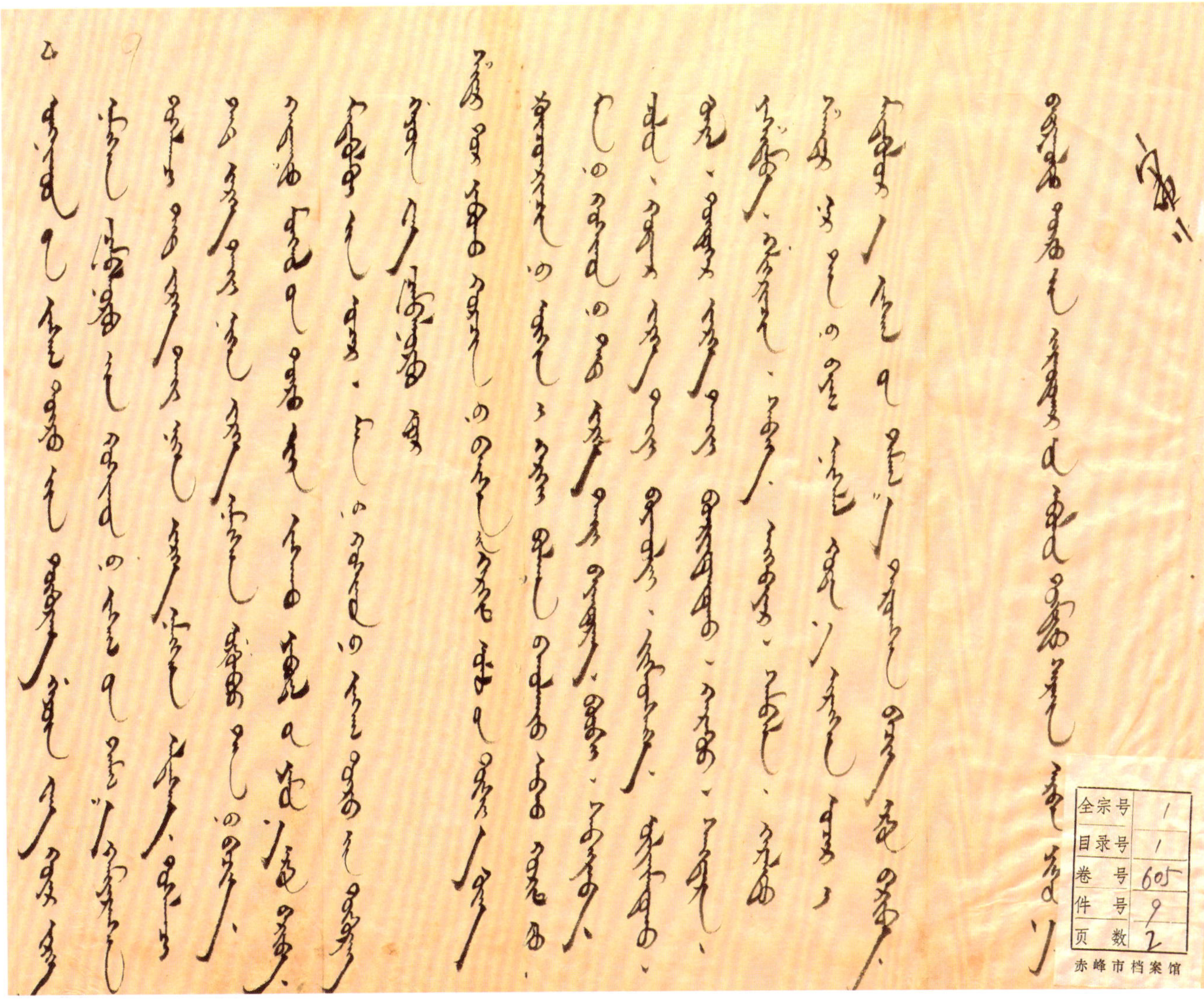

署理翁牛特札萨克印务之二等台吉为札萨克王及随从进京事呈理藩院文

署理翁牛特札萨克多罗杜棱郡王加二级赞巴勒诺尔布旗印务之协理二等台吉加一级阿拉坦桑、协理二等台吉加一级乌尔根宝呈文。呈理藩院：呈报之事。

本旗札萨克多罗杜棱郡王赞巴勒诺尔布求娶御前行走科尔沁贝子衔镇国公贡楚克仁钦之女。为婚庆事，有本旗二等台吉白音杜棱、宝贝、色本扎布、楚伦，三等台吉宝音乌力吉、吉格木德僧格、乌力吉满都呼、呼日乐，四等台吉布仁陶格陶、哈日夫、藏德拉、意希丹巴、格里格仁钦、色布格、恩和巴雅尔、桑巴拉、格日乐图、沙格达尔呈请进京。

至此，呈送钤札萨克印之文。

光绪六年仲冬十九日

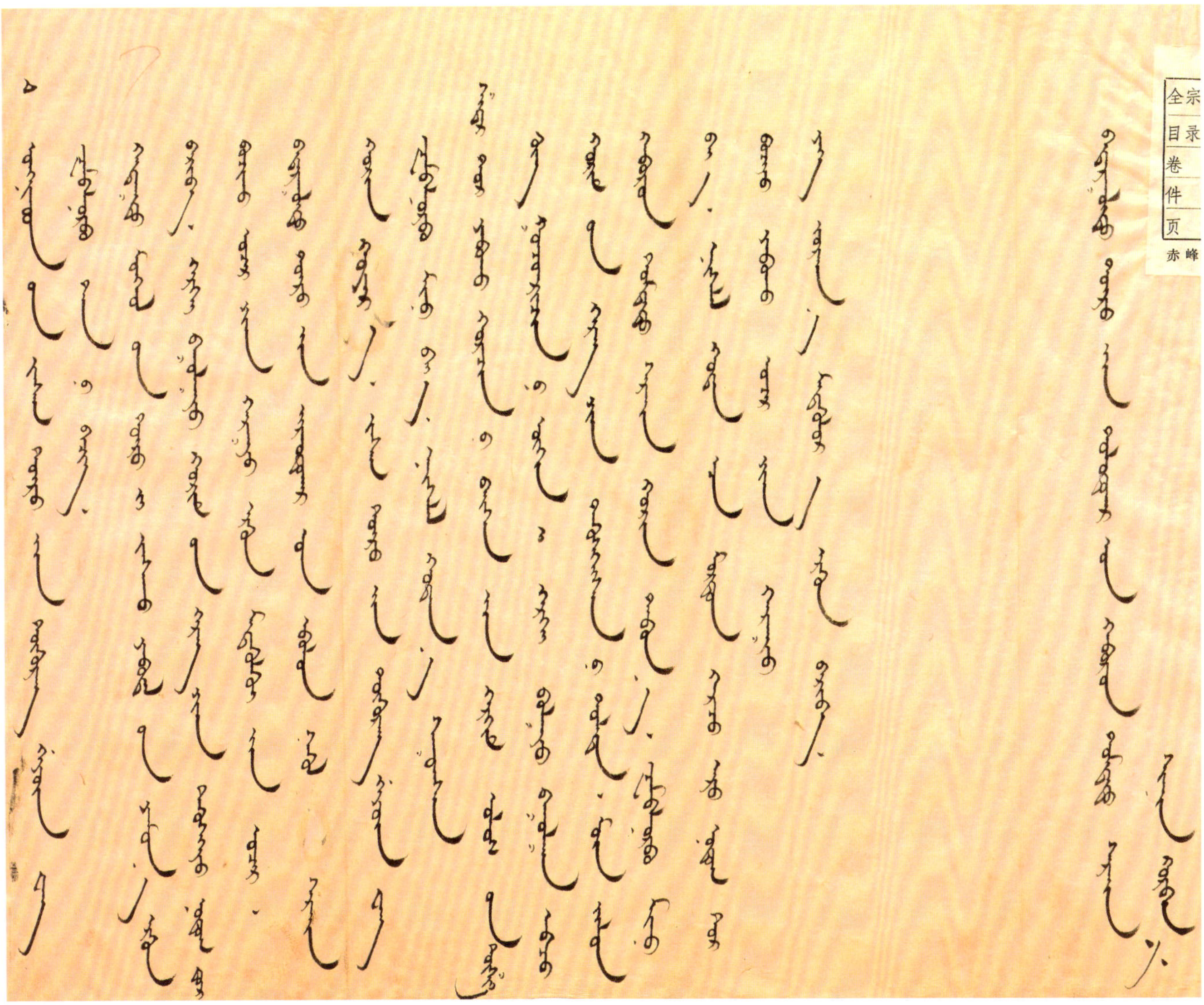
全宗
目录
卷
件
页
赤峰

翁牛特札萨克郡王为完婚返乡事呈理藩院文

翁牛特札萨克多罗杜棱郡王赞巴勒诺尔布文。呈报理藩院：呈报完婚回乡之事。

光绪六年末冬二十二日，札萨克多罗郡王赞巴勒诺尔布本人与驻京城御前行走科尔沁贝子衔辅国公贡楚克仁钦之女完婚。故呈请本年仲春二十五日出京归乡。

特呈文大部也。

光绪七年仲春初三日

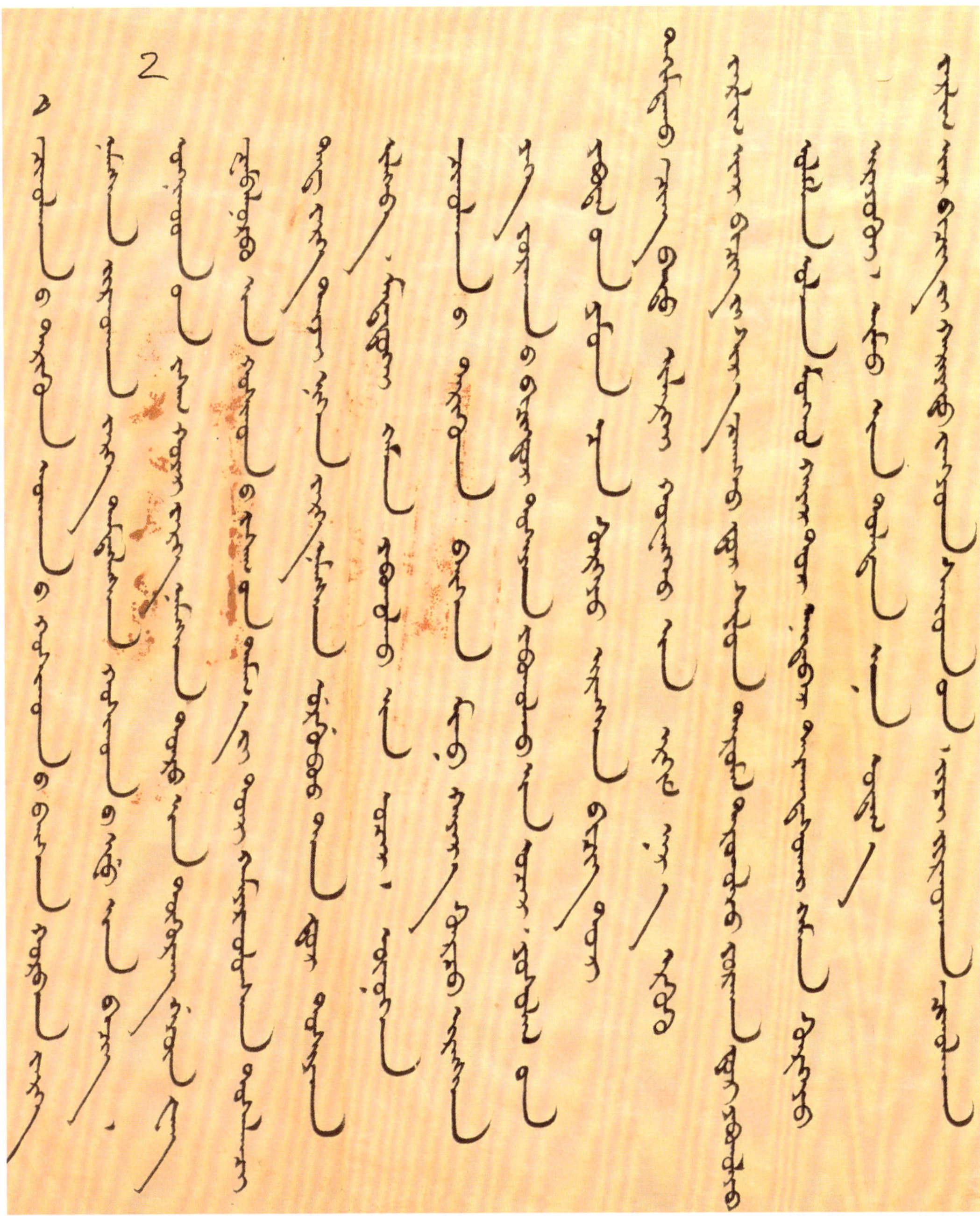

060 盟长敖汉旗额驸为黄纸印刷皇后封号事札署理翁牛特札萨克印务之协理文（光绪八年仲春三十日）

盟长敖汉旗额驸为黄纸印刷皇后封号事札署理翁牛特札萨克印务之协理文

盟长敖汉旗贝子加三级记六级旗额驸文。札付署理翁牛特札萨克加二级多罗杜棱郡王赞巴勒诺尔布旗印务之协理二等台吉加一级乌尔根宝：行札之事。

近日本盟长贝子处承接之大部札开：礼部札开，黄纸印刷并发行孝钦显皇后封号之事，承转诸蒙古地。故疾马转送所属将军官员及六盟四部也。此札。等语前来。

为此，本盟长处遵行札饬，抄录此札与黄纸文转送之。文到，诸札萨克、协理阅知。

至此，致钤盟长印之文。

光绪八年仲春三十日

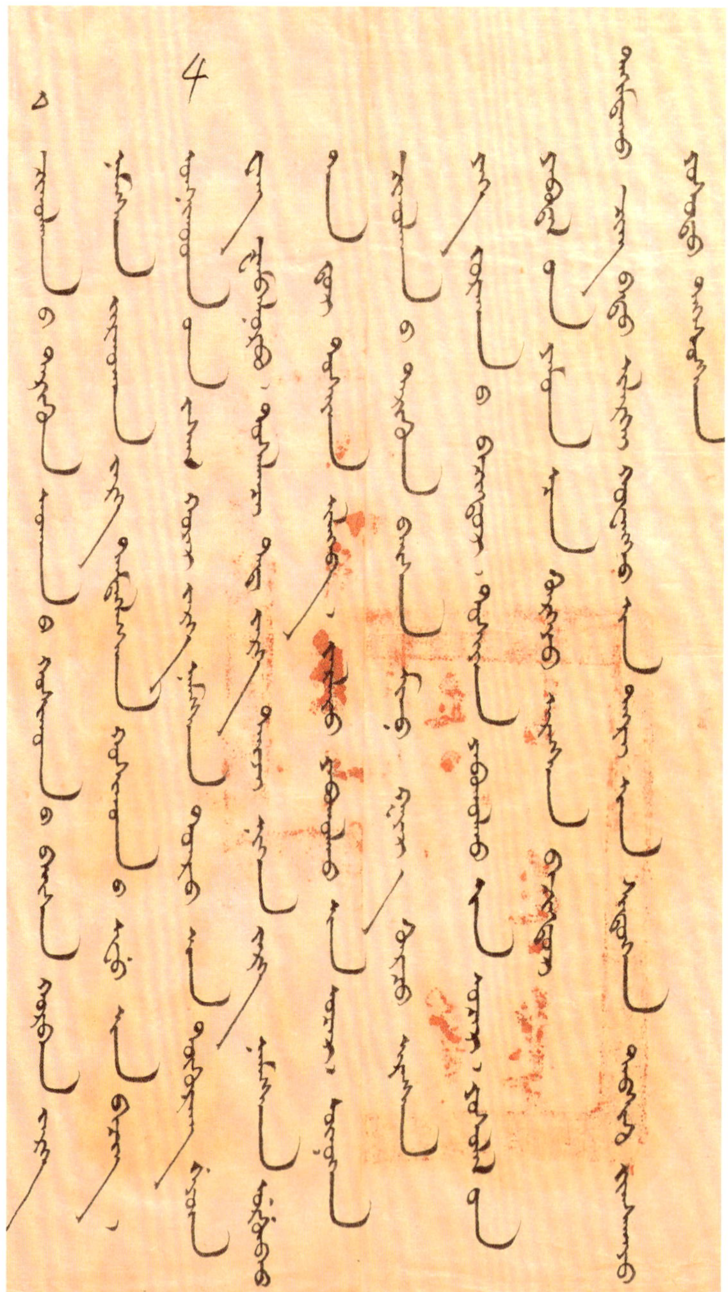

盟长敖汉旗额驸为黄纸印刷发行皇后祭天事札翁牛特札萨克郡王等文（光绪八年末春二十九日）

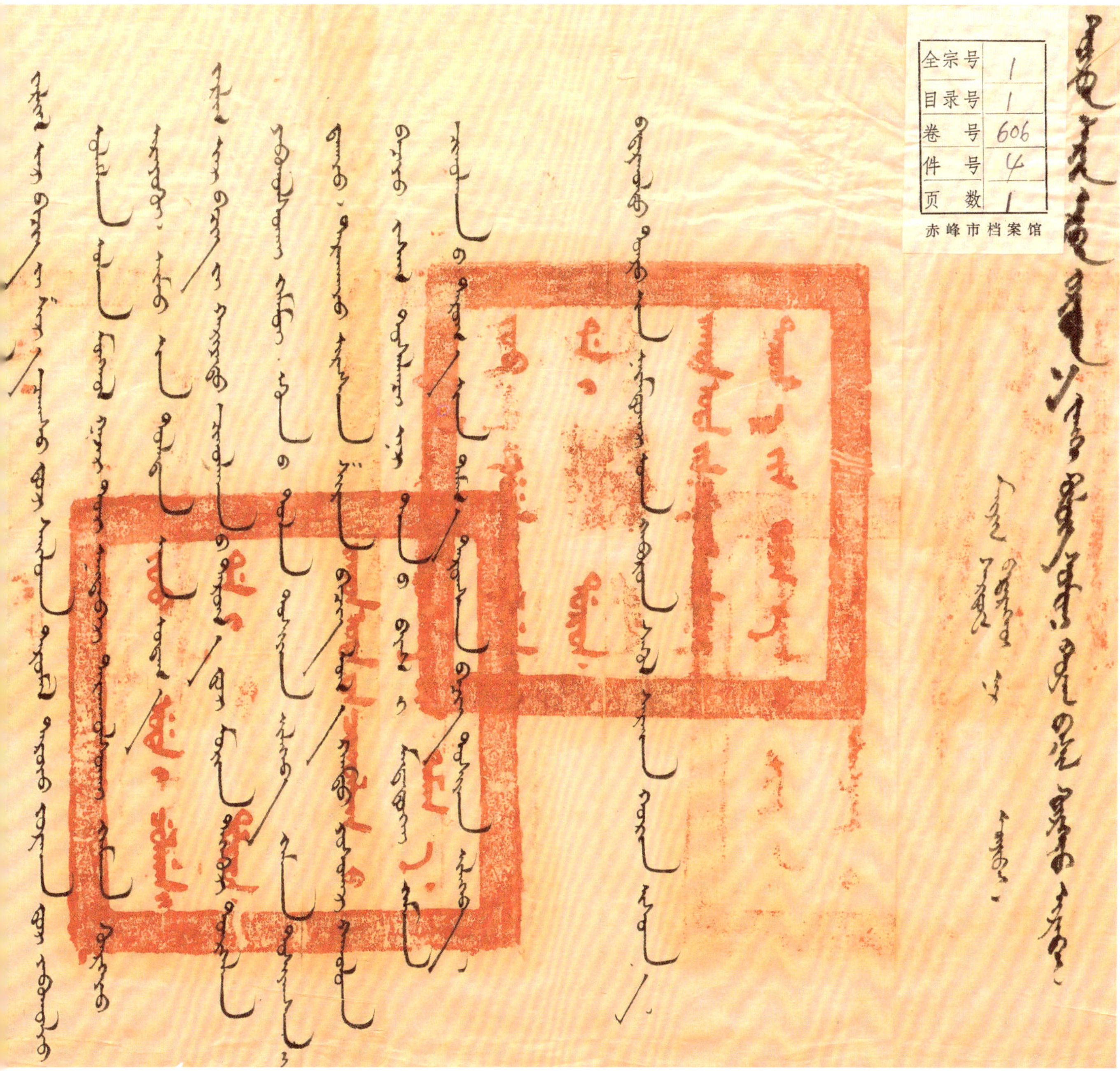

盟长敖汉旗额驸为黄纸印刷发行皇后祭天事札翁牛特札萨克郡王等文

盟长敖汉旗贝子加三级记六级旗额驸文。札付翁牛特札萨克加二级多罗杜棱郡王赞巴勒诺尔布、协理二等台吉加一级乌尔根宝：行札之事。

近日本盟长贝子处承接之大部札开：礼部札开，黄纸印刷发行孝钦显皇后祭天之事，承转诸蒙古地。故疾马转送所属盟长。此札。等语前来。

为此，本盟长处遵行札饬，抄录此札与黄纸文，札付诸札萨克、协理阅知。

至此，致钤盟长印之文。

光绪八年末春二十九日

062 民妇苏雅拉为耕地、园子被侵占事呈札萨克衙门文（光绪八年四月）

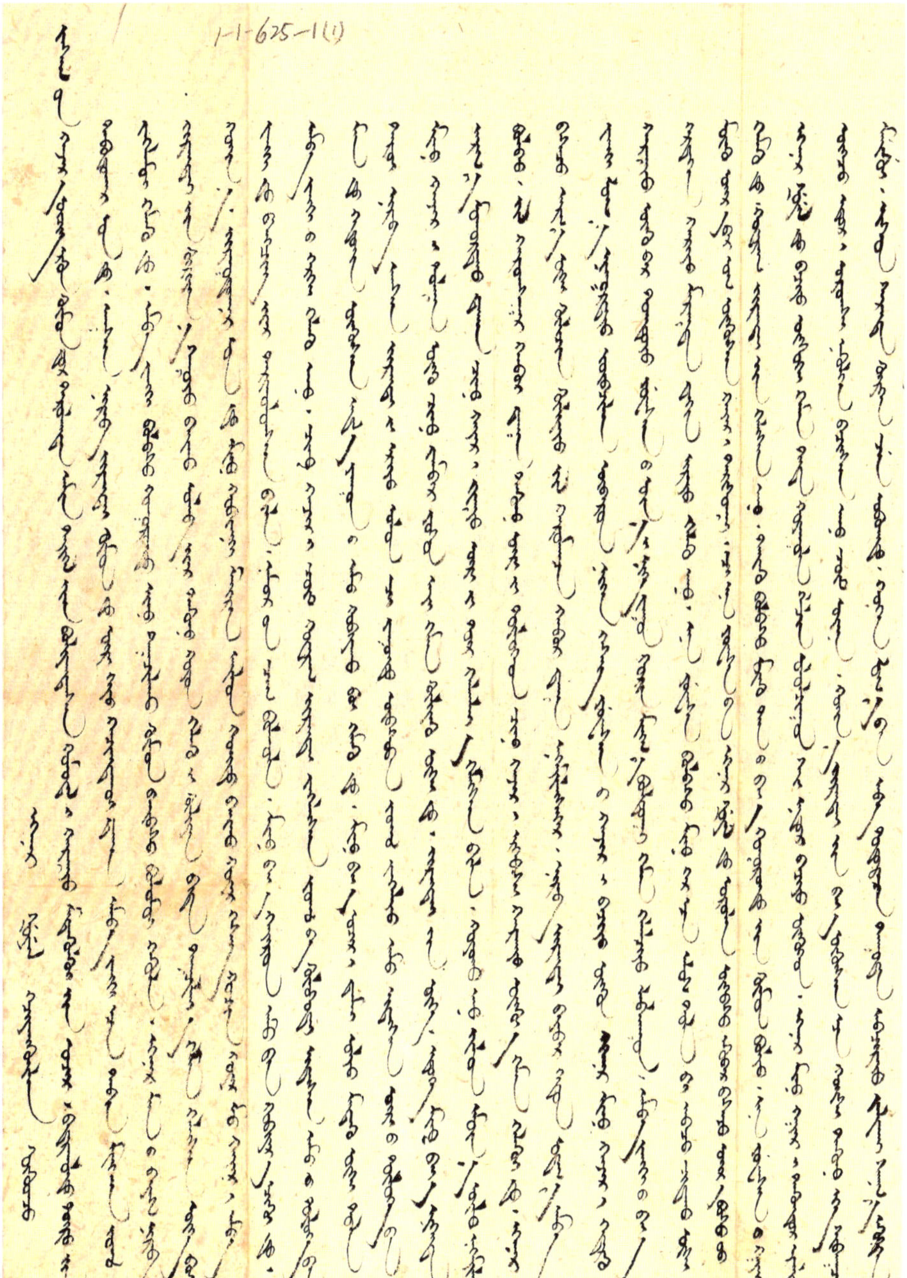

民妇苏雅拉为耕地、园子被侵占事呈札萨克衙门文

本妇苏雅拉叩呈札萨克衙门：耕地、园子被侵占之事。

光绪五年，司库喇嘛吉仁泰因欠他人债务所逼，从安巴章京处借五千文时，安巴章京曰，有中间担保人即可。本人居住于司库喇嘛吉仁泰大院，求助本人时便答应担保。后，六年，本人位于梅林营北面两块地三十二亩，给安巴章京让庞清租种了。至秋季，本人分收成而去，可安巴章京妻子曰，尔地收成，全由司库喇嘛吉仁泰抵债所用，早已启用，还分何粮食矣。本人不知故里，便找司库喇嘛吉仁泰，质问他为何自己借钱借粮，却拿吾地偿还。吉仁泰喇嘛曰，迄今本人束手无策，只拿汝地临时抵债。求今年不要追此事，过年到春季还完他债，即可还汝耕地。本人无奈，只忍到过年至春季，再去追讨，司库喇嘛吉仁泰亲自几次去与章京面见商议，决定拿自己一落园子立字据卖给安巴章京，赎回本人耕地，园子折价一百二十千文。安巴章京第二天又来对吉仁泰喇嘛曰，本园子离吾家甚远，不能要，还是种原来较近那块地，尔把该园子换给苏雅拉，园子离她近。吉仁泰喇嘛闻曰，如那样还是请安巴章京当中间人，园子立字据给苏雅拉。就如此他们两人商定之后，立了字据，园子归本人，耕地归了安巴章京，且把日期往前写，均属实。后来，吉仁泰喇嘛去世了，而他老母玫瑰九月份带陈姓女婿及女儿来强摘菜果，也想强占园子。呈诉大老爷后，便下令民人唐寇华还吾菜果、旱烟等。然而，今年春季，老妪玫瑰之陈姓女婿直接抢占园子，私种园子。为此，本弱女子与他理

论无果，便想，拿吾耕地出租为安巴章京，拿吾耕地抵债为吉仁泰喇嘛，没错。自己当中间人立字据把园子强卖给本人又为安巴章京。如今，田地让他人白种，有字据交换之园子被姓陈的抢占，天理何在。

恳请王爷、官老爷明鉴，传唤安巴章京对质，查清事实，将陈姓民人依律惩治，还本妇活命之田地、菜园为盼。

特呈状式。

被告人：老妪玫瑰、陈姓民人

证人：安巴章京巴彦巴特尔

光绪八年四月

063 盟长敖汉旗额驸为备送驻雍和宫和尚及驻热河都统衙门笔帖式费用事札翁牛特札萨克郡王文（光绪八年仲秋三十日）

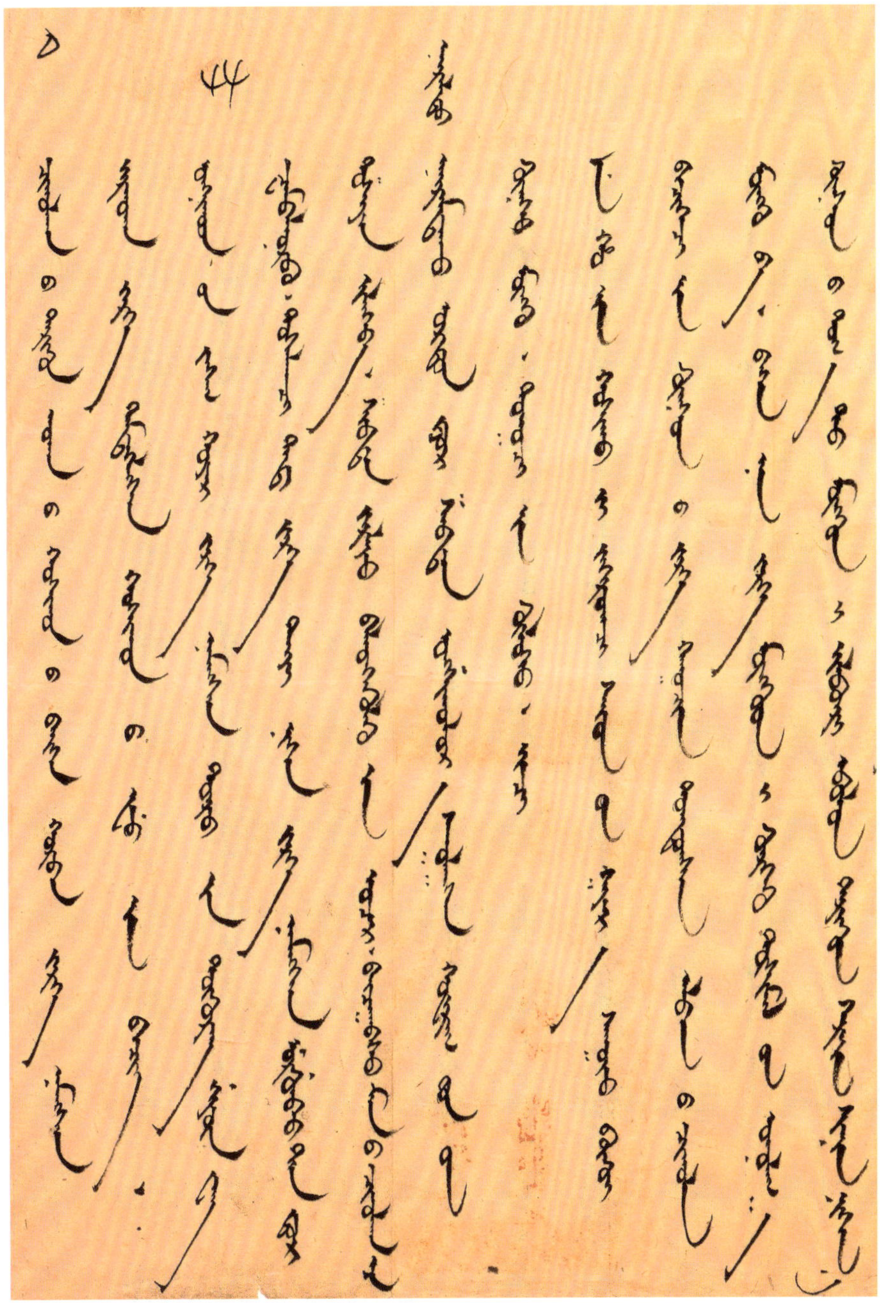

063 盟长敖汉旗额驸为备送驻雍和宫和尚及驻热河都统衙门笔帖式费用事札翁牛特札萨克郡王文（光绪八年仲秋三十日）

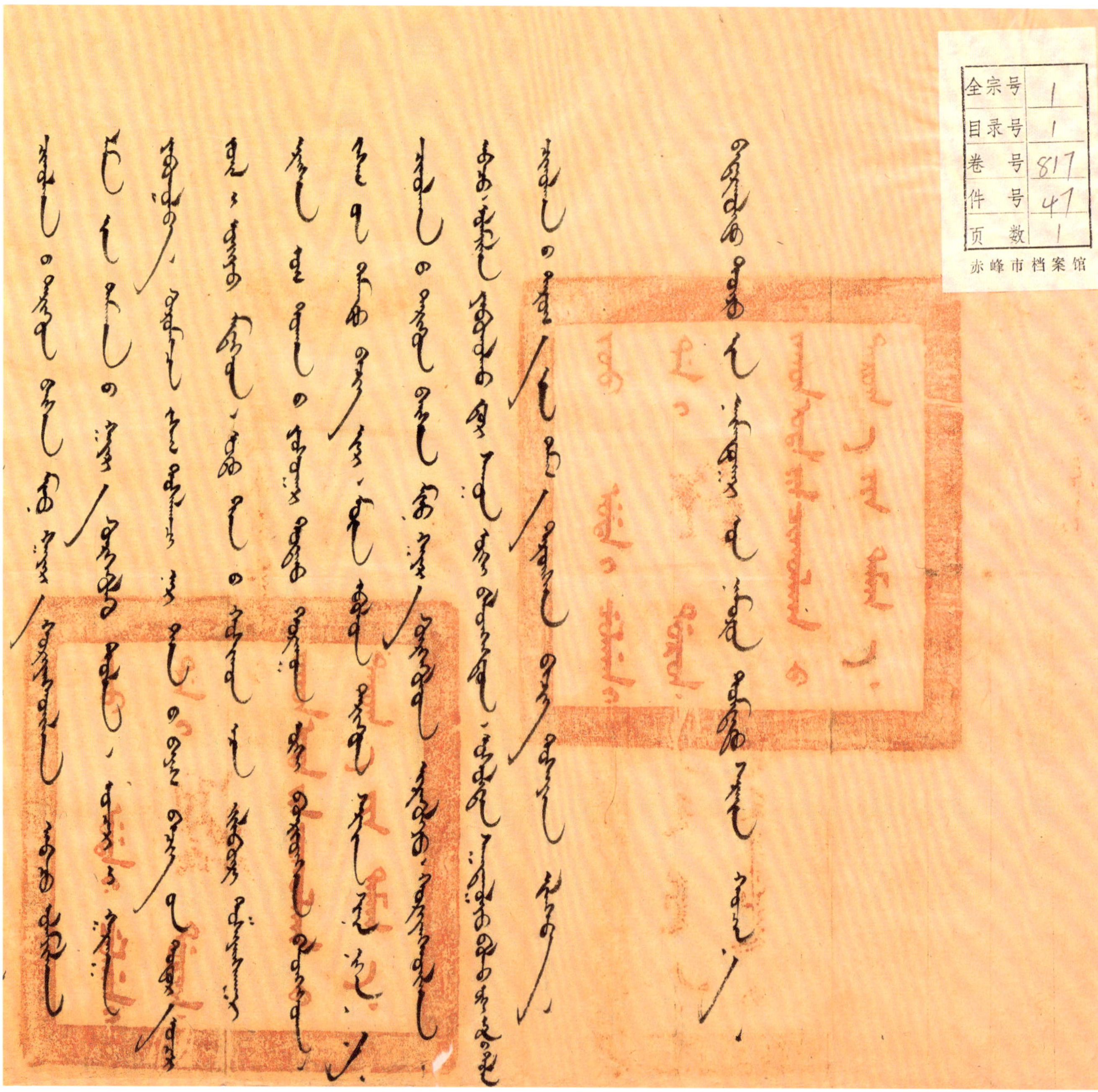

盟长敖汉旗额驸为备送驻雍和宫和尚及驻热河都统衙门笔帖式费用事札翁牛特札萨克郡王文

盟长敖汉旗贝子加三级记六级旗额驸文。札付翁牛特札萨克加二级多罗杜棱郡王赞巴勒诺尔布、协理二等台吉加一级乌尔根宝：督促筹备之事。

通告本盟驻雍和宫诵经和尚之口粮费、厨师费，驻热河都统笔帖式费及传送此等银两官差路费，按既定数量备齐，于每年初冬初一日，由盟长贝子署统一收齐并转送喇嘛札萨克处。故，文到，诸札萨克、协理备齐各旗每年缴之费用，于初冬初一日，送至盟长贝子署，以备统一发送。此等公款及时送之，不得有误。

至此，致钤盟长印之文。

光绪八年仲秋三十日

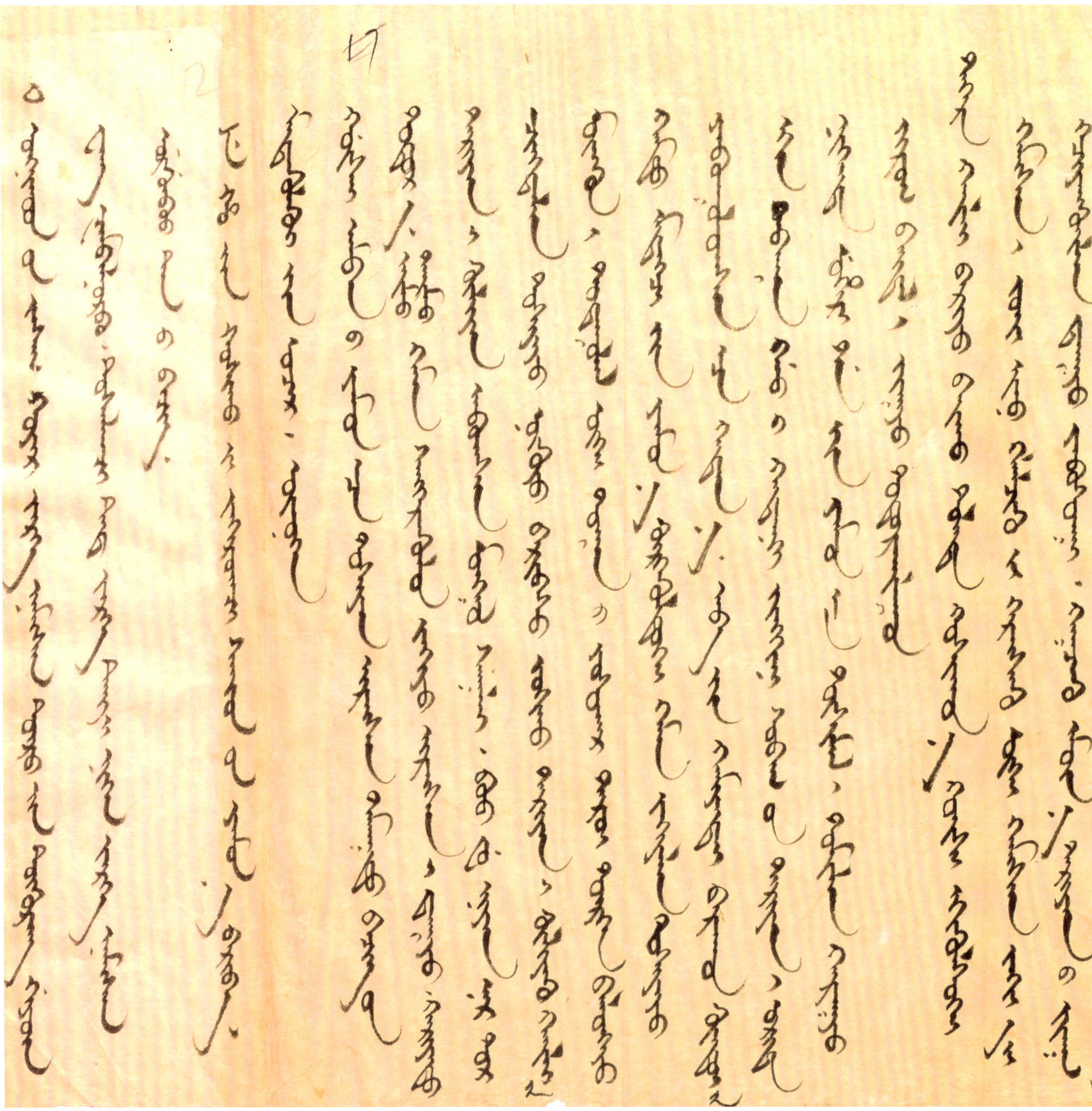

064 翁牛特札萨克郡王等为耕地租金及地界事呈热河都统衙门文（光绪八年末秋初一日）

翁牛特札萨克郡王等为耕地租金及地界事呈热河都统衙门文

翁牛特札萨克加二级多罗杜棱郡王赞巴勒诺尔布、协理二等台吉加一级乌尔根宝文。呈热河都统衙门：呈报之事。

近日，承接都统札开，提醒云云。奉此，札饬租种所属耕地之蒙古人萨嘎力、包福年，即刻如数补交所欠田赋，送至都统衙门处。此外，都统衙门已指派官员划定围场西南坝耕地地界，此地归还本旗。本官遵行也。只是划定南侧耕地边界时本旗无从知晓。故蒙古人萨嘎力、包福年等投机取巧，蒙混过关，隐瞒实际边界，保全自己也。呈请都统衙门指派划定耕地边界之官员，重新勘察，并通报予本旗为盼。如有界线之外耕地，赐予本旗，以便救济贫困蒙民。

至此，呈钤札萨克印之文。

光绪八年末秋初一日

全宗号 1
目录号 1
卷 号 621
件 号 1
页 数 1
赤峰市档案馆

盟长敖汉旗额驸为确认转世呼图克图事札翁牛特札萨克郡王等文

盟长敖汉旗贝子加三级记六级旗额驸文。札付翁牛特札萨克加二级多罗杜棱郡王赞布勒诺日布、协理二等台吉加一级乌尔根宝：通告之事。

近日，本盟长贝子承接理藩院札开：通告之事。内政司抄送之光绪八年初秋二十日皇帝诏曰：府公处奏曰，掣签确认呼图克图转世灵童，已筛选三个男童。等语上奏。呼图克图转世灵童再现，朕极为欣慰之际理藩院奏曰，雍和宫做法会，三个灵童名签投入金瓶掣签，阿苏蔡俊之子罗布桑丹僧掣出，并认领前世章嘉呼图克图所用之法杖、法服、法鼓三件物品，故确认其为章嘉呼图克图转世灵童。闻讯，朕甚欢。章嘉呼图克图向来博览经书，先知呼图克图也。现今，聪慧瑞祥活佛转世再现，圣灵不灭，乃盛世大喜也。朕赐予颅骨佛珠一串，供其日后之用。爱卿李申承转呼图克图门弟札萨克喇嘛李戈色德，转交活佛也。亦将此事诏告诸蒙古王公及驻京诸呼图克图喇嘛、章嘉呼图克图寺庙诸喇嘛。仍诏告五台山札萨克喇嘛，亦报喜达赖喇嘛、班禅额尔德尼。李申接旨诏告章嘉呼图克图诸子弟。钦遵前来理藩院。兹有，本部遵旨承转所属诸盟长，告知所属蒙古诸王公、札萨克。特抄录原文札付之。等语。札付本盟署。为此，盟署抄录原文转送之。文到，诸札萨克审阅文内遵行。

至此，致钤盟长印之文。

光绪八年初冬二十三日

066 翁牛特札萨克协理为追缴驻两庙和尚费用事咨善因寺大喇嘛文（光绪八年仲冬三十日）

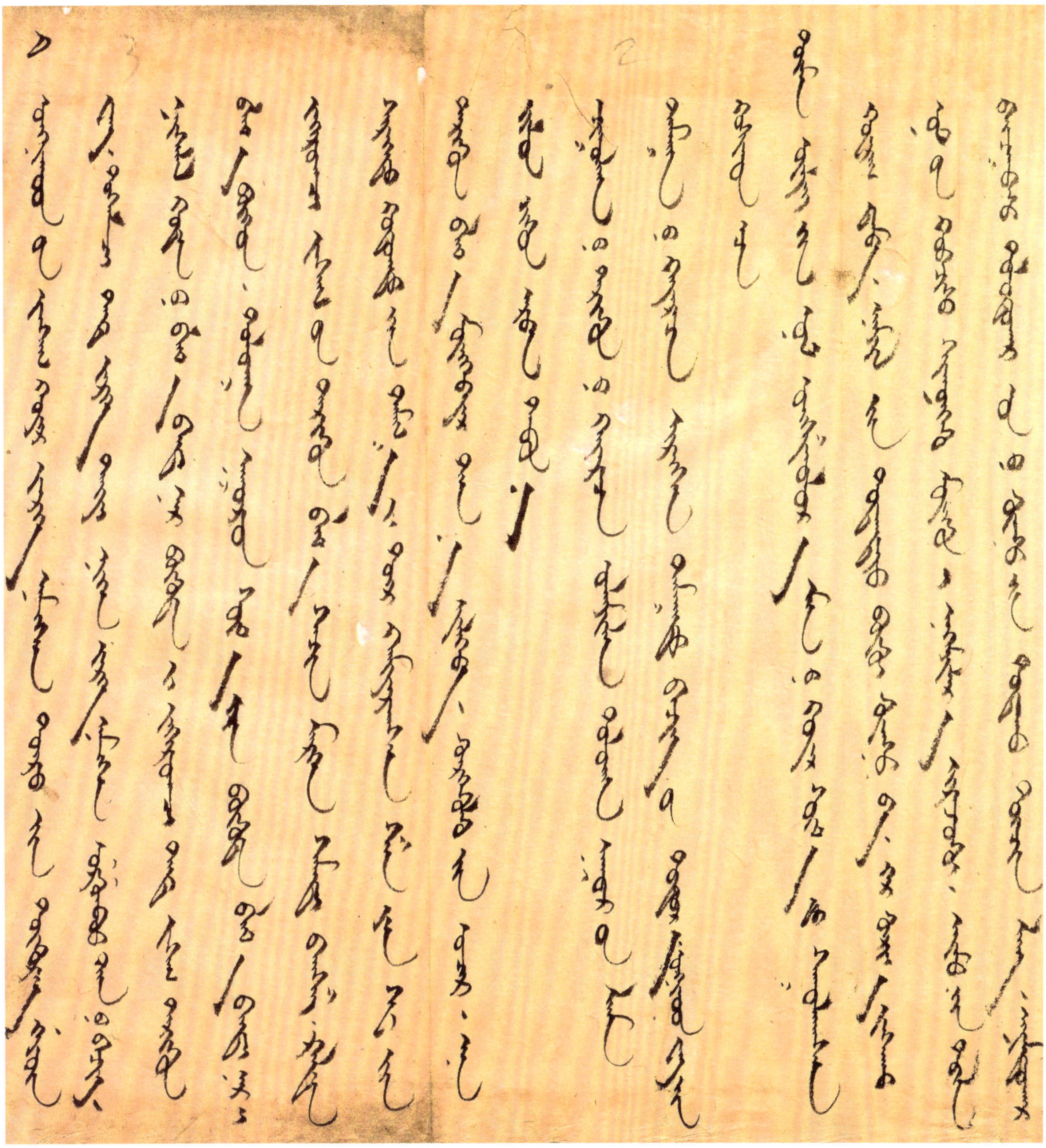

066 翁牛特札萨克协理为追缴驻两庙和尚费用事咨善因寺大喇嘛文（光绪八年仲冬三十日）

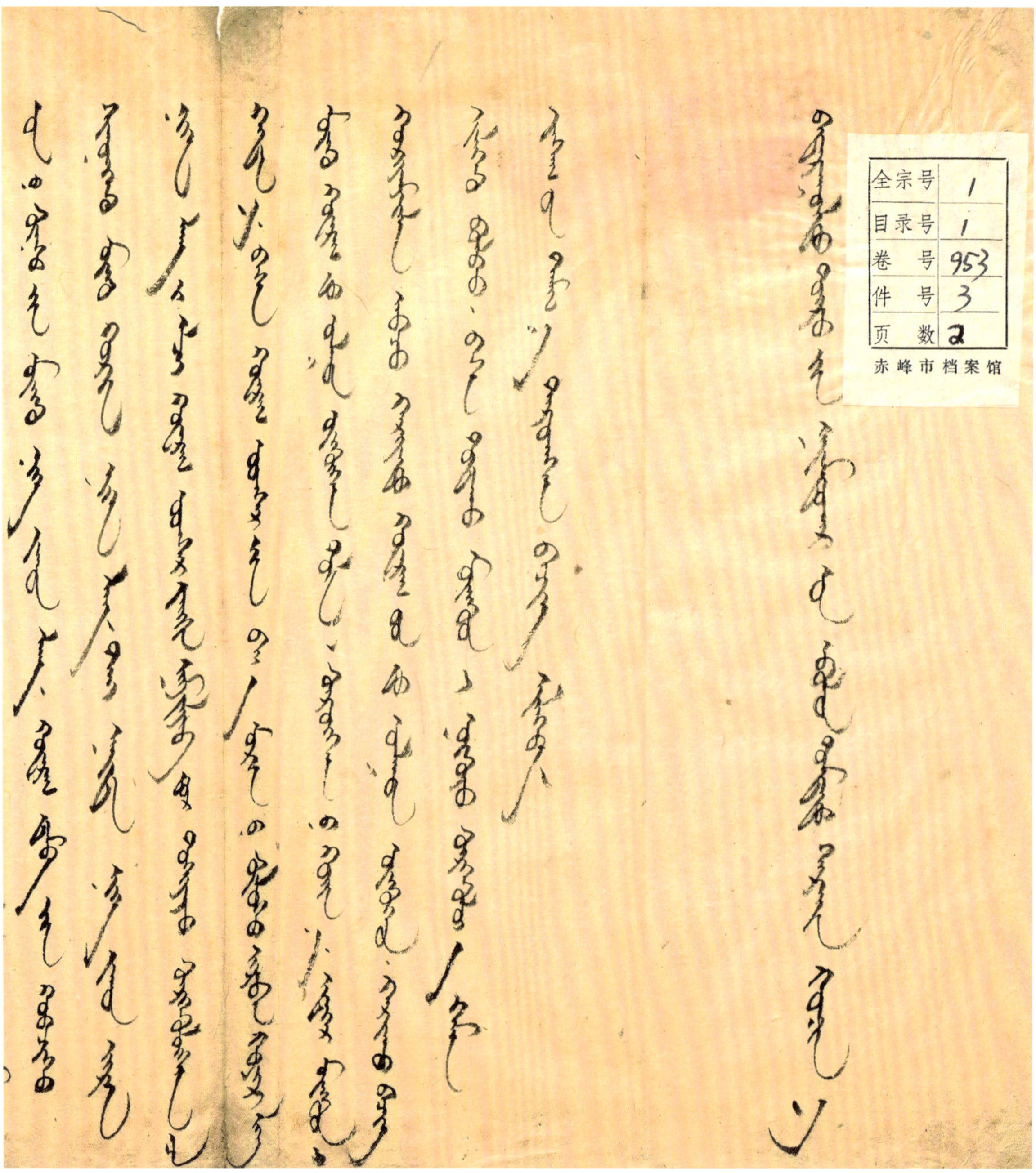

翁牛特札萨克协理为追缴驻两庙和尚费用事咨善因寺大喇嘛文

翁牛特札萨克加二级多罗杜棱郡王协理二等台吉加一级乌尔根宝文。咨署理驻京城喇嘛班弟副札萨克大喇嘛即多伦庙全体喇嘛班弟札萨克大喇嘛斯琴莫尔根萨玛第师傅噶尔丹住持呼图克图印务之善因寺大喇嘛孟和巴雅尔：咨送之事。

本年九月十五日，盟长署转多伦庙喇嘛札萨克咨开：催缴拖欠翁牛特旗派驻本处两个庙为皇上诵经和尚丹巴、那木吉勒之口粮费、修缮房屋费、更换法服费。等因前来。

为此，经查，七年口粮费拖欠四十两，八年口粮费拖欠一百两，和尚丹巴更换法衣费二十一两，合计一百六十一两。现交由和尚敖德斯尔、章京那木吉勒扎布送之。另，付和尚敖德斯尔之雇马费十二两。到达后，查收此等钱款，转授所属和尚，并回文为盼。

至此，咨送钤札萨克印之文。

光绪八年仲冬三十日

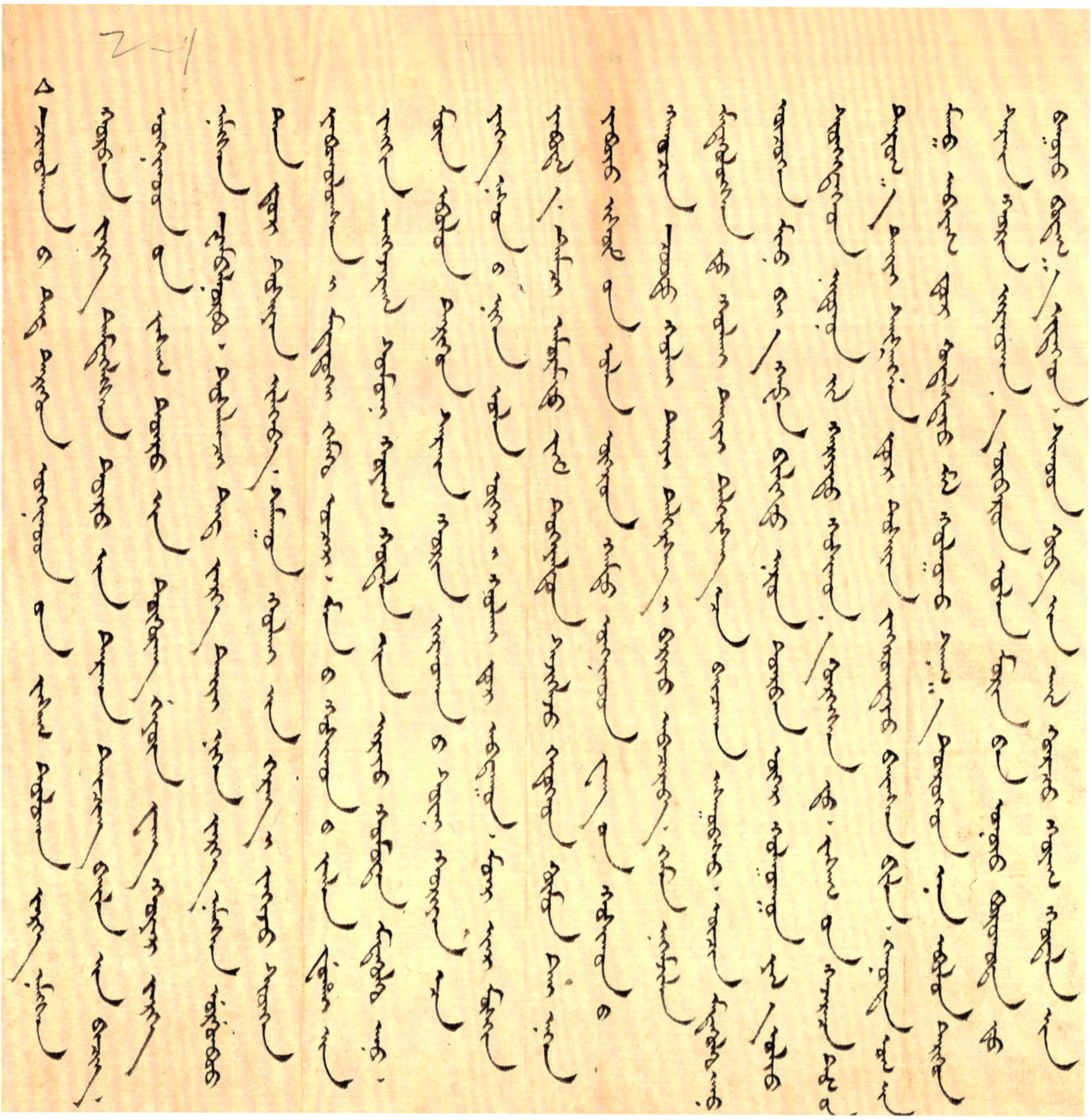

067 副盟长翁牛特札萨克贝勒为一宗偷盗案札翁牛特札萨克协理文（光绪八年末冬十三日）

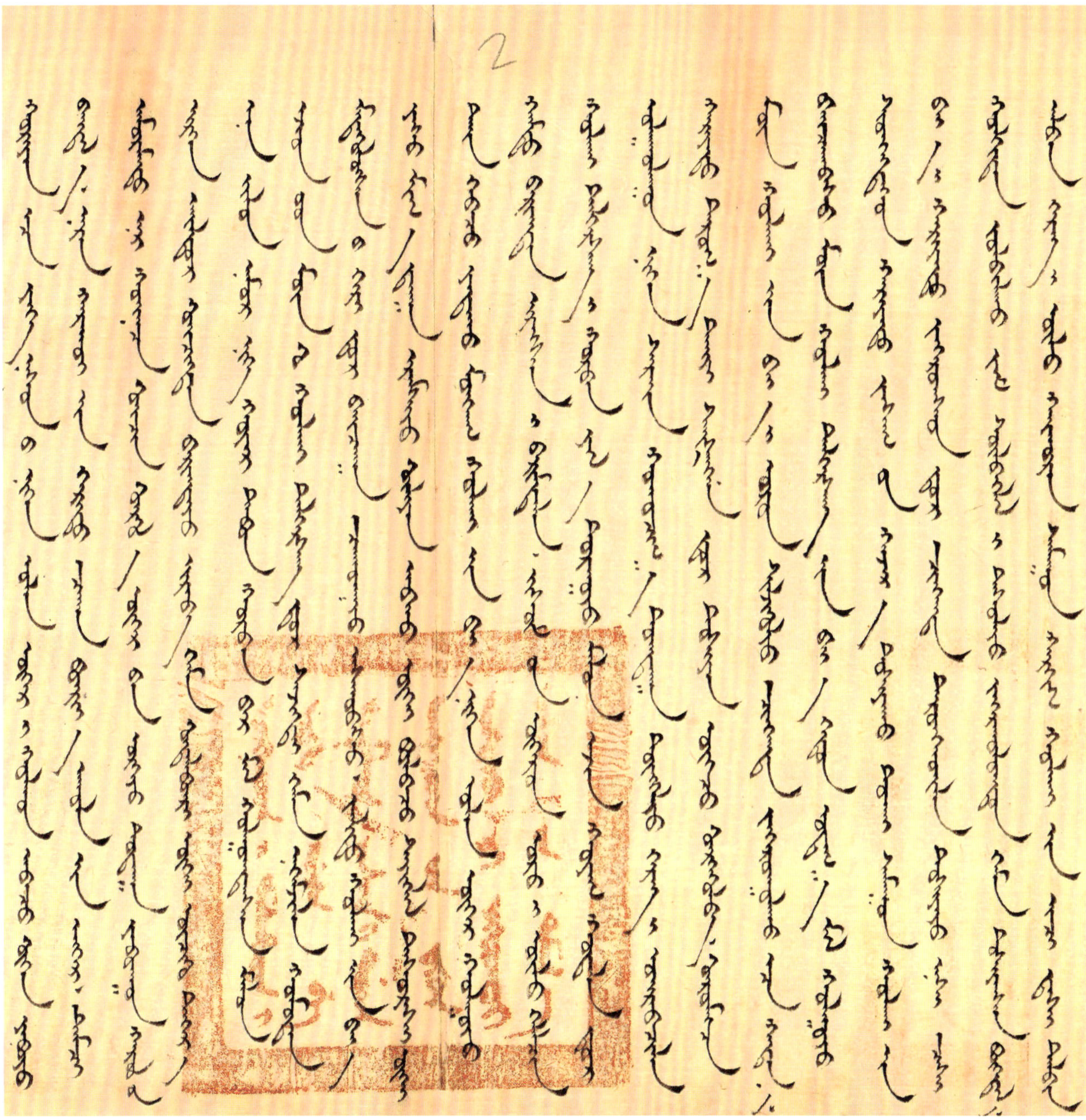

067 副盟长翁牛特札萨克贝勒为一宗偷盗案札翁牛特札萨克协理文（光绪八年末冬十三日）

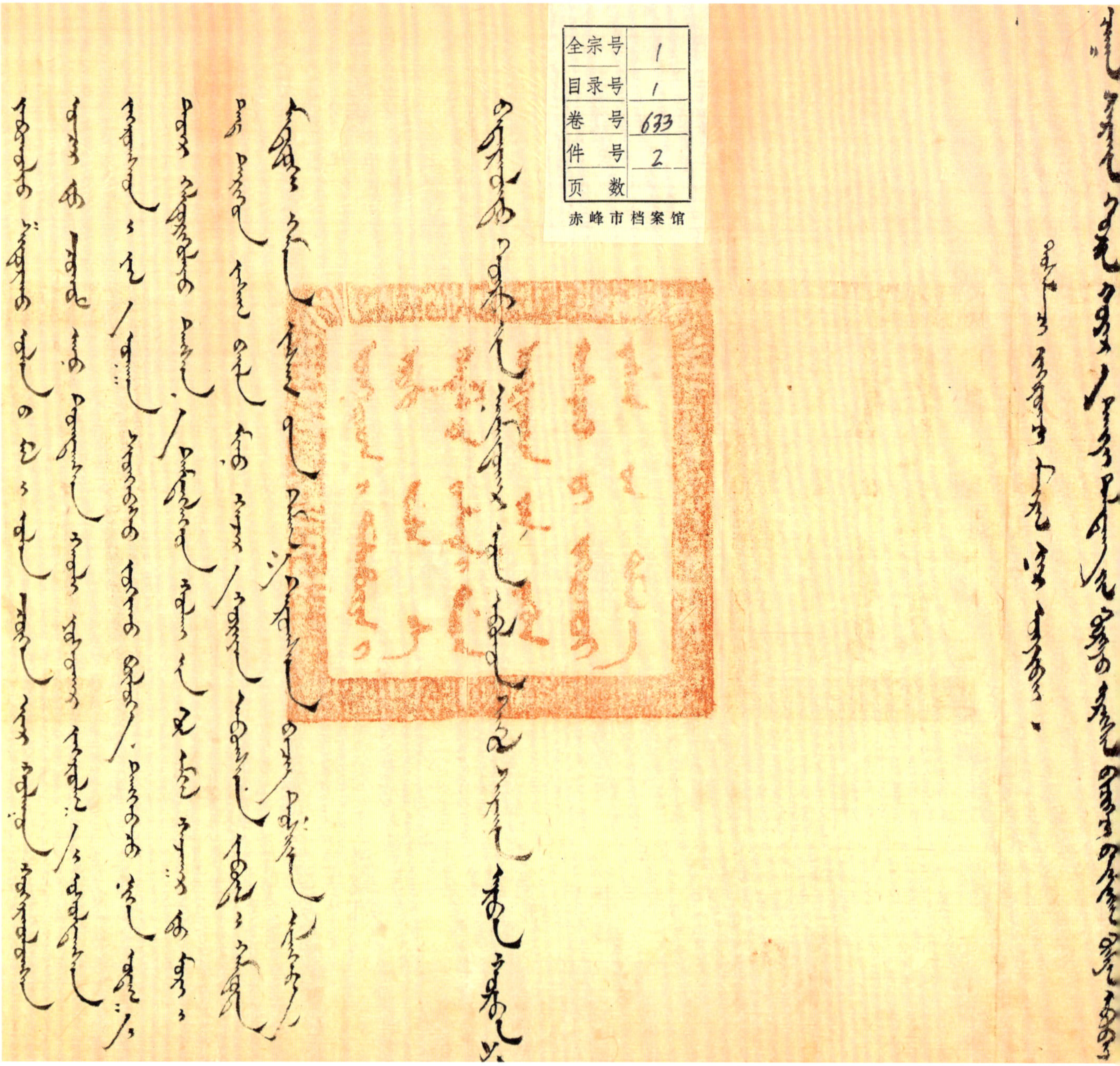

副盟长翁牛特札萨克贝勒为一宗偷盗案札翁牛特札萨克协理文

副盟长翁牛特札萨克加七级记三级多罗达尔罕岱青贝勒文。札付翁牛特札萨克多罗杜棱郡王加二级赞布勒诺日布、协理二等台吉加一级乌尔根宝：严惩盗贼之事。

本旗甲喇福海之章京恩和吉日嘎拉佐领壮丁浩特乐报曰，今年初冬二十六日夜里，本人牛圈里被盗一头红牛，跟踪足迹时遇见司库喇嘛阿木日门德等几人，便一起追踪至翁牛特旗，抓获江湖惯贼台吉德力格尔仓。等语前来。本署审问盗贼德力格尔仓，其供曰，先前小人偷盗哈番毕力格图等人四头牛被处罚，去年移送所属旗，札萨克交之台吉赛兴嘎所监管。突犯老毛病，贼心难耐，于今年初冬二十六日骑自己枣红马至乌丹就餐，饭后直奔忽布营，盗走壮丁浩特乐圈子红色牛也。赶回途中，日出时分查干布里业山脚下，被司库喇嘛阿木日门德等追来，情急之下弃牛而逃，至哈如拉民人营被抓。等语供出。拷问今秋被盗之零星牲畜案与其是否有干系时，悍贼忍受皮肉之苦，死不认账。虽然如此，依据盗走红色牛当场被抓案，定罪三桩，还给失主壮丁浩特乐红牛，罚盗贼上枷锁一个月，移送至就近所属官员台吉赛兴嘎处。押送盗贼之际移送他处严加管制。经核实，盗贼德力格尔仓多次盗牛被处罚，所属札萨克接管后应严加监管，断其出来跳窜祸害百姓之机会。但所属札萨克官员无视公务，任盗贼胡作非为、肆意偷盗百姓牲畜，本应以渎职罪重罚相关官员。本次只是暂免处罚，记存备档。也一并通告盗贼马匹已被副盟长札萨克贝勒处罚没之。

至此，致钤札萨克印之文。

光绪八年末冬十三日

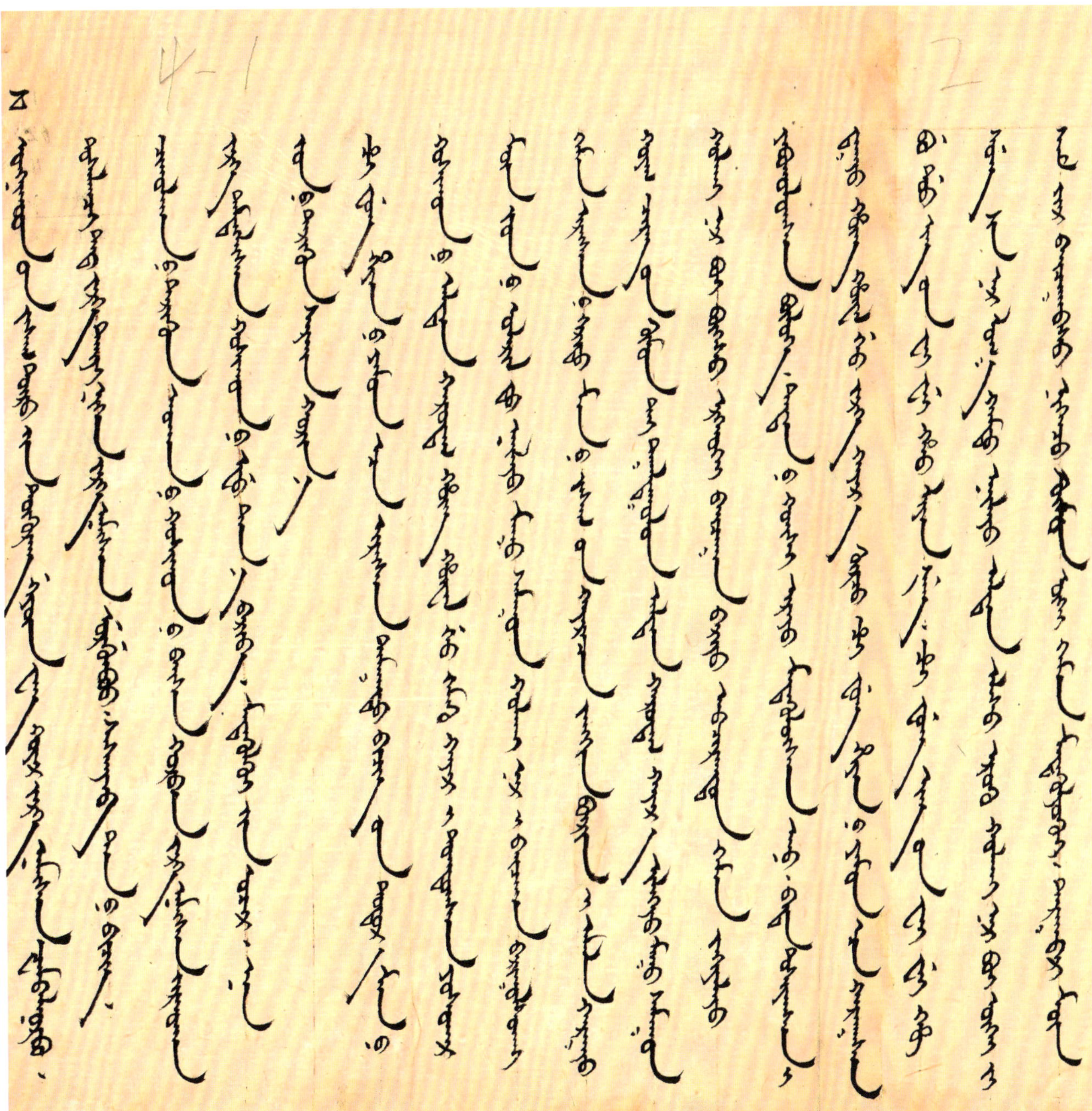

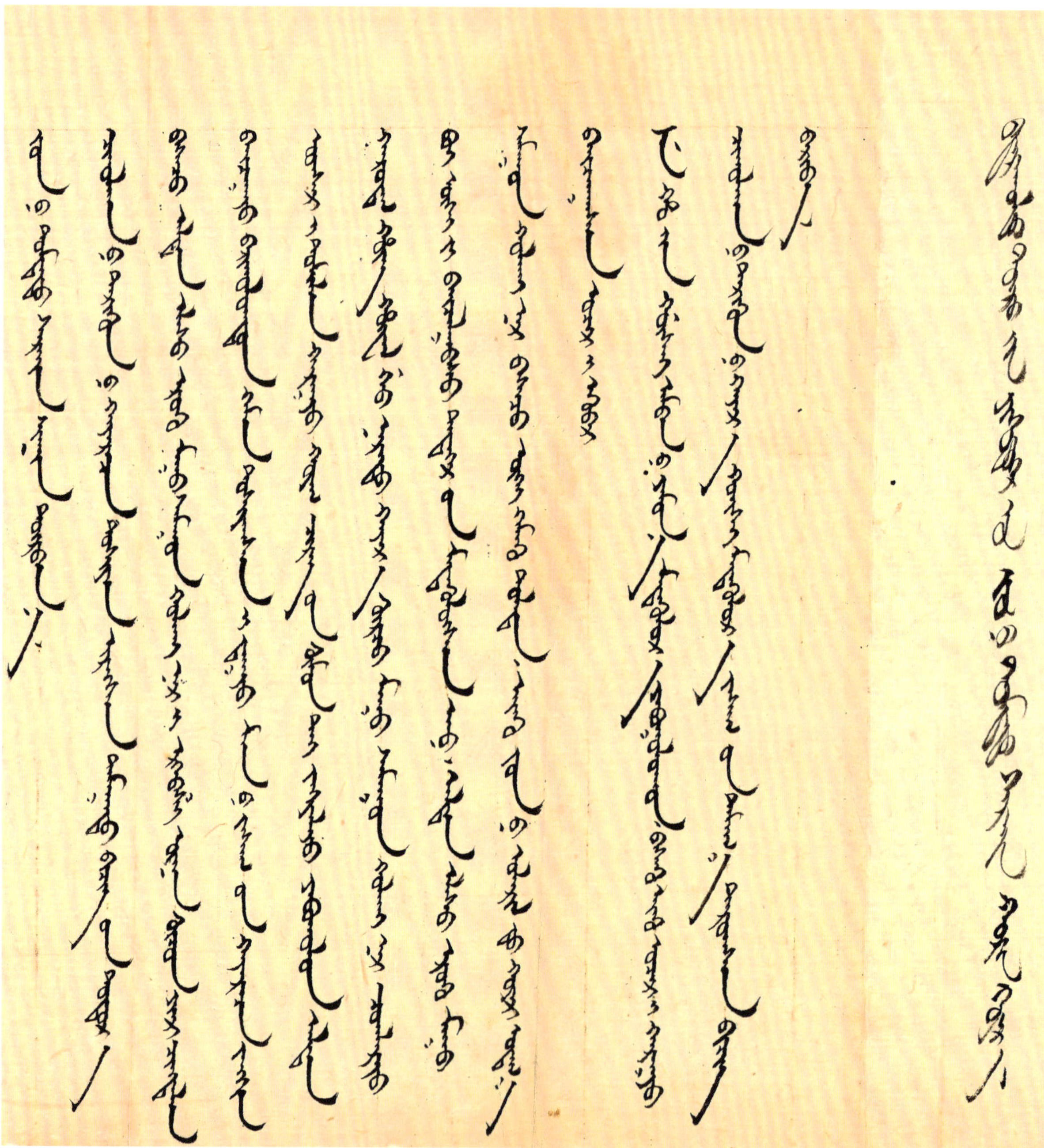

翁牛特札萨克郡王等为巡察红花沟金矿之地事呈盟长敖汉旗额驸文

翁牛特札萨克多罗杜棱郡王加二级赞巴勒诺尔布，协理二等台吉加一级乌尔根宝、色森扎布文。呈送盟长敖汉旗贝子加三级记六级旗额驸：呈报之事。

本年初夏二十日，赤峰县咨开，本夏季联合巡查该旗金矿之地红花沟，捉拿盗挖之贼。等语。为此，本札萨克指派章京布仁带领兵丁巡察金矿之地，捉拿盗挖之贼。指派人员回报：吾等奉命赶至红花沟等地，与赤峰县派遣之布顿营外围侯连生、赤峰营外围侯松泽一同密查金矿之地，未发现盗挖之贼。而后，本年仲夏初四日，盟长处亦札付，务必全力严查盗挖金矿之贼。奉此，本札萨克指派甲喇敖德斯尔，与兵卒一同到金矿之地红花沟，查看盗挖之贼。均回报无盗挖金矿之贼民也。故夏季两次巡察之事呈报热河都统处。此事亦禀报盟长处。

至此，呈钤札萨克印之文。

光绪九年仲夏二十二日

069 盟长敖汉旗额驸为继任骑都尉空位事札翁牛特札萨克郡王等文（光绪九年初秋二十九日）

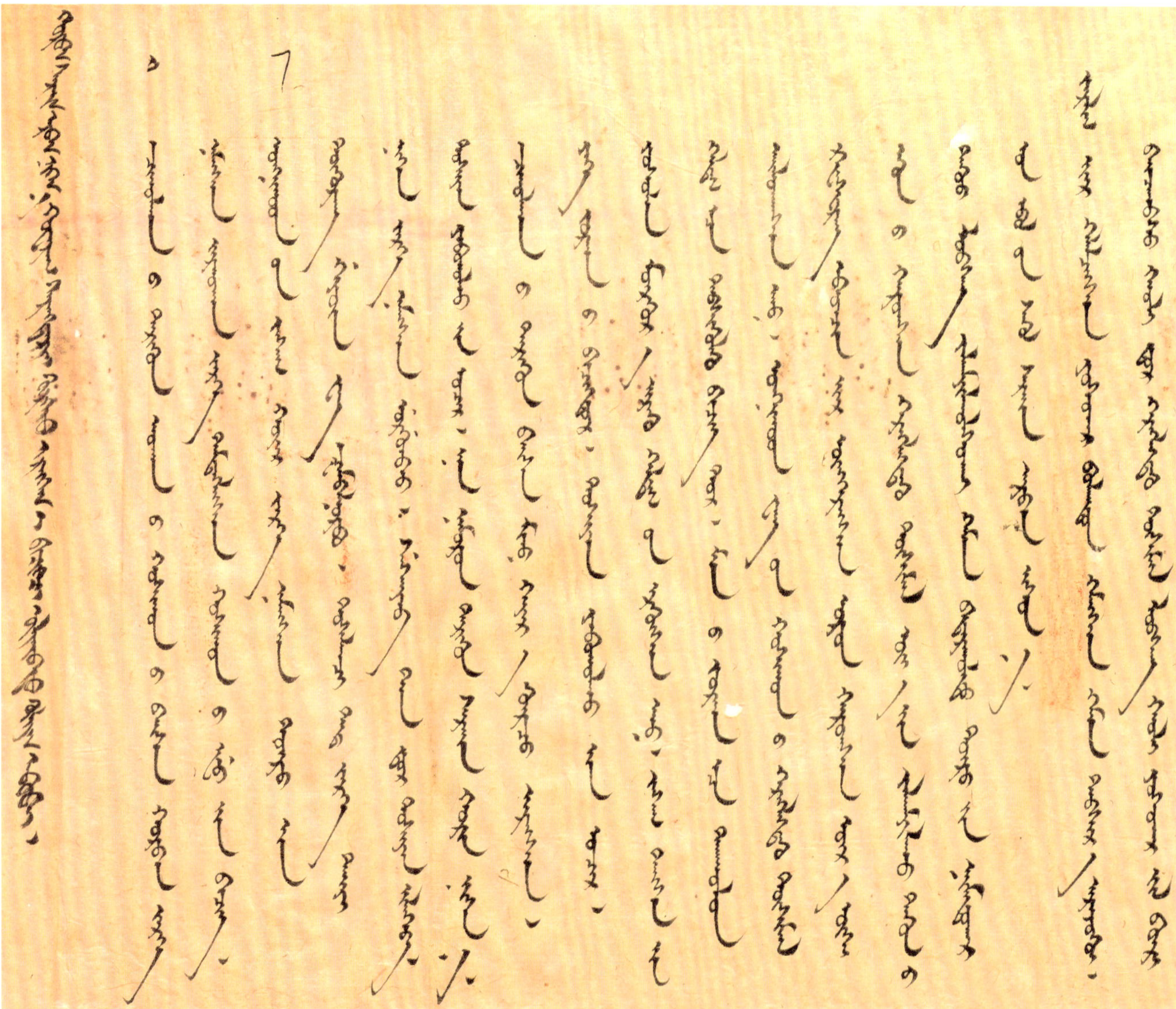

069 盟长敖汉旗额驸为继任骑都尉空位事札翁牛特札萨克郡王等文（光绪九年初秋二十九日）

盟长敖汉旗额驸为继任骑都尉空位事札翁牛特札萨克郡王等文

盟长敖汉旗贝子加三级记六级旗额驸文。札付翁牛特札萨克加二级多罗杜棱郡王赞巴勒诺尔布，协理二等台吉加一级乌尔根宝、色森扎布：行札之事。

本年初秋二十一日，大部札开：礼部呈称，行档部记载，翁牛特王旗骑都尉格瓦斯楞病故。无子。其弟罗布桑继其空位。以此上奏。光绪八年末冬十九日回旨曰，照办。经查，骑都尉罗布桑照例每年领取俸禄五十五两。此事上报户部核实外，札付所属盟长，转呈所属诸旗遵旨照办。等因前来。兹有，抄录原文承转之。文到，诸札萨克、协理阅知文内，遵旨照办。

至此，致钤盟长印之文。

光绪九年初秋二十九日

070 盟长敖汉旗额驸为备送驻雍和宫和尚费用事札翁牛特札萨克郡王等文（光绪九年仲秋三十日）

盟长敖汉旗额驸为备送驻雍和宫和尚费用事札翁牛特札萨克郡王等文

盟长敖汉旗贝子加三级记六级旗额驸文。札付翁牛特札萨克加二级多罗杜棱郡王赞巴勒诺尔布，协理二等台吉加一级乌尔根宝、色森扎布：督促备办之事。

本盟驻雍和宫诵经和尚之口粮费、厨师费，驻热河都统衙门笔帖式费及护送此等银两之官差路费，按既定数量备齐。文到之际，诸札萨克、协理备齐各旗每年缴之费用，于初冬十五日，送至盟长贝子府，以备统一发送。此等公款及时送到，不得有误。

至此，致钤盟长印之文。

光绪九年仲秋三十日

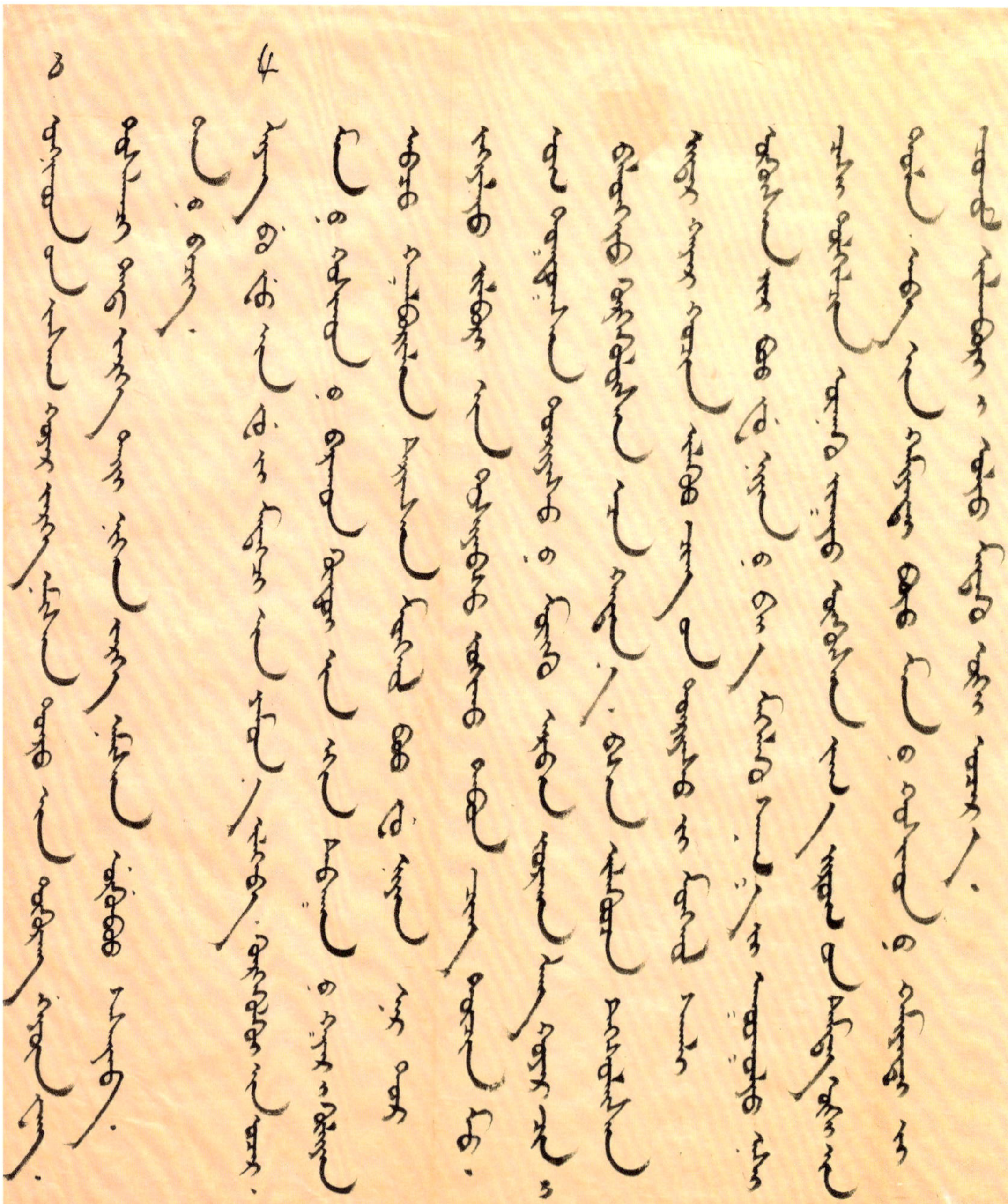

071 翁牛特札萨克郡王等为划定地界收缴地租事咨粮捕府文（光绪九年末秋二十六日）

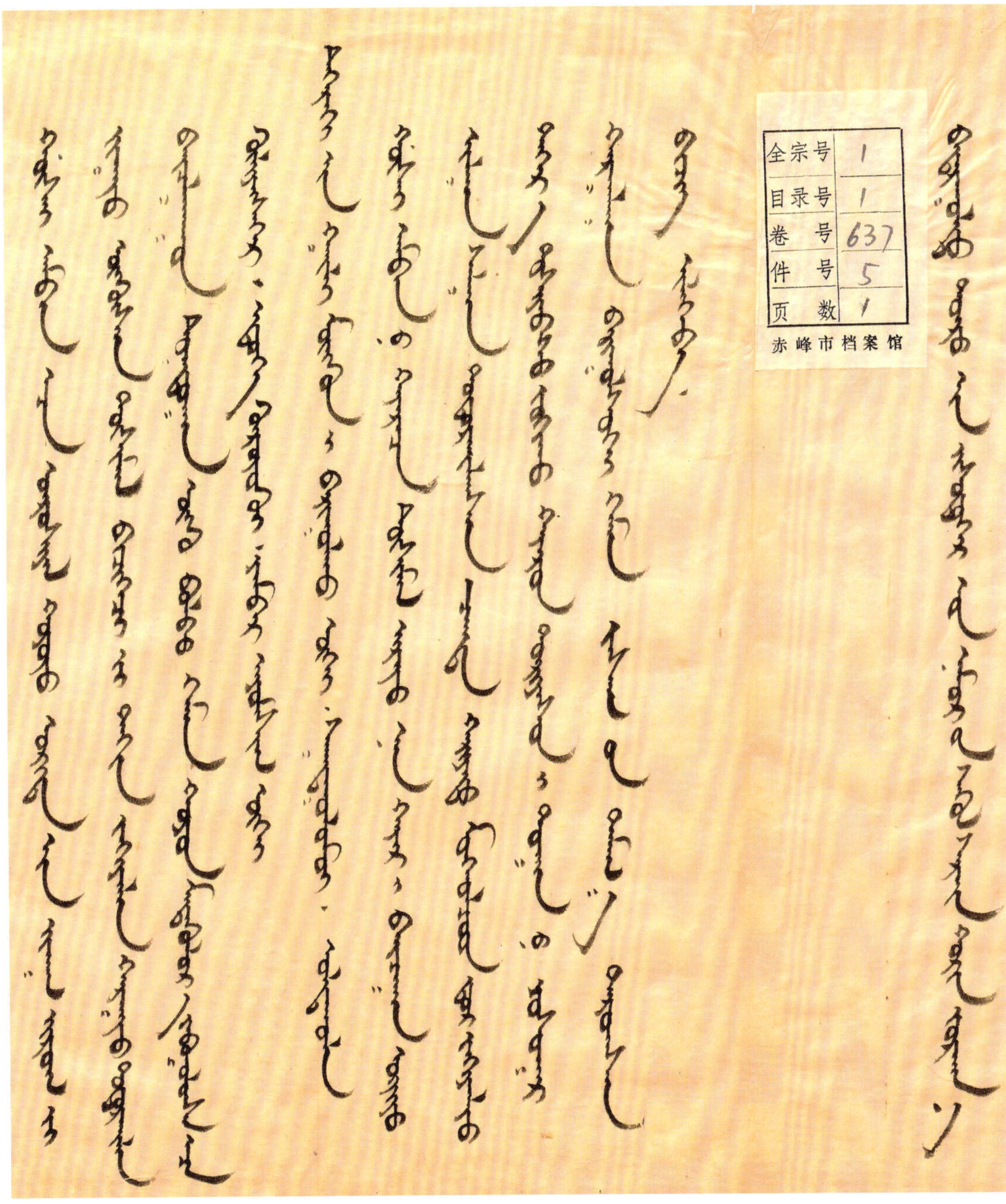

翁牛特札萨克郡王等为划定地界收缴地租事咨粮捕府文

翁牛特札萨克加二级多罗杜棱郡王，协理二等台吉加一级乌尔根宝、色森扎布文。咨粮捕府知府：咨送之事。

转札租种本旗西峡谷源头耕地之蒙古人包福年，命其备办五顷四十亩地之每年租金十六两二钱。还有，因租种其他三十余顷耕地之蒙古人萨嘎力已病逝，故包福年心生蒙骗，左右抵赖。加之，未有划定边界图标，难以判定此地为围场之地还是本旗之地。为此，先前呈请都统处指派划定耕地边界之官员，重新勘察，划定边界，等到如今。并非不缴田赋，误大事。故再次呈请都统公处指派官员划定界线，以便督促承租蒙古人及时如数缴纳租金为盼。望贵府知晓。

至此，咨送钤札萨克印之文。

光绪九年末秋二十六日

072 盟长敖汉旗额驸为选送雍和宫班弟空位接替人事札翁牛特札萨克郡王等文（光绪九年末秋三十日）

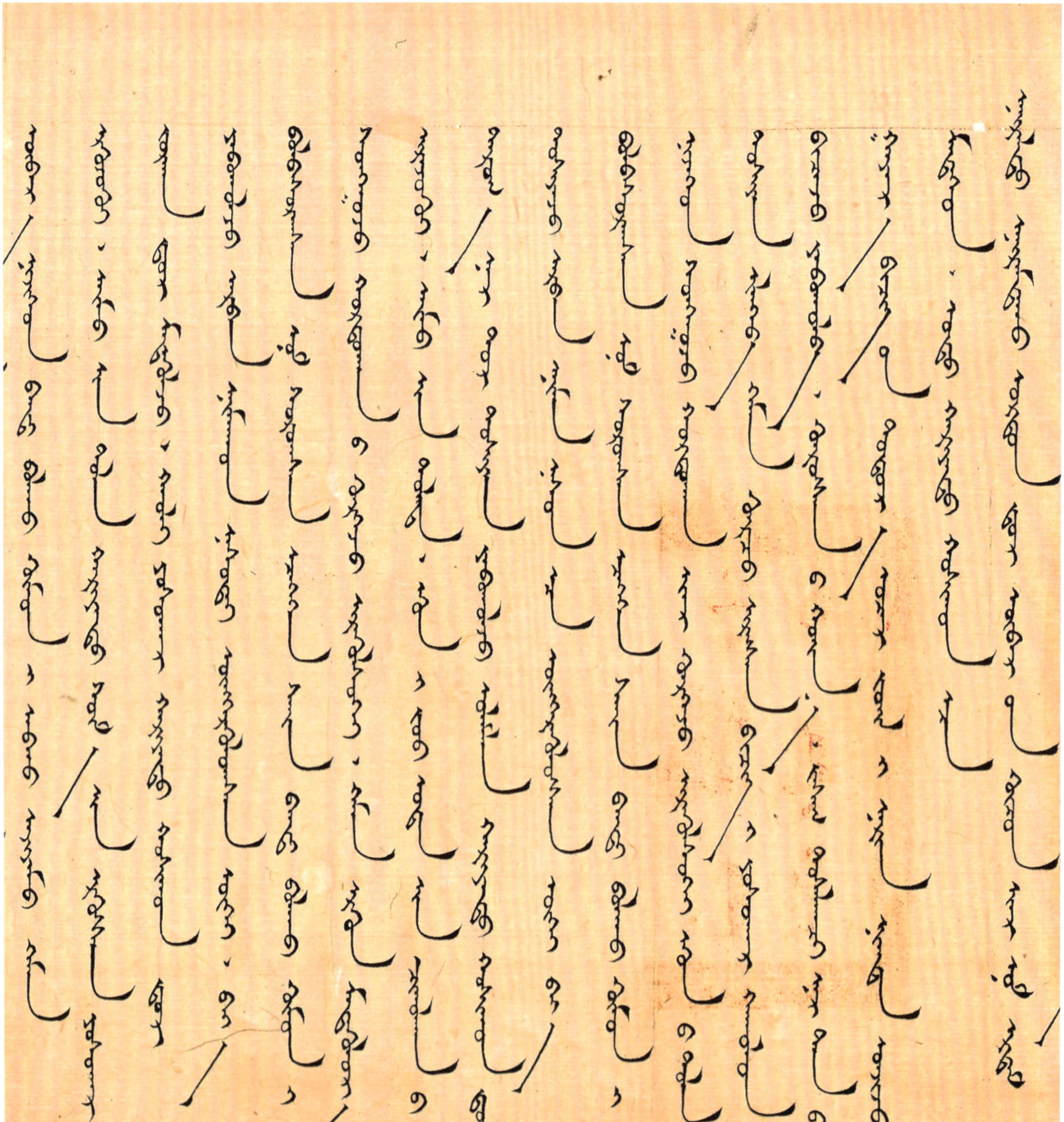

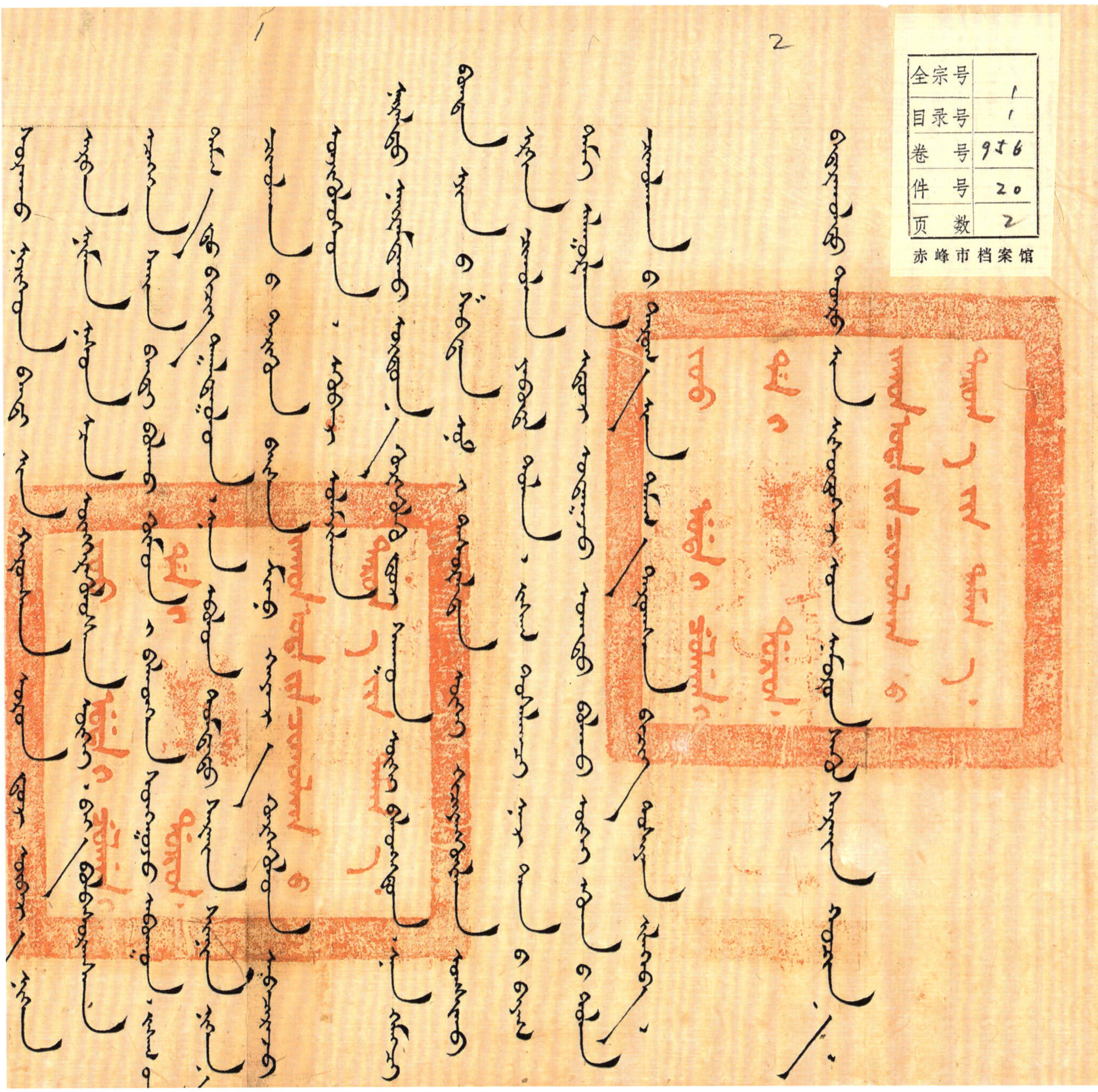
全宗号 1
目录号 1
卷号 956
件号 20
页数 2
赤峰市档案馆

盟长敖汉旗额驸为选送雍和宫班弟空位接替人事札翁牛特札萨克郡王等文

盟长敖汉旗贝子加三级记六级军功加二级旗额驸行文。札付翁牛特札萨克加二级多罗杜棱郡王赞巴勒诺尔布，协理二等台吉加一级乌尔根宝、色森扎布：督办选送之事。

本年末秋，本盟长贝子衙署承接大部札开：交办之事。署理札萨克喇嘛印务之雍和宫司库喇嘛丹毕宁布呈曰，本寺编制外领二两薪金之昭乌达盟翁牛特札萨克郡王赞巴勒诺尔布旗班弟根顿巴拉珠尔，今年初春因病去世。望所属旗推荐修身好学孩童，备用替补班弟空位。等语呈文本大部。依照寺庙题本，本大部按例转付昭乌达盟长，速选送未满十八岁、已长过痘、修身好学之聪慧孩童。等因前来本盟长处。

为此，盟署抄录原文转送之。文到，诸札萨克、协理处细阅文内，物色未满十八岁、已长过痘、修身好学之慧童，以替补雍和宫修身好学之班弟空位。同钤札萨克印之官文，于今年仲冬初一日送至本盟长贝子衙署进行审核，以备送往雍和宫，不得有误。此等事为圣上日夜念诵之要事。札萨克、协理不得疏忽大意，怠慢误事。

至此，致钤盟长印之文。

光绪九年末秋三十日

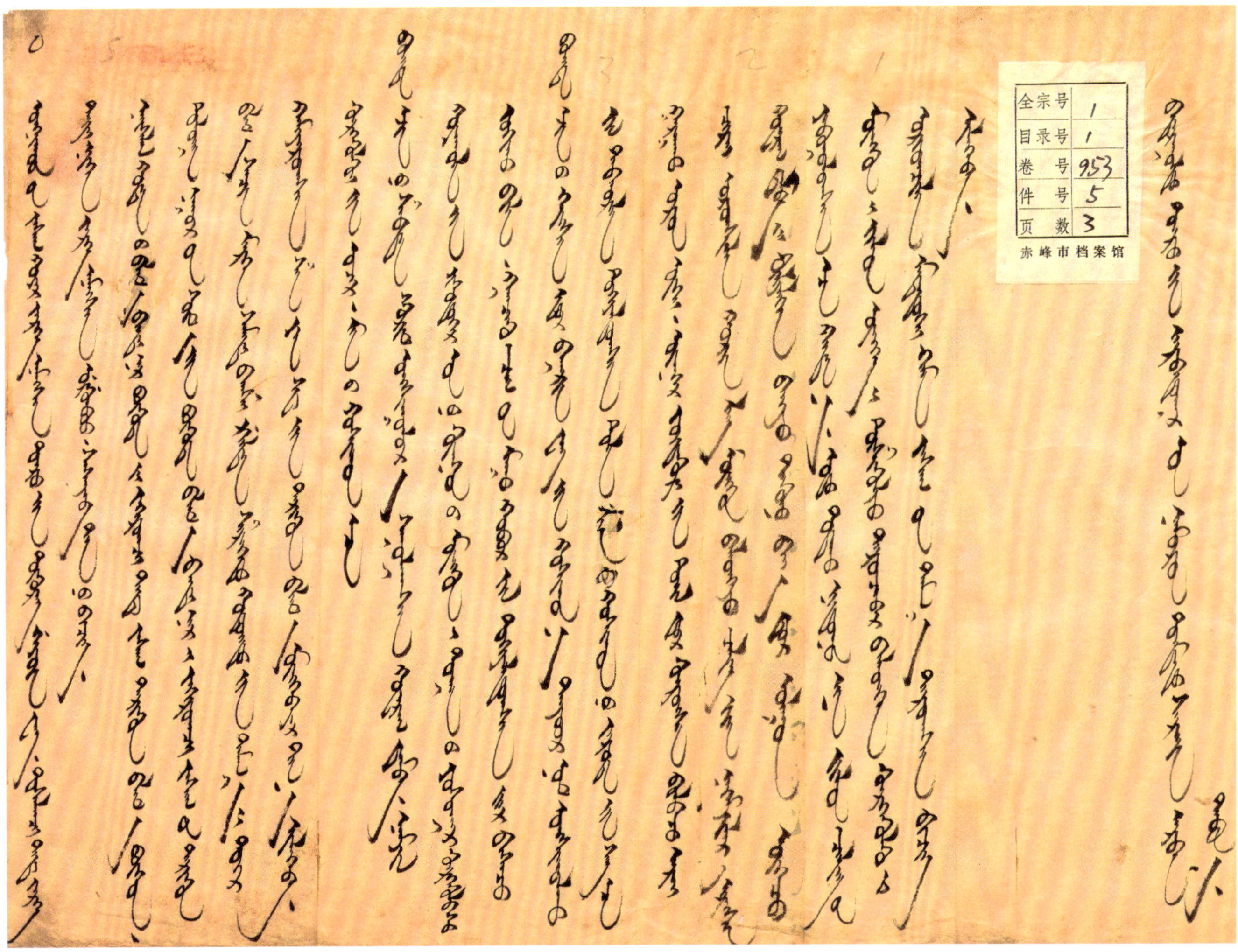

全宗号	1
目录号	1
卷　号	953
件　号	5
页　数	3

赤峰市档案馆

翁牛特札萨克郡王等为备送驻善因寺和尚费用事咨善因寺札萨克喇嘛文

翁牛特札萨克加二级多罗杜棱郡王，协理二等台吉加一级乌尔根宝、色森扎布文。咨署理驻京城喇嘛班弟副札萨克大喇嘛即多伦庙全体喇嘛班弟札萨克大喇嘛斯琴莫尔根萨玛第师傅噶尔丹住持呼图克图印务之善因寺大喇嘛孟和巴雅尔：咨送之事。

本旗驻贵庙为圣上诵经之和尚丹巴、那木吉勒之光绪九年口粮费，应如数送之。只因遇旱灾之年，加之为皇上诞辰吉日巴林王旗诵《丹珠尔经》之年。故旗官仓捉襟见肘，但也尽力筹凑二十两银子，交付追讨薪金之丹巴和尚。还有，去年及今年所欠薪金款视年景情况筹备送也。

至此，咨送钤札萨克印之文。

光绪十年仲秋十五日

074 翁牛特札萨克郡王等为巡察红花沟金矿之地事呈盟长敖汉旗额驸文（光绪十年末秋二十八日）

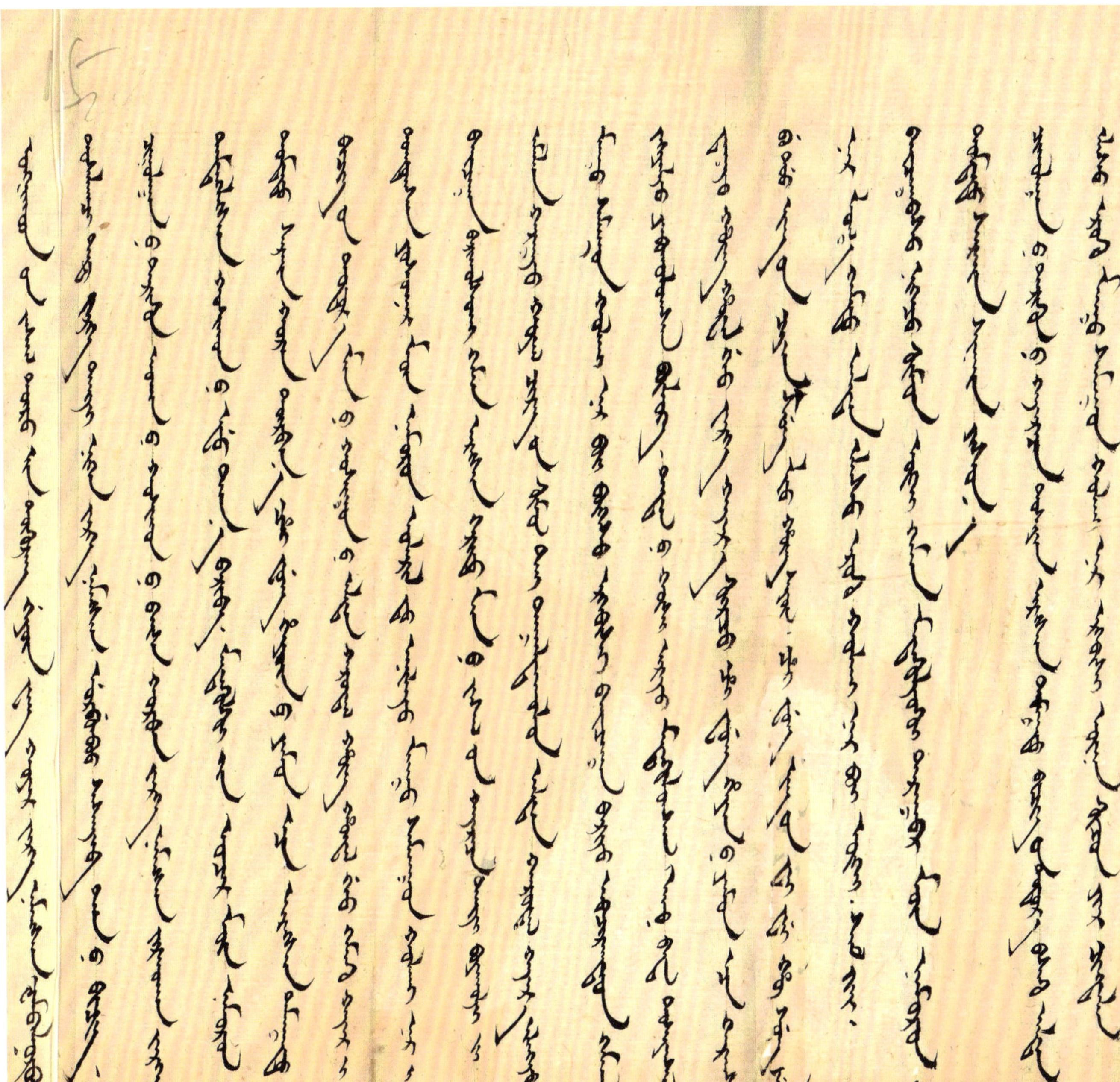

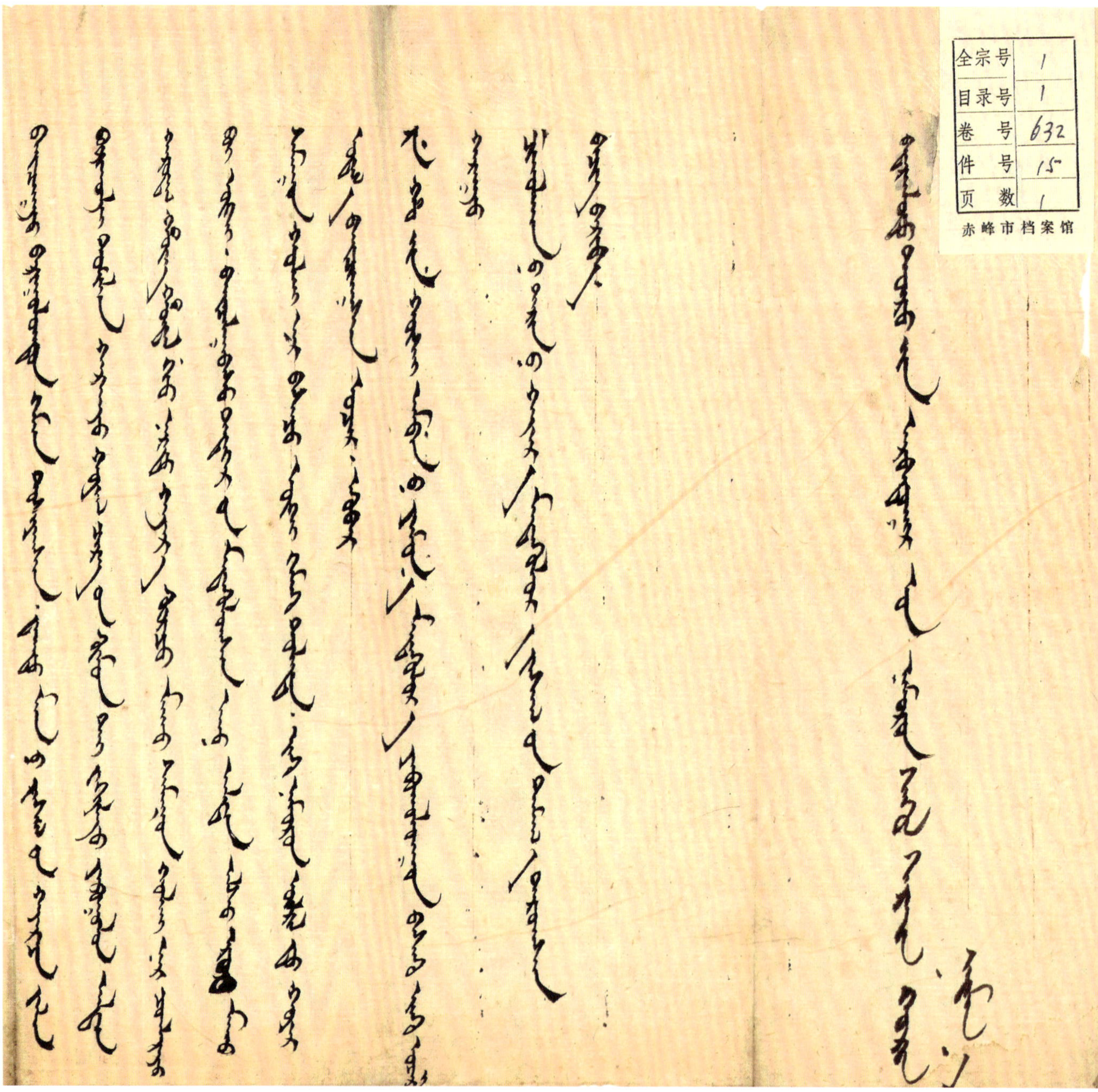

全宗号	1
目录号	1
卷　号	632
件　号	15
页　数	1

赤峰市档案馆

翁牛特札萨克郡王等为巡察红花沟金矿之地事呈盟长敖汉旗额驸文

翁牛特札萨克多罗杜棱郡王加二级赞巴勒诺尔布，协理二等台吉加一级乌尔根宝、色森扎布文。呈送盟长敖汉旗贝子加三级记六级旗额驸：呈报之事。

本年仲秋二十四日，赤峰县咨开，本秋季联合巡查该旗金矿之地红花沟，捉拿盗挖之贼。等语。为此，本札萨克指派台吉宝音乌力吉带领兵丁巡察金矿之地，巡视捉拿盗挖之贼。指派人员回报：吾等奉命赶至红花沟等地，与赤峰县派遣之布顿营钱松、刘红勋，赤峰营外围侯松泽等一同密查金矿之地，未发现盗挖之贼。而后，本年仲秋初九日，盟长处亦札付，务必全力严查盗挖金矿之贼。奉此，本札萨克指派甲喇布仁乌力吉，与兵卒一同到金矿之地红花沟，查看盗挖之贼。均回报无盗挖金矿之贼民也。故秋季两次巡察之事呈报热河都统处外，将此事禀报盟长处。

至此，呈钤札萨克印之文。

光绪十年末秋二十八日

075 翁牛特札萨克郡王等为巡察红花沟金矿之地事呈盟长敖汉旗额驸文（光绪十年末冬十九日）

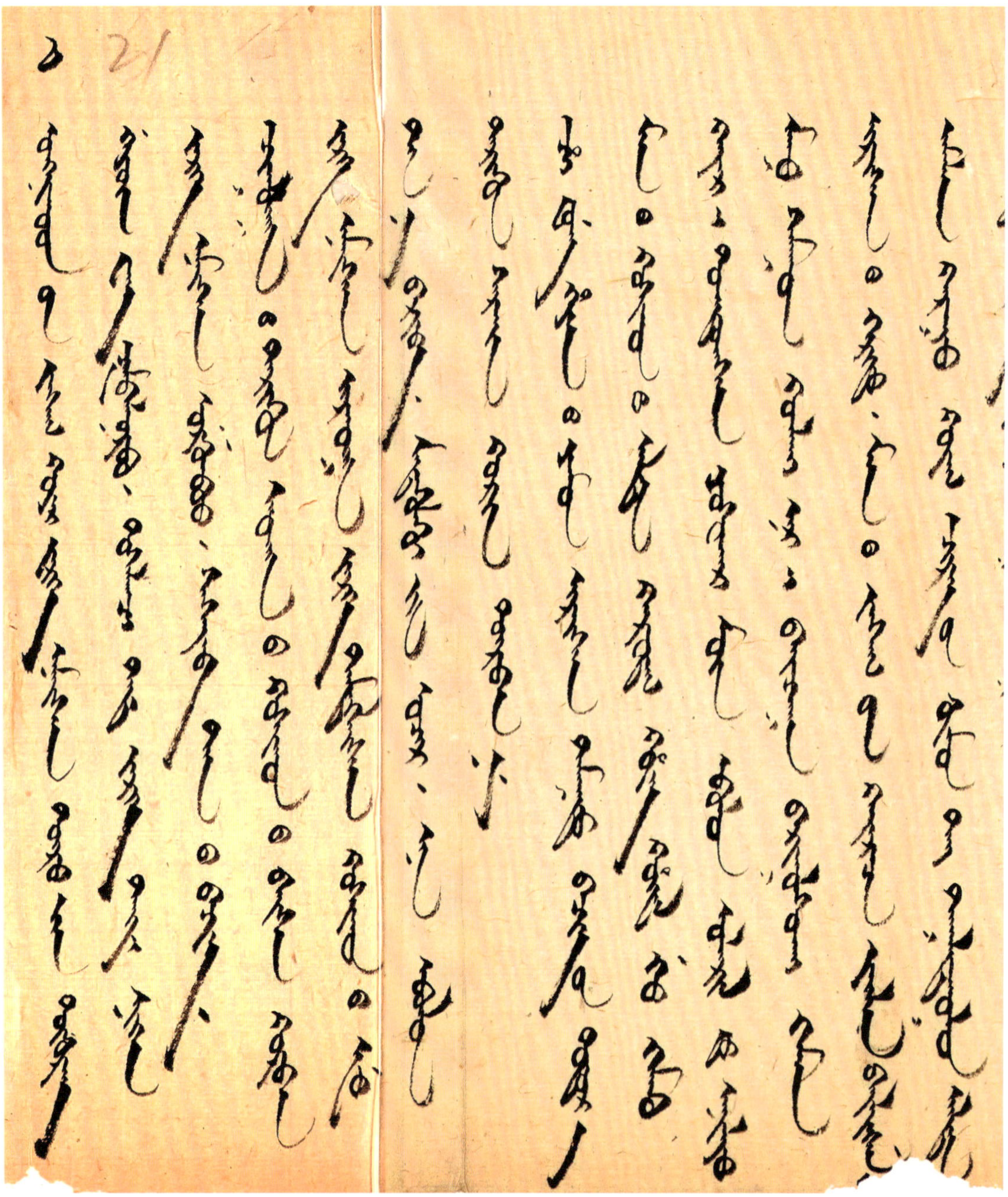

075 翁牛特札萨克郡王等为巡察红花沟金矿之地事呈盟长敖汉旗额驸文（光绪十年末冬十九日）

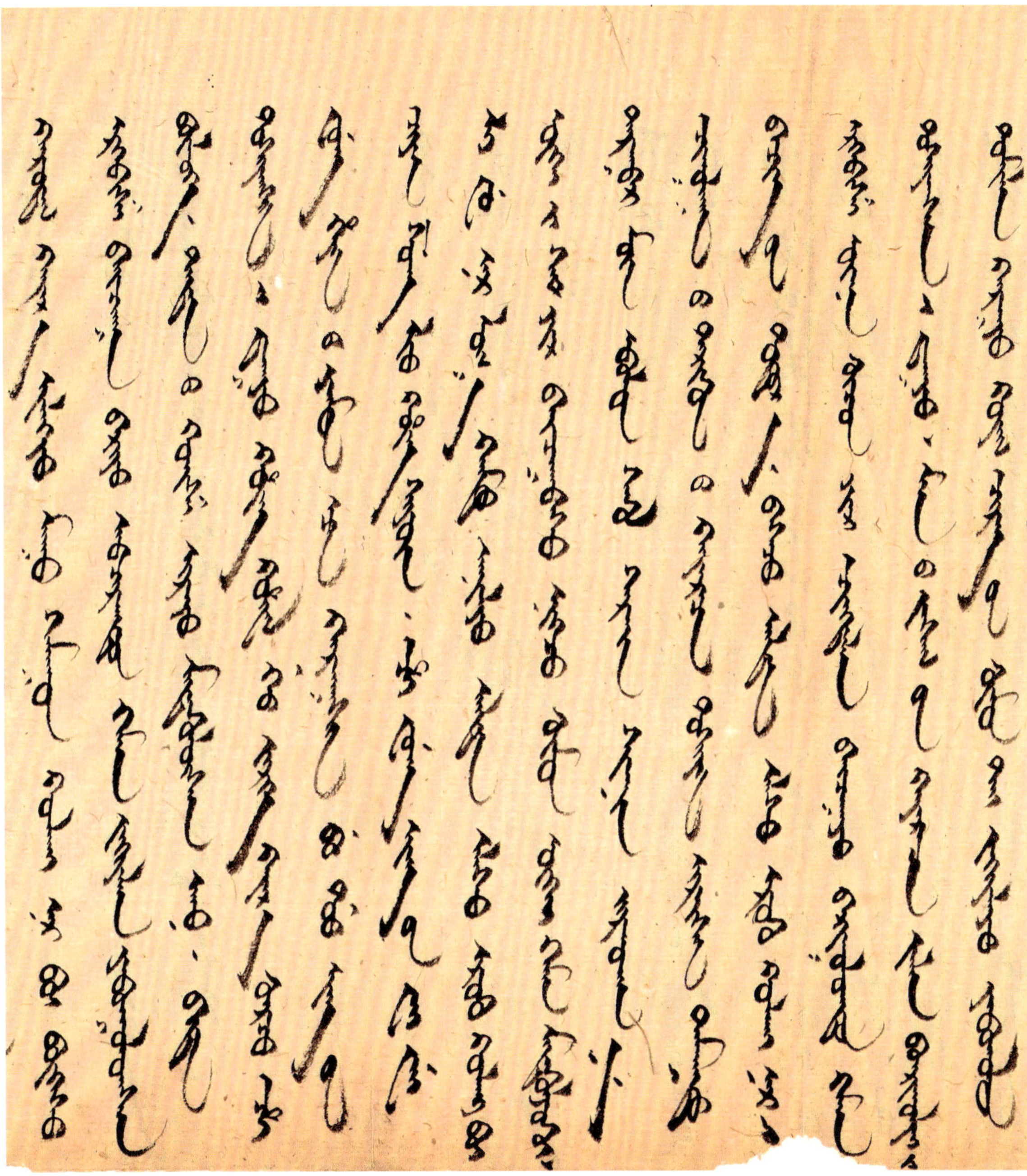

075 翁牛特札萨克郡王等为巡察红花沟金矿之地事呈盟长敖汉旗额驸文（光绪十年末冬十九日）

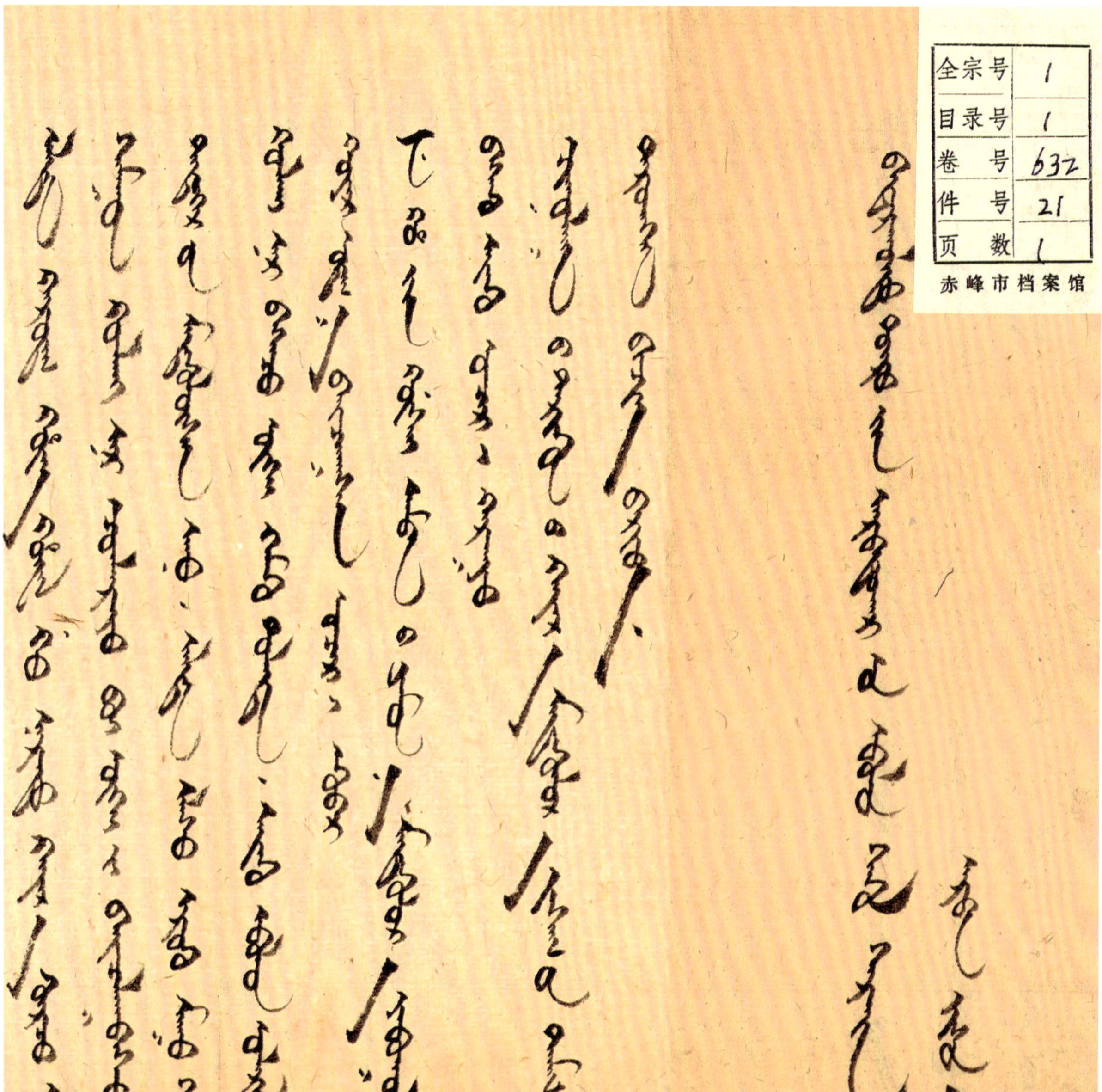

全宗号	1
目录号	1
卷 号	632
件 号	21
页 数	1

赤峰市档案馆

翁牛特札萨克郡王等为巡察红花沟金矿之地事呈盟长敖汉旗额驸文

翁牛特札萨克加二级多罗杜棱郡王赞巴勒诺尔布，协理二等台吉加一级乌尔根宝、色森扎布文。呈送盟长敖汉旗贝子加三级记六级旗额驸：呈报之事。

本年初冬二十四日，赤峰县咨开，本冬联合巡查该旗金矿之地红花沟，捉拿盗挖之贼。为此，本札萨克指派甲喇白领阿带领兵丁巡察金矿之地，捉拿盗挖之贼。指派人员回报：吾等奉命赶至红花沟等地，与赤峰县派遣之布顿营钱松、刘红勋，赤峰营外围李福等一同密察金矿之地。未发现盗挖之贼。而后，本年末冬初六日，盟长处亦札付，务必全力严查盗挖金矿之贼。奉此，本札萨克指派甲喇布仁乌力吉，与兵卒一同到金矿之地红花沟，查看盗挖之贼。均回报无盗挖金矿之贼民也。故冬季两次巡察之事呈报热河都统处，将此事禀报盟长处。

至此，呈钤札萨克印之文。

光绪十年末冬十九日

076 翁牛特札萨克郡王等为驻雍和宫和尚费用事呈盟长敖汉旗额驸文（光绪十年末冬十九日）

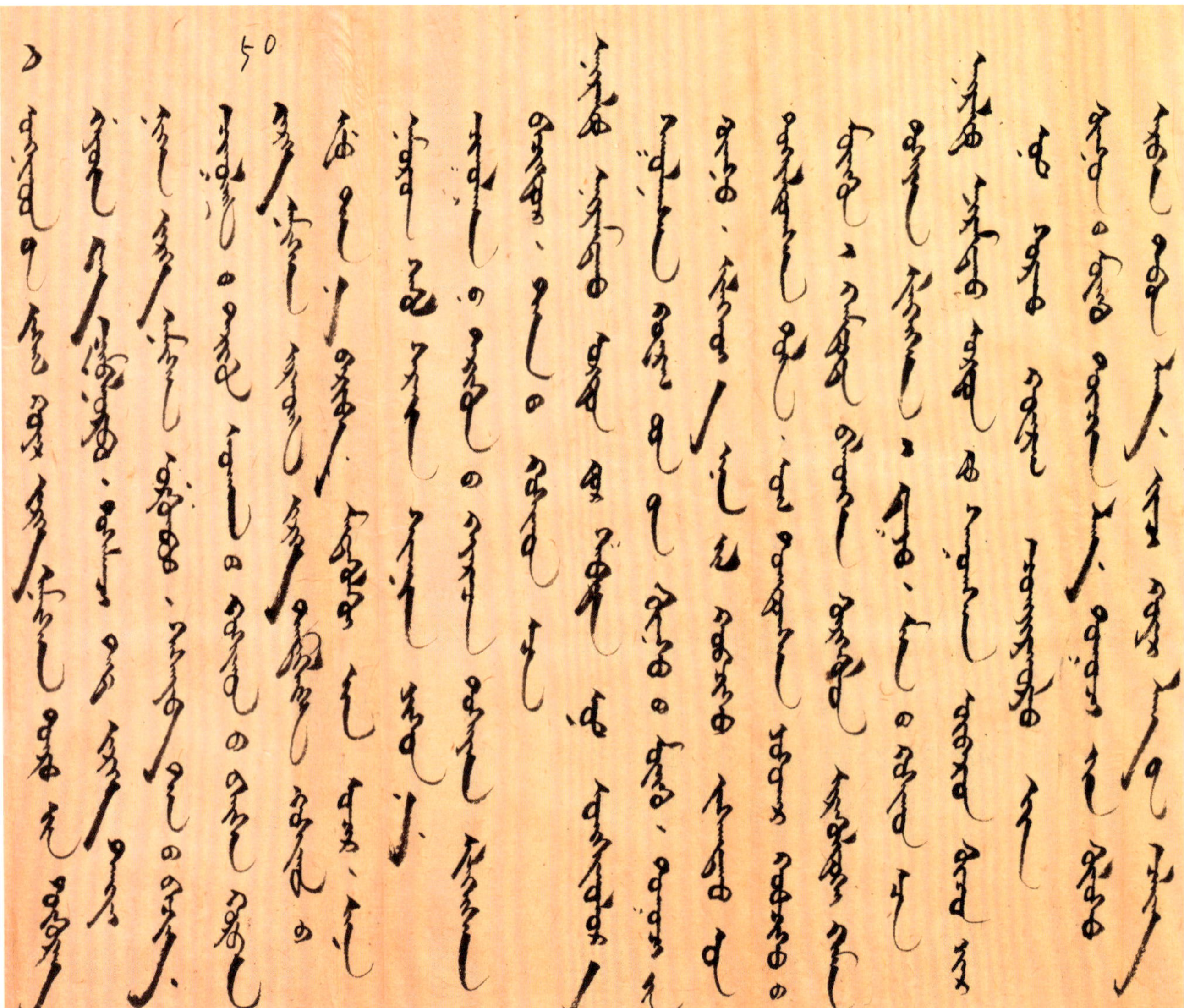

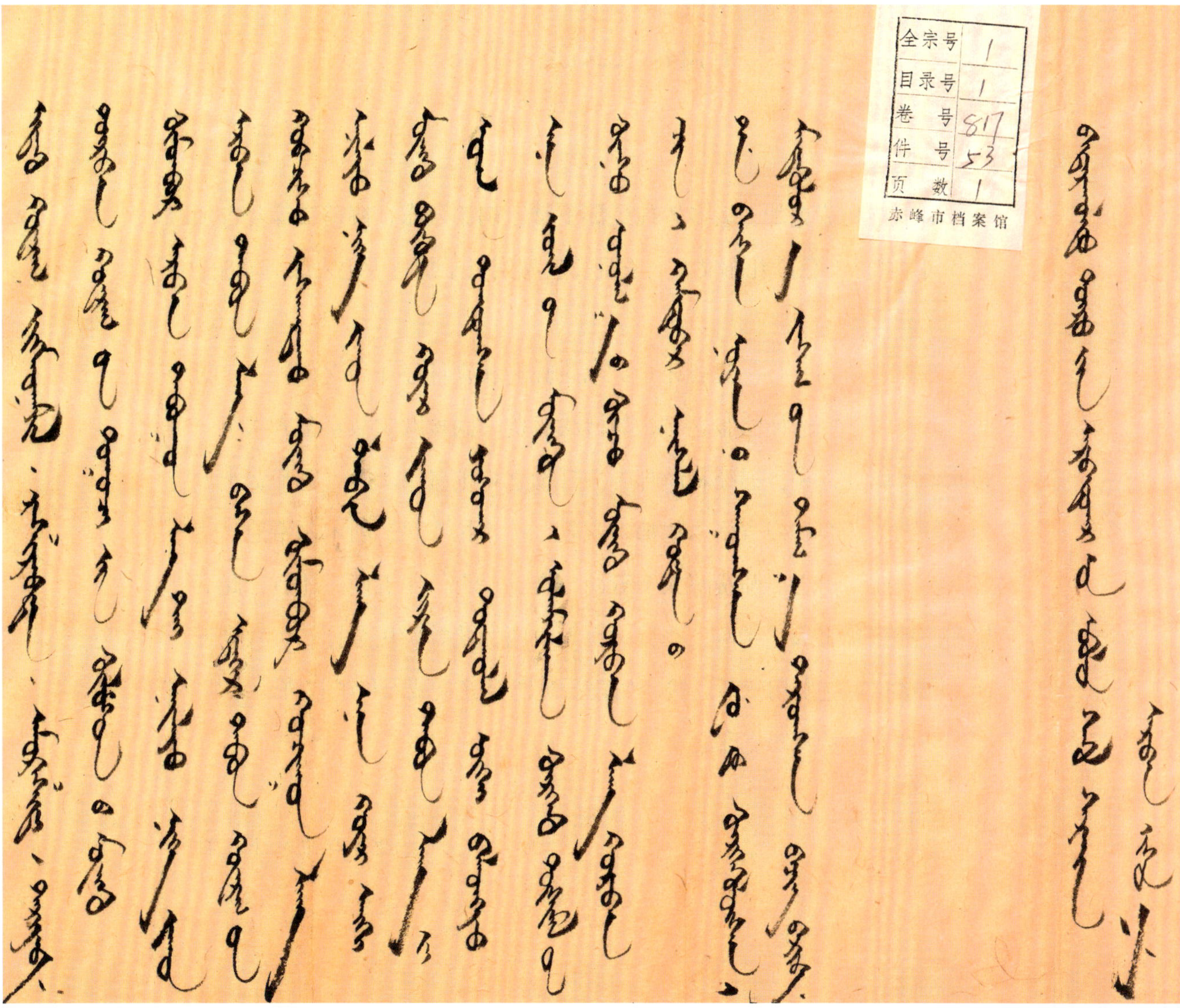
全宗号 1
目录号 1
卷号 817
件号 53
页数 1
赤峰市档案馆

翁牛特札萨克郡王等为驻雍和宫和尚费用事
呈盟长敖汉旗额驸文

翁牛特札萨克加二级多罗杜棱郡王赞巴勒诺尔布，协理二等台吉加一级乌尔根宝、色森扎布文。呈送盟长敖汉旗贝子加三级记六级旗额驸：呈报之事。

今年末秋初九日，盟署札开：尔旗驻雍和宫诵经和尚之口粮费、厨师费以及今年恰逢换法服之年，与换法服费一同按既定数量备齐送至。为此，本旗驻雍和宫诵经和尚却吉浩日勒之口粮费四十两、厨师费十五两及领二两薪金和尚吉格木德那木吉勒、拉希拉布坦、阿木尔希迪、达日吉扎布四和尚之厨师费每人十五两，合计一百一十五两。还有，此五位和尚换服费每人三十两，合计一百五十两。此等费用合计二百六十五两。同送银官之费用三两三钱，如数备齐送至驻京城大贝子官府。

至此，呈钤札萨克印之文。

光绪十年末冬十九日

盟长敖汉旗额驸为备送驻雍和宫和尚费用事札翁牛特札萨克郡王等文(光绪十一年仲秋二十九日)

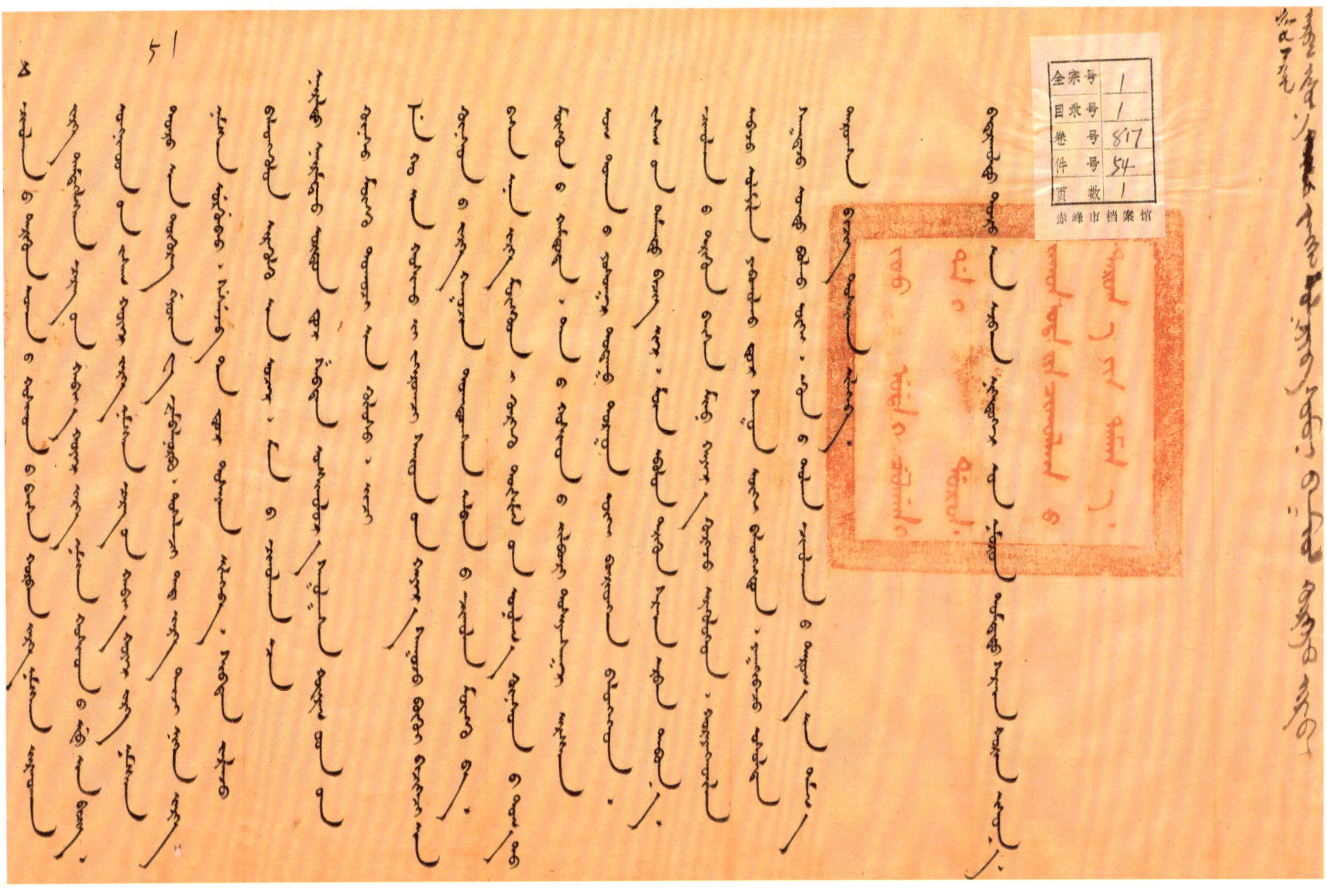

盟长敖汉旗额驸为备送驻雍和宫和尚费用事札翁牛特札萨克郡王等文

盟长敖汉旗贝子加三级记六级军功加二级旗额驸文。札付翁牛特札萨克加二级军功加二级多罗杜棱郡王赞巴勒诺尔布，协理二等台吉加一级乌尔根宝、色森扎布：督促备办之事。

本盟驻雍和宫诵经和尚之口粮费、厨师费、驻热河都统衙门笔帖式费、送银官之路费，按每年既定数量备齐，与钤印官文一同，于初冬十五日送至本盟长贝子府，以备统一配送。不得有误。

至此，致钤盟长印之文。

光绪十一年仲秋二十九日

078 翁牛特札萨克郡王等为备送所欠驻善因寺、汇宗寺和尚费用事咨汇宗寺札萨克喇嘛文（光绪十二年仲春初一日）

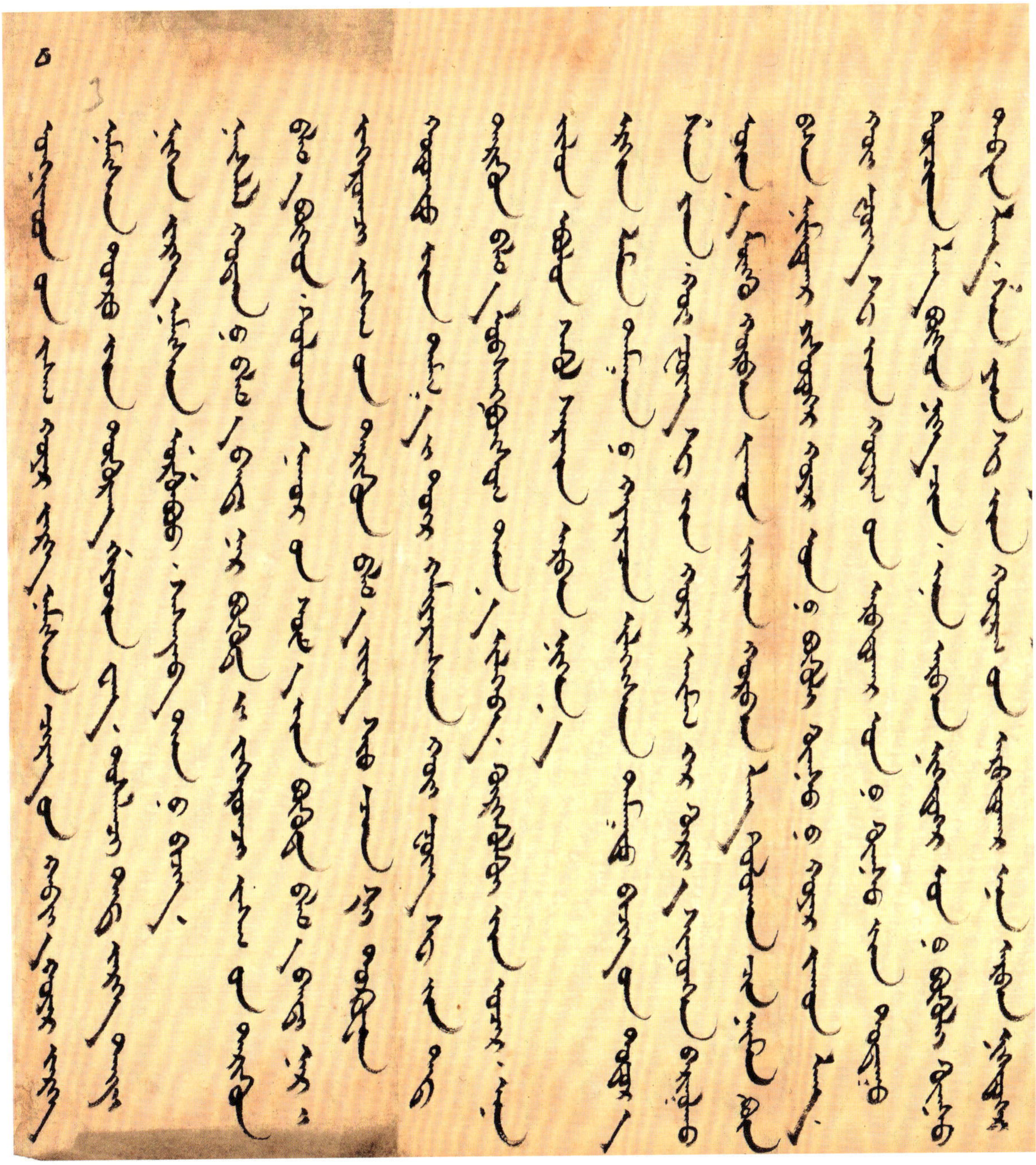

078 翁牛特札萨克郡王等为备送所欠驻善因寺、汇宗寺和尚费用事咨汇宗寺札萨克喇嘛文（光绪十二年仲春初一日）

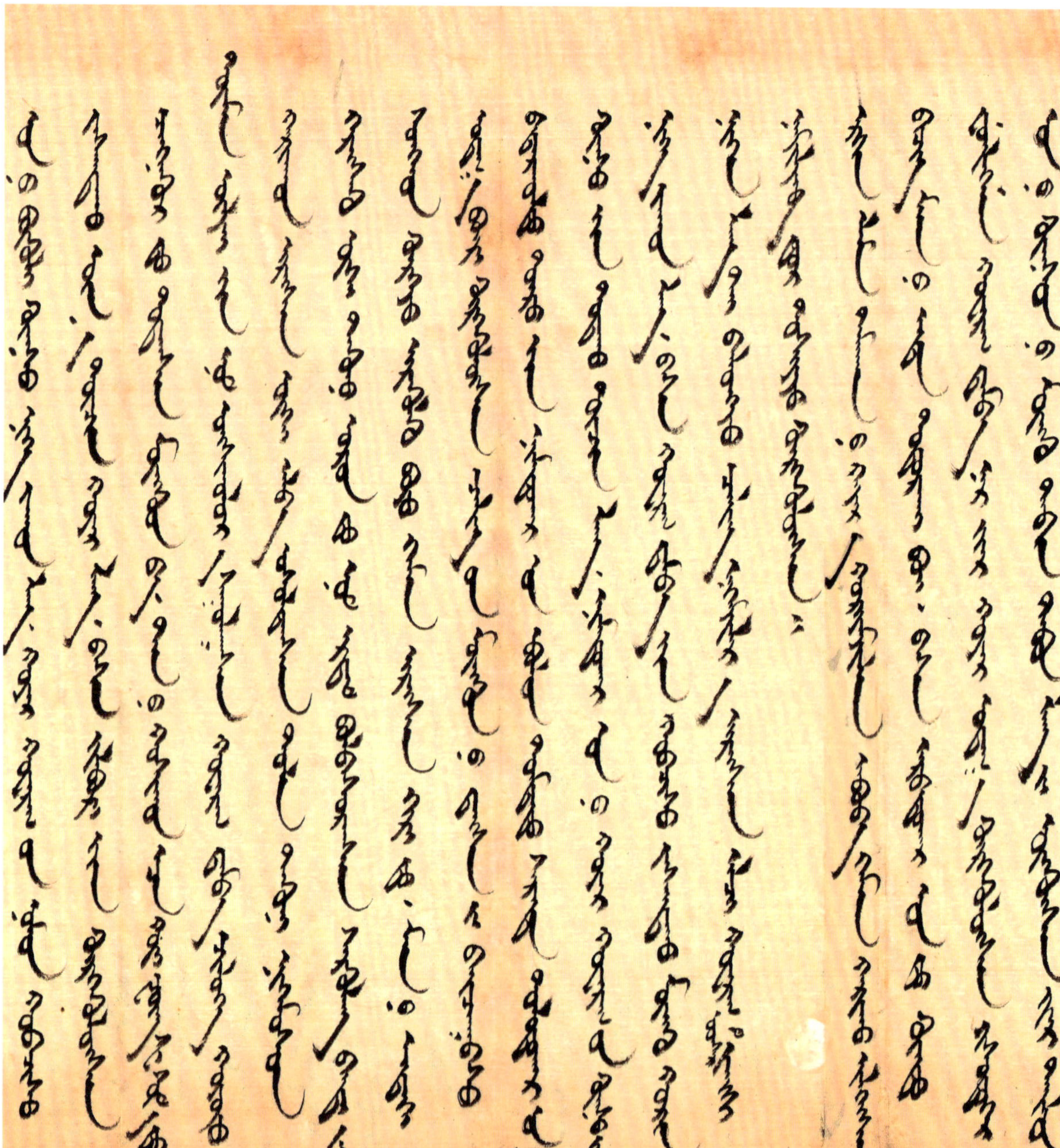

078 翁牛特札萨克郡王等为备送所欠驻善因寺、汇宗寺和尚费用事咨汇宗寺札萨克喇嘛文（光绪十二年仲春初一日）

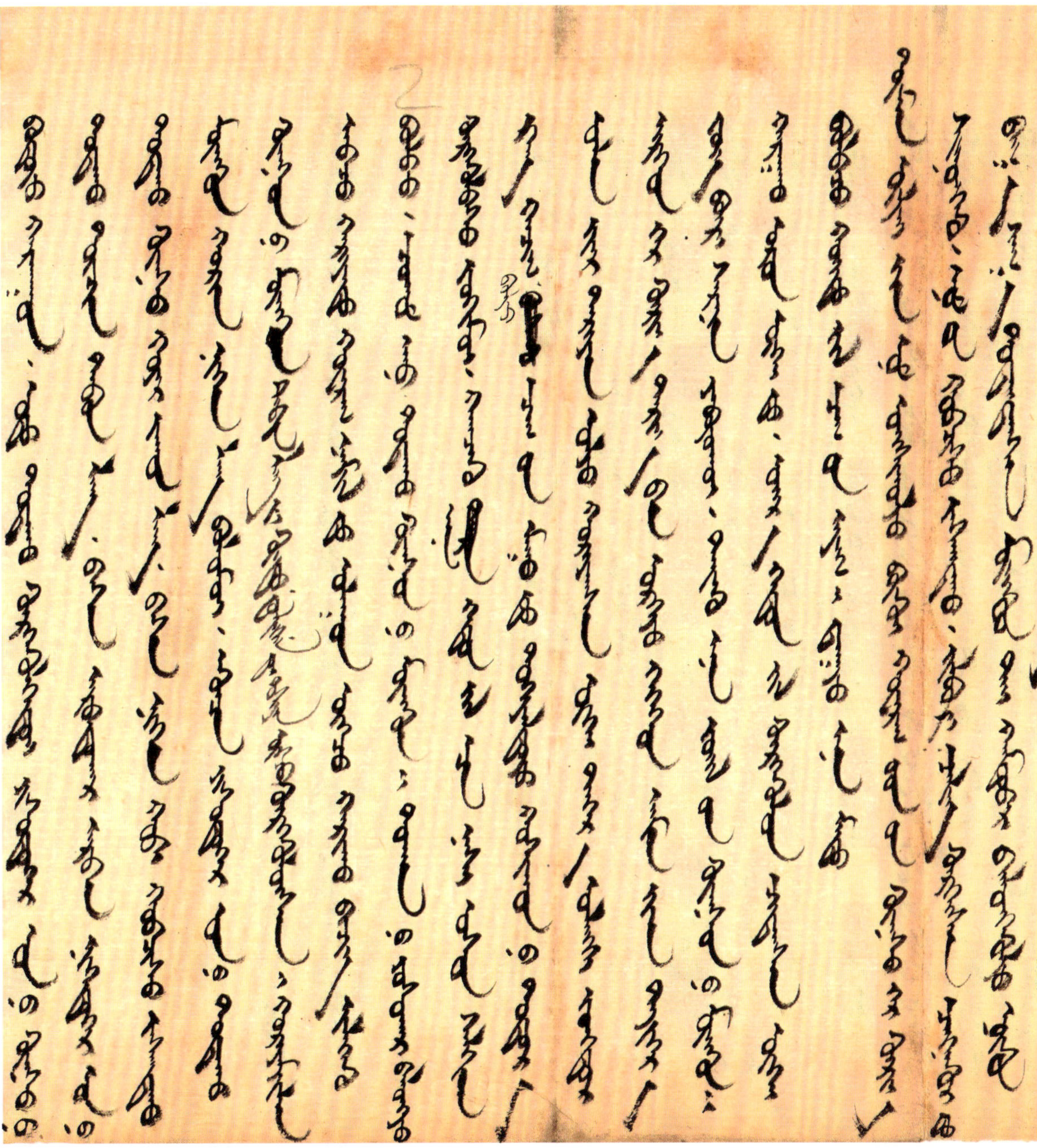

078 翁牛特札萨克郡王等为备送所欠驻善因寺、汇宗寺和尚费用事咨汇宗寺札萨克喇嘛文（光绪十二年仲春初一日）

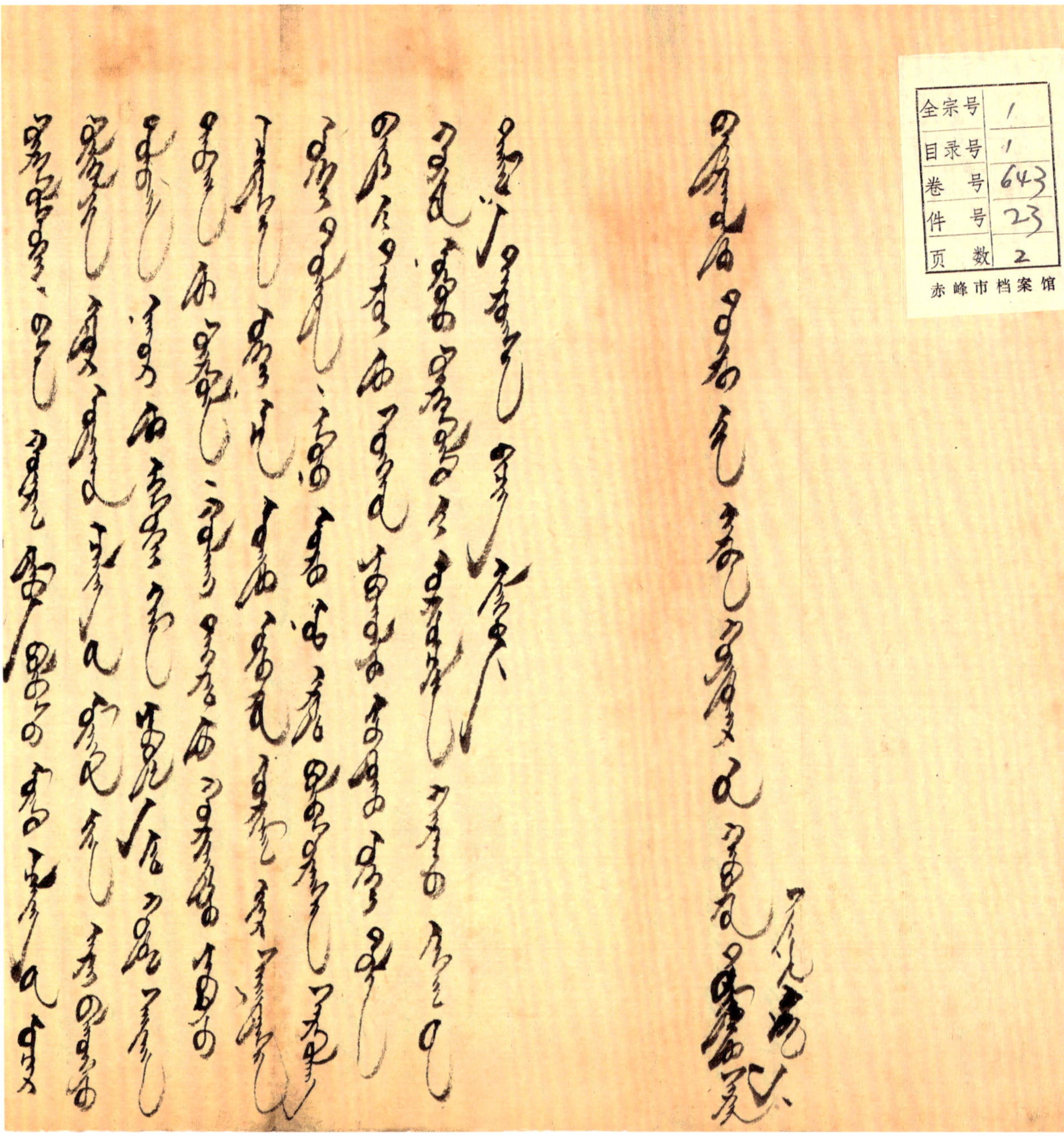

翁牛特札萨克郡王等为备送所欠驻善因寺、汇宗寺和尚费用事咨汇宗寺札萨克喇嘛文

翁牛特札萨克加二级军功加二级多罗杜棱郡王，协理二等台吉加一级乌尔根宝、色森扎布文。咨驻京城寺庙喇嘛班弟总管札萨克大喇嘛暨署理多伦庙全体喇嘛班弟札萨克大喇嘛署理净修禅寺土观呼图克图印务之汇宗寺副大喇嘛罗布桑朋斯克：行咨之事。

今年末冬十一日，贵喇嘛札萨克处咨开：善因寺、汇宗寺，房屋修缮费三百六十三两七钱八分，还有光绪八、九年口粮费共二百两。汇宗寺和尚十年口粮费拖欠四十两一钱，今十一年整年口粮费五十两。善因寺和尚十年，今十一年整年口粮费一百两，两个和尚换服费四十二两。还有，每年送银过秤时，欠缺部分。以及贵旗驻汇宗寺为圣上万吉诵经之和尚丹巴请假探亲始终未归，过错严重，将不再用他。作为其替补，选送修炼刻苦、聪明智慧班弟送之。等因前来。为此，查阅本旗送银账目发现，光绪八年仲冬日，将七年口粮费拖欠款四十两、八年两个和尚口粮费一百两、和尚丹巴换服费二十一两等钱款交由追缴薪金之和尚敖德斯尔及章京那木吉勒扎布送之。贵喇嘛札萨克处查收并回文。本处记录明确。还有，除了于十年交由骁骑校福明阿、和尚丹巴送两次九年口粮费五十五两银外，还拖欠九年口粮费四十五两，十、十一年口粮费二百两、换服费二十一两。为此，九年所欠口粮费五十两，已交由汉军骑校福明阿配送之。查收后，发给所属和尚那木吉勒，并回文。理应所

欠口粮费全部配送才是。只是，近几年遇荒灾之祸，旗内庄稼欠收，诸多庄户弃家舍田，外出找活路之。故无力承担此等费用。虽拖欠几年费用，但明年起，如年景好转，如数配送为吾皇诵经和尚之房屋修缮费、换服更新费、每年短斤少两之银款等。还有，和尚丹巴为捎去薪金款等候多日，费力凑点银两返回至多伦淖尔时，遇盗匪而耽误时间，并非故意也。故不能选送替他之班弟也。

至此，咨送钤札萨克印之文。

光绪十二年仲春初一日

079 盟长敖汉旗额驸为选送雍和宫班弟空位接替人事札翁牛特札萨克郡王等文（光绪十二年末春三十日）

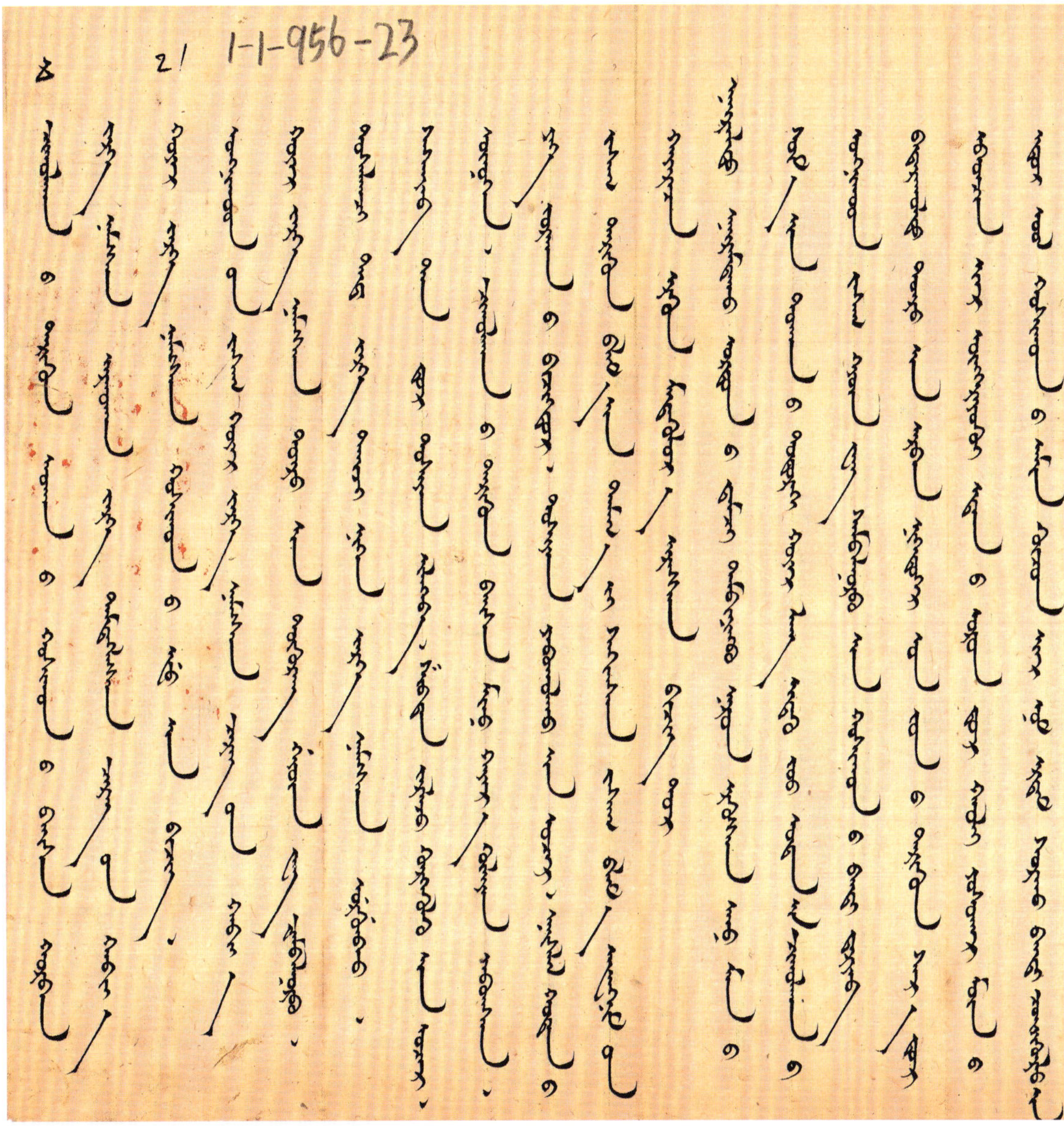
1-1-956-23

盟长敖汉旗额驸为选送雍和宫班弟空位接替人事札翁牛特札萨克郡王等文（光绪十二年末春三十日）

079 盟长敖汉旗额驸为选送雍和宫班弟空位接替人事札翁牛特札萨克郡王等文（光绪十二年末春三十日）

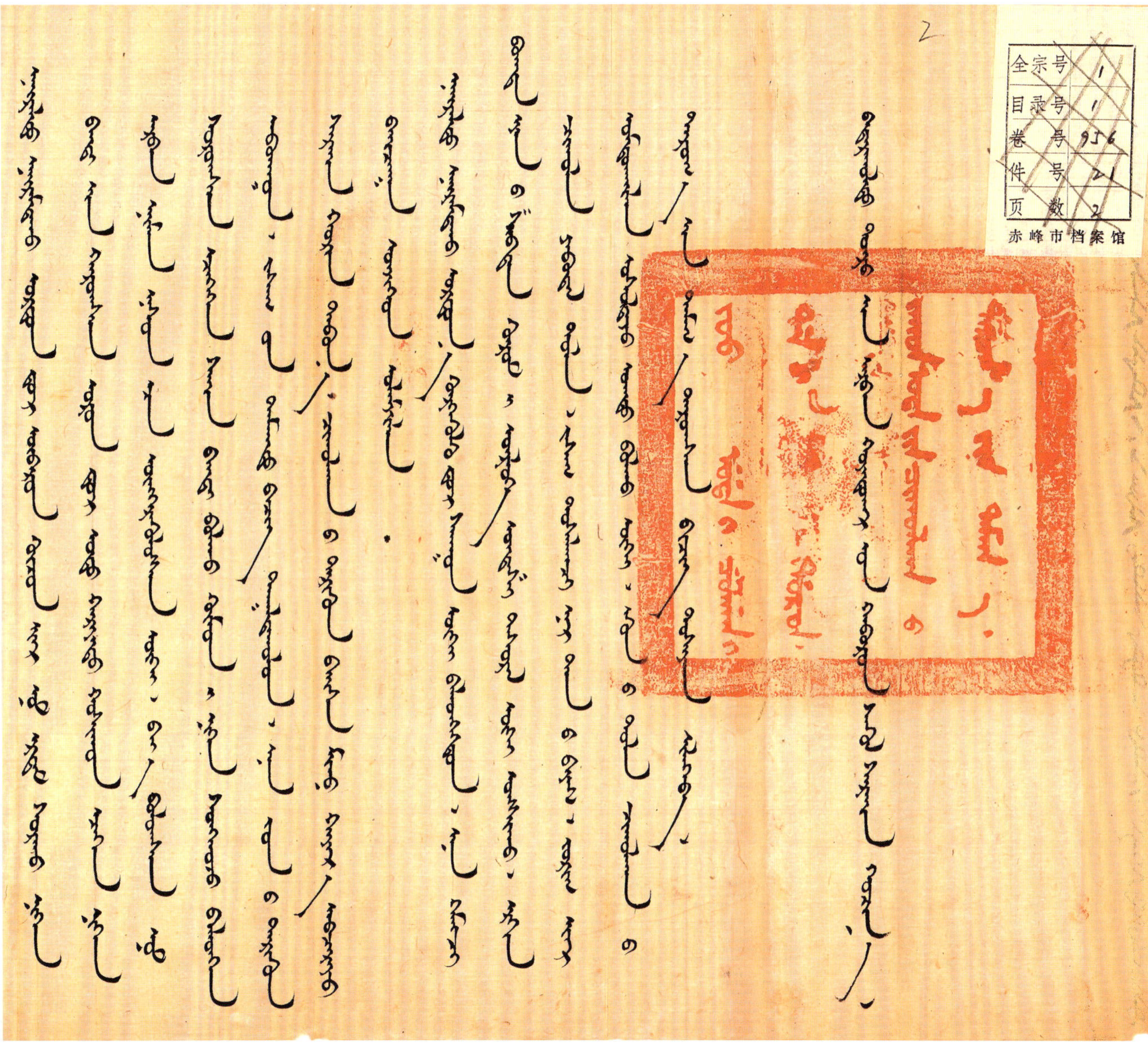

盟长敖汉旗额驸为选送雍和宫班弟空位接替人事札翁牛特札萨克郡王等文

盟长敖汉旗贝子加三级记六级军功加二级旗额驸文。札付翁牛特札萨克加二级军功加二级多罗杜棱郡王赞巴勒诺尔布，旗协理二等台吉加一级乌尔根宝、色森扎布：通告督办之事。

近日，盟长贝子衙署承接大部札开：署理京城札萨克大喇嘛印务之札萨克喇嘛阿旺尼玛呈文曰，雍和宫司库喇嘛丹毕宁布呈称，本庙编制中领二两薪金之昭乌达盟翁牛特札萨克贝郡王赞巴勒诺尔布旗班弟达日扎布，于光绪十一年初夏因病去世。当天，静心修法之班弟却吉浩日勒依规补任达日扎布空位。尔后，达日扎布所属旗推荐修身好学孩童，以备替补班弟空位。

为此，依照所属寺庙法例呈报大部，督促所属各旗选未满十八岁、已长过痘、修身好学之聪慧孩童，速送到寺庙以补空位。也转送所属盟长，通告所属各旗速选送未满十八岁、已长过痘、修身好学之聪慧孩童。等因前来本盟署。

兹有，本盟署抄录大部原文转送之。文到，诸札萨克、协理详阅文内，所属札萨克物色未满十八岁、已长过痘、修身好学之慧童，替补驻雍和宫修身好学之班弟空位，与钤印官文一同于今年初夏二十五日送至本盟长贝子衙署进行审核，以备送往雍和宫。此等事为圣上日夜念诵之大事。故札萨克、协理不得疏忽大意，任意怠慢。

至此，致钤盟长印之文。

光绪十二年末春三十日

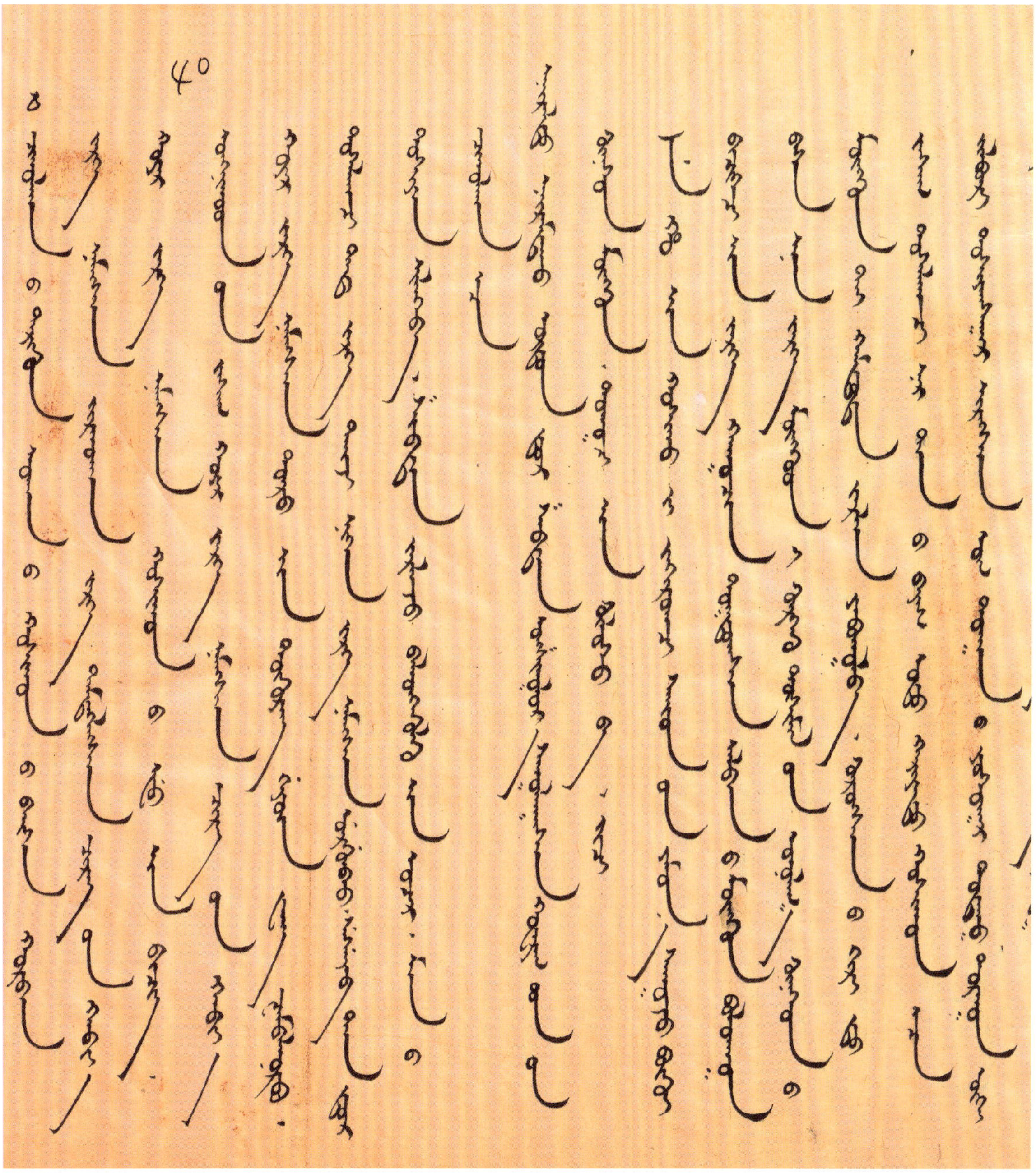

080 盟长敖汉旗额驸为备办驻雍和宫和尚及驻都统衙门笔帖式费用事札翁牛特札萨克郡王等文（光绪十二年仲秋二十二日）

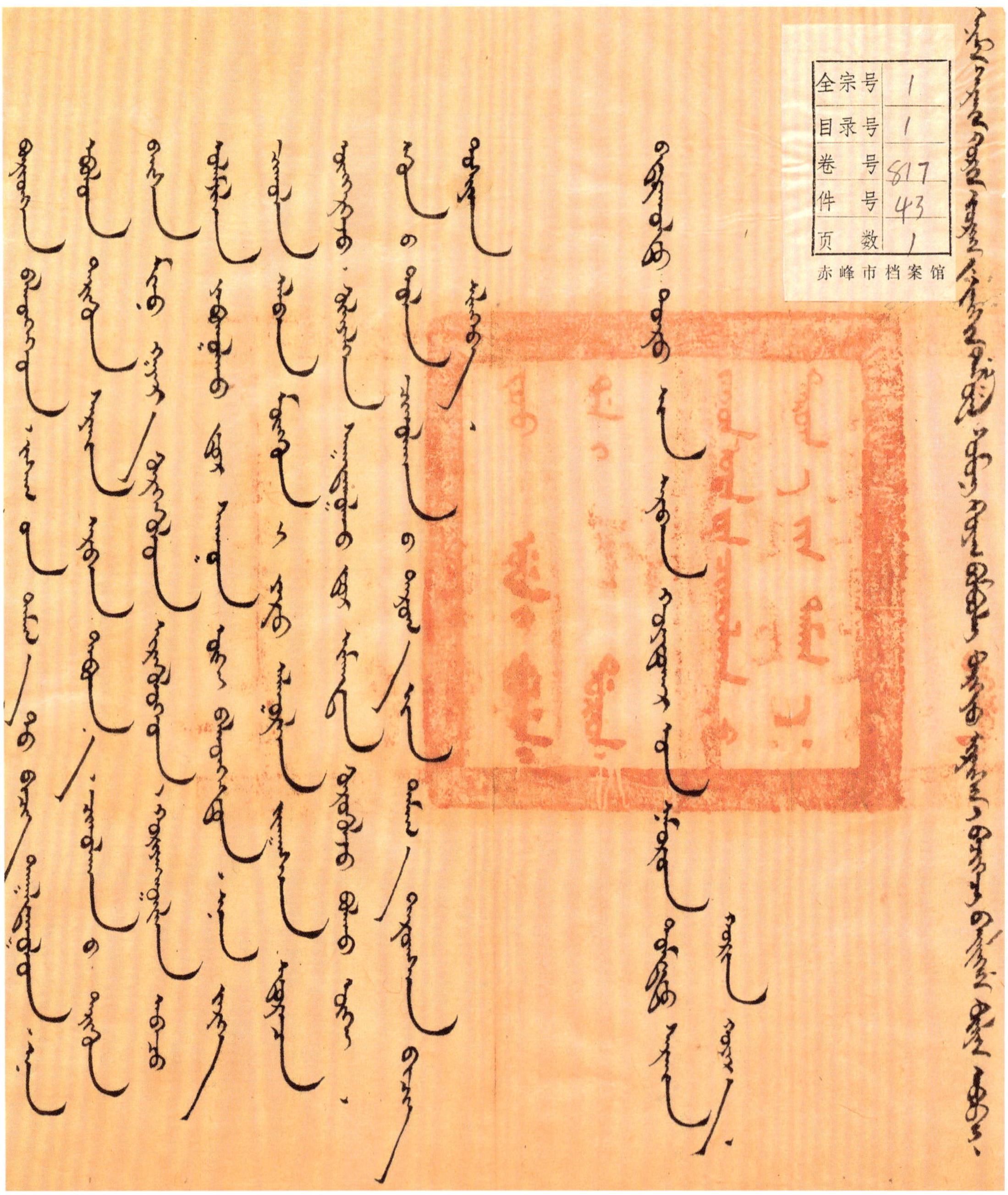

全宗号	1
目录号	1
卷　号	817
件　号	43
页　数	1

赤峰市档案馆

盟长敖汉旗额驸为备办驻雍和宫和尚及驻都统衙门笔帖式费用事札翁牛特札萨克郡王等文

盟长敖汉旗贝子加三级记六级军功加二级旗额驸文。札付翁牛特札萨克加二级军功加二级多罗杜棱郡王赞巴勒诺尔布，协理二等台吉加一级乌尔根宝、色森扎布：督促备办之事。

本盟行文，督促备办驻雍和宫诵经和尚之口粮费、厨师费以及驻热河都统衙门之笔帖式费及送银官之费用等。文到，尔旗按往年既定数目备齐与换法服费及钤印公文一同，于初冬十五日，送至本盟长贝子府，以备统一配送。此等重要事宜不得拖延逾期。

至此，致钤盟长印之文。

光绪十二年仲秋二十二日

081 盟长敖汉旗额驸为皇上赏赐蒙古郡王、贝勒、贝子诏书事札翁牛特札萨克郡王等文（光绪十二年末秋二十九日）

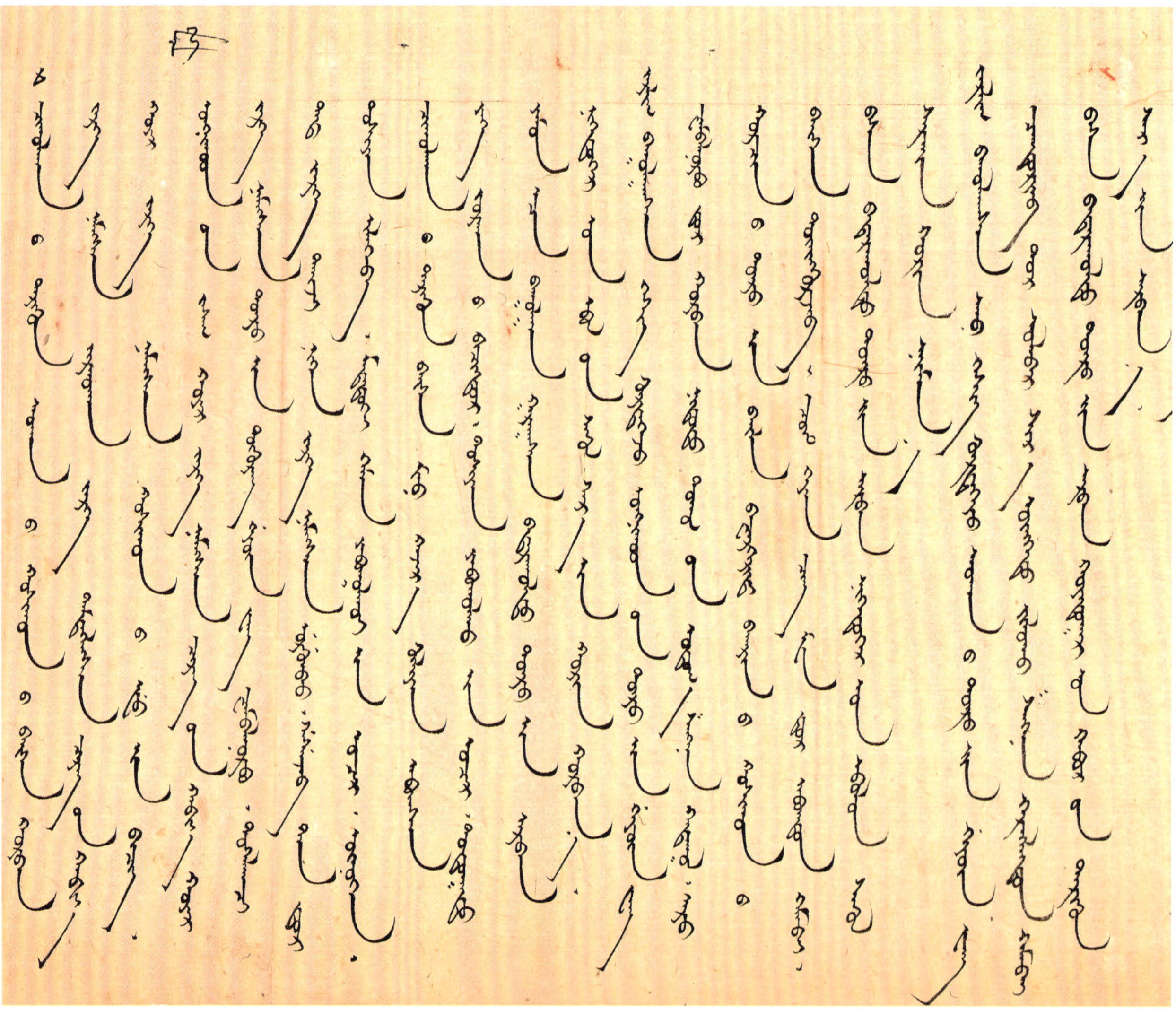

081 盟长敖汉旗额驸为皇上赏赐蒙古郡王、贝勒、贝子诏书事札翁牛特札萨克郡王等文（光绪十二年末秋二十九日）

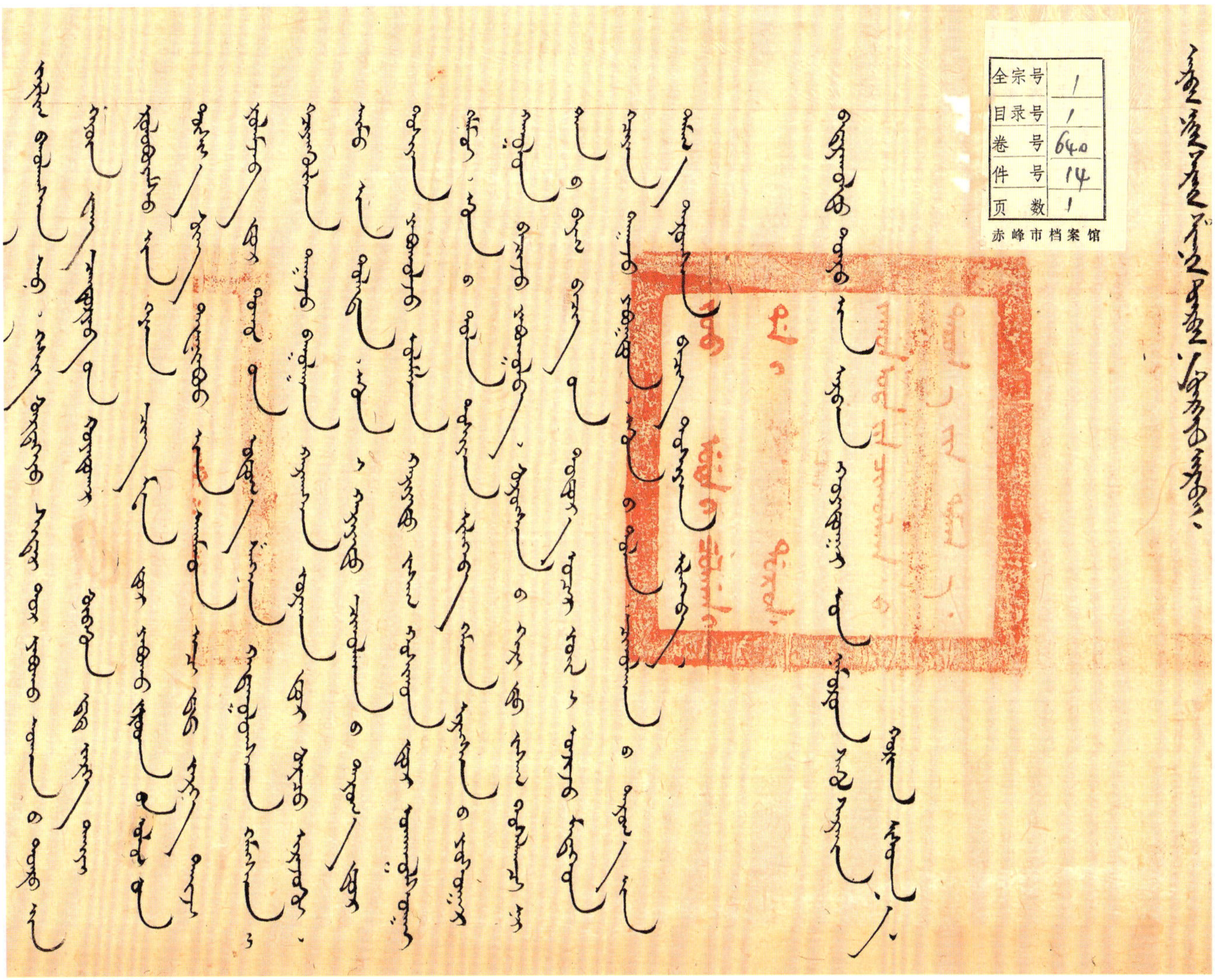

盟长敖汉旗额驸为皇上赏赐蒙古郡王、贝勒、贝子诏书事札翁牛特札萨克郡王等文

盟长敖汉旗贝子加三级记六级军功加二级旗额驸文。札付翁牛特札萨克加二级军功加二级多罗杜棱郡王赞巴勒诺尔布，协理二等台吉加一级乌尔根宝、色森扎布：札付之事。

近日，本盟长贝子处承接大部札开：内政司颁布光绪十一年末冬二十三日诏书，赐翁牛特札萨克多罗郡王赞巴勒诺尔布三眼孔雀翎，赐阿鲁科尔沁多罗贝勒巴萨尔嘎日迪、巴林旗贝子东古尔扎布行走乾清门。还，光绪十一年末冬二十八日诏曰：赐敖汉多罗郡王查格达日扎布紫缰。还，光绪十二年初春十日诏曰：赐御前行走之敖汉多罗郡王查格达日扎布次子二等台吉若鲁布扎木苏、行走乾清门之扎鲁特辅国公达瓦宁布侄子二等台吉若拉马扎布孔雀翎。等因前来大部。兹有，本大部承转所属盟长，转送所属诸札萨克旗也。

为此，奉大部札饬，本盟署抄录原文转送诸札萨克旗之。文到，诸札萨克、协理阅知文内，遵旨照办。

至此，致钤盟长印之文。

光绪十二年末秋二十九日

082 盟长敖汉旗额驸为备办驻雍和宫和尚及驻都统衙门笔帖式费用事札翁牛特札萨克郡王等文（光绪十三年末春二十九日）

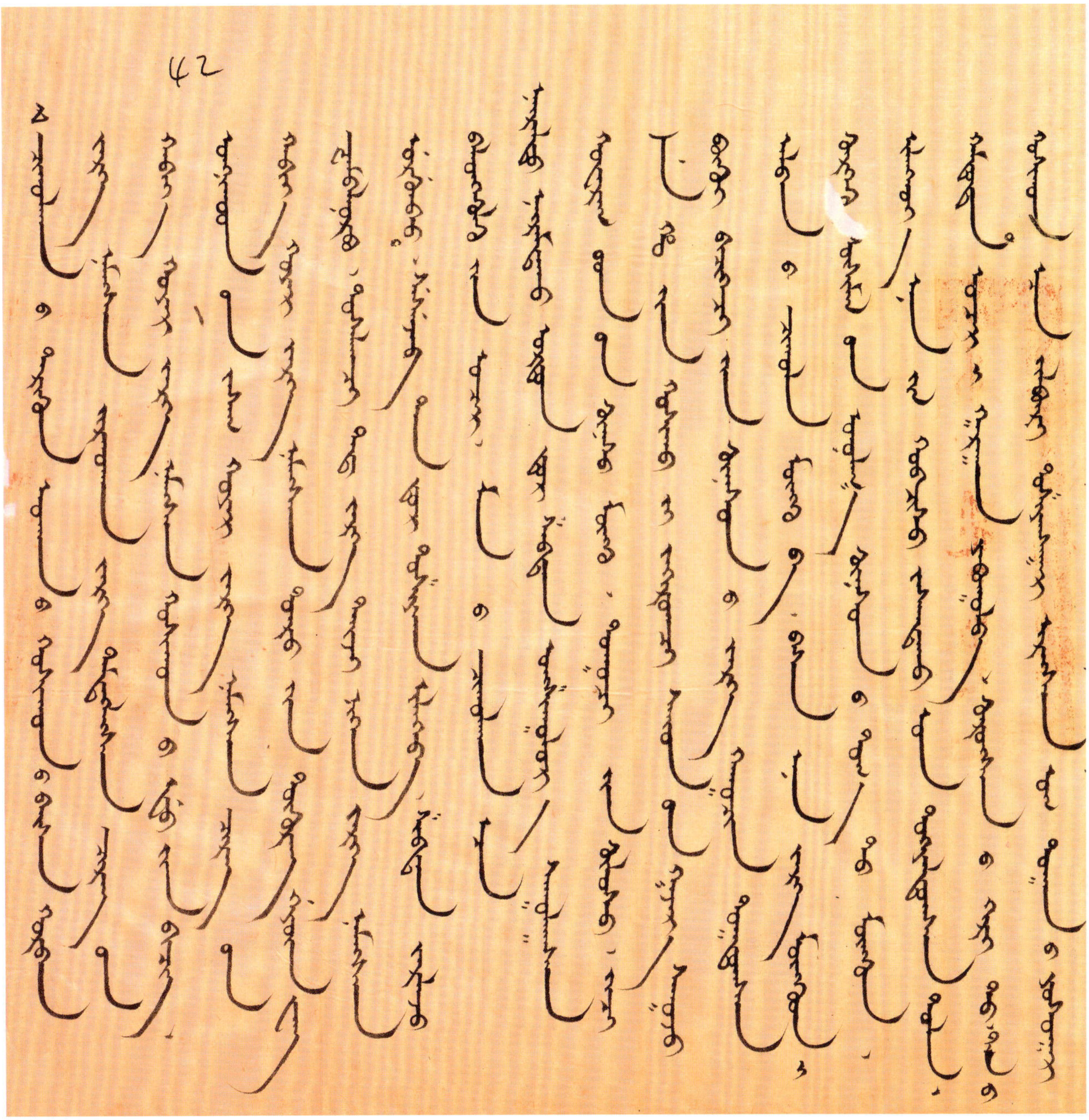

082 盟长敖汉旗额驸为备办驻雍和宫和尚及驻都统衙门笔帖式费用事札翁牛特札萨克郡王等文（光绪十三年末春二十九日）

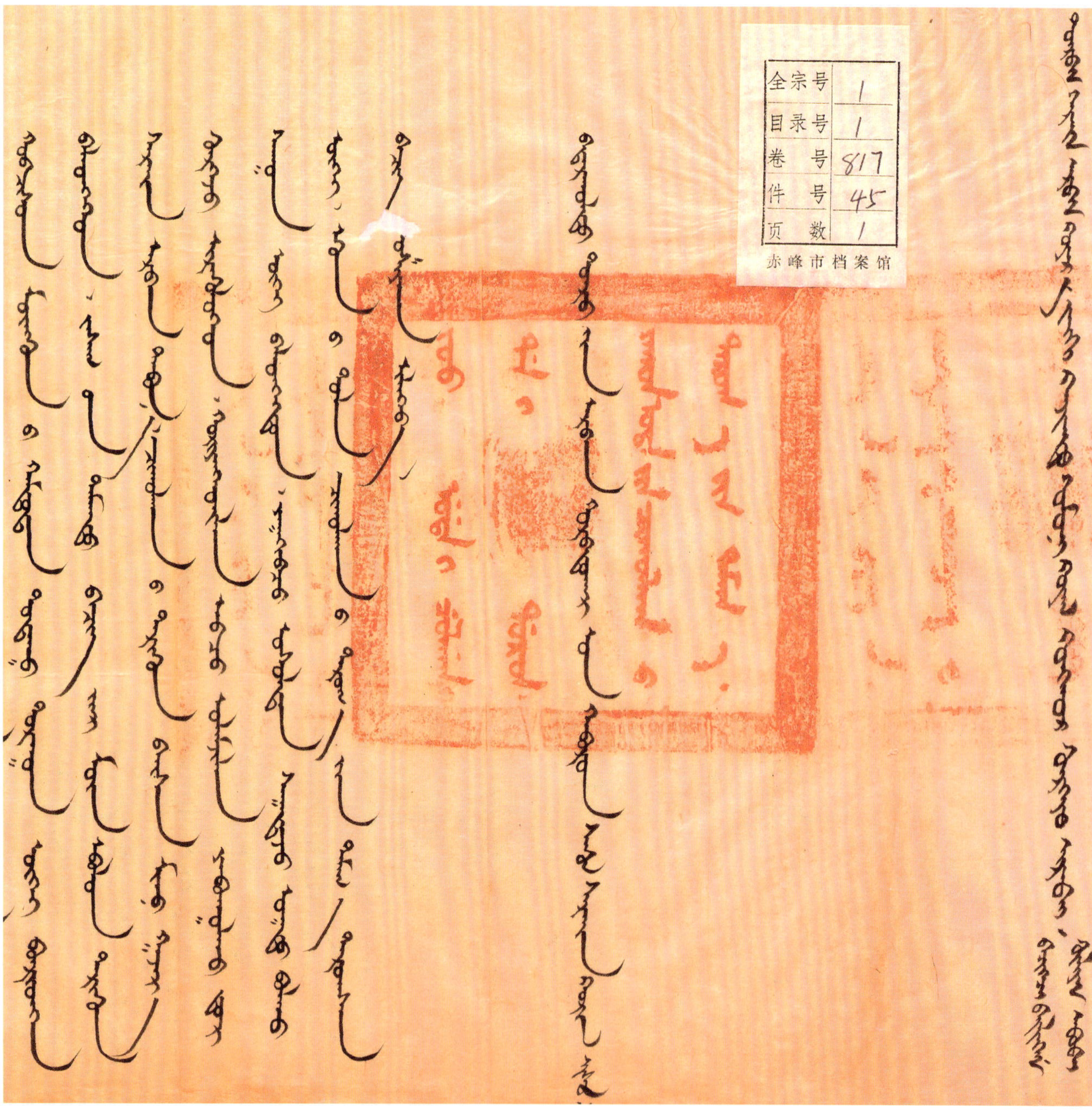

盟长敖汉旗额驸为备办驻雍和宫和尚及驻都统衙门笔帖式费用事札翁牛特札萨克郡王等文

盟长敖汉旗贝子加三级记六级军功加二级旗额驸文。札付翁牛特札萨克加二级军功加二级多罗杜棱郡王赞巴勒诺尔布，协理二等台吉加一级乌尔根宝、色森扎布：督促备办之事。

督促备办本盟驻雍和宫诵经和尚之口粮费、厨师费，驻热河都统衙门笔帖式费、送银官之路费。尤其今年逢换法服年，更应及时备送。为此行文告知。文到，尔旗按往年既定数目备齐与换法服费及钤印公文一同，于初冬十五日，送至本盟长贝子府，以备统一配送。不得有误。

至此，致钤盟长印之文。

光绪十三年末春二十九日

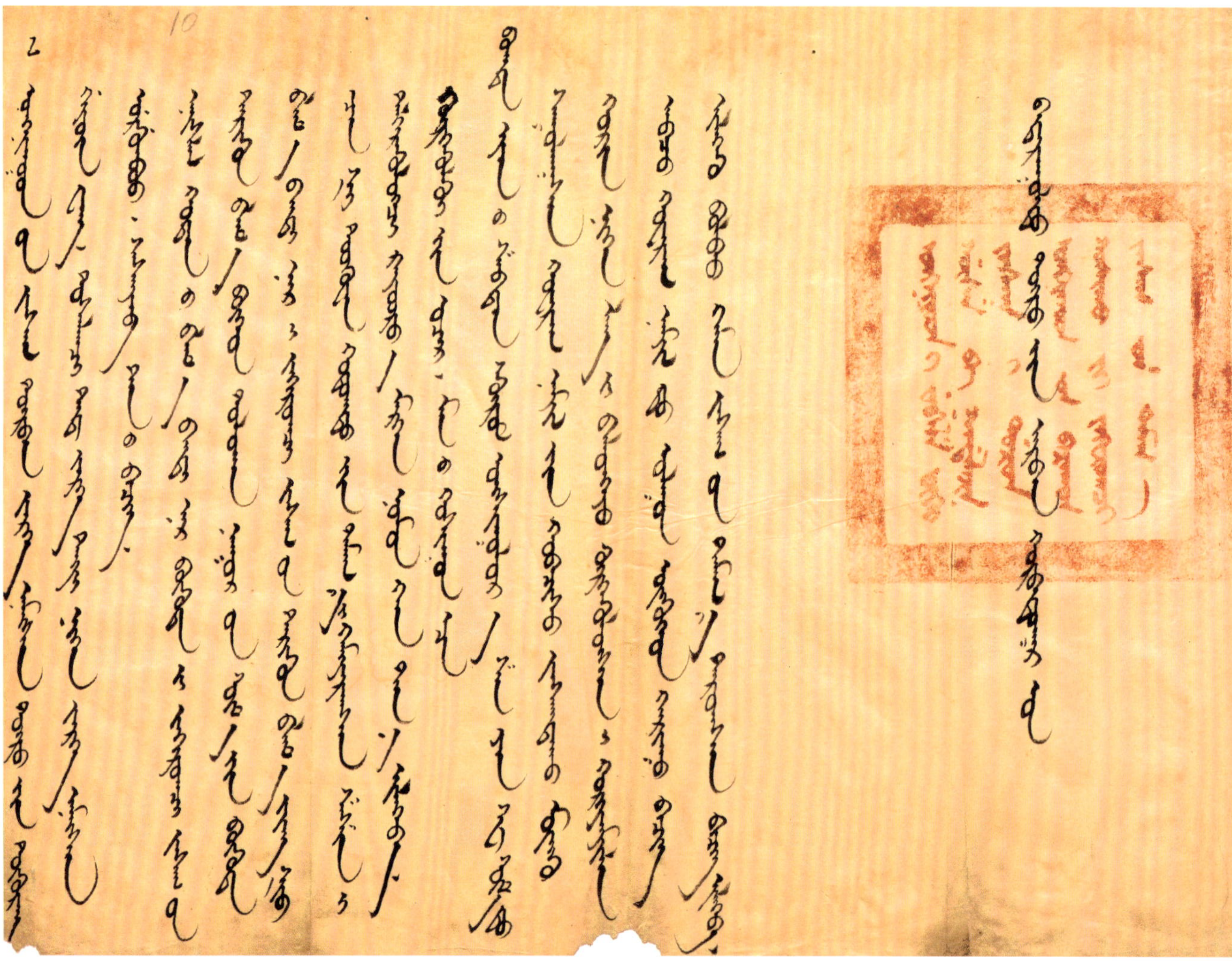

翁牛特札萨克郡王等为备送驻善因寺和尚换服费事咨京城喇嘛班弟总管文

翁牛特札萨克加四级多罗杜棱郡王，协理二等台吉加一级乌尔根宝、色森扎布文。咨总管京城喇嘛班弟之札萨克大喇嘛暨署理多伦庙全部喇嘛班弟札萨克大喇嘛净修禅寺土观呼图克图印务之弘扬佛法之甘珠尔瓦莫尔根诺门罕：

本旗派驻善因寺为圣上诵经和尚那木吉勒所用换法服费二十一两银已送去，收到后，望转付和尚那木吉勒本人，并回文为盼。

至此，咨送钤札萨克大印之文。

光绪十三年

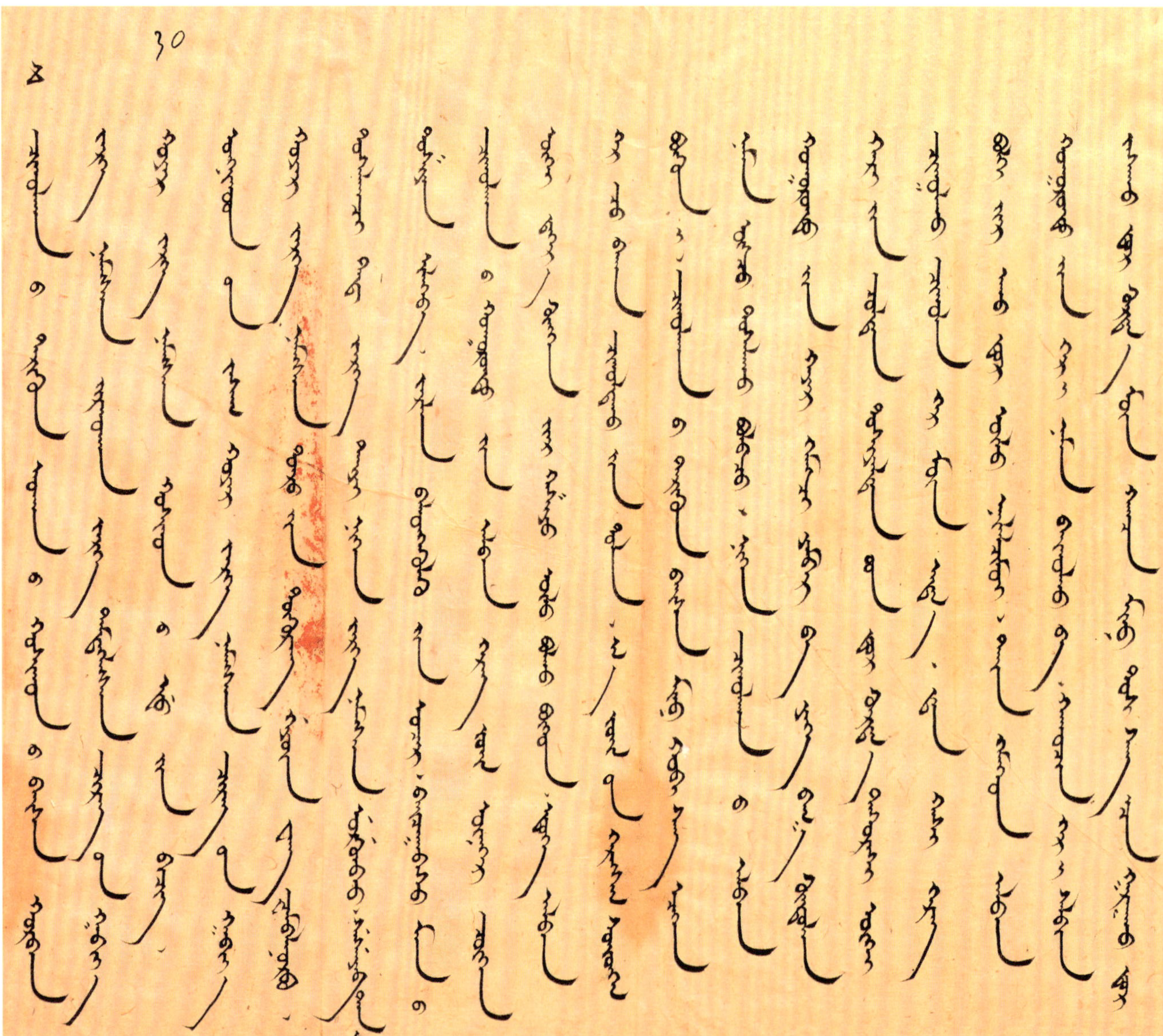

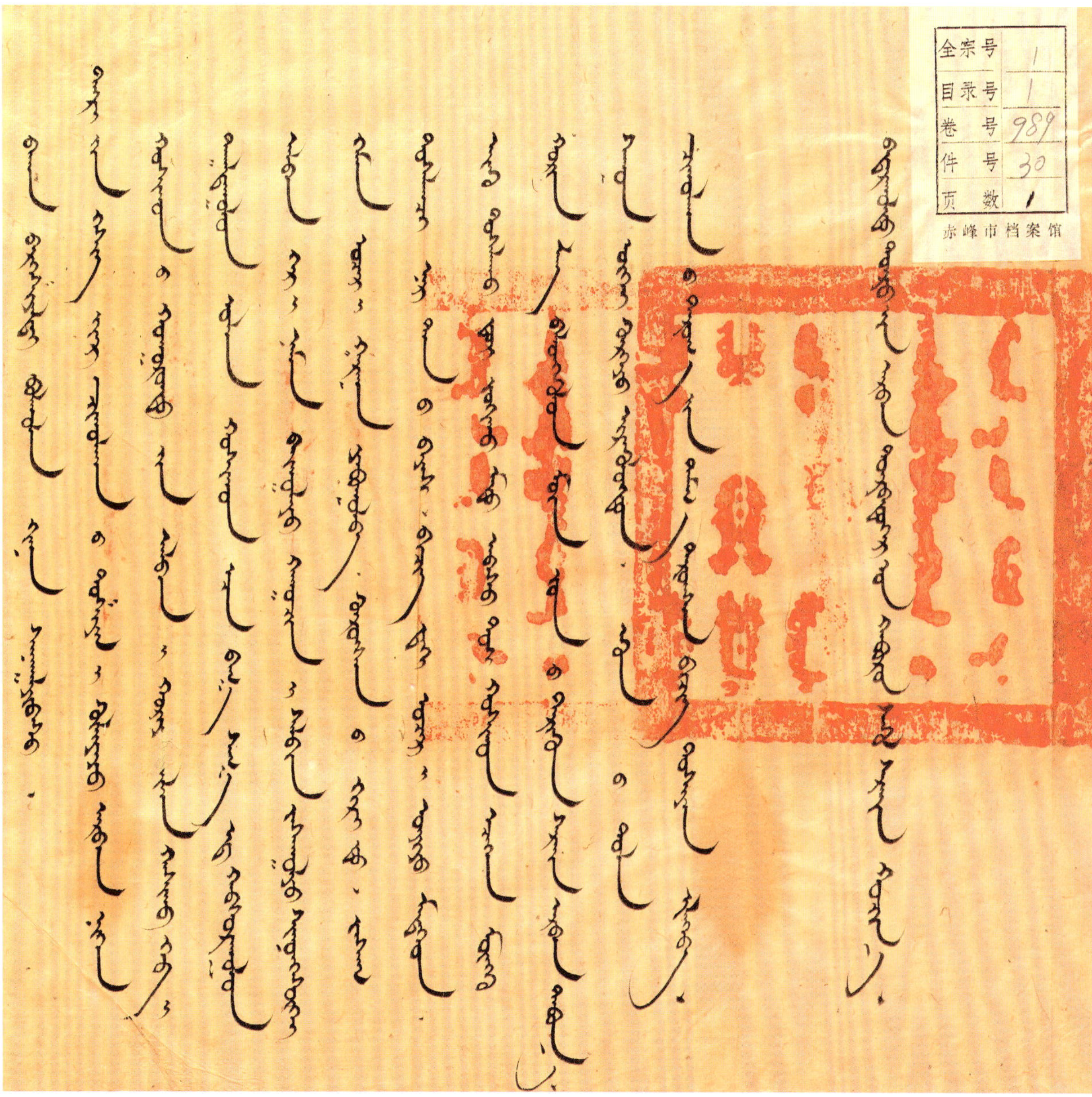
全宗号 1
目录号 1
卷号 989
件号 30
页数 1
赤峰市档案馆

盟长敖汉旗额驸为征收银两修缮公房事札翁牛特札萨克郡王等文

盟长敖汉旗贝子加三级记六级军功加二级旗额驸文。札付翁牛特札萨克加二级军功加二级多罗杜棱郡王赞巴勒诺尔布，协理二等台吉加一级乌尔根宝、色森扎布：通告筹备之事。

经查，本盟会内公务繁多，不能敷衍了事。如今，办公房屋不充裕。一切费用都由盟长贝子本人财务添补。但一盟之地，大小官员、内外名士重臣往来繁多，何能置之度外矣。为此，修缮旧屋，扩建公房都只靠本人财务支出，实属困难。行文建议，授皇恩任盟长之职，应统筹考虑十一旗公务。故各旗筹备银两，援助修缮扩建之工程。文到，札萨克、协理领会内容，作为补给之费，各旗筹备二十两银子，于今年初夏十五日及时送之。

至此，致钤盟长印之文。

光绪十四年末春三十日

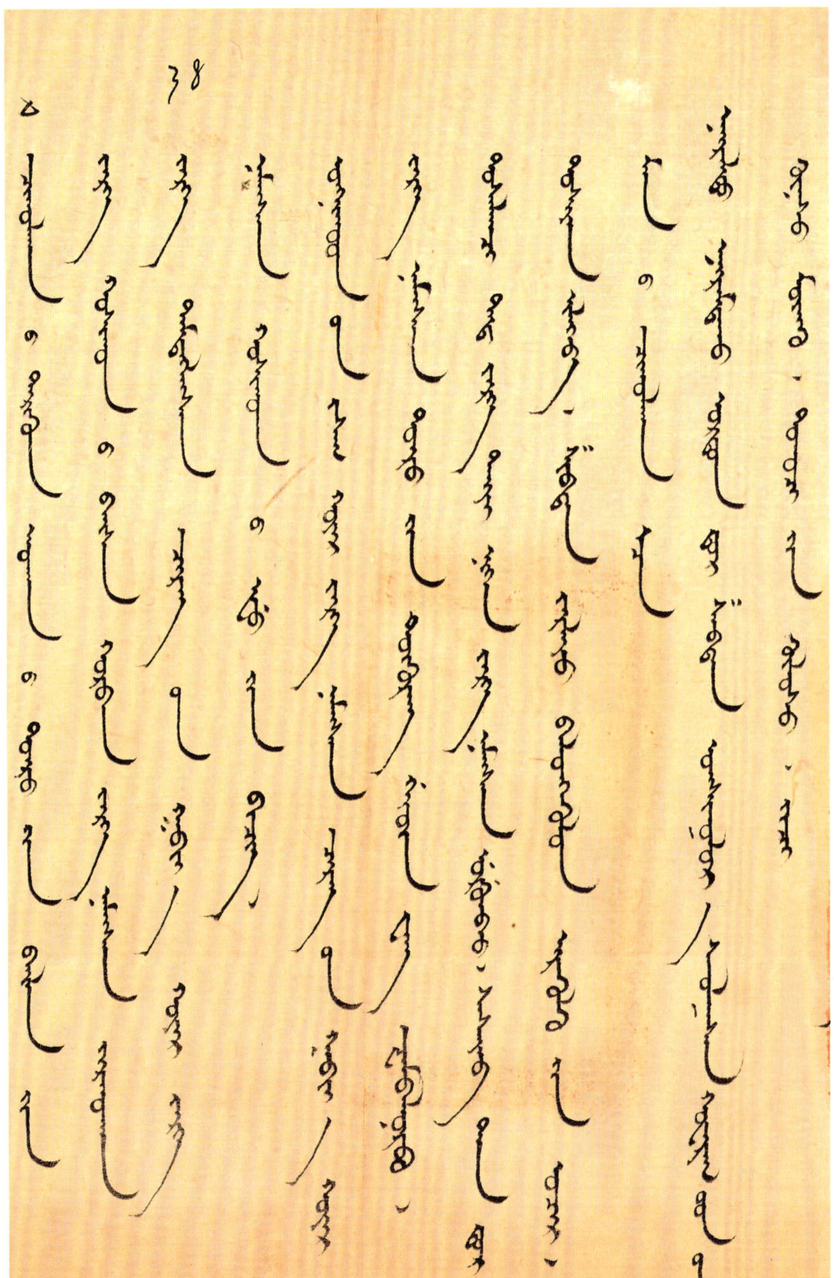

085 盟长敖汉旗额驸为备办驻雍和宫喇嘛和尚及驻都统衙门笔帖式费用事札翁牛特札萨克郡王等文（光绪十四年仲秋二十九日）

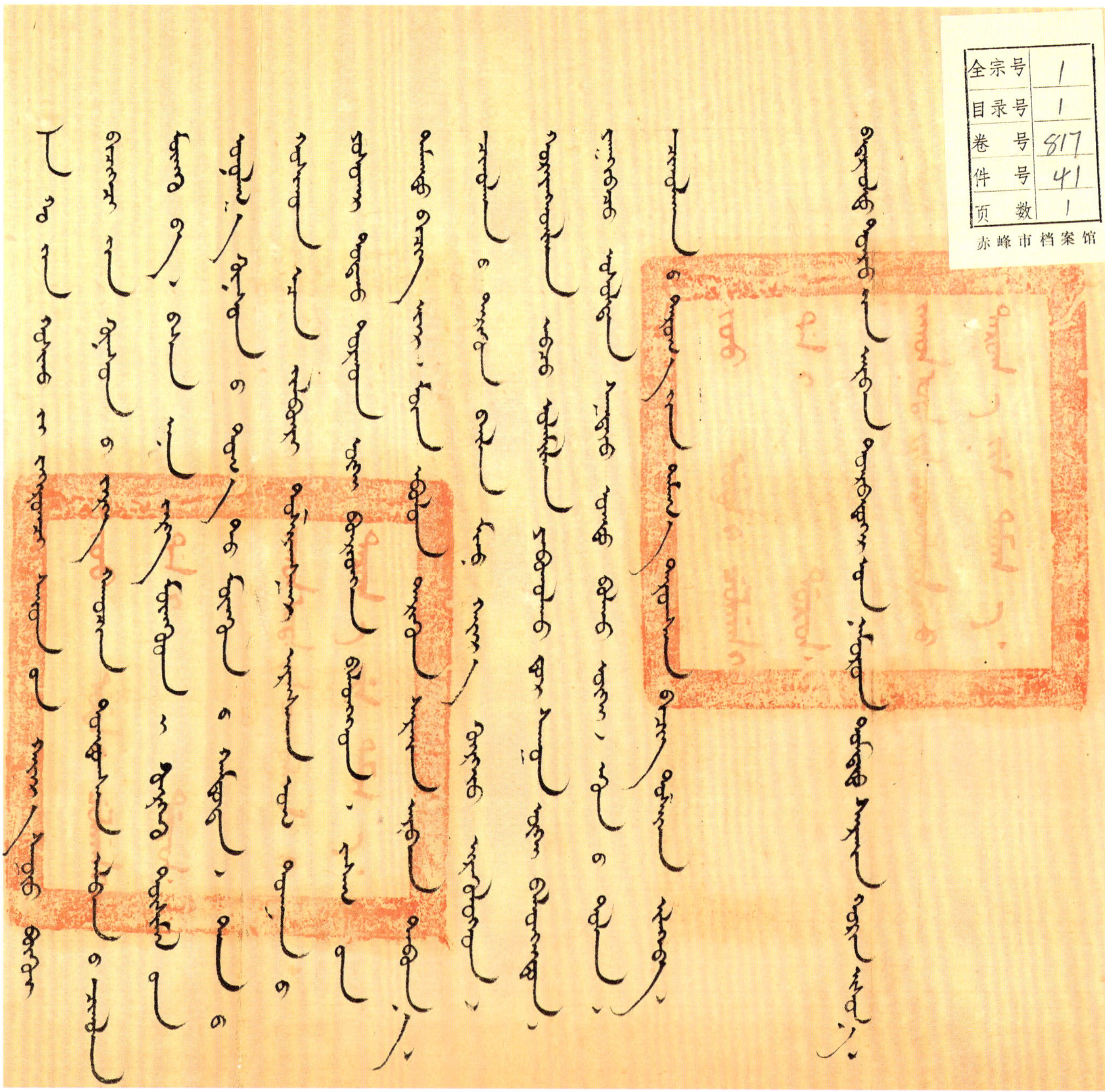

盟长敖汉旗额驸为备办驻雍和宫喇嘛和尚及驻都统衙门笔帖式费用事札翁牛特札萨克郡王等文

盟长敖汉多罗贝勒衔旗贝子加三级记六级军功加二级旗额驸文。札付翁牛特札萨克加二级多罗杜棱郡王赞巴勒诺尔布，协理二等台吉加一级乌尔根宝、色森扎布：督促备办之事。

本盟驻雍和宫诵经和尚之口粮费、厨师费，驻热河都统衙门笔帖式费等按以往惯例缴纳之费用以及送银官差之路费一同，按每年既定数量备齐并同钤印官文一同于初冬十五日送至盟长贝子署，以备统一配送。不得有误。

至此，致钤盟长印之文。

光绪十四年仲秋二十九日

086 多伦庙喇嘛班弟总管札萨克喇嘛为追缴驻汇宗寺、善因寺和尚费用事咨翁牛特札萨克郡王等文（光绪十四年十月初一日）

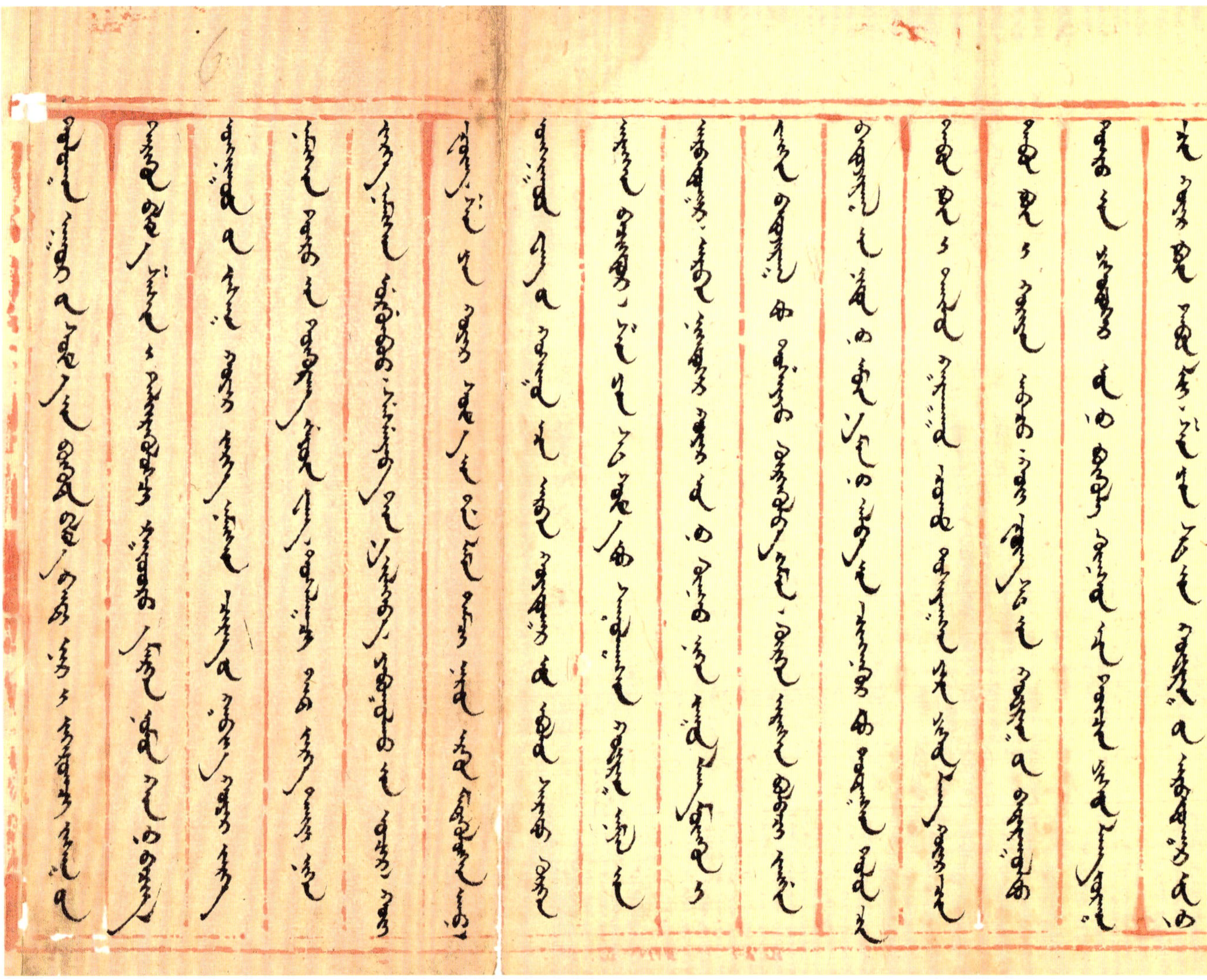

086 多伦庙喇嘛班弟总管札萨克喇嘛为追缴驻汇宗寺、善因寺和尚费用事咨翁牛特札萨克郡王等文（光绪十四年十月初一日）

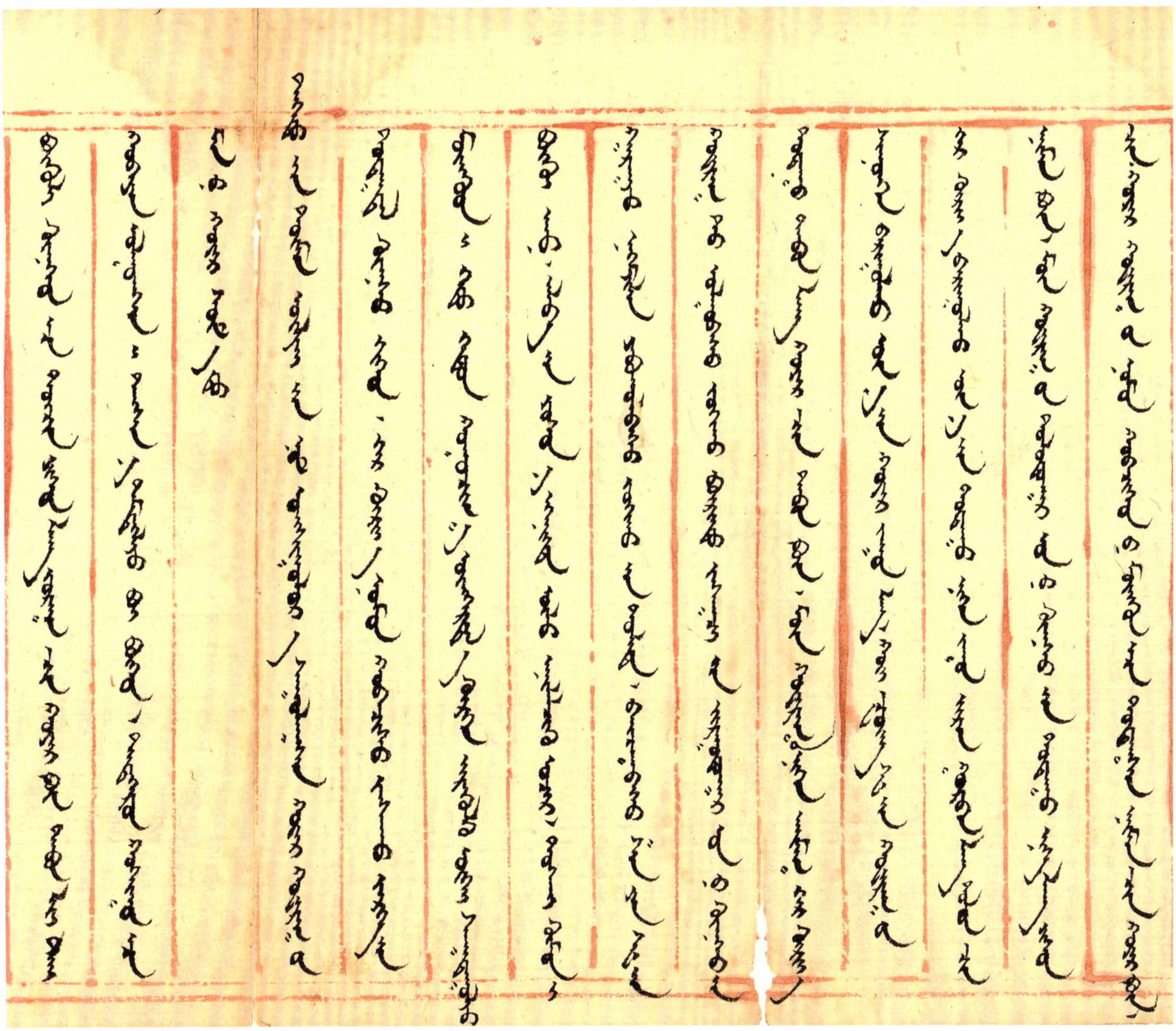

086 多伦庙喇嘛班弟总管札萨克喇嘛为追缴驻汇宗寺、善因寺和尚费用事咨翁牛特札萨克郡王等文（光绪十四年十月初一日）

086 多伦庙喇嘛班弟总管札萨克喇嘛为追缴驻汇宗寺、善因寺和尚费用事咨翁牛特札萨克郡王等文（光绪十四年十月初一日）

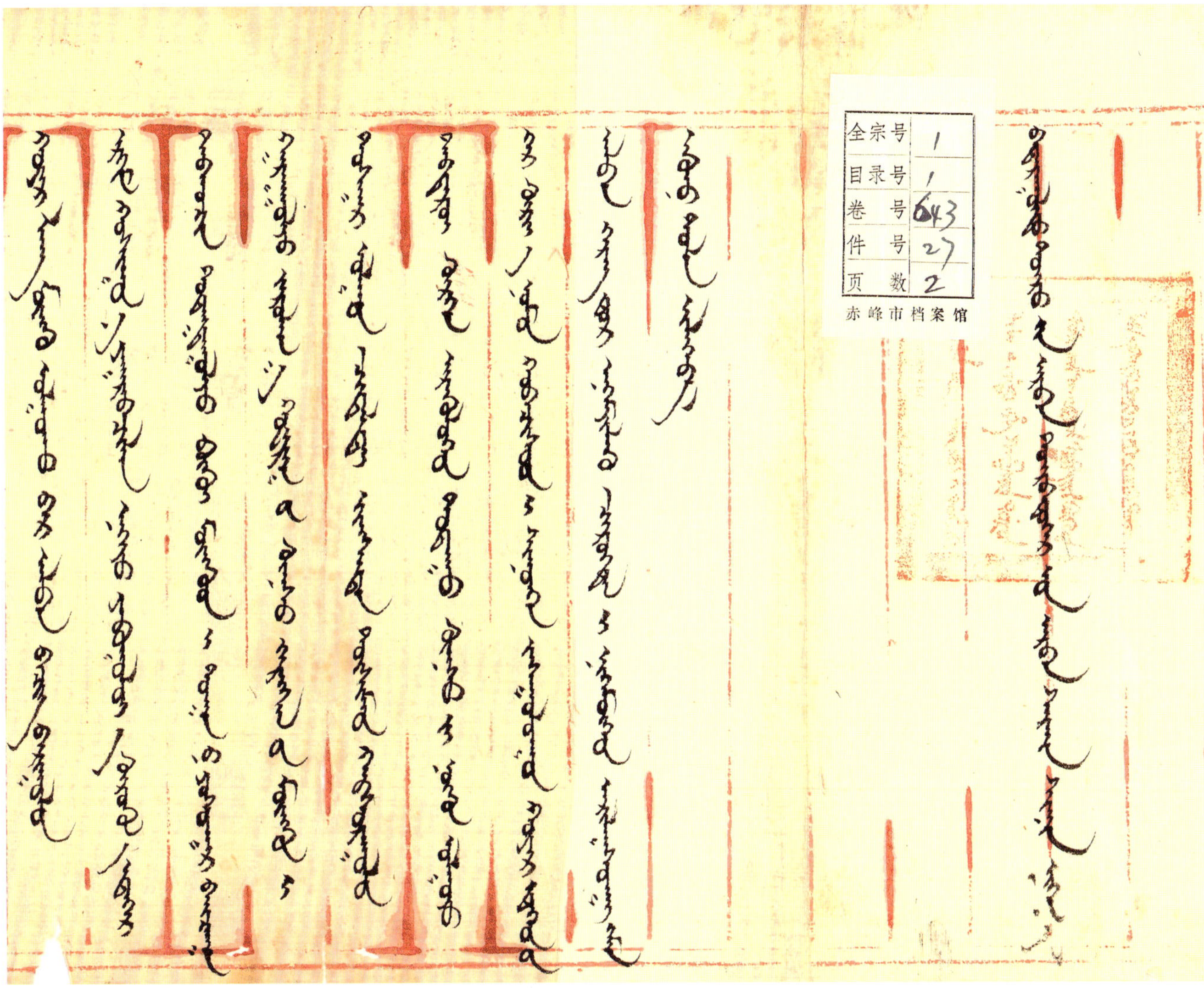

多伦庙喇嘛班弟总管札萨克喇嘛为追缴驻汇宗寺、善因寺和尚费用事咨翁牛特札萨克郡王等文

掌管多伦庙全体喇嘛班弟之札萨克大喇嘛弘扬佛法之甘珠尔瓦莫尔根诺门罕文。咨翁牛特札萨克加二级军功加二级多罗杜棱郡王，协理二等台吉加一级乌尔根宝、色森扎布：行咨之事。

汇宗、善因两寺大喇嘛司库喇嘛上书曰，翁牛特王旗光绪十二年冬札开：驻善因寺和尚那木吉勒之十年、十一年口粮费一百两，交由章京巴图吉日嘎拉送之。虽口粮费已到，但吾等当着巴图吉日嘎拉面前过秤时少了七钱五分，实际收了九十九两二钱五分。汇宗寺和尚光绪九年口粮费四十九两六钱二分五厘、善因寺和尚十年口粮费四十九两六钱二分五厘已发放，并登记造册。如今，此等旗驻本两个寺为吾皇诵经和尚之口粮费、修缮费、换服费，已拖欠数年。不符法规也。应专派员去追缴才是。经查，善因寺所欠同治六年口粮费五两二钱五分、修缮一排房屋费二百两，拖欠汇宗寺和尚房屋修缮费一百六十三两七钱八分、七年欠口粮费一两九钱，两位和尚换服费欠八钱二分。同治二年至光绪三年拖欠及登册中缺少银两共二十一两七钱七分。拖欠七年口粮费四十一两六钱六分，八年整年口粮费一百两。拖欠汇宗寺和尚九年口粮费登册中缺少银两三钱七分五厘，十年口粮费四十两一钱。拖欠善因寺和尚九年口粮费登册中缺少银两三钱八分，十年口粮费登册中缺少银两三钱七分五厘。拖欠两位和尚十一、十二、十三及本年十四年，此四年口粮费四百两，

两份换法服费四十二两。望追缴之。等语。

为此，本寺庙专派和尚却巴拉，佣金为路费十二两，携官文至贵旗追缴拖欠款。到达之际，贵旗筹备好所欠款项，付专派和尚相关路费等，并派干练官差协助送银两。以备补发费用，修缮房屋，更换法服，彻底消除双方公务纠纷为盼。

至此。

光绪十四年十月初一日

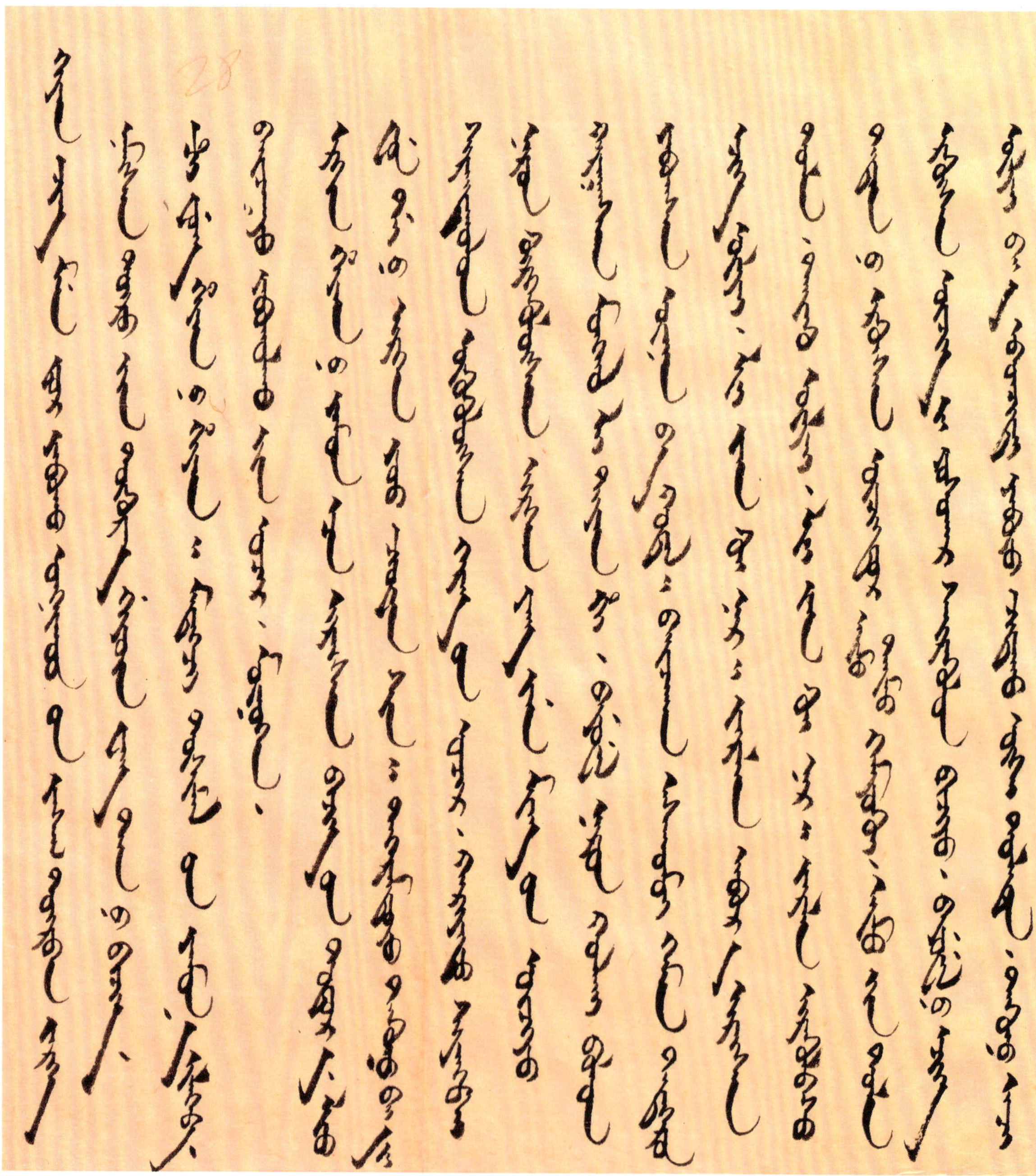

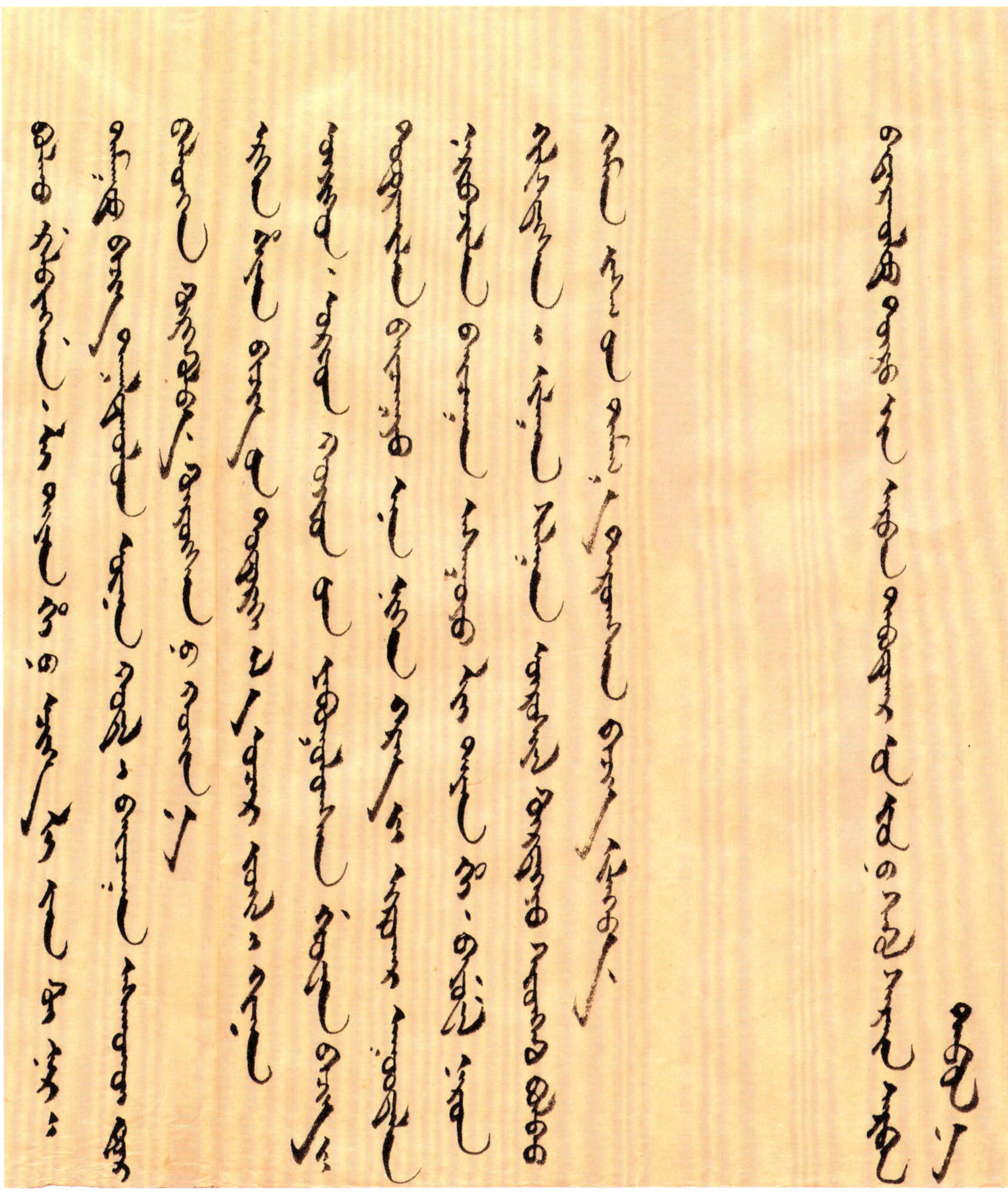

翁牛特札萨克郡王为遣送涉案人事咨赤峰县县知文

行走乾清门之翁牛特札萨克加四级多罗杜棱郡王文。咨赤峰县县知：查办之事。

近日，贵县衙门咨开：抢劫伤害六分地民人姚全新致死案件中所属乡牌遣送之民人杨振明所指认之蒙古李天吉、巴耀万是否为盗贼，望查明原由。等因前来。

为此，本旗传唤其父亲乌力吉及李占贵，两人交代云云。兹有，以原话抄录其口供，除巴耀万之父乌力吉因病不能动身外，遣送其侄嘎力丙嘎、李天吉之父李占贵等，携钤印官文一同送至，以便对质口供审理。到达之际，贵县审阅全部卷宗，彻查此案，明断李天吉、巴耀万是否冤枉为盼。

至此，咨送钤札萨克印之文。

光绪十五年末夏十五日

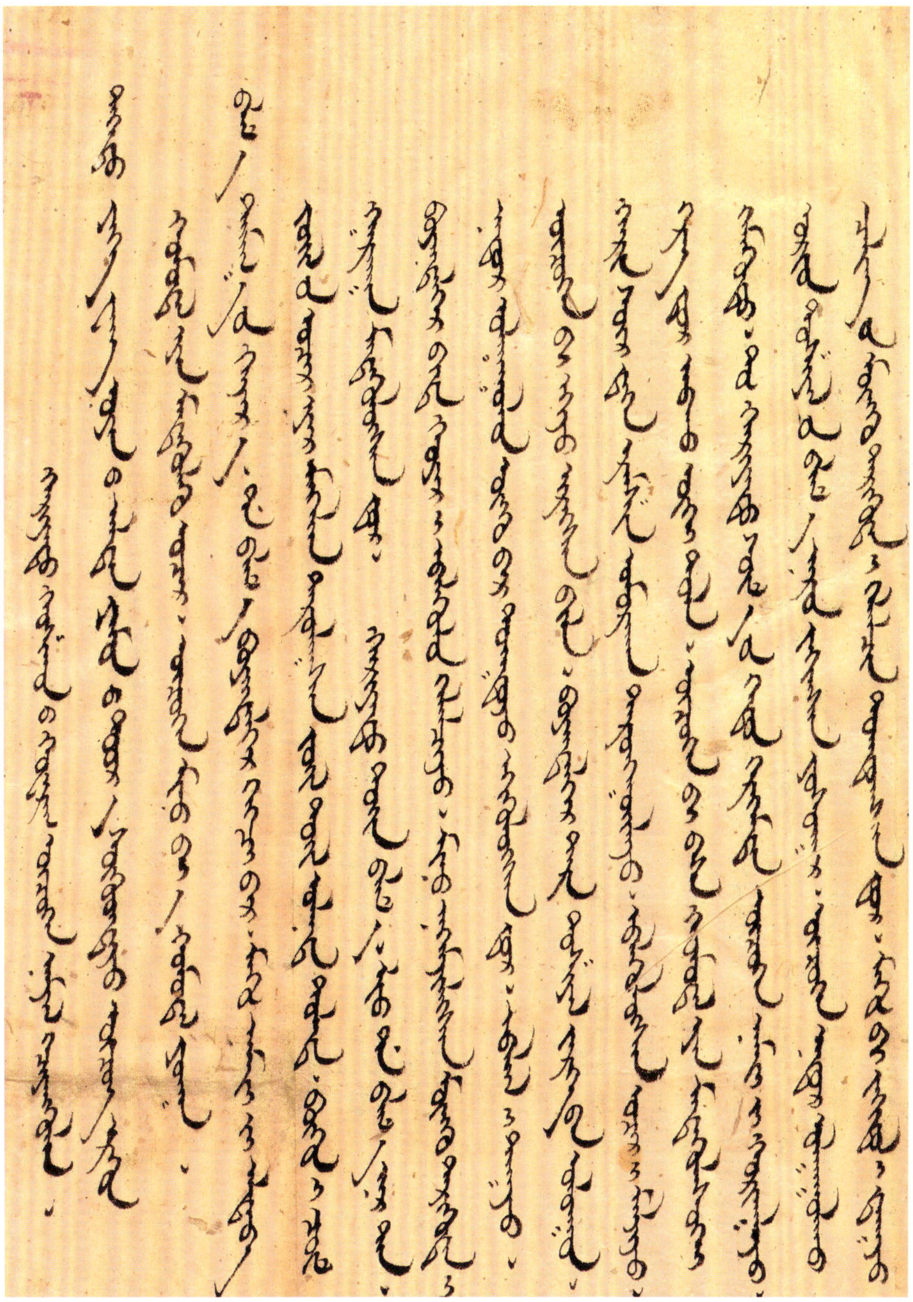

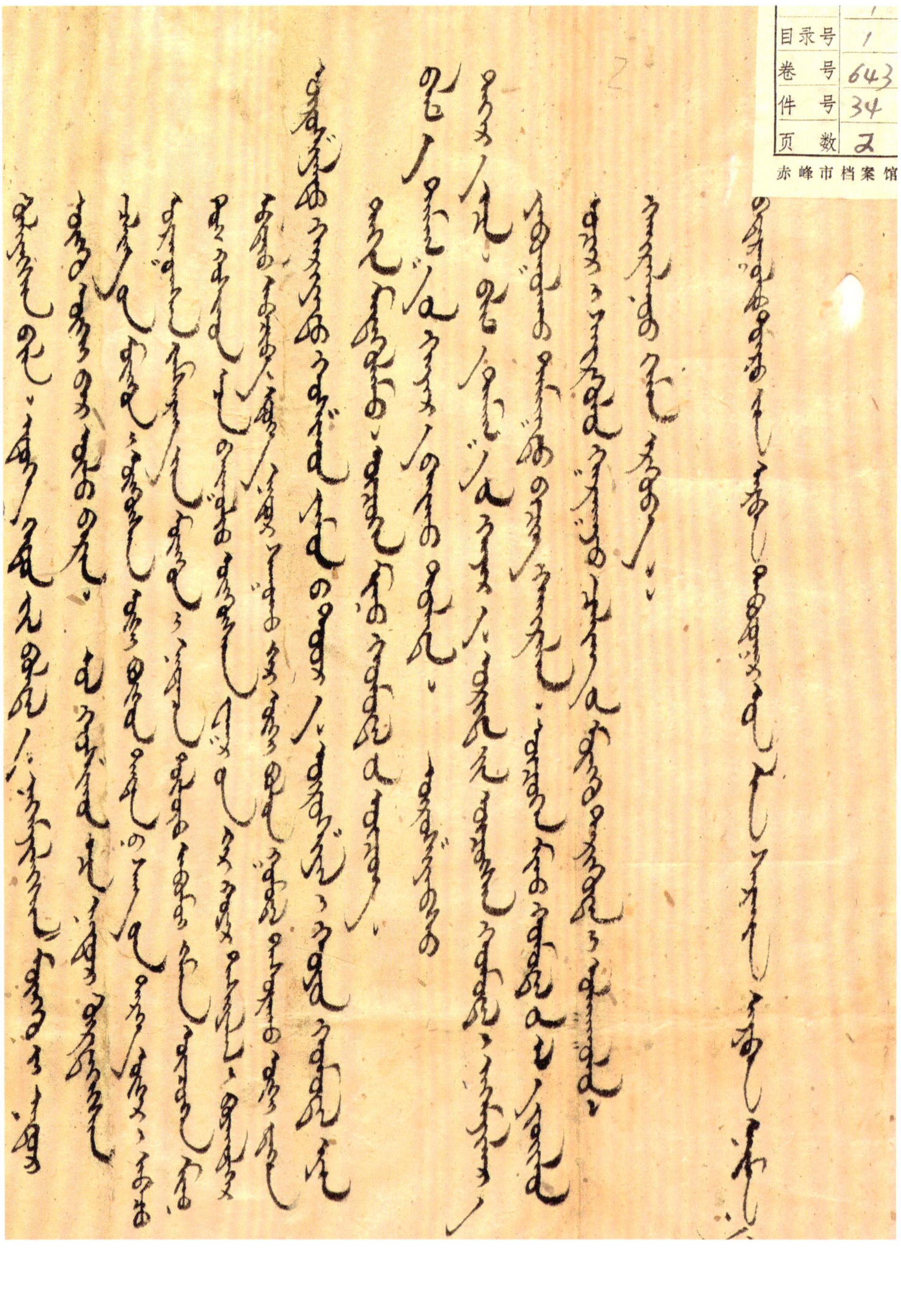
目录号 1
卷号 643
件号 34
页数 2
赤峰市档案馆

和尚那木吉勒为被侵害钱财事呈札萨克王爷文

所属旗和尚鄙人那木吉勒跪地呈送大王爷府：伸冤之事。

鄙人向喇嘛札萨克处申诉大喇嘛宝音德力格尔以各种方式多次欺诈侮辱本人一事。当时，所属大喇嘛刘大喇嘛等调节俺与宝音德力格尔纠纷，说好为俺追讨钱款。故本人听从调和，返回家里。殊不知，宝音德力格尔上任后即刻翻脸、仗势欺人，无视合约、置之不理。鄙人还想上诉喇嘛札萨克处时，所属寺庙几位有衔之人出面劝阻。按大喇嘛所调解之约定，保证归还鄙人钱款。故鄙人接受等候。不料，已过几年，不但未还钱款，反之拒拨本旗授本人之薪金，并让鄙人赔偿从庙仓偷盗牛车逃逸之扎木苏楞赃物款。故，宝音德力格尔还拆走本旗为鄙人盖之两间瓦房。今，鄙人无家可归，怨气冲天也。

鄙人伸冤所属旗衙门下，祈求衙门将伸冤之事转告喇嘛札萨克，还俺钱款、薪金为盼。

光绪十五年腊月十八日

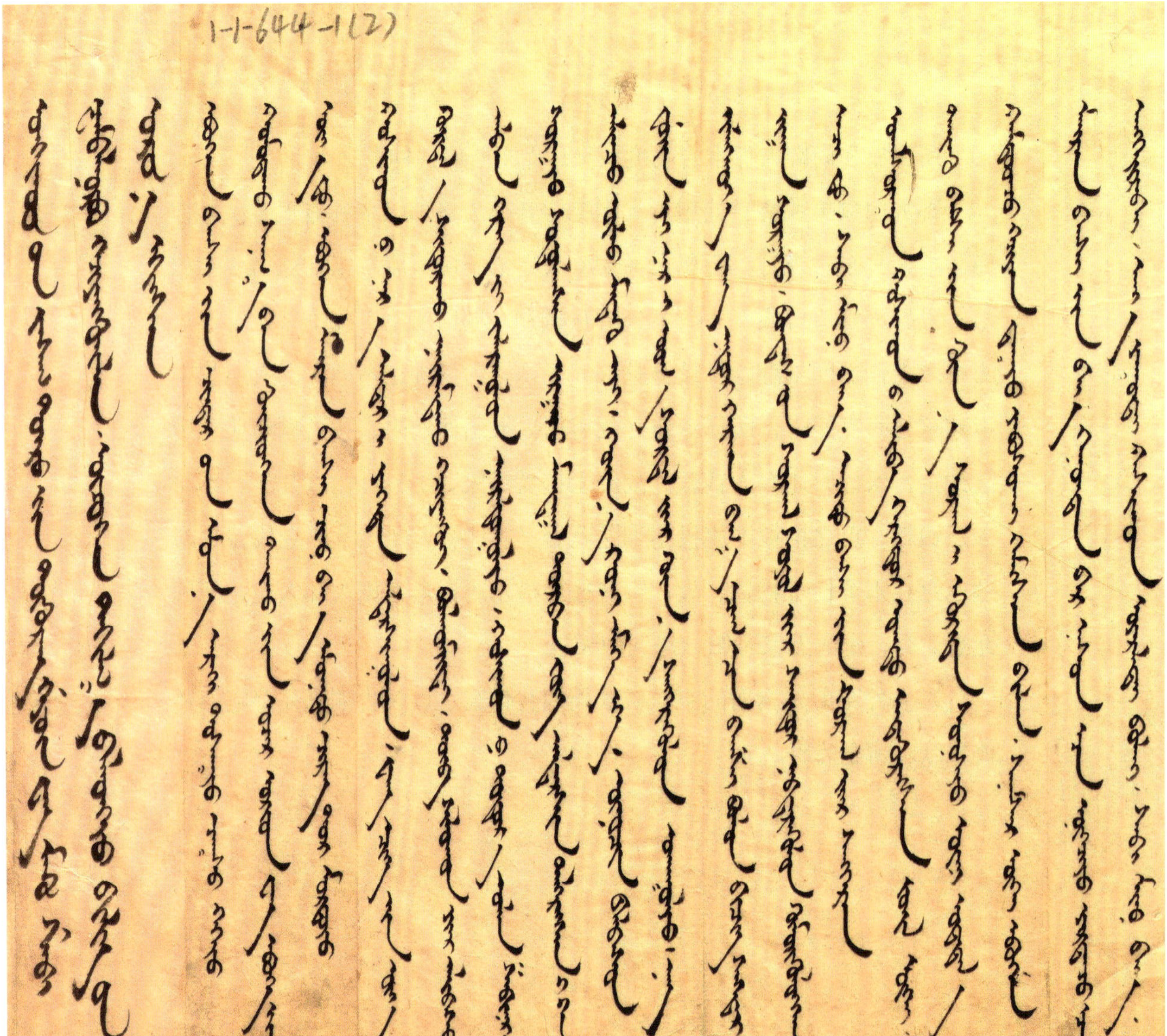

089 翁牛特札萨克郡王悼念恩师之祭文（光绪十六年闰二月十七日）

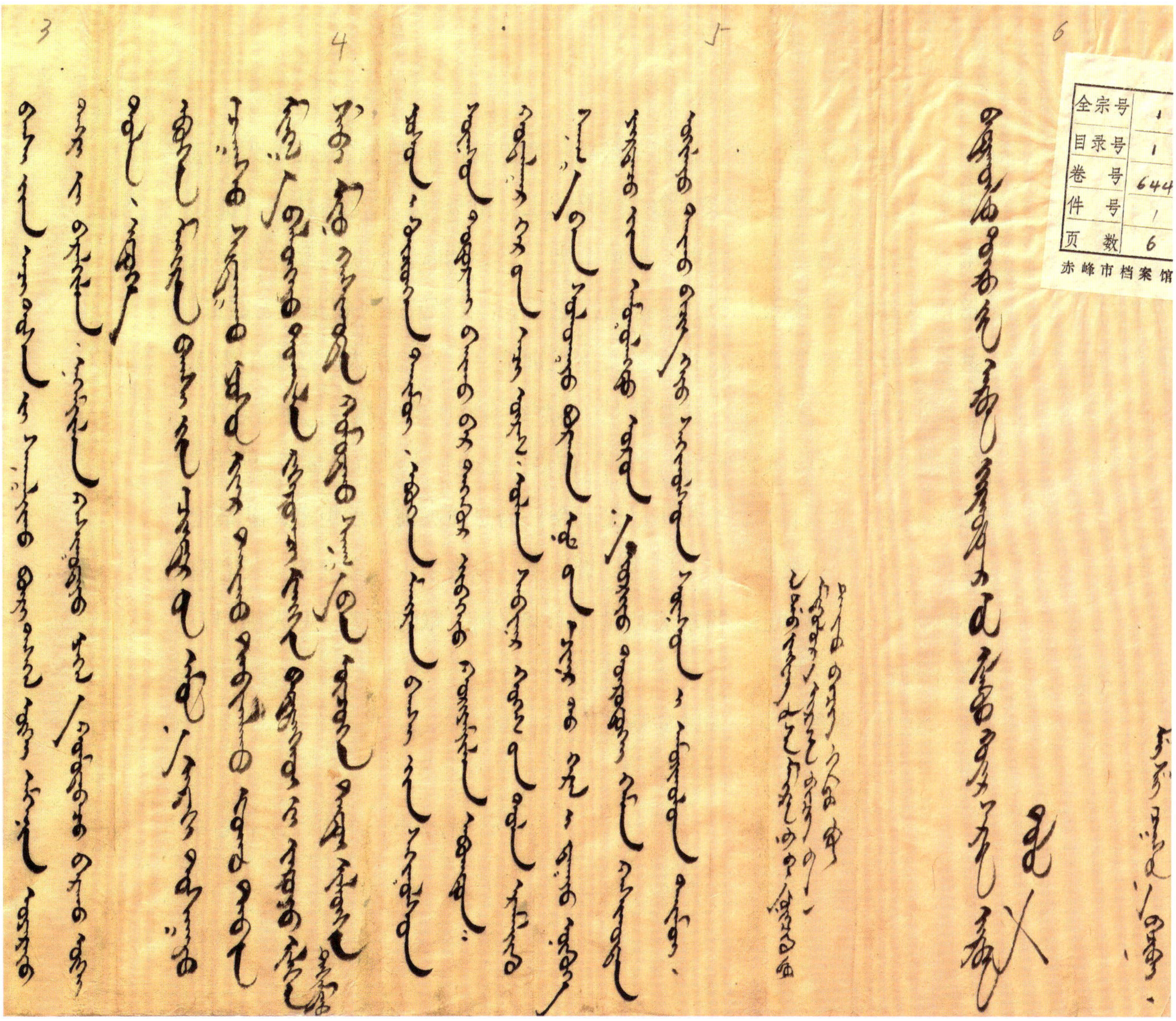

翁牛特札萨克郡王悼念恩师之祭文

翁牛特札萨克多罗杜棱郡王敝弟子赞巴勒诺尔布略备祭品，为仙逝恩师灵前奠嚼炬帛，以表悼念之情祭祀也。祖爷时，长老梅林您，征战南方，扬吾旗威。至父王时，谨慎公务，忠心耿耿，公正无私，旗内栽培诸多名徒，名扬四方，无人不晓也。之后，以文教启蒙吾祖母及吾寡母。甚至，从小任本王师傅，识字学文、祖训箴言、立德树人。故本学生谨遵恩训，勤于公务、毫无怠慢误事。本想终身聆听老师教导，遵言从事。不料，长老梅林师傅突然辞世。哎呀，何惜何悲也！本学生每每想起师恩，悲痛欲绝、仰天长叹、追思不已矣。今，为恩师灵前奠嚼炬帛，献祭祀款五十千文，指使掌管章京巴达仁贵送至，以表学生悼念之情。长老梅林老师在天之灵收也。祈求老师抛开恋家之情，跟随佛光、归入佛门，早日脱胎安详之地。

至此，书祭祀文，告慰英灵之。

光绪十六年闰二月十七日

090 盟长敖汉旗额驸为备办驻雍和宫和尚及驻都统衙门笔帖式费用事札翁牛特札萨克郡王等文（光绪十六年仲夏三十日）

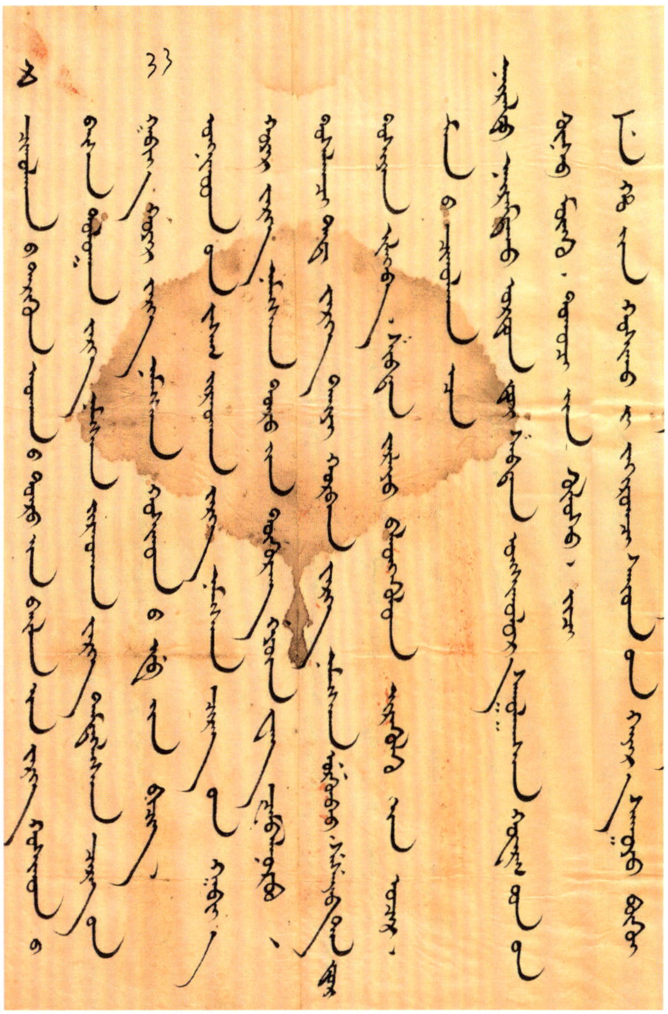

090 盟长敖汉旗额驸为备办驻雍和宫和尚及驻都统衙门笔帖式费用事札翁牛特札萨克郡王等文（光绪十六年仲夏三十日）

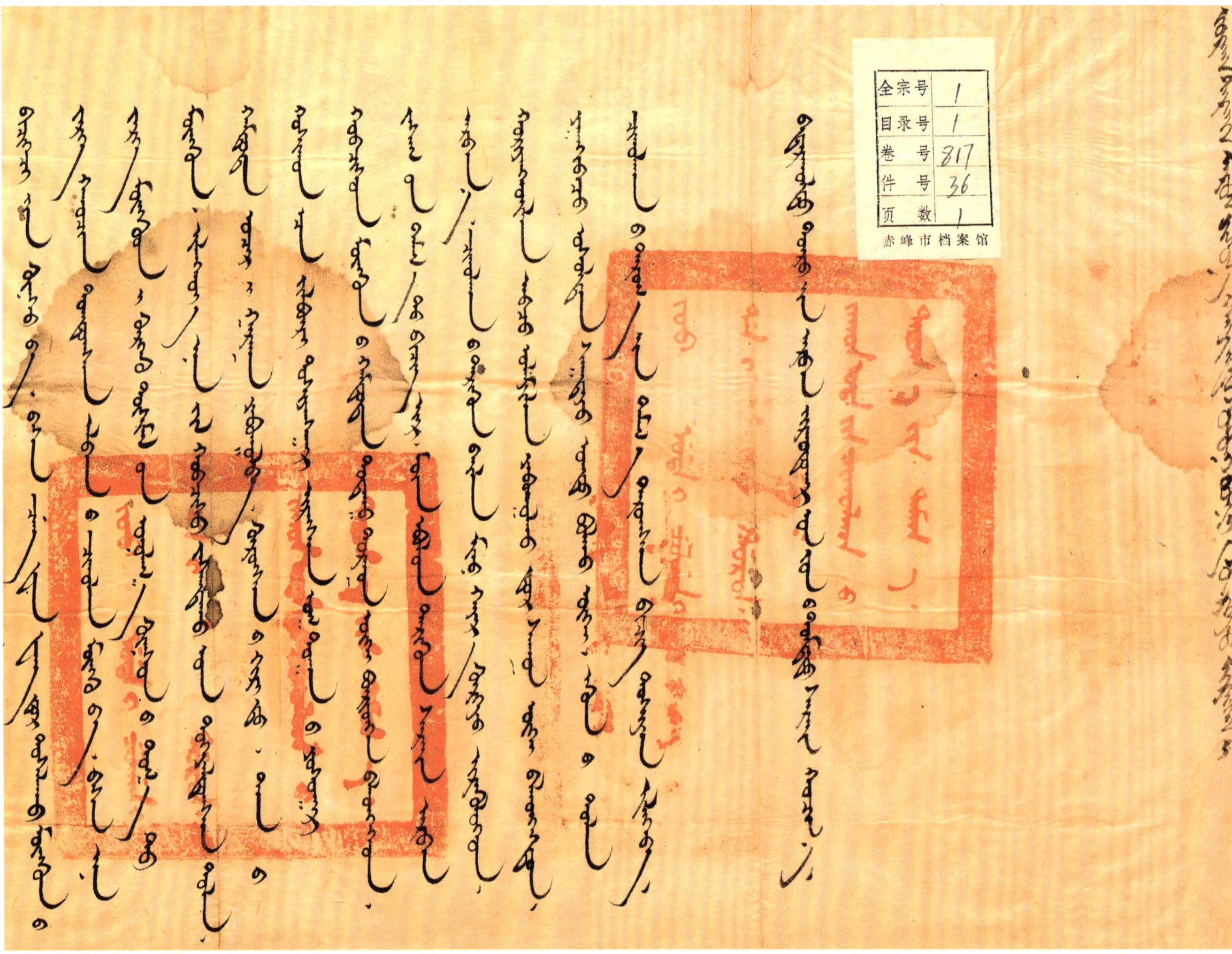

盟长敖汉旗额驸为备办驻雍和宫和尚及驻都统衙门笔帖式费用事札翁牛特札萨克郡王等文

盟长敖汉多罗贝勒级旗贝子加七级记六级军功加二级旗额驸文。札付翁牛特札萨克加六级军功加二级多罗杜棱郡王赞巴勒诺尔布，协理二等台吉加三级乌尔根宝、色森扎布：通告备办之事。

本盟驻雍和宫诵经和尚之口粮费、厨师费，驻热河都统衙门笔帖式费、修缮房屋费等往常官定银两及送银官之路费，加之今年逢换法服年，因此同换服费，按每年既定数量备齐，同钤印官文于初冬十日，送至盟长贝子署，以备统一配送。不得有误。

至此，致钤盟长印之文。

光绪十六年仲夏三十日

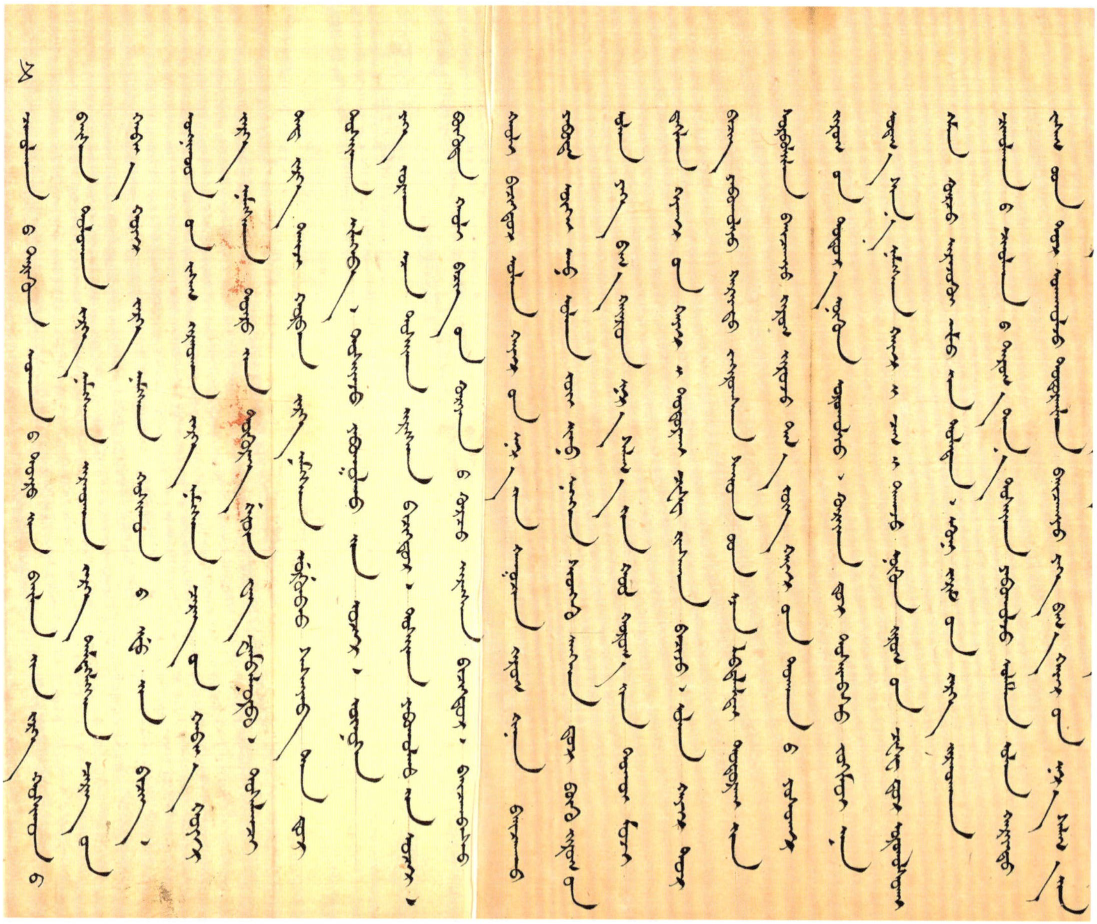

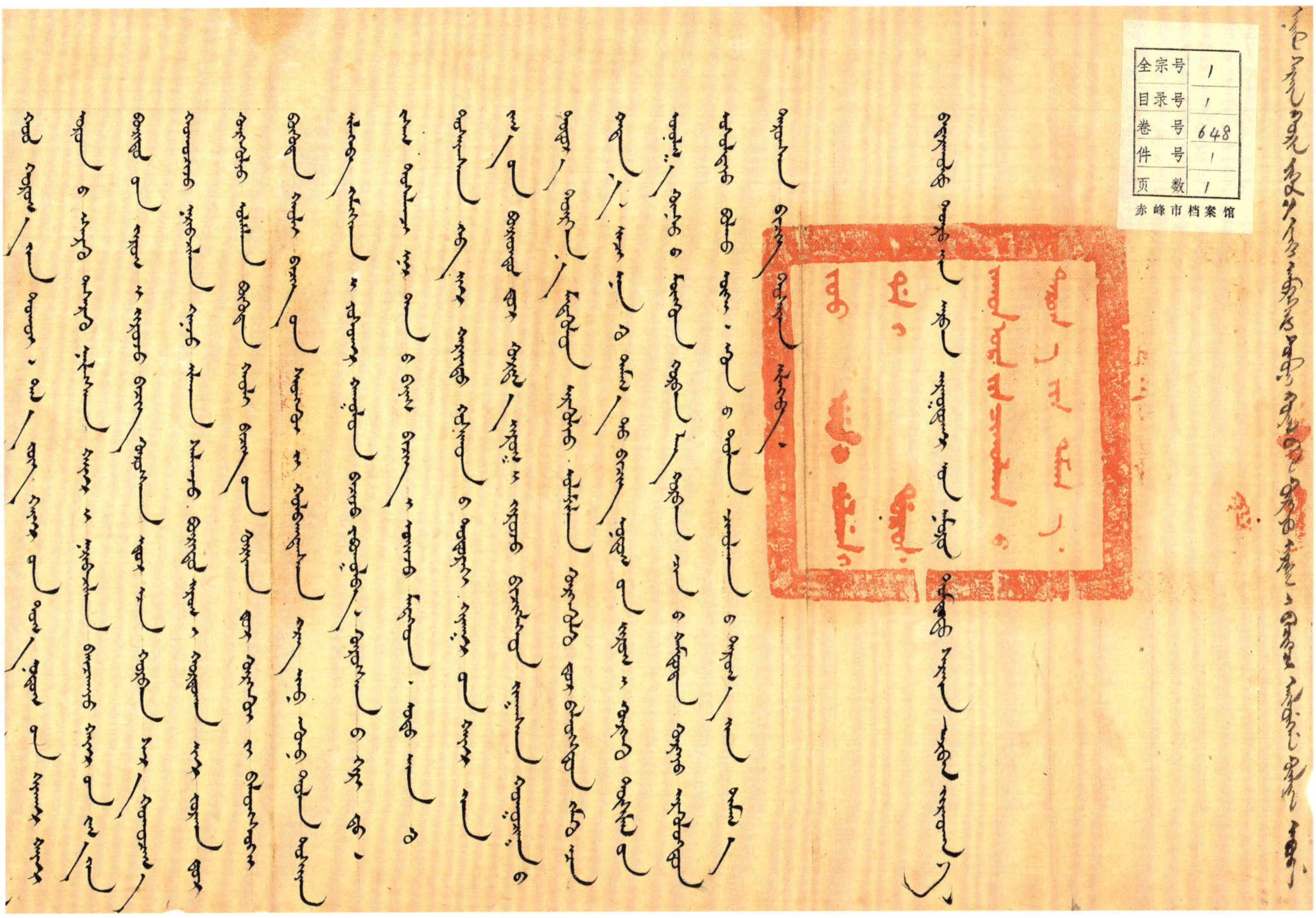
全宗号 1
目录号 1
卷号 648
件号 1
页数 1
赤峰市档案馆

盟长敖汉旗额驸为绘制诸札萨克旗全图事札翁牛特札萨克郡王等文

盟长敖汉札萨克多罗贝勒衔旗贝子加七级记六级军功加二级旗额驸文。札付翁牛特札萨克加六级军功加二级多罗杜棱郡王赞巴勒诺尔布，协理二等台吉加三级乌尔根宝、色森扎布：行札之事。

近日，大部承转典部札开：据法典，未勘察多地名称之旧图较多，应追加责任。原先，绘制全国大小地名、江河流域、各省边界图时，行文至各地，所属掌管衙门，审查核对，根据方位如实补充，送之典部才是。本次，及时绘制新增地名，补入地图册。等因前来本大部。

为此，本大部通告哲里木等六大盟长，转发诸札萨克，细查大小地名，江河支流，平原面积、行政区边界，绘制边界全图。于接到文书之日起三个月内勘察、区分、绘制全图，速送至大部，以备转送典部。抄录典部文书内容转发之。等语。

兹有，本盟署奉大部之命转发之。文到，诸札萨克、协理审阅内容，依照交代，即刻勘察旗内各边界，绘制全图，指定期限内送至，以备转送之。还有，呈送当地全图之官差路费三两三钱一并送之。不得有误。

至此，致钤盟长印之文。

光绪十六年仲秋十六日

092 翁牛特札萨克郡王等为欠缴驻雍和宫和尚费用事呈盟长敖汉旗额驸文（光绪十六年初冬二十九日）

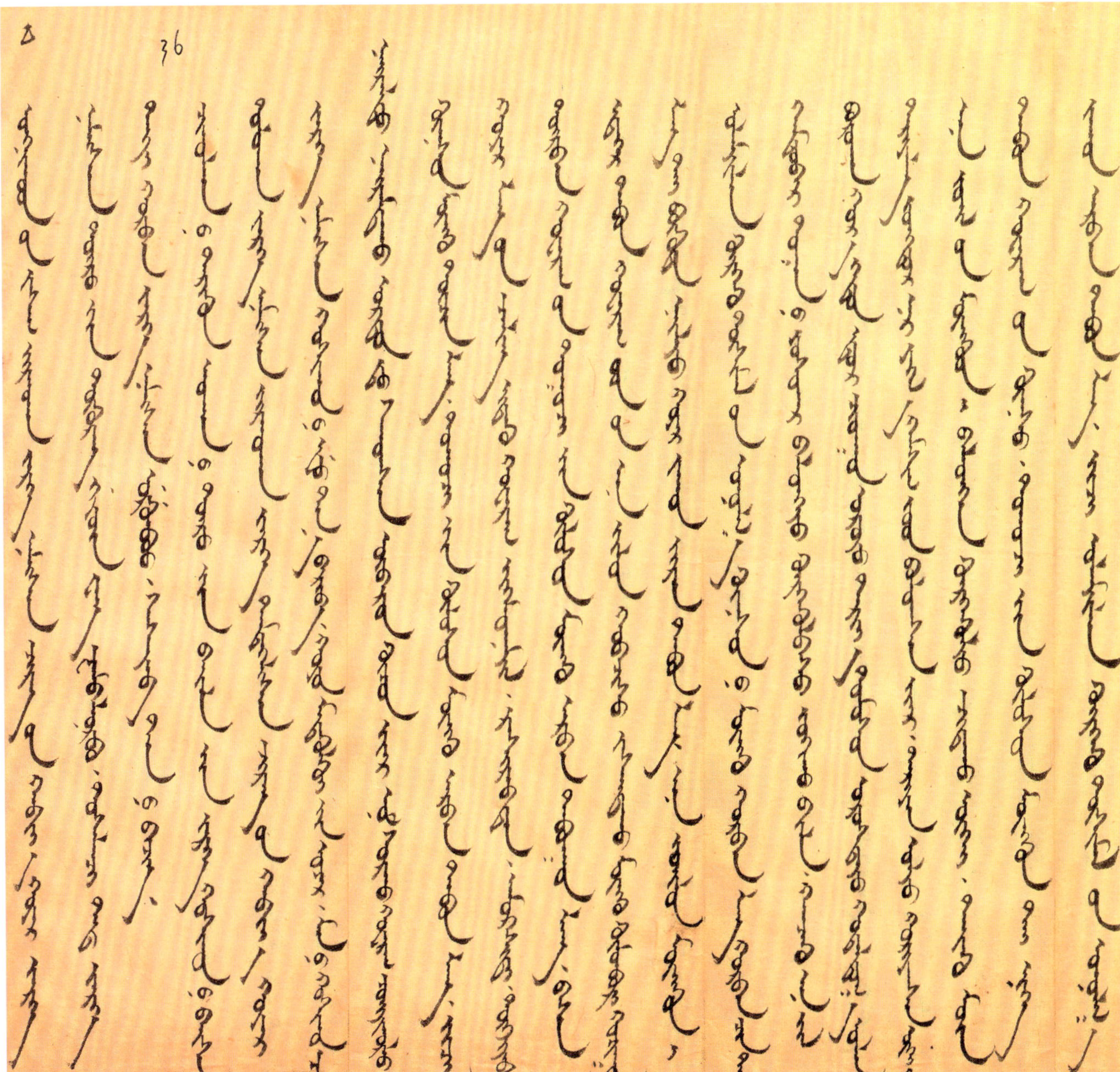

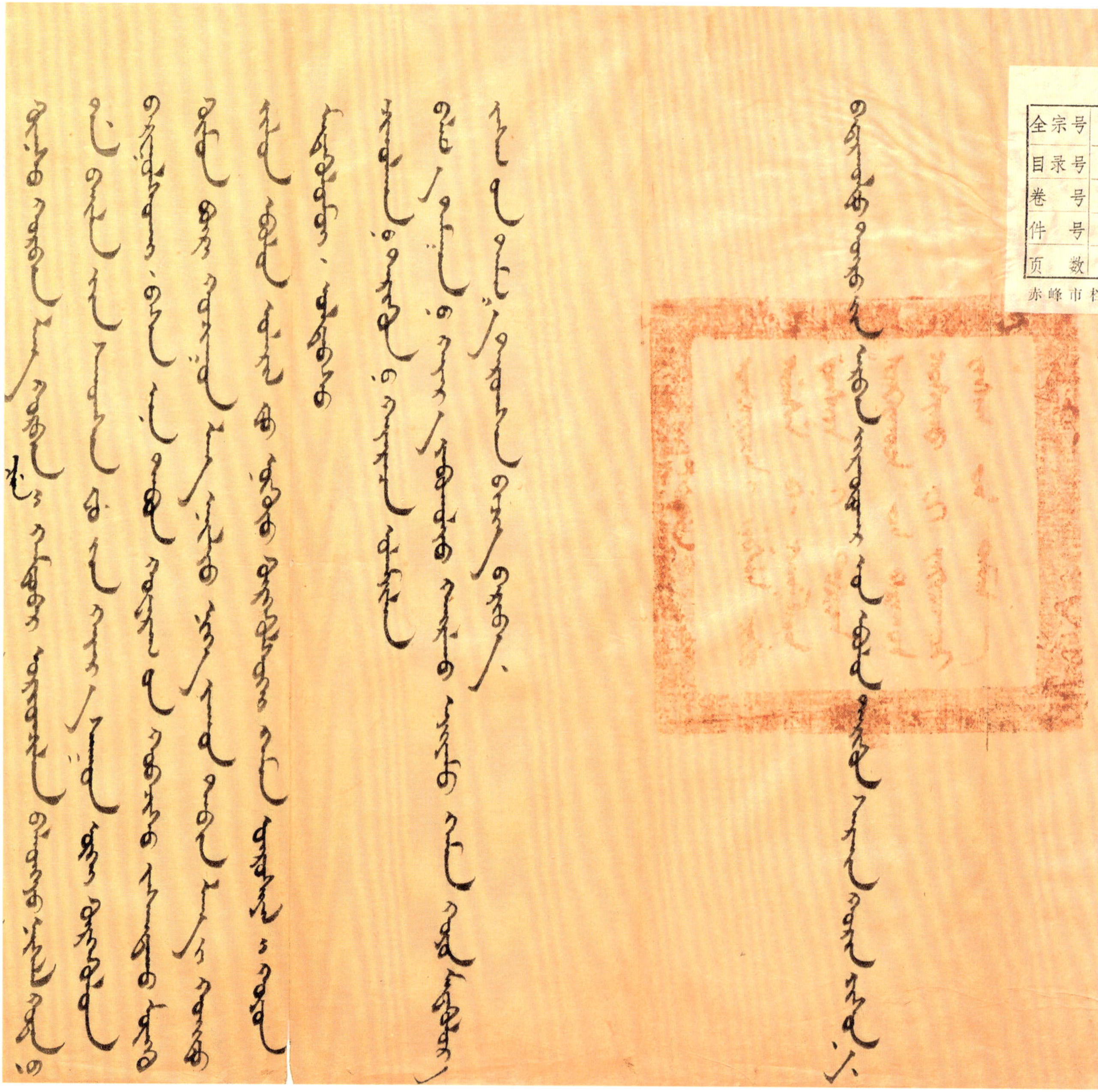
全宗号
目录号
卷 号
件 号
页 数
赤峰市档

翁牛特札萨克郡王等为欠缴驻雍和宫和尚费用事呈盟长敖汉旗额驸文

翁牛特札萨克加六级军功加二级多罗杜棱郡王赞巴勒诺尔布，协理二等台吉加三级乌尔根宝、色森扎布文。呈送盟长敖汉多罗贝勒级旗贝子加七级记六级军功加二级旗额驸：呈报之事。

本旗驻雍和宫诵经和尚却吉浩日勒之口粮费四十两、厨师费十五两及领二两薪金和尚吉格木德那木吉勒、拉希拉布坦、阿木尔希迪、图格吉扎布四名和尚之厨师费十五余两。还有，此等五名和尚今年换服费，每人三十余两，合计二百六十五两。与送递此等银两之官差路费三两三钱，应如数备齐送至。只是，今年入夏突遭几天连雨，田地被冲走，庄稼绝收，庄户遭殃。故，目前无法配送此等银两。优先筹措五名和尚口粮费、厨师费共一百一十五两，及送银官之路费三两三钱，送至驻京城贝勒府处。五名和尚换服费每人三十余两，共一百五十两，明年入冬时补交送至。请开恩。祈求盟署承转喇嘛札萨克处。

至此，呈钤札萨克印之文。

光绪十六年初冬二十九日

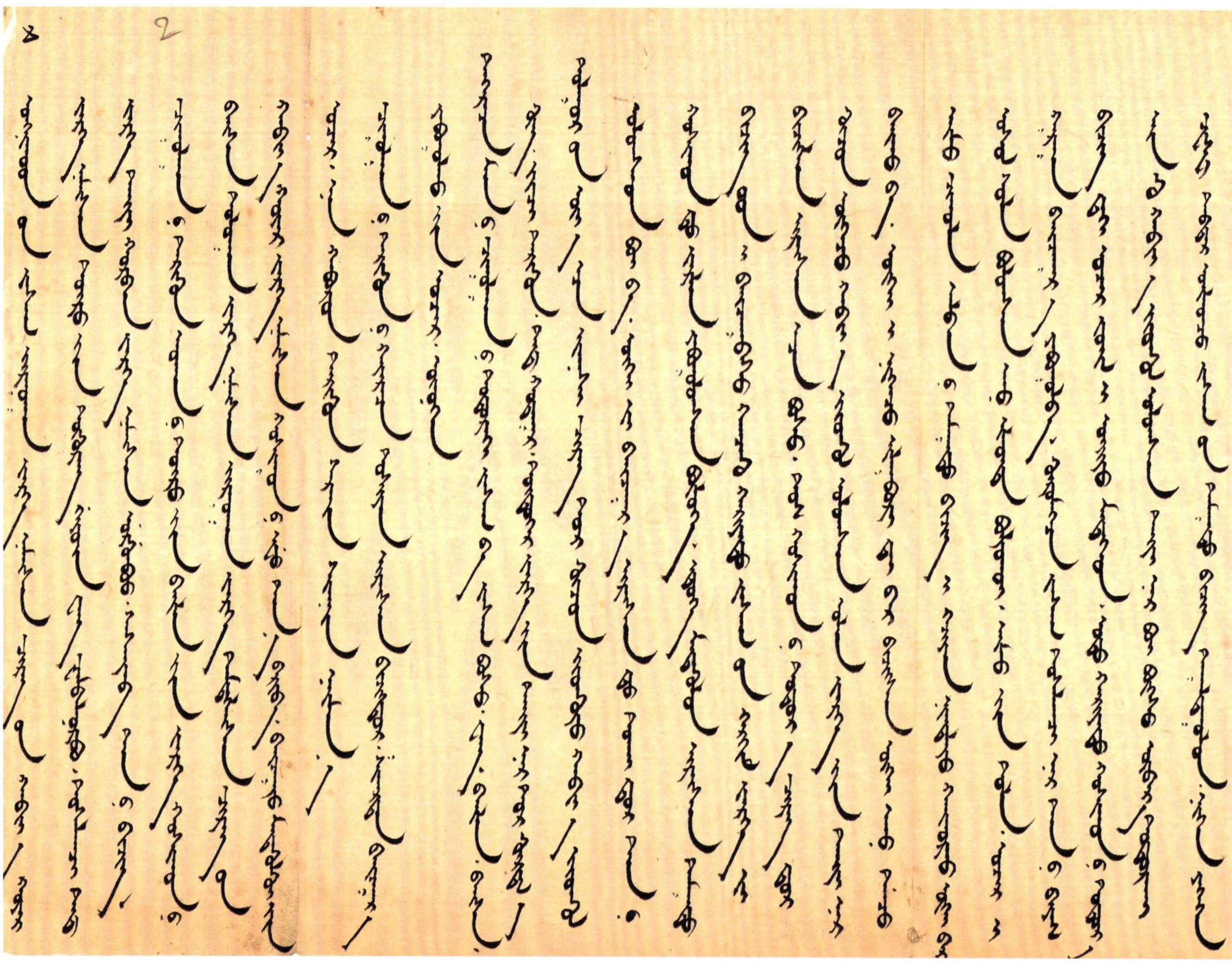

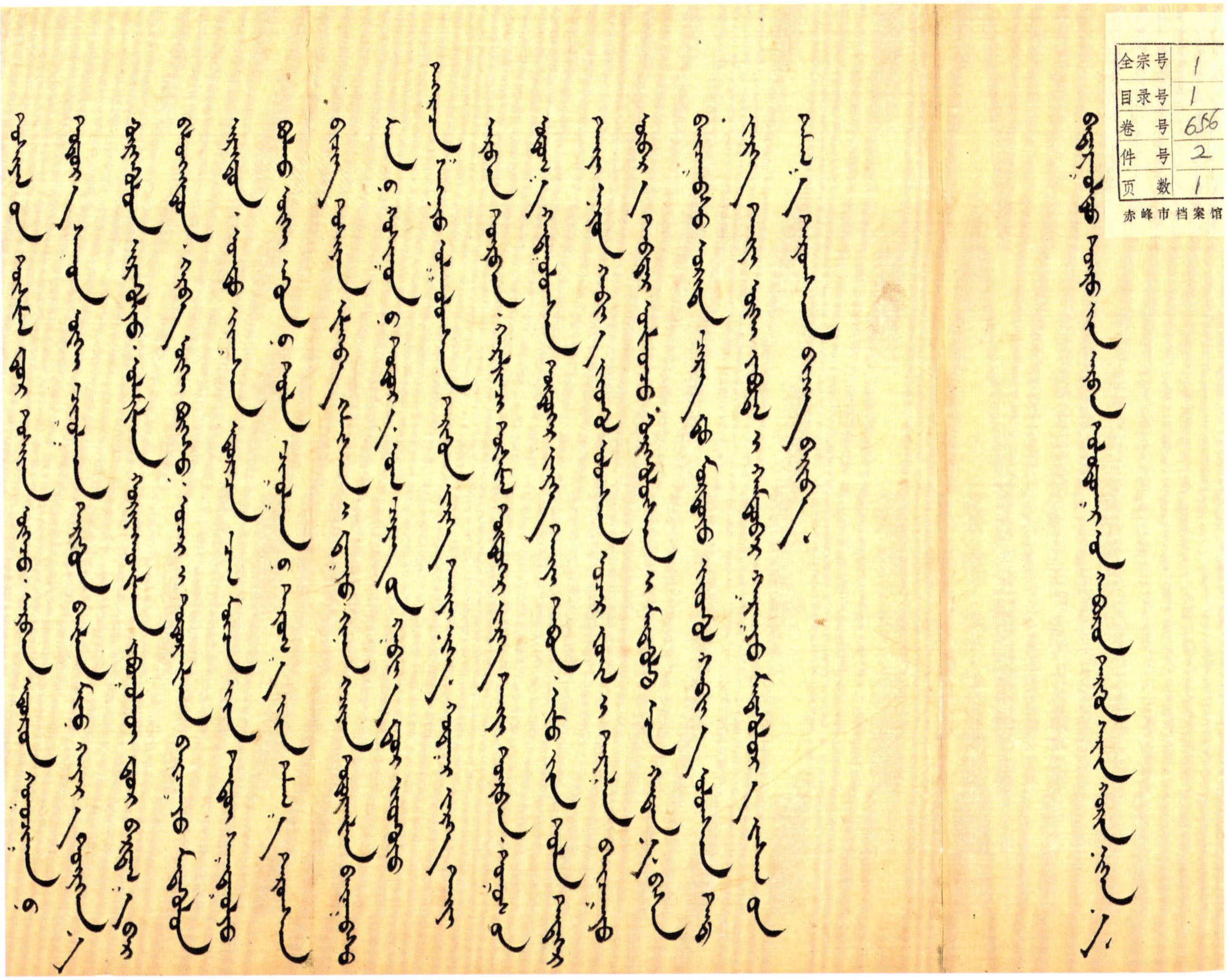
全宗号 1
目录号 1
卷号 656
件号 2
页数 1
赤峰市档案馆

翁牛特札萨克郡王等为普查登记诸等台吉事呈盟长敖汉旗额驸文

翁牛特札萨克加六级军功加二级多罗杜棱郡王赞巴勒诺尔布，协理二等台吉加三级乌尔根宝、色森扎布文。呈送盟长敖汉多罗贝勒级旗贝子加七级记六级军功加二级旗额驸：呈报之事。

今年初春初八日，盟署札开：圣上命普查本盟内札萨克、非札萨克王，贝勒、贝子、公及一、二、三、四等台吉，建朝以来有无征军建功者。时，下文所属各旗登记过。如今查报之所属各旗官文，只记所属札萨克爵位，而未区分本旗有无征军建功之诸等台吉。如此重要之公务于不顾，实属敷衍了事也。为此，再下文书督促报送之。文到，诸札萨克、协理审阅内容，旗内如有征军建功之台吉，另登记造册同钤印官文交至官差，并十日之内送至本盟长贝勒府，以备统一转送。如无此事，亦上报澄清。不得逾期怠慢。为此，下发钤盟长之印之官文。等因前来。

遵照盟署札文，经细查，本旗受圣上恩赐之一等台吉一名、三等台吉十四名、四等台吉四名、孔雀花翎四等台吉五名，如实登记此等台吉建功原由，另造册报送之。还有，一同呈报本旗无征军建功之二等台吉也。

至此，呈钤札萨克印之文。

光绪十七年初春二十一日

盟长敖汉旗额驸为备送驻雍和宫和尚及驻热河都统衙门笔帖式费用事札翁牛特札萨克郡王等文（光绪十七年仲夏二十九日）

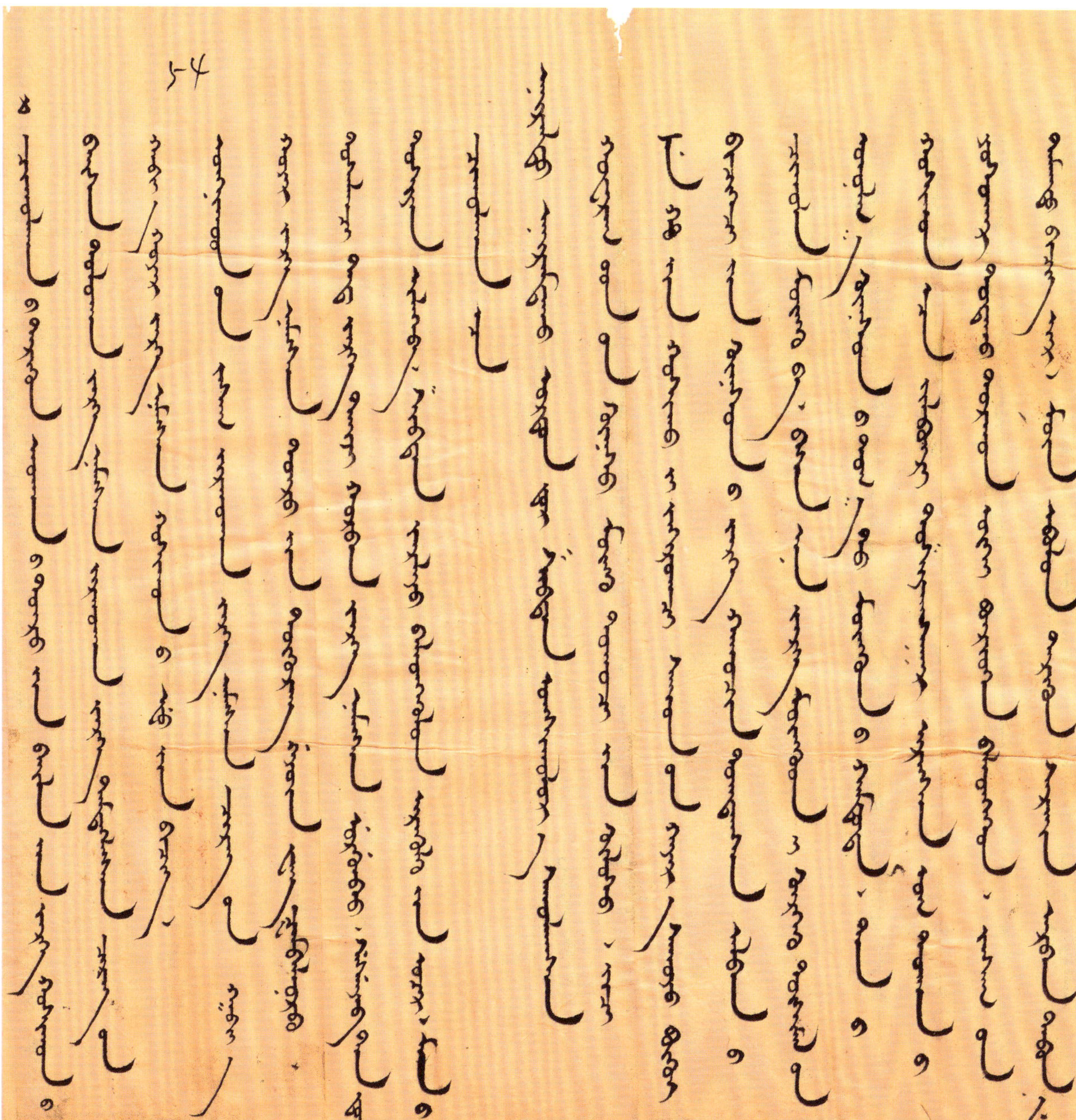

盟长敖汉旗额驸为备送驻雍和宫和尚及驻热河都统衙门笔帖式费用事札翁牛特札萨克郡王等文（光绪十七年仲夏二十九日）

全宗号	1
目录号	1
卷　号	817
件　号	57
页　数	1

赤峰市档案馆

盟长敖汉旗额驸为备送驻雍和宫和尚及驻热河都统衙门笔帖式费用事札翁牛特札萨克郡王等文

盟长敖汉多罗贝勒级旗贝子加七级记六级军功加二级旗额驸文。札付翁牛特札萨克加六级军功加二级多罗杜棱郡王赞巴勒诺尔布，协理二等台吉加三级乌尔根宝、色森扎布：督促备办之事。

本盟驻雍和宫诵经和尚之口粮费、厨师费，驻热河都统衙门之笔帖式费等官务要费以及送银官之路费，按每年既定数量备齐，于初冬十五日同钤印官文送至本盟长贝勒府，以备统一配送。不得有误。

至此，致钤盟长印之文。

光绪十七年仲夏二十九日

095 盟长敖汉旗贝勒为备办驻雍和宫和尚及驻热河都统衙门笔帖式费用事札翁牛特札萨克郡王等文（光绪十八年仲秋二十九日）

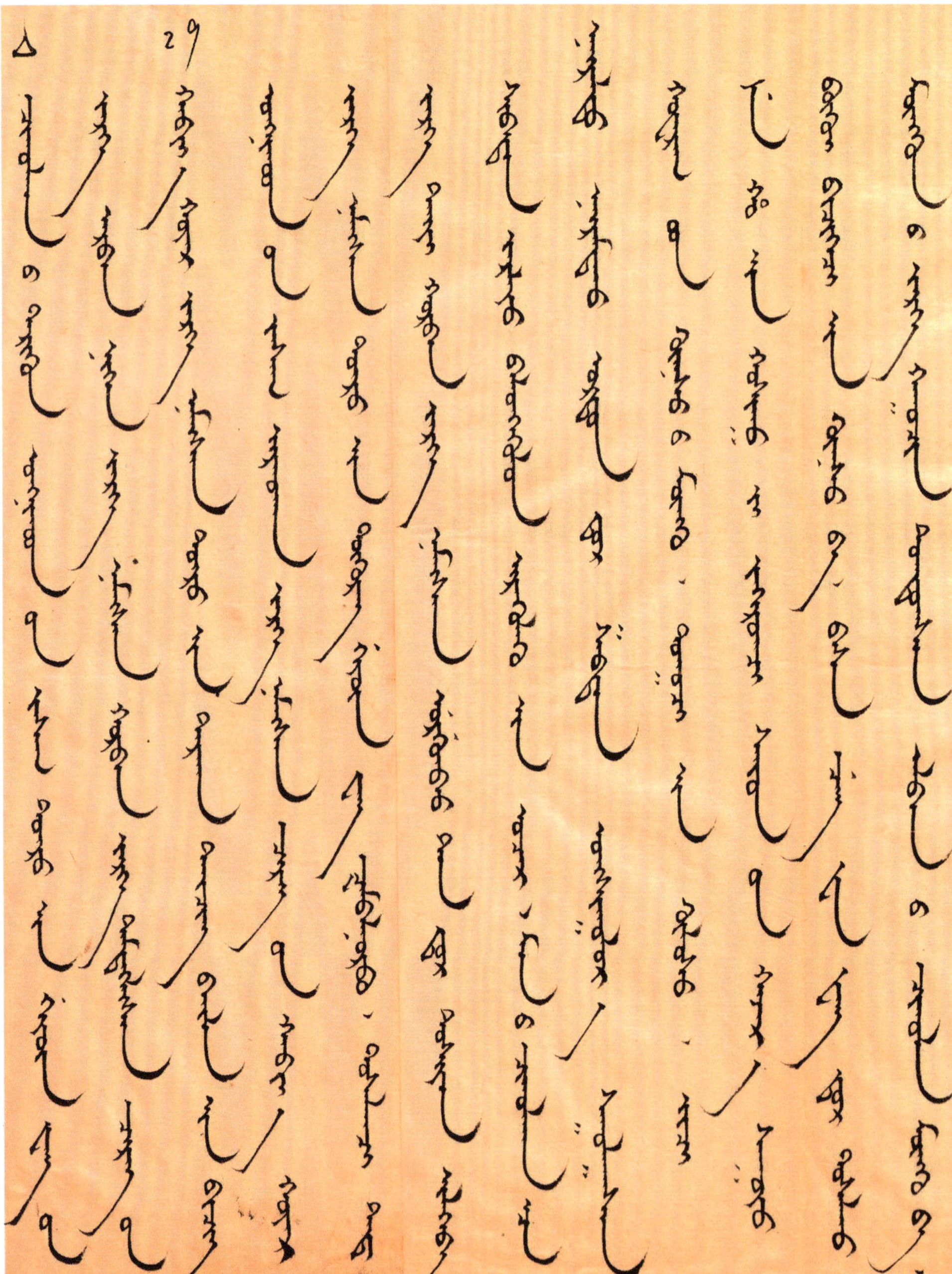

盟长敖汉旗贝勒为备办驻雍和宫和尚及驻热河都统衙门笔帖式费用事札翁牛特札萨克郡王等文（光绪十八年仲秋二十九日）

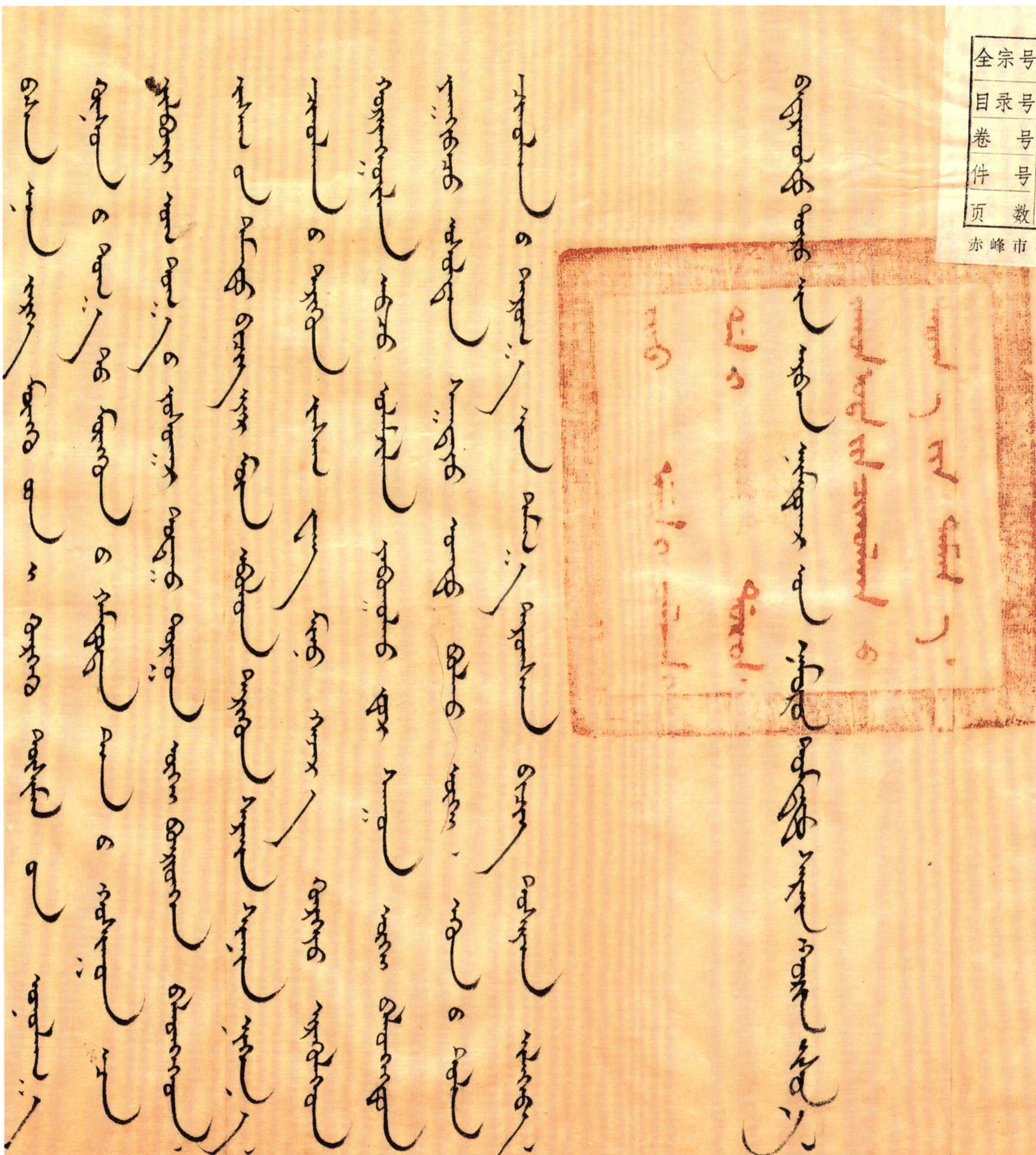

全宗号
目录号
卷 号
件 号
页 数
赤峰市档

盟长敖汉旗贝勒为备办驻雍和宫和尚及驻热河都统衙门笔帖式费用事札翁牛特札萨克郡王等文

盟长敖汉札萨克多罗郡王衔加十一级记三级军功加二级多罗达尔罕岱青贝勒文。札付翁牛特札萨克加六级军功加二级多罗杜棱郡王赞巴勒诺尔布、协理二等台吉加三级乌尔根宝：督促备办之事。

本盟驻雍和宫诵经和尚之口粮费、厨师费，驻热河都统衙门之笔帖式费、修缮房屋银两等官务要费以及送银官之路费，按每年既定数量备齐，于初冬初一日同钤印官文送至本盟长札萨克王署，以备统一配送。不得有误。

至此，致钤盟长印之文。

光绪十八年仲秋二十九日

096 盟长敖汉旗贝勒为新任警备军札萨克事札翁牛特札萨克郡王等文（光绪十八年仲冬二十九日）

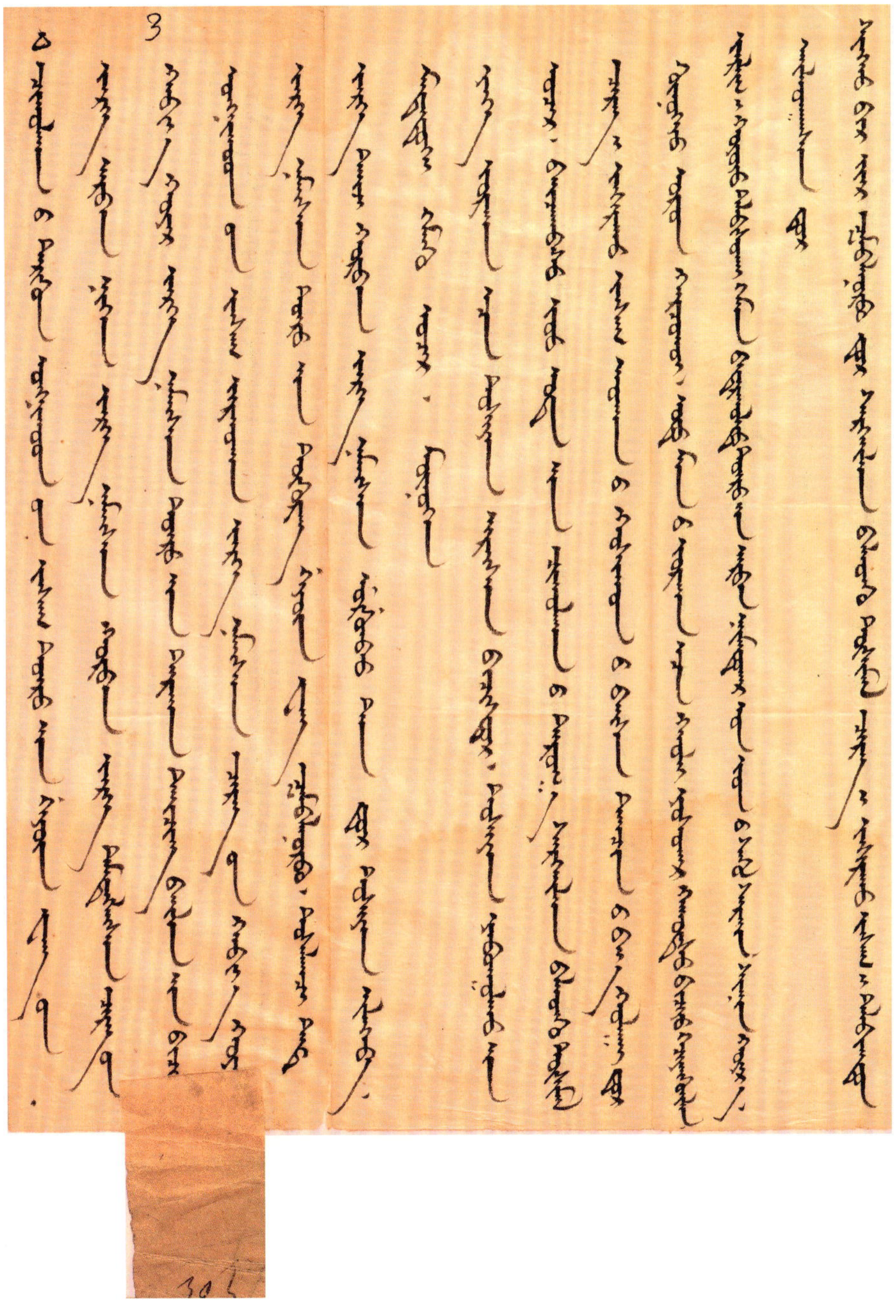

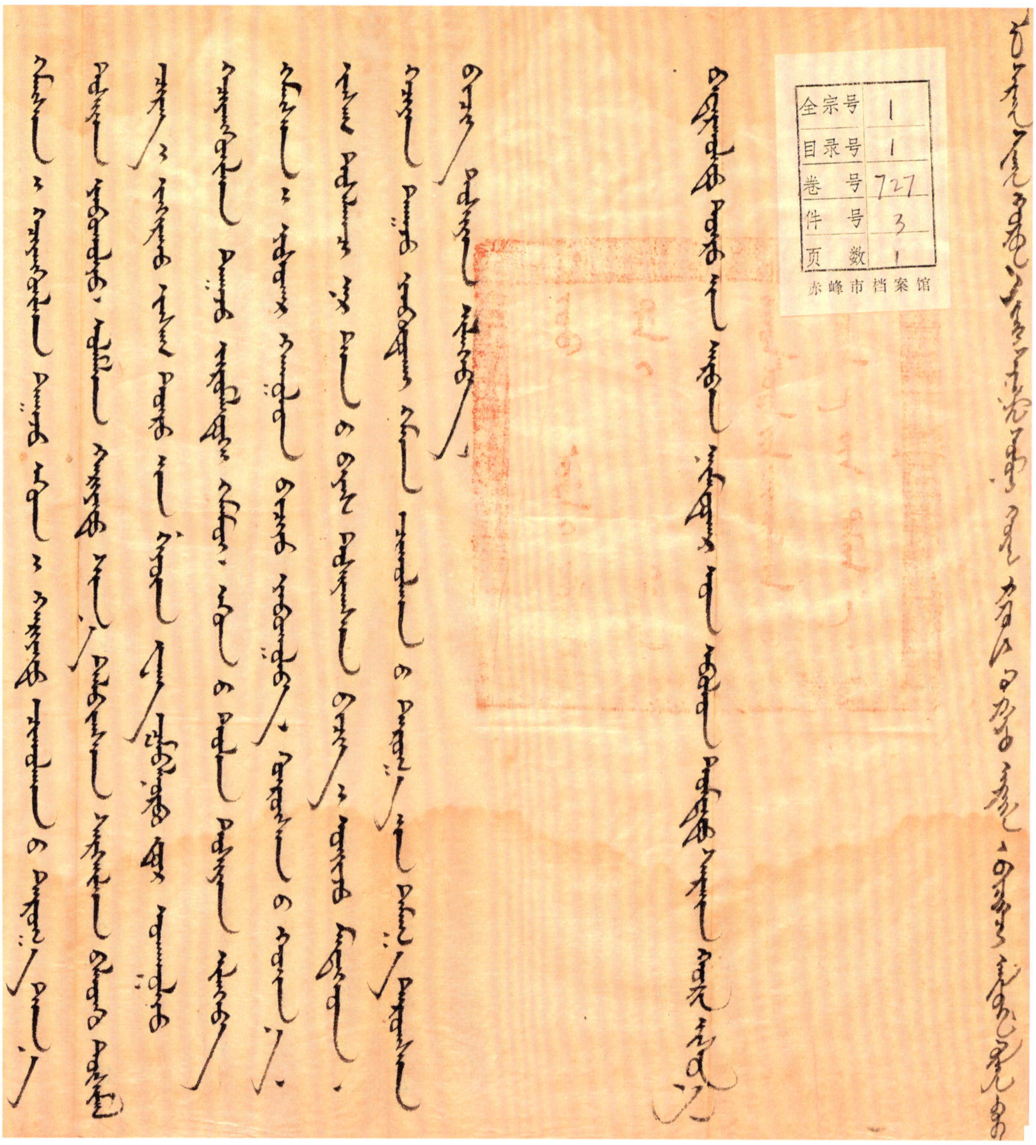
全宗号 1
目录号 1
卷号 727
件号 3
页数 1
赤峰市档案馆

盟长敖汉旗贝勒为新任警备军札萨克事札翁牛特札萨克郡王等文

盟长翁牛特札萨克多罗郡王衔加十一级记三级军功加二级多罗达尔罕岱青贝勒文。札付翁牛特札萨克加六级军功加二级多罗杜棱郡王赞巴勒诺尔布、协理二等台吉加三级乌尔根宝：行札之事。

近日，大部札开：昭乌达盟长警备军札萨克敖汉旗贝子代钦被贼民杀害身亡。为替补其空位，本部于光绪十八年末夏初二日上奏皇上。回旨朱笔批复封赞巴勒诺尔布为警备军札萨克。谨遵旨意转送所属盟长，传阅新任警备军札萨克多罗郡王赞巴勒诺尔布，遵旨照办。等因前来本盟署。兹有，本盟署抄录原文转送之。文到，札萨克、协理等审阅照办。

至此，致钤盟长印之文。

光绪十八年仲冬二十九日

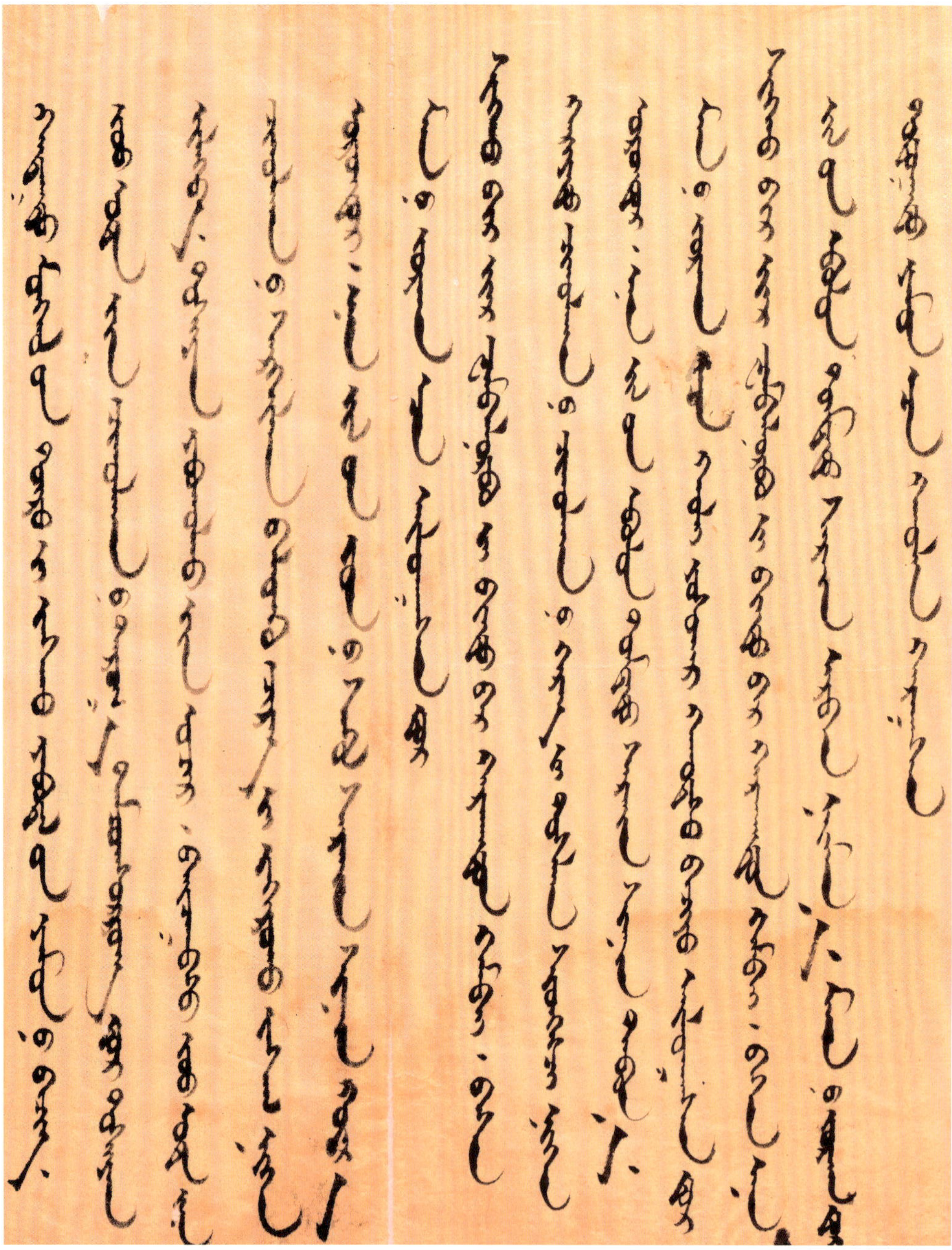

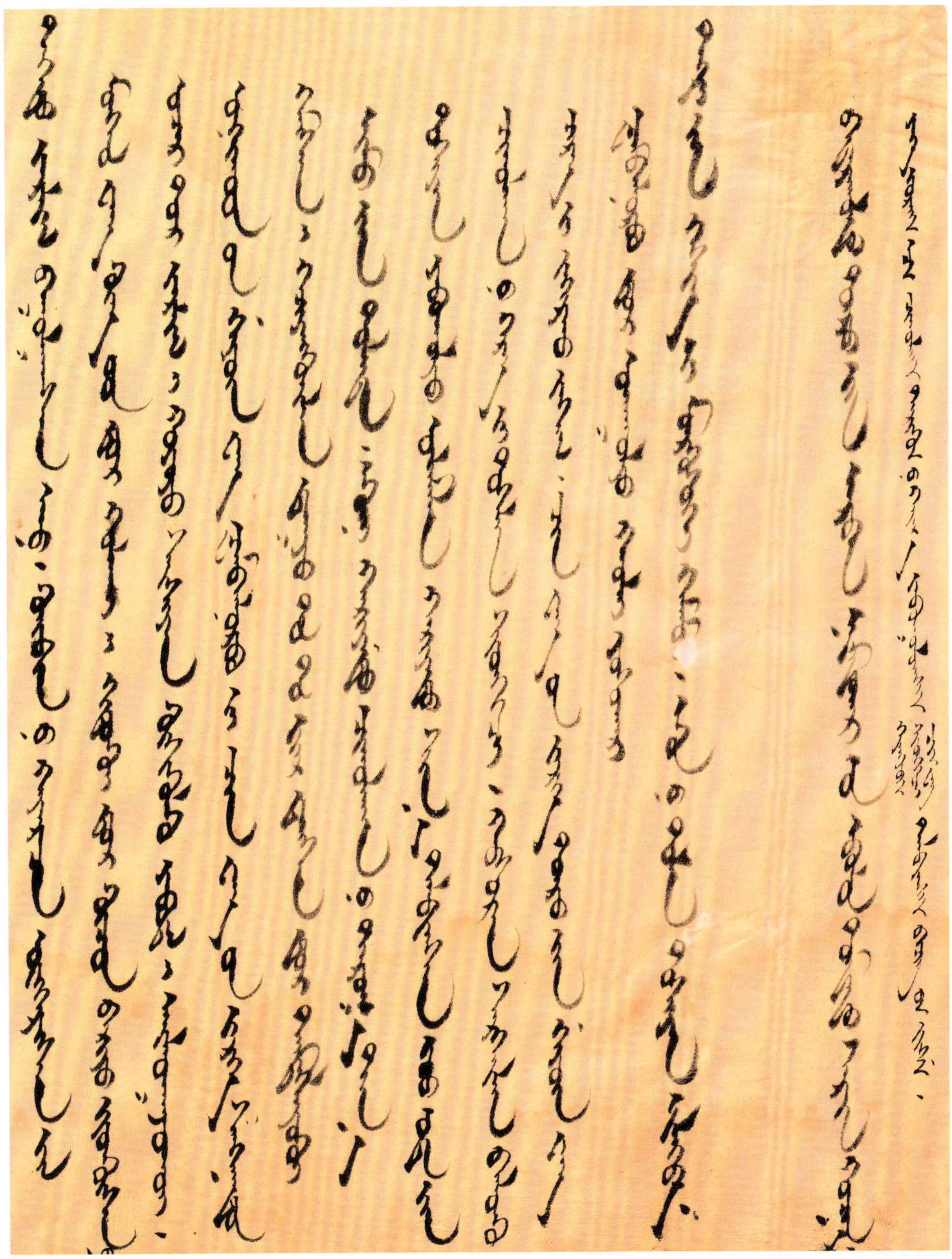

理藩院为赞巴勒诺尔布受封事札昭乌达盟长文

理藩院文。札付昭乌达盟长德木楚克苏荣：行札之事。

经查，为替补昭乌达盟警备军札萨克空位，今年末夏初二日，本院上奏后，朱笔画圈恩准赞巴勒诺尔布也。还有，所属盟摄政协理空位之事，于今年仲冬初五日，本院上奏皇上，朱笔画圈恩准赞巴勒诺尔布也。还有，今年仲冬十八日，本部承接内政司抄送诏书曰，去年蒙古王公镇压暴徒有功，桂平衙府为蒙古王公请赏。回旨曰，赐翁牛特郡王赞巴勒诺尔布亲王衔爵位。为此，谨遵旨意通告所属盟长，转告新任昭乌达盟摄政协理、警备军札萨克亲王衔多罗郡王赞巴勒诺尔布叩谢皇恩。

此札。

光绪十八年仲冬三十日

098 甲喇笔帖式台吉肖雄嘎为病休养身事呈札萨克府文（光绪十九年正月十九日）

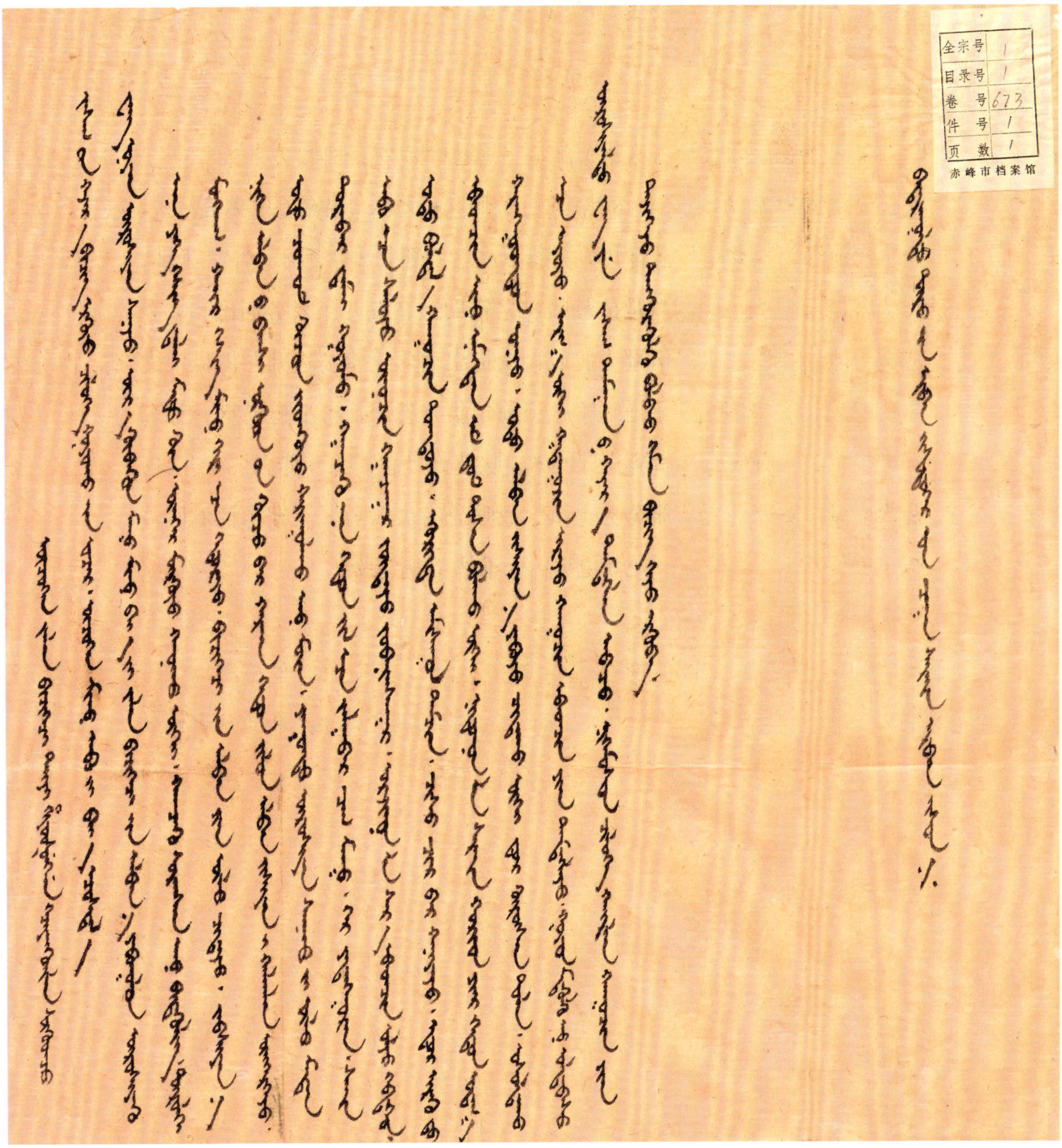

甲喇笔帖式台吉肖雄嘎为病休养身事呈札萨克府文

鄙人甲喇笔帖式台吉肖雄嘎跪地呈送札萨克府：请假之事。

王爷关照家父多年，直至其病逝。关照其子本人，赐官差甲喇笔帖式，恩情比海深，朝夕叩拜也有其欠之而不过之。鄙人浅学不才，生性愚钝，无力胜任笔帖式一职。只是依赖师友之辅助，蒙混几年公务而已。如今应全力以赴报答才是。但鄙人胆敢再次提出请假之事。近几年遇慌灾之年，家贫如洗。离别慈父孤苦悲伤。至前年腊月患病卧床不起，落有毛病。气虚喘急，咳有痰血，病情与日俱增，吃药无助也。去年腊月二十几日，几次昏厥。如今，无力服公务之事。故唯恐有失公务，无奈申请病假。祈求王爷开恩，札萨克府处登记事由，准假养病为盼。

至此，呈送之。

光绪十九年正月十九日

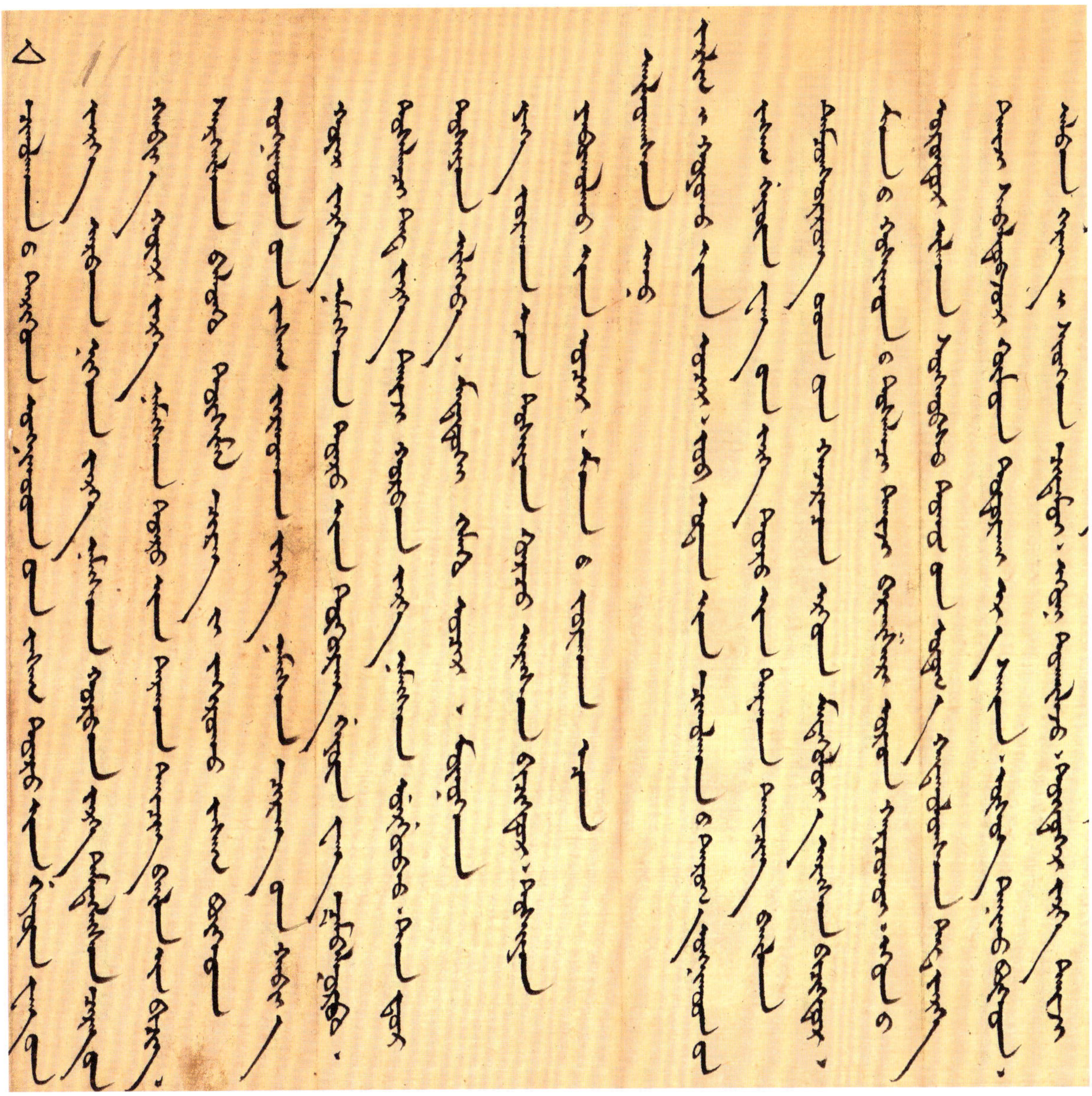

099 盟长翁牛特札萨克贝勒为选定协理台吉事呈盟警备军札萨克郡王等文(光绪十九年初春二十九日)

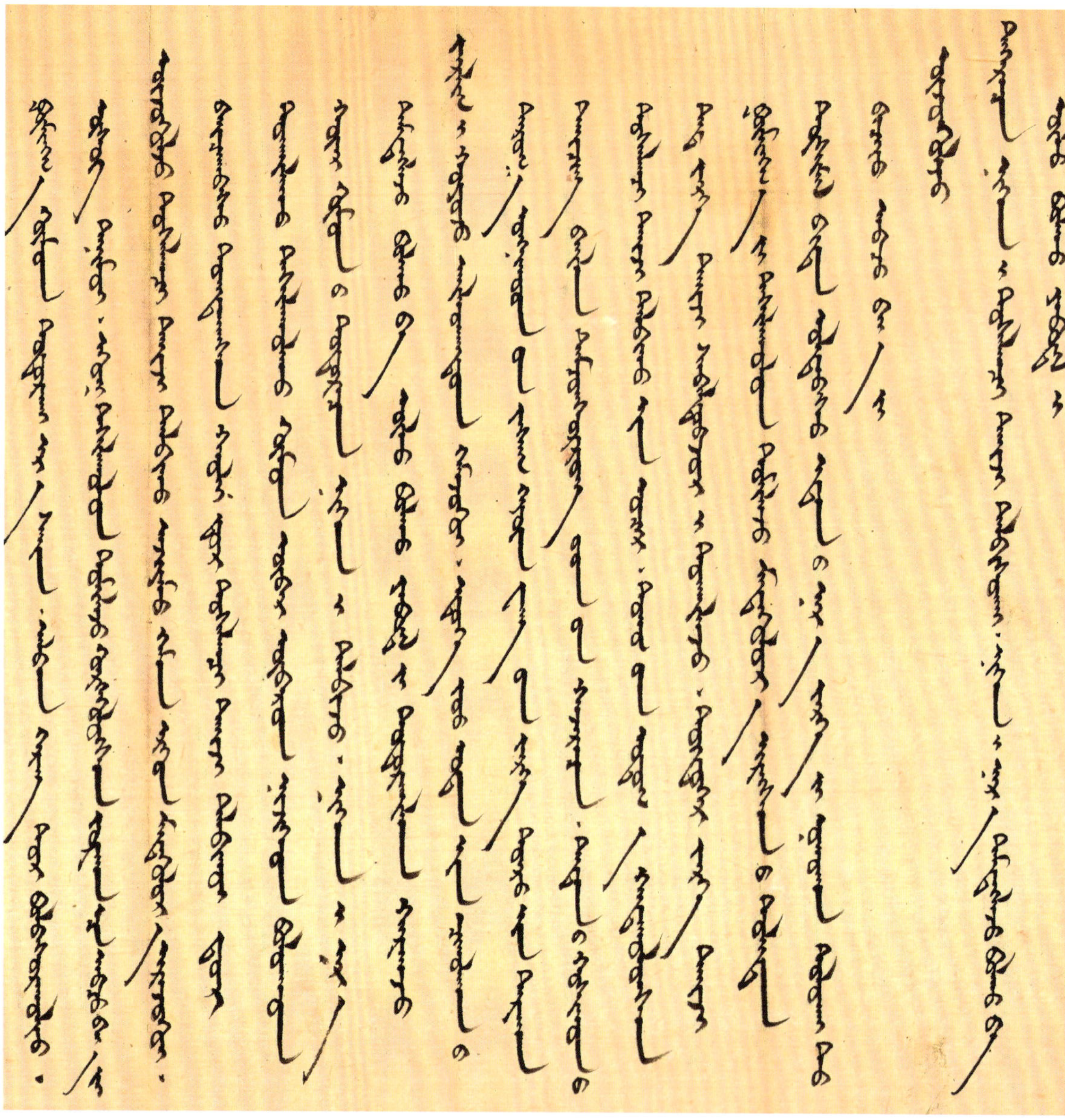

099 盟长翁牛特札萨克贝勒为选定协理台吉事呈盟警备军札萨克郡王等文（光绪十九年初春二十九日）

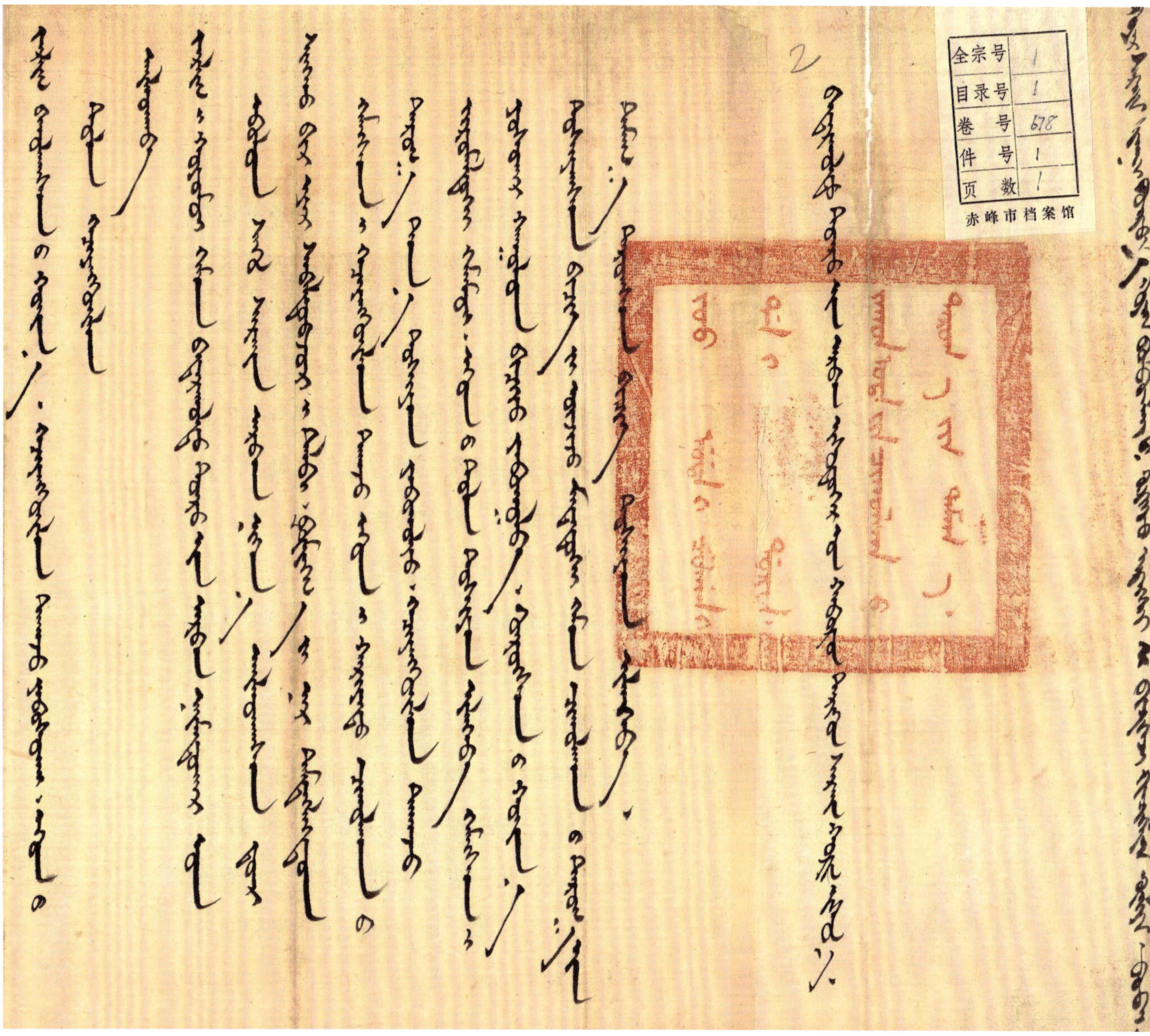

盟长翁牛特札萨克贝勒为选定协理台吉事呈盟警备军札萨克郡王等文

盟长翁牛特札萨克多罗郡王衔加十一级记三级军功加二级多罗达尔罕岱青贝勒文。札付警备军札萨克暨翁牛特札萨克加六级军功加二级多罗杜棱郡王赞布勒诺日布、协理二等台吉加三级乌尔根宝：告知之事。

近日，理藩院札开：本部上奏，呈请之事。昭乌达盟长翁牛特札萨克郡王衔多罗达尔罕岱青贝勒德木楚克苏荣处呈称，本旗协理台吉巴莱希里之位已空缺。如选继位者，提名孔雀翎爵位二等台吉色布勒多布珠尔，清白、干练、识字，适于公务，可拟正。四等台吉福明阿，清白、干练、熟悉公务并识字，可拟陪。呈请大部面见其人，审核确定协理台吉。等因前来。为此，查阅例律得知，委任协理台吉，分别推荐拟正者及拟陪者各一名，二者选一任台吉，另一者能否记名，上奏待恩准。今昭乌达盟长翁牛特札萨克郡王衔多罗达尔罕岱青贝勒德木楚克苏荣处，为该旗选任协理台吉事，呈报为拟正孔雀翎爵位二等台吉色布勒多布珠尔，拟陪四等台吉福明阿。故，吾等官员将二者姓名、级别用绿字当头书写，并审其本人，选其一名确定为协理台吉，另一者姓名能否记册，待恩准遵照执行。于光绪十八年末冬十一日上奏，朱笔圈定恩准色布勒多布珠尔为协理台吉，福明阿记册。钦遵前来本大部。兹有，本大部转送所属盟长处。等因前来。为此，本盟署抄录原文转送警备军札萨克处，以便审阅之。

至此，致钤盟长印之文。

光绪十九年初春二十九日

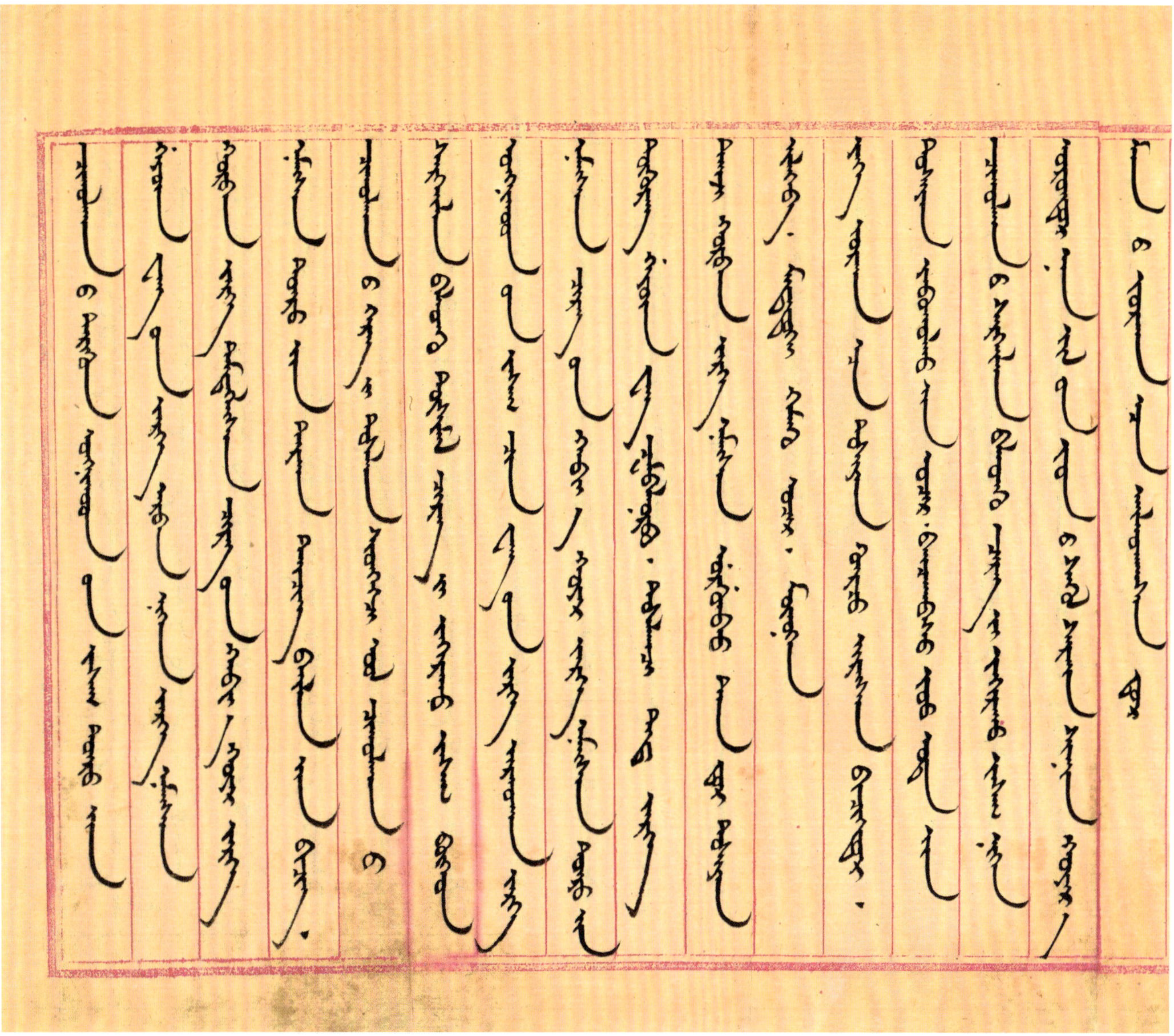

100 盟长翁牛特札萨克贝勒为委任警备军札萨克及盟务协理事呈盟警备军札萨克郡王等文（光绪十九年仲春十二日）

盟长翁牛特札萨克贝勒为委任警备军札萨克及盟务协理事呈盟警备军札萨克郡王等文

盟长翁牛特札萨克多罗郡王衔加十一级记三级军功加二级多罗达尔罕贝勒文。札付盟摄政协理原盟警备军札萨克暨翁牛特札萨克亲王衔加六级军功加二级多罗杜棱郡王赞布勒诺日布、协理二等台吉加三级乌尔根宝：札付之事。

近日，大部札开：行札之事。经查，昭乌达盟警备军札萨克职位空缺，本部于今年末夏初二日上奏，回旨为朱笔圈定恩准赞布勒诺日布。还有，所属盟务协理职位空缺，今年仲冬初五日本部按律上奏，朱笔圈定恩准赞布勒诺日布。今年仲冬十八日本部承接之内务府抄送谕旨曰，因去年蒙古王公剿匪有功，桂平衙府处奏报呈请赏赐。故赐予翁牛特郡王赞布勒诺日布亲王衔，照旨办理，记于档册。钦遵前来。因此，札付所属盟长，转至新上任昭乌达盟摄政协理警备军札萨克亲王衔多罗郡王赞布勒诺日布，以礼叩谢皇恩。等因前来本盟署。特抄录原文转送之。文到，札萨克、协理等审阅文内，遵照执行。

至此，致钤盟长印之文。

光绪十九年仲春十二日

101 盟长翁牛特札萨克贝勒为诸旗平摊副盟长进京费用事札盟摄政协理原盟警备军札萨克郡王文（光绪十九年仲春十八日）

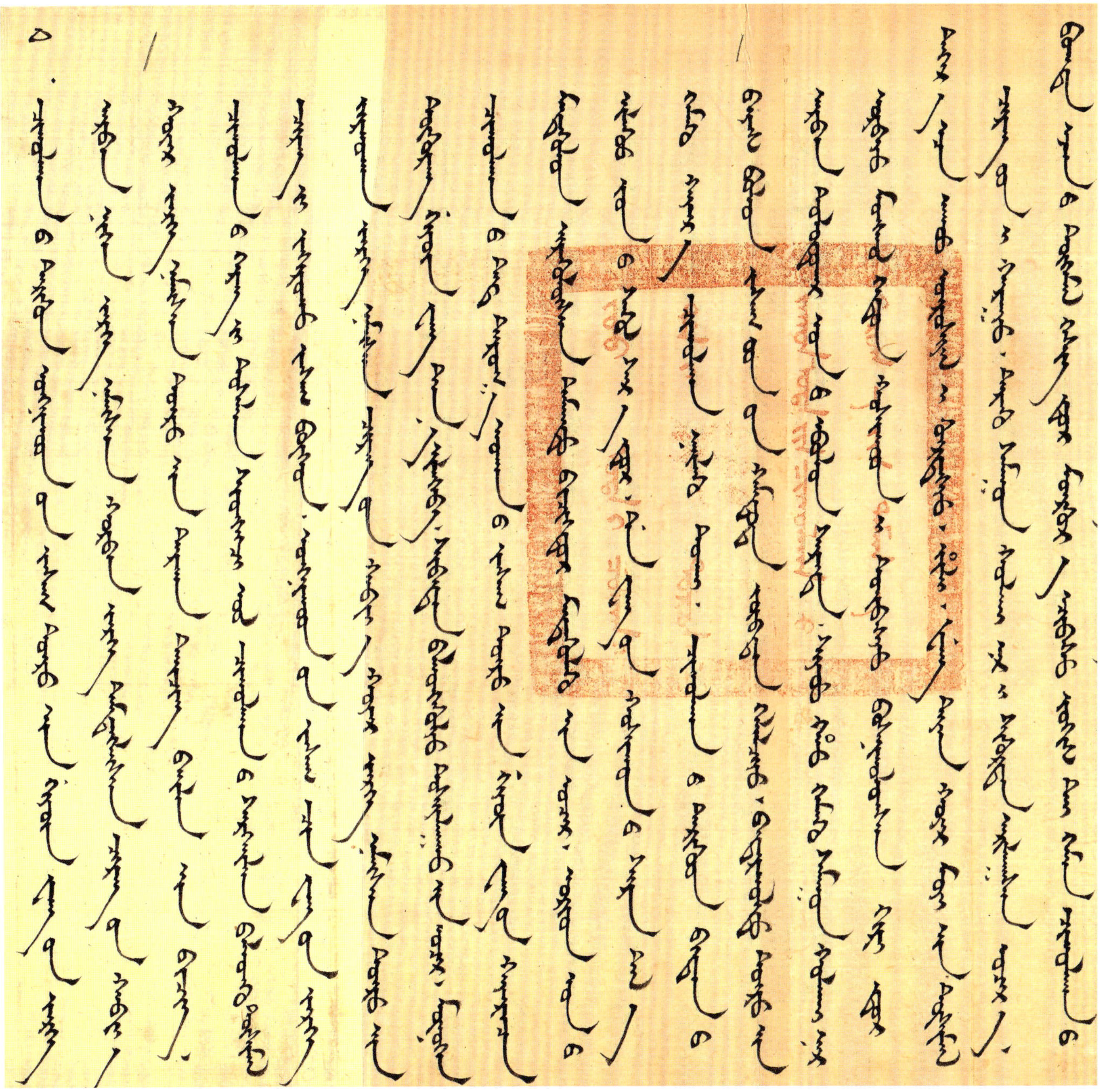

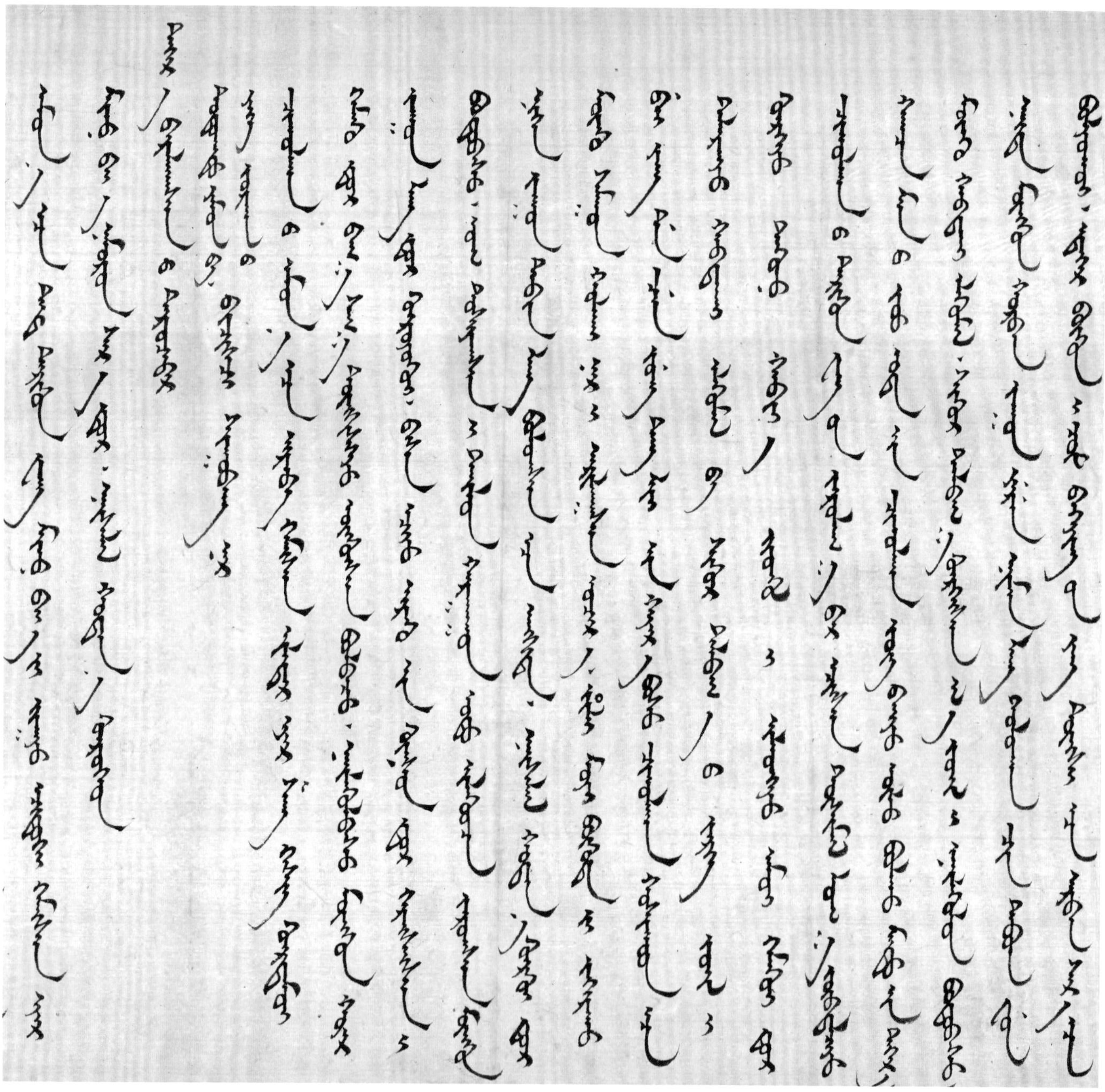

101 盟长翁牛特札萨克贝勒为诸旗平摊副盟长进京费用事札盟摄政协理原盟警备军札萨克郡王文（光绪十九年仲春十八日）

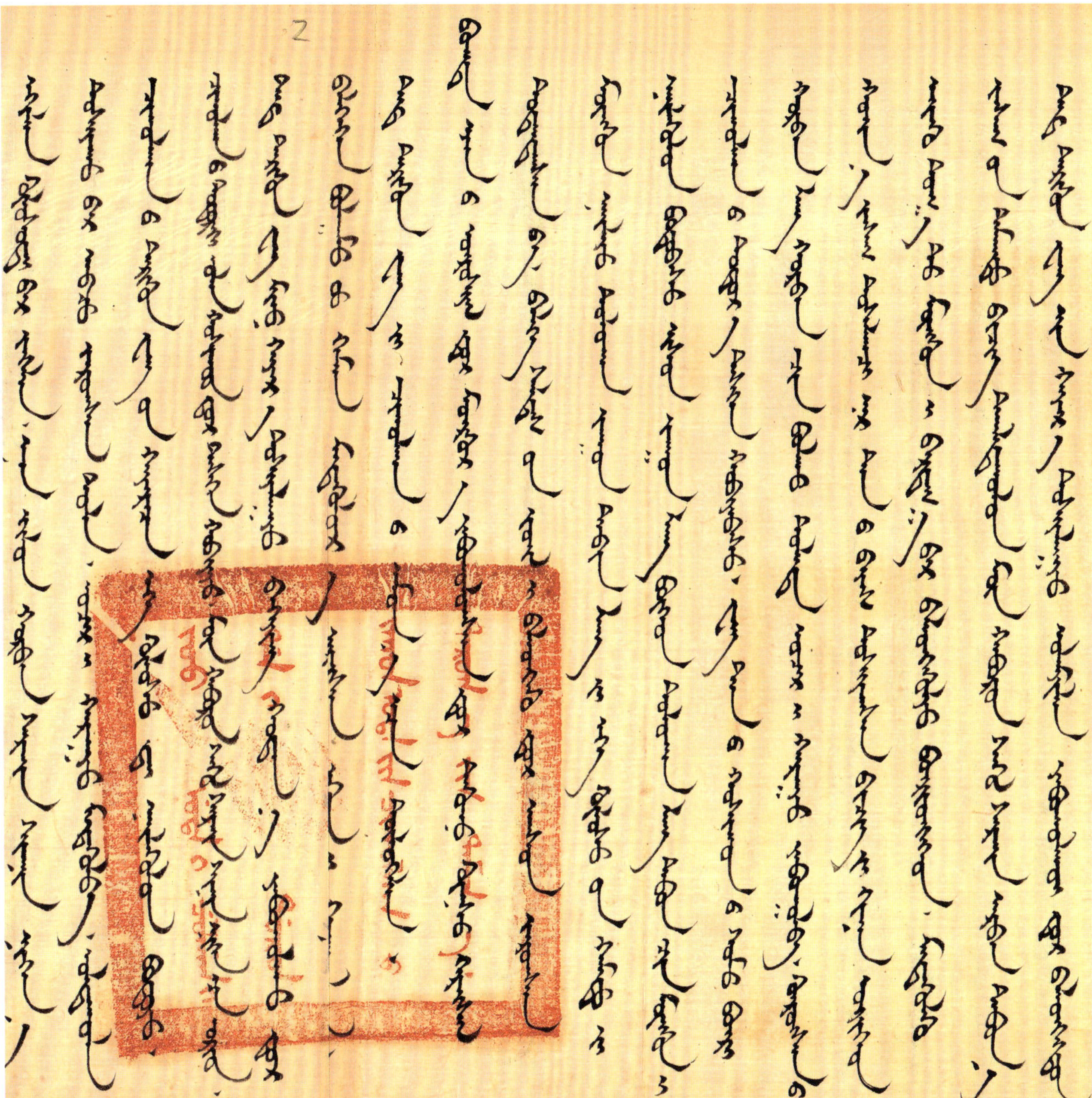

101 盟长翁牛特札萨克贝勒为诸旗平摊副盟长进京费用事札盟摄政协理原盟警备军札萨克郡王文（光绪十九年仲春十八日）

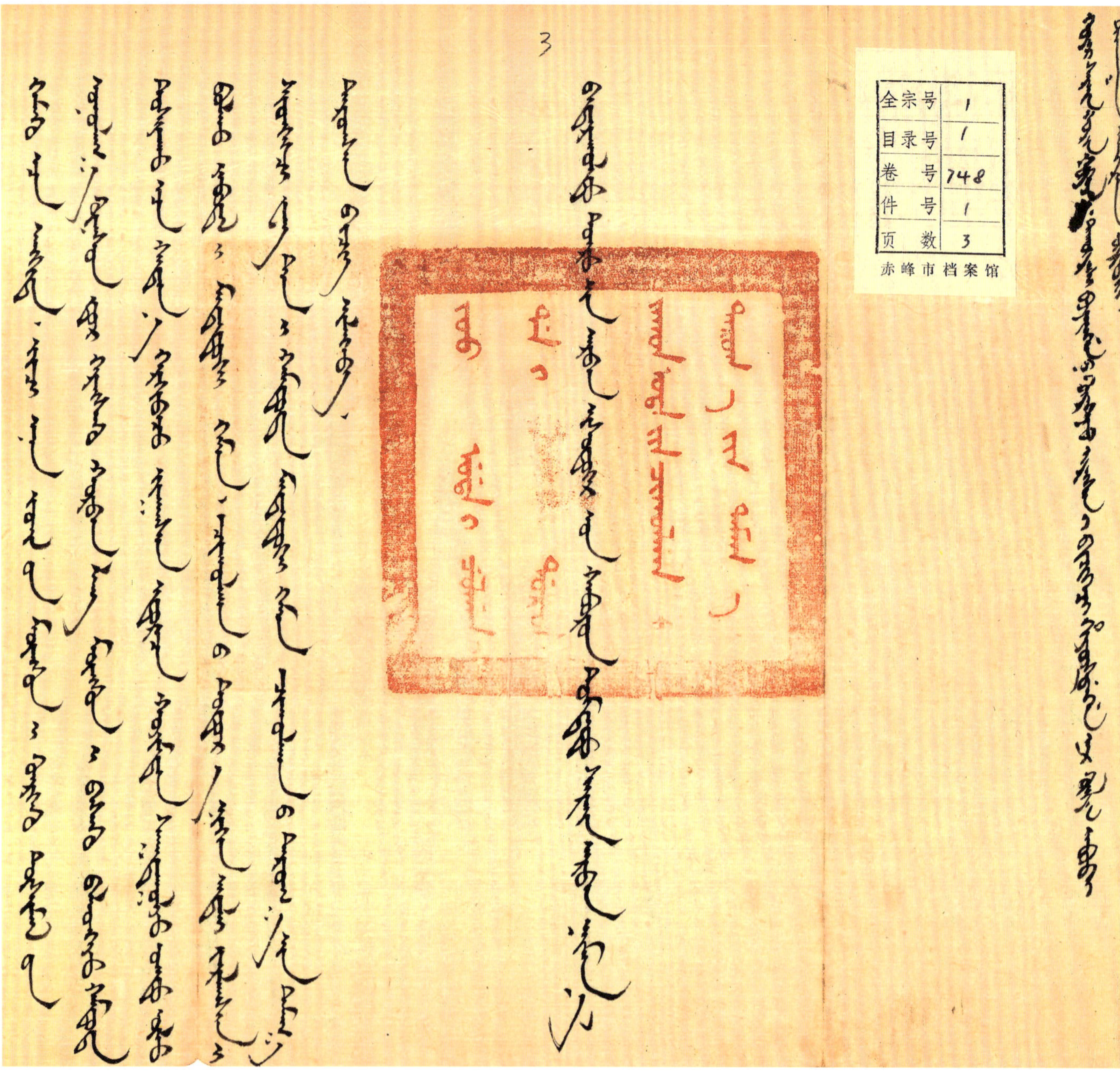

盟长翁牛特札萨克贝勒为诸旗平摊副盟长进京费用事札盟摄政协理原盟警备军札萨克郡王文

盟长翁牛特札萨克多罗郡王衔加十一级记三级军功加二级多罗达尔罕岱青贝勒文。札付盟摄政协理原盟警备军札萨克暨翁牛特札萨克亲王衔加六级军功加二级多罗郡王：督促备办交付之事。

近日，副盟长敖汉札萨克多罗郡王处呈称：去年闰末夏，德王旗希日塔拉地方，本盟长及札萨克磋商有关会盟之事。于光绪十七年冬，小侯等叛贼扰乱蒙古旗时，圣上恩准派直隶、奉天两省官兵剿灭叛贼之。因此，为叩谢圣恩，本副盟长代表全盟，同年秋进京。朝拜毕，内务府及理藩院笔帖式、通事等赖本人代表盟会而都想领点小赏赐，赏银虽少，但合起来也有二百两。还有，往返路费，虽报销单里扣除，但超标使用之银两仍有一百五十两。另外，到京城后，因清剿匪患有功一事，诸盟长都送直隶总督北洋大臣中堂李大人牌匾及锦旗感谢其功劳。为此，吾等盟会王公商议，只昭乌达盟不表示不符情理，于是又支出牌匾、锦旗费用合计三百九十八两七钱五分。此等费用均为十月份起从北京洋行带利息之借款，应于今年三月初一日全部偿还。因此，特呈报，呈请盟长处将借款连本带息分摊给诸札萨克旗，于本年末春初一日前交至本副盟长处，以便送往北京。等因呈来。本盟长认为，副盟长代表本盟会进京叩谢皇恩，所欠生活费用、礼品款合计七百五十两，本金及利息合计共九百零七两五钱银子。如盟里分摊，诸王爷旗各佐领均摊三两三钱。特转告于此。接文，诸札萨克、协理等亲自审阅，如数备好钱款，于本年末春十五日同钤印官文转交于副盟长处以便按时转送。另外，送银两之官差路费盘缠三两银子，备好一同交齐，不得延误。为此，通告全盟，仍报送摄政王爷处。

至此，致钤盟长印之文。

光绪十九年仲春十八日

赤峰县县知为一宗非法拘禁冤案事咨翁牛特札萨克郡王文（光绪十九年三月二十九日）

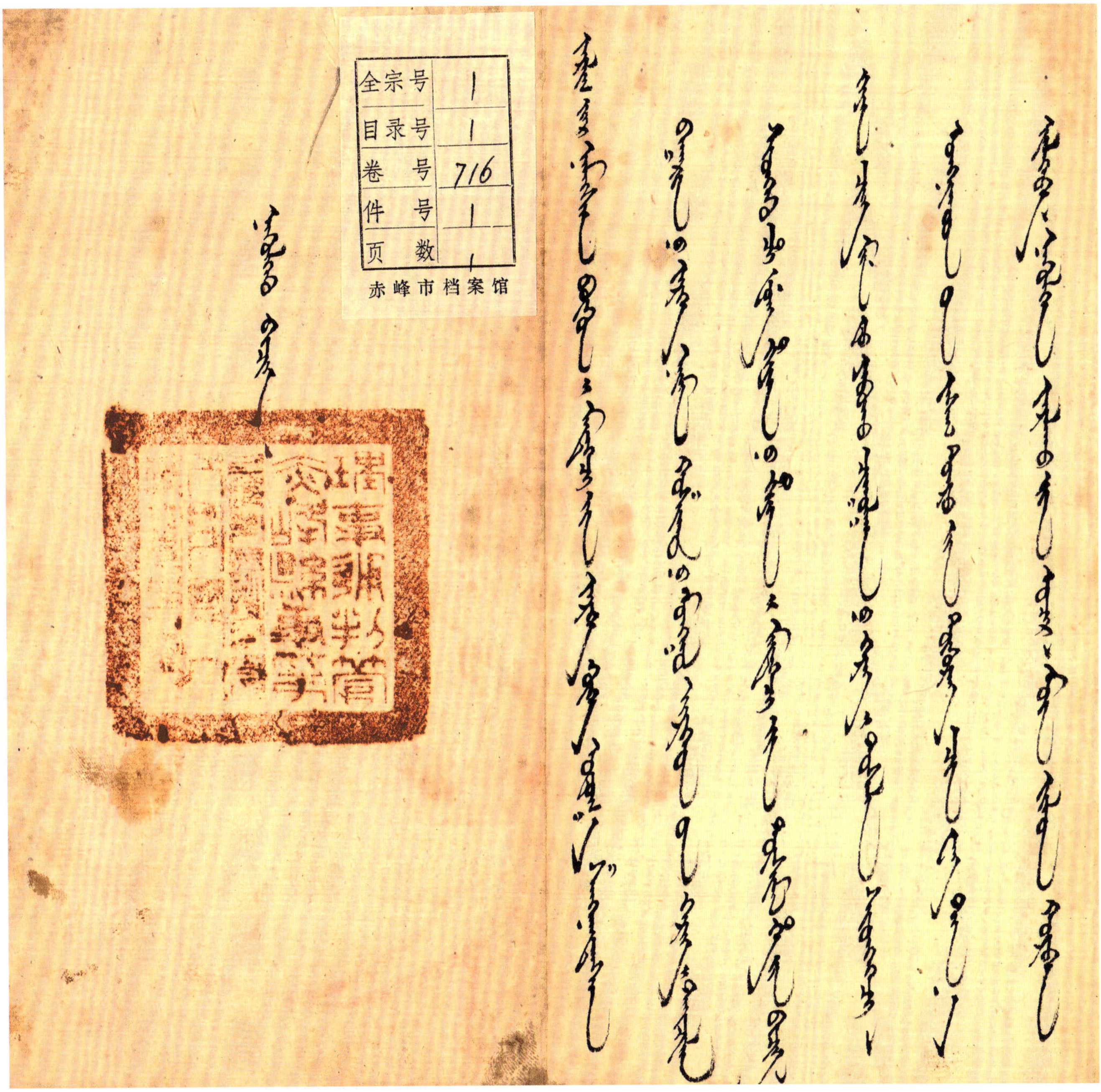

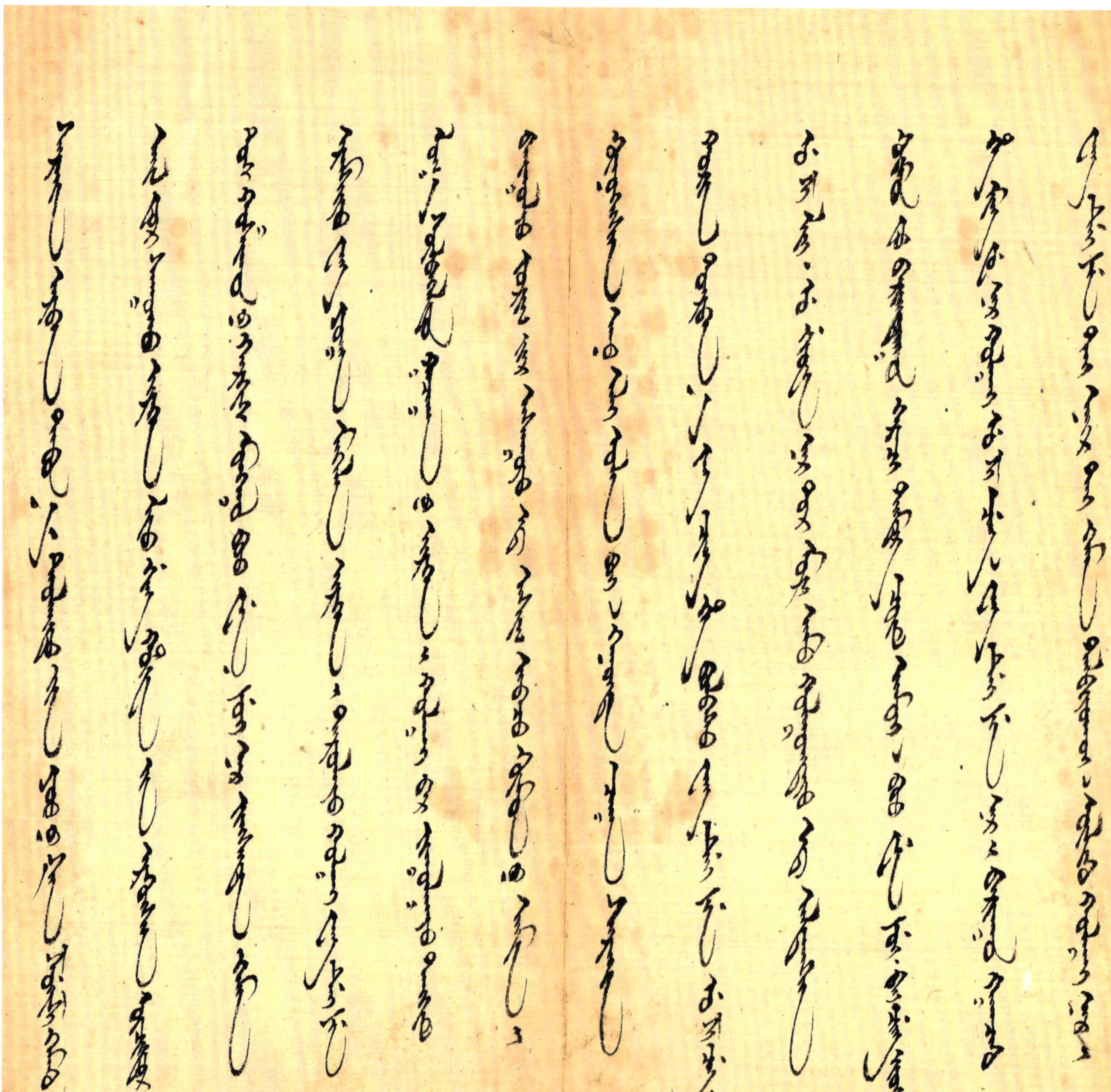

102 赤峰县县知为一宗非法拘禁冤案事咨翁牛特札萨克郡王文（光绪十九年三月二十九日）

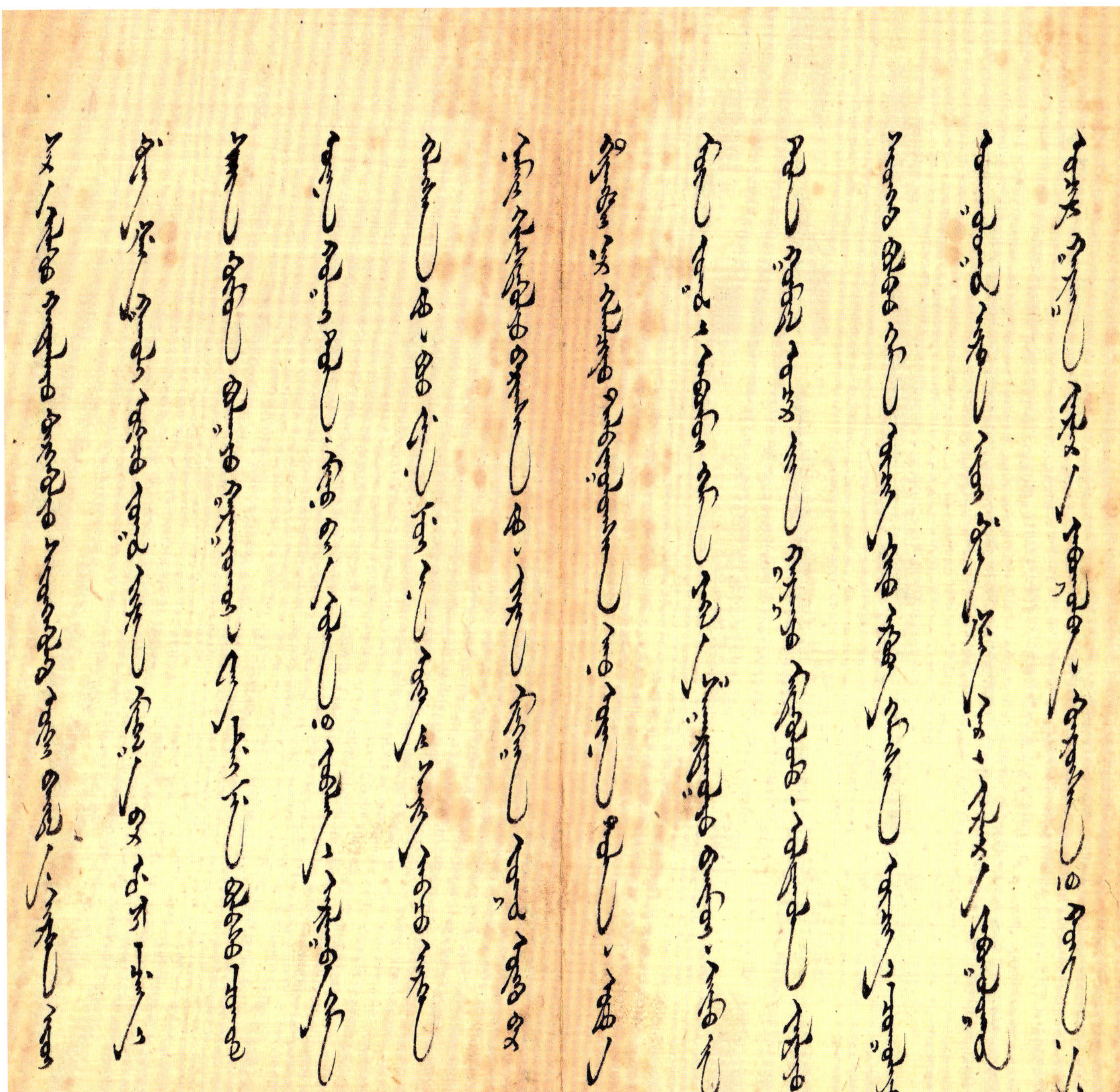

102 赤峰县县知为一宗非法拘禁冤案事咨翁牛特札萨克郡王文（光绪十九年三月二十九日）

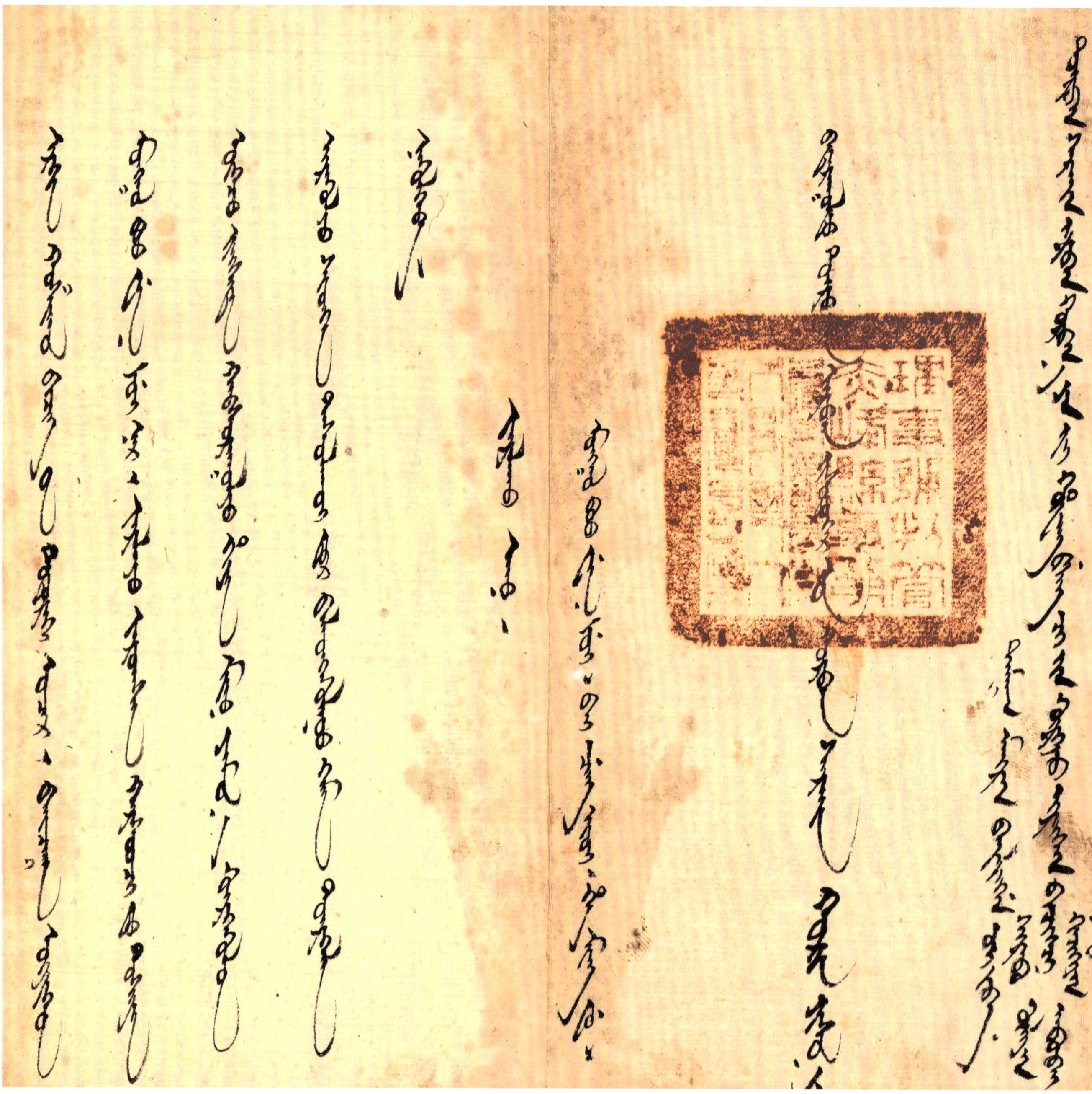

赤峰县县知为一宗非法拘禁冤案事咨翁牛特札萨克郡王文

加封总管级青花翎巴林等八旗统管蒙民事务之赤峰县县知文。咨行走乾清门之盟摄政协理翁牛特札萨克多罗杜棱郡王：咨送之事。

今年三月十五日，图来图尧鲁山水溪村民刘静焕呈状：本旗恶霸蒙古包万瑞，依仗有爵位，欺骗、欺负百姓，串通贼民王泰森，诬告村民为盗贼，私设公堂，拷问百姓，从中获利，害人致命诸多也。今年正月二十四日，王泰森、吴世成、吴世利、吴俊等人因偷盗马匹草料被抓获，证据确凿。但包万瑞、白成玉、何明福等只扣留贼民吴世成、王泰森，又因与王泰森有交情而将其放走。扣留其余贼民拖一个多月还未送衙门治罪。此事，民人于广胜贿赂六十千文，保释吴世成为良民放出。于是本人随曰一句，真贼为王泰森也，抓其为民除害也。此等话引起包万瑞疑心，诬陷将本人抓捕之。无奈，乡牌等出面说情要交六十千文才放本人也。至今还逼迫本人索要钱款也。在此呈状伸冤，祈求县衙明断为盼。等因呈来本县衙。

为此，本县衙抄录伸冤书一份，指派于广胜传唤嫌疑人。到达之际，贵旗审阅文书内容，传唤蒙古包万瑞等，交给本衙官差，遣送至本县衙处，以备审讯。

至此，移送。

传唤：蒙古包万瑞、白成玉、何明福

光绪十九年三月二十九日

103 盟长翁牛特札萨克贝勒为增设盟长事务协判事札盟摄政协理原盟警备军札萨克郡王文（光绪十九年末春三十日）

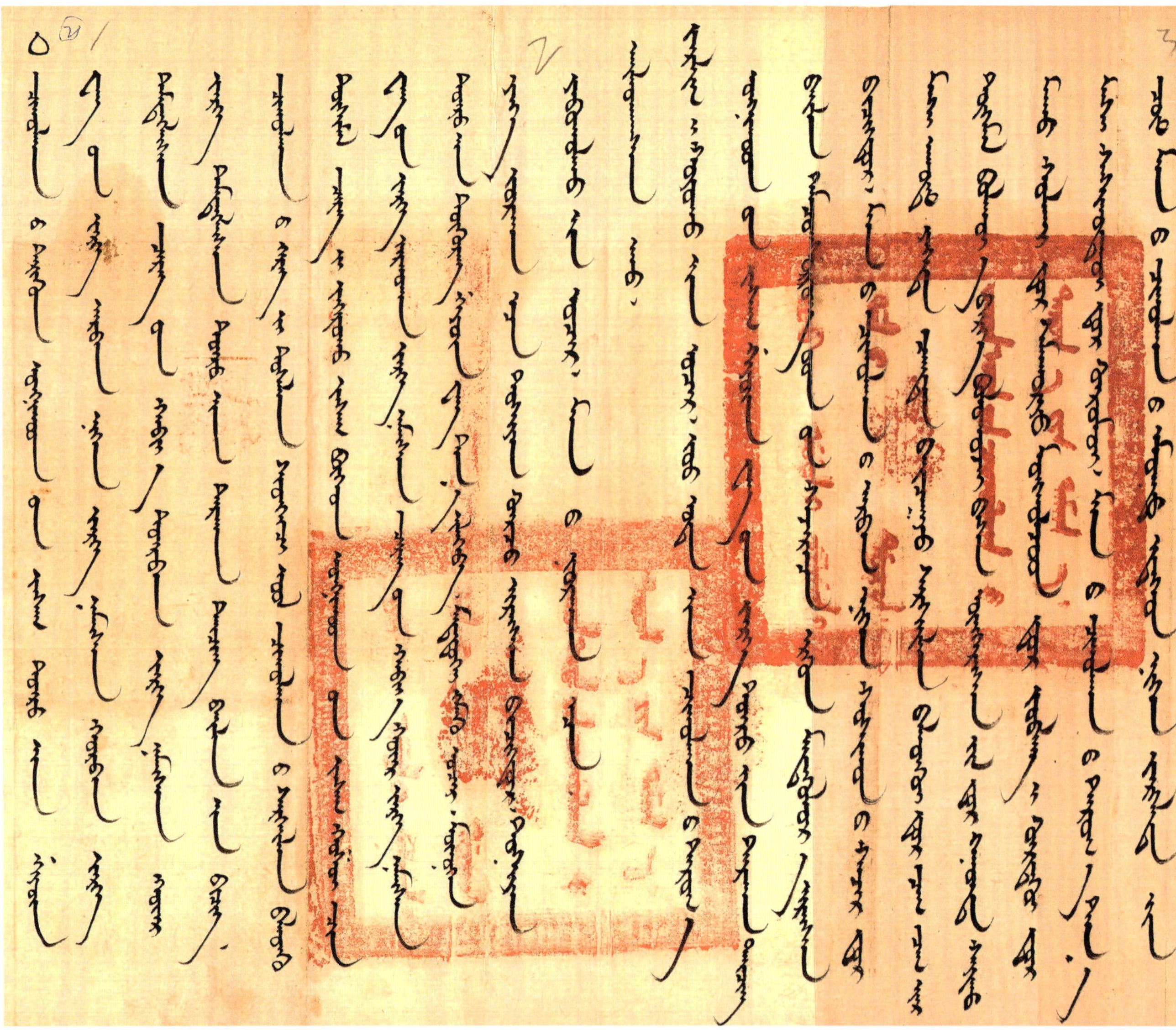

103 盟长翁牛特札萨克贝勒为增设盟长事务协判事札盟摄政协理原盟警备军札萨克郡王文（光绪十九年末春三十日）

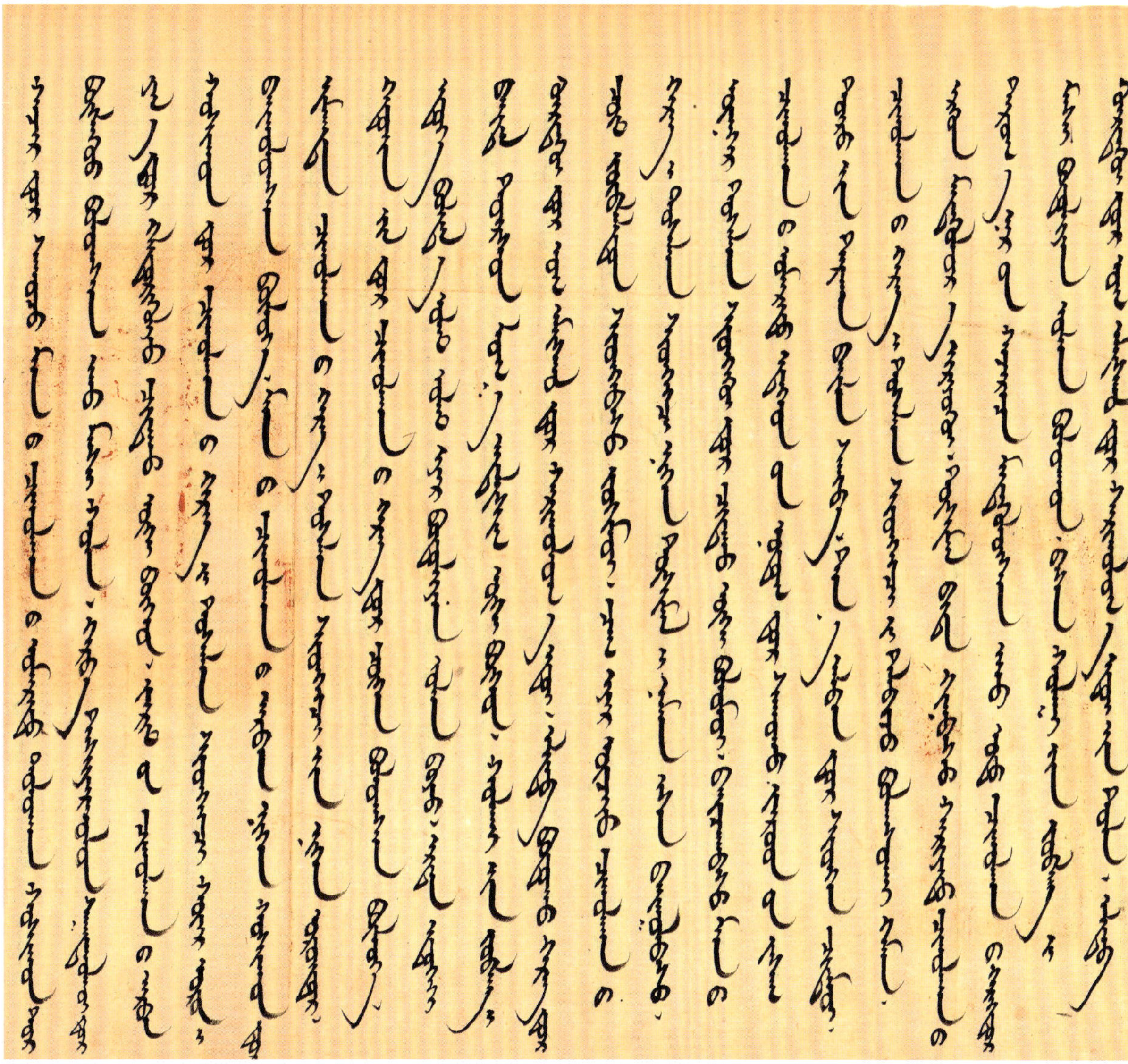

103 盟长翁牛特札萨克贝勒为增设盟长事务协判事札盟摄政协理原盟警备军札萨克郡王文（光绪十九年末春三十日）

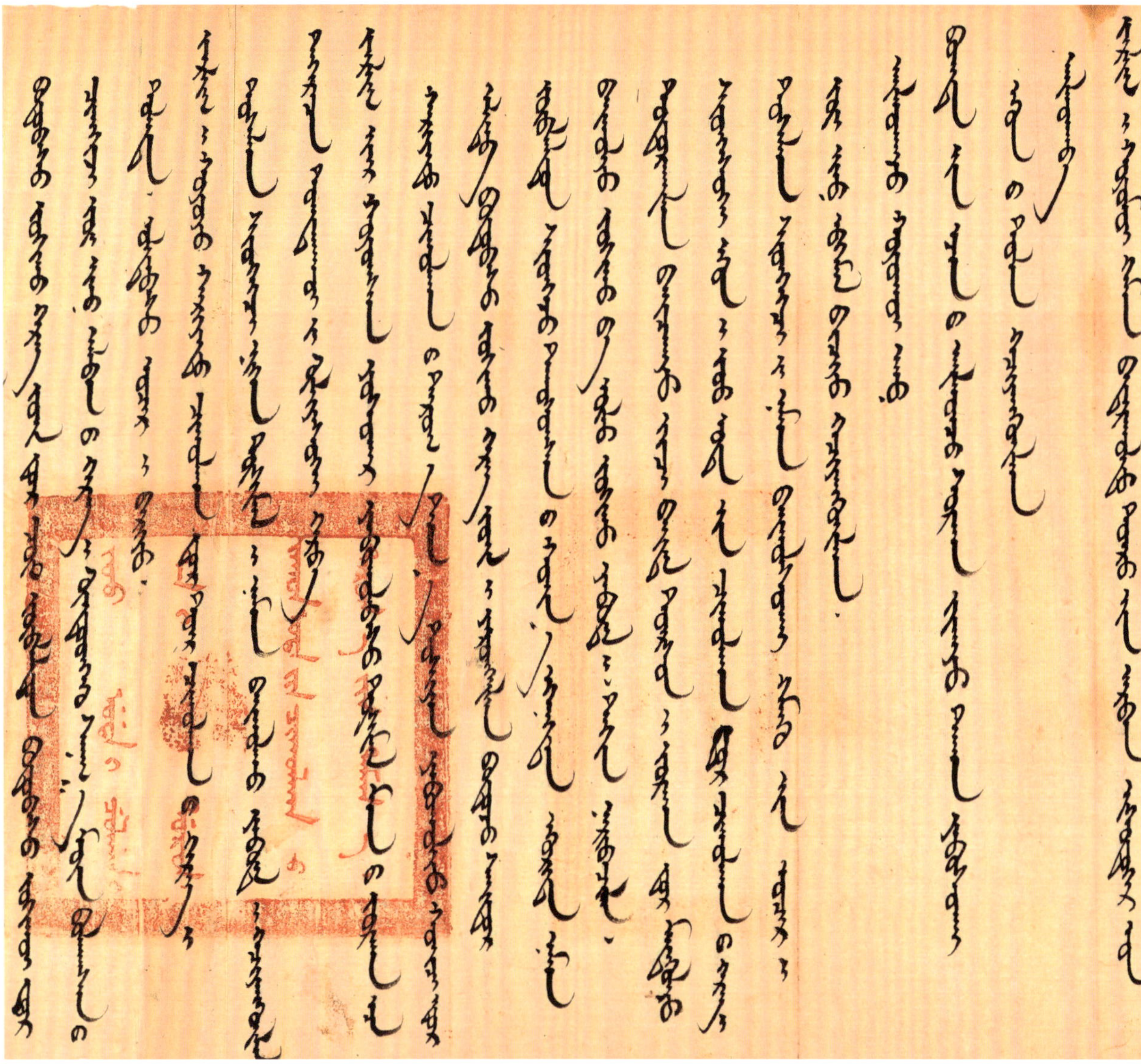

103 盟长翁牛特札萨克贝勒为增设盟长事务协判事札盟摄政协理原盟警备军札萨克郡王文（光绪十九年末春三十日）

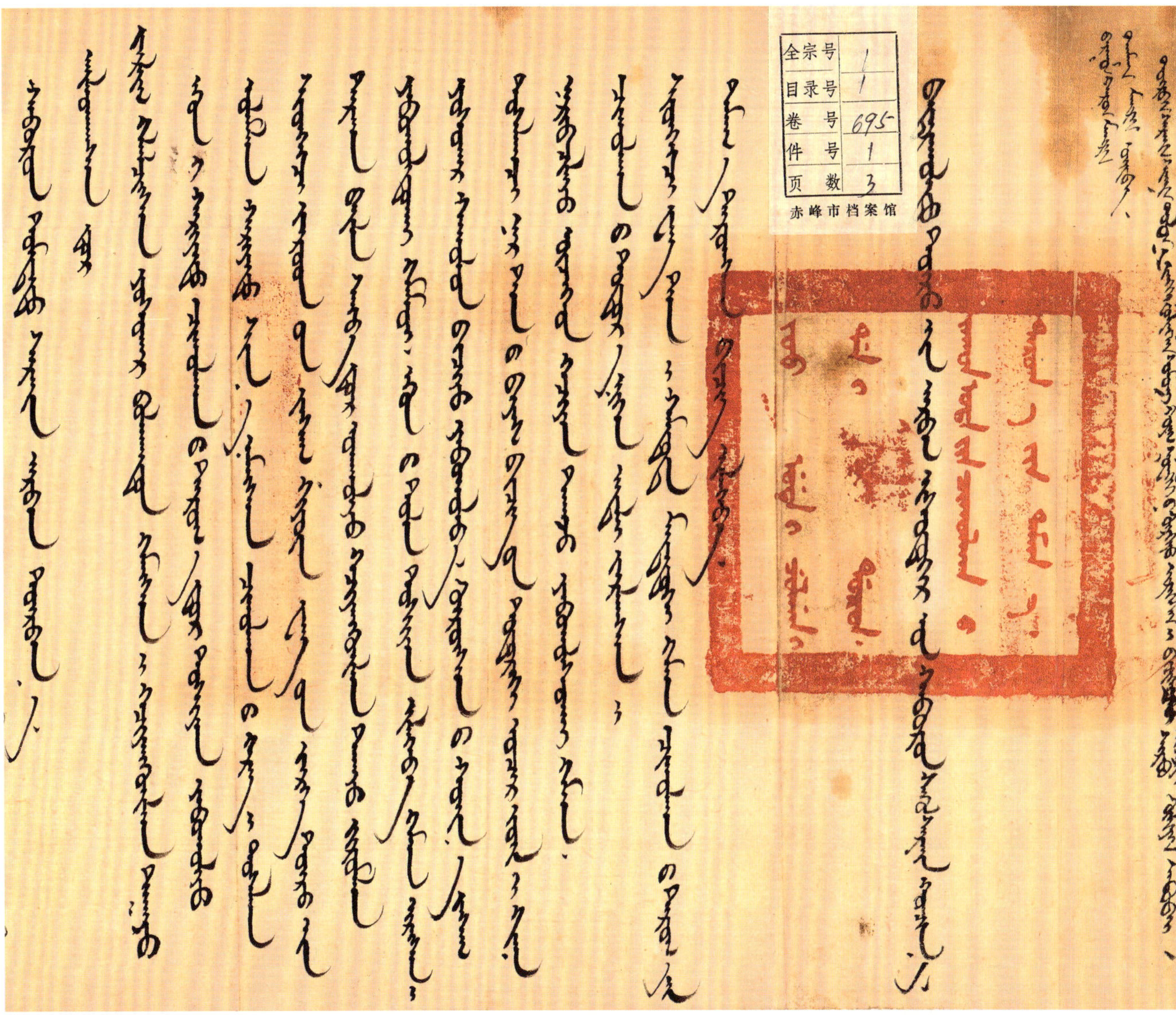

盟长翁牛特札萨克贝勒为增设盟长事务协判事札盟摄政协理原盟警备军札萨克郡王文

盟长翁牛特札萨克多罗郡王衔加十一级记三级军功加四级记二级多罗达尔罕岱青贝勒文。札付盟摄政协理原盟警备军札萨克暨翁牛特札萨克和硕亲王衔加六级军功加二级多罗杜棱郡王：告知之事。

近日，理藩院札开：交付执行之事。本院上奏，昭乌达盟长翁牛特札萨克郡王衔多罗达尔罕岱青贝勒德木楚克苏荣处呈称，本盟十一个旗地域辽阔，要及时巡视、警戒、守卫确有困难。再者，去年突犯匪患，使广大蒙古民众受苦受难。盟长在本盟南部居住，北部七个旗较偏远。如延误巡视，罪责难免。因此，在哲里木盟十个旗里组建了两处盟务协判。本盟十一个旗就有一个盟务协判，多少年很少处理盟会事务。如今时局越来越复杂多变，不像先前。今受匪患而尚未缓口之气。事务繁多，凡事理应磋商处理。若根据情况再不增派一处盟务协判，确实很难及时处理盟务。经审查，驻盟北部扎鲁特札萨克多罗达尔罕贝勒桑巴，善于处理事务，呈请任其为盟事务协判一职。等因呈来本大部。本大部微臣审视，所属盟长处报曰，如今盟务极其复杂繁多，加之匪患之祸，久久不能缓口气。为此，凡事均合议为重视公务之举也。故本部奏请为所属盟增设盟务协判，等候恩准。如有恩准，本部札付所属盟长，为今后着想，合议磋商是否增设协办职位，并回呈本大部。本大部将昭乌达盟增设盟会事务协判之事，修成折子上奏吾皇恩准，并遵旨照办。于光绪十九年仲春十四日上奏。回旨曰，以奏文照办。钦遵前来本大部。兹有，奉旨传谕所属新任盟长事务协判扎鲁特札萨克郡王衔多罗达尔罕贝勒桑巴接旨照办。等因前来本盟署。本盟署抄录原文转送之。文到，札萨克、协理等审阅文内，遵旨照办。通告全盟，将此事通告摄政王爷处。

至此，致钤盟长印之文。

光绪十九年末春三十日

盟长翁牛特札萨克贝勒为选定协理台吉事札盟摄政协理原盟警备军札萨克郡王文（光绪十九年末春三十日）

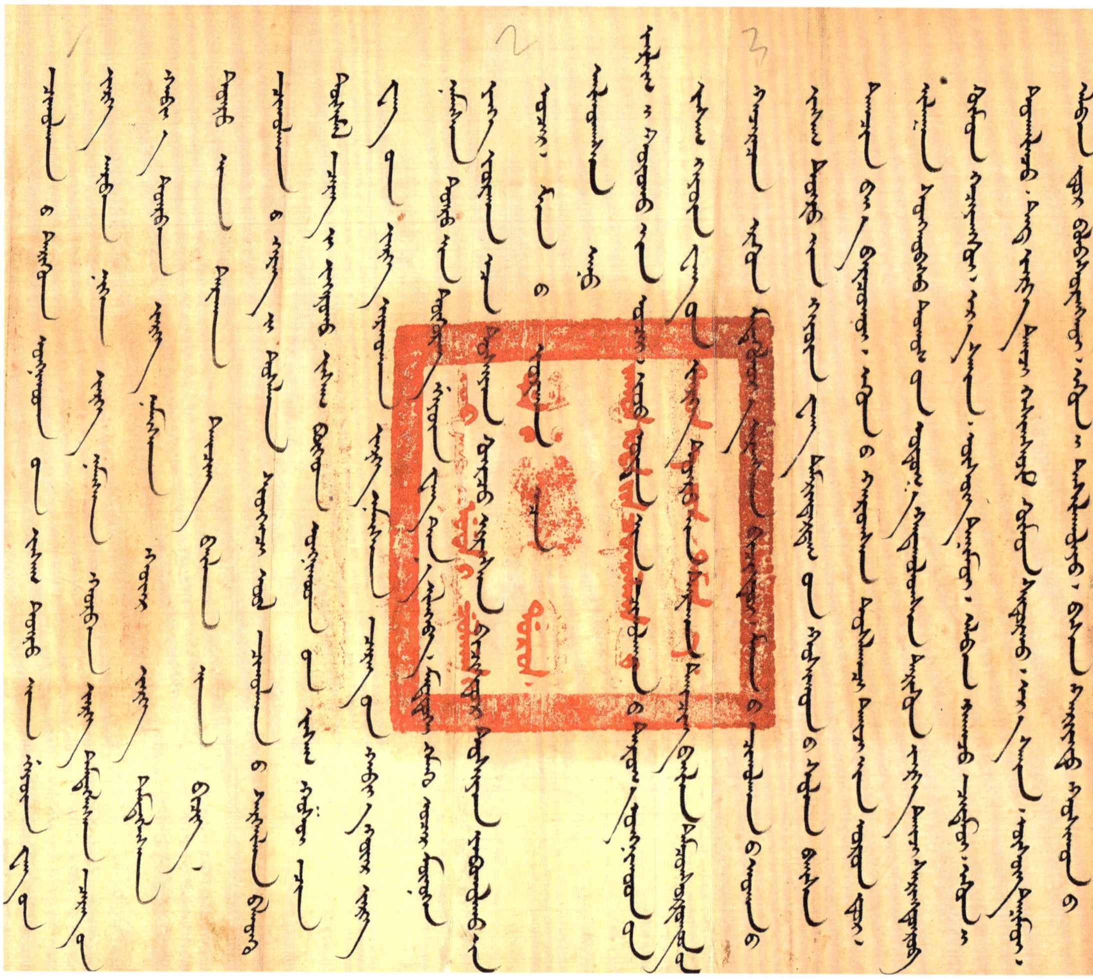

104 盟长翁牛特札萨克贝勒为选定协理台吉事札盟摄政协理原盟警备军札萨克郡王文（光绪十九年末春三十日）

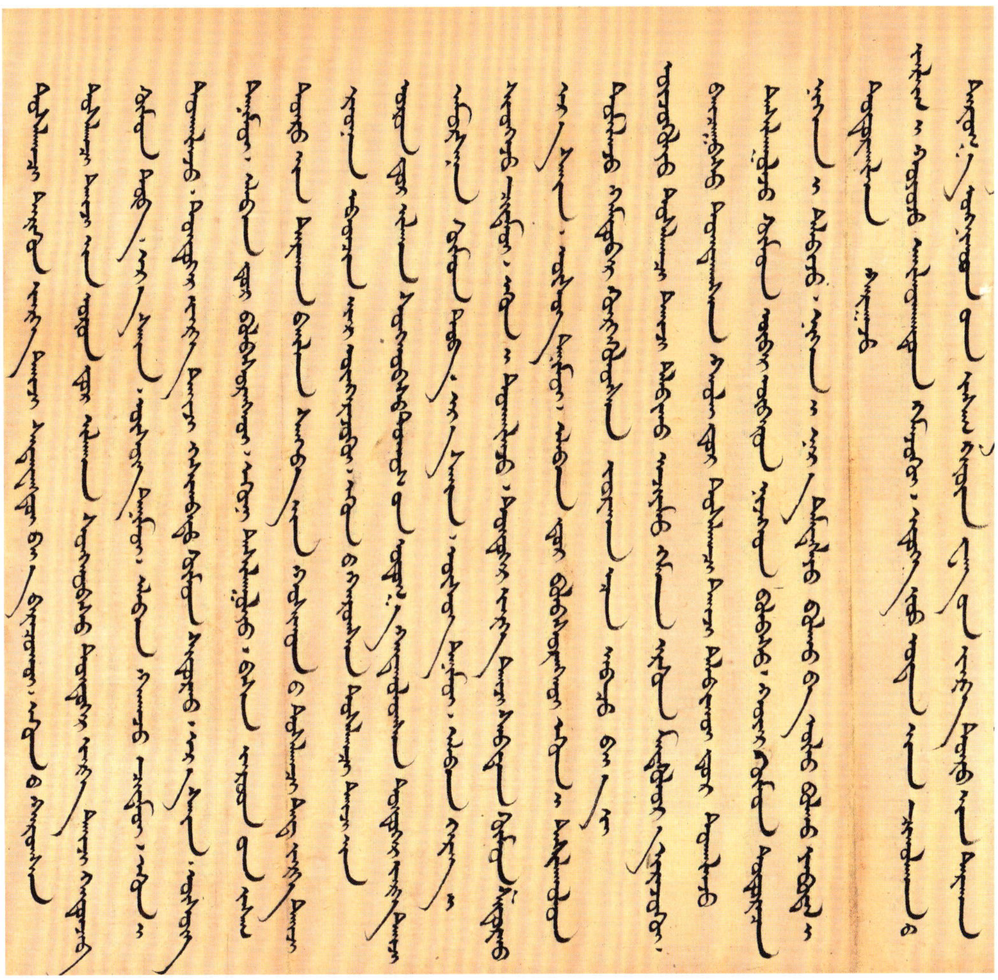

104 盟长翁牛特札萨克贝勒为选定协理台吉事札盟摄政协理原盟警备军札萨克郡王文（光绪十九年末春三十日）

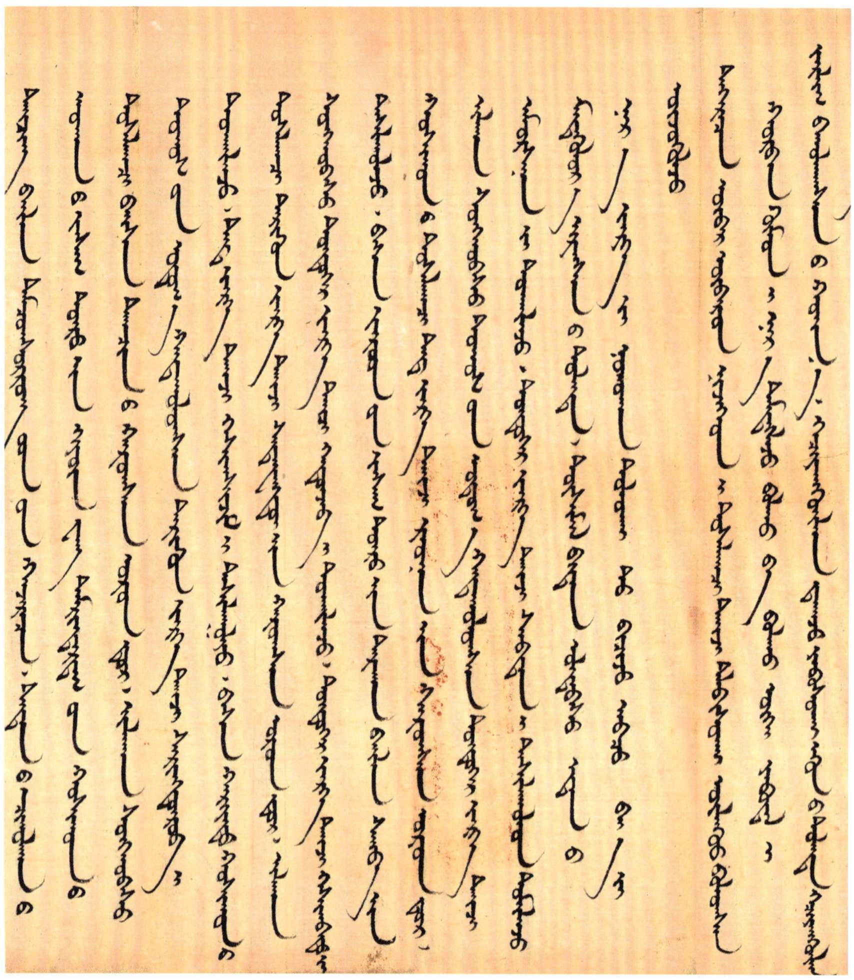

104 盟长翁牛特札萨克贝勒为选定协理台吉事札盟摄政协理原盟警备军札萨克郡王文（光绪十九年末春三十日）

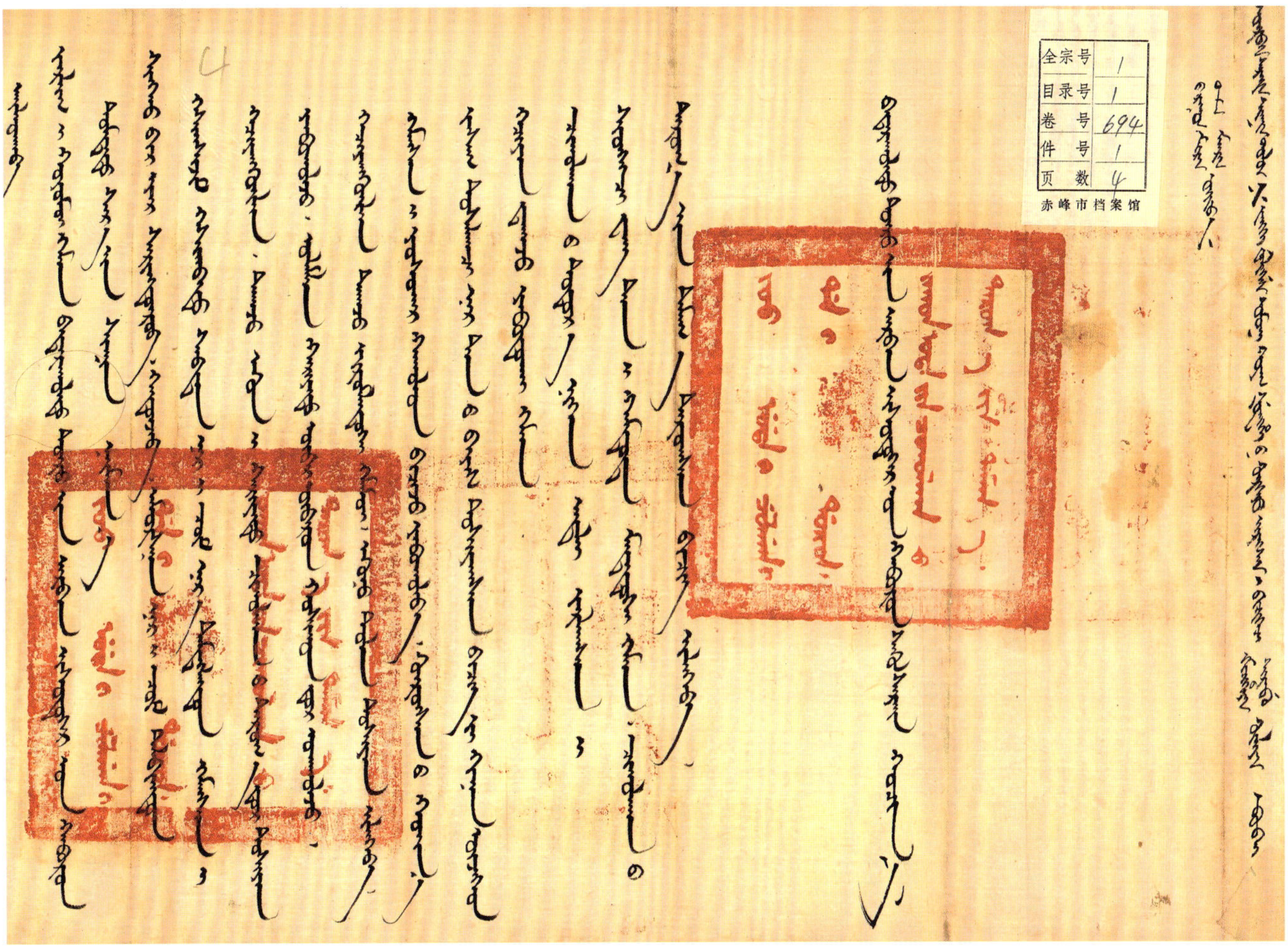

盟长翁牛特札萨克贝勒为选定协理台吉事札盟摄政协理原盟警备军札萨克郡王文

盟长翁牛特札萨克多罗郡王衔加十一级记三级军功加四级记二级多罗达尔罕岱青贝勒文。札付盟摄政协理原盟警备军札萨克暨翁牛特札萨克和硕亲王衔加六级军功加二级多罗杜棱郡王：告知之事。

近日，理藩院札开：行札之事。本院上奏：昭乌达盟盟长翁牛特札萨克郡王衔多罗达尔罕岱青贝勒德木楚克苏荣呈称，该盟敖汉札萨克多罗郡王达木林达尔达格旗散秩贝子代钦去世。其协理台吉之空位，应选孔雀翎爵位一等台吉斯仁东日布，其人谦虚、干练、识字，且会办公务，应以拟正。还有二等台吉贺西格西吉木，为人忠厚、干练、识字，熟练公务，可以拟陪。所属旗协理一等台吉色登旺顿已去世。此一等台吉空位，应选拔四等台吉根敦扎布，为人正直、干练、识字，善于公务，应拟正。四等台吉贺西格巴图，为人忠厚、干练、识字，熟练公务，可拟陪。还有扎鲁特札萨克多罗达尔罕贝勒桑巴旗协理二等台吉拉德纳病故。其协理台吉空位，应选孔雀翎爵位之四等台吉阿木尔萨纳，为人正直、干练、识字，善于处理公事，应拟正。四等台吉色布登，为人忠厚、干练、识字，熟练公务，可拟陪。呈请理藩院面见其人，确定是否任命为协理台吉。特此呈报。等因前来本大部。本大部经查，按例，选定协理台吉，分别推荐拟正、拟陪各一人，从二人中选一，另一是否为记册，需查清，上奏恩准。如今，昭乌达盟长翁牛特札萨克郡王衔多罗达尔罕岱青贝勒德木楚克苏荣处，其盟敖汉札萨克多罗郡王达木林达尔达格旗协理贝子代钦的职位已空缺。如果选拔，孔雀翎爵位一等台吉斯仁东日布为拟正，二等台吉贺西格西吉木，可拟陪。还有所属旗协理一等台吉色登旺顿职位已空缺。如果选派，四等台吉根敦扎布为拟正，四等台吉贺西格巴图可拟陪。扎鲁特札萨克多罗达尔罕贝勒桑巴旗协理二等台吉拉德纳职位已空缺，如果选拔，孔雀翎爵位之四等台吉阿木尔萨纳为拟正，四等台吉色布登拟陪。如此呈报本大部。本大部微臣将被推荐人员姓名及官职用绿头字写好，上奏圣上面见，以确定委任协理台吉。其余三人能否记册，遵旨照办，以此上奏。光绪十九年仲春初八日回旨：朱笔画圈斯仁东日布、根敦扎布、阿木尔萨纳，另，贺西格西吉木、贺西格巴图、色布登可以记册。钦遵前来本大部。兹有，本大部奉旨札付所属盟长处，传告所属旗，须遵照执行。等因前来本盟署。本盟署抄录原文转送之。文到，札萨克、协理等亲自审阅文内，遵照执行。通告全盟，将此事告知摄政王爷处。

至此，致钤盟长印之文。

光绪十九年末春三十日

105 盟长翁牛特札萨克贝勒为争夺旗札萨克空位案事札盟摄政协理原盟警备军札萨克郡王文（光绪十九年初夏二十六日）

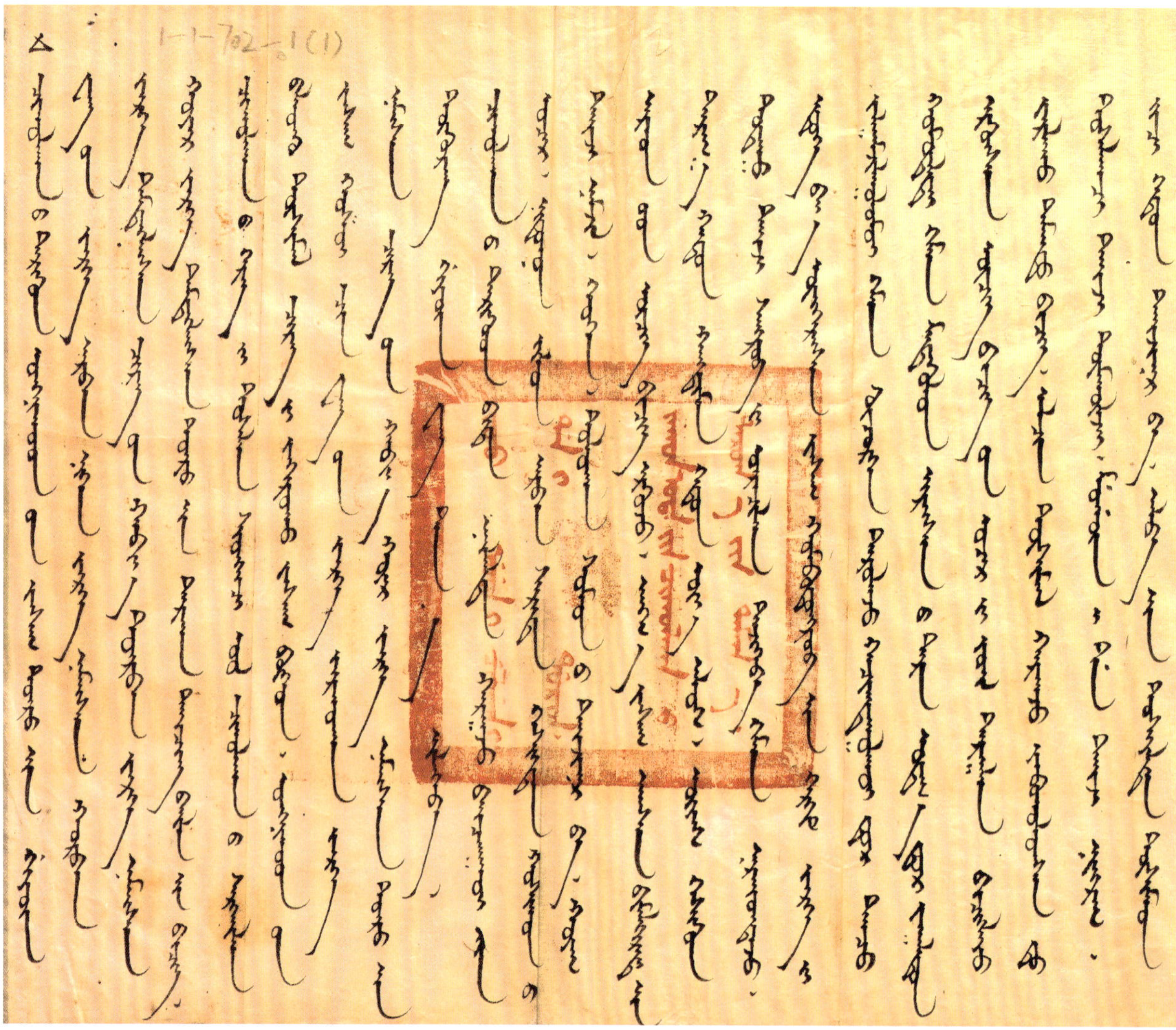

105 盟长翁牛特札萨克贝勒为争夺旗札萨克空位案事札盟摄政协理原盟警备军札萨克郡王文（光绪十九年初夏二十六日）

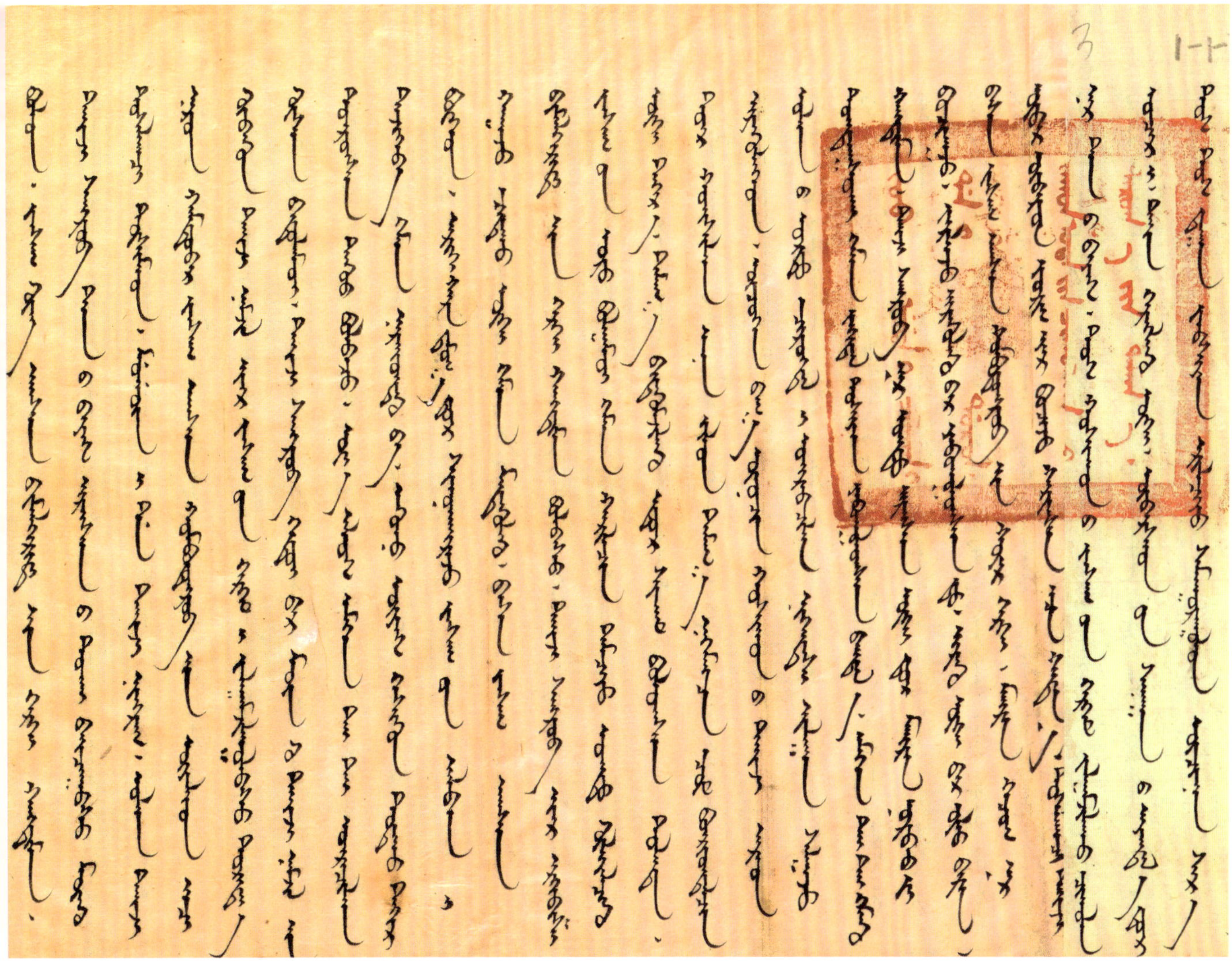

105 盟长翁牛特札萨克贝勒为争夺旗札萨克空位案事札盟摄政协理原盟警备军札萨克郡王文（光绪十九年初夏二十六日）

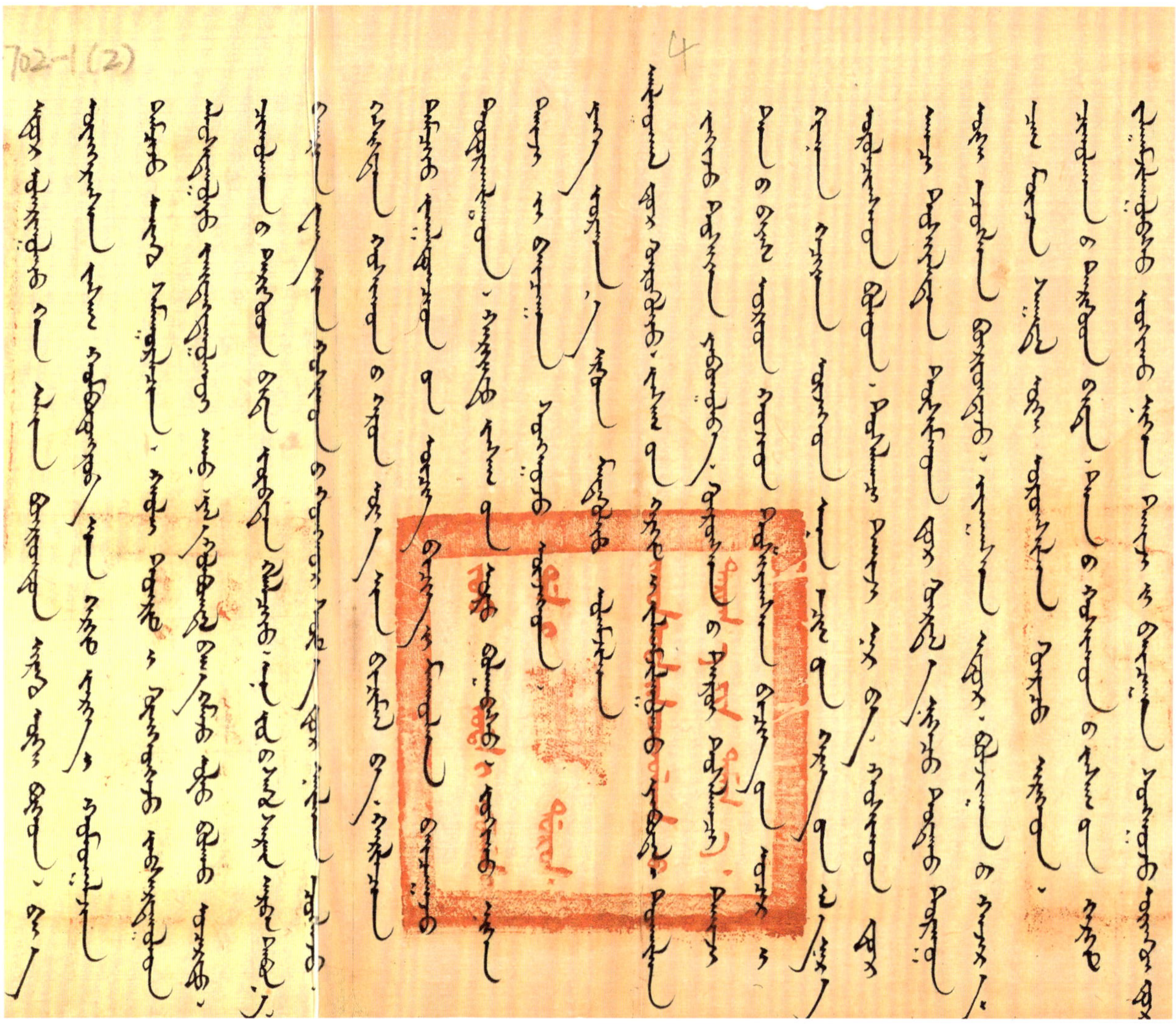

105 盟长翁牛特札萨克贝勒为争夺旗札萨克空位案事札盟摄政协理原盟警备军札萨克郡王文（光绪十九年初夏二十六日）

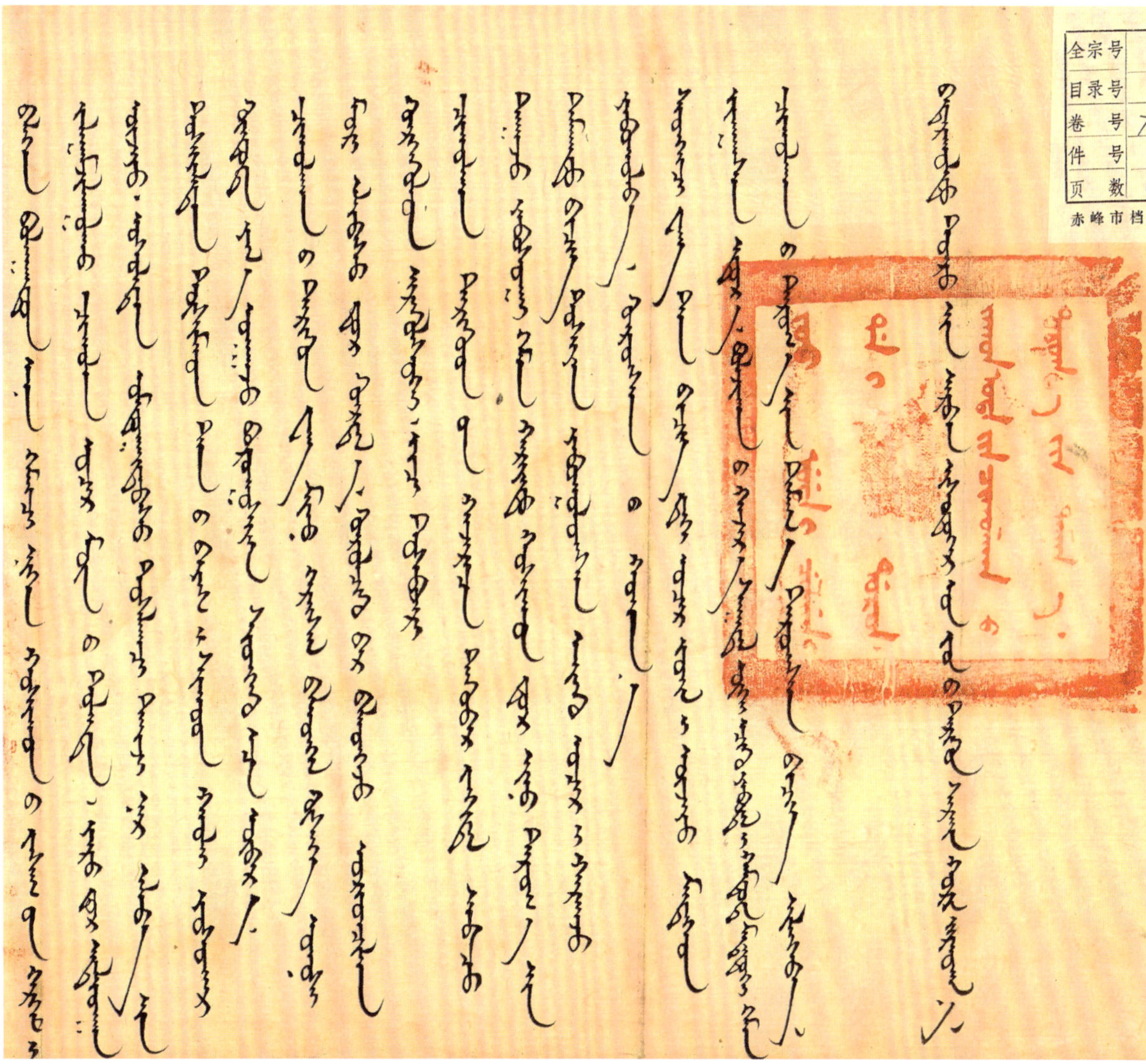

盟长翁牛特札萨克贝勒为争夺旗札萨克空位案事札盟摄政协理原盟警备军札萨克郡王文

盟长翁牛特札萨克多罗郡王衔加十一级记三级军功加四级记二级多罗达尔罕岱青贝勒文。札付盟摄政协理原盟会警备军札萨克暨翁牛特札萨克和硕亲王衔加六级军功加二级多罗杜棱郡王：各盟盟长联手检查之事。

去年十月，克什克腾旗台吉那木吉乐、胡很、七个佐领台吉及兵丁呈状曰，原札萨克毕米勒嘎日迪之第二夫人罕迪玛坚称隔几代之残疾台吉桑日布为其养子，强行使其继承已病故札萨克官布东日布空位。等因前来。因此，逐一记录呈状喊冤之事，指派使者审问前来之协理台吉图门乌力吉、陵吏大台吉宁日嘎以及数个台吉、官臣、原札萨克公毕迷勒嘎日迪妻子罕迪玛、台吉桑日布等来意，并得知，协理、陵吏大台吉宁日嘎、诸台吉一同，愿意保举原札萨克承札萨克空位。台吉桑日布虽然为台吉那木吉勒之亲弟弟，由隔代老太太领养，公官布东日布侄子台吉那木吉勒继手脚残疾且过度酗酒抽大烟，无法承担札萨克职位。另，原札萨克毕米勒嘎日迪之妻子罕迪玛坚持让台吉桑日布继承札萨克之位而双方有争论不休，加之已临近封印之日，只暂时推迟至今年启印时，召唤全部涉事人员，明断鄙旗台吉、民众之顾虑而特札文传唤。然而，老太太罕迪玛及台吉桑日布等始终未到。故，派梅林敖日布传唤时，拒不前来，还唤回原札萨克官布东日布之两妻子、梅林随从也。如此，协理台吉不顾该旗札萨克继位之大事，任其争位夺利、放任不顾，荒废时间、久久不能了事。任意争夺已故札萨克官布东日布空位，胡作非为，无法无天，罪责难免也。为此，吾等诸盟长商议，于今年末夏十五日巴林王旗之洪格尔庙汇聚，对克什克腾旗家谱及争斗互告供词进行审核辨别，选出适合继承所属旗札萨克职位之台吉，呈报理藩院上奏。现将札萨克继位之有关事宜札付于该旗。文到，协理台吉慎阅文内，如数召集此案涉事人员、协理台吉、在旗官员等，并约定时间、地点及时到齐，以便诸盟长选定该旗继承札萨克职位之台吉。此为该旗继承札萨克爵位之大事，非同寻常。如有疏忽大意，渎职失职，直拿协理台吉问罪治罪。另外，本盟长所需马匹车辆等用品及费用，提前备办，按时送之。

还有，所属旗从诸盟长处领取官文，并随盟长前往。为此，致钤印官文之。文到，摄政王爷阅知，并按约定时间、约定地点如约而至。

至此，致钤盟长印之文。

光绪十九年初夏二十六日

106 侍卫阿尤拉贵为被骗钱财事呈札萨克王爷文（光绪十九年五月十三日）

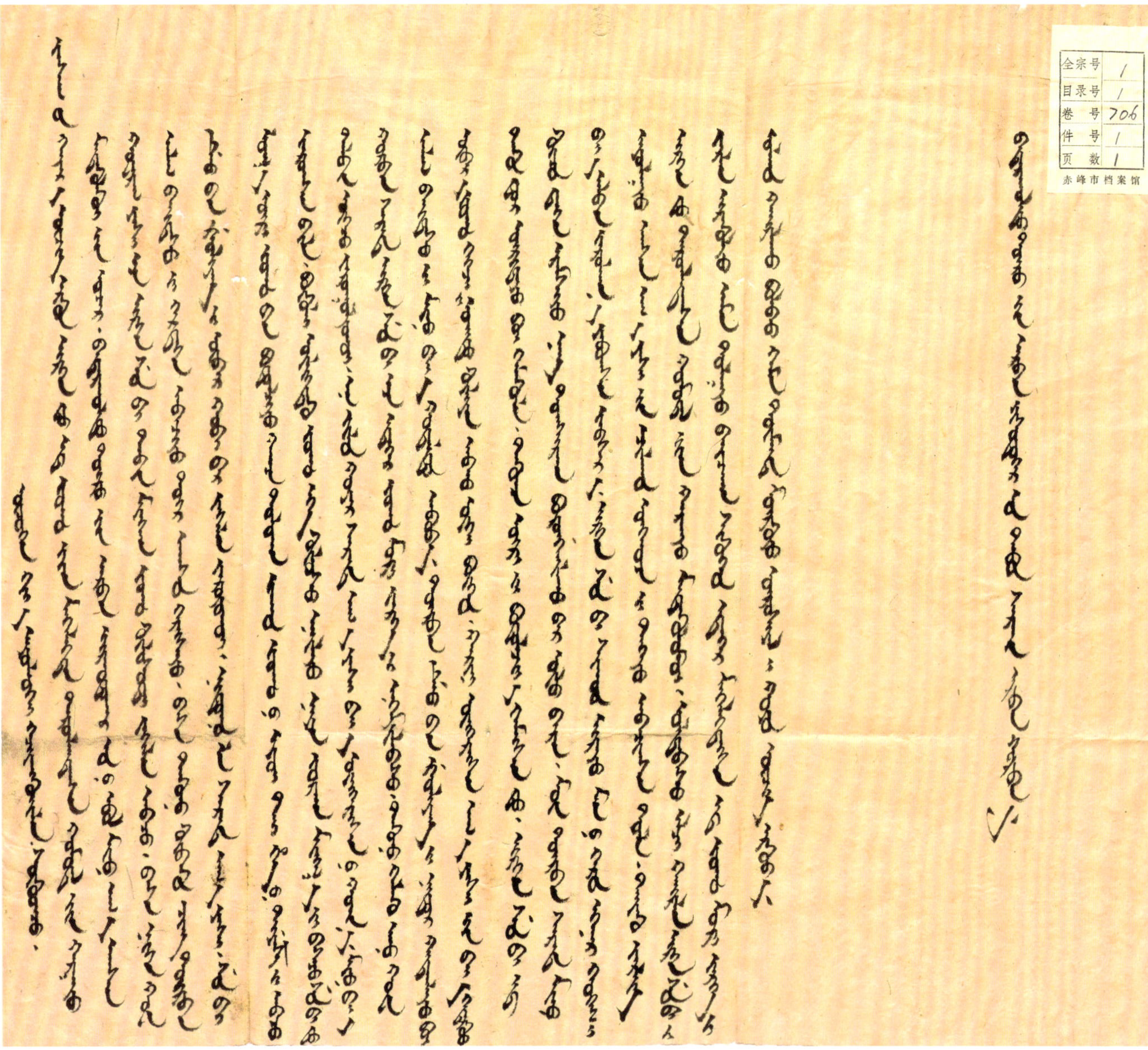

侍卫阿尤拉贵为被骗钱财事呈札萨克王爷文

侍卫鄙人阿尤拉贵呈送札萨克府：伸冤被骗钱财受辱之事。

光绪十六年冬，民人孙碧借本人和尚哥叶西五十千文带息之款。还借走花白三岁马一匹其家暂用，其子也借走四斗半高粱米。去年腊月叶西哥与孙碧清算年账时，只给价值七百文玉台阁帖子。其余本钱及利息共计八十六千文，继续放贷给孙碧使用。今年二月叶西哥去世。三月本人至孙碧家讨要叶西哥钱款及马匹。孙碧曰，花白三岁马为本人所购之，那四斗半高粱米存于库里，随便拿走，其他钱款一律不承认，还曰叶西哥欠其钱也。本人拿出证据对质时，孙碧不但仗势欺人，恶意抵赖。四月本人当差出门之际，孙碧还径直来吾家恐吓妻儿，搬走叶西哥石槽。故申诉被恶民凌辱之事。祈求札萨克府传唤恶民孙碧，质询原由，还被骗之钱财、马匹为盼。

特呈状之。

光绪十九年五月十三日

107 盟长翁牛特札萨克贝勒为满蒙文写慈禧皇太后尊号事札盟摄政协理原盟警备军札萨克郡王等文（光绪十九年仲夏二十九日）

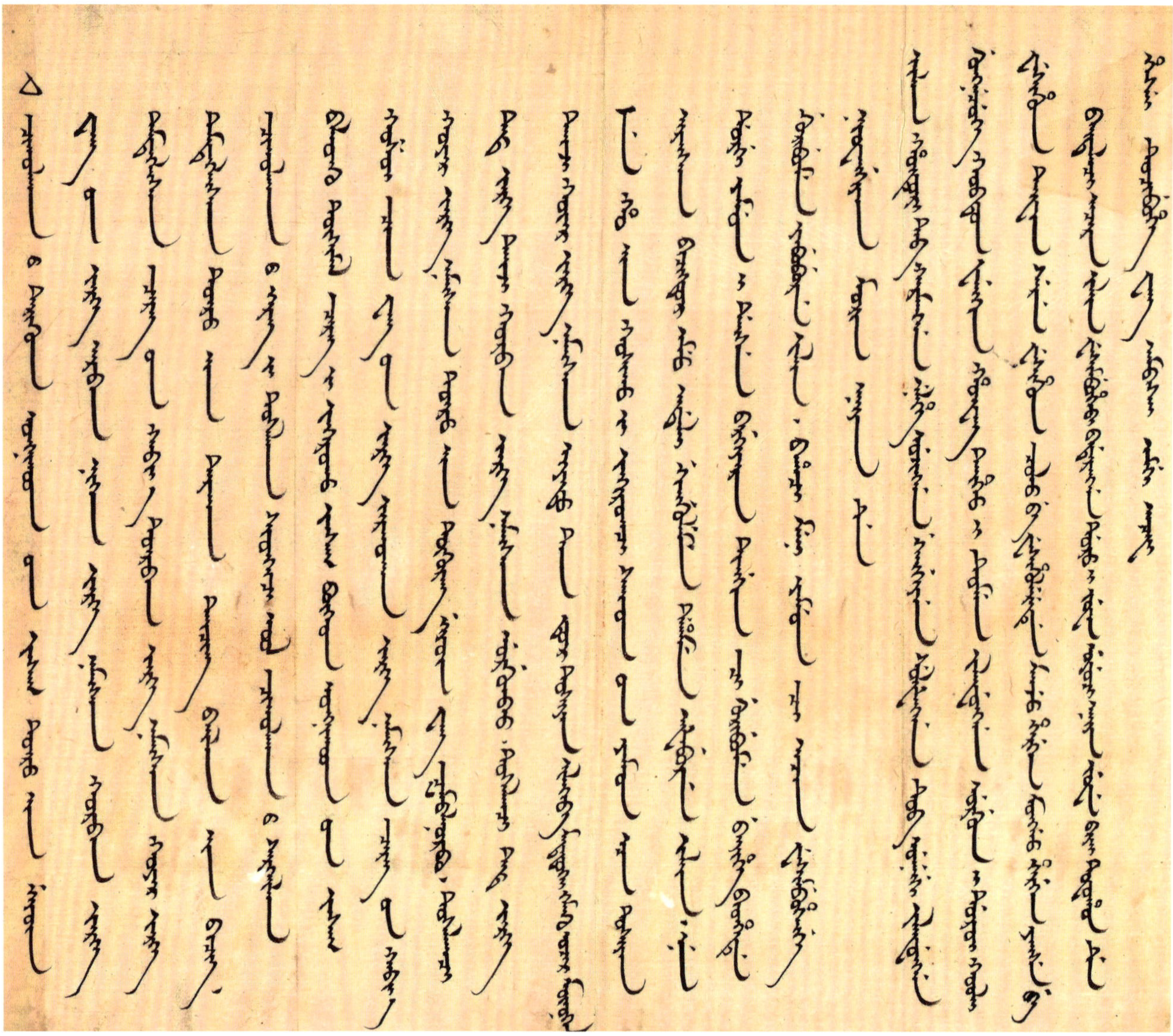

107 盟长翁牛特札萨克贝勒为满蒙文写慈禧皇太后尊号事札盟摄政协理原盟警备军札萨克郡王等文（光绪十九年仲夏二十九日）

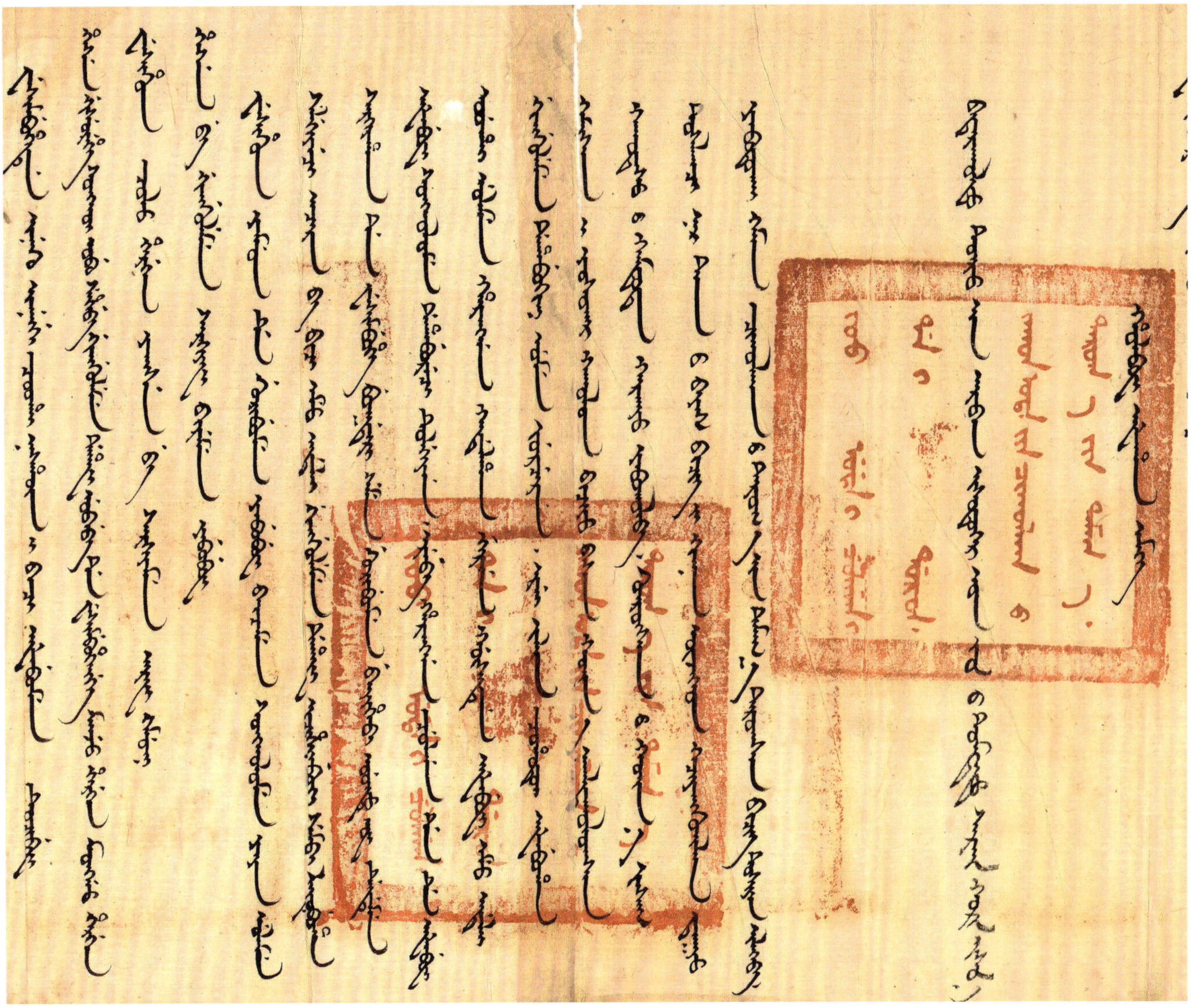

盟长翁牛特札萨克贝勒为满蒙文写慈禧皇太后尊号事札盟摄政协理原盟警备军札萨克郡王等文

盟长翁牛特札萨克多罗郡王衔加十一级记三级军功加四级记二级多罗达尔罕岱青贝勒。札付盟摄政协理原盟警备军札萨克暨翁牛特札萨克和硕亲王衔加六级军功加二级多罗杜棱郡王赞巴勒诺尔布，协理二等台吉加三级乌尔根宝、协理二等台吉加二级吉雅图：告知之事。

近日，热河都统处札开：为统一谨遵交付事。现据内阁典籍厅移文内开：为移行事。查得，由本衙门合奏，为甲午年慈禧端佑康颐昭豫庄诚寿恭钦献崇熙皇太后万寿庆贺之例，上崇熙尊号时应用满蒙字样事具奏，光绪十九年二月十五日，与钦派王大臣会同上奏。是日由军机处交出，谕旨：依议准行。钦遵前来。将此原奏满蒙文尊号字样誊写，并将谕旨恭谨抄录通行，转行贵处衙门，将所有应传宣之处查照一体谨遵办理。等语。粘抄原折移送前来。因此除分交遵照外，将此交付所属盟长，即刻传令属内诸旗一体谨遵，不得有误。为此特交。等语。故本盟署抄录原文及贴附一同札付之。文到，诸札萨克、协理等阅知文内遵行，仍通告盟摄政协理王爷处。

至此，致钤盟长印之文。

光绪十九年仲夏二十九日

108 盟摄政协理原盟警备军札萨克郡王为会盟商议沿袭札萨克空位事呈盟长翁牛特札萨克等文（光绪十九年末夏十一日）

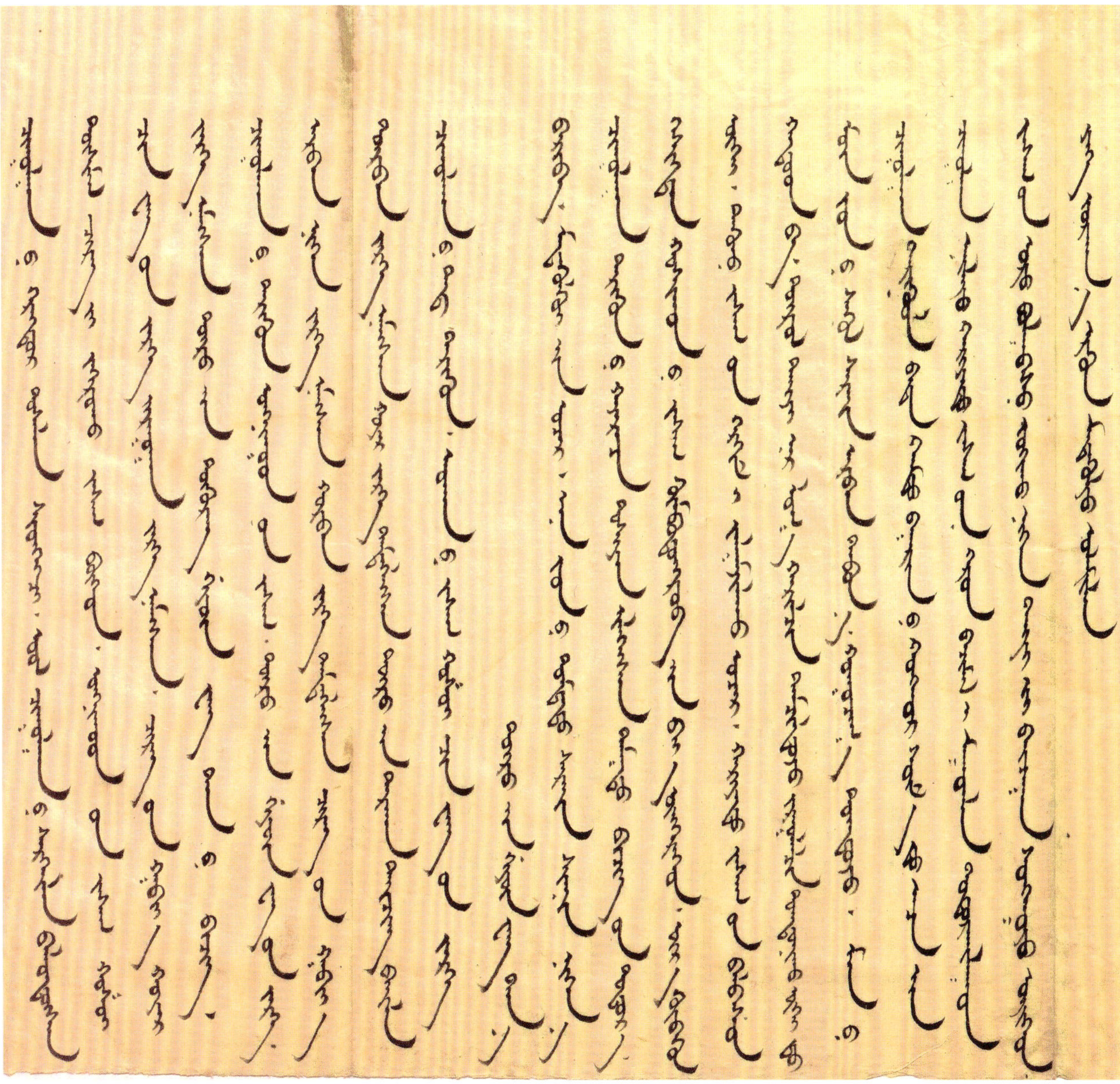

108 盟摄政协理原盟警备军札萨克郡王为会盟商议沿袭札萨克空位事呈盟长翁牛特札萨克等文（光绪十九年末夏十一日）

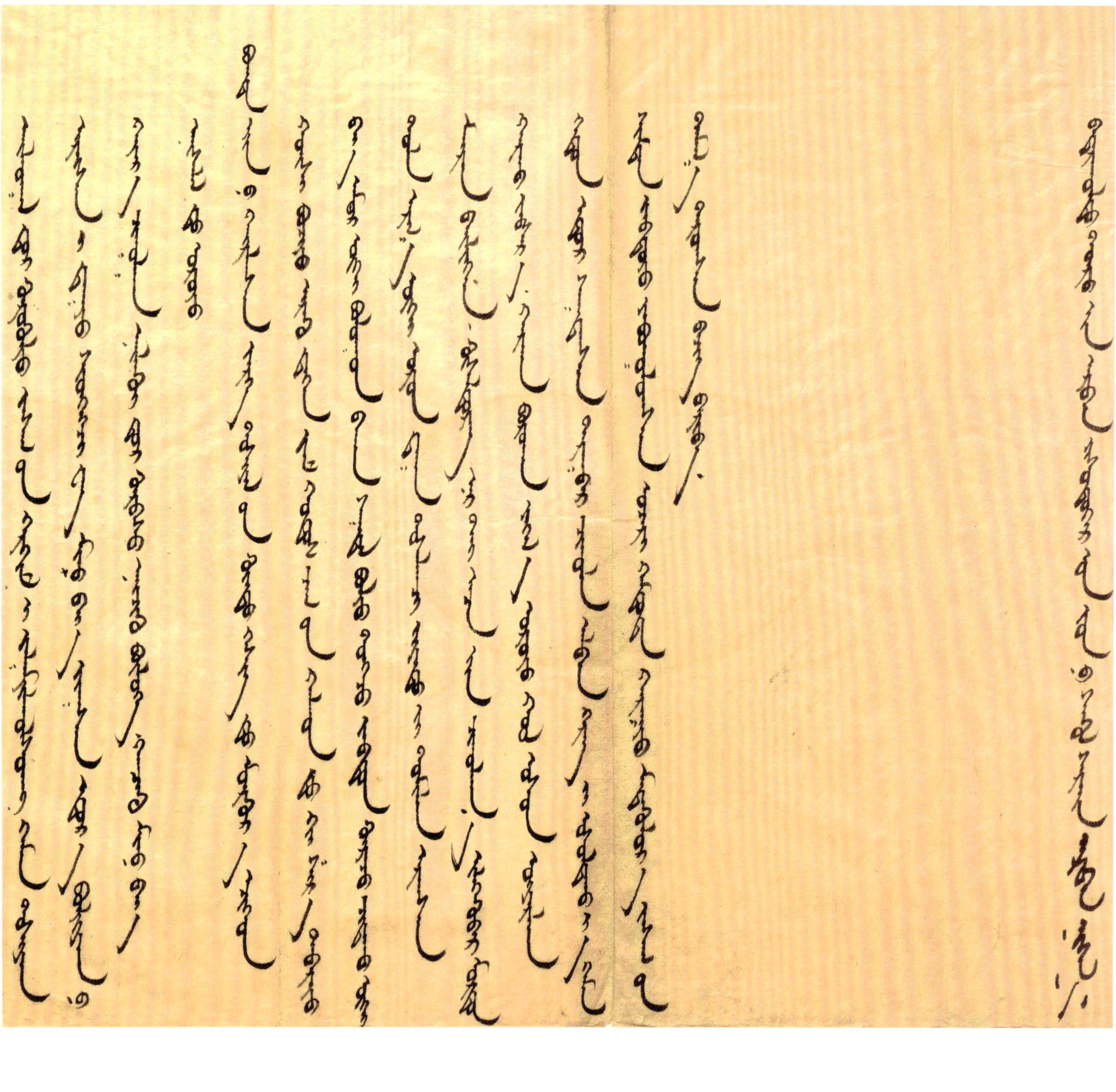

盟摄政协理原盟警备军札萨克郡王为会盟商议沿袭札萨克空位事呈盟长翁牛特札萨克等文

盟摄政协理原盟警备军札萨克暨翁牛特札萨克和硕亲王衔加六级军功加二级多罗杜棱郡王文。呈盟长翁牛特札萨克多罗郡王衔加十一级记三级军功加四级记二级多罗达尔罕岱青贝勒、副盟长敖汉札萨克和硕亲王衔多罗郡王：呈报之事。

本年仲夏初一日，盟长衙署札开，克什克腾旗札萨克官布东日布去世，无子。为沿袭其空位，其遗孀及近亲台吉争论不休。故定于今年末夏十五日，诸盟长汇聚巴林洪格尔庙阿奇之地，细阅所属札萨克家谱，确定人选后上报大部，以替补其空位。

为此，本摄政王爷带官吏亲自前往才是。只是，今春本王爷进京年班朝觐，近日才返乡。加之天热火盛，身体不佳，难以前往。故委派协理吉雅图同梅林白领阿、呼思乐杜棱赴阿奇会盟，而启程之际，遇暴雨河水猛涨，受阻数日。唯恐误大事，急送文呈报之。

至此，呈钤札萨克印之文。

光绪十九年末夏十一日

109 庶民希布新嘎为家驴被盗事呈札萨克王爷文（光绪十九年六月十五日）

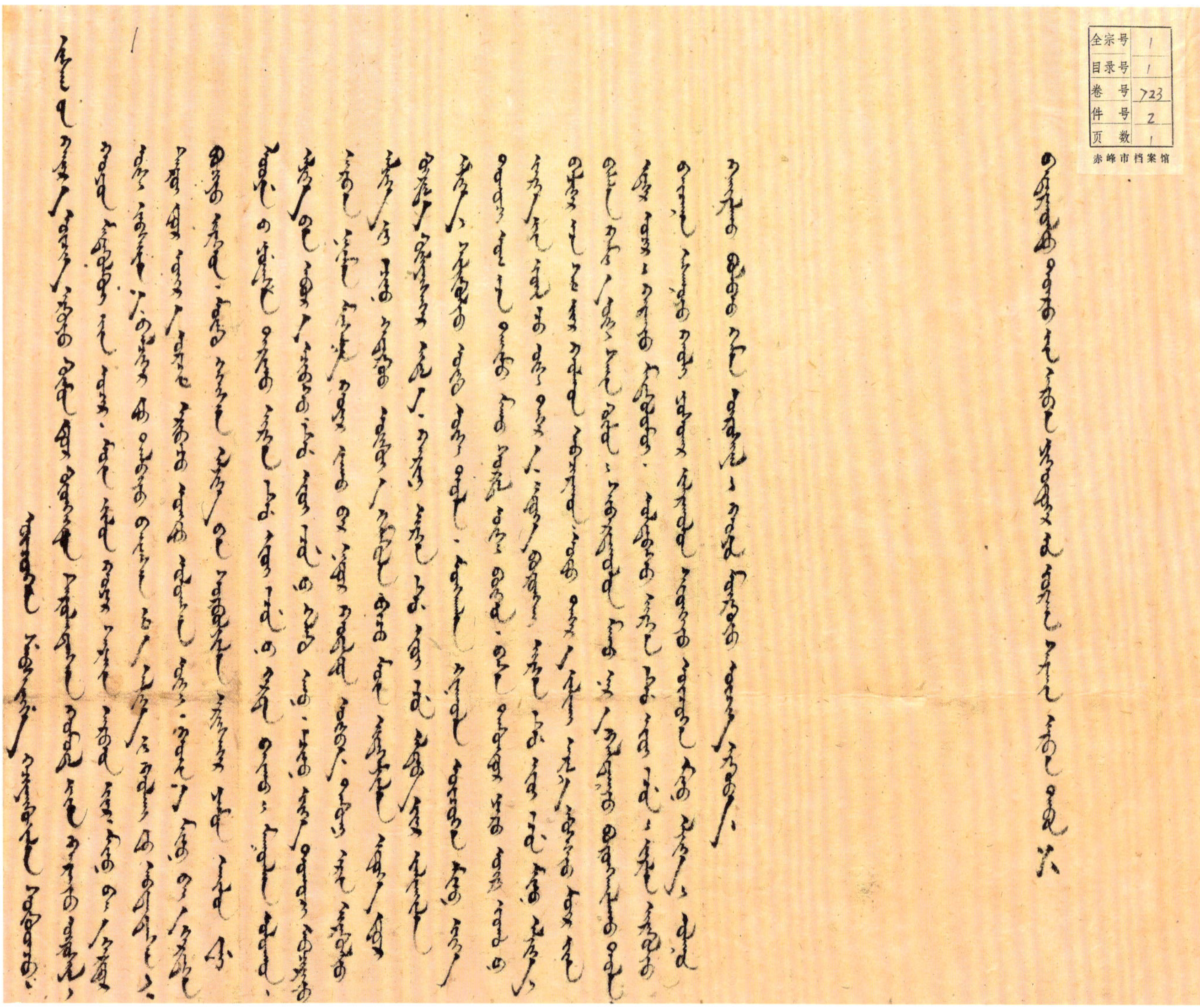

庶民希布新嘎为家驴被盗事呈札萨克王爷文

鄙人希布新嘎谨呈送札萨克府：伸冤被诬陷欺凌之事。

本年二月十几日，趁本人外出，放草场之母驴被偷走。即刻在附近找寻，却未找到。本人回家，出门寻驴，打听到本家母驴在衙门营子种植魏老爷园子之涂玉春家。赶紧至涂玉春家追问，涂玉春曰，尔家厨子带过来以十八千二百文卖给俺也。找来尔厨，即刻还驴也。本人当真等至今日。反而民人涂玉春百般抵赖，拒还母驴。想来，厨子为本人外甥，从来没有偷摸之劣习，也没有外债之类事情。本来凶民涂玉春暗偷驴于草场，还略施奸计、涂抹劣迹，亵渎好人、嫁祸恶名。特呈此事，祈求札萨克王传唤贼民涂玉春，查问实情，惩罚治罪，还鄙人驴为盼。

至此，跪地叩首呈送之。

光绪十九年六月十五日

110 台吉阿斯楞为被诬陷事呈札萨克王文（光绪十九年六月十八日）

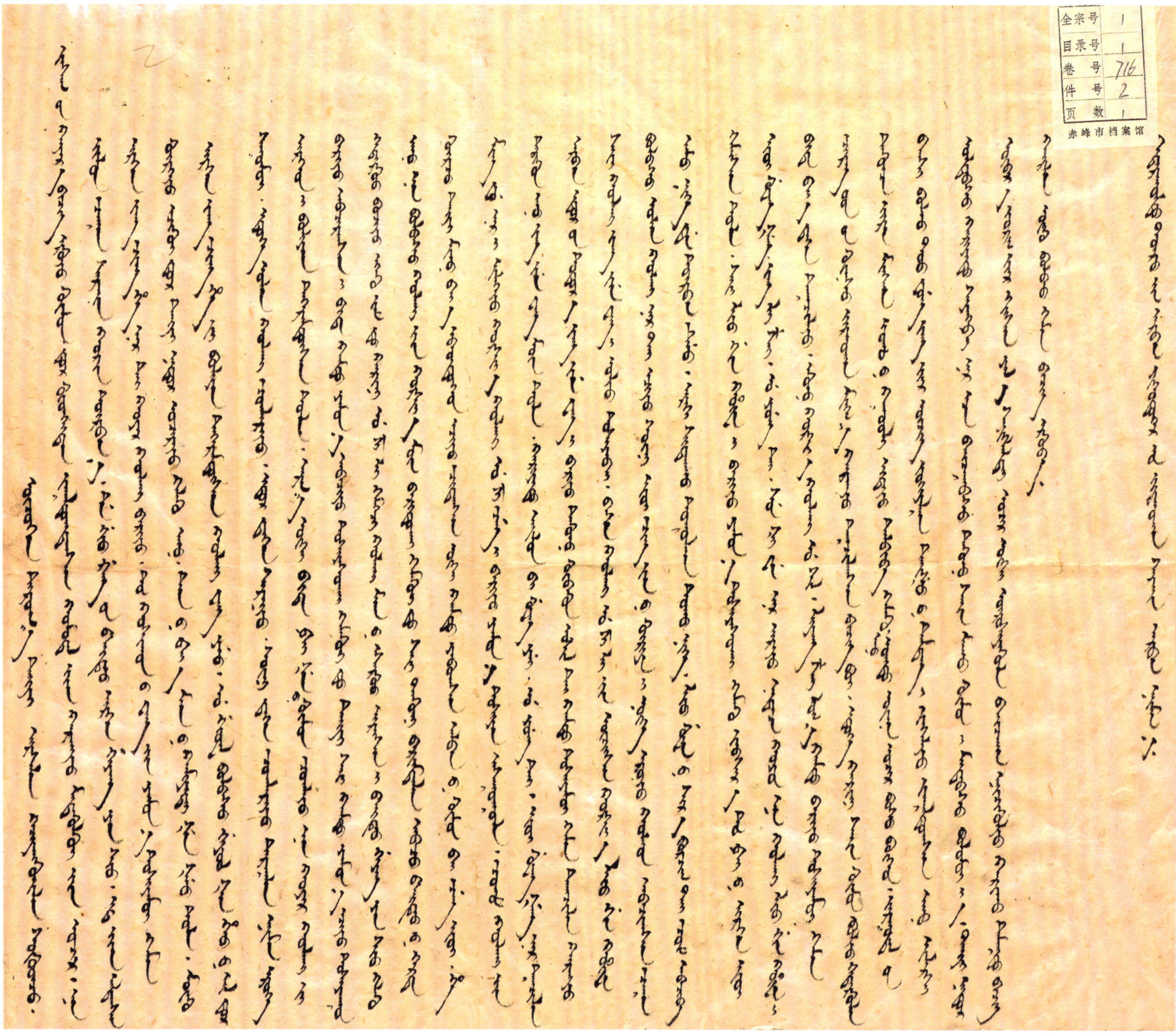

台吉阿斯楞为被诬陷事呈札萨克王文

鄙台吉阿斯楞下跪呈札萨克府：伸冤被诬告之事。

今年正月二十四日，大酒坑牌头民人姜堰秀、失主张庆贺抓获两名盗贼，遣送至旗王爷府半途遇见本台吉，曰：尔为俺所属社守，抢夺张庆贺之盗贼王友、吴俊居住于郡山沟村。如今，众盗贼昼散夜聚，连续抢夺八户人家。无奈，俺召集牌社人员，抓获此两名盗贼，俺们一同押送至衙门吧。于是，本人随同押送至官府。回程路上，偶遇盗贼吴世立径直朝俺们过来。牌头姜堰秀曰，此为盗贼同伙，抓之。于是，抓获该贼，至牌头家。当时，本人因身体不适半路返回，委派衙役白成玉、何明福押送盗贼同伙吴世利至衙门审讯。审问才知贼首原来为张振旺也。故所属村毕匡业、吴永太、于广胜等保证十日之内抓捕贼首张振旺，与其子吴喜一起送审。如此才能抓获张振旺，并送至衙门治罪。还有，盗贼吴世利供出其同伙刘金环与众盗贼一同夜间打洞于庆展院落，盗走白米一石四斗、烧酒锅一副及刘宽家黄豆若干。于是，刚要抓捕刘静焕送衙门之际，同村村民于广胜、张力士、吴永太、孙世文等过来求本人曰，俺们担保刘静焕，还抓其同伙吴昕、梁氏押送官府，并为此立缴军粮六千斤之担保书。如今，此等贼民反咬一口，诬告本人受贿六十千文放走刘静焕也，着实冤枉也。此等贼民雇用诉讼先生陶忠江伪造口供，指太后之名诬告本人心狠手辣。祈求审查所乡牌，分辨真伪也，本台吉无任何可疑行为。望明审理，还清白，恩赐钤印官文为盼。

光绪十九年六月十八日

111 盟摄政协理原盟警备军札萨克郡王为租金纠纷案咨赤峰县衙文（光绪十九年初秋十八日）

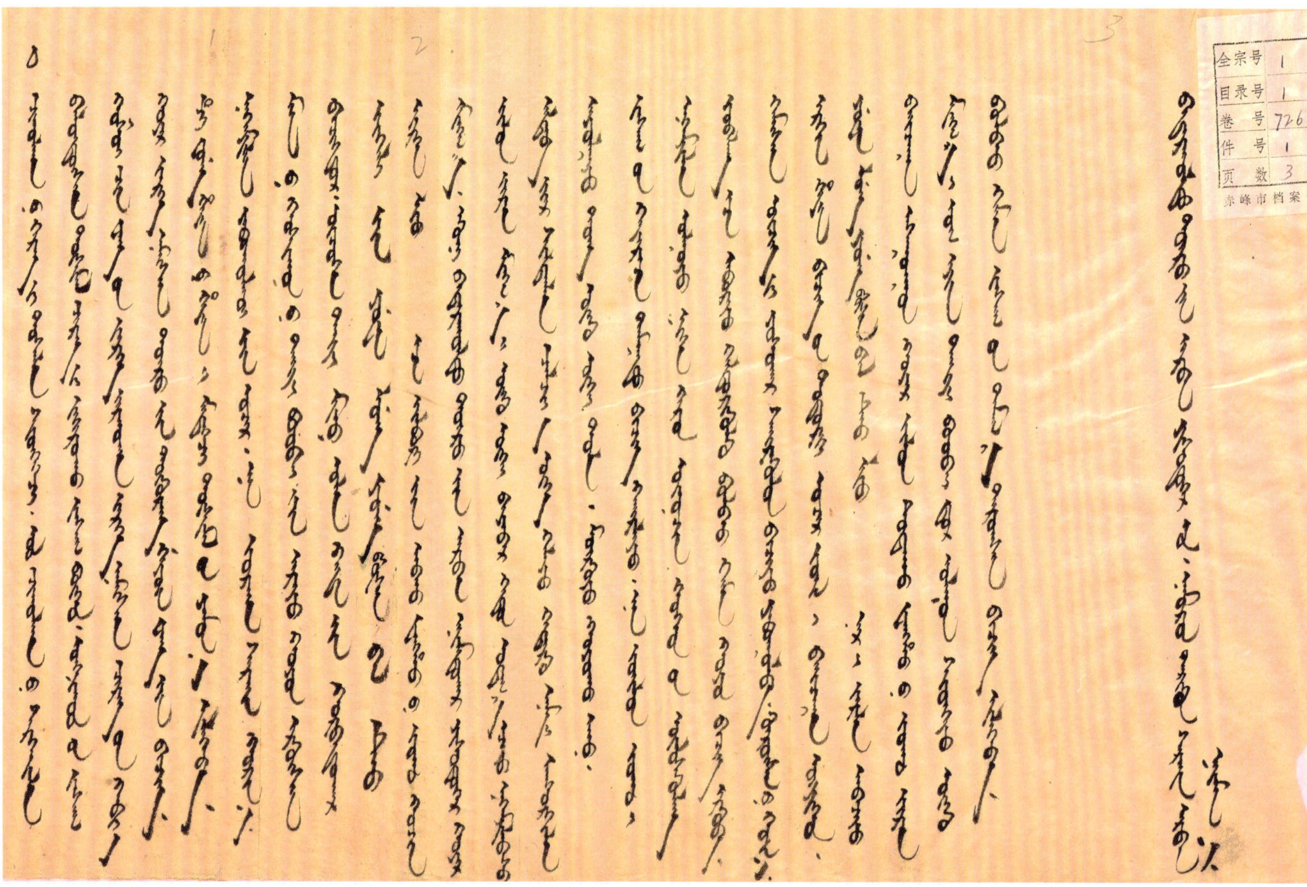

盟摄政协理原盟警备军札萨克郡王为租金纠纷案咨赤峰县衙文

盟摄政协理原盟警备军札萨克暨翁牛特札萨克和硕亲王衔加六级军功加二级多罗杜棱郡王文。咨赤峰县衙：追查之事。

今年六月二十日，本旗台吉布贝申诉曰，鄙台吉将乌兰哈达三道街元隆永店铺出租给班头民人刘某，每年租金三十千文。然，光绪十八、十九两年六十千文始终未给。几次追讨，却找各种理由，百般抵赖，反蛮横无理，恐吓本人。今祈求札萨克出具官文，追回拖欠款，以免一家孤儿饥饿之苦。等因呈来。今抄录呈状寄至。文到，贵县知审阅内容，传唤元隆永店铺班头刘某，将拖欠两年租金六十千文判给台吉布贝。

至此，咨送钤札萨克印之文。

光绪十九年初秋十八日

112 盟长翁牛特札萨克贝勒为备办驻雍和宫和尚及驻热河都统衙门笔帖式费用事札盟摄政协理原盟警备军札萨克郡王等文（光绪十九年仲秋三十日）

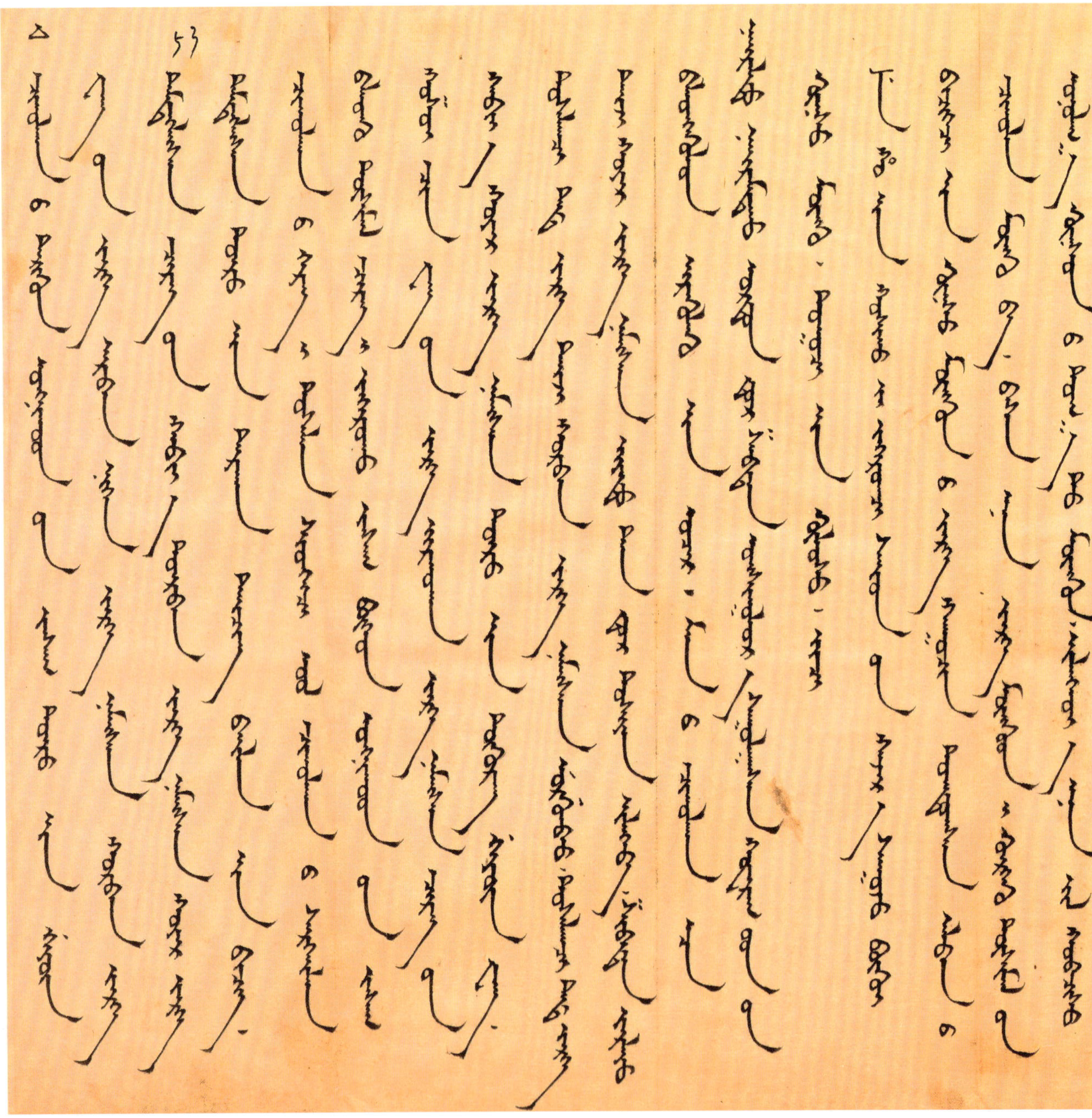

112 盟长翁牛特札萨克贝勒为备办驻雍和宫和尚及驻热河都统衙门笔帖式费用事札盟摄政协理原盟警备军札萨克郡王等文（光绪十九年仲秋三十日）

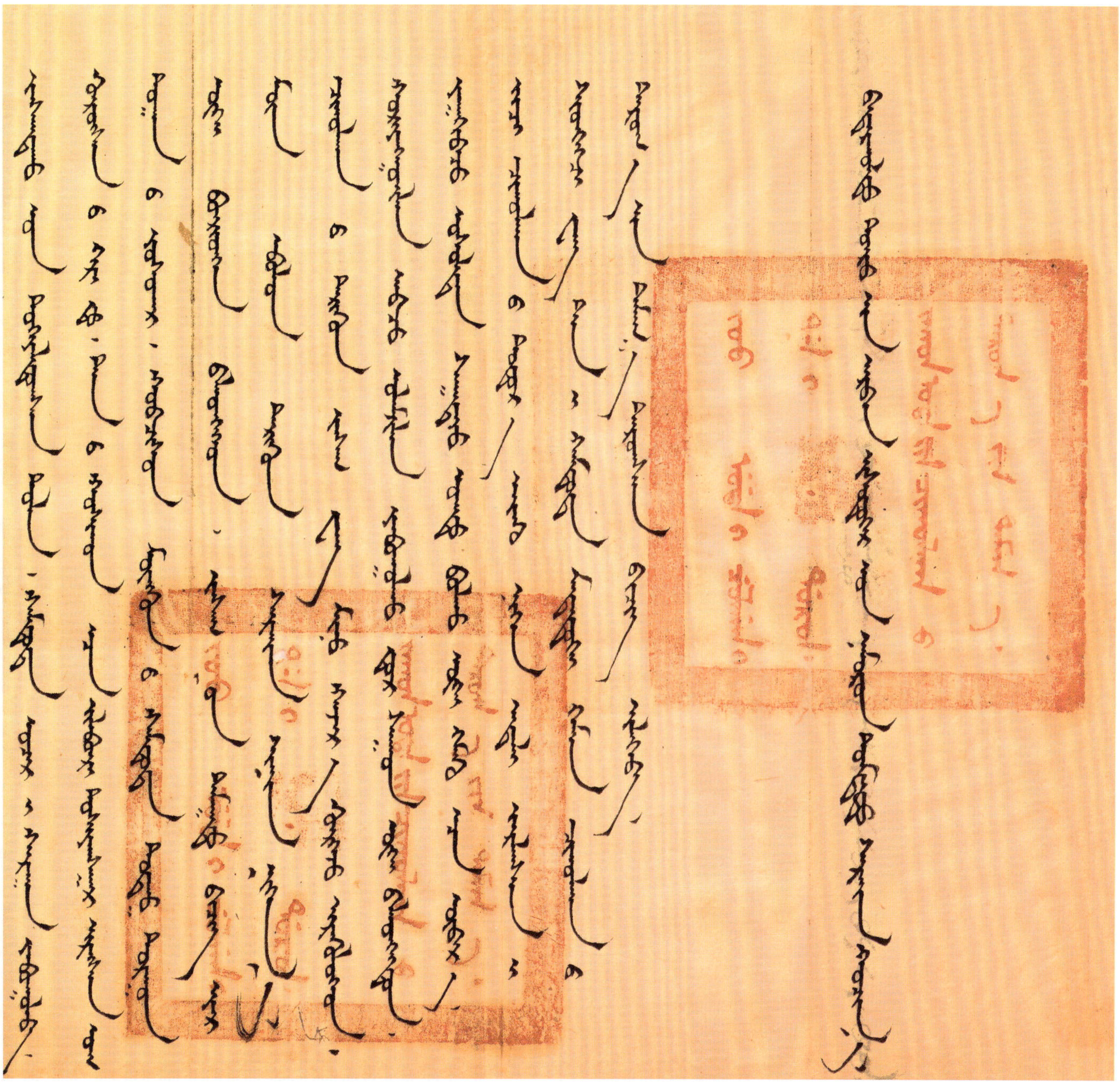

盟长翁牛特札萨克贝勒为备办驻雍和宫和尚及驻热河都统衙门笔帖式费用事札盟摄政协理原盟警备军札萨克郡王等文

盟长翁牛特札萨克多罗郡王衔加十一级记三级军功加四级记二级多罗达尔罕岱青贝勒文。札付盟摄政协理原盟警备军札萨克暨翁牛特札萨克和硕亲王衔加六级军功加二级多罗杜棱郡王，协理二等台吉加三级乌尔根宝、协理二等台吉加二级吉雅图：督促备办之事。

本盟驻雍和宫诵经和尚之口粮费、厨师费，驻热河都统处笔帖式费以及送银官之路费等，加之今年逢和尚更换法服，此等费用按既定数量备齐，于初冬初一日同钤印官文送至盟长札萨克署，以备统一配送。不得有误，仍通告摄政王爷处。

至此，致钤盟长印之文。

光绪十九年仲秋三十日

113 盟摄政协理原盟警备军札萨克郡王为喀喇沁王旗和尚被诬告事咨盟摄政协理扎鲁特札萨克贝勒等文（光绪十九年末秋二十七日）

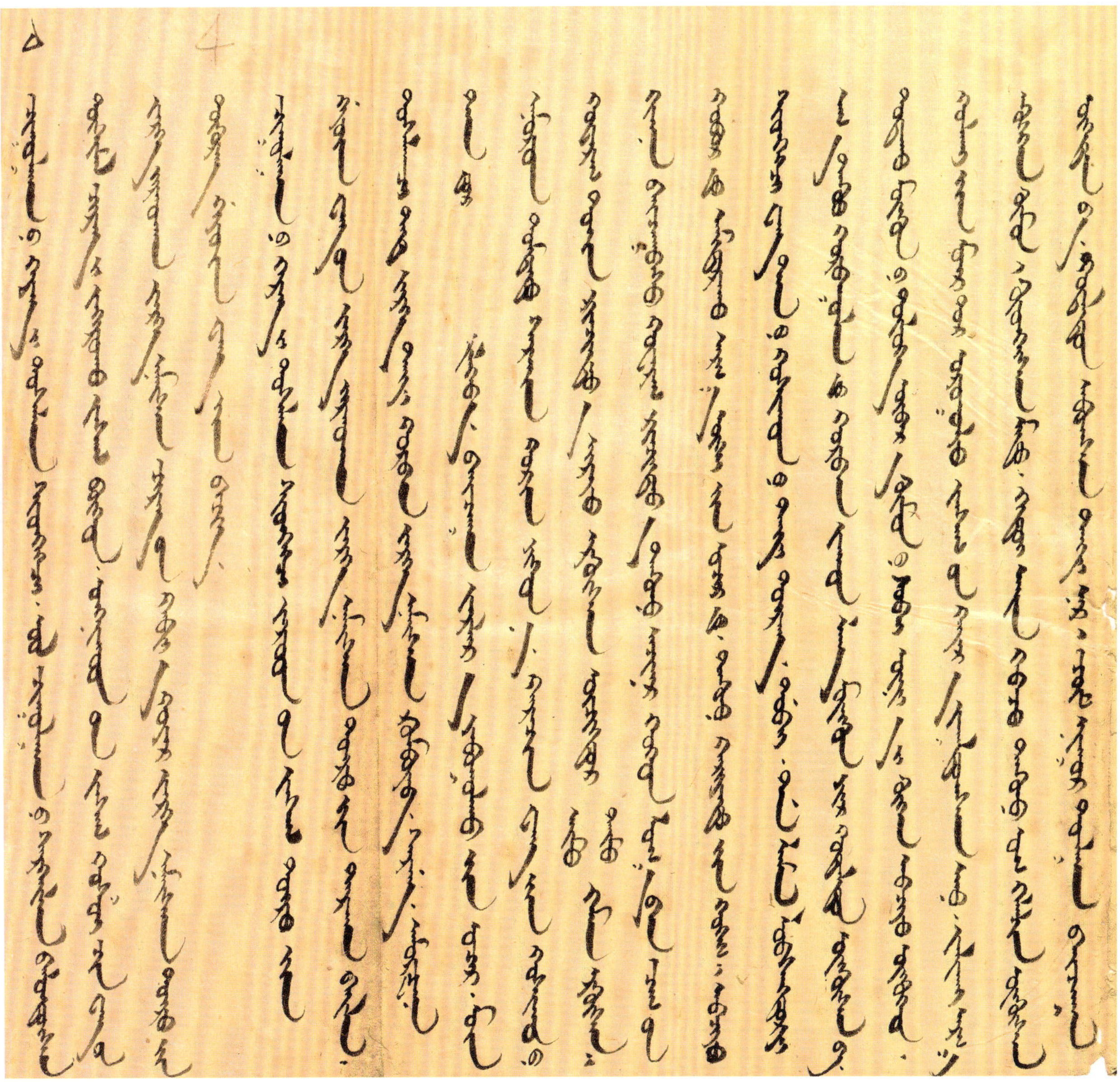

113 盟摄政协理原盟警备军札萨克郡王为喀喇沁王旗和尚被诬告事咨盟摄政协理扎鲁特札萨克贝勒等文（光绪十九年末秋二十七日）

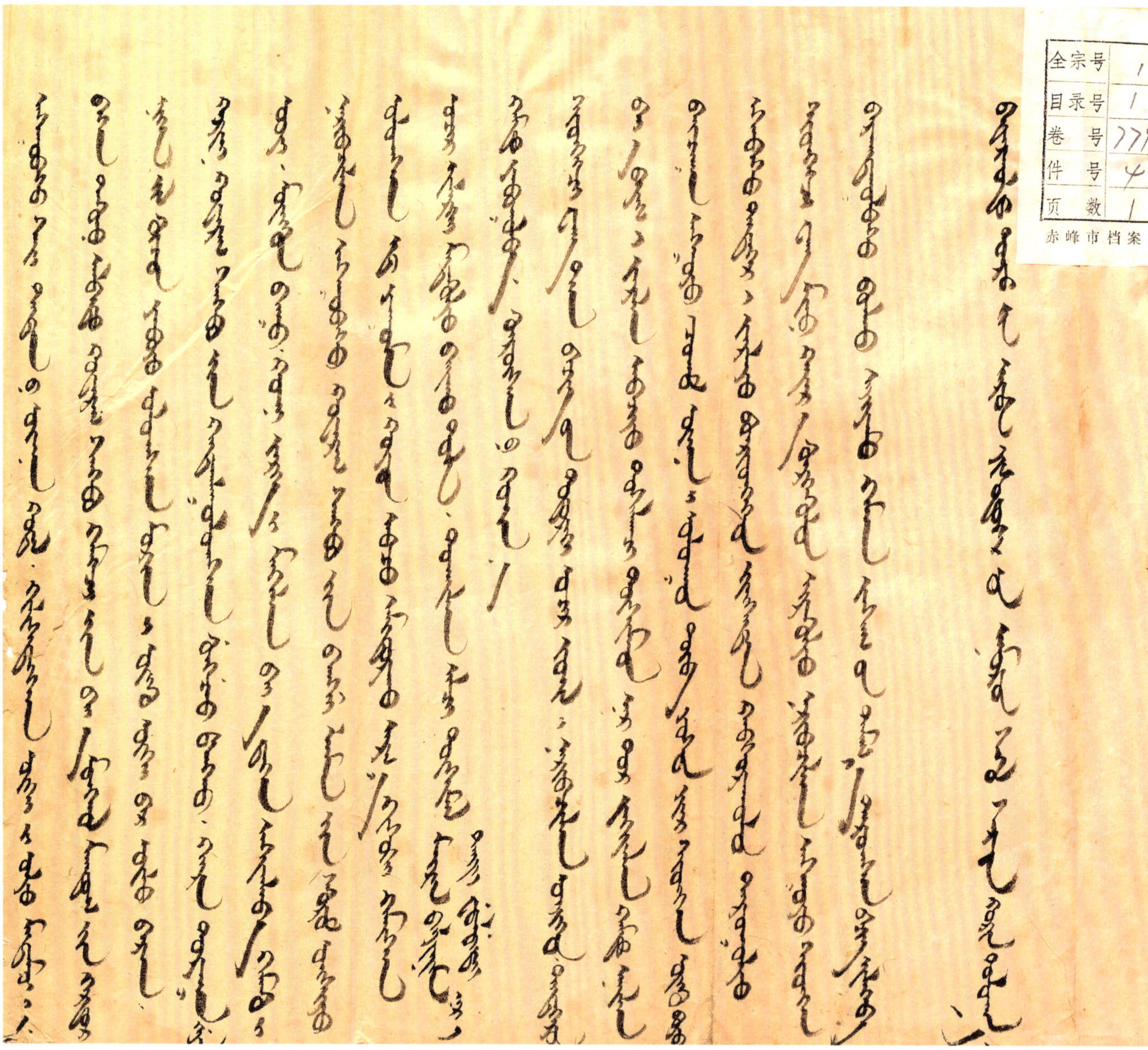

盟摄政协理原盟警备军札萨克郡王为喀喇沁王旗和尚被诬告事咨盟摄政协理扎鲁特札萨克贝勒等文

盟摄政协理盟警备军札萨克暨翁牛特札萨克和硕亲王衔加六级军功加二级多罗杜棱郡王文。咨盟摄政协理扎鲁特札萨克多罗郡王衔加六级多罗达尔罕贝勒，协理二等台吉加三级官布扎布、斯楞、阿木尔萨纳：明查通报之事。

本年仲秋二十九日，喀喇沁王旗和尚仁钦达瓦呈称云云。经查，仁钦达瓦与其侄儿遇荒灾之年无法生计。故，带远亲闺女以三百两银子卖给摄政王爷您旗台吉杜棱、道白、大喇嘛罗布桑道尔吉三兄弟。还为了还款用他人母牛顶账，惹出涉嫌偷盗之事，被上诉至札萨克处一事。据其本人供词，有人设陷阱陷害他也。虽说如此，还需对质其供词与买家台吉口供，才能辨明是非真假，是否为冤枉。还有，隶属和尚桑布在蒙古满都嘎家做劳工一年换来之马匹亦被其兄弟仨占有，不但不还马，兄弟仨还蒙骗和尚桑布，将其让兄弟仨保管之青布棉袍、黑绸坎肩儿、银镯、羊等归为己有。经细问得知，另，兄弟仨有嫌疑将和尚桑布之师傅喇嘛念经得来财产占为己有。为此，指派使吏梅林巴拉吉尼玛、台吉傅伦太。见到使吏，摄政王爷审阅文书内容，传唤当事人，与本衙门使吏一同审讯，辨明是非，公正断案为盼。或传唤当事人，派人押送至本摄政王爷处受审。

至此，咨送钤札萨克印之官文。

光绪十九年末秋二十七日

114 盟长翁牛特札萨克贝勒为督促备送办公费用事札盟摄政协理原盟警备军札萨克郡王等文（光绪十九年初冬二十九日）

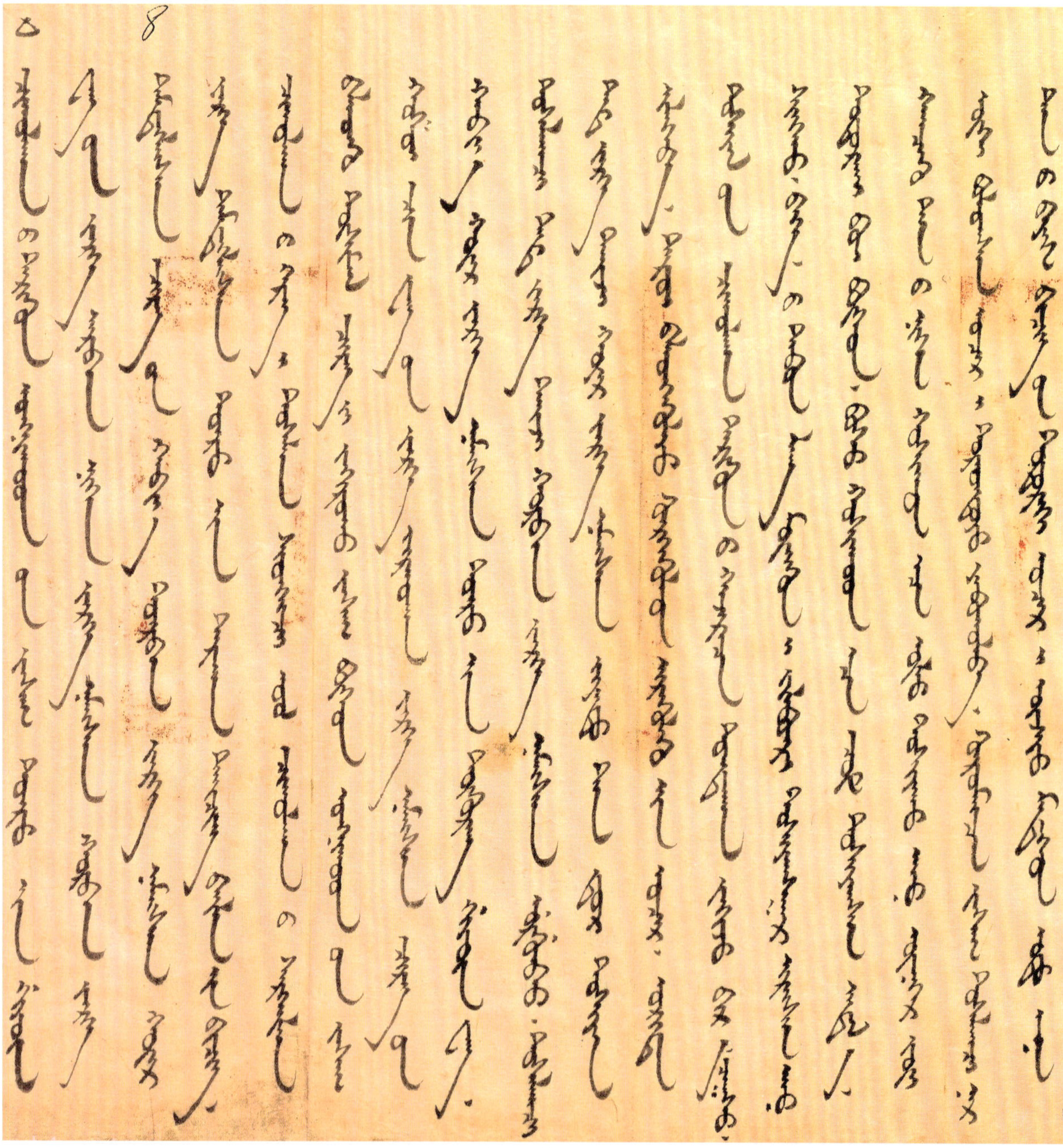

114 盟长翁牛特札萨克贝勒为督促备送办公费用事札盟摄政协理原盟警备军札萨克郡王等文（光绪十九年初冬二十九日）

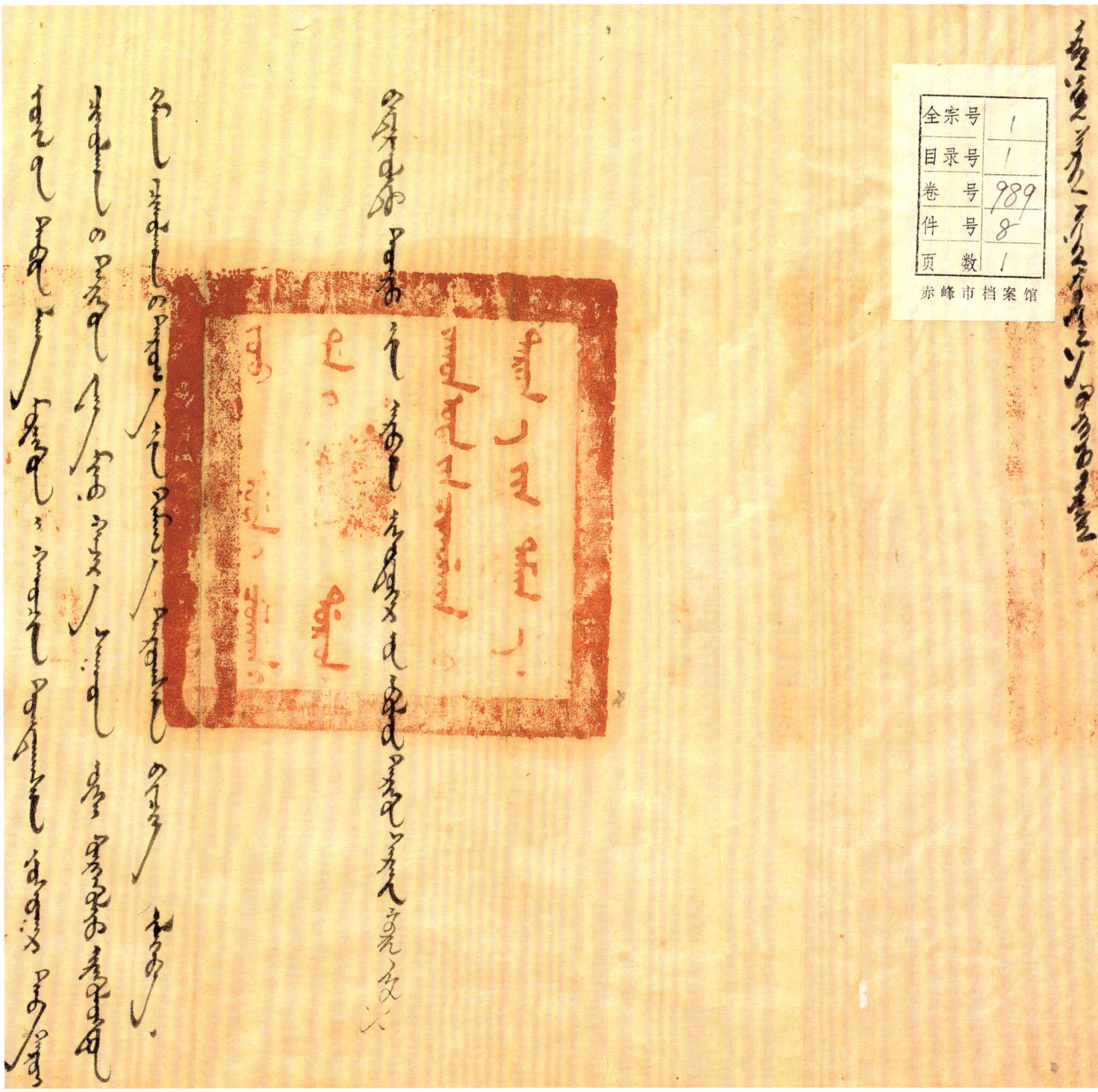

盟长翁牛特札萨克贝勒为督促备送办公费用事札盟摄政协理原盟警备军札萨克郡王等文

盟长翁牛特札萨克多罗郡王衔加十一级记三级军功加四级记二级多罗达尔罕岱青贝勒文。札付盟摄政协理原盟警备军札萨克暨翁牛特札萨克和硕亲王衔加六级军功加二级多罗杜棱郡王，协理二等台吉加三级乌尔根宝、协理二等台吉加二级吉雅图：督促筹备上缴之事。

前任盟长制定征收笔、纸、朱墨费用五两，每年缴纳为属实。其他各旗按时交纳，唯独尔旗欠交，实在不符规矩也。文到，札萨克、协理等审阅内容，并筹备此等五两银子，照例送至盟长王爷本人衙署。

至此，致钤盟长印之文。

光绪十九年初冬二十九日

115 盟长翁牛特札萨克贝勒为呈报成年台吉名册事札盟摄政协理原盟警备军札萨克郡王等文（光绪十九年初冬二十九日）

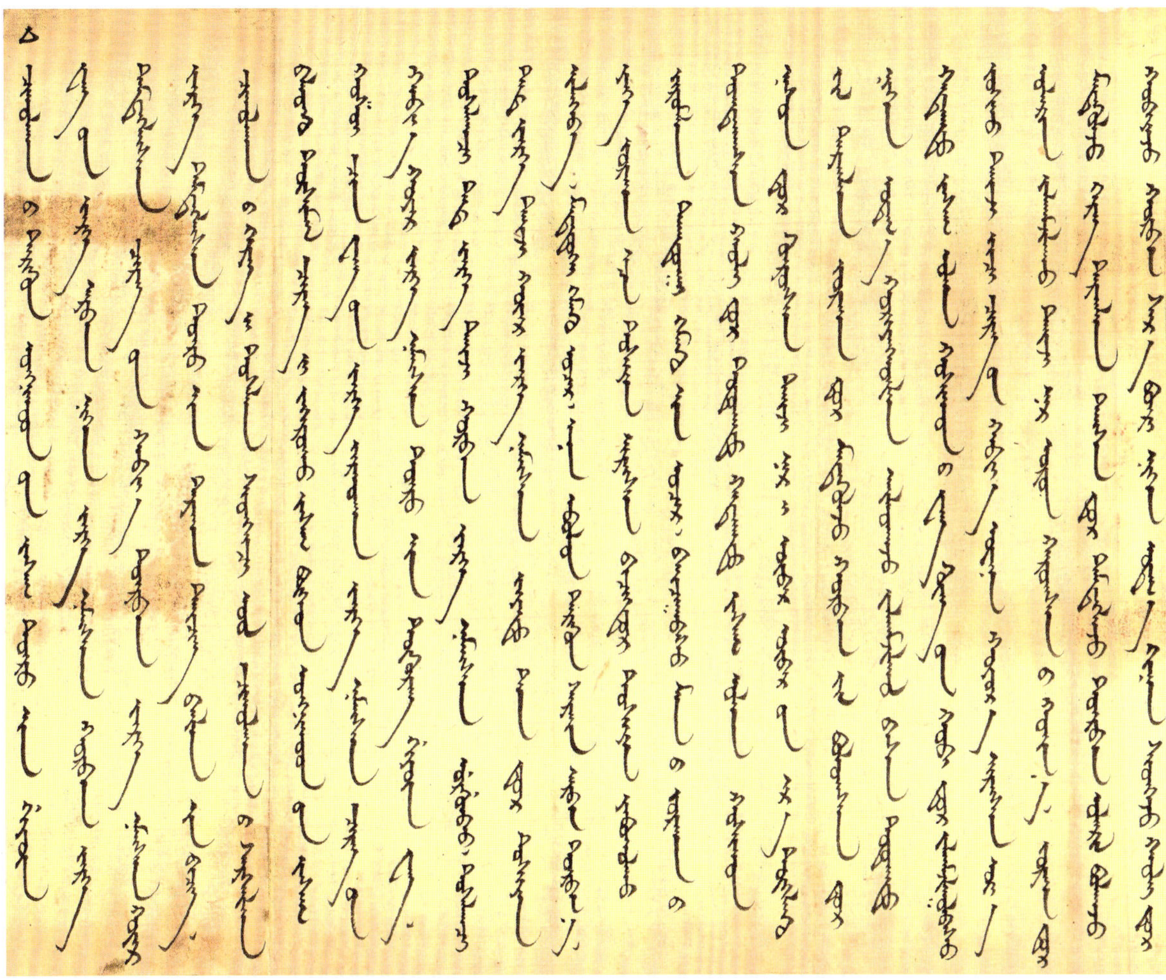

115 盟长翁牛特札萨克贝勒为呈报成年台吉名册事札盟摄政协理原盟警备军札萨克郡王等文（光绪十九年初冬二十九日）

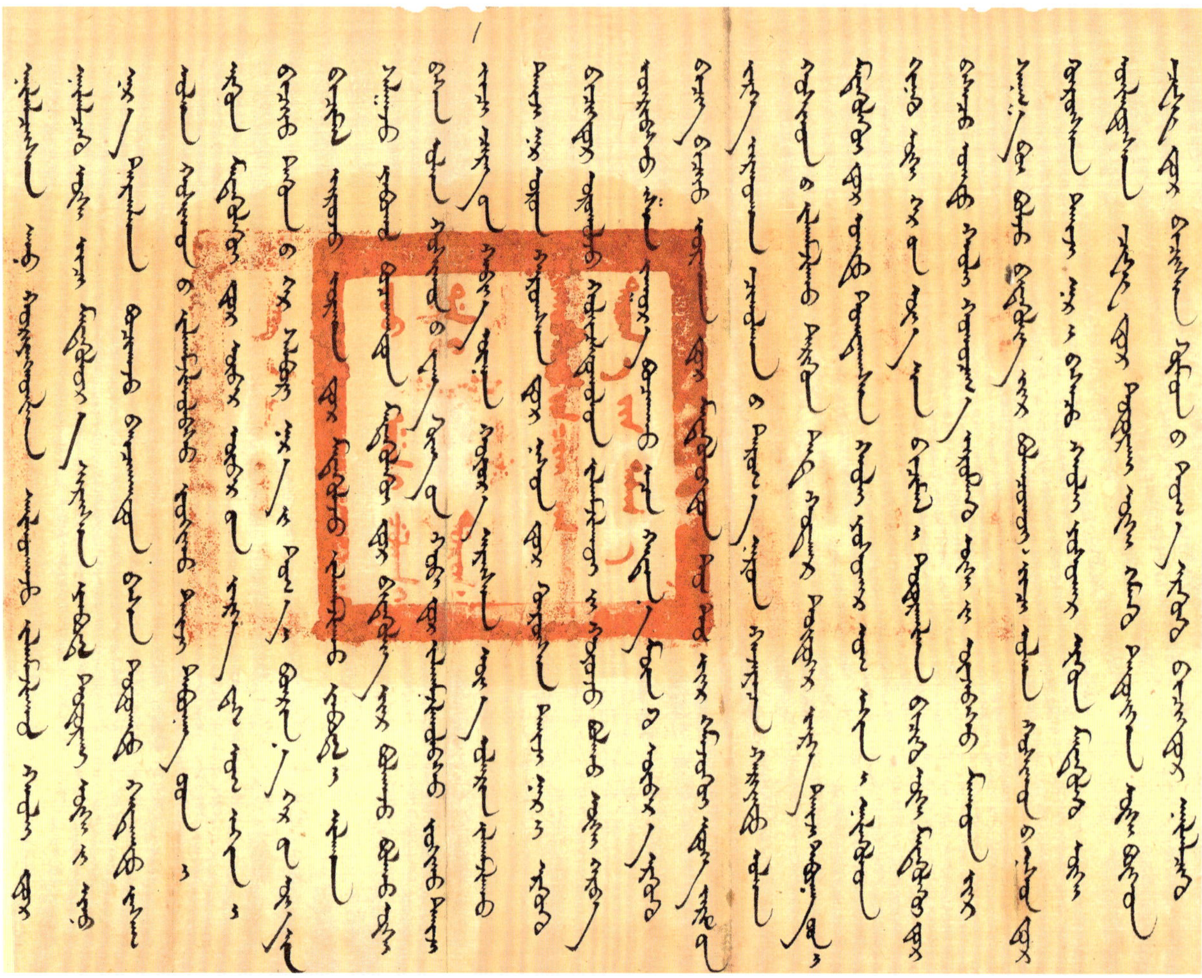

115 盟长翁牛特札萨克贝勒为呈报成年台吉名册事札盟摄政协理原盟警备军札萨克郡王等文（光绪十九年初冬二十九日）

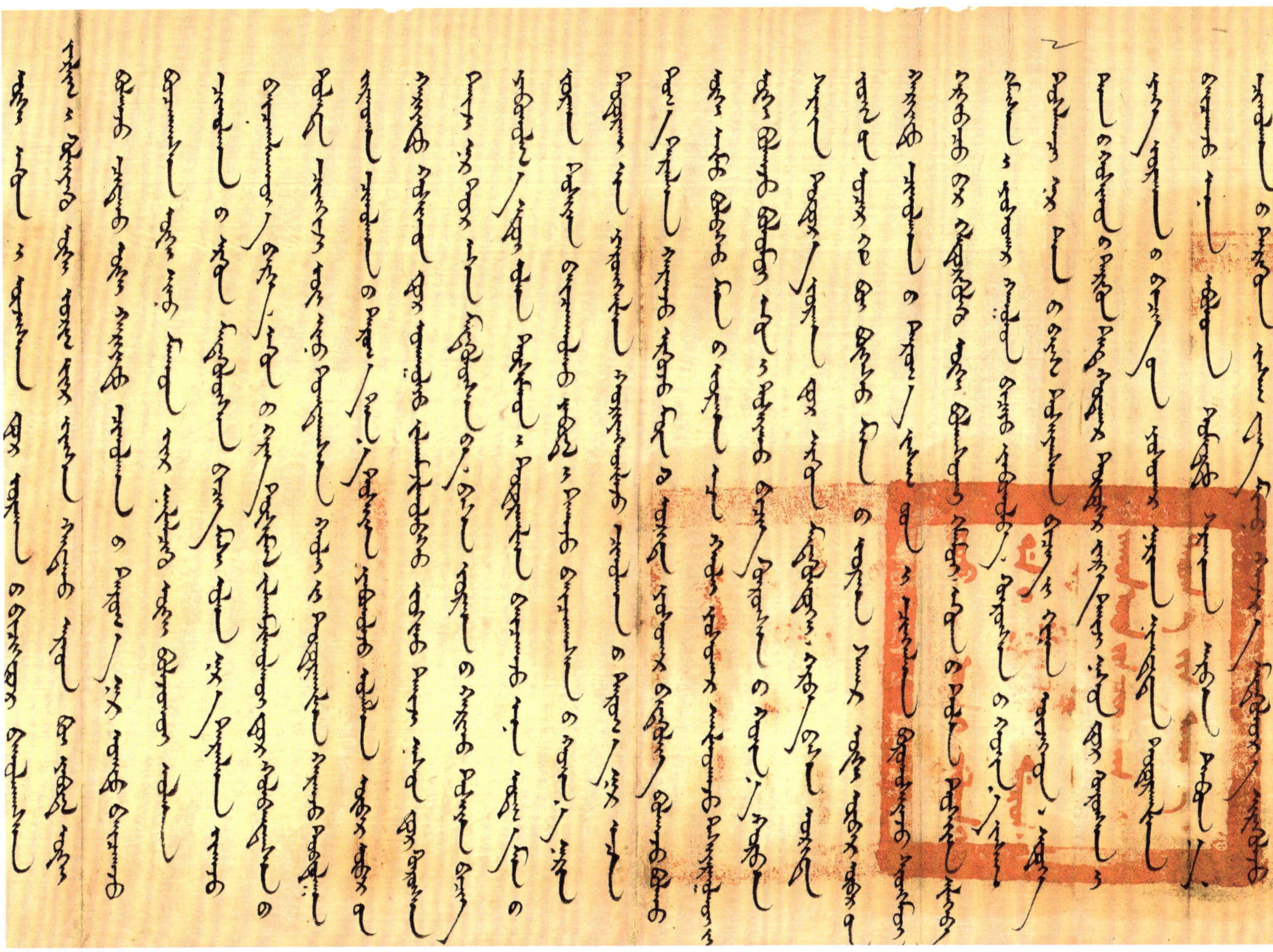

115 盟长翁牛特札萨克贝勒为呈报成年台吉名册事札盟摄政协理原盟警备军札萨克郡王等文（光绪十九年初冬二十九日）

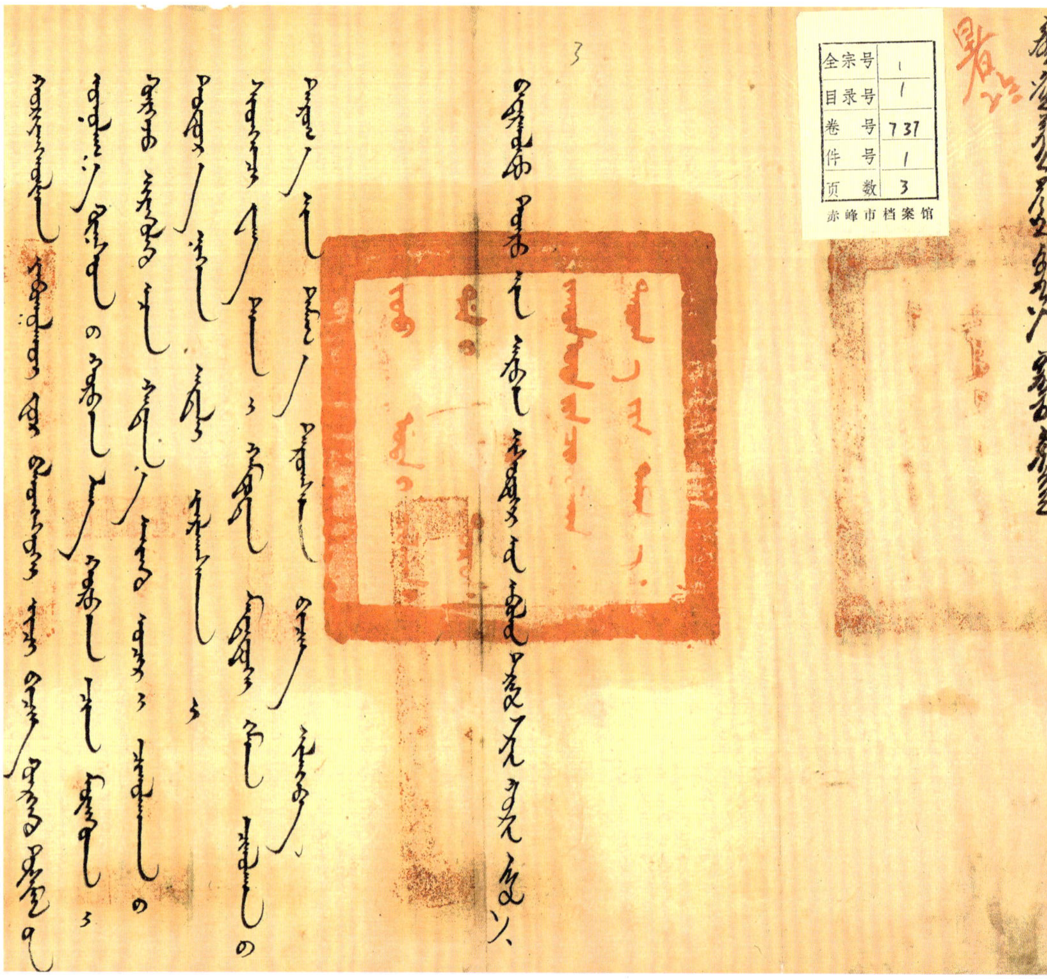

盟长翁牛特札萨克贝勒为呈报成年台吉名册事札盟摄政协理原盟警备军札萨克郡王等文

盟长翁牛特札萨克多罗郡王衔加十一级记三级军功加四级记二级多罗达尔罕岱青贝勒文。札付盟摄政协理原盟警备军札萨克暨翁牛特札萨克和硕亲王衔加六级军功加二级多罗杜棱郡王，协理二等台吉加三级乌尔根宝、协理二等台吉加二级吉雅图：告知之事。

今年初冬十四日，理藩院札开：遵旨之事。经查，本部制定律法中，内外札萨克各旗将登记成年台吉册子，每年向理藩院呈报，每三年上奏朝廷。还有内外札萨克诸旗王公应世袭台吉以及立军功被封世袭台吉空位后，逐事记档报理藩院，分四季每三个月进行一次审查，符合律法规定者汇总上奏沿袭爵位，不符律法以及上报事由不清者，将名册退回审查。另外，呈报内外札萨克诸旗呈报世袭台吉、塔布囊时，应把其级别、祖源写清楚，将其家世、姓名、人数等绘制家谱上报理藩院，并将沿袭之事分类清楚，上报时不得含糊不清。如，将诸旗王公应世袭台吉及立军功所封之台吉空位名单，不得混入呈报成年台吉沿袭册中。如有违规上报者，立即退回，命另写呈子报理藩院。今哲里木盟等六个盟长处呈报所属诸旗沿袭一、二、三、四等台吉、塔布囊时，未按律进行审查祖源、未绘制家谱、未遵照律例期限，似有隐情，含糊不清，并未按律例呈报成年台吉册子，所造册子含糊不清楚且册子中人数与呈文不符。如此无视例律随意作为之官员不得不严查。所属盟长也未审查、未退回，不符法规也。诸盟呈文繁多，如按名册审查难度很大。事关继承爵位之大事。因此，按律例清查，并疾速札付六盟长，传给所属诸旗，清查未报应沿袭之台吉、成年台吉及未回呈大部之诸臣，本次奉本部札饬查办后，详细汇总，由诸盟长逐一呈报，不得像以往含糊不清。否则，本部按律参奏进行整顿惩戒。接文，三个月内务必上报理藩院。如有上述违规之处，本部将严加惩治所属盟长札萨克，决不姑息。等因前来本盟署。特抄录原文转送之。接到之后，札萨克、协理等亲自审阅，将该旗成年一、二、三、四等台吉，按大部要求认真清查，并于今年仲冬十五日报至本盟长札萨克王处，以便汇总上报。另外，将送文官之费用三两三钱银子如数送交。向全盟宣告此事，仍告知摄政王爷处。

至此，致钤盟长印之文。

光绪十九年初冬二十九日

116 署理喀尔喀贝勒旗札萨克印务之协理为军需物资被烧毁事呈盟摄政协理原盟警备军札萨克郡王文（光绪十九年初冬三十日）

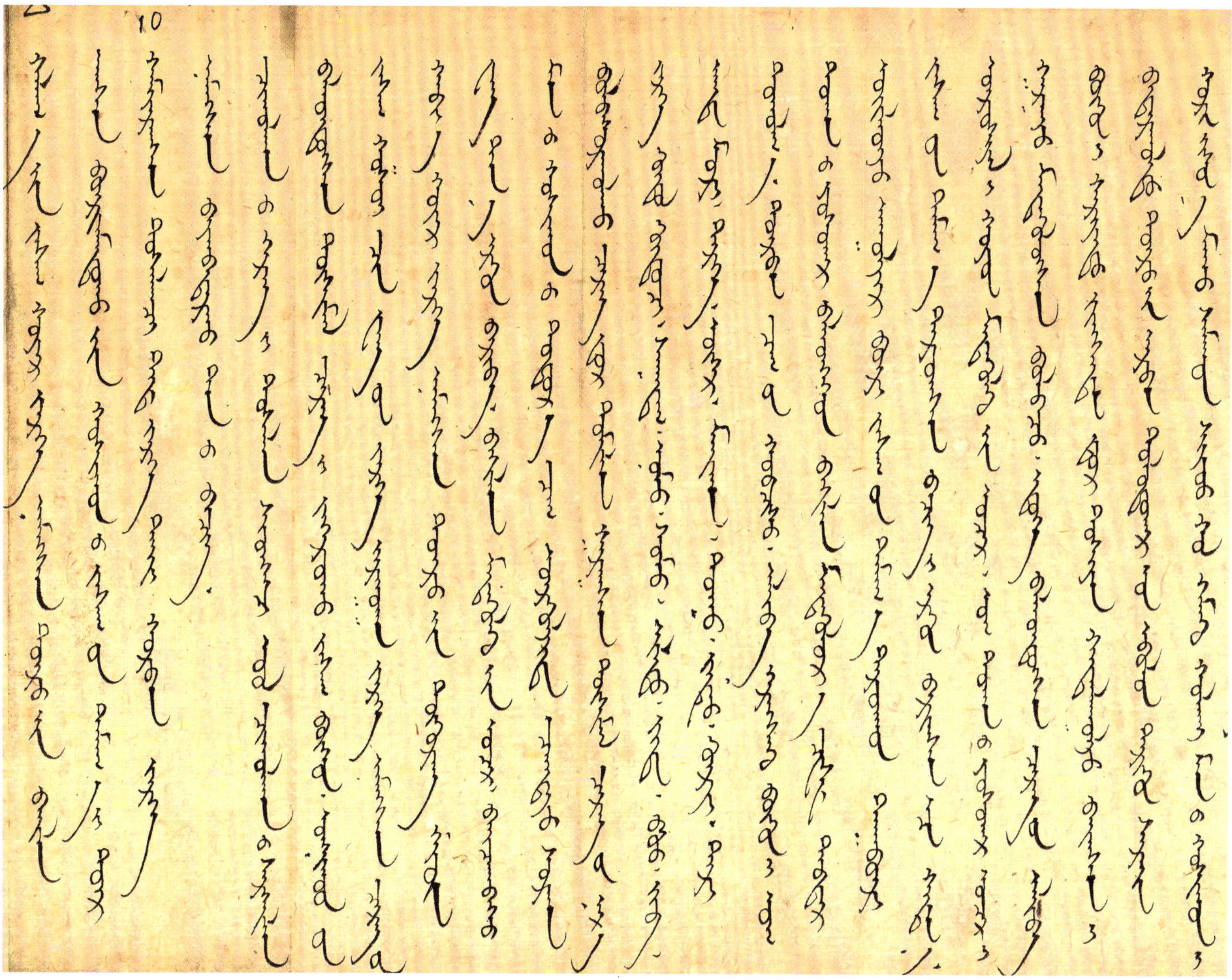

116 署理喀尔喀贝勒旗札萨克印务之协理为军需物资被烧毁事呈盟摄政协理原盟警备军札萨克郡王文（光绪十九年初冬三十日）

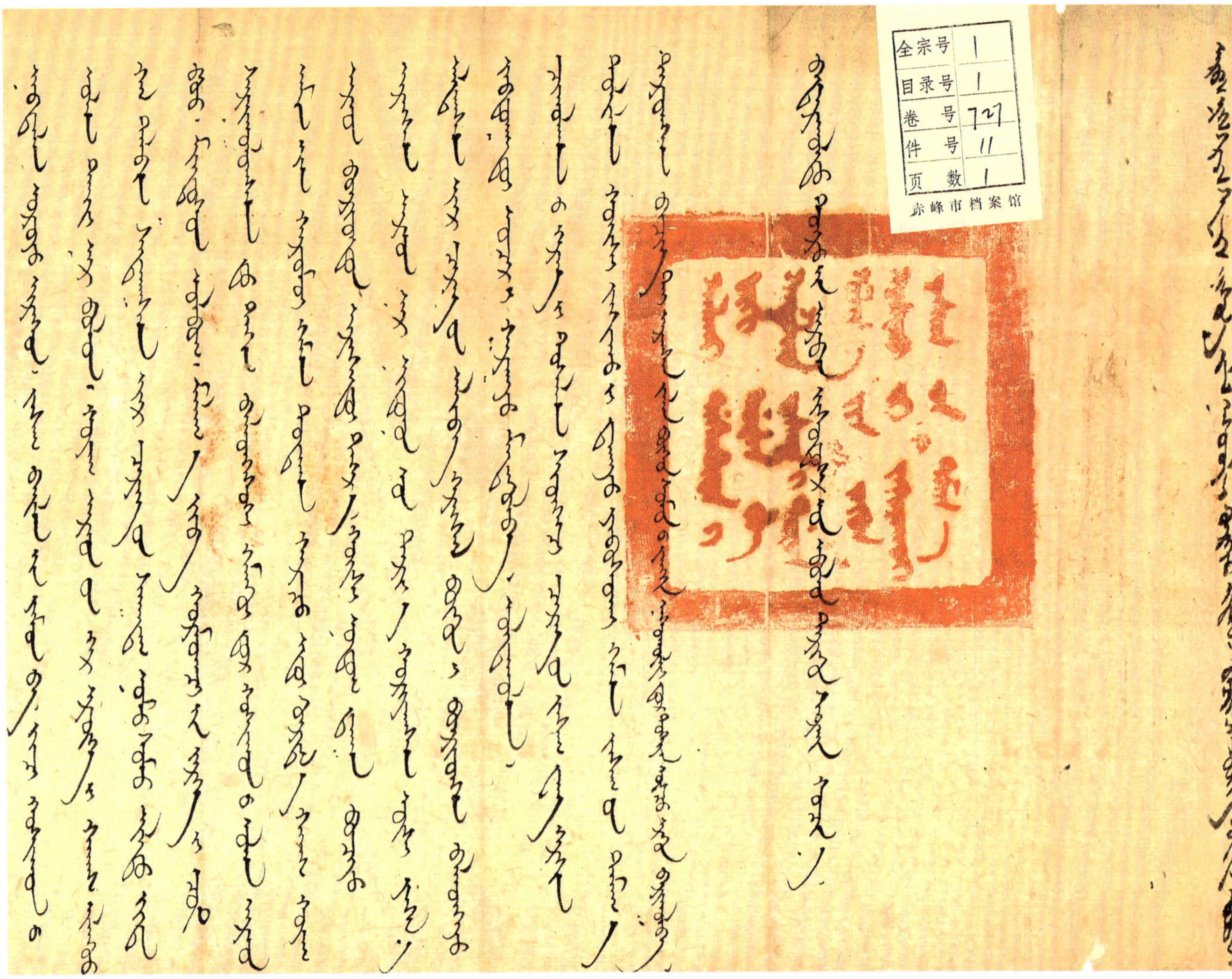

署理喀尔喀贝勒旗札萨克印务之协理为军需物资被烧毁事呈盟摄政协理原盟警备军札萨克郡王文

署理原喀尔喀札萨克加二级多罗贝勒布仁满都呼旗札萨克印务之协理二等台吉加三级白音巴达日呼文。呈送盟摄政协理原盟警备军札萨克暨翁牛特札萨克和硕亲王衔加六级军功加二级多罗杜棱郡王：保呈之事。

经查，本旗内巡逻集训护卫军之名、车夫、弓箭、大刀、长矛、火枪、箭头、军马、车辆、牛、帐篷、铁锅、铡刀、铁锨、火药、铅弹、四季衣服等所需物品均已如数备齐，并登记造册，且每个启封处盖札萨克印章呈送之。呈文请罪之事：虽以如数呈报，并所需军需物资交由所属官员保管之，但光绪十七年初冬二十九日，乱贼肖恒窜入本旗，放火烧毁札萨克贝勒衙门、台吉、壮丁百姓房屋近一半。故大量弓箭、大刀、长矛、火枪、蚕丝垫、帽子、箭头、围裙等均被烧毁散落。本拟重新配备，但旗下众民离家逃命，如今返乡之民不足半数。即便民众返回家乡，又因去年庄稼绝收，故军需物资无法重新筹备之。祈求盟摄政协理斟酌明断为盼。

至此，佐领章京那顺乌力吉携钤札萨克印之官文呈送之。

光绪十九年初冬三十日

117 署理巴林札萨克印务之协理二等台吉为盗匪之患事呈盟摄政协理原盟警备军札萨克郡王文（光绪十九年末冬初一日）

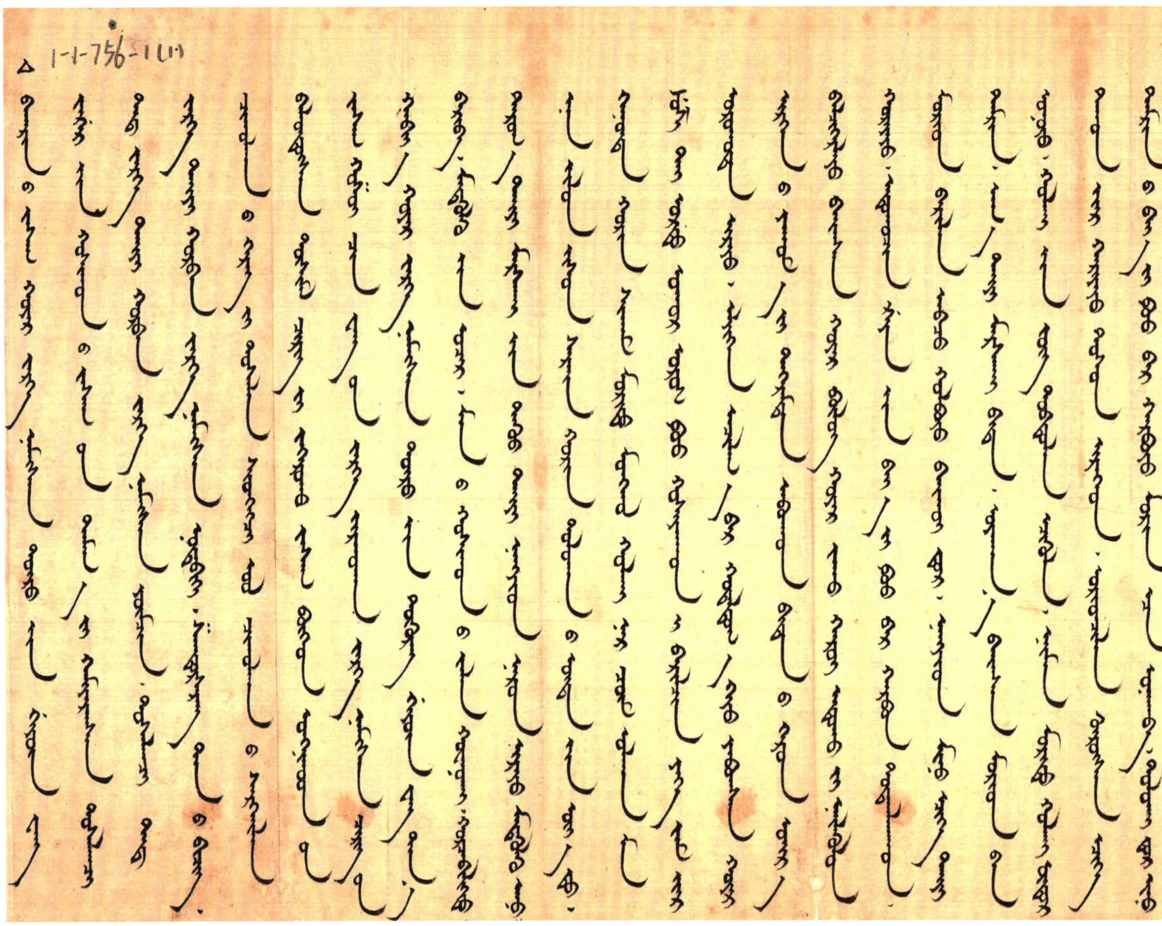

117 署理巴林札萨克印务之协理二等台吉为盗匪之患事呈盟摄政协理原盟警备军札萨克郡王文（光绪十九年末冬初一日）

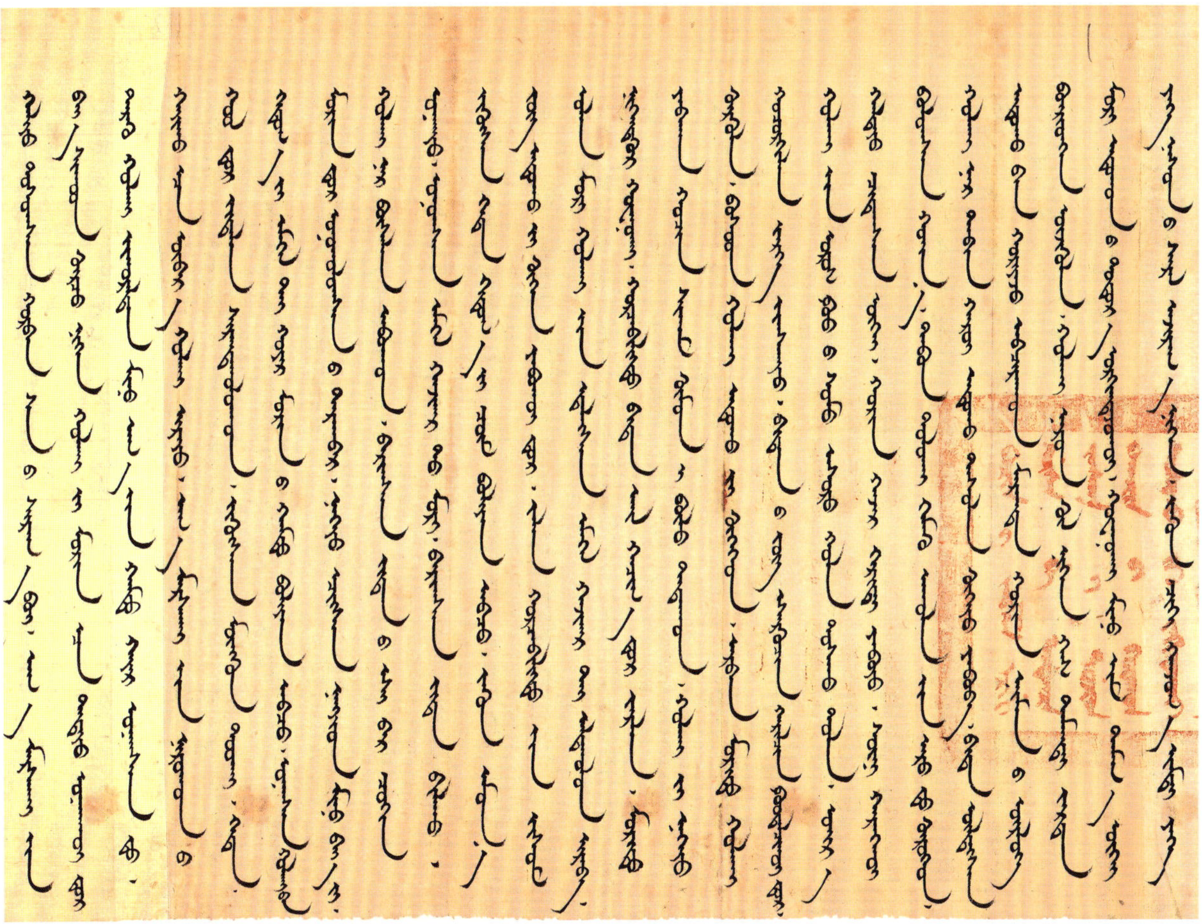

117 署理巴林札萨克印务之协理二等台吉为盗匪之患事呈盟摄政协理原盟警备军札萨克郡王文（光绪十九年末冬初一日）

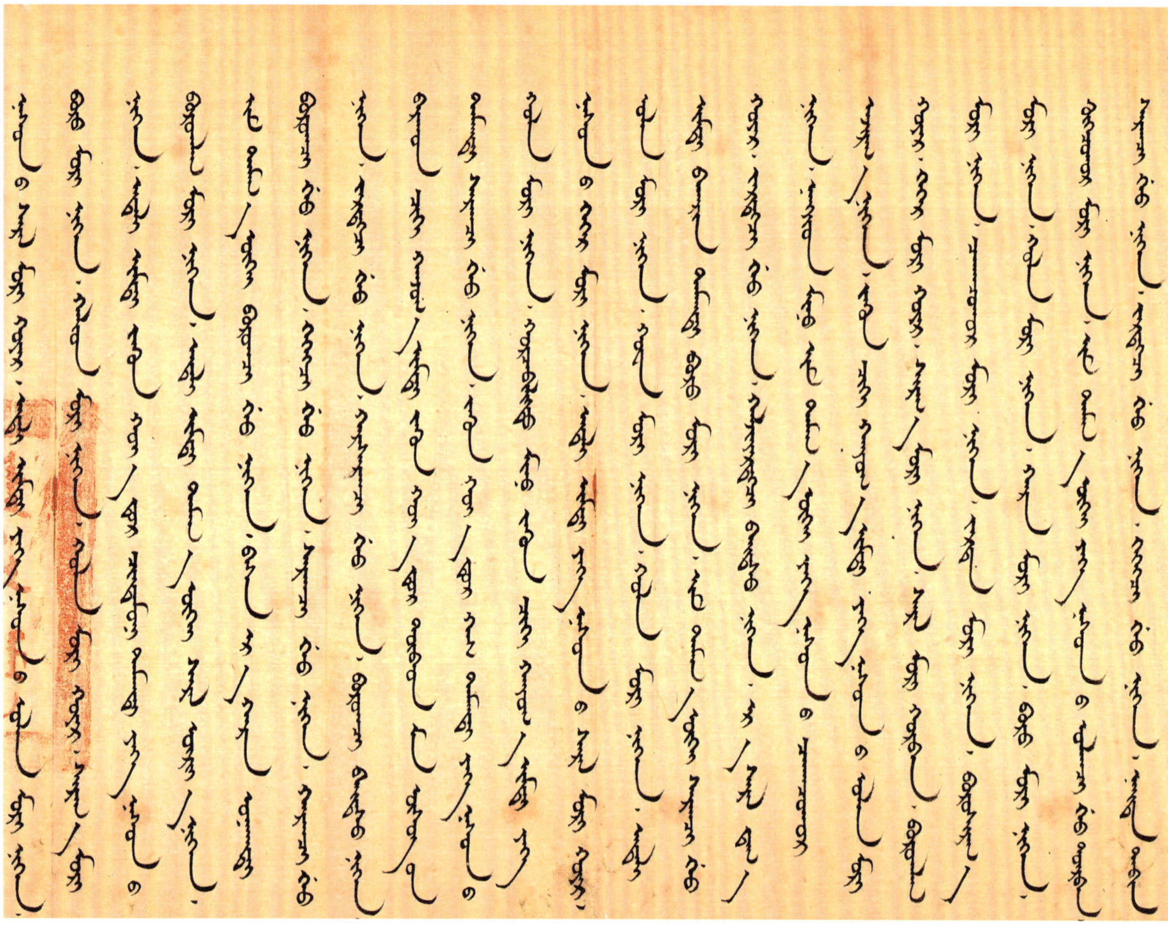

117 署理巴林札萨克印务之协理二等台吉为盗匪之患事呈盟摄政协理原盟警备军札萨克郡王文（光绪十九年末冬初一日）

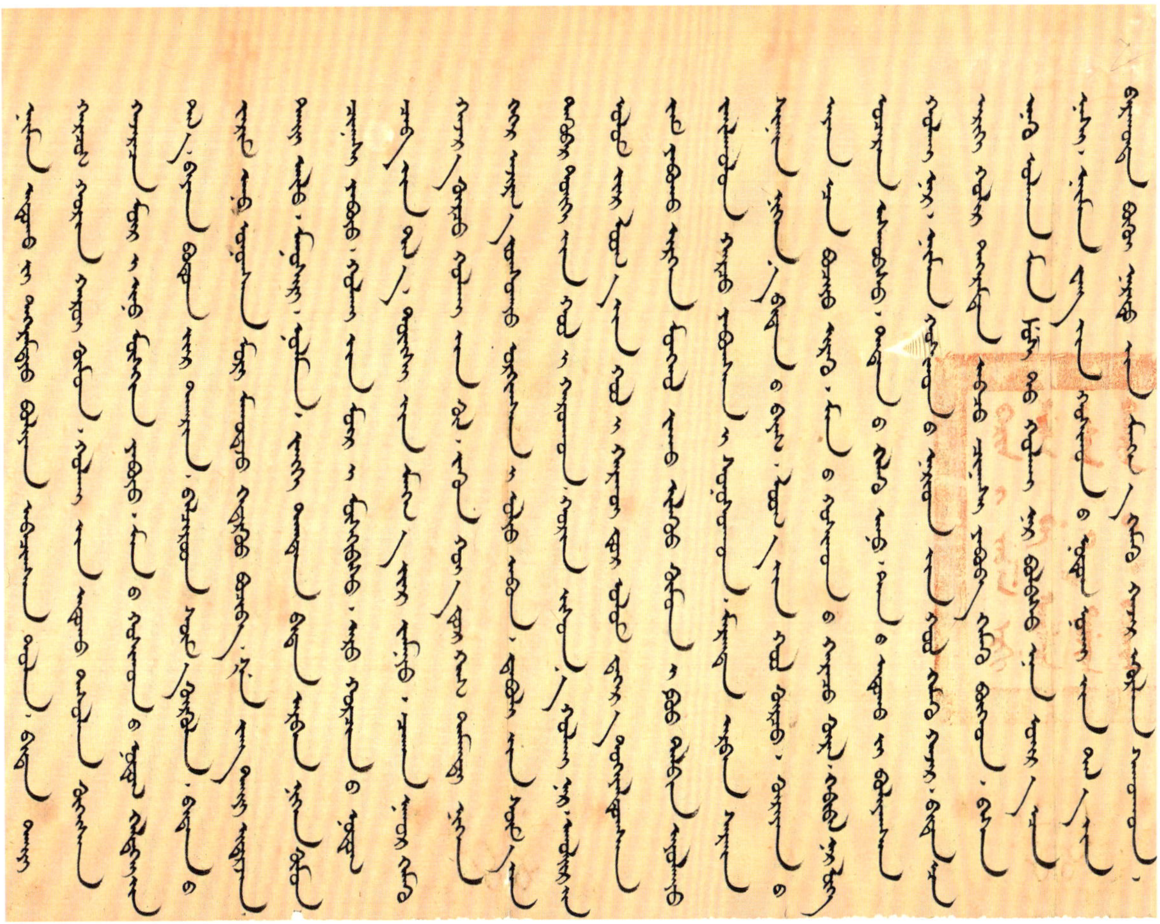

署理巴林札萨克印务之协理二等台吉为盗匪之患事呈盟摄政协理原盟警备军札萨克郡王文（光绪十九年末冬初一日）

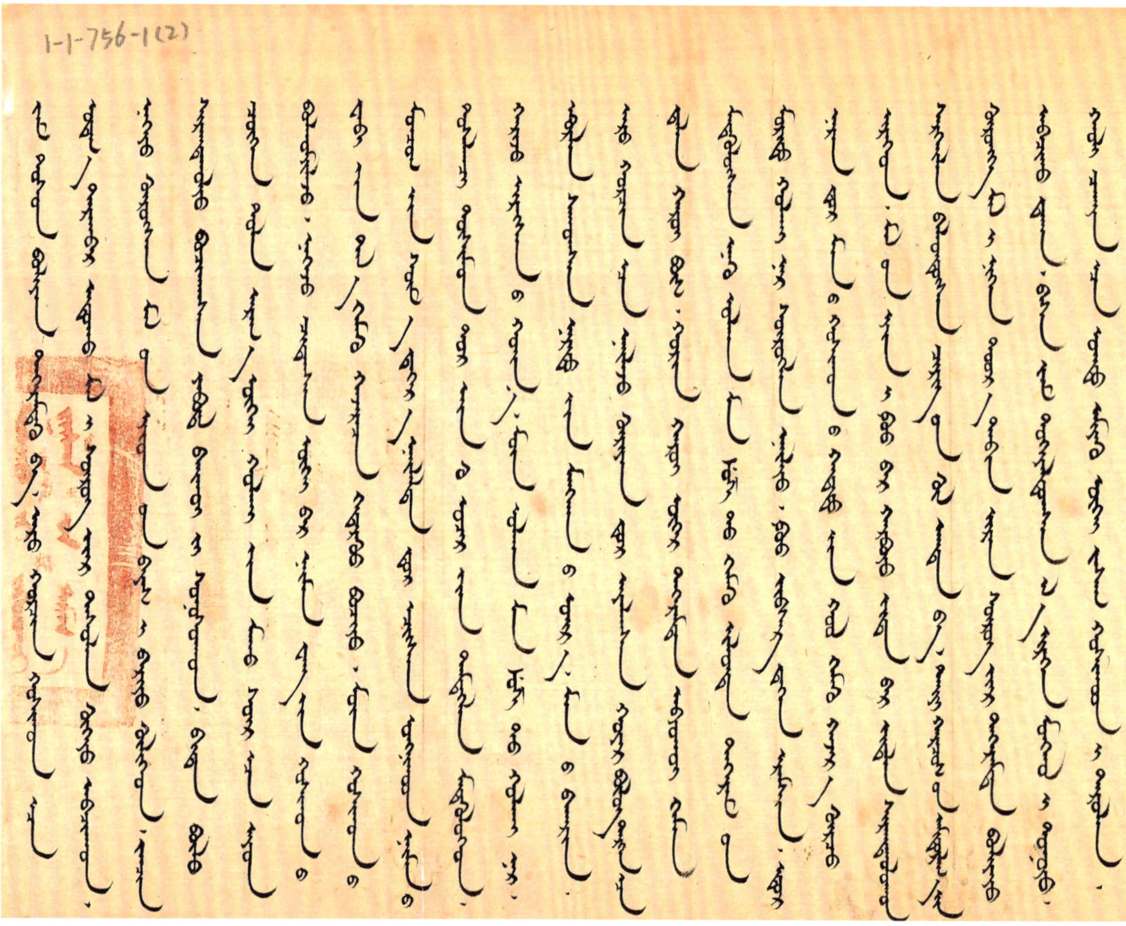

117 署理巴林札萨克印务之协理二等台吉为盗匪之患事呈盟摄政协理原盟警备军札萨克郡王文（光绪十九年末冬初一日）

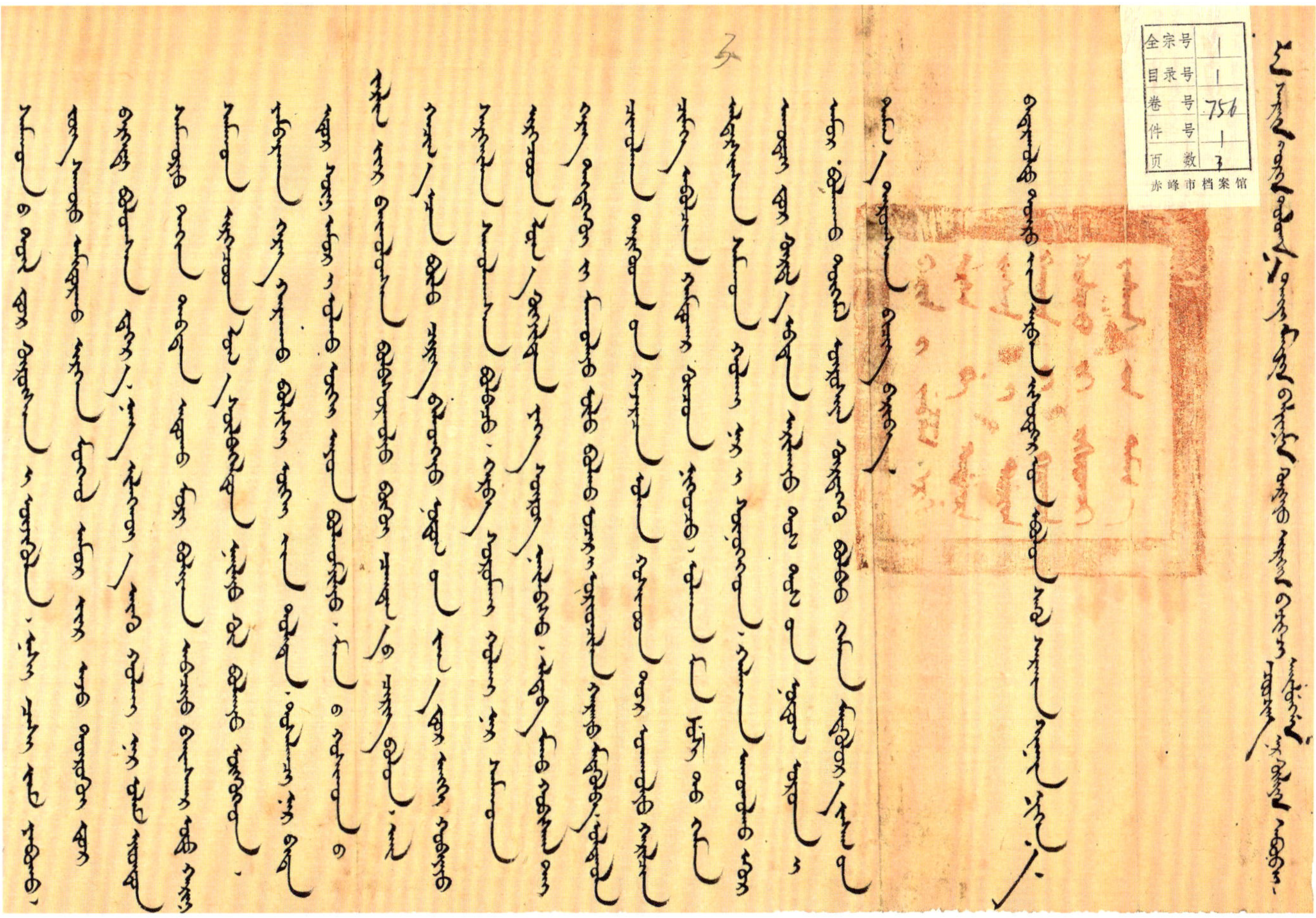

署理巴林札萨克印务之协理二等台吉为盗匪之患事呈盟摄政协理原盟警备军札萨克郡王文

署理巴林札萨克加二级多罗郡王扎克尔旗印务之协理二等台吉加三级优牧勤，协理台吉加三级敖达别乞、沙格德尔斯楞文。呈盟摄政协理原盟警备军札萨克暨翁牛特札萨克和硕亲王衔加六级军功加二级多罗郡王：呈报之事。

本旗甲喇花淖海、胡日查毕力格图、十户台吉玛日赛之弟台吉南吉德前来报案。今年九月二十七日午时，突然出现二十余骑马、穿红马甲蒙古盗贼持长短俄式枪，从大路疾驰而来，掠夺驴运小商贩之两个民人财物，并将俺家附近二百多个马匹收拢赶走，枪击马倌嘎亚，吓其逃走。抓马匹联拴时，本人与家父台吉达牧林、哥哥台吉玛日赛等骑马直奔盗贼。八个盗贼大声辱骂并迎上来，将先到之家父达牧林开枪打下马。家父头部中擦皮而过之三颗铅弹。哥哥玛日赛直奔其中一名盗匪，将其拽下马扭打在一起。此时，旁边盗匪刺伤哥哥腰部，抢走银镪、短刀与配有鞍子的两匹马，并将落地之匪拉上马逃走。本人赶到时。盗匪围过来用长矛戳俺下马，掠走配有鞍子的马、短矛、马棒、佩刀也。盗匪往东南方向赶走马群时，甲喇胡日查毕力格图的红马逃脱盗匪跑了回来。一方面，吾与花淖海、胡日查毕力格图召集村嘎查三十多人，拿着棍棒追到时，部分盗贼赶着马群往前走，有十余盗贼列队断后，开枪抵抗，盗匪俄式枪射程太远，吾等无法靠近。追有二十里地，天黑后到塔本套鲁盖北山，盗匪分离出五十多匹马赶走之。剩余马匹吾等赶回来。等到第二天，二十八日早晨清点发现，盗贼之烙有玉纹印记枣红马滞留于赶回之马群中。本花淖海之无印记大龄灰色马一个，左耳皮绳印大龄灰色马两个，有同样印迹大龄枣红马一个、青色马一个、海骝马一个、金黄毛马两个、亮鬃草黄马一个，左后腿烙如意印大龄浅青马一个、灰色公马一个，无印迹浅青色母马一个，还有带黑色公驹浅青色母马一个、枣骝毛母马一个、灰色牝马一个、浅黑色母马一个、浅红色母马一个、浅银黑色母马一个，浅青色三岁骡马一个，右耳有皮绳印迹左后腿烙有藏文“ན”字印牝马一个，左后腿有“卍”字印大龄金黄马一个；胡日查毕力格图左耳有皮绳印大龄枣骝马一个，有同样记号大龄灰色马两个、红马一个、浅草黄马一个、黑鬃黄马一个、带巴林烙印青马一个、无印记牝马两个、浅红色母马一个、线脸浅红色三岁马一个、二岁灰色公马一个；南吉德本人无印记大龄白色豹花儿马一个，左耳有皮绳印记大龄红马两个、枣骝马两个、银合马一个、辂纹马三个、浅青马一个、白色豹花马一个、红马一个、青色海骝马一个、黑鬃黄马一个、亮鬃草黄毛马一个、灰毛马三个、浅青色马一个、白色豹花马一个、枣红马一个、青红马一个、金黄色马一个、黑色马一个、青色马一个、青豹花马一个，无印记大龄浅红色母马四个、牝马一个、浅红色马一个、枣骝母马一个。共计掠走五十八匹马。吾等台吉及庶民二十多人跟踪马迹至本旗合力忒给草原，穿过巴彦包敦，到巴拉奇如德庙，此时马匹劳累而部分人回去。本人及社长台吉伊德尔占、台吉艾路、玛瑙西里、诺力玛、章京达葛丹等十一人继续追踪盗贼足迹，通过阿鲁科尔沁　彬塔拉、通石沙漠，往前到了查干淖尔地方，捡到盗贼丢下之左后腿上有“卍”字烙印枣骝马，路过德布里庙附近托格河沙漠。二十九日，盗贼从交叉渡口处趟过老哈河时，鸣枪赶走渡口处过河之蒙汉一百多人而去。听到消息，第二天，于十月初一日，吾等赶到老哈河边，遇见本旗库伦返回商队胡日乐、葛毕巴拉等。问询时曰，抢走马匹盗匪在奈曼旗那力德河地方，半道抢走商队酒、面粉等物品扬长而去。此等红马甲盗匪近期盘踞于奈曼王旗淖海塔拉西边那日图沙漠地带。此帮盗匪拦路抢劫，屡次从阿鲁科尔沁旗抢盗成群牛马，捆绑殴打追赶失主，使多人受伤。等语。听此，自觉势单力薄，无法与盗贼对峙，未能往前追，只好从奈曼王旗瓦坯塔拉地方往回赶。便向该旗门楚嘎庙汇聚之翁牛特、奈曼协理诸官员禀报盗匪情况后返乡。后来，此等红马甲盗匪盘踞之那日图沙漠附近，抢走巴林及阿鲁科尔沁前往库伦之两批商车队七十多批布、二十多头牛。禀报中得知，此等红马甲盗匪为骑马盗匪，成群结队，仗着好枪械，光天化日之下至本旗哈达图河等地，将牧主用火枪射击、用长矛刺伤，抢走警备军马匹、台吉与庶民的财产和牲畜等，一次就能出动五六十个盗匪作案。而且拦路抢劫蒙汉人财物，不畏律法，欺负札萨克旗，疯狂至极。已威胁往返赶路游客，周围居住之蒙汉人惶惶不可终日。尤其，盗匪越来越猖獗，频繁抢夺马匹，现还与当地贼民勾结，将来祸患不敢想象。等语。为此，吾等台吉提心吊胆、难以梦寐。为防范盗匪之患，应调遣本旗钦命训练之警备军及嘎查村预备兵丁，分部驻守家乡边界。但是，盗匪与当地贼民相勾结，互通信息，不知何时成群结队引起大骚乱，其后果不堪设想。特此禀报此事。恳请盟长处昭告各旗，互相通文并联手，合力剿灭臭名昭著之红马甲盗匪，捣毁其匪窝，确保家乡之安宁。

至此，呈钤札萨克印之文。

光绪十九年末冬初一日

118 盟长翁牛特札萨克贝勒为进京领圣上赏赐事札盟摄政协理原盟警备军札萨克郡王等文（光绪二十年初夏三十日）

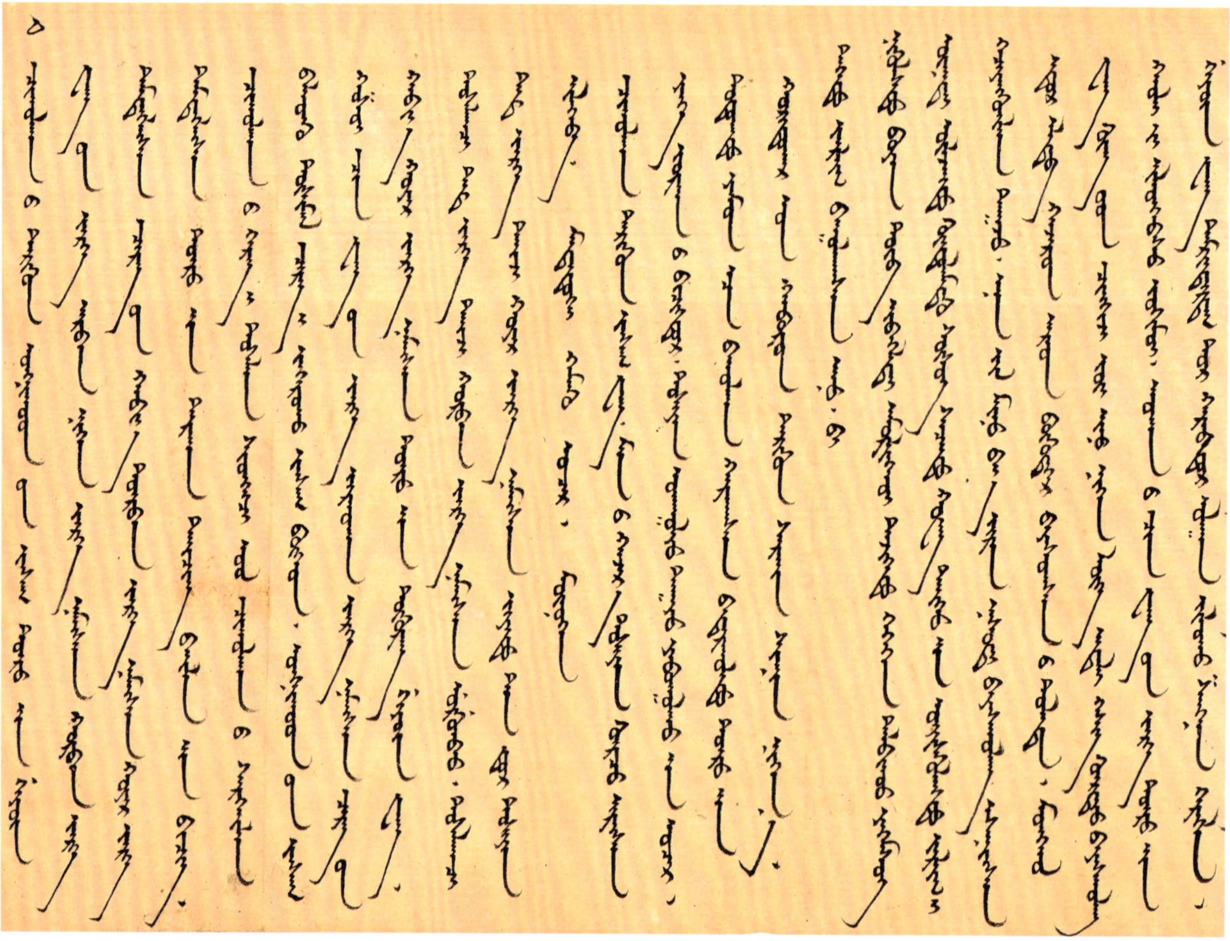

118 盟长翁牛特札萨克贝勒为进京领圣上赏赐事札盟摄政协理原盟警备军札萨克郡王等文（光绪二十年初夏三十日）

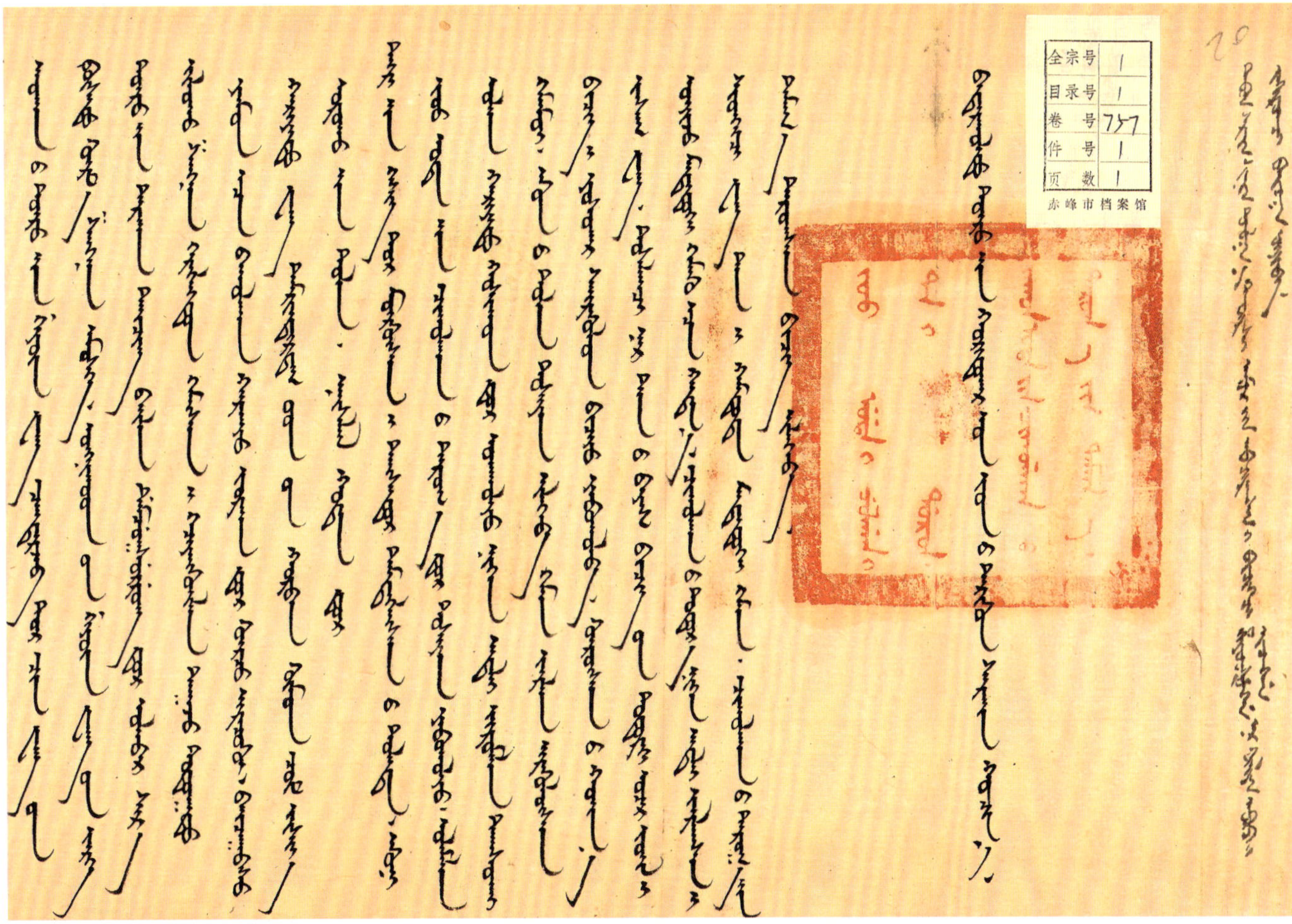

盟长翁牛特札萨克贝勒为进京领圣上赏赐事札盟摄政协理原盟警备军札萨克郡王等文

盟长翁牛特札萨克多罗郡王衔加十一级记三级军功加四级记二级多罗达尔罕岱青贝勒文。札付盟摄政协理原盟警备军札萨克暨翁牛特札萨克和硕亲王衔加六级军功加二级多罗杜棱郡王，协理二等台吉加三级乌尔根宝、协理二等台吉加二级吉雅图：告知之事。

近日，盟长札萨克王衙署承转大部札开：通告遵行之事。内务府下诏，光绪二十年初春初一日圣上下旨：朕遵行慈祥富贵正统安详宽广尊贵吉祥聪慧之皇太后尊令，今年为朕六十岁诞辰吉日。举国欢腾，授蒙古王公同等恩赐，以示愉悦之法。赐敖汉亲王衔多罗郡王达木林达尔达格淡黑色缰绳、赐敖汉多罗郡王查格达尔扎布带有亲王腰带之马褂、赐翁牛特郡王衔多罗达尔罕岱青贝勒德木楚克苏荣红黄缰绳。谨遵旨，内务府拨交至理藩院。钦遵前来。本大部经查，所属王达木林达尔达格等三人均为年班。已登记其进京受恩赐之事，故札付昭乌达盟长，宣告所属诸旗，一同遵行。等因前来本盟署。在此抄录原文寄付之。文到，札萨克王，协理等亲自阅知文内，昭告之属内。另告知摄政王爷处。

至此，致钤盟长印之文。

光绪二十年初夏三十日

119 盟摄政协理原盟警备军札萨克郡王为备送驻雍和宫和尚费用事呈盟长翁牛特札萨克贝勒文（光绪二十年）

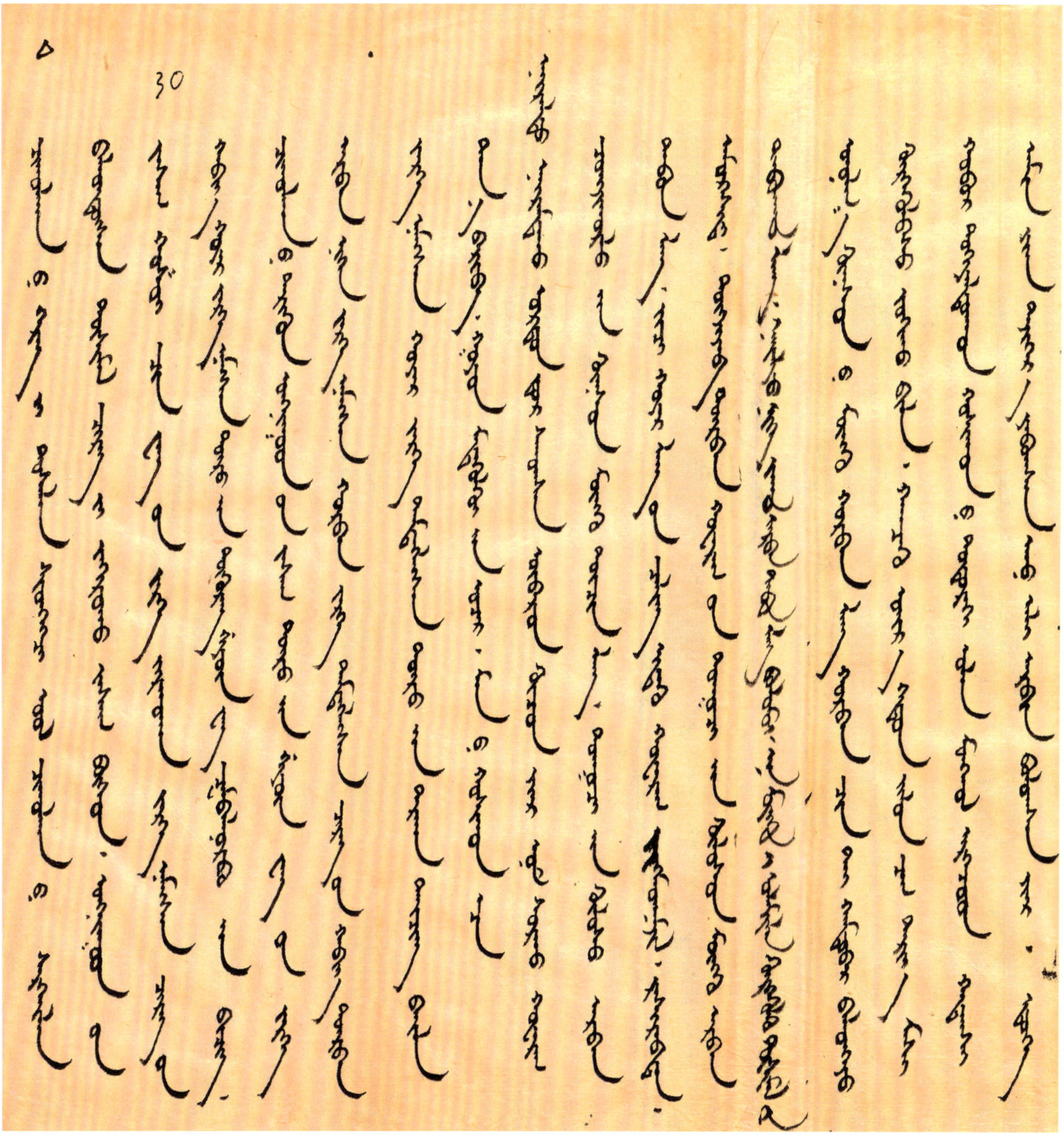

119 盟摄政协理原盟警备军札萨克郡王为备送驻雍和宫和尚费用事呈盟长翁牛特札萨克贝勒文（光绪二十年）

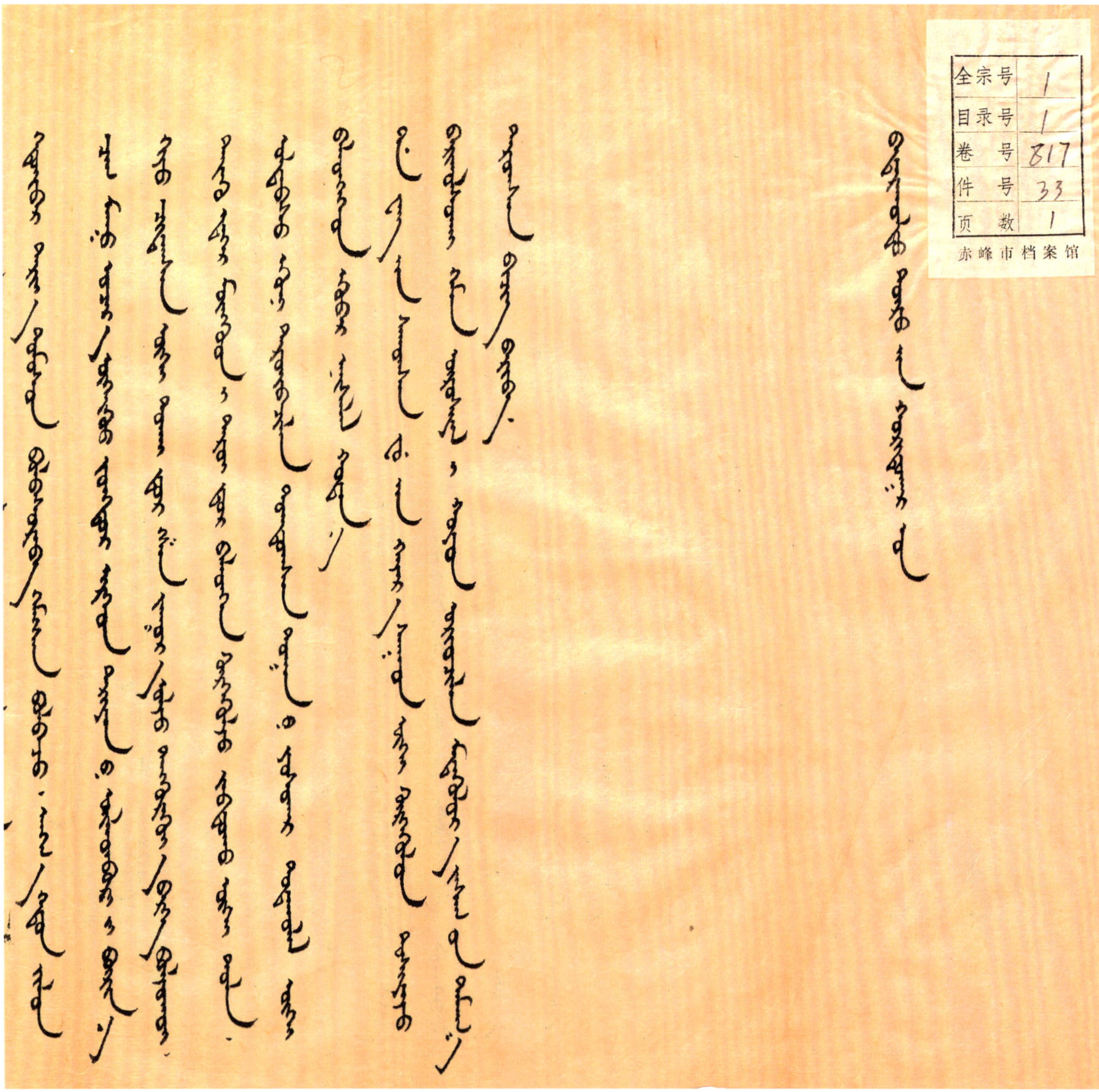

盟摄政协理原盟警备军札萨克郡王为备送驻雍和宫和尚费用事呈盟长翁牛特札萨克贝勒文

盟摄政协理原盟警备军札萨克暨翁牛特札萨克和硕亲王衔加六级军功加二级多罗杜棱郡王赞巴勒诺尔布文。呈送盟长翁牛特札萨克多罗郡王衔加十一级记三级军功加四级记二级多罗达尔罕岱青贝勒：呈报之事。

本旗驻雍和宫诵经和尚却吉浩日勒之口粮费四十两、厨师费十五两及领二两薪金和尚吉格木德那木吉勒、拉希拉布坦、阿木尔希迪、图格吉扎布等四名和尚之厨师费十五两，合计一百一十五两。此等银两同送银官之路费三两三钱，应如数备齐送至。只是，近几年年景不好，庄稼欠收，旗内蒙人、民人外出当劳工诸多。虽到庄稼收割季节，但几年旱灾使庄户们储粮颇少，一时无力足额缴田赋。故目前无法全额配送此等银两。稍作推迟，待筹措备齐，即刻送至驻京城大王您处。请开恩。

至此，呈钤札萨克印之文。

光绪二十年

盟摄政协理原盟警备军札萨克郡王等为一宗盗匪抢劫之事咨赤峰县衙文（光绪二十年）

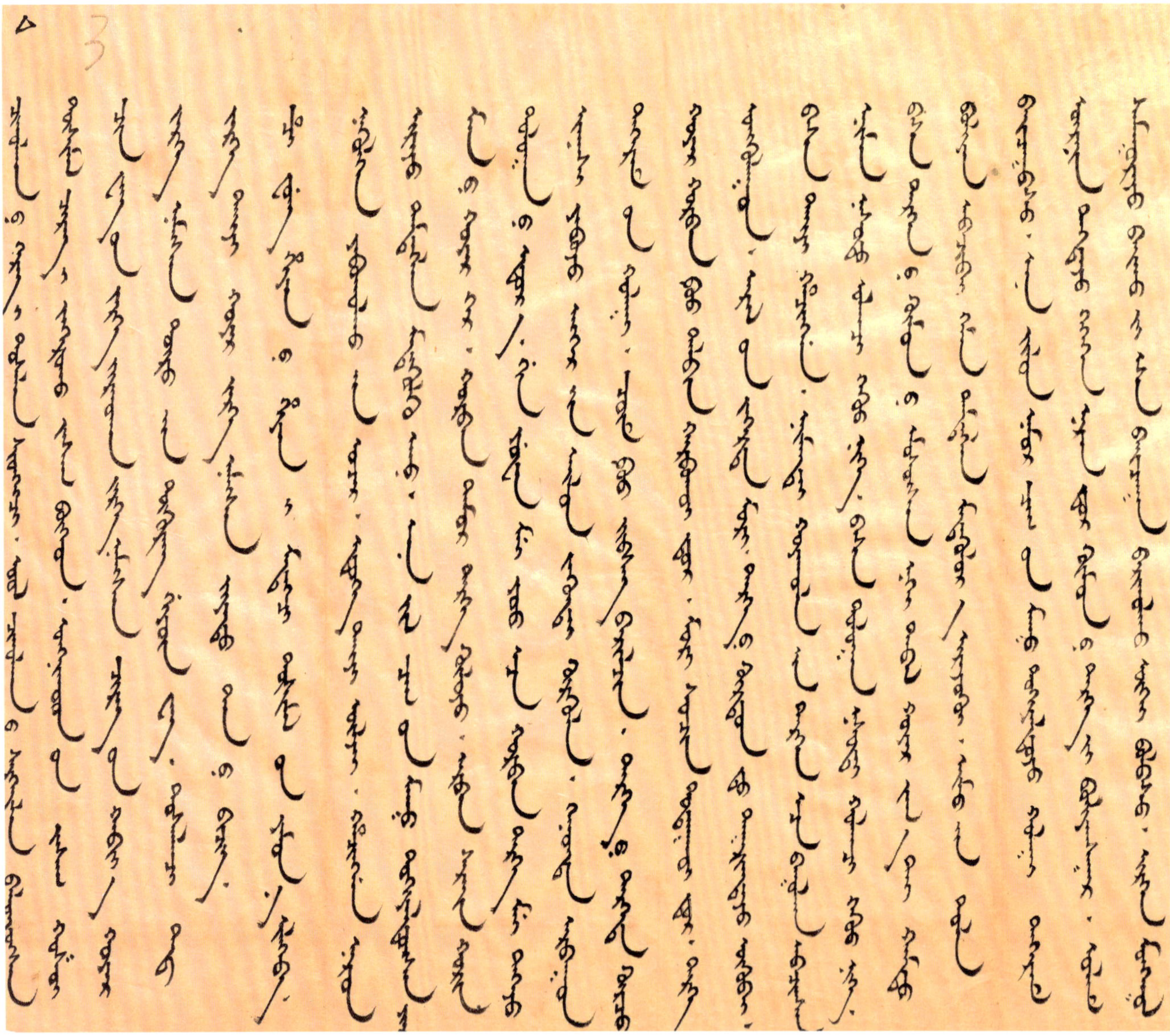

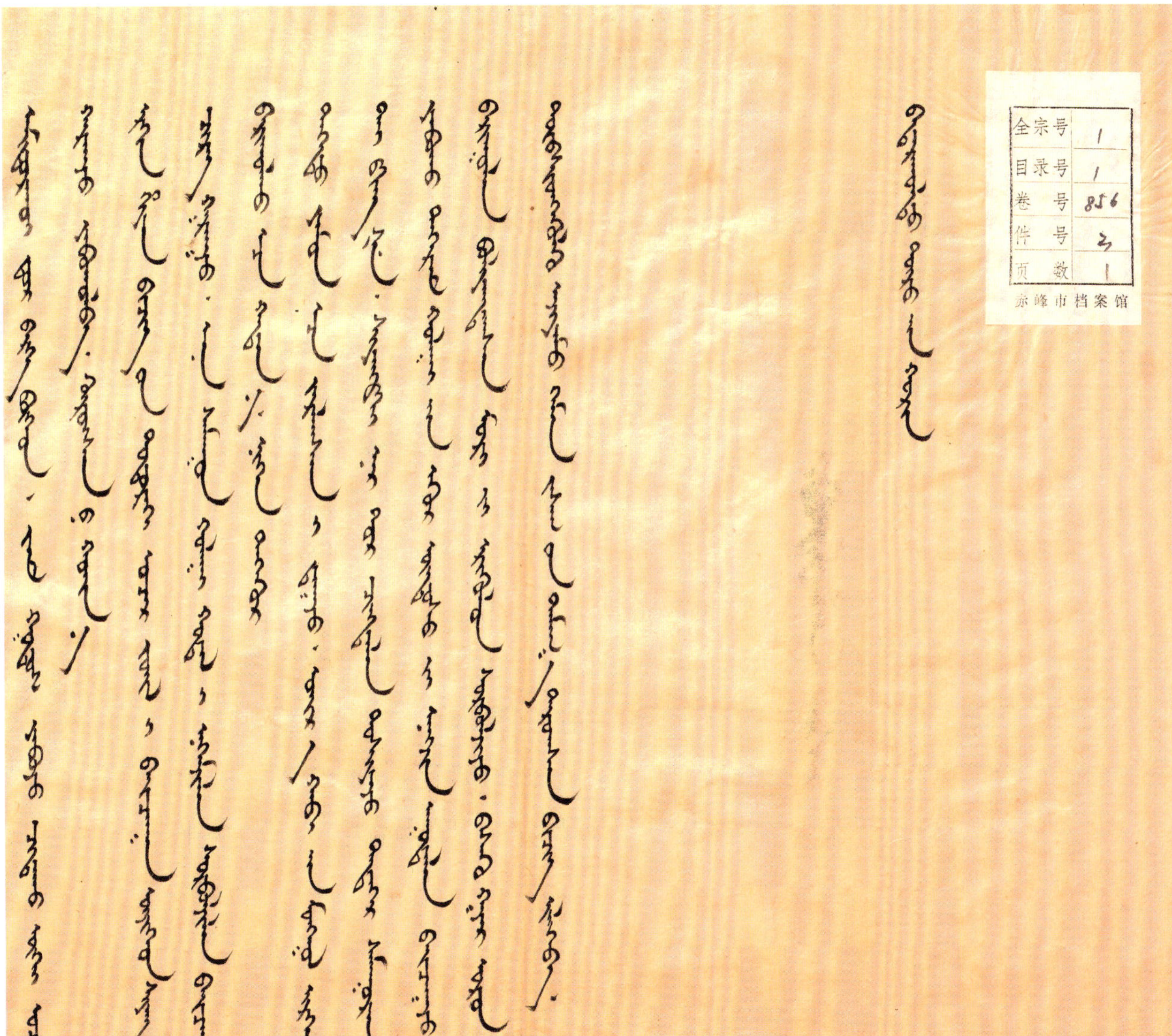
全宗号 1
目录号 1
卷 号 856
件 号 2
页 数 1
赤峰市档案馆

盟摄政协理原盟警备军札萨克郡王等为一宗盗匪抢劫之事咨赤峰县衙文

盟摄政协理原盟警备军札萨克暨翁牛特札萨克和硕亲王衔加六级军功加二级多罗杜棱郡王、协理二等台吉加二级吉雅图文。咨赤峰县衙：行咨之事。

如今台吉乌力吉、哈青阿上报曰：今年遇旱灾之年，吾等俩家赶三辆大车，于十月二十七日，从锦园煤窑拉三车煤至恩格尔村东侧时，突然冲出十余名持枪盗匪，临近车辆放三枪，灰色辕马受惊狂奔，翻车被车轮压死。还有，抢走台吉哈青阿、奈曼台之辕马八岁浅红色母马一匹、七岁浅黄色母马一匹及车夫羊皮袍两件。等因前来。

经查，今年秋天庄稼欠收，盗贼横行，光天化日之下抢夺车马，愈加严重。如不捉拿归案，百姓何以生计、何以出门也。文到之际，贵县审阅内容，派出乡勇军捉拿盗贼。此外，一边遵行上级衙门指示，下令附近蒙汉太平社、乡牌，搜查捣毁盗贼之窝，找出被盗马匹，还一方平安为盼。

至此，咨送钤札萨克印之文。

光绪二十年

121 巴林等八旗蒙汉民事务大臣为上任履职事札盟摄政协理原盟警备军札萨克郡王文（光绪二十一年初夏十七日）

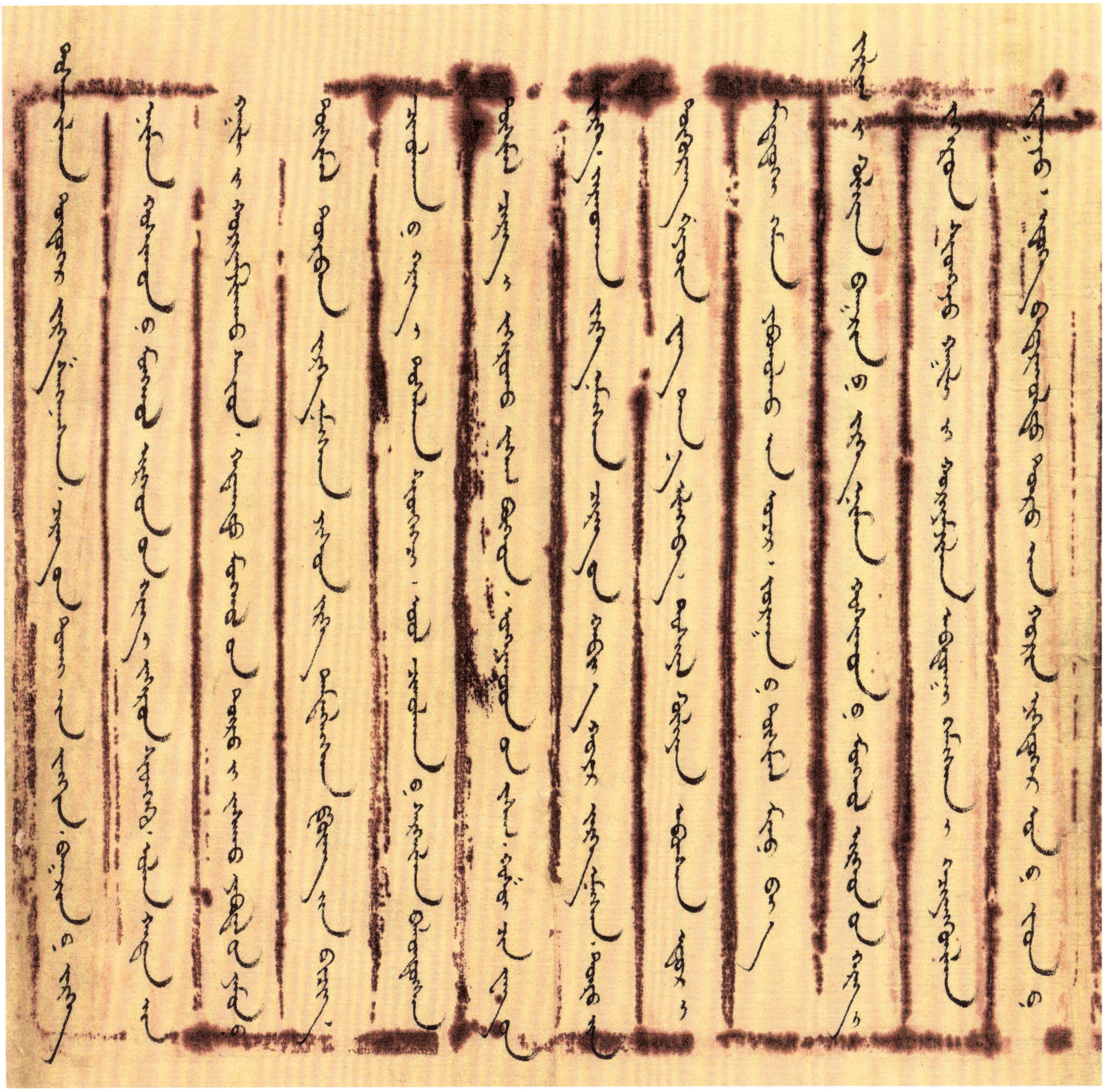

121 巴林等八旗蒙汉民事务大臣为上任履职事札盟摄政协理原盟警备军札萨克郡王文（光绪二十一年初夏十七日）

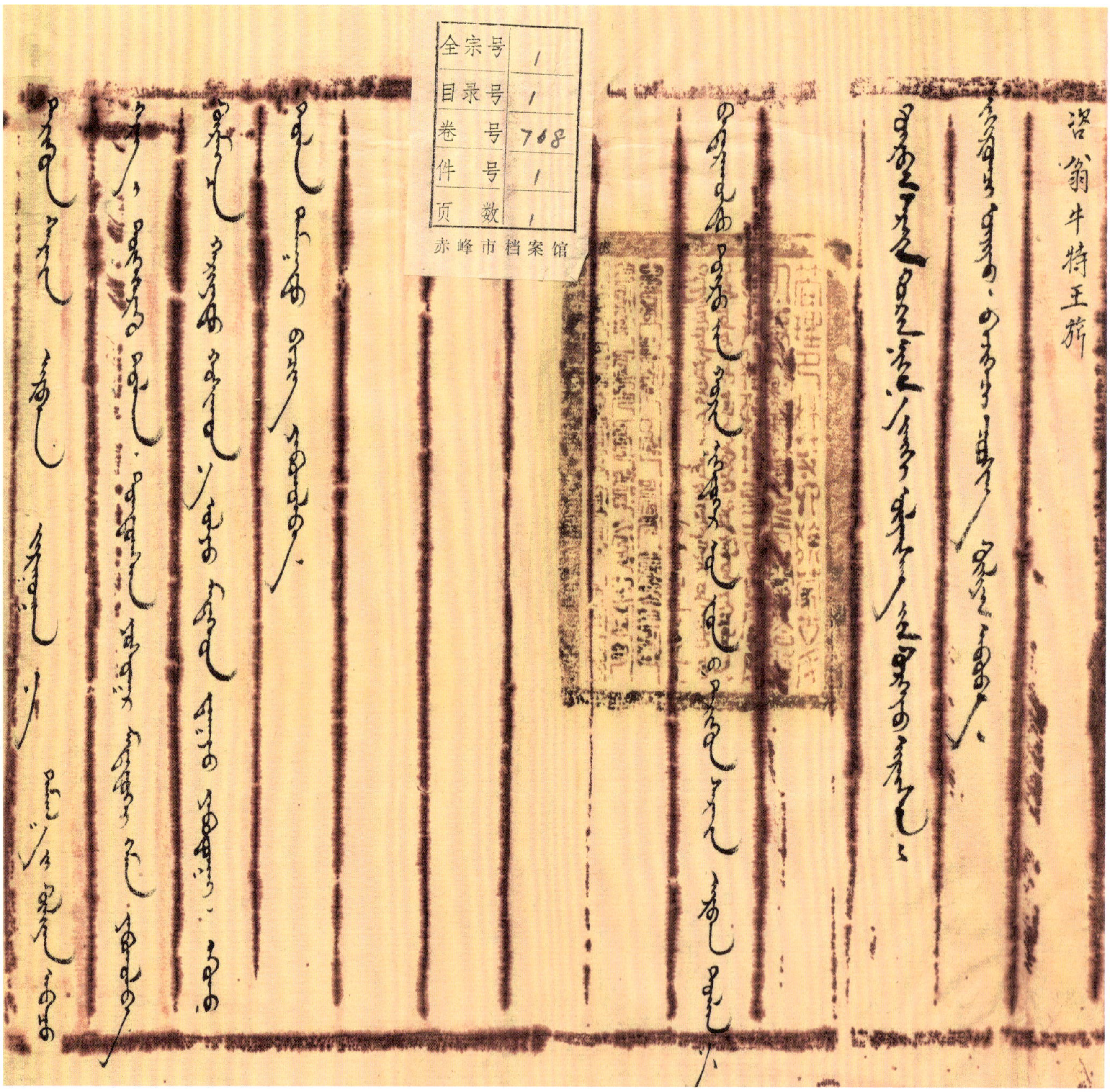

巴林等八旗蒙汉民事务大臣为上任履职事札盟摄政协理原盟警备军札萨克郡王文

赐封四级军机章京掌管巴林等八旗蒙汉民事务大臣乌兰哈达征税官理藩院官员加四级记九级彭氏文。札付盟摄政协理原盟警备军札萨克暨翁牛特札萨克和硕亲王衔加六级军功加二级多罗杜棱郡王：通报任职日期之事。

本大臣奉命接任巴林等八旗蒙汉民事务大臣、驻乌兰哈达征税官一职，于光绪二十一年初夏十六日接印章，履行公务。故行札通告之。文到，转告所属旗遵行之。

此札。

光绪二十一年初夏十七日

122 盟摄政将军札萨克王祭拜梅林巴拉吉尼玛之祭文（光绪二十一年八月二十五日）

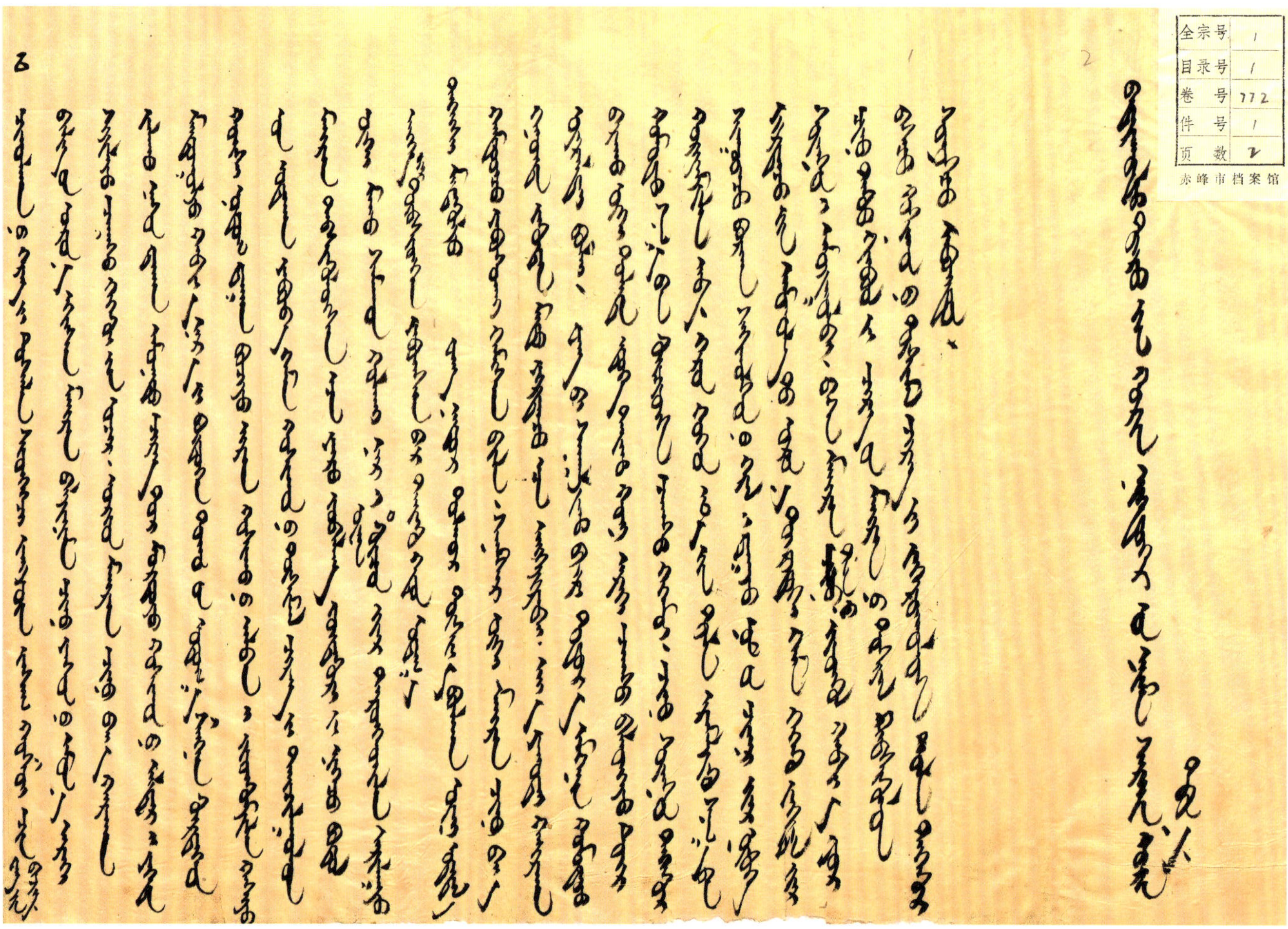

盟摄政将军札萨克王祭拜梅林巴拉吉尼玛之祭文

盟摄政协理将军札萨克和硕亲王文：仙逝梅林巴拉吉尼玛灵前上香奠嚼炬帛之事。

先前，梅林您年轻时征军南方，扬吾旗威，功成名就，受赐孔雀花翎。返乡从事旗务多年，功勋卓著。故晋升梅林，统领旗卫兵。从此，梅林不辞辛苦，全力消除盗贼之患，确保一方平安。故几回呈报，拟辅佐本王爷，陪伴终身。不料，梅林您突然辞世。哎呀！何惜何悲也。本王每每想起，悲痛不已。故上香、献馔、奠嚼、炬帛祭奠英灵，尽思念之情。英灵受之，抛开恋家之情，跟随佛光归入佛门，早日脱胎安详之地。炬帛告慰英灵。念梅林功德，晋升贵弟金宝乐上梅林职位，亦统领旗卫军。英灵闻之。

光绪二十一年八月二十五日

123 盟长敖汉旗郡王为登记壮丁、骑警事札盟摄政协理原盟警备军札萨克郡王文（光绪二十一年末秋二十日）

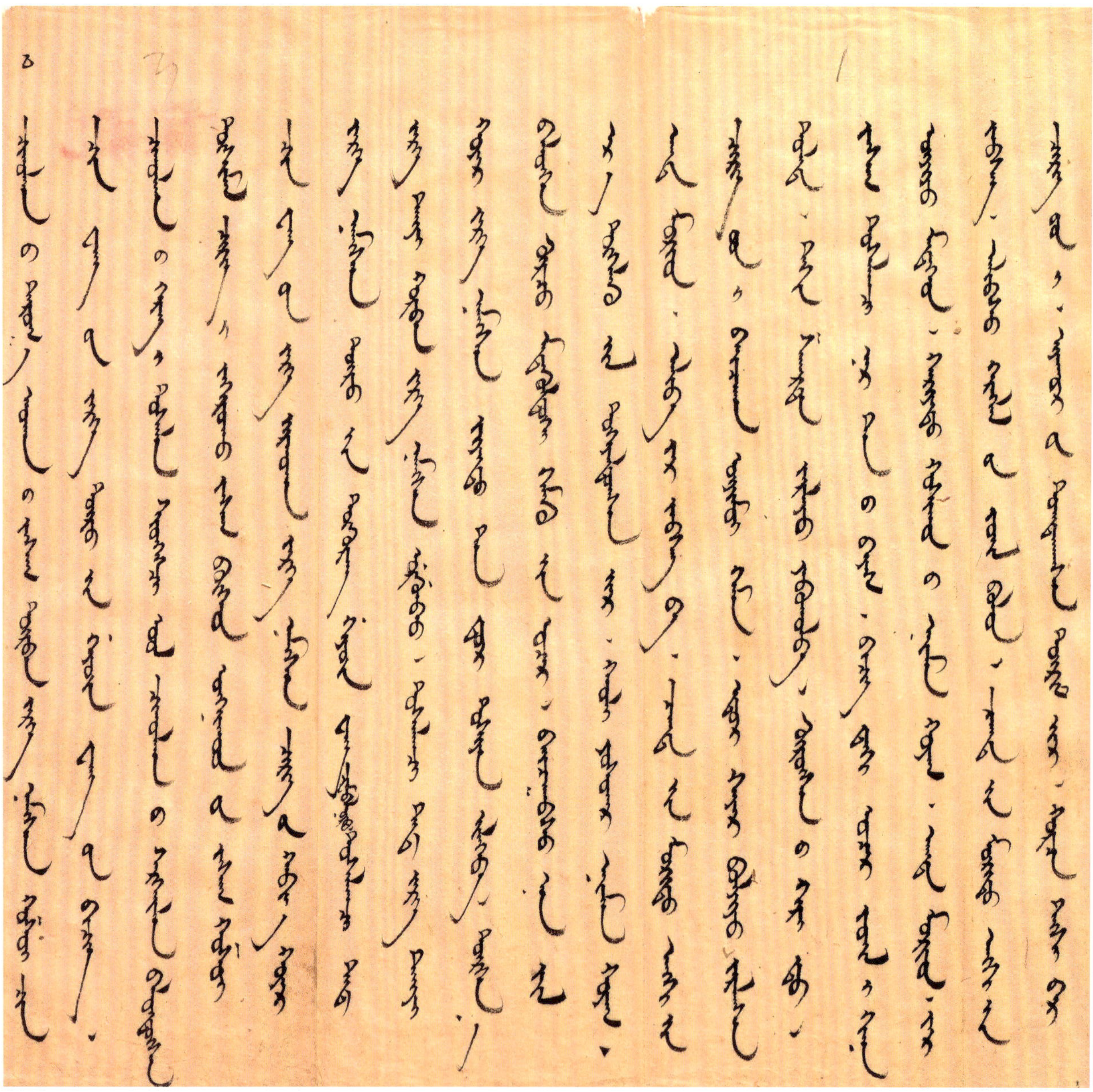

123 盟长敖汉旗郡王为登记壮丁、骑警事札盟摄政协理原盟警备军札萨克郡王文（光绪二十一年末秋二十日）

全宗号	1
目录号	1
卷　号	781
件　号	4
页　数	2

赤峰市档案馆

盟长敖汉旗郡王为登记壮丁、骑警事札盟摄政协理原盟警备军札萨克郡王文

盟长敖汉札萨克加四级和硕亲王衔多罗郡王文。札付盟摄政协理原盟警备军札萨克暨翁牛特札萨克和硕亲王衔加六级军功加二级多罗杜棱郡王赞巴勒诺尔布，协理二等台吉加三级乌尔根宝、协理二等台吉加二级吉雅图：迅速督办呈复之事。

经查，本年遇登册男丁之年。依法规，检实壮丁、坐骑、武器装备及骑警队伍。因核实日期、地点已确定，督促各旗汇报情况。官文到，札萨克、协理等审阅内容，以既定法规备齐所属旗壮丁、马匹、武器装备及骑警士兵，与两份汇报册子、简明手册、红格男丁登记册及往年登记册、台吉家谱等册子，同官差路费，限期报送至盟会衙署处，以备审阅。不得有误。如有差错严加惩罚。

至此，致钤盟长印之文。

光绪二十一年末秋二十日

124 盟摄政协理原盟警备军札萨克郡王等为备齐警备军人员物资事呈盟长敖汉郡王等文（光绪二十一年末秋三十日）

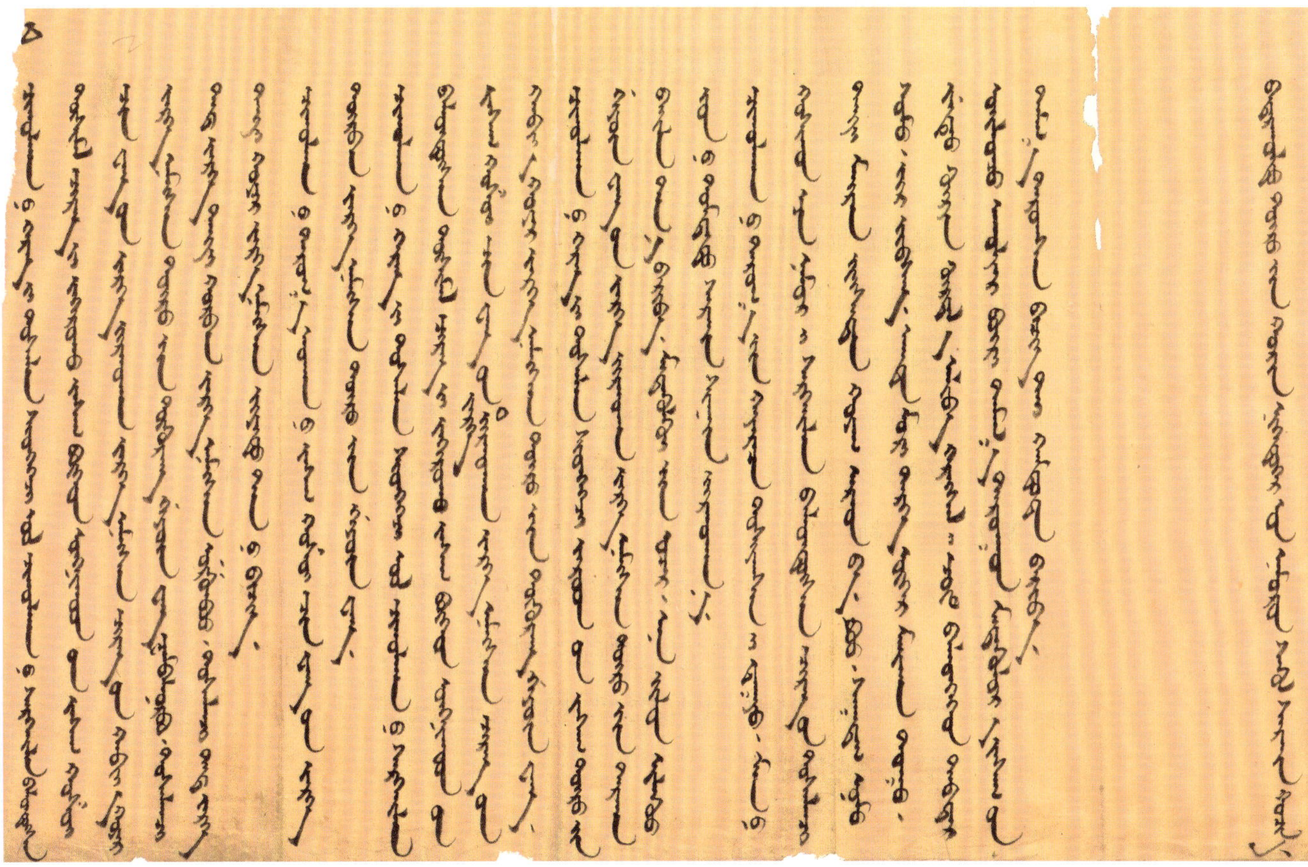

盟摄政协理原盟警备军札萨克郡王等为备齐警备军人员物资事呈盟长敖汉郡王等文

盟摄政协理原盟警备军札萨克暨翁牛特札萨克和硕亲王衔加六级军功加二级多罗杜棱郡王赞巴勒诺尔布，协理二等台吉加三级乌尔根宝、协理二等台吉加二级吉雅图文。呈送盟长敖汉札萨克和硕亲王衔加四级多罗郡王、盟摄政协理原盟警备军札萨克暨翁牛特札萨克和硕亲王衔加六级军功加二级多罗杜棱郡王、盟摄政协理扎鲁特札萨克多罗郡王衔加六级多罗达尔罕贝勒：呈报之事。

本年闰仲夏初六日，奉盟长之命，本旗秋季警备军协理台吉、梅林、壮丁及火枪、弓箭、武器、军马、牛、帐篷、铁锅、铡刀、铁锹等所需人员物资已备齐，并登记造册，钤骑缝章，同官文上报。

至此，呈钤札萨克印之文。

光绪二十一年末秋三十日

125 盟摄政协理原盟警备军札萨克郡王等为未能按时备齐军需物资事呈盟长敖汉札萨克郡王文（光绪二十一年初冬初三日）

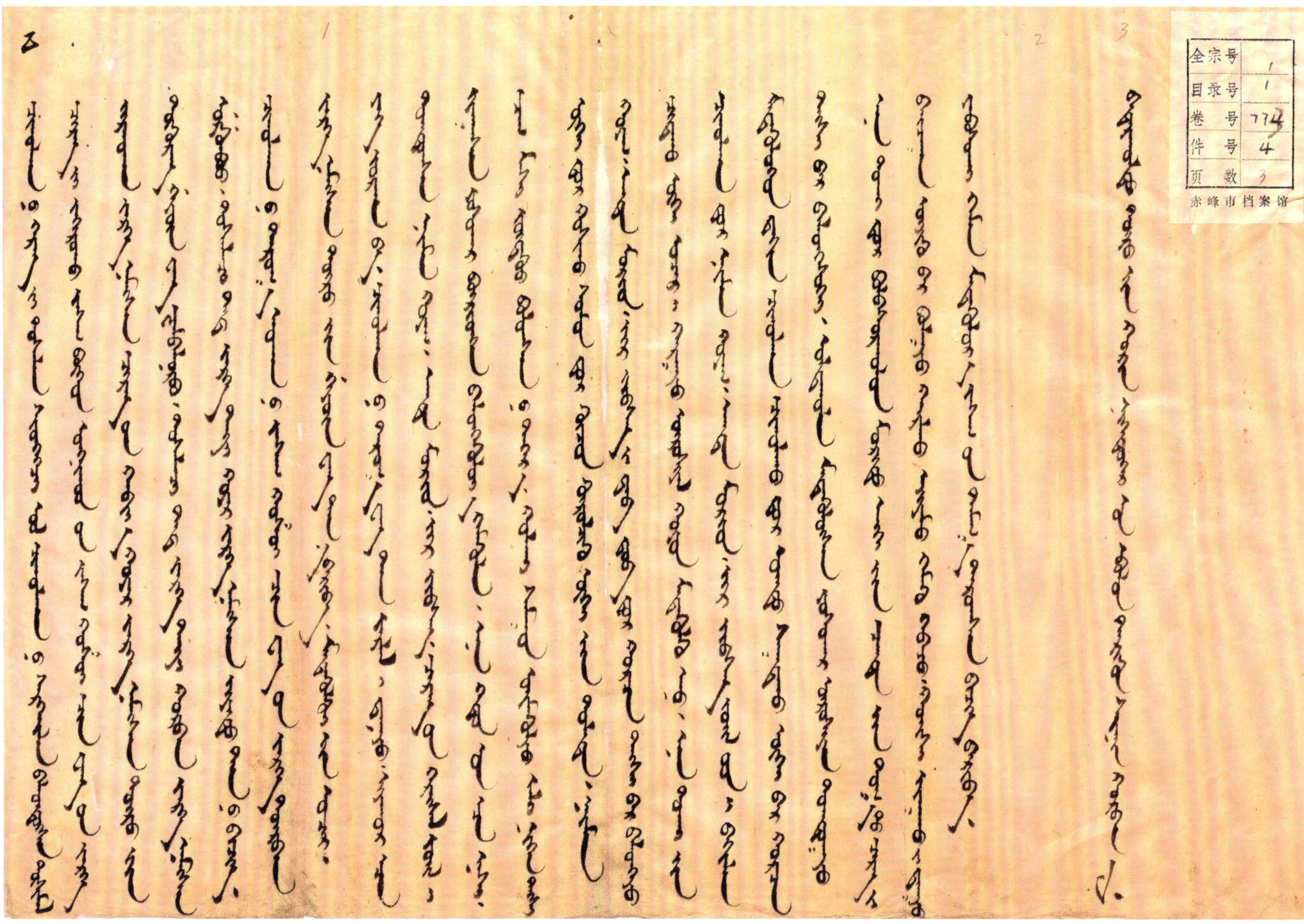

盟摄政协理原盟警备军札萨克郡王等为未能按时备齐军需物资事呈盟长敖汉札萨克郡王文

盟摄政协理原盟警备军札萨克暨翁牛特札萨克和硕亲王衔加六级军功加二级多罗杜棱郡王赞巴勒诺尔布，协理二等台吉加三级乌尔根宝、协理二等台吉加二级吉雅图文。呈送盟长敖汉札萨克和硕亲王衔加四级多罗郡王：呈报之事。

承接大部及盟长王爷之命，按原来规定理应备齐壮丁、马匹、武器装备。但近几年年景欠佳，加之盗贼捣乱，各旗、佐领财政吃紧，力不从心。故不能即刻备齐壮丁、马匹、武器装备。如有开恩，先报呈文，等至盟会检阅时备齐。期间加紧集训骑警队伍届时受阅为盼。

至此，呈钤札萨克印之文。

光绪二十一年初冬初三日

126 盟摄政协理原盟警备军札萨克郡王等为消除盗匪之患事呈盟长敖汉札萨克郡王文（光绪二十一年初冬初八日）

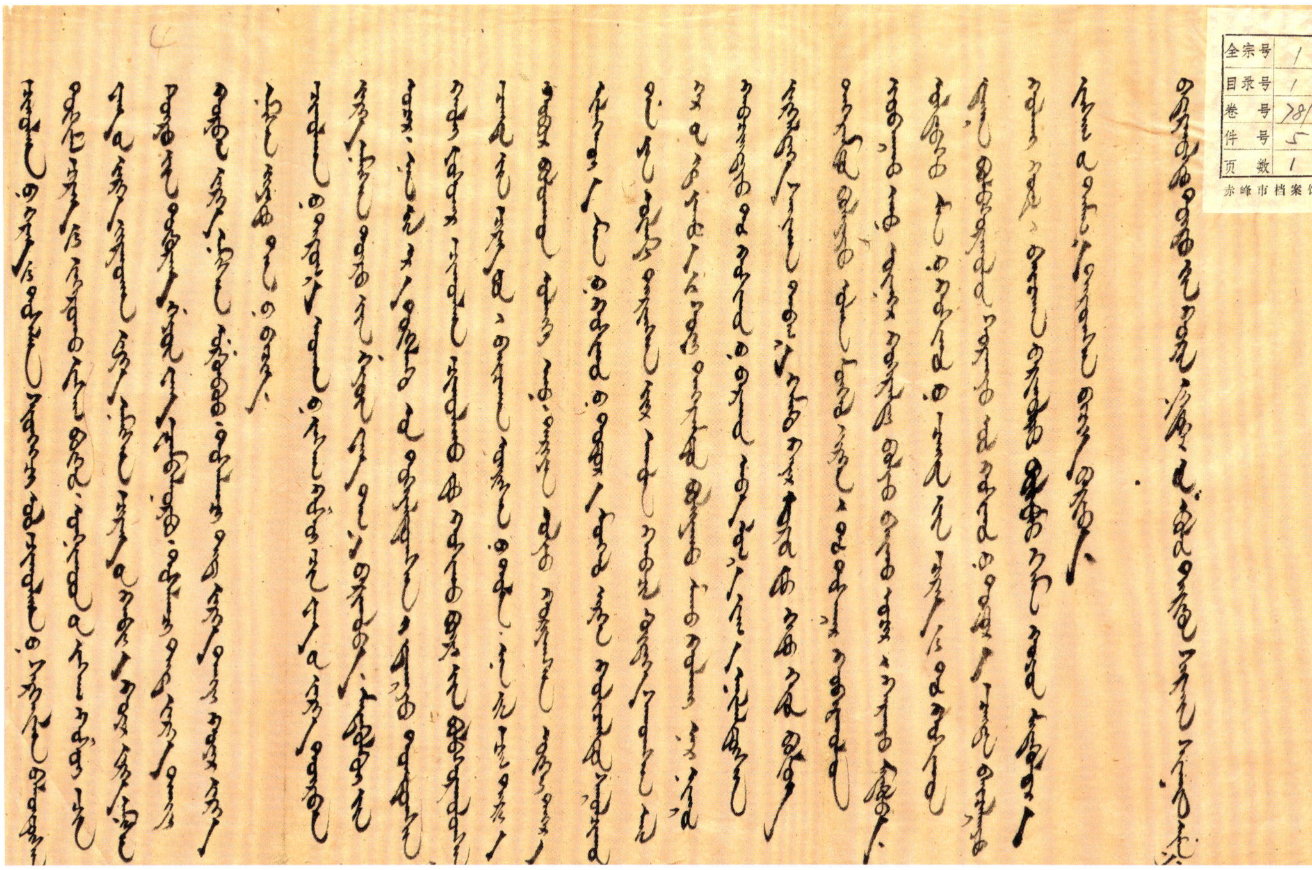

盟摄政协理原盟警备军札萨克郡王等为消除盗匪之患事呈盟长敖汉札萨克郡王文

盟摄政协理盟警备军札萨克暨翁牛特札萨克和硕亲王衔加六级军功加二级多罗杜棱郡王赞巴勒诺尔布，协理二等台吉加三级乌尔根宝、协理二等台吉加二级吉雅图文。呈盟长敖汉札萨克和硕亲王衔加四级多罗郡王：呈报之事。

本年遇登记男丁之年。故，据法典，召开盟会时已检阅过各旗巡警。本年遇旱灾，庄稼绝收。尤其本旗蒙汉民杂居，种大烟诸多。盗贼半夜偷盗山沟住民之财物，屡见不鲜。特别为本旗西边邻界围场之赛罕坝地盗贼成群结队，祸害蒙汉百姓苦不堪言。请求本旗巡警本旗集训，巡逻旗内各地缉拿盗贼为盼。

至此，呈钤札萨克印之文。

光绪二十一年初冬初八日

127 盟长敖汉札萨克郡王为惩罚集训缺位札萨克旗事札盟摄政协理原盟警备军札萨克郡王文（光绪二十一年初冬二十九日）

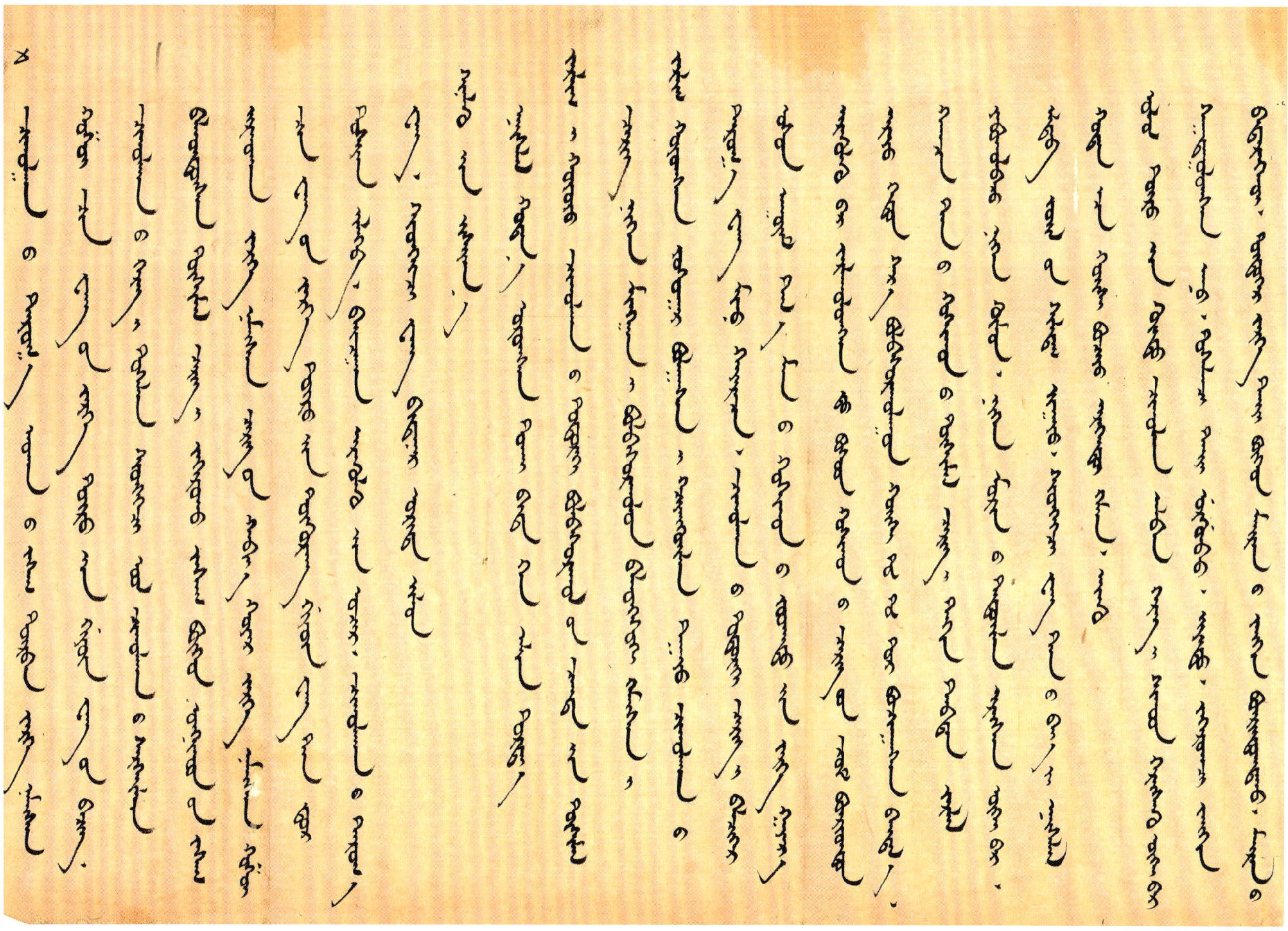

127 盟长敖汉札萨克郡王为惩罚集训缺位札萨克旗事札盟摄政协理原盟警备军札萨克郡王文（光绪二十一年初冬二十九日）

盟长敖汉札萨克郡王为惩罚集训缺位札萨克旗事札盟摄政协理原盟警备军札萨克郡王文

盟长敖汉札萨克加四级和硕亲王衔多罗郡王文。札付盟摄政协理原盟警备军札萨克暨翁牛特札萨克加六级军功加二级和硕亲王衔多罗杜棱郡王：问责惩罚之事。

本盟长与摄政王爷往年年班进京时上奏，奏请盟会内训练一千名军警，并得恩准。为此，本盟长下令盟内军警至水草丰盈之地照哈图进行集训。各旗军警如数集结，训练数月而归。唯独贵旗再三催促也不见一卒一马，以摄政王爷您进京未归等各种借口，耽误如此重大朝廷公务，协理台吉乌尔根宝、吉雅图，总管章京巴达仁贵、四等台吉梅林章京布仁套格套、梅林章京卓楞哈、甲喇章京、佐领章京等明知故犯，也脱不了干系。还有，贵摄政王爷进京未归时，呈骗本盟长，有辱贵摄政王爷之札萨克文曰，摄政王爷京城返乡途中至十八盘拉海沟时身体欠佳耽误行程，由傅太呈送。等语。为报耽误之事，轻率拟札萨克公文，不符法理也。据查，协理、大臣、甲喇、兵丁均有违规拟造公文罪，应严加治罪。但暂且轻饶，只惩协理官员一九罚单。限期一个月内筹备一九罚单之物品，交至官仓。以备奖赏勤于公务之台吉及庶民。

至此，致钤盟长印之文。

光绪二十一年初冬二十九日

128 盟摄政协理原盟警备军札萨克郡王等为选送雍和宫和尚事呈盟长敖汉札萨克郡王文（光绪二十一年初冬）

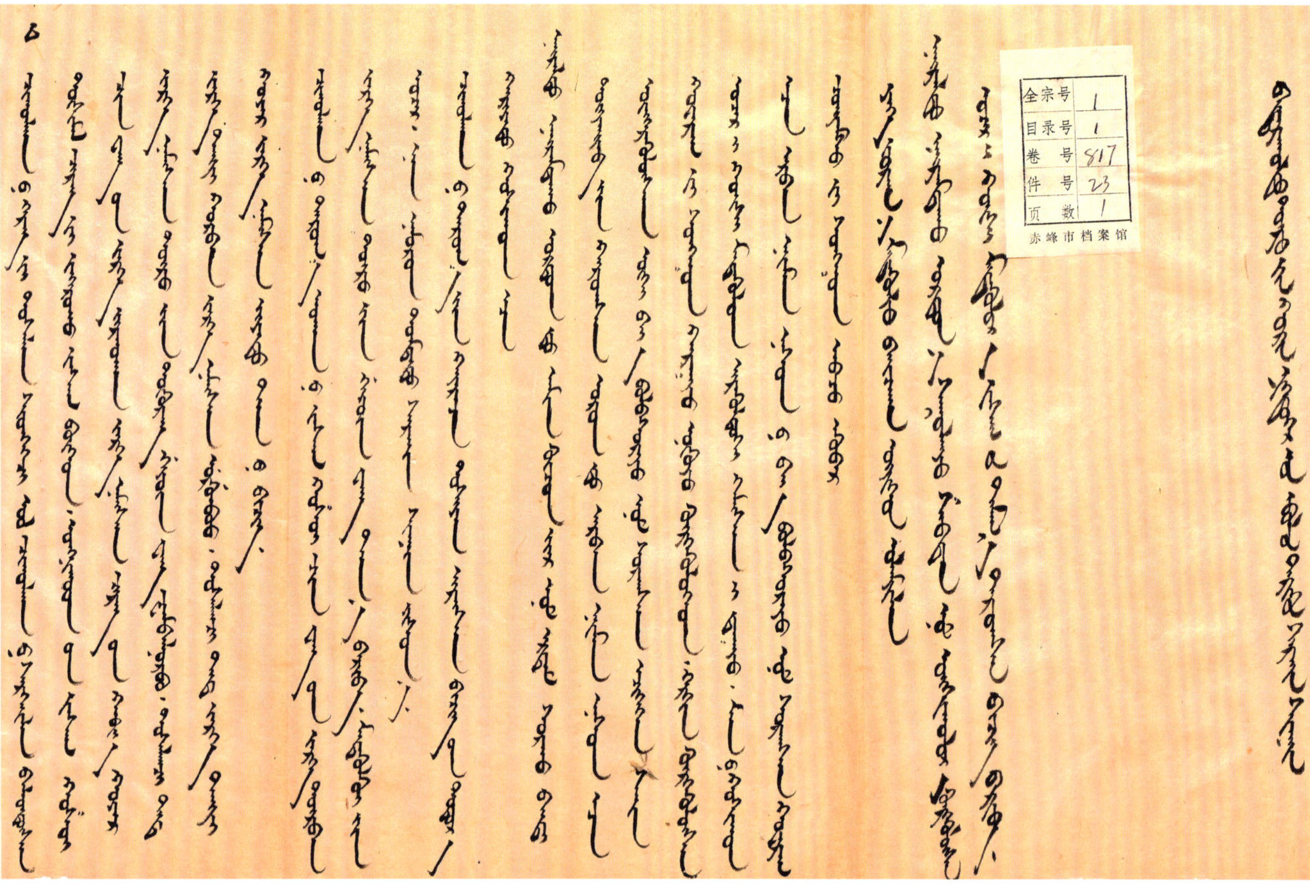

盟摄政协理原盟警备军札萨克郡王等为选送雍和宫和尚事呈盟长敖汉札萨克郡王文

盟摄政协理警备军札萨克暨翁牛特札萨克和硕亲王衔加六级军功加二级多罗杜棱郡王赞巴勒诺尔布，协理二等台吉加三级乌尔根宝、协理二等台吉加二级吉雅图文。呈送盟长敖汉札萨克和硕郡王衔加四级多罗郡王：呈报之事。

今年仲秋初九日盟署札开，替补所属旗驻雍和宫诵经和尚图格吉扎布之空位，选送未满十八岁、已长过痘、好学优等和尚。奉盟长之命，本旗选送十八岁身健好学之和尚却扎木苏。现呈报大部，转送雍和宫诵经之事。

至此，呈钤札萨克印之文。

光绪二十一年初冬

129 盟长敖汉札萨克郡王为查封违规开采金矿事札盟摄政协理原盟警备军札萨克郡王等文（光绪二十二年初夏十五日）

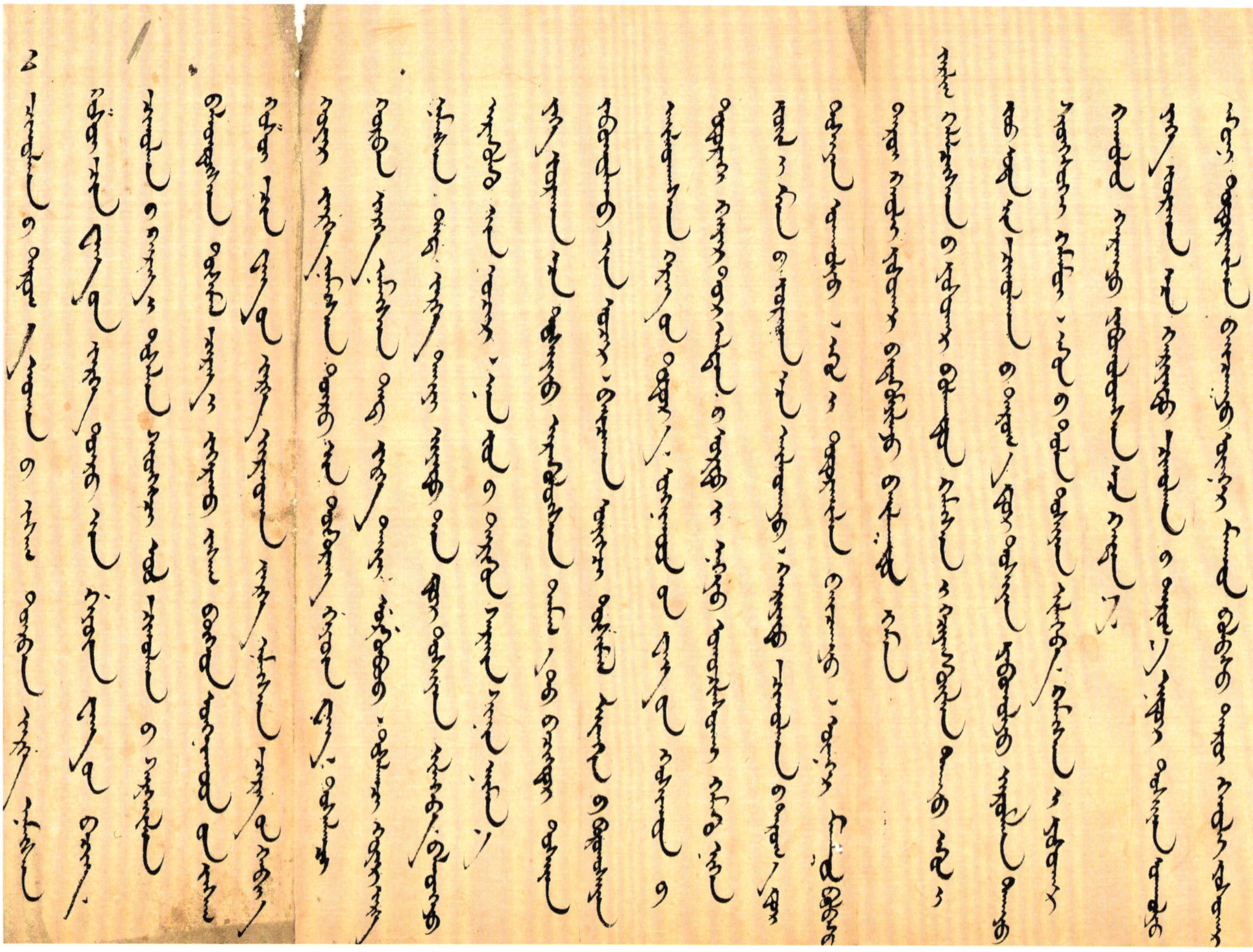

129 盟长敖汉札萨克郡王为查封违规开采金矿事札盟摄政协理原盟警备军札萨克郡王等文（光绪二十二年初夏十五日）

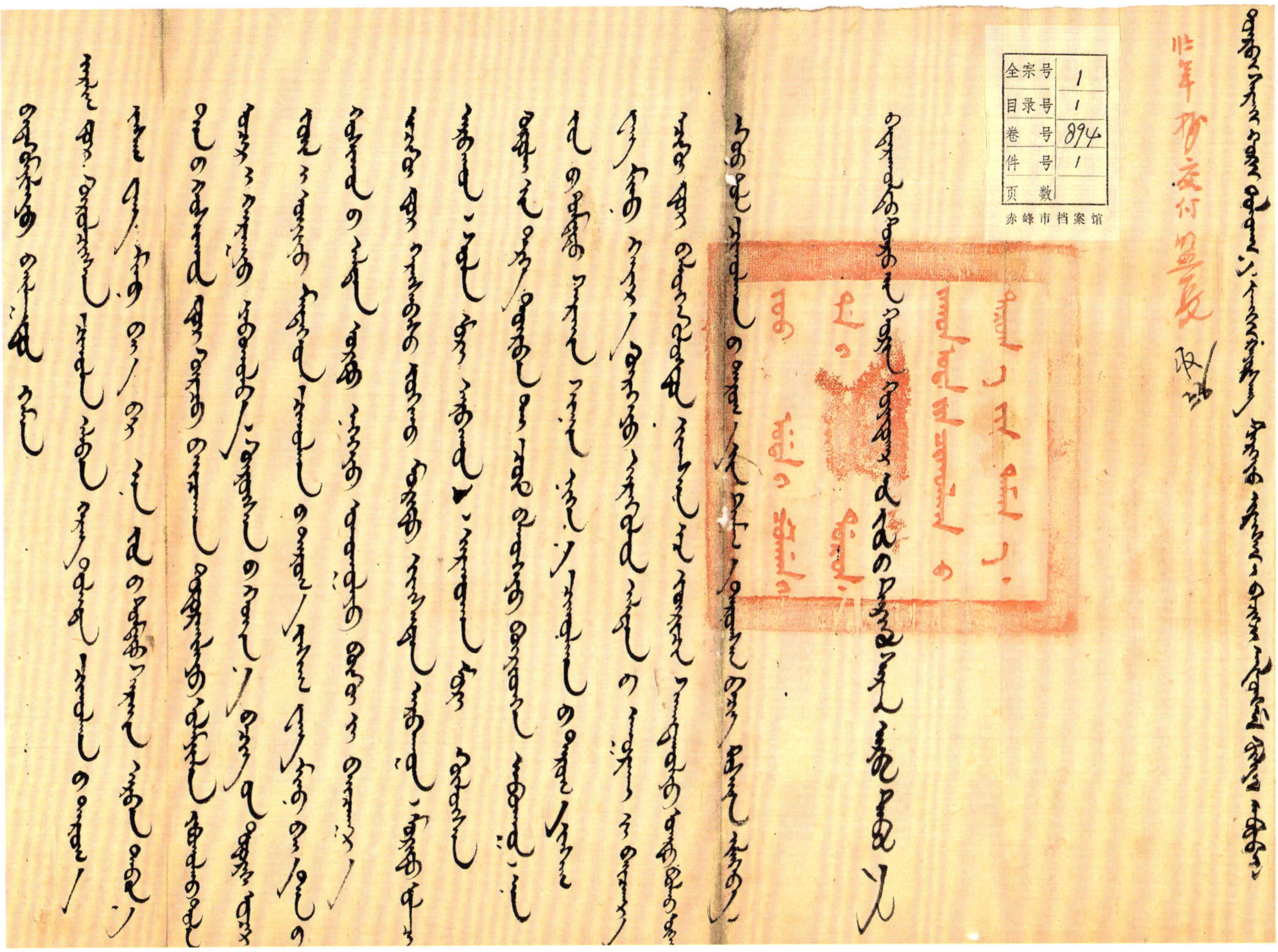

盟长敖汉札萨克郡王为查封违规开采金矿事札盟摄政协理原盟警备军札萨克郡王等文

盟长敖汉札萨克加四级和硕亲王衔多罗郡王文。札付盟摄政协理原盟警备军暨札萨克翁牛特札萨克和硕亲王衔加六级军功加二级多罗杜棱郡王，协理加三级二等台吉乌尔根宝、协理加二级二等台吉吉雅图：行札备办之事。

今年初夏初八日，大部札开：行札之事。巡察大臣连晋参奏翁牛特王旗开采金矿一事。本衙门通告所属盟长，清查此事，如有开采之事一律查封。上奏皇上，回旨，照办。此旨意交付昭乌达盟长，命遵照办理。等因前来本盟署。兹有，抄录指令转送之外，大部授权所属本盟长清查开采金矿之事，若有此事，一律查封。此为涉及钦命之要务。为此本盟长于仲夏十五日，至尔旗巡视。文到，协理台吉审阅内容，筹备本王爷视察所需带帽珠官员十余名、骑马驿役十余名、备用马十余匹、六套马车四辆。如数备齐后，于仲夏初一日送至盟长札萨克王爷府，以备巡查金矿所用。

至此，致钤盟长印之文。

光绪二十二年初夏十五日

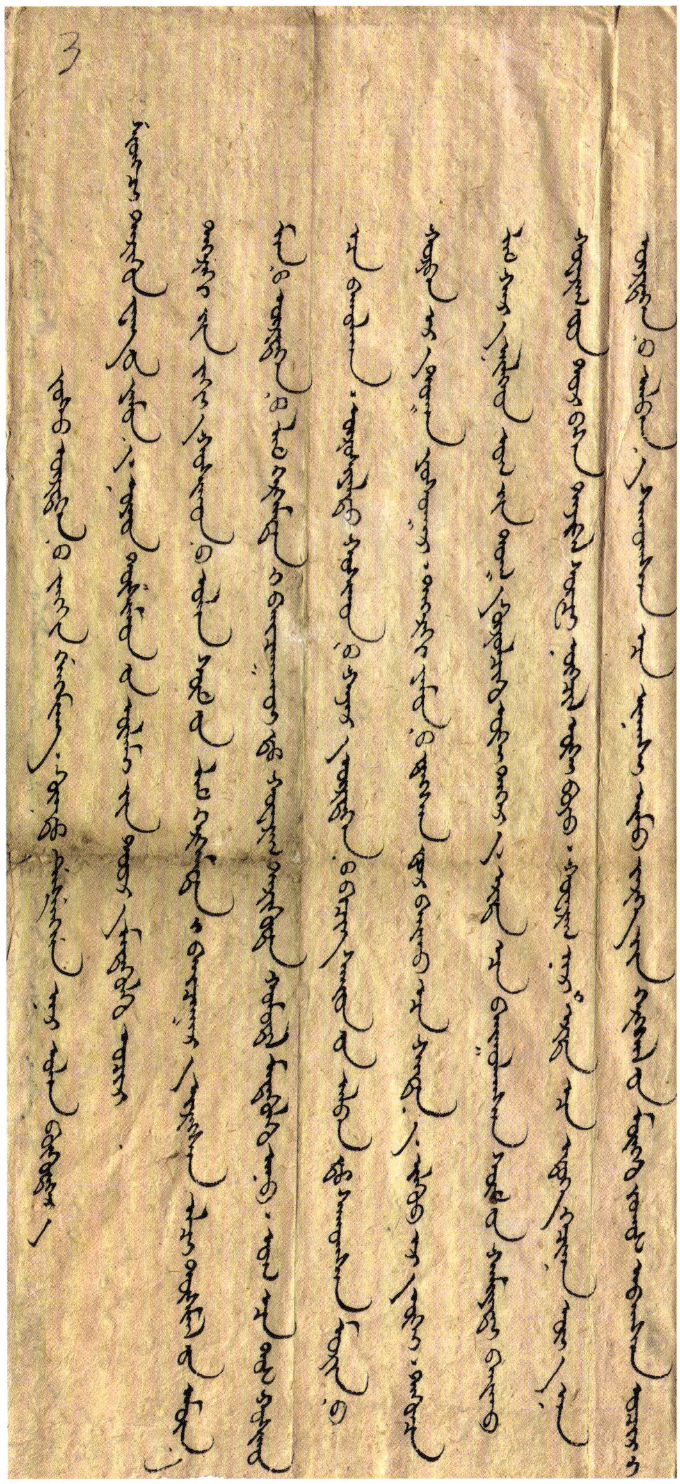

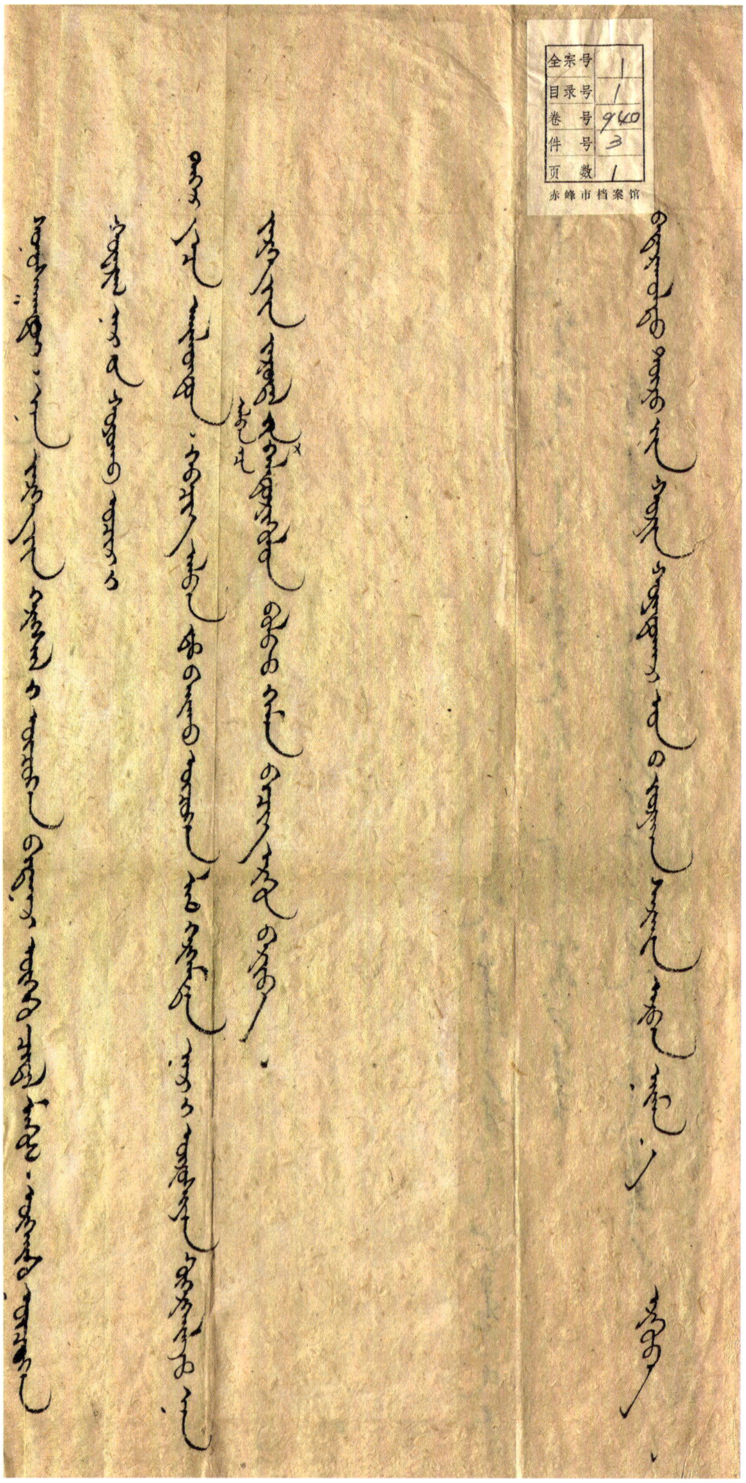
全宗号 1
目录号 1
卷号 940
件号 3
页数 1
赤峰市档案馆

卓苏站章京耿明等为免除公税事呈摄政王爷文

卓苏站章京耿明、汉军骑校达兴嘎呈摄政王爷府诸贵官案前：本卓苏站和尚们向莅临巡察本旗诸庙喇嘛之官员伸冤。

驻贵旗驿站之公务人员中，除原征用之三名男丁注册衙门账本外，无其他男丁也。驿站喇嘛及平民不及原数。加之原先在寺庙之和尚也无力上缴公税也。从古至今，驿站务公之几代和尚，从未闻讯上缴公税之事。此等款项鄙等和尚无力支付也。

故呈请贵官可怜吾等喇嘛，免去此等款项为盼。

光绪二十二年六月十八日

131 盟摄政协理原盟警备军札萨克协理为遣返被抓嫌疑人事咨粮捕府衙门文（光绪二十二年初秋二十五日）

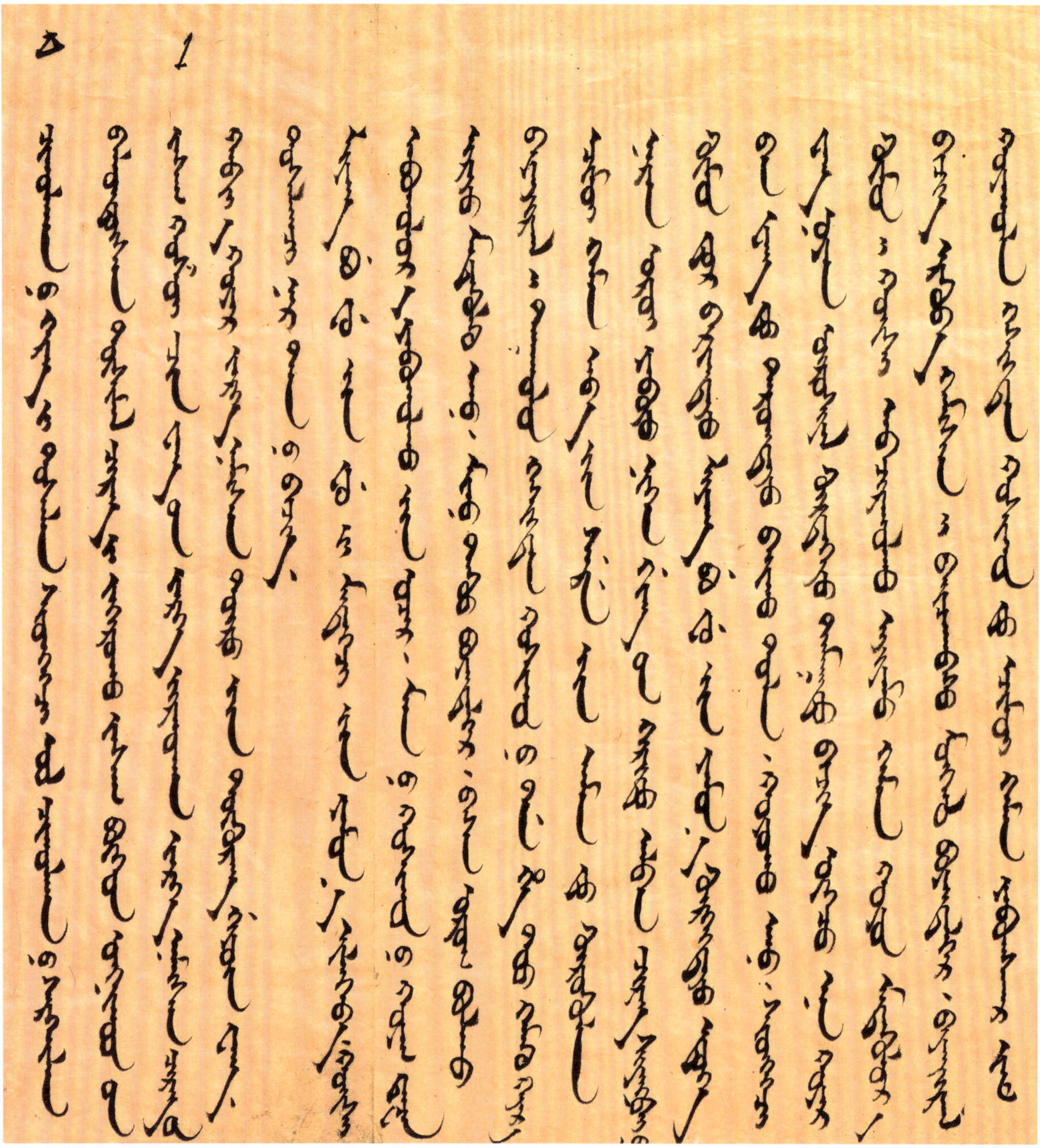

131 盟摄政协理原盟警备军札萨克协理为遣返被抓嫌疑人事咨粮捕府衙门文（光绪二十二年初秋二十五日）

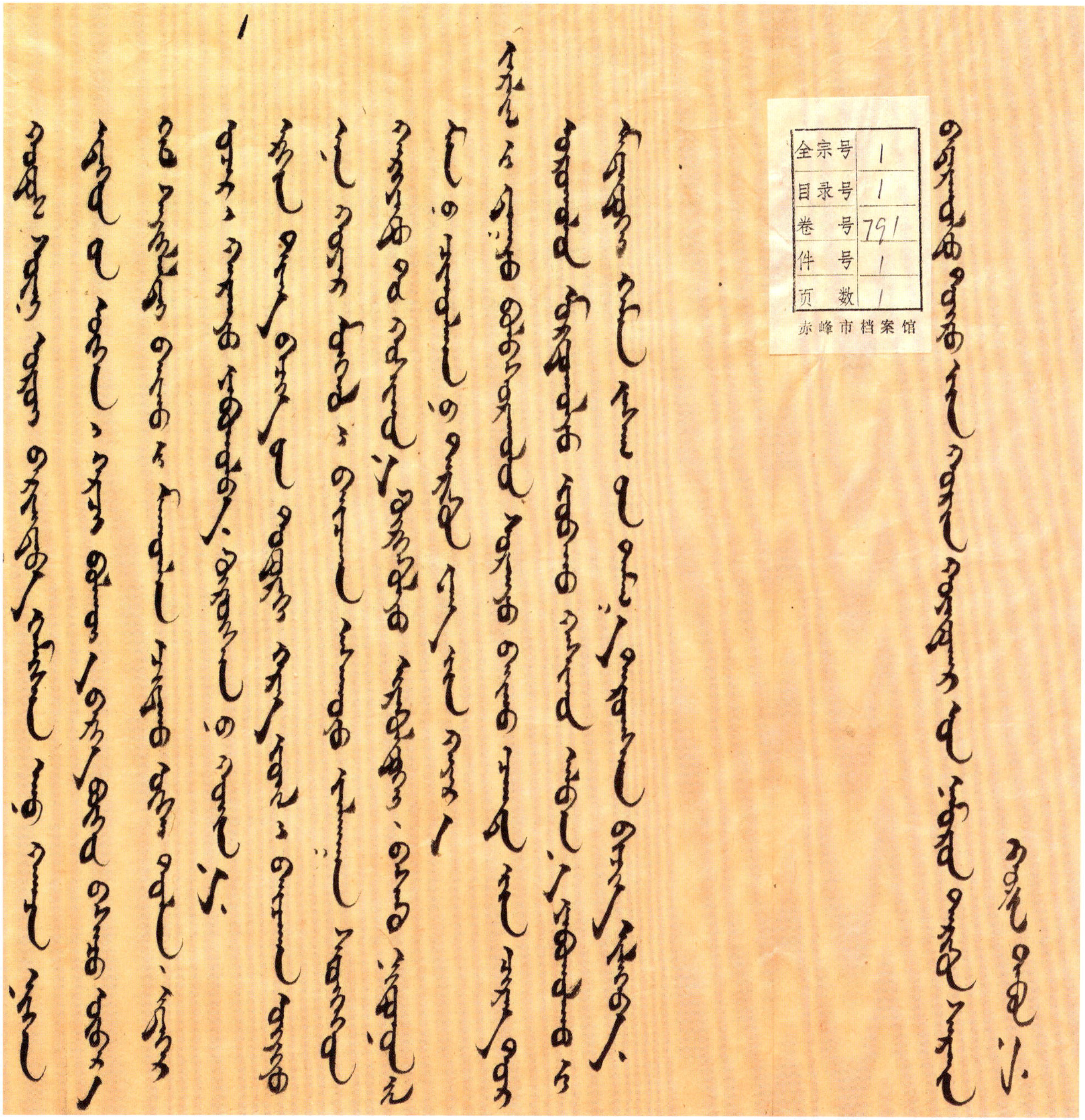

盟摄政协理原盟警备军札萨克协理为遣返被抓嫌疑人事咨粮捕府衙门文

盟摄政协理原盟警备军札萨克暨翁牛特札萨克和硕亲王衔加六级军功加二级多罗杜棱郡王协理文。咨粮捕府知府衙门：派去取回之事。

本旗壮丁旦津呈称，本人弟弟宝音德力格尔携亲戚白音吉日嘎拉去克什克腾旗大河套，赶至西刺围场口时已到半夜一更时分，被官兵乡牌抓获，送至粮捕府衙门，现羁押于板房。故请求摄政王爷开恩行官文，遣返此二人为盼。等语呈来。

经查，蒙古人宝音德力格尔、白音吉日嘎拉虽说去克什克腾旗深夜半路被抓。只是一面之词，很难说明未有其他嫌疑。故官文到，请贵厅详阅文内事宜，审讯惩罚此等蒙古人，随后遣返本旗为盼。还有，让两人服役至盟长王爷集训之巡警，使其尝尝劳役之苦。

至此，咨送钤札萨克印之文。

光绪二十二年初秋二十五日

132 盟长敖汉札萨克郡王为缉拿抢劫黑龙江护送贡品车辆盗匪事札盟摄政协理原盟警备军札萨克郡王等文（光绪二十二年仲秋初九日）

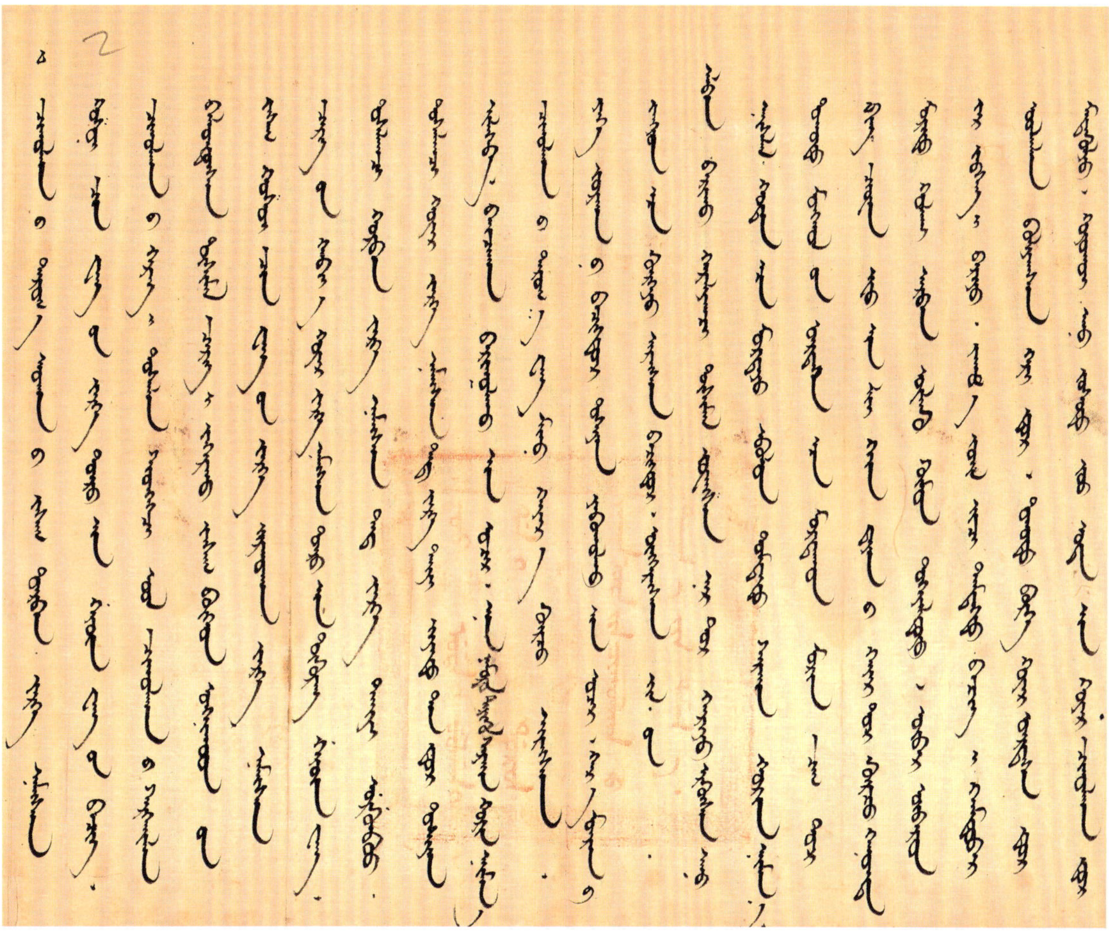

132 盟长敖汉札萨克郡王为缉拿抢劫黑龙江护送贡品车辆盗匪事札盟摄政协理原盟警备军札萨克郡王等文（光绪二十二年仲秋初九日）

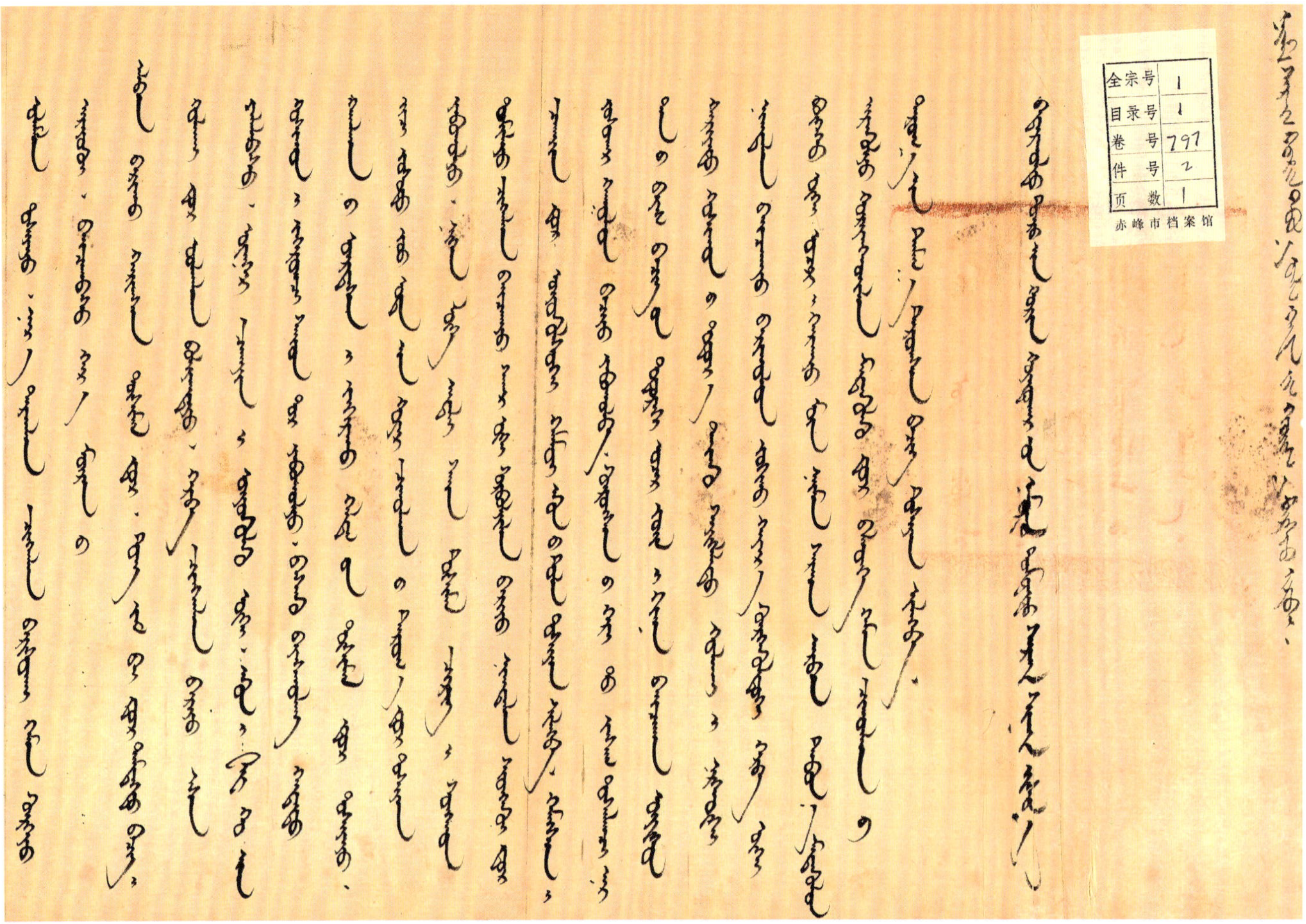

盟长敖汉札萨克郡王为缉拿抢劫黑龙江护送贡品车辆盗匪事札盟摄政协理原盟警备军札萨克郡王等文

盟长敖汉札萨克加四级和硕亲王衔多罗郡王文。札付盟摄政协理原盟警备军札萨克暨翁牛特札萨克和硕亲王衔加六级军功加二级多罗杜棱郡王，协理加三级二等台吉乌尔根宝、协理加二级二等台吉吉雅图：清查追捕之事。

本年初秋二十八日承接大部札开：黑龙江将军呈称，往年送贡品之护送大臣庄山等从京城返回，于仲冬二十八日从陶谷图蒙古驿站出发，午刻至平泉州管辖李韩店，突遇十几名手持锐器骑马之盗贼，车载物品及驿站官文一同被抢走。故呈报陶谷图、布尔和俩驿站，请求转呈昭乌达、卓索图两个盟长，将盗贼逐一捉拿归案为盼。等因前来本大部。本大部经查，黑龙江护送贡品大臣返回途中被抢，如不严加追捕，绳之以法，有失法理。故督促热河都统、喜峰口军站大臣及卓索图、昭乌达两个盟长，指派精兵强将追捕盗贼，予以严惩，不得有误。等语札付本盟署。兹有，抄录原文转送之。文到，札萨克、协理严查旗内可疑分子，如有逃犯捉拿归案。如未发现出具证明，于八月十五日上报衙署。

至此，致钤盟长印之文。

光绪二十二年仲秋初九日

133 盟长敖汉札萨克郡王为领取武器弹药事札盟摄政协理原盟警备军札萨克郡王等文（光绪二十二年仲秋初九日）

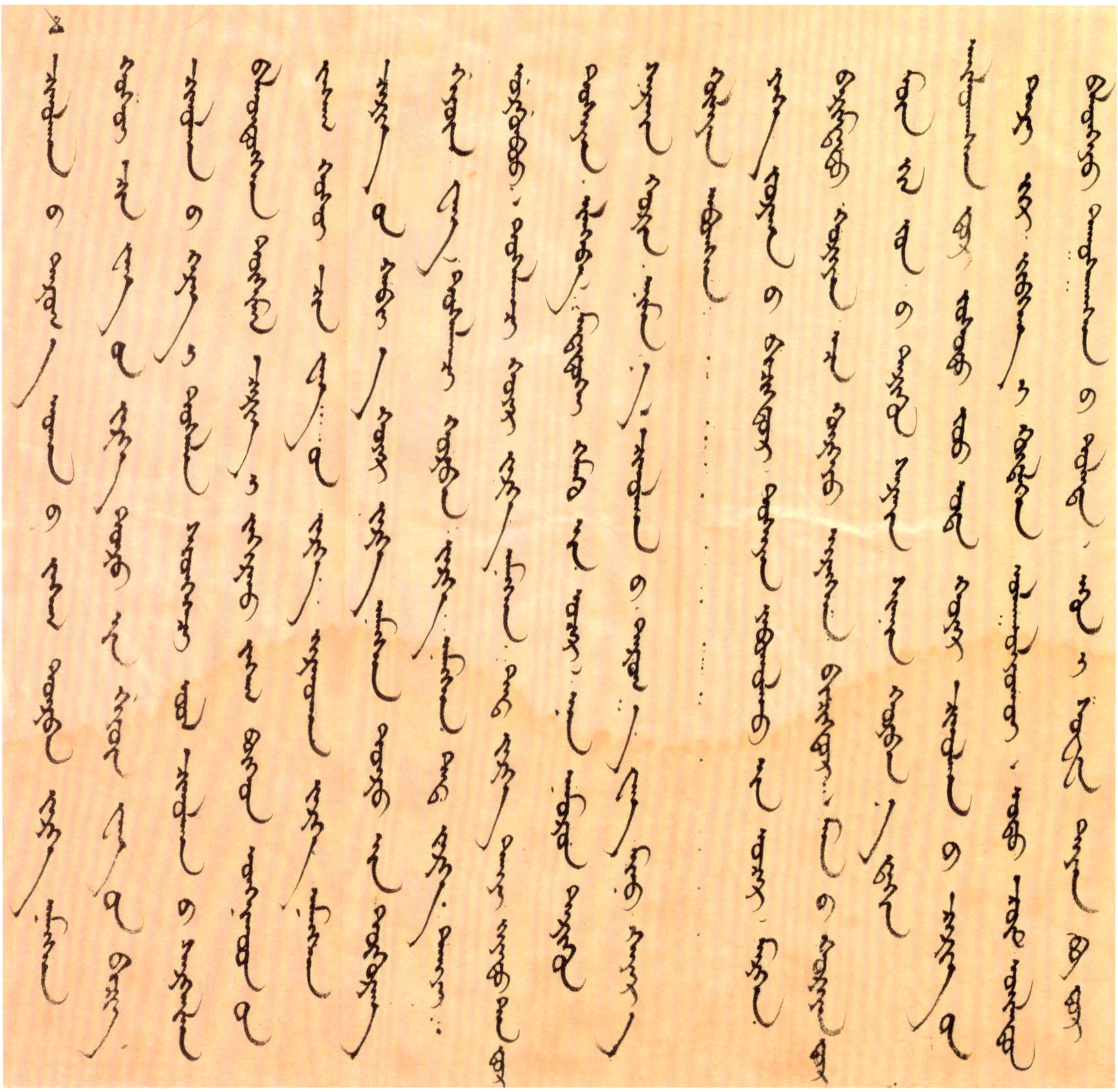

133 盟长敖汉札萨克郡王为领取武器弹药事札盟摄政协理原盟警备军札萨克郡王等文（光绪二十二年仲秋初九日）

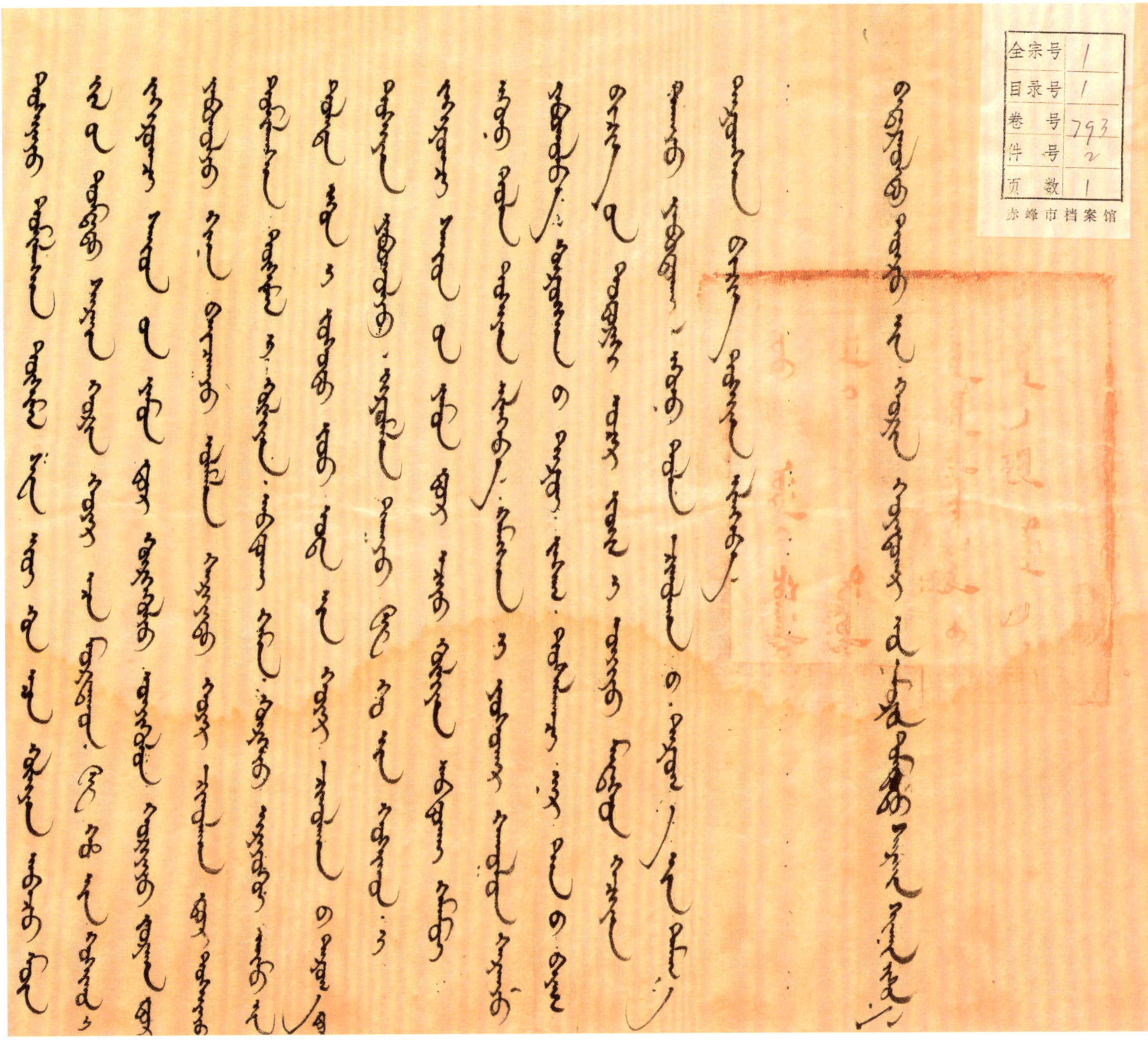

盟长敖汉札萨克郡王为领取武器弹药事札盟摄政协理原盟警备军札萨克郡王等文

盟长敖汉札萨克加四级和硕亲王衔多罗郡王文。札付盟摄政协理盟警备军札萨克暨翁牛特札萨克和硕亲王衔加六级军功加二级多罗杜棱郡王，协理加三级二等台吉乌尔根宝、协理加二级二等台吉吉雅图：行札之事。

本年初秋二十八日，本盟长衙署承接大部札开：于今年初夏初三日，经上奏授权修监司制造卓索图、昭乌达两个盟军用火药及武器。现已加工完毕，于今年仲夏二十二日启程由派驻顺天府大臣沈玉坤运送至热河都统衙门，经大部验收后转交卓索图、昭乌达两个盟官吏。为此，此官文送至卓索图、昭乌达两个盟长衙署，按时至热河都统衙门，领取武器装备。等因札付本盟署。兹有，本盟署抄录原文转送之。文到，诸札萨克、协理审阅内容，谨慎照办。

至此，致钤盟长印之文。

光绪二十二年仲秋初九日

134 梅林胡思乐都楞为被骗耕地水田事呈摄政将军文（光绪二十二年八月十三日）

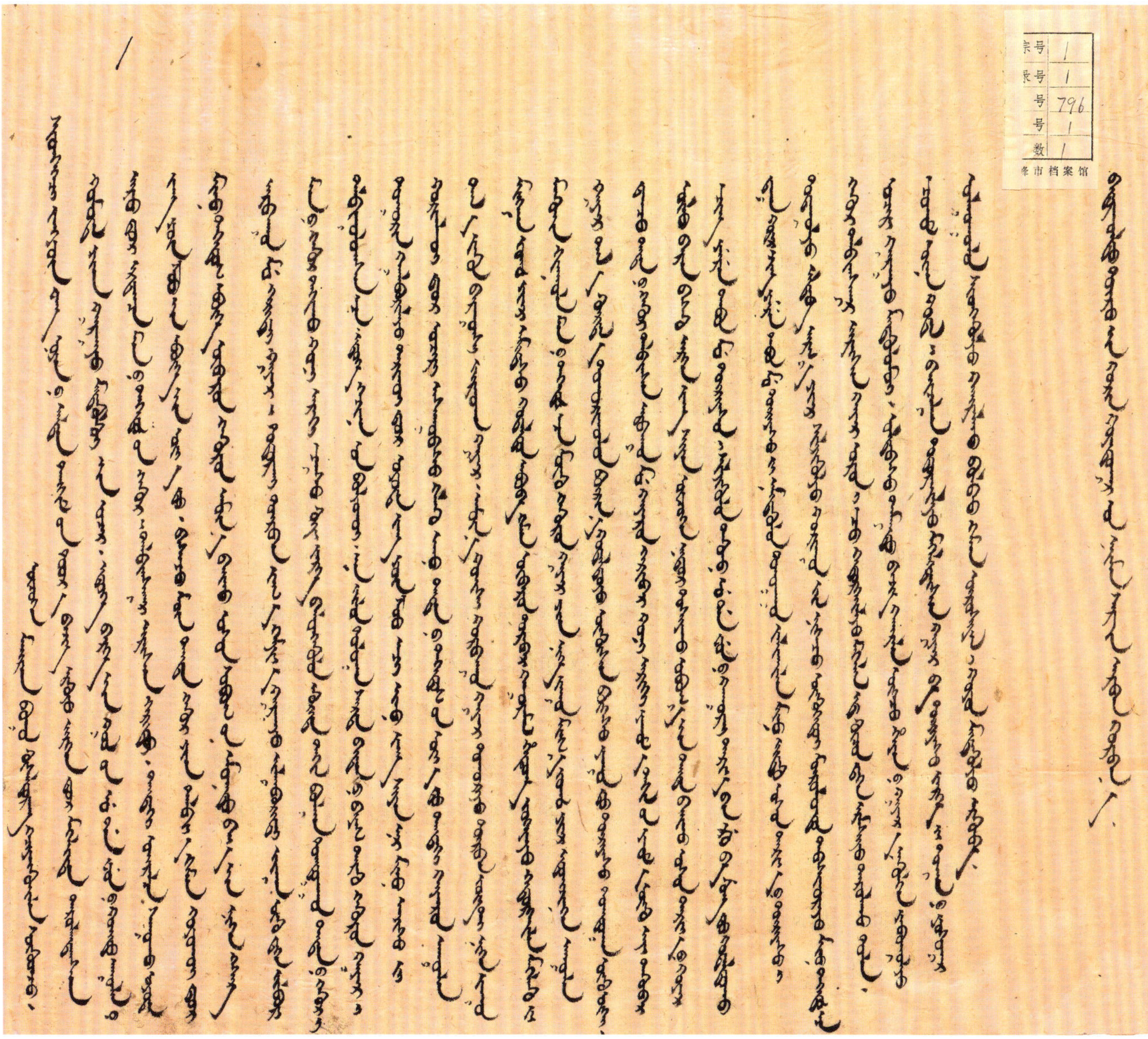

梅林胡思乐都楞为被骗耕地水田事呈摄政将军文

鄙梅林胡思乐都楞跪地呈送摄政将军案前：申诉被民人诈骗侮辱之事。

布尔和河畔五大坟北山北麓为本人祖坟也。吾祖爷辈时，附近居住学士张云霄之爷爷辈再三祈求在此地设墓地。祖爷无奈指给俺家祖墓前面水沟南侧一块十亩地，并划好四边地界，明确界定。回报为永久提供每年俺家祭祖所用羊、酒、纸、香等祭祀品。如此设其墓地已多年也。今年七月吾等至祖墓周围开垦时，学士张云霄侄子张贤等横加干涉，夺俺犁子。质问究竟，其曰，祖辈时已以一百千钱购买此山东西六里、南北三里周围地盘，并造假合同坑骗吾等。细想，如俺家祖辈将此墓地周围以一百千文卖出，为何不收租金，却收作为其设墓之十来亩地回报，只收祭祀用羊、酒等祭祀品呢？不仅如此，民人张贤将五大坟旱地卖给民人顾巴宫时，套进本人敖包旁二顷九十五亩水田租地，而欠缴俺水田租金。真是费尽心机，转来倒去，如今已拖欠鄙人那二顷九十五亩地水田租金已二十年之久。还得寸进尺、仗势欺人、坑蒙拐骗、霸占俺家祖坟，真是天大冤屈也。

为此，祈求将军王爷寄官文至县衙，查明真相，还鄙人被骗之地及拖欠租金为盼。

光绪二十二年八月十三日

135 盟摄政协理原盟警备军札萨克郡王为传审涉案人事咨赤峰县张县知文（光绪二十二年仲秋二十日）

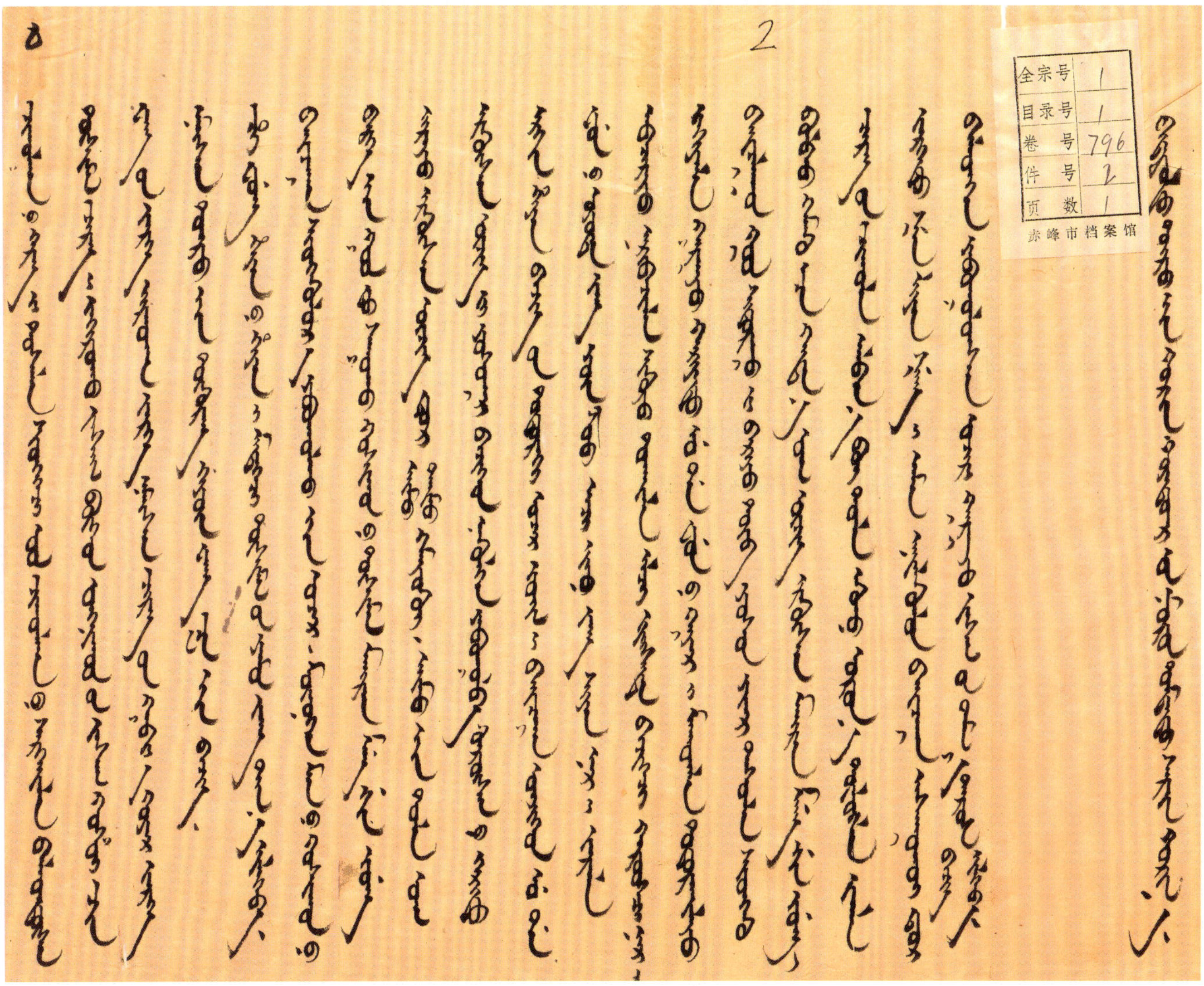

盟摄政协理原盟警备军札萨克郡王为传审涉案人事咨赤峰县张县知文

盟摄政协理原盟警备军札萨克暨翁牛特札萨克和硕亲王衔加六级军功加二级多罗杜棱郡王文。咨赤峰县张县知：协查之事。

近日，居住本旗布日和河畔之旗梅林孟晋忠呈，云云。为此，抄录口供转送之。见文之际，贵县知审阅咨文提到之事。传唤质询五大坟学士张云霄侄子张贤等，并指派官吏笔帖式哈如斯其等到五大坟实地取证，公正断案为盼。原告梅林孟晋忠服兵役之中，故甲喇沈连生代理。

至此，咨送钤札萨克印之文。

光绪二十二年仲秋二十日

136 盟摄政协理原盟警备军札萨克郡王等为备送驻雍和宫和尚费用事呈盟长敖汉札萨克郡王文（光绪二十二年末秋二十八日）

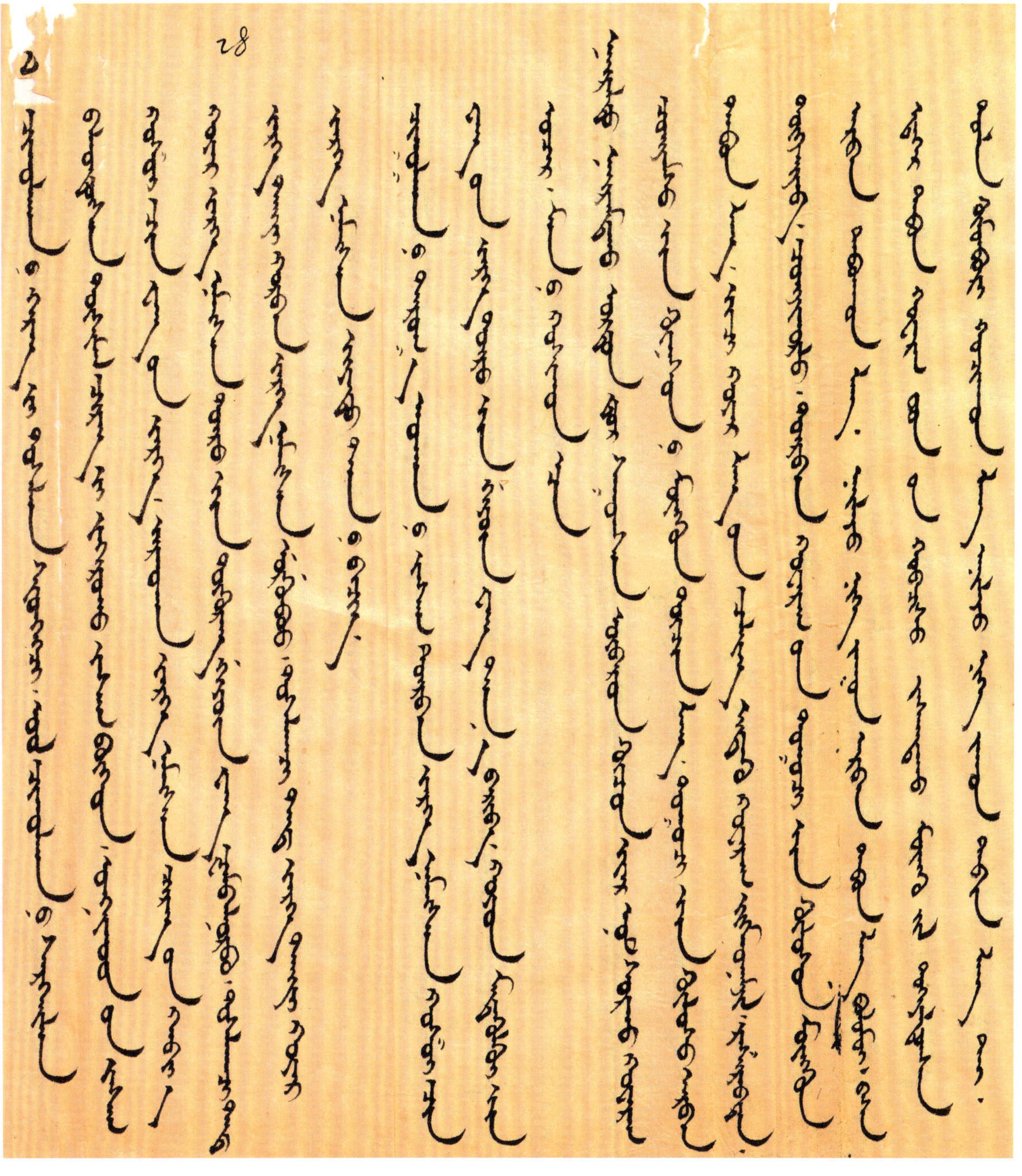

136 盟摄政协理原盟警备军札萨克郡王等为备送驻雍和宫和尚费用事呈盟长敖汉札萨克郡王文（光绪二十二年末秋二十八日）

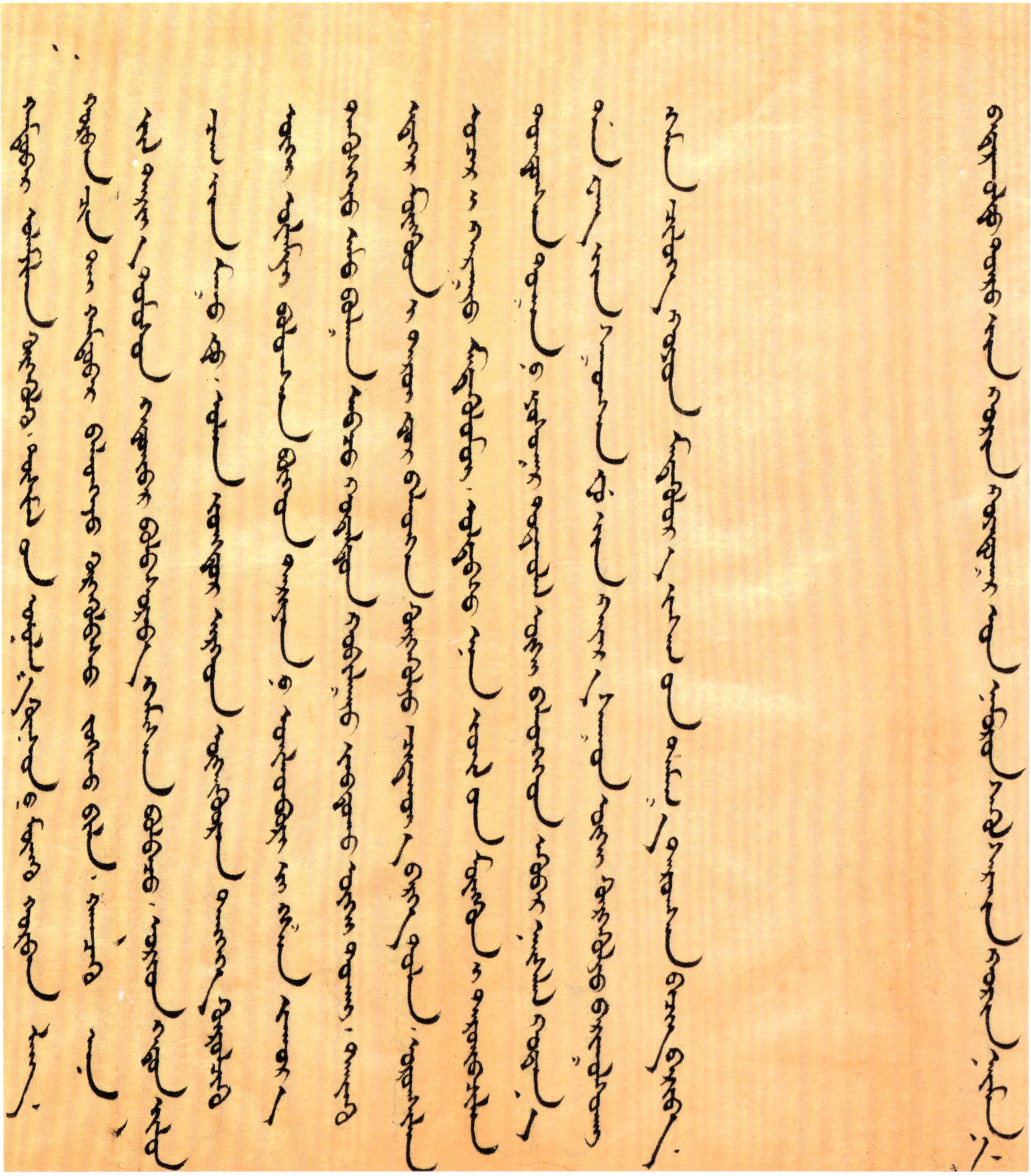

盟摄政协理原盟警备军札萨克郡王等为备送驻雍和宫和尚费用事呈盟长敖汉札萨克郡王文

盟摄政协理原盟警备军札萨克暨翁牛特札萨克和硕亲王衔加六级军功加二级多罗杜棱郡王赞巴勒诺尔布，协理二等台吉加三级乌尔根宝、协理二等台吉加二级吉雅图文。呈送盟长敖汉札萨克加四级和硕郡王衔多罗郡王：呈报之事。

本旗驻雍和宫诵经和尚却吉扎木苏之口粮费四十两、厨师费十五两及领二两薪金和尚吉格木德那木吉勒、拉希拉布坦、图格吉扎布、却吉浩日勒四名和尚之厨师费十五两，合计一百一十五两也。今年遇此五名和尚换服之年，换服费每人三十两，合计一百五十两也。另，同送银官之路费三两三钱等，应如数备齐送至。只是，如今虽已是庄稼收割季节，但前几年遇旱灾，诸庄户贫困交加，一时无法变卖粮食缴田赋。故目前无法全额配送此等银两而禀报之。推迟些日期，筹措备齐即刻送至驻京城大王您处。请开恩。

至此，呈钤札萨克印之文。

光绪二十二年末秋二十八日

137 盟摄政协理原盟警备军札萨克郡王等为备送办公经费事呈盟长敖汉札萨克郡王文（光绪二十二年初冬初一日）

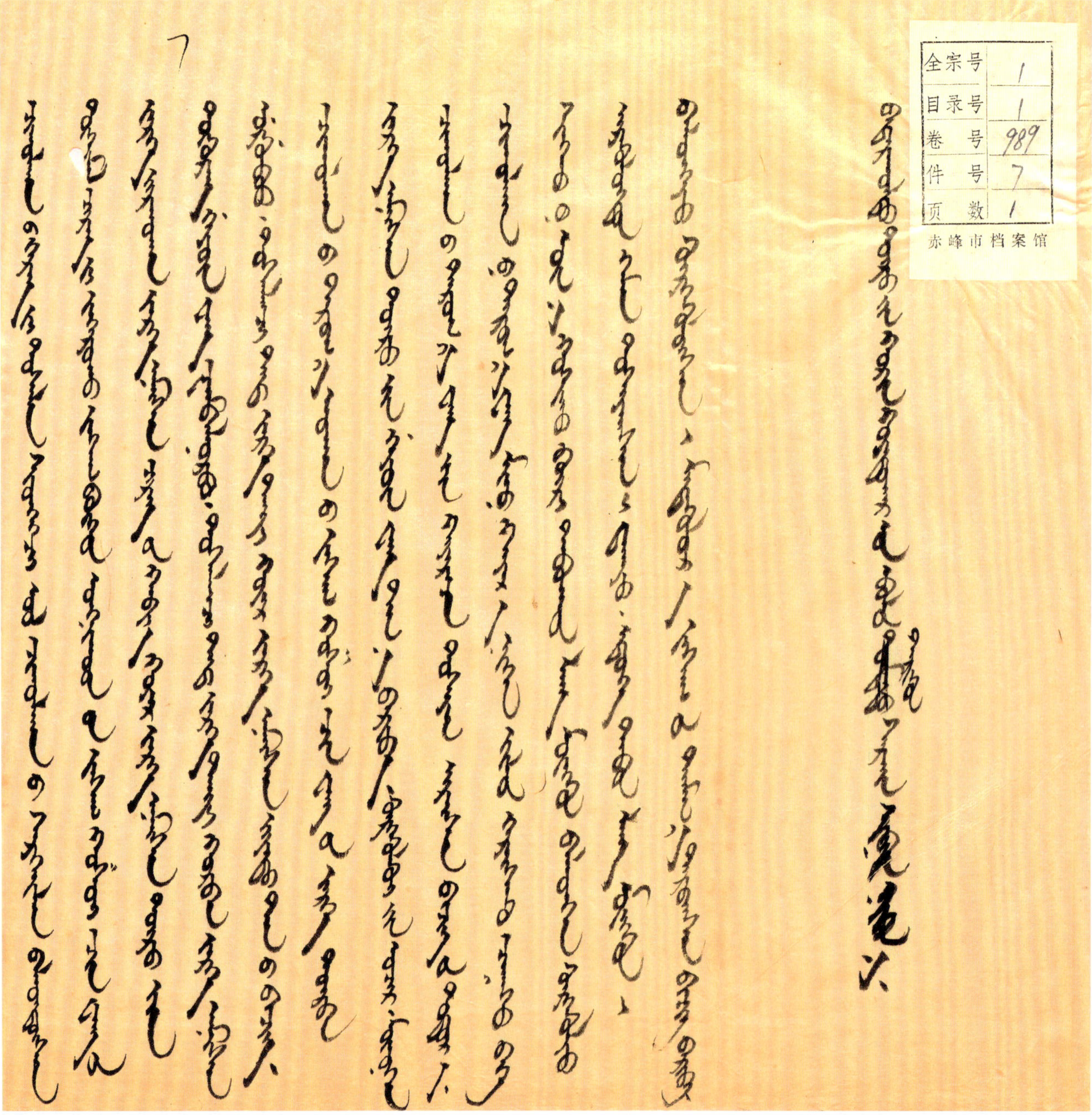

全宗号	1
目录号	1
卷号	989
件号	7
页数	1

赤峰市档案馆

盟摄政协理原盟警备军札萨克郡王等为备送办公经费事呈盟长敖汉札萨克郡王文

盟摄政协理原盟警备军札萨克暨翁牛特札萨克和硕亲王衔加六级军功加二级多罗杜棱郡王赞巴勒诺尔布，协理二等台吉加三级乌尔根宝、协理二等台吉吉雅图文。呈盟长敖汉札萨克和硕亲王衔加四级多罗郡王：呈送之事。

近日，盟长王爷衙署命曰，盟长王爷衙署一年所用纸、朱墨之费用每旗五两银子筹备即刻送之。如今五两银子已如数送至。

至此，呈钤札萨克印之文。

光绪二十二年初冬初一日

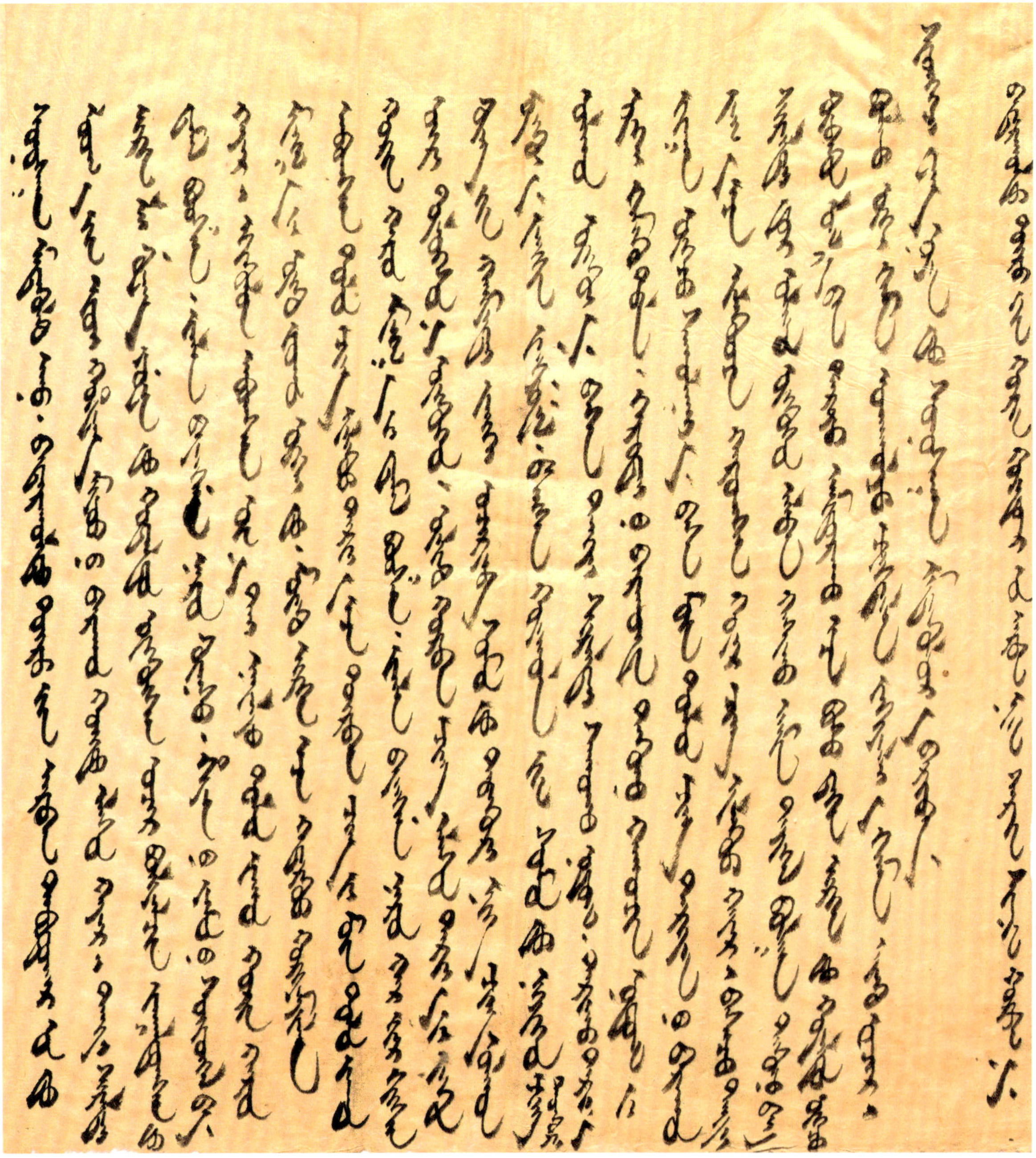

旗札萨克王为台吉希日拉台田地纠纷事呈盟摄政王爷文

呈报之事：光绪十五年，台吉希日拉台卖给李广远老哈河玉皇庙西北侧沙地田，为此双方引起纠纷上诉。差使宝山、甲喇白音罕口粮费，县衙门上诉费，退还沙地田费，合计七百二十余千文。因台吉希日拉台无力支付此等费用，故追回之七顷余耕地中拿出四顷，顶那七百二十余千文，支付差使宝山、甲喇白音罕所欠费用。其余三顷沙地田中拿出一顷捐助给东宫章京乌其拉扎布佐领。捐助章京张元、章京胖子两个佐领各一顷。还说，台吉希日拉台无房住、无田种。故指给他嘎日迪西侧旧居也。还有，那七顷沙地田西侧多出之二顷余授予台吉希日拉台，当养命田，让其父子俩只能种地生计，不得卖给民人。

至此，向摄政王爷呈报之。

光绪二十二年十一月初三日

139 盟摄政协理原盟警备军札萨克郡王为拖欠官仓租金事咨赤峰县衙文（光绪二十二年仲冬二十六日）

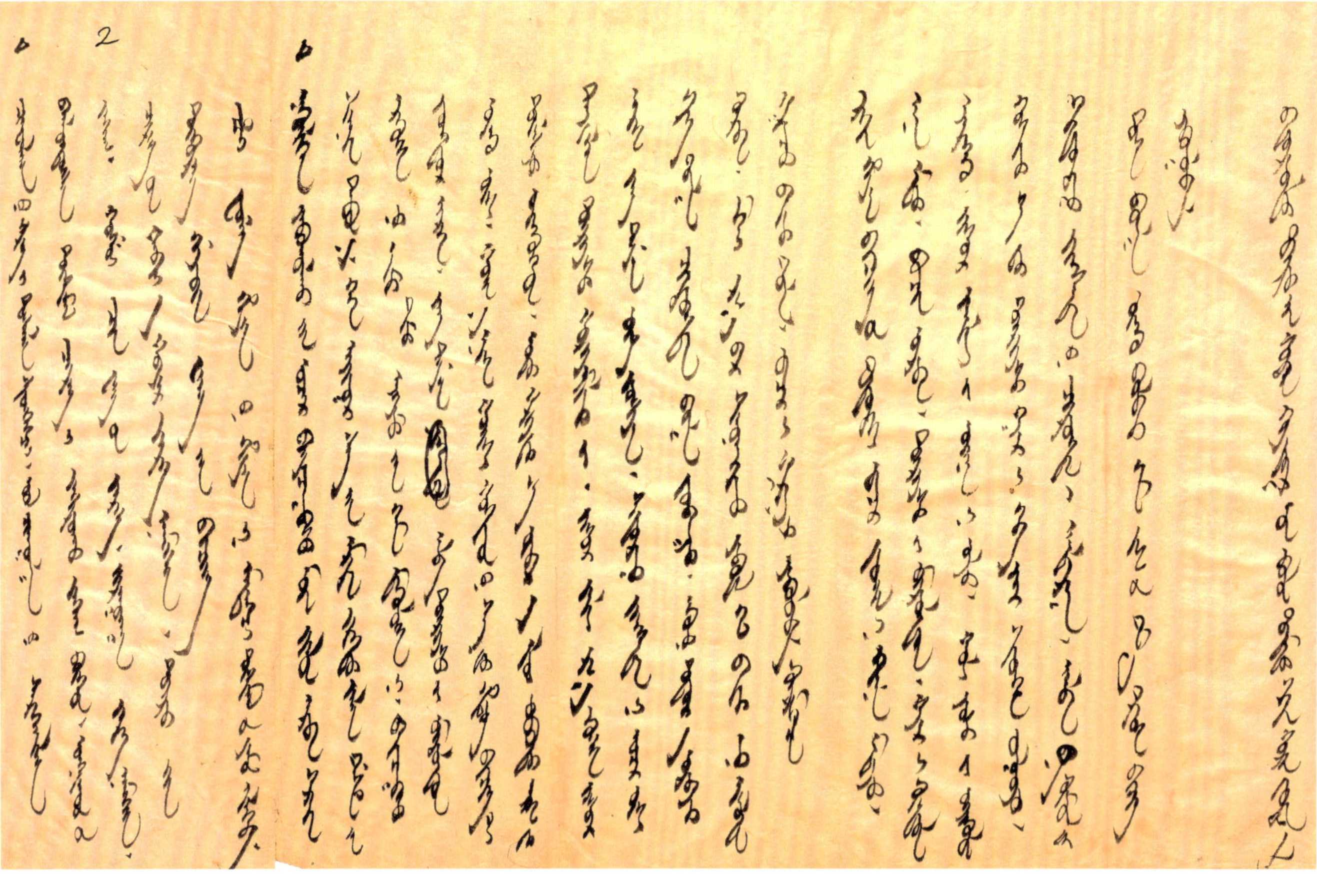

盟摄政协理原盟警备军札萨克郡王为拖欠官仓租金事咨赤峰县衙文

盟摄政协理原盟警备军札萨克暨翁牛特札萨克和硕亲王衔加六级军功加二级多罗杜棱郡王文。咨赤峰县衙：转告之事。

经查，本年十月初五日，格根伊珠尔官仓梅林衔甲喇塔斯呈报云云。经查，庄民张典，拒缴田赋，不顾旗官仓合同，抵赖至今。如今，所属官仓收回其耕地转租给吕氏民人。庄民张典倍出奸计，造谣蒙骗，诬告忠良，其险恶之心显而易见。贵县见文之际，查办拒缴田赋、出尔反尔、奸诈之贱民，追回官仓耕地，昭雪忠良之怨恨，还公私之公道为盼。

至此，咨送钤札萨克印之文。

光绪二十二年仲冬二十六日

140 盟摄政协理原盟警备军札萨克郡王等为备送出家证件费事呈盟长敖汉札萨克郡王文（光绪二十二年末冬二十一日）

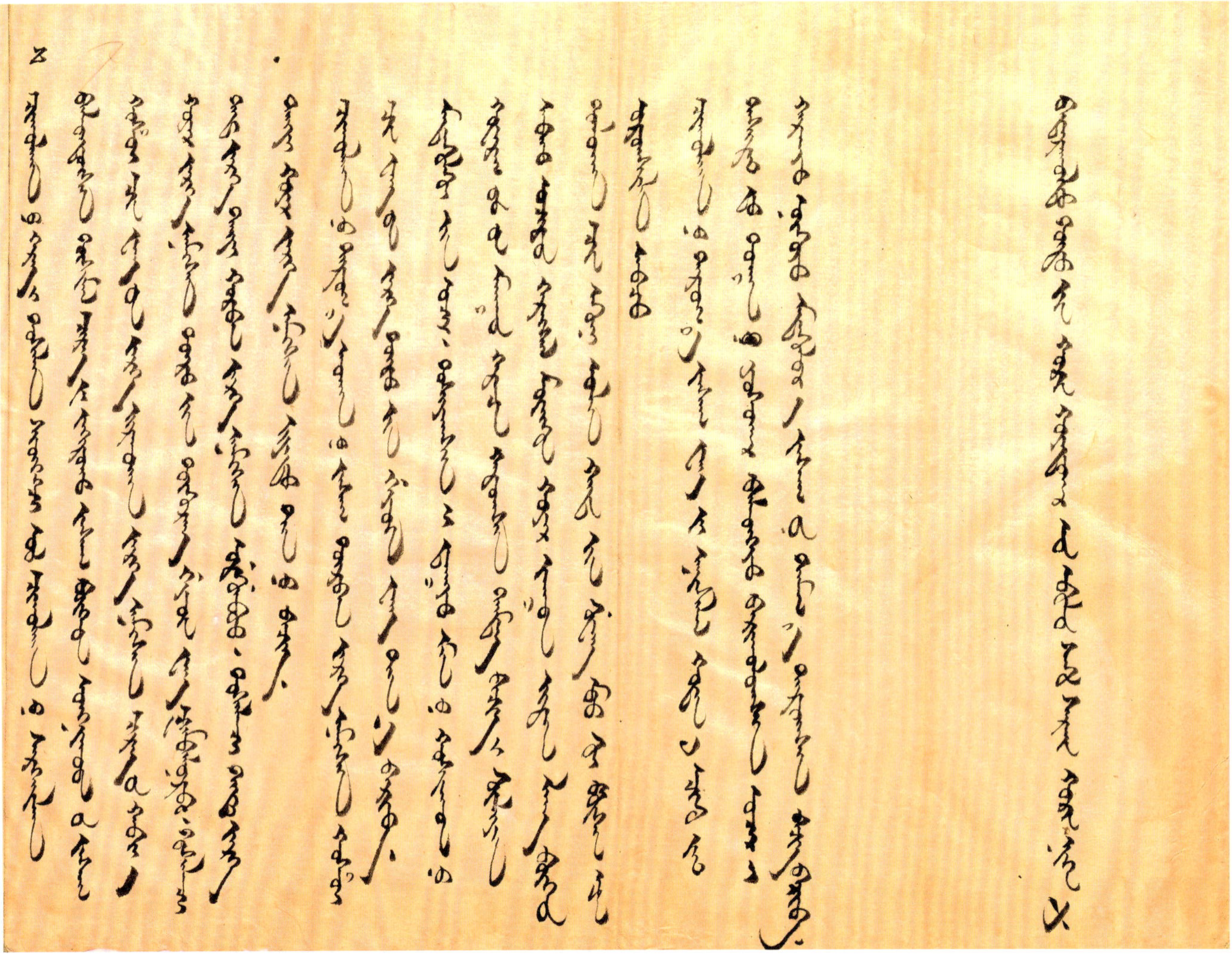

盟摄政协理原盟警备军札萨克郡王等为备送出家证件费事呈盟长敖汉札萨克郡王文

盟摄政协理原盟警备军札萨克暨翁牛特和硕亲王衔加六级军功加二级多罗杜棱郡王赞巴勒诺尔布，协理二等台吉加三级乌尔根宝、协理二等台吉吉雅图文。呈送盟长敖汉札萨克加四级和硕亲王衔多罗郡王：呈报之事。

备办本旗和尚出家证件费用二百六十两零七钱，从乌兰哈达广贸柜店铺预支，并在盟长札萨克王进京途中如数呈送之。

至此，呈札萨克印之文。

光绪二十二年末冬二十一日

141 盟摄政协理原盟警备军札萨克郡王等为送交罚没款事呈盟长敖汉札萨克郡王文（光绪二十三年仲春）

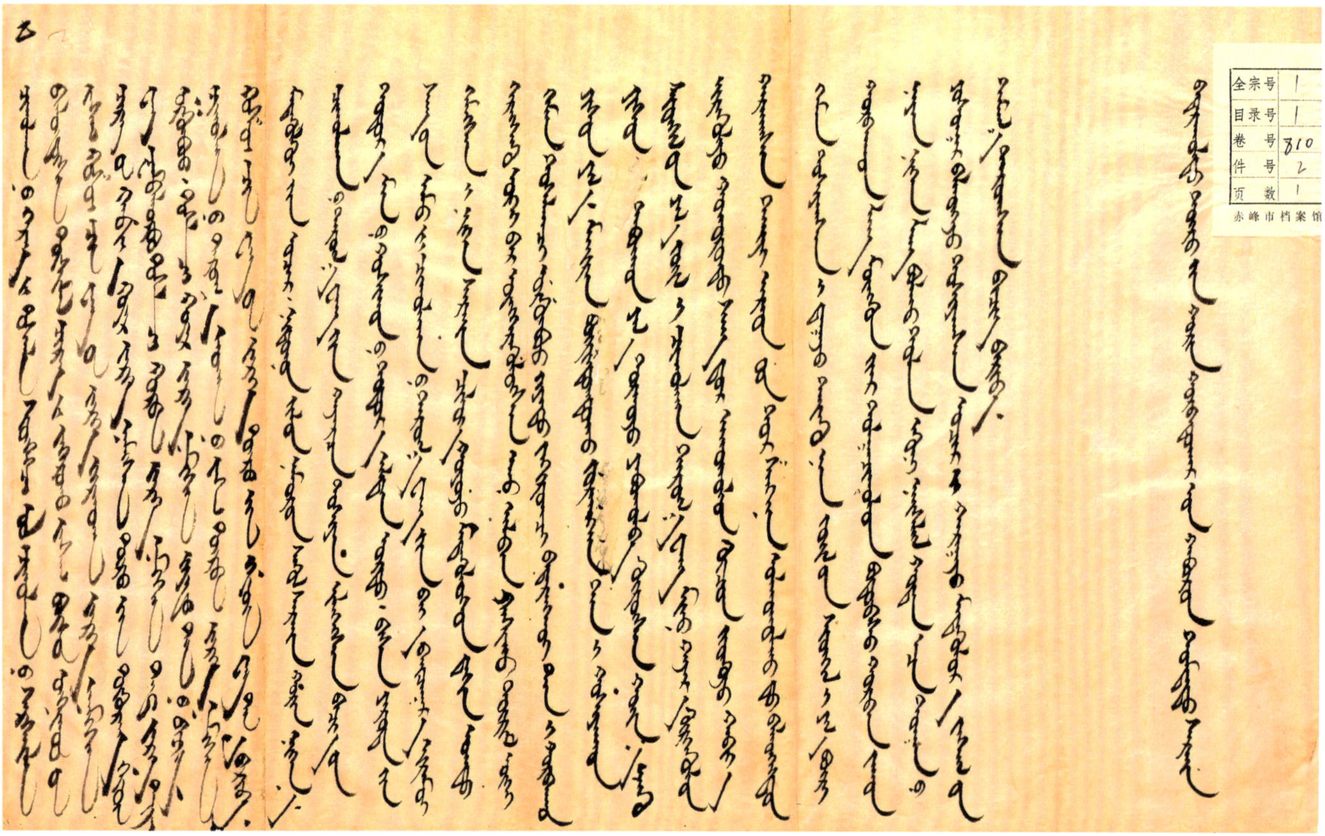

盟摄政协理原盟警备军札萨克郡王等为送交罚没款事呈盟长敖汉札萨克郡王文

盟摄政协理原盟警备军札萨克暨翁牛特札萨克和硕亲王衔加六级军功加二级多罗杜棱郡王赞巴勒诺尔布，协理加三级二等台吉乌尔根宝、协理加二级吉雅图文。呈盟长敖汉札萨克加四级和硕亲王衔多罗郡王：呈报之事。

去年末秋二十一日，盟署札开：盟长大人视察该旗金矿及粮库时尔等请假逃避一个月，之后不了了之。故不知公务之规矩也。如今，惩罚协理乌尔根宝、吉雅图，总管巴达仁贵三九单，罚梅林布仁套格套、卓楞哈五九单。罚没之物品送至本盟长衙署，上缴官仓，以备奖赏有功之台吉、庶民。等因前来。为此，每罚没款项换算三两银子，合计三百八十一两之多也。此罚款已如数上缴之。

至此，呈钤札萨克印之文。

光绪二十三年仲春

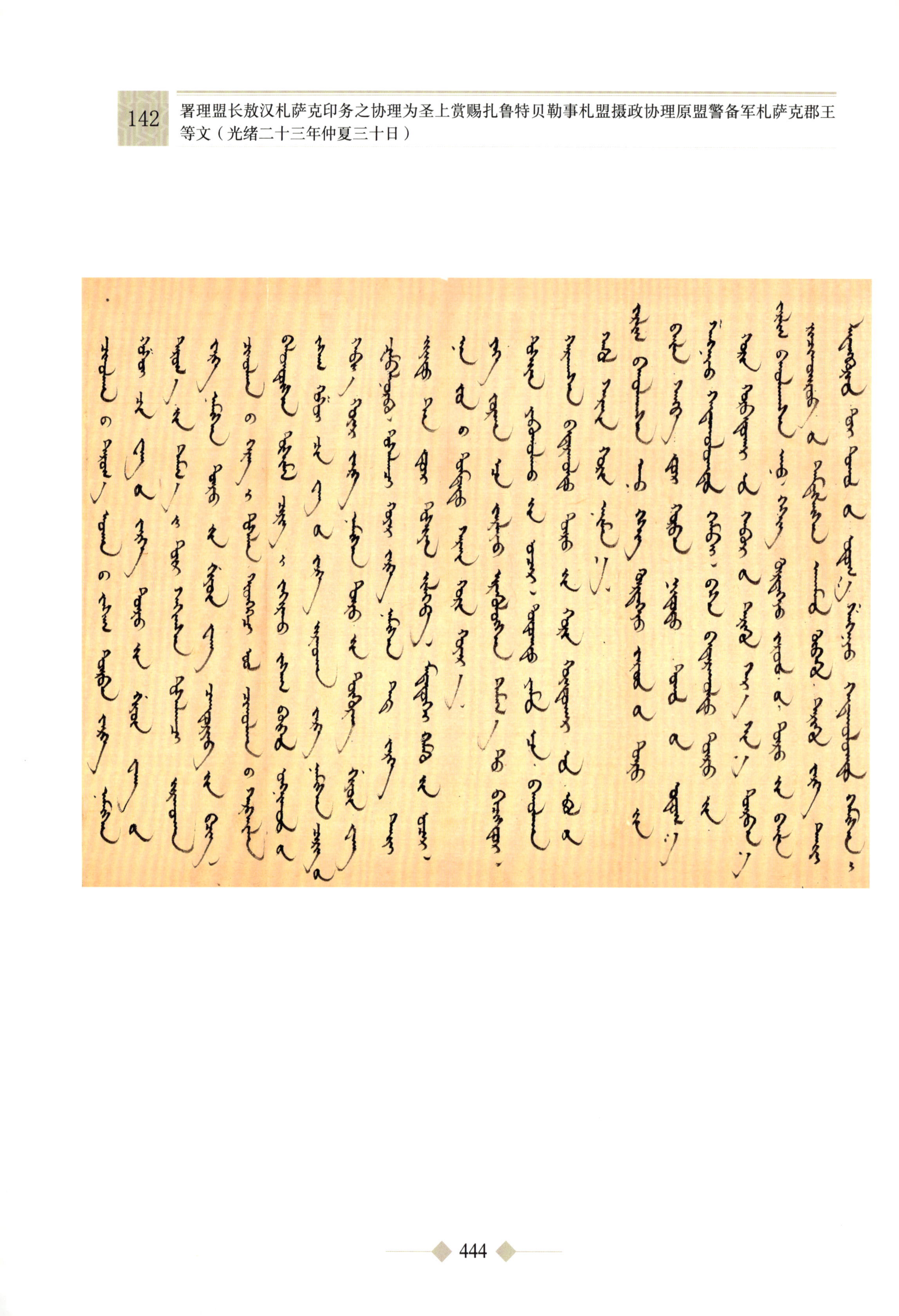

署理盟长敖汉札萨克印务之协理为圣上赏赐扎鲁特贝勒事札盟摄政协理原盟警备军札萨克郡王等文（光绪二十三年仲夏三十日）

142 署理盟长敖汉札萨克印务之协理为圣上赏赐扎鲁特贝勒事札盟摄政协理原盟警备军札萨克郡王等文（光绪二十三年仲夏三十日）

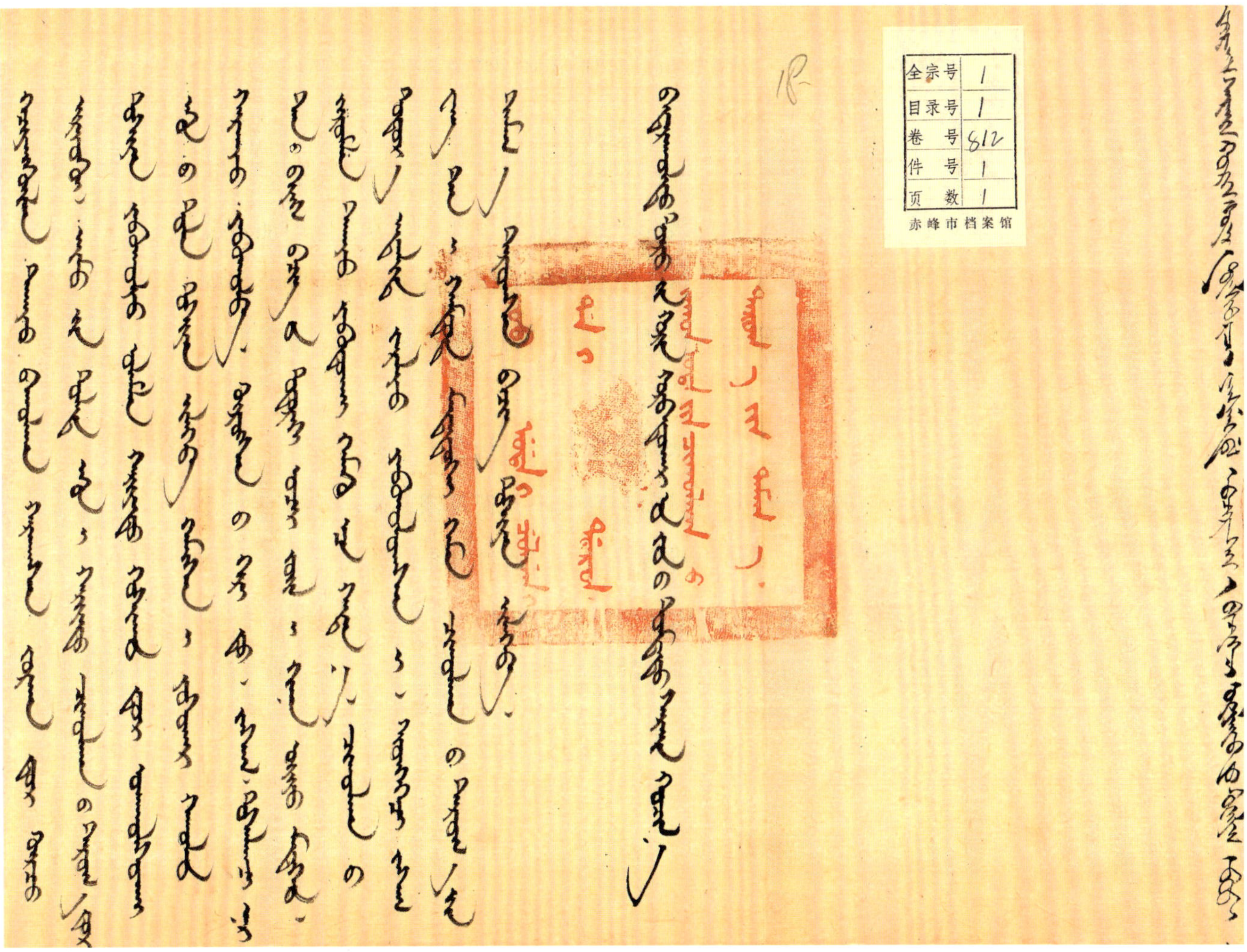

署理盟长敖汉札萨克印务之协理为圣上赏赐扎鲁特贝勒事札盟摄政协理原盟警备军札萨克郡王等文

署理盟长敖汉札萨克加四级和硕亲王衔多罗郡王印务之协理加六级多罗郡王查格达尔扎布文。札付盟摄政协理原盟警备军札萨克暨翁牛特札萨克和硕亲王衔加六级多罗杜棱郡王赞巴勒诺尔布、协理二等台吉加二级吉雅图：行札之事。

今年仲夏二十二日，大部承转之札开：光绪二十二年末冬二十八日内务府传诏书，赐扎鲁特多罗贝勒桑巴三眼孔雀花翎。还，光绪二十三年初春初四日传诏书，赐扎鲁特多罗贝勒仁钦贵日布记册长子、一等台吉拉旺布日德孔雀花翎。等因札付本大部。为此，本大部通告所属盟长，转告所属各旗。等语前来本盟署。盟署抄录原文转送之。文到，札萨克、协理遵旨照办。也通告盟摄政协理王爷您处。

至此，致钤札萨克印之文。

光绪二十三年仲夏三十日

143 署理盟长敖汉札萨克印务之协理为领取出家证、派遣证事札盟摄政协理原盟警备军札萨克郡王等文（光绪二十三年未夏二十八日）

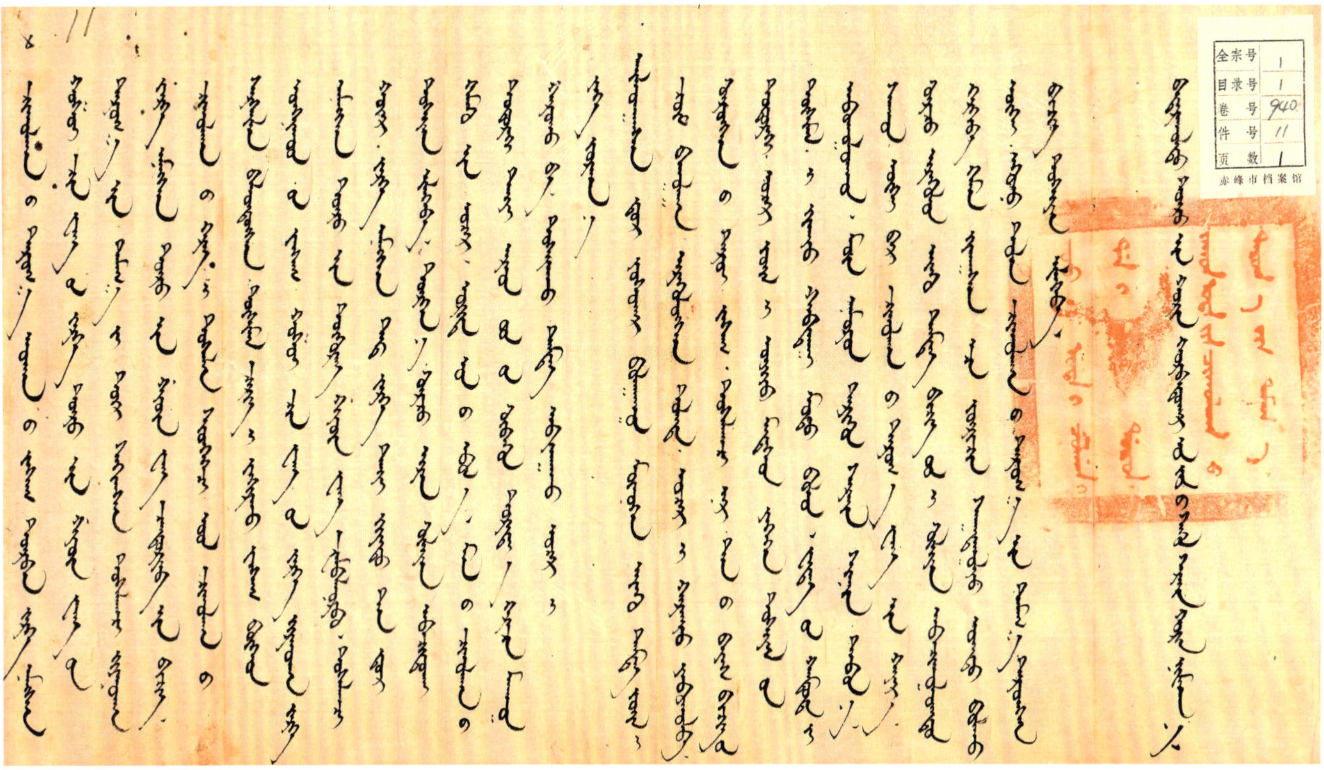

署理盟长敖汉札萨克印务之协理为领取出家证、派遣证事札盟摄政协理原盟警备军札萨克郡王等文

署理盟长敖汉札萨克加四级和硕亲王衔多罗郡王印务之协理加六级多罗郡王查格达尔扎布文。札付盟摄政协理原盟警备军札萨克暨翁牛特札萨克和硕亲王衔加六级多罗杜棱郡王赞巴勒诺尔布、协理二等台吉加二级吉雅图：速到领取之事。

去年冬天，本盟诸台吉、庶民之子自愿申请出家证、派遣证一事。呈报大部，回曰照办。如今，此等证件下发之。文到，诸札萨克、协理审阅内容，派上等官差携扁担裹布等工具，于初秋初五日，至盟署领取证件。不得有误。

至此，致钤盟长印之文。

光绪二十三年末夏二十八日

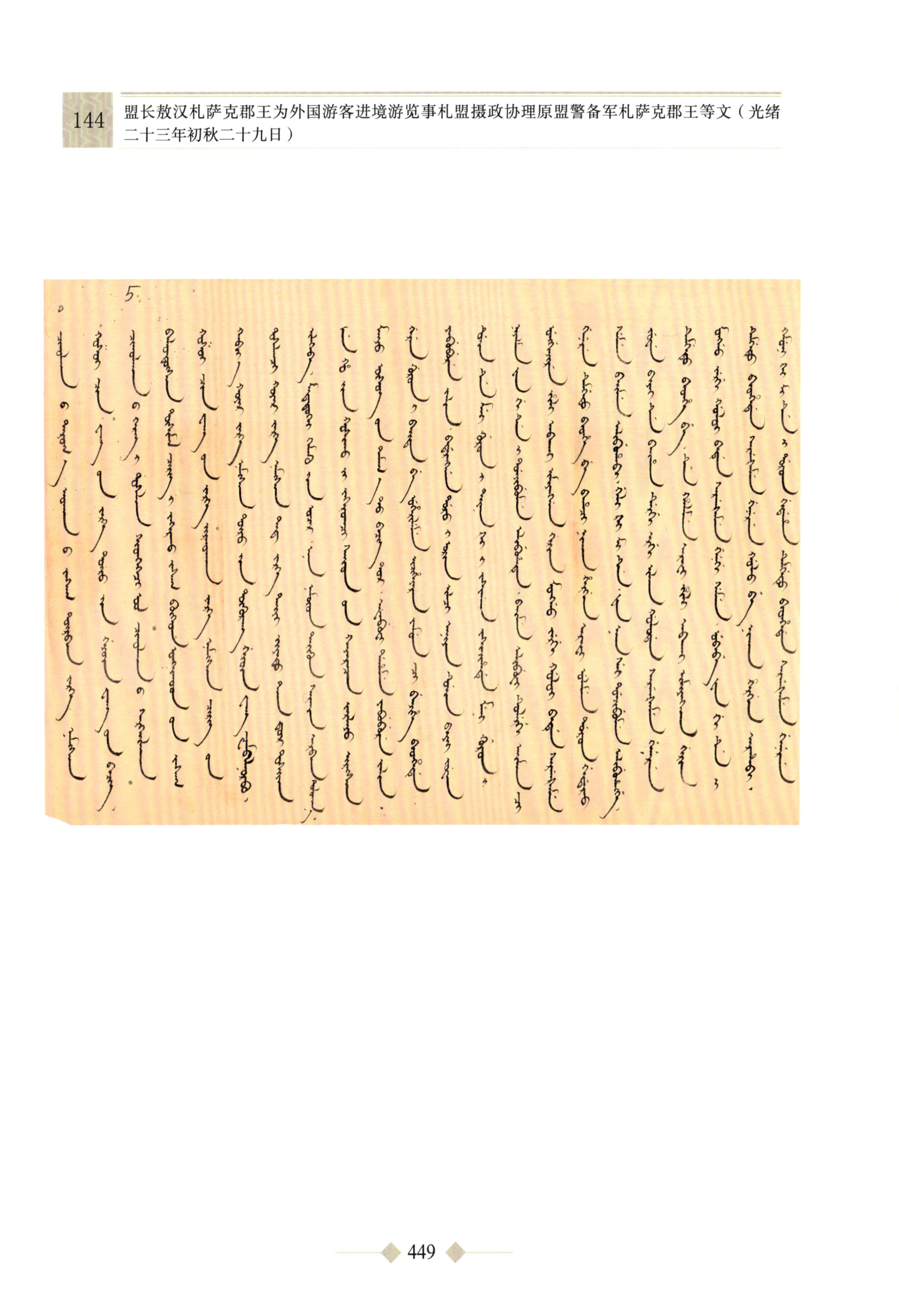

144 盟长敖汉札萨克郡王为外国游客进境游览事札盟摄政协理原盟警备军札萨克郡王等文（光绪二十三年初秋二十九日）

144 盟长敖汉札萨克郡王为外国游客进境游览事札盟摄政协理原盟警备军札萨克郡王等文（光绪二十三年初秋二十九日）

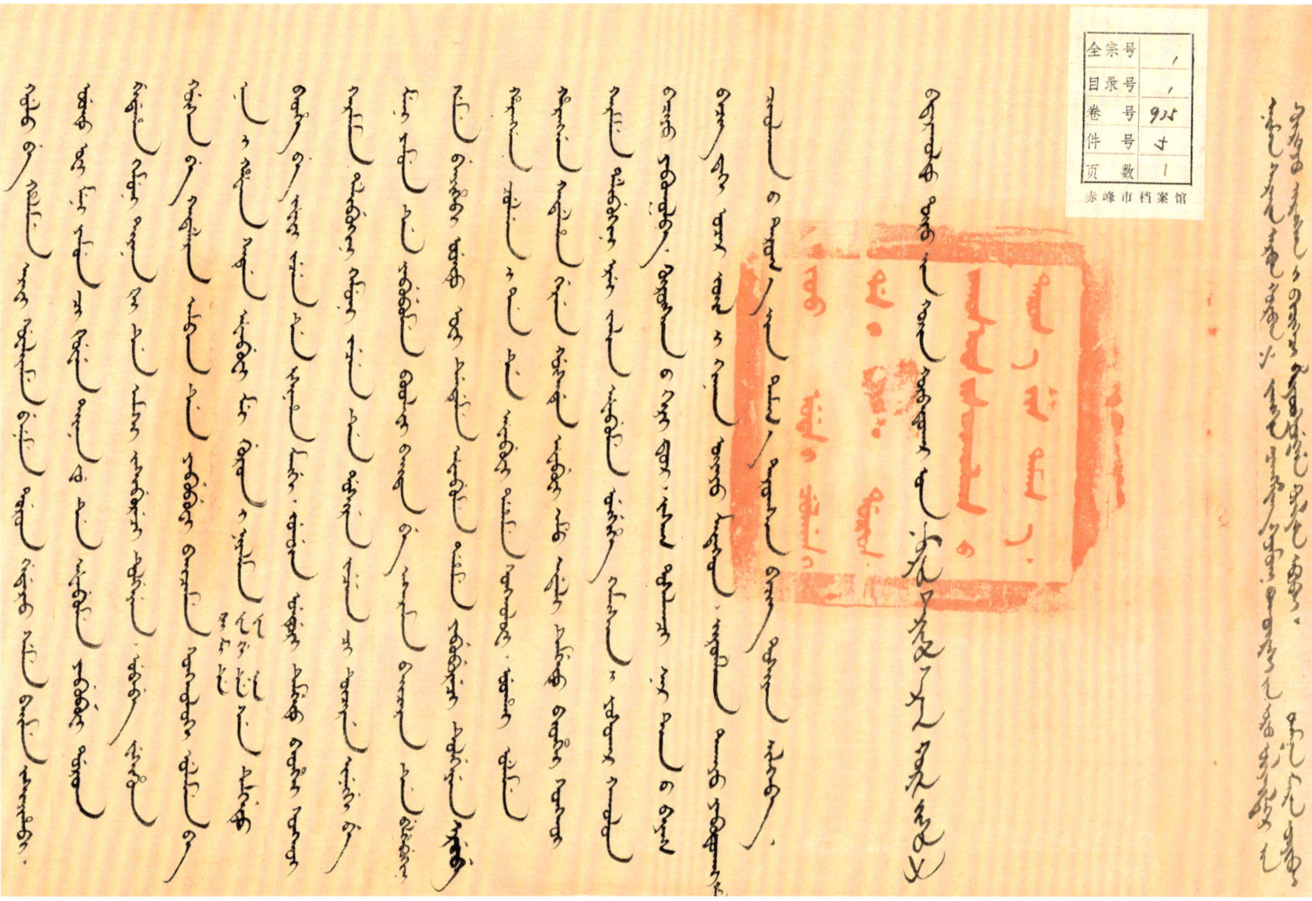

盟长敖汉札萨克郡王为外国游客进境游览事札盟摄政协理原盟警备军札萨克郡王等文

盟长敖汉札萨克加四级和硕亲王衔多罗郡王文。札付盟摄政协理原盟警备军札萨克暨翁牛特札萨克和硕亲王衔加六级军功加二级多罗杜棱郡王赞巴勒诺尔布、协理二等台吉加二级吉雅图：札付之事。

本年初秋十七日，热河都统衙门满文官文札开：为交付遵行事。据总理各国事务衙门来文：为咨行事。光绪二十三年四月十四日，美国遣使寄信前来：据本国法吉德呈闻，呈请遣至直隶、奉天、吉林、蒙古等省游玩，请将各执照书写汉文，转而钤印。等语呈请。再史密德、法楠等呈闻：请将二月申请之游玩东三省执照换写为去直隶、奉天、吉林、蒙古等省游玩。等语。将此汉文书写法吉德游玩省份执照，再史密德换写游玩省份之钤印执照一并送去，请与钤印。等语寄来。为此，本衙门除交付顺天府钤印，给遣使回信外，将此咨行贵都统，查照转交地方众官，美国人法吉德、史密德、法楠等持执照抵达边界后，依执照保护。仍将其入境、离境日期呈报本衙门，以备存档核查。等语送来。故除分交遵行外，将此交付所属盟长遵照，即刻传令交付该管诸旗一体依执照保护。为此札付。等因前来本盟署。故抄录原文札付之。文到，诸札萨克、协理阅知文内遵行。也通告盟摄政协理王爷处。

至此，致钤盟长印之文。

光绪二十三年初秋二十九日

145 盟摄政协理原盟警备军札萨克协理为领取出家证事呈盟长敖汉札萨克郡王文（光绪二十三年初秋二十九日）

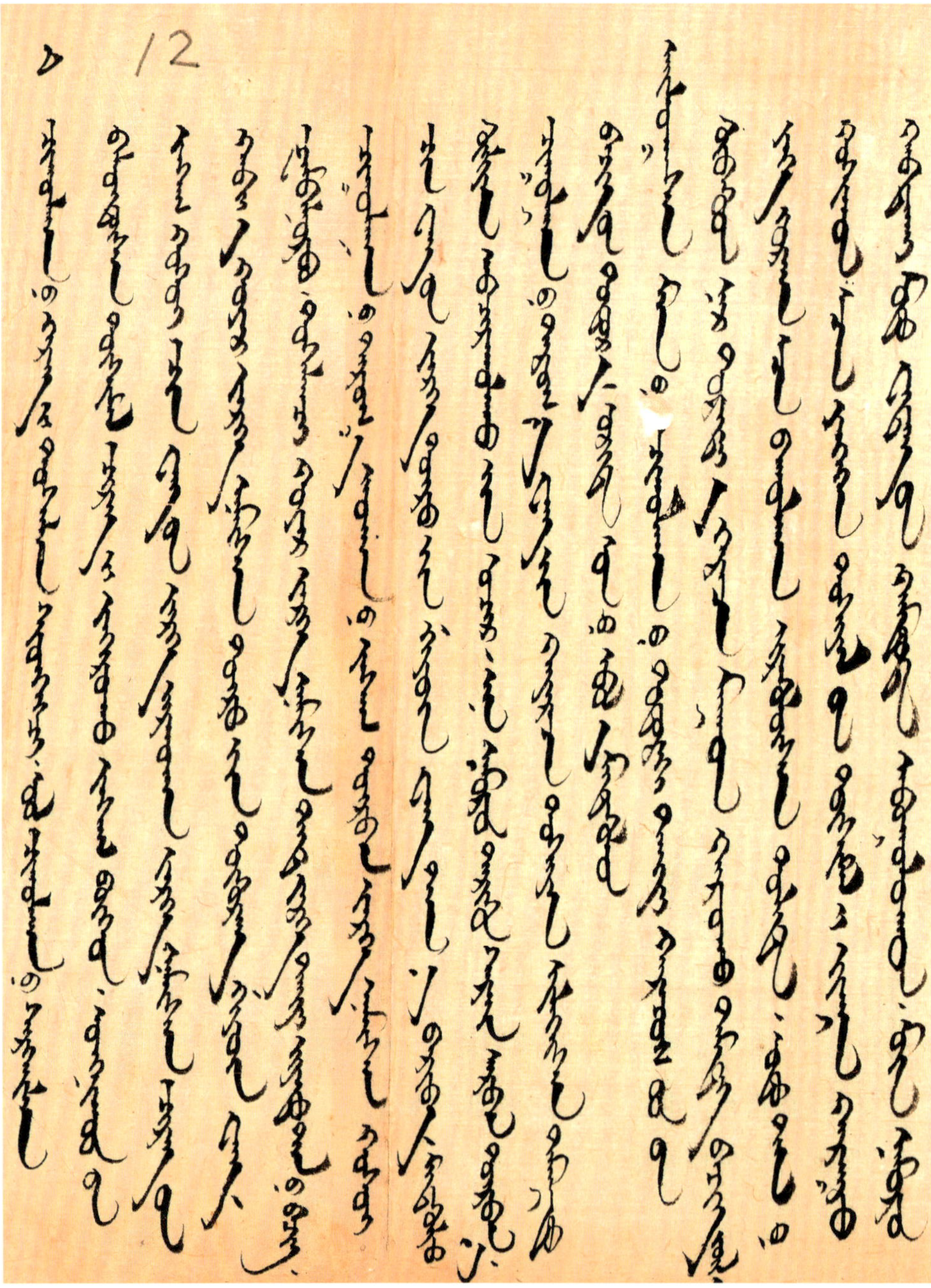

145 盟摄政协理原盟警备军札萨克协理为领取出家证事呈盟长敖汉札萨克郡王文（光绪二十三年初秋二十九日）

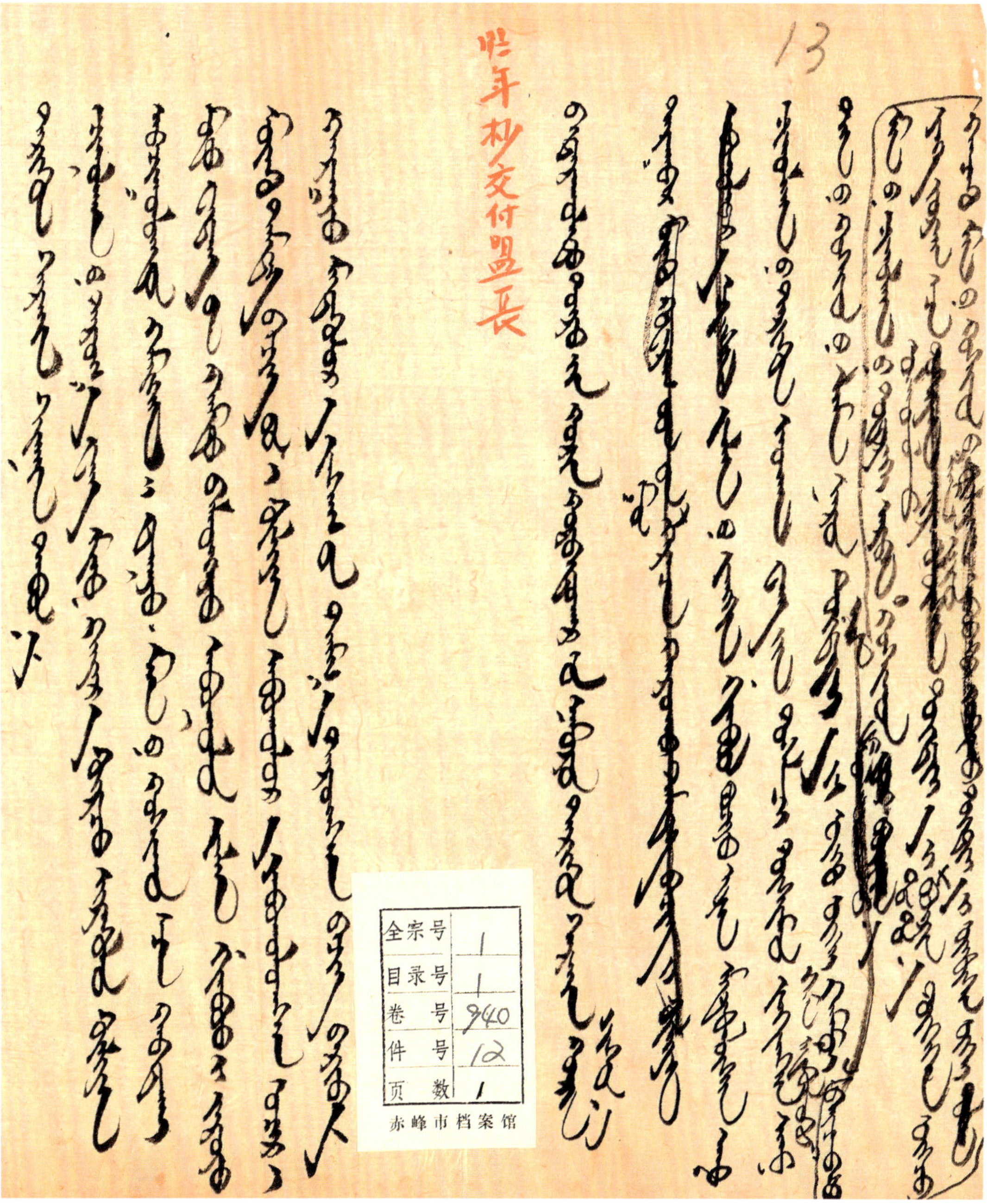

盟摄政协理原盟警备军札萨克协理为领取出家证事呈盟长敖汉札萨克郡王文

盟摄政协理原盟警备军札萨克暨翁牛特和硕亲王衔加六级军功加二级多罗杜棱郡王赞巴勒诺尔布、协理加二级二等台吉吉雅图文。呈送盟长敖汉札萨克加四级和硕亲王衔多罗郡王：呈报领取之事。

本年初秋十四日，盟长王爷处札开，去年冬季呈报之本盟台吉、庶民之子自愿出家所申领之证件已到盟署。诸旗指派官员，于本年初秋初五日，至本盟长王爷处领取。奉此，本旗备办扁担及裹布，指派甲喇金宝，前去领取证件。

至此，呈钤札萨克印之文。

光绪二十三年初秋二十九日

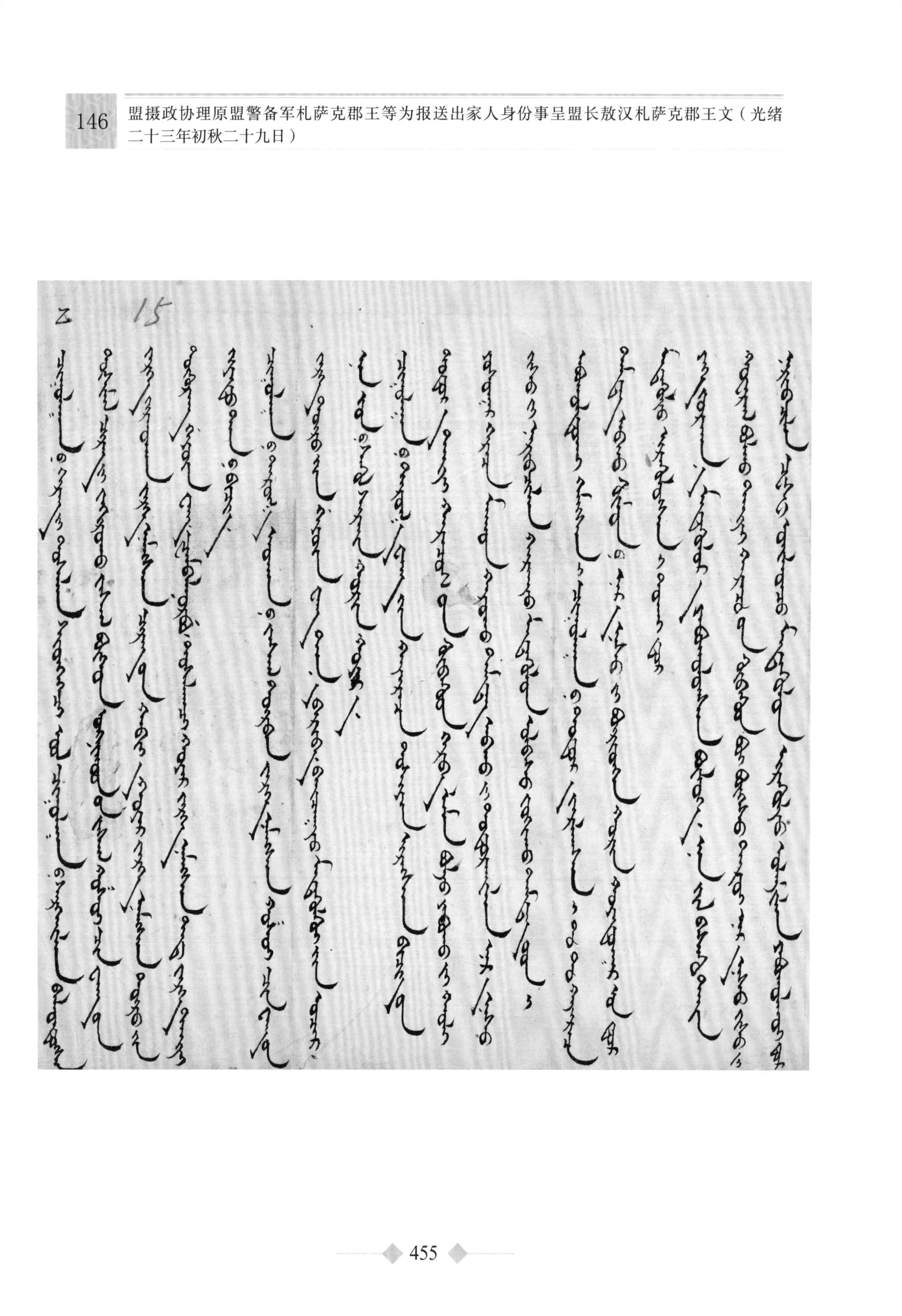

146 盟摄政协理原盟警备军札萨克郡王等为报送出家人身份事呈盟长敖汉札萨克郡王文（光绪二十三年初秋二十九日）

盟摄政协理原盟警备军札萨克郡王等为报送出家人身份事呈盟长敖汉札萨克郡王文（光绪二十三年初秋二十九日）

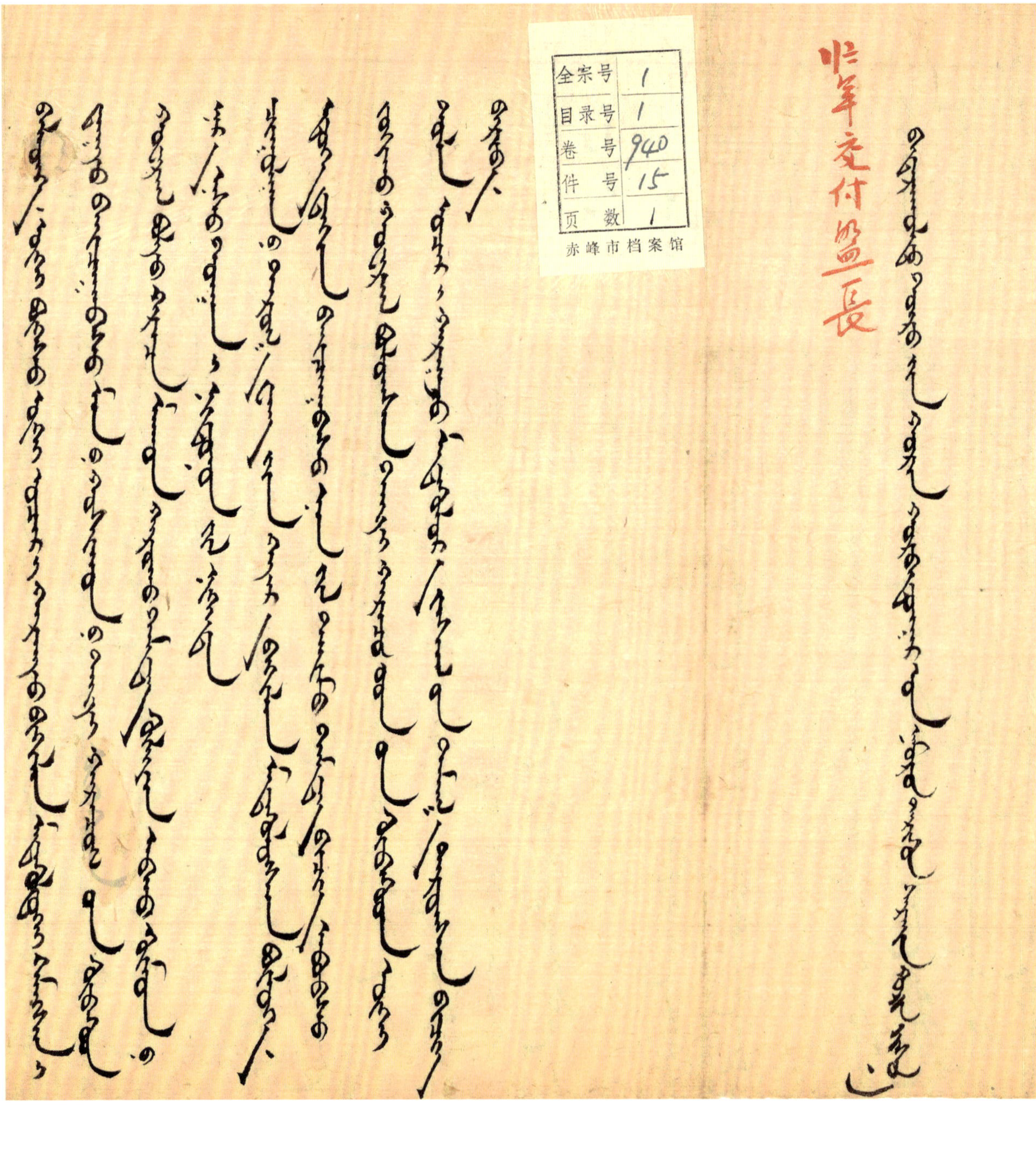

盟摄政协理原盟警备军札萨克郡王等为报送出家人身份事呈盟长敖汉札萨克郡王文

盟摄政协理盟警备军札萨克暨翁牛特和硕亲王衔加六级军功加二级多罗杜棱郡王赞巴勒诺尔布、协理加二级二等台吉吉雅图文。呈送盟长敖汉札萨克加四级和硕亲王衔多罗郡王：呈报之事。

本年末夏二十二日，盟长王爷处札开，台吉、庶民之子如有出家之人，报送其姓名、年龄，并办理证件。奉此，二十二年已统计出家人姓名、年龄，报送至大部。今年又札付台吉、庶民之子如有出家人，将其姓名、年龄登记造册并报送。经查，本旗台吉、庶民之子中出家人姓名、年龄，去年已报送至盟长王爷处。兹有，再查今年未有出家之台吉、庶民之子。

至此，呈钤札萨克印之文。

光绪二十三年初秋二十九日

147 盟长敖汉札萨克郡王为备送驻雍和宫和尚费及其他费用事札盟摄政协理原盟警备军札萨克郡王等文（光绪二十三年初秋二十九日）

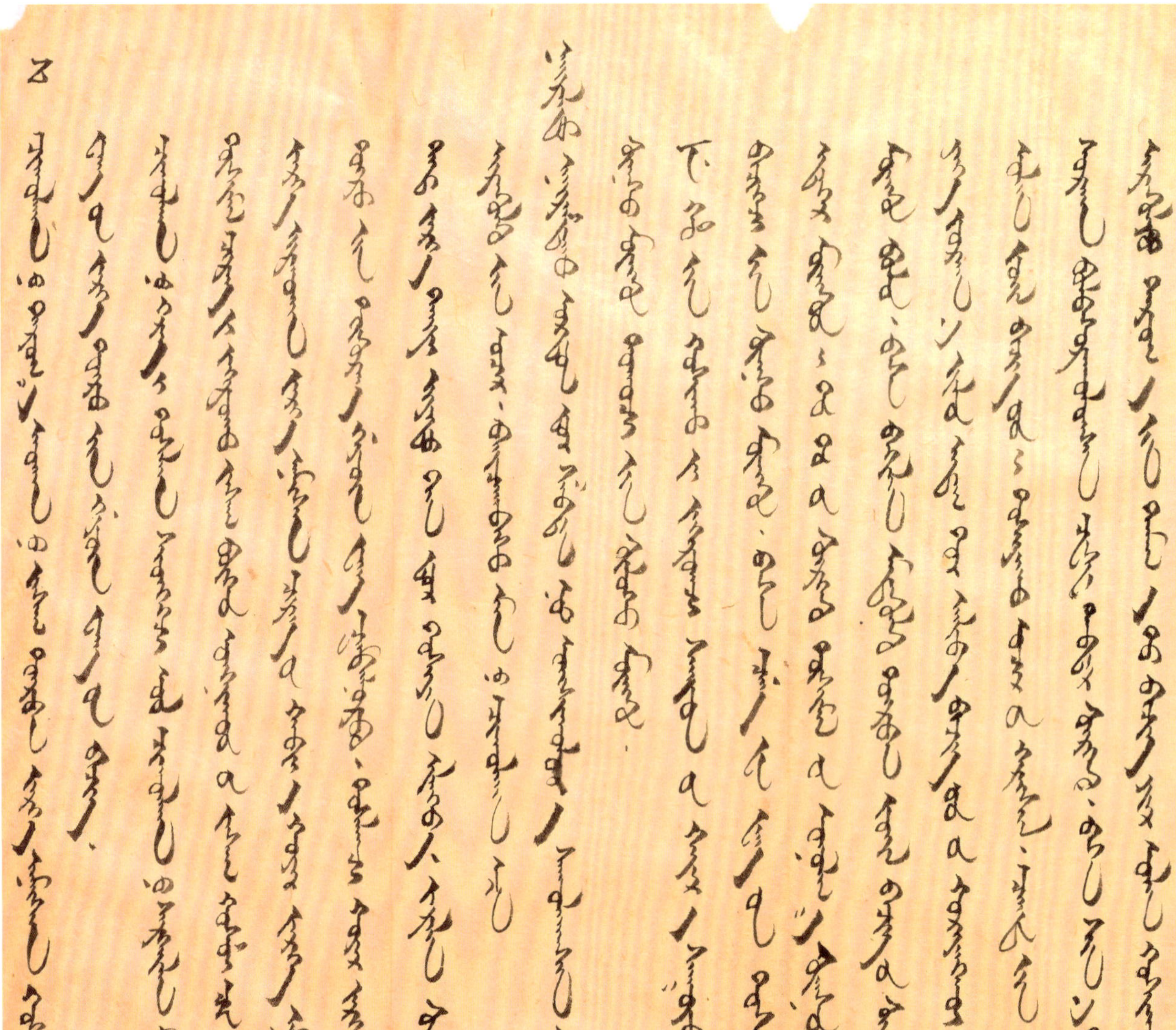

147 盟长敖汉札萨克郡王为备送驻雍和宫和尚费及其他费用事札盟摄政协理原盟警备军札萨克郡王等文（光绪二十三年初秋二十九日）

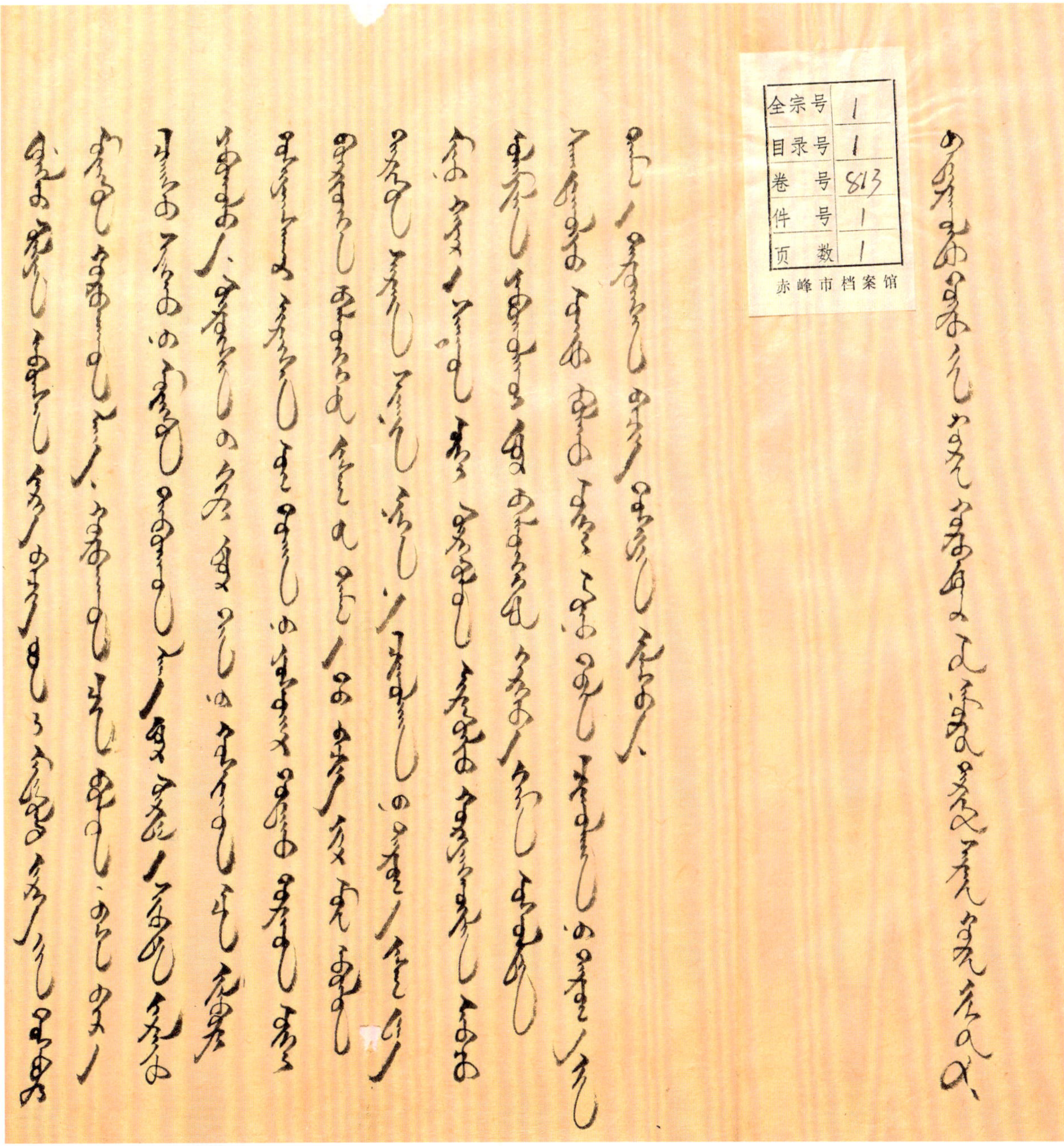

盟长敖汉札萨克郡王为备送驻雍和宫和尚费及其他费用事札盟摄政协理原盟警备军札萨克郡王等文

盟长敖汉札萨克加四级和硕亲王衔多罗亲王衔多罗郡王文。札付盟摄政协理原盟警备军札萨克暨翁牛特札萨克和硕亲王衔加六级军功加二级多罗杜棱郡王赞巴勒诺尔布、协理加二级二等台吉吉雅图：督促配送之事。

本盟驻雍和宫诵经和尚之口粮费、厨师费，驻热河都统衙署笔帖式口粮费、捐助房屋修缮费，送银官之路费及护送四类册本官差之口粮费，还有，大部年底接转各类官文费用，传送集训骑警档案费，上报各旗领取俸禄文书费等三两三钱，加之笔纸朱墨费五两。督促筹备配送。文到，各旗按每年既定数量备齐，并于初冬初一日报送至本盟长札萨克贝勒府，以备统一配送。不得拖延逾期。

至此，致钤盟长印之文。

光绪二十三年初秋二十九日

148 盟摄政协理原盟警备军札萨克郡王等为登记上报出家人身份事呈盟长敖汉札萨克郡王文（光绪二十三年初秋）

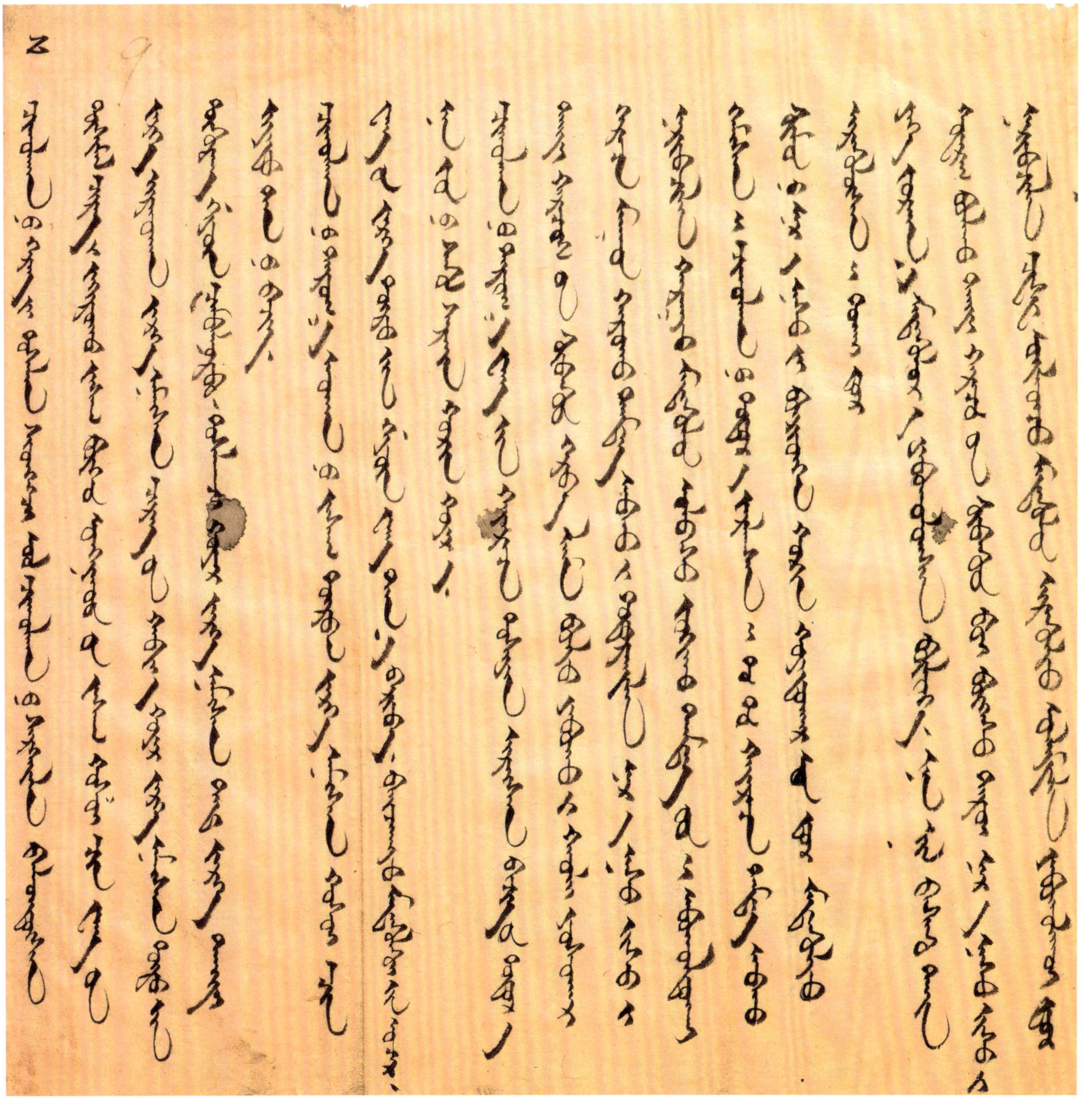

148 盟摄政协理原盟警备军札萨克郡王等为登记上报出家人身份事呈盟长敖汉札萨克郡王文（光绪二十三年初秋）

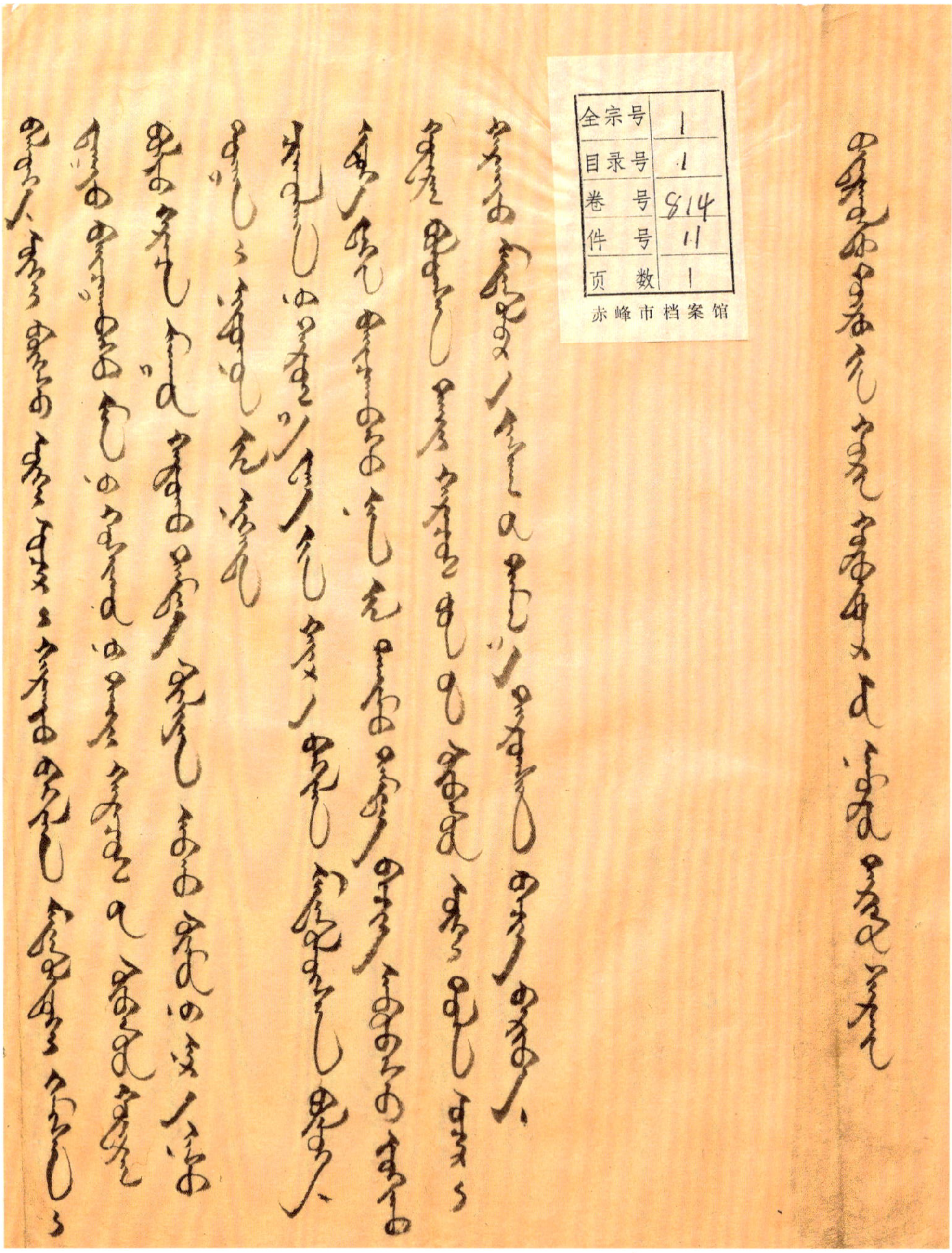

盟摄政协理原盟警备军札萨克郡王等为登记上报出家人身份事呈盟长敖汉札萨克郡王文

盟摄政协理原盟警备军札萨克暨翁牛特札萨克和硕亲王衔加六级军功加二级多罗杜棱郡王赞巴勒诺尔布、协理加二级二等台吉吉雅图文。呈送盟长敖汉札萨克加四级和硕亲王衔多罗郡王：呈报之事。

今年末夏二十二日，盟署札开，台吉、庶民之子如有出家当喇嘛者，登记其姓名、年龄，依规授其出家证。当年上报盟署之各地领取出家证者姓名、年龄，已于二十二年呈报至大部。今年，台吉、庶民之子，如有出家当和尚者，将其姓名、年龄、长相登记造册报送至盟署，以备统一报送。如无此事，也上报说明之。等因前来。

经查，本旗台吉、庶民之子出家当和尚者，去年已登记其姓名、年龄及人数，已呈报盟署。今年本旗台吉、庶民之子未有出家当和尚者。特此汇报。

至此，呈钤札萨克印之文。

光绪二十三年初秋

149 盟摄政协理原盟警备军札萨克郡王等为配送集训人员、武器事呈盟长敖汉札萨克郡王文（光绪二十三年末秋十二日）

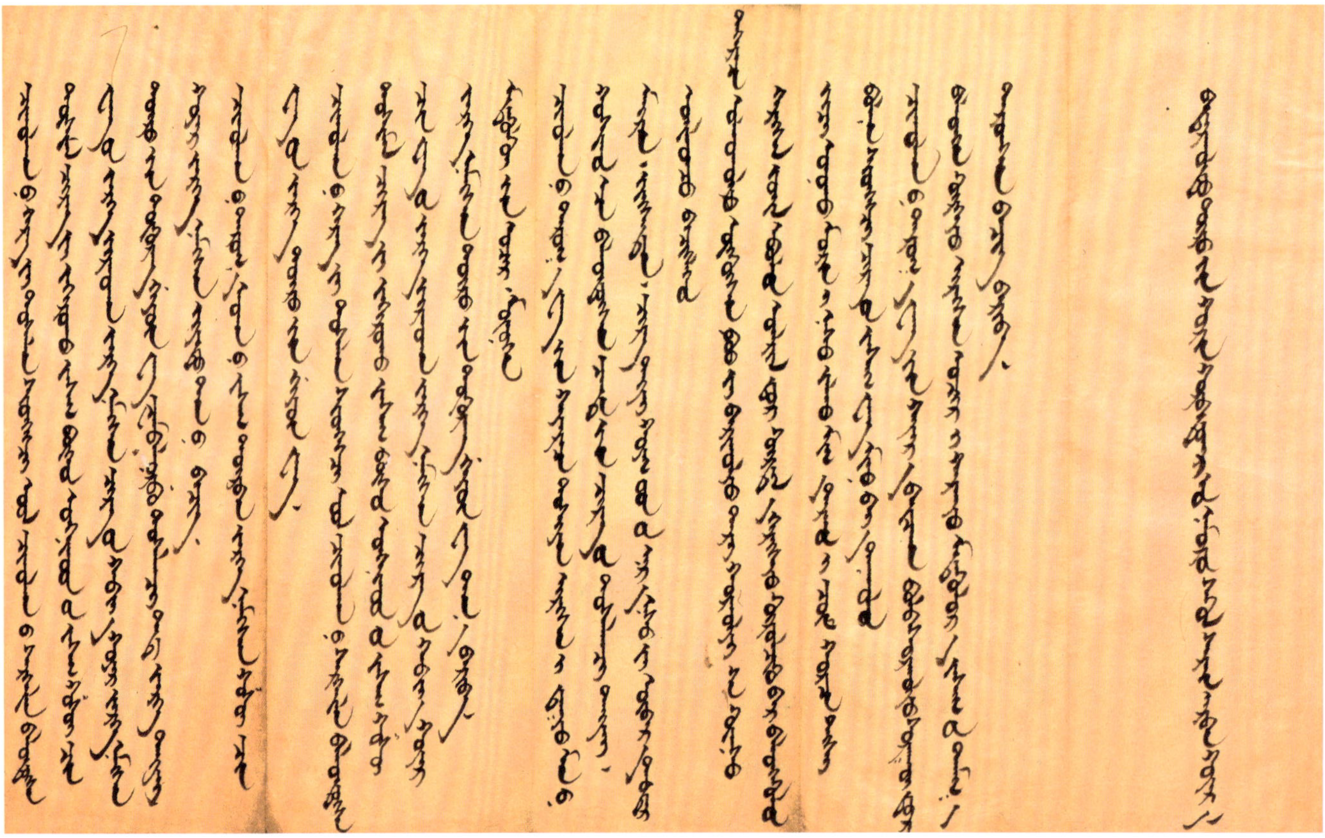

盟摄政协理原盟警备军札萨克郡王等为配送集训人员、武器事呈盟长敖汉札萨克郡王文

盟摄政协理原盟警备军札萨克暨翁牛特札萨克和硕亲王衔加六级军功加二级多罗杜棱郡王赞巴勒诺尔布、协理二等台吉加二级吉雅图文。呈送盟长敖汉札萨克加四级和硕亲王衔多罗郡王盟摄政协理盟警备军札萨克暨翁牛特札萨克和硕亲王衔加六级军功加二级多罗杜棱郡王：呈报之事。

近日，奉盟署指令，本旗预备警察之协理、台吉、梅林、大小官员、壮丁之姓名、年龄登记造册，配发朝廷颁发之枪支。备齐够用至入冬之火药、铅弹、口粮等设备物资及岁少壮硕坐骑，以备本摄政军务札萨克亲自带领至盟署处进行集训。

至此，呈钤札萨克印之文。

光绪二十三年末秋十二日

150 赤峰县英氏县知为上任履职事咨盟摄政协理原盟警备军札萨克郡王等文（光绪二十三年十月十六日）

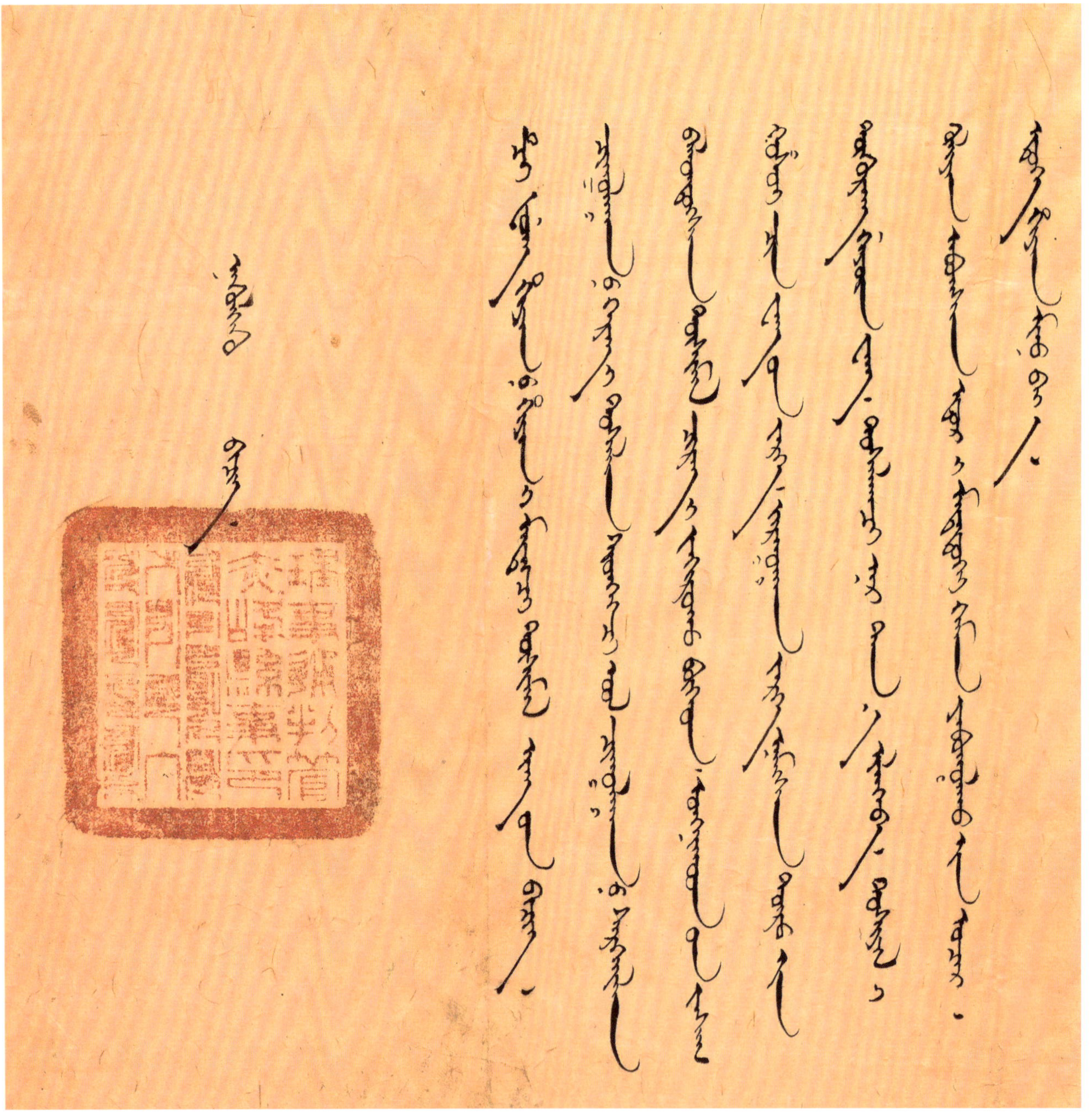

150 赤峰县英氏县知为上任履职事咨盟摄政协理原盟警备军札萨克郡王等文（光绪二十三年十月十六日）

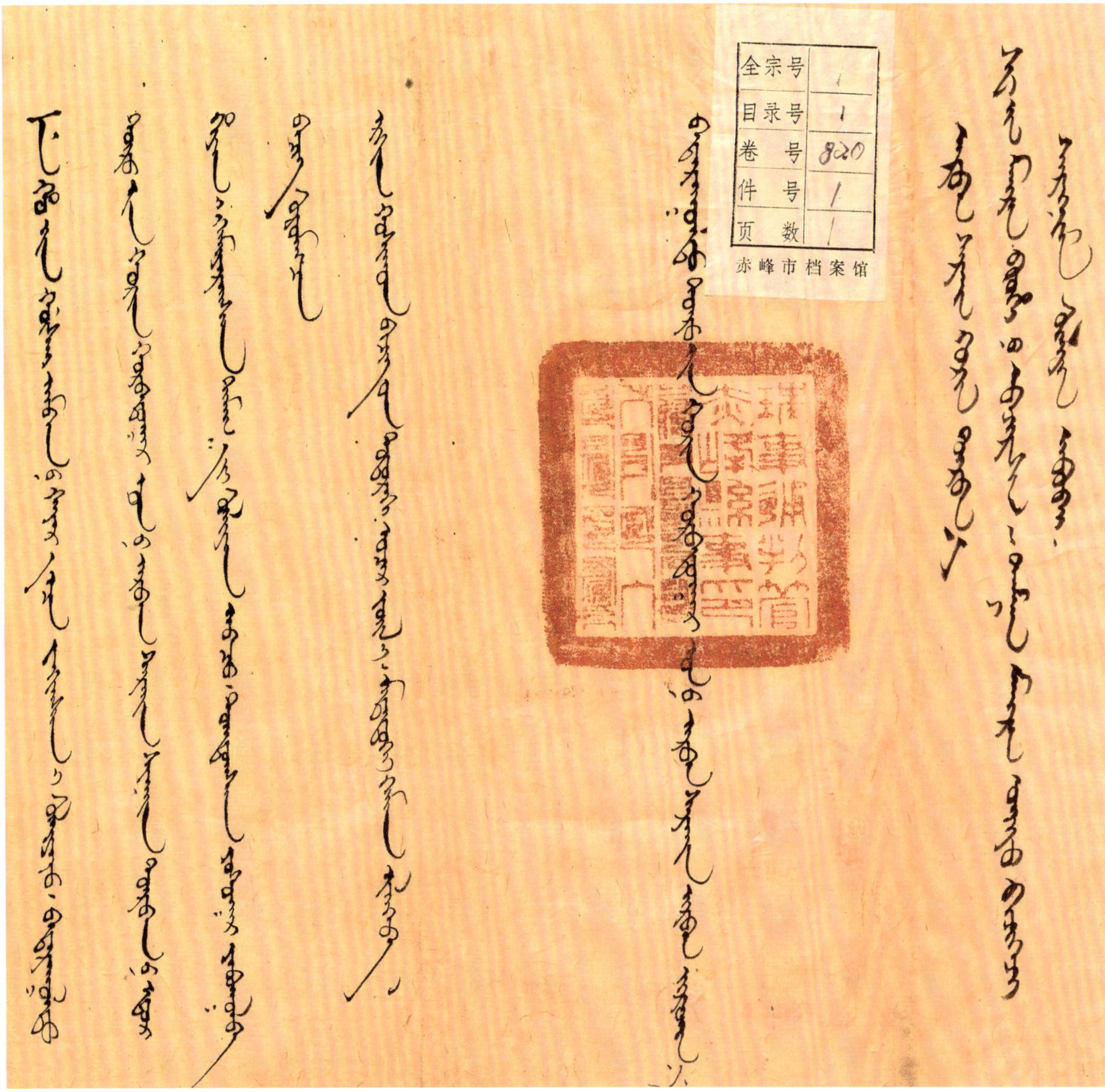

赤峰县英氏县知为上任履职事咨盟摄政协理原盟警备军札萨克郡王等文

赤峰县英氏县知文。咨盟摄政协理原盟警备军札萨克暨翁牛特札萨克和硕亲王衔加六级多罗杜棱郡王及诸协理：告知任职日期之事。

如今，本县知奉热河都统之命，于光绪二十三年十月初四日接县官印，执行公务。文到，贵旗阅知文内事宜。

至此。

光绪二十三年十月十六日

151 盟摄政协理原盟警备军札萨克郡王等为补派送官文差使事呈盟长敖汉札萨克郡王文（光绪二十三年仲冬十九日）

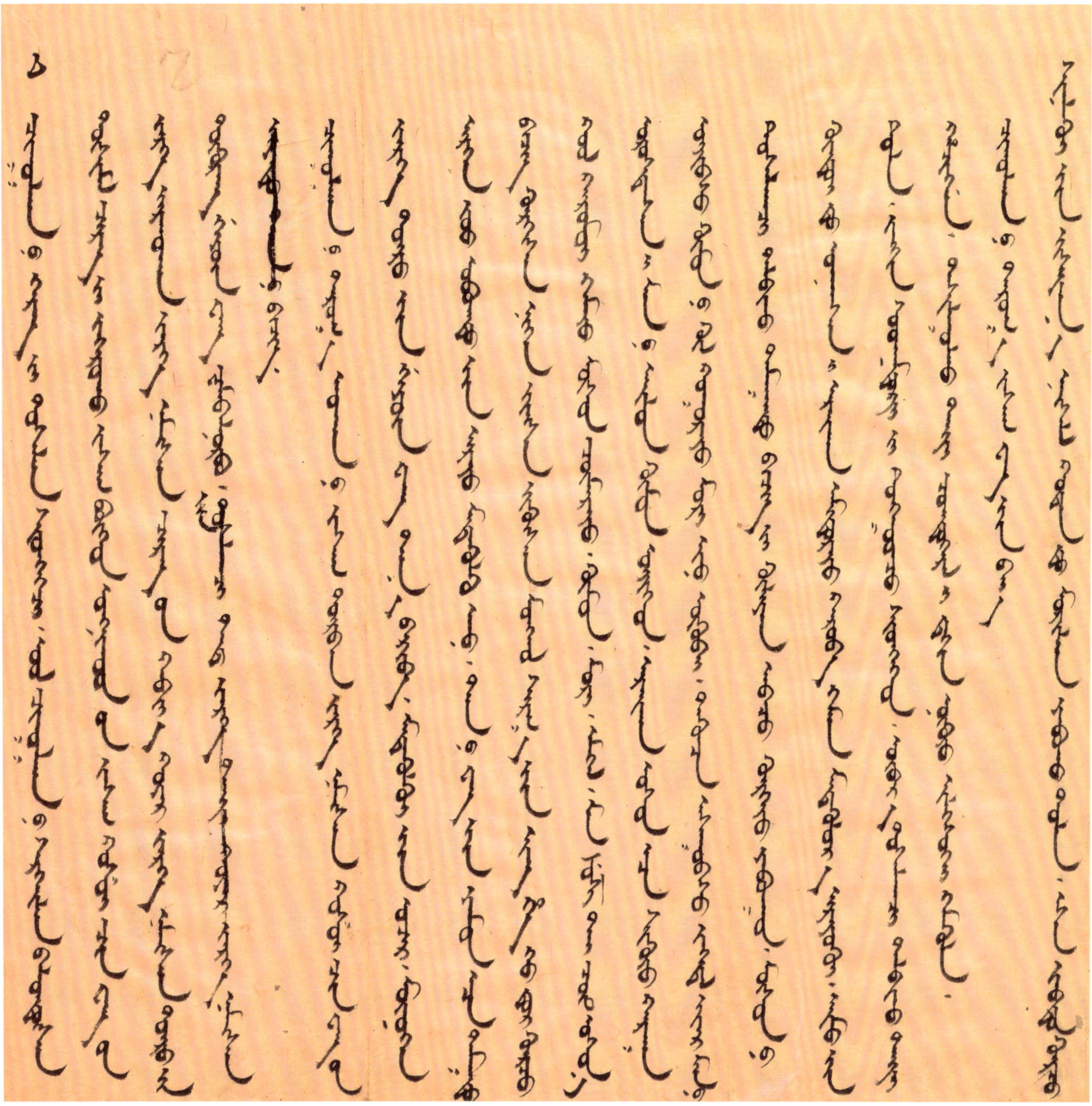

151 盟摄政协理原盟警备军札萨克郡王等为补派送官文差使事呈盟长敖汉札萨克郡王文（光绪二十三年仲冬十九日）

盟摄政协理原盟警备军札萨克郡王等为补派送官文差使事呈盟长敖汉札萨克郡王文

盟摄政协理原盟警备军札萨克暨翁牛特札萨克和硕亲王衔加六级军功加二级多罗杜棱郡王赞巴勒诺尔布、协理二等台吉加二级吉雅图文。呈送盟长敖汉札萨克加四级和硕亲王衔多罗郡王：呈报之事。

近日，赵氏民人报案曰：贵王府官差蒙古人至沙日嘎营沟过河时冰面塌陷，使官差、马、鞍子、搭子均掉进水里。村民发现救出时人已骨折，马已亡也。问其何故，其曰：送递协理委任书时掉进冰窟窿，差点丢命也。等因报来。为此，训斥章京苏都那木道尔吉过错，拟补派准协理哈青阿、台吉朝格图格日勒时，正遇盟长札萨克王爷进京年班，故未能及时送达，请恕罪。

至此，呈钤札萨克印之文。

光绪二十三年仲冬十九日

152 盟摄政协理原盟警备军札萨克郡王等为领取俸禄呈送官文事呈理藩院文（光绪二十三年末冬十九日）

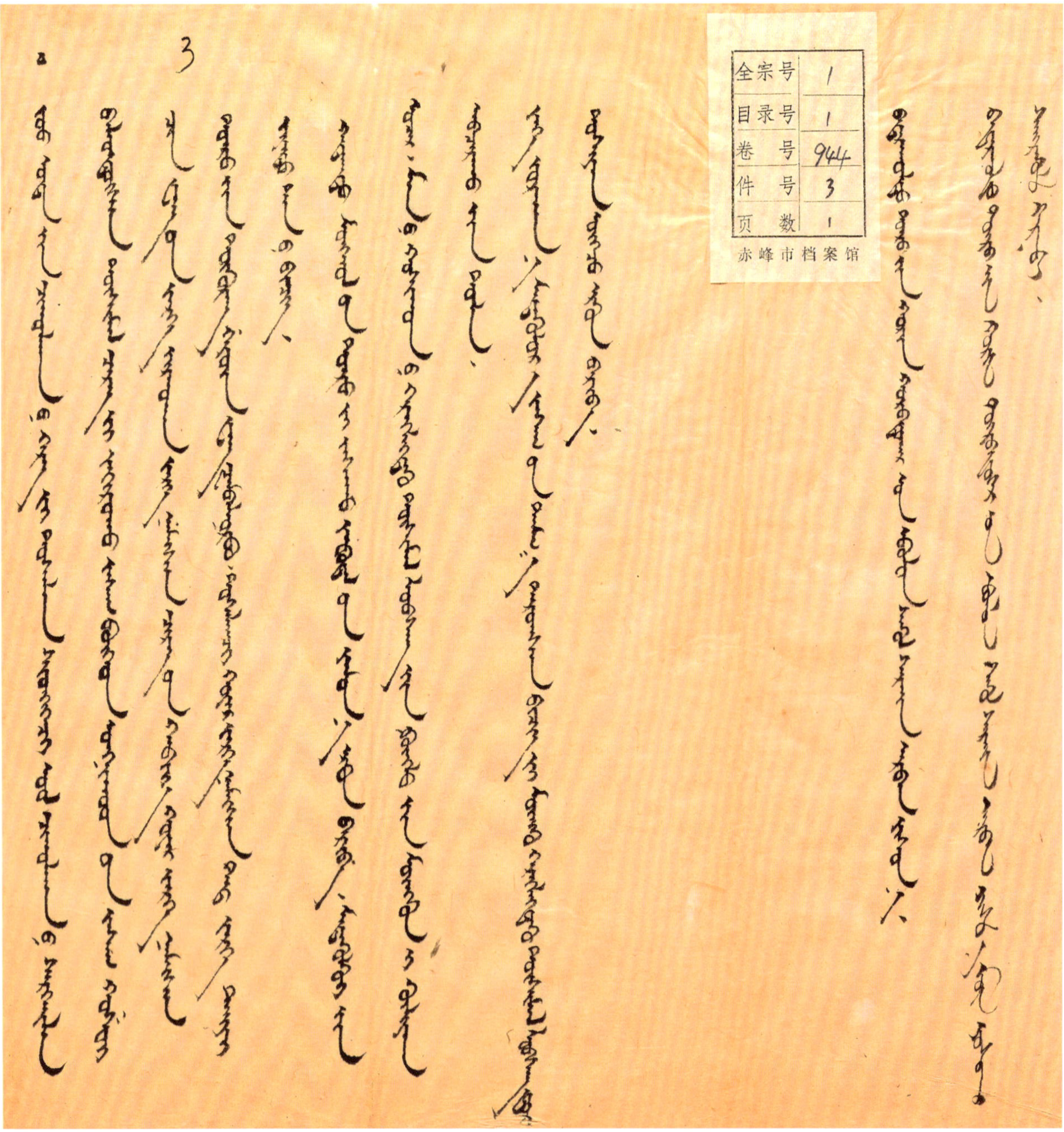

3

全宗号	1
目录号	1
卷　号	944
件　号	3
页　数	1

盟摄政协理原盟警备军札萨克郡王等为领取俸禄呈送官文事呈理藩院文

昭乌达盟摄政协理原盟警备军札萨克暨翁牛特和硕亲王衔加六级军功加二级多罗杜棱郡王赞巴勒诺尔布、协理加二级二等台吉吉雅图文。呈送理藩院：呈报之事。

领取本旗骑都尉罗布桑俸禄之呈大部官文，亦交由骑都尉罗布桑呈送之。

光绪二十三年末冬十九日

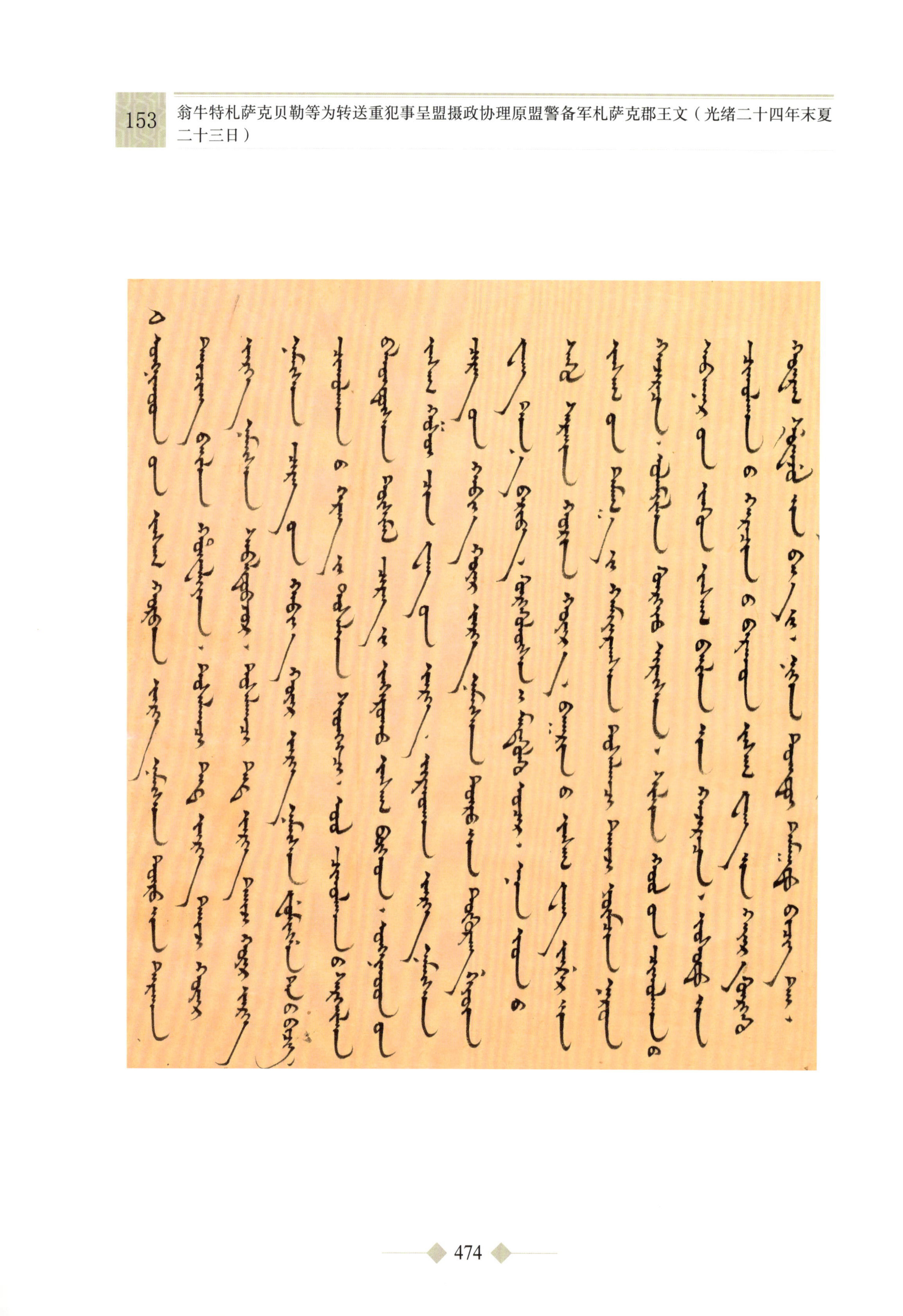

153 翁牛特札萨克贝勒等为转送重犯事呈盟摄政协理原盟警备军札萨克郡王文（光绪二十四年末夏二十三日）

153 翁牛特札萨克贝勒等为转送重犯事呈盟摄政协理原盟警备军札萨克郡王文（光绪二十四年末夏二十三日）

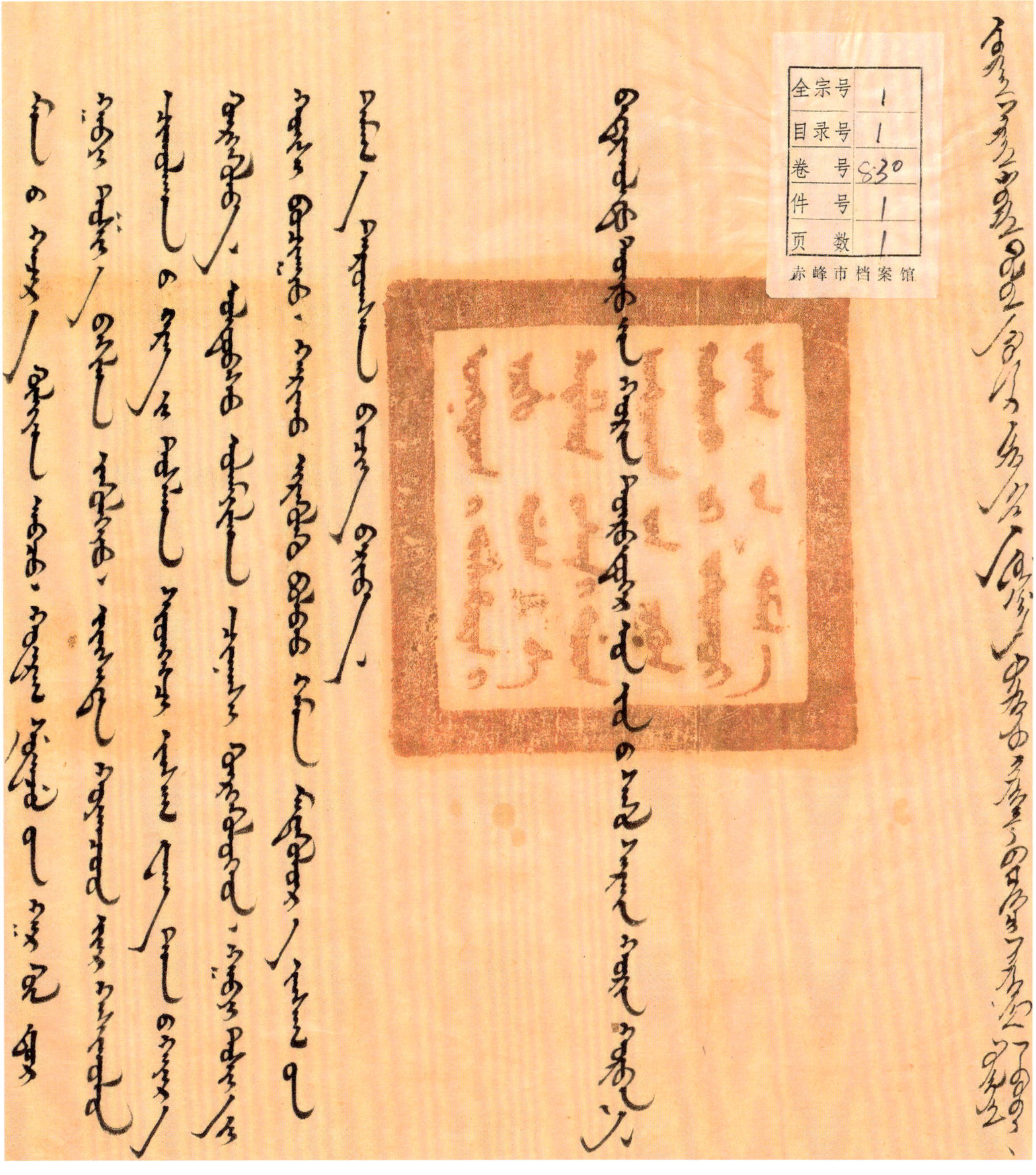

翁牛特札萨克贝勒等为转送重犯事呈盟摄政协理原盟警备军札萨克郡王文

翁牛特札萨克加三级多罗达尔罕岱青贝勒华连，协理二等台吉加二级色布乐道布朱尔、协理二等台吉加二级军功加二级福明阿文。呈送盟摄政协理原盟警备军札萨克暨翁牛特札萨克和硕亲王衔加六级军功加二级多罗杜棱郡王：呈报之事。

今年末夏二十二日，本处接收署理巴林札萨克王扎格尔札萨克印务之协理台吉尤牧沁府转送之要犯。该犯为从锡林郭勒盟阿巴嘎纳尔左翼札萨克贝勒府押送至卓索图盟喀喇沁右翼札萨克王府之和尚栓珠儿，还有相应官文一份。本处更换栓珠儿和尚手铐脚镣，派卫兵押送至盟摄政协理王府处。望转送并退回手铐脚镣之。

至此，呈钤札萨克印之文。

光绪二十四年末夏二十三日

154 翁牛特札萨克贝勒等为本旗匪患猖虐事呈盟摄政协理原盟警备军札萨克郡王文（光绪二十四年初冬初一日）

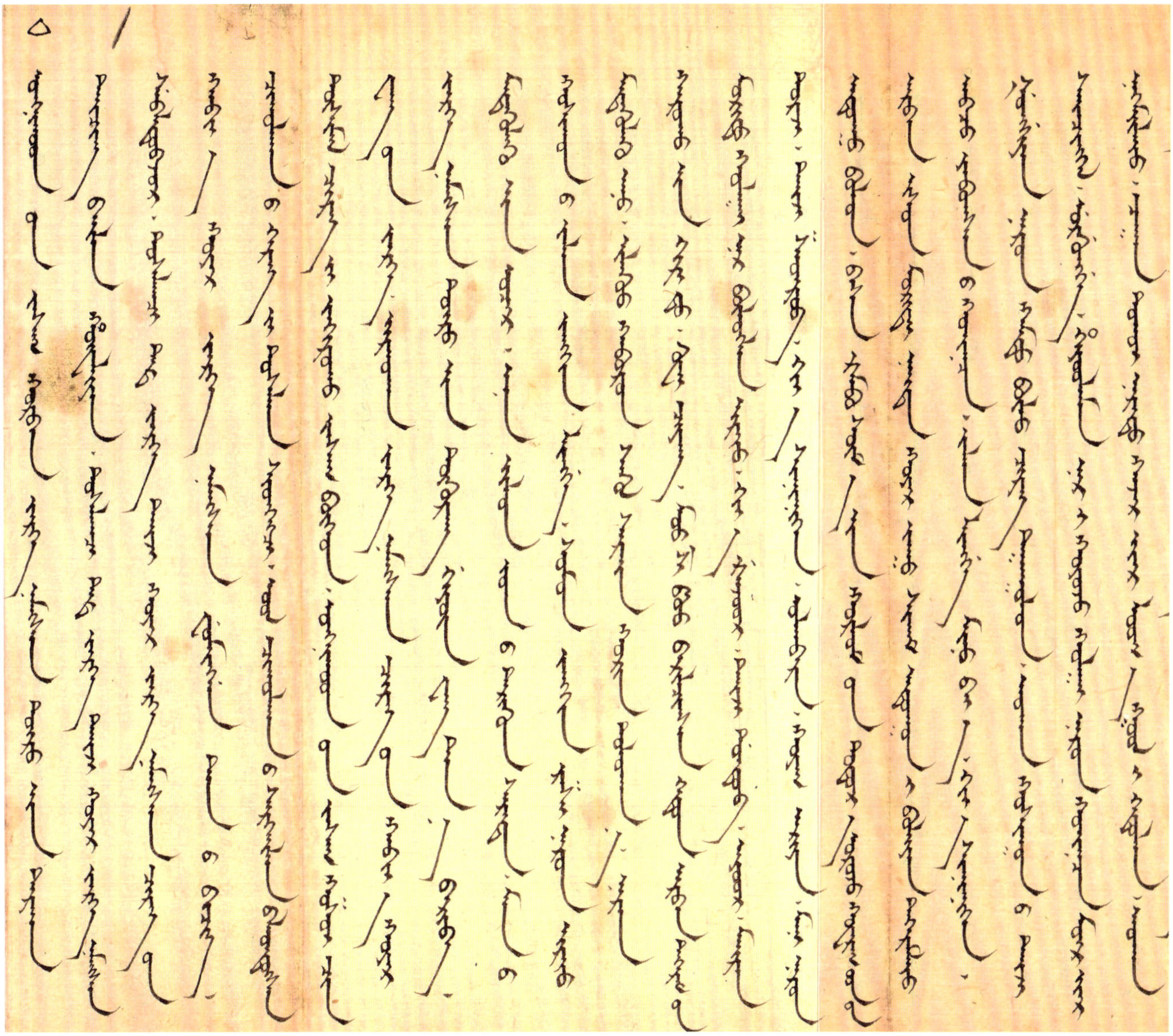

154 翁牛特札萨克贝勒等为本旗匪患猖虐事呈盟摄政协理原盟警备军札萨克郡王文（光绪二十四年初冬初一日）

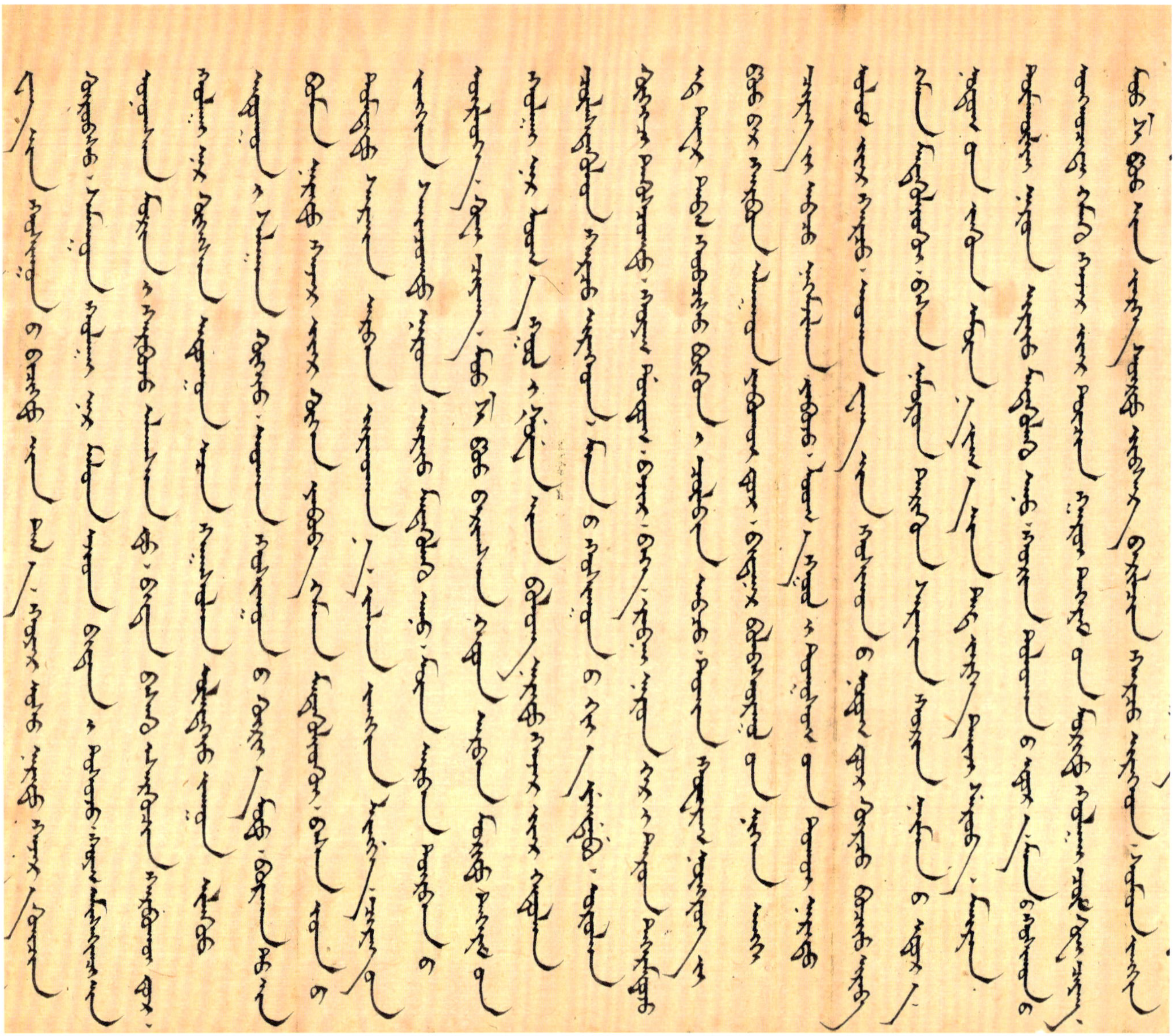

154 翁牛特札萨克贝勒等为本旗匪患猖虐事呈盟摄政协理原盟警备军札萨克郡王文（光绪二十四年初冬初一日）

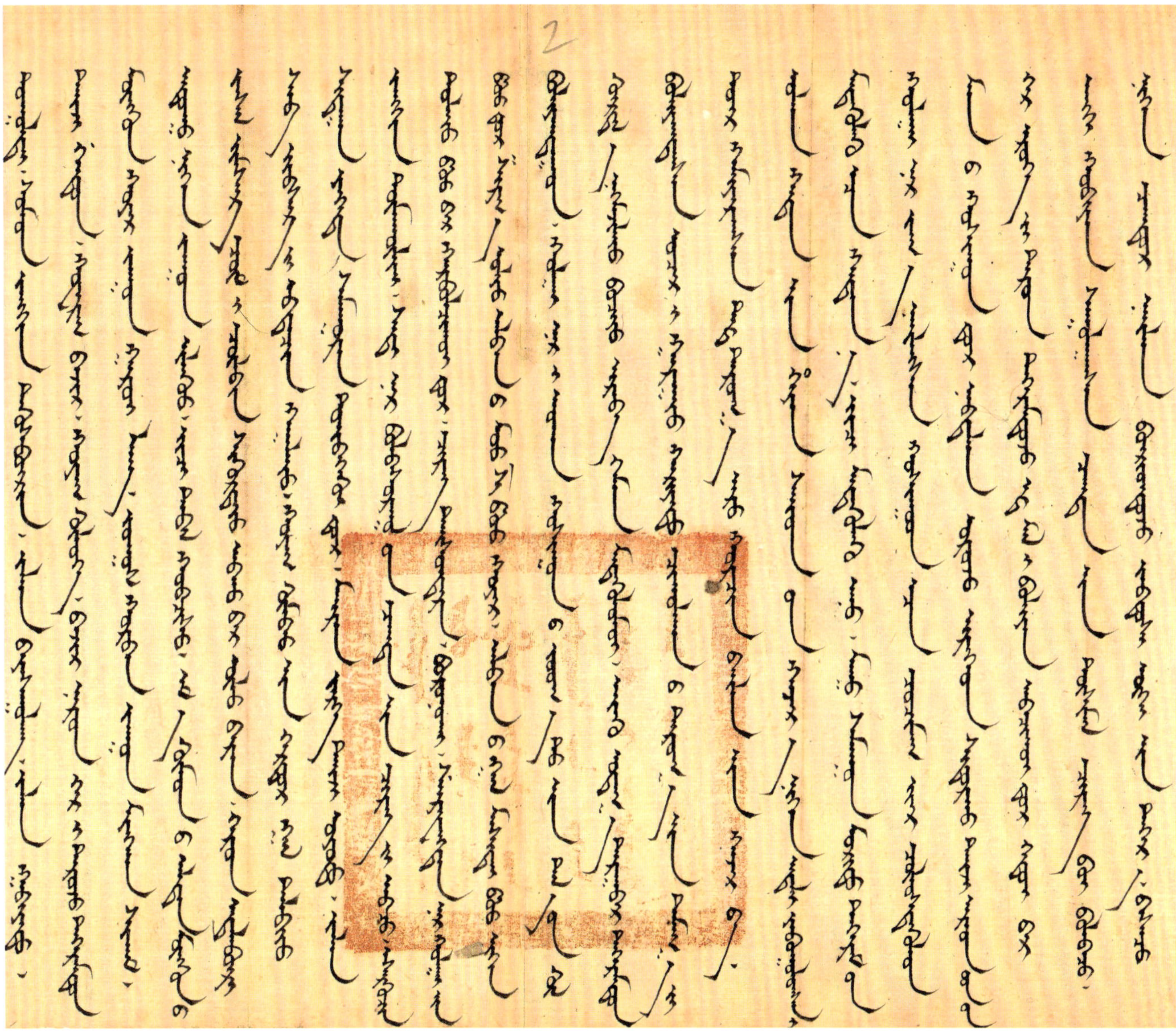

154 翁牛特札萨克贝勒等为本旗匪患猖虐事呈盟摄政协理原盟警备军札萨克郡王文（光绪二十四年初冬初一日）

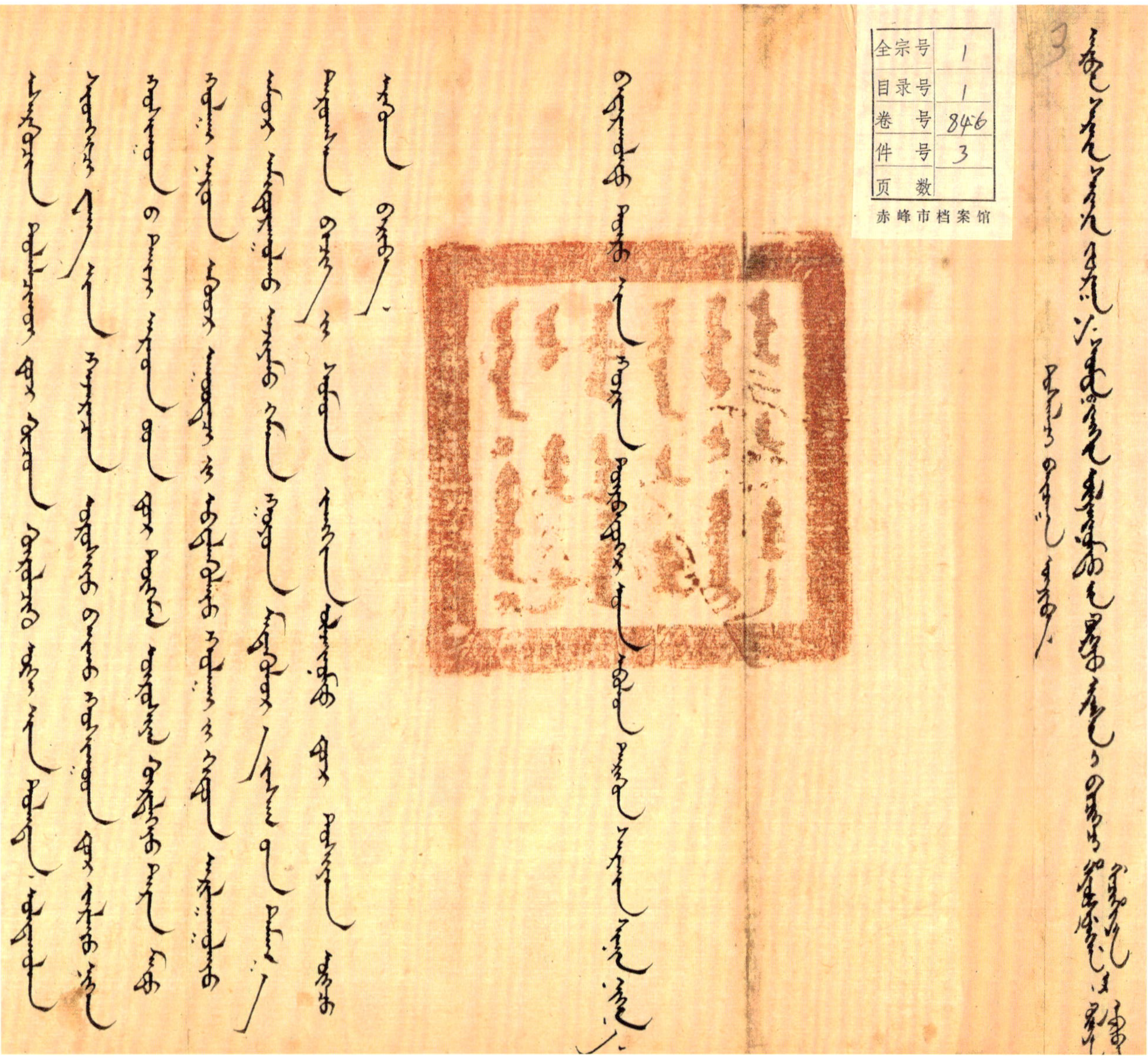

翁牛特札萨克贝勒等为本旗匪患猖虐事呈盟摄政协理原盟警备军札萨克郡王文

翁牛特札萨克加三级多罗达尔罕岱青贝勒华连，协理二等台吉加二级色布乐道布珠尔、协理二等台吉加二级军功加二级福明阿文。呈盟摄政协理原盟警备军札萨克暨翁牛特札萨克和硕亲王衔加六级军功加二级多罗杜棱郡王：所报之事。

今年初夏，本旗甲喇章京凌河、佐领章京扎西等报曰，闰末春二十七日晨，几十个持快枪、毛瑟枪土匪骑马而来，抢劫侍卫甘珠尔、台吉敦都布、阿尤尔、梅林道尔吉、台吉沙德如布、侍卫西宁尼根、乌兰巴日、壮丁阿日亚、玛尼之马匹，还闯进康普庙大院，抢走和尚十九匹马，共抢走二百余匹马也。之后，本甲喇凌河、侍卫西宁尼根、宋贤等带领治安兵丁，并求援敖汉旗台吉赛音青格勒、乌日贡格、小喇嘛等追踪土匪，赶至查干陶海地方趟过老哈河，于敖汉王旗毕其格图塔拉、浩叶尔乌苏地追上土匪。盗贼迎战吾等，开枪打死壮丁阿敏萨何其之坐骑，吾等强烈反击，情急之下土匪分离出一半马匹，赶走一百多匹马，至敖汉旗库列毛都、布尔罕图布玛地方。等语报来。

另，到了仲夏十六日，甲喇章京凌河、武官章京赛音朝格图等报曰，就在十四日早晨，十多名持快枪、毛瑟枪土匪骑马从术窝湾地方过老哈河，袭击本旗侍卫严丹卜、骁骑校特古斯朝格图、壮丁敦都格、巴吉尔、博合、拉布奈等家院，抢走财物、衣服等，枪杀和尚依荣逃走之。吾等带训练营一支队追击，从套鼓苏克陶海渡口过老哈河至敖汉王旗后返回。等语报来。

还有，初秋二十八日，家住当地东南边界之二等台吉希日布、梅林图门乌力吉等报曰，二十七日，本旗翁古查台地方出现四十多骑马土匪，持快枪、毛瑟枪，将佐领章京图古乐泰、佐领章京特古斯布仁、甲喇巴亚思古楞、甲喇嘎比亚图、台吉根顿、和尚巴吉尔、兵丁古鲁格、巴吉尔等家院洗劫一空，掠走银子二百余两、钱款近三百千文、马一百多匹、衣物、妇女金银首饰若干，还毁坏家用器皿、武器等，并纵火烧毁兵丁胡木巴乌家，猖獗至极。梅林衔台吉乌优图、甲喇章京图门乌力吉、萨迪等带领训练营警察部队追击土匪过程中，兵丁戴孙达拉、宝日淖海、斯仍旺丹被盗贼击伤，被抢走所用毛瑟枪两把、火枪一条。吾等将土匪追击至敖汉旗名叫昭和图塔拉地方附近而归。等语报来。

正因接连出现被抢之事，及时报署理盟长印务之副盟长阿鲁科尔沁贝勒及赤峰县。骑马土匪从临旗交界处突然闯进本旗，肆意掳掠忠厚台吉家院，抢走财物、牛马等。虽然有驻守警察官兵，但无法及时集结，且缺乏战斗力。因此，呈请摄政协理王爷下令各旗，如有土匪窝点及时清剿，确保一方平安为盼。

至此，派佐伦章京乌力吉诺木图携官文呈送之。

光绪二十四年初冬初一日

155 盟摄政协理原盟警备军札萨克郡王等为推迟缴纳驻雍和宫和尚费用事呈署理盟长印务之副盟长文（光绪二十四年初冬初一日）

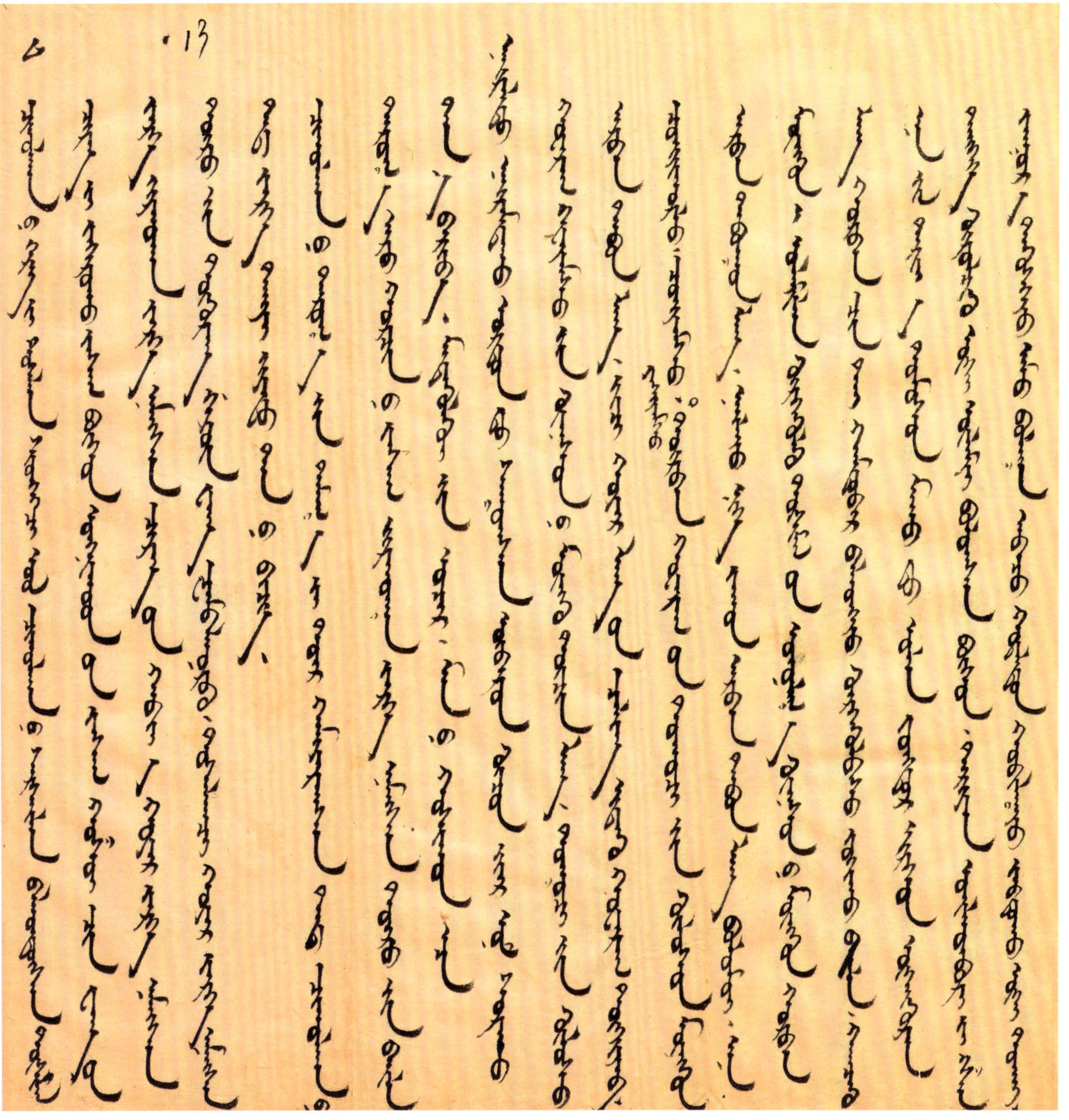

155 盟摄政协理原盟警备军札萨克郡王等为推迟缴纳驻雍和宫和尚费用事呈署理盟长印务之副盟长文（光绪二十四年初冬初一日）

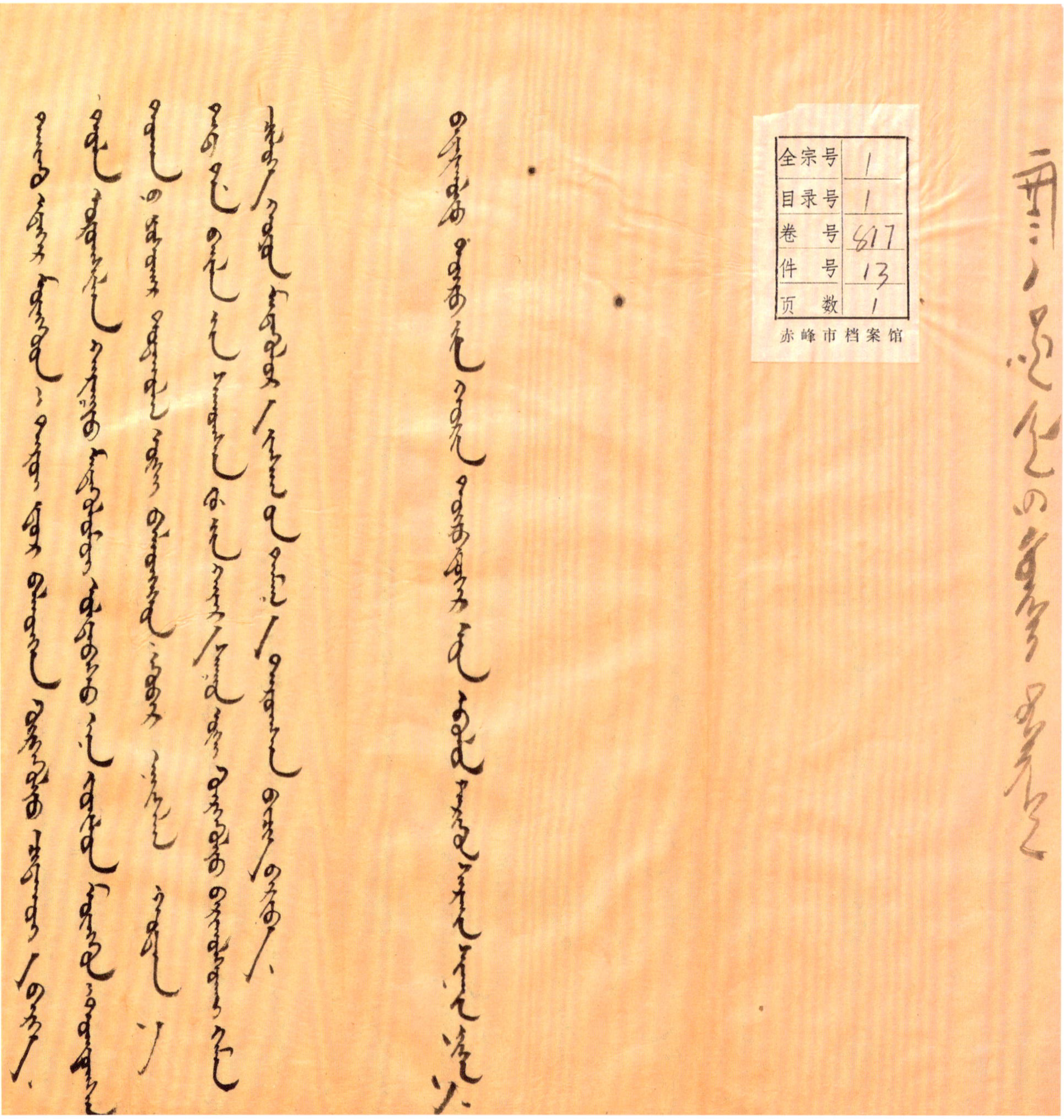

盟摄政协理原盟警备军札萨克郡王等为推迟缴纳驻雍和宫和尚费用事呈署理盟长印务之副盟长文

盟摄政协理原盟警备军札萨克暨翁牛特札萨克和硕亲王衔加六级军功加二级多罗杜棱郡王赞巴勒诺尔布、协理二等台吉加二级吉雅图文。呈署理盟长大印之副盟长阿鲁科尔沁札萨克加六级多罗贝勒：禀报之事。

本旗驻雍和宫用心好学之诵经和尚格瓦扎木苏之口粮费四十两、厨师费十五两及领二两薪金和尚图格吉扎布、却吉浩日勒、却吉扎木苏、拉希拉布坦等四名和尚之厨师费十五两，合计一百一十五两也。另，送银官之路费三两三钱，应如数备齐送至。只是今年庄稼欠收，诸庄户贫困交加，一时无法变卖粮食缴纳田赋。故暂无法全额配送此等银两而禀报之。呈请推迟些日期，待筹措备齐即刻送至驻京城大贝勒您处。请开恩。

至此，呈钤札萨克印之文。

光绪二十四年初冬初一日

156 盟长阿鲁科尔沁札萨克贝勒为及时遣送重案嫌疑人事札盟摄政协理原盟警备军札萨克郡王等文（光绪二十四年仲冬初八日）

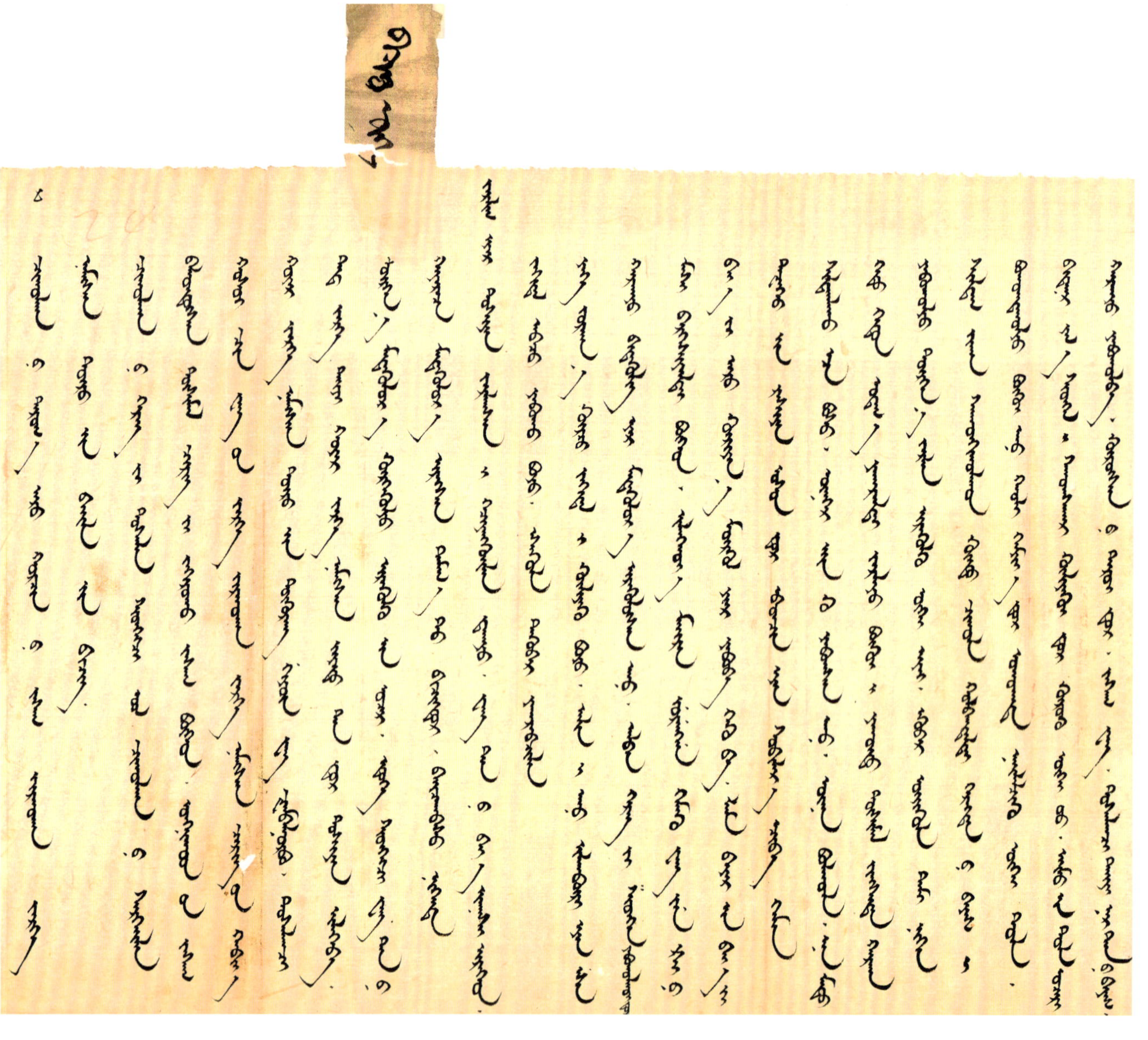

156 盟长阿鲁科尔沁札萨克贝勒为及时遣送重案嫌疑人事札盟摄政协理原盟警备军札萨克郡王等文（光绪二十四年仲冬初八日）

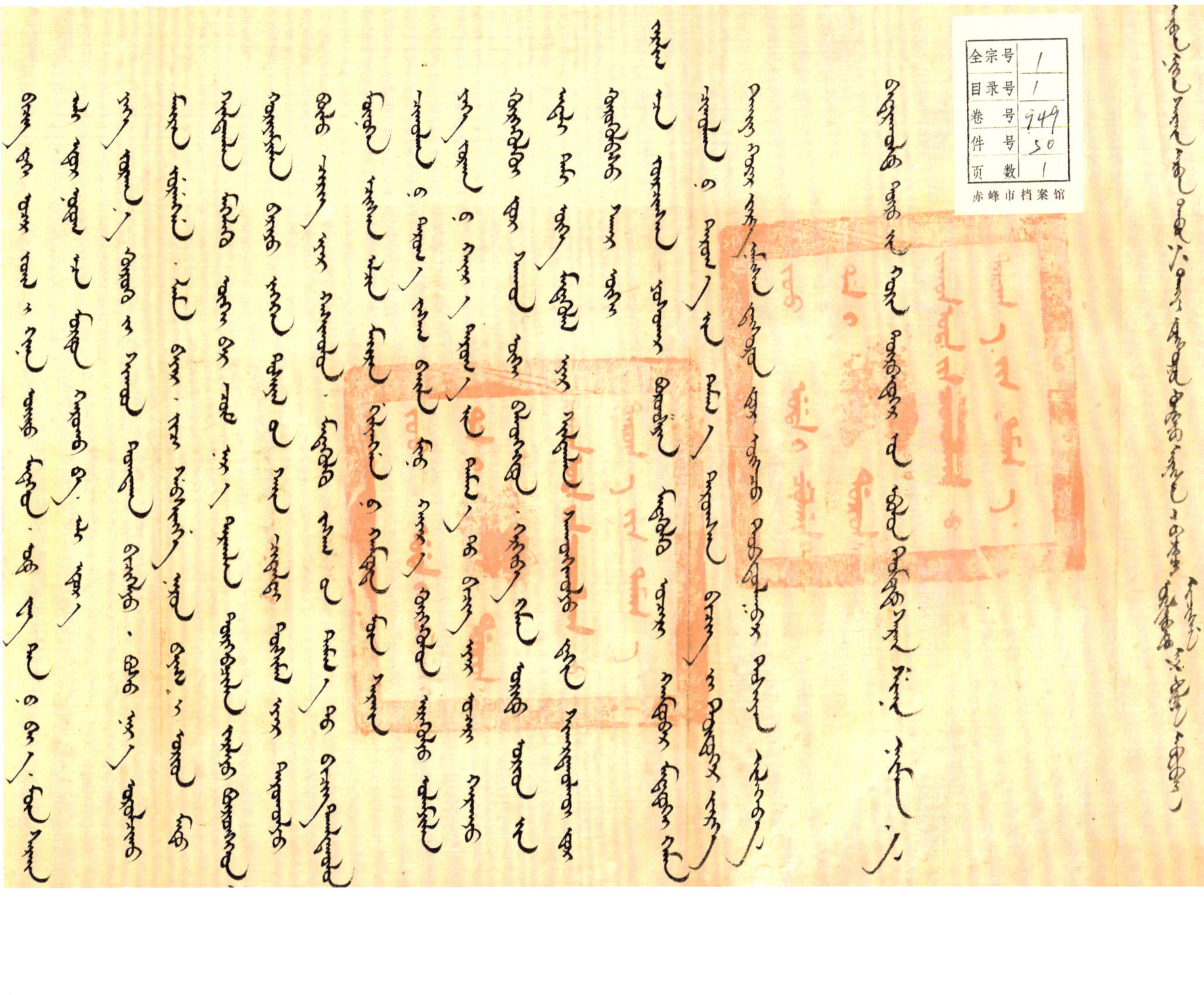

盟长阿鲁科尔沁札萨克贝勒为及时遣送重案嫌疑人事札盟摄政协理原盟警备军札萨克郡王等文

盟长阿鲁科尔沁札萨克加六级多罗贝勒文。札付盟摄政协理原盟警备军札萨克暨翁牛特札萨克和硕亲王衔加六级军功加二级多罗杜棱郡王赞巴勒诺尔布、协理二等台吉加二级吉雅图：速报送之事。

今摄政王爷署之呈文未写清王爷奉命先至盟署处领官文，还是直接至大部处等候官文，上报官文含糊不清，故本盟长处理公务颇难也。尤其为梅林卓楞哈，以王振凯去库伦朝拜，巴雅尔喇嘛去大凌河温泉疗养为借口推脱公务，真假难辨。既是请假在外，本署几回督促到案，为何不派官差传唤矣。如此看来，以此借口阻挠重案要事，不法也。吾等因此而亦被治渎职罪也。为此，特递官文催促之。文到，札萨克王、协理台吉等慎阅公文，明确王爷之身何月何日启程，何日至大部。对其他涉案梅林卓楞哈、巴雅尔喇嘛及希布星嘎等由不得其借口，逐一传唤凑齐，并派出干练官差、精锐兵卒带官文与使吏梅林何玲哈一同，于本月遣送至本盟长札萨克贝勒衙署，以备呈报大部审理。如还指借口延误大事者，以抗法治罪。

至此，四等台吉加二级丹苏伦携钤盟长印之文急送之。

光绪二十四年仲冬初八日

157 盟长阿鲁科尔沁札萨克贝勒为热河都统衙门文事札盟摄政协理原盟警备军札萨克郡王等文（光绪二十四年仲冬十日）

157 盟长阿鲁科尔沁札萨克贝勒为热河都统衙门文事札盟摄政协理原盟警备军札萨克郡王等文（光绪二十四年仲冬十日）

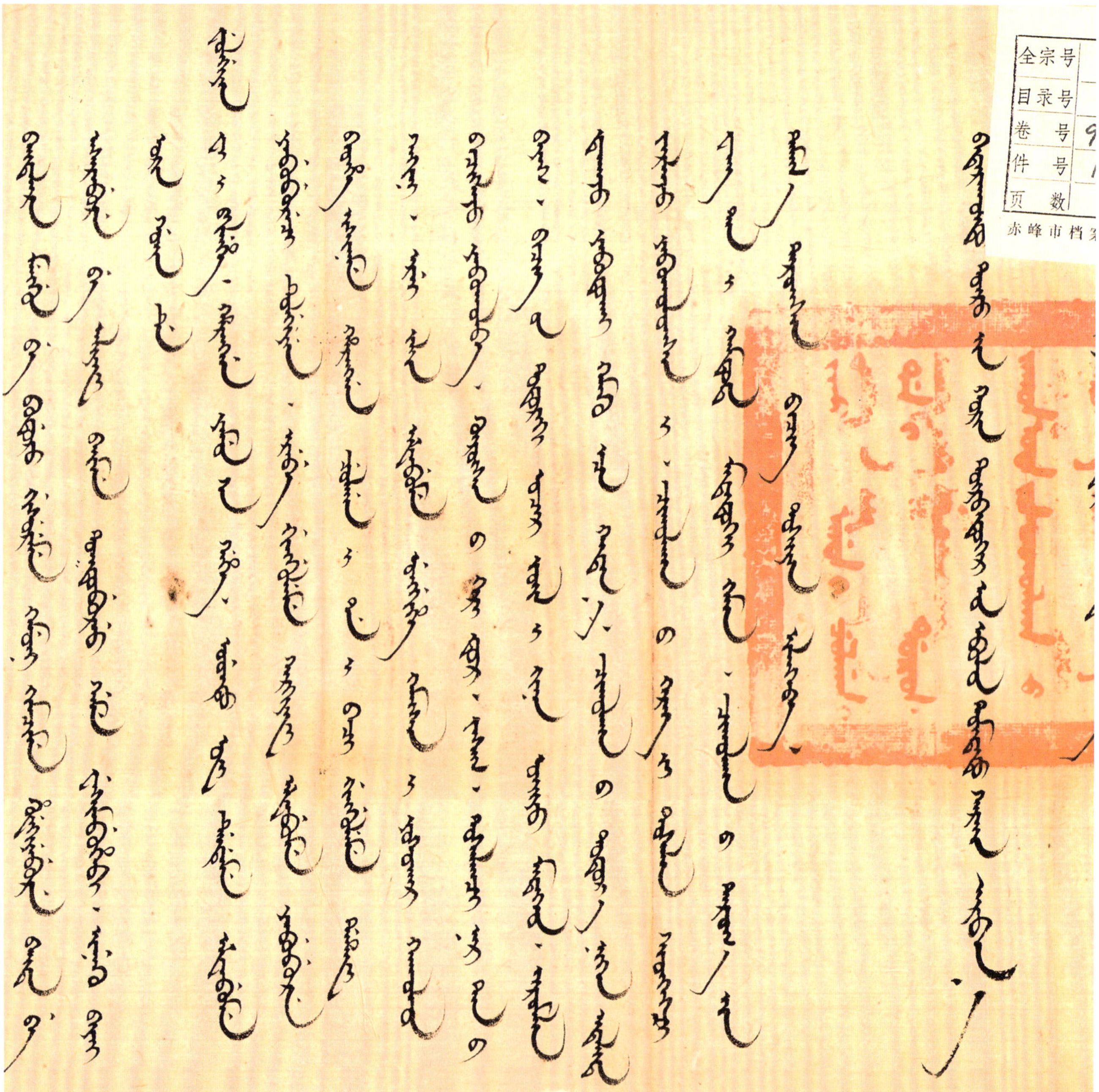

盟长阿鲁科尔沁札萨克贝勒为热河都统衙门文事札盟摄政协理原盟警备军札萨克郡王等文

盟长阿鲁科尔沁札萨克加六级多罗贝勒文。札付盟摄政协理原盟警备军札萨克翁牛特札萨克和硕亲王衔加六级军功加二级多罗杜棱郡王赞巴勒诺尔布、协理二等台吉加二级吉雅图：札付之事。

今年仲冬初六日，热河都统衙门满文官文札开：为谨抄移交请遵照事。本都统阅得，是年九月十六日所写夹片，奏请设立总理矿务局，定夺后，核查议算经费及奖赏事宜，等待定夺。等语具奏。是月二十五日奉朱批：著所属衙门知晓，钦此。故分交行事外，将此恭谨抄写行文交付。文到，该盟长处谨遵知晓。为此札付。等因前来本盟署。故抄录原文札付之。文到，诸札萨克、协理等阅知，并宣告属内，且通告盟摄政协理王爷处。

此札。

光绪二十四年仲冬十日

158 盟摄政协理原盟警备军札萨克郡王等为旗官仓亏损严重而无法支付公务费用事呈署理盟长阿鲁科尔沁王印务之协理文（光绪二十五年仲春二十日）

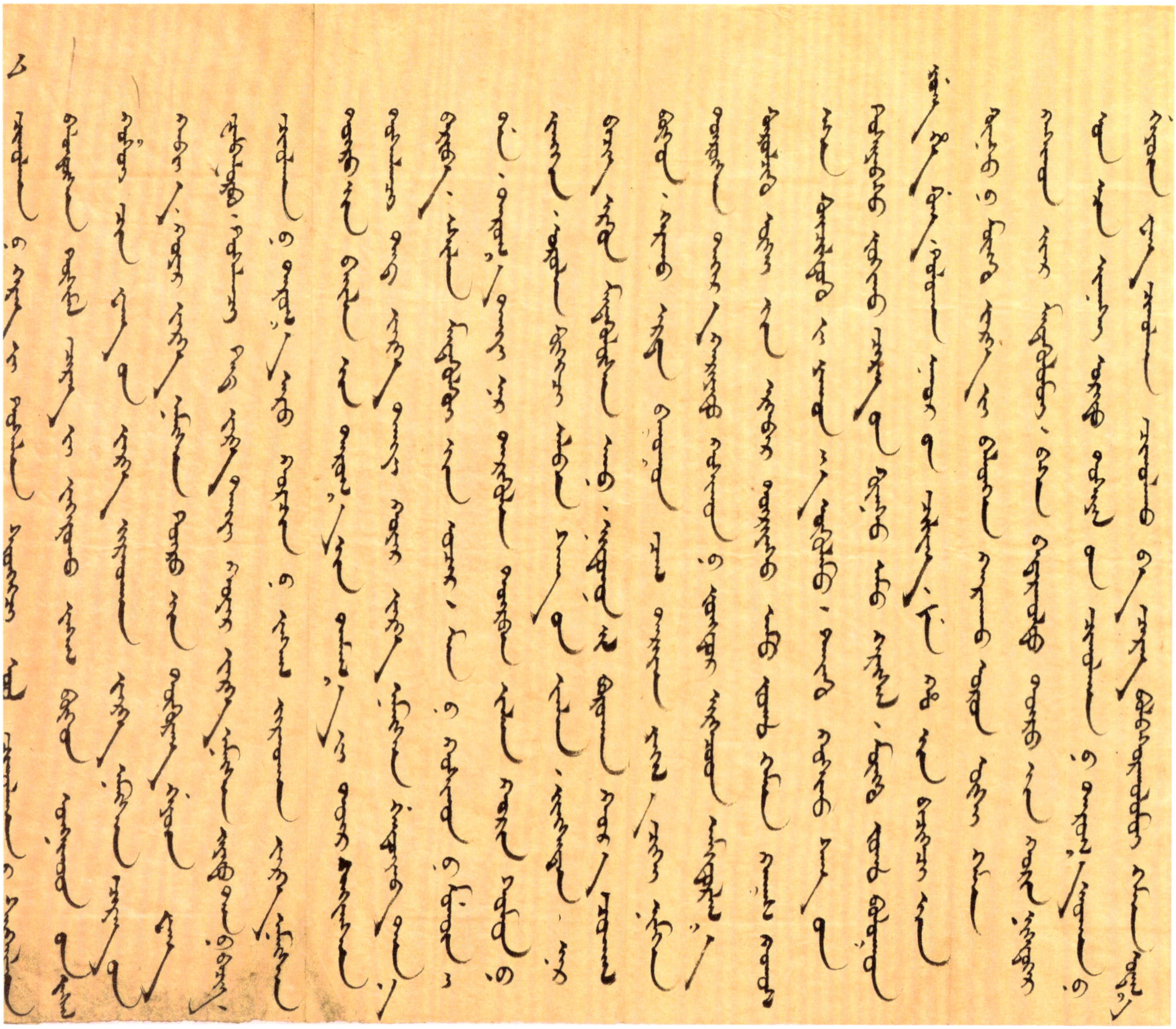

158 盟摄政协理原盟警备军札萨克郡王等为旗官仓亏损严重而无法支付公务费用事呈署理盟长阿鲁科尔沁王印务之协理文（光绪二十五年仲春二十日）

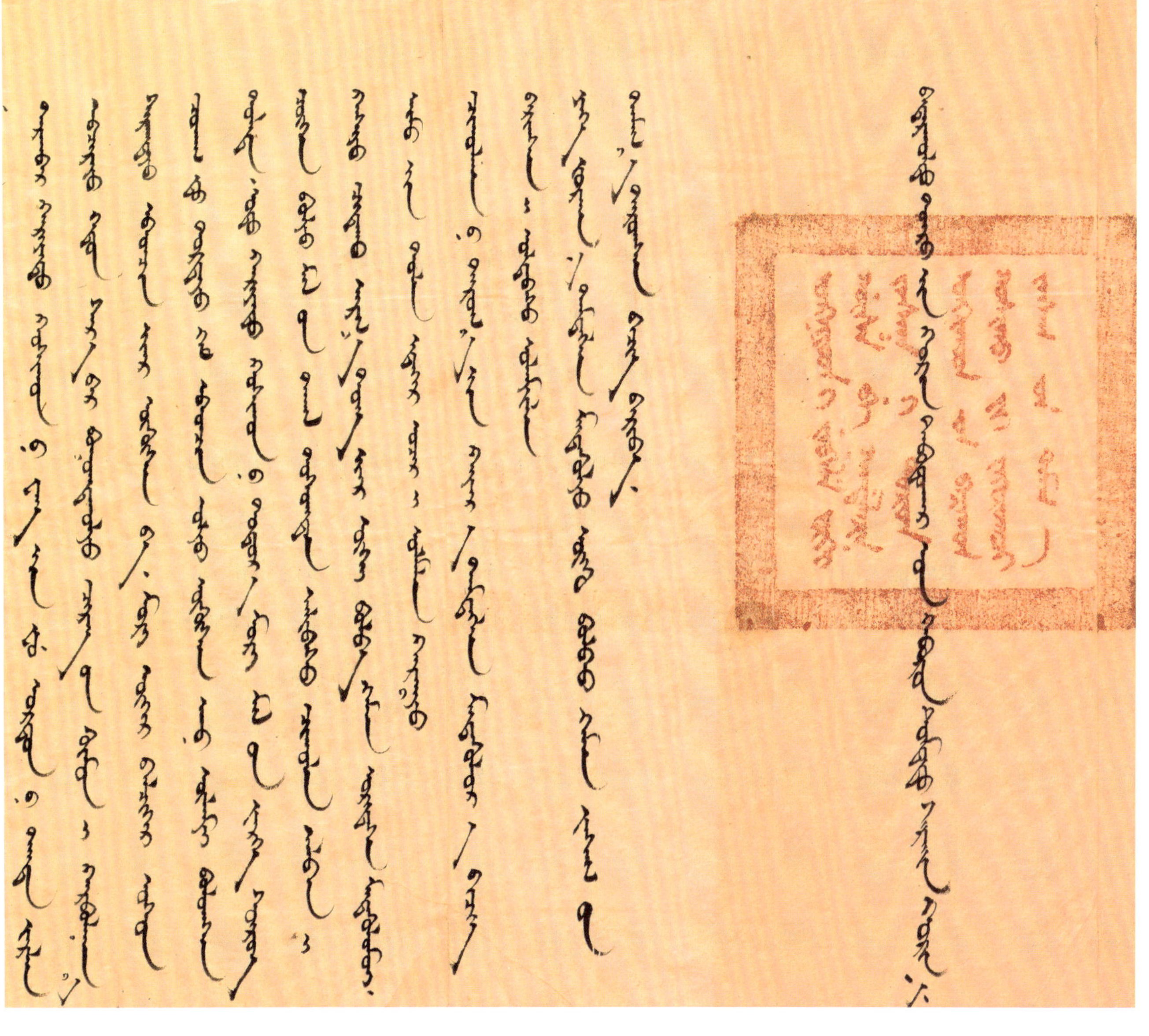

盟摄政协理原盟警备军札萨克郡王等为旗官仓亏损严重而无法支付公务费用事呈署理盟长阿鲁科尔沁王印务之协理文

盟摄政协理原盟警备军札萨克暨翁牛特札萨克和硕亲王衔加六级军功加二级多罗杜棱郡王赞巴勒诺尔布、协理二等台吉加二级吉雅图文。呈署理盟长阿鲁科尔沁札萨克加六级多罗贝勒印务之协理二等台吉加二级根敦扎布：移札之事。

本旗陵吏、台吉为首，四大甲喇二十佐领章京、骁骑校、官仓甲喇共同呈报曰：去年干旱，提早霜降致庄稼欠收。加之所属旗庄户生计困难而拖欠田赋。故旗官仓无力承担军粮军备款、雍和宫、多伦庙薪水、热河笔帖式口粮费而诉苦之。还有光绪二十一年来，前任盟长敖汉郡王以会盟、练兵为由屡屡召聚大批人马至所属旗府所在地滞留数月。兵卒误伤、病死，牛马减膘、患病致死不计其数也。如今所属旗内牲畜患病，数量锐减，无法承担公务开支。等因前来。为此，此等情况呈报盟长署，承转大部为盼。

至此，呈札萨克印之文。

光绪二十五年仲春二十日

159 赤峰县县知为传唤张景春到案事咨盟摄政协理原盟警备军札萨克郡王等文（光绪二十五年二月二十七日）

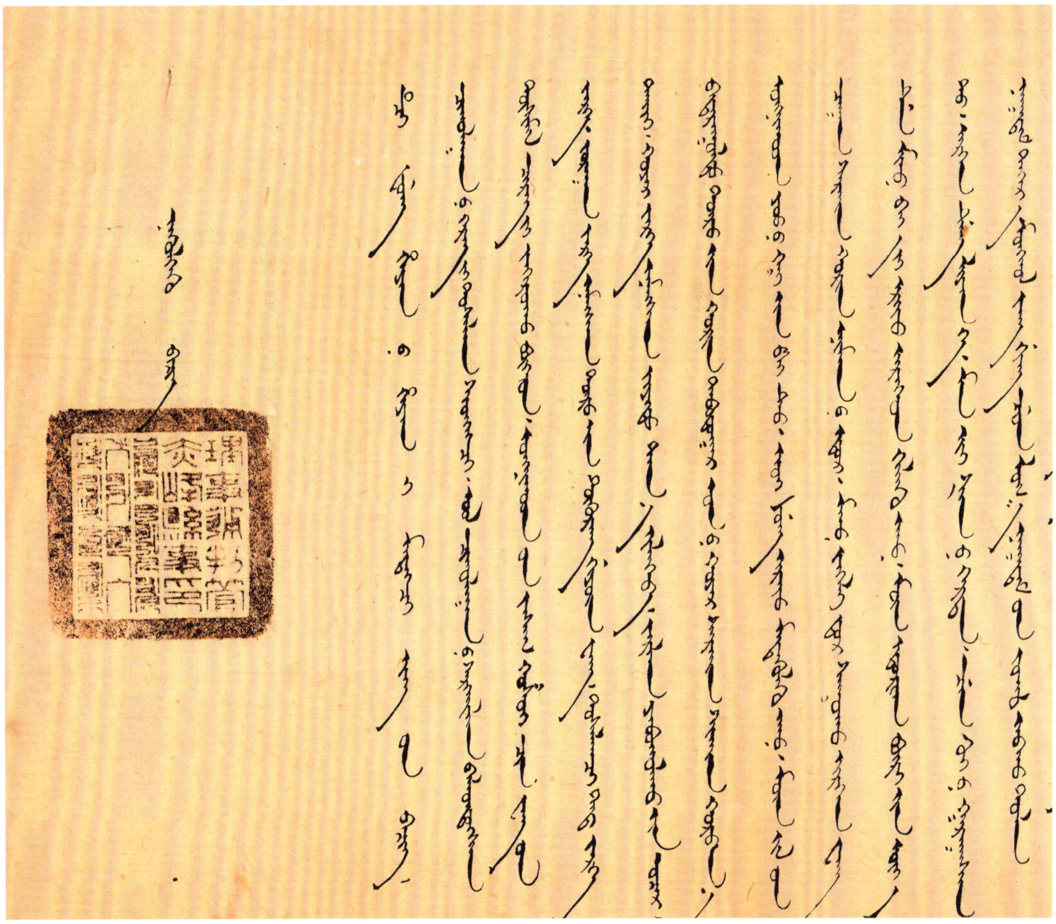

159 赤峰县县知为传唤张景春到案事咨盟摄政协理原盟警备军札萨克郡王等文（光绪二十五年二月二十七日）

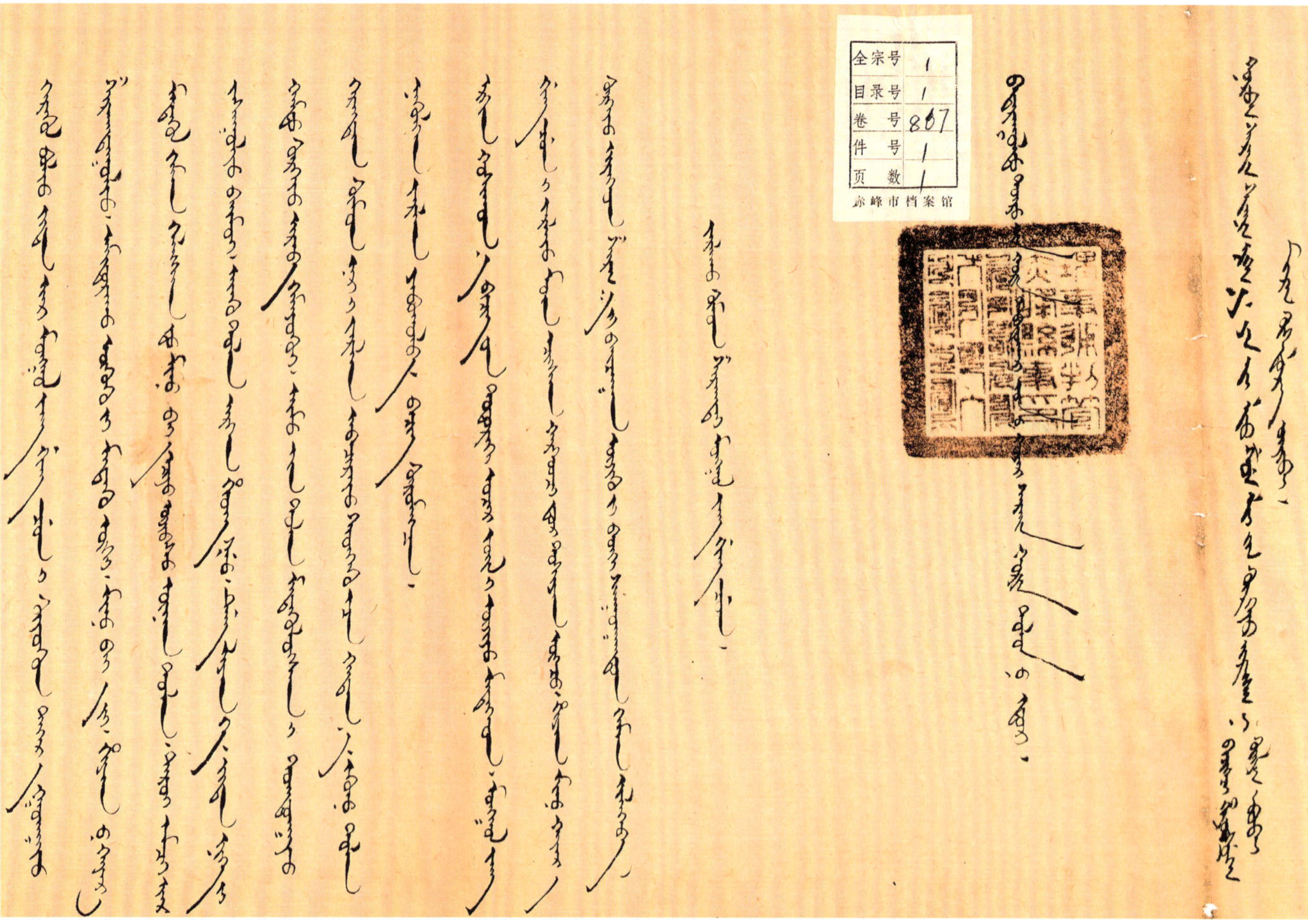

赤峰县县知为传唤张景春到案事咨盟摄政协理原盟警备军札萨克郡王等文

赤峰县英氏县知咨文。咨盟摄政协理原盟警备军札萨克暨翁牛特札萨克和硕亲王衔加六级多罗杜棱郡王、协理二等台吉加二级吉雅图：行咨之事。

光绪二十五年二月初三日翁牛特窑街之牌头于勇报案曰：今年正月二十八日，住本街王德找本人曰，当天黄昏时分，他在腾连格、马一山家与陈贵等人打牌时，因赌资与蒙古张景春大打出手，拿长矛刺伤张景春颈部，不知死活也。让吾去县衙门报案。本人想先去看个究竟，见状果然如此。于是先找大夫包扎伤口，然后带宏寿、腾连格及长矛一把至衙门报案之。等语报来本衙门。

为此，通告案情，传唤当事人治罪。文到，贵旗审阅案卷，传唤张景春并交给哈日苏琪，遣送至本县衙门查验伤情，酌情处理。

传唤人：带伤之蒙古张景春

光绪二十五年二月二十七日

160 盟长阿鲁科尔沁札萨克贝勒为委任副盟长事札盟摄政协理原盟警备军札萨克郡王等文（光绪二十五年初夏初一日）

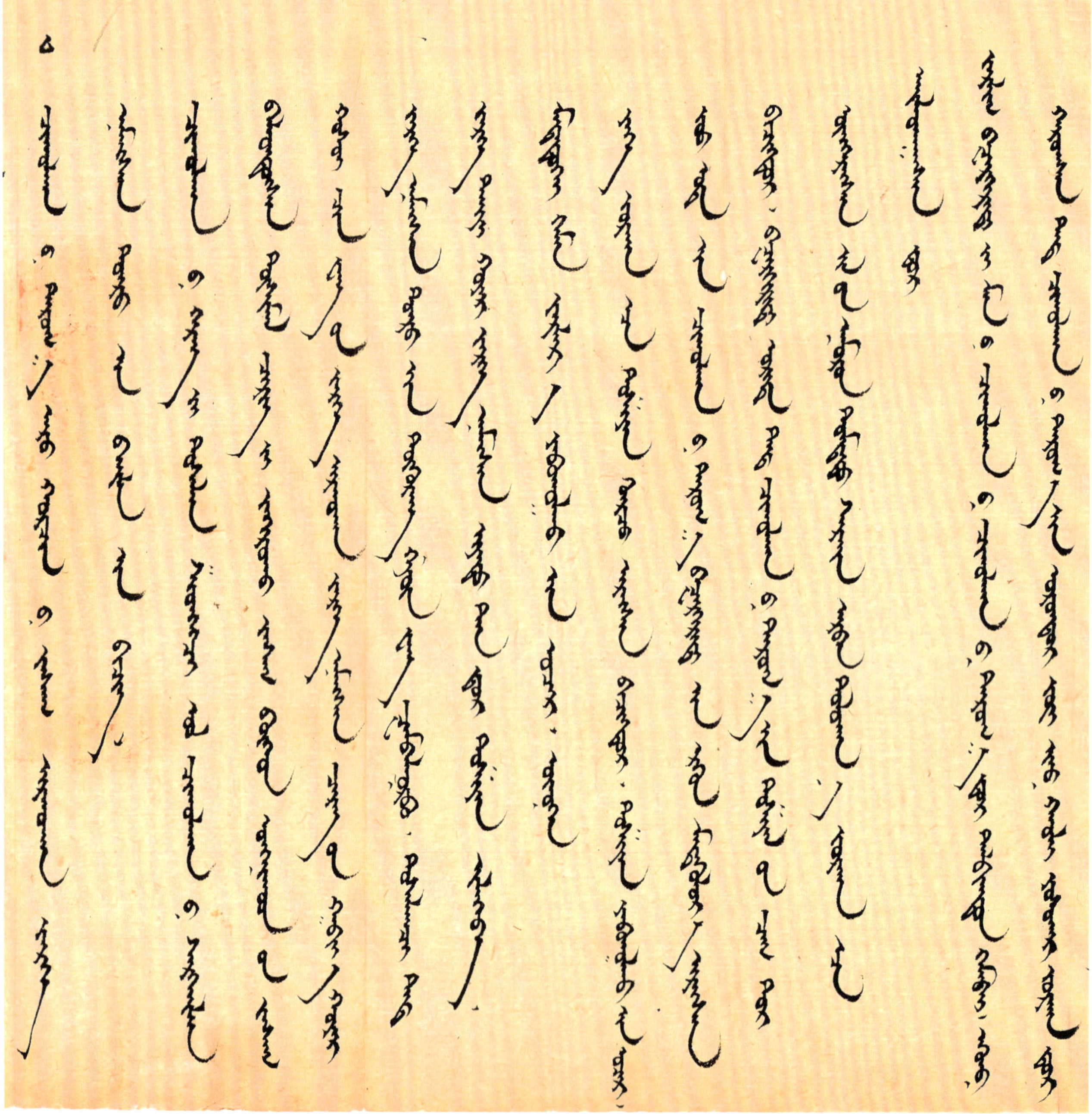

160 盟长阿鲁科尔沁札萨克贝勒为委任副盟长事札盟摄政协理原盟警备军札萨克郡王等文（光绪二十五年初夏初一日）

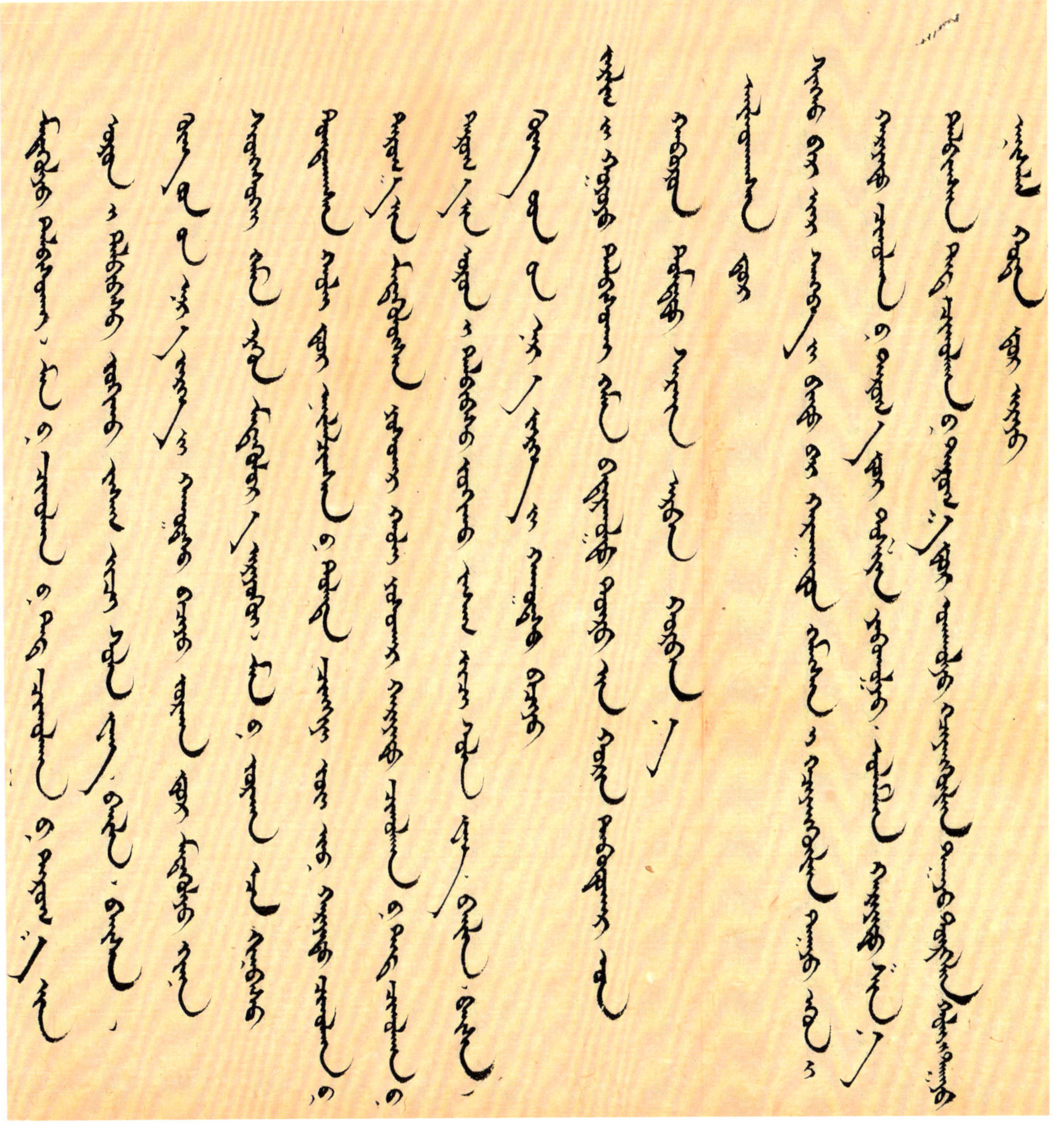

盟长阿鲁科尔沁札萨克贝勒为委任副盟长事札盟摄政协理原盟警备军札萨克郡王等文（光绪二十五年初夏初一日）

全宗号	1
目录号	1
卷号	882
件号	1
页数	2

赤峰市档案馆

盟长阿鲁科尔沁札萨克贝勒为委任副盟长事札盟摄政协理原盟警备军札萨克郡王等文

盟长阿鲁科尔沁札萨克加六级多罗贝勒文。札付盟摄政协理原盟警备军札萨克暨翁牛特札萨克和硕亲王衔加六级军功加二级多罗杜棱郡王赞巴勒诺尔布、协理二等台吉加二级吉雅图：行札之事。

大部札开：昭乌达盟长巴色尔嘎日迪呈称，巴色尔嘎日迪任副盟长时，于去年仲秋十七日通过大部呈奏，回旨曰，任巴色尔嘎日迪为昭乌达盟盟长，其副盟长空位由按律呈报大部补充之。如今，符合副盟长空位之札萨克、散秩王公、贝勒、贝子、公名单呈送致本大部。本大部审查后符合律例，故按所属盟长所禀报，将符合副盟长空位之札萨克、散秩王公、贝勒、贝子、公名单登记造册，于光绪二十五年仲春十三日上奏皇上，朱笔画圈批复桑巴也。钦遵前来本大部。为此本大部批文抄送所属盟长署，转告新任副盟长即刻进京叩谢皇恩。等因前来本盟长署。兹有，本盟署处抄录原文转送之。文到，诸札萨克、协理等遵旨照办，并通告盟摄政王爷处。

至此，致钤盟长印之文。

光绪二十五年初夏初一日

161 署理盟摄政协理翁牛特旗札萨克印务之协理为核查该旗之前奏本事呈理藩院文（光绪二十五年初夏初六日）

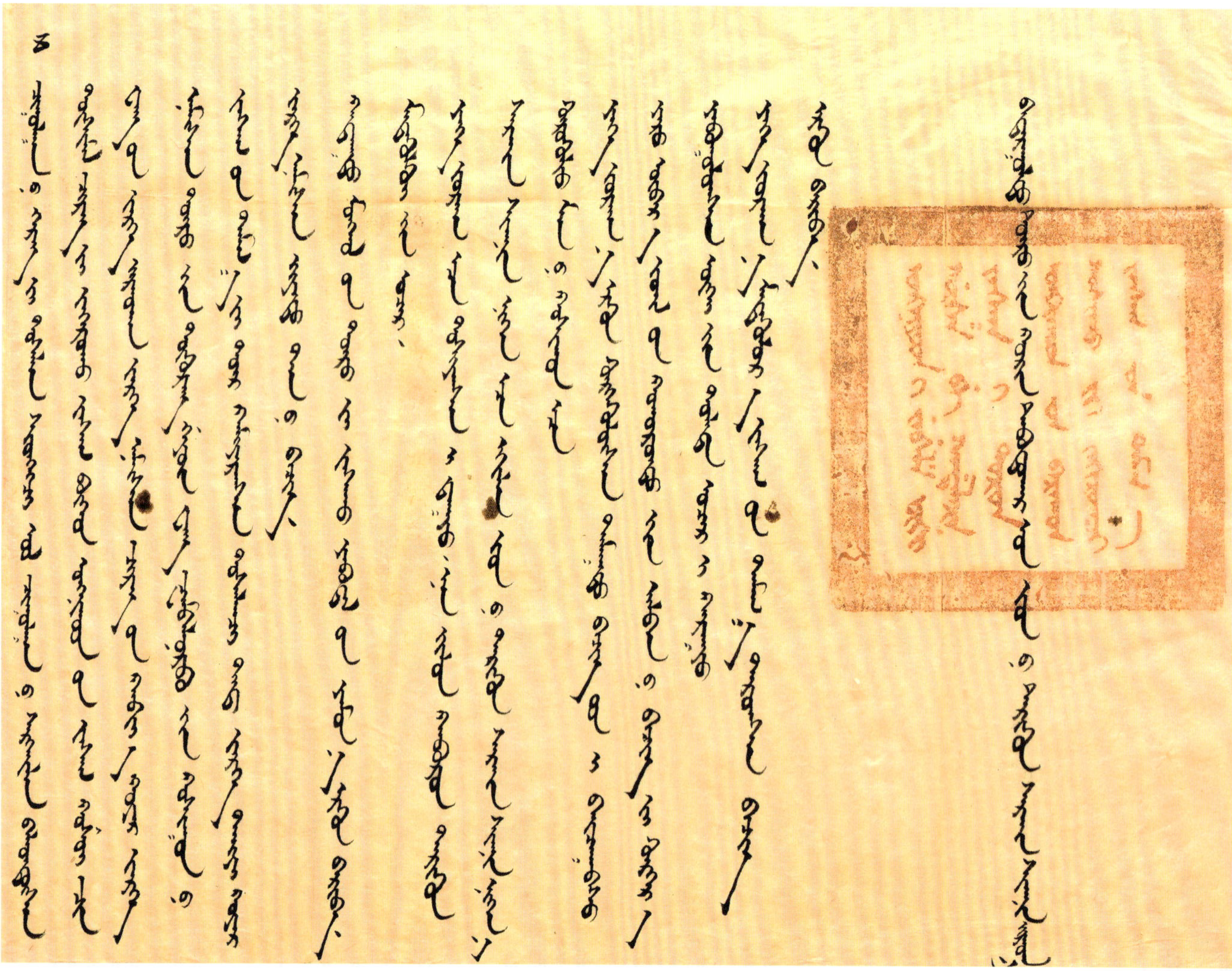

署理盟摄政协理翁牛特旗札萨克印务之协理为核查该旗之前奏本事呈理藩院文

署理盟摄政协理原盟警备军札萨克暨翁牛特札萨克和硕亲王衔加六级军功加二级多罗杜棱郡王赞巴勒诺尔布旗札萨克印务之协理二等台吉加二级吉雅图文。呈理藩院：呈报之事。

奉大部札饬，自今年初春初一日至初夏初一日，核查本旗呈送大部之诸多奏本，未发现呈送过另类奏本。故向大部呈送札萨克印之文，呈报此事。

至此，呈送之。

光绪二十五年初夏初六日

162 盟长阿鲁科尔沁札萨克贝勒为翁牛特王贿赂巡察大臣案事札盟摄政协理原盟警备军札萨克郡王等文（光绪二十五年初夏十四日）

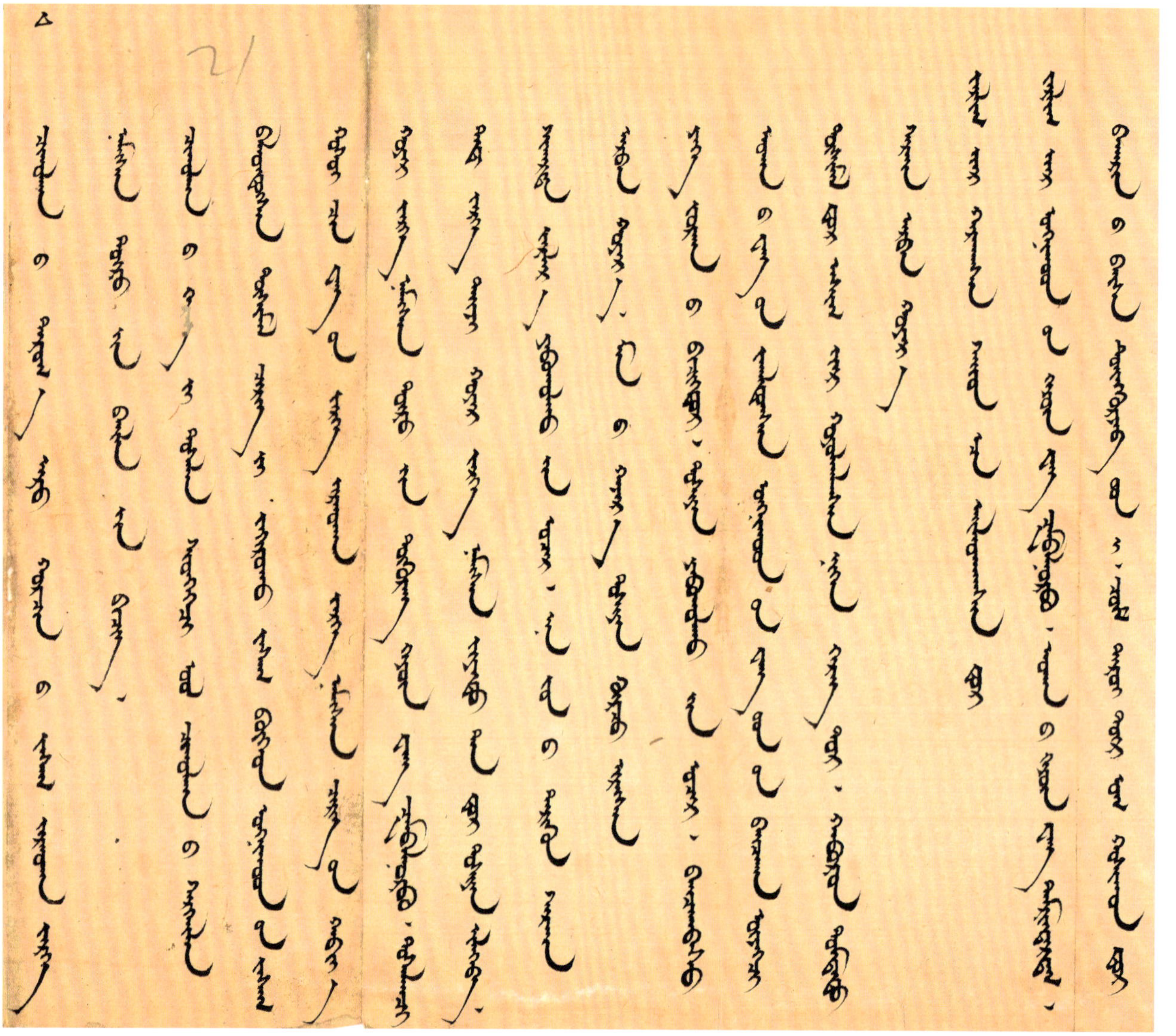

162 盟长阿鲁科尔沁札萨克贝勒为翁牛特王贿赂巡察大臣案事札盟摄政协理原盟警备军札萨克郡王等文（光绪二十五年初夏十四日）

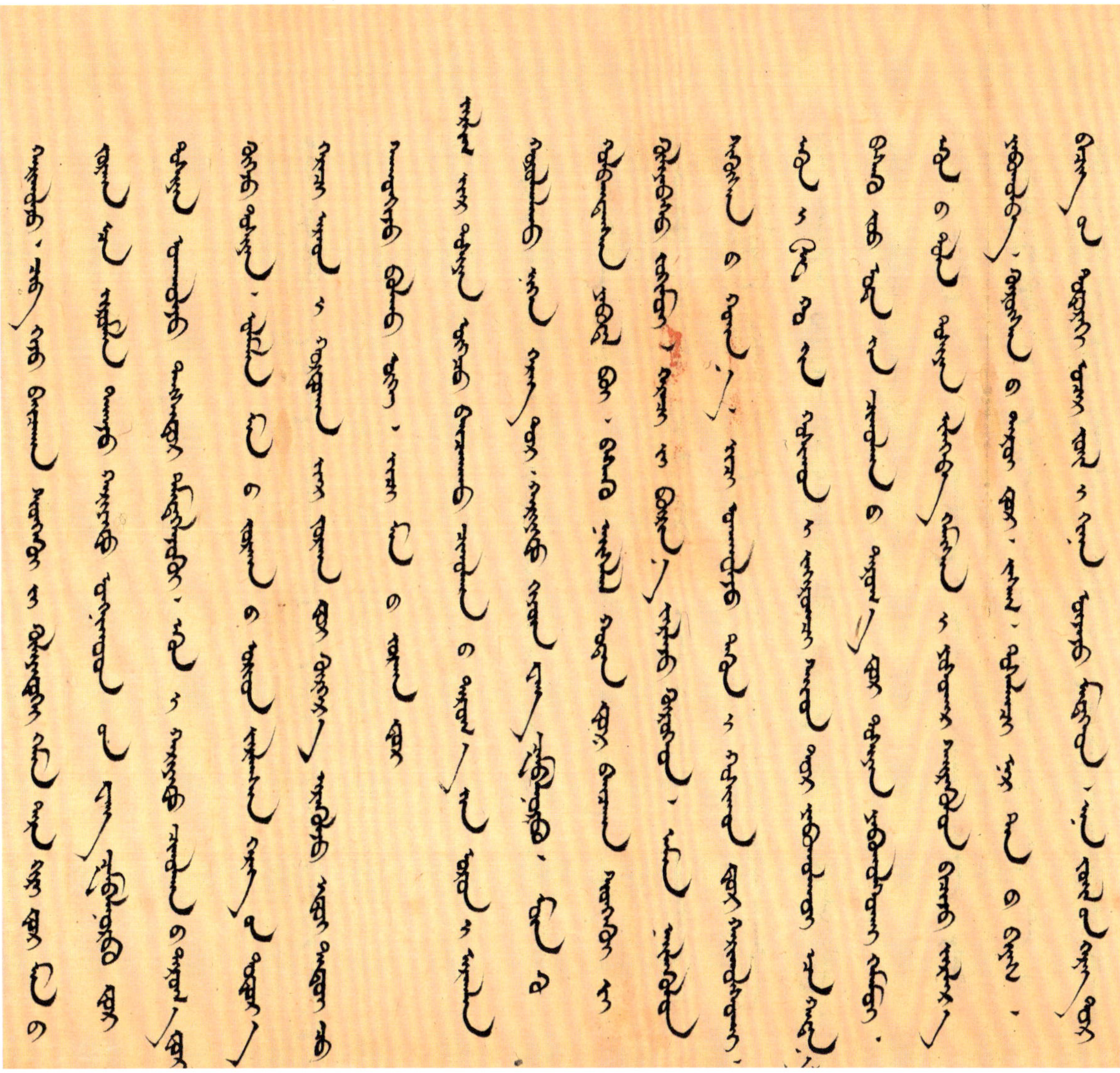

162 盟长阿鲁科尔沁札萨克贝勒为翁牛特王贿赂巡察大臣案事札盟摄政协理原盟警备军札萨克郡王等文（光绪二十五年初夏十四日）

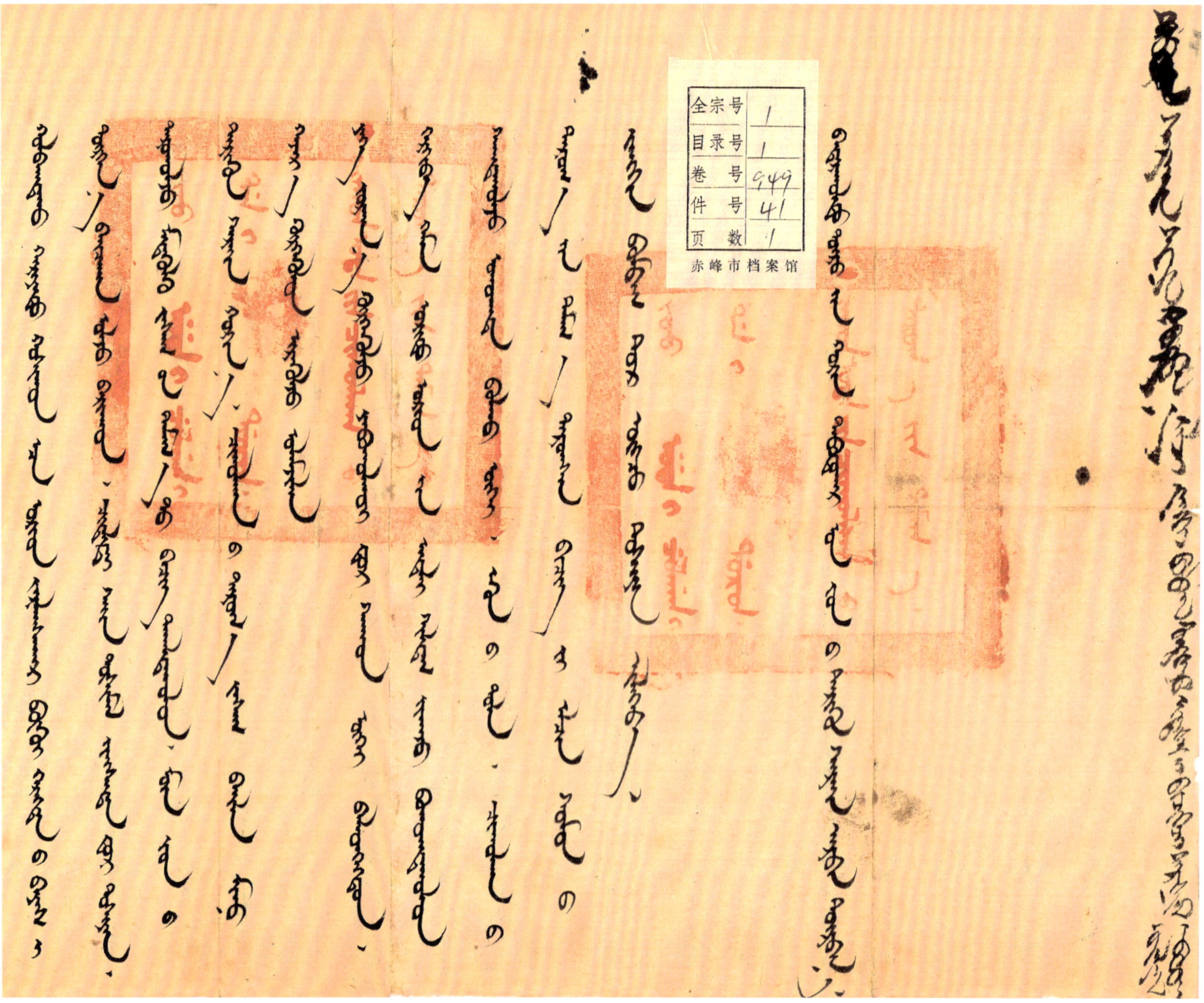

盟长阿鲁科尔沁札萨克贝勒为翁牛特王贿赂巡察大臣案事札盟摄政协理原盟警备军札萨克郡王等文

盟长阿鲁科尔沁札萨克加六级多罗贝勒文。札付盟摄政协理原盟警备军札萨克暨翁牛特札萨克和硕亲王衔加六级军功加二级多罗杜棱郡王赞巴勒诺尔布、协理二等台吉加二级吉雅图：督促报送之事。

本年初夏十二日大部札开，经查，敖汉王参奏翁牛特王贿赂巡察大臣一案于仲春十二日上奏皇上。回旨曰：翁牛特郡王赞巴勒诺尔布、敖汉郡王达木林达尔达格、巴林贝子东古尔扎布暂时遣送所在旗待审。为此，本大部奉旨告知所属翁牛特王赞巴勒诺尔布等，已登记在案。兹有，将此事转告所属盟长署，传唤涉案证人遣送至本大部，不得有误。大部审查之贿赂盟长职位一案，也涉及所属郡王赞巴勒诺尔布，故也进京待审，证据齐全审查质询后，方可归旗。此事通告热河都统外，通告昭乌达盟长。等因札付本盟长处。为此，盟署抄录原文转送至。文到，札萨克、协理等审阅内容，缉拿之前所属旗传唤之涉案人员，并派干练官差携官文于今年初夏二十日押送至本盟长衙署处，以备遣送大部。如还找借口延误大事者，以抗法治罪。

至此，使吏佐领章京宝木巴格携钤盟长印之文送至。

光绪二十五年初夏十四日

163 盟摄政协理原盟警备军札萨克旗协理为限期捉拿嫌犯事呈盟长阿鲁科尔沁札萨克贝勒文（光绪二十五年仲夏初八日）

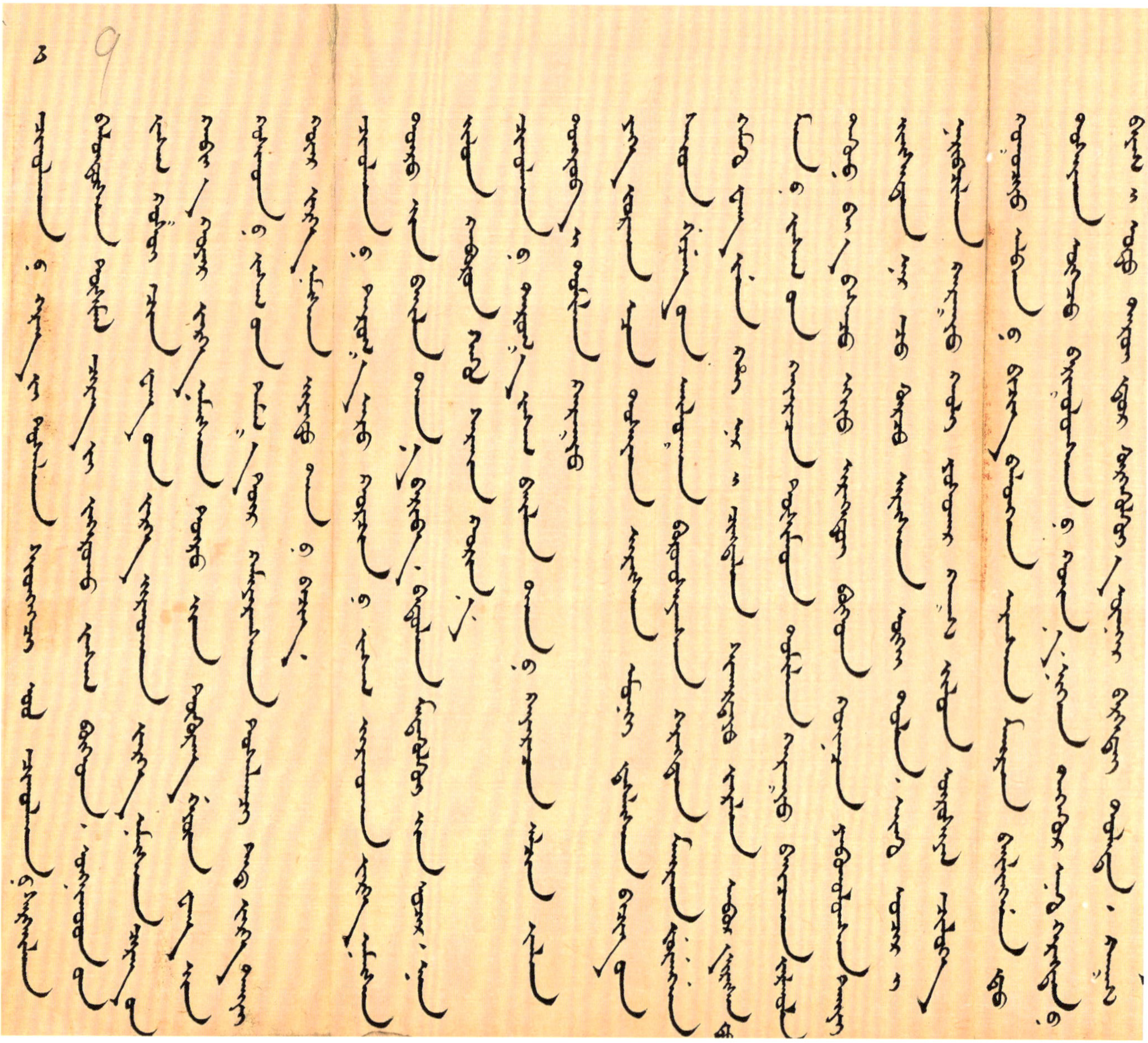

163 盟摄政协理原盟警备军札萨克旗协理为限期捉拿嫌犯事呈盟长阿鲁科尔沁札萨克贝勒文（光绪二十五年仲夏初八日）

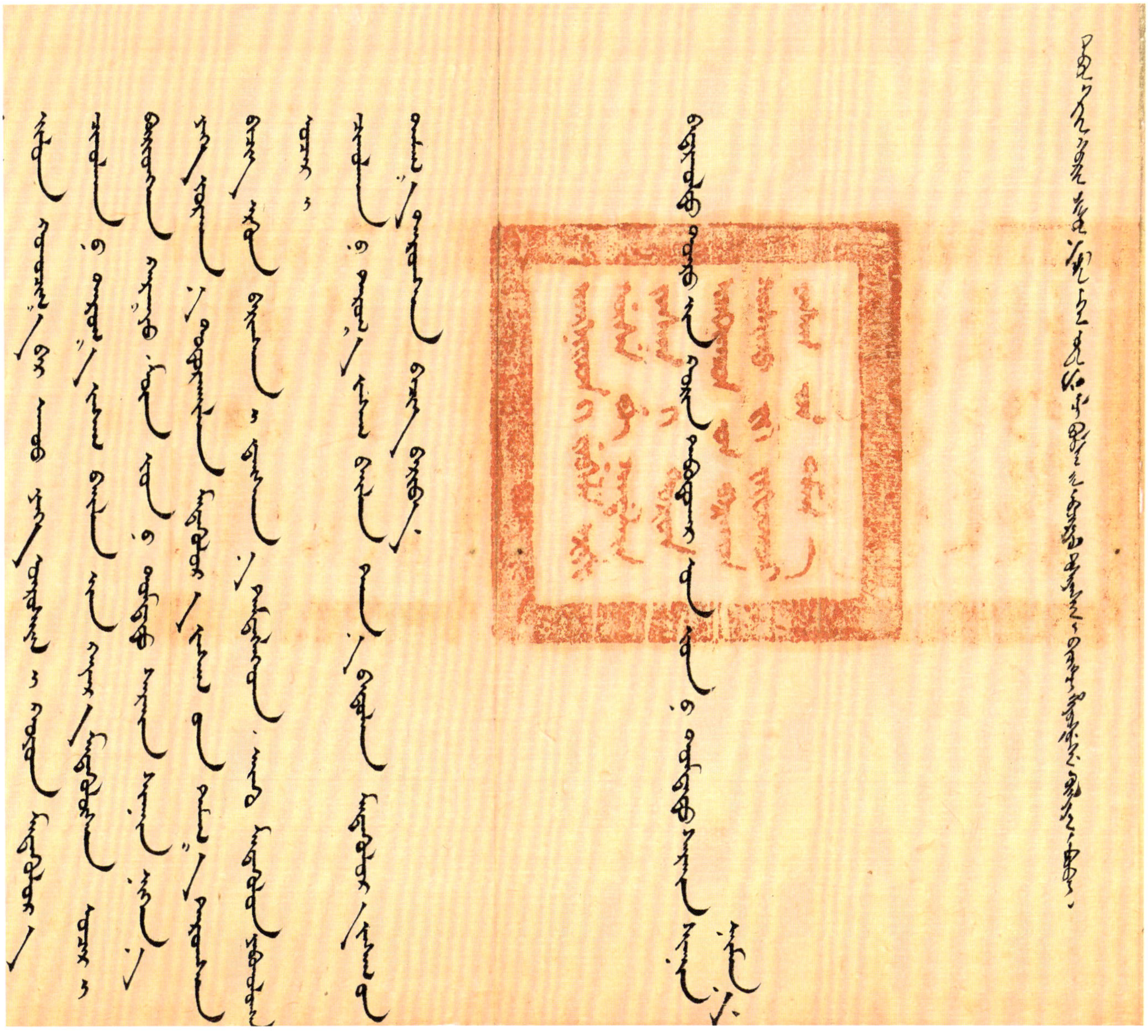

盟摄政协理原盟警备军札萨克旗协理为限期捉拿嫌犯事呈盟长阿鲁科尔沁札萨克贝勒文

盟摄政协理原盟警备军札萨克暨翁牛特札萨克和硕亲王衔加六级军功加二级多罗杜棱郡王旗协理二等台吉加二级吉雅图文。呈送盟长阿鲁科尔沁札萨克加六级多罗贝勒：呈保之事。

本年末春二十日，盟长札萨克贝勒衙署派甲喇东日布，转交大部督促缉拿冒充梅林卓楞哈之王振海行文。虽本札萨克府派出官差追踪缉拿，但嫌犯还未归案，追踪其之官差台吉亦未归来也。故细查此事，据法规，立半年限期缉拿归案，让梅林白领阿持公文追捕嫌犯王振海。另，无法即刻抓捕嫌犯而限期半年破案之事禀报盟长札萨克贝勒衙署，并于今年仲夏初一日已向大部呈送钤札萨克印之文也。

至此，向盟长札萨克贝勒呈送钤札萨克印之保呈。

光绪二十五年仲夏初八日

164 盟长阿鲁科尔沁札萨克贝勒为巡察大臣呈文及抓捕嫌犯王振海事札盟摄政协理原盟警备军札萨克郡王等文（光绪二十五年仲夏二十日）

164 盟长阿鲁科尔沁札萨克贝勒为巡察大臣呈文及抓捕嫌犯王振海事札盟摄政协理原盟警备军札萨克郡王等文（光绪二十五年仲夏二十日）

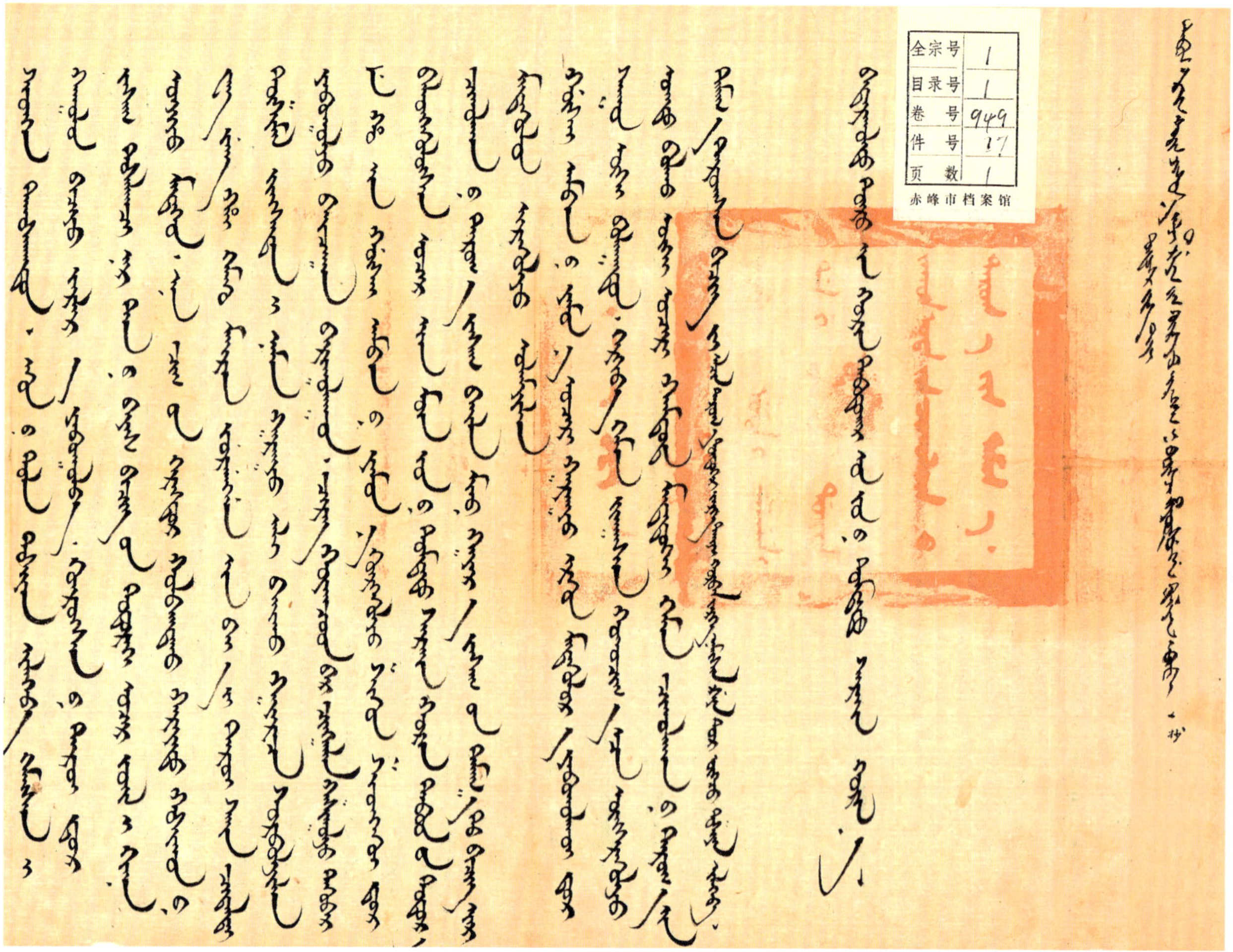

盟长阿鲁科尔沁札萨克贝勒为巡察大臣呈文及抓捕嫌犯王振海事札盟摄政协理原盟警备军札萨克郡王等文

盟长阿鲁科尔沁札萨克加六级多罗贝勒文。札付盟摄政协理原盟警备军札萨克暨翁牛特札萨克和硕亲王衔加六级军功加二级多罗杜棱郡王赞巴勒诺尔布、协理二等台吉加二级吉雅图：速传唤遣送之事。

本年仲夏十五日大部承转之札开：翰林院侍讲大臣吉昌参奏蒙古王爷贿选盟长职位一案，于光绪二十五年初夏初二日上奏皇上。回旨曰：照办。遵行旨意，将此事转送昭乌达盟长处，按先前本大部文内将扎鲁特左右旗保证书送至大部。命翁牛特郡王即刻返乡，所属盟长及所属王爷加派官差追捕冒名卓楞哈之王振海，押送至热河都统处。遣送后所属旗官吏审理其罪行，及早结案。等因札付本盟长署。兹有，本盟署抄录原文转告之。文到，札萨克、协理等审阅内容，加派官差跟踪缉拿冒名梅林卓楞哈之王振海，交由兵丁严加看管押送至热河都统衙门，以备审查。将此等事修成札萨克官文，于今年仲夏二十五日报送至本盟长札萨克贝勒处，以备转送热河都统衙门处审理，不得逾期。

至此，使吏四等台吉加四级卡扎携钤盟长印之文送至。

光绪二十五年仲夏二十日

盟长阿鲁科尔沁札萨克贝勒为皇太后赏赐蒙古诸王事札署理盟摄政翁牛特王旗印务之协理文（光绪二十五年初秋二十九日）

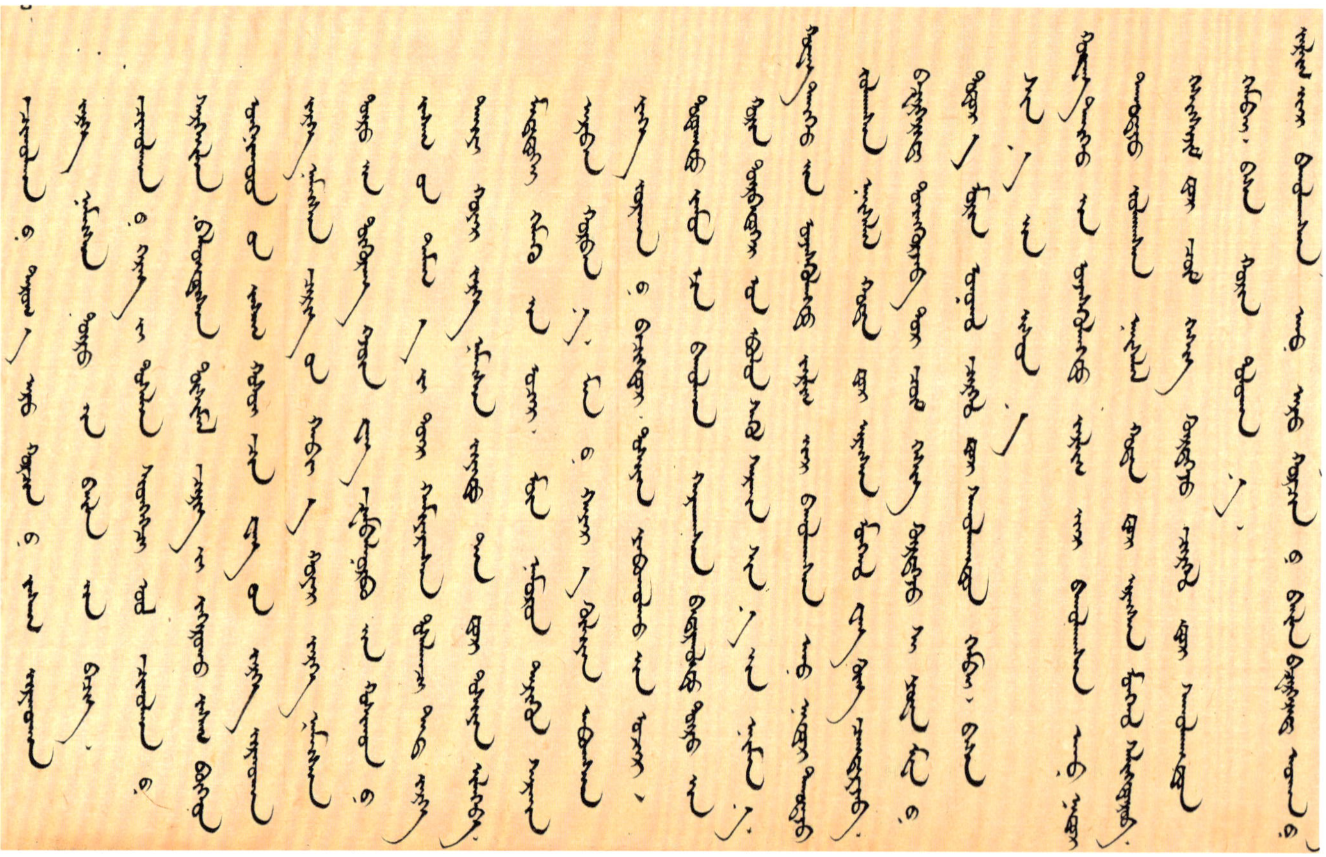

165 盟长阿鲁科尔沁札萨克贝勒为皇太后赏赐蒙古诸王事札署理盟摄政翁牛特王旗印务之协理文（光绪二十五年初秋二十九日）

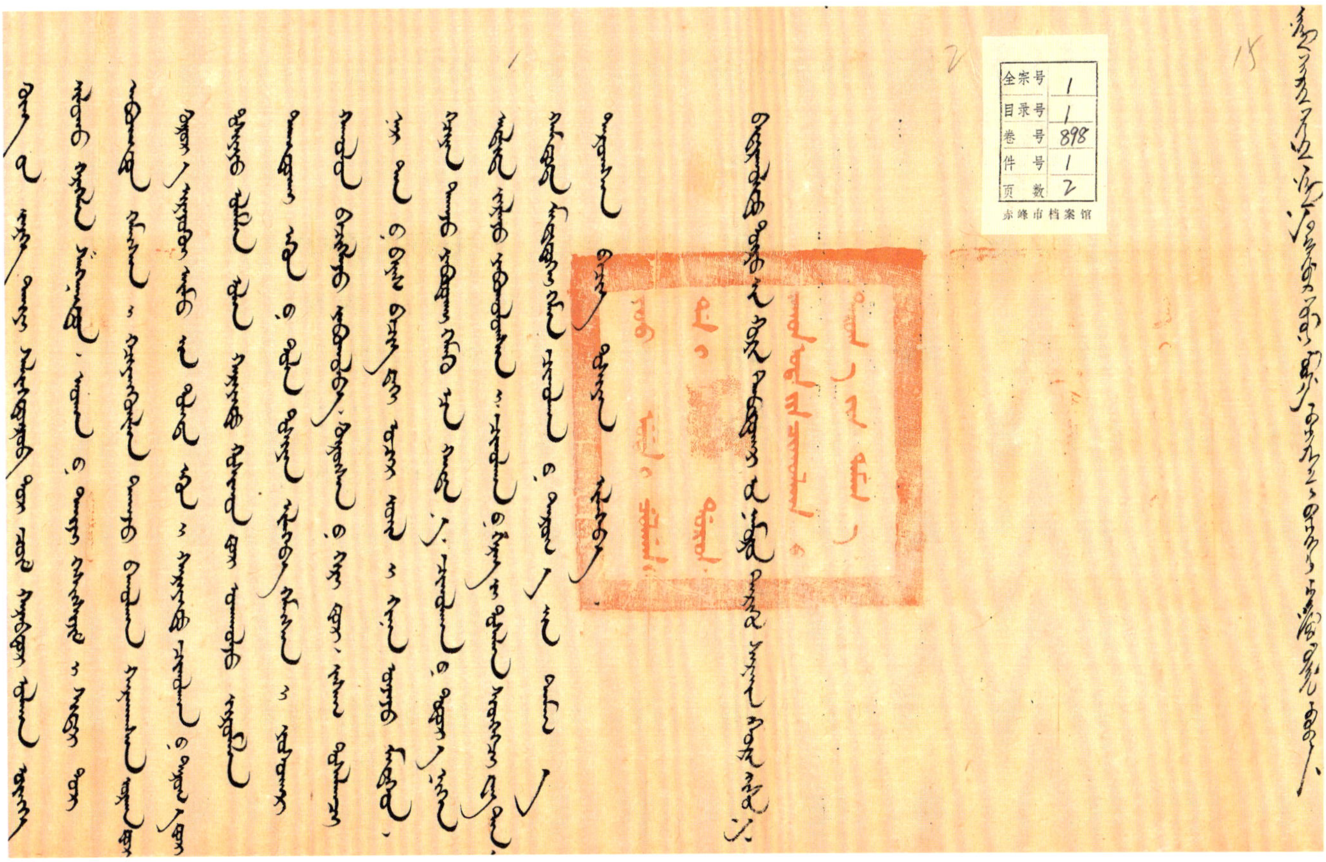

盟长阿鲁科尔沁札萨克贝勒为皇太后赏赐蒙古诸王事札署理盟摄政翁牛特王旗印务之协理文

盟长阿鲁科尔沁札萨克加六级多罗贝勒文。札付署理盟摄政协理原盟警备军札萨克暨翁牛特札萨克和硕亲王衔加六级军功加二级多罗杜棱郡王赞巴勒诺尔布旗印务之协理二等台吉加二级吉雅图：行札之事。

今年初秋十三日，本盟署承接之大部札开：光绪二十四年末冬初八日内务府承转皇太后旨意曰，恩赐来参见之蒙古王公查格达尔扎布、巴色尔嘎日迪、东古尔扎布在西苑门内坐马拉轿车。还有初九日皇太后曰：赐进京参见之蒙古斯楞东日布、贺西格希吉牧坐马拉轿车。还有二十七日曰：赏赐阿鲁科尔沁贝勒巴色尔嘎日迪、敖汉公爷级台吉斯楞东日布暗红色缰带，赐敖汉台吉贺西格希吉牧御林年班。为此通告所属盟长，转发其所属各旗照办。等因札付本盟长署。兹有，本盟署抄录原文转送之。文到，诸札萨克台吉等遵旨照办，并通告盟摄政王爷处。

至此，致钤盟长印之文。

光绪二十五年初秋二十九日

166 盟长阿鲁科尔沁札萨克贝勒为备送驻雍和宫和尚及驻热河都统衙门笔帖式费用事札署理盟摄政翁牛特王旗印务之协理文（光绪二十五年初秋二十九日）

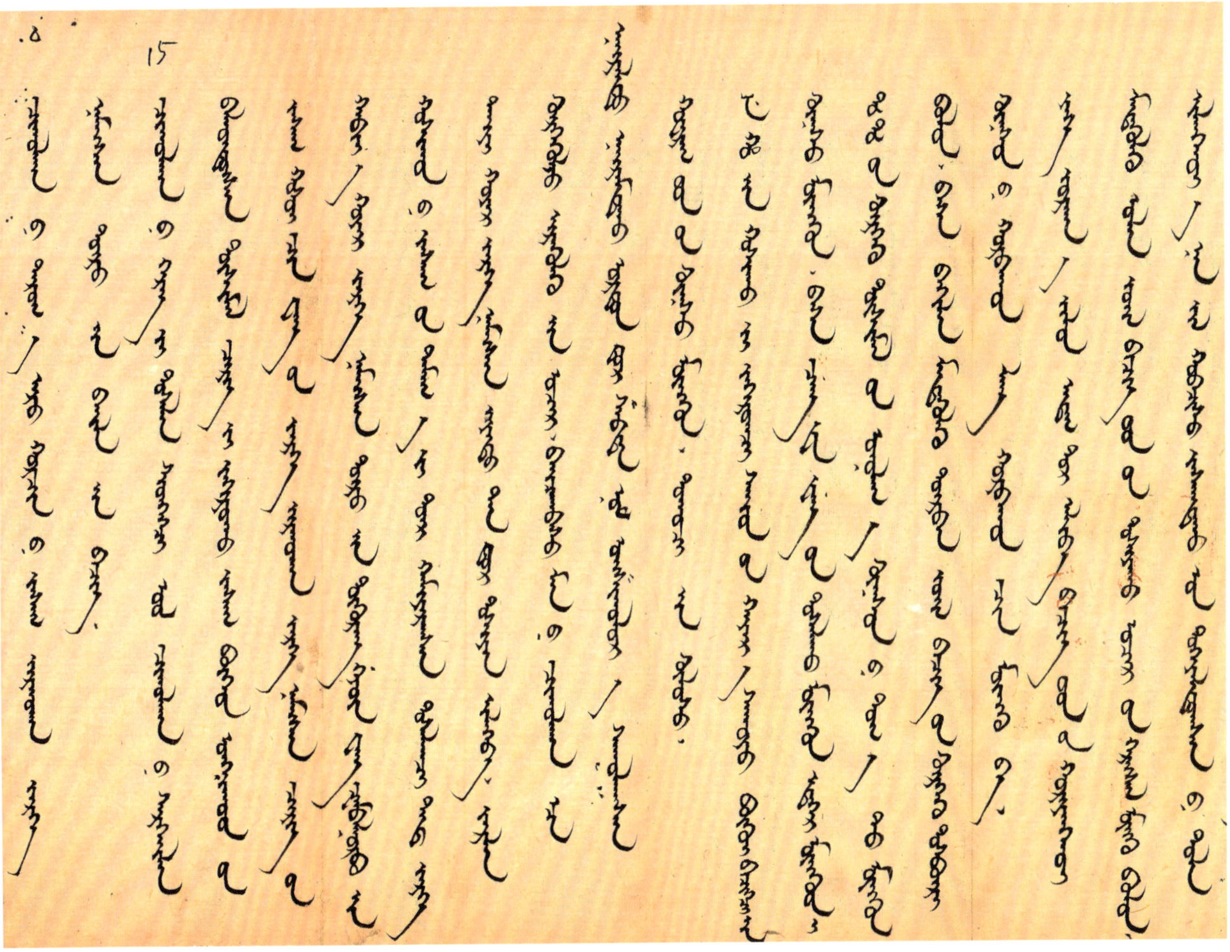

166 盟长阿鲁科尔沁札萨克贝勒为备送驻雍和宫和尚及驻热河都统衙门笔帖式费用事札署理盟摄政翁牛特王旗印务之协理文（光绪二十五年初秋二十九日）

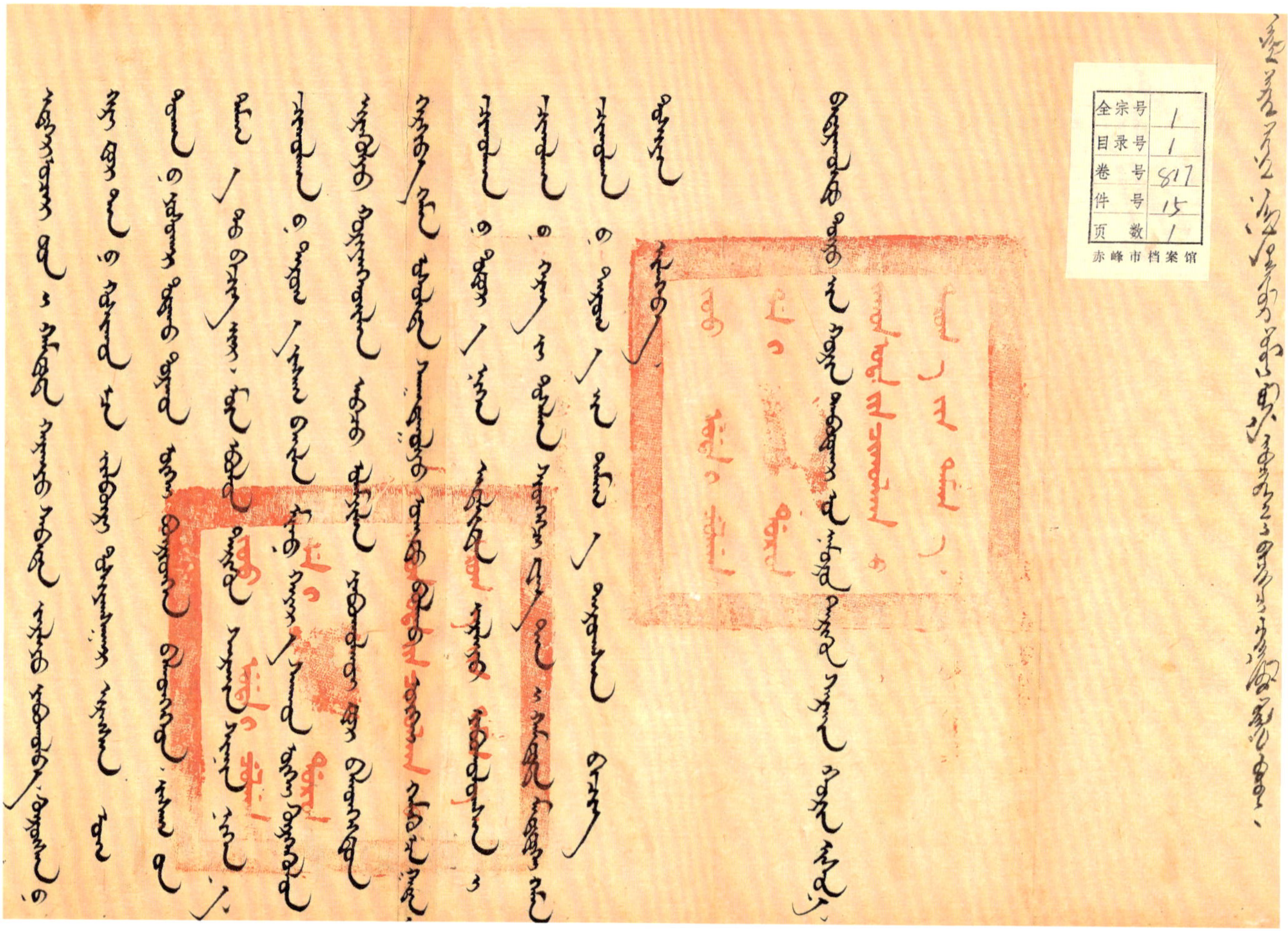

盟长阿鲁科尔沁札萨克贝勒为备送驻雍和宫和尚及驻热河都统衙门笔帖式费用事札署理盟摄政翁牛特王旗印务之协理文

盟长阿鲁科尔沁札萨克加六级多罗贝勒文。札付署理盟摄政协理盟警备军札萨克暨翁牛特札萨克和硕亲王衔加六级军功加二级多罗杜棱郡王赞巴勒诺尔布旗印务之协理二等台吉加二级吉雅图：通告备送之事。

经查，本盟驻雍和宫诵经和尚之口粮费、厨师费，驻热河都统处笔帖式口粮费、捐资维修房屋银两，送银官之路费及护送四类册本官差口粮费三两三钱，大部年底接收转送各类官文费用，加之今年和尚换服，此等银两按每年既定数量备齐，于初冬初一日送至本盟长札萨克贝勒府，以备统一配送，不得有误。也通告盟摄政协理王爷您处。

至此，致钤盟长印之文。

光绪二十五年初秋二十九日

167 盟长阿鲁科尔沁札萨克贝勒为警戒巡逻匪患事札署理盟摄政翁牛特王旗印务之协理文（光绪二十五年初秋二十九日）

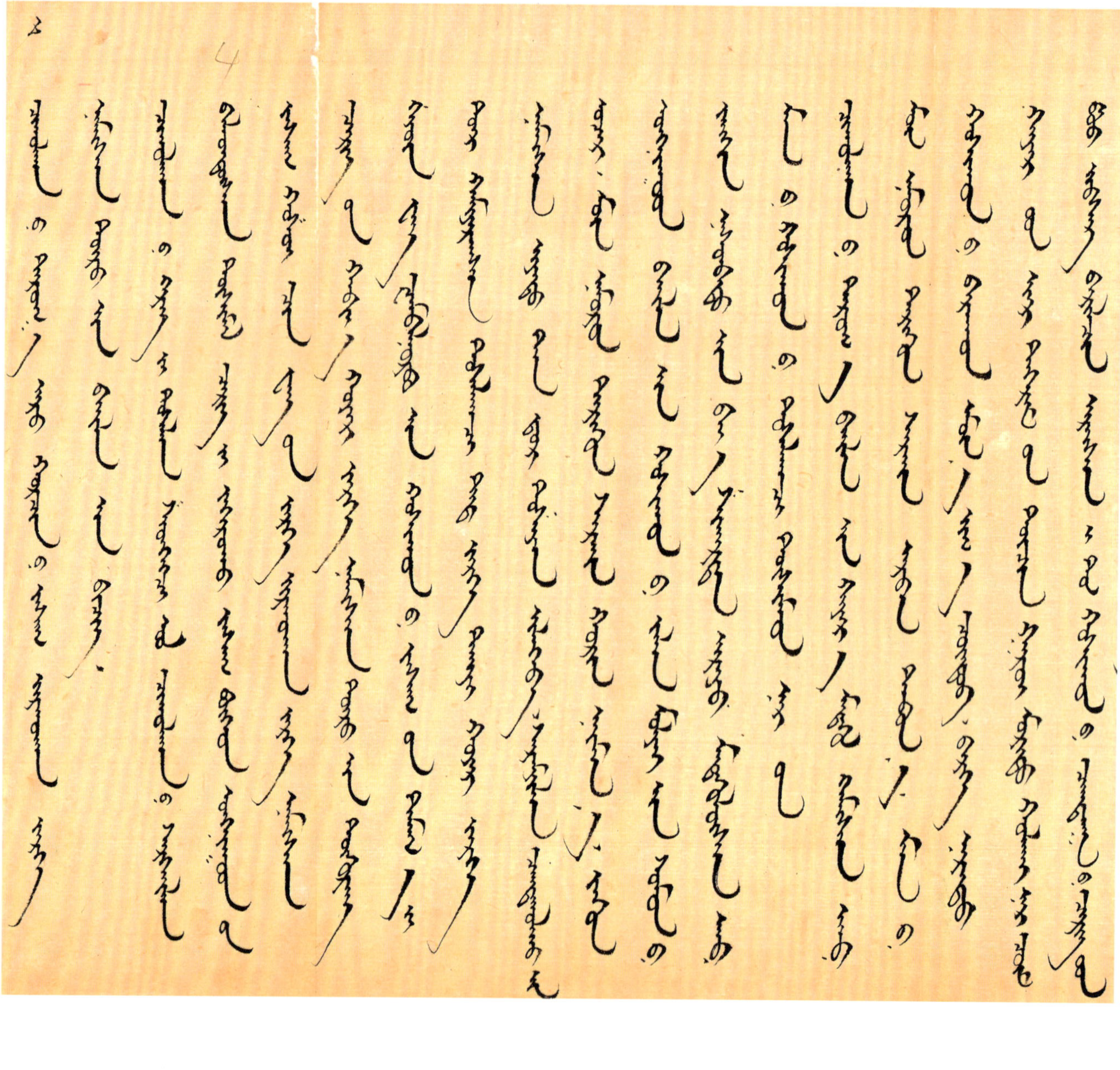

167 盟长阿鲁科尔沁札萨克贝勒为警戒巡逻匪患事札署理盟摄政翁牛特王旗印务之协理文（光绪二十五年初秋二十九日）

167 盟长阿鲁科尔沁札萨克贝勒为警戒巡逻匪患事札署理盟摄政翁牛特王旗印务之协理文（光绪二十五年初秋二十九日）

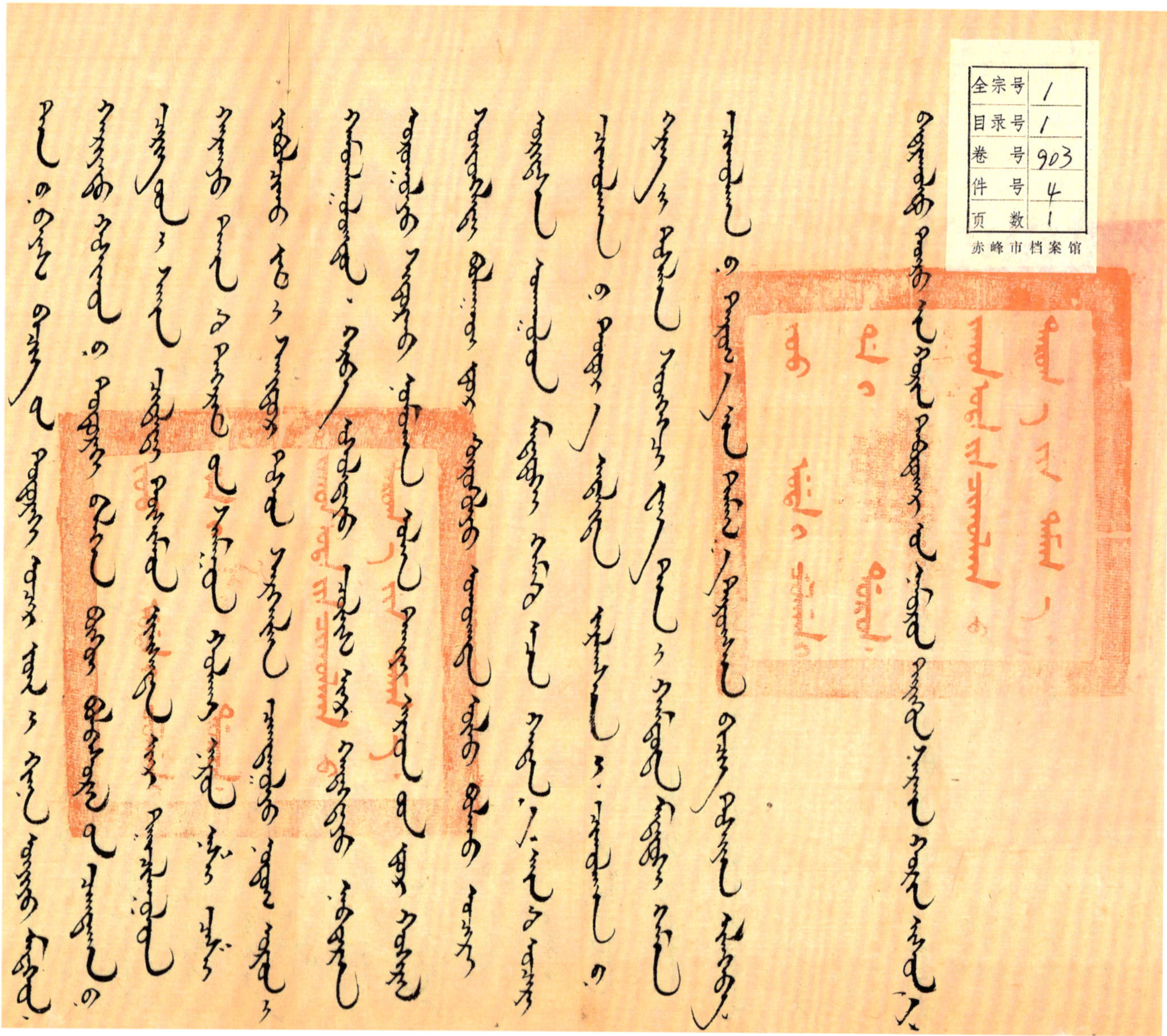

盟长阿鲁科尔沁札萨克贝勒为警戒巡逻匪患事札署理盟摄政翁牛特王旗印务之协理文

盟长阿鲁科尔沁札萨克加六级多罗贝勒文。札付署理盟摄政协理原盟警备军札萨克暨翁牛特札萨克和硕亲王衔加六级军功加二级多罗杜棱郡王赞布勒诺日布旗印务之协理二等台吉加二级吉雅图：为警戒巡察之事。

今年初秋二十八日左翼翁牛特贝勒旗甲喇茂勒吉、佐领章京那顺巴图身负重伤前来报案曰，呈请本旗协理官员转呈盟长贝勒处，乃今年初秋十五日，本旗西南边界春吐布、布日和地方窜入四十多名骑马持枪土匪。本旗警察部队迎战，往西南方向追至翁牛特王旗乌兰庙地，未追上。追兵返回之际，又有十多个骑马持枪土匪，从南界进入本旗，将南部边界阿尔金沙漠附近六家住户洗劫一空，还绑架二人，掠走三十多匹马。还闻，在敖汉图里嘎庙已集结二百多个盗匪。等语。得知匪情，疾马禀报盟长署，继而特呈送钤札萨克印之文，说明详情。等因前来本盟署。

本署经查，乱贼成帮结伙，必定扰乱百姓生活，危害一方。因此，急传文急报。接文，札萨克、协理等审阅文内，将调遣旗辖现有警察部队，指派干练统领，严加巡逻排查贼人过往要道，保护一方平安，不得疏忽大意放任土匪，迫害台吉、民众。特提前告知。另，全盟宣告之事，仍转告盟摄政协理王处。

至此，致钤盟长印之文。

光绪二十五年初秋二十九日